LANDESAMT FÜR DENKMALPFLEGE
IM REGIERUNGSPRÄSIDIUM STUTTGART

FUNDBERICHTE AUS BADEN-WÜRTTEMBERG

BAND 33

2013
KONRAD THEISS VERLAG · STUTTGART

Redaktion:
GERHARD WESSELKAMP

unter Mitarbeit von
LUCIE SIFTAR

Die Deutsche Bibliothek – CIP-Einheitsaufnahme

Ein Titeldatensatz für diese Publikation
ist bei Der Deutschen Bibliothek erhältlich.

Gefördert vom Wirtschaftsministerium Baden-Württemberg – Oberste Denkmalschutzbehörde

© Landesamt für Denkmalpflege, Esslingen 2013

Alle Rechte, auch das der Übersetzung, vorbehalten. Jegliche Vervielfältigung
einschließlich fotomechanischer Wiedergabe nur mit ausdrücklicher Genehmigung
des Landesamtes für Denkmalpflege Baden-Württemberg.

Druck: schwarz auf weiss · 79104 Freiburg · info@sawdruck.de
Gesamtherstellung: *folio* · 79206 Breisach · gw@wesselkamp.de

Printed in Germany

ISBN 978-3-8062-2837-3 · ISSN 0071-9897

Vorwort

Wissenschaftliche Fachpublikationen in Form von Materialeditionen, Analysen und Synthesen bilden das Rückgrat von Archäologie und Archäologischer Denkmalpflege. Ohne ihre fundierte wissenschaftliche Edition und Interpretation wären Funde und Befunde, wären Ausgrabungen letztlich nutzlos und würden allenfalls den Berg von ‚toten' Archiv- und Museumsbeständen mehren. Nur durch Ihre detaillierte Publikation werden ausgegrabene (und damit letztlich zerstörte) archäologische Denkmäler in Wert gesetzt, überliefert und bleiben damit Teil des kulturellen Erbes.
Wie vielgestaltig und faszinierend unser archäologisches Erbe ist, zeigen allein die Beiträge dieses Bandes der Fundberichte aus Baden-Württemberg. Das behandelte Spektrum reicht von neolithischen Pflanzenresten des 4. Jahrtausends v. Chr. bis zu frühneuzeitlichen Bestattungen des 16. Jahrhunderts n. Chr.
Ein gewisser Schwerpunkt ist, passend zum ‚Keltenjahr 2012' und zur 2012 und 2013 in Stuttgart gezeigten großen Landesausstellung ‚Die Welt der Kelten', im Bereich der Archäologie der Eisenzeit zu verzeichnen, mit den beiden umfangreichen Abhandlungen zu Mengen im Breisgau und Giengen an der Brenz. In beiden Fällen handelt es sich um Examensarbeiten. Lange gewartet hat die Forschung insbesondere auf die Publikation des bedeutenden mittelkeltischen Gräberfeldes von Giengen, das von Jörg Biel 1973 ausgegraben wurde. Eine dritte umfangreiche Materialedition zur Eisenzeit ist die Vorlage der Funde und Befunde aus Aalen-Wasseralfingen. Hier musste zwischen 2007 und 2008 ein seit 2600 Jahren gut erhaltenes Grabhügelfeld der Erweiterung einer Industrieanlage weichen.
Aber auch die Römerzeit und das Mittelalter sind im vorliegenden Band gut vertreten mit Beiträgen zu Offenburg, Riegel und Ladenburg, wobei die detaillierte Vorlage der Tierknochenfunde aus LOPUDUNUM erstmals einen vertieften Einblick in Landwirtschaft und Ernährung dieser bedeutenden römischen Siedlung erlaubt.
Jahrelange Arbeit steckt in der grundlegenden Abhandlung von Thomas Spitzers zu den Paternosterperlen und zur mittelalterlichen Beinverarbeitung, die er am Beispiel des umfangreichen Fundmaterials aus den Großgrabungen der letzten Jahrzehnte aus Konstanz exemplarisch darstellt. Auch in diesem Fall handelt es sich um eine Examensarbeit, nämlich um eine an der Universität Amsterdam angenommene Dissertation.
Bemerkenswert hoch ist der Anteil von naturwissenschaftlichen Beiträgen im vorliegenden Band der Fundberichte. Neben botanischen Makroresten, Pollen und Tierknochen werden in zwei Beiträgen auch Insektenreste aus eisen- bzw. römerzeitlichen Siedlungen behandelt. Natürlich wäre es wünschenswert, die naturwissenschaftlichen Analysen immer gleichzeitig und im engen Kontext mit den archäologischen Abhandlungen zu den betreffenden Fundstätten zu publizieren. Leider gestalten sich die Edition, Analyse und Interpretation der (im engeren Sinne) archäologischen Funde, also der Artefakte und der Bau- bzw. Grabbefunde, verglichen mit den naturwissenschaftlichen Beiträgen in aller Regel als wesentlich arbeits- und zeitaufwendiger. Dies führt gelegentlich dazu, dass die naturwissenschaftlichen Beiträge schon lange druckreif in der Redaktion ihrer Publikation harren, während die archäologischen Bearbeitungen nach wie vor auf sich warten lassen oder gar bereits aufgegeben worden sind. Vor diesem Hintergrund macht in Ausnahmefällen auch die vorgezogene Publikation von naturwissenschaftlichen Abhandlungen Sinn, damit zumindest diese der Wissenschaft und der Öffentlichkeit zur Verfügung stehen.

In Zukunft muss jedoch viel mehr auf eine kontextuelle und ganzheitliche Interpretation von archäologischen, botanischen, zoologischen und anthropologischen Daten hingewirkt werden. Nur so ist wirklicher historischer Erkenntnisfortschritt über disziplinäre Grenzen hinaus möglich. Die gerade in den 1970er- und 1980er-Jahren üblichen, vom archäologischen Kontext häufig abgekoppelten und getrennt vorgenommenen ‚Auswertungen' von botanischen und osteologischen Quellen gehören methodisch endgültig der Vergangenheit an.

Allen Autoren sei herzlich für ihre engagierte und in vielen Fällen unentgeltliche Arbeit an den Beiträgen gedankt. Unser Dank gilt auch den akademischen Betreuern der im vorliegenden Band publizierten Examensarbeiten.

Die wissenschaftliche Betreuung des Bandes lag in den Händen von Dr. Claus Oeftiger. Redaktion, Layout und Buchherstellung leistete Dr. Gerhard Wesselkamp (*folio*-Verlag).

Esslingen im Januar 2013   Prof. Dr. Dirk Krausse

Inhaltsverzeichnis

Aufsätze

Manfred Rösch	Pflanzliche Großreste aus Schichten der Schussenrieder und Pfyn-Altheimer Kultur aus dem Steeger See, Stadt Aulendorf, Landkreis Ravensburg	7
Jutta Lechterbeck	Neue Untersuchungen an zwei Bohrkernen aus dem Steeger See: Pollenanalysen, Sedimentologie und multivariate Statistik	37
Peter König	Schwertträger der älteren Urnenfelderzeit (Ha A 1) von Heidelberg-Handschuhsheim	49
Petra Otte-Scheschkewitz, Hans Lang	Der hallstattzeitliche Bestattungsplatz von Wasseralfingen-Appenwang (Ostalbkreis)	71
Steve Zäuner, Joachim Wahl	Zur demographischen Struktur der Bestattungen im späthallstattzeitlichen Grabhügel vom Magdalenenberg	133
Doris Lettmann	Die eisenzeitliche Siedlung von Mengen ‚Löchleacker' – ein Beitrag zur Hallstatt- und Frühlatènezeit im Breisgau	147
Silke Jäger	Untersuchungen zum mittellatènezeitlichen Gräberfeld von Giengen an der Brenz, Lkr. Heidenheim	365
Edith Schmidt	Wirbellosenreste aus einem mittellatènezeitlichen Brunnen im Bereich der Viereckschanze in Mengen am Oberrhein (Gem. Schallstadt-Wolfenweiler, Lkr. Breisgau-Hochschwarzwald)	453
Stefan F. Pfahl	Das Silbermedaillon mit Satyrkopf aus Offenburg-Zunsweier	471
Joachim Wussow, Roland Müller, Manfred Teichert, Renate Schafberg	LOPODUNUM – Osteologische Untersuchungen an Tierknochenfunden von der Westseite des römischen Marktplatzes (Kellereigrabung)	497
Edith Schmidt	Gegraben und wieder zugeschüttet – Wirbellosenreste aus einem römischen Brunnen aus Riegel	597

Birgit Kulessa	Ungewöhnliche frühmittelalterliche Funde aus Schorndorf	609
Uwe Gross	Funde aus der Wüstung Frauenweiler auf Gemarkung Wiesloch, Rhein-Neckar-Kreis	629
Thomas A. Spitzers	Die Konstanzer Paternosterleisten – Analyse zur Technik und Wirtschaft im spätmittelalterlichen Handwerk der Knochenperlenbohrer	661
Thomas Küntzel	Platz für die Kirche. Befunde zum spätmittelalterlichen Kirchenbau in Bruchsal, Lkr. Karlsruhe	941
Joachim Wahl, Bernd Trautmann	Auf den Spuren der ‚Wiedertäufer' aus dem Jahr 1529 – Anthropologische Untersuchung der Skelettreste vom ‚Remswasen' in Schwäbisch Gmünd	957

Buchbesprechung

Manuel Fernández-Götz	Bruno Chaume/Claude Mordant (Hrsg.), Le complexe aristocratique de Vix. Nouvelles recherches sur l'habitat, le système de fortification et l'environnement du mont Lassois	1003

Nachrufe

Karl Dietrich Adam (1921–2012)	1009
Christa Seewald (1923–2007)	1013

Beilagen

Beilage zum Beitrag Lettmann, Mengen

CD-Beilage zu den Beiträgen Rösch, Steeger See, Lettmann, Mengen und Wussow et al., Lopodunum

Pflanzliche Großreste aus Schichten der Schussenrieder und Pfyn-Altheimer Kultur aus dem Steeger See, Stadt Aulendorf, Landkreis Ravensburg

Manfred Rösch

1. Einleitung

Seit Ende der siebziger Jahre neue archäologische Untersuchungen in den prähistorischen Feuchtbodensiedlungen des südwestdeutschen Alpenvorlandes begonnen wurden, befassten sich archäobotanische Studien pflanzlicher Großreste zur Kenntnis von Landnutzung und Umwelt vor allem mit Ufersiedlungen des Bodensees und mit Moorsiedlungen im Federseebecken.[1] Die Fundplätze kleinerer Becken im oberschwäbischen Jungmoränenland wurden dagegen nur punktuell berücksichtigt,[2] obwohl auch hier an verschiedenen Plätzen seit Anfang der Achtziger Jahre regelmäßig kleinere Sondagen stattfanden.[3] Zu diesen zählt auch der Fundplatz im Steeger See bei Aulendorf, der erst 1990 entdeckt wurde.[4] Er befindet sich auf einer ständig wasserbedeckten Untiefe, die etwa 25 m vom Nordufer des Sees entfernt ist. Der annähernd kreisrunde See hat einen Durchmesser von gut 200 m, die Untiefe von gut 30 m. Es wird davon ausgegangen, dass sie zu Zeiten tieferer Pegelstände als Insel aus dem Wasser ragte. Seit ihrer Entdeckung wurde die Fundstelle mehrfach taucharchäologisch angegraben. Dabei wurden Kulturschichten der Schussenrieder Kultur und der Pfyn-Altheimer Gruppe angeschnitten.[5] Die botanischen Begleituntersuchungen sollten neben Großresten vom Fundplatz auch Pollenanalysen der Seesedimente umfassen. Dazu wurden zwei von Dr. J. Merkt, Herbertingen, gebohrte Profundalkerne aus dem See untersucht.[6]

---

1 U. Maier, Moorstratigraphische und paläoethnobotanische Untersuchungen in der jungsteinzeitlichen Moorsiedlung Ödenahlen am Federsee. In: Die neolithische Moorsiedlung Ödenahlen. Siedlungsarchäologie im Alpenvorland 3. Forsch. u. Ber. Vor- u. Frühgesch. Baden-Württemberg 46 (Stuttgart 1995) 143–254. – Dies., Untersuchungen in der neolithischen Ufersiedlung Hornstaad-Hörnle IA am Bodensee. In: Siedlungsarchäologie im Alpenvorland 6. Forsch. u. Ber. Vor- u. Frühgesch. Baden-Württemberg 74 (Stuttgart 2001) 9–384. – M. Rösch, Pollenanalytische Untersuchungen in spätneolithischen Ufersiedlungen von Allensbach-Strandbad. Kr. Konstanz. In: Siedlungsarchäologie im Alpenvorland 2. Forsch. u. Ber. Vor- u. Frühgesch. Baden-Württemberg 37 (Stuttgart 1990) 91–112.- Ders., Zur subfossilen Moosflora von Allensbach-Strandbad. In: ebd. 167–172. – Ders, Hegne-Galgenacker am Gnadensee. Erste botanische Daten zur Schnurkeramik am Bodensee. In: ebd. 199–226. – Ders., Botanische Untersuchungen in spätneolithischen Ufersiedlungen von Wallhausen und Dingelsdorf am Überlinger See. In: ebd. 227–266. – Ders., Botanische Untersuchungen an Pfahlverzügen der endneolithischen Ufersiedlung Hornstaad-Hörnle V am Bodensee. In: ebd. 325–352. – S. Karg, Pflanzliche Großreste der jungsteinzeitlichen Ufersiedlungen von Allensbach-Strandbad, Kr. Konstanz. Wildpflanzen und Anbaufrüchte als stratigraphische, ökologische und wirtschaftliche Informationsquellen. In: ebd. 113–166. – S. Jacomet, Veränderungen von Wirtschaft und Umwelt während des Spätneolithikums im westlichen Bodenseegebiet. In: ebd. 295–324.

2 A. Hafner, Archäobotanische Untersuchungen in Reute-Schorrenried. In: M. Mainberger, Das Moordorf von Reute (Staufen i. Br. 1998) 385–418.

3 H. Schlichtherle, Schutz und Management archäologischer Denkmale im Bodensee und Federsee. In: B. Coles/A. Olivier (Hrsg.), The Heritage Management of Wetlands in Europe (Exeter 2001) 125–132.

4 J. Köninger/H. Schlichtherle, Jungsteinzeitliche Siedlungen im Steeger See bei Aulendorf, Kreis Ravensburg. Arch. Ausgr. Baden-Württemberg 1991, 56–59.

5 J. Köninger, mündl. Mitteilung. – Köninger/Schlichtherle (Anm. 4).

6 Vgl. Beitrag J. Lechterbeck in diesem Band.

Die Schussenrieder Kultur datiert in das frühe bis mittlere Jungneolithikum, absolut etwa ins 41. und 40. Jahrhundert v. Chr., und ist in Oberschwaben und den nördlich anschließenden Landschaften, beispielsweise im Neckarbecken, angesiedelt. Sie ist durch archäobotanische Untersuchungen bislang schlecht dokumentiert. Feucht erhaltenes Material wurde lediglich in Aichbühl und Riedschachen bearbeitet,[7] größere Probenserien in Ehrenstein und Hochdorf.[8] In Freiberg-Geisingen, Ludwigsburg-Schlößlesfeld und Großsachsenheim wurden jeweils nur wenige Gruben untersucht.[9] Neuerdings wurde feucht erhaltenes Material aus der Siedlung Alleshausen-Hartöschle im nördlichen Federseeried und verkohltes aus Leonberg-Höfingen vorgelegt.[10]

Die Pfyn-Altheimer Gruppe datiert in das mittlere bis späte Jungneolithikum, absolut etwa in das 39. bis 36. Jahrhundert v. Chr., und vermittelt in Oberschwaben typologisch zwischen den zeitgleichen Kulturen Pfyn, verbreitet am Bodensee und in der Nordostschweiz, sowie Altheim, verbreitet im südlichen Bayern. Botanisches Material der Pfyn-Altheimer Gruppe wurde im Schorrenried bei Reute und in Oedenahlen im nördlichen Federseereid untersucht.[11]

Mit den archäobotanischen Untersuchungen im Steeger See waren mehrere Fragen verknüpft. Erstens, ob sich zwischen der Schussenrieder Kultur und der relativ gut untersuchten zeitgleichen Hornstaader Gruppe am Bodensee Unterschiede in der Landnutzung und im Kulturpflanzenbau abzeichnen. Zweitens, ob es entsprechende Unterschiede für den Horizont Pfyn – Pfyn-Altheim – Altheim gibt. Drittens, ob sich – bei der Betrachtung eines Platzes – zwischen Schussenried und Pfyn-Altheim, was einer Zeitspanne von immerhin drei Jahrhunderten entspricht, eine wirtschaftliche Entwicklung abzeichnet.

2. Material, Methoden

Das Material für archäobotanische Untersuchungen wurde in Form von Kastenprofilen aus den Profilwänden der Schnitte entnommen. Insgesamt wurden acht solcher Kastenprofile untersucht (Tab 1). Sie hatten eine Mächtigkeit zwischen 41 und 58 cm. Nach der Sedimentbeschreibung wurden sie im Labor nach stratigraphischen Kriterien in Einzelproben zerlegt. Insgesamt ergaben sich 71 Proben. Diese hatten ein Verdrängungsvolumen zwischen 110 und 1500 ml, im Schnitt von 575 ml. Die Proben wurden nach dem Einweichen durch einen fünfteiligen Siebsatz mit 0,25 mm als feinster Maschenweite geschlämmt. Die aus den Siebfraktionen ausgelesenen Großreste wurden trocken aufbewahrt.[12] Die kulturelle Zuweisung der Proben und Schichten geschah durch den Ausgräber. oder in Absprache mit diesem.

Die Nomenklatur der Gefäßpflanzen folgt OBERDORFER, die der Moose NEBEL und PHILIPPI.[13]

---

7 B. BLANKENHORN/M. HOPF, Pflanzenreste aus spätneolithischen Moorsiedlungen des Federseerieds. Jahrb. RGZM 29, 1982, 71–99.
8 M. HOPF, Früchte und Samen. In: H. ZÜRN et al., Das jungsteinzeitliche Dorf Ehrenstein (Kreis Ulm). Veröff. Staatl. Amt Denkmalpfl. Stuttgart A: 10/II (Stuttgart 1968) 7–77. – H. KÜSTER, Neolithische Pflanzenreste aus Hochdorf, Gemeinde Eberdingen (Kreis Ludwigsburg). Forsch. u. Ber. Vor- u. Frühgeschichte Baden-Württemberg 19 (Stuttgart 1985) 15–72.
9 U. PIENING, Neolithische und hallstattzeitliche Pflanzenreste aus Freiberg-Geisingen (Kreis Ludwigsburg). In: Der prähistorische Mensch und seine Umwelt [Festschrift Udelgard Körber-Grohne zum 65. Geburtstag]. Forsch. u. Ber. Vor- u. Frühgesch. Baden-Württemberg 31 (Stuttgart 1988) 213–228. – M. HOPF, Sämereien und Holzkohlefunde. In: J. LÜNING/H. ZÜRN, Die Schussenrieder Siedlung im ‚Schlößlesfeld', Markung Ludwigsburg. Forsch. u. Ber. Vor- u. Frühgesch. Baden-Württemberg 8 (Stuttgart 1977) 91–96. – U. PIENING, Verkohlte Getreidevorräte von Aldingen, Gem. Remseck am Neckar, Kreis Ludwigsburg. Fundber. Baden-Württemberg 11, 1986, 191–208.
10 U. MAIER, Archäobotanische Untersuchungen in jung- und endneolithischen Moorsiedlungen am Federsee. Hemmenhofener Skripte 5, 2004, 71–159. – Dies., Archäobotanische Untersuchung von Grubeninhalten aus der neolithischen Fundstelle Leonberg-Höfingen. In: U. SEIDEL, Die jungneolithischen Siedlungen von Leonberg-Höfingen, Kr. Böblingen. Materialh. Arch. Baden-Württemberg. 69 (Stuttgart 2004) 346–366.
11 HAFNER (Anm. 2). – MAIER (Anm. 1, 1995).
12 Für die technische Aufarbeitung der Proben danke ich GILA DEL FABRO und ELISABETH FORSTER.
13 E. OBERDORFER, Pflanzensoziologische Exkursionsflora (⁶Stuttgart 1990) – M. NEBEL/G. PHILIPPI (Hrsg.), Die Moose Baden-Württembergs. Bd. 1 u. 2 (Stuttgart 2001/02).

Teufe (cm) von	bis	Kurzbeschreibung	Farbe (Munsell)	
Profilkasten ASS E1; Quadrant Q 168; Fund-Nr. 101; Befund 2.1–3.1				
0	14	detritische Mudde/Kulturschicht mit Holz, Holzkohle, Steinen	braunschwarz	10yr2/2
14	21,5	idem, homogener, weniger grobe Einschlüsse	braunschwarz	7.5y3/2
21,5	24	Kalkmudde vermengt mit Kulturschicht	hellgrau	10y8/1-6/2
24	37	Kulturschicht/Kalkmudde, homogen, wenig Holz und organischer Grobdetritus	olivgrau	10y6/2
37	39	Seekreide mit Mollusken	hellgrau	5y8/2
39	41	Kalkmudde, detritisch	grauoliv	5y5/2
41	45	Seekreide mit groben Kalkkongregationen, detritisch	hellgelb	5y7/4
45	47	Seekreide	hellgrau	10y7/1
Profilkasten ASS E2; Quadrant Q 168; Fund-Nr. 100; Befund 2.1–3.1				
0	6	organischer Detritus/Grobdetritusmudde mit Holzkohle, Holz, Mollusken	braunschwarz	2.5y3/2
6	11	organischer Detritus mit sehr viel Holzkohle und Holz	braunschwarz	2.5y3/2
11	22	idem, mit 4 cm starkem L-Holz, Keramik	braunschwarz	2.5y3/2
22	25	organischer Detritus/Grobdetritusmudde mit viel feinem Holz + Holzkohle	dunkel graugelb	2.5y4/2
25	28	Kalkmudde mit organischem Detritus und Holz	grauoliv	5y6/2
28	35	organischer Detritus/Grobdetritusmudde mit Holz	grauoliv	7.5y6/2
35	42	Kalkmudde mit wenig organischem Detritus + Holz	hellgrau	5y8/2
Profilkasten ASS E3; Quadrant Q 118; Fund-Nr. 20				
0	14	Detritus mit viel Holzkohle, Holz, Steinen, sandig	braunschwarz	5yr2/2
14	22	Detritus/Mudde mit wenig Holz/Holzkohle, Untergrenze schräg	braunschwarz	7.5yr2/2
22	27	tonige Seekreide mit wenig Steinen und Detritus	grauoliv	7.5y6/2
27	28	organischer Grobdetritus	olivschwarz	7.5y3/2
28	41	Seekreide/Kalkmudde, grobkörnig, mit Konchylien, schwach detritisch	gelbbraun	2.5y5-6/3
Profilkasten ASS E4; Quadrant 51; Fund-Nr. 6				
0	14	stark zersetzter Torf bis Anmoor, krümelig	schwarz	5yr1/7
14	19	idem, kompakter	schwarz	5yr1/7
19	21	Kies/Grobsand	braungrau	5yr4/1
21	33	kiesig-sandiger Detritus	rotgrau	2.5yr4/1
33	40	idem, tonig	rotgrau	2.5yr4/1
40	44	organischer Detritus, leicht sandig	sehr dunkel rotbraun	2.5yr2/2
44	45	Grobdetritusmudde mit Schilfrhizomen	graubraun	7.5yr4/2
45	52	Kalkmudde, etwas detritisch	hellgrau	2.5y8/2
52	57	schwach sandige Tonmudde/Ton	dunkelgrau	2.5y5/2

Teufe (cm) von	Teufe (cm) bis	Kurzbeschreibung	Farbe (Munsell)	
Profilkasten ASS E5; Quadrant 31; Fund-Nr. 2				
0	25	stark zersetzter Torf mit Reisern	schwarz	2.5y2/1
25	34	mittelstark zersetzter Torf mit Reisern	braunschwarz	7.5yr2/2
34	37	idem, mit etwas Detritus	braunschwarz	7.5yr2/2
37	43	sandiger Detritus mit Steinchen, oben etwas torfig	dunkel rotbraun	5yr3/2
43	48	feinsandiger Ton, oben etwas detritisch, mit organischen Einschlüssen	braungrau	10yr4/1
48	52	tonige Kalkmudde, detritisch	gelbgrau	2.5y5/1
52	58	idem, stark detritisch	hellgrau	2.5y7/1
Profilkasten ASS E6; Quadrant 68; Fund-Nr. 1				
0	5	Kalkmudde	graugelb	2.5y6/2
5	11	dunkel-organischer Detritus, vermischt mit Kalkmudde	graugelb	2.5y6/2
11	12	Kalkmudde	gelbgrau	2.5y5/1
12	15	organischer Grobdetritus	schwarz	2.5y2/1
15	20	Kalkmudde mit organischem Detritus, geschichtet	gelbgrau	2.5y5/1
20	28	schwach detritische Kalkmudde	gelbgrau	2.5y6/1
28	39	organischer Detritus mit Muddeflecken	olivschwarz	5y3/1
39	57	Kalkmudde	grau	5y5/1
Profilkasten ASS E7; Quadrant 165; Fund-Nr. 100				
0	15	sandige Mudde mit Detritus	dunkel rotgrau	2.5yr3/1
15	29	sandige Grobdetritusmudde mit Holz	braunschwarz	10yr2/3
29	40	Grobdetritus bis Mudde mit Holz, sehr grob	schwarz	2.5y2/1
40	52	sandige detritische Kalkmudde mit Mollusken	trübgelb	2.5y6/3
52	57	sandige Seekreide bis Kalkmudde	dunkel graugelb	2.5y5/2
Profilkasten ASS E8; Quadrant 165; Fund-Nr. 101				
0	19	sehr grober organischer Grobdetritus/Mudde mit viel Holz/Holzkohle	braunschwarz	10yr2/2
19	27	Grobdetritusmudde mit weniger Holz/Holzkohle	rötlich schwarz	2.5yr2/1
27	35	organischer Grobdetritus bis Mudde mit viel Reisern/Holzfragmenten, teilweise mit Seekreide vermischt	braunschwarz	5yr2/2
35	46	Grobdetritusmudde mit Steinen/Holz, teilweise mit Kalkmudde vermischt	dunkel rotgrau	2.5yr3/1

Tab. 1: Aulendorf, Steeger See, Großrestprofile, Lithologische Beschreibung.

3. Ergebnisse

3.1 Stratigraphischer Aufbau, Datierung und botanischer Gehalt der Profile

Das Profil E1 mit der Fundnummer Q 168-101 erfaßt auf den oberen 22 cm die Pfyn-Altheimer Kulturschicht. Sie enthält verkohlte Druschreste von Einkorn und Nacktgerste, Gerstenkörner sowie Schlafmohn. Die Schussenrieder Schicht im Liegenden, zwischen 24 und 37 cm, ist von der Pfyn-Altheimer Schicht nur durch ein dünnes Kalkmuddeband getrennt. Dieses ist nicht fundleer, sondern enthält ebenfalls zahlreiche Nutzpflanzenreste. Seine Zusammensetzung stimmt mit der der Pfyn-Altheimer Schicht überein. Es wurde dieser zugeschlagen. Unter der als Kulturschicht/Kalkmudde beschriebenen eigentlichen Schussenrieder Schicht folgen weitere 10 cm limnische Sedimente, die jedoch ebenfalls reich an Nutzpflanzen waren. Dieses Material wurde der Schussenrieder Schicht zugeschlagen, da Hinweise auf eine ältere Besiedlung an dieser Stelle fehlen. In der Schussenrieder Schicht sind unverkohlte Druschreste von Einkorn und Emmer besonders häufig, ebenso Schlafmohn.

Im Profil E2 mit der Fundnummer Q 168-100 ist die Pfyn-Altheimer Schicht im Hangenden mit 25 cm etwas mächtiger. Der Gehalt an Nahrungspflanzenresten, insbesondere an verkohlten, ist jedoch geringer als in E1. Ansonsten ist die Artenzusammensetzung ähnlich. Auch hier ist die limnische Trennschicht zur Schussenrieder Schicht dünn, aber reich an Nutzpflanzen. Aus archäologischen Gründen wurde sie dem Schussenrieder Horizont zugeschlagen. Die eigentliche Schussenrieder Schicht, wie sie lithologisch fassbar wird, umfasst nur sieben Zentimeter. Darunter folgt Kalkmudde, die praktisch frei von Nutzpflanzenresten ist. In der Schussenrieder Schicht sind verkohlte und unverkohlte Druschreste von Einkorn besonders häufig.

Im Profil E3 mit der Fundnummer Q118-20 ist auf 41 cm Mächtigkeit ausschließlich die Schussenrieder Schicht erfasst. Lithologisch wurde der untere Teil des Profils von 22 bis 41 cm als limnisch angesprochen, doch enthielt er nicht viel weniger Nutzpflanzenreste als die Detritusschichten im Hangenden, weshalb das gesamte Paket in der archäobotanischen Auswertung als Schussenried gewertet wird. Das Detrituspaket im Hangenden enthält besonders viel unverkohlte Druschreste von Emmer und Einkorn, in seinem oberen Teil auch viel verkohlte Nacktgersten-Spindelglieder. Verkohlte Druschreste der beiden Spelzweizen sind dagegen durchgehend gleich häufig, ebenso unverkohlte Samen von Schlafmohn.

Das Profil E 4 mit der Fundnummer Q 51-6 bestand lithologisch, von oben betrachtet, aus Niedermoortorf bis Anmoor, getrennt durch eine detritische Kies-/Grobsandlage (Strandfazies?) von Detritus- und Kalkmudde, sowie Tonmudde/Ton im Liegenden. Bis auf diese vermutlich spätglaziale basale Schicht sollte das Profil in den Pfyn-Altheimer Siedlungshorizont gehören, erwies sich aber als nahezu frei von Kulturpflanzenresten. Lediglich Sammelpflanzen waren in einiger Menge vorhanden. Weil darunter die besonders hartschaligen Diasporen von Holunder und Brombeere am häufigsten sind, deutet einiges auf eine Zersetzungsauslese infolge Wechseltrockenheit hin.

Profil E5 mit der Fundnummer Q 31-2 wurde untersucht, um offene archäologisch-stratigraphische Probleme zu klären, insbesondere, ob hier vielleicht eine ältere Besiedlung – der Aichbühler Kultur oder des Mittelneolithikums – Spuren hinterlassen haben könnte. Es besteht ebenfalls aus – weniger stark zersetztem – Torf über sandigem Detritus, Ton und Kalkmudde. Geklärt werden konnte die Frage nicht, da es außer einigen Sammelpflanzen keine Nahrungspflanzen enthielt, sondern vorwiegend Moor- und Wasserpflanzen des natürlichen lokalen Bewuchses, darunter große Mengen des Mooses *Calliergon giganteum* und Oogonien von Armleuchteralgen.

Auch beim Profil E6 mit der Fundnummer Q 68-1 war die archäologische Zuordnung unklar. Es bestand aus Kalkmudde, wechsellagernd mit organischem Detritus, und erwies sich als ebenfalls weitgehend frei von Nutzpflanzen. Die Reste von Sumpf- und Wasserpflanzen dokumentieren durchweg limnische bis telmatische Bedingungen.

Die Profile E7 und E8 wurden nachträglich in einem gesonderten Tauchgang entnommen, um mehr Kulturschichtmaterial für die botanischen Untersuchungen zu gewinnen. E7 mit der Fundnummer Q165-100 besteht aus 40 cm Grobdetritus/Mudde über 17 cm detritischer Kalkmudde. Die Pfyn-Altheimer und Schussenrieder Schicht ist nicht durch Seesedimente getrennt. Die Grenze zwischen beiden wurde bei 27 cm gezogen. Die limnischen Sedimente im Liegenden enthalten größere Mengen von Nutzpflanzen und wurden dem Horizont Schussenried zugerechnet. Sowohl in der Pfyn-Altheimer wie in der Schussenrieder Schicht sind verkohlte, vor allem aber unverkohlte Spelzweizen-Druschreste besonders häufig, außerdem Körner von Mehrzeiliger Gerste.

Auch beim Profil E8 mit der Fundnummer Q165-101 sind weder eine klare Trennung der Pfyn-Altheimer von der Schussenrieder Schicht noch eindeutiges reines limnisches Sediment als Trennschicht erkennbar. Die Grenze zwischen beiden Horizonten wurde bei 19 cm gezogen. Der Anteil seebürtigen Sediments ist jedenfalls in der Schussenrieder Schicht höher. Auch hier sind in beiden Schichten unverkohlte Spelzweizen-Druschreste am häufigsten. Mehrzeilige Gerste, sowohl verkohlte Spindelglieder wie auch Körner, treten vor allem in der Pfyn-Altheimer Schicht auf.

3.2 Spätneolithische Kultur- und Wildpflanzen aus dem Steeger See (vgl. Tab. 2–5)

Die Tabellen liegen dem Band als CD bei.

3.3 Die Pflanzenreste der Schussenrieder Schicht

3.3.1 Kulturpflanzen

Unter den Kulturpflanzen der Schussenrieder Schicht sind Getreide am häufigsten. Welche Art jedoch hier an erster Stelle zu nennen ist, ist schwer zu entscheiden, da je nach Resttyp oder Erhaltungsform eine andere Art überwiegt. Verkohlte Körner gelten gemeinhin als der Resttyp, der die Bedeutung einer Getreideart am besten wiedergibt. Hier hat Emmer die höchste Abundanz, dicht gefolgt von Mehrzeiliger Gerste. Nacktweizen jedoch, von dem nur 59 Körner gegenüber jeweils um 200 bei Emmer und Gerste gefunden wurden, weist die höchste Stetigkeit auf.

Nacktweizen (*Triticum aestivum* L./*durum* Desf.)
So scheint es gerechtfertigt, dem Nacktweizen die größte wirtschaftliche Bedeutung zuzubilligen. Neben Körnern traten auch Druschreste mit verschiedenen Resttypen in größerer Menge auf, sowohl verkohlt als auch unverkohlt. Gut erhaltenes Material konnte mehrfach als zum tetraploiden Typ gehörig angesprochen werden.[14] Belege für hexaploide Formen fehlen.

Emmer (*Triticum dicoccon* Schrank)
Emmer ist bei den Körnern am häufigsten, bleibt allerdings in der Stetigkeit mit 63% hinter dem Nacktweizen zurück. Auch bei den verkohlten und den unverkohlten Druschresten tritt er in großer Menge auf. Verkohlte Ährchengabeln sind mit 78%, unverkohlte sogar mit 93% Stetigkeit vertreten. Er wurde sicherlich in erheblichem Umfang angebaut.

Einkorn (*Triticum monococcum* L.)
Druschreste des Einkorns sind etwa gleich häufig wie die von Emmer, doch sind die Körner deutlich seltener, allerdings nur in der Abundanz. Ihre Stetigkeit beträgt ebenfalls 63%. Unverkohlte Ährchengabeln sind mit 89%, verkohlte sogar mit 100% Stetigkeit vertreten. Demnach dürften Einkorn und Emmer von ähnlich großer Bedeutung gewesen sein. Ob sie, wie für die Linearbandkeramik postuliert, in Mischsaat, oder in Reinkultur angebaut wurden, lässt sich nicht entscheiden.

---

14 Vgl. U. MAIER, Morphological studies of free-threshing wheat ears from a Neolithic site in southwest Germany and the history of naked wheats. Veget. Hist. and Archaeobot. 5, 1996, 39–55.

Mehrzeilige Nacktgerste (*Hordeum vulgare* L. var. coeleste L.)
Als Viertes im Bunde der Getreide ist Mehrzeilige Nacktgerste zu nennen. Hier konnten bei den Körnern nur gut erhaltene, typische Exemplare als Nacktgerste angesprochen werden, die Mehrheit nur als Mehrzeilige Kulturgerste. Da jedoch sichere Spelzgerste bei den Körnern ganz fehlt und bei den Druschresten nur in Spuren gefunden wurde, liegt die Annahme nahe, dass es sich bei allen Gerstenkörnern ganz überwiegend um Mehrzeilige Nacktgerste handelt. Sie wäre dann mit mehr als 200 Stück bei den Körnern ähnlich häufig und stetig wie Emmer. Auch bei den verkohlten Druschresten sind Nacktgerste-Spingelglieder mit fast 200 Exemplaren und 70% Stetigkeit gut vertreten. Lediglich bei den unverkohlten Druschresten fällt sie mit 18 Stück und 19% Stetigkeit erwartungsgemäß ab[15]. Insgesamt steht somit die Mehrzeilige Nacktgerste den Weizen in der Häufigkeit und der mutmaßlichen wirtschaftlichen Bedeutung kaum nach.

Mehrzeilige Spelzgerste (*Hordeum vulgare* L. var. pallidum Ser.)
Von der Spelzgerste wurde lediglich ein verkohltes Spindelglied gefunden. Spelzgerste spielte somit keine Rolle und wurde wohl nicht separat angebaut. Vermutlich befanden sich im Gersten-Saatgut einige bespelzte Formen.
Für das Getreidespektrum der Schussenrieder Schicht vom Steeger See lässt sich somit die bemerkenswerte und außergewöhnliche Beobachtung festhalten, dass vier Getreidearten, nämlich Einkorn, Emmer, tetraploider Nacktweizen und Mehrzeilige Spelzgerste, ungefähr gleich häufig nebeneinander auftreten.

Schlafmohn (*Papaver somniferum* L.)
Bei den Öl- und Faserpflanzen steht Schlafmohn sowohl mengenmäßig (720 unverkohlte Exemplare) als auch mit 96% Stetigkeit an erster Stelle. Den zahlreichen unverkohlten Exemplaren steht ein einziges verkohltes gegenüber, was ein bezeichnendes Licht auf die Repräsentanz dieser Art in Trockenbodensiedlungen wirft.[16]

Gebauter Lein (*Linum usitatissimum* L.)
Gebauter Lein ist durch Samen und Früchte, bzw. deren Fragmente, also Kapselsegmente, in unverkohltem und – seltener – in verkohltem Zustand vertreten. Die Abundanz und Häufigkeit nimmt in der genannten Reihenfolge ab. Unverkohlte Samen haben immerhin 85% Stetigkeit.

Rübenkohl (*Brassica rapa* L.)
Der Rübenkohl ist mit 52 Exemplaren und 52% Stetigkeit nicht viel seltener als die beiden anderen Öl- und Faserpflanzen. Ob er zu Recht hier eingeordnet ist, muss offen bleiben. Es gibt heute Kultivare, die als Wurzel- oder Blattgemüse genutzt werden.[17] Seit der erstmaligen Beschreibung subfossiler Samen aus Schichten der Cortaillod-Kultur in Seeberg-Burgäschisee-Süd[18] wurde diese Samen immer wieder und teilweise in größeren Mengen in den Feuchtbodensiedlungen des Alpenvorlandes gefunden. Die Funde wurden als Nutzung eines wildwachsenden Ackerunkrauts interpretiert.[19]

---

15 Es ist eine allgemeine Beobachtung, dass bei unverkohlten Druschresten Ährchengabeln der Spelzweizen viel besser vertreten sind als andere Getreide, so auch Gersten-Spindelglieder. Dies dürfte hauptsächlich taphonomische Gründe haben. Die robusten Ährchengabeln der Spelzweizen sind gerade in unverkohltem Zustand besser erhaltungsfähig als andere Druschreste.
16 Vgl. T. MÄRKLE/M. RÖSCH, Verkohlungsversuche an Kulturpflanzen. Experimentelle Archäologie in Europa – Bilanz 2003. Arch. Nachr. Nordwestdeutschld. Beih. 2, 73–80 (Oldenburg 2003).
17 U. KÖRBER-GROHNE, Nutzpflanzen in Deutschland (Stuttgart 1987) 162 ff.
18 M. VILLARET-VON ROCHOW, Frucht- und Samenreste aus der neolithischen Station Seeberg, Burgäschisee-Süd. In: K. BRUNNACKER et al., Seeberg-Burgäschisee-Süd 4. Chronologie und Umwelt. Acta Bernensa 2 (Bern 1967) 21–62.
19 z. B. H. SCHLICHTHERLE, Cruciferen als Nutzpflanzen in neolithischen Ufersiedlungen Südwestdeutschlands und der Schweiz. Schweiz. Zeitschr. Arch. 15, 1981, 15 ff. – U. MAIER, Untersuchungen in der neolithischen Ufersiedlung Hornstaad-Hörnle IA am Bodensee. In: Siedlungsarchäologie im Alpenvorland 6. Forsch. u. Ber. Vor- u. Frühgesch. Baden-Württemberg. 74 (Stuttgart 2001) 123 ff.

Wildvorkommen von Brassica rapa sind heute im südlichen Baden-Württemberg spärlich.[20] Morphologisch lässt sich dabei nicht entscheiden, ob es sich um die ursprüngliche Wildform (Brassica rapa ssp. sylvestris (L.) JANCHEN 1953) oder um ausgewilderte Kultursorten handelt. Letzten Endes ist nicht geklärt, ob es die ursprüngliche Wildform überhaupt noch gibt. Das ursprüngliche Areal der Wildpflanze war vermutlich im mediterranen und submediterranen Europa. Dort wurde sie schon früh, aber zu einem unbekannten Zeitpunkt in Kultur genommen. Schon als Unkraut war sie immer an menschliche Kultur gebunden.[21] Ob sie das Alpenvorland als Unkraut und Saatgutverunreinigung aus dem Süden erreichte und hier als Sammelpflanze genutzt wurde, oder ob sie bereits angebaut wurde, ist ungeklärt.

Erbse (*Pisum sativum*)
Von der Erbse wurden zwei verkohlte Exemplare gefunden, was angesichts der taphonomisch zu erklärenden Seltenheit von Leguminosen in Feuchtbodensiedlungen als Beleg für Anbau gewertet werden kann.[22] Zum einen werden in Trockenbodensiedlungen wegen der geringeren Funddichte größere Probenmengen untersucht, und zum anderen sind dort verkohlte Reste, also auch Leguminosen, durch das Verschwinden unverkohlten organischen Materials gegenüber der Konzentration in Feuchtbodensiedlungen angereichert.

3.3.2 Sammelobst und Nüsse

Hopfen (*Humulus lupulus*)
Der Hopfen kommt von Natur aus in Auenwäldern, Auewald-Verlichtungen und -rändern vor. Sein regelmäßiges Auftreten in prähistorischen Ufersiedlungen, teilweise auch in verkohltem Zustand, legt jedoch seine systematische Nutzung als Gemüse und/oder Gewürzpflanze nahe. In der Schussenrieder Schicht ist er mit fünf unverkohlten und einer verkohlten Frucht vertreten.
Die übrigen Sammelpflanzen werden gemäß ihrer Häufigkeit abgehandelt, ohne unterschiedliche Diasporenproduktion, Größe und Nährwert der Früchte oder taphonomische Besonderheiten zu berücksichtigen. Am häufigsten sind in der Schussenrieder Schicht Wald-Erdbeere (*Fragaria vesca*) und Himbeere (*Rubus idaeus*), die überwiegend unverkohlt, selten auch verkohlt auftreten. Die hartschaligen Nüsschen bzw. Steinkerne überstehen die Darmpassage. Deutlich seltener ist die Kratzbeere (*Rubus caesius*), die zwar vermutlich in den feuchten Wäldern und Waldverlichtungen des Siedlungsumfelds reichlich zur Verfügung stand, aber nicht gut schmeckt. Haselnüsse (*Corylus avellana*), unverkohlt regelmäßig, verkohlt selten vertreten, hatten aufgrund ihrer Größe und ihres hohen Nährwerts wohl eine größere Bedeutung für die Ernährung, als die gefundenen Reste vermuten lassen könnten. Die Brombeere (*Rubus fruticosus* agg.) ist, verglichen mit jüngeren, beispielsweise bronzezeitlichen Feuchtbodensiedlungen mit 11 Exemplaren und 30% Stetigkeit selten. Zwar gibt es von der Sammelart eine große Zahl von selbst als ganze Pflanzen nur schwer unterscheidbaren Kleinarten mit unterschiedlicher Ökologie, doch kann man vereinfachend die ökologischen Unterschiede beispielsweise zur Himbeere mit fortgeschritteneren Sukzessionsstadien nach Einschlag, offenerer Landschaft, stärkerem Weidedruck und breiterer Amplitude hinsichtlich der Bodengüte charakterisieren. Ähnlich häufig wie die Brombeere, aber wohl von größerer nahrungswirtschaftlicher Bedeutung ist der Holzapfel (*Malus sylvestris*), der wohl in aufgelichteten Laubmischwäldern bewusst oder unbewusst gefördert wurde.[23] Wie verkohlte Vorräte halbierter Holzäpfel belegen, spielten gedörrte Äpfel auch bei der Vorratshaltung eine Rolle. Ebenfalls nicht selten sind Samen des Trauben-

---

20 O. SEBALD/S. SEYBOLD/G. PHILIPPI, Die Farn- und Blütenpflanzen Baden-Württembergs 2 (Stuttgart 1990) 322 f.
21 Körber-Grohne (Anm. 17) 169.
22 MAIER (Anm. 19) 73 f.
23 Anhand der überlieferten Resttypen sind Holzapfel und Garten-Apfel nicht unterscheidbar. Die hier vorgenommene Artansprache beruht lediglich auf der Annahme, dass Kultivare des Apfels in Mitteleuropa nicht vor der römischen Kaiserzeit auftauchen.

holunders (*Sambucus racemosa*) und Fruchtsteine der Hagebutte (*Rosa*), wovon Letztere auch verkohlt vorliegen. Während Hagebutten auch in heutiger Zeit zu Marmelade oder Beerenwein verarbeitet werden, ist eine Nutzung des Traubenholunders nicht mehr üblich. Unklar ist die Verwendungsart der Hagebutte, denn die modernen Nutzungen setzen den Einsatz eines Süßstoffes wie Zucker oder Honig voraus. Letztgenannter war den neolithischen Siedlern wohl bekannt und verfügbar. Von den übrigen Wildobstarten, Schwarzer Holunder (*Sambucus nigra*), Gewöhnlicher Schneeball (*Viburnum opulus*), Weißer Hartriegel (*Cornus sanguinea*) und Zwergholunder (*Sambucus ebulus*) wird heute nur noch der erstgenannte genutzt. Er ist auch in der Schussenrieder Schicht häufiger als die übrigen, von denen Schneeball und Zwergholunder sogar als ungenießbar oder gar giftig gelten. Hier kann keine systematische Nutzung vorausgesetzt werden. Besonders zu erwähnen, wenngleich nicht als Sammelobst, sondern eher als Sammelgewürz einzustufen ist der Gewöhnliche Wacholder (*Juniperus communis*), der in neolithischem Kontext bisher kaum gefunden wurde, was vielleicht nicht daran lag, dass seine Nützlichkeit nicht bekannt war, sondern dass er in der noch wenig durch Weidedruck überformten neolithischen Kulturlandschaft sehr selten war. Ebenfalls als Sammelpflanze – sei es für die menschliche Ernährung oder als Viehfutter, ist die Mistel zu werten Auch die Eichel wurde bisweilen zu Nahrungszwecken gesammelt.

3.3.3 Sonstige Wildpflanzen

Die Ackerunkräuter haben etwa 20% Anteil an den Wildpflanzen und sind damit neben den Wasserpflanzen die zahlreichste ökologische Gruppe. Für beide Schichten sind die Acker- und sonstigen Unkräuter mit Ausnahme der ausdauernden Ruderalpflanzen in Tabelle 6 (CD) nach aktualistischem pflanzensoziologischem Verbreitungsschwerpunkt gruppiert. Demnach sind ökologisch aussagekräftige Ackerunkräuter sehr spärlich. Für bodensaure Hackfruchtäcker (Digitario-Setarion und Polygono-Chenopodio polyspermi) stehen Borstenhirse und Vielsamiger Gänsefuß (*Setaria verticillata/viridis* und *Chenopodium polyspermum*), für bodensaure Halmfruchtäcker die Roggentrespe (*Bromus secalinus*), für basenreiche Hackfruchtäcker die Hundspetersilie (*Aethusa cynapium*)[24] und für basenreiche Halmfruchtäcker Blauer Gauchheil (*Anagallis* cf. *foemina*), Acker-Steinsame (*Lithospermum arvense*) und Feld-Rittersporn (*Consolida regalis*). Kleinfrüchtiger Leindotter (*Camelina microcarpa*) und Kreta-Flachsnelke (*Silene cretica*) sind Lein-Unkräuter. Die Masse der Ackerunkräuter, darunter alle häufigeren, sind unspezifische Klassen- oder Unterklassen-Charakterarten. Anzuschließen sind hier pflanzensoziologisch wenig aussagekräftige Begleiter, sowie Pflanzen von Trittfluren, die auch in der Siedlung selbst gewachsen sein könnten. Mit Sicherheit von dort und nicht von den Feldern, und zwar wegen sehr hoher Ansprüche an die Nährstoff- und/oder Wasserversorgung, stammen die Arten der Zweizahn- und Zwergbinsenfluren.

Ruderalpflanzen haben gut 10% Anteil. Es handelt sich vorwiegend um Arten der Stickstoffkrautsäume frischer bis nasser Standorte. Arten eher trockener und lichtoffener Standorte wie Schwarzes Bilsenkraut (*Hyoscyamus niger*) oder Große Klette (*Arctium lappa*) sind nur schwach vertreten.

In der vorliegenden Anordnung (Abb. 9) sind Schlagfluren/Gebüsch nur eine kleine Gruppe. Rechnet man allerdings das Sammelobst und die Nüsse, die ökologisch überwiegend hier anzusiedeln sind, mit ein, so ist es mit Abstand die zahlreichste ökologische Gruppe überhaupt. Zu den essbaren Früchten kommen Knospenschuppen oder Früchte einiger weiterer Licht- und Pioniergehölze hinzu. Eine kleine Gruppe sind dagegen die Trockensäume, Magerrasen, Mittleres Grünland und auch die Heiden/Verhagerungszeiger. Hier sind Formationen dokumentiert, deren Entstehung vor allem in Zusammenhang mit Beweidung zu sehen ist. Demnach dürfte diese kein großes Ausmaß erreicht haben. Waldpflanzen gehören hingegen mit etwa 15% Anteil zu den größeren Gruppen. Neben

---

24 Sofern es sich um die Unterarten agrestis (Wallr.) Dost. oder cynapium und nicht um die in Stickstoff-Krautsäumen vorkommende Unterart elata (Friedl. Ex Fisch.) Schübl. et Mart. handelt, was fruchtmorphologisch nicht zu entscheiden ist.

zahlreichen epiphytischen Moosen und Knospenschuppen oder Früchten von Bäumen sind auch einige Kräuter des Waldbodens nachgewiesen.

Pflanzen des nassen Grünlands bilden nur eine kleine Gruppe. Die nachgewiesenen Arten können auch in Röhricht und Seggenriedern vorkommen. Aufgrund ihrer geringen Stückzahl kann man daher anthropogene Nasswiesen als Ersatzgesellschaften für Auenwälder zumindest nicht großflächig vermuten. Die Pflanzen dürften vielmehr vornehmlich in Seggenriedern und Röhrichten gewachsen sein, die mehr als 10% Anteil an den Wildpflanzen haben und durch viele charakteristische Arten belegt sind. Diese Vegetation war Bestandteil des natürlichen Verlandungsgürtels am See. Dessen höchstgelegene, seefernste Bereiche wurden von Großseggenbeständen eingenommen, die hier aber nur in Spuren erfasst sind, zum Bespiel durch Sumpfsegge (*Carex acutiformis*), Sumpf-Rispengras (*Poa palustris*), Rispensegge (*Carex paniculata*), Sumpf-Helmkraut (*Scutellaria galericulata*), Wundersegge (*Carex appropinquata*) und Steife Segge (*Carex elata*). Weiter seewärts folgte der Röhrichtgürtel. Seine typischen Vertreter, Seebinse (*Schoenoplectus lacustris*), Zypergras-Segge (*Carex pseudocyperus*), Schneidried (*Cladium mariscus*) und Schilf (*Phragmites australis*) sind sehr zahlreich belegt. Ein Vergleich mit heutiger Vegetation zeigt gute Übereinstimmung mit der montanen Ausprägung der Wasserschierling-Zypergras-Seggen-Gesellschaft (Cicuto-Caricetum pseudocyperi Boer et Sissingh. in Boer 42), wie sie für das Allgäu und Oberschwaben beschrieben wurde.[25] In dieser Röhrichtgesellschaft treten die oben angeführten Arten der Großseggenrieder und überhaupt die meisten in dieser ökologischen Gruppe zusammengefassten Arten als Begleiter auf. Es handelt sich um eine Schwingrasengesellschaft meso- bis eutropher Gewässer, meist dem Schilfgürtel gegen das offene Wasser hin vorgelagert, über mäßig kalkreichem bis kalkarmem Grund. Es ist eine Grenzgesellschaft zwischen Phragmition und Magnocaricion.

Neben den Ackerunkräutern bilden die Wasserpflanzen die größte ökologische Gruppe. Abgesehen von Armleuchteralgen, deren Oogonien in sehr großer Zahl gebildet werden und entsprechend häufig auftreten, sind Gelbe Teichrose (*Nuphar lutea*), Großes Nixkraut (*Najas marina*), Weiße Seerose (*Nymphaea alba*) und Schwimmendes Laichkraut (*Potamogeton natans*) besonders häufig. Der aktualistische Vergleich zeigt größte Ähnlichkeit mit der Tausendblatt-Gelbe Teichrosen-Gesellschaft (Myriophyllo-Nupharetum Koch 26) in der Subassoziation des Ährigen Tausendblatts (Myriophyllo-Nupharetum myriophylletosum spicati), wie sie in mehreren süddeutschen Regionen beschrieben wurde. Von den charakteristischen Arten fehlt das Tausendblatt, von dem subfossile Fruchtfunde aber überhaupt selten sind. Die Gesellschaft besiedelt stehende oder langsam fließende nährstoffreiche Gewässer mit Wassertiefen bis 4 m. Die Subassozation ist typisch für kalkreiche, eher mesotrophe und kühlere Gewässer montaner Lagen. Geht man zusammenfassend davon aus, dass die limnischen und telmatischen Pflanzenreste im wesentlichen in situ sind, also nicht durch das Wasser lateral verfrachtet wurden, also beispielsweise bei Hochwasser in seefernes und höheres Gelände, so lässt sich der Schussenrieder Siedlungsplatz folgendermaßen charakterisieren: Die Siedlung lag im Uferbereich eines meso- bis leicht eutrophen, mäßig kalkhaltigen Sees, der sich im Sommer nur mäßig erwärmte, und zwar wohl am landwärtigen Rand des Schwimmblattgürtels am Übergang zum Röhricht. Die mittlere Wassertiefe wird auf 0,5 bis 1,5 m geschätzt.

3.4 Die Pflanzenreste der Pfyn-Altheimer Schicht

Die undeutliche bis nicht vorhandene stratigraphische Trennung des Pfyn-Altheimer vom Schussenrieder Horizont steht im Gegensatz zur klaren archäologisch-typologischen Differenzierung. Sie erklärt sich durch die Bildung von nur wenigmächtigem oder gar keinem limnischem Sediment zwischen den beiden Besiedlungsphasen, möglicherweise auch dadurch, dass dem seebürtigen Material während der Ablagerung aufgearbeitetes Material aus der liegenden Schussenrieder Schicht

---

25 E. Oberdorfer, Süddeutsche Pflanzengesellschaften 1 (Stuttgart, New York 1977) 110 ff.

beigemengt wurde, oder dass es während der Pfyn-Altheimer Besiedlung zur Störung und Durchmischung des liegenden Seesediments kam. Das Ausbleiben limnischer Sedimentation könnte eine Folge tiefer Wasserstände sein. Wird eine kritische Wassertiefe unterschritten, so kann unter bestimmten Bedingungen eine Sedimentbildung unterbleiben.[26] Bei kleinen Seen wie dem Steeger See ist dies aber weniger wahrscheinlich als bei großen. Daher spricht einiges dafür dass der Siedlungsunterbruch zwischen dem Schussenrieder und dem Pfyn-Altheimer Horizont deutlich kürzer war als die maximal möglichen fünf Jahrhunderte.

3.4.1 Kulturpflanzen

Der Kulturpflanzenanteil in Pfyn-Altheim beträgt knapp 40%, also etwas weniger als in Schussenried. Den größten Anteil an den Kulturpflanzen hat wiederum das Getreide, allerdings mit knapp 60% ebenfalls etwas weniger als in Schussenried. Insbesondere unverkohltes Getreide ist seltener.

Mehrzeilige Nacktgerste (*Hordeum vulgare* f. *nudum*)

Anhand des unverkohlten Materials lassen sich kaum Schlüsse auf die Bedeutung der einzelnen Arten ziehen. Unverkohlte Körner sind sehr selten, und das Spektrum der unverkohlten Druschreste wird – erhaltungsbedingt verzerrt – von den Spelzweizen beherrscht. Bei den verkohlten Druschresten ist Mehrzeilge Nacktgerste dagegen so häufig wie Einkorn und häufiger als Emmer. An den verkohlten Körnern hat Gerste (Nacktgerste und nicht weiter differenzierbare Mehrzeilige Gerste) dagegen mehr als 90% Anteil.
Die starke Beteiligung verkohlten Materials am pflanzlichen Fundgut spricht für die Einmischung von Brandschichtmaterial. Dieses verkohlte Material gibt somit ein singuläres Ereignis wieder, was nicht mit dem langjährigen Durchschnitt übereinstimmen muß. Mit dieser Einschränkung kann man Mehrzeilige Nacktgerste als das Hauptgetreide der Pfyn-Altheimer Siedlung betrachten. Neben sicherer Nacktgerste wurde nur wegen schlechter Erhaltung nicht weiter differenzierbare Mehrzeilige Gerste registriert, aber überhaupt keine Spelzgerste.

Nacktweizen (*Triticum aestivum/durum/turgidum*)

Nacktweizen hat bei den verkohlten Körnern die höchste Stetigkeit, und wird bei den Druschresten hierin nur von Einkorn übertroffen. Gerste hat deutlich geringere Stetigkeiten. Ihre große Häufigkeit ist auf das massenhafte Vorkommen in wenigen Proben zurück zu führen. Somit liegt mit diesem mutmaßlichen verkohlten Gerstenvorrat möglicherweise doch ein Sonderfall vor, wogegen normalerweise vielleicht doch Nacktweizen das am meisten angebaute Getreide war. Auf jeden Fall dürften beide einen hohen Stellenwert gehabt haben.

Einkorn (*Triticum monococcum*)

Einkorn ist ebenfalls gut vertreten und dürfte keinesfalls nur von marginaler Bedeutung gewesen sein. Gegenüber Schussenried ist allerdings ein leichter Rückgang zu verzeichnen.

Emmer (*Triticum dicoccon*)

Emmer ist nur geringfügig seltener als Einkorn. Er ist jedoch deutlich seltener, als er in der Schussenrieder Schicht war. Beide wurden mit Sicherheit angebaut, waren aber von begrenzter Bedeutung.

Schlafmohn (*Papaver somniferum*)

Legt man unverkohltes Material zugrunde, so ist auch in Pfyn-Altheim Schlafmohn die häufigste Öl- und Faserpflanze, wenngleich mit deutlich geringerer Abundanz und Stetigkeit als in Schussenried.

---

26 M. Rösch, Holocene sediment accumulation in the shallow water zone of Lake Constance. Arch. Hydrobiol., Suppl. 107, Monogr. Stud. 4 (Stuttgart 1997) 541–562.

Gebauter Lein (*Linum usitatissimum*)
Je nach Erhaltungszustand und Resttyp ist Gebauter Lein etwa gleich häufig wie in Schussenried und dürfte von nicht geringerer Bedeutung wie Schlafmohn gewesen sein, möglicherweise sogar von größerer, wenn man das höhere Korngewicht bedenkt.

Rübenkohl (*Brassica rapa*)
Als dritte Öl- und Faserpflanze ist weiterhin der Rübenkohl zu nennen, der unverkohlt gleich häufig wie in Schussenried aber in Pfyn-Altheim auch verkohlt belegt ist.
Hülsenfrüchte sind in Pfyn-Altheim nicht nachgewiesen.

3.4.2 Sammelpflanzen

Sammelpflanzen sind in Pfyn-Altheim mit knapp 20% Anteil an der Pflanzenrest-Summe deutlich häufiger als in Schussenried, obwohl der Anteil unverkohlten Materials hier geringer ist. Da Sammelpflanzen ganz überwiegend in unverkohltem Zustand vorliegen, kann man ihnen eine deutlich größere Bedeutung zubilligen.

Himbeere (*Rubus idaeus*)
Die höchste Stetigkeit weist die Himbeere auf. Da bei ihr das Verhältnis von der Zähleinheit des subfossilen Resttyps, also Fruchtstein/Nüsschen zu ernährungsphysiologisch nutzbarer Biomasse wesentlich günstiger ist als bei der Wald-Erdbeere, dürfte sie von größerer nahrungswirtschaftlicher Bedeutung gewesen sein als jene.

Wald-Erdbeere (*Fragaria vesca*)
Die Wald-Erdbeere ist zwar mit über 1000 Exemplaren am häufigsten, da jedoch jeder der kleinen Scheinfrüchte zahlreiche Nüsschen aufsitzen, darf ihre Bedeutung für die menschliche Ernährung nicht überbewertet werden.

Traubenholunder (Roter H., *Sambucus racemosa*)
An dritter Stelle ist sowohl bezüglich Stückzahl wie bezüglich Stetigkeit der Traubenholunder zu nennen, der damit gegenüber Schussenried deutlich zugenommen hat. Der Strauch wächst bevorzugt in Schlag- und Vorwaldgesellschaften der montanen Stufe. In rohem Zustand gelten seine Früchte heutzutage als ungenießbar.[27]

Schwarzer Holunder (*Sambucus nigra*)
Nur wenig seltener als der Rote ist der Schwarze Holunder. Seine Früchte sind genieß- und vielfältig verwertbar. Er hat ähnliche Standorte wie der Traubenholunder, ist jedoch auch in tieferen Lagen und in Siedlungsnähe sehr häufig. Am Steeger See – seine Umgebung liegt zwischen 550 und 600 Meter über dem Meer – dürfte er seltener gewesen sein als der Traubenholunder.

Haselnuss (*Corylus avellana*)
Die Haselnuss ist in den einzelnen Proben jeweils nur mit wenigen Exemplaren – meist Schalenfragmenten – vertreten, hat aber in unverkohltem Zustand mehr als 40% und in verkohltem immerhin mehr als 20% Stetigkeit. Ihre nahrungswirtschaftliche Bedeutung dürfte somit weiterhin hoch gewesen sein.

---

27 G. HEGI, Illustrierte Flora von Mitteleuropa 6/2 (²Hamburg, Berlin 1966) 29.

Holzapfel (*Malus* cf. *sylvestris*)
Zu den häufigeren Obstfunden zählen auch die des Holzapfels, der gegenüber Schussenried zugenommen hat. Von Natur aus ein seltener Baum in Auenwäldern, erfährt er durch Auflichtung eine unbewusste Förderung, zu der durchaus eine bewusste kommen kann. Dass die kleinen Früchte schon im Neolithikum systematisch als Nahrung genutzt und auch durch Halbieren und Trocknen haltbar gemacht wurden, ist durch verkohlte Vorräte, beispielsweise aus der Pfyn-Altheimer Siedlung Oedenahlen belegt.[28]

Brombeeren (*Rubus fruticosus* agg.)
Brombeeren sind mit 35 Fruchtsteinen und knapp 30% Stetigkeit deutlich häufiger als in der Schussenrieder Schicht. Zwar gibt es von der Sammelart zahlreiche Kleinarten mit differenzierter Ökologie, die fruchtmorphologisch nicht unterscheidbar sind, doch kann man als gemeinsamen Nenner vielleicht festhalten, dass Brombeeren im Vergleich zu Himbeere und Erdbeere ältere Wald-Regenerationsstadien, mehr Lichtoffenheit und unter Umständen sogar dauerhafte, beispielsweise durch Beweidung an der Wiederbewaldung verhinderte Gebüschstadien anzeigen.

Kratzbeere (*Rubus caesius*)
Die Kratzbeere ist hingegen in der Pfyn-Altheimer Schicht viel seltener als in der Schussenrieder. Möglicherweise wurde sie nicht systematisch gesammelt, sondern ihr Eintrag beruhte auf der Verwechslung mit Brombeeren.

Als neue Sammelpflanze taucht in Pfyn-Altheim die Buchecker (*Fagus sylvatica*) auf. Nach Ausweis der Pollenanalyse begann die Ausbreitung der Rotbuche am Federsee erst ungefähr zur Zeit der Schussenrieder Kultur und kam zur Zeit der Horgener Kultur mit der erstmaligen Rotbuchendominanz zum Abschluss.[29]
Hagebutte (*Rosa*) und Hopfen (*Humulus lupulus*) sind als weitere Sammelpflanzen in der Pfyn-Altheimer Schicht in verkohltem Zustand belegt.

3.4.3 Sonstige Wildpflanzen

Bei den ökologischen Gruppen der sonstigen Wildpflanzen kommen zwischen dem Schussenrieder und dem Pfyn-Altheimer Horizont deutliche Veränderungen zum Ausdruck. Waren die Ackerunkräuter in Schussenried noch die größte Gruppe, so haben sie in Pfyn-Altheim nur noch 5% Anteil. Der Rückgang kommt auch beim Grundstock häufiger gemeinsamer Arten – Weißer Gänsefuß (*Chenopodium album*), Pfirsichblättriger Knöterich (*Polygonum persicaria*), Windenknöterich (*Polygonum convolvulus*), Rauhe Gänsedistel (*Sonchus asper*), Schwarzer Nachtschatten (*Solanum nigrum*), Kleinfrüchtiger Leindotter (*Camelina microcarpa*), Ackerminze (*Mentha arvensis*) und Vielsamiger Gänsefuß (*Polygonum polyspermum*) – zum Ausdruck: Sowohl Abundanz als auch Stetigkeit sind stark zurück gegangen. Bei den übrigen, selteneren Taxa ist bei sieben keine Veränderung feststellbar, jedoch stehen 17 in Pfyn-Altheim nicht mehr nachgewiesenen Arten nur fünf neu nachgewiesene gegenüber. Somit ist auch die Artenvielfalt geringer geworden. Vom Schwund betroffen sind einerseits verkohlte Erhaltungsformen, andererseits die meisten säure- oder basenholden Arten. Bei den neu nachgewiesenen handelt es sich mit Melde (*Atriplex*), Roter Taubnessel (*Lamium purpureum*), Acker-Spörgel (*Spergula arvensis*) und Kleiner Brennnessel (*Urtica urens*) um hinsichtlich der Basenversorgung

---

28 MAIER 1995 (Anm. 1) 218 ff.
29 H. LIESE-KLEIBER, Pollenanalysen zur Geschichte der Siedlungslandschaft des Federsees vom Neolithikum bis ins ausgehende Mittelalter. Diss. Bot. 196 (Berlin, Stuttgart 1993) 347–368.

ambivalente Arten, die aber durchweg gute Stuckstoffversorgung anzeigen. Die hier angezeigten möglichen ökologischen oder wirtschaftlichen Veränderungen sind im Kontext mit den Veränderungen der Großrestspektren insgesamt zu sehen und sollen Gegenstand späterer Diskussion sein. Ebenfalls ein Rückgang ist bei der mengenmäßig kleinen, aber artenreichen Gruppe „Tritt-, Zwergbinsen- und Schlammuferfluren zu beobachten. Das betrifft einerseits die Abnahme von Abundanz und Stetigkeit der drei häufigsten Vertreter dieser Gruppe, Ampfer-Knöterich (*Polygonum lapathifolium*), Kleiner Knöterich (*Polygonum minus*) und Vogel-Knöterich (*Polygonum aviculare*), andererseits den ausbleibenden Nachweis von 12 der selteneren Taxa, denen das erstmalige Auftreten von lediglich acht Taxa gegenüber steht. Betrachtet man die ökologische Gruppe differenziert nach den darin zusammengefassten phytosoziologischen Klassen, so ist ein Rückgang bei Trittrasen- oder eher unspezifischen Arten zu beobachten, bei Arten der Schlammuferfluren wie Gift-Hahnenfuß (*Ranunculus sceleratus*), Graugrünem Gänsefuß (*Chenopodium glaucum*), Wasserpfeffer (*Polygonum hydropiper*), Ufer-Ampfer (*Rumex maritimus*) hingegen eine Zunahme. Ebenso nehmen Arten zu, die von Trittrasen ins Grünland, vornehmlich in Fettweiden übergreifen. Hier wären Kleine Braunelle (*Prunella vulgaris*), Gewöhnliches Ferkelkraut (*Hypochoeris radicata*) und Weißklee (*Trifolium repens*) zu nennen.

Eine ähnliche Tendenz ist bei den Ruderalpflanzen zu verzeichnen, wenngleich der Rückgang der Gruppe von 12,4 auf 9,6% schwächer ausfällt. Betroffen sind wiederum die häufigen Vertreter, Große Brennessel (*Urtica dioica*), Rainkohl (*Lapsana communis*), Wassermiere (*Myosoton aquaticum*), sowohl in der Abundanz wie in der Stetigkeit. Elf nicht mehr nachgewiesenen Taxa stehen nur drei neu erscheinende gegenüber. Eine deutliche Zunahme verzeichnet nur die Wald-Nabelmiere (*Moehringia trinerva*), eine Art der Waldsäume und lichterer Stellen in Laubwäldern.

Ohne Einbezug der Sammelpflanzen nimmt die Gruppe ‚Schlagfluren und Gebüsch' von 3,6 auf 9,8% zu, unter deren Einbezug von 33 auf 40%. Dabei nehmen vor allem Sträucher und Pioniergehölze zu, während Kräuter und Sträucher jüngerer Schlagstadien eher abnehmen.

Das Grünland im weitesten Sinne, bestehend aus den phytosoziologischen Klassen Trifolio-Geranietea (Trockensäume), Festuco-Brometea/Sedo-Scleranthetea (Magerrasen), Molinio-Arrhenatheretea ohne Molinetalia (Wirtschaftsgrünland außerhalb der Auen) und Nardo-Callunetea (Borstgrasrasen und Ginsterheiden) ist wie schon zuvor klein und wenig verändert.

Wenig Veränderung zeigt auch die Wald-Gruppe, die von 11,6 auf 9% zurückgeht. Hinsichtlich der Artenzahl ist es die umfangreichste Gruppe.

Die Gruppe des nassen Grünlands und der Staudenfluren (Molinietalia) wurde nicht dem Grünland im weitesten Sinne angeschlossen, sondern der Gruppe Röhricht/Seggenrieder vorangestellt. Damit soll die Ansicht zum Ausdruck kommen, dass diese Pflanzen nicht von großflächigem, regelmäßig gemähten oder beweidetem Grünland grundwasserbeeinflusster Böden stammen, sondern eingesprengt vor allem in natürlichen Seggenriedern wuchsen und dort kleinflächige Störungen durch Begehung und sporadische und mäßige Nutzung anzeigen. Verglichen mit spätbronzezeitlichen Fundkomplexen sind es wenige, wenngleich aussagekräftige Arten.[30] In Pfyn-Altheim ist gegenüber Schussenried ein Rückgang zu verzeichnen, was den Abundanzanteil der Gruppe, die Stetigkeit und Abundanz der einzelnen Arten, sowie die Artenzahl betrifft.

Demgegenüber erfährt die Gruppe Röhricht/Seggenrieder eine Zunahme von 13,8 auf 41,1% und ist in Pfyn-Altheim die mit Abstand größte Gruppe, sofern man bei den Schlägen/Gebüschen die Sammelpflanzen unberücksichtigt lässt. Die häufigen Röhrichtarten Seebinse (*Schoenoplectus lacustris*), Zypergras-Segge (*Carex pseudocyperus*), Schneidried (*Cladium mariscus*) und Schilfrohr (*Phragmites australis*) nehmen durchweg nochmals zu. An der vegetationskundlichen Bewertung als Wasserschierling-Zypergras-Seggen-Gesellschaft (Cicuto-Caricetum pseudocyperi BOER et SISSINGH. in BOER

---

30 M. RÖSCH, Vom Urwald zum Maisfeld – Landschaftsgeschichte am Bodensee/Untersee. „Was haben wir aus dem See gemacht?" Kulturlandschaft Bodensee Teil II – Untersee. Landesdenkmalamt Baden-Württemberg, Arbeitsh. 12 (Stuttgart 2003) 32 Abb. 14.

42) ändert sich nichts. Festzuhalten ist indes, dass sich der Röhrichtgürtel gegenüber der Schussenrieder Phase vergrößert hat oder näher an den Fundplatz gerückt ist. Als Ursachen dafür kommen Pegelschwankungen und der natürliche Verlandungsprozeß in Frage.

Dementsprechend ist bei den Wasserpflanzen ein leichter Rückgang von 22 auf 17% Redundanzanteil festzustellen. Von den häufigen Arten betrifft das vor allem die Armleuchteralgen.

4. Diskussion

4.1 Zu Landnutzung, Ernährung und Umwelt der Schussenrieder Kultur

Aus neun Fundplätzen der Schussenrieder Kultur liegen nunmehr botanische Untersuchungen vor (vgl. Einleitung). Die Ergebnisse unterscheiden sich aufgrund des untersuchten Materials und der Methodik. Erhaltungsbedingungen und untersuchte Materialmenge/Probenzahl spielen dabei eine besondere Rolle. Trotz dieser Schwierigkeiten, der eine vergleichende Auswertung dadurch unterliegt, soll eine solche nachfolgend versucht werden. Dazu wurde eine synoptische Tabelle (Tab. 7; CD) erstellt, die absolute Fundzahlen und Stetigkeiten für die Nahrungspflanzen und wichtige Wildpflanzen, geordnet nach ökologischen Gruppen, darstellt. Pflanzen von naturnahen und mutmaßlich kaum genutzten Formationen, also hauptsächlich Feuchtgebiete und Wälder, blieben ebenso unberücksichtigt wie ökologisch nicht klassifizierbare Taxa oder solche, die nur an einem Platz gefunden wurden.

Beim Getreide haben Körner von Einkorn, Emmer und Gerste jeweils 100% Stetigkeit, Nacktweizen 89%. Auch nach Stückzahlen würden alle vier etwa gleichauf liegen, wenn nicht aufgrund großer Vorratsfunde aus Ehrenstein hier die beiden Spelzweizen ein Übergewicht hätten. Auch bei den Druschresten liegt dieses Quartett in der Stetigkeit gleichauf. Das zahlenmäßige Übergewicht der Spelzweizen bei den Stückzahlen ist taphonomisch bedingt. Andere Getreide sind bedeutungslos, bzw. es bedürften die Bestimmungen in einzelnen Fällen einer Revision.[31] Demnach wurden in der Schussenrieder Kultur die vier Getreidearten Einkorn, Emmer, Nacktweizen und Mehrzeilige (Nackt-)Gerste angebaut und waren insgesamt alle von etwa gleicher Bedeutung, wobei die Dominanzverhältnisse von Fundplatz zu Fundplatz wechseln. Auch bei den Öl- und Faserpflanzen finden wir ein Quartett, bestehend aus Gebautem Lein, Schlafmohn, Feldkohl/Rübsen und Leindotter, wobei die beiden erstgenannten von größerer Wichtigkeit sind. Die geringere Stetigkeit der Öl- und Faserpflanzen gegenüber dem Getreide hat taphonomische Gründe: Mehr als die Hälfte der Fundplätze sind Trockenbodensiedlungen, wo Öl- und Faserpflanzen schlecht repräsentiert sind. Als weitere Kulturpflanze tritt die Erbse mit recht hoher Stetigkeit und Stückzahl auf. Demnach dürfte sie ähnlich häufig angebaut worden sein wie im Alt- und Mittelneolithikum und deutlich häufiger als im jüngeren Jung- und Endneolithikum. Was die bisher abgehandelten Anbaupflanzen der Schussenrieder Kultur und ihre Wertigkeit betrifft, so fügt sich Aulendorf zwanglos in dieses Bild. Als weitere Kulturpflanzen sind die Gewürze Dill und Petersilie zu nennen. Während der Fund von Dill durch weitere jungneolithische Belege aus dem Feuchtbodenbereich gestützt wird, steht der Petersilienfund von Hochdorf isoliert und ist angesichts der dortigen Erhaltungsbedingungen mit der gebotenen Zurückhaltung zu bewerten.[32] Grundsätzlich sind jedoch Frühformen von Gartenbau und dabei

---

31 Insbesondere wäre bei den Dinkelfunden zu prüfen, ob es sich nicht um einen neuerdings beschriebenen, bislang übersehenen Spelzweizentyp handelt, der große morphologische Ähnlichkeit mit dem modernen Triticum timophevii aufweist, vgl. G. JONES/S. VALAMOTI/M. CHARLES, Early crop diversity: a "new" glume wheat from northern Greece. Vegetation History and Archaeobotany 9, 2000, 133–146.

32 M. RÖSCH, Petersilie. In: RGA² (Berlin, New York 2002) 629 ff. – Vgl. aber die eisenzeitlichen Gewürzpflanzenfunde im Burggraben der Heuneburg: M. RÖSCH/E. FISCHER/H. MÜLLER/M. SILLMANN/H. P. STIKA, Botanische Untersuchungen zur eisenzeitlichen Landnutzung im südlichen Mitteleuropa. In: D. Krausse (Hrsg.). Frühe Zentralisierungs- und Urbanisierungsprozesse [Festschr. Jörg Biel]. Forsch. u. Ber. Vor- u. Frühgeschichte Baden-Württemberg 101 (Stuttgart 2008) 333 f.

die Verwendung von Pflanzen mediterraner Herkunft für das Spätneolithikum nicht auszuschließen. Insgesamt 15 Ackerunkräuter kommen an mehr als einem Fundplatz der Schussenrieder Kultur vor und können als bezeichnend gewertet werden. Es sind allerdings durchweg Taxa, die seit der Bandkeramik mit großer Regelmäßigkeit auftreten. Mit hoher Stetigkeit findet sich Weißer Gänsefuß (*Chenopodium album*), Windenknöterich (*Polygonum convolvulus*) und Kleb- oder Saat-Labkraut (*Galium aparine/spurium*).[33] Mittlere Stetigkeit weisen Trespen (*Bromus*, Roggentrespe, Ackertrespe-Typ und nicht näher bestimmbare Trespen), Wildhirsen (Grüne oder Quirlige Borstenhirse, *Setaria verticillata/viridis*)), sowie Gänsedistel (*Sonchus asper/oleraceus*)[34] auf. Die übrigen Taxa, Pfirsichblättriger Knöterich (*Polygonum persicaria*), ein Hohlzahn (*Galeopsis angustifolia*-Typ), Vogelmiere (*Stellaria media*), (Acker-)Gauchheil (*Anagallis arvensis/foemina*), Rote Borstenhirse (*Setaria pumila*), Schwarzer Nachtschatten (*Solanum nigrum*) und Klatsch- oder Saat-Mohn (*Papaver rhoeas/dubium*), wurden nur an zwei oder drei Plätzen gefunden. Alle diese Ackerunkräuter sind Einjährige. Sie zeigen eher stickstoffreiche Standorte an.[35] Acht werden als Hackfrucht- und Sommergetreideunkräuter, fünf als Halmfrucht-(=Wintergetreide-)Unkräuter gewertet.

Die Gruppe ‚Tritt, Schlammuferfluren, Pioniere' umfasst 15 für die Schussenrieder Kultur bezeichnende Arten, ist jedoch sowohl in der ökologischen Klassifizierung als auch hinsichtlich der mutmaßlichen Paläo-Standorte heterogen. Einigermaßen hohe Stetigkeit weist nur der Vogelknöterich (*Polygonum aviculare*) auf, der Tritt und Bodenverdichtung auf Äckern, Wegen, an Ruderalstellen usw. anzeigt. Hier wäre mit mittlerer Stetigkeit der Kriechende Hahnenfuß (*Ranunculus repens*) anzuschließen, der zusätzlich in Wiesen und Wäldern, sowie an Ufern vorkommt. Alle übrigen kommen nur an zwei bis drei Fundplätzen vor. Davon dürften die Nässe und Nährstoffreichtum anzeigenden Arten Gift-Hahnenfuß (*Ranunculus sceleratus*), Ampfer-Knöterich (*Polygonum lapathifolium*), Kleiner und Milder Knöterich (*Polygonum minus* und *mite*) vornehmlich ruderal im Siedlungsgelände gewachsen sein.[36] Die übrigen, Großer Wegerich (*Plantago major*), Weiche Trespe (*Bromus hordeaceus*), Jähriges Rispengras (*Poa annua*), Vielsamiger Gänsefuß (*Chenopodium polyspermum*), Besenrauke (*Descurainia sophia*), Taube oder Dach-Trespe (*Bromus sterlis* und *tectorum*), Hirtentäschelkraut (*Capsella bursa-pastoris*), Krauser oder Stumpfblättriger Ampfer (*Rumex crispus* und *obtusifolius*) und Eisenkraut (*Verbena officinalis*) sind Tritt- und Bodenverdichtungszeiger oder Einjährig-Ruderale, die vermutlich sowohl auf den Feldern wie im Siedlungsgelände vorkamen. Sechs Arten sind Einjährig-Ruderale, vier werden den Zweizahn-Schlammufergesellschaften und je zwei den Trittpflanzengesellschaften sowie den Flutrasen und Feuchtweiden zugerechnet. Drei mehrjährigen (Hemikryptophyten) stehen elf einjährige Pflanzen gegenüber. Der mittlere ELLENBERG-Stickstoffwert dieser Gruppe liegt – bei großer Varianz – mit 6,6 nur wenig über dem der Ackerunkräuter.

Von den typischen, ausdauernden Ruderalpflanzen weist nur die Große Brennessel (*Urtica dioica*) eine mittlere Stetigkeit auf. Die übrigen fünf Arten kommen nur an zwei oder drei Fundplätzen vor. Darunter sind eine Charakterart der Klettenfluren und zwei Charakterarten der Eselsdistelfluren trockener Standorte.

Von den 17 Taxa der ökologischen Gruppe Säume/Schläge, die bezeichnend für die Schussenrieder Kultur sind, lassen sich einige nur vage klassifizieren, weil es sich um Typen/Artengruppen oder

---

33 Diese beiden Arten wurden zusammengefasst, weil sie oft anhand verkohlter Samen nicht unterscheidbar sind und nicht unterschieden wurden. Beide können als Ackerunkräuter gewertet werden, wenngleich das Kleb-Labkraut nicht in strengem Sinne, da sein aktueller Verbreitungsschwerpunkt in Ruderalgesellschaften der Galio-Urticenea liegt; vgl. OBERDORFER (Anm. 13) 770.

34 Überwiegend handelt es sich um die Rauhe Gänsedistel (*Sonchus asper*).

35 Die mittlere ELLENBERG-Stickstoffzahl von 6,3 ist praktisch identisch mit derjenigen der Unkräuter aus den Getreidevorräten von Hornstaad Hörnle IA, was nicht überrascht, handelt es sich doch nicht nur um etwa den gleichen Zeithorizont, sondern auch um weitgehende die gleichen Arten. Für spätere Perioden verschiebt sich dieser Zeigerwert mehr und mehr zum Stickstoffärmeren.- Vgl. H. ELLENBERG/H. E. WEBER/R. DÜLL/V. WIRTH/ W. WERNER/D. PAULISSEN, Zeigerwerte von Pflanzen in Mitteleuropa. Scripta Geobotanica 18 (Göttingen 1991). – M. RÖSCH/O. EHRMANN/L. HERRMANN/A. BOGENRIEDER/U. DEIL/J. G. GOLDAMMER/H. PAGE//M. HALL/ W. SCHIER, E. SCHULZ, Anbauversuche zur prähistorischen Landwirtschaft in Forchtenberg, Hohenlohekreis (Baden-Württemberg). Albersdorfer Forsch. Arch. u. Umweltgesch. 2 (Heide 2001) 96 f.

um Arten mit sehr weiter ökologischer und soziologischer Amplitude handelt. Das sind Rainkohl (*Lapsana communis*), Typ Stechender Hohlzahn (*Galeopsis tetrahit*-Typ), Bittersüßer Nachtschatten (*Solanum dulcamara*), Typ behaartes Weidenröschen (*Epilobium hirsutum*-Typ), Rote Lichtnelke (*Silene dioica*) und Typ Nesselblättrige Glockenblume (*Campanula trachelium*-Typ). Mit hoher Stetigkeit tritt nur der Rainkohl auf, mit mittlerer der Hohlzahn. Die übrigen sind selten (zwei bis drei Fundplätze). Rainkohl hat seinen aktuellen Verbreitungsschwerpunkt in Stickstoff-Krautsäumen von Gehölzen, kommt aber auch auf Äckern vor. Der Hohlzahn ist nicht genau klassifizierbar, doch lässt sich auch hier Gehölznähe – in räumlicher oder zeitlicher Sicht – als wohl zutreffendes Kriterium festhalten. Das gilt auch für die übrigen Arten, die weiter in zwei Gruppen aufzugliedern sind, eine erste stickstoffreicher, frischer bis feuchter Säume, mit Hundspetersilie (*Aethusa cynapium*), Wassermiere (*Myosoton aquaticum*), Wasserdost (*Eupatorium cannabinum*), Klettenkerbel (*Torilis japonica*), Weidenröschen (*Epilobium*), Roter Lichtnelke (*Silene dioica*), Hainampfer (*Rumex sanguineus*), Glockenblume (*Campanula*), Krauser Distel (*Carduus crispus*) und Waldziest (*Stachys sylvatica*), und eine zweite trockener nährstoffarmer Säume auf flachgründigen Böden, oft in südexponierter Lage mit Wirbeldost (*Clinopodium vulgare*), Wildem Majoran (*Origanum vulgare*), Odermenning (*Agrimonia eupatorium*) und Nickendem Leimkraut (*Silene nutans*). Beides kann in der Landschaft eng verzahnt sein. Insgesamt kann die Gruppe dort vorkommen, wo im Zuge der Siedlungstätigkeit offene Flächen im Wald und Waldränder entstanden. Ob diese Flächen unbewirtschaftet waren, beweidet oder besammelt wurden oder gar Teil der Feldflur waren, muß zunächst offen bleiben. Die letzte Möglichkeit wäre über verkohlte Belege in verkohlten Getreidevorräten zu prüfen. Hierfür bietet sich derzeit nur die Brandschicht von Hornstaad-Hörnle IA an.[37] Von den 17 Arten dieser Gruppe sind immerhin acht in den Getreidevorräten von Hornstaad belegt.[38]

Die zehn Arten der Grünlandgruppe haben alle nur geringe Stetigkeit. Einige Arten sind pflanzensoziologisch nicht klassifizierbar. Die übrigen kommen heute, mit Ausnahme des Acker-Hornkrauts (*Cerastium arvense*, Halbruderale Halbtrockenrasen) hauptsächlich in mehrschürigen, gedüngten Wiesen vor. Es sind Wiesen-Lieschgras (*Phleum pratense*), Deutsches Weidelgras (*Lolium perenne*), Gewöhnliches Hornkraut (*Cerastium fontanum*), Gewöhnliche Wucherblume (*Chrysanthemum leucanthemum*) und Wiesen-Bärenklau (*Heracleum sphondyleum*). Betrachtet man aber metallzeitliche Getreidevorräte, so zeigt sich, dass man bei der Hälfte dieser Arten, nämlich Wiesen-Lieschgras, Sandkraut (*Arenaria serpyllifolia*), Weidelgras, Wucherblume und Quecke (*Agropyron*) von früherem Vorkommen auf den Äckern ausgehen muß. Das gilt möglicherweise nicht nur für die Metallzeiten, sondern auch für das Neolithikum,[39] zumal man derzeit nicht von der Existenz von Wirtschaftsgrünland im Neolithikum ausgehen kann.

Zieht man eine Bilanz zur Landnutzung der Schussenrieder Kultur, so bleibt festzuhalten, dass sich die Kulturpflanzenspektren durch größere Vielfalt beim Getreide und größere Häufigkeit der Erbse von räumlich und zeitlich eng benachbarten Kulturgruppen unterscheiden, dass aber die Wildpflanzenspektren sehr ähnliche bis identische Landnutzungskonzepte nahe legen. Diese wurden, insbesondere auf der Basis der besonders intensiv untersuchten Siedlung Hornstaad-Hörnle IA am westlichen Bodensee seit längerem und kontrovers diskutiert.[40] Darauf soll an dieser Stelle nicht weiter eingegangen werden.

---

36 Sie kommen auch vornehmlich in Feuchtboden-Fundplätzen vor, die nicht nur eutrophiert, sondern auch nass gewesen sein dürften.
37 MAIER (Anm. 19). – J. SCHIBLER/H. HÜSTER-PLOGMANN/S. JACOMET/C. BROMBACHER/E. GROSS-KLEE/A. RAST-EICHER, Ökonomie und Ökologie neolithischer und bronzezeitlicher Ufersiedlungen am Zürichsee. Monogr. Kantonsarch. Zürich 20 (Egg, Zürich 1997).
38 Wenngleich man davon ausgehen kann, dass diese Arten damals regelmäßig auf Feldern wuchsen, also neolithische Ackerunkräuter waren, müssen sie bei Anwendung des Aktualitätsprinzips in ihrer ökologischen Gruppe ‚Saum/Schlag' aufgeführt werden. Nur dadurch kommt ihr spezifischer ökologischer Zeigerwert zum Ausdruck, der den damaligen Äckern ökologische Bedingungen attestiert, wie sie heute auf Schlagfluren und in Waldsäumen herrschen.
39 In den Getreidevorräten von Hornstaad ist mit dem Sandkraut allerdings nur eine dieser Arten vertreten; vgl. MAIER (Anm. 19) 79 ff. *Anm. 40 folgende Seite*

4.2 Zu Landnutzung, Ernährung und Umwelt der Pfyn-Altheimer Gruppe

Mit lediglich drei Fundplätzen ist der Forschungsstand für die Pfyn-Altheimer Gruppe noch wesentlich schlechter als für die Schussenrieder Kultur (Tab. 8; CD).[41] Daher sind hier keine sinnvollen Aussagen aufgrund der Stetigkeit möglich, sondern es müssen Fundzahlen betrachtet werden, was die Aussagemöglichkeiten einschränkt.

Im Getreidebau bleibt das Arteninventar unverändert. Bezogen auf Kornfunde und bei Berücksichtigung taphonomischer Vorgaben auch bei den Druschresten ablesbar, scheinen nun freidreschende Getreide, Nacktweizen und Nacktgerste, gegenüber den Spelzweizen ein Übergewicht zu haben. Im Aulendorfer Material kommt dies bei den Körnern ebenfalls zum Ausdruck. Allerdings ist hier Gerste viel häufiger als Nacktweizen. Die Gründe dafür wurden bereits diskutiert und haben möglicherweise nichts mit den Anbauverhältnissen zu tun.

Bei den Öl- und Faserpflanzen bleibt es beim gleichen Quartett wie in der Schussenrieder Kultur, allerdings nur in Aulendorf komplett, in Ödenahlen beschränkt auf die beiden wichtigsten Arten, Gebauter Lein und Schlafmohn. In Reute fehlen Öl- und Faserpflanzen völlig.[42] Hülsenfrüchte und andere Kulturpflanzen sind bisher für die Pfyn-Altheimer Gruppe nicht belegt, was eine Frage des Forschungsstandes sein könnte.

Bei den Sammelpflanzen ist eine Bewertung der wirtschaftlichen Bedeutung aufgrund gefundener Stückzahlen aus taphonomischen Gründen sinnlos, denn eine verkohlte Apfelhälfte beinhaltet eine ganz andere Aussage als ein Erdbeer-Nüsschen. Betrachtet man die Stetigkeit und behält diese unterschiedliche taphonomische Wertigkeit im Auge, so scheinen Apfel und Haselnuss vielleicht am wichtigsten gewesen zu sein, gefolgt von Himbeere, Brombeere, Schwarzem Holunder und Erdbeere. Darüber hinaus ist eine systematische Nutzung von Buchecker, Hagebutte, Eichel, Hopfen, Judenkirsche, möglicherweise auch von Kratzbeere und Traubenholunder denkbar. Es sind die gleichen Pflanzen wie in der Schussenrieder Kultur. Das Fehlen von Schlehe, Rotem Hartriegel und Zwergholunder in der Pfyn-Altheimer Gruppe dürfte eine Frage des Forschungsstandes sein. Ob der für die Schussenrieder Kultur belegte Wacholder genutzt wurde, ist unsicher. Der frühe Fund von Pflaumensteinen (*Prunus insititia*) aus Ehrenstein steht für Mitteleuropa isoliert, hat aber sogar ältere Parallelen in Südosteuropa.[43] Weitere mögliche Sammelpflanzen der Pfyn-Altheimer Gruppe sind Wassernuss (*Trapa natans*), Faulbaum (*Frangula alnus*), Heidelbeere (*Vaccinium myrtillus*), Zwergholunder (*Sambucus ebulus*) und Gewöhnlicher Schneeball (*Viburnum opulus*). Von diesen ist jedoch nur für die Wassernuss ein systematisches Besammeln nahe liegend, und zwar nicht nur aufgrund der Fundzahl sondern auch aufgrund von ähnlichen Beobachtungen in jüngeren prähistorischen

---

40 M. Rösch, Zur Umwelt und Wirtschaft des Neolithikums am Bodensee – Botanische Untersuchungen in Bodman-Blissenhalde. Arch.. Nachr. Baden 38/39, 1987, 49 ff. – Ders., Veränderungen von Wirtschaft und Umwelt während Neolithikum und Bronzezeit am Bodensee. Ber. RGK. 71, 1990, 177 ff. – Ders., Anthropogener Landschaftswandel in Mitteleuropa während des Neolithikums. Beobachtungen und Überlegungen zu Verlauf und möglichen Ursachen. Germania 78/2, 2000, 293–318. – M. Rösch/O. Ehrmann/L. Herrmann/E. Schulz/A. Bogenrieder/J. P. Goldammer/M. Hall/H. Page/W. Schier, An experimental approach to Neolithic shifting cultivation. Vegetation History and Archaeobotany 11, 2002, 143 ff. – Schibler et al. (Anm. 37) 270 ff. – Maier (Anm. 19) 91 ff. – A. Bogaard, Questioning the relevance of shifting cultivation to Neolithic farming in the loess belt of western-central Europe: evidence from the Hambach Forest experiment. Vegetation History and Archaeobotany 11, 2002, 155–168. – Dies., Neolithic farming in Central Europe. An archaeobotanical study of crop husbandry practices (London, New York 2004) 21 ff.

41 Ein Einbezug der zeitgleichen und verwandten Pfyner Kultur und Altheimer Gruppe wurde unterlassen, da hierzu neue Untersuchungen im Gange sind, nach deren Abschluss sich eine neue Gesamtbetrachtung anbietet.

42 Dies dürfte aber am untersuchten Material liegen. Die vorgelegten Stück- und Artenzahlen nähren den Verdacht, dass hier kein optimales Material beprobt und untersucht wurde. In älteren Untersuchungen von K. Bertsch (Anm. 44) wurden in Reute sowohl Schlafmohn als auch Gebauter Lein nachgewiesen. – Vgl. Hafner (Anm. 2) 391 ff.

43 E. Fischer/M. Rösch, 8. Archäobotanische Untersuchungen. In: W. Schier/F. Drașovean, Vorbericht über die rumänisch-deutschen Prospektionen und Ausgrabungen in der befestigten Tellsiedlung von Uivar, jud. Timiș, Rumänien (1998–2002). Praehist. Zeitschr. 79/2, 2004, 219 f.

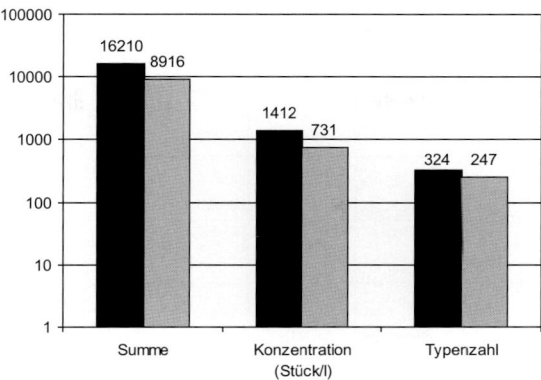

Abb. 1: Vergleich der Schussenrieder und Pfyn-Altheimer Schichten von Aulendorf, Steeger See. Stückzahlen, Konzentrationen Artenzahlen. ■ Schussenried; ▨ Pfyn-Altheim.

	Schussenried	**Pfyn-Altheim**
unverkohlt	14609	7210
verkohlt	1602	1707
	27 Proben	24 Proben
Gewicht (g)	15502	17232
Volumen (ml)	11480	12195

Abb. 2: Vergleich der Schussenrieder und Pfyn-Altheimer Schichten von Aulendorf, Steeger See. Verhältnis von verkohlten zu unverkohlten Pflanzenresten.

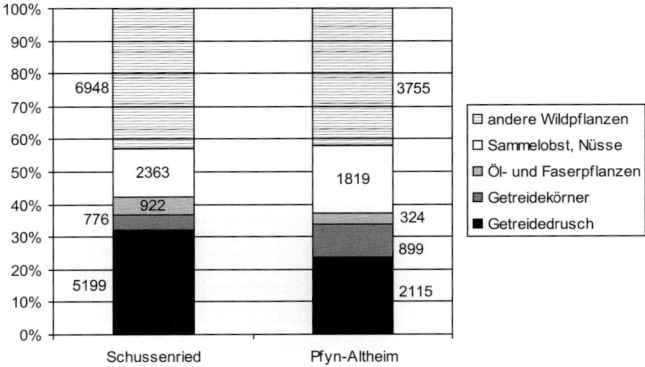

Abb. 3: Vergleich der Schussenrieder und Pfyn-Altheimer Schichten von Aulendorf, Steeger See. Anteile der Nutzungsgruppen.

Siedlungen des Gebiets und in älteren in Südosteuropa.[44] Bei den übrigen könnten Zufallsfunde oder auch anderweitige Nutzung als zur Ernährung vorliegen.

---

44 K. BERTSCH, Paläobotanische Monographie des Federseerieds. Bibl. Bot. 103, Bd. 26 (Stuttgart 1931) 103. – S. KARG, Bizarre Früchte aus dem Wasser. Am Federsee wurde eine vergessene Nutzpflanze wiederentdeckt (Reportage.) Schönes Schwaben 7, 1996, 8 ff. – FISCHER/RÖSCH (Anm. 43) 219 f. – Für Einsicht in unpublizierte Daten vom Federsee danke ich Dr. URSULA MAIER.

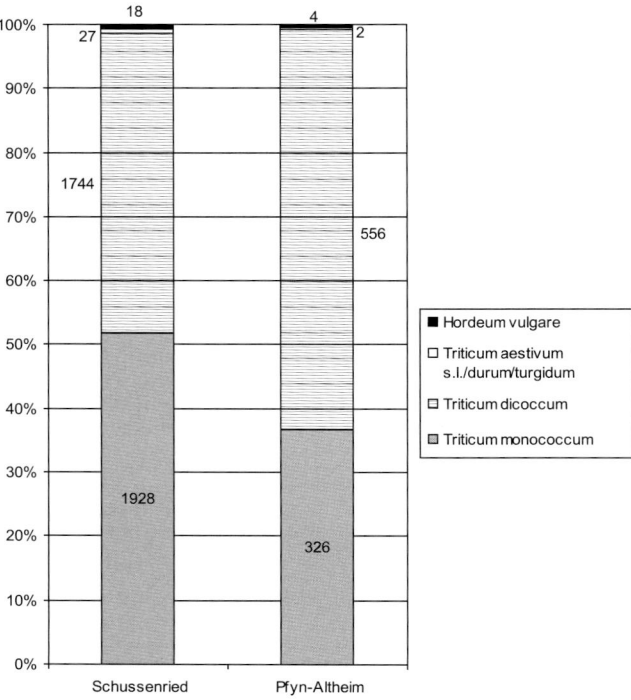

Abb. 4: Vergleich der Schussenrieder und Pfyn-Altheimer Schichten von Aulendorf, Steeger See. Mengenverhältnisse beim unverkohlten Getreidedrusch.

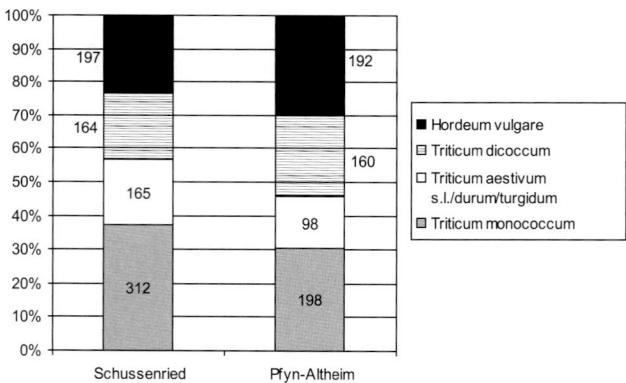

Abb. 5: Vergleich der Schussenrieder und Pfyn-Altheimer Schichten von Aulendorf, Steeger See. Mengenverhältnisse beim verkohlten Getreidedrusch.

In Pfyn-Altheim ist von den Ackerunkräutern der Schussenrieder Kultur aufgrund des schlechteren Untersuchungsstandes nur ein Rumpfseptett erfasst, das aus den im Neolithikum Mitteleuropas weitest verbreiteten Ackerunkräutern besteht. Sie sind alle für frische, tiefgründige Lehmböden mit mittlerer bis guter Nährstoffversorgung und ausgeglichenem Wasserhaushalt bezeichnend. Neu hinzu kommt mit der Kleinen Brennessel (*Urtica urens*) eine Art, die typisch ist für stickstoffreiche Standorte. So verwundert es nicht, dass sich für diese Arten ein mittlerer ELLENBERG-Stickstoffzeigerwert von 7,3 ergibt, höher als in der Schussenrieder Kultur und so hoch wie in der Linearbandkeramik.[45]

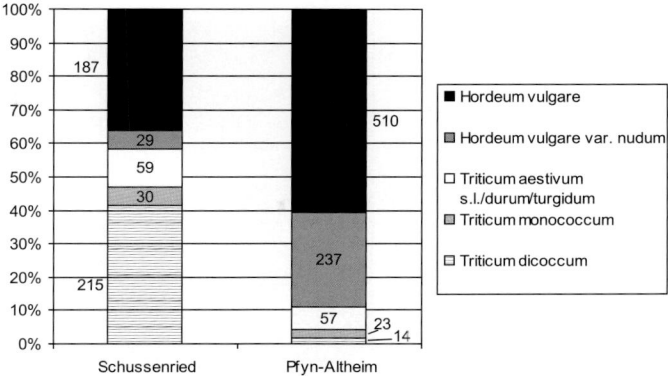

Abb. 6: Vergleich der Schussenrieder und Pfyn-Altheimer Schichten von Aulendorf, Steeger See.
Mengenverhältnisse der verkohlten Getreidekörner.

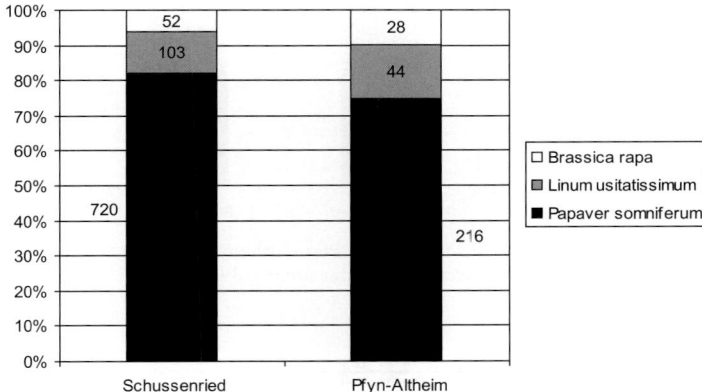

Abb. 7: Vergleich der Schussenrieder und Pfyn-Altheimer Schichten von Aulendorf, Steeger See.
Mengenverhältnisse der unverkohlten Öl- und Faserpflanzen (ohne Lein-Kapselsegmente).

Unter den acht bezeichnenden Pfyn-Altheimer Arten der ökologische Gruppe Tritt, Schlamm-uferfluren und Pioniere sind drei Trittzeiger, die sowohl auf den Feldern als auch im Siedlungsge-lände gewachsen sein könnten. Darunter ist mit der kleinen Braunelle (*Prunella vulgaris*) eine Art, die in der Schussenrieder Kultur noch selten war. Die übrigen – Arten der Zweizahn-Schlammufer-gesellschaften – dürften, da es sich in allen drei Fällen um Seeufer- oder Moorsiedlungen handelt, in der Siedlung gewachsen sein. Sie haben hohe Nährstoff- und Feuchtigkeitsansprüche. Bei den erstgenannten hingegen sind aufgrund des geringeren Wasserbedarfs Standorte außerhalb der Sied-lung nahe liegender.

Von den drei kennzeichnenden Ruderalpflanzen könnte die Große Brennessel (*Urtica dioica*) auf-grund ihrer großen Nässetoleranz in den Siedlungen gewachsen sein, Bilsenkraut (*Hyoscyamus niger*) und Gewöhnliches Leimkraut (*Silene vulgaris*) dagegen eher außerhalb, möglicherweise in Lägerflu-ren bzw. Säumen.

Die entsprechende ökologische Gruppe ist wegen des schlechteren Forschungsstandes gegenüber Schussenried zwar reduziert, doch besteht bei den häufigen Rumpfarten Übereinstimmung. Das gilt

---

45 Rösch et al. (Anm. 35) 97. Ob dieser hohe Wert tatsächlich Ausdruck der Ackervegetation und damit des Acker-standorts ist, oder ob bei weiteren Untersuchungen und dem Nachweis weiterer Unkräuter sich die Werte für Pfyn-Altheim und Schussenried angleichen würden, muss offen bleiben.

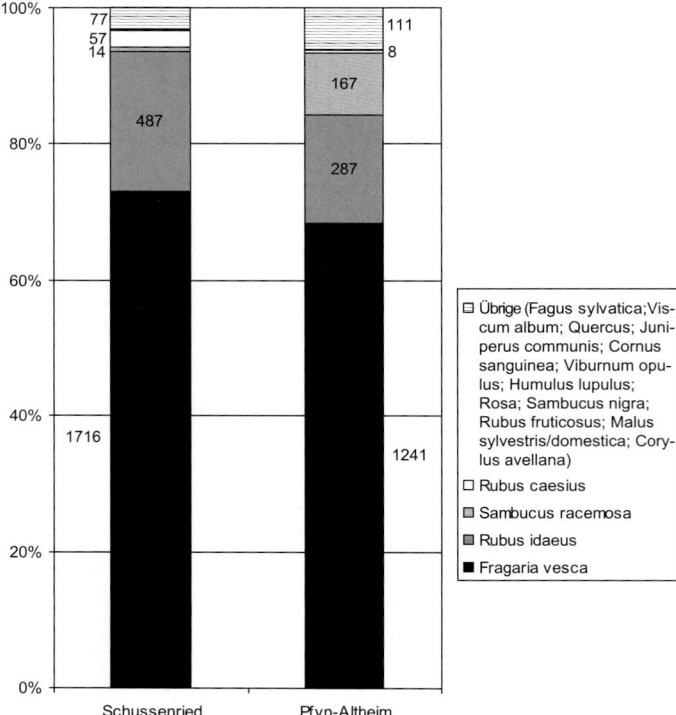

Abb. 8: Vergleich der Schussenrieder und Pfyn-Altheimer Schichten von Aulendorf, Steeger See. Mengenverhältnisse der unverkohlten Sammelpflanzen.

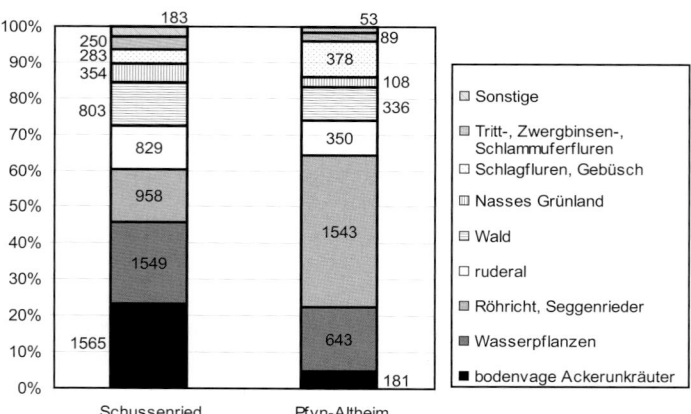

Abb. 9: Vergleich der Schussenrieder und Pfyn-Altheimer Schichten von Aulendorf, Steeger See. Ungenutzte Wildpflanzen, Mengenverhältnisse der ökologischen Gruppen.

besonders für die mutmaßlichen ‚Ackerunkräuter' Hohlzahn (*Galeopsis tetrahit*-Typ), Rainkohl (*Lapsana communis*), Wassermiere (*Myosoton aquaticum*), Klettenkerbel (*Torilis japonica*). Auch die Zweigliederung der Gruppe in frische, nährstoffreiche und sonnige, flachgründige, magere Standorte bleibt bestehen. Bezeichnender als die gegenüber Schussenried fehlenden Arten scheinen die neu hinzu gekommenen oder häufiger gewordenen zu sein, nämlich Wald-Nabelmiere (*Moehringia trinerva*), Tüpfel-Johanniskraut (*Hypericum perforatum*) und Adlerfarn (*Pteridium aquilinum*). Während die beiden erstgenannten im Zusammenhang mit dem Ackerbau zu sehen sind und auch in den Vorräten von Hornstaad nicht fehlen,[46] gilt der Adlerfarn als Brand- und Beweidungszeiger.[47]

Die Grünlandarten der Pfyn-Altheimer Gruppe sind schon von der Schussenrieder Kultur bekannt. Da man nicht von der Existenz von Wirtschaftsgrünland ausgehen kann, dürften sie auf den Feldern oder auf beweideten Waldverlichtungen und Triften gewachsen sein. Entsprechendes gilt für die ökologische Gruppe Heiden/Verhagerungszeiger, wo gegenüber Schussenried zwei Arten fehlen, aber mit der Bleichen Segge (*Carex pallescens*) eine neue hinzu gekommen ist, die zuvor seltener war.

4.3 Vergleichende Betrachtung der Schussenrieder und Pfyn-Altheimer Großrestspektren vom Steeger See im Hinblick auf wirtschaftliche und ökologische Veränderungen

Von den untersuchten Proben konnten 27 mit mehr als 16 000 Pflanzenresten der Schussenrieder Kultur und 24 mit knapp 9000 Pflanzenresten der Pfyn-Altheimer Gruppe zugewiesen werden (Abb. 1). Dabei wurden limnische Sedimente im Hangenden oder Liegenden, den jeweils benachbarten Kulturschichten zugeschlagen, sofern sie Kulturpflanzen in größerem Umfang enthielten. Aufgrund der untersuchten Probenzahl und der darin erfassten Pflanzenreste können beide Phasen als gut untersucht betrachtet und direkt verglichen werden, wenngleich der Anteil an verkohlten Pflanzenresten in der Phase Pfyn-Altheim mit 20% doppelt so hoch ist wie in der Phase Schussenried (Abb. 2).[48] Die Gliederung in Kulturpflanzen, Sammelpflanzen und – vermutlich – ungenutzte oder wohl nicht systematisch als Nahrung genutzte Wildpflanzen zeigt für Pfyn-Altheim einen deutlich höheren Sammelpflanzenanteil (Abb. 3). Möglicher Grund ist deren bessere Verfügbarkeit in einer durch langjährige Bewirtschaftung weiter entwickelten Kulturlandschaft mit ausgedehnten Säumen, Hecken und jüngeren Wald-Sukzessionsstadien. Eine weitere Untergliederung der Nahrungspflanzen in Funktionsgruppen zeigt für Pfyn-Altheim einen erhöhten Anteil an verkohlten Getreidekörnern. Beim Vergleich der Getreidespektren wird zwischen Körnern und Drusch und zwischen

---

46 Maier (Anm. 19) 78 ff.
47 K.-E. Behre, The interpretation of anthropogenic indicators in pollen diagrams. Pollen et Spores 23, 1981, 225–245. – I. Vuorela, Palynological and historical evidence of slash-and-burn cultivation in South Finland. In: K.-E. Behre, Anthropgenic indicators in pollen diagrams (Rotterdam, Boston 1986) 53–64.
48 Neuerdings haben S. Jacomet/C. Brombacher, Archäobotanische Untersuchungen von neolithischen Seeufer- und Moorsiedlungen: Forschungsstand – Methoden – zukünftige Forschungsstrategien. In: P. della Casa/M. Trachsel (eds.), W.E.S. 04 Wetland Economies and Societies, Collectio Archaeologica 3 (Zürich 2005) 69–94, den archäobotanischen Forschungsstand in den Feuchtbodensiedlungen des nördlichen Alpenvorlands kritisch beleuchtet. Sie stellen Kriterien für die erforderliche Probenzahl und -dichte auf, die für repräsentative Aussagen erforderlich sind und kommen zu dem Schluss, dass nach diesen Kriterien derzeit nur eine neolithische Siedlung, nämlich Hornstaad, als repräsentativ untersucht gelten kann. Diese Bewertung ist sicherlich richtig, wenn man sich mit siedlungsarchäologischen Detailfragen befasst wie: Hatten alle Häuser das gleiche Vorratsinventar? Oder wurden die Abfälle vor, hinter oder neben dem Haus entsorgt? usw. Wenn es aber um grundsätzliche Bestandsaufnahmen für Kulturen oder wirtschaftliche Unterschiede zwischen einzelnen Siedlungen oder auch Kulturgruppen geht, liefern schon wenige Proben überraschend verlässliche Aussagen, wie zahlreiche Beispiele zeigen. Bei Ufersiedlungen ist das teilweise der homogenisierenden Wirkung des Wassers in den Schichten zu verdanken. So ließ sich gerade auch in Hornstaad beobachten, dass das Arteninventar und auch die Anteile der häufigeren Taxa schon nach relativ wenig untersuchten Proben bekannt war und sich mit dem weiteren Fortgang der Untersuchungen kaum mehr veränderte: vgl. M. Rösch, Die Pflanzenreste der neolithischen Ufersiedlung von Hornstaad-Hörnle I am westlichen Bodensee. 1. Bericht. In: Berichte zu Ufer- u. Moorsiedlungen Südwestdeutschlands 2. Materialh. Vor- u. Frühgesch. Baden-Württemberg 7 (Stuttgart 1985) 164–199; sowie Maier (Anm. 19). Bestimmte Ackerunkräuter, die man in spätbronzezeitlichen Schichten mit mittlerer bis hoher Stetigkeit antrifft, hätte man in Hornstaad auch nicht gefunden, wenn man noch zehntausend weitere Proben untersucht hätte. Diese Ausführungen sollen kein Plädoyer gegen großflächige Grabungen und umfangreiche archäobotische Untersuchungen sein. Der Autor hat sowohl in Hornstaad als auch in Vaihingen/Enz (Bogaard, in press) an der Konzeption der botanischen Probenahme mitgewirkt. Allerdings sind methodische Maximalforderungen nur in seltenen Fällen zu verwirklichen. In allen übrigen Fällen heißt es, nicht den Kopf in den Sand zu stecken, sondern intelligente und praktikable Lösungen zu finden, um mit den verfügbaren Ressourcen aus dem Material das maximal Mögliche an Information zu gewinnen.

verkohlter und unverkohlter Erhaltung unterschieden. Bei beiden Erhaltungszuständen ist beim Drusch ein Rückgang von Einkorn zu beobachten (Abb. 5 u. 6). Unverkohlte Druschreste und – hauptsächlich unverkohlte – Öl- und Faserpflanzen sind in der Phase Pfyn-Altheim entsprechend seltener als in Schussenried. Dem steht beim verkohlten Drusch eine Zunahme von Emmer und Nacktgerste gegenüber, während Nacktweizen abnimmt. In der Artenzusammensetzung sind die Unterschiede zwischen Schussenried und Pfyn-Altheim sowohl beim verkohlten als auch beim unverkohlten Getreidedrusch gering (Abb. 4 u. 5). Der Erhaltungszustand beeinflusst die Zusammensetzung stärker: Während beim unverkohlten Drusch Einkorn und Emmer klar überwiegen und andere Arten äußerst selten sind, sind beim verkohlten Drusch Nacktgerste und Freidreschender Weizen recht gut vertreten. Während bei den unverkohlten Körnern nur wenige Artbestimmungen möglich waren, fällt bei den verkohlten Körnern die deutliche Zunahme der Gerste (soweit differenzierbar, Mehrzeilige Nacktgerste) ins Auge, während Einkorn und insbesondere Emmer, aber auch Nacktweizen zurückgehen (Abb. 6). Während in Schussenried Emmer und Gerste gemeinsam dominieren und annähernd gleich häufig sind, haben in Pfyn-Altheim Gerstenkörner ein völliges Übergewicht.

Weniger drastisch sind die Veränderungen bei den Öl- und Faserpflanzen, wo eine leichte Zunahme von Gebautem Lein und Rübenkohl bei Rückgang des Schlafmohns zu beobachten ist. Insgesamt unterscheiden sich die beiden Besiedlungsphasen kaum, wobei Schlafmohn vorherrscht (Abb. 7).

Die Sammelpflanzen sind überwiegend unverkohlt. Hier nehmen die selteneren Arten in Pfyn-Altheim zu Lasten der beiden allerdings immer noch dominierenden Arten Wald-Erdbeere und Himbeere etwas zu. Das Sammelpflanzenspektrum der Pfyn-Altheimer Schicht ist reichhaltiger als das der Schussenrieder, aber in beiden Fällen herrschen Wald-Erdbeere und Himbeere vor (Abb. 8).

Recht deutlich sind die Verschiebungen bei den Wildpflanzen, die in Abbildung 9 in ökologische Gruppen eingeteilt sind. So haben Ackerunkräuter in Schussenried über 20% Anteil an den Wildpflanzen, in Pfyn-Altheim hingegen nur 5%. Auch die Ruderalpflanzen gehen, wenngleich weniger drastisch, zurück, ebenso die Waldarten. Eine starke Zunahme verzeichnen die Arten von Schlagfluren und Gebüsch. Da in dieser Darstellung das Sammelobst nicht enthalten ist, dürften sich hier reale Veränderungen der Kulturlandschaft widerspiegeln und keine Veränderungen der Ernährungsgewohnheiten. Sehr deutlich nimmt die Gruppe Röhricht/Seggenrieder zu, wogegen die Wasserpflanzen etwas zurückgehen. Das weist auf fortgeschrittene Verlandung infolge Sedimentbildung oder auch Pegelabsenkung hin.

Zusammenfassend unterscheidet sich der Horizont Pfyn-Altheim von Schussenried durch höheren Sammelpflanzen- und geringeren Öl- und Faserpflanzenanteil sowie durch die größere Häufigkeit der Mehrzeiligen Nacktgerste und eine schwächere Beteiligung von Einkorn, Emmer und Nacktweizen. Das Siedlungareal war in der Schussenrieder Phase stärker limnisch, in der Pfyn-Altheimer stärker telmatisch geprägt. Eine grundsätzliche Änderung der Landnutzung ist hingegen nicht erkennbar. Alle Indizien sprechen für shifting cultivation und ein slash und burn-Verfahren sowohl in der Schussenrieder Kultur als auch für die Pfyn-Altheimer Gruppe. Die daraus resultierende typische Überformung von Vegetation und Boden scheint jedoch zur Zeit der Pfyn-Altheimer Gruppe schon weiter fortgeschritten zu sein.

Schlagwortverzeichnis

Pflanzenreste; Feuchterhaltung; Oberschwaben; Landnutzung; Jungneolithikum.

Anschrift des Verfassers

Prof. Dr. Manfred Rösch
Labor für Archäobotanik
Landesamt für Denkmalpflege im RP Stuttgart
Fischersteig 9
78343 Gaienhofen-Hemmenhofen
E-Mail: manfred.roesch@rps.bwl.de

Abb. 10: Aulendorf-Steeger See. 1 *Picea abies* (L.) H.Karst. (Rot-Fichte), Nadel; 2 *Typha latifolia* L. (Breitblättriger Rohrkolben), Same; 3 *Juniperus communis* L. (Heide-Wacholder), Same; 4 *Potamogeton* cf. *lucens* L. (wohl Glänzendes Laichkraut), Steinkern; 5 *Potamogeton natans* L. (Schwimmendes Laichkraut), Steinkern; 6 *Potamogeton perfoliatus* L. (Durchwachsenes Laichkraut), Steinkern; 7 *Najas marina* All. (Meer-Nixkraut), Same; 8 *Alisma plantago-aquatica* L. (Gewöhnlicher Froschlöffel), Same; 9 *Carex pulicaris* L. (Floh-Segge), Innenfrucht; 10 *Carex sylvatica* Huds. (Wald-Segge), Innenfrucht; 11 *Carex elata* All./*gracilis* Curt. (Steife/Schlanke Segge), Innenfrucht; 12 *Carex* cf. *appropinquata* Schumach. (wohl Schwarzschopf-Segge), Innenfrucht; 13 *Carex curta* Good. (Graue Segge), Innenfrucht; 14 *Carex paniculata* L. (Rispen-Segge), Schlauch; 15 *Carex paniculata* L. (Rispen-Segge), Innenfrucht; 16 *Carex pseudocyperus* L. (Scheinzypergras-Segge), Innenfrucht; 17 *Carex pseudocyperus* L. (Scheinzypergras-Segge), Schlauch. – Der Maßstab entspricht 1 mm.

Abb. 11: Aulendorf-Steeger See. 1 *Cladium mariscus* (L.) Pohl (Binsen-Schneide), Innenfrucht; 2 *Cyperus flavescens* L. (Gelbliches Zypergras), Innenfrucht; 3 *Eleocharis palustris* (L.) Roem. et Schult. (Gewöhnliche Sumpfsimse), Frucht; 4 Scirpus sylvaticus L. (Wald-Simse), Frucht; 5 *Thesium* cf. *pyrenaicum* Pourr. (wohl Gewöhnliches Wiesen-Leinblatt), Scheinfrucht; 6 *Rumex maritimus* L. (Ufer-Ampfer), Frucht mit Perigon; 7 *Moehringia trinervia* (L.) Clairv. (Dreinervige Nabelmiere), Same; 8 *Silene cretica* L. (Kreta-Leimkraut), Same; 9 *Silene vulgaris* (Moench) Garcke (Taubenkropf-Leimkraut), Same; 10 *Nuphar lutea* (L.) Sibth. et Sm. (Gelbe Teichrose), Same; 11 *Ranunculus aquatilis* L. (Gewöhnlicher Wasserhahnenfuß), Nüsschen; 12 *Consolida regalis* A. Grey (Gewöhnlicher Acker-Rittersporn), Same; 13 *Ranunculus flammula* L. (Brennender Hahnenfuß), Nüsschen; 14 *Ranunculus sceleratus* L. (Giftiger Hahnenfuß), Nüsschen; 15 *Brassica rapa* L. (Rübenkohl), Same; 16 *Camelina microcarpa* Andrz. (Kleinfrüchtiger Leindotter), Same; 17 *Descurainia sophia* (L.) Prantl (Gewöhnliche Besenrauke), Same; 18 *Rorippa palustris* (L.) Besser (Gewöhnliche Sumpfkresse), Same; 19 *Papaver somniferum* L. (Schlaf-Mohn), Same; 20 *Agrimonia eupatoria* L. (Kleiner Odermenning), Scheinfrucht. – Der Maßstab entspricht 1 mm.

Abb. 12: Aulendorf-Steeger See. *Filipendula ulmaria* (L.) Maxim. (Echtes Mädesüß), Früchtchen; 2 *Rubus caesius* L. (Kratzbeere), Steinkern; 3 *Pisum sativum* L. (Erbse), Same; 4 *Linum catharticum* L. (Gewöhnlicher Purgier-Lein), Same; 5 + 6 *Linum usitatissimum* L. (Saat-Lein), verkohlte Fruchtkapseln; 7 *Mercurialis perennis* L. (Wald-Bingelkraut), Same; 8 *Frangula alnus* Mill. (Gewöhnlicher Faulbaum), Same ; 9 *Tilia cordata* Mill. (Winter-Linde) Frucht; 10 *Tilia platyphyllos* Scop. (Gewöhnliche Sommer-Linde), Frucht; 11 *Viola* cf. *arvensis* Murray (wohl Gewöhnliches Acker-; Steifmütterchen), Same; 12 *Viola riviniana* Rchb. (Hain-Veilchen), Same; 13 *Lythrum salicaria* L. (Blut-Weiderich), Same; 14 *Epilobium* cf. *parviflorum* Schreb. (wohl Kleinblütiges Weidenröschen), Same; 15 *Myriophyllum spicatum* L. (Ähriges Tausendblatt), Klause; 16 *Carum carvi* L. (Wiesen-Kümmel), Teilfrucht; 17 *Torilis japonica* (Houtt.) DC. (Gewöhnlicher Klettenkerbel), Teilfrucht; 18 *Cornus sanguinea* L. (Blutroter Hartriegel), Steinkern; 19 *Anagallis* cf. *foemina* Mill. (wohl Blauer Gauchheil), Same; 20 *Fraxinus excelsior* L. (Gewöhnliche Esche), Frucht mit Flügel. – Der Maßstab entspricht 1 mm.

Abb. 13: Aulendorf-Steeger See. 1 *Gentiana* cf. *utriculosa* L. (wohl Schlauch-Enzian), Same; 2 *Clinopodium vulgare* L. (Wirbeldost), Klause; 3 *Galeopsis tetrahit* L. – Typ (Gewöhnlicher Hohlzahn-Typ) Klause; 4 *Lycopus europaeus* L. (Gewöhnlicher Ufer-Wolfstrapp) Klause; 5 *Nepeta cataria* L. (Gewöhnliche Katzenminze), Klause; 6 *Scutellaria galericulata* L. (Sumpf-Helmkraut), Klause; 7 *Stachys sylvatica* L. (Wald-Ziest), Klause; 8 *Hyoscyamus niger* L. (Schwarzes Bilsenkraut), Same; 9 *Pedicularis* cf. *palustris* L. (Gewöhnliches Sumpf-Läusekraut), Same; 10 *Scrophularia nodosa* L. (Knotige Braunwurz), Same; 11 *Sambucus ebulus* L. (Zwerg-Holunder), Same; 12 *Viburnum opulus* L. (Gewöhnlicher Schneeball), Same; 13 *Valeriana officinalis* L. (Echter Arznei-Baldrian), Frucht; 14 *Campanula trachelium* L. (Nesselblättrige Glockenblume), Same; 15 *Carduus crispus* L. (Krause Distel), Achäne; 16 *Hypochaeris radicata* L. (Gewöhnliches Ferkelkraut), Achäne; 17 *Eupatorium cannabium* L. (Gewöhnlicher Wasserdost), Achäne; 18 *Sonchus asper* (L.) Hill (Rauhe Gänsedistel), Achäne. – Der Maßstab entspricht 1 mm.

Abb. 14: Aulendorf-Steeger See. Getreide. 1 *Triticum dicoccon* Schrank (Emmer), Ährchen; 2 *Triticum dicoccon* Schrank (Emmer), Ährchengabel; 3 *Triticum dicoccon* Schrank (Emmer), Hüllspelzen-Basis; 4 *Triticum dicoccon* Schrank (Emmer), Karyopse; 5 *Triticum dicoccon* Schrank (Emmer), Hüllspelzen-Basis; 6 *Triticum dicoccon* Schrank (Emmer), Hüllspelzen-Basis; 7 *Hordeum vulgare* L. (Mehrzeilige Saatgerste), Ährenspindel-Fragment; 8 *Hordeum vulgare* L. (Mehrzeilige Saatgerste), Ährchen; 9 *Triticum monococcum* L. (Einkorn), Ährchen; 10 *Triticum monococcum* L. (Einkorn), Ährchengabel; 11–14 *Triticum durum* Desf./*turgidum* L. (Hart-/Englischer Weizen), Ährenspindel-Fragmente. – Der Maßstab entspricht 1 mm.

Neue Untersuchungen an zwei Bohrkernen aus dem Steeger See: Pollenanalysen, Sedimentologie und multivariate Statistik

Jutta Lechterbeck

Material und Fragestellungen

Aus dem Steeger See wurden zwei Bohrkerne (AUL0 und AUL1) untersucht. Zunächst standen zwei Fragestellungen im Vordergrund:

– War der Seespiegel jemals so niedrig, dass das als ‚Insel' bezeichnete Areal trockenen Fußes erreicht werden konnte?
– Floss die Schussen, die in unmittelbarer Seenähe vorbeifließt (Abb. 1), jemals durch das Seebecken?

Die Pollenanalyse sollte vor allem eine zeitliche Einordnung ermöglichen. Hierzu wurde eine Voruntersuchung durchgeführt, bei der lediglich 35 Proben untersucht wurden, wobei 11 aus AUL1 und 24 aus AUL0 stammten. Nachdem klar wurde, dass AUL1 bereits vor oder im Subboreal endet, wurden alle weitergehenden Untersuchungen an AUL0 durchgeführt. Zusätzlich sollte die Frage beantwortet werden, wann die Kulturschichten auf der Insel in den See abgerutscht sind.

Sedimentologie der Bohrkerne AUL0 und AUL1

Die beiden Bohrkerne AUL0 und AUL1 wurden zunächst sedimentologisch aufgenommen (Abb. 2 u. 3). Alle Teufenangaben sind unter Wasseroberfläche zu verstehen.

Der Bohrkern AUL0 wurde nördlich des als ‚Insel' bezeichneten Areals aus dem so genannten ‚Graben' in einer Wassertiefe von 2,06 m entnommen (Abb. 4). Der Bohrkern ist 6,45 m lang; die Sedimentation beginnt mit einem wenig geschichteten fetten Ton. Über diesen Ton können keine weiteren Aussagen gemacht werden, da er nicht weiter pollenanalytisch beprobt wurde.

Die Probennahme beginnt mit dem Kernstück AUL0/5, das den Bereich von 8,00 bis 9,00 m Tiefe umfasst. Das Sediment ist eine wenig geschichtete, tonhaltige Kalkmudde, die viele Molluskenschalen und Schalenbruchstücke enthält. Bei 8,97 cm ist eine dünne Schilllage eingeschaltet. Zwischen 8,00 und 8,04 m ist das Kernrohr leer.

Nach oben schließt sich das Kernstück AUL0/4 an; an in der Sedimentation ändert sich zunächst wenig. Zwischen 7,59 und 7,60 m ist wiederum eine Schilllage eingeschaltet, darüber ändert sich das Sediment: es folgt eine braungraue Kalkmudde mit dunklen Flasern und kleinen Schalenbruchstücken. In diese Kalkmudde sind bei 7,56–7,57 m und bei 7,46–7,47 m dunkle, organische Bänder eingeschaltet. Die oberen 2 cm dieses Kernstücks fehlen. AUL0/3$_1$ überlappt mit AUL0/4 und AUL0/3$_2$ und ist sedimentologisch perfekt mit diesen korrelierbar. Daher wurden aus dem Kernstück AUL0/3$_1$ keine Proben genommen und es wurde als Reserve zurückbehalten.

AUL0/3$_2$ ist durch deutliche sedimentologische Wechsel gekennzeichnet. An der Basis des Kernstücks ist noch die graubraune Kalkmudde anzutreffen, darüber folgt ein dunkelbraunes organisches Band (6,95–6,96 m), dann eine dunkelbraune Mudde mit Molluskenschalen (6,95–6,91 m), eine hellbraune Mudde mit Molluskenschalen (6,91–6,87 m) und eine dunkelbraune Mudde ohne Schalen. Über dieser liegt eine braune Kalkmudde, ebenfalls ohne Schalen, in die zwischen 6,50 und 6,54 m ein dunkelbraunes organisches Band eingeschaltet ist. Mit einer deutlichen Diskordanz folgt darüber eine dunkelbraune, stark organische Mudde, die bisweilen einen regelrecht torfigen Charakter hat.

Die Sedimentation dieser Mudde setzt sich bis zum Top der Bohrung bei 2,06 m fort. Bei 4,95 m, zwischen 4,46 und 4,48 m, bei 4,40 m und 3,92 m sind Schilllagen eingeschaltet. Zwischen 3,92 und 3,70 m kommen in dem sonst molluskenschalenarmen Material gehäuft Schalenbruchstücke vor. Am Top des Profils ist ein Holzstück eingeschlossen. Entgegen der ersten Ansprache im Gelände ist das Sediment durchweg arm an Klastika, wie sich bei der Aufbereitung der Proben für die Pollenanalyse zeigte.

Der Kern AUL 1 stammt direkt aus dem Randbereich des als ‚Insel' bezeichneten Areals (Abb. 4) Der Bohrkern hat eine Länge von 8,45 m inkl. Wassersäule. Die Wassertiefe an der Entnahmestelle betrug 2,15 m. Die Sedimentation beginnt bei 8,45 m wiederum mit einem fetten Ton, dann folgen ab 8,09 m kalkige und tonige Schichten in Wechsellagerung. Ab 7,90 m folgt eine braune bis gelbliche, laminierte Kalkmudde, die nur wenige Schalenbruchstücke enthält. Diese Mudde wird bei 7,35 m durch eine stark tonhaltige, kaum geschichtete Mudde mit wenigen Schalenbruchstücken abgelöst.

Darüber folgt ab 6,95 m eine braune, schwach geschichtete Kalkmudde mit vielen großen Schneckenschalen. Zwischen 6,34 und 6,30 m schaltet sich eine ungeschichtete, graue Kalkmudde ein, die von einer gelb-grauen, schlecht geschichteten Kalkmudde abgelöst wird. Diese gelbliche Mudde stellt bis zum Top des Profils die Hintergrundsedimentation dar, in die sich zahlreiche Schill- und organische Lagen einschalten, auch mächtigere Pakete mit einem Farbwechsel nach braun oder grau kommen vor (s. Abb. 3).

Beide Profile bestehen ausschließlich aus unterschiedlichen Mudden, die unter lakustrinen Bedingungen abgelagert wurden. Hinweise auf fließendes Wasser, wie etwa klastische Lagen, fehlen. Daher ist es unwahrscheinlich, dass die Schussen jemals im belegten Zeitraum durch das Seebecken floss.

Der Wasserstand des Sees ist starken Schwankungen unterworfen gewesen. Das zeigen einerseits die Besiedlung der Insel selbst, die heute ja ebenfalls unter dem Wasserspiegel liegt, wie auch die zahlreichen Schilllagen in AUL0, die niedrige Wasserstände belegen, während derer Ufermaterial erodiert und in den tieferen Teil des Sees geschwemmt wurde.

Pollenanalysen

Die Proben wurden entkalkt, mit Fluss-Säure behandelt und acetolysiert. Nach dem Entkalken wurde ihnen ein Standard in Form von Lycopodiensporen hinzugefügt.[1] Die Pollenerhaltung war durchweg sehr gut. Die Pollen wurden unter dem Durchlichtmikroskop bestimmt und bis zu einer Summe von 500 Baumpollen ausgezählt. Neben den Pollen wurden auch Holzkohlepartikel mit einer Größe über 10µ erfasst. Getreidepollen wurden nicht weiter differenziert.

Das Profil AUL1 (Abb. 5) konnte in vier Zonen (Tab. 1), das Profil AUL0 (Abb. 6) konnte in neun lokale Pollenzonen (Tab. 2) unterteilt werden.

Zeitliche Einordnung

Für das Pollenprofil des Steeger Sees liegen derzeit keine ^{14}C-Daten vor. Die Korrelation der lokalen Pollenzonen mit der Biostratigraphie des Federseebeckens[2] und dem westlichen Bodenseegebiet[3] ermöglicht die Festlegung eines zeitlichen Rahmens auf Basis biostratigraphischer Korrelation. Deutliche Fixpunkte sind der Beginn des Atlantikums um 6550 BC, der Beginn des Subboreals um 4300 BC. Das erste Buchenmaximum (Zone 6) datiert im westlichen Bodenseegebiet auf 3950 bis 3350 BC, das zweite Buchenmaximum (Zone 8) auf 3000 bis 2050 BC.[4] Diese Daten wurden für die Zeitskala zugrunde gelegt, dazwischen liegende Werte wurden linear interpoliert bzw. extrapoliert.

Abb. 1: Aulendorf, Steeger See. Lage im Gelände. Ausschnitt aus der TK 1:100 Baden-Württemberg, ohne Maßstab. © Landesvermessungsamt Baden-Württemberg (http://www.lv-bw.de), Az.: 2851.3-A/218.

Hauptkomponentenanalyse

Die Hauptkomponentenanalyse (‚principal components analysis', PCA) ist eine Ordinationsmethode, die die Abbildung der Varianz eines multivariaten Datensatzes auf wenige, nicht mehr miteinander korrelierte Komponenten zurückführt.[5] Der Ausgangspunkt für die PCA ist eine Varianz-Kovarianzmatrix oder Korrelationsmatrix der Variablen.[6] Als Ergebnis liefert die PCA so genannte Eigenwerte, die den Anteil jeder Hauptkomponente an der Gesamtvarianz ausdrücken. Es werden immer so viele Eigenwerte extrahiert, wie Variablen in die Analyse eingehen, aber es wird davon ausgegangen, dass

---

[1] J. STOCKMARR, J., Tablets with spores used in absolute pollen analysis. Pollen et Spores 13, 1977, 615–621.
[2] H. LIESE-KLEIBER, Züge der Landschafts- und Vegetationsentwicklung im Federseegebiet. Neolithikum und Bronzezeit in neuen Pollendiagrammen. Ber. RGK 71, 1990, 58–83.
[3] M. RÖSCH, Holocene sediment accumulation in the shallow water zone of Lower Lake Constance. Archiv für Hydrobiologie Suppl. 107/4, 1997, 541–562 und J. LECHTERBECK, „Human Impact" oder „Climatic Change"? Zur Vegetationsgeschichte des Spätglazials und Holozäns in hochauflösenden Pollenanalysen laminierter Sedimente des Steißlinger Sees (Südwestdeutschland). Tübinger Mikropaläontologische Mitt. 25, 2001.
[4] LECHTERBECK (Anm. 3).
[5] J. BORTZ, Statistik für Sozialwissenschaftler (Berlin u. a. 1993).
[6] J. L. LOZÁN/H. KAUSCH, Angewandte Statistik für Naturwissenschaftler (²Berlin 1998).

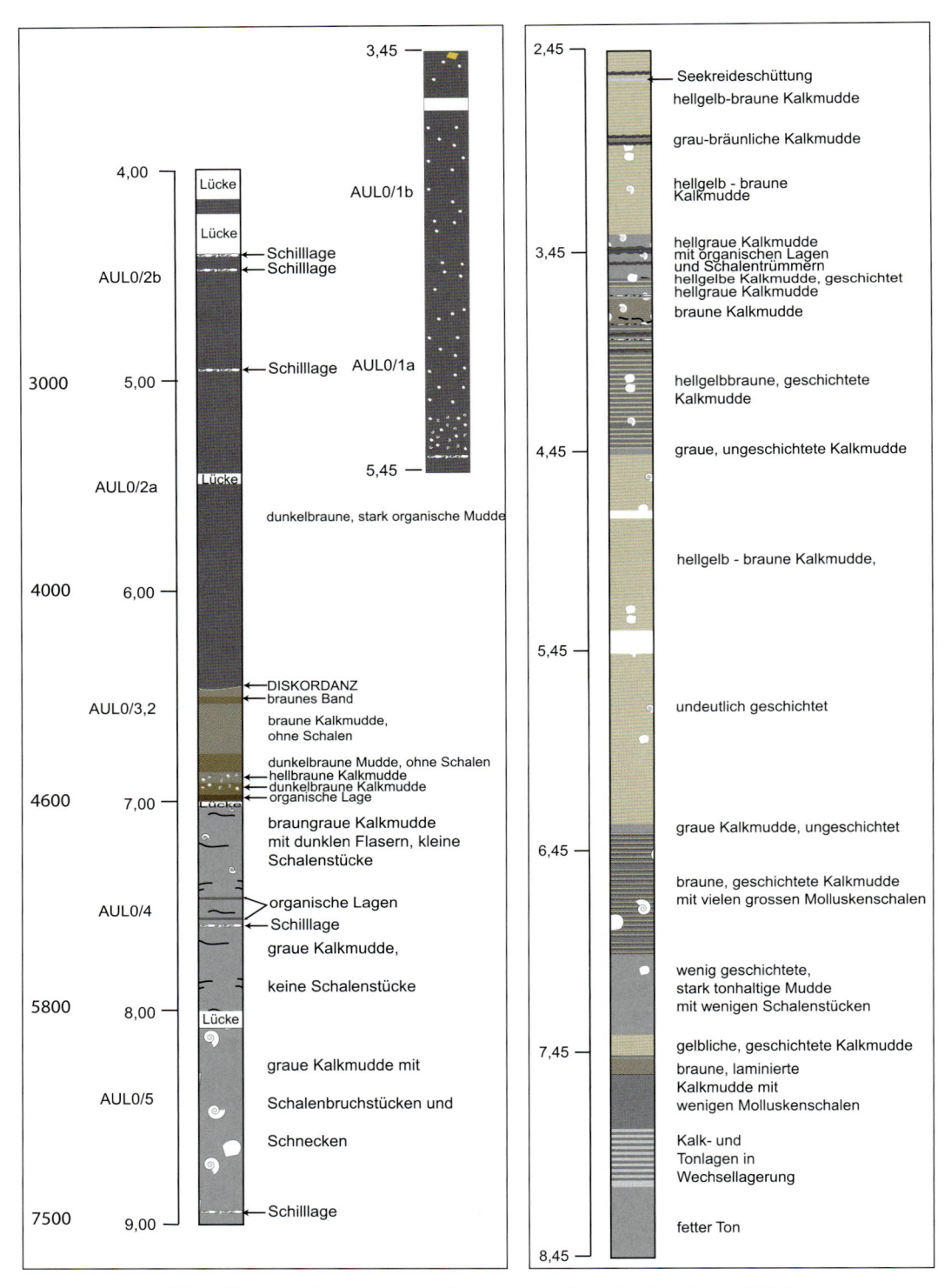

Abb. 2 (links): Aulendorf, Steeger See. Sedimentologie des Bohrkerns AUL0.
Abb. 3 (rechts): Aulendorf, Steeger See. Sedimentologie des Bohrkerns AUL1.

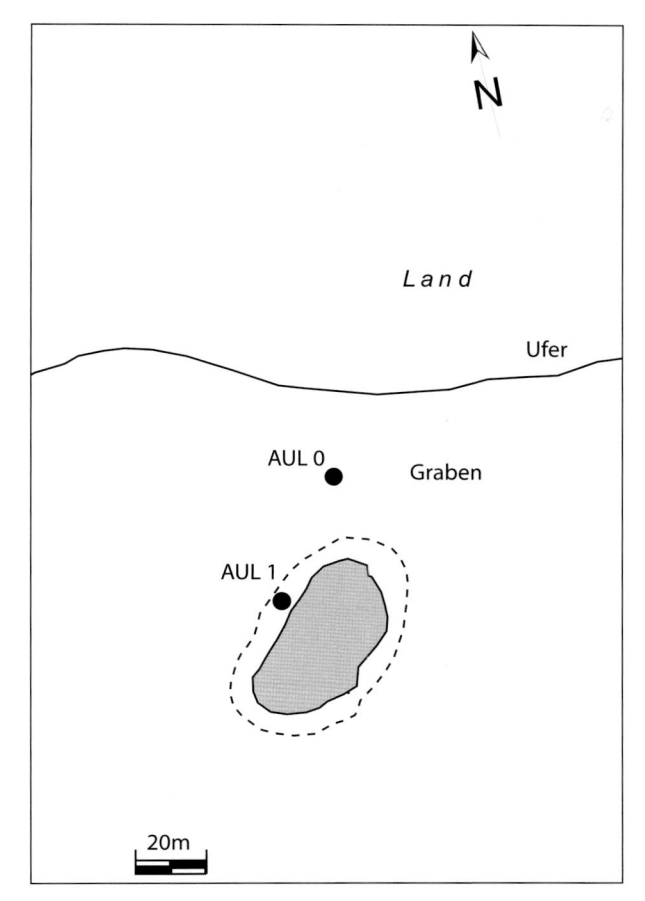

Abb. 4: Aulendorf, Steeger See. Entnahmestellen der Bohrkerne.

vor allem Eigenwerte größer 1 bedeutsam sind.[7] Um die Korrelation zwischen den Hauptkomponenten und den Variablen zu verstärken, wurde die Komponentenmatrix rotiert.[8]

Für jedes Taxon und jeden Horizont werden Komponentenladungen angegeben, die Korrelationskoeffizienten der jeweiligen Variable mit der Hauptkomponente darstellen.[9] Je höher die Komponentenladung des Taxons, desto stärker korreliert es mit der jeweiligen Hauptkomponente, wobei nur Ladungen mit einem Betrag größer 0,4 statistisch signifikant sind.[10] Den Einfluss der jeweiligen Komponente pro Horizont kann man an der Höhe der Komponentenladung ablesen, die sich gegen die Zeit auftragen lässt.

Für die Pollendaten vom Steeger See wurde eine Vier-Komponenten Lösung gewählt. Jede dieser Komponenten kann mit bestimmten Vegetationsmustern identifiziert werden, wenn man sich die Taxa mit den höchsten Ladungsbeträgen auf den Komponenten anschaut.

Die erste Komponente ist mit Taxa assoziiert, die überwiegend offene Flächen, Weide und gestörte Standorte anzeigen (Tab. 3). Damit zeigt diese Komponente am ehesten landwirtschaftliche Aktivitäten an.

---

7 Lozan/Kausch (Anm. 6) 242 f.
8 Varimax-Rotation; siehe hierzu: B. Flury/H. Riedwyl, Angewandte multivariate Statistik (Stuttgart, New York 1983) 143–149.
9 Lozan/Kausch (Anm. 6) 246.
10 B. A. Malmgren/B. U. Haq, Assessment of quantitative techniques in Paleobiogeography. Marine Micropaleontology 7, 1983, 213–236.

Abb. 5: Aulendorf, Steeger See. Pollenprofil AUL1.

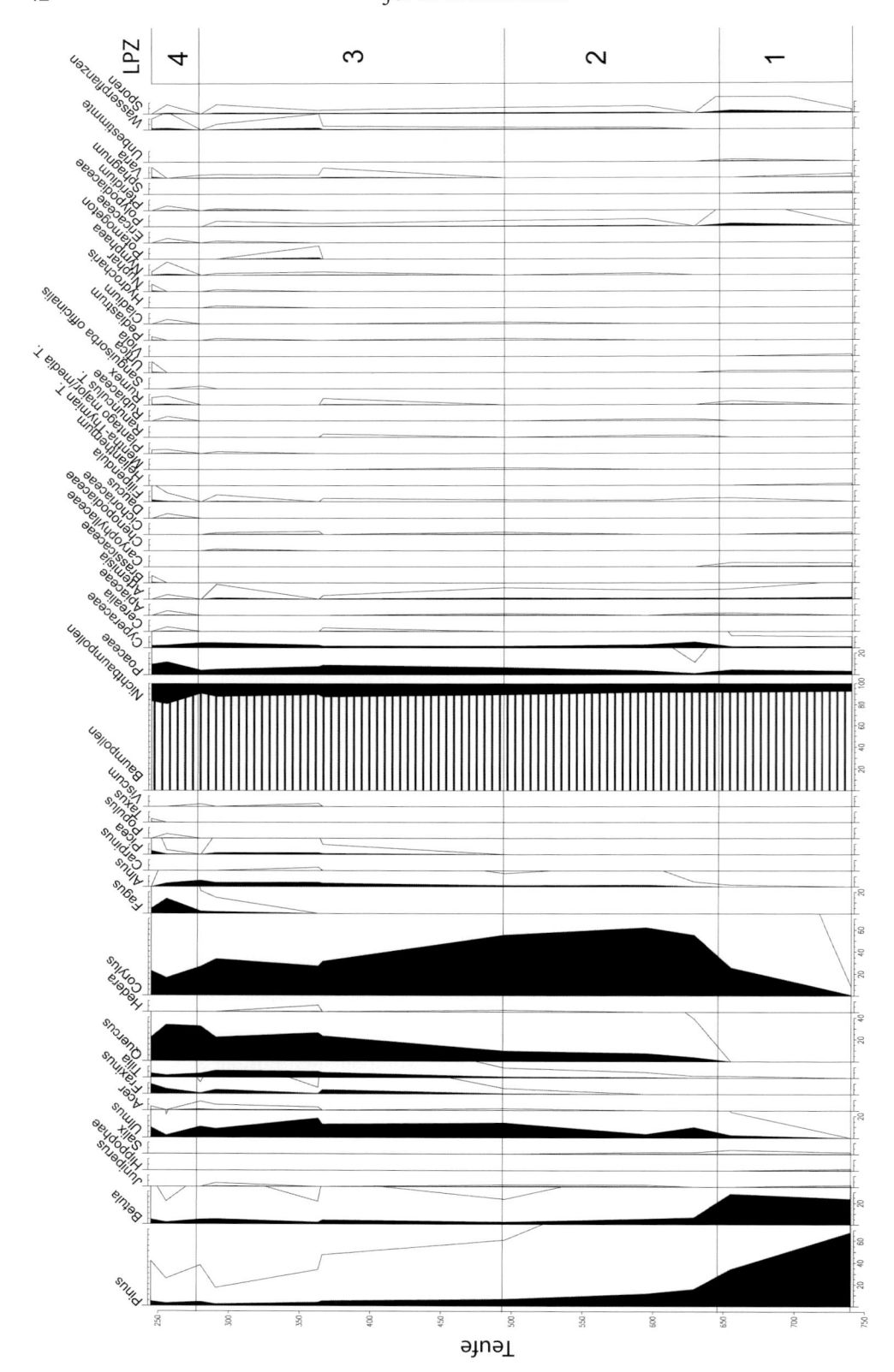

Abb. 6. Aulendorf, Steeger See. Pollenprofil AUL0.

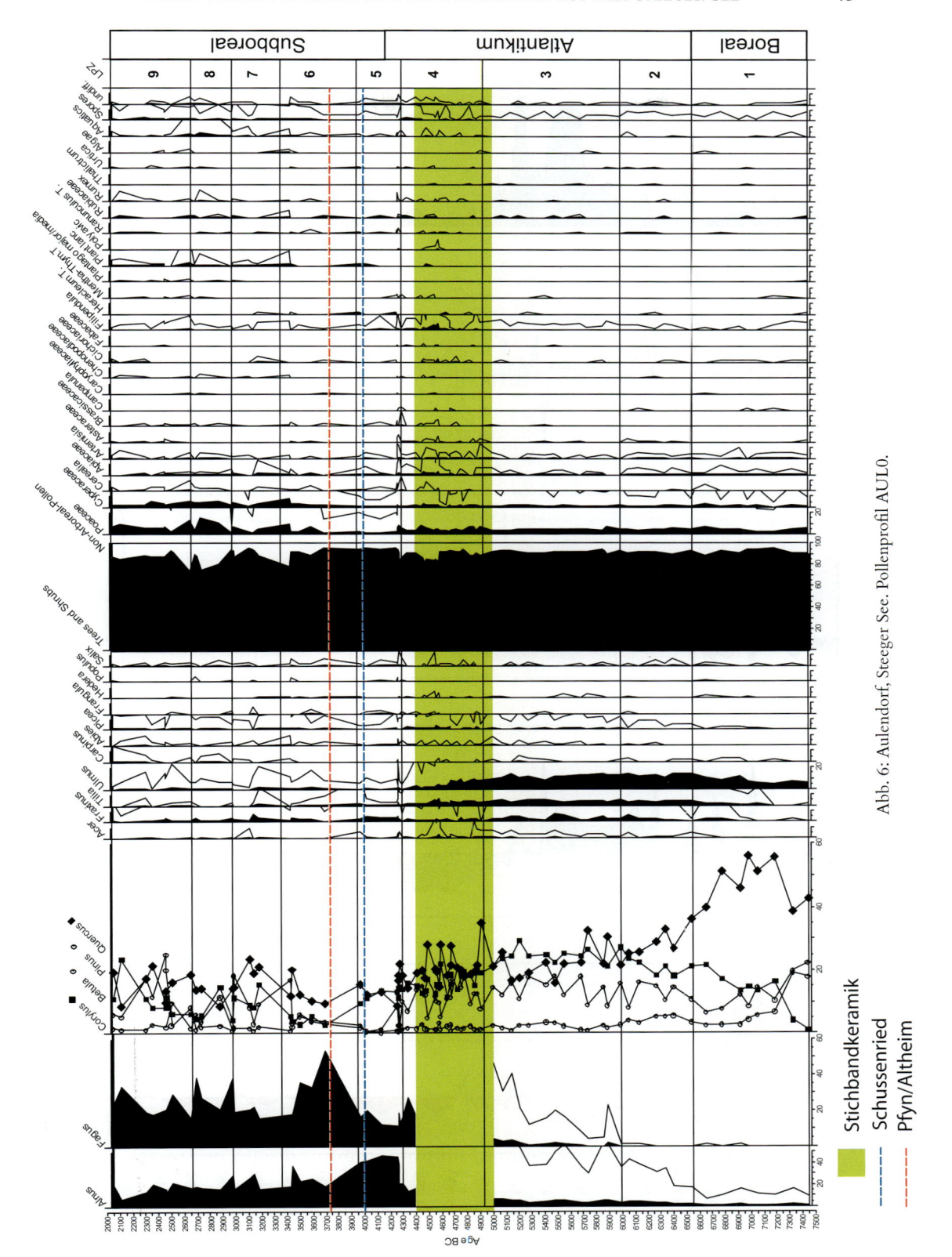

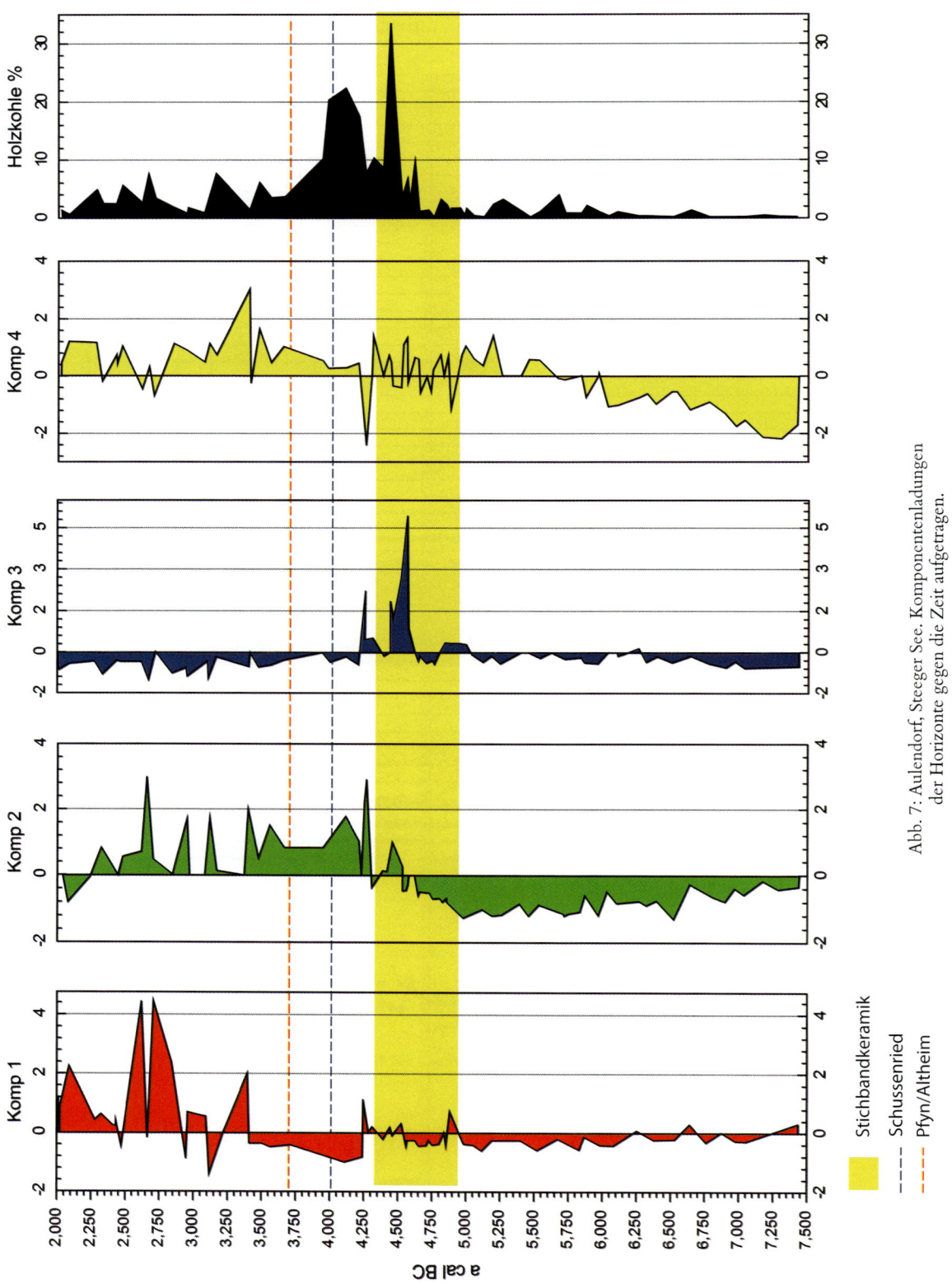

Abb. 7: Aulendorf, Steeger See. Komponentenladungen der Horizonte gegen die Zeit aufgetragen.

Zone	Basis cm	Top cm	Beschreibung (Hauptcharakteristika)	Pollenzonen Federsee (n. Liese-Kleiber 1990)	Chronozonen (n. Mangerud et al. 1974)	Firbaszone (n. Firbas 1949; 1952)
1	740	645	Pinus bis 60%, Betula bis 30%		jüngere Dryas oder Präboreal	V
2	645	490	Corylus über 60%, EMW bis max. 20%	Cor-QM-Bet	Boreal	VI
3	490	275	EMW deutlich vertreten	QM-Zonen	Atlantikum	VII
4	275	245	1. Fagusausbreitung	evtl.Fag-Aln-QM-Cor	Subboreal ?	VIII (?)

Tab. 1: Aulendorf, Steeger See. Zonierung des Pollenprofils AUL1. Die lokalen Pollenzonen wurden mit den Pollenzonen aus dem Federseegebiet korreliert und den entsprechenden Chronozonen zugeordnet (Liese-Kleiber 1990 [Anm. 2]). Firbas 1949: F. Firbas, Spät- und nacheiszeitliche Waldgeschichte Mitteleuropas nördlich der Alpen. Teil 1: Allgemeine Waldgeschichte (Jena 1949); Firbas 1952: F. Firbas, Spät- und nacheiszeitliche Waldgeschichte Mitteleuropas nördlich der Alpen. Teil 2: Waldgeschichte der einzelnen Landschaften (Jena 1952); Mangerud et al. 1974: J. Mangerud/S. T. Andersen/B. E. Berglund/J. J. Donner, Quaternary stratigraphy of Norden, a proposal for terminology and classification. Boreas 3, 1974, 109–128.

Die zweite Komponente ist positiv korreliert mit Taxa der Auewälder, Felder, Gebüsche und Waldränder (Tab. 4). Diese Komponente zeigt also ebenfalls ‚human impact' an. Bedeutsam ist, dass diese Komponente stark negativ mit den meisten Eichenmischwaldtaxa korreliert ist.
Die dritte Komponente (Tab. 5) ist nur schwer mit einem bestimmten Vegetationsmuster zu identifizieren. Sie repräsentiert aber auf jeden Fall eine gestörte Vegetation.
Die vierte Komponente repräsentiert eine gestörte Waldvegetation (Tab. 6). Die Cyperaceae zeigen Feuchtwiesen in den Auen an, Anzeiger für Weide und Waldränder sind ebenfalls bestimmend.
Die stratigraphische Darstellung der Komponentenladungen der Horizonte zeigt den Einfluss einer jeden Komponente durch die Zeit (Abb. 7). Bis etwa 5000 wird die Vegetation vom atlantischen Eichenmischwald dominiert. Das zeigt sich vor allem durch die negativen Werte auf der zweiten Komponente, die eine starke Korrelation der Horizonte mit den Eichenmischwaldtaxa anzeigt. Alle Komponenten, die Human Impact anzeigen sind negativ.
Ab 5000 BC wird der Eichenmischwald graduell durch den subborealen Buchenwald abgelöst. Die Komponente 3 hat hier ein einzelnes, deutliches Maximum. Es weist auf eine einzelne, starke Störung der Ufervegetation hin, vielleicht in Zusammenhang mit der stichbandkeramischen Siedlung. Die nächste Phase wird durch die Komponente 2 dominiert, die eine gestörte Waldvegetation mit Auflichtungen und Waldrändern anzeigt. In diese Phase datieren die Schussenried und Pfyn/Altheim Siedlungen. Ebenfalls sehr stark wird dann die vierte Komponente, die eine Wiederbewaldung nach Pfyn/Altheim belegt.
Das dritte Jahrtausend vor Christus wird durch die erste und zweite Komponente bestimmt, die jeweils stark mit offenen Flächen, Feldern, Wiesen, Feuchtwiesen und gestörter Waldvegetation korreliert sind.

Ergebnisse

Im Mittelneolithikum ist in unmittelbarer Seenähe eine stichbandkeramische Siedlung nachgewiesen. Sowohl PCA als auch das Pollendiagramm belegen einen lokalen und räumlich begrenzten ‚human impact', der direkt mit der Siedlung in Verbindung gebracht werden könnte. In dieser Zeit sind in der Sedimentation zahlreiche, wenn auch nur kurzfristige Hiaten belegt. Der See hatte offensichtlich einen niedrigen Wasserstand und fiel sogar immer wieder trocken. Eventuell kann

Zone	Basis cm	Top cm	Beschreibung (Hauptcharakteristika)	Pollenzonen Federsee (n. LIESE-KLEIBER 1990)	Chronozonen (n. MANGERUD et al. 1974)	Firbaszone (n. FIRBAS 1949; 1952)
1		851	Corylus dominant (bis über 50%) Ulmus und Quercus steigen an, die anderen QM-Taxa setzen ein, NBP um 9%	Cor QM Bet	Boreal	V
2	851	816	Corylus sinkt unter 30%, Quercus wird kodominant, alle QM Arten stetig vorhanden, Alnus steigt an	QMBetCor & QMCorBet		VI
3	816	746.5	Corylus und QM kodominant, kontinuierliche Fagus-Kurve setzt ein	QMBetPinCor	Atlantikum	VI
4	746.5	646	Anstieg Fagus, Anstieg Alnus, unruhiger Verlauf bei Quercus und Corylus, erste Anstiege NBP und KUZ, am Ende der Zone Ulmenfall und Lindenfall	FagAlnQMCor		VII
Hiatus						
5	646	598.5	Fagus sinkt ab, Alnusgipfel, NBP über 9%	FagAlnQMCor		VII
6	598.5	ca. 530	Fagusgipfel, am Ende der Zone Anstieg der NBP, kleiner Hiatus belegt	Fag1		VIII
7	ca. 530	491.5	Buchenminimum, Corylusanstieg, NBP Anstieg	CorFagAlnBet	Subboreal	VIII
Hiatus						
8	491.5	440.5	zweigipfeliges Buchenmaximum, dazwischen Anstieg NBP, KUZ, Anstieg Wasserpflanzen	Fag2		VIII
9	440.5	348	Anstieg BP, unruhiger Verlauf von Corylus und Betula, am Ende Anstieg Quercus und Fagus	Fag3?		IX

Tab. 2: Aulendorf, Steeger See. Zonierung des Pollenprofils AUL0. Die lokalen Pollenzonen wurden mit den Pollenzonen aus dem Federseegebiet korreliert und den entsprechenden Chronozonen zugeordnet (LIESE-KLEIBER 1990; weitere Lit. siehe Tab. 1).

die stichbandkeramische Siedlung mit einer solchen Trockenphase in Verbindung gebracht werden. Aufgrund der chronologischen Unsicherheiten ist dies aber nicht mit Sicherheit zu sagen.
Im Jungneolithikum sind aus dem Inselareal schussenrieder und pfyn/altheimer Kulturschichten nachgewiesen. Damit einher geht menschlicher Einfluss, der vor allem mit der Komponente 2 verbunden ist. Die ökonomische Basis ist hier vor allem der Wald – die Nichtbaumpollenwerte sind durchweg niedrig – Pollen belegen aber auch Getreideanbau. Der menschliche Einfluss ist im Gegensatz zum Mittelneolithikum von längerer Dauer und nicht auf den relativ kurzfristigen Impact der Siedlungen beschränkt. Sowohl die Sedimentation als auch das Pollendiagramm belegen eine ruhige Seephase mit hohem Wasserstand, so sind Wasserpflanzenpollen durchgängig belegt, wenn auch nur in geringer absoluter Anzahl. Die pfyn/altheim-zeitliche Siedlungsphase fällt zusammen mit einem Buchenmaximum. Dies könnte entweder bedeuten, dass es sich nur um eine lokale, auf den Steeger See beschränkte Siedlung gehandelt haben könnte, die kaum einen Einfluss auf den

Komponente 1	Taxon	ökologische Affinität
Poaceae	Wiesen Felder, offene Flächen	0,8
Plantago lanceolata	Weidezeiger	0,8
Nuphar sp.	Wasserpflanze	0,8
Nymphaea sp.	Wasserpflanze	0,7
Chenopodiaceae	hauptsächlich Ruderalzeiger, einige Kulturpflanzen	0,7
Stratiotes sp.	Wasserpflanze	0,7
Rumex sp.	hauptsächlich Ruderalzeiger	0,7
Cyperaceae	Feuchtwiesen, Ufer	0,6
Plantago major/media	Ruderalzeiger, Wiesen, Weide	0,5
Carpinus sp.	Schattholz, Nieder- und Mittelwald, Gebüsche	0,5
Caryophyllaceae	Wiesen, eher offene Flächen	0,4
Pediastrum sp.	Alge	0,4
Fraxinus sp.	feuchte Standorte, EMW	-0,4

Tab. 3: Komponente 1. Offene Flächen, Weide- und Ruderalstandorte, seeintern.

Komponente 2	Taxon	ökologische Affinität
Alnus sp.	Auewald, feuchte Standorte, Ufer	0,8
Populus sp.	Waldränder, Auewälder	0,7
Cerealia	Getreide	0,7
Potamogeton sp.	Wasserpflanze	0,6
Fagus sp.	Wald	0,6
Typha sp.	Ufer	0,6
Brassicaceae	diverse	0,5
Frangula sp.	Auewald	0,4
Ranunculus T.	diverse	0,4
Salix sp.	Ufer, Weide	0,4
Betula sp.	Pionierpflanze, Gebüsche, Wald	-0,6
Tilia sp.	Wald	-0,6
Quercus sp.	Wald	-0,6
Ulmus sp.	Wald	-0,8

Tab. 4: Komponente 2. Vorwiegend Aue, Felder.

umgebenden Wald gehabt hat oder die Datierungsungenauigkeit spiegelt dies nur vor. Ohne eine absolute, unabhängige Datierung der Sedimente ist dies nicht zu entscheiden.
Im Spät- und Endneolithikum sind keine Siedlungsspuren vom Steeger See belegt. Sowohl das Pollendiagramm, als auch die PCA zeigen aber deutlichen anthropogenen Einfluss. Erstmals sind durch hohe Nichtbaumpollenwerte und hohe Ladungen auf der Komponente 1 längerfristig offen gehaltene Flächen nachgewiesen. Das weist insgesamt auf einen längerfristigen menschlichen Einfluss auf einer mehr regionalen Skala hin. In der Sedimentation belegen nun auch kleinere Hiaten wieder Seespiegelniedrigstände.
Am Ausgangspunkt der Untersuchung standen die Fragen, ob die Schussen jemals durch das Seebecken geflossen ist und ob die ‚Insel' trockenen Fußes zu erreichen war. Die sedimentologische Aufnahme hat keine Hinweise auf fließendes Wasser erbracht, insbesondere keine Klastika. Demzufolge ist die Schussen offensichtlich nie durch das Seebecken geflossen.

Komponente 3	Taxon	ökologische Affinität
Polygonum aviculare	Ruderalzeiger	0,9
Filipendula sp.	Ufer, feuchte Standorte	0,9
Apiaceae	diverse, eher offene Flächen	0,8
Acer sp.	Wald	0,8
Asteraceae	diverse	0,7
Hydrocotyle sp.	Wasserpflanzen	0,6
Sanguisorba officinalis	Feuchtwiesen	0,6
Hedera sp.	Waldränder	0,5
Fabaceae	diverse	0,5
Tilia sp.	Wald	0,4
Picea sp.	Wald	0,4

Tab. 5: Komponente 3. Wald, Ruderalstandorte, Nasswiesen.

Komponente 4	Taxon	ökologische Affinität
Picea sp.	Wald	0,6
Abies sp.	Wald	0,5
Fagus sp.	Wald	0,5
Pteridium sp.	Wald, Weidezeiger	0,5
Cyperaceae	Feuchtwiesen	0,4
Pinus sp.	Wald	-0,4
Artemisia sp.	Ruderalzeiger	-0,4
Campanula sp.	diverse	-0,4
Corylus sp.	Pionier, Gebüsche, Waldränder	-0,7

Tab. 6: Komponente 4. Wald.

Die Insel war vermutlich immer mal wieder trockenen Fußes zu erreichen, am wahrscheinlichsten im Mittelneolithikum und im Spät- und Endneolithikum. Anzeiger für feuchte Standorte belegen aber auch in diesen Zeiten ein Feuchtgebiet.

Die Frage, wann die Kulturschichten von der Insel in den See gerutscht sind, ist nicht zu klären. Die deutliche Diskordanz in 6,45 m Teufe, die sich auch im Pollendiagramm an der Grenze zwischen Zone 4 und 5 deutlich abzeichnet, schien zunächst ein deutlicher Hinweis auf ein Rutschungsereignis zu sein. Vom pollenanalytischen Befund her scheint es sich jedoch nur um eine kurzfristige Sedimentationsunterbrechung zu handeln. Die Diskordanz liegt bei etwa 4300 BC, also nach der Stichbandkeramik und deutlich vor Schussenried.

Anschrift der Verfasserin

Dr. JUTTA LECHTERBECK
Labor für Archäobotanik
Landesamt für Denkmalpflege im RP Stuttgart
Fischersteig 9
78343 Hemmenhofen

E-Mail: Jutta.Lechterbeck@rps.bwl.de

Schlagwortverzeichnis

Pollenanalyse; Oberschwaben; Aulendorf; Steeger See; Neolithikum; Stichbandkeramik; Pfyn; Altheim; Hauptkomponentenanalyse; Vegetationsgeschichte; Sedimentologie.

Schwertträger der älteren Urnenfelderzeit (Ha A 1) von Heidelberg-Handschuhsheim

Peter König

Einleitung

Obwohl das Neckarmündungsgebiet eine stattliche Anzahl urnenfelderzeitlicher Bestattungsplätze aufzuweisen hat, sind Grablegen von Schwertträgern außerordentlich selten. Bis vor Kurzem lagen an direkten Nachweisen aus einer Zeitspanne von immerhin rund fünf Jahrhunderten (Bz D bis Ha B 3) nur zwei bis drei Grabfunde mit Schwertbeigabe vor.[1] Selten sind auch Grabfunde, die aufgrund ihrer Ausstattung Beziehungen zur Schicht der Schwertträger zu erkennen geben. Ausgehend von Doppelbestattungen, die neben der Ausstattung eines Schwertträgers noch weibliches Trachtzubehör enthielten, konnte L. Sperber in einer 1999 erschienenen Studie einige Schmuckformen zusammenstellen, die für Frauen der Schwertträgerschicht charakteristisch sind.[2] Diesem Personenkreis schrieb er auch ein im Jahre 1994 veröffentlichtes, Ha A 1-zeitliches Grab der umfangreichen Nekropole von Mannheim-Sandhofen zu, dessen bronzenes Inventar u.a. aus einem großen Nadelpaar, zwei Armringpaaren und einer Falere besteht.[3] Man wird ein weiteres, im Jahre 2007 bekannt gegebenes Grab dieses Friedhofs anschließen dürfen.[4] Es wird ebenfalls der Stufe Ha A 1 angehören, mutet aber etwas jünger an. Von den Metallfunden sind zunächst zu Hülsen aufgerollte Goldscheiben bzw. -plättchen hervorzuheben, wohl der Rest eines Colliers. An Bronzen enthält das Inventar u.a. ein spiralig gewundenes Drahtfragment und eine kleine bronzene Drahtspirale. Diese

---

1 Wiesloch, Rhein-Neckar-Kreis, Gr. 1 (Brandgrab): Kimmig, Baden 102; 155 Taf. 8 B; Schauer, Schwerter 62; 72 Taf. 26,189; 131 C; Unz, Spätbronzezeitliche Keramik 11 Taf. 14,3-7 (Griffplattenschwert vom Typ Rixheim; Bz D). – Weinheim, Rhein-Neckar-Kreis, Steinkistengrab (?): Kimmig, Baden 103; 155 Taf. 19 A; Schauer, Schwerter 174 ff. Taf. 78,520; Sperber, Schwertträger 607 f. Anm. 6 (Griffzungenschwert mit Antennengriff; jüngere Urnenfelderzeit). – Unsicher hinsichtlich seiner Zugehörigkeit und Ansprache ist ein Fragment, das Kimmig mit den Funden aus Grab 2 von Wiesloch abbildete: ders., Baden 10; 155 Taf. 8,C 12. Auch die Neuvorlage bei Unz, Spätbronzezeitliche Keramik 67; 84 Taf. 15,1 lässt trotz beigegebenen Querschnitts kein verlässliches Urteil zu.
2 Sperber, Schwertträger 614 ff.
3 Ebd. 629 Anm. 40; H.-P. Kraft/A. Wieczorek/R.-H. Behrends, Ein Gräberfeld der Urnenfelderzeit in Mannheim-Sandhofen, Scharhof. Arch. Ausgr. Baden-Württemberg 1993, 83 ff. Abb. 45. Da das Gräberfeld von Mannheim-Sandhofen an anderer Stelle ausgewertet werden soll, seien hier nur einige Hinweise zur Datierung gegeben. Eine der zum Typ Wollmesheim gehörigen Nadeln steht der von Sperber, Chronologie 44 f. Taf. 13; 44 (Typ 59) umschriebenen, in der Stufe SB I b (Bz D 2) einsetzenden Vor- und Frühformen sehr nahe. Massive gegossene Faleren mit gerippten bzw. gewelltem Rand setzen ebenfalls bereits in der Stufe Bz D ein: Kreutle, Schwarzwald und Iller 201; 564 Taf. 154,12.13 (Mengen, Kr. Sigmaringen, Brandgrab von 1905; SW I – SW III-früh); H. Müller-Karpe, Die Urnenfelderkultur im Hanauer Land. Schr. Urgesch. 1 (Marburg 1948) 54; 62 Taf. 4,A 20 (Hanau, Bebraer Bahnhofstraße, Gr. 1; wohl Ha A 1); Herrmann, Mittel- und Südhessen 32; 122 f. Taf. 114,A 3 (Münzenberg, Wetteraukr., Hügel mit Brandgrab; Ha A 1); v. Brunn, Mitteldeutsche Hortfunde 101; 104 Abb. 12,30 (Bz D – Ha A 1). Man wird dem Inhalt dieses Grabes wohl am ehesten gerecht, wenn man ihn im Rahmen der Stufe Ha A 1 früh verankert. – Für die Erlaubnis, die Bronzen in Augenschein nehmen zu können, ist Verf. Herrn Dr. K. Wirth (Archäologische Denkmalpflege und Sammlungen der Reiss-Engelhorn-Museen Mannheim) zu Dank verpflichtet.
4 K. Wirth, Bronzezeitliche Funde in der Mannheimer Region. In: H. Probst (Hrsg.), Mannheim vor der Stadtgründung I,1 (Regensburg 2007) 148 ff. Abb. 32.33; P. König, Erstaunliche Bestattungskontinuität – Das urnenfelderzeitliche Gräberfeld von Mannheim-Sandhofen. Arch. Nachr. Baden 78/79, 2009, 22 f. mit Abb.; 86.

Fragmente könnten zu einer Drahtbügelfibel vom Typ Hanau (nach P. BETZLER) gehören.[5] Sollte diese Ansprache zutreffen, ergäben sich mit der Kombination aus Collier und Fibel gute Vergleiche zu einigen hochrangig ausgestatteten Frauengräbern aus Rheinland-Pfalz.[6] Es ist noch auf ein Grab hinzuweisen, das auf den ersten Blick mit der Schicht der Schwertträger wenig zu tun zu haben scheint. Im Jahre 1934 wurde in Mannheim-Seckenheim ein Bz D-zeitliches und angeblich überhügeltes Steinkistengrab entdeckt, das eine vermutlich in einen Holzeinbau niedergelegte Körperbestattung barg.[7] Am linken Unterarm lagen einige Bronze- und Steinobjekte sowie ein Haifischzahn, zusammen vielleicht der Inhalt eines Beutels oder einer Tasche. Die Bronzen umfassen ein Messer, zwei Nadeln, drei Blechröhrchen, einen kleinen geschlossenen Ring und eine Ahle oder Pfriem. Die Ansprache einiger Gegenstände ist strittig. W. KIMMIG deutete die Steinobjekte als Wetzstein und Steinmeißel, wobei er von letzterem und dem Haifischzahn vermutete, dass beide Stücke irgendwo aufgelesen worden seien und als Amulette gedient hätten. CH. PARE konnte jedoch in einer 1999 vorgelegten Studie zu bronzezeitlichen Gewichten und Gewichtssystemen zeigen, dass der Beutel- oder Tascheninhalt von Mannheim-Seckenheim weiträumige Vergleiche zu Grabfunden zulässt, die sich durch besondere Beigaben wie Teile von Waagen, Gewichten und auch Schwertern auszeichnen.[8] So könnte es sich bei drei Bronzeröllchen um Behältnisse (Rohrbüchschen) für Farbstoffe, kosmetische oder medizinische Substanzen und bei den Steinobjekten um Reibplatten oder Gewichte handeln. Was auch immer hier im Einzelnen vorliegt, das Ungewöhnliche des Inhalts wird durch den aufwändigen Grabbau und die Bestattungsform betont. Denn Materialeditionen umliegender Regionen und regional übergreifende Untersuchungen zeigen, dass ein aufgrund seiner besonderen Ausstattungen von der Masse abgehobener Personenkreis das Steinkistengrab mit oder ohne Hügel,

---

5 P. BETZLER, Die Fibeln in Süddeutschland, Österreich und der Schweiz I. PBF XIV 3 (München 1974) 38 ff. Taf. 5,72–78.80.81 A (Stufe Gammertingen); MÜLLER-KARPE, Chronologie 175; 203 Abb. 39,10 (Ha A 2). Die von der Forschung vorgenommene Datierung dieses Fibeltyps scheint der hier angenommenen Zeitstellung des Grabes von Mannheim-Sandhofen entgegenzustehen. Seine fortgeschrittene Stellung im Rahmen der Stufe Ha A 1 wurde aber schon angedeutet. Darüber hinaus ist nicht auszuschließen, dass Fibeln vom Typ Hanau bereits in dieser Stufe einsetzen.
6 Vgl. SPERBER, Schwertträger 614 ff. Abb. 4,1.8; 5,2; 7,5 (Landau Wollmesheim, Gr. 1 und 2; SB II a [Ha A 1]); G. BRÜCKEN, Eine reiche urnenfelderzeitliche Doppelbestattung aus Bad Kreuznach. Mainzer Arch. Zeitschr. 9, 2010, 15 ff. Abb. 16 u. 17; 26 f. Abb. 24; 42 ff. Taf. 1,5–7.9; Taf. 2,14; 3,33–43.45–48 (Ha A 1).
7 KIMMIG, Baden 7; 9 f.; 26 f.; 117 f.; 151 f. Taf. 2 A; 44,4. Vgl. zur Chronologie MÜLLER-KARPE, Chronologie 171 f.; 190 Abb. 25,15.17-19 (Bz D); UNZ, Spätbronzezeitliche Keramik 19 f.; 25 f.; 38 Taf. 17,1-13 (Zeitstufe II); SPERBER, Chronologie 187 f.; 316 Liste 1 Nr. 76; 343 Liste 14 Nr. 9 Taf. 89,9 (SB I b [Bz D 2]). In den Wiedergaben von KIMMIG und UNZ besteht ein kleiner, aber womöglich wichtiger Unterschied. Während KIMMIG dem parallel zum Hinterkopf aufgefundenen Nadelfragment mit rundem Querschnitt ein weiteres Stabfragment mit viereckigem Querschnitt zuwies, führte UNZ letzteres sicher zu Recht als gesonderten Fund auf. S. hierzu Anm. 8.
8 CH. PARE, Weights and Weighing in Bronze Age Central Europe. In: Eliten in der Bronzezeit. Ergebnisse zweier Kolloquien in Mainz und Athen. Monogr. RGZM 43 (Mainz 1999) 456 f. Abb. 25; 461 ff. Von den von PARE zusammengetragenen Befunden sei hier auf zwei Gräber besonders hingewiesen: ebd. 442 ff. Abb. 17 (Richemont-Pépinville, Dép. Moselle, wohl Körpergrab); ebd. 449 f. Abb. 20 (Marolles-sur-Seine, Dép. Seine-et-Marne, Brandgr. 5). Die jeweiligen Übereinstimmungen mit Mannheim-Seckenheim bezeugen in Richemont-Pépinville Messer, Nadel, Bronzeröllchen, kleine Ringe, Stabfragmente, Amulett (Wasservogel), in Marolles-sur-Seine Dolch, Steinobjekte, Bronzeröllchen, Ahle oder Pfriem (?), Bernsteinobjekt (Amulett?).
9 HERRMANN, Mittel- und Südhessen 22 ff.; DEHN, Nordwürttemberg 39; M.K.H. EGGERT, Die Urnenfelderkultur in Rheinhessen. Gesch. Lkde. 12 (Wiesbaden 1976) 59 ff.; D. ZYLMANN, Die Urnenfelderkultur in der Pfalz. Veröff. Pfälz. Ges. Förderung Wiss. Speyer 72 (Speyer 1983) 266 ff.; GRIMMER-DEHN, Oberrheingraben 21 f.; KREUTLE, Schwarzwald und Iller 253 ff. bes. 257; KNÖPCKE, Neckarsulm 19 ff.; 34 ff.; 192 ff.; SPERBER, Schwertträger 613 f.; 627; CH. CLAUSING, Untersuchungen zur Sozialstruktur in der Urnenfelderzeit Mitteleuropas. In: Eliten in der Bronzezeit. Ergebnisse zweier Kolloquien in Mainz und Athen. Monogr. RGZM 43 (Mainz 1999) 319 ff.; ders., Untersuchungen zu den urnenfelderzeitlichen Gräbern mit Waffenbeigaben vom Alpenkamm bis zur Südzone des Nordischen Kreises. BAR Internat. Ser. 1375 (Oxford 2005) 100 ff.; WIESNER, Grabbau und Bestattungssitten 122 ff.; 208 ff.; 293 ff. – Zu Überlegungen, dass die Bauform des Steinkistengrabes eine besondere Rolle in der Traditionshaltigkeit zukommt und sie für die Geltung und Wertschätzung der dort Bestatteten allein sprechen kann, s. noch J. BERGMANN, Ein Gräberfeld der jüngeren Bronze- und älteren Eisenzeit bei Vollmarshausen, Kr. Kassel. Kasseler Beitr. Vor- u. Frühgesch. 5 (Marburg 1982) 133 f.; M. PETZL, Ein spätbronzezeitliches Steinkistengrab aus Burgweinting. Arch. Jahr Bayern 2008 (2009) 40 ff.

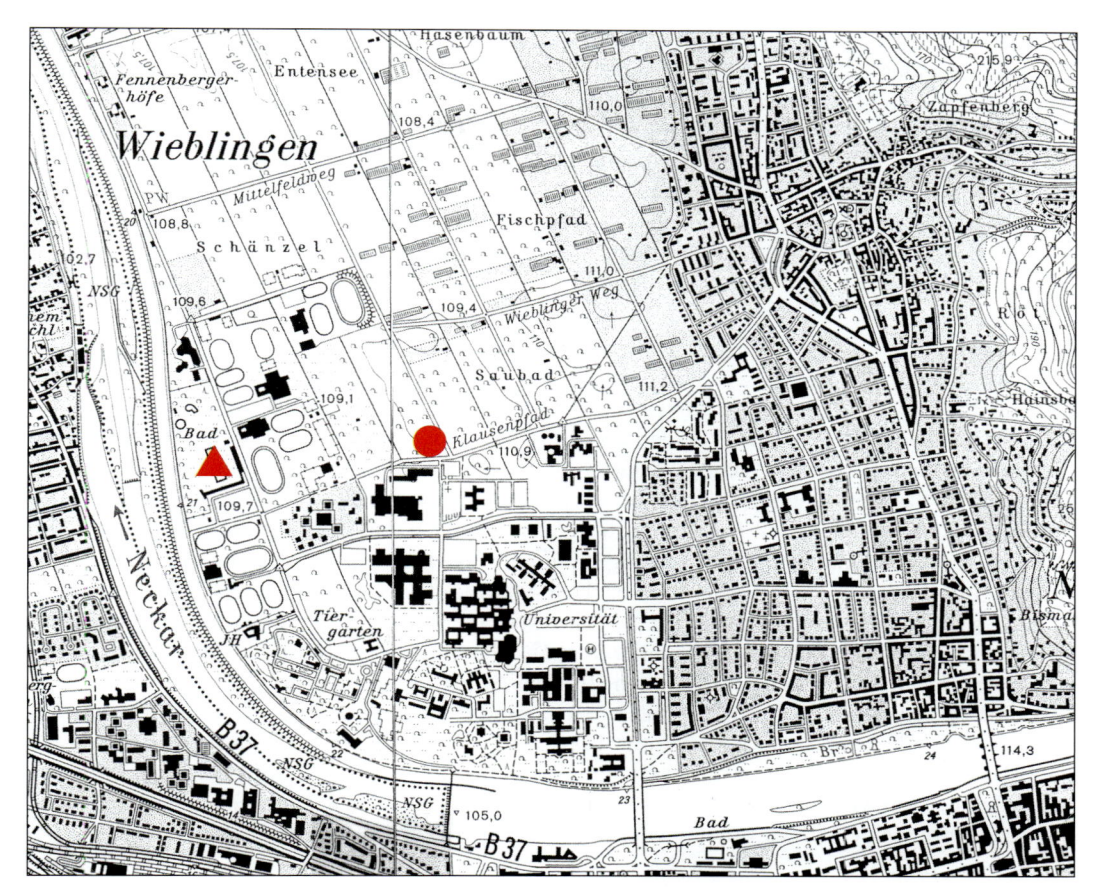

Abb. 1: Heidelberg-Handschuhsheim. Lage des alturnenfelderzeitlichen Steinkistengrabes im Gewann ‚Hühnerstein' (Kreis) und der alturnenfelderzeitlichen Siedlung an der Tiergartenstraße (Dreieck). Topographische Karte 1:25 000. Ausschnitte aus den Blättern 6517 und 6518. © Landesvermessungsamt Baden-Württemberg (http://www.lv-bw. de), Az.: 2851.3-A/218.

den Grabhügel alleine und die Körperbestattung gerne nutzte und damit seine Bindung an überkommene Traditionen zum Ausdruck brachte.[9]
Die übrigen Schwerter und Schwertfragmente stammen aus späturnenfelderzeitlichen Hortfunden oder sind, soweit die Überlieferung ein Urteil erlaubt, Gewässerfunde.[10] Ebenso sind Gegenstände

---

10 Die folgende Aufstellung kann die chronologische Reihenfolge nur annähernd berücksichtigen, da die Datierung einiger jungurnenfelderzeitlicher Schwertformen mit Unsicherheiten behaftet ist: Nußloch, Rhein-Neckar-Kreis, ohne Fundzusammenhang: SCHAUER, Schwerter 177; 179 Taf. 79,524 (Griffzungenschwert vom Typ Locras; jüngere Urnenfelderzeit). – Kirschgartshausen, Stadtbez. Mannheim-Sandhofen, wohl Flussfund: v. QUILLFELDT, Vollgriffschwerter 221 ff. Taf. 83,240; P. KÖNIG, Ein jungurnenfelderzeitliches Halbvollgriffschwert von Ladenburg, Baden-Württemberg. Arch. Korrbl. 32, 2002, 389 ff. Abb. 5.7 (Halbvollgriffschwert vom Typ Kirschgartshausen; Ha B 2). – Ladenburg, Rhein-Neckar-Kreis, Flussfund: ebd. Abb. 1–3.6 (Halbvollgriffschwert vom Typ Kirschgartshausen; Ha B 2). – Dossenheim, Rhein-Neckar-Kreis, Hortfund: v. QUILLFELDT, Vollgriffschwerter 249 Taf. 106,302 (Klingenfragment; Ha B 3). – Mannheim-Wallstadt, Hortfund: ebd. 232; 242 f. Taf. 89,254 (Vollgriffschwert vom Typ Mörigen; Ha B 3); ebd. 249 Taf. 106,305 (Klingenfragment). – Weinheim-Nächstenbach, Rhein-Neckar-Kreis, Hortfund: SCHAUER, Schwerter 190 Taf. 90,588 (nordisches Griffzungenschwert); v. QUILLFELDT, Vollgriffschwerter 218; 220 f. Taf. 82,238; 231; 234; 242 f. Taf. 87,249; 93,264 (Vollgriffschwerter der Typen Auvernier und Mörigen; Ha B 3); ebd. 248 Taf. 105,296.297 (Klingenfragmente); ebd. 218 Taf. 107,B (Tüllenortband). – Zu zwei weiteren Schwertern liegen nur ungenaue Angaben vor: ebd. 207 Taf. 74,216 (angeblich in der Umgebung von Mannheim aus dem Neckar gebaggertes Vollgriffschwert vom Typ Corcelettes; Ha B 3); ebd. 214 f. Taf. 78,225 (angeblich Leimen, Rhein-Neckar-Kreis, Rundknaufschwert; Ha B 3).

wie Knebel und Doppelknöpfe, die Bestandteil des Schwertgehänges sein können, ferner die bisweilen in Grabfunden der Schwertträger anzutreffenden Sicheln und bronzenes Geschirr zur Hauptsache an späturnenfelderzeitliche Hortfunde gebunden.[11]

Ein Teil der hier vorgelegten Funde wurde bereits 2009 in den *Archäologischen Nachrichten aus Baden* bekannt gegeben.[12] Sie stellen nicht nur eine wichtige Ergänzung zum alturnenfelderzeitlichen Formenbestand des Neckarmündungsgebiets dar, sondern sind auch deshalb von kulturhistorischem Interesse, weil sie zusammen mit einer nahegelegenen Siedlung erste Ansätze zur Rekonstruktion einer Siedlungskammer liefern.[13]

Fundgeschichte

Den im Norden Heidelbergs gelegenen Stadtteil Handschuhsheim kennzeichnen zwei ganz unterschiedlich genutzte Flächen. Während im Osten die dichte Bebauung bis an die Steilhänge des Odenwaldes reicht, erstreckt sich im Westen bis zum rechten Neckarhochufer das Handschuhsheimer Feld, das vorrangig landwirtschaftlichen Zwecken dient (Abb. 1). Hier, im Gewann ‚Hühnerstein' und unweit der nach Ladenburg führenden Römerstraße, stieß am 10. April 1965 ein im Stadtteil ansässiger Landwirt beim Tiefpflügen auf eine Steinplatte, die er ausgrub und an den Weg legte. Als er an der gleichen Stelle in einer Tiefe von ca. 40 cm noch weitere Platten fand, grub er auch diese aus und entdeckte dabei eine Schwertklinge (Abb. 3,1), die er nach Hause mitnahm. Ohne eine Fundmeldung zu machen und in der Absicht, die Stelle einzuebnen, grub der Landwirt am übernächsten Tag weiter und fand den Rest des Schwertes, ferner ein Griffdornmesser (Abb. 3,2), eine Plattenkopfnadel (Abb. 3,3) und einen menschlichen Unterarmknochen mit Patinaspuren. Auch diese Funde nahm er nach Hause mit. Inzwischen hatte durch Zufall B. Winkler, ein ehemaliger Vorarbeiter von B. Heukemes, der zu dieser Zeit Oberkonservator am Kurpfälzischen Museum in Heidelberg war, von den Vorkommnissen erfahren. Noch am selben Tag begab sich Winkler zu dem Landwirt nach Handschuhsheim, wies diesen auf die Rechtslage hin und informierte daraufhin

---

11 Zu diesen Sachgütern Sperber, Schwertträger 609 ff.; zu Sicheln s. noch Schauer, Schwerter 162. – Viernheim, Kr. Bergstraße, Brandgrab: Herrmann, Mittel- und Südhessen 34; 153 Taf. 144 A 1 (Tasse; Ha A 2). – Dossenheim, Rhein-Neckar-Kreis, Hortfund: F. Stein, Katalog der vorgeschichtlichen Hortfunde in Süddeutschland. Saarbrücker Beitr. Altkde. 24 (Bonn 1979) 110 f. Taf. 79,2 (gegossenes Becken); Taf. 81,1-4 (Sicheln). – Mannheim-Wallstadt, Hortfund: W. Kimmig, Das Bronzedepot von Wallstadt. Germania 19, 1935, 116 ff. Taf. 6 Abb. 2,7 (Sichel). – Weinheim-Nachstenbach, Rhein-Neckar-Kreis, Hortfund: P. H. Stemmermann, Das Bronzedepot von Weinheim-Nächstenbach. Bad. Fundber. 3, 1933-36, 1 ff. Taf. 2,16-22 (Sicheln); Taf. 4,44-47.52 (Knebel, Doppelknopf).

12 König, Zur Tradition verpflichteter Schwertträger – Das alturnenfelderzeitliche Steinkistengrab von Heidelberg-Handschuhsheim. Arch. Nachr. Baden 78/79, 2009, 20 f. mit Abb.; 85.

13 Noch im Spätherbst des Jahres 2008 konnte Verf. sein Vorhaben, die hier vorgelegten Funde zu veröffentlichen, mit Herrn Dr. B. Heukemes (ehem. Lobdengau-Museum Ladenburg) besprechen. Sein Tod am 16.01.2009 bedeutet nicht nur einen großen menschlichen Verlust. Manche Fragen, die sich bei den Recherchen zur Fundgeschichte ergaben, werden womöglich für immer unbeantwortet bleiben. – Für die Erlaubnis, die Funde aufzunehmen und zu veröffentlichen, ferner für alle damit verbundenen organisatorischen Mühen dankt Verf. Frau Dr. R. Ludwig (Kurpfälzisches Museum Heidelberg). Weiteren Dank schuldet Verf. den Mitarbeitern des Kurpfälzischen Museums: Herrn K. Fricke-Pälzer für restauratorische Nachbesserung und regen Gedankenaustausch zum Erhaltungszustand der Bronzen, Herrn E. Kemmet für die Fotografien der Fundstücke, Frau I. Grunert M.A. für die sorgfältigen Reinzeichnungen und die Montage der Tafeln sowie Herrn G. Broll für die Digitalisierung und Nachbearbeitung der Abb. 2. Ebenfalls gedankt sei dem Bürgermeister der Stadt Ladenburg, Herrn E. Ziegler, für schnelle und unbürokratische Hilfe bei der Beschaffung der gescannten Vorlage einer aus dem Nachlass von Herrn Dr. B. Heukemes stammenden Rekonstruktionszeichnung des Gesamtbefundes. Das Projekt wurde durch naturwissenschaftliche Untersuchungen wesentlich unterstützt. Herr Prof. Dr. J. Wahl (Konstanz) übernahm die Bestimmung der menschlichen Knochenreste. Die Radiographien des Vollgriffschwertes (Abb. 3,1d.e) im RGZM zu Mainz ermöglichte Herr Prof. Dr. M. Egg. Die betreffenden Arbeiten besorgte Herr St. Patscher M.A., der die Aufnahmen anschließend scannte und zur Verfügung stellte. Herr U. Herz (RGZM Mainz) schließlich half bei der äußerst schwierigen Beurteilung der Brüche des Griffzungenschwertes (Abb. 4,1). Ihnen allen ist Verf. zu großem Dank verpflichtet.

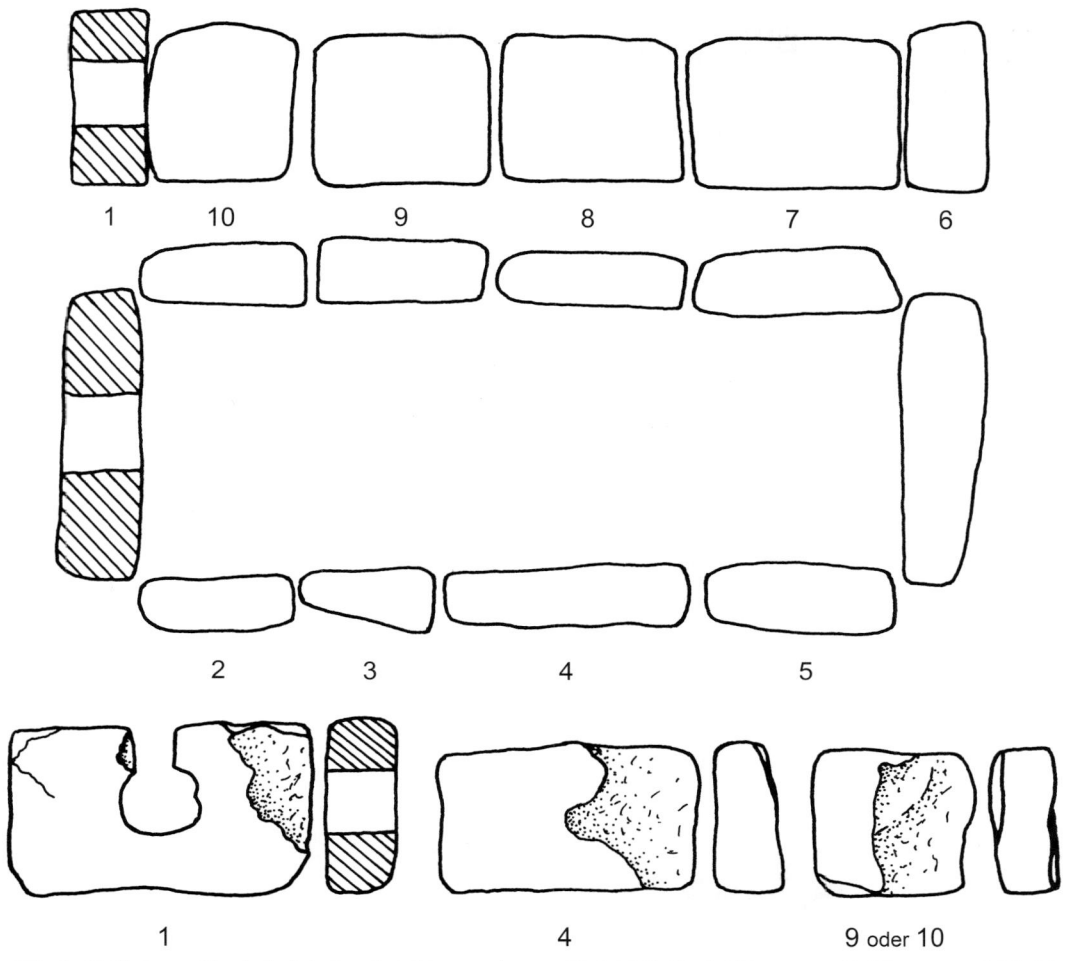

Abb. 2: Heidelberg-Handschuhsheim, Steinkistengrab vom 10. 4. 1965. Nach Skizzen von B. Heukemes. M 1 : 20.

unverzüglich Heukemes, der den Landwirt dann abends aufsuchte, an Hand dessen Angaben einige Notizen und Skizzen anfertigte und die Fundstücke erwarb. Aufgrund der ausgiebigen Befragung des Landwirts ergab sich folgendes Bild. Bei dem Befund muss es sich um ein Steinkistengrab mit einer auf dem Rücken liegenden Körperbestattung gehandelt haben (Abb. 2). Die Steinkiste mit einer Länge von ca. 2 m und einer Breite von ca. 0,80 m war aus insgesamt zehn Buntsandsteinplatten gefügt, wobei je vier Platten die Längs- und je eine Platte die Schmalseiten bildeten. Die an der Kopfseite befindliche Platte besaß eine im Durchmesser ca. 20 cm große Durchlochung, deren oberer Rand jedoch nicht geschlossenen war, da sich im Stein in der Mitte von der Oberkante ab ein weiterer, ca. 12 cm breiter und parallelseitiger Durchlass befand. Zur Lage der Fundstücke gab der Landwirt an, dass die Nadel auf der Brust des Toten, das Schwert und das Messer an dessen rechter Seite gelegen hätten. Als Heukemes und sein Mitarbeiter D. Claus die Fundstelle am Nachmittag des 13. April untersuchen wollten, stießen sie auf einen weitestgehend zerstörten Befund. Weitere Beigaben oder Teile des Skeletts fanden sie nicht, nur „… Reste von vergangener Keramik…in der durchwühlten Erde…", wie Claus in einer kurzen Notiz festhielt. Die an der Kopfseite aufgestellte und durchlochte Steinplatte war verschwunden, die übrigen z. T. umgeworfen. Es geht jedoch aus den Aufzeichnungen von Heukemes nicht eindeutig hervor, wie viele Platten überhaupt noch vorhanden waren und an ihrer ursprünglichen Stelle standen. Insgesamt vermaß und skizzierte er noch zwei weitere Steinplatten. Die eine (Nr. 4) war 65 cm lang, 40 cm hoch und an ihrer Basis 20 cm

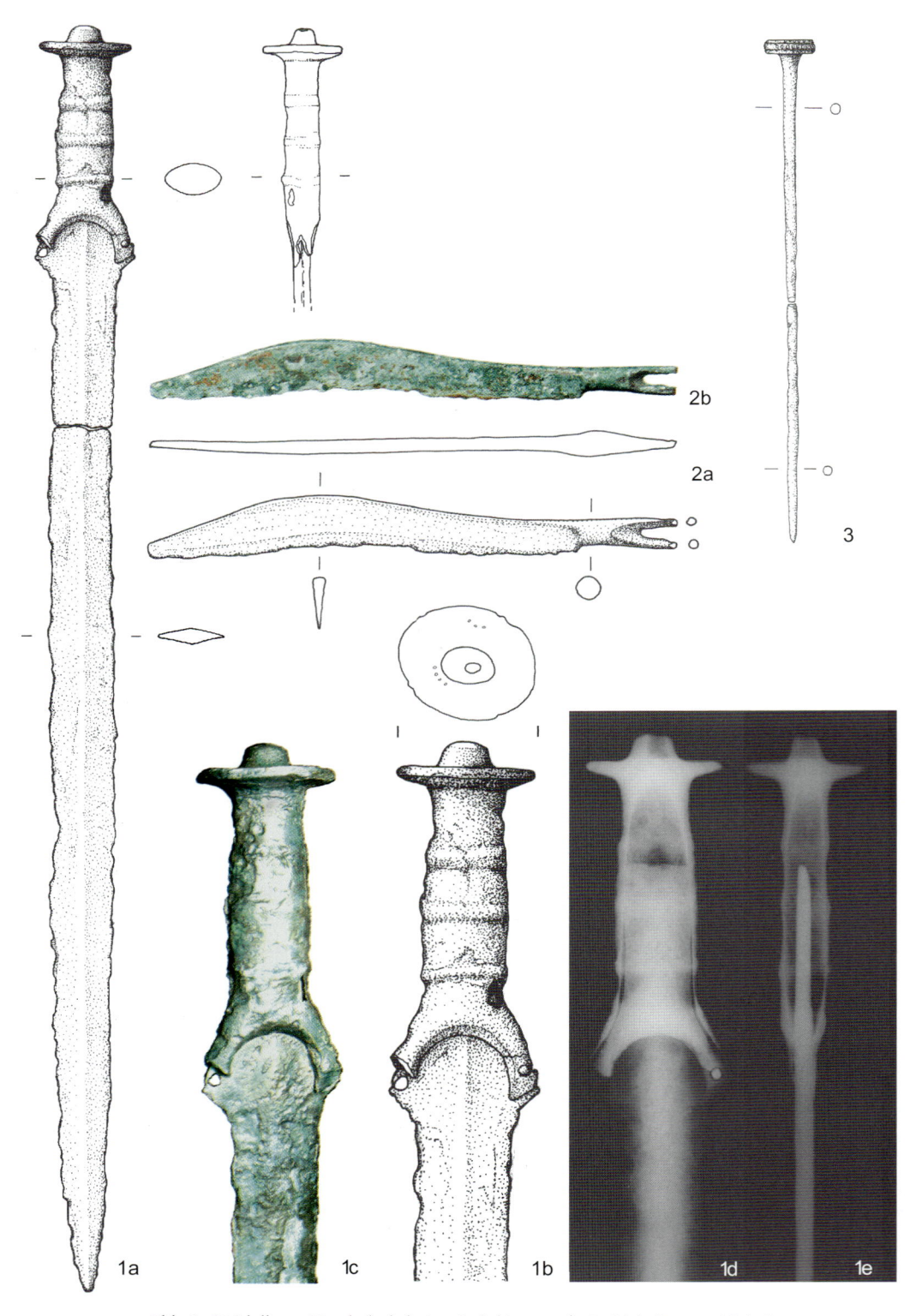

Abb. 3: Heidelberg-Handschuhsheim, Steinkistengrab. 1a M 1:3, sonst M 1:2.

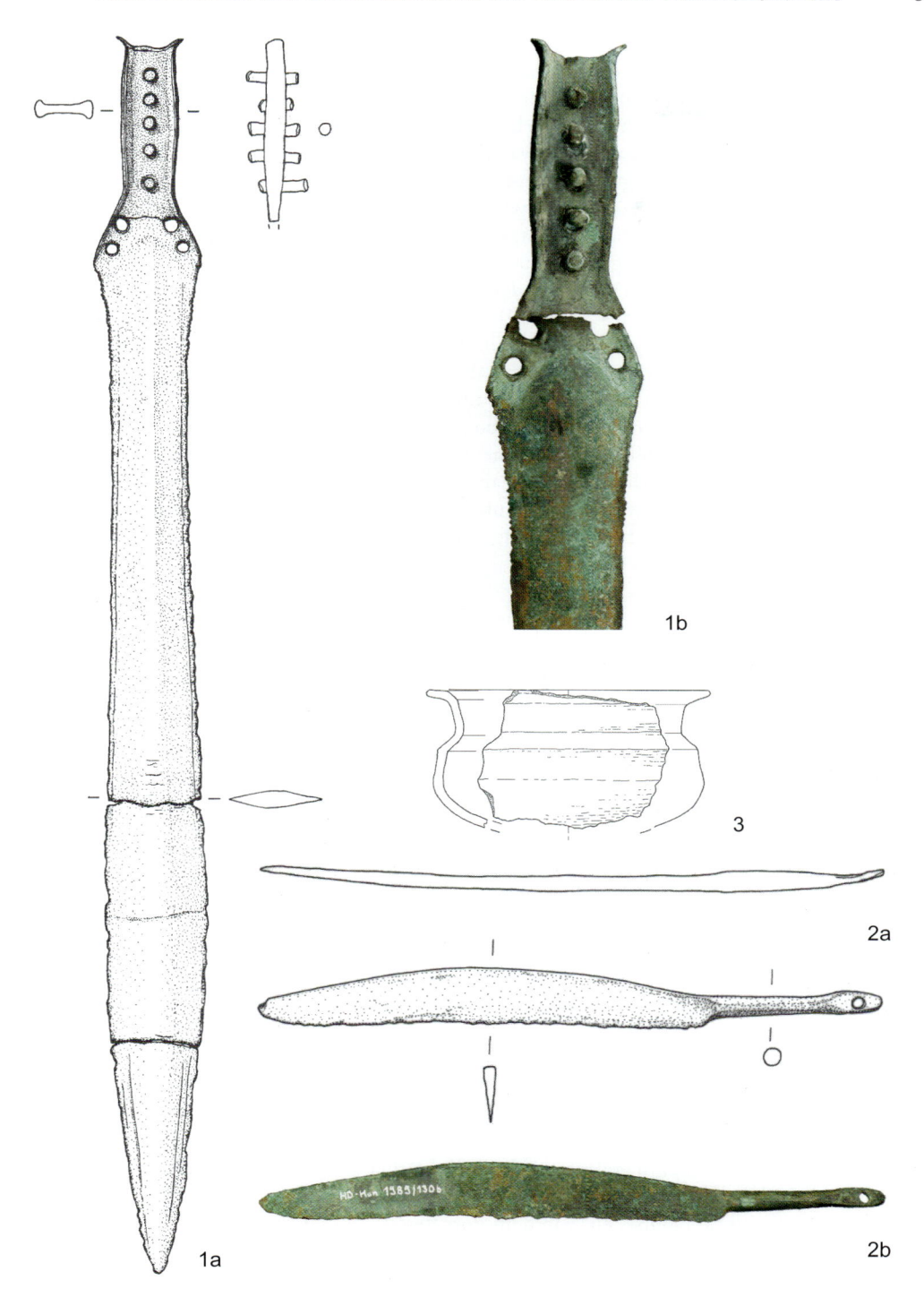

Abb. 4: Heidelberg-Handschuhsheim. 1. 2 Gewann ‚Hühnerstein', Einzelfunde; 3 Tiergartenstraße, Bef. 24. 1a. 3 M 1:3, 1b. 2 M 1:2.

dick, während sie zur Oberkante hin schmaler wurde. Zudem wies sie an einer Seite Patinaspuren auf. Es musste sich hierbei um die Innenseite handeln, da diese Spuren nur von der vom Landwirt angegebenen Lage von Schwert und Messer herrühren konnten. Die andere Steinplatte (Nr. 9 oder 10) war 44 cm lang, 38 cm hoch und gleichmäßig 18 cm dick. Da Abdrücke der Unterseiten der Steinplatten im Planum noch vorhanden waren, konnte Heukemes am Abend dieses Tages unter Verwertung aller ihm zur Verfügung stehenden Informationen eine zeichnerische Rekonstruktion anfertigen, die hier in einer Umzeichnung wiedergegeben wird (Abb. 2). Darüber hinaus ergab die genaue Einmessung des Grabes, dass die Längsseiten annähernd Ost-West-gerichtet waren. Über die Ausrichtung des Toten liegen hingegen keine Angaben vor.

Vier Jahre später, am 6. Mai 1969, ackerte der Landwirt in unmittelbarer Nähe zwei Klingenfragmente eines Griffzungenschwertes (Abb. 4,1) aus. Die Suche nach den übrigen Fragmenten, der Spitze und dem Griff, soll erfolglos gewesen sein. Lediglich das Fragment eines menschlichen Schulterblatts will der Landwirt noch aufgefunden haben. Am folgenden Tag meldete er Heukemes die Funde, der sich daraufhin zum Landwirt begab und die Stücke erwarb. Dabei erkannte Heukemes, dass das Griffzungenschwert ursprünglich verbogen war und bei der Auffindung in vier Teile zerbrochen wurde. Um die noch fehlenden Fragmente zu finden, suchte er anschließend die Fundstelle zusammen mit einer studentischen Hilfskraft ab, jedoch ohne Ergebnis. Die genaue Lage der Fundstelle hielt Heukemes nicht fest und seine Aufzeichnungen zur Sache enden mit der Bemerkung, dass er den Fundacker nach den fehlenden Fragmenten mit Hilfe eines Gerätes noch absuchen wolle.

Fundkritik

Wie noch zu zeigen sein wird, sind Zweifel an der Geschlossenheit der Funde aus dem Steinkistengrab und an den wenigen Angaben, die der Finder zur Lage der bronzenen Beigaben und zur Bauform gemacht hat, nicht angebracht (s. S. 53 ff.). Zu beklagen sind freilich der vollständige Verlust weiterer Beigaben, das weitestgehende Fehlen des Skeletts und der Mangel an Beobachtungen, die z.B. die Ausrichtung des Toten und konstruktive Details der Steinkiste betreffen.

Etwas schwieriger verhält es sich mit dem Griffzungenschwert, dem Fragment eines menschlichen Schulterblatts und einem Griffdornmesser (Abb. 4,2), von dem noch nicht die Sprache war. Das Stück wird in den Aufzeichnungen von Heukemes nirgendwo erwähnt. An der Klinge des Griffdornmessers hafteten jedoch zwei Zettelchen, die das Gewann ‚Hühnerstein', den Acker des Landwirts und das Datum des 6. Mai 1969 nennen. Es dürfte nachträglich an das Museum abgegeben worden sein wie die noch fehlenden Fragmente des Griffzungenschwertes. Denn auch diese hatte Heukemes nicht mehr erwähnt. Weiterhin sprechen einige Argumente dafür, dass Griffzungenschwert und Griffdornmesser aus einem Grab stammen. Schwerter in verbogenem Zustand wurden bereits in vielen Grabfunden angetroffen.[14] Die Kombination der Grabbeigaben Schwert und Messer kommt so häufig vor, dass hier auf das Anführen von Belegen verzichtet werden kann. Schließlich stimmt die Patina beider Stücke so sehr überein, dass von einer Lagerung in ein und demselben Milieu ausgegangen werden kann.

Die von J. Wahl vorgenommene Analyse der Knochenreste hat ergeben, dass sie wahrscheinlich zu ein und demselben Individuum gehören und es sich hierbei um einen männlichen, womöglich älteren Erwachsenen handelt.[15] Nun ließen sich viele Erklärungen dafür finden, dass vier Jahre nach der Auffindung des Steinkistengrabes ein von dem dort Bestatteten stammendes Schulterblattfragment ausgeackert wurde. Es könnte bei der unsachgemäßen Bergung übersehen oder weggeworfen und über die Jahre hinweg durch die ackerbaulichen Aktivitäten verschleppt worden sein. Eine andere Erklärung wäre, dass der Landwirt im Jahre 1965 doch mehr an sich nahm, als er angab, und das Schulterblattfragment später zusammen mit den Griffzungenschwertfragmenten ablieferte.

---

14 Vgl. die Zusammenstellung bei Wiesner, Grabbau und Bestattungssitten 440 f.; 994 ff. Listen 45 a.b.
15 siehe Katalog S. 69.

Begehung der Fundstelle

Da nicht auszuschließen war, dass noch Reste des Skeletts oder der Keramik aufgefunden werden könnten, wurden die Fundstelle und ihr näherer Umkreis im Frühsommer des Jahres 2009 mehrmals intensiv begangen.[16] Weiteres Material, das der Urnenfelderzeit hätte zugewiesen werden können, blieb jedoch aus. Auch sind im Gelände keinerlei Anzeichen zu erkennen, die für eine Überhügelung oder Grabenumfriedung des Steinkistengrabes sprechen würden. Letzte Gewissheit ließe sich hier nur durch eine Ausgrabung oder mit Hilfe der Luftbildarchäologie gewinnen.

Zur Lage der Fundstelle ist noch zu bemerken, dass das Gelände ca. 50 m weiter westlich leicht abfällt. Dieser Niveauunterschied dürfte zur Zeit der Anlage des Steinkistengrabes größer ausgefallen sein, da die landwirtschaftliche Nutzung zur Nivellierung des Geländes beiträgt. Es ist denkbar, dass diese zwar nicht sonderlich beeindruckende, aber doch vorhandene exponierte Lage bei der Wahl der Begräbnisstätte eine Rolle gespielt hat.

Chronologie

In seiner 1987 erschienenen Studie zur Chronologie der Urnenfelderkultur im nördlichen Alpenvorland von der Schweiz bis Oberösterreich nannte L. Sperber u.a. folgende Typen, die im Verbreitungsgebiet der rheinisch-schweizerischen Gruppe in der Stufe SB II a (Ha A 1) einsetzen und in dieser Stufe auch zur Hauptsache vertreten sind: Plattenkopfnadeln mit glattem, allenfalls gravurverziertem Schaft (Abb. 3,3), Griffzungenschwerter vom Typ Hemigkofen (Abb. 4,1) unter Einbezug der von P. Schauer umschriebenen Variante Uffhofen[17] sowie Messer mit lang gestreckter Klinge, gleichmäßig gekrümmtem Rücken, gerader Schneide und keilförmigem Klingenquerschnitt (Abb. 4,2).[18] Mit einem Aufkommen der so beschriebenen Messer und der Plattenkopfnadeln bereits in der Stufe SB I b (Bz D 2) sei jedoch zu rechnen.[19] Hierfür sprächen zum einen im Bereich der rheinisch-schweizerischen Gruppe die schweizerischen Grabfunde von Muttenz-Käppeliboden, Kanton Basel-Landschaft, und Belp-Hohliebe (1898), Kanton Bern,[20] da sie chronologisch nicht eindeutig festzulegen seien und auch früher als in die Stufe SB II a (Ha A 1) datieren könnten. Zum anderen sei für die Plattenkopfnadeln die Befundlage in Ober- und Niederbayern und für die Messer die Befundlage in Oberbayern und Nordtirol zu berücksichtigen, wo jeweils die betreffenden Typen bereits in der Stufe SB I b (Bz D 2) belegt sind.[21] Im Prinzip haben diese Überlegungen Sperbers auch für frühe Dreiwulstschwerter (Abb. 3,1) zu gelten. Sie sind zwar im Bereich der rheinisch-

---

16 Der Pächter, Herr M. Kraft (Heidelberg), gab dankenswerter Weise die Erlaubnis zur Begehung der Ackerflächen. Sie wurde von Herrn G. Kress (Medesheim), einem ehrenamtlichen Mitarbeiter des Kurpfälzischen Museums Heidelberg, und vom Verf. durchgeführt. Herrn G. Kress sei an dieser Stelle für seine Mitarbeit und sorgfältige Vorgehensweise herzlich gedankt.
17 Schauer, Schwerter 160 ff. Taf. 68,468;69,469–473; 70,474–477.
18 Sperber, Chronologie 48 f.; 70 ff. Taf. 17 (Typen 79 und 81); Taf. 18 (Typ 87); 317 f. Nr. 110.112.116.117.121.122.127–131.150.151 (SB II a [Ha A 1]); Nr. 163 (SB II b [Ha A 2]); Beil. 5 (Kombinationstab. 1). An Belegen aus späterer Zeit s. die Nr. 163 der kombinationsstatistisch erfassten Grabfunde mit Typ 87. Aus dem untermainisch-schwäbischen Bereich führte Sperber die SB II b (Ha A 2)-zeitlichen Grabfunde von Eschborn (Gr. 2), Main-Taunus-Kreis, und Viernheim, Kr. Bergstraße, an: Herrmann, Mittel- und Südhessen 34; 74 Taf. 84,1.2 (Typen 81 und 87); 153 Taf. 144,A 15 (Typ 79).
19 Sperber, Chronologie 71 f.
20 Beck, Beiträge 104 f.; 128 Taf. 20 B; 21 B.
21 Sperber, Chronologie 172; 178 f. Taf. 60 (Typ 82); Taf. 61 (Typ 85); 326 ff. Nr. 81.102.106.108.109.111.123 (SB I b [Bz D 2]); Nr. 128.131.133.137.155.159–161.165.166 (SB II a [Ha A 1]); Beil. 8 (Kombinationstab. 2); 194 f.; 329 Nr. 1.3.4.8.24.27.31 (SB II a [Ha A 1]); Beil. 9 (Kombinationstab. 3); 220; 232 Taf. 72 (Typen 4 und 5); 332 Nr. 3–5 (SB II a [Ha A 1]); Beil. 11 (Kombinationstab. 4). Für zwei der in die Stufe SB I b (Bz D 2) datierten Gräber der Kombinationstabelle 2 (Nr. 106.111) ist auch ein späterer Ansatz möglich (ebd. 179). Zur Befundlage in Nordtirol ebd. 71 mit Anm. 362.

schweizerischen Gruppe selten und konnten dort deshalb kombinationsstatistisch nicht erfasst werden, kommen aber in Oberbayern und Nordtirol bereits in der Stufe SB I b (Bz D 2) auf.[22]

Da somit für die Funde von Heidelberg-Handschuhsheim ein gewisser Datierungsspielraum gegeben ist, ist ihre hier vorgenommene zeitliche Einordnung in die Stufe Ha A 1 im Einzelnen zu begründen.

Die Funde des Steinkistengrabes

Dreiwulstschwert

Das aus dem Steinkistengrab stammende Dreiwulstschwert (Abb. 3,1) ist bislang das einzige, das im Neckarmündungsgebiet aufgefunden wurde. Hierbei mag ausschlaggebend sein, dass sich Heidelberg-Handschuhsheim an der westlichen Peripherie der Gesamtverbreitung dieser Schwertform befindet und im südwestdeutschen Raum während der Stufen Bz D und Ha A zur Hauptsache Schwerter mit organischem Griff vertreten sind.[23]

Wie aus verschiedenen Studien hervorgeht, gehören zu den wesentlichen Gliederungskriterien früher Dreiwulstschwerter ihre auf Knauf, Griffstange und Heft angebrachten Verzierungen.[24] Das Dreiwulstschwert von Heidelberg-Handschuhsheim kann deshalb keinem der bekannten Typen sicher zugeordnet werden. Es haben sich nur noch wenige Reste der auf der Knaufoberseite befindlichen Verzierung in Form einer um die Basis des Knaufknopfs umlaufenden Punktreihe sowie eines in gleicher Technik am Rande angebrachten und zu diesem hin offenen Halbbogens erhalten. Ein Anschluss an die Dreiwulstschwerter vom Typ Erding nach I. v. Quillfeldt wäre also denkbar.[25] Dessen ungeachtet besitzt die Waffe einige Merkmale, die im Rahmen der Gesamtentwicklung auf eine ausgesprochen frühe Zeitstellung hinweisen. Um dies näher zu erläutern, genügt es, sich auf das von I. v. Quillfeldt und W. Krämer vorgelegte Material Süddeutschlands, Österreichs und der Schweiz zu beschränken und einige Schwertformen der Stufe Bz D zum Vergleich heranzuziehen. Zunächst ist auf die relativ kleine, in der Aufsicht ovale, betont schräg gestellte und nicht durchlochte Knaufplatte hinzuweisen. Dies ist ein bei den Vollgriffschwertern vom Typ Riegsee und solchen, die v. Quillfeldt zu frühurnenfelderzeitlichen Sonderformen zusammenfasste, sehr häufig zu beobachtendes Merkmal.[26] Die Differenz von Länge und Breite der Knaufplatte des Dreiwulstschwertes beträgt 7 mm, ein Wert, der auch bei einigen dieser Bz D-zeitlichen Schwerter zu finden ist, wobei dort sehr ähnliche oder identische Knaufplattenlängen und -breiten hinzukommen.[27] Obgleich Brüche und Korrosion eine eindeutige Beurteilung nicht mehr zulassen, dürften die schmalen Heftschultern des Dreiwulstschwertes eine leichte Wölbung gehabt haben. Die Heftabschlüsse verlaufen schräg und sind im Vergleich zu den Heftschultern annähernd gleich breit. Diese Heftform ist an vielen Exemplaren vom Typ Riegsee und an einigen Sonderformen zu

---

22 Zur Befundlage in Oberbayern Sperber, Chronologie 171; 178 f. Taf. 59 (Typ 74); 327 Nr. 96.124 (SB I b [Bz D 2]); Nr. 128 (SB II a [Ha A 1]) Beil. 8 (Kombinationstab. 2). Für eines der in die Stufe SB I b (Bz D 2) datierten Gräber (Nr. 124) ist auch eine Datierung nach SB II a (Ha A 1) möglich (ebd. 179). Zur Befundlage in Nordtirol Sperber, Schwertträger 638 ff. Abb. 21 (Grab 18 von Volders).

23 Zur Gesamtverbreitung früher Dreiwulstschwerter v. Quillfeldt, Vollgriffschwerter 142 ff. Taf. 122-124 A, wobei solche unbekannten Typs noch einzubeziehen sind: ebd. 185 f. Taf. 62,181-64,188. Zur Verbreitung von Schwertern mit organischem Griff in Südwestdeutschland exemplarisch Schauer, Schwerter 61 ff. Taf. 115 A (Griffplattenschwerter vom Typ Rixheim); 82 ff. Taf. 116 A (Griffangelschwerter verschiedener Typen); 132 ff. Taf. 119 A; 120 A.B; 121 A (Griffzungenschwerter verschiedener Typen).

24 Müller-Karpe, Vollgriffschwerter 7 ff.; Krämer, Vollgriffschwerter 21 ff.; v. Quillfeldt, Vollgriffschwerter 133 ff.

25 Vgl. v. Quillfeldt (Anm. 24) 143 ff. Taf. 44,133; 47,139.

26 Sonderformen: ebd. 94 ff. Taf. 27; 28,84.85; Krämer, Vollgriffschwerter 19 Taf. 8,40. Typ Riegsee: v. Quillfeldt, Vollgriffschwerter 103 ff. Taf. 29-40; Krämer, Vollgriffschwerter 17 ff. Taf. 7,31; 8,39.

27 Sonderform: v. Quillfeldt, Vollgriffschwerter 97 f. Taf. 27,81. Typ Riegsee ebd. 112 Taf. 31,94; 117 f. Taf. 39,116; 40,120.

sehen.²⁸ Die unterhalb des Heftes nur wenig einziehende Klinge des Dreiwulstschwertes schließlich ist ein charakteristisches Merkmal der Vollgriffschwerter vom Typ Riegsee.²⁹ Das Dreiwulstschwert von Heidelberg-Handschuhsheim steht somit deutlich in der Tradition Bz D-zeitlichen Schwertfegertums und ist in eine Reihe mit weiteren frühen Dreiwulstschwertern zu stellen, die die hier genannten altertümlichen Merkmale zeigen.³⁰

Auch herstellungstechnisch weist das Dreiwulstschwert einige Merkmale auf, die es mit Bz D-zeitlichen Schwertformen und frühen Dreiwulstschwertern verbinden. Wie die Radiographie (Abb. 3,1 d) zeigt, erweitert sich an einer Stelle der nicht verschlossene Entlüftungskanal unmittelbar oberhalb der Knaufplatte. Die Klingenzunge reicht bis in die obere Hälfte der Griffstange und ist dort sehr gut in den extrem dünnwandigen Griff eingepasst. Die Einpassung der Heftplatte ist dagegen weniger gut gelungen. Zusammen mit der mangelnden Stabilität des Griffes dürfte dies zu den Brüchen und Rissen des Heftes im Bereich der Nieten sowie zum Riss eines der Nietlöcher geführt haben.³¹ Von den über 40 Vollgriffschwertern vom Typ Riegsee, die D. ANKNER aus Süddeutschland und Österreich heranzog und radiographisch untersuchte, besitzen sieben Exemplare eine jeweils bis in die obere Hälfte der Griffstange reichende und gut eingepasste Klingenzunge.³² Von diesen wiederum fallen vier Schwerter auf, deren Griffschalen zumeist unregelmäßig und partieweise sehr stark ausdünnen.³³ Der nicht verschlossene Entlüftungskanal ist insgesamt sieben Mal vertreten.³⁴ Auch liegen gute Vergleiche vor, die die stellenweise Erweiterung des Entlüftungskanals kurz oberhalb der Knaufplatte betreffen.³⁵ Von den frühurnenfelderzeitlichen Sonderformen wurden bislang nur drei Exemplare radiographisch untersucht.³⁶ Hiervon ist der Griff eines Schwertes vergleichsweise dünnwandig, während die gut eingepasste Klingenzunge bis in die obere Hälfte der Griffstange reicht.³⁷ Inwieweit es sich hierbei um eine Ausnahme handelt, kann natürlich nicht gesagt werden. Der im Knaufknopf nicht verschlossene Entlüftungskanal ist jedenfalls bei diesem Schwerttyp relativ selten vertreten.³⁸ Womöglich besteht auch eher ein Zusammenhang mit den Vollgriffschwertern des von v. QUILLFELDT neu definierten, sicherlich schon im Verlauf der Stufe Bz D einsetzenden Typs Kissing.³⁹ Von den insgesamt sechs Schwertern, die diesem Typ sicher zugewiesen werden

---

28 Sonderformen: v. QUILLFELDT, Vollgriffschwerter 97 f. Taf. 26,80; 28,85. Typ Riegsee: ebd. 112 ff. Taf. 33,98.99; 34,100.102; 36,107. 108; 37,109; 38,113. 114; 39,115. 116; 40,118-120; KRÄMER, Vollgriffschwerter 17 f. Taf. 5,24; 6,28.29.32; 7,31; 8,37.39.
29 v. QUILLFELDT, Vollgriffschwerter 109 (Variante Nöfing). Dieser Variante gehören die meisten Vertreter des Typs Riegsee an.
30 In der Aufsicht ovale, schräg gestellte Knaufplatte zusammen mit dem Fehlen eines Knaufloches: v. QUILLFELDT, Vollgriffschwerter 142 ff. Taf. 44,132.133; 45,134; 46,138; 146 Taf. 48,141 A (zur chronologischen Wertung ebd. 137 mit Anm. 14; 141; 147 f.; MÜLLER-KARPE, Vollgriffschwerter 12); KRÄMER, Vollgriffschwerter 25 Taf. 11,59.63. Leicht gewölbte Heftschultern: ebd. 22 Taf. 10,50. Schräge, im Vergleich zu den Heftschultern gleich oder fast gleich breite Heftabschlüsse und wenig einziehende Klinge: v. QUILLFELDT, Vollgriffschwerter 144 Taf. 45,134; KRÄMER, Vollgriffschwerter 22 f. Taf. 9,47; 10,53; 25 Taf. 11,61; 28 Taf. 13,75.
31 WÜSTEMANN, Schwerter 125 mit Anm. 54; 129 mit Anm. 76 vermutete, dass Risse und Ausbrüche der Nietlöcher dadurch entstanden sein könnten, indem die Nietlöcher in der Heftplatte wohl mittels eines Dornes durchgeschlagen worden seien. Ein solches Verfahren hätte aber massive Materialverdrängung und Bördelung der Nietlochränder zur Folge gehabt. Von alledem ist an dem Dreiwulstschwert nichts zu sehen.
32 ANKNER, Typologie 344 f. mit Abb. (Nr. 8); 358 ff. mit Abb. (Nr. 15.16); 390 f. mit Abb. (Nr. 31); 396 f. mit Abb. (Nr. 34); 420 ff. mit Abb. (Nr. 46.47). Einige der von ANKNER als Typ Riegsee angesprochenen Vollgriffschwerter wurden in der Neubearbeitung v. QUILLFELDTS anderen Typen zugeordnet. Dies wurde in Anm. 34–37 berücksichtigt, ohne jedoch darauf im Einzelnen zu verweisen.
33 ANKNER, Typologie 344 f. mit Abb. (Nr. 8); 360 f. mit Abb. (Nr. 16); 420 ff. mit Abb. (Nr. 46.47).
34 Ebd. 334 f. mit Abb. (Nr. 3); 340 f. mit Abb. (Nr. 6); 344 f. mit Abb. (Nr. 8); 358 ff. mit Abb. (Nr. 15.16); 396 f. mit Abb. (Nr. 34); 408 f. mit Abb. (Nr. 40).
35 Ebd. 334 f. mit Abb. (Nr. 3); 354 mit Abb. (Nr. 13); 364 f. mit Abb. (Nr. 18); 384 f. mit Abb. (Nr. 28); 388 f. mit Abb. (Nr. 30); 392 f. mit Abb. (Nr. 32); 410 f. mit Abb. (Nr. 41); 416 f. mit Abb. (Nr. 44).
36 Ebd. 350 f. mit Abb. (Nr. 11); 362 f. mit Abb. (Nr. 17); 426 f. mit Abb. (Nr. I).
37 Ebd. 362 f. mit Abb. (Nr. 17).
38 v. QUILLFELDT, Vollgriffschwerter 98 Taf. 27,83; 28,84 (nach Zeichnung!) u. 85.
39 Ebd. 130 ff. Taf. 41,122.123; 42,124.125.

können, besitzen drei einen im Knaufknopf nicht verschlossenen Entlüftungskanal.[40] Fünf Schwerter wurden radiographisch untersucht.[41] Hiervon zeigen zwei Waffen eine jeweils gut eingepasste, bis in die obere Hälfte der Griffstange reichende Klingenzunge.[42] Der Griff des Schwertes aus dem Steinpackungsgrab von Kolitzheim-Herlheim, Kr. Schweinfurt, zeichnet sich wie der Griff des Dreiwulstschwertes von Heidelberg-Handschuhsheim durch extreme Dünnwandigkeit aus.[43] Ansonsten sind dem weiteren systematischen Vergleich enge Grenzen gesetzt, da von Dreiwulstschwertern bislang nur wenige Radiographien vorliegen.[44] Sie haben zumeist kräftige Griffschalen, in die Griffe gut eingepasste Heftplatten und Klingenzungen, die mehrheitlich bis in die obere Hälfte der Griffstange reichen. Mit der chronologischen Stellung des Dreiwulstschwertes von Heidelberg-Handschuhsheim stimmt überein, dass bei einigen frühen Vertretern der im Knaufknopf nicht verschlossene Entlüftungskanal vorhanden ist.[45]

Griffdornmesser

Auch an dem Griffdornmesser (Abb. 3,2) lassen sich einige Merkmale festmachen, die altertümlich wirken und es aus der Masse gewöhnlicher Griffdornmesser der älteren Urnenfelderzeit (Abb. 4,2) hervorheben. Der Klingenrücken ist nur nahe des Griffes symmetrisch geformt, die übrige Partie weist eine leichte Asymmetrie auf und erinnert somit an die einseitige Profilierung mancher Bz D-zeitlicher Griffplattenmesser.[46] Dass diese leichte Asymmetrie nicht so ohne weiteres auf einen unvollkommenen Zweischalenguss zurückzuführen ist, zeigt die Gestaltung des Griffdorns. Mit seinem leicht ovalen Querschnitt scheint er zwischen den von A. Beck herausgestellten Bz D-zeitlichen Griffdornmessern vom Typ Erbach und den nachfolgenden gewöhnlichen Griffdornmessern der älteren Urnenfelderzeit zu vermitteln.[47] Besonders aufschlussreich ist das Griffende mit seiner Vorrichtung zur Aufnahme des Niets oder der Nieten in Form einer langovalen oder langrechteckigen Aussparung, die sich deutlich von den runden Durchlochungen unterscheidet, die in aller Regel an gewöhnlichen Griffdornmessern (Abb. 4,2) zu sehen sind. Langovale oder langrechteckige

---

40 v. Quillfeldt, Vollgriffschwerter 131 Taf. 41,122.123 (nach Zeichnung!); 42,124. Das Loch im Knaufknopf des Schwertes von Kissing soll nach v. Quillfeldt infolge der abgeplatzten Patina entstanden sein. Immerhin beruht diese Feststellung auf Autopsie. Anhand der fotografischen Wiedergabe bei Ankner, Typologie 369 f. möchte man jedoch eher einen nicht verschlossenen Entlüftungskanal annehmen.
41 J.-C. Blanchet/B. Lambot, l'âge du bronze dans les musées de l'Oise. Cahiers Arch. Picardie 2, 1, 1975, 33 Abb. 10; J.-P. Mohen, Radiographie de la poignée de l'épée de Boran. Ebd. 34 Abb. 11; B.-U. Abels, Ein urnenfelderzeitlicher Grabfund aus Herlheim, Ldkr. Schweinfurt. Arch. Korrbl. 5, 1975, 27 ff. Taf. 8; Ankner, Typologie 366 ff. mit Abb. (Nr. 19.20); Wüstemann, Schwerter 128 ff. Taf. 60,426.
42 Mohen (Anm. 41); Ankner, Typologie 366 f. mit Abb. (Nr. 19).
43 Abels (Anm. 41).
44 H.-J. Hundt, Produktionsgeschichtliche Untersuchungen über den bronzezeitlichen Schwertguß. Jahrb. RGZM 12, 1965 (1967) 48 f. Taf. 7.8; I. Burger, Ein neues Schwert der Urnenfelderzeit aus der Donau bei Neustadt a.d. Donau. Arch. Jahr Bayern 1981 (1982) 96 f. Abb. 81; Abels, Ein urnenfelderzeitliches Adelsgrab aus Eggolsheim, Ldkr. Forchheim (Oberfranken). Arch. Korrbl. 13, 1983, 347; 349 Abb. 3,1; Wüstemann, Schwerter 133 ff. Taf. 61,431; 62,432.434. Zum Versuch einer allgemeinen Charakteristik der Herstellungstechnik v. Quillfeldt, Vollgriffschwerter 137.
45 Ebd. 143 ff. Taf. 44,133; 47,139.140; 48,143 (?); 49,144 (Dreiwulstschwerter der Typen Erding und Gundelsheim).
46 Beck, Beiträge 77 f.; 97 ff.
47 Ebd. 79; 104 f.
48 Ebd. 76 ff.; 97 ff.; 149 f. Taf. 58,3.6.10; 59,8. 9.12; G. Krahe, Spätbronzezeitliche Gräber von Schwabmünchen, Landkreis Augsburg, Schwaben. Arch. Jahr Bayern 1985 (1986) 55 ff. Abb. 24,9; R. Linke/O. Schneider, Spätbronzezeitliche Brandgräber aus Königsbrunn, Landkreis Augsburg, Schwaben. Ebd. 1995 (1996) 51 ff. Abb. 22,2-4; H. Koschik, Die Bronzezeit im südwestlichen Oberbayern. Materialh. Bayer. Vorgesch. A/50 (Kallmünz/Opf. 1981) 80; 220 Taf. 112,15; 244 f. Taf. 127,5; 130,9; H. Koch/G. Meixner, Atting, „Aufeld" – Eine Großsiedlung der Urnenfelderzeit mit hölzernen Brunnenanlagen. Arch. Jahr Bayern 2004 (2005) 52 Abb. 46,8; A. Berger, Die Bronzezeit in Ober- und Mittelfranken. Materialh. Bayer. Vorgesch. A/52 (Kallmünz/Opf. 1984) 47; 107 Taf. 34,4; 121 Taf. 47,5.

Aussparungen können dagegen hin und wieder an Bz D-zeitlichen Griffplattenmessern und Griffdornmessern vom Typ Erbach begegnen.[48]

Der Klingenumriss entspricht ebenfalls nicht dem gängigen Schema gewöhnlicher Griffdornmesser der älteren Urnenfelderzeit. Der Rücken ist nicht – wie sonst üblich – gleichmäßig gekrümmt, sondern verläuft vom Griff ab zunächst gerade, so dass sich der Scheitel der Rückenkrümmung erst im letzten Klingendrittel befindet. Es liegen nur wenige geschlossene Funde vor, die Messer mit diesem Klingenschema enthalten. Das Griffdornmesser aus dem südwürttembergischen Brandgrab von Kressbronn-Hemigkofen, Bodenseekreis, ist mit einem Griffzungenschwert vom Typ Hemigkofen vergesellschaftet und wurde von P. Schauer der Stufe Ha A 2 zugewiesen.[49] Diesem relativ späten Ansatz zogen L. Sperber und R. Kreutle eine Datierung in die Stufe SB II a (Ha A 1) bzw. SW III-früh (Ha A 1) vor, wobei Kreutle eine noch frühere Zeitstellung in der Stufe SW II (Bz D/Ha A 1) nicht ausschloss.[50] Diese Überlegungen werden nicht nur durch das Inventar des Steinkistengrabes von Heidelberg-Handschuhsheim unterstützt. Ein weiteres Griffdornmesser mit vergleichbarem Klingenschema stammt aus dem nordschweizerischen Körpergrab von Dachsen, Kanton Zürich.[51] Es dürfte ebenfalls der Stufe Ha A 1 angehören oder sogar noch früher zu datieren sein, da sich unter den Beifunden ein Trichterhalsgefäß befindet, das hinsichtlich seiner Formgebung in deutlicher Tradition zur Keramik aus Grabfunden der Stufe Bz D steht.[52] Anzuführen ist schließlich noch das Griffdornmesser aus dem thüringischen Grab 25 a von Großeutersdorf, Saale-Holzland-Kreis.[53] Das aus diesem Steinpackungsgrab mit einer Brandbestattung stammende Inventar enthielt an weiteren Funden eine Plattenkopfnadel (s.u.) und einen charakteristischen Doppelkonus und wurde von K. Peschel in die Stufe Ha A 1 datiert.

Es sei noch auf einen interessanten Einzelfund hingewiesen, ein Vollgriffmesser, das 1938 südwestlich von Wiesloch, Rhein-Neckar-Kreis, aufgefunden wurde. Es ist während des Krieges verloren gegangen, aber anhand der veröffentlichten Zeichnung noch gut zu beurteilen.[54] Der Umriss der im Querschnitt keilförmigen Klinge ist jenem des aus dem Steinkistengrab stammenden Griffdornmessers recht ähnlich. Zwischen Klingenrücken und Griff befindet sich ein ausgeprägter Dorn oder Höcker, der Griff ist beidseitig mit Doppellinien, Kreuzen und Punktreihen verziert. Der Rückendorn oder -höcker ist ein kennzeichnendes Merkmal der vornehmlich im östlichen Urnenfelderkreis und in Mecklenburg verbreiteten frühurnenfelderzeitlichen Griffzungenmesser vom Typ Baierdorf.[55] Die Verzierung des Griffes ist in ganz ähnlicher Ausführung auf der Griffstange des oberfränkischen Vollgriffschwertes von Staffelstein, Kr. Lichtenfels, zu sehen, das v. Quillfeldt den frühurnenfel-

---

49 Schauer, Schwerter 157 ff. bes. 159 Taf. 144 B.
50 Sperber, Chronologie 48 f.; 71 Taf. 17 (Typ 81); Taf. 18 (Typ 87); 318 Nr. 131; Kreutle, Schwarzwald und Iller 134 ff.; 582 Taf. 178,A 1.2
51 M. Primas, Der Beginn der Spätbronzezeit im Mittelland und Jura. In: Ur- und frühgeschichtliche Archäologie der Schweiz III (Basel 1971) 60; 62 Abb. 9,13-16.
52 M. Seifert, Die spätbronzezeitlichen Ufersiedlungen von Zug-Sumpf. Die Funde der Grabungen 1952–54 2/1 (Zug 1997) 124 f. Abb. 3; C. Fischer, Innovation und Tradition in der Mittel- und Spätbronzezeit. Gräber und Siedlungen in Neftenbach, Fällanden, Dietikon, Pfäffikon und Erlenbach. Monogr. Kantonsarch. Zürich 28 (Zürich/Egg 1997) 50 Abb. 17; 52 f.; 172; Sperber, Schwertträger 653 Anm. 92; Brestrich, Singen 208 f. Brestrich verwendete hier zwar keine Stufenbezeichnung, sprach aber von einem der Stufe Ha A 2 direkt vorgeschalteten Abschnitt. S. hierzu auch S. 67 mit Anm. 107.
53 K. Peschel, Ein Brandgräberfeld der Bronzezeit von Großeutersdorf, Kr. Jena. Alt-Thüringen 12, 1972, 154 ff. Abb. 8; 187 Abb. 21,25 c; 218 f.
54 A. Dauber/W. Kimmig, in: Bad. Fundber. 18, 1948-1950, 241 Taf. 42,1. Zur Lage der Fundstelle s. A. Dauber/ E. Gropengiesser/B. Heukemes/M. Schaab, Archäologische Karte der Stadt- und Landkreise Heidelberg und Mannheim. Ebd. Sonderh. 10, 1967, 54 (Neu-Frauenweiler).
55 Müller-Karpe, Chronologie 101 f. Abb. 22,11 (Ostalpengebiet); 133 Abb. 24,11 (Nordtirol); 144 Abb. 23,18; Taf. 180 F.G (Südbayern); 146 Taf. 202 B 17; W. A. v. Brunn, Bronzezeitliche Scheibenkopfnadeln aus Thüringen. Germania 37, 1959, 97 Abb. 2,8; 106 f. Abb. 3; ders., Mitteldeutsche Hortfunde 69; 71 Abb. 7,1; 85; 102; 104 Abb. 12,4; 152 Taf. 203,6.7; J. Říhovský, Die Messer in Mähren und im Ostalpengebiet. PBF VII 1 (München 1972) 24 ff. Taf. 5,59-65; 6; 7,75.79-85; L. Jiráň, Die Messer in Böhmen. PBF VII 5 (Stuttgart 2002) 30 f. Taf. 6,65-68; P. Prüssing, Die Messer im nördlichen Westdeutschland. PBF VII 3 (München 1982) 74 ff. Taf. 7,179.180; 8,181. Zu einigen westlichen Griffplattenmessern mit Rückendorn Beck, Beiträge 77.

derzeitlichen Sonderformen zuwies.⁵⁶ Das Vollgriffmesser von Wiesloch könnte also der Stufe Bz D angehören und somit die frühe Zeitstellung des Griffdornmessers von Heidelberg-Handschuhsheim unterstreichen.

Plattenkopfnadel

Obgleich die Plattenkopfnadel des Steinkistengrabes (Abb. 3,3) unter der Korrosion litt und auch Abnutzungsspuren zeigt, kann die Form und Verzierung des Kopfes im Wesentlichen beschrieben werden. In der Mitte der gerundet bis leicht doppelkonischen Kopfseite verläuft ein Band aus vertikalen Kerben, das oben und unten durch horizontal verlaufende Doppellinien begrenzt wird. Sowohl der obere als auch der untere Kopfrand ist mit einer feinen Kerbreihe verziert. Der Schaft ist unverziert.

Plattenkopfnadeln der vorliegenden Form sind außerordentlich weit verbreitet, variantenreich und auch nicht auf eine Stufe begrenzt.⁵⁷ Ihr besonders häufiges Auftreten in alturnenfelderzeitlichen Grab- und Hortfunden ist aber offensichtlich, weshalb die von W. A. v. Brunn bereits im Jahre 1968 getroffenen Aussagen zur Laufzeit dieser Nadelform im Großen und Ganzen immer noch gelten.⁵⁸ Auch in Nordwürttemberg zeichnet sich nunmehr ein Schwerpunkt ihres Auftretens in der Stufe Ha A 1 ab, wie die von R. Kreutle und St. Knöpke jeweils für die Grabfunde von Triensbach, Kr. Schwäbisch-Hall, und Neckarsulm, Kr. Heilbronn, gegebenen Datierungen nahelegen.⁵⁹ Von den von Sperber in die Stufe SB II a (Ha A 1) datierten Nadeln Ober- und Niederbayerns besitzt jedenfalls das Exemplar aus dem Grab von Oberpöring, Kr. Deggendorf, einen im Durchmesser zwar kleineren Plattenkopf als die Nadel von Heidelberg-Handschuhsheim, stimmt aber mit dieser hinsichtlich der Verzierung völlig überein.⁶⁰ Gleiches betrifft die Plattenkopfnadel aus dem schon erwähnten Ha A 1-zeitlichen Grab 25 a von Großeutersdorf.⁶¹ Peschel betonte die altertümlich wirkende Verzierung der Nadel. Das veranschaulichen einige Bz D-zeitliche Nadelformen mit symmetrischem bzw. annähernd symmetrischem Kopfaufbau, verziertem Mittelfeld und fein gekerbten Kopfrändern.⁶² Die Verzierung der Plattenkopfnadel von Heidelberg-Handschuhsheim dürfte hier wohl in einem direkten werkstattgeschichtlichen Zusammenhang stehen.

Die Funde von 1969

Das Griffzungenschwert (Abb. 4,1) gehört zum Typ Hemigkofen und ist hinsichtlich seines Umrisses und seiner Maße der Waffe vom eponymen Fundort so ähnlich, dass die Herkunft aus ein und derselben Werkstatt zu vermuten ist.⁶³ Es dürfte die gleiche Zeitstellung haben. Mit seinem

---

56 v. Quillfeldt, Vollgriffschwerter 97 Taf. 26,80.
57 Vgl. Beck, Beiträge 142 f. Taf. 48,16–21; W. Kubach, Die Nadeln in Hessen und Rheinhessen. PBF XIII 2 (München 1977) 460 ff. Taf. 74,1128-1146; Říhovský, Die Nadeln in Mähren und im Ostalpengebiet. PBF XIII 5 (München 1979) 46 ff. Taf. 9,156–158.159 A.162.163.165.166.169.172.173.179.180.184; 10,189.191–196.198–201.204; M. Novotná, Die Nadeln in der Slowakei. PBF XIII 6 (München 1980) 81 f.; 84 Taf. 21,484.487.489.490; 22,496.497; R. Essen, Die Nadeln in Polen II. PBF XIII 9 (München 1985) 67 ff. Taf. 17,383.389.390 R. Vasić, Die Nadeln im Zentralbalkan. PBF XIII 11 (Stuttgart 2003) 40 ff. Taf. 15,213–217.
58 v. Brunn, Mitteldeutsche Hortfunde 70 ff. Abb. 7,11 (zu Grabfunden); 77 ff. Abb. 11,23 (zu Hortfunden).
59 Kreutle, Spätbronze- und Urnenfelderzeit in Württemberg. In: D. Planck (Hrsg.), Archäologie in Württemberg (Stuttgart 1988) 180 f. Abb. 6 (Brandgrab aus Hügel 13); ders., Schwarzwald und Iller 156; Knöpcke, Neckarsulm 92 ff.; 182 f.; 187 ff. bes. 189 f.; 272 Taf. 33,3 (Gr. 8/1); 274 f. Taf. 44,2 (Gr. 21/1); Taf. 48,3 (Gr. 26).
60 W. Torbrügge, Oberpöring – Katalog zur Vorgeschichte einer Ortsmarkung (Kallmünz/Opf. 1963) 26 f. Abb. 4,3; 69; Sperber, Chronologie 332 Nr. 5.
61 Peschel (Anm. 53) 187 Abb. 21,25 b; 218 ff.
62 Mohnkopfnadeln: Beck, Beiträge 33 ff.; 139 f. Taf. 42,6.7.9; 43,1.3; Nadeln vom Typ Guntersblum nach Kubach: ders. (Anm. 57) 370 ff. Taf. 61,910.911.912.914; 62, 915-919.
63 Vgl. Schauer, Schwerter 157 Taf. 67,461. Zur Datierung des Grabfundes s. S. 61 mit Anm. 50.

gestreckten Umriss, dem gleichmäßig gekrümmten Rücken, der gerade verlaufenden Schneide und dem keilförmigen Klingenquerschnitt entspricht das Griffdornmesser (Abb. 4,2) in jeder Hinsicht der Form, die im Bereich der rheinisch-schweizerischen Gruppe zur Hauptsache in Befunden der Stufe SB II a (Ha A 1) vertreten ist.[64] Sollte es – wie oben vermutet wurde – zu dem Griffzungenschwert vom Typ Hemigkofen gehören, dürfte auch hier eine Datierung in die Stufe Ha A 1 in Frage kommen.

Schlussfolgerungen

Wie die vorangegangenen Ausführungen gezeigt haben, weisen die Beigaben des Steinkistengrabes im Rahmen der Stufe Ha A ausnahmslos in frühe Zusammenhänge, wobei einige ihrer Merkmale Anklänge an den Formenvorrat der Stufe Bz D deutlich zu erkennen geben. Es stellt sich somit die Frage, ob das Inventar nicht doch schon in einen späten Abschnitt dieser Stufe zu stellen wäre. Dies ist jedoch aufgrund des derzeitigen Forschungsstandes nicht zu beweisen. Ebenso ist unklar, in welchem Verhältnis das Steinkistengrab zu den Grabfunden des so genannten Binninger Horizonts steht, da dort frühe Dreiwulstschwerter und Plattenkopfnadeln aus geschlossenen Funden (noch) nicht vorliegen und die Sonderform des Griffdornmessers zu wenige Vergleichsmöglichkeiten bietet.[65] Wäre die Keramik des Steinkistengrabes nicht verloren gegangen, hätte man hier sicherlich klarer sehen können. So verbleibt der Befund in der von H. Müller-Karpe für Südwestdeutschland freilich knapp umrissenen Stufe Ha A 1 bzw. in der Stufe SB II a nach L. Sperber.[66] Bezogen auf weitere aktuelle Chronologiesysteme bedeutet dies eine Datierung in die allerdings breit bemessene Stufe Oberrhein I nach B. Grimmer-Dehn sowie in die Stufe SW III-früh oder aber auch SW II nach R. Kreutle.[67]

Auch die wohl zu ein und demselben Grab gehörenden Bronzen, das Griffzungenschwert vom Typ Hemigkofen und das Griffdornmesser, sind in diese Stufe zu stellen. Jedoch wirken sie jünger als die Beigaben des Steinkistengrabes. Sollte diese subjektive Einschätzung zutreffen, könnte die gesamte Befundsituation als eine Generationen- und Erbfolge von Schwertträgern interpretiert werden, Überlegungen, die schon mehrfach bei klar aufeinander bezogenen urnenfelderzeitlichen Gräbern mit Schwertbeigabe angestellt worden sind.[68]

Bauform und Ausstattung des Steinkistengrabes

Wie einleitend geschildert wurde, ist die Bauform des Steinkistengrabes nur dürftig dokumentiert und die Ausstattung nicht vollständig überliefert. Die folgenden Ausführungen verfolgen daher lediglich den Zweck, anhand nur einiger Beispiele zu zeigen, dass alle vom Finder getroffenen Aussagen durchaus der Wahrheit entsprochen haben können. Was die Bauform betrifft, ist zunächst festzustellen, dass die Vergleichsmöglichkeiten zu Grabfunden mit steinernen Konstruktionen im Bereich der rheinisch-schweizerischen Gruppe und in den Kerngebieten der untermainisch-schwäbischen Gruppe insofern eingeschränkt sind, als dass ein Großteil älterer Grabungen entstammt und aufgrund der mangelnden Dokumentation nur schlecht beurteilt werden kann.[69] Wenn z.B. von dem im Jahre 1914 aufgefundenen Grab 1 von Neuenstadt am Kocher, Kr. Heilbronn, eine

---

64 siehe. S. 57 mit Anm. 18.
65 Zur Umschreibung dieses Horizonts zuletzt Kreutle, Schwarzwald und Iller 307 ff.; 357 ff.
66 Müller-Karpe, Chronologie 172; Sperber, Chronologie 48 ff. (Typen); 69 ff. (Stufeninhalt).
67 Grimmer-Dehn, Oberrheingraben 60 f.; 64 ff.; Kreutle, Schwarzwald und Iller 307 ff.
68 Müller-Karpe, Vollgriffschwerter 20; ders., Handbuch der Vorgeschichte IV. Bronzezeit (München 1980) 476 (zu den Gräbern 54 a und b von Innsbruck-Mühlau in Nordtirol); Sperber, Schwertträger 638 ff. (zu den Gräbern 54 a und b von Innsbruck-Mühlau und zum Gräberfeld von Volders in Nordtirol).
69 Vgl. hierzu die Übersicht bei Wiesner, Grabbau und Bestattungssitten 208 ff.

Zeichnung und halbwegs brauchbare Beschreibungen existieren, so hat dies Seltenheitswert.[70] Von den meisten der 13 Steinkistengräber, die R. Dehn 1972 aus Nordwürttemberg nannte, liegen nur Beschreibungen vor, die vieldeutig sein können.[71] Es hat jedenfalls den Anschein, dass für den Bau der Gräber mit steinernen Konstruktionen in der Regel naturbelassene Steine Verwendung fanden, die zur Errichtung der Wände als Platten mehr oder weniger unregelmäßig aufgestellt oder als Gerölle in Trockenmauertechnik aufgeschichtet wurden. Modern gegrabene und gut dokumentierte Befunde dürften dies bestätigen.[72] Die nur aus wenigen und teilweise bearbeiteten Platten bestehende, streng konzipierte Bauform des Grabes von Heidelberg-Handschuhsheim, der „mannslangen" Steinkiste eben, wirkt im Neckarmündungsgebiet und in den unmittelbar umliegenden Regionen fremdartig. Nach F-R. Herrmann sollen die Wände fast aller in der Hanauer Gegend aufgefundenen Steinkistengräber aus Platten aufgebaut gewesen sein.[73] Wirklich nachvollziehen lässt sich dies aber nur anhand des auch fotografisch dokumentierten Grabes 1 von Langenselbold, Main-Kinzig-Kreis.[74] Die dort zum Bau der Wände verwendeten Platten waren der Abbildung nach zu urteilen von unregelmäßiger Form und recht dünn. Erst mit Grab 1 von Eßfeld, Kr. Würzburg, tritt im nordöstlichen Grenzbereich der untermainisch-schwäbischen Gruppe eine Bauform entgegen, die mit dem Steinkistengrab von Heidelberg-Handschuhsheim gut zu vergleichen ist.[75] Das mit nur wenigen und z.T. massiven Platten zu einem strengen Rechteck geformte Grab barg eine SB II a (Ha A 1)-zeitliche Branddoppelbestattung, dessen männliches Inventar aus einem Griffangelschwert, wenigstens einem Griffdornmesser und einer Plattenkopfnadel besteht.[76] Anzuschließen sind einige weitere und z.T. jüngere Steinkistengräber Unter-, Mittel- und Oberfrankens.[77] Der Eindruck ganz allgemein nach Osten weisender Beziehungen verstärkt sich noch, wenn man sich die Bauform des Grabes 68 von Innsbruck-Wilten in Nordtirol betrachtet, einer mannslangen und nur aus wenigen Platten sorgfältig gefügten Steinkiste.[78] Besonders auffällig jedoch sind die Parallelen, die sich über

---

70 P. Goessler, in: Fundber. Schwaben 22–24, 1914–1916, 9 ff. Abb. 8.
71 Dehn, Nordwürttemberg 39 Abb. 15; 20.
72 Vgl. z. B. aus den Stufen Bz D – Ha A aus der nördlichen Rheinland-Pfalz Brücken (Anm. 6) 1 ff. Abb. 5–7 (Bad Kreuznach); vom südlichen Oberrheingraben Grümmer-Dehn, Oberrheingraben 21 f. Abb. 2 (Oberrimsingen, Gr. 3); aus Südhessen W. Ebel-Zepezauer, Steinkisten der Urnenfelderkultur aus Mühlheim-Dietesheim und Mühlheim-Lämmerspiel, Kreis Offenbach am Main. Stud. u. Forsch. NF 14, 1992, 22 ff. Abb. 1;3-5; aus Nordwürttemberg R. Baumeister, Ein Grabfund der älteren Urnenfelderzeit aus dem Kraichgau. Arch. Nachr. Baden 47–48, 1992, 16 ff. Abb. 1.2; R. Krause, Spätbronzezeitliche Gräber bei Unterbalbach im Taubertal, Stadt Lauda-Königshofen, Main-Tauber-Kreis. Arch. Ausgr. Baden-Württemberg 1993, 91 ff. Abb. 48 u. 50; Reichel, Gemmrigheim 215 ff. Abb. 3.6.10–12; von der Schwäbischen Alb J. Bofinger/Ch. Bollacher, Seltene Grabfunde auf der Trasse der NATO-Pipeline in Baden-Württemberg. Vorbericht zu den Ausgrabungen im Ostalbkreis und im Kreis Heidesheim. In: Landesarchäologie [Festschr. D. Planck]. Forsch. u. Ber. Vor- u. Frühgesch. Baden-Württemberg 100 (Stuttgart 2009) 107 ff. Abb. 5.7.
73 Herrmann, Mittel- und Südhessen 24. Vgl. hierzu Wiesner, Grabbau und Bestattungssitten 234.
74 F. Birkner, in: Germania 21, 1937, 131 f. Taf. 28,1; Müller-Karpe (Anm. 3) 72 f.
75 Wilbertz, Unterfranken 22; 88; 203 ff Abb. 22 Taf. 53. Zu Chronologie und Ausstattung s. ferner Müller-Karpe, Chronologie 172; 174; 176; 312 Taf. 205 B. Schauer, Schwerter 83 ff. Taf. 41,282; ders., Überregionale Gemeinsamkeiten bei Waffengräbern der ausgehenden Bronzezeit und älteren Urnenfelderzeit des Voralpenraumes. Jahrb. RGZM 31, 1984, 222 Abb. 6; 224 (Ausstattungsmuster C); Sperber, Schwertträger 614 mit Anm. 30; 624 Abb. 13.
76 Die Zuweisung der Plattenkopfnadel zum Inventar des Schwertträgers erscheint hypothetisch, wird aber dadurch unterstützt, dass diese Nadelform in Waffengräbern häufig vertreten ist: Knöpcke, Neckarsulm 95.
77 M. Hoppe, Ein neuer urnenfelder- und hallstattzeitlicher Bestattungsplatz bei Großwenkheim. Arch. Jahr Bayern 1998 (1999) 42 ff. Abb. 31; Hennig, Ober- und Mittelfranken 37; 108 f. Abb. 33 (Erlangen-Stadtwald, Gr. 1); dies., Urnenfelderzeitliche Grabfunde aus dem Obermaingebiet. In: K. Spindler (Hrsg.), Vorzeit zwischen Main und Donau. Erlanger Forsch. A/26 (Erlangen 1980) 120 Abb. 16,2; 123; 143 (Strullendorf II, Gr. 1).
78 K. H. Wagner, Nordtiroler Urnenfelder. Röm.-Germ. Forsch. 15 (Berlin 1943) 5 f. Abb. 1.
79 K. Willvonseder, Das Steinkistengrab der älteren Urnenfelderzeit von Illmitz in Burgenland. Wiener Prähist. Zeitschr. 25, 1938, 109 ff. Abb. 1; M. Kaus, Das frühurnenfelderzeitliche Steinkistengrab von Sommerein-Stockäcker. Arch. Österreich 2/1, 1991, 27 ff. Abb. 3,2; E.-M. Winkler, Urnenfelderzeitliche Leichenbrände aus Sommerein, Niederösterreich. Arch. Austriaca 76, 1992, 113 ff. Zur Datierung des Steinkistengrabes von Illmitz v. Brunn, Mitteldeutsche Hortfunde 70; 299 (Ha A 1); Betzler (Anm. 5) 42 ff. Taf. 6,97 (einteilige Blattbügelfibel vom Typ Bad Kreuznach); ebd. 49 ff. Taf.7,108 (zweiteilige Blattbügelfibel vom Typ Gemeinlebarn).

die am Ostalpenrand aufgefundenen, in die Stufen Bz D und Ha A 1 datierenden Steinkistengräber von Illmitz, Bez. Neusiedel am See, und Sommerein, Bez. Bruck an der Leitha, ergeben.[79] Beide Gräber besaßen jeweils eine durchlochte Steinplatte („Seelenloch") und zeichneten sich darüber hinaus durch verschiedene in die Platten eingearbeitete Ornamente aus. Die geographische Distanz zwischen diesen Steinkisten und der von Heidelberg-Handschuhsheim erscheint zunächst sehr groß, kann aber in gewisser Hinsicht dadurch überbrückt werden, wenn eine Bauform mit einbezogen wird, die im Prinzip Ähnliches zeigt, nämlich die offene Seitenwand. Bei Veröffentlichung des Gräberfeldes von Lohfelden-Vollmarshausen, Kr. Kassel, interpretierte J. BERGMANN einige der dort aufgefundenen Steinkisten bzw. Steinsetzungen dahingehend, dass sie grabrituell alt wiedergeöffnet seien und diese Manipulationen im Zusammenhang mit Speise- und Trankopfern stünden, ein Ritus, der auch bei vielen alt wiedergeöffneten Urnen dieses Gräberfeldes fassbar ist.[80] An Vergleichen zu den alt wiedergeöffneten Steinsetzungen nannte BERGMANN Befunde aus den Gräberfeldern von Aschaffenburg-Strietwald in Unterfranken und Zbrojewsko im südlichen Polen und vermutete darüber hinaus, dass dieses Phänomen „…sich anderswo bislang der Beobachtung entzogen hat und in Wirklichkeit viel weiter verbreitet war."[81] Diese weitere Verbreitung belegen aus Mittelhessen ein erst vor wenigen Jahren am Glauberg, Wetteraukreis, aufgefundenes Steinkistengrab und einige Befunde aus dem Gräberfeld von Künzell-Lanneshof, Kr. Fulda,[82] aus Thüringen mehrere Gräber aus den zur Unstrut-Gruppe gehörenden Nekropolen von Erfurt-‚Flughafen' und Heldrungen, Kyffhäuserkreis,[83] aus Südhessen einige zur Fazies „Wölfersheim" gehörende Grabfunde aus dem Kreis Offenbach und zwei weitere von Walluf-Oberwalluf, Rheingau-Taunus-Kreis,[84] aus Unterfranken Grab 21 von Wollbach, Kr. Rhön-Grabfeld,[85] aus Mittelfranken Grab 13 von Henfenfeld I, Kr. Nürnberger Land,[86] aus Oberfranken Grab 19 von Grundfeld/Reundorf, Kr. Lichtenfels,[87] schließlich aus

---

80 BERGMANN (Anm. 9) 121 ff.; 268 ff. Taf. 88-97 (Fundst. 92, 113, 132, 135, 143, 208, 210, 241, 268, 315). Zu Gräbern mit alt wiedergeöffneten Urnen ebd. 161 ff.

81 Ebd. 131 ff. bes. 133. BERGMANN zitierte keine einzelnen Befunde dieser Nekropolen. Es seien hier folgende Gräber genannt: H.G. RAU, Das urnenfelderzeitliche Gräberfeld von Aschaffenburg-Strietwald. Materialh. Bayer. Vorgesch. 26 (Kallmünz/Opf. 1972) 11 f.; 25 f. Abb. 1.2 Taf. 26,2 (Gr. 3, 4); 29 ff. Abb. 7–9 Taf. 30,2.3 (Gr. 16–18); 35 f. Abb. 16.17 Taf. 34 (Gr. 26, 27); 43 ff. Abb. 23.24.29 Taf. 41;42,1 (Gr. 35, 36, 41); 49 Abb. 33 Taf. 47,1 (Gr. 45); M. GEDL, Cmentarzysko kultury łużyckiey w Zbrojewsku, pow. Kłobuk, cz. III. Mat. Arch. 15, 1974, 60 f. Abb. 5 (Gr. 160); 63 f. Abb. 9.11 (Gr. 169, 171); 68 f. Abb. 17.18 (Gr. 182, 183); 73 Abb. 24 (Gr. 197); 75 f. Abb. 27 (Gr. 209); 80 ff. Abb. 31.33 (Gr. 228, 238); 84 ff.; 89 Abb. 35.37 (Gr. 241, 253).

82 L. HANSEN/CH. PARE, Ein urnenfelderzeitliches Steinkistengrab am Glauberg – ein unerwarteter Neufund im Umfeld des frühkeltischen Fürstensitzes. Hessen Arch. 2006 (2007) 50 ff. Abb. 1.2; J. VONDERAU, Das Gräberfeld bei dem Lanneshof im Kreise Fulda. Veröff. Fuldaer Geschichtsver. 7 (Fulda 1909) 11 ff. Skizze 2 Taf. 7 (Gr. XXIV, XXV, XL, XLVII).

83 E. LEHMANN, Der bronzezeitliche Friedhof auf dem Erfurter Flughafen. Mannus 20, 1928, 55; 61 ff. Taf. 1,2 links (Gr. 27); Taf. 3 (Gr. 32,33); Taf. 1,3 (Gr. 35); Taf. 5,1 (Gr. 38); Taf. 4 (Gr. 40, 41); ohne Abb.: Gr. 36 (ebd. 63 f.); 68 f.; K. NUGLISCH, Das bronzezeitliche Gräberfeld von Heldrungen, Kr. Artern. Jahresschr. Mitteldt. Vorgesch. 44, 1960, 144 Taf. 26 a (Gr. XII); 145 ff. (Gr. XIV, XVII$_1$); 151 f. Taf. 28 a (Gr. XXVI); 152 (Gr. XXVII); 153 f. Taf. 29 a (Gr. XXIX); 154 (Gr. XXX); 161 f.; A. JOCKENHÖVEL, Bemerkungen zu Ost-West-Beziehungen zwischen Thüringen – Hessen – Westfalen während der Jungbronzezeit. In: Z. BUKOWSKI (Hrsg.), Forschungen zur Problematik der Lausitzer Kultur (Warschau 1988) 268.

84 W. KUBACH/I. KUBACH-RICHTER, Ein frühurnenfelderzeitliches Mädchengrab von Offenbach-Rumpenheim. Stud. u. Forsch. NF 6, 1974, 47 ff. Abb. 2 u. 3; dies., Bronze- und eisenzeitliche Gräber von Langen, Kreis Offenbach a. M. Ebd. 10, 1983, 8 f. Abb. 3 (Gr. B 6); KUBACH, Die Stufe Wölfersheim im Rhein-Main-Gebiet. PBF XXI 1 (München 1984) 36 Taf. 21 B 6 (Mühlheim-Dietesheim, ‚Teufelskaute', Gr. 6); WIESNER, Grabbau und Bestattungssitten 234; 733 Abb. 125 (Walluf-Oberwalluf).

85 WILBERTZ, Unterfranken 184 f. Abb. 16.

86 HENNIG, Ober- und Mittelfranken 126 Taf. 92,2.

87 K. RADUNZ, Urnenfelderzeitliche Bestattungssitten im Gräberfeld von Grundfeld (Reundorf), Ldkr. Staffelstein/Ofr. Bayer. Vorgeschbl. 31, 1966, 55 ff. Abb. 4 D; W. TORBRÜGGE, Die Urnenfelderzeit in Nordbayern. In: Le groupe Rhin-Suisse-France orientale et la notion de civilisation des Champs d' Urnes. Actes Coll. Internat. Nemours 1986 (Nemours 1988) 23; 26 Taf. 5, E 1; M. ULLRICH, Das urnenfelderzeitliche Gräberfeld von Grundfeld/Reundorf, Lkr. Lichtenfels, Oberfranken. Materialh. Bayer. Vorgesch. A/86 (Kallmünz/Opf. 2004) 44; 200 Taf. 9 B.

Nordwürttemberg das Steinkistengrab von Offenau, Kr. Heilbronn.[88] Die Befunde stammen aus verschiedenen Abschnitten der Urnenfelderzeit und es ist im einzelnen Fall kaum anzugeben, ob es sich bei den dort geschaffenen Zugängen zum Grabinneren um alte Wiederöffnungen handelt oder sie bereits bei Errichtung der Gräber so angelegt worden sind. Es sollte nur aufgezeigt werden, dass zwischen diesen Befunden und den Steinkistengräbern mit durchlochten Steinplatten ein wie auch immer gearteter grabritueller Zusammenhang bestehen kann und der Befund von Heidelberg-Handschuhsheim nicht isoliert dasteht.

Etwas ungewöhnlich ist die O-W-Orientierung, insofern die Steinkistengräber der umliegenden Regionen ab der älteren Urnenfelderzeit von wenigen Ausnahmen abgesehen N-S-gerichtet sind.[89] Auch das eingangs erwähnte Steinkistengrab von Mannheim-Seckenheim war N-S-gerichtet.[90] Das im Jahre 1905 aufgefundene, Ha A 1-zeitliche Körpergrab von Heidelberg-Bergheim, das sich aufgrund seiner verhältnismäßig zahlreichen Bronzen von den übrigen Brandgräbern des Stadtgebiets deutlich unterscheidet, war vielleicht NW-SO-gerichtet.[91] Somit wäre die Abweichung nicht allzu groß gewesen. Mit der O-W-Orientierung des Steinkistengrabes von Heidelberg-Handschuhsheim könnte eine lokale, bis in die mittlere Bronzezeit reichende und noch zu Beginn der Stufe Bz D fassbare Tradition übernommen worden sein.[92] Ebenso ließe sich an einen Einfluss aus weiter östlich gelegenen Gebieten wie dem nordwürttembergischen oder fränkischen Raum denken.[93]

Was die Kombination von Schwert, Messer und Nadel betrifft, handelt es sich um eine der überregional verbreiteten Standardausstattungen der urnenfelderzeitlichen Schwertträgerschicht.[94] Dass Schwerter an der rechten Körperseite lagen, wurde schon mehrfach beobachtet. Hier sei besonders auf das von B.-U. ABELS in die Stufe Ha A 2 datierte oberfränkische Grab von Eggolsheim, Kr. Forchheim, hingewiesen, in dem das in drei Teile zerbrochene Dreiwulstschwert und das Griffdornmesser an der rechten Körperseite niedergelegt worden waren.[95] Die Lage der Nadel in der Brustgegend ist ebenfalls nicht ungewöhnlich und über mehrere Zeitstufen nachweisbar. Als Beispiel sei das nahegelegene, Bz D-zeitliche Doppelgrab von Ilvesheim, Rhein-Neckar-Kreis, genannt.[96]

Die zugehörige Siedlung

Es dürfte kein Zweifel bestehen, dass die zu den Gräbern der Schwertträger gehörige Siedlung jene ist, die in nur 700 m Entfernung im Jahre 1952 beim Bau des Städtischen Schwimmbads (Tiergartenstraße) entdeckt und von B. HEUKEMES dokumentiert worden ist (Abb. 1).[97] Ihr Beginn wohl schon

---

88 Fundber. Schwaben NF 18/2, 1967, 59 Taf. 162,1; DEHN, Nordwürttemberg 93 Taf. 2 A. Zur Datierung BECK, Beiträge 27 f.; 89 (erste Typenkombinationsgruppe); SPERBER, Chronologie 35 Taf. 3 (Typ 12; SB I a [Bz D 1]).
89 KIMMIG, Baden 153 (Haßmersheim-Neckarmühlbach, Neckar-Odenwald-Kreis); HERRMANN, Mittel- und Südhessen 22; 25; DEHN, Nordwürttemberg 39; REICHEL, Gemmrigheim 226; EGGERT (Anm. 9) 59 ff.; ZYLMANN (Anm. 9) 266 ff.; KREUTLE, Schwarzwald und Iller 256.
90 KIMMIG, Baden 151 f.
91 Ebd. 146 Taf. 10 H. Zur Datierung MÜLLER-KARPE, Chronologie 172; 195 Abb. 30,2.6.7.10; SPERBER, Chronologie 187; 343 Liste 15 Nr. 3.
92 I. GÖRNER, Die Mittel- und Spätbronzezeit zwischen Mannheim und Karlsruhe. Fundber. Baden-Württemberg 27, 2003, 170 f. Abb. 33; 183 ff. mit zahlreichen Belegen aus dem Neckarmündungsgebiet.
93 Fundber. Schwaben NF 18/2, 1967, 59 Taf. 162,1; DEHN, Nordwürttemberg 93 Taf. 2 A (Offenau, Kr. Heilbronn; zur Datierung s. die Nachweise in Anm. 88); R. KRAUSE, Spätbronzezeitliche Gräber bei Unterbalbach im Taubertal, Stadt Lauda-Königshofen, Main-Tauber-Kreis. Arch. Ausgr. Baden-Württemberg 1993, 91 ff. Abb. 49 (Grab 4); HENNIG, Ober- und Mittelfranken 24; WILBERTZ, Unterfranken 22; WIESNER, Grabbau und Bestattungssitten 222 ff. Tab. 30 c.
94 SCHAUER, Gemeinsamkeiten (Anm. 75) 209 ff. (Ausstattungsmuster A und B).
95 ABELS (Anm. 44) 345 f.; 350 Abb. 1,2. Vgl. zur Zeitstellung v. QUILLFELDT, Vollgriffschwerter 163 (Hinweise auf eine Datierung an den Beginn dieser Stufe).
96 I. JENSEN, Der spätbronzezeitliche Grabfund von Ilvesheim, Rhein-Neckar-Kreis. Fundber. Baden-Württemberg 8, 1983, 1 ff. Abb. 1.

zu Lebzeiten des im Steinkistengrab bestatteten Schwertträgers mag beispielhaft das Fragment eines Bechers (Abb. 4,3) demonstrieren, das aus einer großen Kellergrube stammt. Die kantig voneinander abgesetzte Rand-, Hals- und Bauchpartie sowie der tief sitzende Umbruch erlauben den Anschluss an eine Reihe weiterer Becher, die einzeln oder paarig aus einigen Grabfunden vorliegen und im Zusammenhang mit der Herausbildung des untermainisch-schwäbischen Keramikstils stehen.[98] Zu nennen sind aus Nordwürttemberg ein bei Grab 4 von Gemmrigheim, Kr. Ludwigsburg, aufgefundenes Gefäß,[99] vom Nordrand der Schwäbischen Alb Grab 4 von Reutlingen, Kr. Reutlingen,[100] aus Südbaden Grab 139 von Singen, Kr. Konstanz,[101] schließlich vom südlichen Oberrheingraben die Gräber 1 und 3 von Breisach-Oberrimsingen, Kr. Breisgau-Hochschwarzwald,[102] sowie Grab 1 von Rouffach, Dép. Haut-Rhin.[103] Abgesehen von Gemmrigheim bilden die Bauchpartien dieser Becher breite horizontale Facetten oder sind allenfalls schwach gewölbt. Sie ordnen sich somit der von SPERBER umschriebenen und zur Hauptsache in der Stufe SB I b (Bz D 2) vertretenen horizontalfacettierten Keramik zu.[104] Die Bauchpartie des Bechers aus der Siedlung von Heidelberg-Handschuhsheim ist dagegen leicht eingezogen und zu einer einzigen Breitriefe umgeformt. Ein weiterer Unterschied besteht in der Randbildung. Er ist zwar in gleichem Winkel ausgelegt und ebenso proportioniert wie die Ränder der Becher der horizontalfacettierten Keramik, des Weiteren besteht Übereinstimmung in der einfachen Ausgestaltung der Randlippe. Die Randinnenseite ist jedoch im Bereich des Umbruchs abgestrichen. Der Becher repräsentiert insgesamt ein frühes Entwicklungsstadium der untermainisch-schwäbischen Keramik mit ihrer charakteristischen strengen Horizontalriefenzier. Die Grabfunde von Breisach-Oberrimsingen und Rouffach datieren in SPERBERS Chronologiesystem in die Stufe SB I b (Bz D 2), das Grab von Reutlingen in die Stufe SB II a (Ha A 1).[105] Zumindest andeutungsweise findet sich diese relativchronologische Abfolge bei KREUTLE wieder, insofern die Inventare von Breisach-Oberrimsingen und Rouffach seiner Stufe SW II angehören, das Grab 4 von Reutlingen jedoch in ihr Ende oder bereits in die Stufe SW III-früh datieren soll.[106] W. BRESTRICH wies Grab 139 von Singen in die dortige Stufe Si. I b, die zusammen mit einigen weiteren Grabfunden – darunter auch die hier zitierten von Reutlingen, Breisach-Oberrimsingen und Rouffach – einen der Stufe Ha A 2 unmittelbar vorausgehenden Abschnitt bilden soll.[107] Der oben angedeuteten feinchronologischen Abstufung dürfte die Stufenkonzeption SPERBERS eher entgegenkommen, wenn man in Form einer Arbeitshypothese den Siedlungsbeginn in der Stufe SB I b (Bz D 2) und die Anlage des Steinkistengrabes in der Stufe SB II a (Ha A 1) annimmt. Schließlich lassen sich die Hinterlassenschaften der Schwertträger und die Siedlung von Heidelberg-Handschuhsheim zwang-

---

97 DAUBER/GROPENGIESSER/HEUKEMES/SCHAAB (Anm. 54) 25 („Heidelberg-Neuenheim"). Tatsächlich befindet sich die Fundstelle noch im Bereich von Heidelberg-Handschuhsheim. Neben dieser kurzen Notiz fand die Siedlung noch einige Male Erwähnung: BAUMEISTER, Urnenfelder- und Hallstattkultur. In: Heidelberg, Mannheim und der Rhein-Neckar-Raum. Führer Arch. Denkmäler Deutschland 36 (Stuttgart 1999) 53; WIRTH (Anm. 4) 148. Die jeweils dort zu Befunden und Zeitstellung gemachten Angaben gehen auf die irreführenden Informationen in der unveröffentlicht gebliebenen Dissertation von W. STRUCK zurück: ders., Funde der Urnenfelderkultur aus dem Neckarmündungsgebiet. Ein Beitrag zur Besiedlungsgeschichte der nordbadischen Oberrheinebene während der Hügelgräber- und Urnenfelderzeit (ungedr. Diss. Marburg/Lahn 1978). – Verf. dankt Frau Dr. R. LUDWIG (Kurpfälzisches Museum Heidelberg) für die gewährte Einsichtnahme in das Material, dessen Veröffentlichung erfolgen soll.
98 Zur Herausbildung dieses Stils SPERBER, Chronologie 186 ff.; KREUTLE, Zwei Grabfunde der beginnenden Urnenfelderkultur von Oberstetten, Gde. Hohenstein, Lkr. Reutlingen. Fundber. Baden-Württemberg 16, 1991, 120 ff.; ders., Schwarzwald und Iller 39 f.; 151; 307 ff.
99 REICHEL, Gemmrigheim 262 f.; 290; 292 f. Abb. 22,11.
100 UNZ, Spätbronzezeitliche Keramik 21 Taf. 5,5; KREUTLE, Schwarzwald und Iller 40; 492 Taf. 57 A 5.
101 BRESTRICH, Singen 73 (Form B II); 205 ff; 340 Taf. 18 C 1.
102 GRIMMER-DEHN, Oberrheingraben 66 ff.;127 Taf. 105 B 2 (Gr. 1971/1); Taf. 107,2 (Gr. 1973/3).
103 UNZ, Spätbronzezeitliche Keramik 21 Taf. 31,4.5.
104 SPERBER, Chronologie 46; 68 Taf. 13 (Typ 66).
105 Ebd. 69; 187.
106 KREUTLE, Oberstetten (Anm. 97) 121 f.; ders., Schwarzwald und Iller 40 mit Anm. 130; 308; 311 f.
107 BRESTRICH, Singen 203 ff. bes. 208 f.

los mit dem von Sperber skizzierten Modell eines Oikos-Systems in Einklang bringen.[108] In einem weiteren Umfang kann dies jedoch erst bei Vorlage des gesamten Siedlungsmaterials geschildert werden, da die dortige Befundlage nicht nur interessante Fragen zur Chronologie, sondern auch zu bestimmten Aspekten der Ökonomie aufwirft.

Abgekürzt zitierte Literatur

Ankner, Typologie	D. Ankner, Röntgenuntersuchungen an Riegseeschwertern – Ein Beitrag zur Typologie. Arch. u. Naturwiss. 1, 1977, 269 ff.
Beck, Beiträge	A. Beck, Beiträge zur frühen und älteren Urnenfelderkultur im nordwestlichen Alpenvorland. PBF XX 2 (München 1980).
Brestrich, Singen	W. Brestrich, Die mittel- und spätbronzezeitlichen Grabfunde auf der Nordstadtterasse von Singen am Hohentwiel. Forsch. u. Ber. Vor- u. Frühgesch. Baden-Württemberg 67 (Stuttgart 1998).
v. Brunn, Mitteldeutsche Hortfunde	W.A. v. Brunn, Mitteldeutsche Hortfunde der jüngeren Bronzezeit. Röm.-Germ.-Forsch. 29 (Berlin 1968).
Dehn, Nordwürttemberg	R. Dehn, Die Urnenfelderkultur in Nordwürttemberg. Forsch. u. Ber. Vor- u. Frühgesch. Baden-Württemberg 1 (Stuttgart 1972).
Grimmer-Dehn, Oberrheingraben	Grimmer-Dehn, Die Urnenfelderkultur im südöstlichen Oberrheingraben. Materialh. Vor- u. Frühgesch. Baden-Württemberg 15 (Stuttgart 1991).
Hennig, Ober- und Mittelfranken	H. Hennig, Die Grab- und Hortfunde der Urnenfelderkultur aus Ober- und Mittelfranken. Materialh. Bayer. Vorgesch. 23 (Kallmünz/Opf. 1970).
Herrmann, Mittel- und Südhessen	F.-R. Herrmann, Die Funde der Urnenfelderkultur in Mittel- und Südhessen. Röm.-Germ. Forsch. 27 (Berlin 1966).
Kimmig, Baden	W. Kimmig, Die Urnenfelderkultur in Baden. Röm.-Germ. Forsch. 14 (Berlin 1940).
Knöpcke, Neckarsulm	St. Knöpcke, Der urnenfelderzeitliche Männerfriedhof von Neckarsulm. Forsch. u. Ber. Vor- u. Frühgesch. Baden-Württemberg 116 (Stuttgart 2009).
Krämer, Vollgriffschwerter	W. Krämer, Die Vollgriffschwerter in Österreich und der Schweiz. PBF IV 10 (München 1985).
Kreutle, Schwarzwald und Iller	R. Kreutle, Die Urnenfelderkultur zwischen Schwarzwald und Iller. Arbeiten Arch. Süddeutschland 19 (Büchenbach 2007).
Müller-Karpe, Chronologie	H. Müller-Karpe, Beiträge zur Chronologie der Urnenfelderzeit nördlich und südlich der Alpen. Röm.-Germ. Forsch. 22 (Berlin 1959).
Müller-Karpe, Vollgriffschwerter	H. Müller-Karpe, Die Vollgriffschwerter der Urnenfelderzeit aus Bayern. Münchner Beitr. Vor- u. Frühgesch. 6 (München 1961).
v. Quillfeldt, Vollgriffschwerter	I. v. Quillfeldt, Die Vollgriffschwerter in Süddeutschland. PBF IV 11 (Stuttgart 1995).
Reichel, Gemmrigheim	M. Reichel, Das urnenfelderzeitliche Gräberfeld von Gemmrigheim, Kreis Ludwigsburg. Fundber. Baden-Württemberg 24, 2000, 215 ff.
Schauer, Schwerter	P. Schauer, Die Schwerter in Süddeutschland, Österreich und der Schweiz I (Griffplatten-, Griffangel- und Griffzungenschwerter). PBF IV 2 (München 1971).
Sperber, Chronologie	L. Sperber, Untersuchungen zur Chronologie der Urnenfelderkultur im nördlichen Alpenvorland von der Schweiz bis Oberösterreich. Antiquitas 3/29 (Bonn 1987).

---

108 Sperber, Schwertträger 629 ff.

Sperber, Schwertträger	L. Sperber, Zu den Schwertträgern im westlichen Kreis der Urnenfelderkultur: Profane und religiöse Aspekte. In: Eliten in der Bronzezeit. Ergebnisse zweier Kolloquien in Mainz und Athen. Monogr. RGZM 43 (Mainz 1999) 605 ff.
Unz, Spätbronzezeitliche Keramik	Ch. Unz, Die spätbronzezeitliche Keramik in Südwestdeutschland, in der Schweiz und im Ostalpengebiet. Prähist. Zeitschr. 48, 1973, 1 ff.
Wiesner, Grabbau und Bestattungssitten	N. Wiesner, Grabbau und Bestattungssitten während der Urnenfelderzeit im südlichen Mitteleuropa. Internat. Arch. 110 (Rahden/Westf. 2009).
Wilbertz, Unterfranken	O. M. Wilbertz, Die Urnenfelderkultur in Unterfranken. Materialh. Bayer. Vorgesch. A/49 (Kallmünz/Opf. 1982).
Wüstemann, Schwerter	H. Wüstemann, Die Schwerter in Ostdeutschland. PBF IV 15 (Stuttgart 2004).

Katalog der Funde

Abkürzungen: Br. = Breite; D. = Dicke; Dm. = Durchmesser; erh. = erhaltene(r); Gew. = Gewicht; gr. = größte(r); L. = Länge; RS = Rückseite; VS = Vorderseite.

Heidelberg-Handschuhsheim, Gewann ‚Hühnerstein'; Steinkistengrab

1. Dreiwulstschwert *(Abb. 3,1)*. Entlüftungskanal im Knaufknopf nicht verschlossen; Oberfläche insgesamt stark korrodiert, Verzierung nur noch in Resten auf Knaufoberseite erhalten; Klinge alt zerbrochen; Schneiden großteils alt schartig und stumpf; linker Heftabschluss alt abgebrochen; linkes Nietloch alt eingerissen (D. der Platte dort 1 mm); rechter Heftabschluss auf VS etwas ausgefranst, auf RS bis 7 mm oberhalb des Nietstiftes alt abgebrochen (auch rezente Brüche im Bereich des Niets), dadurch rechte Heftschulter auf VS alt eingerissen; Griffschale auf VS kurz oberhalb des Heftes alt ausgebrochen, Wandung dort stark ausdünnend (Gussfehler mit erweiternden Bruchrändern?); Klingenspitze rezent abgebrochen; Patina hell- bis dunkelgrün gefleckt (auf RS auch rostbraun); erh. L. 60,05 cm, Knaufdm. 4,37 x 3,67 cm; erh. Heftbr. 4,55 cm, gr. Griffbr. 2,8 cm, D. der Griffwulste von oben nach unten 1,64 cm, 1,7 cm, 1,8 cm; Klingend. am Heftabschluss 7,7 mm und am Bruch (Spitze) 3 mm; Gew. 612,1 g (mit Restaurationsmaterial!). – Inventarnr.: HD-Han 1989/129 c.

2. Griffdornmesser *(Abb. 3,2)*. Klinge leicht verbogen; Griffende und Klingenspitze rezent abgebrochen; Schneide teils alt schartig und an wenigen Stellen noch leicht scharf, teils korrosionsbedingt ausgebrochen; auf VS der Klinge feine alte Kratzer (auf RS wegen Korrosion kaum noch erkennbar); Patina hell- bis dunkelgrün gefleckt, stellenweise rostbrauner Belag und Bronzeglanz; erh. L.16,3 cm, gr. erh. Schneidenbr. 1,67 cm, D. des Klingenrückens dort 4,1 mm; Gew. 38,8 g. – Inventarnr.: HD-Han 1989/129 a.

3. Plattenkopfnadel *(Abb. 3,3)*. Verzierung nur partiell erhalten und bes. am unteren Kopfrand leicht verschliffen, unruhiger Verlauf der Horizontallinien; Schaft rezent zerbrochen; Patina dunkelgrün und z.T. großflächig abgeplatzt, stellenweise Bronzeglanz; L. 15,9 cm, Kopfdm. 1,57 x 1,63 cm, Kopfd. 4 mm, erh. Br. der Mittelzone von 1 mm bis 1,5 mm schwankend, Gew. 13,5 g. – Inventarnr.: HD-Han 1989/129 b.

4. Menschliche Skelettreste (Bestimmung J. Wahl, Konstanz).
a) Nahezu vollständig erhaltene Diaphyse des rechten Humerus; distal mit Grünfärbung; Knochenoberfläche teilweise abgesprengt (Frostschaden?); robust; Muskelmarkenrelief kräftig; Maße: geschätzte größte Länge um 335/400 mm, kleinster Dm. der Diaphyse 18,0 mm, größter Dm. der Diaphyse 24,9 mm, kleinster Umfang der Diaphyse ca. 68 mm; keine nennenswerten degenerativen Veränderungen.
b) Zwei Bruchstücke des rechten Schulterblatts; Oberfläche teilweise korrodiert; Anzeichen von Wurzelfraß; Cavitas glenoidalis mit arthrotischer Randleiste.
c) Kleines Knochenfragment mit fraglicher anatomischer Zuordnung (Sacrum oder Femur); Kanten teilweise rezent beschädigt.
Alle Teile könnten von einem Individuum stammen. Es handelt sich dabei um einen eher männlichen, vielleicht eher älteren Erwachsenen mit einer geschätzten Körperhöhe von ca. 1,70–1,75 m.

Heidelberg-Handschuhsheim, Gewann ‚Hühnerstein'; Einzelfunde

1. Griffzungenschwert *(Abb. 4,1)*. Ursprünglich alt verbogen und mit Biegerissen an der Klinge, schließlich rezent in vier Teile zerbrochen; auf VS Patinaschatten des Griffes; Griffstege leicht verschliffen; linkes Ricasso stellenweise noch sehr gut erhalten, rechtes verschliffener; Schneidenabsätze auf VS deutlicher ausgeprägt als auf RS;

auf VS des Spitzenfragments Reste von je zwei schneidenparallelen Rillen, auf RS nur je eine erkennbar; auf VS in unterer Klingenhälfte alte, quer verlaufende Kerbe; Schneiden alt schartig, noch leicht scharf; Klingenspitze alt beschädigt; Patina dunkelgrün, mit rostbraunen Flecken, stellenweise Bronzeglanz; L. 56,7 cm, Heftbr. 4,75 cm, gr. Griffbr. 2,6 cm, gr. erh. Klingenbr. 4,5 cm, Klingend. kurz oberhalb der unteren Nietlöcher 7,5 mm und an der Spitze 1,5 mm, Gew. 644,4 g. – Inventarnr.: HD-Han 1989/130 a.

2. Griffdornmesser *(Abb. 4,2)*. Kehlung des Dornendes auf RS stärker ausgeprägt; Klinge leicht verbogen; Dornende (alt?) abgebogen; Schneide teils alt, teils rezent schartig; Patina hell- bis dunkelgrün (mit einem Stich Olivgrün) gefleckt, stellenweise rostbrauner Belag, bes. im Bereich des Griffdorns stellenweise Bronzeglanz; L. 18,45 cm, gr. erh. Schneidenbr. 1,7 cm, D. des Klingenrückens dort 4,1 mm, Dm. der Grifflochs 3,2 x 3,5 mm, Gew. 38,6 g. – Inventarnr.: HD-Han 1989/130 b.

Heidelberg-Handschuhsheim, Tiergartenstraße; Siedlung (Bef. 24)

Becher *(Abb. 4,3)*. Randdm. 12,6 cm, Bauchdm.12 cm; gut geglättete Oberfläche und Bruch schwarz; Magerung überwiegend mit Fein- und Mittelsand (0,02–0,2 mm bzw. 0,2–0,6 mm), daneben etwas Grobsand (0,6–2 mm) und Glimmer.

Abbildungsnachweise

Abb. 1: siehe dort. – Abb. 2: P. König, G. Broll (KMH). – Abb. 3,1a.b u. 2a u. 3 I. Grunert (KMH); Abb. 3,1c u. 2b E. Kemmet (KMH); Abb. 3,1d.e St. Patscher (KMH). – Abb. 4,1a u. 2a u. 3 I. Grunert (KMH); Abb. 4,1b u. 2b E. Kemmet (KMH).

Schlagwortverzeichnis

Ältere Urnenfelderzeit (Stufe Ha A 1); Dreiwulstschwert; Griffdornmesser; Griffzungenschwert vom Typ Hemigkofen; Heidelberg-Handschuhsheim; Plattenkopfnadel; Schwertträger; Steinkistengrab.

Anschrift des Verfassers

Dr. Peter König
Furtwänglerstr. 11
69121 Heidelberg
E-Mail: pekoepbf@web.de

Der hallstattzeitliche Bestattungsplatz von Wasseralfingen-Appenwang (Ostalbkreis)

Petra Otte-Scheschkewitz

Mit einem Beitrag von
Hans Lang

Einleitung/Forschungsgeschichte

Im Rahmen einer Notbergung in den Jahren 2007 und 2008 wurde in Aalen/Wasseralfingen (Ostalbkreis) eine bekannte Grabhügelgruppe mit elf hallstattzeitlichen Tumuli untersucht. Der Bestattungsplatz lag verkehrsgünstig an der Kocher-Brenz-Passage zwischen Aalen und dem Ortsteil Wasseralfingen. Die Anhöhe am Nordhang des Kochers trägt den Flurnamen ‚Appenwang' (Abb. 1). In etwa 1 km Luftlinie entfernt liegt die Flur ‚Katzenbuckel'; dort wurden seit den 30er-Jahren des 20. Jahrhunderts Siedlungsreste der ausgehenden Hallstattzeit und vor allem aber der frühen Latènezeit beobachtet.

Bereits 1832/33 hatte der Topograph Karl Eduard Paulus d. Ä. im Kronenwald Appenwang bei Wasseralfingen neun Grabhügel aufgenommen, von denen er einige näher untersuchte. In den Ortsakten wurde vermerkt: „Nach OAB [Oberamtsbeschreibungen] die meisten geöffnet', Feuerstätten mit Kohlen, Asche, Knochen, Gefäßreste aus schlechtem Ton, mit einfachen Verzierungen. Dickbauchige kleine Urnen, welche häufig zwischen 2 rothbemalten standen, längst zerdrückt." Nach den Untersuchungen verschiedener Fundstellen gleicher Zeitstellung schrieb Paulus 1833 zusammenfassend: „Es fanden sich Urnen und andere Gefäße von derselben Art, Kohlen, Gebeine und in fast allen Urnen ein kleineres Gefäß, meist mit Asche aufgefüllt. Metallene Gegenstände wurden nicht gefunden. Sämtliche Gefäße fanden sich in der Mitte des Hügels, auf dem natürlichen Grunde, der mit einer 1–2" dicken Lage von Asche, Kohlen und nicht ganz verbrannten Menschenknochen bedeckt war, so dass man deutlich wahrnehmen konnte, wie hier die Leichnahme verbrannt wurden."[1]

Er beschreibt den Fundplatz von Wasseralfingen nochmals in „Die Alterthümer in Württemberg": „Im Walde ‚Appenwang' eine Gruppe von Grabhügeln: man fand in ihnen viele Gefäße: Urnen und (rothbemalte) Teller."[2] Über den Verbleib eventuell geborgener Keramikfunde ist nichts bekannt.

In den 30er-Jahren des 20. Jahrhunderts wurde eine erneute Aufmessung von Oskar Paret vorgenommen. Er kann insgesamt elf Hügel dokumentieren und vermerkt Mulden und Eintiefungen als „Spuren alter Grabungen" in fast allen Tumuli. Hügel 11 beschreibt er etwa 1932 als „unberührt und schön",[3] bei den Ausgrabungen im Jahr 2007 stellte sich dieser jedoch als völlig beraubt dar.

Anfang der 1970er-Jahre versuchten die Alfing-Kessler-Werke das Gelände, damals für die Erweiterung ihres Parkplatzes, zu erwerben. Zu dieser Zeit stand aber der Schutz des archäologischen Denkmals im Vordergrund, eine Baugenehmigung wurde verwehrt. Im Jahr 2007/08 musste dieses

---

1 Paulus 1833, 355.
2 Ders. 1877, 90.
3 Paret 1932, handschr. Notiz in den Ortsakten.

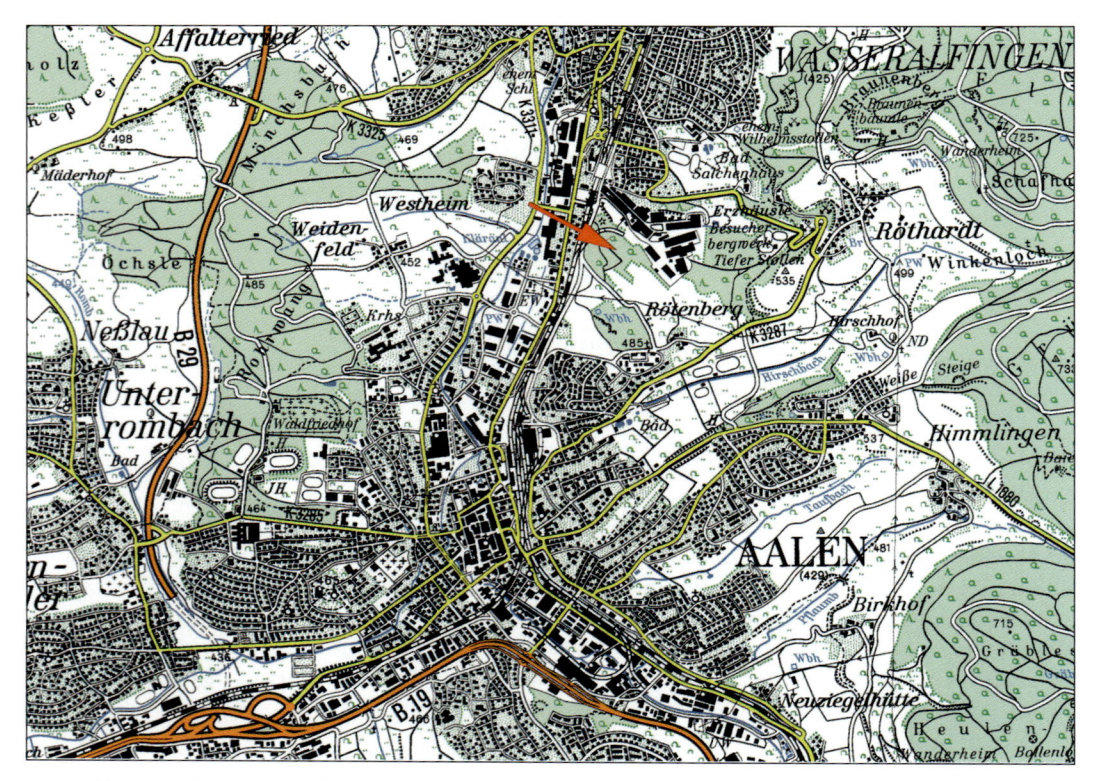

Abb. 1: Fundort Wasseralfingen ‚Appenwang' TK Aalen 7126 M 1:25 000. © Landesvermessungsamt Baden-Württemberg (http://www.lv-bw. de), Az.: 2851.3-A/218. Ohne Maßstab.

dann einer Erweiterung der Maschinenfabrik weichen, was von einer modernen archäologischen Untersuchung begleitet wurde.
Der Ausgrabung ging eine Vermessung mittels eines „LIDAR-Airborne-Laserscan" voraus.[4] Das Ziel dieser Maßnahme war, die Geländesituation im geplanten Erweiterungsbau der Alfing-Kessler-Werke zu erfassen und so das Geländedenkmal vor seiner unwiederbringlichen Zerstörung anhand von archäologisch-topografischen Plänen darzustellen. Hierfür wurde eine tachymetrische Grundvermessung des relevanten Bereichs vorgenommen und ein terrestrisches Laserscannig vom Flugzeug aus durchgeführt. Mittels der Ergebnisse konnte ein digitales Höhenmodell hergestellt werden, in dem die Grabhügel deutlich zu erkennen sind. Im überhöhten Modell waren zudem auch die Trichter der Altgrabungen sichtbar (Abb. 2).[5]

Befunde/Grabbau

Vor Grabungsbeginn war das Areal am ‚Appenwang' von dichtem Unterholz und Laubbäumen bewachsen, deren Wurzeln die Befunde teilweise stark störten. Die Hügel selbst wiederum waren durch diesen Bewuchs geschützt und obertägig gut sichtbar.
Kennzeichnend für die Bodenbeschaffenheit der Umgebung sind die Ablagerungsschichten des braunen Jura. Der sandig-tonige Mergel erhält seine braune Farbe durch den hohen Gehalt an Eisen,

---

[4] Der Laserscan wurde von der Firma ArcTron durchgeführt.
[5] Siehe KRAUSSE/LANG 2007 und KRAUSSE et al. 2008.

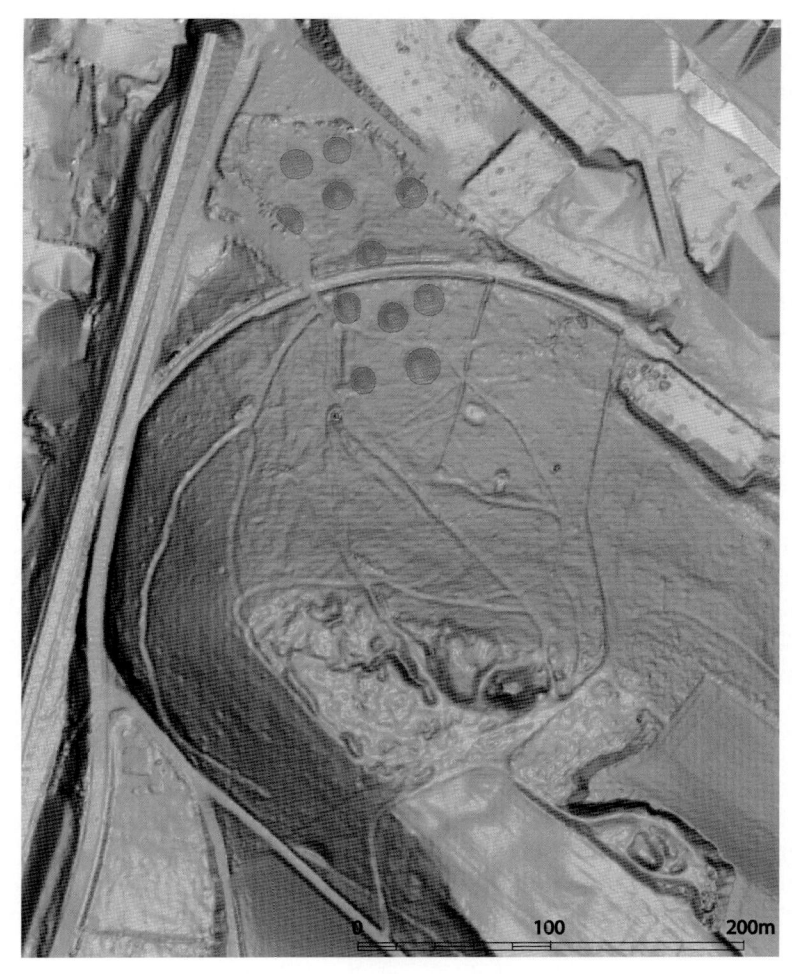

Abb. 2: Wasseralfingen ‚Appenwang'. Digitales Geländemodell in 5-facher Überhöhung, Grabhügel grün markiert. Das zerklüftete Gelände auf der Höhe des Appenwangs ist auf Sandentnahme zurückzuführen.

das als oolithisches Eisen, so genanntes Bohnerz, vorliegt. Die Bohnerzknollen haben eine Größe von wenigen Millimetern bis zu einigen Zentimetern.

Die elf Tumuli der Nekropole waren relativ gleichförmig aufgebaut. Es handelte sich um Rundhügel, deren Durchmesser zur Zeit der Ausgrabungen zwischen 15 und 20 m lagen und die jeweils eine zentrale Brandbestattung in einer hölzernen Kammerkonstruktion enthielten. Der Umfang der Erosion der Hügel war wegen des gleichförmigen Sediments nicht festzustellen, allerdings ist damit zu rechnen, dass diese bei ihrer Anlage einen kleineren Durchmesser hatten. Hügel 3 besaß als einziger einen flachen Kreisgraben von 11 m Durchmesser, welcher den ursprünglichen Maßen entsprechen dürfte. Eine eisenzeitliche Humusschicht konnte unter keinem der Hügel dokumentiert werden, was dafür spricht, dass die Oberfläche vor Anlage der Hügel abgetragen worden war. Als Schüttungsmaterial wurde anstehendes Sediment, die so genannten ‚Goldshöfer Sande', verwendet.

Die Grabkammern selbst waren von unterschiedlicher Größe, deren Grundflächen zwischen 2,25 m^2 und 4,6 m^2 lagen. Bei mehreren Befunden konnten Hinweise auf eine Verblattung der einstigen hölzernen Kammerwände festgestellt werden, welche sich als verfärbte Spuren oder Manganausfällungen im Sediment abzeichneten. Die Abmessungen der Kammern konnten sich so gut rekonstruieren lassen. Neben den Holzspuren wurden die Grundflächen als mehr oder weniger mächtige Holzkohlenschichten markiert (Abb. 3).

Sämtliche Grabkammern waren mit leichter Abweichung Nord–Süd ausgerichtet.

Der rezente Hügeldurchmesser und die Grundfläche der Kammer waren voneinander unabhängig. So barg beispielsweise Hügel 2 mit einem Durchmesser von 20 m eine etwa 2,5 m² große Kammer. Hügel 6, in dem sich mit 4,6 m² die größte Kammer befand, hatte einen Durchmesser von 18 m. Ungewissheit besteht über den Ursprung und die Bedeutung der Holzkohleflächen in den Grabkammern. Es könnte sich beispielsweise um zusammengekehrte Reste der Einäscherung handeln, die in die Kammer gestreut worden waren. Für die Annahme einer Verbrennung der Toten am selben Ort sind die Schichten nicht mächtig genug. Auch die angeziegelten Partien unter der Holzkohle sind zu schwach, um von einem örtlichen Feuer zu stammen; so kommt die Interpretation als Ustrine nicht in Frage. Denkbar wäre, dass die eingebrachte Asche noch heiß war und glühende Holzkohlereste enthielt, so dass sich einige Bereiche des sandigen Untergrundes rötlich verfärbten. Die Leichenbrände wurden dem Befund nach entweder als Leichenbrandschüttungen oder aber in organischen Behältnissen auf der Holzkohlenschicht deponiert.

Die Beigaben der Zentralbestattungen bestehen aus umfangreichen Gefäßsätzen. Diese wurden größtenteils, soweit sie in situ dokumentiert werden konnten, an den Kammerwänden deponiert. Einzig Hügel 1 barg eine eindeutige Nachbestattung, die zeitlich in Ha D einzuordnen ist (Abb. 7, Nachbestattung.) Außerdem liegt aus demselben Hügel ein längliches Steinpflaster vor, zwischen dem sich einige Keramikscherben, eine Art Rundel aus Sandstein und ein stark korrodiertes kettengliedartiges Eisenteil fanden. Dieser Befund kann anhand der Kammstrichware in die fortgeschrittene Latènezeit datiert werden. Ob es sich ebenfalls um die Reste einer Nachbestattung handelt, ist ungewiss.

Als abweichender Befund von den sonst relativ einheitlichen Grabhügeln fand sich in Hügel 5 westlich neben der Grabkammer eine 3 m x 2,5 m großen Brandfläche (Abb. 26, Grab 5). Zwischen den beiden Befunden wurden verkohlte Holzbretter dokumentiert. Im Randbereich der Holzkohlefläche wurden ein auffallendes Bernsteinamulett aufgefunden und außerhalb davon einige Gefäße. Innerhalb der Fläche lag eine im Durchmesser 0,3 m messende verziegelte Schicht.

Die Grabkammer und der danebenliegende Befund scheinen zeitgleich angelegt bzw. entstanden zu sein. Es besteht nicht der Eindruck, dass es sich um eine zweite Bestattung handelt, sondern vielmehr um die Spuren von Vorgängen, die in irgendeiner Weise mit dem Bestattungsritual zusammenhingen. Zudem sind in der Grabkammer auffallend viele Randscherben verschiedener Gefäße gefunden worden, was bei den Bestattungen der anderen Hügel nicht der Fall war.

Dass einige Hügel vielleicht schon antik beraubt worden waren, kann nicht ausgeschlossen werden. Hügel 10 stellte sich während der Ausgrabung als vollkommen zerwühlt dar, an der Oberfläche konnte indes kein Grabungstrichter festgestellt werden. Die anderen ‚getrichterten' Hügel waren meist nur partiell gestört und die Grabbeigaben nicht völlig zerstreut. Die Bestattung aus Hügel 11 setzt sich durch das geringe Fundvorkommen von den anderen ab. Es konnten die Reste von gerade drei Gefäßen ausgemacht werden (s. o.), was im Gegensatz zu allen anderen Gräbern steht.

Die Befunde und auch das Fundspektrum der Wasseralfinger Nekropole entsprechen dem bestehenden Bild des Ostalbkreises während der Hallstattzeit. Charakteristisch hierfür sind zentrale Brandbestattungen unter Tumuli mit Beigaben umfangreicher Geschirrsätze mit vielen Kleingefäßen.[6]

Im 19. Jahrhundert wurden etliche Hügelgräber undokumentiert geöffnet und ausgegraben.[7] In den meist dürftigen Beschreibungen sind oft „Brandplatten" erwähnt, welche Holzkohleschichten wie in Wasseralfingen vermuten lassen. Des Weiteren wurden die entweder zerstörten oder heute meist verschollenen Gefäße angeführt sowie das Fehlen von Metallabeigaben bemerkt.[8]

---

6 Zürn 1987, 21
7 Vgl. ebd. 105 ff.
8 Ebd.

Abb. 3: Zentralgrab aus Hügel 5 nach der Freilegung.

Keramik

Die Anzahl der Gefäßbeigaben in den Wasseralfinger Tumuli schwankt, sie liegt zwischen vier Gefäßen (Hügel 7) und den Scherben von 15 Gefäßen (Hügel 6). Kammergröße und Menge der Keramik scheinen miteinander zu korrelieren. In den größten Kammern ist auch die Anzahl der Gefäße am höchsten. Zu berücksichtigen ist allerdings, dass es keine Überlieferung darüber gibt, ob bei Altgrabungen Gefäße entnommen worden sind. In den Trichterverfüllungen fanden sich teilweise sehr viele Scherben, was wohl dafür spricht, dass auf die Keramik kein gesteigerter Wert gelegt worden war; somit haben die einzelnen Gefäße wenigstens als Scherben ihren Weg in den Fundkatalog gefunden. Des Weiteren wurden immer wieder Scherben mit sekundären Brandspuren geborgen, bei denen davon ausgegangen werden kann, dass sie als mehr oder weniger große Einzelscherben ins Grab gelangt waren.
Insgesamt stammen aus den Grabkammern der Hügel die Fragmente von etwa 100 verschiedenen Gefäßen. Einige davon sind nahezu vollständig, andere werden nur durch wenige bis hin zu einzelnen Scherben repräsentiert. Viele der Gefäßbeigaben fanden sich nicht in ursprünglicher Lage, sondern in den Verfüllschichten der alten Grabungstrichter (s. o.). Der Erhaltungszustand der Keramik war in den meisten Fällen äußerst fragil, die feuchten Scherben waren sehr weich und brüchig und im getrockneten Zustand rieselten oft die Oberflächen samt den Verzierungen und Bemalungen ab. Trotz der oft ungünstigen Erhaltungsbedingungen ließen sich viele Keramiken, bei denen keine physische Restaurierung möglich war, zumindest zeichnerisch wiederherstellen.[9]
Die Gefäße gehören zum typischen Spektrum der Ostalbkeramik. Es handelt sich um Kegelhalsgefäße und kegelhalsartige Großgefäße, Kragenrandgefäße, Schalen und Schüsseln, Teller und kleine Henkeltassen, die meist in Großgefäßen deponiert worden waren und als Schöpfgefäße dienten. Daneben kommen auch einige Miniaturgefäße vor. Alle sind ausschließlich handgemacht und sowohl reduzierend als auch oxydierend gebrannt.

---

9 Hierfür ein herzliches Dankeschön an Christina von Elm, Die Zeichnerei, Tübingen, und an Karin Fink, Esslingen.

Verzierung und Bemalung

Die Gefäße sind teils unverziert, teils verziert. Zu den Verzierungsformen gehören einfache Zickzackbänder aus einfachen Ritzlinien bis hin zu komplexen Dreieckmustern, die mittels „geritztem Kerbschnitt"[10] in den Ton eingebracht worden sind (Abb. 4).

Auf einer Schale und einer weiteren Scherbe, die keinem Gefäß zugeordnet werden konnte, finden sich eingestempelte Kreisaugen. In einem einzigen Grab lag eine Kragenrandschale vom Alb-Hegau-Typ der Hochphase,[11] die mit eingeritzten Linien und konzentrischen Kreisstempeln verziert ist (Abb. 34).

Zwei der Großgefäße tragen an ihren Unterteilen eine Schlickrauung.

Neun Gefäße weisen Reste von roter Engobe auf, die entweder das ganze oder nur Zonen des Gefäßes überzieht. Sechs Gefäße sind monochrom mit Graphit verziert, das sowohl flächig außen, flächig außen und innen oder aber nur partiell aufgetragen ist. Drei Gefäße sind bichrom verziert. Hier handelt es sich bei zwei Exemplaren um einen Auftrag von schwarzer Farbe auf rotem Grund; das schon erwähnte Alb-Hegau-Gefäß trägt Graphitstreifen ebenfalls auf roter Engobe. Bei einer Schüssel haben sich in den Eintiefungen der gestempelten Kreisaugen teilweise weißliche Inkrustierungen erhalten (Abb. 5).

Kegelhalsgefäße

Bei den Kegelhalsgefäßen handelt es sich um typische Hallstattgefäße. Ausschlaggebend für ihre Bezeichnung ist eine mehrgliedrige Form mit relativ kleinem Boden, geradem oder leicht einziehendem Unterteil, Bauch, Schulter, dem typisch abgesetzten Hals und nach außen knickendem Rand. Die Kegelhalsgefäße kommen in verschiedenen Ausführungen vor. Manche sind sehr stark profiliert, d. h. der Hals ist scharfkantig von der Schulter abgesetzt und der Rand weist einen starken Knick auf. Die stark profilierten Kegelhalsgefäße tragen meist Muster mit hängenden kreuzschraffierten Dreiecken.

Ebenso kommen Kegelhalsgefäße mit sehr flauem Profil vor, die als Großgefäße im Kegelhalsstil bezeichnet werden können.[12] Der Schulter-Hals-Übergang ist nur sehr schwach abgesetzt und der Rand ausgeschwungen. Der Übergang zum Kragenrandgefäß ist fließend, der Hals aber noch deutlich erkennbar. JOSEF KELLER nannte diese Gefäßform „kleine Hochhalsgefäße" und stellte sie ans Ende der Entwicklungsstufe.[13] Aus dem Zentralgrab von Hügel 3 und aus Hügel 5 konnten mehrere solcher Gefäße geborgen werden. HANNS DIETRICH datiert diese kegelhalsartigen Gefäße in die Stufe Ha D1.[14] In Hügel 3 fanden sich aber auch Fragmente eines klassischen eher gedrungenen Kegelhalsgefäßes mit starker Profilierung (Abb. 18,5).

Kragenrandgefäße

Kragenrandgefäße sind mit 14 Exemplaren teilweise nur als Fragmente im Fundmaterial enthalten. Sie haben eine weitmundige, topfartige Form, die Ränder sind in der Regel steil oder nach außen geknickt bzw. geschwungen. Die Gefäße sind in der Mehrzahl unverziert oder aber eine Bemalung

---

10 Vgl. DIETRICH 1998, 73.
11 Nach KELLER 1939, 75.
12 SCHREG 1998, 148.
13 KELLER 1939, 28.
14 DIETRICH 1998, 126.

Abb. 4: Geritzter Kerbschnitt. Hügel 2.   Abb. 5: Weiß inkrustiertes Kreisaugenmuster
auf Gefäßrand. Hügel 9.

hat sich nicht erhalten. Gefäß 3 aus Hügel 1 weist Reste einer roten Engobe auf, auf die mit schwarzer Farbe eine Zickzack- und Punktverzierung aufgebracht war (Abb. 10,3). Gefäß 2 aus Hügel 7 ist unter dem Wasseralfinger Fundmaterial das einzige vom klassischen Alb-Hegau-Typ (Abb. 34).

Henkeltassen/Becher

Im Wasseralfinger Fundgut sind 14 Henkeltassen oder Becher, an denen möglicherweise ehemals ein Henkel saß, vorhanden.
Sie kommen in verschiedenen Ausformungen vor. So gibt es kleine, fast rundbodige Exemplare, S-förmig geschweifte Exemplare und bauchige Stücke mit steilem Hals. Die kleinsten Tassen besitzen die größte Wandstärke. Neben diesen kompakten Stücken fanden sich auch dünnwandige Exemplare von filigraner Gestalt. Zwei Becher sind außen flächig graphitiert (Abb. 31,9.12) und ein Stück, das ein komplexes Ritz- und Stempelmuster aufweist, ist auf der Außenseite zonenweise und auf der Innenseite flächig graphitiert (Abb. 42,6). Die Henkeltassen aus den Gräbern lagen meist in Kegelhalsgefäßen, was ihre Funktion als Schöpfgefäße wahrscheinlich macht.
An einer Tasse aus Hügel 2 (Abb. 14,5) konnte ein interessantes Herstellungsdetail beobachtet werden: Der Henkel war in der Tassenwand verzapft. In lederhartem Zustand wurden zwei Löcher in die Tassenwand eingebracht und die Enden des Henkels dort eingeführt, dann wurde das ganze verstrichen. Während der langen Lagerung im Boden hat sich der untere Zapfen, wieder gelöst. Der obere Zapfen sitzt fest in der Gefäßwand und ist nur durch eine minimale Erhebung abgesetzt. Der dünne Henkel ist abgebrochen.

Schalen und Schüsseln

Schalen und Schüsseln sind mit 30 Exemplaren die meistvertretenen Gefäßformen der Nekropole. Sie kommen in unterschiedlichen Ausführungen vor. Der Unterschied zwischen beiden Typen ist die größere Höhe der Schüsseln. Ansonsten sind sowohl die Schüsseln als auch die Schalen weitmundig. Die Schüsseln haben meist einen steilen geraden Rand und besitzen eine verdickte Randlippe oder aber haben ein S-förmig geschweiftes Profil. Ein Stück ist mit einem umlaufenden eingestempelten Kreisaugenmuster auf dem nach außen geknickten Rand verziert, welches sich auf der Innenseite der Gefäßwand wiederholt. In den Kreisaugen haben sich teilweise weiße Inkrustierungen erhalten (Abb. 5; 14,2).

Die Schalen sind meist kalottenförmig, einige Exemplare sind so flach, das die Grenze zum Teller fließend ist. Zur besseren Standfestigkeit wurde eine kleine omphalusartige Delle in den Boden eingedrückt. Ebenfalls im Fundgut enthalten sind Schalen mit steilem Rand und Stücke mit nach außen geknicktem Rand, der bei zwei Exemplaren mit einem umlaufenden Band aus eingeritzten schraffierten Dreiecken verziert ist (Abb. 30,3; 31,16).

Teller

Das einzige Fundstück, das hier als Teller aufgeführt wird, ist ein gewölbter Teller aus Hügel 5. Das terrakottafarbene Stück, das im Block verblieben ist, weist einen schmalen nach außen geknickten Rand auf. Als Verzierung sind umlaufend 3 x 3 Dreieckbündel eingeritzt. Die zum Rand hin offenen Bündel bestehen aus 4–6 ineinander liegenden, unregelmäßigen Linien.

Miniaturgefäße

Unter den Keramikgefäßen von Wasseralfingen können drei Exemplare als Minaturgefäße angesprochen werden, also Kleingefäße, die wegen ihrer geringen Größe nicht als Schöpfgefäße in Frage kommen. Es handelt sich um zwei kleine S-förmig geschweifte Schälchen mit rundem Boden. Daneben gibt es ein besonders schönes Stück mit Spitzboden und geritztem Kerbschnitt. Der Rand dieses Gefäßes ist durchlocht, so dass es entweder aufgehängt werden konnte oder aber ein kleiner Deckel daran befestigt war. Die Gefäßschulter ist mit drei nach oben offenen Dreiecken dekoriert, die in geritztem Kerbschnitt mit einer Kreuzschraffur ausgefüllt sind (Abb. 30,5).
Vergleichbare Stücke fanden sich im Brandgrab 9 des Hohmichele, das einen reichen Geschirrsatz an Alb-Hegau- Keramik beinhaltete. Diese Teller und Schalen scheinen beispielhaft für die Stufe Ha C, allerdings liegt die Bestattung stratigraphisch eindeutig über dem Ha D-zeitlichem Wagengrab VI.[15] Gerd Stegmaier konnte 2005 anschaulich belegen, dass die Bestattung ganz am Anfang der Stufe Ha D liegen muss.[16] Aus einem hallstattzeitlichen Grabhügelfeld in Zainigen (Kr. Reutlingen) wurden ebenfalls spitzbodige Miniaturgefäße geborgen. Aus Mangel an fehlenden Metallbeigaben können die Gräber nur grob in die späte Stufe Ha C/Ha D datiert werden.[17]

Sonderfunde

Tonrädchen aus Grabhügel 3

Unter den Beigaben des Zentralgrabs von Hügel 3 fand sich ein sorgfältig gearbeitetes vierspeichiges Tonrädchen von etwa 8 cm Durchmesser. Die Vorderseite ist glatt verstrichen, die Rückseite weist eine Ansatzstelle auf, an der wohl einst eine achsartige Verlängerung gesessen hat. Die Oberfläche des Rädchens ist stark glänzend, an einigen Stellen rötlich schimmernd. Es könnte sich hier um eine so genannte Glanzengobe handeln.[18]

---

15 Riek 1962, 179.
16 Der Vergleich zwischen Dreieck-Stempelmustern aus Hohmichele Grab IX und der Zentralbestattung aus Hügel 1 von Hohenstein-Oberstetten (Kr. Reutlingen) ergab, dass es sich um ein identisches Stempelwerkzeug handeln muss. Durch die relative Kurzlebigkeit eines solchen Geräts kommt Stegmaier zu dem Schluss, dass beide Gräber relativ zeitnah angelegt worden sein müssen. Durch die Beigabe eines eisernen Griffzungenschwertes kann das Grab aus Hohenstein-Oberstetten in die mittlere Hallstattzeit datiert werden (Stegmaier 2005, 84 f.).
17 Zürn 1957, 7.
18 Hierfür werden feinste Tonpartikel auf das lederharte Objekt aufgetragen. Während des Trocknens ordnen sich die einzelnen Partikel parallel zueinander an und bilden nach dem Brennen eine glänzende Oberfläche.

Tönerne Rädchen der Wasseralfinger Art sind aus mehreren Gräbern, vor allem aus Nordbayern, aber auch aus Böhmen bekannt.[19] Ihre Gestalt ist in allen Fällen sehr ähnlich, sie besitzen einen Durchmesser von etwa 60 mm bis 90 mm und haben einen runden bis viereckigen Querschnitt. An einigen Exemplaren hat sich die zapfenartige Achsverlängerung erhalten, die bei dem aus Wasseralfingen abgebrochen ist. Einige Stücke waren ehemals flächig graphitiert.

Die Bedeutung dieser figürlichen Darstellungen ist nicht eindeutig; so stellte JOSEF SCHRANIL 1928 die These auf, bei den vierspeichigen Rädchen und anderen figürlichen Keramikartefakten aus einem Brandgrab in Böhmen würde es sich um Amulette handeln, die einen religiösen Hintergrund hätten.[20] BJÖRN-UWE ABELS[21] sieht das tönerne Rad aus Grab 54 aus Prächting (Kr. Lichtenfels) als Pars pro toto eines Wagens. Auch den anderen beiden Kleinplastiken aus demselben Grab, einer kleinen Hand und einem dreieckigen Gegenstand spricht er eine symbolische Bedeutung zu;[22] so könnten die gespreizten Finger der Hand möglicherweise darauf hindeuten, dass der Tote geschützt werden sollte.[23] Ein fast gleiches Ensemble wurde 1995 aus einem mächtigen Grabhügel 1 in Kindning-Ilbling (Kr. Eichstätt) geborgen. Es handelt sich um ein vierspeichiges Tonrädchen, eine tönerne Hand und einen schildähnlichen Gegenstand. Das Rädchen scheint hier allerdings nicht den Teil eines Wagens zu symbolisieren, da die mächtige Steinkammer aus Hügel 1 ebenfalls die Reste eines vierrädrigen Wagens barg.[24]

1986 äußerte wiederum ABELS die Vermutung, bei den Keramikgegenständen aus dem Schwertgrab von Prächting könnte sich um Farbstempel handeln, die möglicherweise zur Verzierung von

---

19 *Beilngries (Kr. Eichstätt):* Die Beilngrieser Funde sind allesamt Altfunde bzw. Altgrabungen von TH. THENN, der Fundzusammenhang ist deshalb nicht immer ganz sicher, bei den Grabbauten scheint es sich aber immer um Gräber mit großen Steinpackungen oder Steineinbauten zu handeln (TORBRÜGGE 1965, 22 ff.).
Im Ried Ost Grab 94: Bruchstück, graphitiert, angebliches Brandgrab (ebd. 44 Taf. 14,4).
Im Ried-West Grab 13: Skelettreste auf einem Steinbau, Zugehörigkeit des Rädchens nicht gesichert (ebd. 70 Taf. 45,1).
Im Ried-West Grab 14: Körpergrab in einem „Steinbau aus vier Plattenlagen", ein graphitiertes Keramikrädchen fand sich unter der obersten Steinlage (ebd. 71 Taf. 50 9).
Im Ried-West Grab 75: Brandbestattung in einem „sonderbar geformten" Steinbau, ein graphitiertes Tonrädchen fand sich in der Nähe des Steinbaus, dazu scheinbar Fragmente eines weiteren. (TORBRÜGGE 1965, 84 Taf. 45,8).
Unbekannte Fundstelle: Tonrädchen mit zapfenförmiger Achse (ebd. 106 Taf. 64,27).
Kinding Ilbling (Kr. Eichstätt): Hier wurde aus dem Grabhügel 1, einem reich ausgestatteten Wagengrab, ein Ensemble aus einem Tonrädchen von 8,5 cm Dm., einer kleinen tönernen Hand und einem blatt- oder schildförmigen Gegenstand geborgen. Am Rädchen ist ein achsförmiger Fortsatz erhalten. Der Grabhügel, in dem die Holzkammer mit einer massiven Steinpackung abgedeckt war, gehört mit einem Durchmesser von 36 m zu den größten Tumuli im nördlichen Oberbayern (MAIXNER et al. 1995, 67 f.).
Neuhaus (Kr. Eichstätt): Altgegrabenes Körpergrab, wohl unter einem verschliffenen Hügel. Neben verschiedenen Gefäßen und zwei eisernen Trensen fand sich ein Tonrädchen (TORBRÜGGE 1965, 258 Taf. 18,20).
Poděbrady (Böhmen): In einer 1905 ausgegrabenen Grube wurden zwei Brandgräber mit insgesamt 27 Gefäßbeigaben entdeckt, daneben fand sich ein vierspeichiges Tonrädchen. Ein Leichenbrand war in einer Schüssel beigesetzt, der andere als Knochenhäufchen niedergelegt worden. Auf diesem Knochenhaufen lag die Tonplastik, die anstelle einer Nabe eine „kegelförmige Warze" besitzt. Neben dem Rädchen fanden sich weitere figürliche Keramikdarstellungen, darunter ein Dreieck, ebenfalls mit kegelförmigem Mittelpunkt, zwei gezähnte Blätter, eines davon ausgeschnitten, und ein kleiner Schild in Form eines Latène-Schildes (SCHRANIL 1928, 201 Taf. XLI,39).
Prächting, Gde. Ebensfeld, Kr. Lichtenfels: Bei Grab 54 handelt es sich um ein reich mit Metall- und Keramikbeigaben ausgestattetes Hügelgrab. Die gestörte Kammer, die nur wenige Leichenbrandreste barg, war von einer Steinpackung abgedeckt; außerdem war der Hügel von einem Steinkranz eingefasst. Unter dem reichhaltigen Grabinventar befanden sich neben einem eisernen Schwert und einer Fußschale figürliche Keramikgegenstände. Hierbei handelt es sich um eine kleine Hand, einen blattförmigen Gegenstand und ein tönernes vierspeichiges Rädchen von 8,3 cm Dm. mit einer zapfenförmig ausgebildeten Wagenachse. Das Rädchen war unter einer Schüssel deponiert worden. (ETTEL 1996, 241 f.).
20 SCHRANIL 1928, 201 f. Poděbrady (Bez. Nymburk, Tschechien).
21 ABELS 1978a, 204.
22 Ebd. 205.
23 Ders. 1978b, 169.
24 Grabhügel 1 in Kindning-Ilbling (Kr. Eichstätt) (MAIXNER et al. 1995, 68).

Textilien gedient haben.[25] Gegen diese These spricht jedoch der flächige Auftrag von Graphitierung auf einigen Exemplaren; zudem ist die Vorderseite des Wasseralfinger Stücks nicht flach, sondern konvex gewölbt. Würde man es als Farbstempel nutzen, würde nur die Mitte auf dem Stoff abgedruckt werden.[26]

Bemerkenswert ist, dass die Tonrädchen aus Gräbern mit aufwendigen Grabbauten stammen (Hügel 3 aus Wasseralfingen besitzt als einziger der 11 Tumuli einen Kreisgraben).

Die Beilngrieser Exemplare stammen wie oben erwähnt (Anm. 19) aus Altgrabungen, sind aber scheinbar mit Schälchenkopfnadeln vergesellschaftet, die in die Stufe Ha C datiert werden.

Das Ensemble der Tonplastiken aus Poděbrady kann mittels einer eisernen Harfenfibel ebenfalls in die Zeitstufe Ha C datiert werden.[27] Das Tonrädchen aus dem Wasseralfinger Grabhügel 3 ist anhand der Gefäßbeigaben in die Stufe Ha D einzuordnen. Die Datierung dieser Keramikplastiken spricht also dafür, dass auch hier der Formenschatz der Zeitstufen Ha C und Ha D nicht scharf voneinander getrennt werden kann.

Bernsteinperle/Bernsteinamulett

Ein weiteres besonders hervorzuhebendes Fundstück ist die doppelkonische Bernsteinperle aus Hügel 5. Sie stammt aus einem Bereich neben der Grabkammer, einer kleinen Feuerstelle, deren Asche flächig auseinandergefegt war.

Der Durchmesser der Perle oder des Bernsteinrings beträgt 55 mm, die Höhe 23 mm; in seinen Ausmaßen ist das Stück also durchaus mit der Größe eines Hohlwulstrings zu vergleichen.[28] Die Bohrung der annährend runden Perle hat eine Weite von 13 mm. An den Kanten des Bohrlochs finden sich stellenweise unterschiedlich starke Abnutzungsspuren, die darauf schließen lassen, dass das Fundstück als Anhänger oder Amulett an einer Schnur getragen worden ist.

Bernsteinperlen, wenn auch in kleineren Ausführungen, kommen häufig in eisenzeitlichen Gräbern vor und werden dann meist reichen Frauenbestattungen zugeordnet. Eine besondere Form sind die Bernsteinringe, von denen Christa Stahl[29] für ihre Dissertationsschrift eine beträchtliche Anzahl aufnehmen konnte. In vielen Fällen sind diese Ringe mit einem Durchmesser um die 2 cm mit Perlen vergleichbar, oftmals aber setzen sie sich durch einen deutlich größeren Durchmesser von ihnen ab. Ein überdurchschnittlich hohes Vorkommen solch großer Bernsteinringe stammt aus dem Gräberfeld Dürrenberg/Hallein. Die Fundstücke, deren Maße zwischen 2,2 cm bis 9,8 cm Durchmesser liegen, stammen bis auf einige Ausnahmen aus Ha D-zeitlichen Frauenbestattungen. Als Fundlage konnte meist die direkte Nähe zum Hals dokumentiert werden. Ludwig Pauli[30] geht davon aus, dass der Besitz eines so wertvollen Stücks einen gewissen Wohlstand voraussetzt. Er spricht den Bernsteinringen einen unübersehbaren Amulettcharakter zu und weist auf eine Sonderstellung innerhalb dieser Anhängergruppe hin. Im Gegensatz zu anderen Anhängern beschränkt sich das Vorkommen von Bernsteinringen auf die Gräber erwachsener Frauen.[31]

---

25 Abels 1986, 16.
26 Auch Alfred Reichenberger (2000, 52) argumentiert am Beispiel der Prächtinger Funde gegen die „Farbstempel-Hypothese", da ja der Fortsatz an Hand und Dreieck am Rand der Plastiken keinen gleichmäßigen Druck des Stempels zuließen. Auf das Tonrädchen geht er in seiner Arbeit über die bildhaften Darstellungen der Hallstattzeit leider nicht ein.
27 Gedl 2004, 87.
28 Vgl. Baitinger 1999, 64 ff.
29 Stahl 2006.
30 Pauli 1978, 138.
31 Ebd. 139.

Ebenfalls aus einem Grabhügel mit Brandbestattung im Ostalb-Kreis, Gem. Rainau/Dalkingen, stammt ein im Profil dreikantiger Bernsteinring von 3 cm Durchmesser.[32] Er wurde, neben einem Gefäßsatz, zusammen mit einer röhrenförmigen Bernsteinperle gefunden. Die Fundkombination der Perlen und die hohe Form der Kegelhalsgefäße mit verkümmertem Rand scheinen das Grab in die späte Ha Stufe C2 bzw. in die Stufe Ha D1 zu datieren. Desgleichen fanden sich, dem Stück aus Wasseralfingen ähnliche Bernsteinringe, in einem Grab aus Beilngries.[33] Hier ergänzen vier große Exemplare ein Kollier aus über 50 kleinen und länglichen Bernsteinperlen. Zwei Schlangenfibeln mit Bronzescheibe und Fußknopf datieren das Grab in die späte Phase Ha D1.

Im Ha D1-zeitlichen Wagengrab VI vom Hohmichele fand sich ein von der Größe her ähnliches Objekt. Der große Bernsteinring von doppelkonischer Form ist jedoch durch Profilierungen und gleichmäßige Punktreihen verziert. Das Stück lag inmitten eines Bernsteinkolliers aus über 350 Bernsteinperlen neben der Toten.[34]

In welchem Zusammenhang der Befund der großen Holzkohlefläche, in deren Randbereich das Bernsteinamulett gefunden wurde, mit der Zentralbestattung steht, ist nicht eindeutig. Auszuschließen ist wohl, dass das wertvolle Stück ein profaner Verlustfund ist. Vielmehr wird deutlich, dass das Fehlen von Metallbeigaben im Grabhügel kein Beleg dafür ist, dass es sich bei den hier Bestatteten zwangsläufig um eine mittellose Bevölkerungsgruppe handelt.

Die Nachbestattungen aus Hügel 1

Im Hügel 1 konnten eine sichere und eine mögliche Nachbestattung lokalisiert werden.

Im ersten Fall handelt es sich um eine Urnenbestattung, die in den Hügel eingelassen wurde; eine Grabgrube war im Hügelsediment nur zu erahnen. In der Urne fand sich neben dem Leichenbrand ein halbmondförmiges Rasiermesser, das auf den kalzinierten Knochen lag.

Die Urne selbst ist ein bauchiges Großgefäß im Kegelhalsstil mit markantem Schulterumbruch, das nach Ha D zu datieren ist.

Die gleiche Datierung kann für das eiserne Rasiermesser von halbmondförmiger Gestalt angenommen werden, das eine Beisetzung der Nachbestattung in die Späte Stufe Ha C/Ha D vermuten lässt.[35] HERMANN PARZINGER[36] sieht Messer dieser Machart als Leitform für Männerbestattungen der Stufe Ha D1 an. Diese Ansicht wird nicht einstimmig geteilt, da die eisernen Messer auch in Ha C-zeitlichen Gräbern auftreten sind. Nach Durchsicht des Baden-Württembergischen Fundmaterials allerdings sind die entsprechenden Ha C-zeitlichen Bestattungen nicht eindeutig datierbar.[37] Die Doppelbestattung aus Hohenstein-Meidelstetten, Kr. Reutlingen, beispielsweise wird anhand von Großköpfigen Radnägeln in die Stufe Ha C datiert.[38] Die Beigabe von drei bronzenen Amulettanhängern könnte aber auf eine Beisetzung in Ha D hinweisen.[39] Die aufgefundenen Alb-Hegau-Gefäße sind mittels Ritzlinien verziert, was auf eine späte Zeitstellung der Keramik hinweist. Ein weiteres eisernes Rasiermesser aus Ilsfeld, Kr. Heilbronn, wurde zusammen mit einem unverzierten Gefäß und einem eisernen Gürtelhaken aufgefunden.[40] Diese Funde sind heute verschollen, die

---

32 ZÜRN 1987, 113 Taf. 183 A7.
33 Im Ried-Ost, Grab 102, 60. Taf. 20 (TORBRÜGGE 1965, 60 Taf. 20).
34 RIECK 1962, 68.
35 Vgl. DIETRICH 1998, 66.
36 PARZINGER 1986, 233.
37 Als Grundlage lag die umfangreiche Datenbank des DfG-Projekts *Siedlungshierarchien und kulturelle Räume* vor, das in dem DFG-Schwerpunktprogramm *Frühe Zentralisierungs- und Urbanisierungsprozesse* (www.fuerstensitze.de) angesiedelt ist. An dieser Stelle vielen Dank an Dr. OLIVER NAKOINZ (Uni Kiel), der seine Daten zur Verfügung gestellt hat.
38 BAITINGER 1999, 93; ZÜRN 1987, 135.
39 PAULI 1975, 197 ff.
40 BAITINGER 1999, 82; ZÜRN 1987, 84.

Vergesellschaftung mit einem eisernen Gürtelhaken weist aber auf eine Nachbestattung der Latènezeit hin.

Bei Befund 66 aus Hügel 1 handelt es sich unter Umständen ebenfalls um die Reste einer Nachbestattung. Hier wurde ein muldenförmiges Steinpflaster von 1 m x 4 m Länge aufgedeckt (Abb. 6). Zwischen den Steinen fanden sich vereinzelt Scherben, darunter die Fragmente einer Schale mit leicht eingezogenem Rand und eine Randscherbe mit Kammstrichverzierung, die zweifelsfrei in die Spätlatènezeit datiert (Abb. 11,16.17). Daneben wurde eine Rundel aus Sandstein geborgen, deren Funktion unklar ist; es könnte sich beispielsweise um einen kleinen Schleifstein handeln (Abb. 11,18). Ebenso denkbar wäre eine Funktion als Spielstein, Rechenstein oder Geldsubstitut; so zumindest lauten die möglichen Interpretationen für latènezeitliche Keramikrundeln, wie sie in großen Mengen aus zeitgleichen Siedlungen geborgen wurden.[41]

Als Metallbeigaben fanden sich ein etwa 9 cm langes rundgebogenes Stück Bronzedraht und ein stark korrodierter eiserner Gegenstand, bei dem es sich wohl um ein zweigliedriges Kettenteil handelt. In einem 9 cm langen vierkantigen Eisenteil mit Ösen an Anfang und Ende steckt einseitig noch das Teilstück eines rundstabigen Ringes von etwa 4 cm Durchmesser. Die Funktion dieses Gegenstands kann nicht mehr eindeutig bestimmt werden.

Im südwestdeutschen Raum gibt es so gut wie keine spätlatènezeitlichen Bestattungen. Die mutmaßliche Nachbestattung aus Hügel 1 gliedert sich sehr gut in das Bild der jüngerlatènezeitlichen „Möglicherweise-Bestattungen" in Baden-Württemberg ein.[42] Denkbar wären eine Nachbestattung mit Kenotaphcharakter, oder aber die Reste eines bestatteten Leichnams und die Beigaben wurden irgendwann nach der Beisetzung wieder entnommen.

Chronologische Einordnung

Aufgrund fehlender Metallbeigaben in den Wasseralfinger Grabhügeln ist eine chronologische Gliederung schwierig. In den verschiedenen Abhandlungen zeitgleicher Nekropolen stellte sich immer wieder heraus, dass die Alb-Hegau-Keramik nicht ausschließlich Bestattungen der Stufe Ha C zuzuweisen ist. Dennoch soll hier der Versuch unternommen werden, eine zeitliche Abfolge der Bestattungen auf dem ‚Appenwang' herauszustellen.

Wie schon eingangs erwähnt, entspricht das Spektrum der Wasseralfinger Gefäßbeigaben dem der Ost-Alb-Keramik während der Stufe Ha C. Bei genauerer Durchsicht des Materials kristallisieren sich anhand der Verzierungen und der Formen der Gefäße einige Unterschiede heraus, die Hinweise auf ein früheres oder späteres Auftreten geben.

Joseph Keller stellte die Frühzeit, die Blütezeit und die Spätzeit als Entwicklungsphasen der Alb-Hegau-Keramik heraus.[43] Für die frühe Phase stehen schwarze Gefäße mit weißen Inkrustierungen. Polychrom rot/schwarz bzw. rot/Graphit bemalte und Gefäße mit den typischen komplexen Stempelmustern der Alb-Hegau-Keramik siedelte er in der Blütezeit an.[44] Als Flächenfüllung kommen, neben Stempeln und Kerbschnitt, eingeritzte Schraffuren und Gitternetzlinien dazu, die Hartwig Zürn in Form von gefüllten Zwickelbändern als alleiniges Zierelement bereits als eine Weiterentwicklung der Keramik sieht.[45]

Die Gefäßform der Kegelhalsgefäße verändert sich während der Hallstattzeit von bauchig gedrungen bis hin zu einer schlankeren gestreckten Form. Insgesamt bekommen die Gefäße ein flaueres Profil, die Randform verändert sich von klassisch nach außen geknickt hin zu geschwungen.

---

41 Vgl. Wendling 2009, 277 ff. zu den latènezeitlichen Scherbenrundeln vom Breisacher Münsterberg.
42 Vgl. Wieland 1996, 60 ff.
43 Keller 1939.
44 Ebd.
45 Zürn 1957, 7.

Abb. 6: Steinpflaster einer möglichen latènezeitlichen Nachbestattung.

Das Zentralgrab von Hügel 1 mit seinem profilierten Kegelhalsgefäß (Abb. 10,6) und dem rot/schwarz bemalten Kragenrandgefäß (Abb. 10,3) scheint stellvertretend für die Stufe Ha C zu sein. Wegen des großen Zerstörungsgrades der Bestattungen aus Hügel 10 und 11 ist unklar, wie viele der ursprünglichen Beigaben in den Gräbern verblieben sind; die Form der dokumentierten Gefäße weist aber ebenfalls auf eine Niederlegung in der Stufe Ha C hin. Hügel 7 mit seinem Alb-Hegau-Gefäß aus der Blütezeit dieses Stils wäre in die Stufe Ha C2 einzuordnen. Die Gefäße aus den Hügeln 2, 4, 6 und 9 mit kreuzschraffierten hängenden Dreiecken wären chronologisch jünger als die aus Hügel 7 anzusiedeln. Eine Wandscherbe aus dem stark zerstörten Zentralgrab aus Hügel 8 trägt ebenfalls eine solche Kreuzschraffur.

Die Großgefäße aus Hügel 3 mit ihren höheren, schlankeren Formen tendieren stilistisch zu den Hochhalsgefäßen der Phase Ha D. Eine S-förmig geschweifte Schale erinnert in ihrer Form an Schalen mit Standfuß, wie sie für Ha D1–Lt A belegt sind.[46]

Große Bernsteinringe wie derjenige aus Hügel 5 stammen in überwiegender Mehrzahl aus reichen Frauenbestattungen der Stufe Ha D, was einen Anhaltspunkt für den Entstehungszeitraum der Brandfläche in Hügel 5 gibt. Die Form der Gefäße bestätigt das. Das Großgefäß 6 scheint nur noch kegelhalsartig, die hohe Schulter geht profillos in den Hals über, der Rand ist nach außen geschwungen. Diesem Gefäß ganz ähnlich ist die Urne der Ha D-zeitlichen Nachbestattung aus Hügel 1.

Anthropologische Bestimmung der Leichenbrände

Die Leichenbrände wurden entweder als Leichenbrandschüttung, als Knochenlager oder aber in organischen Behältnissen deponiert, wobei sich in keinem Fall ein Behältnis nachweisen ließ. Allein die kalzinierten Knochen der Nachbestattung aus Hügel 1 befanden sich in einer Urne und wiesen quantitativ mit einem Gewicht von 700 g den besten Erhaltungszustand auf, gleichzeitig mit einem Verbrennungsgrad von III–V (um 550–700 °C) die niedrigste Verbrennungstemperatur der Leichenbrände.

---

46 SCHREG, 1998, 148.

Die Leichenbrandgewichte aus den Zentralbestattungen variieren zwischen wenigen Gramm bis hin zu 430 g und weisen einen Verbrennungsgrad von IV–V auf, was einer Temperatur von 650–700 °C bis über 800 °C entspricht.

Der Erhaltungszustand der Leichenbrände war sehr unterschiedlich. So liegt die Variationsbreite zwischen Teilen von bis zu mehreren Zentimetern Größe bis hin zu wenigen Krümeln, was die Aussagemöglichkeiten in den meisten Fällen erheblich einschränkt. Eine wirklich belastbare Geschlechtsdiagnose war in keinem Fall möglich. Da einige Leichenbrände sich durch ihre Grazilität auszeichnen, ergibt sich eine gewisse Tendenz zum weiblichen Pol hin. Außerdem ist die Beisetzung von Kleinkindern auszuschließen.

Die Untersuchung der aus den Hügeln 1–3 und 5–11 geborgenen Leichenbrände wurde von Prof. Dr. J. Wahl (LAD-Baden-Württemberg, Außenstelle Konstanz) vorgenommen; die Ergebnisse sind in Tabelle 1 dargestellt.

Wegen des eher mäßigen Erhaltungszustandes der meisten Leichenbrände sind nur eingeschränkte Aussagen zu treffen. Ein wesentliches Ergebnis der Untersuchungen ist aber, dass Personen aller Al-

Hügel-Nr.	Grab	LB-Gewicht in g	Verbrennungsgrad*	mittl./max. Fragmentgröße in mm	Repräsentativität	Alter	Geschlecht	Besonderheiten
1	Zentralgrab	430	IV–V	um 15 / 37	+++	spätadult	eher weiblich?	–
1	Nachbestattung	700	III–V	10–15 / 34	+++	spätadult	eher männlich?	2 Fraktionen
2	Zentralgrab	250	IV–V	10–15 / 30	+	adult	unbest.	–
3	Zentralgrab	150	IV–V	15–20 / 54	++	matur o.ä.	eher männlich?	–
4	–	–	–	–	–	–	–	LB nicht geborgen
5	Zentralgrab	30	IV–V	5–10 / 28	+	juvenil o.ä.	unbest.	3 Fraktionen
6	Zentralgrab	21	IV–V	um 10 / 24	+	erwachsen	unbest.	2 Fraktionen
7	Zentralgrab	120	IV–V	10–15 / 32	++	erwachsen	unbest.	3 Fraktionen
8	Zentralgrab	2	IV–V	– / 15	+	spätjuv. o.ä.	unbest.	–
9	Zentralgrab	23	IV–V	5–10 / 53	+	inf. II–adult	unbest.	–
10	Zentralgrab	130	IV–V	15–20 / 44	+++	frühadult	unbest.	3 Fraktionen
11	Zentralgrab	0,5	IV–V	5–10 / 15	+	inf. I/II o.ä.	unbest.	–

Tab. 1: Alters und Geschlechtsverteilung Aalen-Wasseralfingen. – Abkürzungen: o.ä. = oder älter; Fraktionen = separat geborgene Verpackungseinheiten (Fundnummern); + = nur einzelne, ++ = wesentliche, +++ = alle Körperregionen vertreten; inf. = infans; juv. = juvenil. * Verbrennungsgrad nach Wahl 1981.

tersstufen, mit Ausnahme von Kleinkindern, bestattet worden sind. Im Grabbau sind keine markanten Unterschiede zu erkennen. Die Toten wurden, egal welchen Alters, scheinbar gleich behandelt.

Zusammenfassung

Auf dem ‚Appenwang' in Aalen-Wasseralfingen wurden während der Stufen C und D der Hallstattzeit elf Grabhügel angelegt. Die Toten wurden nach ihrer Verbrennung in einer hölzernen Grabkammer bestattet. Als Beigaben fanden sich Geschirrsätze, bestehend aus Kegelhals- und kegelhalsartigen Gefäßen, Kragenrandgefäßen, Schüsseln, Schalen und Kleingefäßen. Metallbeigaben konnten in keiner der Grabkammern beobachtet werden. Auch in den wenigen Berichten über die Altgrabungen aus dem 19. Jahrhundert wurde auf das Fehlen von metallenen Trachtbestandteilen hingewiesen.
Lediglich Hügel 1 barg eine Nachbestattung aus der Stufe Ha D und eine mögliche Nachbestattung aus der jüngeren Latènezeit.
Die anthropologische Bestimmung ergab, dass Individuen beider Geschlechter und aller Altersstufen mit Ausnahme von Kindern bestattet worden waren. Als herausragende Funde können die tönerne Plastik eines kleinen Wagenrades und ein Bernsteinamulett sowie das eiserne halbmondförmige Rasiermesser aus der Nachbestattung genannt werden. Die Grabhügelgruppe von Aalen/Wasseralfingen hinterlässt den Eindruck, als wären hier während der entwickelten Stufe Ha C und der frühen Stufe Ha D die Mitglieder einer kleinen ländlichen Gemeinschaft, beispielsweise eines Gehöfts, bestattet worden.

Literaturverzeichnis

Abels 1978a	B.-U. Abels, Vorbericht zu einer Grabung Hallstattzeitlicher Grabhügel in Prächting. Ldkr. Lichtenfels Oberfranken. Arch. Korr. 8, 1978, 203–207.
Abels 1978b	B.-U. Abels, Prächting, Gem. Ebenfels (Ldkr. Lichtenfels). Ausgr. u. Funde in Oberfranken 1, 1978–1979, 167–169.
Abels 1986	B.-U. Abels, Die vorchristlichen Metallzeiten. In: Oberfranken in vor- u. frühgeschichtlicher Zeit (Bamberg 1986) 116.
Baitinger 1999	H. Baitinger, Die Hallstattzeit im Nordosten Baden-Württembergs. Materialh. Arch. Baden-Württemberg 46 (Stuttgart 1999).
Dietrich 1998	H. Dietrich, Die hallstattzeitlichen Grabfunde von Heidenheim-Schnaitheim. Forsch. u. Ber. Vor. u. Frühgesch. Baden-Württemberg 66 (Stuttgart 1998).
Ettel 1996	P. Ettel, Gräberfelder der Hallstattzeit aus Oberfranken. Materialh. Bayer. Vorgesch. A 72 (Kallmünz/Opf. 1996).
Gedl 2004	M. Gedl, Die Fibeln in Polen. PBF 14/10 (Stuttgart 2004).
Hansen 2008	L. Hansen, Die Goldfunde und Trachtbeigaben des Späthallstattzeitlichen Fürstengrabes von Eberdingen Hochdorf (Kr. Ludwigsburg). Universität Kiel 2008 –[online]- http://eldiss.uni-kiel.de/macau/receive/dissertation_diss_00003474.
Keller 1939	J. Keller, Die Alb Hegau Keramik der älteren Eisenzeit. Tübinger Forsch. Arch. u. Kunstgesch. (Reutlingen 1939).
Krausse/Lang 2007	D. Krausse/H. Lang, Die hallstattzeitliche Grabhügelgruppe „Appenwang" in Aalen-Wasseralfingen, Ostalbkreis. Arch. Ausgr. Baden-Württemberg 2007, 54–58.
Krausse et al. 2008	D. Krausse/H. Lang/P. Otte-Scheschkewitz: Fortsetzung der archäologischen Untersuchung der hallstattzeitlichen Grabhügelgruppe „Appenwang" in Aalen-Wasseralfingen, Ostalbkreis. Arch. Ausgr. Baden-Württemberg 2008, 64–67.

Maixner et al. 1995	G. Maixner/M. Schaich/S. Watzlawik, Ausgrabungen am Hallstattzeitlichen Grabhügelfeld zwischen Kinding und Ilbling. Gemeinde Kinding, Landkreis Eichstätt, Oberbayern. Arch. Jahr Bayern 1995, 65–68.
Parzinger 1986	H. Parzinger, Chronologie der Späthallstatt- und Frühlatènezeit in Nordwürttemberg. Fundber. Baden-Württemberg 11, 1986, 231–258.
Pauli 1975	L. Pauli, Keltischer Volksglaube. Amulette und Sonderbestattungen am Dürrenberg bei Hallein und im eisenzeitlichen Mitteleuropa (München 1975).
Pauli 1978	L. Pauli, Der Dürrenberg bei Hallein III. Auswertung der Grabfunde. Münchner Beitr. Ur- u. Frühgesch. 18 (München 1978).
Paulus 1833	Oberleutnant Dürrich/K. E. Paulus, Todtenhügel, Würthemb. Jahrb. Vaterländ. Gesch. 1833, 355–364.
Paulus 1877	E. Paulus, Die Alterthümer in Württemberg (Stuttgart 1877) 90.
Reichenberger 2000	A. Reichenberger, Die figürlichen Darstellungen der Hallstattzeit. Beitr. Vorgesch. Nordostbayern 3 (Fürth 2000).
Rieck 1962	G. Rieck, Der Hohmichele. Ein Fürstengrabhügel der späten Hallstattzeit bei der Heuneburg. Heuneburgstud. 1 = Röm. Germ. Forsch. 25 (Berlin 1962).
Schranil 1928	J. Schranil, Grundriß der slavischen Philologie und Kulturgeschichte. Die Vorgeschichte Böhmens und Mährens (Berlin, Leipzig 1928).
Schreg 1998	R. Schreg, Keramik aus Süd-Westdeutschland. Eine Hilfe zur Beschreibung, Bestimmung und Datierung archäologischer Funde vom Neolithikum bis zur Neuzeit. Lehr- u. Arbeitsmat. Arch. Mittelalter u. Neuzeit 1 (Tübingen 1998).
Stahl 2006	Ch. Stahl, Mitteleuropäische Bernsteinfunde von der frühen Bronze- bis zur Frühlatènezeit. Ihre Verbreitung, Formengebung, Zeitstellung und Herkunft. Würzburger Stud. Sprache u. Kultur 9 (Dettelbach 2006).
Stegmaier 2005	G. Stegmaier, Zur chronologischen Stellung von Brandgrab IX aus dem Hohmichele und zur Datierung stempelverzierter Alb-Hegau-Keramik. Fundber. Baden-Württemberg 28/1, 2005, 81–92.
Torbrügge 1965	W. Torbrügge, Die Hallstattzeit in der Oberpfalz. II: die Funde und Fundplätze in der Gem. Beilngries. Materialh. Bayer. Vorggesch. 20 (Kallmünz/Opf. 1965).
Wahl 1981	J. Wahl, Beobachtungen zur Verbrennung menschlicher Leichname. Arch. Korrbl. 11, 1981, 271–279.
Wendling 2009	H. Wendling, Zur Funktion Latènezeitlicher Scherbenrundel. Stud. Kulturgesch. Oberösterreich 22, 2009, 277–293.
Wieland 1996	G. Wieland, Die Spätlatènezeit in Württemberg. Forschungen zur jüngeren Latènekultur zwischen Schwarzwald und Nördlinger Ries. Forsch. u. Ber. Vor- u. Frühgesch. Baden-Württemberg 63 (Stuttgart 1996).
Zürn 1957	H. Zürn, Katalog Zainingen. Ein hallstattzeitlidches Grabhügelfeld. Veröff. Staatl. Amt Denkmalpfl. Stuttgart A 4 (Stuttgart 1957).
Zürn 1987	H. Zürn, Hallstattzeitliche Grabfunde in Württemberg und Hohenzollern. Forsch. u. Ber. Vor. u. Frühgesch. Baden-Württemberg 25/1 u. 2 (Stuttgart 1987).

Katalog

Abkürzungen

Ad.	adult	Inv.	Inventarnummer	rest.	restauriert
B	Breite	L	Länge	RS	Randscherbe
BS	Bodenscherbe	Ofl.	Oberfläche	Vg.[49]	Verbrennungsgrad
Dm.	Durchmesser	RDm.	Randdurchmesser	WS	Wandscherbe
H	Höhe	Rep.[48]	Representativität	*	nicht abgebildet

Hügel 1

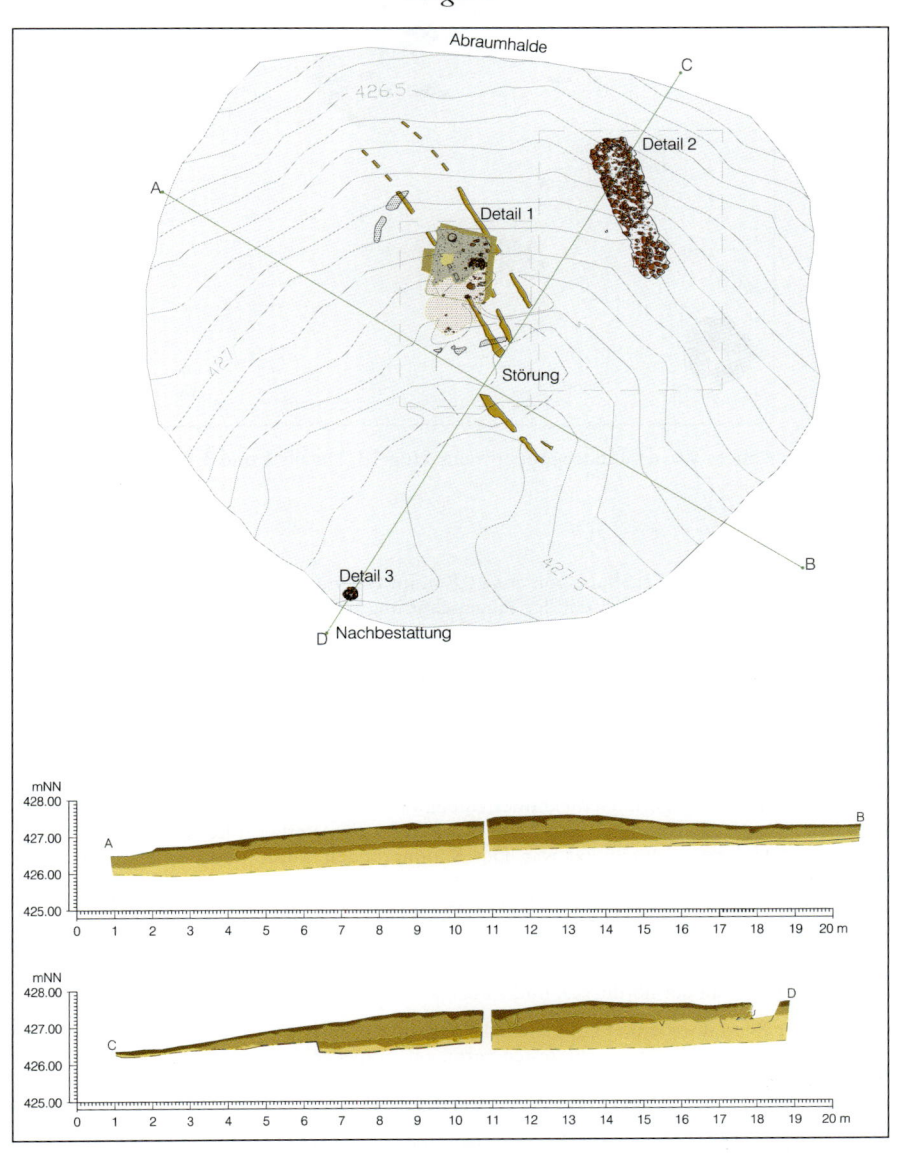

Abb. 7: Wasseralfingen-Appenwang. Hügel 1, Gesamtansicht. M 1:200. Genordet.

---

[48] Repräsentativitätonsstufen siehe Tab. 1.
[49] Verbrennungsstufen: Wahl 1981.

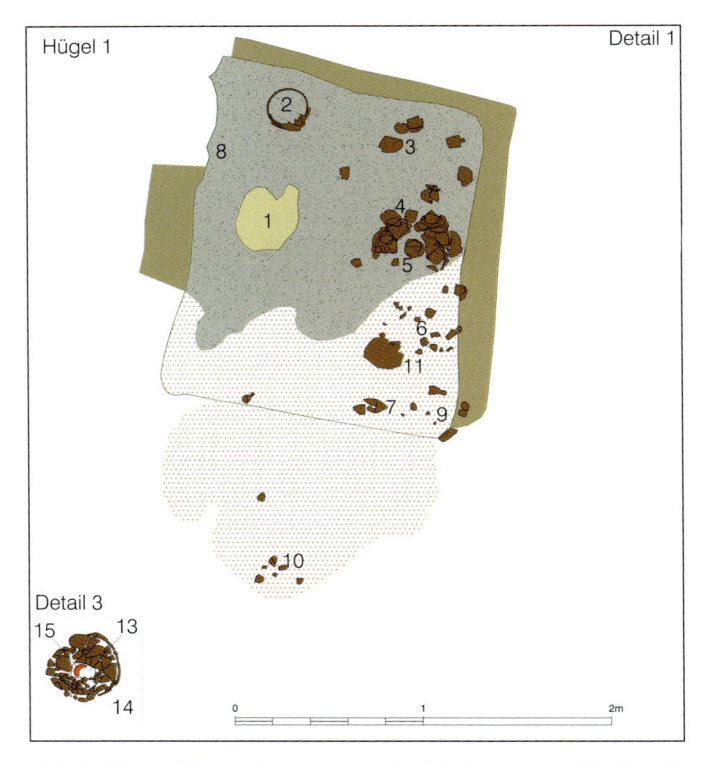

Abb. 8: Wasseralfingen-Appenwang. Hügel 1, Details 1 und 3. M 1:40.

Befund:
Der Hügel war deutlich als eine Erhebung von etwa 0,8 m im Gelände zu erkennen und hatte einen erhaltenen Durchmesser von etwa 17 m. Das Material der Hügelschüttung bestand aus den noch auf der obersten Kuppe des Appenwang anstehenden ‚Goldshöfer Sanden', einem gelben, tonig schluffigen Sediment, das scheinbar in zwei Schichten aufgeschüttet worden war. Etwa mittig waren im Profil ein Suchgraben und der Trichter einer Altgrabung aus den 30er-Jahren des 19. Jhs. zu erkennen. Im N wurde der Hügelrand durch eine Abraumhalde überlagert, außerdem war der Befund von einigen kleinen und zwei großen Bäumen stark durchwurzelt.
Unter der Hügelschüttung lag eine Übergangsschicht zum gelbgrau gefleckten gewachsenen Boden.
Die von der Störung unberührte Zentralbestattung befand sich nördlich der Hügelmitte. Wird der Hügel allerdings um die o. g. Abraumhalde ergänzt, lag die Bestattung etwa in der Hügelmitte. Es handelte sich um eine N/S (22° Abweichung nach O) orientierte Grabkammer, mit einer Länge von 2,40 m und einer Breite von 1,40 m. Im oberen Bereich der Grabstelle hatten sich die Reste einer Holzkammereinfassung als poröses Sediment erhalten, das stellenweise mit Holzkohle durchsetzt war. Der Kammerboden wurde teils durch eine 1–3 cm mächtige Schicht aus Holzkohle, teils durch verziegeltes Material markiert.
Südlich des Befundes schloss sich eine halbrunde stark verziegelte Schicht an, die unter die Holzkohleschicht zog.

Der Leichenbrand war in einem runden Bereich mit ca. 35 cm Durchmesser im NW des Gesamtbefundes auf dem Boden deponiert, ein Behältnis konnte nicht festgestellt werden.
Die Gefäßbeigaben waren an der nördlichen und an der westlichen Kammerwand deponiert.

Etwa 3 m östlich der Zentralbestattung konnte ein 1 x 4 m großes Pflaster aus roten Eisensandsteinen oder auch so genannten Doggersteinen mit Holzkohleresten vermengt, aufgedeckt werden. In diesem Befund fanden sich vereinzelte Keramikscherben, die in die späte Latènezeit datieren. Des Weiteren konnte ein rundelförmiger Stein geborgen werden. Bei diesem Befund könnte es sich um die Reste einer latènezeitlichen Nachbestattung handeln.

Auf der Westseite des Hügels war eine Nachbestattung in Form eine Brandbestattung in die Hügelschüttung eingelassen worden. In einem Kegelhalsgefäß, das als Urne diente, fanden sich Leichenbrand und ein sichelförmiges Eisenmesser. Die Grube reichte bis in den anstehenden Boden. Die Urne wurde im Block geborgen.

Unter dem Grabhügel, auf der eisenzeitlichen Geländeoberfläche, konnten Fahr- oder Pflugspuren beobachtet werden.

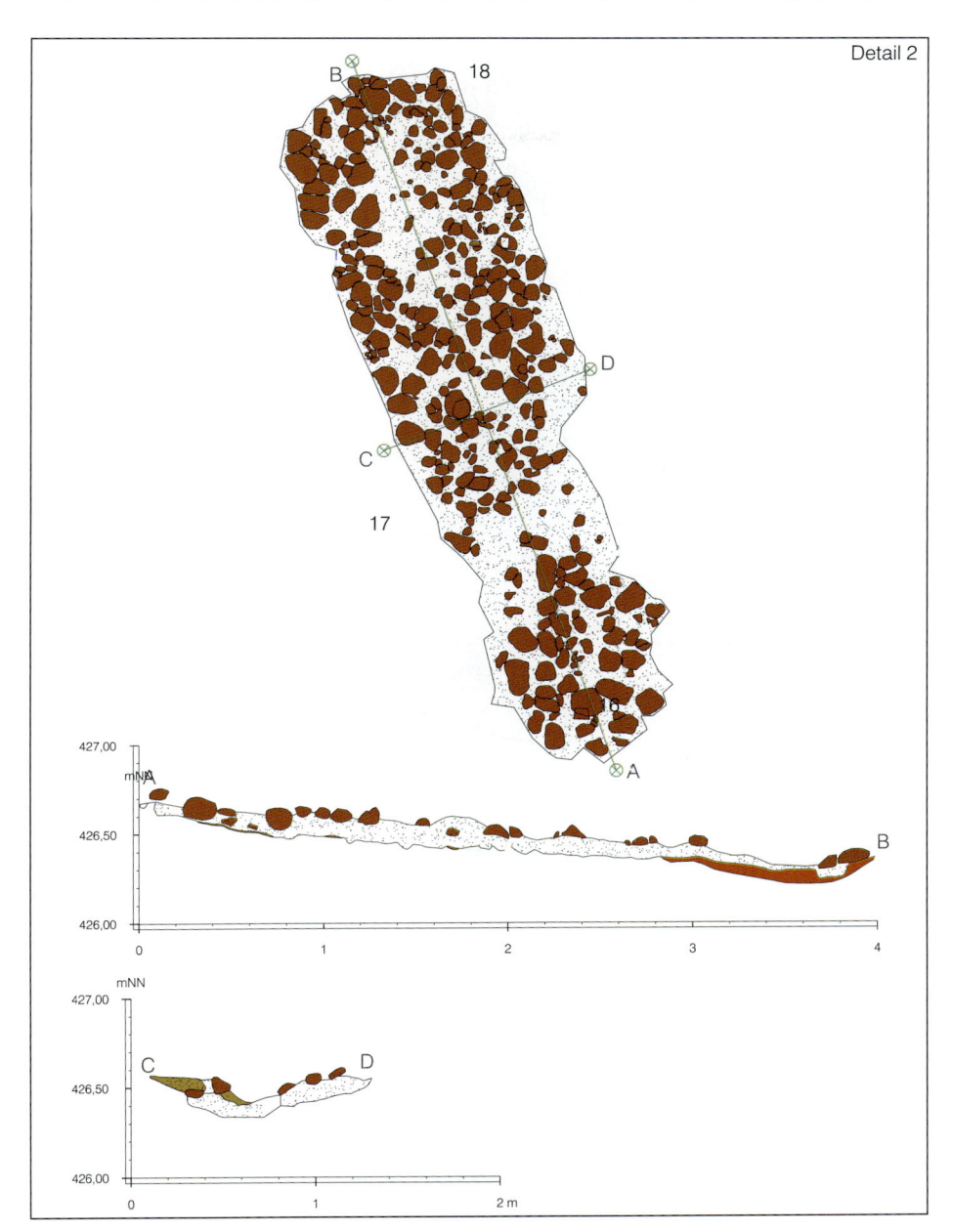

Abb. 9: Wasseralfingen-Appenwang. Hügel 1, Detail 2. M 1:40.

Funde:
Bei den aufgefundenen Beigaben der Zentralbestattung handelt es sich ausschließlich um Keramikgefäße, die nördlich und östlich des Leichenbrandes abgestellt waren. Teilweise waren es ganze Gefäße, die im Verbund vorgefunden und im Block geborgen worden sind, teilweise aber auch nur Teilstücke und einzelne Scherben. Bei manchen Gefäßen lagen die Scherben in unterschiedlichen Teilen der Grabkammer. Die Scherben aus der Zentralbestattung können insgesamt 9 Gefäßen zugeordnet werden.
Im Befund 66, dem länglichen Steinpflaser, fanden sich Fragmente von zwei groben Gefäßen.

1. Leichenbrand, 430 g, Vg. IV–V, Rep. +++, spätadult, eher weibl. Inv. 2007-27-96/4
2. Schüssel mit aufschwingendem Rand und leicht ausladender Randlippe, gerader Boden, RDm.: 20,5 cm, H: 10 cm, Ton schwarz, Ofl. braun. Inv. 2007-27-95/1

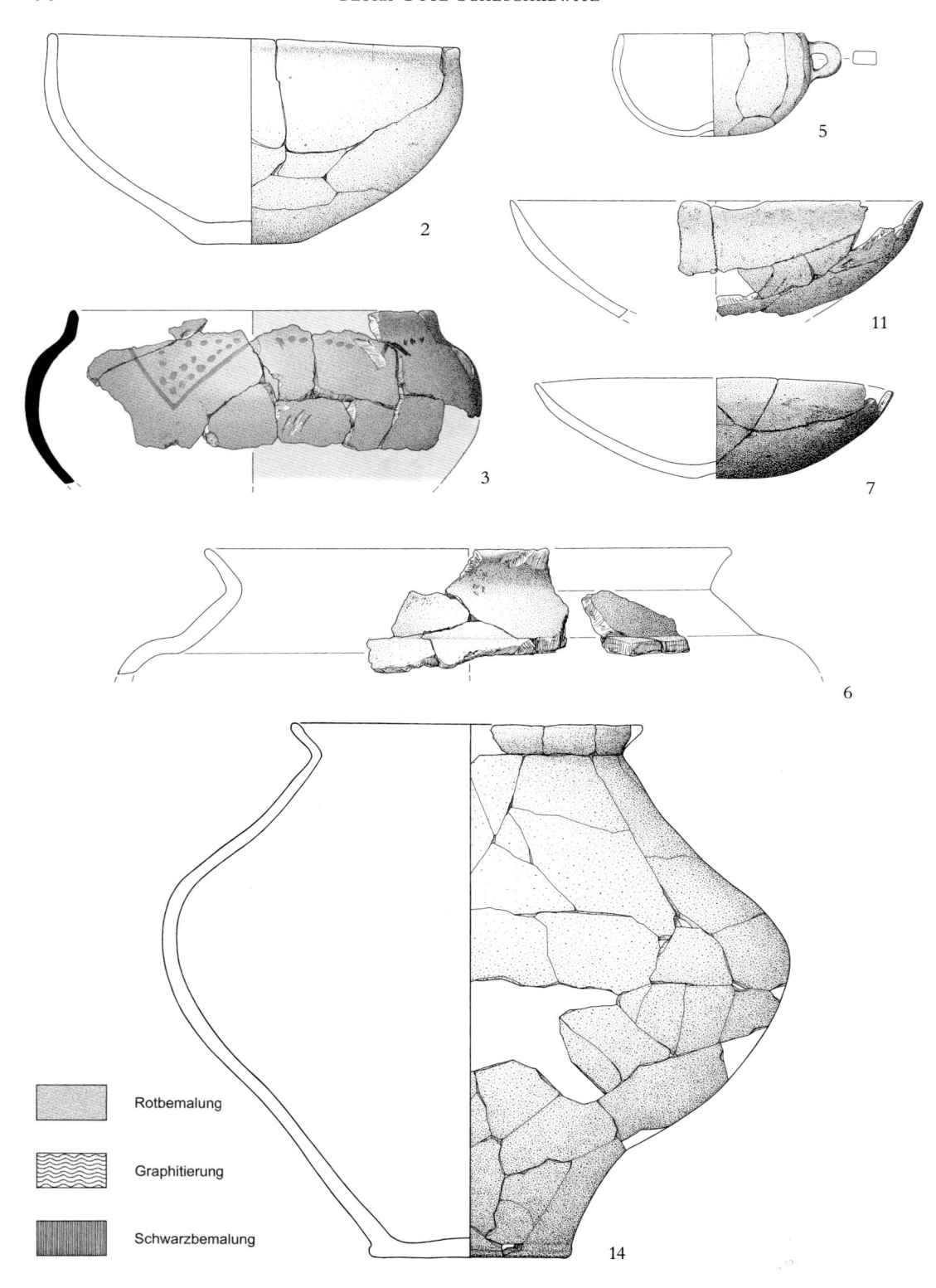

Abb. 10: Wasseralfingen-Appenwang. Hügel 1, Funde. Die Nummern entsprechen denen im Katalog. M 1:3.

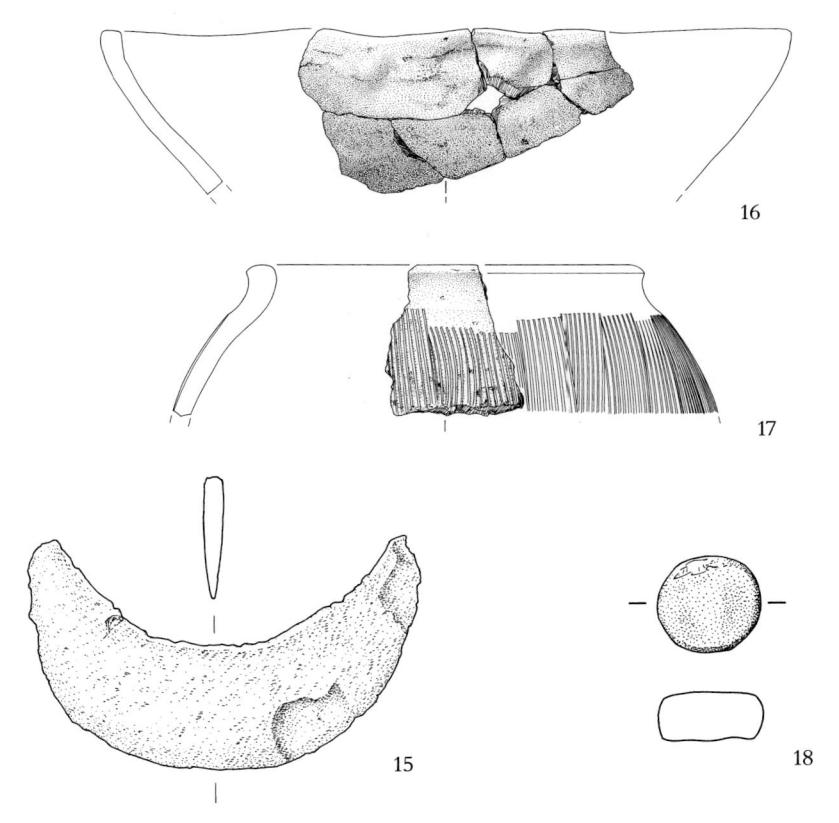

Abb. 11: Wasseralfingen-Appenwang. Hügel 1, Funde. Die Nummern entsprechen denen im Katalog. M 1:3, 15.18 M 2:3.

3. Kragenrandgefäß, obere Gefäßhälfte mit roter Engobe u. schwarzer Bemalung aus hängenden Dreiecken und Punktlinien, sehr schlecht erhalten, RDm.: 190 mm (70°), Ton schwarz, orange gebrannt, grobe Magerung, sek. Brandreste. Inv. 2007-27-94/1
4.* Kegelhalsgefäß, stark profiliert, RDm.: 19,5 cm, Ton schwarz, Ofl. dunkelbraun, Gefäßunterteil mit Schlickrauung. Inv. 2007-27-93
5. Tasse, Henkel unterhalb des Randes, Gefäßboden omphalusartig gewölbt, RDm.: 8,5 cm, H: 5 cm, Ton schwarz, Ofl. dunkelbraun, feine Magerung, in Gefäß 2007-27-93 deponiert. Inv. 2007-27-101/1
6. RS, WS Kegelhalsgefäß, stark profiliert, Ton schwarz, Ofl. dunkelbraun, Gefäßunterteil mit Schlickrauung. Inv. 2007-27-92/1
7. Schale (Teilstück), flach, kalottenförmig, dünnwandig, gerader Rand, eingedrückte Bodendelle, RDm.: 18 cm, Ton schwarz, Ofl. dunkelbraun, feine Magerung. Inv. 2007-27-88/1
8*. BS, eingezogen mit sek. Brandspuren, Ton schwarz, Ofl. orange, grobe Magerung. Inv. 2007-27-103/1
9*. BS Großgefäß, Ton schwarz, Ofl. dunkelbraun, feine Magerung. Inv. 2007-27-89/1
10*. RS Kragengefäß mit Resten roter Engobe, Ton schwarz, orange gebrannt, feine Magerung. Inv. 2007-27-99/1

Im Schüttungsmaterial des Hügels fanden sich das Teilstück einer Schale und die RS eines sehr groben flachen Tellers.

11. Schale (Teilstücke) mit leicht aufschwingendem, verjüngendem Rand, Ton schwarz, Ofl. dunkelbraun, feine Magerung, RDm.:19 cm. Inv. 2007-27-81/1
12*. RS Teller, Ton schwarz, Ofl. orange, Schmauchspuren (nicht eingemessen). Inv. 2007-27-60/1

Nachbestattung

13. Leichenbrand, 700 g, Vg. III–IV, Rep. +++, spätadult, eher männl. Inv. 2007-27-65,78-4
14. Kegelhalsgefäß, flaues Profil, Unterteil stark einziehend, kleiner leicht gewölbter Boden, Ton schwarz, Ofl. dunkelbraun-schwarz, feine Magerung. Inv. 2007-27-78/1
15. Sichelförmiges Messer, Rasiermesser, L: 77 mm, B: 25 mm. Inv. 2007-27-78

Bef. 66 Steinpflaster

16. RS u. WS Schale, leicht einziehender Rand, dickwandig, Ton dunkelbraun, grobe Magerung, RDm.: 180 mm. Inv. 2007-27-61/1
17. RS u. WS Topf, ausladender Rand mit verdickter Randlippe, feines Riefenmuster/Besenstrichzier (vertikal), dickwandig, Ton schwarz, Ofl. orange, grobe Magerung. Inv. 2007-27-62/1
18. Spielstein/Rundel aus Sandstein, Dm.: 21 mm, H: 10 mm. Inv. 2007-27-73/8

Hügel 2

Befund:
Der Grabhügel war mit einer Höhe von einem Meter im Gelände erhalten. Der Durchmesser betrug etwa 20 m, wobei sich nach Norden hin kein definitives Ende erkennen ließ, da der Befund von einem Straßengraben geschnitten wurde. Von SO nach NW verliefen am SW-Rand mögliche moderne Fahrspuren oder eine Erosionsrinne, es könnte sich aber auch um Spuren einer Altgrabung von 1832 handeln.

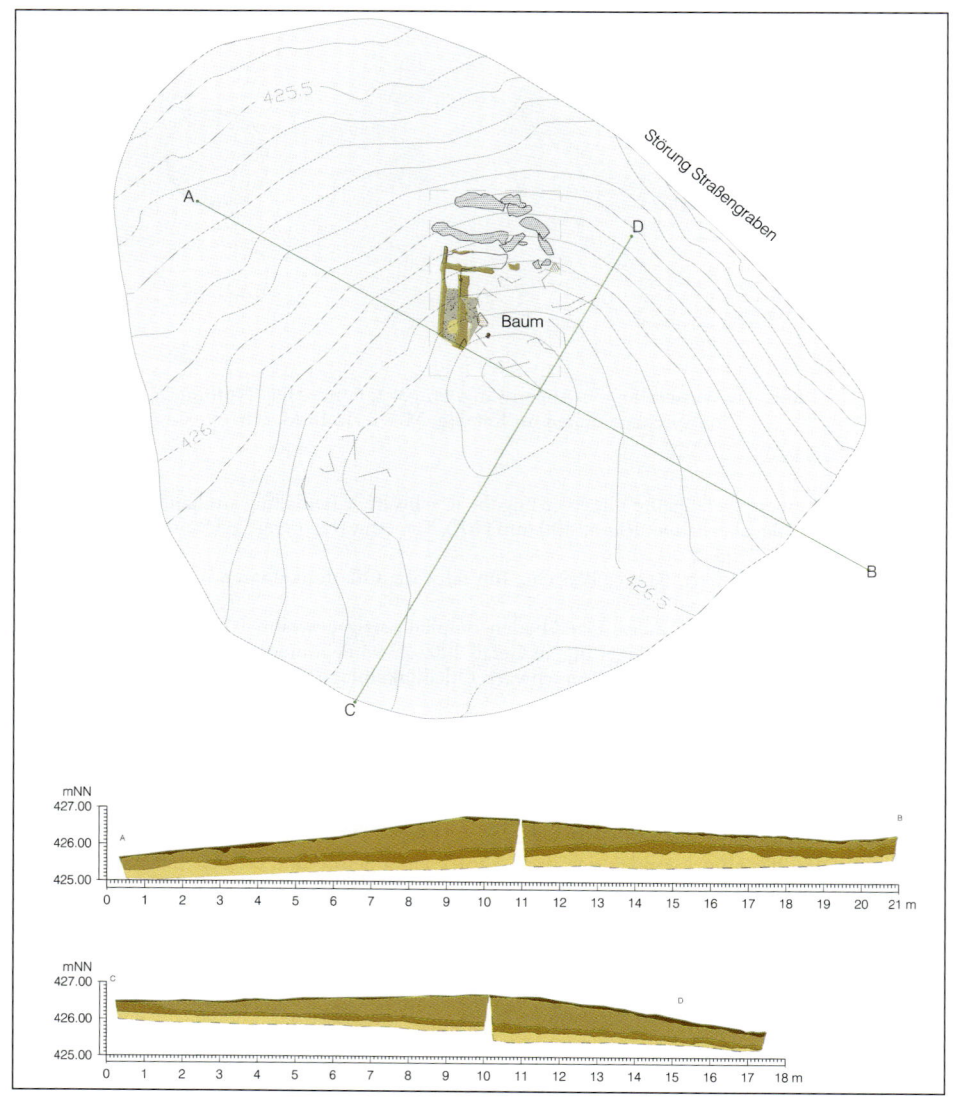

Abb. 12: Wasseralfingen-Appenwang. Hügel 2, Gesamtansicht. M 1:200.

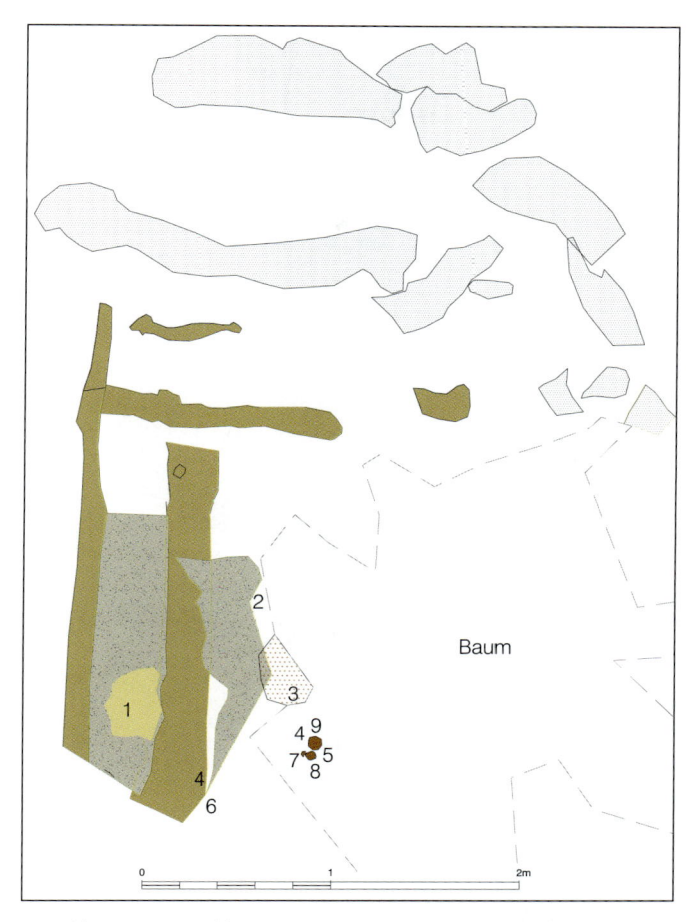

Der hallstattzeitliche Bestattungsplatz von Wasseralfingen-Appenwang 93

Abb. 13: Wasseralfingen-Appenwang. Hügel 2, Detail. M 1:40.

Die Hügelschüttung bestand aus zwei Schichten, von denen die obere aus gelblich-hellbraunem, sandigem Lehm bestand und stark von Baumwurzeln durchzogen war. Die untere Schicht wurde durch ein graues Sediment markiert.
Die Zentralbestattung fand sich etwas nördlich des Hügelzentrums.
Die N/S (3,5° Abweichung nach O) ausgerichtete Grabkammer mit einer nachgewiesenen Länge von 2,30 m und einer Breite von min. 1,40 m schien seinerzeit auf das graue Sediment aufgebaut worden zu sein. Sich in der NW-Ecke überlappende Kammerspuren deuten auf eine Blockbauweise hin. Es konnten etliche verkohlte Reste einer Bretterkonstruktion nachgewiesen werden, die nördlich der Grabkammer lagen. Spuren der Kammerbegrenzung zeichneten sich im Boden als Manganausfällung ab. Der Kammerboden wurde durch eine Holzkohlelage mit darunter liegenden verziegelten Bereichen markiert. Im südöstlichen Bereich wurde der Befund von einer großen Baumwurzel überdeckt.

Funde:
Der Leichenbrand wurde an der westlichen Kammerseite in runder Form ohne Behältnis vorgefunden. An der östlichen Kammerwand waren die Gefäßbeigaben deponiert worden.
Es konnten Scherben von fünf nahezu vollständigen Gefäßen geborgen werden. Diese waren größtenteils stark zerscherbt und lagen durcheinander. Was möglicherweise auf die Einwirkung der Baumwurzel zurückzuführen ist. Wahrscheinlicher ist aber auch ein achtloser Umgang mit der Keramik während der Altgrabungen. Es handelt sich dabei um zwei stark profilierte Kegelhalsgefäße, eine Tasse und zwei Schüsseln von denen eine sekundäre Brandspuren aufwies.
Des Weiteren fanden sich RS und WS von mindestens drei verschiedenen Schalen aus sehr hart gebranntem Ton.

1. Leichenbrand, 250 g, Rep. +, adult. Inv. 2007-27-104/4
2. Schüssel (zeichn. reko.), geschweift, nach außen knickender, verjüngender Rand, Boden gewölbt, umlaufend gestempeltes Kreisaugenmuser auf Rand u. auf der Innenwand um den Gefäßboden herum, Reste von In-

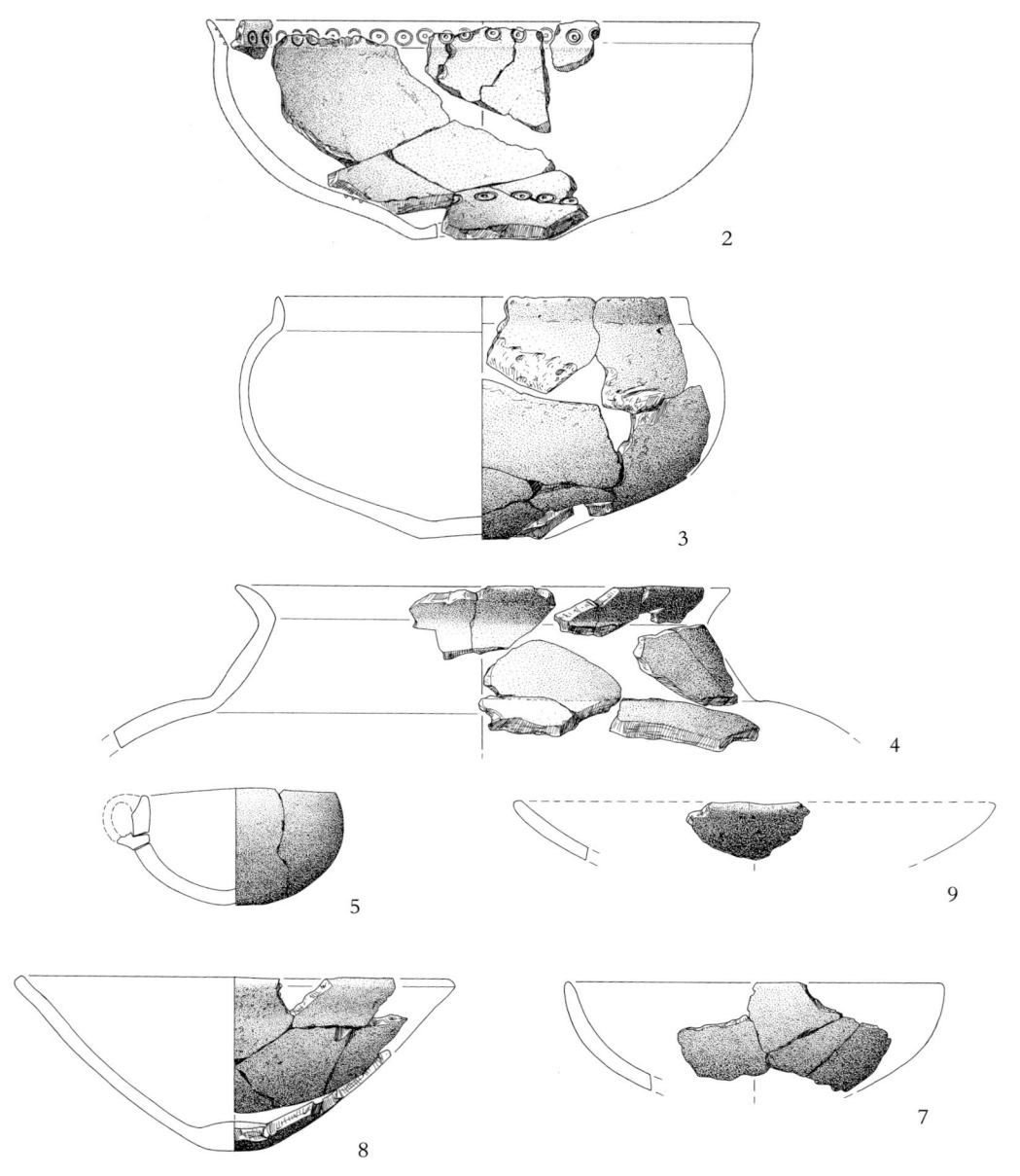

Abb. 14: Wasseralfingen-Appenwang. Hügel 2, Funde.
Die Nummern entsprechen denen im Katalog. M 1:3.

krustierunen haben sich in den Eindrücken erhalten. RDm.: 22 cm H: 8,5 cm, Ton schwarz, Ofl. braun. Inv. 2007-27-86/1

3. Kragenrandschale (zeichn. reko.), steiler Rand, RDm.: 18 cm (50°), Ton schwarz, Ofl. orange, sek. Brandspuren. Inv. 2007-27-157/1
4. Kegelhalsgefäß, stark profiliert, rote Engobe (stark zerscherbt), Ton schwarz, Ofl. orange. Inv. 2007-27-108,146/1
5. Tasse, runder Boden, kl. Bodendelle, Henkel ehem. an Rand befestigt und in Tassenwand „verzapft", RDm.: 80 cm, H: 4,7 cm, Ton schwarz, Ofl. dunkelbraun, leicht geraut, in Gefäß 2007-27-108,146. Inv. 2007-27-145/1
6. Kegelhalsgefäß, stark profiliert, auf Schulter Ritzmuster mit kreuzschraffierten hängenden Dreiecken u. diagonalen Doppelriefen, Gefäßunterteil mit Schlickrauung, RDm.: 22 cm (40°), Ton schwarz, Ofl. dunkelbraun-orange. Inv. 2007-27-86,108/1

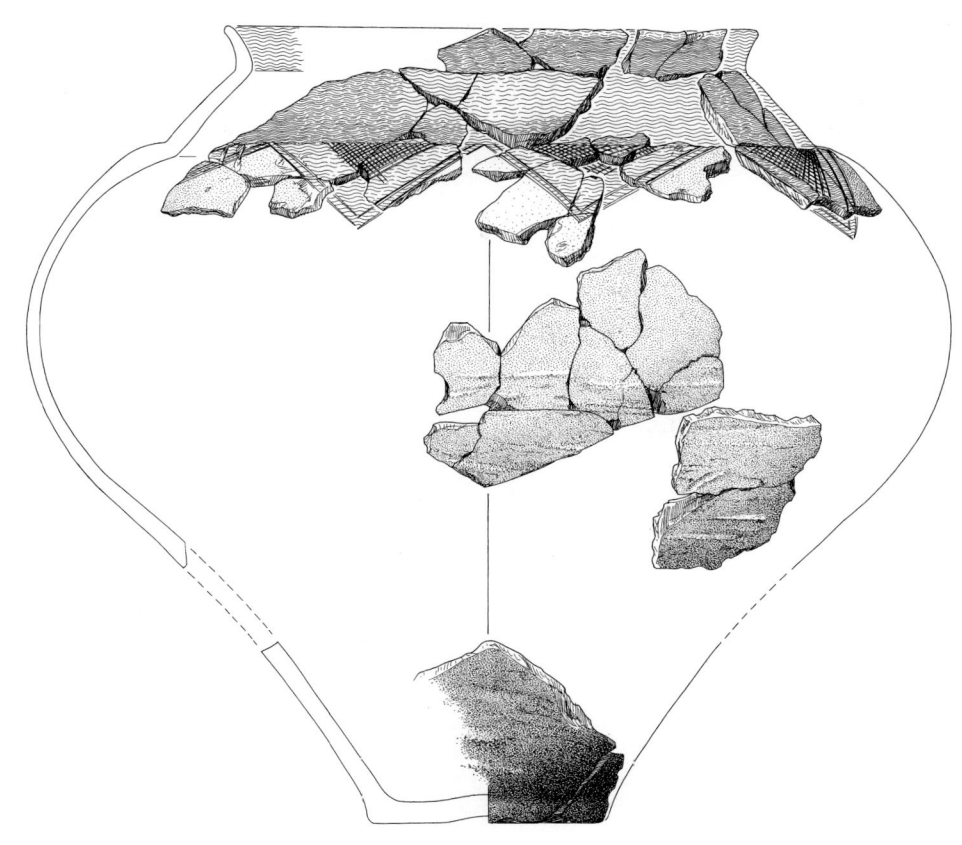

Abb. 15: Wasseralfingen-Appenwang. Hügel 2, Katalognummer 6.

7. RS, WS Schale, geschweift, gerader Rand, Ton grau, hart gebrannt. Inv. 2007-27-146/1
8. RS, WS Schale, nahezu konische Form, gerader Rand, kleiner gerader Gefäßboden, Innenseite gewölbt, Ton grau, hart gebrannt. Inv. 2007-27-146/1
9. RS, WS Schale, flach, Ton schwarz, Ofl. dunkelbraun. Inv. 2007-27-146/1

Hügel 3

Befund:
Der Grabhügel hatte einen Durchmesser von etwa 20 m und war mit einer Höhe von etwa 1,20 m im Gelände deutlich sichtbar. Er war unter der Hügelschüttung von einem schmalen Kreisgräbchen von 10–20 cm Breite, einer Tiefe von 8–16 cm und einem Durchmesser von ca. 11 m umgeben, der wohl auch den eisenzeitlichen Hügeldurchmesser markiert. Das südwestliche Drittel des Hügels war durch die Anlage eines Parkplatzes stark gestört bzw. abgetragen. Am Nordostrand wurde die Hügeloberfläche durch einen modernen Weg beeinträchtigt. Die Hügelschüttung bestand aus einem beige-gelb-braunem Sediment mit teils sandiger, teils lehmiger Konsistenz. Es enthielt kleine Kalksteine und vereinzelt Holzkohle.
Im östlichen Hügelbereich fanden sich auf der eisenzeitlichen Oberfläche Verfärbungen, bei denen es sich um alte Fahr- oder Pflugspuren handeln könnte. Nordöstlich davon lag eine amorphe, annähernd rechteckige Struktur von ca. 2,50 m x 1,20 m und einer Tiefe bis zu 14 cm mit einer flachen, leicht nach Norden geneigten Sohle. An deren Ecken befanden sich zwei Pfostenlöcher. Der Befund lag ohne offensichtliche Überschneidungen innerhalb des Kreisgrabens, wurde aber von einer Schicht überlagert, die zeitgleich mit dem Kreisgraben zu sein schien. Im nördlichen äußeren Bereich der Grabkammer lagen mehrere Streuungen verkohlter Hölzer.
Die N/S (3,5° Abweichung nach O) orientierte Zentralbestattung lag genau im Mittelpunkt des Kreisgrabens und wurde hauptsächlich durch eine Holzkohlelage gekennzeichnet. Der Befund wurde von einer Baumwurzel gestört.

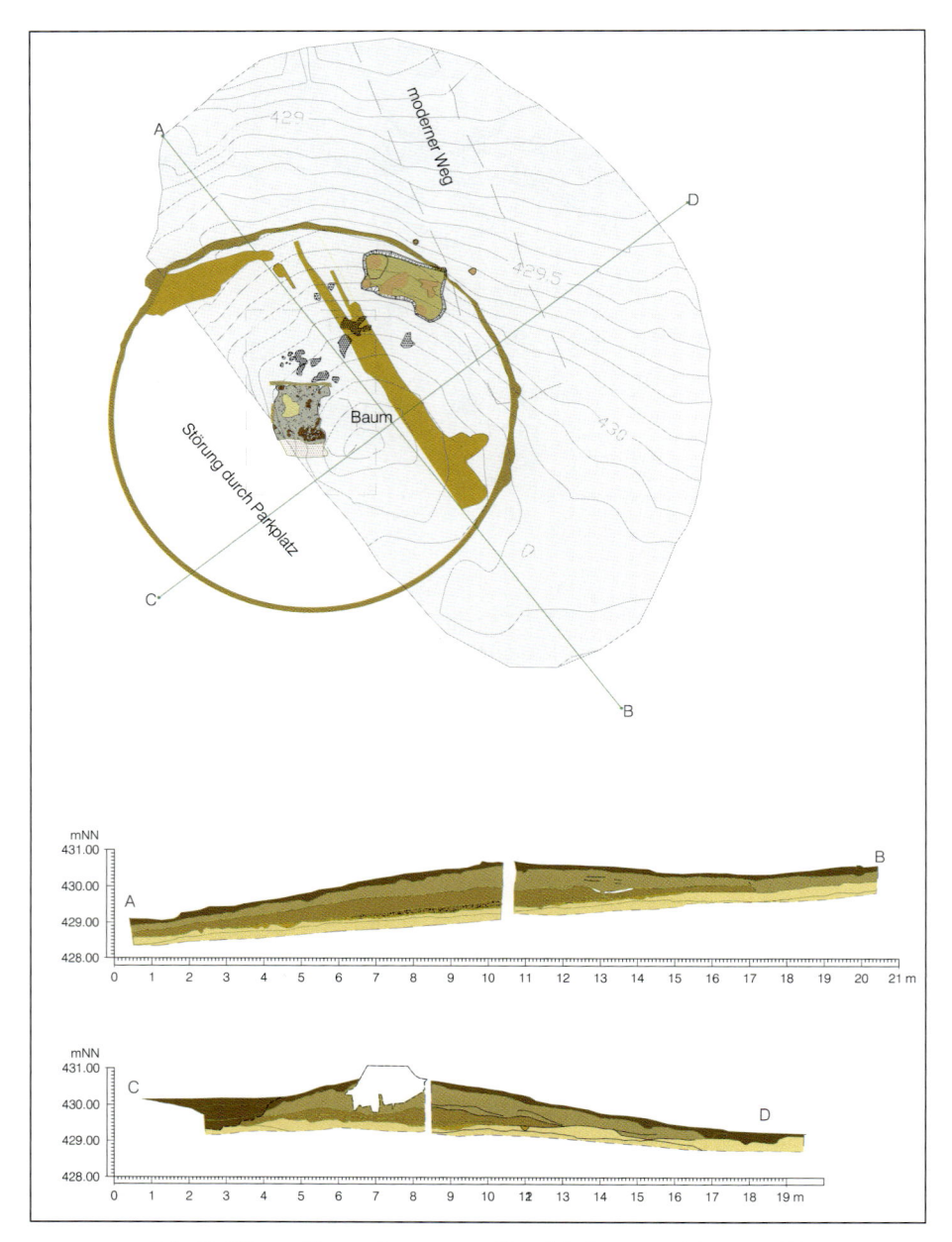

Abb. 16: Wasseralfingen-Appenwang. Hügel 3, Gesamtansicht. M 1:200.

Die Holzkohleschicht schloss im nördlichen Bereich der Kammer rechtwinkelig ab und lief im südlichen Bereich aus. Die gesamte Holzkohlelage lag auf einer bis zu 0,5 cm messenden verziegelten Schicht auf, die in ihrer größten Länge und Breite 1,65 m x 1,40 m maß.

Des Weiteren wurde die Holzkohleschicht nördlich in einer Länge von 1,60 m von einer bis zu 20 cm breiten linearen Struktur begrenzt. Der Befund zeichnete sich durch eine beige-hellbraune Verfärbung gut vom umgebenen Sediment ab. Ebenfalls zu einer vermuteten Kasteneinfassung kann eine etwa 30 cm lange und 10 cm breite Struktur westlich der Holzkohleschicht gezählt werden.

Im nordwestlichen Bereich der Kammer fand sich eine Leichenbrandstreuung. Die Gefäßbeigaben wurden größtenteils an der nördlichen und der östlichen Kammerwand deponiert. Die starke Vermischung der Scherben lässt darauf schließen, dass die Gefäße teilweise ineinander standen.

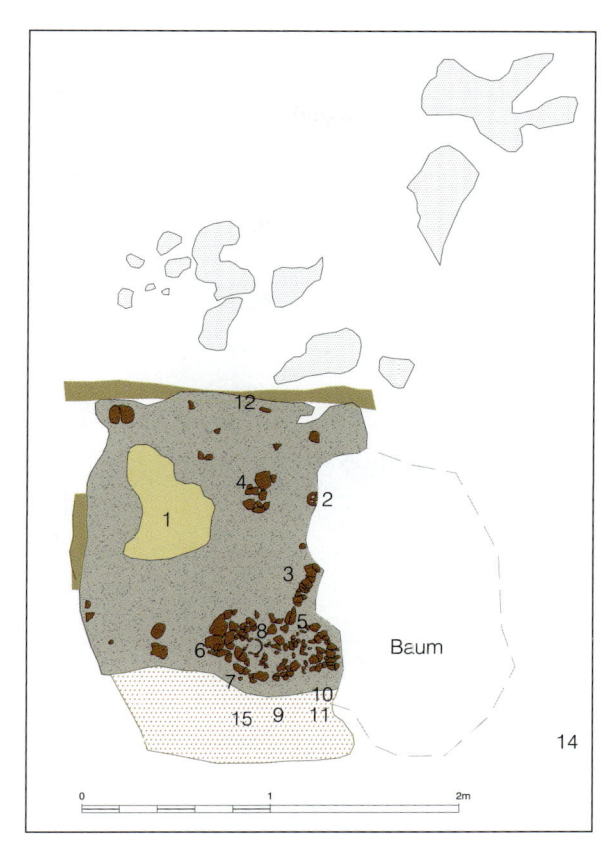

Abb. 17: Wasseralfingen-Appenwang. Hügel 3, Detail. M 1:40.

Als besonders bemerkenswerter Fund kann ein fein gearbeitetes Tonrädchen genannt werden. Die Schauseite ist glatt gearbeitet, die Innenseite dagegen weist eine Bruchstelle auf, an der mit hoher Wahrscheinlichkeit ehemals die Achse saß. Außerdem wurde zwischen den Keramikscherben eine kleine Bohnerzknolle aufgefunden, die evtl. die Funktion eines Spielsteins besaß.
Insgesamt konnten acht nahezu vollständige Keramikgefäße oder aber Teilstücke davon geborgen werden. Darunter befanden sich vier Großgefäße im Kegelhalsstil, ein Kragenrandgefäß, zwei Schalen und eine Tasse. Neben diesen Funden konnte noch eine Anzahl unbestimmbarer Keramikfragmente, teilweise mit sekundären Brandspuren aufgelesen werden.

Funde:
1. Leichenbrand, 150 g, Vg.: IV–V, Rep. ++, matur o.ä., eher männl. Inv. 2007-27-153/4
2. Tonrädchen mit vier Speichen, Reste von roter Farbe, an Rückseite Ansatzstelle für Achse o.ä., Dm.: 77–79 mm, Stärke 13,2 mm, Ton braun. Inv. 2007-27-151/1
3. WS, RS Tasse mit Henkel (zeichn. reko.), s-förmig geschweift, kleiner Boden, Ton grau, hart gebrannt, Ofl. beige-braun, Schmauchspuren. Inv. 2007-27-148/1
4. Schale (Teilstücke), S-förmig geschweift mit nach außen knickendem Rand, eingedrückte Bodendelle, RDm.: 21 cm, H: 52 mm, Ton grau, grobe Magerung, Ofl. braun. Inv. 2007-27-152/1
5. Kegelhalsgefäß (stark fragmentiert), Gefäßoberteil mit roter Engobe, Ton schwarz, Ofl. orange, Gefäßunterteil mit Oberflächenrauung. Inv. 2007-27-148,149/1
6. Kragenrandgefäß (stark fragmentiert), leicht abgesetzter Hals, steiler Rand, Ton schwarz, Ofl. orange-braun. Inv. 2007-27-150/1
7. Schale (Teilstück), kalottenförmig, leicht ausladender, verjüngender Rand, eingedrückte Bodendelle, RDm.: 16 cm, H: 5,3 cm, Ton schwarz, Ofl. dunkelbraun. Inv. 2007-27-150/1
8. Tasse mit Henkel, setzt am Rand an, s-förmig geschweift, Boden gewölbt, RDm.: 85 mm, H: 55 mm, Ton schwarz, Ofl. braun, in Gefäß 2007-27-150. Inv. 2007-27-154/1
9. Kegelhalsgefäß, sehr flaues Profil, gestreckte Halsform, Rdm. 20 cm (70°), Ton hart gebrannt, schwarz, Ofl. hell beige-orange. Schmauchspuren. Inv. 2007-27-139, 140/1

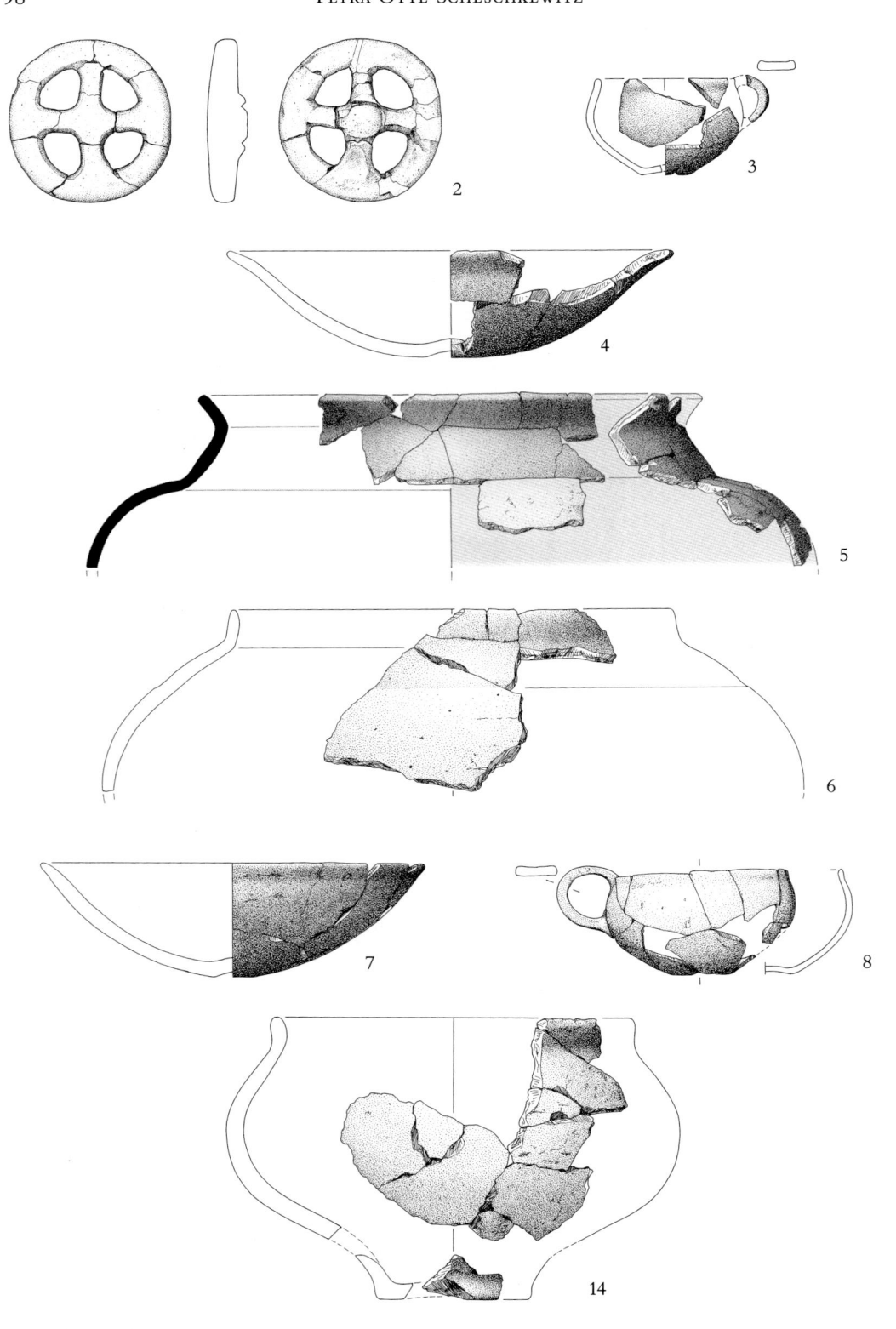

Abb. 18: Wasseralfingen-Appenwang. Hügel 3, Funde. Die Nummern entsprechen denen im Katalog. M 1:3.

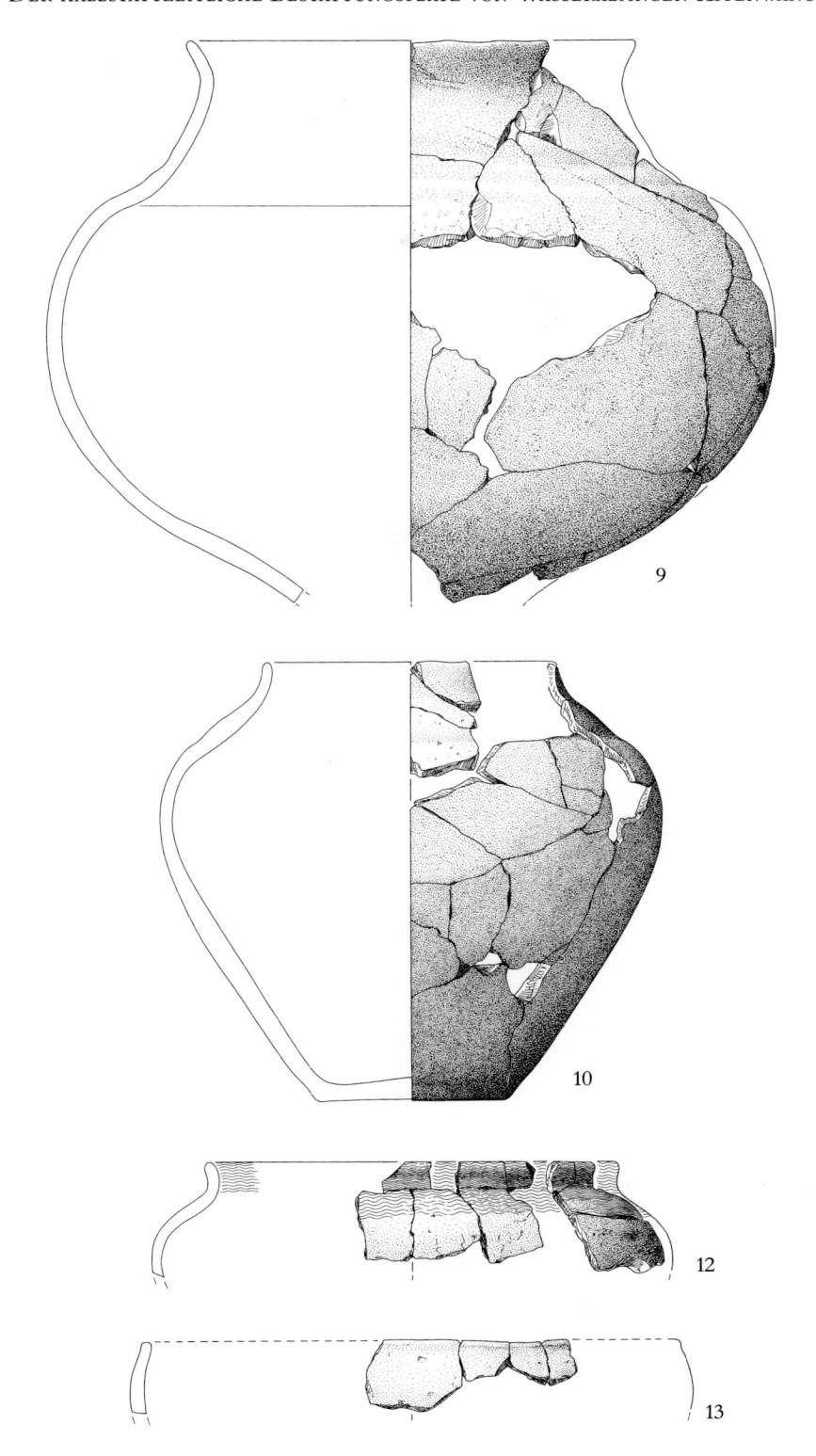

Abb. 19: Wasseralfingen-Appenwang. Hügel 3, Funde. Die Nummern entsprechen denen im Katalog. M 1:3.

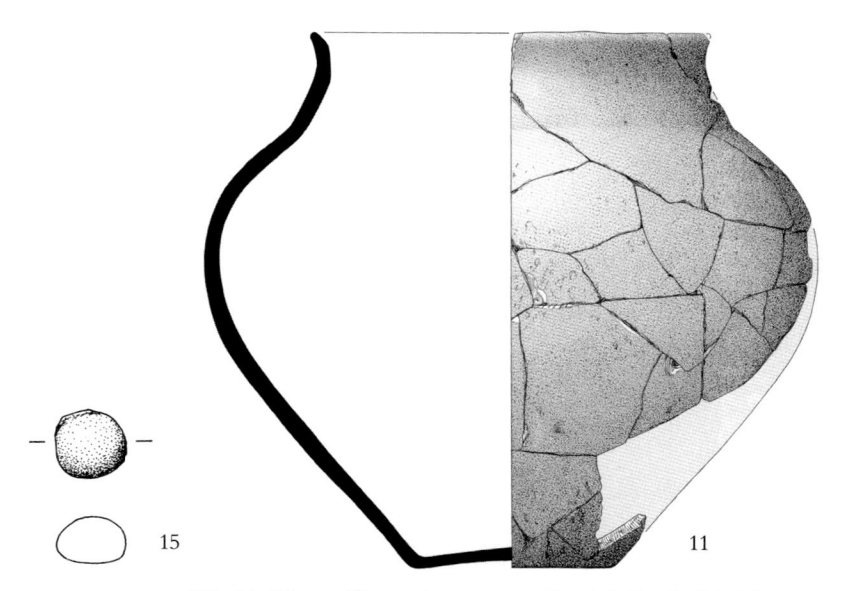

Abb. 20: Wasseralfingen-Appenwang. Hügel 3, Funde. Die Nummern entsprechen denen im Katalog. M 1:3, 15 M 2:3.

10. Kegelhalsartiges Gefäß (zeichn. reko.), klein, flaues Profil, steiler Rand, Ton schwarz, Ofl. hell beige-orange, Schmauchspuren. Inv. 2007-27-143, 147/1
11. Kegelhalsgefäß (zeichn. reko.), flaues Profil, dünnwandig, rote Engobe, sehr porös, Ton schwarz, Ofl. orange. Inv. 2007-27-142/1
12. WS, RS Kragenrandgefäß, Reste von Graphitierung am Rand, Ton schwarz, Ofl. orange, dünnwandig. Inv. 2007-27-158/1
13. RS Schüssel, leichte Randlippe, Ton schwarz, Ofl. orange. Inv. 2007-27-136/1
14. Kragenrandgefäß (zeichn. reko.), s-förmig geschweift, Ton schwarz, Ofl. dunkelbraun. Inv. 2007-27-114/1
15. Bohnerzknolle, Spielstein? Fand sich zwischen den Scherben von Gefäß Nr. 9, Dm.: 15 mm, H. 10 mm. Inv. 2007-27-139, 140

Hügel 4

Befund:
Der Grabhügel hatte einen Durchmesser von etwa 20 m und war mit etwa 1,20 m Höhe im Gelände erhalten. An der Westseite des Hügels zeigten sich moderne Störungen in Form von zwei Fahr- oder Erosionsrinnen die sich im Grabungsbefund fortsetzten. Außerdem waren der Trichter und die Anlage eines von NW heran getriebenen Suchschnittes einer Altgrabung oberflächlich sichtbar.
Die Hügelschüttung war aus mehreren Schichten aufgebaut, von denen die oberste aus gelb-braunem, sandigem Sediment mit humosen Flecken und die beiden unteren aus einem mittelbraunen, lehmig-sandigem Sediment bestanden. Die unterste Schicht war insgesamt etwas dunkler und enthielt kleine Steine.
Das bei Altgrabungen stark beschädigte Zentralgrab lag genau in der Hügelmitte. Die Verfüllung des alten Grabungstrichters war mit Keramikscherben durchsetzt.
Die vier Seiten der annähernd N/S ausgerichteten Grabkammer (11,7° Abweichung nach O) maßen an ihren Außenkanten etwa 2,40 m x 1,85 m und grenzten sich als helle Verfärbungen klar vom umgebenden Material ab. Im Inneren der Kammer konnten weder eine Holzkohlelage noch ein angeziegelter Bereich nachgewiesen werden, aber es konnten Spuren einer Verblattung der Kammerwände gefunden werden. Parallel zur westl. Kammerbegrenzung, etwa in einem Abstand von 34 cm, lag eine weitere Spur, die auf ein liegendes Holz hinwies. Die S/W Ecke des Grabbefundes war vom Trichter zerstört.
Nördlich der Kammer fanden sich die Reste einer Feuerstelle. Es handelte sich um eine unregelmäßige, leicht verziegelte Fläche und Holzkohlenreste. In ihrer größten Ausdehnung maß die Fläche 2,30m.
Unter dem Grabhügel, in der alten Oberfläche, konnten alte Pflug- oder Fahrspuren dokumentiert werden.

Funde:
Aus dem nördlichen ungestörten Bereich der Grabkammer konnten drei komplette Gefäße *en bloc* geborgen werden. Dabei handelt es sich um ein Kegelhalsgefäß, in dem sich eine Tasse befand und um ein Kragenrandgefäß

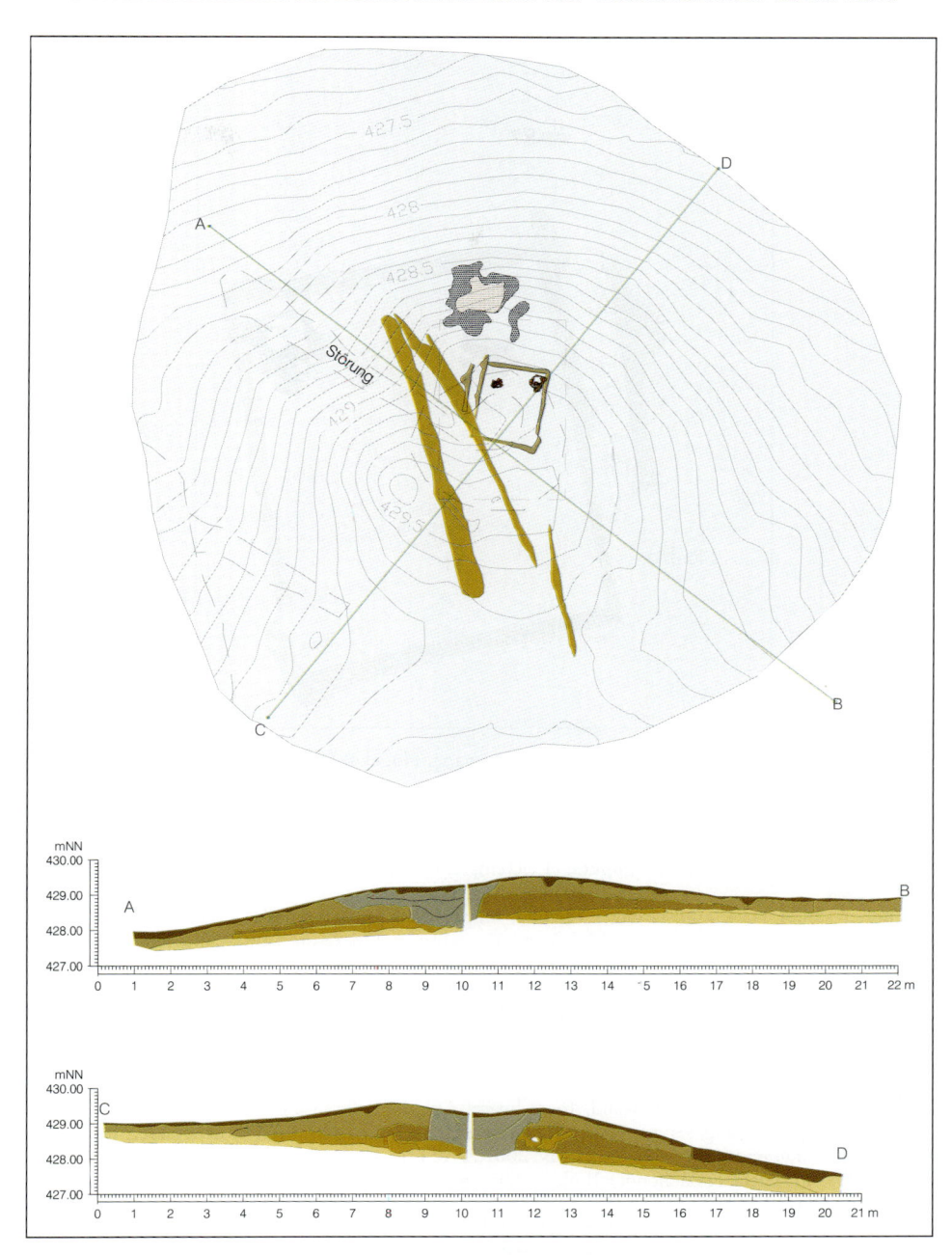

Abb. 21: Wasseralfingen-Appenwang. Hügel 4, Gesamtansicht. M 1:200.

neben dessen südlichem Rand sich wenige Reste des Leichenbrandes fanden. Weitere Scherben von Gefäßen fanden sich in der Verfüllung des Trichters und in den umliegenden Bereichen.
Es handelt sich um die Fragmente von vier Großgefäßen, zwei Schalen und zwei Kleingefäßen. Die Gefäße 5 bis 14 fanden sich eng beieinander gruppiert, mit Ausnahme von Gefäß 12, dieses fand sich 4,20 m östlich des Grabes.

1. Wenige Reste Leichenbrand
2. Kegelhalsgefäß (rest.), rundliche Form, RDm.: 13 cm (150°), H: 18 cm, Ton schwarz, Ofl. orange mit Schmauchspuren. Inv. 2007-27-119/1

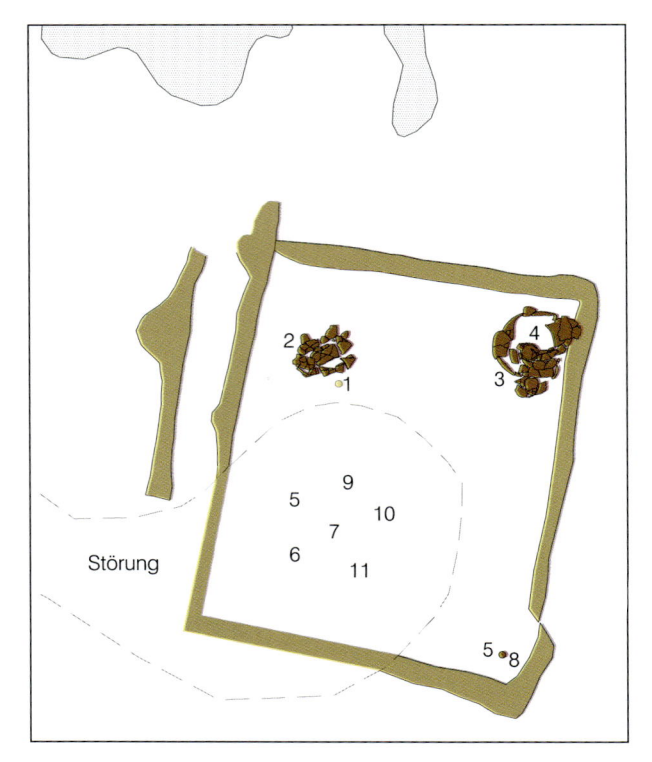

Abb. 22: Wasseralfingen-Appenwang. Hügel 4, Detail. M 1:40.

3. Kegelhalsgefäß (restauriert), Schulter mit drei übereinander liegenden doppellinigen, nach oben offenen Dreiecken verziert, darüber drei bis vier Punkte, H: 30 cm, RDm.: ca. 19,5 cm, Ton schwarz, Ofl. dunkelbraun. Inv. 2007-27-129/1
4. Tasse, hoher steiler Hals, randständiger Henkel, omphalusartige Bodendelle, ritzverziert mit schraffierten hängenden Dreiecken. RDm.: 8,5 cm, H: 5,5 cm, Ton schwarz, Ofl. orange mit Schmauchspuren, in Gefäß 2. Inv. 2007-27-134
5. Kegelhalsgefäß (aus verschiedenen Bereichen, zeichn. reko.), zwei sich kreuzende Zickzackbänder aus Kanneluren auf der Schulter, rote Engobe, Ton schwarz, feine Magerung, Ofl. orange. Inv. 2007-27-124,125,131/1

Material aus Trichter und wenige Scherben in situ:

6. RS Schale mit nach außen knickendem Rand. Inv. 2007-27-121 u. 125/1
7. RS Schale, kalottenförmig, gerader Rand, Ton schwarz, Ofl. dunkelbraun. Inv. 2007-27-125/1
8. WS Kleingefäß (Tasse), abgesetzter Hals, Ritzverzierung aus kreuzschraffierten hängenden Dreiecken, Ton schwarz, Ofl. orange-grau, (evtl in Gef. 5). Inv. 2007-27-124/1
9. Schale, geschweift, leicht einziehender Boden, Randlippe verjüngend, Ton schwarz, hart gebrannt, Ofl. dunkelbraun. Inv. 2007-27-121/1
10. BS Kleingefäß, Kippelboden, Ton schwarz, Ofl. dunkelbraun. Inv. 2007-27-121/1
11. RS,WS Schale (grob), schwach einziehender, gerader Rand, diagonale Kanneluren unterhalb des Randes, Ton schwarz, Ofl. orange, sek. Brandspuren. Inv. 2007-27-102/1

Hügel 5

Befund:
Der Grabhügel hatte einen Durchmesser von etwa 15 m und eine Höhe von etwa 1,35 m. Er wurde sowohl von einem oberflächlich sichtbaren alten Grabungstrichter im Hügelzentrum, als auch von einer modernen Steinschüttung gestört. Die Nordostseite wurde von einem angrenzenden Parkplatz und einem Entwässerungsgraben angeschnitten.

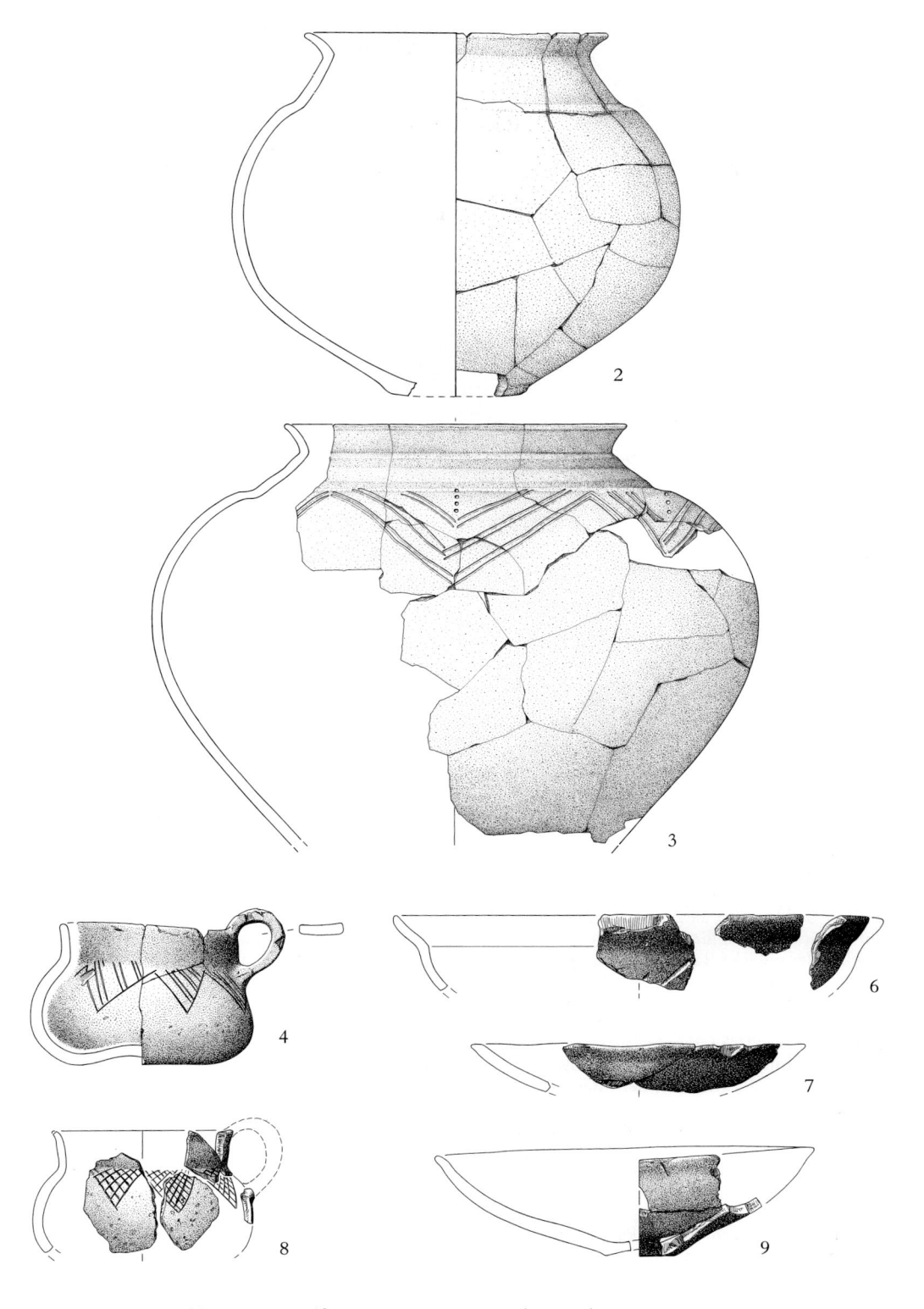

Abb. 23: Wasseralfingen-Appenwang. Hügel 4, Funde. Die Nummern entsprechen denen im Katalog. M 1:3, 3 M 1:4.

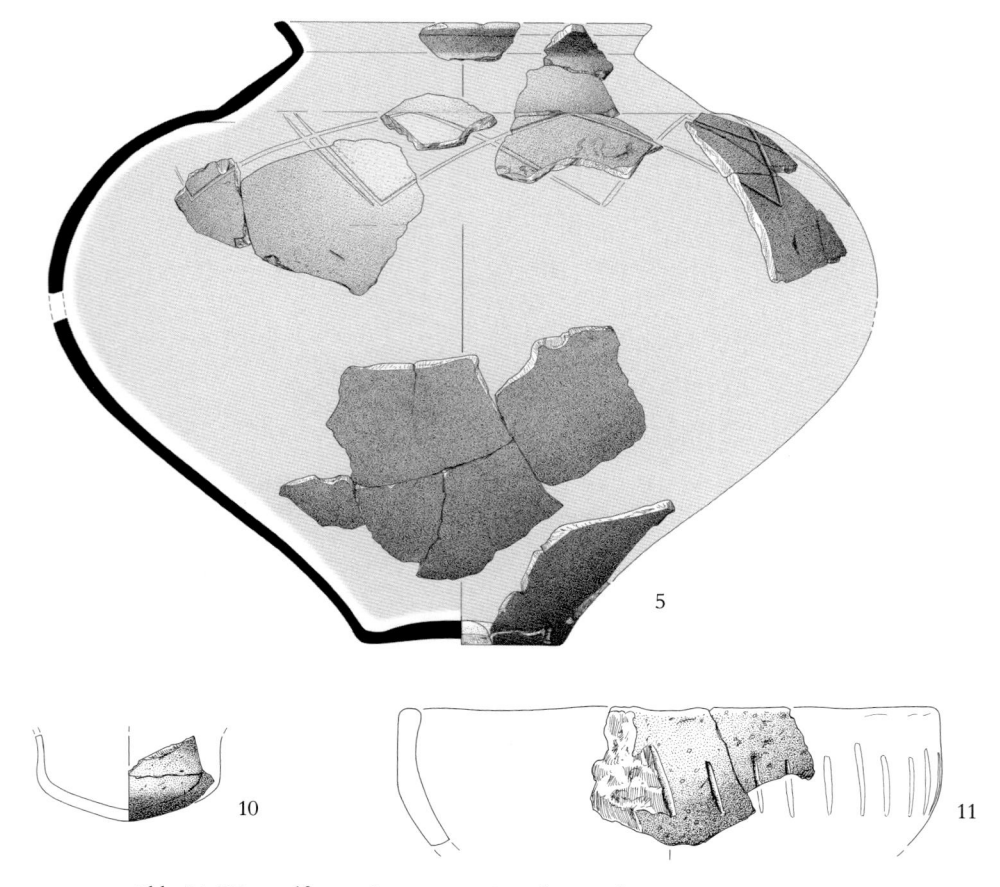

Abb. 24: Wasseralfingen-Appenwang. Hügel 4, Funde. Die Nummern
entsprechen denen im Katalog. M 1:3, 5 M 1:4.

Die Hügelschüttung bestand aus einem oberen gelben schluffigen Sediment, das stark von Baumwurzeln durchzogen war und einem darunter liegenden gelben lehmigen Sediment.
Unter der Hügelschüttung traten viele verkohlte Holzbretter zutage, die der N/S (7,8° Abweichung O) ausgerichteten Grabkammer zugeordnet werden. Diese maß etwa 1,90 m x 1,75 m und zeichnete sich durch eine Holzkohlenschicht vom umliegenden Boden scharf ab. Im Westen und Norden waren Kammerspuren nachweisbar. Lediglich der südliche Rand lief diffus aus. Der Leichenbrand fand sich in der westlichen Kammerhälfte als eine Schüttung von etwa 45 cm im Durchmesser. Die Gefäßbeigaben waren rund um den Leichenbrand und an der Ostseite innerhalb der Kammer gruppiert.
Neben den Resten der Grabkammer konnte eine Holzkohlenfläche von etwa 3 m x 2,5 m dokumentiert werden. Innerhalb dieser Fläche war eine angeziegelte Stelle mit einem Dm. von ca. 30 cm zu beobachten, es fanden sich Keramikbruchstücke und eine große Bernsteinperle oder Amulett. Südwestlich neben dieser Fläche waren einige Gefäße und Gefäßbruchstücke deponiert worden. Südöstlich wurde die Holzkohlekonzentration von mehreren, teilweise winklig angeordneten verkohlten Hölzern begrenzt. Dass es sich um die Überreste einer zweiten Bestattung handelt, kann nicht ausgeschlossen werden, es gibt allerdings auch keine eindeutigen Belege dafür.
In einem Abstand von etwa 6,5 m südlich vom Zentrum des Hügels fanden sich Keramikscherben, die zu einem weiteren Gefäß rekonstruiert werden konnten.

Funde:
Insgesamt konnten zehn Keramikgefäße geborgen werden, die teilweise als Beigaben in der Grabkammer deponiert, teilweise aber auch an der danebenliegenden Holzkohlefläche abgestellt worden waren. Hierbei handelt es sich um zwei Kegelhalsgefäße, zwei Kragenrandgefäße, vier Schalen, zwei Teller und eine große Bernsteinperle. Außerdem wurden auffällig viele Rand- und Wandscherben dokumentiert, die entweder bereits als Fragmente ins Grab gekommen sind oder aber die Gefäße wurden bei Altgrabungen zerstört. Die Lage der Scherben spricht dafür, dass sie zumindest teilweise schon während des Begräbnisses verstreut ins Grab gelangt sind, so fanden

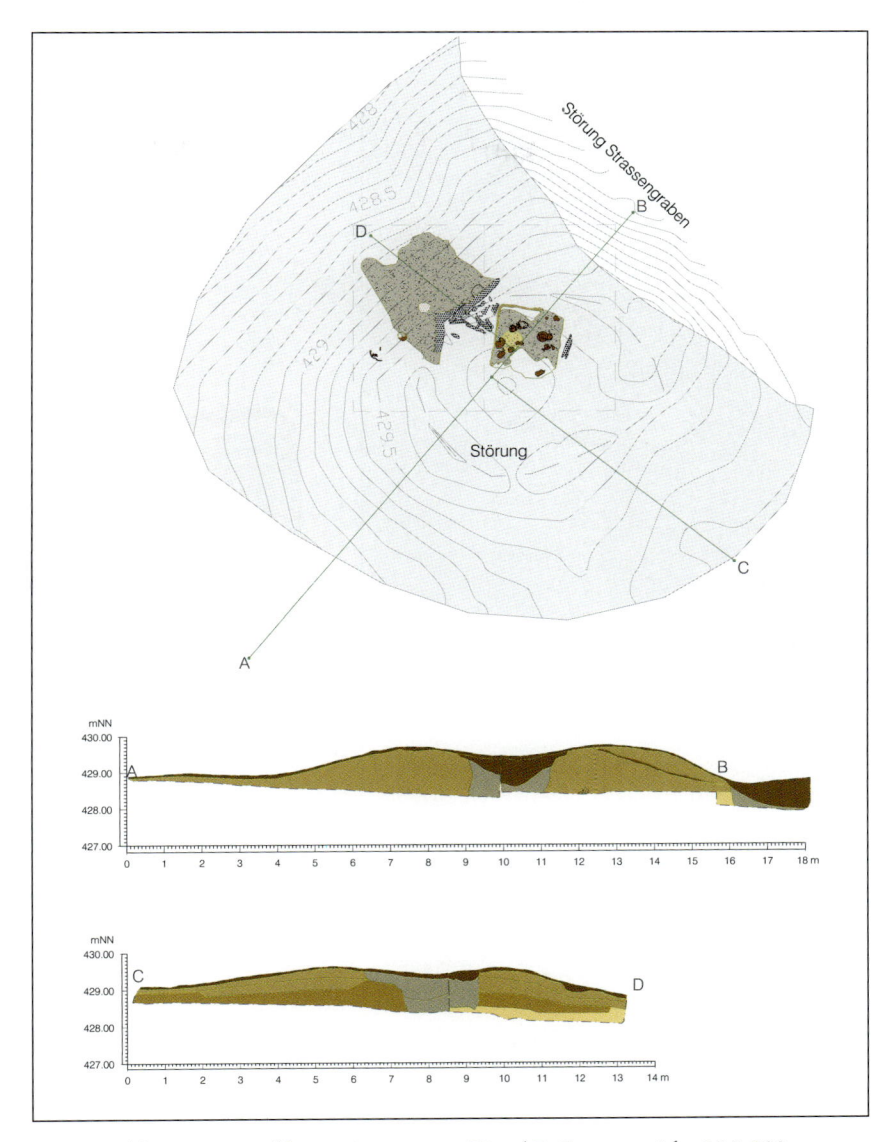

Abb. 25: Wasseralfingen-Appenwang. Hügel 5, Gesamtansicht. M 1:200.

sich Scherben mit gleicher Verzierung im Bereich der Grabkammer und auch in der Nähe der Holzkohlefläche daneben. Um den Leichenbrand herum war eine Anzahl von Einzelscherben gruppiert.
Als Beifunde können unter anderem zwei Bruchstücke retuschierter Silexklingen und eine kleine Bohnerzknolle genannt werden, bei der es sich, der Form nach um einen Spielstein handeln könnte. Der Zusammenhang mit dem getrichterten Grab ist nicht ausgeschlossen, da ein ähnliches Stück im Zentralgrab von Hügel 3 in situ vorgefunden wurde.

1. Leichenbrand; 30 g, Vg. IV–V, Rep. +, juvenil o. ä. Inv. 2007-27-37/4
2. flache Schale, kalottenförmig, gerader Rand, eingedrückte Bodendelle, RDm.: 19,5 cm, H: 3,5 cm, Ton schwarz, feine Magerung, Ofl. braun. Inv. 2007-27-35/1
3. Kegelhalsgefäß (zeichn. reko.), flaues Profil, verzogen, RDm.: 17 cm, Ton schwarz, feine Magerung, Ofl. braun. Inv. 2007-27-33/1
4. gewölbter Teller, nach außen geknickter Rand mit umlaufendem Dreieckmuster u. nach innen gewölbter Boden, RDm.: 260 mm, Ofl. terrakottafarben, im Block verblieben. Inv. 2007-27-34/1

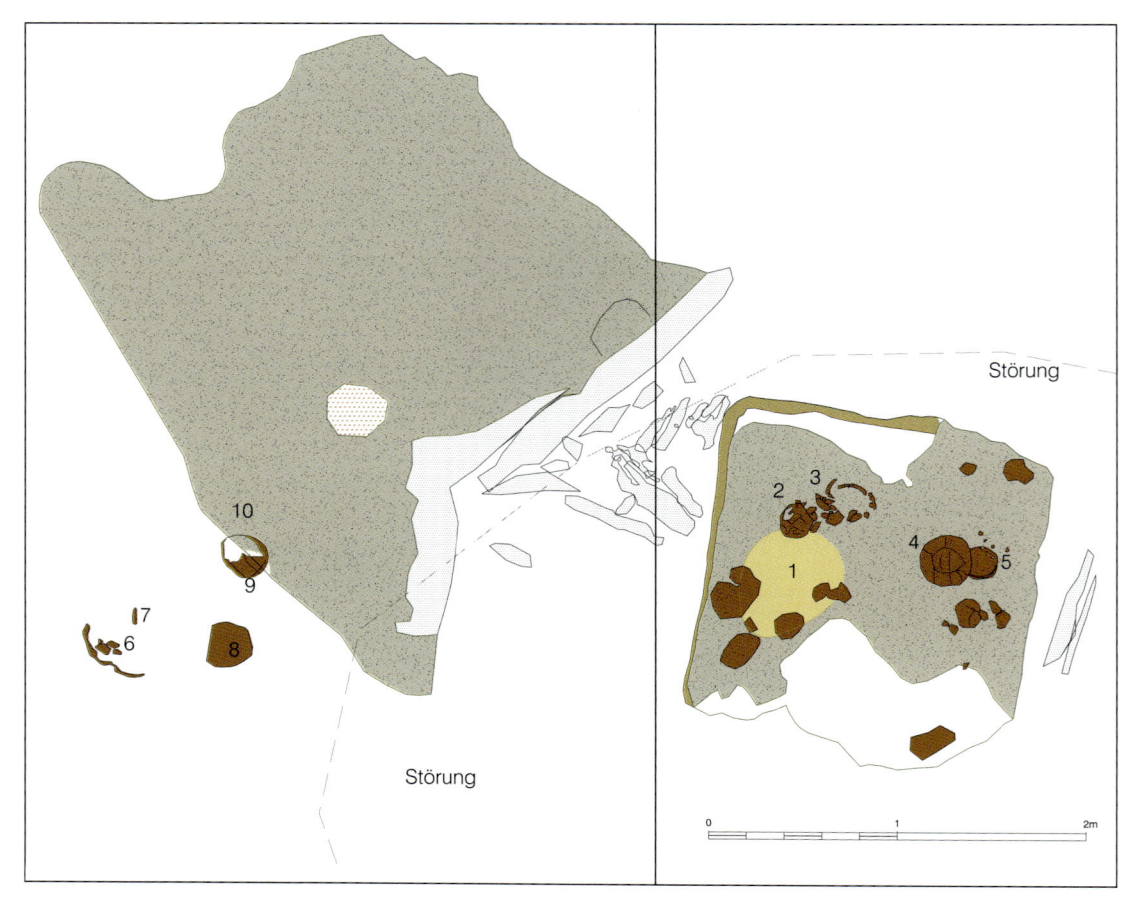

Abb. 26: Wasseralfingen-Appenwang. Hügel 5, Details. M 1:40.

5. Schale, kalottenförmig mit Bodendelle, Dm. 16 cm, Ton schwarz, Ofl. dunkelbraun im Block verblieben. Inv. 2007-27-45/1

Außerdem fanden sich innerhalb der Grabkammer verschiedene einzelne Randscherben.

Funde außerhalb des Grabes:

6*. Kegelhalsartiges Gefäß, flaues Profil, RDm.: 18 cm, H: 30 cm, Ton schwarz, Ofl. dunkelbraun, grob gemagert. Inv. 2007-27-14a/1
7. Schale (teilrestauriert), leicht aufschwingender Rand u. gerader Boden, leichte Randlippe, RDm.: ca. 19 cm, H: ca. 8 cm, Ton schwarz, Ofl. braun, grob gemagert. Inv. 2007-27-14b/1
8. Schale, aufschwingender, gerader Rand mit Randlippe, u. flacher Boden RDm.: 20 cm, H: 9 cm, Ton schwarz, Ofl. rötlich-braun. Inv. 2007-27-21/1
9. Kragenrandgefäß, weiches Profil, leicht eingezogenes Unterteil, gerader Boden, RDm.: 18 cm, H: 20 cm, Ton schwarz, Ofl. dunkelbraun. Inv. 2007-27-10/1
10. Bernsteinperle, doppelkonisch, honigfarben RDm.: 53 mm, H: 23 mm, Dm. Bohrung: 12,5 mm. Inv. 2007-27-22/9
11. Kragenrandgefäß (stark zerscherbt), gerader Boden, RDm.: 180 mm (40°) Ton schwarz, Ofl. orange. Inv. 2007-27-20/1

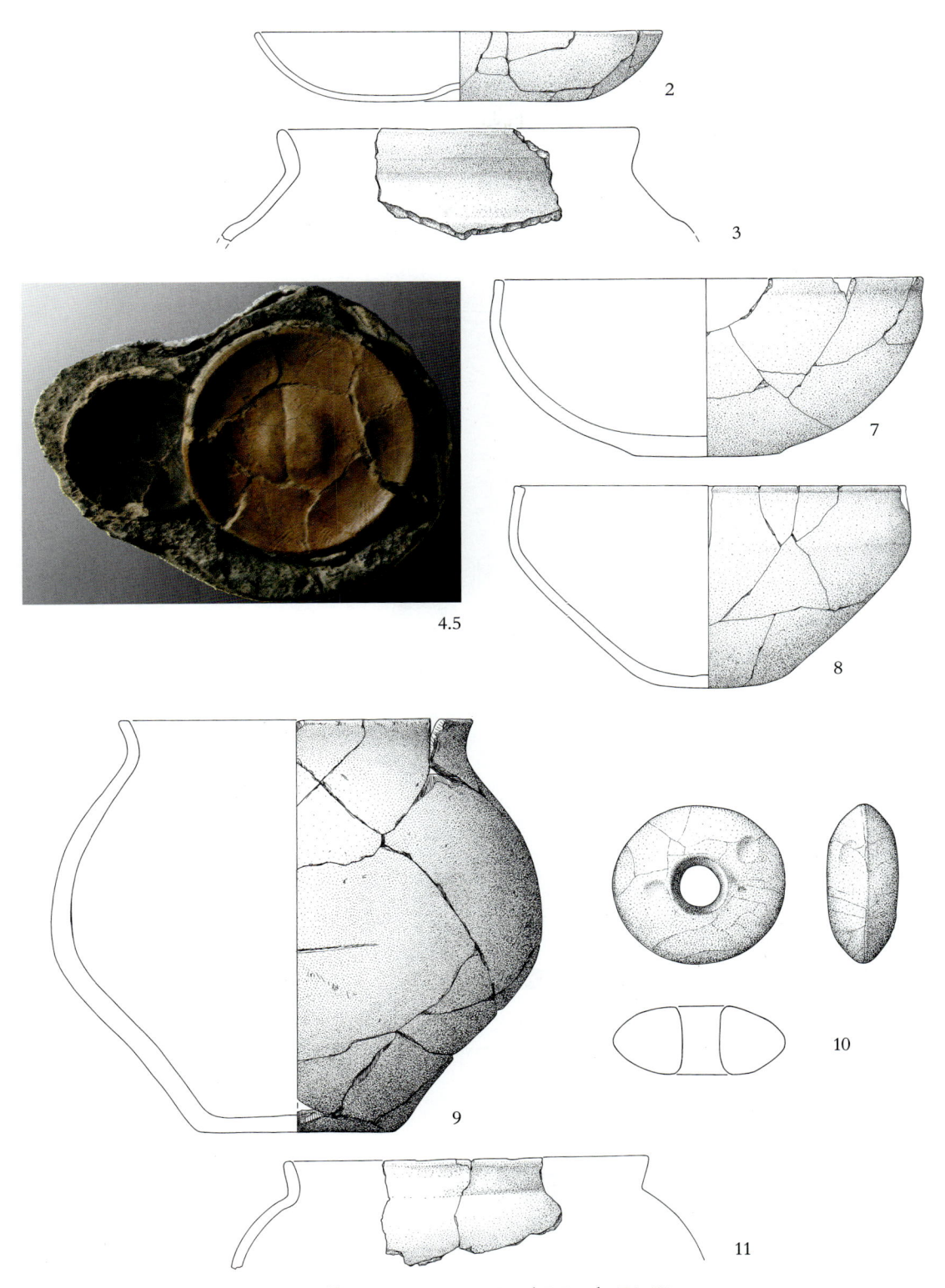

Abb. 27: Wasseralfingen-Appenwang. Hügel 5, Funde. Die Nummern entsprechen denen im Katalog. M 1:3, 10 M 1:2, 4.5 o. M.

Hügel 6

Befund:
Der Hügel hatte einen Durchmesser bis zu 18 m und war im Gelände mit einer maximalen Höhe von 1,20 m gut sichtbar. Er wurde von einem schon oberflächlich erkennbaren Suchschnitt von N und einem Grabungstrichter des 19. Jhs. gestört, der bis zur zentralen Bestattung reichte. Der südwestliche Bereich der Grabkammer war komplett zerstört.
Im W wurde der Hügelrand von einer Erosions- oder Drainagerinne tangiert und im S wurden die Hügelschüttung und darunter liegende Befunde durch den Entwässerungsgraben der ehem. Werksbahn und eine Stromleitung geschnitten.
Die Hügelschüttung war im Wesentlichen durch zwei Schichten aufgebaut.

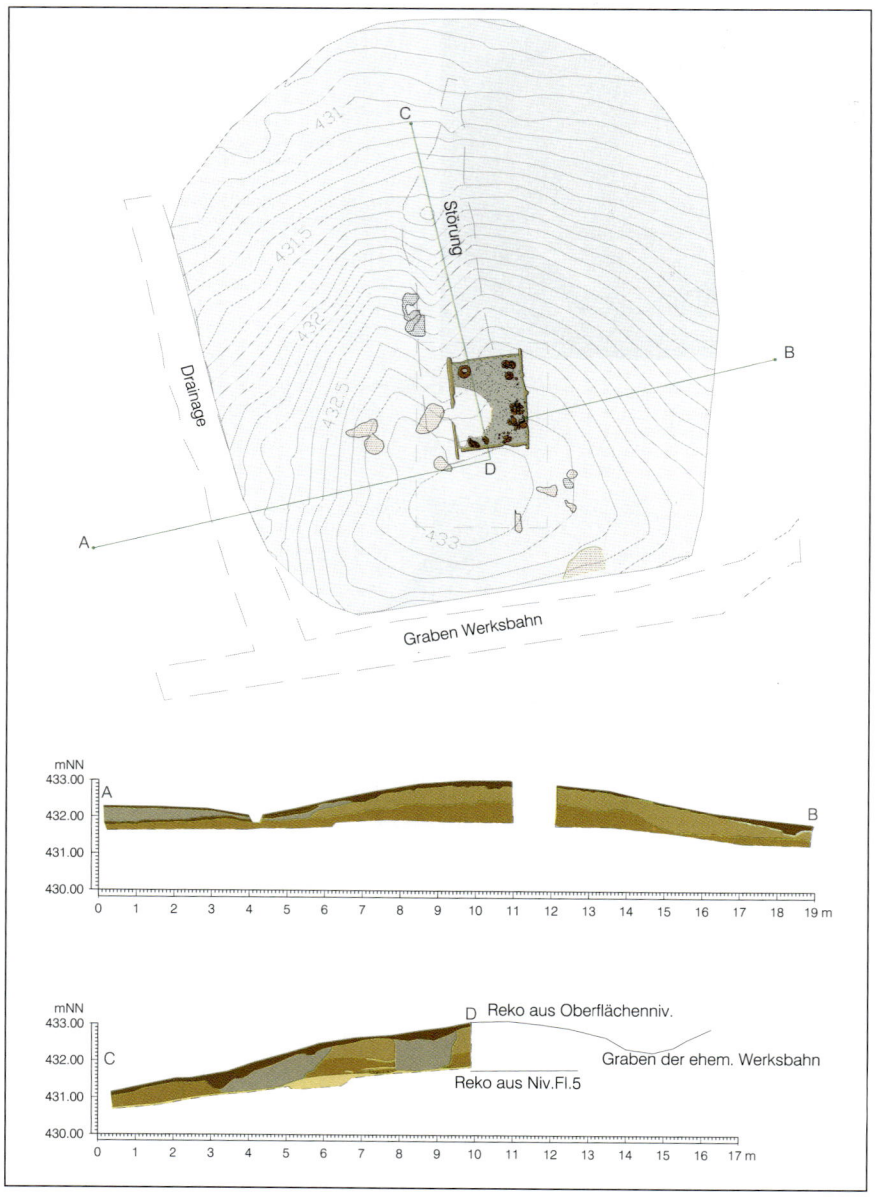

Abb. 28: Wasseralfingen-Appenwang. Hügel 6, Gesamtansicht. M 1:200.

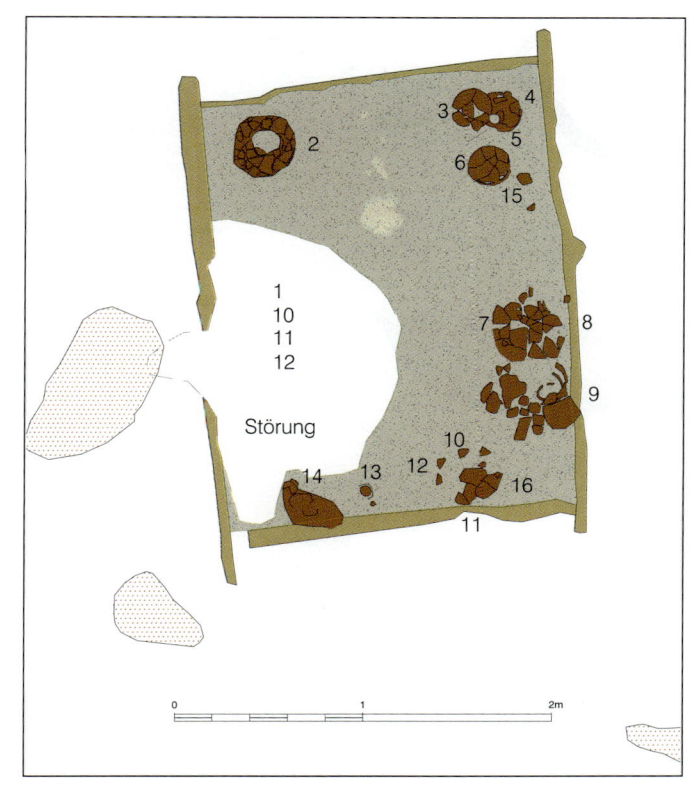

Abb. 29: Wasseralfingen-Appenwang. Hügel 6, Detail. M 1:40.

Das Zentralgrab war, abgesehen vom gestörten Bereich, durch eine flächige 1–2 cm starke Holzkohlenlage markiert, in welcher sich einzelne Keramikscherben befanden. Darunter schloss eine verziegelte Schicht an. Die Begrenzung der N/S (5,2° Abweichung nach W) orientierten Kammer zeichnete sich durch eine rötlich braune Schicht von Mangan- und Eisenausfällungen ab.
In allen vier Ecken des Grabeinbaus ließen sich Reste von Überblattungen nachweisen, was einen Hinweis auf Blockbauweise gibt. Außerhalb der westlichen und der östlichen Kammerwand, etwa mittig, befanden sich zwei vermutliche Pfostenstandspuren, deren Tiefe etwa 22 cm betrug. Außerdem konnten am südlichen Ende des Grabes Spuren von vier Rundhölzern mit einem Dm. von ca. 7 cm ausgemacht werden.
Die Kammermaße betrugen etwa 2,40 m x 1,90 m.
Westlich und südlich der Kammer befanden sich verziegelte Bereiche, die auf Feuerstellen hinwiesen, nordwestlich davon ein verkohltes Brett.
Die eisenzeitliche Oberfläche war mit vereinzelten Steinen mit einer Kantenlänge von bis zu 8 cm durchsetzt.
Der Leichenbrand wurde in der Verfüllung des alten Grabungstrichters gefunden. Die Keramikgefäße waren größtenteils an der Ost- und Südwand der Kammer abgestellt worden. Daneben wurde eine erhebliche Anzahl an Scherben aus dem Trichtermaterial geborgen.

Funde:
Aus dem Zentralgrab konnten 13 unterschiedliche Gefäße oder Gefäßteile geborgen werden. Dabei handelt es sich um fünf Kegelhalsgefäße und zwei Tassen bzw. Becher, zwei geschweifte Schalen, zwei kalottenförmige Schalen, um einen Teller und um ein Miniaturgefäß.
Außerdem fanden sich einige Randscherben und Wandscherben ohne Zusammenhang mit sekundären Brandspuren.

1. Leichenbrand, 21 g, Vg. IV–V, Rep. +, erwachsen. Inv. 2007-224/4
2. Kegelhalsgefäß (teilrest.), rote Engobe in Resten erhalten, RDm.: 16 cm, Ton schwarz, Ofl. orange, feine Magerung. Inv. 2007-27-198/1
3. Schale, nach außen knickender Rand, Ritzverzierung mit umlaufendem schraffierten Dreieckmuster, Boden gewölbt, RDm.: 20 cm, H: 3,5 cm, Ton schwarz, feine Magerung, Ofl. orange-dunkelbraun. Inv. 2007-27-221/1
4*. Schale (stark fragmentiert), dünnwandig, kalottenförmig, Ton schwarz, Ofl. dunkelbraun. Inv. 2007-27-205/1

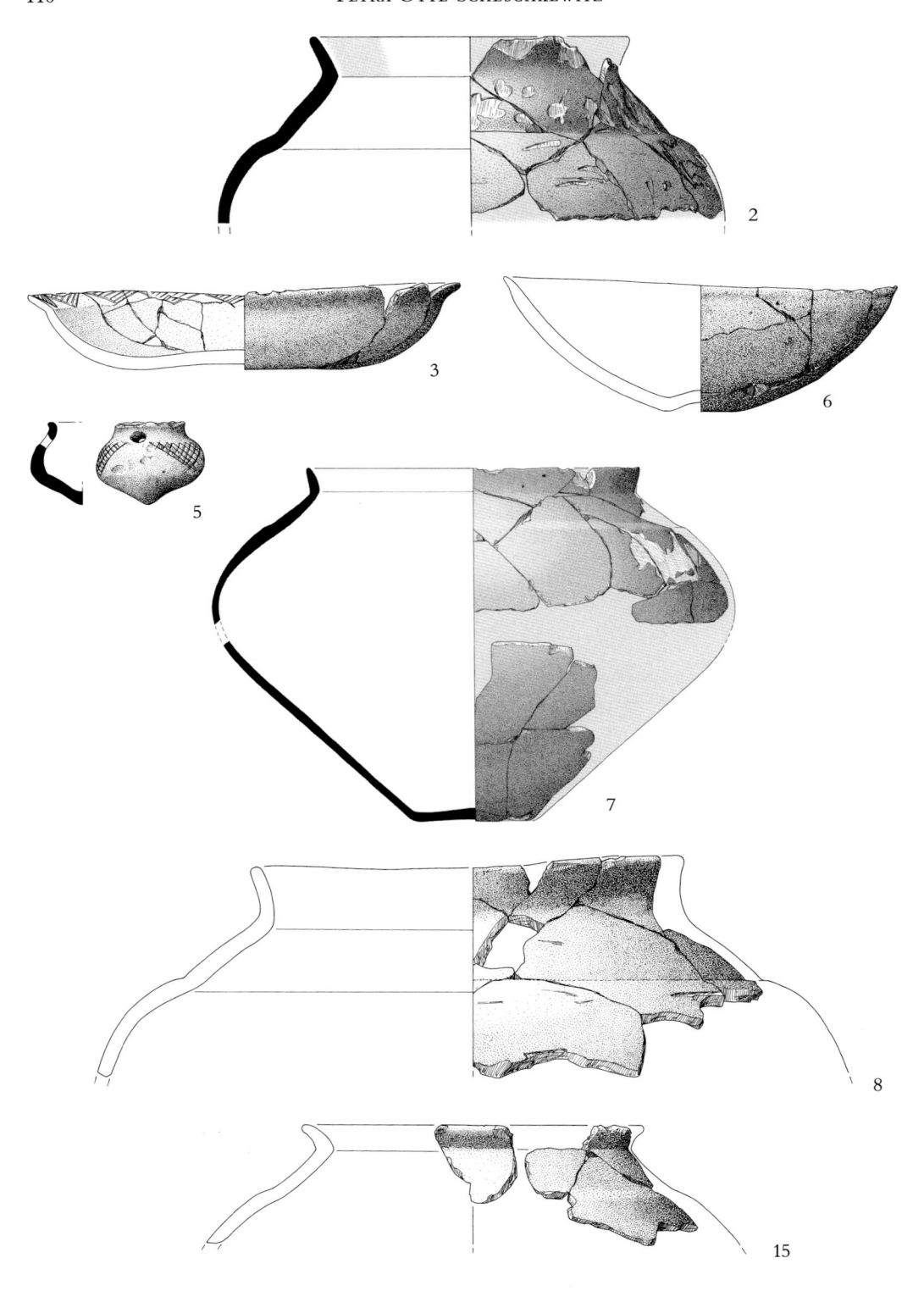

Abb. 30: Wasseralfingen-Appenwang. Hügel 6, Funde. Die Nummern entsprechen denen im Katalog. M 1:3, 7 M 1:4.

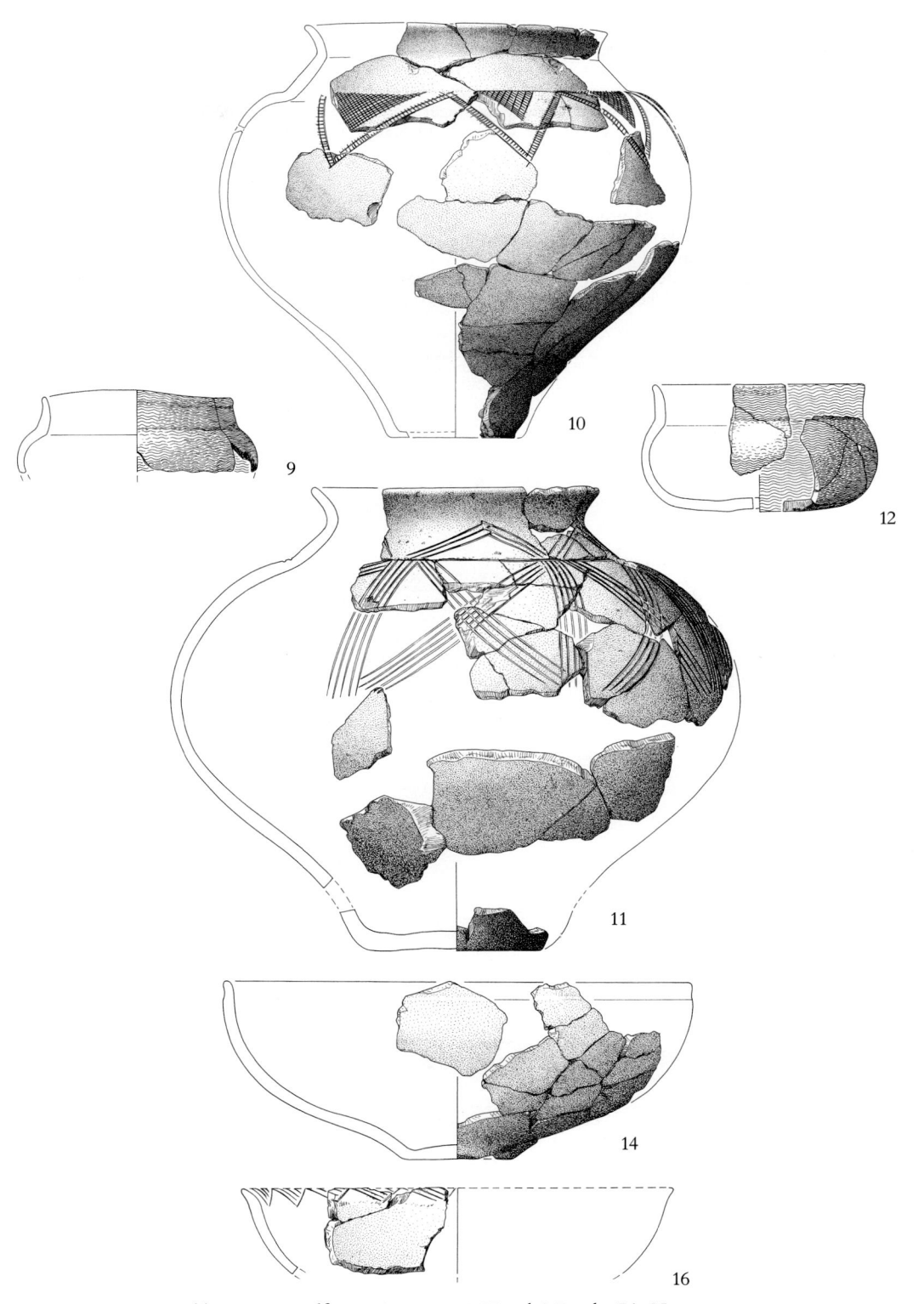

Abb. 31: Wasseralfingen-Appenwang. Hügel 6, Funde. Die Nummern entsprechen denen im Katalog. M 1:3, 10 M 1:4.

5. Miniaturgefäß mit Spitzboden und kleinem Loch am Gefäßrand, Ritzverzierung mit kreuzschraffierten hängenden Dreiecken, RDm.: 3,5 cm, H: 4 cm, Ofl. orange. Inv. 2007-222/1
6. Schale (rest.), kalottenförmig, leicht nach außen knickender, verjüngender Rand, omphalusartiger Boden, RDm.: 19 cm, H: 6 cm, Ton schwarz, Ofl. braun, feine Magerung. Inv. 2007-27-220/1
7. Kegelhalsgefäß, RDm.: 18 cm, Ton schwarz, feine Magerung, Ofl. rot, Inv. 2007-27-203/1
8. Kegelhalsgefäß (teilrest.), RDm.: 19 cm, Ton schwarz, Ofl. orange, feine Magerung, (sek. Brandsp.). Inv. 2007-27-202/1
9. Tasse/Becher (Fragmente), hoher gerader Rand, leicht ausladend, Reste von flächiger Graphitierung, in Gefäß 8 Inv. 2007-27-225/1
10. Kegelhalsgefäß (teilrest.), stark profiliert, Schulter in Ritztechnik mit acht kreuzschraffierten hängenden Dreiecken verziert, RDm.: 20 cm (80°), Ton schwarz/grau, Ofl. orange-dunkelbraun. Inv. 2007-27-218, 215/1
11. Kegelhalsgefäß (zeichn. reko.) Riefenzier, auf dem Hals Zickzackband aus Dreierbündel, auf der Schulter vertikale Linien aus Fünferbündeln, dazwischen Andreaskreuze aus Vierer- bzw. Fünferbündeln, RDm.: 14 cm (60°), Ton grau, Ofl. beige, hart gebrannt. Inv. 2007-27-218, 215/1

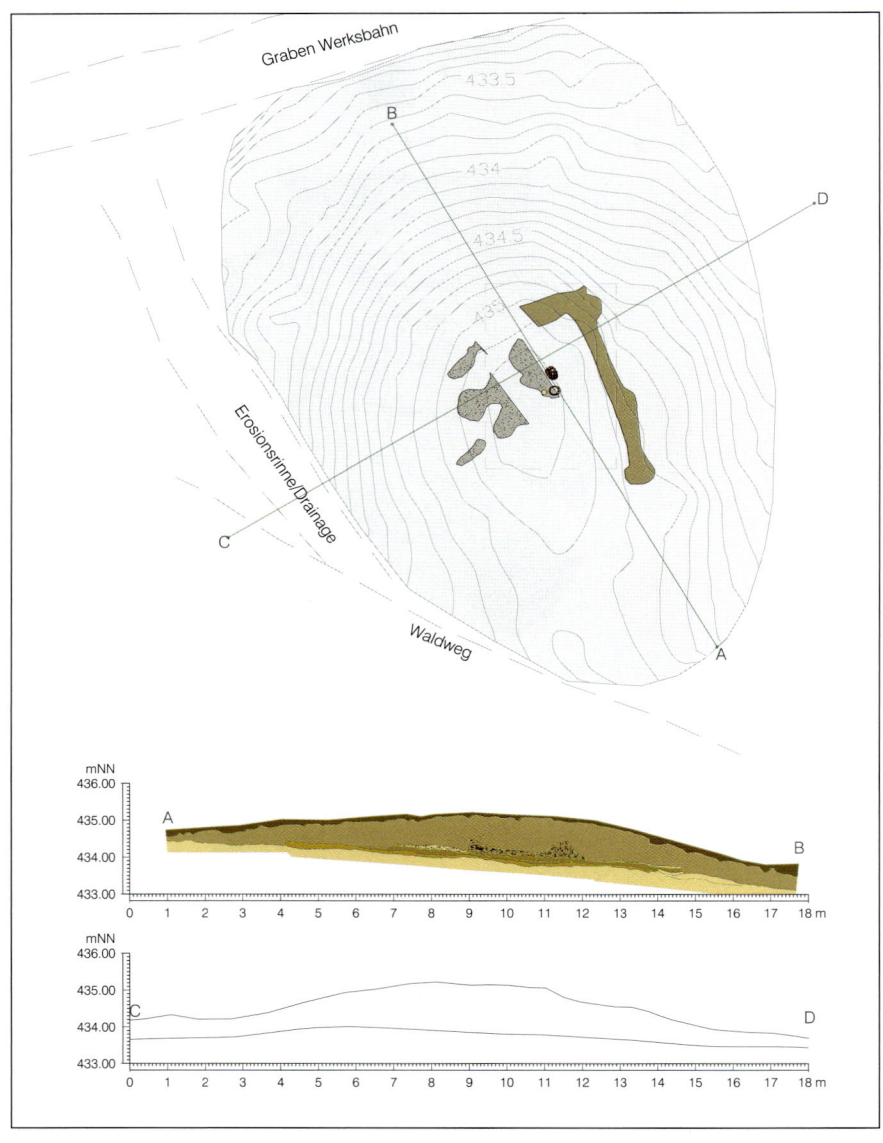

Abb. 32: Wasseralfingen-Appenwang. Hügel 7, Gesamtansicht. M 1:200.

Der hallstattzeitliche Bestattungsplatz von Wasseralfingen-Appenwang 113

Abb. 33: Wasseralfingen-Appenwang. Hügel 7, Detail. M 1:40.

12. Tasse/Becher (zeichn. reko.), bauchig, hoher steiler Rand mit leichter Randlippe, flacher Boden, Ton schwarz, Ofl. orange, Reste von flächiger Graphitierung. Inv. 2007-27-218, 215/1
13*. Schale (Fragmente), geschweift, kleiner gerader Boden, Ton schwarz, Ofl. dunkelbraun. Inv. 2007-27-199/1
14. Schale (zeichn. reko.), geschweift, kleiner gerader Boden, Rand leicht abgesetzt, Ton schwarz, Ofl. dunkelbraun. Inv. 2007-27-200/1
15. RS, WS Kegelhalsgefäß., flaues Profil, Ton schwarz, Ofl. braun, sek. Brandsp. Inv. 2007-27-204
16. Schale, (zeichn. reko.) einige Fragmente, nach außen knickender Rand, Ritzverzierung mit umlaufendem schraffierten Dreieckmuster Inv. 2007-27-218

Hügel 7

Befund:
Der Grabhügel war mit einer Höhe von etwa 1,25 m im Gelände gut sichtbar, seine größte Länge maß etwa 20 m und die größte Breite 12 m. Im Norden griff die Bahntrasse bzw. deren Entwässerungsgraben in den Hügel ein, im Westen wurde der Tumulus von einem ehemaligen Waldweg gestreift und in annähernd nördlicher Richtung hangabwärts schnitt eine Erosionsrinne/Drainage den Hügelfuß. Wegen dieser massiven Störungen besaß er eine ovale Form. Außerdem störten eine große Baumwurzel und eine modern angelegte Grube den Befund. Im Profil wurde ein oberflächlich nicht zu sehender Trichter ausgemacht. Die Hügelschüttung bestand aus zwei Schichten von braunem, eher schluffigem Sediment.
Im Hügelzentrum konnten Spuren des Grabes als unförmige Holzkohlekonzentrationen und verziegelte Bereiche dokumentiert werden. Reste einer Kammerbegrenzung konnten nicht mit Sicherheit erkannt werden. Die spärlichen Befunde lagen direkt auf der alten Oberfläche, darunter schloss der anstehende Boden an.

Abb. 34: Wasseralfingen-Appenwang. Hügel 7, Katalognummer 2. M 1:3.

Funde:
Der Leichenbrand wurde ohne Gefäß auf dem Boden verstreut vorgefunden.
Es konnten vier Gefäße bzw. Teilstücke von solchen geborgen werden.
Dabei handelt es sich um eine Kragenrandschale vom Typ ‚Alp-Hegau', um ein Kegelhalsgefäß und eine Tasse. Außerdem die Fragmente eines weiteren Großgefäßes.

1. Leichenbrand, 120 g, Vg. IV–V, Rep. ++, adult. Inv. 2007-27-186/4
2. Kragenrandgefäß (Alb-Hegau-Stil), verziert mit einem geometrischen Stempelmuster aus konzentrischen Kreisen und Riefen, rote Engobe, schwarze Graphitstreifen, RDm.: 21 cm, H: 13 cm, Ton schwarz, Ofl. orange. Inv. 2007-27-182/1
3. Kegelhalsgefäß (teilrest.), weitbauchig, flaues Profil, RDm.: 200 mm, Ton schwarz, Ofl. braun, feine Magerung. Inv. 2007-27-183/1
4. Tasse, dickwandig, Dm.: 7,7 cm, H: 4,4 cm, Ton schwarz, Ofl. orange, In Gefäß 183. Inv. 2007-27-184/1
5. Kegelhalsgefäß (zeichn. reko.), sehr flaue Form, RDm.: ca. 20 cm Ton schwarz, Ofl. dunkelbraun. Inv. 2007-27-212/1 (aus Hügelschüttung)

Neben diesen Gefäßen wurden auch noch einzelne Scherben mit sekundären Brandspuren geborgen.

Hügel 8

Befund:
Der Grabhügel 8 hatte einen Durchmesser von 18 m und war im Gelände mit einer Höhe von 1,20 m gut sichtbar. Ein oberflächlich erkennbarer mutmaßlicher Suchschnitt nördlich der Hügelmitte war ohne tief greifende Auswirkungen. Der mittig gelegene Grabungstrichter des 19. Jhs. traf genau auf das Zentralgrab, weshalb nur noch wenige Scherben des einstigen Grabinventars erhalten sind. Im Bereich der Trichterung wurden Holzkohlekonzentrationen, vereinzelt auch verziegelter Lehm und verstreute Holzkohlepartikel angetroffen. Trotz der Störung konnten die Spuren einer ca. 2,30 m x 1,50 m großen N/S (5° Abweichung nach O) ausgerichteten Grabkammer nachgewiesen werden. In der NW-Ecke wurden Spuren einer Überblattung dokumentiert. Die südliche Kammergrenze war durch Reste einer Holzkohlekonzentration markiert, außerdem hatten sich verkohlte Hölzer erhalten. Aus der SO-Ecke konnten wenige Bröckchen von Leichenbrand identifiziert werden.

Funde:
Im Hügelzentrum wurden vereinzelte Scherben verschiedener Keramiken gefunden.
Es konnten die Reste von sieben verschiedenen Gefäßen identifiziert werden.
Davon fünf Schalen verschiedener Größe; eine RS, die vermutlich zu einem Kragenrandgefäß gehört; eine mit kreuzschraffierten hängenden Dreiecken verzierte WS kann vermutlich einem Kegelhalsgefäß zugeordnet werden. Außerdem wurde ein ‚Scherbennest' vorgefunden, das aus stark sekundär gebrannten Keramikscherben besteht. Hier konnte ebenfalls eine Scherbe mit dem für Kegelhalsgefäße typischen Schulterumbruch identifiziert werden.

1. Leichenbrand, 2 g, Vg. IV–V, Rep. +, spätjuv. o. ä. Inv. 2007-27-210/4
2. RS Schale, leicht nach außen schwingender, verjüngender Rand, RDm.: 16 cm (50°), Ton schwarz, feine Magerung, Ofl. orange. Inv. 2007-27-165a/1

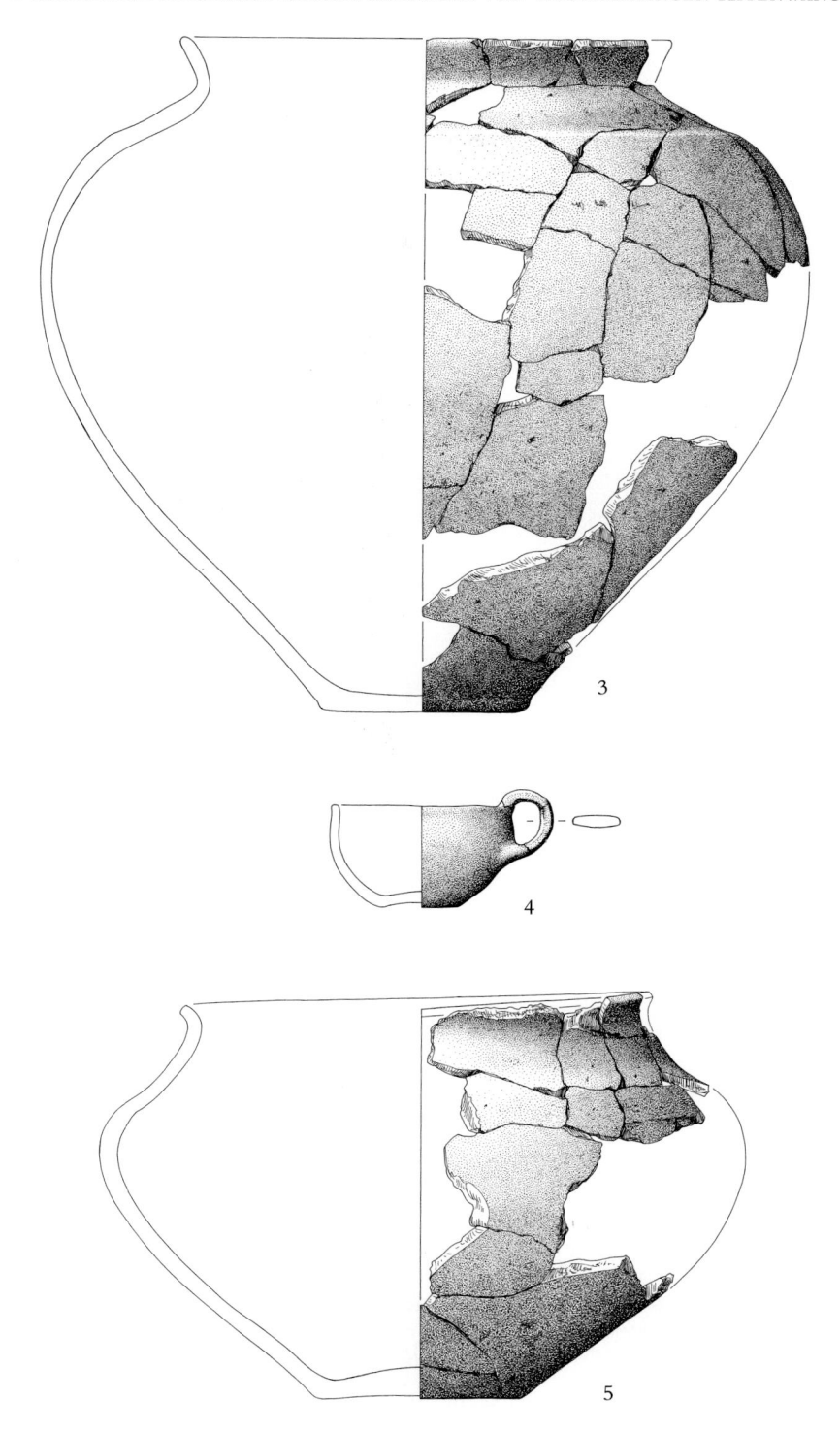

Abb. 35: Wasseralfingen-Appenwang. Hügel 7, Funde. Die Nummern
entsprechen denen im Katalog. M 1:3.

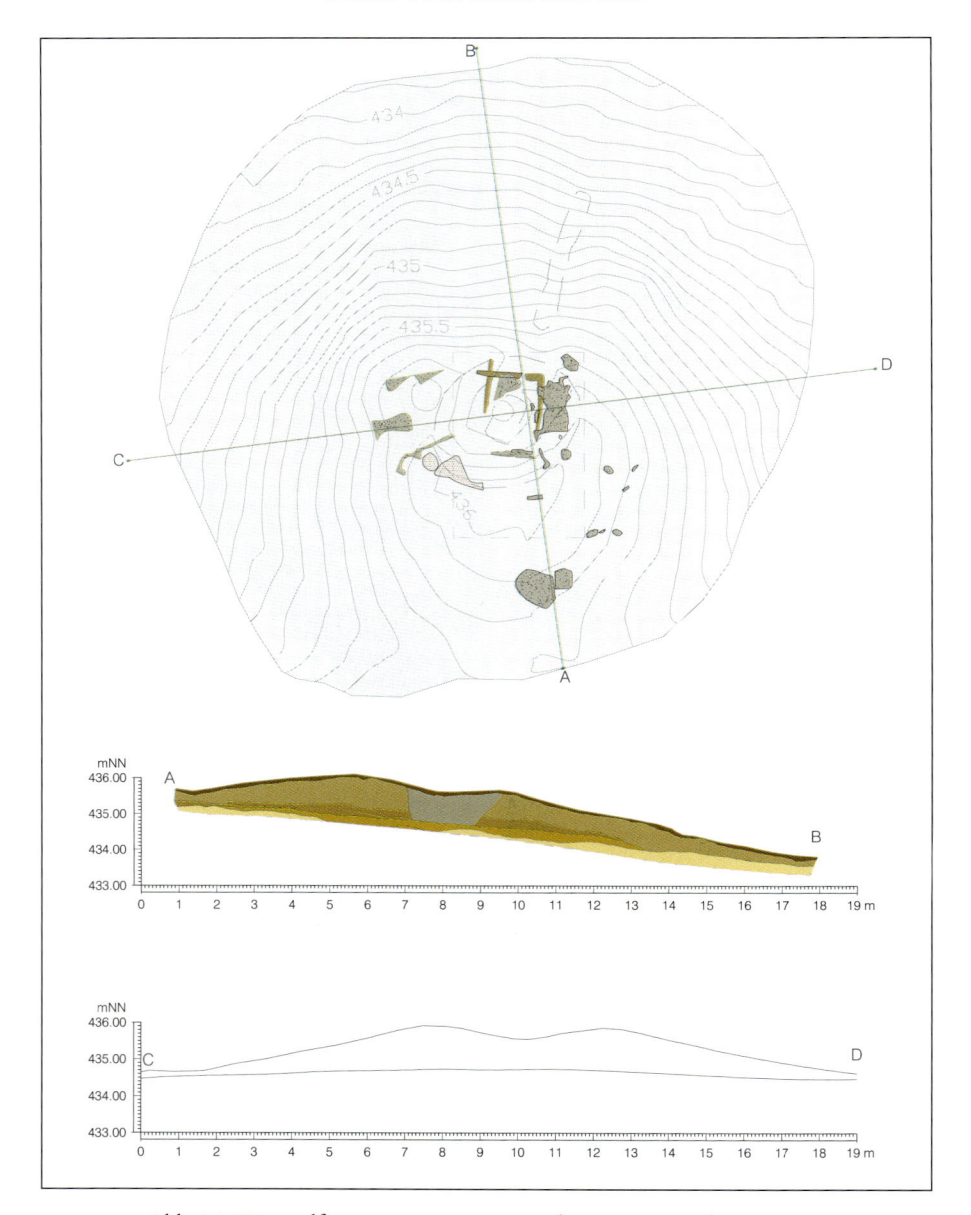

Abb. 36: Wasseralfingen-Appenwang. Hügel 8, Gesamtansicht. M 1:200.

3. RS Schale, leicht nach außen schwingender, verjüngender Rand, RDm.: 14 cm (30°), Ton schwarz, feine Magerung, Ofl. orange Inv. 2007-27-165b/1
4. RS Schale, leicht nach außen schwingender, verjüngender Rand, RDm.: 16 cm (50°), Ton schwarz, feine Magerung, Ofl. orange. Inv. 2007-27-165c/1
5. RS Schale, leicht ausladender, verjüngender Rand, Rdm. 20 cm (20°), Ton schwarz, feine Magerung, Ofl. orange. Inv. 2007-27-167/1
6. RS Schale, flach, leichte Knickwand, Rdm. 22 cm (70°). Ton schwarz, Ofl. orange. Inv. 2007-27.192a/1
7. RS evtl. Kragenrandgefäß. Inv. 2007-27.192b/1
8. WS, verziert mit für KH-Gefäße typischen kreuzschraffierten hängenden Dreiecken. Inv. 2007-27-208/1

Außerdem verschiedene Scherben mit sek. Brandspuren.

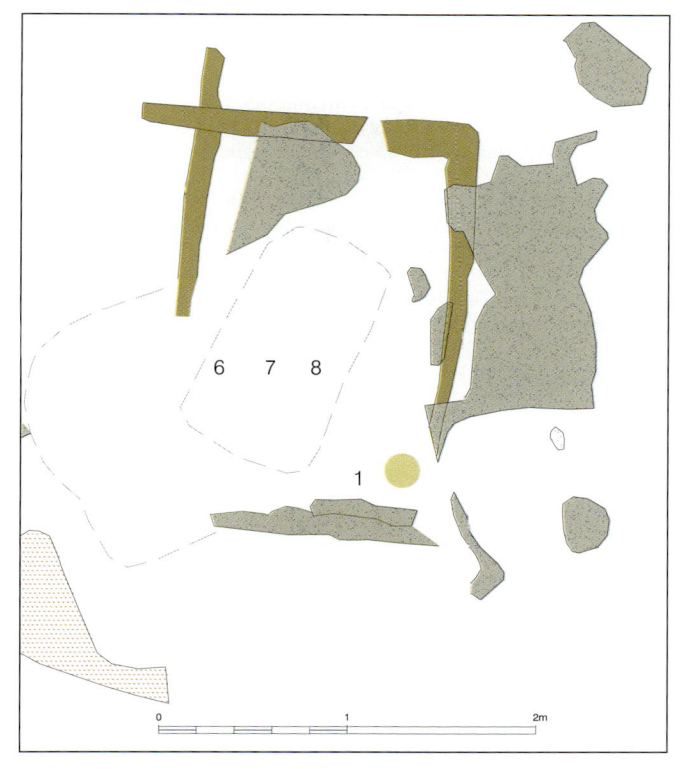

Der hallstattzeitliche Bestattungsplatz von Wasseralfingen-Appenwang 117

Abb. 37: Wasseralfingen-Appenwang. Hügel 8, Detail. M 1:40.

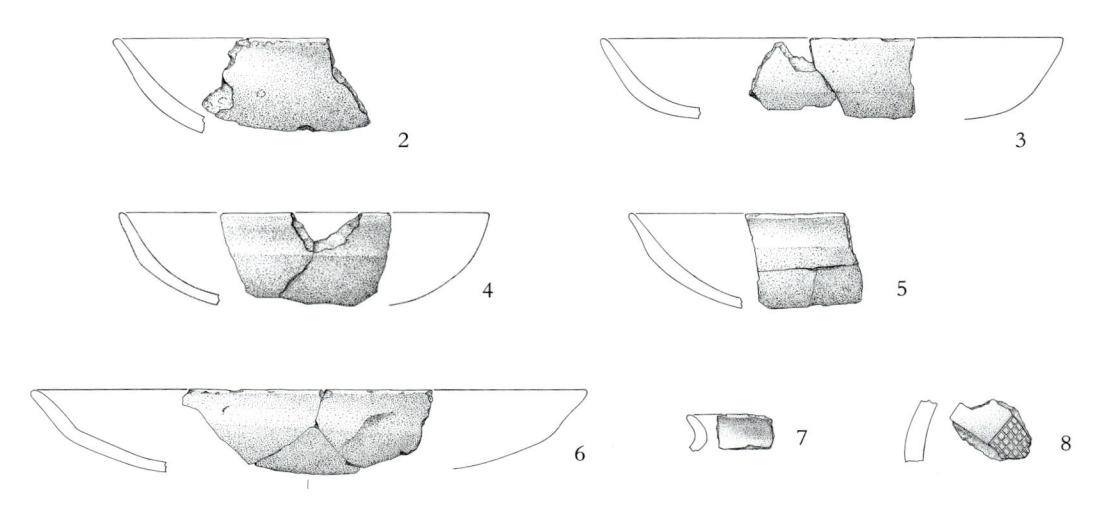

Abb. 38: Wasseralfingen-Appenwang. Hügel 8, Funde.
Die Nummern entsprechen denen im Katalog. M 1:3.

Hügel 9

Befund:
Der Grabhügel von ovaler Form wies einen größten Durchmesser von 17 m auf. Er war mit einer Höhe von 0,90 m im Gelände gut sichtbar. In der Hügelmitte befand sich ein alter Grabungstrichter, der die Grabkammer allerdings nicht erreichte. An der SW- und NO-Flanke griffen mögliche Erosions- oder Fahrrinnen leicht in die Hügelschüttung ein.

Das rechteckige N/S orientierte (17° Abweichung nach O), etwa 1,90 m x 1,50 m messende Zentralgrab wurde durch eine Holzkohlelage markiert. Spuren der Kammerwände waren im Befund als helle Verfärbungen zu erkennen und lassen auf der nördlichen Seite der Grabkammer einstige Verblattungen vermuten, die auf eine Blockbauweise hinweisen.

Die Keramikgefäße waren an der Nord- und Ostseite der Kammer deponiert, westlich daneben fand sich der Leichenbrand in rundlicher Form von etwa 25 cm Durchmesser. Reste eines organischen Grabgefäßes wurden nicht beobachtet.

Die Holzkohlelage im Grab war mittig mit etwa 2 cm Stärke am dicksten und lief nach allen Richtungen aus.

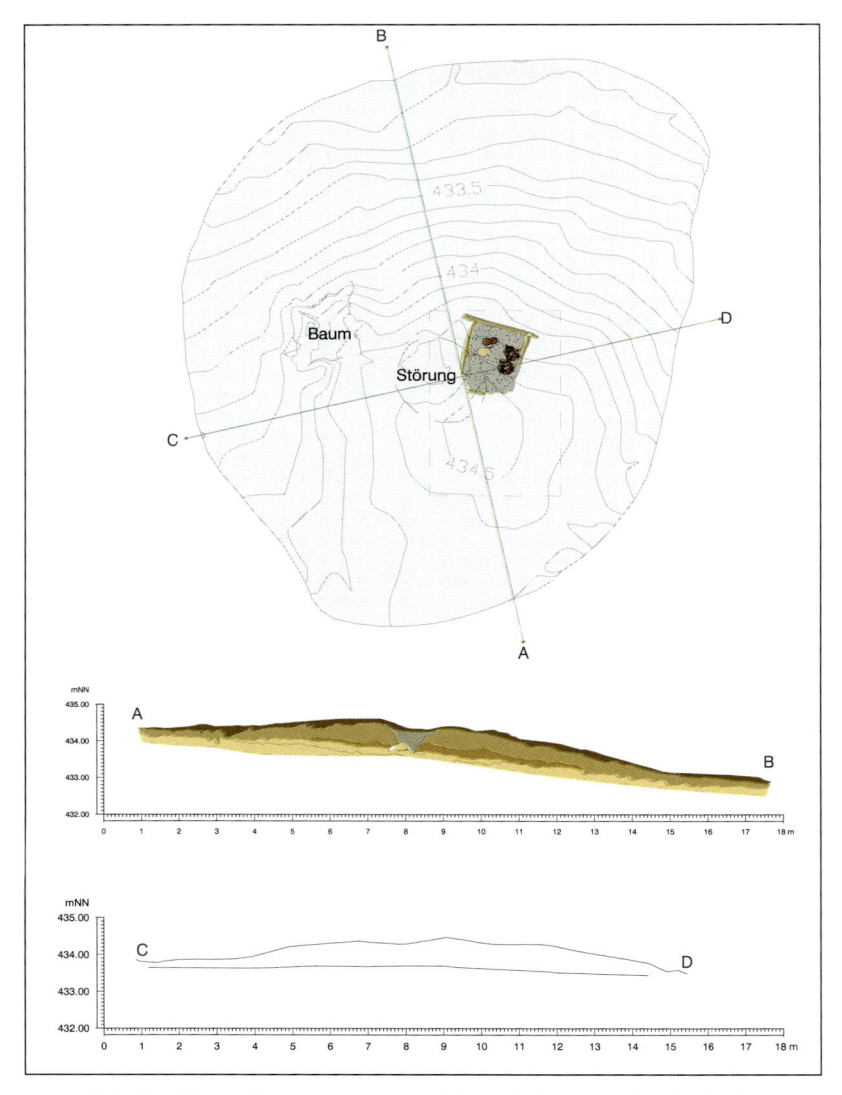

Abb. 39: Wasseralfingen-Appenwang. Hügel 9, Gesamtansicht. M 1:200.

Der hallstattzeitliche Bestattungsplatz von Wasseralfingen-Appenwang

Abb. 40: Wasseralfingen-Appenwang. Hügel 9, Detail. M 1:40.

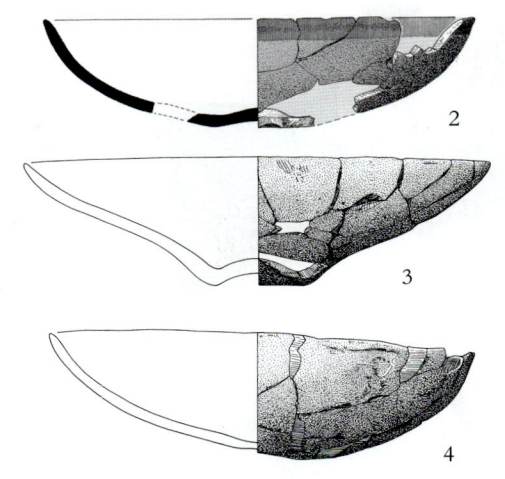

Abb. 41: Wasseralfingen-Appenwang. Hügel 9, Funde.
Die Nummern entsprechen denen im Katalog. M 1:3.

Funde:
Das Beigabenensemble des Zentralgrabs aus Hügel 9 besteht aus sieben Gefäßen.
Es handelt sich um zwei Kegelhalsgefäße mit deutlichem Schulter-Hals Übergang, in denen jeweils eine Tasse deponiert worden war. Außerdem fanden sich drei Schalen. Des Weiteren konnten wenige Scherben mit einem umlaufenden Stempelmuster aus kleinen Kreisen geborgen werden, bei denen es sich um den Rest eines Gefäßdeckels o. ä. handeln könnte.

1. Leichenbrand, 23 g, Vg. IV–V, Rep. +, inf. II – adult. Inv. 2007-27-179/4
2. Schale, kalottenförmig, verjüngender Rand, eingedrückte Bodendelle, rote Engobe u. mit einem am Rand umlaufenden 1 cm breiten schwarzen Streifen verziert, RDm.: 17,5 cm (100°), H: 4,5 cm, Ton schwarz, Ofl. orange. Inv. 2007-27-171/1
3. Schale (restauriert), geschweift, verjüngender Rand, stark gewölbter Boden, RDm.: 19 cm, H: 5 cm, Ton schwarz, Ofl. orange-rot, (unter Gefäß 171). Inv. 2007-27-173/1
4. Schale (restauriert), kalottenförmig, eingedrückte Bodendelle, gerader Rand, RDm.: 17 cm, H: 4,5 cm, Ton schwarz, Ofl. dunkelbraun. Inv. 2007-27-172/1

Abb. 42: Wasseralfingen-Appenwang. Hügel 9, Funde. Die Nummern entsprechen denen im Katalog.
M 1:3, 5 M 1:4, 6 M 1:2, 9 M 2:3.

5. Kegelhalsgefäß (zeichn. reko.), rote Engobe, Schlickrauung an Gefäßunterteil, Ton schwarz, Ofl. orange gebrannt, teilweise sehr grobe Magerungsanteile. Inv. 2007-27-175/1
6. Henkeltasse (zeichn. reko.), s-förmig geschweift, Ritz- und Stempelmuster aus kreuzschraffierten Dreiecken und kleinen Kreisaugen, Reste von Graphitierung, RDm.: ca. 9 cm, H: 4,5 cm, Ton schwarz, Ofl. dunkelbraun (in Gefäß 175). Inv. 2007-27-174/1
7. Kegelhalsgefäß, rote Engobe, RDm.: 19 cm (60°), Ton schwarz, orange gebrannt. Inv. 2007-27-177/1
8. Henkeltasse (restauriert), gerader Boden u. aufschwingender Rand, RDm.: 9 cm, H: 5 cm, Ton schwarz, Ofl. braun gebrannt (in Gefäß 177). Inv. 2007-27-176/1
9. Scherben, stark verwittert, mit kleinen eingestempelten Kreisen. Inv. 2007-27-178/1

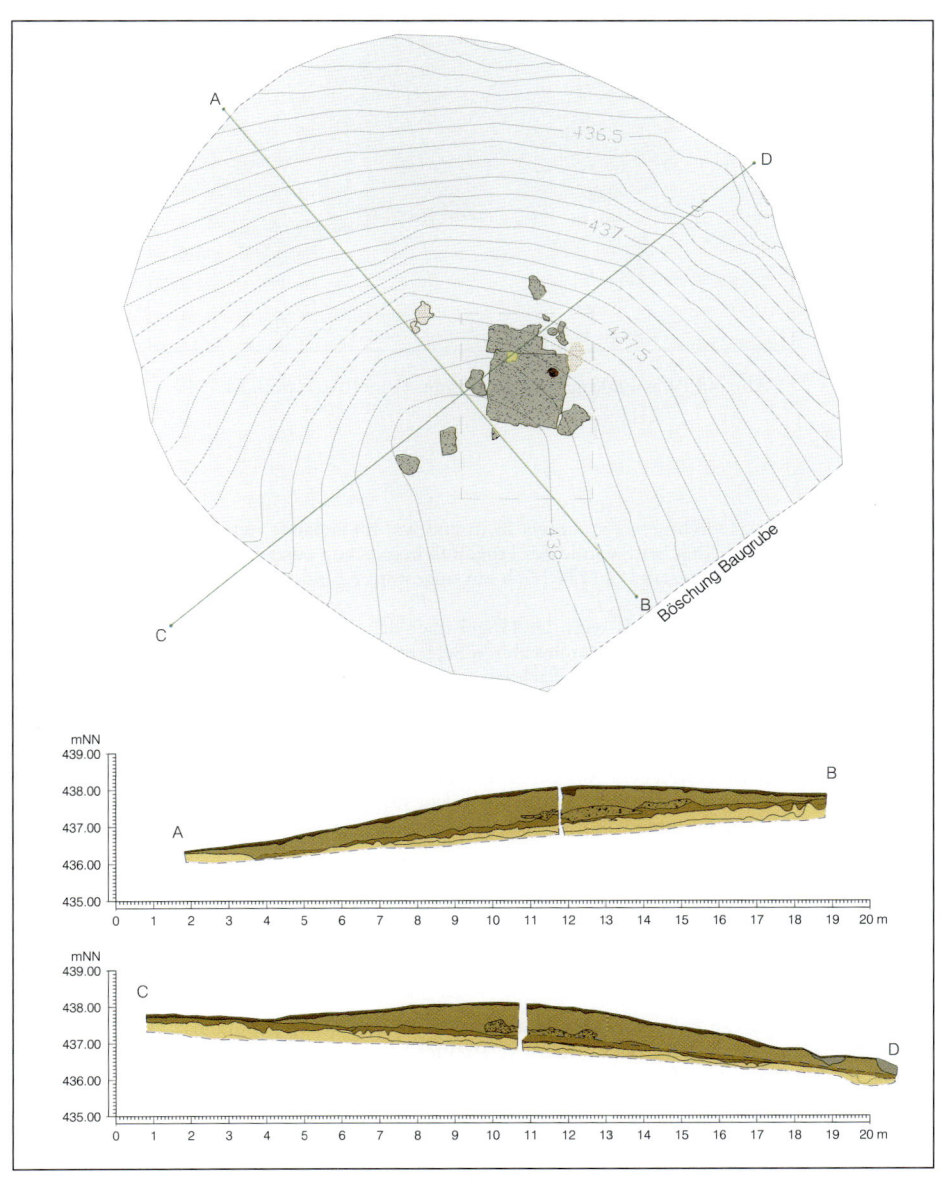

Hügel 10

Abb. 43: Wasseralfingen-Appenwang. Hügel 10, Gesamtansicht. M 1:200.

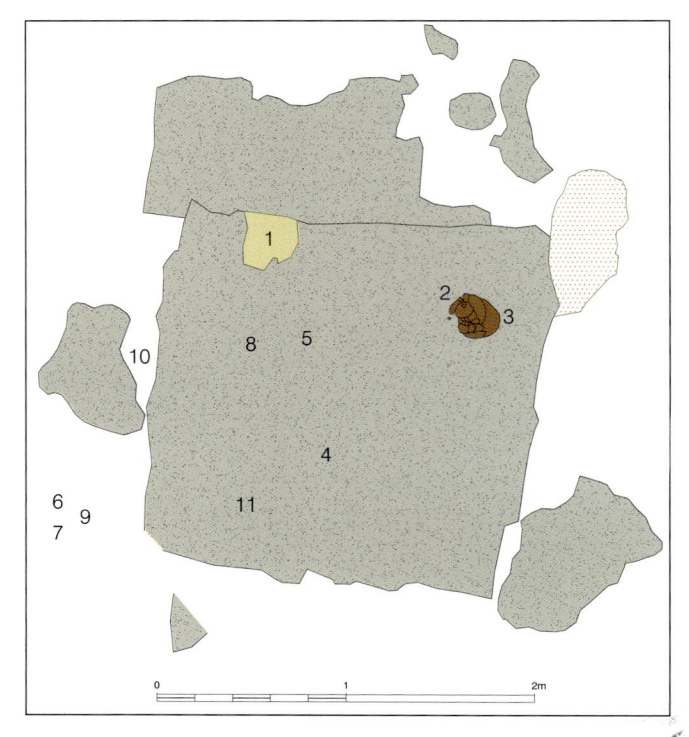

Abb. 44: Wasseralfingen-Appenwang. Hügel 10, Detail. M 1:40.

Befund:
Der Grabhügel hatte einen Durchmesser von etwa 18 m und war im Gelände mit einer Höhe von etwa 1 m gut zu erkennen. An der süd-östlichen Seite wurde der Hügelfuß bereits von einer Baugrube geschnitten. Abgesehen von einer großen Baumwurzel bestand oberflächlich ein ungestörter Eindruck. Die Hügelschüttung bestand im Wesentlichen aus zwei Schichten.
Beim Abtragen des Schüttungsmaterials wies der Hügel über der zentralen Grabkammer eine starke Störung auf, die die Bestattung erreichte. Aus den durchwühlten Schichten konnten mehr als 300 Keramikscherben und Leichenbrandreste geborgen werden. Da oberflächlich kein Trichter oder ähnliches zu erkennen war, ging der Ausgräber von einer antiken Störung aus.
Die N/S (8° Abweichung nach O) orientierte Grabkammer selbst wurde durch eine quadratische 2 x 2 m messende Holzkohlenschicht markiert, die im nördlichen Bereich bis zu 2 cm stark war. Der unter der Holzkohleschicht gelegene Boden war teilweise verziegelt. Aus einem scheinbar ungestörten Bereich der Kammer konnten zwei kleine Schalen und eine Konzentration von Leichenbrand in situ geborgen werden. Daran schloss sich ein Bereich mit einer eher lockeren Streuung von holzkohlehaltigen Inseln an, aus dem, nur einzelne Keramikscherben eingesammelt werden konnten.
Die Kammerbegrenzung war durch die Holzkohleschicht markiert. Spuren der Kammerhölzer waren in Form von dunklen Streifen im Boden zu erahnen. Nördlich schloss sich eine unregelmäßige holzkohlehaltige Fläche an. Ebenfalls außerhalb der Kammer konnten zahlreiche kleinere Holzkohlekonzentrationen und verziegelte Stellen beobachtet werden, die auf Feuerstellen schließen lassen.

Funde:
Aus der ungestörten Nord-Ost Ecke des Zentralgrabs konnten zwei Schalen geborgen werden. Reste von sieben weiteren Gefäßen konnten aus der großen Anzahl verstreuter Scherben identifiziert werden. Darunter zwei Kegelhalsgefäße, die Scherben eines Kragenrandgefäßes mit sekundären Brandspuren, zwei Tassen oder Becher und zwei Miniaturgefäße.
Da zum einen Reste von kalzinierten Knochen aus den Verfüllschichten der Störung geborgen werden konnten, zum anderen aber auch eine Deponierung von Leichenbrand auf der Sohle der Grabkammer vorgefunden wurde, ist nicht auszuschließen, dass der Grabhügel zwei Bestattungen in der zentralen Grabkammer enthielt, im Leichenbrand gab es allerdings keine Überschneidungen einzelner Knochen.

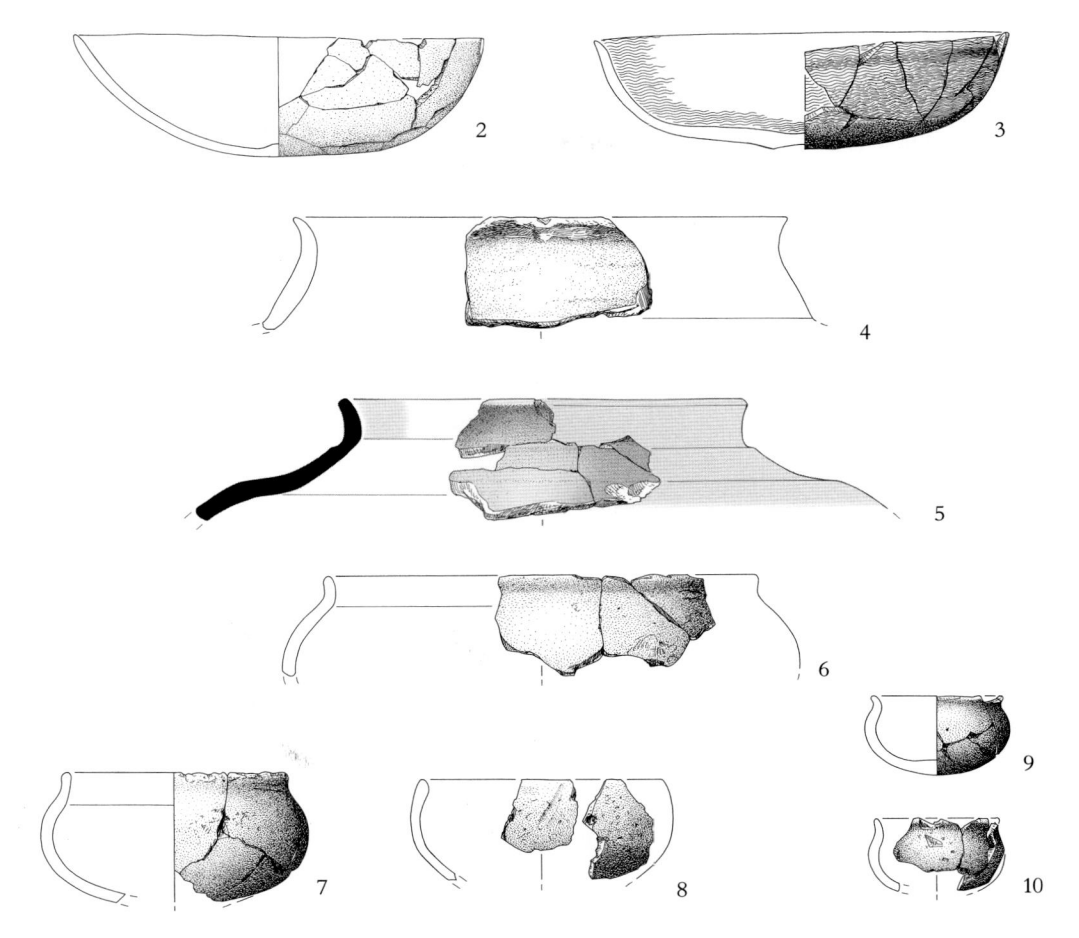

Abb. 45: Wasseralfingen-Appenwang. Hügel 10, Funde.
Die Nummern entsprechen denen im Katalog. M 1:3.

1. Leichenbrand, 130 g, Vg. IV–V, Rep. +++, frühadult. Inv. 2007-27-383,384,386/4
2. Schale (rest.), kalottenförmig, minimale Bodendelle, verjüngender Rand, RDm.: 16 cm, H: 4 cm, Ton schwarz, Ofl. braun-orange, Schmauchspuren. Inv. 2007-27-676/1
3. Schale (rest.), geschweift, leicht nach außen ladende, verjüngende Randlippe, eingedrückter Standring, Graphitbemalung in Resten erhalten, RDm.: 16 cm, H: 5 cm, Ton braun, Ofl. orange-braun. Inv. 2007-27-675/1
4. RS, WS, BS Kegelhalsgefäß, RDm.: ca. 20 cm (30°), Ton grau, Ofl. orange. Inv. 2007-27-554, 581, 585/1
5. RS, WS Kegelhalsgefäß, Reste roter Engobe, Ton schwarz, Ofl. orange. Inv. 2007-27-569/1
6. RS Kragenrandgefäß, sekundäre Brandspuren RDm.: ca. 20 cm (50°), Ton schwarz, Ofl. orange. Inv. 2007-27-687
7. Becher, kragenrandförmig, RDm.: 9 cm (90°), Ton schwarz, Ofl. braun-orange. Inv. 2007-27-579/1
8. RS, WS Tasse/Becher, leicht einziehender Rand, Ton schwarz, Ofl. dunkelbraun. Inv. 2007-27-687/1
9. Miniaturgefäß, geschweift, runder Boden, RDm.: 5 cm (130°), H: 3,6 cm, Ton schwarz, Ofl. dunkelbraun. Inv. 2007-27-630/1
10. Miniaturgefäß (Fragmente), geschweift, Ton schwarz, Ofl. dunkelbraun. Inv. 2007-27-508/1

Hügel 11

Befund:
Der Grabhügel hatte einen Durchmesser von etwa 16,5 m und war im Gelände mit einer Höhe von ca. 0,9 m gut sichtbar.
Die Hügelschüttung, die im südlichen Bereich oberflächig durch einen modernen Weg und im Westen durch eine Drainage tiefgründig gestört war, bestand im Wesentlichen aus zwei Schichten.
Vom etwa N/S ausgerichteten (ca. 13,5° Abweilchung nach O) Zentralgrab selbst waren nur noch wenige Reste erhalten. Die Kammerbegrenzung setzte sich diffus vom umgebenden Material ab. Der Kammerboden wurde durch verziegelte Bereiche mit einer Ausdehnung von bis zu 1,5 m markiert, grenzte sich aber nicht scharf von

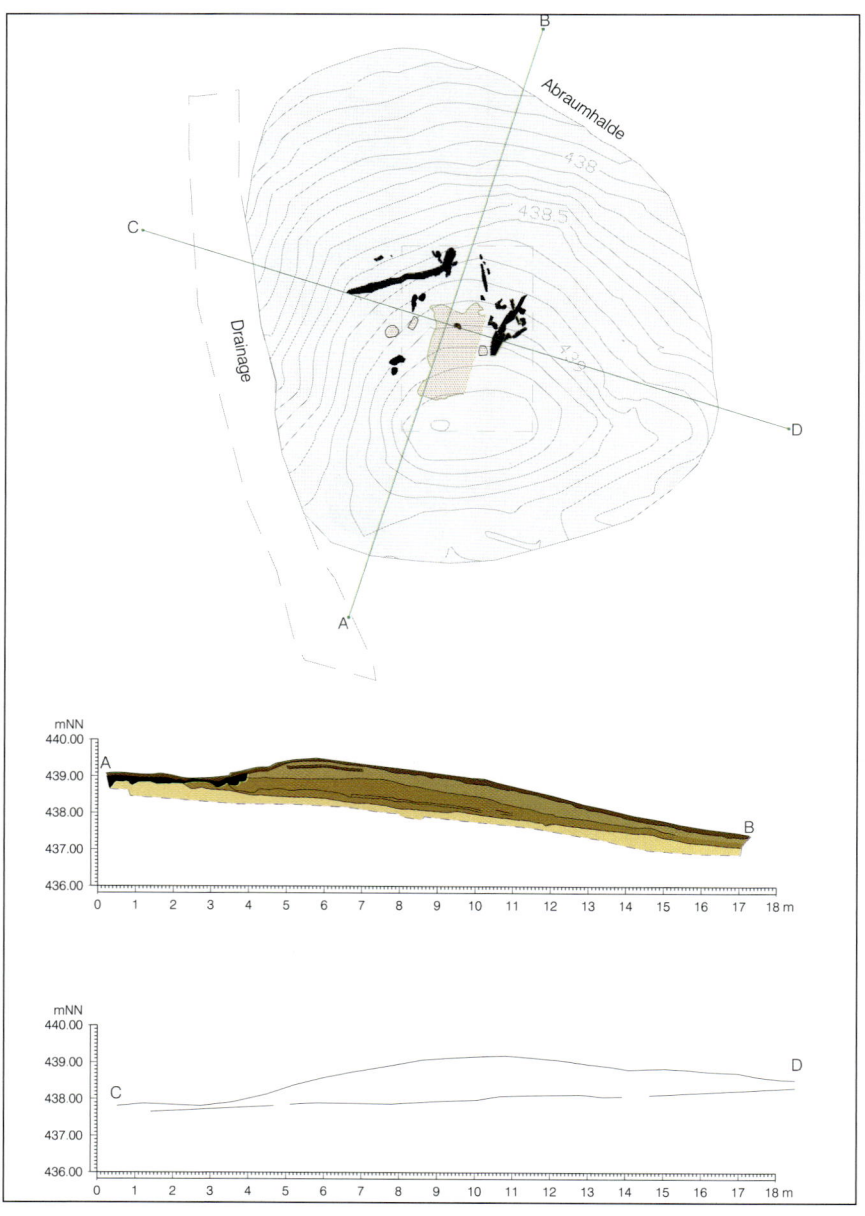

Abb. 46: Wasseralfingen-Appenwang. Hügel 11, Gesamtansicht. M 1:200.

der Umgebung ab. Nördlich und östlich neben der angenommenen Kammer lagen Reste verkohlter Holzbretter und westlich des Grabbefundes einige verziegelte Stellen.

Funde:
Es konnten nur wenige Keramikreste geborgen werden, hierzu gehört eine flache kalottenförmige Schale und zwei Einzelscherben, die jeweils zu einem Großgefäß gehören könnten.

1. Leichenbrand, 0,5 g, Vg. IV–V, Rep. +, inf. I/II o.ä. 2007-27-166/4
2. Schale (Teilstück), flach, kalottenförmig, RDm.: 18 cm, H: 3 cm, Ton schwarz, Ofl. beige-orange, Schmauchspuren. Inv. 2007-27-163/1
3*. RS, evtl. von Kragenrandgefäß, dickwandig. Inv. 2007-27-164/1
4*. WS dickwandigeres Gefäß. Inv. 2007-27-281/1

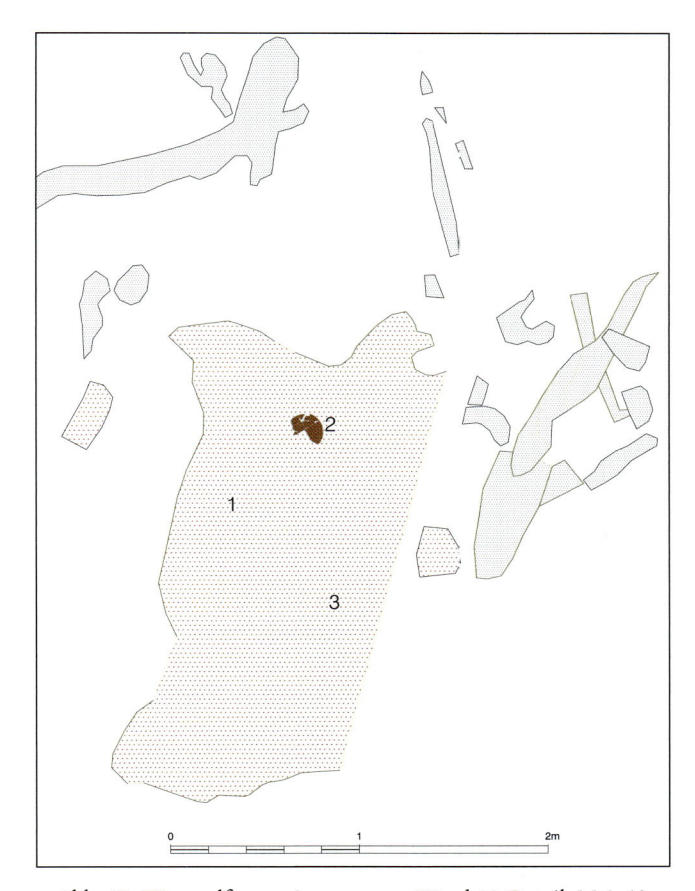

Abb. 47: Wasseralfingen-Appenwang. Hügel 11, Detail. M 1:40.

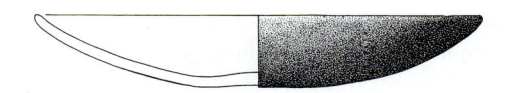

Abb. 48: Wasseralfingen-Appenwang. Hügel 11, Katalognummer 2. M 1:3.

Wasseralfingen-Appenwang: Topografie, Geologie und Grabungstechnik

Hans Lang

Topografie

Zwischen Aalen und Wasseralfingen, am Kocher-Brenz-Einschnitt der Schwäbischen Alb, liegt die bewaldete Flur Appenwang (Abb. 49) auf einem nach Nordwesten mit ca. 8% stark abfallenden, dann verflachenden Geländerücken am Osthang des nach Norden fließenden Kocher. Der Appenwang wurde im Westen früher durch die Talaue des Kocher, heute durch die parallel zum Hang führende, ca. 10 m oberhalb der Talaue gelegene Bahnlinie Aalen–Ellwangen und die Auguste-Kesslerstrassse begrenzt. Im Norden liegt das Tal des heute verdohlten, unter dem Werksgelände der Alfing-Kessler-Werke verlaufenden Übelbaches, im Osten und Süden bildet der Wald die Grenze (Abb. 2).

Elf Grabhügel erstreckten sich am Nordhang des Appenwangs auf einer Fläche von rund einem Hektar. Die Grabhügel 2 und 5 liegen parallel zum ehemaligen Übelbach sicher vor Überschwemmungen ca. 1 bis 2 m höher und etwa 11 m von diesem entfernt (Abb. 49).

Die Grabhügel differierten in ihrer Größe zwischen 10 und 15 m Durchmesser und Höhen bis zu 1,8 m. Randlich gestört war Hügel 3 durch die Anlage eines Parkplatzes, Hügel 6 und 7 durch den Bau einer Werksbahn. Ebenso wies der größte Teil der Grabhügel Trichterungen und Suchschnitte aus dem 19. Jahrhundert auf, die teilweise bis zu den Grabkammern reichten.

Geländescan und manuelle topografische Aufnahme

Den archäologischen Untersuchungen voraus ging eine Befliegung des Gebietes und der Geländeaufnahme mittels eines „airborne-LIDAR-Geländescans", einer relativ raschen und günstigen Methode der topografischen Aufnahme. Durch rechnerische Verfahren können herausragende Objekte wie Bäume, Sträucher, hoch stehende Gebäude, ausgeblendet werden.[1] Eine überhöhte Darstellung hebt die Geländemerkmale, in diesem Fall die Grabhügel, aber auch Wege, Rinnen und sonstige Eingriffe stärker hervor. Schließlich lässt sich mit diesen Daten ein anschauliches Höhenlinienmodell erstellen, in dem unter anderem Messungen über Lage und Höhe von Geländemerkmalen vorgenommen werden können. (Abb. 2 u. 50).

Alle Hügel und ihr Umfeld wurden vor deren Ausgrabung nochmals konventionell in einem Rasterabstand von 1m aufgenommen, um kleinräumige Geländeformationen zu erfassen, und die Daten des Geländescans zu überprüfen und zu ergänzen.

Vermessung und Zeichnungen

Auf dem Grabungsareal wurde ein Festpunktenetz installiert, das über drei vermarkte amtliche Messpunkte im Landeskoordinatensystem Gauß-Krüger abgesichert war. Für sämtliche Vermessungsarbeiten, vornehmlich die Aufnahme der Befunde stand eine Totalstation (Tachymeter) zur Verfügung, die alle Messwerte nach Lage und Höhe registriert. Linien- und Punktkodierungen sorgen für die richtige Zuordnung der Messwerte, die in ein CAD-Programm (AutoCad/ArchäoCad)[2] eingespielt und in Detail- und Gesamtplänen weiterverarbeitet wurden.

---

[1] J. Bofinger, Flugzeug, Laser, Sonde, Spaten. Fernerkundung und archäologische Feldforschung am Beispiel der frühkeltischen Fürstensitze (Esslingen 2007).
[2] Autocad von Autodesk, ArchäoCad von Arctron.

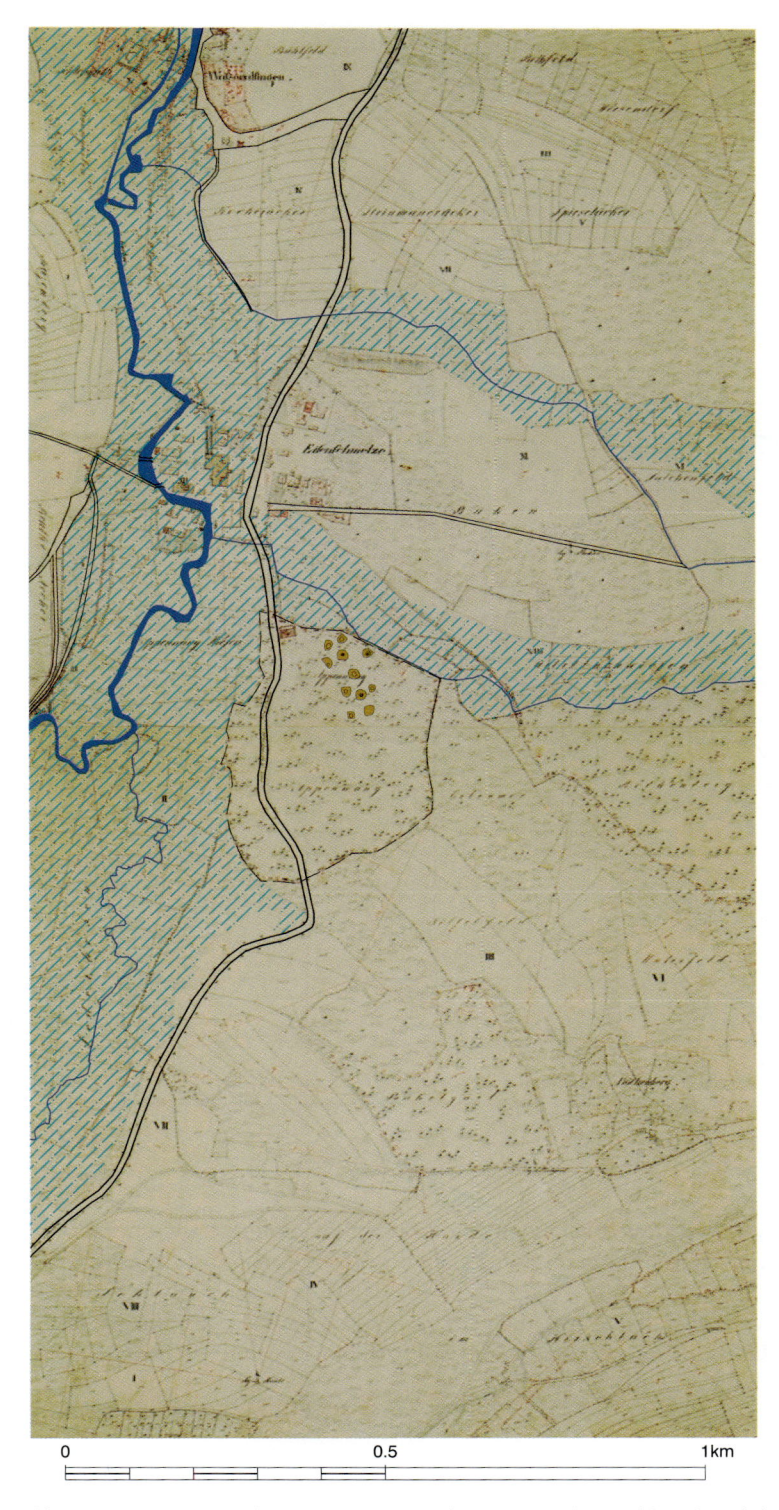

Abb. 49: Wasseralfingen-Appenwang Urkarte von 1829 mit dem Eintrag der Grabhügel und der Überschwemmungs- und Feuchtgebiete (Urkarte von 1829). Montage der Blätter N.O. Schichte XXXIV. Nr. 68 (nördl. Abschnitt) und N.O. Schichte XXXIII. Nr. 68 (südl. Abschnitt). Staatl. Vermessungsamt Aalen.

Abb. 50: Wasseralfingen-Appenwang. Ausschnitt aus dem LIDAR-Scan mit
10-cm-Höhenlinien, Darstellung der Grabhügel und des Baugebietes (rot).

Der Lokalisierung von ausgedruckten und kolorierten Zeichnungen (M 1:20/1:10) im Gesamtplan diente ein nummeriertes Raster, dessen Zellen die Größe von 7x5 m (im Maßstab 1:20 auf DIN A3) besaßen.
Das Einfügen von Digitalbildern in die gemessenen Befunde, deren Entzerrung (PhoToPlan)[3] und nachträgliche Umzeichnung ermöglichen die Darstellung von Details bei Grabkammern, Holzkohlelagen, Funden und Profilen (Abb. 51).

---

3 Foto-Entzerrungsprogramm der Fa. Kubit, Dresden.

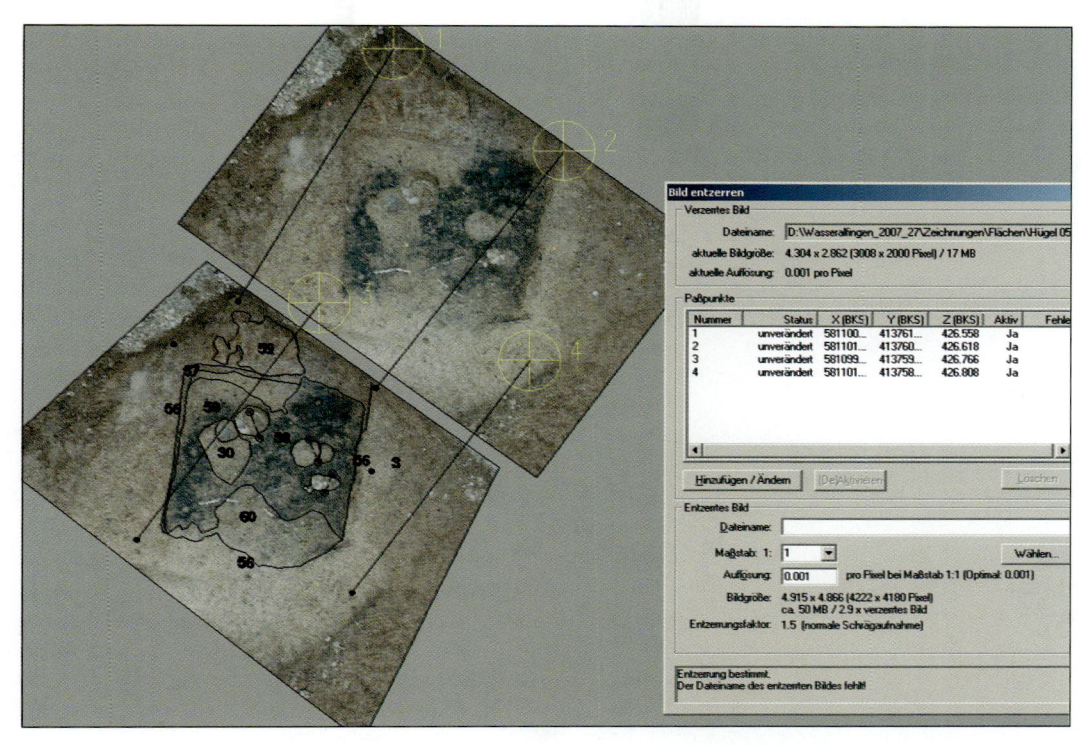

Abb. 51: Wasseralfingen-Appenwang. Fotoentzerrung mit PhoToplan.

Abb. 52: Wasseralfingen Appenwang. Luftbild von Westen des bereits gerodeten Geländes mit Kennzeichnung der Grabhügel. Am oberen Bildrand liegt der Bauabschnitt 1 mit den streifenförmigen Suchschnitten (O. Braasch/ H. Lang).

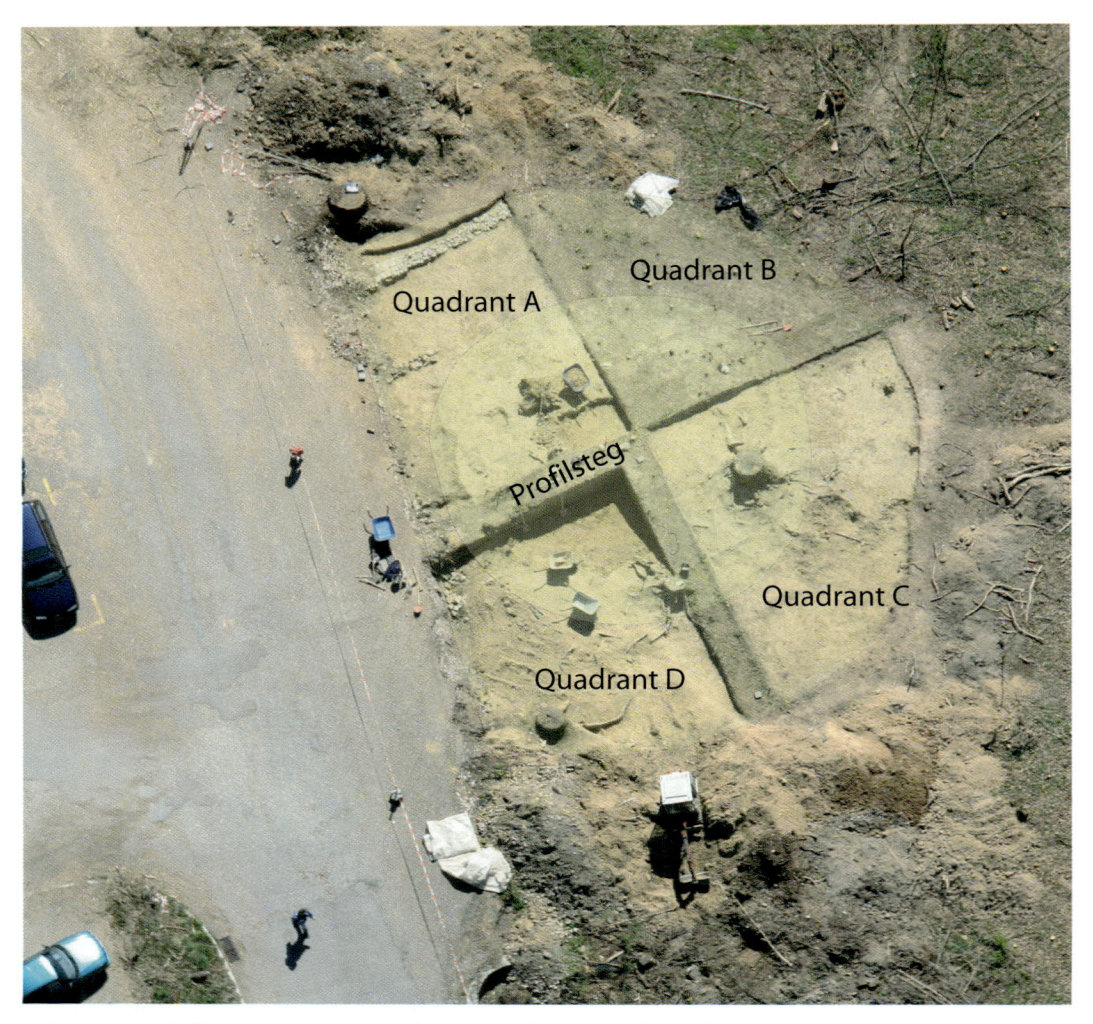

Abb. 53: Wasseralfingen-Appenwang. Teilweise ergrabener Hügel 5, links bereits durch den Parkplatz gestört. Einteilung in Quadranten und Hervorhebung der Hügelschüttung und des Hügelrandes. (O. Braasch/H. Lang).

Geologie

Im Untersuchungsgebiet der N-NW-Flanke des Appenwang liegt über dem Opalinuston (Tonstein und Tonmergelstein) zugeordneten Schichten ein ca. 5–6 m starker Verwitterungslehm des Opalinustons. Dieser wird bedeckt von einer nur noch in den oberen südöstlichen Bereichen anstehenden max. 1m mächtigen Schicht sandig, schwach kiesiger Flussablagerungen, den sog. „Goldshöfer Sanden."[4] Hangabwärts im Umfeld der Grabhügel wurden diese Sande nicht angetroffen. Die humose Auflage in diesem Bereich ist bis zu 10 cm stark.

Während der in der Grabungskampagne auftretenden Regenfälle wurde von dieser schwachen Humusauflage wenig absorbiert, da der o. g Verwitterungslehm das Wasser ohne nennenswerte Absorption nach Norden zum Übelbachtal ableitete. Dies könnte der Grund für die Erosion des ehemals sandigen Oberbodens und die schwache Humusbedeckung sein.

---

4 Geologisches Baugrundgutachten Behringer, Aalen, Feb. 2007

Abb. 54: Wasseralfingen-Appenwang. Hügel 8 während der maschinellen
Freilegung unter Beibehaltung eines Profilsteges.

Grabungstechnik

Das Bauvorhaben, die Erweiterung der Alfing-Kessler-Werke um zwei neue Fertigungshallen, greift in den Nordhang des Appenwang mit ca. 2,9 ha tiefgründig ein. Der erste Bauabschnitt südöstlich des Grabhügelfeldes mit ca. 1,3 ha, auf dem die „Neue Pressenschmiede" (Abb. 50) entstand, musste relativ rasch innerhalb von 14 Tagen auf archäologische Spuren untersucht werden. Dazu wurde mit Hilfe eines Baggers das bereits gerodete Gelände streifenweise abgezogen, der Abraum auf den verbliebenen Zwischenrippen gelagert. Zur genaueren Untersuchung etwaiger Bodenbefunde hätten sich die bereits aufgegrabenen Flächen erweitern lassen.

In diesem Abschnitt wurden außer der Schotterung von Waldwegen, Wasserrinnen und anderen neuzeitlichen Eingriffen keine älteren archäologischen Befunde angetroffen. Die Kartierung dieser erfolgte über eine Luftbildentzerrung mit anschließender Umzeichnung, so dass dieser Bauabschnitt fristgerecht zu Bebauung freigegeben werden konnte (Abb. 52).

Für den zweiten Bauabschnitt, auf dem die Grabhügel lagen, wurden in Verhandlungen mit dem Bauherrn und der Bauleitung die Fristen zur Übergabe des Geländes so gesetzt, dass für die Untersuchung der Hügel und deren Umfeld ein Zeitrahmen von insgesamt 15 Monaten (abzüglich Winterruhe) zur Verfügung standen. In der Zeit zwischen Ende März 2007 und November 2007 wurden die Grabhügel 1, 2, 3, 4, 5 und 10 mit Umfeld vollständig untersucht. Ab Mitte März bis Ende Juni 2008 konnten die Hügel 6, 7, 8, 9 und 11 ebenfalls ergraben werden.

In der Grabungskampagne 2007 sind die Hügel nach der Quadrantenmethode untersucht worden. Die höchste Stelle des Hügels bildet den Mittelpunkt von vier Quadranten, die, unter Beibehaltung von L-förmigen Profilstegen, separat und gleichzeitig ausgegraben werden können. Die Profilstege erlaubten eine ständige Kontrolle des ursprünglichen Aufbaus der Hügelschüttungen. Auf der Höhe der ersten angetroffenen Befunde der Grabkammer wurden diese Profile dokumentiert und anschließend abgebaut, um auch die Befunde unter den Stegen flächig vollständig zu untersuchen (Abb. 53).

Die Erfahrungen der Grabungskampagne im Jahre 2007 zeigten, dass nur in Hügel 1 an der Peripherie der Hügelschüttung eine Nachbestattung angetroffen wurde. Dies und der Zeitdruck bewogen die Ausgräber zu einer Änderung der Grabungsmethode. Unter Beibehaltung eines 1m breiten Profilsteges in Hangrichtung wurden die Hügelschüttungen vorsichtig maschinell abgetragen, bis sich die ersten Merkmale einer Änderung im Befund abzeichneten. Auf diese Weise wurden alle Hügel „vorbereitet", anschließend von Hand die Befunde freigelegt. Es zeigte sich, dass mit dieser Methode keine Qualitätseinbußen einhergingen. (Abb. 54).

Abbildungsnachweis

Fundzeichnungen: Ch. v. Elm, Tübingen, u. K. Fink, Esslingen. – Abb. 2: LAD Esslingen/ArcTron 3D. – Abb. 3 u. 6 LAD Esslingen, Grabungsdokumentation. – Abb. 4, 5, 27,4.5 Fotos Y Mühleis, LAD Esslingen. – Abb. 49 Staatl. Vermessungsamt Aalen. – Abb. 50 LAD/Arctron 3D. – Abb. 51 u. 54 LAD, Grabungsdokumentation. – Abb. 52 u. 53 LAD, O. Braasch.
Befundzeichnungen: H. Lang, Ulm.

Schlagwortverzeichnis

Hallstattzeit; Aalen; Wasseralfingen-Appenwang; Grabhügel; Brandgräber; Keramik; Alb-Hegau-Keramik; Grabungstechnik; „Airborne-Lidar-Geländescan"; AutoCad; ArchäoCAD.

Anschriften der Verfasser

Hans Lang
RP Stuttgart
Landesamt für Denkmalpflege
Neue Straße 34
89073 Ulm

E-Mail: hans.lang@rps.bwl.de

Dipl. Prähist. Petra Otte-Scheschkewitz
RP Stuttgart
Landesamt für Denkmalpflege
Berliner Straße 12
73728 Esslingen a. Neckar

E-Mail: Petra.Otte-Scheschkewitz@rps.bwl.de

Zur demographischen Struktur der Bestattungen im späthallstattzeitlichen Grabhügel vom Magdalenenberg

Steve Zäuner und Joachim Wahl

Erhaltungszustand, Überlieferungsgrad und bisherige Vorarbeiten

Die menschlichen Skelettreste vom Magdalenenberg sind ausgesprochen schlecht erhalten. Die Oberfläche der Knochen ist stark erodiert und rissig, die spongiösen Anteile sind nahezu komplett verwittert. Von einigen Gräbern ist gerade noch ein Handvoll Knochenmaterial übrig, aus vielen Befunden sind nurmehr einzelne Bruchstücke oder ausschließlich Zahnreste vorhanden. Größere Partien von Schädeln, Becken oder anderen Plattknochen können ebenso wie Teile der Wirbelsäule und des Brustkorbs oder Hand- und Fußknochen nur ausnahmsweise angesprochen werden. Vom Postkranium sind am ehesten Bruchstücke der großen Langknochen überliefert. Der Grabhügel bot offensichtlich ein extrem ungünstiges Liegemilieu. Um sich eine Vorstellung von der Materialmenge machen zu können, sei erwähnt, dass der gesamte Skelettbestand aus 127 Gräbern in lediglich neun Fundkartons Platz findet.

Im Rahmen der jüngst durchgeführten Untersuchung wurde noch Knochenmaterial aus 98 Körpergräbern angetroffen, davon in 88 Fällen auch Zahnreste. Dazu kommen vier separat ausgewiesene Brandgräber (Grab 14, 22, 28 und 40) sowie dreimal Brandknochen, die mit einer Körperbestattung vergesellschaftet waren (Grab 56, 75 und 106; der Leichenbrand aus Grab 75 stammt von zwei Individuen). Das Skelettmaterial aus vier Gräbern (Grab 17, 23/II, 113/I und 114/II), das in der früheren Bearbeitung von G. Gallay noch beurteilt werden konnte, lag nicht mehr zur Begutachtung vor. Dafür waren nun aus drei Gräbern jeweils zwei Individuen ausgewiesen (Grab 84a und b, 118a und b, Grab 121 und 121/I), die im Rahmen der Erstbearbeitung nicht einzeln angesprochen worden sind. Weitere Skelettreste aus den Gräbern 2?, 5, 8, 14, 21, 72 und 114/II? wurden im Zuge der vorliegenden Nachuntersuchung zwischen den archäologischen Funden entdeckt – die beiden fraglichen jedoch unberücksichtigt gelassen.

Neben der bereits erwähnten Publikation von Gallay,[1] die sich mit den Skelettresten aus den Körpergräbern befasst, liegen im selben Band noch die Leichenbrandanalysen von Kühl[2] sowie eine ältere Arbeit zum anthropologischen Befund von Grab 1 vor.[3] In einer jüngeren Veröffentlichung widmet sich Wahl[4] dem Knochenmaterial aus den Gräbern 1, 23 und 51, deren Skelettreste im Museum in Villingen aufbewahrt sind. Die neu vorgenommene Bestandsaufnahme sowie Alters- und Geschlechtsbestimmung erfolgten im Zusammenhang mit einer Studie zur Mobilität und Nahrungsrekonstruktion anhand von Isotopenanalysen.[5]

---

1 Gallay 1977.
2 Kühl 1977.
3 Gallay 1971.
4 Wahl 2002.
5 *Siehe nächste Seite.*

Material und Methode

Die Untersuchung der menschlichen Knochenreste erfolgte nach bewährten konventionellen Methoden zur Alters- und Geschlechtsdiagnose.[6] Die Bestimmung des Sterbealters basiert demnach im Wesentlichen auf dem Zahnbefund, dem Epi- und Apophysenschluss, der Verwachsung der Sphenobasilarfuge sowie der Schädelnähte und der Struktur der Symphysenfuge. Als zusätzliche Kriterien wurden die Zahnkronenabrasion und degenerative Veränderungen im Bereich der Wirbelsäule und Gelenke herangezogen.[7] Histologische Verfahren, wie die Erfassung der Osteonenstruktur oder die TCA kamen im Hinblick auf den stark variierenden Überlieferungsgrad der Skelette nicht zur Anwendung. Die Geschlechtsdiagnose erfolgte in erster Linie anhand der üblichen Formunterschiede an Becken und Schädel. Unter Berücksichtigung des schlechten Erhaltungszustands wurden vielfach auch Detailmerkmale z. B. des Felsenbeins, sowie metrische Daten und Diskriminanzanalysen verschiedener Skelettelemente einbezogen. Dazu kamen allgemeine Proportions- und Größenverhältnisse, Robustizität/Grazilität und das Muskelmarkenrelief – wie einzelne Parameter zur Altersbestimmung in Anlehnung an die intraserial angetroffene Variation.[8] DNA-Analysen sind angesichts der ungünstigen Erfolgsaussichten bislang noch nicht durchgeführt worden.

Aus 127 Gräbern und einem Befund aus der Hügelschüttung wären theoretisch Daten zu 141 Individuen zu erwarten gewesen. Aufgrund der beschriebenen Einschränkungen und unter Berücksichtigung der Tatsache, dass zu einigen Individuen keine Angaben zu Sterbealter und Geschlecht möglich sind (Grab 11, 33 und 60), fließen somit lediglich noch 111 Individuen in die nachfolgende Untersuchung ein. Um die mögliche Sonderstellung der Leichenbrände darzustellen, wurden Berechnungen für das Gesamtkontingent mit und ohne Berücksichtigung der in den Brandresten repräsentierten acht Individuen durchgeführt. Es zeigte sich jedoch, dass diese nur einen unwesentlichen Einfluss auf die demographische Zusammensetzung der Serie haben.

Altersverteilung

Die Ergebnisse der individuellen Alters- und Geschlechtsdiagnosen gehen aus Tabelle 1 hervor. Dort sind auch die Erstbestimmungen von Gallay bzw. Kühl[9] sowie eine Gegenüberstellung mit der aufgrund der Beigaben angenommenen archäologischen Geschlechterzuweisung enthalten. Die nachfolgenden Aussagen beziehen sich auf die jüngst durchgeführten Untersuchungen, bei denen im Vergleich zu den älteren Angaben für die meisten Skelettreste etwas differenziertere Altersbestimmungen möglich schienen.

Demnach sind am Magdalenenberg definitiv keine Neugeborenen und lediglich zwei Individuen nachgewiesen, die vielleicht noch als Säuglinge oder Kleinkinder angesprochen werden können (Grab 9 und 35). Bei Grab 9 handelt es sich um ein 3(–5)-jähriges, möglicherweise weibliches, bei Grab 35 um ein 2(–6)-jähriges, eher männliches, Individuum. Die jüngsten Verstorbenen wurden somit entweder nicht, oder – angesichts der beiden Genannten – nur ausnahmsweise im Kontext des

---

5 Oelze et al. 2011. – Dabei ist eine Zuordnung von im Block geborgenen „Leichenbrandresten" zu Grab 2 fraglich, da diese lediglich dort beigepackt, aber nicht beschriftet sind. Von Grab 5 wurden unter der Bezeichnung Vi 79/159-190 Teile eines Caninus vom Schwein gefunden, es fehlt ein unter Vi 79/167 avisierter „Kinderzahn". Zusätzliche Erkenntnisse lieferten die Reste aus den Gräbern 8, 14, 21 und 72. Ein möglicherweise Grab 114/II zugehöriger „Schädelrest" (Vi 73/451) konnte ebenfalls nicht näher untersucht werden. Bei dem Streufund Vi 72/469 handelt es sich um den linken oberen Weisheitszahn eines jüngeren Erwachsenen. Im Wurzelbereich sind sowohl Eisen- als auch Bronzeverfärbungen festzustellen.
6 Vgl. u. a. Ferembach et al. 1979; Herrmann et al. 1990; Buikstra/Ubelaker 1997.
7 z. B. Brothwell 1981; Hecking 1991; Iscan 1989; Kemkes-Grottenthaler 1993; Meindl/Lovejoy 1985; Moorrees et al. 1963; Perizonius 1984; Rösing/Kvaal 1998; Vallois 1937; Wolf-Heidegger 1972.
8 u. a. Bruzek 2002; Murail et al. 2005; Henke 1979; Ahlbrecht 1997; Introna et al. 1997; Robling/Ubelaker 1997; Holman/Bennett 1991; Ditch/Rose 1972; Graw 2001.
9 Gallay 1977; Kühl 1977.

Grabhügels bestattet oder ihre Skelettreste sind infolge geringer Grabtiefe aberodiert oder komplett verwittert, was in Anbetracht des Erhaltungszustands des überlieferten Knochenmaterials durchaus denkbar wäre. In letzerem Fall hätten die Archäologen jedoch zumindest entsprechend zu deutende Grubenbefunde registrieren müssen. Sonderbehandlungen für Neugeborene sind dagegen ein weit verbreitetes Phänomen. Die ältesten, hinsichtlich ihres Sterbealters konkret ansprechbaren Individuen gehören in die Altersstufe ‚spätmatur', einige wenige könnten auch über 60 Jahre alt geworden sein (Grab 54, 82, 92 und 96).

Die Altersverteilung in Fünfjahresgruppen zeigt ihr Maximum bei den 25–30-Jährigen, eingebettet in eine Phase deutlich erhöhter Sterblichkeit innerhalb der gesamten Altersgruppe ‚adult'. Die 20- bis 40-Jährigen stellen alleine rund 61% aller erfassten Skelettindividuen. Hierbei handelt es sich um die körperlich ‚fitteste' Gruppe innerhalb des gesamten Kontingents, die offensichtlich auch erhöhten Sterberisiken ausgesetzt war (s. u.). Ein kleinerer Peak zeichnet sich bei den spätmaturen (oder älteren) Individuen ab. Er könnte in dieser Größenordnung aber ebensogut ein statistisches Artefakt darstellen, da auch eine Individuenzahl von 111 nicht in jeder Hinsicht repräsentativ ist.

Das Verhältnis von Erwachsenen zu Kindern und Jugendlichen beträgt 93,8 : 17,2 bzw. 84,5% : 15,5%. Damit liegt der Anteil von Subadulten deutlich unter den Erwartungswerten, die für prähistorische Verhältnisse hinsichtlich einer stabilen Bevölkerung und unter Berücksichtigung von UN-Sterbetafeln mit 45% bis 60% angenommen werden.[10] In der Realität werden allerdings bei vorgeschichtlichen Skelettserien meistens geringere Anteile von ca. 20–25% und selten 30% oder mehr angetroffen.[11] Demnach stellt sich auch am Magdalenenberg nicht nur für Neugeborene und Kleinkinder, sondern auch für die Nichterwachsenen insgesamt die Frage nach möglichen Sonderbestattungen (s. u.).

Für die erwachsenen Männer ergibt sich ein durchschnittliches Sterbealter von 38,8 Jahren, für die Frauen ein solches von 32,2 Jahren. Der Unterschied zwischen den Geschlechtern beträgt damit nur wenig mehr als drei Jahre. Dass allerdings die Frauen im Mittel nicht so alt wurden wie die Männer, wird gemeinhin mit deren Sterberisiken im Hinblick auf Schwangerschaft, Geburt und Kindbett erklärt, und entspricht insofern den Erwartungen. Nimmt man die (zumindest tendenziell) geschlechtsbestimmten Kinder und Jugendlichen hinzu, errechnet sich für die männlichen Individuen ein durchschnittliches Sterbealter von 36,4 Jahren und für die weiblichen ein solches von 33,2 Jahren. Der vorher eruierte Altersabstand von rund drei Jahren bleibt bestehen. Für die gesamte Serie ergibt sich rein rechnerisch ein gemitteltes Sterbealter von wenig mehr als 32 Jahren.

Geschlechterrelation und Lebenserwartung

Inklusive der Subadulten wurden 37 Individuen als männlich bzw. eher männlich bestimmt, für die (eher) weiblichen Individuen konnte ein nahezu identischer Wert von 38 ermittelt werden und 28 (+3) Skelettindividuen mussten, in der Regel infolge unzureichender Knochenerhaltung, geschlechtlich unbestimmt bleiben. Damit ist die Relation zwischen Männern und Frauen – dem Erwartungswert entsprechend – ausgeglichen.[12] Zusammen mit den Leichenbränden ergeben sich 40 männliche Individuen, 39 weibliche und 32 (+3) unbestimmte. Am Magdalenenberg besteht demnach weder ein Männerüberschuss noch ein Frauendefizit, d. h. keines der Geschlechter wurde bevorzugt hier bestattet.

Hinsichtlich der Geschlechtsdiagnosen konnten die Ansprachen von G. Gallay im Rahmen der neuen Durchsicht nahezu durchgehend bestätigt und in einigen Fällen noch ergänzt werden. Die von I. Kühl untersuchten Leichenbrände lagen für die Nachbearbeitung nicht mehr vor. Lediglich bei Grab 82 (‚matur' oder älter) erfolgte eine abweichende anthropologische Beurteilung. Diese

---

10 Acsádi/Nemeskéri 1970; Donat/Ullrich 1971; Weiss 1973.
11 Czarnetzki 1995; Langenscheidt 1985; zuletzt Kölbl 2004.
12 Brothwell 1981.

Skelettreste waren bei der Erstbearbeitung als männlich und sind nun als weiblich eingestuft worden. Bei einer Gegenüberstellung mit den Geschlechtszuweisungen von archäologischer Seite ergeben sich nur in drei Fällen Diskrepanzen. So werden Grab 19 und Grab 117 (beide Individuen sind im Alter von etwa 20 Jahren gestorben) aufgrund des Beigabenbefundes als männlich, infolge der knöchernen Anhaltspunkte jedoch als (eher) weiblich angesprochen. Umgekehrt soll Grab 116 („spätmatur' oder älter) anhand archäologischer Kriterien ein Frauengrab sein. Die geschlechtstypischen Formmerkmale der vorhandenen Skelettreste weisen dagegen eindeutig auf einen Mann hin. Aus Grab 19 sind lediglich Reste von Zahnkronen überliefert, so dass alleine die Dimensionen der Zähne als Indizien gelten können. Aus den anderen beiden Gräbern ist allerdings ausreichend Knochenmaterial erhalten, wonach der intraseriale Vergleich kaum einen Zweifel an der anthropologischen Ansprache gestattet. Dass es sich dabei um zwei direkt benachbarte Gräber handelt, mag Zufall sein, könnte aber vielleicht auch auf eine, evtl. bereits bei der Bergung erfolgte, Vertauschung der knöchernen Überreste und/oder Beigaben zurückzuführen sein. Immerhin weisen in beiden Fällen sowohl die erste Ansprache von G. Gallay als auch die neue Einschätzung gleichlautend in dieselbe Richtung.

Im männlichen Kontingent starben 57,5% in der Altersstufe ‚adult', 27,0% in der Altersstufe ‚matur' und 6,4% in der Altersstufe senil. Die entsprechenden Werte für die weiblichen Individuen liegen bei 69,8%, 18,8% und 3,6% (vgl. die Sterbetafeln Tab. 2 u. 3). Das heißt, zwischen 20 und 40 Jahren starben 12,3% mehr Frauen als Männer, dafür zwischen 40 und 60 Jahren 8,2% und in der höchsten Altersklasse noch 2,8% mehr Männer als Frauen. Insofern konkretisiert sich die Annahme, dass das niedrigere Durchschnittsalter der Frauen v. a. auf eine höhere Sterblichkeit während der sog. reproduktiven Phase zurückzuführen ist, die allgemein mit ca. 15/20 bis 40/45 Jahren angesetzt wird. Die mittlere Lebenserwartung für die mit dem vorliegenden Kontingent insgesamt erfasste Population lag bei ca. 32 Jahren. Im Alter von 20–24 Jahren betrug die weitere Lebenserwartung noch 16,0 und im Alter von 40–44 weitere 11,6 Jahre. Für die als männlich Bestimmten errechnet sich eine Lebenserwartung bei der Geburt von 36,2 und für die als weiblich Bestimmten eine solche von 33,0 Jahren. Diese Werte bestätigen größenordnungsmäßig die o. g. Daten zum durchschnittlichen Sterbealter, die auf einem anderen Rechenweg kalkuliert wurden. Der Abstand zwischen den Geschlechtern pendelt zwischen 0,1 und über drei Jahren und zeigt in der Altersgruppe der 15–19-Jährigen mit 3,8 Jahren den größten Unterschied in der Lebenserwartung. In der Altersgruppe der 20–24-Jährigen ist die weitere Lebenserwartung der jungen Männer gegenüber den jungen Frauen mit 3,7 Jahren ebenfalls noch höher als im Durchschnitt.

Ein interessantes Phänomen deutet sich in der Altersgruppe der 50–60-Jährigen an. Alleine bei den ‚spätmaturen' Individuen liegt die Lebenserwartung der erwachsenen Frauen geringfügig über derjenigen der Männer. Sobald die reproduktive Phase überstanden ist, macht sich demnach offenbar die größere biologische Vitalität der Frauen gegenüber den Männern auch in diesem Kontingent bemerkbar. Die alles in allem geringen Individuenzahlen dürfen jedoch nicht überinterpretiert werden. Das gilt ebenso für die Verteilung der Subadulten. Die relative Zahl der gestorbenen Knaben liegt bei den 0–4-Jährigen nur wenig unter den Mädchen, bei den 5–9-Jährigen ebenfalls, bei den 10–14-Jährigen um ein Mehrfaches darüber und bei den 15–19-Jährigen erneut niedriger. Ob sich damit hinsichtlich der Sterberisiken der Nichterwachsenen riskantere Aktivitäten der 10–14-jährigen Knaben (evtl. als Hütejungen o. ä.) oder innerhalb der 15–19-jährigen Mädchen möglicherweise bereits erhöhte Gefahren durch Teenagerschwangerschaften zu erkennen geben, muss dahingestellt bleiben.

Kinderdefizit

Wie in modernen Gesellschaften, ist auch in prähistorischen Bevölkerungen zu erwarten, dass gelegentlich Neugeborene und Säuglinge gestorben sind. Lässt man die Erhaltungsbedingungen außer Acht, kann das ebenso für die Population angenommen werden, die ihre Verstorbenen am Magdalenenberg bestattet hat. Vertreter der Altersstufen ‚neonatus' und ‚frühinfans I' sind allerdings unter den vorliegenden Skelettresten so gut wie gar nicht nachgewiesen. Ihr Fehlen kann daher nur mit Sonderbestattungen erklärt werden. Die wenigen, tatsächlich vorhandenen (Klein-)Kinder könnten vielleicht darauf hinweisen, dass einzelnen Familien bestimmte Privilegien zustanden. Die übrigen Altersstufen der Nichterwachsenen erscheinen ebenfalls zu gering besetzt, erstens im Hinblick auf ihre Gesamtzahl, zweitens angesichts ihrer relativen Verteilung. Doch könnten hier auch spezifische, ortstypische Gepflogenheiten eine Rolle spielen.

Um das mögliche Kinderdefizit zu kalkulieren, wurden zwei Modellrechnungen durchgeführt. Unter der Annahme, dass 45% Subadulte vorhanden sein müssten, wären 60 Kinder und Jugendliche zu addieren, bei einem Nichterwachsenenanteil von 60% kämen 124 Individuen hinzu, die möglicherweise anderweitig bestattet wurden und jeweils auf die vier Altersstufen 0–5, 5–9, 10–14 und 15–19 zu verteilen sind. Legt man dabei die konkret vorhandene Altersverteilung innerhalb der Subadulten zugrunde, verringert sich die Lebenserwartung der Gesamtpopulation bei der Geburt auf 24,4 Jahre, wenn die vorhandenen Erwachsenen 55% der Bevölkerung stellen. Bei einem Erwachsenenanteil von 40% ergäbe sich eine durchschnittliche Lebenserwartung von lediglich noch 20,5 Jahren – immerhin mehr als zehn Jahre unter dem Wert, der ohne Korrektur des Kinderdefizits eruiert wurde. Die weitere Lebenserwartung der 20–24-Jährigen betrüge dann noch 16,1 und diejenige der 40–44-Jährigen noch 12,1 Jahre. In Relation zu älteren Epochen sind diese Zahlen durchaus noch im Bereich des Möglichen. Ob sie jedoch für die späte Hallstattzeit am Magdaleneberg realistisch sind, darüber kann nur spekuliert werden. Die tatsächliche Lebenserwartung der zugrunde liegenden Bevölkerung liegt demnach zwischen mindestens 20,5 und höchstens 32 Jahren.

Die Brandgräber

Dass in dem vorliegenden Knochenmaterial auch einige Leichenbrände enthalten sind, ist ein Beleg dafür, dass neben der vorherrschenden Körperbestattung gleichzeitig auch die Sitte der Brandbestattung geübt wurde. Die Brandreste treten sowohl als Einzelgrablegen als auch in Kombination mit unverbrannten Skeletten in Erscheinung (s. o. und Tab. 1). Bei derartigen, gemischtbelegten Gräberserien stellt sich stets die Frage, warum ein Teil der Bevölkerung einem abweichenden Bestattungsritus unterworfen wurde.[13] Hier kommen u. a. bestimmte Todesarten oder -umstände, Strafmaßnahmen, soziale Unterschiede oder auch Zugezogene in Frage, die ihre ursprünglichen Traditionen beibehalten haben.

Am Magdalenenberg sind aus den verbrannten Überresten nach I. Kühl[14] acht Individuen nachweisbar. Sie repräsentieren drei Kinder und Jugendliche sowie fünf Erwachsene, im Detail die Altersstufen ‚infans I', infans II', ‚infans II/juvenil', ‚frühadult', ‚adult', ‚spätadult' (oder älter), mithin nahezu die gesamte Altersspanne, die auch bei den unkremiert Bestatteten anzutreffen ist. Das Individuum aus Grab 22 konnte von der Bearbeiterin lediglich als „erwachsen" eingestuft werden. Hinsichtlich der Geschlechtsdiagnosen finden sich Hinweise auf (eher) männlich (Grab 14, 28 und 40) ebenso wie auf eher weiblich (Grab 75c). Demnach dokumentiert diese kleine Teilstichprobe nicht nur verschiedene Altersgruppen, sondern auch beide Geschlechter. Und daraus lässt sich ableiten, dass zumindest diese beiden Parameter keine Rolle hinsichtlich einer möglichen, selektiven Vorgehensweise bei der Auswahl der Bestattungsart spielten.

Das rein rechnerisch ermittelte, durchschnittliche Sterbealter der eingeäscherten Individuen liegt bei knapp 24,1 Jahren. Es darf jedoch aufgrund der kleinen Individuenzahl nicht als repräsentativ für diese Gruppe betrachtet werden. Lässt man die Kremierten außen vor, ergeben sich nur minimale Unterschiede zu den Werten für die komplette Serie inklusive der Brandgräber (s. o.).

---

13 Wahl 1988.
14 Kühl 1977.

Literaturverzeichnis

Acsádi/Nemeskéri 1970 — G. Acsádi/J. Nemeskéri, History of Human Life Span and Mortality (Budapest 1970).

Ahlbrecht 1997 — M. Ahlbrecht, Geschlechtsdifferenzierung an der Pars petrosa ossis temporalis. Dissertation (Tübingen 1997).

Bruzek 2002 — J. Bruzek, A Method for Visual Determination of Sex, Using the Human Hip Bone. Am. Journal Phys. Anthr. 117, 2002, 157–168.

Brothwell 1981 — D. R. Brothwell, Digging up Bones. The Excavation, Treatment and Study of human Skeletal Remains (London 1981).

Buikstra/Ubelaker 1997 — J. E. Buikstra/D. H. Ubelaker, Standards for Data Collection from Human Skeletal Remains. Arkansas Arch. Survey Research Ser. 44 (^{3}Fayetteville 1997).

Czarnetzki 1995 — A. Czarnetzki, Das Kleinkinderdefizit der Merowingerzeit in Südwestdeutschland im Spiegel medizinhistorischer Erkenntnisse. Bull. Mém. Soc. Suisse Anthr. 1, 1995, 89.

Ditch/Rose 1972 — L. E. Ditch/J. C. Rose, A multivariate dental sexing technique. Am. Journal Phys. Anthr. 37, 1972, 61–64.

Donat/Ullrich 1970 — P. Donat/H. Ullrich, Einwohnerzahlen und Siedlungsgrößen der Merowingerzeit. Zeitschr. Arch. 5, 1970, 234–265.

Ferembach et al. 1979 — D. Ferembach/I. Schwidetzky/M. Stloukal, Empfehlungen für die Alters- und Geschlechtsdiagnose am Skelett. Homo 30, 1979, (1)–(32).

Gallay 1971 — G. Gallay, Die menschlichen Skelettreste der Ausgrabung 1890 am Magdalenenberg. In: K. Spindler, Magdalenenberg I (Villingen 1971) 48 f.

Gallay 1977 — G. Gallay, Die Körpergräber aus dem Magdalenenberg bei Villingen. In: K. Spindler, Magdalenenberg V (Villingen 1977) 79–118.

Graw 2001 — M. Graw, Morphometrische und morphognostische Geschlechtsdiagnostik an der menschlichen Schädelbasis. In: M. Oehmichen/G. Geserick (Eds.), Osteologische Identifikation und Altersschätzung. Research in Legal Medicine 26, 2001, 103–121.

Hecking 1991 — M. Hecking, Untersuchungen zur Altersbestimmung der Individuen zweier spätneolithischer Skelettserien aus Baden-Württemberg anhand verschiedener Abrasionsphänomene. Dissertation (Tübingen 1991).

Henke 1979 — W. Henke, Beitrag zur Optimierung der metrischen Geschlechtsbestimmung am postkranialen Skelett. Mém. Soc. Hell. Anthr. 48, 1979, 112–122.

Herrmann et al. 1990 — B. Herrmann/G. Grupe/S. Hummel/H. Piepembrink/H. Schutkowski, Prähistorische Anthropologie. Leitfaden der Feld- und Labormethoden (Berlin, Heidelberg, New York 1990).

Holman/Bennett 1991 — D. J. Holman/K. A. Bennett, Determination of Sex from Arm Bone. Am. Journal Phys. Anthr. 84, 1991, 421–426.

Introna et al. 1997 — F. Introna jr./G. Di Vella/C. P. Campobasso/M. Dragone, Sex Determination by Discriminant Analysis of Calcanei Measurements. Journal Forensic Sci. 42, 1997, 725–728.

Iscan 1989 — M. Y. Iscan (Hrsg.), Age Markers in the Human Skeleton (Springfield 1989).

Kemkes-Grottenthaler 1993 — A. Kemkes-Grottenthaler, Kritischer Vergleich osteomorphognostischer Verfahren zur Lebensaltersbestimmung Erwachsener. Dissertation (Mainz 1993).

Kölbl 2004 — S. Kölbl, Das Kinderdefizit im frühen Mittelalter – Realität oder Hypothese? Zur Deutung demographischer Strukturen in Gräberfeldern. Dissertation (Tübingen 2004).

Kühl 1977 — I. Kühl, Die Leichenbrände aus dem Magdalenenberg bei Villingen im Schwarzwald. In: K. Spindler, Magdalenenberg V (Villingen 1977) 119–135.

Langenscheidt 1985	F. Langenscheidt, Methodenkritische Untersuchungen zur Paläodemographie am Beispiel zweier fränkischer Gräberfelder. Materialh. Bevölkerungswiss. Sonderh. 2 (Wiesbaden 1985).
Meindl/Lovejoy 1985	R. Meindl/C. O. Lovejoy, Ectocranial suture closure. A revised method for the determination of skeletal age at death based on the lateral anterior sutures. Am. Journal Phys. Anthr. 68, 1985, 57–66.
Moorrees et al. 1963	C. Moorrees/E. A. Fanning/E. E. Hunt jr., Age variation of formation for the permanent teeth. Journal Dental Research 42, 1963, 1490–1502.
Murail et al. 2005	P. Murail/J. Bruzek/F. Houet/E. Cunha, DSP: a probabilistic sex diagnosis tool using worldwide variability in hip bone measurements. Bull. Mém. Soc. Anthr. Paris 17, 2005, 167–176.
Oelze et al. 2011	V. M. Oelze/J. K. Koch/K. Kupke/O. Nehlich/S. Zäuner/J. Wahl/S. Weise/S. Rieckhoff/M. P. Richards, Multi-isotopic analysis reveals individual mobility and diet at the Early Iron Age monumental tumulus of Magdalenenberg, Germany. Am. Journal Phys. Anthr. 2011-00293.R2, im Druck.
Perizonius 1984	W. R. K. Perizonius, Closing and Non-closing Sutures in 256 Crania of Known Age and Sex from Amsterdam (A.D. 1883–1909). Journal Human Evol. 13, 1984, 201–216.
Robling/Ubelaker 1997	A. G. Robling/D. H. Ubelaker, Sex Estimation from the Metatarsals. Journal Forensic Sci. 42, 1997, 1062–1069.
Rösing/Kvaal 1998	F. W. Rösing/S. I. Kvaal, Dental Age in Adults – A Review of Estimation Methods. In: K. W. Alt/F. W. Rösing/M. Teschler-Nicola (Eds.), Dental Anthropology. Fundamentals, Limits and Prospects (Wien, New York 1998) 443–468.
Vallois 1937	H. V. Vallois, La durée de la vie chez l'homme fossile. L'Anthropologie (Paris) 47, 1937, 499–523.
Wahl 1988	J. Wahl, Menschenknochen. In: J. Wahl/M. Kokabi, Das römische Gräberfeld von Stettfeld I. Osteologische Untersuchung der Knochenreste aus dem Gräberfeld. Forsch. u. Ber. Vor- u. Frühgesch. Baden-Württemberg 29 (Stuttgart 1988) 46–223.
Wahl 2002	J. Wahl, Gräber beherbergen wertvolle Informationen. Der Fürst vom Magdalenenberg und die gewonnenen Erkenntnisse. In: Landratsamt Schwarzwald-Baar-Kreis (Hrsg.), Almanach 2002. Heimatjahrbuch des Schwarzwald-Baar-Kreises 26 (Villingen-Schwenningen 2002) 131–135.
Weiss 1973	K. M. Weiss, Demographic models for anthropology. American Antiquity 38/2. Memoirs of the Society for American Archaeology 27 (Michigan 1973).
Wolf-Heidegger 1972	G. Wolf-Heidegger, Atlas der systematischen Anatomie des Menschen Bd. I (Basel u. a. 1972).

Schlagwortverzeichnis

Hallstattzeit; Magdalenenberg; Demographie; Sterbetafel.

Anschriften der Verfasser

Steve Zäuner M. A.
Eberhard-Karls-Universität Tübingen
Institut für Ur- und Frühgeschichte und Archäologie des Mittelalters
Zentrum für Naturwissenschaftliche Archäologie, Arbeitsbereich Paläoanthropologie
Rümelinstraße 23
72070 Tübingen

E-Mail: Steve.Zaeuner@uni-tuebingen.de

Prof. Dr. Joachim Wahl
Landesamt für Denkmalpflege
Regierungspräsidium Stuttgart
Arbeitsstelle Konstanz, Osteologie
Stromeyersdorfstraße 3
78467 Konstanz

E-Mail: Joachim.Wahl@rps.bwl.de

Grab-nummer	Gallay/Kühl 1977		archäol. Befund	Zäuner/Wahl		
	Alter	Ge-schlecht	Ge-schlecht	Alter	Ge-schlecht	Bemerkungen
001	adult	M	M	spätadult	M	–
002	adult	?	F	spätjuvenil o. ä.	F?	–
003	– (adult)*	–	F	erwachsen	unbest.	–
004	–	–	–	–	–	keine Skelettreste erhalten
005	adult	(F)	F	sp.juv./frühad.	(F)	–
006	≤ 14 (inf. II)	unbest.	F	4(–5)	unbest.	–
007	– (adult)	–	F	(früh)adult	unbest.	–
008	adult	?	F	frühadult	(F)	–
009	≤ 7 (inf. I)	unbest.	F	3(–5)	F?	–
010	–	–	–	–	–	keine Skelettreste erhalten
011	–	–	M	?	unbest.	–
012	–	–	–	–	–	keine Skelettreste erhalten
013	adult	?	F	frühmatur (o. ä.)	(F)	–
014	frühadult	M?	–	juvenil o. ä.	unbest.	Leichenbrand**
015	adult	?	F	adult	F?	–
016	– (adult)	–	F	adult	F?	–
017	adult	(M)	M	–	–	keine Skelettreste mehr verhanden
018	– (adult)	–	M	frühadult	unbest.	–
019	adult	?	M	~ juvenil/adult	F?	–
020	adult	?	F	~ juvenil/adult	unbest.	–
021	–	–	–	erwachsen	unbest.	–
022	erwachsen	unbest.	–	–	–	Leichenbrand
023/I	adult	?	F	frühadult	(F)	–
023/II	adult	?	F	–	–	keine Skelettreste mehr vorhanden
024	– (adult)	–	M	(inf. I – adult)	F?	–
025	– (adult?)	–	M	~ juvenil/adult	F?	–
026	≤ 7 (inf. I)	unbest.	F	~ 5	unbest.	–
027	–	–	M	(infans II o. ä.)	M?	–
028	spätadult	M	–	–	–	Leichenbrand
029	adult	?	F	erwachsen	F	–
030	20–30	?	F	juvenil(–adult)	unbest.	–
031	≤ 30–50 (adult)	?	M	~ 40	M?	–
032	– (adult)	–	F	erwachsen	F	–
033	– (inf. ?)	–	M	?	unbest.	–
034	–	–	–	–	–	keine Skelettreste erhalten
035	– (inf. I/II)	–	M	2(–6)	(M)	–
036	– (adult)	–	M	(spät)adult	M?	–
037	–	–	–	–	–	keine Skelettreste erhalten
038	– (adult)	–	M	frühadult	unbest.	–
039	–	–	M	(früh)adult	unbest.	–
040	spätadult o. ä.	(M)	–	–	–	Leichenbrand
041	– (adult?)	–	M	± frühadult	unbest.	–
042	≤ 14 (inf. II)	unbest.	M	~ 8	M?	–
043	≤ 30–50 (adult)	?	F	± matur	F?	–

Tab. 1/1.

Grab-nummer	Gallay/Kühl 1977 Alter	Gallay/Kühl 1977 Geschlecht	archäol. Befund Geschlecht	Zäuner/Wahl Alter	Zäuner/Wahl Geschlecht	Bemerkungen
044	–	–	–	–	–	keine Skelettreste erhalten
045	– (inf. ?)	–	M	erwachsen	M	–
046	–	–	–	–	–	keine Skelettreste erhalten
047	≤ 30–50 (adult)	?	F	spätadult	(F)	–
048	–	–	–	–	–	keine Skelettreste erhalten
049	– (adult)	–	M	(früh)adult	unbest.	–
050	≤ 30 (adult)	?	M	frühadult	M?	–
051	≤ 30–50 (matur)	M	M	~ (50–)60	M	–
052	~ 12 (inf. II)	unbest.	M	~ 10	unbest.	–
053	≤ 50 (matur)	F	F	(früh)adult	F	–
054	≤ 50 (matur)	M	M	spätmatur o. ä.	M	–
055	–	–	–	–	–	keine Skelettreste erhalten
056a	≤ 30 (adult)	F	F	(30–)40	F	–
056b	infans II/juvenil	unbest.	–	–	–	Leichenbrand
057	–	–	–	–	–	keine Skelettreste erhalten
058	≥ 30 (adult)	?	M	± adult	unbest.	–
059	–	–	–	–	–	keine Skelettreste erhalten
060	–	–	M	?	unbest.	–
061	–	–	–	–	–	keine Skelettreste erhalten
062	–	–	–	–	–	keine Skelettreste erhalten
063	18–20 (juvenil)	(M)	M	~ 14–15	(M)	–
064	–	–	–	–	–	keine Skelettreste erhalten
065	–	–	–	–	–	keine Skelettreste erhalten
066	–	–	–	–	–	keine Skelettreste erhalten
067	–	–	–	–	–	keine Skelettreste erhalten
068	–	–	–	–	–	keine Skelettreste erhalten
069	–	–	–	–	–	keine Skelettreste erhalten
070	– (adult?)	–	F	~ 20	unbest.	–
071	≤ 30 (matur)	?	F	spätadult	(F)	–
072	– (adult?)	–	F	~ ad/mat	(F)?	–
073	–	–	–	–	–	keine Skelettreste erhalten
074	–	–	–	–	–	keine Skelettreste erhalten
075a	≤ 30 (adult)	?	M	frühadult	unbest.	–
075b	–	–	–	spätadult	unbest.	–
075c	adult	(F)	–	–	–	Leichenbrand
075d	infans II	unbest.	–	–	–	Leichenbrand
076	≤ 30 (adult)	(F)	F	adult – matur	(F)	–
077	≤ 30 (adult)	?	M	30(–40)	(M)	–
078/I	20–30 (adult)	(F)	F	erwachsen	F	–
078/II	≤ 50 (matur)	?	(F)	frühadult	(F)	–
079	≤ 30 (adult)	?	F	infans II o. ä.	unbest.	–
080	≤ 50 (matur)	M	M	~ 30–40	M	–
081	≤ 50 (matur?)	?	M	± matur	M?	–
082	≥ 50–60 (matur)	M	F	matur o. ä.	F	–
083	– (adult?)	–	M	spätjuvenil o. ä.	unbest.	–
084a	≤ 30–50 (matur?)	M	M	matur o. ä.	M	–

Tab. 1/2.

Grab-nummer	Gallay/Kühl 1977 Alter	Gallay/Kühl 1977 Geschlecht	archäol. Befund Geschlecht	Zäuner/Wahl Alter	Zäuner/Wahl Geschlecht	Bemerkungen
084b	–	–	–	± adult	(F)	–
085	≥ 30 (adult)	(F)	F	frühadult	F	–
086	≤ 50 (matur)	(F)	F	30–40	F	–
087	– (adult?)	–	F	spätjuvenil o. ä.	unbest.	–
088	≤ 30 (adult?)	?	F	(früh)adult	unbest.	–
089	– (adult)	(M)	(M)	erwachsen	M	–
090	≤ 50 (matur)	(M)	(M)	(spät)adult	M?	–
091	20–30 (adult)	F	F	~ 30	F	–
092	≥ 50–60 (matur)	?	(M)	matur o. ä.	(M)	–
093	≤ 30 (adult)	M	M	~ 30	M	–
094	≤ 30 (adult)	M	M	frühadult	(M)	–
095	≤ 30–50 (matur)	F	F	~ 30–40	F	–
096	≤ 50 (matur?)	F	F	(matur) o. ä.	F?	–
097	≤ 30 (adult)	(F)	F	adult	(F)	–
098	≤ 14 (inf. II)	unbest.	F	~ 7	unbest.	–
099	– (inf. I/II)	–	F	infans I	unbest.	–
100/I	≤ 30 (adult)	(M)	M	25–30	M	–
100/II	≤ 30 (adult)	(F)	F	frühadult	F	–
101	≥ 30 (adult)	F	F	adult	unbest.	–
102	≤ 14 (inf. II)	unbest.	F	6–7	unbest.	–
103	– (juvenil?)	(F)	(F)	erwachsen	(F)	–
104	≤ 30 (adult?)	?	M	(früh)adult	unbest.	–
105	≤ 30–50 (adult)	?	M	(früh)adult	(M)	–
106a	≤ 30 (adult)	(M)	(M)	(früh)adult	M	–
106b	infans I	unbest.	–	–	–	Leichenbrand
107	–	–	F	spätjuvenil o. ä.	unbest.	–
108	≤ 50 (matur?)	M	M	spätjuvenil o. ä.	M?	–
109	–	–	–	–	–	keine Skelettreste erhalten
110	≤ 30 (adult)	?	M	juvenil/adult	M?	–
111	≤ 30 (adult)	?	M	spätadult (o. ä.)	M?	–
112	≤ 50 (matur)	(M)	–	(spät)adult	M?	–
113/I	≤ 30 (adult)	(M)	(M)	–	–	keine Skelettreste mehr vorhanden
113/II	≥ 30 (adult)	?	–	adult(–matur)	unbest.	–
114/I	≤ 50 (matur)	M	M	(30–)40	M	–
114/II	≤ 14 (inf. II)	(M)	(M)	–	–	keine Skelettreste mehr vorhanden
115	–	–	–	–	–	keine Skelettreste erhalten
116	≥ 60 (senil)	(M)	F	spätmatur (o. ä.)	M	–
117	18–22 (juvenil)	(F)	M	~ 20	F	–
118a	≤ 50 (matur?)	(M)	(M)	(früh)adult	M?	–
118b	–	–	–	juvenil/adult	M?	–
119	≤ 50 (matur)	(M)	(M)	spätmatur o. ä.	M	–
120	≤ 50 (matur)	(F)	F	30(–40)	(F)	–
121	≤ 30 (adult)	M	M	25–30	M	–

Tab. 1/3.

Zur demographischen Struktur im Grabhügel vom Magdalenenberg

Grab-nummer	Gallay/Kühl 1977		archäol. Befund	Zäuner/Wahl		
	Alter	Ge-schlecht	Ge-schlecht	Alter	Ge-schlecht	Bemerkungen
121/I	–	–	–	~ 30	M	–
122	≤ 30 (adult)	?	F	frühadult	F	–
123	≤ 30 (adult)	(M)	M	25–30	(M)	–
124	≥ 30 (adult)	(M)	M	(sp.adult–) matur	M	–
125	≤ 50 (matur)	(F)	F	30–40	(F)	–
126	18–30 (juvenil)	(F)	F	adult	(F)	–
127	≤ 30 (adult)	F	F	frühadult	F	–
zusätzlich vorhandene Skelettreste: „Hügelschüttung" Vi 90/16-17			–	erwachsen	M?	–

* = Angaben in Klammern: Altersangaben laut Mitteilung des Franziskaner-Museums Villingen.
** = Die Leichenbrände konnten im Rahmen der Nachuntersuchung nicht neu aufgenommen werden; lediglich aus Grab 14 wurden nachträglich noch minimale Reste gefunden.

Tab. 1: Magdalenenberg. Gegenüberstellung der älteren – von G. Gallay 1977 (Körpergräber) bzw. I. Kühl 1977 (Leichenbrände) durchgeführten – und der aktuell erhobenen, anthropologischen Alters- und Geschlechtsbestimmungen mit den anhand des archäologischen Befundes angenommenen Geschlechtszuordnungen. Altersstufen nach R. Martin; Zahlenangaben = Alter in Jahren (o. ä. = oder älter; unbest. = unbestimmt; ? = fraglich, unsicher; – = keine Angaben; M/F = männlich/weiblich; (M)/(F) = eher männlich/eher weiblich).

Altersklasse	a	Anzahl der Gestorbenen	relative Anzahl der Gestorbenen (in %)	Überlebende	Sterbewahrscheinlichkeit in %	gelebte Jahre	Summe der noch zu lebenden Jahre	Lebenserwartung
x		Dx	dx	lx	qx	Lx	Tx	ex
0–4	5	3,791	3,415	100,000	3,415	491,462	3201,437	32,014
5–9	5	4,616	4,159	96,585	4,306	472,527	2709,975	28,058
10–14	5	4,537	4,087	92,426	4,422	451,912	2237,448	24,208
15–19	5	4,213	3,795	88,339	4,297	432,205	1785,536	20,212
20–24	5	14,987	13,502	84,543	15,970	388,962	1353,331	16,008
25–29	5	20,609	18,567	71,041	26,135	308,791	964,369	13,575
30–34	5	17,203	15,498	52,475	29,535	223,628	655,579	12,493
35–39	5	14,390	12,964	36,977	35,060	152,473	431,950	11,682
40–44	5	6,681	6,019	24,013	25,066	105,016	279,477	11,639
45–49	5	4,039	3,639	17,994	20,222	80,872	174,462	9,696
50–54	5	5,486	4,942	14,355	34,430	59,419	93,590	6,520
55–59	5	5,724	5,157	9,413	54,786	34,171	34,171	3,630
60–x		4,724	4,256	4,256	100,000	0,000	0,000	0,000
		111	100,000			3201,437		

Tab. 2a: Magdalenenberg. Sterbetafel: Alle inkl. Leichenbrand.

Altersklasse	a	Anzahl der Gestorbenen	relative Anzahl der Gestorbenen (in %)	Überlebende	Sterbewahrscheinlichkeit in %	gelebte Jahre	Summe der noch zu lebenden Jahre	Lebenserwartung
x		Dx	dx	lx	qx	Lx	Tx	ex
0–4	5	0,600	1,500	100,000	1,5000	496,2500	3616,6813	36,1668
5–9	5	0,452	1,130	98,500	1,1472	489,6750	3120,4313	31,6795
10–14	5	1,587	3,968	97,370	4,0747	476,9313	2630,7563	27,0181
15–19	5	1,013	2,533	93,403	2,7114	460,6813	2153,8250	23,0596
20–24	5	3,386	8,465	90,870	9,3155	433,1875	1693,1438	18,6326
25–29	5	7,588	18,970	82,405	23,0204	364,6000	1259,9563	15,2898

30–34	5	6,415	16,038	63,435	25,2818	277,0813	895,3563	14,1145
35–39	5	5,595	13,988	47,398	29,5111	202,0188	618,2750	13,0445
40–44	5	2,827	7,068	33,410	21,1538	149,3813	416,2563	12,4590
45–49	5	1,610	4,025	26,343	15,2795	121,6500	266,8750	10,1310
50–54	5	3,057	7,643	22,318	34,2444	92,4813	145,2250	6,5072
55–59	5	3,301	8,253	14,675	56,2351	52,7438	52,7438	3,5941
60–x		2,569	6,423	6,423	100,0000	0,0000	0,0000	0,0000
		40	**100,000**				**3616,6813**	

Tab. 2b: Magdalenenberg. Sterbetafel: Sterbetafel: Männliche Individuen inkl. Leichenbrand; ohne Unbestimmte.

Altersklasse	a	Anzahl der Gestorbenen	relative Anzahl der Gestorbenen (in %)	Überlebende	Sterbewahrschein-lichkeit in %	gelebte Jahre	Summe der noch zu lebenden Jahre	Lebenserwartung
x		D_x	d_x	l_x	q_x	L_x	T_x	e_x
0–4	5	0,857	2,197	100,000	2,1974	494,5064	3304,0641	33,0406
5–9	5	0,571	1,464	97,803	1,4970	485,3526	2809,5577	28,7268
10–14	5	0,238	0,610	96,338	0,6335	480,1667	2324,2051	24,1254
15–19	5	1,361	3,490	95,728	3,6455	469,9167	1844,0385	19,2633
20–24	5	6,494	16,651	92,238	18,0524	419,5641	1374,1218	14,8975
25–29	5	7,628	19,559	75,587	25,8760	329,0385	954,5577	12,6286
30–34	5	7,231	18,541	56,028	33,0923	233,7885	625,5192	11,1644
35–39	5	5,874	15,062	37,487	40,1778	149,7821	391,7308	10,4497
40–44	5	2,543	6,521	22,426	29,0761	95,8269	241,9487	10,7889
45–49	5	1,603	4,110	15,905	25,8423	69,2500	146,1218	9,1871
50–54	5	1,603	4,110	11,795	34,8478	48,6987	76,8718	6,5174
55–59	5	1,599	4,100	7,685	53,3534	28,1731	28,1731	3,6662
60–x		1,398	3,585	3,585	100,0000	0,0000	0,0000	0,0000
		39	**100,000**				**3304,0641**	

Tab. 2c: Magdalenenberg. Sterbetafel: weibliche Individuen inkl. Leichenbrand; ohne Unbestimmte.

Die eisenzeitliche Siedlung von Mengen ‚Löchleacker' – ein Beitrag zur Hallstatt- und Frühlatènezeit im Breisgau

Doris Lettmann

Inhaltsverzeichnis

I. Einleitung	148
1. Ziele der Arbeit	148
2. Der Fundort	148
3. Forschungsgeschichte der Siedlungen im Breisgau und der angrenzenden Regionen	151
II. Die eisenzeitliche Siedlung Mengen ‚Löchleacker'	153
1. Die Funde	153
2. Die Befunde der Siedlung	189
3. Chronologie	195
4. Handwerk und Wirtschaft in der Siedlung	203
III. Das Umfeld der Siedlung	206
1. Eisenzeitliche Fundstellen in Mengen	206
2. Vergleich mit gleichzeitigen Siedlungsformen im Breisgau	208
3. Einbindung in das regionale Umfeld	211
IV. Zusammenfassung	213
Literaturverzeichnis	214
Abbildungsverweise aller Keramiktypen	218
Katalog	220

Beilagen 1 u. 2: Gesamtplan, Phasenplan

CD: Gesamtplan und Befunde

I. Einleitung

1. Ziele der Arbeit

In dieser Arbeit wird die eisenzeitliche Flachsiedlung Mengen ‚Löchleacker' im Breisgau untersucht. In dieser Region ist das Siedlungswesen der Hallstatt- und der Frühlatènezeit durch die Arbeiten zu hallstattzeitlichen Höhensiedlungen, zum Breisacher Münsterberg und nicht zuletzt durch das Schwerpunktprogramm der DFG „Fürstensitze. Frühe Zentralisierungsprozesse nördlich der Alpen" gut erforscht. Dem stehen die gleichzeitigen Siedlungen in der Ebene gegenüber, die bisher nur in Ausschnitten untersucht und publiziert wurden.

Mengen ‚Löchleacker' ist zum Zeitpunkt der Bearbeitung die einzige offene eisenzeitliche Siedlung im Breisgau, die großflächig ausgegraben wurde. Deshalb sind es die Ziele der Arbeit, die Struktur der Siedlung, ihre ökonomische Grundlage sowie die Einbindung in ihr Umfeld zu erforschen. Da die eisenzeitlichen Funde vom Breisacher Münsterberg erst vor kurzem publiziert wurden, bietet sich ein Vergleich mit dieser Höhensiedlung an. Eine weitere Fragestellung ist diejenige nach der genauen Zeitstellung der Siedlung. Derzeit kennt man im Breisgau kaum Fundstellen, die in den Zeitraum zwischen dem Besiedlungsende der frühhallstattzeitlichen Höhensiedlungen und dem Beginn der späthallstatt-frühlatènezeitlichen Siedlungen datiert werden können. Da es aber in Mengen ‚Löchleacker' Material aus beiden Horizonten gibt, stellt sich die Frage, ob eine kontinuierliche Besiedlung oder ein Siedlungsabbruch im betreffenden Zeitraum nachgewiesen werden kann. Zudem stellt sich die Frage nach dem Bezug zur urnenfelderzeitlichen Besiedlung auf der Fläche.

Um den Zeitraum der Besiedlung des Fundplatzes möglichst genau zu fassen, liegt der Fokus bei der Materialaufnahme auf der Keramik. Da durch Kleinfunde datierte Fundstellen im Breisgau sehr selten sind, werden die Funde aus Mengen mit der Keramik aus anderen eisenzeitlichen Siedlungen am Oberrhein und in Baden-Württemberg, in der Nordschweiz und in Ostfrankreich verglichen. Der Raum muss so weit gefasst werden, da gerade die französischen sog. Fürstensitze datierendes Material erbringen. Auf Verbreitungskarten zur Keramik wird verzichtet, da sie vor allem den aktuellen Forschungs- bzw. Publikationsstand repräsentieren würden.

2. Der Fundort

2.1 Topografie und Naturraum

Mengen im Breisgau gehört zur Gemeinde Schallstadt-Wolfenweiler und liegt ca. 12 km südwestlich von Freiburg in Baden-Württemberg (Abb. 1). Der heutige Verlauf des Rheins ist 6 km entfernt. Die Siedlung befindet sich im Bereich der ‚Mengener Brücke' im Süden der Freiburger Bucht.

Dieses Gebiet wird zum Naturraum des südlichen Oberrhein-Tieflands gezählt. Bei der Mengener Brücke handelt es sich um eine Hügelplatte zwischen dem Tuniberg und dem Schönberg. Anders als in nördlichen Gebieten der Freiburger Bucht, die aufgrund des hohen Grundwasserspiegels sehr feucht sind und zum Teil zu Vermoorung neigen, ist die Mengener Brücke relativ trocken.[1] Sie umfasst ein Gebiet von 132 km², auf dem sich 67 vorgeschichtliche Fundplätze befinden. Mit 5,12 Fundplätzen pro Quadratkilometer weist diese Region neben Breisach die höchste Fundstellendichte im gesamten deutschen Oberrheingebiet auf.[2] Dies ist auf die für die Landwirtschaft äußerst günstigen Bedingungen zurückzuführen. Allerdings muss beachtet werden, dass bisher nicht umfassend geklärt ist, inwieweit heutige Umweltfaktoren wie Wetter, Niederschläge und Bodengüte auf die Vorgeschichte übertragen werden können.

---

1 Mischka 2007, 23.
2 Ebd. 39.

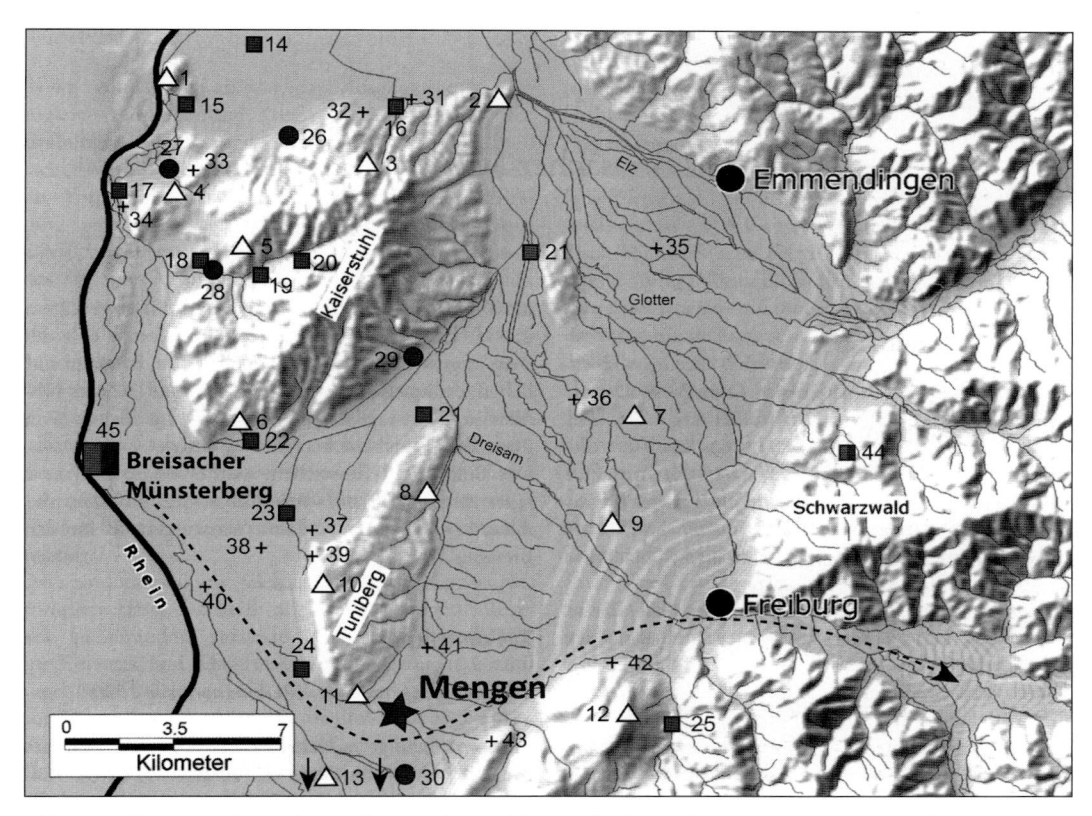

Abb. 1: Hallstattzeitliche Höhensiedlungen (Dreieck). 1: Sasbach ‚Limberg'; 2: Riegel ‚Michaelsberg'; 3: Endingen ‚Langeneck'; 4: Sasbach-Jechtingen ‚Hohberg'/‚Gaishorn'; 5: Vogtsburg-Oberbergen ‚Mondhalde'; 6: Ihringen ‚Hinter Ehlen'; 7: March-Hochdorf ‚Eichacker'; 8: Freiburg-Waltershofen ‚Hohberg', 9: Freiburg-Lehen ‚Lehener Bürgle'; 10: Merdingen ‚Auf der Wart'; 11: Freiburg-Munzingen ‚Kapellenberg'; 12: Ebringen ‚Schönberg'; 13: Schlatt ‚Schlatter Berg'; 44: Freiburg ‚Zähringer Burgberg'; 45: Breisach ‚Münsterberg'. – Frühhallstattzeitliche Flachsiedlungen (Quadrat). 14: Whyl ‚Brunnen'; 15: Sasbach ‚Lehweg'; 16: Endingen ‚Erste Strecke'; 17: Sasbach-Jechtingen ‚Schanzäcker'; 18: Vogtsburg-Bischoffingen ‚Schanzäcker'; 19: Vogtsburg-Oberbergen ‚Breitental'; 20: Vogtsburg-Oberbergen ‚Spürenloch'; 21: Gottenheim ‚Berg'; 22: Ihringen ‚Lohbücke'; 23: Merdingen ‚Großholz'; 24: Oberrimsingen ‚Seilhof'/‚Bergfeld'; 25: Merzhausen. – Frühlatènezeitliche Siedlungen (Kreis). 26: Kiechlinsbergen; 27: Jechtingen; 28: Bischoffingen; 29: Bötzingen; 30: Bad Krozingen. – Gräber bzw. Gräberfelder (Kreuz). 31: Endingen ‚Erste Strecke'; 32: Endingen ‚Bühle'; 33: Sasbach-Jechtingen ‚Hinter Hohberg'; 34: Sasbach-Jechtingen ‚Humberg'; 35: Teningen-Reute ‚Binzgenschlag'; 36: March-Burchheim ‚Bürgle'; 37: Merdingen ‚Breisacher Weg'; 38: Breisach-Gündlingen ‚Zwölferbruck'; 39: Merdingen ‚Schönberg'; 40: Oberrimsingen ‚Bernetbuck'; 41: Freiburg-Tiengen; 42: Freiburg-St. Georgen ‚Steinenwenden'/‚Hartkirchweg'; 43: Schallstatt-Wolfenweiler. – Der Pfeil gibt den möglichen Verkehrsweg zur Heuneburg an.

Mit einer durchschnittlichen Jahrestemperatur von 9 bis 10 °C und Niederschlägen von unter 500 mm pro Quadratmeter ist das Oberrheintal heute eine der klimatisch am meisten begünstigten Regionen Deutschlands und hebt sich dadurch deutlich vom angrenzenden Schwarzwald ab.[3] Der Boden im Umland von Mengen besteht aus Braunerden, Parabraunerden und Pararendzinen, d. h. aus Löss, der optimale Voraussetzungen für die Landwirtschaft bietet.[4] Die Fruchtbarkeit in dieser Region ist aufgrund des skelettarmen und tiefgründigen Bodens sehr hoch.[5]

---

3   Mischka 2007, 22.
4   Ebd. 129.
5   Zur Begriffsklärung s. ebd. 135 u. 137. Zur Verbreitung der Bodengüte im Breisgau vgl. ebd. Abb. 5.56 u. 5.57.

Die Fundstelle liegt am Südrand des Ortes und ist ca. 80 m vom modernen Dorfbach, dem sog. Brunnengraben, entfernt. Die 45 ha große Fläche weist ein leichtes Gefälle von Südwesten nach Nordosten in Richtung des Baches auf. Sie befindet sich auf einer Höhe von 220 m NN. Vor der Bebauung wurde das Gewann ‚Löchleacker' landwirtschaftlich genutzt, sodass die Befunde nur durch wenige neuzeitliche Bodeneingriffe gestört wurden.[6] Die natürliche Schichtenfolge in diesem Bereich besteht aus dem anstehenden Löss, auf dem eine Lösslehmaufschwemmung aufliegt, deren Stärke in Richtung des Dorfbaches zunimmt. Darauf befindet sich eine 0,1 bis 0,4 m starke Humusschicht.

2.2 Die Ausgrabung

Nach Ausweisung des Gebietes als Neubaugebiet wurden die archäologischen Befunde 1973 von M. EGGER entdeckt. Unter der Leitung von W. ZWERNEMANN wurde die gesamte Fläche im Zeitraum zwischen April 1974 und Januar 1975 im Auftrag des Landesamtes untersucht. Die Grabungsmannschaft bestand aus durchschnittlich vier Arbeitern sowie einigen Studenten und Schülern. Die Oberfläche wurde maschinell bis zum Auftreten der Befunde abgetragen. Der Erdabtrag betrug im Bereich der eisenzeitlichen Befunde ca. 0,4 bis 1,0 m. Die Einmessung erfolgte anhand von sieben Messlinien, die über die gesamte Grabung verliefen; die Nivellierung wurde über die Profilstege ermittelt.

2.3 Befunde auf der Fläche

Neben den hallstatt- und frühlatènezeitlichen Befunden wurden bei der Grabung auf dem ‚Löchleacker' neolithische Befunde der Rössener-, Michelsberger- und Horgener Kultur gefunden.[7] Daneben existieren wenige Befunde aus der Bronze- und Urnenfelderzeit[8] sowie frühalamannische, merowingerzeitliche und karolingisch-ottonische Befunde[9] auf der Fläche (Beilage 1, Gesamtplan). Die eisenzeitlichen Siedlungsbefunde bilden einen Streifen im Zentrum der Grabungsfläche, der sich von der nordwestlichen zur südöstlichen Grabungsgrenze erstreckt. In diesem Areal befindet sich auch der Großteil der anderen vorgeschichtlichen Befunde. Der Bereich ist ca. 0,48 ha groß. Wenige eisenzeitliche Befunde liegen südwestlich der frühalamannischen Siedlung des 4. und 5. Jahrhunderts, die sich im Nordwestbereich der Grabungsfläche befindet. Im östlichen Sektor der Grabung treten vor allem frühgeschichtliche und mittelalterliche Befunde des 4. bis 11. Jahrhunderts sowie zwei frühalamannische Gräber und zehn Gräber des 6./7. Jahrhunderts auf. Zwischen den schon errichteten Häusern am Nordwestrand der Grabungsfläche wurden in kleinen Sondagen nur frühmittelalterliche Befunde entdeckt. Ein Großteil der eisenzeitlichen Siedlung wurde demnach nicht von frühgeschichtlichen oder mittelalterlichen Befunden überdeckt.
Zur eisenzeitlichen Siedlung zählen Grubenhäuser, Vorratsgruben sowie diverse Gruben und Gräbchen. Anhand des Befundbildes kann man davon ausgehen, dass die maximale Fläche der eisenzeitlichen Siedlung zwar in ihrer Ost-West-, nicht aber in der Nord-Süd-Ausdehnung erfasst werden konnte. Das Fundmaterial umfasst vor allem Gefäßkeramik, Spinnwirtel sowie wenige Kleinfunde aus Bronze und Eisen.

---

6 Diese Störungen befinden sich nicht im Bereich der eisenzeitlichen Siedlung.
7 SPRENGER 2001, 31 ff.
8 BALZER 2001, 36 f.
9 BÜCKER 1999, 256 f.

2.4 Archäologische Forschungen in Mengen

Die Gemeinde Mengen zeichnet sich durch eine Vielzahl von archäologischen Fundstellen vom Altpaläolithikum bis ins Mittelalter aus, deren vollständige Publikation allerdings noch ein Desiderat ist. Im Gewann ‚Hofstatt' wurde 1934 ein hallstattzeitliches Gefäßdepot gefunden, welches von W. Kimmig vorgelegt wurde.[10] Eine Viereckschanze mit Spätlatènekeramik und einem Brunnen, der Dendrodaten um 180 v. Chr. erbrachte, liegt im Gewann ‚Abtsbreite'.[11]
In der Festschrift zum 1225-jährigen Jubiläum des Ortes Mengen sind die archäologischen Fundstellen in der Gemeinde überblicksartig dargestellt. Hierfür wurden auch die archäologischen Funde aus der Grabung am ‚Löchleacker' kurz vorgestellt und chronologisch eingeordnet.[12] B. Grimmer-Dehn publizierte in ihrer Arbeit zur Urnenfelderkultur im südlichen Oberrheingraben die urnenfelderzeitlichen Befunde dieser Fundstelle.[13] Ch. Maise veröffentlichte in seinem Aufsatz zur Untergliederung der Stufe Ha C/D1 einige Befunde aus dieser Zeitstellung.[14] Alle frühgeschichtlichen Befunde aus der Grabung ‚Löchleacker' wurden von Ch. Bücker im Rahmen ihrer Dissertation aufgearbeitet.[15] Anhand von typologischen und naturwissenschaftlichen Analysen gelang es ihr, die eisenzeitliche von der frühalamannischen, handaufgebauten Keramik zu trennen. Ein frühmittelalterliches Gräberfeld im Gewann ‚Hohle-Merzengaben' wurde von S. Walter im Rahmen einer Dissertation bearbeitet.[16]

3. Forschungsgeschichte der Siedlungen im Breisgau und der angrenzenden Regionen

3.1 Forschungsgeschichte der Siedlungen im Breisgau

Anders als die Gräberarchäologie setzte die Erforschung der Siedlungen in dieser Region erst relativ spät ein. Bis in die Mitte der 60er-Jahre waren Untersuchungen zu hallstattzeitlichen Siedlungen in Süddeutschland ein Desiderat der Forschung. Im Breisgau führten die seit diesem Zeitpunkt einsetzenden und bis in die 80er-Jahre dauernden Rebflurbereinigungen und Flächengrabungen zu einem Anstieg der Anzahl an bekannten Fundplätzen. Im Fokus der eisenzeitlichen Siedlungsforschung lagen vor allem die Höhensiedlungen und sog. Fürstensitze. Die Funde aus anderen Siedlungen waren bis in die 90er-Jahre oft nur ausschnittsweise in den Badischen Fundmeldungen publiziert worden. Die hallstattzeitlichen Höhensiedlungen des Breisgaus wurden von J. Klug-Treppe 2003 veröffentlicht.[17] Aufgrund der starken Erosion und der kleinflächigen Grabungsausschnitte können kaum Aussagen zur internen Struktur dieser Fundplätze gemacht werden. Bei der Datierung stützt sich Klug-Treppe auf die Seriation der Siedlungskeramik des Taubertals von M. Hoppe[18] und stellt die These auf, dass die Höhensiedlungen in einer Spätphase der Urnenfelderzeit errichtet werden. Das Ende der Besiedlung liegt nach ihrer Ansicht in einer frühen Phase von Ha D.[19]

---

10 Kimmig 1933/36, 423–428.
11 Bräuning u. a. 2004, 115 f.
12 Mengen 2001, 127–163.
13 Grimmer-Dehn 1991, 111–113.
14 Maise 2001, 456 f. u. Abb. 41–45. Es handelt sich um die Befunde 227, 51 u. 40.
15 Bücker 1999.
16 Walter 2009.
17 Es handelt sich dabei um die Fundstellen Ebringen ‚Schönberg', Endingen ‚Langeneck', Freiburg ‚Lehener Berg', Hochdorf ‚Hinter dem Berg', Ihringen ‚Hinter Ehlen', Jechtingen ‚Hochberg'/‚Hohberg' und ‚Gaißhorn', Mauchen ‚Killberg', Munzingen ‚Kapellenberg', Riegel ‚Michaelsberg', Sasach ‚Limberg' und Schlatt ‚Schlatter Berg' (Klug-Treppe 2003).
18 Ebd. 161.
19 Ebd. 163.

Ch. Maise veröffentlichte 2001 einen Aufsatz zur Untergliederung des frühhallstattzeitlichen Fundmaterials aus Breisgauer Siedlungen,[20] wobei er zu einer anderen chronologischen Einordnung der hallstattzeitlichen Höhensiedlungen als Klug-Treppe gelangte.[21] Seiner Meinung nach werden die Höhensiedlungen zu einem späteren Zeitpunkt in Ha C besiedelt.

B. Röder bearbeitete im Rahmen ihrer Promotion zur frühlatènezeitlichen Keramik des Breisgaus die bis 1992 bekannten Siedlungen aus dieser Zeitstellung und legte die Grabungspläne der Befunde vor.[22] Sie betont in ihrer Arbeit die kulturelle Einheit des Oberrheintals und bezieht sich auch auf ausgewählte Fundstellen aus dem Elsass und der Nordschweiz.[23] Wie in der Hallstattzeit, so sind weiterführende Aussagen zur Siedlungsstruktur aufgrund der kleinflächigen Ausgrabungen kaum möglich.

Der Breisacher Münsterberg ist aufgrund seines reichen Fundspektrums und seiner Datierung der wichtigste Anknüpfungspunkt für diese Arbeit. Er wird zu den ‚Fürstensitzen' gezählt. Archäologische Grabungen fanden von 1970 bis 1976 statt, wobei die vorgeschichtlichen Befunde von L. Pauli 1993 publiziert wurden.[24] I. Balzer bearbeitete die späthallstatt- und frühlatènezeitlichen Funde aus den Grabungen von 1980 bis 1986.[25] Sie schuf anhand der scheibengedrehten Ware ein enges chronologisches Raster für die Stufen Ha D3, die Übergangszeit zwischen Hallstatt- und Frühlatènezeit und die Stufe Lt A im Breisgau.

D. Mischka erarbeitete in ihrer diachronen Dissertation zur Landschaftsgenese eine ausführliche Beschreibung der Topografie, auf die sich diese Arbeit stützt.[26] Zudem legte sie in ihrem Katalog alle bis 2001 bekannten Fund- und Lesefundstellen nach Zeiten getrennt vor.

Im Rahmen des DFG-Schwerpunktprogrammes „Fürstensitze" wird derzeit das Siedlungswesen im Projekt „Siedlungshierarchien, kulturelle Räume, soziale Evolution und Territorialität vom 8. bis 4. Jh. v. Chr. in Südwestdeutschland" untersucht. Zum Zeitpunkt der Bearbeitung waren die Ergebnisse des Projektes leider noch nicht publiziert.

Sowohl die hallstatt- wie auch die frühlatènezeitlichen Gräber im Breisgau sind nur vereinzelt vorgelegt. Die hallstattzeitlichen Gräber wurden in der Arbeit von H. J. Behnke zu den urnenfelder- und früheisenzeitlichen Bestattungssitten am Hochrhein kartiert.[27] Die Dissertation von Ch. Liebschwager zu den frühlatènezeitlichen Gräbern in Baden-Württemberg ist unpubliziert und konnte nur in Teilen eingesehen werden. Auch die Arbeit von G. Janski zur Bestattungssitte am Oberrhein in der Hallstatt- und Latènezeit ist unpubliziert.[28] Das frühlatènezeitliche Gräberfeld Freiburg-Tiengen, welches sich ca. 3 km nördlich der Siedlung befindet, wurde von U. Riedel in einer – bislang unveröffentlichten – Magisterarbeit behandelt. Die 2011 erschienene Arbeit von V. Hachtmann zur eisenzeitlichen Keramik der Höhensiedlung am Zähringer Burgberg konnte leider nicht mehr berücksichtigt werden.[29]

3.2 Forschungsgeschichte der angrenzenden Regionen

M. Hoppe erstellte 1982 anhand des Materials aus 69 Siedlungsgruben im Taubertal (im Nordosten Baden-Württembergs) eine Seriation zur chronologischen Einordnung der hallstatt- und latène-

---

20 Maise 2001.
21 Ebd. 414–416.
22 Röder 1995, 25. In der Arbeit wurde nicht das Material aller Breisgauer Siedlungen vollständig vorgelegt, sondern nur aus den Siedlungen Bad Krozingen, Bischoffingen, Bötzingen, Jechtingen ‚Kapellenfeld' und ‚Lachenmüngle' sowie Kiechlinsbergen.
23 Zur Entwicklung und zum Stand der Siedlungsforschung bis 1995 im Oberrheintal s. Röder 1995, 19–24.
24 Pauli 1993, 21–175.
25 Balzer 2009a.
26 Mischka 2007.
27 Behnke 2000.
28 Janski 1985.
29 V. Hachtmann, Die eisenzeitliche Keramik vom Zähringer Burgberg bei Freiburg im Breisgau. Freiburger Beitr. Arch. u. Gesch. erstes Jt. 16 (Rahden/Westf. 2011).

zeitlichen Keramik, die lange Zeit eine der Hauptquellen zur chronologischen Einordnung eisenzeitlicher Keramik in Südwestdeutschland darstellte. Anhand der Seriation gelang es Hoppe, sieben Gruppen zu bilden.[30] Seine Forschung zeigt, dass sich die Keramik in einem fließenden Prozess entwickelte, sodass es kaum Merkmale gibt, anhand derer handaufgebaute Keramik einer bestimmten Zeitstufe eindeutig zugeordnet werden kann.

Für die Erforschung des Siedlungswesens in der Hallstattzeit ist die Heuneburg einer der zentralen Fundplätze in Baden-Württemberg. Die Grabungen begannen dort 1950, seit 2000 ist der gesamte Fundstoff publiziert. Die Forschungsgeschichte des Fundplatzes sowie die aktuelle Diskussion um die Zuweisung der Heuneburgperioden zu den einzelnen Zeitstufen würden den Rahmen dieser Arbeit überschreiten, zumal die einfache Siedlungskeramik der Heuneburg hierbei keine Rolle spielt. Zu dieser Fragestellung sei auf die Arbeit von S. Sievers zu den Kleinfunden,[31] diejenige zur Chronologie der Hallstattzeit von M. Trachsel[32] und auf den Aufsatz von Brosseder u. a.[33] verwiesen. Die Heuneburg wird für diese Arbeit herangezogen, da es sich hier um einen großen Materialkomplex handelt, der in den Zeitraum zwischen Ha D1 bis D3 und eventuell auch Lt A datiert. Aufgrund des hohen Fundaufkommens bietet er gerade für die Kleinfunde aus Mengen ‚Löchleacker' gute Vergleichsmöglichkeiten.

Zusammenfassende Literatur zum eisenzeitlichen Siedlungswesen in der Nordwestschweiz oder in Westfrankreich gibt es derzeit nicht. Wie in Baden-Württemberg konzentrierte sich dort die Forschung lange auf die Gräber und die spektakulären Befunde der ‚Fürstensitze'. Derzeit werden allerdings Keramikkomplexe von wichtigen Fundplätzen wie dem Mt. Lassois und dem Britzgyberg bearbeitet. Dasselbe gilt für eine Arbeit zur Siedlungskeramik im Elsass und Lothringen. Der 2009 erschienene Band „La céramique hallstattienne" gibt eine aktuelle Übersicht über diese und andere derzeit laufende Forschungen zur hallstattzeitlichen Keramik in Frankreich und in Teilen der Nordschweiz.[34]

II. Die eisenzeitliche Siedlung Mengen ‚Löchleacker'

1. Die Funde

1.1 Keramik

1.1.1 Materialaufnahme und Gefäßerhaltung

Im Rahmen der Magisterarbeit wurde die Keramik detailliert nach dem Schema von C. Tappert[35] aufgenommen, da die große Materialmenge aus der Grabung dazu genutzt werden sollte, eventuell vorhandene Unterschiede zwischen hallstatt- und frühlatènezeitlicher Gebrauchskeramik aufzuzeigen. Hier werden diese Erkenntnisse zusammengefasst wiedergegeben.

Insgesamt wurden 6985 Scherben aufgenommen, die zu 1443 Gefäßeinheiten zusammengefasst wurden.[36] Bei 56% der Randscherben ließ sich ein konkreter Durchmesser bestimmen. Bei Bodenscherben war dies bei 81% aller Fälle möglich, da die kleineren Durchmesser eine genauere Messung erlauben. Nach der Methode von P. Rice wurde die Mindestgefäßanzahl anhand der Summe

---

30 Hoppe 1982.
31 Sievers 1984, 19 f.
32 Trachsel 2004.
33 U. Brosseder/E. Sauter/S. Schwenzer, Kritische Bemerkungen zur Heuneburg und ihrer Publikation. Prähist. Zeitschr. 78, 2003, 60–98.
34 Chaume 2009a.
35 Tappert 2006, 32 f.
36 Zu einer Gefäßeinheit werden Scherben gezählt, die anpassend sind oder aufgrund ihrer Beschaffenheit demselben Gefäß zugerechnet werden können und dieselbe Inventarnummer aufweisen.

aller prozentualen Randdurchmesser berechnet.[37] Sie beträgt 3962%, d. h., es ist mit mindestens 40 Gefäßen zu rechnen. Diese niedrige Zahl ist ein klarer Hinweis auf die starke Fragmentation der Gefäße. Maximal befanden sich 1443 Gefäße im Fundmaterial, dieser deutlich zu hohe Wert entspricht der Anzahl der Gefäßeinheiten.

Die Keramik ist in der Regel hart bis sehr hart gebrannt und ihre Oberfläche weist keine Verwitterungsspuren auf. Die Bruchkanten sind kaum verrollt, sodass davon ausgegangen werden kann, dass die Scherben kaum der Witterung oder anderen äußeren Einflüssen ausgesetzt waren. Nur in zwei Fällen konnte sekundär gebrannte Keramik nachgewiesen werden.

1.1.2 Technologie

a) Farbe und Brennatmosphäre

Das Farbspektrum der Keramik bewegt sich zwischen hellem Ocker und Ziegelrot sowie grau- und braunschwarzen Tönen. Dabei hängt die Farbe neben dem Ton und dem Brand stark von der Lagerung im Boden ab, wie anpassende, vollständig unterschiedlich gefärbte Scherben zeigen.[38] Gefleckte Scherben deuten auf eine unkontrollierte Brandatmosphäre hin. Eine Trennung des Materials in Grob-, Fein- und scheibengedrehte Keramik zeigte ähnliche Anteile an gefleckten Scherben, sodass anhand dieses Kriteriums keine Unterschiede in der Qualität des Brennvorgangs erkannt werden können.

Bei der Keramikherstellung wird zwischen oxidierendem und reduzierendem Brand unterschieden. Beim oxidierenden Brand, d. h. unter Sauerstoffzufuhr, oxidiert das Eisen und wird zu Hämatit, wodurch sich der Ton rötlich, braun oder ockerfarben färbt. Beim reduzierenden Brand unter Sauerstoffabschluss wird das Eisen zu Magnetit, weshalb sich die Oberfläche schwarz färbt.[39] Häufig ändert sich die Brennatmosphäre während eines Brennvorganges, sodass sich im Bruch unterschiedliche Zonierungsmuster bilden.[40]

b) Magerung

Einige Scherben wurden im Rahmen der Arbeiten von Ch. Bücker[41] und B. Röder[42] anhand von Dünnschliffanalysen mineralogisch untersucht. Die vorgeschichtliche Keramik aus Mengen kann mit Quarz und Schamotte bzw. Keramik, mit Kalk oder Augit gemagert sein. Ob der Ton neben dem Zusatz von Keramik und dem aus dem Kaiserstuhlgebiet kommenden Augit[43] zusätzlich mit mineralischen Bestandteilen gemagert wurde, lässt sich nur im Einzelfall klären. Die Magerung der eisenzeitlichen Keramik aus Mengen zeigt bei zwei Dritteln aller untersuchten Scherben eine serielle Korngrößenverteilung.[44] Das bedeutet, dass sich ein intentioneller Zusatz der Magerungsbestandteile, anders als bei einer bimodalen Korngrößenverteilung, nicht zwingend nachweisen lässt.[45] Die Gefäße, bei denen eine bimodale Korngrößenverteilung vorliegt, sind vor allem mit Augit gemagert. Augit erhöht die Bruchfestigkeit eines Gefäßes.[46] Dabei handelt es sich um ein Mineral, welches sich in vulkanischem Gestein bildet, das im Breisgau am Kaiserstuhl vorkommt. Auch beim in einigen Gefäßen nachgewiesenen Kalk handelt es sich um ortsfremdes Material, er stammt aus der Vorbergzone und Grabenrandscholle.[47]

---

37 Rice 1987, 290–293. Einführend in Tappert 2006, 36.
38 Im Fall der nicht eisenzeitlichen Kanne (Abb. 66,9) ist eine Scherbe ockerfarben, während die anpassende Scherbe vollständig schwarz gefärbt ist.
39 Röder 1995, 70.
40 Vgl. Diagramm bei Röder 1995, 42 Tab. 30.
41 Bücker 1999, 26 f.
42 Röder 1995, 78 f.
43 Bücker 1999, 64.
44 Ebd. 59.
45 Bei einer bimodalen Korngrößenverteilung hebt sich eine Gruppe von Magerungspartikeln aufgrund ihrer Korngröße deutlich von den natürlich im Ton vorkommenden Bestandteilen ab.
46 Röder 1995, 110.

Die in dieser Arbeit vorgelegte Keramik konnte nur makroskopisch untersucht werden. Sie enthält ausschließlich mineralische Komponenten, wobei Glimmer (G), Keramik (K), Augit (A) und Quarz (Q) näher bestimmt werden konnten. Helle, dunkle, weiße und graue Bestandteile, die nicht näher bestimmbar waren, werden im Katalog als Partikel (P) bezeichnet. Die Zusammensetzung der Magerung ist extrem heterogen, sodass sich keine signifikanten Gruppen bilden lassen. Häufig treten Kombinationen aus Partikeln und Keramik sowie Glimmer, Partikeln und Keramik auf. Augit ist sehr selten ein Bestandteil der Magerung (1% aller Scherben).

c) Oberflächenbehandlung
Bei der handaufgebauten Keramik lässt sich zwischen grob geglätteten, geglätteten und gut geglätteten Oberflächen unterscheiden.[48] Etwa die Hälfte der Gefäße weist eine geglättete Oberfläche auf, während grob geglättete Gefäße nur 14% der Gesamtmenge ausmachen. 2% der Gefäße, vor allem offene Schalen, weisen eine Randzone auf, die besser geglättet als der Gefäßkörper ist. Zwei Drittel der Gefäße weisen auf Innen- und Außenseite denselben Grad an Bearbeitung auf.
Neben dem Grad der Glättung können die Oberflächen auch durch weitere Merkmale charakterisiert werden, dies trifft auf ca. ein Viertel der Gefäße zu (Abb. 2). Am häufigsten hierbei ist eine polierte Oberfläche, bei der eine glänzende, sehr dichte Oberfläche entsteht. Engoben konnten nicht sicher nachgewiesen werden. Bei der Politur kommt es zur Verdichtung der Oberfläche, die sich deshalb beim Brand dunkler färbt, wodurch der Eindruck einer Engobe oder eines anderen Überzuges entstehen kann.[49]

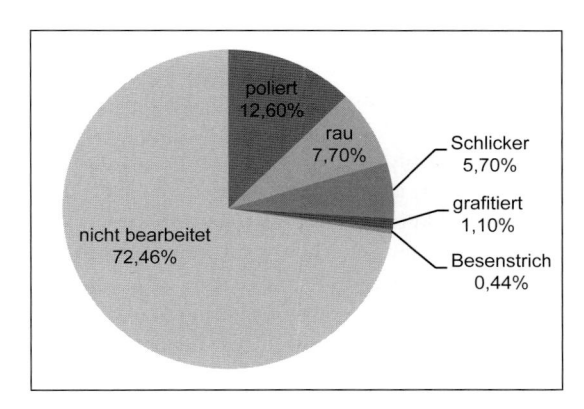

Abb. 2: Art und Häufigkeit zusätzlicher Oberflächenbehandlung.

Sowohl grob geglättete wie auch geglättete Oberflächen können einen rauen Charakter aufweisen, der durch aus der Oberfläche ragende, gröbere Magerungsbestandteile hervorgerufen wird. Auf wenigen Gefäßen kann ein Bewurf mit Tonschlicker beobachtet werden. Hierbei handelt es sich um eine feine bis grobe Schlickerung, die wahrscheinlich der besseren Handhabung durch die Rauung der Oberfläche dienen sollte.

d) Waren
Für die Magisterarbeit wurde die Keramik in Warenarten untergliedert, nachdem nach einer ersten Sichtung des Fundstoffes ein Zusammenhang zwischen der Größe der Magerungspartikel und der Oberflächenbehandlung auffiel. Ein Versuch, Muster innerhalb der Korngröße oder der Zusam-

---

47 Bücker 1999, 65.
48 Unter dem Terminus „grob geglättet" wird eine unregelmäßige Oberfläche verstanden, während „gut geglättete" Gefäße keinerlei Bearbeitungsspuren aufweisen.
49 Tappert 2006, 47.

mensetzung der Magerung zu erkennen, lieferte keine brauchbaren Ergebnisse, da sich eine große Anzahl an Gruppen mit jeweils sehr wenigen Scherben bildete.

Schlussendlich führte die feine Aufgliederung der handaufgebauten Keramik zu keinen aussagekräftigen Ergebnissen. Es lassen sich keine Korrelationen zwischen den Gefäßtypen und den Warengruppen erkennen. Auch die chronologische Beurteilung gestaltete sich schwierig, da handaufgebaute eisenzeitliche Keramik in dieser Region häufig nicht präzise datiert werden kann (Abb. 3).

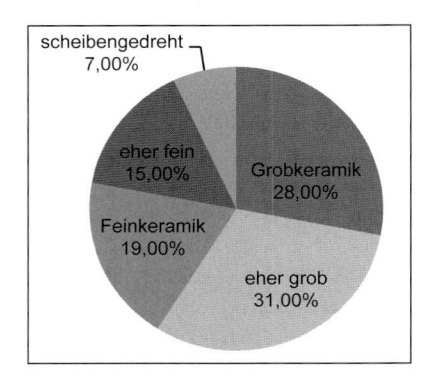

Abb. 3: Anteile von Grob- und Feinkeramik.

Handaufgebaute Keramik
Als Hauptkriterium für die qualitative Unterteilung in Grob- und Feinkeramik wird die Oberflächenbeschaffenheit gewählt, da sie bestimmend für den optischen und haptischen Eindruck des Gefäßes ist.

Zur Grobkeramik werden alle handaufgebauten Scherben gezählt, die eine grobe bis sehr grobe Magerung sowie eine grob geglättete, geschlickerte oder raue Oberfläche besitzen. 28% aller Gefäßeinheiten lassen sich dieser grobkeramischen Warenart zuweisen. Die Ware ist bis auf einen verschwindend geringen Anteil (1% der Scherben) grob oder sehr grob gemagert. Der Hauptteil der Scherben weist eine Wandstärke zwischen 7 und 10 mm auf, kann aber bis zu 23 mm erreichen. Die Scherben sind zum Großteil (84%) hart oder sehr hart gebrannt, der Anteil an mittelharter und weicher Keramik liegt trotzdem etwas höher als bei der Feinkeramik und der scheibengedrehten Ware. Die Oberflächen sind häufig in Ocker- oder Brauntönen gefärbt, schwarze Oberflächen sind selten. Ausgehend von den Zonierungsmustern sind drei Viertel der Scherben aus dieser Gruppe oxidierend gebrannt worden.

Unter Feinkeramik werden Scherben verstanden, die eine feine Magerung und eine polierte oder gut geglättete Oberfläche besitzen. 19% aller Gefäßeinheiten fallen unter diese Definition. Die Wandstärke beträgt häufig zwischen 3 und 6 mm, die größte Wandstärke liegt bei 10 mm. Etwas mehr als 90% aller Scherben sind hart oder sehr hart gebrannt. Die Feinkeramik wurde etwa zur Hälfte oxidierend (47%), zur anderen Hälfte reduzierend gebrannt (53%); der Anteil an reduzierend gebrannter Keramik ist demnach deutlich höher als bei der Grobkeramik.

31% der Scherben lassen sich mit ihrer geglätteten Oberfläche nicht ohne Weiteres als Grob- oder Feinkeramik klassifizieren. Aufgrund des hohen Anteils an grob gemagerter (72%) und oxidierend gebrannter Keramik steht diese Gruppe allerdings der Grobkeramik deutlich näher. Die Wandstärke ist im Durchschnitt aber ein wenig geringer als bei der Grobkeramik.

Schwierig einzuordnen ist eine Keramikgruppe, die eine gut geglättete Oberfläche und eine grobe oder sehr grobe Magerung aufweist. Der Prozentsatz an oxidierend gebrannten Scherben (42%) ist deutlich höher als bei der Grobkeramik. Die meisten Scherben weisen eine etwas größere Wandstärke als die Keramik mit geglätteter Oberfläche auf. Die Scherben sind somit von der Oberflächenbearbeitung und der Brenntechnik her eher mit der Feinkeramik zu vergleichen, während sie in Hinblick auf die Magerungsgröße und Wandstärke der Grobkeramik näher stehen.

Scheibengedrehte Keramik
Bei 7% der Keramik handelt es sich um Drehscheibenware, die sich durch eine extrem geringe Wandstärke und eine sehr glatte, oft polierte Oberfläche auszeichnet. Aufgrund fehlender Drehrillen oder anderer Werkspuren lassen sich keine Unterschiede zwischen nachgedrehter oder scheibengedrehter Keramik herausarbeiten. Diese Gruppe entspricht der von Tappert gebildeten Ware „Frühe Drehscheibenkeramik" und setzt sich durch die sehr gute Oberflächenbehandlung und das Fehlen von Drehrillen von der „Echten Drehscheibenkeramik" ab.[50]
Technologisch unterscheidet sich die scheibengedrehte Keramik durch die größere Härte und die sehr feine Magerung von der handgemachten Keramik. Der Anteil an reduzierend gebrannter Ware ist mit 55% höher als bei der Feinkeramik. Scheibengedrehte Keramik steht der Feinkeramik technologisch somit deutlich näher als der Grobkeramik.

Auswertung
Gerade die handaufgebaute Keramik aus Mengen macht einen sehr heterogenen Eindruck. Dies deckt sich mit Röders Ergebnissen zur frühlatènezeitlichen Keramik.[51] Quellenbedingt erschwert die mangelnde feinchronologische Einordnung der handaufgebauten Ware eine Beurteilung des Materials. Viele Scherben können außerdem keinem Gefäßtyp zugewiesen werden. Die Individualität der Keramik lässt sich allerdings sehr gut anhand des von Röder vorgeschlagenen Modells zur Produktion der Keramik erklären. Ausgehend von Parallelen aus der Völkerkunde und der Berechnung des Bedarfs an Keramik in einer Siedlung geht sie davon aus, dass die handaufgebaute Ware nicht von spezialisierten „Berufstöpfern", sondern in den einzelnen Haushalten hergestellt wurden, um den eigenen Bedarf zu decken.[52] Die Heterogenität der Keramik kann so nicht nur durch den zeitlichen Abstand zwischen der Herstellung, sondern auch durch die große Anzahl und fehlende Routine der Herstellenden zustande kommen.
Auffällig ist der erhöhte Anteil an reduzierend gebrannter Keramik bei der Fein- und scheibengedrehten Keramik, sodass zu vermuten ist, dass bei diesen Waren eine tiefschwarze Farbe angestrebt wurde. Trotzdem ist der Anteil an oxidierend gebrannter, graubrauner bis ockerfarbener Fein- und scheibengedrehter Keramik immer noch so hoch, dass man davon ausgehen kann, dass diese Farbtöne kein Kriterium zur Aussonderung der Gefäße waren oder diese als Fehlbrand angesehen wurden. Röder erkennt dieselbe Präferenz bei einigen der von ihr bearbeiteten Siedlungen.[53] Obwohl der Zerscherbungsgrad keine eindeutigen Aussagen zulässt, scheint die scheibengedrehte Keramik keine Produktionsfehler oder Unregelmäßigkeiten aufzuweisen.

e) Dekor
Ca. 10% aller handaufgebauten Gefäßeinheiten weisen ein Dekor auf. Die Riefenzier der scheibengedrehten Ware ist so einheitlich, dass sie im Kapitel zur Typologie beschrieben wird.

Eingeritztes Zickzackdekor
Eine Breitrandschale aus Befund 227 (Abb. 69,9) weist auf der Innenseite zwei umlaufende Zickzackmuster aus Doppellinien auf. Der leicht konkave Boden wird zusätzlich von einer eingestochenen Punktreihe umgeben. Auf dem Rand befindet sich ein Zickzackmuster, dessen Dreiecke alternierend mit parallelen Linien und Winkeln gefüllt sind. Die Oberfläche der Schale zeigt Reste einer flächigen Grafitierung.
U. Brosseder bezeichnet das Dekor auf dem Rand der Schale als Randstern aus hängenden Dreiecken.[54] Schalen mit diesem Dekor treten vor allem auf der Schwäbischen Alb auf, streuen vereinzelt

---

50 Tappert 2006, 37.
51 Röder, 1995, 118 f.
52 Ebd. 127 f.
53 Ebd. 128.
54 Brosseder 2004, 209.

aber bis nach Ostfrankreich.[55] Die Zickzacklinien bzw. „mehrreihigen Sterne" im Inneren der Schale haben eine weite Verbreitung von Frankreich bis Südmähren, allerdings liegt die Hauptkonzentration in Bayern nördlich der Donau.[56] Sie datiert Schalen mit diesen Dekoren in Ritztechnik in die Phase Ha C2.[57] Die mit parallelen Linien gefüllten Dreiecke finden sich auch auf einem im Gewann Mengen ‚Werderhöhe' gefundenen Hohlbuckelring, der nach Ha C/D1 datiert wird.[58]

Aufgelegte Leisten
Plastische Leisten im Halsknick oder auf dem Gefäßkörper treten bei 18% aller Gefäße auf. Keine Wandscherbe ist so gut erhalten, dass sichere Aussagen zur Position dieser Leisten getroffen werden können, bei besser erhaltenen Gefäßen von anderen Fundplätzen sitzen die Leisten im Schulterbereich. Glatte, gerade Leisten sind entweder mit diagonalen oder senkrechten Kerben oder durch ovale oder rechteckige Eindrücke gegliedert. Sie können auch durch Fingertupfen und Fingerkniffe wellenartigen Charakter besitzen. Selten werden Leisten von einer umlaufenden Reihe von Eindrücken begleitet. In einigen Fällen trennt die Leiste einen gut geglätteten von einem rauwandigen Bereich. Aufgelegte Leisten treten nur bei Töpfen der Form 2.3 auf. Sie sind kennzeichnend für hallstattzeitliche Keramik.[59]

Flache Fingertupfen
Umlaufende, unregelmäßige Reihen von flachen Fingertupfen machen etwa 18% aller Verzierungen auf den Gefäßen aus. Sie treten häufig entweder in der Mitte des Gefäßkörpers oder auf der Schulter und selten direkt unterhalb des Randes auf. Selten wurden ähnlich flache, S-förmige Fingerstriche auf den unteren Gefäßbereich aufgebracht. Flache Fingertupfen können zusammen mit verzierten Randlippen vorkommen. Sie treten vor allem auf S-förmigen Schalen auf (S3), es gibt sie aber auch auf kalottenförmigen Schalen (S1.1), auf Gefäßen mit zylindrischer Wandung (S1.3) und auf Töpfen mit schwach ausgeprägtem Profil (T1.3) sowie schwachem S-Profil (T3.1).

Verzierte Randlippen
14% aller verzierten Gefäße besitzen eine horizontal abgestrichene Randlippe, auf deren Oberseite rechteckige, trapezoide oder rund-ovale Kerben eingedrückt worden sind. In einigen Fällen ist der Rand durch diese Eindrücke wellenartig verformt. Eine Variante sind diagonale, nicht geglättete Abstrichspuren, sie sind allerdings so gleichmäßig und prägnant, dass man davon ausgehen kann, dass der Rand intentionell in diesem Zustand belassen wurde. Nur Töpfe weisen eine verzierte Randlippe auf. Es handelt sich dabei um Töpfe mit geradem Hals und bauchigen (T2.4) sowie abfallenden Schultern. Diese verzierten Randlippen kommen sowohl in den hallstattzeitlichen[60] wie auch den frühlatènezeitlichen Siedlungen vor.[61]

Besenstrich
9% der Gefäße besitzen eine mit Besenstrich behandelte Oberfläche. Hierbei ist unklar, ob es sich um ein Dekor im eigentlichen Sinne handelt oder ob die Oberfläche der Gefäße zur besseren Handhabung aufgeraut werden sollte. In wenigen Fällen ist der Besenstrich sehr tief und gleichmäßig und bildet Bündel (Abb. 28,12 u. 32,20). Häufig ist er aber auch in sich kreuzenden, unregelmäßigen Gruppen aufgetragen worden (Abb. 28,19, 30,25 u. 44,2). In den meisten Fällen lässt sich die Form der Gefäße nicht mehr feststellen. Lässt sich ein Gefäß mit Besenstrich rekonstruieren, so handelt es

---

55 BROSSEDER 2004, 210 Abb. 138.
56 Ebd. 225 Abb. 149.
57 Ebd. 209 f.
58 BALZER 2001, 44.
59 KLUG-TREPPE 2003, 118 f.
60 Ebd. 122.
61 RÖDER 1995, 56.

sich dabei um eine offene Schale mit Besenstrich in der unteren Gefäßhälfte (Abb. 57,1). Der Randbereich bleibt ausgespart. Besenstrich lässt sich nur auf kalottenförmigen Schalen (S1.1) und Schalen mit einbiegendem Rand (S2.1) nachweisen. Er tritt nicht in den Höhensiedlungen, allerdings in den frühlatènezeitlichen Siedlungen auf[62] und ist demnach ein chronologisches Merkmal für Keramik aus der späten Hallstatt- und Frühlatènezeit.

Grafitierung
Keramik mit grafitierten Oberflächen tritt vor allem im Befund 227 auf, wenige Exemplare auch im Bereich zwischen Befund 83 und 85 und im Befund 40. Eine Scherbe lässt schmale Grafitstreifen erkennen (Abb. 55,5), bei zwei Gefäßen war die Innenseite des Randes in einem breiten Streifen grafitiert (Abb. 23,2 u. 70,28). Ansonsten lassen sich nur wenige Spuren erkennen, die auf eine flächige Grafitierung des Gefäßes hinweisen.

Bemalte Keramik
Nur wenige Scherben weisen Reste von farbiger Bemalung auf, allerdings sind sie alle zu schlecht erhalten, um ein Muster oder eine Gefäßform zu rekonstruieren. Sie stammen vor allem aus dem Befundbereich 83/85. Eine Scherbe weist einen rot bemalten Untergrund auf, in dem sechs ca. 3 mm breite Riefen eingeritzt sind, die sich im rechten Winkel kreuzen. Sie sind mit schwarzer Farbe gefüllt (Abb. 22,12). Eine weitere Scherbe mit zwei parallelen, schmalen Riefen weist rote und schwarze Farbspuren auf, allerdings lässt sich kein Muster rekonstruieren. Eine Scherbe weist ausschließlich rote, eine andere schwarze Farbspuren auf. Auf einer Scherbe aus Befund 251 befindet sich auf rot bemaltem Grund ein schwarzer Streifen (Abb. 75,12).

Eingedrücktes Dekor
Eingedrückte Verzierungen (14%) kommen ausschließlich auf Töpfen und Großgefäßen (T4.2) vor. Sie befinden sich in der Regel im Bereich des Schulterumbruchs. Am häufigsten sind gleichmäßige, umlaufende Reihen kleiner runder (Abb. 23,4), ovaler (Abb. 22,13) oder dreieckiger Eindrücke (Abb. 18,8). Ebenfalls treten häufig Reihen von diagonalen, lang gezogenen Dreiecken auf, die entstehen, wenn man ein kantiges Holzstäbchen in einem flachen Winkel in den Ton drückt (Abb. 18,10). In seltenen Fällen treten auch zwei oder drei Reihen mit umlaufendem Dekor untereinander auf (Abb. 22,17). Ebenfalls selten gibt es umlaufende Reihen von sich kreuzenden (Abb. 26,2) oder im Tannenreismuster angeordneten Fingernageleindrücken (Abb. 55,4). Diese Art von Dekor tritt schon in der Urnenfelderzeit auf Schrägrandgefäßen auf, wobei dort mehrfache Reihen deutlich häufiger vorkommen als im eisenzeitlichen Fundmaterial von Mengen.[63] Eingedrückte Verzierungen treten bis zum Ende von Ha D1 auf.[64]

Neben den umlaufenden Reihen gibt es auch wenige dünnwandige, mit flächigen Eindrücken verzierte Scherben (5%). Es handelt sich hierbei um Reihen von gegenständigen Dreiecken (Abb. 48,15), unregelmäßig verteilte runde Einstiche (Abb. 47,2), mit rechteckigen Eindrücken gefüllte Bänder (Abb. 47,4) und kleine eingestochene Dreiecke auf mit diagonalen Ritzlinien versehenem Grund (Abb. 55,10). Dieses flächige, unregelmäßig eingetiefte Dekor ist für die Hallstattzeit untypisch.

Kerbschnittverzierte Keramik
Die Randscherbe einer Schale ist mit Kerbschnitt verziert und weist Spuren von Grafitierung im Randbereich auf. Zu erkennen ist ein durch zwei Linien abgegrenztes umlaufendes Band, welches in regelmäßigen Abständen mit Kreisaugen gefüllt ist. Darunter befinden sich drei Felder, von denen eines mit gegenständigen Dreiecken, das andere mit kurzen parallelen Riefen gefüllt ist (Abb. 69,7).

---

62 Röder 1995, 56.
63 Grimmer-Dehn 1991, 31.
64 Maise 2001, 418.

Sonstiges Dekor
Ein Boden weist zwei eingeritzte, sich im rechten Winkel kreuzende Linien auf (Abb. 25,12). In seltenen Fällen treten tiefe Dellen auf, die die Gefäßwandung verformen. Sie können sich auf dem Bauch oder unterhalb des Randes befinden (Abb. 36,9 u. 42,7). Daneben tritt individuelles, eingeritztes Dekor auf: Es handelt sich um Gitternetze (Abb. 28,15), Zickzacklinien (Abb. 74,10), Winkelmuster (Abb. 32,21) sowie im rechten Winkel zueinander verdrehte Strichbündel (Abb. 78,14). Eine einbiegende Schale mit polierter Oberfläche weist feine parallele Ritzlinien entlang des Randes und S-förmig gebogene auf dem Gefäßkörper auf (Abb. 34,2). Eine Wandscherbe ist flächig mit gegenständigen schmalen Fingerkniffen versehen (Abb. 47,3), während eine weitere ein umlaufendes Ratterdekor aufweist (Abb. 78,12).

1.1.3 Typologie

a) Methodik

Da die Hauptkriterien bei der Erstellung einer Typologie je nach Bearbeiter, Fragestellung und Charakter des Fundmaterials variieren, ist es problematisch, Gefäße in schon bestehende, auf dem Material von anderen Fundplätzen basierende Typologien einzuordnen. Zudem handelt es sich bei der Keramik zum größten Teil um handgemachte, wahrscheinlich vor Ort hergestellte Gefäße, weshalb mit einem individuellen Charakter des Fundgutes gerechnet werden muss. Das Material der Siedlung Mengen ‚Löchleacker' fällt zudem zeitlich zwischen das Material der beiden überregionalen Publikationen von J. Klug-Treppe zu den hallstattzeitlichen Höhensiedlungen und B. Röder zur Keramik der Frühlatènezeit, sodass ein direkter Anschluss an beide Typologiesysteme nicht möglich ist. Auch in die von I. Balzer erstellte Typologie für den Breisacher Münsterberg lässt sich die Keramik schwer einordnen, da deren Schwerpunkt auf der scheibengedrehten Ware liegt. Deshalb wird für Mengen ein eigenes Typologiesystem erstellt.

Problematisch bei der Definition von Keramiktypen anhand von Siedlungsmaterial ist, dass kaum ganze Gefäße zu rekonstruieren sind und häufig nur ein kleiner Bereich des Gefäßkörpers für die Ansprache zur Verfügung steht.

Da diese Typologie primär einer deskriptiven Erfassung des vorliegenden Keramikmaterials dienen soll, wurden nur morphologische Merkmale und keine funktionalen oder anderen Eigenschaften zur Klassifikation verwendet. Hierbei dient das monothetisch-unterteilende Verfahren als Orientierung.[65] Bei dieser Vorgehensweise wird eine Gruppe von Objekten in mehreren Schritten nach dem Merkmal unterteilt, welches am signifikantesten für eine Trennung in zwei Gruppen ist (zum Beispiel Gefäße mit und ohne Hals). So entsteht ein Dendrogramm mit mehreren Hierarchien, die umso spezifischer werden, desto tiefer sie liegen. Im Unterschied zu R. Whallons Verfahren wurden die Merkmale nicht nur in an- oder abwesend unterteilt, sondern pro Hierarchiestufe in alle Möglichkeiten, die das Merkmal aufweisen kann. Dieses System hat den Vorteil, dass auch Scherben mit geringem Erhaltungsgrad in das Dendrogramm eingeordnet werden können. So wird ein größerer Prozentsatz des Materials in die Auswertung einbezogen. Die Merkmale zum Splitten eines Dendrogrammastes beziehen sich aufgrund der geringen Gefäßerhaltung vor allem auf den Halsbereich, d. h. auf die Art der Randgestaltung, den Wandungsverlauf und den Neigungswinkel der Gefäßwand.[66] Hierbei kann aufgrund der geringen Auswahl an möglichen Merkmalen wenig Rücksicht auf die Relevanz dieser Charakteristika genommen werden. Dabei kann es gut sein, dass ein derartiges Merkmal für den Produzenten oder den Nutzer des Gefäßes von keiner oder nur

---

65 Einführend bei Bernbeck 1997, 220 ff.
66 Dendrogramme für die Ordnung des Fundmaterials werden unter anderem von der aktuellen französischen Hallstattforschung verwendet. Da die Formen und Typbezeichnungen standardisiert sind und von allen Projekten verwendet werden, ist eine maximale Vergleichbarkeit der Siedlungen untereinander möglich (Bardel 2009, 73 Fig. 2).

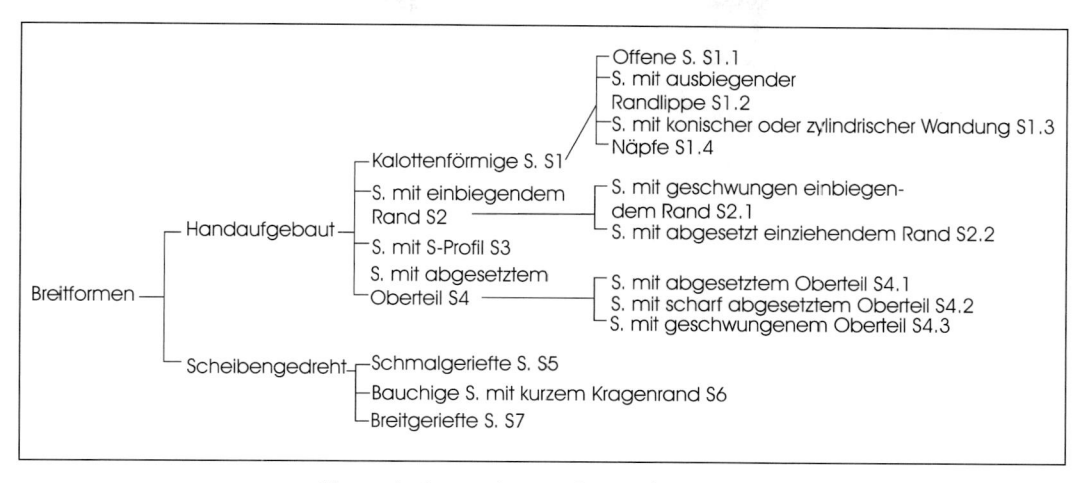

```
Breitformen ─┬─ Handaufgebaut ─┬─ Kalottenförmige S. S1 ─┬─ Offene S. S1.1
             │                 │                        ├─ S. mit ausbiegender
             │                 │                        │   Randlippe S1.2
             │                 │                        ├─ S. mit konischer oder zylindrischer Wandung S1.3
             │                 │                        └─ Näpfe S1.4
             │                 ├─ S. mit einbiegendem ───┬─ S. mit geschwungen einbiegen-
             │                 │   Rand S2               │   dem Rand S2.1
             │                 │                        └─ S. mit abgesetzt einziehendem Rand S2.2
             │                 ├─ S. mit S-Profil S3
             │                 └─ S. mit abgesetztem ────┬─ S. mit abgesetztem Oberteil S4.1
             │                     Oberteil S4           ├─ S. mit scharf abgesetztem Oberteil S4.2
             │                                           └─ S. mit geschwungenem Oberteil S4.3
             └─ Scheibengedreht ─┬─ Schmalgeriefte S. S5
                                 ├─ Bauchige S. mit kurzem Kragenrand S6
                                 └─ Breitgeriefte S. S7
```

Abb. 4: Gliederung der Breitformen (S. = Schalen).

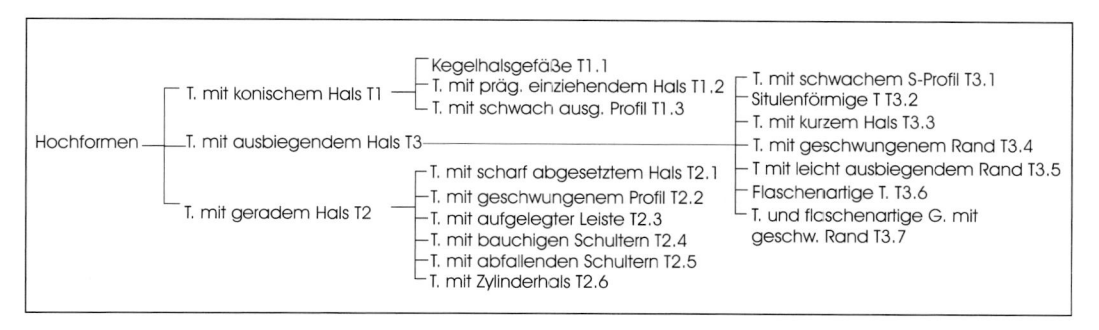

```
Hochformen ─┬─ T. mit konischem Hals T1 ──┬─ Kegelhalsgefäße T1.1        ┌─ T. mit schwachem S-Profil T3.1
            │                              ├─ T. mit präg. einziehendem Hals T1.2  ├─ Situlenförmige T T3.2
            │                              └─ T. mit schwach ausg. Profil T1.3     ├─ T. mit kurzem Hals T3.3
            ├─ T. mit ausbiegendem Hals T3 ─────────────────────────────────────────┼─ T. mit geschwungenem Rand T3.4
            │                              ┌─ T. mit scharf abgesetztem Hals T2.1  ├─ T mit leicht ausbiegendem Rand T3.5
            │                              ├─ T. mit geschwungenem Profil T2.2     ├─ Flaschenartige T. T3.6
            └─ T. mit geradem Hals T2 ─────┼─ T. mit aufgelegter Leiste T2.3       └─ T. und flaschenartige G. mit
                                           ├─ T. mit bauchigen Schultern T2.4         geschw. Rand T3.7
                                           ├─ T. mit abfallenden Schultern T2.5
                                           └─ T. mit Zylinderhals T2.6
```

Abb. 5: Gliederung der Hochformen (T. = Töpfe, präg. = prägnant,
ausg. = ausgeprägt, G. = Gefäße, geschw. = geschwungen).

geringer Bedeutung war. RÖDER zitiert hier ein Beispiel aus der Ethnografie von J. BIRMINGHAM, bei dem ein Töpfer in Kathmandu mehrere unterschiedliche Randlippen am gleichen Gefäßtyp herstellt, um den individuellen Wünschen der Käufer zu entsprechen (Abb. 4 u. 5).[67]
Aus der Literatur ist das Spektrum der Keramik in der Hallstatt- und frühen Latènezeit im Breisgau bekannt: Es wird zwischen Breitformen (Schalen bzw. Schüsseln) und Hochformen (Töpfe bzw. Becher und Flaschen) unterschieden. Dies ist auch das Unterscheidungsmerkmal in der ersten Hierarchie. Bei den Gefäßen aus Mengen ‚Löchleacker' ist es nur in seltenen Fällen gelungen, eine Gefäßhöhe zu ermitteln oder diese anhand des Krümmungsgrades der Wandung genauer zu schätzen. Die gängige Definition, dass eine Hochform höher als ihr größter Durchmesser ist, kann demnach hier nicht angewendet werden. Die Breitformen lassen sich aufgrund der stärkeren Krümmung der Wandung gut erkennen, während die sog. Hochformen vor allem durch den Vergleich mit besser erhaltenen Stücken aus anderen Siedlungen als solche angesprochen werden können.[68] 44% aller

---

67 RÖDER 1995, 59.
68 Dies trifft besonders auf die Töpfe 3.2 und 4, aber auch auf die Schalen 4.2 und 4.3 zu.

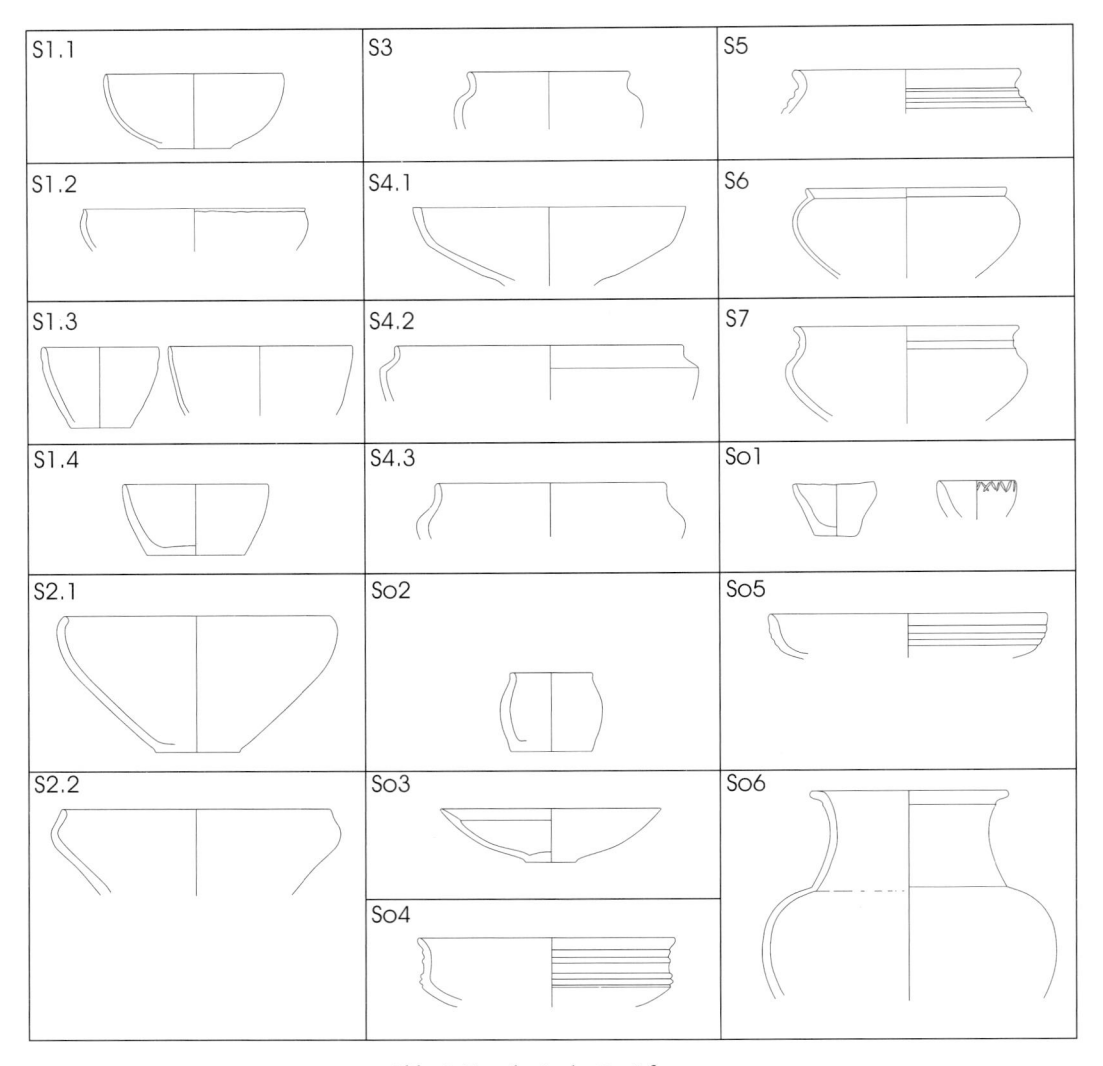

Abb. 6: Typologie der Breitformen.

Randscherben sind so klein, dass sie zunächst für die Erstellung des Dendrogramms ausgesondert wurden. 41% der Scherben lassen sich den Breitformen und 11% den Hochformen zuweisen. Bei weiteren 4% kann nicht geklärt werden, zu welcher Gruppe sie gehören. Der deutlich höhere Anteil an Breitformen kann auch dadurch beeinflusst werden, dass Scherben aufgrund des höheren Krümmungsgrades auch bei einer deutlich geringeren Größe als Breitform angesprochen werden können. In der zweiten Hierarchie dient die Herstellungstechnik als Merkmal, d. h. es wird die scheibengedrehte Keramik ausgesondert, da man davon ausgehen muss, dass die Herstellung auf der Drehscheibe die formale Gestaltung des Gefäßes stark beeinflusst. In einer dritten Hierarchie wird die Randgestaltung als Merkmal verwendet. Bei den Breitformen wird aufgrund der Profilgestaltung zwischen offenen Schalen, Schalen mit einbiegendem Rand und Schalen mit abgesetztem Oberteil unterschieden. Die Gruppe der Hochformen wird anhand der ausbiegenden, geraden und einbiegenden Ränder untergliedert.

b) Terminologie

Die Bezeichnungen für die einzelnen Typen der Keramik variieren stark und sind immer wieder Grund für Diskussionen.[69] Besonders umstritten sind die Bezeichnungen „Schale" und „Schüssel" für offene Breitformen. Der allgemeine Sprachgebrauch legt es nahe, flache Formen als Schalen, tiefe als Schüsseln zu bezeichnen, allerdings lassen sich bei dem stark zerscherbten Material aus Mengen nur in seltenen Fällen Aussagen zur Höhe der Gefäße machen. A. Lang definiert in ihrer Arbeit Schalen als Gefäße, die dreimal so breit wie hoch sind, während die Schüsseln doppelt so breit wie tief sind.[70] B. Röder bezeichnet Schalen als einteilige, d. h. ungegliederte und Schüsseln als mehrteilige, gegliederte Breitformen, allerdings ist diese Definition mit dem allgemeinen Sprachgebrauch nicht in Einklang zu bringen. C. Tappert verwendet beide Begriffe parallel, sobald Aussagen zur Gefäßhöhe getroffen werden können.[71] I. Balzer stellt heraus, dass sich bestimmte Keramikformen aus älteren Typen herleiten, die zunächst als Schüsseln, dann als Schalen bezeichnet werden. Sie verzichtet deshalb auf eine Unterscheidung zwischen den beiden Gefäßformen und verwendet stattdessen nur die Bezeichnung „Schale". Auch J. Klug-Treppe vermeidet den Terminus „Schüssel".[72] Da Balzers Arbeit zum Material des Münsterberges eine wichtige Quelle für diese Arbeit ist und eine große Anzahl unterschiedlicher Nomenklatur- und Typologiesysteme vergleichende Studien erschweren, soll im Folgenden eine Orientierung an Balzers System erfolgen, obwohl die Bezeichnung „Schale" für einige der tiefen Formen auf den ersten Blick eher ungewöhnlich erscheinen mag.

c) Breitformen (Abb. 6)

Handaufgebaute Keramik

Kalottenförmige Schalen (S1.1)

Bei diesem Gefäßtyp handelt es sich um ungegliederte Schalen mit gleichmäßig gewölbter Wandung. Der Typ ist mit 117 Exemplaren im Fundmaterial von Mengen vertreten. Die Bandbreite der Form des Gefäßkörpers reicht von tiefen, halbkugeligen Gefäßen bis zu gestauchten, fast tellerartigen Formen. Der Krümmungsgrad der Wandung bewegt sich zwischen geraden konischen und annähernd kugeligen Gefäßen. Der Übergang ist dabei so fließend, dass keine Varianten gebildet werden können. Alle vorliegenden Gefäße sind unverziert. Sechs Schalen weisen halbrunde Ausgüsse auf. Sie können sowohl halbrund ausgeschliffen (Abb. 19,6, 38,4.5 u.75,21) oder noch vor dem Brand eingearbeitet worden sein, sodass eine verdickte Tülle entstand (Abb. 34,4). Die Randdurchmesser der Schalen liegen zwischen 100 und 380 mm, wobei vor allem Durchmesser zwischen 200 und 300 mm auftreten. Die Wandstärken betragen zwischen 5 und 9 mm. Die Hälfte der Schalen weist eine runde Randlippe, jeweils ein Fünftel eine spitze oder schräg nach innen abgestrichene, der Rest eine gerade Randlippe auf. Röder unterscheidet bei diesem Gefäßtyp zwischen Schalen mit gewölbter (C1V1) und konischer Wandung (C1V2),[73] was beim Material von Mengen aufgrund des geringen Erhaltungsgrads nicht möglich war.

Flache Schalen unterscheiden sich von den kalottenförmigen Schalen durch den deutlich geringeren Neigungswinkel ihrer Wandung. Die Wand ist im unteren Bereich gerade. Da es bei sehr kleinen Scherben schwierig ist, den Neigungswinkel festzustellen, können nur wenige, besser erhaltene flache Schalen sicher identifiziert werden. Die Randlippen sind sehr häufig gerade abgestrichen, selten kommen abgerundete oder spitze Randlippen vor. Die Randdurchmesser variieren zwischen 200 und 400 mm. Die Wandstärken erreichen Werte von 4 bis 9 mm.

---

69 Für eine detaillierte Diskussion der Problematik s. Balzer 2009a, 41.
70 Lang 1974, 5.
71 Tappert 2006, 79.
72 Klug-Treppe 2003, 82.
73 Röder 1995, 38.

Ebenfalls eine Variante sind sehr tiefe Schalen, die im oberen Gefäßbereich annähernd senkrecht stehen. Sie zeichnen sich zudem durch geringe Wandstärken aus, die zwischen 5 und 7 mm liegen. Die Gefäßdurchmesser liegen zwischen 240 und 400 mm. Alle Gefäße weisen eine runde Randlippe auf. In einem Fall ist das gesamte Profil des Gefäßes erhalten, es besitzt einen flachen, leicht ausbiegenden Standboden. Im Breisgau treten diese Schalen in der spätesten Urnenfelder- und der frühen Hallstattzeit auf.[74]

Der Gefäßtyp der ungegliederten, kalottenförmigen Schale ist typologisch und chronologisch unempfindlich und in Baden-Württemberg und den angrenzenden Regionen in annähernd allen Zeitstufen vertreten. Im Breisgau nimmt die Anzahl der offenen Schalen nach Ha D1 ab, da an ihre Stelle die Schalen mit einbiegendem Rand treten.[75]

Kalottenförmige Schalen mit kurzer Randlippe (S1.2)

Diese Gefäße zeichnen sich durch eine leicht ausbiegende, kurze Randlippe aus. Im Gegensatz zur Schale mit S-Profil beginnt dieser Bereich knapp unterhalb des Randes und weist eine schwach ausgeprägte Krümmung auf, sodass es zu keiner Halsbildung kommt. Der weitere Gefäßkörper ist kalottenförmig. Die Randlippen sind vor allem abgerundet oder spitz, bei zwei Exemplaren mit dicker Wandung sind sie gerade abgestrichen. Die Wandstärken betragen zwischen 3 und 8 mm, wobei stärkere Wandstärken im Bereich von 7 und 8 mm deutlich häufiger auftreten. Ein dünnwandiges Exemplar weist auf der Innenseite des Randes einen schmalen grafitierten Streifen auf (Abb. 70,28). Der Randdurchmesser beträgt 200 bis 220 mm, zwei deutlich kleinere Schalen weisen eine Weite zwischen 80 und 160 mm auf. In Mengen gibt es zwölf Gefäße dieses Typs. Dieser Keramiktyp ist weit verbreitet. Es gibt ihn in Baden-Württemberg,[76] im Elsass[77] und in Lothringen[78] und in der nördlichen Schweiz,[79] auch tritt er im Nördlinger Ries am Goldberg[80] auf.

Die Schalen lassen sich in alle Stufen der Hallstattzeit einordnen. Sie treten in den Ha D1-zeitlichen Höhensiedlungen und in der Heuneburg in den Schichten IVc bis IVa auf. Weitere Ha D1-zeitliche Fundplätze, die diese Schalen enthalten, sind Flévy „Zone 19" in Lothringen[81] und der ältere Horizont in Illfurth-Buergelen.[82] In der Siedlung Florage „St. Agathe" im Elsass, die in Ha D2 datiert wird, kommt dieser Typ ebenfalls vor.[83] Am Breisacher Münsterberg tritt diese Schalenform in Befunden auf, die vor Ha D3 datiert werden können. Ha D3-zeitliche Fundplätze, die diese Kera-

---

74 Vgl. die Schalen in Sasbach ‚Lochäcker' (MAISE 2001, 430 Abb. 26) oder in Riegel ‚Romansbuck' (ebd. 427 Abb. 14,8 u. 11).
75 BALZER 2009b, 517.
76 Die Form tritt in Baden Württemberg auf der Heuneburg (FOŘT-LINKSFEILER 1989, Taf. 104,102–104 u. Taf. 105,113–115) und in der Außensiedlung (KURZ 2000, Taf. 30,369–373), am Breisacher Münsterberg (BALZER 2009a, Taf. 148,1 u. 2) und im Taubertal (HOPPE 1982, 91) auf.
77 DEFFRESSIGNE u. a. 2009, 260 Fig. 4a.
78 Ebd. 261 Fig. 3 u. 272 Fig. 8a.
79 LÜSCHERZ 1986, Taf. 2,21–25.
80 PARZINGER 1998, Taf. 30,369–373.
81 Die Siedlung Flévy „La Grand Rayée" wird anhand des Vergleichs mit Wolfgantzen im Elsass datiert. Es fehlen die für Ha C/D1 typischen Keramikformen und scheibengedrehte Keramik, sodass die Siedlung in Ha D2 datiert wird (DEFFRESSIGNE u. a. 2009, 268).
82 Illfurth-Buergelen ist eine Siedlung unterhalb der befestigten Höhensiedlung Britzgyberg mit zwei Horizonten, deren Material aufgrund der Schlangenfibeln in Ha D1 und der Paukenfibeln in Ha D3/Lt A datiert werden kann (ROTH-ZEHNER/BOYER 2009, 317).
83 Die Siedlung Florage „St. Agathe" wird anhand des Vergleichs mit Wolfgantzen im Elsass datiert. Es fehlen die für Ha C/D1 typischen Keramikformen und scheibengedrehte Keramik, sodass die Siedlung in Ha D2 datiert wird (DEFFRESSIGNE u. a. 2009, 274).
84 Die Siedlung von Wolfgantzen enthält Bogenfibeln, Pauken- und Doppelpaukenfibeln sowie scheibengedrehte Keramik und wird deshalb in Ha D3 datiert (DEFFRESSIGNE u. a. 2009, 257).
85 Die Siedlung Geispolsheim wird aufgrund des Fehlens von typischer Ha C/D1-Keramik und Schalen mit einbiegendem Rand sowie scheibengedrehter Ware in die Zeit Ha D1/D2 datiert (DEFFRESSIGNE u. a. 2009, 256).
86 HOPPE 1982, 95.

mikform enthalten, sind Wolfgantzen im Elsass[84] und Bourges[85]. M. Hoppe weist sie der Gruppe IV, d. h. Ha C und der Späthallstattzeit zu.[86]

Gefäße mit konischer oder zylindrischer Wandung (S1.3)
Es handelt sich hierbei um eine sehr heterogene Gruppe von ungegliederten Gefäßen mit steiler gerader Wandung, die entweder leicht konisch oder senkrecht verläuft. Aufgrund ihrer Größe möchte man sie eher den Töpfen zuordnen, sie müssen aber aufgrund ihrer Proportionen zu den Breitformen gezählt werden. Die Gefäße können eine flache, umlaufende Reihe von Fingertupfen auf ca. der halben Gefäßhöhe aufweisen. Die Mündungsweiten der Gefäße bewegen sich zwischen 200 und 500 mm, ein sehr kleines Exemplar weist einen Durchmesser von 160 mm auf. Sie besitzen oft eine sehr dicke Wandung (6 bis 14 mm) und ein unregelmäßig verlaufendes Profil. Die Randlippen sind rund oder gerade, können aber auch spitz oder nach innen abgestrichen sein. In zwei Fällen ist das gesamte Gefäßprofil erhalten, es handelt sich hierbei um Gefäße mit einfachem flachen Standboden. Ein Exemplar weist eine umlaufende Reihe von flachen Fingertupfen auf (Abb. 32,1). Acht Gefäße entsprechen dieser Form.
Die Gefäße sind aufgrund ihrer Inhomogenität schwer zu vergleichen und chronologisch einzuordnen. Ähnliche Stücke kommen in der Außensiedlung der Heuneburg[87] und am Goldberg[88] vor, sodass davon auszugehen ist, dass sie schon in der frühen Hallstattzeit auftreten. Ein Exemplar aus Bourges wird in Ha D3 datiert.

Näpfe (S1.4)
Unter Näpfen werden offene Gefäße mit geringem Durchmesser und einer gewölbten, im unteren Bereich steilen Wandung verstanden. Alle Gefäße sind so weit erhalten, dass man das vollständige Profil rekonstruieren kann. Die Näpfe besitzen einen einfachen Standboden. Die Randdurchmesser liegen zwischen 100 und 140 mm. Ihre Wandstärken betragen Werte zwischen 4 und 10 mm. Die Randlippen sind überwiegend rund, selten treten gerade oder spitze Formen auf. In Mengen gibt es sieben Näpfe.
Näpfe treten in den von Röder bearbeiteten frühlatènezeitlichen Siedlungen auf, sie zählt diese Form zu den offenen Schalen mit konischer Wandung C1V2.[89] Ähnliche Gefäße treten auch in Vix auf, wo sie an den Übergang von Ha D2 nach D3 datiert werden,[90] und in Lt A-zeitlichen Befunden in Bourges.[91] Es gibt die Näpfe auch in der bayerischen Siedlung Straubing-Bajuwarenstraße,[92] wo sie in die Latènezeit datiert werden.[93]

Schalen mit einbiegendem Rand (S2)
Die Schalen mit deutlich einbiegendem Rand bilden eine homogene Gruppe. Die Wandung verläuft leicht gewölbt oder konisch. Eine Variante sind Schalen mit kurzem, leicht einbiegendem Rand und steiler, konischer Wandung. Ihre Randlippen sind in einem spitzen Winkel schräg nach innen abgestrichen. Der Anteil an nach innen abgestrichenen Rändern ist deutlich höher als bei anderen Gefäßtypen. Die Wandstärken liegen zwischen 5 und 10 mm, die Randdurchmesser betragen zwischen 160 und 500 mm. Runde Randlippen sind ebenfalls häufig, selten treten verdickte oder spitze Randlippen auf. 112 Gefäße aus Mengen können diesem Gefäßtyp zugewiesen werden.

---

87 Kurz 2000, Taf. 109.
88 Parzinger 1998, Taf. 26,327. Bei der Bearbeitung des Goldbergs fehlte es an der Zuweisung der Funde zu Befunden, sodass keine interne Chronologie erstellt werden konnte. Die hallstattzeitliche, befestigte Höhensiedlung datiert in den Bereich von Ha C bis Ha D2 (ebd. 44).
89 Röder 1995, 38.
90 Bardel 2009, 88 Fig. 10a.
91 Augier 2009, 357 Fig. 8.
92 Tappert 2006, 80.
93 Ebd. 202.

Diese Gefäßform weist eine weite Verbreitung von Westfrankreich bis Bayern auf. Die Schalen mit einbiegendem Rand (2.1) treten ab Ha D2 in Bourges,[94] Vix „Les Herbues"[95] und in Wolfgantzen sowie in der Aisne-Marne-Kultur[96] auf.

Schalen mit einbiegendem Rand in Ha D3-zeitlichem Kontext stammen aus Wolfgantzen und Gondreville sowie vom Breisacher Münsterberg und dem Mt. Lassois. Sie treten auch in der Frühlatènezeit auf, was das Vorkommen der Typen in Rosheim „Mittelweg"[97] und in Messein „Cité d'Afrique"[98] zeigt, und kommen in großer Zahl in allen frühlatènezeitlichen Siedlungen im Breisgau vor. Dort werden sie von Röder als ungegliederte Schüssel D1 bezeichnet.[99] Es gibt diese Gefäßform auch im Taubertal, wo sie ebenfalls ins Frühlatène datiert wird (Gruppe VI).[100] Tappert bezeichnet diesen Gefäßtyp als S4,[101] der in der Siedlung Straubing-Bajuwarenstraße in allen latènezeitlichen Perioden auftritt.[102]

Eine Variante dieser Schalen (S2.2) weist einen deutlicheren und tieferen Umbruch als der Großteil der Schalen mit einbiegendem Rand auf (Abb. 35,11 u. 52,12). Sie stehen den Schalen mit abgesetztem Oberteil nahe. Ähnliche Schalen gibt es im Tal der Aisne-Marne-Kultur[103] sowie in Florage „St. Agathe" in Lothringen,[104] wo sie als Leitform für die Stufe Ha D2 gelten.[105]

Schalen mit S-Profil (S3)

Schalen mit S-Profil sind Gefäße, die im oberen Bereich geschwungen sind. Der weitere Wandungsverlauf ist – im Gegensatz zu Schalen mit abgesetzt geschwungenem Oberteil – gewölbt bis bauchig. Ein Miniaturgefäß dieser Form weist einen flachen Boden auf. Die Randlippen sind vor allem rund gestaltet. Die Wandstärke liegt zwischen 5 und 9 mm, wobei Wandstärken mit 5 bis 6 mm am häufigsten auftreten. Die Randdurchmesser betragen Werte zwischen 90 und 120 mm oder 160 und 220 mm. Im Fundmaterial gibt es 26 Exemplare, die diesem Typ entsprechen.

Auch dieser Gefäßtyp ist weit verbreitet. Abhängig von der Mündungsweite bezeichnet ihn Röder als dreiteilige Schalen C3 und C4V2.[106] Sie treten häufiger in Bischoffingen, selten in Bötzingen, Jechtingen ‚Kapellenfeld' sowie ‚Lachenmüngle' und Kiechlinsbergen auf. Derartige Gefäße stammen auch vom Breisacher Münsterberg,[107] von der Heuneburg[108] und aus dem Taubertal[109]. In der Rheinebene gibt es sie in Fribourg,[110] im Elsass[111] und in Lothringen[112] sowie in Frankreich in Bourges[113].

Die ältesten Schalen mit S-Profil (S3) treten in der Ha D1-zeitlichen Siedlung Brumath „Lotissement Edouard Manet" im Elsass[114] und in den Höhensiedlungen von Ihringen, Schlatt und Hochdorf auf. In Bourges, Geipolsheim und Florage „St. Agathe" kommen sie an Ha D2-zeitlichen Fundplätzen

---

94 Ha D2-zeitliches Material aus Bourges stammt aus der Grabung am Collège Littré und kommt dort zusammen mit einer attischen, schwarzfigurigen Schale vor, die in den Zeitraum zwischen 530/520 v. Chr. datiert wird (Augier 2009, 341 f.).
95 Das Fibelspektrum der quadratischen Grabenanlage „Les Herbues" wird aufgrund zweier Paukenfibeln, einer Weidacher- und einer Fußzierfibel nach Ha D2 und D3 datiert. Eine Frühlatènefibel stammt nicht aus dem Befund, sondern aus der darüber liegenden Humusschicht.
96 Für die Aisne-Marne-Kultur wurde anhand von 14 späthallstatt- und zehn frühlatènezeitlichen Siedlungen eine Seriation der Siedlungskeramik erstellt (Demoule 2009, 403 f.). Es zeigt sich, dass die mit Mengen vergleichbaren Stücke bis auf eine Ausnahme zu den sog. Durchläufern der Seriation zählen und somit nicht genauer als in den Bereich zwischen Ha D2 und Lt B1 datiert werden können (ebd. 415 f.).
97 Deffressigne u. a. 2009, 265 u. 266 Fig. 7a.
98 Die Siedlung Messein „La cité d'Afrique" ist eine befestigte Höhensiedlung über der Mosel. Aufgrund der Kleinfunde wird sie in den Zeitraum zwischen Ha D3 und Lt B datiert (Deffressigne u. a. 2009, 281).
99 Röder 1995, 37.
100 Hoppe 1982, 95 f.
101 Tappert 2006, 81.
102 Ebd. 204.
103 Demoule 2009, 406 Fig. 3.
104 Deffressigne u. a. 2009, 272 Fig. 9a.
105 Ebd. 290.
106 Röder 1995, 37.

vor. Am Münsterberg stammen sie aus Befunden, die in Ha D3 datieren. Ein Fortbestehen in Lt A zeigt das Auftreten in der übergangszeitlichen Siedlung Messein „Cité d'Afrique" und in Bourges, wo die Keramik in Lt A datiert wird.[115] Eine Variante der Schale mit S-Profil ist ein bauchiges Gefäß mit kurzem, annähernd senkrechtem Hals mit D-förmigem Querschnitt. Bei TAPPERT wird er als eigener Typ „Kragenrandschüssel Typ S7" geführt.[116] Da er in Mengen nur einmal vorkommt, wird er als Variante belassen.

Schalen mit abgesetztem Oberteil (S4.1)
Als Schalen mit abgesetztem Oberteil werden offene Gefäße bezeichnet, bei denen sich im oberen Gefäßabschnitt der Wandungsverlauf deutlich ändert, sodass eine Schulter entsteht. Die Mündung des Gefäßes ist in der Regel kleiner als die größte Weite im Schulterbereich. Es gibt Schalen mit geradem oder leicht ausbiegendem Oberteil. RÖDER bezeichnet diese Gefäßform als Schale mit konischer oder senkrechter Wandung (C2V2).[117] Die Randlippen sind am häufigsten rund oder spitz, die Randdurchmesser betragen zwischen 170 und 400 mm, wobei Werte um die 200 mm am häufigsten sind. Die Wandstärke variiert zwischen 4 und 10 mm, 8 mm sind am häufigsten. 15 Schalen aus Mengen entsprechen dieser Gefäßform.

Dieser Gefäßtyp tritt in Baden-Württemberg,[118] im Taubertal,[119] im Elsass[120] und am Mt. Lassois[121] auf. Es gibt ihn auch in der bayerischen Siedlung Straubing-Bajuwarenstraße. Chronologisch ist diese Gefäßform relativ unempfindlich. Die frühesten Vertreter dieser Schalen stammen aus den Breisgauer Höhensiedlungen[122] und den Schichten IVc bis IVa der Heuneburg, wo sie auch in den Perioden II und Ia auftreten. In Ha D2-zeitlichen Kontexten gibt es die Form in Geispolsheim[123] und am Mt. Lassois[124]. HOPPE ordnet sie seiner Gruppe IV, d. h. Ha C und der Späthallstattzeit, zu.[125]

Schalen mit scharf abgesetztem Oberteil (S4.2)
Schalen mit scharf abgesetztem Oberteil weisen ebenfalls einen Schulterumbruch im oberen Gefäßdrittel auf, erscheinen aber aufgrund des scharfen Umbruchs deutlich profilierter als die anderen mehrteiligen Gefäße. Der Halsbereich ist oft länger als bei den anderen Gefäßen mit abgesetztem Oberteil, zieht nach innen ein und verläuft dann ausbiegend oder gerade. Die Randlippen sind

---

107 BALZER 2009a, Taf. 17.3; 109.3; 76.2 u. 3; 29,4.
108 FOŘT-LINKSFEILER 1989, 166–170.
109 HOPPE 1982, 84.
110 AUGIER 2009, Fig. 14.7.
111 DEFFRESSIGNE u. a. 2009, 254 Fig. 2a u. 259, Fig. 3a.
112 Ebd. 272 Fig. 9a.
113 AUGIER 2009, 342 Fig. 2 u. 354 Fig. 6.
114 Die Siedlung Brumath im Elsass wird aufgrund des Auftretens von Kugelkopfnadeln, Nadeln mit T-förmigem gerippten Kopf und Schwanenkopfnadeln in die Stufe Ha D1 datiert. Ein weiterer Hinweis auf die späte Datierung ist das Fehlen von Breitrandschalen (DEFFRESSIGNE u. a. 2009, 253).
115 Die Keramik der Frühlatènezeit aus der unmittelbaren Umgebung von Bourges kann über Bronzegeschirr, attische Keramik, massaliotische Amphoren in die Frühlatènezeit datiert werden (AUGIER 2009, 352).
116 TAPPERT 2006, 83.
117 RÖDER 1995, 38.
118 Sie treten in allen Breisgauer Höhensiedlungen außer Endingen auf (KLUG-TREPPE 2006, 101), in der Heuneburg (FOŘT-LINKSFEILER 1989, C33 u. C35 Taf. 116 f.) und in der Außensiedlung (KURZ 2000, Taf. 112,1521).
119 HOPPE 1982, 81.
120 DEFFRESSIGNE u. a. 2009, 259 Fig. 3a.
121 BARDEL 2009, 87 Fig. 10.1.
122 Form C2V2 nach RÖDER 1995, 38.
123 Die Siedlung Geispolsheim wird aufgrund des Fehlens von typischer Ha C/D1-Keramik und Schalen mit einbiegendem Rand sowie scheibengedrehter Ware in die Zeit Ha D1/D2 datiert (DEFFRESSIGNE u. a. 2009, 256).
124 Die Keramik aus den Altgrabungen am Mt. Lassois wird derzeit von D. BARDEL bearbeitet. Am Mt. Lassois lässt sich Keramik in den drei Horizonten Ha B/C („bronce final"), Ha C2/D1 und Ha D3/Lt A unterscheiden (BARDEL 2009, 77 f.).
125 HOPPE 1982, 94.

entweder gerade oder rundlich, während die Wandstärke zwischen 5 und 8 mm variiert. Die Mündungsweite der Gefäße liegt zwischen 200 und 260 mm, ein Exemplar weist einen Durchmesser von 120 mm auf. In Mengen treten sechs dieser Gefäße auf.

Röder bezeichnet diese Gefäße als Schüsseln mit eingekehltem Oberteil D2.[126] Es gibt sie im Westen Baden-Württembergs,[127] im Elsass[128] und in Westfrankreich in Illfurth-Buergelen[129] sowie am Mt. Lassois[130]. Ebenfalls lassen sie sich im Taubertal[131] und im Nördlinger Ries[132] nachweisen. Die Schalen treten ab dem Übergang von Ha D2 zu D3 am Mt. Lassois auf. In Vix „Les Herbues" und am Breisacher Münsterberg stammen sie aus Ha D3-zeitlichen Kontexten. Hoppe ordnet sie den Gruppen V (Späthallstattzeit) und VII (Frühlatènezeit) zu.[133] Auf der Heuneburg tritt dieser Typ ab der Periode IIIb auf.[134] Am Goldberg ordnet H. Parzinger diese Form der latènezeitlichen Besiedlung zu.[135]

Schalen mit geschwungenem Oberteil (S4.3)
Schalen dieses Typs werden durch einen geschwungenen Umbruch und einen kurzen, geraden Hals charakterisiert. In wenigen Fällen kann er auch leicht ausbiegend sein, erreicht dabei aber nicht die Weite der Schalen mit abgesetztem Oberteil. Die weitere Wandung verläuft konisch. Von den Schalen mit S-Profil unterscheiden sich diese Schalen durch die deutlich geringere Krümmung der Wandung sowie dadurch, dass der Schulterumbruch sehr hoch am Gefäßkörper sitzt. Auch diese Gefäßform besitzt vor allem runde Randlippen. Die Wandstärken liegen zwischen 4 und 10 mm, die Durchmesser zwischen 160 und 340 mm. Die Form lässt sich ebenfalls Röders Schüssel D2[136] zuweisen, wobei der Übergang zur dreiteiligen Schale mit enger Mündung (C4V1) fließend ist. Dieser Typ ist mit zwölf Exemplaren im Fundgut von Mengen vertreten.

Er kommt auf der schwäbischen Alb auf der Heuneburg[137] und in ihrer Außensiedlung[138] sowie an mehreren Fundplätzen im Oberrheingebiet[139] sowie in Westfrankreich am Mt. Lassois[140] und in der Region um Bourges[141] vor. Die frühesten Schalen treten ab Ha D2 auf. In der Heuneburg gibt es sie in den Perioden IVa bis IIIb. In Vix treten sie ab dem Übergang von Ha D2/D3 auf, in D3-zeitlichem Kontext gibt es diesen Typ auch in Wolfgantzen und Gondreville. Am Breisacher Münsterberg treten diese Gefäße ebenfalls in Ha D3 und im Übergangshorizont auf. Ein Weiterleben der Form in Lt A zeigt das Auftreten in der Siedlung Rosheim „Mittelweg".

Ein einzelnes Gefäß aus Mengen hebt sich von den anderen Gefäßen durch seine geringe Größe und den – im Verhältnis zur Schulterweite – sehr hohen Hals ab (Abb. 61,16). Die Wandung zieht

---

126 Röder 1995, 37.
127 Die Schalen 4.2 treten in allen von Röder bearbeiteten Siedlungen, außer in Jechtingen ‚Kapellenfeld' und Kiechlinsbergen, auf (Röder 1995, 37). Es gibt sie ebenso am Breisacher Münsterberg (Balzer 2009a, Taf. 72,9) und auf der Heuneburg (Fořt-Linksfeiler 1989, Taf. 100,64).
128 Deffressigne u. a. 2009, 263 Fig. 5a.
129 Roth-Zehner/Boyer 2009, 329 Fig. 13.
130 Chaume 2009b, 33 Fig. 6.
131 Hoppe 1982, 84.
132 Parzinger 1998, Taf. 40.
133 Hoppe 1982, 96 f.
134 Fořt-Linksfeiler 1989, Taf. 100,64.
135 Aufgrund der Kleinfunde kann eine latènezeitliche Besiedlung des Goldbergs in Lt A2 bis Lt B1/B2 datiert werden (Parzinger 1998, 106).
136 Röder 1995, 37.
137 Fořt-Linksfeiler 1989, Taf. 101,80.
138 Kurz 2000, Taf. 112.
139 Am Oberrhein gibt es diesen Gefäßtyp in Breisach (Balzer 2009a, Taf. 19.6; 62.8; 65.7; 72.4), im Elsass in den Siedlungen Rosheim (Deffressigne u. a. 2009, 263 Fig. 5a) und Wolfgantzen (ebd. 261 Fig. 4a) sowie in Lothringen in Gondreville (ebd. 276 Fig. 10a).
140 Bardel 2009, 87 Fig. 10.1.
141 Augier 2009, 354 Fig. 6.

im unteren Bereich leicht ein. Ein vergleichbares Stück stammt aus Bourges und wird dort in Lt A datiert.[142]

Sonderformen

Miniaturgefäße (So1)
Zwei offene Gefäße mit sehr geringem Mündungsdurchmesser (55 bzw. 60 mm) können als Miniaturgefäße angesprochen werden. Die Wandung des einen Gefäßes ist kalottenförmig gewölbt und weist eine umlaufende Reihe von sich kreuzenden Fingernageleindrücken auf (Abb. 26,2). Das andere Miniaturgefäß besitzt eine konische Wandung und einen sehr unregelmäßig geformten Rand (Abb. 35,12). Gute Vergleichsstücke stammen aus Illfurth-Buergelen, wo sie an den Übergang von Ha D3 zu Lt A datiert werden.[143]

Napfähnliches Gefäß mit ausbiegender Randlippe (So2)
Das Gefäß zeichnet sich durch eine steile, leicht nach außen gewölbte Wandung aus, sodass ein fassförmiger Körper entsteht. Der Randbereich ist deutlich dünnwandiger als der Körper des Gefäßes, welches eine Wandstärke von 8 mm aufweist und leicht ausbiegt (Abb. 73,14). Ein vergleichbares Stück stammt aus Tauberbischofsheim.[144]

Breitrandschale (So3)
Eine Schale aus Mengen zeichnet sich durch einen breiten, an der Innenseite durch einen Absatz abgetrennten Rand aus (Abb. 69,9). Auf der Außenseite verläuft das Gefäßprofil linear. Die Schale besitzt einen flachen Boden, der auf der Innenseite halbrund erhaben ist. Um den Bodenbereich verlaufen eine Linie aus eingestochenen Punkten und eine sternförmige Doppelreihe aus eingeritzten Linien. Eine entsprechende Doppelreihe befindet sich ein weiteres Mal knapp unterhalb des Randes. Auf dem Rand ist eine umlaufende Reihe aus Dreiecken eingeritzt, die alternierend mit dachförmigen, ineinander geschachtelten Winkeln und drei bis vier parallelen Linien gefüllt sind. Das Dekor ist eng mit den Verzierungsmustern auf urnenfelderzeitlichen Schrägrandschalen verwandt.[145] Für die sternförmige Doppelreihe am Boden des Gefäßes findet sich eine gute Parallele in Heitersheim.[146]
Die Schale gehört zu den Breitrandschalen mit steilem Rand, deren Verbreitungsgebiet im Breisgau, dem Schweizer Mittelland und dem Jura liegt und die in den frühen Horizont der Stufe Ha C/D1 datiert werden.[147]

Scheibengedrehte Keramik

Schmal geriefte Schalen (S5)
Diese Gefäße sind durch einen geraden, leicht konisch verlaufenden Halsbereich gekennzeichnet, der mindestens drei schmale Riefen in gleichmäßigen, engen Abständen aufweist. Über das weitere Aussehen der Gefäße kann aufgrund des geringen Erhaltungsgrades keine Aussage getroffen werden. Die Riefen sind scharf abgegrenzt, sodass zwischen ihnen deutlich erkennbare rechteckige Rippen stehen bleiben. Die Wandstärke beträgt 5 mm, die Mündungsdurchmesser 175 und 220 mm. Die Scherben weisen eine leicht ausbiegende Randlippe auf und lassen sich so mit den Schalen vom

---

142 Augier 2009, 357 Fig. 8.
143 Roth-Zehner/Boyer 2009, 331 Fig. 15.
144 Hoppe 1982, 155 Abb. 39,1.
145 Grimmer-Dehn 1991, 37.
146 Ebd. Taf. 94 B.
147 Maise 2001, 400.

Typ I.1 nach LANG vergleichen.¹⁴⁸ BALZER bezeichnet sie als schmal geriefte Schalen der Breisacher Gruppe (Gruppe I), wobei die Schalen vom Münsterberg einen geringeren Neigungswinkel der Wandung aufweisen.¹⁴⁹ In Mengen gibt es drei Fragmente dieser Form.

Die Verbreitung der schmal gerieften Schalen wurde von BALZER kartiert. Sie treten vor allem im Gebiet des Oberrheins und der Heuneburg sowie in der Nordschweiz auf, das östlichste Exemplar ist in Straubing, das westlichste in Châtillion-sur-Glâne.¹⁵⁰ Die schmal geriefte Drehscheibenkeramik wird nach Ha D3 datiert.¹⁵¹

Bauchige Schalen mit kurzem Kragenrand (S6)

Diese Schalen zeichnen sich durch ein stark ausgeprägtes S-Profil aus. Der Hals ist kurz und scharf vom bauchigen Gefäßkörper abgesetzt. Sie sind entweder glatt oder weisen drei schmale Riefen am Gefäßkörper auf. Diese Riefen befinden sich in der Regel an der am stärksten gekrümmten Stelle des Gefäßes oder knapp darüber. Etwa die Hälfte der in Mengen gefundenen Schalen dieses Typs weist ein derartiges Dekor auf. Der Typ entspricht den bauchigen Schalen mit stark ausbiegender Mündungspartie (C4V2) nach RÖDER.¹⁵² 16 Gefäße aus Mengen lassen sich dieser Form zuordnen. Sie treten nördlich des Hochrheins,¹⁵³ im Breisgau,¹⁵⁴ im Taubertal¹⁵⁵ und am Goldberg¹⁵⁶ sowie im Elsass¹⁵⁷ und der Region um Bourges¹⁵⁸ auf. BALZER datiert diesen Typ in die Übergangszeit zwischen Ha D3 und Lt A.

Breit geriefte Schalen (S7)

Diese Gefäße mit S-Profil besitzen einen hohen Hals, der durch zwei, drei oder vier breite Riefen gegliedert ist, die so dicht aneinander liegen, dass dazwischen ein scharfer Grat entsteht. Die Wandstärken bewegen sich in einem Bereich zwischen 5 und 7 mm, die Randdurchmesser betragen zwischen 160 und 220 mm. Zwei Gefäße weisen ein invertiertes Dekor auf: Anstelle der breiten Riefen wurden im Halsbereich scharfe Grate eingedreht, sodass der Anschein von mehreren, aneinander anschließenden konvexen Wülsten entsteht. Dasselbe Phänomen gibt es auch bei wenigen Gefäßen auf der Heuneburg¹⁵⁹ und in Nonnenweier¹⁶⁰. Im Fundgut von Mengen existieren 13 Gefäße, die sich diesem Typ zuweisen lassen.

Die Schalen treten im Breisgau,¹⁶¹ im Elsass¹⁶² und im Taubertal¹⁶³ auf. Auf der Heuneburg entspricht der Typ I.C.5 am ehesten diesem Keramiktyp, er ist aber dünnwandiger und weist ein weniger geschwungenes S-Profil auf. Er ist dort nur zweimal vertreten.¹⁶⁴ Das Oberteil der Schalen ähnelt den rippengegliederten Schalen (S9) aus Straubing-Bajuwarenstraße, diese Gefäße weisen aber im Gegensatz zu denen aus Mengen ein deutlich flacheres, konisch verlaufendes Unterteil auf.¹⁶⁵ Die breit geriefte Keramik datiert in Lt A, kann aber auch noch in Lt B-zeitlichen Kontexten auftreten.¹⁶⁶

---

148 LANG 1974, 5.
149 BALZER 2009a, 45 ff.
150 Ebd. 149 f.
151 Ebd. 143 f.
152 RÖDER 1995, 39.
153 BALZER 2009a, 150.
154 Die Form tritt am Breisacher Münsterberg (BALZER 2009a, 56), in Bischoffingen, in Bötzingen und Jechtingen ‚Kapellenfeld' (RÖDER 1995, 38) auf.
155 HOPPE 1982, 84.
156 PARZINGER 1998, Taf. 32.
157 DEFFRESSIGNE u. a. 2009, 267 Fig. 7b.
158 AUGIER 2009, 354 Fig. 6.11b.
159 LANG 1974, 10.
160 Nonnenweier, Grube 85/1 (RÖDER 1995, Taf. 65,6).
161 Sie treten in allen von RÖDER bearbeiteten Siedlungen (RÖDER 1995, 39) und am Breisacher Münsterberg auf (BALZER 2009a, 57).
162 DEFFRESSIGNE u. a. 2009, 267 Fig. 7b.
163 HOPPE 1982, 84.
164 LANG 1974, 9 u. Taf. 18,213.214.

Sonderformen scheibengedrehter Gefäße

Tiefe rippenverzierte Schale (So4)
Ein Gefäß fällt durch die steile Gefäßwandung auf, die im unteren Bereich scharfkantig umbricht und danach flach verläuft. Die Wandung ist durch vier Rippen gegliedert. Der Wandungsverlauf ähnelt den Pokalen von der Heuneburg und dem Münsterberg, diese Gefäße weisen allerdings schmale oder breite Riefen und keine Rippenzier auf.[167]

Flache Schale mit gewulsteter Wand (So5)
Eine sehr flache Schale ist durch vier feine Riefen gegliedert, sodass der Eindruck von mehreren konvexen, übereinander gelegten Wülsten entsteht. Es finden sich keine Parallelen. Der Randdurchmesser dieser Schale beträgt 220 mm, die Wandstärke 6 mm.

d) Hochformen (Abb. 7)
Mit dem Terminus „Topf" werden Hochformen bezeichnet, die eine weite Mündung besitzen. Gefäße mit enger Mündung werden in der Regel als Flaschen bezeichnet. Da sich bei keinem engmundigen Gefäß aus Mengen genug vom Profil erhalten hat, um sichere Aussagen zum Verhältnis des Randdurchmessers zur größten Weite oder der Höhe treffen zu können, wird der Terminus „flaschenartiges Gefäß" verwendet. Die erste Untergliederungsebene bezieht sich auf die Ausrichtung des Halses.

Gefäße mit konischem Hals

Kegelhalsgefäße (T1.1)
Diese Gefäße zeichnen sich durch einen konischen Hals und eine leicht verdickte, nach außen biegende Randlippe aus. Bei einem Exemplar ist der prägnante Schulteransatz erhalten. Die Wandstärke beträgt zwischen 6 und 9 mm, die Mündungsweite 120 bis 180 mm. Der Rand eines Gefäßes weist radial angeordnete Einschnitte auf. KLUG-TREPPE bezeichnet diesen Typ als Kegelhalsgefäß G1b. In Mengen gibt es zwei solche Gefäße.
Die Kegelhalsgefäße kommen in den Breisgauer Höhensiedlungen[168] und auf der Heuneburg[169] vor. Sie lassen sich auch im Nördlinger Ries[170] und im Taubertal[171] nachweisen. Dabei handelt es sich um chronologisch unempfindliche Formen. Die frühesten stammen aus den Ha C/D1-zeitlichen Höhensiedlungen im Breisgau. Auf der Heuneburg kommen sie in allen Perioden vor und haben eher einen Schwerpunkt in den jüngeren Schichten.[172] HOPPE ordnet sie Ha C und der Späthallstattzeit zu.[173]

Töpfe mit prägnant einziehendem Hals (T1.2)
Der Halsknick bildet keinen scharfen Grat, ist aber deutlich prägnanter als bei den anderen Gefäßen mit konischem Hals. Soweit erkennbar, fallen die Schultern der Gefäße steil ab. Der leicht konkav gebogene Hals kann kurz oder lang ausgeprägt sein – bei den längeren Hälsen ist die Randlippe an der Innenseite des Gefäßes verdickt. Die Randdurchmesser bewegen sich zwischen 140 und 180 mm. Es lassen sich vier Exemplare dieses Typs in Mengen nachweisen.

---

165 TAPPERT 2006, 87.
166 BALZER 2009a, 145.
167 Ebd. 41.
168 Kegelhalsgefäße gibt es in Ihringen und Schlatt (KLUG-TREPPE 2003, 84).
169 Typ T6V1 (VAN DEN BOOM 1991, 33).
170 z. B. am Goldberg (PARZINGER 1998, Taf. 33,403).
171 Khg. 3 (HOPPE 1982, 88).
172 VAN DEN BOOM 1991, 40 f.
173 HOPPE 1982, 96.

Töpfe mit prägnant einziehenden Hälsen treten am Breisacher Münsterberg in Ha D3-zeitlichen Befunden auf.[174] Die Form steht aufgrund des kurzen Halses und der hohen, betonten Schulter den situlenähnlichen Töpfen bzw. den Töpfen B1V6 nach Röder nahe,[175] unterscheidet sich aber in der Gestaltung des Halsbereiches.

Töpfe mit schwach ausgeprägtem Profil (T1.3)
Die Profile dieser Töpfe sind sanft geschwungen, sodass kein eindeutiger Halsansatz erkennbar ist. Der Hals weist keinen abgesetzten Rand auf und verläuft leicht konisch. Die Abgrenzung zu Töpfen mit flauem S-Profil ist aufgrund des wenig definierten Profilverlaufs fließend. Beide Gefäße aus Mengen weisen im unteren Halsbereich ein umlaufendes Dekor auf – eines mit flachen Fingertupfen, das andere mit eingedrückten Kerben, die eventuell von Fingernägeln stammen. Der Verlauf deutet auf eiförmige Körper hin, die Gefäße sind aber nicht weit genug erhalten, um eindeutige Aussagen darüber treffen zu können. Die Mündungsdurchmesser betragen über 200 mm.
Diese Gefäße werden auf der Heuneburg von H. van den Boom mit T6 bezeichnet.[176] Sie treten ebenfalls in der dazugehörigen Außensiedlung,[177] im Taubertal[178] und am Breisacher Münsterberg[179] auf. Es gibt derartige Gefäße auch im Schweizer Kanton Fribourg,[180] dem Elsass[181] und am Mt. Lassois[182].
Die Töpfe lassen sich chronologisch nicht einordnen. Sie treten in den Perioden IVa bis IIIb in der Außensiedlung der Heuneburg auf. Weitere frühe Exemplare stammen aus Ha C/D1-zeitlichen Befunden aus Cheyres/Roche Burnin im Kanton Fribourg.[183] Funde aus Geipolsheim und vom Mt. Lassois zeigen, dass sie auch in Ha D2 auftreten. Am Breisacher Münsterberg gibt es diese Form in Befunden, die in die Stufe Ha D3 datieren oder älter sind.

Töpfe mit geradem Hals

Töpfe mit scharf abgesetztem, konkavem Rand (T2.1)
Hierbei handelt es sich um Gefäße, deren Hals durch einen scharfen Absatz vom Gefäßkörper getrennt ist. Der Rand ist leicht nach innen geschweift, sodass der Eindruck einer breiten Kehle entsteht und der Durchmesser der Mündung (zwischen 170 und 200 mm) deutlich kleiner als derjenige am Schulterumbruch ist. Der Schulterumbruch sitzt sehr hoch am Gefäß. Die weitere Wandung lässt sich als konisch rekonstruieren, weshalb die Gefäßform den situlenartigen Töpfen ähnelt. Röder bezeichnet diesen Typ als Topf mit hoch sitzender, betonter Schulter (B1V6). In Mengen gibt es zwei Gefäße, die diesem Typ entsprechen.
Diese Form tritt im Breisgau,[184] am Mt. Lassois[185] und in der Region um Bourges,[186] aber auch in Niederbayern[187] auf. In Bourges und am Mt. Lassois gibt es diese Gefäße in Ha D2-zeitlichen Kontexten.

---

174 Balzer 2009a, Taf. 24,9 u. 87,5.
175 Röder 1995, 38.
176 van den Boom 1991, 38.
177 Kurz 2000, Taf. 167,2235.
178 Hoppe 1982, 88.
179 Balzer 2009a, Taf. 51,3 u. 149,4 u. 5.
180 Ruffieux/Mauvilly 2009, Fig. 10.
181 Deffressigne u. a. 2009, 260 Fig. 3b.
182 Bardel 2009, 88 Fig. 10.2.
183 Die Fundstelle Cheyres/Roche Burnin wird aufgrund des Fehlens von spätbronzezeitlichen Elementen und des Vergleichs des Keramikspektrums mit anderen Siedlungen im Umkreis in Ha C/D1 datiert (Ruffieux/Mauvilly 2009, 488–491).
184 Röder 1995, 38.
185 Bardel 2009, 78 Fig. 6.
186 Augier 2009, 342 Fig. 2.
187 Tappert 2006, 76.

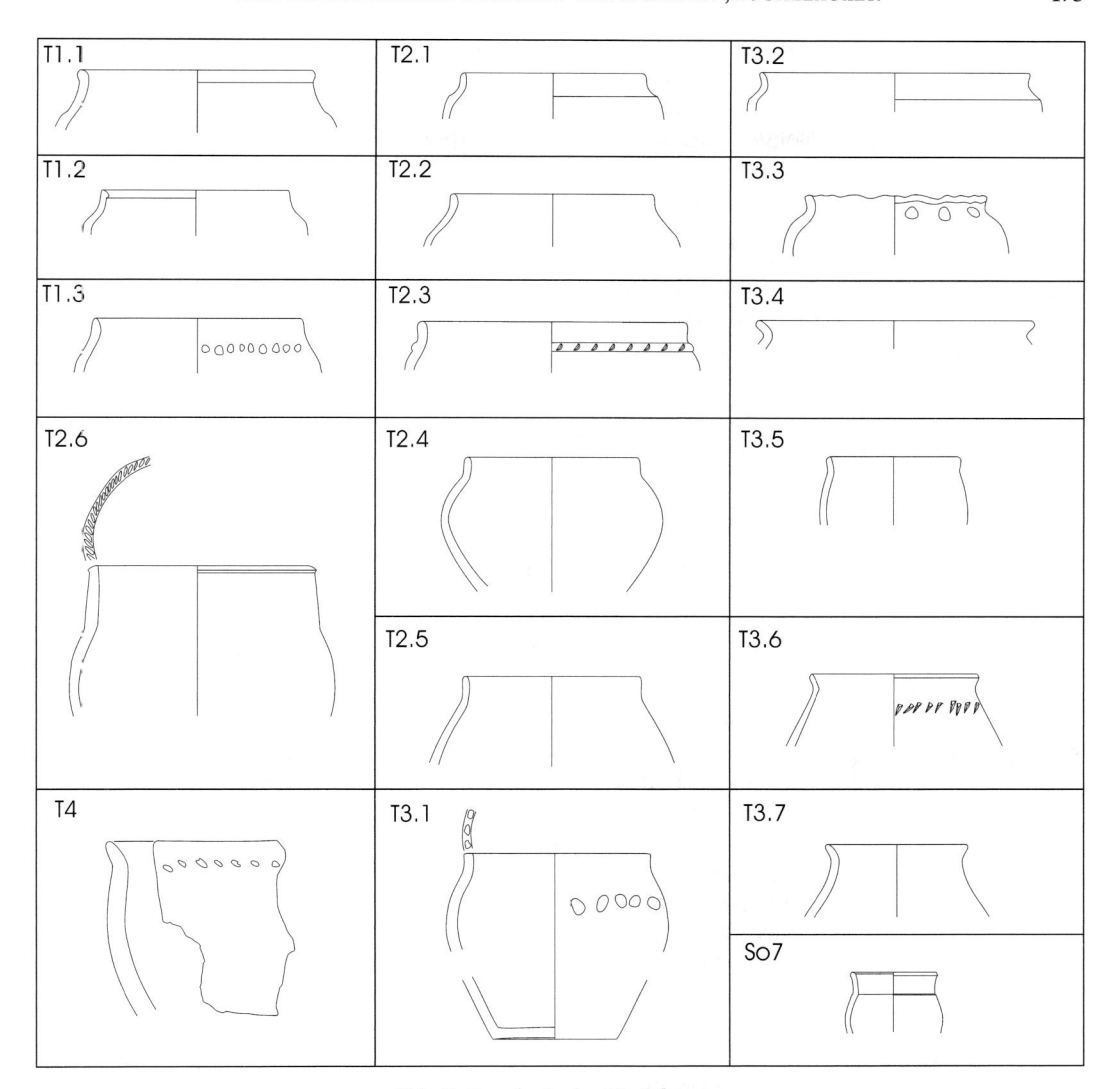

Abb. 7: Typologie der Hochformen.

In den frühlatènezeitlichen Siedlungen im Breisgau und in Straubing können sie nur allgemein in die Latènezeit eingeordnet werden.[188]

Töpfe mit geradem Hals und sanft geschwungenem Profil (T2.2)
Hierunter werden alle Gefäße mit einem kurzen, geraden Hals verstanden, bei denen die Schulter sanft geschwungen in den Halsbereich übergeht. Diese Töpfe stehen den Töpfen mit S-Profil nahe. Die Mündungsweite ist enger als der Durchmesser der Schulter. Die Randdurchmesser bewegen sich zwischen 110 und 200 mm. Sechs Gefäße lassen sich diesem Typ zuweisen.

---

188 Tappert 2006, 179.

Die Gefäße gibt es im Gebiet des Oberrheins[189] und in der Nordschweiz,[190] auf der Heuneburg[191] und in deren Außensiedlung[192] sowie im Taubertal[193].

Die frühesten Exemplare stammen von der Heuneburg aus den Perioden IVa und IIIb. Sie treten in Geipolsheim in Ha D2 und am Breisacher Münsterberg in Ha D3-zeitlichen Befunden auf. In Illfurth-Buergelen stammen sie aus übergangszeitlichen Befunden. Dass diese Form auch noch in Lt A vorkommt, zeigt ihr Auftreten in allen von Röder bearbeiteten Frühlatènesiedlungen.

Eiförmige Töpfe mit aufgelegter Leiste (T2.3)
Hierunter werden kaum gegliederte Töpfe mit kurzem, geradem oder leicht ausbiegendem Hals verstanden. Am Übergang von Schulter und Hals befindet sich eine plastische Leiste. Die Durchmesser der Ränder bewegen sich zwischen 200 und 400 mm. In Mengen gibt es 20 Vertreter dieser Form.

Klug-Treppe bezeichnet diesen Gefäßtyp als G10. Er tritt im Oberrheintal, in Allschwil[194] und am Goldberg[195] sowie in allen von ihr bearbeiteten Höhensiedlungen, außer in Endingen und Schlatt, auf.[196] Ähnliche Gefäße gibt es im Taubertal.[197] Sie kommen auch in Geipolsheim im Elsass[198] und in Flévy in Lothringen[199] vor.

Die frühesten Fundorte sind die Ha C/D1-zeitlichen Höhensiedlungen im Breisgau, in Ha D1-zeitlichem Kontext treten sie in Flévy und in Ha D2 in Geipolsheim auf.

Töpfe mit geradem Hals und bauchigen Schultern (T2.4)
Diese Gefäße besitzen einen kurzen Hals, der sich deutlich vom Gefäßkörper absetzt. Die Schulter ist stark gewölbt, wobei sich bei den beiden gut erhaltenen Gefäßkörpern zeigt, dass die Schulter ungefähr in der Mitte des Körpers sitzt. Die Oberfläche eines Gefäßes ist im unteren Bereich intentionell aufgeraut. Die Randdurchmesser bewegen sich in einem Bereich zwischen 85 und 260 mm. Dieser Typ kommt im Oberrheintal,[200] in den Breisgauer Höhensiedlungen,[201] auf der Heuneburg,[202] im Taubertal[203] und am Goldberg[204] vor. Es gibt ihn ebenfalls in der Region um Bourges[205] und am Mt. Lassois in Vix.[206]

Die Gefäße kommen in allen hier betrachteten Zeitstufen vor, wie ihr Auftreten in allen Perioden der Heuneburg zeigt. Die ältesten Fundplätze, die diese Form enthalten, sind die Breisgauer Höhensiedlungen. Auch am Mt. Lassois treten diese Töpfe in Ha C2/D1-zeitlichen Kontexten auf. Ihr spätes Vorkommen wird durch ihre Existenz in der übergangszeitlichen Siedlung Messein

---

189 Die Topfform tritt am Breisacher Münsterberg (Balzer 2009a, Taf. 56,1), in den latènezeitlichen Siedlungen im Elsass (Deffressigne u. a. 2009, 260 Fig. 3b) und in Illfurth-Buergelen (Roth-Zehner/Boyer 2009, 325 Fig. 9) auf.
190 z. B. in Allschwil (Lüscherz 1986, Taf. 13,1872).
191 van den Boom 1991, 38.
192 Kurz 2000, Taf. 135,1872.
193 Hoppe 1982, 88.
194 Lüscherz 1986, Taf. 13,159.
195 Parzinger 1998, Taf. 24,310.
196 Klug-Treppe 2003, 92.
197 Hoppe 1982, 88.
198 Deffressigne u. a. 2009, 260 Fig. 3b.
199 Ebd. 270 Fig. 8b.
200 Es gibt die Form am Breisacher Münsterberg (Balzer 2009a, Taf. 178,5), in Illfurth-Buergelen (Roth-Zehner/Boyer 2009, 330 Fig. 14), in der Siedlung Rosheim „SCI 4 Portes" im Elsass (Deffressigne u. a. 2009, 264 Fig. 5b) und in Messein „Cité d'Afrique" in Lothringen (ebd. 280 Fig. 11b).
201 Typ G9a (Klug-Treppe 2003, 92).
202 Typ T1V1 (van den Boom 1991, 30 ff. vgl. Abb. 16,6).
203 Hoppe 1982, 88.
204 Parzinger 1998, Taf. 25,327.
205 Augier 2009, 355 Fig. 7.
206 Bardel 2009, 83 Fig. 8.

"Cité d'Afrique" sowie in den Lt A-zeitlichen Befunden von Rosheim, Bourges und dem Breisacher Münsterberg belegt.

Töpfe mit geradem Hals und abfallenden Schultern (T2.5)
Diese Gefäße besitzen einen vom Gefäßkörper scharf abgesetzten Hals und unterscheiden sich von dem vorangegangenen Gefäßtyp durch hohe, abfallende Schultern. Zwei der Gefäße weisen eine verdickte, diagonal gekerbte Randlippe auf. Die Mündungsweiten betragen 140 bzw. 260 mm. Zehn Gefäße lassen sich diesem Typ zuweisen.
Dieser Gefäßtyp tritt in den hallstattzeitlichen Höhensiedlungen im Breisgau,[207] auf der Heuneburg[208] und in der Siedlung Rosheim „Mittelweg"[209] im Elsass auf.
Bei dieser Form handelt es sich um eine in allen Zeitstufen vorkommende Form, die allerdings einen leichten Schwerpunkt in Lt A verzeichnet. Sie tritt ab Ha C/D1 auf und ist in allen Heuneburgperioden vertreten. Ihr frühlatènezeitliches Vorkommen wird durch ihr Auftreten in Rosheim „Mittelweg"[210] angezeigt.

Töpfe mit Zylinderhals (T2.6)
Diese Gefäße weisen einen hohen, geraden Hals auf, der in einem Fall in der Mitte leicht einzieht. Bei einem Topf ist das Profil so weit erhalten, dass man unterhalb des zylindrischen Halses einen rundbauchigen Gefäßkörper erkennen kann. Die Randdurchmesser betragen 100 und 200 mm. Zwei der Töpfe besitzen auf der Randlippe diagonale Kerben. Dieser Typ ist mit sechs Exemplaren in Mengen vertreten. Vergleichsfunde gibt es im Elsass,[211] in Lothringen[212] und am Mt. Lassois[213].
Die Form wird am Mt. Lassois in die Zeit Ha D2/D3 datiert, sie kommt auch in Ha D3-zeitlichem Kontext in Wolfgantzen und in der übergangszeitlichen Siedlung Messein „Cité d'Afrique" vor.

Töpfe mit ausbiegendem Rand

Töpfe mit schwachem S-Profil (T3.1)
Beide Vertreter dieses Typs lassen sich vollständig zeichnerisch rekonstruieren. Sie weisen einen leicht ausbiegenden Hals und eine sanft geschwungene Schulterpartie auf. Der Boden ist in beiden Fällen ein einfacher flacher Standboden. Die Wandstärken betragen zwischen 5 und 7 mm, ein Gefäß weist einen Mündungsdurchmesser von 130 mm, dass andere von 200 mm auf. Vier dieser Gefäße aus Mengen entsprechen dieser Form.
Diese Gefäßform tritt im Oberrheintal,[214] auf der Heuneburg,[215] im Breisgau,[216] in der Aisne-Marne-Kultur,[217] in der Region um Bourges[218] und am Mt. Lassois[219] auf.
Die frühesten Exemplare dieses Typs stammen aus den Breisgauer Höhensiedlungen und dem Ha-C/D1-Horizont am Mt. Lassois. Die Form tritt in den Ha D1-zeitlichen Siedlungen von Brumath und Illfurth-Buergelen und dem Horizont Ha D2/D3 am Mt. Lassois auf. Ha D3-zeitliche Siedlungen,

---

207 Typ G9b (KLUG-TREPPE 2003, 91 f.).
208 VAN DEN BOOM 1991, 30 f. vgl. Abb. 16,5.
209 DEFFRESSIGNE u. a. 2009, 267 Fig. 7b.
210 Die Siedlung in Lothringen wird aufgrund einer Fibel im Frühlatèneschema nach Lt A datiert (ebd. 265).
211 Ebd. 262 Fig. 4b.
212 Ebd. 280 Fig. 11b.
213 BARDEL 2009, 88 Fig. 10.
214 Vergleichbare Töpfe gibt es am Breisacher Münsterberg (BALZER 2009a, Taf. 24,8; 25,1; 56,1), in den Breisgauer Höhensiedlungen (KLUG-TREPPE 2003, 90 f. [Typ G8b]), in Brumath im Elsass (DEFFRESSIGNE u. a. 2009, 255 Fig. 3b), in Gondreville in Lothringen (ebd. 276 Fig. 10a) und in Illfurth-Buergelen (ROTH-ZEHNER/BOYER 2009, 330 Fig. 14).
215 VAN DEN BOOM 1991, 38 f. (G6b).
216 KLUG-TREPPE 2003, 91.
217 DEMOULE 2009, 413 Fig. 10.
218 AUGIER 2009, 346 Fig. 3.
219 BARDEL 2009, 83 Fig. 8.

die diese Töpfe enthalten, sind Gondreville[220] und Bourges. Sie treten noch in der übergangszeitlichen Siedlung Messein „Cité d'Afrique", aber nicht mehr in frühlatènezeitlichen Kontexten auf.

Situlenförmiger Topf (T3.2)
Ein einzelnes Gefäß zeichnet sich durch einen scharfen Knick am Übergang vom Hals zum Rand aus. Der Hals biegt deutlich nach außen aus. Die Schultern fallen steil ab, sodass ein konischer Gefäßkörper entsteht, der den Tonsitulen ähnelt. Die Mündungsweite beträgt 240 mm. Bis auf den ausbiegenden Hals steht dieser Gefäßtyp formal den Töpfen T2 und T4 nahe.
Röder bezeichnet diese Form als B1V6.[221] Das Gefäß ist in allen von ihr bearbeiteten Frühlatènesiedlungen, außer Kiechlinsbergen, vorhanden. Es gibt diesen Typ ebenfalls im Taubertal,[222] im Aisne-Tal,[223] der Region um Bourges[224] sowie in Vix[225]. Er tritt in späthallstatt- und frühlatènezeitlichen Kontexten auf. Die ältesten Funde stammen vom Mt. Lassois (Ha D2), sie treten aber auch in den Lt A-zeitlichen Befunden von Bourges auf. Hoppe ordnet ihn ebenfalls der Frühlatènezeit zu.

Töpfe mit kurzem, ausbiegendem Rand (T3.3)
Die Gefäße zeichnen sich durch einen kurzen, geschwungen ausbiegenden Hals aus, dessen Durchmesser deutlich kleiner als die Gefäßweite im Schulterbereich ist. Zwei Gefäße weisen flache Fingertupfen im Halsbereich auf, beim Dritten befinden sie sich im Schulterbereich. Der Randabschluss eines Gefäßes ist gewellt. Die Wandstärken betragen ca. 7 mm, die Mündungsdurchmesser liegen zwischen 140 und 200 mm.
Sie treten am Breisacher Münsterberg[226] und am Goldberg[227] auf und werden in beiden Fällen in Lt A datiert.

Gefäße mit geschwungen ausbiegendem Rand (T3.4)
In der Siedlung treten Gefäße mit stark geschwungenen, ausbiegenden Rändern auf. Wegen des geringen Erhaltungsgrades können keine Aussagen über das weitere Aussehen dieser Gefäße gemacht werden. Ihre Wandstärken liegen zwischen 5 und 6 mm, während die Mündungsdurchmesser ca. 200 mm betragen. Da von diesen Gefäßen nur kleine Fragmente erhalten sind, lassen sich keine Vergleichsstücke finden. In Mengen gibt es vier Randscherben dieser Art.

Töpfe mit leicht ausbiegendem Rand (T3.5)
Es handelt sich hierbei um Gefäße mit leichtem S-Profil. Drei Gefäße aus Mengen entsprechen dieser Form. Die Durchmesser betragen zwischen 160 und 220 mm.
Diese Form tritt in allen Breisgauer Höhensiedlungen auf und kann somit in die Stufen Ha C/D1 datiert werden.[228] Vergleichbare Formen gibt es in Ha D2/D3-zeitlichem Kontext in Bussy „Pré de fond" im Schweizer Kanton Fribourg.[229]

---

220 In Gondreville wurden drei Paukenfibeln gefunden, weshalb die Siedlung in Ha D3 datiert wird (Deffressigne u. a. 2009, 275).
221 Röder 1995, 38.
222 Hoppe 1982, 88.
223 Demoule 2009, 406 Fig. 3.
224 Augier 2009, Fig. 7.
225 Bardel 2009, 88 Fig. 10.
226 Balzer 2009a, Taf. 95,4.
227 Parzinger 1998, Taf. 35,415–417.
228 Typ G3b (Klug-Treppe 2003, 87 f.).
229 Im Kanton Fribourg wurden 1990 beim Bau einer Autobahn fünf Siedlungen aus dem 9. bis 5. Jahrhundert v. Chr. entdeckt. In Bussy „Pré de fond" gibt es zwei befestigte Siedlungen, die aufgrund ihrer Fibelfunde datiert werden können. Die Siedlung am Fuß der Anhöhe wird aufgrund von Drago-, Sanguisuga- und großen, verzierten Kahnfibeln in Ha D1 datiert. Auf der Kuppe der Anhöhe befindet sich eine zweite befestigte Siedlung, die aufgrund der Pauken- und Doppelpaukenfibeln sowie der Fußzier- und kleinen, unverzierten Kahnfibeln in die Stufe Ha D2/D3 eingeordnet wird. Das Material, welches vergleichbare Formen wie Mengen ‚Löchleacker' aufweist, stammt aus den Gräben der jüngeren Siedlung (Ruffieux/Mauvilly 2009, 492).

Flaschenartige Gefäße mit prägnantem Halsknick (T3.6)
Diese Gefäße zeichnen sich durch einen deutlich bis scharf ausbiegenden Hals und tiefe, steil abfallende Schultern aus. Obwohl kein Gefäß über diesen Bereich hinaus erhalten ist, macht dieser Typ aufgrund der Neigung der Wandung und dem im Verhältnis relativ kleinen Mündungsdurchmesser einen flaschenartigen Eindruck. Zwei Gefäße weisen im Halsknick umlaufende Dreiecke oder Ellipsen auf, andere besitzen an der Oberseite diagonal gekerbte Randlippen. Die Randdurchmesser liegen vor allem zwischen 140 und 160 mm, können aber bis zu 220 mm erreichen. Die Wandstärken bewegen sich in einem Bereich zwischen 6 und 12 mm. KLUG-TREPPE bezeichnet diese Gefäße als Typ G3 Var. a (mit konisch verlaufendem Hals) und Var. b (mit leicht gekrümmt verlaufendem Hals). In Mengen gibt es sieben Gefäße, die dieser Typendefinition entsprechen.
Diese Gefäße gibt es in Baden Württemberg,[230] in Allschwil in der Nordschweiz,[231] dem Elsass[232] und am Mt. Lassois[233]. Sie treten in allen Breisgauer Höhensiedlungen auf.[234] Ein frühes Einsetzen der Form zeigt das Auftreten in den Höhensiedlungen und in den Perioden IV der Heuneburg. Ebenfalls für eine frühe Datierung spricht das Auftreten im Ha C2/D1-zeitlichen Horizont vom Mt. Lassois. Allerdings tritt die Form auch im Ha D3-zeitlichen Wolfgantzen auf und wird in der Seriation von HOPPE in die Frühlatènezeit datiert.

Töpfe und flaschenartige Gefäße mit geschwungen ausbiegendem Rand (T3.7)
Diese Gefäße weisen einen hohen Hals mit einem geschwungenen S-Profil auf. Es treten sowohl enge Mündungsdurchmesser zwischen 100 und 160 mm auf, die auf flaschenartige Gefäße hindeuten, als auch Weiten zwischen 200 und 240 mm, die wahrscheinlich eher zu weitmundigen Töpfen gehören. Über das weitere Aussehen der Gefäße kann aufgrund der schlechten Erhaltung keine Aussage getroffen werden. Die engmundigen Gefäße bezeichnet RÖDER als Flaschen mit langem Hals (A2),[235] die weitmundigen als Töpfe mit ausladender Schulter und abgesetzter Schrägrandschulter (B2V1).[236] Acht Gefäße aus Mengen lassen sich sicher dieser Form zuordnen.
Die Gefäße treten in der Oberrheinregion,[237] auf der Heuneburg[238] und im Taubertal[239] sowie in der Region um Bourges[240] auf. Die ältesten Exemplare treten in den Heuneburg-Perioden IV–II auf, sie fehlen allerdings in den Höhensiedlungen des Breisgaus. HOPPE setzt diese Form in die Gruppe V. Im Elsass treten diese Gefäße in Ha D2 (Geispolsheim) und in Lt A (Rosheim „Mittelweg") auf. Übergangszeitliche Befunde mit dieser Keramik finden sich am Britzgyberg, am Münsterberg tritt sie in Lt A auf.

Großgefäße (T4)
Unter Großgefäßen werden Gefäße mit deutlich größerem Durchmesser und höherer Wandungsstärke als die der anderen Gefäße verstanden. Aufgrund ihrer Größe werden sie hier im Rahmen der Töpfe aufgeführt, obwohl die Form formal eher den Breitformen entspricht. Die drei Gefäße aus Mengen weisen Durchmesser von 480 bis über 500 mm auf. Auch die Wandstärke liegt mit 10 bis 15 mm deutlich über den üblichen Wandstärken. Sie weisen einen bauchigen Gefäßkörper

---

230 Die Form tritt in allen Breisgauer Höhensiedlungen (KLUG-TREPPE 2003, 85 f.), der Heuneburg (VAN DEN BOOM 1991, 38 f.) und im Taubertal (HOPPE 1982, 88) auf.
231 LÜSCHERZ 1986, Taf. 4,70 u. 5,91.
232 DEFFRESSIGNE u. a. 2009, 262 Fig. 4b.
233 BARDEL 2009, 83 Fig. 8.
234 KLUG-TREPPE 2003, 88.
235 RÖDER 1995, 29.
236 Ebd. 38.
237 Es gibt sie am Breisacher Münsterberg (BALZER 2009a, Taf. 95,10), den latènezeitlichen Siedlungen im Breisgau, im Elsass (DEFFRESSIGNE u. a. 2009, 260 Fig. 49) und in Illfurth-Buergelen (ROTH-ZEHNER/BOYER 2009, 325 Fig. 9).
238 VAN DEN BOOM 1991, 38.
239 HOPPE 1982, 88.
240 AUGIER 2009, 347 Fig. 4.

und einen scharf ausbiegenden Rand auf. Ein vergleichbares Stück stammt vom Mt. Lassois.[241] Die Großgefäße besitzen dort eine sehr frühe Zeitstellung und datieren nach Ha B/C.

Flasche (So6)
Hierbei handelt es sich um ein einzelnes Gefäß mit einem scharf abgesetzten, in der Mitte leicht einziehenden Hals. Die Randlippe ist durch eine umlaufende Riefe betont, die Gefäßschulter bauchig ausgeformt. Der Mündungsdurchmesser beträgt 120 mm, die Wandstärke 5 mm. Dieses Gefäß ist die einzige scheibengedrehte Form, die den Hochformen zugeordnet werden kann. Am ehesten lässt sich die Flasche mit Typ 17 von der Heuneburg vergleichen.[242] Sie datiert in die Perioden II oder I, d. h. nach Ha D3 oder Lt A. Ein ähnliches Fragment, allerdings eines etwas breiteren Flaschenhalses, stammt vom Breisacher Münsterberg.[243]

Gefäß mit scharf abgesetztem Zylinderhals (So7)
Dieses kleine Gefäß zeichnet sich durch einen eiförmigen Körper und einen scharf abgesetzten, leicht ausbiegenden zylindrischen Hals aus. Der Randdurchmesser beträgt 100 mm, die Wandstärke 3 bis 6 mm. Aus der Siedlung Straubing-Bajuwarenstraße stammen zwei ähnliche Gefäße,[244] die allerdings aufgrund ihrer Herstellungsart in die Spätlatènezeit datiert werden.[245]

e) Bodenformen

Flache Böden
Einfache flache Böden machen mit 69% den größten Anteil der Bodenformen aus. Nur selten lassen sich Gefäßformen rekonstruieren, sodass versucht werden soll, über den Neigungswinkel der Wandung die Böden entweder Hoch- oder Breitformen zuzuweisen. Die Neigungswinkel der flachen Böden mit konischer und leicht konvexer Wandung bilden zwei Schwerpunkte im Bereich zwischen 20 und 45° und zwischen 55 und 70°. Flache Böden mit konkaver, d. h. knapp über dem Boden einziehender Wandung weisen Neigungswinkel zwischen 30 und 60° auf, wobei der Schwerpunkt deutlich auf dem Bereich um 45° liegt. Alle flachen Bodenformen können handaufgebauter Keramik zugewiesen werden. Die flachen Böden weisen Durchmesser von 50 bis 100 mm auf, vereinzelt treten Durchmesser von 140 bis 240 mm auf. Flache Böden mit konischer Wandung besitzen mit Abstand am häufigsten einen Durchmesser von 130 mm, ansonsten sind keine Unterschiede zwischen den einzelnen Gruppen erkennbar.

Abgesetzte Böden
Abgesetzte Böden sind ebenfalls flach, weisen aber alle einen deutlich einziehenden Wandungsverlauf auf, sodass sich die Standfläche sichtbar von der Wandung absetzt. Sie machen 18% aller Bodenformen aus. Die Wandung verläuft entweder konisch oder leicht konkav geschwungen. Eine kleine Gruppe dieser Böden mit konischer Wandung weist einen Neigungswinkel zwischen 20 und 30° auf, während beim Großteil der Neigungswinkel zwischen 45 und 75° (mit einem Schwerpunkt bei 65 und 70°) liegt. Die Neigungswinkel der Scherben mit abgesetzten, konkav geschwungenen Böden streuen locker zwischen 30 und 75°. Böden mit abgesetzter Standfläche und konvex geschwungener Wandung, wie sie Röder in den Frühlatènesiedlungen beschreibt, treten in Mengen nicht auf. Auch die abgesetzten Böden gehören zu handaufgebauter Keramik und weisen Durchmesser von 60 bis 140 mm auf.

---

241 Bardel 2009, 78 Fig. 6.
242 van den Boom 1989, Taf. 45,17.
243 Balzer 2009a, Taf. 134,6.
244 Tappert 2006, 77.
245 Ebd. 178.

Omphalosböden
Drei Böden besitzen einen Omphalos (Abb. 45,1.2) oder eine omphalosähnliche Bodendelle (Abb. 71,4). Lang definiert Omphaloi als scharf abgesetzte Einwölbungen, die sich in einem Winkel bis zu 90° von der Wandung absetzen.[246] Alle Böden weisen eine gut geglättete bis polierte Oberfläche und eine graue bis schwarze Färbung auf. Es lässt sich allerdings nicht erkennen, ob sie zu handaufgebauten oder scheibengedrehten Gefäßen gehören. Die Durchmesser betragen 18, 30 und 40 mm.

Rundbodige Gefäße
Ein grob gearbeitetes, dickwandiges Gefäß weist einen annähernd rund gewölbten Boden auf (Abb. 49,13).

Standringe
Bei Standringen kann zwischen angedrehten und abgedrehten Standringen unterschieden werden. 9% aller Böden weisen eine solche Form auf. Angedrehte Standringe bestehen aus einem separat gefertigten Tonring, der vor dem Brand an das Gefäß angebracht wird. Er ist in der Regel deutlich höher und prägnanter vom Gefäß abgesetzt als ein abgedrehter Standring. Bei abgedrehten Standringen wird durch das Entfernen von Material des Bodens der Standfuß geformt.[247] Da eindeutige Drehrillen fehlen, können abgedrehte Standringe nicht mit Sicherheit nachgewiesen werden, aufgrund der Form sind aber wahrscheinlich vier Exemplare in dieser Technik hergestellt worden (Abb. 29,4, 35,7 u. 62,6.7). Standringe kommen nur bei scheibengedrehter Keramik vor. Ein Neigungswinkel lässt sich aufgrund der starken konvexen Krümmung der Wandung nicht bestimmen. Da sich in Mengen keine scheibengedrehten Hochformen sicher nachweisen lassen, kann man davon ausgehen, dass die Standringe zu den scheibengedrehten Schüsseln gehören. Auf dem Breisacher Münsterberg treten Standringe sowohl auf Schalen wie auch auf Flaschen auf. Die Durchmesser der Standringe liegen im Bereich von 60 und 90 mm, ein Exemplar erreicht 140 mm.

Auswertung
Wenige Gefäße sind so weit erhalten, dass Böden zu Gefäßrändern zugewiesen werden können. Vier Schalen mit einbiegendem Rand und eine offene Schale weisen einen Neigungswinkel der Wandung im Bereich von ca. 45° auf. Zwei Töpfe und das den Hochformen nahe stehende Gefäß 1.3 besitzen Neigungswinkel zwischen 65 und 75°. Diese wenigen Hinweise unterstützen die Hypothese, dass Böden mit Neigungswinkeln unter 45° den Breitformen und über 60° den Hochformen zuzuordnen sind.
Flache Böden treten bei allen Gefäßtypen auf. Abgesetzte Böden lassen sich einer kalottenförmigen Schale und den Näpfen zuweisen. Die Standringe gehören eindeutig zur scheibengedrehten Ware. Vier einbiegende Schalen weisen einen Neigungswinkel von 45° auf (Abb. 31,6; 34,3; 39,2 u.46,12), das Gefäß S1.3 etwa 65° (Abb. 48,22). Dieses Ergebnis entspricht weitestgehend der Analyse der Bodenformen bei Röder.[248]
Der Großteil der Bodenformen stammt aus nicht näher datierbaren Befunden, weshalb keine definitiven Aussagen zur Datierung der Bodenformen gemacht werden können. Es zeichnet sich die Tendenz ab, dass abgesetzte Böden vor allem aus vor-HaD3-zeitlichen Befunden stammen, während die flachen Böden mit geschwungen angesetzter Wandung eher in HaD2- bis frühlatènezeitlichen Befunden auftreten.

---

246 Lang 1974, 28.
247 Balzer 2009a, 139 Abb. 64.
248 Röder 1995, 41.

1.2 Kleinfunde

1.2.1 Kleinfunde aus Metall

Weidacher Fibel

Die bronzene Weidacher Fibel aus dem Grubenhaus 242 wird durch eine Fußpauke mit 11 mm Durchmesser gekennzeichnet, die den gesamten, nicht erhaltenen Bügel überragt (Abb. 71,15).[249] Im Zentrum der Fibel befindet sich eine runde Vertiefung. Die Fibel weist eine Spirale mit zehn Windungen und einer unteren Sehne auf. Aufgrund ihrer geringen Größe (der Durchmesser der Pauke ist kleiner als 15 mm) gehört sie dem Typ I der Weidacher Fibeln nach CHAUME an.[250] Dieser Typ ist im Burgund und in der Champagne am häufigsten vertreten, er kommt aber auch am Oberrhein in Nordhouse und in Blaustein-Herrlingen vor. Des Weiteren streut er locker entlang der Donau bis in die Gegend um Regensburg. In Süddeutschland ist die östliche Variante verbreitet, deren Fußpauke einen Durchmesser von über 20 mm aufweist.[251]
Die Fibel tritt im Burgund in Gräbern auf, die an den Übergang von Ha D3 und Lt A datiert werden.[252] In Vix „Les Herbues" kommt sie zusammen mit Ha D3-zeitlichen Fibeln vor. In Nordhouse, Weitbruch und Acy-Romance stammt die Fibel aus einem Lt A-zeitlichen Kontext.[253]

Feile

Bei diesem Objekt handelt es sich um einen 145 mm langen und 7 mm breiten, trapezoiden Eisenstab (Abb. 71,17). An allen vier Seiten ist er mit feinen, regelmäßigen Vertiefungen, sog. Hieben, versehen, weshalb er als Feile angesprochen wird. Die Feile setzt sich durch ihren trapezoiden Querschnitt von den Vergleichsfunden ab, die in der Regel einen rechteckigen Querschnitt aufweisen.[254] Der Vorteil eines solchen trapezoiden Querschnitts sind die zwei spitzwinkligen Kanten der Feile, mit denen deutlich präziser und feiner gearbeitet werden kann, als mit einer Feile mit rechteckigem Querschnitt. Wahrscheinlich diente diese Feile zur Metallbearbeitung. Da sie aus demselben Grubenhaus wie die Weidacher Fibel stammt, ist eine Datierung nach Ha D3 oder Lt A wahrscheinlich. Im Siedlungskontext treten Feilen in großen Siedlungen wie der Heuneburg, Manching oder Sanzeno auf,[255] in denen eine große Anzahl an Werkzeugen gefunden wurde. Die Feilen der Heuneburg sind zum Großteil nicht stratifizierbar, wenige Stücke lassen sich in die Perioden Ib und Ia einordnen. Sie weisen spitzovale oder breitrechteckige Querschnitte auf. Die Feile 1845 besitzt wie das Exemplar aus Mengen sehr feine Hiebe, alle anderen weisen gröbere, raspelartige Hiebe auf.[256] S. SIEVERS ist der Ansicht, dass diese feine Feile aus der Heuneburg mit messerförmigem Querschnitt für Tauschierungsarbeiten genutzt wurde, bei denen sehr feine Rillen ins Metall gefeilt werden mussten. Nach J. NOTHDURFTER treten ab der Latènezeit feinere Feilen auf.[257] Die Feilen aus Manching sind deutlich jünger als die Exemplare von der Heuneburg und aus Mengen. Sie weisen einen rechteckigen, halbrunden oder runden Querschnitt auf und besitzen in der Regel nur auf den beiden breiten Seiten Hiebe.[258] Der Großteil der Feilen ist mit einer Breite von ca. 20 mm deutlich größer als das Exemplar aus Mengen. Ein Exemplar aus Manching, welches ebenfalls kleiner ist (ca. 10 mm), besitzt desgleichen sehr feine, an allen vier Seiten angebrachte Hiebe.[259] Die Flachfeilen aus Sanze-

---

249 Die Form entspricht der Form P4 nach MANSFELD (MANSFELD 1973, 23 f.).
250 CHAUME 2001, 118.
251 Ebd. 120 Fig. 98.
252 Ebd. 118.
253 Ebd. 120.
254 PLEINER 2006, 103 Abb. 50.
255 Ebd. 72.
256 Vgl. SIEVERS 1984, 59; u. a. Taf. 165,1845 u. 1846.
257 NOTHDURFTER 1979, 36.
258 JACOBI 1974, Taf. 5.
259 Ebd. 15 f. Nr. 40.

no entsprechen von der Größe her der Feile aus Mengen.[260] Alle gut erhaltenen Vergleichsstücke weisen einen Dorn zur Befestigung des Griffes auf, der bei der Feile aus Mengen nicht erhalten ist. Die Fragmente von Feilen aus der frühlatènezeitlichen Handwerkersiedlung Sévaz „Tudinges" in der Nordwestschweiz weisen ebenfalls einen rechteckigen Querschnitt auf, sind allerdings rechtwinkelig gebogen.[261]

Feilen aus Eisen und Bronze lassen sich ab dem 8. Jahrhundert nachweisen.[262] Sie sind aus kleineren, offenen Siedlungen faktisch unbekannt und treten vor allem in Werkzeugsätzen aus reich ausgestatteten Männergräbern in Italien und im Südostalpenraum auf.[263] In den latènezeitlichen Gewässerhorten, die häufig Werkzeug enthalten, gibt es keine Feilen.[264] Die geringe Anzahl an Feilen, die aus offenen Siedlungen bekannt sind, kann aber auch auf die Quellenlage zurückzuführen sein. Gerade Fragmente von Eisenfeilen mit so feinen Hieben wie bei dem Exemplar aus Mengen lassen sich erst nach der Restaurierung erkennen.

Koppelring

Bei diesem Fundstück aus Grubenhaus 125 handelt es sich um einen Eisenring mit flach-ovalem Querschnitt, der an einer Stelle unterbrochen ist (Abb. 50,1). Der Außendurchmesser beträgt 59 mm, der Innendurchmesser 30 mm. Die beiden Enden sind durch ein rundes Stäbchen verbunden, in das ein im ursprünglichen Zustand frei beweglicher Zapfen oder Niet eingehängt ist. Dieser Zapfen weist eine leichte Profilierung auf, ist aber abgebrochen. Vergleichsstücke stammen z. B. aus der Hunsrück-Eifel-Kultur[265] und vom Dürrnberg,[266] dort führt der Niet zu einem Knopf oder einer Scheibe.[267] Bei dem Fund handelt es sich um einen sog. Koppelring.[268] In Gräbern befinden sich die Koppelringe in der Regel im Bereich des Gürtels. Sie treten vor allem in Männergräbern zusammen mit Schwertern auf, weshalb sie dem Schwertgehänge zugeordnet werden.[269] Koppelringe mit beweglichem Niet sind häufig mit durchbrochenen, dreieckigen Gürtelhaken vergesellschaftet, die nach Lt A datieren.[270] Einfache eiserne Koppelringe wie das Exemplar aus Mengen sind im Gebiet der gesamten Frühlatènekultur bekannt.[271]

Obwohl Koppelringe in seltenen Fällen auch in Frauengräbern oder waffenlosen Gräbern auftreten,[272] ist das Exemplar aus Mengen doch ein deutlicher Hinweis auf die Anwesenheit eines sog. Schwertträgers in der Siedlung. Es stellt sich die Frage, ob man diesen Fund als Hinweis auf eine Art lokale ‚Elite' in der Siedlung von Mengen interpretieren kann. Betrachtet man die frühlatènezeitlichen Siedlungen im Breisgau, so treten Waffen nur selten im Fundmaterial auf.[273] Es ist davon auszugehen, dass diese Objekte alleine schon wegen ihres Materialwertes nicht ohne Weiteres entsorgt wurden. Man muss also davon ausgehen, dass es sich bei dem Koppelring um einen Zufallsfund

---

260 NOTHDURFTER 1979, Taf. 15,250–252.
261 MAUVILLY u. a. 1998, 150 Fig. 11.
262 HENNEBERG/GUILLAUMET 1999, 493.
263 Für eine ausführliche Analyse der Gerätebeigabe in eisenzeitlichen Gräbern s. STÖLLNER 2007, 227 ff.
264 KURZ 1995, 26.
265 HAFFNER 1976, 22. Vgl. Heinzerath, Hügel 1 (ebd. Taf. 19,6 u. 7), Rückenweihe, Hügel 5, Grab 3 und Hügel 8, Grab 3 (ebd. Taf. 50,7a u. 51,5 u. 6) und Hermeskeil, Hügel 3 (ebd. Taf. 103,4–7).
266 PAULI 1978, 192–194 mit weiteren Vergleichsfunden.
267 Vgl. dazu E. PENNINGER, Der Dürrnberg bei Hallein I. Veröff. Komm. Arch. Erforsch. Spätröm. Raetien Bayer. Akad. Wiss., Münchner Beitr. Vor- u. Frühgesch. 16 (München 1972) Taf. 45 u. 55 sowie F. MOOSLEITNER/L. PAULI/E. PENNINGER, Der Dürrnberg bei Hallein II. Veröff. Komm. Arch. Erforsch. Spätröm. Raetien Bayer. Akad. Wiss., Münchner Beitr. Vor- u. Frühgesch. 17 (München 1974) Taf. 147.
268 Die Koppelringe wurden 1966 in der unpublizierten Dissertation zur Bewaffnung der Kelten zur Frühlatènezeit nördlich der Alpen von U. OSTERHAUS gesammelt, die nicht zugänglich war.
269 Für eine detaillierte Diskussion zur Funktion der Koppelringe und anderer Ringe s. PAULI 1978, 196–211.
270 FREY 1991, 104.
271 PAULI 1978, 193.
272 Ebd. 199.
273 Aus Breisach stammen zwei Pfeil- oder Speerspitzen und ein Lanzenschuh (BALZER 2009a, 93 f.), aus Bischoffingen ein eiserner Lanzenschuh (RÖDER 1995, Taf. 16).

handelt, der nicht als Indiz für eine abgehobene Stellung gegenüber anderen offenen Siedlungen verwendet werden darf.

Um Hinweise auf die soziale Stellung eines Schwertträgers in dieser Region zu erhalten, müsste eine größere Anzahl gleichzeitiger Gräber analysiert werden.[274] Da nur vereinzelte Lt A-zeitliche Gräber bekannt und publiziert sind, ist dies aufgrund der derzeitigen Quellenlage im Breisgau nicht möglich.

Bronzedraht/Armreif
Bei den beiden halbrund gebogenen Bronzedrähten mit ca. 2 mm Durchmesser handelt es sich wahrscheinlich um einen drahtförmigen Armreif mit einem Durchmesser von ca. 75 mm. Das Ende eines Drahtfragmentes ist leicht rhombisch verdickt. Oberhalb der Verdickung befindet sich ein fein gerifter Abschnitt (Abb. 77,7). Dieses Reifende erinnert an die Armringe aus Bragny-sur-Saône, die einen vasenförmig verdickten Abschluss aufweisen, über dem der Draht mehrfach gerippt ist. Diese Stücke werden an das Ende von Ha D3 und nach Lt A datiert.[275] Allerdings ist der Abschluss des Drahtes aus Mengen deutlich rudimentärer ausgebildet. Drahtförmige Bronzearmringe, die eventuell als Armreif gedient haben könnten, treten in der Heuneburg in allen Perioden auf.[276] Dort weist allerdings kein Exemplar ein verdicktes Ende wie bei dem Stück aus Mengen auf, wobei die Ringe der Heuneburg ebenfalls nur in Fragmenten erhalten sind.

Bronzearmreif
Hierbei handelt es sich um ein halbrund gebogenes Bronzeblech mit einer Länge von 65 mm und einer Breite von 6 mm, welches eine leichte Profilierung aufweist (Abb. 77,8). Die Seiten sind leicht aufgebogen. Ein gutes Vergleichsstück findet sich auf der Heuneburg, welches aus Periode II oder I stammt.[277] Beide Bleche unterscheiden sich durch die Profilierung von den bandförmigen Ohrringen, die in der Regel flächig profiliert sind und hohe Mittelrippen aufweisen.[278] Wahrscheinlich handelt es sich bei dem Stück aus Mengen um ein Fragment eines Armreifens.

Bronzestäbchen
Aus Grubenhaus 242 stammt ein ca. 60 mm langes, hakenförmig gebogenes Bronzestäbchen mit einem runden Querschnitt von ca. 2 mm (Abb. 71,16). Es ist an beiden Enden abgebrochen. Aufgrund der unspezifischen Form kann keine weitere Angabe zur Ansprache oder der Datierung dieses Objekts gemacht werden. Da es aus demselben Befund wie die Metallfeile stammt, könnte es sich eventuell um ein Halbfabrikat handeln.

Messer
Bei dem Eisenmesser aus Befund 101 handelt es sich um ein nahezu vollständiges Exemplar mit geschwungenem Rücken und leicht aufgebogener Klinge. Es besitzt eine Griffangel, auf der sich parallele, breite Riefen befinden (Abb. 41,11). Diese Vertiefungen könnten eventuell dazu gedient haben, einen organischen Griff stabil zu befestigen. Der Erhaltungszustand des zweiten Messers ist deutlich schlechter, erhalten sind nur der Bereich am Ansatz der Klinge und ein kleiner Rest der Griffangel (Abb. 58,8). Soweit erkennbar, ist der Rücken der Klinge deutlich stärker aufgewölbt als beim ersten Exemplar.

Die Messer von der Heuneburg lassen sich mit den Messern aus Mengen nicht vergleichen. Sie weisen alle einen geraden Rücken auf und besitzen – soweit sich der Griff erhalten hat – in der

---

274 1985 waren im Arbeitsgebiet drei Gräber mit Frühlatèneschwertern bekannt: zwei in Ihringen (Löhbücke U0 u. U5) und eines in Oberrimsingen (Bernet A1). Während sich in Oberrimsingen keine weiteren Metallfunde fanden, enthielten die Gräber aus Ihringen jeweils einen Gold- und einen Bronzering (JANSKI 1985, 120).
275 FEUGÈRE/GUILLOT 1986, 180 Fig. 21.
276 SIEVERS 1984, Taf. 3,34–38 außer 36; 5,76–80; 8,126–128.
277 Ebd. Taf. 10,152.
278 Ebd. 11.

Regel anstelle einer Griffangel eine Griffplatte mit Nietlöchern.[279] Dasselbe gilt für die späthallstatt-frühlatènezeitlichen Messer aus Bragny-sur-Saône.[280]

Eisenhaken
Aus Befund 110 stammt ein 300 mm langer Eisenstab mit quadratischem Querschnitt, der nach 250 mm rechtwinkelig umgebogen ist und in einer flachen, halbrunden Lasche endet, in deren Mitte sich ein Loch befindet (Abb. 46,6). Der Stab ist schlecht erhalten, es lassen sich aber Tordierungen erkennen. Aufgrund der Hakenform und der Torsion weist das Objekt gewisse Ähnlichkeiten mit Schürhaken aus Sanzeno auf.[281] Diese sind allerdings größer, deutlich massiver und weisen eine ausgeprägtere, rechteckige Schaufel auf.
Die Torsion der Stiele der Schürhaken aus Sanzeno verläuft im Gegensatz zum Objekt aus Mengen gleichmäßig über den gesamten Stiel. Schürhaken wie die Beschriebenen sind aus Etrurien bekannt.[282] Der Eisenhaken aus Mengen lässt sich nicht vollständig mit ihnen vergleichen, sie bieten allerdings einen Hinweis auf einen möglichen Verwendungszweck des Objektes. Sollte das Loch in der Platte intentionell angebracht sein, so ist wahrscheinlich, dass etwas daran befestigt war, eventuell ein Schaufelblatt.

Nägel
Aus den Befunden 90 und 227 stammen jeweils zwei Nägel aus Eisen mit dreieckigen, trapezoiden oder quadratischen Köpfen (Abb. 30,7 u. 69,8). Der Durchmesser der Köpfe beträgt 3 bis 5 mm, die Nägel sind noch in einer Länge von 35 bis 70 mm erhalten. Sie sind also relativ filigran und nicht für massive Konstruktionen wie z. B. den Hausbau geeignet.

1.2.2 Kleinfunde und Gerät aus Ton

Spinnwirtel
Insgesamt wurden 18 Spinnwirtel in der Siedlung gefunden.[283] Die Form und das Gewicht des Spinnwirtels beeinflussen das Drehmoment der Spindel und somit auch die Beschaffenheit des Fadens, der auf ihr gedreht wird.[284] Das Gewicht der Spinnwirtel liegt zwischen 8 und 67 g, wobei die meisten Spinnwirtel zwischen 8 und 12 g wiegen (neun Exemplare). Drei Spinnwirtel wiegen 22 bzw. 23 g, während eine dritte Gruppe mit drei Exemplaren zwischen 27 und 30 g liegt. Ein Spinnwirtel mit einem Gewicht von 67 g setzt sich deutlich von den anderen Spinnwirteln ab (Abb. 37,6). Es treten ellipsoide, doppelkonische und tonnenförmige Formen auf. Es ist keine Korrelation zwischen dem Gewicht und der Form zu erkennen.
Fünf Spinnwirtel weisen ein Dekor auf. Zwei konische Wirtel besitzen vertikale Riefen auf der Außenseite (Abb. 23,17 u. 48,6), vergleichbares Dekor gibt es sehr häufig auf Spinnwirteln in unterschiedlichen Formen von der Heuneburg.[285] Der doppelkonische Wirtel weist ebenfalls vertikale Kerben im unteren Bereich sowie zehn radial auf der Unterseite angeordnete runde Eindrücke auf (Abb. 77,10). Vergleichbare Stücke von der Heuneburg stammen aus Periode I oder II.[286] Zwei ellipsoide Wirtel besitzen auf der Oberseite radial angeordnete Linien (Abb. 20,6 u. 37,7), einer davon zusätzlich ein wellenförmig umlaufendes Band aus runden Eindrücken. Auch schmale, eingeritzte Linien treten häufig auf Spinnwirteln der Heuneburg auf.[287]

---

279 Sievers 1984, 62 f.
280 Feugère/Guillot 1986, 186 Fig. 28.
281 Nothdurfter 1979, Taf. 44,616–619.
282 Ebd. 64 Abb. 15.
283 Spinnwirtel treten in den Befunden 71, 86 (2x), 90, 96 (4x), 109, 117, 180, 201, 242, 255 (4x), 83/85 auf.
284 Grömer 2004, 176 ff.
285 Sievers 1984, Taf. 145,1736 u. 1737.
286 Ebd. Taf. 136,1663 u. 1666.
287 Ebd. Taf. 133,1645.

In zwei Fällen stammen jeweils vier Spinnwirtel aus einem Befund. Die Spinnwirtel aus dem Grubenkomplex 96 unterscheiden sich deutlich im Gewicht (6, 11, 16 und 67 g), sodass man sich vorstellen könnte, dass es sich um ein Ensemble für unterschiedliche Garnarten oder -stärken handelt. Auf der anderen Seite besteht der Befund aus mehreren Gruben, folglich ist es auch möglich, dass die Spinnwirtel zufällig miteinander vergesellschaftet sind. Die vier Spinnwirtel aus dem Grubenhaus 255 weisen keine so eindeutig differenzierte Gewichtsabfolge wie die aus Befund 96 auf (10, 12, 22 und 27 g). Eine weitere Erklärung für das gehäufte Auftreten von Spinnwirteln in einzelnen Befunden könnte sein, dass man das auf der Spindel aufgewickelte Garn mitsamt der Spindel aufbewahrte. Bei einem Wirtel aus dem Befundkomplex 86 ist unklar, ob es sich bei dem einen Fragment nicht doch um eine Tonperle handelt.

Die Spinnwirtel wurden von D. Holstein anhand des Materials bronze- und eisenzeitlicher Siedlungen in der Schweiz und in Süddeutschland, unter anderem der Heuneburg, untersucht. Die ellipsoiden Spinnwirtel aus Mengen entsprechen dem Typ IB nach Holstein. Sie sind einfach herzustellen und chronologisch unempfindlich.[288] Die anderen Wirtel lassen sich nur schwer in die Typologie von Holstein eingliedern, da gerade die doppelkonischen Spinnwirtel deutlich gestauchter sind als die bei Holstein vorgestellten Exemplare. Die konischen Formen datieren nach Holstein eher in die Urnenfelderzeit, während die doppelkonischen und tonnenförmigen Wirtel eher hallstattzeitlich anzusprechen sind.[289]

Das Formenspektrum der Spinnwirtel aus Mengen lässt sich nicht mit dem der Heuneburg vergleichen. Zum einen liegt das daran, dass den 18 Wirteln aus Mengen über 170 von der Heuneburg gegenüberstehen. Zum anderen fällt auf, dass Wirtel mit geschwungen einziehenden Seiten auf der Heuneburg häufig auftreten, aber in Mengen fehlen. Ellipsoide Formen, die ein Großteil der Spinnwirtel aus Mengen aufweist (67%), sind auf der Heuneburg im Vergleich zu anderen Wirtelformen deutlich seltener vertreten (ca. 15%).[290]

Bei seiner Untersuchung zu den Spinnwirteln aus Bragny-sur-Saône erkannte B. Chaume zwei Klassen von Spinnwirteln zwischen 10 und 20 g. Diese Aufteilung scheint in seinem Diagramm nicht ganz nachvollziehbar.[291] Allerdings lässt sich auch am Material von Mengen die Tendenz zur Massierung der Spinnwirtel im Bereich von ca. 10, 22 und 28 g erkennen. K. Grömer fand anhand von Experimenten heraus, dass das Gewicht der Spinnwirtel stark vom zu verspinnenden Material abhängen kann. So sind leichte Spinnwirtel zum Verspinnen von kurzfaseriger Wolle besser geeignet, da hier die Gefahr des Abreißens des Fadens relativ hoch ist. Bei langfaserigem Material, wie Flachs, sind schwere Wirtel besser geeignet, da das höhere Drehmoment für eine bessere Verdrillung der Fasern sorgt.[292] Beachtet man diesen Faktor, so würden die Ensembles aus Mengen in ihrer Zusammensetzung durchaus ihre Berechtigung haben.

Tonring

Aus Grube 138 stammt ein Tonring mit einem Außendurchmesser von 73 mm und einer lichten Weite von 31 mm. Die Schnurstärke beträgt 22 mm. An der Innenseite ist das Profil stark abgeflacht, außen dreieckig bis halbrund (Abb. 54,5). Der Tonring wiegt 124 g.

Vom Breisacher Münsterberg stammt ein Fragment eines Exemplars, welches nur minimal größer ist.[293] Tonringe dieser Art sind in Siedlungen selten, sie treten allerdings in mindestens zwölf späthallstatt-frühlatènezeitlichen Frauengräbern in Süddeutschland, dem Elsass und in der Marneregion auf.[294] Im Grab befanden sie sich im unteren Beckenbereich der Verstorbenen.[295] Die Außendurch-

---

288 Holstein 1998, 260.
289 Ebd. 262.
290 Chaume 2001, 165 Fig. 124.
291 Ebd. 166 Fig. 128.
292 Grömer 2004, 181.
293 Balzer 2009a, 87.
294 Scherzler 1998, 242 Abb. 1.
295 Ebd. 246–252.

messer dieser Tonringe bewegen sich zwischen 55 und 86 mm, der Durchschnitt liegt bei 68 mm. Der durchschnittliche Innendurchmesser der hallstattzeitlichen Tonringe beträgt 31 mm, das durchschnittliche Gewicht liegt bei 100 g.

D. Scherzler interpretiert die Tonringe aus den Gräbern aufgrund ihrer Lage als Pessare, die dazu verwendet wurden, um einen Uterusvorfall zu verhindern. Sie entsprechen in Form, Größe und Gewicht neuzeitlichen Pessaren, die ebenfalls aus unflexiblem Material wie Keramik oder Glas angefertigt wurden.[296] Der Tonring aus Mengen entspricht den Abmessungen und dem Gewicht der Tonringe aus den Gräbern, sodass eine Verwendung als Pessar nicht ausgeschlossen werden kann. Es muss gefragt werden, welche weiteren Interpretationsmöglichkeiten für diesen Tonring infrage kommen. Tonscheiben werden als Webgewichte oder Spinnwirtel interpretiert.[297] In Mengen ‚Löchleacker' wurde bisher kein einziges Webgewicht gefunden, die Webgewichte von der Heuneburg und vom Breisacher Münsterberg weisen allerdings die klassische rechteckig-trapezoide Form auf. Grundsätzlich eignet sich ein Tonring als Gewicht gut, da er aufgrund seiner Form leicht am zu beschwerenden Objekt befestigt werden kann. Für einen Spinnwirtel ist der Innendurchmesser des Tonrings aus Mengen allerdings viel zu groß. Eine Deutung als Ständer für rundbodige Gefäße ist unwahrscheinlich, da in der Hallstatt- und frühen Eisenzeit kaum derartige Bodenformen auftreten. Pauli interpretiert die Tonringe aus den Gräbern als Amulette, die aufgrund ihrer Position und dem Loch in der Mitte auf den Status als Mutter hinweisen.[298] Eine Nutzung als Armring kann aufgrund des geringen Innendurchmessers ausgeschlossen werden. Armreifen aus Ton kommen in der Hallstattzeit zwar vor, ihre Profile sind allerdings erheblich flacher.[299]

Schleudergeschoss
Das 35 x 45 mm große Schleudergeschoss besitzt eine gestauchte, eiförmige Form, bei der eine Seite nach innen einzieht (Abb. 73,19). Das Geschoss aus Mengen wiegt 49 g. Es stammt aus dem Grubenhaus 242. Vergleichbare Geschosse kommen vom Mt. Lassois (zehn Exemplare).[300] In Bragny-sur-Saône wurden sieben Schleudergeschosse in späthallstatt-frühlatènezeitlichen Kontexten gefunden. Aufgrund ihres geringen Gewichts geht der Bearbeiter davon aus, dass sie zur Jagd auf Tiere verwendet wurden, die nicht größer als Vögel sind.[301] M. Korfmann zeigt allerdings anhand von Funden und schriftlichen Quellen, dass Schleudern durchaus auch als Waffen im militärischen Kontext eingesetzt wurden und Bögen in Hinblick auf Durchschlagskraft, Reichweite und Zielgenauigkeit ebenbürtig waren.[302] Schlussendlich lässt sich das Einsatzgebiet des Schleudergeschosses von Mengen nicht klären.

In hallstattzeitlichen Kontexten sind Schleudergeschosse sehr selten, während sie in Lt A häufiger in Siedlungen und in Gräbern gefunden wurden.[303] Von der Heuneburg stammen gleichmäßig geformte Kiesel, die ebenfalls als Schleudergeschosse angesprochen werden.[304]

Runde Tonplatten
Hierbei handelt es sich um zwei flache, annähernd runde Platten mit leicht verdicktem Rand (Abb. 28,8.10). Bei einem Fragment lässt sich ein Durchmesser von ca. 100 mm ermitteln. Die Platten entsprechen dem scheibenförmigen, randlosen Typ 4 der Platten von der Heuneburg, diese weisen

---

296 Scherzler 1998, 280.
297 Eine Tonscheibe mit geringem Durchmesser aus der neolithischen Siedlung Egolzwil wird ohne Angabe von Gründen als Webgewicht interpretiert (Wyss 1969, 134). Diese Interpretation greift P. Wells für fünf ähnliche, flache Tonringe aus der hallstattzeitlichen Siedlung Hascherkeller auf, deutet die Funde aber auch als Spinnwirtel (Wells 1983, 66 f.)
298 Pauli 1993, 169.
299 Kurz 2000, 81.
300 Chaume 2001, 174.
301 Feugère/Guillot 1986, 187.
302 Korfmann 1972, 17–20.
303 Chaume 2001, 174 f.
304 Sievers 1984, 66 Taf. 154,1789 u. 1790.

allerdings einen deutlich größeren Durchmesser auf (230 bis 310 mm). Diese Art der Tonplatten tritt in den Perioden IV und III der Heuneburg auf.[305] Da bei zwei Plattenböden der Heuneburg bei gaschromatischen Analysen Rückstände von Fett und Cholesterin nachgewiesen werden konnten, geht van den Boom davon aus, dass es sich bei diesen Funden um Brat- oder Backplatten gehandelt haben muss.[306]

Sieb

Eine Wandscherbe weist drei Reihen von Durchbohrungen auf, die in einem Bereich zunächst regelmäßig, im anderen unregelmäßig angeordnet sind (Abb. 77,22). Auf einer Seite sind die Bohrungen durch den Bohrvorgang trichterförmig verbreitert, was darauf hinweist, dass die Löcher nach dem Brand gebohrt wurden. Die Gefäße werden als Siebe interpretiert, die in der Milchwirtschaft oder im Haushalt eingesetzt werden konnten.[307] Vergleichbare Stücke stammen von der Heuneburg.[308] Die Scherbe ist plan, weshalb es sich entweder um den Boden eines Gefäßes oder um eine Siebplatte gehandelt haben dürfte. Eventuell könnte es sich bei der durchbohrten Platte auch um die Oberfläche eines transportablen Ofens handeln, wie er auf der Heuneburg mehrfach vorkommt. Allerdings sind bei den Öfen der Heuneburg die oberen Platten nicht erhalten, sondern wurden nach mittelitalischen Vorbildern rekonstruiert.[309]

Trichter

Ein Gefäß lässt sich sicher als Trichter ansprechen (Abb. 45,15), bei einem weiteren ist die Stellung der Wandung nicht vollständig geklärt (Abb. 48,3). Für einen Trichter ist der Wandungswinkel dieses Gefäßes sehr flach. Beide Objekte weisen eine rundlich verdickte Randlippe auf, die im Falle des ersten Trichters nachträglich auf der Innenseite fein abgeschliffen wurde. Ein vergleichbares Exemplar gibt es auf der Heuneburg.[310] Van den Boom ist der Ansicht, dass die Trichter nicht als Trichter im heutigen Sinne zum Umfüllen von Flüssigkeiten gedient haben. Sekundäre, gleichmäßige Schleifspuren wurden am Abschluss der weiten Öffnung mehrerer Trichter beobachtet, diese ist beim Objekt aus Mengen nicht erhalten. Van den Boom stellt deshalb die These auf, dass sie als Verbindungsstück zwischen Blasebalg und Tondüse bei der Metallverarbeitung gedient haben könnten. Zudem wurden bei einigen der Trichter von der Heuneburg Spuren von sekundärem Brand nachgewiesen.[311] Trichter treten auch auf dem Breisacher Münsterberg auf. Da bei den von Pauli gesammelten Vergleichstücken Spuren von Hitzeeinwirkungen fehlen und er keine Parallelen zu den urnenfelderzeitlichen Düsen feststellen kann, sieht er keine Verbindung zum Metallhandwerk. Für die Trichter wurde des Weiteren der Einsatz in der Milchwirtschaft zur Käseherstellung oder als Wasserseiher erwogen.[312] Nach Balzer kann der abgeschnittene Rand dazu dienen, ein Tuch straff über die Öffnung zu ziehen und zu fixieren.[313]

1.2.3 Glasarmring

Es handelt sich hierbei um das Fragment eines fünfrippigen Armrings aus blauem Glas. Der Durchmesser beträgt zwischen 60 und 70 mm. Auf der zweiten und vierten Rippe befinden sich wellenförmige Fadenauflagen aus opakem, weißem und gelbem Glas, wobei die weiße Fadenauflage auf der einen, die gelbe auf der anderen Rippe sitzt. Die breite Mittelrippe ist durch schräge Kerben in

---

305 van den Boom 1989, 39.
306 Ebd. 40.
307 Ebd. 70 f.
308 Ebd. Taf. 76,891–895.
309 Ebd. 73.
310 Ebd. Taf. 78,910.
311 Ebd. 72 f.
312 Pauli 1993, 89–21.
313 Balzer 2009a, 75.

trapezoide Felder getrennt. In den Eindrücken sind kleine, regelmäßige runde Einstiche zu erkennen, die deutlich zeigen, dass sie mit einem gezahnten Werkzeug eingestochen wurden. Auch auf diesen Feldern befinden sich wellenförmige Fadenauflagen aus opakem Glas, wobei sich die Farben Weiß und Gelb abwechseln.

Der Glasarmring entspricht der Reihe 20 nach R. Gebhard und wird in Lt C2 datiert.[314] Das Stück wurde von H. Wagner im Rahmen seiner Arbeit zum Glasschmuck am Oberrhein publiziert.[315] Der Typ ist im gesamten Latènegebiet verbreitet, besitzt seinen Schwerpunkt allerdings im Schweizer Mittelland und in Südfrankreich, weshalb Wagner davon ausgeht, dass er dort hergestellt wurde.[316] Der Glasarmring stammt aus dem Grubenhaus 150a, das Bücker in die Merowingerzeit datiert.[317] Es könnte sich um einen Streufund handeln, wobei Lt C2-zeitliche Funde in Mengen bisher selten sind. Der Brunnen im Gewann ‚Abtsbreite' datiert in diese Zeit.[318] Bei dem Fragment könnte es sich auch um ein intentionell aufgesammeltes Stück handeln. In 29 merowingerzeitlichen Gräbern in Südwestdeutschland treten Fragmente von latènezeitlichen Glasarmringen als sog. Archaika auf. Allerdings sind latènezeitliche Archaika mit einem Anteil von insgesamt nur ca. 9% an der Gesamtmenge eher selten.[319]

1.2.4 Verziegelter Lehm

In 53 Befunden befanden sich Brocken von verziegeltem Lehm bzw. Hüttenlehm, wobei deren Gewicht zwischen 6 und 1850 g beträgt. Die meisten Brocken weisen eine durchschnittliche Größe von 20 x 50 x 30 mm auf. Verziegelter Lehm stammt von aufgehenden Konstruktionen, die einer Temperatur von über 500 °C ausgesetzt waren.[320] Dabei kann es sich um eine Herdstelle, einen Ofen oder den Wandverputz von abgebrannten Gebäuden handeln.[321] Mehrere Brocken des verziegelten Lehms weisen eine ebene Fläche auf, die grauschwarz oder seltener weiß gefärbt ist. Dies deutet darauf hin, dass es sich um Überreste von verrußten, geschwärzten oder weiß verputzten Wänden handelt. Die Verwendung von Kalkputz kann zum Schutz der Oberfläche vor Feuchtigkeit, Schimmel und Ungeziefer dienen und den Abrieb der Oberfläche einschränken. Derartig verputzte Innenräume sind außerdem heller als unverputzte.[322]

Aus Befund 86 stammt eine ca. 180 x 130 x 200 mm große, dreieckige Platte aus verziegeltem Lehm. Diese massive Platte deutet auf eine Nutzung als Herdstelle hin. Saubere, gerade Abstichspuren an allen Oberflächen des Lehmfragments lassen vermuten, dass die originale Oberfläche der Platte nicht erhalten ist.

Einige Hüttenlehmfragmente weisen Abdrücke von Rundhölzern mit 30 bis 60 mm Durchmesser auf. Bei einem Hüttenlehmfragment aus dem Grubenhaus 242 ist ein Y-förmiger Abdruck dreier Rundhölzer sichtbar. Rutenabdrücke sind nicht erkennbar.

Aus Befund 188 stammt ein dreieckiger Keil, der in der Kehle zwischen zwei Rundhölzern mit großem Durchmesser saß.[323] Die Lehmfragmente liefern folglich nur wenige ausschnitthafte Hinweise auf die Konstruktion der Gebäude. Ruten- oder Flechtwerk lässt sich nicht nachweisen, während der Keil aus Befund 188 als Hinweis auf Blockbauweise gedeutet werden kann.

---

314 Gebhard 1989, 131.
315 Wagner 2006, Kat. Nr. 305.
316 Ebd. 87.
317 Bücker 1999, 256.
318 Bräuning u. a. 2004, 115 f.
319 Mehling 1998, 24.
320 Fries-Knoblach 2009, 427.
321 Ebd. 428.
322 Ebd. 436.
323 Vgl. ebd. 432 Abb. 4.

1.2.5 Schlacken

Aus drei Befunden stammen Schlacken. Ihre blasige Struktur deutet darauf hin, dass es sich um Schmelzschlacken handelt.[324] Aus der Ha C/D1-zeitlichen Trichtergrube 109 stammt ein einzelner Brocken Schlacke. Das Lt A-zeitliche Grubenhaus 242 enthielt 106 g Schlacke, aus dem ebenfalls frühlatènezeitlichen Grubenhaus 251 stammen 170 g Schlacke. Da eine große Anzahl der Schlacken aus früh- und mittelalterlichen Befunden kommt, kann – gerade im Fall des Grubenhauses 251 – nicht eindeutig bewiesen werden, ob es sich bei den Funden um eisenzeitliche oder später eingebrachte Schlacken handelt. In mehreren benachbarten Befunden aus dem 6. und 7. Jahrhundert befand sich ebenfalls eine größere Menge Schlacken.

1.2.6 Sonstige Funde

Nicht eisenzeitliche Keramik
In den als eisenzeitlich angesprochenen Befunden gibt es mehrere Scherben aus anderen Zeitstufen. Ein Tulpenbecher aus Befund 96 stammt aus der Michelsberger Kultur (Abb. 40,5). Aus der Urnenfelderzeit stammen die Tassen mit hoch angesetzten, rechteckigen Henkeln (Abb. 25,2 u. 26,1).[325] Aus dem Bereich zwischen Messlinie 1 und 7 stammt eine Scherbe römischer Terra sigillata, aus Befund 227 eine Randscherbe (Abb. 71,2) und aus Befund 220 ein Standfuß eines römischen Gefäßes (Abb. 66,5). In Befund 229 fand sich ein Füßchen eines mittelalterlichen Topfes (Abb. 71,13).

Eisenobjekte
Aus dem Grubenhaus 101 stammt ein streifenförmiger Beschlag aus dünnem Eisenblech, welcher auf einer Schmalseite rund ausgeschnitten ist. An der gegenüberliegenden Seite gibt es Reste eines Nietes (Abb. 41,10). Parallelen dazu gibt es in der Hallstatt- und Latènezeit nicht. Ein weiteres nicht näher ansprechbares Objekt ist der ca. 45 mm lange und 25 mm breite, halbrund gebogene Eisenstreifen aus Befund 221 (Abb. 66,10). Er besitzt an der Schmalseite eine ca. 25 mm lange, abgebrochene Griffangel. Bei dem stark korrodierten, lappenartig umgebogenen Blech aus Befund 91, durch das ein Stab führt (Abb. 35,1), ist ebenfalls keine nähere Ansprache möglich.

Perle
Eine gleichmäßige, runde Perle mit einem Durchmesser von 8 mm aus violettem Glas stammt aus dem Grubenkomplex 141 (Abb. 55,6). Wahrscheinlich handelt es sich um einen rezenten Fund.

Muschel
Aus Befund 125 stammt eine versteinerte Muschel. Vergleichsfunde aus der Region sind nur wenige bekannt. Aus Tauberbischofsheim stammt ebenfalls eine solche Muschel, dabei handelt es sich um einen Streufund. Diese weist Brandspuren auf der Innen- und Grafitspuren auf der Außenseite auf.[326]

Silexgeräte
Aus den Befunden 90, 209, 215, 218 und 242 stammen Silexabschläge. Einige weisen retuschierte Klingen auf (Abb. 30,6, 54,7 u. 73,20). Da sich die eisenzeitlichen Befunde in unmittelbarer Nachbarschaft zu den neolithischen befinden, handelt es sich bei den Steingeräten wahrscheinlich um umgelagerte Stücke. Es könnten aber auch intentionell aufgelesene Objekte sein.

---

324 Freundliche Auskunft von M. STRASSBURGER M. A.
325 GRIMMER-DEHN 1991, 42.
326 BAITINGER 1999, 303 u. Taf. 81 A 18.

Steine

Im Fall der meisten Steine kann nicht geklärt werden, ob sie einem bestimmten Zweck dienten, zumal Werkspuren oder Hinweise auf Abarbeitung nicht erkennbar sind. Ebenfalls lässt sich kaum klären, ob die Steinartefakte eisenzeitlich sind. Zwei flach-ovale Kiesel könnten als Schleifsteine gedient haben. Ein Stein aus Befund 101 weist eine Hohlkehle und mehrere Schnittspuren auf. Aus Befund 96 stammt ein Miniatursteinbeil (Abb. 37,1). Aus dem Grubenhaus 247 und der Trichtergrube 255 stammen bröselige, stark glimmerhaltige Steine, die vielleicht als Rohmaterial für Magerungszuschläge bei der Keramikherstellung gedient haben könnten. Des Weiteren wurden in mehreren Befunden Steinplatten aus Sandstein beobachtet. Eventuell handelt es sich hierbei um Reib- oder Schneidplatten. Befanden sich die Platten auf der Sohle der Grube, so kann es sich bei diesen Exemplaren auch um Unterlagen für eine ebene und trockene Standfläche handeln.

2. Die Befunde der Siedlung

2.1 Interne Gliederung der Siedlung

Die eisenzeitlichen Befunde der Siedlung befinden sich in einem ca. 0,48 ha großen Bereich. Der Hauptteil der Befunde erstreckt sich in einem breiten Streifen in der Mitte der Grabungsfläche, weshalb man davon ausgehen muss, dass die Siedlung nicht in ihrer gesamten Ausdehnung erfasst werden konnte. Aufgrund der starken Erosion des Lössbodens sind nur sehr tief in den Boden eingreifende Befunde wie Trichtergruben und Grubenhäuser nachweisbar. Deshalb sind keine Befunde erhalten, die es ermöglichen würden, Aussagen zur Größe und Organisation der Siedlung zu treffen (z. B. Hausgrundrisse). Bei der Analyse der chronologisch empfindlichen Keramik zeigt sich, dass die Befunde zum Großteil stark durchmischt sind. Dieses Befundbild entsteht, wenn über einen langen Zeitraum immer wieder Kulturschichten durch Erdarbeiten zerstört und verlagert werden. Dies geschieht bei einer langen Siedlungstätigkeit. Diese Durchmischung des Fundmaterials lässt leider auch keine weiterführenden Analysen zu bestimmten Aktivitätsbereichen innerhalb der Siedlung oder zu Unterschieden der Qualität der Keramik in einzelnen Siedlungsarealen zu. Vielmehr zeigt sich, dass die Fundverteilung sehr homogen ist, was auf die Befundsituation zurückzuführen ist. Da man davon ausgehen kann, dass ein Großteil der Befunde nicht erhalten ist, muss eine strukturelle Analyse der Siedlung mit Vorsicht geschehen. Flächen, die heute als befundfrei erscheinen, könnten in vorgeschichtlicher Zeit bebaut gewesen sein. Die Ha C/D1-zeitlichen Befunde liegen in der Mitte und im Nordwestbereich der Grabungsfläche. Zwischen den beiden Arealen befindet sich ein breiter, befundfreier Streifen, dort lassen sich auch kaum Befunde aus einer anderen Zeitstellung nachweisen. Die weiteren Befunde aus der Zeit vor Ha D3 befinden sich ebenfalls in der Mitte der Grabungsfläche. Befunde, die sich nur grob in den Zeitabschnitt Ha D1 bis Lt A einordnen lassen, liegen desgleichen in diesem Bereich, konzentrieren sich aber eher in der nördlichen Region.
Klarer wird das Bild bei den Befunden, die in die Zeit von Ha D3 und Lt A datieren. Die Grubenhäuser scheinen sich an zwei annähernd parallel verlaufenden Geraden zu orientieren. Dies deutet darauf hin, dass die Grubenhäuser an zwei Wegen lagen. Eventuell verläuft ein dritter Weg diagonal zwischen den beiden Parallelen (Abb. 8).
Auf dem Gesamtplan fallen einige Gruben und Trichtergruben auf, die Kreise von jeweils ca. 10 m Durchmesser bilden. Besonders auffällig ist der Kreis aus den Gruben 108 bis 111 und 113 bis 115, der an das Grubenhaus 107 anschließt. Die Befunde 113 und 114 lassen sich nicht datieren, die anderen sind eisenzeitlich. Bis auf die Grube 109 enthalten sie Material aus dem Zeitraum zwischen Ha D1/D2 und Lt A. Die dreiviertelkreisförmige Struktur aus den vier Gruben 157, 159, 163 und 164 im Süden der Siedlung kann nicht genauer als in die Eisenzeit datiert werden. Die drei im Halbkreis angeordneten Gruben 91, 92, 95 und 103 datieren alle nach Ha D3/Lt A, in diesem Fall ist die Kreisform allerdings nicht so augenfällig wie bei den vorangegangenen Beispielen. Es können also anhand der Datierung der Befunde kaum sichere Aussagen zur Zusammengehörigkeit der Gruben

getroffen werden. Trotzdem ist zu überlegen, ob es sich dabei eventuell um Gruben handelt, die alle in einem gleichmäßigen Abstand zu einem bestimmten Areal oder einem Gebäude lagen. Da Siedlungen mit einer vergleichbar großen, zusammenhängend ergrabenen Fläche in der Region nicht publiziert sind, kann nicht geklärt werden, ob die Gruben mit Absicht in dieser Form angelegt wurden oder ob es sich dabei nur um eine zufällige Anordnung handelt.

Geht man davon aus, dass der Großteil von verbranntem Lehm von abgebrannten Häusern oder Hütten stammt, so ist anzunehmen, dass er zusammen mit dem Schutt nicht weit von der Stelle des ehemaligen Gebäudes in Gruben gefüllt wurde. Eine Kartierung der Quantitäten des Lehms und des Schutts unter Beachtung der Datierung der Befunde lässt allerdings keine besonders auffälligen Konzentrationen erkennen. Bei zwei benachbarten Gruben (169 und 170) lässt sich direkt auf der Grubensohle ein Kegel aus eingefülltem Brandschutt beobachten. Der eine Befund enthält Keramik aus der Zeit vor Ha D3, der andere übergangszeitliches Material. Es lassen sich aber keine Hinweise auf ein großes Schadfeuer, einen Katastrophenhorizont oder ein planmäßiges Abbrennen der Siedlung im Zuge der Auflassung finden.

2.2 Die Befunde

2.2.1 Grubenhäuser

Grubenhäuser werden durch einen rechteckigen Grundriss und Spuren von Firstpfosten charakterisiert (Abb. 84 bis 87). In drei Fällen lässt sich im Längsprofil des Befundes nur ein Firstpfosten erkennen. Dies liegt daran, dass die Firstpfosten nicht unmittelbar auf der Längsachse liegen, sondern dass ein Pfosten leicht seitlich verschoben ist. Bei einigen Grubenhäusern ist der zweite Firstpfosten im Planum zu erkennen. Nur das Grubenhaus 107 weist keine Spuren von Pfostenlöchern auf.

Während die Pfostenlöcher eine Tiefe von 0,8 bis 0,9 m unter Planum aufweisen, ist die Grube in der Regel noch bis zu einer Tiefe von 0,3 bis 0,5 m erhalten. Sie sind ca. zwischen 2 x 4 und 4 x 5 m groß und alle in Nord-Süd-Ausrichtung orientiert. Das Grubenhaus 242 (Abb. 86) weist in der südwestlichen Ecke eine Trichtergrube auf, deren Bezug zum Haus durch die Profilzeichnung nicht eindeutig geklärt werden kann. Das Profil GH deutet allerdings darauf hin, dass das Grubenhaus die Trichtergrube schneidet und somit nicht gleichzeitig in Benutzung war.

Innerhalb der Befunde gibt es kaum Hinweise auf Aktivitätszonen. An der Frontseite des Grubenhauses 247 befindet sich in dem Bereich, wo man den zweiten Firstpfosten vermuten würde, das Fragment eines Mahlsteins. Auch im Grubenhaus 251 liegen zwei größere Steine knapp außerhalb des Grundrisses an der Firstseite. In den Grubenhäusern 73/1 und 51 in Bischoffingen befinden sich ebenfalls große Steinplatten im Bereich der Firstpfosten.[327] Wahrscheinlich dienten diese großen Steine zur Stabilisierung der Firstpfosten. Im Zentrum des Grubenhauses 107 befindet sich oberhalb der Sohle eine erhöhte Konzentration von Holzkohle sowie eine Linse mit sehr viel gebranntem Lehm und Holzkohle. Allerdings gibt es keine Hinweise auf eine befestigte Feuerstelle. Bei den Befunden 96 und 251 handelt es sich wahrscheinlich ebenfalls um die Reste eines Grubenhauses.

Die Grubenhäuser enthalten mit Abstand häufiger als alle anderen Befundarten Kleinfunde wie Spinnwirtel, die Weidacher Fibel oder Werkzeug.[328] Nur in seltenen Fällen treten Tierknochen, Hüttenlehm oder Holzkohlepartikel auf. Deutliche Konzentrationen von Brandschutt lassen sich nicht erkennen, sodass davon auszugehen ist, dass die Grubenhäuser nicht in einem Schadfeuer zerstört wurden.

Grubenhäuser werden zum Teil als Werkstätten und Webhäuser angesprochen. Hier fällt besonders das Grubenhaus 242 auf, welches neben der Eisenfeile auch die Weidacher Fibel, einen Bronzedraht

---

327 Röder 1995, 190 Abb. 50 u. 193 Abb. 51.
328 Dies könnte allerdings auch daran liegen, dass die Grubenhäuser ein deutlich größeres Einfüllvolumen als die Gruben aufweisen. Für eine statistisch relevante Auswertung ist die Datenbasis aufgrund des allgemein geringen Aufkommens von Kleinfunden zu gering.

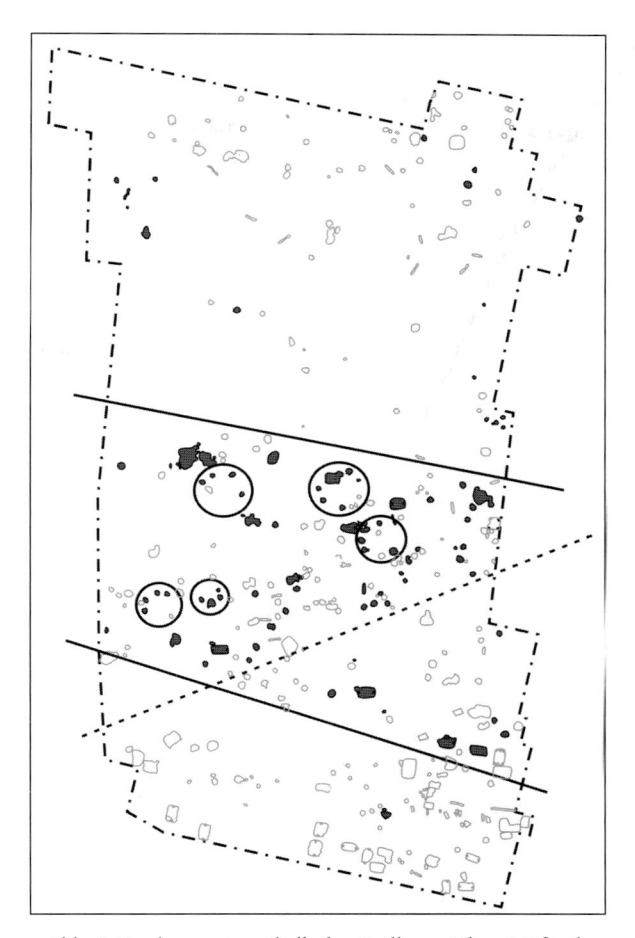

Abb. 8: Strukturen innerhalb der Siedlung. Ohne Maßstab.

und eine von zwei größeren Konzentrationen an Schlacke enthält (die zweite befindet sich in Grubenhaus 251). Die Schlacken und das Werkzeug könnten als Indiz für eine Nutzung als Werkstatt sprechen. Daneben befindet sich auch ein hoher Anteil an Drehscheibenware in dem Befund.
Nachdem weder Webgewichte noch Befunde nachweisbar sind, die als Gräbchen für einen Gewichtswebstuhl interpretiert werden könnten, gibt es in Mengen keine Hinweise auf die Nutzung als Webhaus.
Vier der Grubenhäuser enthalten Material vom Übergang von Ha D3 zu Lt A oder aus Lt A. Das Grubenhaus 180 kann nach Ha D3 datiert werden, während das Grubenhaus 107 in den Zeitraum zwischen Ha D1 und Lt A fällt.
Grubenhäuser lassen sich in den frühhallstattzeitlichen Höhensiedlungen nicht nachweisen, treten aber in vielen der von RÖDER untersuchten Frühlatènesiedlungen auf. Ihre Abmessungen entsprechen den Befunden aus Mengen. Nur im Fall der Siedlung Bischoffingen ist mehr als ein Grubenhaus pro Fundstelle bekannt.[329] Aus dem Grubenhaus aus Riegel stammen ein Hiebmesser und eine Fibel.[330] Auch in diesen Grubenhäusern gibt es keine konkreten Hinweise auf die Nutzung der Gebäude, es zeichnet sich aber schon die bei Mengen beobachtete Tendenz ab, dass sich Kleinfunde häufiger in Grubenhäusern als in Gruben finden.

---

329 RÖDER 1995, 188.
330 Ebd. 181.

2.2.2 Trichtergruben

Insgesamt gibt es auf der Fläche 20 umgekehrt trichterförmige Gruben mit rundem oder ovalem Durchmesser (Abb. 81 bis 83). Die Grubensohlen der Befunde weisen einen durchschnittlichen Durchmesser von 1,5 und 2,5 m auf.[331] Sie sind zwischen 0,5 und 1,4 m tief erhalten. Die meisten Gruben enthalten im Durchschnitt zwischen drei und fünf Einfüllschichten, nur wenige weisen eine homogene Verfüllung auf.

Die meisten Gruben besitzen eine annähernd runde oder ovale Grundfläche, allerdings hebt sich der Befund 225 hiervon deutlich ab. Während das Querprofil die typische Trichterform aufweist, zeigt das Längsprofil, dass die Grubensohle nach Süden hin kontinuierlich abfällt. Die Grube ist mit 3 m sehr breit, sodass diese rampenartige Struktur eventuell zur leichteren Begeh- und vor allem Befüllbarkeit errichtet wurde.

Die Trichtergruben enthalten vor allem Keramik, selten Steine und verziegelten Lehm in Verbindung mit Holzkohlepartikeln. Da auch in Trichtergruben an anderen Fundorten keine Einbauten oder Auskleidungen aus verziegeltem Lehm beobachtet werden konnten, ist davon auszugehen, dass es sich hierbei um Reste eines Hauses oder anderer baulicher Strukturen handelt. Besonders gut lässt sich dies an Befund 170 zeigen, bei dem ein regelrechter Einfüllkegel aus Brandschutt in der Mitte der Grube zu erkennen ist. Aus Befund 125 stammt ein Koppelring.

Mehrere Trichtergruben scheinen nicht auf einmal, sondern nach und nach verfüllt worden zu sein. Auch in der Literatur wird das sukzessive Verfüllen dieser Befunde beschrieben und betont, dass sie über einen längeren Zeitraum hinweg offen gestanden haben müssen. Dies scheint in Anbetracht der Tiefe der Befunde eigentlich nur möglich, wenn der Bereich, in dem sich die Gruben befinden, nicht mehr genutzt wird.

Ethnologische Vergleiche und archäologische Experimente zeigen, dass es sich bei dieser Art von Gruben höchstwahrscheinlich um Erdkeller gehandelt hat. In einigen Fällen befanden sich in den Trichtergruben von Mengen flache Steinplatten auf der Grubensohle, die als standsicherer Untergrund für Gefäße oder als Schutz vor Bodenfeuchtigkeit für Vorräte in organischen Behältern gedient haben könnten. Auf der Bösenburg befanden sich noch Gefäße mit den Resten von Hülsenfrüchten in situ auf dem Boden einer Trichtergrube.[332] Auch auf dem Breisacher Münsterberg gibt es eine trichterförmige Grube, auf deren Sohle Gefäße und Webgewichte lagen.[333] Bei umfangreichen archäobotanischen Untersuchungen in Trichtergruben in der Siedlung Reps bei Hochdorf konnten gereinigter, bespelzter Dinkel und Einkorn sowie Gerste nachgewiesen werden. Dazu kam Flachsseide, was auf die Verarbeitung zu Leinen hindeutet.[334]

Die Gruben können auch als Silos für Saatgut genutzt worden sein. Dabei wird die Grube bis zum Rand mit losem Getreide verfüllt und danach luftdicht bis zur nächsten Aussaat verschlossen. Der noch in der Grube verbliebene Sauerstoff wird in Kohlendioxid umgewandelt, sodass es zu einer Konservierung der eingelagerten Vorräte kommt. Zudem wird das Getreide weitestgehend vor Tierfraß geschützt. Bei Experimenten konnte nachgewiesen werden, dass das Saatgut bei einer Lagerung unter Sauerstoffabschluss zu einem Großteil nach Monaten noch keimfähig war.[335] Auf den Grubensohlen lassen sich teilweise dünne Brandschichten beobachten, die in der Forschung als Spuren des Ausbrennens und Sterilisierens der Grube gedeutet werden.[336] H. P. Stika schreibt allerdings, dass die für die Lagerung positiven Eigenschaften von Löss beim Ausbrennen verloren gehen.[337]

Trichtergruben befinden sich im Bereich der größten Fundkonzentration in der Mitte der Grabungsfläche. Sie datieren in alle Zeitstufen, wobei ihre Anzahl in der Zeit von Ha D3 bis Lt A am größten

---

331 Die extrem große Trichtergrube 86 wird im Rahmen der Grubenkomplexe besprochen.
332 Rosenstock 1979, 190.
333 Grube 20/3 (Pauli 1993, 41 f.).
334 Stika 2009, 169–172.
335 Meurers-Balke/Lüning 1990, 91.
336 Rosenstock 1979, 189.
337 Stika 2009, 170.

zu sein scheint. Es lässt sich keine Konzentration von Trichtergruben an einer bestimmten Stelle zu einer bestimmten Zeit feststellen.

Es fällt auf, dass in den hallstattzeitlichen Höhensiedlungen im Breisgau keine Trichtergruben auftreten. Dabei handelt es sich nicht um ein chronologisches Phänomen, wie sechs Trichtergruben aus Mengen zeigen, in denen sich ausschließlich Material aus den Perioden vor Ha D3 befindet. Die Bodenverhältnisse unterschieden sich ebenfalls nicht von denen in Mengen. Die Höhensiedlungen sind allerdings nicht großflächig ausgegraben, sodass es möglich wäre, dass Trichtergruben nicht ergraben wurden. Es kann allerdings auch sein, dass die Trichtergruben, die wahrscheinlich als Vorratsgruben für Getreide gedient haben, in den Höhensiedlungen aufgrund einer andersartigen Vorratshaltung oder aufgrund einer Versorgung mit schon weiter verarbeitetem Getreide nicht benötigt wurden.

2.2.3 Gruben und Grubenkomplexe

Als Gruben werden alle in den Boden eingetieften Befunde mit rundlichem Grundriss verstanden (Abb. 88). Die gängigen Interpretationen für Gruben sind Materialentnahmegruben beim Hausbau und Abfallgruben. Gruben können für einen bestimmten Zweck angelegt werden, um dann sekundär als Abfallgruben verwendet zu werden. Es gibt auf der Fläche 49 Gruben – der Großteil von ihnen (23) weist ein kesselförmiges Profil mit steilen, annähernd senkrechten Wänden auf, die anderen in der Regel ein wannenförmiges, d. h. sie sind deutlich breiter und besitzen eine flachschräge Wandung. Die Gruben können auch ein getrepptes Profil aufweisen, wobei ein Bereich der Grubensohle höher als der Rest der Grube liegt. In einigen Fällen beträgt der Höhenunterschied annähernd 0,5 m, sodass es sich um intentionell angelegte Stufen zum besseren Abstieg in die Grube handeln könnte. Es kann allerdings auch sein, dass beim Anlegen der Grube kein Wert auf eine plane Sohle gelegt wurde. Diese Profile können auch entstehen, wenn sich zwei Gruben mit unterschiedlicher Tiefe schneiden.

Die Gruben aus Mengen enthalten vorwiegend Keramik, Tierknochen, Steine und Brocken verziegelten Lehms. Über die Menge der Tierknochen kann keine Angabe gemacht werden, da sie zum Zeitpunkt der Bearbeitung zum Großteil ausgesondert waren.

Unter Grubenkomplexen werden Gruben verstanden, die sich überlagern oder in unmittelbarer Nähe liegen, sodass sie eine Befundnummer erhalten haben (Abb. 89 bis 92). In Funktion und Inhalt entsprechen sie den Gruben. Da sich nur selten chronologisch empfindliche Funde einzelnen Bereichen der Befunde zuordnen lassen, ist es kaum möglich festzustellen, ob alle Gruben eines Befundkomplexes zur selben Zeitstellung gehören.

Bei Befund 86 handelt es sich um eine sehr große Trichtergrube mit einer über 3 m langen und ca. 1,5 m breiten Sohle (Abb. 89). Im nördlichen Bereich der Grube befindet sich ein ebenfalls trichterförmiger Schacht, der noch einmal ca. 0,6 m tiefer ist. Nordöstlich der Grube ist ein weiterer Befund mit einem Pfostenloch (i1), der laut Planum von der Grube geschnitten wird. In der Profilzeichnung ist die Situation ungeklärt. Ein dazu korrespondierendes Pfostenloch c1 befindet sich im Südwesten der Grube. In der Planumszeichnung hat es den Anschein, dass das Pfostenloch den Befund C schneidet, aber auch diese Situation lässt sich anhand der Profilzeichnung nicht klären. Die beiden Pfostenlöcher nehmen keinen Bezug auf die große Trichtergrube, auch die anderen kleinen Gruben, die zum Grubenkomplex gehören, lassen sich nicht in Bezug zur Trichtergrube setzen. Während aus der Trichtergrube Material stammt, welches in Ha D2/D3 datiert, lässt sich das Pfostenloch a in den Bereich Ha D1 bis Lt A datieren.

Bei dem Grubenkomplex 141 handelt es sich um eine große amorphe Grube mit annähernd rechteckigem Grundriss, die eine ältere Trichtergrube vollständig überlagert. Südwestlich davon befindet sich eine runde schachtartige Grube. Während es im Planum noch so aussieht, als würden die beiden Gruben zueinander in Verbindung stehen, zeigen die Profile, dass sie voneinander getrennt sind. Bei den anderen Grubenkomplexen handelt es sich um unterschiedliche Gruben, die sich überlagern. Da kein datierendes Material aus diesen Bereichen stammt, können keine weiteren Aussagen zu diesen Gruben getroffen werden.

2.2.4 Gräbchen

Auf der Grabungsfläche befinden sich vier Gräbchen bzw. Schlitzgruben, die eisenzeitliches Material enthielten (Abb. 80). Im Bereich der Siedlung gibt es neben diesen vier eisenzeitlichen ein neolithisches Gräbchen und – besonders im Nordostbereich der Grabungsfläche – eine ganze Anzahl vergleichbarer Befunde, die nicht datiert werden können. Alle weisen in etwa dieselbe Größe auf. Das kürzeste Gräbchen ist 1,56 m lang, die Länge der anderen bewegt sich zwischen 2,2 und 3,32 m. Die Gräbchen 44 und 127 sind beide ca. 0,3 bis 0,4 m breit und weisen einen V-förmigen Querschnitt auf. Die Gräbchen 71 und 215 sind ca. 0,6 m breit. Befund 71 besitzt einen rechteckigen Querschnitt, im Profil zeigt sich, dass sich an den langen Seiten jeweils ein Band grünen Lehms an den Befund anschließt. Im Bezug auf das moderne Bodenniveau vor dem Erdabtrag sind alle Gräbchen ca. 1 m tief.

Es fällt auf, dass die Gräbchen alle in Ost-West- bzw. nordöstlich-südwestlicher Richtung verlaufen. Spuren von Holzeinbauten wie Pfähle oder Pfosten sind innerhalb der Gräbchen nicht zu erkennen, die Gräbchen verbreiten sich ohne erkennbares Muster über die Fläche.

Die Befunde 44, 127 und 215 enthielten nur wenig unspezifische Keramik. Aus dem Befund 71 stammt vergleichsweise viel Keramik, ein Spinnwirtel, Hüttenlehm und Tierknochen. Das Material lässt sich in die Zeit um Ha D3 und Lt A datieren.

Dass es sich bei den Gräbchen um Spuren von Tiefpflügen handelt, ist aufgrund der Breite der Gräbchen 71 und 127 und der steilen, schachtartigen Wandung von Befund 44 unwahrscheinlich. In Häusern auf der Heuneburg gibt es Gräbchen, die parallel zur Hauswand verlaufen; sie werden als Fundamentschwellen für Gewichtswebstühle interpretiert.[338] Zwei Schlitzgräbchen aus der frühlatènezeitlichen Siedlung ‚Reps' bei Hochdorf enthalten verkohltes Malz, weshalb sie als Gräbchen zum Ankeimen von Gerste für das Brauen von Bier interpretiert werden.[339] Weitere Schlitzgräbchen aus ‚Reps' werden als Darren interpretiert, da sich größere Mengen an Holzkohle auf der Grabensohle befinden.[340] Die Gräbchen mit V-förmigem Profil gibt es vor allem im Jungneolithikum. Dort werden sie als Gerbgruben interpretiert, wobei hierfür bisher keine Beweise geliefert werden konnten.[341] Für die Gräbchen aus Mengen lassen sich anhand des Fundmaterials keine Hinweise auf die Nutzung feststellen. Brandspuren auf der Sohle fehlen, auch eine Deutung als Gewichtswebstuhl lässt sich nicht beweisen, zudem in der Siedlung kein einziges Webgewicht gefunden wurde. Drei der Gräben sind mit einer Breite von ca. 0,6 m deutlich größer als der Befund von der Heuneburg. Allgemein ist davon auszugehen, dass diese Befundgattung verschiedenen Zwecken diente.

2.2.5 Sonstige Befunde

Pfostenlöcher treten außerhalb der Grubenhäuser nur sehr selten auf. Zwei gibt es im Grubenkomplex 86, die keiner weiteren Struktur zugeordnet werden können. Sowohl in den hallstattzeitlichen Höhensiedlungen wie auch in den frühlatènezeitlichen Siedlungen im Breisgau lassen sich Pfostenlöcher kaum nachweisen. Dies kann als Hinweis auf die Verwendung von Schwellbalken angesehen werden oder auf andere Bauformen, die nur geringe Eingriffe in den Boden erfordern. Andererseits ist auch mit größeren Bodenerosionen und -aufschwemmungen zu rechnen.[342] In der Ha D2/D3-zeitlichen Siedlung von Wolfgantzen im Elsass sind zwei Vier-Pfostenbauten und ein ca. 9,4 x 5,6 m großes Gebäude mit jeweils fünf Pfosten an der Längsseite erhalten. Die Tiefe der

---

338 Gersbach 1995, 110.
339 Stika 2009, 175.
340 Ebd.
341 Struck 1984, 14.
342 Grimmer-Dehn errechnet für eine urnenfelderzeitliche Trichtergrube in Königschaffhausen eine Erosion von annähernd 2 m, wobei später wieder eine 0,7 m starke Lössschicht aufgeschwemmt worden war (Grimmer-Dehn 1991, 6 f. Abb. 1).

Gruben ist durchschnittlich um 0,2 bis 0,3 m größer als in Mengen, leider fehlen Angaben zur Tiefe der Pfostenlöcher.[343]

Bei den Befunden 77, 83 und 85 handelt es sich um Scherbennester. Befund 85 weist eine runde Konzentration von Holzkohle und gebranntem Lehm auf, um die sich die Scherben gruppieren. Die Befunde 77 und 85 datieren in Ha C/D1, der Befund 83 in die Zeit vor Ha D3. Alle drei Befunde gruppieren sich in einem kleinen Bereich in der Mitte der nordöstlichen Grabungsgrenze. Neben Keramik befanden sich wenige Tierknochen und ein Steinbeilfragment innerhalb der Befunde. Da kein Hinweis auf kalzinierte Knochen besteht und die Scherben sich nicht zu größeren Gefäßeinheiten zusammensetzen lassen, handelt es sich bei diesen flachen Befunden wahrscheinlich nicht um unerkannte Brandgräber. Der verziegelte Lehm und die Holzkohle in Befund 85 sind aber deutliche Hinweise darauf, dass an dieser Stelle ein Feuer gebrannt hat. Eventuell dienten die Scherben zur Eindämmung der Feuerstelle. Allerdings ist zu beachten, dass diese Befunde in den Boden eingetieft worden sind, da sie sich sonst aufgrund der Erosion nicht erhalten hätten.

Anhäufungen von Scherben in exponierter Lage im Gebiet der Schwäbischen Alp werden von C. Pankau als Brandopferplätze angesprochen, wobei unklar bleibt, wie groß die Menge an Keramik an einem solchen Scherbentrümmerplatz sein muss, um als ein solcher zu gelten.[344] Die Scherbennester aus Mengen befinden sich aber weder in einer besonderen topografischen Lage, noch weisen zwei der Befunde Hinweise auf Feuereinwirkungen auf. Es gibt also keinen Hinweis darauf, dass die Scherbennester kultisch gedeutet werden können.

Bei den Befunden 43 und 227 deutet der verziegelte Lehm ebenfalls auf eine Feuerstelle hin. Es handelt es sich um eine runde Konzentration von Brocken aus gebranntem Lehm, die sich in einem schmalen Band über eine angrenzende Grube zieht. Der Befund enthielt Keramik, die allerdings nicht näher datiert werden kann.

Im Fall des Befunds 227 befindet sich in der Mitte einer rechteckigen Grube eine rechteckige, massive Platte aus verziegeltem Lehm, unter der sich eine Konzentration von Holzkohlepartikeln abzeichnete. Der Befund datiert in die Zeit Ha C/D1. Die Grube enthielt eine große Anzahl an Keramik sowie zwei Eisennägel.

3. Chronologie

3.1 Die relativchronologische Einordnung der Siedlungskeramik im Breisgau

3.1.1 Bestehende Chronologiesysteme

U. Brosseder erstellt in ihrer Arbeit zur Ornamentik der hallstattzeitlichen Keramik eine auf dem Dekor der Gefäße basierende Chronologie der Keramik in Baden-Württemberg.[345] Ihre Gruppe A wird durch schwarzgrundige Keramik mit dichtem Stempelkerbschnitt definiert. Sie datiert sie aufgrund der Vergesellschaftung mit Schaukelarmringen und breit gerippten Armringen sowie mit Schwertern vom Typ Gündlingen in einen frühen Abschnitt von Ha C. Gruppe B weist ebenfalls eine hohe Motivdichte mit Kreisaugenstempeln, schraffierten Dreiecken sowie farbigen Bändern mit einer Einfassung aus eingeritzten Linien auf. In Gomadingen ist derartig verzierte Keramik mit einem Schwert von Typ Mindelheim vergesellschaftet, weshalb die Gruppe in die Stufe Ha C1 datiert wird. In der Gruppe C sind noch Elemente aus der Stufe B, nicht aber aus der Stufe A enthalten. Dazu kommen Kanneluren, kreuzschraffierte Dreiecke sowie Gefäße, die ausschließlich mit eingeritzten Linien verziert sind oder eine geringe Motivintensität aufweisen. Keramik mit diesem Dekor tritt in Gräbern mit frühen Schlangenfibeln auf und wird deshalb in die Stufe Ha D2 datiert.

---

343 Kuhnle 1996, 52.
344 Pankau 2008, 115.
345 Brosseder 2004, 68 ff.

In der Stufe D treten keine Elemente aus der Gruppe B mehr auf.³⁴⁶ Brosseders Stufengliederung lässt sich allerdings kaum zur Datierung der hallstattzeitlichen Siedlungen heranziehen, da sie fast ausschließlich auf der reich verzierten Grabkeramik basiert. Die von ihr festgelegten Kriterien lassen sich zudem an der kleinteilig zerscherbten Siedlungskeramik schwer nachvollziehen. Deshalb ist ein Vergleich mit den schon bestehenden Chronologievorschlägen zur Siedlungskeramik von J. Klug-Treppe und Ch. Maise kaum möglich.

Für die Einordnung der hallstattzeitlichen Keramik im Breisgau gibt es zwei Ansätze: Klug-Treppe datiert die hallstattzeitlichen Höhensiedlungen vor allem anhand der verzierten Gefäße sowie durch den Vergleich mit den von M. Hoppe erstellten Formengruppen der Siedlungen aus dem Taubergrund.³⁴⁷ Die früheste Keramikgruppe sieht sie in der rotgrundigen, mit Grafitstreifen bemalten Keramik, die noch in der Tradition der Urnenfelderzeit steht. Das Ende der meisten Höhensiedlungen wird aufgrund des Auftretens von ritzverzierter Keramik in Ha D1 gesehen. In Hochdorf tritt eine weitere, jüngere Form auf – weißgrundige Keramik mit flächiger roter Bemalung –, die jedoch in Ha D2 nicht mehr vorkommt. Nach Klug-Treppe beginnt die Besiedlung der Höhensiedlungen im Breisgau demnach in einer Spätphase der Urnenfelderzeit und endet am Übergang von Ha D1 zu D2.³⁴⁸

Maise teilt die frühe Hallstattzeit im Breisgau in zwei Horizonte, wobei er das Siedlungsmaterial mit Grabfunden parallelisiert. Den frühen Horizont definiert er durch Breitrandschalen, Lignit- und Tonschieferringe sowie längs gerippte Kugelkopfringe.³⁴⁹ Diese treten in Gräbern zusammen mit Eisenschwertern, Schleifennadeln und trapezoiden Rasiermessern auf, weshalb der erste Horizont vollständig nach Ha C datiert werden kann. Im späten Horizont fehlen die Breitrandschalen sowie die Lignit- und Kugelkopfarmringe. Neue Elemente sind mittelhohe und breite Lignitarmbänder sowie breite Grafitstreifenbemalungen. In diesem Horizont tritt auch eine lokale, oberrheinische Variante der Alb-Hegau-Keramik auf, die sich durch eine klare geometrische Gliederung und mit dreieckigen Stempeln und Kreuzschraffur gefüllte Felder auszeichnet, die durch Linien und Bänder eingefasst werden. Der Beginn dieses Horizontes fällt aufgrund der Vergesellschaftung mit einem Eisenschwert im Wagengrab ‚Zwölferbruck' bei Breisach-Gündlingen noch in Ha C, sein Auftreten am Magdalenenberg und auf der Heuneburg zeigt aber ein Weiterbestehen bis Ha D1.³⁵⁰

Es fällt auf, dass der frühe Horizont vor allem in offenen Siedlungen nachgewiesen werden kann, während die Höhensiedlungen fast ausschließlich Material aus dem späten Horizont enthalten. Im Gegensatz zu Klug-Treppe geht Maise deshalb davon aus, dass die Nutzung der Höhensiedlungen später, nämlich im Verlauf von Ha C, beginnt. Die grafitstreifenverzierte Keramik, die Klug-Treppe als Beweis für eine in urnenfelderzeitlicher Tradition stehende, frühe Datierung wertet, kommt in beiden Horizonten vor.³⁵¹

I. Balzer erstellt, ausgehend vom Material des Münsterberges, eine engmaschige Stufengliederung der Späthallstatt- und Frühlatènezeit. Diese basiert allerdings fast ausschließlich auf der scheibengedrehten Keramik.³⁵²

Die Stufe Ha D3 wird durch schmal geriefte Drehscheibenkeramik in Form von offenen Schalen (S5, bei Balzer Typ Ia), S-Schalen (Ia nach Balzer), einbiegenden Schalen (IIa) und Flaschen (IVa) charakterisiert. Sowohl Hohlfüße (Vb) wie auch Böden mit ebener Standfläche (Vc) weisen schmale Riefen auf, daneben treten Böden mit Omphaloi (Vd) oder mit angedrehten Standringen (Ve) auf.³⁵³ Typisch für die Übergangszeit sind breit geriefte S-Schalen (S7, bei Balzer Typ Ib), bei denen im Gegensatz zu den frühlatènezeitlichen breit gerieften Formen die Halspartie steiler und die Rand-

---

346 Brosseder 2004, 69 Abb. 42.
347 Klug-Treppe 2003, 160 ff.
348 Ebd. 163.
349 Maise 2001, 402 ff.
350 Ebd. 416.
351 Ebd. 408.
352 Balzer 2009a, 152 ff.
353 Ebd. 156.

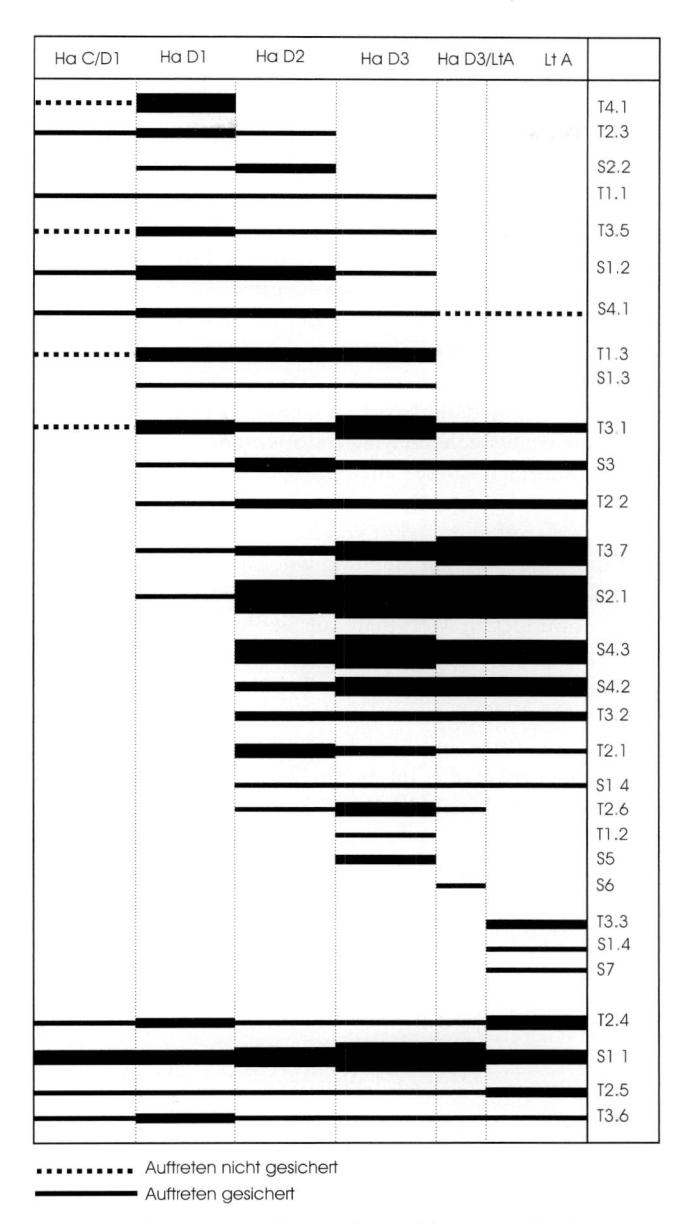

Abb. 9: Laufzeiten und Häufigkeit des Auftretens der Gefäßtypen an den fest datierten Fundplätzen.

lippe an der Innenseite kantig ist.[354] Ebenfalls in die Übergangszeit werden die bauchigen Schalen S6 datiert (IIIc), die in Mengen deutlich häufiger als die hallstattzeitliche Drehscheibenkeramik vorkommen. Weitere typische Formen sind scheibengedrehte einbiegende Schalen (IIc) und rippenverzierte Flaschen (IVb).

Die Frühlatènezeit im Breisgau wird durch unprofilierte sowie profilierte S-Schalen (Ic und Id), einbiegende Schalen mit unterschiedlicher Riefenzier (IIc–f), offene flache Schalen sowie breit geriefte Flaschen charakterisiert. Die scheibengedrehten Böden weisen im Gegensatz zu den vorangegan-

---

354 BALZER 2009a, 47.

genen Horizonten abgedrehte Standringe auf.³⁵⁵ Anders als in der späten Hallstattzeit beträgt das Verhältnis zwischen scheibengedrehter und handaufgebauter Keramik 1 : 1.³⁵⁶ Da die Befunde in Mengen stark durchmischt sind, kann dieses Kriterium zur Datierung nicht herangezogen werden. In Lt A treten offene Schalen und handaufgebaute Schalen mit S-Profil nur noch selten auf. Sie werden durch einbiegende Schalen und scheibengedrehte Schalen mit S-Profil ersetzt.³⁵⁷

3.1.2 System zur Datierung der Befunde in Mengen

Da die Funde aus Mengen ‚Löchleacker' nicht stratifiziert sowie stark durchmischt sind, kann mithilfe des Siedlungsmaterials allein keine Chronologie der Befunde erstellt werden. Deshalb wird die Datierung der jüngsten Scherben als Terminus post quem für die Verfüllung angesehen. Von 99 als eisenzeitlich angesprochenen Befunden enthalten 54 Keramik, deren Datierung sich näher eingrenzen lässt. Betrachtet man die datierbaren Gefäßeinheiten innerhalb eines Befundes, so zeigt sich, dass die älteren Befunde weitestgehend Material aus einer oder zwei Zeitstufen enthalten, während sich in den jüngeren Befunden immer auch größere Mengen an altereisenzeitlicher Keramik befinden.

Brosseders und Klug-Treppes auf dem Dekor von Keramik basierende Chronologiesysteme lassen sich kaum für die Datierung einer offenen Siedlung wie Mengen ‚Löchleacker' verwenden, da dort der Anteil an verzierten Scherben zu gering ist. Deshalb werden die von Maise und Balzer erarbeiteten, chronologisch empfindlichen Merkmale für Siedlungskeramik im Breisgau herangezogen. 14% aller Gefäßeinheiten (195) konnten so chronologisch eingeordnet werden.

Die Gefäßformen selbst wurden, wie im Kapitel zur Typologie beschrieben, über den Vergleich mit anderen Fundplätzen chronologisch eingeordnet, die vor allem durch Metallfunde datiert werden (Abb. 9). Von besonderer Bedeutung sind hier die Siedlungen aus dem Elsass und Lothringen, da dort Material aus Siedlungen vorliegt, die durch Fibelfunde relativchronologisch sehr genau datiert werden können. Im Elsass entwickelt sich die Keramik von Ha C bis Lt A genauso wie in Baden.³⁵⁸ Auf diese Weise konnten 22% der Gefäßeinheiten (312) datiert werden.

Beim Abgleich der beiden Datierungsansätze untereinander ergaben sich keine Divergenzen, wobei die Datierung anhand der Gefäßform mitunter deutlich gröbere Ergebnisse erbringt (Beilage 2, Phasenplan).

3.2 Die relativchronologische Datierung der Befunde in Mengen ‚Löchleacker'

3.2.1 Der Übergang von der urnenfelder- zur hallstattzeitlichen Besiedlung

Die urnenfelderzeitliche Besiedlung von Mengen ‚Löchleacker' endet nach Grimmer-Dehn aufgrund des Auftretens von Trichter- und Schrägrandgefäßen³⁵⁹ in der Stufe III, d. h. in der letzten Phase der Urnenfelderzeit.³⁶⁰ Die frühesten hallstattzeitlichen Befunde stammen aus Ha C. Die urnenfelderzeitlichen Befunde werden zwar nicht von den frühhallstattzeitlichen überlagert, befinden sich aber im näheren Umfeld. Kurze Lücken in der Siedlungstätigkeit lassen sich zwar aufgrund der groben Keramikchronologie nicht nachweisen, mit einem längerfristigen Hiatus zwischen urnenfelder- und frühhallstattzeitlicher Besiedlung ist aber nicht zu rechnen.

---

355 Balzer 2009b, 523.
356 Balzer 2009a, 200.
357 Ebd. 156.
358 Deffressigne u. a. 2009, 291.
359 Grimmer-Dehn 1991, Form IVd: Taf. 68 B 6–8; 69 A 10; 70 A 4 u. 7 bzw. Form Vd: Taf. 69 A 3 u. 5; 70 A 5.
360 Ebd. 58.

3.2.2 Die frühe Hallstattzeit (Ha C/D1)

Allgemein ist das Keramikspektrum der frühen Hallstattzeit im Breisgau gekennzeichnet durch plastische Fingertupfenleisten[361] sowie Grafitierung und geschweifte Schalen[362] sowie Schalen mit halbrunden Randausschnitten als Form. Letztere spricht MAISE als Deckel an.[363] Anders als in den späteren Stufen treten geschlickerte Oberflächen und umlaufende Reihen aus eingedrückten oder eingestochenen Dreiecken und Kreisen auf.[364] Aufgrund ihrer Form lassen sich nur die Großgefäße (T4) und die Breitrandschale (So3) eindeutig in die Frühhallstattzeit datieren.[365]

In Mengen lässt sich der frühe Horizont von Ha C/D1 aufgrund einer Breitrandschale aus dem Befund 227 nachweisen (Abb. 69,9). Sie wurde bereits von MAISE als Neufund in seiner Arbeit publiziert.[366] Sie zählt zu den ältesten Funden der eisenzeitlichen Besiedlung.

Ein Hinweis auf die Einordnung in den frühen Horizont sind umlaufende Reihen von kleinen, runden Einstichen im Halsknick der Töpfe. Auch sie kommen schon in der Urnenfelderzeit vor und treten in den Höhensiedlungen nur sehr selten auf.[367] In Mengen gibt es sie in den Befunden 83/85 und 227 (Abb. 23,4 u. 69,5).

MAISE definiert für den Breisgau eine frühe Gruppe der oberrheinischen Keramik im Alb-Hegau-Stil, die durch kleine, in Reihen angeordnete, eingestempelte Dreiecke, Bündel von Ritzlinien und einzelne Kreisaugenstempel gekennzeichnet ist. Die Vertreter dieser Gruppe sind selten und datieren aufgrund von Grabfunden und des Fehlens dieser Keramik am Magdalenenberg und auf der Heuneburg wahrscheinlich eher in die Stufe Ha C als nach D1.[368] Die einzige, im Alb-Hegau-Stil verzierte Scherbe aus Mengen weist solche gegenständigen Dreiecke auf (Abb. 69,7). Sie stammt ebenfalls aus Befund 227. Eventuell lässt sich auch das sehr kleine Gefäßfragment aus Befund 118 dazuzählen, welches ebenfalls eine Reihe gegenständiger Dreiecke aufweist (Abb. 48,15). Grafitierte Scherben treten in Mengen in den Befunden 40, 227 und 83/85 auf. Alle diese Scherben sind sehr klein und besitzen eine vollständig grafitierte Oberfläche, sodass kein Dekor erkennbar ist, welches zu einer genaueren chronologischen Einordnung der Funde beitragen könnte.

In Mengen lassen sich keine Vertreter des späten Horizontes nachweisen. Dies kann man allerdings nicht als Hinweis auf einen Abbruch der Siedlungstätigkeit werten, da Kleinfunde, die diesen Horizont definieren, in Siedlungen generell selten sind.

Sechs Befunde aus der Siedlung enthalten ausschließlich Ha C/D1-zeitliche Keramik.[369] Die Töpfe T3.6 aus den Befunden 24 (Abb. 17,1) und 40 (Abb. 17,6) können aufgrund des eingestochenen Dekors in diese Zeit datiert werden. Weitere elf Befunde gehören aufgrund des Auftretens von Gefäßen mit geschlickerter Oberfläche in die Zeit vor Ha D3.[370] Die ältesten Stücke, die dem frühen Horizont der Stufe Ha C angehören, stammen aus Befund 227, der allerdings auch etwas jüngeres Material enthielt.

3.2.3 Die späte Hallstattzeit (Ha D2/D3)

Im Gegensatz zur frühen Stufe treten in der späthallstattzeitlichen Keramik des Breisgaus Zierelemente wie Bemalung, Grafitierung, Ritz- und Stempeldekor und aufgelegte Leisten nicht mehr auf. Der Übergang zwischen C/D1 und D2/D3 ist fließend. Charakteristisch für diese Phase sind

---

361 MAISE 2001, 405.
362 Ebd. 402.
363 Ebd. 404.
364 BALZER 2009b, 517.
365 Eine der ältesten Breitrandschalen tritt zusammen mit einem trapezförmigen Rasiermesser in einem Urnengrab in Endingen ‚Erste Strecke' auf, welches in die Stufe Ha C datiert (MAISE 2001, 400 f.).
366 MAISE 2001, 456.
367 Ebd. 406.
368 Ebd. 412.
369 Hierbei handelt es sich um die Befunde 24, 40, 60, 83/85 und 109.
370 Vor-Ha D3-zeitliche Befunde sind 148, 170, 185, 188, 221, 229, 254 und 255.

flau profilierte Töpfe mit umlaufenden Reihen von Fingertupfen,[371] die selten schon im späten Horizont von Ha C/D1 auftreten können. Ab Ha D2 gibt es Schalen mit einbiegendem Rand, die bis Lt A die offenen Schalen immer mehr verdrängen.[372] Ab Ha D3 werden geschlickerte Gefäßwände durch raue Oberflächen oder Oberflächen mit Besenstrich ersetzt.[373]

Es gibt keine Merkmale, anhand derer sich Keramik aus dem Breisgau eindeutig in die Stufe Ha D2 datieren ließe. Die Problematik zeigt sich deutlich an der chronologischen Ansprache des Materials aus dem Brunnen von Wyhl, der anhand eines Dendrodatums nach 546 +/- 10 v. Chr. datiert wird.[374] Maise zählt das Fundmaterial aufgrund des Auftretens von grafitierter und gestempelter Keramik sowie einer Schale mit kurzem Schrägrand und einem Topf mit aufgelegter Fingertupfenleiste zu seinem späten Horizont Ha C/D1. Das Dendrodatum sieht er als Terminus post quem für das Ende dieses Horizontes.[375]

Balzer stellt ebenfalls den Ha D1-zeitlichen Charakter der Keramik fest, wobei die Keramik aus der jüngsten Schicht auch in einem Ha D3-zeitlichen Fundspektrum auftreten kann, zählt ihn aber aufgrund des Dendrodatums zur Stufe Ha D2.[376] Eine Trennung zwischen D2 und D3 anhand der handaufgebauten Keramik lässt sich nach Balzer kaum vornehmen.[377]

Im Elsass gibt es zwei Gefäßformen, die typisch für Ha D2 sind:[378] tiefe Schalen, deren oberer Bereich deutlich einzieht, aber im Gegensatz zur Schale mit einbiegendem Rand gerade verläuft[379] und tiefe Schalen mit stark gestauchtem S-Profil und senkrechtem oder leicht ausbiegendem Hals.[380]

In Mengen gibt es wenige Vertreter dieser Formen, die zwar mit Material aus der Übergangszeit zwischen Ha D3 und Lt A vergesellschaftet sind, aber trotzdem als Beweis für eine Kontinuität der Siedlung in Ha D2 interpretiert werden können: Eine Schale der Form 2200 C stammt aus den Befunden 71 (Abb. 20,5) und 91 (Abb. 33,4). In Befund 91 gibt es außerdem eine Schale der Form 2100 C (Abb. 35,9). Die Stufe Ha D3 lässt sich in Mengen aufgrund weniger Fragmente schmal geriefter Schalen (S5; Abb. 72,4 u. 75,10.11) sowie Omphalosböden und Böden mit angedrehtem Standring nachweisen.

Ein Großteil der eisenzeitlichen, handaufgebauten Keramikformen aus Mengen tritt zum ersten Mal in Ha D1 oder D2 auf und wird bis in Lt A verwendet. Da es für die Stufe Ha D2 und D3 mit Ausnahme der flachen Fingertupfen keine eindeutigen Merkmale zur Datierung gibt, kommt es so zu einer deutlichen Unterrepräsentation von ausschließlich in diese Zeitstellung datierenden Befunden, besonders der Stufe Ha D2.[381] Es gibt allerdings eine große Anzahl an Befunden (13), die handaufgebaute Keramik enthalten, die in den Zeitraum zwischen Ha D1 bzw. Ha D2 bis Lt A datiert werden kann.[382] Die geringe Anzahl der Befunde aus dem Zeitraum um Ha D2 kann also nicht als Beweis für einen Rückgang der Siedlungstätigkeit gewertet werden. Nur der Befund 83 enthält Ha D3-zeitliches Material als Terminus post quem.

3.2.4 Der Übergangshorizont (Ha D3/Lt A)

Charakteristisch für diese Stufe zwischen Ha D3 und Lt A sind breit geriefte S-Schalen (S7, bei Balzer Typ Ib), bei denen im Gegensatz zu den frühlatènezeitlichen breit gerieften Formen die

---

371 Maise 2001, 418.
372 Deffressigne u. a. 2009, 292.
373 Balzer 2009b, 517.
374 Ebd. 515 f.
375 Maise 2001, 418.
376 Balzer 2009b, 516.
377 Ebd. 515 f.
378 Deffressigne u. a. 2009, 292.
379 Form 2100 C (Deffressigne u. a. 2009, Fig. 1a).
380 Form 2200 C (ebd.).
381 Nur die Befunde 112 und 117 können nach Ha D2/D3 datiert werden.
382 Hierbei handelt es sich um die Befunde 110, 138, 147, 204 und 205 (Ha D1 bis Lt A) sowie um 107, 123, 135, 141, 142, 177, 203 und 228 (Ha D2 bis Lt A).

Halspartie steiler und die Randlippe an der Innenseite kantig ist.[383] In Mengen tritt eine Schale dieser Variante auf (Abb. 28,21). Ebenfalls in die Übergangszeit werden die bauchigen Schalen S6 datiert (IIIc), die in Mengen deutlich häufiger als die hallstattzeitliche Drehscheibenkeramik vorkommen. Zwei Befunde der Siedlung können nach Ha D3 oder Lt A datiert werden, sieben Befunde in die Übergangszeit.[384]

3.2.5 Die Frühlatènezeit (Lt A)

Von der großen Menge an unterschiedlichen, für Lt A typischen Keramikformen vom Breisacher Münsterberg treten in Mengen nur die breit gerieften bzw. profilierten S-Schalen auf. Vergleicht man die breit gerieften Schalen mit den übergangs- und den Lt A-zeitlichen Schalen vom Breisacher Münsterberg, so fällt auf, dass die Schalen aus Mengen die gerundeten Schultern der übergangszeitlichen Formen aufweisen. Bis auf eine Ausnahme fehlt aber der Absatz auf der Innenseite des Halses. Dieser ist wie bei den Lt A-zeitlichen breit gerieften Schalen vom Münsterberg S-förmig geschwungen. Es gibt auch nur zwei abgedrehte Standringe (Abb. 44,9, 62,6, evtl. auch 29,4 u. 35,7). Besonders auffällig ist das Fehlen der breit gerieften, scheibengedrehten Schalen mit einbiegendem Rand, die im Breisgau ein typischer Vertreter der Frühlatènezeit sind.[385] Da die hoch am Gefäßkörper sitzende Riefe auch bei kleinteiligen Scherben eine sichere Identifikation dieser Form erlaubt, kann dieser Umstand nicht als quellenbedingtes Fehlen gewertet werden. Zusammen mit den wenigen abgedrehten Standringen lässt sich daraus schließen, dass die Siedlung am Beginn der Frühlatènezeit endet.
Fünf Befunde in Mengen sind entweder übergangs- oder Lt A-zeitlich, fünf weitere Befunde Lt A-zeitlich.[386]
Zusammenfassend lässt sich sagen, dass der Beginn der eisenzeitlichen Besiedlung der Siedlung Mengen ‚Löchleacker' in den frühen Horizont der Stufe Ha C/D1 fällt. Die jüngsten urnenfelderzeitlichen Befunde datieren in die Stufe Ha B,[387] sodass eine Kontinuität zwischen urnenfelder- und frühhallstattzeitlicher Besiedlung wahrscheinlich, aber nicht mit Sicherheit belegbar ist. Das Ende der eisenzeitlichen Siedlung Mengen ‚Löchleacker' ist wahrscheinlich am Beginn von Lt A anzusetzen.

3.3 Absolute Chronologie

Die absolutchronologische Datierung der Hallstattzeit basiert auf zwei Säulen: dem Import aus dem mediterranen Raum und der naturwissenschaftlichen Datierung. Aufgrund des sog. Hallstattplateaus im Zeitraum zwischen 800 und 390 v. Chr., bei dem es zu erhöhten Werten von ^{14}C in der Atmosphäre kam, können ^{14}C-Datierungen nicht zur absoluten zeitlichen Eingrenzung der Stufen Ha C bis Lt B verwendet werden,[388] weshalb der Dendrochronologie die größte Bedeutung zukommt.
Für die Heuneburg stellte J. PAPE heraus, dass der griechische Import nicht allein zur Datierung der Perioden herangezogen werden sollte, da Scherben, die zu jeweils einem Gefäß gehören, in der Stratigrafie in bis zu 16 Schichten auftreten.[389]

---

383 BALZER 2009a, 47.
384 Es handelt sich dabei um die Befunde 85 und 92 (Ha D3/Übergangszeit) und 71, 95, 101, 125, 130, 251 sowie die Lesefunde aus dem Bereich der Messlinien zwischen M7–M10 (Übergangszeit).
385 BALZER 2009b, 526.
386 Die Befunde 86, 90, 91, 220 und 225 datieren in die Übergangszeit oder Lt A, die Befunde 51, 96, 101, 120 und 201 nach Lt A.
387 GRIMMER-DEHN 1991, 58.
388 TRACHSEL 2004, 146.
389 PAPE 2000, 144 Abb. 32.

Die Wende von der Urnenfelder- zur Hallstattzeit ist grob an der Wende des 9. zum 8. Jahrhundert einzuordnen, da die nach Ha B2/3 datierende Seeufersiedlung Auvernier-Nord ein Dendrodatum von 814/813 v. Chr. erbrachte,[390] während das Grab 8 von Wehringen ‚Hexenbergle' schon zu Ha D1 gezählt wird und aufgrund der Dendrochronologie nach 783/773 v. Chr. datiert wird.[391] Basierend auf den Dendrodaten der ältesten Gräber vom Magdalenenberg beginnt die Stufe Ha D1 vor 622/616 v. Chr.[392]

Die Stufe Ha D2 ist anhand der Dendrochronologie schwer zu fassen. Zieht man die Importe von der Heuneburg heran, so endet die Stufe Ha D1 nach 540 v. Chr., da unterhalb der Lehmziegelmauer, in einer der Periode IVa zugeordneten Schicht, eine Kleinmeisterschale mit dieser Datierung gefunden wurde.[393] Maise weist das Material aus dem dendrodatierten Brunnen von Wyhl (546 ± 10 v. Chr.) seinem jüngeren Horizont zu und erhält so einen Terminus post quem für seine Stufe Ha C/D1.[394] Parallelisiert man dieses Datum aus dem Breisgau mit den Ergebnissen von der Heuneburg, so würde dies bedeuten, dass die Stufe Ha D2 nur einen sehr kurzen Zeitraum, ca. eine Generation, umfasst. Balzer geht deshalb davon aus, dass der Übergang zwischen Ha D1 und D2 um 550 v. Chr. anzusetzen ist.[395]

Die Ha D3 zugeordnete Periode II der Heuneburg enthält Amphoren, die in den Zeitraum zwischen 510 und 500 v. Chr. datiert werden.[396] Allerdings liefert ein Bohlenweg ein Dendrodatum von 520 bis 510 v. Chr. für die Toranlage der Periode Ia der Heuneburg, weshalb sich die Periode Ib nur über einen geringen Zeitraum erstrecken würde.[397] Aus der Periode Ia stammt eine Kleinmeisterschale, die um 480/490 v. Chr. hergestellt wurde.[398]

Die von Balzer für den Übergangshorizont von Ha D3 nach Lt A definierte Keramik ist am Münsterberg in einer Grube mit attischer Keramik vergesellschaftet, die an den Übergang vom 6. zum 5. Jahrhundert datiert wird. Frühlatènezeitliches Material ist dort mit massaliotischen Amphoren, die in die Jahre um 475 v. Chr. datiert werden, und einem Stamnos aus der ersten Hälfte des 5. Jahrhunderts vergesellschaftet. Balzer datiert den Beginn von Lt A am Münsterberg in die Jahre um 480 v. Chr.[399]

Neue Dendrodaten vom Dürrnberg bei Hallein zeigen, dass der Übergang von Ha D3 nach Lt A zumindest in diesem Gebiet später anzusetzen ist. Das Grab 352 kann aufgrund einer Fußzierfibel und eines Perlrandbeckens in die Stufe Ha D3 eingeordnet werden und wird aufgrund eines Dendrodatums mit Waldkante in das Jahr 464 v. Chr. datiert.[400] T. Sormaz und Th. Stöllner setzen einen Übergang zwischen Ha D3 und Lt A im Bereich zwischen 460 und 440 v. Chr. an, nachdem auch in der Siedlung am Dürrnberg entsprechende Dendrodaten erhoben werden konnten.[401] Für ein späteres Einsetzen von Lt A spricht auch, dass in Oberitalien frühe Lt A-zeitliche Funde wie durchbrochene Gürtelhaken nicht vor 450 v. Chr. nachgewiesen sind.[402]

Zusammenfassend lässt sich sagen, dass die eisenzeitliche Besiedlung von Mengen am Ende des 9. oder am Beginn des 8. Jahrhunderts begann und in der ersten Hälfte des 5. Jahrhunderts endete. Die Siedlungsdauer betrug demnach ca. 310 bis 350 Jahre. Die Phase Ha C/D1 umfasst somit einen Zeitraum von ca. 240 Jahren und die Phase Ha D3 bis Lt A ca. 50 Jahre. Die durch handgemachte

---

390 Trachsel 2004, 146.
391 Hennig 2001, 96 Tab. 1.
392 Trachsel 2004, 149 f.
393 Pape 2000, 140.
394 Maise 2001, 418.
395 Balzer 2009a, 161.
396 Pape 2000, 143.
397 Friedrich 1996, 179.
398 Pape 2000, 141.
399 Balzer 2009a, 161.
400 Sormaz/Stöllner 2005, 367.
401 Ebd. 370.
402 Ebd. 372.

Keramik umschriebene, nicht näher eingrenzbare Phase Ha D1/D2 bis Lt A beträgt demnach ca. 80 Jahre.

Um einen Hinweis auf die Befunddichte in Relation zur Dauer der Phase zu erhalten, wird die Anzahl der Befunde durch die angenommene Dauer der Phase geteilt. Dabei muss aufgrund der Quellenlage angenommen werden, dass das Befundaufkommen während der gesamten Phase gleich bleibt. Auch muss davon ausgegangen werden, dass ein gewisser Anteil an älteren Befunden von jüngeren überdeckt und deshalb nicht erkannt wird.

In der Zeit vor Ha D3 beträgt der Befunddichteindex 0,072%, in der Phase Ha D3 bis Lt A 0,38%. Die Dichte der Befunde steigt demnach stark an. Obwohl dieses mathematische Modell stark vereinfacht ist, kann man aufgrund dieser Daten annehmen, dass die Besiedlungsintensität in Ha D3 stark zugenommen hat. Dieser Prozess begann wahrscheinlich schon in Ha D1 oder D2.

4. Handwerk und Wirtschaft in der Siedlung

4.1 Metallverarbeitung

Die Feile aus dem Grubenhaus 242 und die Schlacken aus den Grubenhäusern 242 und 251 sind Hinweise darauf, dass Metall in der Siedlung verarbeitet wurde. Allerdings ist der Anteil an Schlacken aus den eisenzeitlichen Befunden relativ gering, zudem fehlen Gussreste oder andere Produktionsabfälle. Die Schlacken stammen zum Großteil aus Lt A-zeitlichen Befunden, dies gilt auch für die mit einer Weidacher Fibel vergesellschaftete Feile.

In Sèvaz „Tudinges" kann eine auf das Schmiedehandwerk spezialisierte Siedlung der späten Hallstatt- bzw. frühen Latènezeit identifiziert werden. Dort wurden große Mengen an Schlacken und Gussreste bzw. Gusstropfen gefunden.[403] Von einigen Gusstiegeln und Fragmenten von Werkzeug abgesehen, wurde auch in dieser Siedlung kein Schmiedewerkzeug gefunden. Charakteristisch für diese Siedlung sind zwei ‚Schmiedegruben' mit ca. 1,8 m Durchmesser, an deren Rand sich große Steine befanden, die als Amboss dienten. Vor den Gruben befand sich eine Feuerstelle.[404] Beide Gruben sind mit Asche- und Brandschutt verfüllt. Neue Untersuchungen lassen vermuten, dass es um den Wohnbereich der Siedlung herum mehrere derartige ‚Handwerksplätze' gab.[405]

Im Erdwerk I von Niedererlbach wurden sechs ovale Gruben gefunden, die mit Schlacke und Gussresten verfüllt waren und deshalb in Verbindung mit der Metallverarbeitung gebracht werden.[406] L. Nebelsick interpretiert sie als Materialentnahmegruben für obertägige Schmelzöfen, in denen die Reste der Öfen nach der kurzzeitigen Nutzung wieder verlocht wurden.[407]

In Mengen ‚Löchleacker' lassen sich keine vergleichbaren Befunde identifizieren. Eventuell handelt es sich bei Befund 43 um eine Feuerstelle, aber aufgrund des Fehlens von Schlacken kann keine Metallverarbeitung in diesem Bereich nachgewiesen werden.

Da Feilen wie alle anderen Schmiedewerkzeuge ab dem 8. Jahrhundert vor allem aus ostalpinen, reich ausgestatteten Gräbern bekannt sind, stellt B. Teržan die These auf, dass das Handwerk von hoch stehenden Personen im Sinne von „homerischen Helden-Handwerker-Künstlern" ausgeführt wurde.[408] Stöllner hingegen betont, dass in diesen Gräbern keine vollständigen Werkzeugsätze auftreten und sich damit nicht die eigentlichen Handwerker fassen lassen.[409] Ausgehend von Textstellen bei Plinius und Livius nimmt er für das 5. und 4. Jahrhundert v. Chr. die Existenz von mobilen

---

403 Mauvilly u. a. 1998, 149.
404 Ebd. 146–149.
405 Mauvilly/Ruffieux 2007, 290.
406 Nebelsick/Kohnke 1985, 342 f.
407 Ebd. 346.
408 Teržan 1994, 666.
409 Stöllner 2007, 239.

oder semimobilen Handwerksspezialisten an.[410] Das Fehlen von funktionsfähigen Werkzeugen und die attische Keramik in der benachbarten Wohneinheit in Sèvaz könnte demnach ebenfalls durch die Anwesenheit von unabhängigen, semimobilen Handwerkern erklärt werden.[411] Zwar ist die Befundlage in Mengen zu schlecht, um eindeutige Aussagen treffen zu können, allerdings könnte das singuläre Auftreten der Feile und das gleichzeitige Fehlen von eindeutigen Hinweisen auf Metallverarbeitung durch die temporäre Anwesenheit eines Wanderhandwerkers erklärt werden. Es muss allerdings auch beachtet werden, dass beschädigte Gegenstände weitestgehend wiederverwertet bzw. beim Auflassen der Siedlung mitgenommen wurden. Dies zeigt das generell seltene Auftreten von Kleinfunden in Siedlungen in der Region um Mengen.

4.2 Keramikherstellung

4.2.1 Handaufgebaute Ware

Die handaufgebaute Keramik weist im Gegensatz zur scheibengedrehten Ware sehr heterogene Merkmale auf. RÖDER stellt anhand von ethnologischen Vergleichen zur Keramikherstellung im Maghreb ein Modell auf, nach welchem diese Keramik von einzelnen Haushalten an wenigen Tagen im Jahr hergestellt wurde, um den eigenen Bedarf zu decken und zerbrochene Gefäße zu ersetzen.[412] Unterschiede in der Stilistik der Gefäße in einzelnen Siedlungen führt RÖDER darauf zurück, dass den Menschen die Routine im Töpferhandwerk fehlte.[413] In dieses Modell fügt sich das Material aus Mengen mit seiner sehr heterogenen Magerung und dem Fehlen einer Korrelation zwischen Gefäßform und Ton gut ein. Trotz allem wurde einem gewissen Formenkanon Folge geleistet. Dies sieht man daran, dass einzelne Formen über große Strecken hinweg verbreitet sind.[414] Hier wird besonders die Anbindung an das linke Rheinufer deutlich, wo sich die Keramik nahezu parallel entwickelt.[415] In den weiter entfernten Gebieten in Westfrankreich und der Nordschweiz beziehen sich diese Parallelen immer nur auf einzelne Formen und nicht auf das gesamte Keramik- und Dekorspektrum.

4.2.2 Scheibengedrehte Ware

Die scheibengedrehte Keramik im Breisgau zeichnet sich durch eine starke Homogenität aus. Allerdings konnte anhand von Dünnschliffen gezeigt werden, dass die Keramik nicht zentral an einem Ort produziert und dann verhandelt wurde. So unterscheidet sich die scheibengedrehte Ware aus Mengen aufgrund ihres hohen Anteils an Glimmer, Kalzit und Schamotte deutlich von der Keramik vom Breisacher Münsterberg.[416] Dies trifft auch auf die Keramik von den anderen Fundorten im Breisgau zu.[417] RÖDER konnte ebenfalls zeigen, dass sich diese Keramik in den von ihr untersuchten Siedlungen leicht in Hinblick auf die Oberflächenbehandlung unterscheiden lässt, besonders in Hinblick auf den Glanz der Oberfläche.[418] Die starke Normierung der Gefäße auf der einen Seite und die unterschiedliche Materialzusammensetzung des Tons auf der anderen Seite könnten eventuell mit Wandertöpfern erklärt werden.[419]

---

410 Stöllner 2007, 229 f.
411 Ebd. 230.
412 Röder 1995, 127 f.
413 Ebd. 128.
414 Vgl. z. B. den situlenförmigen Topf 3.2.
415 Deffressigne u. a. 2009, 291.
416 Balzer 2009a, 116 f.
417 Ebd. 134–136.
418 Röder 1995, 120.
419 Ebd. 127–129; Balzer 2009a, 135 u. 152.

4.3 Textilverarbeitung

Eine in Anbetracht der Größe der Siedlung verhältnismäßig große Anzahl von Spinnwirteln[420] in unterschiedlichen Größen weist darauf hin, dass in der Siedlung unterschiedliche Garne, eventuell auch unterschiedliche Rohstoffe wie Wolle und Flachs versponnen wurden.
In Mengen fanden sich weder Webgewichte noch Tonspulen, welche in Ihringen, Munzingen und Bad Krozingen auftreten und als Garnrollen interpretiert werden.[421] In der Höhensiedlung Schlatt wurden neun sekundär verlagerte Webgewichte in der Grabenverfüllung gefunden,[422] ein einzelnes Stück stammt aus Hochdorf. Auf dem Breisacher Münsterberg treten in einem Befund 25 Webgewichte auf,[423] weitere fünf Exemplare stammen aus jeweils einem Befund.[424] Da Webgewichte in Siedlungen seltener als Spinnwirtel als Einzelfunde auftreten und nicht die gesamte Fläche der Siedlung ausgegraben ist, kann ihr Fehlen nicht als Beweis für das Fehlen von Weberei in Mengen ‚Löchleacker' gewertet werden.

4.4 Landwirtschaft

Da die Siedlung in einem für Ackerbau ausgesprochen günstigen Gebiet liegt und weitere Wirtschaftszweige oder Handel im größeren Stil im Fundgut nicht nachweisbar sind, ist davon auszugehen, dass die Landwirtschaft die ökonomische Grundlage der Siedlung war. Aus der Siedlung stammen keine Geräte, die man der Landwirtschaft zuordnen kann. Derartige Funde gibt es aber auch in den anderen Siedlungen dieser Zeitstellung nicht. Anhand der Mahlsteinfragmente aus den Baustrukturen der Grubenhäuser kann die Verarbeitung von Getreide nachgewiesen werden. In welchem Umfang Viehzucht oder Weidewirtschaft betrieben wurde, ist unklar, da eine umfassende Analyse der Tierknochen nicht vorliegt. Das Siebgefäß und der Tontrichter könnten eventuell als Geräte zur Käseherstellung interpretiert werden, was auf Milchwirtschaft hindeutet. Diese Überlegungen müssen aber Spekulation bleiben.
Die Tierknochen aus Mengen wurden in einer unpublizierten Arbeit von WHITE analysiert, die Ergebnisse sind aber in einem Aufsatz von J. SCHIBLER u. a. zur Haustierhaltung in der Schweiz vorgelegt.[425] Die Tierknochen von Mengen gehören zu 98% zu Haustieren, die restlichen 2% stammen von Feldhasen und Rotwild.[426] Damit ist der Anteil an Wild geringer als im Durchschnitt bei den anderen untersuchten Siedlungen der Schweiz und Südwestdeutschlands. Der Anteil an Rinder-, Schweine- und Schaf- bzw. Ziegenknochen in Mengen entspricht in etwa dem Durchschnitt.[427] In Chatillôn-sur-Saône, auf der Heuneburg und dem Breisacher Münsterberg ist der Anteil an Rindern und Schweinen deutlich höher, was als Hinweis auf eine besser ernährte soziale Schicht gewertet wird.[428]
Auffällig ist der hohe Anteil an Pferdeknochen in Mengen. Er beträgt 7,1%, während der Prozentsatz üblicherweise in den Siedlungen bei 2% liegt. Die Ha D3-zeitliche Siedlung Wolfgantzen im Elsass weist einen noch höheren Anteil an Pferdeknochen auf, bei denen am Skelett nachgewiesen werden konnte, dass die Pferde als Reit- oder Packtier genutzt wurden. Die hohen Anteile könnten eventuell damit zu erklären sein, dass sich beide Orte in einer verkehrsgeografisch günstigen Lage

---

420 Am Breisacher Münsterberg wurden insgesamt zwölf (BALZER 2009a, 86 f.) und in den Breisgauer Höhensiedlungen jeweils ein bis zwei Spinnwirtel gefunden (KLUG-TREPPE 2003, 137).
421 KLUG-TREPPE 2003, 138.
422 Ebd. 139.
423 PAULI 1993, 42–44.
424 BALZER 2009a, 86.
425 SCHIBLER u. a. 1999, 116–136.
426 Ebd. 133 Fig. 61.
427 Ebd. 126 f. Fig. 56 f.
428 Ebd. 128.

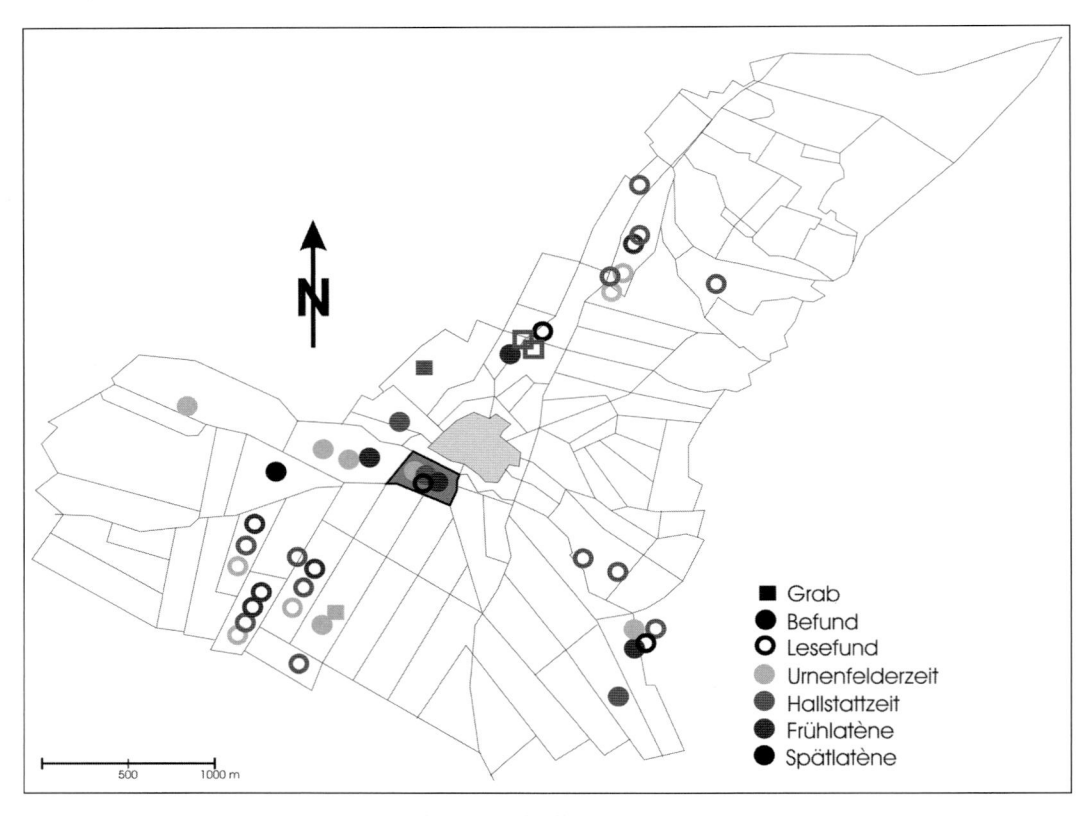

Abb. 10: Fundstellen in Mengen.

befanden und eventuell als Warenumschlagplatz gedient haben könnten.[429] In Mengen gibt es einen im Vergleich zu anderen Siedlungen hohen Anteil an Hühnern (2,5%). Hühner sind erst ab der Späthallstattzeit nachgewiesen, auch in der Späthallstattzeit beträgt der durchschnittliche Anteil von Hühnern im Tierknochenspektrum ca. 1,5%.[430]

III. Das Umfeld der Siedlung

1. Eisenzeitliche Fundstellen in Mengen

In der Gemeinde Mengen sind insgesamt 42 Fundstellen bekannt, dabei fallen 26 in die Eisenzeit.[431] Zum Großteil handelt es sich dabei um ein oder zwei Gruben. Etwas mehr als die Hälfte sind Lesefunde. In die Hallstattzeit lassen sich 17 Fundstellen datieren. Acht Fundstellen stammen aus der Frühlatènezeit. Sichere Nachweise für Lt C- oder D-zeitliche Fundstellen gibt es nur im Gewann ‚Abtsbreite', die anderen Fundstellen sind durch Einzelfunde wie den Glasarmring vom ‚Löchleacker' belegt. Hallstatt- oder latènezeitliche Gräber sind bisher im Gebiet um Mengen nur in Einzelfällen nachgewiesen worden. Die Fundstellen befinden sich vor allem südwestlich und nordöstlich des ‚Löchleackers' (Abb. 10).

---

429 BALZER 2009a, 169.
430 SCHIBLER u. a. 1999, 130 f.
431 MISCHKA 2007, 370–373.

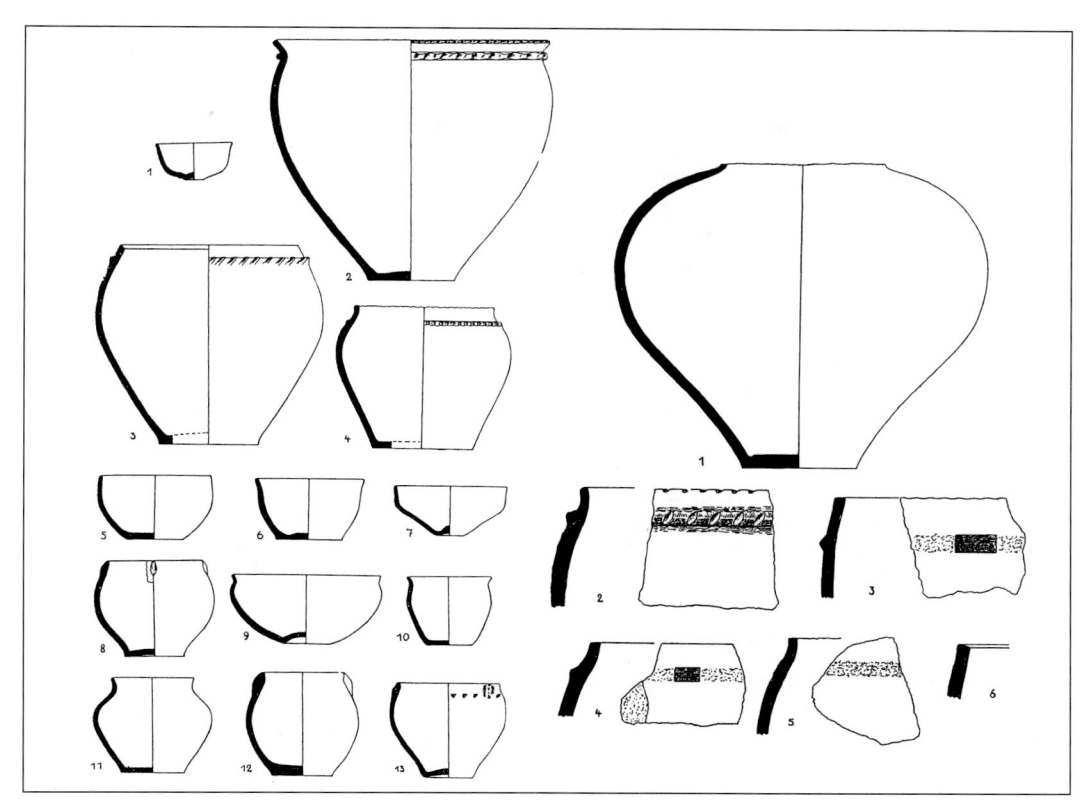

Abb. 11: Geschirrdepot aus Mengen ‚Hohle'.

Es fällt auf, dass an einigen Fundstellen urnenfelder-, hallstatt- und frühlatènezeitliche Funde zusammen vorkommen. Dies könnte auf Siedlungskontinuität hindeuten. Die Fundstellen treten in einem Umkreis von ca. 2 km um das Gewann ‚Löchleacker' auf. Hierbei handelt es sich vor allem um Lesefunde oder vereinzelte, bei Erdarbeiten aufgedeckte Grubenbefunde, sodass keine Aussagen zur Dichte der Besiedlung oder der maximalen Ausdehnung des besiedelten Gebietes getroffen werden können. Besonders hinzuweisen ist auf einen Fund aus dem Gewann ‚Hohle', der 1936 von W. Kimmig publiziert wurde. Es handelt sich hierbei um 16 vollständige Gefäße, die im Block geborgen wurden. Bronzefunde oder Leichenbrand wurden nicht gefunden, weshalb die Deutung als Brandgrab unwahrscheinlich ist.[432] Das Depot datiert nach Ha C/D1 (Abb. 11).
Aus dem Gewann ‚Werderhöhe' stammt ein bronzener Hohlwulstring mit vier Rillengruppen und Kreisaugenzier,[433] der der Serie III nach H. Baitinger zugewiesen werden kann und bei dem es sich um den westlichsten Vertreter dieser Fundgattung handelt.[434] Hohlwulstringe werden vor allem in Frauengräbern gefunden und in die Stufe Ha C/D1 datiert.[435] Der Hohlwulstring weist dasselbe Dreiecksdekor wie die ritzverzierte Breitrandschale aus Befund 227 auf (Abb. 12).
Ein Grab im Gewann ‚Hohle' enthielt eine Fibel im Frühlatèneschema,[436] deren dreieckig zurückgebogener Fuß auf eine Datierung ins jüngere Frühlatène hindeutet (Abb. 13). Abgesehen von der Fi-

---

432 Kimmig 1933/36, 423.
433 Balzer 2001, 44.
434 Baitinger 1999, 70.
435 Ebd. 75 f.
436 Balzer 2001, 44.

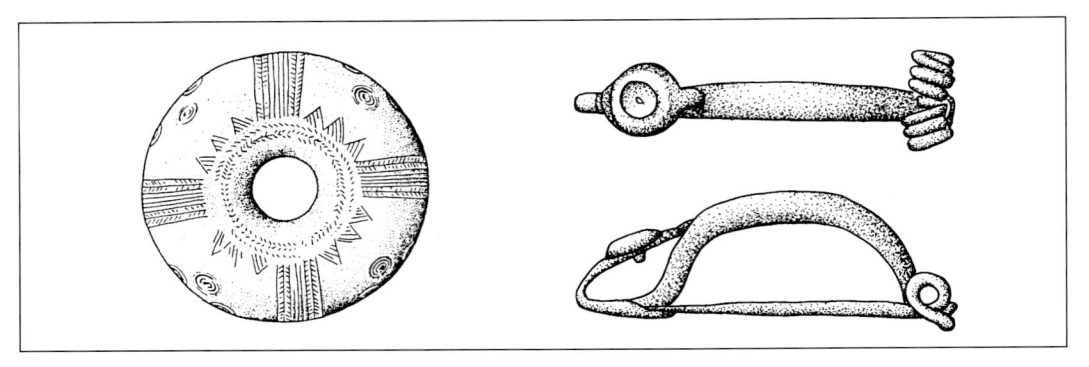

Abb. 12 (links): Hohlwulstring aus Mengen ‚Werderhöhe'. M 2 : 3. – Abb. 13 (rechts): Fibel im Frühlatèneschema aus Mengen ‚Hohle'. M 2 : 3.

bel befanden sich keine Beigaben in dem Grab. Obwohl der Fundplatz über einen langen Zeitraum hinweg besiedelt war, wurde bisher weder zur urnenfelder- noch zur eisenzeitlichen Besiedlung ein zugehöriges Gräberfeld gefunden. Dies liegt wahrscheinlich am starken Wechsel von Erosion und Aufschwemmung des Bodens in dieser Region.

2. Vergleich mit gleichzeitigen Siedlungsformen im Breisgau

2.1 Hallstattzeitliche Höhensiedlungen

Während eine Kontinuität zwischen urnenfelder- und hallstattzeitlicher Besiedlung in Mengen ‚Löchleacker' mit großer Wahrscheinlichkeit anzunehmen ist, lassen sich im Fall der hallstattzeitlichen Höhensiedlungen bisher keine Vorgängersiedlungen nachweisen. Es scheint vielmehr, dass die urnenfelderzeitlichen Höhensiedlungen in der Region am Ende der Urnenfelderzeit verlassen und neue Plätze entweder am Beginn oder in der fortgeschrittenen Stufe Ha C aufgesucht werden.[437]
Die Höhensiedlungen liegen auf Plateaus oder Felsspornen und weisen, anders als die Siedlungen im Flachland, in den meisten Fällen eine Befestigung auf.[438] Ihre Größe kann aufgrund der ausschnittsweisen Untersuchungen nur grob anhand der natürlichen Topografie und der Position der Gräben geschätzt werden, sie liegt in Bereichen von 1 ha, 2,5 ha und 16,8 ha.[439] Die bisherige Größe der Siedlung Mengen ‚Löchleacker' beträgt ca. 0,48 ha, wobei ihre Ausdehnung nicht vollständig erfasst ist.
Das Fundspektrum der Höhensiedlungen entspricht weitestgehend dem der offenen Siedlungen. Die für annähernd alle Höhensiedlungen nachgewiesenen Sapropelitringe fehlen allerdings in Mengen. Für einige Siedlungen wird auch eine Herstellung von Sapropelitschmuck angenommen.[440] Während sich Bronzeverarbeitung nicht nachweisen lässt, deuten Schlacken aus Ihringen und Schlatt auf Eisenverhüttung in den Höhensiedlungen hin.[441] Für die Hallstattzeit ist Metallverarbeitung in Mengen nicht sicher nachgewiesen.
Der Anteil an verzierter Keramik scheint bei einigen Höhensiedlungen[442] (ca. 40% der abgebildeten Gefäße) höher als in den Ha C/D1-zeitlichen Befunden von Mengen zu sein, wo er insgesamt 15%

---

437 Maise 2001, 414.
438 Für eine Liste der befestigten Höhensiedlungen s. Klug-Treppe 2003, 45 Abb. 17.
439 Maise 1996, 69.
440 Klug-Treppe 2003, 181.
441 Ebd. 146.
442 Endingen, Hochdorf, Ihringen, Jechtingen, Mauchen und Schlatt.

beträgt.[443] Gerade die bemalte und grafitierte Keramik oder Keramik in Alb-Hegau-Tradition ist in Mengen äußerst selten. Weißgrundige, rot bemalte Keramik wie in Hochdorf tritt in Mengen ebenfalls nicht auf.

2.2 Hallstattzeitliche offene Siedlungen

Da die offenen Siedlungen des Breisgaus nur beiläufig im Rahmen der Forschung um die Höhensiedlungen bearbeitet wurden, lassen sich wenige Fakten zum Vergleich mit Mengen finden. Trotzdem waren 1996 im Breisgau 20 Höhen- und 40 Talsiedlungen dieser Zeitstellung bekannt. Ch. Maise stellt heraus, dass die meisten offenen Siedlungen – zu denen auch die hallstattzeitliche Phase von Mengen gehört – schon vor den Höhensiedlungen existierten.[444] Mengen bildet hier also keinen Sonderfall, sondern fügt sich in das Siedlungsmuster des Breisgaus ein.
Das Fundspektrum der offenen Siedlungen entspricht dem der Höhensiedlungen.[445] Als Beispiel wird hier die Siedlung Forchheim ‚Heckle' herangezogen, die etwas umfangreicheres Fundmaterial erbrachte als die anderen Siedlungen, die in der Fundschau Baden-Württembergs vorgelegt wurden.[446] Mit mehreren Spinnwirteln und dem Fehlen von Kleinfunden entspricht das Fundspektrum dem der Ha C/D1-zeitlichen Befunde aus Mengen. In Forchheim tritt anders als in Mengen Sapropelitschmuck auf, wie er aus den Höhensiedlungen bekannt ist. Auch das Verhältnis zwischen verzierter und unverzierter Keramik scheint sich ungefähr im selben Bereich wie das Keramikspektrum der Höhensiedlungen zu befinden.
Da das Fundmaterial auch im Fall der Siedlung Forchheim ‚Heckle' nicht vollständig vorliegt und weitere Fundplätze nicht genug Material für derartige Vergleiche liefern, reicht die Unterrepräsentation von verzierter Keramik in Mengen ‚Löchleacker' nicht aus, um eine Hierarchisierung der Siedlungen anzunehmen.

2.3 Frühlatènezeitliche Siedlungen

Bisher sind, mit Ausnahme des Breisacher Münsterberges, aus der Frühlatènezeit im Breisgau nur offene Siedlungen in der Ebene bekannt. Die Strukturen dieser frühlatènezeitlichen Siedlungen sind nicht so gut aufgearbeitet wie die der hallstattzeitlichen Höhensiedlungen, da der Schwerpunkt von Röders Arbeit auf der Analyse der Keramik liegt. Zudem sind viele Siedlungen nur ausschnittsweise bekannt. Grubenhäuser treten in den frühlatènezeitlichen Siedlungen häufig auf,[447] dasselbe gilt für Trichtergruben. Röder nimmt an, dass es sich bei den meisten Siedlungen nur um kleine Weiler oder Gehöfte handelt, während Mengen und Rosheim im Elsass zu den vereinzelten größeren Siedlungen gehören.[448] Ihnen stehen die ‚Fürstensitze' wie Breisach und der Britzgyberg gegenüber. Schlacke, die auf die Verarbeitung von Metall hindeutet, wurde nur in Bad Krozingen gefunden.[449] Kleinfunde sind selten, es treten hin und wieder Spinnwirtel und Webgewichte, Fibeln im Frühlatèneschema sowie Eisenmesser auf.[450] In der Siedlung Jechtingen ‚Lachenmüngle' wurden Scherben

---

443 Die Angaben zu den Anteilen der Keramik der Höhensiedlungen müssen als Schätzung angesehen werden, da bei Klug-Treppe keine Angaben zur Menge der verzierten und unverzierten Keramik gemacht werden und nicht die gesamte Keramik im Tafelteil abgebildet wurde.
444 Maise 1996, 71.
445 Klug-Treppe 2003, 171.
446 Fundber. Baden-Württemberg 19/2, 56–60.
447 Bötzingen 72/1 (Röder 1995, 173 f.), Efringen-Kirchen Kleinkrems (ebd. 177), Merdingen (ebd. 181), Jechtingen ‚Kapellenfeld' (ebd. 184) und Bischoffingen (ebd. 188–193).
448 Röder 1995, 152.
449 Ebd. 171.
450 In Bad Krozingen 87/2 (ebd. 171) und Riegel (ebd. 181).

gefunden, die wahrscheinlich von Amphoren stammen.[451] Bis auf diesen Import entspricht das Fundmaterial somit weitgehend dem von Mengen ‚Löchleacker'. Auch die Keramikspektren sind mit dem von Mengen vergleichbar.

Der Anteil an scheibengedrehter Keramik in den frühlatènezeitlichen Siedlungen liegt zwischen 10 und 40%. In den übergangs- und frühlatènezeitlichen Befunden von Mengen beträgt er ebenfalls 10%. Diese Prozentzahl muss aber nach oben korrigiert werden, da davon auszugehen ist, dass die Befunde einen nicht näher zu bestimmenden Anteil an älterer Keramik enthalten.

2.4 Der Breisacher Münsterberg

Der Breisacher Münsterberg hebt sich durch seine Lage auf einem Inselberg am Rhein von allen anderen Siedlungen im Breisgau ab. Wie bei der Siedlung Mengen beginnt die Besiedlung des Fundplatzes in der Urnenfelderzeit.[452] Während die Besiedlung der anderen hallstattzeitlichen Höhensiedlungen mit dem Ende von Ha D1 endet, besteht die des Münsterberges bis in die Frühlatènezeit weiter. Dabei sind Funde, die eindeutig nach Lt B datieren, noch nicht nachgewiesen.[453] Aufgrund seiner besonderen topografischen Lage, der Importe und der reich ausgestatteten Gräber von Ihringen ‚Nachtwaid' in seinem Umfeld, wird er zu den sog. Fürstensitzen gezählt. Dabei weist I. BALZER nach, dass es innerhalb der meisten Fürstensitze kaum Hinweise auf eine abgesetzte ‚Elite', erkennbar an großen Gebäuden oder Konzentrationen von Importen, gibt.[454] Außerdem unterscheidet sich der Münsterberg durch das frühe Einsetzen der Besiedlungen von anderen Fürstensitzen, weshalb BALZER davon ausgeht, dass neben dem Handel und der Kontrolle von Handelsrouten noch weitere, bisher ungeklärte Faktoren für das Bestehen der Siedlung ausschlaggebend waren.[455]

Auf dem Münsterberg ist Bronzeverarbeitung für Ha D3 und Eisenverarbeitung für Lt A durch Gusstiegel, Schlacken und Gusstropfen nachgewiesen.[456] Die Funde, die der Textilverarbeitung und dem ‚Hauswerk', d. h. Trichter, Backplatten usw., zugewiesen werden,[457] lassen keine Unterschiede zum Fundspektrum in Mengen erkennen, gerade wenn man die Anzahl der Objekte in Relation zur Größe des Fundplatzes und der damit verbundenen höheren Fundmenge setzt. Auch auf dem Breisacher Münsterberg ist der Nachweis von Bewaffnung spärlich – es wurden drei Pfeilspitzen und ein eiserner Lanzenschuh gefunden.[458]

Die Kleinfunde vom Münsterberg sind zahl- und variantenreicher als in Mengen, gefunden wurden Fibeln, Arm- und Ohrringe sowie Nadeln.[459] Die scheibengedrehte Keramik des Münsterberges umfasst ebenfalls ein deutlich vielfältigeres Formenspektrum.[460] Schmal geriefte Drehscheibenkeramik[461] mit Grafitstreifen und stempelverzierte Drehscheibenkeramik[462] treten in Mengen nicht auf. Der Anteil der scheibengedrehten Keramik pro Befund ist in Breisach ebenfalls deutlich höher: In den hallstattzeitlichen Befunden beträgt der Anteil an Drehscheibenware 1 bis 4%, in latènezeitlichen Befunden 30 bis 60%.[463] Damit hebt sich der Münsterberg nicht nur von Mengen, sondern auch von den anderen frühlatènezeitlichen Siedlungen im Breisgau ab.

---

451 RÖDER 1995, 185.
452 BALZER 2009a, 165.
453 Ebd. 160.
454 Ebd. 173.
455 Ebd. 174.
456 Ebd. 163.
457 Ebd. 163 f.
458 Ebd. 93 f.
459 Ebd. 89–93.
460 Ebd. 140 Abb. 66.
461 Ebd. 62.
462 Ebd. 64.
463 Ebd. 142.

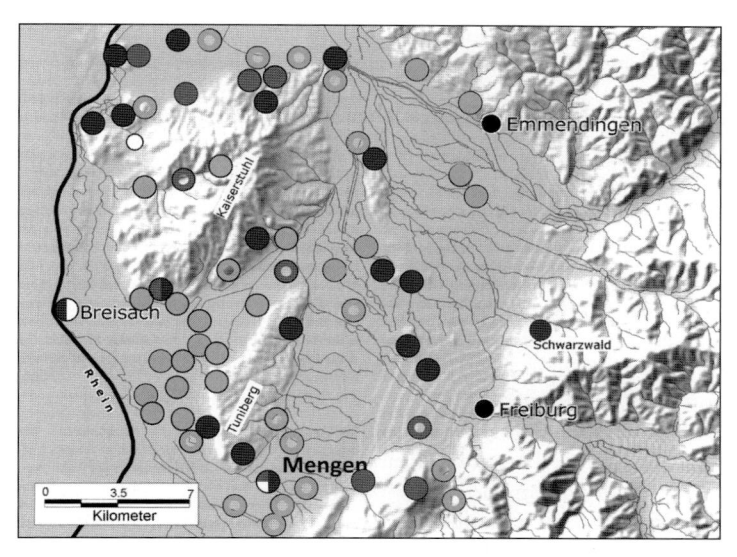

Abb. 14: Hallstattzeitliche Fundstellen im Breisgau. Hellgrau: hallstattzeitlich; mittelgrau: Ha C/D1 früh; dunkelgrau: Ha C/D1 spät; weiß: Ha D2/D3; gefüllter Kreis: sicher nachgewiesene Fundstelle; leerer Kreis: vermutete Fundstelle.

Der Import von attischer und pseudoionischer Keramik, massaliotischen Amphoren sowie von Gefäßen aus Ostfrankreich, Slowenien und Böhmen[464] ist ebenfalls ein großer Unterschied zu den offenen Siedlungen, in denen bisher noch kein Import sicher nachgewiesen wurde. Allerdings beträgt auch der Anteil an Importkeramik auf dem Münsterberg nur ca. 0,001% des gesamten Keramikspektrums.[465]

3. Einbindung in das regionale Umfeld

3.1 Die Entwicklung des Siedlungsmusters im Breisgau

Die Siedlungen in Ha C/D1 konzentrieren sich vor allem in der Region um Mengen und in der Region nördlich des Kaiserstuhls.[466] Es werden hauptsächlich Plätze mit hoher Bodengüte aufgesucht. Im späten Horizont von Ha C/D1 verdichtet sich das Siedlungsbild. Es kommen Siedlungen in der Freiburger Bucht hinzu, die aufgrund der hohen Bodenfeuchtigkeit nicht so siedlungsgünstig wie die westlich anschließenden Gebiete ist. Die Gräber liegen teilweise in kleinen Gruppen in der näheren Umgebung der Siedlungen.[467] Zwischen dem Kaiserstuhl und westlich des Tuniberges zeichnet sich ein Gebiet ab, in dem vor allem Gräber und nur wenige Siedlungen auftreten. Dieses Gebiet weist eine geringe Bodenfruchtbarkeit auf.[468] Hierbei muss allerdings beachtet werden, dass eventuell vorhandene Grabhügel in den mit Löss bedeckten Gebieten aufgrund der intensiveren Landwirtschaft eher eingeebnet wurden. Bei einer geschätzten Dauer der Stufe Ha C/D1 von 240 Jahren und ca. 30 eindeutig in diese Stufe datierbaren Fundplätzen, beträgt die Dichte der Fundstellen im gesamten Breisgau 0,125 (Abb. 14).

---

464 BALZER 2009a, 77–85.
465 Ebd. 174.
466 MISCHKA 2007, 195 Abb. 6.35.
467 Ebd. 201.
468 Ebd. 138 Abb. 5.56.

Ha C- bis D2/D3-zeitliche Fundstellen lassen sich bisher nur im südlichen Bereich des Markgräfler Hügellandes am Übergang zur Rheinebene nachweisen,[469] hierbei handelt es sich um zwei Gräber und zwei vermutete Siedlungen. Es ist allerdings zu bedenken, dass Ha D2- und D3-zeitliche Siedlungen – wenn keine Drehscheibenware auftritt – aufgrund der fehlenden positiven Merkmale nur schwer zu datieren sind. Beim heutigen Forschungsstand ist somit in Betracht zu ziehen, dass die geringe Anzahl an Ha D2-zeitlichen Siedlungen auch auf die Quellenlage zurückzuführen sein kann. Eventuell ist die geringe Anzahl an Siedlungen aus dieser Zeitstellung auch quellenbedingt, da dieses Fundmaterial nicht so charakteristisch und chronologisch empfindlich wie die spätere scheibengedrehte Keramik ist. Mengen ‚Löchleacker', welches bisher in der Literatur als späthallstatt-/ frühlatènezeitlich geführt wurde, zeigt diese Problematik.

Für die Frühlatènezeit nimmt die Fundstellendichte wieder zu,[470] wobei das Siedlungsbild wieder weitestgehend dem des frühen Ha-C/D1-Horizontes entspricht. In der Freiburger Bucht sind bisher nur zwei einzelne Gräber nachgewiesen worden.[471] Die Fundstellendichte beträgt 0,26 und steigt damit deutlich an. Eine Siedlungskontinuität von Ha C bis Lt A lässt sich bisher nur in Mengen, auf dem Breisacher Münsterberg und in Sasbach erkennen (Abb. 15).

Der starke Anstieg der Befunde am Beginn der Frühlatènezeit, der schon in Mengen beobachtet werden konnte, lässt sich also im gesamten Breisgau erkennen. Auch am Breisacher Münsterberg tritt dieses Phänomen auf, wobei der Höhepunkt der Siedlungsintensität in Ha D3 liegt.[472] Ein Desiderat der Forschung ist allerdings immer noch die Klärung der Frage, weshalb die Siedlungen im Breisgau in der Frühlatènezeit aufgegeben werden.

Eine Überprüfung dieser Erkenntnisse anhand der Anzahl der im Breisgau bekannten Gräber ist insofern problematisch, da die hallstattzeitlichen Hügelgräber deutlich häufiger registriert wurden als die jüngeren Flachgräber. So sind im Breisgau mindestens 96 Ha C/D1-zeitliche Gräber bekannt,[473] während nur 27 Gräber in die Frühlatènezeit (d. h. nach Lt A und B) datiert werden können.[474]

Das Verhältnis von Wald- und Offenland ist in der Region von Mengen zu allen Zeitstufen in etwa gleich, mit einem relativ niedrigen Anteil an offenen Flächen.[475] Im nördlichen Oberrheingebiet setzt in Ha D2/D3 eine deutliche Wiederbewaldung ein, die D. Mischka mit Umbrüchen und dem Niedergang der Fürstensitze in Verbindung bringt.[476]

3.2 Die verkehrsgeografische Anbindung

Kimmig zeigt, dass die Verbindung vom Mittelmeer nach Mitteleuropa ab dem 7. Jahrhundert über die großen Flüsse Rhône, Saône und Doubs verlief.[477] L. Pauli stellt die These auf, dass in Ha D1 die Verbindung von Rhein und Donau, d. h. vom Breisacher Münsterberg zur Heuneburg, über das Dreisamtal führte.[478] Da die nördliche Freiburger Bucht aufgrund der verzweigten Flusssysteme von Elz, Glotter und Dreisam und einer sehr hohen Bodenfeuchte schwer zu passieren ist, geht er davon aus, dass diese Route südlich des Tuniberges verlief (Abb. 1).[479] Dies könnte neben der hohen

---

469 Mischka 2007, 274.
470 Ebd. 210.
471 Ebd. 211 Abb. 6.45.
472 Balzer 2009a, 163.
473 Bei einer unbekannten Anzahl an Gräbern in einem Grabhügel wurde als Minimum ein Grab pro Hügel angenommen.
474 Die Grundlagen für die Berechnungen wurden dem Katalog von D. Mischka entnommen (dies. 2007, 196 f. Abb. 6.36 u. 6.3; 211 Abb. 6.45).
475 Ebd. 268 f. Abb. 9.4 u. 9.5.
476 Ebd. 275.
477 Kimmig 1983, 31.
478 Pauli 1993, 163 Abb. 40 u. 167, 43.
479 Ebd. 124–126 u. 16 Abb. 18.

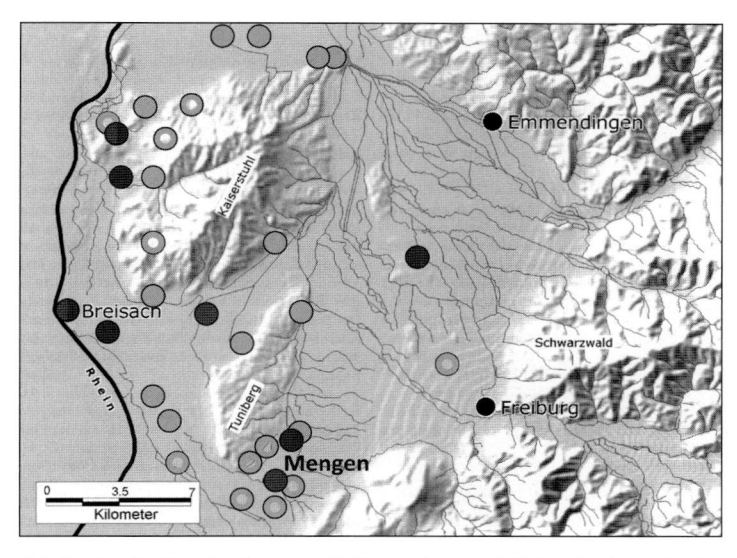

Abb. 15: Latènezeitliche Fundstellen im Breisgau. Hellgrau: latènezeitlich; mittelgrau: Lt A; dunkelgrau: Lt B; gefüllter Kreis: sicher nachgewiesene Fundstelle; leerer Kreis: vermutete Fundstelle.

Bodengüte der Grund für das hohe Aufkommen von Fundstellen im Umkreis von Mengen sein. Der überdurchschnittlich hohe Anteil an Pferdeknochen kann ebenfalls als Hinweis auf die Einbindung in das Handelssystem interpretiert werden. Eventuell könnte auch der Anstieg der Siedlungsintensität in Ha D3 auf diesen Handel zurückzuführen sein.

In Lt A existiert nach PAULI diese West-Ost-Verbindung nicht mehr.[480] Hierbei muss man sich allerdings die Frage stellen, ob ein Ende oder eine Verlagerung der Handelsrouten zu einem Ende der Siedlungen führte, oder ob anders herum das Abbrechen der Siedlungen es nicht mehr ermöglicht, Verkehrswege zu rekonstruieren.

IV. Zusammenfassung

Die eisenzeitliche Siedlung Mengen ‚Löchleacker' existiert vom Beginn der Hallstattzeit bis zum Anfang der Latènezeit, wobei eine Kontinuität zwischen urnenfelder- und hallstattzeitlicher Siedlung zwar nicht bewiesen, aber auch nicht ausgeschlossen werden kann. Die Siedlung wurde 1974 ergraben und zeichnet sich durch das große, zusammenhängende Grabungsareal aus. Trotzdem lassen sich aufgrund des Fehlens von Pfostenlöchern oder anderen Befunden, die es ermöglichen würden, Gebäude zu rekonstruieren, nur wenige Aussagen zur Struktur der Siedlung treffen. Das Befundspektrum setzt sich vor allem aus Gruben und Trichtergruben zusammen. Grubenhäuser kommen in der Späthallstatt-/Frühlatènezeit hinzu. Ab dieser Zeit ist auch die Metallbearbeitung aufgrund von Schlacken und der Metallfeile wahrscheinlich.

Neben Keramik, Spinnwirteln und Tierknochen wurden in der Siedlung eine Weidacher Fibel, eine Metallfeile und ein Koppelring gefunden. Im Keramikspektrum lassen sich unterschiedliche Waren definieren. Die handaufgebaute Feinkeramik steht technologisch der scheibengedrehten Ware näher als der Grobkeramik. Es ist davon auszugehen, dass die Keramik vor Ort hergestellt wurde. Die Dünnschliffanalysen zeigen, dass auch die scheibengedrehte Keramik lokal produziert wurde. Vergleichbare Formen gibt es hauptsächlich im Oberrheintal, im Taubergrund und im Burgund.

---

480 PAULI 1993, 167,

Die Anbindung der Region an den Oberrhein und an das Burgund zeigt auch die Verbreitung der Weidacher Fibel. Zudem spricht auch die topografische Situation eher für eine Anbindung nach Westen als nach Osten.

Nach dem derzeitigen Forschungsstand sieht es so aus, als handele es sich bei Mengen um eine der wenigen größeren offenen Siedlungen im Breisgau. In der Hallstattzeit ist davon auszugehen, dass es keine Hierarchie zwischen offenen Siedlungen und Höhensiedlungen gibt. Auch im Fundmaterial lassen sich keine signifikanten Unterschiede erkennen. In der späten Hallstatt- und der Frühlaténezeit gibt es außer dem Breisacher Münsterberg keine Höhensiedlungen mehr. Mengen hebt sich nur durch die Metallverarbeitung von anderen offenen Siedlungen ab, die ansonsten bisher nur in Bad Krozingen nachgewiesen ist. Der Breisacher Münsterberg setzt sich allerdings deutlich durch das variantenreichere Formenspektrum und den hohen Anteil an scheibengedrehter Keramik sowie die Importe von den umliegenden, offenen Siedlungen im Breisgau ab.

Die Region um Mengen ist für die Landwirtschaft sehr gut geeignet und weist eine der höchsten Konzentrationen an Fundstellen im Breisgau auf. Es ist ebenso vorstellbar, dass an Mengen der Landweg zwischen Rhein und Donau vorbeiführte. Der hohe Anteil an Pferdeknochen könnte als Hinweis auf eine Einbindung in das damalige Handelssystem interpretiert werden. Trotz dieser verkehrsgeografisch günstigen Lage lassen sich keine Importe oder Fremdformen im Fundgut von Mengen nachweisen. Dies trifft auch auf fast alle anderen offenen Siedlungen im Breisgau zu.

In Ha D2 oder D3 kommt es zu einem signifikanten Anstieg der Befunddichte in Mengen ‚Löchleacker'. Der Anstieg an Siedlungsintensität in der Späthallstattzeit wurde schon am Breisacher Münsterberg beobachtet und lässt sich ebenfalls an der Anzahl der Siedlungsfundstellen im Breisgau zeigen. Hierbei müssen allerdings auch die Quellenlage und die Datierungsproblematik bei handaufgebauter Ha D2- und D3-zeitlicher Keramik in Betracht gezogen werden. Das Ende der Siedlung ‚Löchleacker' lässt sich anhand der ansonsten häufig auftretenden, scheibengedrehten Schale mit einbiegendem, breit gerieftem Rand in eine sehr frühe Phase von Lt A datieren. Wie in Mengen, lässt sich im gesamten Breisgau das Mittellaténe nur schwer fassen.

Der Grund für das Ende der Siedlung im Bereich des ‚Löchleackers' lässt sich aufgrund der derzeitigen Befundsituation nicht feststellen, allerdings deutet eine Fibel im Frühlaténeschema aus dem Gewann ‚Hohle' darauf hin, dass im Umfeld von Mengen in der entwickelten Frühlaténezeit weiterhin Siedlungsaktivität bestand.

Literaturverzeichnis

Augier 2009	L. Augier, Approche typologique et technique des céramiques de Bourges et des ses environs du milieu du VIe à la fin du Ve s. av. J.-C. In: Chaume 2009a, 339–364.
Baitinger 1999	H. Baitinger, Die Hallstattzeit im Nordosten Baden-Württembergs. Materialh. Arch. Baden-Württemberg 46 (Stuttgart 1999).
Balzer 2001	I. Balzer, Vorrömische Eisenzeit – die Zeit der Kelten. In: Mengen 2001, 36–44.
Balzer 2009a	I. Balzer, Chronologisch-chorologische Untersuchung des späthallstatt- und frühlaténezeitlichen „Fürstensitzes" auf dem Münsterberg von Breisach (Grabungen 1980–1986). Materialh. Arch. Baden-Württemberg 84 (Stuttgart 2009).
Balzer 2009b	I. Balzer, Hallstattzeitliche Keramik im Breisgau (Südbaden). In: Chaume 2009a, 513–540.
Bardel 2009	D. Bardel, Les vaisseliers céramiques des fouilles anciennes de Vix/le Mont Lassois (Côte-d'Or): Bronze final IIIb, Hallstatt D et La Tène C\D. In: Chaume 2009a, 69–153.
Behnke 2000	H. J. Behnke, Untersuchungen zu Bestattungssitten der Urnenfelderzeit und älteren Eisenzeit am Hochrhein. Die hallstattzeitlichen Grabhügel von Ewattingen und Lembach und die urnenfelderzeitliche Siedlung von Ewattingen im Landkreis Waldshut (Leipzig 2000).

Bernbeck 1997	R. Bernbeck, Theorien in der Archäologie (Tübingen 1997).
van den Boom 1989	H. van den Boom, Keramische Sondergruppen der Heuneburg. Heuneburgstud. VII = Röm.-Germ. Forsch. 47 (Mainz 1989).
van den Boom 1991	H. van den Boom, Großgefäße und Töpfe der Heuneburg. Heuneburgstud. VIII = Röm.-Germ. Forsch. 51 (Mainz 1991).
Bräuning u. a. 2004	A. Bräuning/S. Dornheim/Ch. Huth, Eine keltische Viereckschanze am südlichen Oberrhein bei Mengen, Gde. Schallstadt-Wolfenweiler, Kreis Breisgau-Hochschwarzwald. Arch. Ausgr. Baden-Württemberg 2004, 113–117.
Brosseder 2004	U. Brosseder, Studien zur Ornamentik hallstattzeitlicher Keramik zwischen Rhônetal und Karpatenbecken. Univforsch. Prähist. Arch. 106 (Bonn 2004).
Bücker 1999	Ch. Bücker, Frühe Alamannen im Breisgau. Untersuchungen zu den Anfängen der germanischen Besiedlung im Breisgau während des 4. und 5. Jahrhunderts n. Chr. Arch. u. Gesch. Freiburger Forsch. erstes Jt. Südwestdeutschland 9 (Sigmaringen 1999).
Chaume 2001	B. Chaume, Vix et son territoire à l'Age du Fer. Fouilles du mont Lassois et environnement du site princier. Protohist. Européenne 9 (Montagnac 2001).
Chaume 2009a	B. Chaume (Hrsg.), La céramique hallstattienne. Approches typologique et chrono-culturelle. Actes du colloque international de Dijon, 21–22 novembre 2006. Éditions Universitaires de Dijon collection art, archéologie et patrimoine (Dijon 2009).
Chaume 2009b	B. Chaume, La céramique du sanctuaire hallstattien de Vix «les Herbues». In: Chaume 2009a, 27–51.
Dämmer 1978	K. W. Dämmer, Die bemalte Keramik der Heuneburg. Die Funde aus den Grabungen von 1950–1973. Heuneburgstud. IV = Röm.-Germ. Forsch. 37 (Mainz 1978).
Deffressigne u. a. 2009	S. Deffressigne/M. P. Koenig/M. Roth-Zehner, Quelques ensembles céramiques d'Alsace et de Lorraine, du Hallstatt D1 à La Tène: première synthèse typo-chronologique. In: Chaume 2009a, 249–297.
Demoule 2009	J.-P. Demoule, La faciès céramique ancien de la culture Aisne-Marne. In: Chaume 2009a, 401–426.
Feugère/Guillot 1986	M. Feugère/A. Guillot, Fouilles de Bragny I. Les petits objets dans leur contexte du Hallstatt final. Rev. Arch. Est et Centre-Est 37, 1986, 159–221.
Fořt-Linksfeiler 1989	D. Fořt-Linksfeiler, Die Schüsseln und Schalen der Heuneburg. Mit einem Beitrag von M. Magetti. Heuneburgstud. VII = Röm.-Germ. Forsch. 47 (Mainz 1989) 135–240.
Frey 1991	O. H. Frey, Bemerkungen zu den durchbrochenen Frühlatènegürtelhaken. In: A. Haffner/A. Miron (Hrsg.), Studien zur Eisenzeit im Hunsrück-Nahe-Raum. Symposium Birkenfeld 1987 (Trier 1991) 101–111.
Friedrich 1996	M. Friedrich, Die dendrochronologische Datierung der Toranlage der Periode Ia der Heuneburg. In: E. Gersbach, Baubefunde der Periode IIIb–Ia der Heuneburg. Heuneburgstud. X = Röm.-Germ. Forsch. 56 (Mainz 1996) 169–180.
Fries-Knoblach 2009	J. Fries-Knoblach, Vor- und frühgeschichtlicher Hüttenlehm mit Konstruktions- und Dekorationsspuren. In: J. M. Bagley/Ch. Eggl/D. Neumann/M. Schefzik (Hrsg.), Alpen, Kult und Eisenzeit. Festschrift für Amei Lang zum 65. Geburtstag (Rahden/Westf. 2009) 428–455.
Gebhard 1989	R. Gebhard, Der Glasschmuck aus dem Oppidum von Manching. Ausgr. Manching 11 (Stuttgart 1989).
Gersbach 1995	E. Gersbach, Baubefunde der Perioden IVc–Iva der Heuneburg. Heuneburgstud. IX = Röm.-Germ. Forsch. 55 (Mainz 1995).
Grimmer-Dehn 1991	B. Grimmer-Dehn, Die Urnenfelderkultur im südöstlichen Oberrheingraben. Materialh. Vor- u. Frühgesch. Baden-Württemberg 15 (Stuttgart 1991).
Grömer 2004	K. Grömer, Aussagemöglichkeiten zur Tätigkeit des Spinnens aufgrund archäologischer Funde und Experimente. Arch. Austriaca 88, 2004, 169–182.

Haffner 1976	A. Haffner, Die westliche Hunsrück-Eifel-Kultur. Röm.-Germ. Forsch. 36 (Berlin 1976).
Henneberg/Guillaumet 1999	G. Henneberg/J.-P. Guillaumet, Die Eisenwerkzeuge der Hallstatt- und frühen Latènezeit in Mitteleuropa. Arch. Austriaca 1998/99, 82 f.; 493–497.
Hennig 2001	H. Hennig, Gräber der Hallstattzeit in Bayerisch-Schwaben. Monogr. Arch. Staatsslg. 2 (Stuttgart 2001).
Holstein 1998	D. Holstein, Die formale Entwicklung der Spinnwirtel in der Bronze- und Eisenzeit. In: Mille Fiori [Festschr. L. Berger]. Forsch. Augst 25 (Basel 1998) 257–262.
Hoppe 1982	M. Hoppe, Neue Siedlungsfunde der Bronze- und Eisenzeit aus dem Taubergrund. Fundber. Baden-Württemberg 7, 1982, 73–203.
Jacobi 1974	G. Jacobi, Werkzeug und Gerät aus dem Oppidum von Manching. Ausgr. Manching 5 (Wiesbaden 1974).
Janski 1985	G. Janski, Untersuchungen zur Bestattungssitte während der Hallstatt- und Latènezeit im Gebiet des südlichen Oberrheingrabens (unpubl. Diss. Freiburg 1985).
Kimmig 1933/36	W. Kimmig, Späthallstattzeitliche Keramik von Mengen, A. Freiburg. Bad. Fundber. 3, 1933/36, 423–428.
Kimmig 1983	W. Kimmig, Die griechische Kolonisation im westlichen Mittelmeergebiet und ihre Wirkung auf die Landschaften des westlichen Mitteleuropa. Jahrb. RGZM 30, 1983, 3–81.
Klug-Treppe 2003	J. Klug-Treppe, Hallstattzeitliche Höhensiedlungen im Breisgau. Forsch. u. Ber. Vor- u. Frühgesch. Baden-Württemberg 73 (Stuttgart 2003).
Korfmann 1972	M. Korfmann, Schleuder und Bogen in Südwestasien. Von den frühesten Belegen bis zum Beginn der historischen Stadtstaaten (Bonn 1972).
Kuhnle 1996	G. Kuhnle, L'habitat hallstattien D2/D3 de Wofgantzen (Haut-Rhin). In: S. Plouin/P. Jud (Hrsg.), Habitats, mobiliers et groupes régionaux à l'âge du fer. Actes du XXᵉ colloque de l'A.F.E.A.F., Colmar-Mittelwihr, 16–19 mai 1996. Rev. Arch. Est Suppl. 20 (Dijon 1996) 48–57.
Kurz 1995	G. Kurz, Keltische Hort- und Gewässerfunde in Mitteleuropa – Deponierungen der Latènezeit. Materialh. Arch. Baden-Württemberg 33 (Stuttgart 1995).
Kurz 2000	S. Kurz, Die Heuneburg-Außensiedlung – Funde und Befunde. Forsch. u. Ber. Vor- u. Frühgesch. Baden-Württemberg 72 (Stuttgart 2000).
Lang 1974	A. Lang, Die geriefte Drehscheibenkeramik der Heuneburg, 1950–1970, und verwandte Gruppen. Heuneburgstud. III = Röm.-Germ. Forsch. 34 (Berlin 1974).
Lüscherz 1986	G. Lüscherz, Alschwill-Vogelgärten – eine hallstattzeitliche Talsiedlung. Berichte aus der Arbeit des Amtes für Museen und Archäologie des Kantons Baselland (Liestal 1986).
Maise 1996	Ch. Maise, Höhensiedlungen als Normalform hallstattzeitlicher Siedlungen? Beobachtungen aus dem Breisgau. Arch. Korrbl. 26, 1996, 65–73.
Maise 2001	Ch. Maise, Zur Untergliederung der Stufe Ha C/D1 im Breisgau. Fundber. Baden-Württemberg 25 [Festschr. G. Fingerlin], 2001, 389–461.
Mansfeld 1973	G. Mansfeld, Die Fibeln der Heuneburg 1950–1966. Ein Beitrag zur Geschichte der Späthallstattfibel. Heuneburgstud. II = Röm.-Germ. Forsch. 33 (Berlin 1973).
Mauvilly u. a. 1998	M. Mauvilly/I. Antenen/E. G. Cristobal/M. Ruffieux/V. Serneels, Sèvaz «Tudinges»: chronique d'un atelier de métallurgistes du début de La Tène dans la Broye. Arch. Schweiz 21, 1998, 144–154.
Mauvilly/Ruffieux 2007	M. Mauvilly/M. Ruffieux, Bussy «Pré de Fond» et Sévaz «Tudinges» (canton de Fribourg, Suisse) entre VIIe et Ve siècles avant J.-C.: deux nouveaux types de sites sur le Plateau. In: Ph. Barral/A. Daubigney/C. Dunning/G. Kaenel/M.-J. Roulière-Lambert (Hrsg.), L'age du Fer dans l'arc jurassien et ses marges. Dépôts, lieux sacrés et territorialité à l'âge du Fer. Actes du XXIXᵉ colloque international de l'A.F.E.A.F., Bienne, 5–8 mai 2005 (Besançon 2007) 279–295.

Mehling 1998	A. Mehling, Archaika als Grabbeigaben. Studien an merowingerzeitlichen Gräberfeldern. Tübinger Texte 1 (Rahden/Westf. 1998).
Mengen 2001	Verein für Dorfgeschichte Schallstadt – Mengen – Wolfenweiler (Hrsg.), 1225 Jahre Mengen (Freiburg 2001).
Meurers-Balke/Lüning 1990	J. Meurers-Balke/J. Lüning, Experimente zur frühen Landwirtschaft. Ein Überblick über die Kölner Versuche in den Jahren 1978–1986. Arch. Mitt. Nordwestdeutschland Beih. 4 (Oldenburg 1990) 82–93.
Mischka 2007	D. Mischka, Methodische Aspekte zur Rekonstruktion prähistorischer Siedlungsmuster. Landschaftsgenese vom Ende des Neolithikums bis zur Eisenzeit im Gebiet des südlichen Oberrheins. Freiburger Arch. Stud. 5 (Rahden/Westf. 2007).
Nebelsick/Kohnke 1985	L. Nebelsick/H.-G. Kohnke, Eine hallstattzeitliche Siedlung mit Gießerei- und Schmiedeabfall von Niedererlbach (Niederbayern). Arch. Korrbl. 15, 1985, 339–347.
Nothdurfter 1979	J. Nothdurfter, Die Eisenfunde von Sanzeno im Nonsberg. Röm.-Germ. Forsch. 38 (Mainz 1979).
Pankau 2008	C. Pankau, Hallstattzeitliche Opferplätze auf der Ostalb? In: Ch. Eggl/P. Trebsche/I. Balzer/J. Fries-Knoblach/J. K. Koch/H. Nortmann/J. Wiethold (Hrsg.), Ritus und Religion in der Eisenzeit. Beiträge zur Sitzung der AG Eisenzeit während der Jahrestagung des Mittel- und Ostdeutschen Verbandes für Altertumsforschung e. V. in Halle an der Saale 2007. Beitr. Ur- u. Frühgesch. Mitteleuropa 49 (Langenweissbach 2008) 125–134.
Pape 2000	J. Pape, Die attische Keramik der Heuneburg und der keramische Südimport in der Zone nördlich der Alpen während der Hallstattzeit. In: W. Kimmig (Hrsg.), Importe und mediterrane Einflüsse auf der Heuneburg. Heuneburgstud. XI = Röm.-Germ. Forsch. 59 (Mainz 2000) 71–176.
Parzinger 1998	H. Parzinger, Der Goldberg – die metallzeitliche Besiedlung. Röm.-Germ. Forsch. 57 (Mainz 1998).
Pauli 1978	L. Pauli, der Dürrnberg bei Hallein III. Auswertung der Grabfunde. Veröff. Komm. Arch. Erforsch. Spätröm. Raetien Bayer. Akad. Wiss., Münchner Beitr. Vor- u. Frühgesch. 18 (München 1978).
Pauli 1993	L. Pauli, Hallstatt- und Frühlatènezeit. In: H. Bender/L. Pauli/I. Storck, Der Münsterberg in Breisach II. Hallstatt- und Latènezeit. Veröff. Komm. Arch. Erforsch. Spätröm. Raetien Bayer. Akad. Wiss., Münchner Beitr. Vor- u. Frühgesch. 40 (München 1993) 21–172.
Pleiner 2006	R. Pleiner, Iron in archaeology – early European Blacksmiths. Arch. ústav AVČR (Prag 2006).
Rice 1987	P. Rice, Pottery Analysis. A sourcebook (Chicago 1987).
Röder 1995	B. Röder, Frühlatènekeramik aus dem Breisgau – ethnoarchäologisch und naturwissenschaftlich analysiert. Materialh. Arch. Baden-Württemberg 30 (Stuttgart 1995).
Rosenstock 1979	D. Rosenstock, Die Siedlungsstellen in Geismar und die Besiedlung im oberen Leinetal seit der jüngeren vorrömischen Eisenzeit. Neue Ausgr. u. Forsch. Niedersachsen 13, 1979, 157–311.
Roth-Zehner/Boyer 2009	M. Roth-Zehner/A. Boyer, Illfurth-Buergelen: Une plate-forme au pied du site de hauteur fortifié du Britzgyberg. Présentation de la céramique hallstattienne (Hallstatt D1 et D3). In: Chaume 2009a, 313–338.
Ruffieux/Mauvilly 2009	M. Ruffieux/M. Mauvilly, Céramique hallstattienne: données récentes et premier essai de synthèse concernant le canton de Fribourg. In: Chaume 2009a, 477–516.
Scherzler 1998	D. Scherzler, Der tönerne Ring vom Viesenhäuser Hof – ein Hinweis auf medizinische Versorgung in der vorrömischen Eisenzeit? Fundber. Baden-Württemberg 22/1, 1998, 237–294.

Schibler u. a. 1999	J. Schibler/B. Stopp/J. Studer, Haustierhaltung und Jagd. In: Die Schweiz vom Paläolithikum bis zum frühen Mittelalter IV (Basel 1999) 116–136.
Sormaz/Stöllner 2005	T. Sormaz/Th. Stöllner, Zwei hallstattzeitliche Grabkammern vom Dürrnberg bei Hallein. Neue dendrochronologische Ergebnisse zum Übergang von der Hallstatt- zur Frühlatènezeit. Arch. Korrbl. 35, 2005, 361–376.
Sievers 1984	S. Sievers, Die Kleinfunde der Heuneburg. Heuneburgstud. V = Röm.-Germ. Forsch. 42 (Mainz 1984).
Sprenger 2001	S. Sprenger, Mengen in Stein- und Bronzezeit. In: Mengen 2001, 27–35.
Stika 2009	H. P. Stika, Landwirtschaft der späten Hallstatt- und frühen Latènezeit im mittleren Neckarland – Ergebnisse von pflanzlichen Großrestuntersuchungen. In: K. Schatz/H. P. Stika, Hochdorf VII. Archäobiologische Untersuchungen zur frühen Eisenzeit im mittleren Neckarraum. Forsch. u. Ber. Vor- u. Frühgesch. Baden-Württemberg 107 (Stuttgart 2009) 125–294.
Stöllner 2007	Th. Stöllner, Handwerk im Grab – Handwerker? Überlegungen zur Aussage der Gerätebeigabe in eisenzeitlichen Gräbern. In: R. Karl/J. Leskovar (Hrsg.), Interpretierte Eisenzeiten. Fallstudien, Methoden, Theorie. Tagungsbeiträge der zweiten Linzer Gespräche zur interpretativen Eisenzeitarchäologie. Stud. Kulturgesch. Oberösterreich F. 19 (Linz 2007) 227–252.
Struck 1984	W. Struck, Schlitzgräbchen im Kaiserstuhlgebiet. Arch. Inf. 7, 1984, 13–16.
Tappert 2006	C. Tappert, Die Gefäßkeramik der latènezeitlichen Siedlung Straubing-Bajuwarenstraße. Materialh. Bayer. Vorgesch. A 89 (Kallmünz/Opf. 2006).
Teržan 1994	B. Teržan, Überlegungen zum sozialen Status des Handwerkers in der frühen Eisenzeit Südosteuropas. In: C. Dobiat (Hrsg.), Festschrift für Otto-Herman Frey zum 65. Geburtstag. Marburger Stud. Vor- u. Frühgesch. 16 (Marburg 1994) 659–669.
Trachsel 2004	M. Trachsel, Untersuchungen zur relativen und absoluten Chronologie der Hallstattzeit. Univforsch. Prähist. Arch. 104 (Bonn 2004).
Wagner 2006	H. Wagner, Glasschmuck der Mittel- und Spätlatènezeit am Oberrhein und in den angrenzenden Gebieten. Ausgr. u. Forsch. 1 (Remshalden 2006).
Walter 2009	S. Walter, Das frühmittelalterliche Gräberfeld von Mengen (Kr. Breisgau-Hochschwarzwald). URL: <http://edoc.ub.uni-muenchen.de/9450/1/Walter_Susanne_G.pdf> [21.7.2009].
Wells 1983	P. Wells, Rural economy in the early iron age. Excavations at Hascherkeller, 1978–1981. American School of Prehistoric Research Bull. 36 (Harvard 1983).
Wyss 1969	R. Wyss, Wirtschaft und Technik. In: Archäologie in der Schweiz II. Die jüngere Steinzeit (Basel 1969) 117–138.

Abbildungsverweise aller Keramiktypen

S1.1 Abb. 19,6–8.10; 20,8.10; 21,2.3; 22,21–28; 23,6.7.16; 24,1.3–8; 25,1; 26,15; 27,35; 31,2; 34,1; 35,8; 36,2.5.6; 38,4.5; 39,1.3.4; 40,8; 42,14.15; 43,6.7; 45,9.13; 49,4.6; 50,15.16.22; 51,8.9; 52,14; 53,9; 54,4; 55,14; 56,7; 57,1.3; 58,24; 59,4; 62,17.18; 64,3.4; 65,1.3.8; 66,7.8; 67,8.10.12.13; 70,15–22.29.30; 71,1; 72,8–15; 73,7.12; 74,8; 75,21; 76,3.4; 77,5; 78,23–25.
S1.2 Abb. 31,3; 43,2.3; 47,12; 59,16; 70,21.26.28; 73,13; 75,7.
S1.3 Abb. 22,1; 23,5; 24,2; 32,1; 34,4; 48,22; 53,11; 73,11.
S1.4 Abb. 28,9; 31,1; 48,18–20; 61,15.19.
S2.1 Abb. 19,1; 20,3; 21,1; 26,16; 27,19.21.23–27.29–30.32.34; 30,8.13.17.19–21; 31,6; 32,11.13.15.16.22; 34,2.3.5; 35,10.15.17; 36,1; 37,10.11.16–19.21; 39,2; 42,9.10.13; 43,4.5; 45,12; 46,12; 48,2.5.11; 49,12; 50,17–19.23; 51,6–9; 52,1.10.11; 53,6; 54,1.6; 58,17.20.22–24; 59,5.6; 61,12.22; 62,5.9.16.19.20.23; 63,5; 65,3.5.9; 66,2.11; 67,2.4.11; 68,5; 72,2.3.7.13; 75,7.8.
S2.2 Abb. 35,11; 52,12.
S3   Abb. 27,17; 28,1.2.4; 37,3; 38,3; 40,7; 41,9; 42,1; 45,11; 47,13; 49,9; 56,3.6; 57,9; 58,1.3; 59,12; 62,12; 71,10; 74,6.9; 75,16; 76,8.10.11.
S4.1 Abb. 27,33; 30,24; 32,14.17; 35,16; 38,6; 39,5; 56,5; 57,2; 63,1; 64,2; 65,12; 73,8; 74,7; 75,6.
S4.2 Abb. 31,4; 43,1; 49,10; 56,4; 72,12; 75,2.

S4.3   Abb. 20,2; 33,4; 45,11; 50,20; 52,13; 53,5; 59,9–11.13; 66,1; 71,11.
S5   Abb. 72,4; 75,10.11.
S6   Abb. 18,7; 20,1; 36,11; 37,2.4.5; 41,2–4.6–8; 52,9; 56,1; 68,4; 78,17.
S7   Abb. 28,21; 31,5; 33,5; 41,1; 51,1.3; 56,2; 61,20; 65,10; 68,1–3; 75,13.
So1   Abb. 26,2; 35,12.
So2   Abb. 73,14.
So3   Abb. 69,9.
So4   Abb. 33,6.
So5   Abb. 51,2.
So6   Abb. 55,13.
So7   Abb. 38,1.
So8   Abb. 47,14.
T1.1   Abb. 30,4; 33,1.
T1.2   Abb. 32,19; 48,7; 58,2; 63,4.
T1.3   Abb. 22,13; 67,1; 73,5.
T2.1   Abb. 20,7; 48,9.
T2.2   Abb. 30,12; 33,2; 38,2; 49,1; 55,12; 63,3.
T2.3   Abb. 18,9; 20,9; 22,2–8.14; 30,22; 40,13–15; 67,7.9; 69,3.4.6; 78,9.
T2.4   Abb. 23,1.4; 28,14; 44,1; 55,16.
T2.5   Abb. 18,8.10.11; 20,4; 27,13; 30,2.3; 42,8.11; 76,29.
T2.6   Abb. 55,1.7; 62,11; 64,1; 72,17; 75,3.
T3.1   Abb. 23,2; 28,11; 53,8; 59,15.
T3.2   Abb. 41,5.
T3.3   Abb. 42,5.7; 50,4.
T3.4   Abb. 22,17; 46,10; 49,7; 50,3.
T3.5   Abb. 27,15; 33,3; 74,6.
T3.6   Abb. 17,1.6; 28,13; 30,1; 42,3; 47,7; 60,1.
T3.7   Abb. 44,6; 50,2; 58,7.10; 61,21; 65,6; 75,16.18.
T4   Abb. 26,3; 60,15; 79,1.2.

Abbildungsnachweis

Abb. 1: Maise 2001, 391 Abb. 1; Pauli 1993, 16 Abb. 18 (Kartengrundlage: D. Mischka in Balzer 2009a, 20 Abb. 3). – Abb. 10: aktualisiert nach Balzer 2001, 37 Abb. 1. – Abb. 11: Kimmig 1933/36, 424 Abb. 184 f. – Abb. 12 und 13: Balzer 2001, 40 Abb. 7 und 44 Abb. 11. – Abb. 14 und 15: nach Mischka 2007, 195 Abb. 6.35 und 211 Abb. 6.45 (Kartengrundlage: D. Mischka in Balzer 2009a, 20 Abb. 3). – Alle anderen Abb.: Verf.

Schlagwortverzeichnis

Neolithikum; Urnenfelderzeit; Hallstattzeit; Latènezeit; Eisenzeit; Frühmittelalter; Siedlung; Flachland; Grubenhäuser; Trichtergruben; Schlitzgräbchen; Keramiktypologie; scheibengedrehte und handgemachte Keramik; Verzierungselemente; Weidacher Fibel; Feile; Handwerk; Wirtschaft.

Anschrift der Verfasserin

Doris Lettmann M.A.
Johann-Strauß-Str. 10
82008 Unterhaching

E-Mail: doris.lettmann@gmx.de

Katalog

Vorbemerkung

Im Katalog wird zunächst der Befund beschrieben, danach werden die Funde nach Materialgattungen getrennt aufgelistet.[481] Die Befundbeschreibung setzt sich zusammen aus der Art des Befundes, den Abmessungen (bei annähernd runden Befunden wird der Durchmesser, bei den anderen Befunden werden Länge und Breite angegeben) und der Form des Befundes im Querschnitt. Es treten kasten- (1), kessel- (2), wannen- (4), beutel- (6) und trichterförmige (7) Befunde auf (Abb. 16).[482] Getreppte Befunde weisen deutlich abgesetzte Höhenunterschiede der Sohle auf (3 und 5). Weitere Angaben betreffen den Erdabtrag und die Tiefe des Befundes. Die Tiefe des Befundes wird vom Planum ausgehend gemessen. Da viele Befunde keine ebene Sohle aufweisen, werden absteigend die jeweils tiefsten Punkte angegeben. Bei der Keramik handelt es sich in der Regel um handaufgebaute Ware, scheibengedrehte Keramik wird mit der Abkürzung DSK gekennzeichnet. Bei der Beschreibung von Oberfläche und Farbe wird zuerst die Außen-, danach die Innenseite genannt.

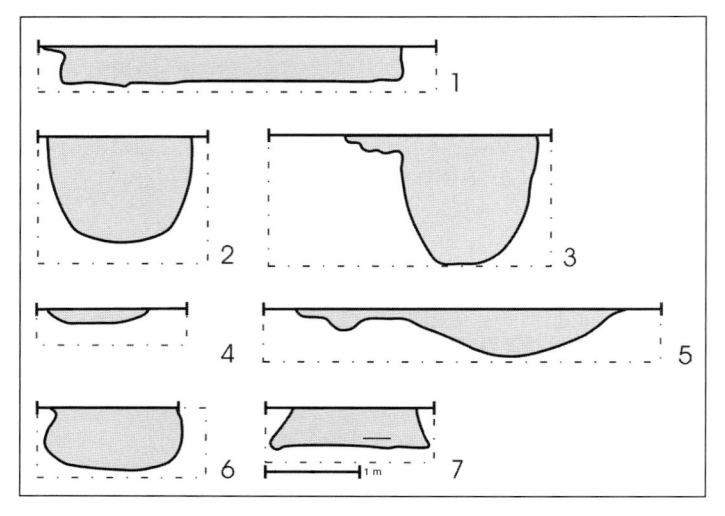

Abb. 16: Formen der Befunde im Profil.

Für den Katalog wurden alle Funde aufgenommen, die sich in eisenzeitlichen Befunden befanden, sowie die eisenzeitlichen Kleinfunde aus Befunden anderer Zeitstellung. Gezeichnet wurden die gesamte Keramik sowie alle Kleinfunde. Wenige nicht eisenzeitliche Kleinfunde sowie der Großteil der Tierknochen lagen bei der Bearbeitung nicht vor, werden aber im Katalog aufgelistet. Die Funde werden nach Befunden getrennt im Fundkatalog aufgelistet und im Tafelteil abgebildet.
Die Keramik wird in der Regel im Maßstab 1:3 abgebildet, die Kleinfunde im Maßstab 1:2. Bei den Fundzeichnungen handelt es sich um stilisierte Zeichnungen, bei welchen auf Schattierung durch Punkte verzichtet wurde. Besondere Fälle wie Grafitierung oder Schlickerung werden durch Punktierung der Oberfläche gekennzeichnet.

---

481 Eine zusammenfassende Übersicht über alle Befunde kann dem beigelegten Datenträger entnommen werden.
482 Trichterförmige Befunde werden aufgrund des allgemeinen Sprachgebrauchs so bezeichnet, eigentlich handelt es sich dabei um umgekehrt trichterförmige Befunde.

Abkürzungen

A	Augit	Inv.	Inventarnummer
B.	Breite	K	Kalk
Bem.	Bemerkung	L.	Länge
Bs	Bodenscherbe	Mag.	Magerung
Bstrich.	Besenstrich	max.	maximal/maximale
Dek.	Dekor	min.	mineralisch
Dm.	Durchmesser	n. e.	nicht erkennbar
Dm. (B)	Bodendurchmesser	n. f.	nicht feststellbar
DSK	Drehscheibenkeramik	Obfl.	Oberfläche
F.	Farbe	P	Partikel
G	Glimmer	pol.	poliert
Gew.	Gewicht	por.	porös
gegl.	geglättet	Q	Quarz
gt. gegl.	gut geglättet	ra.	rau
grb. gegl.	grob geglättet	Rs	Randscherbe
gschlickr.	geschlickert	Ws	Wandscherbe
graf.	grafitiert		

Befund 24

Art: Grube
Form: kesselförmig
Größe: Dm. 1,4 m
Erdabtrag: 0,7 m
max. Tiefe: 0,4 m
Schicht 1: dunkelbrauner, humoser Lösslehm mit Holzkohlepartikeln und gebranntem Lehm.
Beschreibung: runde, leicht getreppte, kesselförmige Grube mit ebener Sohle (*Abb. 88*).

Funde:
– 3 Rs und 2 Ws eines Topfes; Obfl. gegl./gegl.; F. rotbraun/rotbraun; Dek.: schmal-elipsoide Einstiche am Halsknick, umlaufend vertikale Einstiche auf der nach außen abgestrichenen Randlippe; Mag. grob, P; Dm. 140 mm; *Abb. 17,1*, Inv. k_1,31.
– 2 Ws eines Gefäßes; Obfl. gegl./sehr uneben; F. ziegel/schwarz; Mag. fein, min.; Inv. k_2.
– 1 Ws eines Gefäßes; Obfl. gegl./grb. gegl.; F. rotbraun/ziegel; Mag. grob, P; Inv. k_3.
– 1 Ws eines Gefäßes; Obfl. gegl./grb. gegl.; F. ocker/schwarzbraun; Mag. mittel, A; Inv. k_4.
– 4 Ws eines Gefäßes; Obfl. gegl./gegl.; F. tiefbraun/tiefbraun; Mag. fein, PKA; Inv. k_5.

Befund 31

Art: Grube
Form: getreppt wannenförmig
Größe: L. 1,62 m, B. 1,0 m
Erdabtrag: 0,7 m
max. Tiefe: 0,14 m
max. Tiefe 2: 0,1 m
Schicht 1: hellbrauner, gefleckter Lösslehm mit wenig Hüttenlehm.
Beschreibung: unregelmäßig ovale, getreppt wannenförmige Grube, Befundgrenze zum Teil nicht klar erkennbar.

Funde:
– 1 Ws eines Gefäßes; Obfl. gegl./gegl.; F. ziegelrot/graubraun; Mag. grob, GKQ; Inv. 623_1.

Befund 32

Art: Grube
Form: getreppt wannenförmig
Größe: L. 2,1 m, B. 1,86 m
max. Tiefe: 0,45 m
max. Tiefe 2: 0,2 m

Schicht 1: mittelbrauner Lösslehm mit wenigen Holzkohlepartikeln.
Schicht 2: Löss.
Schicht 3: gefleckter Löss.
Beschreibung: ovale, getreppt wannenförmige Grube.

Funde:
– 5 kleine Fragmente verziegelten Lehms (Dm. 10 mm); Inv. 624_1.

Befund 40

Art: Grube
Form: getreppt wannenförmig
Größe: L. 1,44 m, B. 1,04 m
max. Tiefe: 0,3 m
max. Tiefe 2: 0,18 m
Schicht 1: mittel- bis dunkelbrauner Lösslehm.
Beschreibung: ovale, getreppt wannenförmige Grube.

Funde:
– 1 Rs einer Schale; Obfl. gt. gegl., pol./gt. gegl., pol.; F. schwarz/schwarz; Mag. mittel, P; Dm. n. f.; *Abb. 17,2*, Inv. k_7.
– 2 Rs und 2 Ws eines Gefäßes; Obfl. gegl./gegl.; F. rotbraun/rotbraun; Mag. grob, KQ; Dm. n. f.; *Abb. 17,3*, Inv. k_9.
– 1 Ws eines Gefäßes; Obfl. gt. gegl., graf./gegl.; F. rot, schwarz/ziegel; Dek.: schmale Streifen aus Grafit; Mag. mittel, PK; *Abb. 17,4*, Inv. k_10.
– 1 Rs eines Gefäßes; Obfl. gt. gegl., pol./gt. gegl., pol.; F. rotbraun/schwarzbraun; Mag. sehr grob, GKQ; Dm. n. f.; *Abb. 17,5*, Inv. k_12.
– 4 Rs und 3 Ws eines Topfes; Obfl. gegl./gegl.; F. tiefbraun/tiefbraun; Dek.: dreieckige Einstiche unterhalb des Halsknicks; Mag. mittel, KA; Dm. 150 mm; *Abb. 17,6*, Inv. k_17.
– 1 Rs einer Schale; Obfl. gt. gegl./gt. gegl.; F. braun/braun; Mag. mittel, KA; Dm. 220 mm; *Abb. 17,7*, Inv. k_5.
– 3 Rs und 6 Ws einer Schale; Obfl. gegl./gegl.; F. ockerbraun/ockerbraun; Mag. sehr grob, KPQ; Dm. 240 mm; *Abb. 17,8*, Inv. k_14.
– 1 Rs und 7 Ws einer Schale; Obfl. gt. gegl./gegl.; F. ockerbraun/ockerbraun; Mag. grob, PKA; Dm. 270 mm; *Abb. 17,9*, Inv. k_13.
– 1 Ws eines Gefäßes; Obfl. gegl./gegl.; F. ziegel/ziegel; Mag. mittel, P; Inv. k_1.
– 2 Ws eines Gefäßes; Obfl. gegl./gegl.; F. rotbraun/rotbraun; Mag. mittel, PK; Inv. k_2.
– 1 Ws eines Gefäßes; Obfl. gegl./gegl.; F. rotbraun/rotbraun; Mag. mittel, PK; Inv. k_3.
– 1 Ws eines Gefäßes; Obfl. gt. gegl./gegl.; F. braun/braun; Mag. grob, K; Inv. k_4.
– 1 Ws eines Gefäßes; Obfl. grb. gegl./gt. gegl.; F. braun, ockerbraun/ockerbraun; Mag. grob, GPK; Inv. k_6.
– 1 Ws eines Gefäßes; Obfl. gegl./gegl.; F. rotbraun/rotbraun; Mag. fein, PK, k_11.
– 7 Ws eines Gefäßes; Obfl. gegl./gegl.; F. ocker/ocker; Mag. fein, PK; Inv. k_15.
– 48 Ws eines Gefäßes; Obfl. gegl./gegl.; F. ocker/ocker; Mag. mittel, P; Inv. k_16.
– 16 Ws eines Gefäßes; Obfl. gegl./gegl.; F. ocker/ocker; Mag. mittel, PK; Inv. k_18.
– 1 Fragment eines Tierknochens (Dm. 22 mm); Inv. k_8.
– 10 Bruchsteine (Dm. 10 mm); 1 Brocken Granit, stark mit Q und G durchsetzt; Inv. k_19.

Befund 41

Art: Grube
Form: kesselförmig
Größe: L. 0,5 m, B. 0,33 m
max. Tiefe: 0,22 m
Schicht 1: dunkelbrauner Lösslehm.
Beschreibung: ovale, kesselförmige kleine Grube oder Pfostenloch.

Funde:
– 1 Rs und 1 Ws eines Gefäßes; Obfl. gegl./gegl.; F. orangeziegel/orangeziegel; Mag. grob, A; Dm. n. f.; *Abb. 18,1*, Inv. k_2.
– 2 Ws eines Gefäßes; Obfl. gegl./gegl.; F. ziegel/ocker; Mag. grob, P; Inv. k_3.
– 18 Ws eines Gefäßes; Obfl. pol./gegl.; F. schwarz/rotbraun; Mag. n. e.; Inv. k_4.
– 1 Fragment verziegelten Lehms (L. 30 mm, B. 30 mm); Inv. k_1.

Befund 42

Art: Grube
Form: wannenförmig
Größe: Dm. 1,14 m
Erdabtrag: 1,1 m
max. Tiefe: 0,2 m
Schicht 1: mittelbrauner, stark gefleckter Lösslehm.
Beschreibung: runde wannenförmige Grube mit unebener Sohle.

Funde:
– 1 Ws eines Gefäßes; Obfl. gegl./gegl.; F. ziegel/schwarz; Mag. fein, PK; Inv. 631.

Befund 43

Art: Grube/Herdstelle
Form: kesselförmig (a) mit dazugehörigem, zweitem Befund (b)
Größe: Dm. a ca. 0,9 bis 1,0 m; Dm. b ca. 0,4 bis 0,56 m
Erdabtrag: 0,8 m
max. Tiefe: 0,44 m
Schicht 1: schwarzbrauner, humoser Boden mit Holzkohlepartikeln.
Schicht 2: mittel- bis dunkelbrauner Lösslehm mit gebrannten Lehmflecken.
Schicht 3: dunkelbrauner, gefleckter Lösslehm mit Holzkohlepartikeln.
Schicht 4: Bruchsteine, gebrannter Lehm.
Beschreibung: kesselförmige Grube (a) mit konvexer Sohle, durch einen Tiergang gestört. In Bereich b befindet sich eine Ansammlung aus gebranntem Lehm und Holzkohle, die durch ein Band aus gebrannten Lehmbrocken mit der Grube a verbunden ist (*Abb. 93*; siehe auch das entsprechende Profil auf dem Datenträger).

Funde:
– 1 Bs eines Gefäßes; Obfl. gt. gegl./gegl.; F. ocker/ocker; Mag. sehr grob, AQ; Dm. (B) 100 mm; *Abb. 18,2*, Inv. k_3.
– 1 Bs eines Gefäßes; Obfl. gt. gegl., Überzug/gegl.; F. grau, ocker/ocker; Mag. sehr grob, P; Dm (B) 90 mm; *Abb. 18,3*, Inv. k_5.
– 1 Bs eines Gefäßes; Obfl. gegl., leicht ra./gegl.; F. ocker/ocker; Mag. grob, AQ; Dm. (B) 200 mm; *Abb. 18,4*, Inv. k_4.
– 1 Bs eines Gefäßes; Obfl. gt. gegl./gegl.; F. grauziegel/grauziegel; Mag. grob, KAQ; Dm. (B) 200 mm; *Abb. 18,5*, Inv. k_7.
– 14 Ws eines Gefäßes; Obfl. gt. gegl./gt. gegl.; F. ziegel/ziegel; Mag. fein, KPQ; Inv. k_1.
– 50 Ws eines Gefäßes; Obfl. gt. gegl./gt. gegl.; F. graubraun/graubraun; Mag. mittel, PKA; Dm. 105 mm; Inv. k_2.
– 29 Ws eines Gefäßes; Obfl. gegl., ra./gegl., ra.; F. ocker/grauschwarz; Mag. grob, KA; Inv. k_3.
– 24 Ws eines Gefäßes; Obfl. gt. gegl./gt. gegl.; F. ocker/ocker; Mag. sehr grob, GAQ; Dm. 200 mm; Inv. k_6.
– 9 kleine Fragmente verziegelten Lehms; Inv. k_8.
– 20 Steine, teilweise mit Brandspuren; im Bereich b annähernd kreisförmig angeordnet; Inv. k_9.
– 34 kleine Fragmente verziegelten Lehms (L. 20 bis 40 mm); 4 große Fragmente verziegelten Lehms (L. 50 mm, B. 70 mm); ein Stein (weiß); Inv. k_10.

Befund 44

Art: Gräbchen
Form: getreppt kastenförmig
Größe: L. 3,32 m, B. 0,3 bis 0,66 m
Erdabtrag: 1,0 m
max. Tiefe: 0,66 m
max. Tiefe 2: 0,3 m
Schicht 1: mittelbrauner, stark mit sterilem Löss gefleckter Lösslehm.
Beschreibung: getreppt kastenförmiges Gräbchen mit abgerundeten Ecken und uneben verlaufender Sohle (*Abb. 80*).

Funde:
– 2 Ws eines Gefäßes; Obfl. grb. gegl./grb. gegl.; F. ocker/schwarz; Mag. mittel, PK; Inv. 632.

Befund 45

Art: Grube
Form: getreppt kesselförmig
Größe: L. 3,18 m, B. 0,86 bis 2,18 m
Erdabtrag: 1,0 m
max. Tiefe: 0,6 m
max. Tiefe 2: 0,18 m
Schicht 1: mittel- bis dunkelbrauner Lösslehm.
Beschreibung: durch Einschnürung in zwei Bereiche (*a* und *b*) geteilte, getreppt wannenförmige Grube mit leicht unebener Sohle. Der Übergang zwischen den Bereichen *a* und *b* ist durch einen Tiergang gestört und somit unklar (siehe *Abb. auf Datenträger*).

Funde:
– 1 Rs eines Gefäßes; Obfl. grb. gegl./gegl.; F. grauocker/grauocker; Mag. mittel, min.; Dm. n. f.; *Abb. 18,6*, Inv. 633.
– 3 Ws eines Gefäßes; Obfl. gegl./grb. gegl.; F. hellbraun/schwarzbraun; Mag. mittel, A; Inv. 634.
– 4 Ws eines Gefäßes; Obfl. gegl./gegl.; F. rotbraun/schwarz; Mag. fein, PK; Inv. 635.

Befund 51

Art: Grube
Form: getreppt wannenförmig
Größe: L. 1,62 m, B. 1,46 m
Erdabtrag: 1,1 m
max. Tiefe: 0,26 m
max. Tiefe 2: 0,2 m
Schicht 1: mittelbrauner Lösslehm mit wenig Holzkohle und Hüttenlehm.
Beschreibung: unregelmäßig ovale Grube mit in der Mitte einziehender Sohle.

Funde:
– 1 Rs einer Schale, DSK; Obfl. gegl., graf./gegl.; F. schwarzgrau/schwarzgrau; Mag. fein, P; Dm. 200 mm; *Abb. 18,7*, Inv. k_12.
– 1 Rs eines Gefäßes; Obfl. gegl./gegl.; F. rotbraun/rotbraun; Dek.: dreieckige Eindrücke umlaufend im Halsknick; Mag. fein, A; Dm. n. f.; *Abb. 18,8*, Inv. k_11.
– 1 Rs und 1 Ws eines Topfes; Obfl. gegl., leicht ra./gegl., leicht ra.; F. rotbraun/rotbraun; Dek.: Leiste mit diagonalen Eindrücken; Mag. fein, PA; Dm. 210 mm; *Abb. 18,9*, Inv. k_4.
– 4 Rs und 6 Ws eines Topfes; Obfl. gegl./gegl.; F. hellbraun/hellbraun; Dek.: flach eingestochene, diagonale Dreiecke unterhalb des Halses; Mag. mittel, PA; Dm. 210 mm; *Abb. 18,10*, Inv. k_8.
– 1 Rs eines Topfes; Obfl. gt. gegl./gt. gegl.; F. ziegelrot, grauocker, dunkelbraun/grauocker; Mag. mittel, P; Dm. 260 mm; *Abb. 18,11*, Inv. k_7.
– 1 Rs und 2 Ws einer Schale; Obfl. gt. gegl., por./gt. gegl.; F. tiefbraun/tiefbraun; Mag. fein, P; Dm. 340 mm; *Abb. 19,1*, Inv. k_2.
– 1 Bs eines Gefäßes; Obfl. gegl., ra./gegl.; F. ocker/ziegelrot; Mag. grob, A; Dm. (B) 140 mm; *Abb. 19,2*, Inv. k_6.
– 56 Ws und 1 Bs eines Gefäßes; Obfl. gegl./gegl.; F. hellbraun, ocker/tiefbraun; Mag. grob, P; Dm. (B) 75 mm; *Abb. 19,3*, Inv. k_9.
– 1 Ws eines Gefäßes; Obfl. gegl., ra./gt. gegl.; F. rotbraun/rotbraun; Mag. mittel, P; Inv. k_3.
– 1 Ws eines Gefäßes; Obfl. gegl./gegl.; F. grauschwarz, ocker/grauschwarz, ocker; Mag. sehr grob, P; Inv. k_5.
– 5 Ws eines Gefäßes; Obfl. grb. gegl./gegl.; F. hellbraun/hellbraun; Mag. mittel, KA; Inv. k_1.
– 16 Ws eines Gefäßes; Obfl. gegl./gegl., heller Belag; F. ziegelrot/ziegelrot; Mag. sehr grob, P; Inv. k_10.
– 1 Ws eines Gefäßes; Obfl. gegl./gegl.; F. hellbraun/tiefbraun; Mag. grob, P; Inv. k_15.
– 4 Ws eines Gefäßes; Obfl. gt. gegl./gt. gegl.; F. ziegelrot, dunkelbraun/ziegelrot; Mag. mittel, P; Inv. k_16.
– 7 Ws eines Gefäßes; Obfl. gegl./grb. gegl., ra.; F. ziegelrot/grauocker; Mag. sehr grob, GPA; Inv. k_18.
– 1 Ws eines Gefäßes; Obfl. gt. gegl./gt. gegl.; F. tiefbraun/graubraun; Mag. fein, P; Inv. k_19.
– 3 Ws eines Gefäßes; Obfl. por., blasig; F. ziegelrot/ziegelrot; Bem.: sekundär gebrannt; Inv. k_20.
– 7 Ws eines Gefäßes; Obfl. gegl./grb. gegl.; F. ziegelrot, schwarzgrau/rotbraun; Mag. n. e.; Inv. k_21.
– 4 kleine Brocken Hüttenlehm (L. 20 mm, B. 40 mm); Inv. k_13.
– 2 kleine Brocken Holzkohle; Inv. k_14.
– 1 Tierzahn; Inv. k_23.
– 1 Tierknochen (L. 40 mm); Bem.: zwei parallele Schnittspuren rechtwinklig zur Achse; Inv. k_22.

Befund 57

Art: Grube
Form: wannenförmig
Größe: Dm. 0,88 m
Erdabtrag: 1,06 m
max. Tiefe: 0,12 m
Schicht 1: dunkelbrauner Lösslehm mit vereinzelten Holzkohlepartikeln und viel Kalksinter.
Beschreibung: annähernd kreisrunde, wannenförmige Grube mit ebener Sohle.

Funde:
– 1 Ws eines Gefäßes; Obfl. gegl., ra./gegl.; F. grauschwarz/grauschwarz; Mag. grob, GP; Inv. 645.

Befund 60

Art: Grube
Form: kesselförmig
Größe: Dm. 0,64 m
Erdabtrag: 0,9 m
max. Tiefe: 0,18 m
Schicht 1: dunkelbrauner, speckiger Lehm mit Holzkohlepartikeln, verbranntem Lehm und Lössflecken.
Beschreibung: runde, kesselförmige Grube mit unebener Sohle.

Funde:
– 1 Rs eines Gefäßes; Obfl. gegl., ra./gegl., ra.; F. grauocker/grauocker; Mag. grob, A; Dm. n. f.; *Abb. 19,4*, Inv. 214.
– 1 Rs eines Gefäßes; Obfl. gegl./gegl.; F. braun/schwarz; Mag. sehr grob, KA; Dm. n. f.; *Abb. 19,5*, Inv. 212.
– 1 Rs einer Schale; Obfl. gegl./gegl.; F. ziegel, ocker/braun; Mag. grob, KA; Dm. n. f.; Bem.: mit Ausguss; *Abb. 19,6*, Inv. 211.
– 3 Rs einer Schale; Obfl. gt. gegl./gt. gegl.; F. ziegel, braun/ziegel; Mag. mittel, GPK; Dm. 220 mm; *Abb. 19,7*, Inv. 213.
– 1 Rs und 1 Ws einer Schale; Obfl. gt. gegl./gt. gegl.; F. dunkelbraun/dunkelbraun; Mag. grob, PKA; Dm. 260 bis 400 mm; *Abb. 19,8*, Inv. 208.
– 1 Ws eines Gefäßes; Obfl. grb. gegl./grb. gegl.; F. ziegel/braun; Dek.: diagonal gekerbte Leiste; Mag. grob, KA; *Abb. 19,9*, Inv. 215.
– 1 Rs und 1 Ws einer Schale; Obfl. gegl./gegl.; F. dunkelbraun/dunkelbraun; Mag. grob, PKAQ; Dm. 300 mm; *Abb. 19,10*, Inv. 210.
– 1 Ws eines Gefäßes; Obfl. gegl./gegl.; F. schwarzbraun/ocker, schwarzbraun; Dek.: diagonal gekerbte Leiste; Mag. grob, KA; *Abb. 19,11*, Inv. 215.
– 1 Rs eines Gefäßes; Obfl. gt. gegl., pol./gt. gegl., pol.; F. schwarzbraun/dunkelbraun; Mag. grob, GPK; Dm. n. f.; *Abb. 19,12*, Inv. 209.
– 1 Bs eines Gefäßes; Obfl. gegl./gegl.; F. ziegel/ziegel, braun; Mag. grob, PA; Dm. (B) 130 mm; *Abb. 19,13*, Inv. 207.
– 1 Rs eines Gefäßes; Obfl. gt. gegl./gt. gegl.; F. schwarzbraun/rotbraun; Mag. grob, GKA; Dm. n. f.; *Abb. 19,14*, Inv. k_1.
– 1 Ws eines Gefäßes; Obfl. gegl./gegl.; F. ocker/ocker; Mag. grob, KA; Inv. 216_1.
– 17 Ws eines Gefäßes; Obfl. gegl./gegl.; F. ocker/ocker; Mag. mittel, KA; Inv. 217_1.
– 10 Ws eines Gefäßes; Obfl. gegl., leicht ra./gegl.; F. ziegel/ziegel; Mag. grob, PKA; Inv. 217_2.
– 8 Ws eines Gefäßes; Obfl. grb. gegl./grb. gegl.; F. ziegelbraun/ziegelbraun; Mag. grob, KA; Inv. 217_2.
– 5 Ws eines Gefäßes; Obfl. gegl./gegl.; F. braunschwarz, grauziegel/grauocker; Mag. grob, GPK; Inv. 217_3.
– 3 Ws eines Gefäßes; Obfl. gt. gegl./gt. gegl.; F. grauschwarz/braun; Mag. grob, PK; Inv. 217_4.
– 5 Ws eines Gefäßes; Obfl. gt. gegl./gt. gegl.; F. braun/braun; Mag. grob, GKA; Inv. 217_5.
– 5 Ws eines Gefäßes; Obfl. gegl., ra./gegl.; F. graubraun, grauziegel/grauziegel; Mag. grob, KA; Inv. 217_6.
– 17 Ws eines Gefäßes; Obfl. gegl./gegl.; F. schwarzbraun, ocker, rotbraun/schwarzbraun, rotbraun, ocker; Mag. grob, PK; Inv. 217_7.
– 27 Ws eines Gefäßes; Obfl. gegl./gegl.; F. ocker/ocker; Mag. grob, PKA; Inv. 217_8.
– 1 Ws eines Gefäßes; Obfl. gegl./gegl.; F. dunkelbraun/dunkelbraun; Mag. grob, KA; Inv. 218_1.
– 5 kleine Fragmente Hüttenlehm (Dm. 20 mm); 1 großer Brocken Hüttenlehm (60 x 40 x 30 mm); Inv. 214_1.
– 2 Sandsteinbrocken (60 x 50 x 20 mm und 50 x 50 x 30 mm); Inv. 220.

Befund 70

Art: Grube
Form: wannenförmig
Größe: L. 1,56 m, B. 0,9 m
Erdabtrag: 0,96 m
max. Tiefe: 0,28 m
Schicht 1: dunkelbrauner Boden.
Beschreibung: wannenförmige, im oberen Bereich nicht von der Umgebung abgrenzbare Grube mit leicht konvexer Sohle. Der Befund reicht über die östliche Grabungsgrenze hinweg.

Funde:
- 3 Ws eines Gefäßes; Obfl. gegl./gegl.; F. tiefschwarz/tiefschwarz; Mag. grob, GKA; Inv. 669.
- 15 Ws eines Gefäßes; Obfl. gegl., ra./gegl.; F. schwarzgrau/schwarzgrau; Mag. grob, GKQ; Inv. k_1.
- 7 Ws eines Gefäßes; Obfl. gegl., sehr ra./gegl.; F. ocker/ocker; Mag. sehr grob, GKQ; Inv. k_2.
- 3 Ws eines Gefäßes; Obfl. gegl., leicht ra./gegl., leicht ra.; F. graubraun/schwarzbraun; Mag. mittel, KAQ; Inv. k_3.
- 10 Ws eines Gefäßes; Obfl. grb. gegl., ra./gegl.; F. ziegel/schwarzbraun; Mag. grob, GQ; Inv. k_4.
- 9 Ws eines Gefäßes; Obfl. grb. gegl./gegl.; F. ocker/schwarzgrau; Mag. sehr grob, GQ; Inv. k_5.

Befund 71

Art: Gräbchen
Form: langrechteckig
Größe: L. 3,0 m, B. 0,58 m
Erdabtrag: 0,96 m
max. Tiefe: 0,28 m
Schicht 1: mittelbrauner Lösslehm.
Schicht 2: blaugrüner Lösslehm.
Beschreibung: kastenförmiges Gräbchen mit ebener Sohle, zum Teil durch Tiergänge stark gestört. An beiden Längsseiten jeweils ein grünbrauner Streifen Löss, in der Mitte Brocken von Hüttenlehm und Holzkohle (*Abb. 80*).

Funde:
- 1 Löffel aus Eisen (laut Fundzettel Ohrlöffel, zur Restaurierung entnommen); Inv. 670.
- 1 ellipsoider Spinnwirtel aus Ton; L. 17 mm, Gew. 11 g; Dek. Oberseite: radiale Einschnitte, seitlich: wellenförmiges Band aus runden Eindrücken; *Abb. 20,6*, Inv. 680.
- 1 Rs einer Schale, DSK; Obfl. gegl., pol./gegl., pol.; F. tiefschwarz/tiefschwarz; Mag. n. e.; Dm. 160 mm; *Abb. 20,1*, Inv. 671_1.
- 1 Rs eines Gefäßes; Obfl. gegl./gegl.; F. grauocker/schwarz; Dek.: ovale Eindrücke unterhalb des Halses; Mag. fein, PA; Dm. größer als 360 mm; *Abb. 19,15*, Inv. 675.
- 1 Rs eines Gefäßes; Obfl. gegl./gegl.; F. graubraun/graubraun; Mag. mittel, K; Dm. n. f.; *Abb. 19,16*, Inv. 676_1.
- 1 Rs eines Gefäßes; Obfl. gt. gegl., pol./gt. gegl.; F. graubraun/graubraun; Mag. fein, P; Dm. n. f.; *Abb. 19,17*, Inv. 676_2.
- 1 Rs einer Schale; Obfl. gt. gegl., pol./gt. gegl., pol.; F. tiefschwarz/tiefschwarz; Mag. mittel, P; Dm. 160 mm; *Abb. 20,2*, Inv. 672.
- 2 Rs und 5 Ws einer Schale; Obfl. gegl./gegl.; F. grauschwarz/grauschwarz; Mag. sehr grob, GPK; Dm. größer als 500 mm; *Abb. 20,3*, Inv. 673_1.
- 1 Rs eines Topfes; Obfl. gt. gegl./gt. gegl.; F. braunschwarz, schwarz/schwarz; Mag. grob, PQ; Dm. 140 mm; *Abb. 20,4*, Inv. 674_1.
- 1 Bs eines Gefäßes; Obfl. grb. gegl./gegl.; F. ziegel/braun; Mag. sehr grob, P; Dm. (B) 80 mm; *Abb. 20,5*, Inv. 679.
- 4 Ws eines Gefäßes; Obfl. gegl./gegl.; F. graubraun/graubraun; Mag. grob, KPQ; Inv. 677_1.
- 4 Ws eines Gefäßes; Obfl. gt. gegl./gegl.; F. braunschwarz/braunschwarz; Mag. grob, PK; Inv. 678_1.
- 3 Ws eines Gefäßes; Obfl. gegl./gegl.; F. braunschwarz/rotbraun; Mag. grob, GKQ; Inv. 679_1.
- 12 Ws eines Gefäßes; Obfl. gegl./gegl.; F. grauschwarz, braunschwarz/grauschwarz, braun; Mag. mittel, P; Inv. 679_2.
- 9 Ws eines Gefäßes; Obfl. gegl./gegl.; F. ocker, ziegel/graubraun; Mag. grob, PK; Inv. 679_3.
- 2 Ws eines Gefäßes; Obfl. gegl., ra./gegl., ra.; F. ocker/schwarzgrau; Mag. grob, A; Inv. 679_4.
- 3 Bodenproben (entnommen); Inv. 686_2.
- 1 kleineres Fragment verziegelten Lehms (20 x 30 x 20 mm); 1 größeres Fragment verziegelten Lehms (20 x 70 x 60 mm); 1 sehr großes Fragment verziegelten Lehms (80 x 90 x 50 mm) mit zwei planen Kanten; Inv. 684_1.
- 1 Fragment verziegelten Lehms mit einer planen, schwarzen Seite (60 x 30 x 20 mm); Inv. 681_1.

– 9 kleine Fragmente verziegelten Lehms (Dm. 15 mm); 4 größere Fragmente verziegelten Lehms (Dm. 30 mm); 4 große Fragmente verziegelten Lehms (40 x 30 x 40 mm), zum Teil mit planen Obfl.; Inv. 682_1.
– Tierknochen (entnommen); laut Fundzettel: 13x Schaf/Ziege, 6x Rind, 1x unbestimmt; Inv. 683_1.

Befund 77

Art: Scherbennest
Form: annähernd rechteckig
Größe: L. 0,63 m, B. 0,55 m
Erdabtrag: 0,40 m
Beschreibung: Scherbennest aus Grobkeramik, dazwischen verbrannter Lehm, Steine, Kiesel, Holzkohle und ein gespaltener Knochen, kein Hinweis auf Strukturen im Boden (*Abb. 93*).

Funde:
– 1 Ws eines Gefäßes, DSK; Obfl. gt. gegl./gt. gegl.; F. grau/grau; Mag. fein, G; *Abb. 20,11*, Inv. k_6.
– 1 Rs und 1 Ws eines Topfes; Obfl. gegl., ra./gegl., ra.; F. ocker/ocker; Mag. mittel, PA; Dm. 170 mm; *Abb. 20,7*, Inv. k_15.
– 2 Rs einer Schale; Obfl. gegl., leicht ra./gegl.; F. ziegel/graubraun; Mag. mittel, KA; Dm. 240 mm; *Abb. 20,8*, Inv. k_2.
– 1 Rs eines Gefäßes; Obfl. gegl./gegl.; F. ziegel/ziegel; Dek.: Leiste im Halsknick; Mag. grob, min, AP; Dm. n. f.; *Abb. 20,9*, Inv. k_8.
– 1 Rs einer Schale; Obfl. gegl., ra./gegl., ra.; F. rotbraun/rotbraun; Mag. sehr grob, min., schwarz glänzende P, große graue Brocken mit schwarz glänzenden Einschlüssen; Dm. 300 mm; Bem.: mit Ausguss; *Abb. 20,10*, Inv. k_7.
– 1 Rs eines Gefäßes; Obfl. gegl., ra./gegl., leicht ra.; F. ziegel/ziegel, graubraun; Mag. grob, PKA; Dm. n. f.; *Abb. 20,12*, Inv. k_3.
– 1 Rs eines Gefäßes; Obfl. gt. gegl./gt. gegl.; F. tiefbraun/tiefbraun; Mag. fein, A; Dm. n. f.; *Abb. 20,13*, Inv. k_14.
– 1 Rs eines Gefäßes; Obfl. gegl., ra./gegl.; F. ziegel/ziegel; Mag. sehr grob, PA; Dm. n. f.; *Abb. 20,14*, Inv. k_11.
– 1 Rs eines Gefäßes; Obfl. gegl., ra./gegl.; F. ziegel/ziegel; Mag. mittel, PA; Dm. n. f.; *Abb. 20,15*, Inv. k_10,77.
– 1 Rs einer Schale; Obfl. gt. gegl./gt. gegl.; F. tiefbraun/tiefbraun; Mag. fein, GPA; Dm. 240 mm; *Abb. 21,1*, Inv. k_16.
– 1 Rs einer Schale; Obfl. gegl., ra./gegl., ra.; F. ziegel, ocker, grau/grau, ziegel; Mag. grob, PKA; Dm. 300 mm; *Abb. 21,2*, Inv. k_24.
– 3 Rs einer Schale; Obfl. gegl./gegl.; F. graubraun, ocker/graubraun; Mag. fein, KA; Dm. 260 mm; *Abb. 21,3*, Inv. k_21.
– 1 Bs eines Gefäßes; Obfl. gegl./gegl.; F. ziegel/ziegel; Mag. mittel, A; Dm. n. f.; *Abb. 21,4*, Inv. k_19.
– 1 Ws und 2 Bs eines Gefäßes; Obfl. gegl./grb. gegl.; F. ocker/ocker; Mag. mittel, GA; Dm. (B) 160 mm; *Abb. 21,5*, Inv. k_18.
– 1 Bs eines Gefäßes; Obfl. gegl., ra./gegl., ra.; F. ocker/ocker; Mag. grob, PA; Dm. (B) 220 mm; *Abb. 21,6*, Inv. k_30.
– 2 Bs eines Gefäßes; Obfl. grb. gegl., sehr ra./grb. gegl.; F. ziegel/tiefbraun; Mag. sehr grob, PA; Dm. (B) 180 mm; *Abb. 21,7*, Inv. k_5.
– 1 Ws eines Gefäßes; Obfl. gegl., ra./gegl., ra.; F. ziegel/ocker; Dek.: diagonale Eindrücke am Halsknick; Mag. mittel, P; Inv. k_20.
– 4 Ws eines Gefäßes; Obfl. grb. gegl./grb. gegl.; F. ocker/ziegel; Mag. mittel, PKA; Inv. k_22.
– 2 Ws eines Gefäßes; Obfl. gegl./gegl.; F. tiefbraun/tiefbraun; Mag. mittel, PKA; Inv. k_23.
– 6 Ws eines Gefäßes; Obfl. gegl., ra./gegl.; F. ocker, Spuren von braunem Überzug/ocker; Mag. grob, PKA; Inv. k_25.
– 6 Ws eines Gefäßes; Obfl. grb. gegl., leicht ra./grb. gegl., leicht ra.; F. rotbraun/rotbraun; Mag. grob, PKA; Inv. k_26.
– 38 Ws eines Gefäßes; Obfl. gegl., ra./gegl., ra.; F. ocker/ocker; Mag. mittel, PKA; Inv. k_28.
– 29 Ws eines Gefäßes; Obfl. gegl., ra./gegl.; F. ocker/ocker; Mag. grob, P; Inv. k_29.
– 8 Ws eines Gefäßes; Obfl. gegl./gegl.; F. braun/braun; Mag. fein, GKA; Inv. k_31.
– 1 Rs eines Gefäßes; Obfl. gegl., ra./gegl., ra.; F. ockergrau/ocker rotbraun; Mag. grob, K; Dm. größer als 260 mm; Inv. k_1.
– 1 Tierknochen (L. 70 mm, B. 15 mm); Inv. k_12.
– 1 großes Fragment eines Langknochens von einem unbekannten Tier (L. 60 mm); Inv. k_13.
– 1 stark zerbröselte Holzkohleprobe; Inv. k_9.
– 8 Brocken gebrannten Hüttenlehms; Inv. k_27.
– 1 Stein, eventuell Rotsandstein; Inv. k_17.
– 3 poröse Steine, einer davon könnte ein Läufer sein; Inv. k_4.

Befund 83

Art: Scherbennest
Form: annähernd langrechteckig
Größe: L. 1,2 m, B. 0,8 m
Erdabtrag: 0,75 m
Beschreibung: Scherbennest aus Grob- und Feinkeramik, randlich davon wenige Tierknochen und Lehm, kein Hinweis auf Strukturen im Boden (*Abb. 93*).

Funde:
– 3 Rs und 14 Ws einer Schale; Obfl. gt. gegl./gt. gegl.; F. schwarzbraun/schwarzbraun; Mag. grob, GPK; Dm. 320 mm; *Abb. 22,1*, Inv. k_1.

Befund 84

Art: Grubenrest
Form: oval
Größe: L. 0,7 m, B. 0,56 m
Erdabtrag: 0,9 m
max. Tiefe: 0,06 m
Schicht 1: dunkelbrauner, gefleckter Lösslehm.
Beschreibung: ovaler Grubenrest, Befundkante durch Tiergänge teilweise gestört.

Funde:
– 4 Ws eines Gefäßes; Obfl. gegl./gegl.; F. ziegel/grauschwarz; Mag. grob, KPAQ; Inv. k_1.
– 1 Ws eines Gefäßes; Obfl. gegl./gegl.; F. ocker/ocker; Mag. sehr grob, PA; Inv. k_2.
– 1 Ws eines Gefäßes; Obfl. gegl./grb. gegl., ra.; F. rotbraun/rotbraun; Mag. sehr grob, P; Inv. k_4.

Bereich zwischen Befund 83 und 85

Funde:
– 1 doppelkonischer Spinnwirtel aus Ton; L. 24 mm, Gew. 30 g; Dek.: radiale Linien auf Ober- und Unterseite; *Abb. 23,17*, Inv. k_57.
– 1 Rs eines Topfes; Obfl. grb. gegl./grb. gegl.; F. braun, schwarz/braun; Mag. mittel, KA; Dm. 300 mm; *Abb. 22,2*, Inv. k_1.
– 1 Ws eines Gefäßes; Obfl. gegl./gegl.; F. ocker/ocker; Dek.: Fingertupfenleiste; Mag. grob, GKA; *Abb. 22,3*, Inv. k_8.
– 1 Ws eines Gefäßes; Obfl. gegl., ra./gegl., ra.; F. braun/ocker; Dek.: diagonal gekerbte Leiste, darunter rechteckige Eindrücke; Mag. grob, KA; *Abb. 22,4*, Inv. k_46.
– 1 Rs eines Topfes; Obfl. gegl./gegl.; F. braun/ziegel; Dek.: Fingertupfenleiste, diagonal gekerbter Rand; Mag. grob, A; Dm. n. f.; *Abb. 22,5*, Inv. k_7.
– 1 Ws eines Gefäßes; Obfl. gegl./gegl.; F. braun/ziegel; Dek.: Fingertupfenleiste; Mag. grob, GKA; *Abb. 22,6*, Inv. k_2.
– 1 Ws eines Gefäßes; Obfl. gegl., ra./gegl., ra.; F. ziegel/ziegel; Dek.: diagonal fekerbte Leiste; Mag. sehr grob, KA; *Abb. 22,7*, Inv. k_10.
– 1 Ws eines Gefäßes; Obfl. gegl., ra./gegl., ra.; F. ziegel/ockergrau; Dek.: Fingertupfenleiste; Mag. grob, KA; *Abb. 22,8*, Inv. k_6.
– 1 Ws eines Gefäßes; Obfl. gegl., ra./gegl.; F. ocker/braunschwarz; Dek.: Griff oder Leiste; Mag. grob, KA; *Abb. 22,9*, Inv. k_4.
– 1 Rs eines Topfes; Obfl. gegl./gegl.; F. ocker/ocker; Dek.: Fingertupfenleiste; Mag. mittel, GPA; Dm. 300 bis 400 mm; *Abb. 22,10*, Inv. k_32.
– 1 Ws eines Gefäßes; Obfl. grb. gegl./grb. gegl.; F. ocker/braun; Dek.: vertikal eingeschnittene Leiste; Mag. sehr grob, GPAQ; *Abb. 22,11*, Inv. k_45.
– 1 Ws eines Gefäßes; Obfl. gt. gegl., Farbspuren/gt. gegl.; F. ziegel, rot, schwarz/braun; Dek.: im rechten Winkel sich kreuzende schwarze Linien auf rotem Untergrund; Mag. mittel, PK; Bem.: Farbe; *Abb. 22,12*, Inv. k_78.
– 1 Rs eines Topfes; Obfl. gegl./gegl.; F. ocker/ocker; Dek.: dreieckige Eindrücke unterhalb des Randes; Mag. mittel, KA; Dm. 240 bis 400 mm; *Abb. 22,13*, Inv. k_33.
– 1 Rs eines Topfes; Obfl. gegl./gegl.; F. ziegel/ziegel, braun; Dek.: Fingertupfenleiste; Mag. grob, KA; Dm. n. f.; *Abb. 22,14*, Inv. k_9.
– 1 Ws eines Gefäßes; Obfl. gt. gegl./gt. gegl.; F. metallisch, schwarz, rot/braun; Dek.: zwei Riefen, rote und schwarze Farbspuren; Mag. grob, P; *Abb. 22,15*, Inv. k_77.

– 1 Rs einer Schale; Obfl. gegl./gegl.; F. braun/ocker; Mag. mittel, K; Dm. n. f.; *Abb. 22,16*, Inv. k_16.
– 1 Rs eines Topfes; Obfl. gegl./gegl.; F. ocker/ocker; Dek.: dreieckige Einstiche, darunter jeweils zwei punktförmige Einstiche, umlaufend; Mag. mittel, GKA; Dm. n. f.; *Abb. 22,17*, Inv. k_14.
– 1 Rs eines Topfes; Obfl. gegl./gegl.; F. ocker/braunschwarz; Mag. grob, KA; Dm. n. f.; *Abb. 22,18,* Inv. k_13.
– 1 Rs eines Topfes; Obfl. gt. gegl./gt. gegl., graf.; F. braun/braun, metallisch; Mag. grob, KA; Dm. größer als 200 mm; *Abb. 22,19*, Inv. k_31.
– 1 Rs eines Gefäßes; Obfl. gegl./gegl.; F. rotbraun/rotbraun; Mag. mittel, KA; Dm. n. f.; *Abb. 22,20*, Inv. k_17.
– 1 Rs einer Schale; Obfl. gegl./gegl.; F. braunschwarz/braunschwarz; Mag. mittel, KA; Dm. 160 bis 260 mm; *Abb. 22,21*, Inv. k_21.
– 1 Rs einer Schale; Obfl. gt. gegl./gt. gegl.; F. braun/braun; Mag. mittel, GPKA; Dm. n. f.; *Abb. 22,22*, Inv. k_55.
– 1 Rs einer Schale; Obfl. gt. gegl./gt. gegl.; F. grauocker/grauocker; Mag. grob, GPKA; Dm. 160 bis 260 mm; *Abb. 22,23*, Inv. k_19.
– 1 Rs eines Gefäßes; Obfl. gt. gegl./gt. gegl.; F. ocker/braun; Dek.: diagonal gekerbter Rand; Mag. mittel, PKA; Dm. n. f.; *Abb. 22,24*, Inv. k_20.
– 1 Rs eines Gefäßes; Obfl. gegl./gt. gegl.; F. ziegel/ziegel; Mag. grob, PKA; Dm. n. f.; *Abb. 22,25*, Inv. k_27.
– 1 Rs eines Gefäßes; Obfl. gegl./gegl.; F. braun/braun; Mag. grob, GKA; Dm. n. f.; *Abb. 22,26*, Inv. k_41.
– 1 Rs eines Gefäßes; Obfl. gt. gegl./gt. gegl.; F. ziegel, braun/braun; Mag. mittel, GKA; Dm. n. f.; *Abb. 22,27*, Inv. k_54.
– 1 Rs eines Gefäßes; Obfl. gegl., ra./gegl., ra.; F. ziegel/braun; Mag. grob, KA; Dm. n. f.; *Abb.22,28*, Inv. k_42.
– 1 Rs eines Topfes; Obfl. gt. gegl./gt. gegl.; F. ocker, braun/grau; Mag. grob, GKA; Dm. 85 mm; Bem.: 3 mm großes Loch; *Abb. 23,1*, Inv. k_11.
– 1 Rs einer Schale; Obfl. gt. gegl./gt. gegl., im Halsbereich graf.; F. braun/metallisch, grau; Mag. mittel, KA; Dm. 160 mm; *Abb. 23,2*, Inv. k_37.
– 1 Rs eines Topfes; Obfl. gegl./gegl.; F. ocker/ocker, schwarzbraun; Mag. grob, KA; Dm. 200 mm; *Abb. 23,3*, Inv. k_3.
– 1 Rs eines Topfes; Obfl. gegl., ra./gegl., ra.; F. ocker/ocker; Dek.: runde Einstiche im Halsknick; Mag. mittel, KAQ; Dm. 260 mm; *Abb. 23,4*, Inv. k_36.
– 1 Rs einer Schale; Obfl. gegl./gegl.; F. ziegel/ocker; Mag. grob, PK; Dm. 500 mm; *Abb. 23,5,* Inv. k_34.
– 1 Rs eines Gefäßes; Obfl. gegl./gegl.; F. ockerbraun/ockerbraun; Mag. grob, KA; Dm. n. f.; *Abb. 23,6*, Inv. k_23.
– 1 Rs eines Gefäßes; Obfl. gt. gegl./gegl.; F. graubraun/graubraun; Mag. mittel, KA; Dm. n. f.; *Abb. 23,7*, Inv. k_43.
– 1 Rs eines Gefäßes; Obfl. gt. gegl./gt. gegl.; F. graubraun/ocker; Mag. fein, KA; Dm. n. f.; *Abb. 23,8*, Inv. k_44.
– 1 Rs einer Schale; Obfl. gegl./gegl.; F. graubraun/braun; Mag. mittel, GK; Dm. 80 bis 320 mm; *Abb. 23,9*, Inv. k_39.
– 1 Rs einer Schale; Obfl. gegl./gegl.; F. braun/ocker; Mag. mittel, KPAQ; Dm. n. f.; *Abb. 23,10*, Inv. k_56.
– 1 Rs eines Gefäßes; Obfl. gegl./gegl.; F. ziegel/braun; Mag. grob, GK; Dm. n. f.; *Abb. 23,11*, Inv. k_24.
– 1 Rs einer Schale; Obfl. gt. gegl./gt. gegl.; F. ocker/braun; Mag. mittel, KPAQ; Dm. n. f.; *Abb. 23,12*, Inv. k_56.
– 1 Rs eines Gefäßes; Obfl. gegl./gegl.; F. schwarzbraun/schwarzbraun; Mag. grob, PKA; Dm. größer als 200 mm; *Abb. 23,13*, Inv. k_22.
– 1 Rs eines Gefäßes; Obfl. gegl./gegl.; F. braun/ocker; Mag. mittel, K; Dm. größer als 200 mm; *Abb. 23,14*, Inv. k_16.
– 1 Rs einer Schale; Obfl. gt. gegl./gt. gegl.; F. braun/braun; Mag. mittel, PKA; Dm. n. f.; *Abb. 23,15*, Inv. k_29.
– 1 Rs eines Gefäßes; Obfl. gt. gegl./gt. gegl.; F. ocker/ocker; Mag. grob, GPK; Dm. n. f.; *Abb. 23,16*, Inv. k_18.
– 1 Rs einer Schale; Obfl. gegl./gegl.; F. schwarz/schwarz; Mag. grob, GP; Dm. 180 mm; *Abb. 24,1*, Inv. k_25.
– 1 Rs einer Schale; Obfl. gegl./gegl.; F. braun/braun; Mag. n. e.; Dm. 200 mm; *Abb. 24,2*, Inv. k_51.
– 1 Rs einer Schale; Obfl. gegl./gegl.; F. ocker/ocker; Mag. grob, KA; Dm. 200 mm; *Abb. 24,3*, Inv. k_53.
– 1 Rs einer Schale; Obfl. gegl., ra./gegl., ra.; F. braun/braun, ocker; Mag. grob, GP; Dm. 220 mm; *Abb. 24,4*, Inv. k_50.
– 1 Rs einer Schale; Obfl. gegl./gegl.; F. schwarzbraun/ockerbraun; Mag. sehr grob, GK; Dm. 250 mm; *Abb. 24,5,* Inv. k_48.
– 1 Rs einer Schale; Obfl. gegl./gegl.; F. ockerbraun/ocker; Mag. mittel, KA; Dm. 195 mm; *Abb. 24,6*, Inv. k_15.
– 1 Rs einer Schale; Obfl. gt. gegl./gt. gegl.; F. braun/braun; Mag. mittel, PKA; Dm. 280 mm; *Abb. 24,7*, Inv. k_49.
– 1 Rs einer Schale; Obfl. gegl./gegl.; F. braun/ocker; Mag. grob, GKA; Dm. 300 mm; *Abb. 24,8*, Inv. k_38.
– 1 Rs einer Schale; Obfl. gegl./gegl.; F. braun, ocker/braun; Mag. grob, KA; Dm. 320 mm; *Abb. 25,1*, Inv. k_12.
– 1 Rs einer Tasse; Obfl. gegl./gegl.; F. braun, ziegel/ziegel; Mag. mittel, KA; Dm. 100 mm; Bem.: Henkel mit rechteckigem Querschnitt; *Abb. 25,2*, Inv. k_52.
– 1 Bs eines Gefäßes; Obfl. gegl./gegl.; F. braun/braun; Mag. grob, GPK; Dm. (B) 100 mm; *Abb. 25,3*, Inv. k_61.
– 1 Bs eines Gefäßes; Obfl. gegl./gegl.; F. ocker/ockerbraun; Mag. grob, KA; Dm. (B) n. f.; *Abb. 25,4*, Inv. k_70.
– 1 Ws und 1 Bs eines Gefäßes; Obfl. gegl./gegl.; F. ziegel/braun; Mag. grob, GKA; Dm. (B) n. f.; *Abb. 25,5*, Inv. k_60.
– 1 Bs eines Gefäßes; Obfl. gegl./gegl.; F. braun/braun; Mag. mittel, PA; Dm. (B) 90 mm; *Abb. 25,6*, Inv. k_64.
– 1 Bs eines Gefäßes; Obfl. gegl./gegl.; F. ockerbraun/ockerbraun; Mag. mittel, PKA; Dm. (B) n. f.; *Abb. 25,7*, Inv. k_65.

– 1 Bs eines Gefäßes; Obfl. gegl./gegl.; F. ockerbraun/ockerbraun; Mag. grob, KA; Dm. (B) 80 mm; *Abb. 25,8*, Inv. k_62.
– 1 Bs eines Gefäßes; Obfl. gt. gegl./gegl.; F. ziegel/ziegel; Mag. mittel, KAQ; Dm. (B) 140 bis 400 mm; *Abb. 25,9*, Inv. k_67.
– 1 Bs eines Gefäßes; Obfl. gegl./gegl.; F. ziegel/braun; Mag. mittel, KA; Dm. (B) 100 mm; *Abb. 25,10*, Inv. k_67.
– 1 Bs eines Gefäßes; Obfl. gegl./grb. gegl.; F. ockerbraun/ockerbraun; Mag. sehr grob, PA; Dm. (B) n. f.; *Abb. 25,11*, Inv. k_63.
– 1 Bs eines Gefäßes; Obfl. gegl./gegl.; F. ocker/ocker; Dek.: eingeritztes Kreuz; Mag. grob, PK; Dm. (B) 85 mm; *Abb. 25,12*, Inv. k_69.
– 1 Bs eines Gefäßes; Obfl. gegl./gegl.; F. ocker/grau; Mag. sehr grob, KA; Dm. (B) 120 mm; *Abb. 25,13*, Inv. k_68.
– 1 Bs eines Gefäßes; Obfl. gegl./gegl.; F. ocker, braun/ocker, schwarz; Mag. grob, KA; Dm. (B) 160 mm; *Abb. 25,14*, Inv. k_66.
– 3 Ws und 3 Bs eines Gefäßes; Obfl. gegl./gegl.; F. ocker/ocker; Mag. grob, PAQ; Dm. (B) 180 mm; *Abb. 25,15*, Inv. k_59.
– 1 Ws eines Gefäßes; Obfl. gegl./gegl.; F. ocker/ziegel; Mag. sehr grob, KA; Inv. k_30.
– 89 Ws eines Gefäßes; Obfl. gegl./gegl.; F. ockerbraun/braun; Mag. grob, GK; Inv. k_71.
– 76 Ws eines Gefäßes; Obfl. gegl./gegl.; F. graubraun/graubraun; Mag. grob, KPAQ; Inv. k_72.
– 107 Ws eines Gefäßes; Obfl. gegl., ra./gegl., ra.; F. ocker/ocker; Mag. sehr grob, KA; Inv. k_73.
– 68 Ws eines Gefäßes; Obfl. gegl./gegl.; F. ziegel/ziegel; Mag. grob, PK; Inv. k_74.
– 3 Ws eines Gefäßes; Obfl. gt. gegl., rote Farbreste/gt. gegl., rote Farbreste; F. ocker, rot/ocker; Mag. mittel, KQ; Inv. k_75.
– 1 Ws eines Gefäßes; Obfl. gt. gegl., Reste von Grafit und Schwarz/gt. gegl.; F. metallisch, schwarz, braun/braun; Mag. grob, KA; Inv. k_76.

Befund 85

Art: Scherbennest
Form: nicht erkennbar
Größe: L. 1,1 m, B. ca. 0,86 m
Erdabtrag: 0,3 m
max. Tiefe: 0,37 m
Schicht 1: schwarzbrauner, humoser Boden mit gebranntem Lehm.
Beschreibung: annähernd kreisförmiger, in etwa wannenförmig ausgedehnter Bereich mit Scherben, gebranntem Lehm, Holzkohle und Sandstein. Keine Befundgrenzen erkennbar (*Abb. 93*).

Funde:
– 1 Rs einer Tasse; Obfl. gt. gegl./gt. gegl.; F. ocker, ziegel, graubraun/grauschwarz; Mag. sehr grob, GPKA; Dm. 240 mm; Bem.: mit quadratischem Henkel; *Abb. 26,1*, Inv. k_9.
– 1 Rs eines Miniaturgefäßes; Obfl. gegl./gegl.; F. dunkelbraun/dunkelbraun; Dek.: sich kreuzende Eindrücke; Mag. mittel, GPK; Dm. 60 mm; *Abb. 26,2*, Inv. k_11.
– 8 Rs und 66 Ws eines Topfes; Obfl. gt. gegl./gt. gegl.; F. ocker, graubraun/graubraun; Mag. grob, GKQ; Dm. 500 mm; *Abb. 26,3*, Inv. k_10.
– 7 kleine Brocken Hüttenlehm (Dm. ca. 20 mm); Inv. k_3.
– 1 Fragment eines Steinbeils; Inv. k_4.
– 1 Tierknochen; Inv. k_5.
– 1 Tierknochenfragment (70 x 30 mm); 1 Fragment eines Wirbelfortsatzes (140 x 20 x 5 mm) vom Rind oder Pferd (freundliche Auskunft von Ch. Later); Inv. k_6.
– 12 kleinere Brocken Hüttenlehm (Dm. 20 mm); Inv. k_7.
– 4 große Sandsteine (Dm. ca. 40 bis 80 mm); Inv. k_8.
– ca. 30 kleine Brocken Hüttenlehm (Dm. 10 mm); Inv. k_1.
– 18 kleinere Brocken Hüttenlehm (Dm. ca. 20 mm); 8 größere Brocken Hüttenlehm (Dm. ca. 50 mm); 3 große Brocken Hüttenlehm (60 x 60 x 30 mm) mit zwei zylindrischen Abdrücken (B. 30 mm); Inv. k_11.
– 1 Bodenprobe von Planum 2; Inv. k_2.

Befund 86

Art: Grubenkomplex
Form: komplex
Größe: L. ca. 6,0 m, B. ca. 4,4 m
Erdabtrag: 0,9 bis 0,95 m
max. Tiefe: 1,48 m

max. Tiefe 2: 0,86 m
Schicht 1: dunkelbrauner Löss.
Schicht 2: dunkelbrauner, aschehaltiger Löss mit Brandschutt (?).
Schicht 3: mittelbrauner Lösslehm.
Schicht 4: dunkelbrauner Lehm mit kleinen Lössflecken.
Schicht 5: holzkohlehaltige Schicht.
Schicht 6: gefleckter bzw. gebänderter Löss.
Schicht 7: dunkelbrauner Lösslehm mit Lössflecken.
Schicht 8: Löss.
Schicht 9: mittelbraune Lössschicht.
Schicht 10: fleckige Lössschicht.
Schicht 11: dunkelbraun gefleckter Löss.
Schicht 12: dunkelbrauner Lösslehm.
Beschreibung: amorphe Trichtergrube (*g*) (3,95 x 3,1 m) mit ebener Sohle und einem Schacht im südwestlichen Bereich. Die Grube wurde in mehreren Vorgängen verfüllt. Zum Befund gehören wahrscheinlich die Pfostengruben (*f, i1, c1*), die eine Überdachung getragen haben könnten, es fehlt ein Pfostenloch in der Nordostecke. Der direkte Zusammenhang mit den Gruben *a* bis *e* und *i* kann nicht hergestellt werden (*Abb. 89*).

Befund 86a
Art: Grube
Form: kesselförmig
Größe: L. 0,8 m, B. 0,6 m
Erdabtrag: 0,95 m
max. Tiefe: 0,26 m
Schicht 1: mittelbrauner, stark gefleckter Lösslehm.
Beschreibung: ovale, kesselförmige Grube mit ebener Sohle.

Befund 86b
Art: Grube
Form: wannenförmig
Größe: L. 1,1 m, B. 0,8 m
Erdabtrag: 0,95 m
max. Tiefe: 0,16 m
max. Tiefe 2: 0,2 m
Schicht 1: mittelbrauner, stark gefleckter Lösslehm.
Beschreibung: ovale, wannenförmige Grube mit leicht ansteigender Sohle.

Befund 86c
Art: Grube
Form: annähernd oval
Größe: L. 1,38 m, B. 0,72 m
Erdabtrag: 0,95 m
max. Tiefe: 0,2 m
Schicht 1: mittelbrauner, stark gefleckter Lössboden.
Beschreibung: ovale, kesselförmige Grube mit ebener Sohle, wird durch *c1* geschnitten.

Befund 86d
Art: Grubenrest
Form: oval
Größe: L. 1,0 m, B. 0,62 m
Erdabtrag: 0,95 m
max. Tiefe: 0,06 m
Schicht 1: dunkelbrauner, speckiger Lehm.
Beschreibung: ovaler Grubenrest mit ebener Sohle.

Befund 86e
Art: Grube
Form: annähernd oval
Länge: L. 0,74 m, B. 0,62 m
Erdabtrag: 0,95 m
max. Tiefe: 0,2 m
Schicht 1: dunkelbrauner Lösslehm.
Beschreibung: annähernd ovale, wannenförmige Grube.

Befund 86i
Art: Pfostengrube
Form: amorph
Größe: L. 1,68 m, B. 1,28 m
Erdabtrag: 0,9 m
max. Tiefe: 0,76 m
Schicht 1: mittelbrauner, in gefleckten Löss übergehender Boden.
Schicht 2: dunkelbrauner Lösslehm.
Beschreibung: amorph-ovale, doppelt getreppte Pfostengrube mit U-förmiger Sohle und erhaltenem Kernschatten. Innerhalb von *i* eine nicht näher abgrenzende Grube *i1*.

Befund 86f
Art: Pfostenloch
Form: rund
Größe: Dm. 0,4 m
Erdabtrag: 0,95 m
max. Tiefe: 0,32 m
Schicht 1: graubrauner, sandiger Boden.
Schicht 2: dunkelbrauner Boden mit Holzkohlepartikeln.
Beschreibung: runde Pfostengrube mit U-förmiger Sohle und Kernschatten.

Befund 86c1
Art: Pfostenloch
Form: rund
Größe: Dm. 0,3 m
Erdabtrag: 0,95 m
max. Tiefe: 0,66 m
Schicht 1: graubrauner, sandiger Boden.
Beschreibung: Pfostenloch.

Funde aus dem gesamten Befund 86:
- 1 Rs eines Backtellers; Obfl. gegl./gegl.; F. graubraun/graubraun; Mag. grob, GPK; Dm. 100 mm; *Abb. 28,8*, Inv. 762_1.
- 2 Rs eines Backtellers; Obfl. gegl./gegl.; F. ocker/ocker; Mag. grob, GK; *Abb. 28,10*, Inv. 774_5.
- 1 Rs einer Schale, DSK; Obfl. gt. gegl., pol./gt. gegl., pol.; F. ocker/ocker; Mag. n. e.; Dm. 180 mm; *Abb. 28,21*, Inv. 734_1.
- 1 Ws eines Gefäßes, DSK; Obfl. gt. gegl., pol./gt. gegl., pol.; F. schwarz/schwarz; Mag. fein, GK; Inv. 776.
- 19 Ws eines Gefäßes, DSK; Obfl. gt. gegl., pol./gt. gegl., pol.; F. grauschwarz/grauschwarz; Mag. n. e.; Inv. 734_2.
- 1 Rs eines Gefäßes; Obfl. gegl./gegl.; F. dunkelbraun/rotbraun; Dek.: gekerbter Rand; Mag. sehr grob, GKQ; Dm. n. f.; *Abb. 26,4*, Inv. 775_6.
- 1 Rs eines Gefäßes; Obfl. gt. gegl./gt. gegl.; F. grauschwarz/grauschwarz; Mag. fein, GK; Dm. n. f.; *Abb. 26,5*, Inv. 775_8.
- 1 Rs eines Gefäßes; Obfl. ra./ra.; F. ziegel/ziegel; Mag. sehr grob, PKQ; Dm. n. f.; *Abb. 26,6*, Inv. 775_15.
- 1 Rs eines Gefäßes; Obfl. gt. gegl., pol./gt. gegl., pol.; F. ocker/ocker; Mag. n. e.; Dm. n. f.; *Abb. 26,7*, Inv. 775_7.
- 1 Rs eines Gefäßes; Obfl. gegl./gegl.; F. dunkelbraun/dunkelbraun; Mag. fein, GP; Dm. n. f.; *Abb. 26,8*, Inv. 775_13.
- 1 Rs eines Gefäßes; Obfl. gt. gegl./gt. gegl.; F. ocker/ocker; Mag. fein, GK; Dm. n. f.; *Abb. 26,9*, Inv. 775_14.
- 1 Rs eines Gefäßes; Obfl. ra./ra.; F. graubraun/grauschwarz; Mag. mittel, KA; Dm. n. f.; *Abb. 26,10*, Inv. 775_3.
- 1 Ws eines Gefäßes; Obfl. oben gegl., unten gschl./gegl.; F. dunkelgrau/dunkelgrau; Dek.: Leiste aus Fingerkniffen; Mag. grob, KA; *Abb. 26,11*, Inv. 775_9.
- 1 Ws eines Gefäßes; Obfl. Bstrich./gt. gegl., pol.; F. grauschwarz/grauschwarz; Mag. grob, GKQ; *Abb. 26,12*, Inv. 775_4.
- 1 Rs eines Gefäßes; Obfl. gt. gegl./gt. gegl.; F. graubraun/graubraun; Mag. grob, GK; Dm. n. f.; *Abb. 26,13*, Inv. 775_17.
- 1 Rs eines Gefäßes; Obfl. gt. gegl., pol./gt. gegl.; F. dunkelbraun/grauschwarz; Mag. fein, GK; Dm. n. f.; *Abb. 26,14*, Inv. 775_5.
- 1 Rs einer Schale; Obfl. gegl./gt. gegl.; F. dunkelbraun/schwarzbraun; Mag. fein, GKA; Dm. 240 mm; *Abb. 26,15*, Inv. 775_11.
- 1 Rs einer Schale; Obfl. gegl./gegl.; F. ziegel/ziegel, grau; Mag. grob, QG; Dm. 360 mm; *Abb. 26,16*, Inv. 775_2.
- 1 Bs eines Gefäßes; Obfl. gegl., im Bereich der Standfläche stark gemagert/gegl.; F. grauschwarz/grauschwarz; Mag. grob, GP; Dm. 110 mm; *Abb. 26,17*, Inv. 775_10.

– 1 Bs eines Gefäßes; Obfl. grb. gegl./ra.; F. braunschwarz/braunschwarz; Mag. mittel, GKA; Dm. 80 mm; *Abb. 26,18*, Inv. 775_12.
– 1 Rs und 3 Ws eines Gefäßes; Obfl. gt. gegl., pol./gt. gegl., pol.; F. schwarz/schwarz; Mag. mittel, GPK; Dm. n. f.; *Abb. 27,1*, Inv. 737_5.
– 1 Rs eines Gefäßes; Obfl. gt. gegl., pol./gt. gegl., pol.; F. graubraun/graubraun; Mag. n. e.; Dm. n. f.; *Abb. 27,2*, Inv. 737_1.
– 1 Rs eines Gefäßes; Obfl. gt. gegl., pol./gt. gegl., pol.; F. ocker/ocker; Mag. grob, GPK; Dm. n. f.; *Abb. 27,3*, Inv. 737_2.
– 1 Rs eines Gefäßes; Obfl. gt. gegl./gt. gegl.; F. ziegel/ocker, schwarz; Mag. mittel, GPK; Dm. n. f.; *Abb. 27,4*, Inv. 737_4.
– 1 Rs eines Gefäßes; Obfl. gegl./gegl.; F. schwarzbraun/schwarzbraun; Mag. sehr grob, PK; Dm. n. f.; *Abb. 27,5*, Inv. 739_2.
– 1 Rs eines Gefäßes; Obfl. gt. gegl./gegl.; F. schwarzbraun/schwarzbraun; Mag. grob, PK; Dm. n. f.; *Abb. 27,6*, Inv. 739_1.
– 1 Rs eines Topfes; Obfl. gt. gegl./gt. gegl.; F. graubraun/graubraun; Mag. grob, GQ; Dm. n. f.; *Abb. 27,7*, Inv. 737_7.
– 2 Rs eines Gefäßes; Obfl. gt. gegl., pol./gt. gegl.; F. schwarz/schwarz; Mag. grob, PK; Dm. n. f.; *Abb. 27,8*, Inv. 739_3.
– 1 Rs eines Gefäßes; Obfl. gegl., ra./gegl., ra.; F. ziegel/ziegel; Mag. mittel, GPK; Dm. n. f.; *Abb. 27,9*, Inv. 751_1.
– 1 Rs eines Gefäßes; Obfl. gegl./gegl.; F. braun/ocker; Mag. mittel, GPK; Dm. n. f.; *Abb. 27,10*, Inv. 760_9.
– 2 Rs eines Gefäßes; Obfl. gegl./gegl.; F. ocker/ocker; Mag. mittel, GPK; Dm. n. f.; *Abb. 27,11*, Inv. 760_8.
– 1 Rs eines Gefäßes; Obfl. gt. gegl./gt. gegl.; F. braun, schwarzbraun/ocker; Mag. mittel, GK; Dm. n. f.; *Abb. 27,12*, Inv. 750_2.
– 1 Rs und 4 Ws eines Topfes; Obfl. gt. gegl., pol./gt. gegl., pol.; F. grauschwarz/grauschwarz; Mag. mittel, GK; Dm. n. f.; *Abb. 27,13*, Inv. 737_8.
– 1 Rs eines Gefäßes; Obfl. gegl./gegl.; F. ocker/braun; Mag. sehr grob, GK; Dm. n. f.; *Abb. 27,14*, Inv. 742_5.
– 2 Rs und 13 Ws eines Topfes; Obfl. gt. gegl., pol./gt. gegl.; F. ocker, braun/ocker, braun; Mag. mittel, GK; Dm. n. f.; *Abb. 27,15*, Inv. 752_1.
– 1 Rs eines Gefäßes; Obfl. gegl./gegl.; F. ocker/hellbraun; Mag. sehr grob, GK; Dm. n. f.; *Abb. 27,16*, Inv. 766_2.
– 1 Rs einer Schale; Obfl. gt. gegl./gegl.; F. ocker/ocker; Mag. mittel, GK; Dm. n. f.; *Abb. 27,17*, Inv. 750_1.
– 1 Rs eines Gefäßes; Obfl. gt. gegl./gt. gegl.; F. braun/schwarz; Mag. sehr grob, GPK; Dm. n. f.; *Abb. 27,18*, Inv. 742_17.
– 1 Rs eines Gefäßes; Obfl. gt. gegl./gt. gegl.; F. braun/braun; Mag. mittel, GPK; Dm. n. f.; *Abb. 27,19*, Inv. 742_14.
– 1 Rs eines Gefäßes; Obfl. gt. gegl./gt. gegl.; F. braun/braun; Mag. grob, GKQ; Dm. n. f.; *Abb. 27,20*, Inv. 742_12.
– 1 Rs eines Gefäßes; Obfl. gt. gegl./gt. gegl.; F. schwarz/schwarz; Mag. n. e.; Dm. n. f.; *Abb. 27,21*, Inv. 742_18.
– 1 Rs eines Gefäßes; Obfl. gegl./gegl.; F. braun/grauschwarz; Mag. grob, GKQ; Dm. n. f.; *Abb. 27,22*, Inv. 760_12.
– 1 Rs eines Gefäßes; Obfl. gegl./gegl.; F. braun/braun; Mag. fein, GPK; Dm. n. f.; *Abb. 27,23*, Inv. 742_16.
– 1 Rs eines Gefäßes; Obfl. gegl./gegl.; F. schwarzbraun/schwarzbraun; Mag. n. e.; Dm. n. f.; *Abb. 27,24*, Inv. 742_6.
– 1 Rs einer Schale; Obfl. gt. gegl./gt. gegl.; F. braun/braun; Mag. grob, PK; Dm. n. f.; *Abb. 27,25*, Inv. 742_11.
– 3 Rs und 2 Ws einer Schale; Obfl. grb. gegl./grb. gegl.; F. ocker/ocker; Mag. grob, GK; Dm. 300 mm; *Abb. 27,26*, Inv. 763_1.
– 1 Rs einer Schale; Obfl. gt. gegl./gt. gegl.; F. braun/braun; Mag. fein, PK; Dm. n. f.; *Abb. 27,27*, Inv. 742_10.
– 1 Rs eines Gefäßes; Obfl. gegl./gegl.; F. grauschwarz/grau; Mag. sehr grob, GKQ; Dm. n. f.; *Abb. 27,28*, Inv. 760_10.
– 2 Rs einer Schale; Obfl. gt. gegl./gt. gegl.; F. braun/braun; Mag. grob, GPK; Dm. n. f.; *Abb. 27,29*, Inv. 742_3;
– 1 Rs eines Gefäßes; Obfl. grb. gegl./grb. gegl.; F. braun/braun; Mag. grob, GK; Dm. n. f.; *Abb. 27,30*, Inv. 742_7.
– 1 Rs eines Gefäßes; Obfl. gt. gegl./gt. gegl.; F. braun/braun; Mag. n. e.; Dm. n. f.; *Abb. 27,31*, Inv. 742_15.
– 1 Rs einer Schale; Obfl. gt. gegl./gt. gegl.; F. braun/ocker, braun; Mag. mittel, GKQ; Dm. n. f.; *Abb. 27,32*, Inv. 742_4.
– 2 Rs einer Schale; Obfl. gegl./gegl.; F. ocker, braun/ocker; Mag. grob, GPK; Dm. n. f.; *Abb. 27,33*, Inv. 749_7.
– 2 Rs einer Schale; Obfl. gt. gegl./gt. gegl.; F. braunschwarz/braunschwarz; Mag. grob, PK; Dm. n. f.; *Abb. 27,34*, Inv. 742_2.
– 2 Rs einer Schale; Obfl. gt. gegl./gt. gegl.; F. ocker, braun/ocker, braun; Mag. grob, GPK; Dm. n. f.; *Abb. 27,35*, Inv. 749_2.
– 1 Rs eines Gefäßes; Obfl. gegl./gegl.; F. braunschwarz/braunschwarz; Dek.: getupfter Rand; Mag. grob, GK; Dm. n. f.; *Abb. 28,1*, Inv. 760_6.
– 2 Rs und 2 Ws einer Schale; Obfl. grb. gegl./gegl.; F. ockergrau/ockergrau; Dek.: gewellter Rand, umlaufende Reihe von Fingertupfen auf der Gefäßschulter; Mag. sehr grob, GK; Dm. n. f.; *Abb. 28,2*, Inv. 760_2.
– 1 Rs und 7 Ws einer Schale; Obfl. gschlickr./grb. gegl.; F. grau/grauschwarz; Dek.: umlaufende Reihe von Fingertupfen auf der Gefäßschulter; Mag. sehr grob, GK; Dm (B) n. f.; *Abb. 28,4*, Inv. 760_1.
– 1 Rs eines Gefäßes; Obfl. grb. gegl./grb. gegl.; F. hellbraun/hellbraun; Dek.: flache, umlaufende Reihe von Fingertupfen; Mag. grob, GKQ; Dm. n. f.; *Abb. 28,5*, Inv. 760_4.

– 1 Ws eines Gefäßes; Obfl. grb. gegl./grb. gegl.; F. grauocker, graubraun/grauocker; Dek.: Fingertupfen; Mag. grob, GK; *Abb. 28,6*, Inv. 760_7.
– 2 Rs einer Schale; Obfl. gegl./gegl.; F. ocker, schwarzbraun/schwarzbraun; Mag. grob, GPK; Dm. 100 mm; *Abb. 28,9*, Inv. 741_1.
– 4 Rs eines Topfes; Obfl. gegl./gegl.; F. ocker, schwarz/ocker, schwarz; Mag. mittel, GK; Dm. 100 mm; *Abb. 28,11*, Inv. 748_1.
– 1 Ws eines Gefäßes; Obfl. gt. gegl., unregelmäßiger Bstrich./gt. gegl.; F. schwarz/schwarz; Mag. grob, GPK; *Abb. 28,12*, Inv. 753_1.
– 1 Rs und 1 Ws eines Topfes; Obfl. gegl./grb. gegl.; F. rotbraun/schwarzbraun; Mag. sehr grob, GK; Dm. 200 mm; *Abb. 28,13*, Inv. 764_1.
– 3 Rs und 7 Ws eines Topfes; Obfl. gt. gegl./gt. gegl.; F. brauschwarz/braunschwarz; Mag. grob, GPK; Dm. 180 mm; *Abb. 28,14*, Inv. 747_1.
– 1 Ws eines Gefäßes; Obfl. gegl./gegl.; F. graubraun/schwarzbraun; Dek.: sich kreuzende Linien; Mag. grob, GK; *Abb. 28,15*, Inv. 746_1.
– 5 Ws eines Gefäßes; Obfl. gegl., regelmäßiger Bstrich./gegl.; F. grauocker/grauschwarz; Mag. grob, GPK; *Abb. 28,16*, Inv. 753_4.
– 3 Ws eines Gefäßes; Obfl. gt. gegl., unregelmäßiger Bstrich./gt. gegl.; F. ocker, braun/schwarzbraun; Mag. grob, GPK; *Abb. 28,17*, Inv. 753_1.
– 1 Ws eines Gefäßes; Obfl. gt. gegl., Bstrich./gt. gegl.; F. ocker, braun/schwarzbraun; Mag. grob, GPK; *Abb. 28,18*, Inv. 753_2.
– 1 Ws eines Gefäßes; Obfl. gt. gegl., Bstrich./gt. gegl.; F. ocker/ocker; Mag. grob, GK; *Abb. 28,19*, Inv. 753_5.
– 1 Ws eines Gefäßes; Obfl. gt. gegl., Bstrich./gt. gegl.; F. ocker/schwarzbraun; Mag. grob, GPK; *Abb. 28,20*, Inv. 753_3.
– 3 Bs eines Gefäßes; Obfl. gt. gegl./gt. gegl.; F. schwarz/schwarzbraun; Mag. mittel, GPK; Dm. (B) 90 mm; *Abb. 29,1*, Inv. 739_4.
– 1 Bs eines Gefäßes; Obfl. grb. gegl./grb. gegl.; F. grauocker/braun; Mag. sehr grob, GKQ; Dm. (B) 100 mm; *Abb. 29,2*, Inv. 770_1.
– 1 Ws und 1 Bs eines Gefäßes; Obfl. gegl./gt. gegl.; F. rotbraun/schwarz; Mag. sehr grob, GK; Dm. (B) 100 mm; *Abb. 29,3*, Inv. 742_6.
– 4 Ws und 1 Bs eines Gefäßes; Obfl. gt. gegl., pol./gt. gegl., pol.; F. schwarz/rotbraun; Mag. n. e.; Dm. (B) 90 mm; *Abb. 29,4*, Inv. 736_1.
– 1 Bs eines Gefäßes; Obfl. grb. gegl./gegl.; F. rotbraun/hellbraun; Mag. sehr grob, GK; Dm. (B) 120 mm; *Abb. 29,5*, Inv. 758_1.
– 1 Bs eines Gefäßes; Obfl. gt. gegl./gt. gegl.; F. ocker/ocker; Mag. grob, GK; Dm. (B) 70 mm; *Abb. 29,6*, Inv. 757_1.
– 2 Bs eines Gefäßes; Obfl. gegl./gt. gegl.; F. ocker/schwarz; Mag. grob, GKQ; Dm. (B) 90 mm; *Abb. 29,7*, Inv. 755_1.
– 1 Ws und 2 Bs eines Gefäßes; Obfl. gt. gegl./gt. gegl.; F. ocker, braun/hellbraun; Mag. grob, PK; Dm. (B) 90 mm; *Abb. 29,8*, Inv. 758_2.
– 1 Bs eines Gefäßes; Obfl. gt. gegl./gegl.; F. ocker, schwarz/ocker; Mag. grob, GKQ; Dm. (B) 90 mm; *Abb. 29,9*, Inv. 766_3.
– 2 Bs eines Gefäßes; Obfl. gt. gegl./gt. gegl.; F. ocker/ocker; Mag. grob, GPK; Dm. (B) n. f.; *Abb. 29,10*, Inv. 757_5.
– 1 Bs eines Gefäßes; Obfl. gegl./gegl.; F. ziegel/ziegel; Mag. grob, KAQ; Dm. (B) n. f.; *Abb. 29,11*, Inv. 766_3.
– 4 Ws und 1 Bs eines Gefäßes; Obfl. gegl./gt. gegl.; F. schwarzbraun/schwarzbraun; Mag. grob, GPK; Dm. (B) n. f.; *Abb. 29,12*, Inv. 739_5.
– 1 Bs eines Gefäßes; Obfl. gegl./gegl.; F. schwarz/schwarz; Mag. sehr grob, GKQ; Dm. (B) n. f.; *Abb. 29,13*, Inv. 742_9.
– 2 Ws und 1 Bs eines Gefäßes; Obfl. gegl./gegl.; F. ocker, braun/ziegel; Mag. mittel, G; Dm. (B) n. f.; *Abb. 29,14*, Inv. 757_4.
– 1 Bs eines Gefäßes; Obfl. gt. gegl./gt. gegl.; F. braunschwarz/braunschwarz; Mag. mittel, GK; Dm. (B) n. f.; *Abb. 29,15*, Inv. 747_2.
– 1 Bs eines Gefäßes; Obfl. gt. gegl./gt. gegl.; F. hellbraun/schwarz; Mag. mittel, GK; Dm. (B) n. f.; *Abb. 29,16*, Inv. 755_3.
– 1 Bs eines Gefäßes; Obfl. gt. gegl./gt. gegl.; F. ocker, schwarz/braun; Mag. sehr grob, K; Dm. (B) n. f.; *Abb. 29,17*, Inv. 756_1.
– 13 Ws und 3 Bs eines Gefäßes; Obfl. gschlickr./gegl.; F. graubraun/schwarzbraun; Mag. grob, GKQ; Dm. (B) 100 bis 180 mm; *Abb. 29,18*, Inv. 772_2.
– 1 Bs eines Gefäßes; Obfl. gt. gegl., parallele Bündel aus Bstrich./gt. gegl.; F. dunkelbraun/dunkelbraun; Mag. mittel, GPK; Dm. (B) n. f.; *Abb. 29,19*, Inv. 753_2.
– 35 Ws eines Gefäßes; Obfl. gegl./grb. gegl.; F. schwarzbraun/rotbraun; Mag. grob, GPK; Inv. 737_8.

– 1 Ws eines Gefäßes; Obfl. gegl./gegl.; F. braun/schwarz; Mag. sehr grob, GKQ; Inv. 740_1.
– 1 Ws eines Gefäßes; Obfl. gt. gegl./grb. gegl.; F. braun, ocker/braun, ocker; Mag. grob, GPK; Inv. 740_2.
– 49 Ws eines Gefäßes; Obfl. gegl./gegl.; F. braun/braun; Mag. grob, GK; Inv. 742_1.
– 3 Ws eines Gefäßes; Obfl. gegl./gegl.; F. braun/braun; Mag. grob, GK; Inv. 742_8.
– 16 Ws eines Gefäßes; Obfl. gt. gegl., pol./gt. gegl.; F. braun, ocker/braun; Mag. mittel, PK; Inv. 743_1.
– 4 Ws eines Gefäßes; Obfl. gt. gegl./gegl.; F. braun/braun; Mag. grob, GPKQ; Inv. 745_1.
– 14 Ws eines Gefäßes; Obfl. gt. gegl./gt. gegl.; F. ocker/ocker; Mag. fein, GPK; Inv. 749_1.
– 9 Ws eines Gefäßes; Obfl. gschlickr./gegl.; F. braun/rotbraun; Mag. sehr grob, GPK; Inv. 749_2.
– 2 Ws eines Gefäßes; Obfl. gt. gegl., pol./gt. gegl.; F. ocker/ocker; Mag. mittel, GK; Inv. 749_4.
– 3 Ws eines Gefäßes; Obfl. gt. gegl./gt. gegl.; F. rotbraun/rotbraun; Mag. mittel, PK; Inv. 749_5.
– 2 Ws eines Gefäßes; Obfl. gt. gegl./gt. gegl.; F. ocker/schwarzbraun; Mag. mittel, GK; Inv. 755_1.
– 9 Ws eines Gefäßes; Obfl. gegl./gegl.; F. ocker/schwarzbraun; Mag. sehr grob, GPK; Inv. 755_2.
– 1 Ws eines Gefäßes; Obfl. gt. gegl./gt. gegl.; F. ocker/graubraun; Mag. mittel, GK; Inv. 755_4.
– 3 Ws eines Gefäßes; Obfl. gt. gegl./gt. gegl.; F. ocker/braun; Mag. mittel, GKQ; Inv. 756_2.
– 1 Ws eines Gefäßes; Obfl. gegl./gegl.; F. ocker/ocker; Mag. sehr grob, GK; Inv. 757_3.
– 5 Ws eines Gefäßes; Obfl. gt. gegl./gt. gegl.; F. ocker/ocker; Mag. mittel, GPK; Inv. 757_7.
– 4 Ws eines Gefäßes; Obfl. gt. gegl./gt. gegl.; F. ocker/ocker; Mag. grob, KAQ; Inv. 759_1.
– 11 Ws eines Gefäßes; Obfl. gegl./gegl.; F. ocker/schwarz; Mag. grob, GK; Inv. 760_13.
– 4 Ws und 1 Bs eines Gefäßes; Obfl. gt. gegl./gegl.; F. schwarz, ocker/ocker, schwarz; Mag. grob, GKQ; Dm. (B) 100 mm; Inv. 761_1.
– 6 Ws eines Gefäßes; Obfl. gschlickr./gegl.; F. ziegel/braun, ziegel; Mag. grob, PKQ; Inv. 765_1.
– 13 Ws eines Gefäßes; Obfl. gschlickr./grb. gegl.; F. ziegel/schwarzbraun; Mag. sehr grob, GKQ; Inv. 766_1.
– 1 Ws eines Gefäßes; Obfl. grb. gegl./grb. gegl.; F. ziegel/grauocker; Mag. grob, GK; Inv. 766_4.
– 7 Ws eines Gefäßes; Obfl. gegl./gegl.; F. ziegel/schwarzbraun; Mag. sehr grob, GK; Inv. 767_1.
– 12 Ws eines Gefäßes; Obfl. gschlickr./gt. gegl.; F. ocker/braunschwarz; Mag. grob, GKQ; Inv. 769_1.
– 21 Ws eines Gefäßes; Obfl. grb. gegl./gegl.; F. grau, ocker/ocker; Mag. grob, KQ; Inv. 771_1.
– 6 Ws eines Gefäßes; Obfl. grb. gschlickr./gt. gegl.; F. rotbraun/schwarzbraun; Mag. grob, GKQ; Inv. 773_1.
– 3 Ws eines Gefäßes; Obfl. grb. gschlickr./gegl.; F. ocker/ocker; Mag. grob, GKQ; Inv. 774_1.
– 4 Ws eines Gefäßes; Obfl. grb. gegl./gegl.; F. ziegel/ziegel; Mag. mittel, K; Inv. 774_2.
– 9 Ws eines Gefäßes; Obfl. grb. gegl./grb. gegl.; F. braunschwarz/braunschwarz; Mag. sehr grob, GPK; Inv. 774_3.
– 2 Ws eines Gefäßes; Obfl. gegl./grb. gegl.; F. schwarzbraun/schwarz; Mag. grob, GPK; Inv. 774_4.
– 1 ellipsoider Spinnwirtel aus Ton; L. 17 mm, Gew. 2 g; *Abb. 28,3,* Inv. 735_1.
– 1 ellipsoider Spinnwirtel aus Ton; L. 18 mm, Gew. 28 g; *Abb. 28,7,* Inv. 754_1.
– 3 Tierknochen; Inv. k_1.
– 11 kleine Brocken Hüttenlehm (ca. 40 x 30 mm), drei mit planer Obfl., zwei davon mit Spuren von weißem Putz, einer mit schwarzgrauer Obfl.; Inv. k_4.
– 1 sehr großer, dreieckiger Brocken Hüttenlehm (mehr als 5 kg), mit einer halbkugeligen Vertiefung an der Oberseite; L. 200 x 190 x 210 mm; Bem.: eventuell Herdplatte; Inv. k_1.
– 1 Bodenprobe; Inv. k_2.
– 1 Bodenprobe; Inv. k_3.

Befund 88

Art: Grube
Form: kesselförmig
Größe: Dm. 1,82 m
Erdabtrag: 0,43 m
max. Tiefe: 0,34 m
Schicht 1: dunkelbrauner Lösslehm mit Holzkohlepartikeln und Lössflecken.
Beschreibung: kreisrunde, kesselförmige Grube mit leicht unebener Sohle.

Funde:
– 1 Ws eines Gefäßes; Obfl. gschlickr./gegl.; F. schwarz/schwarzbraun; Mag. mittel, KAQ; Inv. k_2.
– 2 Ws eines Gefäßes; Obfl. grb. gegl./grb. gegl.; F. ockerbraun/ockerbraun; Mag. grob, KAQ; Inv. k_3.
– 1 Ws eines Gefäßes; Obfl. grb. gegl., Rillen/gegl.; F. ziegelrot/tiefschwarz; Mag. grob, GQ; Inv. k_4.
– 10 Brocken Hüttenlehm (ca. 20 x 20 x 10 mm); Inv. k_1.
– 3 Sandsteinbrocken; Inv. k_2.

Befund 89

Art: Befundrest
Form: amorph
Größe: L. 1,1 m, B. 0,56 m
Erdabtrag: 0,7 m
max. Tiefe: 0,09 m
Schicht 1: stark gefleckter Lösslehm mit vereinzelten Holzkohlepartikeln und gebranntem Lehm.
Beschreibung: amorpher Befundrest ohne klare Grenzen, eventuell auch natürlichen Ursprungs.

Funde:
– 11 Ws eines Gefäßes; Obfl. gegl./gegl.; F. ockerbraun/braunschwarz; Mag. mittel, PK; Inv. k_1.

Befund 90

Befund 90a, b, f–h
Art: Grubenkomplex
Form: amorph
Größe: L. 4,45 m, B. 1,46 m
Erdabtrag: 0,9 m
max. Tiefe: 0,66 m
Schicht 1: dunkelbrauner, stark mit sterilem Löss gefleckter Lösslehm.
Schicht 2: dunkelbrauner Lösslehm.
Schicht 3: Brandschutt.
Schicht 4: mittelbrauner, gefleckter Lösslehm.
Schicht 5: dunkelbrauner, speckiger Lösslehm.
Beschreibung: amorpher Grubenkomplex von mehreren, in der Planumszeichnung kaum voneinander trennbaren Befunden und teilweise widersprüchlichen Angaben in der Grabungsdokumentation. Im Bereich der Grube *a* (kesselförmig, mit einer max. Tiefe von 0,54 m) befindet sich Grube *b* (wannenförmig, mit einer max. Tiefe von 0,28 m). Welche der Gruben die andere schneidet, lässt sich anhand der Profilzeichnung nicht eindeutig feststellen. Die Gruben *f*, *g* und *h* zeichnen sich zwar in den Profilen AB, CD und GH ab, sind aber nicht in der Planumszeichnung dokumentiert, wohingehend die Grube *a* in den Profilen CD und GH nicht eingezeichnet ist. Nordöstlich des Befundes befinden sich die Gruben *d* und *e* (Abb. 92).

Befund 90c
Art: Einbrennzone
Form: rund
Größe: 0,4 m
max. Tiefe: 0,06 m
Schicht 1: Einbrennzone.
Beschreibung: stark mit gebranntem Lehm versetzter Bereich.

Befund 90d
Art: Trichtergrube
Form: trichterförmig
Größe: L. 1,3 m, B. 1,2 m
Erdabtrag: 0,9 m
max. Tiefe: 0,48 m
Schicht 1: dunkelbrauner, gefleckter Lösslehm.
Schicht 2: Löss.
Beschreibung: ovale Trichtergrube mit ebener Sohle und vereinzelten Holzkohle- und gebrannten Lehmeinschlüssen.

Befund 90e
Art: Grube
Form: wannenförmig
Größe: L. 1,82 m, B. 1,24 m
Erdabtrag: 0,9 m
max. Tiefe: 0,16 m
Schicht 1: dunkelbrauner Boden.
Beschreibung: ovale, wannenförmige Grube mit ebener Sohle und verwaschenen Befundgrenzen.

Funde aus dem gesamten Befund 90:
- 1 Rs, 11 Ws und 1 Bs eines Gefäßes, DSK; Obfl. gt. gegl., pol./gt. gegl.; F. schwarz/schwarz; Mag. grob, GPK; Dm. (B) 60 mm; *Abb. 32,6*, Inv. 783.
- 1 Rs einer Schale, DSK; Obfl. gt. gegl., pol./gt. gegl.; F. rotbraun/rotbraun; Mag. grob, PK; Dm. 220 mm; *Abb. 31,5*, Inv. 784.
- 6 Ws und 1 Bs eines Gefäßes, DSK; Obfl. gt. gegl./gt. gegl.; F. ocker/ocker; Mag. mittel, GPK; Dm. (B) 70 mm; *Abb. 32,4*, Inv. 784_4.
- 1 Rs und 2 Ws eines Topfes; Obfl. grb. gegl./grb. gegl.; F. braunschwarz/braunschwarz; Dek.: radiale Kerben auf der Lippe; Mag. sehr grob, GPK; Dm. 120 mm; *Abb. 30,1*, Inv. 803_7.
- 1 Rs und 1 Ws eines Topfes; Obfl. grb. gegl./grb. gegl.; F. tiefbraun, schwarzbraun/schwarzbraun; Mag. sehr grob, min., Keramik, Kiesel; Dm. 130 bis 250 mm; Bem.: schräg abgestrichener Rand; *Abb. 30,2*, Inv. 803_5.
- 1 Rs eines Topfes; Obfl. gegl., ra./gegl.; F. schwarzbraun/schwarzbraun; Mag. sehr grob, PQ; Dm. größer als 180 mm; Bem.: schräg abgestrichener Rand; *Abb. 30,3*, Inv. 803_4.
- 1 Rs eines Topfes; Obfl. grb. gegl./grb. gegl.; F. ockergrau/ockergrau; Dek.: Schnitte auf der Randlippe; Mag. grob, GQ; Dm. 220 mm; *Abb. 30,4*, Inv. 803_6.
- 1 Rs eines Gefäßes; Obfl. gt. gegl./gt. gegl.; F. schwarz/schwarz; Mag. n. e.; Dm. n. f.; *Abb. 30,8*, Inv. 784_2.
- 1 Rs eines Gefäßes; Obfl. gegl./gegl.; F. tiefbraun, ocker/tiefbraun; Mag. mittel, GPK; Dm. n. f.; *Abb. 30,9*, Inv. 800_3.
- 1 Rs eines Gefäßes; Obfl. grb. gegl./grb. gegl.; F. tiefbraun/tiefbraun; Mag. grob, KPQ; Dm. 120 bis 250 mm; *Abb. 30,10*, Inv. 803_3.
- 1 Rs eines Gefäßes; Obfl. gt. gegl., pol./gt. gegl., pol.; F. grauschwarz/grauschwarz; Mag. n. e.; Dm. n. f.; *Abb. 30,11*, Inv. 799_1.
- 1 Rs eines Topfes; Obfl. gegl./gegl.; F. schwarz/schwarz; Mag. grob, PK; Dm. n. f.; *Abb. 30,12*, Inv. 785_9.
- 1 Rs und 3 Ws einer Schale; Obfl. gt. gegl./gt. gegl.; F. schwarz, ocker/ocker; Mag. n. e.; Dm. n. f.; *Abb. 30,13*, Inv. 784_3.
- 1 Rs eines Gefäßes; Obfl. gt. gegl./gt. gegl.; F. grauschwarz/grauschwarz; Mag. grob, K; Dm. n. f.; *Abb. 30,14*, Inv. 785_2.
- 1 Rs eines Gefäßes; Obfl. gegl./gegl.; F. graubraun/schwarz; Mag. sehr grob, KQ; Dm. n. f.; *Abb. 30,15*, Inv. 788_4.
- 1 Rs eines Gefäßes; Obfl. gegl./gegl.; F. schwarz/schwarz; Mag. sehr grob, PK; Dm. n. f.; *Abb. 30,16*, Inv. 788_3.
- 1 Rs einer Schale; Obfl. gt. gegl./gt. gegl.; F. grauschwarz/grauschwarz; Mag. grob, K; Dm. n. f.; *Abb. 30,17*, Inv. 785_3.
- 1 Rs einer Schale; Obfl. gt. gegl./gt. gegl.; F. grauocker/grauschwarz; Mag. grob, PK; Dm. größer als 400 mm; *Abb. 30,18*, Inv. 785_6.
- 2 Rs eines Gefäßes; Obfl. gt. gegl., pol./gt. gegl.; F. ockergrau/ockergrau; Mag. grob, PK; Dm. n. f.; *Abb. 30,19*, Inv. 786_3.
- 4 Rs und 3 Ws einer Schale; Obfl. gt. gegl./gt. gegl.; F. ocker/ocker; Mag. fein, P; Dm. n. f.; *Abb. 30,20*, Inv. 786_1.
- 1 Rs einer Schale; Obfl. gt. gegl./gt. gegl.; F. ocker, schwarz/schwarz; Mag. grob, PK; Dm. größer als 340 mm; *Abb. 30,21*, Inv. 785_5.
- 1 Ws eines Gefäßes; Obfl. gegl./gegl.; F. schwarzbraun, ocker/schwarzbraun; Dek.: Leiste; Mag. sehr grob, GQ; *Abb. 30,22*, Inv. 788.
- 1 Rs und 6 Ws eines Gefäßes; Obfl. gt. gegl., pol./gegl., sichtbare Drehrillen; F. tiefschwarz/tiefschwarz; Mag. fein, GP; Dm. n. f.; *Abb. 30,23*, Inv. 798.
- 1 Rs und 2 Ws einer Schale; Obfl. gt. gegl./gt. gegl.; F. grauocker/grauocker; Mag. grob, GP; Dm. n. f.; *Abb. 30,24*, Inv. 786_2.
- 1 Ws eines Gefäßes; Obfl. Bstrich./gt. gegl.; F. schwarzgrau/schwarzgrau; Mag. grob, PK; *Abb. 30,25*, Inv. 785_8.
- 1 Rs, 3 Ws und 2 Bs einer Schale; Obfl. gegl./gegl.; F. grauschwarz/grauschwarz; Mag. sehr grob, K; Dm. 110 mm, Dm. (B) 50 mm; *Abb. 31,1*, Inv. 791.
- 2 Rs einer Schale; Obfl. gt. gegl./gt. gegl.; F. schwarz/schwarz; Mag. grob, PK; Dm. 220 mm; *Abb. 31,2*, Inv. 785_10.
- 2 Rs einer Schale; Obfl. gt. gegl., pol./gt. gegl.; F. grauschwarz/grauschwarz; Mag. grob, P; Dm. 200 mm; Bem.: zwei Löcher; *Abb. 31,3*, Inv. 800.
- 2 Rs und 1 Ws einer Schale; Obfl. gt. gegl./gt. gegl.; F. ocker/ocker; Mag. fein, GPK; *Abb. 31,4*, Inv. 799_3.
- 3 Rs, 11 Ws und 2 Bs einer Schale; Obfl. gegl./im Inneren gegl., unterhalb von 40 mm ra.; F. schwarz/schwarz; Mag. grob, P; Dm. 220 mm; *Abb. 31,6*, Inv. 787.
- 1 Rs und 6 Ws einer Schale; Obfl. oben gegl., unten gschlickr./gegl.; F. ockergrau/ockergrau; Dek.: Fingertupfen; Mag. grob, GPK; Dm. 200 mm; *Abb. 32,1*, Inv. 805.
- 1 Henkelfragment; Obfl. grb. gegl., ra./gegl.; F. ziegel/ziegel; Mag. sehr grob, PQ; *Abb. 32,2*, Inv. 802.
- 2 Bs eines Gefäßes; Obfl. gt. gegl./gt. gegl.; F. ocker/grauschwarz; Mag. sehr grob, K; *Abb. 32,3*, Inv. 789_5.
- 1 Bs eines Gefäßes; Obfl. gegl./gegl.; F. schwarzbraun/schwarzbraun; Mag. mittel, KQ; Dm. (B) 100 mm; *Abb. 32,5*, Inv. 803_2.

- 1 Ws und 2 Bs eines Gefäßes; Obfl. grb. gegl./grb. gegl.; F. graubraun/schwarzbraun; Mag. sehr grob, K; Dm. (B) 120 mm; *Abb. 32,7,* Inv. 784.
- 14 Ws eines Gefäßes; Obfl. gegl./gegl.; F. schwarz/schwarz; Mag. grob, P; Inv. 785.
- 11 Ws eines Gefäßes; Obfl. gt. gegl./gegl.; F. schwarz/schwarz; Mag. mittel, PK; Inv. 785_11.
- 5 Ws eines Gefäßes; Obfl. grb. gegl./gegl.; F. ziegel/schwarz; Mag. sehr grob, PK; Inv. 789_1.
- 8 Ws eines Gefäßes; Obfl. gegl./gegl.; F. ocker/ocker; Mag. grob, PK; Inv. 789_2.
- 5 Ws eines Gefäßes; Obfl. gt. gegl., gschlickr./gt. gegl.; F. graubraun/graubraun; Mag. grob, KA; Inv. 789_3.
- 6 Ws eines Gefäßes; Obfl. gegl., ra./gegl.; F. ocker, ziegel/ocker; Mag. grob, PK; Inv. 789_4.
- 4 Ws eines Gefäßes; Obfl. ra./ra.; F. ocker/schwarz; Mag. grob, P; Inv. 789_6.
- 4 Ws eines Gefäßes; Obfl. grb. gegl./grb. gegl.; F. ziegel/grauschwarz; Mag. grob, PA; Inv. 789_7.
- 9 Ws eines Gefäßes; Obfl. gt. gegl./gt. gegl.; F. grauschwarz/grauschwarz; Mag. grob, PK; Inv. 790.
- 2 Ws eines Gefäßes; Obfl. gt. gegl., pol./grb. gegl.; F. grau, ocker/tiefschwarz; Mag. n. e.; Inv. 792.
- 8 Ws eines Gefäßes; Obfl. gegl./gegl.; F. schwarz/schwarz; Mag. grob, GKQ; Inv. 793.
- 8 Ws eines Gefäßes; Obfl. gegl./gegl.; F. ocker/schwarz; Mag. grob, PK; Inv. 794_1.
- 5 Ws eines Gefäßes; Obfl. gegl./gegl.; F. ocker/ocker; Mag. mittel, P; Inv. 794_2.
- 5 Ws eines Gefäßes; Obfl. grb. gegl./gegl.; F. ocker/schwarz; Mag. sehr grob, KA; Inv. 794_3.
- 4 Ws eines Gefäßes; Obfl. gt. gegl./gegl.; F. ocker, braun/ocker, braun; Mag. n. e.; Inv. 799_2.
- 5 Ws eines Gefäßes; Obfl. fein gschlickr./gegl.; F. tiefschwarz/grauschwarz; Mag. mittel, P; Inv. 800.
- 2 Ws eines Gefäßes; Obfl. gegl./gegl.; F. ocker/ocker; Mag. grob, KQ; Inv. 801.
- 7 Ws eines Gefäßes; Obfl. gt. gegl./gt. gegl.; F. ockerbraun/tiefbraun; Mag. grob, GPK; Inv. 804_1.
- 3 Ws eines Gefäßes; Obfl. gschlickr./grb. gegl.; F. tiefbraun, schwarzbraun/tiefbraun; Mag. sehr grob, GP; Inv. 804_2.
- 1 Ws eines Gefäßes; Obfl. grb. gegl./gegl.; F. tiefbraun/tiefbraun; Mag. mittel, GPK; Inv. 804_3.
- 7 Ws eines Gefäßes; Obfl. gschlickr./gegl.; F. ockergrau/grauschwarz; Mag. mittel, PK; Inv. 804_4.
- 7 Ws eines Gefäßes; Obfl. gt. gegl./gegl.; F. ocker/ockerbraun; Mag. mittel, GP; Inv. 804_5.
- 10 Ws eines Gefäßes; Obfl. grb. gegl./grb. gegl.; F. braun/rotbraun; Mag. grob, GP; Inv. 804_6.
- 1 Eisennagel mit trapezoidem Kopf und rechteckigem Querschnitt; L. 30 mm, B. 5 mm; *Abb. 30,7,* Inv. 780_2.
- 1 Eisennagel mit rundem Kopf und dreieckigem Querschnitt; L. 75 mm, B. 5 mm; Inv. 780.
- 1 konischer Spinnwirtel aus Ton; L. 15 mm, Gew. 11 g; *Abb. 30,5,* Inv. 782.
- 3 Fragmente von Langknochen (70 x 20 x 5 mm); Inv. 796.
- 3 sekundär verbrannte Fragmente verziegelten Lehms (Dm. ca. 20 mm); Inv. 795.
- 1 gelboranger Silex, an einer Kante retuschiert (12 x 14 x 6 mm); *Abb. 30,6,* Inv. 781.

Befund 91

Art: Trichtergrube
Form: trichterförmig
Größe: L. 0,69 m, B. 1, 26 m
Erdabtrag: 0,7 m
max. Tiefe: 1,16 m
Schicht 1: dunkelbrauner, aschehaltiger Lösslehm mit Holzkohlepartikeln.
Schicht 2: Löss.
Schicht 3: Holzkohle und Asche.
Schicht 4: mittelbrauner, mit verbranntem Lehm und Holzkohleeinschlüssen versetzter Lösslehm.
Schicht 5: Brandschicht, stark mit Holzkohle und gebranntem Lehm durchsetzt.
Beschreibung: ovale Trichtergrube mit ebener Sohle (*Abb. 82*).

Funde:
- 1 Eisenobjekt; L. 40 mm, B. 25 mm; *Abb. 35,1,* Inv. 840_1.
- 2 Rs eines Gefäßes, DSK; Obfl. sehr gt. gegl., pol./sehr gt. gegl., pol.; F. tiefschwarz/tiefschwarz; Mag. n. e.; Dm. größer als 110 mm; *Abb. 32,8,* Inv. 824_3.
- 1 Rs und 5 Ws einer Schale, DSK; Obfl. gegl., pol./gt. gegl.; F. rotbraun, schwarze Flecken/rotbraun, schwarze Flecken; Mag. n. e.; Dm. 160 mm; *Abb. 33,5,* Inv. 826_2.
- 1 Rs einer Schale, DSK; Obfl. gt. gegl./gt. gegl.; F. ocker, grau/ocker, grau; Mag. mittel, GP; Dm. 240 mm; *Abb. 33,6,* Inv. 825_1.
- 1 Bs eines Gefäßes, DSK; Obfl. gt. gegl./gt. gegl.; F. grauschwarz/grauschwarz; Mag. fein, GPK; Dm. (B) 60 mm; *Abb. 35,2,* Inv. 827_3.
- 1 Bs eines Gefäßes, DSK; Obfl. gt. gegl./gt. gegl.; F. ocker/grauocker, graubraun; Mag. mittel, GPK; Dm. (B) 80 mm; *Abb. 35,4,* Inv. 827_2.
- 1 Bs eines Gefäßes, DSK; Obfl. gt. gegl./gt. gegl.; F. ocker/ocker, schwarzbraun; Mag. mittel, GK; Dm. (B) 120 mm; *Abb. 35,6,* Inv. 827_1.

- 1 Rs eines Gefäßes; Obfl. gt. gegl., pol./gt. gegl., pol.; F. tiefschwarz/tiefschwarz; Mag. mittel, P; Dm. n. f.; *Abb. 32,9,* Inv. 829_9.
- 1 Rs eines Gefäßes; Obfl. gt. gegl./gt. gegl.; F. grauschwarz/grauschwarz; Mag. n. e.; Dm. n. f.; *Abb. 32,10,* Inv. 829_8.
- 1 Rs eines Gefäßes; Obfl. sehr gt. gegl., pol./sehr gt. gegl., pol.; F. tiefschwarz/tiefschwarz; Mag. n. e.; Dm. n. f.; *Abb. 32,11,* Inv. 824_4.
- 1 Rs eines Gefäßes; Obfl. gt. gegl., pol./gt. gegl., pol.; F. grau, schwarz/grau; Mag. mittel, PK; Dm. 130 bis 170 mm; *Abb. 32,12,* Inv. 829_11.
- 1 Rs eines Gefäßes; Obfl. gt. gegl., pol./gt. gegl., pol.; F. tiefschwarz/tiefschwarz; Mag. n. e.; Dm. 100 bis 160 mm; *Abb. 32,13,* Inv. 829_7.
- 1 Rs und 11 Ws eines Gefäßes; Obfl. gt. gegl./gt. gegl.; F. ocker/ockergrau; Mag. fein, GP; Dm. n. f.; *Abb. 32,14,* Inv. 829_1.
- 1 Rs eines Gefäßes; Obfl. gt. gegl., pol./gt. gegl., pol.; F. ocker, grauschwarz/ocker, grauschwarz; Mag. fein, P; Dm. größer als 250 mm; *Abb. 32,15,* Inv. 828_5.
- 1 Rs eines Gefäßes; Obfl. gt. gegl., pol./gt. gegl., pol.; F. grauschwarz/grauschwarz; Mag. fein, GP; Dm. 90 bis 200 mm; *Abb. 32,16,* Inv. 829_10.
- 1 Rs einer Schale; Obfl. gt. gegl., pol./gt. gegl., pol.; F. braunschwarz/braunschwarz; Mag. mittel, GPK; Dm. 110 bis 180 mm; *Abb. 32,17,* Inv. 829_6.
- 1 Rs und 9 Ws eines Gefäßes; Obfl. grb. gschlickr./gegl.; F. grauschwarz/grauschwarz; Mag. mittel, GPK; Dm. größer als 150 mm; *Abb. 32,18,* Inv. 837_8.
- 1 Rs eines Topfes; Obfl. grb. gegl./grb. gegl.; F. ocker/ocker; Mag. fein, PK; Dm. 135 mm; *Abb. 32,19,* Inv. 837_5.
- 1 Ws eines Gefäßes; Obfl. sehr gt. gegl., Bstrich./sehr gt. gegl.; F. ocker/ocker; Mag. n. e.; *Abb. 32,20,* Inv. 838_2.
- 1 Ws eines Gefäßes; Obfl. sehr gt. gegl./sehr gt. gegl.; F. schwarzbraun/schwarzbraun; Dek.: eingeritztes Winkeldekor; Mag. fein, PK; *Abb. 32,21,* Inv. 838_1.
- 1 Rs und 1 Ws eines Topfes; Obfl. gt. gegl., pol./gt. gegl., pol.; F. tiefschwarz/tiefschwarz; Mag. fein, GP; Dm. 140 mm; *Abb. 32,22,* Inv. 828_4.
- 2 Rs eines Topfes; Obfl. gt. gegl., pol./gt. gegl., pol.; F. schwarzbraun/ocker; Mag. fein, GK; Dm. 180 mm; *Abb. 33,1,* Inv. 832_1.
- 1 Rs eines Topfes; Obfl. gt. gegl., pol./gt. gegl.; F. ockerbraun/ocker, schwarzbraun; Mag. mittel, GPK; Dm. 200 mm; *Abb. 33,2,* Inv. 829_13.
- 1 Rs eines Topfes; Obfl. gt. gegl./gt. gegl.; F. grau, ocker/grau, ocker; Mag. mittel, PK; Dm. 220 mm; *Abb. 33,3,* Inv. 829_14.
- 2 Rs und 3 Ws einer Schale; Obfl. pol./gt. gegl.; F. grauschwarz/grauschwarz; Mag. fein, P; Dm. 160 mm; Bem.: anhaftende gelbe Reste von Organik; *Abb. 33,4,* Inv. 831_1.
- 3 Rs und 2 Ws einer Schale; Obfl. gegl./gegl.; F. ocker/ocker; Mag. grob, PK; Dm. 220 mm; *Abb. 34,1,* Inv. 830_1.
- 1 Rs und 3 Ws einer Schale; Obfl. gt. gegl., pol./gt. gegl., pol.; F. rotbraun, schwarz/rotbraun, schwarz; Dek.: eingeritzte, radiale und umlaufende Linien; Mag. fein, PK; Dm. 280 mm; *Abb. 34,2,* Inv. 830_3.
- 1 Rs und 1 Bs einer Schale; Obfl. gt. gegl., pol./gt. gegl., pol.; F. graubraun/graubraun; Mag. mittel, GP; Dm. 270 mm, Dm. (B) 120 mm; *Abb. 34,3,* Inv. 830_2.
- 1 Rs einer Schale; Obfl. grb. gegl./gegl.; F. graubraun/grauschwarz; Mag. grob, P; Dm. 360 mm; Bem.: schräg abgestrichener Rand, zwei Ausgüsse; *Abb. 34,4,* Inv. 836_1.
- 2 Rs einer Schale; Obfl. gt. gegl., pol./gt. gegl., pol.; F. tiefschwarz/tiefschwarz; Mag. fein, P; Dm. 360 mm; *Abb. 34,5,* Inv. 829_12.
- 1 Bs eines Gefäßes; Obfl. gegl./gegl.; F. grauocker/grauocker; Mag. grob, P; Dm. (B) 70 mm; *Abb. 35,3,* Inv. 837_7.
- 1 Bs eines Gefäßes; Obfl. grb. gegl./grb. gegl.; F. grau/grauocker; Mag. grob, P; Dm. (B) 100 mm; *Abb. 35,5,* Inv. 837_6.
- 3 Bs eines Gefäßes; Obfl. gt. gegl., pol./gt. gegl., pol.; F. schwarzgrau/schwarzgrau; Mag. grob, GK; Dm. (B) 70 mm; *Abb. 35,7,* Inv. 827_4.
- 12 Ws eines Gefäßes; Obfl. sehr gt. gegl., pol./sehr gt. gegl., pol.; F. grauschwarz/grauschwarz; Mag. n. e.; Inv. 824_1.
- 1 Ws eines Gefäßes; Obfl. sehr gt. gegl., pol./sehr gt. gegl., pol.; F. rotbraun/braunschwarz; Mag. n. e.; Inv. 824_2.
- 1 Ws eines Gefäßes; Obfl. gt. gegl., pol./gt. gegl., pol.; F. schwarzgrau/braungrau; Mag. mittel, GK; Inv. 828_1.
- 5 Ws eines Gefäßes; Obfl. gt. gegl./gt. gegl.; F. ocker, grau/ocker, grau; Mag. fein, P; Inv. 828_2.
- 5 Ws eines Gefäßes; Obfl. gt. gegl./gt. gegl.; F. grauschwarz/grauschwarz; Mag. mittel, P; Inv. 828_3.
- 19 Ws eines Gefäßes; Obfl. gt. gegl./gt. gegl.; F. ocker, grau/grau; Mag. grob, GPK; Inv. 833_1.
- 3 Ws eines Gefäßes; Obfl. gegl./gegl.; F. schwarzbraun/schwarzbraun; Mag. mittel, GKQ; Inv. 835_1.
- 1 Ws eines Gefäßes; Obfl. grb. gegl./grb. gegl.; F. grau/grau; Mag. grob, PK; Inv. 837_1.
- 15 Ws eines Gefäßes; Obfl. gegl./gegl.; F. ockergrau/ockergrau; Mag. grob, PK; Inv. 837_3.
- 4 Ws eines Gefäßes; Obfl. grb. gschlickr./grb. gegl.; F. ocker/schwarzbraun; Mag. fein, P; Inv. 837_2.
- 19 Ws eines Gefäßes; Obfl. grb. gegl./grb. gegl.; F. ockergrau/grauschwarz; Mag. mittel, P; Inv. 837_4.

– 23 Fragmente verziegelten Lehms, davon 1 großes Fragment (110 x 80 x 50 mm) mit Buckel, 5 Fragmente mit gt. gegl., grauschwarzer Seite, 1 Fragment mit gt. gegl. Seite, weiß bemalt, ein Fragment mit ca 15 mm breiter halbrunder Hohlkehle (L. 40 mm); Inv. 2116_1.
– Mehrere sehr kleine Holzkohlefragmente, Inv. 2118_1.
– 1 Läufer oder Stößel aus Stein (150 x 40 x 2 mm), zur Hälfte erhalten, Inv. 2119_2.
– 1 fein gegl. Steinplatte mit flachem, linsenförmigem Querschnitt; Inv. 2119_3.
– 1 Steinplatte aus Buntsandstein (190 x 85 x 30 mm); Inv. 2120_1.
– 1 Stein; Inv. 2121_1.
– 1 Fragment einer Platte aus Sandstein mit einem rechten Winkel (80 x 80 x 45 mm); Inv. k_1.
– 1 stark glimmerhaltiger Granitbrocken (80 x 45 mm); Inv. 2117.
– Tierknochen (entnommen); Inv. 841_1.

Befund 92

Art: Trichtergrube
Form: trichterförmig
Größe: L. 1,3 m, B. 1,04 m
Erdabtrag: 0,7 m
max. Tiefe: 0,94 m
Schicht 1: dunkelbrauner Lösslehm mit Holzkohle und verbranntem Lehm.
Schicht 2: grauer, aschehaltiger Lösslehm mit Holzkohlepartikeln.
Schicht 3: dunkelbrauner Lösslehm.
Schicht 4: hellbrauner Lösslehm.
Beschreibung: trichterförmige Grube mit ebener Sohle (*Abb. 82*).

Funde:
– 5 Ws eines Gefäßes, DSK; Obfl. gt. gegl., pol./gt. gegl., pol.; F. schwarz/schwarz; Dek.: vier eingedrehte Riefen; Mag. n. e.; *Abb. 35,13*, Inv. 842_1.
– 1 Rs einer Schale; Obfl. gt. gegl./gt. gegl.; F. ocker/ocker; Mag. mittel, GP; Dm. 180 mm; *Abb. 35,8*, Inv. 844.
– 1 Rs und 4 Ws einer Schale; Obfl. gt. gegl./gegl.; F. ocker/ocker; Mag. sehr grob, GK; Dm. 200 mm; *Abb. 35,9*, Inv. 844_5.
– 1 Rs einer Schale; Obfl. gt. gegl./gt. gegl., pol.; F. ocker, grauschwarz/schwarz; Mag. sehr grob, GKQ; Dm. 260 mm; *Abb. 35,10*, Inv. Inv. 844_2.
– 1 Rs und 2 Ws einer Schale; Obfl. gt. gegl., pol., Bstrich. im unteren Bereich/gt. gegl., pol.; F. rotbraun, schwarzbraun/schwarzbraun; Dek.: flache Tupfen entlang des Randes; Mag. grob, GK; Dm. 240 mm; *Abb. 35,11*, Inv. 845_1.
– 1 Miniaturgefäß; Obfl. gegl./gegl.; F. graubraun, ocker/ockerbraun; Mag. grob, GKQ; Dm. 55 mm, Dm. (B) 25 mm; *Abb. 35,12*, Inv. 843_1.
– 1 Rs und 4 Ws eines Topfes; Obfl. gt. gegl./gt. gegl.; F. graubraun/graubraun; Mag. sehr grob, KQ; Dm. n. f.; *Abb. 35,14*, Inv. 844_1.
– 1 Rs eines Gefäßes; Obfl. gt. gegl., pol./gt. gegl., pol.; F. rotbraun/rotbraun; Mag. grob, PK; Dm. n. f.; *Abb. 35,15*, Inv. 844_8.
– 1 Rs eines Gefäßes; Obfl. gt. gegl./gt. gegl.; F. hellbraun/graubraun; Mag. mittel, GKQ; Dm. n. f.; *Abb. 35,16*, Inv. 844_9.
– 1 Rs und 3 Ws eines Gefäßes; Obfl. gt. gegl., pol./gt. gegl., pol.; F. tiefschwarz/tiefschwarz; Mag. grob, K; Dm. n. f.; *Abb. 35,17*, Inv. 844_7.
– 1 Rs einer Schale; Obfl. gt. gegl., pol./gt. gegl., pol.; F. ocker/ocker; Mag. mittel, P; Dm. 360 mm; *Abb. 36,1*, Inv. 844_4.
– 3 Rs und 2 Ws einer Schale; Obfl. gt. gegl., pol./gt. gegl., pol.; F. tiefschwarz, rotbraun/braunschwarz; Mag. grob, GK; Dm. 360 mm; *Abb. 36,2*, Inv. 844_3.
– 1 Bs eines Gefäßes; Obfl. grb. gegl./gegl.; F. ziegelgrau/hellbraun; Mag. sehr grob, GQ; Dm. (B) 130 mm; *Abb. 36,3*, Inv. 846_1.
– 7 Ws und 1 Bs eines Gefäßes; Obfl. fein gschlickr./gegl.; F. ocker/grauschwarz; Mag. grob, K; Dm. (B) 100 mm; *Abb. 36,4*, Inv. 846_3.
– 1 Ws eines Gefäßes; Obfl. gegl., ra./gegl., ra.; F. ocker/ocker; Mag. grob, GKQ; Inv. 846_4.
– 1 Ws eines Gefäßes; Obfl. gegl./gegl.; F. tiefschwarz/grauschwarz; Mag. grob, PK; Inv. 846_2.
– 19 Ws eines Gefäßes; Obfl. oben gegl., pol., unten fein gschlickr./gegl.; F. graubraun/braunschwarz; Mag. mittel, PK; Inv. 846_5.
– Tierknochen (entnommen); Inv. 848_1.
– 6 Fragmente Hüttenlehm (Dm. ca. 30 mm); Inv. 847_1.

Befund 95

Art: Trichtergrube
Form: trichterförmig
Größe: L. 1,64 m, B. 1,12 m
Erdabtrag: 0,8 m
max. Tiefe: 0,64 m
Schicht 1: dunkelbrauner, mit sterilem Löss gefleckter Lösslehm.
Schicht 2: hellbrauner Lösslehm.
Beschreibung: annähend ovale Trichtergrube mit ebener Sohle. Die hellbraune Einfüllung ist laut Grabungsdokumentation neuzeitlich (*Abb. 82*).

Funde:
– 1 Rs einer Schale, DSK; Obfl. pol./pol.; F. schwarzgrau/schwarzgrau; Mag. n. e.; Dm. 330 mm; *Abb. 36,11*, Inv. 849_1.
– 2 Rs einer Schale; Obfl. gegl., ra./gegl., ra.; F. grüngrau/grau; Mag. mittel, KA; Dm. 200 mm; *Abb. 36,5*, Inv. 850_4.
– 1 Rs einer Schale; Obfl. gt. gegl., pol./gt. gegl.; F. schwarzbraun/schwarz; Mag. mittel, P; Dm. 240 mm; *Abb. 36,6*, Inv. 850_2.
– 1 Rs und 2 Ws eines Topfes; Obfl. gegl./gegl.; F. ocker/schwarzgrau; Mag. mittel, PKA; Dm. 280 mm; *Abb. 36,7*, Inv. 851_4.
– 16 Ws und 1 Bs eines Gefäßes; Obfl. gschlickr./gegl.; F. ocker, braun/schwarzbraun; Mag. mittel, PK; Dm. (B) 80 mm; *Abb. 36,8*, Inv. 851_6.
– 1 Bs eines Gefäßes; Obfl. gegl./gegl.; F. ockergrau/grauschwarz; Dek.: flache Eindrücke; Mag. mittel, KA; Dm. (B) 240 mm; *Abb. 36,9*, Inv. 851_2.
– 1 Bs eines Gefäßes; Obfl. gegl./gegl.; F. schwarzbraun/schwarzbraun; Mag. fein, PKQ; Dm. (B) 240 mm; *Abb. 36,10*, Inv. 850_5.
– 1 Rs eines Gefäßes; Obfl. gegl., leicht ra./gegl., leicht ra.; F. graugrün/grauschwarz; Mag. fein, KA; Dm. n. f.; *Abb. 36,12*, Inv. 851_6.
– 1 Bs eines Gefäßes; Obfl. gegl./gegl.; F. ocker/grauschwarz; Mag. fein, P; Dm. (B) n. f.; *Abb. 36,13*, Inv. 851_1.
– 4 Ws eines Gefäßes; Obfl. gt. gegl./gt. gegl.; F. ziegel/rotbraun; Mag. grob, PK; Inv. 850_3.
– 1 Ws eines Gefäßes; Obfl. gt. gegl., graf./gegl.; F. schwarzbraun/tiefbraun; Mag. grob, P; Inv. 850_6.
– 4 Ws eines Gefäßes; Obfl. gt. gegl./gt. gegl.; F. ziegelrot/rotbraun; Mag. mittel, K; Inv. 850_4.
– 6 Ws eines Gefäßes; Obfl. gegl./gegl.; F. grauocker/grau; Mag. fein, PK; Inv. 850_3.
– 2 Ws eines Gefäßes; Obfl. gegl., ra./ra. gegl.; F. schwarzbraun/grau; Mag. mittel, A; Inv. 850_2.
– 9 Ws eines Gefäßes; Obfl. gt. gegl./gt. gegl.; F. ockerbraun/tiefbraun; Mag. fein, GP; Inv. 850_5.
– 16 Ws eines Gefäßes; Obfl. gschlickr./gschlickr.; F. ocker, graubraun, grauschwarz/grauschwarz; Mag. grob, PK; Inv. 851_5.
– 3 Ws eines Gefäßes; Obfl. oben gegl., ra., unten gschlickr./grb. gegl.; F. schwarzgrau/schwarzgrau; Mag. fein, A; Inv. 851_2.
– 1 Rs und 3 Ws eines Gefäßes; Obfl. gegl., ra./gegl.; F. graugrün/grau; Mag. mittel, KA; Dm. n. f.; Inv. 851_3.
– 1 Ws eines Gefäßes; Obfl. gegl./gegl.; F. ocker/ocker; Mag. grob, P; Inv. 851_4.
– 1 Ws eines Gefäßes; Obfl. grb. gegl./grb. gegl.; F. graugrün/ocker; Mag. grob, P; Inv. 851_5.
– 1 Ws eines Gefäßes; Obfl. grb. gschlickr./gt. gegl.; F. ocker/dunkelbraun; Mag. grob, PK; Inv. 850_1.
– 2 Ws eines Gefäßes; Obfl. gegl., ra./gegl., ra.; F. schwarzbraun/schwarzbraun; Mag. mittel, KA; Inv. 851_3.
– Tierknochen (entnommen); Inv. 848_1.
– 29 Pferdeknochen und 3 unbestimmt (entnommen); Inv. 853_1.
– 6 Hüttenlehmfragmente, davon eines mit einer Stärke von 40 mm und planer, grauschwarzer Obfl.; Inv. 852_1.

Befund 96

Art: Grubenkomplex oder Grubenhaus
Form: amorph
Größe: L. 4,45 m, B. 3,06 m
Erdabtrag: 0,8 m
max. Tiefe: 0,64 m
max. Tiefe 2: 0,12 m
Schicht 1: graubrauner, mit Löss gefleckter Boden mit Holzkohlepartikeln.
Schicht 2: dunkelbrauner Lösslehm.
Schicht 3: stark gefleckter Löss.
Schicht 4: mittelbrauner, gefleckter Löss.
Schicht 5: hellbraune Lössschliere.

Schicht 6: dunkelbraune Lössschliere.
Schicht 7: dunkelbrauner, fleckiger Lösslehm.
Beschreibung: extrem unregelmäßiger Grubenrest mit schlecht erkennbaren Befundgrenzen und widersprüchlichen Angaben zur Lage der Befunde *a* und *b* in der Grabungsdokumentation. Im Bereich des Grubenhauses befinden sich laut Planum die Gruben *a* (mit einer Tiefe von 0,1 bis 0,24 m und unebener Sohle) und *b* (wannenförmig, mit einer Tiefe von 0,06 m) sowie das Pfostenloch *e* (mit rundovalem Querschnitt und einer max. Tiefe von 0,64 m). Nach den Profilzeichnungen GH und IJ befinden sich die Gruben *a* und *b* in sterilem Lösslehm (*Abb. 84*).

Funde:
– 1 Rs und 2 Ws eines Topfes, DSK; Obfl. gt. gegl., pol./gegl.; F. graubraun/schwarz; Mag. sehr grob, GPK; Dm. 180 mm; *Abb. 37,2*, Inv. 865_1.
– 1 Rs, 10 Ws und 2 Bs einer Schale, DSK; Obfl. pol./pol.; F. tiefschwarz/tiefschwarz; Dek.: drei umlaufende Riefen; Mag. fein, P; Dm. 260 mm; *Abb. 37,4*, Inv. 857_1.
– 1 Rs einer Schale, DSK; Obfl. pol./pol.; F. tiefschwarz/tiefschwarz; Dek.: drei umlaufende Riefen; Mag. fein, P; Dm. 260 mm; *Abb. 37,5*, Inv. 857_1.
– 2 Rs und 4 Ws eines Topfes, DSK; Obfl. gt. gegl./gt. gegl.; F. ocker, schwarz/schwarz; Mag. mittel, G; Dm. 60 mm; *Abb. 38,1*, Inv. 873_1.
– 12 Ws und 1 Bs eines Gefäßes, DSK; Obfl. pol./pol.; F. grauschwarz/grauschwarz; Mag. fein, P; Dm. (B) 70 mm; *Abb. 40,1*, Inv. 858_1.
– 4 Rs und 1 Ws einer Schale; Obfl. gegl./grb. gegl.; F. graubraun/graubraun; Mag. grob, GP; Dm. 90 mm; *Abb. 37,3*, Inv. 859_1.
– 1 Rs eines Gefäßes; Obfl. gt. gegl., pol./gt. gegl.; F. schwarz/schwarzgrau; Mag. grob, GPK; Dm. n. f.; *Abb. 37,10*, Inv. 861_7.
– 1 Rs eines Gefäßes; Obfl. gt. gegl., pol./gt. gegl., pol.; F. grauschwarz/grauschwarz; Mag. fein, GPK; Dm. n. f.; *Abb. 37,11*, Inv. 862_3.
– 1 Rs eines Gefäßes; Obfl. gt. gegl., pol./gt. gegl., pol.; F. grauschwarz/grauschwarz; Mag. fein, GPK; Dm. n. f.; *Abb. 37,12*, Inv. 862_4.
– 1 Rs eines Gefäßes; Obfl. gt. gegl., pol./gt. gegl., pol.; F. grauschwarz/grauschwarz; Mag. fein, GPK; Dm. n. f.; *Abb. 37,13*, Inv. 862_6.
– 1 Rs eines Gefäßes; Obfl. gegl./gegl.; F. schwarz/schwarz; Mag. grob, GKQ; Dm. n. f.; *Abb. 37,14*, Inv. 862_7.
– 1 Rs eines Gefäßes; Obfl. gt. gegl./gt. gegl.; F. grauschwarz/grauocker; Mag. mittel, PK; Dm. n. f.; *Abb. 37,15*, Inv. 861_8.
– 1 Rs und 4 Ws eines Gefäßes; Obfl. gt. gegl., pol./gt. gegl.; F. ziegel/ziegel; Mag. grob, GPK; Dm. 70 bis 240 mm; *Abb. 37,16*, Inv. 864_1.
– 1 Rs eines Gefäßes; Obfl. gegl./gegl.; F. schwarz/schwarz; Mag. grob, GPK; Dm. n. f.; *Abb. 37,17*, Inv. 862_8.
– 1 Rs eines Gefäßes; Obfl. gt. gegl., pol./gt. gegl., pol.; F. grauschwarz/grauschwarz; Mag. fein, GPK; Dm. n. f.; *Abb. 37,18*, Inv. 862_5.
– 1 Rs eines Gefäßes; Obfl. gt. gegl., pol./gt. gegl., pol.; F. grauschwarz/grauschwarz; Mag. fein, GK; Dm. n. f.; *Abb. 37,19*, 862_2.
– 1 Rs und 6 Ws einer Schale; Obfl. gegl./gegl.; F. ocker, ziegel/grauocker; Mag. mittel, GPK; *Abb. 37,21*, Inv. 871_3.
– 1 Rs eines Gefäßes; Obfl. gt. gegl., pol./gegl.; F. graubraun/grauschwarz; Mag. grob, GPK; Dm. 180 mm; *Abb. 38,2*, Inv. 865.
– 1 Rs eines Gefäßes; Obfl. gegl./gegl.; F. grau/grau; Dek.: Einschnitte auf dem Rand; Mag. sehr grob, GKQ; Dm. 200 bis 300 mm; *Abb. 37,20*, Inv. 869_3.
– 2 Ws eines Gefäßes; Obfl. oben gegl., unten fein gschlickr./gegl.; F. schwarzbraun, ockergrau/ziegel; Dek.: diagonale umlaufende Einschnitte; Mag. grob, GK; *Abb. 37,22*, Inv. 869_2.
– 3 Ws eines Gefäßes; Obfl. oben gegl., unten grb. gschlickr./gegl.; F. ocker/ocker; Dek.: Leiste mit diagonalen Einstichen; Mag. sehr grob, GKQ; *Abb. 37,23*, Inv. 869_1.
– 1 Rs und 1 Ws einer Schale; Obfl. oben pol., unten grb. gegl./grb. gegl.; F. schwarzbraun/graubraun; Mag. sehr grob, A; Dm. 200 mm; *Abb. 38,3*, Inv. 872_1.
– 2 Rs einer Schale; Obfl. grb. gegl./grb. gegl.; F. graubraun/grauschwarz; Mag. sehr grob, GKQ; Dm. 220 mm; Bem.: mit Ausguss; *Abb. 38,4*, Inv. 871_1.
– 2 Rs und 1 Ws einer Schale; Obfl. gegl./gegl.; F. grau/grauschwarz; Mag. sehr grob, P; Bem.: mit Ausguss; *Abb. 38,5*, Inv. 871_2.
– 3 Rs und 2 Ws einer Schale; Obfl. gegl./gegl.; F. grauschwarz, ocker/grauschwarz; Mag. grob, PK; Dm. 220 mm; *Abb. 38,6*, Inv. 862_10.
– 2 Rs und 1 Ws einer Schale; Obfl. gt. gegl./gegl.; F. schwarzgrau/schwarz; Mag. grob, GK; Dm. 180 mm; *Abb. 39,1*, Inv. 861_4.
– 2 Rs einer Schale; Obfl. gegl./gegl.; F. grau, grauschwarz/schwarz; Mag. sehr grob, GPK; Dm. 240 mm, Dm. (B) 100 mm; *Abb. 39,2*, Inv. 861_3.
– 1 Rs einer Schale; Obfl. gegl./gegl.; F. ocker grauschwarz/grauschwarz; Mag. sehr grob, P; Dm. 400 mm; *Abb. 39,3*, Inv. 871_5.

– 3 Rs und 2 Ws einer Schale; Obfl. gt. gegl./gt. gegl.; F. braunschwarz/schwarz; Mag. grob, PK; Dm. 400 mm; *Abb. 39,4*, Inv. 861_5.
– 4 Rs und 1 Ws einer Schale; Obfl. gt. gegl./gt. gegl.; F. grauschwarz/grauschwarz; Mag. grob, GPK; Dm. 400 mm; *Abb. 39,5*, Inv. 861_6.
– 1 Bs eines Gefäßes; Obfl. gegl./gegl.; F. ocker, grauschwarz/grauschwarz; Mag. grob, GK; Dm. (B) 100 mm; *Abb. 40,2*, Inv. 862_9.
– 14 Ws und 1 Bs eines Gefäßes; Obfl. gegl./gegl.; F. grau, ocker/grau; Mag. grob, GKQ; Dm. (B) 55 mm; *Abb. 40,3*, Inv. 867_1.
– 3 Ws und 1 Bs eines Gefäßes; Obfl. gt. gegl./gt. gegl.; F. graubraun/graubraun; Mag. grob, GKQ; Dm. (B) 80 mm; *Abb. 40,4*, Inv. 861_1.
– 1 Rs und 8 Ws eines Tulpenbechers; Obfl. grb. gegl./grb. gegl.; F. graubraun, ocker/graubraun; Mag. sehr grob, GKQ; Dm. 220 mm; *Abb. 40,5*, Inv. 870.
– 1 Rs einer Kanne; Obfl. oben gegl., unten grb. gegl./gegl.; F. graubraun/grauschwarz; Mag. sehr grob, GPKQ; Dm. n. f.; Bem.: mit Henkel; *Abb. 40,6*, Inv. k_1.
– 39 Ws eines Gefäßes; Obfl. gt. gegl./gt. gegl.; F. grauschwarz/grauschwarz; Mag. fein, GP; Inv. 862_1.
– 13 Ws eines Gefäßes; Obfl. oben gt. gegl., unten fein gschlickr./gegl.; F. grauschwarz/grauschwarz; Mag. sehr grob, GPK; Inv. 863_1.
– 1 Ws eines Gefäßes; Obfl. gegl./gegl.; F. grau/grau; Mag. fein, GPK; Inv. 864_2.
– 11 Ws eines Gefäßes; Obfl. gegl./gegl.; F. grauocker/schwarz; Mag. mittel, GKQ; Inv. 866_1.
– 2 Ws eines Gefäßes; Obfl. grb. gegl./gt. gegl.; F. ocker/ocker; Mag. grob, GP; Inv. 874_1.
– 2 Ws eines Gefäßes; Obfl. gegl., ra./gt. gegl.; F. ocker/grau; Mag. mittel, A; Inv. 874_2.
– 11 Ws eines Gefäßes; Obfl. gegl./gegl.; F. ockergrau/ockergrau; Mag. sehr grob, GP; Inv. 874_3.
– 5 Ws eines Gefäßes; Obfl. grb. gegl./gegl.; F. ziegel, rotbraun/rotbraun; Mag. grob, KQ; Inv. 871_4.
– 3 Ws eines Gefäßes; Obfl. grb. gschlickr./grb. gegl.; F. ockergrau/ockergrau; Mag. sehr grob, GKQ; Inv. 874_4.
– 3 Ws eines Gefäßes; Obfl. grb. gegl./grb. gegl.; F. rotbraun/braunschwarz; Mag. grob, P; Inv. 874_5.
– 10 Ws eines Gefäßes; Obfl. gegl./gegl.; F. ocker/ocker; Mag. fein, GP; Inv. 874_6.
– 10 Ws eines Gefäßes; Obfl. gegl./gegl.; F. ockergrau/ockergrau; Mag. mittel, PK; Inv. 874_7.
– 1 doppelkonischer Spinnwirtel aus Ton; L. 35 mm, Gew. 67 g; *Abb. 37,6*, Inv. 855_1.
– 1 doppelkonischer Spinnwirtel aus Ton; L. 20 mm, Gew. 16 g; Dek.: radial umlaufende Ritzlinien auf der Oberseite; *Abb. 37,7*, Inv. 855_2.
– 1 ellipsoider Spinnwirtel aus Ton; L. 15 mm, Gew. 11 g; *Abb. 37,8*, Inv. 855_3.
– 1 doppelkonischer Spinnwirtel aus Ton; L. 15 mm, Gew. 11 g; *Abb. 37,9*, Inv. 855_4.
– 1 Steinbeil aus Serpentin; L. 27 mm, B. 10 mm; *Abb. 37,1*, Inv. 854.
– 1 Fragment einer Platte aus Sandstein; L. 11 mm, B. 85 mm; Inv. 875_1.
– 1 stark glimmerhaltiger, schwarzgrauer Stein; L. 42 mm, B. 22 mm; Inv. 875_2.
– 8 Fragmente Hüttenlehm (B. 20 bis 50 mm), ein Stück mit halbrund gebogener Obfl. und verrundetem Ende; Inv. 875_3.
– Tierknochen (entnommen); Inv. 877_1.

Befund 97

Art: Befundrest
Form: rechteckig
Größe: L. 0,6 m, B. 0,34 m
Erdabtrag: 0,8 m
max. Tiefe: 0,04 m
Schicht 1: gefleckter Lösslehm.
Beschreibung: annähernd rechteckiger Befundrest, durch Tiergänge gestört.

Funde:
– 2 Rs und 5 Ws einer Schale; Obfl. grb. gegl./grb. gegl.; F. schwarzbraun/tiefbraun; Mag. grob, GP; Dm. 160 mm; *Abb. 40,7*, Inv. 879.
– 1 Ws eines Gefäßes; Obfl. gegl./grb. gegl.; F. ocker/dunkelbraun; Mag. grob, GPQ; Inv. 880_1.
– 9 Ws eines Gefäßes; Obfl. grb. gegl./grb. gegl.; F. rotbraun, tiefbraun/schwarzbraun; Mag. grob, P; Inv. 880_2.
– 1 Ws eines Gefäßes; Obfl. gegl./gegl.; F. schwarzbraun/schwarzbraun; Mag. grob, P; Inv. 880_3.
– 1 Ws eines Gefäßes; Obfl. gegl./gegl.; F. ocker/ziegel; Mag. mittel, GP; Inv. 880_4.
– 4 Ws eines Gefäßes; Obfl. gegl./gegl.; F. ockergrau/ockergrau; Mag. fein, GP; Inv. 880_5.
– 4 Ws eines Gefäßes; Obfl. gegl./grb. gegl.; F. tiefbraun/tiefbraun; Mag. mittel, GP; Inv. 880_6.
– 1 Ws eines Gefäßes; Obfl. gegl./gegl.; F. grauschwarz/grauocker; Mag. fein, A; Inv. 880_7.
– Tierknochen (entnommen); Inv. 882_1.
– 6 Brocken Hüttenlehm (Dm. 25 bis 30 mm); Inv. 881_1.

Befund 98

Art: Trichtergrube
Form: trichterförmig
Größe: L. 1,48 m, B. 1,34 m
Erdabtrag: 0,8 m
max. Tiefe: 1,35 m
Schicht 1: dunkelbrauner Lösslehm mit Holzkohlepartikeln und gebranntem Lehm.
Schicht 2: Holzkohleschicht mit Lehmeinschlüssen.
Schicht 3: Lössschlieren.
Schicht 4: mittelbrauner Lösslehm.
Schicht 5: Lössschicht.
Schicht 6: graubraune sandige Lösslehmschicht.
Schicht 7: dunkelbraune Lösslehmschlieren.
Beschreibung: ovale Trichtergrube mit ebener Sohle, auf der einige kleinere Bruchsteine lagen (*Abb. 82*).

Funde:
– 1 Rs einer Schale; Obfl. gt. gegl., pol./gt. gegl.; F. grauschwarz/grauschwarz; Mag. grob, GKQ; Dm. n. f.; *Abb. 40,8*, Inv. 884.
– 1 Rs und 2 Ws eines Gefäßes; Obfl. gt. gegl., pol./gt. gegl., pol.; F. tiefschwarz/tiefschwarz; Mag. mittel, GKQ; Dm. n. f.; *Abb. 40,9*, Inv. 883.
– 1 Ws und 1 Bs eines Gefäßes; Obfl. gegl./gegl.; F. grauschwarz/grauschwarz, ocker; Mag. sehr grob, GQ; Dm. (B) n. f.; *Abb. 40,10*, Inv. 888.
– 1 Rs und 1 Ws eines Gefäßes; Obfl. gt. gegl., pol./gt. gegl., pol.; F. ocker, schwarzbraun/ocker, schwarzbraun; Mag. fein, GQ; Dm. n. f.; *Abb. 40,11*, Inv. 885.
– 1 Bs eines Gefäßes; Obfl. grb. gegl./grb. gegl.; F. braunschwarz, rotbraun/tiefschwarz, ocker; Mag. sehr grob, GKQ; Dm. (B) 140 mm; *Abb. 40,12*, Inv. 887.
– 7 Ws eines Gefäßes; Obfl. gt. gegl./gt. gegl.; F. schwarzbraun/schwarzbraun; Mag. mittel, GKQ; Inv. 886.
– 14 Ws eines Gefäßes; Obfl. gegl., sehr ra./gegl.; F. ockerbraun/schwarzbraun; Mag. grob, KAQ; Inv. 889.
– Tierknochen (entnommen); Inv. 892_1.
– 1 Bodenprobe (entnommen); Inv. 891_1.
– 1 Bodenprobe (entnommen); Inv. 890_1.

Befund 101

Art: Grubenhaus
Form: unregelmäßig getreppt
Größe: L. 4,0 m, B. 1,4 bis 2,64 m
Erdabtrag: 0,6 m
max. Tiefe: 0,08 m
max. Tiefe 2: 0,62 m
Schicht 1: mittel- bis dunkelbrauner Lösslehm.
Beschreibung: wahrscheinlich Rest eines Grubenhauses mit einem unregelmäßig trapezoiden Durchmesser. An der Stirnseite bei A befindet sich ein Schacht, bei dem es sich eventuell um ein Pfostenloch handelt. Im Profil CD zeichnet sich eine getreppt wannenförmige Grube ab, deren Verfüllung sich nicht von der des Grubenhauses unterscheiden lässt (*Abb. 84*).

Funde:
– 1 Messer mit Griffangel und geschweiftem Rücken aus Eisen; L. 215 mm, B. 20 mm; *Abb. 41,11*, Inv. 910.
– 1 rechteckiger, oben kreisförmig ausgearbeiteter Beschlag aus sehr dünnem Bronzeblech mit Nietrest; L. 45 mm, B. 80 mm; *Abb. 41,10*, Inv. 911.
– 1 Rs einer Schale, DSK; Obfl. gt. gegl., pol./gt. gegl., pol.; F. graubraun/graubraun; Mag. fein, GPK; *Abb. 41,1*, Inv. 893_1.
– 3 Rs einer Schale, DSK; Obfl. gt. gegl., pol./gt. gegl., pol.; F. grauschwarz/grauschwarz; Mag. n. e.; Dm. 220 mm; *Abb. 41,2*, Inv. 893_5.
– 1 Rs einer Schale, DSK; Obfl. gt. gegl., pol./gt. gegl., pol.; F. braun, graubraun/grauschwarz; Mag. fein, PK; Dm. 200 mm; *Abb. 41,3*, Inv. 893_8.
– 2 Rs einer Schale, DSK; Obfl. gt. gegl., pol./gt. gegl., pol.; F. schwarz/schwarz; Mag. fein, PK; Dm. 200 mm; *Abb. 41,4*, Inv. 893_7.
– 1 Rs eines Topfes; Obfl. gt. gegl./gt. gegl.; F. schwarz/grauschwarz; Mag. mittel, PK; Dm. 240 mm; *Abb. 41,5*, Inv. 897_7.

- 1 Rs einer Schale, DSK; Obfl. gt. gegl., pol./gt. gegl., pol.; F. grauschwarz/grauschwarz; Mag. fein, PK; Dm. n. f.; *Abb. 41,6*, Inv. 893_3.
- 1 Rs und 3 Ws einer Schale, DSK; Obfl. gt. gegl., pol./gt. gegl., pol.; F. ocker/ocker; Mag. n. e.; Dm. 240 mm; *Abb. 41,7*, Inv. 895_1.
- 1 Rs einer Schale, DSK; Obfl. gt. gegl., pol./gt. gegl., pol.; F. grauschwarz/grauschwarz; Mag. fein, PK; Dm. n. f.; *Abb. 41,8*, Inv. 893_6.
- 2 Rs und 6 Ws eines Gefäßes; Obfl. gegl./gegl.; F. ocker/braun; Dek.: Fingertupfenleiste, darunter diagonale eingeritzte Linien; Mag. sehr grob, KQ; Dm. n. f.; *Abb. 40,13–15*, Inv. 909_1.
- 1 Rs einer Schale; Obfl. gt. gegl., pol./gt. gegl., pol.; F. grauschwarz/grauschwarz; Mag. grob, GPK; Dm. n. f.; *Abb. 41,9*, Inv. 897_2.
- 1 Rs und 1 Ws einer Schale; Obfl. gschlickr./grb. gegl.; F. braun/schwarzbraun; Dek.: runde Eindrücke auf der Gefäßschulter; Mag. grob, KQ; Dm. 250 mm; *Abb. 42,1*, Inv. 904_1.
- 1 Rs eines Gefäßes; Obfl. gegl./gegl.; F. graubraun/graubraun; Dek.: diagonale Kerben auf dem Rand; Mag. mittel, GPK; Dm. n. f.; *Abb. 42,2*, Inv. 905_4.
- 1 Rs eines Topfes; Obfl. grb. gegl./grb. gegl.; F. rotbraun/schwarz; Dek.: diagonal gekerbter Rand; Mag. sehr grob, GKQ; Dm. 240 bis 400 mm; *Abb. 42,3*, Inv. 905_1.
- 1 Rs und 1 Ws eines Topfes; Obfl. gegl./gegl.; F. ocker, grau/ocker, grauschwarz; Dek.: rechteckige Eindrücke auf dem Rand; Mag. grob, GPKQ; Dm. n. f.; *Abb. 42,4*, Inv. 905_5.
- 1 Rs und 3 Ws eines Topfes; Obfl. grb. gegl./grb. gegl.; F. braunschwarz/braunschwarz; Dek.: Dellen unterhalb des Randes; Mag. sehr grob, PK; Dm. 140 mm; *Abb. 42,5*, Inv. 903_2.
- 2 Rs und 5 Ws eines Gefäßes; Obfl. grb. gegl./grb. gegl.; F. ocker, braun/schwarzgrau; Dek.: rechteckige Eindrücke; Mag. grob, GK; Dm. n. f.; *Abb. 42,6*, Inv. 905_2.
- 3 Rs eines Topfes; Obfl. grb. gegl./grb. gegl.; F. ocker, grau/ocker, grau; Dek.: fünf Dellen unterhalb des Randes; Mag. mittel, PK; Dm. 200 mm; *Abb. 42,7*, Inv. 903_1.
- 3 Rs und 4 Ws eines Topfes; Obfl. gt. gegl./gt. gegl.; F. grauschwarz/grauschwarz; Mag. fein, P; Dm. 220 mm; Inv. 893_2.
- 1 Rs eines Gefäßes; Obfl. grb. gegl./grb. gegl.; F. ockergrau/ocker, grau; Mag. grob, GP; Dm. 200 bis 400 mm; *Abb. 42,8*, Inv. 905_3.
- 1 Rs einer Schale; Obfl. gt. gegl./gt. gegl.; F. grauschwarz, schwarz, ocker/schwarz; Mag. mittel, GPK; Dm. n. f.; *Abb. 42,9*, Inv. 898_7.
- 1 Rs einer Schale; Obfl. gt. gegl., pol./gt. gegl., pol.; F. schwarz/schwarz; Mag. mittel, KPQ; Dm. n. f.; *Abb. 42,10*, Inv. 898_12.
- 1 Rs eines Gefäßes; Obfl. gt. gegl., pol./gt. gegl., pol.; F. schwarz/schwarz; Mag. grob, GK; Dm. größer 160 mm; *Abb. 42,11*, Inv. 97_8.
- 1 Rs eines Gefäßes; Obfl. gt. gegl./gt. gegl.; F. ocker, braun/ocker, braun; Mag. grob, PK; Dm. n. f.; *Abb. 42,12*, Inv. 897_9.
- 1 Rs und 4 Ws einer Schale; Obfl. grb. gegl./grb. gegl.; F. ocker/ockerbraun; Mag. sehr grob, GK; Dm. n. f.; *Abb. 42,13*, Inv. 907_1.
- 1 Rs einer Schale; Obfl. gt. gegl., pol./gt. gegl., pol.; F. schwarz/schwarz; Mag. sehr grob, GK; Dm. n. f.; *Abb. 42,14*, Inv. 898_8.
- 1 Rs einer Schale; Obfl. gt. gegl./gt. gegl., pol.; F. braunschwarz/schwarz; Mag. sehr grob, GK; Dm. n. f.; *Abb. 42,15*, Inv. 898_11.
- 1 Rs und 9 Ws einer Schale; Obfl. gegl./gegl.; F. grau/grau; Mag. mittel, GPK; Dm. 120 mm; *Abb. 43,1*, Inv. 897_11.
- 1 Rs einer Schale; Obfl. gegl./gegl.; F. grauschwarz/grauschwarz; Mag. grob, GK; Dm. 200 mm; *Abb. 43,2*, Inv. 898_2.
- 2 Rs und 3 Ws einer Schale; Obfl. gt. gegl., pol./gegl.; F. braun, ocker/braun; Mag. mittel, GPK; Dm. 200 mm; *Abb. 43,3*, Inv. 898_13.
- 1 Rs einer Schale; Obfl. gt. gegl., pol./gt. gegl., pol.; F. grauschwarz/grauschwarz; Mag. mittel, GPK; Dm. 240 mm; *Abb. 43,4*, Inv. 898_4.
- 1 Rs einer Schale; Obfl. gt. gegl./gt. gegl.; F. schwarzbraun, schwarz/schwarz; Mag. grob, GPK; Dm. 240 mm; *Abb. 43,5*, Inv. 898_9.
- 3 Rs und 2 Ws einer Schale; Obfl. gt. gegl., pol./gt. gegl.; F. graubraun/graubraun; Mag. grob, GPK; Dm. 260 mm; *Abb. 43,6*, Inv. 898_10.
- 2 Rs und 9 Ws einer Schale; Obfl. grb. gegl., pol./grb. gegl.; F. braunschwarz/braunschwarz; Mag. grob, GPK; Dm. 310 mm; *Abb. 43,7*, Inv. 898_1.
- 1 Rs und 1 Ws eines Topfes; Obfl. gt. gegl./gt. gegl.; F. schwarz/schwarz; Mag. grob, PK; Dm. 260 mm; *Abb. 44,1*, Inv. 897_5.
- 3 Ws eines Gefäßes; Obfl. unregelmäßiger Bstrich./gt. gegl., pol.; F. ocker/graubraun; Mag. mittel, PK; *Abb. 44,2*, Inv. 902_1.
- 2 Rs eines Gefäßes; Obfl. gegl./gegl.; F. grauschwarz/grauschwarz; Mag. grob, GKQ; Dm. größer als 300 mm; *Abb. 44,3*, Inv. 898_5.

– 1 Rs eines Gefäßes; Obfl. gt. gegl./gt. gegl.; F. grau/grau; Mag. mittel, PK; Dm. n. f.; *Abb. 44,4*, Inv. 897_10.
– 1 Rs eines Gefäßes; Obfl. gegl./gegl.; F. grauschwarz/grau; Mag. mittel, PK; Dm. n. f.; *Abb. 44,5*, Inv. 897_8.
– 1 Rs eines Topfes; Obfl. gt. gegl./gt. gegl.; F. grau/grau; Mag. grob, PK; Dm. n. f.; *Abb. 44,6*, Inv. 897_4.
– 1 Rs einer Schale; Obfl. gt. gegl., pol./gt. gegl., pol.; F. schwarz/schwarz; Mag. grob, PK; Dm. n. f.; *Abb. 44,7*, Inv. 897_3.
– 19 Ws und 1 Bs eines Gefäßes; Obfl. gegl./gegl.; F. ockergrau/ockergrau; Mag. grob, P; Dm. (B) 80 mm; *Abb. 44,8*, Inv. 908_2.
– 1 Bs eines Gefäßes, DSK; Obfl. gt. gegl./gt. gegl.; F. grau/grau; Mag. mittel, GK; Dm. (B) 140 mm; *Abb. 44,9*, Inv. 898_17.
– 2 Ws und 1 Bs eines Gefäßes; Obfl. gegl./gegl.; F. grau, grauschwarz/grau, grauschwarz; Mag. mittel, GPK; Dm. (B) 140 mm; *Abb. 44,11*, Inv. 908_3.
– 1 Bs eines Gefäßes; Obfl. grb. gegl./grb. gegl.; F. ockergrau/ockergrau; Mag. sehr grob, PK; Dm. (B) 120 mm; *Abb. 44,12*, Inv. 908_4.
– 1 Bs eines Gefäßes; Obfl. gt. gegl., pol./gt. gegl.; F. schwarz/schwarz; Mag. grob, GPK; Dm. (B) 120 mm; *Abb. 44,13*, Inv. 898_16.
– 1 Bs eines Gefäßes; Obfl. gt. gegl./gt. gegl.; F. grau/grau; Mag. grob, PK; Dm. (B) 30 mm; *Abb. 45,1*, Inv. 896_2.
– 2 Ws und 1 Bs eines Gefäßes; Obfl. gt. gegl., pol./gt. gegl., pol.; F. braunschwarz/braunschwarz; Mag. grob, GKQ; Dm. (B) 40 mm; *Abb. 45,2*, Inv. 896_1.
– 1 Bs eines Gefäßes; Obfl. gt. gegl./gt. gegl.; F. grauschwarz/grauschwarz; Mag. fein, PK; Dm. (B) 80 mm; *Abb. 45,3*, Inv. 893_4.
– 5 Ws und 1 Bs eines Gefäßes; Obfl. gt. gegl./gt. gegl.; F. ocker/ocker; Mag. grob, KQ; Dm. (B) 95 mm; *Abb. 45,4*, Inv. 899_1.
– 8 Ws und 1 Bs eines Gefäßes; Obfl. gegl./gegl.; F. ocker/schwarz; Mag. mittel, KPQ; Dm. (B) 80 bis 200 mm; *Abb. 45,5*, Inv. 900_1.
– 1 Bs eines Gefäßes; Obfl. gt. gegl., pol./gt. gegl., pol.; F. schwarz/schwarz; Mag. sehr grob, GQ; Dm. (B) 100 mm; *Abb. 45,6*, Inv. 898_15.
– 2 Bs eines Gefäßes; Obfl. gegl./gegl.; F. grauschwarz/grauschwarz; Mag. grob, GKQ; Dm. (B) 100 mm; *Abb. 45,7*, Inv. 905_9.
– 1 Bs eines Gefäßes; Obfl. grb. gegl./gegl.; F. rotbraun/rotbraun; Mag. sehr grob, PK; Dm. (B) 100 mm; *Abb. 45,8*, Inv. 905_8.
– 36 Ws und 1 Bs eines Gefäßes; Obfl. gegl./gegl.; F. graubraun/graubraun; Mag. grob, GPK; Dm. (B) 80 mm; *Abb. 44,10*, Inv. 898_1.
– 5 Ws eines Gefäßes; Obfl. gegl./gegl.; F. schwarzgrau/schwarzgrau; Mag. sehr grob, GPK; Inv. 898_3.
– 5 Ws eines Gefäßes; Obfl. gt. gegl./gt. gegl.; F. grauschwarz/grauschwarz; Mag. grob, GPK; Inv. 898_6.
– 6 Ws eines Gefäßes; Obfl. gt. gegl./gt. gegl.; F. grau/grau; Mag. sehr grob, GKQ; Inv. 898_14.
– 3 Ws eines Gefäßes; Obfl. gt. gegl., pol./gt. gegl.; F. grauschwarz/grauschwarz; Mag. grob, GPK; Inv. 897_1.
– 25 Ws eines Gefäßes; Obfl. gt. gegl., pol./gt. gegl.; F. schwarz/grau; Mag. mittel, PK; Inv. 901_1.
– 1 Ws eines Gefäßes; Obfl. gschlickr./grb. gegl.; F. ziegel, rotbraun/schwarzbraun; Mag. sehr grob, PK; Inv. 905_6.
– 25 Ws eines Gefäßes; Obfl. gschlickr./gegl.; F. ockergrau/schwarz; Mag. sehr grob, PK; Inv. 906_1.
– 19 Ws eines Gefäßes; Obfl. gschlickr./grb. gegl.; F. ocker/ocker; Mag. sehr grob, PK; Inv. 908_1.
– 4 Ws eines Gefäßes; Obfl. grb. gegl., ra./grb. gegl., ra.; F. braun, ocker, schwarz/braun, ocker, schwarz; Mag. sehr grob, PKQ; Inv. 908_5.
– 1 Fragment eines Steines mit Hohlkehle und zwei Schnittspuren auf der Oberseite; Inv. 912_2.
– 3 Fragmente verziegelten Lehms (Dm. 30 mm); ein dreieckiger Hüttenlehmkeil mit einziehenden Kanten; Inv. 913.

Befund 103

Art: Grube
Form: wannenförmig
Größe: L. 1,22 m, B. 0,96 m
Erdabtrag: 0,7 m
max. Tiefe: 0,16 m
Schicht 1: dunkelbrauner Lehm mit Holzkohlepartikeln und gebranntem Lehm.
Beschreibung: ovale, wannenförmige Grube mit ebener Sohle.

Funde:
– 3 Ws eines Gefäßes; Obfl. gegl./gegl.; F. ockerbraun/schwarzgrau; Mag. grob, P; Inv. 928_1.
– 4 ausgeglühte Steine; Inv. k_1.

Befund 105

Art: Grube oder Gruben
Form: getreppt wannenförmig
Größe: L. 3,32 m, B. 2,4 m
Erdabtrag: 0,8 m
max. Tiefe: 0,52 m
max. Tiefe 2: 0,26 m
Schicht 1: dunkelbrauner, gefleckter Lösslehm.
Beschreibung: getreppt wannenförmige Grube mit birnenförmigem Grundriss, wobei die beiden Grubenbereiche *a* und *b* nicht eindeutig voneinander zu trennen sind (*siehe Abb. auf Datenträger*).

Funde:
– 3 Ws eines Gefäßes; Obfl. grb. gegl./grb. gegl.; F. ziegel, graubraun/grauziegel; Mag. grob, PK; Inv. k_1.

Befund 107

Art: Grubenhaus und Grube
Form: kastenförmig und rund
Größe: L. 3,66 m, B. 2,82 m
Erdabtrag: 0,9 m
max. Tiefe: 0,39 m
max. Tiefe 2: 0,09 m
Schicht 1: Löss mit Lehmschlieren.
Schicht 2: Lösslehm mit Holzkohlepartikeln und gebranntem Lehm.
Schicht 3: gefleckter Lösslehm mit Holzkohleeinschlüssen.
Schicht 4: dunkelbrauner, mit sterilem Löss gefleckter Lösslehm.
Schicht 5: dunkelbrauner Lösslehm.
Beschreibung: annähernd kastenförmiges Grubenhaus (*a*) mit ebener Sohle. Es sind keine Überschneidung mit dem durch Tiergänge schwer vom Löss abgrenzbaren Grubenrest *b* zu erkennen (*Abb. 85*).

Funde:
– 1 Ws eines Gefäßes, DSK; Obfl. gt. gegl., pol./gt. gegl., pol.; F. graubraun/graubraun; Mag. n. e.; Inv. 934.
– 1 Rs einer Schale; Obfl. gegl./gegl.; F. graubraun/graubraun; Mag. mittel, GQ; Dm. 160 mm; *Abb. 45,9*, Inv. 935_3.
– 2 Rs und 1 Ws eines Gefäßes; Obfl. gt. gegl./gt. gegl.; F. grauschwarz/grauschwarz; Mag. mittel, GPK; Dm. n. f.; *Abb. 45,10*, Inv. 935.
– 3 Rs und 1 Ws einer Schale; Obfl. gegl./gegl.; F. graubraun/graubraun; Mag. mittel, Q; Dm. 160 mm; *Abb. 45,11*, Inv. 937.
– 2 Rs und 1 Ws einer Schale; Obfl. gt. gegl., pol./gt. gegl., pol.; F. tiefschwarz/tiefschwarz; Mag. mittel, P; Dm. n. f.; *Abb. 45,12*, Inv. 935_2.
– 4 Ws eines Gefäßes; Obfl. grb. gschlickr./gegl.; F. ocker, graubraun/ocker, graubraun; Mag. mittel, Q; Inv. 941_2.
– 9 Ws eines Gefäßes; Obfl. gegl./gegl.; F. ockergrau/graubraun; Mag. mittel, KA; Inv. 941.
– 13 Ws eines Gefäßes; Obfl. oben gegl., unten fein gschlickr./grb. gegl.; F. ockerbraun, graubraun/schwarzbraun; Mag. mittel, KP; Inv. 939.
– 7 Ws eines Gefäßes; Obfl. gegl./gegl.; F. ockergrau, ockerbraun/graubraun; Mag. grob, P; Inv. 938.
– 3 Ws eines Gefäßes; Obfl. grb. gegl./grb. gegl.; F. ockergrau/ziegel; Mag. grob, GQ; Inv. 940.
– 2 Ws eines Gefäßes; Obfl. gegl./gegl.; F. ocker/ocker; Mag. sehr grob, Q; Inv. 936.
– Tierknochen (entnommen); Inv. 942.

Befund 108

Art: Grube
Form: getreppt wannenförmig
Größe: L. 1,84 m, B. 1,5 m
Erdabtrag: 0,9 m
max. Tiefe: 0,24 m
max. Tiefe 2: 0,18 m
Schicht 1: dunkelbrauner, mit sterilem Löss gefleckter Lösslehm.
Beschreibung: getreppte, wannenförmige Grube mit birnenförmigem Grundriss und leicht kurvolinearer Sohle. Die Verfüllung enthält kleinere Brocken Sandstein.

Funde:
- 3 Rs und 6 Ws einer Schale; Obfl. gegl., mit dunklem Überzug/gegl. mit dunklem Überzug; F. ziegelrot, dunkelbraun/ziegelrot, dunkelbraun; Mag. fein, GA; Dm. 300 mm; *Abb. 45,13*, Inv. k_3.
- 2 Ws eines Gefäßes; Obfl. gegl./gegl.; F. braun/braun; Mag. fein, KA; Inv. k_2.
- 23 Ws und 1 Bs eines Gefäßes; Obfl. grb. gegl./grb. gegl., ra.; F. ziegelrot/ziegelrot; Mag. grob, PA; Dm. (B) 120 mm; *Abb. 45,14*, Inv. k_1.

Befund 109

Art: Trichtergrube
Form: trichterförmig
Größe: L. 1,12 m, B. 0,98 m
Erdabtrag: 0,7 m
max. Tiefe: 0,68 m
Schicht 1: schwarzbrauner Lösslehm mit Holzkohlepartikeln.
Schicht 2: dunkelbrauner Lösslehm mit größeren Lössflecken und -schlieren.
Beschreibung: unregelmäßig ovale Trichtergrube mit leicht ansteigender Sohle. Die Verfüllung ist vereinzelt mit Bruchsteinen durchsetzt (*Abb. 82*).

Funde:
- 1 Trichter aus Ton; Obfl. gegl./gegl.; F. grau/grau; Mag. grob, P; Dm. 80 mm; *Abb. 45,15*, Inv. 946_2.
- 1 konischer Spinnwirtel; Obfl. gt. gegl./gt. gegl.; F. graubraun; Mag. n. e.; Dm. 25 mm, Gew. 9 g; *Abb. 46,1*, Inv. 943.
- 2 Ws eines Gefäßes; Obfl. gegl./grb. gegl.; F. grauocker/grauocker; Dek.: Eindrücke von Fingernägeln; Mag. grob, A; *Abb. 46,2*, Inv. 947_3.
- 1 Ws eines Gefäßes; Obfl. gegl./grb. gegl.; F. schwarzbraun/schwarzbraun; Dek.: eine eingeritzte Linie, eine Reihe eingestochener Punkte; Mag. fein, A; *Abb. 46,3*, Inv. 945_1.
- 1 Bs eines Gefäßes; Obfl. gegl./gegl.; F. tiefbraun/schwarzbraun; Mag. grob, GP; Dm. (B) 100 mm; *Abb. 46,4*, Inv. 947_2.
- 4 Ws eines Gefäßes; F. ziegel; Mag. sehr grob; Inv. 947_1.
- 1 Ws eines Gefäßes; Obfl. grb. gegl./gegl.; F. grauocker/schwarzbraun; Mag. grob, PQ; Inv. 945_2.
- 1 Ws eines Gefäßes; Obfl. gegl./gegl.; F. tiefbraun/braun; Dek.: Linie, Punkte; Mag. grob, A; Inv. 947_4.
- 3 Ws eines Gefäßes; Obfl. gegl./grb. gegl.; F. ocker/grauocker; Mag. grob; Inv. 947_6.
- 1 Ws eines Gefäßes; Obfl. gt. gegl./gt. gegl.; F. schwarzbraun/schwarzbraun; Mag. fein, P; Inv. 947_5.
- 1 Ws eines Gefäßes; Obfl. gt. gegl./gt. gegl.; F. hellbraun/hellbraun; Mag. fein, n. e.; Inv. 947_7.
- 1 Ws eines Gefäßes; Obfl. gegl./grb. gegl.; F. grau/grau; Mag. sehr grob, P; Inv. 947_8.
- 1 Fragment eines Mahlsteins; L. 70 mm, B. 50 mm; *Abb. 46,5*, Inv. 948_1.
- Schlacke; Gew. 32 g; Inv. 944.

Befund 110

Art: Trichtergrube
Form: trichterförmig
Größe: L. 1,28 m, B. 1,14 m
Erdabtrag: 0,72 m
max. Tiefe: 1,36 m
Schicht 1: dunkelbrauner Lösslehm, mit Holzkohlepartikeln und gebranntem Lehm durchsetzt.
Schicht 2: graubrauner, humoser und stark aschehaltiger Boden.
Schicht 3: gesprenkelter Löss.
Schicht 4: dunkelbrauner Lösslehm, durchsetzt mit Holzkohle.
Schicht 5: gefleckter Löss.
Beschreibung: ovale Trichtergrube mit leicht ansteigender Sohle, darauf Boden und Wandscherben eines Gefäßes. Schicht 1 und Schicht 4 werden durch eine durchgehende Deckschicht aus Löss getrennt (*Abb. 82*).

Funde:
- 1 rechteckiger Eisenstab, im unteren Bereich tordiert und zu einer flachen, halbrunden, mittig durchlochten Lasche ausgeschmiedet; L. 290 mm, B. 50 mm; *Abb. 46,6*, Inv. 957.
- 1 Rs und 1 Ws eines Gefäßes; Obfl. gt. gegl./gegl.; F. ocker, schwarzgrau/ocker; Mag. fein, KQ; Dm. n. f.; *Abb. 46,7*, Inv. 951.
- 1 Ws eines Gefäßes; Obfl. gt. gegl./gt. gegl.; F. graubraun/ockerbraun; Dek.: Teil eines eingestempelten Kreises aus konzentrischen Ringen; Mag. mittel, KP; *Abb. 46,8*, Inv. 950.

– 1 Rs und 15 Ws eines Gefäßes; Obfl. gegl./gegl.; F. grau, ocker/schwarzgrau; Mag. grob, GKQ; Dm. n. f.; *Abb. 46,9*, Inv. 953.
– 1 Rs eines Topfes; Obfl. gt. gegl., pol./gt. gegl., pol.; F. graubraun/graubraun; Mag. grob, GPK; Dm. 140 mm; *Abb. 46,10*, Inv. 949.
– 16 Ws und 1 Bs eines Gefäßes; Obfl. oben grb. gegl., unten gschlickr./grb. gegl.; F. grauocker, grauschwarz/grauschwarz; Mag. grob, GPK; Dm. (B) 12 mm; *Abb. 46,11*, Inv. 954.
– 5 Ws eines Gefäßes; Obfl. grb. gegl., ra./grb. gegl.; F. ziegel/ziegel; Mag. sehr grob, PKQ; Inv. 954_2.
– 1 Rs und 4 Ws einer Schale; Obfl. gt. gegl., pol./gt. gegl., pol.; F. braunschwarz/braunschwarz; Mag. grob, GKA; Dm. 300 mm, Dm. (B) 90 mm; *Abb. 46,12*, Inv. 952.
– 1 Fragment Hüttenlehm (60 x 30 x 10 mm); Inv. 954_3.
– 1 Bodenprobe; Inv. 855.

Befund 111

Art: Grube
Form: kesselförmig
Größe: L. 1,44 m, B. 1,32 m
Erdabtrag: 0,7 m
max. Tiefe: 0,84 m
Schicht 1: dunkelbrauner, stark mit Lössschlieren durchzogener Lösslehm.
Beschreibung: ovale, kesselförmiger Grube mit konvexer Sohle mit eingeschwemmten Lössschlieren (*Abb. 88*).

Funde:
– 1 Rs und 40 Ws eines Gefäßes; Obfl. gegl./gegl., ra.; F. ocker/schwarzbraun; Mag. sehr grob, GP; Dm. n. f.; *Abb. 47,1*, Inv. 991_1.
– 1 Fragment eines Schulterblattes; L. 40 mm, B. 23 mm; Inv. 992_1.
– Tierknochen (entnommen); Inv. 956_1.

Befund 112

Art: Grubenkomplex
Form: annähernd rechteckig
Größe: L. 2,46 m, B. 3,14 m
Erdabtrag: 0,8 m
max. Tiefe: 1,36 m
max. Tiefe 2: 0,62 m
Schicht 1: dunkelbrauner, stark mit Löss versetzter Lösslehm.
Schicht 2: dunkelbrauner, stark mit sterilem Löss gefleckter Lösslehm.
Beschreibung: unregelmäßig getrepptes Gräbchen mit einer Breite von 0,32 m, welches sich im Bereich *a* zu einer ovalen, kesselförmigen Grube mit einer max. Tiefe von 0,62 m und im Bereich *c* zu einer ovalen, wannenförmigen Grube mit einer max. Tiefe von 0,34 m verbreitert. Das westliche Ende des Gräbchens wird von der kesselförmigen Grube *e* mit einer max. Tiefe von 0,5 m geschnitten. Die ovale, kesselförmige Grube *b* mit einer max. Tiefe von 1,38 m ist mit der Grube *a* durch einen ca. 0,5 m langen Steg verbunden. Die Grubenverfüllungen werden von großen eingeschwemmten Lössbändern durchzogen. Im Profil GH zeigt sich der annähernd ovale Grubenrest *d* mit einer max. Tiefe von 0,04 m, das Verhältnis zum Befund *c* ist nicht erkennbar (*Abb. 91*).

Funde:
– 2 Rs und 4 Ws eines Topfes, DSK; Obfl. gt. gegl., pol./gt. gegl.; F. ocker, braun/ocker, braun; Mag. grob, KQ; Dm. 130 mm; *Abb. 47,16*, Inv. 968_1.
– 1 Ws eines Gefäßes, DSK; Obfl. gt. gegl., pol./gt. gegl.; F. grauschwarz/grauschwarz; Dek.: drei eingedrehte Rillen; Mag. fein, G; Inv. 969_1.
– 1 Ws eines Gefäßes; Obfl. gt. gegl./gt. gegl.; F. braun/schwarz; Dek.: Einstiche; Mag. grob, GP; *Abb. 47,2*, Inv. 962_3.
– 1 Ws eines Gefäßes; Obfl. gegl./gegl.; F. schwarz/schwarz; Dek.: gegenständige, diagonale Reihen von Fingereindrücken; Mag. grob, P; *Abb. 47,3*, Inv. 962_2.
– 1 Ws eines Gefäßes; Obfl. gt. gegl./gt. gegl.; F. braun/ziegel; Dek.: zwei mit rechteckigen Einstichen gefüllte Bänder; Mag. n. e.; *Abb. 47,4*, Inv. 962_1.
– 1 Ws eines Gefäßes; Obfl. grb. gegl./grb. gegl.; F. braun, ocker/braun; Dek.: Dellen auf einer Leiste; Mag. grob, PK; *Abb. 47,5*, Inv. 962_4.
– 1 Rs eines Topfes; Obfl. gegl./gegl.; F. graubraun/graubraun; Dek.: Kerben auf der Randlippe; Mag. mittel, GPK; Dm. 100 mm; *Abb. 47,7*, Inv. 965_3.

– 3 Rs eines Gefäßes; Obfl. gegl./gegl.; F. ocker, graubraun/graubraun; Mag. mittel, GPK; Dm. n. f.; *Abb. 47,8*, Inv. 964_1.
– 1 Rs und 1 Ws eines Gefäßes; Obfl. grb. gegl./grb. gegl.; F. braungrau/hellgrau; Mag. grob, PK; Dm. 200 bis 300 mm; *Abb. 47,9*, Inv. 965_1.
– 1 Rs eines Gefäßes; Obfl. gt. gegl./gt. gegl.; F. grau/grau; Mag. grob, P; Dm. n. f.; *Abb. 47,10*, Inv. 958_3.
– 1 Rs und 5 Ws eines Gefäßes; Obfl. gegl./gegl.; F. graubraun/graubraun; Mag. grob, GPK; Dm. 260 bis 400 mm; *Abb. 47,11*, Inv. 964_2.
– 1 Rs und 4 Ws einer Schale; Obfl. gegl./gegl.; F. ocker/ocker, braun; Mag. grob, GP; Dm. 220 mm; *Abb. 47,12*, Inv. 958_1.
– 1 Rs eines Gefäßes; Obfl. gt. gegl., pol./gt. gegl.; F. schwarz/schwarz; Mag. grob, GK; Dm. n. f.; *Abb. 47,13*, Inv. 958_2.
– 1 Rs und 1 Ws eines Topfes; Obfl. grb. gegl./gegl.; F. ocker, braun/ocker; Mag. sehr grob, GKQ; Dm. n. f.; *Abb. 47,14*, Inv. 968_2.
– 1 Bs eines Gefäßes; Obfl. gegl./gegl.; F. braun/ocker; Mag. sehr grob, GKQ; Dm. (B) 140 mm; *Abb. 47,15*, Inv. 966_1.
– 3 Bs eines Gefäßes; Obfl. gegl./gegl.; F. ocker/ocker; Mag. grob, GPK; Dm. (B) 120 mm; *Abb. 47,16*, Inv. 959_1.
– 3 Ws eines Gefäßes; Obfl. gegl./gegl.; F. schwarzbraun/schwarzbraun; Mag. mittel, GPKQ; Inv. 960_1.
– 31 Ws eines Gefäßes; Obfl. grb. gschlickr./gt. gegl.; F. ocker, braun/braun; Mag. grob, GPQ; Inv. 961_1.
– 16 Ws eines Gefäßes; Obfl. gegl./gegl.; F. braun/braunschwarz; Mag. grob, GPK; Inv. 961_2.
– 3 Ws eines Gefäßes; Obfl. gegl./gegl.; F. grau/schwarzgrau; Mag. grob, PK; Inv. 961_3.
– 1 Ws eines Gefäßes; Obfl. sehr ra./sehr ra.; F. grau/grau; Mag. grob, P; Inv. 967_1.
– 7 Ws eines Gefäßes; Obfl. gt. gegl./gt. gegl.; F. braun/braun; Mag. grob, GKQ; Inv. 967_2.
– 2 Ws eines Gefäßes; Obfl. gt. gegl./gt. gegl.; F. ziegel/braun; Mag. sehr grob, PK; Inv. 967_3.
– 3 Ws eines Gefäßes; Obfl. gegl./gegl.; F. grau/graubraun; Mag. grob, PKA; Inv. 970_1.
– 1 Ws eines Gefäßes; Obfl. grb. gschlickr./gt. gegl.; F. ocker/graubraun; Mag. sehr grob, KQ; Inv. 970_2.
– 1 Rs einer Tasse; Obfl. gegl., gschlickr./gegl.; F. braun/braun; Mag. sehr grob, PKQ; Dm. 160 mm; Bem.: mit flachovalem Henkel; *Abb. 47,17*, Inv. 963_1.
– 2 Fragmente verziegelten Lehms (Dm. 10 mm); Inv. 971_1.
– 1 flachovaler Kieselstein mit anhaftendem Pech; Inv. 972_1.
– 1 langovaler Stein (eventuell Läufer); L. 150 mm, B. 45 mm; Inv. 972_1.

Befund 115

Art: Trichtergrube
Form: trichterförmig
Größe: Dm. 1,0 m
Erdabtrag: 0,86 m
max. Tiefe: 1,5 m
Schicht 1: mittelbrauner, fleckiger Lösslehm mit wenigen Holzkohlepartikeln und gebranntem Lehm.
Schicht 2: Löss.
Schicht 3: dunkelbrauner Lösslehm, mit zahlreichen Lössschlieren durchzogen.
Beschreibung: annähernd runde Trichtergrube mit ebener Sohle (*Abb. 82*).

Funde:
– 4 Ws eines Gefäßes, DSK; Obfl. gegl., pol./gegl., pol.; F. schwarz/schwarz; Mag. n. e.; Inv. 993_1.
– 1 Ws eines Gefäßes; Obfl. gegl./gegl.; F. grauschwarz/grauschwarz; Dek.: senkrechte Strichbündel; Mag. fein, A; *Abb. 48,1*, Inv. 993_2.
– 1 Rs und 2 Ws einer Schale; Obfl. gegl./gegl.; F. schwarz, ocker/schwarz; Mag. sehr grob, P; Dm. 180 mm; *Abb. 48,2*, Inv. 994_1.
– 8 Ws eines Gefäßes; Obfl. gegl./gegl.; F. ockergrau/graubraun; Mag. mittel, P; Inv. 994_2.
– 1 Ws eines Gefäßes; Obfl. gschlickr./grb. gegl.; F. graubraun/grauschwarz; Mag. sehr grob, KA; Inv. 995_1.
– 1 Ws eines Gefäßes; Obfl. gegl., ra./gegl., ra.; F. ziegelrot/grauschwarz; Mag. mittel, A; Inv. 995_2.
– 1 Ws eines Gefäßes; Obfl. gschlickr./gegl.; F. rotbraun/braun; Mag. sehr grob, P; Inv. 995_3.
– 5 Ws eines Gefäßes; Obfl. grb. gegl., ra./grb. gegl.; F. ocker/ocker; Mag. mittel, A; Inv. 995_5.
– 1 Ws eines Gefäßes; Obfl. gegl./gegl.; F. ocker/ocker; Mag. fein, PK; Inv. 995_6.
– 3 Ws eines Gefäßes; Obfl. gegl., sehr ra./gegl.; F. grauocker/braunschwarz; Mag. grob, PK; Inv. 995_4.

Befund 117

Art: Grube
Form: kesselförmig
Größe: Dm. 1,64 m
Erdabtrag: 0,8 m
max. Tiefe: 0,36 m
Schicht 1: dunkelbrauner Lösslehm mit Holzkohlepartikeln und gebranntem Lehm.
Beschreibung: annähernd runde, kesselförmige Grube mit ebener Sohle.

Funde:
– 1 konischer Spinnwirtel aus Ton; L. 27 mm, Gew. 11 g; Dek.: radial angeordnete, vertikale Rillen; *Abb. 48,6*, Inv. 1005.
– 1 Trichter aus Ton; *Abb. 48,3*, Inv. 1002.
– 1 Ws eines Gefäßes; Obfl. gt. gegl./gt. gegl.; F. braun/schwarzbraun; Dek.: sich diagonal kreuzendes Kammstrichmuster; Mag. mittel, GP; *Abb. 48,4*, Inv. 998.
– 1 Rs eines Gefäßes; Obfl. gt. gegl./gt. gegl.; F. ocker/ocker; Mag. grob, GPK; Dm. größer als 70 mm; *Abb. 48,5*, Inv. 999_2.
– 1 Rs eines Topfes; Obfl. gt. gegl., pol./gt. gegl., pol.; F. ocker, braun/ocker, schwarz; Mag. mittel, P; Dm. 180 mm; *Abb. 48,7*, Inv. 999_5.
– 2 Ws eines Gefäßes; Obfl. gschlickr./gegl.; F. ocker/ocker; Dek.: zwei Fingertupfen; Mag. grob, GKQ; *Abb. 48,8*, Inv. 1002_2.
– 1 Rs eines Topfes; Obfl. gt. gegl., pol./gt. gegl., pol.; F. ocker/ocker; Mag. mittel, P; Dm. 200 mm; *Abb. 48,9*, Inv. 999_4.
– 6 Ws und 1 Bs eines Gefäßes; Obfl. gegl./gegl.; F. ockergrau/ockergrau; Mag. grob, KQ; Dm. (B) 90 mm; *Abb. 48,10*, Inv. 1003_2.
– 1 Rs eines Gefäßes; Obfl. gt. gegl., pol./gt. gegl., pol.; F. schwarzbraun/schwarzbraun; Mag. mittel, GPK; Dm. 200 bis 320 mm; *Abb. 48,11*, Inv. 1002_2.
– 1 Ws eines Gefäßes; Obfl. grb. gegl./grb. gegl.; F. ocker, tiefbraun/tiefbraun; Dek.: horizontal umlaufende Fingertupfen; Mag. sehr grob, GP; *Abb. 48,12*, Inv. 1002_3.
– 5 Ws eines Gefäßes; Obfl. gt. gegl./gt. gegl.; F. grauschwarz/grauschwarz; Mag. n. e.; Inv. 997_1.
– 5 Ws eines Gefäßes; Obfl. gt. gegl./gt. gegl.; F. ocker/ocker; Mag. n. e.; Inv. 999_1.
– 2 Ws eines Gefäßes; Obfl. gt. gegl., pol./gt. gegl.; F. ocker/ocker; Mag. fein, P; Inv. 999_3.
– 18 Ws eines Gefäßes; Obfl. gt. gegl./gt. gegl.; F. tiefbraun/schwarzbraun; Mag. mittel, GP; Inv. 1000.
– 7 Ws eines Gefäßes; Obfl. grb. gegl./gegl.; F. schwarzbraun/ocker; Mag. grob, GKQ; Inv. 1001.
– 10 Ws eines Gefäßes; Obfl. gschlickr./gegl.; F. schwarzbraun/schwarzbraun; Mag. mittel, GKQ; Inv. 1003.
– 2 Ws eines Gefäßes; Obfl. gschlickr./gegl.; F. ocker/ockerbraun; Mag. mittel, KQ; Inv. 1003_3.
– 8 Ws eines Gefäßes; Obfl. grb. gegl./gegl.; F. rotbraun/schwarzbraun; Mag. grob, P; Inv. 1003_4.
– 7 Fragmente verziegelten Lehms (30 x 20 x 1 mm bis 5 x 5 x 5 mm); Inv. 1006.

Befund 118

Art: Trichtergrube
Form: trichterförmig
Größe: L. 2,5 m, B. 1,3 m
Erdabtrag: 0,8 m
max. Tiefe: 0,8 m
Schicht 1: dunkelbrauner Lösslehm mit Holzkohlepartikeln und gebranntem Lehm.
Schicht 2: hellbrauner Löss.
Schicht 3: mittelbrauner Lösslehm.
Schicht 4: hellbrauner Löss.
Beschreibung: annähernd ovale Trichtergrube mit einer ca. 0,08 m breiten Auszipfelung an der Nordkante. Befundgrenzen im Planum nur schlecht erkennbar. An der Sohle durch einen Tiergang gestört (*Abb. 82*).

Funde:
– 1 Rs eines Gefäßes; Obfl. gegl./gegl.; F. grauschwarz/grauschwarz; Mag. fein, G; Dm. n. f.; *Abb. 48,13*, Inv. 1008_5.
– 1 Bs eines Gefäßes; Obfl. por./por.; F. schwarz/schwarz; Mag. n. e.; Dm. (B) 60 mm; *Abb. 48,14*, Inv. 1009_1.
– 1 Ws eines Gefäßes; Obfl. gegl./gegl.; F. ockerbraun/ockerbraun; Dek.: zwei gegenständige Reihen von hängenden Dreiecken; Mag. n. e.; *Abb. 48,15*, Inv. 1007_1.
– 8 Ws eines Gefäßes; Obfl. gegl./gt. gegl.; F. schwarzgrau/schwarzbraun; Mag. mittel, PK; Inv. 1009_5.
– 4 Ws eines Gefäßes; Obfl. gegl., ra./gegl.; F. ocker/ocker; Mag. grob, GP; Inv. 1010_6.

- 1 Ws eines Gefäßes; Obfl. gt. gegl./gt. gegl.; F. ocker/ocker; Mag. n. e.; Inv. 1008_1.
- 1 Ws eines Gefäßes; Obfl. gt. gegl./gt. gegl.; F. grau/grau; Mag. fein, P; Inv. 1008_2.
- 1 Ws eines Gefäßes; Obfl. gegl./gt. gegl.; F. grauschwarz/grau; Mag. mittel, P; Inv. 1008_3.
- 1 Ws eines Gefäßes; Obfl. grb. gegl./grb. gegl.; F. ziegelrot/ziegelrot; Mag. fein, min.; Inv. 1008_4.
- 3 Ws eines Gefäßes; Obfl. gegl./gegl.; F. grauocker/grauocker; Mag. fein, P; Inv. 1008_5.
- 2 Ws eines Gefäßes; Obfl. gegl./por.; F. schwarzbraun/graubraun; Mag. fein, P; Inv. 1009_2.
- 1 Ws eines Gefäßes; Obfl. gt. gegl./gt. gegl.; F. ziegelrot/ziegelrot; Mag. mittel, P; Inv. 1009_3.
- 2 Ws eines Gefäßes; Obfl. gt. gegl./gt. gegl.; F. ockerrot/graubraun; Mag. sehr grob, min.; Inv. 1009_4.
- 1 Ws eines Gefäßes; Obfl. ra./gegl.; F. grauocker/tiefbraun; Mag. mittel, GP; Inv. 1010_1.
- 3 Ws eines Gefäßes; Obfl. gt. gegl./gt. gegl.; F. grau/grau; Mag. grob, P; Inv. 1010_3.
- 4 Ws eines Gefäßes; Obfl. ra./grb. gegl.; F. grauocker/rotbraun; Mag. grob, GP; Inv. 1010_4.
- 6 Ws eines Gefäßes; Obfl. grb. gegl., ra./grb. gegl., ra.; F. ziegelrot/grauocker; Mag. sehr grob, P; Inv. 1010_5.
- 1 Ws eines Gefäßes; Obfl. gegl./gegl.; F. graubraun/grauschwarz; Mag. fein, P; Inv. 1010_7.
- 1 Ws eines Gefäßes; Obfl. gegl./grb. gegl.; F. ocker/ocker; Mag. mittel, P; Inv. 1010_8.
- Tierknochen (entnommen, Fundzettel: „Katze"); Inv. 1022_1.
- 4 Brocken Hüttenlehm (30 x 25 mm); Inv. 1011_1.

Befund 120

Art: Trichtergrube
Form: trichterförmig
Größe: L. 1,98 m, B. 2,2 m
Erdabtrag: 0,6 m
max. Tiefe: 9,8 m
Schicht 1: fleckiger Löss.
Schicht 2: dunkelbrauner Lösslehm.
Schicht 3: Kalkbruchsteine.
Schicht 4: Reste von gebrannten Lehmplatten.
Schicht 5: dunkelbrauner Lösslehm.
Schicht 6: holzkohlehaltig, humos.
Schicht 7: hellbrauner Lösslehm.
Beschreibung: annähernd runde Trichtergrube mit einer flach abfallenden Auswölbung im südlichen Bereich (s. Profil 2) und einer nach Westen abfallenden Sohle. Gebrannte Lehm- und Steinplatten sowie ausgeglühte Bruchsteine könnten auf eine Herdstelle hindeuten.

Funde:
- 1 Rs und 11 Ws eines Gefäßes; Obfl. gegl./grb. gegl.; F. schwarzgrau/schwarzgrau; Mag. fein, GP; Dm. 160 mm; *Abb. 48,16*, Inv. 1013.
- 1 Rs eines Gefäßes; Obfl. gegl./grb. gegl.; F. ocker/ocker; Mag. grob, GP; Dm. 100 bis 170 mm; *Abb. 48,17*, Inv. 1017_4.
- 1 Rs einer Schale; Obfl. grb. gegl./grb. gegl.; F. braunschwarz/braunschwarz; Mag. grob, GKQ; Dm. 120 mm, Dm. (B) 80 mm; *Abb. 48,18*, Inv. 1015_1.
- 1 Rs und 1 Bs einer Schale; Obfl. grb. gegl./grb. gegl.; F. ocker, braun/ockerbraun; Mag. mittel, GP; Dm. 140 mm, Dm. (B) 90 mm; *Abb. 48,19*, Inv. 1015_2.
- 1 Rs und 1 Bs einer Schale; Obfl. gegl./gegl.; F. schwarzbraun/schwarzbraun; Mag. fein, P; Dm. 140 mm, Dm. (B) 80 mm; *Abb. 48,20*, Inv. 1015_3.
- 1 Rs eines Gefäßes; Obfl. gegl./gegl.; F. tiefbraun/tiefbraun; Dek.: diagonale Kerben auf dem Rand; Mag. fein, GA; Dm. 100 bis 190 mm; *Abb. 48,21*, Inv. 1017_3.
- 1 Rs und 1 Bs einer Schale; Obfl. grb. gegl./grb. gegl.; F. grauschwarz/grauschwarz; Mag. grob, PK; Dm. 200 mm, Dm. (B) 100 mm; *Abb. 48,22*, Inv. 1016_1.
- 1 Rs eines Topfes; Obfl. gegl./gegl.; F. ockerbraun/ockerbraun; Mag. n. e.; Dm. 110 mm; *Abb. 49,1*, Inv. 1013_2.
- 1 Bs eines Gefäßes; Obfl. grb. gegl./grb. gegl.; F. schwarzbraun/schwarzbraun; Mag. grob, PK; Dm. (B) n. f.; *Abb. 49,2*, Inv. 1017_2.
- 1 Bs eines Gefäßes; Obfl. grb. gegl./grb. gegl.; F. braunocker/ziegel; Mag. grob, GPK; Dm. (B) 120 mm; *Abb. 49,3*, Inv. 1018.
- 1 Ws eines Gefäßes; Obfl. sehr gt. gegl., pol./gt. gegl.; F. schwarzbraun/schwarzbraun; Mag. grob, GPK; Inv. 1014.
- 32 Ws eines Gefäßes; Obfl. grb. gegl./grb. gegl.; F. ocker/ockerbraun; Mag. grob, PK; Inv. 1017.
- 1 flachovaler Kiesel, eventuell Schleifstein; L. 75 mm, B. 25 mm; Inv. 1019.
- Tierknochen (entnommen); Inv. 1021_1.
- 1 holzkohlehaltige Bodenprobe; Inv. 1020_2.

Befund 122

Art: Grube
Form: wannenförmig
Größe: Dm. 0,9 m
Erdabtrag: 0,7 m
max. Tiefe: 0,4 m
Schicht 1: mittelbrauner Lösslehm mit vereinzelten Holzkohlepartikeln und gebranntem Lehm.
Beschreibung: runde, wannenförmige Grube mit konvexer Sohle (*Abb. 88*).

Funde:
– 4 Ws eines Gefäßes; Obfl. gegl., ra./gegl., ra.; F. ockergrau/grauschwarz; Mag. sehr grob, GPQ; Inv. 1023.

Befund 123

Art: Grube
Form: kesselförmig
Größe: Dm. 1,3 m
Erdabtrag: 0,6 m
max. Tiefe: 1,9 m
Schicht 1: dunkelbrauner Lösslehm mit viel gebranntem Lehm und Holzkohle.
Schicht 2: mittelbrauner, gefleckter Löss.
Schicht 3: Löss.
Schicht 4: dunkelbrauner Lösslehm.
Beschreibung: annähernd runde Kesselgrube mit konvexer Sohle.

Funde:
– 1 Rs einer Schale; Obfl. gt. gegl./gegl.; F. grauschwarz/grauschwarz; Dek.: flache Kanneluren; Mag. mittel, min.; Dm. 140 mm; *Abb. 49,4*, Inv. 1026_3.
– 1 Rs eines Gefäßes; Obfl. gt. gegl., pol./gt. gegl.; F. schwarzbraun/rotbraun; Mag. grob, GPK; Dm. n. f.; *Abb. 49,5*, Inv. 1027.
– 4 Rs einer Schale; Obfl. gt. gegl./gt. gegl.; F. grauschwarz/grauschwarz; Mag. grob, PK; Dm. n. f.; *Abb. 49,6*, Inv. 1026_1.
– 2 Rs eines Topfes; Obfl. gegl./gegl.; F. braun/schwarz; Mag. mittel, GPK; Dm. 360 mm; *Abb. 49,7*, Inv. 025_3.
– 2 Rs eines Gefäßes; Obfl. grb. gegl./grb. gegl.; F. ocker, grauschwarz/schwarz; Mag. grob, GK; Dm. n. f.; *Abb. 49,8*, Inv. 1026_1.
– 1 Rs und 1 Ws eines Gefäßes; Obfl. grb. gegl./gegl.; F. rotbraun/schwarzbraun; Mag. grob, PK; Dm. n. f.; *Abb. 49,9*, Inv. 1030.
– 1 Rs einer Schale; Obfl. gt. gegl., pol./gt. gegl., pol.; F. schwarz/schwarz; Mag. n. e.; Dm. 220 mm; *Abb. 49,10*, Inv. 1024.
– 1 Rs eines Gefäßes; Obfl. gegl./gegl.; F. rotbraun/schwarzbraun; Mag. sehr grob, GPK; Dm. n. f.; *Abb. 49,11*, Inv. 1028.
– 1 Rs einer Schale; Obfl. gt. gegl./gt. gegl.; F. ocker, grauschwarz/grauschwarz; Mag. grob, PK; Dm. 220 mm; *Abb. 49,12*, Inv. 1025.
– 6 Ws und 4 Bs eines Gefäßes; Obfl. grb. gegl./grb. gegl.; F. ocker, schwarz/grauschwarz; Mag. sehr grob, PK; Dm. (B) 90 mm; *Abb. 49,13*, Inv. 1029.
– 8 Ws eines Gefäßes; Obfl. grb. gegl./gegl.; F. ocker/schwarz; Mag. sehr grob, KQ; Inv. 1029_2.
– 9 Ws eines Gefäßes; Obfl. gegl./gegl.; F. ocker/schwarz; Mag. grob, GP; Inv. 1031_1.
– 1 Fragment Hüttenlehm (90 x 60 x 15 mm) mit halbrundem Abdruck einer Stange (Dm. min. 60 mm); Inv. 1032.
– 1 Bodenprobe mit Holzkohle; Inv. 1020.

Befund 125

Art: Grubenhaus
Form: rechteckig
Größe: L. 3,9 m, B. 2,9 m
Erdabtrag: 0,6 m
max. Tiefe: 0,76 m
max. Tiefe 2: 0,36 m
Schicht 1: dunkelbrauner, mit Löss gefleckter Boden mit Holzkohlepartikeln.
Schicht 2: dunkelbrauner, mit Löss gefleckter Boden.

Schicht 3: graubrauner Boden.
Schicht 4: hellbrauner, mit braunem Löss gefleckter Boden.
Beschreibung: rechteckige, wannenförmige Grube mit ebener Sohle und jeweils einem Pfosten mittig an den Längsseiten (*Abb. 85*).

Funde:
- 1 Koppelring aus Eisen; L. 59 mm, B. 30 mm; *Abb. 50,1,* Inv. k_1.
- 3 Rs und 2 Ws einer Schale, DSK; Obfl. gt. gegl., pol./gt. gegl., pol.; F. grauschwarz, ocker/grauschwarz, ocker; Mag. fein, P; Dm. 170 mm; *Abb. 51,1,* Inv. 1036_1.
- 3 Rs und 1 Ws einer Schale, DSK; Obfl. gt. gegl./gt. gegl.; F. grauschwarz/grauschwarz; Dek.: vier eingedrehte Riefen; Mag. fein, GPK; Dm. 220 mm; *Abb. 51,2,* Inv. 1039_1.
- 1 Rs einer Schale, DSK; Obfl. gt. gegl./gegl.; F. schwarz/grauocker; Mag. grob, K; Dm. 220 mm; *Abb. 51,3,* Inv. 1038_1.
- 1 Rs und 1 Ws eines Gefäßes, DSK; Obfl. gt. gegl., pol./gt. gegl.; F. schwarz/braun; Mag. n. e.; Dm. n. f.; *Abb. 51,4,* Inv. 1035_1.
- 1 Rs einer Schale, DSK; Obfl. gt. gegl., pol./gt. gegl., pol.; F. schwarz/schwarz; Dek.: drei eingedrehte Riefen im Halsbereich; Mag. fein, P; Dm. 220 mm; *Abb. 51,5,* Inv. 1037_1.
- 3 Ws eines Gefäßes, DSK; Obfl. gt. gegl./gt. gegl.; F. braunschwarz/braunschwarz; Mag. fein, GPK; Inv. 1040_1.
- 1 Rs eines Topfes; Obfl. gegl./gegl.; F. ockerbraun/braunschwarz; Mag. mittel, PK; Dm. 160 mm; *Abb. 50,2,* Inv. 1045_4.
- 1 Rs eines Topfes; Obfl. gt. gegl./gt. gegl.; F. braun/braun; Mag. fein, GK; Dm. 200 mm; *Abb. 50,3,* Inv. 1045_2.
- 2 Rs eines Topfes; Obfl. gegl./gegl.; F. braunschwarz/grauschwarz; Dek.: flache Fingertupfen; Mag. grob, GPK; Dm. 200 mm; *Abb. 50,4,* Inv. 1045_3.
- 1 Rs und 3 Ws eines Gefäßes; Obfl. gt. gegl./gt. gegl.; F. ockergrau/ockergrau; Mag. n. e.; Dm. größer 200 mm; *Abb. 50,5,* Inv. 1043_2.
- 1 Rs eines Gefäßes; Obfl. gegl./gegl.; F. grauschwarz, ocker/grauschwarz; Mag. mittel, GK; Dm. n. f.; *Abb. 50,6,* Inv. 1042_5.
- 1 Rs eines Gefäßes; Obfl. gegl./gegl.; F. grauschwarz/grauschwarz; Mag. mittel, PK; Dm. n. f.; *Abb. 50,7,* Inv. 1042_3.
- 1 Rs eines Gefäßes; Obfl. gegl./gegl.; F. graubraun/graubraun; Mag. grob, PK; Dm. 160 bis 300 mm; *Abb. 50,8,* Inv. 1042_7.
- 1 Rs und 49 Ws eines Gefäßes; Obfl. gegl./gegl.; F. schwarzbraun/schwarzbraun; Mag. fein, GPK; Dm. n. f.; *Abb. 50,9,* Inv. 1042_1.
- 1 Rs eines Gefäßes; Obfl. gt. gegl./gt. gegl.; F. schwarzgrau/schwarzgrau; Mag. n. e.; Dm. 20 bis 40 mm; *Abb. 50,10,* Inv. 1042_8.
- 1 Rs eines Gefäßes; Obfl. gegl./gegl.; F. braunschwarz/braunschwarz; Mag. grob, GPK; Dm. n. f.; *Abb. 50,11,* Inv. 1042_6.
- 1 Rs eines Gefäßes; Obfl. gegl./gegl.; F. grauschwarz/grauschwarz; Mag. fein, P; Dm. n. f.; *Abb. 50,12,* Inv. 1042_4.
- 1 Rs eines Gefäßes; Obfl. gegl./gegl.; F. ockergrau/ockergrau; Mag. fein, GK; Dm. n. f.; *Abb. 50,13,* Inv. 1043_5.
- 1 Rs einer Schale; Obfl. gegl./gegl.; F. schwarzbraun/grauocker; Mag. mittel, PK; Dm. n. f.; Bem.: mit Ausguss; *Abb. 50,14,* Inv. 1049.
- 1 Rs einer Schale; Obfl. gt. gegl./gt. gegl.; F. ockerbraun/graubraun; Mag. fein, PK; Dm. größer als 120 mm; *Abb. 50,15,* Inv. 1042_2.
- 1 Rs eines Gefäßes; Obfl. gt. gegl./gt. gegl.; F. graubraun/graubraun; Mag. mittel, P; Dm. größer als 200 mm; *Abb. 50,16,* Inv. 1042_10.
- 1 Rs eines Gefäßes; Obfl. gt. gegl./gt. gegl.; F. grauschwarz/grauschwarz; Mag. sehr grob, GK; Dm. n. f.; *Abb. 50,17,* Inv. 1042_11.
- 1 Rs eines Gefäßes; Obfl. gt. gegl., pol./gt. gegl., pol.; F. ocker, grauschwarz/ocker, grauschwarz; Mag. fein, P; Dm. größer als 260 mm; *Abb. 50,18,* Inv. 1043_1.
- 1 Rs und 3 Ws eines Gefäßes; Obfl. gegl./gegl.; F. ocker/ocker; Mag. fein, PK; Dm. größer als 260 mm; *Abb. 50,19,* Inv. 1043_4.
- 1 Rs eines Gefäßes; Obfl. gegl./gegl.; F. ockerbraun/schwarzbraun; Mag. mittel, GPK; Dm. größer als 200 mm; *Abb. 50,20,* Inv. 1045_5.
- 1 Rs eines Gefäßes; Obfl. gegl./gegl.; F. braunschwarz/braunschwarz; Mag. n. e.; Dm. größer als 220 mm; *Abb. 50,21,* Inv. 1045_6.
- 1 Rs und 7 Ws einer Schale; Obfl. grb. gegl./grb. gegl.; F. ockergrau/schwarzbraun; Mag. sehr grob, GK; Dm. 260 bis 460 mm; *Abb. 50,22,* Inv. 1047_1.
- 1 Rs eines Gefäßes; Obfl. gt. gegl./gt. gegl.; F. ocker/ocker; Mag. mittel, GPK; Dm. größer als 200 mm; *Abb. 50,23,* Inv. 1043_3.
- 1 Rs einer Schale; Obfl. gegl./gegl.; F. graubraun/graubraun; Mag. grob, GPK; Dm. 200 mm; *Abb. 51,6,* Inv. 1042_15.

– 1 Rs und 1 Ws einer Schale; Obfl. gegl./gegl.; F. braunschwarz/braunschwarz; Mag. mittel, GPK; Dm. 240 mm; *Abb. 51,7*, Inv. 1042_6.
– 1 Rs und 9 Ws einer Schale; Obfl. oben gt. gegl., pol., unten grb. gegl./grb. gegl.; F. ockerbraun, braungrau/braungrau; Mag. sehr grob, GK; Dm. 340 mm; *Abb. 51,8*, Inv. 1044_1.
– 1 Rs einer Schale; Obfl. gt. gegl., pol./gt. gegl.; F. ocker, grauschwarz/ockergrau; Mag. mittel, PK; Dm. 360 mm; *Abb. 51,9*, Inv. 1042_14.
– 3 Ws und 1 Bs eines Gefäßes; Obfl. gegl./gegl.; F. ocker/grauschwarz; Mag. grob, GPKQ; Dm. (B) n. f.; *Abb. 52,2*, Inv. 1050_1.
– 9 WS und 1 BS eines Gefäßes; Obfl. gegl./gegl.; F. schwarzbraun/schwarzbraun; Mag. grob, GKQ; Dm. 60 mm; *Abb. 52,3*, Inv. 1041.
– 1 Bs eines Gefäßes; Obfl. gegl./grb. gegl.; F. ocker/grauschwarz; Mag. grob, GPK; Dm. (B) n. f.; *Abb. 52,4*, Inv. 1050_6.
– 12 Ws und 2 Bs eines Gefäßes; Obfl. gegl., gschlickr./grb. gegl.; F. ocker, ockerbraun/ocker, ockerbraun; Mag. sehr grob, GKQ; Dm. (B) 50 mm; *Abb. 52,5*, Inv. 1048_1.
– 1 Bs eines Gefäßes; Obfl. gegl./grb. gegl.; F. graubraun/graubraun; Mag. grob, PK; Dm. (B) 130 mm; *Abb. 52,6*, Inv. 1042_17.
– 1 Rs und 1 Ws einer Schale; Obfl. gegl./gegl.; F. graubraun/schwarzgrau; Mag. grob, GKQ; Dm. 240 mm; *Abb. 52,1*, Inv. 1042_16.
– 11 Ws und 3 Bs eines Gefäßes; Obfl. grb. gegl./grb. gegl.; F. ocker/schwarzbraun; Mag. sehr grob, P; Dm. (B) 120 mm; *Abb. 52,7*, Inv. 1051_1.
– 3 Ws eines Gefäßes; Obfl. gt. gegl., pol./gt. gegl., pol.; F. grauschwarz/grauschwarz; Dek.: drei eingedrehte Riefen; Mag. n. e.; Inv. 1034_1.
– 2 Ws eines Gefäßes; Obfl. gegl./gegl.; F. graubraun/graubraun; Mag. grob, GQ; Inv. 1040_2.
– 2 Ws eines Gefäßes; Obfl. gt. gegl., pol./gt. gegl., pol.; F. ocker/ocker; Mag. n. e.; Inv. 1040_3.
– 1 Rs eines Gefäßes; Obfl. gegl./gegl.; F. ocker/ocker; Dek.: eingedrückte Dellen am Bauch; Mag. grob, GK; Dm. 200 mm; Inv. 1045.
– 12 Ws eines Gefäßes; Obfl. grb. gegl./grb. gegl.; F. grauocker/ockerbraun; Dek.: Reihen von Fingertupfen; Mag. grob, KQ; Inv. 1046_1.
– 26 Ws eines Gefäßes; Obfl. gegl./gegl.; F. braun, graubraun/schwarzbraun; Mag. sehr grob, PK; Inv. 1049.
– 4 Ws eines Gefäßes; Obfl. gegl., sehr ra./gegl.; F. ziegel/braungrau; Mag. sehr grob, GK; Inv. 1050_2.
– 4 Ws eines Gefäßes; Obfl. gegl./grb. gegl.; F. ockergraubraun/ockergraubraun; Mag. mittel, GPK; Inv. 1050_3.
– 14 Ws eines Gefäßes; Obfl. gschlickr./gegl.; F. ocker/grauschwarz; Mag. sehr grob, GPK; Inv. 1050_4.
– 16 Ws eines Gefäßes; Obfl. grb. gegl./grb. gegl.; F. ocker, grauschwarz/ocker, grauschwarz; Mag. sehr grob, KQ; Inv. 1050_5.
– 1 Fragment verziegelten Lehms (40 x 30 x 15 mm); Inv. 1052_1.
– 1 Tierzahn; L. 35 mm, B. 10 mm; Inv. k_2.
– 1 versteinerte Muschel; Inv. 1053.
– Tierknochen (entnommen); Inv. 1054_1.

Befund 127

Art: Schlitzgräbchen
Form: langoval
Größe: L. 1,56 m, B. 0,39 m
Erdabtrag: 0,5 m
max. Tiefe: 0,54 m
Schicht 1: dunkelbrauner, mit Löss gefleckter Boden.
Beschreibung: langovales Schlitzgräbchen mit steiler Wandung und U-förmigem Querschnitt (*Abb. 80*).

Funde:
– 3 Ws eines Gefäßes, DSK; Obfl. gt. gegl./gt. gegl.; F. schwarzbraun/rotbraun; Mag. n. e.; Inv. 1055_3.
– 1 Ws eines Gefäßes; Obfl. gegl., leicht ra./gegl., leicht ra.; F. ocker/grauschwarz; Mag. mittel, A; Inv. 1055_1.
– 1 Ws eines Gefäßes; Obfl. gegl./gegl.; F. grau/grau; Mag. grob, PK; Inv. 1055_2.
– 2 Ws eines Gefäßes; Obfl. gegl./gegl.; F. ocker/grau; Mag. fein, GK; Inv. 1055_4.
– 1 Sandsteinsplitter mit einer halbrunden, glatt geschliffenen Kante; Inv. 1056.

Befund 128

Art: Grubenkomplex
Form: getreppt kesselförmig
Größe: L. 1,86 m, B. 1,4 m
Erdabtrag: 0,6 m
max. Tiefe: 1,38 m
max. Tiefe 2: 0,18 m
Schicht 1: dunkelbrauner Lösslehm mit vereinzelten Holzkohlepartikeln und gebranntem Lehm.
Schicht 2: Lössflecken.
Schicht 3: Löss.
Schicht 4: Brandschicht mit sehr viel gebranntem Lehm.
Schicht 5: dunkelbrauner Lösslehm.
Schicht 6: hellbrauner, lössartiger Boden.
Beschreibung: birnenförmige, getreppte Grube mit einem kesselförmigen Hauptbereich *a*. Das Verhältnis zu den Bereichen *b* und *c* ist unklar *(siehe Abb. auf Datenträger)*.

Funde:
– 4 Rs und 3 Ws eines Gefäßes; Obfl. gegl./gegl.; F. ocker/ocker; Mag. mittel, GKQ; Dm. n. f.; *Abb. 52,8*, Inv. k_2.
– 77 Ws eines Gefäßes; Obfl. gegl./gegl.; F. ockergrau, graubraun/ockergrau, graubraun; Mag. grob, A; Inv. k_1.
– Viele sehr kleine Fragmente verziegelten Lehms (Dm. 10 mm); 7 Fragmente verziegelten Lehms (Dm. 30 mm); 1 großes Fragment verziegelten Lehms (Dm. 100 x 50 x 20 mm); Inv. k_3.

Befund 130

Art: Trichtergrube und Grubenrest
Form: oval
Größe: Dm. 1,2 m
Erdabtrag: 0,8 m
max. Tiefe: 0,8 m
Schicht 1: dunkelbrauner Lösslehm mit vereinzelten Holzkohlepartikeln und gebranntem Lehm.
Schicht 2: fleckige Lössschicht.
Schicht 3: Brandschicht, stark scherbenhaltig.
Schicht 4: mittelbrauner, gefleckter Lösslehm.
Beschreibung: annähernd runde Trichtergrube mit leicht gekrümmter Sohle. Daneben befindet sich ein ovaler Grubenrest *b* mit einer max. Tiefe von 0,1 m *(Abb. 81)*.

Funde:
– 1 Rs und 8 Ws eines Gefäßes; Obfl. gt. gegl./gt. gegl.; F. grauschwarz/grauschwarz; Mag. n. e.; Dm. n. f.; *Abb. 52,9*, Inv. 1058_1.
– 1 Rs eines Gefäßes; Obfl. gegl./gegl.; F. schwarzbraun, rotbraun/schwarzbraun, rotbraun; Mag. sehr grob, GQ; Dm. größer als 150 mm; *Abb. 52,10*, Inv. 1062_2.
– 1 Rs und 1 Ws eines Gefäßes; Obfl. gegl./gegl.; F. grau/grau; Mag. fein, P; Dm. n. f.; *Abb. 52,11*, Inv. 1062_4.
– 4 Rs und 12 Ws einer Schale; Obfl. oben pol., unten gegl./gegl.; F. schwarzgrau/schwarzgrau; Mag. fein, P; Dm. 300 mm; *Abb. 52,12*, Inv. 1059_1.
– 1 Rs und 2 Ws einer Schale; Obfl. pol./gt. gegl.; F. grau, schwarzgrau/grauschwarz; Mag. fein, PK; Dm. 340 mm; *Abb. 52,13*, Inv. 1060_1.
– 1 Rs und 2 Ws einer Schale; Obfl. oben pol., unten ra./gegl.; F. graubraun/graubraun; Mag. fein, P; Dm. 380 mm; *Abb. 52,14*, Inv. 1061_1.
– 1 Rs eines Gefäßes; Obfl. grb. gegl./grb. gegl.; F. schwarzbraun/schwarzbraun; Dek.: diagonal gekerbter Rand; Mag. grob, P; Dm. n. f.; *Abb. 53,1*, Inv. 1064_5.
– 1 Ws und 1 Bs eines Gefäßes; Obfl. gt. gegl./gegl.; F. ocker/ocker; Mag. mittel, P; Dm. (B) 70 mm; *Abb. 53,2*, Inv. 1063_1.
– 2 Ws eines Gefäßes; Obfl. gt. gegl.; F. graubraun, ocker/graubraun; Mag. sehr grob, P; Inv. 1062_3.
– 13 Ws eines Gefäßes; Obfl. gegl./gegl.; F. grauschwarz/grauschwarz; Mag. mittel, P; Inv. 1062_1.
– 6 Ws eines Gefäßes; Obfl. fein gschlickr./gegl.; F. ocker/graubraun; Mag. grob, PK; Inv. 1064_2.
– 3 Ws eines Gefäßes; Obfl. grb. gschlickr./grb. gegl.; F. graubraun/rotbraun; Mag. sehr grob, P; Inv. 1064_3.
– 1 Ws eines Gefäßes; Obfl. grb. gegl./grb. gegl.; F. hellbraun/ocker; Mag. sehr grob, P; Inv. 1064_4.
– 2 Ws eines Gefäßes; Obfl. grb. gschlickr./gegl., darüber ockerfarbener Belag; F. grau, ocker/grauschwarz; Mag. fein, P; Inv. 1064_1.
– 1 Sandsteinplatte in Form eines Viertelkreissegments; L. 120 mm, B. 80 mm; Inv. 1066_1.
– Steinplatte aus rotem Sandstein (55 x 40 mm); Inv. 1060_2.
– Tierknochen (entnommen); Inv. 1065_1.

Befund 133

Art: Grube
Form: wannenförmig
Größe: L. 1,4 m, B. 1,1 m
Erdabtrag: 0,7 m
max. Tiefe: 0,46 m
Schicht 1: dunkelbrauner, mit wenig streifem Löss gefleckter Lösslehm.
Schicht 2: mittelbrauner, stark gefleckter Boden.
Beschreibung: wannenförmige Grube mit einem Bruchstein in der Mitte, gestört durch einen Tiergang. Die Verbindung zu Grube 134 (Schicht 2) kann natürlichen Ursprungs sein.

Funde:
– 1 Ws eines Gefäßes; Obfl. grb. gegl., ra./grb. gegl., ra.; F. grau/grau; Mag. mittel, P; Inv. 1067_1.
– 1 Ws eines Gefäßes; Obfl. grb. gegl./gegl.; F. grau/graubraun; Mag. grob, PK; Inv. 1067_2.

Befund 135

Art: Trichtergrube
Form: trichterförmig
Größe: L. 1,35 m, B. 1,45 m
Erdabtrag: 0,8 m
max. Tiefe: 1,1 m
Schicht 1: schwarzbrauner Boden mit Holzkohlepartikeln und gebranntem Lehm.
Schicht 2: brauner, gefleckter Lehm.
Schicht 3: Löss.
Schicht 4: Löss.
Schicht 5: Asche und Brandschutt.
Schicht 6: speckiger Lehm mit etwas Holzkohle.
Beschreibung: ovale trichterförmige Grube, in deren Randbereich sich ein Rinderschädel befand (*Abb. 81*).

Funde:
– 1 Ws eines Gefäßes, DSK; Obfl. gegl./gegl.; F. ockerbraun/graubraun; Dek.: drei eingedrehte Rillen oberhalb des Schulterumbruchs; Mag. mittel, GPK; *Abb. 53,7*, Inv. 1072_1.
– 1 Rs, 1 Ws und 1 Bs eines Gefäßes; Obfl. gegl./gegl.; F. ockergrau/ockergrau; Mag. grob, PK; Dm. (B) 120 mm; *Abb. 53,4*, Inv. 1078_1.
– 2 Rs einer Schale; Obfl. gegl./gegl.; F. hellbraun/graubraun; Mag. grob, PKQ; Dm. 160 mm; *Abb. 53,5*, Inv. 1079_1.
– 3 Rs und 8 Ws eines Gefäßes; Obfl. gt. gegl./gegl.; F. schwarzbraun, braun/schwarzbraun; Mag. sehr grob, GKQ; Dm. größer als 220 mm; *Abb. 53,6*, Inv. 1076_1.
– 2 Rs, 5 Ws und 1 Bs eines Topfes; Obfl. grb. gegl./gegl.; F. ocker/braun; Dek.: Fingertupfen im unteren Halsbereich; Mag. sehr grob, GKQ; Dm. 200 mm, Dm. (B) 105 mm; *Abb. 53,8*, Inv. 1081_1.
– 1 Rs eines Gefäßes; Obfl. gt. gegl./gt. gegl.; F. schwarzbraun/schwarzbraun; Mag. fein, GK; Dm. größer als 120 mm; *Abb. 53,9*, Inv. 1071_2.
– 1 Rs eines Gefäßes; Obfl. gegl./gegl.; F. braunschwarz/braun; Mag. fein, GK; Dm. n. f.; *Abb. 53,3*, Inv. 1071_1.
– 2 Rs und 6 Ws eines Gefäßes; Obfl. oben grb. gegl., unten grob gschlickr./gegl.; F. rotbraun, ocker/rotbraun, schwarzbraun; Mag. sehr grob, GKQ; Dm. 220 mm; *Abb. 53,10*, Inv. 1084_1.
– 2 Rs, 8 Ws und 3 Bs einer Schale; Obfl. grb. gegl./grb. gegl.; F. graubraun/ocker, graubraun; Mag. grob, GKQ; Dm. 130 mm, Dm. (B) 105 mm; *Abb. 53,11*, Inv. 1080_1.
– 1 Rs und 1 Ws einer Schale; Obfl. oben gt. gegl., pol., unten gegl./gt. gegl.; F. ocker, braun/ocker, braun; Mag. mittel, GPK; Dm. 360 mm; *Abb. 53,12*, Inv. 1075_1.
– 2 Rs und 3 Ws einer Schale; Obfl. oben gt. gegl., pol., unten gegl./gegl.; F. grauschwarz/grauschwarz; Mag. grob, GK; Dm. 300 mm; Bem.: anpassend an Inv. 1078; *Abb. 54,1*, Inv. 1073_1.
– 2 Ws und 2 Bs eines Gefäßes; Obfl. gegl., pol./gt. gegl., pol.; F. grauschwarz/grauschwarz; Mag. mittel, GPK; Dm. (B) 110 mm; *Abb. 54,2*, Inv. 1074_1.
– 1 Bs und 5 Ws eines Gefäßes; Obfl. gegl./gegl.; F. ockergrau/ockergrau; Mag. grob, PK; Dm. (B) 120 mm; *Abb. 54,3*, Inv. 1078.
– 12 Ws eines Gefäßes; Obfl. gt. gegl., pol./gt. gegl., pol.; F. grauschwarz, ocker/grauschwarz; Mag. mittel, GPK; Inv. 1077_1.
– 8 Ws eines Gefäßes; Obfl. gegl./gegl.; F. grau/ziegel; Mag. grob, PK; Inv. 1082_1.
– 10 Ws eines Gefäßes; Obfl. gegl./gegl.; F. ocker/ocker; Mag. grob, GP, Inv. 1083_1.
– 15 Ws eines Gefäßes; Obfl. gegl., ra./gegl., ra.; F. grauocker/grauocker; Mag. grob, PKA; Inv. 1083_2.

– 1 Ws eines Gefäßes; Obfl. sehr ra./sehr ra.; F. rot/rot; Mag. sehr grob, P; Inv. 1083_3.
– 10 Ws eines Gefäßes; Obfl. gegl./grb. gegl.; F. braun/rotbraun; Mag. sehr grob, GP; Inv. 1093_1.
– Tierknochen (entnommen); Inv. 1086_1.
– 1 rechteckige Sandsteinplatte (102 x 140 x 30 mm), eine Ecke rechtwinkelig ausgebrochen; Inv. 1085_1.
– 1 Fragment verziegelten Lehms mit planer Seite (40 x 40 x 30 mm); Inv. 1087_1.
– 8 größere Fragmente verziegelten Lehms (ca. 30 x 50 x 20 mm); 7 kleinere Fragmente verziegelten Lehms (Dm. ca. 20 mm) mit Pflanzenresten und Holzkohle; Inv. 1087_1.

Befund 138

Art: Grube
Form: wannenförmig
Größe: L. 1,42 m, B. 1,63 m
Erdabtrag: 0,7 m
max. Tiefe: 0,2 m
Schicht 1: dunkelbrauner, mit sterilem Löss gefleckter Lösslehm.
Beschreibung: ovale, wannenförmige Grube mit ebener, durch Tiergänge leicht verwaschener Sohle.

Funde:
– 1 glatter Tonring; Dm. außen 70 mm, Dm. innen 31 mm; *Abb. 54,5*, Inv. 1088.
– 2 Rs und 2 Ws einer Schale; Obfl. pol./gegl.; F. ockerbraun/tiefbraun; Mag. grob, GKQ; Dm. 280 mm; *Abb. 54,4*, Inv. 1089.
– 1 Rs und 4 Ws einer Schale; Obfl. grb. gegl./grb. gegl.; F. tiefbraun/tiefbraun; Mag. sehr grob, GP; Dm. 220 mm; *Abb. 54,6*, Inv. 1090.
– 4 Ws eines Gefäßes; Obfl. gegl./gegl.; F. rotbraun/schwarzbraun; Mag. n. e.; Inv. 1090_4.
– 1 Ws eines Gefäßes; Obfl. grb. gegl., ra./grb. gegl.; F. ocker/braun; Mag. sehr grob, P; Inv. 1090_2.
– 1 Ws eines Gefäßes; Obfl. gegl./grb. gegl.; F. ockergrau/schwarzgrau; Mag. mittel, GKQ; Inv. 1090_3.
– 1 Ws eines Gefäßes; Obfl. gegl./gegl.; F. ocker-schwarzbraun/schwarzbraun; Mag. fein, P; Inv. 1091.
– 2 Ws eines Gefäßes; Obfl. pol./pol.; F. grauschwarz/grauschwarz; Mag. n. e.; Inv. k_1.
– 1 Fragment Hüttenlehm (40 x 25 mm); Inv. 1090.
– Tierknochen (entnommen); Inv. 1092.

Befund 141

Art: Grubenkomplex
Form: amorph
Größe: L. 5,45 m, B. 3,42 m
Erdabtrag: 0,7 m
max. Tiefe: 0,84 m
Schicht 1: dunkelbrauner Lösslehm mit Holzkohle und gebanntem Lehm.
Schicht 2: gefleckter Löss.
Schicht 3: Brandschutt.
Schicht 4: schlierenartige Schicht ohne weitere Angaben.
Schicht 5: Löss.
Schicht 6: gefleckter Löss.
Schicht 7: dunkelbrauner Lösslehm.
Schicht 8: Brandschutt.
Schicht 9: hellbrauner Lösslehm.
Schicht 10: mittelbrauner Lehm.
Schicht 11: dunkelbrauner Lösslehm.
Schicht 12: Löss.
Schicht 13: dunkelbrauner Lösslehm.
Beschreibung: annähernd runde, getreppt wannenförmige Grube *b* mit einem Dm. von 3,42 m, daneben liegt am südwestlichen Rand die rechteckige Grube *a* mit einer Tiefe von 0,42 m, die sich im Profil CD nicht von *b* trennen lässt. Es handelt sich eventuell um einen zu *b* gehörigen Einstieg. Die annähernd ovalen Einbrennzonen *c* und *d* weisen eine erhöhte Konzentration von gebranntem Hüttenlehm und Holzkohle auf. Unterhalb von *b* liegt eine durch den jüngeren Befund gestörte Trichtergrube *g*. An *b* schließen sich die Bereiche *e* und *f* an. Die beutelförmige Grube *e* erreicht eine Tiefe von 1,7 m. Das Profil AB zeigt, dass keine Verbindung zu den Bereichen *b* und *g* besteht. Beim Bereich *f* handelt es sich um eine ovale, oberflächliche Verfärbung. Die Grube *h* ist muldenförmig und überlagert *g* (*Abb. 90*).

Funde:
- 7 Rs, 14 Ws und 2 Bs eines Topfes; Obfl. gt. gegl./gt. gegl.; F. graubraun, ocker/graubraun; Mag. sehr grob, GKQ; Dm. n. f.; *Abb. 55,1*, Inv. k_6.
- 1 Rs eines Gefäßes; Obfl. grb. gegl./gegl., sehr ra.; F. ocker/rotbraun; Mag. grob, GKQ; Dm. n. f.; *Abb. 55,2*, Inv. k_10.
- 1 Rs und 1 Ws eines Gefäßes; Obfl. gt. gegl./gt. gegl.; F. schwarz/schwarz; Mag. grob, PK; Dm. n. f.; *Abb. 55,3*, Inv. k_13.
- 1 Ws eines Gefäßes; Obfl. gschlickr./gegl.; F. ocker/ziegel; Dek.: Winkelmuster; Mag. grob, KQ; *Abb. 55,4*, Inv. k_9.
- 1 Ws eines Gefäßes; Obfl. gegl./gegl.; F. ocker/ocker; Dek.: Streifen; Mag. grob, GQ; *Abb. 55,5*, Inv. k_15.
- 1 Ws eines Gefäßes; Obfl. gegl./gegl.; F. ziegel/orangegrau; Dek. eingedrückte Dreiecke; Mag. grob, GPK; Inv. k_18.
- 1 Ws eines Gefäßes; Obfl. gt. gegl./gegl.; F. schwarz/ockergrau, ockergrau; Dek.: eingestochene Dreiecke; Mag. n. e.; *Abb. 55,8*, Inv. k_17.
- 1 Ws eines Gefäßes; Obfl. gt. gegl./gegl.; F. ocker/schwarz; Dek.: dreieckige Einstiche, lineare, parallele Ritzlinien; Mag. grob, GK; *Abb. 55,9*, Inv. k_11.
- 10 Ws eines Gefäßes; Obfl. gt. gegl./gegl.; F. schwarz/schwarz; Mag. grob, GP; Inv. k_7.
- 2 Ws eines Gefäßes; Obfl. gegl./gegl.; F. ziegel/ziegel; Mag. grob, KA; Inv. k_8.
- 46 Ws eines Gefäßes; Obfl. gegl./gegl.; F. ziegel, ocker/grau, graubraun; Mag. grob, A; Inv. k_12.
- 13 Ws eines Gefäßes; Obfl. grb. gegl., ra./grb. gegl., ra.; F. ockergrau/ockergrau; Mag. grob, PA; Inv. k_14.
- 3 Ws eines Gefäßes; Obfl. fein gschlickr./gegl., fein gschlickr.; F. grau/grau; Mag. n. e.; Inv. k_16.
- 12 Ws eines Gefäßes; Obfl. gegl./gegl.; F. schwarz, ocker/schwarz; Mag. grob, GP; Inv. k_19.
- 1 einseitig retuschierte Silexklinge; L. 40 mm, B. 13 mm; *Abb. 54,7*, Inv. k_3.
- 1 Steingerät aus Silex; L. 15 mm, B. 10 mm; Inv. k_4.
- 1 kugelige Perle aus violettem Glas; Dm. 8 mm; *Abb. 55,6*, Inv. k_1.
- 1 stark holzkohlehaltige Bodenprobe; Inv. k_5.

Befund 142

Art: Grube
Form: kesselförmig
Größe: Dm. 1,59 m
Erdabtrag: 0,7 m
max. Tiefe: 1,14 m
Schicht 1: dunkelbrauner Lösslehm mit vereinzelten Holzkohlepartikeln.
Schicht 2: gelbbrauner Lösslehm.
Schicht 3: dunkelbrauner Lösslehm.
Schicht 4: Löss.
Schicht 5: Lössband.
Beschreibung: unregelmäßig runde Kesselgrube mit U-förmiger Sohle und verwaschener Randzone.

Funde:
- 1 Rs eines Topfes; Obfl. grb. gegl./grb. gegl.; F. ocker/ocker; Mag. fein, PK; Dm. 100 mm; *Abb. 55,7*, Inv. 1096.
- 4 Ws eines Gefäßes; Obfl. gegl./gegl.; F. ocker/ockerbraun; Mag. grob, GPKA; Inv. 1079.
- Tierknochen (entnommen); Inv. 1098.

Befund 144

Art: Grube
Form: kesselförmig
Größe: Dm. 1,35 m
Erdabtrag: 0,7 m
max. Tiefe: 0,46 m
Schicht 1: dunkelbrauner Lösslehm mit wenig gebranntem Lehm.
Schicht 2: stark gefleckter Löss.
Beschreibung: annähernd runde, kesselförmige Grube mit ebener Sohle, die schwer vom anstehenden Lössboden abgrenzbar war. Im zentralen Bereich eine große Anzahl versinterter Tierknochen.

Funde:
- 17 Ws eines Gefäßes; Obfl. gt. gegl./gegl.; F. ockerbraun/ockerbraun; Mag. grob, PKQ; Inv. 1093.
- Tierknochen (entnommen); Inv. 1100.

Befund 145

Art: Trichtergrube
Form: trichterförmig
Größe: Dm. 1,4 m
Erdabtrag: 0,8 m
max. Tiefe: 0,6 m
Schicht 1: dunkelbrauner, gefleckter Lösslehm.
Schicht 2: verschmutzte Lössschicht.
Schicht 3: dunkelbrauner, leicht gefleckter Lösslehm.
Schicht 4: Lössschlieren.
Beschreibung: annähernd runde Trichtergrube mit leicht geschwungener Sohle (*Abb. 81*).

Funde:
– 14 Ws eines Gefäßes; Obfl. gegl., ra./gegl., ra.; F. schwarz/schwarz; Mag. sehr grob, PQ; Inv. k_2.
– Tierknochen (entnommen); Inv. k_1.

Befund 146

Art: Grubenrest
Form: rund
Größe: Dm. 0,4 m
Erdabtrag: 0,8 m
max. Tiefe: 0,09 m
Schicht 1: mittelbrauner Lösslehm.
Beschreibung: runder Grubenrest mit stark verwaschenen Rändern, kann eventuell auch natürlichen Ursprungs sein.

Funde:
– 2 Ws eines Gefäßes; Obfl. grb. gegl./gegl.; F. ocker/schwarzbraun; Mag. grob, GPA; Inv. 1101_1.
– Tierknochen (entnommen); Inv. 1102.

Befund 147

Art: Grubenrest
Form: rund
Größe: Dm. 0,25 m
Erdabtrag: 0,8 m
max. Tiefe: 0,16 m
Schicht 1: hellbrauner, gefleckter Löss.
Beschreibung: schwer vom anstehenden, gefleckten Lösslehm abgrenzbarer, grubenartiger Befund.

Funde:
– 1 Bs eines Gefäßes; Obfl. gegl., ra./gegl.; F. rotbraun/rotbraun; Mag. grob, GKQ; Dm. (B) 80 mm; *Abb. 55,11,* Inv. 1104.
– 1 Rs eines Topfes; Obfl. gegl./gegl.; F. ocker/ocker; Mag. fein, G; Dm. n. f.; *Abb. 55,12,* Inv. 1103.
– 9 Ws eines Gefäßes; Obfl. grb. gegl./gegl.; F. graubraun/graubraun; Mag. fein, GK; Inv. 1106.
– 3 Ws eines Gefäßes; Obfl. gegl./gegl.; F. ocker, grau/ocker, grau; Mag. sehr grob, GQ; Inv. 1107.
– Tierkochen (entnommen); Inv. 1108.

Befund 148

Art: Trichtergrube
Form: trichterförmig
Größe: L. 1,6 m, B. 1,4 m
Erdabtrag: 0,8 m
max. Tiefe: 0,92 m
Schicht 1: dunkelbrauner Lösslehm mit Holzkohlepartikeln und gebranntem Lehm.
Schicht 2: graubrauner, mit kleinen Lössflecken gesprenkelter Lösslehm.

Schicht 3: Löss.
Schicht 4: Löss mit kleinen Lehmeinschlüssen.
Schicht 5: hellbraun gesprenkelter Löss.
Beschreibung: annähernd ovale Trichtergrube mit ebener Sohle. Im oberen Bereich befindet sich eine kesselförmige Ausbuchtung b (*Abb. 81*).

Funde:
– 1 Rs und 6 Ws eines Topfes, DSK; Obfl. gt. gegl., pol./gt. gegl.; F. tiefbraun/tiefbraun; Mag. n. e.; Dm. 120 mm; *Abb. 55,13*, Inv. 1109.
– 1 Rs einer Schale; Obfl. gegl./gegl.; F. rotbraun/rotbraun; Mag. grob, GK; Dm. 100 bis 250 mm; *Abb. 55,14*, Inv. 1110.
– 1 Rs eines Gefäßes; Obfl. gegl./gegl.; F. graubraun/graubraun; Mag. fein, GP; Dm. größer als 140 mm; *Abb. 55,15*, Inv. 1114.
– 3 Rs und 8 Ws eines Topfes; Obfl. fein gschlickr./gegl.; F. ockerbraun/ockerbraun; Mag. mittel, PK; Dm. 160 mm; *Abb. 55,16*, Inv. 1113_1.
– 8 Ws eines Gefäßes; Obfl. gschlickr./gegl.; F. braunschwarz/braunschwarz; Mag. grob, GP; Inv. 1111.
– 5 Ws eines Gefäßes; Obfl. gegl./gegl.; F. braunschwarz, ocker/braunschwarz, ocker; Mag. mittel, GP; Inv. 1112_1.
– 3 Ws eines Gefäßes; Obfl. gegl., ra./gegl.; F. ockergrau/ockergrau; Mag. grob, Q; Inv. 1112_2.
– 2 Ws eines Gefäßes; Obfl. gegl./gegl.; F. ocker, grau/grau; Mag. mittel, GKA; Inv. 1112_3.
– 3 Ws eines Gefäßes; Obfl. grb. gegl./grb. gegl.; F. ocker/graubraun; Mag. mittel, GKQ; Inv. 1113.
– 3 Ws eines Gefäßes; Obfl. gegl./gegl.; F. ocker/ocker; Mag. n. e.; Inv. 1115_1.
– 2 Ws eines Gefäßes; Obfl. grb. gegl., ra./grb. gegl., ra.; F. ocker/grau; Mag. sehr grob, GPQ; Inv. 1115_2.
– 2 Ws eines Gefäßes; Obfl. grb. gegl./gegl.; F. ziegel/grauschwarz; Mag. grob, GPK; Inv. 1115_3.
– 1 Ws eines Gefäßes; Obfl. grb. gegl., sehr ra./gegl.; F. ocker/ocker; Mag. sehr grob, GKQ; Inv. 1117_1.
– 2 Ws eines Gefäßes; Obfl. gegl./gegl.; F. schwarzbraun/schwarzbraun; Mag. grob, GPK; Inv. 1117_3.
– Tierknochen (entnommen); Inv. 1118.

Befund 149

Art: Grube
Form: kesselförmig
Größe: Dm. 1,2 m
Erdabtrag: 0,9 m
max. Tiefe: 0,56 m
Schicht 1: dunkelbrauner Lösslehm mit vereinzelten Holzkohlepartikeln und gebranntem Lehm.
Beschreibung: runde, kesselförmige Grube mit U-förmiger Sohle.

Funde:
– 1 Rs eines Gefäßes; Obfl. gegl./gegl.; F. schwarzgrau/ocker; Mag. mittel, GP; Dm. n. f.; *Abb. 55,17*, Inv. 1117_2. – 2 Ws eines Gefäßes; Obfl. gegl./gegl.; F. schwarzbraun/schwarzbraun; Mag. grob, GPK; Inv. 1117_3.
– 1 Ws eines Gefäßes; Obfl. grb. gegl., sehr ra./gegl.; F. ocker/ocker; Mag. sehr grob, GKQ; Inv. 1117_1.
– Tierknochen (entnommen); Inv. 1118_1.

Befund 150

Art: Grubenhaus
Form: wannenförmig
Größe: L. 3,9 m, B. 3,8 m
Erdabtrag: 0,8 m
max. Tiefe: 0,36 m
Schicht 1: Brandschutt.
Schicht 2: graubrauner Lösslehm mit wenig gebranntem Lehm.
Schicht 3: wie Schicht 2, mit höherem Anteil an gebranntem Lösslehm.
Schicht 4: dunkelbrauner Lösslehm.
Schicht 5: graubrauner Lösslehm.
Schicht 6: gelbgrüner Löss.
Beschreibung: merowingerzeitliches Grubenhaus mit annähernd rechteckigem Grundriss und jeweils einem Pfostenloch in den Ecken.

Funde:
– 1 Fragment eines fünfrippigen Armreifs aus blauem Glas mit weißer und gelber Fadenauflage (auf den äußeren Rippen weiß oder gelb, auf der diagonal gekerbten Mittelrippe alternierend gelb und weiß); Dm. 60 bis 70 mm; *Abb. 55,18,* Inv. 1119.
– Funde des 6./7. Jahrhunderts nicht aufgenommen.

Befund 157

Art: Grube
Form: wannenförmig
Größe: Dm. 1,33 m
Erdabtrag: 0,7 m
max. Tiefe: 0,42 m
Schicht 1: dunkelbrauner Löss mit Holzkohlepartikeln und gebranntem Lehm.
Beschreibung: annähernd runde, kesselförmige Grube mit stark konkaver Sohle (*Abb. 88*).

Funde:
– 5 Ws eines Gefäßes; Obfl. gegl., sehr ra./gegl.; F. graubraun/graubraun; Mag. grob, KQ; Inv. 1139_1.
– 11 Ws eines Gefäßes; Obfl. gt. gegl./gt. gegl.; F. graubraun, schwarzbraun/schwarzbraun; Mag. grob, GQ; Inv. 1139_2.

Befund 159

Art: Grube
Form: kesselförmig
Größe: L. 1,46 m, B. 1,0 m
Erdabtrag: 0,8 m
max. Tiefe: 0,32 m
Schicht 1: dunkelbrauner Lösslehm.
Beschreibung: unregelmäßig ovale Grube mit konvexer/U-förmiger Sohle, im unteren Bereich durch Tiergänge gestört.

Funde:
– 1 Ws eines Gefäßes; Obfl. gegl., sehr ra./gegl., sehr ra.; F. graubraun/graubraun; Mag. grob, GPKQ; Inv. 1140.
– 4 Ws eines Gefäßes; Obfl. gt. gegl./gt. gegl.; F. schwarzbraun/graubraun; Mag. fein, KP; Inv. 1141.

Befund 163

Art: Grube
Form: kesselförmig
Größe: Dm. 1,0 m
Erdabtrag: 0,8 m
max. Tiefe: 0,68 m
Schicht 1: dunkelbrauner, vereinzelt mit sterilem Löss gefleckter Lösslehm.
Beschreibung: runde, kesselförmige Grube mit scharfen Ecken und einer ebenen Sohle, keine Einschwemmung erkennbar.

Funde:
– 18 Ws eines Gefäßes; Obfl. grb. gegl./gegl.; F. grauocker/schwarzgrau; Mag. grob, GP; Inv. 1142.

Befund 164

Art: Grube
Form: kesselförmig
Größe: Dm. 1,2 m
Erdabtrag: 0,8 m
max. Tiefe: 0,9 m
Schicht 1: dunkelbrauner, gefleckter Lösslehm.
Schicht 2: mittelbrauner Boden mit kleinen Lehmsprenkeln.

Schicht 3: dunkelbrauner, lössfleckiger Boden.
Beschreibung: runde, kesselförmige Grube mit konvexer Sohle und mehreren Einschwemmschichten.

Funde:
– 3 Ws eines Gefäßes; Obfl. gt. gegl./gt. gegl.; F. braunschwarz/braunschwarz; Mag. mittel, GPK; Inv. 1143.

Befund 168

Art: Grube
Form: kesselförmig
Größe: L. 1,24 m, B. 1,06 m
Erdabtrag: 0,9 m
max. Tiefe: 0,46 m
Schicht 1: dunkelbrauner Lösslehm mit vereinzelten Holzkohlepartikeln und gebranntem Lehm.
Schicht 2: Löss.
Beschreibung: unregelmäßig ovale, kesselförmige Grube mit ebener Sohle.

Funde:
– 2 Ws eines Gefäßes; Obfl. gt. gegl., pol./gt. gegl.; F. schwarzbraun/schwarzbraun; Mag. mittel, P; Inv. 1145.

Befund 169

Art: Trichtergrube
Form: trichterförmig
Größe: L. 2,44 m, B. 0,9 m
Erdabtrag: 0,9 m
max. Tiefe: 0,96 m
Schicht 1: mittel bis dunkelbrauner, stark gefleckter Lösslehm.
Schicht 2: dunkelbrauner Lösslehm mit Holzkohlepartikeln und gebranntem Lehm.
Schicht 3: schwarzer, humoser Boden.
Schicht 4: dunkelbrauner, humoser Boden mit gebranntem Lehm, Asche und Holzkohle.
Schicht 5: schwarzbrauner, humoser Boden.
Schicht 6: mit Lehmflecken durchsetzter Löss.
Beschreibung: annähernd runde Trichtergrube mit ebener Sohle. Am Südrand befindet sich eine runde, kesselförmige Ausbuchtung, deren Randzone nicht eindeutig bestimmbar ist. Auf der Sohle liegen mehrere Bruchsteine und Steinplatten (*Abb. 81*).

Funde:
– 1 Rs und 2 Ws einer Schale, DSK; Obfl. gt. gegl., pol./gt. gegl., pol.; F. tiefschwarz/tiefschwarz; Mag. n. e.; Dm. n. f.; *Abb. 55,19*, Inv. 1147_3.
– 1 Rs einer Schale, DSK; Obfl. gt. gegl., pol./gt. gegl., pol.; F. grauschwarz/grauschwarz; Mag. fein, P; Dm. 110 mm; *Abb. 56,1*, Inv. 1147_2.
– 1 Rs einer Schale, DSK; Obfl. gt. gegl./gt. gegl.; F. graubraun/graubraun; Dek.: drei umlaufende Riefen im Halsbereich; Mag. n. e.; Dm. 180 mm; *Abb. 56,2*, Inv. 1147_1.
– 1 Rs und 2 Ws einer Schale; Obfl. gegl./gegl.; F. schwarzgrau/schwarzgrau; Mag. mittel, PK; Dm. 220 mm; *Abb. 56,3*, Inv. 1149.
– 2 Rs einer Schale; Obfl. gt. gegl., pol./gt. gegl., pol.; F. rotbraun/schwarzbraun; Mag. grob, KQ; Dm. 200 mm; *Abb. 56,4*, Inv. 1151.
– 1 Rs einer Schale; Obfl. gt. gegl./gegl.; F. graubraun/graubraun; Mag. mittel, PK; Dm. 220 mm; *Abb. 56,5*, Inv. 1153_3.
– 2 Rs und 1 Ws einer Schale; Obfl. gt. gegl., pol./gt. gegl., pol.; F. tiefschwarz/tiefschwarz; Mag. fein, GP; *Abb. 56,6*, Inv. 1150.
– 1 Rs einer Schale; Obfl. gt. gegl./gegl.; F. ocker/graubraun; Dek.: flache, rautenförmige Eindrücke unterhalb des Randes, radial angeordnete Riefen im unteren Gefäßbereich; Mag. mittel, GPK; Dm. 350 mm; *Abb. 56,7*, Inv. 1154.
– 1 Rs und 1 Ws einer Schale; Obfl. oben gegl., unten unregelmäßiger Bstrich./gt. gegl.; F. schwarzbraun, ocker/schwarzbraun; Mag. grob, K; *Abb. 57,1*, Inv. 1152.
– 1 Rs einer Schale; Obfl. grb. gegl./grb. gegl.; F. schwarzbraun/schwarzbraun; Mag. grob, GK; Dm. 320 mm; *Abb. 57,2*, Inv. 1153_2.
– 2 Rs einer Schale; Obfl. gt. gegl./gt. gegl.; F. graubraun, ziegel/graubraun, ziegel; Mag. mittel, KQ; Dm. 320 mm; *Abb. 57,3*, Inv. 1148.

– 2 Rs und 5 Ws eines Topfes; Obfl. grb. gegl./grb. gegl.; F. ocker, braun/ocker, braun; Dek.: gewellter Rand mit Tupfen; Mag. grob, P; Dm. größer als 200 mm; *Abb. 57,4*, Inv. 1160.
– 1 Ws eines Gefäßes; Obfl. grb. gegl./gegl.; F. ocker/ocker; Dek.: Fingertupfenleiste; Mag. sehr grob, A; *Abb. 57,5*, Inv. 1162_2.
– 1 Bs eines Gefäßes; Obfl. gt. gegl./gegl.; F. braunschwarz/graubraun; Mag. mittel, GK; Dm. (B) 70 mm; *Abb. 57,6*, Inv. 1153_5.
– 3 Bs eines Gefäßes; Obfl. grb. gegl./grb. gegl.; F. ocker, ziegel/ocker, ziegel; Mag. sehr grob, GPQ; Dm. (B) 180 mm; *Abb. 57,7*, Inv. 1159.
– 1 Bs eines Gefäßes; Obfl. gegl./gegl.; F. ocker, schwarzbraun/grauschwarz; Mag. grob, GKQ; Dm. (B) 75 mm; *Abb. 57,8*, Inv. 1153_4.
– 28 Ws eines Gefäßes; Obfl. gegl./gegl.; F. ocker, graubraun/ocker, graubraun; Mag. mittel, GPK; Inv. 1153_1.
– 7 Ws eines Gefäßes; Obfl. grb. gegl./grb. gegl.; F. rotbraun/rotbraun; Mag. sehr grob, PKQ; Inv. 1155.
– 7 Ws eines Gefäßes; Obfl. gschlickr./gt. gegl., pol.; F. grauschwarz/grauschwarz; Mag. grob, GKQ; Inv. 1136.
– 5 Ws eines Gefäßes; Obfl. gegl./gegl.; F. ocker/ocker; Mag. mittel, KQ; Inv. 1157.
– 2 Ws eines Gefäßes; Obfl. gegl./gegl.; F. braunschwarz, ocker/schwarzbraun; Mag. sehr grob, GQ; Inv. 1158.
– 5 Ws eines Gefäßes; Obfl. gschlickr./gegl.; F. ockergrau, graubraun/graubraun; Mag. mittel, P; Inv. 1161.
– 9 Ws eines Gefäßes; Obfl. grb. gegl./grb. gegl.; F. ziegel, rotbraun/grauschwarz; Mag. grob, GPQ; Inv. 1162.
– 7 Fragmente Hüttenlehm (Dm. ca. 30 mm); 3 größere Brocken Hüttenlehm mit einer glatten, grauen Seite (ca. 60 x 30 x 30 mm); Inv. 2133.
– 5 Kiesel (Dm. ca. 50 mm); 2 längliche und 1 flachovaler Kiesel (150 x 60 x 20 mm); 1 grüner, rund-ovaler Kiesel (15 x 30 mm), eventuell abgebrochener Läufer; Inv. 2134.
– Tierknochen (entnommen); Inv. 1164.

Befund 170

Art: Trichtergrube
Form: trichterförmig
Größe: L. 1,5 m, B. 1,34 m
Erdabtrag: 0,9 m
max. Tiefe: 0,42 m
Schicht 1: dunkelbrauner Lösslehm mit Holzkohlepartikeln und gebranntem Lehm.
Schicht 2: aschehaltiger Lehm mit kleinen Lössflecken, gebranntem Lehm und Holzkohle.
Beschreibung: ovale Trichtergrube mit ebener Sohle, auf der Gesteinsbrocken und Sandsteinplatten liegen (*Abb. 81*).

Funde:
– 3 Ws eines Gefäßes, DSK; Obfl. gt. gegl., pol./gt. gegl.; F. graubraun/graubraun; Dek.: drei umlaufende eingedrehte Riefen auf einer Scherbe; Mag. n. e.; Inv. 1165.
– 1 Rs und 1 Ws eines Gefäßes; Obfl. grb. gegl./grb. gegl.; F. ziegelgrau, grauschwarz/ziegelgrau, grauschwarz; Dek.: gewellter Rand; Mag. grob, GP; Dm. n. f.; *Abb. 57,9*, Inv. 1167.
– 1 Rs eines Gefäßes; Obfl. grb. gegl./grb. gegl.; F. graubraun/graubraun; Mag. mittel, P; Dm. 80 bis 130 mm; *Abb. 57,10*, Inv. 1168.
– 1 Rs eines Gefäßes; Obfl. gt. gegl./gt. gegl.; F. graubraun/graubraun; Mag. mittel, GPK; Dm. n. f.; *Abb. 57,11*, Inv. 1166.
– 13 Ws eines Gefäßes; Obfl. grb. gegl./grb. gegl.; F. ockerbraun, graubraun/ockerbraun, graubraun; Mag. sehr grob, GQ; Inv. k_1.
– 1 Ws eines Gefäßes; Obfl. grb. gschlickr./gegl.; F. braungrau, schwarzgrau/braungrau, schwarzgrau; Mag. fein, G; Inv. k_2.
– 2 rote Sandsteinplatten (160 x 160 x 35 mm und 150 x 80 x 45 mm); Inv. 2137.
– Tierknochen (entnommen); Inv. 1179.
– 1 großes Fragment Hüttenlehm (80 x 60 x 20 mm) mit einer glatten Kante; Inv. 2136.
– 2 Kieselbruchstücke; 4 Kalksteinplatten (Dm. ca. 140 mm, 150 x 90 x 30 mm); Inv. 2138. s.u.
– 5 kleinere Fragmente verziegelten Lehms (Dm. ca. 30 mm); ein Fragment mit glatter, schwarzgrauer Fläche (50 x 70 mm); ein großes amorphes Fragment verziegelten Lehms (50 x 50 x 100 mm); Inv. 1169.

Befund 175

Art: Grube/Trichtergrube
Form: trapezförmig
Größe: L. 2,28 m, B. 1,84 m
Erdabtrag: 0,8 m
max. Tiefe: 0,92 m

Schicht 1: mittel- bis dunkelbrauner Lehm.
Schicht 2: aschehaltiger Lösslehm.
Schicht 3: mit sterilem Löss gefleckter Lösslehm.
Schicht 4: gefleckter Löss.
Schicht 5: hellgelber, sandiger Löss.
Schicht 6: dunkelbrauner Boden.
Beschreibung: ovale, trapezoide Grube mit leicht konvexer Sohle (*Abb. 81 u. 88*).

Funde:
– 3 Ws eines Gefäßes, DSK; Obfl. gt. gegl./gt. gegl.; F. schwarzbraun/schwarzbraun; Mag. fein, PK; Inv. 1171.
– 3 Rs, 6 Ws und 1 Bs einer Schale; Obfl. gt. gegl., pol./gt. gegl.; F. schwarz/schwarz; Mag. mittel, PK; Dm. 160 mm, Dm. (B) 80 mm; *Abb. 58,1*, Inv. 1170.
– 1 Ws eines Gefäßes; Obfl. gegl./gegl.; F. grau/ziegel; Mag. grob, GK; Inv. 1172.
– 11 Ws eines Gefäßes; Obfl. grb. gschlickr./gt. gegl.; F. schwarzbraun/schwarz; Mag. grob, PK; Inv. 1173.

Befund 177

Art: Trichtergrube
Form: trichterförmig
Größe: Dm. 1,7 m
Erdabtrag: 0,6 m
max. Tiefe: 0,7 m
Schicht 1: dunkelbrauner Lösslehm.
Schicht 2: gefleckter Löss.
Schicht 3: dunkelbrauner, etwas gefleckter Lösslehm.
Schicht 4: Brandschicht mit Holzkohlepartikeln und gebranntem Lehm.
Beschreibung: runde Trichtergrube mit leicht konvexer Sohle (*Abb. 81*).

Funde:
– 1 Rs und 3 Ws eines Topfes; Obfl. gt. gegl./gt. gegl.; F. grauschwarz/grauschwarz; Mag. fein, P; Dm. 140 mm; *Abb. 58,2*, Inv. 1175_1.
– 1 Rs, 12 Ws und 1 Bs einer Schale; Obfl. gt. gegl./gt. gegl.; F. schwarzbraun/schwarzbraun; Mag. mittel, K; Dm. 240 mm, Dm. (B) 240 mm; *Abb. 58,3*, Inv. 1174_1.
– 2 Ws eines Gefäßes; Obfl. gt. gegl./gt. gegl.; F. grauschwarz/grauschwarz; Mag. fein, P; Inv. 1176_1.
– 3 Ws eines Gefäßes; Obfl. grb. gegl./grb. gegl.; F. ocker/ocker; Mag. grob, P; Inv. 1177_1.
– 3 Ws eines Gefäßes; Obfl. gt. gegl./gt. gegl.; F. ocker/grau; Mag. fein, P; Inv. 1178_2.
– 4 Ws eines Gefäßes; Obfl. gegl., ra./gegl.; F. ocker/braun; Mag. grob, GPK; Inv. 1178_3.
– Tierknochen (entnommen); Inv. 1180_1.

Befund 179

Art: Grube
Form: beutelförmig
Größe: Dm. 1,3 m
Erdabtrag: 0,7 m
max. Tiefe: 0,68 m
Schicht 1: dunkelbrauner Lösslehm.
Beschreibung: runde, beutelförmige Grube, durchzogen von einer schmalen Lössschliere.

Funde:
– 15 Ws eines Gefäßes; Obfl. grb. gegl./gegl.; F. ocker/schwarzgrau; Mag. sehr grob, GPQ; Inv. 1181.

Befund 180

Art: Grubenhaus
Form: rechteckig
Größe: L. 4,26 m, B. 0,7 m
max. Tiefe: 0,9 m
max. Tiefe 2: 0,48 m
Schicht 1: dunkelbrauner Lösslehm.

Beschreibung: rechteckiges Grubenhaus mit zwei in der Mitte der Schmalseiten leicht versetzt angelegten Pfosten. Der Pfosten bei B wurde schräg nach innen gerichtet angelegt, wie die Plana in 0,7 und 1,02 m Tiefe zeigen (*Abb. 86*).

Funde:
- 1 Scheibenfibel aus Bronze, alamannisch; *Abb.* bei Bücker 1999, Taf. 19,5, Inv. 1183.
- 1 Messer mit Griffangel; L. 105 mm, B. 30 mm; *Abb. 58,8*, Inv. 1185.
- 1 umgebogener Metallstreifen aus Eisen; L. 70 mm, B. 5 mm; *Abb. 58,9*, Inv. 1186.
- 1 Rs und 7 Ws eines Gefäßes, DSK; Obfl. gegl./gegl.; F. braunocker/braunocker; Mag. grob, PK; Dm. n. f.; *Abb. 58,6*, Inv. 1189_3.
- 1 Rs einer Schale, DSK; Obfl. gt. gegl./gt. gegl.; F. grauschwarz/grauschwarz; Mag. n. f.; Dm. 180 mm; *Abb. 59,14*, Inv. 1189_4.
- 1 Rs eines Gefäßes; Obfl. grb. gschlickr./grb. gegl.; F. grauocker/grauocker; Mag. grob, GP; Dm. n. f.; *Abb. 58,4*, Inv. 1204.
- 1 Rs und 8 Ws eines Gefäßes; Obfl. gegl./gegl.; F. braunschwarz/braunschwarz; Mag. sehr grob, GKQ; Dm. n. f.; *Abb. 58,5*, Inv.1224.
- 1 Rs eines Topfes; Obfl. grb. gegl., ra./grb. gegl.; F. rotbraun/rotbraun; Mag. sehr grob, GK; Dm. n. f.; *Abb. 58,7*, Inv. 1203.
- 1 Rs und 2 Ws eines Topfes; Obfl. gt. gegl./gt. gegl.; F. ocker/ocker, grau; Mag. grob, GK; Dm. n. f.; *Abb. 58,10*, Inv. 1206.
- 2 Rs und 3 Ws eines Topfes; Obfl. grb. gegl./grb. gegl.; F. ocker, ziegel/ocker; Mag. sehr grob, KQ; Dm. n. f.; *Abb. 58,11*, Inv. 1208.
- 1 Rs eines Gefäßes; Obfl. gt. gegl./gt. gegl.; F. braunschwarz/braunschwarz; Mag. grob, GK; Dm. n. f.; *Abb. 58,12*, Inv. 1193_5.
- 2 Rs und 8 Ws eines Gefäßes; Obfl. gt. gegl./gt. gegl.; F. ockergrau/ockergrau; Mag. mittel, PK; Dm. n. f.; *Abb. 58,13*, Inv. 1191_1.
- 1 Bs eines Gefäßes; Obfl. gt. gegl./gt. gegl.; F. schwarz/schwarz; Mag. sehr grob, GKQ; Dm. n. f.; *Abb. 58,14*, Inv. 1193_6.
- 1 Rs eines Gefäßes; Obfl. gegl./gegl.; F. rotbraun/schwarzbraun; Mag. grob, PK; Dm. n. f.; *Abb. 58,15*, Inv. 1193_7.
- 1 Rs eines Gefäßes; Obfl. gegl./gegl.; F. ocker/schwarz; Mag. mittel, Q; Dm. n. f.; *Abb. 58,16*, Inv. 1194_4.
- 1 Rs und 11 Ws eines Gefäßes; Obfl. gt. gegl./gt. gegl.; F. braunschwarz/braunschwarz; Mag. grob, GK; Dm. n. f.; *Abb. 58,17*, Inv. 1189.
- 1 Rs eines Gefäßes; Obfl. gt. gegl./gt. gegl.; F. ocker/ocker; Mag. fein, GKQ; Dm. n. f.; *Abb. 58,18*, Inv. 1194_3.
- 1 Rs eines Gefäßes; Obfl. gt. gegl./gt. gegl.; F. ocker/ocker; Mag. grob, KQ; Dm. n. f.; *Abb. 58,19*, Inv. 1194_5.
- 1 Rs eines Gefäßes; Obfl. gegl., ra./gegl., ra.; F. ziegel, braun/braun; Mag. mittel, PK; Dm. n. f.; *Abb. 58,20*, Inv. 1194_6.
- 1 Rs eines Gefäßes; Obfl. gegl., ra./gegl., ra.; F. ziegel/ziegel; Mag. sehr grob, AQ; Dm. n. f.; *Abb. 58,21*, Inv. 1205.
- 1 Rs und 7 Ws eines Gefäßes; Obfl. gt. gegl./gt. gegl.; F. rotbraun/schwarzbraun; Mag. sehr grob, GPKQ; Dm. n. f.; *Abb. 58,22*, Inv. 1193.
- 3 Rs eines Gefäßes; Obfl. gt. gegl./gt. gegl.; F. braunschwarz/braunschwarz; Mag. grob, KQ; Dm. n. f.; *Abb. 58,23*, Inv. 1193_4.
- 1 Rs und 5 Ws eines Gefäßes; Obfl. gt. gegl./gegl.; F. grauocker/graubraun; Mag. sehr grob, GPK; Dm. n. f.; *Abb. 58,24*, Inv. 1192.
- 1 Rs und 1 Ws eines Gefäßes; Obfl. gegl., por./gegl., por.; F. graubraun/graubraun; Mag. grob, KQ; Dm. n. f.; *Abb. 59,3*, Inv. 1207.
- 1 Rs eines Gefäßes; Obfl. gt. gegl./gt. gegl.; F. ziegel/grauschwarz; Mag. mittel, GQ; Dm. n. f.; *Abb. 59,4*, Inv. 1194_2.
- 2 Rs und 6 Ws eines Gefäßes; Obfl. gt. gegl./gt. gegl.; F. ocker/ocker; Mag. grob, GKQ; Dm. größer als 200 mm; *Abb. 59,5*, Inv. 1194_1.
- 1 Rs eines Gefäßes; Obfl. gegl./gegl.; F. grauschwarz/grauschwarz; Mag. mittel, GPQ; Dm. n. f.; *Abb. 59,6*, Inv. 1194_8.
- 5 Ws und 1 Bs eines Gefäßes; Obfl. gegl., unregelmäßiger Bstrich./gegl.; F. ockerbraun/ockerbraun; Mag. grob, GPK; Dm. (B) 100 mm; *Abb. 59,7*, Inv. 1199.
- 1 Rs einer Schale; Obfl. gt. gegl./gt. gegl.; F. schwarzbraun/ocker, schwarzbraun; Mag. mittel, GKQ; Dm. n. f.; *Abb. 59,8*, Inv. 1193_8.
- 2 Rs einer Schale; Obfl. gt. gegl., pol./gt. gegl.; F. schwarz/schwarz; Mag. grob, GK; Dm. 220 mm; *Abb. 59,9*, Inv. 1190_3.
- 3 Rs und 2 Ws einer Schale; Obfl. gegl./gegl.; F. braunschwarz/braunschwarz; Mag. grob, GP; Dm. 300 mm; *Abb. 59,10*, Inv. 1190_1.
- 2 Rs und 7 Ws einer Schale; Obfl. grb. gegl./grb. gegl., por.; F. rotbraun, tiefbraun/schwarzbraun; Dek.: Dellen unterhalb des Randes; Mag. sehr grob, PK; Dm. n. f.; *Abb. 59,11*, Inv. 1200.

– 2 Rs einer Schale; Obfl. gt. gegl./gt. gegl.; F. graubraun/graubraun; Mag. grob, PK; Dm. 200 mm; *Abb. 59,12*, Inv. 1190.
– 1 Rs und 1 Ws einer Schale; Obfl. gt. gegl./gt. gegl.; F. schwarzbraun/schwarzbraun; Mag. grob, K; Dm. 160 mm; *Abb. 59,13*, Inv. 1190_2.
– 2 Rs, 10 Ws und 2 Bs eines Topfes; Obfl. grb. gegl./grb. gegl.; F. graubraun/grauschwarz; Bem.: Loch unterhalb des Randes; Mag. grob, KQ; Dm. 130 mm, Dm. (B) 80 mm; *Abb. 59,15*, Inv. 1198.
– 3 Rs einer Schale; Obfl. gegl./gegl.; F. rotbraun/schwarzbraun; Mag. grob, GK; Dm. 200 mm; *Abb. 59,16*, Inv. 1190_4.
– 2 Rs, 8 Ws und 1 Bs eines Topfes; Obfl. gegl./gegl.; F. braun/rotbraun; Mag. grob, GKQ; Dm. 160 mm, Dm. (B) 160 mm; *Abb. 60,1*, Inv. 1197.
– 4 Bs eines Gefäßes; Obfl. gegl./gegl.; F. braun/schwarz; Mag. grob, GKQ; Dm. (B) n. f.; *Abb. 60,2*, Inv. 1209.
– 1 Ws und 2 Bs eines Gefäßes; Obfl. grb. gegl./grb. gegl.; F. ocker/graubraun; Mag. sehr grob, PK; Dm. (B) n. f.; *Abb. 60,3*, Inv. 1218.
– 1 Bs eines Gefäßes; Obfl. gegl./gegl.; F. braun/schwarz; Mag. grob, GKQ; Dm. (B) n. f.; *Abb. 60,4*, Inv. 1209.
– 1 Bs eines Gefäßes; Obfl. grb. gegl./grb. gegl.; F. ziegel/ziegel; Mag. sehr grob, PK; Dm. (B) n. f.; *Abb. 60,5*, Inv. 1211.
– 1 Bs eines Gefäßes; Obfl. gegl., ra./gegl., ra.; F. graubraun/braun; Mag. mittel, PK; Dm. (B) n. f.; *Abb. 60,6*, Inv. 1222.
– 1 Bs eines Gefäßes; Obfl. gegl./gegl.; F. ocker/graubraun; Mag. grob, PK; Dm. (B) 100 mm; *Abb. 60,7*, Inv. 1210.
– 1 Bs eines Gefäßes; Obfl. gt. gegl./gt. gegl.; F. braun/braun; Mag. grob, GK; Dm. (B) n. f.; *Abb. 60,8*, Inv. 1220.
– 2 Bs eines Gefäßes; Obfl. gegl./gegl.; F. ziegel/graubraun; Mag. grob, GPK; Dm. (B) 140 mm; *Abb. 60,9*, Inv. 1217.
– 1 Bs eines Gefäßes; Obfl. grb. gegl./gt. gegl.; F. rotbraun/schwarzbraun; Mag. grob, GK; Dm. (B) 135 mm; *Abb. 60,10*, Inv. 1210.
– 1 Bs eines Gefäßes; Obfl. gegl./gegl.; F. ocker, ockergrau/ocker; Mag. grob, PK; Dm. (B) 100 mm; *Abb. 60,11*, Inv. 1214.
– 1 Bs eines Gefäßes; Obfl. gegl./gegl.; F. grauocker/hellbraun; Mag. sehr grob, GPK; Dm. (B) 140 mm; *Abb. 60,12*, Inv. 1213.
– 2 Bs eines Gefäßes; Obfl. grb. gegl./gt. gegl.; F. rotbraun/schwarzbraun; Mag. grob, GK; Dm. (B) n. f.; *Abb. 60,13*, Inv. 1224_1.
– 2 Bs eines Gefäßes; Obfl. gegl./gegl.; F. ockergrau/graubraun; Mag. sehr grob, GQ; Dm. (B) n. f.; *Abb. 60,14*, Inv. 1216.
– 1 Ws eines Gefäßes; Obfl. gt. gegl./gt. gegl.; F. graubraun/schwarz; Mag. mittel, GK; Inv. 1193.
– 17 Ws eines Gefäßes; Obfl. gt. gegl., pol./gt. gegl.; F. schwarz/schwarz; Mag. n. e.; Inv. 1193_4.
– 46 Ws eines Gefäßes; Obfl. gegl./gegl.; F. schwarzbraun/schwarzbraun; Mag. mittel, GPK; Inv. 1193_5.
– 1 Rs eines Gefäßes; Obfl. gegl., ra./gegl.; F. ziegel/ziegel; Mag. sehr grob, A; Dm. n. f.; *Abb. 59,2*, Inv. 1202.
– 1 Ws eines Gefäßes; Obfl. gegl./gegl.; F. braun/braun; Mag. sehr grob, GK; Inv. 1212.
– 2 Ws eines Gefäßes; Obfl. grb. gegl./grb. gegl.; F. ocker/ziegel; Mag. grob, PQ; Inv. 1215.
– 1 Ws eines Gefäßes; Obfl. gegl./grb. gegl.; F. ziegel/grauschwarz; Mag. grob, PK; Inv. 1219.
– 1 Ws eines Gefäßes; Obfl. gegl./grb. gegl.; F. ziegel, grauschwarz/ziegel; Mag. grob, PK; Inv. 1221.
– 1 Ws eines Gefäßes; Obfl. gt. gegl./gt. gegl.; F. ocker, braun/ocker, braun; Mag. grob, PK; Inv. 1223.
– 9 Ws eines Gefäßes; Obfl. gschlickr./gegl.; F. ocker/ockergrau; Mag. grob, GK; Inv. 1225.
– 11 Ws eines Gefäßes; Obfl. grb. gschlickr./gt. gegl.; F. rotbraun/rotbraun; Mag. grob, GKQ; Inv. 1226.
– 18 Ws eines Gefäßes; Obfl. gegl./gegl.; F. ocker/ockerbraun; Mag. mittel, PK; Inv. 1227.
– 58 Ws eines Gefäßes; Obfl. gegl./gegl.; F. ocker, ockerbraun/ocker, braun; Mag. mittel, KPQ; Inv. 1228.
– 1 doppelkonischer Spinnwirtel aus Ton mit einziehender Unterseite; L. 12 mm, Gew. 9 g; *Abb. 59,1*, Inv. 1184.

Befund 183

Art: Grubenkomplex
Form: kessel- und trichterförmig
Größe: L. 2,84 m, B. 2,12 m
Erdabtrag: 0,7 m
max. Tiefe: 1,4 m
max. Tiefe 2: 0,35 m
Schicht 1: dunkelbrauner Lösslehm.
Schicht 2: lössfleckiger Boden.
Schicht 3: dunkelbrauner Lösslehm mit vereinzelten Lössschlieren.
Schicht 4: hellbrauner, sandiger Löss.
Beschreibung: annähernd ovale, kesselförmige Grube *a* mit stark konvexer Sohle mit einer max. Tiefe von 1,4 m. Der Befund geht in die ebenfalls ovale, eventuell trichterförmige Grube *b* mit einer max. Tiefe von 0,24 m ohne erkennbare Grenze über. Daneben die ovale, modern gestörte Grube *d* mit einer stark konvexen Sohle. Über *b* und *d* liegt das Scherben- und Tierknochennest *c* (*Abb. 91*).

Funde:
– 1 Rs und 79 Ws eines Topfes; Obfl. gegl./gegl.; F. ockergrau/ockergrau; Dek.: umlaufende, diagonale Eindrücke; Mag. sehr grob, KP; Dm. 500 mm; *Abb. 60,15*, Inv. 235_1.
– 4 Ws eines Gefäßes; Obfl. gegl./grb. gegl.; F. ocker/ocker; Dek.: plastische Fingertupfenleiste; Mag. sehr grob, KP; *Abb. 61,2*, Inv. 235_2.
– 2 Ws eines Gefäßes; Obfl. gt. gegl./grb. gegl.; F. ocker, ziegel/ocker; Mag. sehr grob, KA; Inv. 235_3.
– 43 Ws eines Gefäßes; Obfl. gegl./grb. gegl.; F. ocker, ziegel, grau/ocker, grauschwarz; Mag. sehr grob, PKA; Inv. 236.
– 1 mittig geteilte Geweihsprosse mit stark verrundeter Obfl. und Spitze; L. 120 mm, B. 30 mm; *Abb. 61,1*, Inv. 237.

Befund 185

Art: Grube
Form: kesselförmig
Größe: Dm. 1,4 m
Erdabtrag: 0,7 m
max. Tiefe: 1,06 m
Schicht 1: dunkelbrauner Lösslehm, mit gebranntem Lehm.
Beschreibung: runde, kesselförmige Grube mit konvexer Sohle.

Funde:
– 1 Rs und 1 Ws eines Gefäßes; Obfl. gegl., gschlickr./gegl.; F. grauocker/grau; Mag. mittel, GPK; Dm. größer als 240 mm; *Abb. 61,3*, Inv. 1235.
– 2 Rs und 1 Ws eines Gefäßes; Obfl. gegl./gegl.; F. ocker/ocker; Mag. sehr grob, GQ; Dm. 180 bis 320 mm; *Abb. 61,4*, Inv. 1233.
– 1 Rs und 1 Ws eines Gefäßes; Obfl. grb. gegl./gegl.; F. ocker/ocker; Mag. grob, GKQ; Dm. n. f.; *Abb. 61,5*, Inv. 1236.
– 1 Rs eines Gefäßes; Obfl. gegl./gegl.; F. graubraun/grauschwarz; Mag. grob, GKQ; Dm. 180 bis 300 mm; *Abb. 61,6*, Inv. 1234.
– 1 Ws und 1 Bs eines Gefäßes; Obfl. gegl., sehr ra./gegl., sehr ra.; F. graubraun/graubraun; Mag. sehr grob, GPK; Dm. (B) 160 mm; *Abb. 61,7*, Inv. 1237.
– 2 Ws eines Gefäßes; Obfl. gt. gegl./gt. gegl.; F. graubraun/grauschwarz; Mag. fein, GP; Inv. 1232.
– 2 Ws eines Gefäßes; Obfl. grb. gschlickr./gegl.; F. graubraun/grauschwarz; Mag. sehr grob, GKQ; Inv. 1238_1.
– 8 Ws eines Gefäßes; Obfl. gegl./gegl.; F. grauocker/schwarzbraun; Mag. grob, GKQ; Inv. 1238_2.
– 1 großes Fragment verziegelten Lehms (80 x 90 x 45 mm); 14 kleine Fragmente verziegelten Lehms (Dm. ca. 30 mm); Inv. 1239.

Befund 188

Art: Grube
Form: wannenförmig
Größe: L. 0,56 m, B. 0,4 m
Erdabtrag: 1,0 m
max. Tiefe: 0,23 m
Schicht 1: dunkelbrauner Lösslehm.
Schicht 2: Einbrennzone.
Beschreibung: ovale, wannenförmige Grube mit leicht konvexer Sohle.

Funde:
– 1 Rs eines Gefäßes; Obfl. grb. gschlickr./gegl.; F. graubraun/graubraun; Mag. sehr grob, PK; Dm. n. f.; *Abb. 61,8*, Inv. 1242.
– 1 Rs einer Schale; Obfl. gt. gegl./gt. gegl.; F. ocker/ocker; Mag. n. e.; Dm. 80 bis 150 mm; *Abb. 61,9*, Inv. 1241.

Befund 196

Art: Trichtergrube
Form: trichterförmig
Größe: L. 2,44 m, B. 2,0 m
Erdabtrag: 0,7 m
max. Tiefe: 0,96 m

Schicht 1: mittel bis dunkelbrauner, stark gefleckter Lösslehm.
Schicht 2: dunkelbrauner Lösslehm mit Holzkohlepartikeln und gebranntem Lehm.
Schicht 3: schwarzer, humoser Boden.
Schicht 4: dunkelbrauner, humoser Boden mit gebranntem Lehm, Asche und Holzkohle.
Schicht 5: schwarzbrauner, humoser Boden.
Schicht 6: mit Lehmflecken durchsetzter Löss.
Beschreibung: annähernd runde Trichtergrube mit ebener Sohle. Am Südrand eine runde, kesselförmige Ausbuchtung, Randzone nicht eindeutig bestimmbar. Auf der Sohle mehrere Bruchsteine und Steinplatten. Profilzeichnung in der Grabungsdokumentation nicht vorhanden.

Funde:
– 2 Ws eines Gefäßes; Obfl. gegl./gegl.; F. ocker/grau; Mag. sehr grob, KQ; Inv. 1243.
– 3 Ws eines Gefäßes; Obfl. gegl./grb. gegl.; F. grauocker/tiefbraun; Mag. grob, GKAQ; Inv. 1244.
– 2 große Fragmente verziegelten Lehms (10 x 80 x 40 mm); 1 kleineres Fragment verziegelten Lehms (50 x 30 x 20 mm); Inv. 1246.
– 1 sehr großer Brocken Hüttenlehm mit einer stark verziegelten Seite (180 x 70 x 50 mm); Inv. 1245.
– 1 Tierknochen (L. 30 mm, B. 15 mm); Inv. 1248.
– 1 Holzkohleprobe; Inv. 1247.

Befund 201

Art: Grube
Form: kesselförmig
Größe: Dm. 1,64 m
Erdabtrag: 0,7 m
max. Tiefe: 0,74 m
Schicht 1: dunkelbrauner Lösslehm mit vereinzelten Holzkohlepartikeln und gebranntem Lehm.
Schicht 2: Löss.
Schicht 3: dunkelgelber Löss.
Schicht 4: dunkelbrauner Lösslehm.
Schicht 5: Löss.
Schicht 6: humoser, schwarzbrauner Boden.
Schicht 7: gelbbrauner Lösslehm, stark holzkohlehaltig.
Beschreibung: annähernd runde, kesselförmige Grube mit leicht konvexer Sohle.

Funde:
– 1 linsenförmiger Spinnwirtel aus Ton; L. 15 mm, Gew. 10 g; *Abb. 61,17,* Inv. 1254.
– 1 Rs einer Schale, DSK; Obfl. gegl., leicht ra./gegl., leicht ra.; F. grauschwarz/grauschwarz; Dek.: eine umlaufende Rippe; Mag. grob, PK; Dm. 100 mm; *Abb. 61,20,* Inv. 1261.
– 6 Ws und 2 Bs eines Gefäßes, DSK; Obfl. gt. gegl./gt. gegl., mit Überzug; F. grauschwarz/grauschwarz; Mag. mittel, PK; Dm. (B) 110 mm; *Abb. 62,3,* Inv. 1260.
– 1 Bs eines Gefäßes, DSK; Obfl. gt. gegl./gt. gegl.; F. grauocker/grauocker; Mag. fein, GK; Dm. (B) 80 mm; *Abb. 62,6,* Inv. 1256.
– 2 Ws und 1 Bs eines Gefäßes, DSK; Obfl. gt. gegl./gt. gegl.; F. ocker/ocker; Mag. mittel, min.; Dm. (B) 80 mm; *Abb. 62,7,* Inv. 1257.
– 10 Ws und 1 Bs eines Gefäßes, DSK; Obfl. grb. gegl./grb. gegl.; F. braun, graubraun, schwarzbraun/grau; Mag. sehr grob, P; Dm. (B) 100 mm; *Abb. 62,4,* Inv. 1269.
– 11 Ws und 1 Bs eines Gefäßes, DSK; Obfl. grb. gegl./grb. gegl.; F. ziegelrot/grauocker; Mag. grob, P; Dm. (B) 110 mm; *Abb. 62,8,* Inv. 1271.
– 1 Rs und 25 Ws eines Gefäßes; Obfl. gegl./gegl.; F. rotbraun, graubraun/graubraun; Dek.: leichte Fingereindrücke am Rand; Mag. mittel, K; Dm. n. f.; *Abb. 61,10,* Inv. 1272.
– 1 Rs eines Gefäßes; Obfl. gt. gegl., por./gegl., por.; F. schwarzbraun/schwarzbraun; Mag. grob, P; Dm. n. f.; *Abb. 61,11,* Inv. 1277.
– 3 Rs eines Gefäßes; Obfl. pol., feiner Überzug/gt. gegl.; F. tiefbraun/grauocker; Mag. fein, PK; Dm. n. f.; Bem.: eventuell scheibengedreht; *Abb. 61,12,* Inv. 1265.
– 1 Rs eines Gefäßes; Obfl. gegl./gegl.; F. rotbraun/rotbraun; Mag. grob, P; Dm. größer als 120 mm; *Abb. 61,13,* Inv. 1268.
– 1 Rs eines Gefäßes; Obfl. pol./gt. gegl.; F. tiefschwarz/schwarzgrau; Mag. grob, PK; Dm. größer als 120 mm; *Abb. 61,14,* Inv. 1267.
– 2 Rs und 2 Bs einer Schale; Obfl. gegl./gegl.; F. dunkelbraun/dunkelbraun; Mag. grob, PK; Dm. 120 mm, Dm. (B) 70 mm; *Abb. 61,15,* Inv. 1263.

– 1 Rs einer Schale; Obfl. gegl./grb. gegl.; F. graubraun/graubraun; Mag. sehr grob, GP; Dm. 70 mm; *Abb. 61,16*, Inv. 1262.
– 2 Rs eines Gefäßes; Obfl. grb. gegl./grb. gegl.; F. graubraun/schwarzbraun; Dek.: vertikale Fingereindrücke; Mag. n. e.; Dm. n. f.; *Abb. 61,18*, Inv. 1278.
– 1 Rs und 1 Ws einer Schale; Obfl. gegl./gegl.; F. schwarzbraun/schwarzbraun; Mag. mittel, PK; Dm. 95 mm; *Abb. 61,19*, Inv. 1264.
– 2 Rs und 3 Ws eines Topfes; Obfl. gegl./gegl.; F. tiefbraun/tiefbraun; Mag. mittel, PK; Dm. 110 mm; *Abb. 61,21*, Inv. 1270.
– 2 Rs, 9 Ws und 1 Bs einer Schale; Obfl. gt. gegl./gt. gegl.; F. ocker, schwarz gefleckt/ocker, grau, schwarz gefleckt; Mag. n. e.; Dm. 320 mm, Dm. (B) 75 mm; *Abb. 61,22*, Inv. 1255.
– 2 Rs einer Schale; Obfl. gt. gegl./gt. gegl., leicht por.; F. graubraun/grauschwarz; Mag. sehr grob, P; Dm. 280 mm; *Abb. 62,1*, Inv. 1266.
– 2 Bs eines Gefäßes; Obfl. gegl./gegl.; F. ocker/ocker; Mag. fein, min.; Dm. (B) 60 mm; *Abb. 62,2*, Inv. 1273.
– 3 Ws und 2 Bs eines Gefäßes; Obfl. grb. gegl./grb. gegl.; F. ocker/ocker; Mag. grob, min.; Dm. (B) 90 mm; *Abb. 62,5*, Inv. 1274.
– 2 Ws eines Gefäßes; Obfl. pol./pol.; F. schwarzgrau/schwarzgrau; Mag. n. e.; Inv. 1259.
– 2 Ws eines Gefäßes; Obfl. pol./grb. gegl.; F. tiefschwarz/grauschwarz; Mag. n. e.; Inv. 1258.
– 8 Ws eines Gefäßes; Obfl. gegl./gegl.; F. ocker/ocker; Mag. mittel, P; Inv. 1282.
– 7 Ws eines Gefäßes; Obfl. gschlickr./grb. gegl.; F. grau, ockergrau/schwarzgrau; Mag. grob, P; Inv. 1281_1.
– 13 Ws eines Gefäßes; Obfl. gegl./grb. gegl.; F. ziegel, rotbraun, tiefbraun/tiefbraun; Mag. fein, PK; Inv. 1281_2.
– 13 Ws eines Gefäßes; Obfl. grb. gschlickr./grb. gegl.; F. ockerbraun/tiefbraun; Mag. grob, P; Inv. 1276.
– 1 Ws eines Gefäßes; Obfl. gt. gegl./gt. gegl.; F. graubraun/graubraun; Mag. fein, PA; Inv. 1279.
– 5 Ws eines Gefäßes; Obfl. grb. gegl./grb. gegl.; F. schwarz, graubraun/tiefschwarz; Mag. mittel, PK; Inv. 1275.
– 2 Ws eines Gefäßes; Obfl. gegl., sehr ra./gegl.; F. grauschwarz/grauschwarz; Mag. sehr grob, P; Inv. 1280.
– 1 Fragment einer Sandsteinplatte (140 x 100 x 50 mm); 12 kleine Kiesel (Dm. ca. 20 bis 50 mm); 1 flachovaler Kiesel (140 x 50 x 20 mm); 1 dreieckiger Kiesel (200 x 60 x 40 mm); 1 runder Kiesel (Dm. 40 mm); Inv. 1284.

Befund 203

Art: Grube
Form: kesselförmig
Größe: L. 1,54 m, B. 1,4 m
Erdabtrag: 0,7 m
max. Tiefe: 1,34 m
Schicht 1: dunkelbrauner Lösslehm mit Holzkohlepartikeln und gebranntem Lehm.
Schicht 2: humoser, stark gefleckter Löss.
Schicht 3: Löss.
Schicht 4: Löss.
Schicht 5: sandiger, dunkelbrauner Lösslehm mit gebranntem Lehm.
Beschreibung: ovale, kesselförmige Grube mit konvexer Sohle.

Funde:
– 1 Rs und 1 Ws eines Gefäßes; Obfl. gegl., leicht ra./gegl., leicht ra.; F. ziegel/ziegel; Dek.: umlaufende, vertikale Eindrücke auf dem Rand; Mag. mittel, GP; Dm. n. f.; *Abb. 62,9*, Inv. 1290_4.
– 1 Rs eines Gefäßes; Obfl. gegl./gegl.; F. ocker/ocker; Dek.: Dellen auf Randlippe; Mag. grob, GKQ; Dm. n. f.; *Abb. 62,10*, Inv. 1286.
– 1 Rs eines Topfes; Obfl. gegl./gegl.; F. ockerbraun/ockerbraun; Mag. mittel, GP; Dm. 200 mm; *Abb. 62,11*, Inv. 1288.
– 2 Ws eines Gefäßes; Obfl. gegl., leicht ra./gegl., sehr ra.; F. rotbraun/rotbraun; Mag. sehr grob, GQ; Inv. 1290_3.
– 2 Ws eines Gefäßes; Obfl. grb. gegl., ra./gegl.; F. ocker/graubraun; Mag. grob, GPKA; Inv. 1290_2.
– 1 Ws eines Gefäßes; Obfl. gegl./gegl.; F. ocker/schwarz; Mag. grob, GKQ; Inv. 1290_1.
– 11 Ws eines Gefäßes; Obfl. gegl., sehr ra./ra.; F. grauschwarz/grauschwarz; Mag. sehr grob, GKQ; Inv. 1289.
– 8 kleine Brocken Hüttenlehm (Dm. ca. 20 mm); 5 größere Fragmente Hüttenlehm (ca. 30 x 50 x 50 mm und 50 x 60 x 30 mm); Inv. 1291.
– Tierknochen (entnommen); Inv. 1292.

Befund 204

Art: Trichtergrube
Form: trichterförmig
Größe: Dm. 1,38 m
Erdabtrag: 0,7 m
max. Tiefe: 0,92 m
Schicht 1: dunkelbrauner Lösslehm mit kleinen Holzkohlepartikeln, gebranntem Lehm, von mehreren Lössbändern durchzogen.
Schicht 2: Löss.
Beschreibung: runde Trichtergrube mit leicht konvexer Sohle (*Abb. 83*).

Funde:
– 2 Rs und 6 Ws einer Schale; Obfl. gt. gegl., pol./gt. gegl.; F. graubraun/graubraun; Mag. mittel, GPK; Dm. 160 mm; *Abb. 62,12*, Inv. 1293.
– 1 Rs und 1 Ws eines Gefäßes; Obfl. gegl./gegl.; F. ockergrau/ockergrau; Mag. fein, KP; Dm. 120 mm; Bem.: hochmittelalterlich; *Abb. 62,13*, Inv. 1300.
– 1 Ws und 1 Bs eines Gefäßes; Obfl. gegl./gegl.; F. schwarzbraun/schwarzbraun; Mag. grob, GKQ; Dm. (B) 80 mm; *Abb. 62,14*, Inv. 1297.
– 4 Ws eines Gefäßes; Obfl. gegl./gegl.; F. ziegel, ocker, schwarzbraun/schwarzbraun; Mag. grob, KP; Inv. 1294.
– 1 Ws eines Gefäßes; Obfl. gegl., graf./gegl.; F. grau/grau; Mag. n. e.; Inv. 1295.
– 2 Ws eines Gefäßes; Obfl. gt. gegl., pol./grb. gegl.; F. graubraun/grauschwarz; Mag. grob, PK; Inv. 1296.
– 2 Ws eines Gefäßes; Obfl. grb. gschlickr./gegl., por.; F. graubraun/schwarzbraun; Mag. grob, GP; Inv. 1298.
– 18 Ws eines Gefäßes; Obfl. gegl./gegl.; F. ocker/grauschwarz; Mag. grob, GPKQ; Inv. 1299.
– 3 Brocken Hüttenlehm, einer davon mit einer Hohlkehle; Inv.1301.

Befund 205

Art: Trichtergrube
Form: trichterförmig
Größe: L. 1,86 m, B. 1,52 m
Erdabtrag: 0,7 m
max. Tiefe: 1,02 m
Schicht 1: mittelbrauner Lösslehm.
Schicht 2: schwarzgrauer, humoser und aschehaltiger Boden, mit Holzkohlepartikeln.
Schicht 3: mittelbrauner Lösslehm.
Schicht 4: dunkelbrauner Lösslehm.
Schicht 5: holzkohlehaltiger, dunkler Boden.
Schicht 6: holzkohlehaltiger, dunkler Boden.
Schicht 7: dunkelbrauner Lösslehm.
Beschreibung: ovale Trichtergrube mit leicht konvexer Sohle (*Abb. 83*).

Funde:
– 1 Rs und 1 Ws eines Gefäßes, DSK; Obfl. gt. gegl., pol./gt. gegl., pol.; F. grauschwarz/graubraun; Dek.: drei umlaufende Riefen; Mag. n. e.; Dm. n. f.; *Abb. 62,15*, Inv. 1304.
– 6 Ws eines Gefäßes, DSK; Obfl. gt. gegl./gt. gegl.; F. grauschwarz/grauschwarz; Mag. n. e.; Inv. 1312_2.
– 1 Rs eines Gefäßes; Obfl. gegl./gegl.; F. ocker/ocker; Mag. grob, P; Dm. kleiner als 200 mm; *Abb. 62,16*, Inv. 1316_2.
– 1 Rs und 4 Ws eines Gefäßes; Obfl. gt. gegl./gt. gegl.; F. graubraun/graubraun; Mag. mittel, GP; Dm. größer als 200 mm; *Abb. 62,17*, Inv. 1311.
– 1 Rs eines Gefäßes; Obfl. grb. gegl./gegl.; F. graubraun/graubraun; Mag. grob, GKQ; Dm. n. f.; *Abb. 62,18*, Inv. 1325.
– 1 Rs einer Schale; Obfl. gegl./gt. gegl.; F. ocker/ocker; Mag. mittel, GK; Dm. 160 bis 260 mm; *Abb. 62,19*, Inv. 1316.
– 2 Rs eines Gefäßes; Obfl. gt. gegl., pol./gt. gegl., pol.; F. grauschwarz/grauschwarz; Mag. n. e.; Dm. größer als 100 mm; *Abb. 62,20*, Inv. 1312_2.
– 1 Rs und 1 Ws eines Gefäßes; Obfl. grb. gegl./grb. gegl.; F. ocker/ocker; Mag. sehr grob, min.; Dm. n. f.; *Abb. 62,21*, Inv. 1324.
– 1 Rs und 1 Ws eines Gefäßes; Obfl. gt. gegl./gt. gegl.; F. ocker/ocker; Mag. mittel, GP; Dm. 80 bis 150 mm; *Abb. 62,22*, Inv. 1312_1.
– 2 Rs eines Gefäßes; Obfl. gt. gegl., pol./gt. gegl., pol.; F. grauschwarz, braun/grauschwarz, braun; Mag. n. e.; Dm. n. f.; *Abb. 62,23*, Inv. 1312_3.

– 1 Rs und 7 Ws einer Schale; Obfl. oben gt. gegl., pol., unten fein gschlickr./gt. gegl.; F. ocker/ocker; Mag. grob, GK; Dm. größer als 170 mm; *Abb. 63,1*, Inv. 1315.
– 3 Rs eines Topfes; Obfl. gt. gegl., pol./gt. gegl.; F. graubraun/graubraun; Mag. n. e.; Dm. 200 mm; *Abb. 63,2*, Inv. 1306.
– 1 Rs und 4 Ws eines Topfes; Obfl. gt. gegl., pol./gt. gegl., pol.; F. ocker/ocker; Mag. sehr grob, GK; Dm. 180 mm; *Abb. 63,3*, Inv. 1317.
– 1 Rs und 2 Ws eines Topfes; Obfl. oben gt. gegl., unten fein gschlickr./grb. gegl.; F. ocker/ocker; Mag. n. e.; Dm. 180 mm; *Abb. 63,4*, Inv. 1318.
– 3 Rs und 8 Ws einer Schale; Obfl. oben gt. gegl., pol., unten fein gschlickr./gegl.; F. grauschwarz/grauschwarz; Mag. sehr grob, GP; Dm. 160 mm; *Abb. 63,5*, Inv. 1310.
– 1 Bs eines Gefäßes; Obfl. gegl./gegl.; F. grau/grau; Mag. mittel, PA; Dm. (B) n. f.; *Abb. 63,6*, Inv. 1320.
– 1 Bs eines Gefäßes; Obfl. grb. gschlickr./gegl.; F. ocker/tiefbraun; Mag. mittel, GPK; Dm. (B) 140 mm; *Abb. 63,7*, Inv. 1334.
– 2 Rs und 2 Ws eines Topfes; Obfl. gschlickr./grb. gegl.; F. graubraun/ziegel; Dek.: Dellen auf Randlippe; Mag. mittel, GQ; Dm. 140 mm; *Abb. 64,1*, Inv. 1322.
– 1 Rs und 7 Ws einer Schale; Obfl. gt. gegl./gegl.; F. graubraun/grauschwarz; Mag. sehr grob, GQ; Dm. 280 mm; *Abb. 64,2*, Inv. 1313.
– 2 Rs und 1 Ws einer Schale; Obfl. oben gt. gegl., pol., unten ra./gegl.; F. schwarz, rotbraun/grauschwarz; Mag. grob, GPK; Dm. 170 mm; *Abb. 64,3*, Inv. 1314.
– 3 Rs einer Schale; Obfl. oben gt. gegl., pol., unten leicht gschlickr./gt. gegl., pol.; F. grauschwarz/grauschwarz; Mag. mittel, GP; Dm. 500 mm; *Abb. 64,4*, Inv. 1309.
– 4 Ws eines Gefäßes; Obfl. gt. gegl./gt. gegl.; F. grau/grau; Mag. n. e.; Inv. 1308.
– 1 Ws eines Gefäßes; Obfl. gegl./gegl., por.; F. grauschwarz/grauschwarz; Mag. grob, P; Dm. n. f.; Inv. 1319.
– 2 Ws eines Gefäßes; Obfl. grb. gegl./gegl.; F. graubraun/grauocker; Mag. grob, min.; Inv. 1323.
– 1 Ws eines Gefäßes; Obfl. grb. gegl./grb. gegl.; F. tiefschwarz/tiefschwarz; Mag. mittel, P; Inv. 1326.
– 2 Ws eines Gefäßes; Obfl. grb. gegl./gegl.; F. braunschwarz/braunschwarz; Mag. grob, GK; Inv. 1327_2.
– 3 Ws eines Gefäßes; Obfl. gt. gegl./gt. gegl.; F. ocker/ocker; Mag. mittel, GK; Inv. 1328_2.
– 1 Ws eines Gefäßes; Obfl. grb. gegl./grb. gegl.; F. braunschwarz/tiefschwarz; Mag. mittel, GQ; Inv. 1329.
– 2 Ws eines Gefäßes; Obfl. fein gschlickr./gegl.; F. graubraun/schwarzbraun; Mag. grob, PK; Inv. 1331.
– 3 Ws eines Gefäßes; Obfl. fein gschlickr./gegl.; F. ocker/braun; Mag. grob, GKQ; Inv. 1332.
– 6 Ws eines Gefäßes; Obfl. grb. gschlickr./grb. gegl.; F. grauocker/graubraun; Mag. sehr grob, KQ; Inv. 1333.
– 10 Ws eines Gefäßes; Obfl. grb. gegl./gegl.; F. braunschwarz/braunschwarz; Mag. mittel, P; Inv. 1335_1.
– 10 Ws eines Gefäßes; Obfl. grb. gegl., fein gschlickr./grb. gegl.; F. ocker/schwarzbraun; Mag. grob, GKAQ; Inv. 1335_2.
– 1 Lösskindl; L. 100 mm; Inv. 2141.
– 3 Platten aus Rotsandstein; Inv. 2140.
– 4 verrollte Brocken Hüttenlehm (ca. 15 x 15 x 15 mm); Inv. 1336.
– 1 Bodenprobe, mit Holzkohle versetzt; Inv. 2139.

Befund 207

Art: Grube
Form: kesselförmig
Größe: Dm. 1,0 m
Erdabtrag: 0,6 m
max. Tiefe: 0,76 m
Schicht 1: dunkelbrauner, gefleckter Lösslehm.
Beschreibung: annähernd runde, kesselförmige Grube mit stark konvexer Sohle, im Planum durch Planierraupe gestört. Befund 207 schneidet Befund 208, der kein eisenzeitliches Material enthielt.

Funde:
– 1 Rs und 4 Ws eines Gefäßes; Obfl. grb. gegl./gegl.; F. ocker/ockerbraun; Mag. grob, GP; Dm. größer als 240 mm; *Abb. 64,5*, Inv. 1341.
– 1 Rs eines Gefäßes; Obfl. gegl./gt. gegl.; F. braunschwarz/schwarz; Mag. grob, P; Dm. größer als 240 mm; *Abb. 64,6*, Inv. 1340_2.
– 4 Ws und 2 Bs eines Gefäßes; Obfl. grb. gegl./grb. gegl.; F. ocker/schwarz; Mag. sehr grob, GPKQ; Dm. (B) n. f.; *Abb. 64,7*, Inv. 1340_1.
– 14 Ws eines Gefäßes; Obfl. gegl./gegl.; F. ocker, grauschwarz/ocker, grauschwarz; Mag. mittel, GKQ; Inv. 1339.
– 2 Ws eines Gefäßes; Obfl. gegl./gegl.; F. grauocker/graubraun; Mag. sehr grob, GP; Inv. 1342.
– 6 Ws eines Gefäßes; Obfl. gegl./gegl.; F. tiefbraun/braunschwarz; Mag. grob, GPK; Inv. 1343_1.
– 1 Ws eines Gefäßes; Obfl. gt. gegl./gegl.; F. rotbraun/rotbraun; Mag. mittel, P; Inv. 1343_2.
– 1 Tierknochen (L. 80 mm, Dm. 15 mm); 1 Rippe; 1 Knochensplitter; Inv. 1344.

Befund 209

Art: Grube
Form: kesselförmig
Größe: L. min. 1,42 m, B. min. 0,68 m
Erdabtrag: 0,7 m
max. Tiefe: 0,74 m
Schicht 1: dunkelbrauner Lösslehm mit Holzkohlepartikeln und gebranntem Lehm.
Schicht 2: mittelbrauner, humoser Lösslehm.
Beschreibung: kesselförmige Grube mit stark konvexer Sohle, deren Durchmesser im Planum aufgrund einer Störung durch eine Planierraupe nicht festgestellt werden konnte.

Funde:
– 1 Rs eines Gefäßes; Obfl. gegl./gegl.; F. ocker, braun/ocker, braun; Mag. fein, P; Dm. n. f.; *Abb. 65,1*, Inv. 1345.
– 3 Ws eines Gefäßes; Obfl. gegl./gegl.; F. ockergrau/braun; Mag. grob, P; Inv. 1346_1.
– 2 Ws eines Gefäßes; Obfl. grb. gegl./gegl.; F. ocker/ocker; Mag. mittel, PK; Inv. 1346_2.
– Tierknochen (entnommen); Inv. 1348.

Befund 215

Art: Gräbchen
Form: wannenförmig
Größe: L. 2,2 m, B. 0,6 m
Erdabtrag: 0,6 m
max. Tiefe: 0,42 m
Schicht 1: mittelbrauner Lösslehm mit Holzkohlepartikeln und gebranntem Lehm.
Beschreibung: rechteckiges Gräbchen mit wannenförmigem Längsprofil und einer leicht konvexen Sohle (*Abb. 80*).

Funde:
– 1 Rs eines Gefäßes; Obfl. gegl./gegl.; F. graubraun/graubraun; Mag. fein, GP; Dm. n. f.; *Abb. 65,2*, Inv. 1358.
– 1 Ws eines Gefäßes, DSK; Obfl. gt. gegl., pol./gt. gegl., pol.; F. tiefschwarz/tiefschwarz; Mag. n. e.; Inv. 1357.
– 1 Ws eines Gefäßes; Obfl. gt. gegl./gegl.; F. braunschwarz/graubraun; Dek.: drei parallele Riefen; Mag. grob, GP; Inv. 1356.
– 5 Ws eines Gefäßes; Obfl. gegl./gegl.; F. ocker/grauschwarz; Mag. grob, GKQ; Inv. 1359.
– Olivgrauer Silexabschlag (20 x 10 x 5 mm); Inv. 1360.

Befund 218

Art: Grube
Form: trichterförmig
Größe: Dm. 1,86 m
Erdabtrag: 0,7 m
max. Tiefe: 0,86 m
Schicht 1: aschehaltiger, humoser Boden.
Schicht 2: dunkelbrauner Lösslehm, von fünf feinen Lössschlieren durchzogen.
Schicht 3: dunkelbrauner, stark mit sterilem Löss gefleckter Lösslehm.
Schicht 4: graugelber, gefleckter Löss.
Beschreibung: annähernd runde, trichterförmige Grube mit stark konvexer Sohle (*Abb. 88*).

Funde:
– 1 Ws eines Gefäßes; Obfl. gegl./gegl.; F. grauschwarz/grauschwarz; Mag. fein, GKQ; Inv. 1363.
– 4 Ws eines Gefäßes; Obfl. gegl., ra./gegl.; F. ockergrau/graubraun; Mag. grob, KPQ; Inv. 1364_1.
– 1 Ws eines Gefäßes; Obfl. grb. gegl./grb. gegl.; F. ziegel/graubraun; Mag. sehr grob, KQ; Inv. 1364_2.
– 1 Ws eines Gefäßes; Obfl. gegl., ra./gegl.; F. grau/grau; Mag. mittel, P; Inv. 1365.
– 4 Fragmente Hüttenlehm (ca. 20 x 30 x 50 mm); Inv. 1283.
– Bodenprobe; Inv. 1367.
– 1 Silexabschlag; Inv. 1362.

Befund 219

Art: Grube
Form: wannenförmig
Größe: Dm. 1,46 m
Erdabtrag: 0,7 m
max. Tiefe: 0,39 m
Schicht 1: dunkelbrauner, humoser Boden mit Holzkohlepartikeln.
Schicht 2: dunkelbrauner, mit sterilem Löss gefleckter Lösslehm.
Schicht 3: dunkelbrauner Lösslehm, mit Holzkohlepartikeln und gebranntem Lehm.
Schicht 4: dunkelbrauner, gefleckter Lösslehm.
Beschreibung: annähernd runde, wannenförmige Grube mit leicht ansteigender Sohle (*Abb. 88*).

Funde:
– Holzkohle; Inv. 1370.
– 1 Bodenprobe; Inv. 1372.

Befund 220

Art: Grube
Form: kesselförmig
Größe: Dm. 1,56 m
Erdabtrag: 0,6 m
max. Tiefe: 0,53 m
Schicht 1: graubrauner, humoser Boden mit Holzkohlepartikeln und gebranntem Lehm.
Schicht 2: gelbbrauner Lösslehm.
Schicht 3: dunkelbrauner Lösslehm.
Beschreibung: annähernd runde, kesselförmige Grube mit leicht konkaver Sohle, an den Rändern zum Teil stark verwaschen und durch Tiergänge gestört (*Abb. 88*).

Funde:
– 2 Rs und 1 Ws einer Schale, DSK; Obfl. gt. gegl./gt. gegl.; F. braun, tiefschwarz/braun; Dek.: drei eingedrehte Rillen im Halsbereich; Mag. n. e.; Dm. 180 mm; *Abb. 65,10,* Inv. 1374.
– 1 Ws eines Gefäßes, DSK; Obfl. gt. gegl., pol./gt. gegl., pol.; F. schwarz/schwarz; Mag. n. e.; Inv. 1376.
– 3 Rs eines Gefäßes; Obfl. gt. gegl./gt. gegl.; F. graubraun/graubraun; Mag. mittel, PK; Dm. größer als 400 mm; *Abb. 65,3,* Inv. 1385.
– 1 Ws eines Gefäßes; Obfl. gegl./gegl.; F. ocker/ocker; Dek.: diagonal gekerbte Leiste; Mag. mittel, PK; *Abb. 65,4,* Inv. 1377.
– 1 Rs einer Schale; Obfl. gegl., pol./gegl.; F. schwarzgrau/schwarzgrau; Mag. grob, GPK; Dm. größer als 140 mm; *Abb. 65,5,* Inv. 1386.
– 1 Rs und 3 Ws eines Topfes; Obfl. gegl., gschlickr./gegl.; F. braunocker/braungrau; Mag. grob, PK; Dm. n. f.; *Abb. 65,6,* Inv. 1394.
– 2 Rs und 10 Ws eines Gefäßes; Obfl. gegl., ra./gegl., ra.; F. ziegel/ziegel; Dek.: rechteckige Eindrücke auf dem Rand; Mag. grob, GKQ; Dm. n. f.; *Abb. 65,7,* Inv. 1400.
– 3 Rs einer Schale; Obfl. gegl., pol./gegl.; F. grauschwarz/grauschwarz; Mag. grob, GK; Dm. 280 mm; *Abb. 65,8,* Inv. 1383.
– 1 Rs einer Schale; Obfl. gegl./gegl.; F. braunschwarz, ockergrau/braunschwarz; Mag. fein, PK; Dm. 360 mm; *Abb. 65,9,* Inv. 1382.
– 2 Rs einer Schale; Obfl. gegl./gegl.; F. graubraun, ocker/ockergrau; Mag. mittel, PK; Dm. 220 mm; *Abb. 65,11,* Inv. 1391.
– 1 Rs einer Schale; Obfl. gegl./gegl.; F. graubraun/graubraun; Mag. mittel, P; Dm. 200 mm; *Abb. 65,12,* Inv. 1387.
– 1 Rs eines Gefäßes; Obfl. gegl., sehr ra./gegl., ra.; F. grauocker/grauocker; Mag. grob, GPK; Dm. n. f.; *Abb. 65,13,* Inv. 1395.
– 1 Rs eines Gefäßes; Obfl. gegl., sehr ra./gegl., ra.; F. graubraun/grauschwarz; Dek.: drei flache Fingertupfen unterhalb des Randes; Mag. grob, P; Dm. größer als 200mm; *Abb. 65,14,* Inv. 1396.
– 2 Rs und 16 Ws einer Schale; Obfl. gt. gegl./gt. gegl.; F. schwarzbraun/schwarzbraun; Mag. mittel, GPK; Dm. 320 mm; *Abb. 66,1,* Inv. 1380.
– 3 Rs und 3 Ws einer Schale; Obfl. gegl./gegl.; F. braun, ocker/braun, ocker; Mag. grob, GPK; Dm. 340 mm; *Abb. 66,2,* Inv. 1384.
– 1 Bs eines Gefäßes; Obfl. gegl./gegl.; F. ocker/ocker; Mag. mittel, GP; Dm. (B) 100 mm; *Abb. 66,3,* Inv. 1397.
– 1 Bs eines Gefäßes; Obfl. gegl./gegl.; F. ockerbraun/braunschwarz; Mag. grob, K; Dm. (B) 110 mm; *Abb. 66,4,* Inv. 1398.

Die eisenzeitliche Siedlung von Mengen ‚Löchleacker'   275

– 1 Ws eines Gefäßes, DSK; Obfl. gt. gegl./gt. gegl.; F. schwarz/schwarz; Mag. n. e.; Inv. 1375.
– 4 Ws eines Gefäßes; Obfl. gegl./gegl.; F. schwarz/schwarz; Mag. grob, P; Inv. 1381.
– 1 Ws eines Gefäßes; Obfl. grb. gegl./gegl.; F. braun, ocker/braun; Mag. sehr grob, PK; Inv. 1388.
– 4 Ws eines Gefäßes; Obfl. gt. gegl./gegl.; F. ocker, graubraun/graubraun; Mag. mittel, PK; Inv. 1389.
– 5 Ws eines Gefäßes; Obfl. gt. gegl./gt. gegl.; F. ocker/ocker; Mag. grob, GPK; Inv. 1390_6.
– 1 Ws eines Gefäßes; Obfl. gt. gegl., pol./gegl.; F. grauocker/grauocker; Mag. grob, PK; Inv. 1392.
– 2 Ws eines Gefäßes; Obfl. gegl./gegl.; F. ocker/ockergrau; Mag. fein, PK; Inv. 1393.
– 10 Ws eines Gefäßes; Obfl. grb. gschlickr./gt. gegl.; F. ocker/ocker; Mag. grob, GK; Inv. 1399.
– 5 Ws eines Gefäßes; Obfl. grb. gegl./gegl.; F. grauziegel/grauziegel; Mag. mittel, PK; Inv. 1401.
– 1 Ws eines Gefäßes; Obfl. grb. gegl./gegl.; F. ocker/ocker; Mag. grob, GK; Inv. 1402.
– 1 Ws eines Gefäßes; Obfl. grb. gegl./grb. gegl.; F. ocker/grauschwarz; Mag. grob, GP; Inv. 1403.
– 2 Ws eines Gefäßes; Obfl. gegl./gegl.; F. ocker/braunschwarz; Mag. grob, GK; Inv. 1404.
– 1 Ws eines Gefäßes; Obfl. grb. gschlickr./gegl.; F. grauocker/schwarz; Mag. grob, GK; Inv. 1405.
– 5 Ws eines Gefäßes; Obfl. gschlickr./gegl.; F. ocker/ocker; Mag. grob, PK; Inv. 1406.
– 1 Ws eines Gefäßes; Obfl. gegl./grb. gegl.; F. ocker/grauschwarz; Mag. mittel, K; Inv. 1407.
– 1 Ws eines Gefäßes; Obfl. gegl., ra./gegl.; F. schwarzgrau/schwarzgrau; Mag. sehr grob, PK; Inv. 1408.
– 4 Ws eines Gefäßes; Obfl. gegl./gegl.; F. ocker/ocker; Mag. n. e.; Inv. k_1.
– 1 Ws eines Gefäßes; Obfl. gegl., glasiert/gegl.; F. ziegel, grün/ziegel; Mag. grob, P; Bem.: römisch oder mittelalterlich; Inv. 1379.
– 1 Bs eines Gefäßes; Obfl. gegl./gegl.; F. ziegel/ziegel; Mag. mittel, P; Dm. (B) 350 mm; Bem.: römisch oder frühmittelalterlich; *Abb. 66,5*, Inv. 1378.
– Holzkohle; Inv. 1409.
– 23 kleine Fragmente Hüttenlehm (Dm. ca. 20 mm); Inv. 1410.
– Tierknochen (entnommen); Inv. 1412.

Befund 221

Art: Grube
Form: wannenförmig
Größe: L. 1,32 m, B. 0,5 m
Erdabtrag: 0,98 m
max. Tiefe: 0,44 m
Schicht 1: dunkelbrauner, aschehaltiger Lösslehm, mit Holzkohlepartikeln.
Schicht 2: mittelbrauner, fleckiger Lösslehm.
Schicht 3: stark mit Löss gefleckter Verwitterungslehm.
Beschreibung: rechteckige, wannenförmige Grube, im Planum kaum vom anstehenden Verwitterungslehm zu unterscheiden (*Abb. 88*).

Funde:
– 1 Rs einer Schale, DSK; Obfl. gt. gegl./gegl.; F. ziegel/ziegel; Mag. n. e.; Dm. 140 mm; *Abb. 66,7*, Inv. k_6.
– 1 Rs, 1 Ws und 3 Bs einer Schale, DSK; Obfl. gt. gegl., pol./gt. gegl., pol.; F. ocker/ocker; Mag. fein, GPK; Dm. 260 mm; *Abb. 66,8*, Inv. k_2.
– 2 Rs und 3 Ws eines Gefäßes; Obfl. gt. gegl./gt. gegl.; F. ziegel, tiefschwarz/ziegel, tiefschwarz; Mag. n. e.; Dm. n. f.; *Abb. 66,6*, Inv. k_7.
– 11 Ws eines Gefäßes; Obfl. gt. gegl., pol./gegl.; F. ocker, schwarz/ockerschwarz; Mag. fein; Bem.: Henkel mit rechteckigem Querschnitt; *Abb. 66,9*, Inv. k_3.
– 1 Ws eines Gefäßes; Obfl. gegl./gegl.; F. rotbraun/tiefschwarz; Mag. mittel, KP; Inv. k_5.
– 13 Ws eines Gefäßes; Obfl. gschlickr./gegl.; F. grauocker/grau; Mag. sehr grob, KQ; Inv. k_8.
– 19 Ws eines Gefäßes; Obfl. gegl./gegl.; F. ocker, schwarzbraun/ocker, schwarzbraun; Mag. grob, GKQ; Inv. k_9.
– 1 rechteckiges, halbrund gebogenes Eisenfragment mit einer Angel (25 mm); L. 45 mm, B. 25 mm; *Abb. 66,10*, Inv. k_10.
– 1 Tierzahn; L. 50 mm, B. 10 mm; Inv. k_4.
– 1 Bodenprobe aus Schicht 1; Inv. k_1.

Befund 225

Art: Trichtergrube
Form: trichterförmig
Größe: L. 3,3 m, B. 1,06 bis 2,64 m
Erdabtrag: 0,80 m
max. Tiefe: 1,28 m

Schicht 1: dunkelbrauner, speckiger Lösslehm.
Schicht 2: dunkelbrauner, speckiger Lösslehm.
Schicht 3: Löss mit kleinen Bruchsteinen.
Schicht 4: Löss mit kleinen Bruchsteinen.
Schicht 5: humose, dunkelbraune Schicht mit kleinen gebrannten Lehmbrocken.
Beschreibung: birnenförmige Trichtergrube mit ebener Sohle und einem keilförmigen Querschnitt in Profil CD. Die so entstandene Schräge diente eventuell als Eingangsrampe (*Abb. 83*).

Funde:
- 1 Rs und 1 Ws einer Schale, DSK; Obfl. gegl., pol./gegl.; F. grauschwarz/grauschwarz; Mag. fein, P; Dm. 160 mm; *Abb. 68,1,* Inv. 1419.
- 1 Rs und 1 Ws einer Schale, DSK; Obfl. gt. gegl., pol./gt. gegl., pol.; F. ocker, tiefschwarz/ocker, tiefschwarz; Mag. n. e.; Dm. 200 mm; *Abb. 68,2,* Inv. 1422.
- 1 Rs einer Schale, DSK; Obfl. gt. gegl., pol./gt. gegl., pol.; F. tiefschwarz/tiefschwarz; Mag. fein, P; Dm. n. f.; *Abb. 68,3,* Inv. 1424.
- 1 Rs und 3 Ws einer Schale, DSK; Obfl. gegl., pol./gt. gegl., pol.; F. grauschwarz/grauschwarz; Mag. n. e.; Dm. 200 mm; *Abb. 68,4,* Inv. 1420.
- 1 Ws eines Gefäßes, DSK; Obfl. gt. gegl., pol./gt. gegl., pol.; F. ockergrau/ocker; Mag. fein, Q; Inv. 1425.
- 1 Rs eines Gefäßes; Obfl. gegl./gegl.; F. ockergrau/ockergrau; Mag. mittel, GQ; Dm. n. f.; *Abb. 66,12,* Inv. 1442.
- 1 Rs eines Gefäßes; Obfl. gt. gegl./gegl.; F. grau/grau; Mag. mittel, GPK; Dm. n. f.; *Abb. 66,11,* Inv. 1441.
- 1 Rs und 1 Ws eines Topfes; Obfl. oben gt. gegl., pol., unten fein gschlickr./gegl.; F. ockerbraun/schwarzbraun, ocker; Dek.: Fingertupfen; Mag. n. e.; Dm. 200 mm; *Abb. 67,1,* Inv. 1438.
- 1 Rs eines Gefäßes; Obfl. gegl./gegl.; F. ocker, grau, grauschwarz/ocker, grauschwarz; Mag. mittel, PK; Dm. größer als 190 mm; *Abb. 67,2,* Inv. 1429.
- 1 Rs eines Topfes; Obfl. gegl./gegl.; F. ockergrau/ockergrau; Mag. mittel, GQ; Dm. n. f.; *Abb. 67,3,* Inv. 1442.
- 1 Rs und 1 Ws einer Schale; Obfl. gt. gegl., pol./gegl.; F. braunschwarz/braunschwarz; Mag. grob, KQ; Dm. 140 bis 220 mm; *Abb. 67,4,* Inv. 1430.
- 1 Rs und 4 Ws eines Gefäßes; Obfl. grb. gegl./grb. gegl.; F. grauocker/schwarzgrau; Dek.: Fingertupfen unterhalb des Randes; Mag. sehr grob, KP; Dm. 120 bis 180 mm; *Abb. 67,5,* Inv. 1445.
- 5 Ws eines Gefäßes; Obfl. gegl./grb. gegl.; F. ocker/ocker; Dek.: Fingertupfen; Mag. grob, GKQ; *Abb. 67,6,* Inv. 1446.
- 1 Ws eines Gefäßes; Obfl. gegl./gegl.; F. ocker/tiefschwarz; Dek.: schräg gekerbte Leiste; Mag. grob, GP; *Abb. 67,7,* Inv. 1447.
- 1 Rs einer Schale; Obfl. gegl./gegl.; F. grauschwarz/grauschwarz; Mag. grob, P; Dm. 140 mm; *Abb. 67,8,* Inv. 1439.
- 1 Rs eines Gefäßes; Obfl. gegl./gegl.; F. ocker/ocker; Dek.: Abdrücke auf der Randlippe; Mag. mittel, KQ; *Abb. 67,9,* Inv. 1448.
- 2 Rs eines Gefäßes; Obfl. gegl./gegl.; F. ocker/ocker; Mag. mittel, GK; Dm. 100 bis 200 mm; *Abb. 67,10,* Inv. 1440.
- 2 Rs einer Schale; Obfl. gt. gegl./gegl.; F. ocker/ockerbraun; Mag. grob, KQ; Dm. 300 mm; *Abb. 67,11,* Inv. 1432.
- 2 Rs einer Schale; Obfl. gt. gegl., pol./gt. gegl., pol.; F. ocker, grauschwarz/grauschwarz; Mag. fein, GP; Dm. 300 mm; *Abb. 67,12,* Inv. 1426.
- 1 Rs und 1 Ws einer Schale; Obfl. grb. gegl./gegl.; F. grauocker, graubraun/grauocker, graubraun; Mag. mittel, GK; Dm. 360 mm; *Abb. 67,13,* Inv. 1436.
- 1 Rs einer Schale; Obfl. gegl./gegl.; F. graubraun/graubraun; Mag. grob, GPK; Dm. 320 mm; *Abb. 68,5,* Inv. 1427.
- 12 Ws und 2 Bs eines Gefäßes; Obfl. gschlickr./gegl.; F. grau/grau; Mag. mittel, P; Dm. (B) 100 mm; *Abb. 68,6,* Inv. 1437.
- 1 Bs eines Gefäßes; Obfl. gt. gegl./gt. gegl.; F. tiefschwarz/tiefschwarz; Mag. mittel, P; Dm. (B) 110 mm; *Abb. 68,7,* Inv. 1434.
- 2 Ws und 1 Bs eines Gefäßes; Obfl. grb. gegl./gegl.; F. ockerbraun/ziegel; Mag. grob, GKQ; Dm. (B) 100 mm; *Abb. 68,8,* Inv. 1454.
- 10 Ws und 2 Bs eines Gefäßes; Obfl. gschlickr./grb. gegl.; F. grau/grauschwarz; Mag. sehr grob, GA; Dm. 100 mm, Dm. (B) 100 mm; *Abb. 68,9,* Inv. 1450.
- 3 Ws und 1 Bs eines Gefäßes; Obfl. gegl./gegl.; F. grau/grau; Mag. sehr grob, GKQ; Dm. (B) 160 mm; *Abb. 68,10,* Inv. 1451.
- 1 Bs eines Gefäßes; Obfl. gt. gegl./gt. gegl.; F. schwarz/schwarz; Mag. mittel, P; Dm. (B) 110 mm; *Abb. 69,1,* Inv. 1434_2.
- 6 Ws und 1 Bs eines Gefäßes; Obfl. gt. gegl., pol./gt. gegl., pol.; F. grauschwarz/grauschwarz; Mag. fein, P; Dm. (B) n. f.; *Abb. 69,2,* Inv. 1435.
- 6 Ws eines Gefäßes, DSK; Obfl. gt. gegl., pol./gt. gegl., pol.; F. tiefschwarz/tiefschwarz; Mag. mittel, GP; Inv. 1421.
- 8 Ws eines Gefäßes; Obfl. gt. gegl., pol./gegl.; F. tiefschwarz/tiefschwarz; Mag. mittel, K; Inv. 1428.
- 15 Ws eines Gefäßes; Obfl. gt. gegl., pol./gegl.; F. graubraun/schwarzgrau; Mag. grob, GK; Inv. 1431.

- 1 Ws eines Gefäßes; Obfl. gegl./gegl.; F. grauocker/grauocker; Mag. n. e.; Inv. 1443.
- 14 Ws eines Gefäßes; Obfl. gegl./gegl.; F. ocker/graubraun; Mag. mittel, KQ; Inv. 1444.
- 3 Ws eines Gefäßes; Obfl. gschlickr./grb. gegl.; F. grau/grau; Mag. mittel, P; Inv. 1449.
- 6 Ws eines Gefäßes; Obfl. grb. gegl./gegl.; F. grauocker/grauschwarz; Mag. sehr grob, P; Inv. 1452.
- 2 Ws eines Gefäßes; Obfl. gegl./gegl.; F. graubraun/graubraun; Mag. sehr grob, GQ; Inv. 1453.
- 17 Ws eines Gefäßes; Obfl. gschlickr./gegl.; F. ocker/ockerbraun; Mag. grob, GKQ; Inv. 1455.
- 2 Fragmente Hüttenlehm (30 x 50 x 20 mm); Inv. 1475.

Befund 227

Art: Grube und Feuerstelle
Form: getreppt wannenförmig
Größe: L. 2,16 m, B. 2,12 m
Erdabtrag: 1,0 m
max. Tiefe: 0,40 m
Schicht 1: dunkelbrauner, speckiger Lehm mit Holzkohlepartikeln und gebranntem Lehm.
Beschreibung: annähernd rechteckige, getreppt wannenförmige Grube, die sich im Planum nur durch eine erhöhte Konzentration von gebranntem Lehm und Holzkohle vom anstehenden Lehm unterscheiden ließ. In der Mitte befand sich eine Platte aus gebranntem Lehm (0,4 x 0,6 m) (*Abb. 93*).

Funde:
- 1 Bs eines Gefäßes, DSK; Obfl. gt. gegl./gt. gegl.; F. tiefschwarz/tiefschwarz; Mag. mittel, KA; Dm. (B) 180 mm; *Abb. 71,4*, Inv. 326.
- 1 Rs eines Gefäßes, DSK; Obfl. gegl./gegl.; F. ziegel/ziegel; Mag. grob, PK; Dm. 45 mm; Bem.: römisch oder frühmittelalterlich; *Abb. 71,2*, Inv. 362.
- 1 Rs eines Topfes; Obfl. gegl., ra./gegl., ra.; F. ziegel/ziegel; Dek.: Fingertupfenleiste; Mag. sehr grob, PKA; Dm. 200 bis 400 mm; *Abb. 69,3*, Inv. 328.
- 1 Ws eines Gefäßes; Obfl. gegl., leicht ra./gegl., leicht ra.; F. ocker/ocker; Dek.: Fingertupfenleiste; Mag. mittel, KA; *Abb. 69,4*, Inv. 327.
- 2 Ws eines Gefäßes; Obfl. gegl., ra./gegl., ra.; F. ziegel/ziegel; Dek.: Fingertupfen; Mag. grob, KA; *Abb. 69,5*, Inv. 325.
- 1 Rs eines Topfes; Obfl. gegl., ra./gegl., ra.; F. rotbraun/ockergrau; Dek.: plastische Fingertupfenleiste; Mag. sehr grob, A; Dm. n. f.; *Abb. 69,6*, Inv. 329.
- 1 Rs einer Schale; Obfl. gt. gegl./gt. gegl.; F. braun, rotbraun/braun, rotbraun; Dek.: Kerbschnittdekor, Kreisaugen, Reihen von Dreiecken, Quadrate; Mag. grob, GPK; Dm. n. f.; *Abb. 69,7*, Inv. 297.
- 5 Rs, 5 Ws und 1 Bs eines Gefäßes; Obfl. gegl./gegl., graf.; F. grauschwarz/grauschwarz; Dek.: Ritzlinien; Mag. fein, GA; *Abb. 69,9*, Inv. 296.
- 1 Rs einer Schale; Obfl. gt. gegl./gt. gegl.; F. graubraun/graubraun; Mag. mittel, KA; Dm. n. f.; *Abb. 70,1*, Inv. 314.
- 1 Rs eines Gefäßes; Obfl. gt. gegl., graf./gt. gegl., graf.; F. metallisch, braun/metallisch, braun; Mag. n. e.; Dm. n. f.; *Abb. 70,2*, Inv. 298.
- 4 Rs und 1 Ws eines Gefäßes; Obfl. gt. gegl., graf./gt. gegl., graf., pol.; F. tiefschwarz, metallisch/tiefschwarz; Mag. fein, K; Dm. n. f.; *Abb. 70,3*, Inv. 312.
- 1 Rs eines Topfes; Obfl. gt. gegl./gt. gegl.; F. ziegel/ziegel, ocker; Mag. mittel, KP; Dm. n. f.; *Abb. 70,4*, Inv. 309.
- 1 Rs eines Gefäßes; Obfl. gegl., graf./gt. gegl., graf.; F. metallisch, rotbraun/metallisch, schwarz; Mag. grob, PK; Dm. 50 bis 70 mm; *Abb. 70,5*, Inv. 295.
- 1 Rs eines Gefäßes; Obfl. gt. gegl./gt. gegl.; F. rotbraun/grau; Mag. grob, KA; Dm. n. f.; *Abb. 70,6*, Inv. 306.
- 1 Rs eines Gefäßes; Obfl. gegl., leicht ra./gegl., leicht ra.; F. ockergrau/ocker, braun; Mag. mittel, KA; Dm. 200 bis 380 mm; *Abb. 70,7*, Inv. 300.
- 1 Rs und 1 Ws eines Gefäßes; Obfl. gt. gegl., graf./gt. gegl., graf.; F. rotbraun, metallisch/rotbraun, metallisch; Mag. fein, GK; Dm. n. f.; *Abb. 70,8*, Inv. 318.
- 1 Rs und 2 Ws eines Gefäßes; Obfl. gt. gegl., im Randbereich graf./gt. gegl.; F. braunschwarz, metallisch/braunschwarz; Mag. n. e.; Dm. n. f.; *Abb. 70,9*, Inv. 313.
- 1 Rs eines Gefäßes; Obfl. gt. gegl., graf./gt. gegl., graf.; F. schwarz, metallisch/rotbraun; Mag. mittel, PK; Dm. n. f.; *Abb. 70,10*, Inv. 315.
- 1 Rs eines Gefäßes; Obfl. gegl./gegl.; F. schwarzbraun/braungrau; Mag. fein, GKA; Dm. n. f.; *Abb. 70,11*, Inv. 335.
- 2 Rs und 2 Ws einer Schale; Obfl. gegl., ra./gegl.; F. ziegel/ziegel; Mag. grob, KA; Dm. 100 mm; *Abb. 70,12*, Inv. 319.
- 1 Rs und 5 Ws einer Schale; Obfl. gt. gegl./gt. gegl.; F. grauschwarz, rotbraun/grauschwarz, rotbraun; Mag. mittel, GKA; Dm. n. f.; *Abb. 70,13*, Inv. 316.
- 1 Rs und 1 Ws eines Gefäßes; Obfl. gt. gegl./gt. gegl.; F. graubraun/graubraun; Mag. mittel, GK; Dm. n. f.; *Abb. 70,14*, Inv. 298.

– 2 Rs einer Schale; Obfl. gt. gegl., graf./gt. gegl., graf.; F. metallisch, braunschwarz/metallisch, ocker; Mag. n. e.; Dm. 80 bis 240 mm; *Abb. 70,15*, Inv. 299.
– 1 Rs eines Gefäßes; Obfl. gt. gegl., graf./gt. gegl., graf.; F. metallisch, rotbraun/schwarz, metallisch; Mag. mittel, PKA; Dm. 120 mm; *Abb. 70,16*, Inv. 302.
– 1 Rs eines Gefäßes; Obfl. gegl./gegl.; F. graubraun/grauschwarz; Mag. n. e.; Dm. n. f.; *Abb. 70,17*, Inv. 324.
– 1 Rs eines Gefäßes; Obfl. gegl./gegl.; F. ziegel/ocker; Mag. mittel, KA; Dm. n. f.; *Abb. 70,18*, Inv. 343.
– 1 Rs einer Schale; Obfl. gegl./gegl.; F. schwarzbraun/schwarz; Mag. fein, A; Dm. n. f.; *Abb. 70,19*, Inv. 301.
– 1 Rs und 2 Ws einer Schale; Obfl. gt. gegl./gt. gegl.; F. ocker/ocker, grau; Mag. mittel, KA; Dm. n. f.; *Abb. 70,20*, Inv. 305.
– 1 Rs eines Gefäßes; Obfl. gt. gegl., graf./gt. gegl., graf.; F. rotbraun, metallisch/rotbraun, metallisch; Mag. grob, KA; Dm. n. f.; *Abb. 70,21*, Inv. 317.
– 1 Rs eines Gefäßes; Obfl. gegl., ra./gegl., ra.; F. ockerrot/ockerrot, schwarz; Mag. sehr grob, A; Dm. n. f.; Bem.: mit Ausguss; *Abb. 70,22*, Inv. 310.
– 5 Rs und 1 Ws einer Schale; Obfl. gegl./gegl.; F. ockerrot, braun/ockerrot; Mag. sehr grob, PKA; Dm. 240 bis 400 mm; *Abb. 70,23*, Inv. 304.
– 1 Rs eines Gefäßes; Obfl. gt. gegl./gt. gegl.; F. braunschwarz/braunschwarz; Mag. n. e.; Dm. n. f.; *Abb. 70,24*, Inv. 311.
– 2 Rs einer Schale; Obfl. gegl./gegl.; F. ocker/ocker; Mag. sehr grob, PKA; Dm. 200 bis 300 mm; *Abb. 70,25*, Inv. 307.
– 1 Rs einer Schale; Obfl. gegl./gegl.; F. ocker/ocker; Mag. grob, KA; Dm. 160 mm; *Abb. 70,26*, Inv. 293.
– 2 Rs, 9 Ws und 1 Bs einer Schale; Obfl. gt. gegl./gt. gegl.; F. grauschwarz, ziegel/rotbraun; Mag. mittel, GKA; Dm. 240 bis 320 mm, Dm. (B) 200 mm; *Abb. 70,27*, Inv. 303.
– 1 Rs einer Schale; Obfl. gegl./gegl., im Randbereich graf.; F. ziegel/schwarz, metallisch; Mag. grob, GKA; Dm. 80 mm; *Abb. 70,28*, Inv. 294.
– 3 Rs und 7 Ws einer Schale; Obfl. gt. gegl./gt. gegl.; F. grauocker/grau; Mag. grob, PK; Dm. 240 mm; *Abb. 70,29*, Inv. 332.
– 1 Rs eines Gefäßes; Obfl. gt. gegl./gt. gegl.; F. ockergrau/grau; Mag. fein, GK; Dm. n. f.; *Abb. 70,30*, Inv. 323.
– 3 Rs, 5 Ws und 1 Bs einer Schale; Obfl. gegl./gegl.; F. ziegel/braun; Mag. n. e.; Dm. 300 mm, Dm. (B) 120 mm; *Abb. 71,1*, Inv. 336.
– 1 Bs eines Gefäßes; Obfl. gegl./gegl.; F. graubraun/ockerrot; Mag. sehr grob, KA; Dm. (B) 100 mm; *Abb. 71,3*, Inv. 346.
– 1 Bs eines Gefäßes; Obfl. gt. gegl./gegl.; F. ocker/ocker; Mag. mittel, PK; Dm. (B) 90 mm; *Abb. 71,5*, Inv. 333.
– 2 Bs eines Gefäßes; Obfl. gegl., leicht ra./gegl.; F. grau/grau; Mag. mittel, KA; Dm. (B) 80 mm; *Abb. 71,6*, Inv. 342.
– 1 Bs eines Gefäßes; Obfl. gegl., ra./gegl., ra.; F. ocker/ziegel; Mag. grob, KA; Dm. (B) 100 mm; *Abb. 71,7*, Inv. 345.
– 9 Ws und 1 Bs eines Gefäßes; Obfl. gt. gegl./gt. gegl., graf.; F. grauschwarz/grauschwarz, metallisch; Mag. mittel, PKA; Dm. (B) 60 mm; *Abb. 71,8*, Inv. 330.
– 1 Bs eines Gefäßes; Obfl. gegl./gegl.; F. ziegel/ziegel; Mag. sehr grob, KA; Dm. (B) n. f.; *Abb. 71,9*, Inv. 347.
– 1 Ws eines Gefäßes; Obfl. gt. gegl., graf./gt. gegl.; F. metallisch, rotbraun/ocker; Mag. fein, PK; Inv. 308.
– 4 Ws eines Gefäßes; Obfl. gt. gegl./gt. gegl.; F. grauschwarz/grauschwarz; Mag. sehr grob, GA; Inv. 314.
– 3 Ws eines Gefäßes; Obfl. gt. gegl./gt. gegl.; F. ziegel/ziegel; Mag. grob, KA; Inv. 321.
– 1 Ws eines Gefäßes; Obfl. gt. gegl., graf./gt. gegl.; F. ziegel, metallisch/ziegel; Mag. mittel, K; Inv. 322.
– 3 Ws eines Gefäßes; Obfl. gt. gegl., graf./gt. gegl.; F. metallisch, schwarzgrau/braun; Mag. grob, PK; Inv. 331.
– 8 Ws eines Gefäßes; Obfl. gt. gegl./gt. gegl.; F. braun/ziegel; Mag. mittel, KP; Inv. 334.
– 1 Ws eines Gefäßes; Obfl. gt. gegl./gt. gegl.; F. rotbraun/rotbraun, ziegel; Mag. grob, PKA; Inv. 336.
– 4 Ws eines Gefäßes; Obfl. gegl./gegl.; F. ocker/ocker; Mag. mittel, GKA; Inv. 337.
– 2 Ws eines Gefäßes; Obfl. gegl./gegl.; F. ziegel/ziegel; Mag. grob, PKA; Inv. 338.
– 3 Ws eines Gefäßes; Obfl. gt. gegl./gt. gegl.; F. grauocker/grauocker; Mag. n. e.; Inv. 339.
– 21 Ws eines Gefäßes; Obfl. gt. gegl./gt. gegl.; F. ocker/ocker; Mag. grob, KP; Inv. 341.
– 5 Ws eines Gefäßes; Obfl. gegl./gegl.; F. grauocker, grauschwarz/grau; Mag. mittel, KA; Inv. 344.
– 3 Ws eines Gefäßes; Obfl. gegl., ra./gegl., ra.; F. ziegel/ziegel; Mag. grob, KA; Inv. 348.
– 48 Ws eines Gefäßes; Obfl. gegl., ra./gegl., ra.; F. ocker/ocker; Mag. grob, PKA; Inv. 349.
– 10 Ws eines Gefäßes; Obfl. gegl./gegl.; F. grau/rotbraun; Mag. grob, KA; Dm. n. f.; Inv. 358.
– 1 Ws eines Gefäßes; Obfl. gegl./gegl.; F. ziegel/rotbraun; Mag. n. e.; Dm. n. f.; Inv. 356.
– 24 Ws eines Gefäßes; Obfl. gt. gegl./gt. gegl.; F. graubraun/schwarzbraun; Mag. sehr grob, K; Inv. 340.
– 1 Ws eines Gefäßes; Obfl. gegl., ra./gegl., ra.; F. grau/grau; Mag. grob, GKQ; Inv. 352.
– 2 Ws eines Gefäßes; Obfl. gegl., ra./gegl., ra.; F. ziegel, ocker/ocker; Mag. grob, A; Inv. 353.
– 12 Ws eines Gefäßes; Obfl. gegl./gegl.; F. graubraun/ziegel; Mag. grob, PKA; Inv. 355.
– 4 Ws eines Gefäßes; Obfl. gegl./gegl.; F. rotbraun/grauschwarz; Mag. grob, PKA; Inv. 355.
– 1 Ws eines Gefäßes; Obfl. gegl./gegl.; F. ziegel/ziegel; Mag. grob, PKA; Inv. 357.
– 1 Nagel aus Eisen mit dreieckigem Querschnitt und quadratischem Kopf; L. 50 mm, B. 40 mm; *Abb. 69,8,* Inv. 361.
– 1 Nagel aus Eisen mit rechteckigem Querschnitt und quadratischem Kopf; L. 30 mm, B. 30 mm, Inv. 361.

– 2 Fragmente verziegelten Lehms (Dm. 10 mm); Inv. 350.
– 6 Fragmente verziegelten Lehms (Dm. ca. 30 mm); Inv. 359.
– Langknochen, Rippen, Zähne und Unterkiefer, laut Fundzettel Schaf/Ziege; Inv. 360.
– 1 Kiesel; Dm. 10 mm; Inv. 351.

Befund 228

Art: Grube
Form: wannenförmig
Größe: L. 1,22 m, B. 0,84 m
Erdabtrag: 0,8 m
max. Tiefe: 0,18 m
Schicht 1: dunkelbrauner Lösslehm mit Holzkohlepartikeln und gebranntem Lehm.
Beschreibung: ovale, wannenförmige Grube mit leicht konkaver Sohle.

Funde:
– 1 Rs und 6 Ws einer Schale; Obfl. gt. gegl., pol./gt. gegl.; F. schwarzbraun/schwarzbraun; Mag. mittel, KQ; Dm. 200 bis 360 mm; *Abb. 71,10,* Inv. 1460.
– 1 Rs und 3 Ws einer Schale; Obfl. gt. gegl./gt. gegl.; F. graubraun/graubraun; Mag. grob, GPK; Dm. 250 mm; *Abb. 71,11,* Inv. 1461.
– 2 Ws eines Gefäßes; Obfl. gt. gegl./gt. gegl.; F. ockergrau/ockergrau; Mag. fein, GP; Inv. 1462.
– 2 Ws eines Gefäßes; Obfl. gegl./grb. gegl.; F. ocker/schwarzbraun; Mag. sehr grob, GKQ; Inv. 1463.
– 1 Fragment verziegelten Lehms (70 x 50 x 250 mm) mit konkaven Abdrücken (Dm. ca. 20 mm); Inv. 1464.
– Tierknochen (entnommen); Inv. 1471.

Befund 229

Art: Grube
Form: kesselförmig
Größe: Dm. 1,52 m
Erdabtrag: 0,8 m
max. Tiefe: 0,18 m
Schicht 1: dunkelbrauner Lösslehm mit Holzkohlepartikeln und gebranntem Lehm.
Beschreibung: runde kesselförmige Grube mit ebener Sohle, im untersten Bereich mit rechteckigem Querschnitt.

Funde:
– 1 Rs und 5 Ws eines Gefäßes; Obfl. gschlickr./gegl.; F. ziegel/ziegel; Mag. sehr grob, PKA; Dm. n. f.; *Abb. 71,12,* Inv. 1465.
– Keramikfuß eines Topfes mit Resten von grüner Glasur, eventuell 16. Jahrhunderts; *Abb. 71,13,* Inv. 1466.

Befund 232

Art: Grube
Form: kesselförmig
Größe: Dm. 1,4 m
Erdabtrag: 0,8 m
max. Tiefe: 0,66 m
Schicht 1: dunkelbrauner Lösslehm.
Beschreibung: runde, kesselförmige Grube mit stark konvexer Sohle.

Funde:
– 2 Ws eines Gefäßes; Obfl. gt. gegl./gegl.; F. schwarzbraun/ockerbraun; Mag. grob, GPK; Inv. 1467.
– 1 Fragment verziegelten Lehms (40 x 30 x 20 mm); Inv. 1468.

Befund 241

Art: Grube
Form: kesselförmig
Größe: L. 2,32 m, B. 1,86 m

Erdabtrag: 0,7 m
max. Tiefe: 0,76 m
Schicht 1: dunkelbrauner, speckiger Lehm.
Schicht 2: fleckiger Löss.
Schicht 3: humoser, holzkohlehaltiger Boden.
Beschreibung: annähernd ovale, kesselförmige Grube mit konvexer Sohle.

Funde:
– 2 Ws und 1 Bs eines Gefäßes; Obfl. grb. gegl./grb. gegl.; F. tiefschwarz/tiefschwarz; Mag. mittel, GKQ; Dm. (B) 140 mm; *Abb. 71,14,* Inv. 1472.
– 2 Tierknochen; Inv. 1473.
– 3 große (60 x 40 x 20 mm) und 10 kleine (Dm. 15 mm) Fragmente verziegelten Lehms; Inv. 147.

Befund 242

Art: Grubenhaus
Form: kastenförmig
Größe: L. 4,42 m, B. 2,28 m
Erdabtrag: 0,7 m
max. Tiefe: 0,9 m
max. Tiefe 2: 0,26 m
Schicht 1: dunkelbrauner, stark gefleckter Lösslehm.
Schicht 2: mittelbrauner, stark mit sterilem Löss gefleckter Lösslehm.
Schicht 3: dunkelbrauner Lösslehm.
Schicht 4: schwarzer, humoser Boden mit Holzkohleflecken und gebranntem Lehm.
Schicht 5: graugrüne, sandige Ascheschicht mit einer schmalen Einbrennzone.
Schicht 6: graubrauner Lössboden.
Schicht 7: rotbraune Einbrennzone.
Schicht 8: graue, sandige Ascheschicht.
Schicht 9: holzkohlehaltige Schicht.
Schicht 10: Löss.
Beschreibung: rechteckiges Grubenhaus mit ebener Sohle und zwei Pfostenlöchern an den Schmalseiten, die sich nicht im Planum abzeichneten. An der Südwestecke des Hauses schließt sich eine Trichtergrube mit ebener Sohle an, deren dem Haus zugewandte Seite flacher angelegt ist (*Abb. 86*).

Funde:
– 1 Fibel aus Bronze; L. 17 mm, B. 11 mm; *Abb. 71,15,* Inv. 1476.
– 1 Feile aus Eisen mit trapezoidem Querschnitt und umlaufender, feiner Riffelung; L. 145 mm, B. 70 mm; *Abb. 71,17,* Inv. 1477.
– 1 hakenförmig gebogener Draht aus Bronze; L. 60 mm, B. 2 mm; *Abb. 71,16,* Inv. 1495.
– 1 tonnenförmiger Spinnwirtel aus Ton; L. 30 mm, Gew. 22 g; *Abb. 73,18,* Inv. 1479.
– 1 eiförmiges Schleudergeschoss aus Ton; L. 45 mm, B. 35 mm; *Abb. 73,19,* Inv. 1537.
– 2 Ws eines Gefäßes, DSK; Obfl. gt. gegl., pol./gt. gegl., pol.; F. tiefschwarz/tiefschwarz; Mag. n. e.; Bem.: ca 3 mm große Durchbohrung; Inv. 1481.
– 1 Rs einer Schale, DSK; Obfl. gt. gegl., pol., Überzug (?)/gt. gegl., pol.; F. grauocker/grauocker; Mag. n. e.; Dm. 140 mm; *Abb. 72,1,* Inv. 1485.
– 1 Rs eines Gefäßes; Obfl. gt. gegl., pol./gt. gegl., pol.; F. ocker/ocker; Mag. grob, KPQ; Dm. n. f.; *Abb. 72,2,* Inv. 1498.
– 2 Rs eines Gefäßes; Obfl. gt. gegl./gt. gegl.; F. grauschwarz/grauschwarz; Mag. mittel, KQ; Dm. n. f.; *Abb. 72,3,* Inv. 1494.
– 1 Rs und 3 Ws einer Schale, DSK; Obfl. gt. gegl., pol./gt. gegl., pol.; F. tiefschwarz/tiefschwarz; Dek.: drei eingedrehte Riefen; Mag. fein, GPK; Dm. 220 mm; *Abb. 72,4,* Inv. 1483.
– 1 Rs eines Gefäßes, DSK; Obfl. gt. gegl., pol./gt. gegl., pol.; F. tiefschwarz/tiefschwarz; Mag. fein, P; Dm. n. f.; *Abb. 72,5,* Inv. 1482.
– 1 Rs und 3 Ws eines Gefäßes; Obfl. gt. gegl., pol./gt. gegl., pol.; F. ocker, schwarzbraun/schwarzbraun; Mag. fein, PK; Dm. n. f.; *Abb. 72,6,* Inv. 1496.
– 1 Rs und 1 Ws einer Schale; Obfl. gt. gegl., pol./gt. gegl., pol.; F. ocker/ocker; Mag. mittel, GKQ; Dm. 220 mm; *Abb. 72,7,* Inv. 1499.
– 1 Rs und 7 Ws eines Gefäßes; Obfl. gt. gegl./gt. gegl.; F. grauschwarz/grauschwarz; Mag. fein, GK; Dm. n. f.; *Abb. 72,8,* Inv. 1488.
– 1 Rs eines Gefäßes, DSK; Obfl. gt. gegl., pol./gt. gegl., pol.; F. tiefschwarz/tiefschwarz; Mag. grob, P; Dm. 10 mm; *Abb. 72,9,* Inv. 1493.

- 1 Rs eines Gefäßes; Obfl. gegl./gegl.; F. grauocker/grauocker; Mag. grob, GKQ; Dm. n. f.; *Abb. 72,10*, Inv. 1502.
- 1 Rs einer Schale; Obfl. gegl./gegl.; F. grauocker/grauocker; Mag. grob, GKQ; Dm. n. f.; *Abb. 72,11*, Inv. 1502.
- 1 Rs und 1 Ws einer Schale; Obfl. gt. gegl., pol./gt. gegl., pol.; F. grauschwarz/grauschwarz; Mag. grob, GKQ; Dm. 240 mm; *Abb. 72,12*, Inv. 1489.
- 2 Rs und 3 Ws einer Schale; Obfl. gegl., pol./gegl.; F. grauocker, grauschwarz/grauschwarz; Mag. grob, GKQ; Dm. n. f.; *Abb. 72,13*, Inv. 1491.
- 1 Rs eines Gefäßes; Obfl. gt. gegl., pol./gt. gegl.; F. ocker/ziegel; Mag. grob, P; Dm. n. f.; *Abb. 72,14*, Inv. 1500.
- 1 Rs und 2 Ws eines Gefäßes; Obfl. gt. gegl./gt. gegl.; F. grauocker/grauocker; Mag. mittel, GK; Dm. n. f.; *Abb. 72,15*, Inv. 1501.
- 1 Bs eines Gefäßes; Obfl. gegl./grb. gegl.; F. graubraun/grauschwarz; Mag. mittel, GKQ; Dm. (B) 47 mm; *Abb. 72,16*, Inv. 1511.
- 2 Rs eines Topfes; Obfl. gegl./gegl.; F. grauocker/graubraun; Dek.: schräge Riefen auf dem Rand; Mag. sehr grob, GKQ; Dm. 180 mm; *Abb. 72,17*, Inv. 1507.
- 1 Ws eines Gefäßes; Obfl. gegl., ra./gegl., ra.; F. grauschwarz/grauschwarz; Dek.: Fingertupfenleiste; Mag. mittel, KA; *Abb. 73,1*, Inv. 1560.
- 1 Rs eines Topfes; Obfl. gegl./gegl.; F. braun/ziegel; Dek.: Fingertupfen auf der Randlippe; Mag. mittel, PK; Dm. n. f.; *Abb. 73,2*, Inv. 1558.
- 1 Rs und 14 Ws eines Gefäßes; Obfl. grb. gegl./gegl.; F. grauocker/braungrau; Mag. sehr grob, GKQ; Dm. n. f.; *Abb. 73,3*, Inv. 1569.
- 1 Rs eines Gefäßes; Obfl. grb. gegl./gegl.; F. graubraun/graubraun; Mag. grob, PK; Dm. n. f.; *Abb. 73,4*, Inv. 1561.
- 3 Ws und 1 Bs eines Topfes; Obfl. gt. gegl./gt. gegl.; F. ocker/grau; Dek.: Fingertupfen im Halsbereich und auf dem Rand; Mag. grob, GKQ; Dm. 200 mm; *Abb. 73,5*, Inv. 1553.
- 2 Rs eines Gefäßes; Obfl. gt. gegl./gt. gegl.; F. grau/grau; Mag. grob, PK; Dm. n. f.; *Abb. 73,6*, Inv. 1546.
- 1 Rs einer Schale; Obfl. gegl./gegl.; F. ockergrau/ocker; Mag. mittel, PK; Dm. n. f.; *Abb. 73,7*, Inv. 1559.
- 5 Rs und 8 Ws einer Schale; Obfl. gegl./gegl.; F. graubraun/graubraun; Mag. grob, GPK; Dm. 220 mm; *Abb. 73,8*, Inv. 1548.
- 1 Rs und 3 Ws eines Gefäßes; Obfl. gt. gegl./gt. gegl.; F. ocker/grauocker; Mag. mittel, PK; Dm. n. f.; *Abb. 73,9*, Inv. 1547.
- 1 Rs eines Gefäßes; Obfl. gegl./gegl.; F. schwarz/schwarz; Mag. grob, GK; Dm. n. f.; *Abb. 73,10*, Inv. 1562.
- 1 Rs und 3 Ws einer Schale; Obfl. grb. gegl./grb. gegl.; F. ocker, grau/ocker; Mag. grob, GPK; Dm. 400 mm; *Abb. 73,11*, Inv. 1568.
- 1 Rs und 1 Ws einer Schale; Obfl. gegl./gegl.; F. grauschwarz, grau/grauschwarz; Mag. sehr grob, GPK; Dm. n. f.; *Abb. 73,12*, Inv. 1567.
- 1 Rs und 4 Ws einer Schale; Obfl. grb. gegl./grb. gegl.; F. graubraun/graubraun; Mag. sehr grob, K; Dm. 200 mm; *Abb. 73,13*, Inv. 1563.
- 2 Rs und 1 Bs einer Schale; Obfl. gegl./gegl.; F. ocker/ocker; Mag. sehr grob, K; Dm. 60 mm, Dm. (B) 60 mm; *Abb. 73,14*, Inv. 1549.
- 1 Bs eines Gefäßes; Obfl. gegl./gegl.; F. hellbraun, braun/grauschwarz; Mag. mittel, GPK; Dm. (B) 120 mm; *Abb. 73,15*, Inv. 1552.
- 1 Ws und 2 Bs eines Gefäßes; Obfl. grb. gegl./gegl.; F. ockergrau/ockergrau; Mag. grob, PK; Dm. (B) 120 mm; *Abb. 73,16*, Inv. 1550.
- 1 Bs eines Gefäßes; Obfl. gt. gegl., pol./gegl.; F. grauschwarz/grau; Mag. sehr grob, GP; Dm. (B) 100 mm; *Abb. 73,17*, Inv. 1554.
- 1 Rs und 1 Ws eines Gefäßes; Obfl. grb. gegl./grb. gegl.; F. rotbraun/schwarzbraun; Mag. grob, PK; Dm. n. f.; *Abb. 74,1*, Inv. 1532.
- 1 Rs eines Gefäßes; Obfl. gt. gegl./gt. gegl.; F. graubraun/graubraun, braun; Mag. mittel, GPK; Dm. n. f.; *Abb. 74,2*, Inv. 1521.
- 1 Rs und 22 Ws eines Gefäßes; Obfl. gt. gegl./gt. gegl.; F. braun/braun; Mag. grob, GPK; Dm. 140 bis 400 mm; *Abb. 74,3*, Inv. 1517.
- 1 Rs eines Gefäßes; Obfl. gegl./gegl.; F. schwarz/schwarz, braun; Mag. mittel, GPK; Dm. größer als 260 mm; *Abb. 74,4*, Inv. 1543.
- 1 Rs und 2 Ws eines Gefäßes; Obfl. gegl., ra./gegl., ra.; F. ockergrau/ockergrau; Mag. mittel, KAQ; Dm. n. f.; *Abb. 74,5*, Inv. 1534.
- 2 Rs eines Topfes; Obfl. gt. gegl./gt. gegl.; F. grauocker/grauocker; Mag. grob, PK; Dm. 160 mm; *Abb. 74,6*, Inv. 1535.
- 3 Rs und 5 Ws einer Schale; Obfl. gt. gegl., pol./gt. gegl.; F. grauschwarz, ocker/grauschwarz; Mag. grob, K; Dm. 120 mm; *Abb. 74,7*, Inv. 1519.
- 3 Rs einer Schale; Obfl. gegl./gegl.; F. grauschwarz, ocker/grauschwarz; Mag. sehr grob, GPK; Dm. 300 mm; *Abb. 74,8*, Inv. 1524.
- 1 Rs einer Schale; Obfl. gt. gegl./gt. gegl.; F. grauschwarz, ocker/grauschwarz, ocker; Mag. grob, GK; Dm. 360 mm; *Abb. 74,9*, Inv. 1512.
- 1 Ws eines Gefäßes; Obfl. gegl./gegl.; F. grauschwarz/grauschwarz; Dek.: Zickzacklinie; Mag. n. e.; *Abb. 74,10*, Inv. 1516.

– 8 Ws und 1 Bs eines Gefäßes; Obfl. gt. gegl./gegl.; F. ockerbraun/braun; Mag. sehr grob, GK; *Abb. 74,11*, Inv. 1514.
– 2 Bs eines Gefäßes; Obfl. gt. gegl./gt. gegl.; F. grau/grau; Mag. sehr grob, PK; Dm. (B) n. f.; *Abb. 74,12*, Inv. 1530.
– 5 Ws und 7 Bs eines Gefäßes; Obfl. gegl./gegl.; F. schwarz, ocker/schwarz, ocker; Mag. grob, GK; Dm. (B) 70 mm; *Abb. 74,13*, Inv. 1526.
– 2 Ws und 1 Bs eines Gefäßes; Obfl. gt. gegl./gegl.; F. ocker/braun; Mag. mittel, PK; Dm. (B) 80 mm; *Abb. 74,14*, Inv. 1527.
– 1 Bs eines Gefäßes; Obfl. gt. gegl./gt. gegl.; F. ocker/ocker; Mag. grob, GK; Dm. (B) 110 mm; *Abb. 74,15*, Inv. 1555.
– 2 Ws und 2 Bs eines Gefäßes; Obfl. gt. gegl., pol./gegl.; F. dunkelbraun/grauocker; Mag. grob, PK; Dm. (B) 120 mm; *Abb. 74,16*, Inv. 1513.
– 1 Ws eines Gefäßes; Obfl. gegl./gegl.; F. braun/ocker; Mag. mittel, KA; Inv. 1486.
– 2 Ws eines Gefäßes, DSK; Obfl. gt. gegl./gt. gegl.; F. graubraun/graubraun; Mag. n. e.; Inv. 1487.
– 6 Ws eines Gefäßes; Obfl. gt. gegl./gt. gegl.; F. tiefbraun/tiefbraun; Mag. fein, GPK; Inv. 1490.
– 11 Ws eines Gefäßes; Obfl. gt. gegl./gt. gegl.; F. tiefschwarz/tiefschwarz; Mag. grob, P; Inv. 1495.
– 2 Ws eines Gefäßes; Obfl. gegl./gegl.; F. tiefbraun/tiefbraun; Mag. grob, GKQ; Inv. 1495_2.
– 1 Ws eines Gefäßes; Obfl. gt. gegl., pol./gt. gegl., pol.; F. ocker/ocker; Mag. fein, GK; Inv. 1497.
– 10 Ws eines Gefäßes; Obfl. gegl./gegl.; F. rotbraun, schwarzbraun/rotbraun, schwarzbraun; Mag. grob, Q; Inv. 1503.
– 12 Ws eines Gefäßes; Obfl. gt. gegl./gt. gegl.; F. ocker, grauschwarz/ocker, grauschwarz; Mag. grob, PK; Inv. 1504.
– 1 Ws eines Gefäßes; Obfl. grb. gegl., grauer Überzug/gegl.; F. grau/ziegel; Mag. grob, GQ; Inv. 1506.
– 5 Ws eines Gefäßes; Obfl. gegl./gegl.; F. tiefbraun, grauocker/ockerbraun; Mag. grob, GKQ; Inv. 1509.
– 5 Ws eines Gefäßes; Obfl. grb. gegl./gegl.; F. grauocker/graubraun; Mag. grob, GKQ; Inv. 1508.
– 7 Ws eines Gefäßes; Obfl. fein gschlickr./gegl.; F. graubraun/graubraun; Mag. sehr grob, GKQ; Inv. 1510.
– 11 Ws eines Gefäßes; Obfl. gt. gegl./gt. gegl.; F. schwarzbraun/rotbraun; Mag. grob, GK; Inv. 1515.
– 6 Ws eines Gefäßes; Obfl. gegl./gegl.; F. braun/braun; Mag. grob, P; Inv. 1518.
– 1 Ws eines Gefäßes; Obfl. gt. gegl./gegl.; F. graubraun/ocker; Mag. mittel, PK; Inv. 1522.
– 22 Ws eines Gefäßes; Obfl. gegl./gegl.; F. braunschwarz/braunschwarz; Mag. grob, GK; Bem.: eine Scherbe eventuell anpassend zu Inv. 1588; Inv. 1525.
– 5 Ws eines Gefäßes; Obfl. gegl./gegl.; F. ziegel/ocker; Mag. mittel, GK; Inv. 1529.
– 4 Ws eines Gefäßes; Obfl. gegl./gegl.; F. graubraun/graubraun; Mag. grob, GKQ; Inv. 1531.
– 1 Ws eines Gefäßes; Obfl. gegl./gegl.; F. ziegel/ocker; Mag. mittel, K; Inv. 1533.
– 26 Ws eines Gefäßes; Obfl. grb. gegl./grb. gegl.; F. graubraun, ocker/graubraun, schwarz; Mag. sehr grob, GKQ; Inv. 1536.
– 1 Ws eines Gefäßes; Obfl. gegl./gegl.; F. grau/grau; Mag. mittel, PK; Inv. 1545.
– 1 Ws eines Gefäßes; Obfl. gegl./gegl., ra.; F. graubraun/grau; Mag. sehr grob, GK; Inv. 1551.
– 6 Ws eines Gefäßes; Obfl. unregelmäßig gschlickr./gt. gegl.; F. grauocker/grauocker; Mag. sehr grob, KQ; Inv. 1564.
– 12 Ws eines Gefäßes; Obfl. gegl./gegl.; F. ocker/grauocker; Mag. sehr grob, GKQ; Inv. 1566.
– 10 Ws eines Gefäßes; Obfl. gegl./gegl.; F. grauocker/ocker; Mag. grob, GQ; Inv. 1570.
– 8 Ws eines Gefäßes; Obfl. gegl., ra./gegl.; F. ocker, braun/ocker; Mag. grob, GKQ; Inv. 1571.
– 15 Ws eines Gefäßes; Obfl. gegl./gegl.; F. ocker, braun/ocker, braun; Mag. mittel, GKQ; Inv. 1572.
– 3 Ws eines Gefäßes; Obfl. gegl./gegl.; F. schwarz/schwarz; Mag. sehr grob, G; Inv. 1574.
– 8 Ws eines Gefäßes; Obfl. grb. gschlickr./gegl.; F. grauocker/ziegel, schwarz; Mag. grob, PK; Inv. 1575.
– 1 Bodenprobe aus Schicht 4; Inv. 1581.
– 1 Bodenprobe aus Schicht 7; Inv. 1582.
– 1 Bodenprobe aus Schicht 8; Inv. 1584.
– 1 Bodenprobe aus Schicht 9; Inv. 1583.
– 1 Bodenprobe mit Holzkohle; Inv. 1576.
– 1 Holzkohlestäbchen; L. 35 mm, B. 40 mm; Inv. 1480.
– 2 Fragmente Hüttenlehm (Dm. 30 mm); Inv. 1542.
– 2 Fragmente Hüttenlehm (80 x 60 x 20 mm und 30 x 30 x 20 mm) mit jeweils einer planen, geschwärzten Seite; Inv. 1575.
– 8 kleine Fragmente Hüttenlehm (Dm. 10 mm); 3 mittlere Brocken Hüttenlehm (ca. 40 x 60 x 20 mm), davon eines mit einem Y-förmigen Abdruck zweier Stangen; 1 großes Fragment Hüttenlehm (Dm. ca. 40 mm); Inv. 1576.
– 9 Kiesel; Dm. 20 mm; Inv. 1541.
– 1 Stößel aus Stein (80 x 50 mm); *Abb. 72,18*, Inv. 1585.
– 1 weißer Silexabschlag (45 x 25 x 10 mm); 1 grauer Silex (50 x 30 x 20 mm); *Abb. 73,20*, Inv. 1538.
– Schlacke; Gew. 106 g; Inv. 1539.

Befund 244

Art: Grubenrest
Form: wannenförmig
Größe: L. 0,72 m, B. 0,48 m
Erdabtrag: 0,6 m
max. Tiefe: 0,04 m
Schicht 1: dunkelbrauner Lösslehm.
Beschreibung: ovaler, sehr flacher Grubenrest (*Abb. 88*).

Funde:
– 1 Ws eines Gefäßes; Obfl. gegl./gegl.; F. grauocker/tiefschwarz; Dek.: eingeritzte Bögen (fragmentarisch erhalten); Mag. grob, GPK; *Abb. 75,1*, Inv. k_1.
– 1 Rs einer Schale; Obfl. gt. gegl./gegl.; F. ocker, ockerbraun/schwarzbraun; Mag. fein, KQ; Dm. 260 mm; *Abb. 75,2*, Inv. 1589.
– 1 Rs eines Topfes; Obfl. grb. gegl./grb. gegl.; F. grauocker, graubraun/schwarzbraun, graubraun; Dek.: Fingertupfen im Halsbereich und auf dem Rand; Mag. mittel, GKQ; Dm. 200 mm; *Abb. 75,3*, Inv. 1593.
– 1 Rs und 1 Ws einer Schale; Obfl. gt. gegl., pol./gt. gegl., pol.; F. tiefbraun/tiefbraun; Mag. mittel, GPK; Dm. größer als 200 mm; *Abb. 75,4*, Inv. 1585.
– 1 RS einer Schale; Obfl. gegl./gegl.; F. ocker/ocker; Mag. grob, GKQ; Dm. 160 bis 300 mm; *Abb. 75,5*, Inv. 1590.
– 1 Rs einer Schale; Obfl. gt. gegl., pol./gegl.; F. schwarzbraun/schwarzbraun; Mag. mittel, PK; Dm. 260 bis 500 mm; *Abb. 75,6*, Inv. 1586.
– 1 Rs einer Schale; Obfl. gt. gegl., pol./gegl.; F. schwarzbraun/ockerbraun; Mag. grob, GPK; Dm. n. f.; *Abb. 75,7*, Inv. 1586.
– 1 Rs eines Gefäßes; Obfl. gegl./gegl.; F. graubraun/graubraun; Mag. mittel, GPK; Dm. größer als 240 mm; *Abb. 75,8*, Inv. 1588.
– 1 Ws eines Gefäßes; Obfl. gt. gegl./gt. gegl.; F. schwarzgrau/schwarzgrau; Mag. mittel, GK; Inv. 1591.
– 2 Ws eines Gefäßes; Obfl. gegl./gegl.; F. schwarzbraun/schwarzbraun; Mag. mittel, GQ; Inv. 1592.

Befund 247

Art: Grubenhaus
Form: kastenförmig
Größe: L. 4,66 m, B. 3,34 m
Erdabtrag: 0,7 m
max. Tiefe: 0,88 m
max. Tiefe 2: 0,26 m
Schicht 1: mittelbrauner, gefleckter Lösslehm, mit wenigen Holzkohlepartikeln und gebranntem Lehm.
Schicht 2: mittelbrauner Löss.
Schicht 3: dunkelbrauner Lösslehm.
Beschreibung: rechteckiges Grubenhaus mit zwei annähernd mittig an den Schmalseiten angebrachten Pfostenlöchern c und d mit einer max. Tiefe von 0,62 bzw. 0,84 m. An der Südseite buchtet der Grundriss halbkreisförmig aus (e), dort befanden sich das Fragment eines Mahlsteins und eine Steinplatte. Die Grube a wird von einer ovalen Grube b mit einer max. Tiefe von 0,39 m überlagert (*Abb. 87*).

Funde:
– 1 Rs eines Gefäßes; Obfl. gt. gegl./gt. gegl.; F. tiefbraun/tiefbraun; Mag. n. e.; Dm. n. f.; *Abb. 75,9*, Inv. 1690.
– 5 Fragmente Hüttenlehm (Dm. ca. 30 bis 50 mm); Inv. 1691.
– 1 Kiesel oder Maasei (Dm. 30 mm); Inv. 1692.
– 1 vollständig zerbröselter glimmerhaltiger Stein; Inv. 1693.

Befund 251

Art: Grube
Form: kastenförmig
Größe: L. 4,36 m, B. 2,54 m
Erdabtrag: 0,7 m
max. Tiefe: 0,16 m
Schicht 1: dunkelbrauner, humoser Boden.
Beschreibung: annähernd rechteckige Grube mit ebener Sohle und stark verwaschenen und durch Tiergänge gestörten Rändern. Bei B befinden sich zwei größere Kalksteinplatten (*Abb. 87*).

Funde:
– 2 Rs einer Schale, DSK; Obfl. gt. gegl., pol./gt. gegl., pol.; F. schwarz/schwarz; Dek.: eingedrehte Rillen unterhalb des Randes; Mag. mittel, GK; Dm. 175 mm; *Abb. 75,10*, Inv. 1751.
– 1 Rs einer Schale, DSK; Obfl. gt. gegl., pol./gt. gegl., pol.; F. schwarz/schwarz; Dek.: drei eingedrehte Riefen unterhalb des Randes; Mag. grob, GK; Dm. n. f.; *Abb. 75,11*, Inv. 1752.
– 1 Rs und 1 Ws einer Schale, DSK; Obfl. gt. gegl./gt. gegl.; F. braun/schwarzbraun; Dek.: eine eingedrehte Rippe unterhalb des Randes; Mag. mittel, PK; Dm. 160 mm; *Abb. 75,13*, Inv. 1750.
– 5 Ws eines Gefäßes, DSK; Obfl. gt. gegl./gt. gegl.; F. hellbraun, schwarz/braun; Mag. grob, GPK; Inv. 1754.
– 14 Ws eines Gefäßes, DSK; Obfl. gt. gegl./gt. gegl.; F. braun/braun; Mag. fein, GK; Inv. 1755;
– 1 Ws eines Gefäßes; Obfl. gegl., ra./gegl., ra.; F. ziegel, grauschwarz/rotbraun; Dek.: Streifenbemalung (rot, schwarz, rot); Mag. grob, KP; *Abb. 75,12*, Inv. 1785.
– 4 Rs einer Schale; Obfl. gt. gegl., pol./gt. gegl.; F. grauschwarz/grauschwarz, ocker; Mag. grob, GK; Dm. n. f.; *Abb. 75,14*, Inv. 1753.
– 1 Rs und 3 Ws eines Gefäßes; Obfl. gt. gegl./gt. gegl.; F. grauschwarz/grauschwarz; Mag. grob, GPK; Dm. n. f.; *Abb. 75,15*, Inv. 1766.
– 2 Rs und 8 Ws eines Topfes; Obfl. gegl./gegl.; F. ocker, braun/schwarzbraun; Mag. grob, PK; Dm. 220 mm; *Abb. 75,16*, Inv. 1764.
– 1 Ws eines Gefäßes; Obfl. gt. gegl., Bstrich./gt. gegl.; F. braun/ocker; Mag. mittel, GK; *Abb. 75,17*, Inv. 1761.
– 1 Rs eines Topfes; Obfl. gegl./gegl.; F. ocker/schwarzgrau; Mag. sehr grob, KQ; Dm. 240 mm; *Abb. 75,18*, Inv. 1775.
– 1 Rs und 1 Ws eines Gefäßes; Obfl. gegl./gegl.; F. ocker/ocker; Mag. grob, GK; Dm. n. f.; *Abb. 75,19*, Inv. 1777.
– 1 Rs und 5 Ws einer Schale; Obfl. gegl./gegl.; F. braun/schwarzbraun; Mag. grob, GKQ; Dm. 220 mm; *Abb. 75,20*, Inv. 1757.
– 2 Rs einer Schale; Obfl. grb. gegl./grb. gegl.; F. graubraun/graubraun; Mag. mittel, GPK; Dm. 200 mm; Bem.: mit Ausguss; *Abb. 75,21*, Inv. 1779.
– 1 Rs einer Schale; Obfl. gegl./gegl.; F. schwarz/schwarz; Mag. sehr grob, GKQ; Dm. 180 mm; *Abb. 76,1*, Inv. 1780.
– 1 Rs einer Schale; Obfl. gegl., unregelmäßiger Bstrich./gegl.; F. schwarzgrau, ocker/schwarzgrau; Mag. grob, GK; Dm. 210 mm; *Abb. 76,2*, Inv. 1760.
– 2 Rs und 6 Ws einer Schale; Obfl. gt. gegl., pol./gt. gegl.; F. schwarzbraun/schwarz; Mag. grob, GK; Dm. 220 mm; *Abb. 76,3*, Inv. 1763.
– 1 Rs und 1 Ws einer Schale; Obfl. gegl./gegl.; F. grauschwarz/grauschwarz; Mag. grob, GKQ; Dm. 280 mm; *Abb. 76,4*, Inv. 1768.
– 1 Rs eines Gefäßes; Obfl. gegl./gegl.; F. baunschwarz/braunschwarz; Dek.: diagonale Kerben auf dem Rand; Mag. mittel, PKQ; Dm. n. f.; *Abb. 76,5*, Inv. 1778.
– 1 Rs eines Gefäßes; Obfl. grb. gegl./grb. gegl.; F. rotbraun/grau; Dek.: tiefe runde Fingereindrücke auf dem Rand; Mag. sehr grob, KQ; Dm. n. f.; *Abb. 76,6*, Inv. 1776.
– 1 Ws eines Gefäßes; Obfl. gegl./grb. gegl.; F. schwarzbraun/schwarzbraun; Dek.: zwei gegenständige Reihen von Fingernageleindrücken (8 mm); Mag. grob, GPK; *Abb. 76,7*, Inv. 1774.
– 1 Rs und 1 Ws einer Schale; Obfl. gegl./grb. gegl.; F. rotbraun, graubraun/schwarz, braun; Dek.: langovale Dellen auf der Gefäßschulter; Mag. grob, GK; Dm. 100 mm; *Abb. 76,8*, Inv. 1773.
– 1 Rs und 1 Ws einer Schale; Obfl. oben gt. gegl., pol., unten gegl./gt. gegl., pol.; F. ocker, schwarz/schwarz, ocker; Mag. grob, KQ; Dm. n. f.; *Abb. 76,9*, Inv. 1765.
– 2 Rs und 4 Ws einer Schale; Obfl. gegl./gegl.; F. grau, ocker/grau; Dek.: eine Reihe Fingertupfen auf der Gefäßschulter; Mag. sehr grob, GPK; Dm. 160 mm; *Abb. 76,10*, Inv. 1771.
– 2 Rs einer Schale; Obfl. gegl./gegl.; F. schwarzbraun/schwarzbraun; Dek.: eine umlaufende Reihe von Fingereindrücken (9 mm); Mag. grob, GKQ; Dm. 120 mm; *Abb. 76,11*, Inv. 1772.
– 1 Bs eines Gefäßes; Obfl. gt. gegl./gt. gegl.; F. grauschwarz, braun/braunschwarz; Mag. grob, PKQ; Dm. (B) 110 mm; *Abb. 77,1*, Inv. 1781.
– 5 Ws und 1 Bs eines Gefäßes; Obfl. gegl./gegl.; F. braun, schwarz/braun; Mag. grob, GKQ; Dm. 220 mm; *Abb. 77,2*, Inv. 1757.
– 3 Ws eines Gefäßes; Obfl. gt. gegl./gt. gegl.; F. grauschwarz/grauschwarz; Mag. fein, GK; Inv. 1756.
– 1 Ws eines Gefäßes; Obfl. gt. gegl./gt. gegl.; F. graubraun/graubraun; Mag. grob, GK; Inv. 1758.
– 1 Ws eines Gefäßes; Obfl. gt. gegl./gt. gegl.; F. braun/schwarzgrau; Mag. grob, GK; Inv. 1759.
– 3 Ws eines Gefäßes; Obfl. gegl./gegl.; F. ocker/grau; Mag. mittel, GKQ; Inv. 1769_2.
– 1 Ws eines Gefäßes; Obfl. gegl./gegl.; F. grauschwarz, ocker/grauschwarz, ocker; Mag. grob, GPK; Inv. 1770.
– 1 Ws eines Gefäßes; Obfl. gegl./grb. gegl.; F. braunschwarz/braun, ocker; Mag. grob, GPK; Inv. 1782.
– 12 Ws eines Gefäßes; Obfl. gschlickr./gegl.; F. ockergrau/ockergrau; Mag. sehr grob, GK; Inv. 1783.
– 38 Ws eines Gefäßes; Obfl. gegl./gegl.; F. ockerbraun/ockerbraun; Mag. sehr grob, GPK; Inv. 1784.
– Tierknochen (entnommen); Inv. 1786.
– Schlacke; Gew. 169 g; Inv. 1787.

Befund 254

Art: Grube
Form: getreppt kesselförmig
Größe: 1,12 m
Erdabtrag: 0,7 m
max. Tiefe: 0,5 m
max. Tiefe 2: 0,18 m
Schicht 1: dunkelbrauner Lösslehm.
Schicht 2: gefleckter Lösslehm.
Beschreibung: runde, getreppte Grube mit leicht ansteigender Sohle.

Funde:
– 1 Rs und 2 Ws eines Gefäßes; Obfl. gegl., fein gschlickr./gegl.; F. graubraun/ockerbraun; Mag. mittel, GK; Dm. n. f.; Bem.: schräg abgestrichener Rand; *Abb. 77,3*, Inv. 1806.
– 1 Rs eines Gefäßes; Obfl. gt. gegl./gt. gegl.; F. grauschwarz/braunschwarz; Mag. fein, KQ; Dm. n. f.; *Abb. 77,4*, Inv. 1805.
– 1 Rs eines Gefäßes; Obfl. gegl./grb. gegl.; F. ocker/ocker; Mag. mittel, GP; Dm. n. f.; *Abb. 77,5*, Inv. 1808.
– 1 Bs eines Gefäßes; Obfl. gegl./gegl.; F. grau/grau; Mag. mittel, P; Dm. (B) n. f.; *Abb. 77,6*, Inv. 1807.
– 4 Ws eines Gefäßes; Obfl. gt. gegl./gt. gegl.; F. tiefschwarz/tiefschwarz; Mag. fein, G; Inv. 1804.
– 3 Ws eines Gefäßes; Obfl. gegl./gegl.; F. ockergrau/ockergrau; Mag. grob, GK; Inv. 1809_1.
– 5 Ws eines Gefäßes; Obfl. gegl./gegl.; F. graubraun/graubraun; Mag. fein, GP; Inv. 1809_3.
– 3 Ws eines Gefäßes; Obfl. grb. gegl./gegl.; F. rotbraun/ockergrau; Mag. grob, KA; Inv. 1809_2.

Befund 255

Art: Trichtergrube
Form: trichterförmig
Größe: L. 1,48 m, B. 1,18 m
Erdabtrag: 0,7 m
max. Tiefe: 0,66 m
Schicht 1: mittelbrauner Lösslehm, durchsetzt mit Brandschutt.
Schicht 2: humoser, stark aschehaltiger Boden.
Schicht 3: stark gefleckter Lösslehm.
Beschreibung: runde, trichterförmige Grube mit ebener Sohle, Ränder durch Tiergänge verwaschen (*Abb. 81*).

Funde:
– 1 halbrund gebogener, gekehlter Blechstreifen, beide Enden abgebrochen; L. 65 mm, B. 6 mm; *Abb. 77,8*, Inv. 1418.
– 1 Armreif aus einem halbrund gebogenen, in zwei Teile gebrochenen Bronzedraht; L. 65 mm, B. 10 mm, Dm. 75 mm; *Abb. 77,7*, Inv. 1840.
– 1 doppelkonischer Spinnwirtel aus Ton mit einziehender Unterseite; L. 25 mm, Gew. 12 g; *Abb. 77,9*, Inv. 1811.
– 1 doppelkonischer Spinnwirtel aus Ton; L. 20 mm, Gew. 22 g; Dek.: umlaufende, vertikale Riefen, auf der unteren Seite zehn radial angeordnete runde Eindrücke; *Abb. 77,10*, Inv. 1810.
– 1 flachovaler Spinnwirtel aus Ton; L. 14 mm, Gew. 27 g; *Abb. 77,11*, Inv. 1812.
– 1 flachovaler Spinnwirtel aus Ton; L. 18 mm, Gew. 10 g; *Abb. 77,12*, Inv. 1813.
– 3 Ws eines Gefäßes, DSK; Obfl. gt. gegl., pol./gt. gegl.; F. grauschwarz/grauschwarz; Mag. fein, GP; Inv. 1814.
– 2 Rs eines Gefäßes; Obfl. grb. gegl./grb. gegl.; F. tiefbraun/schwarzbraun; Mag. sehr grob, KQ; Dm. n. f.; *Abb. 77,13*, Inv. 1832.
– 1 Rs und 3 Ws eines Gefäßes; Obfl. gt. gegl./gt. gegl.; F. grauschwarz/grauschwarz; Mag. fein, GP; Dm. n. f.; *Abb. 77,14*, Inv. 1817.
– 1 Rs und 1 Ws eines Gefäßes; Obfl. gt. gegl./gt. gegl.; F. grauschwarz/grauschwarz; Mag. mittel, GK; Dm. n. f.; *Abb. 77,15*, Inv. 1816.
– 1 Rs eines Gefäßes; Obfl. gegl., sehr ra./gegl., sehr ra.; F. grau/grau; Mag. sehr grob, GP; Dm. n. f.; *Abb. 77,16*, Inv. 1835.
– 1 Rs und 3 Ws eines Gefäßes; Obfl. gegl./gegl.; F. grauschwarz/grauschwarz; Dek.: Kerben auf der Randlippe; Mag. grob, GQ; Dm. n. f.; *Abb. 77,17*, Inv. 1824.
– 2 Rs eines Gefäßes; Obfl. gschlickr./grb. gegl.; F. schwarzbraun/schwarzgrau; Dek.: Kerben auf der Randlippe; Mag. grob, GPK; Dm. n. f.; *Abb. 77,18*, Inv. 1831.
– 1 Rs eines Gefäßes; Obfl. fein gschlickr./gegl.; F. graubraun, ocker/grauocker, graubraun; Dek.: Dellen auf der Randlippe; Mag. grob, GPK; Dm. n. f.; *Abb. 77,19*, Inv. 1834.
– 1 Rs eines Gefäßes; Obfl. gegl./gegl.; F. ocker/ockerbraun; Mag. grob, GK; Dm. n. f.; *Abb. 77,20*, Inv. 1830.

– 2 Rs und 1 Ws einer Schale; Obfl. gt. gegl., pol./gt. gegl., pol.; F. ocker, grauocker/grauschwarz; Mag. grob, GKQ; Dm. 260 mm; *Abb. 77,21*, Inv. 1820.
– 1 Ws eines Gefäßes; Obfl. gegl./gegl.; F. braun/ocker; Mag. mittel, GP; Bem.: mehrfach durchlochte Siebwand; *Abb. 77,22*, Inv. 1819.
– 1 Bs eines Gefäßes; Obfl. gt. gegl., pol./gt. gegl., pol.; F. ocker, schwarzbraun/schwarzbraun; Mag. grob, GPK; Dm. (B) n. f.; *Abb. 78,1*, Inv. 1825.
– 1 Bs eines Gefäßes; Obfl. gt. gegl./gt. gegl., Reste eines glänzenden Überzugs; F. graubraun/ocker, graubraun; Mag. fein, GKQ; Dm. (B) 65 mm; *Abb. 78,2*, Inv. 1826.
– 1 Bs eines Gefäßes; Obfl. grb. gegl./grb. gegl.; F. ockergrau/ocker, braun; Mag. mittel, GPK; Dm. (B) 100 mm; *Abb. 78,3*, Inv. 1829.
– 1 Bs eines Gefäßes; Obfl. gt. gegl., pol./gt. gegl.; F. schwarzbraun/graubraun; Mag. mittel, GPK; Dm. (B) 65 mm; *Abb. 78,4*, Inv. 1821.
– 1 Bs eines Gefäßes; Obfl. gegl./gegl.; F. ocker, schwarzbraun/schwarzbraun; Mag. grob, GKQ; Dm. (B) 60 mm; *Abb. 78,5*, Inv. 1828.
– 2 Bs eines Gefäßes; Obfl. gt. gegl./gt. gegl.; F. ocker, grauschwarz/ocker; Mag. mittel, GPK; Dm. (B) 50 mm; *Abb. 78,6*, Inv. 1823.
– 3 Bs eines Gefäßes; Obfl. grb. gegl./grb. gegl.; F. ocker/ocker; Mag. sehr grob, GPK; Dm. (B) 100 mm; *Abb. 78,7*, Inv. 1827.
– 1 Rs, 6 Ws und 2 Bs eines Gefäßes; Obfl. gt. gegl., pol./gt. gegl.; F. braunschwarz, ziegel/braunschwarz, ziegel; Mag. mittel, GPK; Dm. (B) 120 mm; *Abb. 78,8*, Inv. 1815.
– 1 Ws eines Gefäßes; Obfl. gt. gegl., pol./gt. gegl., pol.; F. tiefschwarz/tiefschwarz; Mag. mittel, GKQ; Inv. 1818.
– 5 Ws eines Gefäßes; Obfl. gt. gegl./gt. gegl.; F. tiefschwarz/tiefschwarz; Mag. grob, GPK; Inv. 1818.
– 7 Ws eines Gefäßes; Obfl. gt. gegl./gt. gegl.; F. ocker, grauschwarz/grauschwarz, ocker; Mag. mittel, GKQ; Inv. 1818_2.
– 15 Ws eines Gefäßes; Obfl. gt. gegl./gt. gegl.; F. graubraun, ockergrau/graubraun, ockergrau; Mag. mittel, GPK; Inv. 1818.
– 1 Ws eines Gefäßes; Obfl. gt. gegl., pol./gt. gegl., pol.; F. grauschwarz/grauschwarz; Mag. mittel, GQ; Inv. 1822.
– 2 Ws eines Gefäßes; Obfl. grb. gegl./grb. gegl.; F. grauschwarz/grauschwarz; Mag. fein, GP; Inv. 1833.
– 9 Ws eines Gefäßes; Obfl. gegl./gegl.; F. grauschwarz/grauschwarz; Mag. n. e.; Inv. 1836.
– 18 Ws eines Gefäßes; Obfl. gschlickr./gegl.; F. ockergrau, graubraun/grauschwarz; Mag. grob, GPK; Inv. 1837.
– 15 Ws eines Gefäßes; Obfl. gegl./gegl.; F. ziegel, grauocker/ziegel, tiefbraun; Mag. grob, GPQ; Inv. 1838.
– Tierknochen (entnommen); Inv. 1845.
– 1 bröseliger, stark glimmerhaltiger Stein; Dm. ca. 30 mm; Inv. 1844.
– 5 große Fragmente Hüttenlehm (ca. 80 x 10 x 40 mm), zum Teil mit einer glatten Fläche und Abdrücken von Holzkonstruktionen; 8 kleinere Fragmente Hüttenlehm (Dm. ca. 40 mm); Inv. 1841.
– 2 stark glimmerhaltige Steine (Dm. 30 mm); Inv. 1842.

Befund 282

Art: Grubenkomplex
Form: kesselförmig
Größe: L. 2,46 m, B. 2,14 m
Erdabtrag: 0,8 m
max. Tiefe: 0,62 m
max. Tiefe 2: 0,34 m
Schicht 1: dunkelbrauner Lösslehm mit vereinzelten Lössflecken.
Schicht 2: humoser, gefleckter Lösslehm.
Schicht 3: Einbrennsohle.
Beschreibung: annähernd ovaler Befundkomplex, im Planum nur schwer vom anstehenden Boden abgrenzbar. Die ovale, wannenförmige Grube *a* mit konvexer Sohle und einer max. Tiefe von 0,34 m wird von der ovalen, trichterförmigen Grube *c* mit einer max. Tiefe von 0,64 m überlagert. Der Keil entstand wahrscheinlich durch den Einbruch der Wandung von Grube *a*. Runder, wannenförmiger Grubenrest *b* mit einer max. Tiefe von 0,12 m schneidet *c* (*Abb. 92*).

Funde:
– 1 Ws eines Gefäßes; Obfl. gegl./gt. gegl.; F. graubraun/graubraun; Mag. n. e.; Inv. 1923_2.
– 8 Ws eines Gefäßes; Obfl. grb. gegl., ra./grb. gegl.; F. ockerbraun/ockerbraun; Mag. grob, KQ; Inv. 1923_1.
– 2 Fragmente Hüttenlehm (ca. 40 x 40 x 20 mm); Inv. 1925.

Bereich zwischen den Messlinien M7 und M10

Lesefunde:
- 1 Rs und 4 Ws einer Schale, DSK; Obfl. gt. gegl., pol./gt. gegl., pol.; F. schwarzgrau/schwarzgrau; Mag. n. e.; Dm. n. f.; *Abb. 78,17*, k_33.
- 1 Rs eines Topfes; Obfl. gegl., ra./gegl.; F. ocker/grauschwarz; Dek.: Fingertupfenleiste unterhalb des Randes; Mag. grob, KAQ; Dm. n. f.; *Abb. 78,9*, Inv. k_13.
- 1 Ws eines Gefäßes; Obfl. gegl./grb. gegl.; F. dunkelbraun/dunkelbraun; Dek.: Leiste; Mag. grob, PKA; *Abb. 78,10*, Inv. k_12.
- 1 Ws eines Gefäßes; Obfl. gegl./gegl.; F. ocker/grauschwarz; Dek.: Fingertupfenleiste; Mag. grob, GKQ; *Abb. 78,11*, Inv. k_10.
- 1 Ws eines Gefäßes; Obfl. gegl./gegl.; F. grau/grau; Dek.: fünf Reihen Ratterdekor; Mag. n. e.; *Abb. 78,12*, Inv. k_34.
- 1 Ws eines Gefäßes; Obfl. gt. gegl./gt. gegl.; F. schwarzbraun/schwarzbraun; Dek.: Band mit eingestochenen Punkten; Mag. n. e.; *Abb. 78,13*, Inv. k_35.
- 1 Ws eines Gefäßes; Obfl. gegl./gegl.; F. braun/schwarz; Dek.: horizontale und vertikale Linien; Mag. fein, GKQ; *Abb. 78,14*, Inv. k_36.
- 1 Ws eines Gefäßes; Obfl. gegl./gegl.; F. rotbraun/ocker; Dek.: drei Rippen; Mag. mittel, PK; *Abb. 78,15*, Inv. k_11.
- 1 Rs eines Gefäßes; Obfl. gegl., ra./gegl.; F. ziegel/ocker; Mag. sehr grob, KQ; Dm. n. f.; *Abb. 78,16*, Inv. k_29.
- 1 Rs eines Gefäßes; Obfl. gt. gegl./gt. gegl.; F. grau/grau; Mag. grob, GPK; Dm. n. f.; *Abb. 78,18*, Inv. k_23.
- 1 Rs eines Gefäßes; Obfl. gegl./gegl.; F. braun/braun; Mag. n. e.; Dm. n. f.; *Abb. 78,19*, Inv. k_31.
- 1 Ws eines Gefäßes; Obfl. gegl./gegl.; F. hellbraun/ziegel; Dek.: Leiste mit rautenförmigen Eindrücken; Mag. grob, KQ; *Abb. 78,20*, Inv. k_9.
- 1 Rs eines Gefäßes; Obfl. gegl./gegl.; F. schwarzbraun/schwarzbraun; Mag. grob, KQ; Dm. n. f.; *Abb. 78,21*, Inv. k_27.
- 1 Rs eines Gefäßes; Obfl. gegl./gegl.; F. ocker/braun; Mag. fein, GQ; Dm. n. f.; *Abb. 78,22*, Inv. k_32.
- 1 Rs eines Gefäßes; Obfl. grb. gegl./gegl.; F. grau/graubraun; Mag. mittel, GK; Dm. n. f.; *Abb. 78,23*, Inv. k_25.
- 1 Rs einer Schale; Obfl. gt. gegl./gt. gegl.; F. ocker/ocker; Mag. grob, PK; Dm. n. f.; *Abb. 78,24*, Inv. k_22.
- 1 Rs eines Gefäßes; Obfl. gt. gegl./gt. gegl.; F. braun/braun; Mag. grob, GK; Dm. n. f.; *Abb. 78,25*, Inv. k_30.
- 1 Rs eines Gefäßes; Obfl. gegl./gegl.; F. braun, schwarz/ockergrau; Mag. grob, GPQ; Dm. n. f.; *Abb. 78,26*, Inv. k_24.
- 1 Rs eines Gefäßes; Obfl. gegl./gegl.; F. rotbraun/braun; Mag. sehr grob, KA; Dm. n. f.; *Abb. 78,27*, Inv. k_26.
- 1 Rs eines Gefäßes; Obfl. gegl./gegl.; F. ocker/ocker; Mag. grob, PK; Dm. n. f.; *Abb. 78,28*, Inv. k_28.
- 1 Rs eines Topfes; Obfl. gegl., ra./gegl., ra.; F. ziegel, braun/ziegel, braun; Dek.: umlaufende Reihe von dreieckigen Einstichen unterhalb des Randes; Mag. grob, KAQ; Dm. n. f.; *Abb. 78,29*, Inv. k_21.
- 1 Rs eines Topfes; Obfl. grb. gegl./grb. gegl.; F. rotbraun/rotbraun, braun; Mag. sehr grob, GPK; Dm. n. f.; *Abb. 78,30*, Inv. k_15.
- 1 Rs eines Gefäßes; Obfl. grb. gegl./grb. gegl.; F. ocker/ocker; Mag. sehr grob, GK; Dm. n. f.; *Abb. 78,31*, Inv. k_7.
- 1 Rs eines Topfes; Obfl. gegl./gegl.; F. ocker/ocker; Dek.: diagonale Einstiche umlaufend unterhalb des Halses; Mag. grob, PAQ; Dm. 480 mm; *Abb. 79,1*, Inv. k_42.
- 1 Rs eines Topfes; Obfl. gt. gegl./gt. gegl.; F. braun/braun; Mag. grob, KPAQ; Dm. größer als 500 mm; *Abb. 79,2*, Inv. k_43.
- 1 Bs eines Gefäßes; Obfl. gt. gegl./gt. gegl.; F. ocker/ocker; Mag. grob, PKQ; Dm. (B) 100 mm; *Abb. 79,3*, Inv. k_44.
- 1 Fragment eines Henkels; Obfl. gegl.; F. graubraun; Mag. mittel, A; *Abb. 79,4*, Inv. k_16.
- 1 Bs eines Gefäßes; Obfl. gt. gegl./gt. gegl.; F. ocker/ocker; Mag. grob, KA; Dm. (B) n. f.; *Abb. 79,5*, Inv. k_41.
- 30 Ws eines Gefäßes; Obfl. gegl./gegl.; F. ocker/ocker; Mag. grob, PKA; Inv. k_1.
- 81 Ws eines Gefäßes; Obfl. gegl./gegl.; F. ocker/ocker; Mag. grob, GPK; Inv. k_2.
- 33 Ws eines Gefäßes; Obfl. gegl., ra./gegl.; F. grau, ocker, grauschwarz/grau, ocker, grauschwarz; Mag. sehr grob, GKQ; Inv. k_3.
- 51 Ws eines Gefäßes; Obfl. gegl./gegl.; F. ocker, ziegel/grauschwarz, grau, graubraun; Mag. sehr grob, GPKA; Inv. k_4.
- 1 Ws eines Gefäßes; Obfl. grb. gegl., ra./grb. gegl., ra.; F. ocker/braun; Mag. sehr grob, GK; Inv. k_5.
- 126 Ws eines Gefäßes; Obfl. gegl./gegl.; F. braun, schwarzbraun, grauschwarz/braun, schwarzbraun, grauschwarz; Mag. grob, GK; Inv. k_6.
- 26 Ws eines Gefäßes; Obfl. gegl., ra./gegl.; F. ocker/ocker; Mag. grob, KAQ; Inv. k_20.
- 1 Ws eines Gefäßes; Obfl. gegl./gegl.; F. ocker/ocker; Mag. mittel, GK; Inv. k_38.
- 1 langovaler Kiesel (15 x 30 x 20 mm); 1 spitz zulaufender Steinkeil (60 x 10 x 10 mm), eventuell Schleifstein oder Beil; 1 runde Feuersteinknolle (Dm. 20 mm); 7 Silexabschläge; Inv. k_17.
- 1 Feuersteinknolle (Dm. 20 mm); 7 Silexabschläge; Inv. k_17.
- 1 keilförmiger, gegl. Stein, eventuell Schleifstein; Inv. k_18.
- 1 Ws eines Gefäßes, Phokäische Terra sigillata; Inv. k_37,1070.

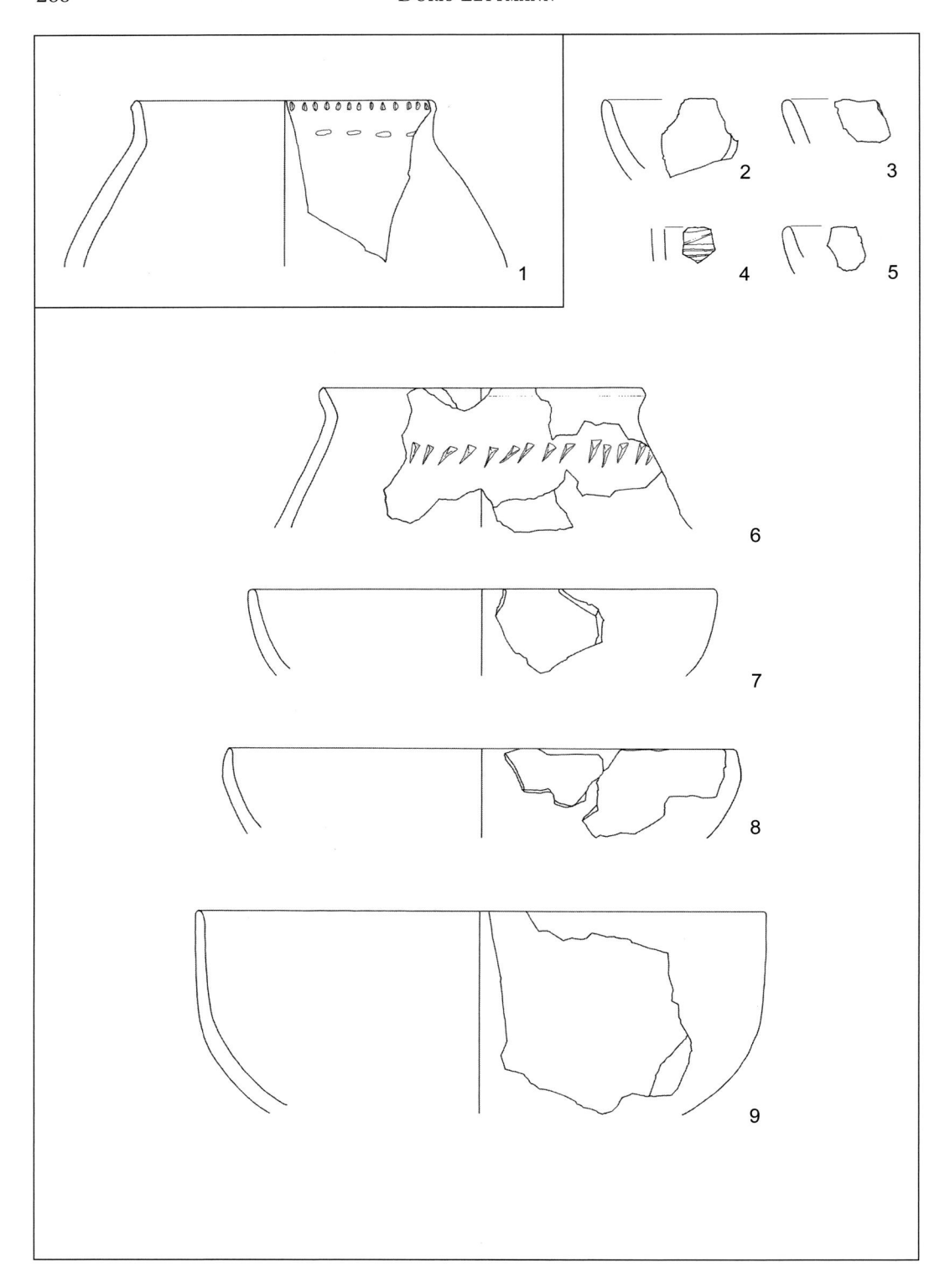

Abb. 17: Mengen ‚Löchleacker'. 1: Bef. 24; 2–9: Bef. 40. – M 1 : 3.

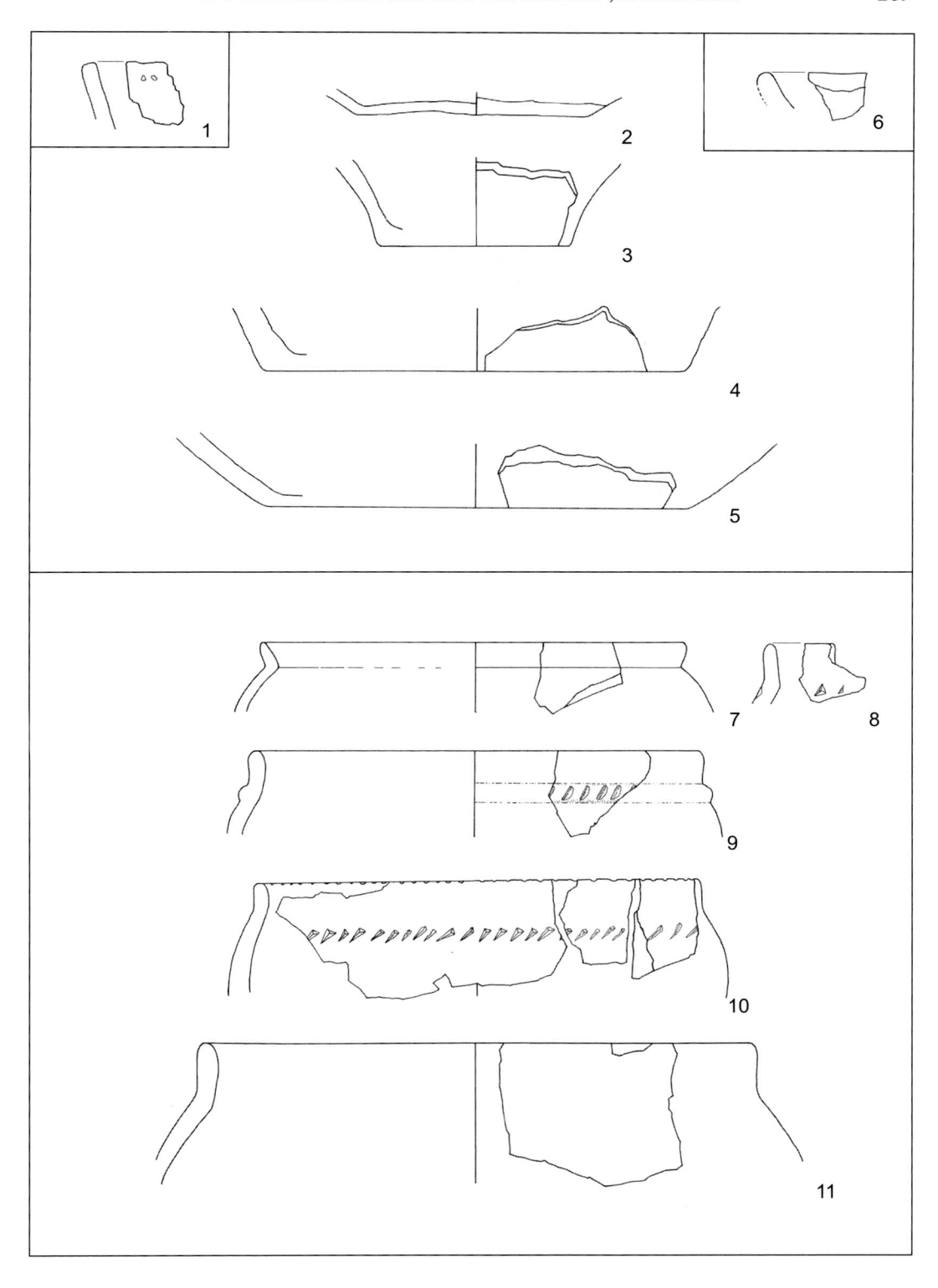

Abb. 18: Mengen ‚Löchleacker'. 1: Bef. 41; 2–5: Bef. 43; 6: Bef. 45; 7–11: Bef. 51. – M 1 : 3.

Abb. 19: Mengen ‚Löchleacker'. 1–3: Bef. 51; 4–14: Bef. 60; 15–17: Bef. 71. – M 1:3.

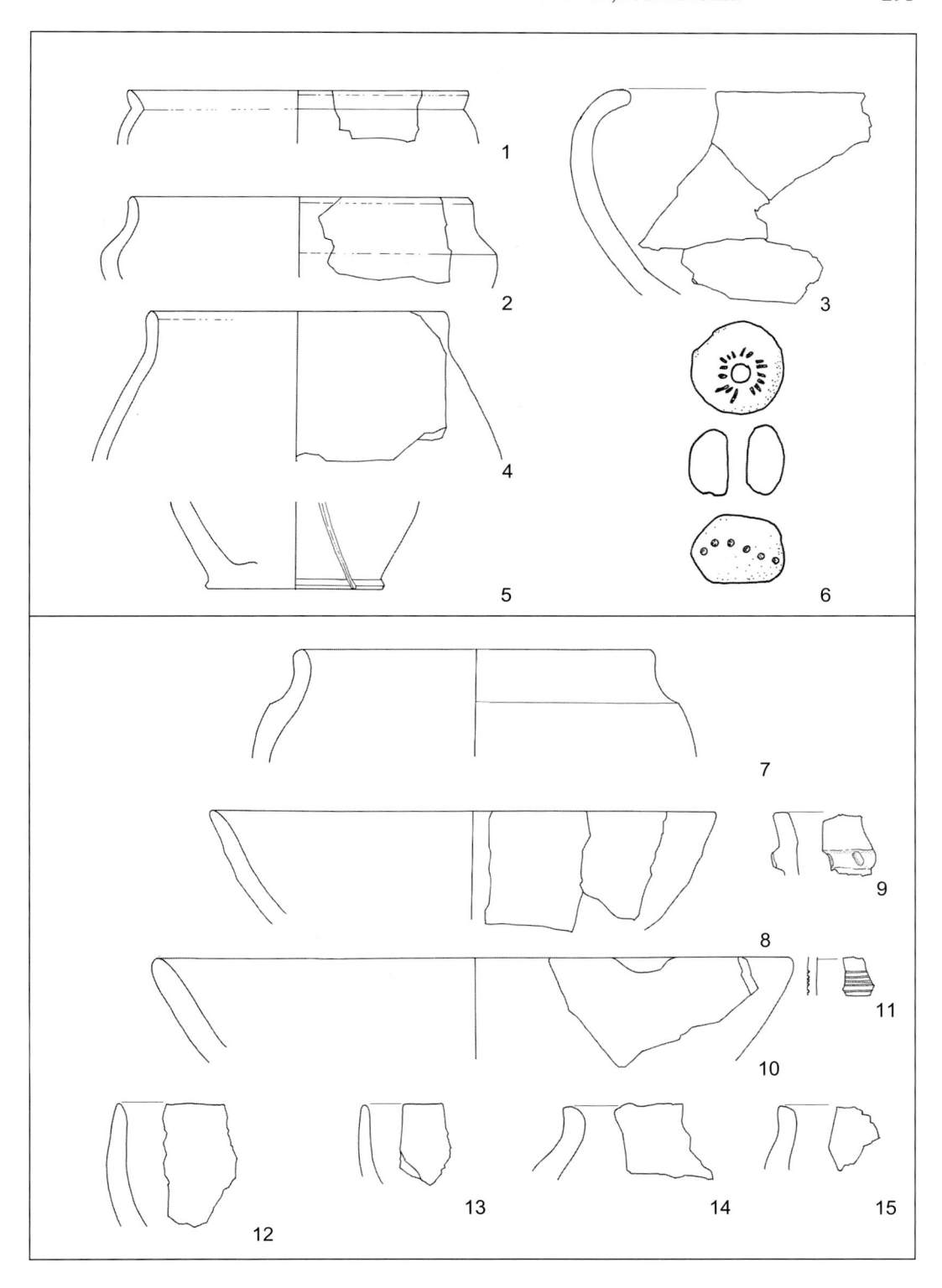

Abb. 20: Mengen ‚Löchleacker'. 1–6: Bef. 71; 7–15: Bef. 77. – M 1 : 3 (außer 6: M 1 : 2).

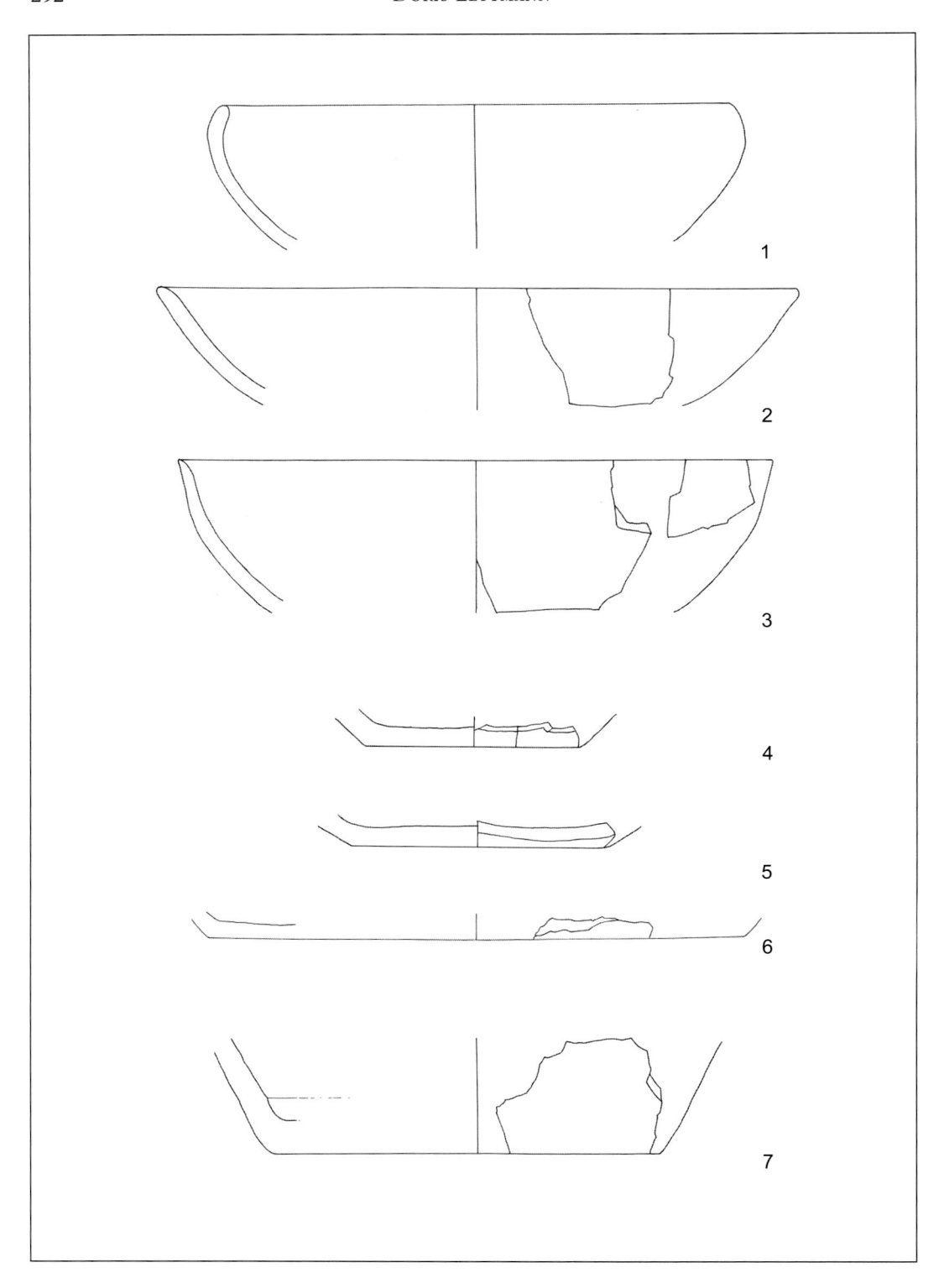

Abb. 21: Mengen ‚Löchleacker'. Bef. 77. – M 1:3.

Die eisenzeitliche Siedlung von Mengen ‚Löchleacker'   293

Abb. 22: Mengen ‚Löchleacker'. 1: Bef. 83; 2–28: Bef. 83–85. – M 1:3.

Abb. 23: Mengen ‚Löchleacker'. Bef. 83–85. – M 1:3 (außer 17: M 1:2).

Abb. 24: Mengen ‚Löchleacker'. Bef. 83–85. – M 1 : 3.

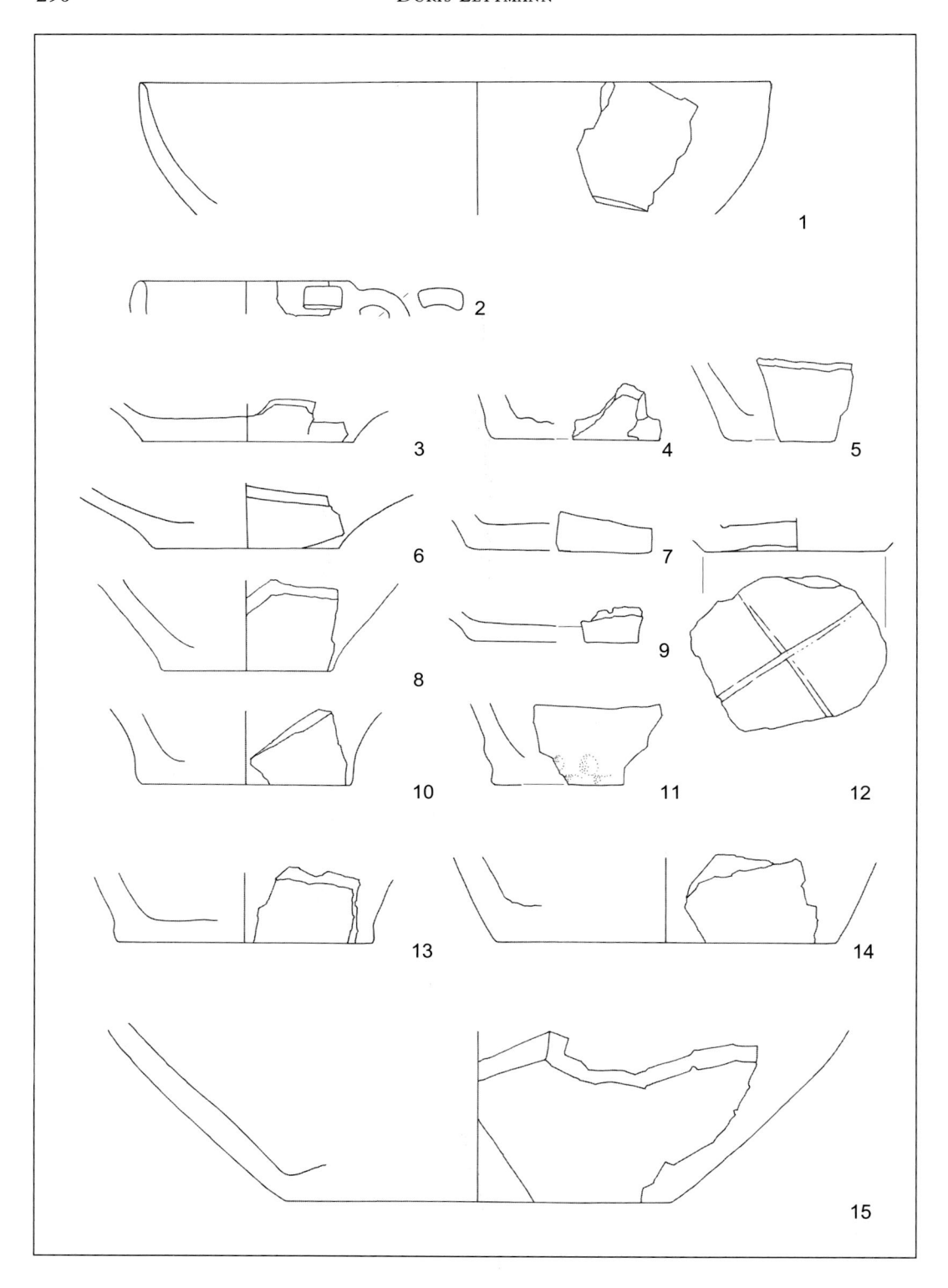

Abb. 25: Mengen ‚Löchleacker'. Bef. 83–85. – M 1:3.

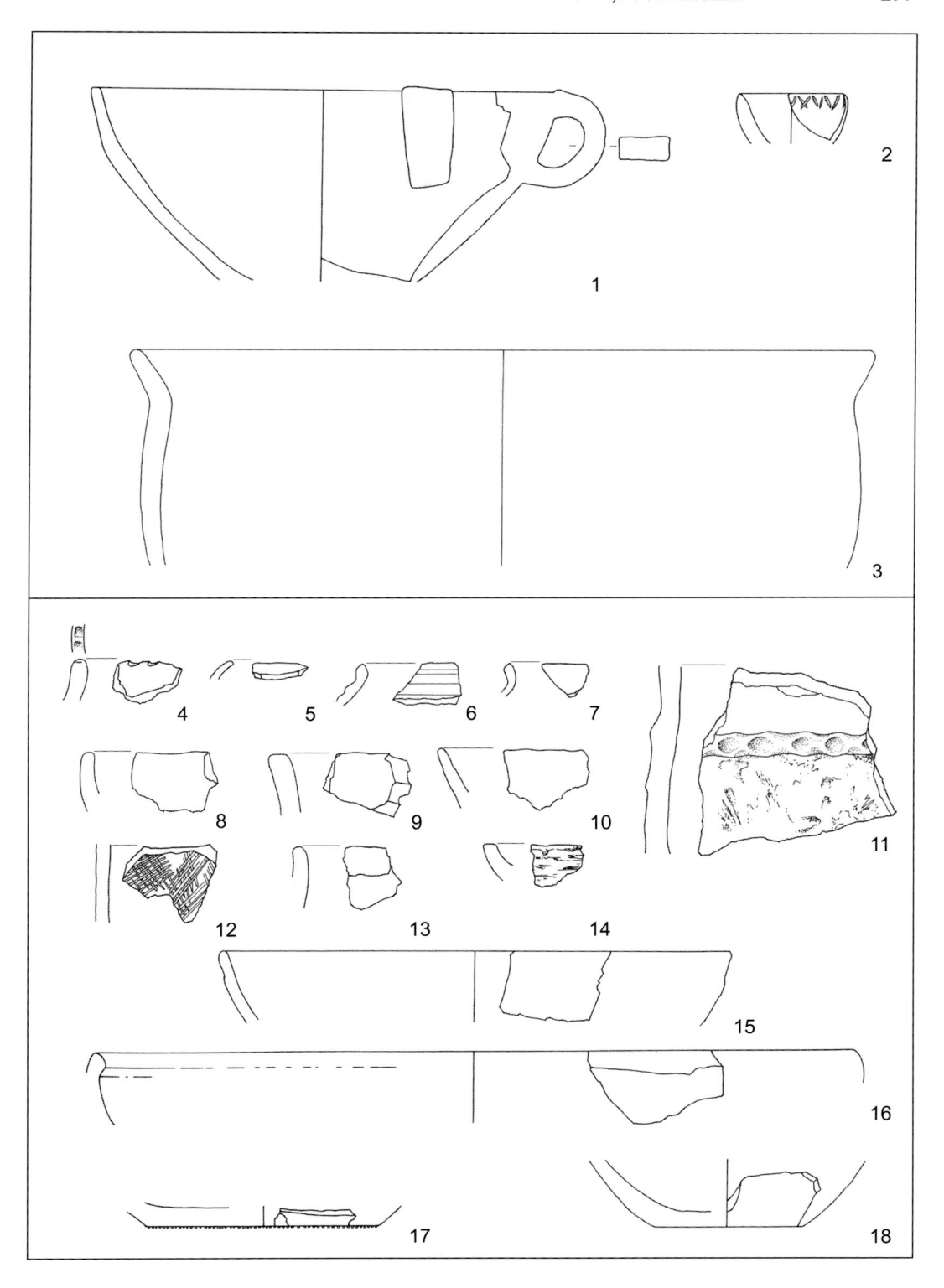

Abb. 26: Mengen ‚Löchleacker'. 1–3: Bef. 85; 4–18: Bef. 86a. – M 1 : 3.

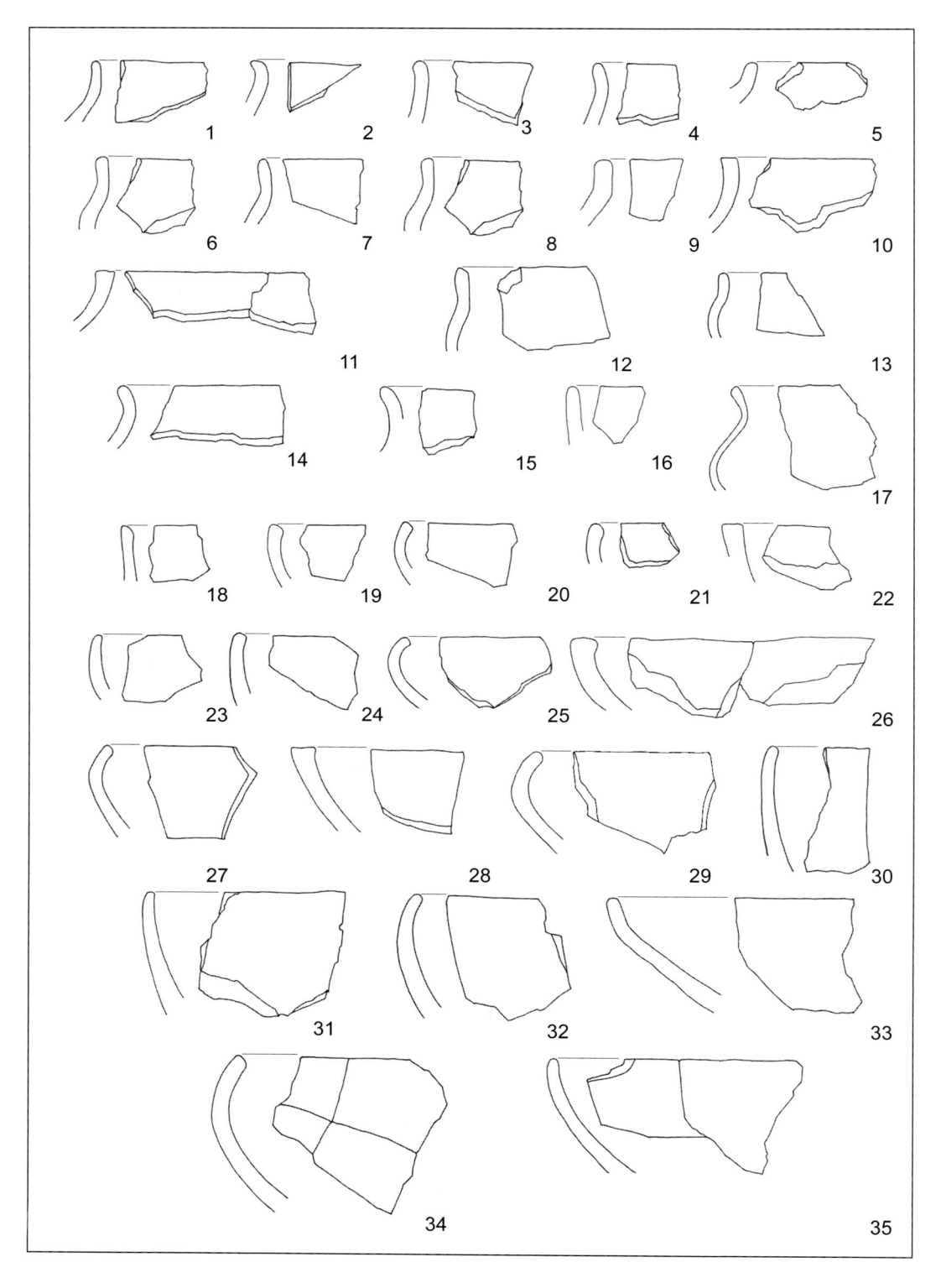

Abb. 27: Mengen ‚Löchleacker'. Bef. 86. – M 1 : 3.

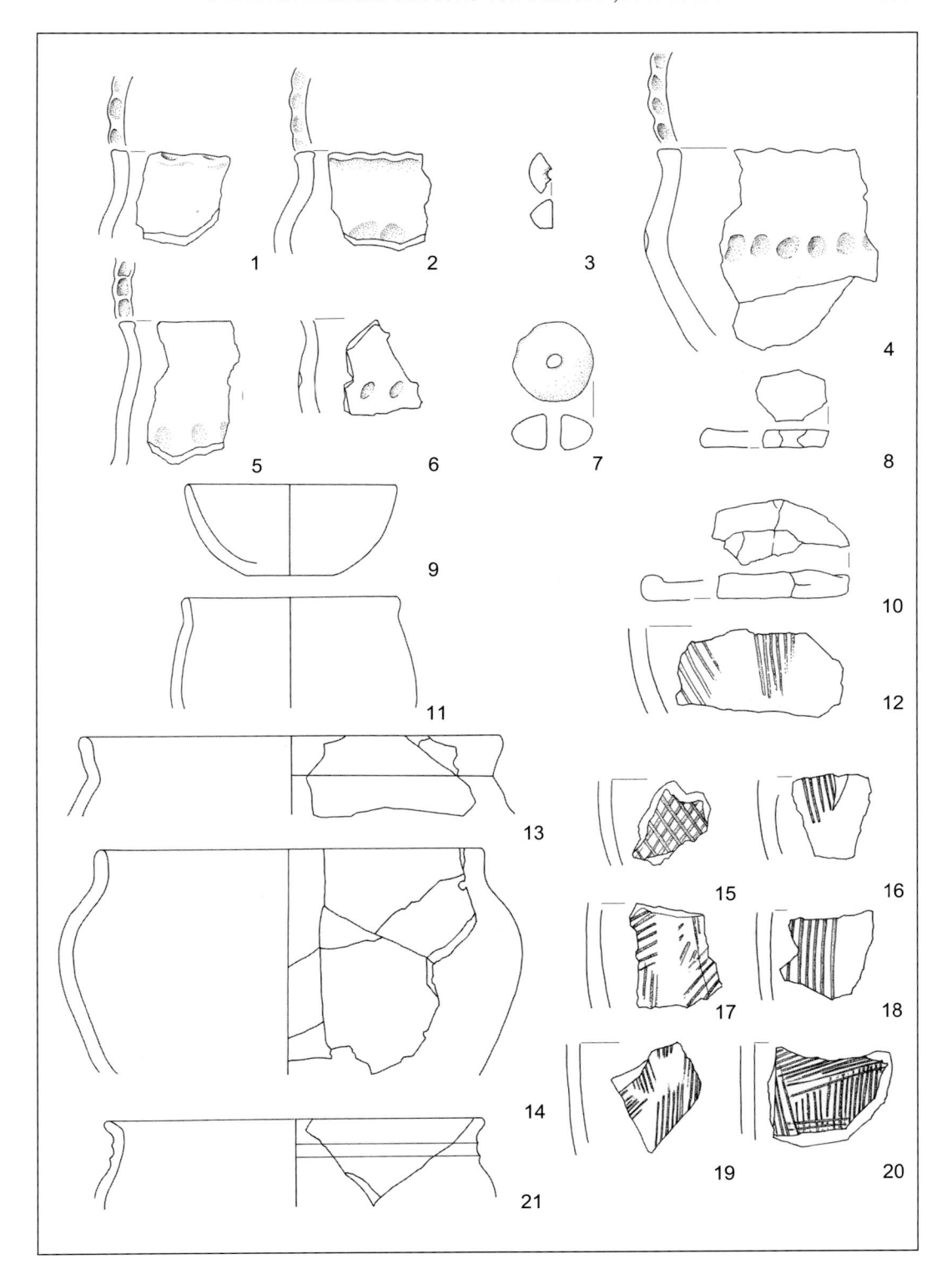

Abb. 28: Mengen ‚Löchleacker'. Bef. 86. – M 1:3.

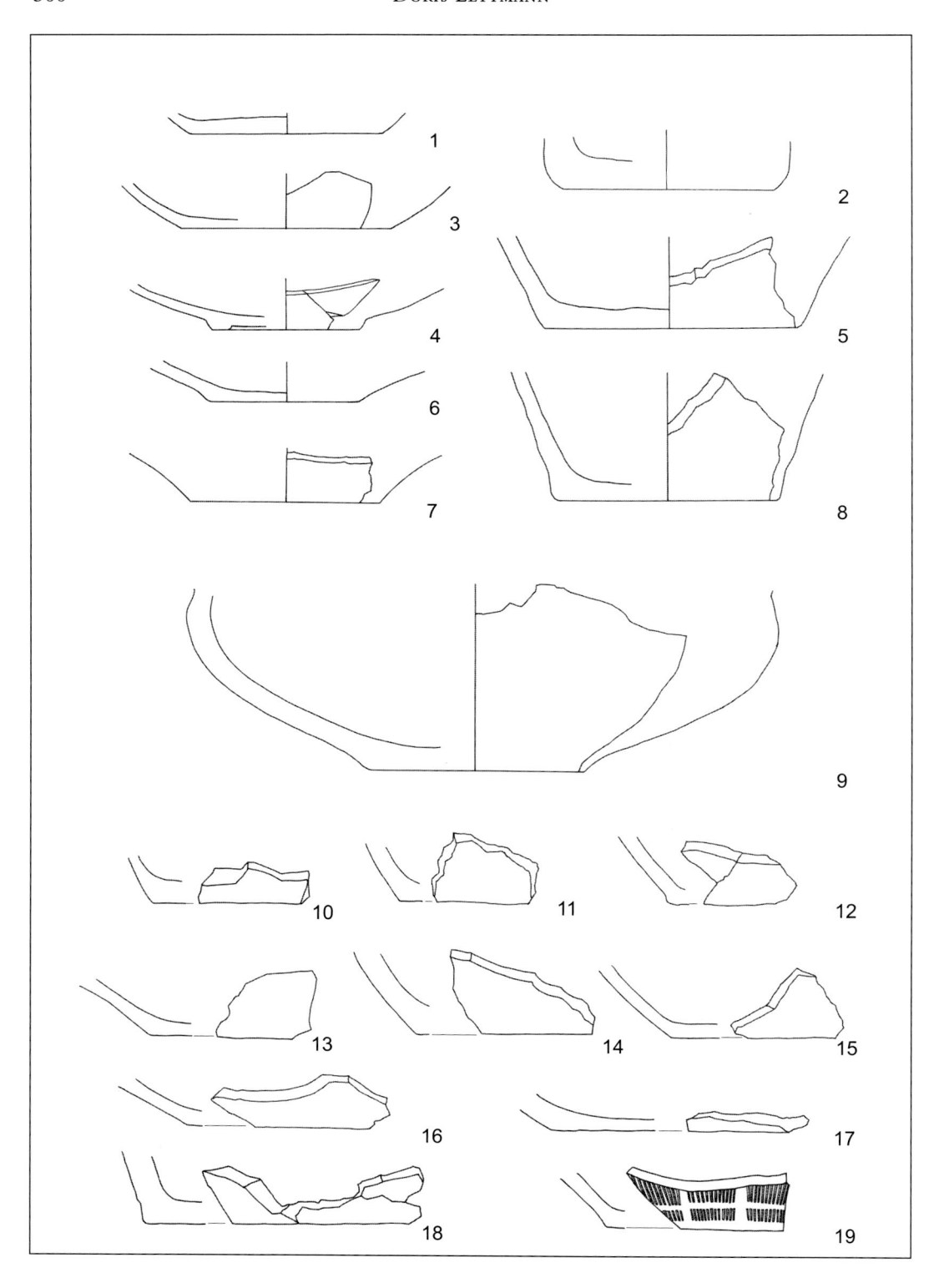

Abb. 29: Mengen ‚Löchleacker'. Bef. 86. – M 1 : 3.

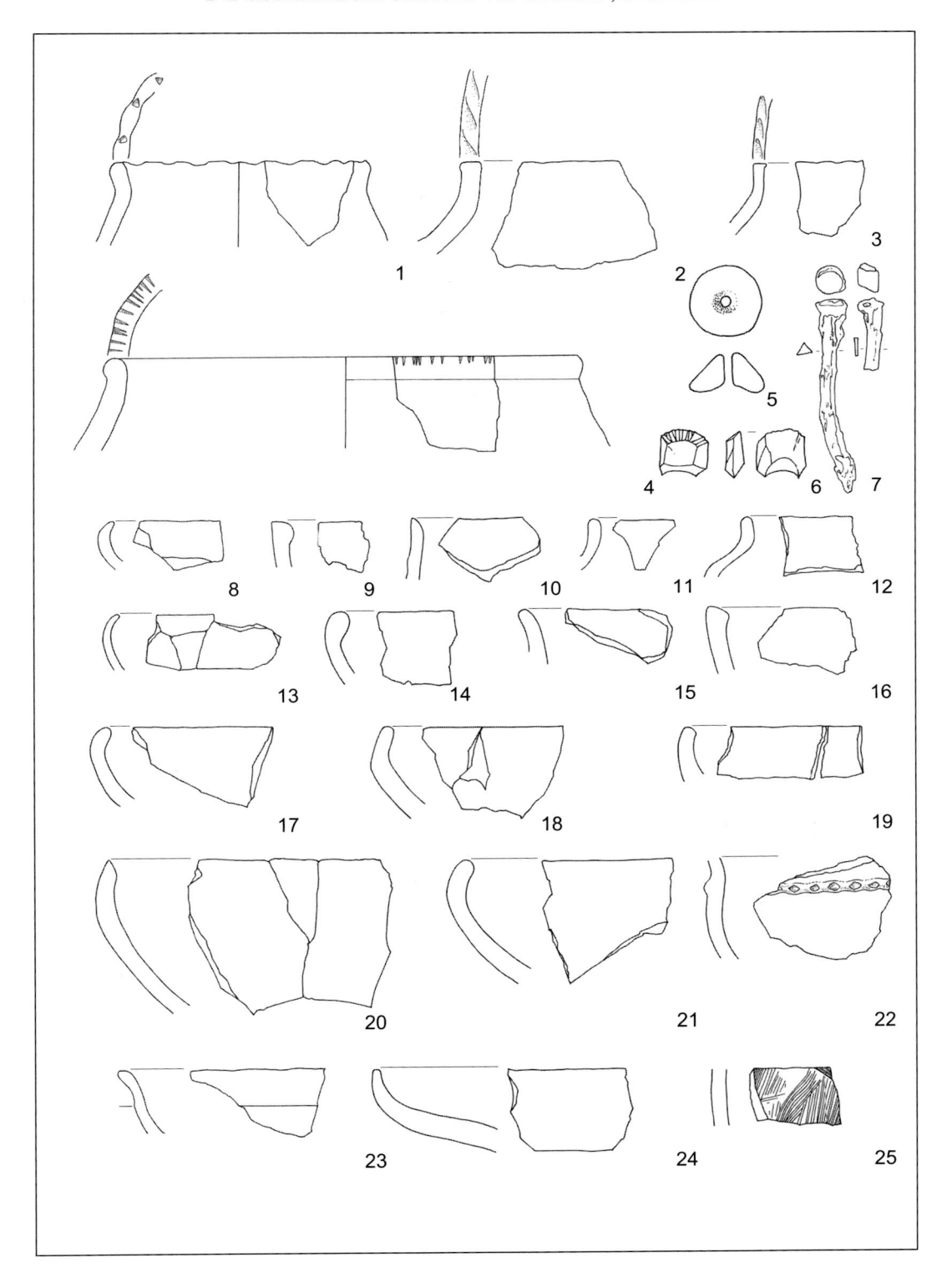

Abb. 30: Mengen ‚Löchleacker'. Bef. 90. – M 1:3 (außer 5–7: M 1:2).

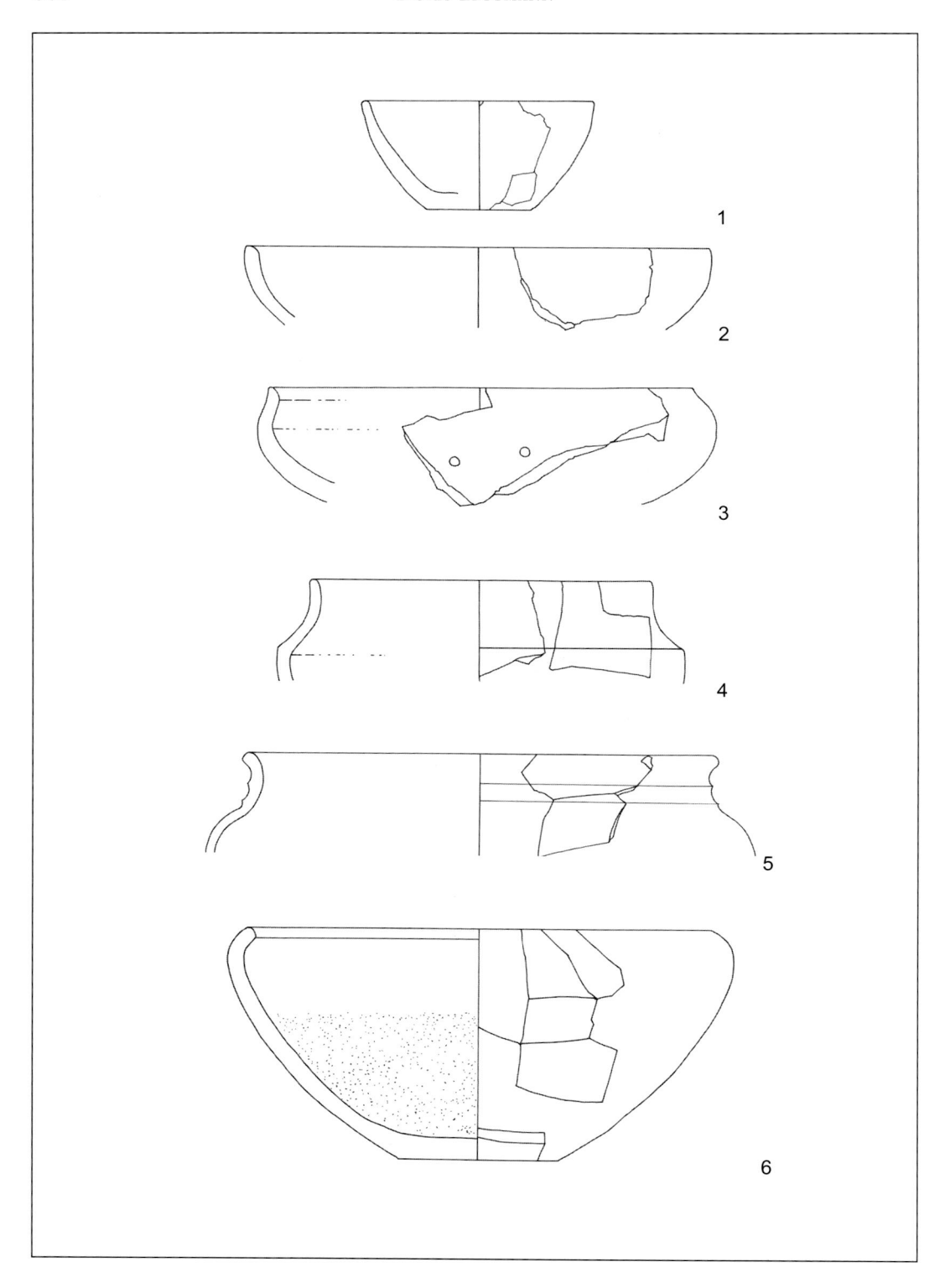

Abb. 31: Mengen ‚Löchleacker'. Bef. 90. – M 1:3.

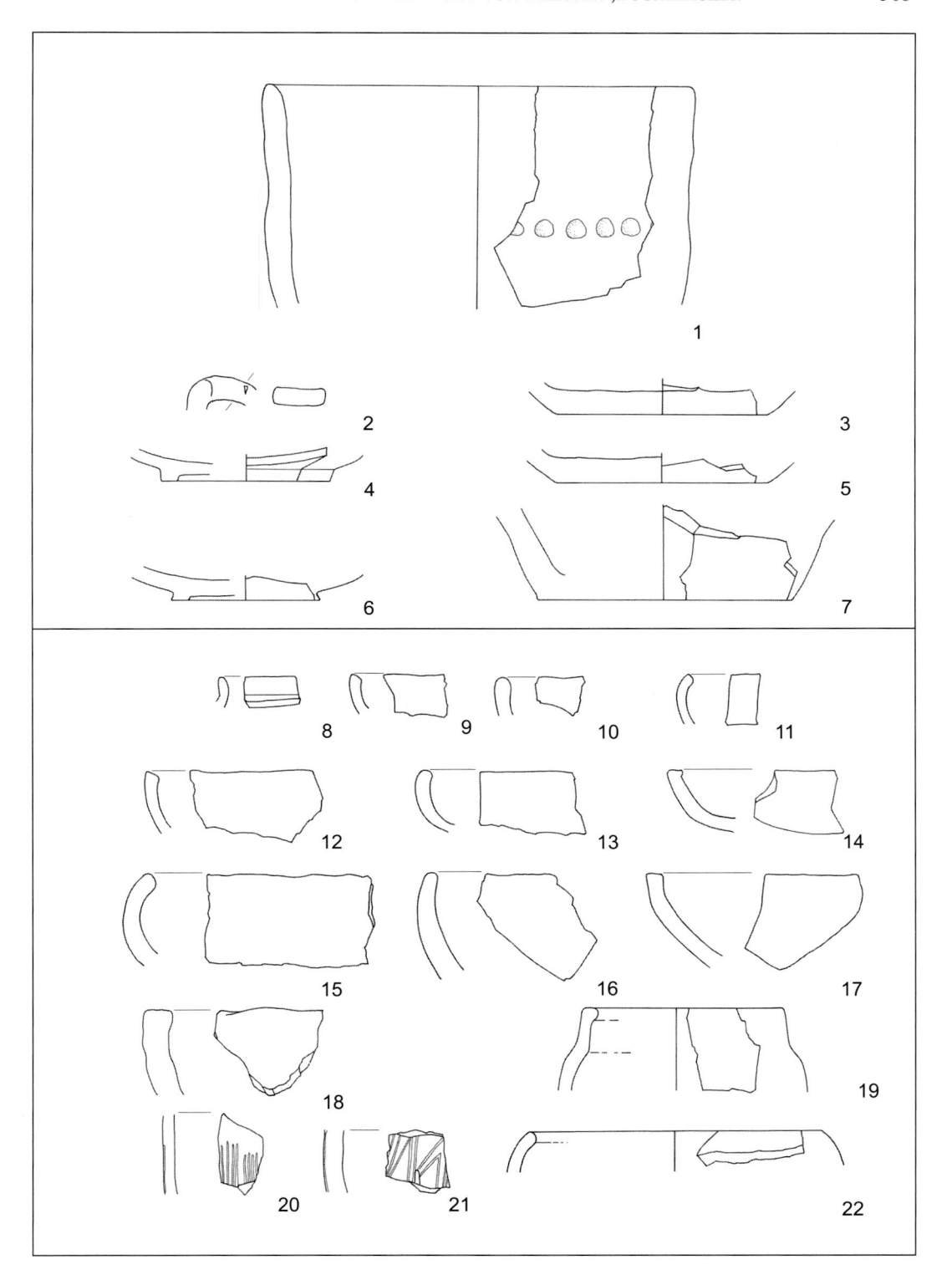

Die eisenzeitliche Siedlung von Mengen ‚Löchleacker‘ 303

Abb. 32: Mengen ‚Löchleacker'. 1–7: Bef. 90; 8–22: Bef. 91. – M 1 : 3.

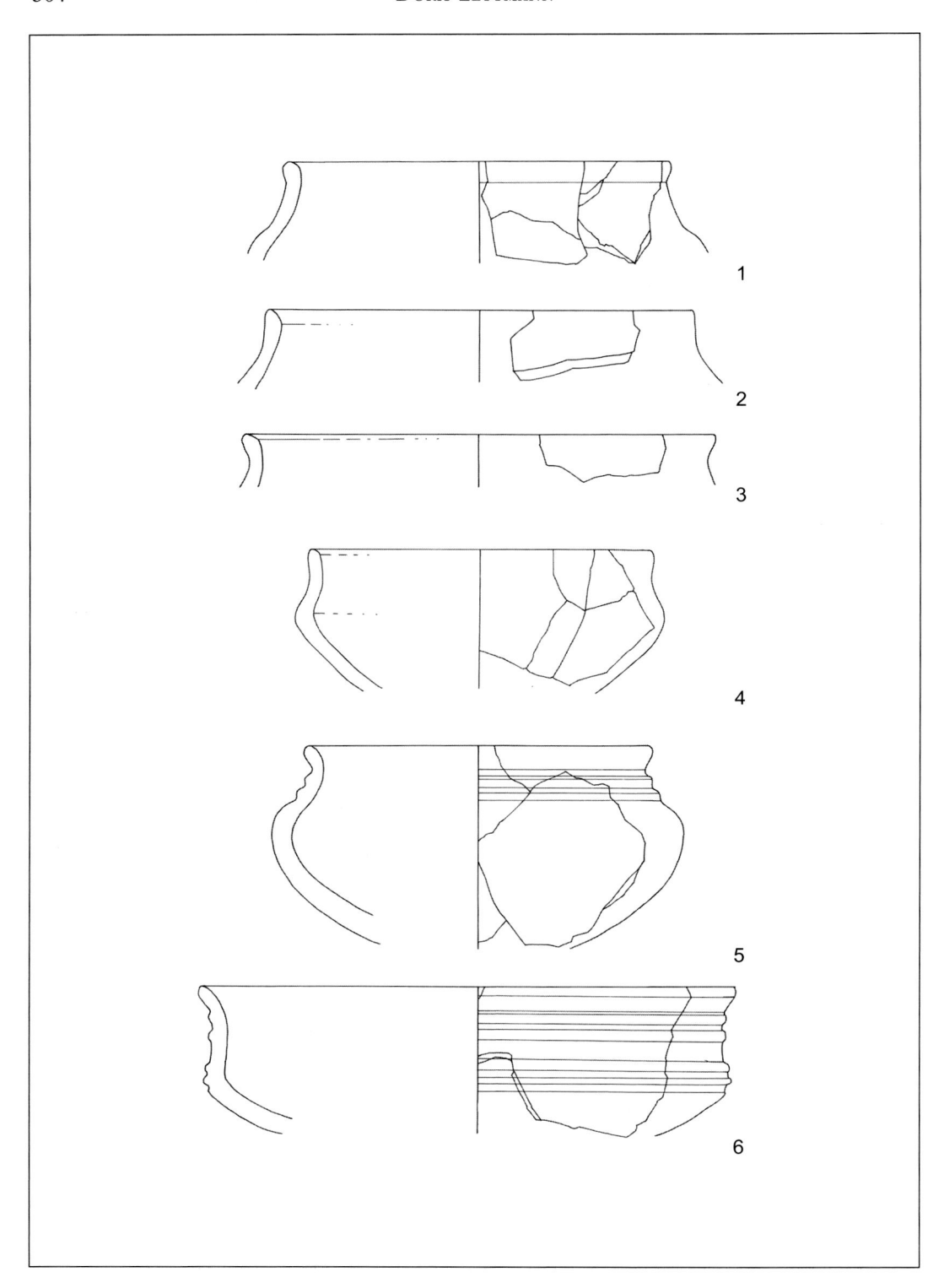

Abb. 33: Mengen ‚Löchleacker'. Bef. 91. – M 1 : 3.

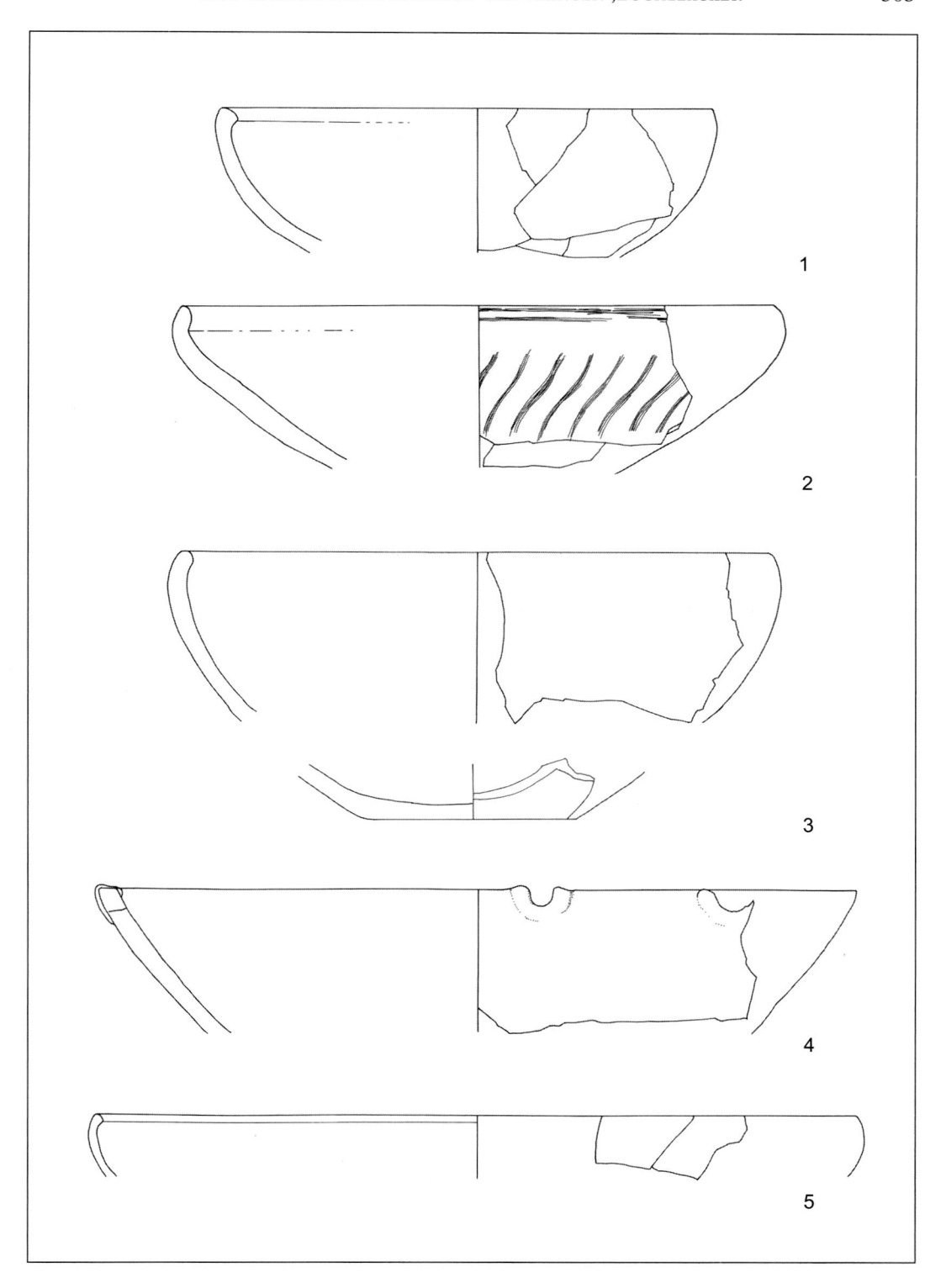

Abb. 34: Mengen ‚Löchleacker'. Bef. 91. – M 1:3.

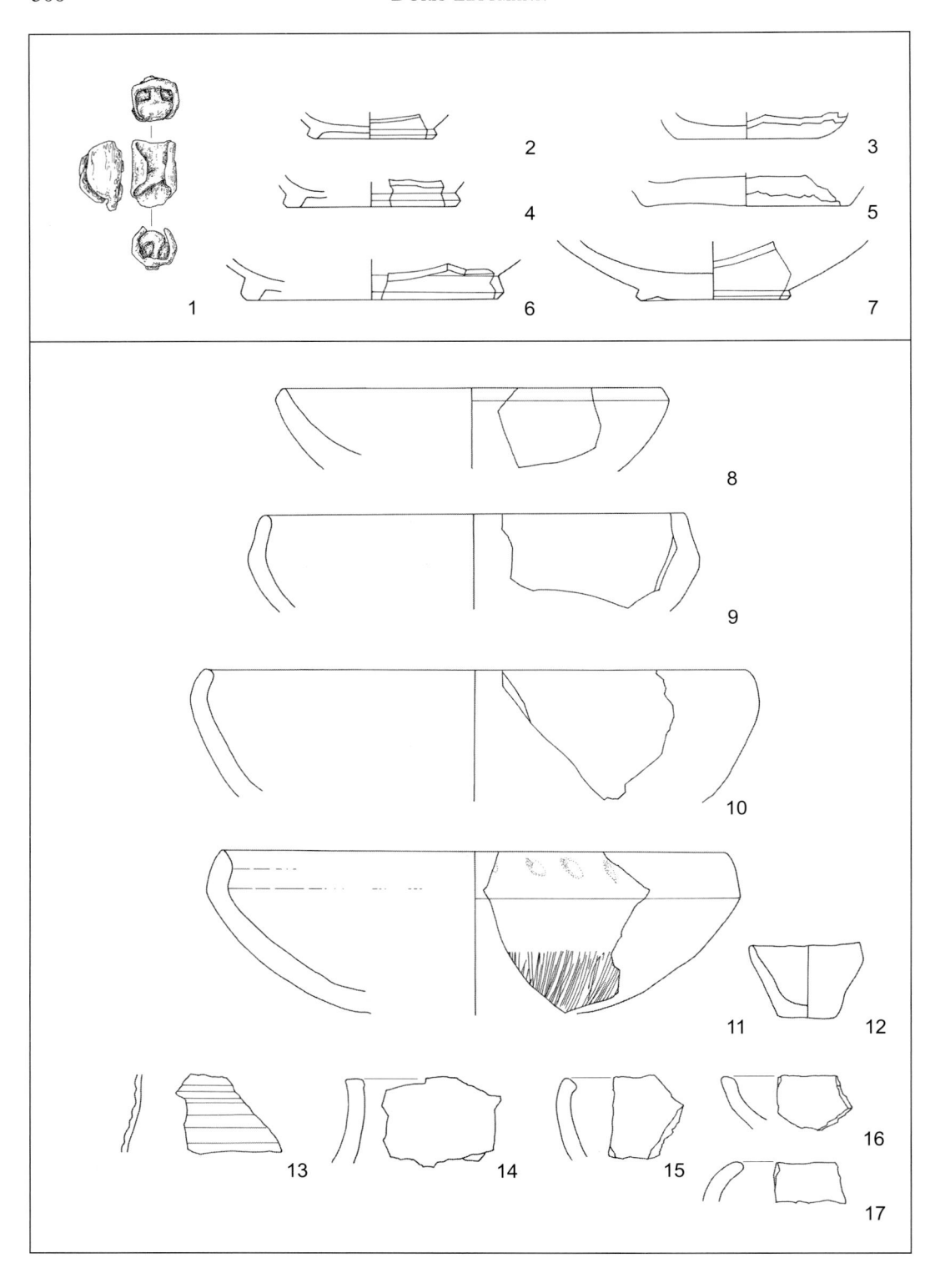

Abb. 35: Mengen ‚Löchleacker'. 1–7: Bef. 91; 8–17: Bef. 92. – M 1:3.

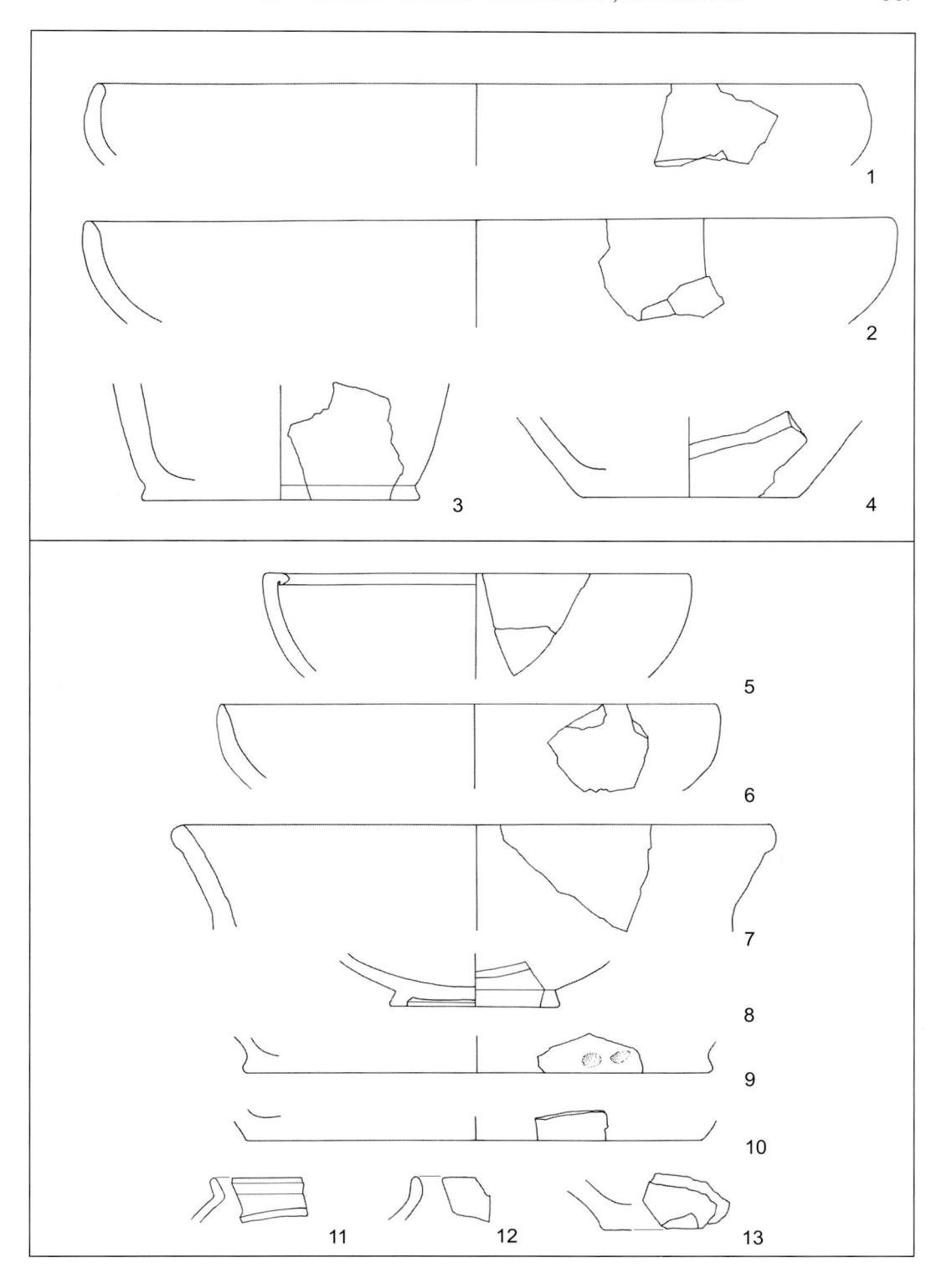

Abb. 36: Mengen ‚Löchleacker'. 1–4: Bef. 92; 5–13: Bef. 95. – M 1:3.

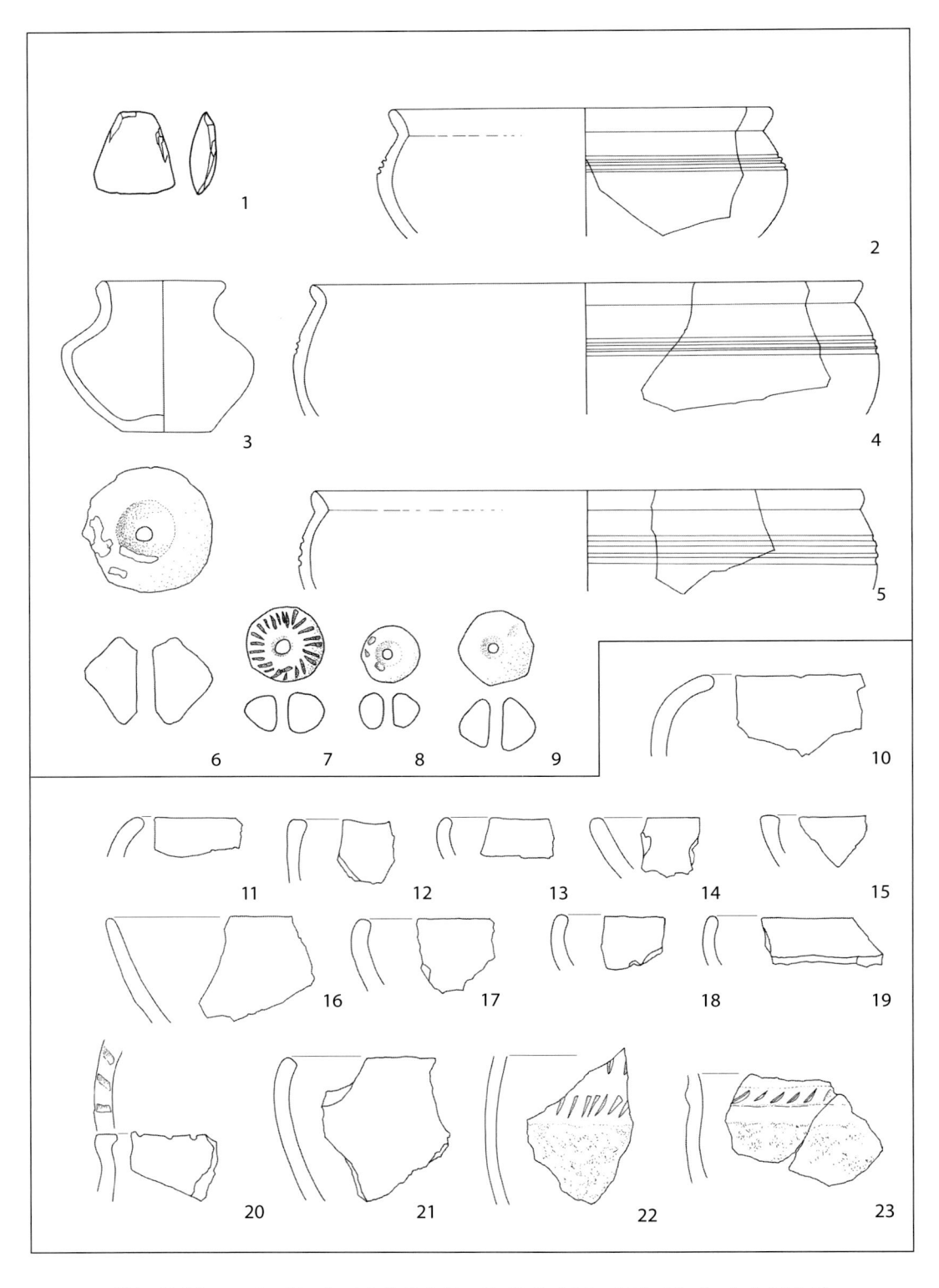

Abb. 37: Mengen ‚Löchleacker'. 1–9: Bef. 96a; 10–23: Bef. 96. – M 1 : 3 (außer 5–9: M 1 : 2).

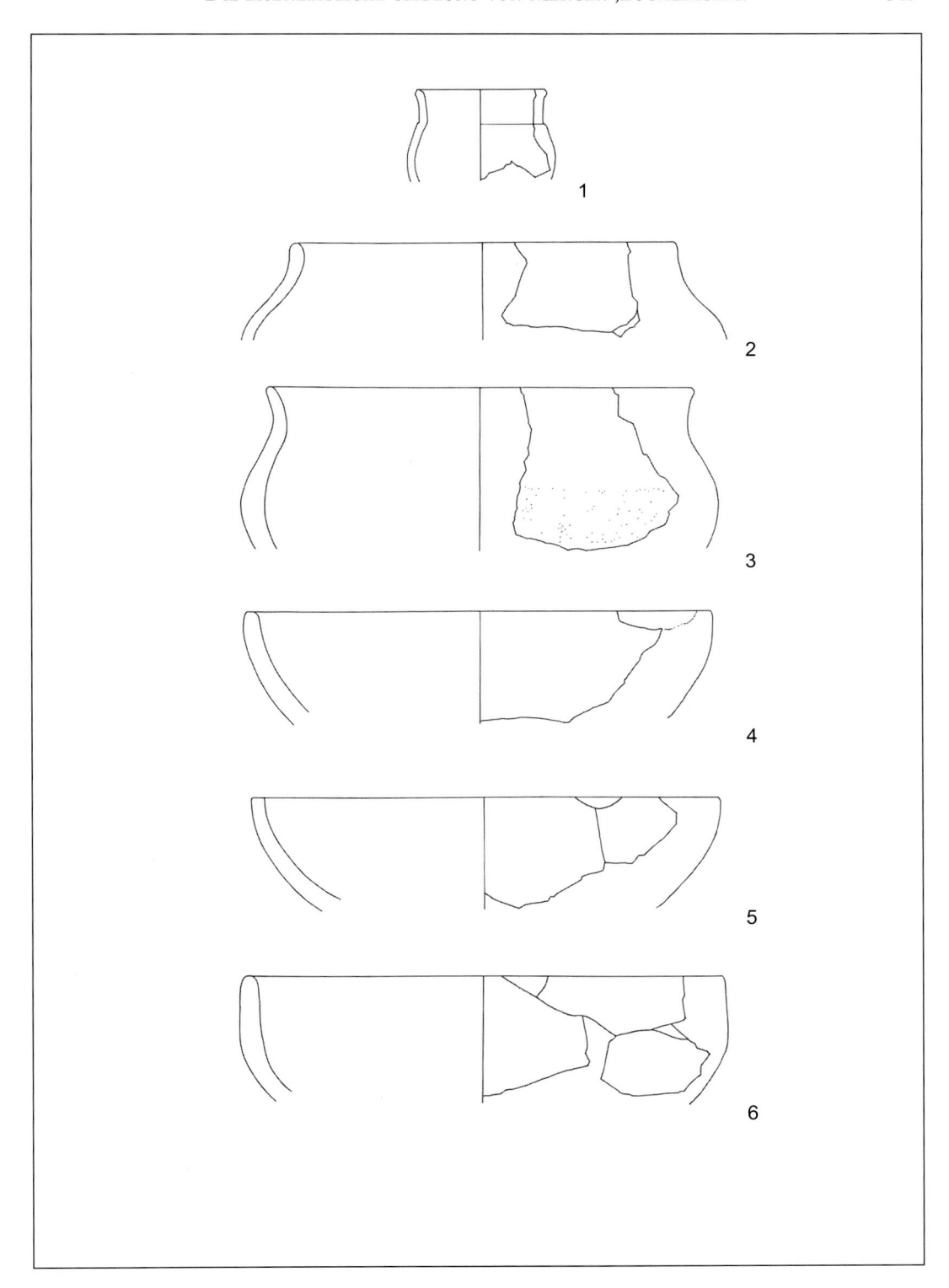

Abb. 38: Mengen ‚Löchleacker'. Bef. 96. – M 1:3.

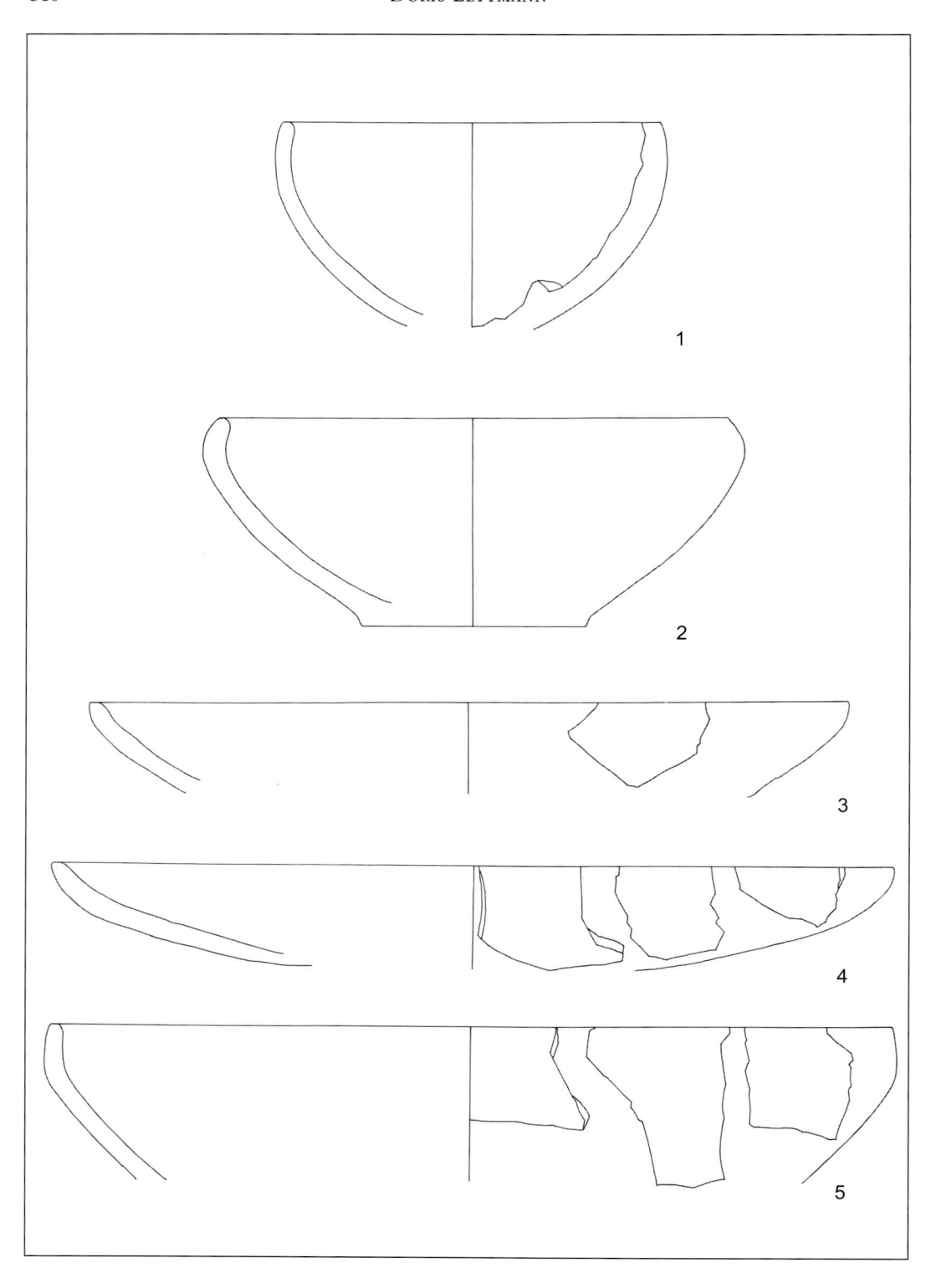

Abb. 39: Mengen ‚Löchleacker'. Bef. 96. – M 1 : 3.

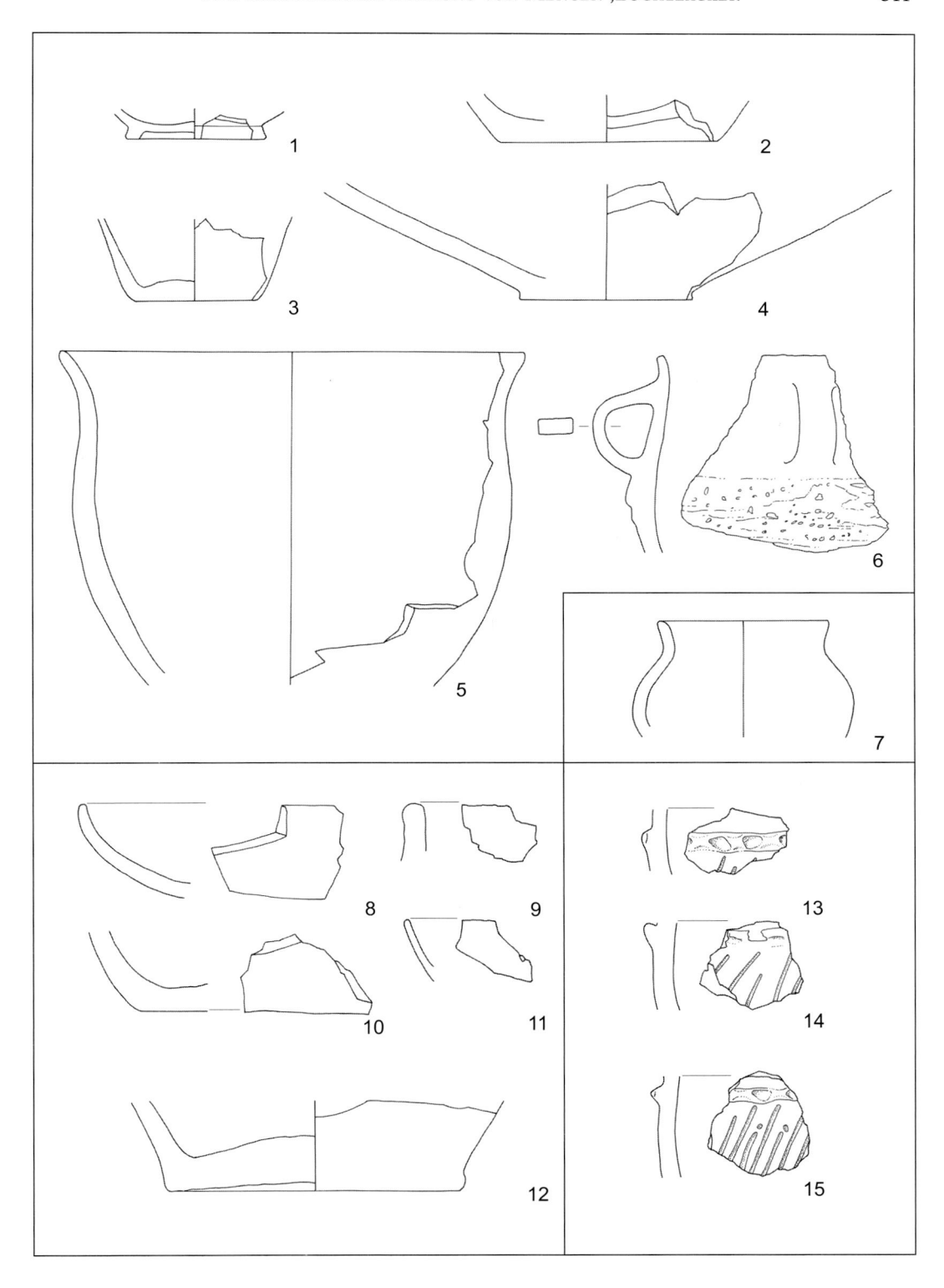

Abb. 40: Mengen ‚Löchleacker'. 1–6: Bef. 96; 7: Bef. 97; 8–12: Bef. 98; 13–15: Bef. 101. – M 1 : 3.

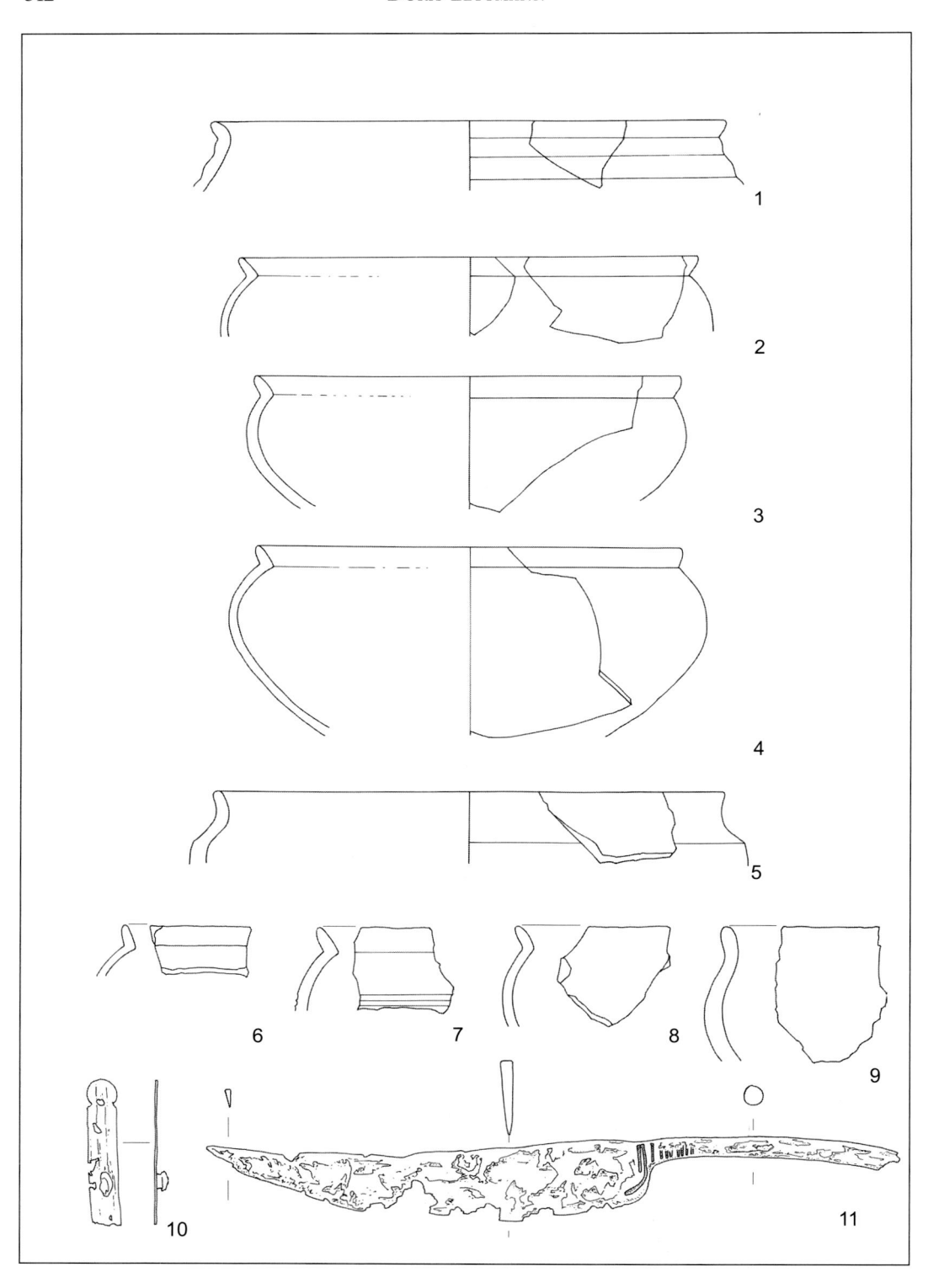

Abb. 41: Mengen ‚Löchleacker'. Bef. 101. – M 1 : 3 (außer 10 u. 11: M 1 : 2).

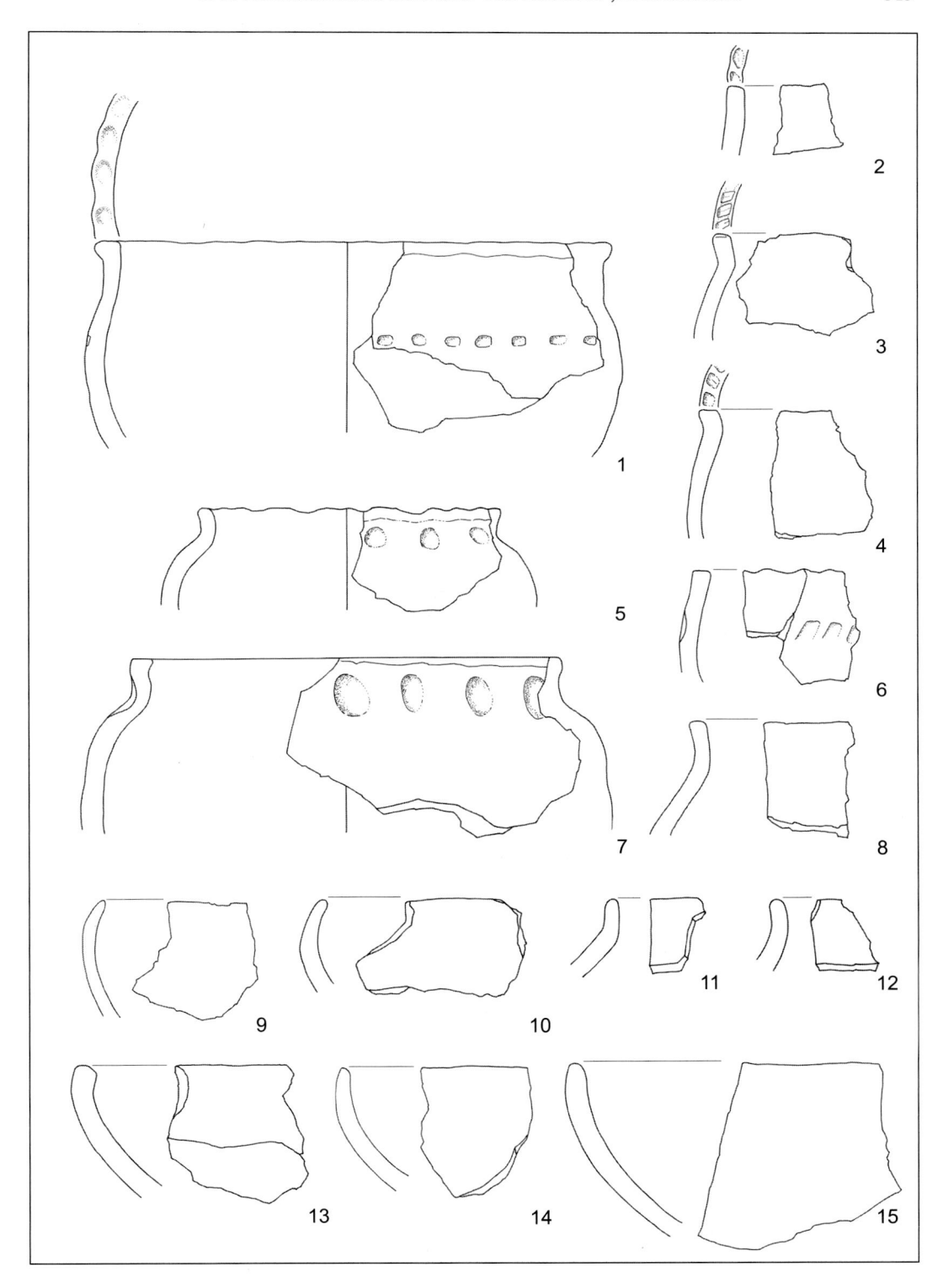

Abb. 42: Mengen ‚Löchleacker'. Bef. 101. – M 1 : 3.

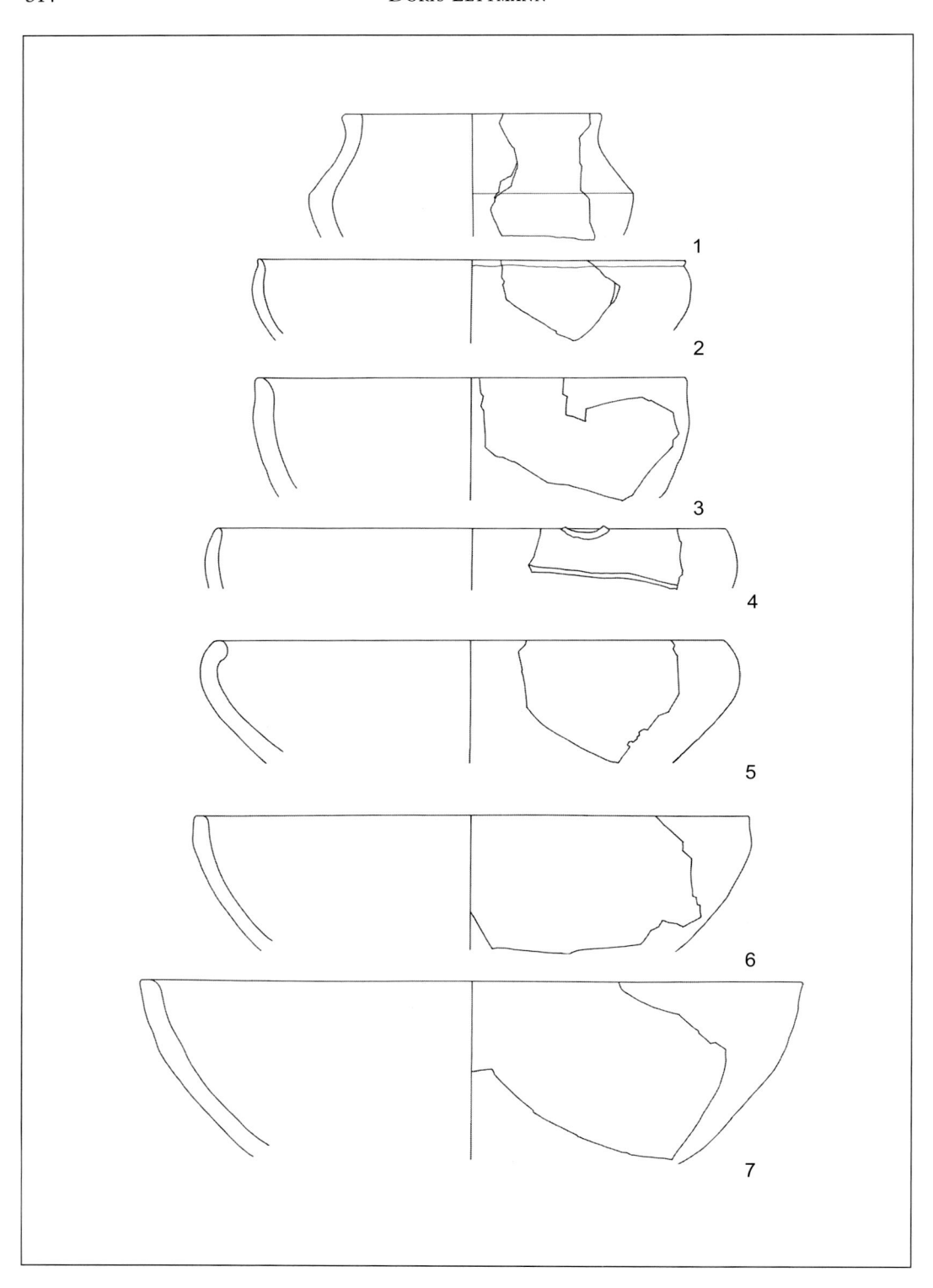

Abb. 43: Mengen ‚Löchleacker'. Bef. 101. – M 1:3.

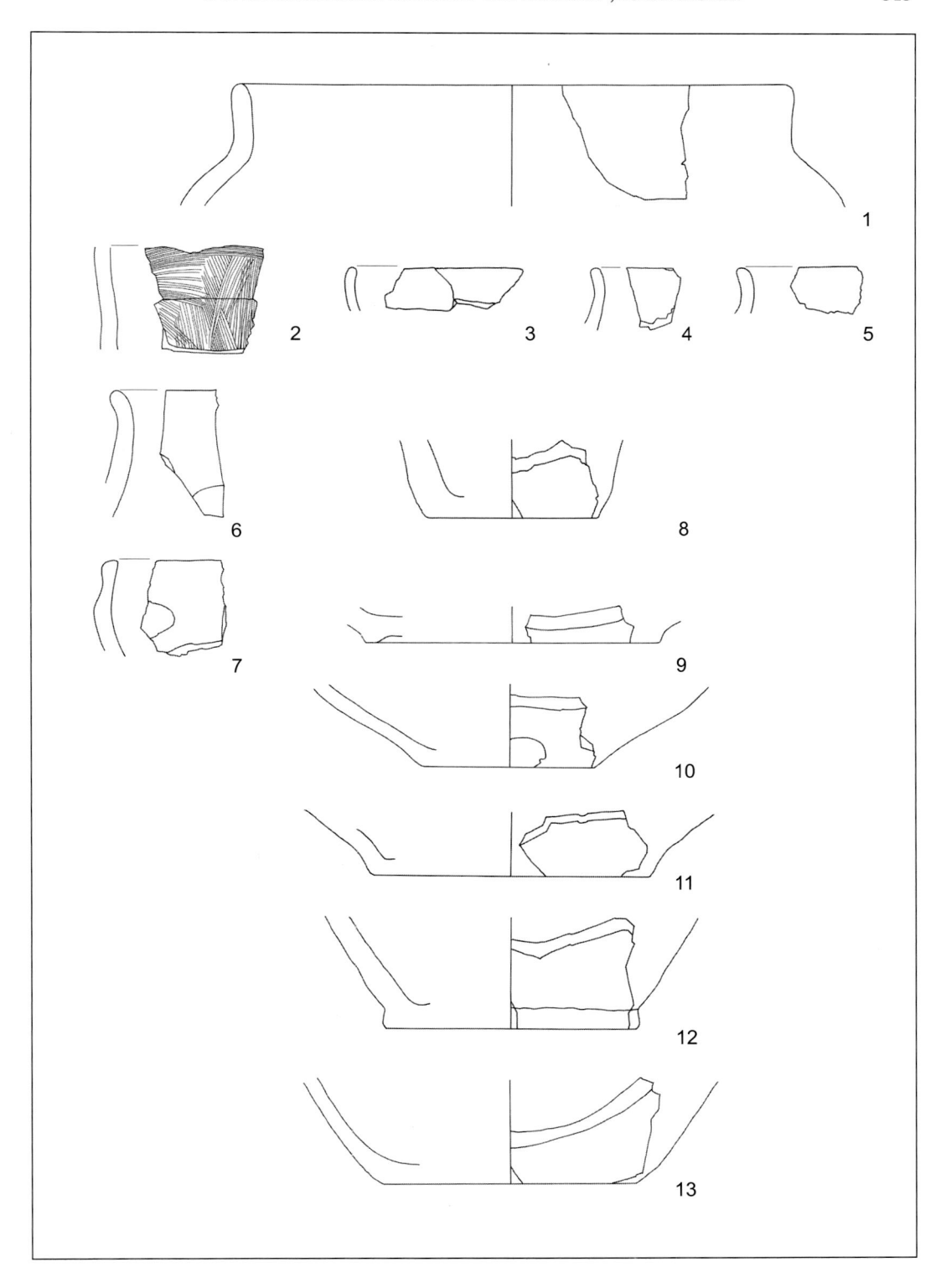

Abb. 44: Mengen ‚Löchleacker'. Bef. 101. – M 1:3.

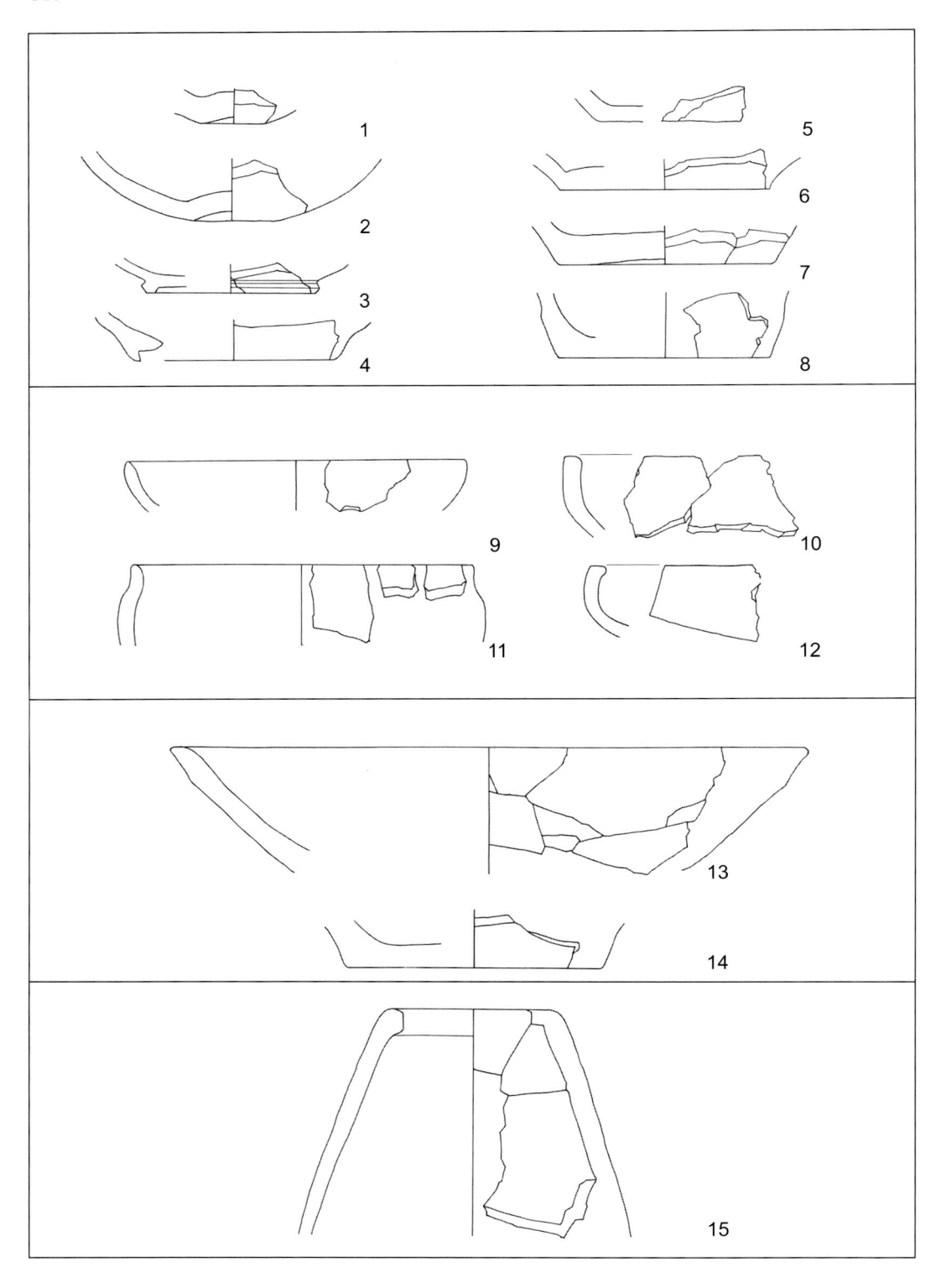

Abb. 45: Mengen ‚Löchleacker'. 1–8: Bef. 101; 9–12: Bef. 107; 13 u. 14: Bef. 108; 15: Bef. 109. – M 1:3.

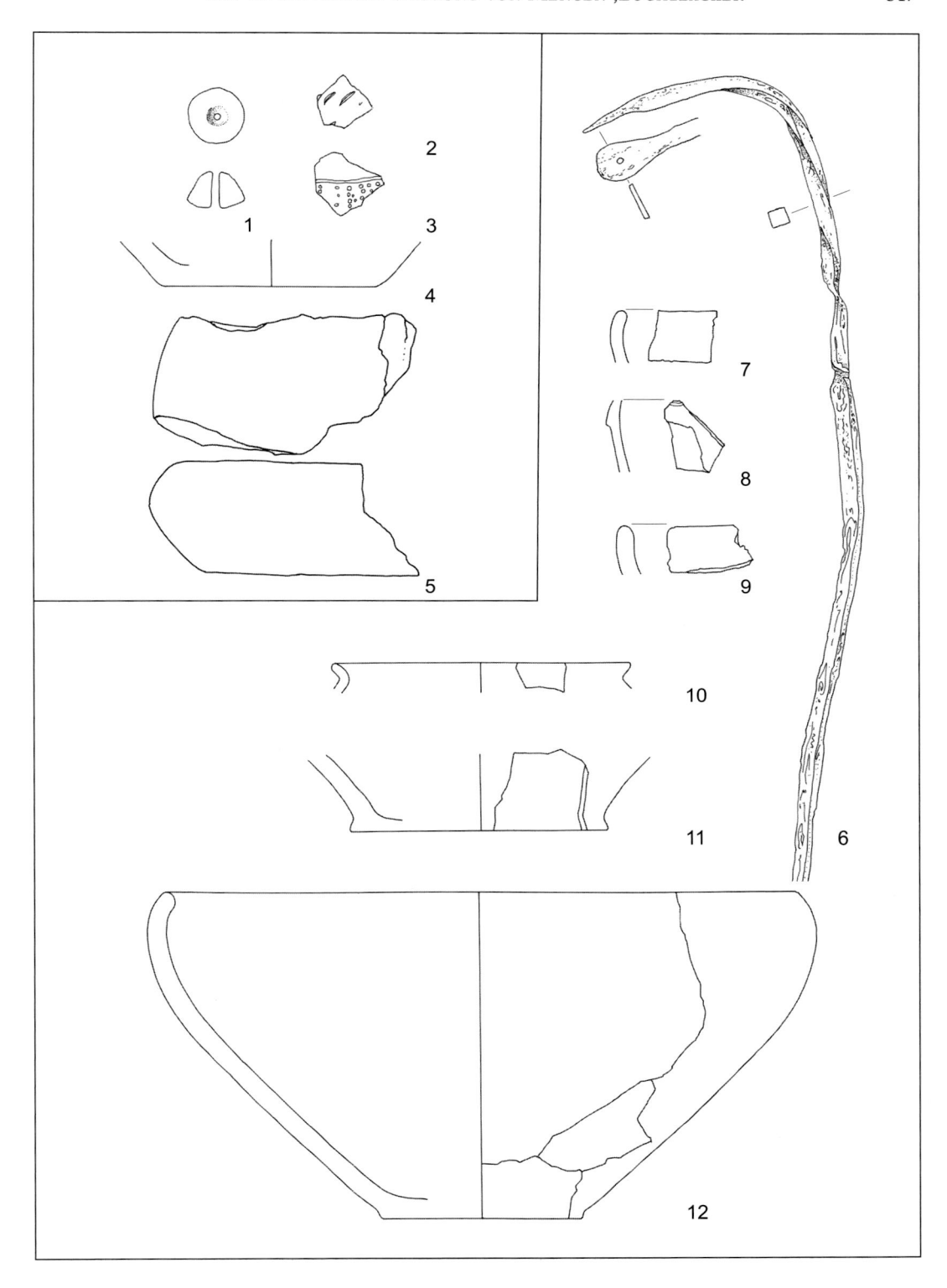

Abb. 46: Mengen ‚Löchleacker'. 1–5: Bef. 109; 6–12: Bef. 110. – M 1:3 (außer 6: M 1:2).

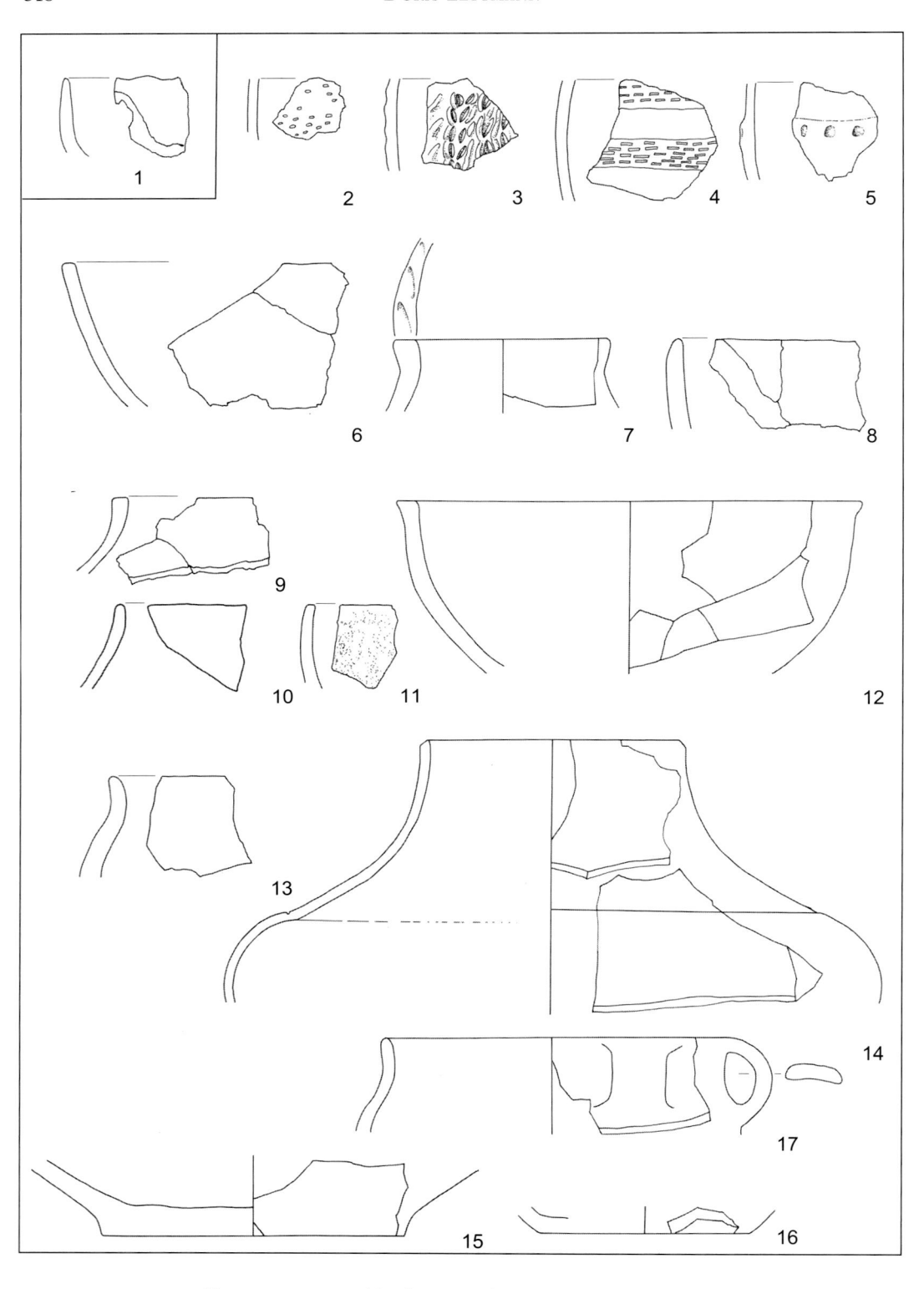

Abb. 47: Mengen ‚Löchleacker'. 1: Bef. 111; 2–16: Bef. 112. – M 1 : 3.

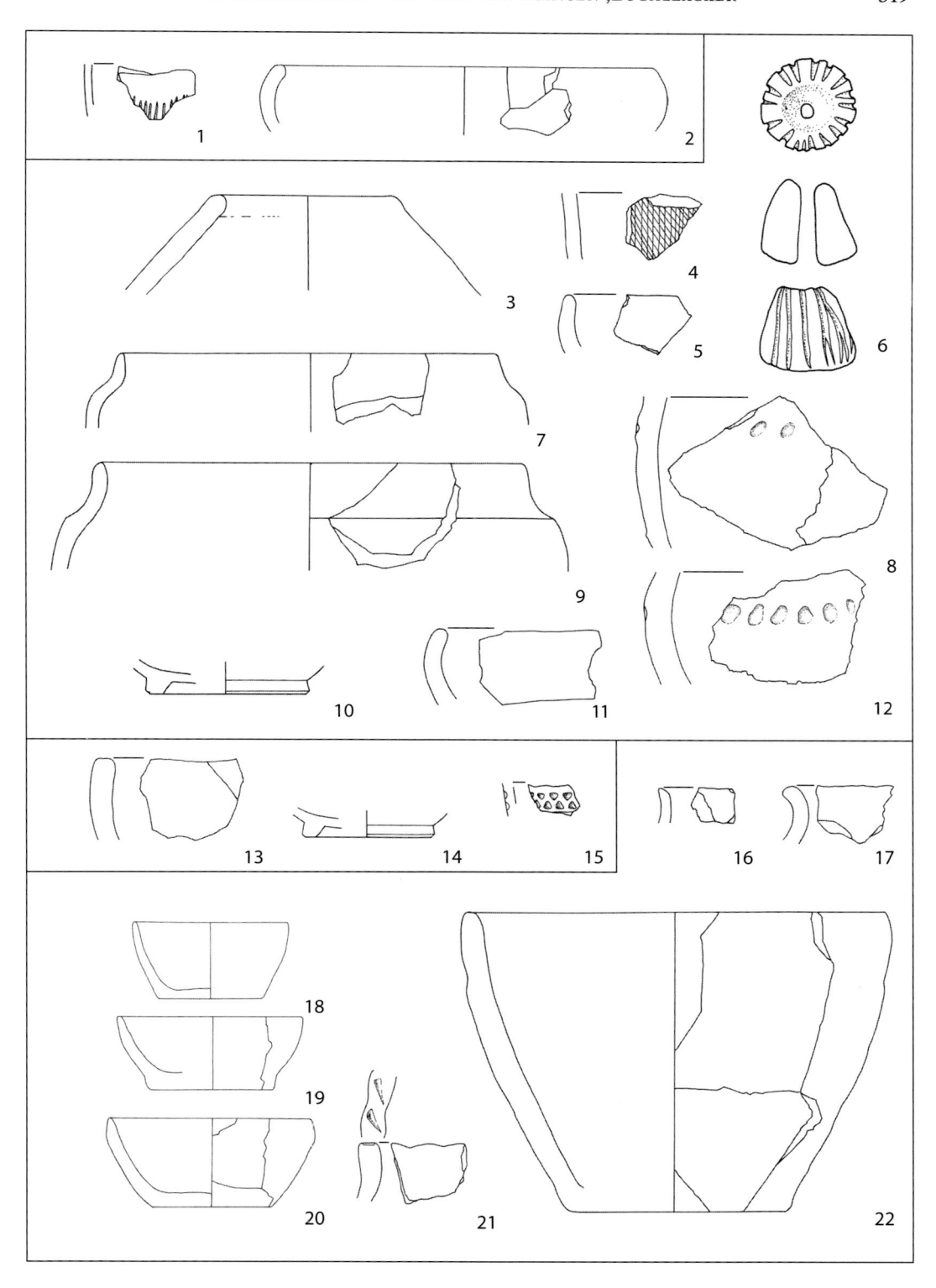

Abb. 48: Mengen ‚Löchleacker'. 1 u. 2: Bef. 115; 3–12: Bef. 117; 13–15: Bef. 118; 16–22: Bef. 120. – M 1 : 3 (außer 6: M 1 : 2).

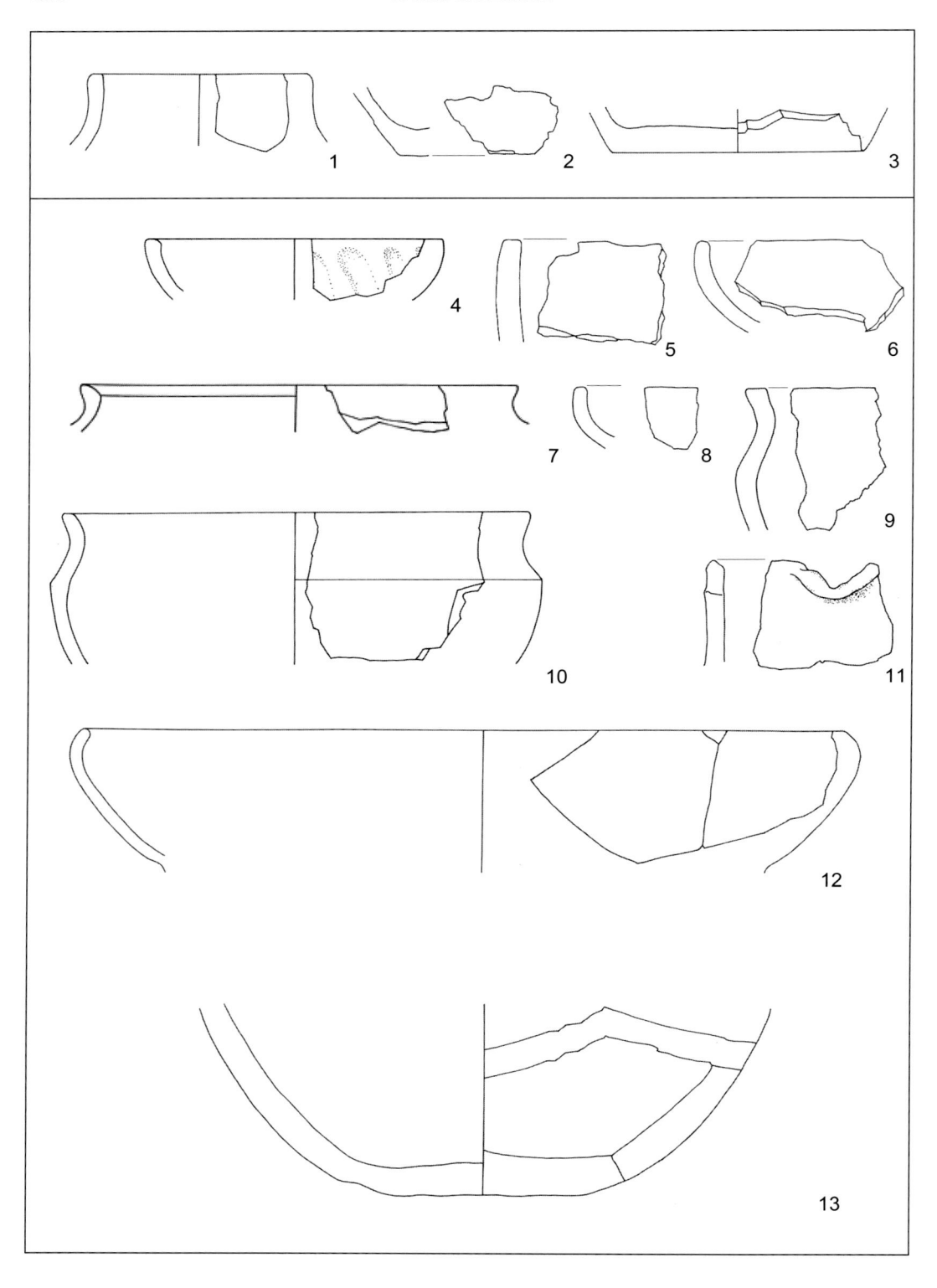

Abb. 49: Mengen ‚Löchleacker'. 1–3: Bef. 120; 4–13: Bef. 123. – M 1 : 3.

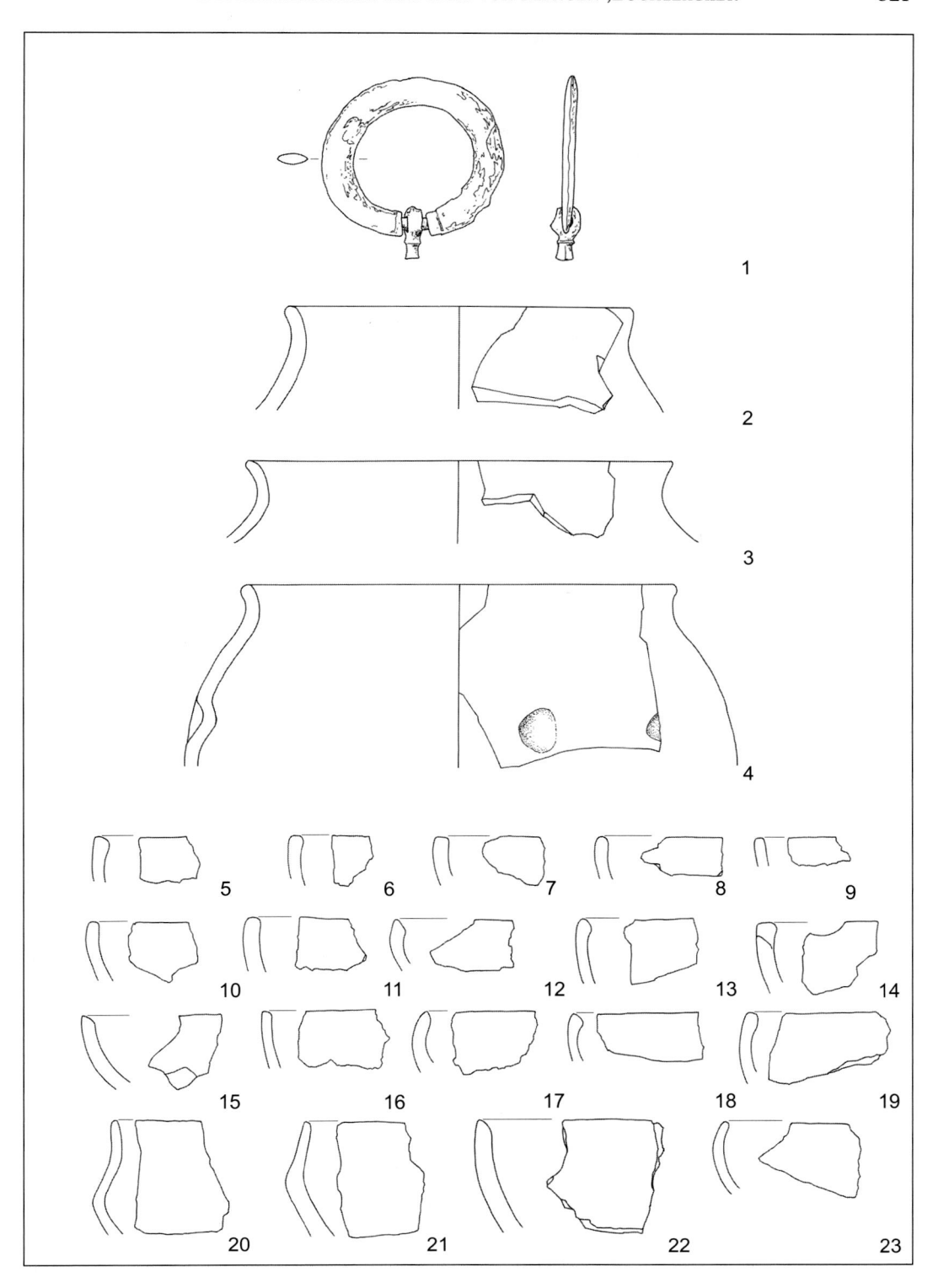

Abb. 50: Mengen ‚Löchleacker'. Bef. 125. – M 1:3 (außer 1: M 1:2).

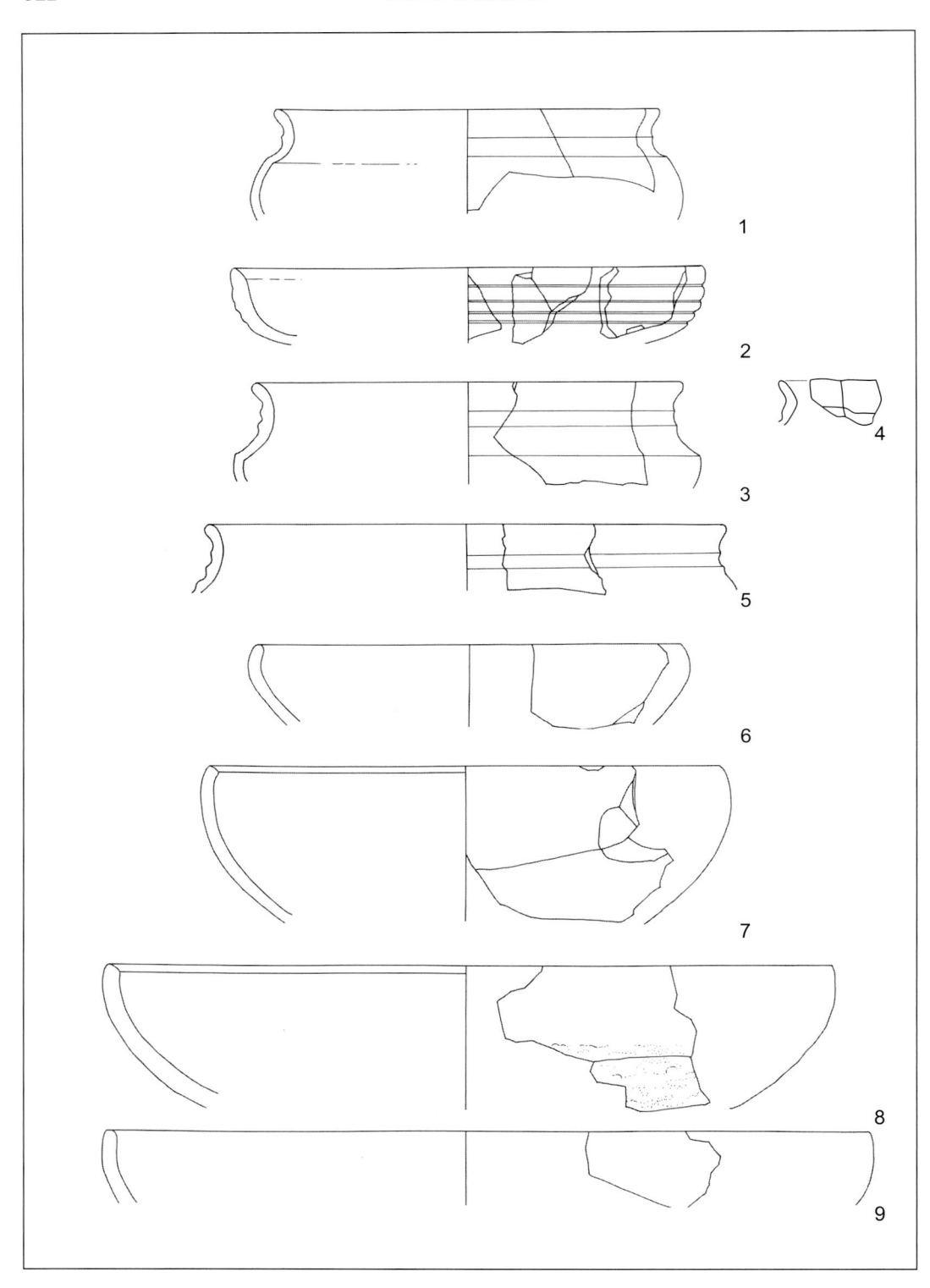

Abb. 51: Mengen ‚Löchleacker'. Bef. 125. – M 1 : 3.

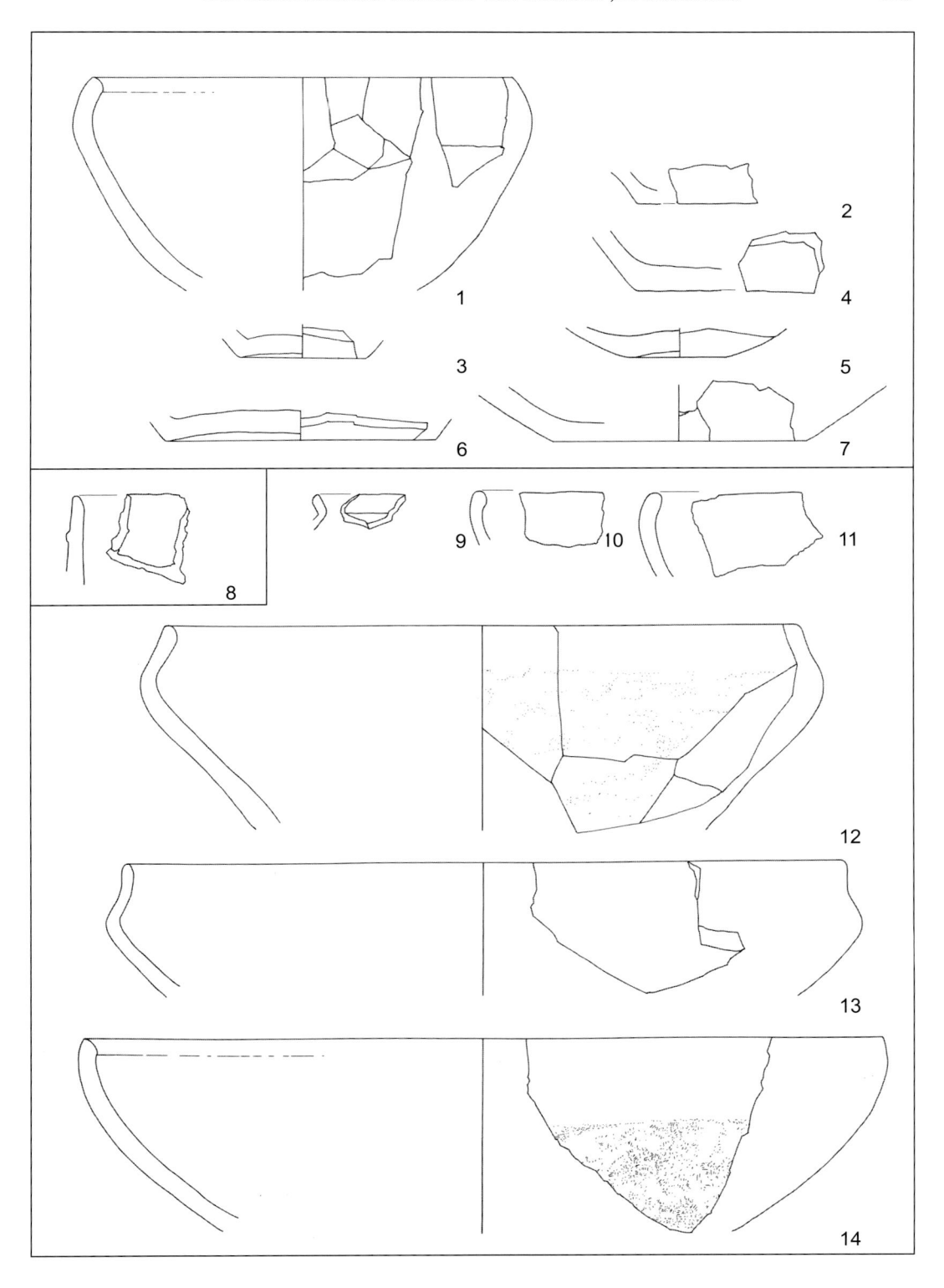

Abb. 52: Mengen ‚Löchleacker'. 1–7: Bef. 125; 8: Bef. 128; 9–14: Bef. 130. – M 1 : 3.

324 Doris Lettmann

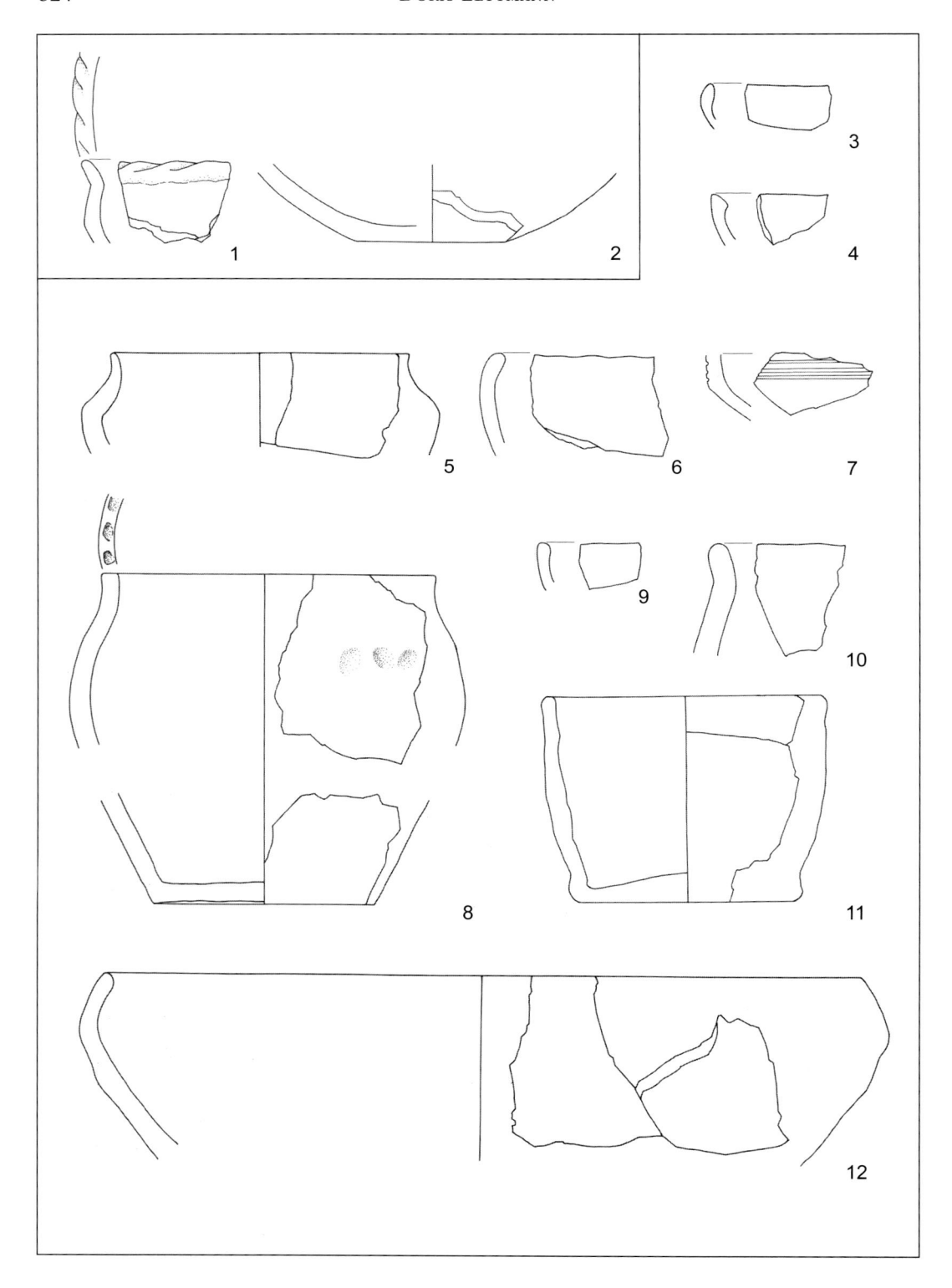

Abb. 53: Mengen ‚Löchleacker'. 1 u. 2: Bef. 130; 3–12: Bef. 135. – M 1 : 3.

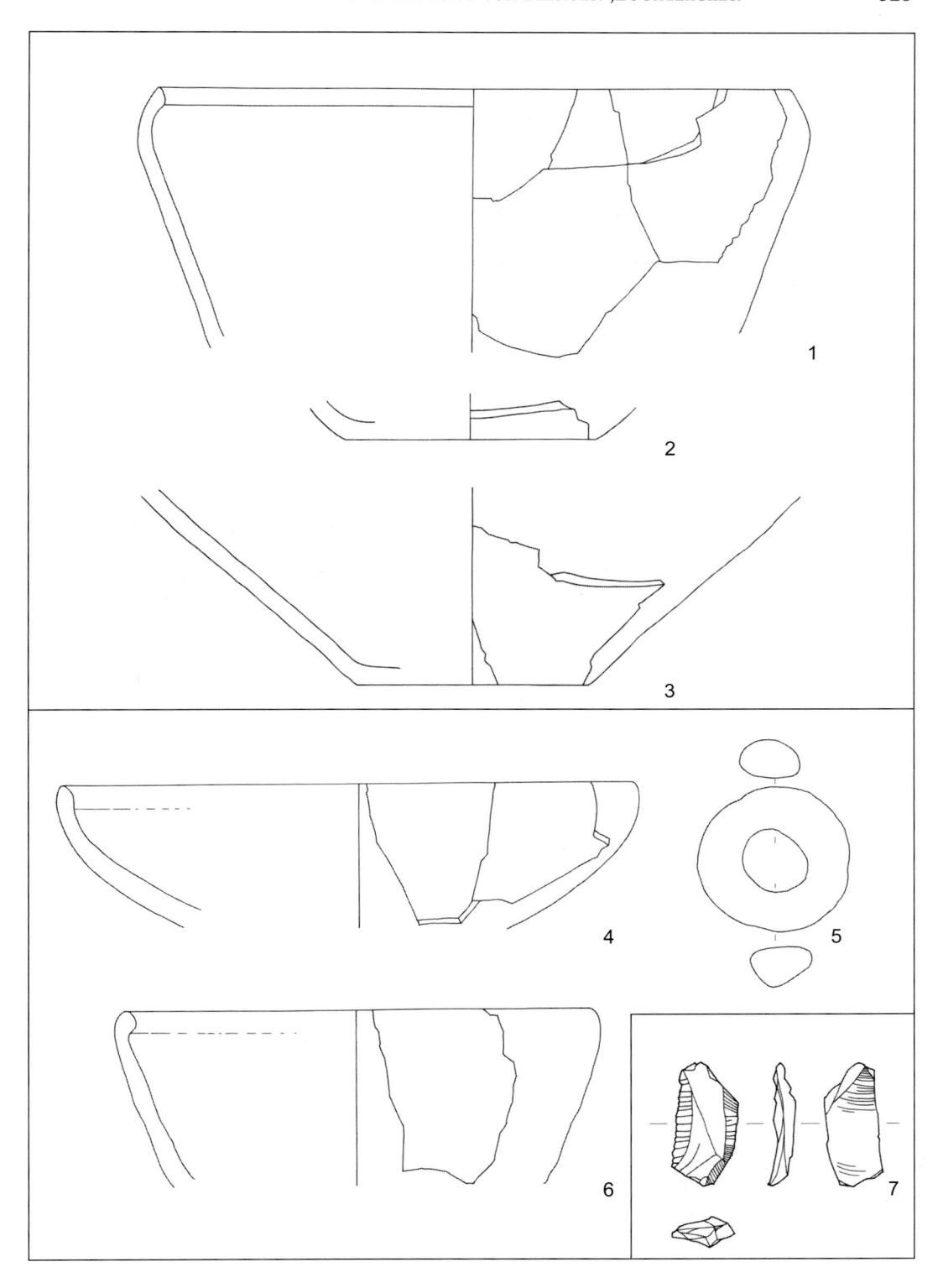

Abb. 54: Mengen ‚Löchleacker'. 1–3: Bef. 135; 4–6: Bef. 138; 7: Bef. 141. – M 1:3 (außer 7: M 1:2).

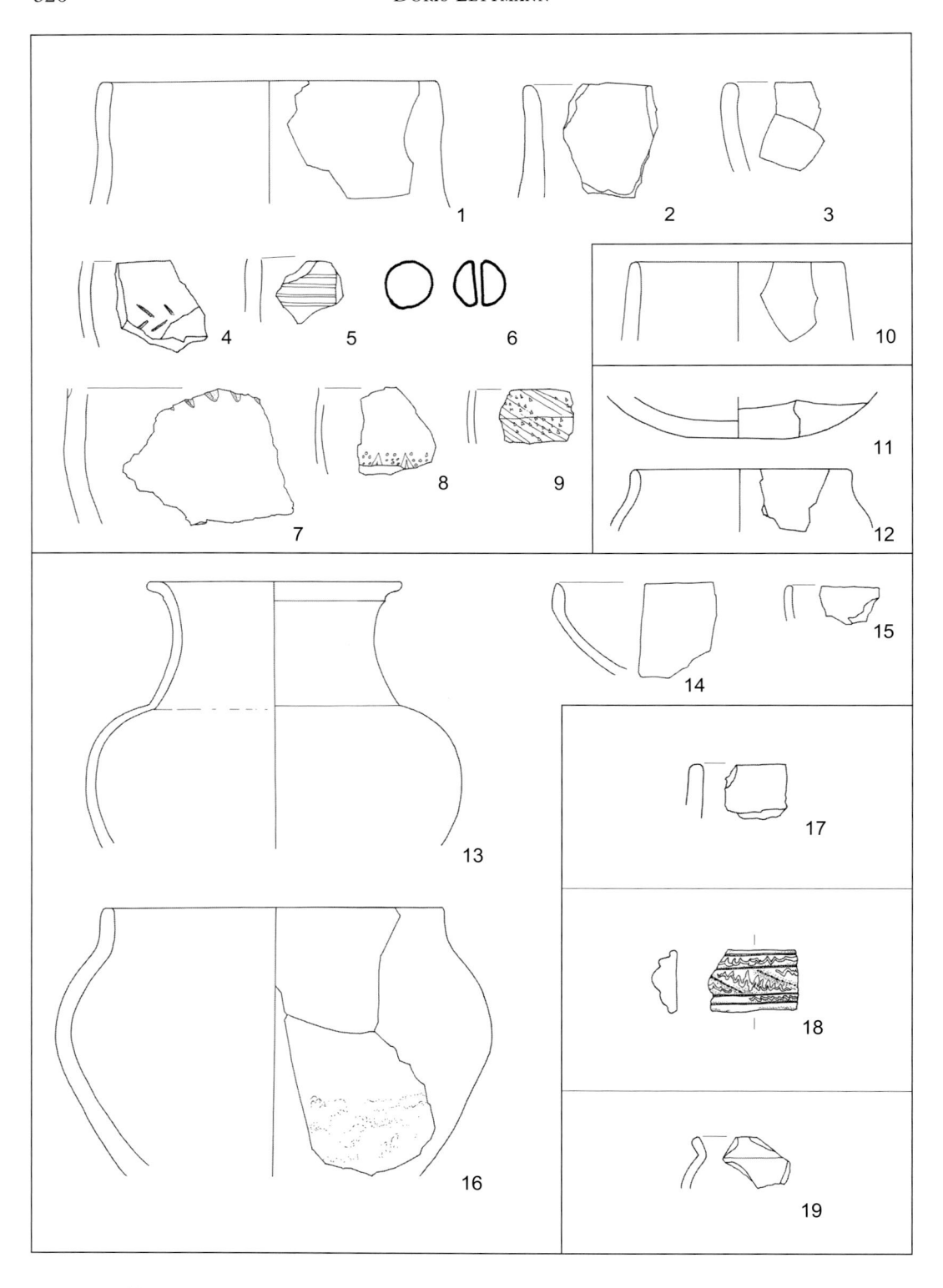

Abb. 55: Mengen ‚Löchleacker'. 1–9: Bef. 141; 10: Bef. 142; 11.12: Bef. 147; 13–16: Bef. 144; 17: Bef. 149; 18: Bef. 150; 19: Bef. 169. – M 1 : 3.

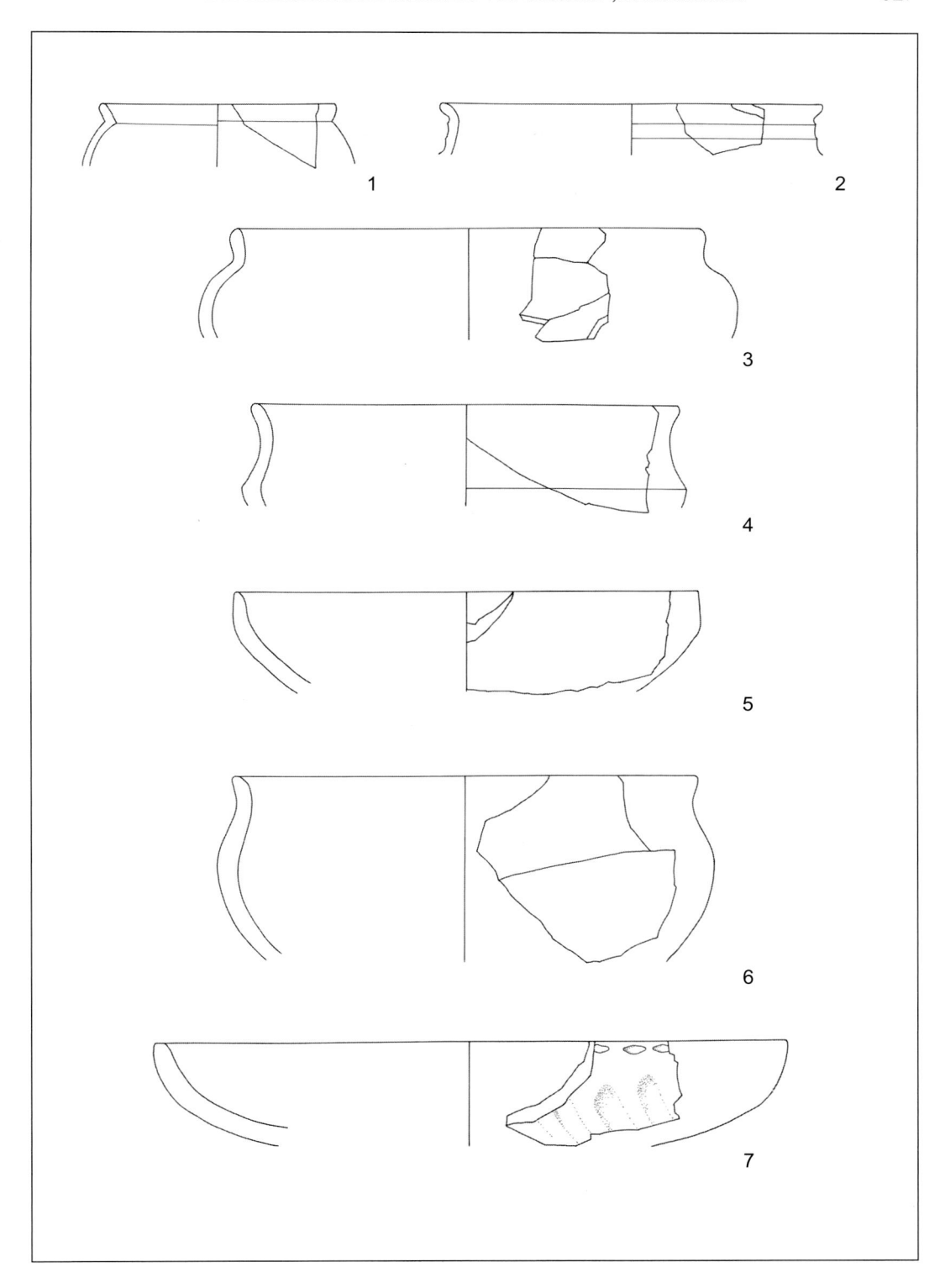

Abb. 56: Mengen ‚Löchleacker‘. Bef. 169. – M 1:3.

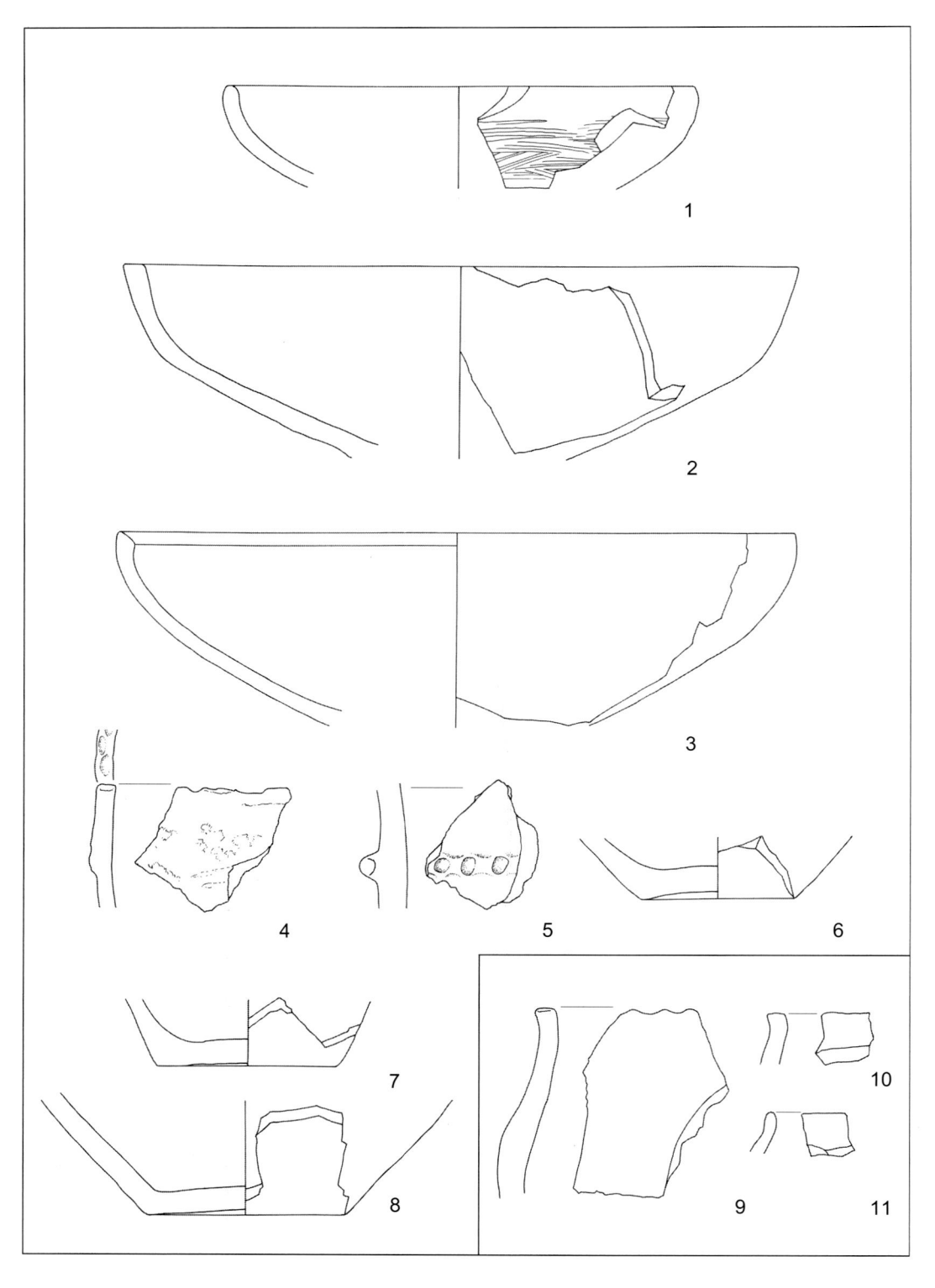

Abb. 57: Mengen ‚Löchleacker'. 1–8: Bef. 169; 9–11: Bef. 170. – M 1 : 3.

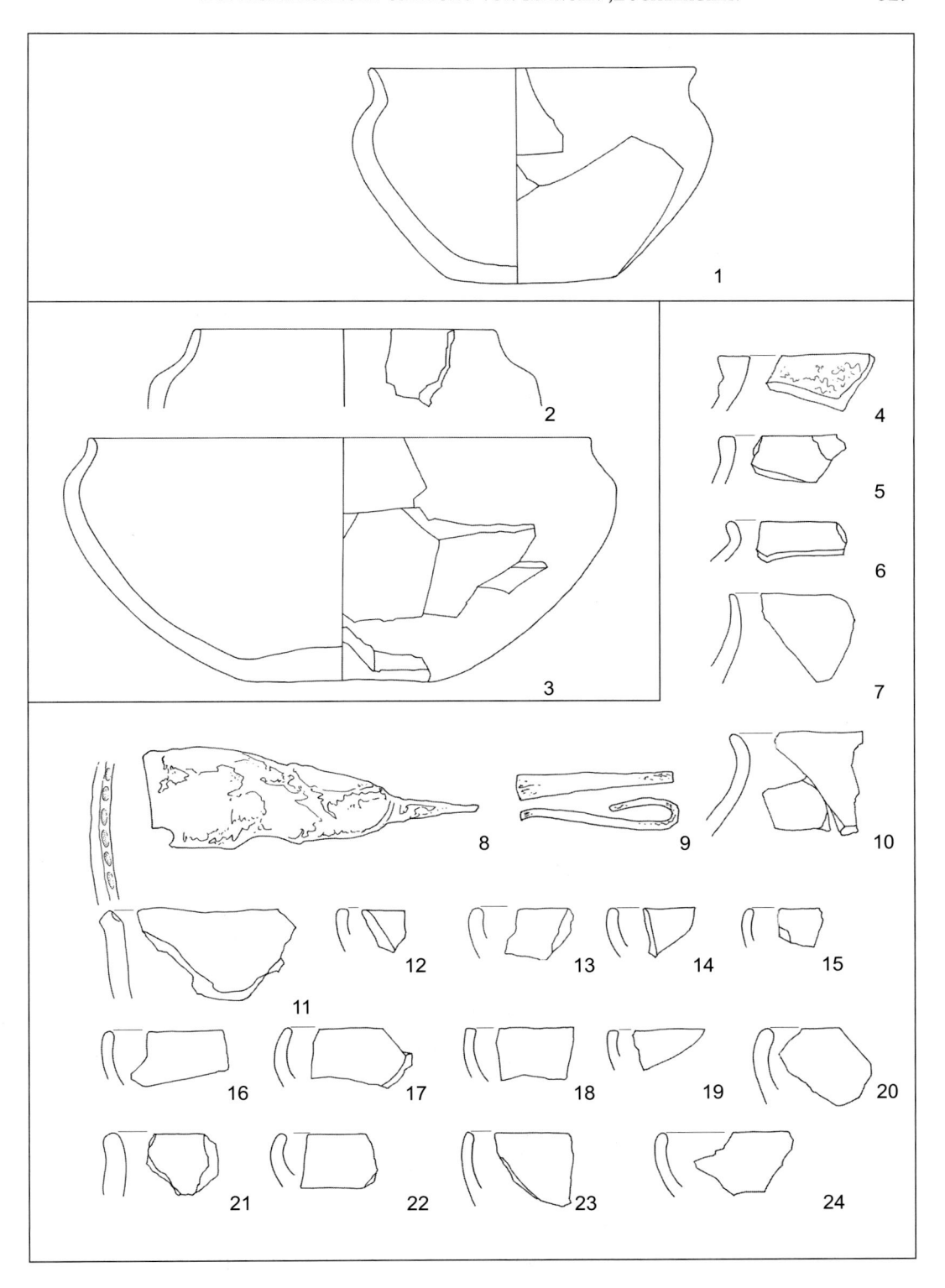

Abb. 58: Mengen ‚Löchleacker'. 1: Bef. 175; 2 u. 3: Bef. 177; 4–24: Bef. 180. – M 1:3 (außer 8: M 1:2).

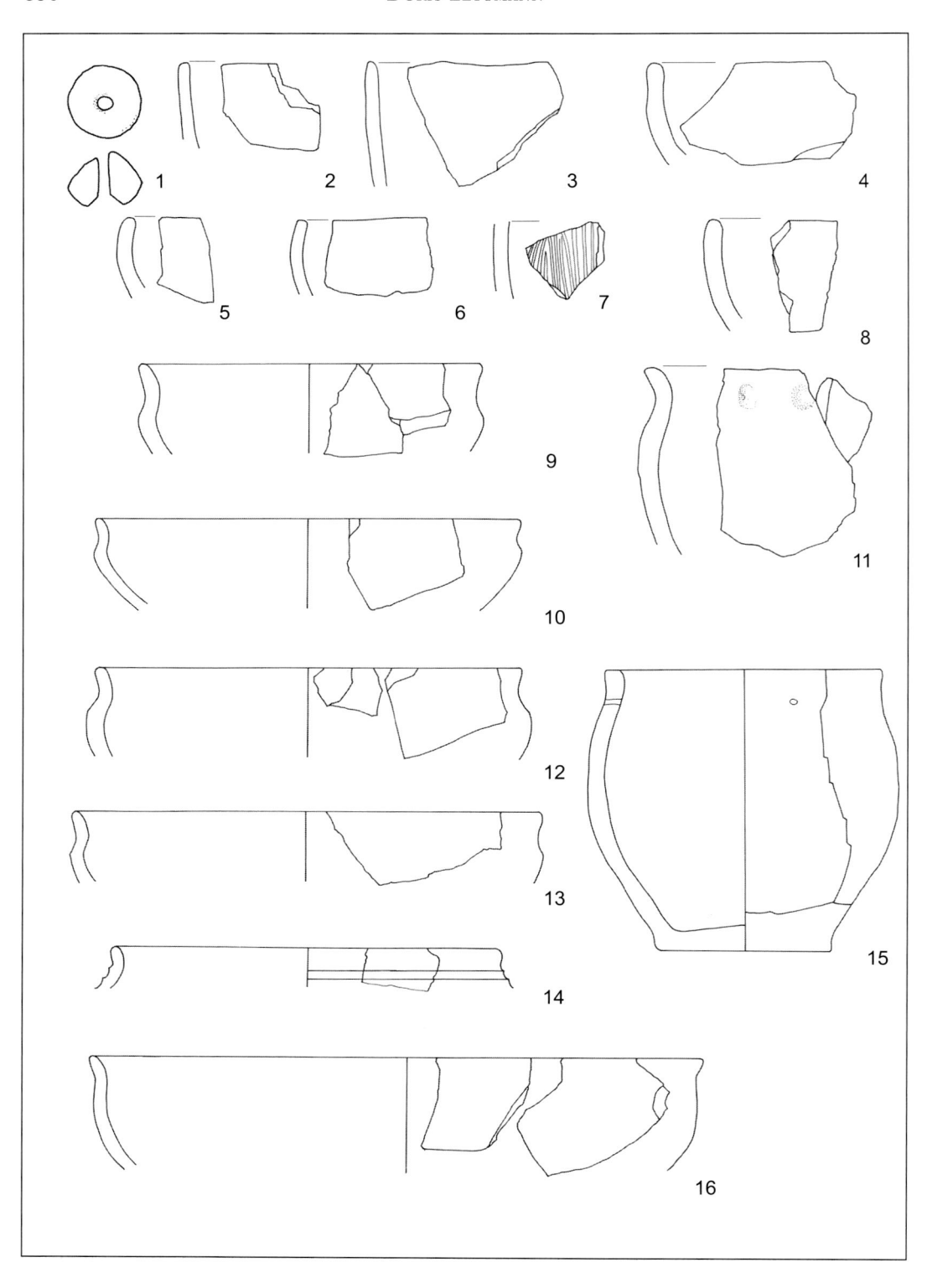

Abb. 59: Mengen ‚Löchleacker'. Bef. 180. – M 1:3 (außer 1: M 1:2).

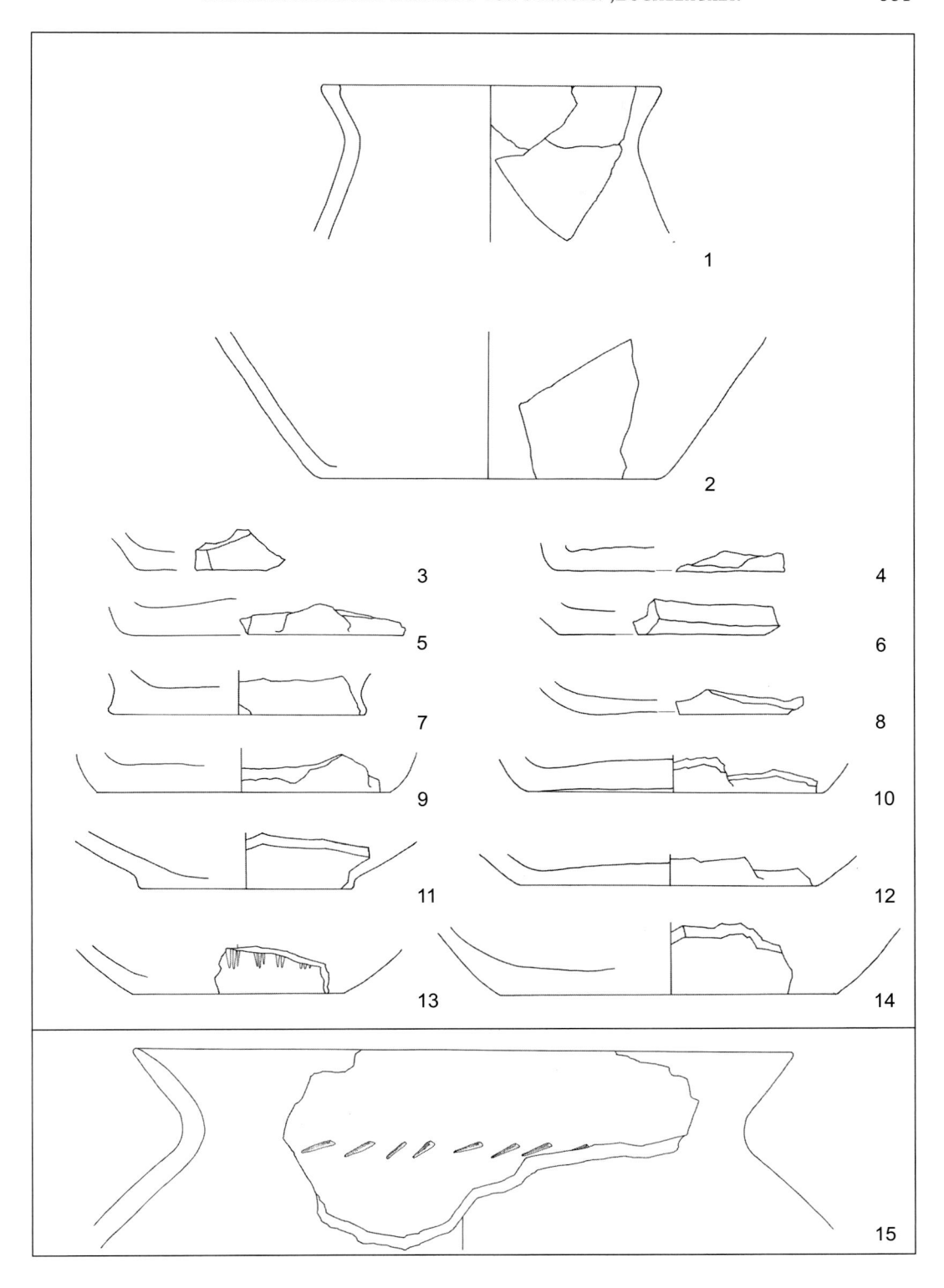

Abb. 60: Mengen ‚Löchleacker'. 1–14: Bef. 180; 15: 183. – M 1:3 (außer 15: M 1:4).

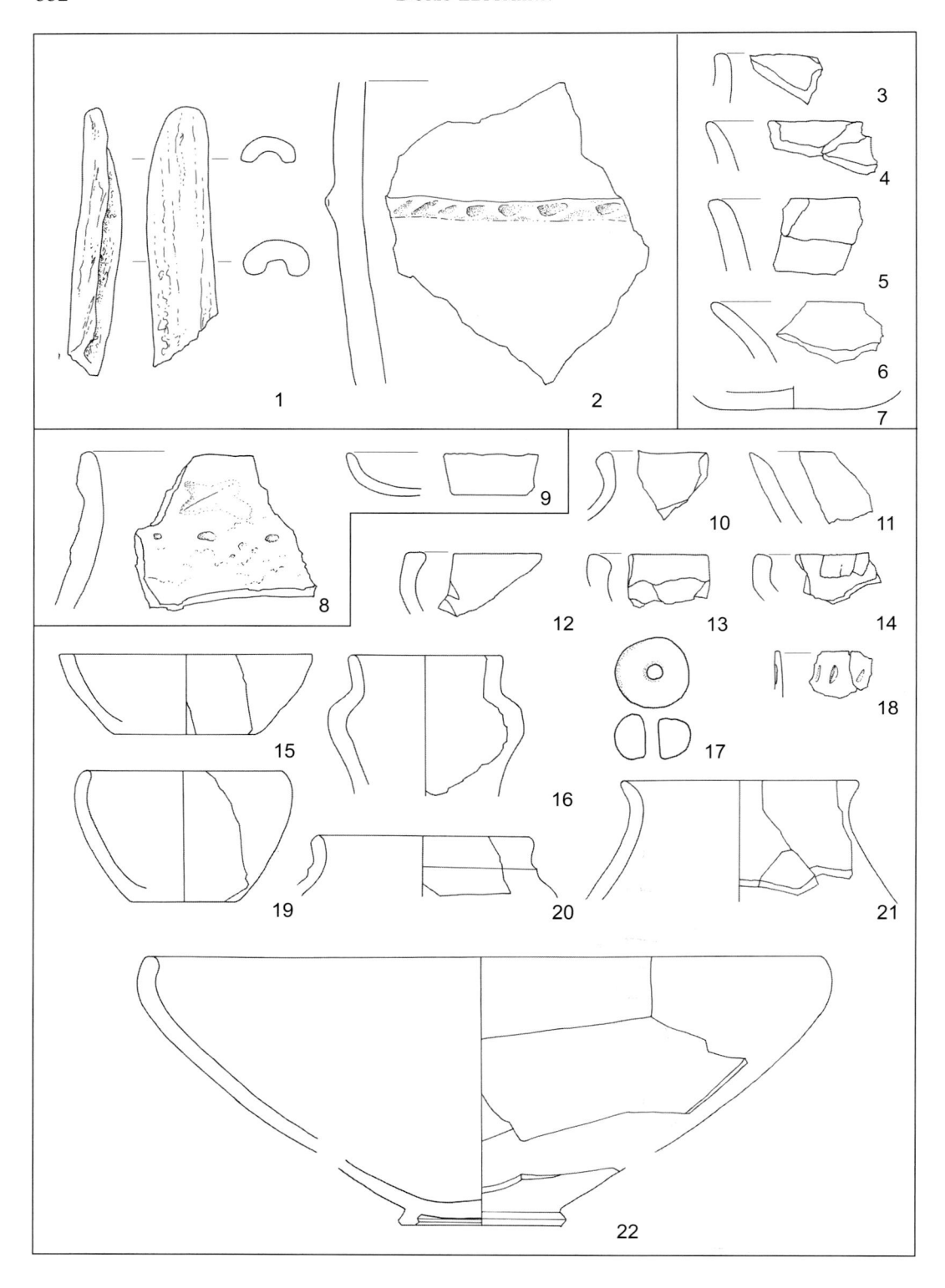

Abb. 61: Mengen ‚Löchleacker'. 1 u. 2: Bef. 183; 3–7: Bef. 185; 8 u. 9: Bef. 188; 10–22: Bef. 201. –
M 1 : 3 (außer 17: M 1 : 2).

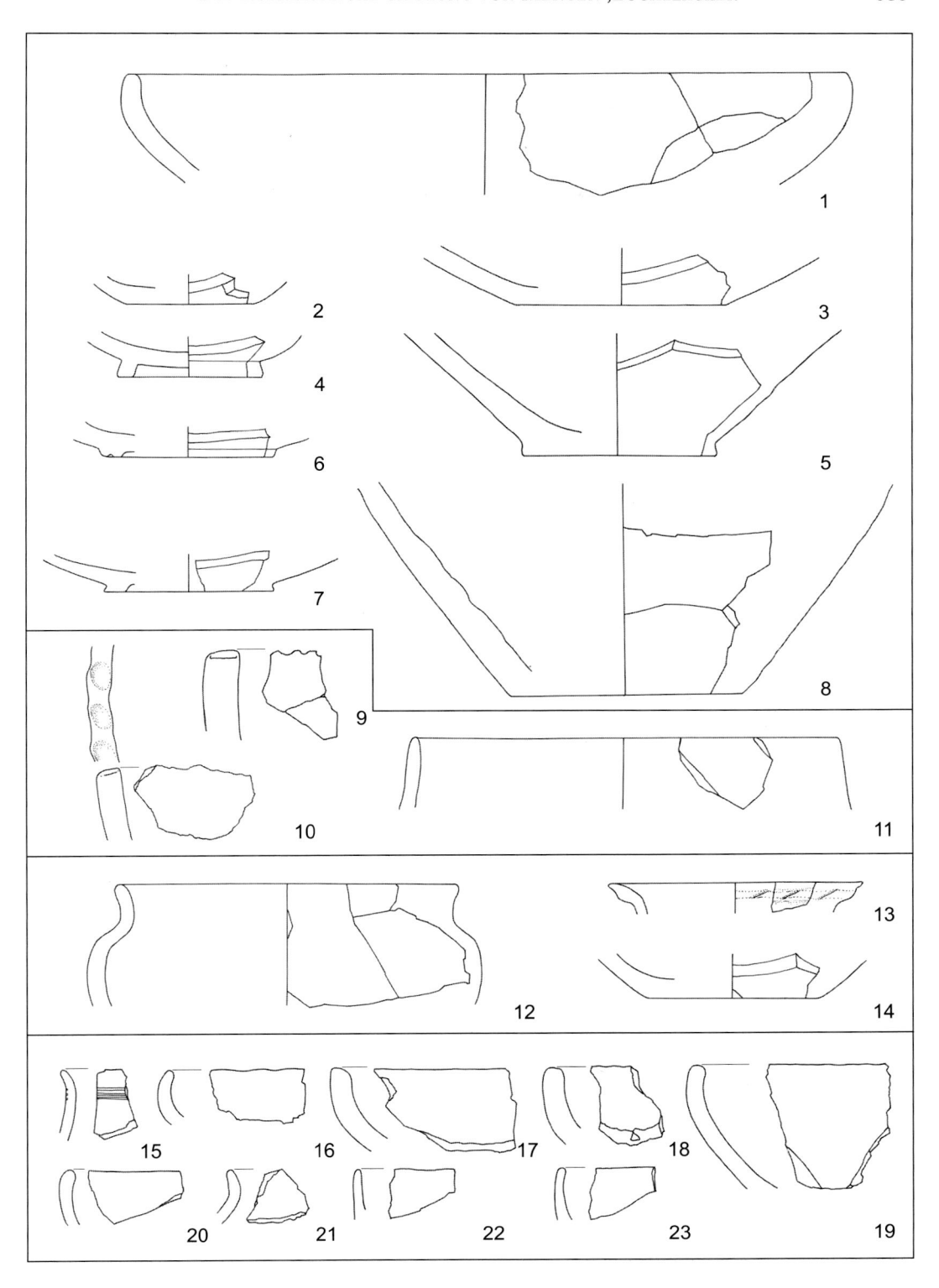

Abb. 62: Mengen ‚Löchleacker'. 1–8: Bef. 201; 9–11: Bef. 203; 12–14: Bef. 204; 15–23: Bef. 205. – M 1:3.

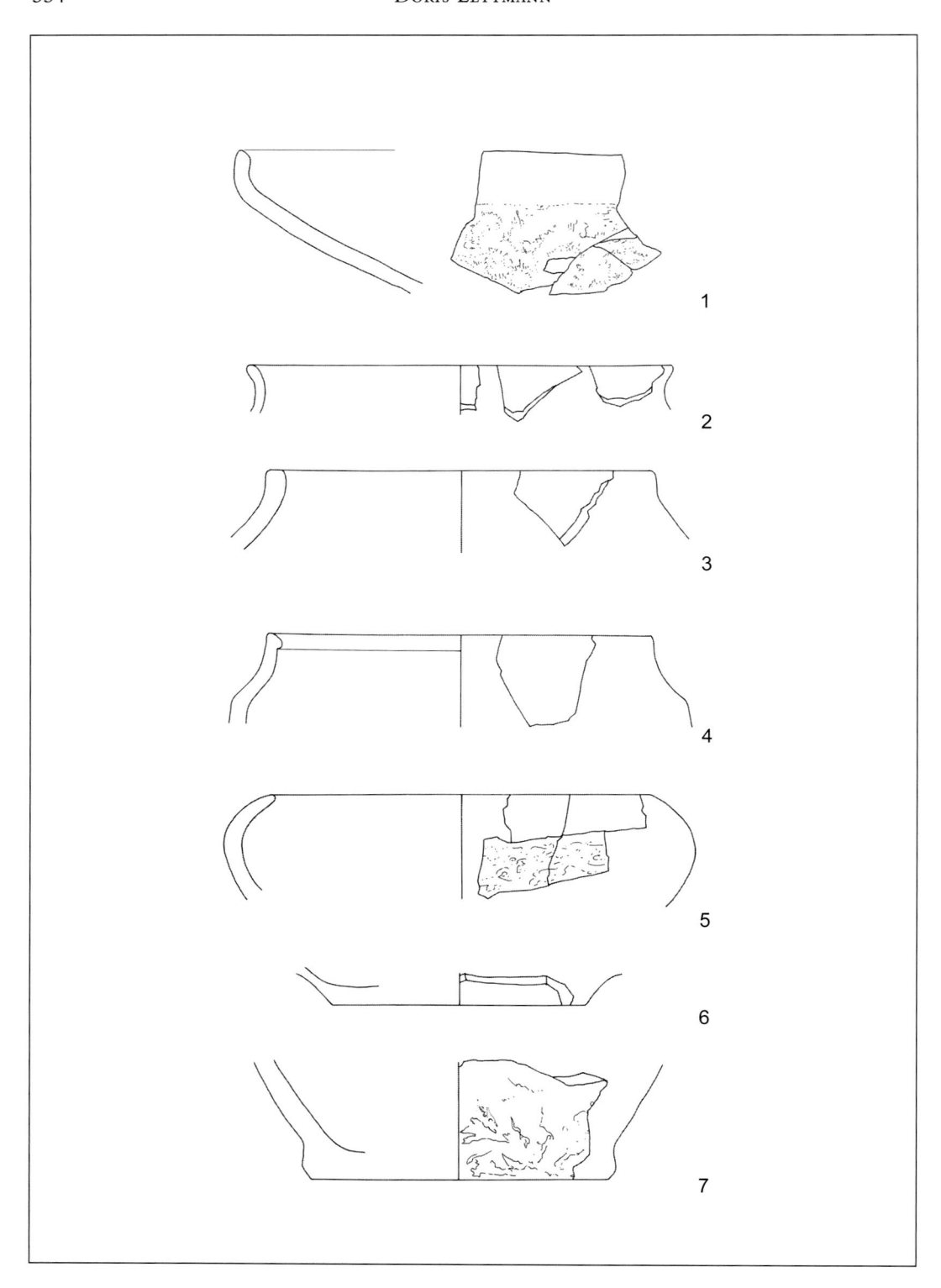

Abb. 63: Mengen ‚Löchleacker'. Bef. 205. – M 1:3.

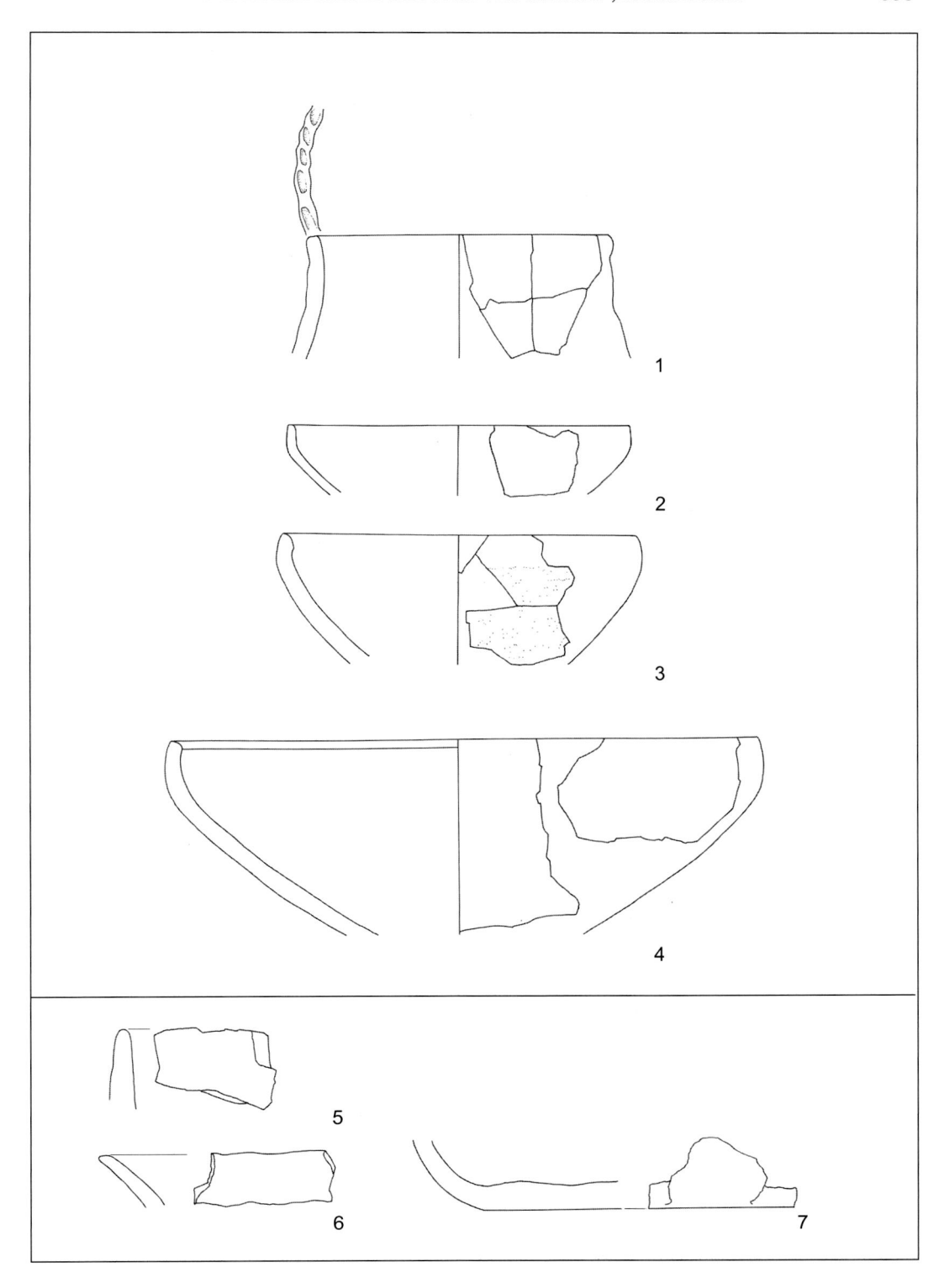

Abb. 64: Mengen ‚Löchleacker'. 1–4: Bef. 205; 5–7: Bef. 207. – M 1:3.

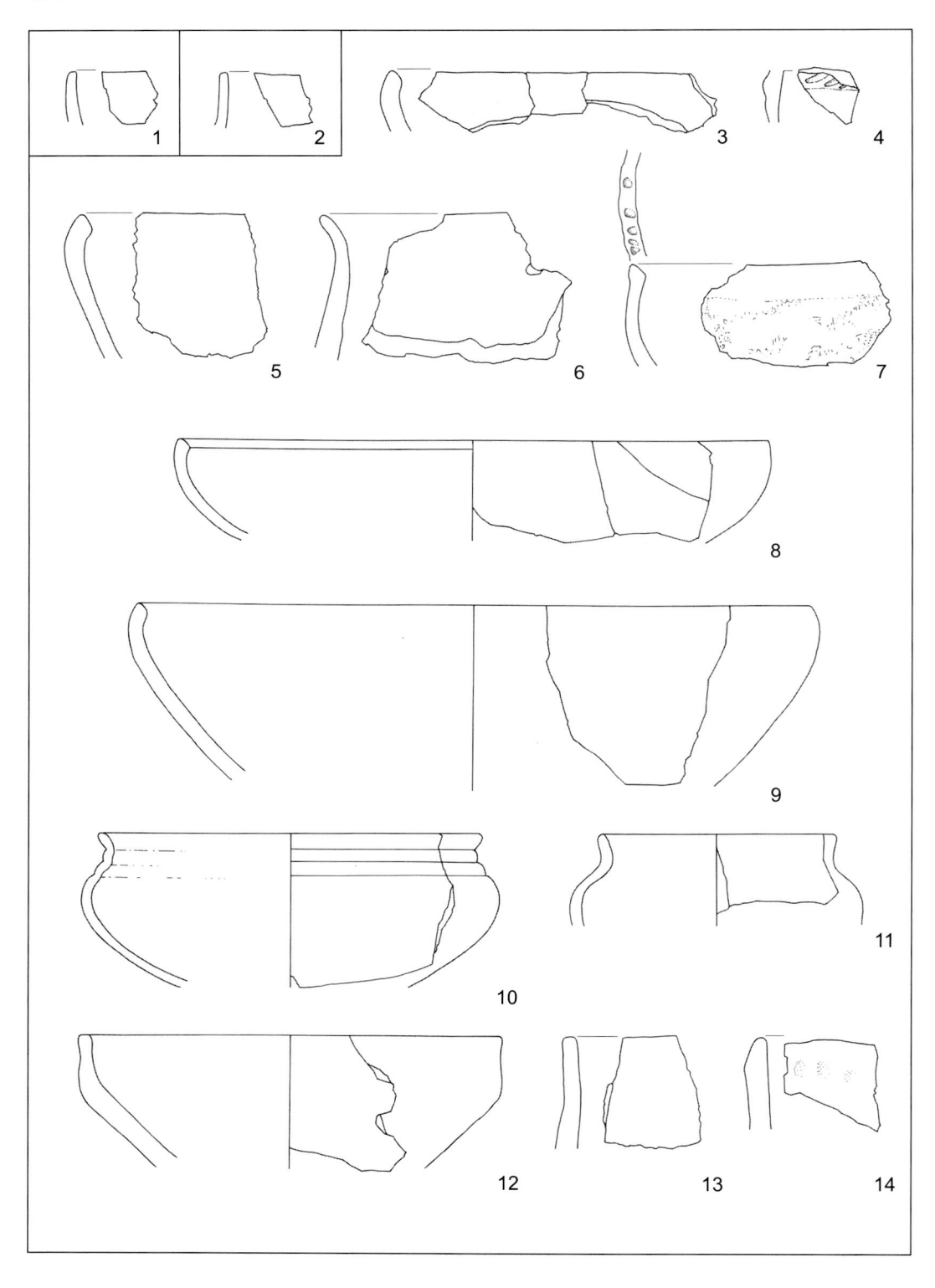

Abb. 65: Mengen ‚Löchleacker'. 1: Bef. 209; 2: Bef. 215; 3–14: Bef. 220. – M 1:3.

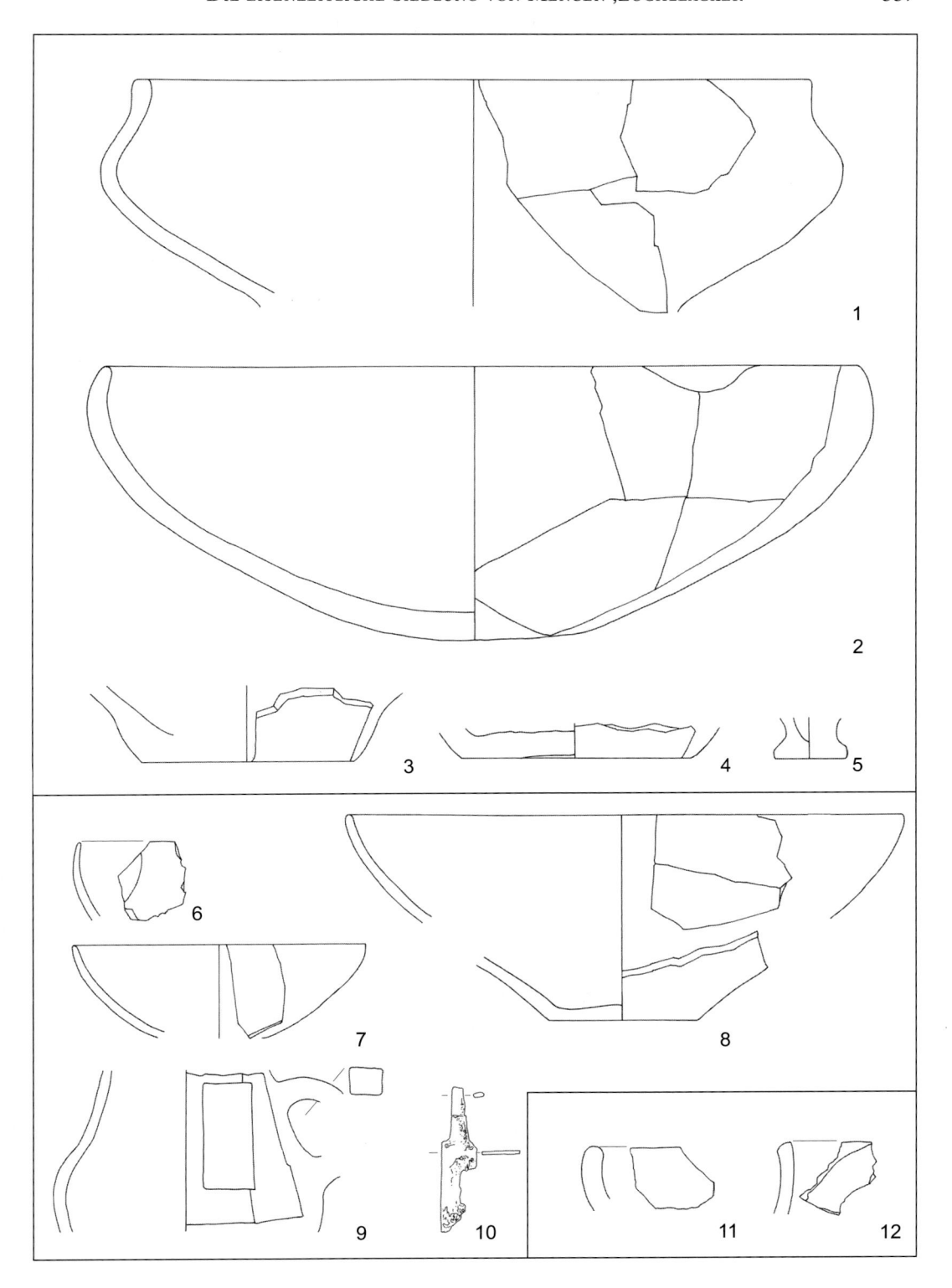

Abb. 66: Mengen ‚Löchleacker'. 1–5: Bef. 220; 6–10: Bef. 221; 11 u. 12: Bef. 225. – M 1:3.

338 Doris Lettmann

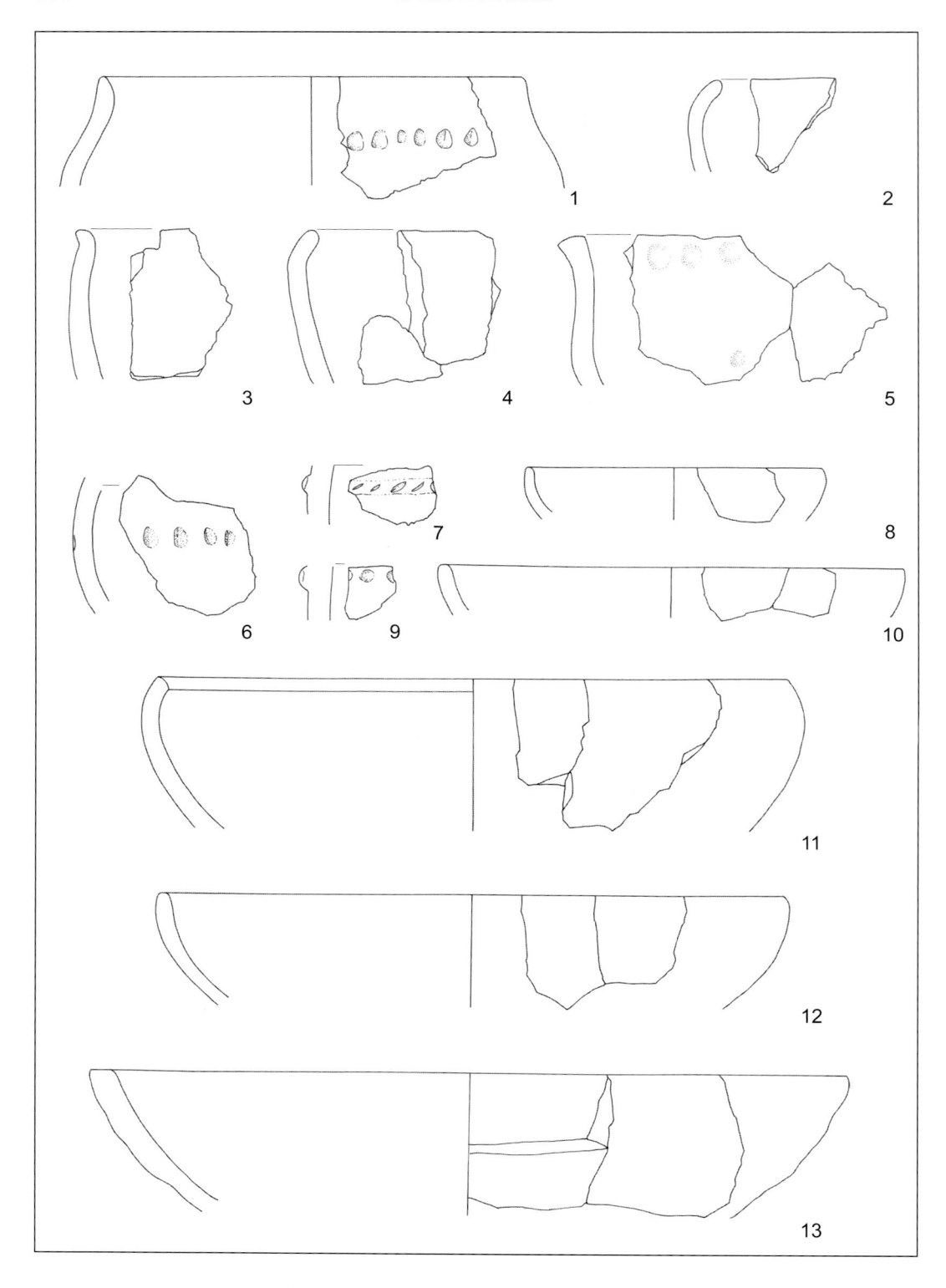

Abb. 67: Mengen ‚Löchleacker'. Bef. 225. – M 1:3.

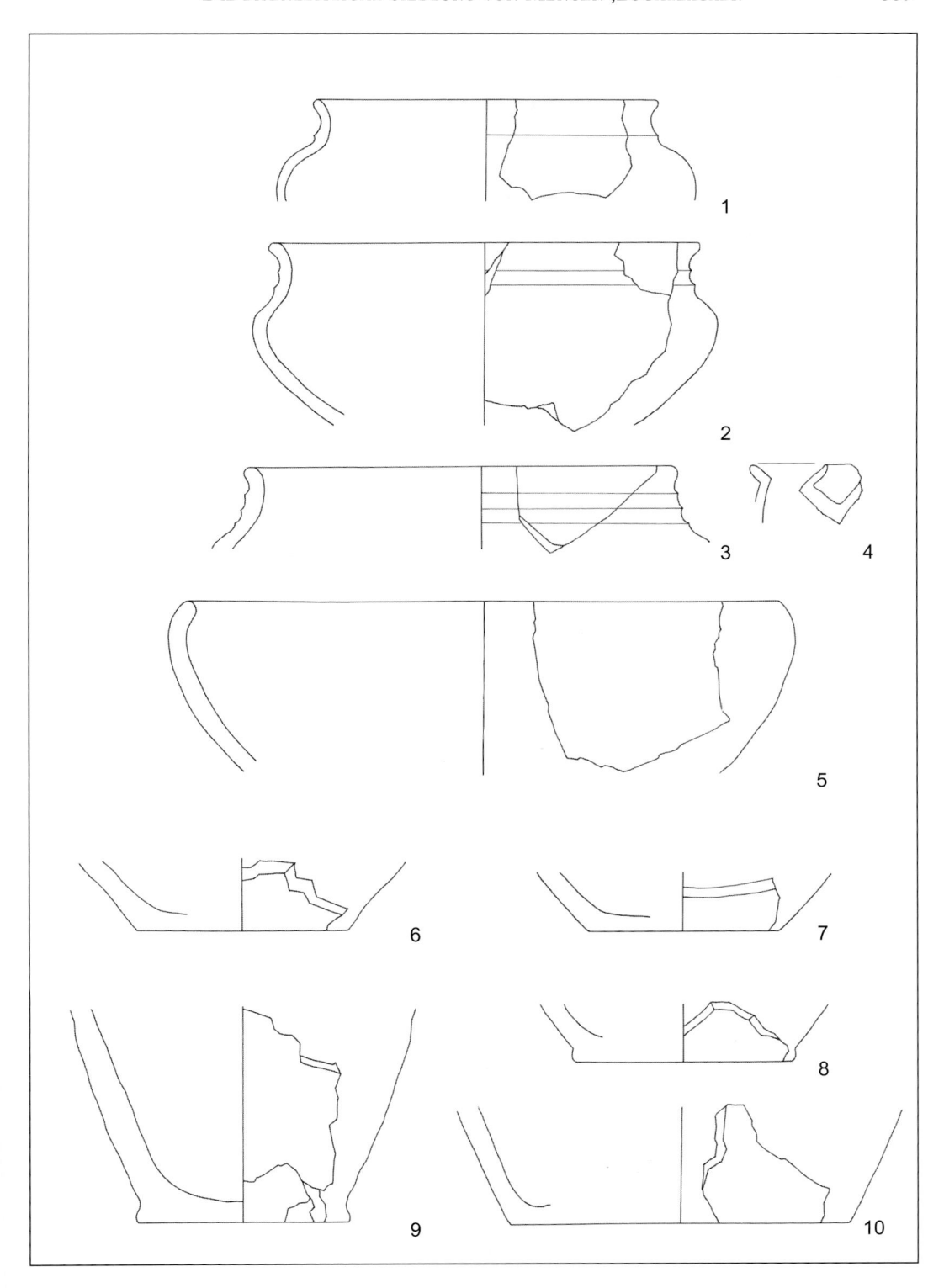

Abb. 68: Mengen ‚Löchleacker'. Bef. 225. – M 1:3.

Abb. 69: Mengen ‚Löchleacker'. 1 u. 2: Bef. 225; 3–9: Bef. 227. – M 1 : 3 (außer 3: M 1 : 2; 9: M 1 : 4).

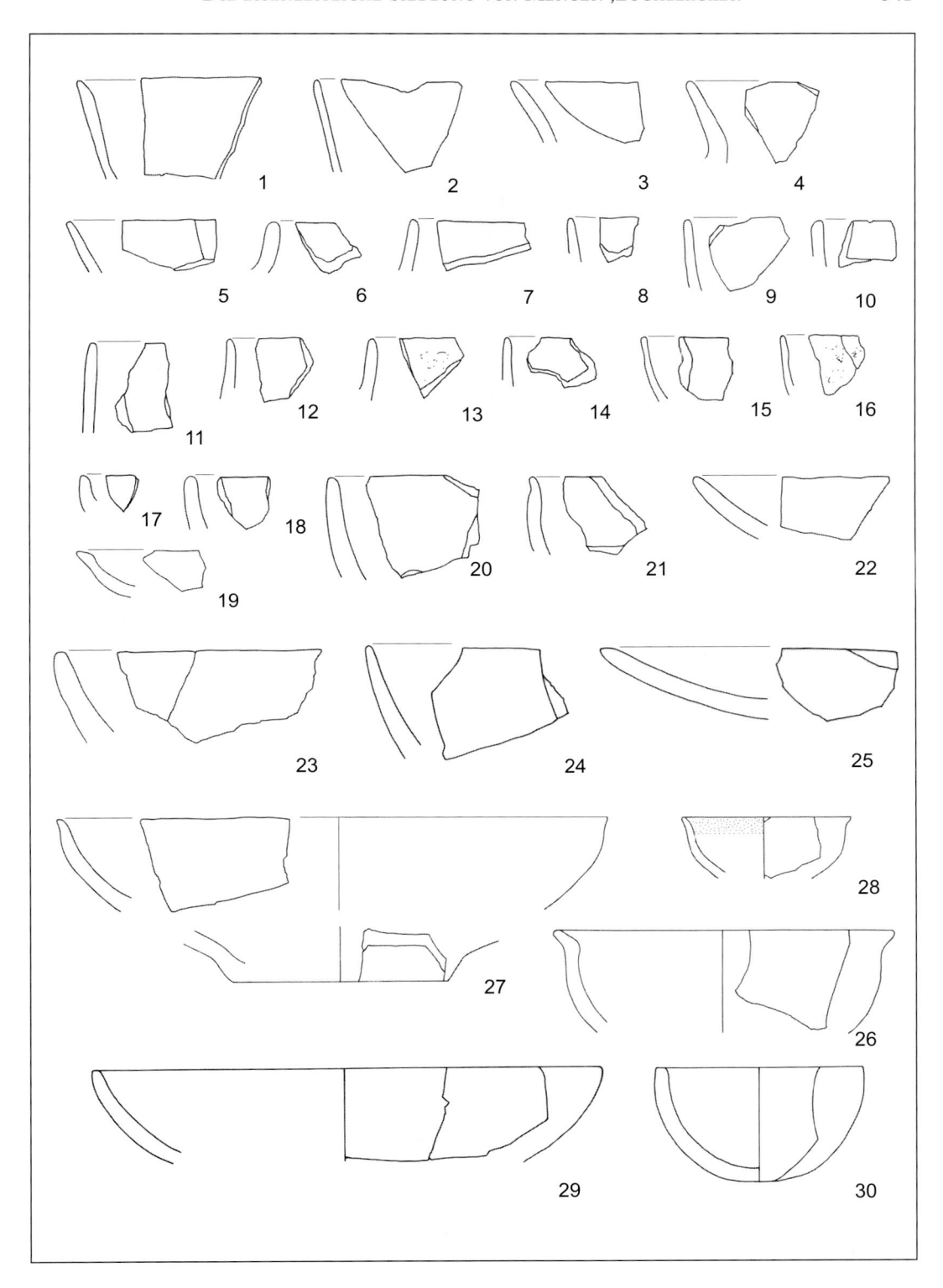

Abb. 70: Mengen ‚Löchleacker'. Bef. 227. – M 1:3.

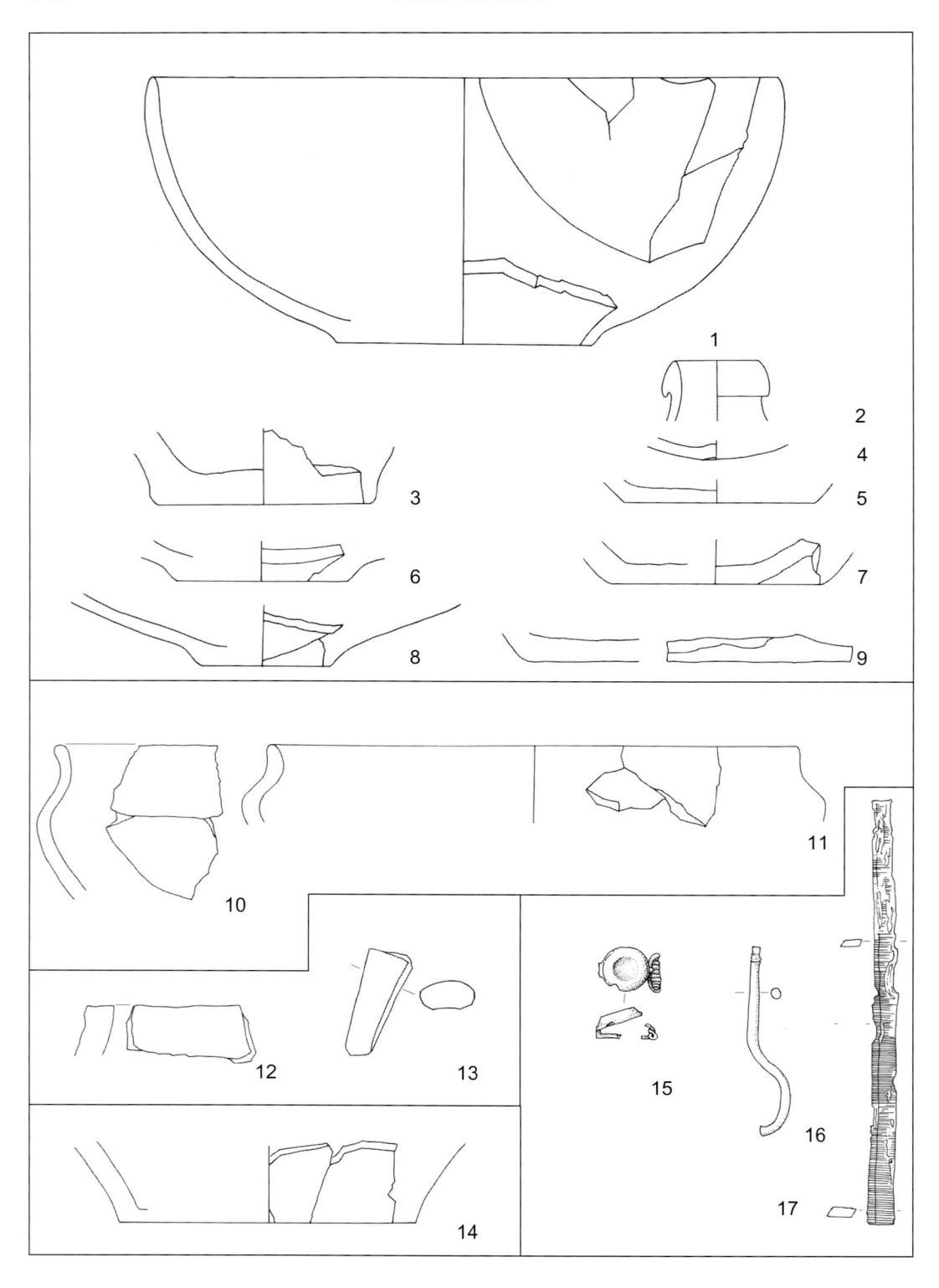

Abb. 71: Mengen ‚Löchleacker'. 1–9: Bef. 227; 10 u. 11: Bef. 228; 12 u. 13: Bef. 229; 14: Bef. 241; 15–17: Bef. 242a. – M 1:3 (außer 15–17: M 1:2).

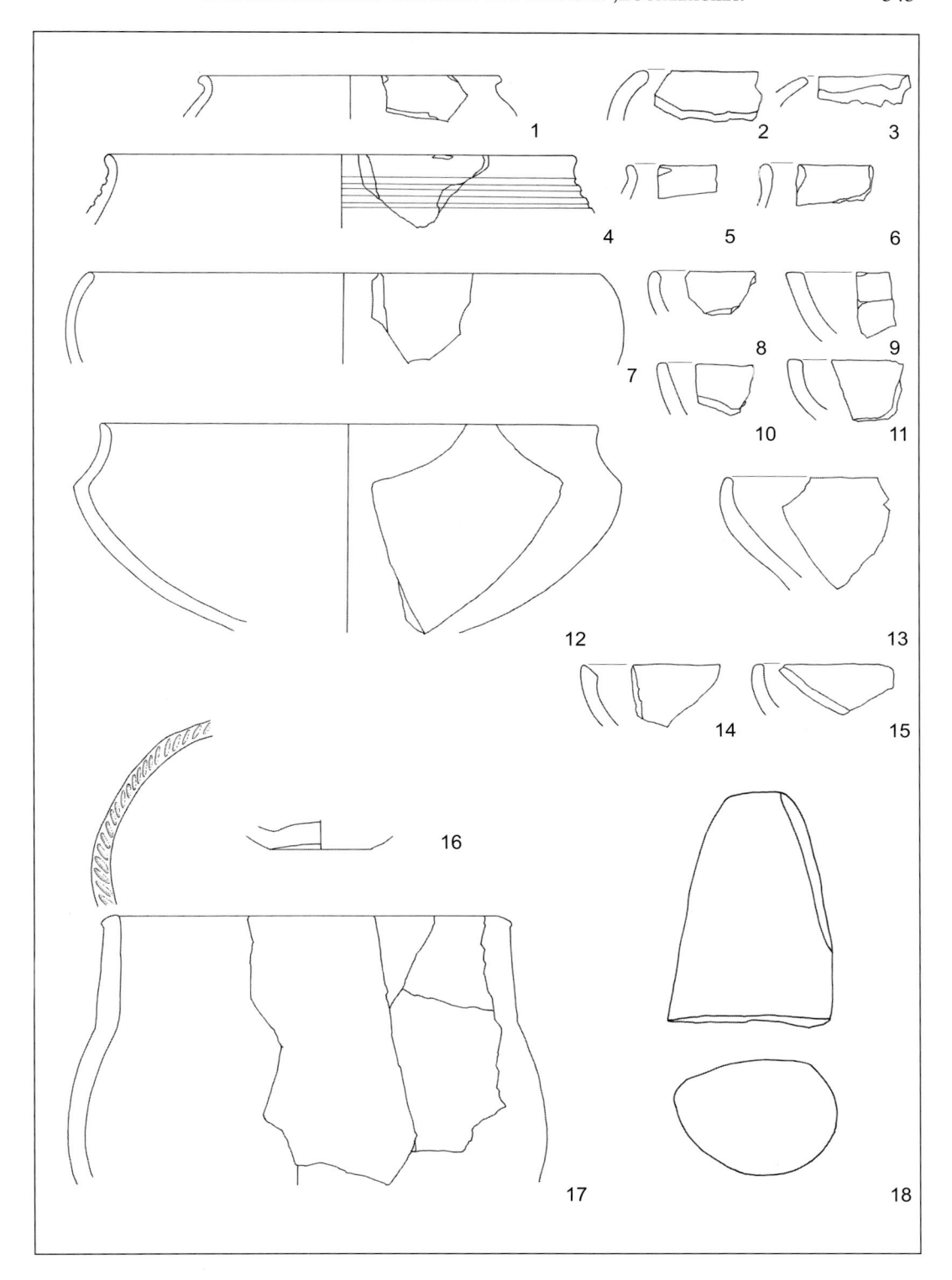

Abb. 72: Mengen ‚Löchleacker'. Bef. 242a. – M 1:3.

344   Doris Lettmann

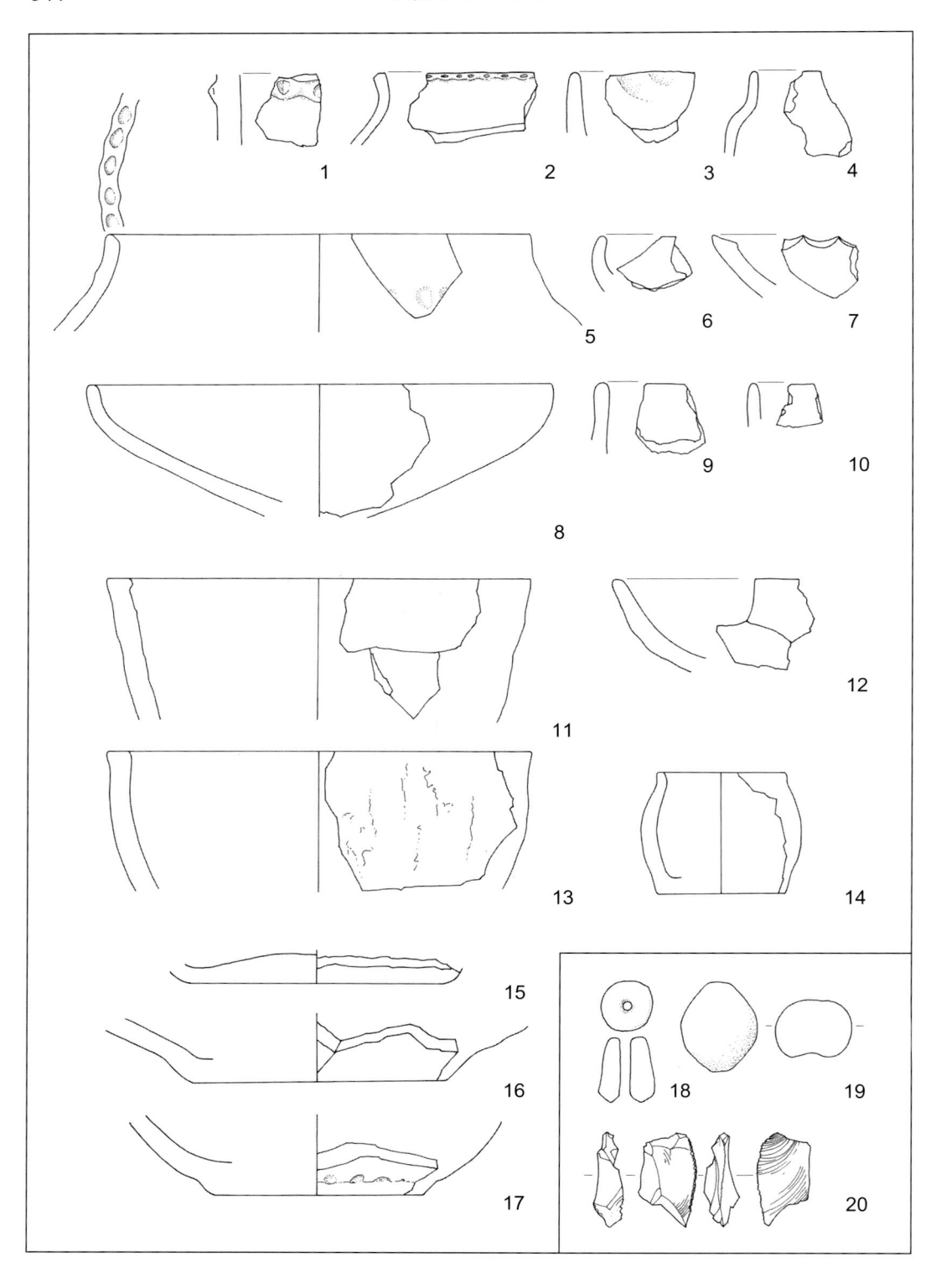

Abb. 73: Mengen ‚Löchleacker'. 1–17: Bef. 242a; 18–20: Bef. 242b. – M 1 : 3 (außer 18 u. 20: M 1 : 2).

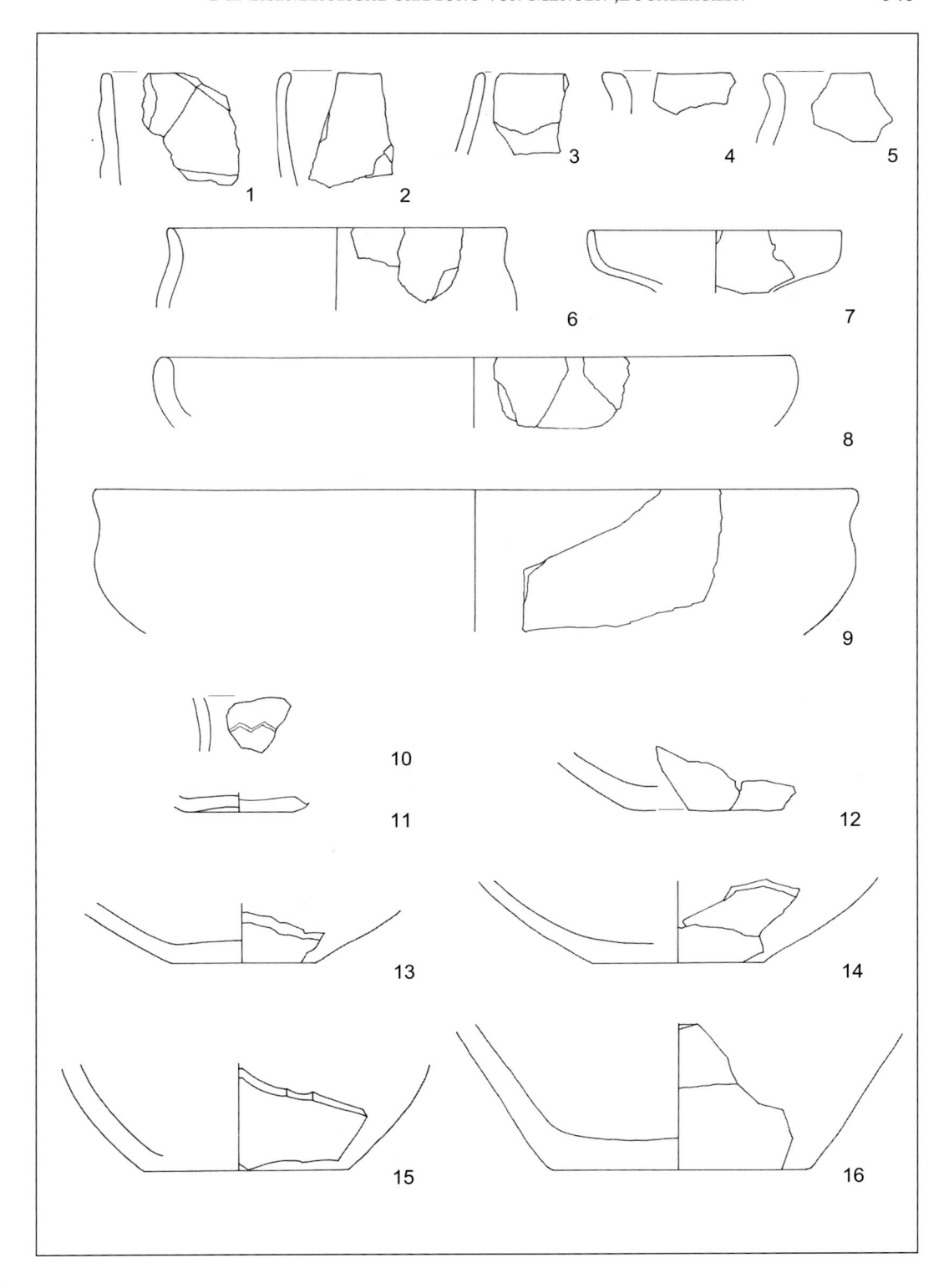

Abb. 74: Mengen ‚Löchleacker'. Bef. 242b. – M 1:3.

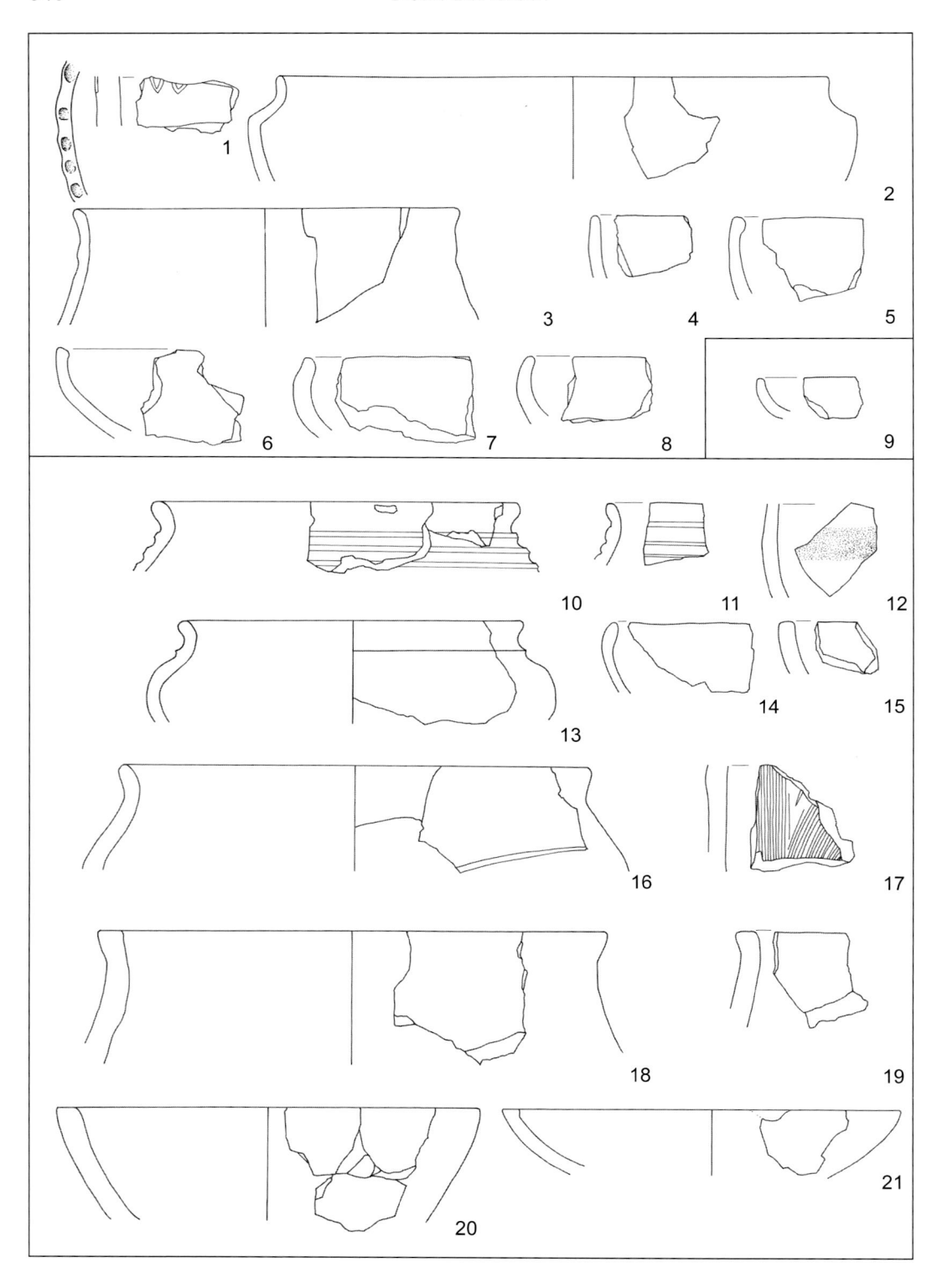

Abb. 75: Mengen ‚Löchleacker'. 1–8: Bef. 244; 9: Bef. 247; 10–21: Bef. 251. – M 1 : 3.

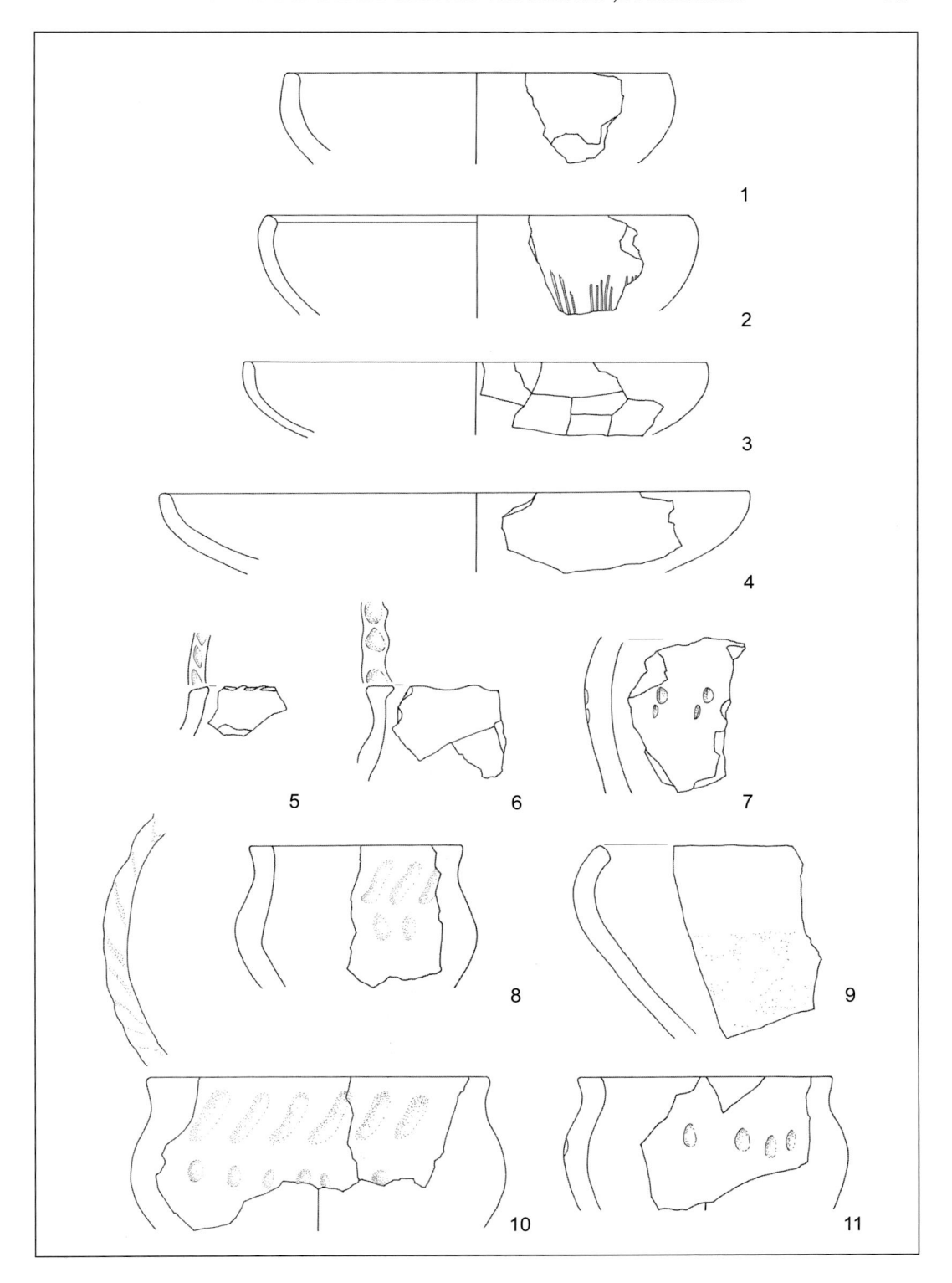

Abb. 76: Mengen ‚Löchleacker'. Bef. 251. – M 1 : 3.

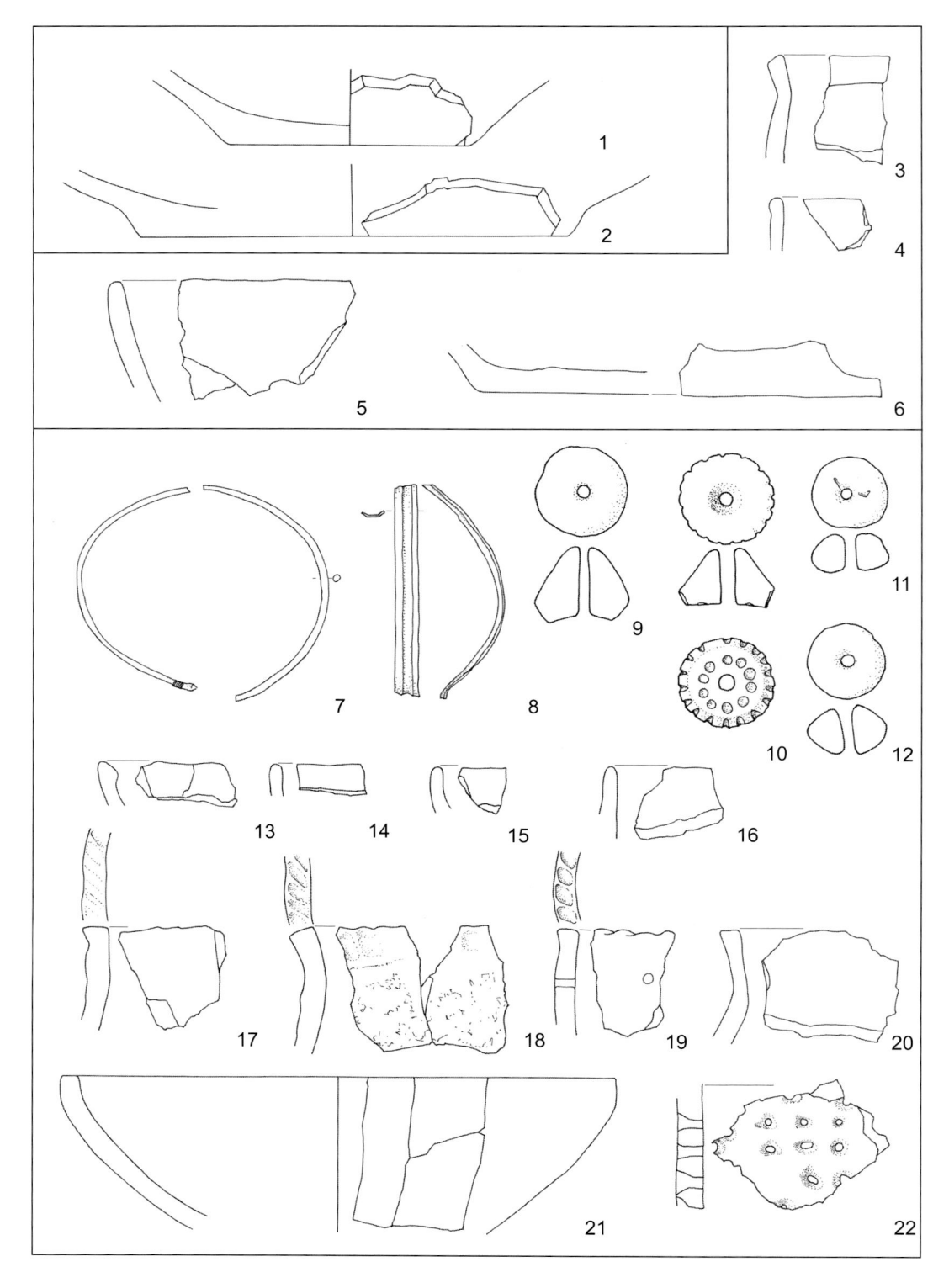

Abb. 77: Mengen ‚Löchleacker'. 1 u. 2: Bef. 251; 3–6: Bef. 254; 7–22: Bef. 255. – M 1:3 (außer 7–12: M 1:2).

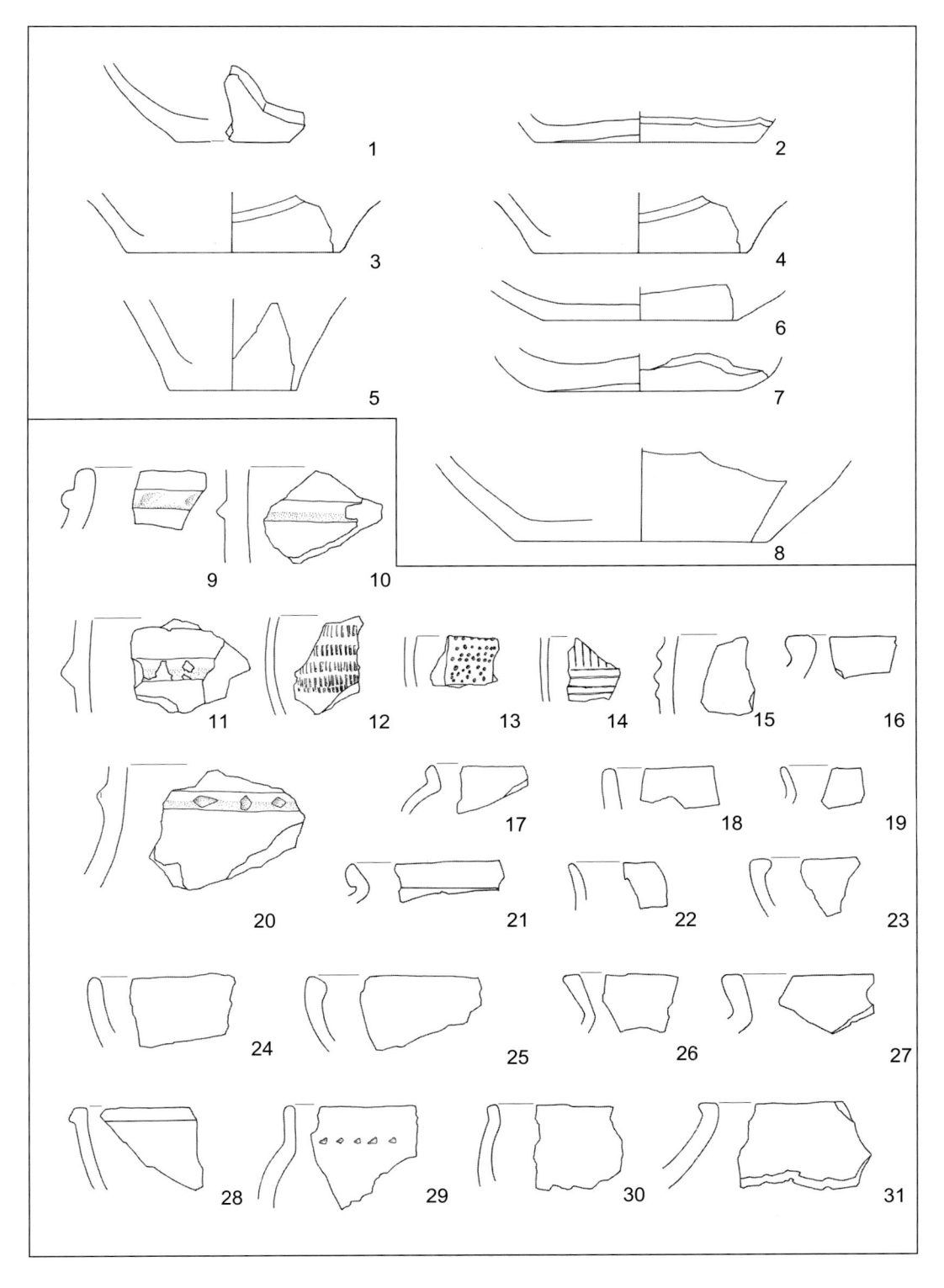

Abb. 78: Mengen ‚Löchleacker'. 1–8: Bef. 255; 9–31: Bef. M1–M7. – M 1:3.

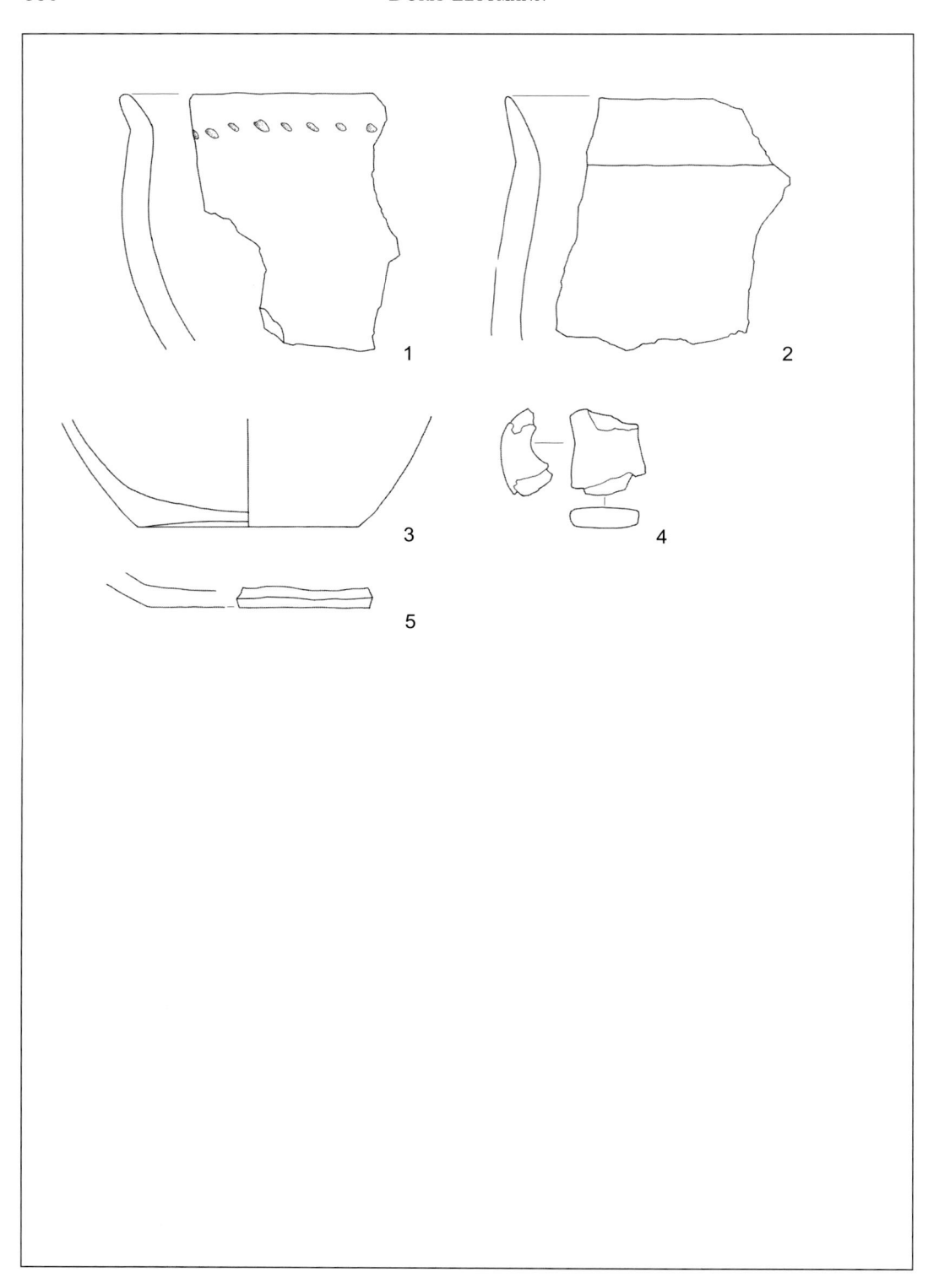

Abb. 79: Mengen ‚Löchleacker'. Bef. M1–M7. – M 1:3.

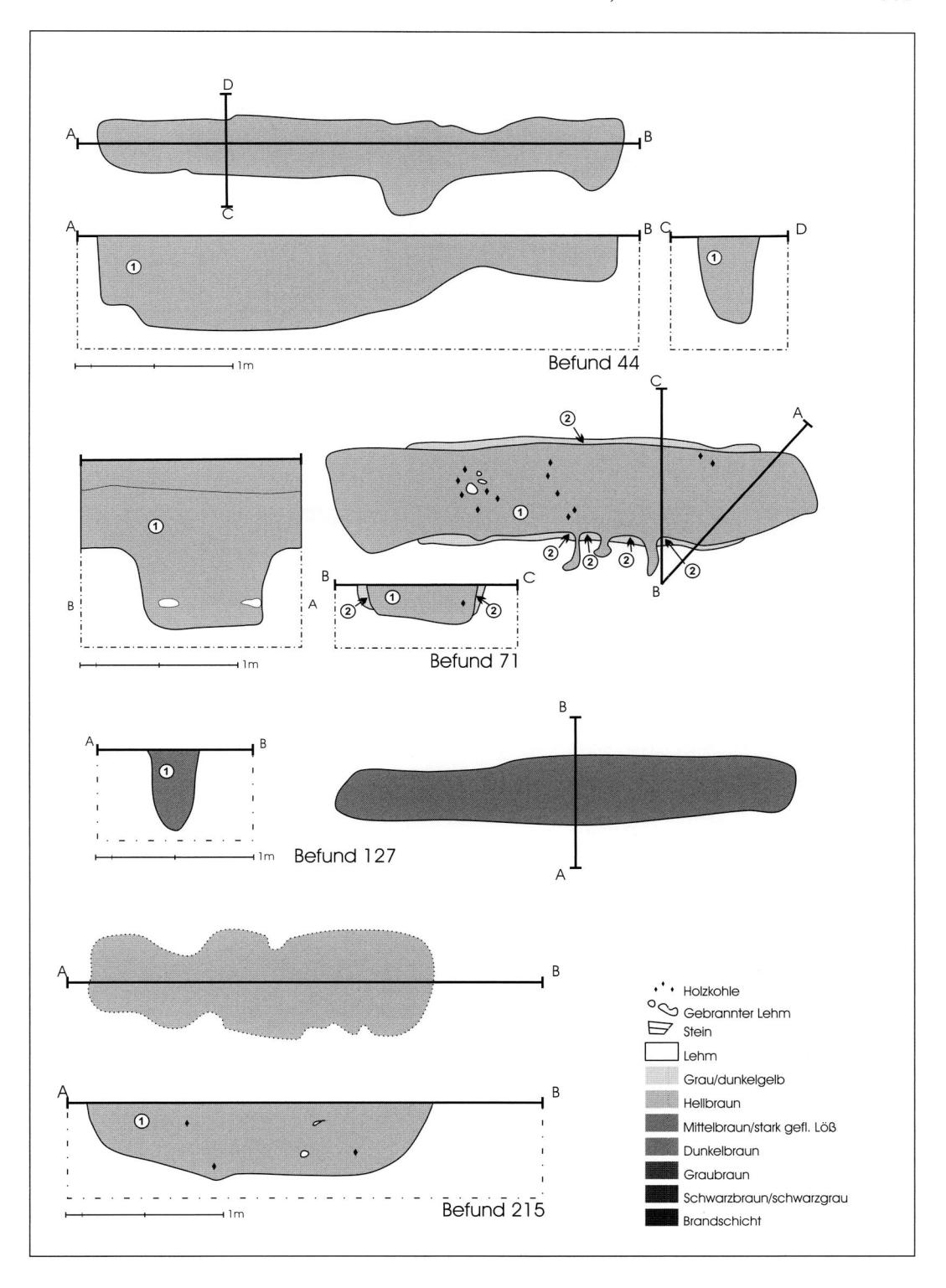

Abb. 80: Mengen ‚Löchleacker'. Befunde Gräbchen. – M 1 : 40.

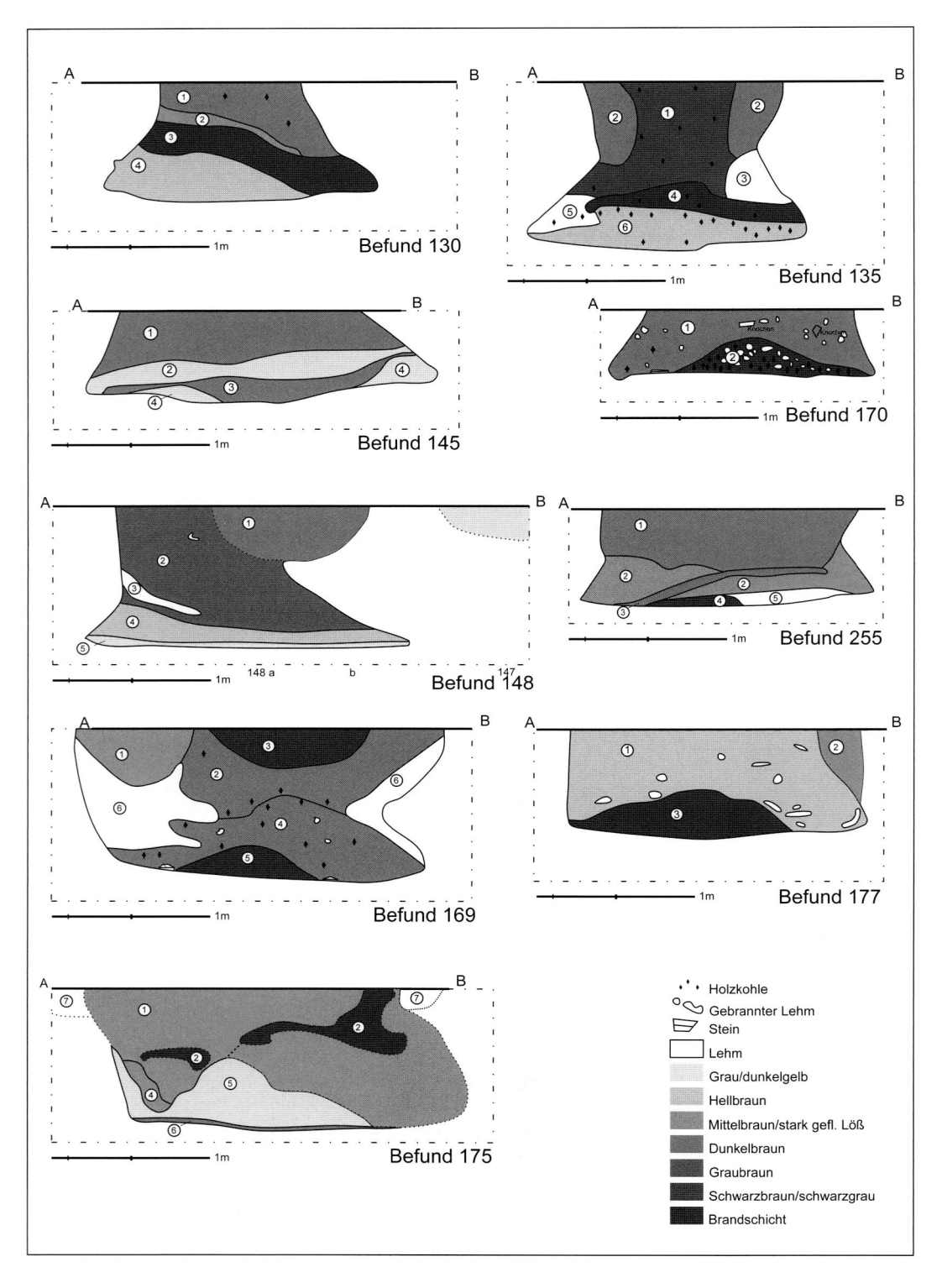

Abb. 81: Mengen ‚Löchleacker'. Befunde Trichtergruben. – M 1 : 40.

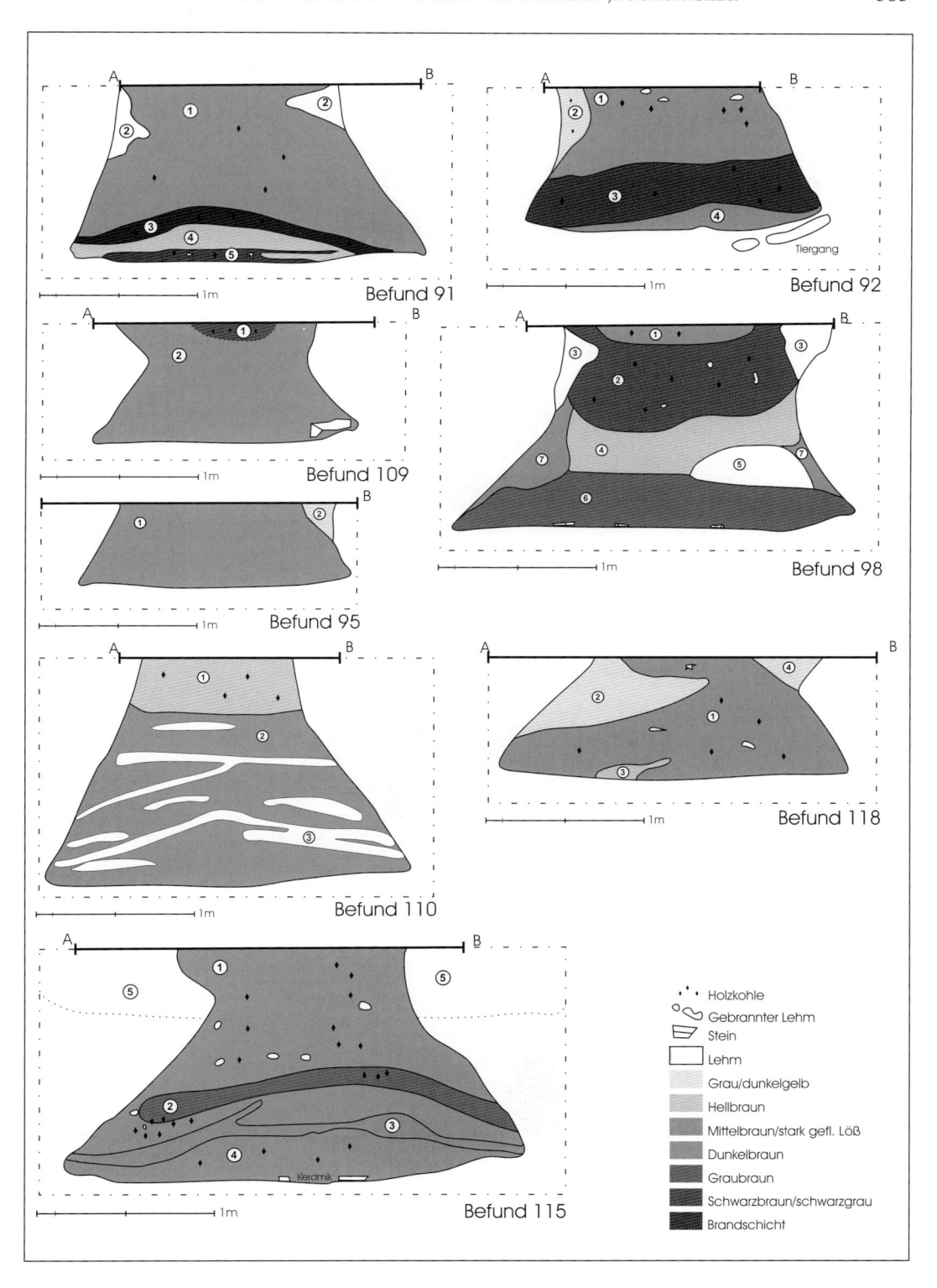

Die eisenzeitliche Siedlung von Mengen ‚Löchleacker'   353

Abb. 82: Mengen ‚Löchleacker'. Befunde Trichtergruben. – M 1 : 40.

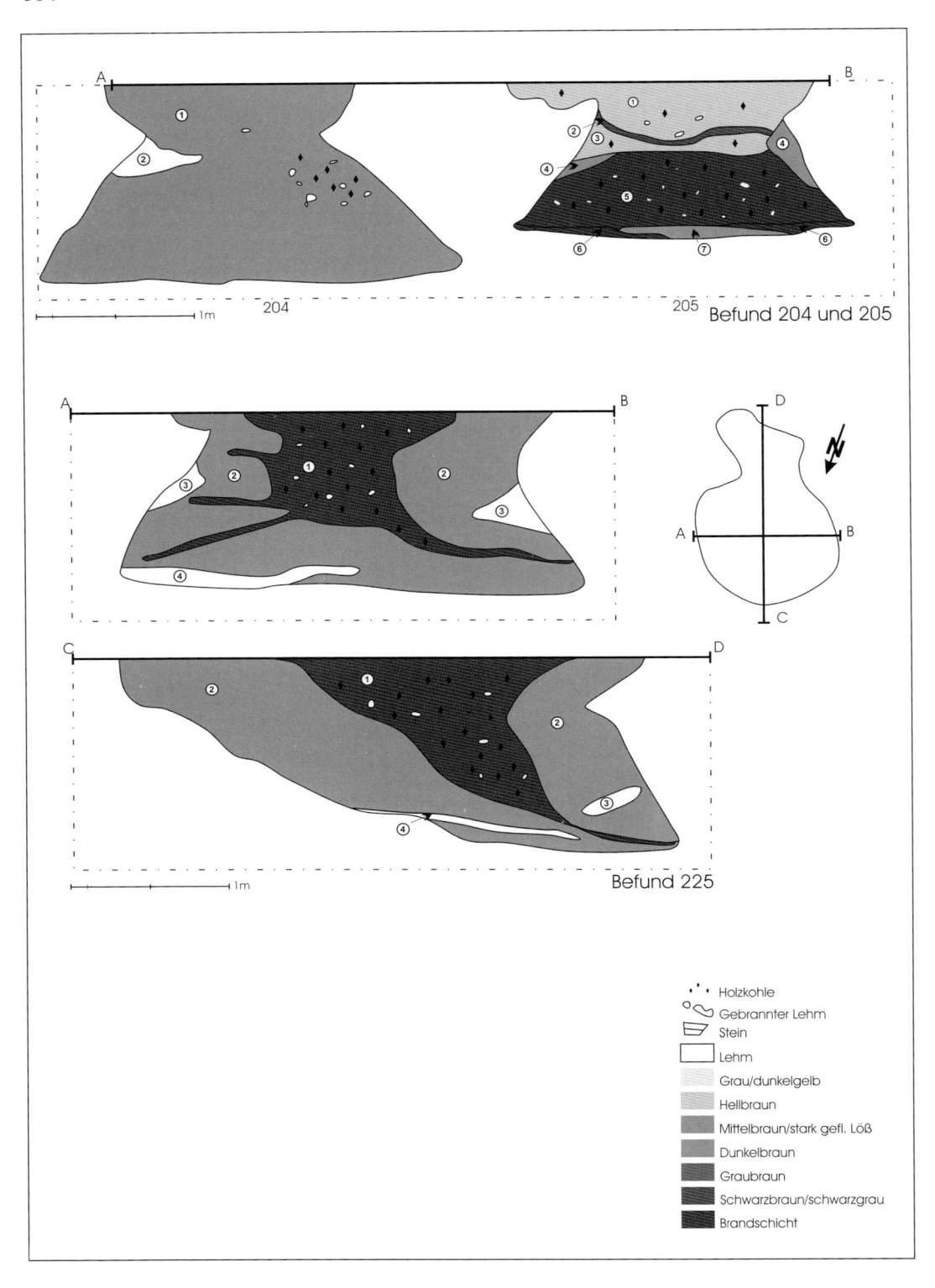

Abb. 83: Mengen ‚Löchleacker'. Befunde Trichtergruben. – M 1 : 40.

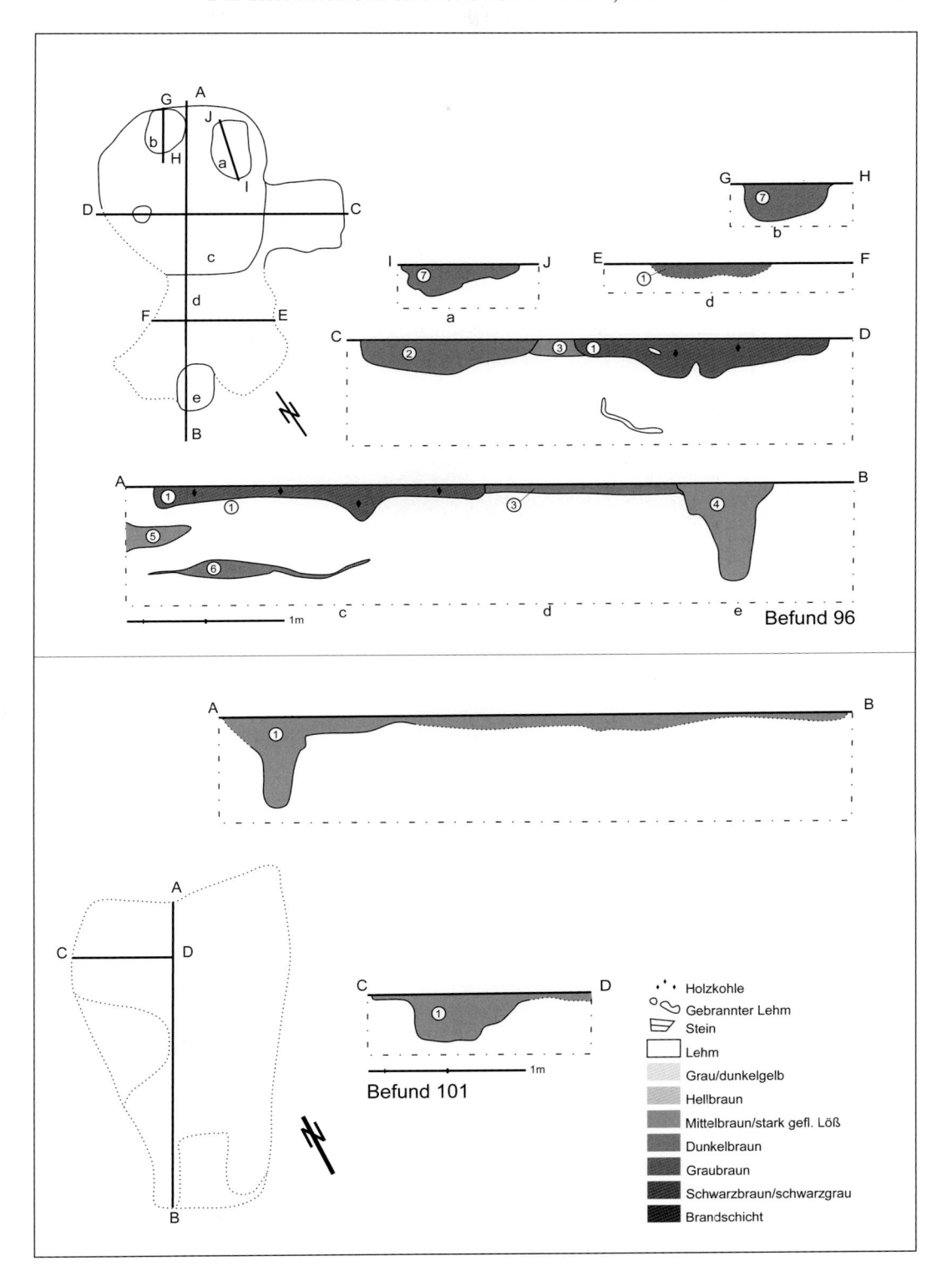

Abb. 84: Mengen ‚Löchleacker'. Befunde Grubenhäuser. – M 1 : 40, Grundriss M 1 : 80.

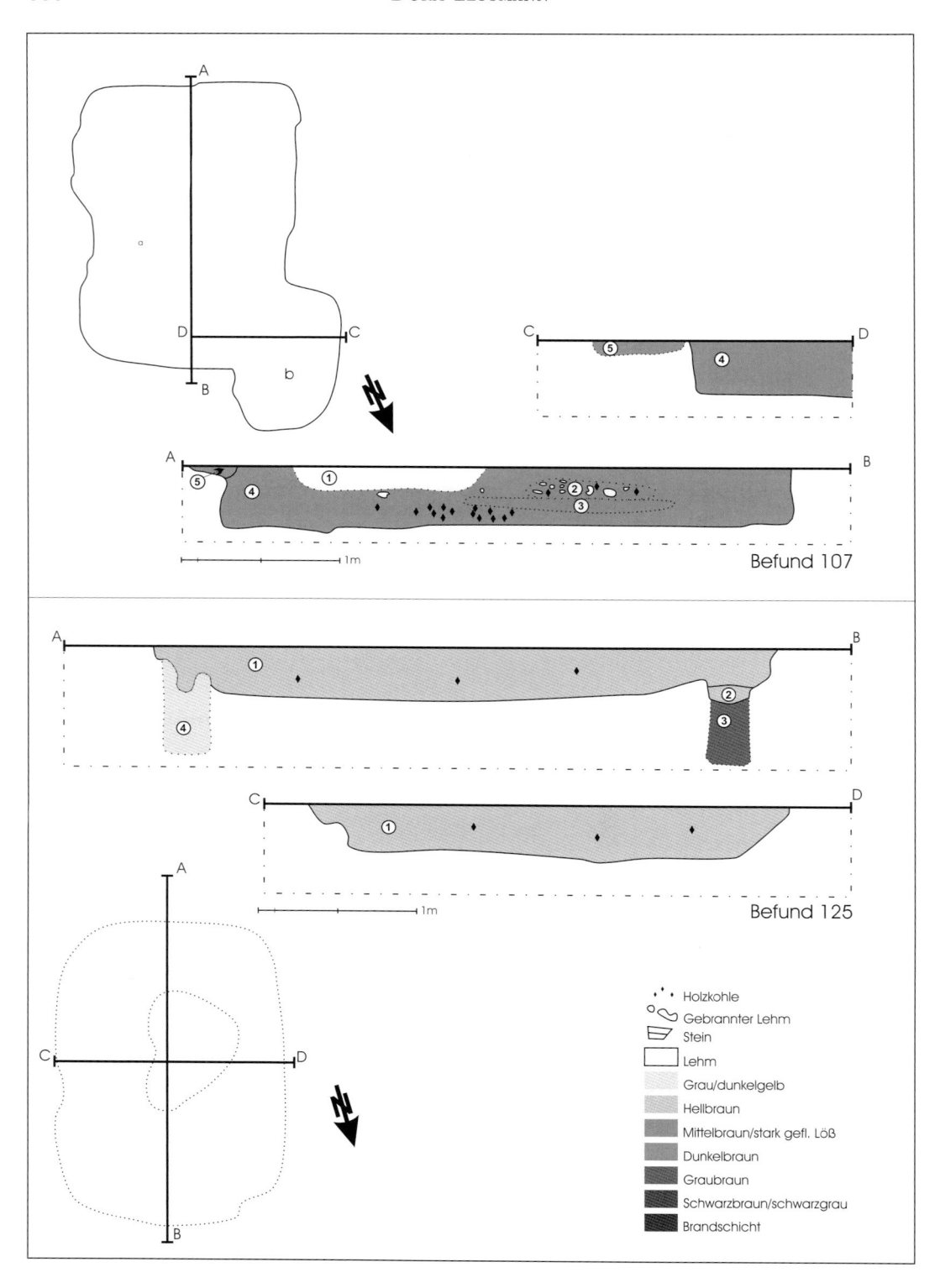

Abb. 85: Mengen ‚Löchleacker'. Befunde Grubenhäuser. – M 1 : 40, Grundriss M 1 : 80.

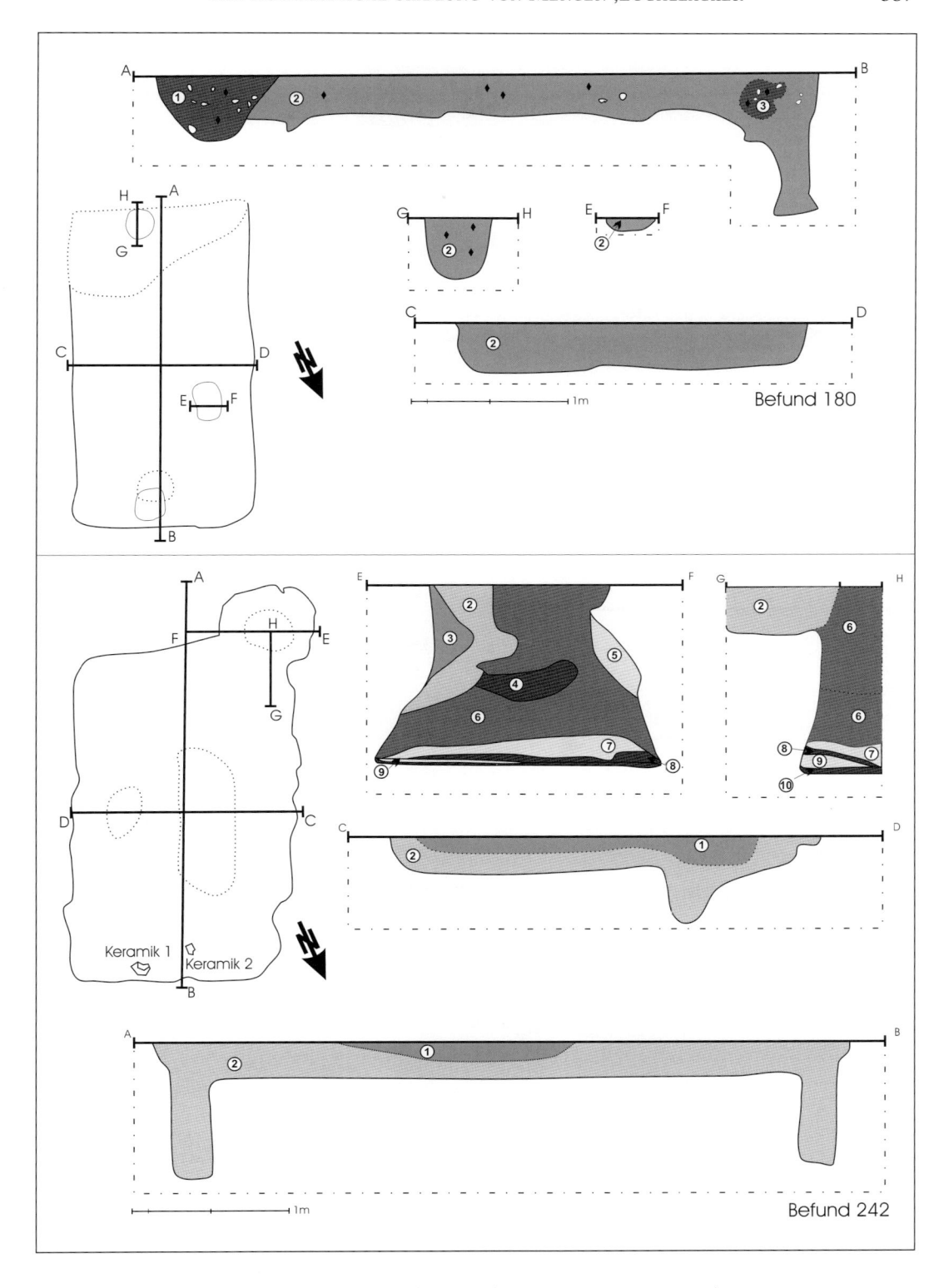

Die eisenzeitliche Siedlung von Mengen ‚Löchleacker' 357

Abb. 86: Mengen ‚Löchleacker'. Befunde Grubenhäuser. – M 1 : 40, Grundriss M 1 : 80.

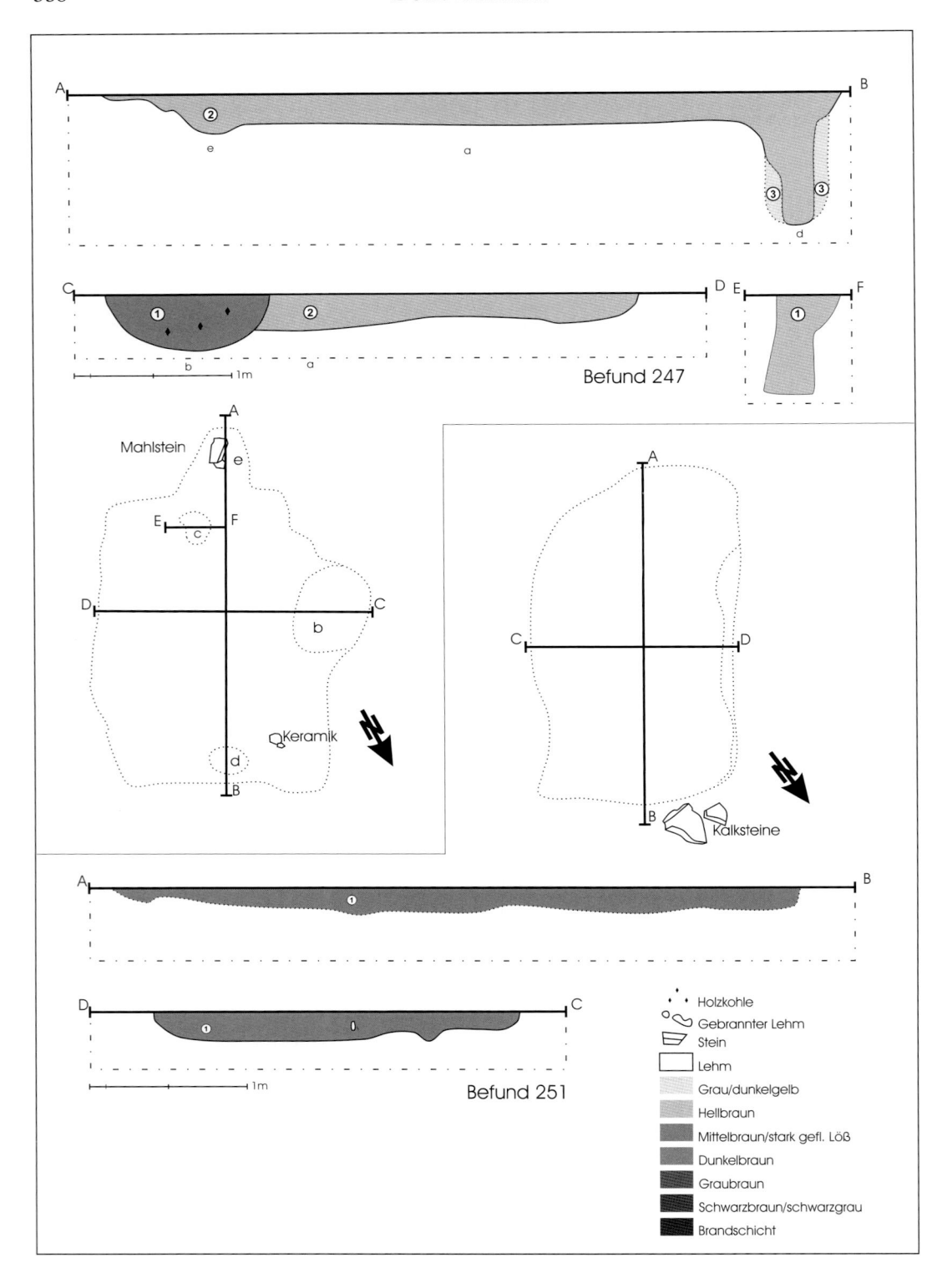

Abb. 87: Mengen ‚Löchleacker'. Befunde Grubenhäuser. – M 1:40, Grundriss M 1:80.

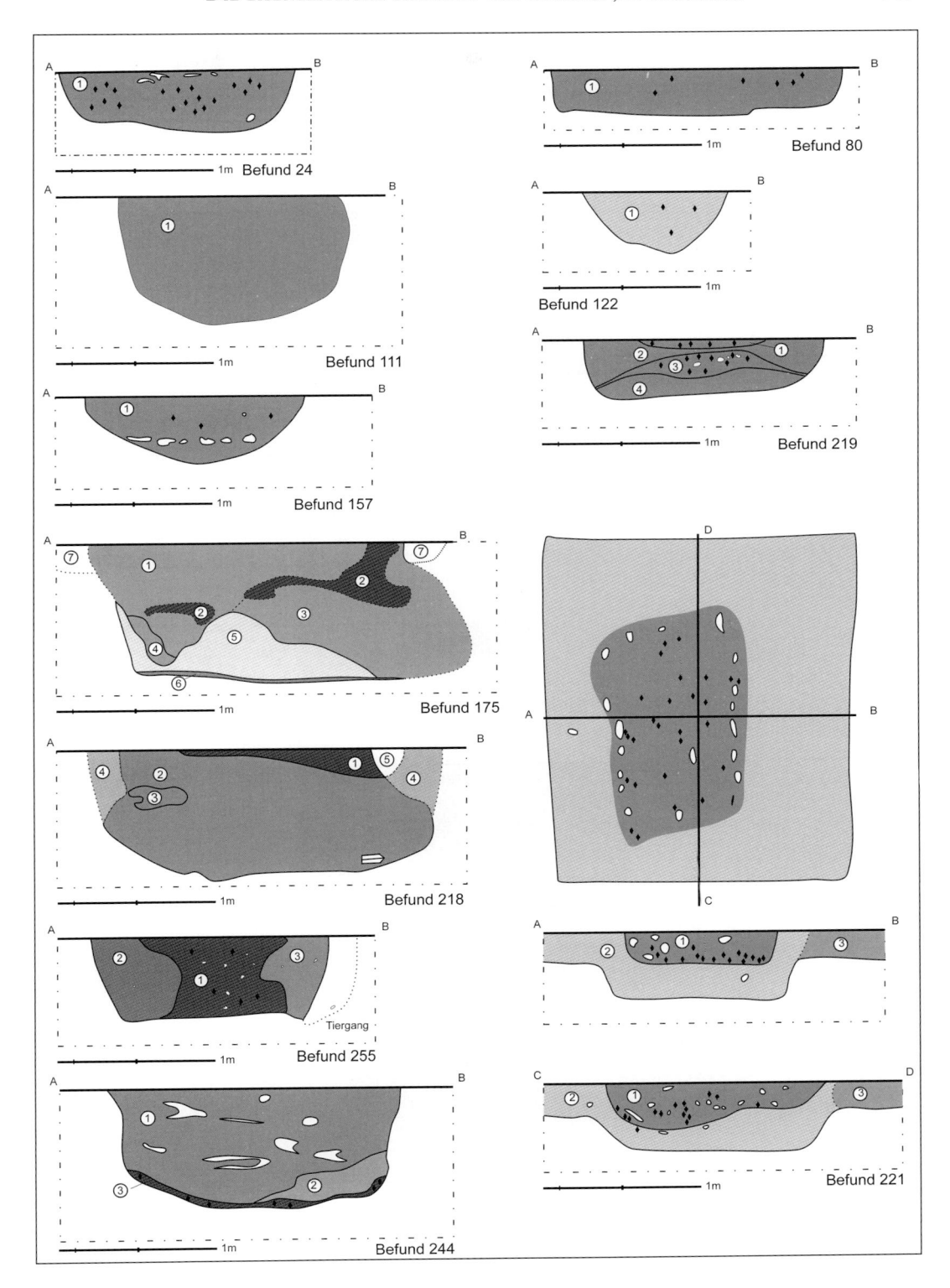

Abb. 88: Mengen ‚Löchleacker'. Befunde Gruben. – M 1:40.

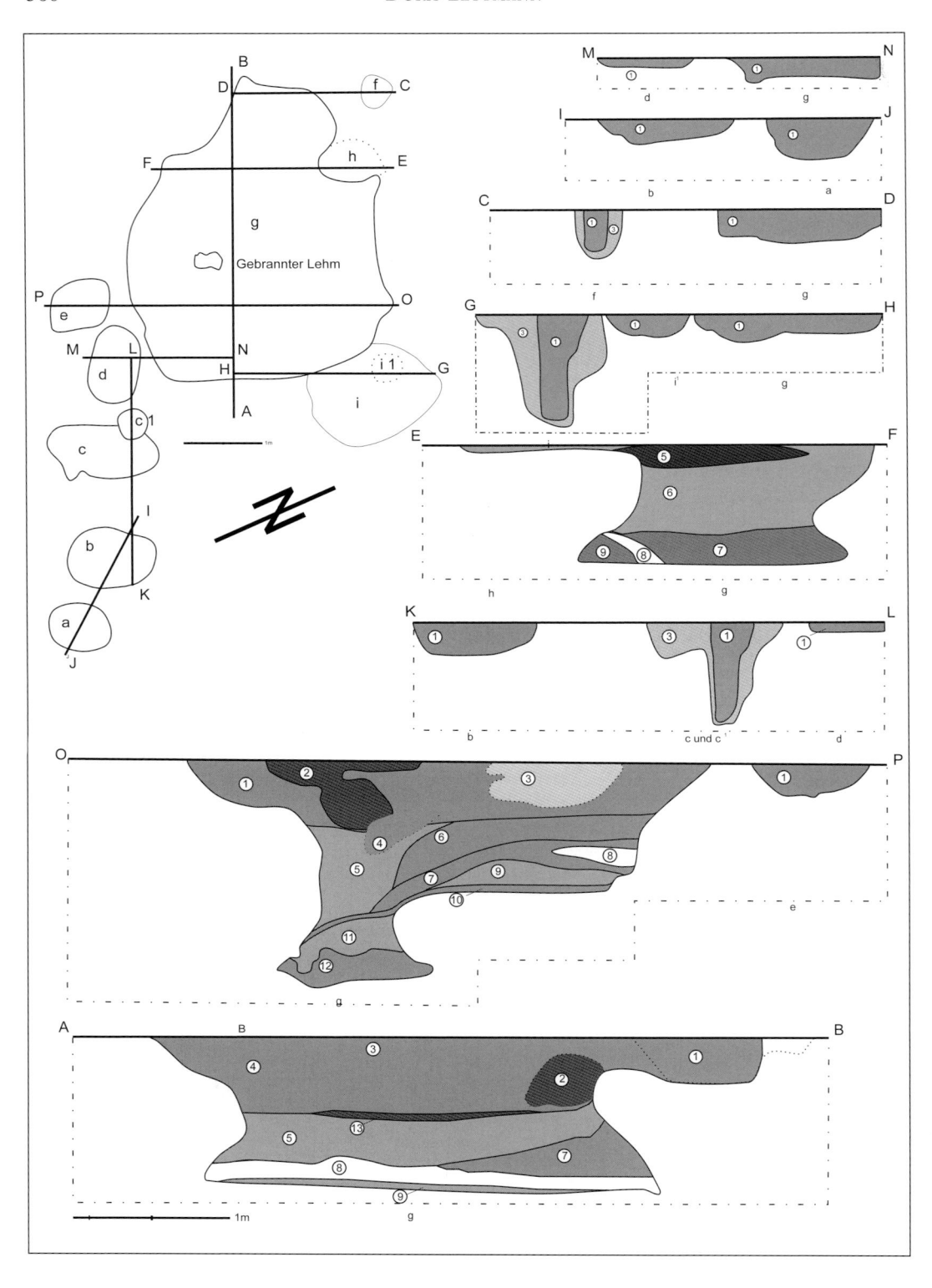

Abb. 89: Mengen ‚Löchleacker'. Befunde Grubenkomplexe. – M 1 : 40, Grundriss M 1 : 80.

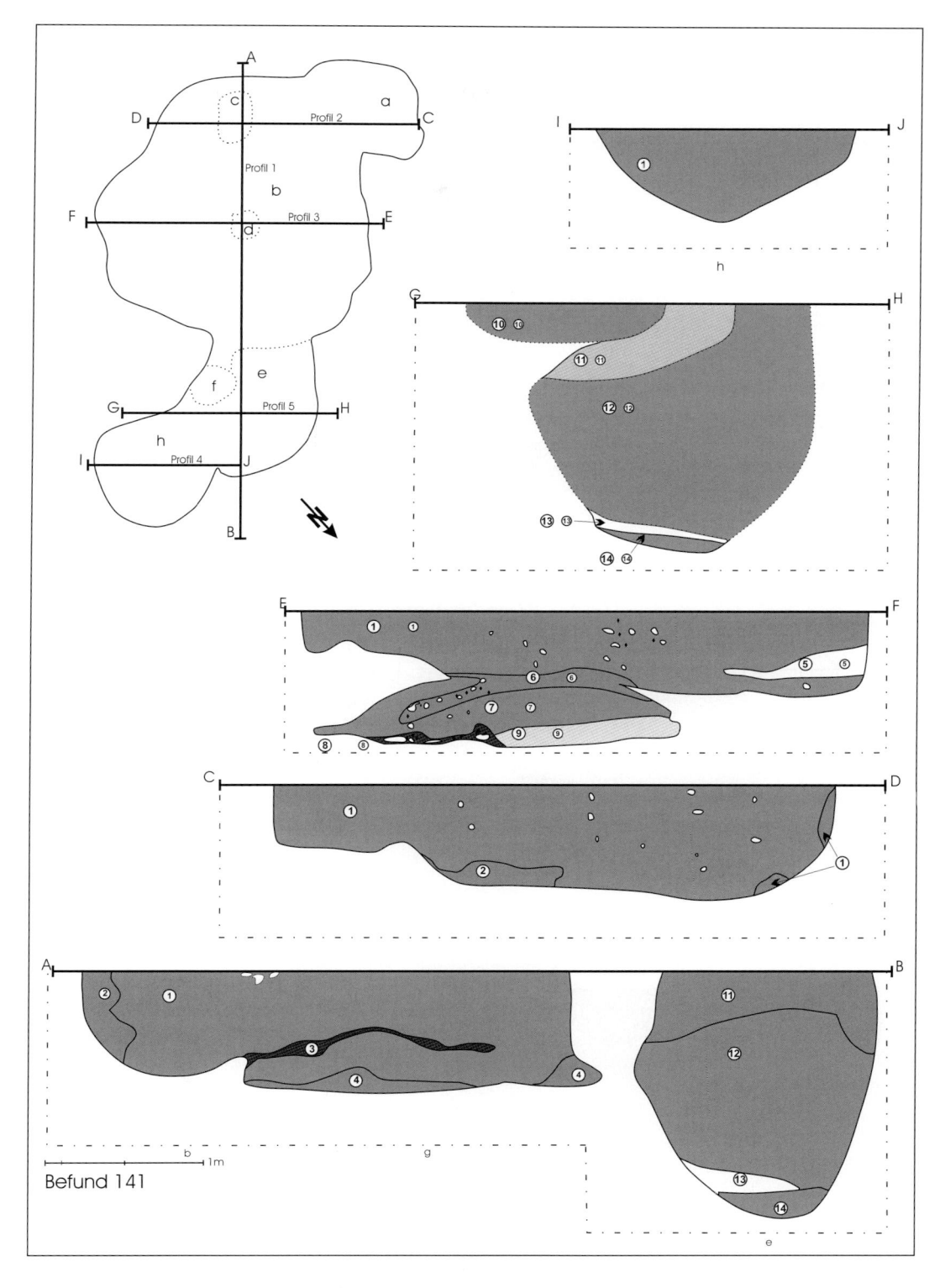

Die eisenzeitliche Siedlung von Mengen ‚Löchleacker' 361

Abb. 90: Mengen ‚Löchleacker'. Befunde Grubenkomplexe. – M 1 : 40, Grundriss M 1 : 80.

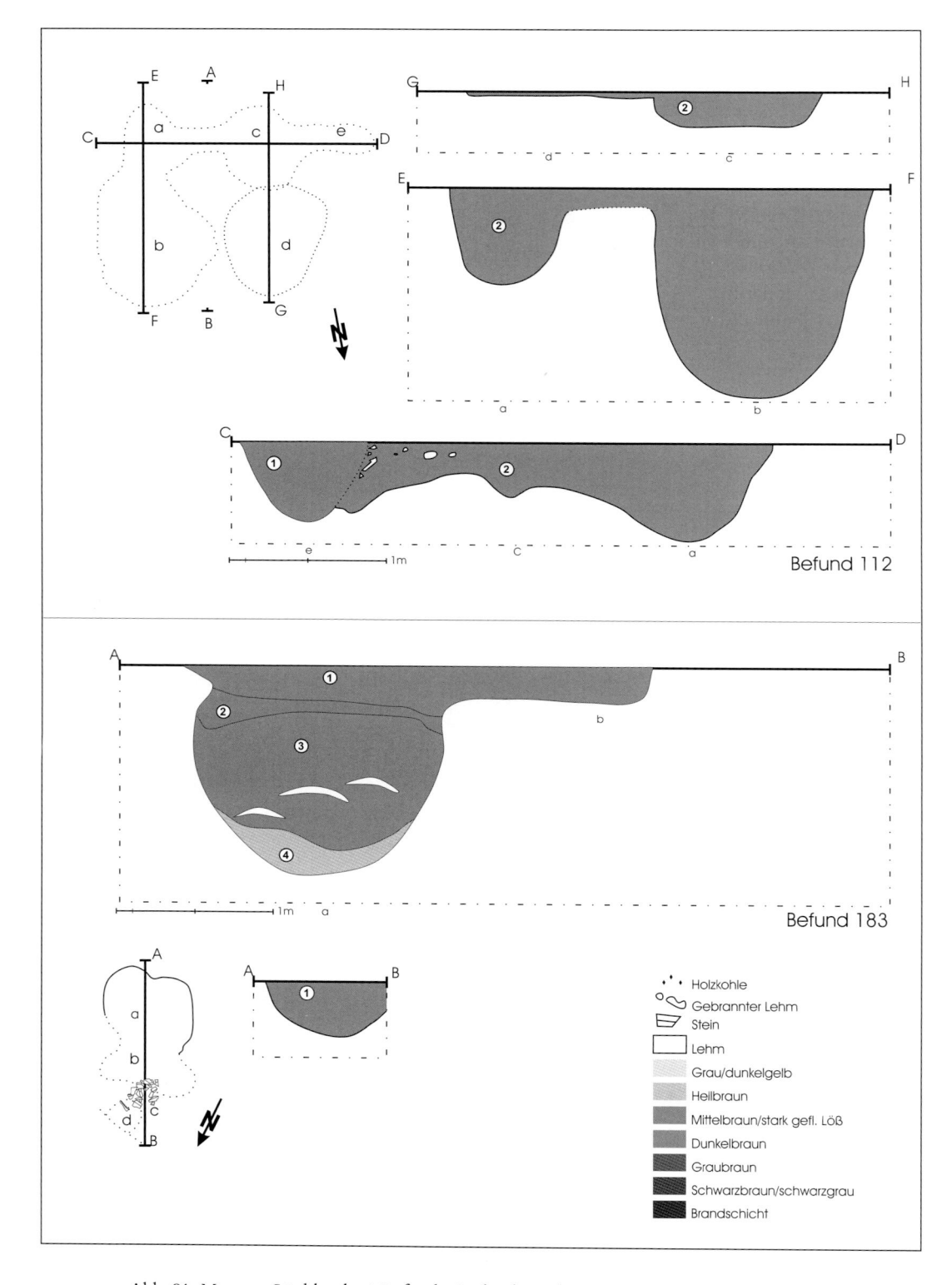

Abb. 91: Mengen ‚Löchleacker'. Befunde Grubenkomplexe. – M 1 : 40, Grundriss M 1 : 80.

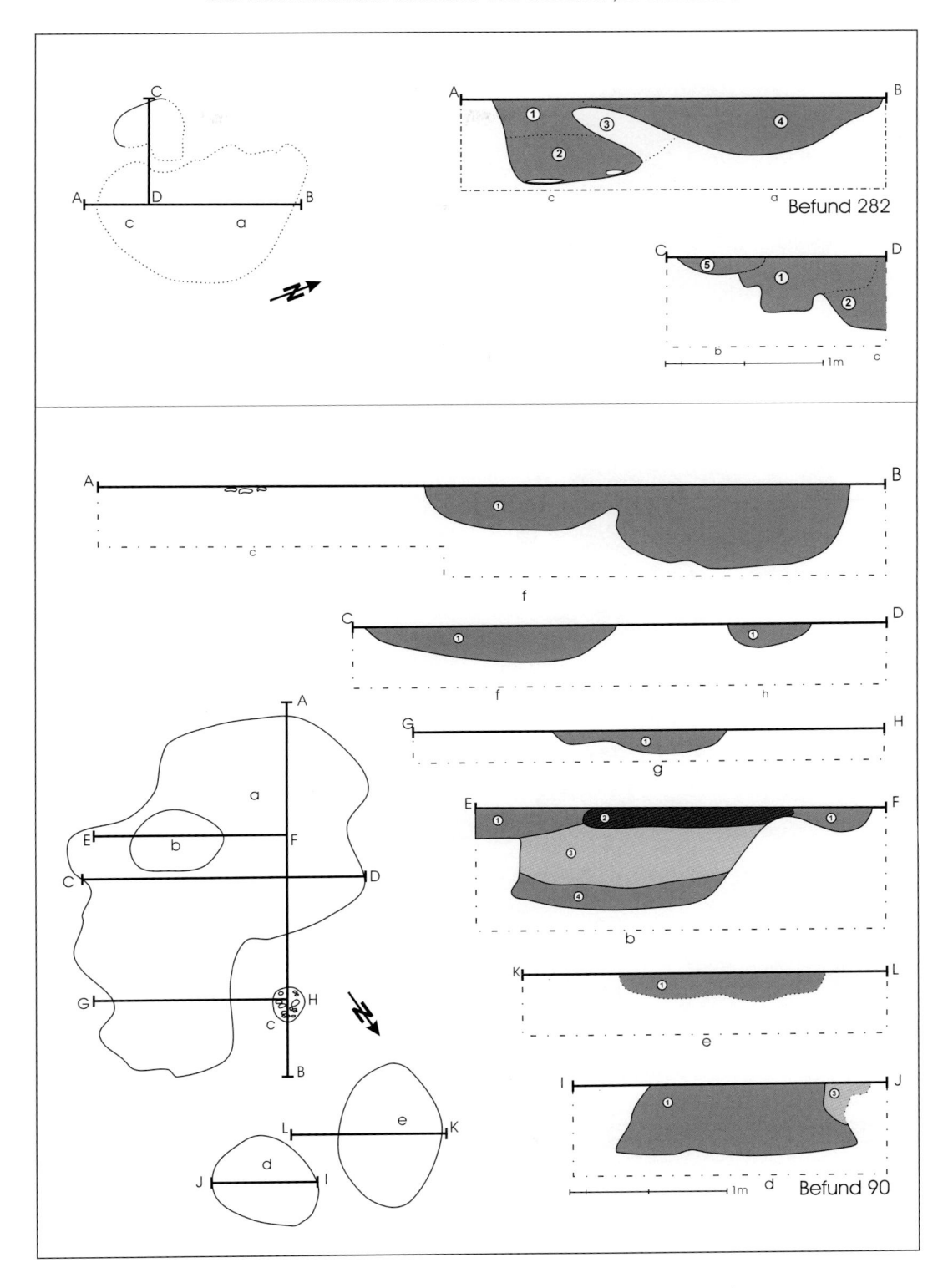

Die eisenzeitliche Siedlung von Mengen ‚Löchleacker'   363

Abb. 92: Mengen ‚Löchleacker'. Befunde Grubenkomplexe. – M 1:40, Grundriss M 1:80.

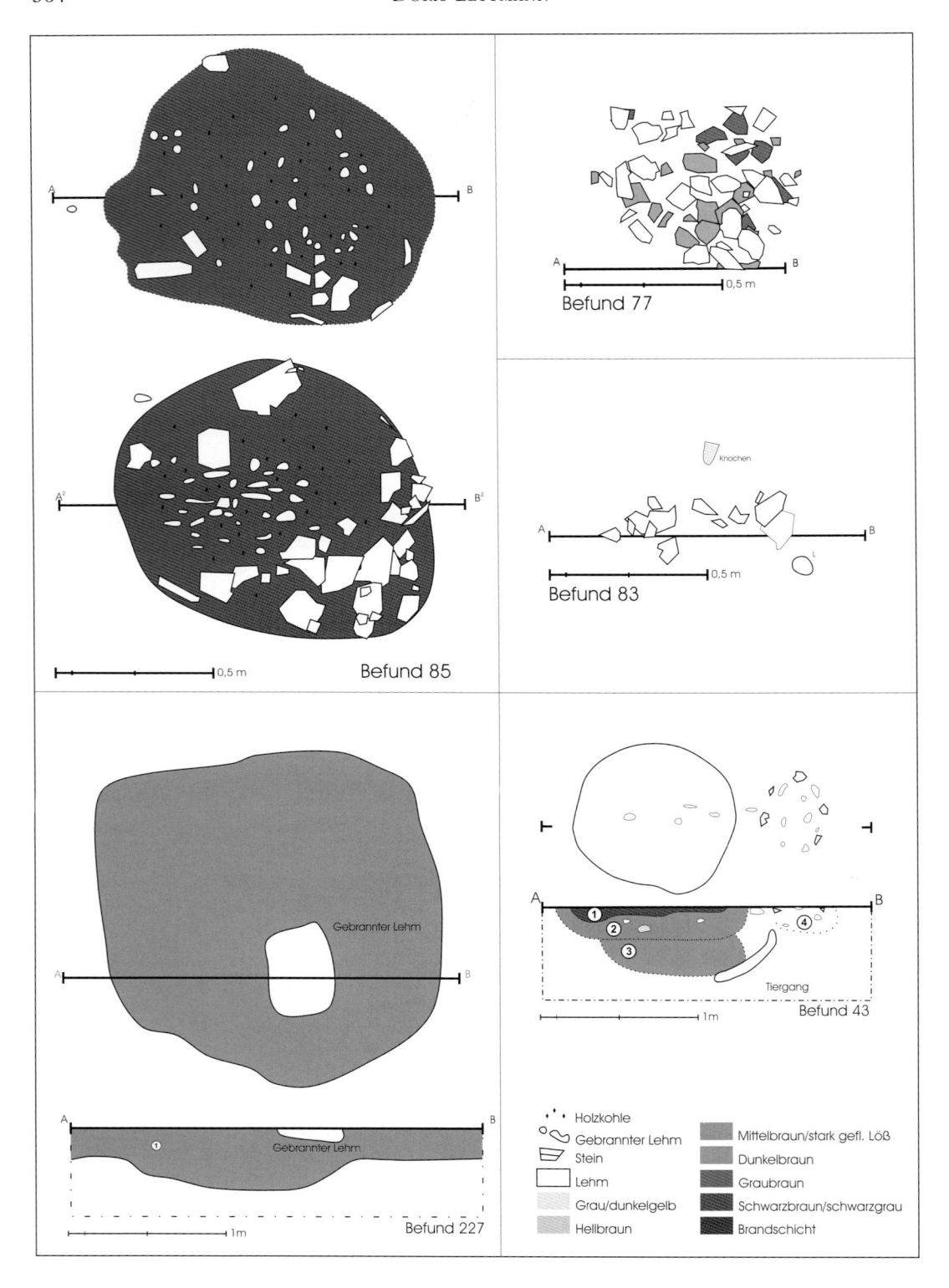

Abb. 93: Mengen ‚Löchleacker'. Befunde Scherbennester (77, 83 u. 85: M 1:20) und Feuerstellen (227 u. 43: M 1:40).

Untersuchungen zum mittellatènezeitlichen Gräberfeld von Giengen an der Brenz, Lkr. Heidenheim

Silke Jäger

1. Einleitung

Das mittellatènezeitliche Gräberfeld von Giengen an der Brenz, Landkreis Heidenheim, wurde bereits 1972 und 1973 im Zuge einer Notgrabung archäologisch untersucht. In den darauf folgenden Jahren wurde es in seinen Grundzügen bereits durch den Ausgräber J. Biel publiziert.[1] Verschiedene Teilanspekte wurden ebenfalls bereits vorgestellt.[2] Ziel dieser Arbeit ist es, die Befunde und Funde des Gräberfeldes vollständig darzustellen und zu interpretieren.[3]

Bei diesem Gräberfeld handelt es sich um den ersten vollständig ergrabenen Friedhof der Mittellatènezeit in Baden-Württemberg. Die Mittellatènezeit in Baden-Württemberg wurde bisher kaum bearbeitet, und die meisten Funde dieser Zeitstufe sind in sehr schlechtem Zustand. Daher bietet das Gräberfeld von Giengen mit seinen hervorragend erhaltenen Funden die Möglichkeit, neue Erkenntnisse über die mittlere Latènezeit zu erlangen.

Zu Beginn wird kurz die geografische Lage des Giengener Gräberfeldes dargestellt. Es werden entscheidenen Faktoren wie Verkehrslage, landwirtschaftliches Potenzial sowie Einbindung in das latènezeitliche Siedlungsumfeld herausgestellt. Es zeigt sich, dass der Fundplatz des Giegener Gräberfeldes bereits seit der Bronzezeit ein beliebter Siedlungsplatz war und sich auch latènezeitliche Siedlungsspuren in näherem Umfeld befinden.

Darauf folgt eine Analyse der Befunde. Die Bestattungssitte der Mittellatènezeit soll im Allgemeinen sowie im Besonderen für Giengen betrachtet werden.

Im Zentrum der Bearbeitung stehen die Funde, welche sowohl typologisch als auch chronologisch ausgewertet werden.[4] Da aus Baden-Württemberg nur eine begrenzte Zahl mittellatènezeitlicher Fundstellen bekannt ist, die zudem bisher kaum wissenschaftlich bearbeitet wurden, habe ich nach Parallelen der Giengener Funde im gesamten mitteleuropäischen Raum gesucht. Neben den funktionalen Beigaben wie z. B. den Waffen, welche sich in gesamt Mitteleuropa kaum unterscheiden, fanden sich unter den Schmuckgegenständen der Frauen immer wieder Parallelen im ostkeltischen Raum.

Abschließend wird versucht, ein Bild der Sozialstruktur des Gräberfeldes aufzuzeigen und mit Blick auf andere Gräberfelder mögliche Rückschlüsse auf die dort bestattete Bevölkerung zu ziehen.

---

1 Biel 1973; 1974; 1978.
2 Mannsperger 1981, 242 f.; 246. – Polenz 1982, 65–69; 103–105.
3 Die Publikation entspricht im wesentlichen meiner im September 2008 am Institut für Vor- und Frühgeschichte der Johannes Gutenberg-Universität Mainz eingereichten Magisterarbeit. Vielen Dank an Prof. Christopher E. F. Pare für seine Betreuung und die zahlreichen Tipps. Für den fachlichen Austausch danke ich Dr. Martin Schönfelder (Römisch-Germanisches Zentralmuseum Mainz), Maya Hauschild sowie Dr. Leif Hansen. An dieser Stelle sei auch Herr Dr. Jörg Biel für sein entgegengebrachtes Vertrauen gedankt. Die hervorragenden Zeichnungen der Funde verdanke ich Frau Fink und Herrn Fehrle.
4 Die Funde befinden sich heute im Württembergischen Landesmuseum in Stuttgart. Vielen Dank an Dr. Thomas Hoppe und Sarah Scheffler für die Betreuung bei der Sichtung der Funde sowie Martin Raidelhuber für die Hinweise bezüglich der Konservierung und Restauration der Funde.

2. Geografische Lage

Die Schwäbische Alb erstreckt sich mit ihrem Vorland zwischen Hochrhein und Nördlinger Ries. Giengen liegt an deren Südostrand auf der sogenannten Lonetal-Flächenalb in einem Talkessel der unteren Brenz. Die Stadt befindet sich an der Grenze zu Bayern, etwa 10 km südöstlich von Heidenheim an der Brenz und 30 km nordöstlich von Ulm.

Das Gräberfeld liegt innerhalb des Ortes, nördlich der Stadtmitte in der Flur ‚Wanne' in einer wettergeschützten Mulde, die auf drei Seiten von Höhenrücken umgeben ist und sich nur Richtung Süden öffnet. Im Westen schließt sich die Irpfelhöhe und im Norden der Rechberg an.[5]

In Giengen konnten zahlreiche Fundstellen von der Bronzezeit bis ins Mittelalter nachgewiesen werden; neben dem Gräberfeld selbst sieben weitere Stellen mit jüngerlatènezeitlichen Funden in der Flur ‚Wanne' (Abb. 1). Meist handelt es sich um Gruben, in denen latènezeitliche Keramik gefunden wurde. Es liegt also nahe, dass sich hier auch eine latènezeitliche Siedlung befunden haben muss, die vermutlich mit dem Gräberfeld in Zusammenhang stand.[6] Keine 500 m weiter östlich, am Rand der Flur ‚Wanne', wurde bei den Ausgrabungen eines alamannischen Reihengräberfeldes in den Jahren 1967–70 eine wohl Lt C2-zeitliche Siedlung anhand mehrerer Gruben und Pfostenstellungen identifiziert.[7]

Das mittellatènezeitliche Gräberfeld von Giengen befindet sich in typischer Siedlungslage,[8] die von ganz unterschiedlichen Faktoren beeinflusst wurde. Der augenscheinlichste Grund für eine Besiedlung Giengens ist die Nähe zur Brenz, welche als Trinkwasserlieferant diente. Durch die Nähe zum Wasser war der Boden sehr gut für landwirtschaftliche Nutzung geeignet. Darüber hinaus spielte die Bedeutung des Flusses als Verkehrsweg vermutlich ebenfalls eine Rolle. Weitere wichtige Verkehrswege können in unmittelbarer Nähe angenommen werden. Vorgeschichtliche Wege lassen sich nicht direkt nachweisen, es ist aber anzunehmen, dass die Römerstraßen im Brenztal auf ältere Wege zurückgehen. Claudia Pankaus Untersuchung zu den hallstattzeitlichen Siedlungen und Gräberfeldern zeigt, dass sich diese weitgehend im Bereich der späteren Römerstraßen befanden.[9] Da die Anzahl der Siedlungen für die Latènezeit nur gering ist, lässt sich dies nicht mit Sicherheit übertragen, erscheint aber wahrscheinlich. Das Kastell Heidenheim diente als Kreuzungspunkt der römischen Fernstraßen, welche zahlreiche Kastelle miteinander verbanden.[10]

Eine dieser Straßen führte auf das Härtsfeld: ein Gebiet mit großem Bohnerzvorkommen. Die Hauptkonzentration liegt im südlichen Bereich zwischen Nattheim, Oggenhausen, Staufen und Fleinheim, ca. 10 km von Giengen entfernt. Da in Giengen selbst keine Erzvorkommen nachgewiesen wurden, war der Handel mit diesem Rohstoff oder mit den fertigen Gegenständen aus Eisen für die Besiedlung des Gebietes sehr wichtig.

Ein weiterer, für die vorgeschichtliche Besiedlung wichtiger Rohstoff befand sich in direkter Nähe: Das gesamte Gebiet um Heidenheim weist große Ton- und Lehmlagerstätten auf.[11]

Aufgrund der oben genannten Faktoren war Giengen von der Bronzezeit bis ins Mittelalter ein beliebter Siedlungsplatz.

3. Die Gräber

Der Bereich, in welchem sich das Gräberfeld befindet, wurde seit 1972 überbaut. Im Zuge dieser Maßnahmen kam im Herbst 1972 bei der Anlage eines Kanalgrabens das erste Brandgrab zum Vorschein. Der Heimatforscher Willy Kettner, der die Baumaßnahmen ständig überwachte, in-

---

5 Pankau 2007, 588.
6 Ebd. 495.
7 Erwähnung bei Kettner 1975. Eine vollständige Auswertung der Ausgrabung ist bisher nicht erfolgt.
8 Pankau 2007, 412.
9 Ebd. 490–492.
10 Ebd. 424.
11 Ebd. 303.

Abb. 1: Giengen an der Brenz, Lkr. Heidenheim. – Rote Markierung: Lage des Gräberfeldes, grüne Markierungen: Nachweise für Siedlungstätigkeit (Ausschnitt aus TK 25, Blatt 7327, Ausgabe 1975, nach Pankau 2007, Abb. 120).

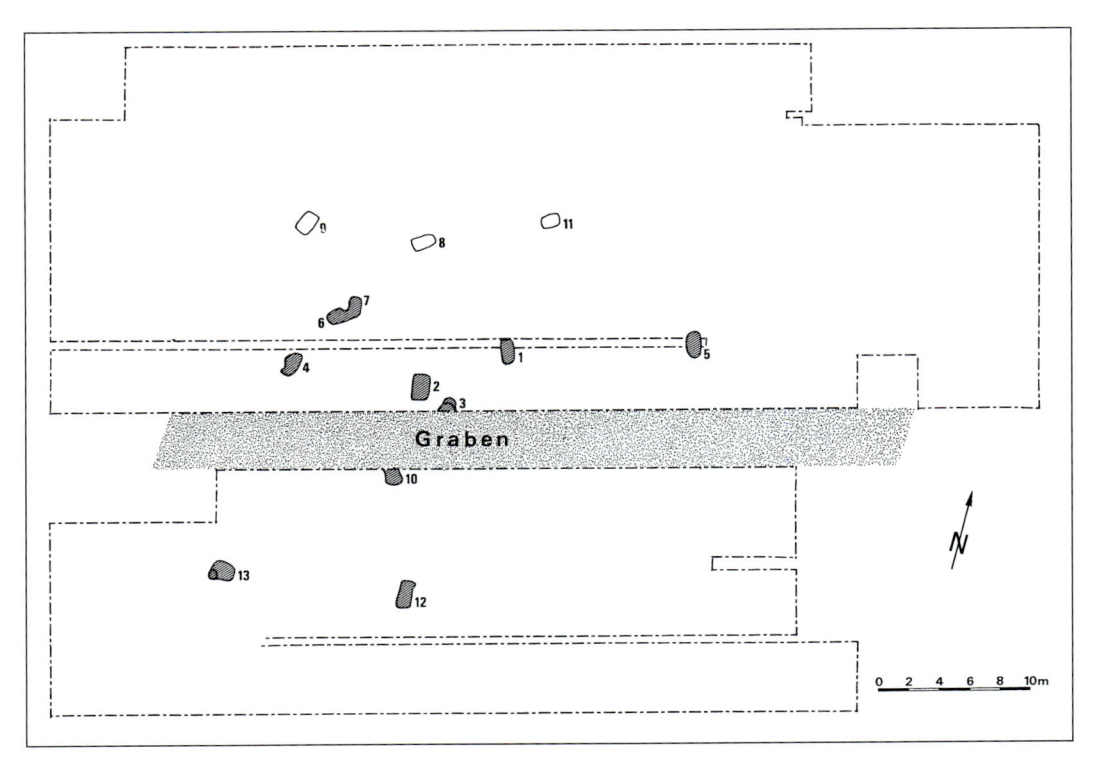

Abb. 2: Giengen an der Brenz, Lkr. Heidenheim - Plan des Gräberfeldes. 1–3, 5–7, 9.10, 12 Männergräber. 4, 11, 13 Frauengräber. 8 Geschlecht unbestimmt (Landesamt für Denkmalpflege Baden-Württemberg).

formierte umgehend die Abteilung Archäologische Denkmalpflege des Landesdenkmalamtes in Stuttgart und gipste den Grabinhalt ein. Durch dieses schnelle Handeln konnte beim Röntgen des Komplexes festgestellt werden, dass es sich um ein latènezeitliches Grab handelte.

Im Frühjahr des darauffolgenden Jahres wurde aufgrund dieser Erkenntnisse das gesamte Gräberfeld innerhalb von 21 Tagen vom Landesdenkmalamt unter der Leitung von Dr. Jörg Biel und Fritz Maurer systematisch untersucht. Insgesamt wurde eine Fläche von ca. 2.350 m² freigelegt, wobei 13 Brandgräber mit meist überdurchschnittlich reicher Ausstattung zu Tage kamen. Durch die Größe der Grabungsfläche geht Biel davon aus, dass der Friedhof in seiner gesamten Ausdehnung erfasst wurde.[12] Zwei der Gräber (Grab 3 u. 10) waren bereits von einem Kanalisationsgraben angeschnitten; eine archäologische Untersuchung war aber trotzdem möglich.

Da die Befunde ab etwa einem Meter unter der Obefläche sichtbar wurden, erfolgte eine vorsichtige Abtiefung des Geländes in 5 m breiten Schnitten mit einem Bagger. Kamen die Grabgruben zum Vorschein, wurden die Funde soweit freigelegt, dass ihre Lage zeichnerisch und fotografisch dokumentiert werden konnte. Danach wurden die Funde in größerem Zusammenhang eingegipst, um in der Werkstatt des Württembergischen Landesmuseums Stuttgart zuerst geröntgt und dann vorsichtig untersucht zu werden.

Es lässt sich keine regelmäßige Verteilung der Gräber auf dem Gräberfeld feststellen (s. Abb. 2); zum Teil liegen sie bis zu 13 m auseinander, und in einem anderen Fall findet eine Überschneidung von zwei Gräbern statt (Grab 6 u. 7).

Obwohl es sich bei allen Gräbern um Brandgräber handelt, konnte auf dem gesamten Areal des Friedhofes kein Verbrennungsplatz ausgemacht werden, sodass zu vermuten ist, dass die Verbrennung an anderer Stelle erfolgt ist.

Die Holzkohlereste wurden bereits naturwissenschaftlich untersucht. Aus jedem Grab wurden drei bis vier Proben analysiert. Es stellte sich heraus, dass Stiel- und Traubeneiche (*Quercus robur* L. und *Quercus essilis* Erh.) für die Verbrennung verwendet wurde.

Der Leichenbrand wurde im Institut für Anthropologie und Humangenetik der Universität Tübingen untersucht. Leider ging er dort verloren und somit kann die Geschlechterbestimmung nur auf Grundlage der Beigaben erfolgen. Da sich in zwölf der dreizehn Gräber aber eindeutige Bestandteile der Männer- bzw. Frauentracht der Mittellatènezeit befanden, kann die Geschlechterbestimmung als sehr wahrscheinlich erachtet werden.

Die meisten Gräber sind weitgehend Nord-Süd orientiert, lediglich vier Gräber (Grab 6, 8, 11, 13) weichen deutlich von dieser Richtung ab und sind eher West-Ost orientiert. Dabei handelt es sich um die einzigen Frauengräber (Gräber 6, 11, 13) sowie um ein aufgrund der Beigaben nicht bestimmbares Grab. Herbert Lorenz vertritt für die Schweiz die Ansicht, dass sich Waffengräber, also Männergräber, und Ringschmuckgräber, also Frauengräber, in ihrer Orientierung grundsätzlich unterscheiden.[13] Eine Orientierung nach Westen scheint aber bei Männern häufiger vorzukommen als bei Frauen,[14] was in Giengen jedoch der entgegengesetzte Fall ist. Für Manching-Steinbichel kann eine Geschlechterdifferenzierung anhand der Grabausrichtung nicht festgestellt werden, alle Gräber sind hier Nord-Süd ausgerichtet.[15] Da die Abweichung der Grabausrichtung in Giengen aber sehr deutlich ist, kann vermutlich von einer bewussten Differenzierung ausgegangen werden.

Die Grabgruben haben weitgehend rechteckige Form, nur zwei Bestattungen erfolgten in ovalen Gruben. Ihre Größen schwanken zwischen einer Länge von 1 m und 1,96 m und einer Breite von 0,75 m und 1,25 m. Die Tiefe der Grabgruben variiert zwischen 0,45 m und 1,15 m. Lediglich Grab 8 weist im Profil eine scharf umgrenzte rechteckige Grube mit fast senkrechten Wänden auf. Obwohl vor allem auf der Grabsohle und an den Grubenrändern eine starke Holzkohlekonzentration festgestellt wurde, gehen die Ausgräber nicht von einem Grabeinbau aus.

---

12 Biel 1974, 225.
13 Lorenz 1975, 143 f.
14 Martin-Kilcher 1981, 110.
15 Vgl. Krämer 1985, Kat. 1, 71–91.

3.1 Bestattungssitte

Bestattungsstätten sind in jeder Gesellschaft zu jeder Zeit ein Ausdruck religiöser Vorstellungen. Bei schriftlosen Völkern sind uns diese Vorstellungen nicht bekannt oder sie können nur anhand der Beigaben und des Ritus vermutet werden. Die Gegenstände, die dem Toten ins Grab gelegt wurden, scheinen für den Aufenthalt im Jenseits eine wichtige Rolle zu spielen. CH. J. EGGERS stellte bereits richtig fest, dass man bei den Beigaben in Gräbern aber von einer positiven Auslese sprechen muss, „weil uns das, was der vorgeschichtliche Mensch bewusst ausgewählt hat, erhalten ist".[16]
Die Bestattungssitte hat sich im Laufe der Zeit häufig verändert. Allein in der Latènezeit gibt es weitreichende Unterschiede.
In Baden-Württemberg war es in der Phase Latène A üblich, die Toten unverbrannt in Hügelgräbern zu bestatten. Meist handelte es sich um Nachbestattungen in älteren, aus der Hügelgräberbronzezeit oder Hallstattzeit stammenden Hügeln. Selten wurden neue Hügel in dieser Zeit angelegt.[17] Auch die Bestattungssitte in Flachgräbern kam in dieser Zeit auf. Die Beigaben bestanden aus Waffen, Trachtbestandteilen und Keramikgefäßen.
In der Phase Latène B setzte sich die Bestattung in Flachgräbern durch. Die Toten wurden weitgehend unverbrannt und in Gruppen, wie beispielsweise in Nebringen,[18] beigesetzt.
Erst seit dem Ende des 3. Jahrhunderts, also in Phase Lt C1–C2, setzte sich in Baden-Württemberg die Sitte der Brandbestattung weitgehend durch, wie am Gräberfeld von Giengen an der Brenz, aber auch an den Gräberfeldern von Magstadt, Lkr. Böblingen,[19] Langenau, Alb-Donau-Kreis,[20] und Darmsheim, Lkr. Böblingen,[21] zu beobachten ist. Vereinzelt treten weiterhin Bestattungen in Körpergräbern auf, wie z. B. in Münsingen-Auingen[22] oder in Sinsheim-Dühren.[23] In Bayern sowie in der Schweiz ist in dieser Zeit das Verhältnis genau entgegengesetzt. Es überwiegen Körperbestattungen, und Brandbestattungen sind nur vereinzelt nachzuweisen.[24]

3.1.1 Männergräber

Wie bereits erwähnt, handelt es sich bei neun der Gräber um Männergräber, welche sich durch die Ausstattung mit Schwert und anderen Waffen auszeichnen. Der Bestattungsritus erfolgte bei allen Männergräbern auf eine ähnliche Art und Weise. Der Tote wurde mit seiner kompletten Ausstattung auf einem Scheiterhaufen verbrannt. Dann füllte man die Reste des Totenfeuers, das heißt die Holzasche, in die Grabgrube. Auch Teile des Leichenbrandes kamen nicht ausgelesen mit der Asche ins Grab; meist bildete dies eine Schicht von ca. 10 cm. Da alle Bestattungen ohne Urne erfolgten, handelt es sich in allen Fällen um Brandgrubengräber.
Alle Beigaben aus Eisen besitzen eine Brandpatina und jene aus Bronze sind angeschmolzen. Die großen Beigaben wie das Schwert, die Lanze und der Schildbuckel befanden sich in vier Fällen oberhalb des Leichenbrandes (Gräber 1, 2, 6, 10) und in vier Fällen unterhalb dessen (Gräber 5, 7, 9, 12). Die kleineren Funde lagen im ersten Fall zusammen mit den großen in einer Schicht über dem Leichenbrand. Im zweiten Fall waren die kleineren Funde entweder am Rand der Grube (Grab 5) oder in einer weiteren Schicht oberhalb des Leichenbrandes (Grab 9, 12). In Grab 7 wurden sie zusammen mit den großen Funden niedergelegt. Zu Grab 3 kann aufgrund der starken Störung durch

---

16 EGGERS 1959, 257.
17 Vgl. WAHLE 1925, 7 ff.
18 KRÄMER 1964.
19 SCHIEK 1985. – HALD/HOPPE 1998.
20 Fundber. Baden-Württemberg 2, 1975, 118 f.
21 FISCHER 1967, 61-69.
22 PARET 1938.
23 BITTEL et al. 1981, 471 f.
24 Für Bayern: vgl. KRÄMER 1985. – Für die Schweiz: vgl. TANNER 1980. – MÜLLER et al. 1999, Kat. 71.

Grab	Schwert	Niete	Lanze	Schild	Schwert-kette	Koppel-ringe	Gürtel-haken	Fe-Fibel	Arm-ring	Glas-objekt
1	x		x	x	x			2		
2	x			x			x			x
3	x		x	x				2		
5	x		x	x				2		
6	x	x	x	x		x		1	x	
7	x		x	x	x			4		
9	x	x	x	x				2		
10	x	x	x			x		3		
12	x	x	x			x		2		

Tab. 1: Ausstattung der Männergräber.

den Kanalisationsgraben keine Aussage zur Schichtung innerhalb der Grabgrube getroffen werden, denn bei der Grabung durch die Archäologische Denkmalpflege des Landesdenkmalamtes Baden-Württemberg fanden sich nur noch geringe Reste des Leichenbrandes.

Einige der Funde, v. a. die Schwerter, Lanzenspitzen und Schildbuckeln sind, wenn auch unterschiedlich stark, verbogen. Bei nur geringer Verbiegung ist es möglich, dass diese durch die Lagerung im Boden zustande kam. Unzweifelhaft ist jedoch bei den Schwertern und Lanzen, die ein- oder mehrfach zusammengebogen wurden oder bei den komplett zusammengedrückten Schildbuckeln von einer intentionellen Verbiegung zu sprechen.

Die regelhafte Ausstattung eines Mannes, der auf dem Giengener Gräberfeld bestattet wurde, bestand aus einem Schwert mit Scheide, einer Lanze, einem Schild, Teilen des Schwertgehänges und meist zwei Eisenfibeln. In einigen Fällen fehlen Teile dieser Ausstattung, was aber wohl auf den Erhaltungszustand, bedingt durch die Feuereinwirkung, zurückzuführen sein dürfte. Tabelle 1 zeigt die Beigaben der Männergräber.

Diese Ausstattung entspricht der geläufigen Grabausstattung eines Kriegers der Mittellatènezeit, wie zahlreiche mittellatènezeitliche Gräber belegen. Im Gräberfeld von Münsigen-Rain beispielsweise sind fast ausnahmslos Kriegsgeräte in den Männergräbern zu finden.[25] Schwert und Lanze waren bereits in der Frühlatènezeit übliche Beigaben, ein Schild mit eisernem Schildbuckel gehörte erst ab der Mittellatènezeit zur regelhaften Ausstattung.[26] Ebenfalls zur Ausstattung eines Kriegers zu zählen sind die Koppelringe, die Schwertketten bzw. der Gürtelhaken. Keine dieser Beigabengruppen taucht zusammen mit einer der anderen auf, da sie alle drei für ein anderes Befestigungssystem des Schwertes stehen.

Einfache Eisenfibeln, wie sie sich auch in den Giengener Männergräbern befinden, dienten als Verschluss der Kleidung und waren daher auch häufig in Männergräbern vertreten.

In einigen Männergräbern dieser Zeit findet sich Toilettbesteck unter den Grabbeigaben, doch eine komplette Ausstattung mit Pinzette, Schere, Messer und Wetzstein, wie aus einem Grab in Nördlingen-Holheim, Donau-Ries-Kreis,[27] kommt selten vor. Bereits in der Hallstattzeit und in Phase Lt A kommt Toilettbesteck in Männergräbern vor. In der Stufe Lt B tritt diese Beigabe nicht mehr auf und erst ab der Mittellatènezeit (Lt C) finden sich Bestandteile des Toilettbestecks sowohl in Frauen- als auch in Männergräbern. Die Blütezeit der Haarpflegeutensilien als Beigabe in Gräbern ist aber sicher in die Stufe Lt D zu setzen.[28] In den Giengerner Gräbern finden sich keinen Hinweise auf Toilettbesteck als Beigabe.

---

25 Müller/Lüscher 2004, 76.
26 Bick 2007, 55.
27 Bick 2007, Kat. Nr. 60.
28 Losleben 2006, 50 f. Vielen Dank für das zur Verfügungstellen der Magisterarbeit.

Grab	Gürtel-kette	Bz-Fibel	Fe-Fibel	Glas-armring	Arm-ring	Finger-ring	Hohlbu-ckelring	Kette	Perle	Münze
4	x	1	2		2	x				
11		2	2	x						
13	x	18	2	x	4		2	2	3	x

Tab. 2: Ausstattung der Frauengräber.

3.1.2 Frauengräber

Sehr viel weniger einheitlich stellt sich die Bestattungssitte und die Ausstattung bei den Frauengräbern dar. Drei der 13 Gräber können aufgrund ihrer Beigaben eindeutig als Gräber von Frauen angesprochen werden und alle folgen einem unterschiedlichen Bestattungsritus.

Die Verstorbene aus Grab 4 wurde mit ihrem gesamten Schmuck verbrannt und die Reste des Totenfeuers in die Grabgrube geschüttet. Von ihren Beigaben sind nur zwei Eisenfibeln gut erhalten, alle anderen Funde sind stark fragmentarisch überliefert. Erkennbar sind noch eine Bronzegürtelkette, weitere Fibeln, zwei eiserne Armringe sowie ein Goldfingerring.

Die Beigaben aus Grab 11, bestehend aus zwei kleinen Bronzefibeln und einem Glasarmring, gelangten unverbrannt ins Grab. Auf der Grabsohle befanden sich die Reste des Totenfeuers mit den großen Knochenfragmenten im oberen Bereich. Oberhalb dieser Schicht aus verbranntem Material lagen die unverbrannten Beigaben.

Die Tote aus Grab 13 wurde nur mit einem Teil ihres Schmuckes verbrannt. Lediglich drei Eisenfibeln, eine feine Eisenkette, ein eiserner Armring sowie ein Glasarmring wurden mit in das Totenfeuer gelegt. Die großen Knochen- und Holzkohlestücke wurden ausgelesen und der Rest in die Grabgrube gefüllt. Die einzige unverbrannte Beigabe aus dieser Grube war eine Goldmünze, von der Biel vermutet, dass sie ganz zuletzt in das Grab gelangt war. In der Südwestecke der Grube wurde ein 30 cm tiefer und ebenso breiter Bereich ausgehoben, der sich nach unten leicht verbreitert. Darin wurden sämtliche unverbrannten Beigaben deponiert und vermutlich mit Rinde oder Holzstücken abgedeckt. Darüber lagen die ausgelesenen Knochen- und Holzkohlefragmente. Deutlich ließen sich zwei Beigabenkomplexe unterscheiden. Zum einen die kleinen Gegenstände wie die Fibeln und die Bernsteinperlen, welche durch ein Bronzekettchen miteinander verbunden waren, und zum anderen die großen Gegenstände aus Bronze wie eine Gürtelkette, zwei Hohlbuckelringe und zwei Armringe.

Bei der Bestattung dieser Frau wurde also eine deutliche Unterscheidung zwischen den verschiedenen Materialbeschaffenheiten der Beigaben gemacht. Die Eisengegenstände wurden verbrannt und die empfindlicheren Gegenstände aus Bronze wurden unverbrannt niedergelegt.

Tabelle 2 stellt die Ausstattung der Frauengräber in Giengen dar. Diese entspricht, wie die Ausstattung der Männergräber, der Standardausstattung eines Frauengrabes der Mittellatènezeit. Ausgezeichnet werden die Gräber durch eine Gürtelkette, mehrere Fibeln, einfache Bronzearmringe und die neu aufkommenden Glasarmringe.

4. Die Funde

4.1 Schwerter

In allen neun Männergräbern befand sich ein eisernes Schwert in einer Eisenscheide. Die Schwerter waren mehr oder weniger verbogen und sie ließen sich alle nicht mehr aus der Scheide ziehen. Zur Beurteilung der Schwertformen wurden Röntgenbilder angefertigt, die größtenteils Aufschluss über den Aufbau der Klingen geben konnten.

Die Längen der Schwertklingen variieren zwischen 65,2 cm (Grab 6: Abb. 38,1) und 82 cm (Grab 9: Abb. 43,1). Bei dem Schwert aus Grab 3 (Abb. 33,1) ist die Spitze abgebrochen, sodass keine Aussage über die Gesamtlänge getroffen werden kann. Das erhaltene Stück ist noch 64,1 cm lang. Die Breiten der Schwerter schwanken zwischen 4 cm (Grab 2) und 5,2 cm (Grab 10). Es lässt sich jedoch kein Zusammenhang zwischen der Schwertlänge und der Breite der Schwerter erkennen, da sich beispielsweise das breiteste sowie das schmalste Schwert beide im mittleren Längenbereich befinden. Bereits J. M. DE NAVARRO stellte fest, dass die Scheidenlänge im Verlauf der Früh- und Mittellatènezeit zunimmt.[29] F. MÜLLER hat bei seinen Untersuchungen des Massenfundes von der Tiefenau bei Bern die chronologischen Zusammenhänge der Schwertlängen und Schwertbreiten genauer betrachtet, um eine zeitliche Abfolge der schweizerischen Großkomplexe zu erlangen.[30] Eine ähnliche Untersuchung führte I. M. STEAD an den Schwertern aus der Champagne durch. Er hat unterschiedliche Stufen von der späten Hallstattzeit bis zur frühen Spätlatènezeit herausgearbeitet. Seine Stufen 5 und 6 beziehen sich auf die Mittellatènezeit bzw. auf den Übergang von der Früh- zur Mittellatènezeit.[31] Die fünfte Stufe wird sowohl durch lange als auch durch kurze Schwerter gekennzeichnet, die alle eine Breite von fast 6 cm aufweisen. STEAD setzt diese Schwerter zeitlich in die Mitte des 3. Jahrhunderts v. Chr. Die Längen der Schwerter vereinheitlichen sich im Laufe der Zeit, sodass sich in Stufe 6 ausschließlich Exemplare mit einer Länge von 68 bis etwa 78 cm befinden. Diese Schwerter sind durch eine wesentlich schmalere Klinge – zwischen 4,2 und 5 cm – gekennzeichnet. Der Autor datiert diese Schwerter in das späte 3. Jahrhundert bis in die Mitte des 2. Jahrhunderts v. Chr.

Die Giengener Schwerter sind fast alle anhand ihrer Klingenlänge von über 68 cm mit den bei MÜLLER und STEAD vorgestellten Schwertern der Mittellatènezeit zu vergleichen. Sie lassen sich bis auf eins alle in STEADS Stufe 6 einordnen. Lediglich das Schwert aus Grab 6 gehört mit einer Länge von 65,2 cm eher seiner Stufe 5 an, wobei die Breite der Klinge wieder in die Stufe 6 weist (Abb. 3).

Die Länge der Griffangel scheint ebenfalls keinen Zusammenhang zur gesamten Schwertlänge zu haben. Sie schwankt zwischen 12,5 cm (Grab 1) und 15,5 cm (Grab 10). Diese für die Mittellatènezeit kurzen Griffangeln sind ein Hinweis auf eine Datierung in eine frühe Phase.[32] Alle vollständig erhaltenen Griffangeln weisen einen Endknopf auf. Somit ist ein solcher auch für die abgebrochene Griffangel aus Grab 3 anzunehmen. Es lassen sich drei unterschiedliche Formen von Griffangeln erkennen. Am häufigsten kommt der flache, vierkantige Querschnitt vor, dieser ist bei sieben Exemplaren vertreten (Grab 1: Abb. 30,1; Grab 2: Abb. 32,1; Grab 6: Abb. 38,1; Grab 7: Abb. 40,1; Grab 9: Abb. 43,1; Grab 10: Abb. 45 B 1; Grab 12: Abb. 47,1), wobei kleine Unterschiede in den Ausarbeitungen zu finden sind. Die Griffangel aus Grab 1 hat auf der Vorderseite einen abgerundeten Querschnitt und jene der Schwerter aus den Gräbern 7, 9, 10 und 12 verjüngen sich zum Endknopf hin. Die Griffangel des Schwertes aus Grab 3 (Abb. 33,1) weist einen ovalen Querschnitt auf und jene aus Grab 5 (Abb. 36,1) einen rhombischen. Eine Verjüngung zum Endknopf hin ist auch bei dem Schwert aus Grab 5 zu erkennen.

Aus den Schwertgräbern sind vereinzelt Niete der Griffangel erhalten. In Grab 9 fanden sich insgesamt elf Exemplare (Abb. 43,4–13), von denen fünf mit Dreiwirbelverzierung ausgestattet sind. Die Köpfe haben einen Durchmesser von 9 mm und die Verzierung wurde wohl durch einen Prägestempel aufgebracht, ähnlich wie bei einer Münze. Diese Niete dienten vermutlich zur Befestigung des organischen Materials an der Griffangel.

Das Heft ist in zwei unterschiedlichen Weisen gearbeitet; entweder schwingt es zur Klinge aus (Gräber 1, 3, 10, 12) oder es ist ein deutlicher Absatz zu erkennen (Gräber 2, 5–7, 9). Der Absatz des Schwertes aus Grab 6 weist auf der einen Seite eine Kerbung auf.

Der Heftabschluss wird meist von einer aufgeschobenen geschwungenen Manschette gebildet, allerdings sind diese an den Giengener Schwertern von der Scheide verdeckt oder nicht erhalten.

---

29 DE NAVARRO 1972, 300 ff.
30 MÜLLER 1990, 40 ff.
31 STEAD 1983, 504 f.
32 KRÄMER 1964, 20.

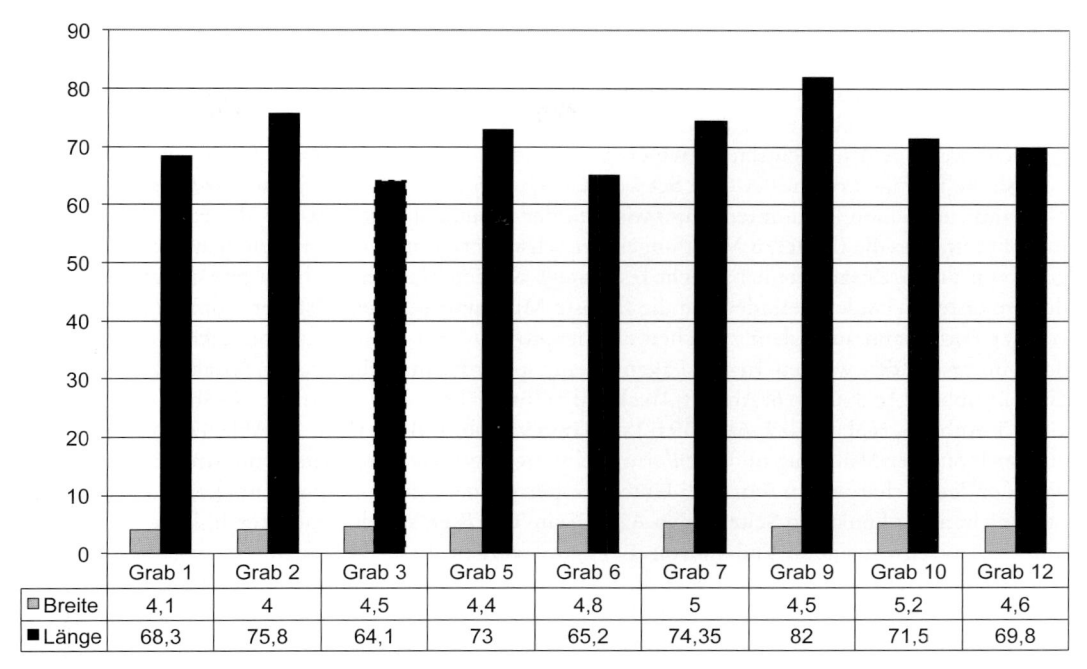

	Grab 1	Grab 2	Grab 3	Grab 5	Grab 6	Grab 7	Grab 9	Grab 10	Grab 12
□ Breite	4,1	4	4,5	4,4	4,8	5	4,5	5,2	4,6
■ Länge	68,3	75,8	64,1	73	65,2	74,35	82	71,5	69,8

Abb. 3: Giengen an der Brenz, Lkr. Heidenheim. - Längen und Breiten der Schwerter (gestrichelte Linie Grab 3: nicht vollständig erhalten).

Deutlich erhalten sind diese Abschlüsse an den Schwertern aus Grab 3 und aus Grab 9, bei denen eine Blechmanschette den unteren Abschluss der Griffangel bildete.

Da die Klingen, wie bereits erwähnt, von den Scheiden verdeckt waren, lässt sich nur in wenigen Fällen, wo die Scheide abgeplatzt ist, eine Aussage über den Querschnitt treffen. In diesen Fällen haben die Klingen eine flachrhombische Form mit leichtem Mittelgrat. Die Spitzen sind in den Röntgenfotos zu erkennen. Es lassen sich zwei Formen herausstellen. Zum einen lang ausgezogene Spitzen (Gräber 7, 9) und zum anderen stumpfe, fast runde Spitzen (Gräber 1, 2, 5, 10, 12).

Wie oben ausgeführt, lassen sich die Giengener Schwerter aufgrund ihrer Länge eindeutig der Mittellatènezeit zuweisen; um eine feinere Chronologie zu erlangen, ist es allerdings notwendig, die einzelnen Bestandteile der Schwertscheiden näher zu untersuchen.

4.1.1 Schwertscheiden

Die Schwertscheiden sind aus zwei Blechen zusammengesetzt, von denen eine Seite jeweils über die andere Seite gefalzt wurde. Bei fünf Exemplaren wurde die Rückseite über die Vorderseite gefalzt (Grab 1: Abb. 30,1; Grab 2: Abb. 32,1; Grab 3: Abb. 33,2; Grab 9: Abb. 43,1; Grab 10: Abb. 45,1), bei den anderen vier die Vorder- über die Rückseite (Grab 5: Abb. 36,1; Grab 6: Abb. 38,1; Grab 7: Abb. 39,1 u. 40,1; Grab 12: Abb. 47,1).

Dasselbe Mengenverhältnis tritt bei der Betrachtung des Mittelgrats auf der Vorderseite auf. Fünf Schwertscheiden sind mit einem solchen ausgestattet (Grab 1: Abb. 30,1a; Grab 3: Abb. 33,1a; Grab 5: Abb. 36,1a; Grab 7: Abb. 40,1a; Grab 12: Abb. 47,1a) und vier Exemplare weisen keinen Mittelgrat auf (Grab 2: Abb. 32,1; Grab 6: Abb. 38,1; Grab 9: Abb. 43,1; Grab 10: Abb. 45 B 1). Auf der Rückseite befindet sich in keinem der Fälle eine Mittelrippe. DE NAVARRO spricht bei einer solchen Mittelrippe auf der Schauseite der Schwertscheide von einem archaischen Zug,[33] da sie vermehrt auf

---

33 DE NAVARRO 1959, 95.

frühlatènezeitlichen Exemplaren vorkommt.[34] Somit scheint dies ein Indiz für eine frühe Datierung in der Mittellatènezeit darzustellen.

Die Mündung ist in allen Fällen glockenförmig, allerdings von unterschiedlicher Höhe. Lediglich zur Mündung des Schwertes aus Grab 10 kann aufgrund des Erhaltungszustandes keine Aussage gemacht werden. Am höchsten schwingt die Mündung des Schwertes aus Grab 7 aus. Die Mündungshöhe beträgt 1,6 cm. Bei dem Schwert aus Grab 5 hingegen beträgt sie nur 0,8 cm. J. M. DE NAVARRO sieht einen Zusammenhang zwischen der Scheidenbreite und der Höhe der Mündung.[35] Er stellt fest, dass die flacheren Mündungen bei Schwertern mit größeren Breiten auftreten. In Giengen kann dieser Zusammenhang nicht festgestellt werden, da sich die höchste Mündung an einer der breitesten Scheiden befindet und die flachste Mündung an einem Schwert von mittlerer Breite. Bei der Form kann außerdem zwischen einem spitzeren und einem runderen Abschluss der Mündung unterschieden werden. In drei Fällen ist eine spitze Form nachzuweisen (Grab 1: Abb. 30,1c.d; Grab 2: Abb. 32,1c.d; Grab 6: Abb. 38,1b.c) und in fünf Fällen eine eher runde (Grab 3: Abb. 33,2a.b; Grab 5: Abb. 36, 1c.d; Grab 7: Abb. 39 B 1a.b; Grab 9: Abb. 43,1c.d; Grab 12: Abb. 47,1c.d). Basierend auf der Höhe der Mündung und der Form, stellte DE NAVARRO zwei Typen von Mündungen heraus, wobei er den flacheren Typ A in zwei Untergruppen gliedert: in Mündungen mit konvexen (Typ A1) und solchen mit konkaven Seiten (Typ A2).[36] Sein Typ B entspricht schlankeren, höheren Formen mit z. T. ausschwingenden Enden. Von T. LEJARS wurden diese Formen für Gournay-sur-Aronde weitgehend bestätigt, allerdings fasst er die hohen runden sowie die hohen spitzen Formen zu einem Typ zusammen.[37] In Giengen sind allerdings nur der glockenförmige Typ 2 sowie der höhere Typ 3 nach LEJARS vertreten, welche de NAVARROS Typen A2 und B1 entsprechen. Chronologisch ist der flachere Typ (LEJARS Typ 2 – DE NAVARRO Typ A2) früher in der Mittellatènezeit anzusetzen.

Die Mündung des Schwertes aus Grab 7 weist eine tropfenförmige Verzierung auf dem Mündungswulst auf (Abb. 39 B 1a). Ebenfalls verziert ist diese Stelle auf der Scheide aus Grab 12. Dort befinden sich Achterschleifen auf dem Mündungswulst (Abb. 47,1c). In beiden Fällen handelt es sich bei der Mündungsverzierung um Elemente, welche sich auf der gesamten Scheide wiederfinden.

Die Mündungsklammern der Giengener Schwerter können in drei Typen unterteilt werden. Zum einen schmale, auf beiden Seiten umlaufende Klammern mit Scheibenverzierung auf der Vorderseite (Grab 1: Abb. 30,1c; Grab 2: Abb. 32,1c). Auf der Rückseite laufen diese Klammern im oberen Bereich der Schlaufenplatte unter dieser hindurch. Die Scheide aus Grab 1 zeigt auf der Vorderseite zwei seitliche Scheiben, welche ursprünglich mit einer Einlage aus Koralle oder Email verziert waren oder einen Niet aufwiesen. Da sich allerdings keine Hinweise auf den Inhalt der Scheiben erhalten haben, kann dies nur eine Vermutung sein. Die Schwertscheide aus Grab 2 weist ebenfalls zwei Scheiben auf, welche mit Dreiwirbeln verziert sind. Diese Klammern entsprechen auf der Vorderseite LEJARS Typ 4 und auf der Rückseite seinem Typ 3.[38]

Ein weiterer Mündungsklammertyp ist jener, dessen Klammer auf der Vorderseite als schmales Band verläuft und auf die Rückseite nur als seitliche Klammer übergreift. Die Klammerung auf der Rückseite kann halbrund (Grab 3: Abb. 33,2b), rechteckig (Grab 7: Abb. 39 B 1b; Grab 12: Abb. 47,1d) oder dreieckig (Grab 5: Abb. 36,1d; Grab 9: Abb. 43,1d) sein. In einigen Fällen weist sie eine Kerbenverzierung auf. Die Vorderseite der Mündungsklammer ist ähnlich wie beim ersten Typ durch zwei bis drei Scheiben oder zwei Scheiben und einen rechteckigen Mittelsteg verziert. Die Scheiben können mit Dreiwirbeln, einem Speichenmuster oder Aussparungen für farbige Einlagen versehen sein. Auf der Scheide aus Grab 12 verbreitert sich die Mündungsklammer auf der Vorderseite, sodass zwei kleinere Scheiben mit Dreiwirbeln eine größere mit derselben Verzierung flankieren (Abb. 47,1c). Die Vorderseite dieses zweiten Mündungsklammertyps wird von LEJARS als Typ 7 bezeichnet,

---

34 DE NAVARRO 1972, 129.
35 Ders. 1959, 83.
36 Ders. 1972, 23.
37 LEJARS 1994, 31.
38 Ebd. 30 f.

die Rückseiten entsprechen seinem Typ 5 – halbrunde und rechteckige Klammerung – und seinem Typ 6 – dreieckige Klammerung.[39]

Die Scheide aus Grab 6 zeigt einen dritter Typus der Mündungsklammer, bei dem diese auf der Rückseite verläuft und nur als längliche, seitliche Klammer auf die Vorderseite übergreift (Abb. 38,1b.c). In Richtung Hängeöse verbreitet sich die Klammer und läuft oberhalb und unterhalb der Schlaufenplatte entlang. P. Jacobsthal prägte den Begriff der ‚Froschklammer' für diese Form.[40] Bei Lejars entspricht dies der Form 10 auf der Vorderseite und 9 auf der Rückseite.[41]

Zusätzlich zu dieser anderen Verklammerung kommt auf der Scheide aus diesem Grab eine Verzierung vor, die auf dem Giengener Gräberfeld einmalig ist. Die gesamte Oberfläche der Vorderseite weist eine Chagrinage auf. Die gleichförmigen Einstiche und das leicht unregelmäßige Muster weisen daraufhin, dass die Schwertscheide mit einer Einzelpunze chagriniert wurde. Überreste der Verzierung auf der Rückseite des Schwertes, vor allem der untere Bereich des Ortbandes, legt die Vermutung nahe, dass die Chagrinage auf beiden Seiten vorhanden war. Der schlechte Erhaltungszustand der Rückseite kann diese Vermutung aber nicht bestätigen. De Navarro erwähnt ein Schwert aus La Tène, welches ein Chagrinage auf beiden Seiten aufweist, allerdings handelt es sich bei dieser Scheide um zwei Vorderseiten, welche in zweiter Verwendung als Vorder- und Rückseite zusammengesetzt wurden.[42]

Die Kombination der Froschklammer mit der Verzierungsart der Chagrinage ist auch auf anderen Schwertern aus der Schweiz, Österreich und Südwestdeutschland sowie im ostkeltischen Raum zu beobachten.[43] Das Doppelgrab 5 von Dobova weist neben der Schwertscheide Fibeln mit verbreitertem Bügel und breiter Spirale auf, welche in die Stufe Lt C2 datieren. De Navarro vertritt eine Datierung in die fortgeschrittene Phase der Mittellatènezeit aufgrund der Froschklammer.[44]

Die Hängeösen bestehen aus zwei Befestigungsplatten und einer Schlaufenplatte und sind bei allen Schwertern von sehr ähnlicher Form. In fünf Fällen ist die Schlaufenplatte quadratisch (Grab 1: Abb. 30,1d; Grab 3: Abb. 33, 2b; Grab 6: Abb. 38,1c; Grab 10: Abb. 45 B 1d; Grab 12: Abb. 47,1d) und in vier Fällen von rechteckiger Form (Grab 2: Abb. 32,1d; Grab 5: Abb. 36,1d; Grab 7: Abb. 39 B 1b; Grab 9: Abb. 43,1d). Die Befestigungsplatten haben alle eine halb- bis dreiviertelkreisrunde Form, wobei jene aus Grab 5 und 9 mit je einem Niet und jene aus Grab 12 mit zwei Nieten befestigt wurden. In einigen Fällen finden sich Verzierungen auf den Schlaufenplatten. Es handelt sich um Rillen (Grab 10) oder seitliche konzentrische Kreise (Grab 12). Bei der Scheide aus Grab 3 sind die Befestigungsplatten an den äußeren Enden mit Wirbeln verziert. Die Giengener Hängeösen entsprechen am ehesten dem Typ 4 nach Lejars bzw. de Navarro Typ Ic.[45]

Ein weiterer wichtiger Aspekt zur chronologischen Beurteilung ist die Verzierung am oberen Anschluss der Schwertscheide.

Die größte Zahl der Giengener Schwertscheiden weist eine solche Verzierung auf, lediglich das Schwert aus Grab 1 ist unverziert. Eine mögliche Verzierung der Scheide aus Grab 10 kann aufgrund der schlechten Erhaltung nicht beurteilt werden. Die Verzierungen werden als stilisierte Tierdarstellungen gedeutet und entsprechen dem Typ des Drachen- oder Greifenpaars, welche sich mit geöffnetem Rachen gegenübersteht. Der Unterkiefer ist nach unten gebogen und bildet zusammen mit dem nach oben gebogenen Vorderbein eine Rundung. In zwei Fällen (Grab 2: Abb. 32,1c; Grab 5: Abb. 36,1c) schließen sich Unterkiefer und Vorderbein zu einem Kreis zusammen, welcher durch eine Kerbe oder eine durchgehende Linie zur Kennzeichnung der Körperteile unterbrochen wird.

---

39 Lejars 1994, 30.
40 Jacobsthal 1944.
41 Lejars 1994, 30.
42 de Navarro 1959, 93.
43 La Tène, Kt. Neuenburg, Schweiz: de Navarro 1972, Taf. XXVIII 3. – Mandach, Kt. Aargau, Schweiz: ebd. Taf. CLI 1 – Trochtelfingen, Lkr. Sigmaringen: ebd. Taf. CXLVII 1 – München-Obermenzing Grab 7: Krämer 1985, Taf. 58,1. – Kramer 1994, Taf. 38. – Dobova, Solwenien Grab 5: Guštin 1984, Abb. 19.
44 de Navarro 1972, 206.
45 Ebd. 27 f. – Lejars 1994, 27 ff.

Abb. 4: Schwertscheide aus La Tène. Vermischung
Typ I und Typ II (Szabó/Petres 1992, Abb. 18).

Die Scheide aus Grab 3 (Abb. 33,2a) zeigt gegenläufige, sich spitz überschneidende Unterkiefer und Vorderbeine. Die Tiere der Scheiden aus den Gräbern 7 und 9 bilden einen geöffneten Kreis, denn zwischen den Enden ist eine deutliche Lücke zu erkennen (Grab 7: Abb. 39 B 1a; Grab 9: Abb. 43,1c).

J. M. de Navarro hat eine maßgebliche Typeneinteilung der Drachen- und Greifenpaare anhand der Funde aus La Tène vorgenommen.[46] Er unterscheidet zwischen drei Typen. Der erste umfasst die Drachen- und Vogelmotive, bei denen der Unterkiefer und die Vorderbeine nicht miteinander verbunden sind. Das Dekor der Scheiden aus den Gräbern 3, 7 und 9 gehört zu diesem Typus. De Navarros zweiter Typ, ein zoomorphes Leiermotiv mit Palmette, kommt auf den Giengener Schwertern nicht vor. Der dritte Typ der Drachen- und Greifenpaare zeichnet sich durch zusammengeschlossene Unterkiefer und Vorderbeine aus, wie es bei den zwei oben genannten Giengeren Schwertern (Grab 2 u. 5) der Fall ist.

N. Ginoux hat die Typeinteilung verfeinert, indem sie eine Entwicklung der Drachenpaare von sich gegenläufig überschneidendem Unterkiefer und Vorderbein zum geschlossenen Kreis herausgearbeitet hat.[47] Die Giengener Schwerter folgen ihren Typen 1 (Grab 3), 2 (Grab 7, 9) und Typ 3 (Grab 2 u. 5).

Die Schwertscheide aus Grab 12 zeigt ebenfalls ein Drachen- und Greifenpaar als Verzierung des oberen Scheidenabschlusses, allerdings unterscheidet sich diese Darstellung maßgeblich von den anderen. Die beiden Fabelwesen stehen sich mit geöffnetem Maul gegenüber, jedoch nähert sich der nach unten gebogene Unterkiefer nicht dem Vorderbein. Es sind vielmehr ein Körper dargestellt und zwei Beine, welche nach unten gestreckt sind und seitlich ausschwingen (Abb. 47,1c). Beide Tiere scheinen auch einen Vorderlauf zu besitzen, welcher bei dem Tier auf der linken Seite fast vollständig von der Mündungsklammer verdeckt wird. Bei dem gegenüberliegenden Tier verläuft dieser unterhalb der Mündungsklammer und ist dadurch besser erkennbar. M. Szabó und É. Petres weisen darauf hin, dass an einigen Schwertern eine Verbindung des ersten Typs der Drachen- und Greifenpaare mit dem zweiten Typ, dem zoomorphen Leiermotiv, beobachtet werden kann.[48] Aus

---

46 de Navarro 1959, 86 ff.
47 Ginoux 2007, Abb. 37.
48 Szabó/Petres 1992, 32 f.

La Tène ist eine solche Schwertscheide überliefert (Abb. 4). Der obere Teil des Drachen- und Greifenpaars kann als Typ I bezeichnet werden, allerdings verlaufen die Wesen im unteren Bereich weiter und schwingen noch einmal nach oben aus. Die dargestellten Tiere auf der Schwertscheide aus Grab 12 von Giengen weisen zwar einen anderen Aufbau auf, allerdings könnte es sich ebenfalls um eine solche Zwischenform handeln.

Der Rest dieser Schwertscheide ist flächig mit Feldern aus Querlinien und auf der Spitze stehenden Quadraten verziert. Die Felder sind mit Kreispunzen gegeneinander abgesetzt und wechseln sich ab.

Auf zwei Schwertscheiden sind Aussparungen für farbige Einlagen zu erkennen (Grab 1: Abb. 30,1c; Grab 7: Abb. 39,1a.c). Ob es sich bei den Einlagen ursprünglich um Email oder um Koralle gehandelt hat, lässt sich ohne naturwissenschaftliche Analyse nicht feststellen. Ein Hinweis darauf, dass es sich an der Scheide aus Grab 7 ursprünglich um Koralle gehandelt haben könnte, geben die kleinen Nietlöcher, welche sich in den Aussparungen befinden. An der Scheide aus Grab 1 ist dies nicht festzustellen. Koralle wurde während der frühen Latènezeit häufig als Verzierungselement auf Schwertscheiden verwendet. In der Mittellatènezeit geschah dies seltener und die Emailverzierung gewann an Bedeutung.[49]

Die Ortbänder der Giengener Schwertscheiden wurden separat gearbeitet und auf den unteren Teil der Scheide aufgeschoben. Die fünf vollständig erhaltenen Exemplare weisen eine Länge von über 20 cm auf. Auf der Rückseite dient in vier Fällen ein waagerechter Steg als Befestigung, welcher an der Scheide aus Grab 9 seitlich und mittig verziert ist. Auf der Vorderseite befinden sich zwei seitliche Befestigungsscheiben, welche an den Scheiden aus den Gräbern 2, 5 und 9 mit Dreiwirbeln verziert sind und an jenem aus Grab 7 ursprünglich farbige Einlagen trugen. Lediglich die Scheide aus Grab 12 zeigt weder einen Befestigungssteg noch Befestigungsscheiben, wodurch der Übergang zwischen Ortband und restlicher Scheide nur schwer zu erkennen ist. Drei Schwerter haben einen eher runden (Grab 1, 2 u. 9) und vier Scheiden einen spitzen Abschluss (Grab 5, 6, 7 u. 12). Trotz dieses Unterschiedes fallen die Ortbandenden alle in Lejars Gruppe 5, welche lange, schmale Ortbänder ohne Verbreiterung umfasst.[50]

Tabelle 3 (folgende Doppelseite) verdeutlicht noch einmal alle Merkmale der Giengener Schwerter. Die Giengener Schwerter lassen sich anhand dieser Analyse eindeutig als Mittellatèneschwerter identifizieren, bei denen unterschiedliche zeitliche Tendenzen erkennbar sind. De Navarro und Lejars haben auf Grundlage dieser Analysen verschiedene Gruppen der Mittellatèneschwerter herausgearbeitet. De Navarro unterscheidet drei[51] und Lejars vier Gruppen für die Mittellatènezeit.[52] Die Giengener Schwerter mit der flachen Mündung Typ A2 nach de Navarro bzw. Typ 2 nach Lejars, Mittelrippe und runden Ortbandklammern fallen in de Navarros Gruppe A, welche nach Lt C1 datiert. Die Scheiden mit den höheren Mündungen Typ B sowie jene mit der Froschklammer (Grab 6: Abb. 38,1c) datieren in eine entwickelte Mittellatènezeit.

4.1.2 Schwertketten

Zur Befestigung des Schwertes gibt es unterschiedliche Möglichkeiten. Die eine Variante ist die zweiteilige eiserne Schwertkette, welche in Giengen in drei der neun Schwertgräber vorkommt (Grab 1: Abb. 30,2.3; Grab 3: Abb. 34,5.6; Grab 7: Abb. 40,2.3).

Alle drei Ketten gehören zum Typ der gedellten Panzerkette. Sie bestehen aus einem langen Teil, knapp über 50 cm lang, und einem kurzen Teil, von 12,4 cm (Grab 1) bis 14,4 cm (Grab 7) lang. Der lange Teil der Schwertketten verjüngt sich zu einem Ende hin. An diesem Ende befindet sich

---

49 Krausse, RGA XVII.
50 Lejars 1994, 23 f.
51 de Navarro 1972, 125 ff.
52 Lejars 1994, 48 ff.

Grab	Länge Klinge	Breite Klinge	Länge Griffangel	Griffangel	Spitze	Länge Scheide	Mittelgrat	Scheidenmündung
1	68,3 cm	4,1 cm	12,5 cm	flach, vierkantig; Vorderseite abgerundet	stumpf, fast rund	80,8 cm	X	Lejars Typ 2
2	75,8 cm	4 cm	13,2 cm	flach, vierkantig	stumpf, fast rund	79,5 cm		Lejars Typ 2
3	64,1 cm	4,5 cm	13,3 cm	ovaler Querschnitt	nicht erhalten		X	Lejars Typ 2
5	73 cm	4,4 cm	12,9 cm	rhombisch, verjüngt zum Endknopf	stumpf, fast rund	77,1 cm	X	Lejars Typ 2
6	65,2 cm	4,8 cm	14,5 cm	flach, vierkantig	Form nicht erkennbar	68,6 cm		Lejars Typ 3
7	74,35 cm	5 cm	13,2 cm	flach, vierkantig, verjüngt zum Endknopf	lang ausgezogen	79,5 cm	X	Lejars Typ 3
9	82 cm	4,5 cm	13,3 cm	flach, vierkantig, verjüngt zum Endknopf	lang ausgezogen	81,2 cm		Lejars Typ 2
10	71,5 cm	5,2 cm	15,5 cm	flach, vierkantig, verjüngt zum Endknopf	stumpf, fast rund			Lejars Typ 2
12	69,8 cm	4,6 cm	14,0 cm	flach, vierkantig, verjüngt zum Endknopf	stumpf, fast rund	74,8 cm	X	Lejars Typ 2

Tab. 4: Merkmale der Schwerter.

ein rechtwinklig aufgestellter Haken mit einem Endknopf, in Grab 1 hat dieser einen runden Querschnitt und in Grab 7 ist er vierkantig. Bei der Schwertkette aus Grab 3 ist dieses Ende abgebrochen, allerdings ist die Verjüngung noch deutlich zu erkennen. Das breitere Ende wird jeweils von einer Öse abgeschlossen.
Der kürzere Kettenteil hat Ösen an beiden Seiten sowie eine Verjüngung zu einem der Enden.
Die Schwertketten wurden dicht am Körper getragen. Der Haken des langen Teils wurde in die kleine Öse des kurzen Teils eingehängt, sodass das Schwert zwischen den großen Ösen, die durch einen Ledergurt verbunden waren, befestigt war.
Aufgrund der aufwändigen Herstellung stellen die gedellten Panzerketten den Höhepunkt der keltischen Schwertkettenherstellung dar.[53] Die einzelnen Glieder wurden ineinander verschränkt und

---

53 Schönfelder 1998, 87.

Mündungs-klammer	Schlaufe	Befesti-gungs-platte	Ortband	oberer Ortband-abschluss	Ortband-ende	Drachen- und Greifen-paar
VS: Lejars Typ 4 RS: Lejars Typ 3	quadratisch	halbkreis-förmig	lang ausge-zogen	nicht erhalten	Lejars Gr. 5	unverziert
VS: Lejars Typ 4 RS: Lejars Typ 3	rechteckig	dreiviertel-kreisförmig	kurz, ge-drungen	VS: 2 Schei-ben mit Drei-wirbeln; RS: gerader Steg	rund, Lejars Gr. 4	Ginoux Typ 3
VS: Lejars Typ 7 RS: Lejars Typ 5	quadratisch	halbkreis-förmig, verziert	lang aus-gezogen, seitlich verdickt	nicht erhalten	Lejars Gr. 5	Ginoux Typ 1
VS: Lejars Typ 7 RS: Lejars Typ 6	rechteckig	dreiviertel-kreisförmig	lang	VS: 2 Scheiben mit Dreiwirbeln RS: gerader Steg	spitz, Lejars Gr. 5	Ginoux Typ 3
VS: Lejars Typ 10 RS: Lejars Typ 9	quadratisch	dreiviertel-kreisförmig	lang ausge-zogen	nicht erhalten	spitz, Lejars Gr. 5	chagriniert
VS: Lejars Typ 7 RS: Lejars Typ 5	rechteckig	halbkreis-förmig	kurz, ge-drungen	VS: 2 Scheiben mit Einlagen RS: gerader Steg	spitz, Lejars Gr. 5	Ginoux Typ 2
VS: Lejars Typ 7 RS: Lejars Typ 6	rechteckig	dreiviertel-kreisförmig	kurz, ge-drungen	VS: 2 Scheiben mit Dreiwirbeln RS: gerader Steg	rund, Lejars Gr. 4	Ginoux Typ 2
nicht erhalten	quadratisch	dreiviertel-kreisförmig	nicht erhal-ten	nicht erhalten	nicht erhal-ten	nicht erhalten
VS: Lejars Typ 7 RS: Lejars Typ 5	quadratisch	dreiviertel-kreisförmig	lang ausge-zogen	kein Abschluss erkennbar	spitz, Lejars Gr. 5	Mixtyp, flächi-ges Muster

diese dann in ihre rechteckige, flache Form gebracht, wodurch die Kette deutlich an Beweglichkeit verlor, was den Vorteil hatte, dass das Schwert auch beim Laufen oder während des Kampfes in der-selben Position blieb.[54] Als Verzierung wurde die Vorderseite abschließend flächig mit einer runden Punze bearbeitet.

Die Schwertketten aus Giengen sind alle in der gleichen Art hergestellt worden, es zeigen sich aber dennoch leichte Unterschiede.

Die lange Kette aus Grab 1 (Abb. 30) ist sehr schwer und hat an der Öse eine Breite von 3,5 cm, am Haken 2,5 cm. Die Ösen bestehen aus einfachen eingehängten Ringen, welche zusammen mit den Gliedern flach gehämmert wurden. Der aufgestellte Haken besitzt, wie bereits erwähnt, einen runden Querschnitt.

---

54 RAPIN 1991, 355 ff., Abb. 4.

Die Schwertkette aus Grab 3 (Abb. 34) ist von schmaler Form, an der breitesten Stelle – an der Öse – sind es nur 1,87 cm bei der langen Kette, welche sich auf 1,2 cm am abgebrochenen Ende verjüngt. Die Ringösen bestehen in diesem Fall aus einem einmal verdrehten, dadurch acht-förmigen Kettenglied. Allgemein wirkt diese Kette in der Seitenansicht nicht so stark flachgehämmert, die Glieder sind etwas runder als bei den beiden anderen Ketten.

Das Exemplar aus Grab 7 (Abb. 40) liegt mit einer Breite von maximal 2,1 cm zwischen den beiden anderen Ketten. Zum Haken hin verjüngt sich die lange Kette auf 1,5 cm. Die Ösen sind in diesem Fall durch das mittige Zusammendrücken eines größeren Kettengliedes entstanden. Der senkrecht stehende Haken ist vierkantig ohne deutlichen Endknopf.

Es kann davon ausgegangen werden, dass alle drei Schwertketten aufgrund ihrer abweichenden Herstellungsweise von unterschiedlichen Schmieden bearbeitet wurden. Da der lange und kurze Teil einer Kette aber jeweils identische Merkmale aufweisen, ist es wahrscheinlich, dass ein Schmied für die Herstellung eines gesamten Schwertgehänges zuständig war.

A. Rapin untersuchte die Entwicklung der Schwertketten während des 3. Jahrhunderts v. Chr. bis zur hochentwickelten gedellten Panzerkette.[55] Die gedellten Panzerketten aus Giengen gehören zu der letzten Entwicklungsstufe, welche Rapin ins letzte Viertel des 3. Jahrhunderts datiert.

4.1.3 Koppelringe

Eine weitere Form der Schwertaufhängung stellen die Koppelringe dar. Sie sind ebenfalls in drei der neun Schwertgräber vertreten (Grab 6: Abb. 38,2.3; Grab 10: Abb. 46,2.3.4; Grab 12: Abb. 47,9–11). Aus Grab 6 sind zwei Ringe von unterschiedlicher Größe überliefert. Die Gräber 10 und 12 enthielten sogar drei Ringe, wobei die größeren Exemplare doppelt vertreten waren.

Die Ringe sind aus massivem Eisen gefertigt. Die Seite, die zum Körper getragen wurde, ist abgeflacht (Grab 6 u. 10) oder leicht konkav gearbeitet. Die andere Seite ist profiliert, das heißt ein flacher Rand umgibt einen nach oben schmaler werdenden Wulst, welcher oben flach ist und zur Ringöffnung wieder breiter wird.

Die großen Ringe haben einen Durchmesser zwischen 4,6 cm und 4,25 cm, die kleinen zwischen 3,1 cm und 3,9 cm. Die lichte Weite liegt zwischen 1,0 cm und 1,6 cm, wobei die Größe der Weite nicht zwangsläufig Aufschluss über den Durchmesser der Ringe liefert. Der kleine Ring aus Grab 12 hat mit 1,0 cm die selbe lichte Weite wie einer der großen Ringe aus demselben Grab.

G. Kaenel vermutet, dass das Schwert bei dieser Art der Schwertaufhängung an einem Ledergurt befestigt war.[56] Ein langer Gurt, an dessen einem Ende sich ein Gürtelhaken und am anderen Ende der kleinere Koppelring befand, war um den Körper geschlungen. Das Schwert war an einem kürzeren Ledergurt befestigt, welcher durch die beiden übrigen Ringe am langen Gürtel fixiert war. Da sich in den Giengener Gräbern mit Koppelringen jedoch keine Gürtelhaken befanden, ist anzunehmen, dass es auch noch einen andere Möglichkeit der Befestigung gegeben haben muss. Das einzige Grab mit einem Gürtelhaken weist wiederum keine Koppelringe unter den Beigaben auf.

4.1.4 Gürtelhaken

Der Gürtelhaken aus Grab 2 (Abb. 32,2) gehört vermutlich ebenfalls zum Schwertgehänge. Die Form des Hakens ist sehr einfach gehalten. An einem Ende befindet sich eine Öse, welche von der dreieckig zulaufenden Platte des Hakens durch eine Rille getrennt ist. Die Platte ist in sich leicht gekrümmt und der Haken rechtwinklig aufgestellt mit einem Endknopf. Die Länge des Gürtelhakens beträgt 4,82 cm.

---

55 Rapin 1991, 358 ff. Abb. 6 zeigt die Entwicklung der Schwertketten.
56 Kaenel/Favre 1983, 206 Abb. 25.

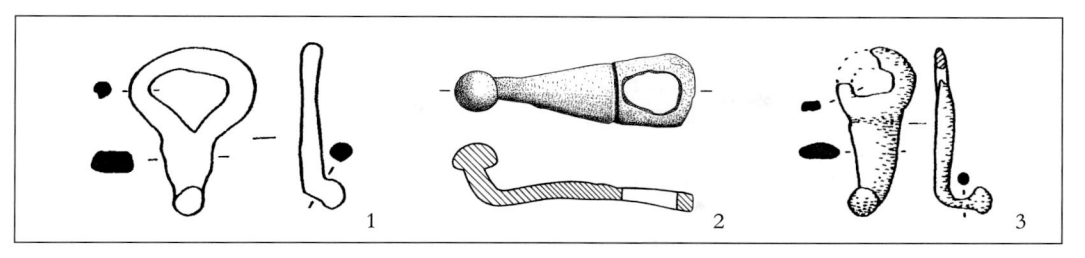

Abb. 5: Gürtelhaken. – 1. La Villeneuve-au-Châtelot, Typ 2B. – 2. Giengen an der Brenz, Lkr. Heidenheim, Grab 2. – 3. La Villeneuve-au-Châtelot, Typ 3B (1 u. 3: BATAILLE 2001, Abb. 5,11.14; 2: Landesamt für Denkmalpflege Baden-Württemberg). Ohne Maßstab.

Es ist wahrscheinlich, dass der Gürtelhaken den Ledergurt verschloss, an dem das zugehörige Schwert befestigt war. Ob die Befestigung des Schwertes, wie Kaenel vermutet, mithilfe von Koppelringen erfolgte, lässt sich nicht bestätigen, da in Grab 2 keine gefunden wurden.

Bereits in frühlatènezeitlichen Gräbern finden sich Gürtelhaken unter den Beigaben. G. BATAILLE erstellte eine Typologie der Gürtelhaken des latènezeitlichen Heiligtums ‚Les Grèves' von La Villeneuve-au-Châtelot.[57] Dabei ähnelt der Giengener Haken am ehesten seinem Typ 2. Ein Vergleich mit einem Haken des Typs 2B und einem Exemplar des Typs 3B verdeutlicht, dass der Giengener Gürtelhaken von der Form der Platte und des Dorns eher Richtung Typ 3B tendiert, die Öse aber eine leicht dreieckige Form hat und somit Parallelen zu Typ 2B aufweist (Abb. 5).

Chronologisch sieht BATAILLE seinen Typ 3B am Übergang von LT C1 zu LT C2, wohingegen sein Typ 2B nach LT D1 datiert. Auch J.-L. BRUNAUX und B. LAMBOT haben verschiedene Gürtelhakenformen analysiert. Sie datieren die Form des Giengener Hakens lediglich in die Mittellatènezeit.[58]

4.2 Lanzenspitzen

Acht der neun Männergräber enthielten eine Lanzenspitze aus Eisen (Grab 1: Abb. 30,4; Grab 3: Abb. 34,1; Grab 5: Abb. 36,3; Grab 6: Abb. 38,7; Grab 7: Abb. 42,3; Grab 9: Abb. 43,2; Grab 10: Abb. 46,5; Grab 12: Abb. 47,2). Die Blätter sind zum Teil stark beschädigt. Darüber hinaus sind die Lanzenspitzen aus Grab 7 sowie aus Grab 9 verbogen. Aus Grab 3 ist nur der obere Teil der Lanzenspitze erhalten und jene aus Grab 10 ist so stark beschädigt, dass eine Rekonstruktion der Form nicht möglich ist.

Die Lanzenspitzen aus den Gräbern 1, 5, 6 und 12 wurden bei der Restaurierung ergänzt, da die ursprünglichen Formen eindeutig rekonstruierbar waren; lediglich die Spitze der Lanze aus Grab 12 konnte nicht ergänzt werden.

Alle Lanzenspitzen weisen einen scharfen Mittelgrat auf, der sich bei den Lanzen aus den Gräbern 6 und 9 bis zum Tüllenende fortsetzt. Besonders deutlich ist dies an der Tülle der Lanze aus Grab 9, da diese durch das Weiterlaufen des Mittelgrades einen vierkantigen Querschnitt erhält. Die übrigen Tüllen sind von rundem Querschnitt. Bei dem Fragment aus Grab 3 ist keine Tülle erhalten. In zwei Fällen (Grab 1 u. 5) hat die Tülle eine umlaufende Rippe als Verzierung, die Lanze aus Grab 9 besitzt zwei umlaufende Ritzlinien. Die Befestigung der Lanzenspitze am Holzschaft erfolgte durch zwei gegenständige Nägel, welche in zwei Fällen erhalten sind (Gräber 1 u. 6).

Die Lanzenspitzen erreichen eine Länge von mindestens 25,5 cm (Grab 10) und max. 76,4 cm (Grab 7), die Breiten variieren zwischen 4,8 cm (Grab 1) und 9 cm (Grab 9 u. 12).

Bei der Bestimmung zeigt sich, dass es insgesamt vier unterschiedliche Typen gibt. Die Lanzen aus den Gräbern 1 (Abb. 30,4) und 5 (Abb. 36,3) haben ein schmales, langes Blatt, welches ohne

---

57 BATAILLE 2001.
58 BRUNAUX/LAMBOT 1987, 128 f.

Schwung gerade zur Spitze zuläuft. Die Tüllen sind in Relation zum Blatt eher kurz (7–8 cm) und haben eine umlaufende Rippe im unteren Bereich. Zu dieser Lanzenspitzenform gibt es zwei Vergleichsstücke im südwestdeutschen Raum. Das eine Exemplar, dessen Spitze abgebrochen ist, stammt aus Biberach an der Riß, Lkr. Biberach und besitzt noch eine Länge von 44,2 cm. Das Blatt der Lanzenspitze wird mit gewellten Seiten beschrieben[59] und weist eine Verzierung mit dichtsitzenden Punzschlägen auf. Die zweite Lanzenspitze dieses Typs kommt aus Grab 8 des Darmsheimer Gräberfeldes, Kr. Böblingen.[60] Diese Lanzenspitze war bei ihrer Auffindung stark verbogen; würde man diese abrollen, hätte sie eine Länge von 38 cm.

Der zweite Typus ist eine Lanzenspitze mit breitem, geschwungenem Blatt. In diese Gruppe gehören die Lanzen der Gräber 6 (Abb. 38,7) und 12 (Abb. 47,2). Die Tüllen dieser Lanzenspitzen sind ebenfalls relativ kurz (4,4–5 cm), dafür weisen die Blätter eine Breite von 7,5 cm (Grab 6) bzw. 9 cm (Grab 12) auf. Ein sehr ähnliches Stück stammt aus Rechtenstein, Alb-Donau-Kreis.[61]

Dieser Typus ist dem ersten ähnlich. Er unterscheidet sich lediglich in der Breite des Blattes und in der Länge der Tülle. A. Rapin fasst beide Typen unter dem Begriff „klassische Lanzenspitzen" zusammen. Diese Gruppe kommt während der gesamten Latènezeit vor und bildet daher die größte Gruppe. Um diese Gruppe zu gliedern, arbeitet Rapin Untergruppen heraus, welche sich auf die Länge der Tülle – kurz, mittel und lang – sowie auf die Form des Blattes – gewelltes Blatt und flaches Blatt – beziehen.[62] Die Lanzenspitzen aus Giengen gliedern sich aufgrund ihrer relativ kurzen Tüllen in Rapins Gruppe I b ein.

Die Lanze aus Grab 7 (Abb. 42,3) ist insgesamt 76,4 cm lang und hat eine Breite von 8,4 cm. Das Blatt ist breit mit extrem lang ausgezogener Spitze, welche mehr als die Hälfte der Länge beansprucht. Das Blatt ist im oberen Bereich leicht gewellt und ebenso wie die oben genannte Lanze aus Biberach von beiden Seiten chagriniert. Solche extrem langen Lanzenspitzen sind selten, aber nicht völlig unbekannt. A. Rapin und J. L. Brunaux nennen diese Form „Bajonettlanze" und zählen zu dieser Gruppe neben der Lanzenspitze aus Giengen noch weitere Exemplare (Abb. 6).[63] Große Ähnlichkeit besteht zu einem Fundstück aus St.-Denis-les-Sens, Dép. Yonne. Diese Lanze hat eine Länge von 75 cm.[64] In Südwestdeutschland findet sich sonst keine solch herausragende Lanzenspitze.

Die letzte Lanzenspitzenform weist ein sehr breites, geschwungenes Blatt auf. Ihr gehört das Exemplar aus Grab 9 (Abb. 43,2) an, welches mit 26,5 cm die kürzeste Lanzenspitze des Giengener Gräberfeldes ist, dafür aber eine Breite von 9 cm aufweist. Die vierkantige Tülle, welche wiederum mit einer umlaufenden Rippe verziert ist, ist so angebracht, dass die Kanten den weiteren Verlauf des Mittelgrates des Blattes darstellen. Ein Vergleichsstück für diese Lanzenform aus Baden-Württemberg findet sich in Grab 1 aus Darmsheim, Kreis Böblingen.[65] Diese Lanze hat eine Länge von 31 cm und maximal eine Breite von 12,3 cm. Auch auf der Tülle dieser Lanze ist eine Rippe zu erkennen, allerdings läuft diese nicht komplett herum. Von den Nägeln, welche die Lanzenspitze am Schaft befestigten, ist einer erhalten; er hat eine kreisaugenartige Verzierung auf dem rhombischen Kopf.

4.3 Lanzenschuhe

Die zu den Lanzenspitzen gehörenden Lanzenschuhe sind aus den Gräbern 1, 3, 5, 7 und 9 erhalten. Der Lanzenschuh aus Grab 1 (Abb. 30,5) ist tüllenförmig und recht einfach gearbeitet. Seine Länge beträgt 7 cm und die Öffnung für den Schaft hat eine lichte Weite von 2,1 cm. Unterhalb des Randes

---

59 Fundber. Schwaben N. F. 16, 1962, 237.
60 Fischer 1967, 61 ff. Abb. 4,2.
61 Bittel 1934, 22.
62 Rapin/Brunaux 1988, 120 ff.
63 Ebd. 124 ff.
64 Hure 1931, 85 ff. Abb. 182.
65 Fischer 1967, 61 ff. Abb. 2,2.

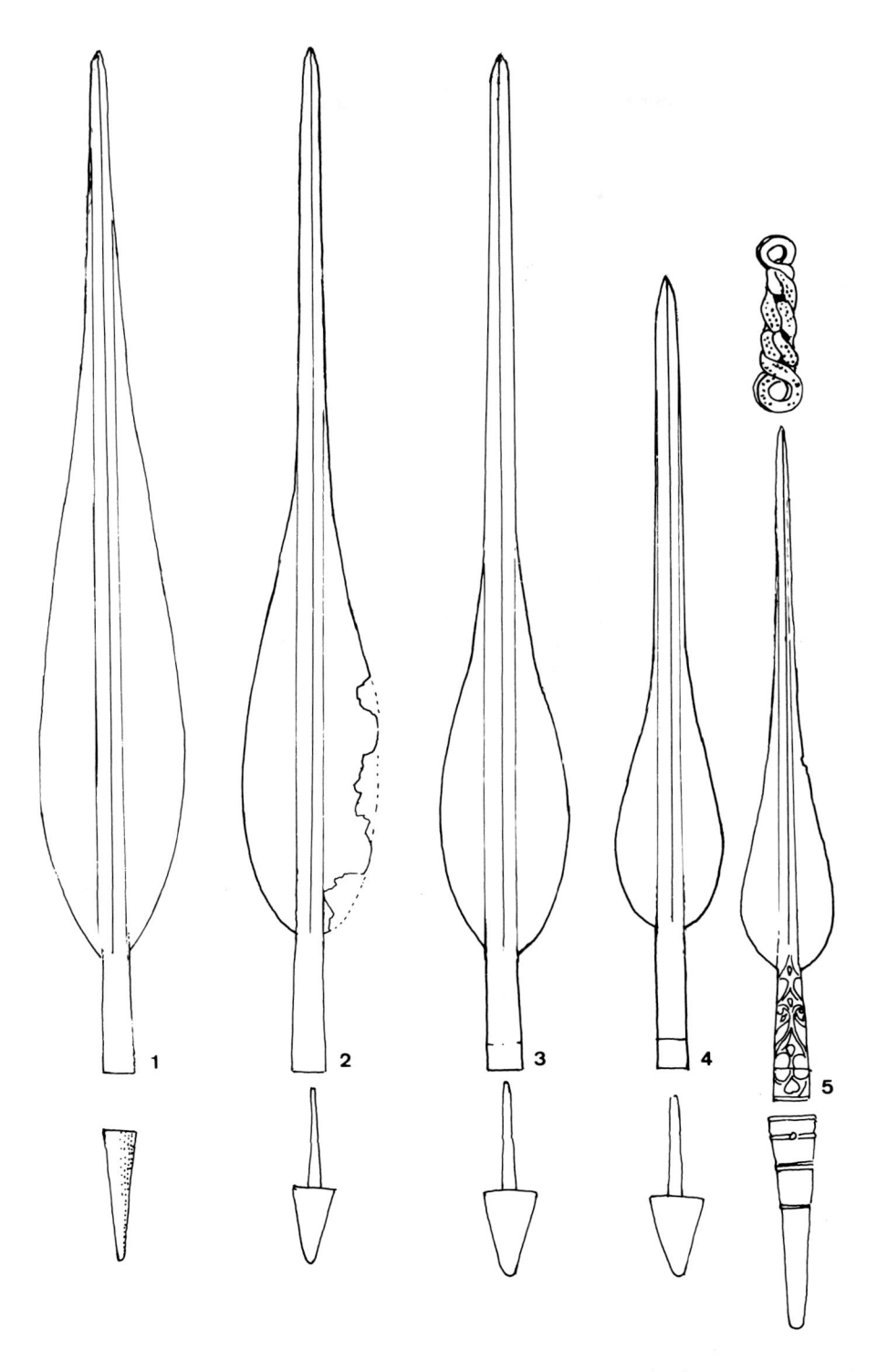

Abb. 6: Vergleichsstücke zur Lanzenspitze aus Grab 7. – 1. Makotřasy Grab 20 (CZ). – 2. Giengen an der Brenz, Lkr. Heidenheim. – 3. St-Denis-les Sens, Dpt. Yonne, Frankreich. – 4. Barbey Grab 2, Dpt. Yonne, Frankreich. – 5. Dobova Grab 6, Slowakei (RAPIN/BRUNAUX 1988, Abb. 62). Ohne Maßstab.

befindet sich eine umlaufende Rippe, genau wie bei der zugehörigen Lanzenspitze. Befestigt wurde der Lanzenschuh durch zwei gegenüberliegende Nägel, von denen einer erhalten ist.

Die restlichen Lanzenschuhe haben alle einen Dorn, welcher zur Befestigung in den Schaft eingearbeitet und durch eine Manschette, die am unteren Ende des Stabes befestigt wurde und diesen zusammendrückt, gehalten wurde.[66] Diese Lanzenschuhe mit Dorn sind alle achtkantig gearbeitet. Der Dorn ist in drei Fällen in den Lanzenschuh eingesetzt und wird durch einen Stift gehalten, nur das Exemplar aus Grab 5 ist aus einem Stück gearbeitet.

Drei Lanzenschuhe haben einen vierkantigen Dorn, wozu jene aus den Gräbern 3, 5 und 7 gehören. Der obere Abschluss der Lanzenschuhe aus den Gräbern 5 und 7 hat einen runden Querschnitt, welcher durch umlaufende Rillen von der kantigen Form abgesetzt wird.

Der Lanzenschuh aus Grab 5 (Abb. 36,2) ist 15,1 cm lang, wovon 5,2 cm auf den Dorn fallen. Der obere Teil des Dorns sowie die Spitze des Lanzenschuhs sind abgebrochen. Der Wechsel im Querschnitt erfolgt hier durch drei umlaufende Rillen.

Das Exemplar aus Grab 7 (Abb. 41,5) weist ähnliche Merkmale auf, allerdings ist, wie bereits erwähnt, der Dorn hier eingesetzt. Die Länge des gesamten Lanzenschuhs beträgt 15,1 cm und der Dorn ist 7,8 cm lang.

Der 15,3 cm lange Lanzenschuh aus Grab 3 (Abb. 34,4), dessen Dorn eine Länge von 6,1 cm hat, ist etwas anders gearbeitet. Die achtkantige Form läuft bis zum oberen Abschluss des Schuhs durch und auf vier Seiten ist eine Rankenverzierung zu erkennen. Diese Verzierung, welche in rechteckigen Feldern aufgestempelt wurde, befindet sich im oberen Bereich des Lanzenschuhs. Eine solche Verzierung an einem Lanzenschuh ist aus anderen Gräbern nicht bekannt, was aber an der meist schlechten Erhaltung der Lanzenschuhe liegen kann. Da von der Lanze zu diesem Schuh nur ein kleines Fragment erhalten ist, lässt sich keine Aussage darüber treffen, ob diese eventuell ebenfalls verziert war.

Der Lanzenschuh aus Grab 9 (Abb. 43,3) ist mit 17,7 cm gut 2 cm länger als die bereits besprochenen Exemplare. Der größte Unterschied besteht aber in der Länge des Dorns, welcher 12,2 cm der Gesamtlänge beträgt und einen runden Querschnitt aufweist. Der eigentliche Lanzenschuh hat somit lediglich eine Länge von 5,5 cm.

Rapin unterscheidet drei Typen von Lanzenschuhen, die tüllenförmigen, jene mit Dorn und eine gemischte Form.[67]

Aus dem schweizerischen und südwestdeutschen Raum sind kaum Lanzenschuhe überliefert. Lediglich ein tüllenförmiger und zwei Lanzenschuhe mit Dorn sind bekannt.[68] Die meisten Lanzenschuhe mit Dorn unterscheiden sich aber dahingehend von den Giengener Exemplaren, dass sie nicht facettiert sind, sondern einen runden Querschnitt haben. Vergleiche für facettierte Lanzenschuhe sind in Oberbayern zu finden. Aus Manching stammen drei Exemplare; zwei vom Gräberfeld Steinbichel aus den Gräbern 21 und 35[69] und eins aus Grab 19/20 im Hundsrucken.[70] Weitere Lanzenschuhe dieser Art wurden in München-Obermenzing Grab 12,[71] Gauting, Lkr. Starnberg, Grab 1937[72] und in Fridolfing, Lkr. Traunstein,[73] gefunden. Für die Datierung scheinen die Lanzenschuhe aber nicht geeignet zu sein.

---

66 Rapin/Brunaux 1988, 105.
67 Ebd. 104–107.
68 Tüllenförmiger Lanzenschuh aus Grab 1, Darmsheim, Lkr. Böblingen (vgl. Fischer 1967, Abb. 2,3). Lanzenschuhe mit Dorn aus Grab 4, Wertheim-Bettingen, Main-Tauber-Kreis (vgl. Dauber/Kimmig 1956, Taf. 25 B 5) und aus Grab 1, Geislingen an der Steige, Lkr. Göppingen (vgl. Fischer 1967, Abb. 6,3).
69 Vgl. Krämer 1985, Kat. 1, Taf. 12,3; 21,3.
70 Vgl. ebd. Kat. 2 Taf. 35,12.
71 Vgl. ebd. Kat. 48 Taf. 60,5.
72 Vgl. ebd. Kat. 63 Taf. 65,10.
73 Vgl. ebd. Kat. 40 Taf. 53,11.

4.4 Schildbuckel

Die sechs Schildbuckel aus Giengen (Grab 1: Abb. 31,6, Grab 2: Abb. 32,4, Grab 5: Abb. 37,7, Grab 6: Abb. 39 A, Grab 7: Abb. 42,2, Grab 9: Abb. 44 A 3) entsprechen alle dem Grundtyp des bandförmigen Schildbuckels.

Diese bandförmigen Schildbuckel waren an Schilden mit meist ovaler, aber vereinzelt auch eckiger Form befestigt. Zur Stabilisierung der länglichen Schilde wurde eine spindelförmige Längsverstrebung aus Holz angebracht, über der sich mittig der eiserne Schildbuckel befand. Bereits in der Hallstattzeit wurde der bis dahin genutzte Rundschild von dieser neuen Form abgelöst.[74] Die ersten Ovalschilde mit spindelförmigem Schildbuckel in Mitteleuropa stammen aus dem ostalpinen Raum aus dem 7. Jahrhundert v. Chr.[75] Ab den 4. Jahrhundert v. Chr. sind rechteckige Schildbuckel an dieser Schildform in Gräbern nördlich der Alpen belegt.

Die Giengener Schildbuckel sind rechteckig, in der Mitte aufgewölbt und mit trapezförmigen Seiten. Am Schild befestigt wurden sie mit zwei großen Nägeln mit flachem, rundem Kopf. Die Durchmesser der Nagelköpfe ist jedoch unterschiedlich. Drei Schildbuckel waren mit Nägeln befestigt, welche Köpfe mit einem Durchmesser von über 3 cm besaßen (Grab 1, 5, 6). Die Nägel aus Grab 7 wiesen einen Durchmesser unter 3 cm auf. Bei fast allen Schildbuckeln ist mindestens ein Nagel erhalten (nur aus Grab 9 nicht), sodass die ursprüngliche Stärke des Schildes anhand des umgebogenen Endes des Nagels rekonstruiert werden kann. Das organische Material hatte demnach eine Stärke von mindestens 0,8 cm und höchstens 1,0 cm.

Rapin teilt die Schildbuckel von Gournay in die Typen I bis VII ein, wobei die Giengener Exemplare sich am besten in seine Gruppe I, die Schildbuckel mit geraden Seitenplatten, einordnen lassen.[76] Allerdings sind die Seitenplatten der meisten Giengener Schilde leicht trapezförmig. Rapins Gruppe V bezieht sich zwar auf Schildbuckel mit trapezförmigen Flügeln, welche allerdings in die späte Latènezeit datieren und aufgewölbte Kanten aufweisen. Bei seinem Typ I handelt es sich um eine sehr langlebige Form. Sie datiert vom Beginn des 3. Jahrhunderts v. Chr. bis in die zweite Hälfte des 2. Jahrhunderts v. Chr.,[77] kommt also bereits in der Frühlatènezeit vor und ist während der gesamten Mittellatènezeit in Benutzung.

Der Erhaltungszustand der Giengener Schildbuckel ist sehr unterschiedlich. Die Exemplare aus den Gräbern 1, 5, 6 und 7 sind zwar weitgehend vollständig erhalten, jedoch sehr stark verbogen. Der Schildbuckel aus Grab 6 ist völlig zusammengedrückt, sodass die Wölbung in der Mitte nicht mehr vorhanden ist. Rapin vermutet, dass diese Verbiegung auf eine absichtliche Zerstörung mit einem Hammer zurückzuführen ist.[78] Das Exemplar aus Grab 5 ist komplett zusammengebogen worden, was laut Rapin ebenfalls auf eine intentionelle Verbiegung hindeutet.[79] Der Schildbuckel aus Grab 1 zeigt deutliche Dellen und die vollständig erhaltene Seite ist leicht nach oben gezogen. Bei dem Schildbuckel aus Grab 7 sind die beiden Enden hoch gebogen, wobei die Form des Mittelteils weitgehend erhalten ist.

Der Schildbuckel aus Grab 2 ist nur in zwei Teilen erhalten, ein großes Stück des Mittelteils fehlt. Da aber an beiden Enden der Übergang zum Mittelteil erhalten ist, lässt sich die Form gut rekonstruieren.

An zwei Schildbuckeln kann nachgewiesen werden, dass sie tatsächlich in Gebrauch waren. Das Exemplar aus Grab 6 hat jeweils zwei Nagellöcher unterschiedlicher Größe auf jeder Seite. Bemerkenswert ist hierbei, dass der erhaltene Nagel in jedes der beiden äußeren Löcher passen würde, die eine quadratische und leicht größere Form aufweisen. Dicht daneben, etwas weiter innen, befinden

---

74 Stary 1981, 287.
75 Ebd. 288 f.: Stary sieht den eigentlichen Ursprung im Italien des 8. Jhs. v. Chr. Durch Kontakte zwischen diesem und dem ostalpinen Raum ist die Kenntnis des Ovalschildes nach Mitteleuropa gelangt.
76 Rapin/Brunaux 1988, 41 ff.
77 Ebd. 78 Abb. 39.
78 Ebd. 52.
79 Ebd. 52.

sich kleinere Nagellöcher. Auf einer Seite ist dieses zweite Loch rechteckig, auf der anderen quadratisch. Diese zusätzlichen Nagellöcher lassen darauf schließen, dass der Schildbuckel zweimal mit unterschiedlichen Nägeln befestigt wurde.

Das Bruchstück aus Grab 9 weist zwei Stellen auf, die mit Eisenblechstreifen repariert wurden (Abb. 7). Beide Flickungen dienten dazu, den aufgewölbten Mittelteil zusammenzuhalten.

4.5 Schildeinfassungen

Aus vier Gräbern (Grab 1: Abb. 31,2–4; Grab 2: Abb. 32,3; Grab 7: Abb. 41,4; Grab 9: Abb. 44 A 5) sind als weitere Bestandteile der Schilde die eisernen Schildeinfassungen erhalten. Die Schildeinfassung diente zur äußeren Stabilisierung des Schildes und zum Schutz vor Schlägen mit dem Schwert oder beim Abstellen des Schildes auf dem Boden.

Die Fragmente aus den Gräbern 1 und 9 sind fast gerade oder nur leicht gekrümmt, wohingegen die Stücke aus Grab 2 stark und aus Grab 7 unregelmäßig gekrümmt sind. Bei der unregelmäßigen Krümmung ist aber nicht auszuschließen, dass es sich um eine nachträgliche Veränderung handelt. Die stärker gekrümmten Fragmente erlauben eine Rekonstruktion des Krümmungsdurchmessers von ca. 35 cm (Grab 2) und ca. 20 cm (Grab 7).

Diese unterschiedlichen Krümmungsdurchmesser der Schildeinfassungen legen – ebenso wie die Schildbuckel – nahe, dass es sich um die in der Mittellatènezeit zur typischen Kriegerausstattung zählenden Ovalschilde handelt. Auf zahlreichen antiken Abbildungen, wie z. B. dem Fries des Pergamon-Altars, sind solche ovalen Schilde belegt. Das feuchte Milieu in La Tène begünstigte die fast vollständige Erhaltung eines Ovalschildes mitsamt des organischen Materials.[80]

Die nur fragmentarische Überlieferung der Schildeinfassungen in Giengen ist vermutlich auf den Verbrennungsprozess zurückzuführen, der das Blech von 0,7 mm (Grab 9) bis maximal 2 mm (Grab 2) sehr stark in Mitleidenschaft gezogen haben dürfte.

Aus Grab 9 stammen fünf Nägel mit chagrinierter Oberfläche (Abb. 43,4–13), welche bei zwei Exemplaren eingedellt ist. Diese Nägel sind vermutlich im Zusammenhang mit dem Schild zu sehen und dienten als Verzierung der Außenseite oder als Befestigung von Stoff oder Leder.

4.6 Fibeln

Mindestens 44 Fibeln vom Mittellatèneschema fanden sich in den Giengener Gräbern, 21 davon waren aus Bronze und 23 aus Eisen. Bronzefibeln sind nur aus Frauengräbern überliefert, wo sie meist im Paar auftreten. Fast jedes Grab enthielt hingegen mindestens eine Eisenfibel. Lediglich in Grab 2 konnte keine Fibel nachgewiesen werden. Da die Funde aus diesem Grab aber alle von einer Brandpatina überzogen waren und zu den Beigaben z.B. ein kleines, stark verschmolzenes Eisenstück von unbestimmbarer Form gehörte, wäre es durchaus möglich, dass sich eine Fibel unter der Tracht des/der Toten befand, welche heute aber nicht mehr erhalten ist.

Die Fibeln der Mittellatènezeit wurden erstmals 1911 von R. BELTZ in unterschiedliche Varianten eingeteilt.[81] H. POLENZ[82] und W. E. STÖCKLI[83] diskutierten die Fußform und das Verhältnis von Bügel- und Fußlänge zur näheren chronologischen Fixierung. Auch P. J. SUTER[84] stützt sich bei der Untersuchung der mittellatènezeitlichen Grabkomplexe aus dem Kanton Bern auf die Bügel- und Fußform, allerdings berücksichtigt er in seiner Betrachtung auch die Verzierungselemente.

---

80 RAPIN/BRUNAUX 1988, Abb. 7.
81 BELTZ 1911.
82 POLENZ 1971, 34. – Ders. 1978, 188.
83 STÖCKLI 1974, 368.
84 SUTER 1984, 83 ff.

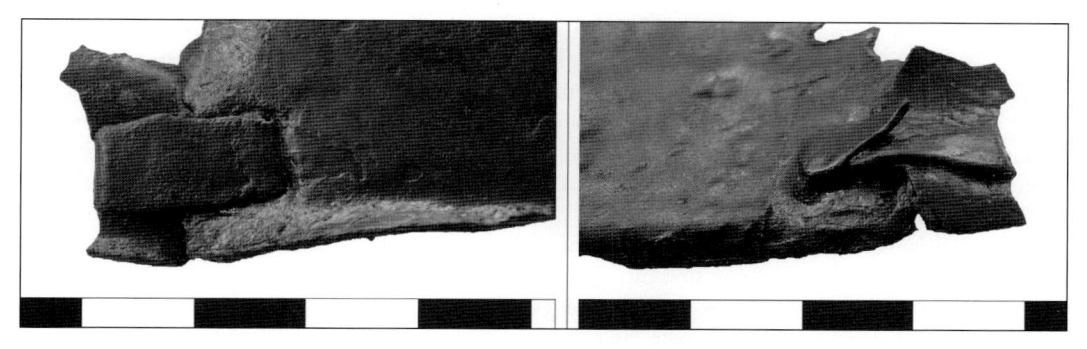

Abb. 7: Giengen an der Brenz, Lkr. Heidenheim. Flickungen des Schildbuckeld aus Grab 9.

Aufgrund der Bruchstückhaftigkeit der Fibeln aus Manching hat R. Gebhard ein Raster entwickelt, welches sich auf die Funktion der Fibeln stützt und somit Elemente wie Größe und Bügelgestaltung in den Vordergrund rückt.[85]
Zur Untersuchung der Giengener Fibeln wurden nun unterschiedliche Merkmale festgelegt, die chronologisch und typologisch wichtig erscheinen, sodass sowohl funktionale als auch verzierende Elemente berücksichtigt werden können (s. Tab. 4).
Die Giengener Fibeln befinden sich in einem erstaunlich guten Zustand, welcher zum Teil auf die Brandpatina zurückzuführen ist; aber auch unverbrannte Bronzefibeln haben sich sehr gut erhalten. Solche hervorragenden Erhaltungsbedingungen sind in Süddeutschland und der Schweiz aufgrund anderer Bestattungsweisen äußerst selten, sodass Vergleiche für die Verzierungen der Fibeln sehr schwierig zu finden sind. Vor allem für die Eisenfibeln, welche ohne Brandpatina meist sehr stark vergangen sind, fanden sich Parallelen meist nur im ostkeltischen Raum.

4.6.1 Bronzefibeln

Bronzefibeln befanden sich ausschließlich in den Frauengräbern 4 (Abb. 35), 11 (Abb. 45 A) und 13 (Abb. 48). Diese Beigabensitte lässt sich auch an den Gräberfeldern von Manching-Steinbichel, Lkr. Pfaffenhofen an der Ilm,[86] Münsingen-Rain, Kt. Bern,[87] und Vevey, Kt. Vaud,[88] nachweisen.
Aus Grab 4 sind lediglich drei Bruchstücke von Bronzefibeln erhalten (Abb. 35,4–6). Eins der Stücke ist ein noch 2 cm langer, rundstabiger, gebogener Bronzedraht mit einer sechskantigen Verdickung (Abb. 35,6). Des Weiteren fand sich ein Bruchstück eines Bügels mit Spirale in diesem Grab (Abb. 35,5). Die Spirale besteht aus einer vierfachen Windung und einer inneren Sehne. Das letzte Stück ist ein 2,5 cm langer, leicht gebogener, rundstabiger Bronzedraht (Abb. 35,4).
Aus Grab 11 stammen zwei Bronzefibeln (Abb. 45 A 1.2), die sich lediglich in Einzelheiten der Verzierung leicht unterscheiden. Die Größe der Fibeln variiert nur im Millimeterbereich; sie sind 4,5 cm (Abb. 45 A 1) bzw. 4,6 cm (Abb. 45 A 2) lang und weisen eine vierfach gewundene Spirale mit innerer Sehne auf. Der Fuß ist kurz vor der Klammer, welche den Fuß mit dem Bügel verbindet, rautenförmig verbreitert. Die eine Fibel ist auf dieser Raute mit zwei verbundenen Kreisaugen verziert, die andere weist drei Kreispunzen auf. Die Bügel haben eine leicht eckige Form und sind im Vergleich zum Fuß deutlich breiter.

---

85 Gebhard 1991.
86 Krämer 1985, 71–91 Taf. 1–26.
87 Hodson 1968.
88 Martin-Kilcher 1981.

Eine ähnliche Verzierungsform findet sich bei einer Fibel aus Grab 6 des böhmischen Gräberfeldes von Radovesice. Aus dem nach Lt B 1 b–Lt B 2 b datierten Grab eines Kindes stammt eine von J. Waldhauser als „Bronzefibel mit schiffchenförmigem Bügel und Miniaturfuß" bezeichnete Fibel,[89] welche zwar nicht dem Mittellatèneschema folgt, aber ebenfalls auf dem verbreiterten Abschnitt des Fußes eine Kreispunzenzier aufweist. Aus Grab 2 von Aarberg ‚Zuckerfabrik', Kt. Bern,[90] stammt eine identische Mittellatènefibel mit äußerer Sehne und einer scheibenförmigen Verbreiterung als Fußzier.

In dem reich ausgestatteten Grab 13 von Giengen befanden sich insgesamt 18 Bronzefibeln (Abb. 48,5–22). 16 davon bildeten Paare und nur zwei hatten kein identisches Gegenstück (Abb. 48,17.18). In vier Fällen waren die Fibelpaare zusammengesteckt, in einem Fall waren es drei Fibeln. Diese drei zusammengesteckten Fibeln sowie ein Fibelpaar waren auf einem dünnen Bronzekettchen zusammen mit Ringperlen aus Bernstein aufgefädelt. Alle Bronzefibeln aus Grab 13 sind unverbrannt ins Grab gelangt.

Das erste Fibelpaar (Abb. 48,5.6) hat eine Länge von 4,1 bzw. 4,5 cm. Die Spirale weist eine vierfache Windung und eine äußere Sehne auf. Der Fuß ist oberhalb des Bügels durch vier vierfach gewundene Spiralen mit äußerer Sehne verziert. Die Verklammerung des Fußes mit dem Bügel erfolgt erst kurz vor der Spirale, somit ist die Verzierung eine Fortsetzung der eigentlichen Spirale.

Den Fibeln mit Spiralfuß widmete K. Peschel 1972 eine Untersuchung.[91] Er unterscheidet drei Typen. Neben einer frühlatènezeitlichen Variante stellt er zwei mittellatènezeitliche Typen heraus, welche sich durch einen einfachen Spiralfuß auf der einen Seite und einen Fuß mit Achterschleifen auf der anderen Seite unterscheiden. Peschel unterscheidet in der ersten der mittellatènezeitlichen Gruppen, zu welcher auch die Giengener Exemplare zu zählen sind, Fibeln mit nur einer Spirale – B1 – und jenen mit bis zu sechs Spiralen – B2. Die Giengener Spiralfibeln gehören mit ihren vier Spiralen der zweiten Gruppe an. Der Autor erwähnt in seiner Arbeit lediglich zwölf Exemplare von acht Fundplätzen, die dieser Gruppe angehören (Abb. 8). Sie stammen aus der Schweiz, aus Mähren, vom Mittelrheingebiet, von der Ostsee und aus Thüringen. Ein Verbreitungsschwerpunkt lässt sich aufgrund der geringen Anzahl der Fibeln nicht mit Sicherheit bestimmen. Im Mittelrheingebiet sind allerdings drei Fundplätze mit Fibeln dieser Art bekannt und an zwei dieser Orte wurden mehr als ein Exemplar gefunden.

Das zweite Fibelpaar (Abb. 48,7.8) hat einen deutlich längeren Fuß, der etwa die Hälfte der Gesamtlänge ausmacht. Verziert ist dieser durch eine nach unten abgeflachte runde Verdickung ca. 1 cm vor der flachen Verklammerung mit dem Bügel. Die Spirale weist eine vierfache Windung auf.

Aus Grab 161 von Münsingen-Rain, Kt. Bern, sind mehrere Fibeln dieser Art überliefert.[92] Allerdings sind die Durchmesser der Halbkugeln größer als bei dem Giengener Exemplar. Suter hat diese Fibeln als einen Typ herausgestellt, der sich durch einen langen Nadelhalter, einen kreissegmentförmigen Bügel und eine halbkreisförmige Fußzier auszeichnet.[93] Der Autor spricht allerdings noch von einer schwach ausgeprägten Befestigungsklammer, welche an den Giengener Exemplaren nicht beobachtet werden kann. Chronologisch sieht Suter diesen Typ 1a in seiner Stufe Lt C1 früh bis mittel.

Das dritte Paar (Abb. 48,9.10) ähnelt im Aufbau dem vorherigen, allerdings hat die Spirale eine innere Sehne, der Fuß ist deutlich kürzer und anstelle der abgeflachten Verdickung ziert eine kleine Kugel den Fuß. Vor und hinter der Kugel ist der Fuß gerippt und auch die flache Klammer weist eine Rippenzier auf. Bei dieser Fibel handelt es sich um eine Form, die im ostkeltischen Raum verbreitet und in Süddeutschland und der Schweiz nicht zu finden ist. Sie kommt unter anderem im Gräberfeld von Malé Kosihy, Slowakei, mit innerer, aber auch mit äußerer Sehne vor.[94]

---

89 Waldhauser 1987, 113.
90 Tanner 1979, 10 ff., Taf. 1.
91 Peschel 1972.
92 Hodson 1968, Taf. 71 f.
93 Suter 1984, 83 f.
94 Bujna 1995, Grab 88, Taf. 12 C; Grab 228, Taf. 28 A.

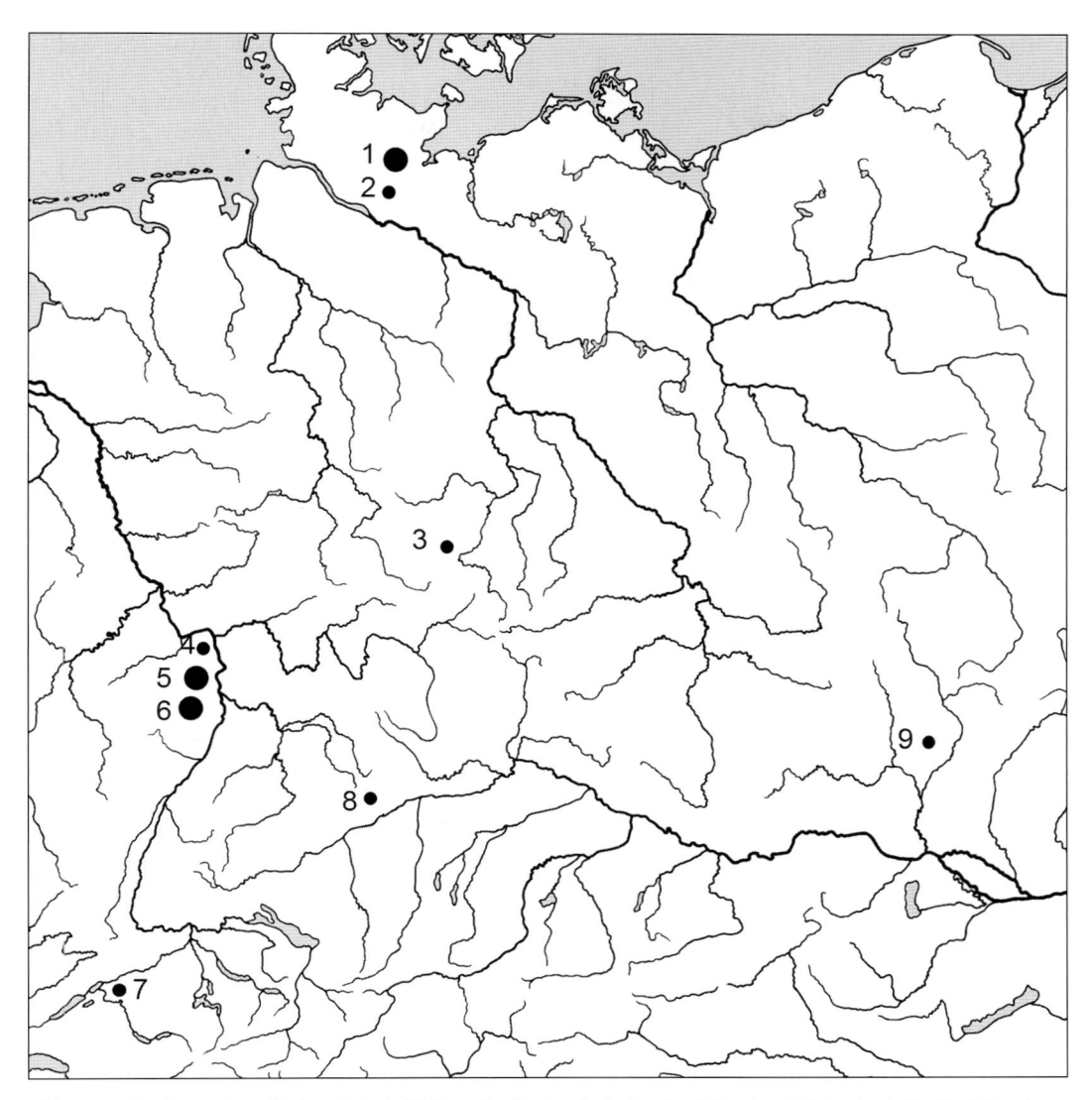

Abb. 8: Verbreitung der Fibeln mit Spiralfuß. – Große Symbole Stückzahl > 1. – 1. Schwissel, Kr. Bad Segeberg, Grab 1841, 2142, einzeln (BEHRENDS 1968, Abb. 17; 83; Taf. 246,2142 b, Taf. 280 A 18 b). – 2. Hammoor, Kr. Stormarn, Grabung 1894, Grab 48 (HINGST 1959, Taf. 123,3). – 3. Sundremda, Kr. Rudolstadt, Am Koschwitzer Weg (DEUBLER 1968, Abb. 1) – 4. Worms, Kr. Worms, Mainzer Str. (STÜMPEL 1967/69, Abb. 1 D 1) – 5. Ludwigshafen, Kr. Ludwigshafen, Gartenstadt, Grab 3 (ENGELS 1967, 64 f.). – 6. Hassloch, Kr. Neustadt an der Weinstraße, Mußbacher Weg, Grab 1900 (ENGELS 1967, 64 f.) – 7. Bern, Engehalbinsel, Reichenbachstr, Grab 7 (TSCHUMI 1953, Abb. 9). – 8. Giengen an der Brenz, Lkr. Heidenheim. – 9: Ponětovice, Bez. Brno (Mähren), Grab (MEDUNA 1961, Abb. 10, 3 [nach PESCHEL 1972, Abb. 10, mit Ergänzungen]).

Das vierte (Abb. 48,11.12) und fünfte Paar (Abb. 48,13.14) sind sich sehr ähnlich. Alle Fibeln haben eine sechsfach gewundene Spirale mit äußerer Sehne und eine vierpassförmige Verbreiterung als Fußzier. Diese Verbreiterung ist bei allen vier Fibeln durch Kreisaugen verziert und zwischen Klammer und Fußzier ist eine Rippung angebracht. Der Unterschied liegt in der Form des Bügels. Das vierte Paar weist einen kreissegmentförmigen Bügel auf, wohingegen das fünfte Paar einen eckigen Bügel zeigt. SUTER sieht die Fibeln mit kreissegmentförmigem Bügel früher als jene mit eckigem Bügel. Beide Formen datiert er in die Stufe Lt C1, allerdings stellt er für das schweizerische Mittelland drei Phasen heraus, welche sich auf die Bügelform und die Anzahl der Spiralen beziehen. In seiner Phase Lt C1 mittel kommen sowohl Fibeln mit kreissegmentförmigem Bügel als auch solche mit eckigem Bügel vor.[95]

Das sechste Fibelpaar (Abb. 48,15.16) und eine der Einzelfibeln (Abb. 48,18) zeigen ebenfalls eine große Ähnlichkeit. Die Spirale ist vierfach gewunden mit äußerer Sehne und als Fußzier ist eine mit Kreisaugen verzierte Kugel aufgeschoben. Bei dem Fibelpaar ist allerdings jedes zweite Kreisauge doppelt, das heißt es sind zwei Kreisaugen direkt nebeneinander gearbeitet. Ein weiterer Unterschied liegt in der Klammer, welche bei dem Paar eine Rippe in Richtung der Spirale aufweist. Diese Verzierungsart kommt auch auf einer Fibel aus Grab 161 von Münsingen-Rain[96] und auf einer Fibel aus Grab 6 von Vechingen-Sinneringen, beide Kanton Bern,[97] vor. Bei der Fibel aus Vechingen laufen die Kreisaugen aber nicht vollständig um die Kugel herum, sondern befinden sich nur auf der Oberseite. Diese Fibeln datiert Suter nach Lt C1 früh bis mittel und ordnet sie seinem Typ 1 zu, den Mittellatènefibeln mit langem Nadelhalter, kreissegmentförmigem Bügel und kugelförmiger Fußzier.

Das siebte Fibelpaar (Abb. 48,19.20) gehört mit einer Länge von 8,58 cm bzw. 9,76 cm zu den großen Fibeln. Die Sehne verläuft außen um die vierfache Spirale herum und eine kleine Verdickung bildet die Fußzier. Die Verbindungsklammer zwischen Fuß und Bügel ist gerippt. Da diese Verzierung nur sehr klein ist, wird sie auf den meisten schlechter erhaltenen Fibeln nicht erkennbar sein, sodass ein direkter Vergleich nicht gefunden werden kann. Der Fuß dieser Fibel ist etwas kürzer als jener der übrigen Fibeln, aber durch seine runde Form datiert er noch in die Stufe Lt C1.

Fibelpaar Nr. 8 (Abb. 48,21.22) ist mit einem profilierten, gekerbten Knoten verziert und hat eine sechsfache Spirale mit äußerer Sehne. Die Verzierung des Knotens wiederholt sich auf der Verbindungsklammer. Nach Suter würden diese Fibeln wieder unter seinen Typ 1 c fallen und somit chronologisch nach Lt C1 früh bis mittel datieren.[98]

Die letzte Bronzefibel aus Grab 13 ist noch einmal eine Einzelfibel (Abb. 48,17) mit einer inneren Sehne zur vierfachen Spirale. Als Fußzier ist bei dieser Fibel eine dreiteilige, knotenförmige Verdickung aufgegossen worden, welche aus einer anderen Legierung als der Rest der Fibel besteht. Eine solche Verdickung bildet auch die Klammer zur Verbindung von Fuß und Bügel.

Dieser Fibeltyp wird bei M. Čižmář als charakteristischer Typ der Übergangsphase LT B2/C1 in Mähren aufgeführt[99] und ist auch auf böhmischen Gräberfeldern verbreitet.[100] J. Filip beschreibt diese Form als „Fibel, die durch plastisch verzierte Wülste gegliedert ist".[101] Er spricht diesen Fibeln einen hohen künstlerischen Wert zu und sieht sie als unmittelbare Fortsetzung der Fibeln mit verziertem kugeligem Schlussstück. In Böhmen findet man die am besten erhaltenen Beispiele für diesen Fibeltyp, was vermutlich auf die Sitte der Brandbestattung zurückzuführen ist; doch auch im Westen, z. B. in der Schweiz, sind sie anzutreffen.[102]

Die detaillierte Betrachtung der Bronzefibeln zeigt, dass sie alle dem Mittellatèneschema folgen und lediglich Variationen im Aufbau und in der Verzierung darstellen. Die Größe der Fibeln variiert zwischen 4,1 cm und 9,76 cm. 15 Fibeln haben eine Spirale mit vierfacher Windung und sechs Fibeln eine mit sechsfacher Windung. Sechs der Fibeln mit vierfach gewundener Spirale besitzen eine innere Sehne, alle anderen eine äußere. H. Polenz stellte bei seiner Betrachtung der Grabfunde aus Dietzenbach, Kr. Offenbach, Fibeln mit innerer Sehne an den Beginn der Spätlatènezeit[103] und auch Gebhard geht für Manching von einer solchen Datierung aus,[104] allerdings haben zahl-

---

95 Suter 1984, 87.
96 Hodson 1968, Taf. 71 u. 72.
97 Tanner 1979, Taf. 87.
98 Suter 1984, 87.
99 Čižmář 1975, 426, Abb. 7.
100 Kruta 1975, 268 Fig. 40,2; 268 Fig. 41,1–4; 270 Fig. 42,1–3.
101 Filip 1956, 110 f.
102 Viollier 1916, Taf. 7,269. – Tschumi 1953, 299 Abb. 184.
103 Polenz 1971, 44.
104 Gebhard 1991, 86 f.

reiche mittellatènezeitliche Grabfunde dies mittlerweile widerlegt und ein Vorkommen bereits in Lt C1 bestätigt. Fibeln mit vierschleifiger Spirale und innerer Sehne sind aus Wederath Grab 1416,[105] München-Obermenzing Grab 16,[106] einem Grabfund von Lenting, Lkr. Ingolstadt,[107] und aus einem Grabfund aus Biel, Kt. Bern,[108] bekannt. Innere Sehnen sind im östlichen Latènebereich, vor allem in Böhmen und Mähren, in der frühen Mittellatènezeit durchaus häufig,[109] während ihr Vorkommen in Süddeutschland und der Schweiz selten ist.[110] Die Form des Bügels ist in den meisten Fällen kreissegmentförmig, nur vier Fibeln weisen eine leicht eckige Bügelform auf.

Die Verzierungen der Fibeln sind sehr variationsreich; sie befinden sich alle auf dem Fuß oder auf der Verklammerung des Fußes mit dem Bügel. Es lassen sich kugelige und flache Verzierungen sowie eine Spiralzier unterscheiden. Die kugeligen Verzierungen reichen von ganz einfachen leichten Verdickungen des Fußes bis zu großen Kugeln mit Kreisaugenzier oder Profilierung. In einem Fall besteht die Verzierung aus drei verbundenen profilierten Knoten. Acht Fibeln haben eine flache Fußzier. Diese besteht zweimal aus einer auf der Unterseite abgeflachten, kleinen Kugel, viermal aus einer vierpassförmigen Verbreiterung mit Kreisaugenzier und in zwei weiteren Fällen aus einer rautenförmigen Verbreiterung, welche ebenfalls mit Kreisaugen verziert ist.

4.6.2 Eisenfibeln

Aus allen Gräbern, bis auf Grab 2, ist mindestens eine Eisenfibel vom Mittellatèneschema überliefert. Insgesamt finden sich 23 Eisenfibeln im Giengener Gräberfeld, von denen 18 soweit erhalten sind, dass eine nähere Aussage über ihre Form getroffen werden kann. Bei den Eisenfibeln ist die Variationsbreite noch größer als bei den Bronzefibeln. Es treten keine Fibelpaare oder völlig identischen Fibeln auf.

Wie bereits erwähnt, sind die Erhaltungsbedingungen in Giengen außerordentlich gut, was in den meisten anderen Gräberfeldern Süddeutschlands und der Schweiz nicht der Fall ist. Gerade die Eisenfibeln sind meist sehr stark korrodiert, sodass außer den häufig vorkommenden kugeligen Fußverzierungen, oft keine anderen Elemente erkennbar sind. Alle typologischen und chronologischen Betrachtungen stützen sich somit auch ausschließlich auf die Form der Fibeln.[111]

Der größte Teil der Giengener Eisenfibeln entspricht Gebhards Gruppe 15, das heißt, es handelt sich um große Fibeln mit kräftigem, kreissegmentförmigem Bügel.[112] Aufgrund der variationsreichen Verzierungen, für die es zum Teil Vergleiche aus anderen Gräbern gibt, werden alle Fibeln im Folgenden näher beschrieben.

Aus Grab 1 ist eine vollständige Eisenfibel erhalten (Abb. 31,1), sie ist 19,23 cm lang, hat eine vierfache Spirale und als Fußzier eine kleine Kugel. Der Fuß wird durch ein Band mit zwei Rillen am kreissegmentförmigen Bügel befestigt. Die Sehne liegt, wie bei allen Eisenfibeln, außen.

Grab 3 wies eine Fibel auf, die mit mehreren kleinen Kugel verziert ist (Abb. 34,3). Auf dem Fuß und dem Bügel befinden sich identische gerippte Knoten und den Abschluss der Nadelrast bildet ein ähnlicher, allerdings wesentlich kleinerer Knoten. Der kreissegmentförmige Bügel verbreitert sich leicht in Richtung der vierfachen Spirale. Insgesamt hat die Fibel eine Länge von 16,1 cm.

Eine der Fibeln aus Grab 4 ist nicht vollständig erhalten (Abb. 35,1), es fehlt ein Großteil des Fußes. Als Bügelzier trägt die Fibel zwei hintereinander sitzende profilierte Knoten. Die Verzierung

---

105 Husty 1989.
106 Krämer 1985, 122 f. Taf. 61,3.
107 Bayer. Vorgeschbl. 21, 1956, 243 f. mit Abb. 48,11.13.
108 Polenz 1982, Abb. 3,7–9.
109 Filip 1956, 113 Abb. 34,5.6; 133 Abb. 41,4. – Benadik et al. 1957, Taf. 2,4; 4,7–10;15,17.18 u. a. – Hunyady 1942, Taf. 21,2.3.8–10.16; 22,1.
110 Polenz 1982, 104.
111 Vgl. Suter 1984, 83 ff. – Gebhard 1991, 80 ff.
112 Gebhard 1991, 17, Abb. 5.

befindet sich nur auf der Oberseite der Knoten und wird von einer Art Kreisaugen gebildet. Die Form des Bügels ist nicht eindeutig zu bestimmen, da die Fibel insgesamt durch die Einwirkung des Feuers stark verbogen ist.

Das Männergrab 7 weist mit vier Exemplaren die meisten Eisenfibeln auf. Alle Fibeln sind sehr aufwändig verziert und drei sind beinahe 20 cm groß. Lediglich das letzte Exemplar ist mit 11 cm etwas kleiner (Abb. 41,1). Diese Fibel trägt auf dem Fuß einen Knoten mit Spiralmusterverzierung, dessen Verzierung sich auch auf den zwei Knotenpaaren des Bügels wiederfindet. Einer dieser Knoten dient als Klammer zwischen dem Bügel und dem Fuß. Eine weitere plastische Verzierung ist am bügelwärtigen Ende der Nadelrast. Sogar die äußere Windung der Spirale sowie die äußere Sehne sind durch Ritzungen verziert.

Eine Verzierung der äußeren Spiralwindung findet sich auch auf der größten Fibel dieses Grabes (Abb. 42,1). In diesem Fall handelt es sich um eine tropfenförmige Punzzier, die sich auch auf dem Bügel und dem Fuß wiederfindet. Den Fuß zieren weiterhin eine große Kugel mit Achterschleifenzier auf der Oberseite sowie zwei rechteckige Platten mit kleinen Nietlöchern in der Mitte. Die Vermutung liegt nahe, dass diese Rechtecke mit Koralleneinlagen verziert waren, welche vermutlich auch auf der Schwertscheide aus diesem Grab zu finden waren. Aus einem Brandgrab aus Thauernhausen, Lkr. Traunstein in Bayern, stammen zwei Fibeln, die eine ganz ähnliche Verzierung der Spirale und des Bügels aufweisen.[113] Auch die Verzierung der Kugeln auf dem Fuß der einen Fibel entspricht jenen auf der Kugel des Giengener Grabes.

Die beiden letzten Fibeln dieses Grabes besitzen ebenfalls eine sehr interessante Verzierung. Die eine zeigt einen gekerbten Bügel, welcher über die gesamte Länge in einen unteren und zwei obere Teile gegliedert ist (Abb. 41,2). Auf dem Fuß befindet sich ein einfacher, unverzierter Knoten und die Klammer wird ebenfalls, wie bei der 11 cm großen Fibel (Abb. 41,1), von einem einfachen Band gebildet. Ein Vergleichsfund für einen dreigeteilten, gekerbten Bügel stammt aus Blučina in Mähren.[114]

Die andere Fibel (Abb. 41,3) hat je einen plastisch verzierten Knoten auf dem Fuß und auf dem Bügel. Der Knoten auf dem Bügel weist eine Spiralmusterzier und jener auf dem Fuß auf der Oberseite drei kleine aufgegossene Kügelchen flankiert von Punzzier auf.

Die letzte Fibel dieser Gruppe 15 nach Gebhard stammt aus Grab 9 (Abb. 44 A 1). Sie weist eine Kugel als Fußzier und als Verbindungsklammer auf.

Die zweite Fibel dieses Grabes (Abb. 44 A 2) fällt nach Gebhard aufgrund ihres rechteckigen Bügels in die Gruppe 14.[115] Von A. Bieger wird diese Fibel in das Schema A2 der Kugelfibeln eingeordnet.[116] Dieses Schema zeichnet sich durch mindestens zwei Kugeln aus, von denen eine als Fußzier dient und die zweite die Verbindungsklammer zwischen Fuß und Bügel darstellt. Bieger stellt auf einer Karte heraus, dass es deutliche Schwerpunkte bzw. fundleere Gebiete für die Verbreitung des Schemas A2 gibt.[117] Ein deutlicher Schwerpunkt liegt im östlichen Nordeuropa, was Kostrzewski zu der Aussage verleitete, von einer ostgermanischen Form zu sprechen.[118] Weitere Schwerpunkte liegen im Bereich Mitteleuropas und des nördlichen Alpenvorlandes. Durch Biegers Untersuchungen wird deutlich, dass in Böhmen, Mähren und Pannonien ausschließlich Fibeln des Schemas A2 vorkommen. Chronologisch ordnet Bieger diese Fibelform in die zweite Phase von Lt C1 (Lt C1b), bis zu dem Beginn von Lt C2.

Eine weitere Fibel der Gruppe 14 nach Gebhard ist die zweite Fibel aus Grab 4 (Abb. 35,2), welche bis auf das letzte Stück des Fußes komplett erhalten ist. Die Spirale ist vierfach gewunden und der Fuß trägt eine große Kugel als Zier. Eingefasst ist die Kugel auf jeder Seite durch drei Rippen, die

---

113 Krämer 1985, Kat. 70 Taf. 63 D 8.8.
114 Dudík 1854, Abb. 9.
115 Gebhard 1991, 15 ff., Abb. 5.
116 Bieger 2003, 144. Allerdings ordnet Bieger die Fibel dem Grab 10 zu, jedoch handelt es sich eindeutig um eine Fibel aus Grab 8.
117 Vgl. Bieger 2003, Karte 7 mit Liste 5.
118 Kostrzewski 1919, 26.

um den aufgebogenen Fuß herumlaufen. Am Beginn der Nadelrast wiederholt sich diese Verzierung, allerdings befinden sich dort nur zwei Rippen. Der Bügel hat eine eckige, fast rechtwinklige Form und verbreitert sich leicht zur Mitte, wo eine Kugel die Verbindung zwischen Fuß und Bügel bildet.

In Grab 8 befanden sich ausschließlich zwei Eisenfibeln mit rechteckigem Bügel und einer achtfachen (Abb. 44 B 1) bzw. einer zehnfachen Spiralwindung (Abb. 44 B 2), welche ebenfalls zur Gruppe 14 zu zählen sind. Eine dieser Fibeln weist eine äußerst reiche Bügelzier auf (Abb. 44 B 2). Zwischen der Kugel, der Verklammerung und der Spirale befindet sich eine plastische Verzierung, die in Richtung Spirale breiter wird. Dieses Element besteht aus drei unterschiedlich großen Verdickungen, von denen die letzte vor der Spirale durch eine umlaufende Kerbe verziert ist. Der Fuß weist eine unverzierte, seitlich abgeflachte Kugel als Zier auf, welche auf beiden Seiten von Rippen flankiert ist. Auf der bügelwärtigen Seite sind diese Rippen getreppt angeordnet, was sich vor der Verklammerung noch einmal wiederholt.

Die zweite Fibel des Grabes (Abb. 44 B 1) weist ebenfalls einen zur Spirale verbreiterten Bügel auf, allerdings ist dieser unverziert. Der Fuß zeigt jedoch eine runde Scheibe als Fußzier, welche von je einer Rippe eingerahmt wird. Die Klammer bildet ein seitlich gerippter Knoten. Eine solche Scheibenverzierung auf dem Fuß findet sich auch an einer Fibel aus Bežice Grab 49. Der einzige Unterschied besteht darin, dass in Bežice auch eine Scheibe als Verbindung zwischen Fuß und Bügel dient.[119]

Aus Grab 12 sind zwei Eisenfibeln überliefert. Bei einer (Abb. 47,6) handelt es sich um eine einfache Form mit rechteckigem Bügel, sechsfach gewundener Spirale und einem abgeflachten Knoten als Fußzier. Die Fuß-Bügel-Verbindung wird von einer unverzierten Klammer gebildet. Der Bügel weist sie als weitere Fibel dieser Gruppe 14 aus.

Die zweite Fibel dieses Grabes ist zwar nicht vollständig erhalten und lässt sich deswegen auch keiner Gruppe nach GEBHARD zuweisen, stellt aber ein sehr interessantes Exemplar dar (Abb. 47,5). Erhalten ist nur der obere Teil der Fibel, also die Fußzier, die Klammer zwischen Fuß und Bügel sowie die Bügelzier. Die Klammer wird von einer unverzierten Kugel gebildet, welche auf der Seite des Fußes sowie auf der Seite des Bügels von einer flachen Scheibe begleitet wird. Diese Scheiben weisen Aussparungen auf, und in der Mitte befindet sich ein Nietloch. Vermutlich wurde diese Fibel ähnlich wie das Exemplar aus Grab 7 mit Koralleneinlagen verziert.

J. FILIP spricht in seiner Einteilung der Mittellatènefibeln von „Scheibenfibeln vom Mittellatèneschema mit einem oder mehreren, manchmal auch für Einlagen zugerichtete Aufsätzen."[120] Um eine solche Fibel dürfte es sich bei dem Giengener Fragment handeln.

FILIP führt als westliche Beispiele Stücke aus Manching-Steinbichel Grab 9[121] und aus Langendiebach, Main-Kinzig-Kreis[122] an, welche dem Giengener Exemplar zwar nur bezüglich der Scheibe ähneln, aber wohl zu einem Typ gehören dürften. Das Verbreitungsgebiet reicht vom Donaubecken über den Ostalpenraum bis ins Rheinland. Bei diesem weiträumigen Vorkommen ist die Zahl der Fibeln jedoch sehr gering, sodass von keinem Verbreitungsschwerpunkt gesprochen werden kann. Ein Exemplar, welches jener Fibel aus Giengen sehr ähnlich sieht, stammt aus Casalecchio di Reno, Zone „A", Struktur 2.[123]

Aus dem reichen Frauengrab 13, welches mit zahlreichen Bronzefibeln ausgestattet war, liegen zwei Eisenfibeln vor. Die eine Fibel (Abb. 48,3) ist nicht vollständig erhalten. Von ihr fehlt der Fuß gänzlich und die Nadelrast ist nur in einem kleinen Fragment vorhanden. Die Spirale ist achtschleifig und der Bügel rechteckig. Zur Spirale hin verbreitert sich der Bügel und ist ab der Verklammerung gerippt. Unmittelbar vor der Nadelrast weist der Bügel eine leichte Verdickung auf. Diese Fibel

---

119 GUŠTIN 1984, Abb. 18,4.
120 FILIP 1956, 108.
121 KRÄMER 1985, 76 Taf. 2,5.
122 FILIP 1956, 111 Abb. 33.
123 LEJARS 2006, 84 Abb. 3.

Grab	Katalog-Nr.	Material	Größe	Sehne innen	Sehne außen	Spirale Anzahl	Spirale verziert	Bügel eckig	Bügel rund	Verzierung Kugel, profiliert	Verzierung Verbreiterung	Verzierung Einlage	Verzierung Kerben	Verzierung Punzen
1	8	Fe	XL		x	2			x					
3	7	Fe	XL		x	2			x	x	x			
4	1	Fe	XL		x	2		x						
4	2	Fe	XL		x	2			x	2				
6	7	Fe			x	3								
7	9	Fe	XL		x	2	x		x					x
7	10	Fe	XL		x	2			x				x	
7	11	Fe	L		x	2	x		x	4				
7	12	Fe	XL		x	2			x	x				
8	1	Fe	L		x	4		x			x			
8	2	Fe	L		x	5		x			x			
9	6	Fe	L		x	2		x						
9	7	Fe	L		x	2			x					
10	8	Fe			x	4		x			x			
11	2+3	Bz	S	x		2		x						
12	6	Fe	L		x	3		x						
12	7	Fe										x		
13	2	Fe			x	4		x			x		x	
13	4	Fe	S		x	3			x					
13	15+16	Bz	M		x	3			x					
13	17+18	Bz	S		x	2			x					
13	19+20	Bz	M		x	3			x					
13	21+22	Bz	M		x	3		x						
13	23+24	Bz	M		x	2			x					
13	25+26	Bz	S+M	x		2			x					
13	27+28	Bz	S+M		x	2			x					
13	29	Bz	M		x	2			x					
13	30	Bz	M	x		2			x	x				
13	1+32	Bz	M		x	2			x					

Tab. 4: Fibelmerkmale (Größe: S = < 5 cm, M = 5–10 cm, L = 10–15 cm, XL = > 15 cm).

unterscheidet sich von den vorher besprochenen der Gruppe 14 durch ihren höheren Bügel, welcher sie der Gruppe 13 nach GEBHARD zuweist.[124]

Bei der zweiten Fibel dieses Grabes (Abb. 48,1) handelt es sich mit 31,8 mm Länge um die kleinste Eisenfibel aus Giengen. Der Fuß dieser Fibel ist zwar nicht ganz erhalten, aber da die Nadelrast vollständig überliefert ist, kann die Größe der Fibel gut rekonstruiert werden. Als Verzierung ist auf dem Fuß eine kleine Kugel erhalten und verbunden sind Fuß und Bügel durch eine unverzierte Klammer. GEBHARD fasst in seiner Gruppe 23 „kleine MLT-Eisenfibeln mit rechteckigem oder gewölbtem Bügel und breiter Spirale" zusammen.[125] Die Breite der Spirale variiert zwischen

---

124 GEBHARD 1991, 13, Abb. 5.
125 Ebd. 22.

Fuß										Verbindung		Nadelrast	
				Verzierung									
lang	kurz	Kugel profiliert	Kugel unverziert	Scheibe	Prof.	Spiralen	Einlage	flach	Punzen	Kugel	Klammer	verziert	unverziert
	x		x								x		x
	x	2									x		x
	x		x	x						x		x	
											x		
			x								x		
	x	x					x		x		x		x
	x		x								x	x	
	x	x								x		x	
	x	x								x		x	
x				x	x					x			x
	x		x	x						x		x	
x			x							x			x
			x							x			x
			x								x		
x							x	x		x			x
	x		x	x						x			x
							x			x			
											x		
			x								x		
x		x									x		x
x						x					x		x
x					x			x	x		x		x
	x				x			x	x		x		x
	x	x									x		x
	x		x	x							x		x
x							x				x		x
x		x									x		x
		x	x							x			x
			x								x		x
		x	x								x		x
			x								x		x

sechsfachen bis 27-fachen Windungen und die Größe der Fibeln reicht von 20 mm bis 40 mm. Die Giengener Fibel mit ihrer Größe von 31,8 mm und ihrer sechsfach gewundenen Spirale lässt sich somit in diese Gruppe einordnen.

Aus Grab 6 ist eine sehr schlecht erhaltene Eisenfibel überliefert (Abb. 38,5), deren Form aber zum Teil trotzdem rekonstruiert werden kann. Teile des Bügels und der gesamte untere Teil der Fibel haben sich nicht erhalten. Dem Fuß ist eine Kugel als Zierde aufgeschoben und die Verbindungsklammer besteht aus einem unverzierten Band. Die Spirale ist sechsfach gewunden. Erkennbar ist, dass der Bügel ab der Verbindungsklammer des Fußes einen stark verbreiterten Querschnitt hat. Möglicherweise handelt es sich um eine Mötschwiler Fibel. Dieser Fibeltyp wurde in der Regel aus Bronze hergestellt, eiserne Exemplare sind hingegen selten. Mötschwiler Fibeln sind im Schweizer Mittelland, in Bayern sowie im östlichen Latèneraum verbreitet, einzelne Exemplare stammen aber

Abb. 9: Giengen an der Brenz, Lkr. Heidenheim. – Glasarmring aus Grab 11.

auch aus Hessen und dem Rheinland.[126] In Manching sind bisher ausschließlich bronzene Exemplare vertreten, die Gebhard nach Lt C2 datiert.[127]

Die Fibelfragmente des Grabes 10 lassen sich keiner Gruppe nach Gebhard zuweisen. Eine der Fibeln ist aber soweit erhalten, dass eine Aussage zu ihrer Form getroffen werden kann (Abb. 46,8). Der Bügel ist rechteckig und zur achtfach gewundenen Spirale leicht verbreitert. Eine große Kugel ist auf dem Fuß als Zier aufgesetzt, welcher mit einer Klammer am Bügel befestigt ist. Durch den verbreiterten Bügel ist eine gewisse Ähnlichkeit zu der Fibel aus Grab 6 zu erkennen.

Auffallend ist, dass die Eisenfibeln bis auf das eine Exemplar aus Grab 13 deutlich größer sind als die Bronzefibeln, was auf ihre Verwendung als Verschluss von dicken (Woll-)Mänteln zurückzuführen ist. Die Länge der Fibeln variiert zwischen 11 cm und 19,23 cm. Die Spiralen haben alle eine äußere Sehne und die Anzahl der Windungen reichen von vierfach bis zehnfach. Der Schwerpunkt liegt aber auf der vierfach gewundenen Spirale, die sechsfache und achtfache kommen nur dreimal vor; die zehnfache ist nur einmal zu beobachten.

Alle Fibeln haben als Zier eine Kugel oder einen Knoten, sei es als Fußzier, als Bügelzier oder als Verbindungsklammer. Diese Knoten sind in zehn Fällen unverziert und in fünf Fällen mit einem plastischen Ornament versehen. Zu dieser Knotenzier tauchen weitere Zierelemente auf, wie z. B. Scheiben, Ritzungen, Punzen, Rippen, Koralleneinlagen und einfache Verdickungen.

Im Unterschied zu den Bronzefibeln wurde bei den Eisenfibeln auch der Bügel als Zierfläche genutzt. Die einfachste Art der Bügelzier ist die Verbreiterung in Richtung der Spirale, was bei fünf Exemplaren zu beobachten ist. Bei einer Fibel kommt zu dieser Verbreiterung eine Rippung des Bügels ab der Verklammerung hinzu (Abb. 48,3), bei einem anderen Exemplar erfolgt diese Verbreiterung über plastische Elemente (Abb. 44 B 2). Diese Einbeziehung des Bügels in die Verzierung der Fibeln ist allerdings nur bei den Exemplaren mit rechteckigem Bügel sowie mit mehr als zwei Spiralwindungen festzustellen.

Die Nutzung der Spirale als verzierendes Element, das ebenfalls ausschließlich bei den Eisenfibeln zu beobachten ist, kommt nur bei zwei Fibeln (Abb. 41,1; 42,2) mit vierfacher Spirale und kreissegmentförmigem Bügel vor.

Gebhards Gruppen 13–15 lassen sich in den älteren Abschnitt der Stufe Lt C datieren. Gruppe 13 tritt bereits in Gräbern der Stufe Lt B2 auf und läuft in einer entwickelten Form bis an den Übergang

---

126 Schrickel 2004, 11.
127 Gebhard 1991, 87.

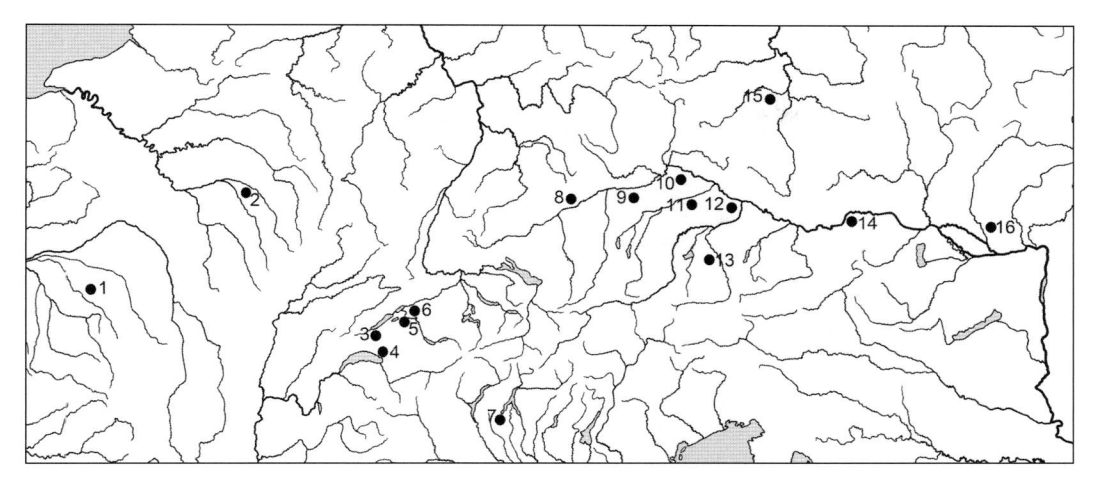

Abb. 10: Verbreitungskarte der hellgrünen Armringe mit geknoteter Mittelrippe. – 1. Levroux (Indre), Frankreich. – 2. Saint-Benoit-sur-Seine (Troyes), Frankreich. – 3. Echallens, Kt. Waadt, Schweiz. – 4. Vevey, Kt. Vaud, Schweiz. – 5. Bösingen-Noflen, Kt. Fribourg, Schweiz. – 6. Bern, Schweiz. – 7. Rondineto (com. Breccia, prov. Como), Italien. – 8. Giengen an der Brenz, Lkr. Heidenheim. – 9. Manching-Steinbichel, Lkr. Ingolstadt. – 10. Straubing-Alburg. – 11. Hofham, Lkr. Landshut. – 12. Sulzbach am Inn, Lkr. Passau. – 13. Dürrnberg, Hallein, Österreich. – 14. Großsierning, St. Pölten, Österreich. – 15. Stradonice, Tschechische Republik. – 16. Palárikovo, Slowakei (nach WAGNER 2006, Karte 30 mit Ergänzungen).

zu Lt C2 weiter.[128] Auch Gruppe 15 lässt sich nicht eindeutig von Fibeln der Stufe Lt B2 abgrenzen und ist in zwei Gräbern des Südbayerischen Raums belegt.[129] Fibeln der Gruppe 23 treten sowohl in Lt C1-zeitlichen Gräbern auf als auch in solchen, die nach LT C2 datieren.[130]

4.7 Armringe

Aus dem Giengener Gräberfeld sind acht Armringe erhalten, von denen einer aus Glas, drei aus Bronze und vier aus Eisen bestehen. Einer der Eisenringe stammt aus dem Männergrab 6, alle anderen Armringe waren Teile der Frauentracht.

4.7.1 Glasarmringe

Der einzige vollständig erhaltene Glasarmring von Giengen stammt aus Grab 11 (Abb. 9; 45 A 3). Es handelt sich um einen blaugrünen Armring, auf dessen Außenseite sich eine dunkelblaue zickzackförmige Fadenauflage befindet. Der helle Kern des Rings ist in drei Rippen gegliedert, wobei die mittlere plastisch bearbeitet wurde, sodass der Eindruck entsteht, diese Rippe sei geknotet. Der Giengener Glasarmring lässt sich in die Farbgruppe 29 „Einzelform 56" nach GEBHARD[131] einordnen. Charakteristisch für diese Gruppe ist die dreirippige Form und die geknotete Mittelrippe. GEBHARDS Einzelform 56 setzt sich aus drei Armringen aus Bayern und zwei Exemplaren aus der Schweiz zusammen. Die bayerischen Funde stammen aus Straubing-Alburg Grab 4,[132] Manching-Steinbichel

---

128 GEBHARD 1991, 81.
129 Ebd.: Manching-Steinbichel Grab 24, Manching-Hundsrucken Grab 11.
130 Ebd. 86.
131 GEBHARD 1989, 221 Taf. 28.
132 KRÄMER 1985, 152 Taf. 126.

Grab 33[133] und Hofham[134]. Jene aus der Schweiz wurden in Grab 1 aus Echallens, Kt. Waadt,[135] und in einem Grab aus Bösingen-Noflen, Kt. Fribourg,[136] gefunden.

Die Einzelformen nach GEBHARD beziehen sich auf Armringe, welche sich nicht in seine Reihen eingliedern lassen. Häufig handelt es sich um Spielarten gängiger Formen oder um Fremdformen; von Letzterem geht der Autor bei „Einzelform 56" aus.[137]

Nach M. KARWOWSKI ist der Giengener Armring in die von HAEVERNICK übernommene Gruppe 5b einzuordnen. Auch im Bereich Ostösterreichs ist diese Armringform sehr selten. Der Autor nennt nur ein Exemplar aus Großsierning, Verwaltungsbezirk St. Pölten.[138] H. WAGNER führt in seiner Dissertation weitere Armringe dieses Typs aus ganz Europa auf.

Die Verbreitungskarte (Abb. 10) zeigt, dass die Gruppe der grünlichen oder hellblauen Armringe mit drei Rippen und Fadennetzauflage von Frankreich bis Böhmen vorkommt, sich aber keine Schwerpunkte abzeichnen. Die hellgrüne Farbe legt eine Datierung in die frühe Phase Lt C1 nahe.[139] Aus den Gräbern 2 und 13 sind zerschmolzene Glasreste erhalten, bei welchen es sich eventuell ebenfalls um Glasarmringe gehandelt haben könnte. Das Fragment aus Grab 2 ist leicht blaugrün, ähnlich dem Armring aus Grab 11. Das Fragment aus Grab 13 ist hingegen von tiefblauer Farbe und hat eine längliche Form. Da die Funde dem Totenfeuer ausgesetzt waren, kann die genaue Form nicht mehr festgestellt werden.

Erstaunlich ist an dem Fragment aus Grab 2, dass es sich bei diesem Grab um ein Männergrab handelt, welches sich durch die beigegebenen Waffen auszeichnet. Glasarmringe sind eigentlich typische Bestandteile der Frauengräber und in Männergräbern nicht vertreten. Somit wäre gerade bei diesem Grab 2 eine Untersuchung des Leichenbrandes von großer Bedeutung, um eine eindeutige Zuweisung zu einem Geschlecht treffen zu können. Möglicherweise handelte es sich um eine Doppelbestattung.

4.7.2 Rosettenarmring

Aus Grab 4 ist ein 5 cm langes Stück eines eisernen Rosettenarmrings erhalten (Abb. 35,8). Charakteristisch für diese Armringe ist die Verzierung durch plastische Rosetten an der Außenseite. Der Giengener Armring ist mit Dreierknotengruppen verziert, wovon der mittlere Knoten der größte ist. Zwischen diesen Gruppen befinden sich einzelne kleinere Rosetten. Hergestellt ist er aus massivem Eisen. A. BICK nimmt an, dass die Vertiefungen, welche sich auf den Rosetten befinden, ehemals mit Email oder ähnlichem bestückt waren.[140]

J. FILIP vermutet, dass es sich bei den eisernen Rosettenarmringe um Imitation bronzener Armringe handelt, welche in einer größeren Variation vorliegen.[141]

Rosettenarmringe aus Eisen sind von der Slowakei über die Tschechische Republik bis nach Bayern und Baden-Württemberg verbreitet (Abb. 11).

Der Aufbau der Rosetten ist bei allen Armringen sehr unterschiedlich, lediglich die Vertiefungen in der Knotenzier ist bei allen Exemplaren identisch.

GEBHARD ordnete die Rosettenarmringe in seinen Manchinger Horizont 5 ein, also in die Stufe Lt B2b, jedoch reichen die eisernen Exemplare auch noch in die Stufe Lt C in Bayern.[142] J. WALDHAUSER datiert die Armringe in Böhmen vom Ende der Stufe Lt B2a bis an den Beginn der Stufe Lt C1a.[143]

---

133 KRÄMER 1985.
134 Ebd. 142 Taf. 76 A.
135 TROYON 1860, 478 Taf. 17,7.
136 Jahrb. SGU 61, 1978, 181 Abb. 30.
137 GEBHARD 1989, 21.
138 KARWOWSKI 2001, 20, Taf. 7,087 u. 83,097.
139 GEBHARD 1989, 128. – WAGNER 2006, 96. – KARWOWSKI 2001, 65.
140 BICK 2007, 177.

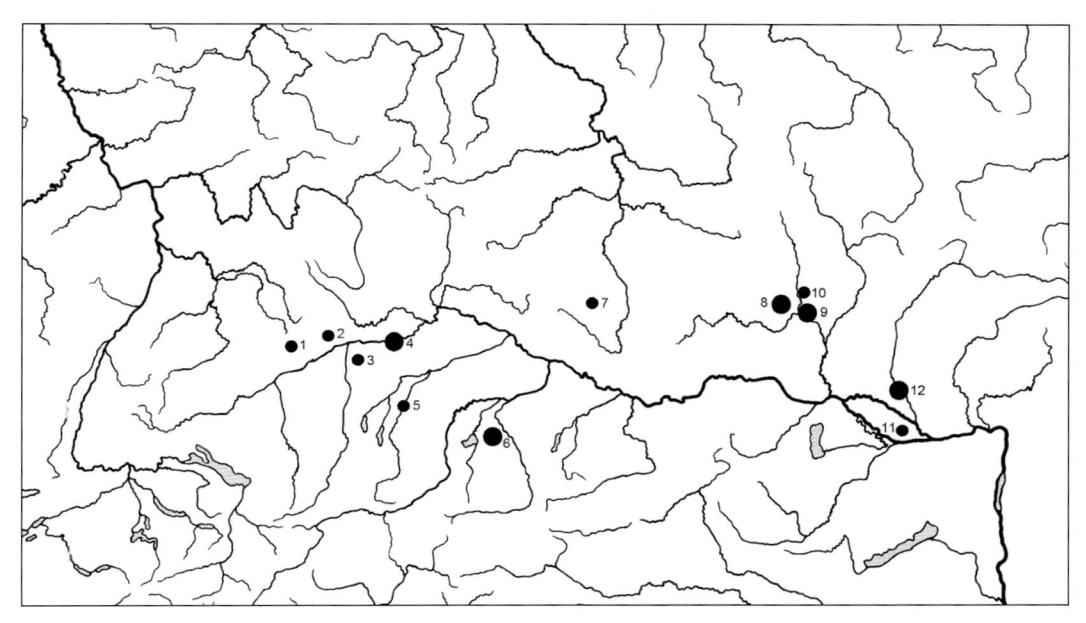

Abb. 11: Verbreitungskarte der eisernen Rosettenarmringe. – 1. Giengen an der Brenz, Lkr. Heidenheim. – 2. Harburg (Schwaben)-Heroldingen, ‚Kalbläcker', Lkr. Donau-Ries. – 3. Thierhaupten, Lkr. Augsburg. – 4. Manching, Oppidum, Lkr. Pfaffenhofen a. d. Ilm. – 5. Aschheim-Dornach, Lkr. München, Brandgrab. – 6. Nußdorf, Lkr. Traunstein. – 7. Modlešovice (Strakonice), Tschechische Republik. – 8. Ponětovice (Brno), Tschechische Republik. – 9. Křenovice (Vyškov), Grab l, XVI und XVII, Brandplatz I, Tschechische Republik. – 10. Brno-Maloměřice, Grab 52, Tschechische Republik. – 11. Holiare, Brandgrab 722, Slowakei. – 12. Horný Jatov, Grab 549, Skelettgräber 233 und 564, Slowakei (nach BICK 2007, mit Ergänzungen).

4.7.3 Hohlblecharmringe

Aus Grab 4 stammt ein weiteres Fragment eines Armrings (Abb. 35,9), welcher aus Eisenblech besteht.[144] Die Außenseite dieses sehr dünnen Hohlblechrings war mit leicht hervortretenden Buckeln in Zweiergruppen profiliert. Aufgrund der geringen Größe des erhaltenen Fragments ist eine genaue Formzuweisung nicht möglich.

Aus dem Männergrab 6 stammt ebenfalls ein eiserner Hohlblecharmring (Abb. 38,4), welcher bis auf die Enden vollständig erhalten ist. Aufgrund der Einwirkung des Feuers ist der Armring allerdings stark verbogen. Bis auf einen schwach ausgeprägten Mittelgrat ist der Armring unverziert.

Es gibt zwei Möglichkeiten, wie ein solcher Hohlblecharmring aufgebaut war. Ein Brandgrab aus Frankfurt-Fechenheim brachte einen bronzenen Hohlblecharmring zutage, welcher über einem Exemplar aus Eisen gearbeitet wurde.[145] In diesem Fall diente der Eisenhohlblechring als Futter für den bronzenen Armring. Aus Steinheim, Kr. Offenbach, stammt hingegen ein eiserner Hohlblecharmring, welcher über einen Tonkern gezogen wurde,[146] was für das Tragen dieses Ringes als Schmuckstück sprechen würde.

---

141 FILIP 1956, 138.
142 Brandgrab von Aschheim-Dornach, Lkr. München: IRLINGER/WINGHART 1999, 84; 87 Abb. 8. – Brandgrab 2 von Thierhaupten, Lkr. Augsburg: Zeitschr. Hist. Ver. Schwaben 77, 1983, 41 Abb. 10.
143 WALDHAUSER 1987, 36, Abb. 4.
144 Auf der Zeichnung nicht eindeutig als Hohlblecharmring zu erkennen. Vgl. Katalog.
145 SCHÖNBERGER 1952, Taf. 7,12.
146 Ebd. 128 Taf. 3,45.

Der Giengener Armring aus Grab 4 ist mit Sicherheit als Schmuckstück getragen worden, allein seine verzierte Außenseite deutet darauf hin. Bei dem Exemplar aus Grab 6 kann dies nicht mit Gewissheit gesagt werden, da dieser Armring unverziert ist. Einen Hinweis auf einen Kern oder einen bronzenen Hohlblechring lassen sich aber nicht finden.

4.7.4 Armringe mit übergreifenden Enden

Aus Grab 13 stammen gleich vier Armringe, von denen drei aus Bronze und einer aus Eisen bestehen. Bei dem eisernen Armring (Abb. 49, 3) handelt es sich um einen massiven Armring mit übereinandergreifenden Enden, von denen nur eins erhalten ist. Das Ende verjüngt sich und weist eine Rippung auf. Der Querschnitt des Armrings ist rund.

Zwei der bronzenen Armringe haben eine ähnliche Form. Das eine Exemplar (Abb. 49,1) ist ebenfalls rundstabig und weist eine Rippung an den verjüngten Enden auf. Der Armring ist offen, was sich aber möglicherweise dadurch erklären lässt, dass der Armring zum Ablegen auseinandergebogen werden musste. Diese Vermutung wird dadurch gestützt, dass der Armring bereits alt in zwei Teile gebrochen war. Das zweite Exemplar (Abb. 49,2) hat einen spitzovalen Querschnitt und übereinander greifende Enden, welche allerdings keine Rippung aufweisen.

Die Giengener Armringe mit übergreifenden Enden ähneln Spiralarmringen mit mindestens zwei Windungen, welche in Gräbern der Mittellatènezeit häufig anzutreffen sind. Diese Armringe kommen ebenfalls mit oder ohne Rippung an den verjüngten Enden vor.

Aus Manching sind insgesamt fünf vollständige Spiralarmringe und 13 Fragmente von solchen erhalten.[147] D. van Endert unterscheidet bei den Armringen mit gestalteten Enden zwei Gruppen. Zum einen jene mit kolbenartig verdickten Enden, umlaufenden Profilierungen und Rillen, und zum anderen jene mit sich verjüngenden und nur auf der Oberseite leicht profilierten Enden. Sie datiert die Spiralarmringe mit verjüngenden Enden ab der Phase Lt C2.

Da die Giengener Armringe keine vollständigen Windungen aufweisen, wird es sich vermutlich um eine Vorform der eigentlichen Spiralarmringe handeln. Auch die übrigen Beigaben des Grabes weisen in eine frühere Phase der Mittellatènezeit.

Als Letztes ist ein rundstabiger Bronzedraht (Abb. 49,4) zu erwähnen, der aufgrund seiner Krümmung wohl auch als Armring anzusprechen ist. Genaueres kann zur Form des Armrings nicht gesagt werden.

4.8 *Hohlbuckelringe*

Aus Grab 13 sind zwei fast identische Hohlbuckelringe aus Bronze erhalten (Abb. 49,5.6). Sie bestehen aus sieben Buckeln mit kurzen Zwischenstegen. Zwei dieser Buckel dienten als Verschluss, indem sich auf der einen Seite ein Scharnier und auf der anderen Seite ein Steckverschluss befand. Die Außenseite ist glatt poliert und weitgehend unverziert. Lediglich halbkreisförmige Linien verzieren die Buckel seitlich. Die Innenseiten der Hohlbuckelringe sind noch rau und scharfkantig vom Guss. Beim Auffinden der Ringe befand sich in den Hohlbuckeln eine heute weißliche, geschichtete Masse, bei der es sich um die Überreste einer Lederfütterung gehandelt haben dürfte.

Hohlbuckelringe sind im Bereich Mitteleuropas in der Latènezeit weit verbreitet (Abb. 12). In Frankreich sowie in Südwestdeutschland sind sie nur vereinzelt vertreten, wohingegen sie im Bereich der Schweiz, Bayerns, Österreichs und den angrenzenden östlichen Ländern sehr zahlreich sind. Die größte Anzahl der Hohlbuckelringe stammt allerdings aus Böhmen.[148]

---

147 van Endert 1991, 9 ff.
148 Schaaff 1972.

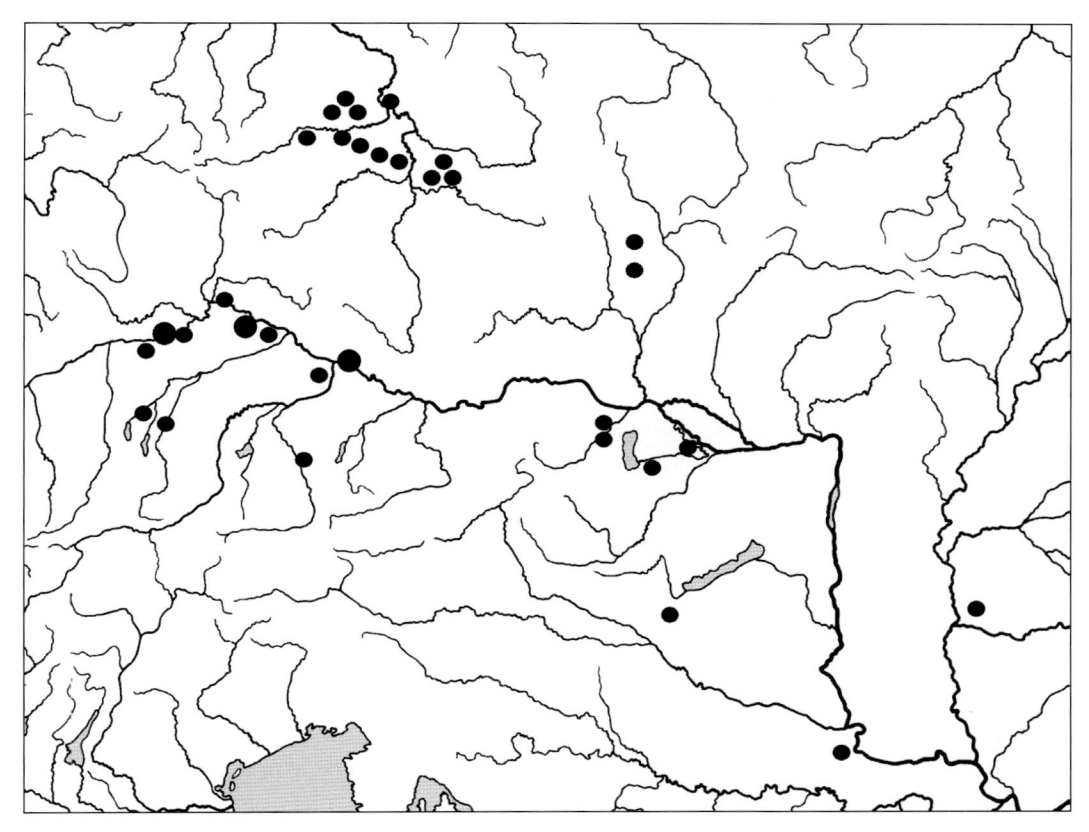

Abb. 12: Verbreitung der glatten Hohlbuckelringe mit 6–10 Buckeln (nach KRÄMER 1961, Abb. 2).

P. REINECKE ordnete die Hohlbuckelringe Anfang des 20. Jahrhunderts in die Mittellatènezeit ein und sprach von einem Leittyp dieser Stufe.[149] W. KRÄMER weist jedoch darauf hin, dass der größte Teil der Hohlbuckelringe ans Ende der Frühlatènezeit (Lt B2) zu datieren ist und nur vereinzelte Funde aus mittellatènezeitlichen Gräbern bekannt sind.[150] R. GEBHARD stellt die typologische Entwicklung der Hohlbuckelringe in zeitlichen Stufen heraus.[151] So sieht er am Beginn der Stufe Lt B2 Ringe mit mehr als neun kleinen Buckeln. In der Spätphase treten Ringe mit neun bis sieben Buckeln auf, wobei die Größe der Buckel zunimmt. In GEBHARDS Horizont 6, also dem Beginn der Stufe Lt C1, verringert sich die Zahl der Buckel weiter und einige Exemplare erreichen eine Höhe von 5 cm. Das Giengener Exemplar würde demnach in die späte Phase der Stufe Lt B2 oder in die Frühzeit der Stufe Lt C1 eingeordnet werden.

Die Trageweise von Hohlbuckelringen wurde 1972 von U. SCHAAFF untersucht.[152] Er stellte fest, dass die Hohlbuckelringe in den verschiedenen Verbreitungsgebieten unterschiedlich getragen wurden. So befindet sich in den Gräbern des schweizerischen Gräberfeldes von Münsingen-Rain in vier der fünf Frauengräbern mit Hohlbuckelringen nur ein Exemplar, welches am rechten Unterarm der Toten gefunden wurde. Nur ein Grab enthielt zwei Ringe, welche allerdings auch beide im Bereich des rechten Unterarms gefunden wurden.[153]

---

149 REINECKE 1902, 63. – Ders. 1911, 288 ff.
150 KRÄMER 1961.
151 GEBHARD 1989.
152 SCHAAFF 1972.
153 Ebd. 155.

In Bayern treten die Hohlbuckelringe meist paarweise auf, wobei von den unverzierten häufig je einer an jedem Bein getragen wurde. Auch als Armschmuck lassen sich diese Ringe nachweisen, wo sie paarweise, an jedem Arm einer, oder als Einzelstück am linken Arm getragen wurden. Die verzierten Exemplare wurden ausschließlich als Einzelstück oder paarweise an den Armen getragen. Im Hauptverbreitungsgebiet Böhmen entspricht die Trageweise weitgehend der aus Bayern, allerdings wurden hier auch die verzierten Ringe an den Beinen getragen.[154] Für die Mittellatènezeit lässt sich die Verwendung als Beinschmuck nur noch selten nachweisen, was aber auch auf die veränderte Bestattungssitte zurückzuführen ist.[155] A. Bick versucht anhand des Innendurchmessers der Hohlbuckelringe auf die Trageweise zu schließen. Die vollständige Exemplare aus Kirchheim a. Ries, Ostalbkreis, haben einen Innendurchmesser von ca. 8–9 cm, was für Bick ein Indiz für die Verwendung als Beinschmuck ist.[156] Die Untersuchungen von Krämer an den latènezeitlichen Flachgräbern in Südbayern zeigen jedoch, dass der innere Durchmesser der Hohlbuckelringe, die im Armbereich getragen wurden, zwischen 5,8 cm und 12 cm liegen kann.[157] Einige der Armringe sind allerdings im Bereich des Oberarms gefunden worden, was den großen Durchmesser erklären könnte. Es zeigt sich also, dass es kaum möglich ist, vom Durchmesser der Hohlbuckelringe auf die Trageweise zu schließen. Wo die Giengener Ringe mit ihren Innendurchmessern zwischen 6,6 und 7,8 cm getragen wurden, bleibt somit offen.

4.9 Gürtelketten

Gürtelketten gehörten zur typischen Tracht einer Frau der Mittellatènezeit. Im Giengener Gräberfeld befanden sich in zwei der drei Frauengräber Gürtelketten. Lediglich das Frauengrab 11, welches eine sehr geringe Ausstattung enthielt, wies keine Hinweise auf die Beigabe einer Gürtelkette auf. Von der Gürtelkette aus Grab 4 (Abb. 35,12) sind nur Bruchstücke erhalten, da sie zusammen mit der Toten ins Totenfeuer gelangte.

In Grab 13 befand sich eine nahezu vollständig erhaltene Gürtelkette aus Bronze, welche lediglich in zwei Teile gebrochen war (Abb. 50,1). Der gute Erhaltungszustand lässt sich darauf zurückführen, dass sie unverbrannt beigegeben wurde. Die Kette hat eine Gesamtlänge von 1,60 m und besteht aus 29 Ringgliedern und 29 profilierten Zwischengliedern mit Endpuffern. Ein großer Haken mit plastischer Tierkopfverzierung sowie ein kleinerer Haken, welcher ebenfalls plastisch verziert ist, dienten als Verschlüsse. Das herunterhängende Ende der Gürtelkette zieren drei Bronzekettchen mit länglichen, vasenförmigen Anhängern.

Die Giengener Gürtelkette zeigt starke Gebrauchsspuren. So lässt sich anhand der Abnutzung der Ringglieder nachweisen, dass der große Haken in das 18. Glied vom Haken aus eingehängt war und der kleinere in das 4. vom Anhängern aus. Die Ringglieder des herunterhängenden Teils sind fast durchgescheuert.

J. Reitinger beschäftigte sich 1966 mit der Einteilung der verschiedenen Typen der Stangengliederketten auf Grundlage ihrer Zwischenglieder.[158] Das Giengener Exemplar weist deutlich profilierte Zwischenglieder mit Endpuffern und einem Mittelwulst auf. Demnach entsprechen sie dem von Reitinger beschriebenen österreichisch-böhmischen Typus.

Der Gürtelhaken aus Giengen scheint die Darstellung eines Pferdes zu zeigen (Abb. 13). Der naturalistisch dargestellte Kopf hat eine Abflachung an der Schnauze, welche vermutlich das Herausgleiten

---

154 Schaaff 1972, 155 f.
155 Lorenz 1978, 243.
156 Bick 2007, 180.
157 Krämer 1985: Folgende Hohlbuckelringe mit 7 Buckeln sind im Bereich des Arms gefunden worden: Manching-Steinbichel, Lkr. Pfaffenhofen, Grab 24: Dm. 7,1 bzw. 7,3 cm; Grab 25: Dm. 5,8 cm – Manching-Hundsrucken, Lkr. Pfaffenhofen, Grab 16: Dm. 5,6 cm – München-Straßtrudering: Dm. 7,5 cm – Sulzbach a. Inn, Lkr. Passau Grab 1: Dm. 12 cm.
158 Reitinger 1966, 213 ff.

Abb. 13: Giengen an der Brenz, Lkr. Heidenheim. – Tierkopfförmiger Haken der Gürtelkette aus Grab 13.

des Hakens aus der Ringöse verhindern sollte. Hinter der Schnauze ist das Gesicht des Tiers dargestellt, welches durch eine Wulst auf der Oberseite, der wohl die Ohren darstellen soll, abgegrenzt wird. Dahinter folgt auf der Oberseite eine plastische Verzierung, die eine Mähne darstellen könnte. Der Körper des Tiers ist rundlich verdickt und zeigt eine ornamentale Verzierung. In Anlehnung an die Drachendarstellungen auf Schwertscheiden könnte es sich hierbei um die Beine des Tiers handeln. Unterhalb des Körpers befindet sich die Öse, in die der Kopfring eingehängt ist.
J. HABERL stellt anhand einer Gürtelkette aus Raggendorf, Niederösterreich, die unterschiedlichen Tierkopfgürtelhaken heraus.[159] Sie unterscheidet zwischen Vogelkopfhaken, Pferdekopfhaken, Rinderkopfhaken und eventuell Rehkopfhaken und sieht den Verbreitungsschwerpunkt der letzten drei Arten im östlichen Früh- und Mittellatènekreis. Somit würde nicht nur die Form der Zwischenglieder, sondern auch der Pferdekopfgürtelhaken des Giengener Stückes in einen östlichen Bereich deuten.
Bereits BEHAGHEL stellte fest, dass im Westen die Mehrzahl der Verschlusshaken als Rosetten gestaltet sind,[160] wohingegen die zoomorphen Haken im Osten verbreitet sind.[161]
In seiner Chronologie der latènezeitlichen Flachgräber Mitteleuropas datiert GEBHARD diese Form der Gürtelketten mit Endpuffern und Tierkopfgürtelhaken in seinen Manchinger Horizont 5, also an den Übergang von Lt B zu Lt C1.[162]

4.10 Ketten

Aus Grab 13 sind zwei feine Kettchen erhalten. Das eine Exemplar ist eine Eisenkette mit runden Gliedern, welche in sechs Teilen erhalten ist (Abb. 48,4). Bei der Auffindung befand sich dieses Kettchen zusammen mit anderen Eisengegenständen verstreut in der Grabgrube.
Das zweite Kettchen besteht aus Bronze. Es ist in zehn Teilen erhalten und hat noch eine erstaunliche Gesamtlänge von 2,78 m (Abb. 14). Bei der Auffindung verband dieses Kettchen mehrere Fibeln sowie zwei der Bernsteinperlen miteinander. Die einzelnen Glieder sind aus Bronzeblech

---

159 HABERL 1955, 174 ff.
160 Vgl. MARTIN-KILCHER 1981, Gräber 8 und 22, Abb. 27,4 u. 32,4.
161 BEHAGHEL 1938, 1 ff.
162 GEBHARD 1989, Abb. 40.

gearbeitet, welches nicht verlötet wurde. Die Enden der Glieder wurden lediglich abgekniffen und zusammengebogen.

Beide Ketten aus Grab 13 können vermutlich als Fibelketten angesprochen werden. Solche Ketten sind aus mittellatènezeitlichen Frauengräbern, wie z.B. Grab 2 von Horgen, Kt. Zürich, belegt und fanden sich auch unter den Kleinfunden aus Manching und aus Basel-Gasfabrik.[163]

Abb. 14: Giengen an der Brenz, Lkr. Heidenheim. – Ringperlen aus Bernstein auf der Bronzekette aus Grab 13.

4.11 Bernsteinperlen

Aus dem reichen Grab 13 stammen drei Ringperlen aus Bernstein (Abb. 50,2–4), welche ebenso wie einige der Fibeln auf der Bronzekette aufgefädelt waren (Abb. 14). Die Durchmesser der Ringe liegen bei 3,2 cm, 2,8 cm und 2,23 cm, wobei der kleinste Ring mit 1,1 cm die größte lichte Weite aufweist. Die kleinste lichte Weite findet sich bei der mittleren Ringperle.

Bernsteinperlen sowie einer Reihe weiterer Gegenstände wird ein Amulettcharakter und eine damit verbundene apotropäische Wirkung nachgesagt. Diese Gegenstände befinden sich meist in Gräbern junger Frauen oder Kinder.

4.12 Münze

In dem reichen Grab 13 befand sich eine Goldmünze unter den Fundstücken. Die keltischen Goldmünzen in Süddeutschland lassen sich in Statere oder Regenbogenschüsselchen, Viertel-Statere mit einem Gewicht von ca. 1,8 g und Vierundzwanzigstel-Statere mit einem Gewicht von ca. 0,3 g un-

---

[163] Horgen, Kt. Zürich: BILL 1981, 176. – Manching, Lkr. Pfaffenhofen: VAN ENDERT 1991, Taf. 8,222–226. – Basel-Gasfabrik: FURGER-GUNTI/BERGER 1980, Taf. 11,250–252.255.

Abb. 15: Giengen an der Brenz, Lkr. Heidenheim. – Goldmünze aus Grab 13
(Zeichnung nach POLENZ 1982, Abb. 7,10).

Abb. 16: Münzen vom Typ Janus II aus Süddeutschland. – Von links nach rechts: Fundort unbekannt. – Giengen an der Brenz, Lkr. Heidenheim. – Fundort unbekannt. – Binswangen, Lkr. Dillingen, Schwaben. – Kempten, Allgäu. M 3:1 (nach STEFFGEN/ZIEGAUS 1994, Taf. 2,14–18).

terteilen. Bei der Giengener Münze handelt es sich um einen Vierundzwanzigstel-Stater mit einem Gewicht von 0,332 g.
H.-J. KELLNER erkannte, dass es sich bei diesem Münztyp um die ältesten in Süddeutschland geprägten Münzen handelt. Er teilte diese in zwei Gruppen ein.[164] Seine erste Gruppe umfasst Münzen, auf deren Vorderseite ein Doppelkopf und auf der Rückseite ein nach rechts gewendetes Pferd abgebildet ist. Unterhalb des Doppelkopfes bzw. oberhalb des Pferdes befinden sich jeweils drei Punkte im Dreieck. Die zweite Gruppe zeigt auf der Vorderseite ebenfalls einen Doppelkopf, allerdings ohne Punkte, und auf der Rückseite ein nach links gewandtes Pferd mit einem in dieselbe Richtung blickenden Kopf oberhalb. Die Giengener Goldmünze gehört zu dieser zweiten Gruppe, also Typ II nach KELLNER (Abb. 15).
KELLNER sprach noch von einem seltenen Vorkommen der Vierundzwanzigstel-Statere,[165] doch gerade in den letzten Jahren hat sich der Fundbestand fast verdreifacht[166] und neben den beiden von KELLNER herausgestellten Typen sind weitere hinzugekommen. U. STEFFGEN und B. ZIEGAUS

---

164 KELLNER 1961.
165 Aufgrund ihrer geringen Größe werden sie hauptsächlich beim Schlämmen gefunden.
166 STEFFGEN/ZIEGAUS 1994, 9.

stellen insgesamt sechs unterschiedliche Münzbilder der Vierundzwanzigstel-Statere heraus. Ihnen allen gemeinsam ist die Darstellung eines oder mehrerer menschlicher Köpfe auf der Vorderseite und die Darstellung eines Pferdes auf der Rückseite.[167]

Abbildung 16 zeigt alle aus Süddeutschland bekannten Münzen vom Typ Janus II,[168] zu welchem auch die Giengener Münze zu rechnen ist. Bei der Betrachtung dieser fünf Münzen zeigt sich, dass mit großer Wahrscheinlichkeit mindestens zwei Stempelpaare benutzt wurden. Charakteristisch für die ersten vier Münzen ist das in breiten Streifen nach vorne gekämmte Haar des linken Kopfes auf der Vorderseite und der Doppelschweif des Pferdes auf der Rückseite.[169] Die letzte Münze, aus Kempten, zeigt einen übergroßen Kopf des Reiters auf dem Revers. STEFFGEN und ZIEGAUS halten sie daher für ein Unikat.[170]

Das Motiv des Januskopfes verrät eine Orientierung an römischen Münzen. KELLNER erwog eine Ableitung von Didrachmen, welche auf der Vorderseite einen bartlosen Doppelkopf und auf der Rückseite eine Quadriga zeigen.[171] Geprägt wurden diese Münzen zwischen 222 und 205 v. Chr. in Süditalien. Eine Quadriga als Vorbild für die stehenden Pferde der keltischen Münzen scheint aber nicht sehr überzeugend. Eine bessere Übereinstimmung finden STEFFGEN und ZIEGAUS auf einer zwischen 225 und 212 v. Chr. geprägten römischen Litra.[172] Diese Münze zeigt auf der Vorderseite ebenfalls einen Doppelkopf und auf dem Revers ein galoppierendes Pferd mit der Legende ROMA.[173] Die Autoren geben aber zu bedenken, dass diese Münzen sehr minderwertig waren und demnach wohl kaum als Vorbilder der keltischen Münzprägung dienten.[174] CHR. BOEHRINGER suchte Vorbilder für einen anderen Münztyp auf karthagischen Münzen[175] und auch dort ist eine Münze mit dem Bild eines nach vorne blickenden Pferdes bekannt. Welche Münzen wirklich als Vorbilder der keltischen Vierundzwanzigstel-Statere vom Typ Janus II dienten, lässt sich nicht mit Sicherheit feststellen.

Der Verbreitungsschwerpunkt der Vierundzwanzigstel-Starere liegt im schwäbisch-südbayerischen Raum (Abb. 17). Dies stellte bereits KELLNER fest[176] und auch der starke Fundzuwachs änderte nichts an diesem Bild. Der Typ Janus II ist nur mit drei Münzen vertreten, deren Fundort bekannt ist. Es scheint aber eine Verbreitung im schwäbischen Raum vorzuherrschen.

Über die Funktion der keltischen Edelmetallmünzen bemerkte 1960 K. PINK, dass es sich wohl nicht um ein keltisches Währungssystem gehandelt hat.[177] Diese These bestätigte D. F. ALLEN, der vermutet, dass keltische Münzen als Tribut, Steuer, Geldstrafe, Mitgift oder Opfergabe gezahlt wurden.[178] KELLNER stimmt dieser These in Bezug auf die Frühzeit der keltischen Münzprägung zu, also 300 bis ca. 175 v. Chr., in der ausschließlich Goldmünzen geprägt wurden. Mit der ansteigenden Bevölkerungszahl und der Intensivierung des Handels und Warenaustauschs sieht er jedoch das Erfordernis eines Wertmessers, den vermutlich die Münzen darstellten.[179]

L. BERGER stellte 1974 die These auf, dass es sich bei Münzen um eine spezifisch weibliche Grabbeigabe handele.[180] H. POLENZ überprüfte später diese These anhand der münzführenden latène-

---

167 vgl. STEFFGEN/ZIEGAUS 1994, 9–19.
168 Bezeichnung nach STEFFGEN/ZIEGAUS 1994, entspricht Typ KELLNER II.
169 STEFFGEN/ZIEGAUS 1994, 20 f.
170 Ebd. 21.
171 KELLNER 1961, 304: W. KELLNER vermutet, dass der Kopf des Quadrigalenkers Vorbild für die Kopfdarstellung über dem Pferd auf den Vierundzwanzigstel-Statere ist.
172 STEFFGEN/ZIEGAUS 1994, 29.
173 CRAWFORD 1974, 144 Nr. 28/5, pl. IV.
174 STEFFGEN/ZIEGAUS 1994, 29.
175 BOEHRINGER 1991.
176 KELLNER 1990, 6: 301, Abb. 1.
177 PINK 1960, 6: „keltische Währungssysteme zu konstruieren, halte ich für abwegig."
178 ALLEN 1980, 2: "The likelihood is that coinage was first required for such purposes as tribute, taxes, fines, dowries and offerings, rather than for transactions in the market place."
179 KELLNER 1990, 15.
180 BERGER 1974, 65.

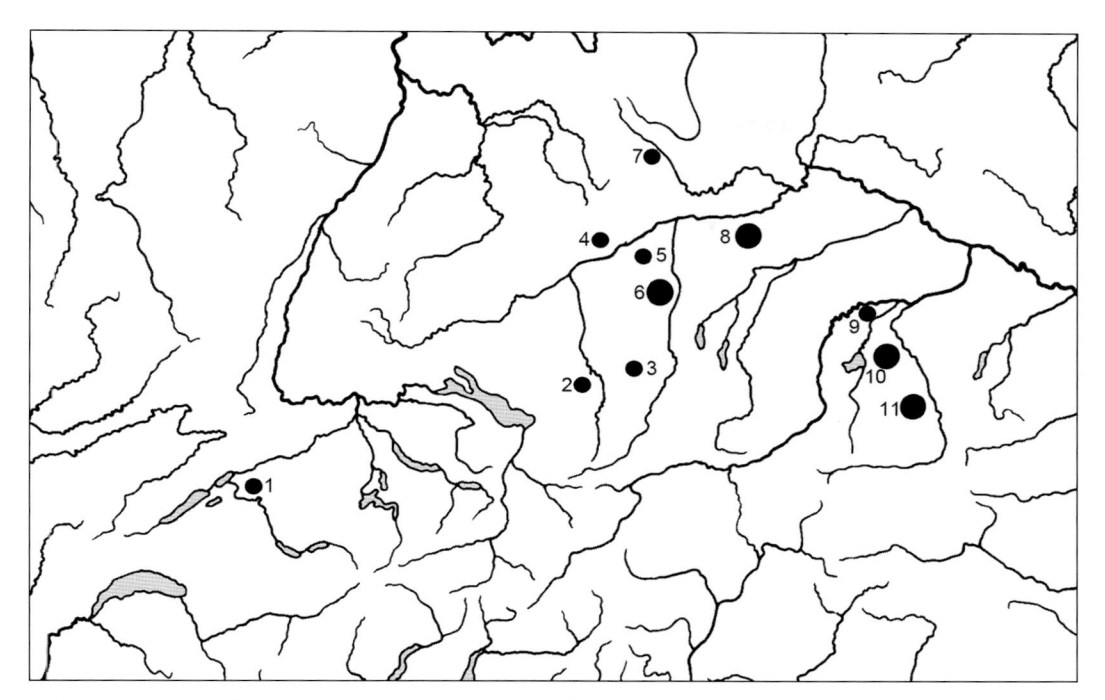

Abb. 17: Verbreitung der süddeutschen Vierundzwanzigstel-Statere. Große Symbole = mehrere Münzen. – 1. Biel, Kt. Bern. – 2. Kempten, Allgäu. – 3. Kaufbeuren Umgebung, Schwaben – 4. Giengen an der Brenz, Lkr. Heidenheim. – 5. Binswangen, Lkr. Dillingen, Schwaben. – 6. Augsburg-Lechhausen, Schwaben. – 7. Obermögersheim, Lkr. Ansbach, Mittelfranken. – 8. Manching, Lkr. Pfaffenhofen, Oberbayern. – 9. Kraiburg, Lkr. Mühldorf am Inn, Oberbayern. – 10. Stöffling, Lkr. Traunstein, Oberbayern. – 11. Dürrnberg bei Hallein, Land Salzburg (nach STEFFGEN/ZIEGAUS 1994, Abb. 1).

zeitlichen Gräber Mitteleuropas.[181] Er betrachtete 20 Gräber, unter denen sich auch das Giengener Grab befand, und kann bei 15 mit Sicherheit von einer Frauenbestattung ausgehen. Bei drei Gräbern handelt es sich bei den Bestatteten wahrscheinlich um Frauen, wobei das Grab 90/1978 aus Wederath eine Doppelbestattung eines Mannes und einer Frau darstellt. Bei zwei weiteren Gräbern kann keine Entscheidung getroffen werden, da die Münzen wie in Wederath nicht eindeutig einem Toten zugewiesen werden können. Somit bestätigt sich die These BERGERS für die Gebiete nördlich der Alpen. In den Gebieten südlich der Alpen sind Münzen auch für Waffengräber belegt. Aufgrund des Beigabenreichtums der meisten Gräber, die in POLENZ' Untersuchung miteinbezogen wurden, kann davon ausgegangen werden, dass Münzbeigaben ausschließlich in Gräbern der Oberschicht vorkamen. Die besondere Stellung der Verstorbenen mit Münzbeigaben sieht der Autor an der Lage der Gräber im Gräberfeld bestätigt. Er stellt anhand unterschiedlicher Beispiele fest, dass einige der Gräber durch eine separierte Lage[182] oder durch den Zusammenschluss mit anderen herausragenden Gräbern[183] eine Sonderstellung erhalten. Für das Giengener Grab 13 ist eine isolierte Lage innerhalb des Gräberfeldes möglich, da es sich an der Peripherie des Bestattungsplatzes befindet (Abb. 2). Die Besonderheit des Grabes 13 stellt sich aber viel deutlicher im ungewöhnlichen Grabbau heraus (s. Kap. 3.3).
Der Ursprung der Münzbeigabe in Gräbern stammt vermutlich aus Griechenland, wo Münzen als Fährlohn für die Überfahrt ins Jenseits beigegeben wurden. Diese Sitte scheint in der Latènezeit

---

181 POLENZ 1982, 163 ff.
182 s. ebd.: Gräber von Bern.
183 s. ebd.: Grab 64 von Palárikovo befindet sich inmitten des Gräberfeldes, bildet aber eine markante Gruppe mit anderen Gräbern.

in Mitteleuropa aber nicht weit verbreitet gewesen zu sein. Zwar gab es wohl auch die Vorstellung, dass der Tote auf einem Schiff ins Jenseits gelangt, aber er trat diese Reise vermutlich alleine an oder musste keinen Fährlohn zahlen.[184]

4.13 Goldfunde

Aus Grab 4 ist ein goldener Fingerring überliefert, welcher aufgrund der Feuereinwirkung nur fragmentarisch erhalten ist (Abb. 35,3). Der glatte, rundstabige Fingerring ist noch etwa zur Hälfte erhalten. Goldene Fingerringe galten als Statussymbol in der keltischen Gesellschaft. Häufig sind sie in sehr reich ausgestatteten Gräbern zu finden. F. Müller vermutet, dass der Schmuck mit ins Grab gegeben wurde, um die bestattete Person im Jenseits einer bestimmten sozialen Kasse angehörend auszuzeichnen.[185] Bei der Betrachtung der Beigaben aus Grab 4 lässt sich diese These bestätigen. Die Funde waren zwar alle dem Totenfeuer ausgesetzt, aber die reiche Ausstattung ist weiterhin erkennbar. Die Tote wurde mit zwei Eisenfibeln und mindestens einer Bronzefibel bestattet. Weiterhin fanden sich eine bronzene Gürtelkette sowie zwei Armringe aus Eisen, darunter ein Rosettenarmring. Die stark zerschmolzenen Glas- und Bronzefragmente schließen ein ursprüngliches Vorhandensein von weiteren Fibeln und eines Glasarmrings nicht aus.

In Grab 7 fand sich ein weiteres Goldfragment, das aber durch die Einwirkung des Feuers vollständig zerschmolzen ist (Abb. 39,2). Es lassen sich auf der Außenseite lediglich noch Ritzspuren erkennen, aber die ursprüngliche Form ist nicht mehr rekonstruierbar. Auch bei diesem Grab bestätigt sich die Vermutung der Goldbeigabe in Gräbern der Oberschicht. Die Kriegerausstattung dieses Toten ist auf dem Giengener Gräberfeld aufgrund der extrem langen Lanzenspitze und der Schwertscheide, die ursprünglich mit Koralleneinlagen verziert war, herausragend. Diese organische Einlage findet sich auch auf einer der Fibeln wieder, von denen vier Exemplare zur Ausstattung des Toten behörten.

4.14 Sonstige Funde

Aus Grab 3 ist ein kleiner Gegenstand mit einer Flechtornamentik auf der Oberseite erhalten (Abb. 33,4). J. Biel (mündl. Mitt.) vermutet, dass es sich um erhaltenes Leder handelt, jedoch scheint zumindest der Untergrund korrodiert zu sein, welcher somit aus Metall sein müsste. Aus welchem Material das Flechtornament besteht, ist ohne Analyse nicht festzustellen.

5. Chronologie

Wie die typologische Einordnung der Funde gezeigt hat, lassen sich gewisse chronologische Tendenzen in den einzelnen Gräbern von Giengen an der Brenz erkennen.

Die Funde der Frauengräber weisen alle in eine frühe Phase der Stufe Lt C1.

Grab 4 enthält sehr fragmentierte Beigaben, lediglich die Eisenfibeln und das Fragment eines Rosettenarmrings geben Hinweise auf die Datierung. Eine der Fibeln lässt sich in Gebhards Gruppe 14 einordnen, die zweite in seine Gruppe 15. Beide Gruppen datieren nach Lt C1. Die Fibel der Gruppe 15 sowie der Rosettenarmring sind allerdings Indizien für eine frühe Datierung in der Stufe Lt C1, da beide Formen bereits in Gräbern der späten Frühlatènezeit vertreten sind.

Für die frühe Datierung des Frauengrabes 11 spricht der hellgrüne Glasarmring, welcher nach LT C1a datiert.

---

184 Polenz 1982, 211 f.: H. Polenz führt die Beigabe eines Miniaturbootes aus Grab 44/1 vom Dürrnberg bei Hallein als Beleg für die mögliche Vorstellung einer Reise zu Schiff an.
185 Müller 1991, 75.

Die Bronzefibeln aus Grab 13 weisen in eine sehr frühe Phase von Lt C1[186] und auch die Gürtelkette wird von GEBHARD an den Übergang von Lt B2 nach Lt C1[187] gestellt. Die Hohlbuckelringe mit sieben Buckeln kommen sowohl in Horizont 5 als auch in Horizont 6 in Manching vor. Alle Beigaben weisen deutliche Gebrauchsspuren auf, was für eine lange Nutzungszeit des Schmuckes spricht und daher eine Datierung an den Übergang von Lt C1a zu Lt C1b wahrscheinlich macht. Die frühe Datierung bestätigt sich bei dem Vergleich mit anderen Gräbern. Das Giengener Grab ist über die Bronzefibeln mit kleiner Kugel oder Verdickung als Fußzier sowie solche mit kreisaugenverzierter Fußzier mit Grab 16 aus Trun-Darvella, Kt. Graubünden,[188] und dem Grab 161 aus Münsingen-Rain[189] verbunden. Diese Gräber sowie die Gräber aus Schelklingen und Kirchheim am Ries, welche Parallelen zu den Hohlbuckelringen aufweisen, beinhalten neben den Fibeln vom Mittellatèneschema solche vom Frühlatèneschema.

Die Schwertscheiden der Männergräber lassen sich alle, soweit sie erhalten sind, in LEJARS Gruppe 5 einordnen, die Scheiden mit langem, schmalem Ortbandende und ohne Verbreiterung umfasst.[190] Diese Gruppe datiert in Phase 2 und den Beginn von Phase 3 in Gournay-sur-Aronde, welche den Phasen Lt C1b bzw. Lt C2 entspricht. Die Eisenfibeln der Gräber 1, 3, 7, 9 und 12 sind in GEBHARDS Gruppen 14 und 15 einzuordnen, welche nach Lt C1 datieren.

Das Männergrab 6 datiert aufgrund seiner Schwertscheide mit Froschklammer und der Eisenfibel mit verbreitertem Bügel nach Lt C2.

Grab 8 kann aufgrund der zwei Eisenfibeln, die GEBHARDS Gruppe 14 zugeordnet werden können, nach Lt C1 datiert werden.

Es zeigt sich also, dass alle Gräber, mit Ausnahme des Grabes 6, eindeutig nach Lt C1 datiert werden können. Die Gräber sind also innerhalb einer kurzen Zeit angelegt worden. Das einzige Grab, das eindeutig nach Lt C2 datiert, ist das Männergrab 6.

6. Sozialstruktur

Im Folgenden soll versucht werden, Aufschlüsse über die soziale Stellung der in Giengen Bestatteten zu erlangen und wenn möglich ein Bild der Gesellschaft zu entwickeln.

Aus der Hallstatt- und der frühen Latènezeit sind zahlreiche sehr reich ausgestattete Prunkgräber belegt, welche gemeinhin mit einer gesellschaftlichen Elite in Verbindung gebracht werden. Im Laufe der Frühlatènezeit verschwinden solche Prunkgräber, was meist mit dem Untergang dieser Oberschicht erklärt wird. Diese elitäre Gesellschaft soll von einer egalitären, von Familienbänden geprägten Gesellschaft abgelöst worden sein.[191]

Am Beispiel des Giengener Gräberfeldes wird allerdings deutlich, dass auch während der Mittellatènezeit einer gewissen Elite zuzurechnende, sehr reiche Gräber durchaus keine Seltenheit sind. Der Unterschied zu den hallstatt- oder frühlatènezeitlichen Prunkgräbern besteht vor allem im Grabbau, welcher in Giengen, wie auch auf anderen Gräberfeldern derselben Zeitstellung,[192] als nicht besonders herausragend zu bezeichnen ist.

Wie J. BIEL schreibt, entsprechen die Bestattungen des Giengener Gräberfeldes nicht einem repräsentativen Bevölkerungsquerschnitt, sondern es fand eine deutliche Selektierung statt.[193] Es könnte also möglich sein, dass es sich um einen Bestattungsplatz der Oberschicht einer kleinen Siedlung handelt. Caesar beschreibt für das 1. Jahrhundert v. Chr. in Gallien eine oligarchische Gesellschaft,

---

186 POLENZ 1982, 105.
187 GEBHARD 1989, Abb. 40.
188 TANNER 1979, 25, Taf. 8.
189 HODSON 1968, Taf. 71 u. 72.
190 LEJARS 1994, 48 ff.
191 FISCHER 1981, 68.
192 vgl. HODSON 1968. – KRÄMER 1985.
193 BIEL 1974, 227.

in der die Macht in den Händen einer größeren Zahl gleichgestellter Personen lag.[194] Dies könnte die zeitliche Nähe der Giengener Bestattungen erklären.

Für das Gräberfeld von Münsingen geht S. MARTIN-KILCHER davon aus, dass es sich um einen Bestattungsplatz von wohlhabenden Bauern mit Familie und Gesinde handelt.[195] Falls dies für Giengen zutreffen sollte, wirft dies zwangsläufig die Frage auf, wo sich die Bestattungen der durchschnittlichen Bevölkerung befanden.

Grab 8 ist mit seinen zwei Fibeln ein eher arm ausgestattetes Grab, und doch hat die bestattete Person einen Platz auf dem Friedhof einer bevorrechtigten Gruppe gefunden. H. POLENZ vermutet, dass diese Person trotz der ärmeren Ausstattung des Grabes zu dieser Gruppe gehörte oder zumindest eine enge Beziehung zu dieser unterhalten haben muss.[196] Auch bei den übrigen Gräbern sind durchaus Unterschiede in der Quantität und Qualität der Beigaben zu beobachten. In Grab 1 (Abb. 30 u. 31) befindet sich ein Schwert mit einer eher einfachen Schwertscheide. Auch das Frauengrab 11 (Abb. 45 A) kann als bescheiden ausgestattet angesehen werden. Die mit Abstand reichsten Gräber des Gräberfeldes sind das Männergrab 7 (Abb. 39 B–42) sowie das Frauengrab 13 (Abb. 48–50). Im Zuge der baubegleitenden archäologischen Untersuchung des Neubaugebietes, in dem sich auch das besprochene Gräberfeld befand, sind keine weiteren mittellatènezeitlichen Gräber zutage gekommen und eine Siedlung konnte nur anhand von Scherbenmaterial in zum Teil jünger datierenden Gruben nachgewiesen werden. Pfostenstellungen, die auf Häuser hindeuten, wurden nicht angetroffen.

Die hier vorgestellten Gräber befanden sich alle durchschnittlich einen Meter unter der heutigen Oberfläche. Aus Wederath ist bekannt, dass die mittellatènezeitlichen Gräber nur knapp unter der Humusschicht anzutreffen waren.[197] Es besteht also die Möglichkeit, dass sich die ärmeren Gräber in einer geringeren Tiefe befanden und somit im Zuge einer landwirtschaftlichen Nutzung zerstört oder aber aufgrund fehlender oder nur sehr geringer Beigaben nicht wahrgenommen wurden.

Dies erklärt aber noch nicht das Fehlen eindeutiger Hinweise einer Siedlung dieser Zeitstellung. CH. EGGL untersucht am Beispiel des Fundplatzes Dornach in Südbayern die Ost-West-Beziehungen im Flachgräberlatène.[198] Sie stellt aufgrund der kleinen Grabgruppen mit nicht mehr als zehn Gräbern und der geringen Kenntnis der zugehörigen Siedlungen dieser Zeitstellung die These auf, dass die Gräber einer mobilen Gesellschaft mit kleinen, verhältnismäßig kurzlebigen Siedlungen gehört haben könnten.

EGGL spricht für den südbayerischen Raum von einer gewissen „Internationalität" im Bereich des Fundmaterials und der Trachtsitte.[199] Da die Beigaben in den Gräbern von Dornach-Aschheim gewisse Parallelen zu den Giengener Gräbern aufweisen,[200] könnte man dort diese These ebenfalls anwenden. Gerade das reiche Frauengrab 13 weist Beigaben auf, die auf Beziehungen in den ostkeltischen Raum hinweisen. Welcher Art diese Beziehungen waren, lässt sich allerdings nicht mit Sicherheit feststellen. Aufgrund der insgesamt sehr reichen Ausstattung des Grabes und des davon ablesbaren Reichtums der Bestatteten sind diese Tendenzen vermutlich eher auf Handelsbeziehungen als auf eine Herkunft aus dem ostkeltischen Raum zurückzuführen.

Bei der Auswertung von Gräbern muss allerdings beachtet werden, dass sowohl Beigaben als auch der Bestattungsritus einen bestimmten Zweck verfolgen. H. HÄRKE gibt zu Bedenken, dass sie „das Denken der bestatteten Gemeinschaft und damit deren soziale Ideologie reflektieren, aber nicht unbedingt auch die reale gesellschaftliche Position des Bestattenden."[201] Die einzigen Daten, die von der bestattenden Gesellschaft nicht manipuliert werden können, sind anthropologische Daten, welche allerdings bei einer Brandbestattung nicht unbedingt festzustellen sind.[202]

---

194 Caesar, *De bello Gallico*.
195 MARTIN-KILCHER 1973, 37.
196 POLENZ 1982, 179.
197 HAFFNER 1989, 49; 161.
198 EGGL 2003, 513 ff.
199 Ebd. 514.
200 Vgl. IRLINGER/WINGHART 1999, 71 ff. Abb. 4–8.

7. Zusammenfassung

Die vorangegangene Bearbeitung des Brandgräberfeldes von Giengen an der Brenz zeigte, dass diesem Gräberfeld eine herausragende Bedeutung für die Mittellatèneforschung in Baden-Württemberg zukommt.

Das Giengener Gräberfeld befindet sich in einer wettergeschützten Mulde in unmittelbarer Nähe der Brenz. Bereits in der Bronzezeit und bis ins Mittelalter wurden die günstigen Bedingungen als Siedlungsstandort genutzt. Dem Gräberfeld zeitgleiche Siedlungen ließen sich über Gruben mit latènezeitlicher Keramik nachweisen, welche sich über die gesamte Flur erstrecken.

Bei den 13 Gräbern des Giengener Gräberfeldes handelt es sich um Brandschüttungsgräber mit meist sehr reicher Ausstattung. Drei Gräber weisen eindeutige Bestandteile der Frauentracht auf und bei neun handelte es sich aufgrund der Beigaben um Männergräber. Das letzte Grab kann aufgrund seinen geringen Ausstattung keinem Geschlecht zugewiesen werden. Alle Männergräber sind mit Schwert, Schwertgehänge, Lanze, Schild sowie einigen Eisenfibeln ausgestattet. Die Frauengräber enthielten Schmuckbestandteile wie Gürtelketten, Bronze- und Eisenfibeln sowie Armringe. Die Beigaben der Männergräber wurden alle dem Totenfeuer ausgesetzt, wohingegen die Beigaben der Frauenbestattungen ganz individuell behandelt wurden. Die Funde aus Grab 4 zeigen eine Brandpatina und jene aus Grab 11 waren dem Totenfeuer hingegen nicht ausgesetzt. Die Tote aus Grab 13 wurde lediglich mit ihren Beigaben aus Eisen verbrannt, die übrigen Funde gelangten unverbrannt in einem separaten Schacht ins Grab.

Bei der Ausrichtung der Grabgruben konnten eindeutige Unterschiede festgestellt werden. Die Männergräber sind alle Nord–Süd orientiert, wohingegen die Frauengräber und das unbestimmbare Grab West–Ost orientiert sind. Aufgrund der einheitlichen Ausrichtung kann von einer beabsichtigten Differenzierung zwischen Männern und Frauen ausgegangen werden.

Die Funde lassen typologische und chronologische Parallelen in gesamt Mitteleuropa erkennen. Einige Beigabengruppen, die einen funktionalen Charakter haben, wie die Waffen, haben ein sehr weites Verbreitungsgebiet. Anders sieht dies z.B. für die Fibeln aus. Es wurden für die Schweiz und für Bayern zwar bereits umfassende Typologien erstellt, allerdings sind die Funde aufgrund der Körperbestattungen schlechter erhalten, sodass sich diese Systeme lediglich auf die Form und Funktion der Fibeln beziehen. Da in Giengen die Verzierungen der Fibeln sehr gut erhalten sind, bietet sich die Möglichkeit, die Fibeln auch unter diesem Kriterium einzugliedern. Da dies nur bei gleich guten Erhaltungsbedingungen möglich ist, fanden sich die meisten Parallelen im ostkeltischen Raum, in dem die Brandbestattung in der Mittellatènezeit üblich war. Auch die Armringe sowie die Gürtelkette aus Grab 13 weisen dorthin.

Die chronologische Untersuchung zeigt, dass der größte Teil der Gräber nach Lt C1 datiert, lediglich ein Männergrab kann als Lt C2-zeitlich angesehen werden (Grab 6), da es eine Fibel mit verbreitertem Bügel sowie eine Schwertscheide mit Froschklammer enthielt.

Die Untersuchung der möglichen Sozialstruktur des Gräberfeldes wirft verschiedene Fragen auf, welche nicht mit absoluter Sicherheit beantwortet werden können. Sollte es sich, wie von J. Biel vermutet, um einen Bestattungsplatz der Oberschicht einer kleinen Siedlung handeln, müssten sich die Gräber der durchschnittlichen Bevölkerung in der näheren Umgebung befinden; allerdings konnten diese bei den umfangreichen Untersuchungen nicht festgestellt werden. Fraglich ist diese von Biel aufgeworfene These auch, da viele der Gräber fast gleichzeitig datieren.

Die von C. Eggl für Dornach in Südbayern aufgestellte Vermutung einer mobilen Gesellschaft mit kurzlebigen Siedlungen erscheint plausibeler, da die von Eggl festgestellte Internationalität im Fundgut auch im Giengener Gräberfeld zu beobachten ist.

---

201 Härke 1993, 142.
202 Ebd. 143.

8. Katalog[203]

Grab 1 *(Abb. 18; 30; 31)*

Wannenförmige ovale Grabgrube. L. 1,50 m, Br. 0,85 m, Grabtiefe 0,84 m. NNW–SSO orientiert. Auf der Grabsohle eine ca. 0,1 m hohe Ascheschicht mit Leichenbrand, darauf liegend in N–S-Richtung ein leicht verbogenes Eisenschwert in Scheide (1), parallel dazu der lange Teil einer eisernen Schwertkette (2). Am Westrand des Grabes ein eiserner Lanzenschuh (7), dabei ein Bruchstück der eisernen Schildeinfassung (5) und ein Bruchstück eines Bronzerings (10). Am Ostrand ein Eisenringbruchstück (11). Aus der Grabfüllung ferner der kurze Teil einer Schwertkette (3), ein Schildbuckel (4), eine Lanzenspitze (6) und zwei Eisenfibeln (8 und 9).

1. Eisenschwert in Eisenscheide. Schwert mit flach vierkantiger, auf einer Seite abgerundeter Angel mit Endknopf. Spitze stumpf, fast rund. Scheide aus zwei Teilen, Blech des rückwärtigen Teiles über das Vorderteil gefalzt. Mündung glockenförmig, 1,4 cm ausschwingend. Schmale Mündungsklammer umlaufend, durch zwei ehemals mit Email oder ähnlichem bestückte Scheiben auf der Vorderseite verziert. Hängeöse mit halbrunden Befestigungsplatten und quadratischer Schlaufe. Ortband und Unterteil des Scheidenfalzes separat gearbeitet und aufgeschoben, nur teilweise erhalten. Ortband lang ausgezogen. L. des Schwerts ca. 90 cm, Br. 4,1 cm. L. der Griffangel 12,5 cm. L. der Scheide 80,8 cm *(Abb. 30,1)*.

---

203 Auf den vorliegenden Befundzeichnungen sind nicht alle im Katalog erwähnten Fundstücke eingezeichnet.

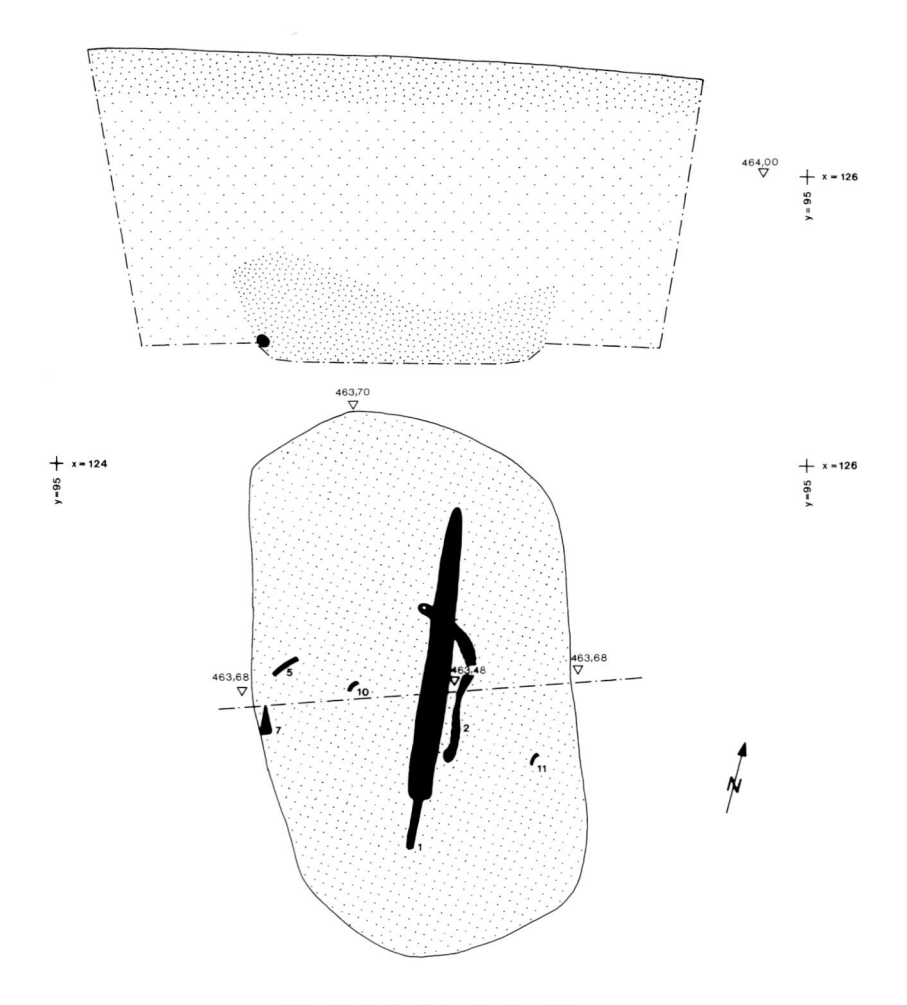

Abb. 18: Befundplan Grab 1. M 1:20.

2. Langer Teil der eisernen Schwertkette, bestehend aus 33 Teilen. An einem Ende Ring, am anderen aufgebogener Haken. Die Kette verjüngt sich gegen den Haken zu, ist flach gehämmert und auf der Vorderseite mit einer runden Punze flächig verziert. Die Schwertkette ist zwischen dem 24. und 25. Glied gebrochen und auf der Rückseite durch ein aufgelegtes Metallband stabilisiert. L. 53,5 cm, Br. am Ring 3,5 cm, am Haken 2,5 cm *(Abb. 30,2)*.
3. Kurzer Teil der eisernen Schwertkette, bestehend aus sechs Teilen. An beiden Enden Ringösen unterschiedlicher Größe (Dm. 3 cm und 3, 4 cm), Kette verjüngt sich von 3 cm auf 2,5 cm in Richtung der kleineren Öse. Vorderseite punzverziert. L. 12,46 cm *(Abb. 30,3)*.
4. Eiserner bandförmiger Schildbuckel, leicht zusammengedrückt. Die beiden Enden leicht nach außen geschweift, Mittelteil mit Randfalz. Zwei Eisennägel mit großen Köpfen. Auf der Rückseite Schlagspuren des Hammers erkennbar. L. 35,5 cm, Br. in der Mitte 9,6 cm, am Rand ca. 13 cm. Blechstärke 2,5 mm. Die Enden der beiden Nägel sind umgeschlagen, danach Stärke des organischen Schildteiles 0,9–1,0 cm *(Abb. 31,6)*.
5. Bruchstück der eisernen Schildeinfassung, leicht gebogen. L. noch 6,23 cm, Blechstärke 0,9 mm, Öffnung 3 mm *(Abb. 31,3)*.
6. Lanzenspitze aus Eisen. Schmales langes Blatt mit scharfem Mittelgrat. Tülle mit zwei Nagellöchern, darin zwei kantige Nägel mit runden Köpfen. Um die Tülle einfache Rippe, Mittelgrat auf die Tülle überlaufend allerdings nicht mehr so deutlich abgezeichnet. Auf der einen Seite des Blattes ein Teil weggebrochen. Das Blatt ist verbogen. L. insgesamt 34,5 cm, L. Tülle 7 cm *(Abb. 30,4)*.
7. Eiserner Lanzenschuh, tüllenförmig, um die Mündung und etwas oberhalb eine Rippe. Mit zwei kantigen Nägeln befestigt, nur einer erhalten. L. 7,07 cm, lichte Weite 2,1 cm *(Abb. 30,5)*.
8. Eisenfibel vom Mittellatèneschema mit vier Windungen und äußerer Sehne, Fuß mit dem glatten Bügel durch profiliertes Band verbunden. Auf dem Fuß glatter Knoten, etwas flach gedrückt. Nadelrast beschädigt. Fuß leicht zur Seite gebogen. L. 19,23 cm, L. Nadelrast 5,5 cm *(Abb. 31,1)*.
9. Bruchstücke einer Eisenfibel mit vier Windungen und äußerer Sehne. Spirale und ein kleines gerades, rundstabiges Eisenstück erhalten (evtl. Nadel). Kleiner als Nr. 8. Br. Spirale ca. 2 cm, Eisenstück 1,6 cm lang *(Abb. 31,5)*.
10. Bruchstück eines runden, glatten Bronzeringes. L. noch 3,1 cm, Dm. 4,2 mm *(Abb. 31,4)*.
11. Zwei Bruchstücke eines angeschmolzenen, profilierten Eisenringes. Oberfläche ist auf der Außenseite leicht gewellt. Am längeren Bruchstück ragt ein 3 mm langer Pin nach innen. L. noch 2,43 und 1,94 cm, Dm. 2,5 bis 3,5 mm *(Abb. 31,2)*.

Alle Fundstücke haben Brandpatina.

Grab 2 *(Abb. 19; 32)*

Wannenförmige Grabgrube mit abgerundeten Ecken. L. 1,78 m, Br. 1,25 m, Grabtiefe 1,07 m. Der Grabschacht war 0,4 m über der Grabsohle zu sehen. N–S orientiert. Auf der Grabsohle eine etwa 0,1 m starke Ascheschicht mit dem Leichenbrand, darauf die Beigaben.
Funde nur im Südteil des Grabes. Ein Eisenschwert in Scheide, leicht verbogen, in O–W-Richtung (1), dabei zwei Teile der eisernen Schildeinfassung (3) und ein Gürtelhaken (4), am Südende ein schlecht erhaltener Schildbuckel (2). Aus der Grabgrube ferner ein völlig zerschmolzenes Glasbruchstück (5) und ein Eisenrest (6).

1. Eisenschwert in Eisenscheide. Schwert mit flacher vierkantiger Griffangel, Endknopf. Geschwungener, aufgesetzter Heftabschluss, auf der Rückseite durch Kerben verziert. – Eisenscheide aus zwei Teilen ohne Mittelgrat, Blech der Rückseite auf die Vorderseite umgeschlagen. Mündung glockenförmig, 1,2 cm hoch. Mündungsklammer mit zwei durch Dreiwirbel verzierten Scheiben auf der Vorderseite, auf der Rückseite unter der Schlaufe durchlaufend. Hängeöse mit halbrunden Befestigungsplatten und rechteckiger Schlaufe. Vorderseite der Scheide im Oberteil durch ein Drachenpaar plastisch verziert. Ortband und Unterteil des Scheidenfalzes separat gearbeitet, durch zwei mit Dreiwirbeln verzierte Scheiben auf der Vorderseite befestigt. Durchgehender Rückensteg, Ortband 22 cm lang. L. des Schwerts 89 cm, Br. 4,0 cm, L. der Griffangel 13,2 cm. L. der Scheide 79,5 cm *(Abb. 32,1)*.
2. Zwei Teile eines bandförmigen Schildbuckels. Die beiden Enden verbreitern sich nach außen, Mittelteil mit schwachem Randfalz. Ein Teil entspricht Seitenstück mit Eisennagel, zweiter Teil stark ausgebrochenes Seitenteil mit einem Teil des Buckels. Eisennagel mit flachem, rundem Kopf (Dm. 2 cm) und vierkantigem Stift. Blechstärke 1,6 mm. Dicke des organischen Schildteiles nach Eisennagel 0,8 cm, B. außen 11,4 cm, in der Mitte 9,75 cm *(Abb. 32,4)*.
3. Zwei Teile der eisernen Schildeinfassung. Krümmungsdurchmesser ca. 35 cm. Materialstärke des Eisenblechs 1,5–2 mm. L. 8,24 und 7,0 cm. Öffnung 2–3 mm *(Abb. 32,3)*.
4. Eiserner Gürtelhaken, in sich leicht gekrümmt, fast dreieckige Form, Ende senkrecht stehend und pilzförmig verdickt, die Öse durch Rille abgesetzt. L. 4,82 cm *(Abb. 32,2)*.
5. Völlig zerschmolzenes Glasbruchstück, leicht blaugrün gefärbt, ursprünglich vermutlich klares Glas. Längliche, gebogene Form, an der einen Seite neu gebrochen. Ursprüngliche Form nicht mehr zu erkennen, evtl. Armring. L. 2,73 cm.

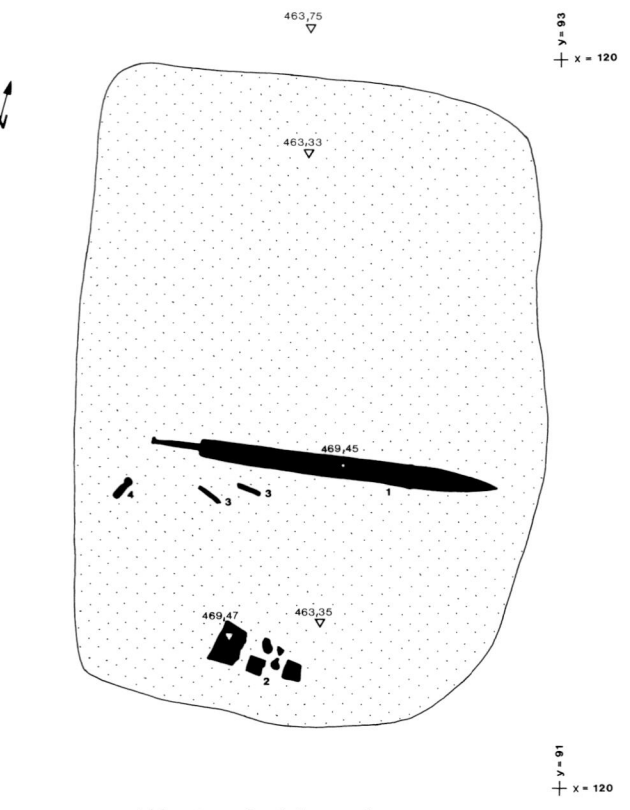

Abb. 19: Befundplan Grab 2. M 1 : 20.

6. Kleines abgeschmolzenes Eisenstück von ovaler, flacher Form. Ursprüngliche Form nicht zu erkennen. L. 2,9 cm, Br. 1,6 cm.
7. Kleines geschmolzenes Eisenstück von länglicher, leicht gebogener Form. Eine Seite mit glatter Oberfläche. Ursprüngliche Form nicht mehr zu erkennen. L. 2,45 cm, Br. 0,89 cm.

Alle Funde haben Brandpatina.

Grab 3 *(Abb. 20; 33; 34)*

Der Südteil des Grabes war durch einen Kanalisationsgraben zerstört worden. Der Rest wurde von W. Kettner entdeckt und zum größten Teil eingegipst. Grabtiefe 1,15 m. Er barg ein dreifach zusammengebogene Eisenschwert (1) in einer – auch im Grab – nur noch im Ober- und Unterteil erhaltenen Eisenscheide (2) steckend, dabei der kurze Teil einer Schwertkette (4). Der lange Teil einer Schwertkette (3) schloss daran an, an ihrem Ende ein Lanzenschuh (6) und die Reste einer sehr schlecht erhaltenen Lanzenspitze (5), diese möglicherweise durch den Bagger zerstört. Bei der Grabung des LDA konnte noch der nördliche Rand der Grabgrube angetroffen werden. Hier lagen eine Eisenfibel (7), die Teile einer weiteren Fibel (8), zwei Eisenteile (9 u. 10) sowie ein organischer Rest (11). Es konnte nur noch wenig Leichenbrand geborgen werden.

1. Dreifach zusammengebogenes Eisenschwert, ursprünglich in Eisenscheide steckend. Klinge mit flach rhombischem Querschnitt und leichtem Mittelgrat, am Heft auf beiden Seiten Reste des geschwungenen Heftabschlusses. Griffangel mit ovalem Querschnitt, Ende abgebrochen. Spitze des Schwertes fehlt, an den Seiten auch leicht ausgebrochen. L. noch 77,4 cm Br. 4,5 cm, L. der Griffangel noch 13,3 cm *(Abb. 33,1)*.
2. Bruchstücke der eisernen Schwertscheide. Die Scheide war schon im Totenfeuer oder bei der Verbiegung aufgesprungen. Rückseite über Vorderseite gefalzt. Vorderseite mit leichtem Mittelgrat. Geschwungener Heftabschluss. Mündungsklammer greift als Klammer auf die Rückseite über, Vorderseite durch drei kegelförmige

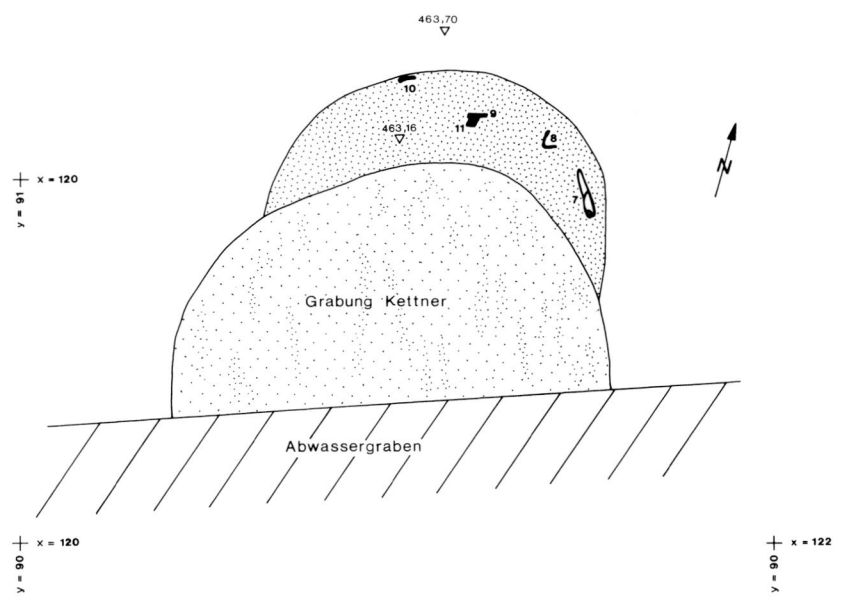

Abb. 20: Befundplan Grab 3. M 1:20.

Knöpfe mit Dreiwirbeln verziert. Vorderseite der Scheidenmündung mit einem Drachenpaar plastisch verziert. Zwischen Unterkiefer und Vorderbein der Drachen ebenfalls Scheiben mit Dreiwirbeln. Hängeöse mit halbrunden Befestigungsplatten, die am Rand plastisch verziert sind. Schlaufe von quadratischer Form. Nur der untere Teil des Ortbandes erhalten, randlich leicht verdickt. Zahlreiche Bruchstücke der glatten Scheide. L. Ortbandbruchstück 5,5 cm, Br. 3,3 cm *(Abb. 33,2)*.
3. Langer Teil der eisernen Schwertkette. An einem Ende Ringöse, gegen das abgebrochene andere Ende zu verjüngt. Vorderseite mit runder Punze flächig verziert. Erhalten noch 33 Kettenglieder und der Ansatz eines weiteren. Der Mittelteil der Kette ist schlecht erhalten, dort sind Punzen nicht mehr erkennbar. L. noch 45,7 cm, Dm. Ringöse 2,8 cm, Br. am Ring 1,87 cm, Br. am abgebrochenen Ende 1,2 cm *(Abb. 34,5)*.
4. Kurzer Teil der eisernen Schwertkette. An beiden Enden Ringösen (Dm. 2,65 cm und 2 cm), gegen ein Ende zu verjüngt sich die Kette von 1,92 cm auf 1,1 cm. Vorderseite mit runder Punze flächig verziert. Die Kette besteht aus acht Gliedern. Auf der kleineren Ringöse sind die Punzen nicht mehr erkennbar. L. 13,93 cm *(Abb. 34,6)*.
5. Bruchstück vom Blatt einer großen eisernen Lanzenspitze. Flacher Querschnitt mit scharfem Mittelgrat. Form nicht mehr zu erkennen. Stücke z. T. zusammengeklebt zu zwei größeren Teilen. L. noch 19,2 cm *(Abb. 34,1)*.
6. Eiserner Lanzenschuh. achtkantig mit vierkantigem Dorn. Der Dorn ist in den Schuh eingesteckt und seitlich vernietet. Auf vier Feldern des Schuhs aufgestempelte Rankenverzierung in Rechtecken erhalten. L. 15,3 cm, L. des Dorns 6,13 cm *(Abb. 34,4)*.
7. Eisenfibel. Bügel gegen die Spirale leicht verdickt mit aufgeschobenem, längsgerripptem Knoten. Fuß lang ausgezogen, Nadelrast durch kleinen gerippten Knoten angeschlossen. Fuß mit geripptem Knoten und je zwei umlaufenden Rillen verziert, mit profiliertem Knoten am Bügel befestigt. Vierfache Spirale mit äußerer Sehne. L. 16,1 cm *(Abb. 34,3)*.
8. Drei Bruchstücke einer Eisenfibel, durch aufgeschobene Knoten verziert. Form nicht zu rekonstruieren. Zwei Teile des Fußes und Teil des Bügels (Verbindungsstück zw. Fuß und Bügel) erhalten *(Abb. 34,2)*.
9. Längliches Eisenteil. Zu einer Seite hin schmaler werdend, rundliche Form, auf der breiten, abgeflachten Seite setzt unten ein schmales, längliches Teil an. L. 7,1 cm *(Abb. 33,5)*.
10. Stark zerschmolzenes Fragment aus Metall, vermutlich mehrere aneinandergeschmolzene Teile, einige haben eine längliche Form. Bronze oder Eisen *(Abb. 33,3)*.
11. Kleiner Rest mit Flechtbandverzierung. Laut Ausgräber handelt es sich wohl teilweise um organisches Material (Leder?), allerdings kann dieses nicht mit Gewissheit bestätigt werden. L. 2,32 cm *(Abb. 33,4)*.
12. Zwei Teile der Schildeinfassung. L. 3,6 cm und 5,3 cm. (nicht gezeichnet)
13. Zwei vierkantige Eisennägel. Erhalten nur ein Teil des Stiftes.

Alle Funde haben Brandpatina.

Abb. 21: Befundplan Grab 4. M 1:20.

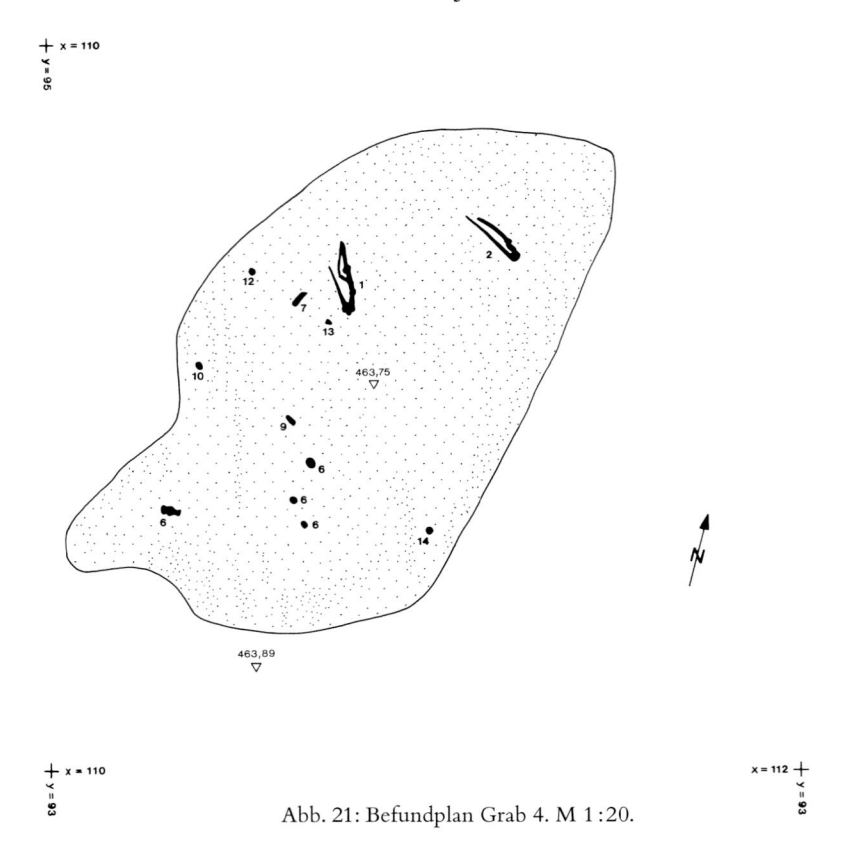

Grab 4 *(Abb. 21; 35)*

Wannenförmige Grabgrube mit etwas unregelmäßiger Begrenzung. L. der Grabgrube 1,84 m, Br. 0,94 m. Grabtiefe 1,06 m. Ungefähr N–S orientiert. Die Holzasche, der Leichenbrand und die zerschmolzenen Beigaben waren zusammen in die Grabgrube geschüttet worden, die Beigaben lagen in unterschiedlicher Tiefe regellos in der Grube. Im Nordteil des Grabes zwei Eisenfibeln (1 und 2), in der Mitte die Hälfte eines Goldfingerringes (9), ein Glasstück (13), das Bruchstück eines Eisenarmringes (7), am Westrand der Grube eine Bronzezwinge (12) und das Bruchstück eines glatten Bronzeringes (10). Im Südteil verstreut die zerschmolzenen Reste einer Bronzegürtelkette (6). In der Grabfüllung außerdem drei Bruchstücke wohl einer Bronzefibel (3–5), der Teil eines weiteren Eisenringes (8), ein Bronzeniet (11) und weitere formlos zerschmolzene Bronzeteile (14).

1. Eisenfibel vom Mittellatèneschema mit vierfacher Spirale und äußerer Sehne, eckiger Bügel in der Mitte verdickt, Fuß durch aufgesetzten, profilierten Knoten mit dem Bügel verbunden. Fibelfuß mit Knoten zwischen Profilierung verziert, Ende der Nadelrast gegen Bügel profiliert. Nur noch 7 cm der Nadel erhalten. L. 16,74 cm, L. der Nadelrast 4,6 cm, Br. der Spirale 1,91 cm *(Abb. 35,2)*.
2. Teil einer Eisenfibel vom Mittellatèneschema mit vierfacher Spirale und äußerer Sehne, Bügel gegen Spirale mit zwei profilierten Knoten verziert, Fibelfuß durch profiliertes Band mit Bügel verbunden. Fuß der Fibel nicht erhalten. L. noch 17,88 cm, Br. der Spirale 1,91 cm *(Abb. 35,1)*.
3. Bruchstück einer zerschmolzenen Bronzefibel. Spirale mit vierfacher Windung und innerer Sehne, glatter Bügelansatz. L. noch 2,76 cm, Br. der Spirale 1,12 cm *(Abb. 35,5)*.
4. Bruchstück einer zerschmolzenen Bronzefibel, wohl Bügel mit sechskantiger Verdickung, vermutl. Befestigung zwischen Bügel und Fuß. L. noch 2,0 cm *(Abb. 35,6)*.
5. Bruchstück eines glatten, runden Bronzedrahts evtl. von einer Fibel. L. noch 2,5 cm *(Abb. 35,4)*.
6. Stark zerschmolzene Teile einer bronzenen Gürtelkette. Unter den Stücken noch zu erkennen Bruchstücke von mindestens fünf Zwischengliedern – jeweils zwei Ösen durch ein profiliertes Mittelstück verbunden, sowie das kleine Bruchstück eines vierkantigen Ringes *(Abb. 35,12)*.
7. Bruchstück eines eisernen Rosettenarmringes. Massiv. L. noch 5,0 cm *(Abb. 35,8)*.
8. Bruchstück eines profilierten Armrings aus Eisenblech. L. noch 2,08 cm, Blechstärke 0,6 mm *(Abb. 35,9)*.
9. Bruchstück eines angeschmolzenen glatten Fingerrings aus Gold. L. noch 1,9 cm *(Abb. 35,3)*.
10. Bruchstück eines angeschmolzenen glatten Bronzeringes. L. noch 1,75 cm *(Abb. 35,7)*.

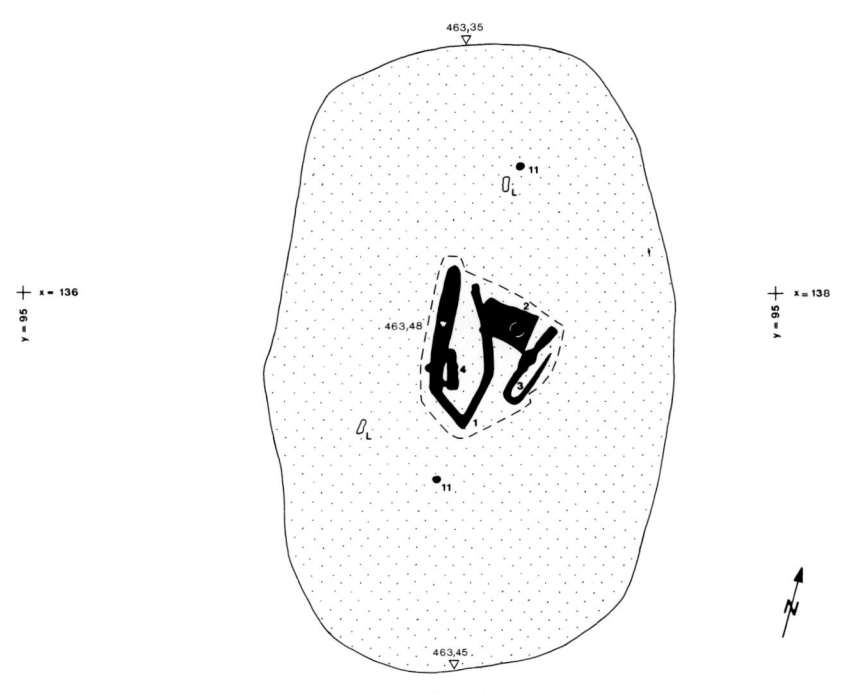

Abb. 22: Befundplan Grab 5. M 1:20.

11. Stark angeschmolzener Bronzeniet. Kopf und ein kleiner Teil des Stifts erhalten Dm. 1,35 cm *(Abb. 35,10)*.
12. Stark angeschmolzene runde Bronzezwinge. Dm. 1,98 cm *(Abb. 35,11)*.
13. Kleines Bruchstück von angeschmolzenem farblosem Glas.
14. Längliches Bronzeteil, stark zerschmolzen. Ursprüngliche Form nicht erkennbar. L. 2 cm.
15. Weiteres formlos zerschmolzenes Bronzeteil.

Alle Funde haben Brandpatina bzw. sind angeschmolzen.

Grab 5 *(Abb. 22; 36; 37)*

Wannenförmige ovale Grabgrube. L. der Grabgrube 1,72 m, Br. 1,10 m. Grabtiefe 0,65 m. SSO–WNW orientiert. Die größeren Beigaben in der Mitte der Grabsohle zusammengelegt, darüber der Leichenbrand und die Asche des Totenfeuers geschüttet.
Randlich kleinere Beigaben. In der Mitte zusammenliegend ein einmal umgebogenes Eisenschwert (1), ein zusammengebogener Schildbuckel(2) und eine zusammengebogene Eisenlanze (3). Beim Schwert ein eiserner Lanzenschuh (4) und Teile von Eisenfibeln (5–10). Beim Schwert und in der Nordhälfte des Grabes zwei kleine, völlig zerschmolzene Bronzestücke (11). Einzelne Stücke des Leichenbrandes waren auffällig groß.

1. Umgebogenes Eisenschwert in Eisenscheide. Griffangel mit rhombischem Querschnitt und Endknopf. Heft mit Absatz und gut erhaltenem geschwungenen Heftabschluss. – Eisenscheide aus zwei Teilen, die Vorder- über die Rückseite gefalzt, Vorderseite mit Mittelrippe. Mündungsklammer greift nur wenig auf die Rückseite über, dort dreieckige Form, Vorderseite durch zwei Scheiben und einen rechteckigen Mittelsteg verziert. Hängeöse mit ovalen, angenieteten Befestigungsplatten und quadratischer Schlaufe. Scheidenabschluss auf der Vorderseite mit einem Drachenpaar verziert. Ortband aufgeschoben, auf der Vorderseite durch runde Befestigungsplatten mit Dreiwirbelverzierung, auf der Rückseite durch einfachen geraden Steg festgehalten. L. des Schwerts ca. 85,9 cm, Br. ca. 4,4 cm. L. der Griffangel 12,9 cm. L. der Scheide 77,1 cm, L. des Ortbandes 26 cm *(Abb. 36,1)*.
2. Eisenschildbuckel, zusammengebogen. Bandförmig, mit leicht verbreiterten Enden und je einem Eisennagel mit großem flachen Kopf. Stärke des organischen Schildteils nach Eisennagel 0,8 cm. Br. 10,7 cm *(Abb. 37,7)*.
3. Eiserne Lanzenspitze mit schmalem, etwas ausgebrochenem Blatt. Zusammengebogen. Scharfe, ausgeprägte Mittelrippe. Tülle mit umlaufender Doppelrille verziert, durch zwei gegenständige Nägel festgehalten, von einem der Kopf erhalten. L. 43,5 cm, Tüllenlänge 8 cm *(Abb. 36,3)*.

4. Eiserner Lanzenschuh, achtkantig mit vierkantigem Dorn. Durch drei umlaufende Rillen verziert. Spitze etwas ausgebrochen. L. 15,1 cm *(Abb. 36,2)*.
5. Teil einer stark verbrannten und verzogenen Eisenfibel. Äußere Sehne, Fibelfuß mit Fibelbügel durch Knoten verbunden. L. des Bruchstücks 10,4 cm *(Abb. 37,5)*.
6. Teil einer Eisenfibel, stark verbrannt. Fibelnadel mit vierfacher Spirale und äußerer Sehne. L. 15,0 cm *(Abb. 37,6)*.
7. Bruchstück eines eisernen Fibelnadelhalters, stark verbrannt. L. noch 2,5 cm *(Abb. 37,3)*.
8. Bruchstück eines eisernen Fibelnadelhalters, stark verbrannt. L. noch 5,6 cm *(Abb. 37,2)*.
9. Bruchstück vom Bügel einer Eisenfibel mit rechteckiger Verbreiterung. Stark verbrannt. L. noch 3,9 cm *(Abb. 37,4)*.
10. Bruchstück einer Eisenfibel, wohl Fibelfuß mit knotenartiger Verdickung. L. noch 3,0 cm. Stark verbrannt *(Abb. 37,1)*.
11. Zwei kleine völlig zerschmolzene Bronzestücke.

Alle Funde haben Brandpatina.

Grab 6 *(Abb. 23; 38; 39 A)*

Wannenförmige ovale Grabgrube. L. der Grabgrube 1,35 m, Br. 0,85 m. Grabtiefe 0,90 m. WSW–ONO orientiert. Etwas über der Grabsohle, teilweise auf dem Leichenbrand und der Holzkohle, in der Grabmitte ein dreifach zusammengebogenes Eisenschwert in Eisenscheide (1), daneben ein Schildbuckel (2), auf diesem ein Eisenring des Schwertgehänges (5). Am Nordrand neben einem großen Leichenbrandstück eine schlecht erhaltene Eisenlanzenspitze (3), daneben zwei weitere Eisenreste (9), wohl Nägel des Schildbuckels. In der Nordwestecke ein weiterer Eisenring (4) und ein Nagel des Schildbuckels (2). Am Westende ein zusammengebogener Eisenring (6), im südlichen Teil die Bruchstücke einer Eisenfibel (7) und ein kleines Bronzeblech (8). Grab 6 lag direkt neben Grab 7. Im Planum hatte man den Eindruck, dass Grab 6 das Grab 7 überschnitt. Allerdings war Grab 6 sehr holzkohlehaltig und dunkler als Grab 7 und täuschte deshalb vielleicht eine Überschneidung vor. Sicher ist sie jedenfalls nicht.

1. Dreifach zusammengebogenes Eisenschwert in Eisenscheide. Griffangel vierkantig flach mit Endknopf. Heft ohne aufgesetzten Abschluss aber mit Absatz, dieser auf der Vorderseite auf einer Seite gekerbt. – Scheide aus zwei Teilen, Vorderseite über Rückseite gefalzt, kein Mittelgrat. Mündung glockenförmig, spitz zulaufend. Mündungsklammer greift nur als seitliche Klammer auf die Vorderseite über, auf der Rückseite schmaler Steg, der sich quadratisch um die Schlaufenplatte legt (Jacobsthal Typ „Froschklammer"). Hängeöse mit rundlichen Befestigungsplatten und quadratischer Schlaufe. Scheidenabschluss auf der Vorderseite durch vier konzentrische, eingeschlagene Ringe verziert, Vorder- und evtl. auch Rückseite der Scheide durch Ringpunze chagriniert. Ortband nur fragmentarisch erhalten. L. des Schwerts 79,7 cm, Br. 4,8 cm, L. der Griffangel 14,5 cm. L. der Scheide noch 68,6 cm *(Abb. 38,1)*.
2. Bandförmiger Eisenschildbuckel, stark verbogen. Enden verbreitert mit je zwei Nagellöchern, die jedoch dicht beisammen liegen und auf eine zweimalige Befestigung hinweisen. Zugehörig ein Eisennagel mit breitem flachem Kopf. L. des Schildbuckels in verbogenem Zustand 33 cm, größte Br. 15,7 cm *(Abb. 39 A)*.
3. Eiserne Lanzenspitze mit Mittelgrat, der sich bis zum Tüllenende fortsetzt. Breite blattartige Form. In der Tülle zwei Eisennägel, verbogen, Blatt etwas ausgebrochen. L. gestreckt 32,3 cm, Tüllenlänge 5,0 cm *(Abb. 38,7)*.
4. Eisenring, eine Seite flach, die andere profiliert. Dm. 4,25 cm, lichte Weite 1,14 cm *(Abb. 38,3)*.
5. Eisenring wie Nr. 4, nur etwas kleiner. Dm. 3,7 cm, lichte Weite 1,05 cm *(Abb. 38,2)*.
6. Stark verbogener Eisenhohlring mit schwachem Mittelgrat aus unverziertem Eisenblech. Enden fehlen. Größte Länge in verbogenem Zustand 11,75 cm, Materialstärke 1,2 mm *(Abb. 38,4)*.
7. Bruchstücke einer Eisenfibel vom Mittellatèneschema. Spirale mit sechsfacher Windung, Fibelfuß mit Fibelbügel durch Klammer verbunden, auf dem Verbindungsstück kugelige Verdickung *(Abb. 38,5)*.
8. Kleines rundes Bronzeblech mit Loch und gebogenem Rand. Dm. 1,05 cm *(Abb. 38,6)*.
9. Zwei Eisenreste, rundlich, nicht zu konservieren.

Alle Funde haben Brandpatina.

Grab 7 *(Abb. 23; 39 B; 40–42)*

Wannenförmige Grabgrube, ungefähr rechteckig mit abgerundeten Ecken. L. der Grabgrube 1,65 m, Br. 1,06 m, Grabtiefe 1,06 m. N–S orientiert. Holzkohle- und Leichenbrandschüttung. In der Mitte der Grube auf ihrer Sohle die beiden Teile einer Schwertkette (2 u. 3) sowie ein Lanzenschuh (8). Darauf in N-S-Richtung ein Eisenschwert in Scheide, leicht verbogen (1), parallel dazu eine lange Lanzenspitze (7), auch diese verbogen. Zwischen beiden eine Eisenfibel (11) und zerstreut die Teile einer weiteren Eisenfibel (12). Wenig westlich davon ein Eisenschildbuckel (5), südlich des Schwertgriffs auf der Grabsohle ein zerschmolzener Goldrest (4), im Nordostteil des Grabes eine Eisenfibel auf dem Grabboden (9), daneben eine weitere 10 cm höher liegend (10), am Westrand zwei zusammenpassende Teile der eisernen Schildeinfassung (6). Zur eventuellen Überschneidung mit Grab 6 siehe dort.

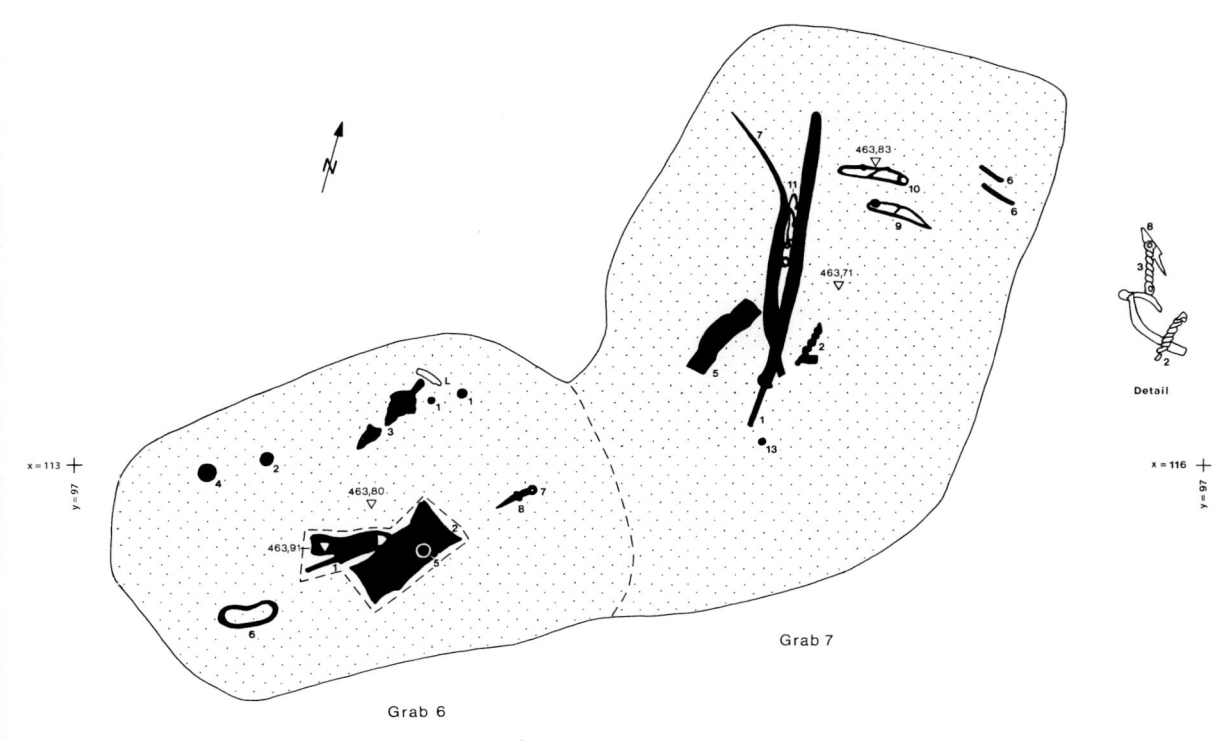

Abb. 23: Befundplan Grab 6 und 7. M 1:20.

1. Eisenschwert in Eisenscheide, leicht verbogen. Flache, vierkantige Griffangel, oberes Ende abgebrochen, keine Heftklammer, aber Heftabsatz. Spitze nach Röntgenbild lang ausgezogen. – Scheide aus zwei Teilen, Vorderüber Rückseite gefalzt, auf der Vorderseite Mittelrippe. Mündung glockenförmig mit Tropfenmuster. Auf der Vorderseite gerippte Mündungsklammer mit zwei seitlichen Scheiben und einem Rechteck in der Mitte, die wohl mit Koralle eingelegt waren, Nietlöcher sind bei den Scheiben noch erkennbar. Auf der Rückseite nur als seitliche Klammer übergreifend. Hängeöse mit rundlichen Befestigungsscheiben und rechteckiger Schlaufenplatte. Scheidenvorderseite im Oberteil mit Drachenpaar verziert, in dessen Zwischenräumen sich Kreispunzenzier befindet. Ortband mit einfachem Quersteg auf der Rückseite und auf der Vorderseite durch runde Scheiben mit vergangener Einlage festgehalten. Ortbandspitze mit Tropfenmuster verziert, welches evtl. ebenfalls durch vergangene Einlagen geschmückt war. L. Ortband 22,0 cm, L. des Schwerts nach Röntgenfoto 87,55 cm, L. der Griffangel 13,2 cm, Scheidenlänge 79,5 cm, Br. 5,0 cm *(Abb. 39 B 1; 40,1).*
2. Längeres Stück der eisernen Schwertkette, bestehend aus 33 Teilen. Am breiteren Ende Ringöse, am schmaleren senkrechtstehender vierkantiger Haken. Vorderseite flächig mit runden Punzen verziert. L. 52,4 cm, Br. an Öse 2,1 cm, Br. am Haken 1,5 cm *(Abb. 40,2).*
3. Kürzeres Stück der eisernen Schwertkette, bestehend aus sieben Teilen. An beiden Enden Ringösen (3 cm u. 2,4 cm), Vorderseite flächig mit runden Punzen verziert. Verjüngt von 2,1 cm auf 1,5 cm. L. 14,4 cm *(Abb. 40,3).*
4. Sehr stark zerschmolzenes Goldteil mit Ritzverzierung, Form nicht mehr zu bestimmen *(Abb. 39 B 2).*
5. Bandförmiger Eisenschildbuckel mit leicht nach außen geschwungenen Enden. Mittelteil mit Randfalz. Durch zwei vierkantige Nägel mit dicken flachen runden Köpfen festgehalten. Durch Feuereinwirkung stark verbogen. L. 24,5 cm, Br. des Mittelteils 6,9 cm, Blechstärke 2,5 mm. Stärke des organischen Schildteils 0,9 cm *(Abb. 42,2).*
6. Bruchstück der eisernen Schildeinfassung, unregelmäßig gebogen Krümmungsdurchmesser ca. 20 cm. L. 15 cm, Blechstärke 1,4 mm, Öffnung fast geschlossen *(Abb. 41,4).*
7. Lanzenspitze aus Eisen, durch Brand etwas verbogen. Breites Blatt mit extrem lang ausgezogener Spitze und scharfem Mittelgrat, im Oberteil ist das Blatt leicht gezackt, noch einmal leicht nach außen ziehend. Runde Tülle mit zwei abgephasten Nagellöchern. Das Blatt ist auf beiden Seiten chagriniert. L. in gestrecktem Zustand 76,4 cm *(Abb. 42,3).*
8. Eiserner Lanzenschuh, achtkantig mit umlaufender Rippe. Der vierkantige Dorn ist eingesetzt und wird durch einen Niet gehalten. L. 15,08 cm, L. des Dorns 7,8 cm *(Abb. 41,5).*
9. Eisenfibel vom Mittellatèneschema mit vierfacher Spirale und äußerer Sehne, die beiden äußeren Spiralen oben plastisch mit tropfenförmiger Punzzier versehen, Bügel mit kleinen kreisförmigen und tropfenförmigen

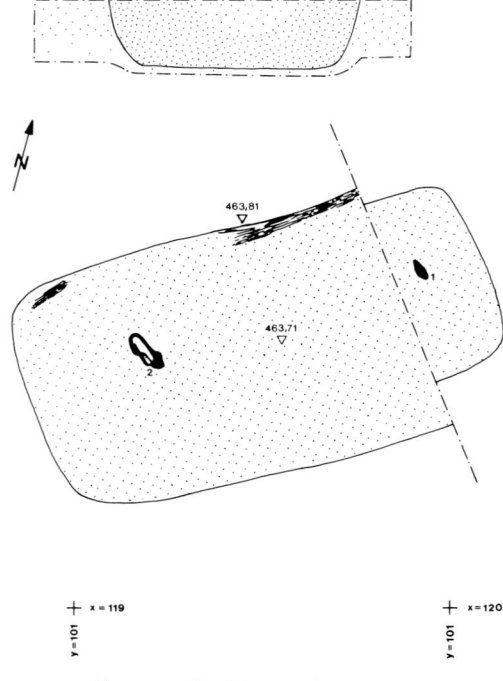

Abb. 24: Befundplan Grab 8. M 1 : 20.

Punzen verziert. Auf dem umgeschlagenen Fuß Knoten mit Achterschleifenzier, flankiert von zwei Rechtecken mit Nietlöchern in der Mitte (ursprünglich wohl Koralleneinlagen). Die Punzzier des Bügels wiederholt sich auf dem Fuß. Verbunden wird der Fuß mit dem Bügel durch eine am Rand gerippte Klammer. L. 19,06 cm *(Abb. 42,1)*.

10. Eisenfibel vom Mittellatèneschema mit vierfacher Spirale und äußerer Sehne. Der Fibelbügel ist auf seiner gesamten Länge in drei Teile gespalten, ein unterer Teil und zwei obere Teile, diese randlich durch Kerben verziert. Der Fuß trägt einen glatten Knoten und ist mit einer seitlich gerippten Klammer am Bügel befestigt. Bügelwärtiges Ende der Nadelrast mit Abschlussrippe. L. 17,26 cm *(Abb. 41,2)*.
11. Eisenfibel vom Mittellatèneschema mit vierfacher Spirale und äußerer Sehne, die beiden äußeren Spiralen und die Sehne senkrecht gekerbt. Bügel mit zwei Knotenpaaren mit Spiralmusterzier verziert, ein Knoten des vorderen Paares dient als Verbindungsklammer zum Fuß. Auf dem Fuß ein ebenso verzierter Knoten. Bügelwärtiges Ende des Nadelhalters plastisch verziert. L. 11,0 cm *(Abb. 41,1)*.
12. Teile einer Eisenfibel vom Mittellatèneschema mit vierfacher Spirale und äußerer Sehne. Auf dem Bügel ein Knoten mit Rankenverzierung und auf dem Fuß ein Knoten, auf dessen Oberseite drei kleine Knoten aufgesetzt sind, die von Punzzier flankiert werden. Fuß mit profiliertem Band mit dem Bügel verbunden (nur in kleinen Bruchstücken erhalten und nicht abgebildet). Bügelwärtiges Ende des Nadelhalters durch zwei Rillen verziert. L. ca. 18,5 cm *(Abb. 41,3)*. Für die Ausstellung wurden Teile rekonstruiert.

Alle Funde haben Brandpatina bzw. waren dem Feuer ausgesetzt.

Grab 8 *(Abb. 24; 44 B)*

Sehr scharf umgrenzte rechteckige Grabgrube, fast senkrecht eingetieft. Grablänge 1,4 m, Br. 0,75 m, Grabtiefe 0,87 m. WSW–ONO orientiert. Grabfüllung sehr stark holzkohlehaltig, diese vor allem auf dem Grabboden und an den Rändern, während die Füllung über der Grabmitte heller war. Leichenbrand unausgelesen mit der Holzasche in die Grube geschüttet, im Nordostteil des Grabes eine Eisenfibel (2), ebenso eine im Südwestteil 10 cm über der Grabsohle (1). An der Nordwestwand der Grabgrube zeigten sich starke Holzkohlespuren, die parallel zum Grabrand orientiert waren. Es dürfte sich hierbei jedoch nicht um einen Grabeinbau, sondern um einen Zufall handeln.

1. Eisenfibel vom Mittellatèneschema mit achtfacher Spirale und äußerer Sehne, Fuß durch Knoten mit Bügel verbunden, auf dem Fuß scheibenförmige Verdickung, von je einer Rippe flankiert. Sehr gut erhalten. L. 12,0 cm *(Abb. 44 B 1)*.

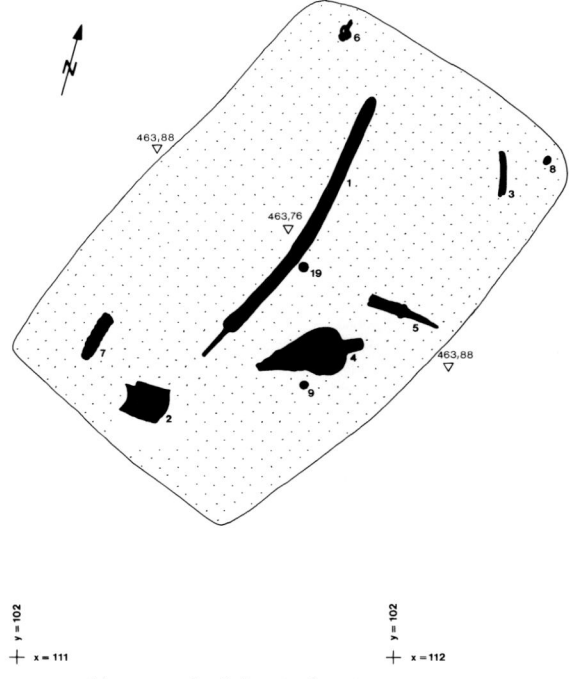

Abb. 25: Befundplan Grab 9. M 1:20.

2. Eisenfibel vom Mittellatèneschema mit zehnfacher Spirale und äußerer Sehne, Bügel gegen Spirale bandförmig verdickt und plastisch verziert. Fibelfuß durch Knoten mit Bügel verbunden, auf dem Fuß ebenfalls Knoten. Zwischen den Knoten befindet sich eine getreppte Rippung an diese anschließend. Bügelwärtiges Ende der Nadelrast verziert. Nadel nur teilweise erhalten. L. 14,75 cm *(Abb. 44 B 2)*.

Beide Stücke haben Brandpatina.

Grab 9 *(Abb. 25; 43; 44 A)*

Rechteckige Grabgrube. L. der Grabgrube 1,4 m, Br. 0,9 m, Grabtiefe 1,10 m. NNO–SSW orientiert. Auf der Sohle der Grabgrube ein Eisenschwert in Scheide (1) in Grabrichtung, daneben eine schlecht erhaltene Lanzenspitze (4). Die übrigen Beigaben lagen etwa 10 cm höher auf der Asche des Totenfeuers mit dem Leichenbrand. Am Südende ein zusammengefalteter Schildbuckel (2), daneben eine Eisenfibel (7), am Westrand ein Lanzenschuh (6), am Nordrand eine weitere Eisenfibel (6) und die Reste der eisernen Schildeinfassung (3). Außerdem fanden sich zehn Eisennägel (8–17) und ein Bronzerest (18).

1. Eisenschwert in Eisenscheide, leicht verbogen. Griffangel flach vierkantig mit Endknopf. Spitze lang ausgezogen. Aufgesetzter Heftabschluss, auf der Rückseite der Griffangel Eisenblech. – Scheide aus zwei Teilen, Rückseite auf Vorderseite gefalzt, kein Mittelgrat. Mündung glockenförmig. Mündungsklammer greift als dreieckige, in der Mitte gekerbte Klammer auf die Rückseite über, Spitze schließt an oberer Befestigungsplatte an. Auf der Vorderseite durch zwei runde Scheiben mit Wirbelverzierung und eine ovale Scheibe mit Kreisverzierung geschmückt. Hängeöse mit halbrunden Befestigungsplatten, welche mit Nieten befestigt sind und rechteckiger Schlaufenplatte. Ortband mit verziertem Steg auf der Rückseite und runden Befestigungsscheiben mit Dreiwirbelverzierung auf der Vorderseite, im unteren Teil seitlich gerippt. Vorderseite der Scheide im oberen Teil mit Drachenpaar verziert, in den Zwischenräumen Dreiwirbelverzierungen. L. des Schwerts 95,3 cm, L. der Griffangel 13,3 cm, L. der Scheide 81,2 cm, Br. 4,5 cm, L. Ortband 22,0 cm *(Abb. 43,1)*.
2. Bruchstück eines bandförmigen Schildbuckels. Enden leicht ausbiegend mit je einem Nagelloch, der Mittelteil mit Randfalz. Zwei alte Flickungen mit Eisenblechstreifen. Länge nicht zu rekonstruieren. Br. des Mittelteils 8,6 cm *(Abb. 44 A 3)*.
3. Drei Bruchstücke der eisernen Schildeinfassung, sehr geringe Krümmung. L. 8,6; 4,0 und 2,7 cm, Blechstärke 0,7 mm, Öffnung 3 mm *(Abb. 44 A 5)*.
4. Eiserne Lanzenspitze mit kurzem, breitem, geschweiftem Blatt und scharfer Mittelrippe. Tülle vierkantig, durch zwei umlaufende Ritzlinien verziert. L. 26,5 cm. Durch Brand leicht verbogen *(Abb. 43,2)*.

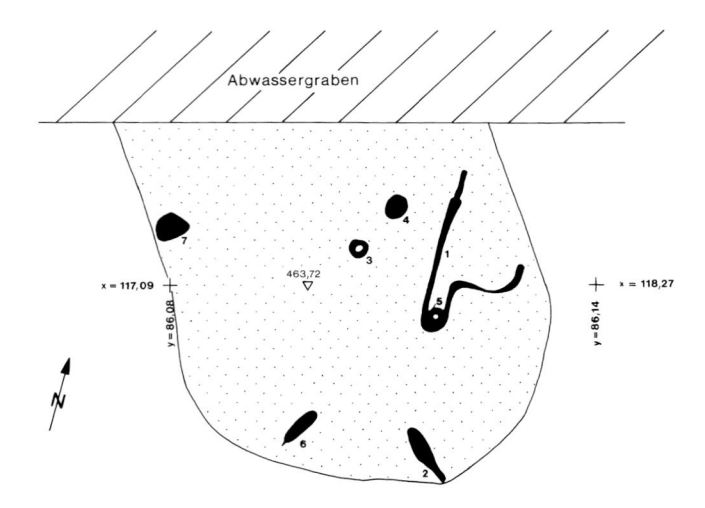

Abb. 26: Befundplan Grab 10. M 1:20.

5. Eiserner Lanzenschuh mit achtkantigem Unterteil und langem, rundem, eingesetztem Dorn, auf diesem Blechmanschette. L. 17,7 cm, L. des Dorns 12,2 cm, Br. der Blechmanschette 1,09 cm *(Abb. 43,3)*.
6. Eisenfibel vom Mittellatèneschema mit vierfacher Spirale und äußerer Sehne. Rechteckiger Bügel unverziert, Fuß mit glatter Kugel, durch Knoten mit Bügel verbunden. L. 13,94 cm *(Abb. 44 A 2)*.
7. Eisenfibel vom Mittellatèneschema mit vierfacher Spirale und äußerer Sehne. Kreissegmentförmiger Bügel unverziert, auf dem Fuß große glatte Kugel, der Fuß mit Bügel durch großen Knoten verbunden. Vor dieser Verklammerung befindet sich eine kleine Verdickung auf dem Fuß. L. 13,65 cm *(Abb 44 A 1)*.
8. Eisennagel mit rundem Stift und chagriniertem Kopf. L. 1,5 cm, Kopfdm. 1,15 cm *(Abb. 43,12)*.
9. Eisennagel mit kantigem Stift und chagriniertem Kopf. L. 1,65 cm, Kopfdm. 1,15 cm *(Abb. 43,11)*.
10. Eisennagel mit vierkantigem Schaft und chagriniertem Kopf. L. 1,45 cm, Kopfdm. 1,22 cm *(Abb. 43,13)*.
11.12. Zwei Eisennägel mit eingedelltem, chagriniertem Kopf und bandförmigem Stift. Dm. des Kopfes 1,1 cm, L. 1,08 bzw. 0,97 cm *(Abb. 43,9.10)*.
13.–17. Fünf Eisennägel mit flachem Kopf, dieser durch Punktreihe, Rippe und einem Dreiwirbel verziert. Die Verzierung wurde mit einem Prägestempel hergestellt. Die Nägel wurden offenbar warm in eine Form gehämmert. Dm. des Kopfes 0,9 cm, L. 0,78 bis 1,03 cm *(Abb. 43,4–8)*.
18. Eisennagel mit rundem flachem Kopf und vierkantigem Stift. L. 1,94 cm, Kopfdm. 2,15 cm *(Abb. 44 A 4)*. Wohl zum Schildbuckel gehörig.
19. Kleiner zerschmolzener Bronzerest.
20. kleine Eisenteile, einige rundstabig, einige flach.

Alle Funde haben eine Brandpatina bzw. sind abgeschmolzen.

Grab 10 *(Abb. 26; 45 B; 46)*

Durch Kanalisationsgraben angeschnitten. Vorhanden noch der größere, südliche Teil der Grabgrube, wannenförmig eingetieft. L. des Grabes noch 1 m, Br. 0,95 m, Grabtiefe nicht genau festzustellen. Orientierung NNW-SSO. Die Funde lagen alle etwa 8 cm über der Grabsohle auf der Brandschüttung. Am Ostrand ein stark verbogenes Eisenschwert (1) in Eisenscheide, dabei ein Eisenring (5). Am Südrand eine Eisenfibel (6) und eine sehr schlecht erhaltene Lanzenspitze (3). In der Grabmitte zwei weitere Eisenringe (3.4), am Westrand das Ortband der Schwertscheide (1).

1. Eisenschwert in Eisenscheide. Schlecht erhalten, stark verbogen. Griffangel flach vierkantig mit Endknopf, Heft ohne Absatz und Heftklammer. Glatter Klingenquerschnitt ohne Mittelrippe. Spitze stumpf, fast rund. – Scheide aus zwei Teilen, Rück- auf Vorderseite gefalzt, keine Mittelrippe. Hängeöse mit halbrunden Befestigungsplatten und rechteckiger, senkrecht gerillter Schlaufenplatte. Ortband abgebrochen, unterer Teil aber erhalten. Scheide sehr schlecht und nur teilweise erhalten. Intentionell verbogen. L. des Schwerts noch 87 cm, L. der Griffangel 15,5 cm, Br. 5,2 cm *(Abb. 45 B 1; 46,1)*.
2. Teile einer Lanzenspitze, Blatt mit scharfem Mittelgrat, Form jedoch nicht mehr zu erkennen. Zugehörige runde Tülle *(Abb. 46,5)*.
3. Eisenring mit einer flachen und einer profilierten Seite. Dm. 4,6 cm, lichte Weite 1,6 cm *(Abb. 46,4)*.

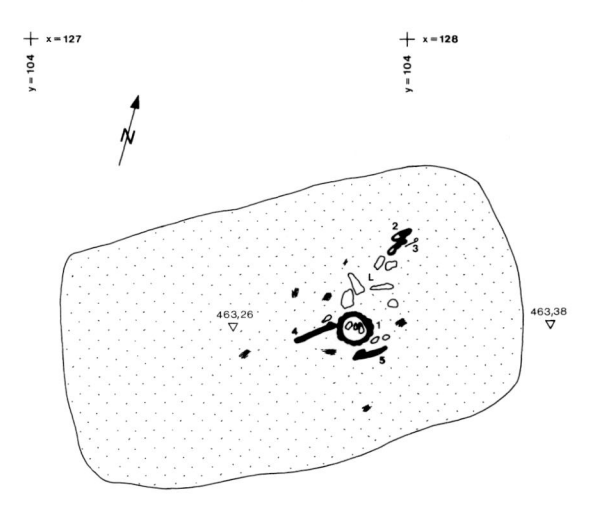

Abb. 27: Befundplan Grab 11. M 1:20.

4. Eisenring wie Nr. 3, Dm. 4,3 cm, lichte Weite 1,4 cm *(Abb. 46,3)*.
5. Eisenring wie Nr. 3, Dm. 3,94 cm, lichte Weite 1,26 cm *(Abb. 46,2)*.
6. Teil einer Eisenfibel vom Mittellatèneschema. Spirale mit achtfacher Windung und äußerer Sehne, Fibelfuß mit Bügel durch Band verbunden. Große Kugel als Fußzier. Leicht eckiger Bügel, wird breiter Richtung Spirale. L. noch 8,4 cm *(Abb. 46,8)*.
7. Teil einer Eisenfibel, Spirale mit sechsfacher Windung und äußerer Sehne. Dazu wohl einzelne Drahtteile *(Abb . 46,7)*.
8. Eisennagel mit rundem Kopf, schlecht erhalten. Kopfdm. 1,1 cm, L. 0,8 cm *(Abb. 46,6)*.

Alle Fundstücke haben Brandpatina.

Grab 11 *(Abb. 27; 45 A)*

Rechteckige Grabgrube mit abgerundeten Ecken. L. der Grabgrube 1,25 m, Br. 0,75 m, Grabtiefe 1,15 m. Orientierung WSW–ONO. Grube im anstehenden gelben Verwitterungslehm sehr scharf abgesetzt. Der Leichenbrand und die Holzkohle dieses Grabes waren sehr stark ausgelesen, vom Leichenbrand fanden sich nur die großen Stücke, von der Holzkohle ebenfalls nur einige größere Brocken. Diese in der Mitte des Grabes, darauf ein vollständig erhaltener Glasarmring (1) und zwei Eisenfibeln (4.5). Nördlich davon zwei Bronzefibeln (2.3).

1. Vollständig erhaltener runder Armreif aus blaugrünem, evtl. ursprünglich klarem Glas mit zickzackförmig aufgelegtem Wulst aus blauem Glas. Innerer Dm. 6,3 cm *(Abb. 9; 45 A 3)*.
2. Bronzefibel vom Mittellatèneschema, aus einem Stück gearbeitet. Spirale mit vier Windungen und innerer Sehne, der umgeschlagene Fibelfuß rautenförmig verbreitert und durch drei eingepunzte Kreise verziert. Mit offener Klammer am eckigen Bügel befestigt. L. 4,6 cm *(Abb. 45 A 2)*.
3. Bronzefibel wie Nr. 2, Fuß mit zwei eingeschlagenen Kreisen verziert. L. 4,5 cm *(Abb. 45 A 1)*.
4. Eisenfibel, nicht zu präparieren. L. 14,8 cm.
5. Teile wohl einer Eisenfibel, nicht zu präparieren.

Die Funde waren dem Totenfeuer nicht ausgesetzt

Grab 12 *(Abb. 28; 47)*

Wannenförmige rechteckige Grabgrube mit leicht abgerundeten Ecken. L. der Grabgrube 1,96 m, Br. 0,92 m. Grabtiefe 0,45 m. N–S orientiert. Auf der Grabsohle in N-S-Richtung ein Eisenschwert in Scheide (1), in der Südwestecke eine Eisenlanzenspitze (2), dabei das Bruchstück einer Eisenfibel (7). Darüber war der Leichenbrand und die Asche des Totenfeuers geschüttet. Auf diesem am Nordrand ein Eisenring (10), im Südteil ein Eisenniet (8), in der Nordwestecke eine Eisenfibel (6), am Ostrand ein Koppelring (3). Ein weiterer Koppelring lag unter dem Schwert (5), ein dritter auf dem Schwert (4). Neben dem Schwertgriff ein kleiner Eisennagel (9). In der Grabfüllung außerdem ein kleiner Eisenblechrest (11).

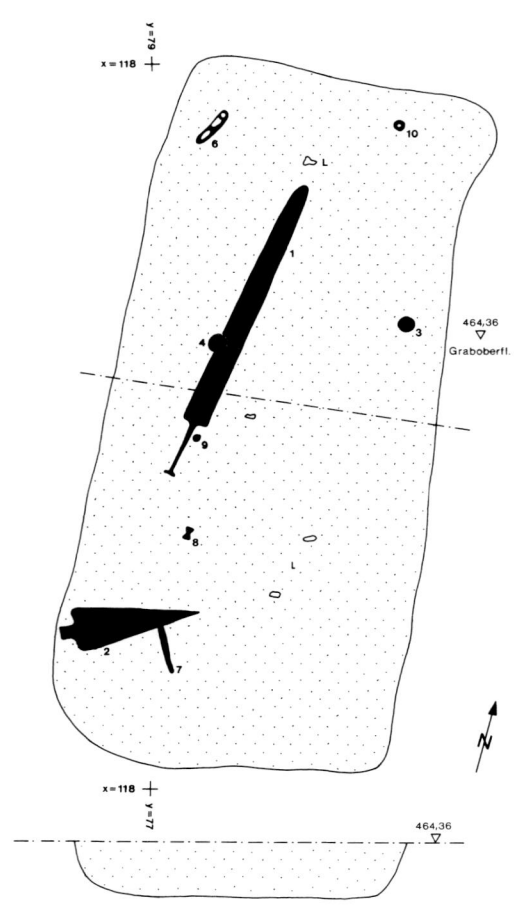

Abb. 28: Befundplan Grab 12. M 1:20.

1. Eisenschwert in Eisenscheide, leicht verbogen. Flache vierkantige Griffangel, läuft Richtung Endknopf schmal zu. Aufgesetzter geschwungener Heftabschluss, Vorder- und Rückseite gekerbt. Heft ohne Absatz. Spitze stumpf, fast rund. – Scheide aus zwei Teilen zusammengesetzt, Vorder- auf Rückseite gefalzt, Mittelrippe auf der Vorderseite. Mündung flach, glockenförmig, auf der Vorderseite mit Achterschleifen verziert. Mündungsklammer greift nur als breite Klammer mit drei Kerben auf die Rückseite über. Auf der Vorderseite an den Rändern zwei kleinere Scheiben, die eine große einschließen, mit reicher Wirbelverzierung. In der Mitte eine kleine Scheibe ebenfalls mit Wirbelzier. Hängeöse mit halbrunden Befestigungsplatten, die mit zwei Nieten fixiert sind und quadratischer Schlaufenplatte, die seitlich durch konzentrische Halbkreise verziert ist. Vorderseite der Scheide auf der ganzen Länge verziert. Oberteil durch Drachenpaar, darunter wechselnde durch Kreislinien gegeneinander abgesetzte Felder mit Querlinien und flächiges Muster aus auf der Spitze stehenden Quadraten, gefüllt mit Kreisen oder Viererwirbeln. Ortband schmal und lang ausgezogen, kein Ortbandsteg auf der Rückseite. L. des Schwerts 83,8 cm, Br. 4,6 cm. L. der Griffangel 14,0 cm. L. der Scheide 74,8 cm *(Abb. 47,1)*.
2. Eiserne Lanzenspitze mit geschwungenem Blatt und scharfem Mittelgrat, Spitze fehlt. In der Tülle Holzreste. Mittelgrat geht auf Tülle über. Tülle evtl. ursprünglich länger. L. noch 33,3 cm, L. der Tülle 4,4 cm *(Abb. 47,2)*.
3. Eisenring mit einer konkaven und einer profilierten Seite. Dm. 4,6 cm, im Lichten 1,2 cm *(Abb. 47,11)*.
4. Eisenring wie Nr. 3, Dm. 4,55 cm, im Lichten 1,0 cm *(Abb. 47,10)*.
5. Eisenring wie Nr. 3, Dm. 3,1 cm, im Lichten 1,0 cm *(Abb. 47,9)*.
6. Eisenfibel vom Mittellatèneschema. Spirale mit sechsfacher Windung und äußerer Sehne. Fibelfuß mit Bügel durch knotenförmige Klammer verbunden, auf dem Verbindungsstück ebenfalls flacher Knoten mit seitlichen Profilierungen. L. 11,13 cm *(Abb. 47,6)*.
7. Bruchstück einer Eisenfibel vom Mittellatèneschema. Fibelfuß mit Bügel durch knotenartige Verdickung verbunden, auf dem Verbindungsstück und auf dem Bügel je eine runde Scheibe mit Vertiefung und Nietloch für organische Einlage. L. noch 7,4 cm, Dm. Scheiben 1,7 cm *(Abb. 47,5)*.

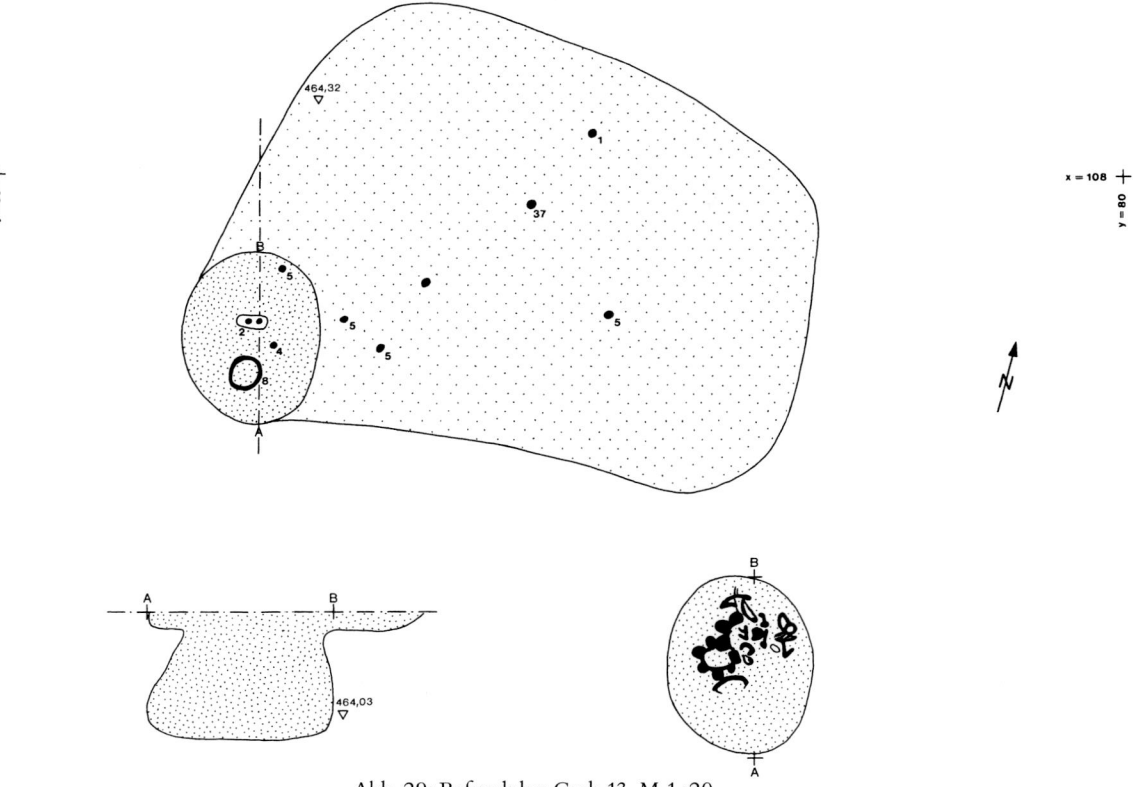

Abb. 29: Befundplan Grab 13. M 1:20.

8. Eisenniet mit zwei flachen Enden. L. 2,3 cm, im Lichten 1,7 cm *(Abb. 47,3)*.
9. Eisennagel mit flachem runden Kopf, Stift bandförmig. Kopfdm. 1,45 cm, L. 0,9 cm *(Abb. 47,4)*.
10. Geschlossener runder Eisenring, Innenseite sehr glatt. Dm. 2,34 cm, Br. 1,2 cm. Materialstärke 0,34 cm *(Abb. 47,8)*.
11. Eisenblechrest, rund gebogen. Materialstärke 0,17 cm, Br. 1,9 cm *(Abb. 47,7)*.

Alle Funde haben Brandpatina.

Grab 13 *(Abb. 29; 48–50)*

Flache wannenförmige Grabgrube mit abgerundeten Ecken. L. der Grabgrube 1,57 m, Breite 1,2 m, Grabtiefe nicht mehr festzustellen. O–W orientiert. In dieser Grube wenig Holzkohle und nur Reste des Leichenbrandes. Verstreut einige Eisenfunde, Teile eines feinen Eisenkettchens (5), Teil einer Eisenfibel (3) und ein weiterer Eisenrest (7) sowie eine unverbrannte Goldmünze (1). In der Südwestecke zeichnete sich eine ovale Schicht mit einem Dm. von maximal 35 cm ab, der 30 cm unter die Grabsohle reichte und sich nach unten leicht verbreiterte. Im Oberteil dieses Schachtes fanden sich weitere Teile des Eisenkettchens (5), der Eisenfibel (2), ein zerschmolzenes Glasstück (7) und ein eiserner Armring (8). Dabei der Leichenbrand und eine starke Anhäufung von Holzkohle. Auf der Grubensohle lagen schließlich in zwei deutlich getrennten Komplexen unverbrannte Funde aus Bronze und Bernstein, in dem größeren Komplex eine Gürtelkette (10), zwei Hohlbuckelreifen (10.11), zwei Bronzearmringe (12.13) und ein Bronzedraht (14). Bei dem kleineren Komplex waren drei Bernsteinperlen (34–36) sowie einige Bronzefibeln auf ein feines Bronzekettchen (15), das mehrmals verknotet war, aufgefädelt worden. Die Fibeln waren dabei mehrfach paarig zusammengesteckt worden. Insgesamt sind es acht Fibelpaare und zwei Einzelfibeln aus Bronze. In der Grabgrube wurden außerdem zwei Eisennägel gefunden (6).

1. Goldmünze. Auf der Vorderseite ein Doppelkopf abgebildet, auf der Rückseite ein nach links springendes Pferd und darüber ein nach links gewandter Kopf. Dm. 7,2 mm, Gewicht 0,332 g *(Abb. 15)*.
2. Teile einer Eisenfibel vom Mittellatèneschema. Spirale mit achtfacher Windung und äußerer Sehne, Bügel gegen Spirale verdickt und leicht gerieft, Fibelfuß mit Bügel durch einfache Klammer verbunden. Ansatz des Nadelhalters vorhanden. L. 8,15 cm *(Abb. 48,3)*.

3. Teil einer Eisenfibel. Verdickter Knoten auf Fuß oder Bügel. Gehört vielleicht zu Nr. 2. L. noch 1,63 cm *(Abb. 48,2)*.
4. Teil einer kleinen Eisenfibel vom Mittellatèneschema. Spirale mit sechsfacher Windung und äußerer Sehne. Fibelfuß mit Bügel durch Klammer verbunden, auf dem Fibelfuß kleiner Knoten. Vorhanden auch Ansatz der Nadelrast. L. noch 3,18 cm *(Abb. 48,1)*.
5. Sechs Teile einer feinen Eisenkette mit runden Gliedern. L. 4,74; 3,4; 2,23; 1,45; 1,67; 1,1 cm, Dm. der Kettenglieder 0,45 cm *(Abb. 48,4)*.
6. Zwei Eisennägel mit halbrundem Kopf. Kopfdm. 1,1 cm, L. 0,95 cm. Angeschmolzen *(Abb. 50,5.6)*.
7. Völlig zerschmolzenes Bruchstück von tiefblauem Glas, längliche Form; ursprüngliche Form nicht erkennbar, evtl. Glasarmring. L. 2,5 cm.
8. Eiserner Armring mit übergreifenden Enden. Ein Ende verjüngt und gerippt, das andere nicht erhalten. Rundstabig, massiv. Dm. 10,0 cm *(Abb. 49,3)*.
9. Gegossene bronzene Gürtelkette in zwei Teilen, bestehend aus 29 Ringgliedern, 29 profilierten Zwischengliedern, einem großen Haken mit plastischer Tierkopfverzierung, einem kleinen Haken mit plastischer Verzierung, einem profilierten Zwischenstück mit drei Ösen sowie drei Bronzekettchen, an denen je ein länglicher, verzierter Anhänger befestigt ist. Zur Kette gehören auch zwei einzelne Ringglieder. Die Kette ist sehr gut erhalten und zeigt starke Gebrauchsspuren. Die Zwischenglieder haben ein offenes Ende, in dem der Ring frei beweglich ist, und ein geschlossenes Ende, in das die Öffnung des Ringes eingesetzt und festgehalten wird; auf beiden Seiten Endpuffer. Die beiden letzten Zwischenglieder vor dem großen Haken sind mit Dreiwirbeln verziert. Nach den sehr starken Abnutzungsspuren war der große Haken in das 18. Ringglied, von diesem aus gezählt, eingehängt, der kleine Haken in das vierte Ringglied, vom Anhänger aus gezählt. Dieses Ringglied ist erneuert worden. Die beiden losen Ringglieder zeigen ebenfalls Abnutzungsspuren, sie dürften in die Unterbrechung der Kette gehören, das zugehörige Zwischenstück fehlt. Die Ringglieder des herunterhängenden Anhängerteiles sind zum Teil fast durchgescheuert. Gesamtlänge noch 1,60 m *(Abb. 50,1)*.
10. Zwei gegossene Hohlbuckelreifen aus Bronze. Die beiden Stücke sind praktisch identisch. Jeweils sieben längliche Hohlbuckel sind durch abgesetzte Zwischenstege miteinander verbunden. Zwei Hohlbuckel haben auf der einen Seite ein Drehscharnier, auf der anderen Seite einen Steckverschluss. Die Stifte des Steckverschlusses waren aus Eisen und sind nicht erhalten. Die Außenseite der Ringe ist glatt poliert, die Innenseite noch rau vom Guss. Die Hohlbuckel waren mit einer heute weißen, geschichteten Masse gefüllt, bei der es sich wohl um Leder gehandelt hat. Die Öffnung der Ringe ist leicht oval. Größter Dm. 13,2 cm, lichte Weite 7,8 auf 6,6 cm, Buckelhöhe 3,2 cm *(Abb. 49,5.6)*.
11. Bronzearmring mit übereinandergreifenden Enden und spitzovalem Querschnitt. Alt in zwei Teile zerbrochen. Starke Gebrauchsspuren. Dm. 8,0 cm *(Abb. 49,2)*.
12. Offener rundstabiger Bronzering mit sich verjüngenden, leicht gerippten Enden. Alt in zwei Teile zerbrochen. Gebrauchsspuren. Dm. 10,0 cm *(Abb. 49,1)*.
13. Rundstabiger gekrümmter Bronzedraht, wohl von Armring. L. 9,1 cm *(Abb. 49,4)*.
14. Bronzekettchen in zehn Teilen, Anfang und Ende nicht zu erkennen. Aus feinem Bronzeblech gearbeitet, die einzelnen Ringglieder am Ende mit einer Zange abgekniffen und zusammengebogen, Öffnung nicht verlötet. Gesamtlänge noch 2,78 m, dazu acht einzelne zerbrochene Ringchen. Materialstärke 0,04 cm.
15. Bronzefibel vom Mittellatèneschema. Spirale mit sechsfacher Windung und äußerer Sehne. Fuß mit profiliertem, gekerbtem Knoten verziert und mit profilierter Klammer am Bügel befestigt. L. 6,27 cm *(Abb. 48,22)*.
16. Bronzefibel wie Nr. 15. L. 6,33 cm *(Abb. 48,21)*.
17. Bronzefibel vom Mittellatèneschema. Spirale mit vierfacher Windung und äußerer Sehne. Fuß viermal zu vierfacher Spirale mit äußerer Sehne aufgewickelt. L. 4,5 cm *(Abb. 48,6)*.
18. Bronzefibel wie Nr. 17. L. 4,1 cm *(Abb. 48,5)*. Mit Nr. 17 zusammengesteckt.
19. Bronzefibel vom Mittellatèneschema. Spirale mit sechsfacher Windung und äußerer Sehne. Fibelfuß vierpassförmig verbreitert und durch eingepunzte Doppelkreise verziert, mit leicht gerillter Klammer am Bügel befestigt. L. 5,45 cm *(Abb. 48,12)*.
20. Bronzefibel wie Nr. 19. L. 5,6 cm *(Abb. 48,11)*. Mit Nr. 19 zusammengesteckt und auf die Bronzekette Nr. 14 gefädelt.
21. Bronzefibel wie Nr. 19., allerdings mit eckigem Bügel. L. 5,98 cm *(Abb. 48,14)*.
22. Bronzefibel wie Nr. 21. L. 5,9 cm *(Abb. 48,13)*. Mit Nr. 21 zusammengesteckt.
23. Bronzefibel vom Mittellatèneschema. Spirale mit vierfacher Windung und äußerer Sehne. Fibelfuß mit Bügel durch gekerbte Klammer verbunden, auf dem Verbindungsstück verzierter Knoten. L. 5,35 cm *(Abb. 48,15)*. Mit Nr. 29 und 31 zusammengesteckt und auf die Bronzekette Nr. 14 aufgefädelt.
24. Bronzefibel wie Nr. 23. L. 5,3 cm *(Abb. 48,16)*.
25. Bronzefibel vom Mittellatèneschema. Spirale mit vierfacher Windung und innerer Sehne. Fibelfuß mit abgesetzter kleiner Verdickung, gerippt und durch gerippte Klammer am Bügel befestigt. L. 5,08 cm *(Abb. 48,9)*.
26. Bronzefibel wie Nr. 25. L. 4,9 cm *(Abb. 48,10)*. Mit Nr. 25 zusammengesteckt.
27. Bronzefibel vom Mittellatèneschema. Spirale mit vierfacher Windung und äußerer Sehne. Fibelfuß mit leichter Verdickung, durch einfache Klammer am Bügel befestigt. Teil der Spirale und die Nadel fehlen. L. 4,15 cm *(Abb. 48,8)*.
28. Bronzefibel wie Nr. 27, vollständig. L. 5,88 cm *(Abb. 48,7)*.

29. Bronzefibel vom Mittellatèneschema. Spirale mit vierfach und äußerer Sehne. Fibelfuß mit abgesetzter, runder, durch Kreisaugen verzierter Verdickung, mit einfacher Klammer am Bügel befestigt. L. 6,96 cm *(Abb. 48,18)*. Mit Nr. 23 und 31 zusammengesteckt.
30. Bronzefibel vom Mittellatèneschema. Spirale mit vierfacher Windung und innerer Sehne. Auf dem Fibelfuß aufgegossene knotenförmige verzierte Verdickung, durch die gleiche aufgegossene Verdickung ist der Fuß mit dem Bügel verbunden. Die aufgegossene Bronze ist anders legiert als die der Fibel. L. 6,96 cm *(Abb. 48,17)*.
31. Bronzefibel vom Mittellatèneschema. Spirale mit vierfacher Windung und äußerer Sehne. Fibelfuß mit abgesetzter Verdickung, am Bügel durch gerippte Klammer befestigt. L. 9,76 cm *(Abb. 48,20)*. Mit Nr. 23 und 29 zusammengesteckt.
32. Bronzefibel wie Nr. 31. L. 8,58 cm *(Abb. 48,19)*.
33. Ringperle aus rotem Bernstein. Dm. 3,2 cm, im Lichten 1,04 cm, Dicke 1,0 cm *(Abb. 50,2)*.
34. Ringperle aus rotem Bernstein wie Nr. 33. Dm. 2,8 cm, im Lichten 0,9 cm, Dicke 0,86 cm *(Abb. 50,3)*.
35. Kleine Ringperle aus rotem Bernstein. Dm. 2,23 cm, im Lichten 1,1 cm, Dicke 0,48 cm *(Abb. 50,4)*. Die drei Bernsteinperlen waren zusammen mit den Fibeln Nr. 16, 17, 19, 24, 30 auf die zusammengeknotete Bronzekette Nr. 14 gefädelt worden.
36. Bronzeringfragment, fast vollständig. Auf der einen Seite flach, auf der anderen profiliert, nach oben schmaler werdend. Seitlich zwei umlaufende Rillen erkennbar. Dm. 2,9 cm, lichte Weite 2,05 cm.
37. Kleiner Eisenrest ohne Formgebung.

Die Stücke 2–8 haben Brandpatina bzw. sind angeschmolzen. Bei Nr. 36 ist dies fraglich. Die übrigen Funde waren dem Totenfeuer nicht ausgesetzt.

Evtl. ein weiteres Grab

Bei der Bearbeitung der Funde im Württembergischen Landesmuseum Stuttgart tauchte ein Karton auf mit der Beschriftung „Grab?".

1. Eisenfragmente. Auf einigen Stücken ist ein Mittelgrat erkennbar, einige Stücke mit verdicktem Rand, weitere gebogen. Evtl. einige Teile zu einer Lanzenspitze gehörend.

9. Literaturverzeichnis

Allen 1980	D. F. Allen, The Coins of the Ancient Celts. Hrsg. D. Nash (Edinburgh 1980).
Bataille 2001	G. Bataille, Les agrafes de ceinturon du sanctuaire de La Villeneuve-au-Châtelot (Aube). Arch. Korrbl. 31, 2001, 443–460.
Behaghel 1938	H. Behaghel, Ein Grabfund der Spätlatènezeit von Obersdorf, Kr. Siegen. Ein Beitrag zur Frage der Vogelkopfgürtelhaken. In: E. Spockhoff (Hrsg.), Marburger Studien [Festschrift für Gero von Merhart] (Darmstadt 1938) 1–8.
Behrends 1968	R.-H. Behrends, Schwissel. Ein Urnengräberfeld der vorrömischen Eisenzeit aus Holstein (Neumünster 1968).
Beltz 1911	R. Beltz, Die Latènefibeln. Zeitschr. Ethn. 43, 1911, 664–817.
Benadik et al. 1957	B. Benadik/E. Vlček/C. Ambros, Keltische Gräberfelder der Südwestslowakei (Bratislava 1957).
Berger 1974	L. Berger, Die mittlere und späte Latènezeit im Mittelland und Jura. In: Ur- und frühgeschichtliche Archäologie der Schweiz IV: Die Eisenzeit (Basel 1974) 61–88.
Bick 2007	A. Bick, Die Latènezeit im Nördlinger Ries. Materialh. Bayer. Vorgeschichte 91 (Kallmünz/Opf. 2007).
Bieger 2003	A. Bieger, Kugelfibeln. Eine typologisch-chronologische Untersuchung zu den Varianten F, N und O von Beltz. Univforsch. Prähist. Arch. 98 (Bonn 2003).
Biel 1973	J. Biel, Ein keltischer Friedhof bei Giengen an der Brenz, Kreis Heidenheim. Denkmalpfl. Baden-Württemberg 4, 1973/2, 20–22.
Biel 1974	J. Biel, Ein mittellatènezeitliches Brandgräberfeld in Giengen an der Brenz, Kreis Heidenheim. Arch. Korrbl. 4, 1974, 225–227.

BIEL 1978	J. BIEL, Der keltische Friedhof von Giengen an der Brenz. In: 900 Jahre Giengen an der Brenz. Beträge zur Stadtgeschichte (Giengen a. d. Brenz 1978) 6–9.
BILL 1981	J. BILL, Die latènezeitlichen Gräber von Horgen. Zeitschr. Schweiz. Arch. u. Kunstgesch. 38, 1981, 176.
BITTEL 1934	K. BITTEL, Die Kelten in Württemberg (Berlin, Leipzig 1934).
BITTEL et al. 1981	K. BITTEL, W. KIMMIG, S. SCHIEK, Die Kelten in Baden-Württemberg (Stuttgart 1981).
BOEHRINGER 1991	CHR. BOEHRINGER, Ein Goldmünzchen süddeutscher Kelten aus Sizilien. In: NOESKE/SCHUBERT 1991, 51–64.
BRUNAUX/LAMBOT 1987	J.-L. BRUNAUX/B. LAMBOT, Guerre et Armement chez les Gaulois. 450–52 av. J.-C. (Paris 1987).
BUJNA 1995	J. BUJNA, Malé Kosihy. Latènezeitliches Gräberfeld (Nitra 1995).
ČIŽMÁŘ 1975	M. ČIŽMÁŘ, Relativní Chronologie keltských pohřebiště na Moravě. Relative Chronologie der keltischen Gräberfelder in Mähren. Pam. Arch. 66, 1975, 417–437.
CRAWFORD 1974	M. H. CRAWFORD, Roman Republic Coinage (Cambridge 1974).
DAUBER/KIMMIG 1956	A. DAUBER/W. KIMMIG, Latènezeitliche Brandgräber von Bettingen, Ldkr. Tauberbischofsheim. Bad. Fundber. 20, 1956, 139–166.
DEUBLER 1968	H. DEUBLER, Eine latènezeitliche Fibel aus Sundremda, Kreis Rudolstadt. Rudolstädter Heimath. 14, 1968, 191 f.
DUDÍK 1854	B. DUDÍK, Über die alten heidnischen Begräbnisplätze in Mähren. Sitzungsber. Kaiserl. Akad. Wissensch. Wien XII, 1854, 467–492.
EGGERS 1959	H.-J. EGGERS, Einführung in die Vorgeschichte (München 1959).
EGGL 2003	CH. EGGL, Ost-West-Beziehungen im Flachgräberlatène Bayerns. Germania 81, 2003, 513–538.
VAN ENDERT 1991	D. VAN ENDERT, Die Bronzefunde aus dem Oppidum von Manching. Ausgr. Manching 13 (Stuttgart 1991).
ENGELS 1967	H.-J. ENGELS, Die Hallstatt- und Latènekultur der Pfalz (Speyer 1967).
FILIP 1956	J. FILIP, Keltové ve střední evropě. Die Kelten in Mitteleuropa (Prag 1956).
FISCHER 1967	F. FISCHER, Neue und alte Funde der Latène-Periode aus Württemberg. Fundber. Schwaben N. F. 18/1, 1967, 61–106.
FISCHER 1981	F. FISCHER, Die Kelten und ihre Geschichte. In: BITTEL et al. 1981, 45–76.
FURGER-GUNTI/BERGER 1980	A. FURGER-GUNTI/L. BERGER, Katalog und Tafeln der Funde aus der spätkeltischen Siedlung Basel-Gasfabrik. Basler Beitr. Ur- u. Frühgesch. 7 (Derendingen/Solothurn 1980).
GEBHARD 1989	R. GEBHARD, Der Glasschmuck aus dem Oppidum von Manching. Ausgr. Manching 11 (Stuttgart 1989).
GEBHARD 1991	R. GEBHARD, Die Fibeln aus dem Oppidum von Manching. Ausgr. Manching 14 (Stuttgart 1991).
GINOUX 2007	N. GINOUX, Le thème symbolique de „la paire de dragons" sur les fourreaux celtiques (IVe–IIe siècles avant J.-C.). BAR Internat. Ser. 1702 (Oxford 2007).
GUŠTIN 1984	M. GUŠTIN, Die Kelten in Jusoslawien. Übersicht über das archäologische Fundgut. Jahrb. RGZM 31, 1984, 305–363.
HABERL 1955	J. HABERL, Zur Gürtelkette aus Raggendorf, N.Ö. Germania 33, 1955, 174–180.
HAFFNER 1989	A. HAFFNER, Gräber – Spiegel des Lebens. Zum Totenbrauchtum der Kelten und Römer am Beispiel des Treverer Gräberfeldes Wederrath-Belginum. Schriftenr. Rhein. Landesmus. Trier 2 (Mainz 1989).
HALD/HOPPE 1998	J. HALD/TH. HOPPE, Nachuntersuchungen im latènezeitlichen Brandgräberfeld von Magstadt „Oberes Magstadter Holz", Kreis Böblingen. Arch. Ausgr. Baden-Württemberg 1998, 106–108.

Härke 1993	H. Härke, Intentionale und funktionale Daten. Ein Beitrag zur Theorie und Methodik der Gräberarchäologie. Arch. Korrbl. 23, 1993, 141–146.
Hingst 1959	H. Hingst, Vorgeschichte des Kreises Stormarn (Neumünster 1959).
Hodson 1968	F. R. Hodson, The La Tène Cemetery at Münsingen-Rain. Catalogue and relative Chronology. Acta Bernensia 5 (Bern 1968).
Hunyady 1942	I. v. Hunyady, Die Kelten im Karpatenbecken (Budapest 1942).
Hure 1931	Hure, Le Senonais aux Ages du Bronze et du Fer. Les Senons d'après l'archéologie (Sens 1931).
Husty 1989	L. Husty, Grab 1416. Ein Mädchengrab mit mittellatènezeitlicher Gürtelkette. In: Haffner 1989, 161–172.
Irlinger/Winghart 1999	W. Irlinger/S. Winghart, Statuette der Athene aus den südbayerischen Alpenvorland sowie Siedlungs- und Grabfunde der mittleren bis späten Latènezeit von Dornach, Gemeinde Aschheim, Landkeis München. Germania 77, 1999, 71–162.
Jacobsthal 1944	P. Jacobsthal, Early Celtic Art (Oxford 1944).
Kaenel/Favre 1983	G. Kaenel/S. Favre, La nécropole de Gempenach/Champagny (district du Lac/FR). Les fouilles de 1979. Jahrb. SGU 66, 1983, 189–213.
Karwowski 2001	M. Karwowski, Latènezeitlicher Glasringschmuck aus Ostösterreich. Mitt. Prähist. Komm. 55 (Wien 2001).
Kellner 1961	H.-J. Kellner, Die ältesten keltischen Fundmünzen aus dem Oppidum von Manching. Germania 39, 1961, 299–305.
Kellner 1990	H.-J. Kellner, Die Münzfunde von Manching und die keltischen Fundmünzen aus Südbayern. Ausgr. Manching 12 (Stuttgart 1990).
Kettner 1975	W. Kettner, Giengen an der Brenz. Fundber. Baden-Württemberg 2, 1975, 113.
Kostrzewski 1919	J. Kostrzewski, Die ostgermanische Kultur der Spätlatènezeit (Leipzig, Würzburg 1919).
Kramer 1994	M. Kramer, Latènefunde der Steiermark. Kleine Schr. Vorgesch. Seminar Marburg 43 (Marburg 1994).
Krämer 1961	W. Krämer, Keltische Hohlbuckelringe vom Isthmus von Korinth. Germania 39, 1961, 32–42.
Krämer 1964	W. Krämer, Das keltische Gräberfeld von Nebringen (Krs. Böblingen). Veröff. Staatl. Amt Denkmalpfl. Stuttgart A 8 (Stuttgart 1964).
Krämer 1985	W. Krämer, Die Grabfunde von Manching und die latènezeitlichen Flachgräber in Südbayern. Ausgr. Manching 9 (Stuttgart 1985).
Krausse, RGA XVII	RGA XVII, 244 ff. s. v. *Koralle* (D. Krausse).
Kruta 1975	V. Kruta, L'art celtique en Bohême. Les parures métalliques du Ve au IIe siècle avant notre ère (Paris 1975).
Lejars 1994	T. Lejars, Gournay III. Les Fourreaux d'épée. Le sanctuaire de Gournay-sur-Aronde et l'armement des Celtes de La Tène moyenne (Paris 1994).
Lejars 2006	T. Lejars, Les Celtes d'Italie. In: Szabó 2006, 77–96.
Lorenz 1975	H. Lorenz, Bestattungssitten und Fundkombinationen in Früh- und Mittellatène-Gräbern Zentraleuropas. Alba Regia 14, 1975, 143–145.
Lorenz 1978	H. Lorenz, Totenbrauchtum und Tracht. Untersuchungen zur regionalen Gliederung in der frühen Latènezeit. Ber. RGK 59, 1978, 1–380.
Losleben 2006	Th. Losleben, Die Haartracht der Kelten. Ungedr. Magisterarbeit (Mainz 2006).
Mannsperger 1981	D. Mannsperger, Münzen und Münzfunde. In: Bittel et al. 1981, 228–247.
Martin-Kilcher 1973	S. Martin-Kilcher, Zur Tracht- und Beigabensitte im keltischen Gräberfeld von Münsingen-Rain (Kt. Bern). Zeitschr. Schweizer. Arch. u. Kunstgesch. 30/1, 1973, 26 ff.
Martin-Kilcher 1981	S. Martin-Kilcher, Das keltische Gräberfeld von Vevey VD. Jahrb. SGU 64, 1981, 107–156.

Müller 1990	F. Müller, Der Massenfund von der Tiefenau bei Bern. Zur Deutung latènezeitlicher Sammelfunde mit Waffen. Antiqua 20 (Basel 1990).
Müller 1991	F. Müller, Latènezeit: Die Welt gerät in Bewegung. In: Gold der Helvetier. Keltische Kostbarkeiten aus der Schweiz. Ausstellungskat. Schweizer. Landesmus. (Zürich 1991) 71–84.
Müller/Lüscher 2004	F. Müller/G. Lüscher, Die Kelten in der Schweiz (Stuttgert 2004).
Müller et al. 1999	F. Müller/G. Kaenel/G. Lüscher (Hrsg.), Die Schweiz vom Paläolithikum bis zum frühen Mittelalter IV: Eisenzeit (Basel 1999).
De Navarro 1959	J. M. de Navarro, Zu einigen Schwertscheiden aus La Tène. Ber. RGK 40, 1959, 79–118.
De Navarro 1972	J. M. de Navarro, The Finds from the site of La Tene. Scabbards and the Swords found in them (London 1972).
Noeske/Schubert 1991	H.-Chr. Noeske/H. Schubert (Hrsg.), Die Münze: Bild – Botschaft – Bedeutung [Festschrift für Maria R.-Alföldi] (Frankfurt a. M. u. a. 1991).
Pankau 2007	C. Pankau, Die Besiedlungsgeschichte des Brenz-Kocher-Tals (östliche Schwäbische Alb) vom Neolithikum bis zur Latènezeit (Diss. Berlin 2007).
Paret 1938	O. Paret, Ein Mittel-La-Tène-Grab von Auingen bei Münsingen. Fundber. Schwaben N. F. 9, 1938, 67–69.
Peschel 1972	K. Peschel, Fibeln mit Spiralfuß. Zeitschr. Arch. 6/1, 1972, 1–42.
Pink 1960	K. Pink, Einführung in die keltische Münzkunde mit besonderer Berücksichtigung des österreichischen Raumes. Arch. Austriaca Beih. 4 (Wien 1960).
Polenz 1971	H. Polenz, Mittel- und spätlatènezeitliche Brandgräber aus Dietzenbach, Landkreis Offenbach am Main. Stud. u. Forsch. N. F. 4 (Langen 1971).
Polenz 1978	H. Polenz, Gedanken zu einer Fibel vom Mittellatèneschema aus Káyseri in Anatolien. Bonner Jahrb. 178, 1978, 181–216.
Polenz 1982	H. Polenz, Münzen in latènezeitlichen Gräbern Mitteleuropas aus der Zeit zwischen 300 und 50 vor Christi Geburt. Bayer. Vorgeschbl. 47, 1982, 27–222.
Rapin 1991	A. Rapin, Le ceinturon métallique et l'évolution de la panoplie celtique au IIIe siècle av. J.-C. Études Celtiques 28, 1991, 349 ff.
Rapin/Brunaux 1988	A. Rapin/J.-L. Brunaux, Gounay II. Boucliers et Lances, Dépôts et Trophées (Paris 1988).
Reinecke 1902	P. Reinecke, Zur Kenntnis der La Tène-Denkmäler der Zone nordwestlich der Alpen. In: Festschrift des Römisch-Germanischen Zentralmuseums (Mainz 1902) 53–109.
Reinecke 1911	P. Reinecke, Grabfunde der dritten La Tènestufe aus dem bayerischen Donautal. AuhV 5, 1911, 288–294.
Reitinger 1966	J. Reitinger, Die latènezeitlichen Funde des Braunauer Heimathauses. Ein Beitrag zur Kenntnis der latènezeitlichen Bronze- und Eisenketten. Jahrb. Oberösterr. Musver. 111, 1966, 165–236.
Schaaff 1972	U. Schaaff, Zur Tragweise keltischer Hohlbuckelringe. Arch. Korrbl. 2, 1972, 155–158.
Schiek 1985	S. Schiek, Ein Gräberfeld der mittleren Latènekultur bei Magstadt, Kreis Böblingen. Arch. Ausgr. Baden-Württemberg 1985, 100–101.
Schönberger 1952	H. Schönberger, Die Spätlatènezeit in der Wetterau. Saalburg-Jahrb. 11, 1952, 21–130.
Schönfelder 1998	M. Schönfelder, Zu Fuchsschwanzketten in der Latènezeit. Arch.Korrbl. 28, 1998, 79–93.
Schrickel 2004	M. Schrickel, Zu einem Halbfabrikat einer Mötschwiler Fibel aus Berching-Pollanten (Ldkr. Neumarkt, Oberpfalz). In: F. Fleischer/W.-R. Teegen (Hrsg.), Zur Eisenzeit zwischen Burgund und Osteuropa [Kolloquium zu Ehren von Prof. Dr. Sabine Rieckhoff]. Zusammenfassungen der Vorträge und Poster (Leipzig 2004) 11.

Stary 1981	P. F. Stary, Ursprung und Ausbreitung der eisenzeitlichen Ovalschilde mit spindelförmigem Schildbuckel. Germania 59, 1981, 287–306.
Stead 1983	I. M. Stead, La Tène swords and scabbards in Champagne. Germania 61, 1983, 487–510.
Steffgen/Ziegaus 1994	U. Steffgen/B. Ziegaus, Untersuchungen zum Beginn der keltischen Goldprägung in Süddeutschland. Jahrb. Num. u. Geldgesch. 44, 1994, 9–34.
Stöckli 1974	W. E. Stöckli, Bemerkungen zur räumlichen und zeitlichen Gliederung der Funde im Oppidum von Manching. Germania 52, 1974, 368–385.
Stümpel 1967/69	B. Stümpel, Latènezeitliche Funde aus Worms. Wormsgau 8, 1967/1969, 9–32.
Suter 1984	P. Suter, Neuere Mittellatène-Grabkomplexe aus dem Kanton Bern. Ein Beitrag zur Latène C-Chronologie des schweizerischen Mittellandes. Jahrb. SGU 67, 1984, 73–93.
Szabó 2006	M. Szabó (Hrsg.), Les Civilisés et les Barbares du Ve au IIe siècle avant J.-C. Actes de la table ronde de Budapest 17–18 juin 2005 (Glux-en-Glenne 2006).
Szabó/Petres 1992	M. Szabó/É. Petres, Decorated weapons of the La Tène iron age in the Carpathian Basin. Inventaria Praehistorica Hvngariae V (Budapest 1992).
Tanner 1979	A. Tanner, Die Latènegräber der nordalpinen Schweiz. Schr. Seminar Urgesch. Univ. Bern 4 (Bern 1979).
Tanner 1980	A. Tanner, Das Latènegräberfeld von Trun-Darvella. Schr. Seminar Urgesch. Univ. Bern 5 (Bern 1980).
Troyon 1860	F. Troyon, Habitations lacustres des temps anciens et modernes (Lausanne 1860) 478.
Tschumi 1953	O. Tschumi, Urgeschichte des Kantons Bern (Bern, Stuttgart 1953).
Viollier 1916	D. Viollier, Les sépultures du second âge du fer sur le plateau Suisse (Genf 1916).
Wagner 2006	H. Wagner, Glasschmuck der Mittel- und Spätlatènezeit am Oberrhein und den angrenzenden Gebieten. Ausgr. u. Forsch. 1 (Remshalden 2006).
Waldhauser 1987	J. Waldhauser, Keltische Gräberfelder in Böhmen. Ber. RGK 68, 1987, 25–180.
Wahle 1925	E. Wahle, Grabfund der frühen Latènezeit von Oberwittighausen. Bad. Fundber. 1, 1925–1928, 7–13.

Schlagwortverzeichnis

Giengen an der Brenz; Mittellatènezeit; Gräberfeld; Brandgräber; Bewaffnung; Fibeln; Goldmünze; Armringe; Gürtelkette; mittellatènezeitliches Gräberfeld

Anschrift der Verfasserin

Silke Jäger M. A.
Anzengasse 14
55128 Mainz

E-mail: silke_jaeger02@yahoo.de

Abb. 30: Grab 1. Eisen. 1a.b M 1:4; 2–4 M 1:3; 1c.d u. 5 M 1:2.

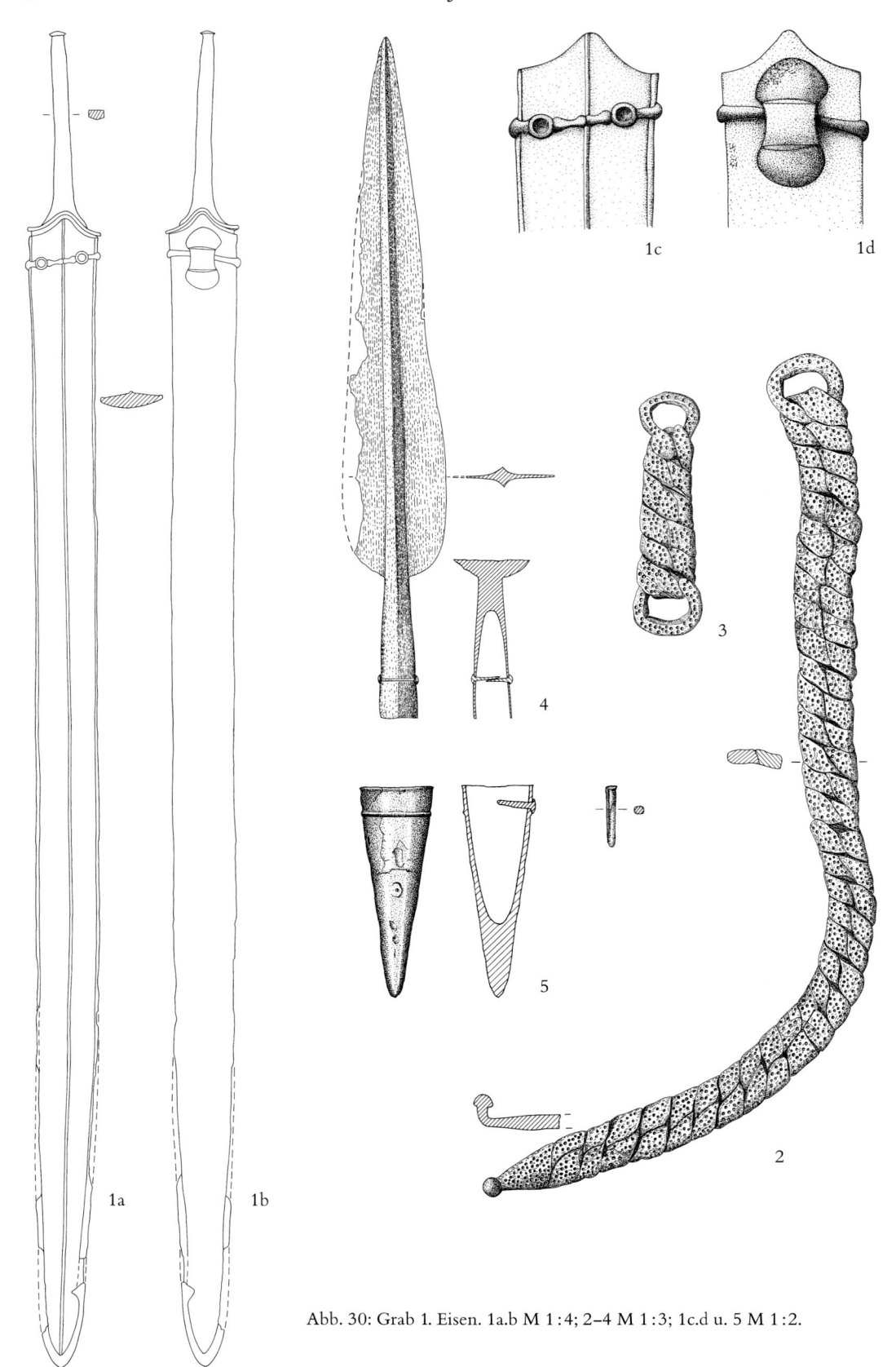

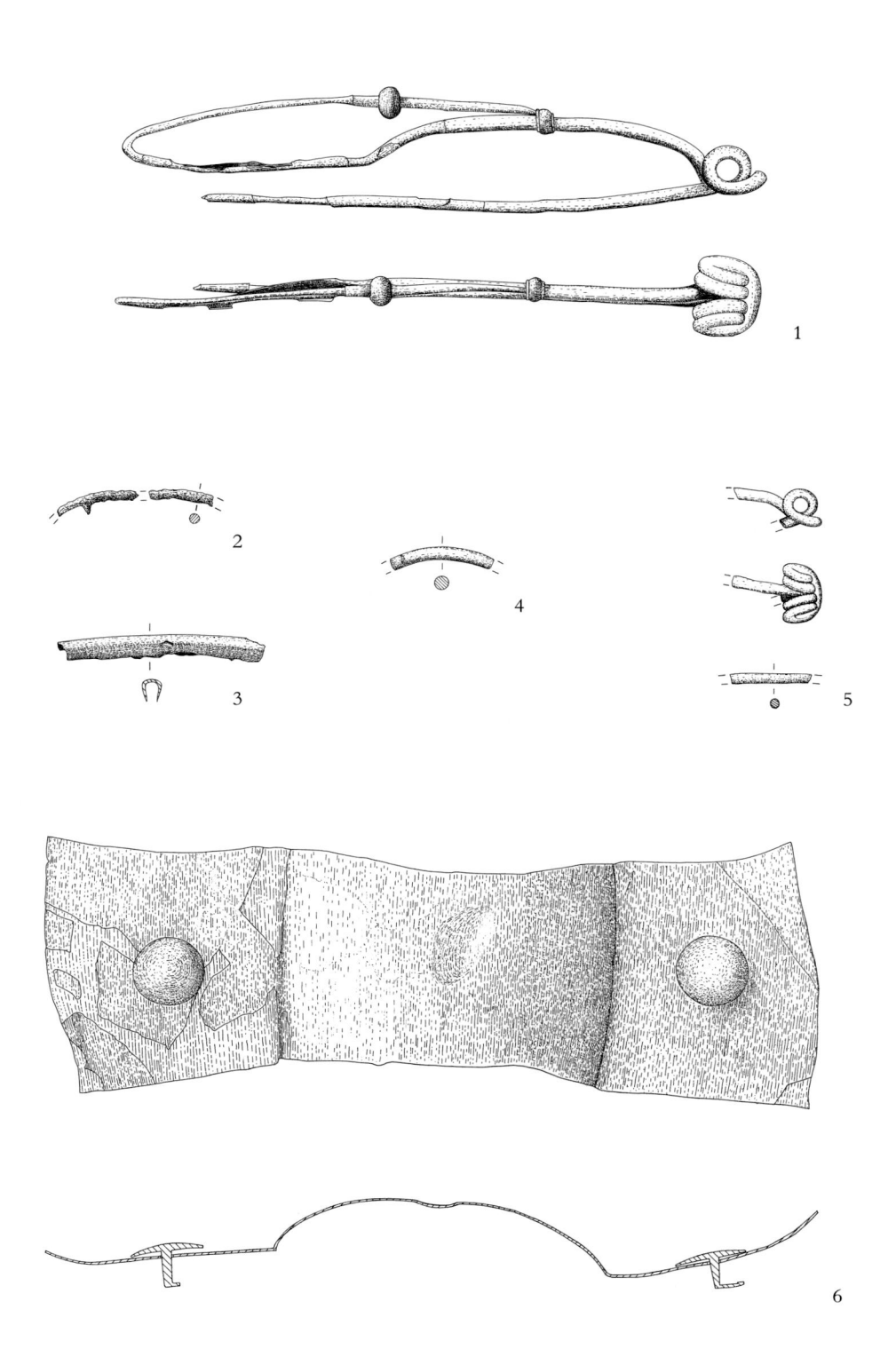

Abb. 31: Grab 1. 1–3, 5, 6 Eisen; 4 Bronze. 1–5 M 1:2; 6 M 1:3.

Abb. 32: Grab 2. Eisen. 1a.b M 1:4; 4 M 1:3; 1c–e, 2, 3 M 1:2.

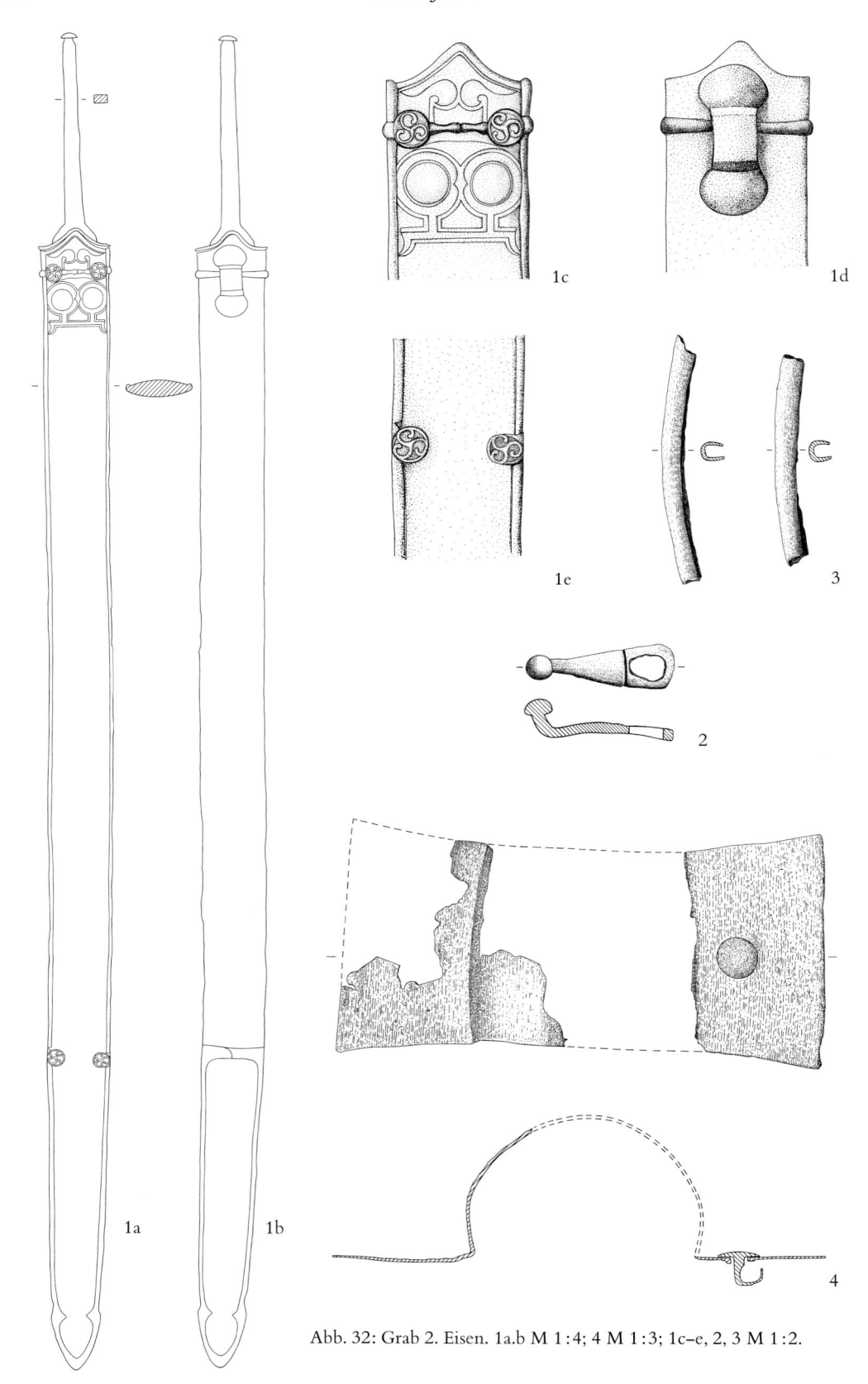

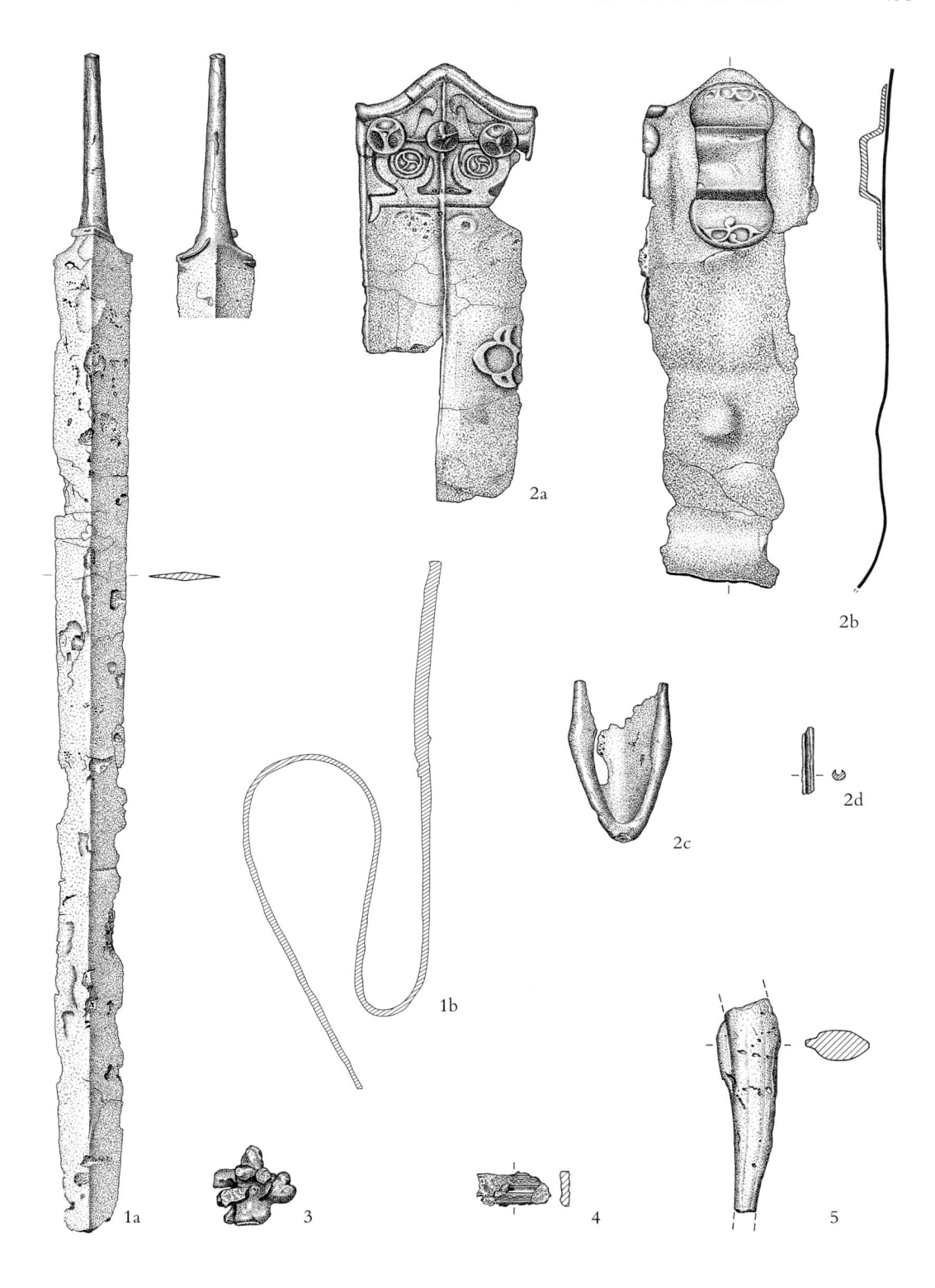

Abb. 33: Grab 3. 1–3, 5 Eisen; 4 Leder. M 1:2; 1a.b M 1:4.

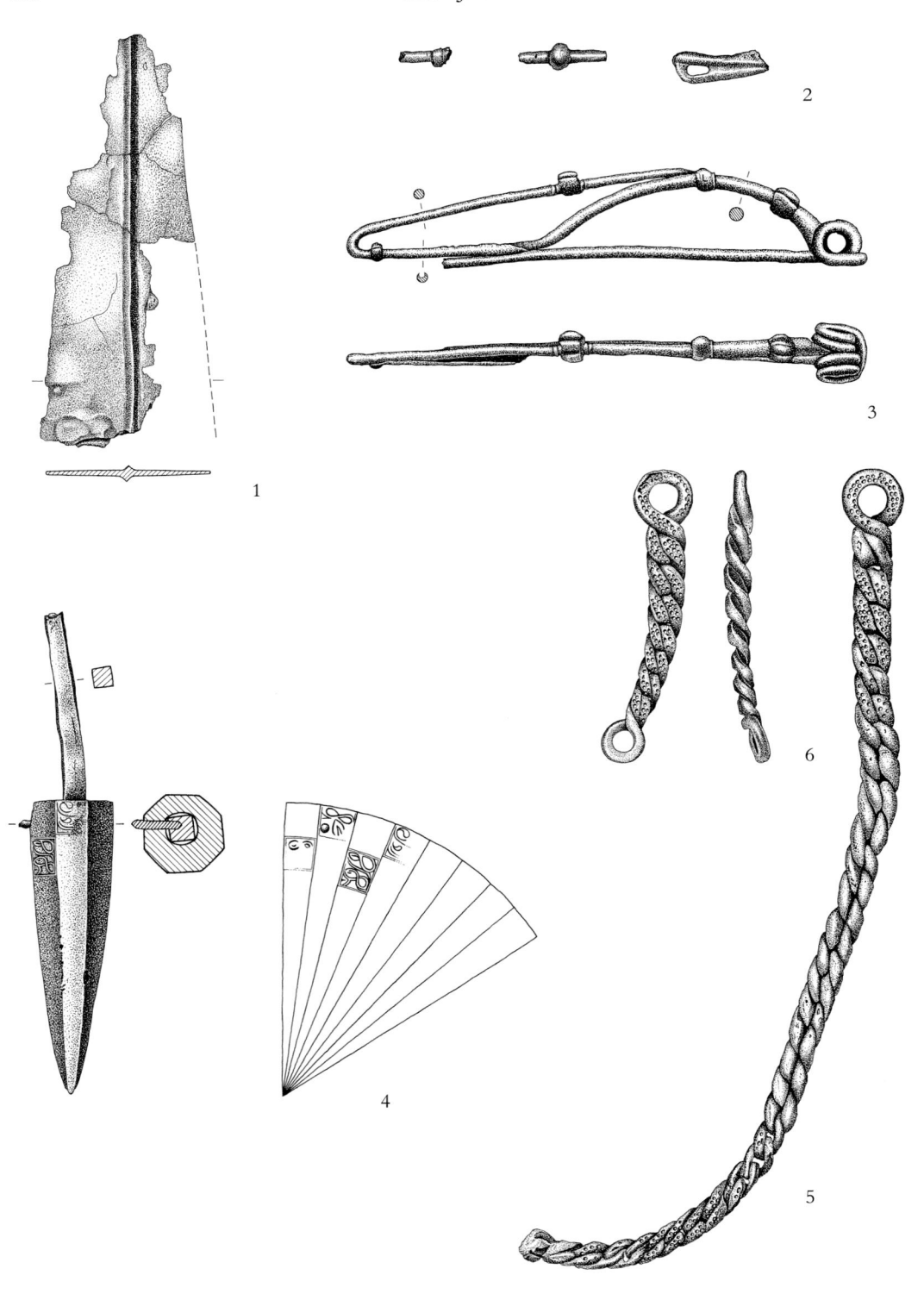

Abb. 34: Grab 3. Eisen. 1, 5, 6 M 1:3; 2–4 M 1:2.

Das mittellatènezeitliche Gräberfeld von Giengen an der Brenz 437

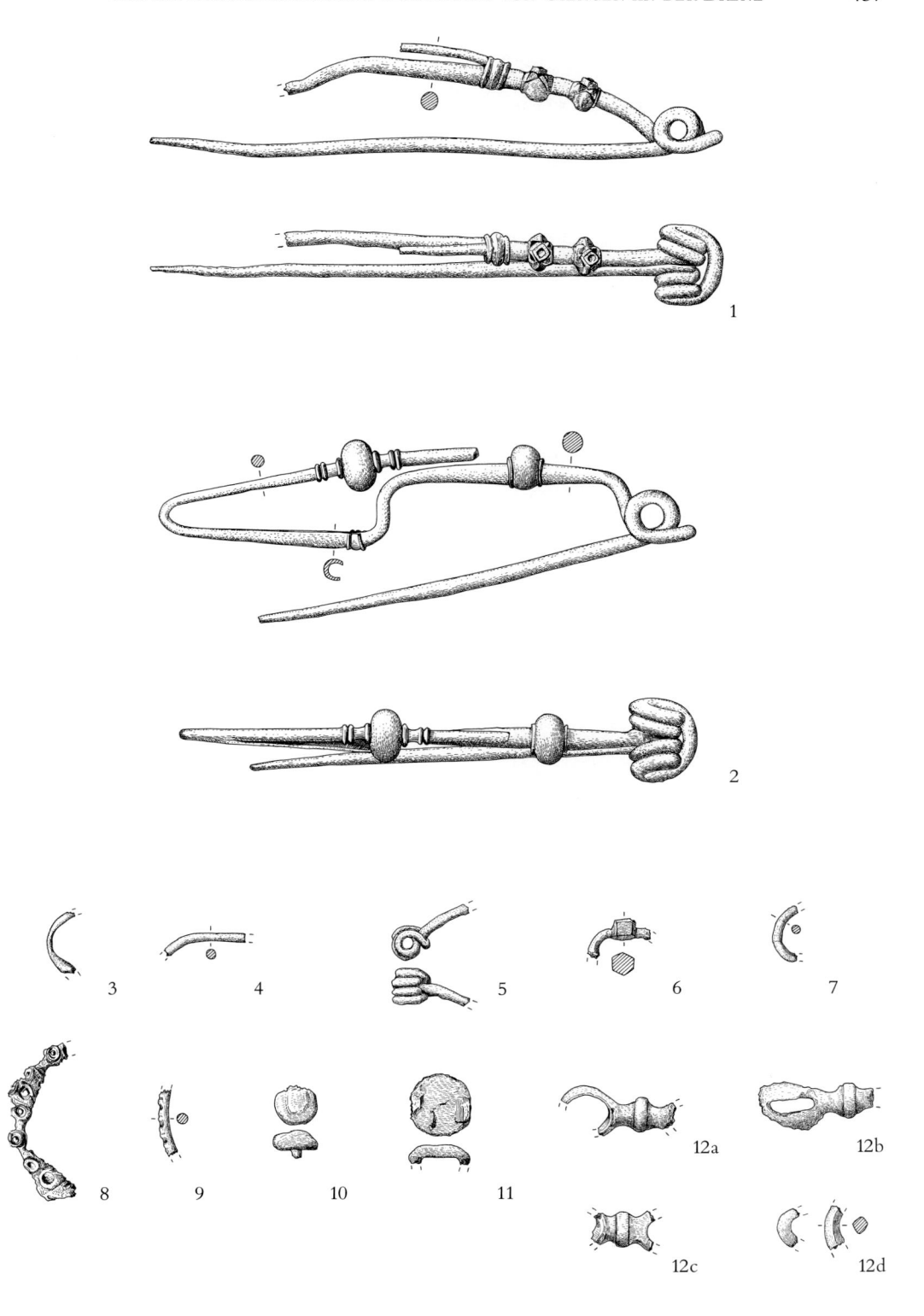

Abb. 35: Grab 4. 1, 2, 8, 9 Eisen; 3 Gold; 4–7, 10–12 Bronze. M 1:2.

Abb. 36: Grab 5. Eisen. 1a.b. M 1:4; 3 M 1:3; 1c–e, 2 M 1:2.

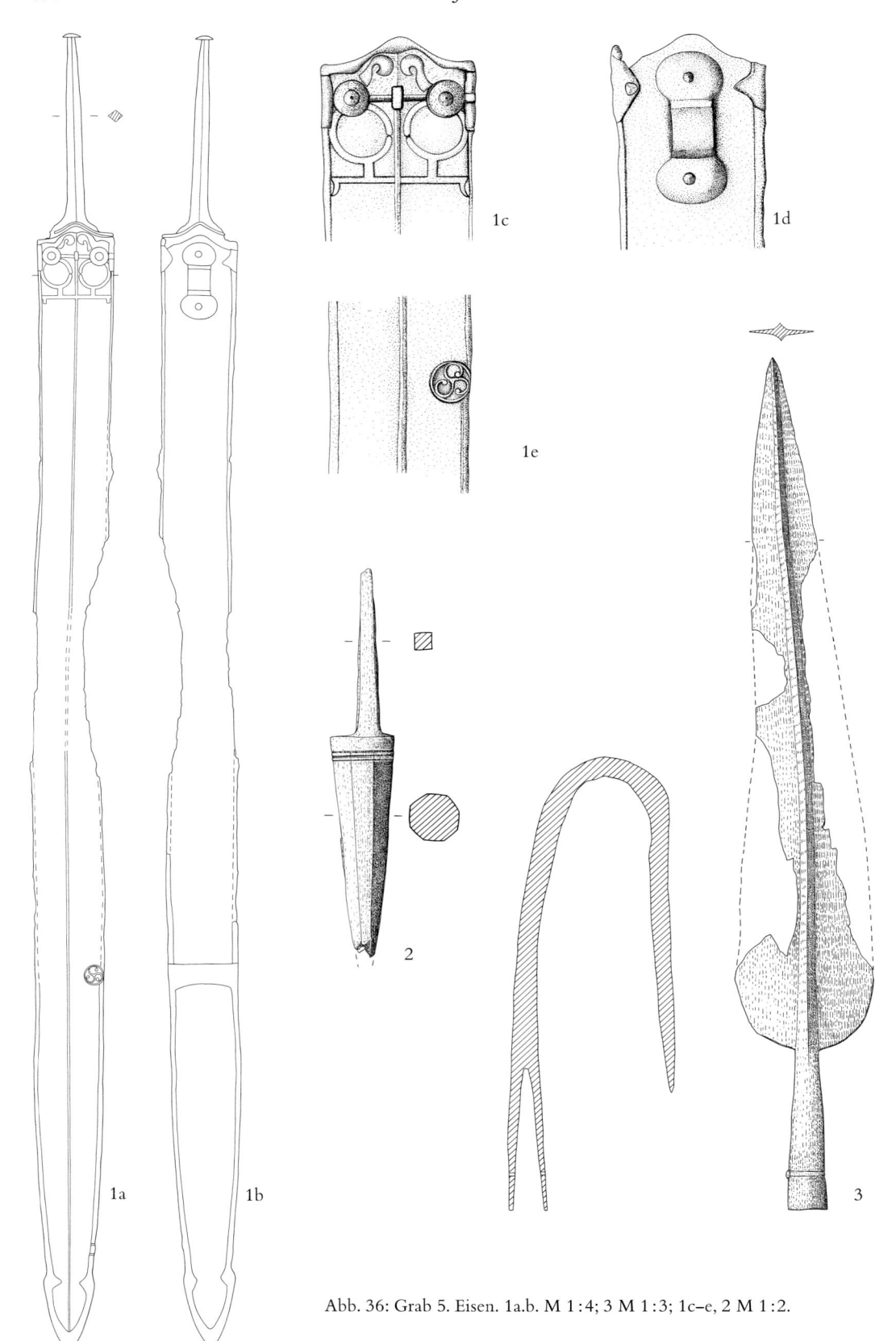

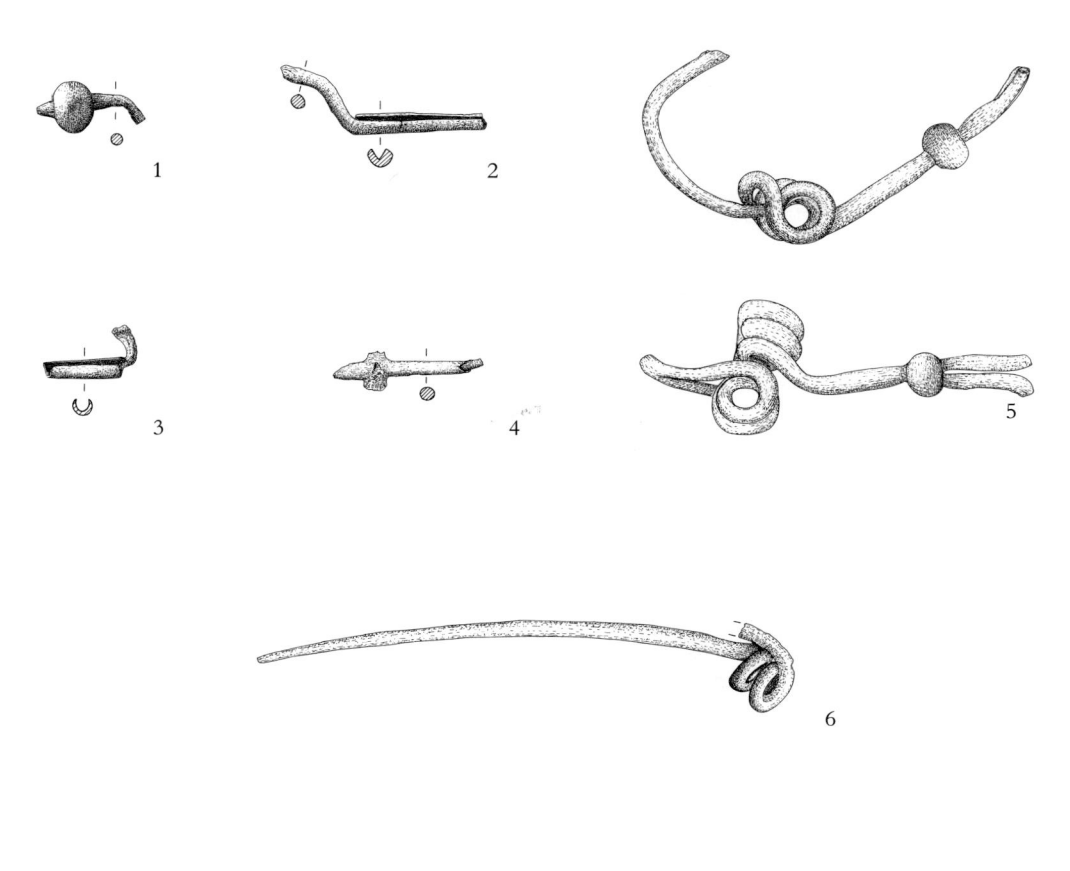

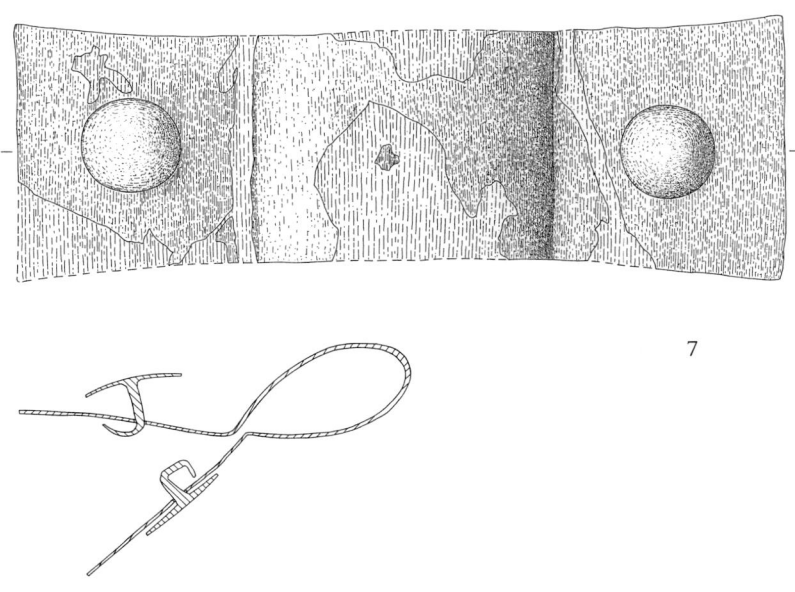

Abb. 37: Grab 5. Eisen. M 1:2; 7 M 1:3.

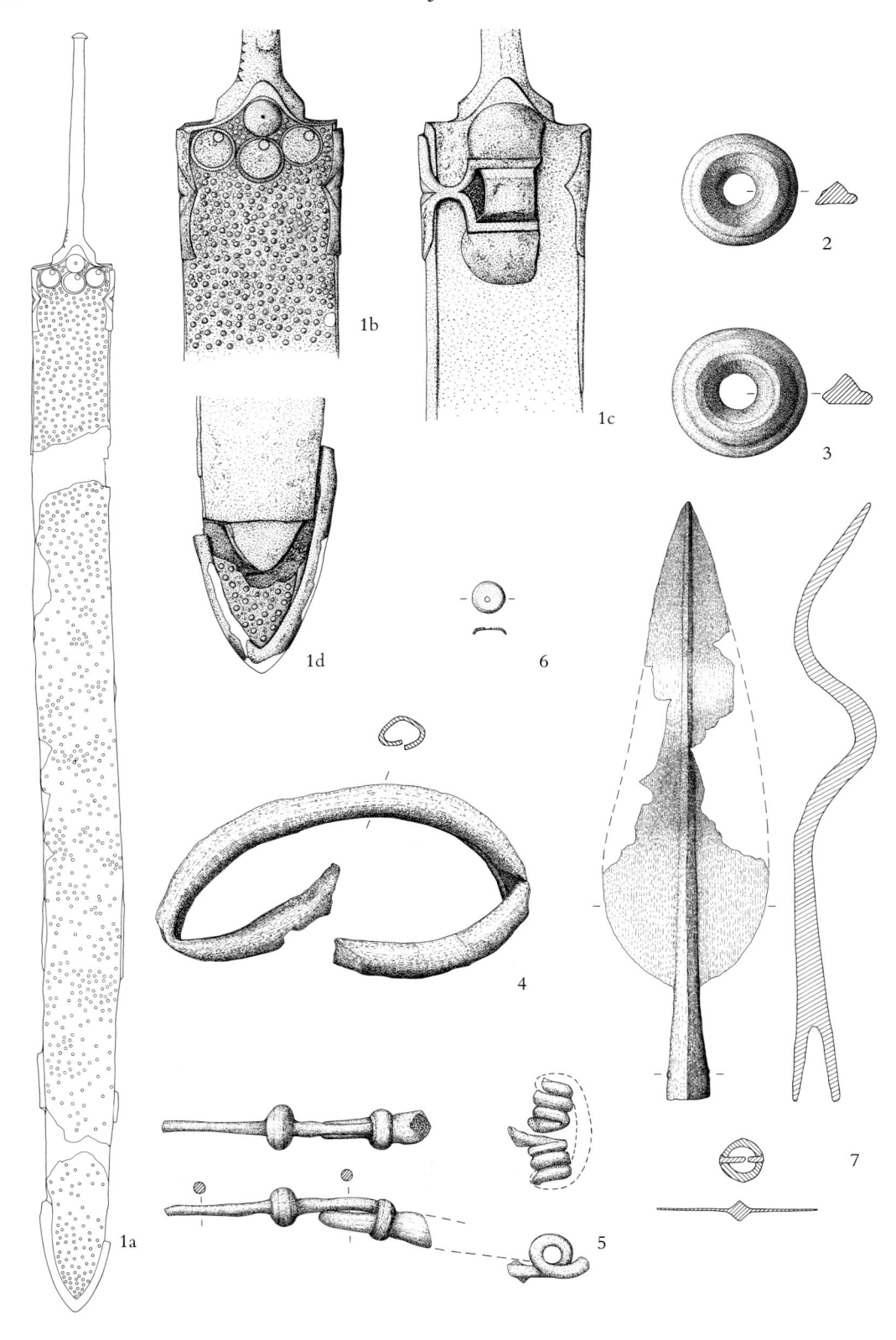

Abb. 38: Grab 6. Eisen; 6 Bronze. 1a M 1:4; 7 M 1:3; 1b–d, 2–6 M 1:2.

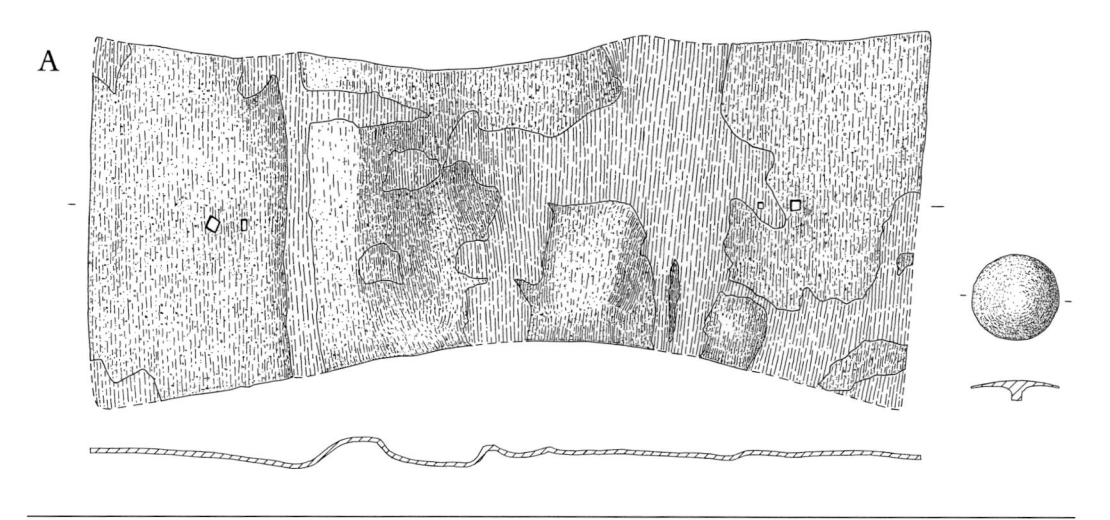

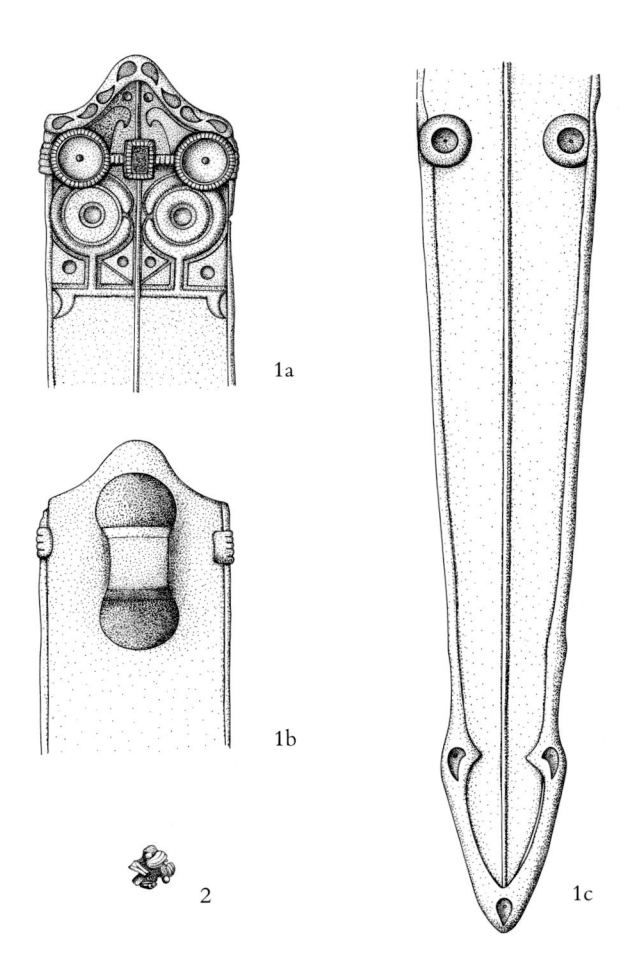

Abb. 39: A Grab 6. Eisen. M 1:3. – B Grab 7. 1 Eisen; 2 Gold. M 1:2.

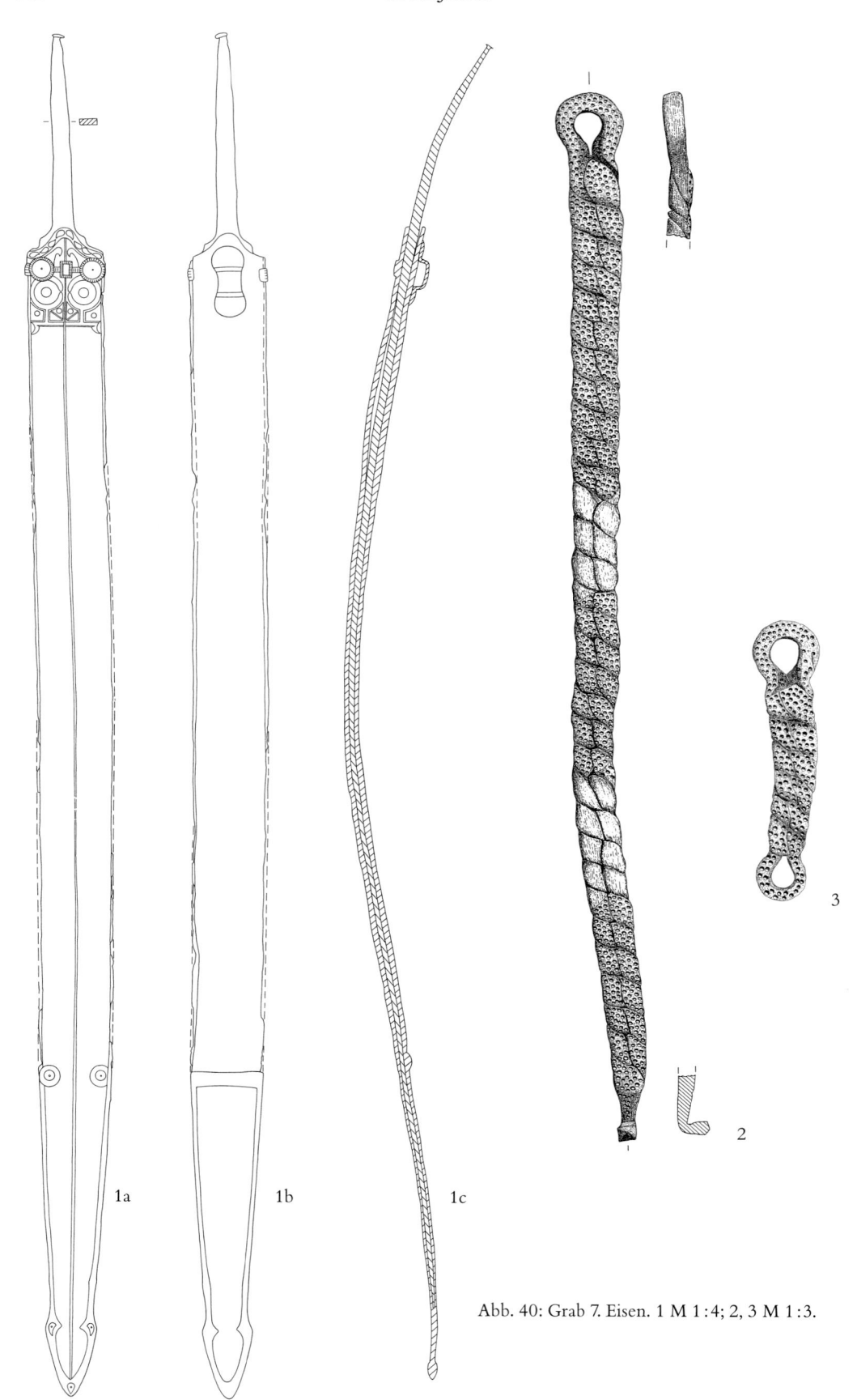

Abb. 40: Grab 7. Eisen. 1 M 1 : 4; 2, 3 M 1 : 3.

Das mittellatènezeitliche Gräberfeld von Giengen an der Brenz

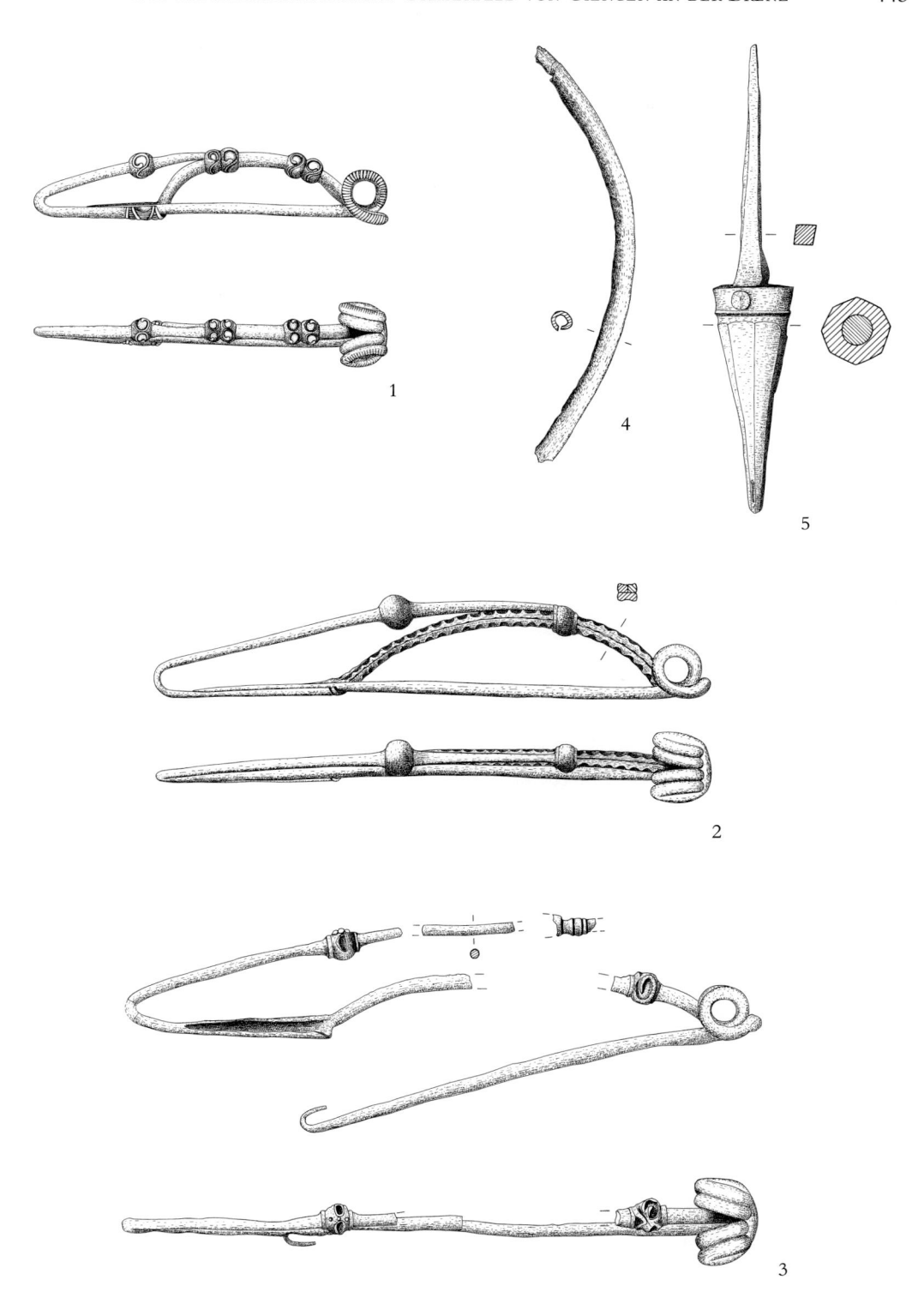

Abb. 41: Grab 7. Eisen. M 1:2.

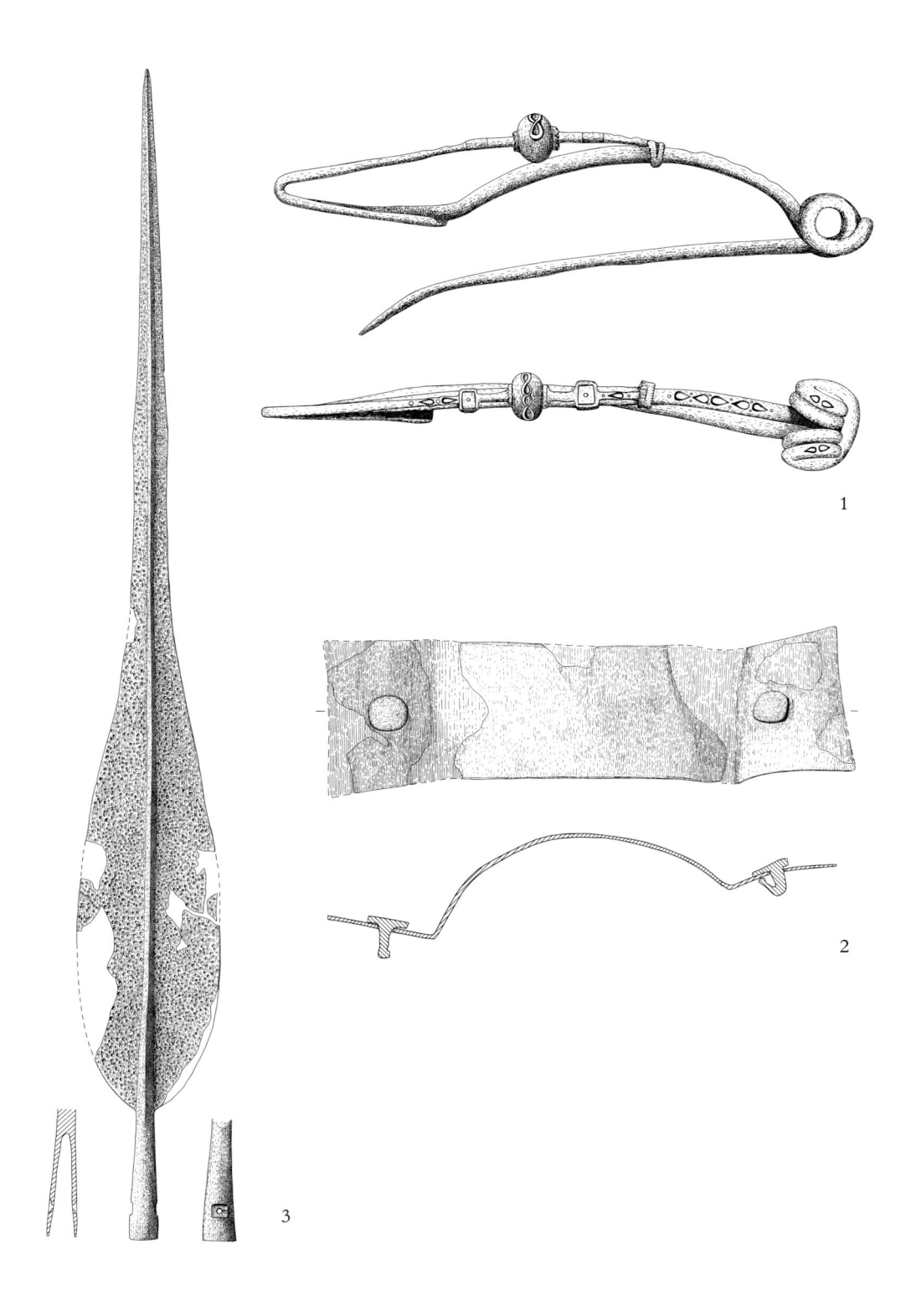

Abb. 42: Grab 7. Eisen. 1 M 1:2; 2 M 1:3; 3 M 1:4.

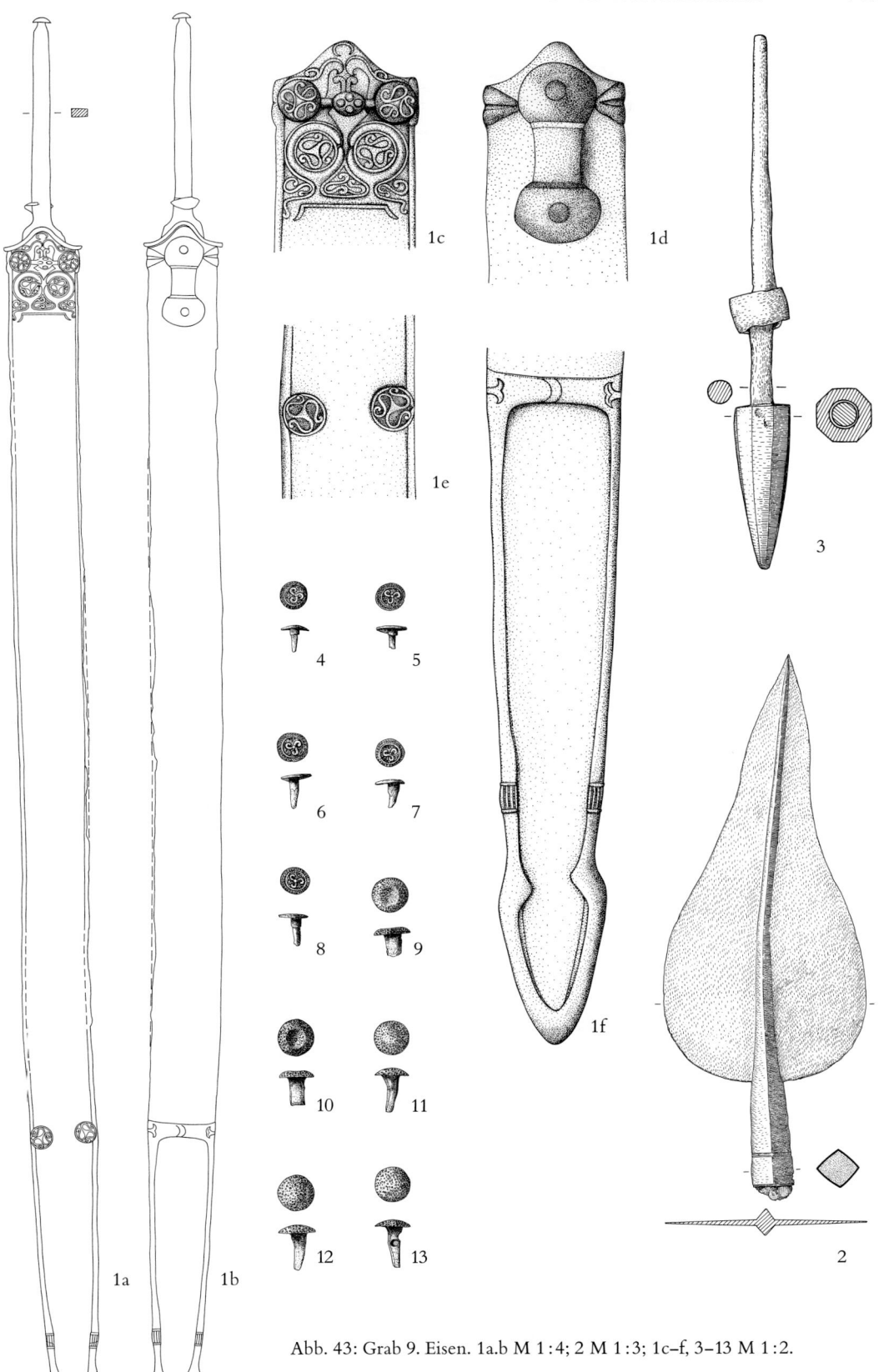

Das mittellatènezeitliche Gräberfeld von Giengen an der Brenz 445

Abb. 43: Grab 9. Eisen. 1a.b M 1:4; 2 M 1:3; 1c–f, 3–13 M 1:2.

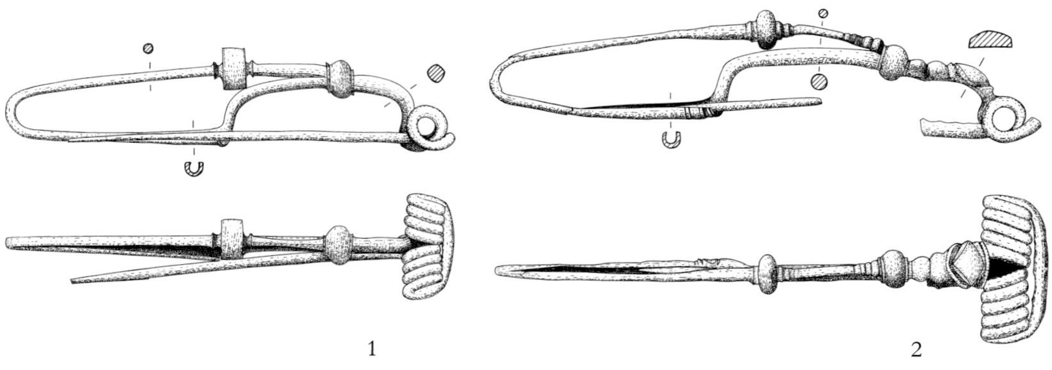

Abb. 44: A Grab 9. Eisen. M 1:2; 3 M 1:3. – B Grab 8. Eisen. M 1:2.

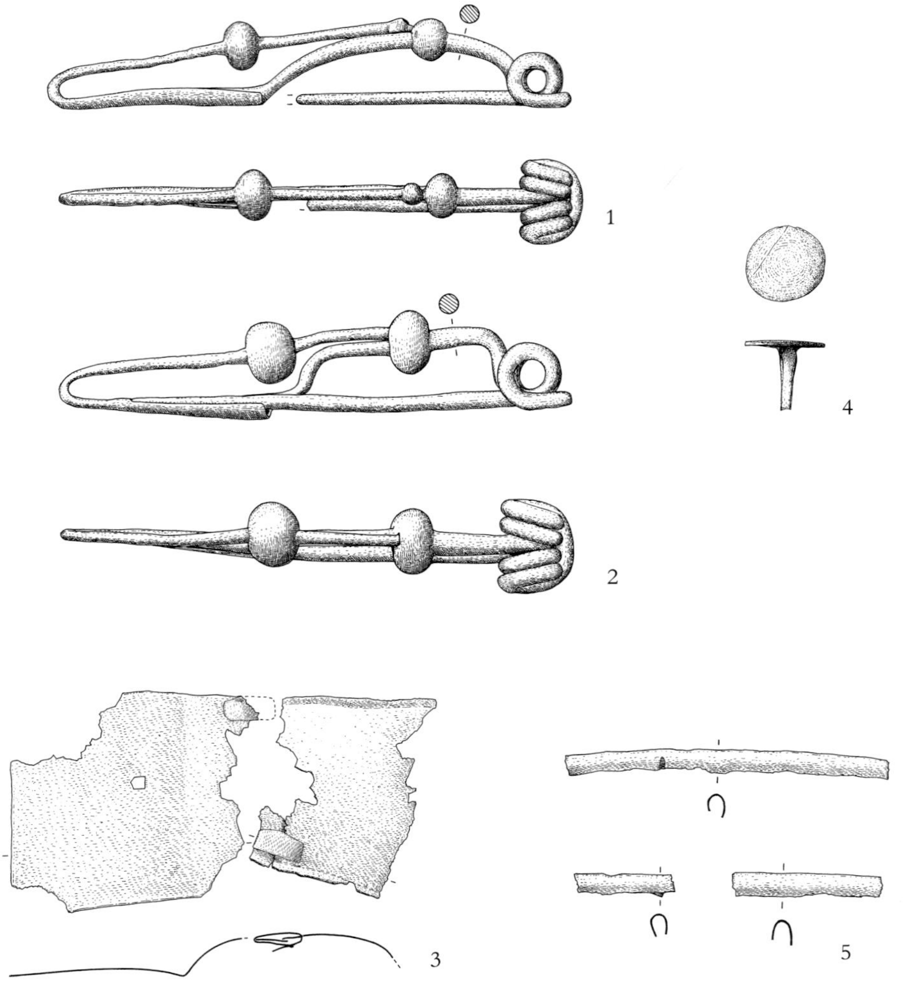

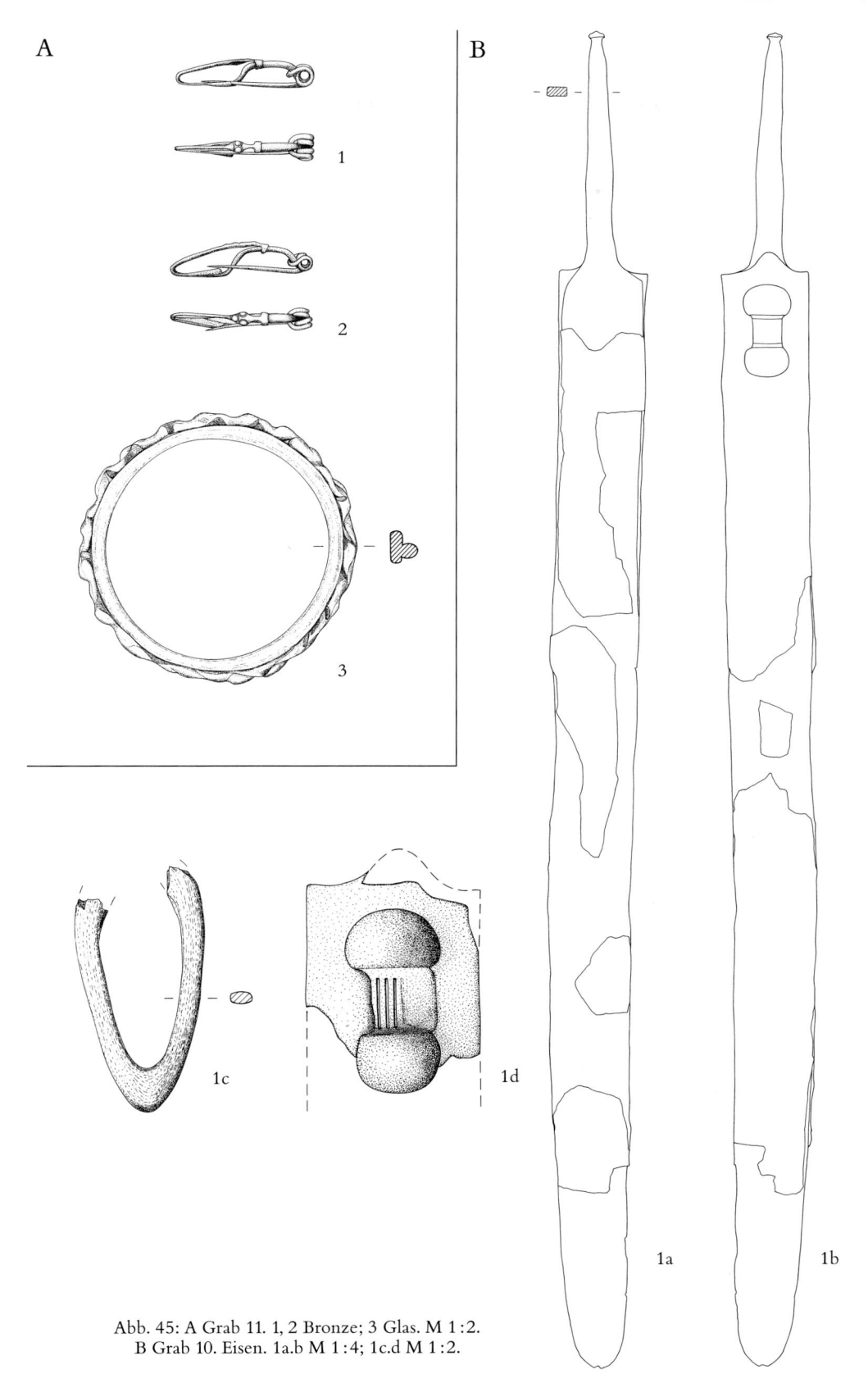

Abb. 45: A Grab 11. 1, 2 Bronze; 3 Glas. M 1:2.
B Grab 10. Eisen. 1a.b M 1:4; 1c.d M 1:2.

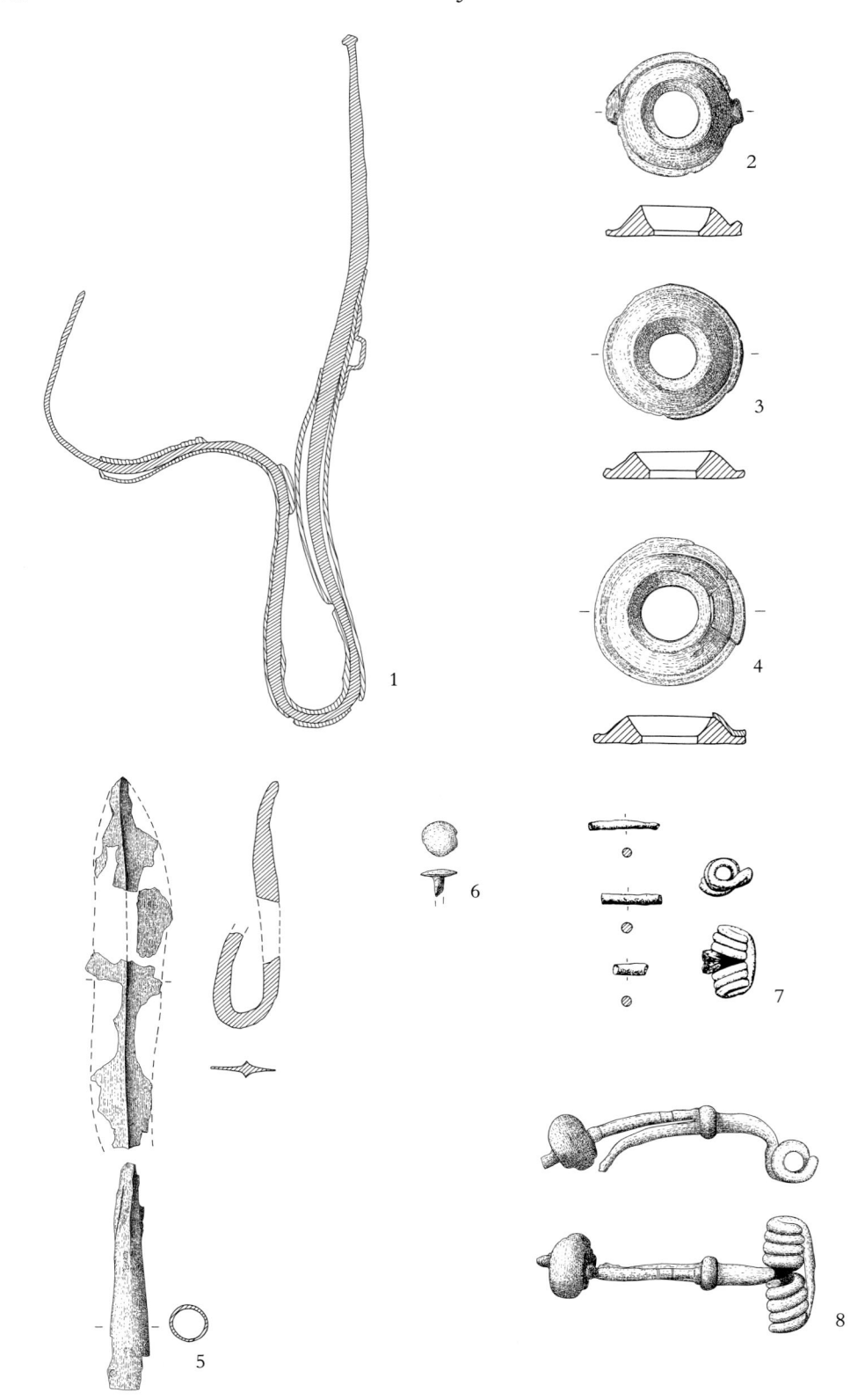

Abb. 46: Grab 10. Eisen. 1 M 1:4; 5 M 1:3; 2–4, 7, 8 M 1:2.

Abb. 47: Grab 12. Eisen. 1a.b M 1:4; 2 M 1:3; 1c.d, 3–11 M 1:2.

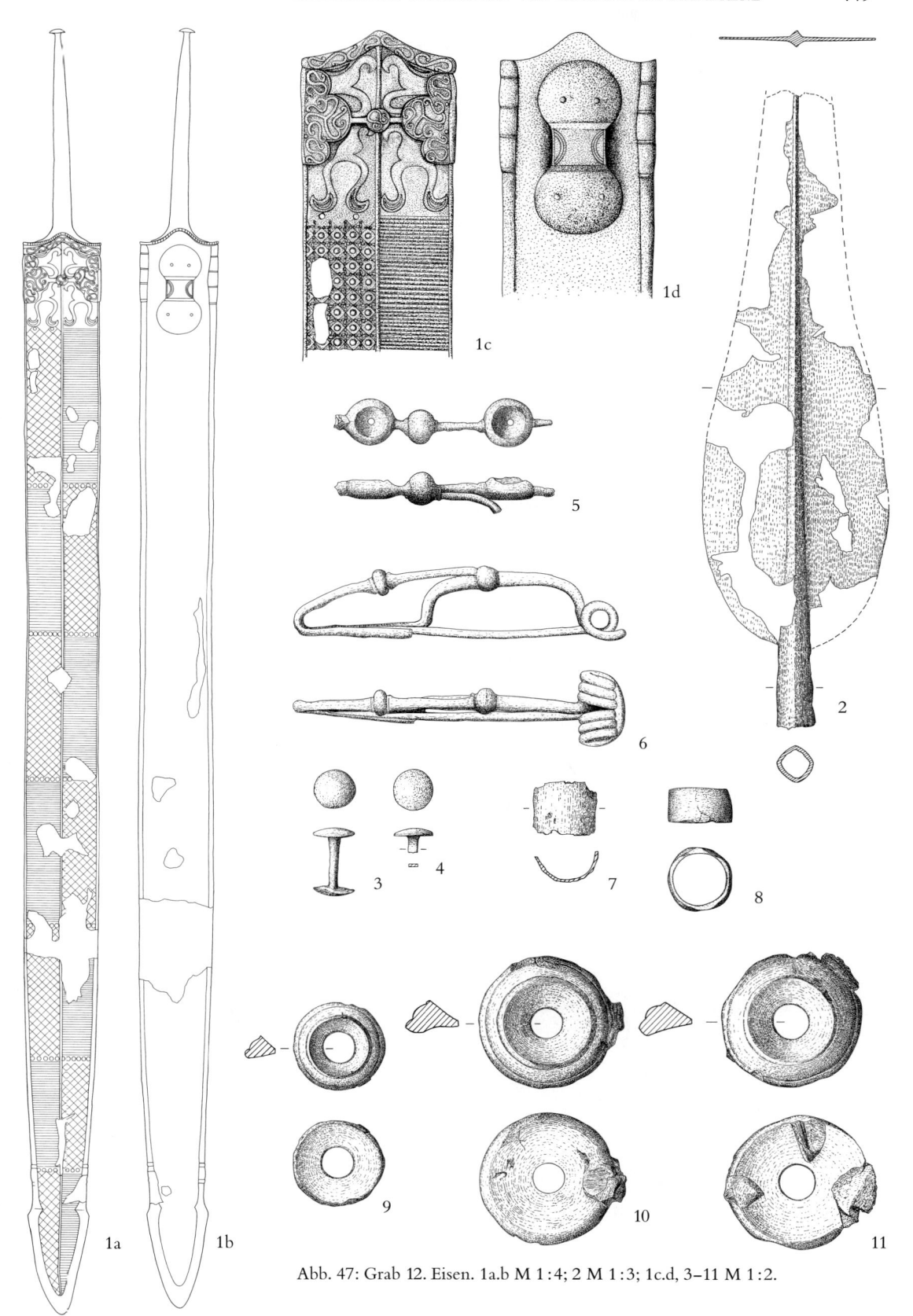

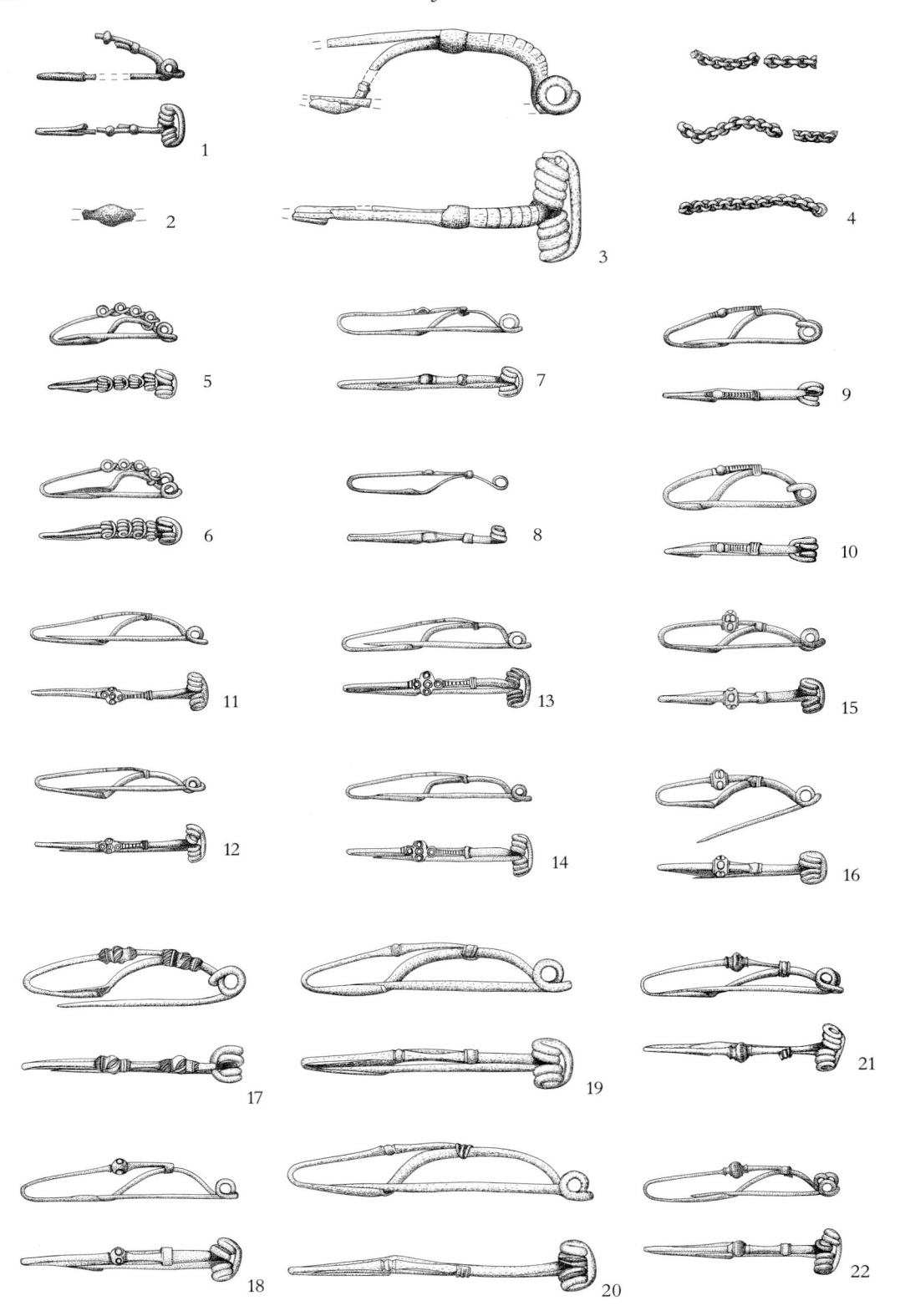

Abb. 48: Grab 13. Eisen; 5–22 Bronze. M 1:2.

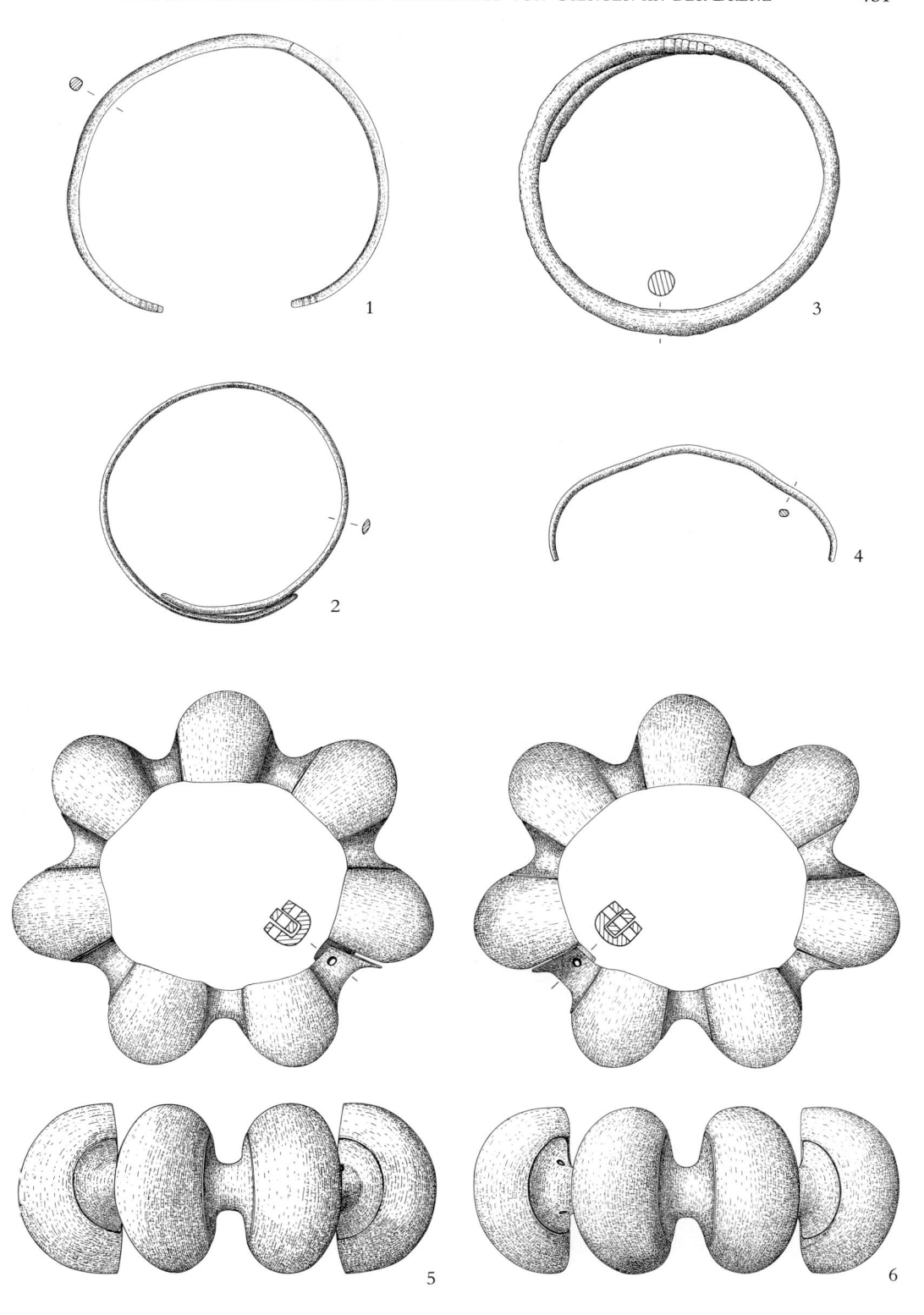

Abb. 49: Grab 13. Bronze; 3 Eisen. M 1:2.

452 SILKE JÄGER

Abb. 50: Grab 13. 1 Bronze, 2–4 Bernstein; 5, 6 Eisen. 1 M 1:3; 2–6 M 1:2.

Wirbellosenreste aus einem mittellatènezeitlichen Brunnen im Bereich der Viereckschanze in Mengen am Oberrhein (Gem. Schallstadt-Wolfenweiler, Lkr. Breisgau-Hochschwarzwald)

Edith Schmidt

Zusammenfassung

Aus Verfüllschichten eines mittellatènezeitlichen Brunnens aus Mengen, Gem. Schallstadt-Wolfenweiler, mit Schlagdaten der Brunnenwandhölzer von 198 ± 10 v. Chr. und 165 v. Chr., sind aus insgesamt 27 Proben 137 Wirbellosenreste verlesen und bearbeitet worden. Während eine Absetzschicht aus der Betriebszeit des Brunnens nicht auszumachen war, repräsentiert die anthropogene Verfüllschicht die Umgebung des Brunnens mit einem hohen Anteil an Käfern, die auf Kulturflächen vorkommen und mit einer Dung/Kompostfauna. Waldanteile scheinen gering gewesen zu sein. Weiteres Verfüllmaterial war nach Abbau der Wandhölzer in den Brunnen gestürzt. Referenzproben konnten Baugrubenmaterial und Grabensedimente in der Versturzschicht bestätigen. Die geringen Funddichten im gesamten Schachtmaterial lassen auf eine schnelle Verfüllung schließen. Dieses sowie fundleere Proben und das Fehlen von synanthropen Arten wie Vorratsschädlinge, Hausungeziefer oder auch Pflanzenschädlinge deutet auf eingeschränkte Siedlungsaktivitäten hin und lässt annehmen, dass es durch den Bau der Viereckschanze eine Siedlungsverlagerung gegeben hatte und der aufgegebene Brunnen nur noch im Anbau- und Randbereich der Siedlung lag.

1. Einleitung

Im Grabenbereich einer spätlatènezeitlichen Viereckschanze in Mengen, Gemarkung ‚Abtsbreite' (Abb. 1), fanden Ausgräber im Sommer 2004 bei einer gemeinsam durchgeführten Untersuchung des Regierungspräsidiums Freiburg, Ref. 25 der Denkmalpflege, und der Universität Freiburg Reste eines Brunnens. Dieser Brunnen wird in die Mittellatènezeit datiert[1] und ist in der Spätlatènezeit, etwa 150 bis 15 v. Chr., von einer Wall-Graben-Anlage überbaut worden. Bei dieser Anlage, die auf einer Lösszunge – der so genannten Mengener Brücke – zwischen Batzenberg und Tuniberg im Ortsteil Mengen (Gem. Schallstadt-Wolfenweiler) liegt, handelt es sich um die erste nachgewiesene keltische Viereckschanze im Oberrheingebiet.[2] Ein für keltische Viereckschanzen typischer Wall war allerdings nicht mehr vorhanden, nur der Umfassungsgraben konnte noch rekonstruiert werden. Während im oberen Bereich der Brunnenanlage nur Schneckenschalen gefunden wurden, sind im unteren Abschnitt des Brunnens, der wegen eines recht hohen Grundwasserspiegels eine gute Feuchterhaltung aufwies, neben Bauhölzern und pflanzlichen Großresten auch Insektenreste erhalten geblieben. Mit Hilfe der Wirbellosenanalysen lassen sich Umweltrekonstruktionen erstellen, mit

---

1 Alle Angaben zur Grabung Mengen stammen aus S. Dornheim, Mengen – eine keltische Viereckschanze am Oberrhein. In: Kelten an Hoch- und Oberrhein. Führer Arch. Denkm. Baden-Württemberg 24 (Krefeld 2005) 90–93.
2 Siehe dazu A. Bräuning/S. Dornheim/C. Huth, Eine keltische Viereckschanze am südlichen Oberrhein bei Mengen, Gde. Schallstadt-Wolfenweiler, Kreis Breisgau-Hochschwarzwald. Arch. Ausgr. Baden-Württemberg 2004, 113–117.

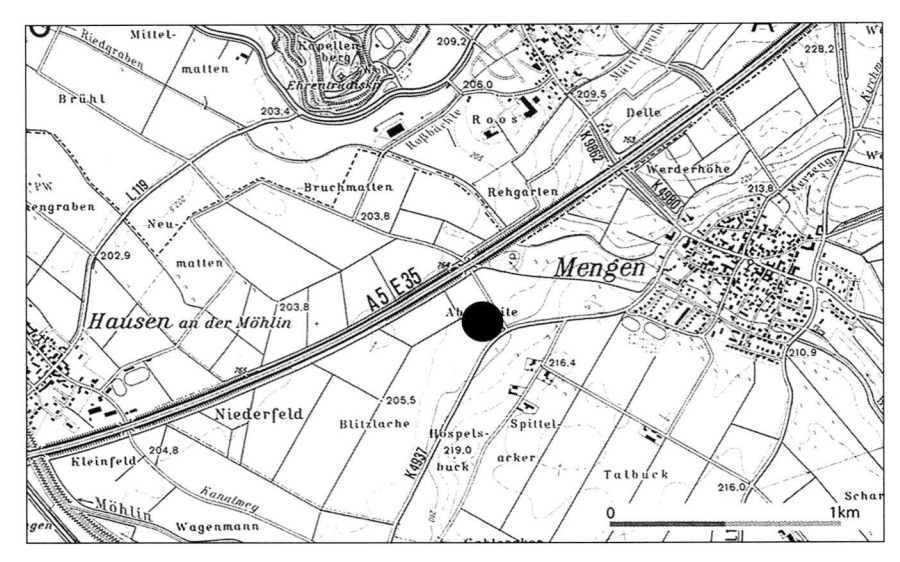

Abb. 1: Lage der Viereckschanze, Mengen ‚Abtsbreite'.

Aussagen zur Herkunft des Verfüllmaterials und zur Umgebung des Brunnens. Anders als in den Feuchtbodensiedlungen um den Bodensee und in Oberschwaben, ist in Lössgebieten eine Feuchterhaltung nur in Ausnahmefällen gegeben, wie dies beispielsweise bei dem vorliegenden Brunnen der Fall war. Damit stellen gerade Brunnen aus Trockenbodengrabungen wertvolle Archive für organische Reste und umweltarchäologische Untersuchungen dar.

2. Material/Methoden

Die Brunnenanlage lag mitten im Umfassungsgraben im nordwestlichen Bereich der Viereckschanze (Abb. 2). Der ehemalige Brunnen war etwa 5 m tief, die oberen 1,4 m waren erodiert.[3] Der Brunnenkasten bestand aus einer doppelschaligen Eichenholzeinfassung mit einer lichten Weite von 0,8 x 0,8 m (Abb. 3) und war zuunterst auf Auflagehölzer aufgesetzt. Das älteste Dendrodatum datiert in die Zeit des Mittellatène, 198 ± 10 v. Chr.,[4] und stammt aus einem Holz der Brunnenwand. Im unteren Bereich, etwa 0,7 m oberhalb der Sohle, waren beide Wandschalungen noch während der Nutzungsphase eingebrochen. Die Reparatur erfolgte im Jahr 165 v. Chr.[5] (Fälldatum) und wurde mit Tannenholz ausgeführt. Zu einem weiteren Wandeinbruch kam es nach Aufgabe des Brunnens.[6]

---

3   S. Dornheim, mündl. Mitteilung.
4   Aus W. Tegel, Dendrochronologische Untersuchung, Bericht 1. Regierungspräsidium Stuttgart, Dendrochronologisches Labor Hemmenhofen, 2005, 1–11.
5   Siehe dazu Tegel 2005 (Anm. 4).
6   S. Dornheim, mündl. Mitteilung.
7   Zu Vergleichszwecken werden die Käfersammlungen von Horion (18 Kästen) und von Wolff (60 Kästen) aus dem Zoologischen Institut der Universität Freiburg, Abteilung Ökologie, benutzt.
8   K. Harde/F. Severa, Der Kosmos-Käferführer (Berlin 1984); W. Hennig, Die Larvenformen der Dipteren 3 (Berlin 1952); M. P. Kerney/R. A. D. Cameron/J. H. Jungbluth, Die Landschnecken Nord- und Mitteleuropas (Hamburg, Berlin 1983); W. H. Lucht/B. Klausnitzer, Die Käfer Mitteleuropas Bd. 14,4 (Krefeld 1998); J. Trautner/K. Geigenmüller/B. Diehl, Laufkäfer (Hamburg 1984); E. Stresemann (Hrsg.), Exkursionsfauna von Deutschland. Bd. 1: Wirbellose (Berlin 1970); ders., Exkursionsfauna von Deutschland. Bd. 2/1: Wirbellose (Berlin 1978); E. Reitter, Fauna Germanica – Käfer. Bd. 1: Adaephaga 1 (Stuttgart 1908); ders., Fauna Germanica – Käfer. Bd. 2: Polyphaga (Stuttgart 1909).

Abb. 2: Ausschnitt des nordwestlichen Bereichs der Viereckschanze (Umfassungsgraben etwa 1,5 m tief und 3,4 m breit) mit dem Brunnen und Pfostenlöchern, außerhalb des Grabens liegen die bandkeramischen Gruben.

Aus den noch erhalten gebliebenen Teilen der Brunnenanlage und zusätzlich aus dem Graben wurden Proben zur Untersuchung von Wirbellosenresten und archäobotanischen Großresten entnommen. Das gesamte Probenmaterial, 26 Proben aus der Brunnenanlage und eine Probe aus dem Graben, ist im Archäobotaniklabor des Regierungspräsidiums Stuttgart, Landesamt für Denkmalpflege, Arbeitsstelle Hemmenhofen, bearbeitet worden. Im Einzelnen stammten 23 Proben aus dem Brunnenschacht, Befund 84 (Labornummern 59 bis 90), und zwar vom Auflageholz (Labornummer 90) bis etwa 2,1 m oberhalb der Sohle; weitere drei Proben (Labornummern 69 bis 71) sind aus der ursprünglichen Baugrube entnommen worden. Die Einzelprobe aus dem Grabenbereich lag außerhalb der Brunnenanlage, etwa 50 m weiter südöstlich (Befund 36). Alle Proben wurden durch Siebsätze mit Maschenweiten von 4, 2, 1, 0,5 und 0,25 mm geschlämmt. Mit Ausnahme der Probe mit der Labornummer 80, von der nur 1,19 kg Material vorlag, betrugen die untersuchten Probenmengen 2 kg Frischgewicht pro Probe. Insgesamt sind 53,19 kg Material bearbeitet worden. Nachdem aus den jeweiligen Siebrückständen die botanischen Makroreste verlesen worden waren, wurde das Material der Bearbeiterin übergeben. Alle Wirbellosenreste sind zunächst unter dem Binokular mit 10- bis 40-facher Vergrößerung ausgelesen und anschließend mit Hilfe von Vergleichssammlungen rezenten Materials bestimmt worden.[7] In Einzelfällen konnte auch die gängige Bestimmungsliteratur benutzt werden.[8] Einzelne, gut erhaltene Flügeldeckenreste wurden photographiert.

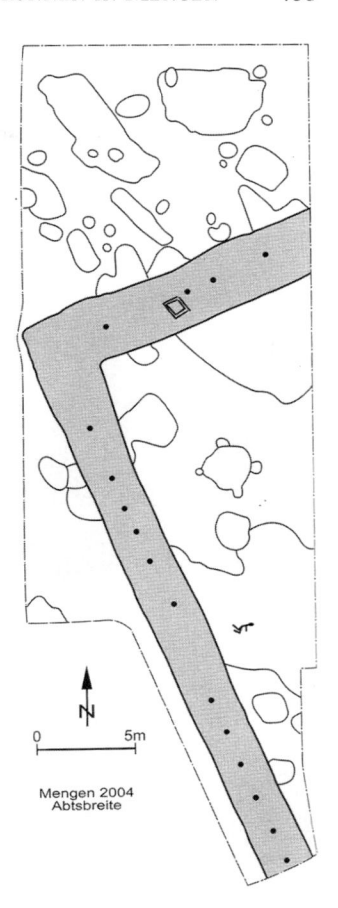

Abb. 3: Brunnen mit doppelwandigem Brunnenkasten, Größe 80 x 80 cm, Gesamttiefe 5 m.

3. Ergebnisse

Aus insgesamt 27 untersuchten Proben – sechs dieser Proben waren fundleer – sind 138 Wirbellosenreste verlesen worden (Tab. 1, Anhang). Erhalten geblieben sind überwiegend Schalen von Schnecken mit 109 Gehäusen. Insekten waren nur noch mit 29 Resten vorhanden, die einer Maulwurfsgrille, einer Köcherfliege und elf Käfern zugeordnet werden konnten. Von der Köcherfliege wurde nur ein Köcher – mit Sandkörnchen beklebt – von einer Larve der Gattung *Limnephilus* gefun-

Abb. 4 (linke Gruppe): *Pterostichus melanarius* (Fam. *Carabidae*, Laufkäfer). Flügeldecke 10 mm und Käfer (Alkoholpräparat) 12–14,4 mm. – Abb. 5 (Mitte): *Bembidion lampros* (Fam. *Carabidae*, Laufkäfer). Flügeldecke 2,2 mm und Käfer 3–4 mm. – Abb. 6 (rechts): *Harpalus rufipes* (Fam. *Carabidae*, Laufkäfer). Flügeldecke 8–10 mm und Käfer 11–16 mm.

Abb. 7 (linke Gruppe): *Poecilus cupreus* (Fam. *Carabidae*, Laufkäfer). Flügeldecke 7 mm und Käfer 9–13 mm. – Abb. 8 (Mitte): *Pterostichus niger* (Fam. *Carabidae*, Laufkäfer). Flügeldecke 9,2 mm und Käfer (Alkoholpräparat) 19 mm. – Abb. 9 (rechts): *Aphodius granarius,* Dungkäfer (Fam. *Scarabaeidae*, Blatthornkäfer). Flügeldecke 3 mm und Käfer 5–7 mm.

Abb. 10 (linke Gruppe): *Geotrupes vernalis,* Roßkäfer (Fam. *Scarabaeidae*, Blatthornkäfer). Flügeldecke 12 mm und Käfer 16–25 mm. – Abb. 11 (rechts): *Pleurophorus caesus,* Dungkäfer (Fam. *Scarabaeidae*, Blatthornkäfer). Flügeldecke 1,8 mm und Käfer 2,5–3,2 mm.

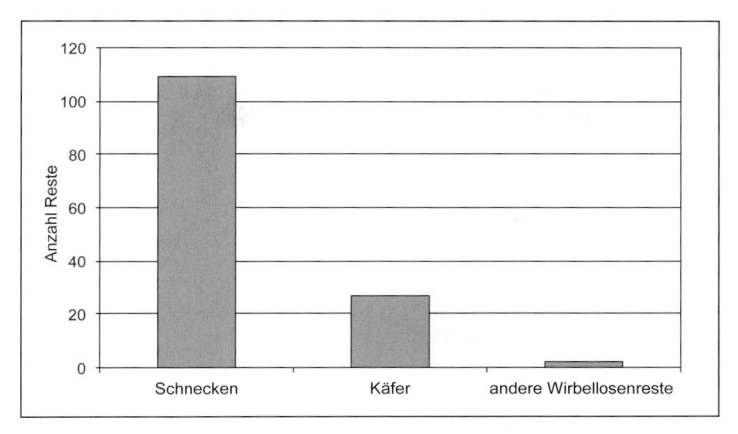

Abb. 12: Anteile (Anzahl Reste) aller gefundenen Wirbellosenreste (Schnecken, Käfer und andere Wirbellose) aus der gesamten Brunnenverfüllung. Schnecken sind mit neun Arten, Käfer mit zwölf Arten vertreten.

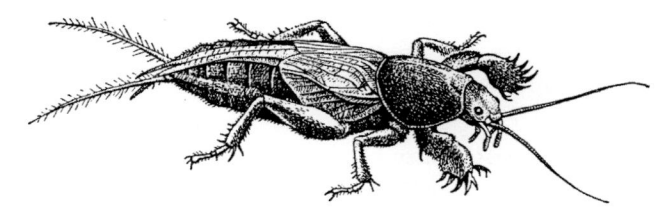

Abb. 13: Abbildung einer Maulwurfsgrille *Gryllotalpa gryllotalpa*, 3,3–3,8 mm.

den und von der Maulwurfsgrille die Grabschaufeln. Von Käfern sind überwiegend Flügeldecken erhalten geblieben, deren Strukturen so gut waren, dass eine Artbestimmung möglich war; Kopf- und Beinteile sowie intakte Tiere sind nicht vorgekommen. Die Größen der Fundstücke lagen zwischen 1 und 12 mm.

Aus 23 Brunnenschachtproben sind 73 Wirbellosenreste identifiziert worden (siehe Tab. 1, Anhang). Von diesen stammten 46 Reste von Landschnecken, die ebenso vielen Individuen entsprechen und sieben Arten angehören. Am häufigsten ist die Kleine Bernsteinschnecke (*Succinea oblonga*) mit 23 Schalenresten vorgekommen, gefolgt von der Streifen-Glanzschnecke (*Nesovitrea hammonis*) mit 15 Gehäuseschalen. Die restlichen acht Schalenfunde verteilten sich auf vier Schneckenarten (*Pupilla muscorum, Cecilioides acicula, Cochlicopa lubricella, Vallonia costata*). Ein geringerer Anteil bestand aus Käferflügeldecken. Die 26 Flügeldecken konnten fünf Käferfamilien zugeordnet werden. Mit 15 Resten, die fünf Arten angehörten, waren die Laufkäfer (Fam. *Carabidae*) sowohl am individuen- als auch am artenreichsten. Folgende Laufkäferarten wurden determiniert: *Pterostichus melanarius* (Abb. 4) und *Bembidion lampros* (Abb. 5) mit sechs bzw. vier Resten, *Harpalus rufipes* (Abb. 6) und *Poecilus cupreus* (Abb. 7) mit je zwei Resten und *Pterostichus niger* (Abb. 8) mit einem Bruchstück. Aus der Familie der Blatthornkäfer (Fam. *Scarabaeidae*) kamen drei Dungkäferarten vor und zwar *Aphodius granarius* (Abb. 9) mit fünf Resten, des weiteren *Geotrupes vernalis* (Abb. 10) und *Pleurophorus caesus* (Abb. 11) mit je einem Rest. Von den übrigen Familien, wie den Nestkäfern (Fam. *Catopidae*), den Schimmelkäfern (Fam. *Cryptophagidae*) und den Rüsselkäfern (Fam. *Curculionidae*) wurde jeweils nur ein Rest, der je einer Art entsprach, gefunden. Obwohl Schnecken mit weniger Arten vertreten waren, betrug ihr Anteil 63% aller Reste (Abb. 12), Käferbruchstücke machten 34% aus und weitere 3% der Reste stammten von einer Maulwurfsgrille (Abb. 13) und einer Köcherfliege (jeweils ein Rest).

In den drei Proben aus der Baugrube (69 bis 71) sind 15 Gehäuseschalen von Landschnecken vorgekommen, Käferreste waren nicht vorhanden (siehe Tab. 1, Anhang). Es konnten vier Arten identifiziert werden, die Kleine Bernsteinschnecke (*Succinea oblonga*) mit zehn Schalenresten, die Schiefe Grasschnecke (*Vallonia excentrica*) sowie die Blindschnecke (*Cecilioides acicula*) mit jeweils zwei Schalen und die Streifen-Glanzschnecke (*Nesovitrea hammonis*) mit einem Rest.

Die Einzelprobe aus dem Graben, außerhalb der Brunnenanlage (Befund 36), enthielt 50 Wirbellosenreste (siehe Tab. 1, Anhang). Die Mehrzahl der Reste, nämlich 48 Schalen, machten wiederum Landschnecken aus. Insgesamt konnten sieben Arten determiniert werden. Am häufigsten war auch hier die Kleine Bernsteinschnecke (*Succinea oblonga*) mit 15 Schalen vorhanden, gefolgt von der Streifen-Glanzschnecke (*Nesovitrea hammonis*) mit elf Schalen und der Schiefen Grasschnecke (*Vallonia excentrica*) mit neun Gehäusen. Die Gehäuseanzahlen der übrigen Arten (*Cochlicopa lubricella*, *Cecilioides acicula*, *Candidula unifasciata*, *Arianta arbustorum*) lagen zwischen sechs und einer Schale, die auch hier wieder ebenso vielen Individuen entsprachen. Zwei Flügeldeckenreste stammten von Käfern und zwar konnte ein Bruchstück als das des Nestkäfers *Sciodrepoides watsoni* identifiziert werden, der andere Flügeldeckenrest war nicht mehr bis zur Art bestimmbar, er war lediglich der Familie der Schimmelkäfer (Fam. *Cryptophagidae*) zuzuordnen.

Die in den bearbeiteten Proben vorgefundenen Funddichten waren sehr unterschiedlich. Während im Brunnenschacht und in der Baugrube etwa zwei Reste pro kg Frischgewicht vorkamen, war die Funddichte in der Probe aus dem Graben mit 25 Resten pro kg Frischgewicht wesentlich höher.

3.1 Ökologische Angaben

Um eine Umweltrekonstruktion erstellen zu können, sind Kenntnisse über Ökologie, Vorkommen und Verbreitung der einzelnen Arten unerlässlich. Diese Angaben sind der Literatur[9] entnommen und in vereinfachter Form in Tabelle 2 (Anhang) zusammengestellt. Von besonderem Interesse sind dabei Arten, die spezielle Ansprüche an die Umwelt stellen. Diese Spezialisten sind in der Regel seltener und kommen in den untersuchten Proben auch nur in Ausnahmefällen vor. Die meisten der in den Proben vorgefundenen Arten sind heute in Mitteleuropa allgemein verbreitet und häufig. Einzig der Dung liebende Käfer *Pleurophorus caesus*, der an Kuhmist vorkommt, ist innerhalb Deutschlands in Südwestdeutschland, Hessen und im Rheinland nur sporadisch vorhanden, in Oberösterreich ist er noch stellenweise häufig und nur im pontisch-mediterranen Raum ist er verbreitet. Dieser wärmeliebende Käfer wurde schon in mehreren Ausgrabungen gefunden.[10]

Andere Arten sind in siedlungsarchäologischen Zusammenhängen von besonderer Bedeutung, da sie in engem Bezug zum menschlichen Siedlungsgeschehen stehen und zu Aussagen über Wirtschaftsweise und Vorratshaltung herangezogen werden können. Es handelt sich um so genannte synanthrope Arten wie Schädlinge von Kulturpflanzen, Dungarten, Vorratsschädlinge, Hausungeziefer u. a.[11]

In den vorliegenden Probenmaterialien wurden einige Dungkäfer, Schimmelkäfer und ein Gartenschädling gefunden, die mit Siedlungsaktivitäten in Zusammenhang gebracht werden können:

– an Kot und Dung von Pflanzenfressern: der Dungkäfer *Geotrupes vernalis* (Fam. *Scarabaeidae*);
– in pflanzlichen Faulstoffen, auch in Dung: der Blattkäfer *Aphodius granarius* (Fam. *Scarabaeidae*);

---

9 G. Müller-Motzfeld (Hrsg.), Adephaga 1, Carabidae. In: H. Freude/K. W. Harde/G. A. Lohse/B. Klausnitzer, Die Käfer Mitteleuropas Bd. 2 (München 2004) 52–201; U. Irmler/S. Gürlich, Die ökologische Einordnung der Laufkäfer (Coleoptera: Carabidae) in Schleswig-Holstein. Faunist.-Ökolog. Mitt. Suppl. 32 (Kiel 2004); R. Nötzold, Bestimmungsschlüssel für Käferfamilien (Hamburg 1993); E. Wachmann/R. Platen/D. Barndt, Laufkäfer – Beobachtung – Lebensweise (Augsburg 1995).

10 Bisherige Funde stammen aus römerzeitlichen Brunnen des Gutshofes 512 aus dem Hambacher Forst, siehe E. Schmidt, Insektenreste aus drei römischen Brunnen der Grabung Hambach 512. In: T. Kaszab-Olschewski, Siedlungsgenese im Bereich des Hambacher Forstes 1.–4. Jh. n. Chr. Hambach 512 und Hambach 516. BAR Internat. Ser. 1585 (Oxford 2006) 153–171; dies., Insektenkundliche Flächenuntersuchungen in der endneolithischen Feuchtbodensiedlung Torwiesen II, Bad Buchau/Federsee (Kreis Biberach) Bd. 1. Hemmenhofener Skripte 9 (Freiburg 2011); dies., Insektenreste aus der bandkeramischen Brunnenanlage Leipzig-Plaußig. Veröff. Landesamt Arch. mit Landesmus. Vorgesch. (in Druck 2013).

11 Siehe dazu W. Stein, Vorratsschädlinge und Hausungeziefer (Stuttgart 1986).

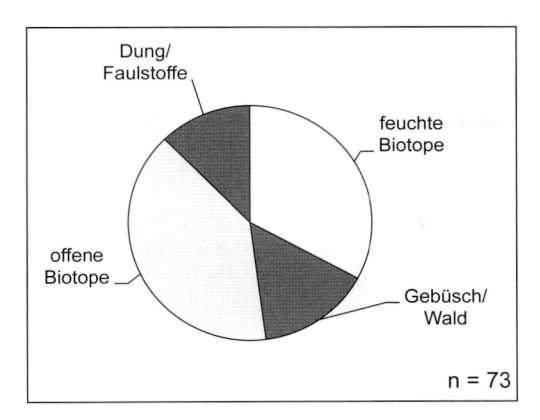

Abb. 14: Anteile der Wirbellosenreste nach Biotoptypen für Funde aus der gesamten Verfüllung im Brunnenschacht (feuchte Biotope 53%, Gebüsch/Wald 23%, Dung/Faulstoffe 5%, offene Biotope 19%).

- bevorzugt im Mist von Rindern: der Käfer *Pleurophorus caesus* (Fam. *Scarabaeidae*, siehe oben);
- an Aas, Fleischabfällen und auch an faulenden Pilzen: der Nestkäfer *Sciodrepoides watsoni* (Fam. *Catopidae*);
- in minderwertigem Pflanzenmaterial und in verschimmelten Vorräten: Schimmelkäfer der Gattung *Cryptophagus*;
- Arten, die heute zu den Kulturpflanzen- bzw. Gartenschädlingen zählen: die Maulwurfsgrille *Gryllotalpa gryllotalpa*, von der lediglich der Rest einer Grabschaufel erhalten geblieben ist, und der Laufkäfer *Harpalus rufipes*, der in Erdbeerkulturen Schäden anrichten kann; Maulwurfsgrillen kommen in ländlichen Gebieten, in Gärten und auf kleineren Kulturflächen sehr häufig vor und leben in den oberen Bodenschichten als gefürchtete Wurzelschädlinge von Kulturpflanzen.

Entsprechend ihrer rezenten Habitatpräferenz wurden die determinierten Taxa nach Angaben aus der Literatur folgenden Biotoptypen zugeordnet:

- in feuchten Biotopen, an nassen Stellen, in Aue- und Uferbereichen, in Überschwemmungszonen: Kleine Bernsteinschnecke (*Succinea oblonga*), eine Köcherfliegenlarve der Gattung *Limnephilus*;
- in Gebüschen und Wäldern: Streifen-Glanzschnecke (*Nesovitrea hammonis*), Gefleckte Schnirkelschnecke (*Arianta arbustorum*), der Laufkäfer *Pterostichus niger*, der Rüsselkäfer *Polydrusus cervinus*;
- in offenen, trockenen und waldfreien Biotopen mit kalkreichem Untergrund: Kleine Achatschnecke (*Cochlicopa lubricella*), Moospuppenschnecke (*Pupilla muscorum*), Gerippte Grasschnecke (*Vallonia costata*), Schiefe Grasschnecke (*Vallonia excentrica*), Quendelschnecke (*Candidula unifasciata*), Blindschnecke (*Cecilioides acicula*), letztgenannte Art kommt allerdings nur unterirdisch (dt. Name!) bis zu 0,3 m und tiefer vor;
- auf Kulturland, lehmigen Äckern, Ruderalflächen und Wiesen: Maulwurfsgrille (*Gryllotalpa gryllotalpa*), die Laufkäfer *Bembidion lampros*, *Harpalus rufipes*, *Poecilus cupreus* und *Pterostichus melanarius*,
- an Aas, Dung, faulenden Pflanzenresten und Schimmel: der Nestkäfer *Sciodrepoides watsoni*, die Dung liebenden Blatthornkäfer *Geotrupes vernalis*, *Pleurophorus caesus* und *Aphodius granarius*.

3.2 Faunenspektren

Im Folgenden wird ein Faunenspektrum entsprechend den Biotoppräferenzen der im Brunnenschacht vorgefundenen Taxa in Prozentangaben erstellt:
In den gesamten Brunnenschachtsedimenten (Abb. 14) machte ein Anteil von 33% der Reste Arten feuchter Biotope aus (*Succinea oblonga*, Köcherfliegenlarve). Der Anteil an Arten, die in Bereichen

von Büschen und Bäumen vorkommen, betrug 15% (*Nesovitrea hammonis, Polydrusus cervinus*). Arten offener, trockener und kalkreicher Biotope (*Cochlicopa lubricella, Pupilla muscorum, Vallonia costata, Vallonia excentrica, Cecilioides acicula, Gryllotalpa gryllotalpa, Bembidion lampros, Harpalus rufipes, Poecilus cupreus, Pterostichus melanarius*) waren mit 40% der Reste vertreten und weitere 12% der Reste gehörten einer Dung-, Aas-, Kompost- und Schimmelpilzfauna an (*Geotrupes vernalis, Pleurophorus caesus, Sciodrepoides watsoni, Aphodius granarius*, Fam. *Cryptophagidae*).

Aus der Baugrube sind nur Schnecken erhalten geblieben. Der höchste Anteil mit 67% der Reste wurde von nur einer Art, der Kleinen Bernsteinschnecke (*Succinea oblonga*), gebildet, die überwiegend an feuchten, offenen Standorten lebt. Weitere 7% der Reste machte wiederum nur eine Art, nämlich die Streifen-Glanzschnecke *Nesovitrea hammonis* aus, die an mesophilen Busch- und Waldstandorten zu finden ist. Ein Anteil von 27% der Reste gehörte Schneckenarten an, die in offenen, trockenen und kalkreichen Biotopen vorkommen (Schiefe Grasschnecke *Vallonia excentrica*, Blindschnecke *Cecilioides acicula*).

Auch in der Probe aus dem Umfassungsgraben war der Schneckenschalenanteil mit 98% der Reste sehr hoch. Käferreste machten nur noch 2% aus. Der höchste Anteil, nämlich 42% der Reste, gehörte Schneckenarten offener, trockener und kalkreicher Biotope an (*Cochlicopa lubricella, Vallonia excentrica, Cecilioides acicula, Candidula unifasciata*). Weitere 30% der Reste zeigen feuchte und eher spärlich bewachsene Biotope an. Dieser Anteil wurde allerdings nur von einer Schneckenart gebildet (*Succinea oblonga*). Ein Anteil der Reste von 24% weist auf mesophile Gebüsche und Wälder hin (*Nesovitrea hammonis, Arianta arbustorum*). Aas-, Dung- und Kompostarten sowie Arten, die in Schimmelpilzen vorkommen, waren mit 4% der Reste und nur durch Käfer vertreten (*Sciodrepoides watsoni, Cryptophagidae*).

4. Diskussion der Ergebnisse

Aus dem mittellatènezeitlichen Brunnen in Mengen sind Wirbellosenreste erhalten geblieben, die vermutlich auf unterschiedliche Art und Weise in den Brunnen geraten sind und zwar entweder aktiv, indem sie eingeflogen sind, oder wie in den meisten bisher untersuchten Brunnen[12] passiv zusammen mit einem Verfüllmaterial, als lebende oder tote Tiere oder möglicherweise auch nur noch als deren Reste.

Verfüllschichten können unterschiedlich ausgeprägt sein. Wird ein Brunnen aufgegeben, kann er entweder offen bleiben und es können sich natürliche Verfüllschichten bilden, oder er wird aktiv verfüllt. In natürlichen Verfüllschichten werden meist nur wenige Wirbellosenreste gefunden, zumeist handelt es sich dabei überwiegend um Käfer aus der näheren Umgebung,[13] die dann in den Brunnenschacht geraten sind. Dagegen zeichnen sich anthropogen eingebrachte Verfüllungen durch das Vorkommen zahlreicher Wirbellosenreste und durch eine hohe Artenvielfalt aus, da häufig Siedlungsabfälle in den Brunnenschacht gekippt wurden. Besonders hohe Funddichten sind in römischen Brunnen aus Falkenberg und aus dem Hambacher Forst vorgekommen.[14] Sie zeigen zugleich auch, dass in der Umgebung entsprechende Lebensräume für eine vielfältige und artenreiche Käferfauna vorhanden gewesen sein müssen. Es sind besonders diese anthropogenen Verfüllungen, die für Umweltrekonstruktionen und für Hinweise zu Vorratshaltung und Wirtschaftsweise von besonderer Bedeutung sind.

---

12 Siehe dazu E. SCHMIDT 2006 und 2013 (Anm. 10).
13 F. KÖHLER, Untersuchung der Käferbruchstücke. Bonner Jahrb. 189, 1989, 247–252.
14 Hohe Funddichten von 1000 Insektenresten pro 1 kg Sediment fand HAKBIJL in dem neolithischen Brunnen in Kolhorn (siehe T. HAKBIJL, Plant and insect remains from the late Neolithic well at Kolhorn. Palaeohistoria 31, 1989, 157–163) und SCHMIDT fand in dem römischen Brunnen Hambach 512 in 1 Liter Sediment 525 Käferreste (E. SCHMIDT 2006 [Anm. 10]).

4.1 Baugrube

Das älteste Material stammt aus der Baugrube, als um 198 v. Chr. mit dem Brunnenbau begonnen wurde – es handelt sich um das Aushubmaterial aus dem Schacht (Proben 69 bis 71). Diese Proben sind zugleich auch als Referenzproben zu den Proben aus dem Einsturzmaterial/Baugrube (siehe unten) anzusehen. In dem Baugrubenmaterial wurden sowohl Gehäuse von Schnecken trockener, kalkreicher Standorte, wie sie im Löss typischerweise vorkommen, als auch Schalen der Kleinen Bernsteinschnecke (*Succinea oblonga*), die in feuchten Biotopen, in Sümpfen oder in Überschwemmungsbereichen lebt, vorgefunden (siehe Abb. 15a). Der Anteil feuchter Biotope ist mit 67% der Reste besonders hoch, auch der Anteil an Schnecken offener Biotope betrug noch 27% der Reste, dagegen waren die Gebüsch-/Waldanteile gering. Vermutlich hat das Material offen gelegen bis die Brunnenwand eingebaut war und eine Wirbellosenfauna konnte sich ansiedeln. Diese stammte vermutlich aus der Umgebung und repräsentiert einen hohen Offenlandanteil und nur geringe Gebüsch-/Waldanteile. Feuchte Bereiche muss es in der Umgebung gegeben haben. Wahrscheinlich wurde das nasse Aushubsediment aus dem Grundwasserbereich abgelagert, so dass sich dort eine feuchteliebende Schneckenfauna eingefunden hat. Teile des Aushubmaterials sind nach der Fertigstellung des Brunnens zusammen mit Wirbellosen – insbesondere Schnecken, die nicht mehr rechtzeitig entkommen konnten – zur Hinterfütterung der Brunnenwand dann wieder eingefüllt worden.

4.2 Brunnen

Der Brunnen war aus Eichenhölzern doppelwandig gebaut und über einen Zeitraum von mehr als 30 Jahren genutzt worden, als dann im Wasserwechselbereich verfaulte Hölzer noch während der Nutzungszeit zu einem Einbruch der Kastenwand geführt haben. Die nachfolgenden Reparaturen wurden mit Tannenholz im Jahr 165 v. Chr. ausgeführt,[15] was auf eine Verknappung von Eichenholz hinweisen könnte. Bis zum Bau der Viereckschanze um 150 v. Chr. hat der Brunnen existiert. Eine Grundwasserabsenkung infolge umfangreicher Rodungen im weiteren Umfeld, möglicherweise für den Bau der Viereckschanze, wäre letzten Endes ein Grund für die Aufgabe des Brunnens gewesen, der nicht mehr genügend Wasser führte. Vermutlich aus praktischen Erwägungen, aus Sicherheitsgründen und wohl auch um Abfälle zu entsorgen, ist der aufgegebene Brunnen zunächst verfüllt und wenig später von der zugehörigen Wall-Graben-Anlage überbaut worden.

4.3 Brunnenverfüllung

4.3.1 Absetzschicht

Absetzschichten sind, wie bisherige Wirbellosenbearbeitungen aus Brunnen gezeigt haben,[16] in der Regel fundleer. Allenfalls kommen Einzelfunde vor, die dann meist aus der unmittelbaren Umgebung des Brunnens stammen und vermutlich beim Wasserschöpfen in den Brunnen geraten sind. Zudem ist anzunehmen, dass Brunnen während der Gebrauchszeit durch Abdeckung vor Verunreinigungen geschützt waren und vermutlich darüber hinaus auch regelmäßig gereinigt wurden.[17] Dies

---

15 Siehe dazu W. TEGEL 2005 (Anm. 4).
16 Siehe dazu E. SCHMIDT, Insektenreste aus drei bandkeramischen Brunnen aus Eythra/Zwenkau (Kr. Leipziger Land) (Manuskript 2005); dies., Wirbellosenreste in Schutt- und Verfüllschichten des bandkeramischen Brunnens in Erkelenz-Kückhoven, Kreis Heinsberg. Rhein. Ausgr. 2013 (in Druck 2013); dies. 2006 (Anm. 10).
17 Die bisher ältesten bekannten Brunnenbücher stammen aus dem Mittelalter, siehe dazu S. SCHÜTTE, Brunnen und Kloaken auf innerstädtischen Grundstücken im ausgehenden Hoch- und Spätmittelalter. Zeitschr. Arch. Mittelalter Beih. 4 (Worms 1986), 237–255.

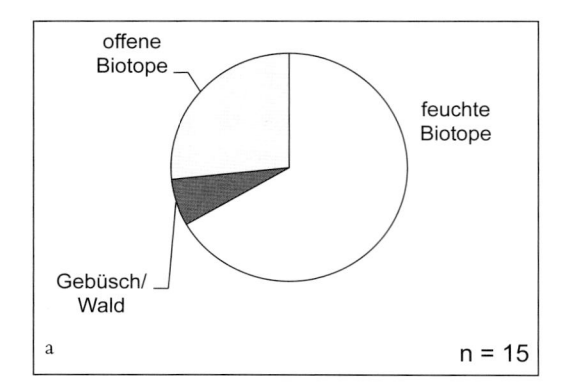

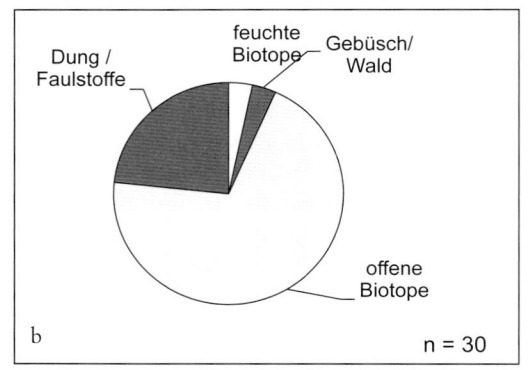

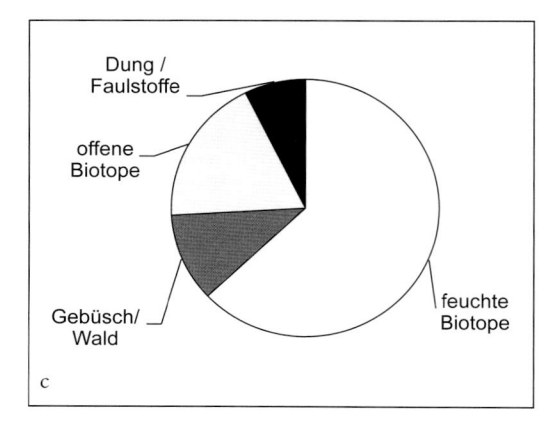

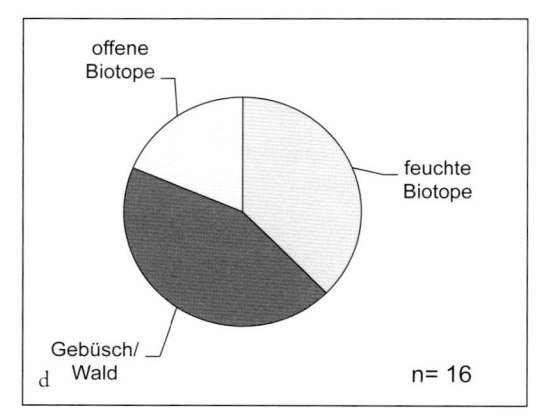

Abb. 15: Einteilung der Wirbellosenreste nach Biotoptypen: a) Anteile in der Baugrube (feuchte Biotope 67%, Gebüsch/Wald 7%, offene Biotope 27%). – b) Anteile in der anthropogenen Verfüllung, Proben 90 bis 80 (feuchte Biotope 3%, Gebüsch/Wald 3%, Dung/Faulstoffe 23%, offene Biotope 70%). – c) Anteile aus der Einsturzschicht im Brunnenschacht, Proben 79 bis 74 (feuchte Biotope 63%, Gebüsch/Wald 11%, Dung/Faulstoffe 7%, offene Biotope 19%). – d) Einsturz- und Grabenschicht, Proben 79 bis 59 (feuchte Biotope 53%, Gebüsch/Wald 23%, Dung/Faulstoffe 5%, offene Biotope 19%).

führt dazu, dass diese Schichten kaum ausgeprägt und allenfalls durch sedimentologische Untersuchungen auszumachen sind. In der untersten Probe (Labornummer 90) aus dem Brunnenschacht ist das Unterlegholz verprobt worden. In Probe 89, im Hangenden, kommt bereits ein Dungkäfer *Aphodius granarius* vor. Auch hier ist eine Absetzschicht kaum auszumachen und möglicherweise bereits Verfüllmaterial angetroffen worden.

4.3.2 Anthropogene Verfüllung

Der gleiche Dungkäfer kommt auch in den darüber liegenden Proben (Labornummer 88 und 87) vor und ist mit Dung und faulenden Pflanzenresten in den Schacht gelangt (siehe Tab. 1, Anhang), zusammen mit Gehäuseschalen der Streifen-Glanzschnecke *Nesovitrea hammonis*, die in mäßig feuchten Biotopen lebt. Feuchte bis nasse Bereiche hat es vermutlich in unmittelbarer Nähe um den Brunnen gegeben, begünstigt durch verschüttetes Schöpfwasser, was deren geringen Anteil von 3% erklären würde. Aus diesem Bereich könnte auch der Rest einer Köcherfliegenlarve aus Probe 87 stammen.

Mit Sicherheit stammen die Wirbellosenreste in den aufliegenden Proben 86 bis 80 aus anthropogenem Verfüllmaterial. Überwiegend sind wiederum Käferreste (Abb. 15b), gefunden worden.

Der Anteil Dung liebender Arten macht 23% der Reste aus, mit den Dungkäfern *Geotrupes vernalis*, *Aphodius granarius* und *Pleurophorus caesus*, die vor allem in Rinderdung vorkommen. Diese Funde lassen annehmen, dass sich Vieh in der Nähe des Brunnens aufgehalten hat. Zusammen mit Dung sind offensichtlich auch minderwertige Futterpflanzenreste (*Aphodius granarius*, Schimmelkäfer) in den aufgegebenen Brunnen geworfen worden, zugleich ein weiterer Hinweis auf Viehhaltung.[18] Das Vorhandensein von nahe gelegenen Anbauflächen wird durch Flügeldecken von Laufkäfern (*Bembidion lampros*, *Harpalus rufipes*, *Poecilus cupreus*, *Pterostichus melanarius*) und durch den Rest einer Maulwurfsgrille belegt. Diese Arten kommen heute bevorzugt auf Kulturland vor und machten im Brunnen einen Anteil von 70% aus. Der Rest einer Maulwurfsgrille ist zugleich der einzige Schädlingshinweis, der im Verfüllmaterial gefunden worden ist. Weitere Reste von Käfern und Schnecken (*Nesovitrea hammonis*) belegen, dass einige Sträucher und/oder Bäume, insbesondere auch Eichen (*Polydrusus cervinus*), im Umkreis vorhanden waren. Der Bestand dürfte nur gering gewesen sein (siehe oben), da der Käferanteil mit lediglich 3% der Reste ungewöhnlich niedrig ist.

4.3.3 Verfüllung aus einem Wandeinbruch

Ab etwa 0,5 m anthropogener Verfüllschichthöhe ändert sich mit Probe 79 das Faunenspektrum. Vermutlich sind die Konstruktionshölzer im oberen Abschnitt nach Aufgabe des Brunnen zur Wiederverwendung abgebaut worden, daraufhin ist der obere Schachtteil eingestürzt und hat den Brunnen bis auf etwa 2,1 m ab der Sohle verfüllt. Landschnecken machen in der Einsturzschicht den Hauptanteil der Wirbellosenreste aus. Käfer sind nur ganz vereinzelt als Dung- und Faulstoffzeiger (Abb. 15c) in den Proben 77 und 75, im unteren Bereich, vorhanden und stammen vermutlich aus der anthropogenen Verfüllung. Hingegen scheinen Schnecken feuchter Biotope (63%), ebenso wie die aus Offenlandbereichen (19%) und Gebüsch/Waldarten (11%) allesamt aus dem Aushubmaterial zu kommen, mit dem der Brunnen hinterfüttert wurde, zumal überwiegend die gleichen Arten hier wie dort vorhanden sind.

4.3.4 Verfüllung aus der Grabenüberbauung

Vermutlich um die Zeit, als der Brunnen aufgegeben und schnell verfüllt worden war, um 150 v. Chr., möglicherweise auch schon früher, wurde ein Nachfolgebrunnen innerhalb der entstandenen Viereckschanze angelegt. Im Zuge dieser Baumaßnahmen ist der alte Brunnen von der zugehörigen Wall-Graben-Anlage überbaut worden.[19] Sedimente aus der Einsturzschicht des Grabens sind im oberen Verfüllabschnitt gefunden worden (Abb. 15d). Diese zeigen, wie bei den Einsturzschichten bisher üblich, einen erhöhten Feuchtanteil, der 38% der Reste ausmacht, was unmittelbar mit der Grabensituation zusammenhängen könnte. Der Gebüsch-/Waldanteil scheint sich erhöht zu haben, möglicherweise um die Wall-Graben-Anlage zu festigen, angezeigt durch 44% der Reste. Die Anbauflächen haben sich dagegen nicht verändert, der Offenlandanteil beträgt auch in der aufliegenden Einsturzschicht 19% der Reste. Hinweise auf Dung sind nicht vorhanden.

---

18 Mit Mist und Dung sind Brunnen sowohl schon in der Bandkeramik (siehe dazu Schmidt 2013 [Anm. 10] und 2005 [Anm. 16]) als auch später in der Römerzeit (Schmidt 2006 [Anm. 10]) verfüllt worden. Dies trifft auch auf den aufgegebenen Schacht in der keltischen Viereckschanze Fellbach-Schmieden zu: K. Dettner, Zoologische Analyse des Schachtinhaltes einer keltischen Viereckschanze auf der Basis von Arthropodenfragmenten (Vorbericht). In: G. Wieland, Die keltischen Viereckschanzen von Fellbach-Schmieden (Rems-Murr-Kreis) und Ehingen (Kreis Böblingen). Forsch. u. Ber. Vor.- u. Frühgesch. Baden Württemberg 80 (Stuttgart 1999) 150–161.

19 S. Dornheim mündl. Mitteilung; siehe auch Dettner 1999 (Anm. 18).

4.4 Umfassungsgraben

Die Einzelprobe (Abb. 16) aus dem Graben (Befund 36), etwa 50 m weiter östlich gelegen, ist als Referenzprobe zum Einsturzmaterial (siehe Abschnitt 4.3.4) aus der Grabenüberbauung anzusehen. Die Fundzahlen sind im Graben generell wesentlich höher als in der Einsturzschicht. Nur noch im Grabensediment sind auch Käferbruchstücke vorhanden und zwar Dung-/Faulstoffarten mit dem Nestkäfer *Sciodrepoides watsoni* und einem Schimmelkäfer (beides Fam. *Cryptophagidae*), mit einem Anteil von 4% der Reste. Die Flügeldecken – nur im dauerfeuchten Milieu erhalten geblieben – zeigen, dass Vieh in diesem Bereich nur noch vereinzelt vorhanden war. Den höchsten Anteil, nämlich 42% der Reste, machen jedoch Schnecken offener Lebensräume aus. Feuchte Biotope sind mit 30% der Reste ebenfalls recht hoch vertreten, wie dies auch in der Grabeneinsturzschicht der Fall ist und wohl mit der Grabensituation in Verbindung zu bringen sein wird. Wirbellose, die bevorzugt in Gebüschen und Wäldern vorkommen, sind mit einem Anteil von 24% der Reste vertreten. Diese zeigen möglicherweise eine zunehmende Verbuschung an, wie sie nach Aufgabe des Brunnens um die Grabenbereiche festzustellen ist (siehe oben). Die Ähnlichkeiten im Artenspektrum der untersuchten Proben aus der Grabeneinsturzschicht (Abschnitt 4.3.4) und dem Umfassungsgraben lassen auf gleiche Herkunftsmaterialien in Zusammenhang mit der Wall-Graben-Anlage schließen.

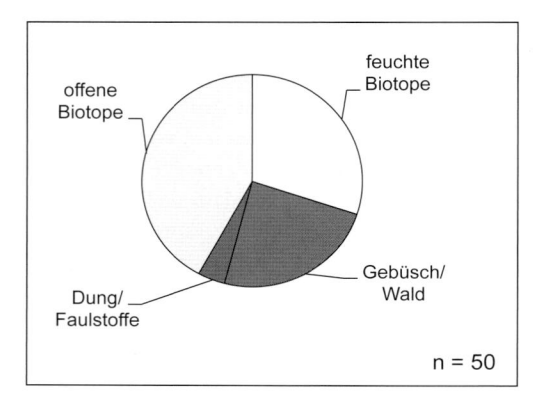

Abb. 16: Untersuchung der Grabensedimente von Befund 36, außerhalb des Brunnenschachtes, prozentuale Verteilung der Wirbellosenfunde nach Biotoptypen (feuchte Biotope 30%, Gebüsch/Wald 24%, Dung/Faulstoffe 4%, offene Biotope 42%).

5. Schlussbetrachtung

Die bearbeiteten Wirbellosenreste stammen zum Großteil aus Proben, die aus dem Brunnen von der Sohle bis zu einer Höhe von etwa 2 m entnommen worden sind. Sie spiegeln sowohl unterschiedliche Erhaltungsbedingungen als auch verschiedenartiges Verfüllmaterial wider. Eine Feuchterhaltung war bis zur Einbruchstelle des Brunnenkastens gegeben. Bis zu dieser Höhe waren auch Käferreste erhalten. In allen Proben, die oberhalb dieser Einbruchstelle entnommen worden sind, zeigen sich veränderte Erhaltungsbedingungen. Es kommen nur noch Gehäuseschalen von Landschnecken vor, die in trockenen, kalkhaltigen, leicht basischen Sedimenten gute Überdauerungsmöglichkeiten haben. Hingegen ist die Erhaltung von Chitin nur in einem dauerfeuchten Milieu mit niedrigen Temperaturen und dem Fehlen von abbaufähiger, organischer Substanz möglich, ansonsten wird Chitin bakteriell abgebaut.[20] Die Fundzahlen sind in der gesamten Brunnenverfüllung niedrig, allerdings

---

20 H. R. Krause, Beiträge zur Kenntnis des Chitinabbaus im toten Zooplankton. Arch. Hydrobiol. Suppl. 25/1 (Stuttgart 1959) 67–82.

durchaus in Größenordnungen, wie sie auch in einzelnen Proben aus bandkeramischen Brunnen gefunden wurden. In Übereinstimmung mit den Ergebnissen von KENWARD[21] lassen die geringen Funddichten in der gesamten Schachtverfüllung auf kurze Verfüllzeiten schließen. Es ist nämlich davon auszugehen, dass durch eine zügige Verfüllung einer Ansiedlung von Wirbellosen nicht ausreichend Zeit gelassen wird. Zusätzlich lässt das Fundspektrum in Verbindung mit fundleeren Proben auf eher eingeschränkte Siedlungsaktivitäten schließen. Der hohe Anteil an Käferfunden, mit Arten, die überwiegend auf Kulturflächen vorkommen, und das Fehlen von synanthropen Arten mit Vorratsschädlingen oder Hausungeziefer und Pflanzenschädlingen, die allesamt in Verfüllschichten von bisher untersuchten Brunnen vorhanden waren, ist dahingehend zu deuten, dass der aufgegebene Brunnen im Randbereich der Siedlung gelegen hat und das eigentliche Siedlungsgeschehen an anderer Stelle stattfand. Vermutlich gab es mit dem Bau der Viereckschanze eine Siedlungsverlagerung und der alte Brunnen musste für den Bau der neuen Anlage schnell verfüllt werden, was sich dann auch im Fundspektrum der Verfüllschicht bemerkbar machte.

Innerhalb der vorgefundenen Thanatozönose wurde eine autochthone Fauna, die im Brunnen selbst gelebt haben könnte, nicht angetroffen.

Abbildungsnachweis

Abb. 1: DORNHEIM 2005, 90 Abb. 101 (Anm. 1). – Abb. 2 und 3: BRÄUNING/DORNHEIM/HUTH 2004, 114 Abb. 93 und 116 Abb. 96 (Anm. 2). – Abb. 4–11: REITTER 1908 und 1909 (Anm. 8) und Verf. (Fotos Insektenreste). – Abb. 12, 14–16: Verf. – Abb. 13: J. GRAF, Tierbestimmungsbuch (München 1982) Abb. S. 287.

Schlagwortverzeichnis

Latènezeit; Viereckschanze; Brunnen; Wirbellosenreste; Dungzeiger; Wirtschaftsweise; Laufkäfer; Anbauflächen; Umweltrekonstruktion.

Anschrift der Verfasserin

Dipl.-Biol. EDITH SCHMIDT
Gerda-Weiler-Str. 10
79100 Freiburg

E-mail: edith.schmidt@eco-concept.de

---

21 H. K. KENWARD, The analysis of archaeological insect assemblages: a new approach. The Archaeology of York 19/1 (London 1978).

Anhang: Tabellen

		Befund 36 Graben	Baugrube		
Mengen ‚Abtsbreite'	Lab. Nr.	36	69	70	71
	Schicht	a	d	d	g
ARTENLISTE	Menge [kg] FS	2	2	2	2
Stamm: MOLLUSCA	WEICHTIERE				
Ordn.: PULMONATA	LUNGENSCHNECKEN				
Succinea oblonga Drap.	Kleine Bernsteinschnecke	15	3	4	3
Cochlicopa lubricella Porro	Kleine Achatschnecke	1			
Pupilla muscorum L.	Moospuppenschnecke				
Vallonia costata Müller	Gerippte Grasschnecke				
Vallonia excentrica Sterki	Schiefe Grasschnecke	9		1	1
Nesovitrea hammonis Ström	Streifen-Glanzzschnecke	11		1	
Cecilioides acicula Müller	Blindschnecke	6	2		
Candidula unifasciata Poiret	Quendelschnecke	5			
Arianta arbustorum L.	Gefleckte Schnirkelschnecke	1			
Klasse: INSECTA	INSEKTEN				
Ordn.: ORTHOPTERIA	GERADFLÜGLER				
Unterordn.: ENSIFERA	GRILLEN				
Gryllotalpa gryllotalpa L.	Maulwurfsgrille				
Ordn.: COLEOPTERA	KÄFER				
Fam. CARABIDAE	LAUFKÄFER				
Bembidion lampros Herbst					
Harpalus rufipes De Geer					
Poecilus cupreus L.					
Pterostichus melanarius Illiger					
Pterostichus niger Schaller					
Fam. CATOPIDAE	NESTKÄFER				
Sciodrepoides watsoni Spence		1			
Fam. CRYPTOPHAGIDAE	SCHIMMELKÄFER				
Cryptophagidae		1			
Fam. SCARABAEIDAE	BLATTHORNKÄFER				
Geotrupes vernalis L.	Dungkäfer				
Aphodius granarius L.	Dungkäfer				
Pleurophorus caesus Creutzer					
Fam. CURCULIONIDAE	RÜSSELKÄFER				
Polydrusus cervinus L.					
Ordn.: TRICHOPTERA	KÖCHERFLIEGEN				
Gattung: *Limnephilus*	Köcherjungfer				
Summe		50	5	6	4
Stamm: VERTEBRATA	WIRBELTIERE				
Kl.: MAMMALIA	SÄUGETIERE				
Ordn.: RODENTIA	NAGER		1	1	

Tab. 1/1: Wirbellosenreste aus den untersuchten Proben (FS = Frischgewicht).

Verfüllung Brunnenschacht											
Grabenmaterial / im Brunnen						Einsturzmaterial / Baugrube					
59	60	67	68	72	73	74	75	76	77	78	79
e	e	e	e	e	a	j	a	a	b	a	b
2	2	2	2	2	2	2	2	2	2	2	2
		1	1	3	1	5	5	2	2	2	1
					1						
			1						1	2	
										1	
1			1	5						1	1
			1				1				
							1				
									1		
										1	
1	0	1	4	8	2	5	7	3	7	4	1
			1								

Mengen ‚Abtsbreite‘ ARTENLISTE		Lab. Nr.	80	81	82	83
		Schicht	n			
		Menge [kg] FS	1,19	2	2	2
Stamm: MOLLUSCA	WEICHTIERE					
Ordn.: PULMONATA	LUNGENSCHNECKEN					
Succinea oblonga Drap.	Kleine Bernsteinschnecke					
Cochlicopa lubricella Porro	Kleine Achatschnecke					
Pupilla muscorum L.	Moospuppenschnecke					
Vallonia costata O. F. Müller	Gerippte Grasschnecke					
Vallonia excentrica Sterki	Schiefe Grasschnecke					
Nesovitrea hammonis Ström	Streifen-Glanzzschnecke			1	1	
Cecilioides acicula O. F. Müller	Blindschnecke					
Candidula unifasciata Poiret	Quendelschnecke					
Arianta arbustorum L.	Gefleckte Schnirkelschnecke					
Klasse: INSECTA	INSEKTEN					
Ordn.: ORTHOPTERIA	GERADFLÜGLER					
Unterordn.: ENSIFERA	GRILLEN					
Gryllotalpa gryllotalpa L.	Maulwurfsgrille					
Ordn.: COLEOPTERA	KÄFER					
Fam. CARABIDAE	LAUFKÄFER					
Bembidion lampros Herbst				1		
Harpalus rufipes De Geer				1		
Poecilus cupreus L.				2		
Pterostichus melanarius Illiger				3		
Pterostichus niger Schaller				1		
Fam. CATOPIDAE	NESTKÄFER					
Sciodrepoides watsoni Spence						
Fam. CRYPTOPHAGIDAE	SCHIMMELKÄFER					
Cryptophagidae						
Fam. SCARABAEIDAE	BLATTHORNKÄFER					
Geotrupes vernalis L.	Dungkäfer					
Aphodius granarius L.	Dungkäfer			1		
Pleurophorus caesus Kreutzer						
Fam. CURCULIONIDAE	RÜSSELKÄFER					
Polydrusus cervinus L.						
Ordn.: TRICHOPTERA	KÖCHERFLIEGEN					
Gattung: *Limnephilus*	Köcherjungfer					
Summe			0	10	1	0
Stamm: VERTEBRATA	WIRBELTIERE					
Kl.: MAMMALIA	SÄUGETIERE					
Ordn.: RODENTIA	NAGER				1	

Tab. 1/2: Wirbellosenreste aus den untersuchten Proben (FS = Frischgewicht).

Verfüllung Brunnenschacht								
anthropogene Verfüllung					Sohle			
84	85	86	87	88	89	90		
					Sohle	Auflage		
2	2	2	2	2	2	2		Summe
								0
								0
								48
								2
								4
								1
								11
			1	1	2			27
								10
								5
								1
								0
								0
								0
			1					1
								0
								0
			3					4
			1					2
								2
			3					6
								1
								0
			1					2
								0
			1					2
								0
			1					1
				1	1	1		5
								1
								0
								1
								0
				1				1
0	**0**	**12**	**3**	**3**	**1**	**0**		**138**
								4

Mengen 'Abtsbreite' ARTENLISTE	ÖKOLOGISCHE ANGABEN	VERBREITUNG
Stamm: MOLLUSCA (WEICHTIERE)		
Ordn.: PULMONATA (LUNGENSCHNECKEN)		
Succinea oblonga Drap. (Kleine Bernsteinschnecke)	feuchte, spärlich bewachsene Standorte, unter Feslen	ME, überall häufig
Cochlicopa lubricella Porro (Kleine Achatschnecke)	trockenere Standorte, Wiesen, Kalkgestein	ME, überall häufig
Pupilla muscorum L. (Moospuppenschnecke)	trockene, kalkreiche Standorte	
Vallonia costata O. F. Müller (Gerippte Grasschnecke)	trockene, offene Standorte auf kalkreichem Untergrund	ME, überall häufig
Vallonia excentrica Sterki (Schiefe Grasschnecke)	trockene, offene Standorte auf kalkreichem Untergrund	ME, überall häufig
Nesovitrea hammonis Ström (Streifen-Glanzschnecke)	feuchte bis mäßig trockene Standorte, Sumpf, Nadel- u. Laubwald, Wiesen	ME, überall häufig
Cecilioides acicula O. F. Müller (Blindschnecke)	unterirdisch, vorwiegend auf kalkreichen Böden	ME, überall häufig
Candidula unifasciata Poiret (Quendelschnecke)	trockene, offene oder felsige Standorte	ME, überall häufig
Arianta arbustorum L. (Gefleckte Schnirkelschnecke)	Wiesen, Krautbestände, Wälder, Hecken	ME, überall häufig
Klasse: INSECTA (INSEKTEN)		
Ordn.: ORTHOPTERIA (GERADFLÜGLER)		
Unterordn.: ENSIFERA (GRILLEN)		
Gryllotalpa gryllotalpa L. (Maulwurfsgrille)	gräbt flach unter der Bodenoberfläche kleine Gänge, Gartenschädling	ME, überall häufig
Ordn.: COLEOPTERA (KÄFER)		
Fam. CARABIDAE (LAUFKÄFER)		
Bembidion lampros Herbst	eurytop, auf Kulturland, in Wald	ME, überall häufig
Harpalus rufipes De Geer	bevorzugt Lehmböden, kann in Erdbeerkulturen schädlich sein	ME, überall häufig
Poecilus cupreus L.	auf lehmigen Äckern, Ruderalflächen und Wiesen, in Lehmgruben	ME, überall häufig
Pterostichus melanarius Illiger (Grabkäfer)	auf Kulturland, bes. lehmigen Äckern, Wiesen, Waldrändern, Hecken, Gärten	ME, überall häufig
Pterostichus niger Schaller	in mäßig feuchten Laubwäldern, auch auf Feldern, in Gärten, Flußauen	ME, häufig
Fam. CATOPIDAE (NESTKÄFER)		
Sciodrepoides watsoni Spence	an Aas und Pilzen	ME, überall häufig
Fam. CRYPTOPHAGIDAE (SCHIMMELKÄFER)		
Cryptophagidae	an Schimmelpilzen, faulem Laub	
Fam. SCARABAEIDAE (BLATTKÄFER)		
Geotrupes vernalis L. (Dungkäfer)	in Dung und Kot von Pflanzenfressern	ME, überall häufig
Aphodius granarius L (Dungkäfer)	besonders an pflanzlichen Faulstoffen, seltener an Dung, auf Viehweiden	ME, überall häufig
Pleurophorus caesus Creutzer	in Wärmegebieten: an Kuhmist und faulenden Pflanzen	ME, nicht häufig
Fam. CURCULIONIDAE (RÜSSELKÄFER)		
Polydrusus cervinus L.	besonders an Eichen, Larven an Wurzeln	ME, verbreitet
Gattung: *Limnephilus* (Köcherjungfern)	besonders in Stillgewässern überall häufig	ME, überall häufig
Stamm: VERTEBRATA (WIRBELTIERE)		
Kl.: MAMMALIA (SÄUGETIERE)		
Ordn.: RODENTIA (NAGER)		

Tab. 2: Angaben zur Ökologie der gefundenen Wirbellosenarten (vereinfacht) (ME = Mitteleuropa).

Das Silbermedaillon mit Satyrkopf aus Offenburg-Zunsweier

Mit Anmerkungen zu den Inschriften auf den Ordens*phalerae* aus Lauersfort (D) und Newstead (GB), den Pferde*phalerae* aus Xanten (D) sowie den Rechteckbeschlägen aus Doorwerth (NL)

Stefan F. Pfahl

Balteos phalerasque, insignia armorum argento decora, loco pecuniae tradebant

Tacitus, Historien I 57

Einführung[1]

Von 1985 bis 1988[2] führte das vormalige Landesdenkmalamt Baden-Württemberg, Außenstelle Freiburg, in Zunsweier, 5 km südlich von Offenburg[3] in den Fluren ‚(Im) Seelöchle',[4] ‚Auf der Mauer'/‚Zwischen den Wegen'[5] archäologische Untersuchungen im Kastell und zugehörigen Vicus durch. 1988, während der vorläufig letzten Grabungskampagne in der Zivilsiedlung, „kam oberhalb der Verfüllung einer Herdstelle ca. 15 m südwestlich des Gebäudes D"[6] (Abb. 1), ein kleines Silbermedaillon zutage. Auch wenn aufgrund seiner Auffindung im Pflughorizont eine sekundäre Verlagerung im Rahmen agrarwirtschaftlicher Nutzung nicht ausgeschlossen werden kann, zeigt seine Entfernung zum etwa 300 m südöstlich gelegenen Kastell eindeutig ein Verlustgeschehen innerhalb des Vicus an. Das verwendete Metall und die sorgfältige Reliefdarstellung auf der Vorderseite, vor allem aber die mutmaßliche Funktion dieser kleinen Scheibe lassen eine über die Landesgrenzen hinausreichende Bedeutung erkennen, welche eine ausführlichere Betrachtung als bisher[7] rechtfertigt. Heute (2010) wird das exquisite Fundstück mit der Inventarnummer R 1120[8] in der Provinzialrömischen Abteilung des Badischen Landesmuseums in Karlsruhe ausgestellt.

---

1 Für die Manuskriptdurchsicht sei Herrn Dr. K. Kortüm (Esslingen) herzlich gedankt.
2 Vorberichte: G. Fingerlin, Ein neues Kastell flavischer Zeit in Zunsweier, Stadt Offenburg, Ortenaukreis. Arch. Ausgr. Baden-Württemberg 1985, 112–114; K. Batsch, Eine römische Militärziegelei in Zunsweier, Stadt Offenburg, Ortenaukreis. Arch. Ausgr. Baden-Württemberg 1986, 89–92; G. Fingerlin, Zunsweier – Ein neues römisches Kastell an der Kinzigtalstraße. Arch. Nachr. Baden 36, 1986, 8–22; G. Gassmann, Zur Bohrkampagne Zunsweier 1985. Arch. Nachr. Baden 36, 1986, 23–25; K. Batsch, Ausgrabungen in Zunsweier, Stadt Offenburg, Ortenaukreis. Arch. Ausgr. Baden-Württemberg 1987, 88–91; Fingerlin/Batsch 1988, 131–136. – Angezeigt beim Limeskongress 1989 durch D. Baatz, Research on the limes of Germania Superior and Raetia 1983–89. In: V. A. Maxfield/M. J. Dobson (Hrsg.), Roman frontier studies 1989. Proceedings of the XVth international congress of Roman frontier studies (Exeter 1991) 176 Abb. 28 (Nr. 20).
3 Yupanqui 2000, 11 Abb. 1 (unten).
4 Ebd. 92 f. Nr. R 21 *(vicus)*.
5 Ebd. 95–98 Nr. R 23a (Bad); Nr. R 23b (Kastell).
6 Fingerlin/Batsch 1988, 135; vgl. den Übersichtsplan 132 Abb. 105 (oben, links). Für fernmündliche Auskünfte und die exakte Kartierung danke ich der Grabungsleiterin, meiner ehemaligen Kommilitonin Dr. Karin Heiligmann, geb. Batsch (Allensbach).
7 Fingerlin/Batsch 1988, 136 Abb. 107 (Erstvorlage); Yupanqui 2000, 54; 55 Abb. 37; 92; 93 Abb. 61 (links); Yupanqui Werner 2000, 119 Abb. 7; G. Fingerlin/M. Yupanqui in: RiBW 2005, 241; A. Hofmann in: Führer BLM Karlsruhe 2008, 67.
8 A. Hofmann in: Führer BLM Karlsruhe 2008, 67.

Beschreibung

Das Medaillon[9] setzt sich aus drei unterschiedlichen Metallen zusammen: Die Schauseite besteht aus Silber, die Rückseite aus Bronze, als Verbindung und ‚Kern' dient eine bleierne Füllmasse (Abb. 2a–c). Der Durchmesser der (nicht mehr ganz vollständigen) kreisrunden Scheibe beträgt exakt 4,0 cm, die maximale Stärke (‚Dicke') 0,6 cm; das Gewicht liegt bei 12,115 Gramm.

Die Vorderseite aus dünnem Silberblech zeigt einen nach links blickenden juvenilen Männerkopf in erhabenem Relief. Dessen geöffnetes, wachsames Auge schließt nach oben mit einem kräftig gewulsteten Brauenbogen ab. Deutlich angegeben sind Ober- und Unterlid, auf eine Darstellung der Pupille wurde hingegen verzichtet. Zwischen der hervorstehenden leicht spitzen Nase und dem Stirnansatz verläuft eine kleine Querfalte. Die Wange dominiert ein prominentes Jochbein. Auf gleicher Höhe befindet sich auch das spitzovale Ohr. Als fest geschlossen erweist sich der schmallippige Mund, dem sich nach unten eine markante Kinnpartie anschließt. Auf einen Hals(ansatz) verzichtete der Künstler. Den Kopf bedecken kräftige emporstehende, leicht geschwungene Haarsträhnen, die besonders im Bereich des Hinterkopfes und des Nackens recht voluminös ausfallen. Die Stirnfalte, der kräftige Brauenbogen, das prominente Jochbein und der feste Mund verleihen dem Gesicht einen ernsten, entschlossenen Ausdruck.

Von dem dünnen Silberblech fehlen vor allem am Rand größere Teile; der linksseitige scharfe Kantenverlauf neben der Gesichtsprofillinie wirkt wie abgeschnitten. An mehreren Stellen des Kopfes ist die silberne Oberfläche unterbrochen: Größere Fehlstellen zeigen sich in den Haarbüscheln oberhalb und rechts des Auges sowie im Hinterkopfbereich; kleinere Vakanzen weisen die höchsten Stellen des Brauenbogens, der Nasenspitze, des Jochbeines, des Ohres sowie des Kinns auf. Hier tritt die bleierne Füllmasse des Medaillon‚kerns' hervor, welche beim optischen Vergleich mit der grausilbern glänzenden Oberfläche hellmatt kontrastiert.

Aus einem dünnen Bronzeblech besteht die Rückseite. „Die Reste einer Riemenzunge mit einem kleinen Bronzering", wovon noch in der Erstvorlage[10] die Rede ist, sind heute (Juni 2010) leider nicht mehr verifizierbar. Die Bronzeabdeckung ist mehrfach gebrochen und so dünn, dass sich an keiner Stelle die ursprüngliche Oberfläche erhalten hat.

Die silberne Reliefdarstellung der Vorderseite wurde durch Treiben erzeugt; Gravierspuren, wie sie sich etwa bei einer beabsichtigten Pupillenwiedergabe angeboten hätten, lassen sich nicht beobachten. Die Herstellung der kreisrunden Bronzeplatte auf der Rückseite dürfte mittels Guss erfolgt sein – mit anschließender Überarbeitung (verlorene Öse[n]). In der Summe muss leider ein erheblicher Substanzverlust konstatiert werden, der zwar weniger die Darstellung der Vorderseite beeinträchtigt, uns dafür aber in Fragen der rückseitigen Fixiervorrichtung im Stich lässt. Der einzige originale Randabschnitt befindet sich – gemäß numismatischer Beschreibungspraxis – zwischen ‚12 und 14 Uhr'.

Darstellung

Der jugendliche Männerkopf ist als Satyr/(Silen)[11] zu interpretieren, wie er sehr häufig in der griechischen, weitaus seltener in der provinzialrömischen Kunst[12] zur Darstellung kommt. Am besten ist er mit einem lachenden Satyr im Liebighaus in Frankfurt am Main[13] vergleichbar, dessen aus weißem, feinkristallinen (parischen?) Marmor gearbeiteter Kopf von P. C. Bol in das 1. Jahrhundert n. Chr., genauer in flavische Zeit, datiert wird.

---

9 Die Fundaufnahme im Badischen Landesmuseum Karlsruhe am 28. Juni 2010 ermöglichten in entgegenkommender Weise Frau Dr. K. Horst und Frau S. Erbelding M. A., denen mein besonderer Dank gilt!
10 Fingerlin/Batsch 1988, 136.
11 RE III A 1 (1927) 35–53 s. v. *Silenos* und *Satyros* (A. Hartmann); EAA VII (1966) 67–73 s. v. *Satiri e Sileni* (P. E. Arias); LIMC VIII (1997) 1108–1133 s. v. *Silenoi* (E. Simon).

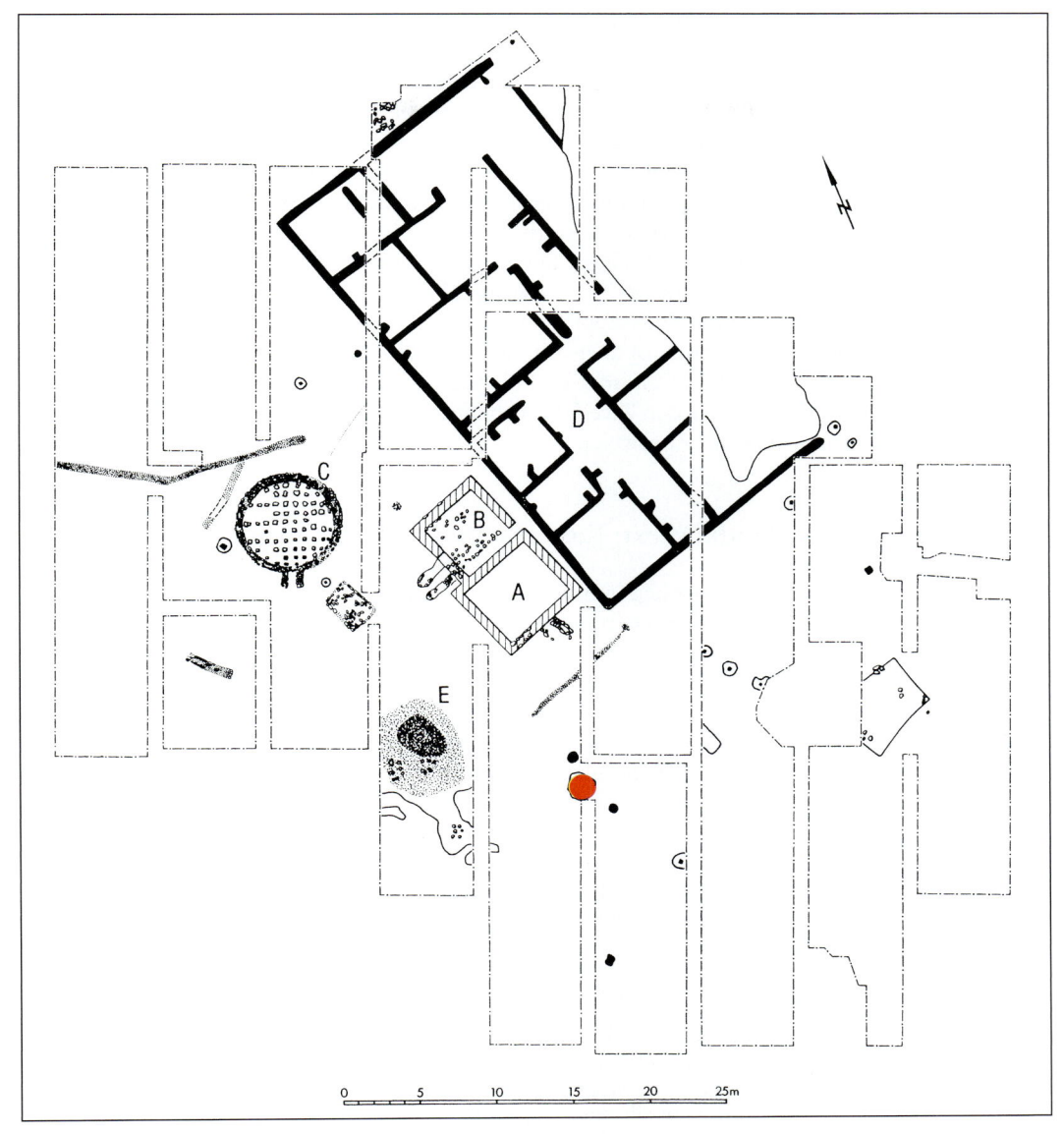

Abb. 1: Offenburg-Zunsweier. Gesamtbefund der Untersuchungen im Vicus.
Der rote Punkt bezeichnet die Fundstelle des Silbermedaillons.

Aus dem Limesgebiet liegen mehrere, sehr unterschiedlich gestaltete ‚Bronze-Silene' vor: Aus Öhringen, aus dem Nordvicus des Ost- (Rendel)kastells stammt die qualitätvolle Statuette eines stehenden Silen[14] mit erhobenem linken Arm; die gesenkte Rechte hält eine Weintraube mit darü-

---

12 H. Schoppa, Orientalische und griechische Einflüsse in der provinzial-römischen Kultur mit besonderer Berücksichtigung des Limesgebietes nördlich des Mains. Nassau. Ann. 64, 1953, 1–10.
13 Liebighaus-Museum Alter Plastik. Antike Bildwerke 1. Bildwerke aus Stein und aus Stuck von archaischer Zeit bis zur Spätantike (Melsungen 1983) 183–186 Kat.-Nr. 56.
14 O. Paret, Silenstatuette von Oehringen (Württ.). Germania 30, 1952, 114 f. Abb. 1; RiBW 1986 Taf. 62a; M. Kemkes in: H. U. Nuber, Antike Bronzen aus Baden-Württemberg. Schr. Limesmus. Aalen 40 (Stuttgart 1988) 51 Abb. 34; 99; J. Ronke in: Katalog Imperium Romanum 2005, 335 Abb. 446; C. S. Sommer in: RiBW 2005, 238.

berliegendem Blatt. Die Augen sind in Silber eingesetzt. Lötspuren an den Fußsohlen verweisen auf eine ehemalige Sockelung. Untersuchungen in der Villa rustica von Nördlingen-Holheim erbrachten die Statuette eines sitzenden, nackten Silen,[15] der eine Flöte spielt; das Musikinstrument (Aulos) ist leider verloren. Auch hier sind die Augen in Silber eingelegt. Ein vierkantiger Stift unterhalb der Gesäßbacken wird als Indiz für eine Verwendung als Möbelbeschlag gewertet. Aus dem Nordvicus (Bad?) des Kastells Niedernberg liegt der Kopf eines Silen[16] mit weit vorgezogener Unterlippe vor; zusammen mit einem Rohr am Hinterhaupt ist eine Funktion als Wasserspeier gewährleistet. Ausgrabungen im Vicus von Heddernheim westlich der ‚Saalburgstraße' erbrachten ein qualitativ hochwertiges Büstenmedaillon eines bärtigen Silen.[17] Möglicherweise diente es als Verzierung an einer Truhe oder an einem Wagen. Aus dem Nordvicus in Pfünz[18] und aus Keller 838 in Ladenburg[19] ist jeweils ein runder Beschlag mit Silenskopf überliefert, bei dem sich wohl um Zierat an Möbeln oder Kästchen handelt. Hinzuweisen ist auch auf das Gewicht einer Schnellwaage in Gestalt eines Silenköpfchens[20] aus Stuttgart-Bad Cannstatt und ein kleines Silenköpfchen,[21] dessen Heddernheimer Herkunft jedoch nicht über jeden Zweifel erhaben ist. Sämtliche Bronzen sind chronologisch jünger als das Silberfundstück aus Zunsweier.

Befundkontext: Kastell – Vicus – Besatzung

Das Auxiliarkastell von Zunsweier[22] liegt unmittelbar am Rand einer Anhöhe, die den Ausgang des Kinzigtals nach Süden begrenzt. Sein gedrungen-rechteckiger Grundriss (‚Spielkartenform') mit einer Innenfläche von rund 3,5 ha wird durch einen einfachen Spitzgraben, der im Westen verdoppelt ist, begrenzt; im Süden greift dieser noch weiter aus und formt einen Annex, worin sich ein 41 m langes Badegebäude vom Reihentyp befindet. Im Norden und Osten war aufgrund der hier bis zu 25 m abfallenden Geländekanten ein zweiter Spitzgraben dagegen entbehrlich. Während das steinerne Bad größtenteils aufgedeckt wurde, stellte man die Ausdehnung des in Holz-Erde-Bauweise errichteten Militärlagers lediglich über wenige Profilschnitte sowie zahlreiche Hohlkernbohrungen fest.

---

15 W. Czysz in: Die Römer in Schwaben. Jubiläumsausstellung 2000 Jahre Augsburg. Augsburg, Zeughaus, 23. Mai – 3. November 1985. Arbeitsh. 27. Bayer. Landesamt Denkmalpfl. (München 1985) 181 Abb. 137; W. Czysz, Römische Gutshöfe im Nördlinger Ries. Der Daniel. Zeitschrift für Landschaft, Geschichte, Kultur und Zeitgeschehen (Nordschwaben) 1987/1, 13 Abb. 12 sowie Umschlagbild; Katalog Römer 2000, 284 Abb. 244; M. Gschwind/W. Röhrer in: W. Czysz/A. Faber, Der römische Gutshof von Nördlingen-Holheim, Landkreis Donau-Ries. Ber. Bayer. Bodendenkmalpfl. 45/46, 2004/05, 74 Abb. 26; 77 Nr. B 60.

16 H. Menzel, Römische Bronzen aus Bayern (Augsburg 1969) 35 Nr. 55 Taf. 17,1; D. Baatz/F.-R. Herrmann (Hrsg.), Die Römer in Hessen (²Stuttgart 1989) 231 Abb. 155; M. Marquart in: Stiftsmuseum der Stadt Aschaffenburg. Bayerische Museen 18 (München 1994) 30 Abb. 24; B. Steidl, Welterbe Limes. Roms Grenze am Main. Ausstellungskat. Arch. Staatsslg. 36 (München 2008) 181 f.; 183 Abb. 188.

17 K. Woelcke, Ein Bronzebeschlag mit Silenbüste aus Heddernheim. Germania 9, 1925, 94 f.; M. Kohlert-Németh, Römische Bronzen II aus Nida-Heddernheim. Fundsachen aus dem Hausrat. Auswahlkat. Arch. R. 14 (Frankfurt a. M. 1990) 33 f. Nr. 10.

18 ORL B 73 Pfünz 38 Nr. 51 Taf. 13,43 (als Maskendarstellung apostrophiert); J. Oldenstein, Zur Ausrüstung römischer Auxiliareinheiten. Studien zu Beschlägen und Zierat an der Ausrüstung der römischen Auxiliareinheiten des obergermanisch-raetischen Limesgebietes aus dem 2. und 3. Jahrhundert n. Chr. Ber. RGK 57, 1976, 273 Nr. 945 Taf. 71,945 (S. 273 ist die Schreibung Selen in Silen zu verbessern).

19 Th. Schmidts, LOPODVNVM IV. Die Kleinfunde aus den römischen Häusern an der Kellerei in Ladenburg (Ausgrabungen 1981–1985 und 1990). Forsch. u. Ber. Vor- u. Frühgesch. Baden-Württemberg 91 (Stuttgart 2004) Umschlagbild; 45; 123 Nr. E 20 Taf. 20 E 20; Taf. 65 E 20.

20 Ph. Filtzinger in: RiBW 1986, 577 Abb. 399; ders. in: RiBW 2005, 330; Th. Schmidts in: Katalog Imperium Romanum 2005, 263; 264 Abb. 330.

21 M. Kohlert-Németh, Römische Bronzen I aus Nida-Heddernheim. Götter und Dämonen. Auswahlkat. (Frankfurt a. M. 1988) 48 Nr. 16.

22 Schönberger 1985, 454 Nr. C 50 (unter Bezug auf [mündliche] Informationen von R. Dehn, G. Fingerlin und W. Struck); G. Fingerlin in: RiBW 1986, 466 f.; Planck 1988, 256/257 Abb. 2 Nr. 8; 280; Sommer 1999, 162 f. Nr. 183; 173; Yupanqui 2000, 51–54; 95–98 Nr. 23a/b; Yupanqui Werner 2000, 119–121; G. Fingerlin/M. Yupanqui in: RIBW 2005, 240 f.

a   b   c

Abb. 2: Phalere aus Zunsweier. a) Vorderseite mit Satyrkopf (Silber, mit durchscheinendem Blei),
b) Profil (1 Bronze, 2 Blei, 3 Silber), c) Rückseite (Bronze). M 3:2.

Als Besatzung wurde – aufgrund der Kastellinnenfläche – bislang eine 500 Mann starke *cohors*[23] vermutet. Lange dachte man dabei an die *cohors I Thracum*,[24] da seit 1778 aus der Kinzig bei Offenburg die Grabstele[25] eines Zenturionen besagter Einheit vorliegt. Durch einen im Mai 2005 entdeckten

---

23 Yupanqui 2000, 31; 51; Yupanqui Werner 2000, 120.
24 RE XIII (1925) 585 s. v. *Limes* (Obergermanien) (E. Fabricius); Batzer 1936, 245; H. Nesselhauf, Umriß einer Geschichte des obergermanischen Heeres. Jahrb. RGZM 7, 1960, 160 Anm. 12; Filtzinger 1957, 197; A. Radnoti (†), Legionen und Auxilien am Oberrhein im 1. Jh. n. Chr. In: E. Birley/B. Dobson/M. Jarrett (Hrsg.), Roman frontier studies 1969. Eight international congress of *Limesforschung* (Cardiff 1974) 148 („vielleicht im Raum von Strasbourg"); Tabelle III; B. Oldenstein-Pferdehirt, Die römischen Hilfstruppen nördlich des Mains. Forschungen zum Obergermanischen Heer I. Jahrb. RGZM 30, 1983, 331 („möglicherweise in Offenburg"); Schönberger 1985, 454 C 50; Nuber 1997, 15. – Zur Truppe: E. Stein, Die kaiserlichen Beamten und Truppenkörper im römischen Deutschland unter dem Prinzipat. Beiträge zur Verwaltungs- und Heeresgeschichte von Gallien und Germanien I (Wien 1932) 213 f.; K. Kraft, Zur Rekrutierung der Alen und Kohorten an Rhein und Donau. Diss. Bern. I 3 (Bern 1951) 186–190; Spaul 2000, 364 f.; M. Jae, Die Dislokation der Alen und Kohorten am obergermanischen Limes. Jahrb. Heimatu. Altver. Heidenheim 10, 2003/04, 27 f.; ders., *Cohortes I Thracum* an Rhein und Donau. In: G. Seitz (Hrsg.), Im Dienste Roms [Festschrift für Hans Ulrich Nuber] (Remshalden 2006) 231–250 bes. 231.
25 L(ucio) VALERIO ALB/INO DOM[O] HISP(ali) / > (centurioni) C(o)HO(rtis) I T‹H›R{H}ACV(m) / ANN(orum) LXV STI(pendiorum) XXIII / H(ic) S(itus) [E(st)]: CIL XIII 2.1 (1905) 6286 (S. 196); Wagner 1908, 247 f. Nr. 2 Abb. 162; Fritsch 1910, 15 f. Figur 3 (nach S. 34); W. Barthel, Die Erforschung des obergermanisch-raetischen Limes in den Jahren 1908–1912. Ber. RGK 6, 1910/11 (1913) 130; Riese 1914, 180 Nr. 1676; E. Batzer, Zur Geschichte des Offenburger Centuriosteines. Bad. Fundber. 1, 1925, 69 f.; Batzer 1936, 240 f.; F. Koepp, Die Grabdenkmäler. Germania Romana III (Bamberg 1926) 30 Nr. 2 Taf. 3,2; É. Espérandieu, Recueil général des bas-reliefs, statues et bustes de la Germanie Romaine (Paris and Brussel 1931 [Nachdruck Ridgewood, New Jersey, U.S.A 1965]) 306 f. Nr. 473; L. Hahl, Zur Stilentwicklung der provinzialrömischen Plastik in Germanien und Gallien (Darmstadt 1937) 17 f.; 64 Nr. 26; Nierhaus 1967, 130 Nr. 3b; Filtzinger 1991, 15 Nr. 6; 17 Abb. 9; ders. 1995, 39 f. Nr. 6 Abb. 32 (rechts [Kopie]); Yupanqui 2000, 20; 21 Abb. 10; 42–47 Abb. 26–29; 69 Nr. R 1 Abb. 49; Yupanqui Werner 2000, 117 Abb. 3; 118; M. Yupanqui, Auge in Auge mit einem römischen Offizier. Anmerkungen zur Rekonstruktion eines römischen Militärgrabsteines aus Offenburg. In: Ch. Bücker/M. Hoeper/N. Krohn/J. Trumm (Hrsg.), REGIO ARCHAEOLOGICA. Archäologie und Geschichte an Ober- und Hochrhein [Festschrift für Gerhard Fingerlin zum 65. Geburtstag]. Internat. Arch. Studia honoraria 18 (Rahden/Westf. 2002) 45–49 (bei der farbigen Rekonstruktion [49 Abb. 6] trägt Manuel Yupanqui leider nicht der Tatsache Rechnung, dass

Fortsetzung nächste Seite

Spitzgraben in der Kornstraße 5 in Offenburg[26] ist inzwischen das lang gesuchte Militärlager gefunden worden, sodass die Erste Thraker-Kohorte wahrscheinlicher in der ‚Altstadt' garnisonierte. Ziegelstempel[27] der *legiones I Adiutrix*[28] und *XIIII Gemina*[29] sind in Zunsweier zwar nicht als Truppenindikatoren zu werten, verweisen aber wegen ihrer augenscheinlich in Rheinzabern[30] erfolgten Produktion auf eine Gründung in vespasianischer Zeit.[31] Der Platz war jedoch nur kurzzeitig militärisch gesichert, da die beiden jüngsten Nominale einer 13 Gepräge umfassenden Münzreihe (aus dem Bad) einen Terminus post quem von 77/78 n. Chr.[32] anzeigen.

300 m nordwestlich des Kastells befindet sich der zugehörige Vicus. Wichtigste Baulichkeiten sind ein 34 x 18 m messender Fachwerkbau, ein Rundbau mit Ziegelsetzung, bei dem es sich wahrscheinlich um die Hypokaustanlage eines Schwitzbades *(laconicum)* handelt sowie mehrere gemauerte rechteckige ‚Gevierte'.[33] Ergraben wurde lediglich ein kleiner Ausschnitt von 3000 m², von dem angenommen wird, dass er sich an der nordwestlichen Peripherie des Vicus befindet.[34] Auch hier datiert das Fundmaterial ausnahmslos flavisch.[35]

Fortsetzung Anm. 25
    am Ende von Zeile 3 im Wort TRHACV(m) ein Fehler des römischen Steinmetzen vorliegt – die *littera* H statt vor dem R nach dem R eingeschlagen wurde); Führer BLM Karlsruhe 2008, 66; 145. – Autopsie der Inschrift (im abgedunkelten ‚Steinkeller' des BLM Karlsruhe), unter zu Hilfenahme einer Taschenlampe (‚Streiflicht') am 28. 6. 2010.

26 M. RAUSCHKOLB/J. SCHREMPP, Militärlager, Fernstraße, Straßenvicus – Neues zum römischen Offenburg, Ortenaukreis. Arch. Ausgr. Baden-Württemberg 2005, 143–146 bes. 143 f. (Der Graben eines römischen Militärlagers [Kornstraße 5]); B. JENISCH/A. GUTMAN, Offenburg. Archäologischer Stadtkataster Baden-Württemberg 33 (Esslingen 2007) 19 f.; 43. Außerdem zu Funden im Stadtgebiet von Offenburg: Fundber. Baden-Württemberg 29, 2007, 859 (J. SCHREMPP).

27 G. FINGERLIN in: RiBW 1986, 467; YUPANQUI 2000, 16 Abb. 5; 53; 96 Abb. 63 (rechts); YUPANQUI WERNER 2000, 119 Abb. 6; G. FINGERLIN/M. YUPANQUI in: RIBW 2005, 241.

28 RE XII (1925) 1380–1404 s. v. *Legio* (I adiutrix) bes. 1384–1387 (Zugehörigkeit zum obergermanischen Heer [Standlager Mainz] 70–85/86) (E. RITTERLING); B. LŐRINCZ, Legio I Adiutrix. In: Y. Le BOHEC (Hrsg.), Les légions de Rome sous le haut-empire I. Actes du congrès de Lyon (17–19 septembre 1998). Coll. Centre d'Études Romaines et Gallo-Romaines N. S. 20 (Paris 2000) 151–158 bes. 152.

29 RE XII (1925) 1727–1747 s. v. *Legio* (XIII gemina) bes. 1732–1736 (zweiter Aufenthalt in Mainz [70–92]) (E. RITTERLING); TH. FRANKE, Legio XIV Gemina. In: Y. Le BOHEC (Hrsg.), Les légions de Rome sous le haut-empire I. Actes du congrès de Lyon (17–19 septembre 1998). Coll. Centre d'Études Romaines et Gallo-Romaines N. S. 20 (Paris 2000) 191–202 bes. 195. – Vgl. auch: G. WESCH-KLEIN, Gestempelte Antefixe der Legio XIIII Gemina aus Rheinzabern. Berichtigung zu CIL XIII 1073. Zeitschr. Papyr. u. Epigr. 75, 1988, 222–226 u. U. BRANDL, Bemerkungen zu einem Ziegelstempeltyp der Legio XIV Gemina aus der Germania Superior und Carnuntum. Zeitschr. Papyr. u. Epigr. 112, 1996, 224–227.

30 Zur Rheinzaberner Ziegelproduktion: RITTERLING 1911, 37–42; SPRATER 1929, 50-54; O. ROLLER, Die Oberrheinlande in der Römerzeit. Zeitschr. Gesch. Oberrhein N. F. 78, 1969, 4; H. BERNHARD in: H. CÜPPERS (Hrsg.), Die Römer in Rheinland-Pfalz (Stuttgart 1990) 533 f.; G. WESCH-KLEIN, Die Truppenziegeleien von Rheinzabern: Probleme militärischer Produktionstätigkeit und Arbeitsorganisation. Vorüberlegungen zu einer Ziegelstempeledition. Specimina Nova Diss. Inst. Hist. (Pécs) 7.1, 1991 (1992) 213–222 bes. 218; U. BRANDL/E. FEDERHOFER, Ton + Technik. Römische Ziegel. Schr. Limesmus. Aalen 61 (Esslingen a. N. 2010) 72.

31 G. Fingerlin in: RiBW 1986, 467; NUBER 1997, 15; G. FINGERLIN/M. YUPANQUI in: RiBW 2005, 241.

32 NUBER 1997, 15 unter Verweis auf M. A. F. J. YUPANQUI WERNER, Die römischen Kastellbäder von Rammersweier und Zunsweier (Stadt Offenburg) Abb. 4 (ungedruckte Magisterarbeit Freiburg i. Br. 1998); YUPANQUI 2000, 53; 95; YUPANQUI WERNER 2000, 119. – Zu den Gründen der ‚Platzaufgabe': YUPANQUI WERNER 2000, 122: „Dies kann im Rahmen von Truppenverschiebungen im Zusammenhang mit dem Chattenkrieg 83 n. Chr., mit der Provinzgründung um 85 n. Chr., mit dem Ausbau des Neckarlimes, mit Daker- und Sarmateneinfällen um 85 n. Chr. oder im Zusammenhang mit dem Saturninusaufstand 89 n. Chr. erfolgt sein."

33 SCHÖNBERGER 1985, 454 Nr. C 50; YUPANQUI 2000, 53 f.; 92 f. Nr. R 21; YUPANQUI WERNER 2000, 119.

34 FINGERLIN/BATSCH 1988, 136.

35 YUPANQUI 2000, 54; YUPANQUI WERNER 2000, 119.

Kinzigtalstraße

Die maßgebliche Aufgabe des Kastells bei Zunsweier bestand darin, den Austritt eines Weges aus dem Schwarzwald in die offene Rheinebene zu überwachen.[36] Dabei handelt sich wohl um den in Zeile 5 und 6 des auf dem Offenburger Meilenstein verzeichneten ITER DE[RECTVM AB ARGE]NTORATE / IN R[AETIAM][37] *aut* R[AETIAM ET HEL]V(etios)[38] *aut* R[IPAM DANVVII][39], dessen Bau unter dem kaiserlichen Legaten *Gn(aeus) (Pinarius) Cornelius Clemens* um (73/)74 n. Chr. erfolgte. Nach mehr als 170-jähriger Beschäftigung mit dieser unvollständig überlieferten Inschrift muss an dieser Stelle darauf hingewiesen werden, dass die in der jüngeren Literatur fast zur *communis opinio* gewordene Straßenzielrichtung *in R[aetiam]* lediglich auf einem, zudem nicht einmal vollständig erhaltenen Buchstaben fußt! Weiterhin stimmt bedenklich, dass am Ende d(ies)er

---

36 G. Fingerlin in: RiBW 1986, 467; Yupanqui Werner 2000, 122; G. Fingerlin/M. Yupanqui in: RiBW 2005, 241.

37 Zangemeister 1884, 246–255 Nr. 2 „Am Ende (der Zeile 6 [Erg. Verf.]) erkenne ich (K. Zangemeister [Erg. Verf.]) einen (...) Rest, welcher vielleicht der Endstrich eines *R* oder *X* oder das Unterteil des zweiten Striches eines *N* ist" (S. 248) und „*in r[ipam Nicri* oder *Danuvii]* scheint weniger passend, da man eher *ad ripam* oder einfach *ad Nicrum (ad Danuvium)* erwartete" (S. 253 Anm. 2). – K. Zangemeister, Zur Geschichte der Neckar-Länder in römischer Zeit. Neue Heidelberger Jahrb. 3, 1893, 9 Nr. 1 „höchstwahrscheinlich nach Raetien" (S. 9 Anm. 31). – E. Herzog, Zur Okkupations- und Verwaltungsgeschichte des rechtsrheinischen Römerlandes. Bonner Jahrb. 102, 1898, 90 „(...) daß i(m) J(ahre) 74 die Strasse von Strassburg über Offenburg, von da über den Schwarzwald nach Rätien gebaut wurde". – ILS II 1 (1902) 5832 (S. 436 [H. Dessau]). – CIL XIII 2.2 (1907) 9082 (S. 699) „(Zeile) 6 tertia littera *R* potius fuit quam *P*; postrema videtur fuisse *R*" (S. 699 [A. von Domaszewski]). – P. Goessler, Das römische Rottweil hauptsächlich auf Grund der Ausgrabungen vom Herbst 1906 (Stuttgart 1907) 70 f. (m. Anm. 1). – Wagner 1908, 248 Nr. 3. – Riese 1914, 7 Nr. 45. – F. Vollmer, Inscriptiones Baivariae Romanae sive inscriptiones prov. Raetiae adiectis aliquot Noricis Italicisque (München 1915) 158 Nr. 495 „non certum est supplementum v. 6 *in r[ipam Danuvii]* (Fabricius) postrema videtur fuisse *R*, tertia *R* potius fuit quam *P*" (S. 158). – F. Hertlein, Die Geschichte der Besetzung des römischen Württemberg. Die Römer in Württemberg I (Stuttgart 1928) 29 „Die Ergänzung: *in r[ipam Danubii]* statt *in R[aetiam]* ist wenig wahrscheinlich, weil das keine amtliche Bezeichnung ist. Nach Forrer (...) soll in entsprechender Entfernung noch ein *V* sichtbar sein, das zu *[et Hel]v(etiam)* ergänzt werden könne" (S. 29 Anm. 1). – ORL A 5 Strecke 11 (1935) 26 f. Taf. 2,2 „Zeile 6 vom *R* nur *P*, der schräge Strich unter dem *N* kann Verletzung sein, keinesfalls steht dort ein *V*" (S. 26 [E. Fabricius]) und „Die epigraphische Unmöglichkeit von Forrers Ergänzung *[et Hel]v(etios)* in Zeile 6 ergibt sich aus den Notizen von Fabricius" (S. 27 [W. Schleiermacher]). – Batzer 1936, 235; 237; 239 f. (m. Anm. 1); 243; 248 (m. Anm. 1). – Tabula Imperii Romani M 32 Mainz (Frankfurt 1940) 28 (P. Goessler). – Filtzinger 1957, 197. – Nierhaus 1967, 122 f. (m. Anm. 6); 130 Nr. 3a. – H. Schönberger, The Roman frontier in Germany: An archaeological survey. Journal Roman Stud. 59, 1969, 156. – H. W. Böhme, Römische Beamtenkarrieren. Cursus honorum. Kl. Schr. Kenntnis röm. Besetzungsgesch. Südwestdeutschlands 16 (Stuttgart 1977) 5; 6 Abb. 1; 7 Abb. 2. – Ph. Filtzinger, Die militärische Besitznahme durch die Römer. Hist. Atlas Baden-Württemberg, Beiwort zur Karte III 3 (Stuttgart 1979) 2; 18 f. Nr. M 18. – R. Wiegels, Zeugnisse der 21. Legion aus dem südlichen und mittleren Oberrheingebiet. Zur Geschichte des obergermanischen Heeres um die Mitte des 1. Jahrhunderts n. Chr. In: Epigr. Stud. 13 (Köln 1983) 22 „nach der plausiblen Ergänzung Öffnung und Ausbau einer Straßenverbindung von Argentorate durch den Schwarzwald (Kinzigtalstraße) nach Raetien". – B. Oldenstein-Pferdehirt, Die Geschichte der Legio VIII Augusta. Forschungen zum Obergermanischen Heer II. Jahrb. RGZM 31, 1984, 406 (m. Anm. 6). – W. Eck, Die Statthalter der germanischen Provinzen vom 1.–3. Jahrhundert. Epigr. Stud. 14 (Köln 1985) 35 (m. Anm. 1); 36. – Schönberger 1985, 361; 454 C 50 „*in R[aetiam]* oder *in r[ipam Danvii]*" (S. 361). – CIL XVII 2 (1986) 654 (S. 250 [G. Walser]). – Planck 1988, 256. – J. Heiligmann, Der »Alb-Limes«. Ein Beitrag zur römischen Besetzungsgeschichte Südwestdeutschlands. Forsch. u. Ber. Vor- u. Frühgesch. Baden-Württemberg 35 (Stuttgart 1990) 188. – Filtzinger 1991, 30; 31 Abb. 18. – B. Zimmermann, Zur Authentizität des «Clemensfeldzuges». Jahresber. Augst und Kaiseraugst 13, 1992, 293. – Filtzinger 1995, 38 f. Nr. 5 Abb. 32 (links [Kopie]). – Sommer 1999, 172. – R. Wiegels, Neuere Zeugnisse und Beiträge zur Geschichte der Rheinheere bis zum Ausgang des 1. Jahrhunderts n. Chr. In: XI Congresso Internazionale di Epigrafia Greca e Latina Roma, 18–24 settembre 1997. Atti II (Roma 1999) 149 Anm. 69 „nach der überwiegend akzeptierten Ergänzung". – Yupanqui 2000, 21 f. Abb. 11; 38–42 Abb. 24 f.; 70 Nr. R 2 Abb. 50. – Yupanqui Werner 2000, 116 f. Abb. 1 „in der Forschung wurden auch (...) die Lesungen *in r[ipam Danuvii]* oder *in R[aetiam et Helv(etiam)]* vorgeschlagen" (S. 117). – G. Alföldy in: Katalog Imperium Romanum 2005, 110 Abb. 97.

Fortsetzung nächste Seite

sechsten Zeile der Überrest einer weiteren, nicht mehr ganz sicher zu interpretierenden Majuskel vorliegt.[40] Obwohl K. Zangemeister in seiner grundlegenden Publikation 1884 auf all diese Punkte bereits hinwies, maß man im Laufe der Jahr(zehnt)e diesen Details immer weniger Bedeutung bei, was gegenüber seiner Lesung einen deutlichen Erkenntnisrückschritt bedeutete – und das bei einem Zeugnis mit dem Prädikat „älteste datierbare Steininschrift zwischen Rhein, Main und Donau."[41] Angesichts alter wie neuer Analysen ist davon auszugehen, dass die Ergänzung *in R[aetiam]* – bestenfalls – die ‚halbe' historische Wahrheit wiedergibt!

Funktionsanalyse

Bei der Frage nach der Funktion der Silberscheibe aus Zunsweier grenzen der Fundort (Kastellvicus), der Zeitrahmen des Verlustes (flavisch), das verwendete Material (Silber kombiniert mit Bronze und Blei), die bildliche Darstellung (Satyrkopf) sowie rückseitige konstruktive Details (Riemenzunge samt kleinem Ring) den ehemaligen Verwendungszweck bereits erheblich ein. Aufgrund der (zwischenzeitlich leider verlorenen) Fixiervorrichtung auf der Rückseite wurde in der Vergan-

---

38 R. Forrer, Elsässische Meilen- und Leugensteine. Ein Beitrag zur elsässischen Straßenforschung. Jahrb. Geschichte, Sprache u. Literatur Elsass-Lothringens 33, 1917, 22–29 (III. Der Meilenstein Ab Argentorate von Offenburg und der Steinerne Mann von Hundsfelden): „Am meisten hat man sich bis jetzt um den Inhalt von Zeile 6 gestritten. IN R ist auf der erhaltenen linken Seite sicher. Sicher ist auch, daß hierin das Endziel dieser «von Straßburg ausgehenden direkten Straße» zu suchen ist (...) und befürwortete (....) *in Raetiam*. Diese Ergänzung hat allgemeine Zustimmung gefunden und darf als sicher gelten. Aber das sonst wohlabgewogene Schriftbild der Säule würde bei einer Beschränkung auf diese Ergänzung sehr gelitten haben und ein unter dem T von *Argentorate* sichtbarer Buchstabe zeigt unverkennbar, daß mit *Raetiam* diese Zeile nicht abgeschlossen haben kann. Nun ergibt sich bei genauerem Zusehen, daß dieser (...) Buchstabe ein zweifelloses V ist, daß dieses der letzte Buchstabe dieser Zeile war, nachher keiner mehr folgte, was auch zum Schriftbild als eingezogene Zeile analog den Zeilen 2 und 4 und dem eingezogenen *in R* von Zeile 6 durchaus paßt. Zwischen jenem V und *in Raetiam* bleibt damit aber ein ungedeckter Raum von nicht weniger als 5 Buchstaben. Es ist klar, daß dieser Raum ausgefüllt war und jene fehlenden 5 Lettern nur in Verbindung mit jenem V und im engsten Zusammenhang mit *iter derect(um) ab Argentorate* ergänzt werden dürfen, wobei das zu ergänzende Wort dem *Raetiam* aequivalent sein muß. Mit anderen Worten, das Fehlende muß ein weiteres Endziel der direkten Straße genannt haben". (...) Es liegt also nahe, die Inschrift zu ergänzen zu *in Raetiam et Helv(etios)*, womit die Lücke regelrecht eingedeckt ist und das V seine passende Verwendung findet (S. 24–26); (nach seinem [Forrers] Studium und Abklatschnahme am 25. u. 26.6.1917 [S. 23 Anm. 1]). – K. Schumacher, Siedelungs- und Kulturgeschichte der Rheinlande von der Urzeit bis in das Mittelalter. II. Die römische Periode. Handb. röm.-germ. Central-Mus. 2 (Mainz 1923) 237 f. – R. Forrer, Strasbourg – Argentorate. Préhistorique, Gallo-Romain et Mérovingien II (Strasbourg 1927) 638 Taf. 91,1. – Ch.-M. Ternes, Die Provincia Germania Superior im Bilde der jüngeren Forschung. In: ANRW II 5.2 (1976) 835; 836 Abb. 61.

39 (A.) von Domaszewski, Die Beneficiarierposten und die römischen Strassennetze. Westdt. Zeitschr. Gesch. u. Kunst 21, 1902, 201 „Doch möchte ich der von ihm (K. Zangemeister [Erg. Verf.] als minder wahrscheinlich bezeichneten Ergänzung *in r[ipam Danuvii]* den Vorzug geben, da bei solchen Strassenbauten auch sonst eine bestimmte Grenzlinie angegeben wird". – E. Fabricius, Die Besitznahme Badens durch die Römer. Neujahrsbl. Bad. Hist. Komm. N. F. 8, 1905, 37. – Fritsch 1910, 7 „Die Angabe des Zieles (...) lautet entweder *in Raetiam* (Donaugebiet) oder *in ripam Danuvii*; da auch anderwärts als Endpunkte Flußläufe angegeben werden, ist diese Auffassung wohl vorzuziehen" (S. 7). – Ritterling 1911, 41. – RE XIII (1925) 585 s. v. *Limes* (Obergermanien) (E. Fabricius). – RGA V (1984) 281 s. v. *Decumates agri* (H. U. Nuber) „von *Argentorate* (...) zur oberen Donau". – Schönberger 1985, 361; 454 C 50 „*in R[aetiam]* oder *in R[ipam Danuvii]*" (S. 361). – Planck 1988, 256.

40 In der Schemazeichnung bei Zangemeister 1884, 247 deutlich angegeben; in der Umzeichnung bei W. Schleiermacher in: ORL A 5 Strecke 11 Taf. 2,2, basierend auf „einem von Fabricius angefertigten Abklatsch" (S. 26) möglicherweise noch vorhanden; in der Umzeichnung in CIL XVII 2, 654 (S. 250) dagegen spurlos verschwunden! – Autopsie der Inschrift (im abgedunkelten ‚Steinkeller' des BLM Karlsruhe), unter zu Hilfenahme einer Taschenlampe (‚Streiflicht') am 28.6.2010: Ein Buchstabe V (in Zeile 6 [Zählung nach Forrer]) ist zwar nicht so deutlich, wie in dessen Umzeichnung erkennbar, ein linker, oberer, schräger Hastenansatz ist jedoch kaum zu bestreiten.

41 Zangemeister 1884, 247.

genheit zu Recht davon ausgegangen, dass die kleine Scheibe ursprünglich an einem organischen Lederband/-riemen befestigt war. Da derartige Bänder sowohl bei der Pferdeschirrung – ablesbar an den großformatigen Reiterstandbildern[42] und an den kleineren Reitergrabsteinen[43] als auch bei der Fixierung militärischer Auszeichnungen[44] Verwendung fanden, sah man folgerichtig von einer konkreten ‚Zuschreibung' ab und etikettierte das Stück als ‚*phalera*'.[45] Zusammen mit *torques*[46] und *armillae*[47] zählen *phalerae* (griechisch φάλαρα) zur Gruppe der *dona militaria*[48] *(minora)* und wurden

---

42   A. ALFÖLDI, Zu den römischen Reiterscheiben. Germania 30, 1952, 187–190 bes. 189 f. Taf. 8,1 *(Suasa Senonum)*. – J. BERGEMANN, Römische Reiterstatuen. Ehrendenkmäler im öffentlichen Bereich. Beitr. Erschl. hellenist. u. kaiserzeitl. Skulptur u. Architektur 11 (Mainz 1990) 50–54 Nr. P 1 (bes. 53 f.: Ikonographie der Schmuckplatten an den Riemenkreuzungen des Zaumzeugs *[Mars, Mercurius, Minerva* aut *Roma, Fortuna* aut *Iuno* aut *Libertas* aut *Venus]*) Taf. 6a; 11a–d (Cartoceto di Pergola, Italien [um 30 v. Chr.]; 91–94 Nr. P 35 (die *phalerae* sind mehrheitlich abmontiert) Taf. 71 (oben) (*Pompeii*, Italien [frühaugusteisch]); 97 f. Nr. P 43 (bes. 98: von der Riemenverzierung nur eine Pelte oberhalb der Nüstern mit einer weiblichen Büste darauf) Taf. 73a–d (*Herculaneum*, Italien [frühkaiserzeitlich]); 81 Nr. P 29 (separat gegossener Riemenschmuck, mit Stiften befestigt; Riemenkreuzungen mit Pelte, weiblichen Büsten und *Victoria* verziert) Taf. 55 (*Pollentia* [Mallorca], Spanien [trajanisch-hadrianisch]); 59 f. Nr. P 6 (die *phalerae* sind abmontiert) Taf. 17 (Augsburg, Deutschland [hadrianisch?]); 61 f. Nr. P 9 (bes. 62: Riemenkreuzungen mit runden Schmuckscheiben verziert [weibliche Büste und *Mars*]) Taf. 19 (*Suasa Senonum*, Italien [antoninisch]); 105–108 Nr. P 51 (bes. 106: Riemenkreuzungen des Zaumzeugs sind mit Schmuckscheiben verziert; die daran angebrachten Figuren fehlen jedoch) Taf. 7b; 78 (links); 79 (oben, links); 80 (*Roma*, Italien [nach 162 n. Chr.]). – Zu Cartoceto di Pergola vgl. die Farbaufnahmen (Original u. Rekonstruktion): M. JUNKELMANN, Die Reiter Roms. Teil I: Reise Jagd, Triumph und Circusrennen. Kulturgesch. Ant. Welt 45 (⁴Mainz 2008) 182 Abb. 183; 183 Abb. 184. – Jüngster Fund ist der Pferdekopf aus Waldgirmes: G. RASBACH, Der bronzene Pferdekopf aus der römischen Stadtanlage von Waldgirmes – ein Fund von internationaler Bedeutung. HessenArchäologie 2009, 78–82 u. Titelbild (vor 16 n. Chr.).

43   M. SCHLEIERMACHER, Römische Reitergrabsteine. Die kaiserzeitlichen Reliefs des triumphierenden Reiters. Abhdl. Kunst-, Musik- u. Literaturwiss. 338 (Bonn 1984) 25 (Die dona militaria, phalerae, torques und armillae); 26–28 (Das Pferdegeschirr); 66–259 *(passim)*.

44   Silius Italicus, Punica XV 255 *Phaleris hic pectora fulget*. – Bildliche Darstellung: JAHN 1860, 6 Taf. 2,4 (sehr schöner Stich); STEINER 1906, 18 Abb. 13 (mäßige Umzeichnung); CL. FRANZONI, *HABITVS ATQVE HABITVDO MILITIS*. Monumenti funerari di militari nella Cisalpina Romana. Studia Arch. 45 (Roma 1987) 51–54 Nr. 30 Taf. 16 f. (Verona: Grabstein des *centurio* Q. Sertorius Firmus).

45   Lexikonbeiträge: Dictionnaire des antiquités Grecques et Romaines 4.1 (Paris 1907 [Nachdruck Graz 1969]) 425–427 s. v. *Phalerae* (E. SAGLIO); RE XIX 2 (1938) 1659–1662 s. v. *Phalerae* (FR. LAMMERT); DACL 14 (1939) 664 f. s. v. *Phalère* (H. LECLERQ); EAA III (1960) 568 f. s. v. *Falera* (M. T. AMORELLI); Der Kleine Pauly 4 (1979) 699 f. s. v. *Phalerae* (A. NEUMANN); RGA XXIII (2003) 131–135 s. v. *Phalere* (J. GARBSCH). – Zusammenfassende Untersuchungen: E. M. O. DOGNÉE, Les phalères des guerriers romains (Caen 1867) *non vidi*; STEINER 1906, 14–22; H. JEREB, Die Phalerae (ungedr. Diss. Wien 1939) *non vidi*; BÜTTNER 1957, 145–152; NEUMANN 1976, 48 f.; 52; MAXFIELD 1981, 91–95; DAHMEN 2001, 115–117.

46   STEINER 1906, 22–26; BÜTTNER 1957, 152–154; NEUMANN 1976, 52; MAXFIELD 1981, 86–88; LINDERSKI 2001, 3–15.

47   STEINER 1906, 26–29; BÜTTNER 1957, 154 f.; NEUMANN 1976, 52; MAXFIELD 1981, 89–91; LINDERSKI 2001, 3–15.

48   Lexikonbeiträge: Dictionnaire des antiquités Grecques et Romaines 2.1 (Paris 1892 [Nachdruck Graz 1969]) 362 f. s. v. *Dona miltaria* (E. SAGLIO); RE V 2 (1905) 1527–1531 s. v. *Dona militaria* (H. O. FIEBIGER); Der Kleine Pauly 2 (1979) 136 f. s. v. *Dona militaria* (A. NEUMANN); Der Neue Pauly 3 (1997) 767–769 s. v. *Dona militaria* (Y. LE BOHEC). – Zusammenfassende Untersuchungen: A. NEGRIOLI, Dei doni militari presso i Romani. Ricerche epigraphiche (Bologna 1900) *(non vidi)*; STEINER 1906, 1–98; A. NEUMANN, Zu den Ehrenzeichen des römischen Heeres. In: Festschrift für Rudolf Egger. Beiträge zur älteren europäischen Kulturgeschichte II (Klagenfurt 1953) 265–268; BÜTTNER 1957, 127–180; NEUMANN 1976, 48–55; MAXFIELD 1981; PETROVIĆ 1991, 63–69; DAHMEN 2001, 114 f.; FEUGÈRE 2010, 52–57. – Realia: J. GARBSCH, donatus torquibus armillis phaleris. Römische Orden in Raetien. Bayer. Vorgeschbl. 51, 1986, 333–336 Taf. 15 *(armilla, torques)*; W. GRABERT/H. KOCH, Militaria aus der villa rustica von Treuchtlingen-Weinbergshof. Bayer. Vorgeschbl. 51, 1986, 325–330 Taf. 14,2 *(torques)*; T. SPRINGER, Ein Hort von Dona Militaria und anderen persönlichen Wertgegenständen eines römischen Soldaten? Überlegungen zum Schatzfund aus Petescia in den Sabinerbergen. Acta Praehist. et Arch. 25, 1993, 265–271 *(armillae, torques)*; C.-M. HÜSSEN, Eine versilberte *armilla* als *donum militare* aus einer Villa rustica in Thalmassing, Lkr. Regensburg. Beitr. Arch. Oberpfalz 1, 1997, 257–265 *(armillae, torques)*; FLÜGEL 1999, 93–96 *(phalera)*.

nur an Soldaten mit Bürgerrecht[49] *(cives Romani)* bis zum Rang eines *centurio*, jedoch nie an höhere Offiziere verliehen.[50] Eine weitere, dritte Trageweise, als Medaillon[51] an einem römischen Feldzeichen, dürfte durch die Satyrdarstellung wohl ausgeschlossen sein, da die Bildnisse an den Standarten mehrheitlich männliche und weibliche Mitglieder des Kaiserhauses zeigen. „Man hat schon lange zurecht das Abreißen der Kaiserbilder, wie es gerade für die gestürzten Herrscher des turbulenten Jahres 68/69 n. Chr. überliefert ist, mit solchen *phalerae* an den *signa* erklärt."[52]

Obwohl der Begriff ‚phalera' sowohl eine animale (Pferdeschmuck) als auch eine humane Trageweise (Orden) impliziert, ist sein ‚singulärer' Gebrauch im vorliegenden Fall nur bedingt zutreffend, da die (lateinisch schreibenden) Schriftsteller (nicht nur) bei Edelmetallexemplaren[53] aus Gold- und Silber lediglich die Pluralform – *phalerae* – kennen; daher verwende ich ab jetzt den eingedeutschten Begriff der ‚Phalere'. Dieser literarische Sachverhalt gibt jedoch einen ersten wesentlichen Hinweis, dass wir nämlich mit mindestens einem weiteren, wenn nicht sogar mit mehreren weiteren Stücken – sozusagen einem ‚Set' – rechnen müssen.

In dieselbe Richtung weist auch das Profil des Satyrkopfes (nach links), das als zentrales Emblem – egal wo appliziert – wenig überzeugend wirkt und geradezu ein Pendant, welches in die andere

---

49 STEINER 1906, 5; 18; BÜTTNER 1957, 128; 141; NEUMANN 1976, 49; A. VON DOMASZEWSKI, Die Rangordnung des römischen Heeres. Einführung, Berichtigungen und Nachträge (von BRIAN DOBSON). Bonner Jahrb. Beih. 14 (³Köln, Wien 1981) 68; MAXFIELD 1982, 121; PETROVIĆ 1993, 63; RGA XXIII (2003) 132 s. v. *Phalere* (J. GARBSCH).

50 RE V 2 (1905) 1529 s. v. *Dona militaria* (H. O. FIEBIGER); STEINER 1906, 89; Dictionnaire des antiquités Grecques et Romaines 4.1 (Paris 1907 [Nachdruck Graz 1969]) 427 s. v. *Phalerae* (E. SAGLIO); RE XIX 2 (1938) 1661 s. v. *Phalerae* (FR. LAMMERT); BÜTTNER 1957, 154; NEUMANN 1976, 52 f.; Der Kleine Pauly 2 (1979) 136 s. v. *Dona militaria* (A. NEUMANN); Der Kleine Pauly 4 (1979) 700 s. v. *Phalerae* (A. NEUMANN); MAXFIELD 1981, 92; 185 ff.; 200 ff.; 213 ff.; PETROVIĆ 1993, 67; Der Neue Pauly 3 (1997) 768 Nr. 1 (u. 2) s. v. *Dona militaria* (Y. LE BOHEC); RGA XXIII (2003) 132 s. v. *Phalere* (J. GARBSCH); FEUGÈRE 2010, 55.

51 Plinius, Naturgeschichte XXXIII 19,58 *(...) qui clarior in argento est magisque diei similis, ideo militaribus signis familiarior, quoniam longius fulget* – (...) die beim Silber heller und dem Tageslicht ähnlicher ist, weshalb es auch für kriegerische Zeichen mehr verwendet wird, weil sein Glanz weiter reicht (Übersetzung R. KÖNIG). – A. VON DOMASZEWSKI, Die Fahnen im römischen Heere. Abhdl. Arch.-Epigr. Sem. Uni. Wien 5, 1885, 1–80 bes. 51–53. Wiederabdruck in: Ders., Aufsätze zur römischen Heeresgeschichte (Darmstadt 1972) 1–80 bes. 51–53; RE XIX 2 (1938) 1662 s. v. *Phalerae* (FR. LAMMERT); W. ZWIKKER, Bemerkungen zu den römischen Heeresfahnen in der älteren Kaiserzeit. Ber. RGK 27, 1937 (1939) 7–22 bes. 15–21; NEUMANN 1943, 27–32; BÜTTNER 1957, 141; NEUMANN 1976, 55; K. TÖPFER, Zur Funktion der Bildnismedaillons an römischen Feldzeichen. In: A. W. BUSCH/H.-J. SCHALLES (Hrsg.), Waffen in Aktion. Akten der 16. Internationalen Roman Military Equipment Conference (ROMEC) Xanten, 13.–16. Juni 2007. Xantener Ber. 16 (Mainz 2009) 283–290; K. TÖPFER, Die römischen Feldzeichen in der Republik und im Prinzipat. Diss. Mainz 2006 (im Druck: Monogr. RGZM). – Besondere Aufmerksamkeit verdient der Umstand, dass unter den ‚auszeichnenden Ehrennamen' der Alen- und Kohortenverbände die Bezeichnungen *armillatae* (ganz selten) und *(bis) torquatae* (häufiger), jedoch niemals *phaleratae* begegnen: MAXFIELD 1981, 221 (table N); SPAUL 1994: *Ala I Flavia Augusta Britannica milliaria civium Romanorum bis torquata ob virtutem* (68–71 Nr. 19); *Ala Gallorum et Thracum Classiana invicta bis torquata civium Romanorum* (87 f. Nr. 26); *Ala (Gallorum) Petriana milliaria civium Romanorum bis torquata* (180–182 Nr. 62); *Ala Gallorum Tauriana civium Romanorum torquata victrix* (217–220 Nr. 77); *Ala Moesica felix pia fidelis torquata* (163 f. Nr. 57); *Ala Siliana bis torquata bis armillata civium Romanorum* (200–203 Nr. 70) und SPAUL 2000: *Cohors I Breucorum equitata civium Romanorum V(aleria) V(ictrix) bis torquata ob virtutem appellata* (317-319); *Cohors I Brittonum milliaria Ulpia torquata pia fidelis civium Romanorum* (195–197); *Cohors I Lepidiana equitata bis torquata civium Romanorum* (155 f.). – Außerdem: STEINER 1906, 91; A. RADNÓTI, Zur Auszeichnung „torquata" und „bis torquata" der Auxiliartruppen. Germania 39, 1961, 458–461; Der Neue Pauly 3 (1997) 768 s. v. *Dona militaria* (Y. LE BOHEC); RGA XXIII (2003) 132 s. v. *Phalere* (J. GARBSCH).

52 HEILMEYER 1975, 311 (Kursiva durch Verf.). Die Interpretation geht auf A. ALFÖLDI, Die Ausgestaltung des monarchischen Zeremoniells am römischen Kaiserhofe. Mitt. DAI Rom 49, 1934, 71 (Wiederabdruck in: A. ALFÖLDI, Die monarchische Repäsentation im römischen Kaiserreiche [Darmstadt 1980] 71) zurück. – Zu *phalerae* an *vexilla*: M. ROSTOVTZEFF, *Vexillum* and victory. Journal Roman Stud. 32, 1942, 96.

53 Apuleius, Metamorphosen X 18: *Phaleris aureis*; Livius XXII 52,5: *Si quid argenti, quod plurimum in phaleris equorum erat*. – Sueton, Augustus XXV 3: *Dona militaria aliquanto facilius phaleras et torques, quicquid auro argentoque constaret, quam vallares ac murales coronas, quae honore praecellerent, dabat*. – Tacitus, Historien I 57,15: *Sed manipuli quoque et gregarius miles viatica sua et balteos phalerasque, insignia armorum argento decora*.

Richtung (nach rechts) blickt, fordert. Da sich weder den literarischen[54] und epigraphischen[55] Quellen noch den bildlichen Darstellungen[56] eine eindeutige Antwort auf die Frage: Militärische Auszeichnung (Orden) oder Pferdegeschirrbestandteil (Riemenverteiler)? entnehmen lässt, bleibt als viertes nur noch die Parallelisierung mit vergleichbaren, jedoch funktionell eindeutiger interpretierbaren Exemplaren. Das Fundspektrum bleibt dabei recht überschaubar: Im Grunde existieren nur vier Fundkomplexe, welche – auch aus epigraphischen Gründen – zu direkten Vergleichszwecken herangezogen werden können: Die *phalerae* aus Lauersfort, Xanten und aus Newstead in Großbritannien sowie die Rechteckbeschläge aus Doorwerth in den Niederlanden.

Phalerae Lauersfort

Das viel besprochene und häufig abgebildete *Phalerae*ensemble von Lauersfort[57] (Abb. 3) wurde am 12. November 1858 auf dem Gebiet eines Rittergutes im Kreis Moers am Niederrhein in einer sumpfigen Niederung im Zuge von Drainagearbeiten entdeckt. Die nächst gelegene, römische Miltäreinrichtung stellt das Auxiliarkastell von Moers-Asberg/*Asciburgium*[58] in seinen verschiedenen Ausbauphasen dar. Die *phalerae* umfassen einen Bestand von (noch) sechs (erhaltenen) runden Kupferscheiben mit Durchmessern zwischen 10,5 und 11,0 cm, welche auf ihrer Rückseite jeweils drei Fixierösen aufweisen. Vollständiger in ihrem Bestand erhalten sind dagegen neun Vorderseiten, die aus prachtvollen, stark profilierten, getriebenen Silberblechreliefs mit Vergoldungsresten[59] bestehen; diese zeigen in der ersten Reihe Satyr – Silen – Mänade (Abb. 3 oben), in der zweiten Reihe Gorgoneion – (Iuppiter-)Ammon – Gorgoneion (Abb. 3 Mitte) und schließlich in der dritten Reihe Eros – Löwenkopf – Psyche (Abb. 3 unten). Die zehnte Phalere von annähernd halbmondförmiger Gestalt dürfte den oberen Abschluss gebildet haben; ihre Schauseite zeigt eine antithetisch angeordnete Doppelsphinx, welche auf ihrer kupfernen Rückseite ebenfalls über drei Ösen verfügt. Bei der Datierung reicht die Spanne der durch die Stilanalyse erarbeiteten Vorschläge von spätaugusteisch-frühclaudischer Zeit[60] bzw. frühes 1. Jahrhundert n. Chr.,[61] über die flavische Zeit[62] und das

---

54 STEINER 1906, 3–5; BÜTTNER 1957, 140–142; HEILMEYER 1975, 310; MAXFIELD 1982, 43–47.
55 STEINER 1906, 47–88; BÜTTNER 1957, 164–172 *(passim)*; MAXFIELD 1982, 47–50.
56 STEINER 1906, 1–98 *(passim)*; BÜTTNER 1957, 164–172 *(passim)*; HEILMEYER 1975, 310; MAXFIELD 1982, 50–53.
57 JAHN 1860; STEINER 1906, 21 Taf. 4,1; F. KOEPP, Die Römer in Deutschland. Monogr. Weltgesch. 22 (³Bielefeld, Leipzig 1926) 115 Abb. 109; BERSU 1930, 23 Taf. 36,1; MATZ 1932; J. BRACKER in: Katalog Römer 1967, 333–336 Nr. H 7a–f.h; A. GREIFENHAGEN, Schmuckarbeiten in Edelmetall II. Einzelstücke (Berlin 1975) 101 f. Taf. 69 f. *(non vidi)*; NEUMANN 1976, 48 Abb. 1; Katalog Berlin 1979, 73–75; MAXFIELD 1981, 94; 95 Taf. 15a.b; G. PLATZ-HORSTER in: Imperium. 2000 Jahre Varusschlacht (Stuttgart 2009) 373 Nr. 7.38; FEUGÈRE 2010, 54 Abb. 47. – Das Fundensemble wurde 1860 dem damaligen Prinzregenten von Preußen, dem späterer Kaiser Wilhelm I., geschenkt. Durch Kabinettsordre vom 26. Mai 1890 wurde es dann „unter Wahrung des Eigentums der Krone" an das Antiquarium der Berliner Museen zur Aufstellung abgegeben.
58 Zusammenfassend: T. BECHERT, Asciburgium – Ausgrabungen in einem römischen Kastell am Niederrhein. Duisburger Forsch. 20 (Duisburg 1974); T. BECHERT in: H. G. HORN, Die Römer in Nordrhein-Westfalen (Stuttgart 1987) 559–568; T. BECHERT, Die Römer in Asciburgium. Duisburger Forsch. 36 (Duisburg 1989).
59 Mit guten Argumenten zum Arrangement: MATZ 1932, 19–21 Abb. 4 bes. 21: „Der Anordnung liegt also ein einfaches symmetrisches Schema zugrunde mit betontem Zentrum und Abschluß nach den Seiten. Beschreiben läßt es sich als ein durch vier Büsten markiertes Viereck, dessen Seiten durch ein von den fünf Masken gebildetes Kreuz verbunden werden".
60 MATZ 1932, 34.
61 G. PLATZ-HORSTER in: Imperium. 2000 Jahre Varusschlacht (Stuttgart 2009) 373 Nr. 7.38.
62 MAXFIELD 1981, 95 (aufgrund des Namens *T. Flavius Festus*); allerdings schließt sie eine frühere Zeitstellung (augusteisch-tiberisch) nicht aus. VALERIE MAXFIELDS Interpretation ebd. 95: "On the death of the soldier who won them they may well have been returned or sold back to his unit (...) and later been re-used; this could explain the two different names" halte ich – trotz des Begriffs der ‚Ordensverleihung' für äußerst problematisch: Eine Ordensrückgabe an das römische Militär nach dem Tod ihres Trägers, etwa durch die Witwe oder seine Kinder, ist eigentlich nur in finanzieller Notsituation vorstellbar.

1. Jahrhundert n. Chr.[63] bis in die Jahre um 140/200 n. Chr.;[64] Verfasser neigt zu einer augusteischen Datierung. Sechs der neun *phalerae* weisen punktierte Inschriften auf:

Objekt	Träger (Material)	Formular (Technik)	Literatur
L 1 Militärorden	Medaillon mit Mänadenbüste (Kupferplatte mit Silberrelief)	MEDAMI (punktiert)	Jahn 1860, 17; CIL XIII 3.2, 10026.23c; Matz 1932, 7; 9 Abb. 3; 10 Nr. 3
L 2 Militärorden	Medaillon mit Gorgoneion (Kupferplatte mit Silberrelief)	MEDAMI (punktiert)	Jahn 1860, 17; CIL XIII 3.2, 10026.23c; Matz 1932, 7; 12 Nr. 4
L 3 Militärorden	Medaillon mit Ammonskopf (Kupferplatte mit Silberrelief)	[MED]AMI (punktiert)	Jahn 1860, 17; CIL XIII 3.2, 10026.23c; Matz 1932, 7; 12 Nr. 5
L 4 Militärorden	Medaillon mit Gorgoneion (Kupferplatte mit Silberrelief)	MEDA[MI] (punktiert)	Jahn 1860, 17; CIL XIII 3.2, 10026.23c; Matz 1932, 7; 13 Nr. 6
L 5 Militärorden	Medaillon mit Psychebüste (Kupferplatte mit Silberrelief)	MEDAMI (punktiert)	Jahn 1860, 17; CIL XIII 3.2, 10026.23c; Matz 1932, 7; 16 Nr. 9
L 6 Militärorden	Medaillon mit Satyrbüste (Kupferplatte mit Silberrelief)	T(iti) • FLAVI • FESTI (punktiert)	Jahn 1860, 1; CIL XIII 3.2, 10026.23a; Matz 1932, 8 Nr. 1 Taf. 1 (links)

Der punktierte Name *Medamus* begegnet fünfmal (L 1–5) ausschließlich auf der Rückseite und wurde zu recht als Künstlerinschrift[65] interpretiert; auf hochwertigem Silbergeschirr ist dies eine gängige Signiertechnik.[66] Gegen eine Interpretation als Besitzerinschrift[67] lässt sich einerseits die

---

63 Neumann 1976, 48; Katalog Berlin 1979, 75.
64 J. Bracker in: Katalog Römer 1967, 333–336 Nr. H 7a–f.h. Seine (stilistisch begründeten) Zeitansätze gehen von einem Unterschied von bis zu 60 (!) Jahren (= zwei Generationen) je Phalere aus. Dem widerspricht die Zusammengehörigkeit des Ensembles, welche sich insbesondere durch die Künstlerinschrift des *Medamus* erweist.
65 Jahn 1860, 17; Matz 1932, 35 („Ob der Name *Medamus* den Herrn des Fabrikbetriebes oder den ausführenden Meister bezeichnet, wird sich kaum ausmachen lassen"); RE XIX 2 (1938) 1660 s. v. *Phalerae* (Fr. Lammert); EAA III (1960) 569 s. v. *Falera* (M. T. Amorelli); Künzl 1978, 312; 316 Anm. 10; Katalog Berlin 1979, 75; G. Platz-Horster in: Imperium. 2000 Jahre Varusschlacht (Stuttgart 2009) 373 Nr. 7.38.
66 Künzl 1978, 311–317. – Berühmtestes Beispiel ist das griechisch und lateinisch signierte Silberbecherpaar aus dem Grab in Hoby (Dänemark): C. Vermeule, Augustan and Julio-Claudian court silver. Ant. Kunst 6, 1963, 37 Taf. 13,4; J. Werner, Das Aufkommen von Bild und Schrift in Nordeuropa. Sitzungsber. Bayer. Akad. Wiss. Phil.-Hist. Kl. 1966.4 (München 1966) 6–8 Abb. 1; V. H. Poulsen, Die Silberbecher von Hoby. Ant. Plastik 8, 1968, 69 (Teilübersetzung der dänischen Erstvorlage: K. Friis Johansen, Hoby-fundet. Nordiske Fortidsminder 2, 1923, 119 ff.) Taf. 45b; 51b; C. W. Müller, Das Bildprogramm der Silberbecher von Hoby. Zur Rezeption frühgriechischer Literatur in der römischen Bildkunst der augusteischen Zeit. Jahrb. DAI 109, 1994, 321–352 bes. 336 Abb. 8; 9; 341 („Der Wechsel von griechischer und lateinischer Schrift zeigt, daß beide Signierungen aufeinander bezogen sind und sich ergänzen sollen. Nicht ohne ein Moment artifizieller Verspieltheit ist es zugleich ein graphisches Symbol der Symbiose von griechischer und römischer Kultur"); E. Künzl in: Katalog Augustus 1988, 569–571 Nr. 396; 397; E. Thomas, Nochmals zu den beiden Bechern des Chirisophos. Kölner Jahrb. 33, 2000, 251–260 bes. 253 Abb. 3; 255 f.; 258 Abb. 13 (ΧΕΙΡΙϹΟΦΟϹ / ΕΠΟΙΕΙ und CHIRISOPHOS / EPOI). – Vgl. auch: J. Werner, Römische Trinkgefäße in germanischen Gräbern der Kaiserzeit. In: H. Kirchner (Hrsg.), Ur- und Frühgeschichte als historische Wissenschaft [Festschrift zum 60. Geburtstag von Ernst Wahle] (Heidelberg 1950) 168–176 bes. 169 Nr. 10; E. Künzl, Germanische Fürstengräber und römisches Silber. Lauenburg. Akad. Wiss. u. Kultur. Jahrb. 1, 1988, 31–53 bes. 36–38 Abb. 3–5.
67 Büttner 1957, 155 Anm. 155; Maxfield 1981, 94; Jenkins 1985, 155.

Abb. 3: *Phalerae*ensemble aus Lauersfort. Oben: Doppelsphinx; erste Reihe: Satyr – Silen – Mänade; zweite Reihe: Gorgoneion – (Iuppiter-)Ammon – Gorgoneion; dritte Reihe: Eros – Löwenkopf – Psyche. Silber (Vorderseite) und Kupfer (Rückseite). M 1:3.

gewollt zentrale Position („echte' Besitzerinschriften bevorzugen eine dezentrale Lage)[68] und andererseits das ausgewogene, sehr ansprechende Schriftbild („sorgfältiger Block') ins Feld führen. Bei dem einmal auf der Vorderseite erscheinenden *T. Flavi Festi* (L 6) handelt es sich dagegen um den

---

[68] Ausnahmen stellen extra vorbereitete, mit einem (*tabula-ansata*-förmigen) Rahmen versehene Schriftfelder dar, wie auf dem Helm aus Mainz (Klumbach 1961, 97 Taf. 45,2), dem Verschlussblech aus Bertoldsheim (J. Garbsch, Ein römisches Paradekettenhemd von Bertoldsheim, Ldkr. Neuburg-Schrobenhausen. Neuburger Kollektaneenbl. 136, 1984, 239–253 bes. 243; Junkelmann 1996, 70 Abb. 141), den Pferdestirnspanzern aus Newstead (Curle 1911 Taf. 21) und *Vindolanda* (Junkelmann 1996, 80 Abb. 167) sowie den Schildbuckeln aus South Shields (RIB II 3, 48 Nr. 2426.1) und *Vindonissa* (Klumbach 1968, 178 Abb. 6). Dieses ‚Platzangebot' wurde von den Soldaten aber nicht immer genutzt, bisweilen sogar bewusst gemieden! Das Phänomen der ‚vorbereiteten Schriftfelder auf römischen Waffen und Ausrüstungsgegenständen' harrt noch der Untersuchung.

Ordensbesitzer[69] *T(itus) Flavius Festus*. Gegen eine Auflösung als *T(urmae) Flavi Festi*[70] spricht sowohl die einzeilige fortlaufende Buchstabenführung als auch der Umstand, dass derartige Orden – wie erwähnt – nur an *cives Romani* verliehen werden konnten, womit ein dreiteiliges Namensformular bestens korrespondiert.

Phalerae Newstead

Das *Phalerae*ensemble aus Newstead[71] (Abb. 4) wurde am 31. März 1906 in einer Grube (XXII) im südlichen Annex des Kastells gefunden und datiert in flavische Zeit. Es handelt sich um einen Bestand von acht runden Bronzescheiben mit Durchmessern zwischen 8,3 und 11,6 cm, welche am Rand mehrheitlich sechs, minderheitlich vier Befestigungslöcher aufweisen. Die neunte Phalere ist herzförmig gestaltet und mit fünf Befestigungslöchern versehen. Sämtliche neun *phalerae* weisen geritzte Inschriften auf:

Objekt	Träger (Material)	Formular (Technik)	Literatur
N 1 Militärorden	Herzförmig (Bronze)	DOMIITI / ATTICI (geritzt)	Curle 1911, 174 Taf. 31; RIB II 3, 2427.5
N 2 Militärorden	Glatte Scheibe (Bronze)	DOMIITI / ATTICI (geritzt)	Curle 1911, 174 Taf. 31; RIB II 3, 2427.4
N 3 Militärorden	Glatte Scheibe (Bronze)	DOMIITI / ATTICI (geritzt)	Curle 1911, 174 Taf. 31; RIB II 3, 2427.6
N 4 Militärorden	Glatte Scheibe (Bronze)	DOMIITI / ATTICI (geritzt)	Curle 1911, 174 Taf. 31; RIB II 3, 2427.7
N 5 Militärorden	Glatte Scheibe (Bronze)	DOMIITI / ATTICI (geritzt)	Curle 1911, 174 Taf. 31; RIB II 3, 2427.8
N 6 Militärorden	Glatte Scheibe (Bronze)	DOMIITI / ATTICI (geritzt)	Curle 1911, 174 Taf. 31; RIB II 3, 2427.9
N 7 Militärorden	Glatte Scheibe (Bronze)	DOMIITI / ATTICI (geritzt)	Curle 1911, 174 Taf. 31; RIB II 3, 2427.10
N 8 Militärorden	Glatte Scheibe (Bronze)	DOMIITI / ATTICI (geritzt)	Curle 1911, 174 Taf. 31; RIB II 3, 2427.11
N 9 Militärorden	Glatte Scheibe (Bronze)	DOMIITI (geritzt)	Curle 1911, 174 Taf. 31; RIB II 3, 2427.12

Bei den neun Bronzescheiben aus Newstead handelt es sich lediglich um die Rückseiten von *phalerae*, deren verzierte Vorderseiten uns leider nicht überliefert sind.[72] Analog zu den Exemplaren aus

---

[69] Jahn 1860, 1; 17; Matz 1932, 21; Büttner 1957, 145; 150; EAA III (1960) 569 s. v. *Falera* (M. T. Amorelli); Neumann 1976, 48; 54; Katalog Berlin 1979, 75; Jenkins 1985, 155; G. Platz-Horster in: Imperium. 2000 Jahre Varusschlacht (Stuttgart 2009) 373 Nr. 7.38. – Für Maxfield 1981, 94 is "the significance of this *(T. Flavius Festus)* unclear". – Beispiele von *tria nomina* auf Waffen und militärischen Ausrüstungsgegenständen: Klumbach 1961, 97: *L(ucius) Lucretius Celer* (Helm aus Mainz); H. Klumbach, Römische Helme aus Niedergermanien. Kunst und Altertum am Rhein 51 (Köln 1974) 39 Nr. 27: *L(ucius) Sollionius Super* (Helm aus Niedermörmter); R. Wiegels, Zwei römische Besitzerinschriften aus Kalkriese, Kreis Osnabrück. Germania 70.2, 1992, 387: *P(ublius) Licinius Auticius* (Kettenpanzerschließe aus Schwarzbach).

[70] Jenkins 1985, 155. – Deutsch: *Turma* (Reitereinheit) unter dem Kommando des *Flav(i)us*, (Besitz/Eigentum des) *Festus*. – Allgemein zur Kategorie der Turmeninschriften: A. Oxé, Turmen-Inschriften aus Cannstatt und Vechten. Germania 6, 1922, 85–87; E. Ritterling, Bemerkungen zu den „Turmen-Inschriften". Germania 6, 1922, 87 f.

[71] Curle 1911, 121 f. (Befund); 174–176 Taf. 31; Maxfield 1981, 95 Taf. 16a; RIB II 3, 2427.4–12.

Abb. 4: *Phalerae*ensemble aus Newstead. Bronze (Rückseite). M 1:3.

Lauersfort ist die Verwendung von Silber hier ebenfalls vorstellbar. Der auf sämtlichen Exemplaren geritzte Name des *Dometius Atticus* (N 1–8), lediglich eine Scheibe (N 9) wurde ‚nur' mit *Dometi* signiert, wurde bislang als Besitzer[73] aufgefasst. Dies dürfte aus zweierlei Gründen äußerst unwahrscheinlich sein: Der mehrfach belegte Hersteller *Medamus* (L 1–5) auf der Rückseite der Lauersforter *phalerae* indiziert eine vergleichbare Interpretation im Falle des *Dometius Atticus* aus Newstead. Vor allem ist aber darauf zu verweisen, dass bei einem als Ensemble getragenen ‚Ordensgeschirr' die Markierung aller Ordensscheiben unsinnig erscheint; eine einzige als Pars pro toto entsprechend zu kennzeichnen reicht völlig. Da im Falle der *phalerae* aus Newstead jedoch sämtliche Vorderseiten verloren sind – wo ich auf einer die Besitzangabe vermute – bleibt der einstige Ordensträger für uns leider anonym.

---

72 MAXFIELD 1981, 95; RGA XXIII (2003) 132 s. v. *Phalere* (J. GARBSCH).
73 CURLE 1911, 174; MAXFIELD 1981, 95; RIB II 3, 2427.4–12.

Phalerae Xanten

Es existiert noch ein weiteres, drittes *Phalerae*ensemble, welches zum Teil Inschriften trägt – die sorgfältig gearbeiteten Exemplare vom Fürstenberg bei Xanten *(Vetera Castra)*,[74] heute im British Museum in London (Abb. 5). Obwohl die runde Scheibe mit ihrer berühmtem *Plinius*-Inschrift als Einzelstück durchaus als (humaner) Militärorden[75] vorstellbar scheint, verweisen vor allem die zugehörigen herz-/blattförmigen Anhänger[76] eindeutig auf eine Funktion bei der Pferdeschirrung:[77] „Auf Grabsteinen abgebildete, von Männern getragene *phalerae* sind immer rund oder halbmondförmig."[78] Ein Verlustgeschehen während des Bataveraufstandes ist denkbar.[79] Drei dieser ‚Pferde*phalerae*' tragen punktierte Inschriften:

Objekt	Träger (Material)	Formular (Technik)	Literatur
X 1 Pferdegeschirr	Medaillon mit Büste (Bronze, versilbert)	PLINIO PRAEFEC(to) (punktiert)	Literatur und Diskussion s. u.
X 2 Pferdegeschirr	Blattförmiger Anhänger (Bronze, versilbert)	T(iti) • CAPITONI(i) / MARIAN(i) (punktiert)	Heilmeyer 1975, 304 Anm. 23; Jenkins 1985, 144 Abb. 4; 154 Nr. 2; 157 Nr. 1; Dahmen 2001, 221 Mil. 37.1; RGA XXIII (2003) 134 (J. Garbsch)
X 3 Pferdegeschirr	Blattförmiger Anhänger (Bronze, versilbert)	VER‹E›/CVN/DI (punktiert)	Jenkins 1985, 147 Abb. 9; 154 Nr. 3; 157 Nr. 6; Dahmen 2001, 221 Mil. 37.1; RGA XXIII (2003) 134 (J. Garbsch)

Die Interpretation der rückwärtigen, punktierten Namenszüge *T(iti) Capitoni(i) Marian(i)* (X 2) und *Ver‹e›cundi* (X 3) bereitet vor allem bei einem Vergleich mit der in derselben Technik erzeugten Inschrift auf dem Orden aus Lauersfort (L 6) kaum Probleme; es dürfte sich hier gleichfalls um Besitzangaben[80] handeln. Gegen eine Auflösung als *T(urmae) Capitoni(i) Marian(i)*[81] (X 2) gilt das hinsichtlich *T(urmae) Flavi Festi* (L 6) aus Lauersfort bereits Gesagte. Problematischer gestaltet sich die Auflösung der dritten, vorderseitigen Inschrift (X 1), hinter der sich wohl *Plinius maior*,[82] der berühmte Universalgelehrte, verbirgt, den sein Forscherdrang beim Ausbruch des Vesuvs[83] am 25. August 79 n. Chr. das Leben kostete. Während man in der älteren Literatur die Auflösung *Plinio praefec(to)*[84]

---

[74] H. B. Walters, Catalogue of the bronzes, Greek, Roman, and Etruscan, in the department of Greek and Roman antiquities, British Museum (London 1899) 351 f. Nr. 2870–2873 (ohne Inschriftennennung, da diese erst 1902 bei Restaurierungsmaßnahmen festgestellt wurde); N. Hanel, Vetera I. Die Funde aus den römischen Lagern auf dem Fürstenberg bei Xanten. Rhein. Ausgr. 35 (Köln 1995) 58; Junkelmann 2008, 81 Abb. 90; Feugère 2010, 138 Abb. 186. – Zur bewegten Überlieferungsgeschichte Heilmeyer 1975, 306–308; Jenkins 1985, 142 f.

[75] Dass ein durch die Tapferkeit eines Soldaten erworbener Militärorden von dessen Pferd (seine Tapferkeit möchte ich hier keineswegs herabwürdigen) getragen worden sein soll, wie Heilmeyer 1975, 305, Brouwer 1982, 156 f. und Lawson 1982, 152 annehmen, halte ich für ausgeschlossen! Zur Unwahrscheinlichkeit, dass ‚menschlich' erworbene Orden vom Pferd und nicht von dessen Reiter getragen wurden: Büttner 1957, 146; 147. Hierzu auch Jenkins 1985, 156: "*Phalerae* awarded as *dona* were worn by the awardee". – Der Umkehrschluss, dass die äußere (runde) Form in Verbindung mit der Inschrift für eine ‚humane' Ordenstrageweise spricht, wie sie Büttner 1957, 150 u. Boube-Piccot 1964, 148 vertreten, ist wegen des übrigen, zugehörigen Fundspektrums (Ensemble) undenkbar.

[76] Die Gegenargumente (blattförmige *phalerae* als Orden) von Büttner 1957, 150 sind nicht überzeugend. Ihre Interpretation der Xantener *phalerae* als Orden ist mittlerweile überholt.

[77] Rekonstruktionszeichnungen: Jenkins 1985, 151 Abb. 15; (152 Abb. 16; 153 Abb. 17) u. Junkelmann 2008, 80 Abb. 88.

[78] Brouwer 1982, 156.

[79] Jenkins 1985, 157.

[80] Ebd. 55; Dahmen 2001, 221 Mil. 37; Junkelmann 2008, 80.

[81] Jenkins 1985, 155 f. – Deutsch: *Turma* (Reitereinheit) unter dem Befehl des *Capiton(i)us*, (Besitz/Eigentum) des *Marianus*.

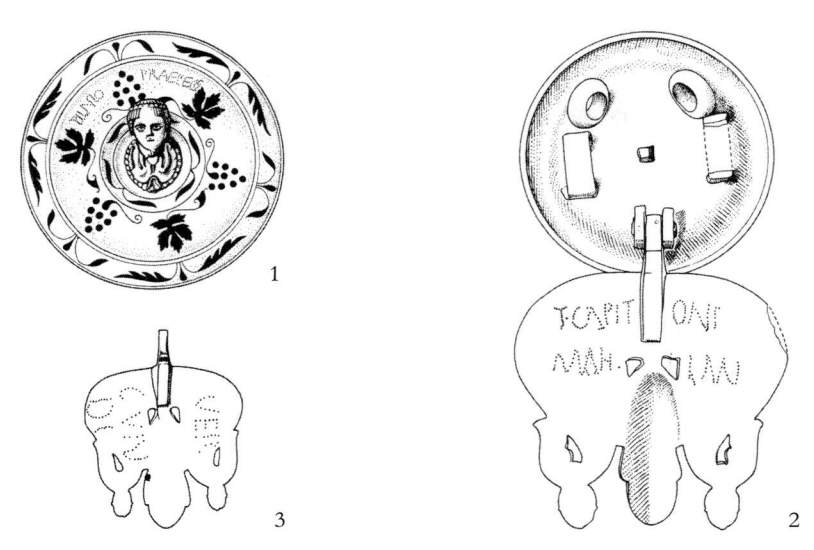

Abb. 5: *Phalerae* aus Xanten. Bronze. M 1:3.

bevorzugte, wurde jüngst mehrfach auch an die Auflösung *Plinio praef(ecto) eq(uitum)*[85] gedacht. Die Unsicherheit im Umgang mit diesem exeptionellen Schriftzeugnis beruht auf drei Sachverhalten: Erstens, dass der letzt punktierte Buchstabe nicht eindeutig als C oder Q zu lesen ist, zweitens, dass die Angabe eines ‚Dienstgrades' (Rang) auf militärischen Ausrüstungsgegenständen (z. B. *miles cohortis*,[86] *capsarius*,[87] *optio cohortis*[88] oder auch > = *centurio*[89]) nicht eben häufig ist und drittens, dass eine Namensangabe innerhalb der ‚Militaria' im Dativ[90] eine absolute Rarität darstellt.

---

82 G. GRÜNINGER, Untersuchungen zur Persönlichkeit des älteren Plinius. Die Bedeutung wissenschaftlicher Arbeit in seinem Denken (Diss. Freiburg i. Br. 1976); R. KÖNIG/G. WINKLER, Plinius der Ältere. Leben und Werk eines antiken Naturforschers. Anläßlich der Wiederkehr seines Todes beim Ausbruch des Vesuv am 25. August 79 n. Chr. (München 1979); G. Serbat, Pline l'ancien. Etat présent des études sur sa vie, son œuvre et son influence. ANRW II 32.4 (1986) 2069–2200.

83 Plinius, Briefe VI 16 und VI 20. Hierzu: E. LEFÈVRE, PLINIUS-STUDIEN VI. Der große und der kleine Plinius. Die Vesuv-Briefe (6,16; 6,20). Gymnasium 103, 1996, 193–215 bes. 204 f. u. L. OBERAUCH, „...et statim concidit". Bemerkungen zum Tod Plinius des Älteren. Mnemosyne 53, 2000, 721–725 (Apoplexie als Todesursache).

84 The Athenaeum No 3914 Nov. 1, 1902, 594 (‚fine art gossip') (*non vidi*); CIL XIII 3.2 (1906) 10026.22 (S. 684); STEINER 1906, 16 Anm. 2; P. STEINER, Xanten. Sammlung des Niederrheinischen Altertums-Vereins. Kat. West- u. Süddeutscher Altertumsslg. I (Frankfurt a. M. 1911) 100; H. LEHNER, Das Römerlager Vetera bei Xanten. Ein Führer durch die Ausgrabungen des Bonner Provinzialmuseums (Bonn 1926) 41–44 bes. 42 Abb. 23; BERSU 1930, 23 Taf. 35,4; RE XIX 2 (1938) 1660 s. v. *Phalerae* (FR. LAMMERT); NEUMANN 1943, 29; 30; BÜTTNER 1957, 149 f. Taf. 8 Abb. 2 (links); EAA III (1960) 568 s. v. *Falera* (M. T. AMORELLI); BOUBE-PICCOT 1964, 146; 154; (146; 170); St. Türr in: Katalog Römer 1967, 210 f. Nr. C 47; HEILMEYER 1975, 306; NEUMANN 1976, 48 f.; 51 Abb. 5; H. DEVIJVER, Prosopographia militiarum equestrium quae fuerunt ab Augusto ad Gallienum 2. *Symbolae* A 3 (Leuven 1977) 647 Nr. P 44 (a); BROUWER 1982, 161 Nr. 17b; LAWSON 1982, 153; E. KÜNZL, Zwei silberne Tetrarchenporträts im RGZM und die römischen Kaiserbildnisse aus Gold und Silber. Die beiden Silberimagines im RGZM. Jahrb. RGZM 30, 1983, 386 Anm. 19; FLÜGEL 1999, 94; RGA XXIII (2003) 133 Abb. 31; 134 s. v. *Phalere* (J. GARBSCH); M. REUTER/M. SCHOLZ, Geritzt und entziffert. Schriftzeugnisse der römischen Informationsgesellschaft Schr. Limesmus. Aalen 57 (Esslingen 2004) 35 Nr. 57 = M. REUTER/M. SCHOLZ, Alles geritzt: Botschaften aus der Antike. Ausstellungskat. Arch. Staatsslg. 35 (München 2005) 42 Nr. 70. – Zu Rangangabe *praefectus alae* und zum Kriegsdienst *in Germania*: Plinius, Briefe III 5,1.3.

85 JENKINS 1985, 141; 144 Abb. 3; 154 Nr. 1; 157 Nr. 3; DAHMEN 2001, 222 Mil. 37.3 Taf. 212 (oben, links und Mitte rechts); JUNKELMANN 2008, 80 Abb. 89.

86 Auf einem Helm vom Typ Hagenau aus Hönnepel: H. KLUMBACH, Römische Helme aus Niedergermanien. Kunst u. Altertum am Rhein 51 (Köln 1974) 29 Nr. 17 (5) (punktiert).   *Fortsetzung nächste Seite*

Gegen die inschriftliche Gesamtinterpretation der Xantener *phalerae* durch I. JENKINS: "Pliny is given as overall commander of the *ala*; *Capitonius* as commander of the *turma*; *Verecundus* as owner"[91] ist dessen eigene (eine Seite) zuvor gemachte, wesentliche Detailbeobachtung ins Feld zu führen: "(*Ver‹e›cundi* [Erg. Verf.]) is executed less carefully" – mithin ein Indiz für zwei verschiedene ‚Hände' – also Besitzerwechsel zwischen *Verecundus* und *T(itus) Capitonius Marianius*!

Pferdegeschirr Doorwerth

Dieses Pferdegeschirrensemble wurde zwischen März und Mai 1895 im Zuge von Baggerarbeiten aus dem Rhein bei Doorwerth[92] (und Oosterbeek, Gemeinde Renkum, Provinz Gelderland), westlich von Arnhem, geborgen. Es ist Teil eines 180 Stücke umfassenden Bestandes an Pferdegeschirrstücken, der größte Fund dieser Art, der je gemacht wurde. Als chronologischer Rahmen werden die claudisch-flavische Regierungszeit[93] bzw. die Jahre 35–45 n. Chr.[94] erwogen. Möglicherweise gerieten die Stücke als Beutegut während des Bataveraufstandes 69/70 n. Chr.[95] in den Strom. Zwei dieser Beschläge weisen jeweils eine geritzte Inschrift auf:

Objekt	Träger (Material)	Formular (Technik)	Literatur
D 1 Pferdegeschirr	Schmale rechteckige Platte (Bronze, versilbert)	M(arci) • MVTTIIINI (geritzt)	HOLWERDA 1931, 14 Abb. 10b; 17; BROUWER 1982, 165 f.; 176 Nr. 216 Taf. 9,216
D 2 Pferdegeschirr	Breite rechteckige Platte (Bronze, versilbert)	M(arci) • MVTTIIINI (geritzt)	HOLWERDA 1931, 14 Abb. 10a; 17; BROUWER 1982, 165 f.; 178 Nr. 236 Taf. 9,236

Die Interpretation des Namens *M(arci) Muttieni* – mit ‚gallischem' E – als Besitzer[96] ist zu keinem Zeitpunkt strittig gewesen. Beachtung verdient der Umstand, dass die Inschriften eingeritzt, also nicht wie bei Waffen und militärischen Ausrüstungsgegenständen üblich punktiert wurden.

---

87 Auf einem Schildbuckel aus Mainz: KLUMBACH 1968, 173 Abb. 4; 174 (punktiert).
88 Auf einem beinernen Schwertgriff aus Pettau: CIL III 15184.16; W. KUBITSCHEK, Die Aufschriften des Helms von der Fliegenhöhle. Mitt. Prähist. Komm. Akad. Wiss. 2, 1912/2, 193. Mit falscher Fundortangabe (‚Pfünz') bei R. MACMULLEN, Inscriptions on armor and the supply of arms in the Roman empire. Am. Journal Arch. 64, 1960, 35 Nr. 34 (geritzt).
89 Auf der Klammer einer Gladiusscheide aus Kalkriese: R. WIEGELS in: G. FRANZIUS, Beschläge einer Gladiusscheide und Teile eines *cingulum* aus Kalkriese, Lkr. Osnabrück. Germania 77.2, 1999, 572 Abb. 4,2; 601 f. (geritzt). – Auf einer runden Besitzermarke (‚Ziernagel') aus Nijmegen: J. K. HAALEBOS, Römische Truppen in Nijmegen. In: Y. LE BOHEC (Hrsg.), Les légions de Rome sous le haute-empire I. Actes du congrès de Lyon (17–19 septembre 1998). Coll. du centre d'études Romaines et Gallo-Romaines N. S. 20 (Lyon 2000) 467; 484 Abb. 5; E. KÜNZL, Unter den goldenen Adlern. Der Waffenschmuck des römischen Imperiums (Regensburg, Mainz 2008) 65 Abb. 91 (ausgestochen). – Auf einer Schwertklinge aus Mainz: H. SCHOPPA, Ein Gladius vom Typ Pompeji. Germania 52, 1974, 102 f. Abb. 1,1.2; E. KÜNZL, Gladiusdekorationen der frühen römischen Kaiserzeit: Dynastische Legitimation, Victoria und Aurea Aetas. Jahrb. RGZM 43.2, 1996 (1998) 429 Abb. 19,1; 465 Nr. P 4 Taf. 60,2 (punktiert).
90 JENKINS 1985, 155 erwägt auch den normalen Ablativ sowie den Ablativus absolutus.
91 Ebd. 156 Nr. 3.
92 HOLWERDA 1931, 1–26; St. Türr in: Katalog Römer 1967, 332 f. Nr. H 4j; BROUWER 1982, 145–198.
93 BROUWER 1982, 164.
94 Ebd. 165; 167.
95 HOLWERDA 1931, 25 f.; BROUWER 1982, 166; 167; JUNKELMANN 2008, 78.
96 HOLWERDA 1931, 17; HEILMEYER 1975, 308 Anm. 35; BROUWER 1982, 165; 166.

Glas*phalerae*

Aus unterschiedlichen Werkstoffen zusammengesetzt sind *phalerae* mit gläsernen Schauseiten, deren Fassung aus Buntmetall besteht und welche schon seit langem im Focus der Forschung[97] stehen. Die zumeist (dunkel)blauen, seltener grünen oder lavendelblauen Glasmedaillons mit einer durchschnittlichen Größe von 3,7–4,0 cm wurden in offenen Formen gegossen und weisen auf der Rückseite meist einen Überzug aus weißem opaken Glas auf, der aufhellend wirkt. Sie sind auf einer ca. 6–7 cm Durchmesser aufweisenden Bronzescheibe (mit Vertiefung) montiert, fixiert durch ein rahmendes Abdeckblech. Als Bildschmuck zeigen sie Angehörige des Kaiserhauses *(Agrippina maior, Tiberius* mit *Germanicus* und *Drusus minor, Caligula, Claudius* mit *Antonia, Octavia* und *Britannicus* sowie *Germanicus)* und datieren somit in iulisch-claudische Zeit. Insgesamt lassen sich sieben Typen unterscheiden, welche aus zehn ‚Modeln' gewonnen wurden; dies darf als Hinweis gewertet werden, dass ihre Produktion zentral und in verhältnismäßig kleinen Serien erfolgte. Bislang wurden stets Einzelfunde, jedoch niemals ganze Sätze gefunden. Die gesicherten Fundorte liegen mehrheitlich im Nordwesten des römischen Reiches, wobei sich eine deutliche Massierung am Rhein abzeichnet; ein zweites Streuungsgebiet umfasst Pannonien und Dalmatien, ein drittes Britannien – allesamt Brennpunkte frühkaiserzeitlicher Militäraktionen.[98] Am vollständigsten bewahrt hat ihre ehemalige Fassung die Phalere aus Rheingönheim,[99] auf deren Rückseite sich eine rechtwinklig abknickende, ‚scherenförmige' Doppelöse befindet; nur noch den abknickenden Ansatz dieser Fixiervorrichtung zeigt ein Orden aus Windisch/*Vindonissa*[100] – beide in der *Germania* gelegen.

Diese iulisch-claudische ‚Glas*phalerae*gruppe' scheint in einer bis in die augusteische Zeit zurückreichenden Traditionslinie zu stehen, deren ältestes, einem Truppenlager entstammendes Zeugnis die

---

97 W. Barthel in: Ber. RGK 7, 1912 (1915) 189–192; Drexel 1928, 67–72; Fremersdorf 1935, 1–5; H. Klumbach, Bruchstück einer Glasphalera im Zentralmuseum Mainz. Germania 24, 1940, 59 f.; Alföldi 1951, 66–80; J. M. C. Toynbee/I. A. Richmond, A Roman glass *phalera* from Carlisle. Transact. Cumberland and Westmorland N. S. 53, 1954, 40–48; J. M. C. Toynbee, Some notes on Roman art at Colchester. VIII. The glass ‚medallion'. Transact. Essex N. S. 25, 1955, 17–23; A. Alföldi, Zu den Glasmedaillons der militärischen Auszeichnungen aus der Zeit des Tiberius. Ur-Schweiz 21, 1957, 80–96; Wiedemer/Kramer 1964, 38–43; F. Eichler, Glasmedaillons der römischen Kaiserzeit. In: Festschrift für Alphons A. Barb. Wiss. Arbeiten Burgenland 35 (Eisenstadt 1966) 74–78 bes. 75 f.; R. Noll, Zwei unscheinbare Kleinfunde aus Emona. I. Fragment eines blauen Glasmedaillons. Arh. Vestnik 19, 1968, 79–84; Harden 1972, 350–353; Jucker 1975, 50–60; Dimitrova 1980, 97–100; W.-R. Megow, Kameen im Rheinischen Landesmuseum Bonn. Bonner Jahrb. 186, 1986, 460–467; Boschung 1987, 193–258 (grundlegend); Ferrari 1989, 33–60; Dahmen 2001, 115–117; 215–221 Mil. 31–36; A. von Saldern, Antikes Glas. Handbuch der Archäologie (München 2004) 192 f.; H. Schwarzer, Eine römische Glasphalera mit dem Porträt des Tiberius aus Pergamon. In: E. Winter (Hrsg.), Vom Euphrat bis zum Bosporus. Kleinasien in der Antike [Festschrift für Elmar Schwertheim zum 65. Geburtstag]. Asia Minor Stud. 65.2 (Bonn 2008) 633–637; Kemkes/Sarge 2009, 126–128.
98 K. Christ, Geschichte der römischen Kaiserzeit. Von Augustus bis zu Konstantin (⁴München 2002) 120–133 (Grenz- und Außenpolitik [unter Augustus] und 178–284 (Das römische Reich im 1. Jahrhundert n. Chr.); M. Kemkes, Der Limes. Grenze Roms zu den Barbaren (²Sigmaringen 2006) 33 Abb. 18 (Karte: Das römische Reich [im 2. u. 3. Jh. n. Chr.] mit Aufstandsgebieten [u. Klientelkönigtümern]).
99 W. Barthel in: Ber. RGK 7, 1912 (1915) 189; 190 Abb. 98; Drexel 1928, 68 Nr. 1; 69 Abb. 4; 71 Abb. 10; Sprater 1929, 29 Abb. 24a.b; 33; Bersu 1930, 23 Nr. 3 Taf. 36,2; Fremersdorf 1935, 2 Nr. I Abb. 3a.b; Alföldi 1951, 70 Nr. III 1 Taf. 2,1.2; G. Ulbert, Das frührömische Kastell Rheingönheim. Die Funde aus den Jahren 1912 und 1913. Limesforsch. 9 (Berlin 1969) 56 Taf. 58,1.2; Harden 1972, 352 Nr. 3; Jucker 1975, 52 Anm. 13 („Die Phalera ist um 180° verdreht, modern auf die Fassung geklebt, so daß der Haken nach oben schaut"); Dimitrova 1980, 99 Abb. 2; Boschung 1987, 203 Abb. 11; 250–252 Kat. 36 Abb. 85; H. Bernhard in: H. Cüppers (Hrsg.), Die Römer in Rheinland-Pfalz (Stuttgart 1990) 54 Abb. 24; E. Künzl in: Katalog Augustus 1988, 565 f. Nr. 391; Ferrari 1989, 58 III/A Nr. 6; Katalog Römer 2000, 325 Nr. 31c (die Abbildung hat die fehlerhafte Beschriftung 31*b* [statt *c*]!); Dahmen 2001, 220 Mil. 36.2; Kemkes/Sarge 2009, 126 Abb. 166.
100 Wiedemer/Kramer 1964, 38–43 Abb. 10 u. 11; St. Türr in: Katalog Römer 1967, 256 Nr. D 3; Boschung 1987, 203 Abb. 12; 252 f. Kat. 40 Abb. 88; Ferrari 1989, 58 III/A Nr. 1; Ch. Unz/E. Deschler-Erb, Katalog der Militaria aus Vindonissa. Militärische Funde, Pferdegeschirr und Jochteile bis 1976. Veröff. Ges. Pro Vindonissa XIV (Brugg 1997) 63 Nr. 2429 Taf. 84,2429; Dahmen 2001, 220 Mil.36.6.

hellgrüne Glas*medusa* aus Haltern[101] mit einen Durchmesser von 5,8 cm darstellt. „Das Glasrelief lag auf einer dünnen Silberplatte. Ein Teil des Silbers blieb an ihm haften, als es sich gleich nach Auffindung von der Kapsel loslöste. Ein Teil sitzt aber noch an dem darunter liegenden Stoff fest, dessen Fasern sich durch Oxydation der Bronze erhalten haben (...). Man kann die Textur des Stoffes noch deutlich erkennen. Unter dem Stoff liegt eine graugrünliche Klebmasse (Bienenwachs, wie eine Untersuchung ergab [Erg. Verf.]), die die ganz dünne Bronzekapsel in 0,2 cm starker Schicht zunächst füllt. Die Bronzekapsel selbst, in der das Medaillon ruht, hat teilweise an den umgebogenen Rändern sehr gelitten. Auf der Rückseite aber sind noch Reste von 3 Ösen deutlich sichtbar, durch die das Medaillon an einer Unterlage befestigt gewesen sein muß (...). Die Silberplatte sollte durchscheinend offenbar Silberarbeit vortäuschen. Der Stoff ist wohl nur eingefügt, um den Stoß zu mildern und das zerbrechliche Bild zu schützen."[102] Der dünnen Silberplatte in Haltern dürfte das weißen Opakglas der jüngeren (iulisch-claudischen) *phalerae* funktional entsprochen haben: Beide Male sollte eine ‚Aufhellung' bezweckt werden.

Aus Haltern sind auch noch Bronzescheiben mit rechtwinklig abknickenden, ‚scherenförmigen' Ösen[103] bekannt. Ich halte es für denkbar, dass diese einfachen Bronzescheiben wegen ihrer charakteristischen rückseitigen Fixiervorrichtung nicht vollständige Militärorden repräsentieren, sondern lediglich die Rückseiten von ebensolchen bilden, deren aus einem anderen Material gearbeitete Schauseiten für uns leider verloren sind.

Chalcedon*phalerae*

Neben diesen *phalerae* aus Glas existieren schließlich noch solche aus Chalcedon;[104] leider ist über die Fundumstände dieser Objekte nur selten Näheres bekannt.[105] Ihre Durchmesser betragen 1,8 bis 2,5 cm sowie 3,5 bis 5,8 cm,[106] mehrheitlich sind sie kreuzförmig durchbohrt[107] (zum Durchziehen von Lederbändern). Als Bildschmuck zeigen sie ein junges, pausbäckiges Gesicht (kindlicher *Bacchus* [*Cupido*])[108] und datieren ins 1. (und 2.) Jahrhundert n. Chr.[109] Bei drei Chalcedon*phalerae* steht die Herkunft aus Gräbern fest: Das kreuzförmig durchbohrte Exemplar aus Köln, Jakobstraße[110] stammt aus dem Körpergrab eines Mädchens aus dem Ende des 3./der ersten Hälfte des 4. Jahrhunderts n. Chr.; die Phalere aus Chersonesus[111] wurde in einem nicht genauer datierbaren Brandgrab ei-

---

101 G. Kropatscheck, Ausgrabungen bei Haltern. Die Fundstücke der Jahre 1905 bis 1907 (mit Ausnahme der keramischen Funde). Mitt. Alt.-Komm. Westfalen 5, 1909, 368–370 Nr. 1 Taf. 38,1.1a.b; St. Türr in: Katalog Römer 1967, 256 f. Nr. D 4; S. von Schnurbein, Die Römer in Haltern. Einführung in die Vor- und Frühgeschichte Westfalens 2 (Münster 1979) 43 Abb. 28; Boschung 1987, 255 Kat. 45; J.-S. Kühlborn in: Katalog Augustus 1988, 588 Nr. 420; 2000 Jahre Römer in Westfalen (Mainz 1989) 128 Abb. 113; Westfälisches Römermuseum Haltern (Münster 1996) 24 (Mitte).
102 Kropatscheck (Anm. 101) 368.
103 M. Müller, Die römischen Buntmetallfunde von Haltern. Bodenaltertümer Westfalens 37 (Mainz 2002) 43 f. Abb. 14 (Mitte u. unten). Vgl. hierzu auch: H. Ubl, Frühkaiserzeitliche römische Waffenfunde aus Österreich. In: W. Schlüter/R. Wiegels (Hrsg.), Rom, Germanien und die Ausgrabungen von Kalkriese. Internationaler Kongress der Universität Osnabrück und des Landschaftsverbandes Osnabrücker Land e. V. vom 2. bis 5. September 1996. Osnabrücker Forsch. Altertum u. Antike-Rezep. 1 = Kulturregion Osnabrück 10 (Osnabrück 1999) 261; 262 Abb. 27.
104 Zusammenfassend: Feugère 1990, 31–51.
105 Ebd. 35.
106 Ebd. 36.
107 Ebd. 36 f.
108 Ebd. 38.
109 Ebd. 41.
110 Ebd. 33 Nr. 10; U. Friedhoff, Der römische Friedhof an der Jakobstraße zu Köln. Kölner Forsch. 3 (Mainz 1991) 179; 254 Nr. 134a.12 Taf. 84,134a.12.
111 A. Kolobov/A. Shevchenko, Gem of chalcedony from Chersonesus with «Cupid»: A Roman military phalera? Bull. Instrumentum 13, 2001, 41.

ner Frau entdeckt und das kreuzförmig durchbohrte Exemplar aus Mokino[112] bei Perm (westlicher Ural, Russland) entstammt dem Körpergrab eines Kriegers aus dem 4./5. Jahrhundert n. Chr. Alle Chalcedon*phalerae* aus Gräbern erfüllten nicht mehr ihren ursprünglichen Zweck, was sie mit den (intentionell) von Krügen Isings 54, 120 und 124 abgebrochenen Glasattaschen mit unterschiedlichen Bildmotiven (Medusa, kleine Frauenköpfe im Perlkreis, Silen, Theatermasken, Eroten und Löwenköpfe)[113] verbindet.

Interpretation

Bei einem Vergleich unseres Silbermedaillons mit den 17 runden Militärorden aus Lauersfort und Newstead bleibt unübersehbar, dass die Silberscheibe aus Zunsweier nur knapp die halbe Größe des Durchschnittsmaßes dieser Metall*phalerae* aufweist. Diese Differenz könnte auf den ersten Blick gegen eine Interpretation als von einem Soldaten getragener Orden sprechen; dabei bleibt aber zu bedenken, dass die Lauersforter *phalerae* einem älteren Zeithorizont (m. E. augusteisch) angehören dürften, (im Gegensatz zu den flavischen aus Newstead), und militärische Auszeichnungen hinsichtlich ihrer größenmäßigen Ausprägung auch einem Wandel unterliegen können. Dass wir bei den Orden von einem erhöhten Maß an Individualität auszugehen haben – dafür sprechen vor allem die Reliefs auf den Grabsteinen.

Weit bedeutsamer erscheint beim Vergleich mit dem ‚Ordenssatz' aus Lauersfort jedoch etwas anderes – die Verwendung zweier unterschiedlicher Metalle für die Vorder- und Rückseiten. Ein solcher, keineswegs rein konstruktiv begründeter Materialmix lässt sich innerhalb der eindeutig als ‚Pferde*phalerae*' zu interpretierenden Gruppe nicht konstatieren: Zwar sind unter den prunkvollsten Exemplaren[114] gleichfalls unterschiedliche Metalle bezeugt; ihr Verwendungszweck beschränkt sich aber auf die Oberflächenveredelung.[115] Der Aspekt der Verwendung unterschiedlicher Materialgruppen bei der ‚Ordensproduktion' erfährt durch die Glas*phalerae* eine Bestätigung, deren ‚Fassung' bzw. Rückseiten (mit Ösen) aus Buntmetall gefertigt wurden. Das ‚obere' Durchschnittsmaß der Glas*phalerae* von 4 cm entspricht im Übrigen exakt dem der Zunsweierer Phalere!

Die literarische Überlieferung, die Darstellungen auf den Militärgrabsteinen der Fußsoldaten und Reiter und auch die Parallelen aus Metall sprechen ganz eindeutig gegen eine Trageweise unseres Silbermedaillons als Einzelstück. Vielmehr ist bei einer Interpretation als Orden von (möglicherweise) acht weiteren Exemplaren[116] auszugehen, angebracht an einem ‚Geschirr', wie es V. Maxfield so anschaulich rekonstruiert hat.[117] Die Blickrichtung des Satyrs indiziert dabei eine Befestigung auf der linken Körperseite, mit Augenziel auf die Körpermitte hin.

Vielleicht ist ein ursprünglich vorhandenes rechtes Gegenstücke eingeschmolzen worden – Metallverarbeitung ist im Zunsweierer Vicus durch mindestens fünf Gusstiegelreste sowie eine Gussform[118]

---

112 A. V. Kolobov/A. F. Melnichuk/N. V. Kulyabina, A Roman phalera from the Urals region near Perm. Ancient Civilizations from Scythia to Siberia 6, 2000, 255–265 bes. 256 Abb. 1,3; 265 Nr. 8; A. Kolobov/ A. Melnitchuk/N. Kulyabina, The Roman military phalera from the Perm Urals. Arh. Vestnik 52, 2001, 351–357 bes. 352 Abb. 1,3; 356 Nr. 11.
113 G. Rasbach, Römerzeitliche Gräber aus Moers-Asberg, Kr. Wesel. Ausgrabung 1984 im nördlichen Gräberfeld. Funde aus Asciburgium 12 (Duisburg 1997) 78–85 (mit Katalog und Verbreitungskarte).
114 Boube-Piccot 1964, 145–181 *(passim)*; Brouwer 1982, 145–198 *(passim)*; Lawson 1982, 148–153 *(passim)*.
115 Boube-Piccot 1964, 146 („un décor gravé, enrichi d'un placage d'argent"); Brouwer 1982, 148 („sorgfältig nachgearbeitet und versilbert"); Lawson 1982, 151 („oft sind sie versilbert oder nielloverziert"); 152 („verzinnt oder versilbert"); Jenkins 1985, 145 ("a thin sheet of silver was then soldered to the surface of the 'blank' and attached by means of a soft solder").
116 Zur 9-Zahl: Steiner 1906, 18 Anm. 4; RE XIX 2 (1938) 1661 s. v. *Phalerae* (Fr. Lammert); Büttner 1957, 148; EAA III (1960) 568 s. v. *Falera* (M. T. Amorelli); Boube-Piccot 1964, 152; Neumann 1976, 48; Maxfield 1981, 92; 215; RGA XXIII (2003) 132 s. v. *Phalere* (J. Garbsch).
117 Maxfield 1981, 93 Abb. 11. Vorher schon Steiner 1906, 16 f.; Büttner 1957, 147 f.
118 Fingerlin/Batsch 1988, 135; Yupanqui 2000, 92; Yupanqui Werner 2000, 119.

nachgewiesen. Dass Soldaten in militärischen Ausnahmesituationen – um finanziell ‚flüssig zu sein' – auch vor dem Mittel der ‚Ordenseinschmelzung' nicht Halt machten, ist durch den Geschichtsschreiber *Tacitus* eindeutig bezeugt: *Sed manipuli quoque et gregarius miles viatica sua et balteos phalerasque, insignia armorum argento decora, loco pecuniae tradebant, instinctu et impetu et avaritia* [119] – „(Nein), auch ganze Manipel und gemeine Soldaten gaben ihre Ersparnisse, ebenso ihre Wehrgehänge und Brustgeschmeide, d. h. ihre silberverzierten militärischen Auszeichnungen, an Geldes Statt, aus Begeisterung oder aus berechnender Gewinnsucht ab" (Übersetzung J. BORST). Abgespielt hat sich diese Szene im Januar 69 n. Chr. in der *CCAA*/Köln[120], als *Vitellius*[121] – kurzzeitig – die kaiserliche Bühne betrat. Die kaum zu überschätzende Bedeutung dieser *Tacitus*-Stelle besteht vor allem darin, dass der römische Historiker neben dem – freiwilligen! – ‚Ordensopfer' uns auch hinsichtlich des Dienstgrades der Männer unterrichtet, dass es sich nämlich um gemeine, also einfache Soldaten und keineswegs um (Unter)offiziere handelt. Darüber hinaus sei auch die zeitliche Nähe zum Verlustgeschehen unserer flavischen Phalere aus Zunsweier hervorgehoben.

Da das Charakteristikum römischer Militärorden anscheinend in der kombinierten Verwendung unterschiedlicher Werkstoffe besteht, ist folgerichtig auch eine gemischte Trageweise vorstellbar: Etwa *phalerae* aus Silber kombiniert mit solchen aus Glas – womit der identische maximale Durchmesser bestens korrespondiert! Die bislang vertretenen Datierungsansätze für *phalerae* aus Chalcedon, Glas und Silber sprechen jedenfalls gegen eine zeitspezifische Verwendung bestimmter Materialien. Endgültigen Aufschluss in dieser Frage mag eines Tages ein Grabstein mit Darstellung eines ordengeschmückten Soldaten geben, dessen *dona militaria* noch signifikant unterschiedliche Farbreste[122] aufweisen.

Durch den Umstand, dass *phalerae* (wie auch *torques* und *armillae*) nur an römische Soldaten bis zum Rang eines *centurio* verliehen werden konnten, welche zum Zeitpunkt ihrer militärischen Auszeichnung zudem *cives Romani* sein mussten, eröffnet sich am Ende für Zunsweier eine interessante Schlussfolgerung. Obwohl die Phalere im Vicus gefunden wurde, dürfte ein Zusammenhang mit dem zugehörigen Kastell kaum zu bestreiten sein. Bei der Frage nach dem in Zunsweier kurzzeitig garnisonierenden Truppenverband sollte zukünftig[123] das Augenmerk mehr auf eine legionare Vexil-

---

[119] Tacitus, Historien I 57,14. Vgl. zu dieser für frühkaiserzeitliche Waffenkunde wichtigen Stelle auch die Kommentare: H. HEUBNER, P. Cornelius Tacitus, Die Historien. Kommentar (Heidelberg 1963) 125; G. E. F. CHILVER, A historical commentary on Tacitus' histories I and II (Oxford 1979) 118.

[120] H. VOLKMANN, Römische Kaiser in Köln. Gymnasium 74, 1967, 119–133 bes. 120 f.; W. ECK, Köln in römischer Zeit. Geschichte einer Stadt im Rahmen des Imperium Romanum. Geschichte der Stadt Köln 1 (Köln 2004) 188–200 (Ein Kaiser für Rom aus dem Rheinland).

[121] A. J. COALE, Vitellius imperator. A study in the literary and numismatic sources for the rebellion and rule of the emperor Vitellius, A.D. 69 (Ann Arbor/Michigan 1979); B. RICHTER, Vitellius ein Zerrbild der Geschichtsschreibung. Untersuchungen zum Prinzipat des A. Vitellius. Prismata III (Frankfurt 1992). – Detailliert zum Vier-Kaiser-Jahr: G. MORGAN, 69 A.D. The year of four emperors (Oxford 2006).

[122] Hierzu: STEINER 1906, 20 Anm. 2; 26 f.; 39; BÜTTNER 1957, 149 Anm. 122; 154; RGA XXIII (2003) 132 s. v. *Phalere* (J. GARBSCH). – Dass diese Hoffnung nicht ganz unbegründet ist, belegt der (inschriftlose) Reitergrabstein aus Augsburg: L. BAKKER in: Die Römer in Schwaben. Jubiläumsausstellung 2000 Jahre Augsburg. Augsburg, Zeughaus, 23. Mai – 3. November 1985. Arbeitsh. 27. Bayer. Landesamt Denkmalpfl. (München 1985) 91 Farbtaf. III u. M. KEMKES/J. SCHEUERBRANDT, Zwischen Patrouille und Parade. Die römische Reiterei am Limes. Schr. Limesmus. Aalen 51 (Stuttgart 1997) 75 Farbtaf. 9. – Zur farbigen Rekonstruktion römischer Grabsteine: O. SCHLEGEL in: Katalog Imperium Romanum 2005, 85 Abb. 75 (Grabstein des Reiters *Respectus Berus* aus Heidelberg-Bergheim); M. REUTER in: Katalog Imperium Romanum 2005, 97 Abb. 89 (Grabstein des Zenturionen *Lucius Valerius Albinus* aus Offenburg); B. C. OESTERWIND, Frühkaiserzeitliche Waffengräber des Neuwieder Beckens und der Osteifel. In: G. UELSBERG (Hrsg.), Krieg und Frieden. Kelten – Römer – Germanen (Darmstadt 2007) 356 Abb. 300 (Grabstein des *miles Firmus* aus Andernach). – Außerdem: J. RONKE, Polychrome Provinz – eine Spurensuche. Bemerkungen zu einem Weiherelief aus Güglingen-Frauenzimmern, Baden-Württemberg (D). Fundber. Baden-Württemberg 30, 2009, 135–144.

[123] Die Auswertung erfolgt an der Albert-Ludwigs-Universität Freiburg, Provinzialrömische Archäologie, durch J. SCHREMPP (freundlicher Hinweis Dr. G. SEITZ, Freiburg i. Br., und M. YUPANQUI M. A., Offenburg).

lation[124] bzw. einen Alen-[125] oder Kohortenverband[126] römischer Bürger gerichtet werden. Daneben könnte die Fundstelle in der Nähe des Steinbaus D im Vicus von Zunsweier bei der Interpretation dieses Gebäudes eine Rolle spielen; zumindest ist es nicht als ‚gewöhnliches' Streifenhaus anzusehen. Der in flavischer Zeit oder (kurz) davor ‚dekorierte' Soldat war zum Zeitpunkt der Ordensverleihung jedenfalls kein Peregriner; aus wessen Hand[127] er seine Auszeichnung empfing, bleibt uns leider ebenso verschlossen wie die Heldentat, die ihr zu Grunde lag.

Literaturverzeichnis

Alföldi 1951	A. Alföldi, Römische Porträtmedaillons aus Glas. Ur-Schweiz 15, 1951, 66–80.
Batzer 1936	E. Batzer, Wo lag das Offenburger Kastell? Zeitschr. Gesch. Oberrhein N. F. 50, 1936, 233–248.
Bersu 1930	M. Bersu, Kunstgewerbe und Handwerk. Germania Romana V (²Bamberg 1930).
Boschung 1987	D. Boschung, Römische Glasphalerae mit Porträtbüsten. Bonner Jahrb. 187, 1987, 193–258.
Boube-Piccot 1964	Ch. Boube-Piccot, Phalères de Maurétanie tingitane. Bull. Arch. Marocaine 5, 1964, 145–181.
Brouwer 1982	M. Brouwer, Römische Phalerae und anderer Lederbeschlag aus dem Rhein. Oudheidkde. Mededel. 63, 1982, 145–198.
Büttner 1957	A. Büttner, Untersuchungen über Ursprung und Entwicklung von Auszeichnungen im römischen Heer. Bonner Jahrb. 157, 1957, 127–180.
Curle 1911	J. Curle, A Roman frontier post and its people. The fort of Newstead in the parish of Melrose (Glasgow 1911).
Dahmen 2001	K. Dahmen, Untersuchungen zu Form und Funktion kleinformatiger Porträts der römischen Kaiserzeit (Münster 2001).
Dimitrova 1980	A. Dimitrova, Portrait Romain en verre de Novae. Archeologia (Warszawa) 31, 1980, 97–100.
Drexel 1928	F. Drexel, Ein Bildnis der älteren Agrippina. In: Antike Plastik [Walther Amelung zum sechzigsten Geburtstag] (Berlin, Leipzig 1928) 67–72.
Ferrari 1989	G. Ferrari, Felicior Augusto – portrait medaillon in glass and the Ravenna relief. Opuscula Romana 17, 1989, 33–60.
Feugère 1990	M. Feugère, Phalères Romaines en calcédoine. Miscellanea di Studi Archeologici e di Antichità 3, 1990, 31–51.
Feugère 2010	M. Feugère, Weapons of the Romans (Gloucestershire 2010).
Filtzinger 1957	Ph. Filtzinger, Bemerkungen zur römischen Okkupationsgeschichte Südwestdeutschlands. Bonner Jahrb. 157, 1957, 181–212.
Filtzinger 1991	Ph. Filtzinger, Limesmuseum Aalen (⁴Stuttgart 1991).

---

124 R. Saxer, Untersuchungen zu den Vexillationen des römischen Kaiserheeres von Augustus bis Diokletian. Epigr. Stud. 1. Bonner Jahrb. Beih. 18 (Köln, Graz 1967). – Vgl. auch: (J. F. W.) C. Tschauschner, Legionare Kriegsvexillationen von Claudius bis Hadrian (Diss. Breslau 1907) *(Non vidi)*.
125 Spaul 1994, 13 Nr. 24 u. 25 (s. v. *civium Romanorum*).
126 Spaul 2000, 11 (s. v. *civium Romanorum*).
127 Leider berichtet Sueton in seinen drei Flavier-Biographien (Vespasian, Titus und Domitian) von keiner Ordensverleihung durch einen dieser drei Kaiser; vgl. auch: H. R. Graf, Kaiser Vespasian. Untersuchungen zu Suetons Vita divi Vespasiani (Stuttgart 1937). – Biographien: H. Bengtson, Die Flavier: Vespasian, Titus, Domitian. Geschichte eines römischen Kaiserhauses (München 1979); B. W. Jones, The emperor Titus (London, New York, Sydney 1984); B. W. Jones, The emperor Domitian (London, New York 1992); P. Southern, Domitian. Tragic tyrant (New York 1997); B. Levick, Vespasian (London, New York 1999).

Filtzinger 1995	Ph. Filtzinger, ARAE FLAVIAE. Das römische Rottweil. Schr. Limesmus. Aalen 49 (Stuttgart 1995).
Fingerlin/Batsch 1988	G. Fingerlin/K. Batsch, Ausgrabungen im Vicusareal von Zunsweier, Stadt Offenburg, Ortenaukreis. Arch. Ausgr. Baden-Württemberg 1988, 131–136.
Flügel 1999	Ch. Flügel, Ein römischer Militärorden in der Prähistorischen Staatssammlung München. Arch. Korrbl. 29, 1999, 93–96.
Fremersdorf 1935	F. Fremersdorf, Glas-Phalera aus Vechten. Bull. Ant. Beschaving 10, 1935/1, 1–5.
Fritsch 1910	O. Fritsch, Aus Badens römischer Vorzeit. Bilder aus der Großh. Sammlung für Altertumskunde in Karlsruhe. I. Teil: Denkmäler des römischen Heeres (Karlsruhe 1910).
Führer BLM Karlsruhe 2008	Römer am Oberrhein. Führer durch die provinzialrömische Abteilung des Badischen Landesmuseums Karlsruhe (Karlsruhe 2008).
Harden 1972	D. B. Harden, A Julio-Claudian glass *phalera*. Ant. Journal 52, 1972, 350–353.
Heilmeyer 1975	W.-D. Heilmeyer, Titus vor Jerusalem. Mitt. DAI Rom 82, 1975, 299–314.
Holwerda 1931	J. H. Holwerda, Een vondst uit den Rijn bij Doorwerth. Oudheidkde. Mededel. 12, 1931 (Suppl.) 1–26.
Jahn 1860	O. Jahn, Die Lauersforter Phalerae [Fest-Programm zu Winckelmanns Geburtstage am 9. Dezember 1860] (Bonn 1860).
Jenkins 1985	I. Jenkins, A group of silvered-bronze horse-trappings from Xanten (*Castra Vetera*). Britannia 16, 1985, 141–164.
Jucker 1975	H. Jucker, Die Glasphalerae mit dem Porträt des Nero Iulius Caesar. Schweizer Münzbl. 25, 1975, 50–60.
Junkelmann 1996	M. Junkelmann, Reiter wie Statuen aus Erz (Mainz 1996).
Junkelmann 2008	M. Junkelmann, Die Reiter Roms. Teil III: Zubehör, Reitweise, Bewaffnung (^{4}Mainz 2008).
Katalog Augustus 1988	Kaiser Augustus und die verlorene Republik. Eine Ausstellung im Martin-Gropius-Bau, Berlin 7. Juni – 14. August 1988 (Berlin 1988).
Katalog Berlin 1979	K. Vierneisl (Hrsg.), Staatliche Museen Preußischer Kulturbesitz – Römisches im Antikenmuseum (^{2}Berlin 1979).
Katalog Imperium Romanum 2005	IMPERIUM ROMANUM. Roms Provinzen an Neckar, Rhein und Donau. Große Landesausstellung Baden-Württemberg im Kunstgebäude Stuttgart vom 1. Oktober 2005 bis 8. Januar 2006 (Stuttgart 2005).
Katalog Römer 1967	Römer am Rhein. Ausstellung des Römisch-Germanischen Museums Köln, Kunsthalle Köln, 15. April bis 30. Juni 1967; verlängert bis 31. Juli 1967 (^{3}Köln 1967).
Katalog Römer 2000	L. Wamser (Hrsg.), Die Römer zwischen Alpen und Nordmeer. Zivilisatorisches Erbe einer europäischen Militärmacht. Katalog-Handbuch zur Landesausstellung des Freistaates Bayern. Rosenheim, Ausstellungszentrum Lokschuppen vom 12. Mai – 5. November 2000. Schriftenr. Arch. Staatsslg. 1 (München 2000).
Kemkes/Sarge 2009	M. Kemkes/C. Sarge, Gesichter der Macht. Kaiserbilder in Rom und am Limes. Schr. Limesmus. Aalen 60 (Esslingen 2009).
Klumbach 1961	H. Klumbach, Ein römischer Legionarshelm aus Mainz. Jahrb. RGZM 8, 1961, 96–105.
Klumbach 1968	H. Klumbach, Drei römische Schildbuckel aus Mainz. Jahrb. RGZM 13, 1966 (1968) 165–189.
Künzl 1978	E. Künzl, Quod sine te factum est hoc magis archetypum est? (Martialis 8,34). Arch. Korrbl. 8, 1978, 311–317.
Lawson 1982	A. K. Lawson, Studien zum römischen Pferdegeschirr. Jahrb. RGZM 25, 1978 (1982) 131–172.
Linderski 2001	J. Linderski, Silver and gold of valor: The award of *armillae* and *torques*. Latomus 60, 2001, 3–15.

Matz 1932	F. Matz, Die Lauersforter Phalerae. 92. Winckelmannsprogramm der Archäologischen Gesellschaft zu Berlin (Berlin, Leipzig 1932).
Maxfield 1981	V. A. Maxfield, The military decorations of the Roman army (Berkeley and Los Angeles 1981).
Neumann 1943	A. Neumann, Die Bedeutung der Medaillons auf den Fahnen des römischen Heeres der frühen Kaiserzeit. Jahresh. Österr. Arch. Inst. (Wiener Jahresh.) 35, 1943, 27–32.
Neumann 1976	A. R. Neumann, Die Ehrenzeichen des römischen Heeres. Ant. Welt 7, 1976/1, 48–55.
Nierhaus 1967	R. Nierhaus, Römische Straßenverbindung durch den Schwarzwald. Bad. Fundber. 23, 1967, 117–157. Wiederabdruck in: R. Wiegels (Hrsg.)/R. Nierhaus, Studien zur Römerzeit in Gallien, Germanien und Hispanien. Veröff. Alemann. Inst. Freiburg i. Br. 38 (Bühl/Baden 1977) 157–193.
Nuber 1997	H. U. Nuber, Vindonissa und die frührömischen Truppenlager am Oberrhein. Jahresber. Ges. Pro Vindonissa 1997, 13–16.
Petrovič 1991	P. Petrovič, *Dona Militaria*. Starinar N. S. 42, 1991, 63–69.
Planck 1988	D. Planck, Der obergermanisch-rätische Limes in Südwestdeutschland und seine Vorläufer. Ein Forschungsüberblick. In: Ders. (Hrsg.), Archäologie in Württemberg. Ergebnisse und Perspektiven archäologischer Forschung von der Altsteinzeit bis zur Neuzeit (Stuttgart 1988) 251–280.
RiBW 1986	Ph. Filtzinger/D. Planck/B. Cämmerer (Hrsg.), Die Römer in Baden-Württemberg (³Stuttgart 1986).
RiBW 2005	D. Planck (Hrsg.), Die Römer in Baden-Württemberg. Römerstätten und Museen von Aalen bis Zwiefalten (Stuttgart 2005).
Riese 1914	A. Riese, Das rheinische Germanien in den antiken Inschriften (Berlin 1914; Nachdruck Groningen 1968).
Ritterling 1911	E. Ritterling, Truppenziegeleien in Rheinzabern und leg. VII gemina am Rhein. Röm.-Germ. Korrbl. 4, 1911, 37–42.
Schönberger 1985	H. Schönberger, Die römischen Truppenlager der frühen und mittleren Kaiserzeit zwischen Nordsee und Inn. Ber. RGK 66, 1985, 321–497.
Sommer 1999	C. S. Sommer, From conquered territory to Roman province: Recent discoveries and debate on the Roman occupation of SW Germany. In: J. D. Creighton/R. J. A. Wilson (Hrsg.), Roman Germany. Studies in cultural interaction. Journal Roman Arch. Suppl. Ser. 32 (Portsmouth, Rhode Island 1999) 161–198.
Spaul 1994	J. E. H. Spaul, ALA². The auxiliary cavalry units of the prediocletianic imperial Roman army (Andover 1994).
Spaul 2000	J. Spaul, COHORS². The evidence for and a short history of the auxiliary infantry units of the imperial Roman army. BAR Int. Ser. 841 (Oxford 2000).
Sprater 1929	F. Sprater, Die Pfalz unter den Römern zugleich Führer durch die römische Abteilung des Historischen Museums der Pfalz. I. Teil. Veröff. Pfälz. Ges. Förderung Wiss. VII (Speier a. Rh. 1929).
Steiner 1906	P. Steiner, Die dona militaria. Bonner Jahrb. 114/115, 1906, 1–98.
Yupanqui 2000	M. Yupanqui, Die Römer in Offenburg. Eine archäologische Spurensuche. Text und Katalog. Werkstattberichte aus dem Archiv & Museum 5 (Offenburg 2000).
Yupanqui Werner 2000	M. Yupanqui Werner, „ITER DE[RECTVM AB ARGE]NTORATE IN R[AETIAM]". Die flavischen Kastelle Rammersweier und Zunsweier an der römischen Kinzigtalstraße bei Offenburg. Denkmalpfl. Baden-Württemberg 29, 2000/2, 116–123.
Wagner 1908	E. Wagner, Fundstätten und Funde aus vorgeschichtlicher, römischer und alamannisch-fränkischer Zeit im Großherzogtum Baden. Erster Teil: Das badische Oberland. Kreise Konstanz, Villingen, Waldshut, Lörrach, Freiburg, Offenburg (Tübingen 1908).

Wiedemer/Kramer 1964	H. R. Wiedemer/W. Kramer, Ein römisches Glasmedaillon mit Metallrahmen aus der Kirche in Windisch. Jahresber. Ges. Pro Vindonissa 1964, 38–43.
Zangemeister 1884	(K.) Zangemeister, Drei obergermanische Meilensteine aus dem 1. Jahrhundert. Westdt. Zeitschr. Gesch. u. Kunst 3, 1884, 237–255.

Abbildungsnachweis

Abb. 1: Nach Fingerlin/Batsch 1988, 134 Abb. 106. Fundstellenlokalisierung durch Karin Heiligmann (Allensbach); Abb. 2: Badisches Landesmuseum Karlsruhe, Photograf Th. Goldschmidt; Abb. 3: Nach Jahn 1860 Taf. 1 (Zeichnungen) und Matz 1932 Taf. 3 (oben, Photo); Abb. 4: Nach RIB II 3 (1991) 52/53 Nr. 2427.4–12; Abb. 5: Nach Jenkins 1985, 144 Abb. 3 (X 1), 144 Abb. 4 (X 2), 147 Abb. 9 (X 3).

Schlagwortverzeichnis

Römische Epoche; frühe Kaiserzeit; Doorwerth; Lauersfort; Newstead; Offenburg-Zunsweier; Xanten; militärische Auszeichnung; Pferdegeschirr; *phalerae*; Kleininschriften; Bronze, Silber.

Anschrift des Verfassers

PD Dr. Stefan F. Pfahl
Heinrich-Heine-Universität
Institut für Geschichtswissenschaften
Alte Geschichte
Universitätsstr. 1
40225 Düsseldorf

E-Mail: pfahl@phil.hhu.de

LOPODUNUM

Osteologische Untersuchungen an Tierknochenfunden von der Westseite des römischen Marktplatzes (Kellereigrabung)

Joachim Wussow, Roland Müller, Manfred Teichert und Renate Schafberg

Inhalt

Vorwort	498
Zur geographischen Lage und zur historischen Einordnung	499
Material und Methode	501
Haustiere	506
Haussäuger	506
Hausvögel	563
Haus- oder Wildvögel	569
Wildtiere	571
Säugetiere	571
Wildvögel	578
Tierreste aus Schlämmproben	581
Säugetiere	583
Kriechtiere	585
Lurche	585
Fische	585
Weichtiere	586
Asseln	587
Zusammenfassung	587
Literatur	591
CD-Beilage	Anhang (Tabellen)

Vorwort

Die Tierknochenreste aus Ladenburg sind bereits durch den archäologischen Kontext oder die feine archäologische Datierung überaus bedeutend, doch auch der Umfang und die vollständige archäozoologische Bearbeitung steigern den wissenschaftlichen Wert dieser Funde.

Das Projekt begann mit einer Vereinbarung im August 1992, die Dr. Dr. habil. MANFRED TEICHERT (Kustos, Museum für Haustierkunde ‚Julius Kühn') mit Prof. Dr. DIETER PLANCK (Landeskonservator, Landesamt für Denkmalpflege Baden-Württemberg) schloss, sodass in Kooperation mit Dr. MOSTEFA KOKABI (Osteologie, Landesamt für Denkmalpflege Baden-Württemberg) die wissenschaftliche Bearbeitung dieser Tierknochen für Halle akquiriert werden konnte. Die umfangreichen Untersuchungen wurden umgehend unter der Leitung von M. TEICHERT begonnen und von ROLAND MÜLLER (Präparator, Museum für Haustierkunde ‚Julius Kühn') praktisch unterstützt. Nachdem M. TEICHERT im Herbst 1993 in den Ruhestand ging, übernahm Dr. JOACHIM WUSSOW die Kustodie und das Ladenburg-Projekt. Seiner steten Beharrlichkeit und der Routine von R. MÜLLER sind sowohl der Abschluss der Untersuchungen 1997 als auch die anschließende Auswertung mit Erstellung eines Abschlussberichtes zu verdanken. Das Material war derart aufschlussreich und vielversprechend, dass alle Beteiligten eine Drucklegung befürworteten. Der erste Manuskriptentwurf wurde – Frau HEIDE-KARIN SCHMIDT (Mitarbeiterin, Museum für Haustierkunde ‚Julius Kühn') sei Dank – in eine druckreife Form überführt. Die Drucklegung im Jahr 2000 scheiterte jedoch an redaktionellen Änderungswünschen und maßgebliche Nacharbeiten erforderten unter anderem die Ergänzung sämtlicher Knochengewichte. Das entsprechend überarbeitete Manuskript ging 2003 erneut zum Druck.

Als ich 2008 die Nachfolge von JOACHIM WUSSOW antrat, galt das Projekt Ladenburg zwar als abgeschlossen, jedoch als unpubliziert. Die Kollegen MÜLLER und SCHMIDT konnten ebenfalls ihren Ruhestand genießen, während im Museum für Haustierkunde ‚Julius Kühn' der Umzug von Sammlung und Büroräumen realisiert wurde und eine maßgebliche Umstrukturierung stattfand. Die Sammlung ging als eine Säule in das Zentralmagazin der Naturwissenschaftlichen Sammlungen ein, wobei die Ausstellung als Museum für Haustierkunde ‚Julius Kühn' bis voraussichtlich 2012 am alten Standort verbleibt. Als nun im Februar 2011 die Nachricht eintraf, dass das Ladenburg-Manuskript für den Druck vorgesehen sei, waren alle beteiligten Personen im Ruhestand und sämtliche ‚Nachlässe' mehr oder weniger archiviert.

Vor dem Hintergrund dieser wechselvollen Geschichte und des immensen Fortschritts der digitalen Datenverarbeitung stand nun die Herausforderung, das historisch bedeutende Ladenburg-Material als Manuskript noch einmal zum Druck aufzubereiten. Und so mögen es die Leser der Autorenschaft nachsehen, dass dieses Manuskript im Hinblick auf die Vergleichsliteratur keine Aktualität besitzt. Doch die vorliegende Publikation hat nicht nur wegen des einzigartigen Fundmaterials, sondern auch wegen der umfangreichen und gut dokumentierten Untersuchungsergebnisse einen Platz in der archäozoologischen Literatur verdient. Und so ist das Museum für Haustierkunde ‚Julius Kühn' dem Landesamt für Denkmalpflege Baden-Württemberg und besonders Frau Dr. ELISABETH STEPHAN (Osteologie) sowie den Archäologen Dr. C. S. SOMMER (heute München) und H. KAISER (ALM Rastatt) für ihre fachliche Unterstützung zu einem ganz besonderen Dank verpflichtet.

Freuen Sie sich auf römische Spezialitäten, historische Schlachtstrategien und viele tierische Details.

RENATE SCHAFBERG
Museum für Haustierkunde ‚Julius Kühn', Zentralmagazin Naturwissenschaftlicher Sammlungen (ZNS) der Martin-Luther Universität Halle-Wittenberg

Zur geographischen Lage und zur historischen Einordnung

Am unteren Neckarlauf lag in der rheinischen Tiefebene am Fuße des Odenwaldes das antike Lopodunum, die heutige Stadt Ladenburg, nahe Heidelberg. Das rechtsseitige Gebiet der Oberrhein-Ebene wurde in den 70er-Jahren des 1. Jahrhunderts unter Kaiser Vespasian (69–79 n. Chr.) für das römische Reich okkupiert. Mitten im Siedlungsgebiet der germanischen Suebi Nicrenses entstand an einer wichtigen Straße, die Basel mit Mainz verband, neben Rottenburg (Sumelocenna), Rottweil (Arae Flaviae) und Wimpfen (antiker Ortsname unbekannt) eine der bedeutendsten römischen Städte im heutigen Bundesland Baden-Württemberg (Abb. 1).

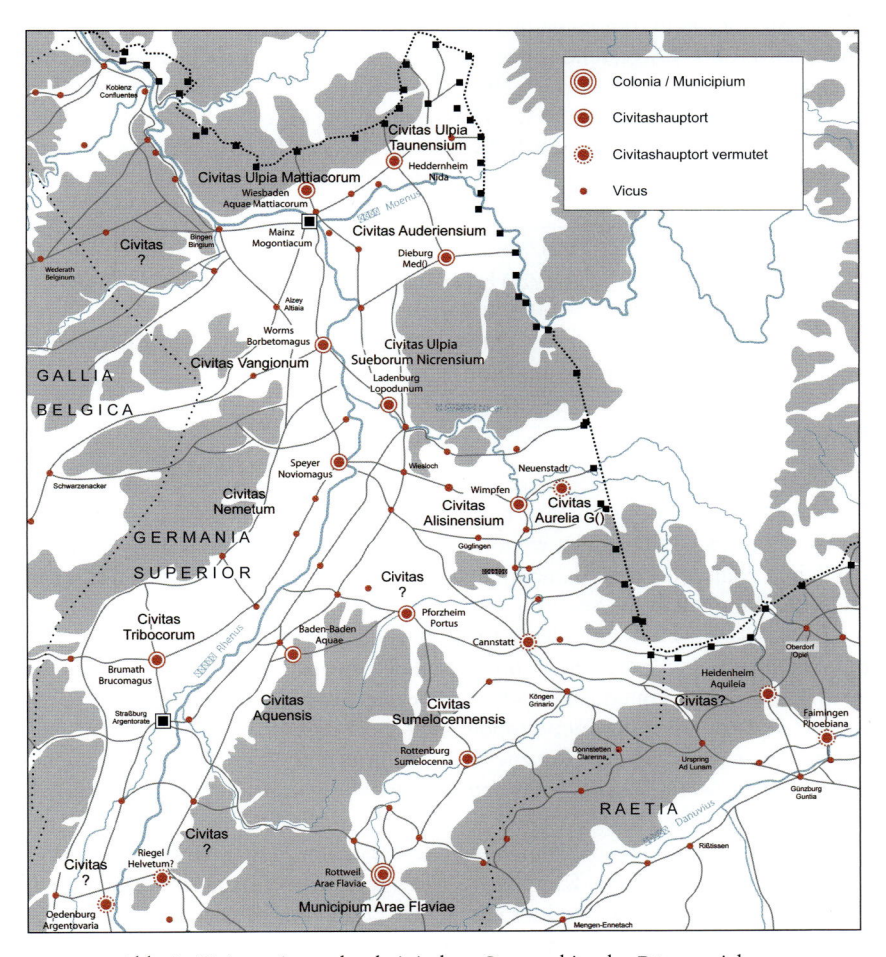

Abb. 1: Civitates im rechtsrheinischen Grenzgebiet des Römerreiches.

Lopodunum kann auf eine mehr als 300-jährige römische Besetzung und Besiedlung zurückblicken. Es hatte in seiner Glanzzeit eine Ausdehnung von über 40 ha und nahm damit eine mehr als doppelt so große Fläche wie die spätere mittelalterliche Stadt ein. Nach den militärischen Anlagen – es wurden zwei Kastelle nachgewiesen –, entstand das Zentrum der zivilen Verwaltungseinheit Civitas Ulpia Sueborum Nicrensium im Bereich der einplanierten militärischen Anlagen, nachdem die römischen Truppen nach 100 n. Chr. abgezogen wurden. Der Truppenabzug erfolgte im Zusammenhang mit der Errichtung des Odenwald- und Neckarlimes. Parallel zu den militärischen Entwicklungen ist es davor schon zu Ansiedlungen von Händlern, Handwerkern und Bewirtungsgewerbe gekommen – in enger wirtschaftlicher Verbindung mit den Soldaten und dem Tross. Lopodunum kann heute als Modell der römischen Okkupationsgeschichte in Südwestdeutschland, als ein Ort mit dem längsten römischen Einfluss rechts des Rheins, angesehen werden.

Erstmals stellte E. WAGNER alle bis zu diesem Zeitpunkt bekannten Fundstellen und Funde aus Ladenburg zusammen.[1] Von 1948 bis 1980 beobachtete B. HEUKEMES alle Baumaßnahmen im Stadtgebiet und führte kleine archäologische Untersuchungen durch. Die Ergebnisse wurden 1986 in einem Gesamtplan des römischen Ladenburg vorgelegt.[2]

Das Landesdenkmalamt wurde erst seit 1980 mit größeren Grabungen aktiv. Von 1981–1985 kam es im Vorgriff auf Bauten im Rahmen der Altstadtsanierung zu einer anhaltenden archäologischen Maßnahme im Bereich der Kellereigasse. Sie umfasste eine 2000 m² große Freifläche. Es wurden hier Überreste von unterkellerten Gebäuden (Streifenhäusern) mit hinter den Häusern gelegenen Brunnen und Abortgruben festgestellt, sowie Gruben, die wohl zuvor als Lehmgruben für den Hausbau dienten. Der ältere Teil der Befunde gehörte zum sogenannten Kastellvicus, der Marketendersiedlung des Kastells I, der jüngere Teil war civitaszeitlich. Die Einordnung der Befunde ist aufgrund vieler datierender Funde recht eng möglich. Es ergeben sich für die in den Bauten und Befunden in größeren Mengen geborgenen Tierknochen folgende zeitliche Zuordnungen:

Phase 2	Früh	70/80 n. Chr.	
	Verlauf	70/80 bis 100/110 n. Chr.	Kastellvicus
	Spät	100/110 n. Chr.	
Phase 3	Verlauf	100/110 bis 155/175 n. Chr.	Holzbauphase/Civitas
	Spät	155/175 n. Chr.	
Phase 4	Spät	250/260 n. Chr.	Steinbauphase/Civitas

Unter Beibehaltung der Parzellengrenzen ist die Bebauung mindestens zweimal von Grund auf erneuert worden, wobei beim ersten Mal, nach 100 n. Chr., ein großes Schadensfeuer die Ursache gewesen sein kann. In der Folge einer weiteren möglichen Zerstörung nach der Mitte des 3. Jahrhunderts, vielleicht während eines Alamanneneinfalls, und einer anschließenden kurzzeitigen partiellen Wiederbesiedlung, blieb die Stadt über 100 Jahre mehr oder weniger verlassen.

Durch KAISER und SOMMER erfolgte eine ausführliche und detaillierte archäologische Darstellung zur Baubefundauswertung der Grabung an der Kellerei und zur Bedeutung und Entwicklung des Areals dieser antiken Stadt Lopodunum. Die Größe der Grabungsfläche und die Lage an der römerzeitlichen Hauptstraße brachte neue topographische Erkenntnisse, machte aber auch deutlich, dass mit diesem Ausschnitt eine Aussage zur Situation in den anderen Siedlungsbereichen nur sehr bedingt vorgenommen werden kann. Dies betrifft sowohl die archäologischen als auch die archäozoologischen Fundmaterialien.[3]

Ausgehend von diesen Befunden und Funden ist festzustellen, dass sich keine Hinweise auf eine Selbstversorgung der Bewohner des Kastellvicus mit tierischen Nahrungsmitteln fanden. Damit ist die Versorgung aus dem Umfeld mit seiner ländlichen Besiedlung als sicher anzunehmen.

Die Auswertung des Tierknocheninventars vom 200 m südlich der römischen Stadtmauer gelegenen Fundplatz Ladenburg-Ziegelscheuer (neckarswebische Siedlung und Villa rustica, Grabung 1978–1980) durch A. M. FELLER, das zeitgleich mit den römischen Knochenfunden der Kellereigrabung abgelagert wurde, unterstützt diese Vermutung.[4]

Obwohl aufgrund eines als ‚Räucherkammer' interpretierten Raumes an der Kellerei und der nachgewiesenen Zerlegungstechnik der Schlachtkörper (z. B. systematische Trennspuren, gleichförmige

---

1 WAGNER, 1911; HEUKEMES 1986.
2 B. HEUKEMES; Beil. 30 in KAISER/SOMMER 1994; überarbeitet als Beilage zu SOMMER 1998.
3 KAISER/SOMMER 1994; SOMMER/KAISER 1988.
4 FELLER 2002; KAISER schriftl. Mitt. 2003.

Portionierung bei Rippen) gewerbliche Schlachter/Fleischer vor Ort ansässig gewesen sein müssten, ließen sich ihre Arbeitsstätten anhand der osteologischen Reste nicht nachweisen. Eine Auswertung, die sich mit den am Knochenmaterial der Ladenburger Grabung nachweisbaren pathologischen Veränderungen beschäftigen wird, ist in einer späteren Bearbeitung vorgesehen. Erste Untersuchungen lassen neben chronisch deformierenden Prozessen auch traumatische, infektiöse bzw. Verbrauchs- und Überlastungserscheinungen erkennen.[5]

Material und Methode

Das zur Bearbeitung vorliegende Tierknochenfundgut stammt aus Grabungen im Gebiet der heutigen Kellerei (Kellereigasse) aus dem Bereich westlich des ehemaligen römischen Marktplatzes in Ladenburg. Dieses Gebiet war nachrömisch wieder überbaut worden.

Es handelt sich um 21 römische Befunde (Keller, Brunnen und Gruben im weitesten Sinne), die sich auf verschiedene ‚Grundstücke', in der Folge Parzellen genannt, verteilen und die nach ihrer Auflassung verfüllt und einplaniert worden waren.

	n	%	Gewicht (g)	%
Parzelle A	1032	9,0	22313,7	7,2
Parzelle B	3161	27,4	97027,9	31,2
Parzelle C	6583	57,1	173091,0	55,6
Parzelle D	746	6,5	18739,0	6,0
gesamt	**11522**	**100,0**	**311171,6**	**100,0**

Tab. 1: Verteilung der Knochenfunde auf die Parzellen.

	Befunde
Lehmgrube (Lehm)	1880, 720+, 749+, 750+
Holzkeller (HK)	504, 491, 490, 741, 1451, 859
Zisterne (Zist)	305
Steinkeller (Stk)	838*
Steinbrunnen (Stbr)	711*
Latrine (Latr)	486, 225, 226, 229, 218, 519*, 235
Grube (Gr)	227

Tab. 2: Befundbezeichnungen, Abkürzungen, Befundnummern. *zusätzliche Schlämmproben; + meist zusammengefasst, gehen ineinander über.

Anhand der ausführlichen und detaillierten Beschreibung der Baubefunde durch KAISER und SOMMER sind mittels zweier Skizzen Hilfskonstruktionen erstellt worden, welche die Fundplätze und ihre räumliche Beziehung zueinander, aber auch die römerzeitlichen Ablagerungszeiträume dieses Grabungsareals sichtbar machen. Abbildung 2a zeigt die Lage der einzelnen benachbarten Parzellen mit ihren Bebauungsresten, um die Befundzusammenhänge in den einzelnen Phasen innerhalb der Grabungsfläche zu verdeutlichen. Dabei wird erkennbar, dass die Parzellen B und C vollständig von der Grabung erfasst werden konnten, weil nicht gestört bzw. vollständig im Grabungsausschnitt, dagegen A und D nur teilweise. Dieser Umstand war beim Vergleich des archäozoologischen Fundguts, das von den einzelnen Parzellen aufgesammelt wurde, zu berücksichtigen. Tabelle 1 zeigt die sehr stark differierenden Fundzahlen und -gewichte von den einzelnen Parzellen. Die unterschiedlichen

---
[5] TEEGEN/WUSSOW 2001.

Parzelle				
A	B	C	D	
Straßenfront				
HK 504/Ph. 2	HK 491/Ph. 2 HK490/Ph. 3	Stk 838/Ph. 4	HK 859/Ph. 3	vordere Gebäudeteile
		HK 741/Ph. 3	HK1451/Ph. 3 Lehm 1880/Ph. 2	mittlere/hintere Gebäudeteile
	Lehm 720/Ph. 2	Lehm 749/Ph. 2 Stbr 711/Ph. 4	Lehm 750/Ph. 2 Zist 305/Ph. 2	dicht hinter den Gebäuden
	Latr 225/Ph. 2 Latr 226/Ph. 2 Latr 486/Ph. 2 Latr 218/Ph. 3	Grube 227/Ph. 3 Latr 229/Ph. 2 Latr 235/Ph. 3 Latr 519/Ph. 3		entfernt hinter den Gebäuden

Abb. 2a: Parzellenanordnung und Befundzusammenhänge (Ph. = Phase; graue Felder: gestörte bzw. keine Befunde oder für die Grabung nicht zugänglich).

Parzelle				Phase
A	B	C	D	
Oberfläche				
		Stk 838 Stbr 711		4
	HK 490 Latr 218	Grube 227 Latr 235 Latr 519 HK 741	HK 859 HK1451	3
HK 504	HK 491 Lehm 720 Latr 225 Latr 226 Latr 486	Lehm 749 Latr 229	Lehm 1880 Zist 305 Lehm 750	2

Abb. 2b: Parzellenschichtung mit Befunden in den Phasen (graue Felder: gestörte bzw. keine Befunde oder für die Grabung nicht zugänglich).

Fundmengen innerhalb einzelner Bereiche der Parzellen veranschaulichen die Stückzahlen und Gewichte in Tabelle 3.

In der zweiten Skizze (Abb. 2b) wird die horizontale Schichtung der Grundstücke entsprechend der vorgenommenen Phasengliederung demonstriert. Der Bereich in der Kellereigrabung hatte im Verlauf der Siedlungsgeschichte eine Schichtmächtigkeit von bis zu 3 m erreicht. Das bearbeitete römerzeitliche Schichtpaket war bis zu 1,3 m stark. Durch die Ausgräber wurde eine Phasenzuweisung aufgrund der Stratigraphie vorgenommen, während die Datierung auf entsprechenden Münzfunden basiert.[6]

Das osteologische Material verteilt sich auf die drei Zeitphasen wie in Tabelle 4 dargestellt.

Das gesamte zoologische Fundmaterial ist gewaschen, mit Fundnummern versehen und nach Fundplätzen getrennt entsprechend verpackt übernommen worden. Eine Befundliste mit weiteren Hinweisen ergänzt das sorgfältig und befundgenau geborgene Grabungsmaterial. Bei der archäozoologischen Auswertung hat dieser Umstand besondere Beachtung gefunden.

Eine feste Konsistenz und ein guter Erhaltungszustand zeichnen fast das gesamte Fundgut aus. Jeder Knochen bzw. -rest des insgesamt 11.522 Stück umfassenden und 311,17 kg schweren Untersuchungsmaterials (ohne die Schlämmproben mit ca. 700 Fundobjekten, ca. 0,18 kg) bekam eine eigene Nummer und wurde dann unter Zuhilfenahme der osteologischen Vergleichssammlung des Zentral-

---

6 KAISER/SOMMER 1994.

	n	%	Gewicht (g)	%
in den vorderen Gebäudeteilen	5024	43,6	114259,4	36,7
in den mittleren und hinteren Gebäudeteilen	856	7,4	17398,7	5,6
dicht hinter den Gebäuden	1041	9,0	32736,5	10,5
entfernt hinter den Gebäuden	4601	39,9	146777,0	47,2
gesamt	**11522**	**100,0**	**311171,6**	**100,0**

Tab. 3: Verteilung der Knochenfunde innerhalb der Parzellen (Lage zur Straßenfront).

	n	%	Gewicht (g)	%
Phase 2	4476	38,9	124854,2	40,1
Phase 3	3934	34,1	118508,9	38,1
Phase 4	3112	27,0	67808,5	21,8
gesamt	**11522**	**100,0**	**311171,6**	**100,0**

Tab. 4: Verteilung der Knochenfunde auf die Phasen.

			Parzelle	n	Gewicht (g)
Latrine 1	Befund 486	Phase 2	B	1143	33295,9
Latrine 2	Befund 225	Phase 2	B	219	11168,5
Latrine 3	Befund 226	Phase 2	B	92	4532,0
Latrine	Befund 229	Phase 2	C	616	21933,4
Holzkeller	Befund 491	Phase 2	B	464	6937,1
Holzkeller	Befund 504	Phase 2	A	1032	22313,7
Lehmgrube	Befund 720	Phase 2	B	453	14818,7
Lehmgrube	Befund 749	Phase 2	C	11	706,8
Lehmgrube	Befund 750	Phase 2	D	8	182,0
Lehmgrube	Befund 1880	Phase 2	D	272	5006,4
Zisterne	Befund 305	Phase 2	D	166	3959,7
Latrine 4	Befund 235	Phase 3	C	1086	30445,3
Latrine 5	Befund 218	Phase 3	B	116	2620,4
Latrine 6	Befund 519	Phase 3	C	241	4787,4
Grube	Befund 227	Phase 3	C	1088	37994,1
Holzkeller	Befund 490	Phase 3	B	674	23655,3
Holzkeller	Befund 741	Phase 3	C	429	9415,5
Holzkeller	Befund 859	Phase 3	D	145	6614,1
Holzkeller	Befund 1451	Phase 3	D	155	2976,8
Steinbrunnen	Befund 711	Phase 4	C	403	13069,3
Steinkeller	Befund 838	Phase 4	C	2709	54739,2
gesamt				**11522**	**311171,6**

Tab. 5: Verteilung der Knochenfunde (sortiert nach Phasen).

magazins Naturwissenschaftlicher Sammlungen an der Martin-Luther Universität Halle-Wittenberg nach Tierart und nach Skelettelementen determiniert. Während die Tabellen 1, 3 und 4 Stückzahlen und Gewichte der Knochen nach unterschiedlichen Verteilungskriterien zusammenfassend verdeutlichen, zeigt Tabelle 5 die Knochenanzahlen und- gewichte aus den einzelnen Befunden.[7]

---

7 ZNS, Halle.

	Anzahl	%	**Gewicht (g)**	%
Bestimmte Knochen gesamt	10039	87,3	305132,7	98,2
Haussäuger	9555	83,0	297269,2	95,7
Hausvögel	257	2,2	527,5	0,2
Haustiere gesamt	9812	85,3	297796,7	95,8
Haus-/Wildtiere	50	0,4	169,3	0,1
Wildsäuger	144	1,3	7129,4	2,3
Wildvögel	26	0,2	25,4	
Fische	7	0,1	11,9	
Wildtiere gesamt	177	1,6	7166,7	2,3
Größe Bos/Cervus/Equus	433	3,8	3302,9	1,1
Größe Capra/Ovis/Sus	523	4,5	1250,4	0,4
Unbestimmbare	511	4,4	1071,9	0,3
Unbestimmte gesamt	1467	12,7	5625,2	1,8
Knochen	11506	100,0	310757,9	100,0
Geweih	16		413,7	
Gesamtmaterial	**11522**		**311171,6**	
Homo	3		10,9	
dazu 3 Schlämmproben mit ca. 700 Fundobjekten (ca. 180 g)				

Tab. 6: Gesamtübersicht des osteologischen Untersuchungsmaterials. Die Artenliste dieser Fundkategorie befindet sich im entsprechenden Kapitel.

Die Zusammensetzung des zur Untersuchung gelangten Knochenmaterials der Grabung ist aus den Tabellen 6 und 7 zu entnehmen. Tabelle 6 stellt eine Gesamtübersicht hinsichtlich Anzahl und Gewicht dar, Tabelle 7 gibt Auskunft über die Artenzusammensetzung mit ihren Anteilen und die Verteilung auf die unterschiedenen Phasen.
Insgesamt sind neun Haustierarten und 19 Wildtierarten nachgewiesen worden. In einem eigenen Abschnitt werden weitere 25 Wildtierarten aus den drei entnommenen Schlämmproben behandelt. Menschliche Reste waren ebenfalls bestimmbar. Es handelt sich um einen isolierten Oberkieferprämolaren aus dem Holzkeller 504 (Phase 2), eine Rippe aus dem Holzkeller 859 (Phase 3) und den Humerus eines Neonatus aus dem Steinbrunnen 711 (Phase 4). Bei diesen drei Einzelfunden ist eine Begründung für ihre Ablagerung an den jeweiligen Auffindungsorten nicht zu geben. Alle Erklärungsversuche für ihr Vorhandensein gehören in den Bereich der Spekulation und unterbleiben daher. Die Skelettelemente sind in ihrer Verteilung sowohl hinsichtlich ihrer Zugehörigkeit zu den einzelnen Arten als auch bezüglich der unterschiedlichen Phasen in den Tabellen 1–6, 23 und 28–30 im Anhang dargestellt worden. Obwohl es sich bei den Knochen um Siedlungsabfälle handelt, die zumeist zerschlagen vorliegen, konnte das Material bis auf einen Restanteil von total Unbestimmbarem (4,4% nach der Anzahl und 0,3% nach dem Gewicht) determiniert werden. Die nach Tierart und Knochenelement nicht eindeutig determinierbaren Skelettreste sind Größenklassen zugeordnet (Tabelle 6 u. 7 unten).
Die computergestützte ausführliche Erfassung und Auswertung (Tierart, Skelettelement, Alter, Geschlecht, Gewicht, Erhaltungs- und Fragmentierungsformen, auch Spuren einer Schlachtung/ Zerlegung, Brandspuren, Verbiss etc.) wurde in codierter Form abrufbar mit dem Programmpaket Ossobook 3.50 detailliert vorgenommen. Messpunkte und Messstrecken sind im Wesentlichen nach VON DEN DRIESCH ausgewählt worden.
Die Datenübernahme erfolgte direkt von Messschieber und Waage auf den Computer bzw. in Ausnahmefällen per Handeingabe.[8]

---

[8] SCHIBLER 1998; VON DEN DRIESCH 1982.

	Gesamtmaterial		Phase 2		Phase 3		Phase 4	
	n	Gewicht (g)	n	Gewicht (g)	n	Gewicht (g)	n	Gewicht (g)
Haussäugetiere	9555	297269,2						
Bos primigenius f. taurus	5252	223459,4	2775	107575,0	1645	73907,6	832	41976,8
Sus scrofa f. domestica	2000	23909,4	618	7090,3	605	7222,6	777	9596,5
Ovis/Capra	921	10033,7	276	3490,7	324	3618,2	321	2924,8
Ovis ammon f. aries	189	5760,7	58	2078,0	86	2860,0	45	822,7
Capra aegagrus f. hircus	9	361,6	6	298,2	–	–	3	63,4
Ovis?	5	268,7	1	24,0	4	244,7	–	–
Equus przewalskii f. caballus	488	26597,3	3	558,7	392	23204,9	93	2833,7
Canis lupus f. familiaris	655	6801,8	69	122,3	388	5004,7	198	1674,8
Felis silvestris f. catus	36	76,6	–	–	32	72,1	4	4,5
Hausvögel	257	527,5						
Gallus gallus f. domesticus	253	524,6	99	206,4	66	121,8	88	196,4
Columba livia f. domestica	4	2,9	–	–	4	2,9	–	–
Haus- oder Wildtiere	50	169,3						
Sus scrofa f. dom. / S. scrofa	2	67,0	1	25,7	–	–	1	41,3
Columba livia f. dom./ C. palumbus	6	4,8	2	1,9	2	2,0	2	0,9
Anas plat. f. dom./ A. platyrhynchos	17	21,9	3	3,7	1	0,6	13	17,6
Anser a. f. dom./ A. anser	25	75,6	2	7,2	2	8,7	21	59,7
Wildsäugetiere	144	7129,4						
Sus scrofa	55	3070,8	1	24,5	–	–	54	3046,3
Cervus elaphus	31	3411,4	10	802,0	6	557,8	15	2051,6
Capreolus capreolus	23	340,4	2	22,6	2	30,4	19	287,4
Lepus europaeus	19	60,4	1	6,7	2	16,4	16	37,3
Meles meles	6	58,3	–	–	–	–	6	58,3
Martes foina	5	7,1	5	7,1	–	–	–	–
Ursus arctos	2	165,1	–	–	1	114,3	1	50,8
Vulpes vulpes	2	15,6	–	–	–	–	2	15,6
Rattus rattus	1	0,3	1	0,3	–	–	–	–
Wildvögel	26	25,4						
Corvus corax	6	8,9	3	5,1	3	3,8	–	–
Scolopax rusticola	5	1,8	1	0,4	3	0,9	1	0,5
Columba palumbus	5	7,7	–	–	5	7,7	–	–
Athene noctua	4	2,2	–	–	3	1,8	1	0,4
Corvus spec. klein	2	0,6	2	0,6	–	–	–	–
Bucephala clangula	2	2,7	2	2,7	–	–	–	–
Accipiter gentilis	1	0,5	1	0,5	–	–	–	–
Asio otus	1	1,0	–	–	–	–	1	1,0
Fische	7	11,9						
Silurus glanis	1	6,9	–	–	–	–	1	6,9
Leuciscus cephalus	1	1,6	1	1,6	–	–	–	–
Pisces indet.	5	3,4	1	0,9	4	2,5	–	–
bestimmte Knochen gesamt	10039	305132,7						
Geweihreste	16	413,7						
Cervus elaphus	15	392,4	2	69,5	–	–	13	322,9
Capreolus capreolus	1	21,3	–	–	–	–	1	21,3
unbestimmte Knochen								
Größe: B o s /Cervus/Equus	433	3302,9	236	1641,6	110	943,8	87	717,5
Größe: Capra/O v i s /S u s	523	1250,4	89	190,2	62	138,8	372	921,4
unbestimmbare Knochen	511	1071,9	198	424,2	179	408,0	134	239,7
Unbestimmte gesamt	1467	5625,2	523	2256,0	351	1490,6	593	1878,6
Homo	3	10,9	1	1	1	7,9	1	2

Tab. 7: Gesamtmaterial – Gliederung nach Tierarten.

Tabellen mit Einzelmaßen sind fast ausschließlich im Anhang zusammengefasst worden, um die Lesbarkeit des Textes zu erleichtern, während zusammenfassende Tabellen, Diagramme und die Abbildungen im Text integriert sind. Tierarten- und Knochenelementlisten des gesamten zur Bearbeitung gelangten osteologischen Materials (der Einzelfunde) dieser Grabung liegen gesondert vor. Um die Vergleichbarkeit der ermittelten Fakten zu verbessern und eventuell territorial bedingte Unterschiede zu verringern, die durch Haltung, Fütterung, aber auch durch das vorhandene Tiermaterial verursacht sein können, wurden überwiegend Auswertungen von Grabungen berücksichtigt, die aus dem gleichen Gebiet und gleicher Zeitstellung stammen, wie z. B. Bad Wimpfen. Da die Auswertung der Tierknochen aus der zeitgleichen neckarswebischen Siedlung und Villa rustica ‚Ladenburg-Ziegelscheuer' durch FELLER nach Abschluss des Manuskripts ‚Kellerei-West' zugänglich wurde, konnten deren Erkenntnisse nur noch in der Zusammenfassung berücksichtigt werden.

Ladenburg lag in einer Randprovinz des römischen Weltreiches. Der Kontakt mit dem germanischen Umland war damit vorgezeichnet. Die Bewohner des Areals um die heutige Kellereigasse (des Vicus und später der Civitas) mussten sich mit Nahrungsmitteln aus diesem Umland versorgen oder versorgen lassen, weil sie nach Lage der Dinge selbst keine Produzenten solcher Güter waren.[9]

Haustiere

Haussäuger

Hausrind, *Bos primigenius f. taurus*

Rinderreste sind unter dem Tierknochenmaterial der Kellereigrabung in Ladenburg nach der Anzahl und dem Gewicht die umfangreichste Fundgruppe. Eindeutig ließen sich 5252 Objekte im Gesamtgewicht von 223,46 kg als Überreste von Rindern bestimmen.

Ihre Verteilung über das Skelett und ihre Herkunft aus den verschiedenen Befunden und Zeitphasen ist aus Tabelle 6 (Anhang: CD) ersichtlich. Es fällt auf, dass die Anzahl der Rinderknochen aus den Befunden der ältesten Zeitphase 2, der Zeit des Kastellvicus am Ende des 1. Jahrhundert n. Chr. am höchsten ist und in den folgenden Phasen 3 und 4 deutlich abnimmt. Unabhängig davon, welche Ausgangszahl zugrunde gelegt wird (Gesamtfundzahl, Anzahl der determinierten Knochen, Anzahl der Haustierknochen, Anzahl der wichtigsten Schlachttierknochen), stellen die Rinderknochen immer den höchsten Anteil gegenüber den Resten aller übrigen Tierarten. In Tabelle 8 sind die Rinderknochen allen bestimmten Knochen gegenübergestellt und die Anteile für die drei Zeitphasen angegeben.

In Tabelle 9 sind die Anteile der bestimmten Knochen der drei wichtigsten Wirtschaftstiere (Fleischtiere) im Verhältnis zueinander dargestellt. In der prozentualen Abnahme der Rinder- und der Zunahme der Schweine- und Schaf/Ziegenreste scheint sich im Verlauf der Besiedlungsdauer eine Veränderung der Verzehrgewohnheiten bei den Einwohnern in dem von der Grabung erschlossenen Bereich von Lopodunum abzuzeichnen. Das Rind bleibt aber während der gesamten römischen Besiedlungsdauer der wichtigste Fleischlieferant.

Sämtliche Skelettelemente aller Körperregionen sind in unterschiedlicher Häufigkeit vertreten (z. B. 1279 Reste der Kopfregion aber nur neun Schwanzwirbel). Erhaltungszustand und Fragmentierung der einzelnen Elemente sind auch bei dieser Siedlungsgrabung recht unterschiedlich. Fast generell sind die großen, muskelumhüllten Skelettelemente stark und die Elemente des Autopodiums in geringerem Maße zerkleinert. Die Problematik der Schlachtkörperzerlegung und -portionierung wird bei den jeweiligen Skelettelementen detailliert abgehandelt.

---

9 FREY 1991; FELLER 2002.

	Phase 2		Phase 3		Phase 4	
	n	Gewicht (g)	n	Gewicht (g)	n	Gewicht (g)
Determinierte Knochen	3944	122357,1	3580	117006,4	2515	65769,2
Rinderknochen (n)	2775	107575,0	1645	73907,6	832	41976,8
Rinderknochen (%)	70,4	87,9	45,9	63,2	33,1	63,8

Tab. 8: Verhältnis determinierter Knochen (Gesamtzahl und -gewicht ohne Schlämmproben) zu Hausrindknochen (Gesamtzahl und -gewicht) in den Zeitphasen 2–4.

	Phase 2	Phase 3	Phase 4	Summe
Bos (n)	2775	1645	832	5252
Bos (%)	74,3	61,7	42,1	62,7
Sus (n)	618	605	777	2000
Sus (%)	16,6	22,7	39,2	23,9
C/O (n)	341	414	369	1124
C/O (%)	9,1	15,5	18,7	13,4
Summe ‚Fleischtiere'	3734	2664	1978	8376

Tab. 9: Verhältnis determinierter Knochen der drei wichtigsten ‚Fleischtiere' Hausrind, Hausschwein und Hausschaf/Hausziege zueinander in den Zeitphasen 2–4.

	GHZD	KHZD	HZU	LHZ außen	LHZ innen
n	42	42	31	11	10
max	90,0	64,7	240,0	300,0	210,0
min	43,6	33,2	130,0	140,0	100,0
mittel	59,9	46,9	169,3	179,6	139,0

Tab. 10: Rind, Hornzapfen, Variation der Maße in mm. Abkürzungen siehe Text.

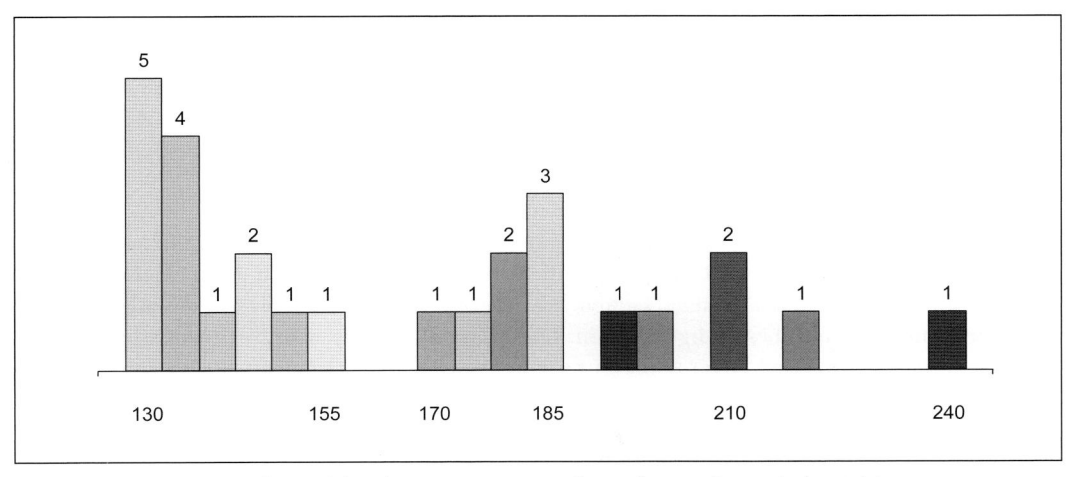

Diagr. 1: Rind, Anzahl und Variation ‚Hornzapfenumfang an der Basis' (HZU) in mm.

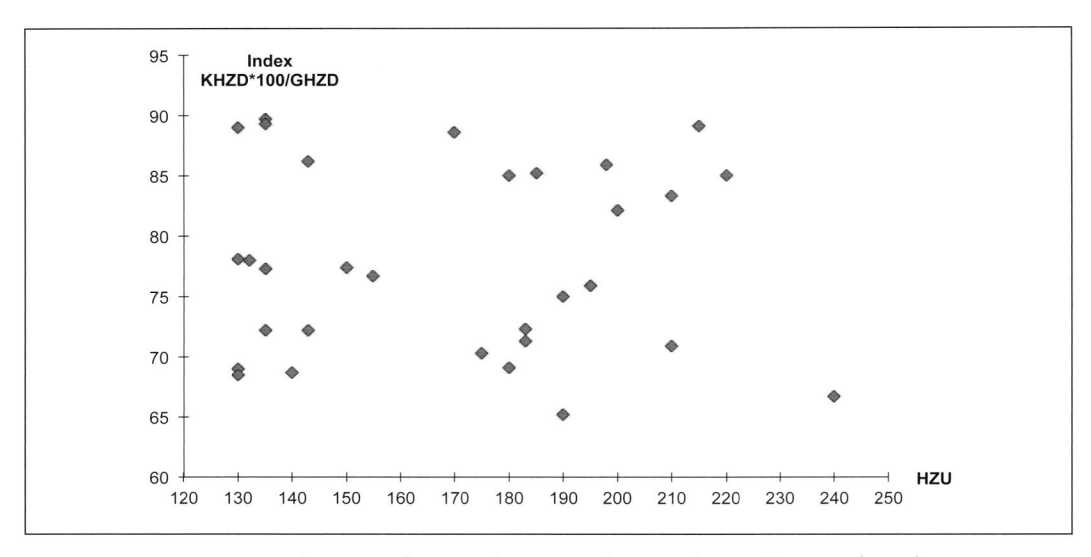

Diagr. 2: Rind, Hornzapfen, Korrelation zwischen ‚Umfang an der Basis' (HZU)
und dem Index: (KHZD x 100)/GHZD.

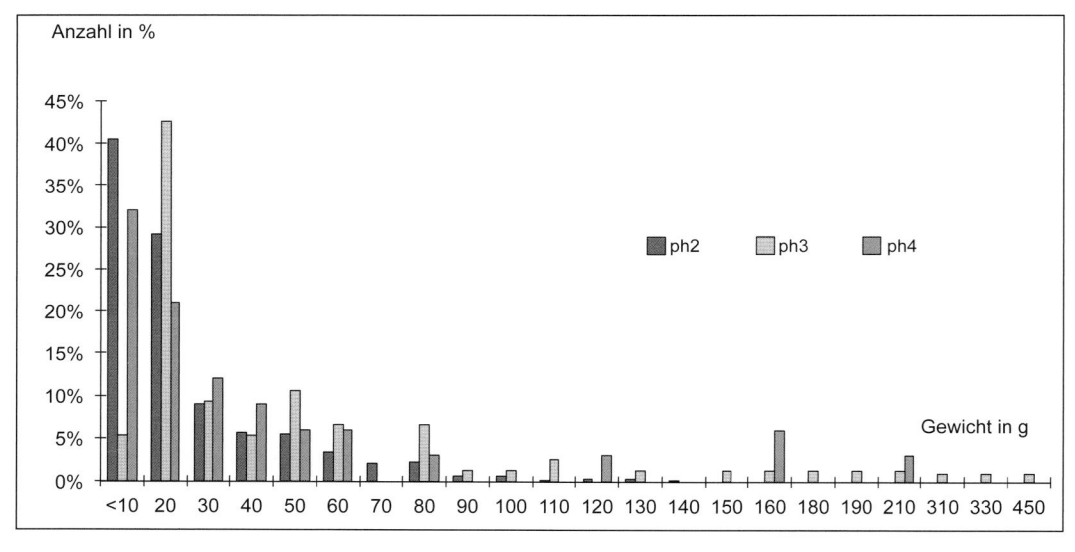

Diagr. 3: Rind, Hirn- und Gesichtsschädel, prozentuale Anteile der Fragmentgewichte in den Phasen 2–4.

Kopfregion

Fast 25% aller Rinderreste gehören zur Kopfregion. Diese Feststellung lässt eigentlich nur die Vermutung zu, dass ganze Tiere vor Ort (geschlachtet und) zerlegt worden sind. Kein einziger Schädel ist unversehrt in den Boden gelangt. Lediglich einige Mandibulae sind bis auf die ausgefallenen Schneidezähne nahezu unbeschädigt erhalten. Die Masse der Köpfe wurde einschließlich der Unterkiefer gespalten, kreuz und quer zerhackt oder mit stumpfen Werkzeugen ‚kochtopfgerecht' zerschlagen. Dadurch sind nur gelegentlich größere zusammenhängende Partien erhalten, so dass die ‚Ausbeute' an Maßen sich auf relativ wenige Messstrecken beschränkt.

Von 81 H o r n z a p f e n sind die meisten bei der Trennung vom Schädel an der Basis beschädigt worden, im Spitzenbereich haben sie – bedingt durch ihre Struktur – während der Lagerung im

Abb. 3: Rind, Hornzapfen von zwei Tieren mit Druckatrophien infolge Jochanspannung.

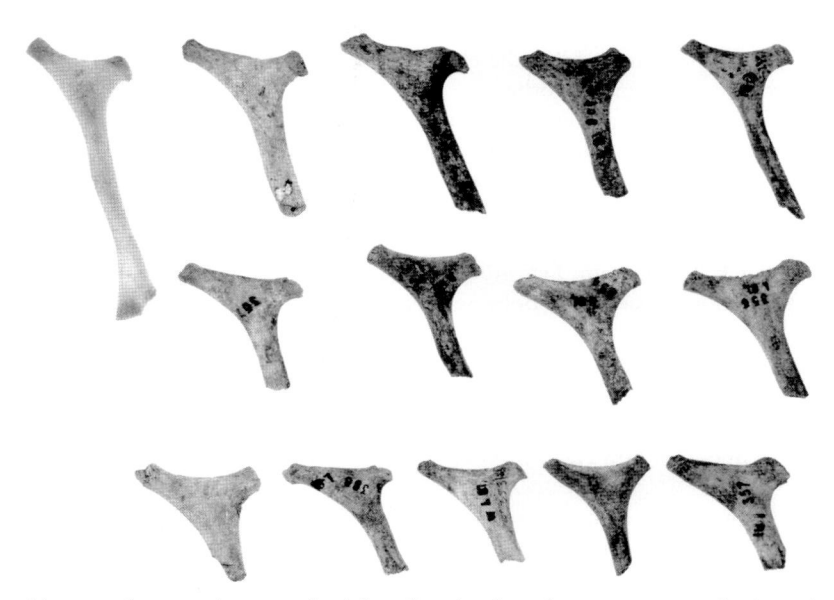

Abb. 4: Rind, Zungenbeinreste (Stylohyoid) und vollständiges rezentes Vergleichsstück
(unten, rechts: Osteologische Vergleichssammlung, ZNS, Halle).

Boden häufig Schaden genommen oder sie wurden bereits vor ihrer Einbettung auf unterschiedliche Weise fragmentiert. In Tabelle 10 sind Extrem- und Mittelwerte sowie die jeweilige Anzahl für die fünf an diesem besonderen Schädelbereich abnehmbaren Messstrecken zusammengefasst. Alle Einzelmaße von diesem und allen weiteren noch folgenden Skelettelementen sind aus den Tabellen im Anhang ersichtlich, soweit sie nicht im laufenden Text enthalten sind.

Reichlich die Hälfte der Hornzapfen war so gut erhalten, dass die Standardmesspunkte für die Ermittlung des GHZD und KHZD (Großer bzw. Kleiner Hornzapfendurchmesser) noch vorhanden waren und eine Maßabnahme zuließen. Nur 11- bzw. 10-mal war die Feststellung der ‚Länge an der äußeren/inneren Kurvatur' (LHZ außen/innen) möglich. Obwohl römische Schriftsteller von der Langhornigkeit römischer Rinder berichten, sind die hier vorgefundenen Dimensionen nur in Relation zu denen der germanischen ‚Landschläge' des Umlands auffallend und erwähnenswert. Horndimensionen wie bei Ungarischen oder Podolischen Steppenrindern, bei alten Englischen oder modernen Amerikanischen Longhornrindern werden bei weitem nicht erreicht. Der kürzeste, stark gebogene Hornzapfen unter dem Ladenburger Material aus einer Latrine des Kastellvicus mit 140/100 mm Länge und 130 mm Umfang gehörte zu einer relativ kleinen Kuh. Im germanischen Opfermoor bei Oberdorla in Thüringen konnte Teichert am Schädel eines fast komplett erhaltenen Skeletts einer adulten Kuh mit ca. 96 cm Widerristhöhe einen HZU von 119 mm bei einer Länge von 136 mm ermitteln. Diese Werte sind deshalb besonders aussagefähig, weil durch den direkt möglichen visuellen Vergleich der Fundstücke aus Lopodunum und Oberdorla ein Eindruck von der möglichen Größe der Ladenburger Kuh gewonnen werden konnte. Da aus dem Bereich zwischen 130 und 140 mm HZU immerhin zehn Funde vorliegen (davon allein acht aus Phase 2), ist mit einer ganzen Anzahl weiblicher Tiere mit Körperhöhen wenig über einem Meter zu rechnen. Auch wenn der Minimalbereich ‚Römischer Rinder' praktisch nicht eingeschätzt und damit auch keine klare Grenze zur bodenständigen Population gezogen werden kann, ist wohl die Annahme berechtigt, dass es sich bei den Resten der kleinen Kühe um solche aus den neckarswebischen Dörfern des Umlandes handelt.[10]

Beim längsten der vollständigen Hornzapfen (300/210 mm) – ebenfalls aus Phase 2 – ist mit einem Umfang von 220 mm das Maximum für dieses Maß in Lopodunum noch nicht erreicht. Dieser Maximalumfang beträgt 240 mm und stammt von einem Hornzapfen aus Phase 4.

Wie aus Diagramm 1 ersichtlich ist, liegt der Maximalwert in einem deutlichen Abstand zu den nächst schwächeren Hornzapfen. Über die ehemalige Länge lässt sich leider keine Aussage treffen, da das Fundstück nur als Fragment vorliegt.

Unter dem erheblich umfangreicheren Material von Bad Wimpfen hatte S. Frey keinen einzigen in ganzer Länge erhaltenen Rinderhornzapfen. So kleine Hornzapfen wie in Ladenburg wurden dort nicht gefunden. An diesem ‚benachbarten', zeitgleichen Fundort beginnt die Variation des Hornzapfenumfanges mit 138 mm. Sie reicht mit fünf Fundstücken ab 250 mm bis 270 mm und in einem Ausnahmeexemplar eines Stieres, dessen Zugehörigkeit zu Haus- oder Wildrind ausführlich diskutiert wird, sogar bis 315 mm. Der größte bis zu diesem Zeitpunkt für Hausrinder ermittelte HZU betrug 274 mm und wurde von Boessneck an einem Fundstück des 1. Jahrhundert n. Chr. aus Regensburg gemessen.

Bedingt durch den geringen Anteil von messbaren Hornzapfen über 200 mm Basisumfang im Ladenburger Rinderhornzapfenmaterial liegt auch der Mittelwert für dieses Maß mit 169,3 mm relativ niedrig und rangiert weit unter jenem von Bad Wimpfen, der durch seinen hohen Anteil ‚männlicher' Hornzapfen über 200 mm HZU nach Frey 206,6 mm beträgt und damit ungewöhnlich hoch ausfällt.

Aus Diagramm 2 scheint eine klare Trennung zwischen den Hornzapfen von weiblichen und männlichen Rindern hervorzugehen und ist prinzipiell sicher richtig. Die erkennbare Lücke könnte aber auch durch die relativ niedrigen Stückzahlen und das zufällige Fehlen messbarer Exemplare zwischen 160 und 170 mm HZU bedingt sein, denn in Bad Wimpfen ist diese Lücke nicht vorhanden und die Fundstücke mit den entsprechenden Maßen werden von Frey aufgrund der dortigen Variation Kühen zugeordnet. Die Unterscheidung von Stieren und Ochsen anhand der Punktverteilung im ‚männlichen' rechten Teil des Diagramms ist problematisch und wird unterlassen, denn weder Länge, Wandstärke noch Oberflächenstruktur und Porosität sind in die Darstellung eingegangen und aus ihr ersichtlich.[11]

Die im oberen Bereich des Diagramms ab einem Index von >80 über die gesamte Variation in lockeren Gruppen zusammenliegenden Punkte verkörpern lediglich die Hornzapfen mit rundovalem bis kreisförmigem Querschnitt gegenüber denen mit ellipsoidem bis flachovalem Profil und In-

---

10 Teichert 1974.
11 Frey 1991; Boessneck 1959.

Abb. 5: Rind, Reste ‚gegrillter Rindermäuler'. Obere Reihe: Oberkiefer (Os incisivum);
untere Reihe: Unterkiefer (Pars incisiva).

dices zwischen 65 und 75 im unteren Bereich. In vielen römerzeitlichen Fundmaterialien treten fronto-basale Abflachungen an Hornzapfen des Rindes auf und zwar sowohl bei Bullen/Ochsen als auch bei Kühen. Diese pathologisch-anatomische Auffälligkeit, die nach von den Driesch zu den Verbrauchs- und Überlastungserscheinungen gezählt werden kann, wird als sichtbare chronische Deformation, als Druckusur infolge von Jochanspannung gedeutet (Abb. 3).[12]

Eine Überprüfung des Merkmals ‚Hornzapfenquerschnitt' an einer Vielzahl von Schädeln beider Geschlechter diverser rezenter europäischer Rinderrassen des ausgehenden 19. Jahrhunderts in der osteologischen Vergleichssammlung ergab folgende Situation: Die Querschnittsform kann bei verschiedenen Individuen des einen oder anderen Geschlechts innerhalb ein und derselben Rasse völlig verschieden sein. Die Hornlänge, die Krümmung und die Torsion sind ebenfalls außerordentlich variabel und weder eindeutig geschlechts- noch rassetypisch. Lediglich die Stärke (der Hornzapfenumfang) ist in Verbindung mit der Hornzapfenlänge einigermaßen geschlechtstypisch. Der Überschneidungsbereich aller Merkmale ist relativ hoch.

Wie eingangs bereits erwähnt, wurden Schädel zum Teil sehr stark zerkleinert, sodass von 703 als R i n d e r s c h ä d e l r e s t identifizierten Fragmenten nur 26 Stücke (3,7%) einige Maßabnahmen ermöglichten. Um die Vorstellung von der Fragmentgröße und -verteilung der Hirn- und Gesichtsschädelbruchstücke im Fundgut zu ermöglichen, wurden die Einzelgewichte der Funde in ‚10 g-Gruppen' zusammengefasst und die prozentualen Anteile der drei Phasen gemeinsam dargestellt. Es zeigt sich, dass die Masse der Rinderschädelfunde aus Fragmenten zwischen 0 und 50g Einzelgewicht besteht. In Phase 2 sind 89,7% aller Schädelbruchstücke nur bis 50g schwer. Fast 70% der Gesamtanzahl sind es, die nur bis 20g wiegen. In den Phasen 3 und 4 betragen die Anteile bis 50g 73,3% und 80,0%. In den allermeisten Fällen sind es ‚alte' Einwirkungen stumpfer Gewalt, die diese Fragmentmengen ‚produziert' haben. Es sind aber auch vielfach (bei > 10% der 703 Schädelreste) ‚gehackte Trennspuren' zu beobachten.

Schnittspuren (vom Abhäuten etc.) waren nur selten auffällig und erkennbar.

---

12 VON DEN DRIESCH 1975.

Ein Teil der Hackspuren befindet sich, mehrfach in Verbindung mit Brandspuren, an isoliert vorliegenden Incisivteilen. Insgesamt konnten 71 mehr oder weniger vollständige Abschnitte dieses Schädelbereiches identifiziert werden. Die Trennung vom übrigen Schädel erfolgte immer im zahnfreien Bereich des Oberkiefers vor Beginn der Prämolarreihe (Abb. 5). Bei der Beschreibung der Mandibulafunde wird näher auf diese besondere Fundkategorie eingegangen.

Z u n g e n b e i n e sind unter den 5252 Rinderknochen mit 39 Exemplaren = 0,74% vertreten. Meistens handelt es sich um größere Partien des Stylohyoids und zwar des aboralen Teils dieses Knochens (Abb. 4). Er verbleibt beim Herauslösen (-schneiden/-trennen) des Zungenkörpers aus der Mundhöhle vielfach in der Rachen-/Kehlkopfgegend, weil die ‚Aufhängevorrichtung' der Zunge gegenüber ‚Entfernungsbemühungen' durch den Bearbeiter relativ widerstandsfähig ist, wenn nicht sehr gezielt und professionell mit dem Messer hantiert wird. Das Stylohyoid bricht dann oft oder wird quer durchschnitten und ist in diesem Bereich dann leichter zu trennen als an der natürlichen Verbindungsstelle zum Schädel, da sich die ganze Manipulation in dem engen, schleimig/blutigen, vom Bearbeiter schlecht einsehbaren Raum zwischen den Unterkieferästen abspielt. Das Vorhandensein der Zungenbeinfragmente im Fundgut bedeutet aber nicht gleichzeitig den Verzehr des Zungenkörpers am Fundort, sondern ist vor allem ein Indiz für die intensive Ausnutzung des Kopffleisches und der anhängenden Drüsen, Bänder und Bindegewebsanteile (durch Kochen?) des kleingestückelten Kopfes. Swegat und Peters gehen in ihren Ausführungen zur römischen Schlachtkörperzerlegungstechnik auch auf diesen Teil des Rinderkopfes ein.[13]

Bei den meisten Autoren werden Hyoidreste nur zahlenmäßig erfasst und nur mit sehr knappen Kommentaren versehen oder ganz ohne Bemerkungen in die Fundauflistungen und -beschreibungen einbezogen (z. B.: Lauriacum, 21 Stück = 0,18% der Rinderknochen; Breisach, zehn Stück = 0,3%; Rottweil, 101 Stück = 0,26%; Bad Wimpfen, 121 Stück = 0,46%). Es besteht auch die Möglichkeit, dass kleinere Fragmente von Zungenbeinen nicht erkannt oder als Reste von Rippen oder Wirbelfortsätzen angesprochen werden. Diese ‚Gefahr' muss bei allen Knochenuntersuchungen in Betracht gezogen werden. In der Literatur mitgeteilte Stückzahlen vom Hyoid sind meist sehr niedrig. Bei den abnehmbaren Maßen an Schädelteilen handelt es sich ausschließlich um solche von Z a h n r e i h e n. Ihre Maße sind in Tabelle 11 zusammengefasst.[14]

Die Minimalwerte von Molar- und Prämolarreihenlänge stammen aus unterschiedlichen Befunden. Der Molarreihenwert (L MR = 67,6 mm) wurde an einem Maxillarest aus einer Latrine (486) der Phase 2 gemessen, die Länge der Prämolarreihe (L PMR = 42,9 mm) ergab sich bei einem Fragment aus dem verfüllten Steinkeller (838) der Phase 4. Beide Kleinstwerte belegen demnach die Existenz kleiner Kühe um 1 m WRH während der ganzen römischen Zeit in Ladenburg. Sie ‚passen' zu den kleinsten Hornzapfen. In Bad Wimpfen reicht das Spektrum nicht ganz so weit nach unten (L MR = 71 mm), die Maximalwerte sind an beiden Orten mit 90,1 mm in Bad Wimpfen und 90,5 mm in Ladenburg fast gleich.

Wie bereits bei den Incisivteilen des Oberschädels (n = 71) angedeutet, liegen auch vergleichbare Abschnitte der Mandibulae in einer nennenswerten Anzahl (70) vor. Dieser Bereich des Unterkiefers von den Schneidezähnen bis zum Beginn der Backzahnreihe vor dem P_2 ist mehrfach noch im Zusammenhang der rechten und linken Seite gefunden worden (Abb. 5).[15]

Eine Spaltung des Schädels und damit eine Trennung des Unterkiefers an der Symphyse hat demnach bei den in Frage kommenden Stücken nicht stattgefunden. Es handelt sich bei dieser gesamten Fundkategorie fast ausschließlich um Schädelteile alter bis sehr alter Tiere, deren Kinnsymphysen zwar nie verwachsen waren, aber durch ihre ‚Verzahnung' mit ineinander verhakten Gruben und Fortsätzen eine feste aber bewegliche und selbst bei starker mechanischer Beanspruchung sich nicht lösende Verbindung besaßen. Es ist davon auszugehen, dass die gesamten ‚Rindermäuler', also Flotzmaul einschließlich der Lippen des Ober- und Unterkiefers hinter dem ‚Mundwinkel' durch

---

13 Swegat 1976; Peters 1998.
14 Baas 1966; Schmidt-Pauly 1980; Kokabi 1982; Frey 1991.
15 Frey 1991.

	L BZR	L MR	L PMR
n	7	21	12
max	128,0	90,5	52,2
min	115,4	67,6	42,9
mittel	123,1	76,4	48,0

Tab. 11: Rind, Maxilla, Variation der Zahnreihenmaße in mm.

gezielte Schläge von der Seite mit einem Hackmesser oder Beil angehackt und dann im Ganzen abgetrennt worden sind. Als Besonderheit für das Material der Kellereigrabung kann durch die kleinräumig befundgenaue Aufsammlung und Beschriftung der Knochenfunde die Tatsache gelten, dass sich in einigen Fällen mit großer Wahrscheinlichkeit die zusammengehörigen Reste von Ober- und Unterkiefer im gleichen Abfallkomplex nachweisen ließen. Ob diese Stücke dann eventuell zur Enthaarung gebrüht wurden oder ob dieser notwendige Vorgang durch Absengen der Haare erfolgte, lässt sich nicht mehr nachvollziehen. Der Muskelanteil in diesem Bereich ist sehr gering und der größte genießbare Anteil dieser Region besteht aus Haut, Schleimhaut und Knorpel. Die weitere Verarbeitung scheint in einer Art Grillvorgang bestanden zu haben, denn die Bruchkanten weisen in vielen Fällen Brat- bis Brandspuren auf. Unklar ist lediglich, ob es sich dabei um ein komplettes Garen oder nur um einen Arbeitsgang handelte und ob es sich beim damaligen ‚Fertiggericht' um eine Art Sülze handeln könnte. Diese Beobachtung am Ladenburger Material ist aber keine lokale Besonderheit. Vergleichbare Feststellungen teilt Uerpmann aus dem römischen Militärlager von Dangstetten mit, das in einem sehr eng begrenzten Zeitraum zwischen 15 und 9 v. Chr. benutzt wurde.[16]

„Nach der Häufigkeit der Kieferteile mit Bratenspuren zu urteilen, kann davon ausgegangen werden, dass gegrillte Rindermäuler in Bad Wimpfen wohl eine geschätzte Delikatesse waren". Bei der heutigen Reichhaltigkeit im Nahrungsmittelangebot ist der Begriff ‚Delikatesse' allerdings mit anderen Vorstellungen verbunden. „Diese Verwertung (...) ist heute (zumindest in unserem Kulturkreis) nicht mehr gebräuchlich (...) und stellte bestimmt ein preiswertes Nahrungsmittel dar, das von einem einfachen Lebensstandard zeugt (...)".[17]

Da sich bei den Ladenburger Funden Stücke aus allen Zeitphasen bis zum Ende der römischen Besiedlung befinden und sich die ‚frühen' und die ‚späten' Stücke in der Art der Bearbeitung nicht unterscheiden und außerdem die von Uerpmann beschriebenen und abgebildeten Funde denen aus Ladenburg und Bad Wimpfen gleichen, ist wohl von einer über längere Zeiträume und größere Entfernung tradierten Form einer Verwertung dieses speziellen Rinderkopfbereiches auszugehen.[18]

Unter den 355 M a n d i b u l a fanden sind 41 Stücke, die Maßabnahmen zuließen. Meist sind es Zahnreihenlängen oder Kieferhöhen an definierten Messpunkten, deren Daten in Tabelle 12 zusammengefasst sind. Alle Werte liegen innerhalb der von Frey für die Bad Wimpfener Rindermandibeln mitgeteilten Größen und damit innerhalb der bereits bekannten Variation provinzialrömischer Unterkiefermaße. Häufiger als Maßabnahmen an Ober- und Unterkieferfragmenten möglich waren, ließen sich anhand von Merkmalen an sämtlichen zur Verfügung stehenden Zähnen (allen isolierten und den noch in Kieferteilen befindlichen) Informationen zum Schlachtalter der betreffenden Rinder gewinnen.[19]

Obwohl die Bewertung des Abkauungsgrades und die Abgrenzung der Usurgruppen von der subjektiven Einschätzung des Einzelstückes durch den Bearbeiter abhängig sind, lassen sich unter Be-

---

16 Uerpmann 1977.
17 Frey 1991; Wussow et al. 1999.
18 Uerpmann 1977; Frey 1991.
19 Frey 1991.

	L BZR	L MR	L PMR	HvP2	HvM1	HhM3
n	9	16	18	11	12	17
max	140,9	97,2	52,9	42,4	58,0	76,6
min	128,6	80,0	40,8	30.8	42,1	60,6
mittel	134,0	87,1	48,1	36,0	48,4	69,5

Tab. 12: Rind, Mandibula, Variation der häufigsten Maße in mm.

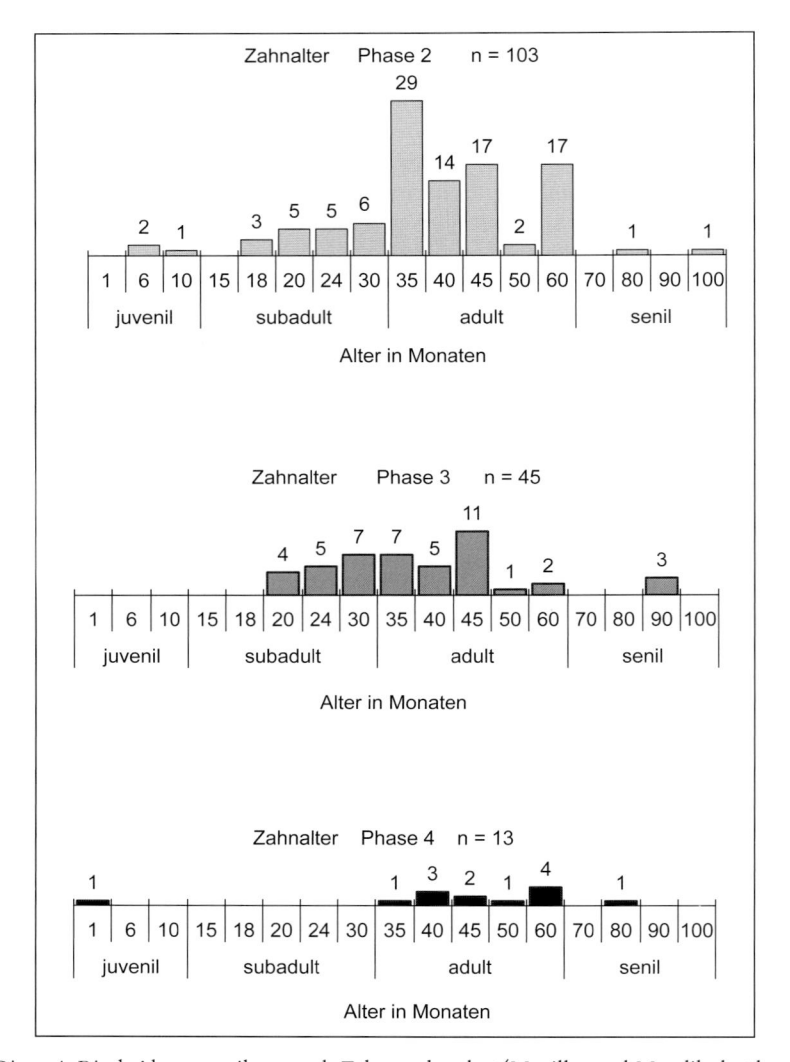

Diagr. 4: Rind, Altersverteilung nach Zahnmerkmalen (Maxilla- und Mandibulazähne) in den Zeitphasen 2–4 (in Anlehnung an HABERMEHL 1975).

rücksichtigung aller möglichen Fehlerquellen Altersgruppen ermitteln, die zumindest die Häufung ähnlicher Zahnzustände in ihrer Abfolge und Beziehung zueinander darstellen. Die (Monats)angaben HABERMEHLS zu Zahndurchbruch und -wechsel für spätreife rezente Rinderrassen (20. Jh.) wurden für die Einstufung der Fundstücke genutzt.

Durch den Aufschwung der Tierzucht in der zweiten Hälfte des 19. Jahrhunderts müssen allerdings die heutigen ‚spätreifen' Rassen immer noch als ‚frühreif' für die unveredelten, extensiv gehaltenen

Wirbelart	Phase 2	Phase 3	Phase 4	gesamt	davon messbar
Atlas	20	5	10	35	8
Epistropheus	21	4	4	29	7
Vert. cerv.	90	24	22	136	–
Vert. thor.	169	56	33	258	–
Vert. lumb.	37	57	30	124	–
Vert. sacrum	6	9	4	19	–
Vert. caud.	2	7	-	9	–
Vert. indet.	5	15	1	21	–
Summe	**350**	**177**	**104**	**631**	**15**

Tab. 13: Rind, Wirbel, Verteilung in den Zeitphasen 2–4 und Summen.

Schläge vor Beginn der Leistungszucht angesehen werden. Alle Angaben von Autoren des 20. Jahrhunderts, die sich mit der Altersbestimmung beschäftigen, fußen auf Untersuchungen an Tiermaterial, das bereits diesen veränderten ‚modernen' Zucht- und Haltungsbedingungen entstammt. Simon konstatiert, dass der Wechsel und die Abnutzung der Zähne durch Frühreife und gute Fütterungsverhältnisse beschleunigt werden, während Spätreife, nicht ausreichende Ernährung, Trächtigkeit und Krankheiten Verzögerungen hervorrufen. Nach den vergleichenden Studien Meitingers zur Literatur des 18. und 19. Jahrhunderts, die sich mit Zahnaltersbestimmung beim Rind beschäftigt, erscheint es als geraten, die Zahndurchbruchs- und Zahnwechseltermine für die spätreifen Rinder vor Beginn der Leistungszüchtung zu berücksichtigen. Es drängt sich die Vermutung geradezu auf, dass für ur- und frühgeschichtliche Rinder wohl spätere (1–2 Jahre) Zahnwechselzeiten und damit verbunden natürlich auch später einsetzende Usur der einzelnen Zähne anzunehmen sind.[20]

Daher ist es leicht möglich, dass das tatsächliche Alter der Ladenburger Rinder in einzelnen Gruppen noch höher war, als es die Darstellung in Diagramm 4 wiedergibt. Problematisch für die Auswertung und die Einschätzung der Allgemeingültigkeit innerhalb des Ladenburger Rinderknochenmaterials sind die sehr stark divergierenden Stückzahlen der beurteilungsfähigen Stücke aus den drei Zeitphasen. Aus Phase 2 sind beispielsweise fast zehnmal so viele altersmäßig bewertbare Rinderschädelteile wie aus Phase 4. Diese Problematik der Vergleichbarkeit unterschiedlich großer Stichproben für die einzelnen Befunde taucht nicht nur bei der Auswertung der Rinderreste direkt auf, sondern beeinflusst auch die Aussagemöglichkeiten beim Vergleich der Zusammensetzung der menschlichen Fleischnahrung und die Bedeutung der einzelnen Haustierarten für diese Zwecke. Trotz dieser Einschränkungen lässt sich generell feststellen, dass Rinder unter zwei Jahren nur einen unbedeutenden Anteil ausmachen und dass die Hauptmenge der Schlachtrinder zwischen drei (vier) und fünf (sieben) Jahre alt wurden. Auch bei den noch älter eingeschätzten könnten sich die angegebenen Altersstufen durchaus noch um ein bis mehrere Jahre erhöhen. Diese möglichen höheren Alterseinstufungen decken sich mit dem Eindruck von sehr alten Tieren, der vielfach bei der Begutachtung nicht zahntragender Fragmente entsteht.

Wirbelsäule
Wirbel aller Kategorien (Hals- bis Schwanzwirbel) sind in unterschiedlicher Fragmentgröße und Stückzahl über das ganze Grabungsareal verteilt gefunden worden. Tabelle 13 zeigt die Aufgliederung dieser Funde in den einzelnen Zeitphasen und Diagramm 5 verdeutlicht die Anteile der einzelnen ‚Wirbelarten'.
Die wenigen Maße an Atlas und Epistropheus, die in bereits bekannte Maßvariationen dieser Skelettelemente hineinpassen, sind bei den Rindereinzelmaßen in den Tabellen im Anhang zu finden. Alle Sacrumfragmente waren so klein oder so beschädigt, dass keine Messpunkte mehr erhalten waren.

---

20 HABERMEHL 1975; SIMON 1928; MEITINGER 1983.

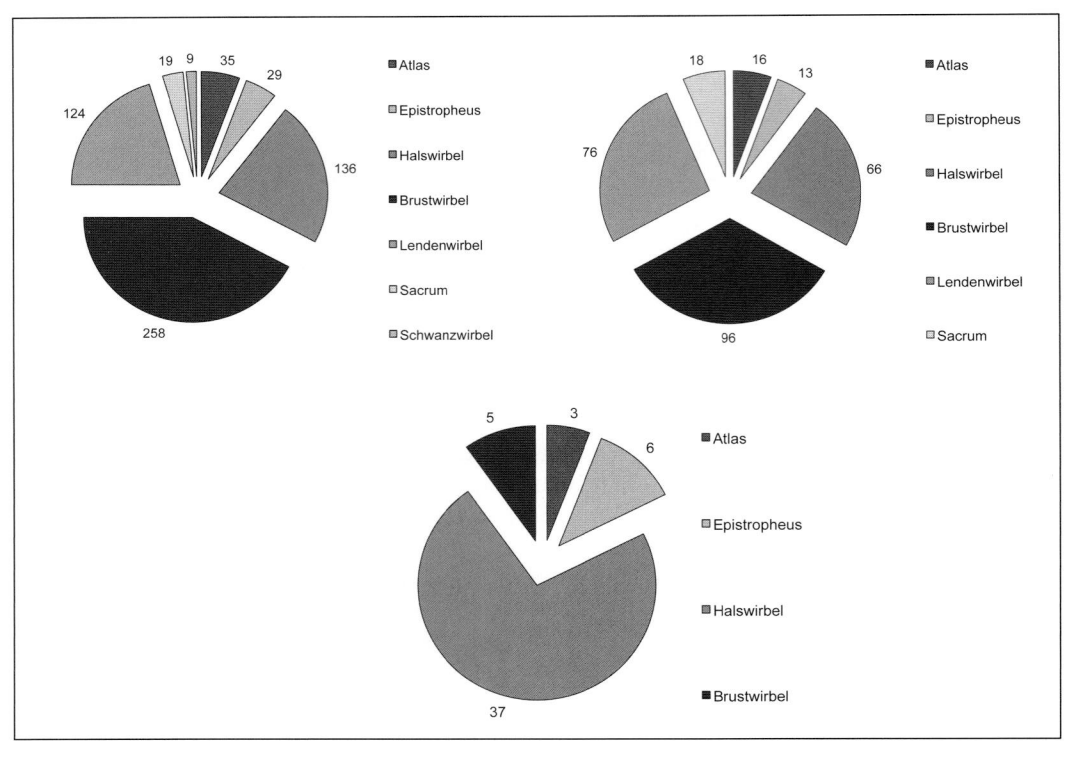

Diagr. 5 (oben links): Rind, Wirbel, Anteile (n) der einzelnen Wirbelarten, Phase 2-4, (Summe = 610). – Diagr. 6 (oben rechts): Rind, Wirbel (n) mit „gehackten Trennspuren", Phase 2-4, (Summe = 284). – Diagr. 7 (unten): Rind, längs geteilte Wirbel (n), Phase 2-4, (Summe = 51).

Abb. 6: Rind, Lendenwirbelkörper mit beidseitigen Hackspuren.

Schwanzwirbel waren nur in der unbedeutenden Anzahl von neun unter 631 Wirbeln insgesamt vertreten. Möglicherweise sind die meisten der Caudalwirbel in der Haut verblieben und tauchen in den Abfällen der Gerbereien an anderen Punkten der römischen Stadt häufiger auf. Ein weiterer Teil könnte auch von Hunden verschleppt oder gefressen worden sein. Hinter der Bezeichnung ‚Vert. indet.' verbergen sich 21 kleine Bruchstücke von Brust- oder Lendenwirbeln, die nicht sicher zu trennen waren und die in den Zahlen der Diagramme 5–7 nicht enthalten sind.

Auch bei den Wirbeln lassen sich Aussagen zur Schlachtkörperzerlegung wieder häufiger treffen als sich Maßabnahmen realisieren ließen. In Diagramm 6 sind Wirbel aus allen drei Zeitphasen zusammengefasst an denen Spuren erkennbar waren, die dem Portionieren oder dem Herauslösen der Wirbelsäule aus dem Schlachtkörper dienten. Das einzige Merkmal, nach dem diese Gruppe zusammengestellt wurde, trägt die Bezeichnung: ‚Trennspur gehackt'. Die Lage der Hackspuren und ihre Orientierung zur Körperachse wurden nicht gesondert bewertet. Es handelt sich lediglich um die Unterscheidung von ‚normalen' Fragmenten und von Wirbelteilen mit solchen Spuren, die nicht der Zerteilung und Trennung dienten und die nicht mit Hackmesser oder Beil ausgeführt wurden. Weniger als 10% der 610 überwiegend als Fragment vorliegenden Wirbelfunde zeigen deutliche Spuren einer Längsteilung der Wirbelkörper (Diagr. 7). Diese ‚Längsspaltung' hat allerdings nur sehr selten eine Trennung in zwei annähernd gleiche Teile zur Folge gehabt und hat auch nicht, wie heutzutage üblich, an dem an den Hinterbeinen hängenden Tier in der Medianebene stattgefunden. Wahrscheinlich ist diese Manipulation erst Teil der ‚Feinzerlegung' nach der Trennung der Wirbelsäule in arbeitstechnisch beherrschbare ‚Großportionen' (Hals, Brustkorb, Rücken/Lende, Beckenregion) gewesen. Dabei hat es offenbar auch wieder Unterschiede gegeben, denn drei Viertel der Funde sind Teile von Lendenwirbeln, (Abb. 6) sodass es berechtigt erscheint, in solchen Fällen von einer ‚Sonderbehandlung' dieser speziellen Körperregion zu sprechen. Peters beschreibt ausführlich das Procedere der Tätigkeiten bei der Grob- und Feinzerlegung von Rinderschlachtkörpern, wie es sich nach bisher ausgewerteten Fundkomplexen aus der Germania romana darstellt. Die Beobachtungen an den Ladenburger Rinderwirbeln bestätigen die bisherigen Feststellungen bzw. lassen sich in diese einordnen. Einen Teil dieser Tätigkeitsspuren und ihre Einordnung in den Fundzusammenhang der Kellereigrabung haben Wussow et al. im Rahmen einer Zwischenauswertung bereits vorgestellt.[21]

Rippen
Mit 1242 Einzelstücken (Gesamtgewicht 34494,8 g) sind die Rinderrippen die häufigste Fundkategorie der Kellereigrabung. Das sind 23,6% aller Rinderknochen oder 13% der Haussäugerknochen und immerhin noch 10,8% der Gesamtanzahl des ausgewerteten Knochenfundkomplexes. Es sind auch mehr als alle Schaf-/Ziegenknochen zusammengenommen. Bei der Sortierung, Bestimmung und Auswertung der Einzelbefunde fielen mehrere ‚Punkte' immer wieder auf.

Es sind dies:
– häufig vorhandene, annähernd gleich lange Rippenabschnitte,
– häufig in gleicher Weise von der Medialseite angehackt
– (selten durchgehackt) und dann nach außen gebrochen
– häufig sehr ähnliche Gewichte (jedes Stück wurde einzeln gewogen).

In Abbildung 7 sind einige Vertreter der zahlreichsten ‚Stückgrößen' beispielhaft nebeneinander abgebildet. Als Auswahlkriterien galten: 1. ‚mittlerer Rippenabschnitt' (Corpus costae) und 2. ‚eindeutige Portionierungsspuren'. Alle Funde mit ‚reinen' Bruchkanten, vollständige Rippen sowie dorsale Stücke aus dem Bereich des Angulus und Collum costae sind in dieser Aufstellung nicht berücksichtigt. Die ähnlichen Gewichte gaben Anlass zu einer Zusammenfassung der mittleren Rippenteile zu Gewichtsgruppen. Es wurden Gruppengrößen in 10 g-Schritten zusammengestellt (z. B. 15 g-Gruppe = 11–20 g, usw.) und die jeweiligen Stückzahlen der besseren Vergleichbarkeit wegen nicht in den stark differierenden Stückzahlen, sondern im prozentualen Verhältnis zueinander dargestellt.
Die Gesamtstückzahlen (n) für die Portionierungsgruppen in den drei Zeitphasen sind: 218 in Phase 2; 322 in Phase 3; 70 in Phase 4. Illustriert werden die Ähnlichkeiten und Unterschiede durch die Darstellung in den Diagrammen 8 bis 10. Dabei zeigt es sich, dass die drei Gruppen mit den Portionsgewichten zwischen ca. 10 g und 40 g in allen drei Phasen reichlich die Hälfte bis zu zwei Drittel der Gesamtmenge ausmachen. In Zentimeter ausgedrückt sind es Stücke zwischen ca. 10 und 20 cm Länge. Noch anders ausgedrückt sind das ‚tellergerechte' Portionen. Durch die Häufung derartiger Nahrungsabfälle mit vergleichbarer ‚Zurichtung' bzw. Vorbehandlung ist die Tätigkeit

---

21 Peters 1998; Wussow et al. 1999.

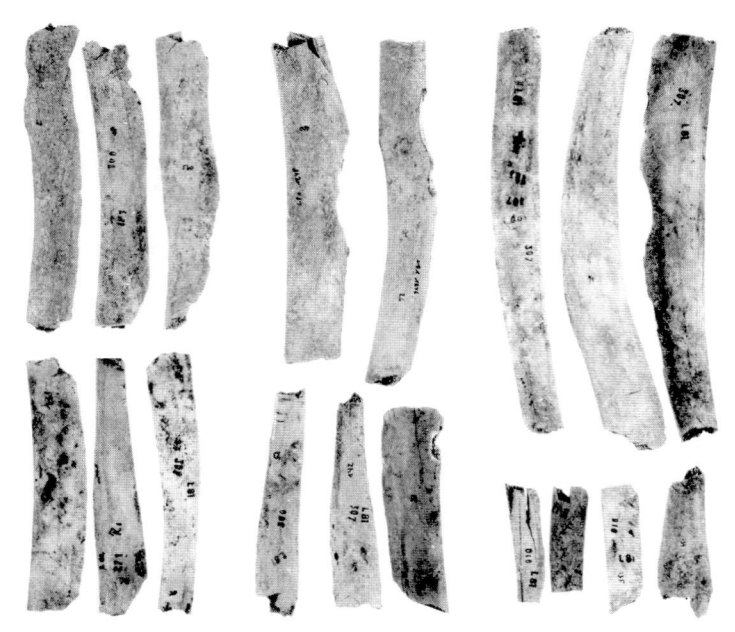

Abb. 7: Rind, Rippen, portionierte Stücke, Beispiele von sechs Größengruppen.

versierter Bearbeiter (Fleischer, Metzger, Rindfleischverkäufer) der Schlachtkörper vorauszusetzen. Desgleichen sprechen die ähnlichen Gewichte der Abfälle dafür, dass auch mit anhaftendem Fleisch die Gewichte der Portionen einander ähnlich gewesen sind. Da sich weder Rinderrippen – gleich welcher Zubereitungsform – noch ‚gegrillte Rindermäuler' nach heutigen Vorstellungen und gehobenen Ansprüchen zu den Delikatessen zählen lassen (beide Zergliederungskategorien stammen in der Regel von alten bis sehr alten Tieren), sind diese zahlreichen Reste wohl als Überbleibsel einer ‚einfachen' und wahrscheinlich auch kostengünstigen Küche anzusehen. Sie können möglicherweise mit einem ‚Bewirtungsgewerbe' in Verbindung gebracht werden. Die Auswertung der archäologischen Funde wird in dieser Beziehung vielleicht weitere Klärung bringen.

Vorderextremität
Unter den 954 Resten von Knochen der Vorderextremität sind die S c a p u l a e mit 294 Stücken zu fast einem Drittel an der Gesamtsumme beteiligt. Die Schulterblattfunde bewegen sich in einem Rahmen zwischen Kleinfragment von wenigen Gramm und fast unbeschädigt erhaltenem, voluminösen Plattenknochen, zwischen ‚gelochten' Fragmenten aus dem Bereich der Fossa infra spinam und unterschiedlich großen Abfällen mit Sägespuren als Überbleibsel der Rohstoffgewinnung für die Weiterverarbeitung (Abb. 8). Diese letztgenannten auffälligen Funde wurden bereits von Teichert im Rahmen einer vorläufigen Auswertung der Ladenburger Funde besonders erwähnt und in einem speziellen Aufsatz ausführlich dargestellt.[22]
In der Spalte ‚davon messbar' der Tabelle 14 sind solche Funde gezählt worden, deren Erhaltungszustand mindestens eine Maßabnahme einer definierten Messstrecke zuließ.
In Tabelle 15 ist die Variation für alle Scapulastandardmaße zusammengestellt.
Sämtliche Einzelmaße sind in den Tabellen 7–18 im Anhang (CD) zu finden. Die Mittelwerte der Rinderscapulamaße aus Lopodunum liegen alle einige Millimeter unter den entsprechenden Werten aus Bad Wimpfen und damit innerhalb der ‚römischen Variation'. Die Minimalwerte werden zweimal nicht erreicht und zweimal unterschritten.

---
22 Teichert 1994, 1998.

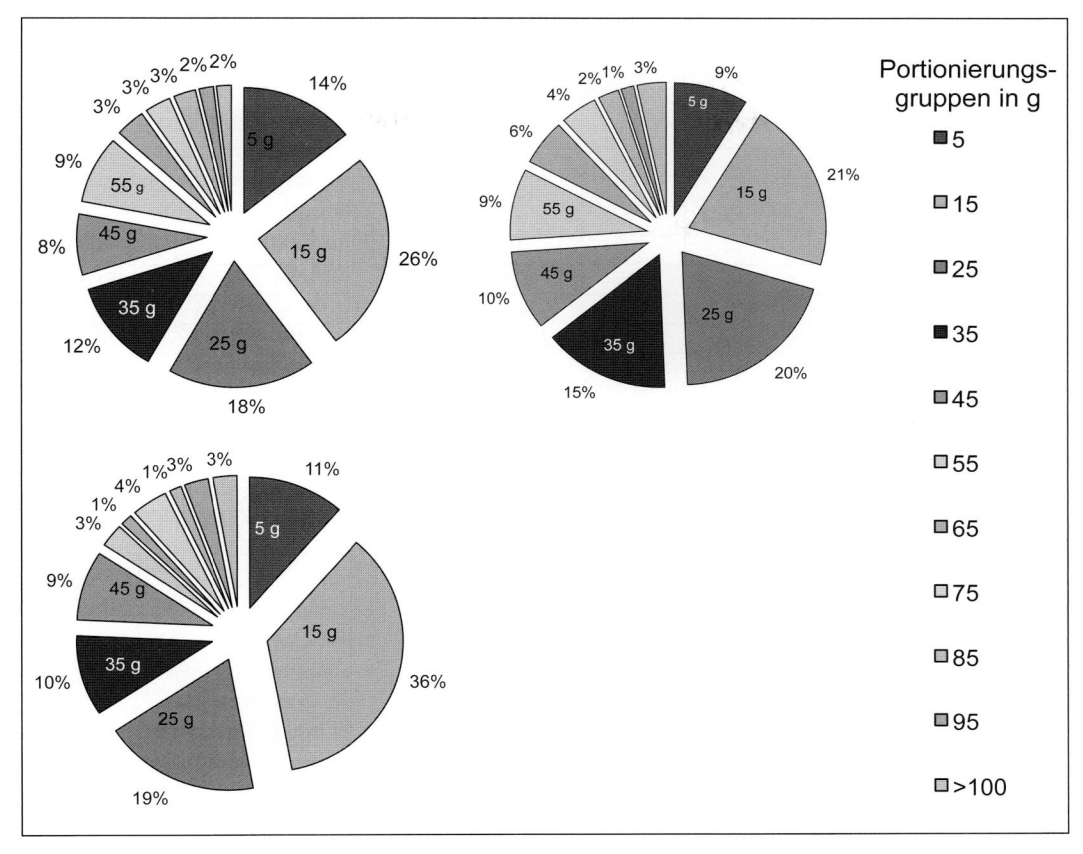

Diagr. 8 (oben links): Rind, Portionierungsgruppen der Rippen, Phase 2, (n = 218). – Diagr. 9 (oben rechts): Rind, Portionierungsgruppen der Rippen, Phase 3, (n = 322). – Diagr. 10 (unten): Rind, Portionierungsgruppen der Rippen, Phase 4, (n = 70).

Abb. 8: Rind, Schulterblatt, ‚Abfallstück' ohne die herausgesägte Knochenplatte (im Bereich der Fossa infra spinam).

Skelettelement	Phase 2	Phase 3	Phase 4	Summe	davon messbar (n)	davon messbar (%)
Scapula	60	151	83	294	62	21,1
Humerus	139	42	41	222	8	3,6
Radius	116	46	24	186	7	3,8
Ulna	21	10	10	41	4	9,8
Radius+Ulna	14	8	4	26	-	-
Carpalia	19	3	3	25	7	28
Metacarpus	61	25	23	109	56	51,4
Phalanges anterior	20	17	14	51	51	100
Vorderextremität	450	302	202	954	195	20,4

Tab. 14: Rind, Knochenfunde der Vorderextremität, summarische Aufstellung.

	KLC	GLP	LG	BG	HS	DHA	Ld
n	60	15	42	30	6	5	4
max	78,3	93,0	74,2	75,1	425,0	365,0	216,0
min	40,0	52,4	44,6	38,9	335,0	305,0	170,5
mittel	53,9	73,9	60,8	51,5	369,7	345,4	193,5

Tab. 15: Rind, Scapula, Variation der Maße in mm.

	KD	Bd	BT
n	7	4	6
max	41,0	95,0	86,5
min	32,5	74,1	67,8
mittel	36,0	83,2	75,2

Tab. 16: Rind, Humerus, Variation der Maße in mm.

Radius	Bp	BFp	KD	Bd	GL
n	4	5	5	2	2
max	86,1	80,7	48,6	68,5	275,0
min	74,7	67,9	29,4	68,0	274,0
mittel	78,4	74,3	38,5	–	–

Ulna	BPC	TPa
n	3	2
max	47,5	64,2
min	43,5	60,3
mittel		

Tab. 17: Rind, Radius und Ulna, Variation der Maße in mm.

Der Maximalwert der Gelenkflächenbreite (BG) von 75,1 mm ist leider der einzige Messwert dieser größten Scapula aus dem Steinkeller (838) der Phase 4. Fragmente anderer großer Schulterblätter waren zu klein oder die Messpunkte waren zu beschädigt um Maße zu liefern. In Rottweil liegt nach Kokabi der Maximalwert für ‚BG' bei 68 mm, in Rainau-Buch nach Gulde bei 64,5 mm, Frey gibt 64,2 mm an. Der Fund aus Ladenburg wird, obwohl im ‚Urbereich' liegend, einem besonders großen Hausrind zugesprochen, weil er sich vom übrigen Rindermaterial außer durch die Größe, sonst durch nichts unterscheidet. Die Gelenkflächenlänge (LG) ließ sich immerhin an 42 Scapulae abnehmen (Mittelwert = 60,8 mm) und wird in ihrer Variation im Diagramm 11 dargestellt.[23]

---

23 Kokabi 1982; Gulde 1985; Frey 1991.

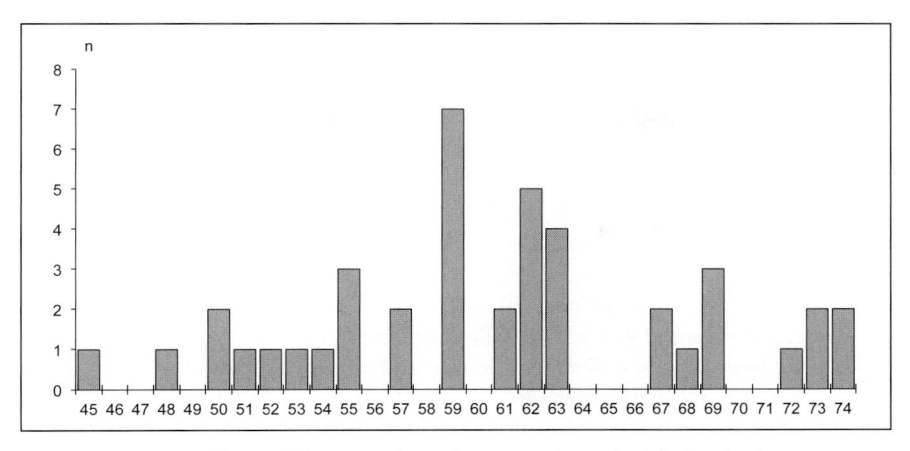

Diagr. 11: Rind, Häufigkeitsverteilung der ‚Länge der Gelenkfläche' (LG) in mm.

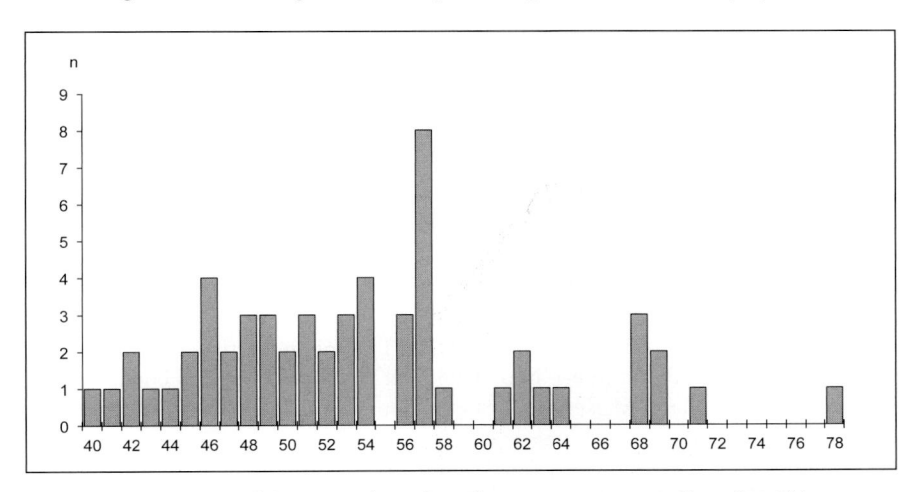

Diagr. 12: Rind, Häufigkeitsverteilung der ‚Kleinsten Länge am Collum' (KLC) in mm.

Da auch an anderen Fundorten (z. B. Rottweil, Bad Wimpfen) die ‚LG' eines der häufigsten Maße ist, lassen die Diagramme in den Publikationen sich einfach und direkt mit dem Diagramm aus Ladenburg vergleichen. Bedingt durch die relativ niedrige Anzahl der Ladenburger Gelenkflächenmaße sind gegenüber den oben genannten Fundorten größere Lücken zu verzeichnen und deren höherer Anteil großer Tiere lässt den Mittelwert in Rottweil auf 62,0 mm und in Bad Wimpfen auf 64,9 mm ansteigen.[24]

Mit 60 Daten war das Maß KLC (Kleinste Länge am Collum) am häufigsten und das Maß Ld (Länge dorsal) am seltensten abzunehmen. In Diagramm 12 sind die Variation und die Häufigkeit der Werte von ‚KLC' dargestellt.

Die ‚Höhe längs der Spina' (HS) und die ‚Diagonale Höhe' (DHA) waren wegen ausgebröckelter Ecken (Angulus cervicalis und A. thoracicus) und Ränder (Margo cervicalis und M. vertebralis) lediglich sechs- bzw. fünfmal zu messen. Auch das Maß GLP (Größte Länge des Processus articularis) ist mit 15 Werten nicht unter den häufigen Maßabnahmemöglichkeiten. Beim letzten Maß war die Tatsache, dass durch die römischen Rinderzerlegungsgewohnheiten sowohl der Tuber scapulae als auch der Processus coracoides meist an- oder abgehackt wurde, verantwortlich.

---

24 KOKABI 1982; FREY 1991.

PETERS beschreibt ausführlich die Reihenfolge der Arbeitsschritte dieser Zerlegungsprozedur. Die Zurichtung der Schulterblätter vor dem Räuchern erforderte ebenfalls besondere Manipulationen, die PETERS als „Trimmen" bezeichnet und die auf möglichst gleichmäßige Fleischverteilung an Außen- und Innenseite des Schulterblattes abzielten. Teile der Spina scapulae wurden dabei entfernt und eine Lochung der Knochenplatte zum Aufhängen gehörte offenbar mit in diese Arbeitsabläufe. E. SCHMID hat bereits 1969 zu Sinn und Zweck dieser Gepflogenheiten Stellung genommen.[25] „Rinderscapulae mit Loch" werden als Besonderheit aus römischem Fundgut von Rottweilund von Bad Wimpfen genannt, beschrieben und abgebildet.[26] Nachweise dieser speziellen Aufbereitung lassen sich in Gestalt von Löchern im Bereich der Fossa infra spinam (angebracht von medial nach lateral) an 42 Stück (= 14,3%) der Ladenburger Rinderscapulareste finden. Mit Befund 423 auf Parzelle B ist eine Räucherkammer erschlossen worden, in der die in der oben beschriebenen Weise vorbereiteten Scapulae ‚fertigbearbeitet' wurden. Ein Teil dieser Fertigprodukte wurde sicher ‚vor Ort', d. h. auf demselben und dem Nachbargrundstück C verzehrt, denn allein 19 Reste sind im Verfüllmaterial des Holzkellers 490 (Parzelle B), sechs Stück im Holzkeller 741 und sieben in der Latrine 235 der Parzelle C – alle Befunde aus der ‚Holzbauphase' (Phase 3) – aufgefunden worden. In der Latrinenfüllung (235) lagen auch zwei Schweinescapulae mit Aufhängeloch. In drei Befunden der ‚Kastellvicusphase' (Phase 2) kamen vier Schulterblattreste mit noch erkennbaren, eindeutigen Löchern zutage. Aus dem Steinkeller (838) der Phase 4, der Fundstelle mit dem reichhaltigsten Knochenmaterial (2610 Funde, darunter 679 Rinderknochen), waren es nur zwei. Soweit an Größe und Struktur der Funde Beurteilungen möglich waren, handelt es sich meistens (bei 34 Funden) um Schulterblätter alter bis sehr alter Rinder. In sieben Fällen ist nur die Aussage ‚erwachsen' möglich. Eine einzige gelochte Scapula stammt eindeutig von einem subadulten Individuum.Obwohl 222 Fundstücke als H u m e r u s von Rindern identifiziert werden konnten, waren nur an acht von ihnen wenige Maße abnehmbar. Sie sind in Tabelle 16 zusammengefasst. Alle Werte liegen innerhalb der bekannten Variation von Humerusmaßen der Rinder römischer Fundplätze der germanischen Provinzen.[27]

Als R a d i u s und U l n a von Rindern ließen sich 253 Fragmente bestimmen, die aber meist noch stärker beschädigt waren als die Humeri. Nur sieben der Radii und vier der Ulnae ließen einzelne Maßabnahmen zu. Die wenigen Maße beider Skelettelemente sind in Tabelle 17 zusammengefasst. In der Aufstellung der Funde ist die Kategorie Radius/Ulna aufgeführt. Sie beinhaltet Stücke sehr alter Tiere aus der Verwachsungszone im Schaftbereich, die Komponenten beider Elemente in sich vereinigt und weder dem einen noch dem anderen eindeutig zugeordnet werden konnte. Zwei Radien (rechts u. links) mit nahezu identischen Maßen (GL = 274/275 mm) und ähnlichen Gewichten aus der Steinbrunnenverfüllung (711) der Phase 4 waren die einzigen vollständigen Knochen des Unterarmes (Tab. 17). Sie gehörten zu einem kleinen Rind mit ca. 118 cm WRH.

Aus dem Bereich des Carpalgelenks (der Vorderfußwurzel) sind von den ehemals sehr zahlreich vorhandenen (12 kompakte Einzelknochen/Tier) nur insgesamt 25 Stück gefunden worden. Die wenigen messbaren Stücke kommen aus drei Befunden der Phase 2. Ihre Größte Breite (GB) ist in Tabelle 18 aufgelistet.

M e t a c a r p e n (die verwachsenen Strahlen III und IV) von Rindern sind für den Archäozoologen in vielerlei Hinsicht wichtige Knochen, besonders wenn sie ganz erhalten sind. Sie waren nie von Muskulatur umgeben und bargen in ihrem Inneren nur wenig Knochenmark. Aus diesen Gründen sind sie seltener oder nicht so stark zerschlagen wie die großen, muskelumhüllten, markhaltigen Röhrenknochen der Vorder- und Hinterextremität. Die distalen Gelenkrollen der Metacarpen verwachsen in relativ frühem Lebensalter mit den beiden Diaphysenkomponenten und der Spongiosaanteil ist sehr gering. Deshalb widerstehen sie den Einflüssen der Lagerung im Boden oft besser als andere Skelettelemente. In ihrer Wuchsform manifestiert sich der Geschlechtsdimorphismus und

---

25 PETERS 1998; SCHMID 1969.
26 FREY 1991; KOKABI 1982.
27 z. B. KOKABI 1982 u. 1988; GULDE 1985; FREY 1991.

Befund	Skelettelement	GB
Latr 229	Os carpale secundum/tertium	35,0
	Os carpi radiale	52,0
	Os carpi radiale	39,8
HK 491	Os carpi radiale	36,3
HK 504	Os carpale quartum	28,6
	Os carpale quartum	38,6
	Os carpale secundum/tertium	28,9

Tab. 18: Rind, Carpalknochen, Einzelwerte aller messbaren Funde.

Latr 229	Lehm 720	Latr 235				Stbr 711				
♂	♂	♂	♂?	♀/♂	♀	♀	♀	♂	♂	♂
211,3	214,4	201,9	192,8	206,9	206,6	185,3	186,4	226,0	228,0	217,3

Tab. 19: Rind, ganz erhaltene Metacarpen, Fundstelle, Geschlecht und GL in mm.

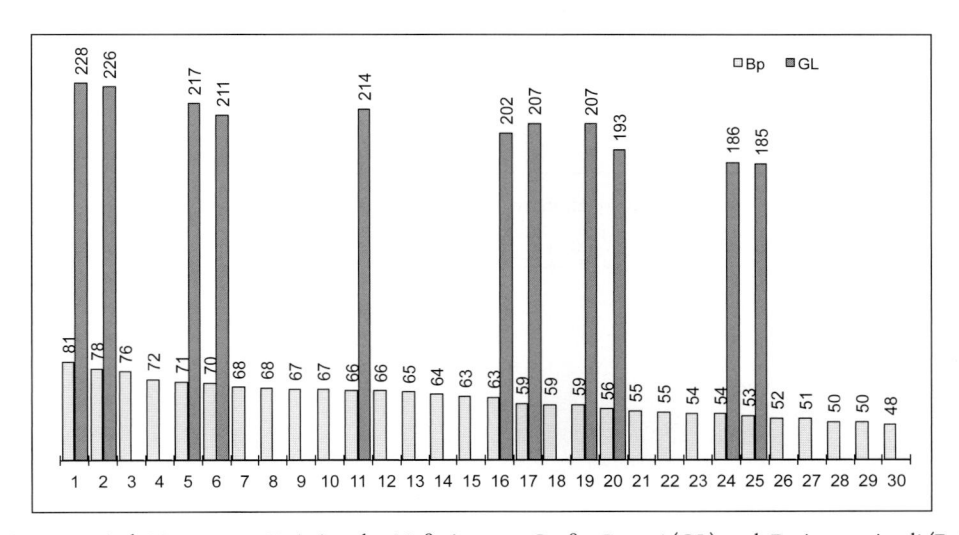

Diagr. 13: Rind, Metacarpus, Variation der Maße in mm: ‚Größte Länge' (GL) und ‚Breite proximal' (Bp).

ist an vollständigen Stücken in vielen Fällen relativ sicher erkennbar. Aus ihrer Größten Länge (GL) lässt sich mit Hilfe von Faktoren mehrerer Autoren die Widerristhöhe errechnen. Diese Aussagen gelten sinngemäß auch für Metatarsen.

In einem späteren Abschnitt dieser Arbeit wird die gesamte Widerristhöhenberechnung nach allen geeigneten Knochen gesondert abgehandelt. Von den 109 Metacarpusfunden der Kellereigrabung ist reichlich die Hälfte in einem Zustand, der einzelne oder mehrere Maßabnahmen zuließ. Leider sind unter ihnen nur elf in ganzer Länge erhalten, sodass die Einschätzung der Geschlechtszugehörigkeit und ihre Nutzung für die Widerristhöhenberechnung nur hier möglich sind. Eine Auflistung der ‚Größten Längen', die Fundstelle und damit die zeitliche Einordnung sowie die vermutliche Herkunft von ♂ oder ♀ enthält Tabelle 19. Alle Maße in ihrer Variation sind in Tabelle 20 zusammengefasst. Sie ähnelt der Variation der Metacarpusmaße von Bad Wimpfen und liegt damit im bereits bekannten „provinzialrömischen Metacarpusmaßbereich".[28]

---

28 Frey 1991; Peters 1998.

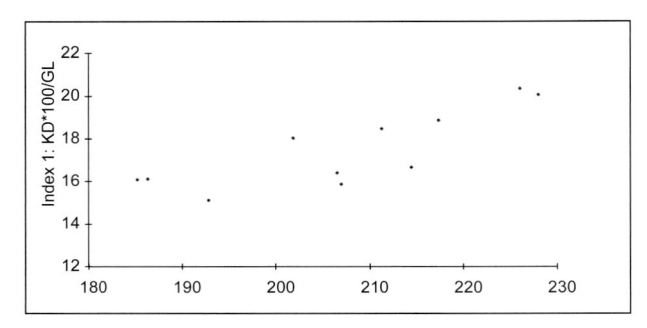

Diagr. 14: Rind, Metacarpus Korrelation zwischen ‚Größte Länge' und Index: (KD x 100)/GL.

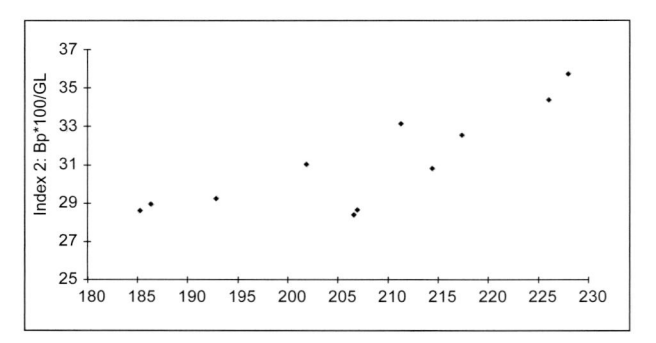

Diagr. 15: Rind, Metacarpus Korrelation zwischen ‚Größte Länge' und Index: (Bp x 100)/GL.

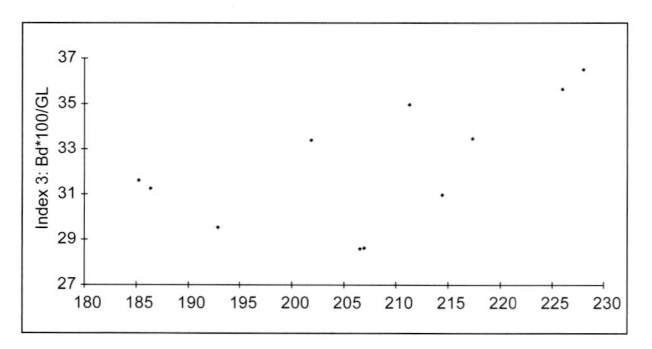

Diagr. 16: Rind, Metacarpus Korrelation zwischen ‚Größte Länge' und Index: (Bd x 100)/GL.

	Bp	**KD**	**Bd**	**TD**	**GL**
n	30	27	37	15	11
max	81,9	46,8	83,2	41,3	228,0
min	48,4	24,9	49,4	21,1	185,3
mittel	62,0	35,0	66,5	30,9	207,0

Tab. 20: Rind, Metacarpus, Variation der Maße in mm.

Diagramm 13 zeigt die Variation der 30-mal abnehmbaren ‚Breite proximal' sowie die Einordnung der elf erhaltenen GL und ‚ihrer' Bp an dem entsprechenden Platz der Reihe. Die auf volle Millimeter gerundeten Werte stehen über den jeweiligen Säulen. Um die Zuordnung der ganzen Metacarpen zu einem der beiden Geschlechter oder zu möglichen Ochsen abzusichern, wurden aus ‚Kleinste Breite der Diaphyse' (KD), ‚Breite proximal' (Bp), ‚Breite distal' (Bd) und ‚Größte Länge' (GL) Indices errechnet und in Diagrammen nach bekanntem Vorbild dargestellt. Diese Diagramme 14 bis 16 bestätigen die visuelle Einschätzung der großen Metacarpen (Mc) als solche von ♂ (in der rechten Hälfte) und der kleinen Mc als solche von ♀ (in der linken Hälfte der Diagramme), die sichere Trennung von Stieren, Ochsen sowie großen Kühen ist auch mit ihrer Hilfe nicht klar durchzuführen.[29]

Diese unbefriedigende Situation beschreibt PETERS zutreffend so: „(...) ist eine Geschlechtsbestimmung mittels sog. Grenzwerte insbesondere für die heterogenen Rinderpopulationen der Römerzeit, grundsätzlich abzulehnen. Solche Werte müssen zwangsläufig dazu führen, dass Metacarpen von kleinen ♂ bzw. großen ♀ dem falschen Geschlecht zugeordnet werden oder unbestimmt bleiben. Eine Staffelung der Indices mit zunehmender Metacarpuslänge, d. h. nach dem allometrischen Prinzip, wäre da die sinnvollere Lösung, obwohl man damit auch wieder nur einen Teil der Funde zuweisen kann."[30]

Becken
Als Rinderpelvisreste konnten 153 Fragmente determiniert werden. Obwohl sich an der Ausbildung des Os pubis das Geschlecht des betreffenden Tieres mit hoher Sicherheit bestimmen lässt, verhindern Fehlen oder Zerstörung der markanten Teile im Fundgut in den allermeisten Fällen eine Festlegung. Lediglich an 17 Fundstücken ließ sich mit einiger Sicherheit die Herkunft von ♂ oder ♀ festlegen. Alle acht ♂ sind dabei mit einem kleinen Fragezeichen versehen und auch bei sechs ♀ muss diese Einschränkung gemacht werden. Nur drei Beckenfragmente von ♂ waren so typisch und so gut erhalten, dass ihre Bestimmung unzweifelhaft ist. Aus der geringen Anzahl der in Tabelle 21 zusammengefassten Maße (nur an 22 Bruchstücken abnehmbar) wird die starke Fragmentierung deutlich.

	KB	KH	LA
n	20	18	9
max	33,7	55,6	76,9
min	18,9	35,0	59,1

Tab. 21: Rind, Pelvis, Variation der Maße in mm.

Hinterextremität
Obwohl von Ober- und Unterschenkel 521 Fundstücke sicher zugewiesen werden konnten, ist die Zahl der messfähigen Fragmente mit nur 19 = 3,6% (Tab. 22) außerordentlich gering und damit praktisch den Elementen Humerus/Radius 15 = 3,7% von 408 (Tab. 14) der Vorderextremität vergleichbar. Die wenigen abgenommenen Maße von F e m u r und T i b i a sind in Tabelle 23 zusammengefasst.
Eine Begründung für die weitgehende Zerstückelung (häufig mit Schneid- und Hackwerkzeugen) ist offenbar in der beabsichtigten restlosen Ausnutzung des Knochenmarks zu suchen, das sich sowohl im Femur als auch in der Tibia in relativ großer Menge befindet. Beispielsweise sind an gut einem Drittel der 85 Femur-/Tibiastücke aus dem Steinkeller (838) Schnitt- und Hackspuren erkennbar, der Hauptteil der Bruchstücke ist aber durch stumpfe Gewalt entstanden. Spezieller

---

29 z. B. FREY 1991.
30 PETERS 1998.

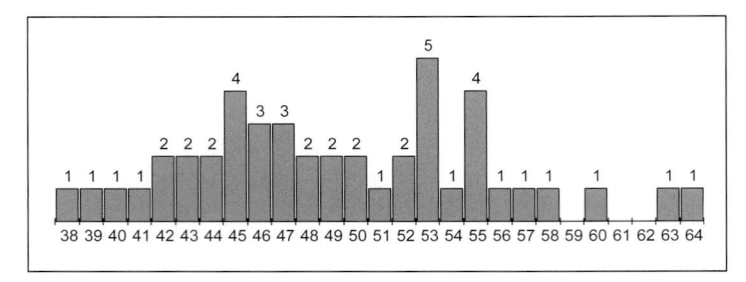

Diagr. 17: Rind, Metatarsus, Variation der ‚Breite proximal' in mm (n = 45).

Knochenhackbruch aus Diaphysen als Rohmaterial für die Leimsiederei wurde nicht gefunden, bzw. wenn er sich im Fundgut befunden haben sollte, nicht als solcher erkannt.
Unter den 91 Femur-/Tibiafunden aus den Lehmgruben der Phase 2 (Befunde 720, 749, 750) sind zwar 68 mit erkennbaren Schnitt- und Hackspuren, aber die 29 Diaphysenteile, die von der Konsistenz her in Frage kämen, sind zu ungleichmäßig in der Größe um die Grundlage für eine Leimproduktion gebildet zu haben. Eine erkennbare Konzentration entsprechend zubereiteter Diaphysenfragmente wurde bei der Kellereigrabung nicht aufgefunden.
Die relativ kompakte P a t e l l a müsste sich aufgrund von Form und Struktur gut im Boden erhalten haben und daher öfter im Fundgut vertreten sein. Da bei der Kellereigrabung aber nur vier Rinderkniescheiben gefunden wurden, müssen die vielen fehlenden an anderer Stelle (am Ort der Schlachtung und Grobzerlegung der Rinder?) zum Abfall gelangt oder sie könnten auch als Spielzeug von Hunden oder Kindern an Orte außerhalb des Grabungsareals verschleppt worden sein. Alle vier waren beschädigt und deshalb nicht messbar.
Die Knochen der Hinterfußwurzel, die das Sprunggelenk bilden, sind mit insgesamt 80 Fundstücken (26 Tali, 30 Calcanei, sowie 24 Os tarsi centrale und andere Tarsalia) erhalten und bestimmbar gewesen. In den Tabellen 24 und 25 ist die Variation der Maße wiedergegeben. Alle Werte von T a l u s , C a l c a n e u s und (Os) C e n t r o t a r s a l e fügen sich ebenso unauffällig in bereits bekannte Größenspektren von Rottweil, Rainau-Buch und Bad Wimpfen ein, wie die wenigen Messwerte von Femur und Tibia.[31]
Der M e t a t a r s u s ist ebenso wie der Metacarpus ein weniger stark fragmentierter Knochen. Trotzdem sind von 154 als Metatarsus determinierten Funden nur 77 messbar. In der n-Zeile der zusammenfassenden Maßtabelle 26 ist erkennbar, dass proximale Gelenkenden und Diaphysenteile am häufigsten erhalten waren und dass nur sechs vollständige Mittelfußknochen die Ermittlung der ‚GL' ermöglichten. Mit der ‚GL' von 262 und 260 mm erreichen die längsten Metatarsen aus Lopodunum zwar nicht ganz die 268 mm aus Rottweil, sind aber etwa gleich groß wie der größte (260 mm) aus Bad Wimpfen und übertreffen deutlich die 252 mm aus Rainau-Buch.[32]
Es handelt sich bei diesen größten Ladenburger Stücken um einen rechten und einen linken Metatarsus aus einem verfüllten Steinbrunnen (711) der Phase 4, in dem sich auch die zwei längsten vollständigen Metacarpen befanden. Obwohl sich in dieser Brunnenverfüllung die meisten ganz erhaltenen Rinderknochen fanden (meist paarweise), kann nicht von Kadaverbeseitigung gesprochen werden, weil es bis auf zwei Radien nur Metapodien sind, die nahezu unbeschädigt vorliegen. Bei der Auswertung der Widerristhöhen wird auf diese Konzentration noch genauer eingegangen.
Der kürzeste Metatarsus (203 mm) kommt aus einem verfüllten Holzkeller (504) des Lagerdorfes (Phase 2). Bei den proximalen Breiten, die immerhin 45-mal abzunehmen waren zeigt es sich, dass bereits in der Phase 2 ein Metatarsus mit 60 mm ‚Bp' und fünf zwischen 55 und 60 mm vorhanden waren. Zu diesen Breiten gehörten vermutlich ‚Größte Längen' zwischen 240 und 250 mm. Das heißt wiederum, dass in dieser ersten, für das Fundmaterial relevanten Zeit bereits mehrere ‚große' Tiere (über 135 cm WRH) nachzuweisen sind. In Diagramm 17 sind die proximalen Breiten in ihrer Variation dargestellt. Die beiden isolierten Werte 63 und 64 mm gehören zu den beiden bereits erwähnten längsten Metatarsen aus Phase 4.

Skelettelement	Phase 2	Phase 3	Phase 4	Summe	davon messbar (n)	davon messbar (%)
Femur	142	73	35	250	12	4,8
Patella	1	3	–	4	–	–
Tibia	140	75	56	271	7	2,6
Talus	20	2	4	26	14	53,8
Calcaneus	20	5	5	30	10	33,3
Tarsalia	15	2	7	24	7	29,2
Metatarsus	104	37	13	154	77	50
Phalanges posterior	14	17	9	40	40	100
Hinterextremität ohne Becken	456	214	129	799	167	20,9

Tab. 22: Rind, Knochenfunde der Hinterextremität, summarische Aufstellung.

Femur	KD	Bd	TC
n	2	1	9
max	40,5	–	56,2
min	34,6	–	43,1
mittel	–	73,1	46,7

Tibia	KD	Bd
n	6	7
max	46,6	71,8
min	32,6	55,1
mittel	37,1	61,2

Tab. 23: Rind, Femur und Tibia, Variation der Maße in mm.

	GLl	GLm	Bd	Dl	Dm
n	10	6	8	7	7
max	81,2	68,7	56,7	42,2	42,7
min	56,1	53,7	38,3	34,4	30,1
mittel	66,5	59,2	43,5	37,2	35,2

Tab. 24: Rind, Talus, Variation der Maße in mm.

Calcaneus	GL	GB
n	3	10
max	159,0	56,0
min	115,8	36,8
mittel	136,8	45,1

Centrotarsale	GB
n	7
max	67,5
min	45,4
mittel	55,7

Tab. 25: Rind, Calcaneus und Centrotarsale, Variation der Maße in mm.

	Bp	KD	Bd	GL
n	45	46	34	6
max	64	43,3	75	262
min	38	19,7	43,6	203
mittel	49	27,5	56,7	231

Tab. 26: Rind, Metatarsus, Variation der Maße in mm.

---

31 Kokabi 1982; Gulde 1985; Frey 1991.
32 Kokabi 1982; Frey 1991; Gulde 1985.

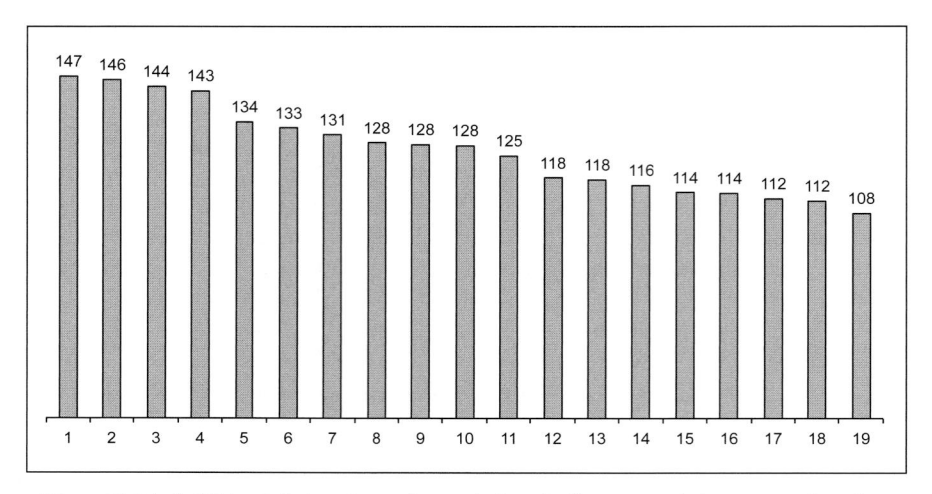

Diagr. 18: Rind, Widerristhöhen in cm (gerundet) nach allen ganz erhaltenen Langknochen berechnet mit Faktoren nach MATOLCSI (1970).

P h a l a n g e n sind auch im Ladenburger Material als kleine, kompakte Knochen in der Regel gut und ganz erhalten oder ihr Beschädigungsgrad ist erheblich geringer als der anderer Extremitätenknochen. Ihr Vorhandensein im Abfallinventar der Kellereigrundstücke lässt nur den Schluss zu, dass komplette Rinder auf den Parzellen zerlegt und verwertet wurden. Ob auch die Schlachtung vor Ort erfolgte, ist nicht nachzuweisen. Die relativ geringe Anzahl im Verhältnis zu Schädel- und Rippenresten lässt sich möglicherweise damit erklären, dass Phalangen häufig an den abgezogenen Fellen verblieben sein können und mit diesen zu Gerberwerkstätten außerhalb des Grabungsareals transportiert wurden. Da aus allen drei Phasen und aus nahezu allen Befunden Zehenknochen (allerdings in stark differierenden Mengen) vorliegen, ist mit der Verwertung ganzer Rinder während der gesamten römischen Zeit Ladenburgs zu rechnen. Im Knochenabfall der ältesten Befunde (Lehmgruben 720, 749, 750, 1880 der Phase 2) sind allerdings unter 444 Rinderknochenfunden nur sechs Phalangen, aber 234 Reste von Humerus, Radius, Pelvis, Femur und Tibia. Das kann als Zukauf von Schlachtkörperteilen aus dem Umland während der ersten durch die Grabung erfassten Bauphase des Kastellvicus gewertet werden.

Insgesamt konnten 173 erste bis dritte Phalangen als Rinderzehenknochen bestimmt werden. An über 94% von ihnen waren Maßabnahmen möglich. Die Messwerte liegen überwiegend im Bereich derer aus Bad Wimpfen, bis auf die Minimalwerte, die zu kleinen germanischen Kühen um 1 m WRH passen. Alle Einzelmaße sind den Tabellen 16–18 im Anhang zu entnehmen. Die Verteilung der messbaren Stücke auf Fessel-, Kron- und Klauenbeine sowie Vorder- und Hinterextremität zeigt die Tabelle 27.[33]

In Tabelle 28 sind die Variationen der Maße zusammengefasst. Die Aufteilung der Phalangen in vordere und hintere wurde nach dem visuellen Eindruck vorgenommen. Eine Unterteilung in innere und äußere unterblieb ebenso wie eine Zuordnung zu einem bestimmten Geschlecht, obwohl es im einen oder anderen Fall deutlich zu sein schien.

Widerristhöhenberechnung
Bei der Besprechung der verschiedenen Skelettelemente wurde wiederholt auf die unterschiedliche Körpergröße der Rinder aus dem Fundgut der Kellereigrabung hingewiesen. Die absoluten Messstrecken, die an den Knochen abgenommen wurden, zeigen zwar für das jeweilige Element eine beachtliche Variation, aber erst die aus den ‚GL‘ von Langknochen errechneten Widerristhöhen

---

33 FREY 1991.

	anterior	posterior	anterior/posterior
Phalanx 1	31	22	24
Phalanx 2	11	6	18
Phalanx 3	9	12	30

Tab. 27: Rind, Phalangen, Fundverteilung der messbaren Stücke.

	Phalanx 1 anterior				posterior				anterior/posterior			
	Bp	KD	Bd	GLpe	Bp	KD	Bd	GLpe	Bp	KD	Bd	GLpe
n	28	31	30	29	21	22	22	22	24	24	23	24
max	41,1	36,6	44,9	71,7	36,4	29,4	33,5	72,9	37	32,9	37,1	73,4
min	28,9	25,3	26,9	56,8	24,3	20,4	23,2	57,2	23,3	18,7	21,2	50,5
mittel	34,1	28,4	32,4	62,9	28,5	24,4	27,2	62,7	29	24,6	27,7	59,8

	Phalanx 2 anterior				posterior				anterior/posterior			
	Bp	KD	Bd	GLpe	Bp	KD	Bd	GLpe	Bp	KD	Bd	GLpe
n	10	11	11	9	6	6	6	6	18	18	18	18
max	39,6	31,6	35,3	48,4	33,2	26,2	25,5	46	32,6	25,4	26	43,8
min	27,3	20,6	23,4	35,4	27	21,1	21,8	36,4	23,5	18,1	19,7	29,2
mittel	34	26,8	28,8	41	29,2	23,1	23,4	40,1	27,9	22,3	23,5	38,6

	Phalanx 3 anterior			posterior			anterior/posterior		
	DLS	Ld	MBS	DLS	Ld	MBS	DLS	Ld	MBS
n	8	9	9	11	11	12	27	27	30
max	115	80	34	81,5	63,1	26,9	112	88	37
min	58,5	50,7	18,6	56,4	45,3	18,5	51,8	40,1	16,2
mittel	74,4	60	25,5	67,1	53,3	22,5	79,3	60,3	25,8

Tab. 28: Rind, Phalangen, Variation der Maße in mm.

		Metacarpus				Metatarsus				Radius		
	Befund	GL	sex	Faktor	WRH	Befund	GL	sex	Faktor	WRH	Befund	GL	WRH
Phase 2	229	211,3	♂	6,33	133,7	504	203,0	♀	5,33	108,2			
	720	214,4	♂	6,33	135,7								
Phase 3	235	201,9	?	6,18	124,7	235	234,6	?	5,48	128,3			
	235	192,8	?	6,18	119,2								
	235	206,9	♀	6,03	124,8								
	235	206,6	♀	6,03	124,6							Faktor = 4,30	
Phase 4	711	185,3	♀	6,03	111,7	711	214,1	♀	5,33	114,1	711	274,0	117,8
	711	186,4	♀	6,03	112,4	711	213,7	♀	5,33	113,9	711	275,0	118,3
	711	226,0	♂	6,33	143,1	711	260,0	♂	5,62	146,2			
	711	228,0	♂	6,33	144,3	711	262,0	♂	5,62	147,2			
	711	217,3	♂	6,33	137,6								

Tab. 29: Rind, Widerristhöhenberechnung, (Faktoren nach Matolcsi 1970) in cm (verwendete Knochen einschließlich Zeitstellung, Befund, vermutliches Geschlecht).

ermöglichen eine Vorstellung von den erheblich differierenden äußeren Dimensionen der Rinder aus Ladenburg.

Mit Hilfe der von Matolcsi publizierten Faktoren wurden aus den ‚GL' von elf Metacarpen, sechs Metatarsen und zwei Radien die zugehörigen Widerristhöhen errechnet. Sie sind, auf volle Zentimeter gerundet, in Diagramm 18 zusammengestellt und geben trotz ihrer relativ geringen Anzahl (nur 19 bei 5252 determinierten Rinderknochen) einen recht vollständigen Einblick in die Größenvariation der Rinderpopulationen aus Lopodunum und Umgebung.[34]

Es wäre aber verfehlt, aus den wenigen zufällig errechenbaren Widerristhöhenwerten zu einer mengenmäßigen Größenverteilung bei den Ladenburger Schlachtrindern eine Aussage treffen zu wollen. Nach einigen nicht messbaren Fragmenten ist zu vermuten, dass sich bei Vollständigkeit der entsprechenden Elemente die Größenvariation der WRH in den Maximal- und Minimalwerten eventuell noch um wenige Zentimeter erweitern würde. Wesentlich (>5 cm) abweichende Extremwerte sind jedoch nicht zu erwarten.

In Tabelle 29 sind die Ausgangswerte (GL) für die Widerristhöhenberechnung zusammengestellt, einschließlich ihrer zeitlichen Einordnung, dem Befund (dem Auffindungsort) und der vermutlichen Geschlechtszugehörigkeit. Bei den klar als ♂ oder ♀ erkennbaren Metacarpen und Metatarsen wurden die jeweiligen Faktoren angewandt. Bei den nicht eindeutig zuzuordnenden Metapodien wurden die ‚mittleren' Faktoren von Matolcsi benutzt.

In der Verfüllung des Steinbrunnens 711 aus Phase 4 sind die meisten (11) der für die Widerristhöhenermittlung relevanten (in ganzer Länge erhaltenen) Knochen aufgefunden worden. Wie bereits bei der Besprechung der Metapodien erwähnt, stammen die jeweils größten Metacarpen- und Metatarsenpaare aus diesem Fundzusammenhang. Ob es sich bei diesen vier Metapodien um die Mittelfußknochen ein und desselben Tieres handelt, lässt sich wegen des Fehlens weiterer Knochen nicht nachweisen. Die Möglichkeit der Herkunft von einem einzigen Stier um 145 cm Schulterhöhe sollte aber in Betracht gezogen werden, da Alter, Struktur und Erhaltungszustand der einzelnen Knochen einander sehr auffällig ähneln.

Mit dem errechneten Minimalwert von 108 cm WRH ist zwar nur ein einziger belegbarer Nachweis einer so kleinen Kuh erbracht, mithilfe direkten Vergleiches von Fundstücken mit einem Skelett einer germanischen Kuh aus Oberdorla (WRH <1 m) sind aber Widerristhöhen knapp über 1 m für mehrere Exemplare der Ladenburger Rinder sicher anzunehmen.

Hauspferd, *Equus przewalskii f. caballus*

Pferdereste aus Siedlungsgrabungen zutreffend zu beurteilen ist in der Regel ein schwieriges Unterfangen, denn das Pferd gehört nicht zu den Standardnahrungstieren des Menschen im Untersuchungsgebiet. Das Material der Kellereigrabung in Ladenburg im nördlichen Teil der Rheinprovinz Germania Superior macht in dieser Hinsicht keine Ausnahme.

Die 488 determinierten Knochen mit einem Gesamtgewicht von ca. 26,6 kg sind nach Anzahl, Zeiteinstufung und Fundort sehr ungleichmäßig über das Grabungsgebiet verstreut.

Ihre Verteilung über das Grabungsareal sowie das Skelett enthält Tabelle 30.

Während drei Knochen (weitgehend erhaltener Humerus mit alten Beschädigungen, WRH um 150 cm, Radiusfragment und Griffelbeinbruchstück) aus einer Latrine (229) am Ende des Grundstücks (C) für die Zeit des Kastellvicus (Phase 2) die einzigen Pferdefunde darstellen, sind es für die beiden jüngeren Zeitabschnitte an einzelnen Fundpunkten erhebliche Mengen.

Im Bereich des einplanierten Holzkellers (741) der Phase 3 befanden sich 28 Fragmente, die sich als zusammengehörig zu nur einem Schädel von einem adult/senilen Pferd herausstellten. Obwohl diese Bruchstücke zusammen 409 g wiegen, entspricht das Gewicht nur etwa einem Viertel eines kompletten Schädels. Aus einer Latrine (235) derselben Parzelle (C) und gleicher Zeitstellung

---

[34] Matolcsi 1970.

Zeit	Phase 2	Phase 3					Phase 4	
Fundstelle	Latrine	Grube	Latrine	Holzkeller			Steinbrunnen	Steinkeller
Befund – Nr.	229	227	235	490		741	711	838
Parzelle	C	C	C	B		C	C/D	C
	n	Gewicht	n	Gewicht	n	Gewicht	n	Gewicht	n	Gewicht	n	Gewicht	n	Gewicht

	n	Gewicht	n	Gewicht	n	Gewicht	n	Gewicht	n	Gewicht	n	Gewicht	n	Gewicht
Cranium	–	–	39	1429,8	1	44,4	–	–	28	409,1	23	277,1	32	659,3
Dentes sup.	–	–	5	31,7	–	–	–	–	–	–	–	–	11	591,3
Dentes inf.	–	–	9	91,4	–	–	–	–	–	–	–	–	–	–
Mandibula	–	–	36	1465,7	–	–	–	–	–	–	–	–	–	–
Atlas	–	–	2	205,3	–	–	–	–	–	–	–	–	–	–
Epistropheus	–	–	2	238,3	–	–	–	–	–	–	–	–	–	–
Vert. cerv.	–	–	11	995,8	–	–	–	–	–	–	–	–	–	–
Vert. thor.	–	–	39	1435,2	–	–	–	–	–	–	–	–	–	–
Vert. lumb.	–	–	14	665,2	–	–	–	–	–	–	–	–	–	–
Vert. sacrum	–	–	4	292,8	–	–	–	–	–	–	–	–	–	–
Vert. caud.	–	–	2	28,8	–	–	–	–	–	–	–	–	–	–
Costae	–	–	117	1919,9	–	–	–	–	–	–	–	–	–	–
Sternum	–	–	1	10,7	–	–	–	–	–	–	–	–	–	–
Scapula	–	–	6	861,6	–	–	–	–	–	–	–	–	–	–
Humerus	1	377,6	5	1416,4	–	–	–	–	–	–	–	–	–	–
Radius	1	161	2	312,2	–	–	–	–	–	–	–	–	–	–
Ulna	–	–	2	115,5	–	–	–	–	–	–	–	–	–	–
Radius+Ulna	–	–	3	1319,3	–	–	–	–	–	–	–	–	–	–
Carpalia	–	–	4	56,7	–	–	–	–	–	–	1	15,5	–	–
Metacarpus	–	–	4	864,1	–	–	1	300,9	–	–	1	98,8	6	262,5
Phalanges ant.	–	–	8	396,3	–	–	–	–	–	–	–	–	–	–
Pelvis	–	–	6	1713,3	–	–	–	–	–	–	–	–	–	–
Femur	–	–	5	1961,1	–	–	–	–	–	–	–	–	5	511,1
Patella	–	–	3	120	–	–	–	–	–	–	–	–	–	–
Tibia	–	–	7	1959,3	–	–	–	–	–	–	1	37	7	235,4
Talus	–	–	4	310,2	–	–	–	–	–	–	–	–	–	–
Calcaneus	–	–	4	300,5	–	–	–	–	–	–	1	96,1	–	–
Tarsalia	–	–	1	13,2	–	–	–	–	–	–	–	–	–	–
Metatarsus	1	20,1	4	1292,2	–	–	–	–	–	–	–	–	4	30,4
Phalanges post.	–	–	12	620,7	–	–	–	–	–	–	–	–	–	–
Metapodia	–	–	1	7,3	–	–	–	–	–	–	–	–	–	–
Phalanges a./p.	–	–	–	–	–	–	–	–	–	–	–	–	1	19,2
gesamt	3	558,7	362	22450,5	1	44,4	1	300,9	28	409,1	27	524,5	66	2309,2

Tab. 30: Pferd, Skelettelementeverteilung.

stammt ein kleines Fragment eines Schädels eines weiteren, jüngeren Tieres. Ein fast unversehrter, sehr kräftig wirkender Metacarpus mit einem Längen-Breiten-Index: (KD x 100)/GL=15,5 [nach KIESEWALTER errechnete WRH 154,5 cm] aus dem Holzkeller (490) der Parzelle (B) vervollständigt die Liste der Einzelfunde aus der Holzbauphase.[35]

Für Phase 4 der römischen Besiedlung Ladenburgs, der ‚Steinbauphase' in der zweiten Hälfte des 3. Jahrhunderts n. Chr. gibt es zwei Fundstellen mit Pferdeknochen. Der Steinbrunnen (711) auf der Parzellengrenze (C/D) wurde nach Beendigung seiner ursprünglichen Zweckbestimmung als

---

35 KIESEWALTER 1888.

Humerus	3	Patella	2	Metatarsus	4
Ulna/Radius	3	Tibia	4	Phalanx1	7
Metacarpus	4	Talus	4	Phalanx2	6
Femur	3	Calcaneus	4	Phalanx3	7

Tab. 31: Pferd, ganz erhaltene Knochen von zwei Tieren aus Grube 227 (Phase 3).

Abfallgrube weitergenutzt. Er enthielt u. a. 27 Knochenreste vom Pferd (ca. 525 g). Allein 23 (277 g) stellten sich als Überreste eines Schädels heraus, die übrigen vier sind verschiedene Extremitätenknochenfragmente. Ein genaueres Alter als ‚erwachsen, subadult bis adult' lässt sich zwar nicht angeben, aber zwei Maße von einem Metacarpus- und einem Calcaneusfragment und der direkte Vergleich erlauben die Zuordnung zu einem Tier nicht unter 1,40 m WRH.

In dem Steinkeller (838) auf Parzelle (C), der sicher auch erst nach Ende seiner regulären Nutzung mit Abfällen aller Art verfüllt wurde, fanden sich 66 Pferdereste unter dem Knochenmaterial. Von diesen sind 43 Bruchstücke und Zähne die Überreste eines Schädels. Die weitaus meisten von ihnen weisen Feuereinwirkung auf. Sie reicht von angekohlt bis teilweise kalziniert. Das Tier war nach Habermehl zum Zeitpunkt des Todes erst 4–5 Jahre alt, denn M^1 und M^2 weisen nur leichte und der bereits durchgebrochene M^3 noch keine Usur auf.[36]

Weitere 23 Fundstücke vom Pferd sind bis auf ein Calcaneusbruchstück unterschiedlich große Fragmente von verschiedenen Röhrenknochen und weisen zum Teil Hackspuren, manche auch Brandspuren auf. Alle lassen nur das Alter ‚erwachsen' erkennen. Da aber weder Anschlussstücke, noch doppelte Knochen einer Seite, noch unterschiedliches Alter feststellbar waren, kann durch die Fundstücke nur (mindestens) ein Tier sicher nachgewiesen werden.

Inwieweit alle bisher aufgeführten Knochenreste von Pferden als Überreste menschlicher Nahrung anzusehen sind, lässt sich nicht entscheiden. Einige könnten der Kategorie ‚Nahrungsreste' zugeordnet werden. Die Portionierungsspuren, die an den Knochen von Rindern, Schweinen und Schafen(/Ziegen) häufig und deutlich erkennbar sind, fehlen oder sind nicht eindeutig. Nicht jede erkennbare Schnitt-, Hack- oder Zerteilungsspur muss immer als sicherer Nachweis für die Nutzung als Menschennahrung gewertet werden. Für die unübersehbaren Brandspuren bildet wohl kaum die Speisenzubereitung, sondern ein anderer Grund der intensiven Hitzeeinwirkung die Ursache.

Nach Anzahl (362), Gewicht (22,45 kg), Erhaltungszustand und osteometrischer Aussagekraft bildet der Knochenfund von Pferden aus Grube (227) am Ende der Parzelle (C) bei den Latrinen aus der ‚Holzbauzeit' (Phase 3) die bedeutendste Ansammlung von Resten dieser Art. Eine Zusammenstellung der nahezu unbeschädigten vollständigen Knochen von zwei Skeletten enthält Tabelle 31. Alle weiteren diesen Tieren zuzuordnenden Reste sind beschädigt bzw. nicht messbar (z. B. Wirbel und Rippen). Sie sind in dieser Aufstellung nicht enthalten.

Die Interpretation des Befundes ist allerdings schwierig, da es mehrere Möglichkeiten oder/und Begründungen für die Ablagerung des Knochenmaterials gibt.

Teichert hat sich im Rahmen einer vorläufigen Auswertung mit diesem auffälligen Material beschäftigt. Er kam zu dem Ergebnis, dass fast vollständige Skelette von zwei adulten Hengsten mit 10–15 und 15–20 Jahren vorliegen, die weder im anatomischen Verband aufgefunden wurden, noch die für verlochte Kadaver zu erwartende weitgehende Unversehrtheit (ausgenommen sind Lagerungseinflüsse und Bergungsschäden) der Knochen aufweisen.[37] Darüber hinaus gibt es Einzelknochen und eine Anzahl Fragmente von mindestens einem dritten, eventuell sogar noch einem weiteren Pferd. So gehören ein einzelner Halswirbel, ein Ulna- und ein Pelvisfragment sowie eine linke Patella sicher zu keinem der beiden unterschiedlich großen Skelette, ihre Herkunft von einem oder zwei Individuen lässt sich allerdings nicht näher bestimmen. Die linke Patella ist in den Maßen ähnlich und im Gewicht nahezu identisch mit der linken Patella des kleineren der beiden Pferde, von dem

---

36 Habermehl 1975.
37 Teichert 1994; mündl. Mitt. des Ausgräbers H. Kaiser.

Abb. 9: Pferd, Lumbalwirbel mit Symptomen von Spondylose und Ankylose von ventral.

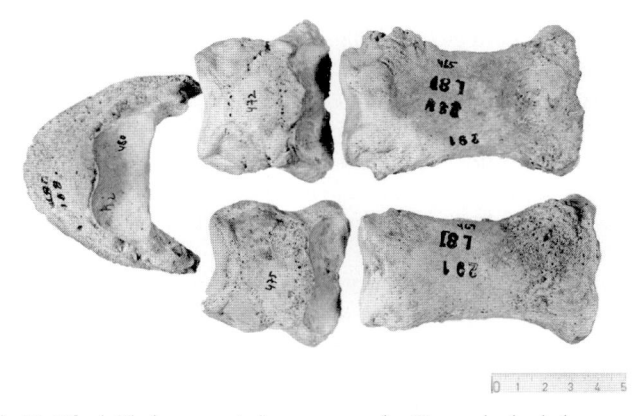

Abb. 10: Pferd, Phalangen mit Symptomen der Krongelenkschale.

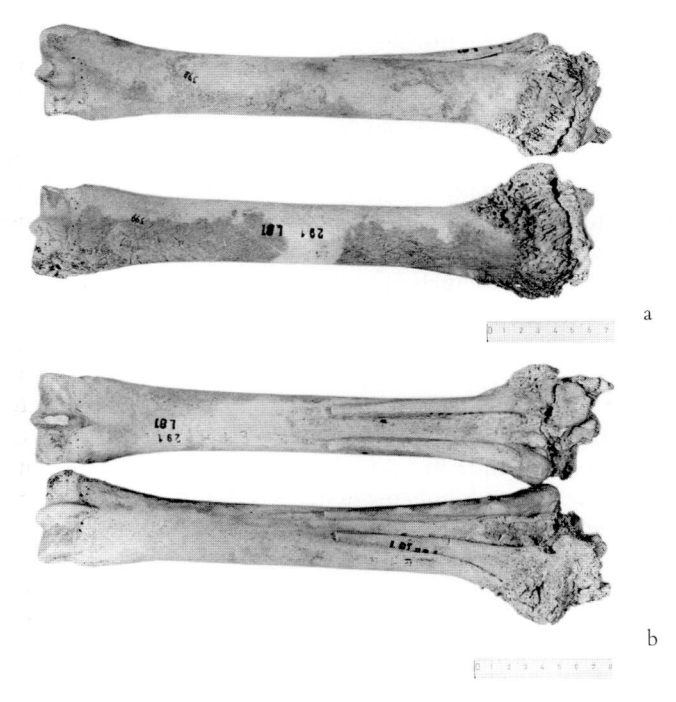

Abb. 11: Pferd, Metatarsen mit fortgeschrittener Ankylose. Dorsalansicht (a); Plantaransicht (b).

fast alle Knochen vorhanden sind. Deshalb ist die zweite Kniescheibe der sichere Nachweis für ein weiteres, praktisch gleich großes (um 145 cm) Tier.

Teichert schreibt zu den „Skeletten": „(...) an einzelnen Knochen, z. B. Sacrum (...) und Brustwirbel (...) sind Beilhiebspuren, (...) an Pelvis und Femur alte Bruchkanten erkennbar. (...) von Pferd 2 fehlen die linke Scapula, vom rechten Femur die proximale Hälfte und von zwei Extremitäten die Phalangen; (...) sowie der überwiegende Teil der Schwanzwirbel."

Die offensichtlich fehlenden großen Skelettelemente können sich nicht lagerungsbedingt aufgelöst haben, denn der Erhaltungszustand aller geborgenen Stücke ist allgemein gut bis sehr gut. Sie müssen durch nicht mehr zu klärende Umstände vor dem Zuschütten der Grube abhanden gekommen sein.[38]

Insgesamt weisen zehn Knochen deutlich erkennbare ‚gehackte Trennspuren' auf. Jeweils ein Hals- und Brustwirbel des einen Tieres sind quer zur Knochenachse an- bzw. durchgehackt. Das Becken des selben Pferdes wurde im Bereich beider Darmbeinsäulen mit einer Vielzahl von Beilhieben in vier Teile zerlegt. Die Zerlegungsschläge wurden von der Ventralseite ausgeführt. Dabei muss sich der Kadaver (oder Schlachtkörper?) in einer seitlichen Rückenlage befunden haben, denn die Spuren am zugehörigen Sacrum verlaufen ebenfalls von ventral nach dorsal quer zur Körperachse. Die letztgenannten Spuren sowie die an einem Brustwirbel vorhandenen, konnten so nur entstehen, wenn das Tier zuvor ausgeweidet worden war.

Beim zweiten Hengst ist die Wirbelsäule ebenfalls quer durchgehackt. Die Zerlegung erfolgte von der Ventralseite etwa in der Mitte des vierten Lendenwirbels. Trotz dieser eindeutigen Grobzerlegungsspuren lässt sich über die eventuelle Nutzung des Fleisches (Schnittspuren, die beim Abtrennen der Muskulatur von den Knochen normalerweise unweigerlich entstehen, sind nicht erkennbar) dieser alten Pferde zu Nahrungszwecken keine Aussage treffen, denn beide Individuen waren zumindest als ‚nicht gesund' zu bezeichnen.

Teichert hat die an Wirbeln und Extremitäten manifesten, auf entzündliche Prozesse durch Überbelastung zurückzuführenden pathologischen Veränderungen (die möglicherweise zum Zeitpunkt des Todes z. T. noch akut waren) bereits beschrieben. Spondylose und Knochenbrückenankylosen (Abb. 9) sind an einer Vielzahl von Wirbeln beider Tiere in unterschiedlich starker Ausprägung zu verzeichnen, an zwei Metatarsen sind die Tarsalknochen unter Bildung massiver Wucherungen fest synostiert (Abb. 11a u. b) und die zugehörigen Zehenknochen weisen die Symptome der Krongelenksschale auf (Abb. 10).[39]

Ob diese die Knochen verändernden und deshalb noch erkennbaren krankhaften Zustände auf die Verwertbarkeit und Genießbarkeit der Muskulatur als Nahrungsmittel für Menschen einen Einfluss hatten, lässt sich nicht abschätzen.

Da Tötungsspuren nicht erkennbar sind, kann ein reguläres Schlachten dieser Tiere nicht bewiesen werden. Andererseits könnten die zu beobachtenden, die Beweglichkeit massiv behindernden Knochenveränderungen und die dadurch nur sehr eingeschränkte oder unmöglich gewordene Weiternutzung der lebenden Tiere ihr Ende (eventuell als Schlachttiere) besiegelt haben.

Von beiden Tieren liegen insgesamt nur zwei nahezu unbeschädigte Wirbel von der Schwanzwurzel vor. Da aus der Grube (227) eine Vielzahl sehr kleiner Objekte (z. B. Vogelknochen) geborgen wurde, ist ein ‚Übersehen' der fehlenden Caudalwirbel während der Ausgrabung nicht zu vermuten. Eine mögliche Erklärung für das Nichtvorhandensein wäre die ‚Gewinnung' von Ross-Schweifen. Dagegen ist der Verlust einzelner Brust- und Lendenwirbel möglicherweise ebenso wie das Fehlen der alt abgebrochenen Dorn- und Querfortsätze der ‚Tätigkeit' von Hunden zuzuschreiben, deren Bissspuren an 14 vorhandenen Skelettelementen (vor allem an Dornfortsätzen von Brustwirbeln) deutlich sichtbar sind. Die Pferdereste müssen in der relativ flachen Grube eine Zeitlang mehr oder weniger offen zugänglich gewesen sein. An vier Knochen ist auch Kleinnagerverbiss erkennbar.

---

38 Teichert 1994.
39 Ebd.

Über die ‚Größte Länge' bzw. ‚Laterale Länge' aller ganz erhaltenen Extremitätenknochen wurden von Teichert nach Kiesewalter und Vitt mittlere Widerristhöhen von ca. 144 cm und ca. 150 cm errechnet. Diese Werte liegen nicht nur im oberen Teil der Größenvariation der Pferde aus dem benachbarten Bad Wimpfen, sondern auch oberhalb des Mittelwertes von 140 cm, den Peters (1998) für Pferde aus den westlichen Rhein-Donau-Provinzen des Imperium romanum für die „Mittlere Kaiserzeit" angibt. Kein einziges der Ladenburger Fundstücke (auch nicht unter den nicht messbaren Einzelfunden) deutet auf ein Tier im unteren Teil der Variation (140–127 cm).[40]
Der gute Erhaltungszustand der Knochen dieser ehemals recht stattlichen Tiere ließ eine Überprüfung der morphologischen Merkmale ‚Pferd/Maultier' zu und nach der Mitteilung von Unterscheidungskriterien durch Peters auch geraten erscheinen. Die Kontrolle der angegebenen Merkmale und der Vergleich mit rezentem Material aus der osteologischen Vergleichssammlung sprechen bei den beiden Skeletten und dem einzelnen großen Metacarpus aus dem Holzkeller (490) für die Überreste von Pferden.
Die wenigen Reste des dritten (und vierten?) Individuums in der Grube (227) deuten auf eine komplette Zerlegung von Pferdekörpern und damit auf die Nutzung dieser Tierart als Schlachttier. Sämtliche abgenommenen Einzelmaße aller Pferdeknochen sind in den Tabellen 19–22 im Anhang enthalten.[41]

Hausschwein, *Sus scrofa f. domestica*

Knochen von Hausschweinen sind unter dem Fundmaterial der Kellereigrabung erwartungsgemäß in großer Anzahl vertreten. Mit 2000 Stücken bezeugen die Reste dieser Art den hohen Beliebtheitsgrad von Schweinefleisch. Die Bedeutung für die Ernährung der Bewohner der römischen Siedlung wird dokumentiert durch den zweiten Platz, den die Schweinereste in der Reihenfolge der Knochenfundzahlen nach den Rinderresten einnehmen. Dabei ist allerdings zu berücksichtigen, dass alle Schweinereste zusammen nur 23,9 kg wiegen. Das sind nur knapp 11% der 223,46 kg aller 5252 determinierten Rinderknochen.
In Tabelle 4 (Anhang) sind die verschiedenen Skelettelemente als Funde in ihrer Anzahl und Verteilung über die einzelnen Lokalitäten der ehemaligen Parzellen zusammengefasst.
Da Schweine ausschließlich zum Zweck der Fleischversorgung für Menschen gehalten, geschlachtet und zerlegt wurden, sind ihre Knochen fast immer zur Portionierung zerhackt und zur Markgewinnung aufgeschlagen. Dazu kommen noch die Beschädigungen und Substanzverluste während und durch die Koch- und Bratprozesse, Hundefraß vor der Einbettung, die Zerstörungen während der Lagerung durch Bodendruck und Verwitterung sowie die Schäden, die an den Knochen während der Ausgrabung entstanden sind. So ist es erklärbar, dass die Anzahl der Fundstücke mit einem Einzelgewicht über 100 g nur 14 beträgt und auch die Fragmentgewichtsgruppe zwischen 100 und 50 g nur 54 Stücke umfasst. Dabei handelt es sich in der Mehrzahl um Schädel- und Mandibulabruchstücke und nur in seltenen Fällen um größere Partien von Extremitätenknochen.
Die Masse der Schweineknochenfunde (>1300) hat ein Stückgewicht unter 10 g, knapp 500 von ihnen wiegen sogar weniger als 3 g. In Diagramm 19 ist die Verteilung der Funde in Knochengewichtsgruppen zusammengefasst dargestellt. Die Größenbildung der Gruppen und ihre Abgrenzung untereinander erfolgten nach praktischen Erwägungen.
Alle Einflüsse zusammengenommen sind dafür verantwortlich, dass kein einziger der großen Extremitätenknochen adulter Tiere unbeschädigt vorlag. Die ‚Größte Länge' ganz erhaltener Röhrenknochen war in keinem Fall messbar. Unter dem im Vergleich zu Ladenburg etwa viermal so zahlreichen römischen Schweineknochenmaterial (fast 8000 Stücke) von Bad Wimpfen fand Frey

---

40 Teichert 1994; Kiesewalter 1888; Vitt 1952; Frey 1991.
41 Peters 1998.

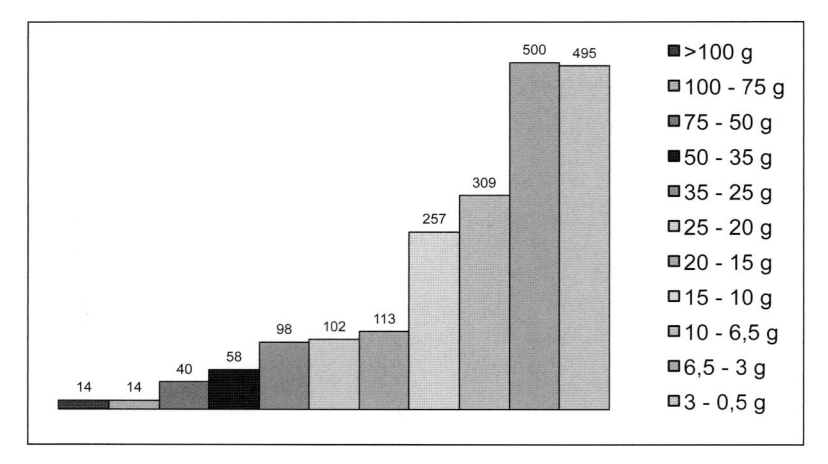

Diagr. 19: Hausschwein, Gewichte der Knochenfragmente in Gruppen.

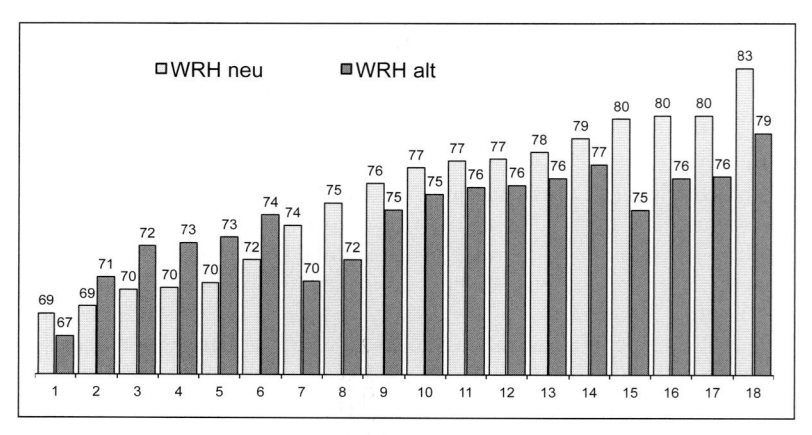

Diagr. 20: Hausschwein, Widerristhöhenvariation in cm (Werte gerundet). ‚WRH neu' berechnet nach TEICHERT et al. (1997); ‚WRH alt' berechnet nach TEICHERT (1969).

ebenfalls keinen unbeschädigten ‚Langknochen'. Trotz aller Einschränkungen konnte vom Material aus Lopodunum eine Reihe von Einzelmaßen gewonnen werden. Sie sind in den Tabellen 24–27 (Anhang) enthalten. Eine Zusammenstellung der Variationen der am häufigsten abnehmbaren Messstrecken zeigt Tabelle 32.[42]

Ebenso wie bei allen Haus- und Jagdtieren, die der Fleischversorgung dienten, liegen fast alle Röhrenknochen mehr oder weniger zerschlagen vor.

Deshalb hat TEICHERT für die Erarbeitung einer Methode zur Berechnung der Widerristhöhe aus der größten Länge einzelner Extremitätenknochen aufgrund seiner Erfahrung nicht nur die langen Extremitätenknochen, sondern auch die kürzeren (Talus, Calcaneus und die Metapodien III und IV) miteinbezogen, weil sie bei ur- und frühgeschichtlichen Funden oft die einzigen ganz erhaltenen Knochen sind. Diese Maßnahme wurde von VON DEN DRIESCH und BOESSNECK als nicht empfehlenswert bezeichnet. Daraufhin haben TEICHERT et al. aufgrund der originalen Messdaten und der Arbeit von MAY weiterführende statistische Untersuchungen durchgeführt und gelangten zu einem Ergebnis, das in Anlehnung an MAY folgendermaßen formuliert werden kann:[43]

---

42 FREY 1991.

Maxilla	L BZR	L MR	L PMR	L M3-P2	L M3	B M3
n	3	12	9	3	5	5
max	111,6	69,0	46,8	101,1	32,9	20,3
min	100,9	58,1	41,8	94,0	28,2	16,9
mittel	107,8	62,2	44,0	98,4	30,5	18,6

Mandibula	L BZR	L MR	L PMR	L P2-P4	L M3-C	H vP2	H vM1	H hM3
n	7	10	14	19	5	13	9	7
max	118,3	67,8	57,0	38,1	125,7	47,2	43,3	48,5
min	95,4	57,9	35,5	31,1	116,1	36,2	30,2	39,3
mittel	102,9	63,3	48,7	34,1	120,7	41,5	37,3	43,2

Scapula	KLC	GLP	LG	BG
n	10	3	2	6
max	24,1	38,3	31,3	26,9
min	19,8	33,8	28,5	24,2
mittel	22,2	36,4	29,9	25,6

Ulna	BPC	TPa	KTO
n	7	8	7
max	23,8	42,4	33
min	18,8	31,9	26,4
mittel	22,1	37,1	28,4

Pelvis	LAR	KB	KH	LFo
n	10	14	14	5
max	32,4	14,6	27,2	38,3
min	26,9	11,5	19,5	34,6
mittel	30,4	12,9	22,1	37,3

Tibia	KD	Bd
n	11	11
max	22,7	33,3
min	17,5	25,5
mittel	19,7	29,0

Tab. 32: Hausschwein, Variation der häufigsten Maße in mm.

„Auf mathematisch-statistischer Basis wurden für einzelne Skelettindividuen und für Mittelwerte unterschiedlich großer Stichproben die Möglichkeiten und Grenzen solcher WRH-Ermittlungen belegt. Vor allem für Mittelwerte größerer Stichproben zeigte sich, dass die Körpergrößenberechnung aus kleinen Maßen indiziert sein kann."
Am besten werden dazu unter Einsatz der bekannten Allometrieformel lineare Regressionen zwischen einem Knochenmaß und einem Körpergrößenparameter (z. B. Widerristhöhe – WRH) errechnet, aus denen dann vom Organmaß auf diesen Körpergrößenparameter geschlossen wird. Die Vorteile gegenüber linearen Regressionen liegen in höheren Korrelationskoeffizienten, was dann zu einer Verminderung des Standardfehlers der Schätzung führt. Außerdem ist bei dieser Methode eine größere Extrapolationsfähigkeit der logarithmischen gegenüber der linearen Regression aus mathematischen Gründen gegeben. Insgesamt konnte also belegt werden, dass die oft geäußerte Behauptung einiger Autoren, kleine Knochenmessstrecken seien zur Abschätzung der Gesamtkörpergröße ungeeignet, bei Verallgemeinerung unrichtig ist.
„Auch kommt es bei Anwendung einer solchen Methode nicht allein auf die Höhe der Korrelation der kleinen Messstrecke mit der Gesamtkörpergröße an. Entscheidend für die Indikation ihres Einsatzes sind vielmehr die Größe des von der Fragestellung abhängigen notwendigen Vertrauensbereiches der ermittelten Körpergröße und die zur Verfügung stehende Stichprobengröße bei gegebenem Standardfehler der Schätzung. Hierbei ist zu beachten, dass die Stichprobengröße nur den absoluten, nicht aber den relativen Fehler beeinflusst. Fest steht, dass die Methode zwar für den Vergleich von Individualkörpergrößen (WRH) keine brauchbaren Ergebnisse liefert, in vielen Fällen jedoch für den Vergleich mittlerer Körpergrößen aus unterschiedlichen und hinreichend großen Stichproben sehr wohl mit Gewinn eingesetzt werden kann."[44]

---

43 TEICHERT 1969; VON DEN DRIESCH/BOESSNECK 1974; TEICHERT et al. 1997; MAY 1997.
44 MAY (Anm. 43).

Damit Widerristhöhen für die Ladenburger Schweine überhaupt ermittelt werden konnten, wurden die wenigen Längenmaße (18) von ganz erhaltenen Metapodien, Calcanei und Tali adulter Tiere genutzt. Nach den ursprünglichen Faktoren von Teichert beträgt der Mittelwert rund 74 cm (Minimum 67 cm, Maximum 79 cm). Nach den modifizierten Faktoren von Teichert et al. liegen der Mittelwert bei 75 cm, das Minimum bei 68,5 cm und das Maximum bei 82,5 cm. Diese Extremwerte weichen deutlich von den ersteren ab. Praktisch liegen die Unterschiede zwischen den alten und den neuen Zahlen aber im Bereich möglicher Maßabnahmetoleranzen bei einer Widerristhöhenermittlung am lebenden Tier.[45]

Alle errechneten Werte befinden sich im mittleren Bereich der Größe ur- und frühgeschichtlicher Hausschweine und passen damit sehr gut in die Variation zwischen 63 und 89 cm Widerristhöhe hinein, die sich aus den von Peters für die Römerzeit zusammengestellten Daten ergeben. In Diagramm 20 sind die Einzelwerte der WRH und in Tabelle 33 Ausgangsmesswerte und Berechnungsvarianten dargestellt.[46]

Unabhängig von der relativ geringen metrischen Ergiebigkeit wurden an den Schweineknochen einige Beobachtungen zur Geschlechterverteilung, zum Schlachtalter und zur Schlachtkörperzerlegung gemacht. Sie ermöglichen eine Einordnung in den ‚Zeitrahmen' (Römische Kaiserzeit) und in den ‚geographischen Rahmen' (nördlicher Teil der Germania Superior) und gewähren Einblicke in Vermarktung und Speisevorbereitung.

An 119 Maxilla- und Mandibulafragmenten sowie 48 isolierten Canini ließen sich die Geschlechter unterscheiden. Insgesamt waren 92 Reste von ♂ und 75 von ♀ festzustellen.

Damit ist keine Individuenanzahl ermittelt, sondern lediglich die Zahl der unterscheidbaren Fundstücke festgestellt, denn Zusammengehörigkeit oder Verschiedenheit von Maxilla-/Mandibulafragmenten und isolierten Zähnen ließ sich nur selten sicher erkennen oder ausschließen. Die Verteilung der Geschlechter in den Besiedlungsphasen zu beurteilen, ist mit vielen Unsicherheitsfaktoren belastet. Bei den isolierten Canini im Fundgut überwiegen beispielsweise die 37 von männlichen gegenüber den neun von weiblichen Tieren. Das hängt möglicherweise mit der relativen Auffälligkeit und Größe der männlichen und der ‚Kleinheit' der weiblichen Eckzähne zusammen. Für die meisten dieser Canini lässt sich nur eine Altersgruppe zwischen 1 ½ und 3 Jahren und mit einer undeutlichen Obergrenze – mittelstark abgenutzt – erkennen. So ergibt sich die in Tabelle 34 wiedergegebene Differenzierung für alle Hausschweinschädel und -zähne, die eine Geschlechtsdiagnose zuließen. Die altersmäßig genauer einzuschätzenden Funde (47 ♂, 56 ♀) bieten aufgrund ihrer geringeren Anzahl ein anderes Bild. Für die Zeit des Kastellvicus (Phase 2) mit 11 ♂ : 22 ♀ und in der darauf folgenden 'Holzbauzeit' (Phase 3) mit 10 ♂ : 18 ♀ sind die Reste von männlichen Tieren wahrscheinlich unterrepräsentiert. Beide Befunde in den beiden Zeitstufen sind aber sehr ähnlich. Bei Nutzung aller zur Verfügung stehenden Funde deutet sich dagegen für die beiden älteren Phasen ein nahezu ausgeglichenes Geschlechterverhältnis an. In der 'Steinbauzeit' (Phase 4) ist mit 26 ♂ zu nur 16 ♀, bzw. 45 ♂ : 25 ♀ eine Umkehrung der Situation zu konstatieren. Die Funde der altersmäßig und nach Geschlecht differenzierbaren Stücke zeigen nach der Anzahl der Fundstücke eine Verteilung, die in Diagramm 21 dargestellt ist. Eine Aufgliederung nach Phasen wurde hierbei nicht vorgenommen. Die meisten Schweine wurden offenbar zwischen 1 ½ und 2 Jahren geschlachtet, unabhängig vom Geschlecht.

Wird nur das Zahnalter betrachtet, zeigt sich im Verlauf der Besiedlungsdauer am Schweineknochenmaterial eine Veränderung der Verzehrgewohnheiten, wenn auch all die Einschränkungen gültig sind, die bei den Resten von Schafen und Ziegen als drittwichtigsten Nahrungstieren in Bezug auf die Größe der Stichprobe und ihre Herkunft aus wenigen Grundstücken in einem sehr begrenzten Areal der Stadt gemacht werden müssen und die bei der Besprechung dieser Tierarten angegeben sind.

---

45 Teichert 1969; Teichert et al. 1997.
46 Peters 1998.

Knochen	Maß	Faktor neu	WRH neu	Faktor alt	WRH alt	Differenz
Metacarpus III	GL 70,78	10,93	77,4	10,72	75,9	1,5
Metacarpus III	GL 69,53	10,93	76,0	10,72	74,5	1,5
Metacarpus III	GL 70,7	10,93	77,3	10,72	75,8	1,5
Metacarpus IV	GL 71,6	10,74	76,9	10,53	75,4	1,5
Metacarpus IV	GL 73,2	10,74	78,6	10,53	77,1	1,5
Metacarpus IV	GL 72,43	10,74	77,8	10,53	76,3	1,5
Metacarpus IV	GL 63,77	10,74	68,5	10,53	67,2	1,3
Metatarsus III	GL 79,78	9,99	79,7	9,34	74,5	5,2
Metatarsus IV	GL 89,25	9,25	82,6	8,84	78,9	3,7
Metatarsus IV	GL 86,38	9,25	79,9	8,84	76,4	3,5
Metatarsus IV	GL 79,61	9,25	73,6	8,84	70,4	3,2
Metatarsus IV	GL 80,99	9,25	74,9	8,84	71,6	3,3
Metatarsus IV	GL 86,32	9,25	79,9	8,84	76,3	3,6
Calcaneus	GL 75,55	9,12	68,9	9,34	70,6	-1,7
Talus	GLl 40,46	17,27	69,9	17,90	72,4	-2,5
Talus	GLl 41,47	17,27	71,6	17,90	74,2	-2,6
Talus	GLl 40,54	17,27	70,0	17,90	72,6	-2,6
Talus	GLl 40,7	17,27	70,3	17,90	72,9	-2,6

Tab. 33: Hausschwein, Widerristhöhenberechnung in cm, Ausgangsmaße in mm (Faktoren neu nach Teichert et al. 1997; Faktoren alt nach Teichert 1969).

	Phase 2	Phase 3	Phase 4	Summe
♂	27	20	45	92
♀	29	21	25	75
Summe	56	41	70	167

Tab. 34: Hausschwein, Geschlechterverteilung nach Maxillae, Mandibulae und Canini.

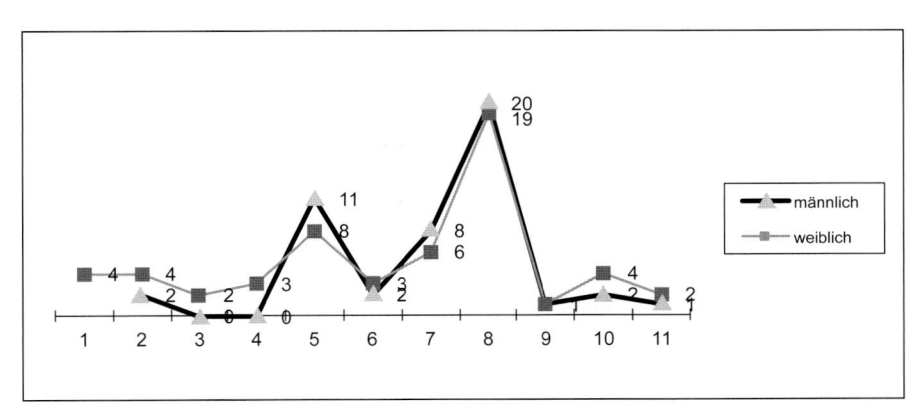

Diagr. 21: Hausschwein, Geschlechter- und Altersverteilung nach Maxilla, Mandibula und isolierten Canini (Anzahl der Fundstücke).

Das vorstehende Diagramm fasst die Alterseinstufungen an den Zähnen aller verfügbaren Maxilla- und Mandibulafragmente für die drei Zeitphasen zusammen und zeigt in der Gegenüberstellung die Ergebnisse von Ober-/Unterkiefer- und Mandibulazähnen getrennt. Bei Betrachtung der Diagrammsäulen zeigt sich eine ähnliche Verteilung für Maxilla/Mandibula und Mandibula. Lediglich

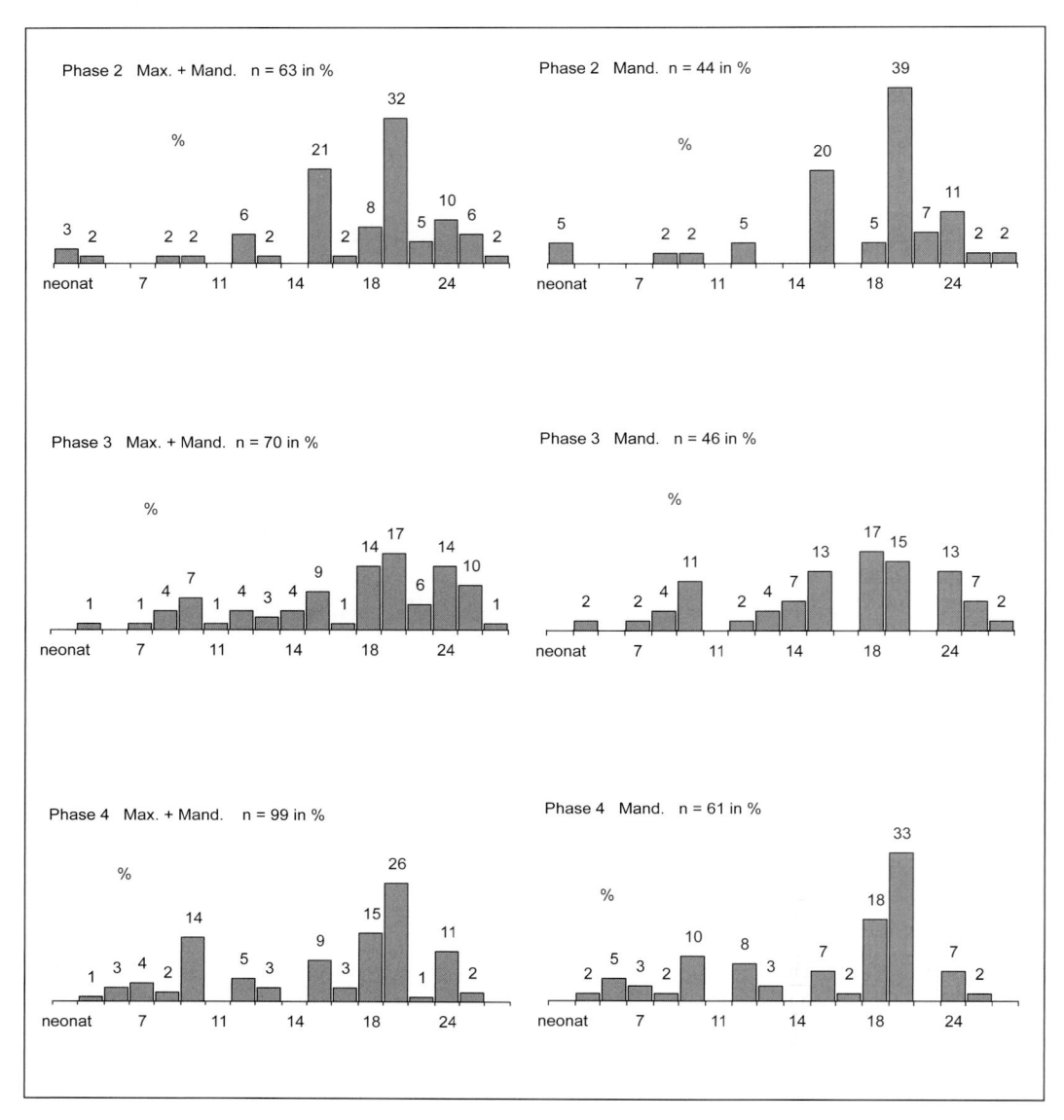

Diagr. 22: Hausschwein, Alter in Monaten nach Maxilla- und Mandibulazähnen (n = 232) in %;
Alter in Monaten nur nach Mandibulazähnen (n = 151) in %.

wegen der auf etwa zwei Drittel reduzierten Ausgangszahlen bei den Mandibuladaten ergeben sich bei diesen größere Lücken. Um die stark differierenden Stückzahlen (n = 44–99) der Fundeinheiten pro Phase zu umgehen und zu einem einheitlichen Maßstab zu kommen, wurden die prozentualen Anteile ermittelt und dargestellt.

Die Festlegung der Altersstufen, d. h. die Zuordnung zum Tieralter in Monaten bei einem bestimmten Zahnzustand erfolgte in Anlehnung an die Angaben für spätreife Hausschweine nach HABERMEHL. Um die eigenen Angaben nachvollziehbar zu machen, sind in Tabelle 35 der Zahnstatus und das zugeordnete ‚Alter in Monaten' für das Ladenburger und daneben die Angaben von FREY für das Bad Wimpfener Material zusammenfassend dargestellt. Es ergeben sich bei der Verbindung eines bestimmten Zahnzustandes mit einer festgelegten Anzahl von Monaten teils Übereinstimmungen, teils Unterschiede.[47]

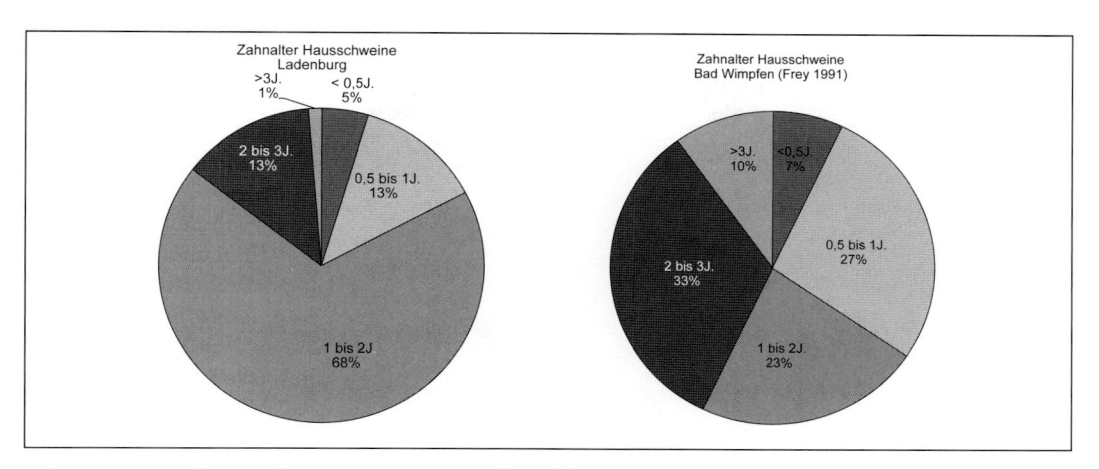

Diagr. 23: Hausschwein, Altersgruppen, prozentuale Aufgliederung nach Funden aus Ladenburg und nach Funden aus Bad Wimpfen (FREY 1991).

Zahnstatus Zahndurchbruch Abrasion	Alter in Monaten leicht verändert nach HABERMEHL 1975	Alter in Monaten nach FREY 1991
Pd noch nicht durchgebrochen	neonat.	
Pd Durchbruch	<1	
Pd+–	2	
M1 noch nicht durchgebrochen	7	<6
M1 Durchbruch	8	
M1+–	10	6
M2 noch nicht durchgebrochen	11	6 bis 9
I3 Wechsel, M1+	12	6 bis 9
M2 Durchbruch	13	
I1 Wechsel, PM noch nicht durchgebrochen	14	
I3+–, C+, M1++, M2+–	15	9 bis 12
I2 noch nicht durchgebrochen, PM Wechsel	16	
I2+–, I3+, PM+, M2+, M3 noch nicht durchgebrochen	18	12 bis 18
I2+, C++, PM+, M1+++, M2++	20	
M3 Durchbruch	20	
M3+–	22	18 bis 24
I2++, I3++, PM++, M3+	24	24 bis 36
M2+++	30	
M3++	30	>36
M3+++	>36	>36

Tab. 35: Hausschwein, Beurteilungskriterien für die Altersfestlegung nach Zahnmerkmalen (mit Abrasion von – schwach bis +++ stark).

Trotz dieser Differenzen, die durch eine etwas abweichende Beurteilung der jeweiligen Zahnzustände und durch die möglicherweise unterschiedliche Abgrenzung der Altersstufen gegeneinander durch FREY und die Autoren dieses Beitrags vorhanden sind, scheinen Unterschiede in der Verteilung zwischen dem Ladenburger und Bad Wimpfener Schweineschlachtalter existent zu sein.

---

47 HABERMEHL 1975; FREY 1991.

Abb. 12: Hausschwein, ‚gehackte Trennspuren' an verschiedenen Skelettelementen (oben rechts Schädel, links Scapula - unten rechts Calcaneus, links Humerus).

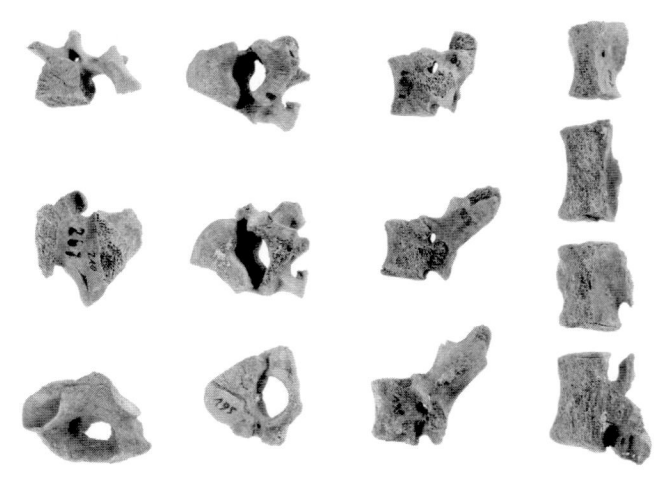

Abb. 13: Hausschwein, Wirbel mit ‚gehackten Trennspuren': 1. Reihe. Atlas, Lendenwirbel, Halswirbel, 2. und 3. Reihe: Brustwirbel, 4. Reihe: Lendenwirbel.

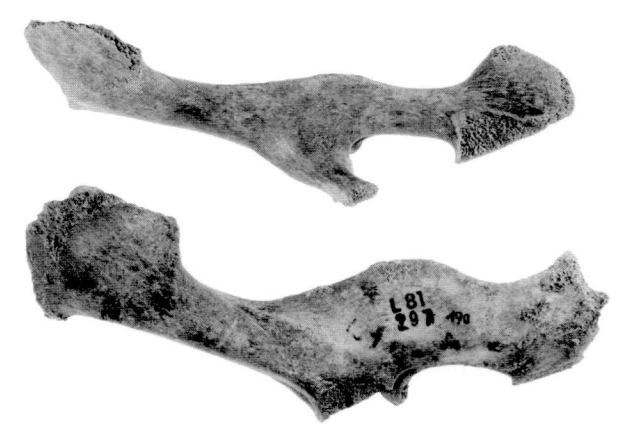

Abb. 14: Hausschwein, ‚gehackte Trennspuren' an Beckenhälften.

In Diagramm 23 sind die Altersgruppenverteilungen aus beiden Siedlungen nebeneinander dargestellt. Es ist sicher nicht nur auf eine unterschiedliche Bewertung von Zahnzuständen zurückzuführen, dass sie sehr stark voneinander abweichen, sondern widerspiegelt für Ladenburg eventuell die vorzugsweise Beschaffung und Nutzung von Tieren im besten Schlachtalter, d. h. nach der Herbstmast im zweiten Lebensjahr. Dabei erscheint es als relativ unwahrscheinlich, dass diese Schlachttiere am Ort der Auffindung ihrer Knochen aufgezogen bzw. über längere Zeit gehalten worden sind. Die nachgewiesene Bebauung der nebeneinander liegenden Grundstücke ließ aus Platz- und Versorgungsgründen sicher keine dauernde und umfangreiche Tierhaltung zu.

Wahrscheinlicher ist der Ankauf schlachtreifer Tiere aus Siedlungen und Villae rusticae des Umlandes. Der römische Marktplatz, der durch die von KAISER und SOMMER dokumentierte Grabung an der Kellerei erschlossen wurde und aus dessen Randbebauung das ausgewertete Material stammt, ist als Handelsplatz auch für Schlachttiere denkbar.[48]

Häufig in gleicher Weise wiederkehrende Zerlegungsspuren lassen auf professionelle (Schweine-) Metzger schließen, die zumindest teilweise die Fleischversorgung in Lopodunum besorgt haben könnten. Sie sind im Grabungsareal an der Kellerei zwar nicht direkt durch die archäologische Erschließung eines ‚Fleischerladens' nachzuweisen, ihre Existenz und Tätigkeit ist aber indirekt über die Form der Abfälle bei den Endverbrauchern zu vermuten. Eine Räucherkammer als Konservierungsstätte für Schinken und ähnliche Räucherwaren ist dagegen auf Parzelle B für Phase 3 erschlossen. Zwei gelochte Schulterblätter als Überreste solcher Fertigprodukte fanden sich in Latrine 235 der Nachbarparzelle C aus Phase 3.[49]

Ein Viertel aller Schweineknochen (503 Stück) weist Beschädigungen in Form von Hiebmarken auf, die mit Beilen, Äxten oder starken (schweren) Hackmessern ausgeführt wurden und die eine Portionierung der Schlachtkörper zum Ziel hatten. Diese ‚gehackten Trennspuren' sind häufig in so gerichteter Art und Weise ausgeführt worden, dass qualifizierte ‚Fachkräfte' als Verursacher vermutet werden können. Diese Zerlegungstechnik war auch bei Rind und Schaf zu beobachten. Die an Schweineknochen aus Ladenburg festgestellten Zerlegungsspuren entsprechen der von PETERS bei der Abhandlung zur Schweinenutzung in der Germania romana dokumentierten Lokalisierung von Hack- und Schnittspuren. Durch HÜSTER-PLOGMANN wurde die Experimentalzerlegung eines Schweines nach mittelalterlichem Vorbild beschrieben, welche Erkenntnisse brachte, die mit gewissen Modifikationen auch für römerzeitliche Zerlegungstechniken Gültigkeit haben. Auf den Abbildungen 12 bis 14 sind einige Stücke wiedergegeben, die als Beispiele für die genannten Trennspuren dienen sollen. Diese Objekte, vom sagittal gespaltenen Schädel bis zum abgehackten Calcaneus, vom längshalbierten Atlas über gespaltene Hals-, Brust- und Lendenwirbel bis zu Rippenteilen, von der Innenseite des Brustkorbes her portioniert, weisen deutliche Merkmale der Zerlegung auf.[50]

An 63 Brustwirbeln und 73 Rippen sind Hackspuren erkennbar, an drei Wirbeln und zwei Rippen zusätzlich auch Bratspuren. Derartige Fundstücke könnten als Überreste von ‚Koteletts' betrachtet werden. Eine solche Vermutung drängt sich durch die Ähnlichkeit der Knochenteile mit gleichgestalteten rezenten Mahlzeitresten auf. Um diese Vermutung zu erhärten, wurden zusammengehörige Wirbelteile und dorsale Rippenteile gesucht. In 16 Fällen war dies über gleiche Fundnummern auf Wirbel- und Rippenteil und Zusammenpassen in Form und Farbe realisierbar. Die Anzahl von 16 Paaren (Wirbel- und dazu passendes Rippenfragment) ist zwar vergleichsweise gering, die Tatsache, dass es möglich war, ist aber nur der befundgenauen Bergung und Beschriftung durch die Ausgräber zu verdanken. Unter den ‚Paaren' ist eines, das wohl zu lange der Hitze ausgesetzt war, denn der Wirbelrest ist angekohlt und das Rippenende zeigt eine deutliche Bratspur. Es gibt aber aus Phase 2 auch 23 und aus Phase 3 mindestens 17 Rippenstücke mit ‚gehackten Trennspuren' aus dem Bereich des Corpus costae, die den portionierten Rinderrippen ähneln und die möglicherweise als ‚reine' Schweinerippchen zubereitet worden waren.

---

48 KAISER/SOMMER 1994.
49 Ebd. 99 f.
50 PETERS 1998; HÜSTER-PLOGMANN 1993.

Hausschaf, *Ovis ammon f. aries* und Hausziege, *Capra aegagrus f. hircus*

Die kleinen Wiederkäuer Schaf und Ziege sind mit 1124 bestimmten Stücken und 16,43 kg Gesamtgewicht unter dem Knochenfundmaterial der Westseite des Kellereiplatzes vertreten. Das entspricht 9,7% von der Anzahl und 5,3% vom Gewicht der Gesamtfundmenge. Die Unterscheidung der meist stark fragmentierten Masse der Funde (921 Stücke) war auch mit Hilfe der von Boessneck et al. festgestellten und publizierten Merkmale nicht oder nur so unzureichend möglich, dass sie unterlassen wurde.[51]

Diese Hauptmenge der Funde wird im folgenden Text und in den Tabellen mit C/O = Ziege (C) oder Schaf (O) bezeichnet. In 189 Fällen war eine klare Bestimmung als Schafrest möglich, bei fünf Knochen ist die Wahrscheinlichkeit der Herkunft von Schafen sehr hoch, nur neun Fundstücke waren eindeutig als solche von Ziegen zu erkennen. Die Verteilung der Funde aller kleinen Wiederkäuer ist nach Befund und Skelettelement aufgegliedert in den Tabellen 28–30 im Anhang zusammengefasst. Aus dem Verhältnis – ein Ziegenrest auf zwanzig von Schafen – der klar und sicher unterscheidbaren Stücke ist zu vermuten, dass das Gros der Schaf-/Ziegenknochen ähnlich aufgeteilt werden könnte. Trotz aller Unsicherheiten bei der Bestimmung und der dadurch möglichen Veränderung des Verhältnisses zugunsten der Ziege war diese Art gegenüber dem Schaf als Fleischlieferant an diesem Fundort mit Sicherheit von untergeordneter Bedeutung. Unabhängig von der artmäßigen Trennung der Knochen ist im Gesamtfundgut eine prozentuale Zunahme der Gesamtreste kleiner Wiederkäuer in den drei Zeitphasen vom Ende des 1. bis zur Mitte des 3. Jahrhunderts n. Chr. zu beobachten. Noch deutlicher ist dieser Trend zu erkennen, wenn sich die Betrachtung nur auf die Reste der wichtigsten Wirtschaftstiere Rind, Schwein und Schaf/Ziege beschränkt, die sicher als Nahrungsabfälle zu werten sind. Nach Peters kommt diese Bewertung der Knochenreste den tatsächlichen Anteilen an der Fleischnahrung relativ nahe. Pferd und Hund werden als Gelegenheits- oder Notnahrung angesehen, aber wegen der problematischen Unterscheidung zwischen Nahrungsabfall und Kadaverbeseitigung gesondert bewertet.[52]

Zeit	Tierknochen gesamt n	Gesamtfunde C/O, O, C n		Funde Bos; Sus; C/O n	C/O, O, C	
		n	%	n	n	%
Phase 2	4467	341	7,6	3734	341	9,1
Phase 3	3932	414	10,5	2664	414	15,5
Phase 4	3107	369	11,9	1978	369	18,7
Gesamt	**11506**	**1124**	**9,8**	**8376**	**1124**	**13,4**

Tab. 36: Schaf (Ovis) und/oder Ziege (Capra) – Fundzahlen in den drei Zeitphasen. Anteile an den Gesamtknochenfunden der wichtigsten Wirtschaftstiere.

An diesen Anteilsverschiebungen (Tab. 36) wird eine Veränderung der Verzehrgewohnheiten zwischen der Generation der Lagerdorfbewohner und den Stadtbewohnern des 3. Jahrhunderts n. Chr. erkennbar. Einschränkend für eine allgemeingültige Aussage und ihre Übertragbarkeit auf die Verhältnisse des übrigen Stadtgebietes ist allerdings die Tatsache, dass es sich im Wesentlichen um die Knochenreste von lediglich zwei Parzellen (B und C) handelt, deren römische Bebauung annähernd vollständig archäologisch untersucht werden konnte. Von den angrenzenden ehemaligen römerzeitlichen Grundstücken (A und D) waren wegen rezenter Bebauung und großflächigen oder tiefreichenden Störungen nur Teilflächen für die Grabung zugänglich. Deshalb erscheint es zu gewagt,

---

51 Boessneck et al. 1964.
52 Peters 1998.

Abb. 15: Schaf, ‚gehackte Trennspuren' an einem Schädel (sagittale Spaltung).

Abb. 16: Schaf, ‚gehackte Trennspuren' an einer Halswirbelsäule (sagittale Spaltung).

Abb. 17: Schaf/Ziege, ‚gehackte Trennspuren' an diversen Wirbeln.

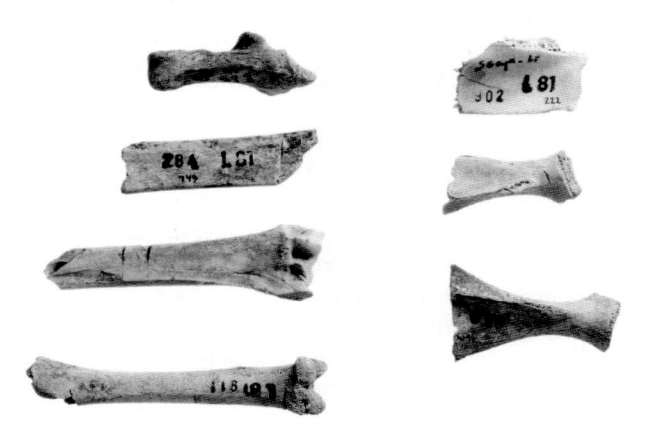

Abb. 18: Schaf/Ziege, ‚gehackte Trennspuren' an diversen Extremitätenknochen.

Parzelle	C/O gesamt	C/O davon Hack/Schnitt	Phase	C/O gesamt	C/O davon Hack/Schnitt
A	108	21	-	-	-
B	238	45	2	341	75
C	720	172	3	414	112
D	58	11	4	369	62
gesamt	**1124**	**249**		**1124**	**249**

Tab. 37: Schaf (Ovis) und/oder Ziege (Capra). Anzahl der Knochen mit Zerlegungsspuren in den Parzellen. Anzahl der Knochen mit Zerlegungsspuren während der Zeitphasen 2-4.

Altersgruppe	Zahn Abrasion	Alter	Maxilla + Mandibula		nur Mandibula	
			n	%	n	%
1	M1 -/+	1-4 Mon.	11	8	9	10
2	M2 -/+	5-10 Mon.	11	8	8	9
3	M2+ M3-	11-20 Mon.	4	3	3	3
4	M3 -/+	21-24 Mon.	8	6	4	5
5	M3	25-30 Mon.	12	9	6	7
6	M3 +	2,5-3,5 Jahre	49	37	33	38
7	M3 ++	3,5-5 Jahre	33	25	23	26
8	M3 +++	>5 Jahre	4	3	2	2
Altersgr. 1-8			**132**		**88**	

Tab. 38: Schaf (Ovis) und/oder Ziege (Capra). Aufgliederung der Funde nach ‚Zahnalter'-Gruppen (in Anlehnung an PETERS 1998; mit Abrasion von – schwach bis +++ stark).

die Knochenreste der einzelnen Parzellen nach ihrer tierartlichen Zusammensetzung gegeneinander aufzurechnen.

Ähnlich problematisch sind Bewertung und Vergleich der Fundmengen aus den drei Zeitphasen untereinander, da die jüngsten Abfälle der Phase 4 nur von zwei Fundkonzentrationen auf einem Grundstück, die Reste der Phase 3 von sieben Stellen auf drei und die der ältesten Phase 2 von elf unterschiedlichen Bereichen aller vier festgestellten Parzellen stammen. Da aber pro Phase jeweils > 300 Fundstücke vorliegen, scheint ein Vergleich der gewonnenen Daten und Ergebnisse untereinander dennoch vertretbar.

Unter den Knochen mit erkennbaren Geschlechtsmerkmalen ließen sich bei den Schafknochen 31 Reste von eindeutig männlichen und 26 von sicher weiblichen Tieren herausfinden. Dazu kommen noch fünf Funde, die eher der männlichen und vier Stücke, die eher der weiblichen Gruppe zuzuordnen sind. Die Zahlen geben allerdings nur die Anzahl der Knochen, nicht aber die der Individuen an, da die Zuordnung von Metapodien und Becken zu Hornzapfen- und Schädelfunden nur in Ausnahmefällen möglich ist. Sicher von Ziegenböcken stammen zwei Hornzapfen, ein weiterer ist wahrscheinlich männlich, ein Fragment gehörte zu einem weiblichen Individuum.

Etwa ein Fünftel (22,2%) aller Schaf/Ziegenknochen weist Spuren auf, die beim Zerlegen der Schlachtkörper entstanden sind (Verteilung nach Zeiteinheiten und Parzellen Tab. 37). Das sind in der Mehrzahl deutliche Hackspuren, die sich an Rinder- und Schweineknochen aus Ladenburg in ähnlicher Form finden lassen. Es gibt sagittal gespaltene Schädel, median oder paramedian durchtrennte Halswirbelsäulen sowie Brust-, Lenden- und Kreuzbeinwirbel die ähnliche Spuren aufweisen, wie auch Schulterblätter und Extremitätenknochen mit vergleichbaren Hiebmarken (Abb.

Abb. 19: Schaf/Ziege, ‚gehackte Trennspuren' an Rippen.

Abb. 20: Schaf, ‚gehackte Trennspuren' an Hornzapfen.

15–18). Die Zerteilung der Wirbelkörper lässt in der Art ihrer Ausführung auf professionellen Umgang mit geeigneten Werkzeugen durch spezialisierte Personen schließen. Dabei ist sowohl die Schlagrichtung von caudal nach cranial am hängenden Körper als auch die Einwirkung der Schneide von Hackmesser oder Axt/Beil von der Ventralseite der Wirbel nach dorsal festzustellen. Bei der zweiten Variante muss der Schlachtkörper mit eröffnetem Brustraum auf dem Rücken gelegen haben. Meistens sind in diesem Fall die Werkzeugspuren an den lateralen Rändern der Wirbelkörper zu erkennen oder haben nur die Ansatzstellen der Rippen bzw. die Querfortsätze der Lendenwirbel erfasst. Ob die Querteilung der Wirbelsäule vor oder nach der Längsteilung erfolgte, lässt sich an den unzusammenhängenden Einzelstücken mit Hiebmarken nicht nachvollziehen. Auch der Beckenboden lässt in der Schambeinregion von ventral geführte Schläge erkennen. Der Brustkorb oder die Brustkorbhälfte muss auf einer Unterlage auf der Lateralseite gelegen haben und wurde durch etwa in der Mitte der Rippenkörper quer verlaufende Schläge mit Schneidwerkzeugen portioniert (Abb. 19). Die Hackspuren liegen fast immer auf der Medialseite der Rippen. Bei den in den letzten Jahrzehnten in großer Zahl untersuchten und publizierten römischen Knochenfundkomplexen werden je nach Wertung durch den Bearbeiter die Indizien der Schlachtkörperzerlegung genannt, beurteilt und beschrieben, summarisch abgehandelt oder gar nicht erwähnt. Peters hat für die wichtigsten Wirtschaftstiere den in der Literatur zugänglichen Wissensstand zu Schlachtung und Zerlegung sowie eigene Erfahrungen und Beobachtungen zusammengestellt. Eine wesentliche Hilfe

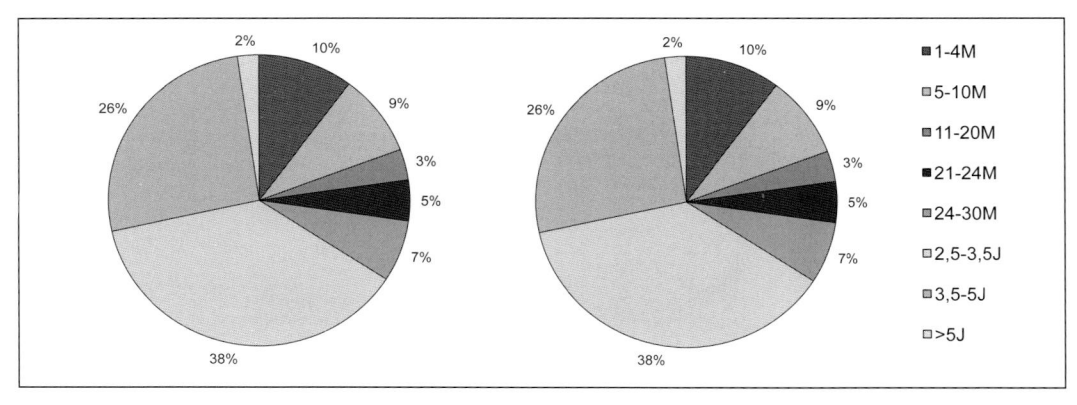

Diagr. 24: Schaf (Ovis) und/oder Ziege (Capra) Altersaufteilung nach Maxilla und Mandibula in acht Gruppen (links) Altersaufteilung nach Mandibula in acht Gruppen (rechts).

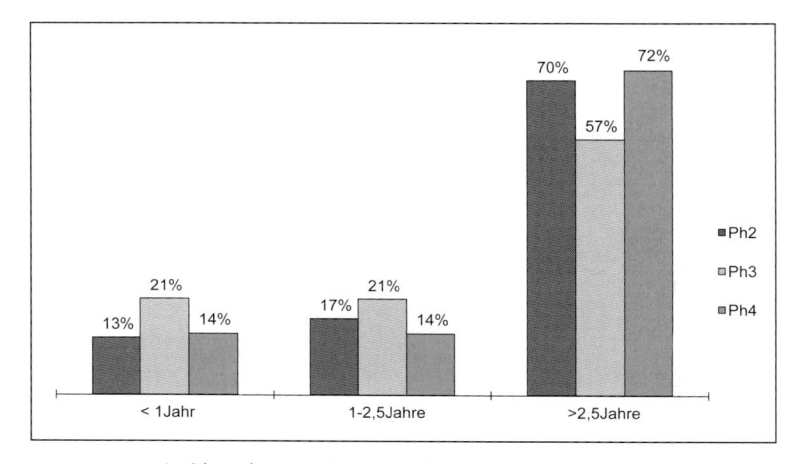

Diagr. 25: Schaf (Ovis) und/oder Ziege (Capra), Alter nach Zahnmerkmalen, prozentuale Anteile der Altersgruppen in den Zeitphasen Ph2 bis Ph4.

zum Verständnis der zu beobachtenden Zerlegungsspuren brachte die eingehende Beschreibung der Versuchsschlachtung eines Schweines nach mittelalterlichem Vorbild durch HÜSTER-PLOGMANN.[53] Die an den Knochen dieser Tierart erkennbaren Zerlegungsspuren und die daraus resultierenden Zerlegungsabläufe und -techniken lassen sich für einen Teil der Schaf/Ziegenknochen aus Lopodunum ebenfalls beobachten. Damit erscheint es als wahrscheinlich, dass nicht nur Rinder und Schweine, sondern auch ein Teil der Schafe und Ziegen über gewerbliche Schlachtung und Verarbeitung portioniert in die einzelnen Haushalte gelangt sind.

Bei jedem einzelnen Fundstück wurde versucht, eine Einschätzung zum Lebensalter des betreffenden Tieres vorzunehmen. Es sind jedoch lediglich die zahntragenden Kieferteile und die Epiphysenfugen aufweisenden Fragmente für eine genauere Altersanalyse geeignet. Da Maxilla und Mandibula gegenüber den Extremitätenknochen mehr verwertbare Daten erbrachten, wurden nur nach den ersteren die Tabelle 38 und das Diagramm 24 erstellt. Dabei zeigte es sich, dass die alleinige Auswertung des Zahnstatus der Mandibulae prozentual nur unwesentlich abweichende

---

53 PETERS 1998; HÜSTER-PLOGMANN 1993.

	O	C/O
	L BZR	L BZR
n	6	12
max	74,4	74,9
min	65,5	63,4
mittel	69,9	71,0

	O	C/O
	L MR	L MR
n	5	17
max	50,3	49,9
min	44,6	44,0
mittel	46,4	46,6

	O	C/O
	L PMR	L PMR
n	6	14
max	26,0	27,0
min	22,8	20,7
mittel	24,3	24,2

Tab. 39: Schaf (Ovis) und/oder Ziege (Capra), Maxilla. Variation von Zahnreihenmaßen in mm.

Ovis	L BZR	L MR	L PMR	L P2-I4	L M3-I	H vP2	H vM1	H hM3
n	7	7	7	6	6	7	7	7
max.	75,2	50,7	23,7	44,8	117,1	19,9	24,3	40,8
min	70,3	48,1	21,9	38,0	111,0	16,9	22,0	37,3
mittel	72,9	49,5	22,7	41,4	113,3	18,3	23,2	38,7

C/O	L BZR	L MR	L PMR	L P2-I4	L M3-I	H vP2	H vM1	H hM3
n	41	47	44	14	12	36	42	31
max.	79,0	55,0	25,0	47,6	117,3	22,4	27,1	42,6
min	64,7	45,8	19,8	33,8	107,0	16,4	21,7	35,5
mittel	72,9	50,1	22,5	41,4	112,7	19,1	23,8	39,5

Tab.40: Schaf (Ovis) und/oder Ziege (Capra), Mandibula. Variation der Maße in mm.

Metacarpus	Bp	KD	Bd	TD	GL
n	23	27	25	14	19
max.	27,1	17,5	29,7	18,0	142,3
min	21,0	11,6	23,3	8,2	110,5
mittel	24,6	14,7	26,4	11,8	127,0

Metatarsus	Bp	KD	Bd	TD	GL
n	18	21	17	5	12
max.	24,3	14,7	28,3	11,3	151,0
min	19,8	10,0	23,3	9,1	119,9
mittel	21,3	12,5	25,3	10,0	136,5

Tab. 41: Schaf (Ovis), Metapodien, Variation der Maße in mm.

Anteile gegenüber denen aufweist, die sich aus der gemeinsamen Analyse von Maxilla- und Mandibulazähnen ergeben.

Das Diagramm 25 ermöglicht durch die Zusammenfassung der Werte zu den drei Altersgruppen ‚bis 1 Jahr', ‚1–2 ½ Jahre' und ‚ >2 ½ Jahre' sowie eine Untergliederung in die drei für Lopodunum definierten Zeitphasen 2 bis 4 einen geordneten Überblick über das Schlachtalter der kleinen Wiederkäuer. Die von Peters nach Auswertung bisheriger Untersuchungen für Schafe und/oder Ziegen getroffene Feststellung; „ (...) mehr als 50% bis gut 75% Anteil der Tiere über 2 ½ Jahre" kann für das vorliegende Fundmaterial aus der Ladenburger Grabung bestätigt werden.[54]

Zusammengefasst für den gesamten Zeitraum beträgt dieser Wert 65% (n = 86).

In der ‚Lagerdorfphase' 2 und in der ‚Steinbauphase' 4 liegt der Anteil der Knochen von über 2 ½-jährigen Schafen und/oder Ziegen bei rund 70%.

Zu Beginn der ‚Stadtwerdung' des Kastellvicus, in der ‚Holzbauphase' 3 zeichnet sich ein geringerer Anteil älterer (knapp 60%) und eine höhere Menge (um 40%) jüngerer Tiere unter 2 ½ Jahren

---

54 Peters 1998.

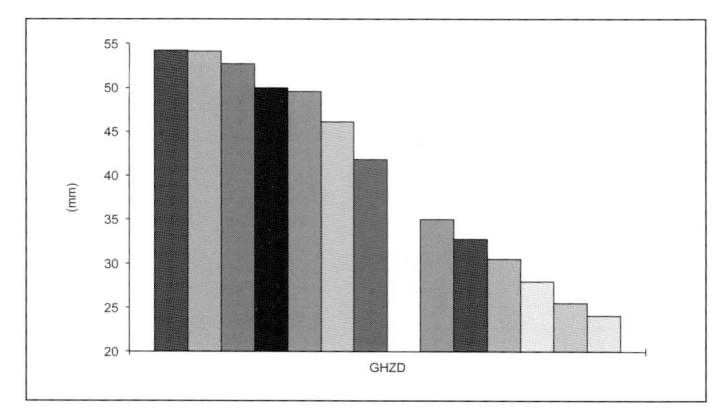

Diagr. 26: Schaf (Ovis), Hornzapfen Variation ‚Großer Durchmesser an der Basis' in mm.

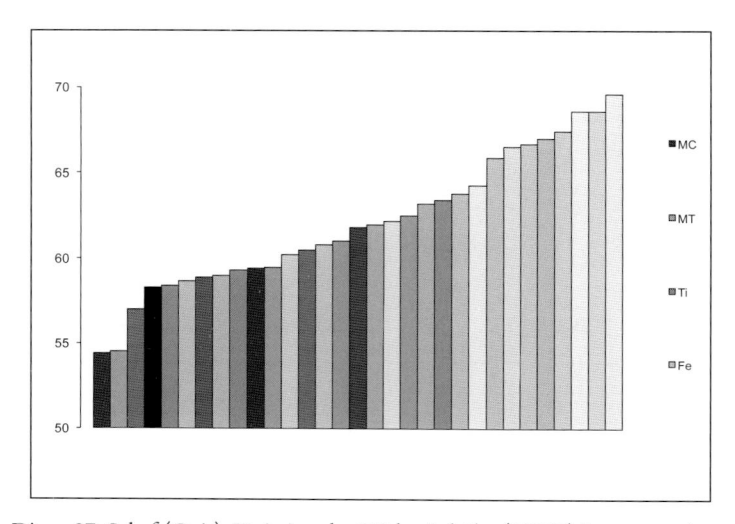

Diagr. 27: Schaf (Ovis), Variation der Widerristhöhe (WRH) in cm errechnet
aus den Langknochenmaßen nach Teichert (1975).

ab. Es besteht aber auch die Möglichkeit, dass die relativ niedrigen Ausgangszahlen einen falschen Eindruck erwecken.

Über die Einzelmaße der ausgewerteten Knochen geben die Tabellen 31 bis 36 im Anhang Auskunft. Dabei sind die Schaf-, Ziegen- und die Schaf-/Ziegenmaße in eigenen Abschnitten zusammengestellt.

Von den vorhandenen Schafhornzapfen/-fragmenten erbrachten 14 einige Maße. Unter diesen war in 13 Fällen der ‚Große Hornzapfendurchmesser' GHZD abnehmbar. Seine Variation ist in Diagramm 26 dargestellt.

Nur fünfmal war die Hornzapfenbasis so gut erhalten, dass der ‚Hornzapfenumfang' HZU ermittelt werden konnte.

Die Werte 137, 138 und 155 mm für drei Böcke und 100 bzw. 90 mm für zwei Mutterschafe liegen in dem von Peters mitgeteilten Rahmen.[55]

---

55 Peters 1998.

Völlig hornlose Schädel wurden nicht festgestellt, aber die Hornzapfenstummel an drei Stirnbeinfragmenten adulter Individuen waren so klein, dass sie am lebenden Tier wahrscheinlich nur als Erhebungen über der Kopfhaut sichtbar waren. Der Querschnitt an der Basis des Processus cornualis variiert bei den übrigen messbaren und nicht messbaren Stücken von weiblichen Tieren zwischen annähernd kreisförmig rund bis zur Form einer flachen Ellipse.
Die drei Ziegenbockhornzapfen weisen eine deutliche, scharfe Vorderkante auf. Sie sind an der Lateralseite stark, an der Medialseite schwach gewölbt und zeigen eine leichte Torsion. Ein Fragment mit sehr feiner Porung, fester Struktur und dünner Wandung gehörte zu einer Geiß. Nur wenn die Schädelfragmente groß genug waren, konnten einige Cranialmaße abgenommen werden. Wenn Artunterscheidungsmerkmale vorhanden und erkennbar waren, sind die Maße als solche von Schafen bezeichnet. Lediglich an einigen Maxillapartien, die noch mit den Gesichts- oder/und Hirnschädelresten verbunden waren, ist die Zuordnung gesichert.
In Tab. 39 ist die Variation der Zahnreihenmaße der am häufigsten erhaltenen Messstrecken zusammengefasst. Gegenübergestellt sind jeweils die entsprechenden Werte der Schafe und der Gruppe Schaf und/oder Ziege. Es zeigt sich, dass alle ‚klaren' Schafe mit ihrer Maßvariation innerhalb derer der ‚Mischgruppe' liegen. Beim starken Dominieren der Schafe gegenüber den Ziegen ist diese Feststellung allerdings auch nicht verwunderlich, da anzunehmen ist, dass die meisten Maße tatsächlich von nicht erkannten Schafen stammen.
Diese Aussage gilt sinngemäß auch für alle Mandibulareste. Sie lieferten aufgrund ihres besseren Erhaltungszustandes mehr Maße. Zusammengefasst sind die Stückzahlen, die Variationen und Mittelwerte von acht Maßen getrennt nach Schaf und Schaf/Ziege in Tabelle 40. Die Zuordnung von sieben Mandibulae ist nur durch ihre eindeutige Zugehörigkeit zu artbestimmten Schädelfragmenten gegeben.
Die Mittelwerte von 72,9/72,9 mm für die ‚Länge der Backzahnreihe' (L BZR) und 49,5/50,1 mm für die ‚Länge der Molarreihe' (L MR) sowie 22,7/22,5 mm für die ‚Länge der Prämolarreihe' (L PMR) sind für und de facto gleich.
Das viel umfangreichere, annähernd zeitgleiche Material aus Bad Wimpfen erbrachte nach Frey substantiell die gleichen Durchschnittsmaße der Mandibulazahnreihen (L BZR 73,0 mm; L MR 50,0 mm; L PMR 23,2 mm). Die Variation umfasst allerdings in Bad Wimpfen einen viel größeren Rahmen, da dort > 150 und in Ladenburg < 50 Mandibulae für die Maßabnahme zur Verfügung standen.[56]
Der ‚Ertrag' an Maßen ist bei den meisten Elementen des postcranialen Skeletts so gering, dass auf eine statistische Auswertung verzichtet wird. Einzig die relativ häufig in recht gutem Zustand erhaltenen Metapodien der Vorder- und Hinterextremitäten erlauben Aussagen zur Größenvariation der Schafpopulation in der Umgebung von Lopodunum. Die wichtigsten Maße sind in Tabelle 41 zusammengefasst. Wie schon beim Vergleich der Mandibulamaße festgestellt, ähneln sich auch die Metapodienmaße der Schafe aus Ladenburg und Bad Wimpfen sehr eindrucksvoll. Bei 19 Metacarpen aus Ladenburg sind die Grenzwerte der ‚Größten Länge' 110,5 mm und 142,3 mm bei einem Mittelwert von 127,0 mm. Entsprechende Zahlen für 47 römerzeitliche Schafmetacarpen aus Bad Wimpfen lauten 110,8 und 145 mm, der Mittelwert liegt bei 129,3 mm. Die Metatarsenmaße von beiden Fundorten sind ebenfalls ähnlich, wobei die Unterschiede wohl hauptsächlich durch die geringen Stückzahlen des Ladenburger Materials begründet sind.
Widerristhöhen die nach allen ganzen Langknochen mit Hilfe der Faktoren von Teichert errechnet wurden, vermitteln einen Eindruck von der Größe der Tiere. Die ermittelten Körperhöhen liegen zwischen 54,1 und 69,6 cm bei einem Mittelwert von 61,8 cm.[57]
Diagramm 27 zeigt die Verteilung der Größen und die Herkunft, d. h. das der Berechnung zugrunde liegende Skelettelement der 33 WRH-Werte. Nach Calcaneus- und Taluslängen ermittelte WRH sind im Diagramm nicht enthalten, denn bei der Berechnung fiel auf, dass sich nur nach diesen

---

56 Frey 1991.
57 Teichert 1975.

‚Kurzknochen' sechsmal Körperhöhen über 70 cm (70,1–77,8) ergaben (fünf Calcanei, ein Talus). Um den Vergleich der eigenen Ergebnisse mit denen anderer Fundorte zu ermöglichen, wo nur Langknochenmaße ausgewertet wurden, bleiben die nach Calcaneus und Talus errechneten Widerristhöhen unberücksichtigt.

Die Schafe aus dem Gebiet an der Neckarmündung passen genau in die Größengruppe hinein, die nach bisher vorliegenden Untersuchungsergebnissen (aus der Zusammenstellung von Peters zu entnehmen) für den nördlichen Teil der Germania Superior bekannt war. Zur Größe der kleinen Wiederkäuer (in der Mehrzahl Schafe) der zeitlich und räumlich benachbarten Siedlung Bad Wimpfen sind keine Unterschiede zu erkennen, außer den weiter oben erwähnten, die durch die unterschiedlichen Stückzahlen begründet sind.[58]

Haushund, *Canis lupus f. familiaris*

Hundeknochen werden mehr oder weniger zahlreich bei nahezu allen Siedlungsgrabungen aufgefunden. Ihre Einordnung als Überrest menschlicher Nahrung ist nur dann möglich, wenn eindeutig anthropogene Manipulationsspuren erkennbar sind.

Die Interpretation als Kadaverbeseitigung, als Bestattung, als Bauopfer oder Niederlegung mit kultischem Hintergrund gelingt nur, wenn dem Ausgräber die Erkennung der Fundsituation und über deren Dokumentation dem Bearbeiter eine Deutung möglich ist. Schwierig bis unmöglich ist eine klare Aussage über den Status von Hundeknochen auch, wenn z. B. vergrabene Kadaver durch Planieren oder anderweitige Umschichtung innerhalb desselben historischen Fundhorizonts auseinander gerissen wurden oder solche ursprünglich unbeschädigten Knochen durch die ‚alte' Umlagerung ‚Bearbeitungsspuren' erhalten haben, die sie von Nahrungsüberresten ununterscheidbar machen.

Haushunde waren in römischen Siedlungen ‚normale' Mitbewohner. Den bisher erreichten Kenntnisstand zu ihrem Aussehen, ihrer Größe, Nutzung, Herkunft und Zucht hat Peters zusammengefasst. Er hat Daten aus einer Vielzahl von Einzelpublikationen zusammengetragen, analysiert und einem Vergleich mit rezentem Material unterzogen. Auf diese Arbeit wird in den folgenden Ausführungen häufiger Bezug genommen, andere Quellen werden aber ebenfalls genutzt. Die Berechnung der Widerristhöhe/Schulterhöhe aus den Langknochenmaßen erfolgt nach der Methode von Harcourt, für die Alterseinschätzung wurden die Angaben von Habermehl genutzt. Die Variation häufiger Knochenmaße des Gesamtmaterials enthält Tabelle 43, die Variation der Widerristhöhen nach verschiedenen Knochen zeigt Tabelle 44, die Einzelmaße aller Knochen adulter Hunde die Tabellen 37 bis 41 im Anhang.[59]

Hundereste sind in Lopodunum für den Gesamtzeitraum sehr zahlreich (654), aber sehr differenziert in den einzelnen Fundkomplexen (Tab. 42) und Zeitphasen vertreten. Sie liegen in einer beachtlichen Formenfülle (Größe, Wuchsform), als mehr oder weniger vollständige Skelette oder als Einzelknochen, völlig unversehrt, mit Zerlegungsspuren (Schnitt- und Hackspuren), mit verheilten Frakturen und anderen Pathologica und aus fast allen Altersgruppen (kleiner Welpe bis adult) vor. Einige Knochen müssen vor ihrer Einbettung Artgenossen zugänglich gewesen sein, denn sie weisen entsprechende Bissspuren auf. Da die Funde vom Ausgräber den stratigraphisch sehr detaillierten Befunden zuzuordnen waren, sollen sie auch nach den ermittelten Zeitphasen beschrieben werden.

Aus der Phase 2, der Zeit des Kastellvicus zwischen 70/80 und 100/110 n. Chr., gibt es zwei Hundeknochenfunde von zwei unterschiedlichen Parzellen. Von der Sohle des Holzkellers (504) auf Parzelle ‚A' (nach Ausweis des Fundzettels vom 27.6.83 „unter Planum 6") stammt das fast komplette (60 Fragmente) Skelett eines Hundewelpen, der kaum über vier Wochen alt geworden sein dürfte. Er ist sehr wahrscheinlich während der Funktionszeit des Kellers an diese Stelle geraten oder

---

58 Peters 1998.
59 Peters 1997a; Harcourt 1974; Habermehl 1975.

Zeit	Phase 2					Phase 3						Phase 4					
Fundstelle	Latrine					Grube		Latrine				Holzkeller		Steinbrunnen		Steinkeller	
Befund-Nr.	229		504			227		235		218		490		711		838	
	n	Gew.	n	Gew.		n	Gew.	n	Gew.	n	Gew.	n	Gew.	n	Gew.	n	Gew.
Cranium	2	39,5	22	14,6		15	649,4	1	186,6	1	97,4	1	0,7	12	85,6	6	133,9
Dentes sup.	-	-	-	-		-	-	-	-	-	-	-	-	1	2,4	-	-
Mandibula	2	24,7	2	3,4		13	322,8	4	134,7	1	46,4	-	-	8	193,1	3	74,5
Atlas	-	-	-	-		4	49,8	1	14,3	-	-	-	-	1	4	-	-
Epistropheus	-	-	-	-		3	46,7	1	13,9	-	-	-	-	-	-	2	28,8
Vert. cerv.	1	2,3	-	-		5	50,8	5	38,8	-	-	-	-	2	16,3	3	23,8
Vert. thor.	-	-	-	-		14	65,5	11	35,8	2	6,7	-	-	-	-	10	57,2
Vert. lumb.	-	-	-	-		17	166,6	3	22,2	1	3,9	-	-	-	-	9	93,5
Vert. sacrum	-	-	-	-		3	31,3	-	-	-	-	-	-	-	-	1	7,6
Costae	-	-	20	2,8		79	276,5	27	89,5	5	9,1	-	-	4	3,6	41	136,1
Scapula	1	4,1	2	1,7		9	142,2	2	60,8	2	37,4	-	-	1	5,5	4	50,2
Humerus	1	7,8	2	2,6		12	378,6	3	86,1	2	75,4	-	-	6	92,6	6	108,9
Radius	-	-	2	1,1		10	160,0	5	58,5	-	-	-	-	9	70,4	7	53,2
Ulna	-	-	1	0,8		9	113,1	4	44,2	-	-	-	-	7	52,3	3	34,6
Carpalia	-	-	-	-		-	-	-	-	-	-	-	-	1	0,4	-	-
Metacarpus	-	-	-	-		3	3,6	8	25,0	-	-	-	-	2	1,8	8	22,9
Os penis	-	-	-	-		1	6,3	-	-	-	-	-	-	-	-	1	3,9
Pelvis	-	-	5	1,7		17	279,0	2	58,2	-	-	-	-	6	20,6	2	47,2
Femur	1	6,4	2	2,4		19	461,2	3	71,4	1	16	-	-	7	89,6	3	47,3
Tibia	1	4,7	2	1,7		13	301,5	4	80,4	3	42,8	1	28,9	7	48,2	4	52,7
Fibula	-	-	-	-		4	12,9	2	6,6	-	-	-	-	1	0,4	2	3
Talus	-	-	-	-		2	3,5	-	-	-	-	-	-	-	-	-	-
Calcaneus	-	-	-	-		5	27,6	-	-	-	-	-	-	-	-	-	-
Tarsalia	-	-	-	-		1	0,2	-	-	-	-	-	-	-	-	-	-
Metatarsus	-	-	-	-		12	35,7	5	17,2	3	6,2	-	-	1	2,4	1	2,9
Metapodia	-	-	-	-		-	-	-	-	-	-	-	-	2	1,2	-	-
Phalanges a/p.	-	-	-	-		-	-	4	4,8	-	-	-	-	3	1,1	1	1,1
Gesamt	9	89,5	60	32,8		270	3584,8	95	1049,0	21	341,3	2	29,6	81	691,5	117	983,3

Tab. 42: Hund, Skelettelementeverteilung. Gew. = Gewicht.

verbracht worden und nicht erst während der Verfüllung nach Beendigung der Nutzungszeit am Ende der Phase 2. Der Auffindungsort der Skelettreste könnte auch der Sterbeort eines in den Keller gestürzten und dort verendeten Welpen sein.

Vom zweiten Individuum, einem weiteren Jungtier (halbwüchsig, nach dem Zahnstatus ‚um ein halbes Jahr'), kommen neun Knochen. Sie lagen „auf der Sohle" einer Latrine (229) auf Parzelle ‚C' in ca. 2 m Tiefe, d. h. sie müssen aus der Anfangszeit der Latrinenbenutzung noch vor der Wende zum 2. Jahrhundert stammen. Sie sind wegen der Jugendlichkeit des Tieres nicht ‚regulär' messbar, denn sie hatten ihr Längenwachstum noch nicht abgeschlossen und die Epiphysen fehlen.

Die drei vorhandenen fast unbeschädigten Langknochendiaphysen (Humerus rechts, Femur und Tibia links) sind zwischen 60 und 70 mm lang. Die Längen dieser Knochen, ihr gedrungener Wuchs und die leicht gekrümmten Diaphysen berechtigen zu der Annahme, dass es sich um die Reste eines Hundes handeln muss, der als erwachsenes Tier einen kräftigen brachymelen Typ verkörpert hätte.

Aus vier verschiedenen Befunden der Phase 3 der römischen Besiedlung Ladenburgs zwischen 100/110 und 165/175 n. Chr. wurden 388 Hundeknochen geborgen. Nur zwei von diesen sind als Einzelreste je eines sehr jungen und eines adulten Tieres beim Zuschütten eines nicht mehr genutzten Kellers (490) auf dem Grundstück ‚B' in das Füllmaterial geraten.

In der Latrine (218) am Ende dieser Parzelle ‚B' kamen 21 Hundeknochen von mindestens zwei weiteren Tieren zutage. Aus den ‚Größten Längen' von zwei unversehrten Humeri eines adulten Exemplars ließen sich Schulterhöhen von 54,2 cm errechnen. Wahrscheinlich ebenfalls von diesem mittelgroßen Tier stammen noch weitere Knochen, die z. T. Gewalteinwirkung erkennen lassen. Am deutlichsten ist dies an einem Schädel zu erkennen, dessen verloren gegangener Gesichtsschädel mit Beil-Hieben von oben auf den Stirnbereich und von unten auf den Gaumenbereich vom fast unversehrt erhaltenen Hirnschädel getrennt wurde. Das teilweise noch vorhandene, leicht abradierte Ersatzgebiss weist auf einen Hund um 1–2 Jahre (Abbildung 21).

Von einem zweiten ebenfalls adulten Tier sind unbeschädigt der sehr grazil wirkende Femur und die Tibia der linken Seite erhalten. Aus den Langknochenmaßen ergaben sich zwei Schulterhöhen von 37,6 und 35,9 cm. Das ist eine Größe um 36 cm, die nach PETERS etwa einem rezenten Mittelspitz entspricht. Eine rechte Scapula, zwei Brustwirbel, zwei Rippen und ein Metatarsus passen größenmäßig zu den vorgenannten Knochen.[60]

Auf der Nachbarparzelle ‚C' befanden sich nur 3–8 m entfernt, wahrscheinlich fast zeitgleich in den ersten zwei Dritteln des 2. Jahrhunderts n. Chr., drei Entsorgungsgruben. Zwei von ihnen waren holzverschalte, etwa 3 m tiefe Latrinen. Die eine (519), die bis auf einen Koprolithen keine Hundereste enthielt, wurde nach der Verfüllung ihrer untersten 1,5 m einplaniert und von einer 3,40 x 2,10 m großen, knapp 1,5 m tiefen Grube überlagert. Diese Grube (227) enthielt 270 Knochen von Hunden unter 1088 Tierresten. In der Latrine (235), die möglicherweise die verfüllte ‚Nachbarlatrine' (519) ersetzte, lagen 95 Hundeknochen. Diese Knochen werden zuerst beschrieben.

Ein einzelner, distal leicht beschädigter (abgekaut?), sehr schlanker (KD = 14,3 mm) rechter Radius eines adulten Tieres ist wahrscheinlich der einzige Rest des größten nachweisbaren Hundes aus Lopodunum. Auf seine komplette Länge von mindestens 205 mm ergänzt, ergibt dieser Knochen eine Schulterhöhe von ca. 67 cm. Damit erreichte er die Körperhöhe eines rezenten Deutschen Schäferhundes. Die Widerristhöhe liegt damit im maximalen Bereich von römerzeitlichen Hunden der westlichen Rhein-Donau-Provinzen. Aufgrund des Radiusindex (KD x 100/GL), der dem eines rezenten Barsoi nahe kommt und des visuellen Schlankheitseindruckes dürfte das Tier eine windhundähnliche Figur gehabt haben. Ein unvollständiges Skelett, dessen vorhandene Elemente fast unbeschädigt sind (82 Knochen, Ersatzgebiss vollständig, noch nicht abgekaut, Langknochenepiphysen z. T. verwachsen), stammt von einem jungerwachsenen Hund ‚um 1 Jahr'. Nach einem vollständigen Humerus (prox. Epiphyse im Verwachsen) ließ sich für dieses nicht ganz erwachsene, normalwüchsige Tier eine Schulterhöhe von ca. 61 cm errechnen. Durch zwölf Knochen ist als drit-

---

60 PETERS 1997a.

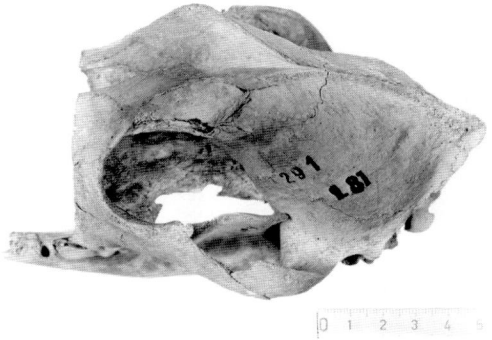

Abb. 21: Hund, Hirnschädel mit abgehacktem Gesichtsschädel.

Abb. 22a: Hund, Schädelreste von zwei Jungtieren mit Einschnürung der Schnauzenpartie im Bereich des Foramen infraorbitale: Basalansicht.

Abb. 23: Hund, Mandibulae zu Schädeln mit Gesichtsverkürzungen.

Abb. 22b: Hund, Schädelreste von zwei Jungtieren mit Einschnürung der Schnauzenpartie im Bereich des Foramen infraorbitale: Frontalansicht.

tes Individuum in diesem Fundkomplex ein relativ kleiner schlankwüchsiger Welpe im Alter von 4–5 Monaten (Durchbruch des M1) nachzuweisen.

Das Knocheninventar der in ihrer Lage bereits beschriebenen Grube (227) enthält 270 Reste von mindestens fünf adulten Hunden, einem subadulten und mindestens sechs juvenilen Individuen unterschiedlichen Alters.

Einen Teil dieser Funde hat TEICHERT bereits in einer Zwischenauswertung vorgestellt. Die überwiegende Zahl (>170) der Knochen adulter Hunde ist bis auf die Lagerungseinflüsse, einige alte Bruchkanten und gelegentliche frische Brüche, die während der Bergung entstanden sind, völlig unbeschädigt.[61]

Nur an 13 Knochen (Schädel, Mandibula, Extremitätenknochen und Rippen) sind deutliche Zerlegungsspuren in Form von Schnitt- und Hiebmarken erkennbar. Das völlige Fehlen von Schwanzwirbeln und Phalangen spricht bei der allgemein hohen Qualität der Fundbergung gegen eine ‚Verlochung' kompletter Kadaver.

---

61 TEICHERT 1994.

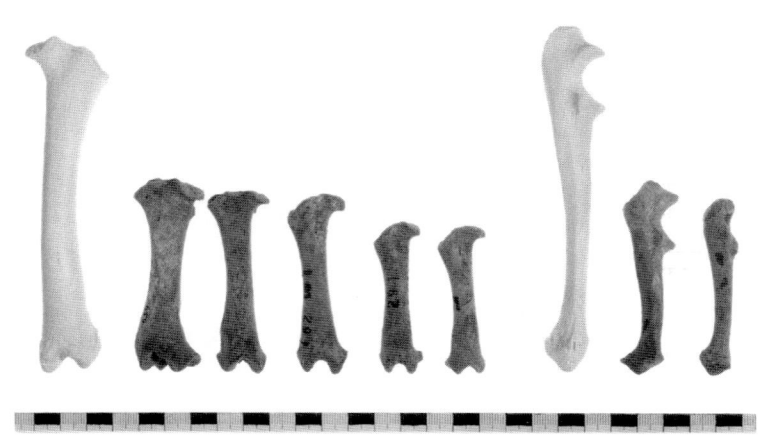

Abb. 24a: Hund, Vergleich von Femora und Ulnae verschiedener brachymeler Junghunde mit denen eines rezenten jungen Deutschen Schäferhundes (Osteologische Vergleichssammlung, ZNS, Halle).

Abb. 24b: Hund, Vergleich des Schädels eines großen Jungtieres aus Lopodunum mit dem eines rezenten gleichaltrigen Deutschen Schäferhundes (Osteologische Vergleichssammlung, ZNS, Halle).

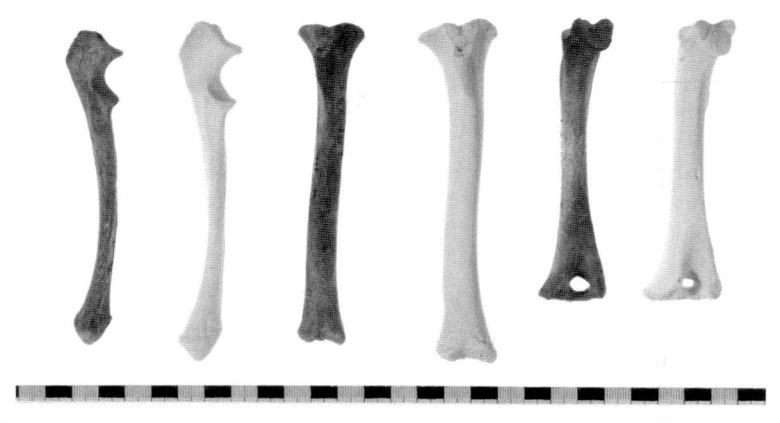

Abb. 25: Hund, Vergleich der Knochen eines großen Jungtieres aus Lopodunum mit denen eines rezenten gleichaltrigen Deutschen Schäferhundes Extremitätenknochen (Ulna, Tibia, Humerus; Osteologische Vergleichssammlung, ZNS, Halle).

Schädel	Ect-Ect	H A-B	GBCo	B-N	A-Fr	Bas-Syn
n	4	5	5	5	2	5
max	59,5	51,5	41,4	93,7	108,6	70,6
min	46,8	44,1	37,8	85,9	105,2	40,6
mittel	51,9	48,0	39,4	90,2	106,9	62,3

Maxilla	LBZR	LMR	LPMR	L P4	B P4
n	5	7	5	6	6
max	71,0	21,6	53,3	21,9	13,7
min	61,1	17,5	44,4	18,3	9,9
mittel	65,6	19,8	49,3	19,9	11,1

Mandibula	LBZR	LMR	LPMR	L P2-P4	L M3-C	H v P1	H v M1	H h M3
n	15	19	15	15	13	16	19	18
max		80,1	40,2	42,7	36,2	88,0	24,1	28,1	35,6
min		67,7	29,8	35,6	31,2	71,5	17,9	19,0	22,0
mittel		74,4	35,9	39,3	34,0	78,7	20,0	23,3	28,0

Scapula	KLC	GLP	LG	BG	HS
n	9	11	11	12	3
max	30,8	36,3	30,3	23,1	154,9
min	15,0	21,4	19,0	12,7	108,9
mittel	25,3	30,9	27,0	18,7	136,1

Humerus	KD	Bd	GL	GLC	Tp	BT
n	21	18	15	15	17	7
max	16,3	37,3	185,0	181,0	47,1	22,4
min	10,1	25,3	92,6	86,9	29,1	15,0
mittel	13,0	33,2	161,7	157,0	40,8	20,0

Radius	Bp	KD	Bd	GL
n	12	16	11	12
max	20,9	16,6	27,6	205,0
min	13,9	10,1	17,8	82,9
mittel	18,4	13,3	24,4	158,3

Ulna	GL	BPc	TPa	KTO
n	3	9	11	10
max	220,0	20,2	29,2	24,5
min	184,6	16,4	17,9	18,3
mittel	203,1	18,1	24,6	21,2

Pelvis	LAR	KB	KH	LFo	LS
n	12	12	12	7	3
max	25,7	11,8	24,6	28,0	46,0
min	21,5	5,0	12,0	25,5	30,5
mittel	22,9	8,9	19,1	26,9	40,4

Tibia	Bp	KD	Bd	GL	TC
n	11	16	10	9	13
max	39,6	16,0	27,1	212,1	22,7
min	25,2	7,6	15,2	92,0	13,5
mittel	33,8	12,1	20,9	153,5	18,8

Femur	Bp	KD	Bd	GL	GLC	GL
n	11	15	14	11	4	8
max	42,6	17,0	36,4	195,5	203,3	168,0
min	27,2	8,0	24,2	124,0	122,2	127,0
mittel	37,6	13,2	31,6	175,0	154,3	149,4

Tab. 43: Hund, Variation der wichtigsten Maße in mm.

Humerus	WRH	Radius	WRH	Ulna	WRH	Femur	WRH	Tibia	WRH	Gesamt	WRH
n	15	n	12	n	3	n	11	n	9	n	50
max	60,8	max	67,1	max	61,8	max	60,1	max	62,9	max	67,1
min	29,0	min	28,3	min	52,0	min	37,6	min	27,8	min	27,8
mittel	52,8	mittel	52,3	mittel	57,1	mittel	53,6	mittel	45,8	mittel	51,9

Tab. 44: Hund, Widerristhöhenvariation (cm).

Die inadäquate Zusammensetzung des Fundguts ist nicht einfach mit Bergungsverlusten und Knochenschwund zu erklären. Es sind z. B. nur neun Scapulae und zwölf Humeri bei 19 Femora, nur zwei bzw. fünf von 24 möglichen Tali und Calcanei und nur ein Bruchteil der für zwölf Individuen ‚erforderlichen' Rippen und Wirbel (z. B. nur drei Epistrophei und zehn Brustwirbel) vorhanden. Es müssen demnach durchweg zerteilte Tiere in die Grube gelangt sein, denn es ist weder ein auch nur annähernd komplettes Skelett vorhanden, noch sind Hundebissspuren erkennbar, die als Indiz für die Kadaverzerlegung durch Artgenossen gewertet werden könnten.

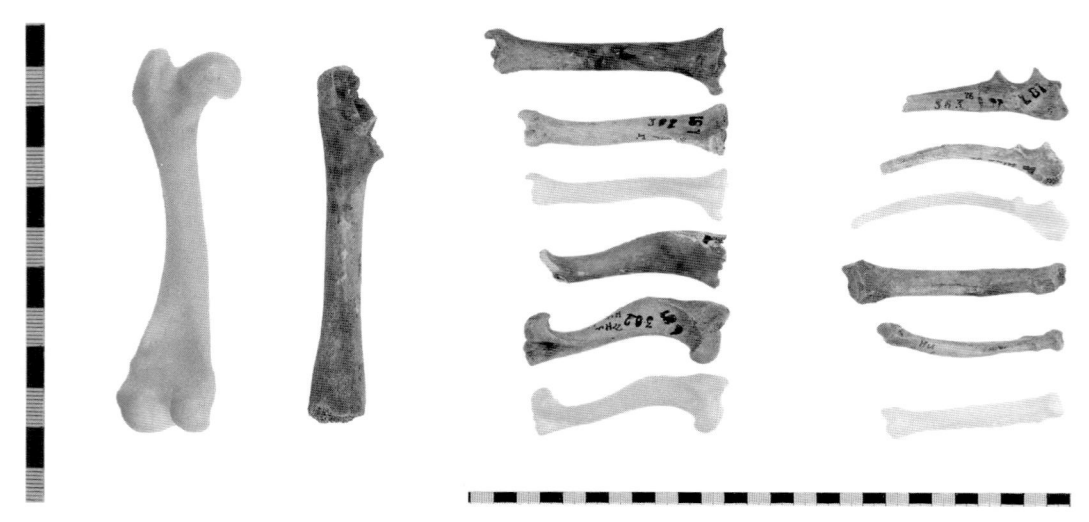

Abb. 26 (links): Hund, proximal deformierte Femurdiaphyse neben Vergleichsstück von einem rezenten adulten Hund der Rasse Shih-Tzu (Osteologische Vergleichssammlung, ZNS, Halle). – Abb. 27 (rechts): Hund, Vergleich der Extremitätenknochen (Tibia, Humerus, Ulna, Radius) verschiedener kleinwüchsiger Individuen mit den entsprechenden Knochen eines adulten rezenten Hundes der Rasse Shih-Tzu (Osteologische Vergleichssammlung, ZNS, Halle).

Vier der erwachsenen Hunde waren zwischen 61 und 56 cm hoch. Der größte hatte massig wirkende Knochen, die drei kleineren Tiere waren eher normalwüchsig. Der fünfte adulte Hund ist lediglich durch eine rechte Femurdiaphyse in dieser Fundansammlung nachzuweisen Das Schaftfragment passt zwar nur annähernd in der Größe, dafür aber in Struktur und Form genau zu dem weiter oben beschriebenen linken Femur des ‚mittelspitzgroßen' Hundes (ca. 36 cm WRH) aus der Latrine (218) der Nachbarparzelle.
Ob durch diesen Fund ein Tier und damit die Gleichzeitigkeit der beiden ‚Entsorgungseinrichtungen' zu beweisen ist oder der Nachweis zweier, annähernd gleich großer Individuen desselben Typs vorliegt, muss offen bleiben.
Eindeutig sind durch die Jungtierknochen auch unterschiedliche Wuchstypen vertreten. Es liegen 66 (fast ausschließlich) Extremitäten- und Kopfknochen vor. Bei ihnen ist nur über den direkten Vergleich mit rezentem Material eine Größen- und Formeneinordnung möglich.
Der rechte Oberkiefer eines Welpen (ca. ¼ Jahr alt), dessen P^1 noch nicht durchgebrochen war, weist im Bereich des Foramen infraorbitale eine Einschnürung der Schnauzenpartie auf (Abb. 22 a u. b), die über das ‚runde' Aussehen eines ‚normalwüchsigen' gleichaltrigen Junghundeschädels weit hinausgeht. Die von zwei nur wenig älteren Individuen stammenden anderen beiden Maxillareste sind in diesem Bereich gestreckter und weniger deutlich abgesetzt.
Da es sich um den Schädelrest eines Jungtieres handelt, ist damit zwar noch kein ‚echter' brachyzephaler Hund nachgewiesen, aber gegenüber den anderen ladenburgischen Exemplaren stellt dieses Stück durch seine Gesichtsschädelverkürzung eine Besonderheit dar. Mandibulae zu diesen drei Junghundschädeln liegen ebenfalls vor (Abb. 23). Der in die vorangegangene Betrachtung einbezogene, einschließlich beider Mandibulahälften fast komplette Schädel (P$_1$ und M^1 durchgebrochen), war Teil eines Jungtieres im Alter von 3 bis 5 Monaten, dessen linke Scapula (Tuber scapulae noch nicht verwachsen), beide Humeri, Ulnae und Radien, Femur und Tibia rechts sowie der Atlas vorliegen. Die bereits erreichten Dimensionen der Extremitätenknochendiaphysen ähneln denen gleicher Knochen eines rezenten, gleichaltrigen Deutschen Schäferhundes, die Fundstücke sind aber viel schlanker (Abb. 24 a). Auch der Schädel wirkt schlank, denn seine Stirn-Nasen-Linie ist weniger konkav als die des Schäferhundes (Abb. 24 b). Ganz anders als die Vorgenannten erscheinen einige Extremitätenknochen weiterer juveniler Hunde. Sie gehörten offensichtlich zu mindestens zwei un-

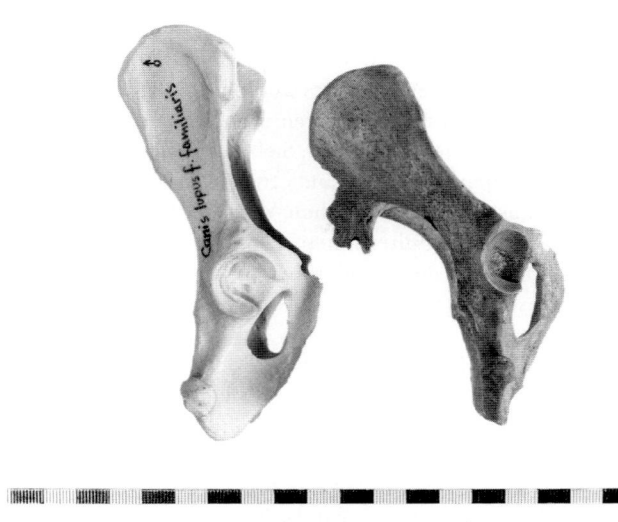

Abb. 28: Hund, Pelvis mit extremer Winkelung (Os ilium/Os pubis) im Vergleich zu einem Becken eines rezenten, etwa gleichgroßen Hundes (Mischling mit ca. 50 cm WRH; Osteologische Vergleichssammlung, ZNS, Halle).

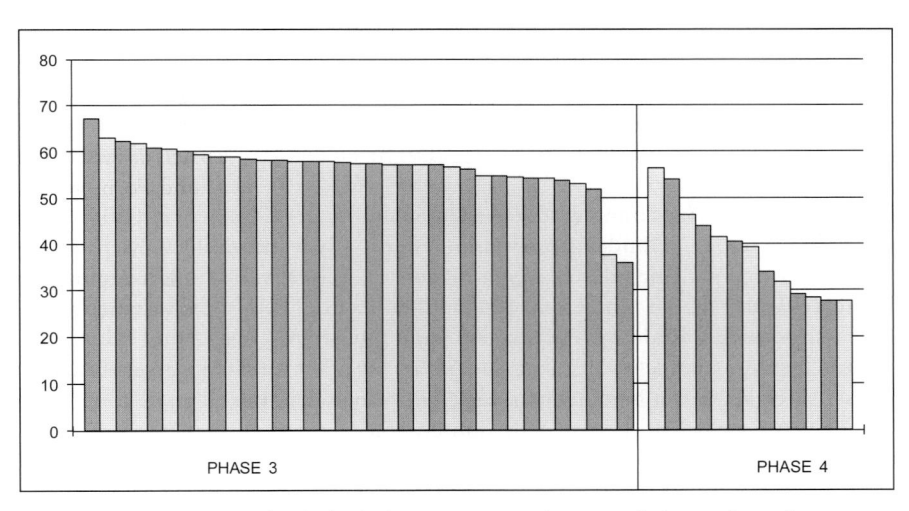

Diagr. 28: Hund, Schulterhöhenvariation in Phase 3 und Phase 4 (in cm) berechnet aus ganz erhaltenen Langknochen nach HARCOURT (1974).

terschiedlichen brachymelen Typen. Der eine – vertreten durch Ulna und Femur – wäre zu einem sehr kräftigen, der andere zu einem eher feingliedrigen kurzbeinigen Hund herangewachsen. Die unterschiedlichen Wuchsformen der Junghundeextremitäten verdeutlicht Abbildung 25.
Funde der Phase 4, die etwa ab Ende des 2. Jahrhunderts n. Chr. abgelagert wurden, kommen von zwei verschiedenen Örtlichkeiten der Parzelle ‚C'. Offenbar erst nach seiner Zerstörung, während der Brandkatastrophe in der Mitte des 3. Jahrhunderts n. Chr., wurde der Steinkeller (838) des Hauptgebäudes mit Abfällen aller Art verfüllt und einplaniert.
Möglicherweise annähernd zeitgleich mit diesem Keller hat man nach Beendigung seiner ursprünglichen Nutzung den hinter den Gebäuden liegenden fast 7 m tiefen Steinbrunnen (711) zugeschüttet. Bei der Ausgrabung fanden sich im Aushub auch 81 Hundeknochen, die von mindestens neun Tieren unterschiedlichen Alters und verschiedener Wuchstypen stammen. Eindeutige Zerlegungsspuren weisen nur wenige Fundstücke auf, häufiger aber alte Bruchkanten.

Ein Beckenrest gehörte zu einem wenige Wochen alten Welpen. Von einem weiteren sehr feingliedrig kurzbeinigen, etwa halbjährigen Jungtier ist eine Femurdiaphyse, ein Radius und eine Ulna gefunden worden. Die Zerstörung des Femurkopfes und die folgenden massiven Entzündungsprozesse, die sich in der Deformation des proximalen Femurendes manifestieren (Abb. 26), sind wohl ein Grund für den frühen Tod dieses Tieres gewesen. Sieben zueinander passende Extremitätenknochen gehörten zu einem erwachsenen Hund. Sie sind etwas kräftiger, aber in der Form sehr ähnlich denen eines Shih-Tzu-Rüden aus der osteologischen Vergleichssammlung (Abb. 27). Vier dieser Knochen aus dem Brunnen ergaben Schulterhöhen zwischen 27,8 und 29,1 cm. Der errechnete Mittelwert von 28,3 cm entspricht fast dem modernen Standard der einander ähnelnden rezenten Rassen Shih-Tzu und Lhasa Apso. Zu einem weiteren vergleichbar kleinen Exemplar gehörte eine einzelne Tibia.

Vom nächstgrößeren kurzbeinigen Hund, einem ‚starkknochigen' Tier, liegen fünf Knochen vor. Nur zwei sind zur Widerristhöhenberechnung geeignet. Sie ergaben Werte von 31,9 und 33,9 cm. Diese drei brachymelen Individuen sind sehr wahrscheinlich nicht brachyzephal gewesen, denn weder eine der aufgefundenen Mandibeln noch eins der Schädelfragmente weisen entsprechende Merkmale auf. Von weiteren Hunden sind nur wenige Einzelknochen vorhanden. Ein mittelgroßes, sehr schlankwüchsiges Exemplar hatte nach dem ganz erhaltenen Femur eine Schulterhöhe von 46,4 cm, für ein anderes ließen sich nach dem Humerus 56,4 cm und nach dem Radius 57,7 cm errechnen. Jeweils ein Radius- und Femurfragment stammt von einem mindestens gleich großen oder noch größeren Tier. Einige Extremitätenknochenfragmente gehörten zu einem weiteren großen, aber noch subadulten Hund. Der rechte Radius, die linke Ulna, das rechte Femur und die rechte Tibia weisen im Diaphysenbereich einzelne bis serienweise Schnittspuren auf, die eine Zerlegung zu Nahrungszwecken als sehr wahrscheinlich erscheinen lassen. Zu den vorgenannten Knochen könnten die ebenfalls aufgefundenen kräftigen Mandibula- und Schädelfragmente passen, deren Struktur und der gerade abgeschlossene Zahnwechsel nach HABERMEHL einem Tier ‚zwischen einem halben und einem Jahr' zuzuordnen wäre.[62]

Der größte geschlossene Fundkomplex der Kellereigrabung, der Steinkeller (838), enthielt unter 2722 Tierknochen auch 117 Hundereste von mindestens sieben Individuen. Zwei unterschiedlich alte und große Welpen sind nur durch wenige Knochen belegt, von adulten Tieren stammt die Masse der Funde. Unter diesen mindestens fünf adulten Exemplaren ist durch einen vollständig erhaltenen Penisknochen ein Rüde nachweisbar. Obwohl nur dreimal Hack- und Schnittmarken und damit Zerlegungsspuren deutlich erkennbar sind, ist auch bei allen anderen Fundstücken davon auszugehen, dass es sich bei den aufgefundenen Resten in keinem Fall um ehemals komplett verlochte Kadaver handelt. An sechs Knochen sind Bissspuren von Hunden zu bemerken. An vier Funden deuten Kallusbildungen auf verheilte Frakturen. Ein ‚normalwüchsiger' Hund, das größte Exemplar aus diesem Fundkomplex, war ca. 54 cm groß. Drei Tiere mit kräftigen z. T. leicht gebogenen Knochen hatten errechnete Schulterhöhen zwischen 39,3 cm und 43,9 cm. Vergleichbare Körperhöhen und eine vergleichbare Wuchsform der Knochen haben nach PETERS Vertreter der rezenten Rasse Beagle. Noch stärker gebogen als bei brachymelen Hunden ‚normal' ist eine Tibiadiaphyse aus dieser Größengruppe. Ob diese Form ernährungsbedingt pathologisch (rachitisch?) ist oder ein erbliches Merkmal darstellt, muss offen bleiben. Ähnlich auffällig ist ein komplettes Becken, dessen dorsale Kante von Os ilium und Os ischium deutlicher abgewinkelt verläuft als bei allen anderen Fund- und den rezenten Vergleichsstücken (Abb. 28).[63]

Das Hundeknochenmaterial aus der Grabung an der Westseite des Marktplatzes in Lopodunum ermöglicht durch seine Fülle einen Einblick in die Variationsbreite römischer Hundepopulationen der mittleren Kaiserzeit. Es konnten auf diesem begrenzten Areal immerhin die Reste von mindestens 37 Tieren unterschiedlichen Alters nachgewiesen werden. Durch Zufall ist mit 50 ganz erhaltenen Langknochen von mindestens 17 adulten Hunden (36 Knochen von acht Exemplaren aus Phase 3

---

62 HABERMEHL 1975.
63 PETERS 1997a.

und 14 Knochen von neun Exemplaren aus Phase 4) wahrscheinlich die gesamte Größenvariation der Hunde an diesem Grabungsabschnitt erfasst. Den Überblick über die errechneten Schulterhöhen bietet das Diagramm 28. Diesem Diagramm liegen nur die komplett metrisch erfassbaren und für die Widerristhöhenberechnung geeigneten Extremitätenknochen zugrunde. Die Verteilung der Funde auf die verschiedenen Hundetypen zu bestimmten Zeiten erschließt sich damit nicht. Diese Einblicke in die verschiedenen Formen und Größen – vor allem der jungen Hunde – erläutert der obige Text.

Hauskatze, *Felis silvestris f. catus*

Unter den bisherigen Nachweisen der Hauskatze aus der Germania romana nimmt das Material der Ladenburger Kellereigrabung mit seiner ‚hohen' Anzahl von 36 Fundstücken eine besondere Stellung ein. Es sind unter ca. 11500 Knochen aus Lopodunum genau so viele wie unter fast 230 000 bisher ausgewerteten Tierresten aus Augusta Raurica in der Nähe von Basel am Oberrhein.[64] Eine Zusammenstellung aller bis 1994 publizierten Funde erfolgte durch Benecke.[65]
In der Regel handelt es sich bei den allermeisten bisher archäozoologisch ausgewerteten Fundstellen aus der ‚Germania Superior' und aus dem auch für das römische Ladenburg relevanten Zeitraum vom 1.–3. Jahrhundert n. Chr. um den Nachweis von Einzelstücken oder um Fundzahlen unter fünf. So sind es z. B. in Butzbach – 1, in Hüfingen – 3, in Rottweil – 2 und in Bad Wimpfen – 1. Die große Ausnahme bildet der Vicus des Kastells von Rainau-Buch an der Jagst am rätischen Limes. Dort fand Gulde 25 Hauskatzenknochen von mindestens vier Tieren. Die Jagst als Nebenfluss des Neckar verbindet gewissermaßen Ladenburg an der Neckarmündung und das etwa 120 km südöstlich gelegene Rainau. Da dieses Lagerdorf erst ab ca. 150 n. Chr. angelegt wurde und bis zur Zerstörung nur rund 100 Jahre bestand, ist die Datierung des Knochenmaterials für diesen Zeitrahmen sehr gut abgesichert.[66]
Fast alle Stücke aus Lopodunum stammen ebenfalls aus zeitlich relativ genau einzugrenzenden (ca. 50 Jahre zwischen 100/110 und 165/175 n. Chr.) und räumlich höchstens 5 Meter voneinander entfernten Fundzusammenhängen am ‚Gartenende' der Parzelle ‚C'.
Zwei holzverschalte zeitgleiche oder einander als funktionelle Orte ablösende Latrinen (Befunde 235 und 519) enthielten eine Tibia einer halbwüchsigen und ein Beckenfragment einer fast erwachsenen Katze. Die eine Latrine (519) wurde unmittelbar nach ihrer Verfüllung von einer Abfallgrube (227) überlagert, die neben sehr vielen Knochen anderer Tiere auch 30 Katzenknochen enthielt. All diese Knochen scheinen zum selben Individuum gehört zu haben, denn sie stimmen in Konsistenz, Farbe, Größe, Epiphysenverwachsung und Erhaltungszustand sehr gut überein. Die Epiphysen der Extremitätenknochen sind z. T. verwachsen, z. T. im Verwachsen und zu einem weiteren Teil noch lose (aber vorhanden). Die Backenzähne waren alle gewechselt, die vorhandenen zeigen bereits eine leichte Abrasion.
Nach den von HABERMEHL mitgeteilten Kriterien dürfte das Tier knapp ein Jahr alt geworden sein. Zerlegungsspuren sind nicht erkennbar und so verwundert es, dass zwar Rippen, aber keine Brustwirbel, nur einmal Scapula und Humerus, je ein Metacarpus und Metatarsus, beide Beckenhälften – aber kein Kreuzbein, dafür drei Lendenwirbel, der Schädel nebst Mandibeln -aber keine Halswirbel vorhanden sind.[67]
Die Verteilung dieser und aller übrigen Katzenskelettelemente enthält Tabelle 45. Bei der Erhaltungsqualität der vorhandenen Stücke und der Sorgfalt bei der Bergung ist ein moderner Verlust der fehlenden Skeletteile kaum vorstellbar. Weil die Fundstücke so gut erhalten sind und ihre Qualität

---

64 SCHIBLER/FURGER 1988; DESCHLER-ERB 1992.
65 BENECKE 1994.
66 HABERMEHL 1959/60; SAUER-NEUBERT 1968; KOKABI 1982; FREY 1991; GULDE 1985.
67 HABERMEHL 1975.

Befund	Nr. 1	Nr. 2	Knochen	Alter	Gewicht	Anzahl	r/l
227	291	34	Humerus	subad./ad.	5,4	1	l
227	291	40–41	Pelvis	subad./ad.	6,8	2	r/l
227	291	3–36	Femur	subad./ad.	10,2	2	r/l
227	291	37–38	Tibia	subad./ad.	11,8	2	r/l
227	291	39	Fibula	subad./ad.	0,7	1	
227	291	55	Schädel	subad./ad.	13,8	5	
227	291	55	Maxilla	subad./ad.	3,2	2	
227	291	56	Mandibula	subad./ad.	6,3	1	r/l
227	291	33	Scapula	subad./ad.	2,5	1	l
227	291	45–52	Rippe	subad./ad.	2,4	8	
227	291	53	Mt IV	subad./ad.	0,8	1	l
227	291	42–44	Lendenw.	subad./ad.	5,1	3	
227	291	54	Mt II	subad./ad.	0,6	1	l
235	283	3	Tibia	juv./subad.	1,1	1	l
519	297	236	Pelvis	subad./ad.	1,4	1	r
711	366	314	Radius	juv./subad.	0,3	1	
711	366	313	Calcaneus	juv./subad.	0,4	1	
711	364	213	Femur	juv./subad.	3,0	1	r
711	366	316	Femur	juv./subad.	0,8	1	l

Tab. 45: Hauskatze, Skelettelementeverteilung.

Schädel	H occipital	GB C. occip.				
	26,7	21,6				
Mandibula	LBZR	LMR	LPMR	L P2-P4	L M3-C	H v P1	H h M3
	59,3	52,4	18,9	7,7	9,5	11,4	24,8
Scapula	KLC	GLP	LG	BG	HS	
	12,1	13,6	11,4	8,8	67,5	
Humerus	KD	Bd	GL	GLC	Tp	
	7,0	17,6	98,3	96,8	19,9	
Pelvis	LAR	KB	KH	LFo		
	10,8	4,3	10,4	19,5		
	10,6	–	10,0	–		
Femur	KD					
	8,3					
	8,2					
Tibia	Bp	KD	Bd	GL		
	19,7	7,1	15,0	117,8		
Metatarsus II	Bd	GL				
	6,0	47,0				
	5,8	51,6				

Tab 46: Hauskatze, Einzelmaße in mm.

sie einem nahezu erwachsenen Tier zuweisen, wurden sie gemessen, obwohl noch nicht alle Epiphysen verwachsen waren. Die Einzelmaße enthält Tabelle 46. In der Größe passen sie zu einem ‚mittelgroßen' rezenten Tier aus der osteologischen Vergleichssammlung.

Aus der Füllung des Steinbrunnens (711), der etwa 15 bis 20 m vom Auffindungsort der oben beschriebenen Katzenreste auf der Grundstücksgrenze zur Nachbarparzelle lag, wurden im Verlauf der ‚normalen' Ausgrabung vier ziemlich schlecht erhaltene Knochenfragmente (Radius, Femur,

Calcaneus) einer weiteren subadulten Katze geborgen. Eine auffällig mit Kleinstfunden durchsetzte Füllmaterialprobe dieses Brunnens wurde geschlämmt. Dabei kamen u. a. je ein Unterkiefereckzahn aus dem Milchgebiss, ein Os nasale und ein Krallenbein einer juvenilen/subadulten Katze zum Vorschein. Mehrere stark beschädigte Reste von (1. und 2.) Phalangen von ‚Hund oder Katze' könnten mit den vorgenannten Jungtierfunden zu demselben Individuum wie die ‚Großreste' gehört haben. Verfüllt wurde der Brunnen am Ende seiner ‚Nutzungszeit' in der zweiten Hälfte des 3. Jahrhunderts n. Chr.

Hausvögel

Haushuhn, *Gallus gallus f. domesticus*

Mit 253 Knochen von Haushühnern, die aus nahezu allen Befunden der römischen Besiedlungszeit an der Kellerei in Ladenburg stammen, ist die Einordnung dieser Tierart im Nahrungsspektrum der Bewohner belegt. Die relativ groß erscheinende Menge ist unter 11522 Fundstücken, verteilt über einen Zeitraum von mehr als 160 Jahren, allerdings nur als Indiz für eine kontinuierliche Nutzung zu werten. Die Haltung und Reproduktion am Auffindungsort der Abfälle ist in dieser eng bebauten Siedlung nur eingeschränkt denkbar, obwohl, abgesehen von Hund und Katze, gerade Hühner von den Haustieren den geringsten Platzbedarf haben und in geringer Stückzahl in den ‚Hinterhöfen' der Parzellen gehalten worden sein könnten.
Eine Aufstellung zu Fundstellen und zur Skelettelementeverteilung enthält die Tabelle 47. Diese Zusammenfassung verdeutlicht zum einen eine sehr ungleichmäßige Verteilung über das Grabungsareal und zum anderen die Unterrepräsentierung mancher Skelettelemente. Knochen der Vorderextremität sind mit 63 Stücken nur knapp halb so stark vertreten wie die der Hinterextremität mit 135 Funden. Aus den 49 Tarsometatarsen und den 47 Tibiotarsen lässt sich auf eine MIZ von etwa 50 Tieren schließen. An Laufknochen von erwachsenen Hühnern ist die Geschlechtszugehörigkeit sicher zu erkennen. Im vorliegenden Fundgut sind 20 Huhn- und 22 Hahnmetatarsen eindeutig zu unterscheiden, bei weiteren sieben Fundstücken dieses Knochenelements kann wegen Beschädigung oder jugendlicher Herkunft die Zuweisung nicht erfolgen.
Eine Alterseinstufung der Funde lässt sich nur in Gruppen mit fließenden Übergängen bewerkstelligen. Klar erkennbare Symptome, wie die Epiphysenfugenverwachsung bei Säugetieren, gibt es bei Vögeln so nicht. Lediglich am Tibiotarsus ergeben sich im distalen und am Tarsometatarsus im proximalen Bereich durch die Verwachsung der Gelenkskomponenten mit den jeweiligen Diaphysen Alterskriterien.
Die Größe der Skelettelemente in Verbindung mit Oberflächen- und Knochenstruktur, Ausprägung von Muskelmarken, Gruben, Höckern und Leisten ermöglicht ebenfalls eine Zuordnung zu Altersgruppen.
Als Vergleichsmaterial für die Alters- und Größeneinschätzung wurden Skelette von rezenten Bankivahühnern, Bankivamischlingen, Zwergwelsumern und Leghorn aus naturnaher Freilandhaltung benutzt.
Die Hühnerreste des vorliegenden Materials können in vier Altersgruppen unterteilt werden.
Mit neun Fundstücken ist dies als erste die Gruppe ‚juvenil bis subadult', die Reste von unterschiedlich großen Küken aus den ersten drei Lebensmonaten beinhaltet.
Als zweite Gruppe ‚subadult' wurden 41 Objekte eingestuft, die aufgrund ihrer Größe und Struktur rezenten Vergleichsstücken entsprachen, die von Tieren zwischen 3 und 6 Monaten stammen.
Eine dritte Gruppe ‚subadult bis adult' enthält 89 Funde, deren Größe und Struktur sie dieser Kategorie der etwa halb- bis einjährigen Hühner zuweist.
Die Hauptmenge mit 114 Fundstücken bilden die Knochen erwachsener Tiere ‚adult bis senil' unterschiedlichen Alters.
In Diagramm 29 sind die Anteile der Altersgruppen in den drei Phasen verdeutlicht.

Zeit	Phase 2													
Fundstelle	Latrine						Holzkeller				Lehmgrube			
Befund	229		486		226		305		491		504		720		1880	
Parzelle	C		B		B		D		B		A		B		C	
	n	Gew.	n	Gew.	n	Gew.	n	Gew.	n	Gew.	n	Gew.	n	Gew.	n	Gew.
Cranium	–	–	–	–	–	–	1	2,7	–	–	–	–	–	–	–	–
Vert. lumb.	–	–	–	–	–	–	–	–	1	1,5	–	–	–	–	–	–
Vert. sacrum	–	–	–	–	–	–	–	–	–	–	–	–	–	–	–	–
Costae	–	–	–	–	–	–	–	–	–	–	–	–	–	–	–	–
Sternum	1	3,7	1	2,4	–	–	3	10,1	–	–	–	–	1	3,4	2	1,0
Furcula	1	0,4	–	–	–	–	–	–	–	–	1	0,4	–	–	–	–
Coracoid	4	5,2	–	–	–	–	–	–	–	–	3	3,5	1	1,1	–	–
Scapula	–	–	–	–	–	–	–	–	–	–	3	2,3	–	–	–	–
Humerus	4	10,4	–	–	1	3,2	2	2,6	–	–	2	4,0	–	–	1	1,8
Radius	2	1,2	–	–	–	–	2	0,7	1	0,8	5	2,8	–	–	–	–
Ulna	3	3,7	–	–	–	–	–	–	1	1,9	1	1,3	1	2,5	1	0,6
Carpometacarpus	–	–	–	–	–	–	–	–	–	–	–	–	–	–	–	–
Pelvis	2	14,4	–	–	–	–	–	–	–	–	1	1,7	–	–	–	–
Femur	6	14,7	2	6,7	–	–	1	2,2	2	4,8	4	7,3	–	–	1	2,9
Tibiotarsus	5	13,6	1	2,6	–	–	1	3,4	1	3,0	5	10,7	–	–	1	1,4
Fibula	–	–	–	–	–	–	–	–	–	–	–	–	–	–	–	–
Tarsometatarsus	6	19,0	–	–	–	–	3	8,2	–	–	7	14,6	–	–	–	–
gesamt	34	86,3	4	11,7	1	3,2	13	29,9	5	10,5	33	50,1	3	7,0	6	7,7

Tab. 47/1: Huhn, Skelettelementeverteilung. Gew. = Gewicht.

Zeit	Phase 3												Phase 4			
Fundstelle	Grube		Latrine				Holzkeller						Steinbrunnen		Steinkeller	
Befund	227		235		519		1451		490		741		711		838	
Parzelle	C		C		C		D		B		C		C/D		C	
	n	Gew.	n	Gew.	n	Gew.	n	Gew.	n	Gew.	n	Gew.	n	Gew.	n	Gew.
Cranium	1	2,3	–	–	–	–	–	–	–	–	1	2,3	–	–	–	–
Vert. lumb.	1	1,1	–	–	–	–	–	–	–	–	–	–	–	–	–	–
Vert. sacrum	1	1,8	–	–	–	–	–	–	–	–	–	–	–	–	–	–
Costae	1	0,2	–	–	–	–	–	–	–	–	–	–	–	–	–	–
Sternum	2	5,7	–	–	–	–	–	–	–	–	–	–	–	–	2	7,5
Furcula	1	0,6	1	0,2	–	–	–	–	–	–	–	–	–	–	2	1,3
Coracoid	1	1,4	1	0,5	–	–	–	–	–	–	2	1,7	–	–	6	5,7
Scapula	3	2,1	1	0,3	–	–	–	–	–	–	–	–	–	–	2	1,1
Humerus	3	7,8	–	–	–	–	1	4,2	1	2,0	–	–	–	–	8	29,2
Radius	2	1,3	–	–	–	–	–	–	–	–	1	0,9	–	–	7	4,7
Ulna	5	6,9	–	–	–	–	–	–	–	–	–	–	–	–	6	7,3
Carpometacarpus	1	0,8	–	–	–	–	1	1,3	–	–	–	–	–	–	–	–
Pelvis	1	6,9	–	–	–	–	–	–	1	0,4	–	–	–	–	–	–
Femur	2	7,3	5	10,5	–	–	–	–	1	3,9	1	3,5	1	1,0	10	24,8
Tibiotarsus	4	11,8	3	2,5	1	2	1	2,0	3	3,9	2	5,7	2	5,4	17	45,0
Fibula	1	0,3	–	–	–	–	–	–	–	–	–	–	–	–	–	–
Tarsometatarsus	1	2,2	3	6,2	1	1,9	1	2,4	–	–	2	3,0	1	2,7	24	60,7
gesamt	31	60,5	14	20,2	2	3,9	4	9,9	6	10,2	9	17,1	4	9,1	84	187,3

Tab. 47/2: Huhn, Skelettelementeverteilung, Fortsetzung.

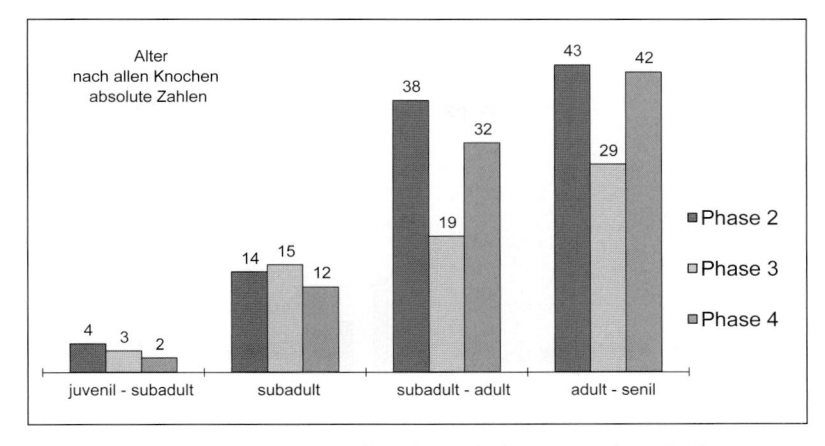

Diagr. 29: Huhn, Alterseinstufung der Ladenburger Funde nach Phasen.

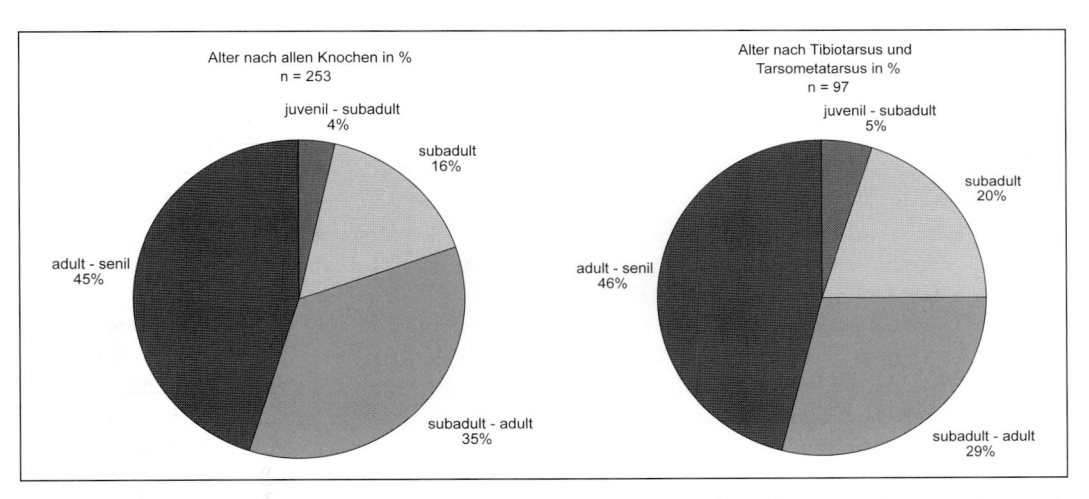

Diagr. 30 (links): Huhn, Alterseinstufung nach allen Knochen. – Diagr. 31 (rechts): Huhn, Alterseinstufung nach Tibiotarsus und Tarsometatarsus.

Bei der Gegenüberstellung der Alterseinstufungsergebnisse bei allen Hühnerknochen einerseits und an Tibiotarsen und Tarsometatarsen andererseits ergeben sich anteilsmäßig keine wesentlichen Unterschiede, wie die Diagramme 30 und 31 ausweisen.
Die häufigsten Maße der Langknochen sind mit Variation und Mittelwerten in Tabelle 48 zusammengefasst, die Einzelmaße enthalten die Tabellen 42 bis 46 im Anhang.
Beim Vergleich der Maße mit den Angaben aus der Literatur und bei der Gegenüberstellung der Fundstücke zu rezenten Hühnerknochen aus der osteologischen Vergleichssammlung wurden am Ladenburger Material einige Besonderheiten festgestellt.
Wegen der räumlichen Nähe (ca. 50 km Luftlinie südöstlich) und der Lage am Neckar sind die Auswertungen der zahlreichen (608) Hühnerfunde aus Bad Wimpfen durch FREY zur größenmäßigen Einordnung der sehr präzise datierten Hühnerreste aus Lopodunum und wegen des zusammenfassenden Charakters der Beitrag von PETERS die wichtigsten Quellen.
Ausgehend von den Zusammenstellungen von Thesing hatte KOKABI für die Rottweiler Funde ein Diagramm erstellt, das die Variation der Längenmaße der wichtigsten Langknochen enthält. In diese Vorlage hatte FREY ihre Werte aus Bad Wimpfen eingetragen und so einen direkten Vergleich

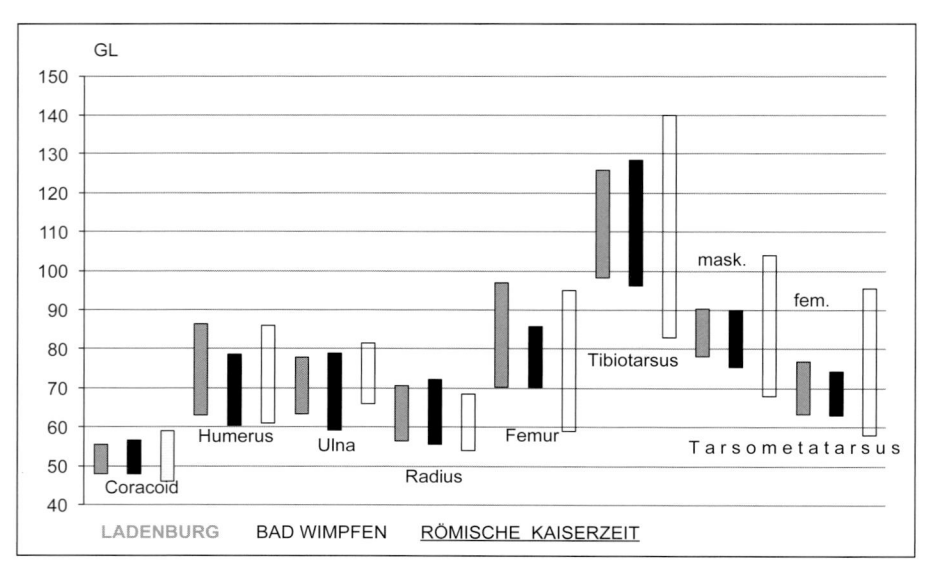

Diagr. 32: Huhn, Variation ‚Größte Länge' (modifiziert nach FREY 1991, Diagr. 29).

ermöglicht und anschaulich dargestellt. Dieses modifizierte Diagramm dient wiederum zur Einschätzung der Funde aus Ladenburg.[68]
Es zeigt sich, dass die übergroße Menge der Hühnerknochenlängenmaße von diesem Fundplatz sich in den bisher bekannten kaiserzeitlichen Größenrahmen unauffällig einordnen lässt. Bei Coracoid, Ulna und Tibiotarsus wird der durch das Wimpfener Material abgesteckte Bereich weder am maximalen noch am minimalen Ende erreicht. Bei Humerus und Femur werden die Wimpfener Maximalwerte deutlich und von einzelnen ‚Ausreißern' (Diagr. 32) sogar die bisherigen kaiserzeitlichen Maxima aus Lauriacum überschritten. Die kleinsten Laufknochen von Hennen und von Hähnen erreichen jeweils nicht die Minima. Die von Männchen erreichen und die von Weibchen übersteigen um einige Millimeter die Höchstwerte der Tarsometatarsuslängen von ‚Vicushühnern' aus Bad Wimpfen.[69]
Interessant ist in diesem Zusammenhang das detaillierte Diagramm (S. 423, Abb. 69) von PETERS, das nur den Tarsometatarsus zum Inhalt hat. Aufgegliedert in fünf Zeitstufen von der Spätlatènezeit bis zur Spätantike ist das Verhältnis von ‚Größte Länge' zur ‚Größte Breite distal' dargestellt. Integriert in das Diagramm sind auch Vergleichswerte von Laufknochen rezenter Hühnerrassen.
Alle verfügbaren Messwerte von Hühnertarsometatarsen aus der Literatur sind eingetragen. PETERS hat zur besseren Übersichtlichkeit die Datenfülle in ‚Mittlere Kaiserzeit I' von 70–120/130 n. Chr. und ‚Mittlere Kaiserzeit II' von 130–250/260 n. Chr. unterteilt. Was Beginn (um 70) und Endzeit (um 250) anbelangt, entsprechen diese Kategorien in etwa den Ladenburger Zeitphasen 2 bis 4. Die ladenburgischen Laufknochenmaße liegen alle innerhalb des bisher bekannt gewordenen Größenrahmens.
Es stellte sich heraus, dass der größte Wert zu einem Hahnlauf gehört. Dieser kommt aus einem Keller der im ersten Jahrzehnt des 2. Jahrhunderts n.Chr. (der Endzeit des Kastellvicus) verfüllt wurde. Seine Länge erreicht mit 90,2 mm beinahe den Maximalwert (90,9 mm) im Diagramm bei PETERS für diese Zeitstufe. Die kleinsten Tarsometatarsen von Hähnen sind 78,1–78,5 mm lang und kommen aus Latrinen der ersten zwei Drittel des 2. Jahrhunderts n. Chr.[70]

---

68 FREY 1991; PETERS 1997b; THESING 1977; KOKABI 1982 u. 1988.
69 MÜLLER 1967.
70 PETERS 1997b.

Lopodunum – Osteologische Untersuchungen an Tierknochenfunden

Coracoid	GL	Lm	Bb	BF
n	12	11	11	9
max	55,6	53,2	14,8	12,8
min	47,8	45,7	9,9	10,1
mittel	51,2	48,6	13,0	11,0

Femur	Bp	KC	Bd	GL	Lm	Tp	Td
n	20	22	18	12	14	18	12
max	18,2	9,1	18,9	96,9	90,8	14,3	16,4
min	10,5	5,9	12,9	70,3	67,3	8,6	10,2
mittel	15,0	6,7	14,6	77,6	72,4	10,8	12,2

Humerus	Bp	KC	Bd	GL
n	14	15	14	13
max	23,8	8,8	18,8	86,3
min	16,6	6,2	12,8	63,2
mittel	19,2	7,1	14,9	69,9

Tibiotarsus	Dip	KC	Bd	Td	GL	La
n	10	20	18	17	6	7
max	24,7	7,5	12,7	13,6	125,9	121,9
min	12,0	5,1	9,40	10,0	98,3	94,8
mittel	18,9	6,1	10,7	11,4	106,2	101,8

Ulna	GL	Dip	Bp	KC	Did
n	9	10	10	11	11
max	78	14,6	11,9	6,1	10,9
min	63,5	11,1	7,7	4,1	9,0
mittel	69,7	12,8	9,4	4,7	9,7

Tarsometatarsus	Bp	KC	Bd	GL	L Sporn
n	29	38	32	29	8
max	16,2	8,0	15,5	90,2	27,1
min	11,4	5,2	11,3	63,5	10,5
mittel	13,2	6,6	13,2	77,0	16,9

Radius	KC	Bd	GL
n	9	10	11
max	3,4	7,7	70,7
min	2,7	6,1	50,4
mittel	3,0	6,8	60,1

Tab.48: Huhn, Variation der wichtigsten Maße in mm.

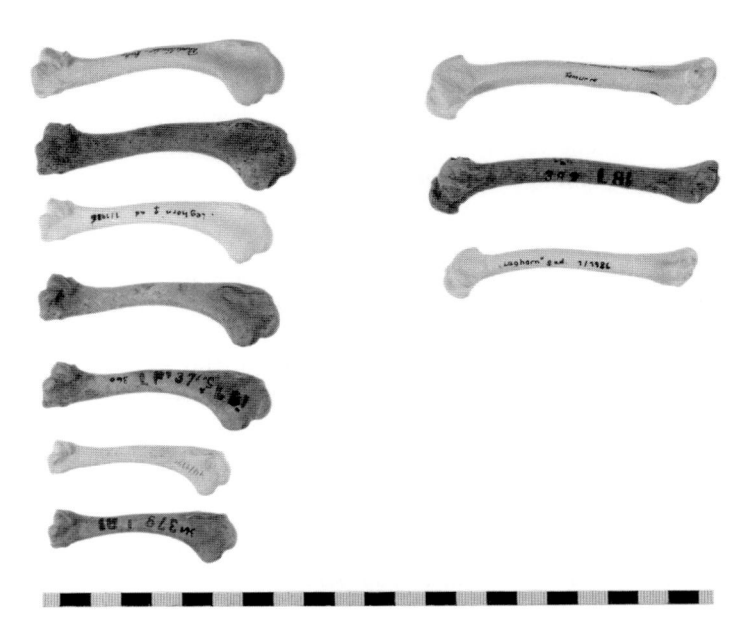

Abb. 29: Huhn, Vergleich unterschiedlich großer Humeri und Femora aus Lopodunum mit entsprechenden Skelettelementen rezenter Rassen (Rhodeländer, Leghorn, Zwergwelsumer; Osteologische Vergleichssammlung, ZNS, Halle).

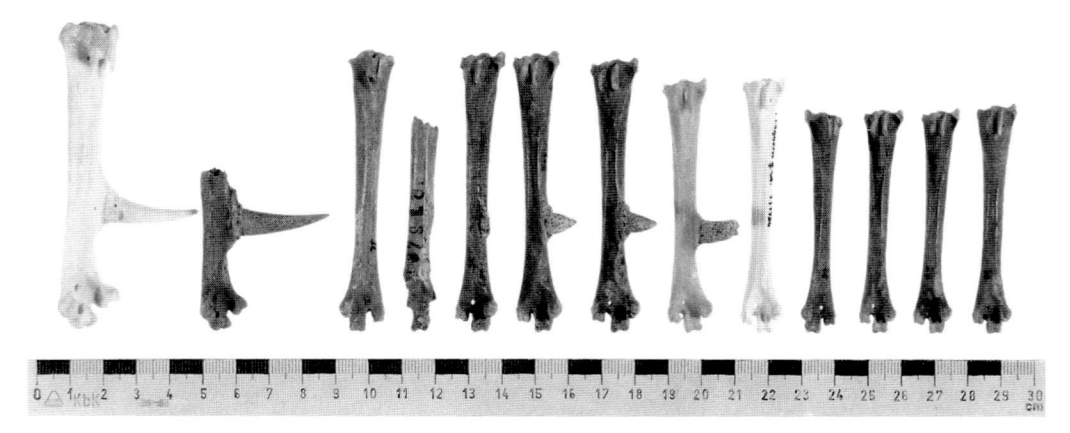

Abb. 30: Huhn, Vergleich unterschiedlich großer Fundstücke mit Laufknochen von rezenten Hühnern der Rasse ‚Leghorn' links (Osteologische Vergleichssammlung, ZNS, Halle): Tarsometatarsen von Hähnen verschiedenen Alters; rechts Tarsometatarsen von Hennen.

Die relativ hohe Anzahl auswertbarer Tarsometatarsen der Kellereigrabung scheint sich auch aus der Tatsache zu ergeben, dass diese fleischlosen Knochen gleich nach dem Schlachten zum Abfall kamen und wegen ihres geringen ‚nutzbaren' Anteils bei den Sekundärnutzern (Hunde) weniger ‚beliebt' waren als die in Form von Mahlzeitresten anfallenden Knochen der Schlachtkörper.
In dem in der Mitte des 3. Jahrhunderts n. Chr. verfüllten Steinkeller (838) waren unter den 84 Hühnerknochen 24 Laufknochen von zehn Hähnen und zwölf Hennen (2 weitere Reste waren zur Geschlechtsbestimmung zu stark beschädigt). Der kleinste Metatarsus einer Henne (GL 63,5 mm) erreicht fast das bisher bekannte Minimum dieses Skelettelements (62,0 mm) für das 2./3. Jahrhundert n. Chr., acht Huhnlaufknochen liegen inmitten der Variation, der kleinste Hahnlauf ist 80,8 mm lang. Bemerkenswert sind fünf komplette Tarsometatarsen (GL 86,4–89,6 mm) von großen Hähnen, die zwar nicht die bisher bekannten Maxima erreichen, aber für einen eng begrenzten Zeitraum an einem Ort den Nachweis für eine Gruppe annähernd gleich großer Tiere darstellen. Diese Hähne ‚schließen' mit ihren Lauflängen den Bereich zwischen den bisher isoliert stehenden Maximalwerten und dem Gros der Funde (siehe auch Diagr. 32 u. Abb. 30).
Zeitgleiche Hühner aus Siedlungen in der Germania libera bei Eggolsheim in Oberfranken, Dienstedt und Haarhausen, Mühlberg und Niederdorla in Thüringen sind erheblich kleiner.[71] Diese Siedlungen weisen alle einen beachtlichen Anteil an römischem Kulturgut auf. In den thüringischen Siedlungen deuten vereinzelte bis zahlreiche Reste von großen ‚Römerrindern' zusätzlich einen gewissen römischen Einfluss an. Die Maximalwerte der Hühnertarsometatarsuslängen betragen in allen Siedlungen zwischen 77 und 78 mm.
Unter insgesamt 19292 Knochenfunden in Eggolsheim ist der Anteil zwar sehr gering, die Anzahl mit 34 Hühnerresten aber am höchsten in den erwähnten germanischen Siedlungen. In Thüringen sind die Fundzahlen für Hühnerknochen unter den gesamten Tierknochenresten der jeweiligen Grabungen 5 unter 6341 in Dienstedt, 17 unter 4935 in Haarhausen, zwölf unter 18574 in Mühlberg und 13 unter den 1956 artmäßig determinierten kaiserzeitlichen Knochen in Niederdorla. Sie stammten fast alle von kleinen bis mittelgroßen Tieren. Als Besonderheit und einzige Ausnahme erreicht ein Tibiotarsus aus Dienstedt mit einer GL von 125 mm ‚römische' Ausmaße und entspricht damit fast dem längsten Unterschenkelknochen aus Ladenburg (125,9 mm).

---

71 Breu 1986; Barthel 1987; Teichert 1989 u. 1990; Teichert/Müller 1993.

Haustaube, *Columba livia f. domestica*

Vier Taubenknochen aus der im letzten Drittel des 2. Jahrhunderts n. Chr. verfüllten Grube 227, je ein Sternum, Humerus, Ulna und Tibiotarsus, weisen nach eigenem Vergleichsmaterial und den Angaben von O. K. W. Fick klar die Merkmale der Haustaube auf. Sie ließen sich gut von den im selben Befund enthaltenen Ringeltaubenknochen unterscheiden.[72]
Die wenigen Maße sind in Tabelle 49 zusammengefasst.

Sternum	KBF			
227/291/26	21,8			
Humerus	**Bp**	**KC**	**Bd**	**GL**
227/292/700	17,9	5,0	10,5	44,3
Ulna	**GL**	**Dp**	**Bp**	**KC**	**Dd**
227/292/701	52,0	9,6	6,9	3,3	6,7

Tab. 49: Haustaube, Einzelmaße in mm.

Durch die Schwierigkeit der Abgrenzung zwischen den verschiedenen Taubenformen sind in der Literatur Nachweise der Haustaube nur recht selten zu finden. Kokabi hat in Rottweil einen Humerus als Haustaubenknochen bestimmt und die bis dahin bekannten Fundorte aufgelistet.[73]
Frey konnte ihren eigenen Funden von Bad Wimpfen noch die Nachweise von Lipper aus Abusina-Eining und Johansson aus Bad Kreuznach hinzufügen. In der Villa von Borg erwähnen Miron u. Wustrow bei einer Zwischenauswertung des Materials ca. 100 Taubenknochen, die sie wegen des hohen Jungtieranteils (ca. 50%) als Haustaubenreste einstufen. Durch die Ladenburger Funde wird der mühsamen Beweissammlung für frühe Haustaubenhaltung im Raum nördlich der Alpen ein weiteres Mosaiksteinchen eingefügt.[74]

Haus- oder Wildvögel

Knochen von drei Vogelarten bereiten in ihrer Bestimmung einige Probleme, die sich auch mit einer großen Vergleichssammlung und ausreichender Erfahrung nicht immer befriedigend lösen lassen. Im Ladenburger Material sind 48 Knochen vorhanden bei denen die Trennung zwischen Haus- und Wildform nicht möglich ist. Ihre wenigen Einzelmaße enthält Tabelle 52 (Anhang).

Haus- oder Graugans, *Anser anser f. dom.* oder *Anser anser*

Aus vier verschiedenen Knochenansammlungen in verfüllten Kellern des 1. bis 3. Jahrhundert n. Chr. wurden 25 Gänseknochen geborgen. Ihre quantitative Verteilung ist aber keineswegs gleichmäßig, sondern im Steinkeller 838, der knochenreichsten Fundansammlung aus der Mitte des 3. Jahrhunderts n. Chr., befanden sich allein 21 Knochen aus beinahe allen Körperregionen.
Es handelt sich um unterschiedlich große Fragmente mit alten, scharfen Bruchkanten. Ein komplettes Skelettelement ist nicht vorhanden. Die Knochenteile müssen kurz nach dem Verzehr des umgebenden Fleisches zum Abfall und ohne wesentliche Umlagerung an den Auffindungsort gelangt sein. Ihr Zustand weist sie als Speiseabfall aus, ihre relative Vielzahl lässt an die Herkunft von Hausgänsen denken, wenn nicht gerade in diesem Haushaltsmüll auch ein verhältnismäßig hoher Anteil

---

72 Fick 1974.
73 Kokabi 1982.
74 Frey 1991; Lipper 1981/82; Johansson 1987; Miron/Wustrow 1997.

Wildtierreste anzutreffen wäre. In Bad Wimpfen gab es nach Frey eine vergleichbare Fundzahl, die ähnlich fragmentiert wie in Ladenburg eine Festlegung auf Haus- oder Wildform nicht zuließ. Bacher weist in seiner grundlegenden Arbeit zur Unterscheidung von Gänseeinzelknochen auf die „quasi" Unmöglichkeit der Trennung zwischen der domestizierten und wilden Form bei frühen Domestikationsstadien hin.[75]

Haus- oder Stockente, *Anas plat. f. dom.* oder *Anas platyrhynchos*

Ähnlich der Probleme bei Gänseknochen erweist sich die Unterscheidung von Entenknochen in solche von Haus- bzw. Stockente ebenfalls als undurchführbar.

Von ihren Dimensionen her ließen sich im Ladenburger Material zwei kleine Schellentenknochen einfach herausfinden, die 17 ‚großen' Entenknochen lassen eine exaktere Festlegung nicht zu, da sie alle im ‚Stockentenbereich' liegen. Sie stammen wie die Gänseknochen aus vier verschiedenen Befunden der Kellereigrabung aus der Gesamtzeit der römischen Nutzung dieses Ortes.

Die Lage von Lopodunum am Neckarufer eröffnete alle Möglichkeiten von der Jagd auf Altvögel über den Fang und die Haltung von Jungenten bis zum Aufsammeln von Stockentengelegen, die Aufzucht der Jungen und ihre Weitervermehrung unter menschlicher Obhut, wie sie Columella in seinem 8. Buch beschreibt.[76]

Im ausgegrabenen Stadtgebiet sind solche möglichen Entenhaltungsorte aber weniger zu vermuten als in den die Nahrungsmittelversorgung der Stadtbevölkerung sichernden Villae rusticae der näheren Umgebung (z. B.: Villa rustica ‚Ziegelscheuer', ca. 1 km südlich, am heutigen Stadtrand). Die Haltung von solchen wahrscheinlichen und möglichen ‚Neudomestikationen' über mehrere Generationen bringt aber noch keine visuell und metrisch an Einzelknochen fassbaren Unterscheidungsmöglichkeiten zwischen Haus- und Wildform hervor. Deshalb sind auch die ganz erhaltenen und messbaren Stücke nicht näher zuzuordnen.

Woelfle hat mit umfangreichem rezenten Material versucht, die artliche Trennung von Entenknochen durch die Suche nach und die Beschreibung von Unterscheidungsmerkmalen zu verbessern. Bei vielen Arten ist ihr das gelungen, aber bei der Stockente und den frühen Domestikationsstadien dieser Art hält sie eine Festlegung auf die eine oder andere Form für undurchführbar. Frey hat eine Vielzahl von Fundorten mit Entenknochen und denselben Determinationsproblemen aufgelistet.[77]

Haus- oder Ringeltaube, *Columba livia f. dom.* oder *Columba palumbus*

Sechs Taubenextremitätenknochen aus vier verschiedenen Fundkomplexen aller Zeitstufen der Kellereigrabung Ladenburg erlauben keine exakte Zuordnung. In allen Fällen ist die Entscheidung Haus- oder Ringeltaube nicht möglich.

Anders als bei den oben genannten Anatiden, bei denen sich in der Regel die Unterscheidung von Haus- und Wildform als unmöglich erweist, ist die Schwierigkeit bei der Trennung von Taubenknochen zusätzlich in der Ähnlichkeit verschiedener Arten gegeben.

„Die Wildform der Haustaube, die Felsentaube (...) kommt zwar im Binnenland Mitteleuropas nicht vor, wird aber hier durch die annähernd gleich große Hohltaube (...) vertreten. Die größere Ringeltaube ist in vielen Fällen aufgrund der Dimensionen ihrer Skelettelemente und morphologischer Merkmale erkennbar. Moderne Haustaubenrassen überschreiten in ihren Knochenmaßen die gesamte Variation von Ringel- und Hohltauben im maximalen und zum Teil auch im minimalen Bereich. Fick hat eine Vielzahl von Skeletten untersucht und kommt zu dem Schluss, dass einige

---

75 Frey 1991; Bacher 1967.
76 Columella nach Ahrens 1972.
77 Woelfle 1967; Frey 1991.

Knochen die sichere Trennung der Arten ermöglichen, andere wiederum nicht. Voraussetzung ist aber immer die Unversehrtheit der Knochen oder wenigstens die Erhaltung und Erkennbarkeit der spärlichen Unterscheidungsmerkmale und das ist bei ausgegrabenen Knochen sehr selten der Fall."[78] Aufgrund dieser Schwierigkeiten – vor denen alle Archäozoologen stehen – hat H.-M. Piehler alle ‚oder'-Fälle, das heißt die nicht exakt determinierbaren, aus ihrer Literaturzusammenstellung herausgelassen.[79]

Columellas Ausführungen zur Taubenhaltung dokumentieren einen hohen Beliebtheitsgrad und lange Erfahrungen mit Haltung und Zucht (auch in der Größe) unterschiedlicher Formen von Haustauben. Da Größen- und Gestaltvariationen römischer ‚Haustaubenrassen' aus dem Mittelmeerraum erst in Ansätzen bekannt sind, ist auch in provinzialrömischen Siedlungen der Kaiserzeit immer mit einer ‚sowohl-als-auch'-Gruppe im Küchenabfall zu rechnen.[80]

Frey hatte beispielsweise in Bad Wimpfen 34 Taubenknochen in dem von ihr bearbeiteten Fundgut. Mehr als die Hälfte – nämlich 18 Stücke – gehörten aufgrund ihrer Größe zu den ‚fraglichen' Gruppen Haus-/Ringel- und Haus-/Hohltaube. Sechs waren klar der Ringeltaube und zehn eindeutig Haustauben zuzuordnen. Wegen der relativ hohen Stückzahlen vermutet Frey allerdings auch bei den nicht exakt bestimmbaren Knochen zumindest mehrheitlich die Herkunft von Haustauben.[81]

Wildtiere

Säugetiere

Wildschwein, *Sus scrofa*

Durch 55 Knochen (3070,8 g) ist das Wildschwein im Fundmaterial der Ladenburger Kellereigrabung vertreten. Bei der Zahl der Knochenfunde nimmt es weit vor dem Hirsch den ersten Platz in der Wildtierliste ein. Allein 54 Fundstücke, die getrennt bestimmt und erfasst wurden und die sich

Fundort	Kultur/Zeit	Autor/Jahr	Knochen Wildschwein	Knochen gesamt
Lauriacum	röm. 2.–4. Jh.	Müller 1967	29	13311
Hüfingen	röm. 1.–3. Jh.	Sauer-Neubert 1968	21	87292
Vemania	röm. 3./4. Jh.	Piehler 1976	15	6223
Breisach	röm. bis 4. Jh.	Schmidt-Pauly 1980	19	9312
Rottweil	röm. 1.–3. Jh.	Kokabi 1982	29	59463
Rottweil	röm. 1.–3. Jh.	Kokabi 1988	38	7661
Bad Wimpfen	röm. 1.–3. Jh.	Frey 1991	53	42644
Ladenburg	röm. 1.–3. Jh.	diese Studie	55	11522
Manching	kelt. 1. Jh.v.Chr.	Boessneck et al. 1971	64	388952
Magdalensberg	kelt./röm. 1.v.-1.Jh.n.Chr.	Hornberger 1970	874	59526
Eggolsheim	germ. 2.- 5. Jh.n.Chr.	Breu 1986	670	19292

Tab. 50: Wildschwein, Fundnachweise (Auswahl).

nachträglich zu 43 kompletten Knochen oder ‚Großfragmenten' zusammenleimen ließen, erbrachte ein verfüllter Keller der letzten römischen Besiedlungsphase. Tabelle 3 (Anhang) gibt einen Über-

---

78 Fick 1974.
79 Piehler 1976.
80 Columella nach Ahrens 1972.
81 Frey 1991.

Abb. 31: Wildschwein, Unterkiefer von Keilern links und rechts: aus Lopodunum (Steinkeller 838); Mitte: rezent, (Alter 9 Jahre; Osteologische Vergleichssammlung, ZNS, Halle); unten: Caninusfragment eines extrem großen Tieres (Steinkeller 838).

blick über die bestimmten Skelettelemente. Es fällt auf, dass von Vorder- und Hinterextremitäten alle wichtigen Langknochen und Unterkiefer nebst einigen Schädelteilen vertreten sind, die gesamte Wirbelsäule einschließlich Rippen und Becken aber fehlt. Ein kleines Fragment einer linken Tibia lag als einziger Wildschweinrest in einer Lehmentnahmegrube der ältesten Bauten des Kastellvicus. TEICHERT hat die auffälligsten Funde, zwei weitgehend erhaltene Mandibulae von großen Keilern, bereits an anderer Stelle beschrieben. Dazu kommt noch ein weiteres Unterkieferfragment eines ähnlich großen Exemplars, sodass mit mindestens drei männlichen Tieren, zwei adulten und einem senilen, dessen Backenzähne bis auf die Wurzeln abgekaut sind, zu rechnen ist.[82]

Ein Caninus-inferior-Fragment mit einer Schliffusur von 85 mm ist so groß, dass es mit seinem Querschnitt von 32 x 16 mm über die Dimension der entsprechenden Alveole des stärksten Unterkiefers hinausgeht. Das Stück stammt von einem weiteren noch größeren Keiler (Abb. 31).

Mithilfe der Faktoren von TEICHERT et al. ließen sich für das Ladenburger Material aus drei ganz erhaltenen Metapodien und zwei Calcanei Widerristhöhen ermitteln, die eine Vorstellung von der Größe der Keiler zulassen. Fünf errechnete Höhen liegen zwischen 96,59 und 106,97 cm.[83]

Die Mehrzahl der übrigen Extremitätenreste ist so groß, dass sie unschwer als ‚männlich' eingestuft werden können, aber etwa ein Drittel der Funde fällt in den schwer gegeneinander abzugrenzenden Bereich ‚große Bachen/kleine Keiler'. Eindeutig nachzuweisen sind Reste weiblicher Wildschweine im vorliegenden Fundgut nicht. Bei nahezu gleicher Fundzahl im Material von Bad Wimpfen ergaben sich nach FREY dort ebenfalls nur drei „sichere" Keiler und kein sicherer Nachweis für eine Bache. KOKABI hat in den Knochenauswertungen von zwei Grabungen im römischen Rottweil jeweils beide Geschlechter nachweisen können. In den kleinen Komplexen vergleichbarer Zeitstellung aus Mannheim und Umgebung, die WUSSOW und MÜLLER ausgewertet haben, war das Wildschwein nicht enthalten.[84]

---

[82] TEICHERT 1994.
[83] TEICHERT et al. 1997.
[84] FREY 1991; KOKABI 1982, 1988; WUSSOW/MÜLLER, unveröff. Manuskript 1996.

An den allermeisten römischen Fundstellen sind die Stückzahlen der Wildschweinknochen gering, auch wenn die Gesamtfundzahl zum Teil sehr hoch ist. Eine Auswahl solcher, bisher ausgewerteter Fundkomplexe enthält Tabelle 50. Wegen der hohen Gesamtfundmenge und dem geradezu verschwindend geringen Wildschweinanteil ist das Knochenmaterial aus der Keltenstadt Manching mit einbezogen worden.

Die Fundplätze vom Magdalensberg in Kärnten und von Eggolsheim in Oberfranken gehören zwar ebenfalls nicht in den vorgegebenen räumlichen und zeitlichen Rahmen, sind aber wegen der ungewöhnlich vielen Wildschweinreste und den daraus resultierenden ‚reichlichen' Maßangaben besonders wertvoll. Die Siedlung bei Eggolsheim, südlich von Bamberg, lag in der ‚Germania libera' etwa 180 km Luftlinie östlich von Ladenburg entfernt und hat zumindest teilweise gleichzeitig bestanden wie die Römerstadt Lopodunum. Alle Maße der Ladenburger Wildschweinknochen liegen innerhalb der Variation, aber im oberen Bereich der Maße vergleichbarer Knochen aus den Wäldern des freien Germanien. Die Keiler aus der Umgebung der römischen Civitas müssen optimale Lebensbedingungen gehabt haben, um zu den durch die Knochengröße dokumentierten Dimensionen heranwachsen zu können. Eine Zusammenstellung aller abnehmbaren Maße enthält Tabelle 47 (Anhang).

Rothirsch, *Cervus elaphus*

Mit 31 Knochen im Gesamtgewicht von 3411,4 g ist der Rothirsch als Jagdtier in der Umgebung von Ladenburg für die gesamte römische Besiedlungsperiode belegt und nimmt die zweite Stelle in der Wildtierliste ein. Bei 0,27% für den Anteil an der Gesamtknochenanzahl und 1,1% Anteil am Gesamtgewicht aller Tierreste ist die Bedeutung dieser (in der Regel) wichtigsten Jagdtierart für die Ernährung der Stadtbevölkerung Lopodunums eher gering einzuschätzen. Als identifizierte Hirschreste sind auch 15 Fragmente (insgesamt 392,4 g) von Geweihstangen und -sprossen zwischen 6 und 60 g Gewicht anzusehen, die nicht in die obige Zählung eingegangen sind. Sie weisen zum Teil Bearbeitungs- und/oder Brandspuren auf und stammen in der Mehrzahl (13 Stücke) aus einem Keller der letzten römischen Besiedlungsphase. Da sie von aufgesammelten Abwurfstangen stammen können, sind sie kein sicheres Indiz für die Jagd.

Es ist allerdings nur ein kleiner Teil der städtischen Bebauungsfläche untersucht worden und die Zusammensetzung der Abfälle könnte an anderen Stellen ein anderes Bild zeigen. Es ist auch damit zu rechnen, dass von erlegten Hirschen nur Fleisch oder ausgewählte Körperteile in die Stadt gebracht wurden und deshalb von vornherein weniger Abfälle anfielen und deshalb auch nicht nachzuweisen sind.

Eine linke Geweihstange mit kleinem Hirnschädelrest eines Acht- bis Zehnenders ist bis auf den fehlenden Kronenteil gut erhalten und hat von der Rose bis zum Kronenansatz eine Länge von ca. 60 cm. Der relativ geringe Rosenstockumfang von 135 mm und der noch nicht entwickelte Eissspross weist das Fundstück als Rest eines jüngeren Tieres aus.

Oberschädel- und zwei Mandibulafragmente eines männlichen Tieres und vier Reste von Köpfen zweier weiblicher Exemplare belegen durch ihre zeitlich unterschiedliche Deponierung die Erlegung von drei Individuen.

Lediglich ein Epistropheus war sicher als Cervusrest zu bestimmen. Weder Rippen noch sonstige Wirbel sind eindeutig der Wildart zuzuordnen. Dabei ist aber nicht auszuschließen, dass sich unter den in der ‚Unbestimmtengruppe' – Bos/Cervus/Equus – eingeordneten Wirbel- und Rippenfragmenten einige unerkannte von Hirschen verbergen. Zwei Metacarpen und eine 1. Phalanx sind die einzigen Überreste distaler Extremitätenabschnitte.

Die fleischreichen Teile der Vorderextremität sind durch acht Fundstücke belegt, die entsprechenden der Hinterextremität mit neun Funden vertreten.

Bei Berücksichtigung der verschiedenen Fundorte, ihrer zeitlichen Einordnung, der Zugehörigkeit zu unterschiedlichen Altersstufen und Geschlechtern ergibt sich eine MIZ von acht.

Vier männliche und drei weibliche Tiere sind als gesichert anzunehmen, der Metacarpusrest eines subadulten ist eher der männlichen als der weiblichen Gruppe zuzuordnen.

Unter den 31 Fundstücken sind 20, an denen wenigstens einige Messpunkte erhalten sind, sodass sich ein paar Maße abnehmen ließen.

Die wenigen Werte sind in Tabelle 48 (Anhang) enthalten. Sie lassen sich problemlos in die Variation der Maße bisher ausgewerteter Hirschknochen aus römerzeitlichen Grabungen Süddeutschlands einordnen.[85]

Auch zu den Hirschresten vom zeitgleichen germanischen Opfermoor Oberdorla in Thüringen ergeben sich, soweit vergleichbar, keine Unterschiede. Bei der geringen Anzahl der Werte und der Herkunft der Knochen von Individuen beider Geschlechter sind die Ladenburger Daten allerdings lediglich einige neue ‚Mosaiksteinchen'.[86]

Reh, *Capreolus capreolus*

Das Reh ist mit 24 bestimmten Stücken im Fundmaterial vertreten. Da aus den frühen Phasen der römischen Siedlung nur drei Metacarpusfragmente und ein Geweihstückchen vorliegen, ist das Reh für diese Zeit nachgewiesen, kann allerdings keine wesentliche Rolle für die Ernährung der Stadtbevölkerung gespielt haben.

Es ist aber auch möglich, dass die Biotopverhältnisse nur ein seltenes Vorkommen dieser Tierart gestatteten. Mit dem Anwachsen der Bevölkerung und damit zusammenhängender Veränderung sind im Siedlungsumfeld durch Auflockerung der Wälder für Rehe günstigere Lebensbedingungen entstanden. Seine Bestandsdichte wuchs an und es konnte dadurch ein häufigeres Jagdwild werden. Im jüngsten Befund, einem verfüllten Keller aus der Mitte des 3. Jahrhunderts n. Chr., ist es mit 20 Fundstücken von mindestens vier Exemplaren unter den Abfällen eines wahrscheinlich nur kurzen Zeitraumes nachzuweisen.

Diese Fundstelle erbrachte auch die höchsten Stückzahlen bei den anderen Jagdtieren und ist deshalb möglicherweise nicht mit den übrigen Grabungsbefunden gleichzusetzen.

Es könnte sich durch die Fundzusammensetzung eine soziale Sonderstellung der Bewohner dieses Grundstücks abzeichnen.

Alle Funde stammen von erwachsenen Tieren, die meisten von ihnen waren sogar adult bis senil. Acht der Knochen zeigen Hundeverbiss, an zwei Stücken ist Feuereinwirkung zu beobachten, aber nur einmal sind Hack- bzw. Trennspuren erkennbar.

Beim Vergleich der wenigen Maße mit Angaben aus der Literatur ergeben sich weder Unterschiede zu den Funden aus dem am Mittellauf liegenden römischen Neckarfundplatz Bad Wimpfen noch zu denen aus dem am Oberlauf desselben Flusses liegenden Rottweil. Auch in die umfangreichsten Datenreihen von Rehknochenmaßen aus den Jahrhunderten um die Zeitwende, die Fruht für die Funde vom Magdalensberg bei Klagenfurt in Kärnten ermittelt hat, passen die Werte aus Lopodunum ohne Probleme.

Die von Teichert für den thüringischen Fundplatz Oberdorla mitgeteilten Maße für Rehknochen weichen ebenfalls nicht von den ladenburgischen ab.[87]

Unterschiede, die sich bei einem Vergleich von Einzelmaßen ergeben, sind der Herkunft der Messwerte von Knochen verschiedener Geschlechter zuzuschreiben. In Tabelle 49 (Anhang) sind die Einzelmaße aufgelistet.

---

85 Frey 1991; Zusammenstellung in Kokabi 1988.
86 Teichert 1974.
87 Frey 1991; Kokabi 1982 u. 1988; Fruht 1966; Teichert 1974.

Feldhase, *Lepus europaeus*

Der Hase war wegen seines wohlschmeckenden Fleisches bei den Römern hoch geschätzt. Davon zeugen auch die 19 identifizierten Knochen von mindestens acht Exemplaren dieser Art im Ladenburger Knochenfundgut. Aus dem Zeitraum der Stadtentstehung (Phase 2) wurde in den Abfällen nur ein Hasenknochen gefunden, innerhalb der Reste der Phase 3 waren es zwei und an der wildknochenreichsten Fundstelle der jüngsten römischen Besiedlungsphase (Phase 4) konnten 16 Knochen bestimmt werden. Drei Tibiareste gehörten zu zwei subadulten Tieren, d. h. solchen, die noch im Jahr ihrer Geburt erlegt wurden. Alle anderen Knochen lassen je nach Erhaltungszustand die Aussage ‚erwachsen' oder ‚adult bis senil' zu. Unter den Funden sind sowohl die großen Knochen der Vorder- als auch die der Hinterextremität. Es sind auch drei Metatarsen erhalten geblieben. Schädel, Wirbel und Rippen befinden sich nicht unter den bestimmbaren Resten. Ihr Fehlen ist wohl am ehesten mit dem allgemeinen ‚Knochenschwund' durch die Fragilität der Objekte und nicht mit einem nur teilweisen Transport in die Stadt zu erklären, wie er bei Hirsch und Wildschwein denkbar ist. Es gelten auch bei dieser Art die für das Reh angeführten Vermutungen einer Veränderung des Biotops im Umland der Stadt oder/und eine Besonderheit der Ernährungsgewohnheiten der Erzeuger der erwähnten Abfälle. In römerzeitlichen Fundinventaren aus dem süddeutschen Raum ist der Hase mit unterschiedlichen Knochenzahlen vertreten (Lauriacum: 9, Hüfingen: 41, Künzing-Quintana: 6, Breisach: 12, Rottweil: 41/58, Bad Wimpfen: 33, Ausnahme: spätrömisches Kastell Vemania: 0).[88]

Diese sehr differierenden Fundzahlen gestatten nur eine eingeschränkte Aussage zur Größenvariation der Hasen.

Die Möglichkeit der Maßabnahme ist durch die unterschiedlichen Erhaltungszustände der Knochen stark erschwert.

Die wenigen Maße der ladenburgischen Hasenknochen sind Tabelle 50 (Anhang) zu entnehmen. Sie passen in die Variation der Maße entsprechender Skelettelemente aus anderen römerzeitlichen Fundplätzen.

Rotfuchs, *Vulpes vulpes*

Als Pelztier spielte der Fuchs sicher in allen europäischen Kulturen eine gewisse Rolle, aber als Fleischlieferant für die menschliche Ernährung kam er wohl nur in Ausnahmesituationen in Betracht. So ist es kein Wunder, dass er in Nahrungsabfällen, die bei allen archäologischen Grabungen die Hauptmenge der Knochenfunde ausmachen, nur gelegentlich und in geringen Stückzahlen (1–5) zu finden ist. Selbst in dem (mit fast 390 000 Fundstücken) größten Grabungskomplex aus Süddeutschland, dem keltischen Oppidum bei Manching, waren nach Boessneck et al. nur 18 Fuchsknochen enthalten.[89]

Dementsprechend gering ist deshalb bisher die Menge der ermittelten Maßangaben aus einer bestimmten Gegend für eine zeitlich begrenzte Kulturperiode. Im Ladenburger Material sind zwei Knochen, ein proximales Humerus- und ein distales Tibiafragment enthalten. Beide Funde stammen aus derselben Kellerverfüllung (Steinkeller 838). Sie können zu einem adulten Exemplar gehört haben, da Größe, Alter und Knochenbeschaffenheit einander ähneln. Als Maße wurden am Humerus eine proximale Tiefe von 26,7 mm und eine Diaphysenbreite von 7,8 mm festgestellt. Die Tibia hat eine kleinste Schaftbreite von 8,3 mm und eine distale Breite von 16,1 mm. Damit liegen alle Werte im mittleren Bereich der Maße rezenter Vergleichsstücke aus der osteologischen Vergleichssammlung.

---

88   Müller 1967; Sauer-Neubert 1968; Swegat 1976; Schmidt-Pauly 1980; Kokabi 1982, 1988; Frey 1991; Piehler 1976.
89   Boessneck et al. 1971.

Dachs, *Meles meles*

Alle Dachsknochen aus Lopodunum lagen in einem ab 230 n.Chr. verfüllten Steinbrunnen (711). Es handelt sich um sechs Knochen (beide Mandibulahälften, rechter Humerus, proximale Teile beider Ulnae und rechte Tibia im Gesamtgewicht von 58g), wahrscheinlich nur eines adulten Exemplars. Da Zerlegungsspuren in Form von feinen Schnitten und Hackmarken deutlich erkennbar sind, ist eine Deutung der Reste als Nahrungsabfall in Erwägung zu ziehen. Aus demselben Brunnen wurde beim Schlämmen einer ‚Kleinstknochenkonzentration' noch ein Handwurzelknochen vom Dachs, ein Os carpi intermedium und drei erste Phalangen ausgelesen. Da alle Knochen der Brunnenverfüllung einen guten Erhaltungszustand aufweisen und viele kleine Splitter unter dem Material von sehr sorgfältiger Aufsammlung der Reste zeugen, ist das Fehlen der übrigen Skelettelemente sicher keine Folge der Ausgrabung.

Dachsreste sind in römischen Hinterlassenschaften noch erheblich seltener als solche vom Fuchs. Swegat erwähnt für Künzing-Quintana einen und Frey für Bad Wimpfen ebenfalls einen Einzelknochen. Auch im fundreichen Manching konnten Boessneck et al. nur zwei Dachsknochen nachweisen. Im germanischen Eggolsheim, dessen Ausgrabung einen sehr hohen Wildanteil erbrachte, waren vier Knochenfragmente von zwei Dachsen enthalten.[90]

Alle abnehmbaren Maße an den Ladenburger Funden sind in Tabelle 49 zusammengefasst. Sie entsprechen denen von Vergleichsstücken aus der osteologischen Vergleichssammlung.

Mandibula	L BZR	L PMR	L P2-P4	H v M1	Ulna	TPA	KTO
	38,6	31,5	28,7	17,6		18,8	14,7
	-	-	28,8	17,1		19,4	-

Humerus	Bp	KD	Bd	GL	GLC	Tp	Tibia	Bp	KD	Bd	GL
	25,0	9,6	32,1	107,3	106,8	28,9		27,0	7,7	20,0	101,9

Tab. 51: Dachs, Einzelmaße in mm.

Steinmarder, *Martes foina*

Fünf Knochen eines subadulten Marders lagen im Verfüllungsinhalt der Latrine (229) vom Ende des 1. Jahrhunderts n.Chr.. Die Fundstücke sind relativ gut erhalten.

Aufgrund des Lebensalters des Tieres sind die artcharakterisierenden Merkmale an den Knochen noch nicht so deutlich ausgeprägt, dass der Baummarder völlig ausgeschlossen werden kann.

Nach heutigen Biotopansprüchen, die wohl vor 2000 Jahren auch nicht wesentlich anders waren, dürfte der Baummarder als reiner Waldbewohner im Zentrum einer Siedlung allerdings kaum zusagende Lebensbedingungen vorgefunden haben. Da ein Hirnschädelfragment, der linke Humerus, beide Beckenhälften und die linke Tibia vorhanden sind (alle im selben Erhaltungszustand und Altersstatus) könnte es sich um die spärlichen Überreste eines entsorgten Kadavers handeln.

Im hinteren Teil des ehemaligen Grundstücks lag die Latrine weit genug vom Wohngebäude entfernt. In allen Nachbarparzellen herrschten vergleichbare Bedingungen. Somit war das Umfeld des Knochenfundplatzes auch als Lebensraum für Steinmarder geeignet.

Knochen von Mardern befinden sich relativ selten im Fundgut von Grabungen. Ehret beschreibt vom Magdalensberg in Kärnten zwei Femora, die er nach ausführlicher Diskussion dem Baummarder zuordnet. Im spätrömischen Kastell Vemania fand Piehler drei Reste von *Martes martes* und Schmidt-Pauly wies ihren einzigen Fund aus Breisach, eine Mandibula, ebenfalls dieser Art zu. In der wildknochenreichen germanischen Siedlung bei Eggolsheim bestimmte Breu fünf Knochen ei-

---

90 Swegat 1976; Frey 1991; Boessnek et al. 1971; Breu 1986.

nes Baummarders. Der Steinmarder wird von Küpper unter den Tierknochen von der Burg Schiedberg in Graubünden mit zwei Stücken des Zeitraumes „prähistorisch–spätmittelalterlich" erwähnt, der auch römerzeitliches Material einschließt.[91]

Braunbär, *Ursus arctos*

Zwei Bärenknochen, zwischen deren Ablagerung nach den archäologischen Befunden ein Zeitraum von über 100 Jahren lag und die zudem an verschiedenen Stellen aufgefunden wurden, stammen von zwei adulten Tieren. Es handelt sich um Diaphysenfragmente je eines rechten und linken Humerus. Das eine Stück weist Brandspuren, das andere Hundebissspuren auf. Als einziges Maß ist einmal die kleinste Breite der Diaphyse (KD = 33 mm) abzunehmen. Da Bärenknochen zu den regelmäßigen, aber in Stückzahlen geringen und im Erhaltungszustand selten eine Maßabnahme zulassenden Fundstücken gehören, ist die Vergleichsbasis an Daten sehr schmal.
Die bereits bei der Beschreibung der Funde anderer Wildtierarten erwähnten Fundplätze Bad Wimpfen, Rottweil, Breisach, Hüfingen, Lauriacum und Vemania lieferten nur 1–9 Bärenknochen.[92]
Im germanischen Eggolsheim konnten immerhin von zwei Individuen 32 Knochenreste geborgen werden, aber nur vier von diesen waren messbar.
Küpper beschreibt unter den Funden von der Burg Schiedberg in Graubünden, die auch römerzeitliches Fundgut enthalten, 132 Bärenknochen von mindestens 17 Individuen. Unter diesen sind zwei Stücke, welche sich indirekt mit denen aus Ladenburg vergleichen lassen. Ihre kleinste Humerusdiaphysenbreite beträgt 29,5 und 27,5 mm. Die rezenten Bärenskelette in der osteologischen Vergleichssammlung sind kleiner (KD der Humeri 22 und 24 mm).[93]

Hausratte, *Rattus rattus*

An einer ganzen Reihe von Fundplätzen im ehemaligen römischen Machtbereich ist die Hausratte nachgewiesen. Die bis dato zugänglichen Angaben hat Teichert zusammengefasst.
Besonders interessant ist in diesem Zusammenhang die Beschreibung eines Fundes aus Ladenburg durch Lüttschwager. Im Mauerwerk eines römischen Brunnens, dessen Bauzeit der Ausgräber Heukemes in der zweiten Hälfte des 2. Jahrhunderts n. Chr. vermutet, war unter anderem ein Hausrattenkadaver von den Erbauern im Mörtel zwischen den Steinen des Brunnenmantels in fast 4 m Tiefe deponiert worden und hatte sich bis zur Freilegung 1966 größtenteils erhalten.[94]
Die neuen Funde sind nicht so außergewöhnlich, denn es sind zwei Einzelknochen aus unterschiedlichen Fundzusammenhängen. Der eine, die vollständige linke Tibia eines adulten, aufgrund der Größe eher weiblichen Tieres (GL = 34,9 mm; Bp = 6,2 mm; Bd = 4,95 mm) kommt aus einem holzverschalten Keller (491) des Kastellvicus (2. Hälfte des 1. Jhs. n. Chr.). Ein rezentes männliches Vergleichstier aus der osteologischen hat eine Tibiagesamtlänge von 39,3 mm.
Der zweite Fund, eine rechte Unterkieferhälfte, ist durch Ausschlämmen einer auffälligen Konzentration kleinster Knochen in der Verfüllung eines Steinbrunnens (838) entdeckt worden. Der gesamte Brunneninhalt ist nach Kaiser/Sommer in der Mitte des 3. Jahrhunderts n. Chr. eingebracht worden.[95]
Damit ist die Hausratte für die Gesamtzeit der römischen Besiedlung Ladenburgs vom Lagerdorf bis zur Zerstörung der Stadt als ‚Mitbewohner' nachgewiesen.

---

91 Ehret 1964; Piehler 1976; Schmidt-Pauly 1980; Breu 1986; Küpper 1972.
92 Frey 1991; Kobabi 1982 u. 1988; Schmidt-Pauly 1980; Sauer-Neubert 1968; Müller 1967; Piehler 1976.
93 Küpper 1972.
94 Teichert 1985; Lüttschwager 1968.
95 Kaiser/Sommer 1994.

Wildvögel

Die Wildvogelknochen der Kellereigrabung Ladenburg kommen aus nahezu allen Befunden der gesamten römischen Besiedlungszeit. Es sind die spärlichen Überreste von Einzelindividuen der Avifauna in und um Lopodunum. Die meisten Knochen wurden als genügend auffällige Stücke während der Standardgrabung geborgen, aber die Kleinvogelreste kamen erst mit dem Material von Schlämmproben zutage (siehe auch Tab. 52 und detailliert Tab. 5 im Anhang).

Alle 25 Gänseknochen wurden wegen fehlender oder nicht erkennbarer Unterschiede zwischen Graugans und Hausgans in der Gruppe Wild- oder Haustiere besprochen.

Unter den 19 Entenknochen befinden sich zwei Ulnae, die in der Größe stark von den übrigen abweichen. Mit 17 Fundstücken der Größengruppe Stockente/Hausente wurde die Masse der Funde wegen fehlender eindeutiger Unterscheidungskriterien zwischen Wild- und Hausform in dieser ‚Mischgruppe' abgehandelt.

Schellente, *Bucephala clangula*

Zwei Ulnae aus einer mit allerlei Abfällen verfüllten ehemaligen Zisterne (305) des Kastellvicus passen nach ausgiebigen Vergleichen mit Ulnae aller größenmäßig in Frage kommenden Anatiden am besten zu Vergleichsstücken von männlichen Schellenten.

An der rechten in ganzer Länge erhaltenen Elle sind Schnittspuren erkennbar, die linke ist kurz über dem distalen Ende abgebrochen. Sie können von ein und demselben Tier stammen. Ihre Einzelmaße sind in Tabelle 51 (Anhang) enthalten. Die Schellente ist derzeit im Rhein-Neckar-Gebiet nur als Wintergast vertreten. Ihr Brutareal reicht heutzutage bis in den südlichen Ostseeraum. Aus dem Material der römischen Besatzungszeit der Stadt Breisach am Kaiserstuhl konnte I. Schmidt-Pauly einen Laufknochen eines weiblichen Tieres bestimmen. Ansonsten sind die Nachweise dieser Art eher spärlich zu nennen. Piehler hat alle bis zu diesem Jahr publizierten Funde aufgelistet. Für die Römerzeit waren lediglich in der Stadt auf dem Magdalensberg bei Klagenfurt in Kärnten Schellentenknochen als Belege gefunden worden.[96]

Habicht, *Accipiter gentilis*

Als einziger Greifvogelknochen ist ein rechter Radius eines Habichts in einem am Beginn des 2. Jahrhunderts n. Chr. verfüllten Keller (491) zwischen diversen Haus- und Wildtierresten aufgefunden worden. Da beim Habicht ein sehr deutlich ausgeprägter Geschlechtsdimorphismus vorhanden ist, kann die vorliegende (wegen Beschädigungen aber nicht messbare) Speiche eindeutig einem männlichen Tier zugeordnet werden.

Habichtsknochen sind als Einzelfunde aus römerzeitlichen Siedlungen und Kastellen bekannt (Cannstadt, Marzoll, Hüfingen, Sponeck, Abusina-Eining, Bad Wimpfen).[97]

Waldschnepfe, *Scolopax rusticola*

Waldschnepfen scheinen am Ende der Militärzeit Lopodunums in den letzten Jahren des 1. und den ersten Jahren des 2. Jahrhunderts n. Chr. ein beliebtes Jagdobjekt gewesen zu sein. Unter den Küchenabfällen von drei verschiedenen Grundstücken konnten vier Extremitätenknochen (je einmal Ulna und Radius und zwei Tarsometatarsen) von mindestens drei verschiedenen Tieren festgestellt

---

96 Schmidt-Pauly 1980; Piehler 1976.
97 Hilzheimer 1920; Streitferdt 1972; Sauer-Neubert 1968; Pfannhauser 1980; Lipper 1981/82; Frey 1991.

werden. Das lässt auf ein relativ häufiges Vorkommen dieser Vogelart und eine spezielle Fang- oder Jagdmethode schließen. In Befund 838, einem verfüllten Steinkeller aus der Mitte des 3. Jahrhunderts n. Chr., dem Komplex mit dem zahlen- und artenreichsten Wildtieranteil, ist der fünfte Waldschnepfenknochen, ein Tibiotarsus, gefunden worden. Dieser ist der einzige, der sich direkt als Speiseabfall erklären lässt, denn er verkörpert einen relativ fleischreichen Extremitätenteil.
Alle anderen Funde sind eher als Abfälle der Speisevorbereitung anzusehen, da sie nahezu oder ganz ohne Muskelbesatz waren. PIEHLER konnte bei ihrer Literaturübersicht für die Römerzeit nur zwei Fundorte, Augusta Raurica am Oberrhein, und Colonia Ulpia Traiana am Niederrhein erfassen.[98]
Unter den Knochen der spätrömischen ‚Burg Sponeck' am Kaiserstuhl fand R. PFANNHAUSER einen einzelnen Humerus. Anders als in ‚gewöhnlichen' Siedlungen ist in den großen Villen von Bad Kreuznach und Borg die Waldschnepfe die häufigste Wildvogelart. In Borg sind es im bisher ausgewerteten Material mehr als 150 Knochenfunde.[99]
In speziellen Abfallgruben im Tempelbezirk einer großen römischen Siedlung bei Dalheim in Luxemburg (40 km südwestlich von Trier) wurden noch größere Mengen (322 Stück) Waldschnepfenknochen gefunden.[100]

Ringeltaube, *Columba palumbus*

Von 15 als Taubenknochen identifizierten Skelettelementen der Gesamtgrabung konnte nur ein Drittel sicher der Ringeltaube zugeordnet werden.
Ihre Größe und die von W. FICK festgestellten Formenunterschiede ließen die Abgrenzung gegenüber der Haustaube und der Hohltaube zu. Es handelt sich um die Überreste (wahrscheinlich) nur eines erwachsenen Tieres aus Grube 227 (letztes Drittel des 2. Jhs. n. Chr.), von dem Brustbein, Becken und jeweils der linke Humerus, Femur und Tibiotarsus relativ unbeschädigt und in sehr gutem Erhaltungszustand vorliegen. Die Einzelmaße enthält die Tabelle 51 im Anhang.[101]
Aus derselben Grube stammen noch fünf weitere Taubenknochen, von denen vier als Haustaubenreste eingeordnet werden konnten und die demzufolge bei den ‚Hausvögeln' besprochen wurden. Ein Humerus ließ sich weder der einen noch der anderen Form sicher zuweisen und wurde deshalb mit fünf Stücken aus weiteren drei Befunden in der ‚Mischgruppe' Haus- oder Wildvögel beschrieben.

Waldohreule, *Asio otus*

Eine Ulna einer Waldohreule befand sich unter dem Knochenmaterial des Steinkellers (838) aus der Mitte des 3. Jahrhunderts n. Chr. In ihrer Zusammenstellung von Wildvogelknochenfunden erwähnt PIEHLER nur einen mittelalterlichen Nachweis aus Südwestdeutschland. Damit stellt der Einzelfund aus Ladenburg eine Besonderheit dar. Es ist aber nicht verwunderlich, wenn Reste dieser Art so selten bei Siedlungsgrabungen auftauchen, denn die Waldohreule gehört nicht gerade zum ‚normalen' Jagdwild und zum Nahrungsspektrum des Menschen.[102]

---

98 PIEHLER 1976; SCHMID 1969; WALDMANN 1967.
99 PFANNHAUSER 1980; JOHANSSON 1987; MIRON/WUSTROW 1997.
100 OELSCHLÄGEL 2006; SCHULZE-REH 2000.
101 FICK 1974.
102 PIEHLER 1976.

Steinkauz, *Athene noctua*

Der Steinkauz ist durch vier Knochen von zwei verschiedenen Fundstellen nachgewiesen. Aus der Latrine (519), die in der zweiten Hälfte des 2. Jahrhunderts n. Chr. verfüllt wurde, kommen drei und aus dem Material des Steinkellers (838), der neben vielem anderen auch die Ulna der Waldohreule enthielt, stammt eins der Fundstücke. Interessant sind die drei Stücke (Schädel, Humerus, Tibiotarsus) aus der Latrine am Ende einer Wohnparzelle in Lopodunum durch die Tatsache, dass sich im Latrineninhalt möglicherweise ein Teil des Nahrungsspektrums des Kauzes (siehe auch Abschnitt Schlämmproben) erhalten hat und geborgen werden konnte.

Als Kulturfolger ist der Steinkauz eher als die Waldohreule in menschlichen Ansiedlungen zu erwarten, was sich auch in der Nachweis-'Dichte' niederschlägt.

Reste dieser kleinen Eulenart haben R. Müller in Lauriacum, F. Johansson in Bad Kreuznach, Kokabi et al. in Bondorf, Miron u. Wustrow in Borg und Frey in Bad Wimpfen in jeweils anderen römischen Siedlungsformen (Municipium, Villa, Vicus) finden können.[103]

Kolkrabe, *Corvus corax*

Kolkraben sind als omnivore, anpassungsfähige Vögel in nahezu allen Biotopen anzutreffen. Menschliche Ansiedlungen sind für sie eher anziehend als abschreckend.

Deshalb tauchen Knochen dieser Art relativ regelmäßig im Fundgut archäologischer Grabungen auf. Piehler hat eine Vielzahl von Fundorten mit Kolkrabennachweisen zusammengestellt, unter denen auch einige römische sind. Frey, die für Bad Wimpfen zwei Knochen dieser Art bestimmen konnte, hat der Liste von Piehler noch eine Anzahl neuer Fundnachweise aus der Literatur hinzugefügt. Im Ladenburger Fundgut gibt es insgesamt sechs Kolkrabenreste. Drei Knochen lagen im Verfüllmaterial des Holzkellers 504 des Kastellvicus, das vom Ausgräber in das erste Jahrzehnt des 2. Jahrhunderts n. Chr. datiert wird und drei weitere Funde kommen aus dem Füllmaterial des Steinbrunnens (711) aus der Mitte des 3. Jahrhunderts n. Chr.[104]

Elster, *Pica pica* oder Dohle, *Coloeus monedula*

Ein proximales Humerus- und ein distales Tibiotarsusfragment aus der Latrine (229) des Lagerdorfes gehörten zu einem ‚kleinen' Rabenvogel. Nach Größe und Gestalt der Fundstücke kommen Elster oder Dohle in Frage.

Beide Arten sind heute und waren wohl auch in vergangenen Zeiten Kulturfolger. Deshalb sind sie in Siedlungsinventaren relativ häufig nachweisbar. Die Beschädigungen der Fundstücke lassen die Festlegung auf eine der beiden Arten aber nicht zu. Zwei Maße ließen sich abnehmen und seien hier mitgeteilt. Am Humerus beträgt die Bp = 13,7 mm und die Gelenkrollenbreite des Tibiotarsus erreicht Bd = 6,5 mm.[105]

Misteldrossel, *Turdus viscivorus* oder Wacholderdrossel, *Turdus pilaris*

Unter den Kleintierknochen der Schlämmproben aus der Latrine (519) und dem Steinbrunnen (711) befanden sich zwei Vogelknochen. Der größere, ein linkes distales Humerusfragment stammt von

---

103 Müller 1967; Johansson 1987; Kokabi et al. 1994; Miron/Wustrow 1997; Frey 1991.
104 Piehler 1976; Frey 1991.
105 Wie Anm. 104.

einer der größeren Drosselarten. Die beste Übereinstimmung besteht mit dem Humerus einer Misteldrossel, die Wacholderdrossel ist aber nicht gänzlich auszuschließen.
Schmid hat in Küchenabfällen in Augusta Raurica Reste von etlichen Mistel- und weiteren Drosselarten nachweisen können. Es scheint also meistens von der Gunst von Erhaltungs- und Grabungsbedingungen abzuhängen, ob Reste solcher ‚Luxusnahrungsmittel' aufgefunden werden können oder nicht.[106]
Columella beschreibt Fang, Haltung und Mast von Drosseln für die Mitte des 1. Jahrhunderts n. Chr. als einen durchaus ‚normalen' Zweig landwirtschaftlichen Erwerbs. In der Villa von Borg fanden A. Miron u. Ch. Wustrow Reste von mehreren Drosselarten unter den Abfällen.
Ein rechtes proximales Femurfragment ließ sich nur sicher der Familie Finken, aber keiner der vielen Arten eindeutig zuordnen. Es befand sich zwischen den Kleinsäugerknochen der Schlämmprobe aus der Verfüllung des Steinbrunnens (711).[107]

Tierreste aus Schlämmproben

An drei Stellen der Kellereigrabung ist bei auffälligen Kleinstfundkonzentrationen geschlämmt worden. Die Vielzahl von Tierarten, die diese vergleichsweise unbedeutende Gesamtmasse von ca. 180 g (im Vergleich zu den fast 312 kg Knochen der Grabung) erbrachte, unterstreicht die Wichtigkeit solcher für den Ausgräber zusätzlichen und für den Erkenntnisgewinn nicht sofort einschätzbaren Arbeit. Deshalb ist es besonders erfreulich, verdienstvoll und nachahmenswert, dass in Ladenburg dieser ‚Zusatzaufwand' getrieben wurde. Da es sich nicht um isolierte Komplexe, sondern um Kleinstmengen innerhalb des ‚normalen' Materialabtrages während der Grabung handelt, geben die Ergebnisse der Artbestimmung Einblicke in die Fauna des Lebensraumes der Stadtbewohner (die sonst unbekannt geblieben wäre) und sind damit als Teil des Ganzen zu betrachten. Die ermittelten (aufgrund der Fragilität und Kleinheit der Objekte manchmal nur annähernden) Fundzahlen, Individuenzahlen und Knochengewichte sind aber nicht in die Zählungen und Berechnungen der Wildtierliste eingegangen. Große Mollusken- und Fischreste, die im normalen Grabungsablauf zutage kamen, werden bei der Auswertung der Schlämmproben mitbehandelt.
Die festgestellten Tierarten aller Schlämmproben sind in Tabelle 52 zusammengefasst.
Diese Tabelle enthält lediglich die Anzahl der Reste nach denen die jeweilige Art bestimmt werden konnte und die vermutliche Mindestanzahl (MIZ) an Individuen pro Art und Fundstelle. Ein aus tierartlich nicht bestimmbarem Knochen gefertigter ‚Spielstein' ist in dieser Aufstellung ebenso wenig enthalten wie die in großer Stückzahl (aber geringem Gewicht) vorhandenen Knochensplitter und nur sehr grob als ‚Fisch, Lurch oder Kleinsäuger' einzuordnende Funde. In Tabelle 5 im Anhang können die Einzelergebnisse der Bestimmung detailliert eingesehen werden.
Die Ansammlung aller dieser Kleinfunde lässt sich in vier Gruppen einteilen, die sich zum Teil überschneiden. Sie beinhalten z. T. dieselben Tierarten, je nachdem welche ‚Verursacher' für die wechselnden Zusammensetzungen als möglich vorausgesetzt werden.
Zur ersten zählen die Reste der ‚Großtiere' Schwein, Hund, Katze und Dachs, die mit kleinen und kleinsten Knochenelementen (meist von Jungtieren) vertreten sind, die schon durch die Normalgrabung nachweisbar waren und die bei den jeweiligen Arten behandelt wurden.
Sicher zur zweiten Gruppe, den Angehörigen der natürlichen Thanatozönose, gehören die Kellerasseln, die kleinen Schnecken und die Kröten, da sie ihre Lebensräume und Schlupfwinkel am Auffindungsort gehabt haben können. Wahrscheinlich sind Eidechse, Spitzmaus, Maulwurf, Maus und Ratte ebenfalls in diese Kategorie einzuordnen. Für sie können die künstlichen Hohlräume von Latrine und Brunnen zur Todesfalle geworden sein.

---

106 Schmid 1967.
107 Columella nach Ahrens 1972; Miron/Wustrow 1997.

Tierart		Befund 519 Latrine		Befund 711 Steinbrunnen		Befund 838 Steinkeller	
		n	MIZ	n	MIZ	n	MIZ
Hausschwein	Sus scrofa f. domestica			2	1		
Hund/Katze	Canis / Felis			10			
Hauskatze	Felis silvestris f. catus			3	1		
Dachs	Meles meles			1	1		
Maulwurf	Talpa europaea			2	1		
Feldspitzmaus	Crocidura cf. leucodon	21	4	11	2		
Wasserspitzmaus	Neomys fodiens	3	1				
Hausratte	Rattus rattus			1	1		
Waldmaus	Apodemus sylvaticus	15	9	4	4		
Hausmaus	Mus musculus	5	2				
Schermaus	Arvicola terrestris			1	1		
Feldmaus	Microtus arvalis	15	3	1	1		
Erdmaus	Microtus agrestis			1	1		
Sumpfmaus	Microtus oeconomus			3	1		
Misteldrossel	Turdus cf. viscivorus	1	1				
Kleinvogel indet.	Aves indet.	1	1	1	1		
Zauneidechse	Lacerta agilis			2	1		
Erdkröte	Bufo bufo	>35	5	2	1		
Kreuzkröte	Bufo calamita	3	2				
Wasserfrosch	Rana esculenta/ridibunda			2	1		
Grasfrosch	Rana cf. temporaria			4	2		
Ukelei/Gründling	Alburnus/Gobio	4	2				
Blei	Abramis brama	1	1				
Maifisch/Alse	Alosa alosa					ca. 90	2
Auster	Ostrea ?						2
Fluss-? Muschel	Unio spec.						2
Weinbergschnecke	Helix pomatia						25
gr. Schnirkelschnecken				1			7
kl. Schnirkelschnecken				5			
Kellerassel				>10			

Tab. 52: Tierreste aus drei Schlämmproben.

In die dritte Kategorie sind die vorgenannten Wirbeltierarten als mögliche Gewöll- bzw. Nahrungsüberreste vom Steinkauz zu zählen, da dieser Vogel aus demselben Befund im Verlauf der Normalgrabung nachgewiesen werden konnte (Latrine 519). Als Ruheplatz vom Steinkauz und damit als Ablageplatz für Gewölle wäre die Holzkonstruktion der vermutbaren Latrinenüberdachung denkbar. In die letzte Gruppe lässt sich eine ganze Reihe von Arten einordnen, die Reste von ‚Delikatessen' darstellen. Kleinvögel, Fische, Muscheln und Weinbergschnecken sind als ‚Feinschmecker'-Nahrungsabfälle deutbar. Die Fischreste können nur durch Menschen in den angetroffenen Fundzusammenhang eingebracht worden sein.

Ebenso sind die Austernschale und die übrigen Muschelreste nur durch menschliche Aktivität an diesem Ort zu erklären. Möglicherweise gehören Frosch(schenkel)knochen ebenfalls in diese Kategorie.

Im Lehmfußboden und in Spalten unter der Türschwelle der Großküche eines ‚palastartigen' Hauses in Augusta Raurica hat SCHMID ein vielfältiges Artenspektrum bestimmen können. In diesem sind auch 64 Froschreste – gemischt mit anderen Nahrungsabfällen – an gleicher Stelle aufgefunden worden. Thüry hat alle bis zu dieser Zeit publizierten Nachweise unter dem Titel „Froschschenkel – eine latène- und römerzeitliche Delikatesse" zusammengestellt und bewertet. In der etwa zeitgleichen römischen Villa von Borg im Saarland haben Miron u. Wustrow nicht nur ebenfalls Froschreste festgestellt, sondern auch ein ähnliches Kleinsäugerinventar wie in Ladenburg ermittelt. Sie deuten diese Kleinfunde als mögliche Gewöllreste von Eulen.[108]

Durch das Schlämmen sind allerdings in der Mehrzahl Überreste von Tierarten erfasst worden, die kaum zum Nahrungsspektrum, wohl aber zum Wohnumfeld der Menschen in Ladenburg gehört haben.

Säugetiere

Insektenfresser

Maulwurf, *Talpa europaea*

Eindeutig und leicht zu bestimmen sind wegen ihrer besonderen Form die Knochen des Maulwurfs. In der Schlämmprobe aus der Steinbrunnenverfüllung 711 befanden sich eine Mandibula und ein Femur. Da der Brunnenschacht weder als Versteck noch als Lebensraum für diese Art gelten kann, ist nur ein unbeabsichtigtes Hineinstürzen oder ein Einbringen durch den Menschen vorstellbar.

Feldspitzmaus, *Crocidura leucodon*

Mindestens sechs Individuen weißzähniger Spitzmäuse konnten anhand charakteristischer Merkmale an Schädeln und Mandibulae aus den Schlämmproben von Latrine 519 und Steinbrunnen 711 als Feldspitzmäuse bestimmt werden.

Wasserspitzmaus, *Neomys fodiens*

Als dritte Insektenfresserart kommt eine der rotzähnigen Spitzmausarten hinzu. Durch einen Schädel und die dazugehörigen Mandibeln aus der Latrinenverfüllung 519 ließ sich die Wasserspitzmaus nachweisen. Der Lebensraum der Feldspitzmäuse kann in unmittelbarer Umgebung der Auffindungsorte gelegen haben, während die Wasserspitzmaus wohl das ihrer Lebensweise entsprechende Biotop am unweit gelegenen Neckarufer bewohnte.

Für beide Spitzmausarten ist ein natürliches Lebensende, ein tödlicher Unfall oder ein plötzliches Ende als Steinkauzbeute vorstellbar.

Nagetiere

Die *Hausratte* als größter Kleinstsäuger wurde bereits bei den Wildtieren besprochen, da einer der beiden nachgewiesenen Knochen im Verlauf der ‚Standardgrabung' geborgen wurde.

Waldmaus, *Apodemus sylvaticus*

Der Waldmaus sind die meisten der Schädelfragmente, 15 Mandibelhälften von mindestens neun Tieren aus der Latrine 519, vier Mandibulae von vier Tieren aus dem Brunnen 711 und der

---

108 Schmid 1967; Thüry 1977; Miron/Wustrow 1997.

größte Teil der mehr als 50 ‚Langknochen' zuzuordnen. Da sich unter den Extremitätenknochen ein erheblicher Teil von jungen und subadulten Individuen befindet, ist bei diesen nur die allgemeine Aussage ‚- Mus/Apodemus spec.-' möglich. Wald- und Gelbhalsmaus ähneln sich im Körperbau sehr und überschneiden sich in der Größe. Deshalb ist die normalerweise kräftigere Apodemus flavicollis nicht mit Sicherheit nachzuweisen oder auszuschließen.

Hausmaus, *Mus musculus*

Die Hausmaus ist eindeutig durch zwei Incisivteile des Oberkiefers mit den charakteristisch ausgeformten Schneidkanten der Incisivi nachzuweisen. Mindestens drei Unterkieferhälften lassen trotz der Beschädigungen noch Merkmale der Hausmaus erkennen. Alle Reste stammen aus der Latrine 519.

Schermaus, *Arvicola terrestris*

Eine bis auf zwei ausgefallene Backenzähne vollständige rechte Mandibulahälfte aus der Brunnenverfüllung 711 ist das sichere Belegstück für die Schermaus. Dazu kommt noch eine beschädigte Ulna.

Feldmaus, *Microtus arvalis*

Von der Feldmaus ist zwar nur eine Mandibelhälfte aus dem Brunneninhalt 711 erhalten und sicher bestimmbar, aber unter den Extremitätenknochen der Latrinenschlämmprobe 519 und aus dem Brunnen sind etwa 15 Stücke, die nicht von Apodemus oder Mus, sondern von Microtus spec. stammen.

Erdmaus, *Microtus agrestis*

Zu einer zweiten Wühlmausart hat ein Mandibulafragment gehört, das für die Feldmaus zu groß erscheint. Da nur noch die ersten zwei Backenzahnalveolen erhalten sind, bieten auch nur sie eine Vergleichsmöglichkeit. Von Anzahl und Form der Unterteilungen in der M_1-Alveole zeigt der Fund die besten Übereinstimmungen mit einer entsprechenden Mandibula der Erdmaus.

Nordische Wühlmaus oder Sumpfmaus, *Microtus oeconomus*

Problematisch sind einige ‚größere' Extremitätenknochen (Humerus, Femur, Tibia) aus der Steinbrunnenschlämmprobe 711. Sie sind zu groß für die zur Verfügung stehenden Vergleichsknochen der Erdmaus und stimmen am besten mit Vergleichsstücken der Sumpfmaus überein, die aber nach den zugänglichen Verbreitungskarten in einem isolierten westlichen Vorkommen nur das Rheinmündungsgebiet bewohnt und deren Hauptverbreitungsgebiet heutzutage erst östlich der Elbe beginnt. Die von der Größe her in Frage kommenden Arten Gelbhalsmaus, Baumschläfer und (junge) Schermaus konnten durch direkten Vergleich ausgeschlossen werden.
Da die Fundstücke zeitlich sicher eingeordnet sind, ist eine Nachprüfung des Sachverhalts mit umfangreichem Vergleichsmaterial erforderlich, zumal der Fundort im Stadtbereich nicht zum Biotop der Art gerechnet werden kann.

Die ausgeschlämmten *Vogelknochen* wurden bereits bei den Wildvogelknochen besprochen.

Kriechtiere

Zauneidechse, *Lacerta agilis*

Ein Unterkieferfragment und eine Beckenhälfte sind als Eidechsenknochen identifiziert worden. Ob es sich um Reste von ein oder zwei Tieren handelt, ist nicht zu klären. Aufgrund der Größe ist am ehesten die Zauneidechse in Betracht zu ziehen. Die Lage des Fundortes im Zentrum des Verbreitungsgebietes der Art spricht ebenfalls für diese und nicht für die Smaragdeidechse, die größer wird und für deren Verbreitung der Rhein heutzutage die Ostgrenze bildet. Eidechsenknochen sind nicht als Reste menschlicher Nahrung anzusehen. Deshalb sind sie zur natürlichen Thanatozönose zu rechnen, zumal der Lebensraum in unmittelbarer Nähe des Fundortes zu suchen ist.

Lurche

Aus den Schlämmproben von Latrine 519 und Steinbrunnen 711 konnten ca. 70 Knochen (etwa die Hälfte dieser Knochen stammen von mindestens fünf Erdköten) von Froschlurchen ausgelesen werden, die zu je zwei Kröten- und Froscharten gehörten:

Erdkröte, *Bufo bufo*, Kreuzkröte, *Bufo calamita*, Wasserfrosch, *Rana esculenta/ridibunda* und Grasfrosch, *Rana temporaria*

Die Krötenarten sind ebenso wie die kleinen Schneckenarten als zeitweilige Bewohner der nicht überbauten Grundstücksteile anzusehen. Dabei haben wahrscheinlich die Erdkröten eher in den feuchteren und die Kreuzkröten in den trockeneren Bereichen ihren Aufenthaltsort gehabt. Damit sind Lebensraum, Todes- und Auffindungsort eng benachbart oder identisch. Für die beiden Froscharten trifft diese Aussage nicht zu, denn der Wasserfrosch ist ständig an das Wasser gebunden und für den Grasfrosch lag ein passendes Biotop auch an anderer Stelle als in dem ‚Hinterhof' des Grundstücks. Da aber während der römischen Zeit das Neckarufer nur etwa 50 Meter vom Bergungsort der Funde entfernt war, ist mit dieser räumlichen Nähe eine Erklärungsmöglichkeit für das Vorhandensein der Knochen gegeben. Eine Zugehörigkeit der großen Beinknochen zu den Überresten menschlicher Nahrung (Froschschenkel) und der Nachweis von Körper- und Kopfknochen als Teile der entsorgten ‚Restkadaver' sind ebenfalls denkbar.

Fische

Fischknochen als relativ kleine, zerbrechliche, wenig widerstandsfähige Objekte sind im normalen Grabungsmaterial nur selten vertreten, obwohl Fische für Bewohner von Siedlungen in Gewässernähe sicher zu allen Zeiten eine wesentliche Bereicherung des Speisezettels dargestellt haben. Die Unterrepräsentierung von Fischresten im Fundgut ist eine von nahezu allen archäozoologischen Autoren beklagte Tatsache.
Die geborgenen Mengen (in der Regel auffällige Einzelstücke von großen Arten und Individuen) lassen keine Aussage über die tatsächliche Bedeutung von Fischen als Nahrungsmittel zu und die ermittelten Arten sind mit Sicherheit immer nur ein kleiner Ausschnitt aus der ehemaligen Fülle. Auch bei der Kellereigrabung wurden die meisten Fischknochen aus kleinen geschlämmten Proben ausgelesen. Es konnten vier Arten sicher bestimmt werden. Zwischen zwei weiteren (kleinen) Spezies konnte keine Entscheidung gefällt werden. Der in geringer Entfernung vorbeifließende Neckar ist für alle nachgewiesenen Arten ein geeigneter Lebensraum gewesen.

Wels, *Silurus glanis*

Ein kleines Unterkieferfragment eines großen Welses kommt nicht aus der Schlämmprobe, sondern lag zwischen den Haustierresten der Verfüllung des Steinkellers 838.

Döbel, *Leuciscus cephalus*

Der Döbel ist durch einen Schlundkiefer eines adulten Exemplars aus dem Verfüllmaterial des Holzkellers 491 vom Ende des 1. Jahrhunderts n. Chr. nachgewiesen.

Blei, *Abramis brama*

Da ein Teil des Inhaltes der Latrine 519 geschlämmt wurde, konnten unter den 65 g Gesamtausbeute dieser Probe auch ca. 3,5 g Fischreste aussortiert werden. Fast alle blieben unbestimmbar, aber der Blei ließ sich durch einen Schlundknochen sicher determinieren.

Maifisch/Alse, *Alosa alosa*

Aus dem Fundzusammenhang des Steinkellers 838, aber als Teil einer Schlämmprobe gewonnen, sind ca. 90 Fragmente von Fischknochen mit einem Gewicht von ca. 25 g erhalten, die sich im ZNS, Halle artlich nicht bestimmen ließen. Eine Überprüfung in Kiel durch Dirk Heinrich ergab folgenden Sachverhalt: „(...) unter beiden Fundnummern verbirgt sich jeweils eine Alse/Maifisch, (...) beide sind etwa von gleicher Größe gewesen. Die Tiere dürften als Totallänge (Lt) 60 cm oder etwas mehr erreicht haben, da ihre Knochenelemente größer als die des Vergleichsfisches von knapp 50 cm (Lt) sind."
Nach G. Bauch kommt dieser größte Heringsfisch vom Mittelmeer bis in die westliche Ostsee vor, erreicht bis zu 80 cm Länge und kann dann bis zu 3 kg schwer werden. Zur Verbreitung wird ausgeführt: „(...) Küstengewässer westlich der Weser, zur Laichzeit in die Flüsse aufsteigend (im Rhein früher bis Basel, jetzt jedoch wegen Gewässerverschmutzung und -verbauung fast nur noch innerhalb der Gezeitenzone)".
Aus dem Abfall einer Herberge der Colonia Ulpia Traiana bei Xanten am Niederrhein konnte Müller ähnlich große Maifische nachweisen (also wohl Laichwanderer) wie in Lopodunum.[109]

Ukelei, *Alburnus alburnus* oder Gründling, *Gobio gobio*

Vier sehr kleine beschädigte Schlundkiefer aus Latrine 519 können nur als solche von Ukelei oder Gründling benannt werden. Beide Arten bevorzugen zwar unterschiedliche Gewässerzonen, sind aber ähnlich groß und haben eine identische Schlundzahnformel (2.5–5.2)

Weichtiere

Weinbergschnecke, *Helix pomatia*, Schnirkelschnecken u. a.

Es liegen 25 relativ gut erhaltene, komplette Gehäuse vor. Nach Aussage von Kaiser und Sommer sind sie „(...) eine Ansammlung von mehreren hundert (...) – (...) nur unvollständig geborgen (...)" im Befund 838, einem verfüllten Steinkeller des 3. Jahrhunderts n. Chr. aufgefunden worden und stellen in dieser Konzentration sicher Nahrungsüberreste der Hausbewohner dar.[110]

---

109 D. Heinrich, schriftl. Mitt. 2000; Bauch 1966; Müller 1989.
110 Kaiser/Sommer 1994.

Aus demselben Befund und aus der Latrine 519 stammen noch 13 verschieden große weitere Gehäuse von Schnirkel- und anderen kleinen Gehäuseschnecken, die artlich nicht determiniert werden konnten. Sie sind der Kleintierfauna des Hof-/Gartenareals in der Umgebung von Brunnen und Latrine zuzurechnen.

Auster, *Ostrea edulis* und Flussmuschel, *Unio spec*

Im Steinkeller 838 lagen zwei Schalenfragmente der Auster, die sicher importiert wurden. Sehr schlecht erhaltene Schalenreste von mindestens zwei Flussmuscheln, die wahrscheinlich aus dem nahen Neckar stammen können, lagen ebenfalls im Steinkeller.

Asseln

Unter den Kleinstfunden der Latrinenschlämmprobe 519 befinden sich auch verschieden große Teile des Außenskeletts von mehr als zehn Asseln. Am wahrscheinlichsten dürfte es sich bei den stark deformierten und fragmentierten Resten um solche von Kellerasseln handeln, da diese auch heutzutage ähnlich dunkle und feuchte Örtlichkeiten wie eine Latrinenwand bevorzugen.

Zusammenfassung

Das bearbeitete osteologische Fundmaterial stammt aus dem römischen Kastellvicus und späteren Civitashauptort Lopodunum in der Provinz Germania Superior des Imperium Romanum und umfasst den Zeitraum vom 1–3. Jahrhundert n. Chr.

Bei den ab 1981 durchgeführten Grabungen an der Kellerei der heutigen Stadt Ladenburg am Neckar wurden großflächig Siedlungsreste aus der Römerzeit, dem Mittelalter und der Neuzeit aufgedeckt. Aus den gut stratifizierten Befunden liegt ein sehr umfangreiches Fundmaterial vor. Zur hier vorgelegten osteologischen Bearbeitung sind vom Ausgräber aus dem Areal westlich der Kellereigasse 20 Fundkomplexe ausgewählt worden, die den gesamten römischen Besiedlungszeitraum abdecken. Aus diesen wurden 11522 Wirbeltierreste geborgen, die überwiegend Speiseabfälle darstellen. Tierhaltung zur Nahrungsmittelerzeugung hat im Grabungsareal aber nicht stattgefunden. Zusätzlich konnten aus drei Schlämmproben innerhalb der Grabungsfläche noch ca. 700 Fundstücke (ca. 180 g) in die Untersuchung einbezogen werden.

Das Gesamtmaterial mit einem Gewicht von 311,17 kg gliedert sich in 85,3% Haustier- und 1,6% Wildtierreste. Die fast 1500 Skelettreste (12,7%), die keine eindeutige artliche Zuordnung zuließen, verkörpern trotz ihrer relativ hohen Anzahl nur 1,8% des Materialgewichtes.

Die Faunenliste des gesamten determinierten Fundgutes umfasst neun Haustier- und 19 Wildtierarten, die zusätzlich noch durch 22 weitere Wildtierarten aus dem geschlämmten Material ergänzt werden. Trotz geringer Entfernung zu Kastellvicus und späterer Stadt (nur ca. 1 km Luftlinie) scheinen sich in der Neckarswebensiedlung und Villa rustica ‚Ladenburg-Ziegelscheuer' nach Auswertung des osteologischen Fundgutes durch FELLER während der verschiedenen Zeitstufen des Bestehens die Zusammensetzungen der Nahrungsreste an beiden Orten zu unterscheiden. Zwar ist die Siedlung bzw. Villa als ein ‚Produktionsort' von Nahrungsmitteln für die ‚Stadtbevölkerung' anzusehen, doch hat z. B. das Pferd als Nahrungstier im Bereich ‚Ziegelscheuer' im Gegensatz zur Stadt zeitweise offenbar eine wesentliche Rolle gespielt.[111]

Das Hausrind nimmt im Fundmaterial der Grabung ‚Kellerei-West' mit einem Anteil von 53,5% der determinierten Knochen bzw. -fragmente den höchsten Prozentsatz unter den Haustieren ein. Betrachtet man die Knochengewichte, so sind die Anteile noch eindrucksvoller, denn 73,2% vom

---

111 FELLER 2002.

Gewicht aller bestimmten Knochen entfallen auf das Rind. Es stellte somit für die menschliche Ernährung das wichtigste Schlachttier dar, gefolgt von Hausschwein (20,4%) und von Schaf/Ziege mit 11,5%. Im Verlauf der Untersuchungszeit war eine Abnahme der Rinderknochenanzahl von Phase 2 zu Phase 4 von 74% auf 42% und eine Zunahme des Anteils der Schweineknochen von 17 % auf 39% und Schaf/Ziege von 9 % auf 19% zu verzeichnen, was auf eine Veränderung der Verzehrgewohnheiten in diesem Grabungsbereich von Lopodunum hinweist.

Für den Beginn der ersten Phase der Parzellenbebauung an der Kellerei könnten für die Versorgung der Bewohner Teile von Rinderschlachtkörpern aus dem Umland ‚eingekauft' worden sein, denn es sind in den Lehmgrubenverfüllungen (70/80 n.Chr.) relativ viele Fragmente fleischreicher und relativ wenig von fleischarmen Körperpartien vorhanden.

Das verhältnismäßig hohe Schlachtalter der Rinder (4- bis 6-jährig und meist älter) mag mit der Spätreife und der Nutzungsart (Zug- und Milchleistung) der Tiere begründet sein. Reste jüngerer Tiere sind sehr selten. Dies bedeutet aber hinsichtlich der Fleischqualität, dass keine hohen Ansprüche seitens der Nutzer gestellt werden konnten.

Die aufgefundenen Skelettelemente geben Hinweise auf die Zergliederungstechnik der Schlachtkörper im Zusammenhang mit der Fleischnutzung, aber auch darauf, dass überwiegend komplette Tiere innerhalb der Grundstücke verwertet wurden. Dies trifft in gleicher Weise auf Rind, Schwein, Schaf und Ziege zu.

In charakteristischer Weise sind z. B. von rund 600 Rinderwirbeln 50% mit deutlichen Trennspuren längs und quer zur Körperachse versehen, die bei der Herauslösung der Wirbelsäule entstanden sind. Fast 24% der Knochenreste der Rinder aus dem Ladenburger Grabungsareal bestanden aus Rippen.

Sie wiesen in allen drei untersuchten Phasen eine erstaunliche Übereinstimmung hinsichtlich der Portionierungsgruppen auf (d. h. vergleichbare Längen und Gewichte der Rippenstücke). All diese Indizien lassen wegen der Ähnlichkeit der hinterlassenen Spuren auf die Tätigkeit professioneller ‚Fleischer/Metzger' schließen.

Eine Verbindung zwischen ‚Grill'-Feuergruben im Straßenfrontbereich Parzelle A/B, Phase 4, portionierten Rippen und Bewirtungsgewerbe (Straßenverkauf) scheint offensichtlich zu sein. Zwischen ‚Räucherkammer-Nachweis' (Befund 423, Parzelle B, Phase 3) und ‚gelochten' Rinderschulterblättern und deren zeitgleichen Abfällen auf dem gleichen und dem Nachbargrundstück ist ein Zusammenhang ebenso dringend zu vermuten.

Die wenigen errechenbaren Widerristhöhen (Variation bei 19 Werten von 108-147 cm) lassen aber sichere Aussagen über eine Durchschnittsgröße der Rinder ebenso wenig zu wie über eine (vielleicht) zu erwartende Größenveränderung der Rinderbestände in der Umgebung der Stadt. Der WRH-Wert 108 cm für die kleinste (germanische) Kuh stammt zwar aus Phase 2 aber auch 133 und 135 cm ließen sich aus Knochen (ausgedienter Zugtiere) dieser Aufbauphase des Kastellvicus errechnen. Aus der 150 Jahre späteren Steinbauphase der Stadt ergaben zwei Metacarpen die ebenfalls geringe Größe von 112 cm, während andere Tiere dieser Phase 4 bis 145 cm Schulterhöhe erreichten. Das heißt aber, dass neben den importierten großen auch immer die im Territorium vorhandenen kleinen Rinder vorkamen.

Vom Pferd gelangten 488 Knochen bzw. deren Bruchstücke von mindestens acht Individuen zur Untersuchung. Davon kommen allein 362 aus Grube 227 der Phase 3. Mehr als 350 von ihnen gehörten zu zwei alten Hengsten. Obwohl diese unvollständigen Skelette Zerlegungs- und Brandspuren aufweisen und nicht im anatomischen Verband lagen, ist der Verzehr des Fleisches dieser Tiere damit nicht zwingend bewiesen. Bei einem Teil der Einzelknochen bzw. Knochenfragmente aus anderen Befunden ist die Deutung als Nahrungsrest aber sehr wahrscheinlich. Trotzdem ist nicht davon auszugehen, dass Pferdefleisch in diesem Siedlungsbereich je eine so wesentliche Rolle als Nahrungsmittel spielte wie zeitweise im Bereich ‚Ladenburg-Ziegelscheuer'. Alle nachgewiesenen Pferde hatten errechnete Widerristhöhen zwischen 144 und 150 cm. Nach derzeitigem Forschungsstand liegen sie damit im oberen Bereich der Größenvariation, die bis jetzt für das Gebiet der Provinz Germania Superior bekannt ist.

Nach dem Rind hatte das Schwein für die Ernährung die größte Bedeutung. Der sehr hohe Fragmentierungsgrad der Knochen (2000 Fundstücke) wird dadurch erkennbar, dass zum einen kein einziger großer Röhrenknochen unbeschädigt vorlag und zum anderen, dass die Masse der Knochen ein Stückgewicht unter 10 g aufwies.

Damit die Größe der Ladenburger Schweine überhaupt ermittelt werden konnte, sind die wenigen Längenmaße ganz erhaltener Metapodien, Calcanei und Tali adulter Tiere genutzt worden. Nach diesen Knochen, mit Hilfe der modifizierten Faktoren von Teichert et al. errechnet, lag der Mittelwert der Widerristhöhe bei 75 cm. Die Daten passten sehr gut in die Variation von gebiets- und zeitgleich gewonnenem Material.[112]

Die meisten Schweine wurden – unabhängig vom Geschlecht – zwischen 1,5 und 2 Jahren (nach der Herbstmast) geschlachtet. Auch Schweinefleisch wurde offenbar geräuchert, wie der Fund eines ‚gelochten' Schulterblattes unter den Abfällen in der Nähe der aufgefundenen Räucherkammer aus Phase 3 belegt.

Der Anteil der kleinen Wiederkäuer Schaf und Ziege beträgt 9,7% (n = 1124) unter dem Ladenburger Fundmaterial, wobei nur 189 Knochenreste eindeutig als Schaf und nur neun Fragmente sicher als Ziege zu determinieren waren.

Die Schulterhöhe der Schafe betrug durchschnittlich 62 cm. Mehr als 60% der aufgefundenen Schaf/Ziegen-Reste belegen ein Alter von 2,5–5 Jahren, d. h. die Schlachtung erfolgte erst nach der vorangegangenen Nutzung für Nachzucht, Woll- und Milcherzeugung.

Verändernde Einflüsse auf die einheimische Tierzucht durch die Übernahme römischer Kenntnisse, die auf eine Leistungsverbesserung bzw. auf eine Verdrängungszucht hindeuten, sind in den Schlachttierabfällen der Siedlung nicht nachzuweisen.

Das Knochenmaterial der Hunde (n = 655) zeigt die ganze Variationsbreite, die auch für andere römische Hundepopulationen bekannt geworden ist. Errechnete Widerristhöhen reichen von 28–67 cm. Als Wuchsformen sind große kräftige, normal- und schlankwüchsige (windhundähnliche) bis kurz- und krummbeinige (brachymele) Tiere und auch feingliedrige kleine vorhanden. Diese starke Differenzierung ist nicht nur an den Knochen erwachsener Hunde sondern bereits an den zahlreich vorhandenen Jungtierknochen deutlich zu erkennen. Auch Gesichtsschädelverkürzung (Mopsköpfigkeit) ist an einem Junghundschädelrest erkennbar. Eine regelmäßige bzw. häufige Nutzung von Hundefleisch ist wohl auszuschließen, nicht aber gelegentlicher Verzehr. Auch die Nutzung von Hundefellen ist zu vermuten, da sich kaum Fuß- und Schwanzknochen unter dem Fundmaterial befinden. Insgesamt konnten mindestens 37 Individuen belegt werden.

Mit 36 Fundstücken von mindestens fünf unterschiedlich alten Hauskatzen ist diese Tierart im Grabungsareal im Gegensatz zu den Befunden an vielen anderen zeitgleichen römischen Fundstellen relativ gut repräsentiert.

Aus allen Befunden der römischen Siedlungszeit sind Knochen von Haushühnern nachzuweisen (n = 253), die auf insgesamt etwa 50 Tiere schließen lassen. Die Längenmaße der Hühnerknochen von diesem Fundplatz ordnen sich unauffällig in die Variationen entsprechender Maße anderer römischer Fundplätze der Kaiserzeit ein, wobei vereinzelt bei Humerus und Femur – im Vergleich zum benachbarten Ort Bad Wimpfen – deutlich größere Längen auftraten. Interessant in diesem Zusammenhang ist die Tatsache, dass ähnlich wie bei den Rindern bereits in Phase 2 Reste großer und in Phase 4 Reste sehr kleiner Hühner anzutreffen waren. Im jüngsten Befund (Phase 4) ist allerdings auch eine ‚Gruppe' relativ ‚großer' Hähne durch fünf ähnlich große Laufknochen zu belegen. Knochen erwachsener Tiere machen die Hauptmenge aller Hühnerreste aus.

Die Haustaube ist durch vier Knochen nachzuweisen, die sich klar von den im gleichen Befund enthaltenen weiteren Taubenresten abgrenzen ließen. Wegen fehlender Merkmale müssen aber einige Taubenknochen (n = 6) in der ‚Mischgruppe' Haus- oder Ringeltaube verbleiben.

---

112 Teichert et al. 1997.

Eine Trennung der angefallenen Geflügelknochen von Gans (n = 25) und Ente (n = 17) in Haus- oder Wildvögel unterbleibt, weil Domestikationsmerkmale in keinem Fall deutlich diagnostizierbar sind. Wegen der relativ ‚hohen' Fundzahlen ist die Herkunft der Fundstücke von domestizierten Tieren wenigstens zum Teil recht wahrscheinlich.

Unter den Wildvogelresten waren sieben Arten unterscheidbar. Der Kolkrabe ist durch sechs Knochen, Waldschnepfe und Ringeltaube sind durch fünf, der Steinkauz ist durch 4, die Schellente durch zwei, der Habicht und die Waldohreule sind durch jeweils ein Fundstück eindeutig nachzuweisen. Zwei Knochenfragmente ließen sich nicht exakter als ‚Dohle oder Elster' determinieren. Für Waldschnepfe, Schellente und Ringeltaube ist der Status ‚Küchenabfall' unzweifelhaft. Ob dagegen Kolkraben-, Waldohreulen-, Steinkauz- und Habichtknochen ebenfalls als Nahrungsüberreste von Menschen zu deuten sind, muss bei heutigen Gewohnheiten allerdings offen bleiben.

Wildsäuger sind mit 144 Knochen im Fundgut vertreten. Die häufigste nachgewiesene Art war das Wildschwein (n = 55), gefolgt von Hirsch (n = 31), Reh (n = 23) und Hase (n = 19). Als weitere Jagdtiere sind Bär und Steinmarder, Fuchs und Dachs mit wenigen Knochenstücken (1–6) vertreten. Offensichtlich ist in Wäldern der Umgebung gejagt worden. Nach der Größe der Wildschweinknochen zu urteilen, waren die Bedingungen für diese Tierart optimal.

Für Reh und Hase sind die Lebensbedingungen durch die Auflockerung der Landschaft im Zuge der Erschließung für Bauten, Materialgewinnung und Landwirtschaft offenbar recht günstig geworden. Für die Ernährung der Stadtbewohner hat Fleisch von Jagdtieren aber offensichtlich keine wesentliche Bedeutung gehabt – auch nicht während der Aufbauphase des Kastellvicus.

Als Besonderheit wurde sogar ein Hausrattenknochen beim ‚normalen' Materialabtrag im Holzkeller 491 aus Phase 2 gefunden.

Einen wesentlichen Erkenntnisgewinn über die Fauna im Wohnumfeld der Stadtbewohner haben drei verschiedene Schlämmproben (insgesamt ca.180 g) erbracht. Welchen Status diese Tiere allerdings in Beziehung zu den menschlichen Bewohnern der Grundstücke hatten, lässt sich nicht immer mit Sicherheit feststellen. Es sind Haus- und Jagdtiere ebenso vertreten wie indifferente Kommensalen bis hin zu Lästlingen oder gar Schädlingen.

So konnten neben Kleinresten der bereits durch die ‚Normalgrabungsfunde' bekannten Arten Schwein, Hund, Katze, Dachs und Hausratte weitere neun Säugetierarten artlich determiniert werden. Darunter sind als Insektenfresser zwei Spitzmausarten und der Maulwurf sowie sechs verschiedene Mäusearten als Vertreter der Kleinnager (z. T. sicher Vorratsschädlinge).

Drei kleine Vogelknochenfragmente ließen sich nur bis zur Gattung bzw. Familie bestimmen. Eine sichere Festlegung auf Mistel- oder Wacholderdrossel war ebenso wenig möglich wie die Entscheidung für eine der vielen Finkenarten.

Durch zwei charakteristische Knochen der Zauneidechse konnte das einzige Reptil aus diesem Fundzusammenhang ermittelt werden.

Die Froschlurche Erd- und Kreuzkröte, Wasser-/Seefrosch und Grasfrosch erweitern das Wirbeltierspektrum um die Gruppe der Amphibien.

Fischreste sind bei der Lage der Fundstelle am Neckar zu erwarten gewesen, sagen aber in ihrer geringen Zahl nichts über die ehemalige Bedeutung für die Ernährung aus. Das Artspektrum ist recht begrenzt und die Fundmengen sind sehr gering. Trotzdem vermitteln sie einen kleinen Einblick in die Fischfauna der Gegend.

Döbel und Wels sind in Form kleiner aber auffälliger Knochenteile in der Verfüllung von zwei unterschiedlichen Kellern (491; 838) aufgefunden worden. Der Blei sowie Ukelei oder Gründling sind ‚normale' Fischarten des nahen Neckar gewesen. Als Besonderheit für diesen Fundort muss heutzutage der Maifisch gelten, der in mindestens zwei sehr großen Exemplaren nachgewiesen werden konnte.

Die Auster als Import und Flussmuschelreste aus dem benachbarten Fließgewässer sowie Weinberg- und Schnirkelschnecken sind als Nahrungsreste und als Angehörige der ‚Parzellenfauna' zu deuten. Die Kellerasseln aus der Latrinenschlämmprobe hatten offensichtlich auch zur Römerzeit ähnliche Biotopansprüche wie heute.

Literatur

Ahrens 1972	K. Ahrens, Columella über Landwirtschaft (Berlin 1972).
Baas 1966	H. Baas, Die Tierknochenfunde aus den spätrömischen Siedlungsschichten von Lauriacum 1. Die Rinderknochen. Diss. München 1966.
Baatz 1993	D. Baatz, Der römische Limes: archäologische Ausflüge zwischen Rhein und Donau (Berlin 1993).
Bacher 1967	A. Bacher, Vergleichend morphologische Untersuchungen an Einzelknochen des postkranialen Skeletts in Mitteleuropa vorkommender Schwäne und Gänse. Diss. München 1967.
Barthel 1987	H.-H. Barthel, Tierknochenfunde aus Siedlungen der römischen Kaiserzeit bei Dienstedt und Haarhausen, Kr. Arnstadt. Beitr. Archäozoologie 6, 1987, 36–90.
Bauch 1966	G. Bauch, Die einheimischen Süßwasserfische (Radebeul 1966).
Benecke 1994	N. Benecke, Der Mensch und seine Haustiere. Die Geschichte einer jahrtausendealten Beziehung (Stuttgart 1994).
Boessneck 1959	J. Boessneck, Tierknochen. In: G. Ulbert (Hrsg.). Römische Holzfässer aus Regensburg. Bayer. Vorgeschbl. 24, 1959, 13–15.
Boessneck et al. 1964	J. Boessneck/H. H. Müller/M. Teichert, Osteologische Unterscheidungsmerkmale zwischen Schaf (Ovis aries Linné) und Ziege (Capra hircus Linné). Kühn-Archiv 78, 1964, 1–129.
Boessneck et al. 1971	J. Boessneck/A. von den Driesch/U. Meyer-Lemppenau/E. Wechsler-von Ohlen, Die Tierknochenfunde aus dem Oppidum von Manching. Ausgr Manching 6 (Wiesbaden 1971).
Breu 1986	W. Breu, Tierknochenfunde aus einer germanischen Siedlung bei Eggolsheim in Oberfranken (2.–5. Jh. n. Chr.). Diss. München 1986.
Dannheimer 1964	F. Dannheimer, Die Rinderknochen der römischen Zivilsiedlung in Hüfingen (Landkreis Donaueschingen). Bad. Fundber. Sonderbd. 6 (Freiburg i. B. 1964).
Deschler-Erb 1992	S. Deschler-Erb, Osteologischer Teil. In: A. E. Furger/S. Deschler-Erb, Das Fundmaterial aus der Schichtenfolge beim Augster Theater. Typologische und osteologische Untersuchungen zur Grabung Theater-Nordweststrecke 1989/87. Forsch. Augst 15 (Augst 1992) 355–468.
von den Driesch 1975	A. von den Driesch, Die Bewertung pathologisch-anatomischer Veränderungen an vor- und frühgeschichtlichen Tierknochen. In: A. T. Clason (Hrsg.), Archaeozoological studies. Papers of the Archaeozoological Conference 1974 held at Groningen (Amsterdam 1975) 413–425.
von den Driesch 1982	A. von den Driesch, Das Vermessen von Tierknochen aus vor- und frühgeschichtlichen Siedlungen (²München 1982).
von den Driesch/ Boessneck 1974	A. von den Driesch/J. Boessneck, Kritische Anmerkungen zur Widerristhöhenberechnung aus Längenmaßen vor- und frühgeschichtlicher Tierknochen. Säugetierkundl. Mitt. 22, 1974, 325–348.
Ehret 1964	R. Ehret, Tierknochenfunde aus der Stadt auf dem Magdalensberg bei Klagenfurt in Kärnten. II. Carnivora, Lagomorpha, Rodentia und Equida. Kärntner Museumsschr. 34. Naturkundl. Forsch. zu den Grabungen auf dem Magdalensberg 2 (Klagenfurt 1964).
Feller 2002	A. M. Feller, Untersuchungen an Knochenfunden vom Siedlungsplatz Ladenburg ‚Ziegelscheuer'. In: G. Lenz-Bernhard, Lopodunum III. Die nekarswebische Siedlung und Villa rustica im Gewann ‚Ziegelscheuer'. Forsch. u. Ber. Vor- u. Frühgesch. Baden-Württemberg 77 (Stuttgart 2002) 497–589.
Fick 1974	O. K. W. Fick, Vergleichend morphologische Untersuchungen an Einzelknochen europäischer Taubenarten. Diss. München 1974.

Frey 1991	S. Frey, Bad Wimpfen 1. Osteologische Untersuchungen an Schlacht- und Siedlungsabfällen aus dem römischen Vicus Bad Wimpfen. Forsch. u. Ber. Vor- u. Frühgesch. Baden-Württemberg 39 (Stuttgart 1991).
Fruth 1966	M. Fruth, Tierknochenfunde aus der Stadt auf dem Magdalensberg bei Klagenfurt in Kärnten, IV. Die Wiederkäuer ohne die Bovini. Kärntner Museumsschr. 41. Naturkundl. Forsch. zu den Grabungen auf dem Magdalensberg 6 (Klagenfurt 1966).
Gulde 1985	V. Gulde, Osteologische Untersuchungen an Tierknochen aus dem römischen Vicus von Rainau-Buch (Ostalbkreis). Materialh. Vor- u. Frühgesch. Baden-Württemberg 5 (Stuttgart 1985).
Habermehl 1959/60	K.-H. Habermehl, Die Tierknochenfunde im römischen Lagerdorf Butzbach. Saalburg-Jahrb. 18, 1959/60, 151–175.
Habermehl 1975	K.-H. Habermehl, Die Altersbestimmung bei Haus- und Labortieren (^{2}Berlin 1975).
Harcourt 1974	R. A. Harcourt, The dog in Prehistoric and Early Historic Britain. Journals Arch. Science 1, 1974, 151–175.
Heukemes 1986	B. Heukemes, Ladenburg HD. In: P. Filtzinger (Hrsg.), Die Römer in Baden-Württemberg (^{3}Stuttgart 1986) 383–397.
Hilzheimer 1920	M. Hilzheimer, Die Tierreste aus dem römischen Kastell Cannstatt bei Stuttgart und anderen römischen Niederlassungen in Württemberg. Landwirtschaftl. Jahrb. 53, 1920, 293–336.
Hornberger 1970	M. Hornberger, Gesamtbeurteilung der Tierknochenfunde aus der Stadt auf dem Magalensberg in Kärnten (1948–1966). Kärntner Museumsschr. 49, 1970, 1–144.
Hüster-Plogmann 1993	H. Hüster-Plogmann, Eine experimentelle Schweineschlachtung nach Studien an frühmittelalterlichem Knochenmaterial aus dem Haithabu-Hafen. Zeitschr. Arch. 27, 1993, 225–234.
Johansson 1987	F. Johansson, Zoologische und kulturgeschichtliche Untersuchung an den Tierresten aus der römischen Palastvilla in Bad Kreuznach. Schr. Arch.-zoolog. Arbeitsgruppe Schleswig-Kiel 11 (Kiel 1987).
Kaiser/Sommer 1994	H. Kaiser/C. S. Sommer, Lopodvnvm I. Die römischen Befunde der Ausgrabung an der Kellerei in Ladenburg 1981–1985 und 1990. Forsch. u. Ber. Vor- u. Frühgesch. Baden-Württemberg 50 (Stuttgart 1994).
Kiesewalter 1888	L. Kiesewalter, Skelettmessungen am Pferde als Beitrag zur theoretischen Grundlage der Beurteilungslehre des Pferdes. Diss. Leipzig 1888.
Kokabi 1982	M. Kokabi, Arae Flaviae 2. Viehhaltung und Jagd im römischen Rottweil. Forsch. u. Ber. Vor- u. Frühgesch. Baden-Württemberg 13 (Stuttgart 1982).
Kokabi 1988	M. Kokabi, Viehhaltung und Jagd im römischen Rottweil. In: M. Klee. Arae Flaviae IV. Die Thermen auf dem Nikolausfeld. Forsch. u. Ber. Vor- u. Frühgesch. Baden-Württemberg 28 (Stuttgart 1988) 111–232.
Kokabi et al. 1994	M Kokabi/G. Amberger/J. Wahl, Die Knochenfunde aus der Villa rustica von Bondorf. In: A. Gaubatz-Sattler, Die Villa rustica von Bondorf. Forsch. u. Ber. Vor- u. Frühgesch. Baden-Württemberg 51 (Stuttgart 1994) 285–335.
Küpper 1972	W. Küpper, Die Tierknochenfunde von der Burg Schiedberg bei Sagogn in Graubünden. II. Die kleinen Wiederkäuer, die Wildtiere und das Geflügel. Diss. München 1972.
Lipper 1981/82	E. Lipper, Die Tierknochenfunde aus dem römischen Kastell Abusina – Eining, Stadt Neustadt a. d. Donau, Ldkr. Kelheim. Ber. Bayer. Bodendenkmalpfl. 22/23, 1981/82, 81–160.
Lüttschwager 1968	J. Lüttschwager, Hamster- und Hausrattenfunde im Mauerwerk eines römischen Brunnens in Ladenburg, Landkreis Mannheim. Säugetierkdl. Mitt. 16/1 1968, 37 f.

Matolcsi 1970	J. Matolcsi, Historische Erforschung der Körpergröße des Rindes auf Grund von ungarischem Knochenmaterial. Zeitschr. Tierzüchtung u. Züchtungsbiologie 87, 1970, 89–137.
May 1997	E. May, Bemerkungen zur Relevanz von Körpergrößenermittlungen aus kleinen Knochenmaßen. Beitr. Archäozool. u. Prähist. Anthr. 1, 1997, 134–139.
Meitinger 1983	B. Meitinger, Die Zahnalterbestimmung beim Rind in ihrer Bedeutung für die Osteoarchäologie. Eine Literaturstudie. Diss. München 1983.
Miron/Wustrow 1997	A. Miron/Ch. Wustrow, Die Tierreste aus der römischen Großvillenanlage von Borg (Saarland). Beitr. Archäozool. u. Prähist. Anthr. 1, 1997, 59–69.
Müller 1967	R. Müller, Die Tierknochenfunde aus den spätrömischen Siedlungsschichten von Lauriacum II: Wild- und Haustierknochen ohne die Rinder. Diss. München 1967.
Müller 1989	E. Chr. Müller, Tierknochenfunde aus dem Gelände einer Herberge in der Colonia Ulpia Traiana bei Xanten am Niederrhein. I: Nichtwiederkäuer. Diss. München 1989.
Oelschlägel 2006	C. Oelschlägel, Die Tierknochen aus dem Tempelbezirk des römischen Vicus in Dahlheim (Luxemburg). Dossiers Arch. Mus. Nat. Histoire et Art 13 (Luxembourg 2006).
Peters 1997a	J Peters, Der Hund in der Antike aus archäozoologischer Sicht. Anthropozoologica 25–26, 1997, 511–523.
Peters 1997b	J. Peters, Zum Stand der Hühnerhaltung in der Antike. In: M. Kokabi (Hrsg.), Beiträge zur Archäozoologie und Prähistorischen Anthropologie 1 (Konstanz 1997) 42–58.
Peters 1998	J. Peters, Römische Tierhaltung und Tierzucht: eine Synthese aus archäozoologischer Untersuchung und schriftlich-bildlicher Überlieferung. Passauer Universitätsschr. Arch. 5 (Rahden/Westf. 1998).
Pfannhauser 1980	R. Pfannhauser, Tierknochenfunde aus der spätrömischen Anlage auf der Burg Sponeck bei Jechtingen, Kreis Emmendingen. Diss. München 1980.
Piehler 1976	H.-M. Piehler, Knochenfunde von Wildvögeln aus archäologischen Grabungen in Mitteleuropa (Zeitraum: Neolithikum bis Mittelalter). Diss. München 1976.
Sauer-Neubert 1968	A. Sauer-Neubert, Tierknochenfunde aus der römischen Zivilsiedlung in Hüfingen. II: Wild- und Haustierknochen mit Ausnahme der Rinder. Diss. München 1968.
Schibler 1998	J. Schibler, OSSOBOOK, a database system for archaeozoology. In: P. Anreiter/L. Bartosiewicz/E. Jerem/W. Meid, Man and the animal world [Festschrift für Sandor Bökönyi]. Archaeolingua (Budapest 1998) 491–510.
Schibler/Furger 1988	J. Schibler/A. R. Furger, Die Tierknochenfunde aus Augusta Raurica (Grabungen 1955–1974). Forsch. Augst 9 (Augst 1988).
Schmid 1967	E. Schmid, Tierreste aus einer Großküche von Augusta Raurica. Basler Stadtbuch. Jahrb. Kultur u. Gesch., 1967, 176–186.
Schmid 1969	E. Schmid, Knochenfunde als archäologische Quellen durch sorgfältige Ausgrabungen In: J. Boessneck (Hrsg.), Archäologisch-biologische Zusammenarbeit in der Vor- und Frühgeschichtsforschung. Münchener Kolloquium 1967. Archäologie und Biologie. Forschungsberichte 15 (Wiesbaden 1969) 100–111.
Schmidt-Pauly 1980	I. Schmidt-Pauly, Römerzeitliche und mittelalterliche Tierknochenfunde aus Breisach im Breisgau. Diss. München 1980.
Schulze-Rehm 2000	C. Schulze-Rehm, Das Tierknochenmaterial aus dem Tempelbezirk des römischen Vicus von Dalheim. In: A. Haffner (Hrsg.), Kelten, Germanen und Römer im Mittelgebirgsraum zwischen Luxemburg und Thüringen. Kolloquien zur Vor- und Frühgesch. 5 (Bonn 2000).
Simon 1928	Chr. Simon, Untersuchungen über den Bau der Zähne beim Rind und Altersbestimmung unter besonderer Berücksichtigung der Gebissanomalien. Diss. Halle/S. 1928.

Sommer 1998	C. S. Sommer, Vom Kastell zur Stadt – LOPODVNVM und die CIVITAS VLPIA SVEBORVM NICRENSIVM. In: H. Probst (Hrsg.), Ladenburg. Aus 1900 Jahren Stadtgeschichte (Ubstadt-Weiher 1998) 81–201; 806–809.
Sommer/Kaiser 1988	C. S. Sommer/H. Kaiser, Lopodunum – Ladenburg a. N. Archöologische Ausgrabungen 1981–1987. Arch. Inf. Baden-Württemberg 5 (Stuttgart 1988).
Streitferdt 1972	U. K. Streitferdt, Osteoarchäologische Untersuchungen an Tierknochenfunden aus vier römischen Stationen im Süddeutschen Raum. Diss. München 1972.
Swegat 1976	W. Swegat, Die Knochenfunde aus dem römischen Kastell Künzing-Quintana. Diss. München 1976.
Teichert 1969	M. Teichert, Osteometrische Untersuchungen zur Berechnung der Widerristhöhe bei vor- und frühgeschichtlichen Schweinen. Kühn-Archiv 83, 1969, 237–292.
Teichert 1974	M. Teichert, Tierreste aus dem germanischen Opfermoor bei Oberdorla (Weimar 1974).
Teichert 1975	M. Teichert, Osteometrische Untersuchungen zur Berechnung der Widerristhöhe bei Schafen. In: A. T. Clason (Hrsg.), Archaeozoological Studies (Amsterdam 1975) 51–69.
Teichert 1985	M. Teichert, Beitrag zur Faunengeschichte der Hausratte, Rattus rattus L. Zeitschr. Arch. 19, 1985, 263–269.
Teichert 1989	M. Teichert, Maßtabellen zu den Tierresten aus der germanischen Siedlung bei Mühlberg, Kr. Gotha. Akad. Wiss. DDR, ZI Alte Gesch. u. Arch. (Berlin 1989).
Teichert 1990	M. Teichert, Die Tierreste aus der germanischen Siedlung bei Mühlberg, Kr. Gotha. Zeitschr. Arch. 24, 1990, 45–66.
Teichert 1994	M. Teichert, Bisherige Ergebnisse der Tierknochenuntersuchungen aus der römischen Stadt Lopodunum in Ladenburg am Neckar. Forsch. u. Ber. Vor- u. Frühgesch. Baden-Württemberg 53 (Stuttgart 1994).
Teichert 1998	M. Teichert, Rinderscapulae-Abfälle als Reste der Knochenverarbeitung aus Lopodunum – Ladenburg a. N. Man and the animal world. Archäolingua [Festschrift Sandor Bökönyi] (Budapest 1998) 539–544.
Teichert/Müller 1987	M Teichert/R. Müller, Tierreste aus einer germanischen Siedlung bei Waltersdorf, Kr. Königs Wusterhausen. In B. Krüger (Hrsg.), Waltersdorf. Eine germanische Siedlung der Kaiser- und Völkerwanderungszeit im Dahme-Spree-Gebiet (Berlin 1987) 128–150.
Teichert/Müller 1993	M Teichert/R. Müller, Die Haustierknochen aus einer ur- und frühgeschichtlichen Siedlung bei Niederdorla, Kreis Mühlhausen. Zeitschr. Arch. 27, 1993, 207–223.
Teichert et al. 1997	M. Teichert/E. May/K. Hannemann, Allometrische Aspekte zur Ermittlung der Widerristhöhe bei Schweinen auf der Grundlage der Daten von M. Teichert. Anthropozoologica 25–26, 1997, 181–191.
Teegen/Wussow 2001	W.-R. v Teegen/J. Wussow, Tierkrankheiten im römischen Ladenburg. Ausgewählte Fälle. Beiträge zur Archäozoologie und Prähistorischen Anthropologie 2 (Stuttgart 2001) 75–80.
Thesing 1977	R. Thesing, Die Größenentwicklung des Haushuhns in vor- und frühgeschichtlicher Zeit. Diss. München 1977.
Thüry 1977	G. E. Thüry, Froschschenkel – eine latène- und römerzeitliche Delikatesse. In: Festschrift E. Schmid. Regio Basiliensis 18/1 (Basel 1977) 237–242.
Uerpmann 1977	H.-P. Uerpmann, Schlachterei-Technik und Fleischversorgung im römischen Militärlager von Dangstetten (Landkreis Waldshut). In: Festschrift E. Schmid. Regio Basiliensis 18/1 (Basel 1977) 261–272.
Vitt 1952	V. O. Vitt, Die Pferde der Kurgane von Pazyryk (in russ.). Sovjetskaja Arch. 16, 1952, 163–205.

WAGNER 1911	E. WAGNER, Fundstätten und Funde aus vorgeschichtlicher, römischer und alamannisch-fränkischer Zeit im Großherzogtum Baden 2: Das badische Unterland (Tübingen 1911).
WALDMANN 1967	K. WALDMANN, Die Knochenfunde aus der Colonia Ulpia Traiana, einer römischen Stadt bei Xanten am Niederrhein. Archaeo-Physica 3. Beih. Bonner Jahrb. 24, 1967; zugl. Diss. München.
WOELFLE 1967	E. WOELFLE, Vergleichend morphologische Untersuchungen an Einzelknochen des postcranialen Skelettes in Mitteleuropa vorkommender Enten, Halbgänse und Säger. Diss. München 1967.
WUSSOW/MÜLLER 1996	J. WUSSOW/R. MÜLLER, Untersuchungen an Tierknochen aus Mannheim und Umgebung. Unveröff. Forschungsber. 1996.
WUSSOW et al. 1999	J. WUSSOW/M. TEICHERT/R. MÜLLER, Ausgewählte osteologische Befunde an Tierresten aus der römischen Stadt Lopodunum. Beiträge zur Archäozoologie und Prähistorischen Anthropologie 2 (Stuttgart 1999) 142–149.

Abbildungsnachweis

Abb. 1: Vorlage D. ROTHACHER, archaeoskop / geändert K. KORTÜM (LAD). – Alle Fotos: Zentralmagazin Naturwissenschaftlicher Sammlungen (ZNS). – Alle anderen Abbildungen/Diagramme: Verfasser.

Schlagwortverzeichnis

Archäozoologie; römischer Kastelvicus; Lopodunum / Ladenburg am Neckar; Skelettreste; Haustiere-Anteile; Wildtiere-Anteile; Faunenliste.

Anschriften der Verfasser

ROLAND MÜLLER
Wilhelm-von-Kügelgen-Str. 1
06120 Halle (Saale)

Dr. RENATE SCHAFBERG
Zentralmagazin Naturwissenschaflticher Sammlungen (ZNS)
Haustierkundliche Sammlung ‚Julius Kühn'
Domplatz 4
06108 Halle (Saale)

E-Mail: renate.schafberg@zns.uni-halle.de

Dr. Dr. MANFRED TEICHERT
Veilchenweg 15
06118 Halle (Saale)

Dr. JOACHIM WUSSOW
Prager Str. 34
06128 Halle (Saale)

Gegraben und wieder zugeschüttet – Wirbellosenreste aus einem römischen Brunnen aus Riegel

Edith Schmidt

1. Einleitung

Anlässlich eines Bauvorhabens an der Fronhofstraße in Riegel im Kreis Emmendingen, sind vom damaligen Landesdenkmalamt, Außenstelle Freiburg, und in Zusammenarbeit mit der Abteilung für Provinzialrömische Archäologie der Universität Freiburg, Teile einer römischen Siedlung ausgegraben worden.[1] Es handelte sich um einen römischen Vicus, angelegt an der Römerstraße von den Rheinübergängen Sasbach und Jechtingen in Richtung Schwarzwald. Im Jahr 2003 ist bei Ausgrabungen im nordwestlichen Bereich des Vicus ein Brunnen entdeckt worden, der – anders als die bisher dort ausgegrabenen Brunnen – keine Wandung aus Stein besaß. Dieser Brunnen stammte aus der jüngsten römischen Phase, zwischen dem späten 1. bzw. dem frühen 2. Jahrhundert n. Chr., belegt durch Funde römischer Keramikscherben. Aus Sicherheitsgründen konnten aus diesem unbefestigten Brunnen nur die oberen 2 m ausgegraben werden. Aus diesen Brunnenschichten stammte das Probenmaterial für die Analyse von Wirbellosenbruchstücken.

Zusätzlich wurden auf dem gleichen Areal und über die gesamte Fläche verteilt, mehrere Gruben entdeckt, die bis zu 3,5 m tief waren und einer älteren Siedlungsphase angehörten.[2] Die vorgefundenen Keramikscherben aus den umliegenden Gruben konnten der Linearbandkeramik zugewiesen werden, so dass auch die untersuchte Grube wahrscheinlich in die gleiche Zeit datiert. Aus einer dieser Gruben wurden ebenfalls Proben für botanische und insektenkundliche Untersuchungen entnommen.

Ziel dieser Analysen ist, anhand von Wirbellosenuntersuchungen zum einen Informationen zur Bau-, Nutzungs- und Verfüllgeschichte des Brunnens sowie zur Umweltgeschichte der näheren Hinterhofumgebung zu erarbeiten und zum anderen mögliche Anhaltspunkte zum Gebrauch dieser Gruben zu erhalten.

2. Material/Methoden

Innerhalb der römischen Siedlung, entlang des Straßenzuges im nordwestlichen Bereich, befanden sich römerzeitliche Streifenhäuser mit einem Hinterhofbereich. Aus diesen Hofbereichen wurden bereits mehrere Steinbrunnen ausgegraben. Im Hinterhof des westlichsten Streifenhauses,[3] zwischen Nordprofil und nördlicher Begrenzung der Schnittfläche, wurde ein Brunnen mit einer lichten Weite von 1,4 m entdeckt, der unmittelbar unter dem Mutterboden in den Löss gegraben war und weder

---

1 Diese und weitere Angaben aus C. Dreier, Ausgrabungen am „Fronhofbuck" in Riegel a. K., Kreis Emmendingen. Arch. Ausgr. Baden-Württemberg 1990, 106–110; J. Klug-Treppe/B. Lissner, Abschließende archäologische Untersuchungen im Bereich des Nordwestvicus von Riegel, Kreis Emmendingen. Arch. Ausgr. Baden-Württemberg 2004, 153–158.
2 Aus J. Klug-Treppe/S. Mäder, Neue vorgeschichtliche und römische Siedlungsbefunde im Nordwestbereich des römischen *vicus* von Riegel, Kreis Emmendingen. Arch. Ausgr. Baden-Württemberg 2003, 122–125.
3 Siehe dazu Klug-Treppe/Lissner 2004, 154 Abb. 137 (Anm. 1).

eine Wand aus Stein noch irgendwelche sonstigen Befestigungselemente besaß. Über die Tiefe des Brunnens gibt es derzeit keine Angaben. Aus den ergrabenen Schichten des Brunnens (Schicht 20 und 19) stammten auch Proben für die Insektenuntersuchungen. Die unterste der beiden Schichten, Schicht 20, war als ein schmales Band parallel zur Brunnensohle ausgebildet (Labornummer 13). Im Sediment, bestehend aus sehr feinen Kiesen, traten starke rotbraune Verrostungen auf. In dieser Schicht wurden auch Holzkohleflitter ausgemacht. Zum Aufliegenden hin war die Schicht deutlich abgegrenzt. Auch Schicht 19 (Labornummern 11 und 12) wies ebenfalls deutliche Abgrenzungen sowohl zum Liegenden als auch zum Hangenden (Schicht 18) auf und wurde von den Ausgräbern als Einfüllschicht bezeichnet. Sie bestand aus Kiesen feiner bis mittlerer Größe, in denen ein großer Kalkstein, mineralische Einschlüsse, Scherben römischer Keramik, Holzreste und ein Skelett – vermutlich das eines Hundes – gefunden wurden.

Eine weitere Probe stammt aus einer nahe gelegenen Grube von etwa 3 x 2,2 m Durchmesser (Befund 02448, Profil 7, Abtrag 6.7, Planum 7, Labornummer 16), die ebenfalls in den Löss gegraben worden war und als Verfärbung dicht unter der Bodenoberfläche ausgemacht werden konnte.

Das entnommene Probenmaterial ist im Archäobotaniklabor der Arbeitsstelle Hemmenhofen, Landesamt für Denkmalpflege des Regierungspräsidiums Stuttgart, aufbereitet worden. Dazu wurde es geschlämmt, durch Siebsätze mit Maschenweiten von 0,5 mm, 1 mm, 2 mm und 4 mm. Nachdem die botanischen Makroreste aus den Schlämmrückständen verlesen worden waren, ist das Probenmaterial der Bearbeiterin übergeben worden. Das Auslesen und die Bestimmungsarbeiten der Wirbellosenreste erfolgten unter dem Binokular mit 10- bis 40facher Vergrößerung und unter Zuhilfenahme von Vergleichssammlungen des Zoologischen Instituts, Abteilung Ökologie, Universität Freiburg. Die gängige Bestimmungsliteratur konnte nur in Einzelfällen genutzt werden.[4]

3. Ergebnisse

Aus dem römischen Brunnen von Riegel sind insgesamt 143 Wirbellosenreste ausgelesen und bestimmt worden. Zwei Wirbellosenbruchstücke stammten aus der Grube (Tab. 1a, Anhang). Bei den vorgefundenen Wirbellosenbruchstücken handelte es sich um Chitin-Außenskelettreste von Asseln und Tausendfüßlern sowie um Gehäuse von Landschnecken und um Puparienhüllreste von Fliegen. Die meisten Außenskelette waren zerbrochen, vollständig erhaltene Hartteile kamen nicht vor. Bei mehreren dieser Bruchstücke waren die Oberflächen stark kalkverkrustet. Die Größen der Fundstücke lagen zwischen 0,5 und 2 mm.

Fundzahlen/Funddichten:
Die bearbeiteten Proben lagen zwischen 228 g (Labornummer 11, Schicht 19) und 776 g (Labornummer 12, Schicht 19) und wiesen unterschiedlich hohe Fundzahlen zwischen zwei und 93 Bruchstücken auf. Am fundreichsten mit 93 Resten war die untere Probe (Labornummer 11) aus der Schicht 19. Aus der Schicht 20, im Liegenden, wurden 31 Reste ausgelesen und aus der oberen Probe von Schicht 19 (Labornummer 12) konnten 19 Reste verlesen werden (siehe Tab. 1a/Rohdaten).
Die Funddichten der Brunnenproben, bezogen auf 1000 g Trockengewicht, lagen zwischen 406 Resten (Schicht 19, Labornummer 11) und 24 Resten (Labornummer 12) im oberen Bereich, ebenfalls von Schicht 19 (Tab. 1b, Anhang). In der untersten ergrabenen Schicht 20 lag die Funddichte bei 67 Resten. Aus bisher untersuchten römischen Brunnen liegen nur Funddichten vor, die sich auf 1 Liter Feuchtsediment beziehen, so dass ein unmittelbarer Vergleich nicht möglich ist, dennoch,

---

4 Folgende Bestimmungsliteratur wurde benutzt: P. BROHMER, Fauna von Deutschland (Wiesbaden 1988); H.-E. GRUNER, Krebstiere oder Crustacea. V: Isopoda. In: F. DAHL/M. DAHL/F. PEUS, Die Tierwelt Deutschlands und der angrenzenden Meeresteile (Berlin 1965/66) 159–305; M. KERNEY/R. CAMERON/J. JUNGBLUTH, Die Landschnecken Nord- und Mitteleuropas (Berlin 1983); E. STRESEMANN (Hrsg.), Exkursionsfauna von Deutschland. Bd. 1: Wirbellose (Berlin 1970); ders., Exkursionsfauna von Deutschland. Bd. 2/1: Wirbellose (Berlin 1978).

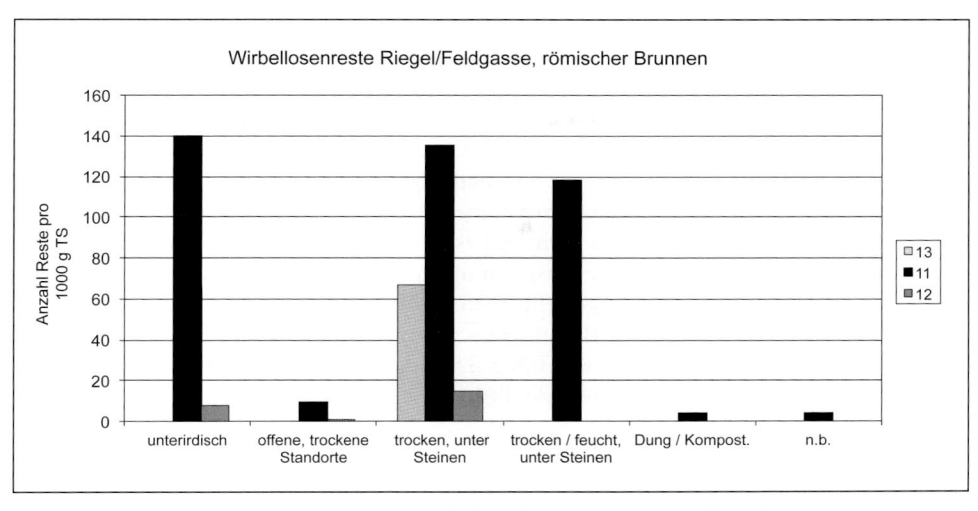

Wirbellosenreste Riegel/Feldgasse, römischer Brunnen

[Bar chart showing Anzahl Reste pro 1000 g TS for Biotoptypen: unterirdisch, offene trockene Standorte, trocken unter Steinen, trocken/feucht unter Steinen, Dung/Kompost., n.b.; samples 13, 11, 12]

Abb. 1: Zusammenstellung von Biotoptypen nach den identifizierten Arten (Anzahl Reste pro 1000 g TS) aus den Proben 11 (lila), 12 (gelb) und 13 (blau). (TS = Trockengewicht; n. b. = nicht bestimmbar).

um sich ein ungefähres Bild machen zu können, lagen bei Schichten von der Brunnensohle die Funddichten zwischen einem und 20 Resten und bei höher erfassten Schichten zwischen 42 und 522 Bruchstücken.[5]

In der bandkeramischen Grube mit 198 g untersuchtem Trockengewicht lag die Funddichte bei zehn Bruchstücken.

Wirbellosenfunde:

In der untersten ausgegrabenen Schicht 20, die wahrscheinlich aus dem mittleren Tiefenbereich des Brunnens stammt, sind 31 Wirbellosenreste verlesen worden, die allesamt nur einer Art, der Mauerassel *Oniscus asellus* angehörten (Tab. 1a, Anhang).

Aus der Schicht 19, im Hangenden, sind im unteren Abschnitt (Labornummer 11) 93 Reste verlesen worden (s. Tab. 1a, Anhang), die neun Arten zugehörig waren. Am zahlreichsten mit insgesamt 53 Resten waren wiederum Asseln vorhanden und zwar Landasseln (*Trachelipus ratkei*) mit 27 Resten sowie eine Landassel der Gattung *Trichoniscus* mit sieben Bruchstücken, des Weiteren Mauerasseln (*Oniscus asellus*) mit 15 Bruchstücken und Kellerasseln (*Porcellio scaber*) mit vier Resten. Weiterhin kamen Tausendfüßler mit fünf Resten vor, von denen vier Reste einem Schnurfüßler der Gattung *Julus* angehörten. 34 Schalenreste stammten von Landschnecken, die mit zwei Arten vorhanden waren, und zwar von der Blindschnecke *Ceciliodes acicula* mit 32 Gehäusen und der Schiefen Grasschnecke *Vallonia excentrica* mit zwei Schalenresten. Bei einem zusätzlichen Bruchstück handelte es sich um den Hüllrest eines Pupariums von Echten Fliegen (Fam. *Muscidae*).

Im aufliegenden Schichtabschnitt (Labornummer 12, Schicht 19) sind 19 Reste gefunden worden (siehe Abb. 1). Die höchste Anzahl, nämlich zwölf Reste, stammten von Tausendfüßlern und zwar wiederum von einem Schnurfüßler der Gattung *Julus*, weitere sechs Schalenreste gehörten Blindschnecken an und ein Rest stammte von der Schiefen Grasschnecke.

Bei den zwei Funden aus der Grube handelte es sich um einen Puparienrest, ebenfalls von Echten Fliegen, und um einen nicht näher bestimmbaren Tausendfüßler.

---

5 Siehe dazu E. SCHMIDT, Wirbellosenreste aus zwei Brunnen. In: B. HALLMANN-PREUSS, Die Villa Rustica Hambach 59, eine Grabung im Rheinischen Braunkohlerevier. Saalburg-Jahrb. 52/53, 2002/2003, 351–358; dies., Insektenreste aus drei römischen Brunnen der Grabung Hambach 512. In: T. KASZAB-OLSCHEWSKI, Siedlungsgenese im Bereich des Hambacher Forstes 1.–4. Jh. n. Chr. Hambach 512 und Hambach 516. BAR Internat. Ser. 1585 (Oxford 2006) 153–171.

Ökologie der Arten:
Nur Wirbellosenreste, die bis zur Art bestimmt werden können, lassen sich zu Lebensraumrekonstruktionen heranziehen, da die unterschiedlichen Arten jeweils bestimmte Ansprüche an Lebensraum, Nahrung, Temperatur usw. haben.

Alle identifizierten Reste stammen von Formen, die heute häufig bis sehr häufig vorkommen und allgemein verbreitet sind, seltene Arten sind in dem untersuchten Material nicht vorgekommen. Die meisten der identifizierten Wirbellosen kommen heute in Wärmegebieten vor, zu denen der Kaiserstuhl und das Oberrheingebiet gehören, und es ist anzunehmen, dass dies auch zur damaligen Zeit der Fall gewesen ist. Angaben zu Lebensraum und Vorkommen der Tiere sind in vereinfachter Form in Tabelle 2 (Anhang) zusammengestellt. Die ökologischen Angaben dazu wurden der Literatur[6] entnommen. Formen, die keinem Biotop zugeordnet werden konnten oder nicht bestimmbar waren, werden als nicht bestimmbar aufgeführt. Die identifizierten Arten sind nach den unterschiedlichen Lebensraumtypen zusammengestellt (siehe unten).

A. Auf offenen, trockenen Flächen und kalkhaltigen Böden:

– Die Schiefe Grasschnecke (*Vallonia excentrica*), sie meidet Wälder und Sümpfe.
– Unterirdisch lebend, zwischen Steinen und Pflanzenmoder in bis zu 1,5 m Tiefe die Blindschnecke *Ceciliodes acicula*.

B. Die Gruppe der Gebüsch- und Waldarten umfasst in diesem Fall Arten, die unter Laub und Steinen vorkommen:

– Im Mulm morscher Bäume, feuchteliebende Mauerassel *Oniscus asellus*.
– Unter niedrigem Pflanzenwuchs, Laub und Baumrinde, auch in Kellern, Kellerasseln (*Porcellio scaber*), Landasseln mit der Art *Trachelipus ratkei* sowie Arten der Gattung *Trichoniscus* und Tausendfüßler der Gattung *Julus* (Schnurfüßler).

C. An Dung und Mist:

– Eine mögliche Dungfauna wird nur durch Puparienhüllreste von Echten Fliegen, Familie der *Muscidae*, aus dem Brunnen (Schicht 20) und aus der Grube repräsentiert. Bei diesen Puparienhüllresten handelt es sich um das vorletzte und letzte Häutungsstadium, das nicht abgeworfen wird und aushärtet. In solch einem Puparium geschieht der Umbau von der Made zum Imago, das heißt von den larvalen zu den imaginalen Organen. Die gesamte Entwicklung dauert unter günstigen Bedingungen etwa eine Woche. Zum Schlüpfen bricht das Puparium im oberen Abschnitt auf, die fertig ausgebildete Fliege kann es verlassen und streift es beim Schlüpfen ab.[7] Zurück bleiben die Puparienhüllreste, wie sie häufig in untersuchten Siedlungen und in Verfüllschichten von Brunnen gefunden wurden.[8] In der Natur kommen diese Puparienhüllreste so gut wie nie vor und nur geschützt in Dung- und Abfällen können sie unter Feuchterhaltung überdauern.

---

6 Zur Literatur zu ökologischen Angaben siehe Bestimmungsliteratur unter „Material/Methoden".
7 Siehe dazu E. LINDER, Die Fliegen der Paläarktischen Region Bd. 1(Stuttgart 1949) 132–392; W. JACOBS/M. RENNER, Biologie und Ökologie der Insekten, überarbeitet von K. HONOMOCHL (Stuttgart, Jena, Lübeck, Ulm 1998).
8 E. SCHMIDT, Wirbellosenreste aus der Pfyn-Altheimer Moorsiedlung Ödenahlen im nördlichen Federseeried. In: Siedlungsarch. Alpenvorland 2 = Forsch. u. Ber. Vor.- u. Frühgesch. Baden-Württemberg 46 (Stuttgart 1995) 285–303; E. SCHMIDT, Untersuchung von Wirbellosenresten aus jung- und endneolithischen Moorsiedlungen des Federsees. Teil 2: Entomologische und malakologische Reste. In: Ökonomischer und Ökologischer Wandel am vorgeschichtlichen Federsee. Hemmenhofener Skripte 5 (Freiburg 2004) 160–186; dies., Remains of fly puparia as indicators of Neolithic cattle farming. Environmental Archaeology 11/1, 2006, 143 f.

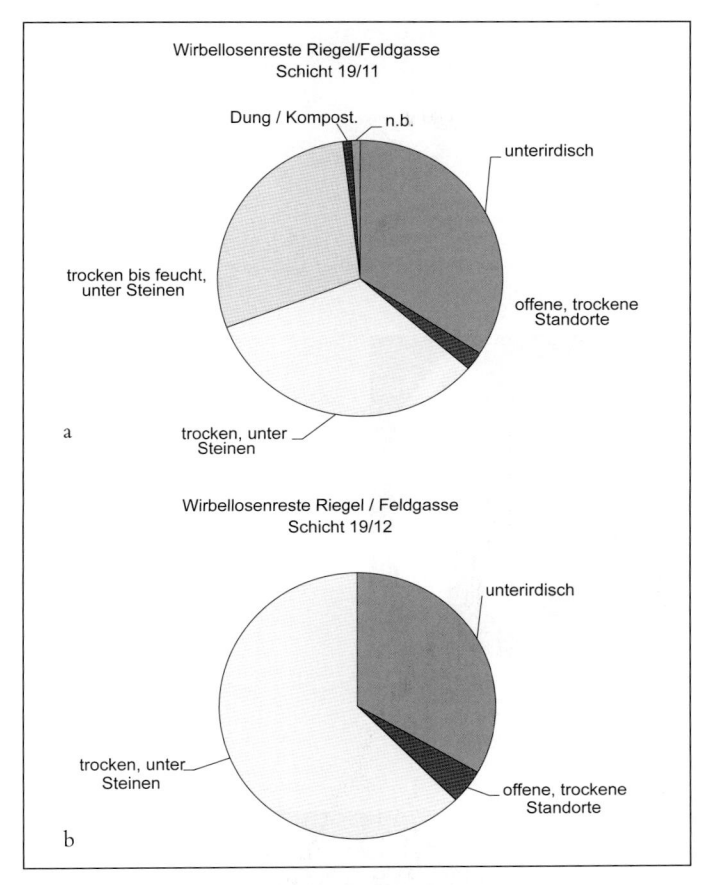

Abb. 2: Gesamtfaunenspektrum (Funde jeweils auf 1000 g TS je Probe; s. Tab. 1b im Anhang).
a) Schicht 19/11 und b) Schicht 19/12. (TS = Trockengewicht; n. b. = nicht bestimmbar).

Verteilung der identifizierten Arten nach Lebensraumpräferenzen:
Eine Einteilung der identifizierten Arten nach Biotoppräferenzen ergibt folgende Faunenspektren:
Die ältesten Funde stammen aus der bandkeramischen Grube. Hierbei handelt es sich lediglich um Reste einer Dung-/Kompostform und um einen weiteren gleich großen Anteil eines Tausendfüßlers, der nicht näher bestimmt werden konnte.
Bei allen anderen Wirbellosenresten handelte es sich um Funde aus dem römerzeitlichen Brunnen. In der untersten ergrabenen Schicht 20 (Labornummer 13) sind nur Tiere (*Oniscus asellus*) vorgekommen, die feuchteliebend unter Steinen und Gebüschen leben.
In der aufliegenden Schicht 19 machten aus der unteren Lage (Labornummer 11) unterirdisch lebende Arten (Blindschnecke) mit 34% den höchsten Anteil aus, gefolgt von trockenliebenden Formen, die überwiegend unter Steinen vorkommen mit 33% der Reste (Abb. 2a). Feuchtetolerante Formen waren mit 29% vorhanden. Hingegen machten Tiere offener, trockener Standorte nur 2% der Reste aus. Dung- und Kompostarten kamen lediglich mit 1% vor. Ein Anteil von 1% konnte keinem Biotop zugewiesen werden.
Auch aus dem oberen Bereich, wiederum aus der Schicht 19 (Labornummer 12), machten Tiere, die geschützt unter Steinen und niedrigen Pflanzen leben, mit 62% der Reste den höchsten Anteil aus (Abb. 2b), gefolgt von der unterirdisch lebenden Blindschnecke mit 33% der Reste, während Tiere offener, trockener Biotope nur einen Anteil von 4% der Reste ausmachten.

Abb. 3: a) Landassel (*Trachelipus ratkei*), gesamtes Tier, 5,6 mm. – b) Landassel (*Trachelipus ratkei*), seitliche Ansicht, 5,3 mm. – c) Bruchstück einer Landassel (Fam. *Trichoniscidae*), 2,6 mm.

Abb. 4: a) Gehäuse der Blindschnecke (*Ceciliodes acicula*), 5,3 mm. – b) Drei Gehäuse der Blindschnecke (*Ceciliodes acicula*), 4,6 bis 5,1 mm.

Abb. 5: Puparienhüllreste einer Fliege (Fam. *Muscidae*), 3,9 mm.

Abb. 6: a) Bruchstück eines Schnurfüßlers (Gattung *Julus*), 3,4 mm. – b) Einzelbruchstücke von Schnurfüßlern (Gattung *Julus*), 0,6 und 2,9 mm. – c) Zwei Bruchstückteile eines Schnurfüßlers (Gattung *Julus*), 3,3 und 3,7 mm.

4. Diskussion

Die in dem römischen Brunnen von Riegel identifizierten Wirbellosenarten spiegeln eine Fauna wider, wie sie in einem engen Hinterhof vorgekommen sein könnte. Dieser Hinterhof muss warm bis heiß und zeitweise ziemlich trocken gewesen sein, entsprechend wurde eine wärmeliebende Fauna mit Arten gefunden, die kalkreiche, trockene Standorte bevorzugen und Feuchtigkeit bzw. nasse Standorte weitgehend meiden. Nur eine einzige Art, die Landassel *Trachelipus ratkei* (Abb. 3a bis c), ist zusätzlich auch feuchtetolerant und zugleich am häufigsten vorgekommen. Obwohl es sich bei den identifizierten Wirbellosen in der Mehrzahl um wärmeliebende Formen gehandelt hat, haben sie im Hofbereich mehr oder weniger versteckt gelebt. Dämmerungsaktiv und geschützt vor Sonneneinstrahlung und Austrocknung lebten Asseln, vergesellschaftet mit jeweils mehreren Tieren der gleichen Art, unter Steinen, Holz, Laub und in niedriger Vegetation. Die Blindschnecke (Abb. 4a u. b) lebte sogar in tieferen Bodenschichten Dabei scheint die vorgefundene Thanatozönose von bemerkenswert geringer Artenvielfalt gewesen zu sein. Ungewöhnlich ist das Fehlen von Käfern in den untersuchten Schichten. Möglicherweise sind sie in der Umgebung des Brunnens tatsächlich nicht vorgekommen, weil der vermutlich stark begangene Hinterhof kaum Lebensräume für eine Käferfauna geboten hat, schon gar nicht für bodenbewohnende Arten. Möglicherweise sind Käferreste auch nicht erhalten geblieben. Allerdings zeigen die vorhandenen Wirbellosenfunde sehr wohl eine Chitinerhaltung auf. Dagegen zeigen Untersuchungen aus römischen Brunnen aus dem Braunkohletagebau Hambacher Forst und Garzweiler, die in stark begangenen Hofbereichen von Gutshöfen angelegt waren, dass dort Käfer zahlreich und in hoher Artenvielfalt vorhanden waren und entsprechende Lebensräume fanden.[9]

In der untersten Schicht, in 2 m Tiefe, wurden zwar nur Reste von Mauerasseln gefunden, allerdings waren sie recht zahlreich (Abb. 3), so dass diese Schicht, die nur aus einem schmalen Band parallel zur Brunnensohle ausgebildet war (Schicht 20/13), dennoch aufgrund dieser Reste nicht als Nutzungsschicht angesehen werden kann. Mauerasseln leben halbverborgen unter Steinen oder in Gebüschen, auch in Kellerräumen kommen sie vor. Diese Lebensräume könnte es wohl im Hinterhofbereich gegeben haben. Da Asseln nicht einer autochthonen Brunnenfauna angehören, müssen die Tiere zusammen mit Materialien in die Schicht geraten sein. Dass der Schachtbereich offen lag, zeigen auch Funde von Holzkohleflittern, die vermutlich von einem nahen Feuer eingeweht worden waren.

In der Schicht 19, im Hangenden, kamen die meisten Wirbellosenbruchstücke und die höchste Artendichte vor (s. Tab. 1b, Anhang). Anders als in bisher untersuchten Brunnen mit Feuchterhaltung, fehlen auch in dieser aufliegenden Schicht Käferreste, dagegen waren viele Schneckenschalen erhalten geblieben. Die Schiefe Grasschnecke (*Vallonia excentrica*), typisch für offene, waldfreie Standorte und kalkreiche Böden, ist die einzige nicht verborgen vorkommende Art aus dem Hinterhofbereich. Die Blindschnecke *Ceciliodes acicula*, die unterirdisch bis in 1,5 m Tiefe lebt, kommt in lockeren, kalkreichen Böden vor. Wahrscheinlich hatte sie sich auf ehemaligem Aushubmaterial ansiedeln können und ist dann zusammen mit dem Material eingefüllt worden. Ein Großteil der Gehäuse war kalkverkrustet, vermutlich stammen diese Gehäusereste aus römischer Zeit, während ein anderer Teil sich erst nachträglich, wahrscheinlich rezent, in die obere Bodenschicht eingegraben hat. Subfossile Gehäuse der Blindschnecke wurden bisher ebenfalls in einer römischen Siedlung gefunden und zwar in tieferen, kalkreichen Bodenschichten in Rottweil.[10] Nur in der Schicht 19/11 sind zusätzlich mit dem Fund von Fliegenpuparien (Abb. 5) auch wenige Hinweise auf Dung/Kompost vorhanden.[11] Möglicherweise könnten in einigen dieser Hinterhofbereiche Haustiere gehalten worden sein.

Auch die aufliegende Schicht (Labornummer 12) scheint eingefüllt worden zu sein, nachdem sie kurzzeitig im Hofbereich gelegen hatte. Es sind die gleichen Arten, die auch schon im Material im Liegenden gefunden worden sind und wie die Schiefe Grasschnecke, die Blindschnecke und Schnurfüßler der Gattung *Julus* (Abb. 6a bis c) zusammen mit diesem Matrixmaterial eingefüllt wurden. Die wenigen Funde lassen annehmen, dass das Verfüllmaterial nicht lange im Freien gelegen hatte. Die in dieser Untersuchung vorgefundene Wirbellosenfauna besteht, anders als in anderen untersuchten Brunnenverfüllungen,[12] fast ausschließlich aus bodenbewohnenden Formen, die einen sehr einseitigen Lebensraum aufzeigen. Weitere Wirbellose, insbesondere flugfähige Arten, die zusammen mit Pflanzen, Baumaterialien, Scherben, Siedlungsabfällen und Knochen in den Schacht gefüllt worden sein könnten, fehlen dagegen. Vermutlich hatten sich auch Käfer angesiedelt, als flugaktive Tiere sind sie rechtzeitig vor dem Zuschütten des Brunnens wieder entkommen, im Gegensatz zu Schnecken und Asseln. Auch synanthrope Arten,[13] die in der Nähe des Menschen leben und durch die menschliche Siedlungs- und Lebensweise eine besondere Förderung erfahren, was zu deren

---

9 Siehe dazu auch E. Schmidt 2002/03 und 2006 (Anm. 5).
10 E. Schmidt, Mollusken aus der Grabung Rottweil-Hochmauren (wiss. Bericht 1991).
11 P. Skidmore, The biology of the muscidae of the world (Dordrecht, Bast, Lancaster 1985) 467–471; E. Schmidt 2006 (Anm. 8).
12 F. Köhler, Untersuchung der Käferbruchstücke. Bonner Jahrb. 189, 1989, 247–252.
13 W. Stein, Vorratsschädlinge und Hausungeziefer (Stuttgart 1986).

enormer Vermehrung führt, sind nur in Form einiger weniger Puparienreste von Echten Fliegen vorgekommen und somit die einzigen Siedlungszeiger. Aktivitäten von Menschen und Tieren, wie sie sonst in der Nähe von Brunnen üblich sind und durch entsprechende Wirbellosenfunde aufgezeigt werden, sind hier nicht nachweisbar. Diese Einseitigkeit der vorgefundenen Thanatozönose und das Fehlen von synanthropen Arten auch im weiteren Sinn,[14] lassen vermuten, dass das gesamte Aushubmaterial nur für ganz kurze Zeit im Hof gelegen hatte – nicht ausreichend lange für das Vorkommen von Wirbellosen von außerhalb des Hofbereiches. Dies deutet darauf hin, dass zunächst zwar eine Baugrube für den Brunnen ausgehoben wurde, dann aber aus unbekannten Gründen der Brunnenbau aufgegeben worden war und der noch unfertige Brunnenschacht mit dem vorherigen Aushubmaterial zügig wieder verfüllt wurde. Der Brunnen ist demnach nie fertiggestellt und in Betrieb genommen worden. Möglicherweise wurde nicht einmal bis zu den Wasser führenden Schichten gegraben. Die obigen Befunde sowie fehlende Verstärkungselemente des Brunnenschachtes bzw. das Fehlen einer dichten Brunnenwand im wasserdurchlässigen Löss bestätigen die Fundinterpretation. Einen ganz ähnlichen Vorgang gab es wohl bei einem Brunnenbau in Titz-Ameln, Gemeinde Titz (Nordrhein-Westfalen), auch dort wurde ein begonnener Brunnenschacht noch vor der Vollendung des Brunnens wieder zugeschüttet.[15]

Eine weitere Probenentnahme stammt aus einer nur noch schwach erkennbaren Verfärbung im Schwemmlösshorizont. Hierbei handelt es sich vermutlich um Gruben aus der Bandkeramik, die über die gesamte Fläche verteilt vorkamen. Sollte es sich um ehemalige Abfallgruben gehandelt haben, sind zu wenige Wirbellosenreste vorgekommen, immerhin zeigen auch hier die wenigen Funde, dass ein Erhalt der Chitinreste möglich war. Diese wenigen Funde lassen viel mehr annehmen, dass es sich um ehemalige Vorratsgruben gehandelt haben könnte. Untersuchungen haben gezeigt, dass Vorratsgruben regelmäßig nach ihrer Entleerung gereinigt oder auch ausgebrannt wurden, um auch noch restliche Schädlinge zu beseitigen.[16] Dies würde auch die Fundarmut erklären. BÜCHNER und WOLF konnten in einer Vorratsgrube lediglich einen Kornkäferrest identifizieren.[17] Auch REYNOLDS[18] konnte anhand Rezentbeobachtungen aufzeigen, dass in diesen Gruben und nur in einem schmalen Randbereich wenige Insekten überdauern konnten. Allerdings wurden im Fall von Riegel nur Reste von Tausendfüßlern und Puparienreste einer Echten Fliege gefunden, wobei letztere als ein möglicher Hinweis darauf zu deuten sind, dass zur damaligen Zeit Rinder bzw. Abfälle in der Nähe vorhanden waren.

Abbildungsnachweis
Alle Abb. Verfasserin.

Schlagwortverzeichnis
Römerzeit; Vicus; Streifenhäuser; Brunnen; Wirbellosenreste; Siedlungsanzeiger; Umweltrekonstruktion; Vorratsgruben.

Anschrift der Verfasserin

Dipl.-Biol. EDITH SCHMIDT
Gerda-Weiler-Str. 10
79100 Freiburg

E-Mail: edith.schmidt@eco-concept.de

---

14 Im Sinne von W. STEIN 1986 (Anm. 13).
15 Mündl. Mitteilung J. WEINER (Rheinisches Amt für Denkmalpflege).
16 L. LÜNING, Steinzeitliche Bauern in Deutschland, die Landwirtschaft im Neolithikum. Universitätsforsch. Prähist. Arch. 58, 2000, 8–201; P. REYNOLDS, A general report of underground grain storage experiment at the Butser Ancient Farm research project. In: M. GAST/F. SIGAUT (Hrsg.) Les techniques de conservation des grains à long terme (Paris 1979) 77–88.
17 S. BÜCHNER/G. WOLF, Der Kornkäfer – *Sitophilus granarius* (Linné) – aus einer bandkeramischen Grube bei Göttingen. Arch. Korrbl. 27, 1997, 211–220.
18 REYNOLDS (Anm. 16).

Anhang: Tabellen

Riegel/Feldgasse 2003/04		Schicht 20	Schicht 19		Grube	Summe Brunnen/ Grube
Rohdaten	Labornummern	13	11	12	16	
	Befund	Profil 7	Profil 7	Profil 7	Profil 7/02443	
	ausgelesen [g TS]	463	228	776	198	
Stamm: MOLLUSCA	WEICHTIERE					0
Ordn.: PULMONATA	LUNGENSCHNECKEN					0
Vallonia excentrica Sterki	Schiefe Grasschnecke		2	1		3
Cecilioides acicula Müller (verkrustet, subfossil)	Blindschnecke		5	3		8
Cecilioides acicula Müller (rezent)	Blindschnecke		27	3		30
Stamm: ARTHROPODA	GLIEDERFÜSSLER					0
II. CRUSTACEA	KREBSE					0
Ordn.: ISOPODA	ASSELN					0
Fam. Oniscidae	Mauerasseln					0
Oniscus asellus L.	Mauerassel	31	15			46
Fam. Trichoniscidae	Landasseln					0
Gattung: *Trichoniscus*	Landasseln		7			7
Fam. Porcellionidae	Landasseln					0
Porcellio scaber Latreille	Kellerassel		4			4
Trachelipus ratkei Brandt	Assel		27			27
III. TRACHEATA					1	1
Klasse: MYRIAPODA	TAUSENDFÜSSLER		1			1
Fam. Julidae						0
Gattung: *Julus*	Schnurfüßler		4	12		16
Klasse: INSECTA	INSEKTEN					0
Ordn.: DIPTERA	ZWEIFLÜGLER					0
Fam. Muscidae / Puparium	Echte Fliegen		1		1	2
Summe		31	93	19	2	145

Tab. 1a: Wirbellosenbruchstücke (Anzahl der Reste pro 1000 g TS) aus dem Brunnen mit den Schichten 20 und 19 und aus der Grube: Rohdaten mit unterschiedlichen ausgelesenen Probenmengen.

Riegel/Feldgasse 2003/04		Schicht 20	Schicht 19		Grube	Summe Brunnen/ Grube
	Labornummer	13	11	12	16	
	Befund	Profil 7	Profil 7	Profil 7	Profil 7/02443	
	ausgelesen [g TS]	463	228	776	198	
	errechnet [g TS]	1000	1000	1000	1000	
WIRBELLOSENFUNDE						
Stamm: MOLLUSCA	WEICHTIERE					0
Ordn.: PULMONATA	LUNGENSCHNECKEN					0
Vallonia excentrica Sterki	Schiefe Grasschnecke		9	1		10
Cecilioides acicula Müller (verkrustet, subfossil)	Blindschnecke		22	4		26
Cecilioides acicula Müller (rezent)	Blindschnecke		118	4		122
Stamm: ARTHROPODA	GLIEDERFÜSSLER					0
II. CRUSTACEA	KREBSE					0
Ordn.: ISOPODA	ASSELN					0
Fam. Oniscidae	Mauerasseln					0
Oniscus asellus L.	Mauerassel	67	66			133
Fam. Trichoniscidae	Landasseln					0
Gattung: *Trichoniscus*	Landasseln		31			31
Fam. Porcellionidae	Landasseln					0
Porcellio scaber Latreille	Kellerassel		17			17
Trachelipus ratkei Brandt	Assel		118			118
III. TRACHEATA	TAUSENDFÜSSLER; INSEKTEN				5	5
Klasse: MYRIAPODA	TAUSENDFÜSSLER		4			4
Fam. Julidae						0
Gattung: *Julus*	Schnurfüßler		17	15		32
Klasse: INSECTA	INSEKTEN					0
Ordn.: DIPTERA	ZWEIFLÜGLER					0
Fam. Muscidae / Puparium	Echte Fliegen		4		5	9
Summe		67	406	24	10	507

Tab. 1b: Wirbellosenbruchstücke (Anzahl der Reste pro 1000 g TS) aus dem Brunnen mit den Schichten 20 und 19 und aus der Grube: Daten aus Tabelle 1a, berechnet auf jeweils 1000 g TS je Probe (TS = Trockensubstanz).

Artenliste	Ökologische Angaben	Verbreitung
Stamm: MOLLUSCA (Weichtiere)		
Ordn.: PULMONATA (LUNGENSCHNECKEN)		
Vallonia excentrica Sterki (Schiefe Grasschnecke)	an offenen, trockenen Standorten auf kalkhaltigem Untergrund, nicht in Wäldern und Sümpfen	ME, weit verbreitet
Caecilioides acicula Müller (Blindschnecke, juveniles Tier)	unterirdisch zwischen Pflanzenmoder und Felsspalten, auf kalkreichen Böden (bis 1 m tief im Boden)	ME, weit verbreitet
Caecilioides acicula Müller (Blindschnecke, adultes Tier)	unterirdisch zwischen Pflanzenmoder und Felsspalten, auf kalkreichen Böden (bis 1 m tief im Boden)	ME, weit verbreitet
Stamm: ARTHROPODA (GLIEDERFÜSSLER)		
II. CRUSTACEA (KREBSE)		
Ordn.: ISOPODA (ASSELN)		
Fam. Oniscidae (Mauerasseln)		
Oniscus asellus L. (Mauerassel)	sehr häufig, in Laubwäldern, Gebüschen, Kellern, unter Steinen, im Mulm morscher Bäume	GE, überall sehr häufig
Fam. Trichoniscidae (Landassel)		
Gattung: Trichoniscus (Landassel)	in Laubwäldern, Gebüschen, unter niedrigem Pflanzenwuchs, unter Baumrinde, Holz, Steinen, meidet nasse Standorte	GE/AS, weit verbreitet
Fam. Porcellionidae (Landassel)		
Porcellio scaber Latreille (Kellerassel)	an trockenen Orten, unter Steinen und in Baumrinde, liebt Wärme und Trockenheit, meidet Feuchtigkeit	ME, häufig
Trachelipus ratkei Brandt (Landassel)	unter Laub, Steinen, Pflanzen an trockenen bis sumpfigen Stellen	ME, sehr häufig
III. TRACHEATA (TAUSENDFÜSSLER; INSEKTEN)		
Klasse: MYRIAPODA (TAUSENDFÜSSLER)		
Fam. Julidae (Schnurfüßler)		
Gattung: Julus (Schnurfüßler)	unter Laub und Steinen	GE, verbreitet
Klasse: INSECTA (INSEKTEN)		
Ordn.: DIPTERA (ZWEIFLÜGLER)		
Fam. Muscidae / Puparium (Echte Fliegen)	in Aas, Dung, Faulstoffen aller Art, Entwicklung in Dung und Fäkalien	überall weit verbreitet

Tab. 2: Vereinfachte Angaben zur Ökologie der gefundenen Wirbellosenarten (ME = Mitteleuropa, GE = Gesamteuropa, AS = Asien).

Ungewöhnliche frühmittelalterliche Funde aus Schorndorf

Birgit Kulessa

Im Zusammenhang mit der Erfassung der Fundstellen für den ‚Archäologischen Stadtkataster Schorndorf' sind einige außergewöhnliche, bisher unpublizierte Fundstücke aus frühmittelalterlicher Zeit bekannt geworden.[1] Die Objekte befinden sich im Stadtmuseum, wo sie zum Teil bereits 1955 abgegeben wurden.[2] Unter den im Folgenden näher betrachteten Fundstücken finden sich einige ungewöhnliche Gegenstände, die nach derzeitigem Kenntnisstand für den süddeutschen Raum als Unikate zu betrachten sind.

Vor- und Frühgeschichtliche Besiedlung Schorndorfs und Umgebung

Die Landschaft, in der Schorndorf liegt, wird durch das sich in Ost-West-Richtung erstreckende Remstal charakterisiert. Das Flusstal ist von dem Schwäbischen Keuperland zugehörenden Randhöhen gesäumt, welche teils zu steilen Hängen ansteigen.[3] Schorndorf befindet sich am Übergang vom mittleren in das untere Remstal in einem kleinen, sich nach Norden verbreiternden Tal, das sich im Westen bei Winterbach wieder verengt. Das Becken ist von mehreren Bachläufen durchzogen, welche von Norden und Süden in die Rems münden.

Früheste Siedlungsbelege im Schorndorfer Raum sind aus dem Mesolithikum bekannt.[4] Wesentlich häufiger, sowohl in der Anzahl der Fundstellen als auch in der Menge an Fundmaterial zahlreicher, sind neolithische Funde. Dagegen gibt es für eine Siedlungstätigkeit während der Metallzeiten kaum Belege.[5]

In deutlich größerem Umfang sind archäologische Funde und Befunde aus römischer Zeit bekannt.[6] Das Remstal war durch die unter Kaiser Antoninus Pius bald nach 148 n. Chr. begonnene Vorverlegung des Limes in die Germania Superior einbezogen. Der im ausgehenden ersten Jahrhundert angelegte Odenwald-Neckar-Limes wurde ca. 30 km weiter nach Osten vorgeschoben. Im Zuge der Limesverlegung wurde eine neue Fernstraße angelegt, die von Westen nördlich des Remstals zum Reiterlager Aalen wie auch zu den beiden Kastellen nach Welzheim führte. Auf diese Straßen trafen im Bereich der heutigen Stadt Schorndorf wohl schon in römischer Zeit mehrere Verbindungsstraßen, deren exakter Verlauf allerdings nur annähernd bekannt ist.[7] In Schorndorf befand sich mutmaßlich eine Straßenkreuzung, an der sich ein ausgedehnter Straßenvicus entwickelte.[8]

---

1   Schneider 2011, 105 ff.
2   Einige Funde, darunter auch Reste eines Skelettes, befinden sich noch im Privatbesitz der Finder und sollen zukünftig dem Stadtmuseum als Dauerleihgabe übergeben werden. Ich danke der Familie Knauss, die das Material zur Verfügung gestellt hat.
3   Wild 1980, 17–51.
4   Schneider 2011, 26 u. 113.
5   Funde der älteren Bronzezeit oder der Urnenfelderkultur sind bisher nicht belegt. Zwei laténezeitliche Regenbogenschüsselchen lassen sich nicht als Hinweis für eine Siedlungstätigkeit bezeichnen; Schneider 2011, 114 f.
6   Planck 2005, 311; Schneider 2011, 26 ff.
7   Zeyher 1983, 48–58; Schneider 2011, 27 f.
8   Paulus 1877, 52; Rösler 1973, 21; Planck 2005, 311.

Dieser konnte am nördlichen Rand des heutigen Schorndorfer Stadtgebietes mit Hilfe zahlreicher archäologischer Fundstellen nachgewiesen werden. Die Größe lässt sich durch beobachtete Kulturschichten in einer Länge von ca. 700 m in West-Ost-Richtung erfassen. Punktuell wurden Pfostengruben und Holzreste beobachtet, welche auf eine Bebauung in Holzbauweise, teilweise mit Kellern hinweisen.[9] Aus alamannischer Zeit sind bisher aus Schorndorf und der nähern Umgebung kaum Fundstellen bekannt.

Die frühmittelalterlichen Funde

Die im Folgenden näher vorgestellten Fundstücke kamen bei Bauarbeiten im Norden von Schorndorf, am Christallerweg, zu Tage. Die Fundstelle liegt somit am westlichen Randbereich der römischen Siedlungsfläche. Dem entsprechend wurde auch an dieser Stelle eine römische Kulturschicht mit zahlreichen Funden erfasst. Auf anderen Grundstücken an der gegenüberliegenden Straßenseite wurden noch einige römische Funde geborgen. Eine Dokumentation der Befundzusammenhänge war nur teilweise möglich. Bei den frühmittelalterlichen Funden handelte es sich um Beigaben aus alamannischen Gräbern, die offenbar in die Kulturschicht der bereits seit langem aufgelassenen römischen Siedlung eingetieft waren. Die Anzahl der Bestattungen lässt sich wegen der fehlenden Dokumentation nicht mehr sicher ermitteln. Unbekannt ist ebenso, ob im näheren Umfeld noch weitere Gräber vorhanden waren.

Grab 1
Gegen Ende des Jahres 1955 wurde auf dem Grundstück Christallerweg 26 ein einzelnes beigabenloses Grab in situ dokumentiert. Dieses war mit Steinen eingefasst, darunter zwei zerstörte römische Bildsteine.[10] Vom Skelett waren nur die unteren Extremitäten und ein Wirbel erhalten (Abb. 1).

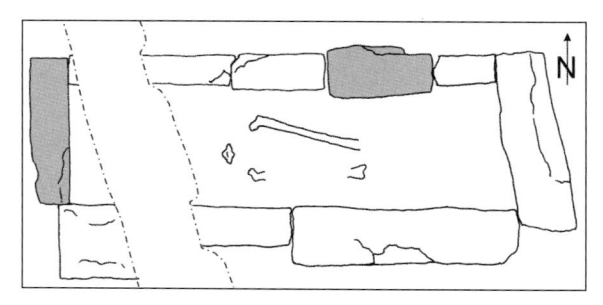

Abb. 1: Grab 1. Die verbauten römischen Bildsteine sind grau hervorgehoben. M 1 : 40.

Grab 2
Dieses Grab wurde im nördlichen Bereich ebenfalls auf der Parzelle von Haus Nr. 26 erfasst, aber nicht in situ dokumentiert. Das Skelett ist annähernd vollständig erhalten, der Schädel fehlt.[11] Das Grab war im oberen Abschnitt von römischen Hohlziegelbruchstücken eingefasst. Als Beigabe fand

---

9 Rösler 1973, 16 ff.; Planck 2005, 311; Schneider 2011, 27 f.
10 Fundber. Schwaben N.F. 14, 1957, 230; ebd. 15, 1959, 210; Junghans 1958, 16–21; Rösler 1973, 21; Schmidt 2002, 18 f. (hier ist fälschlicherweise von zwei Frauengräbern die Rede); Schneider 2011 29 Abb. 4. – Bei einem der beiden Steine handelt es sich mutmaßlich um das Bruchstück eines Viergötterşteins, welcher üblicherweise als Unterbau einer Iupitergigantensäule verwandt wurde; vgl. Buchhenss 1981, 47 ff.
11 Vermutl. männlich, eine anthropologische Bestimmung liegt allerdings nicht vor; Verbleib Stadtmuseum Schorndorf.

sich eine Bronzebesatzplatte, verziert mit Almandinrundeln. Der Fundbericht von 1955 enthält nur die ungenaue Lagebezeichung „auf dem Leib" für die Fundsituation. Des Weiteren wurden in der Nähe dieses Grabes ein einzelner Schädel sowie einige Rippen beobachtet; der Schädel könnte eventuell zu diesem Grab gehören. Die anderen Knochen lassen jedoch auf eine weitere Bestattung schließen.

Die 4,8 cm lange und 2,4 cm breite Bronzeschmuckplatte ist an den Schmalseiten mit geraden und an den Langseiten mit profilierten Rändern versehen, die Fläche ist mit Almandinrundeln verziert. Die Almandine sind in der Mitte ringförmig angeordnet mit einem einzelnen Stein im Zentrum. Zu beiden Seiten finden sich je drei versetzt angeordnete Steine, von denen allerdings einer nicht mehr erhalten ist. Auf der Rückseite sind mittig zwei Stegösen im Abstand von ca. 2,6 cm angebracht. Bei dem Fundstück handelt es sich um einen Trachtbestandteil, der vermutlich zu einem Gürtel gehörte. Weitere Beigabenreste wurden nicht beobachtet. Möglich ist, dass das Grab antik beraubt war, was aber auf Grund der unzureichenden Dokumentation nicht mehr zu ermitteln ist.

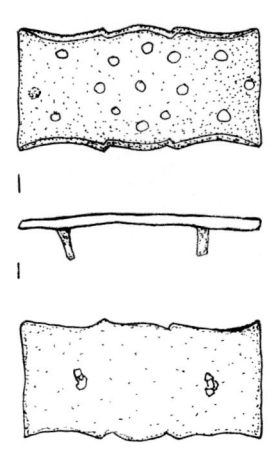

Abb. 2: Almandin-verzierte Bronzebesatzplatte aus Grab 2. M 2 : 3.

Die Profilierung der Bronzebesatzplatte ist typologisch mit Gürtel- und Schnallenbeschlägen vergleichbar, die in zahlreichen Formvarianten von diversen Gräberfeldern belegt sind.[12] Verzierungen mit Almandinrundeln sind aber eher selten und finden sich beispielsweise auf Schnallenbeschlägen. Aufgrund stilistischer Merkmale lässt sich das Fundstück nur allgemein in das 7. Jahrhundert datieren.[13]

Grab 3
Ein weiteres Grab wurde von dem bereits in den 1960er-Jahren verstorbenen Sammler und Heimatforscher WALTER KNAUSS geborgen. Das Skelett ist nur unvollständig und stark fragmentiert erhalten. Vorhanden ist der Schädel, welcher auf der linken Seite eine Hiebverletzung aufweist, sowie Teile des Oberkörpers. Becken und untere Extremitäten fehlen. Bei den Knochen fand sich ein Fragment einer römischen Amphore. Über die näheren Umstände der Auffindung liegen keine weiteren Angaben vor.

---

12 z.B. die vergleichbaren profilierten Gürtelbeschläge aus Mengen, welche ausnahmslos in die Phase 6, d.h. in die Zeit von 640–670 datieren, WALTER 2008, 21 ff.
13 Fundber. Schwaben N.F. 14, 1957, 203 Taf. 32 B.

Abb. 3: Perlenkette aus Grab 4.

Grab 4
Von diesem Grab, welches ebenfalls durch Walter Knauss geborgen wurde, ist die vollständige Beigabenzusammensetzung bekannt.¹⁴ Das Grab wurde im Jahr 1955 auf dem Grundstück Christallerweg 22/24 gefunden. Die Fundstücke übergaben die Angehörigen 1974 zusammen mit vier Spinnwirteln, einigen einzelnen Glasperlen und mehreren anderen vorgeschichtlichen Artefakten von weiteren Fundstellen in Schorndorf dem Stadtmuseum. Das Skelett ist inzwischen nicht mehr erhalten. Es wurde vom Finder mit Hilfe eines Zahnarztes als ca. 12–15-jähriges Mädchen bestimmt.¹⁵ Diesem Grab lassen sich auf Grund der Angaben des Finders mehrere Beigaben gesichert zuweisen; dabei handelt es sich überwiegend um Schmuckstücke. Die Beigabenausstattung setzt sich aus einem Paar Ohrringen, zwei Armreifen, einer Perlenkette und einem Fingerring zusammen.¹⁶

Die Kette (Abb. 3) besteht aus 80 Perlen, darunter überwiegend orangefarbene, teils doppelkonische Perlen mit großer Durchlochung. In geringer Zahl sind monochrom weiße und rotbraune sowie vereinzelt gelbe, blaue und grüne Perlen vertreten, darunter eine grüne mandelförmige Perle sowie eine blaue doppelte Perle und eine Bernsteinperle. Einige mehrfarbige Perlen sind mit aufgetropftem Punktdekor versehen, darunter drei rote quaderförmige Perlen mit gelben Punkten an den Ecken, drei polyederförmige Perlen in Grün mit roten Punkten, eine weiße Perle mit roten und grünen Punkten sowie eine rotbraune Schichtaugenperle. Die Perlen sind den bei der Auswertung des Gräberfeldes von Pleidelsheim herausgearbeiteten Gruppen 1, 4 und 6 vergleichbar.¹⁷

---

14 Schmidt 2002, 19 Abb. 3; Schneider 2011, 119 f.
15 Freundliche Mitteilung Lucia Knauss. Das Skelett wurde von den Findern gereinigt und zusammengesetzt und mehrere Jahre aufbewahrt, dann aber ohne Wissen und Zustimmung der Finder durch Dritte entsorgt.
16 Schneider 2011, 106 Abb. 30 u. 31.
17 Koch 2001 Farbtaf. 1, Nr. 3,22, 4,4 u. 4,8; Farbtaf. 2, Nr. 6,32.

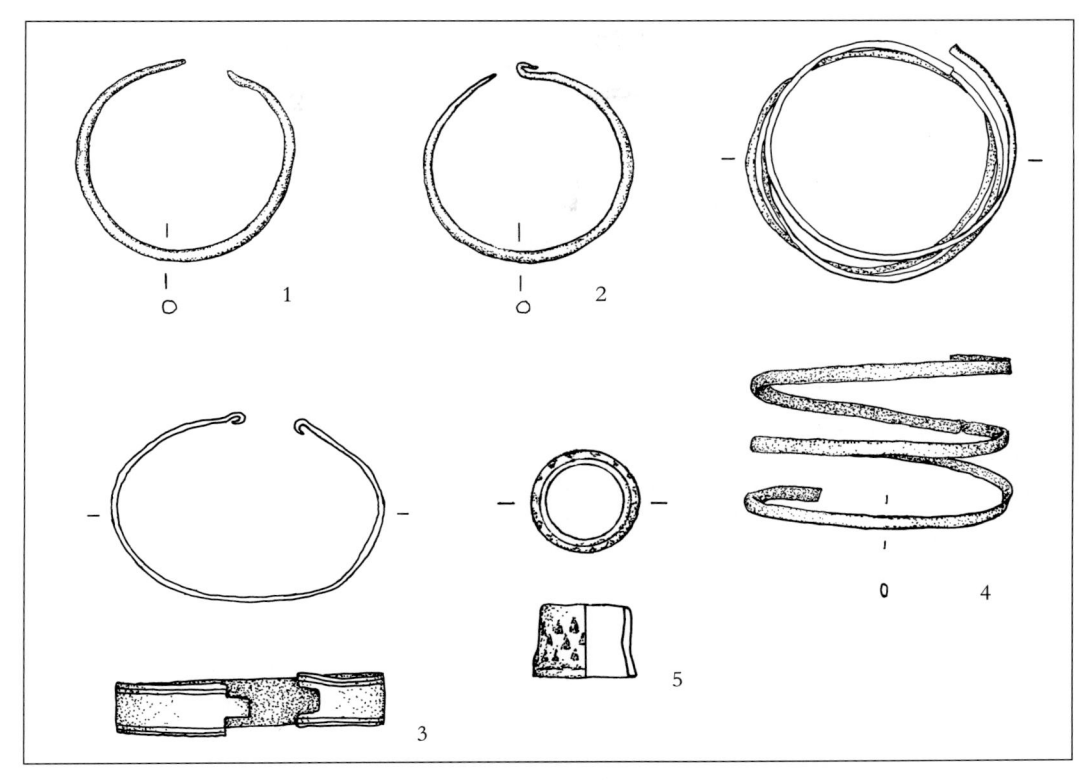

Abb. 4: Buntmetallfunde aus Grab 4. M 1:2, 5 M 2:3.

In Kombination mit den meisten der genannten monochromen Perlen treten diese Typen in den Kombinationsgruppen F–H nach U. Koch auf.[18] Grüne mandelförmige Perlen erscheinen erstmals in der Kombinationsgruppe F und weisen eine Länge unter 2 cm auf, während diejenigen der Kombinationsgruppe G eher durch großformatige Perlen charakterisiert sind. Dies gilt auch für die anderen monochrom farbigen Perlen. Ein gehäuftes Vorkommen der Farben Orange und Weiß gilt als typisch für die Kombinationsgruppe G. Die orangefarbenen Perlen der Schorndorfer Kette sind zum großen Teil von deutlich sichtbaren dunklen Schlieren durchzogen, was als charakteristisches Merkmal der Kombinationsgruppe G beschrieben wird. Typisch für diese Gruppe sind ebenso ein erweitertes Fadenloch mit einem Durchmesser von 5–7 mm sowie eine gedrückte Form der Perlen mit einer Höhe von 7–10 mm.[19] Diese Kriterien sprechen für eine zeitliche Einordnung in die Phase SD11 nach Koch, d. h. also in die Zeit um 670 bis 700.[20] Mitunter kommen Ketten der Kombinationsgruppe G vereinzelt noch bis in das 3. Jahrzehnt des 8. Jahrhunderts. vor.[21] Bemerkenswert an der Schorndorfer Kette ist zudem der große Anteil der orangefarbenen Perlen von insgesamt 45 Stück, was deutlich über 50% ausmacht. Auch wenn diese Perlen einzeln oder in kleineren Mengen überregional verbreitet sind, wurde festgestellt, dass das Verbreitungsgebiet von Ketten mit einem Anteil von mindestens 30% orangefarbener Perlen klar auf bajuwarisches Gebiet konzentriert ist. Südwestdeutschland und die sonstigen fränkischen Siedlungsgebiete sind bis auf wenige Ausnahmen fundleer.[22]

---

18 Grünewald/Koch 2009, 30 ff.
19 Stauch 2004, 85.
20 Grünewald/Koch 2009, 23 u. 38 f.
21 z.B. Wenigumstadt, Grab 217; Stauch 2004, 90 ff. Tab. 3.
22 Katzameyer 1997, 150 ff. Karte Abb. 2.

Die beiden Bronzeohrringe (Abb. 4,1.2) bestehen aus unverziertem Bronzedraht und weisen einen Durchmesser von 5,5 cm auf. Die Verschlüsse sind nicht mehr vollständig erhalten, einer der beiden Ohrringe besitzt noch einen umgebogenen Hakenverschluss. Sowohl die Verschlussart wie auch die Größe der Ohrringe sind typologische Merkmale, welche sich zeitlich einordnen lassen.[23] Einfache Drahtohrringe mit Hakenverschluss sind typisch für die spätmerowingische Zeit (ca. 640–710 n. Chr.) und finden eine weite Verbreitung im alamannischen Kernland sowie auch westlich des Rheins.[24] Der relativ große Durchmesser der Ohrringe weist auf eine Datierung in die zweite Hälfte des 7. Jahrhunderts.[25] Dies stimmt somit mit der zeitlichen Einordnung der Perlenkette überein.
Des Weiteren war das Mädchen mit Armschmuck aus Bronze oder Kupfer ausgestattet, welcher z.T. eher ungewöhnlich ist (Abb. 4,3). Das Scharnierarmband ist bis auf den fehlenden Stift des Verschlusses vollständig erhalten. Der Durchmesser variiert auf Grund der rundovalen Form, die Breite des Metallbandes beträgt 1,6 cm. Beide Ränder sind mit doppelten Rillen verziert. Scharnierarmbänder mit Steckverschluss sind allgemein kein seltener Bestandteil in frühmittelalterlichen Frauengräbern.[26] Sie treten im merowingischen Raum in der zweiten Hälfte des 7. Jahrhunderts bis in die erste Hälfte des 8. Jahrhunderts auf.[27] Einfache mit Rillen dekorierte Vergleichsstücke sind mit dem Schorndorfer Fund praktisch identisch, z.B. Exemplare aus Donaueschingen und Hillesheim, Kr. Daun (Rheinland-Pfalz).[28]
Als frühmittelalterliche Grabbeigabe völlig untypisch in Süddeutschland ist eine Armspirale (Abb. 4,4). Die Spirale besteht aus einem durchschnittlich ca. 0,5 cm schmalen, im Querschnitt flach rechteckigen Blechstreifen, welcher aus zwei unterschiedlich langen Stücken zusammengesetzt ist. Die Spirale wird aus drei Windungen gebildet und besitzt einen Durchmesser von maximal 6,5 cm. Beide Enden sind abgebrochen, eines leicht nach außen gebogen. Demnach ist davon auszugehen, dass die Armspirale ehemals mehr Windungen besaß. An einer Stelle ist erkennbar, dass sie aus zwei Stücken zusammengefügt ist.
Armspiralen sind als Schmuckbeigabe frühmittelalterlicher Gräber belegt, allerdings in einer vom alamannischen Kernland gesehen sehr peripher gelegenen Region. In Südschweden und auf Bornholm sind Armspiralen aus Edelmetall oder Bronze ein häufiger Schmucktyp der jüngeren Vendelzeit.[29] Unverzierte bronzene Armspiralen wurden in größerer Zahl auf Bornholm gefunden.[30] Diese werden überwiegend in die Zeit von 600 bis ca. 660 n. Chr. datiert und sind gegen Ende des 7. Jahrhunderts nur noch selten vorhanden.[31] Eine in Norddeutschland (Aashauen, Kr. Harburg) gefundene Armspirale aus Silber ist ein Unikat und wird als skandinavischer Import angesehen.[32] Da in Norddeutschland Funde aus südlicheren Regionen sowie auch insbesondere aus dem alamannischen Siedlungsgebiet völlig fehlen, erscheint es fragwürdig, eine Herkunft des Schorndorfer Fundes aus Skandinavien anzunehmen.
Eine andere Möglichkeit ist die Ansprache als prähistorischer Altfund, zumal Archaika als Beigabe in alamannischen Gräbern häufig belegt sind.[33] Aufgrund der Machart ähnelt die Armspirale den frühbronzezeitlichen Schmuckstücken, welche überregional und somit auch in Südwestdeutschland

---

23 Freeden 1979, 390 ff.
24 Ebd. Karte Abb. 19.
25 Ebd. 390 ff., 436 f. (Fundliste)
26 Stein 1967, 69 mit Anm. 304.
27 Wührer 2000, 50 f.
28 Stein 1967, 310 Abb. 51, 2; Garscha 1970, 36 Taf. 98,10.
29 Garscha (Anm. 28) 100 mit Anm. 489.
30 Ähnlich sind z.B. Funde aus dem Gräberfeld von Nørre Sandegård Vest. Jørgensen/Norgård-Jørgensen 1997, 51 f.
31 Sie werden der Gruppe Q2a zugeordnet, welche hauptsächlich in den Phasen 1C und 1D1 gehören, wenige Funde erscheinen noch in der Phase 1D2, vgl. ebd. 28 f. Fig. 18 u. 35 Fig. 24.
32 Stein 1967, 330 f. Abb. 57, 2.
33 Mehling 1998. Zahlreich vertreten sind Archaika vor allem in Frauengräbern sowie bei Kindern und Jugendlichen, gehäuft treten sie in reicher ausgestatteten Gräbern auf, vgl. ebd. 56 u. 68.

relativ häufig gefunden wurden.³⁴ Zu bemerken ist allerdings, dass bronzezeitliche Gegenstände nur äußerst selten in merowingerzeitlichen Gräbern vertreten sind. Armschmuck und insbesondere Armspiralen sind bisher überhaupt nicht bekannt. Den größten Anteil haben Objekte aus römischer Zeit, was offenbar mit der größeren Funddichte zu alamannischer Zeit zusammenhängt.³⁵ Die Beigabe von Altstücken umfasst ein weites Spektrum an Gegenständen; meist handelt es sich um Schmuck, darunter auch Armringe. Armspiralen aus Kupfer oder Bronze erscheinen ab Beginn der Frühbronzezeit und wurden bis in die mittlere Bronzezeit getragen.³⁶ In Form und Gestalt finden sich unterschiedliche Varianten, welche sich aber nicht alle näher chronologisch ordnen lassen. Die Anzahl der Windungen scheint in der fortschreitenden Frühbronzezeit zuzunehmen, während diese zugleich weniger straff aneinander liegen; zudem tauchen gegen Ende der Frühbronzezeit Spiralarmringe mit rechteckigem Querschnitt auf, wie es bei dem Schorndorfer Fund der Fall ist.³⁷ Auch wenn Spuren einer bronzezeitlichen Besiedlung in der unmittelbaren Umgebung von Schorndorf nicht bekannt sind, ist dennoch eine Herkunft aus der weiteren Region nicht auszuschließen. Armspiralen wurden beispielsweise in frühbronzezeitlichen Gräbern bei Remseck-Aldingen oder Stuttgart-Bad Cannstatt gefunden.³⁸

Zusammen mit den Schmuckbeigaben wurde ein Fingerring geborgen, bei dem es sich nicht um ein Schmuckstück handelt (Abb. 4,5). Der Ring besteht augenscheinlich aus Messing und weist eine annähernd konische Form mit einem Durchmesser von 2–2,2 cm auf. Der größere Rand ist profiliert, die Breite des Rings beträgt 1,3 cm. An der Außenseite sind drei Reihen zueinander versetzt angeordneter Dreiecke eingepunzt. Bei diesem Ring handelt es sich um einen Nähring, d. h. einen Ring, der in ähnlicher Funktion wie ein Fingerhut verwendet wurde. Vergleichbare Ringe sind vielfach bekannt, sie werden häufig als Bodenfund geborgen, meist wird aber eine spätmittelalterliche bis frühneuzeitliche Datierung angenommen.³⁹ Älteste datierte Exemplare sind aus römischen Kontexten bekannt.⁴⁰ Dabei ist die fehlende geschlossene Kuppe ein charakteristisches Merkmal römischer Fingerhüte. Geschlossene Fingerhüte sind erst ab spätmittelalterlicher Zeit belegt.⁴¹ Eingepunzte Dreiecke oder Vierecke sind ein charakteristischer Hinweis auf eine Datierung in römische Zeit; in jüngeren Zusammenhängen kommen diese nur vereinzelt vor.⁴² Ein zu dem Schorndorfer Fund praktisch identisches Vergleichsexemplar wurde im Umfeld des römischen Kastellbades Schwäbisch Gmünd (Schirenhof) zusammen mit weiteren römischen Streufunden geborgen.⁴³ Aus dem Fundkontext ergibt sich eine allgemeine Datierung um die Mitte des 2. Jahrhunderts n. Chr. bis in die Zeit um 260. Aus frühmittelalterlicher Zeit scheinen derartige Gegenstände bisher nicht bekannt zu sein. Da für den Schorndorfer Ring leider keine Dokumentation der Fundsituation vorliegt, kann nicht ausgeschlossen werden, dass der Ring möglicherweise aus der römischen Kulturschicht stammt, in die das Grab eingetieft worden war.⁴⁴

---

34 KRAUSE 1988, 82 ff.; RICHTER 1970, 19 ff.
35 MEHLING 1998, 33.
36 KRAUSE 1988, 84.
37 RUCKDESCHEL 1978, 162. In der Regel bestehen sie aus einem Drahtstück. Es gibt aber ebenso zusammengesetzte Spiralen, vgl. Funde aus Detmold/Oberschönhagen: SPRINGHORN 2007, 64 f.
38 Fundber. Schwaben N. F. 15, 1959, 106 ff.; KRAUSE 1987, 57–61.
39 EGAN 1998, 265. Die Ringe waren zu bestimmten Zwecken noch bis in das 19. Jh. gebräuchlich. KRÜNITZ, 1773, s. „Nähring" u. „Fingerhut", Nähringe werden ausdrücklich als Gerätschaft der Schneider und Schuster bezeichnet.
40 GREIF 1983, 8 f.; HOLMES 1980, 15 f. Abb. 2.
41 EGAN 1998, 265 ff. Fig. 206,814–820.
42 HOLMES 1980, 19.
43 Fundber. Baden-Württemberg 8, 1983, 347 u. Taf. 202 C 2.
44 Unwahrscheinlicher ist, dass es sich bei diesem Fund um die Beigabe einer römischen Antiquität handelt. Nähringe sind bisher unter den sehr zahlreichen römischen, überwiegend allerdings in die späte Kaiserzeit datierenden Archaika in alamannischen Gräbern nicht bekannt geworden, belegt sind ausschließlich römische Schmuckfingerringe: MEHLING 1998, 24 u. 148 (Fundortverzeichnis).

616   BIRGIT KULESSA

Einzelfunde

Die im Folgenden vorgestellten Schorndorfer Fundstücke gelangten einzeln, ohne nähere Angaben zur Auffindung in das Stadtmuseum.[45] Die exakte Fundstelle dieser Fundobjekte ist unklar, sie stammen mutmaßlich aus dem Abraum von Baugruben. Dabei handelt es sich um einzelne Perlen, mehrere Spinnwirtel, einen Sax, ein Messer, ein Klappmesser mit Geweihgriff, ein Webschwert, einen Bronzering und den Dorn einer Schilddornschnalle.

Die geborgenen Funde belegen die Existenz weiterer Frauen- und Männergräber, deren Anzahl kaum zu ermitteln ist. Möglich ist ebenso, dass andere Bestattungen völlig unbeobachtet zerstört wurden. Auch wenn sich ein Teil der Funde keinem bestimmten Grabkontext zuordnen lässt, geben sie durch ihre typologische Einordnung einen Anhaltspunkt für die Datierung der Gräber. Es wird erkennbar, dass die wenigen Funde eine längere Zeitspanne der Bestattungstätigkeit repräsentieren können, sofern es sich bei den betreffenden Objekten nicht um Altstücke handelt, welche als Beigabe in jüngeren Gräbern mitgegeben wurden. Dies dürfte zumindest für einige Funde eher unwahrscheinlich sein, zumal es sich nicht um Schmuck- oder Trachtbestandteile handelt.

1. Perlen

Zu den Funden von WALTER KNAUSS gehören noch einige einzelne Perlen sowie Fragmente, die nach Angabe des Finders nicht zu dem Mädchengrab gehörten, sondern einzeln aufgelesen wurden. Mutmaßlich weisen sie auf ein weiteres Frauengrab.

Dabei handelt es sich um eine tonnenförmige, hellrote Perle mit weißen Querstreifen, eine glänzende hellgrün-türkis schillernde Perle (Abb. 5,2) sowie um eine schwarze Perle mit weißen Wellenlinienmustern. Die rotweiße Perle (Abb. 5,1) entspricht dem Typ P52 aus Mengen und gehört zu den auch andernorts geläufigen Perlentypen.[46] In Mengen treten diese Perlen in den Phasen 4–7 auf, wobei in der Anzahl der Schwerpunkt in den Phasen 4 und 5a zu beobachten ist, d.h. im späten 6. Jahrhundert bis etwa zum ersten Drittel des 7. Jahrhunderts.

Die schwarze Perle (Abb. 5,3) ist insofern bemerkenswert, da sie im Spektrum der einheimischen Perlentypen in der Regel nur sehr selten vertreten ist. Ein einzelnes Exemplar wurde in einem Frauengrab aus Empfingen (Zollernalbkreis) gefunden, welches in das letzte Viertel des 6. Jahrhunderts datiert wird.[47] Eine einzelne Perle aus Worms findet sich in einer Kette der Kombinationsgruppe D nach Koch.[48] Schwarze kugelförmige Perlen mit weißem Wellenliniendekor sind hauptsächlich aus awarenzeitlichen Gräberfeldern in Ungarn bekannt.[49]

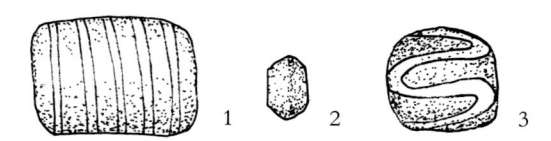

Abb. 5: Drei einzelne Glasperlen, als Lesefund geborgen. M 2 : 3.

2. Spinnwirtel

Mehrere Spinnwirtel, welche ebenfalls von WALTER KNAUSS geborgen wurden, stammen möglicherweise auch aus Frauengräbern (Abb. 6). Die vier Spinnwirtel aus Ton unterscheiden sich in Form und Größe, weisen aber mit Ausnahme eines verzierten Wirtels (Abb. 6,4) keine typologischen Charakteristika auf. Zwei bestehen aus rötlich-braunem Ton, die beiden anderen sind reduzierend

---

45 Im Museumsinventar finden sich lediglich die Fundortangabe und das Magazinierungsdatum 1955 bzw. 1974.
46 KOCH 2001, Farbtaf. 1, Nr. 3,22; Nr. 4,4 u. 4,8; Farbtaf. 2, Nr. 6,32.
47 SCHMITT 2007, 122 f. Taf. 39 B f.
48 GRÜNEWALD/KOCH 2009, 23 u. 38 f.; vgl S. 148 f. F 1347.
49 HAMPEL 1905, Bd. 2, 73 f.; Bd. 3, Taf. 60; PÁSZTOR 1997, 230 Tab. 7.

gebrannt und weisen dementsprechend eine dunkelgraue Färbung auf. Möglich ist auch, dass einige der Wirtel keine Grabbeigaben waren, sondern aus der römischen Kulturschicht stammen. Andererseits erscheinen Spinnwirtel häufig als Beigabe in frühmittelalterlichen Frauen und Mädchengräbern. Sie wurden mutmaßlich mit der in der Regel nicht erhalten gebliebenen Spindel aus Holz beigegeben.[50] Mitunter kommen auch zwei Spinnwirtel verschiedener Form und Größe in einem Grab vor.[51]
Die Grundformen sind sehr gleichartig, funktional bedingt und somit kaum zeitlichen Veränderungen unterworfen. Für die Benutzung spielen das Gewicht sowie der Durchmesser des Spindellochs eine Rolle. Die Qualität des zu spinnenden Fadens ist – abgesehen von dem verwendeten Material – vor allem vom Gewicht von Spindel und Spinnwirtel und somit auch von der Größe des Wirtels abhängig.[52] Der mit einem Durchmesser von 4,8 cm größte Spinnwirtel (Abb. 4,4) weist von allen das kleinste Spindelloch auf, welches nur einen Durchmesser von 0,8 cm besitzt. Dieser Wirtel ist mit eingeritzten Linien verziert. Im Bereich der größten Breite findet sich eine umlaufende Linie. Ausgehend vom Spindelloch führen vier in Kreuzform angeordnete Streifen aus Ritzlinien bis zu der umlaufenden Mittellinie. Die Streifen sind mit feinen, sich schräg überkreuzenden Ritzlinien gefüllt. Hinweise auf eine nähere chronologische Einordnung liefert der Dekor allerdings nicht.

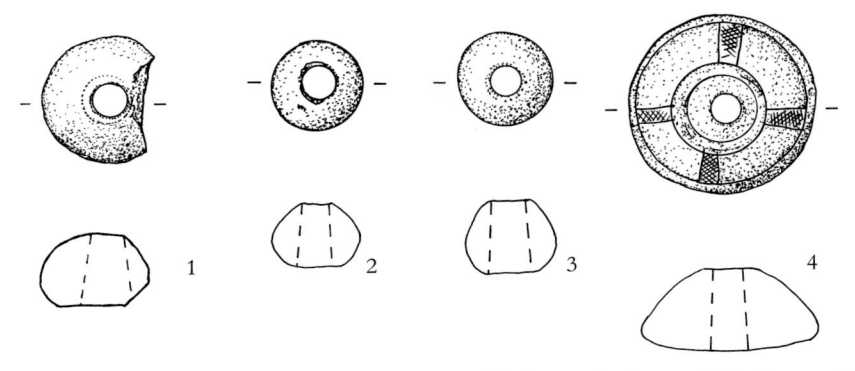

Abb. 6: Tönerne Spinnwirtel, Lesefunde aus dem Umfeld der Fundstelle am Christallerweg. M 1:2.

3. Webschwert
Als weitere Beigabe eines Frauengrabes ist ein eisernes Webschwert (Abb. 7) anzusprechen. Das nur leicht beschädigte Exemplar ist noch insgesamt in einer Länge von 22,5 cm erhalten und maximal 3 cm breit. Die Spitze ist abgebrochen, ansonsten ist es annähernd vollständig. Webschwerter finden sich in nordgermanischen, angelsächsischen, langobardischen und thüringischen Gräbern. Im ostfränkischen und alamannischen Gebiet sind sie gehäuft dort vertreten, wo thüringische Trachtbestandteile und Keramikbeigaben beobachtet werden.[53] Sie kommen mit wenigen Ausnahmen in sehr reich ausgestatteten Frauengräbern des 6. Jahrhunderts vor.[54] Nach 600 sind sie nur noch vereinzelt belegt, wie z.B. ein Exemplar aus Kösingen.[55] Diese Beobachtungen lassen für das Schorndorfer Fundstück auf eine Datierung in das 6. Jahrhundert schließen. Das Phänomen, dass eiserne Webschwerter gehäuft in reichen Gräbern auftreten, führte zu der Interpretation dieser Beigabe

---

50 KOCH 1990, 169 f.
51 Offenbar wurden von der Besitzerin verschiedene Sorten Garn hergestellt. Es finden sich auch Kombinationen von Spinnwirteln aus Ton und Bein; vgl. z.B. Pleidelheim Grab 5: KOCH 2001, 202.
52 BOHNSACK 1989, 57 ff.; KOCH 1990, 170.
53 KOCH 1990, 171 mit Anm. 469.
54 ZENETTI 1932, 308 f.; KOCH 1969, 162 ff.; 189 Tab. 2.
55 WERNER 1962, 34 f.; KNAUT 1993, 105.

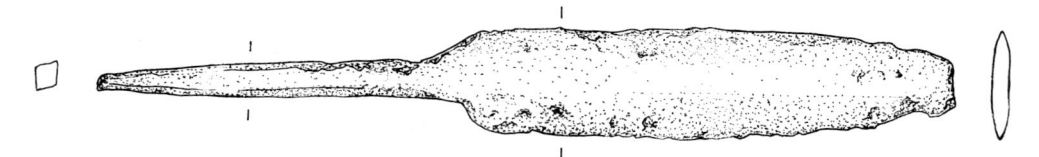

Abb. 7: Eisernes Webschwert, Befundzusammenhang unbekannt. M 1:2.

über den rein funktionalen Aspekt als Werkzeug hinausgehend zu einer Deutung als Statusobjekt mit symbolischem Charakter.[56] Sie werden als Indiz für einen gehobenen Rang und eine höhere soziale Stellung der Verstorbenen gedeutet.

4. Bronzering

Ein schlichter Bronzering (Abb. 8) lässt sich ohne den Fundkontext kaum chronologisch oder funktional einordnen. Der Ring besitzt einen Durchmesser von 5,4 cm und ist im Querschnitt abgeflacht. Möglicherweise gehörte er zu einem Gürtelgehänge aus einem Frauengrab. Ähnliche Ringe wurden mehrfach in Frauengräbern beobachtet.[57] Mit dem Schorndorfer Fund in Größe und Format gut vergleichbar ist z.B. ein Ring aus Grab 19 von Klepsau.[58] Als Funktion kommen verschiedene Verwendungsmöglichkeiten in Frage. Möglicherweise dienten sie als Riemenverteiler eines Gürtelgehänges oder zur Befestigung von Messerscheiden und Kammfutteralen.[59]

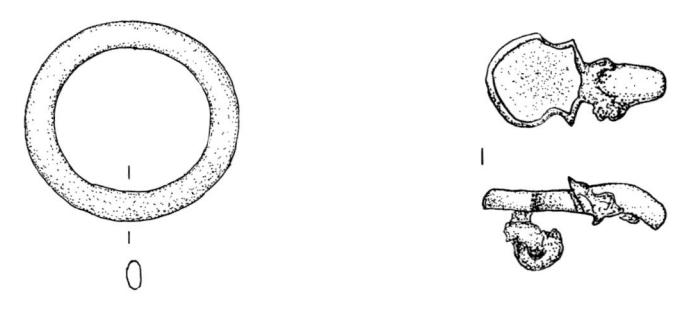

Abb. 8 (links): Ring aus Bronze, Lesefund. M 1:2. – Abb. 9 (rechts): Schilddornschnalle, Bronze mit Eisenanhaftungen, Fundkontext unbekannt. M 2:3.

5. Schilddornschnalle

Eine gute Möglichkeit für eine zeitliche Einordnung bietet der Dorn einer Schilddornschnalle, auch wenn die Schnalle nicht mehr komplett erhalten ist (Abb. 9). Der Dorn ist insgesamt 4 cm lang, die Breite des Schildes beträgt 2 cm. Am Dorn und an der Unterseite des Schildes haften korrodierte Eisenreste an. Ovale oder rechteckige Schilddornschnallen kommen üblicherweise in einem relativ eng begrenzten zeitlichen Rahmen, etwa vom ersten Viertel bis um die Mitte des 6. Jahrhunderts vor (SD 4 und 5 nach Koch).[60] In dieser Zeit sind sie ein häufiger Bestandteil von Gürtelgarnituren in Männergräbern. Sie treten aber ebenso in Frauengräbern auf, sodass eine zweifelsfreie Zuordnung

---

56 Grünewald 1988, 129.
57 Vgl. z.B. Koch 1990, 162; Knaut 1993, 98; Walter 2008, 345 Gräber 410 u. 412 Taf. 119 A.B.
58 Koch 1990, 55 f. Taf. 19,12.
59 Ebd. 162.
60 Koch 2001, 84 f.
61 Walter 2008, 146 ff.

ohne den Grabkontext nicht möglich ist.⁶¹ Der Schorndorfer Schnallendorn ist mit einer facettierten Bronzeschnalle aus Pleidelsheim (Grab 120) gut vergleichbar, welche als Leitform der Phase SD 5 klassifiziert wird und somit in die Zeit um 530 bis 555 n. Chr. datiert.⁶²

6. Sax

Sicher als Beigabe eines Männergrabes anzusehen ist der Sax (Abb. 10). Er ist noch in einer Länge von 26 cm erhalten, wobei die Griffangel fragmentiert ist. Die Länge der Klinge beträgt 22,4 cm, die Breite maximal 2,6 cm. Aufgrund des Formats zählt er somit zur Gruppe der Kurzsaxe.⁶³ Der Sax ist durch starke Korrosion beschädigt, die teilweise nicht mehr erhaltene Klinge wurde ergänzt. Der Rücken ist gerade, die Spitze befindet sich zwischen verlängerter Rückenlinie und Mittelachse der Klinge. Der Übergang von der Griffangel ist am Rücken flach gebogen und an der Schneide mit einem Knick versehen. Besonderes Merkmal dieses Sax ist eine auf beiden Seiten angebrachte Vierzierung mit Ritzlinien. Der Dekor ist wegen der schlechten Erhaltung nicht mehr vollständig erkennbar. Auf einer Seite ist die Ornamentik noch deutlich besser erhalten als auf der anderen. Zumindest ist noch sichtbar, dass jeweils am Klingenrücken vom Griff bis zur Spitze etwa der Bereich bis zur Mitte der Schneide dekoriert war. Das Ornament wird von einer doppelten Ritzlinie abgegrenzt, wobei nicht mehr feststellbar ist, ob es sich jeweils um eine vollständige Umrahmung der zentralen Verzierung handelt. Die Ornamente bestehen zumindest zum Teil aus Flechtbandmustern. Offenbar sind beide Seiten mit einem unterschiedlichen Dekor gestaltet. Größe, Form und Ornamentik geben Hinweise auf die Datierung. Kurzsaxe vergleichbarer Größe mit einem gebogenen Übergang von Griffangel zur Klinge kommen in Schretzheim in der ersten Hälfte des 6. Jahrhunderts vor und fehlen in jüngeren Gräbern, was allerdings scheinbar kein überregionales Phänomen ist.⁶⁴ Verzierte Saxe sind aus einem größeren Verbreitungsgebiet bekannt geworden und im südwestdeutschen Raum in einer einigermaßen großen Anzahl belegt.⁶⁵ Dabei lassen sich Gruppen mit abstrakter oder theriomorpher Ornamentik unterscheiden.⁶⁶ Die auf dem Schorndorfer Sax erhaltenen Flechtbandreste lassen trotz der unvollständigen Erhaltung vermuten, dass es sich ursprünglich um ein Motiv aus verschlungenen Tierleibern handeln könnte, wie sie durch Vergleichsfunde bekannt sind.⁶⁷ Die Existenz zweier verschiedener Dekore auf beiden Klingenseiten ist mehrfach belegt, z.B. bei Saxen aus Mengen und Sindelfingen.⁶⁸ Anhand des Dekors lassen sich regionale chronologische

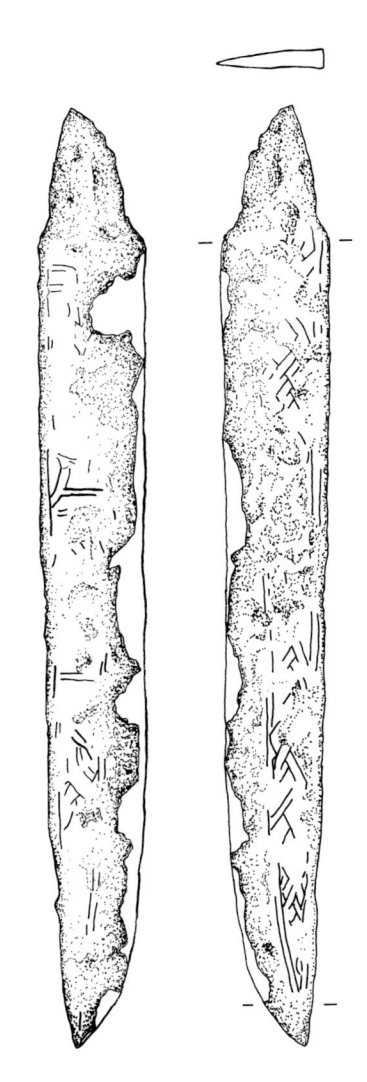

Abb. 10: Sax, Eisen mit verzierter Klinge, Einzelfund. M 1:2.

---

62 Koch 2001, 85; 309 Taf. 45 B 4.
63 Koch 1977, 106; dies. 2001, 170; Wernard 1998, 769 f. mit Abb. 3.
64 Andernorts, wie z.B. in Sontheim an der Brenz, sind sie auch noch in der zweiten Hälfte des 6. Jahrhunderts vertreten: Koch 1977, 106.
65 Koch 1968, 83 f. Liste 19, Karte 18.
66 Wernard 1998, 751 f.; Koch 2001, 585 Liste 43; 751 ff.
67 Vgl. z.B. Ennery, Grab 37: Rottenburg-Hailfingen Grab 381: Aufleger 1997, Karte 27; Taf. 53,3 u. 48,1; Sindelfingen: Ade-Rademacher 2010, 33 Taf. 7, 2.
68 Walter 2008, 169 f. Taf. 302,2; Ade-Rademacher 2010, 33 Taf. 7,2.

Klassifikationen ableiten. Theriomorph verzierte Saxe sind in einem Gebiet verbreitet, das sich etwa vom Main bis zum Genfer See, im Westen bis zur Rhône und im Osten zum Inn erstreckt. Zeitlich wird das Vorkommen auf die zweite Hälfte des 6. Jahrhunderts bis um 600 eingegrenzt.[69]

7. Messer

Eine ähnliche zeitliche Einordnung dürfte auch auf das ebenfalls verzierte Messer (Abb. 11) zutreffen. Griffangel und Klinge sind mit einer Gesamtlänge von 14 cm annähernd vollständig erhalten. Das Eisen ist allerdings durch Korrosion stark beschädigt. Von der Verzierung sind nur an einigen Stellen Reste von Flechtbändern erkennbar, welche von Linien eingefasst sind. Die Länge der Klinge beträgt 8,7 cm, sie ist maximal 2 cm breit. Der Übergang von der Klinge zur Griffangel bildet eine gerade Kante.

Messer finden sich üblicherweise sowohl in Frauen- als auch in Männergräbern. Primär ist eine Verwendung als Gebrauchsgegenstand im Alltag anzunehmen, aber auch die Benutzung als Waffe ist möglich. Messer in Kindergräbern werden mit Vorbehalt als der Körpergröße angemessener Ersatz für den Sax angesehen.[70] Eine allgemeine Typeneinteilung von Eisenmessern wurde anhand der Auswertung der Gräberfelder von Bargen und Berghausen erarbeitet.[71] Messer mit Ritzornamenten finden sich äußerst selten, häufiger sind Klingen mit schlichten Rillen.[72] Unter den wenigen bisher bekannten Funden ist nur ein einziges Exemplar aus Marktoberdorf vertreten, welches mit Flechtbandornamenten dekoriert ist.[73] Verglichen mit den anderen Funden ist das Schorndorfer Messer relativ klein.

Bei dem Messer aus Schorndorf fällt – wie auch bei dem Sax – die durch den Dekor repräsentative Gestaltung der Klinge auf. Dies lässt eine höherwertige Qualität der Grabausstattungen vermuten, auch wenn der zugehörige Kontext nicht überliefert ist.

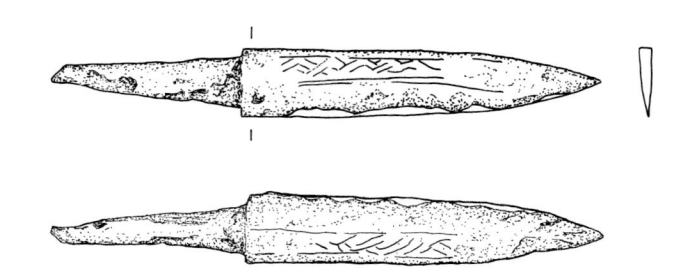

Abb. 11: Eisenmesser, Klinge mit Flechtbandornament, Lesefund. M 1 : 2.

8. Klappmesser

Auffälligstes Objekt dieser Sammlung ist ein Klappmesser mit Geweihgriff (Abb. 12).[74] Der Griff des Messers ist aus der Sprosse eines Hirschgeweihs geschnitten, wodurch eine rund gebogene Form vorgegeben wird. Die Länge beträgt 15,3 cm, der Durchmesser 0,4 bis 1,7 cm. An dem breiten Ende ist es in einer Länge von 3,3 cm ganz durchschnitten, um die Klinge zu befestigen und die Klappfunktion zu ermöglichen. An der Außenseite ist der Schlitz am Ende oberflächlich etwas verbreitert. Im Verlauf der restlichen Grifflänge ist dieser auf der Innenseite der Krümmung fast bis zur Spitze eingeschnitten, um die Klinge aufzunehmen. Der Einschnitt weist maximal eine Tiefe von 0,7 cm

---

69 Wernard 1998, 751 f.; Aufleger 1997, 157; Walter 2008, 169.
70 Walter 2008, 69.
71 Koch 1982, 71 f.
72 Nach bisherigem Kenntnisstand sind insgesamt europaweit nur 8 Exemplare bekannt; vgl. Wernard 1998, 786; rillenverzierte Messer finden sich gehäuft in Frauen- und Mädchengräbern; Koch 1982, 71.
73 Christlein 1966, Taf. 2,16.
74 Schneider 2011, 119 f. Abb. 36.

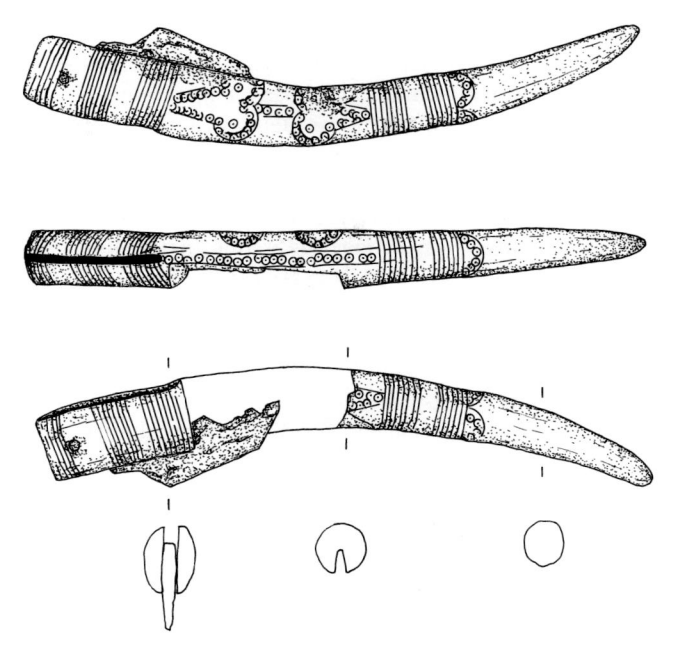

Abb. 12: Klappmesser aus Eisen mitverziertem Geweihgriff. M 1:2.

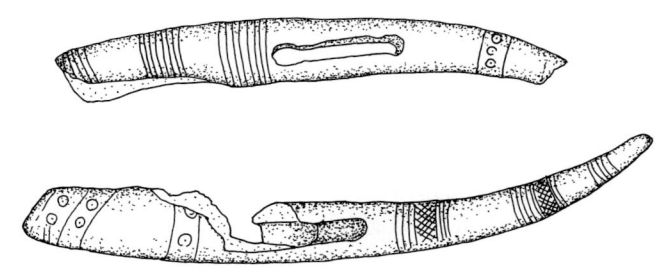

Abb. 13: Verzierte Geweihsprossen aus einen Grab bei Czikó (Ungarn, 7. Jh.). M 1:2.
Umzeichnung nach Hampel 1905, Taf. 208,9.

auf. Die Klinge ist unvollständig, stark korrodiert und nicht mehr in ihrer originalen Position erhalten, sondern hat sich vom Befestigungsniet gelöst und ist leicht seitlich verrutscht. Die Klinge ist zumindest am Rücken von einer kurzen Griffzunge deutlich abgesetzt. Der noch vorhandene Teil weist einen geraden Rücken auf, sodass nicht mehr erkennbar ist, ob die Klinge ehemals, wie auch der Griff, eine gebogene Form besessen hat. Die Klinge war ursprünglich mit einem kleinen Eisenniet 0,8 cm entfernt vom Griffende befestigt. Der Griff selbst ist nicht mehr ganz vollständig erhalten. Während eine Seite noch komplett ist, fehlt auf der anderen der mittlere Teil in einer Länge von 4,3 cm. Das Geweih ist mit eingeritzten Linien, Zirkelornamenten und Kreisaugen dekoriert. Am Griffende sowie zur Spitze hin finden sich je drei bzw. zwei Bündel aus sechs bis acht eingeritzten Linien. Diese fassen ein zentral angeordnetes, etwa symmetrisches Ornament ein, welches aus Kreisen und Dreiecken besteht. Diese sind wiederum innen mit Kreisaugen verziert. Das an der Seite der Griffspitze gelegene Linienbündel ist an der Außenseite mit Halbkreisen versehen, welche ebenfalls mit Kreisaugen gefüllt sind. Trotz des unvollständigen Erhaltungszustands ist erkennbar, dass die gleiche Ornamentik ehemals auf beiden Seiten vorhanden war.

Vergleichbare Funde sind aus Süddeutschland oder anderen Regionen bisher unbekannt.[75] Mit den aus alamannischen Gräbern relativ zahlreich bekannten Klappmessern des späten 7. oder 8. Jahrhunderts ist das Schorndorfer Fundstück nicht vergleichbar.[76] Diese besitzen gewöhnlich eine gerade, flache Hülle aus Eisenblech als Futteral. In Südwestdeutschland erscheinen Klappmesser vorwiegend im 8. Jahrhundert in reich ausgestatteten Gräbern.[77] Aus einigen merowingerzeitlichen Gräberfeldern sind gebogene Messerklingen bekannt.[78] Diese ähneln zwar in der Form dem Schorndorfer Messergriff, sind aber keine Klappmesserklingen bzw. nicht zweifelsfrei als Klappmesser identifizierbar. Lediglich für den Fund einer Messerklinge aus Stetten an der Donau wird die Existenz eines nicht mehr erhaltenen Klappmessergriffs aus Holz in Betracht gezogen.[79] Auf Grund der gebogenen Klinge sowie der Tatsache, dass die Klingen gehäuft in Männergräbern gefunden werden, werden diese Messer als Rasiermesser angesprochen.[80]

Klappmesser mit Beingriff sind aus römischen Zusammenhängen bekannt, aber diese sind mit dem vorliegenden Fund weder in Herstellungstechnik noch in Form oder Dekor vergleichbar.[81] Somit ist nicht anzunehmen, dass das Messer aus der an der Fundstelle beobachteten römischen Kulturschicht stammen könnte.

Frühmittelalterliche Klappmesser mit Geweihgriff treten zwar in verschiedenen Regionen Europas auf, sind aber nur in sehr geringer Zahl bekannt. Mit Kreisaugen dekorierte Geweihgriffmesser sind als Grabbeigabe aus nicht-christlichen Frauengräbern im Oberen Donautal bekannt.[82] Diese sind allerdings keine Klappmesser. Ein als Unikat bezeichneter Fund eines Klappmessers mit Geweihgriff stammt aus Szombathely in Ungarn, nahe der österreichischen Grenze. Bei diesem Messer handelt es sich um eine Grabbeigabe, welche bei einer Außenbestattung des karolingischen Vorgängerbaus der Martinskirche gefunden wurde (Grab 7).[83] Der Griff weist ebenfalls einen Kreisaugendekor auf, allerdings besitzt das Messer eine gerade Klinge mit ebenfalls geradem Griff aus angenieteten Geweihplatten.[84]

Eher mit dem Schorndorfer Messergriff vergleichbar ist eine Gruppe von Objekten, welche aus verzierten Geweihsprossen bestehen und als Beigabe überwiegend in ungarischen Gräbern des 7. und 8. Jahrhunderts bekannt sind.[85] Die in der älteren Literatur als Gegenstände unbekannter Funktion angesprochenen Geräte werden als Knotenlöser identifiziert.[86] In der Regel sind sie am dickeren Ende ausgehöhlt und mit einer Durchlochung versehen. Der Dekor ist sehr individuell, bestehend aus Bündeln von Linien, sich überkreuzenden Linien, Kreisaugen und Zirkelschlagornamenten. Mitunter wurden entsprechende, ebenfalls verzierte Geweihsprossen als Knebel von Pferdetrensen verwendet. Mit dem Schorndorfer Fundstück gut vergleichbar ist die Ornamentik einiger Funde von Cziko, welche in das 7. Jahrhundert datiert werden (Abb. 13).[87] Diese Geweihsprossen waren mit Hilfe einer mittig angeordneten Durchlochung an einem Trensengebiss befestigt.

---

75 Freundlicher Hinweis U. Koch.
76 Stein 1967, 37.
77 Ebd. 37.
78 z. B. Munzingen Grab 205; Groove 2001, 198 f. Taf. 52,4.
79 Weis 1999, 76.
80 Groove 2001, 199; da die Messer selten in Frauengräbern vorkommen, sind auch andere Verwendungsmöglichkeiten denkbar: Stein 1967, 37 mit Anm. 135.
81 Rüsch 1981, 541 ff.; Ronke 2003, 691 ff.
82 Szőke 1982, 23–39.; ders. 2002, 251.
83 Kiss/Toth 1993, 178 ff. Abb. 2, 4 u. 5.
84 Diesem Messer vergleichbar ist ein nur unvollständig erhaltener Fund aus einem Männergrab des Gräberfeldes von Östveda, Gestrikland (Schweden). Es wird in die Zeit um 800 oder später datiert. Das Einzelstück wird mangels Vergleichsfunde als Importstück unbekannter Herkunft klassifiziert, Frödin 1907, 456 Abb. 371 u. 469 ff.; Arbman 1937, 236 f. mit Anm. 1.
85 z.B. Gräberfeld von Keszthely, Czikó und Abony sowie unverzierte Exemplare aus Györund und Szabadka: Hampel 1905, Taf. 145,1; Taf. 208,9; Taf. 478,7; Taf. 494,1.
86 Verzierte oder unverzierte Geweihsprossen als Knotenlöser finden sich als Grabbeigabe relativ häufig in awarischen Gräbern, vgl. z.B. ein reich ausgestattetes Männergrab mit verziertem Knotenlöser als Gürtelanhänger von Zalakomár: Anke u. a. 2008, 68 Abb. 33.

Ein weiterer ähnlicher Trensenfund stammt aus einem Grab bei Sárrétudvari.[88] Zahlreiche andere Exemplare fanden sich einzeln als Grabbeigabe und weisen keine entsprechende Durchlochung auf. Demnach ist anzunehmen, dass die Verwendung als Trensenknebel nicht primäre Funktion dieser Geräte war. Sofern Angaben zur Fundsituation vorliegen, stammen sie aus Männergräbern und wurden in der Nähe der rechten Hand oder neben dem Becken gefunden.[89] Vereinzelt wurden solche Funde auch außerhalb Ungarn beobachtet, wie z. B. in Glonn (Lkr. Ebersberg) oder Boppard am Rhein (Rhein-Hunsrück-Kreis).[90]

Andere auch nur eingeschränkt vergleichbare Fundobjekte stammen aus hoch- und spätmittelalterlichen Zusammenhängen. Dies lässt sich nur schlecht mit dem Alter der übrigen Funde vom Christallerweg vereinbaren; da die näheren Fundumstände des Schorndorfer Messer allerdings nicht bekannt sind, muss auch eine Zugehörigkeit zu den frühmittelalterlichen Funden nicht zwangsläufig angenommen werden.

Mehrere Klappmesser mit Geweihgriff sind aus Norddeutschland und Polen bekannt.[91] Diese Funde weisen in Form, Größe und Herstellungstechnik eine gewisse Ähnlichkeit zu dem Schorndorfer Messer auf, zumal der Griff aus einer Geweihsprosse besteht, deren gebogener Form die Klinge angepasst ist. Diese Funde stammen aus Zusammenhängen slawischer Siedlungen und werden in das 10.–11. Jahrhundert datiert. Auch diese Messer sind mit eingeritzten Riefen und Kreisaugen dekoriert, die Ornamentik variiert vielfältig. Ein entscheidender Unterschied zu dem Fund aus Schorndorf besteht allerdings in der Anbringung der Klinge. Bei den slawischen Messern wird die Klinge von der Außenseite des gebogenen Griffs aufgenommen. Das gleiche gilt auch für einen gekrümmten Klappmessergriff aus Geweih, welcher bei Grabungen im Münster ‚Unseren lieben Frau' in Villingen gefunden wurde.[92] Der Griff, bei dem die Geweihspitze entfernt wurde, ist mit eingeritzten Linien, Zirkelornamenten und Kreisaugen verziert. Ebenfalls aus dem dortigen Münster stammt ein weiteres Klappmesser mit Beingriff mit gerader Klinge. Beide Funde werden als Grabbeigabe angesprochen, allerdings ohne Zuweisung zu einem bestimmten Grab.[93]

Die große Ähnlichkeit in der Bearbeitung und Verzierung der Geweihsprosse mit den ungarischen Funden des 7. und 8. Jahrhunderts gibt möglicherweise einen Hinweis auf die Herkunft und Datierung des Schorndorfer Fundes. Zu bemerken ist allerdings, dass solche Geweihsprossen als Klappmessergriff in Ungarn nicht belegt sind. Möglicherweise handelt es sich um eine Zweckentfremdung. Auch kann nicht ausgeschlossen werden, dass das Messer im alamannischen Raum hergestellt wurde, während die Geweihsprosse offensichtlich einen Fremdimport darstellt. Die Anbringung der Klinge bei dem Schorndorfer Fund entspricht eher den Klappmessern, wie sie aus den frühmittelalterlichen Grabfunden bekannt sind.

Klappmesser mit Geweihgriff sind in Europa allgemein eine eher seltene Erscheinung, so dass das Exemplar aus Schorndorf als singulärer Fund zu bezeichnen ist, zumal es auch in der Machart einzigartig ist.[94] Dies macht die Frage nach der Provenienz wie auch nach einer genauen zeitlichen Einordnung problematisch. Der Dekor mit Linien, Halbkreisen und Kreisaugen findet sich zwar auch auf anderen frühmittelalterlichen Geweih- und Knochenobjekten, wie z. B. Kämmen oder

---

87 Bei einem Fundstück finden sich am Ende je drei Bündel eingeritzter Linien in der gleichen Anordnung und Anzahl wie es bei dem Messergriff aus Schorndorf der Fall ist; HAMPEL 1905, Bd. 1, 245 f. u. 796 f.; Bd. 3, Taf. 208,9.
88 FODOR 1996, 269 f.; auch für andere Funde außerhalb Ungarns wurde diese Funktion angenommen, ist aber nicht gesichert, ROES 1963, 43 ff. Taf. 51.
89 HAMPEL 1905, Bd. 2, 809 f.
90 DANNHEIMER/TORBRÜGGE 1961, 46 f.; 101 Taf. 16,14; NEUMAYER 1993, 103 f. mit Anm. 724.
91 Ein aus einer Augsprosse hergestelltes Klappmesser wurde in der slawischen Siedlung Scarzin bei Parchim gefunden. Weitere Funde stammen aus Krakau, Gniezo und Biskupin sowie ein Exemplar von der Burg Stargard; BECKER 1991, 126–129; FIRLET 2006, 288, Nr. 16.
92 JENISCH 1999, 212 Taf. 13,11.
93 Ebd. 187. Die Grabungsbefunde sind im Detail nicht ausgewertet; vgl. ebd. 90, Anm. 559.
94 HOLTMANN 1993, 488.

Kästchenteilen, dies gilt allerdings nur für die einzelnen Zierelemente.[95] Die markante Gestaltung des zentralen Ornaments ist in seiner Form ebenso eigentümlich wie das Klappmesser selbst.

Die qualitätvolle, teils künstlerisch sehr anspruchsvolle Gestaltung lässt erkennen, dass es sich bei diesem Fund durchaus um einen wertvollen Gegenstand handelt, der kaum ungewollt verloren ging. Dennoch lässt sich nicht mehr ermitteln, ob das Messer – wie es auch für die anderen Fundstücke anzunehmen ist – als Grabbeigabe in den Boden gelangt ist. Neben der rein funktionalen Nutzung kam diesem Messer offenbar auch eine repräsentative Funktion zu. Als Beigabe im Grab könnte ein solcher Gegenstand als Indiz auf eine gehobene soziale Position des Verstorbenen hindeuten.

Über die rein praktischen Verwendungsmöglichkeiten lassen sich nur Vermutungen anstellen. Möglicherweise wurde es zu ähnlichen Zwecken benutzt wie die Klappmesser mit eisernem Futteral, z. B. als Rasiermesser. Möglich ist eventuell auch eine multifunktionale Nutzung, sowohl als Messer wie auch - in Analogie zu den Funden aus Ungarn - als Knotenlöser.

Zusammenfassung und siedlungsgeschichtliche Bedeutung

Es ist anzunehmen, dass die vorliegenden Fundobjekte aus Schorndorf nur einen kleinen Ausschnitt eines ursprünglich vorhandenen Spektrums frühmittelalterlicher Grabfunde darstellen. Dies legt schon allein die zeitliche Einordnung der Objekte nahe, welche einen Zeitraum etwa von der Mitte des 6. Jahrhunderts bis in die Zeit um 700 umfasst. Die Zahl der unerkannt zerstörten Bestattungen lässt sich kaum ermessen. Eine zugehörige Siedlung muss sich in der Umgebung befunden haben. Einige Keramikfunde sowie ein Grubenhaus, welche etwas entfernt von der Fundstelle am Christallerweg ebenfalls beobachtet wurden, sind noch in frühalamannische Zeit datierbar.[96] Allerdings sind nur sehr wenige Funde geborgen worden, die sich nicht näher siedlungsgeschichtlich ausdeuten lassen. Als Hinweis auf eine zu den frühmittelalterlichen Gräbern gehörige Siedlung kommen sie auf Grund ihrer Datierung nicht in Frage. Wo sich die Siedlung zu den Bestattungen befand, ist unbekannt und ließe sich wohl nur durch neue archäologische Funde ermitteln, sofern dies angesichts der inzwischen dichten Bebauung nördlich der Rems überhaupt noch möglich ist.

Siedlungsnamen mit einem -ingen- oder einem -heim-Suffix sind im mittleren Remstals nicht vorhanden. Diese Beobachtung führte zu der Annahme, dass der frühmittelalterliche Siedlungsbeginn dieser Region erst nach dem fränkischen Herrschaftsausbau einsetzte.[97] Schorndorf wurde in der bisherigen Forschung als Siedlung des so genannten älteren Landesausbaus angesehen. Dieser wird im Randbereich zum im Altsiedelland des mittleren Neckarraums zwischen dem 7. und 9. Jahrhundert datiert. Ein solcher zeitlicher Ansatz wird durch die auch noch aus dem 6. Jahrhundert stammenden Funde korrigiert. Die frühmittelalterlichen Funde bezeugen, dass auch Schorndorf zu den Orten zählt, wo eine nur auf Grund des Ortsnamens angenommene Einordnung der Siedlung zu einer mittelalterlichen Besiedlungsphase keine brauchbare Datierung liefert.

Die frühmittelalterliche Siedlung nördlich der Rems ist zu einem nicht näher bekannten Zeitpunkt, vermutlich spätestens in der ersten Hälfte des 8. Jahrhunderts, aufgegeben worden. Als Anlass wurde die Überschwemmungsgefahr durch Hochwasser der Rems vermutet.[98] Unklar bleibt, ob aus diesem Grund eine Verlagerung auf das sichere Gelände südlich der Rems vorgenommen wurde oder ob sich dort, unabhängig von der noch bestehenden oder schon aufgelassenen Siedlung im Norden, ein neues Dorf entwickelte. Diese im Umfeld der mittelalterlichen Stadtkirche zu vermutende Besiedlung bildete dann den Ursprung des mittelalterlichen Schorndorf. Archäologische Belege aus

---

95 ROES 1963, Pl. XXI; vgl. auch z. B. Kämme: Es finden sich mit Kreisaugen gefüllte Halbkreise oder Dreiecke; KOCH 1990, 168 f.
96 Fundber. Baden-Württemberg 5, 1980, 275 u. Taf. 203 f.; ebd. 8, 1983, 415 u. Taf. 231 C 1–3.
97 PALM 1959, 18 f.
98 RÖSLER 1973, 25.

frühmittelalterlicher Zeit sind aus diesem Bereich allerdings bisher nicht bekannt.[99] Einen Hinweis auf eine Datierung gibt möglicherweise das Patrozinium der Kirche, welche den Heiligen Basilides, Cyrinus, Nabor, Nazarius und Celsus geweiht war.[100] Wahrscheinlich ist die Gründung der Kirche in der Zeit nach 765 n. Chr. anzunehmen.[101]

Trotz der ungünstigen Fundumstände und einer fehlenden Dokumentation ermöglichen die Funde einige interessante Einblicke in die frühmittelalterliche Geschichte Schorndorfs. Im Hinblick auf die Grabfunde fällt auf, dass obwohl es sich insgesamt nur um wenige Fundobjekte handelt, gleich mehrere Funde vertreten sind, die im südwestdeutschen Raum als Einzelstücke zu bezeichnen sind. Zudem sind ebenfalls mehrfach Gegenstände vorhanden, die auf eine gehobene soziale Stellung der Verstorbenen hindeuten könnten. Dies setzt eine sozial differenzierte, größere Bevölkerungsgruppe voraus, welche über mehrere Generationen die frühmittelalterliche Besiedlung Schorndorfs bezeugt.

Literatur

ADE-RADEMACHER 2010	D. ADE-RADEMACHER, Funde aus frühmittelalterlichen Gräbern und Gräberfeldern auf der Gemarkung Sindelfingen und aus dem nördlichen Oberen Gäu (Tübingen 2010). http://tobias-lib.uni-tuebingen.de/volltexte/2010/4940/pdf/01AdeDissText.pdf; letzter Zugriff: 11.7.2011.
ANKE u. a. 2008	B. ANKE/L. RÉVESZ/T. VIDA, Reitervölker im Frühmittelalter: Hunnen – Awaren – Ungarn (Stuttgart 2008).
ARBMANN 1937	H. ARBMAN, Schweden und das karolingische Reich: Studien zu den Handelsverbindungen des 9. Jahrhunderts. Kungliga Vitterhets, Historie och Antikvitets Akademiens handlingar 43 (Stockholm 1937).
AUFLEGER 1997	M. AUFLEGER, Tierdarstellungen in der Kleinkunst der Merowingerzeit im westlichen Frankenreich. Arch. Schr. Inst. Vor- u. Frühgesch. Johannes Gutenberg-Univ. Mainz 6 (Mainz 1997).
BECKER 1991	D. BECKER, Ein Klappmesser aus der slawischen Siedlung Scarzyn, Kreis Parchim. Ausgr. u. Funde 36, 1991, 126–129.
BOHNSACK 1989	A. BOHNSACK, Spinnen und Weben. Entwicklung von Technik und Arbeit im Textilgewerbe. Bramscher Schr. 3 (Bramsche 1989).
BUCHHENSS 1981	G. BUCHHENSS, Die Iupitergigantensäulen in der römischen Provinz Germania superior. In: Ders./P. NOELKE, Die Iupitergigantensäulen in den germanischen Provinzen. Bonner Jahrb. Beih. 41, 1981.
CHRISTLEIN 1966	R. CHRISTLEIN, Das alamannische Reihengräberfeld von Marktoberdorf im Allgäu. Materialh. Bayer. Vorgesch. 21 (Kallmünz/Opf. 1966).
DANNHEIMER/TORBRÜGGE 1961	H. DANNHEIMER/W. TORBRÜGGE, Vor- und Frühgeschichte im Landkreis Ebersberg. Kat. Prähist. Staatsslg. 4 (Kallmünz/Opf. 1961).
EGAN 1998	G. EGAN, The Medieval Household. Daily Living c.1150–c.1450 (London 1998).
FIRLET 2006	E. FIRLET (ed.), Kraków w chrześcijańskiej europie X–XIII w. Krakow in christian europe, 10th–13th C. Cat. Exhibition Hist. Mus. City Krakow (Krakow 2006).
FODOR 1996	I. FODOR (ed.), The Ancient Hungarians (Budapest 1996).
FREEDEN 1979	U. v. FREEDEN, Untersuchungen zu merowingerzeitlichen Ohrringen bei den Alamannen. Ber. RGK 60, 1979, 227–441.

---

99 Der Einzelfund eines frühmittelalterlichen Topfes im Bereich des Schlossgrabens lässt sich nicht als Beleg für eine frühmittelalterliche Siedlung bewerten: SCHNEIDER 2011, 66 u. 120 Abb. 38.
100 PALM 1959, 58; ders. 1965, 13–16.
101 Die Gebeine des Heiligen Nazarius waren 765 n. Chr. aus Rom über das lothringische Kloster Gorze (bei Metz) in den Besitz des Klosters Lorsch gelangt. Möglich ist, dass das Schorndorfer Patrozinium auf den Lorscher Nazarius-Kult zurückgeht: SCHNEIDER 2011, 31.

Frödin 1907	O. Frödin, Ett graffält från den yngre järnåldern vid Östveda i Hedesunda socken, Gestrikland. Kungliga Vitterhets-, Historie- och Antikquitets Akademiens Månadsblad 32/34, 1903/05 (Stockholm 1907) 452–474.
Garscha 1970	F. Garscha, Die Alamannen in Südbaden. Denkmäler Völkerwanderungszeit A 11 (Berlin 1970).
Greif 1983	H. Greif, Gespräche über Fingerhüte: eine kulturhistorische Betrachtung (Klagenfurt 1983).
Groove 2001	A. M. Groove, Das alamannische Gräberfeld von Munzingen/Stadt Freiburg. Materialh. Arch. Baden-Württemberg 54 (Stuttgart 2001).
Grünewald 1988	Ch. Grünewald, Das alamannische Gräberfeld von Unterthürheim, Bayrisch-Schwaben. Materialh. Bayer. Vorgesch. A 59 (Kallmünz/Opf. 1988).
Grünewald/Koch 2009	M. Grünewald/U. Koch, Zwischen Römerzeit und Karl dem Großen. Die frühmittelalterlichen Grabfunde aus Worms im Museum der Stadt Worms im Andreasstift (Lindenberg im Allgäu 2009).
Hampel 1905	J. Hampel. Alterthümer des frühen Mittelalters in Ungarn (Braunschweig 1905).
Holmes 1980	E. F. Holmes, Fingerhüte (Bern, Stuttgart 1980).
Holtmann 1993	G. F. W. Holtmann, Untersuchungen zu mittelalterlichen und frühneuzeitlichen Messern (1993). http://webdoc.sub.gwdg.de/diss/2002/holtmann/holtmann.pdf; letzter Zugriff: 11.7.2011.
Jenisch 1999	B. Jenisch, Die Entstehung der Stadt Villingen: Archäologische Zeugnisse und Quellenüberlieferung. Forsch. u. Ber. Arch. Mittelalter Baden-Württemberg 22 (Stuttgart 1999).
Jørgensen/Norgård-Jørgensen 1997	L. Jørgensen/A. Norgård-Jørgensen, Nørre Sandegård Vest. A Cemetery from the 6th–8th Centuries on Bornholm (København 1997).
Junghans 1958	S. Junghans, Römische Siedlung auf Schorndorfer Markung. Heimatbuch Schorndorf u. Umgebung 3 (Schorndorf 1958) 16–21.
Katzamayer 1997	T. Katzameyer, Verbreitungsbilder ausgewählter Perlentypen des Frühmittelalters in Süd- und Westdeutschland. In: U. v. Freeden/A. Wieczorek (Hrsg.), Perlen. Archäologie, Techniken, Analysen. Koll. Vor- u. Frühgesch. 1 (Bonn 1997) 149–160.
Kiss/Toth 1993	G. Kiss/E. Toth, A szombathelyi Szent Márton templom régészeti kutatása 1984-1992. (Előzetes jelentés a feltárt 9-13. századi emlékekről.) (Archäologische Untersuchung der St.-Martinkirche in Szombathely 1984–1992. Vorläufiger Bericht der freigelegten Denkmäler aus dem 9.–13. Jahrhundert.) Commun. Arch. Hungariae 1993, 175–199.
Knaut 1993	M. Knaut, Die alamannischen Gräberfelder von Neresheim und Kösingen, Ostalbkreis. Forsch. u. Ber. Vor- u. Frühgesch. Baden-Württemberg 48 (Stuttgart 1993).
Koch 1968	U. Koch, Die Grabfunde der Merowingerzeit aus dem Donautal um Regensburg, German. Denkmäler Völkerwanderungszeit A 10 (Berlin 1968).
Koch 1969	U. Koch, Alamannische Gräber der ersten Hälfte des 6. Jahrhunderts in Südbayern. Bayer. Vorgeschbl. 34, 1969, 162–193.
Koch 1977	U. Koch, Das Reihengräberfeld von Schretzheim. German. Denkmäler Völkerwanderungszeit A 13 (Berlin 1977).
Koch 1982	U. Koch, Die fränkischen Gräberfelder von Bargen und Berghausen in Nordbaden. Forsch. u. Ber. Vor- u. Frühgesch. Baden-Württemberg 12 (Stuttgart 1982).
Koch 1990	U. Koch, Das fränkische Gräberfeld von Klepsau im Hohenlohekreis. Forsch. u. Ber. Vor- u. Frühgesch. Baden-Württemberg 38 (Stuttgart 1990).
Koch 2001	U. Koch, Das alamannisch-fränkische Gräberfeld bei Pleidelsheim. Forsch. u. Ber. Vor- u. Frühgesch. Baden-Württemberg 60 (Stuttgart 2001).
Krause 1987	R. Krause, Ein neues Gräberfeld der älteren Frühbronzezeit von Remseck-Aldingen, Kreis Ludwigsburg. Arch. Ausgr. Baden-Württemberg 1987 (Stuttgart 1988), 57-61.
Krause 1988	R. Krause, Die endneolithischen und frühbronzezeitlichen Grabfunde auf der Nordstadtterrasse von Singen am Hohentwiel. Forsch. u. Ber. Vor- u. Frühgesch. Baden-Württemberg 32 (Stuttgart 1988).

Krünitz 1773	J. G. Krünitz, Enzyklopädie (Berlin 1773–1858).
Mehling 1998	A. Mehling, Archaika als Grabbeigaben, Studien an merowingerzeitlichen Gräberfeldern. Tübinger Texte 1 (Rahden/Westf. 1998).
Neumayer 1993	H. Neumayer, Merowingerzeitliche Grabfunde des Mittelrheingebietes zwischen Nahe- und Moselmündung. Arch. Schr. Inst. Vor- u. Frühgesch. Johannes Gutenberg-Univ. Mainz 2 (Mainz 1993).
Palm 1959	G. Palm, Geschichte der Amtsstadt Schorndorf im Mittelalter. Eine kirchenrechts- und verfassungshistorische Untersuchung zur Geschichte des mittleren Remstales. Schr. Kirchen- u. Rechtsgesch. 11/12 (Tübingen 1959).
Palm 1965	G. Palm, Die Entstehung der ersten kirchlichen Niederlassung in Schorndorf. Remstal 16, 1965, 13–16.
Pásztor 1997	A. Pásztor, Typologische Untersuchung der früh- und mittelawarenzeitlichen Perlen aus Ungarn. In: U. v. Freeden/A. Wieczorek (Hrsg.), Perlen. Archäologie, Techniken, Analysen. Koll. Vor- u. Frühgesch. 1 (Bonn 1997).
Planck 2005	D. Planck (Hrsg.), Die Römer in Baden-Württemberg. Römerstätten und Museen von Aalen bis Zwiefalten (Stuttgart 2005).
Paulus 1877	E. v. Paulus, Alterthümer in Württemberg (Stuttgart 1877).
Richter 1970	I. Richter, Der Arm- und Beinschmuck der Bronze- und Urnenfelderzeit in Hessen und Rheinhessen. PBF X 1 (Stuttgart 1970).
Roes 1963	A. Roes, Bone and antler objects from the frisian terpmounds (Haarlem 1963).
Rösler 1973	I. C. Rösler, Schorndorfs Entstehung und Stadtgründung, Heimatbuch Schorndorf u. Umgebung 6 (Schorndorf 1973).
Ronke 2003	J. Ronke, Zu einem beinernen Klappmessergriff aus Mundelsheim: ein ‚schneidiger' Jagdhund. Fundber. Baden-Württemberg 27, 2003, 691–701.
Ruckdeschel 1978	W. Ruckdeschel, Die frühbronzezeitlichen Gräber Südbayerns (Bonn 1978).
Rüsch 1981	A. Rüsch, Römische Klappmesser aus Köngen und Bondorf. Fundber. Baden-Württemberg 6, 1981, 541–549.
Schmidt 2002	U. Schmidt, Geschichte der Stadt Schorndorf (Stuttgart 2002).
Schmitt 2007	G. Schmitt, Die Alamannen im Zollernalbkreis. Materialh. Arch. Baden-Württemberg 80 (Stuttgart 2007).
Schneider 2011	A. Schneider unter Mitarbeit von B. Kulessa und E. Holzer-Böhm, Schorndorf. Arch. Stadtkataster Baden-Württemberg 36 (Filderstadt 2011).
Springhorn 2007	R. Springhorn (Hrsg.), Lippisches Landesmuseum Detmold (München, Berlin 2007).
Stauch 2004	E. Stauch, Wenigumstadt. Ein Bestattungsplatz der Völkerwanderungszeit und des frühen Mittelalters im nördlichen Odenwaldvorland. Univforsch. Prähist. Arch. 111 (Bonn 2004).
Stein 1967	F. Stein, Adelsgräber des achten Jahrhunderts in Deutschland. German. Denkmäler Völkerwanderungszeit A 9 (Berlin 1967).
Szöke 1982	B. Miklós Szöke, Ein charakterischtischer Gebrauchsgegenstand des Ostfränkischen Grenzgebietes: das Eisenmesser mit Knochengriff. Acta Arch. Acad. Scien. Hungariae 34, 1982, 23–39.
Szöke 2002	B. M. Szöke, Christliche Denkmäler in Pannonien aus der Karolingerzeit. Zalai Múzeum 11, 2002, 247–266.
Walter 2008	S. Walter, Das frühmittelalterliche Gräberfeld von Mengen (Kr. Breisgau-Hochschwarzwald). Materialh. Arch. Baden-Württemberg 82 (Stuttgart 2008).
Weis 1999	M. Weis, Ein Gräberfeld der späten Merowingerzeit bei Stetten an der Donau. Materialh. Arch. Baden-Württemberg 40 (Stuttgart 1999).
Wernard 1998	J. Wernard, „Hic scramasaxi loquuntur". Typologisch-chronologische Studie zum einschneidigen Schwert der Merowingerzeit in Süddeutschland. Germania 76, 1998, 747–787.

Werner 1962	J. Werner, Die Langobarden in Pannonien. Beiträge zur Kenntnis der langobardischen Bodenfunde vor 568. Abhandl. Bayer. Akad. Wissensch. Phil.-Hist. Kl. N. F. 55 A.B. (München 1962).
Wild 1980	H. Wild, Erd- und Landschaftsgeschichte des Kreises. In: H. Lässing (Hrsg.), Der Rems-Murr-Kreis, Heimat und Arbeit (Stuttgart 1980) 17–51.
Wührer 2000	B. Wührer, Merowingerzeitlicher Armschmuck aus Metall. Europe médiévale 2 (Montagnac 2000).
Zenetti 1932	P. Zenetti, Alamannische Webschwerter im Museum in Dillingen an der Donau. Germania 16, 1932, 307 f.
Zeyher 1983	R. Zeyher, Römerstraßen in der Schorndorfer Talweitung. Grabungen und Funde, Heimatblätter. Jahrb. Schorndorf u. Umgebung 1 (Schorndorf 1983) 48–58.

Schlagwortverzeichnis

Schorndorf; Frühmittelalter; Grabfunde; Klappmesser; Geweihgriff; Armspirale; Import; Altfunde.

Anschrift der Verfasserin

Dr. Birgit Kulessa
Regierungspräsidium Stuttgart
Landesamt für Denkmalpflege
Archäologische Denkmalpflege
Berliner Str. 12
73728 Esslingen

E-Mail: birgit.kulessa@rps.bwl.de

Funde aus der Wüstung Frauenweiler auf Gemarkung Wiesloch, Rhein-Neckar-Kreis

Anmerkungen zum keramischen Formenschatz spätmittelalterlicher ländlicher Siedlungen im Rhein-Neckar-Raum

Uwe Gross

Wie verschiedene Zusammenstellungen mittelalterlicher aufgegebener ländlicher Siedlungen gerade in jüngster Zeit[1] deutlich gemacht haben, sind archäologisch erforschte Plätze des späten Mittelalters (13. bis frühes 16. Jh.) im südwestdeutschen Raum weit seltener, als solche des frühen und hohen Mittelalters. Daher sind etwa Aussagen zu ihrer äußeren Erscheinung, z. B. zu Gebäude- und Gehöftformen sowie zur Infrastruktur (Brunnen, Wege etc.), für die Zeit vor dem Einsetzen des heute noch erhaltenen dörflichen Baubestandes nur sehr eingeschränkt möglich.

Auch die hier interessierende Frage nach der Zusammensetzung des keramischen Hausrates wird – im reizvollen direkten Vergleich mit dem zeitgleicher Burgen, Städte oder Klöster – in der Regel durch den Mangel an einschlägigen Materialien erheblich erschwert. Glücklicherweise verfügt man jedoch in der Region zwischen Mannheim, Sinsheim und Wiesloch über etliche Plätze – Wüstungen, aber auch noch bestehende Ortschaften –, die durch Grabungen oder Aufsammlungen in den letzten Jahren ausreichende Mengen an Fundgut geliefert haben, um zu dem Problem Stellung nehmen zu können.

Es handelt sich im Einzelnen um die Wüstungen Lochheim auf Gemarkung Sandhausen;[2] Grauenbrunnen auf Gemarkung Leimen,[3] Bergheim (heute gleichnamiger Stadtteil von Heidelberg)[4] sowie um die noch bestehende Siedlungen Leimen,[5] Walldorf[6] und Schatthausen[7] im Rhein-Neckar-Kreis. Knapp außerhalb des hier gewählten Betrachtungsraumes gelegen, kann ergänzend das Fundgut aus Ubstadt-Weiher herangezogen werden, wo einer der seltenen Fälle von gezielter amtlicher ‚Dorfkernarchäologie' vorliegt, d. h. archäologische Grabungen in einer noch existenten nicht-städtischen Ansiedlung praktiziert wurde.[8] Auch die Anzahl der Vergleichsobjekte ist mit den Städten Laden-

---

1 Zuletzt: R. Schreg, Archäologische Wüstungsforschung und spätmittelalterliche Landnutzung. Hausbau und Landnutzung des Spätmittelalters aus archäologischer Sicht. In: S. Lorenz/P. Rückert (Hrsg.), Landnutzung und Landschaftsentwicklung im deutschen Südwesten. Zur Umweltgeschichte im späten Mittelalter und in der frühen Neuzeit. Veröff. Komm. Geschichtl. Landeskde. Baden-Württemberg B 173 (Stuttgart 2009) 135 Abb. 2.
2 Fundber. Baden-Württemberg 28/2, 2005, 319 f.; Taf. 125–133 A (U. Gross/M. Löscher).
3 Hildebrandt, Wüstungen 69 ff., bes. 74 Abb. 10 sowie unpublizierte Funde im Fundarchiv Wiesloch.
4 Funde der Grabungen 2008 (M. Benner/F. Damminger/S. Hesemann, Auf der Suche nach den siedlungsgeschichtlichen Wurzeln Heidelbergs: Ausgrabungen in der Wüstung Bergheim. Arch. Ausgr. Baden-Württemberg 2008, 227 ff. sowie unveröffentlichte Materialien im Kurpfälzischen Museum Heidelberg).
5 Unpublizierte Funde im Fundarchiv Wiesloch.
6 Wie Anm. 5.
7 Unpublizierte Funde im RP Karlsruhe, Referat 26 (Denkmalpflege).
8 D. Lutz, Archäologische Beiträge zur Geschichte Ubstadts. In: L. Hildebrandt (Hrsg.), Archäologie und Wüstungsforschung im Kraichgau. Heimatverein Kraichgau, Sonderveröff. 18 (Ubstadt-Weiher 1997) 113 ff. – Zu den Funden: M. Menz, Archäologische Untersuchungen von Siedlungsspuren des Mittelalters und der Neuzeit in Ubstadt, Landkreis Karlsruhe, unter besonderer Berücksichtigung der Grabung Röhringstraße 4. Magisterarbeit (Bamberg 1996).

burg,[9] Heidelberg[10] und Wiesloch,[11] den Burgen Schauenburg bei Dossenheim,[12] Reichenstein bei Neckargemünd,[13] Wersau bei Reilingen,[14] der Sinsheimer Stadtburg[15] und der abgegangenen Niederungsburg Eschelbronn[16] sowie mit den Klöstern St. Michael auf dem Heiligenberg bei Heidelberg,[17] Franziskanerkloster in Heidelberg,[18] der Ellwanger Propstei Wiesenbach,[19] Kloster Lobenfeld[20] und Kloster Schönau[21] ausreichend hoch.

Den Anstoß zu den hier vorgetragenen Überlegungen gaben die Funde aus Aufsammlungen von L. Hildebrandt, Wiesloch, in der 1526 durch kurfürstlichen Beschluss aufgegebenen Siedlung Frauenweiler bei Wiesloch (heute als gleichnamiger Wieslocher Stadtteil wieder existent),[22] die Verf. bereits vor einigen Jahren im Auftrag des Referates für Archäologie des Mittelalters an der Außenstelle des damaligen Landesdenkmalamtes Baden-Württemberg in Karlsruhe bearbeiten konnte.[23]

Wie unter den seinerzeit in Karlsruhe (heute im Archäologischen Landesmuseum Baden-Württemberg, Zentrales Fundarchiv Rastatt) befindlichen, vor mehr als zehn Jahren von Hildebrandt selbst publizierten Funden,[24] so sind auch in der viel umfangreicheren Lesefundkollektion in Wiesloch bis auf geringe Ausnahmen Materialien des späten 10./11. bis frühen 16. Jahrhunderts enthalten. Als älteste Spuren müssen wenige Fragmente im hier vorgestellten Material der lokalen Wieslocher Art der Älteren, gelben Drehscheibenware des 9./10. Jahrhunderts[25] zugewiesen werden (Fdnrn. 1–3). Die Ältere, graue Drehscheibenware des späteren 10. bis 12. Jahrhunderts[26] ist sehr gut vertreten (Fdnrn. 4–56). Alle Stücke sind dekorlos; dies gilt auch für die Kannen (Fdnrn. 51–56). Stark profi-

---

9   Die Masse des spätmittelalterlichen Fundmaterials aus Ladenburg ist noch unpubliziert. Selbst die bis heute umfassendste Bearbeitung mittelalterlicher Funde aus den Grabungen auf dem Areal des Cronberger Hofes ließ die Zeitspanne des 13. bis frühen 16. Jhs. leider fast völlig unberücksichtigt: I. Schneid, Früh- und hochmittelalterliche Keramik aus Ladenburg a. N. Das Material der Grabungen an der Realschulstraße und am Kellereiplatz (Würzburg 1988).

10 Für das spätmittelalterliche Heidelberger Fundmaterial siehe stellvertretend: Vor dem großen Brand sowie Carroll-Spillecke, Untersuchungen.

11 U. Gross/L. Hildebrandt, Der Wieslocher Schmiedefund. In: S. Lorenz/Th. Zotz (Hrsg.), Alltag, Handwerk und Handel 1350–1525. Aufsatzband zur Großen Landesausstellung des Badischen Landesmuseums Karlsruhe (Stuttgart 2001), 247 ff. – L. Hildebrandt/U. Gross, Ein Haus an der Stadtmauer – Mittelalterliche und frühneuzeitliche Funde aus Wiesloch, Rhein-Neckar-Kreis. Arch. Ausgr. Baden-Württemberg 2004, 227 ff.

12 Recht umfangreicher Überblick: Fundber. Baden-Württemberg 22/2, 1998 (Fundschau) 233 f.; Taf. 119 B–124 A (Ch. Burkhart/U. Gross).

13 Unpublizierter Bericht zu Funden der Neunzehnhunderter Jahre von M. Haasemann und M. Gleiter in den Akten des RP Karlsruhe, Referat 26 (Denkmalpflege) sowie unveröffentlichte Altfunde der Neunzehnhundertdreißiger Jahre im Kurpfälzischen Museum Heidelberg.

14 Gross, Wersau 137 ff. – Hildebrandt/Gross, Notbergung 182 ff. – Gross, Weitere Funde 203 ff.

15 Damminger/Gross, Stadtburg 11 ff.

16 D. Lutz, Die Wasserburg Eschelbronn bei Heidelberg, ein Niederadelssitz des 13. bis 18. Jh. Château Gaillard 8. Actes du colloque international tenu à Bad Muenstereifel (R.F.A.), 30 août – 4 septembre 1976 (Caen 1977) 193 ff. – Mittelstraß, Eschelbronn.

17 Unpubliziertes Manuskript des Verf. im RP Stuttgart, LAD Esslingen a. N.

18 Unpublizierte Funde im Archäologischen Landesmuseum Baden-Württemberg, Zentrales Fundarchiv Rastatt.

19 I. J. Durst, Die ehemalige Propsteikirche Wiesenbach (Rhein-Neckar-Kreis). Fundauswertung der Grabungen 1977–1981. Magisterarbeit (Tübingen 1993).

20 U. Gross, Keramikfunde aus Kloster Lobenfeld. In: D. Ebert/K. G. Beuckers (Hrsg.), Kloster St. Maria zu Kloster Lobenfeld (um 1145–1560). Untersuchungen zu Geschichte, Kunstgeschichte und Archäologie. Heimatverein Kraichgau, Sonderveröffentlichung Nr. 28 (Petersberg 2001) 319 ff.

21 Unpublizierte Funde im Archäologischen Landesmuseum Baden-Württemberg, Zentrales Fundarchiv Rastatt.

22 Die Stadt- und die Landkreise Heidelberg und Mannheim: amtliche Kreisbeschreibung, hrsg. von der Staatlichen Archivverwaltung Baden-Württemberg. Band II: Die Stadt Heidelberg und die Gemeinden des Landkreises Heidelberg (Karlsruhe 1968) 1036 f. – Hildebrandt, Urkunden 37 (F 33). – H. Walther, Frauenweiler im Mittelalter. In: Wiesloch. Beiträge zur Geschichte Bd. 2 (Ubstadt-Weiher 2001) 69 ff.

23 Verbleib: Fundarchiv Wiesloch.

24 Hildebrandt, Wüstungen 68 Abb. 5. – Fundber. Baden-Württemberg 22/2, 1998, 287; Taf. 180–181 A.

25 B. Heukemes/U. Gross, Ein Töpferofen der „älteren, gelbtonigen Drehscheibenware" aus Wiesloch, Rhein-Neckar-Kreis. Forsch. u. Ber. Arch. Mittelalter Baden-Württemberg 8 (Stuttgart 1983) 301 ff. – L. Hildebrandt/U. Gross, Ein frühmittelalterlicher Töpferofen aus Wiesloch, Rhein-Neckar-Kreis. Arch. Ausgr. Baden-Württemberg 1995, 312 ff.

lierte Gefäße, wie sie aus dem nicht weit entfernten Burgstall von Ubstadt-Weiher [27] bekannt sind, fehlen in Frauenweiler trotz der geographischen Nähe erstaunlicherweise völlig.
Wahrscheinlich gehören auch die wenigen wohl mit Kugeltöpfen[28] zu verbindenen Ränder (Fdnrn. 249–252) bereits in diesen frühen Zeithorizont.
Die bei weitem zahlreichsten Fragmente stammen von der Jüngeren Drehscheibenware reduzierender Brennart des 13. bis späten 15./frühen 16. Jahrhunderts. Hier sind es wiederum die Töpfe, denen wie andernorts auch das Gros der abgebildeten Ränder angehört.
Besonders hinzuweisen ist auf einige interessante, späte Stücke. Dabei handelt es sich einmal um ein farblich von grau nach orange changierendes Fragment, das neben dem Abriss eines im Ofen einst anhaftenden weiteren Gefäßes noch Glasurspuren zeigt (Fdnr. 129). Es stammt damit aus einer Zeit, in der neben reduzierend gefeuerter Jüngerer Drehscheibenware bereits glasiertes Geschirr in derselben Töpferei hergestellt wurde.
Aus dem Rahmen des beim spätmittelalterlichen Geschirr am Unteren Neckar und Nördlichen Oberrhein Üblichen fällt auch das gut halbe Dutzend außen gerillter Ränder (Fdnrn. 187–193). Die großen Fundaufkommen aus nahe benachbarten Plätzen wie der Wüstung Grauenbrunnen auf Gemarkung Leimen[29] oder aus der Burg von Wersau, Gemarkung Reilingen,[30] schließen keine vergleichbaren Formen ein, Ähnliches gilt auch für die Stadt Heidelberg oder den Heiligenberg bei Heidelberg (Michaelskloster).[31]
Auch die karniesartigen Randbildungen (Fdnrn. 108–121 u. 194– 202) sind im vorliegenden Material aus Frauenweiler recht zahlreich vorhanden.
Wie in den anderen ländlichen Siedlungen der Region wurden Trinkbecher nur äußerst spärlich angetroffen (Fdnrn. 212–217). Die breiten, gerillten Unterteile (Fdnrn. 213–215) stammen von Bechern des Typs Ubstadt-Bruchsal.[32]
Mit dem extrem feintonigen, eng gerillten Becher (Fdnr. 216), zu dem wohl auch der linsenartige (?) Boden (Fdnr. 217) zu rechnen ist, liegt ein fremd wirkendes Exemplar vor.
Waren unter den von HILDEBRANDT publizierten Altfunden in Karlsruhe mit vier Oberteilen erstaunlich viele Flaschen vertreten,[33] denen nur zwei Krüge gegenüberstehen,[34] so liegen die Verhältnisse im hier vorzustellenden Wieslocher Material anders, d. h. mit nur einem (?) Flaschenhals (Fdnr. 218), aber mindestens sieben Krugrändern (Fdnrn. 219–225) – darunter ein hell gebranntes Exemplar; der Henkel mit beidseitigen Fingereindrücken (Fdnr. 226) kann von einer anderen Gefäßform stammen (Feldflasche, Blumentopf?) – entsprechen sie viel mehr den geläufigen Mengenrelationen.
Unter den Deckeln (Fdnrn. 227–242) finden sich fast genauso viele des älteren Typs mit breiter Auflagefläche (Fdnrn. 227–232) wie solche des seit dem 15. Jahrhundert auftretenden jüngeren Typs mit schmaler Auflagefläche (Fdnrn. 233–239). Der Ansatz eines seitlichen Henkels, wie er bei dem Deckelfragment älterer Art im Karlsruher Bestand[35] erkennbar ist, fehlt bei allen hier behandelten Randstücken. Auch die beiden älteren Knäufe (Fdnrn. 240 u. 241) zeigen keine Ansatzspuren einer zusätzlichen Handhabe.

---

26 Zu dieser Ware zuletzt: U. GROSS, Transitionen – Übergangsphänomene bei südwestdeutschen Keramikgruppen des frühen und hohen Mittelalters. In: Stratigraphie und Gefüge. Beiträge zur Archäologie des Mittelalters und der Neuzeit und zur historischen Bauforschung [Festschrift für Hartmut Schäfer zum 65. Geburtstag]. Zsgest. von S. ARNOLD/F. DAMMINGER/U. GROSS/C. MOHN. Forsch. u. Ber. Arch. Mittelalter Baden-Württemberg 28 (Esslingen 2008) 139–150.
27 LOBBEDEY, Untersuchungen Taf. 28,19-22; 24-28.
28 GROSS, Keramik 90 ff..
29 HILDEBRANDT, Wüstungen 74 Abb. 10. – In der Masse sind die Funde noch unpubliziert.
30 GROSS, Wersau 138 ff. Taf. 1 u.2. – HILDEBRANDT/GROSS, Notbergung 182 ff.
31 Unpubliziertes Manuskript des Verf. im RP Stuttgart, LAD Esslingen a.N.
32 D. LUTZ, Keramikfunde aus dem Bergfried der ehem. Wasserburg in Bruchsal, Kr. Karlsruhe. Forsch. u. Ber. Arch. Mittelalter Baden-Württemberg 6 (Stuttgart 1979) 189 f. mit Abb. 7 u. 8. sowie 275; 327 Abb. 62 (Fundchronik).
33 HILDEBRANDT, Wüstungen 68 Abb. 3 unten.
34 Ebd. 68 Abb. 3 unten links.
35 Ebd. 68 Abb. 3 unten rechts.

Recht auffällig sind die sechs Bruchstücke weitmündiger (Fdnrn. 243–248), zumindest in zwei Fällen flacher Schüsseln oder Becken. Dabei hat man es wohl mit Fettfängern zu tun, wie sie häufiger in glasierter Ausführung erscheinen, in der Regel allerdings nicht in ländlichen Siedlungen, sondern vornehmlich in Burgen und Klöstern, in der Betrachtungsregion z.B. in Burg Eschelbronn, im Franziskanerkloster Heidelberg, im Kloster Wiesenbach, in der Hinterburg Neckarsteinach.

Die tieferen Stücke könnten dagegen als Auffangbecken für das Handwaschwasser fungiert haben; in vermögenden Haushalten waren ihre funktionalen Gegenstücke tiergestaltige Gießgefäße (Aquamanilien) oder fest an der Wand installierte Lavabos.[36]

Die helltonige Variante der Jüngeren Drehscheibenware ist nahezu ausschließlich durch Töpfe mit späten Randformen vertreten (Fdnrn. 256–301), vergleicht man sie mit jenen der dunklen Variante. Diese Feststellung bestätigt die Auffassung, nach der oxidierend gebrannte Jüngere Drehscheibenware im weiteren Heidelberger Umland erst im 15. Jahrhundert in stärkerem Maße in Erscheinung tritt.

Die Gegenüberstellung der hellen und der reduzierend gebrannten Deckel ergibt dasselbe Bild: Unter den erstgenannten fehlen die älteren Formen mit breiter Auflagefläche bis auf zwei Fragmente (Fdnrn. 304 u. 310). Ein Sonderstück liegt in dem mit 9 cm Durchmesser kleinen Scheibendeckel (Fdnr. 312) vor, bei dem es sich jedoch möglicherweise um einen Vertreter der Rotbemalten Feinware aus Buoch im Remstal handelt.[37] Innerhalb dieser schwäbischen Qualitätsware sind Scheibendeckel für Krüge und Kannen geläufig.[38] Sollte die betreffende Scherbe tatsächlich zur Buocher Ware zählen, so stellt Frauenweiler nächst Speyer den westlichsten Punkt auf der Verbreitungskarte dar.[39] Das ganz vereinzelte Vordringen der Rotbemalten Feinware in den Raum am Unterneckar wurde bisher schon durch das Vorkommen in Heidelberg (Augustinerkloster/Universitätsbibliothek-Tiefmagazin)[40] belegt (inzwischen ist ein noch unpubliziertes Fragment aus Weinheim a.d. Bergstraße dazu gekommen).

Der Anteil an Glasierter Drehscheibenware erscheint recht beachtlich. Da allerdings überliefert ist, dass bei der – wenn auch nicht mehr in ihrer mittelalterlichen Pfarrfunktion – weiterbestehenden Kirche noch ein Bruder verblieb,[41] kann ein gewisser Anteil am Fundgut auch noch aus der ‚Reliktphase' nach der 1526 verfügten Auflassung des Ortes stammen.

Unter den zahlenmäßig überwiegenden Topffragmenten (Fdnrn. 313–352), zu denen noch ein anscheinend ganz erhaltenes Gefäß aus einem Brunnen hinzukommt,[42] findet sich allerdings kein einziges, das den für die renaissancezeitliche Keramik der Region charakteristischen roten Streifendekor im Halsbereich[43] trägt. Da diese Beobachtung auch auf das bis etwa zur Mitte des 16. Jahrhunderts reichende Fundmaterial auf dem Heiligenberg bei Heidelberg (Michaelskloster) zutrifft,[44] ist mit hoher Wahrscheinlichkeit davon auszugehen, dass diese Verzierung zur Bauernkriegszeit noch nicht üblich war. Auch Henkeltöpfe scheinen noch weitgehend zu fehlen.

---

36 Gross, Hygiene 138 ff.
37 Gross, Keramik 80 ff.
38 Ebd. Taf. 81,3 (Marbach); 163,9 und 164,8 (Beutelsbach). – Ders., Zur mittelalterlichen Keramikproduktion in Buoch. Buocher H. 6, April 1987, 20 Abb. 7,3.
39 Jüngste Gesamtkartierung: U. Gross, Zur Verbreitung einiger ausgewählter Keramikgruppen im spätmittelalterlichen Südwestdeutschland. In: Lux Orientis. Archäologie zwischen Asien und Europa [Festschrift für Harald Hauptmann zum 65. Geburtstag]. Studia Honoraria 12 (Rahden/Westf. 2001) 170 Abb. 1. – Siehe nun auch: U. Gross, Keramikverbreitung und herrschaftliche Strukturen. Beispiele aus dem frühen und späten Mittelalter in Südwestdeutschland. In: D. Krausse/O. Nakoinz (Hrsg.), Kulturraum und Territorialität: Archäologische Theorien, Methoden, Fallbeispiele. Internationale Archäologie – Arbeitsgemeinschaft, Symposium, Tagung, Kongress (Rahden/Westf. 2009) 170 Abb. 13.
40 Carroll-Spillecke, Untersuchungen Abb. 88,11.
41 Hildebrandt, Urkunden 37 (F 33).
42 U. Lobbedey, Keramikfunde des 13. und 16. Jahrhunderts aus Herbolzheim an der Jagst. Fundber. Baden-Württemberg 3, 1977, 590 Abb. 5,4.
43 U. Gross, Neuzeitliche Keramik im nördlichen Baden (16.–19. Jh.). Ein Überblicksversuch anhand ausgewählter Fundkomplexe (Heidelberg 2003) 3.
44 Unpubliziertes Manuskript des Verf. im RP Stuttgart, LAD Esslingen a.N.

Außer den erwähnten Töpfen setzt sich das Fundgut der Glasierten Drehscheibenware nahezu ausschließlich aus konischen Henkelschalen (wohl frühen Nachttöpfen)[45] zusammen, die unterschiedliche Randformen zeigen (Fdnrn. 353–371). Einige Unterteile mit deutlich abgesetzten Standplatten könnten der Zeit der vermuteten kirchlichen ‚Reliktsiedlung' entstammen (Fdnrn. 369–371).
Lediglich ein Randstück ist wohl mit eine Pfanne (?) in Verbindung zu bringen (Fdnr. 372). Bei zwei Füßen mit kräftiger Kehlung der Vorderseiten (Fdnrn. 373 u. 374) ist nicht zu entscheiden, ob sie ebenfalls von Pfannen oder aber von Dreifußtöpfen herrühren. Auch für sie scheint eine Entstehung bereits nach 1526 nicht unmöglich.
Das Karlsruher Material enthält als einzigen Vertreter der (Proto-)Steinzeuge das Unterteil eines Bechers oder Kruges.[46] Im Wieslocher Bestand lassen sich als Importgefäße immerhin ein weiteres Fragment von Steinzeug-Vorformen (Fdnr. 380) sowie fünf Scherben echten Steinzeugs identifizieren (Fdnrn. 375–379), bei denen es sich überwiegend (ausschließlich?) um Siegburger Becher handelt. Angesichts des umfangreichen Fundgutes erstaunt es, dass aus Frauenweiler im Hochmittelalter weder echte oder imitierte Pingsdorf-Ware[47] noch Glimmerware,[48] im Spätmittelalter keine Dieburger ‚getauchte' Ware[49] vorliegt.
Das Fehlen dieser qualitativ deutlich über der einheimischen Irdenware stehenden Fremderzeugnisse im Verein mit dem völligen Fehlen von Sonderformen (z. B. Leuchter, Aquamanilien, Lavabos) oder der weitgehenden Absenz von Trinkbechern innerhalb der Irdenware ist typisch für das Keramikgeschirr ländlicher Siedlungen (siehe unten).
Bei der Ofenkeramik beherrschen die schlichten Rund- und Viereck-(‚Schüssel'-)Kacheln das Bild. Becher- und Napfkacheln halten sich bei den ausschließlich reduzierend gebrannten Kacheln mit runder Mündung die Waage (Fdnrn. 381–392). Der linsenartig nach außen gewölbte Boden (Fdnr. 381) ist nicht mit letzter Sicherheit mit einer Becherkachel zu verbinden, da vereinzelt sogar auch noch Napfkacheln solche Bodenbildung aufweisen können.[50]
Bei den schlichten Viereckkacheln (Fdnrn. 393–411) überwiegen zwar die grauen Exemplare, es treten jedoch auch einige oxidierend gefeuerte Stücke auf. Glasur ist lediglich an den beiden ansonsten unverzierten Fragmenten von Blattkacheln vorhanden (Fdnrn. 410 u. 411), welche die Existenz eines repräsentativeren Ofens dokumentieren. Er beheizte einst vielleicht die Stube des Pfarrers, der am ehesten als wohlhabender Einwohner in Frauenweiler in Betracht kommt.
Neben den vorstehend erwähnten, als jünger (gemessen am Datum 1526) verdächtigen Scherben seien noch einige Fragmente erwähnt, deren späte Zeitstellung unbezweifelbar ist. Schüsseln mit gratig profilierter Randaußenseite und weißem Streifendekor auf rotem Grund gehören ebenso frühestens ins 18./19. Jahrhundert wie Fragmente von schlanken Henkeltöpfen. Neuzeitliches Steinzeug tritt in Gestalt von gedrehten Selterswasserflaschen auf, die vor der Einführung der Strangpresse im Jahre 1879 entstanden.
Glasfunde liegen nur in geringer Anzahl vor, sind im Gegensatz zu anderen ländlichen Siedlungen aber immerhin überhaupt vertreten. Die acht Becherfragmente datieren alle ins 15./16. Jahrhundert. Während die Krautstrunk- (Fdnr. 412) und Maigelscherben (Fdnrn. 413–415 u. 417) sowie der Boden eines Stangenglases (?) (Fdnr. 419) zu den geläufigen Formen zählen, repräsentieren das Wand-Bodenstück mit dünnen Rippen (Fdnr. 418) und das bläuliche Wandstück mit aufgelegtem, ‚eingedelltem' Faden (Fdnr. 416) auch in reicheren Glaskomplexen eher seltene Formen.
Die übrigen Hohlglasfunde stammen von doppelkonischen Flaschen, vielleicht auch von Flaschen mit innerem Stauchungsring (Fdnrn. 420 u. 421; 422 unsicher, vielleicht Becher?).
Wenige Bruchstücke rühren von grünlichen Fensterscheiben her (Fdnrn. 423 u. 424).

---

45 Gross, Hygiene 143.
46 Hildebrandt, Wüstungen 68 Abb. 5, unten Mitte.
47 Gross, Keramik 77 ff.
48 Ebd. 66 ff.
49 Ebd. 68 f.
50 Vgl. etwa: W. Ehescheid/A. Rohner, Die mittelalterliche Besiedlung des Mosisbruches in der Waldgemarkung von Wilgartswiesen/Pfalz. Mitt. Hist. Ver. Pfalz 76, 1978, 5 ff. Taf. 14 (= Abb. 17),7.11.

Bei den Metallfunden können nur ein vollständiger Schlüssel mit spätmittelalterlich-frühneuzeitlicher nierenförmiger Griffgestaltung (Fdnr. 425) und ein stark bleihaltiges Blech von einem Gefäß (?) (Fdnr. 426) angeführt werden.

Ob die Steinfunde, bei denen man es mit zwei fragmentierten spindelförmigen Wetzsteinen zu tun hat (Fdnrn. 427 u. 428), in der Bestehenszeit der Siedlung Frauenweiler benutzt wurden oder aber erst später in den Boden kamen, als das Areal landwirtschaftlich genutzt wurde, ist nicht zu klären.

Auswertung

Bezieht man außer den eben abgehandelten Funden aus Frauenweiler auch jene aus den übrigen eingangs aufgeführten Plätzen in die Betrachtung mit ein, so muss man insgesamt den Eindruck gewinnen, die ländlichen Siedlungen seien nur mit einem keramischen ‚Grundbestand' an Gefäßen und Ofenkacheln ausgestattet gewesen.

Viele Behälter, vor allem offene Formen wie Schalen und Schüsseln, aber auch Trinkbecher und nicht zuletzt Kannen, waren bis in die Neuzeit hinein oft (überwiegend?) aus Holz gefertigt.[51] Sie haben sich, wenn überhaupt, lediglich in den feuchten Latrinenmilieus erhalten.[52] Diese fehlen jedoch auf dem Dorf, wo man im Unterschied zu den beengten Wohnverhältnissen in Burgen, Städten und Klöstern seine Notdurft anders verrichtete und nicht mehr benötigten Hausrat andernorts entsorgte. Hin und wieder – so auch in Frauenweiler – angetroffene Brunnen stellen, selbst wenn sie in den unteren Bereichen noch Wasser führen, keine den Latrinen vergleichbare ‚Fundquelle' dar. Es ist sicher bezeichnend, dass selbst einfache Trinkbecher aus jeweils lokal hergestellter Irdenware in ländlichen Kontexten kaum (z.B. in Lochheim)[53] oder überhaupt nicht vorkommen (z.B. in der Wüstung Grauenbrunnen)[54], an den anderen Fundplatzkategorien jedoch als Massengut gelten müssen, so z.B. am Heidelberger Kornmarkt,[55] im dortigen ehemaligen Augustinerkloster,[56] auf der Dossenheimer Schauenburg[57] oder in Burg Wersau.[58]

Wenn keramische Schalen und Schüsseln im Fundgut enthalten sind, dann hat man es außer mit frühen Nachttöpfen (z.B. Heidelberger Kornmarkt)[59] mit – meist bereits innenseitig glasierten – Auffangbecken für das Handwaschwasser zu tun (Franziskanerkloster Heidelberg; Michaelskloster auf dem Heiligenberg),[60] deren funktionale Gegenstücke man in den Aquamanilien und/oder Lavabos[61] fasst. Einziger Vertreter dieses gehobenen Milieus im gesamten hier betrachteten ländlichen Fundbestand ist ein Aquamanile aus Bergheim. Da es dort jedoch aus dem Umfeld der ehemaligen Ortskirche stammt, könnte es zur ursprünglichen Ausstattung des Gotteshauses gehört haben. Aber auch die Pfarrer, die in der Regel in der unmittelbaren Kirchennähe wohnten, kämen als nichtbäuerliche Honoratioren mit höherem Lebensstil als einstige Besitzer in Frage.[62]

---

51 Allgemein: U. MÜLLER, Holzfunde aus Freiburg/Augustinereremitenkloster und Konstanz – Herstellung und Funktion einer Materialgruppe aus dem späten Mittelalter. Forsch. u. Ber. Arch. Mittelalter Baden-Württemberg 21 (Stuttgart 1996).
52 Zu Heidelberg siehe die Latrinen auf dem Kornmarkt: Vor dem großen Brand 81 f. – S. SCHMIDT, Mittelalterliche Holzfunde aus Heidelberg: Die Kleinfunde der Grabung ‚Kornmarkt'. Fundber. Baden-Württemberg 28/1, 2005, 663 ff.
53 Fundber. Baden-Württemberg 28/2, 2005 (Fundschau) Taf. 131,1–3.
54 HILDEBRANDT, Wüstungen 74 Abb. 10 sowie unpublizierte Funde im Fundarchiv Wiesloch.
55 Vor dem großen Brand 108 Abb. 140.
56 KOCH, Trinkbecher 56 f. mit Abb. 11,5–7.10.
57 Fundber. Baden-Württemberg 22/2, 1998 (Fundschau), Taf. 122 u. 123.
58 GROSS, Wersau 142 Taf. 3,12–25.
59 Vor dem großen Brand 66 Abb. 65 (unten rechts); 107 Abb. 140 (unten links).
60 Allgemein: GROSS, Hygiene 140 f.
61 Michaelskloster auf dem Heiligenberg (U. GROSS, Neufunde von Aquamanilien aus Steinheim an der Murr, Kr. Ludwigsburg, und vom Heiligenberg bei Heidelberg. Arch. Ausgr. Baden-Württemberg 1984, 258 Abb. 1). – Burg Eschelbronn (MITTELSTRASS, Eschelbronn 146 Abb. 102,47.)

Bislang wurde immer übersehen, dass nicht nur prächtige Leuchter mit hohem, z. T. profiliertem Schaft, wie sie aus den Burgen in Ubstadt-Weiher[63] oder Bretten[64] oder neuerdings aus städtischem Kontext in Bruchsal[65] bekannt wurden, sondern auch die ganz schlichten Öllämpchen im Formenrepertoire ländlicher Siedlungen sehr selten sind – wenn sie, wie in Frauenweiler, Schatthausen oder Lochheim, nicht sogar gänzlich fehlen. An den Fundorten der anderen Kategorien sind sie hingegen geläufig. Es ist zu vermuten, man habe das offene Herdfeuer oder billigere Brennstoffe den für ihren Betrieb notwendigen Fetten oder Ölen vorgezogen.

Weitgehend unbekannt blieben dem ländlichen Milieu weiterhin regionsfremde keramische Importe. Dies gilt schon für Erzeugnisse aus dem nicht so weit entfernten südhessischen Töpfereizentrum Dieburg (Ausnahme: Grauenbrunnen), die sich in Städten am Oberrhein im Süden immerhin bis Bruchsal[66] nachweisen lassen. Erst recht trifft es für echtes Steinzeug, hierzulande ganz überwiegend solches rheinischer Provenienz, zu. Trank man im bäuerlichen Milieu schon kaum aus Irdenware-Bechern heimischer Töpfer, dann noch seltener aus solchen, die aus weit entfernten Herstellungsorten wie Siegburg, Langerwehe oder Raeren bezogen werden mussten (Ausnahmen: Bergheim, Frauenweiler).

Auch der Ofenkeramik kommt entscheidende Bedeutung bei der Herausarbeitung von Unterschieden zwischen den ländlichen Siedlungen einer- und den übrigen Fundplatzkategorien andererseits zu. Mit Ausnahme der beiden Fragmente von glasierten, aber ansonsten dekorlosen Blattkacheln fehlen in allen anderen hier berücksichtigten Wüstungen bzw. bestehenden Dörfern spätmittelalterliche Formen, die aufwändiger hergestellt (aus mehreren Teilen zusammengesetzt: Tellerkacheln) und/oder repräsentativer gearbeitet (reliefiert und/oder glasiert: Nischenkacheln) waren. Andernorts, wo man über die entsprechenden finanziellen Mittel verfügte, nutzte man die in der ersten Hälfte bzw. spätestens um die Mitte des 14. Jahrhunderts stattfindenden Innovationen im Ofenbau sofort zur Statusrepräsentation (Nischenkacheln des Tannenberg-Typs z. B. auf dem Heiligenberg bei Heidelberg, auf der Schauenburg bei Dossenheim, in Burg Wersau).[67]

Der ländliche Raum verharrte dagegen bei den ganz einfachen viereckigen Napfkacheln, wie die oben erwähnten Stücke aus Frauenweiler zeigen. Es ist auf diesem archäologischen Hintergrund wohl alles andere als Zufall, dass die im frühen 16. Jahrhundert entstandene Darstellung der „armen Küche" von Hans Weiditz (?) gerade einen Ofen aus solch schlichten Kacheln zeigt.[68]

In noch stärkerem Maße als bestimmte Ofenkacheln markieren Trinkgläser des 13. und 14. Jahrhunderts die Unterschiede zwischen Städten, Burgen und Klöstern sowie ländlichen Siedlungen. Betrachtet man den Hohlglashorizont des älteren Spätmittelalters,[69] dann fasst man sowohl farblose

---

62 Zur gesellschaftlichen Differenzierung in bäuerlichen Ansiedlungen: N. Gossler, Gedanken zur sozialen Schichtung im Dorf des Mittelalters aus archäologischer Sicht. In: C. Dobiat (Hrsg.), Reliquiae Gentium [Festschrift für Horst-Wolfgang Böhme zum 65. Geburtstag]. Teil 1. Studia Honoraria 23 (Rahden/Westf. 2005) 141–154.
63 Lobbedey, Untersuchungen Taf. 30,15.
64 U. Gross, Das Fundmaterial aus dem „Burgwäldchen" – Versuch eines Überblicks. Brettener Jahrbuch 2007, 22 Abb. 3,11.12.
65 Thoma, Unter Bruchsals Strassen 137 (Nr. 2 unten).
66 Unpubliziert; zur Grabung 2008 siehe: Thoma, Unter Bruchsals Strassen 132 ff.
67 Zu den frühesten Beispielen aufwändiger Öfen: G. Keck, Ein Kachelofen der Manesse-Zeit. Ofenkeramik aus der Gestelnburg/Wallis. Zeitschr. Arch. u. Kunstgesch. Schweiz 321 ff.
68 Holzschnitt „Von schmaler Narung", Illustration zu F. Petrarca „Von der Artzney bayder Glück" (1532), abgebildet in: H.-J. Raupp, Bauernsatiren. Entstehung und Entwicklung des bäuerlichen Genres in der deutschen und niederländischen Kunst ca. 1470–1570 (Niederzier 1986) 27 Abb. 16. – Im Gegensatz zur Meinung Raupps, der Kachelofen als solcher passe nicht zum dargestellten Bild der Armut, ist es gerade die Form des Ofens aus schlichten Schüsselkacheln, die die bescheidenen bäuerlichen Verhältnisse zum Ausdruck bringt.
69 Zu den Hauptformen: Ch. Prohaska-Gross, Flaschen und Trinkgläser. In: Lorenz/Zotz (Anm. 11) 207–214. – Ch. Prohaska-Gross/A. Soffner, Glas. Hohlglasformen des 13. und 14. Jahrhunderts in Südwestdeutschland und der nördlichen Schweiz. In: Stadtluft, Hirsebrei und Bettelmönch. Die Stadt um 1300. Katalog zur gemeinsamen Ausstellung des Landes Baden-Württemberg und der Stadt Zürich (Stuttgart 1992) 310. – E. Baumgartner/ I. Krüger, Phoenix aus Sand und Asche. Glas des Mittelalters. Katalog Basel/Bonn (München 1988).

Gläser der verschiedensten Ausprägungen, z. T. mit blauem Fadendekor,[70] vereinzelt sogar emailbemalt,[71] als auch hellgrüne Nuppenbecher (Typ Schaffhausen) niemals in dörflichem Kontext. Mit Ausnahme der Funde vom Heidelberger Kornmarkt[72] stammen alle anderen frühen Gläser aus normalen Siedlungsschichten und nicht aus Latrinen. Damit entfällt das oft bemühte Gegenargument, „auf dem Lande" seien die Erhaltungs- und somit Auffindungsmöglichkeiten wegen des Fehlens von Latrinen schlechter.

Im Vergleich mit den übrigen ländlichen Plätzen fallen die Gläser aus Frauenweiler noch immer auf, denn auch späteres Hohlglas muss in diesen Kontexten als sehr selten gelten. Die allgemein deutlich spürbare Zunahme von Glasfunden seit dem 15. Jahrhundert hängt sicherlich mit einer steigenden Zahl von Hütten in den großen Waldgebieten zusammen, die eine bessere Versorgung mit einheimischen Erzeugnissen als in den hoch- und spätmittelalterlichen Jahrhunderten zuvor ermöglichten.

Zur Absicherung der hier im Kleinraum des Rhein-Neckar-Dreiecks gewonnenen Ergebnisse sollen nun anschließend stichprobenartig ländliche Plätze in anderen Regionen Süddeutschlands betrachtet werden.

Die auf heutigem Stadtgebiet von Rastatt (Gemarkungen Ottersdorf und Plittersdorf) gelegene Wüstung Muffenheim hat das bislang mit weitem Abstand umfangreichste Keramikmaterial aller ländlichen Siedlungen in ganz Baden-Württemberg erbracht. Es reicht von der Zeit um 600 bis um 1500.[73] Für eine geplante Veröffentlichung[74] konnte der gesamte Bestand bereits gesichtet werden und steht hier somit zu Vergleichszwecken zur Verfügung.

Becher aus Irdenware fehlen in Muffenheim mit Ausnahme einer Scheuer vollständig. Das Vorkommen einiger Fragmente von solchen aus Steinzeug erklärt sich aus ihrer regionalen Herkunft aus dem benachbarten Hagenau im Unterelsass.[75] Echter Import aus dem Rheinland wird nur in Gestalt weniger Fragmente fassbar.

In einem mehrere Tausend spätmittelalterliche Scherben umfassenden Bestand gelang es gerade zweimal, schlichte Lämpchen zu identifizieren. Hinweise auf Leuchter fehlen erwartungsgemäß völlig.

Auch Aquamanilien oder ortsfeste Lavabos sucht man vergeblich. Für einige Schüsselfragmente, die man eventuell als Auffangbehälter für Handwaschwasser deuten könnte, kommen als funktionale Gegenstücke auch ganz normale Krüge anstelle solch aufwändiger Spezialgefäße in Frage.

Die sehr gut repräsentierte, durchweg unglasierte Ofenkeramik enthält in Muffenheim bis auf eine einzige Tellerkachel keine Hinweise auf optisch Anspruchsvolleres, das Repräsentationsbestrebungen hätte dienen können.

Hohlglas ist an diesem bis um 1500 bewohnten Platz lediglich in Form von wenigen Scherben doppelkonischer Flaschen aus grünem Waldglas bezeugt; die Becher aus Frauenweiler finden auch im späten Muffenheimer Fundgut keine Entsprechungen.

Noch weitaus bescheidener stellt sich der keramische Formenbestand in der bis ins spätere 14./ frühe 15. Jahrhundert bestehenden Siedlung im ‚Lippenöschle' bei Ulm-Eggingen dar. Dies trifft nicht nur auf die 1989 publizierten Funde[76] zu. Das formenarme Bild wird durch unveröffentlichte

---

70 Beispiel Sinsheim: DAMMINGER/GROSS, Stadtburg 34 f. Abb. 23 u. 24.
71 Beispiel Burg Reichenstein: H.-P. KUHNEN, Neues zur Burg Reichenstein in Neckargemünd, Rhein-Neckar-Kreis. Arch. Ausgr. Baden-Württemberg 1989, 253 (Erwähnung).
72 CH. PROHASKA-GROSS, Der Heidelberger Glasfund. In: Vor dem großen Brand 82 ff.
73 F. DAMMINGER/U. GROSS, Archäologische Ausgrabungen in der Wüstung Muffenheim, Gemarkungen Ottersdorf und Plittersdorf, Stadt Rastatt. Arch. Ausgr. Baden-Württemberg 2001, 168 ff. – Dies., Fortsetzung der Ausgrabungen in der Wüstung Muffenheim, Gemarkungen Ottersdorf und Plittersdorf, Stadt Rastatt. Arch. Ausgr. Baden-Württemberg 2002, 181–184.
74 F. DAMMINGER/U. GROSS, Die Wüstung Muffenheim auf Gemarkung Ottersdorf/Plittersdorf (in Vorbereitung).
75 Y. HENIGFELD, La céramique en grès de Haguenau à la fin du Moyen Age: contribution à l'étude des sites de production rhénans. Rev. Arch. Est et Centre-Est 49, 1998, 313 ff. – Spätmittelalter am Oberrhein. Alltag, Handwerk und Handel 1350–1525. Große Landesausstellung des Badischen Landesmuseums Karlsruhe (Stuttgart 2001) 210 (U. GROSS).

Materialien bestätigt, die ebenfalls aus dem Wüstungsareal stammen, aber außerhalb der regulären Grabungsaktivitäten geborgen wurden.[77]

Mit den Funden aus dem im Fränkischen Freilandmuseum Bad Windsheim wieder aufgebauten Bauernhaus von Höfstetten soll neben baden-württembergischem auch einmal mittelfränkisches Fundmaterial zur Sprache kommen. Nach der Bearbeitung durch W. ENDRES sind von den hier interessierenden Geschirrformen lediglich ein beutelförmiger Becher (,Kreuse')[78] und ein Lämpchen[79] im damals benutzten Repertoir vorhanden. Das Ofenmaterial setzt sich ausschließlich aus unglasierten viereckigen Schüsselkacheln zusammen [80].

Abschließend sei nun noch ein kurzer Blick auf einige spätmittelalterliche ländliche Töpfereien in verschiedenen Regionen südlich des Mains geworfen und der Vergleich mit jeweils möglichst benachbarten städtischen Produktionen vorgenommen.

In Binau am Neckar arbeitete eine Hafnerei im 13. bis früheren 14. Jahrhundert. Sie stellte mit unglasierten Töpfen, Bügelkannen, Schüsseln, Deckeln und Becherkacheln nur den damals geläufigen Grundbestand an Geschirr- und Kachelformen her.[81]

Im Gegensatz dazu erzeugte die wenig neckaraufwärts gelegene, nur etwas jüngere Produktionsstätte in Bad Wimpfen am Berg[82] mit Bechern (auch Exemplaren mit Vierpassmündung), Leuchtern, glasierten Krügen, glasierten Fettfängern und glasierten frühen Schüsselkacheln in Binau fehlende Formen.

In Musberg, Stadt Leinfelden-Echterdingen, trifft man im 14. und frühen 15. Jahrhundert ebenfalls auf eine eher schmale Produktpalette. Im durchweg unglasierten Fundmaterial[83] fallen lediglich eine Kanne mit Vierpassmündung,[84] ein Leuchter[85] sowie schlichte Tellerkacheln[86] auf. Es erstaunt, dass neben dem Leuchter keinerlei Spuren einfacher Lämpchen vorliegen; auch auf die Absenz von Trinkbechern sei hingewiesen.

Im benachbarten Leonberg findet man diese.[87] Als weiterer gravierender Unterschied ist hier das Vorhandensein aufwändiger Reliefkacheln zu nennen, bei denen die bereits vorhandene Engobierung auf die Kenntnis von Glasur schließen lässt.[88]

Für den zuvor schon durch Höfstetten repräsentierten fränkischen Raum östlich des Neckars soll hier als ländliche Töpferei jene in Mistlau bei Kirchberg a. d. Jagst herangezogen werden.[89] Außer einem Fragment, das von einem Lavabo, aber durchaus auch von einem großen Deckel herrühren könnte,[90] traten hier ausschließlich einfache Töpfe[91] und schlichte Viereckkacheln zu Tage.[92]

---

76 U. GROSS, Befundinterpretation und mittelalterliches Fundmaterial. In: C.-J. KIND, Ulm-Eggingen. Bandkeramische Siedlung und mittelalterliche Wüstung. Forsch. u. Ber. Vor- u. Frühgesch. Baden-Württemberg 34 (Stuttgart 1989) 318 ff.
77 Unpubliziert; Archäologischen Landesmuseum Baden-Württemberg, Zentrales Fundarchiv Rastatt.
78 ENDRES, Keramikfunde 132 (Nr. 21); 152 (Nr. 21).
79 Ebd. 133 (Nr. 20) ; 152 (Nr. 20).
80 Ebd. 134 (Nr. 22); 152 (Nr. 22).
81 GROSS, Binau und Leonberg 724 ff. Abb. 1–4.
82 Zu einigen Funden siehe: D. PLANCK (Hrsg.), Archäologie in Baden-Württemberg. Das Archäologische Landesmuseum, Außenstelle Konstanz (Stuttgart 1994) 278 sowie U. GROSS/S. KALTWASSER/D. ADE-RADEMACHER/M. JUNKES, Keramik. In: Stadtluft, Hirsebrei und Bettelmönch. Die Stadt um 1300. Katalog zur gemeinsamen Ausstellung des Landes Baden-Württemberg und der Stadt Zürich (Stuttgart 1992) 328; die Masse des Materials ist noch unveröffentlicht.
83 U. GROSS, Eine mittelalterliche Töpferei bei Musberg, Stadt Leinfelden-Echterdingen. Arch. Ausgr. Baden-Württemberg 1982, 207 ff. – GROSS, Musberg 65 ff.
84 GROSS, Musberg 71, Abb. 3,1.
85 Ebd. 72 Abb. 4,3.
86 Ebd. 73 Abb. 5,7.
87 GROSS, Binau und Leonberg 733 Abb. 8,7–10; 736 Abb. 11,3–6.
88 Ebd. 738 Abb. 13,4–6.
89 STACHEL, Mistlau 281 ff.
90 Ebd. 299 Abb. 21,17.
91 Ebd. 298 Abb. 20.
92 Ebd. 297 Abb. 19.

In der jenseits des Kochers gelegenen Katharinenvorstadt von Schwäbisch-Hall kamen in den letzten Jahren immer wieder umfangreiche Spuren spätmittelalterlicher Hafnertätigkeiten zum Vorschein.[93] Ausgewertet werden konnte bisher jedoch lediglich das Material aus der Langen Straße 49.[94] Wie kaum anders zu erwarten, enthält dieser Bestand sowohl Becher[95] als auch Lämpchen[96]. Unter der Ofenkeramik sind sowohl zusammengesetzte Formen[97] als auch reliefierte[98] vorhanden. Darüber hinaus ist auch die Herstellung von Nischen bzw. Kranzkacheln bezeugt.[99]

Die Umschau zeigt demnach, dass auch großräumig deutlich Unterschiede im Formenbestand ländlicher Produktionsstätten einer- und städtischer Hafnereien anderseits bestanden, die im Wesentlichen die Bedürfnisse ihres jeweiligen Umfeldes befriedigen mussten.[100]

Abgekürzt zitierte Literatur

CARROLL-SPILLECKE, Untersuchungen	M. Carroll-Spillecke, Die Untersuchungen im Hof der Neuen Universität in Heidelberg. Materialh. Arch. Baden-Württemberg 20 (Stuttgart 1993).
DAMMINGER/GROSS, Stadtburg	F. DAMMINGER/U. GROSS, Archäologische Ausgrabungen in der wieder entdeckten Stadtburg in Sinsheim. Kraichgau 19, 2005, 11–42.
ENDRES, Keramikfunde	W. ENDRES, Die Keramikfunde aus dem Höfstetter Bauernhaus. In: K. BEDAL u. a., Ein Bauernhaus aus dem Mittelalter. Schr. u. Kat. Fränk. Freilandmus. Bad Windsheim 9 (Bad Windsheim 1987).
GROSS, Binau und Leonberg	U. GROSS, Spätmittelalterlicher Töpfereiabfall aus Binau, Neckar-Odenwald-Kreis, und aus Leonberg, Kr. Böblingen. Fundber. Baden-Württemberg 23, 1999, 721–740.
GROSS, Hafnerei	U. GROSS, Spätmittelalterliche Hafnerei in der Katharinenvorstadt. Töpfereiabfall aus dem 15. Jahrhundert auf dem Grundstück Lange Straße 49. In: K. BEDAL/I. FEHLE (Hrsg.), Haus(ge)schichten. Neue Forschungen zum Bauen und Wohnen in Schwäbisch Hall und seiner Katharinenvorstadt (Sigmaringen 1994) 449–464.
GROSS, Hygiene	U. GROSS, Archäologische Beiträge zur Hygiene im Mittelalter und in der frühen Neuzeit. Denkmalpfl. Baden-Württemberg. Nachrichtenbl. Landesdenkmalamt 24, 1995/3, 137–143.
GROSS, Keramik	U. GROSS, Mittelalterliche Keramik im Raum zwischen Neckarmündung und Schwäbischer Alb. Bemerkungen zur räumlichen Entwicklung und zeitlichen Gliederung. Forsch. u. Ber. Arch. Mittelalter Baden-Württemberg 12 (Stuttgart 1991).
GROSS, Musberg	U. GROSS, Die spätmittelalterliche Töpferei von Musberg. 10 Jahre Geschichtsverein Leinfelden-Echterdingen 1985–1995. Hrs.g Geschichtsverein Leinfelden-Echterdingen (Leinfelden-Echterdingen 1995) 65–74.
GROSS, Weitere Funde	U. GROSS, Weitere Funde aus dem Areal der Burg Wersau. Kraichgau. Beitr. Landschafts- u. Heimatforsch. 16, 1999, 203–218.

---

93 U. GROSS/M. WEIHS, Mittelalterliche Keramik aus einer Latrine und einem Töpferofen in Schwäbisch Hall. Arch. Ausgr. Baden-Württemberg 1993, 297 ff. – S. ARNOLD/M. WEIHS, Ein Töpferei- und Ziegeleibetrieb in der Katharinenvorstadt in Schwäbisch Hall. Arch. Ausgr. Baden-Württemberg 1998, 265 ff.
94 U. GROSS, Spätmittelalterliche Hafnerei in der Katharinenvorstadt. Töpfereiabfall aus dem 15. Jahrhundert auf dem Grundstück Lange Straße 49. In: K. BEDAL/I. FEHLE (Hrsg.), Haus(ge)schichten. Neue Forschungen zum Bauen und Wohnen in Schwäbisch Hall und seiner Katharinenvorstadt (Sigmaringen 1994) 449 ff.
95 GROSS, Hafnerei 458 Abb. 10,4.5.
96 Ebd. 458 Abb. 10,7.8.
97 Ebd. 460 f. Abb. 11,2; 13.
98 Ebd. 451 Abb. 2; 460 Abb. 11,3.
99 Ebd. 460 Abb. 11,1.
100 Dass es freilich auch ‚landsässige' Hafnerbetriebe gab, die für die zahlungskräftige Kundschaft eines größeren Raumes tätig waren, bezeugt in Südwestdeutschland am eindrucksvollsten jene in Buoch im Remstal. Dazu zuletzt: U. GROSS, Nochmals zur „Rotbemalten Buocher Feinware". Buocher H. 27, 2007, 34 ff.

Gross, Wersau	U. Gross, Die Keramikfunde aus der Burg Wersau. Kraichgau. Beitr. Landschafts- u. Heimatforsch. 15, 1997, 137–150.
Hildebrandt, Urkunden	L. Hildebrandt, Mittelalterliche Urkunden über Wiesloch und Walldorf und die Ortsteile Alt-Wiesloch, Baiertal, Hohenhardt und Schatthausen sowie der Herren von Hohenhart, von Schadehusen, von Walldorf und von Wissenloch (Ubstadt-Weiher 2001).
Hildebrandt, Wüstungen	L. Hildebrandt, Wüstungen im südwestlichen Rhein-Neckar-Kreis im Spiegel urkundlicher Nachrichten und archäologischer Funde. In: L. Hildebrandt (Hrsg.), Archäologie und Wüstungsforschung im Kraichgau. Heimatverein Kraichgau, Sonderveröff. Nr. 18 (Ubstadt-Weiher 1997) 59–112.
Hildebrandt/Gross, Notbergung	L. Hildebrandt/U. Gross, Archäologische Notbergung im Bereich der ehemaligen Burg Wersau bei Reilingen, Rhein-Neckar-Kreis. Arch. Ausgr. Baden-Württemberg 199, 182–184.
Koch, Trinkbecher	R. Koch, Mittelalterliche Trinkbecher aus Keramik von der Burg Weibertreu bei Weinsberg. Forsch. u. Ber. Arch. Mittelalter Baden-Württemberg 6 (Stuttgart 1979) 47–75.
Lobbedey, Untersuchungen	U. Lobbedey, Untersuchungen mittelalterlicher Keramik, vornehmlich aus Südwestdeutschland (Berlin 1968).
Mittelstrass, Eschelbronn	T. Mittelstrass, Eschelbronn. Entstehung, Entwicklung und Ende eines Niederadelssitzes im Kraichgau (12.–18. Jahrhundert). Forsch. u. Ber. Arch. Mittelalter Baden-Württemberg 17 (Stuttgart 1997).
Stachel, Mistlau	G. Stachel, Ein spätmittelalterlicher Töpferofen von Mistlau, Gde. Kirchberg/Jagst. Forsch. u. Ber. Arch. Mittelalter Baden-Württemberg 8 (Stuttgart 1983) 281–299.
Thoma, Unter Bruchsals Strassen	M. Thoma, Unter Bruchsals Strassen. Archäologische Untersuchungen nahe der Marienkirche. Badische Heimat Juni 2, 2009, 132–143.
Vor dem großen Brand	Vor dem großen Brand. Archäologie zu Füßen des Heidelberger Schlosses. Katalog Heidelberg (Stuttgart 1992).

Schlagwortverzeichnis

Gefäßformenschatz; ländliche Siedlungen; Keramik; Rhein-Neckar-Raum; Spätmittelalter.

Anschrift des Verfassers

Dr. Uwe Gross
Regierungspräsidium Stuttgart
Landesamt für Denkmalpflege
Archäologische Denkmalpflege
Berliner Str. 12
73728 Esslingen

E-Mail: uwe.gross@rps.bwl.de

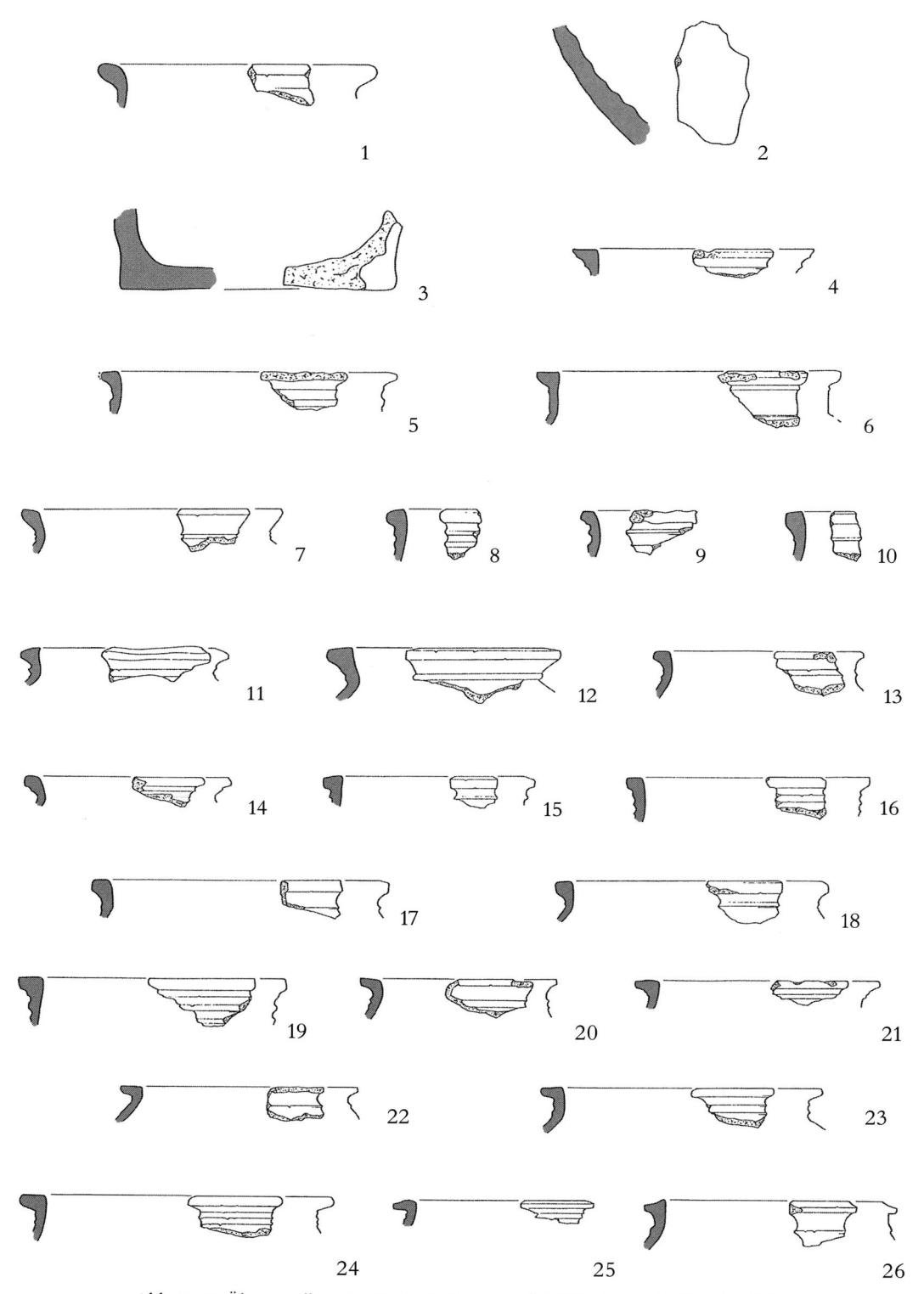

Abb. 1: 1.2 Ältere, gelbtonige Drehscheibenware (1.2 Wieslocher Art?), 3 fraglich.
4–26 Ältere, grautonige Drehscheibenware. M 1:3.

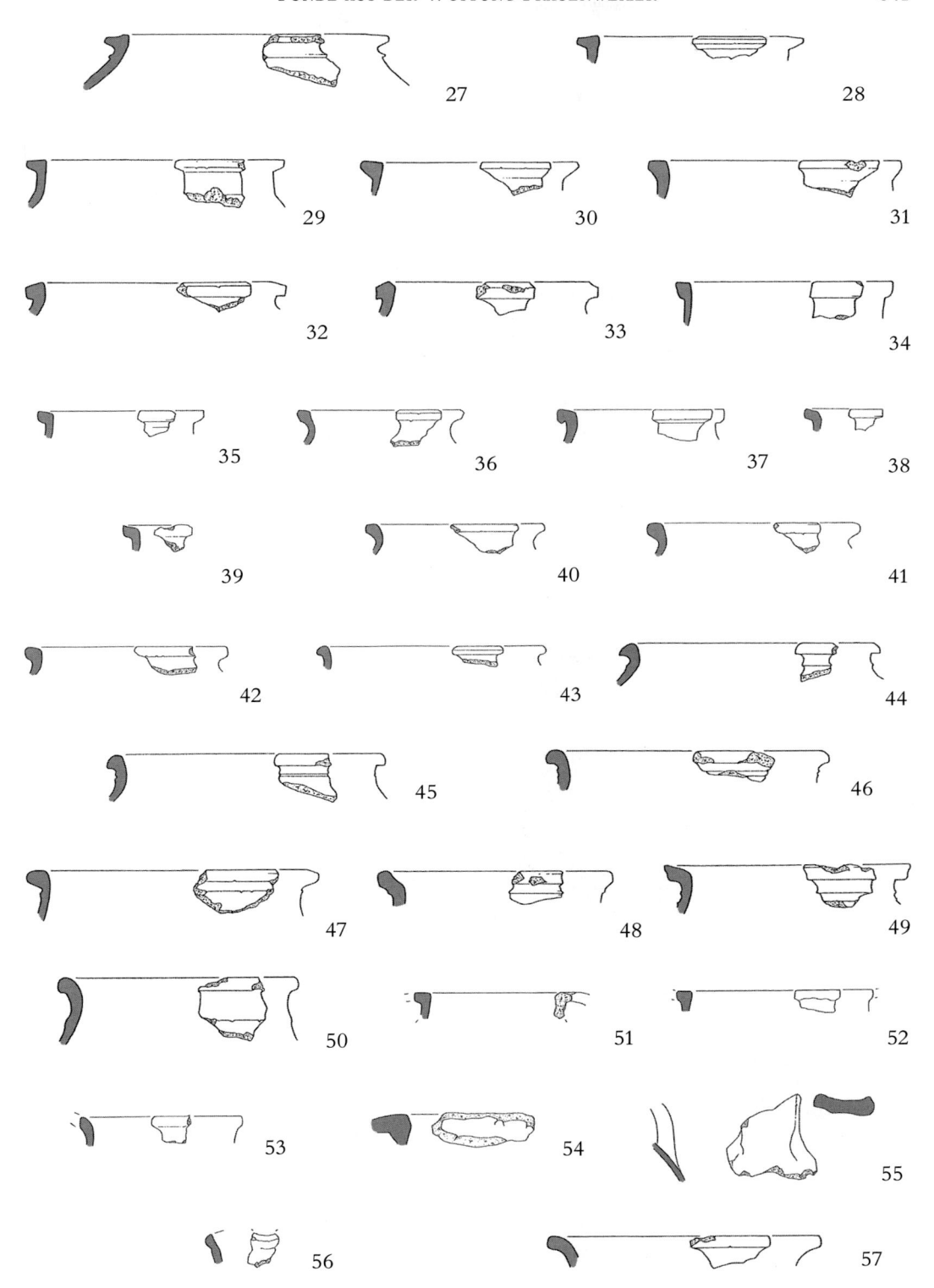

Abb. 2: 27–50 Ältere, grautonige Drehscheibenware. 51–56 Ältere, grautonige Drehscheibenware: Kannen. 57 Jüngere Drehscheibenware, grau: Topf. M 1:3.

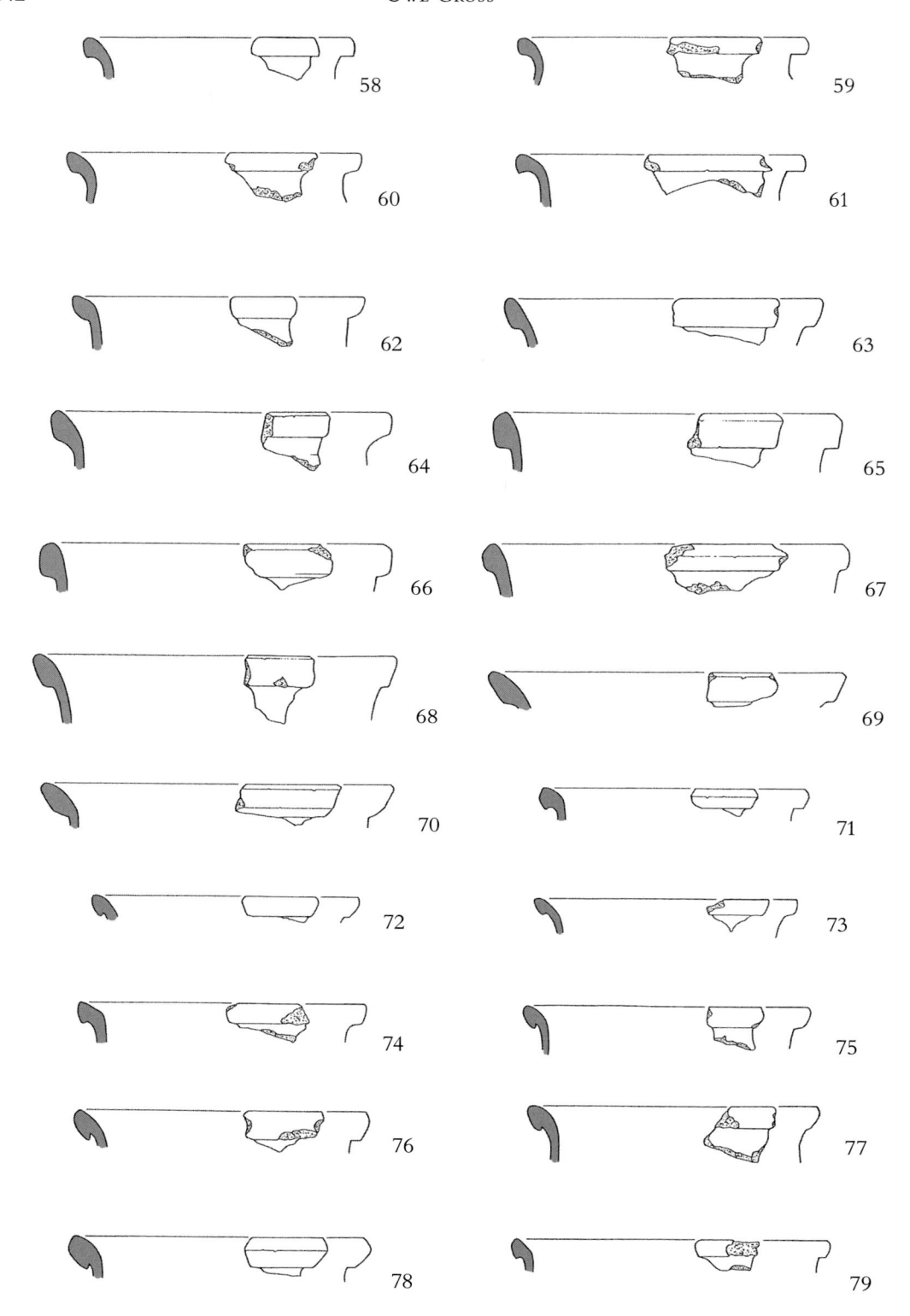

Abb. 3: 58–79 Jüngere Drehscheibenware, grau: Töpfe. M 1:3.

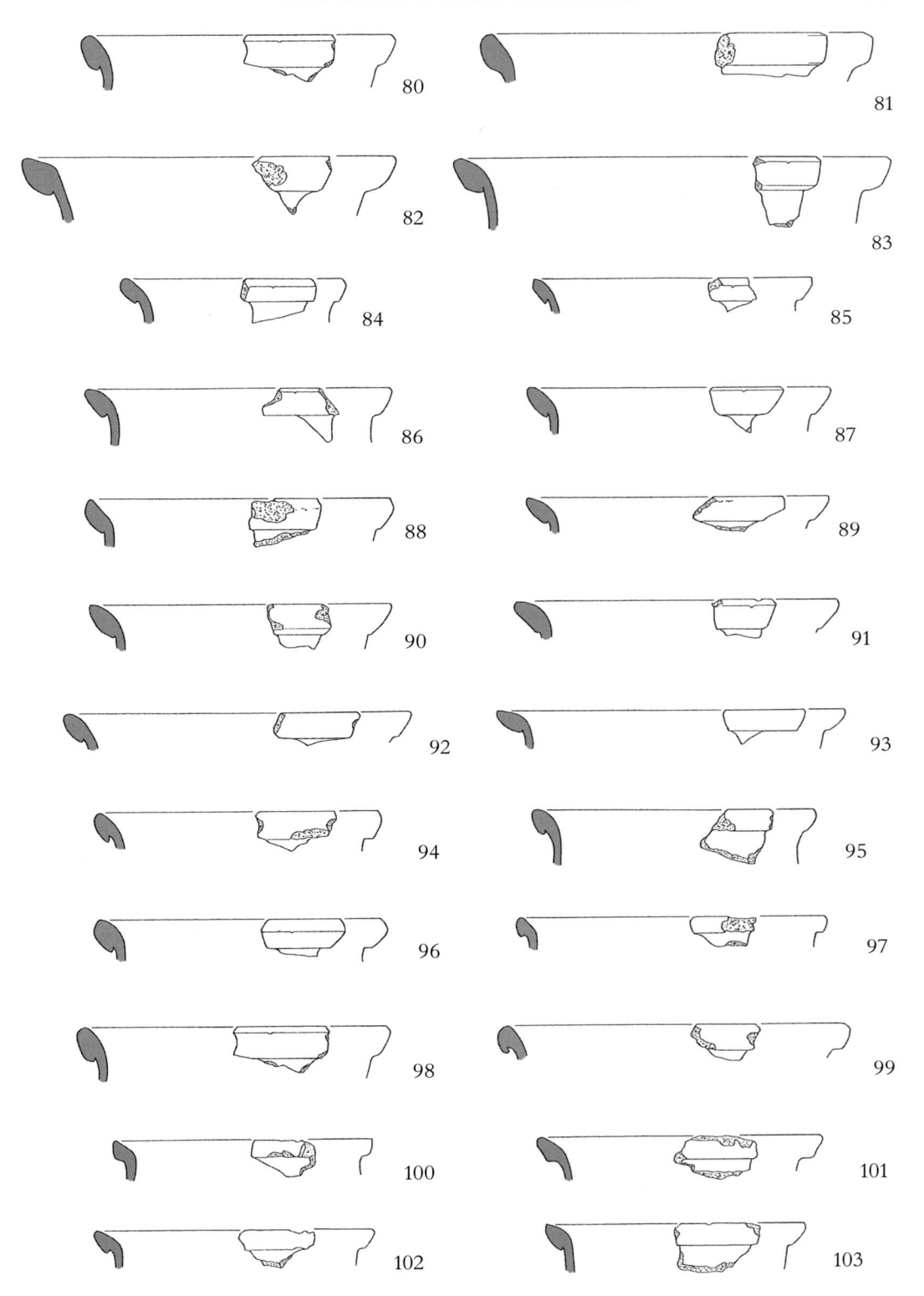

Abb. 4: 80–103 Jüngere Drehscheibenware, grau: Töpfe. M 1:3.

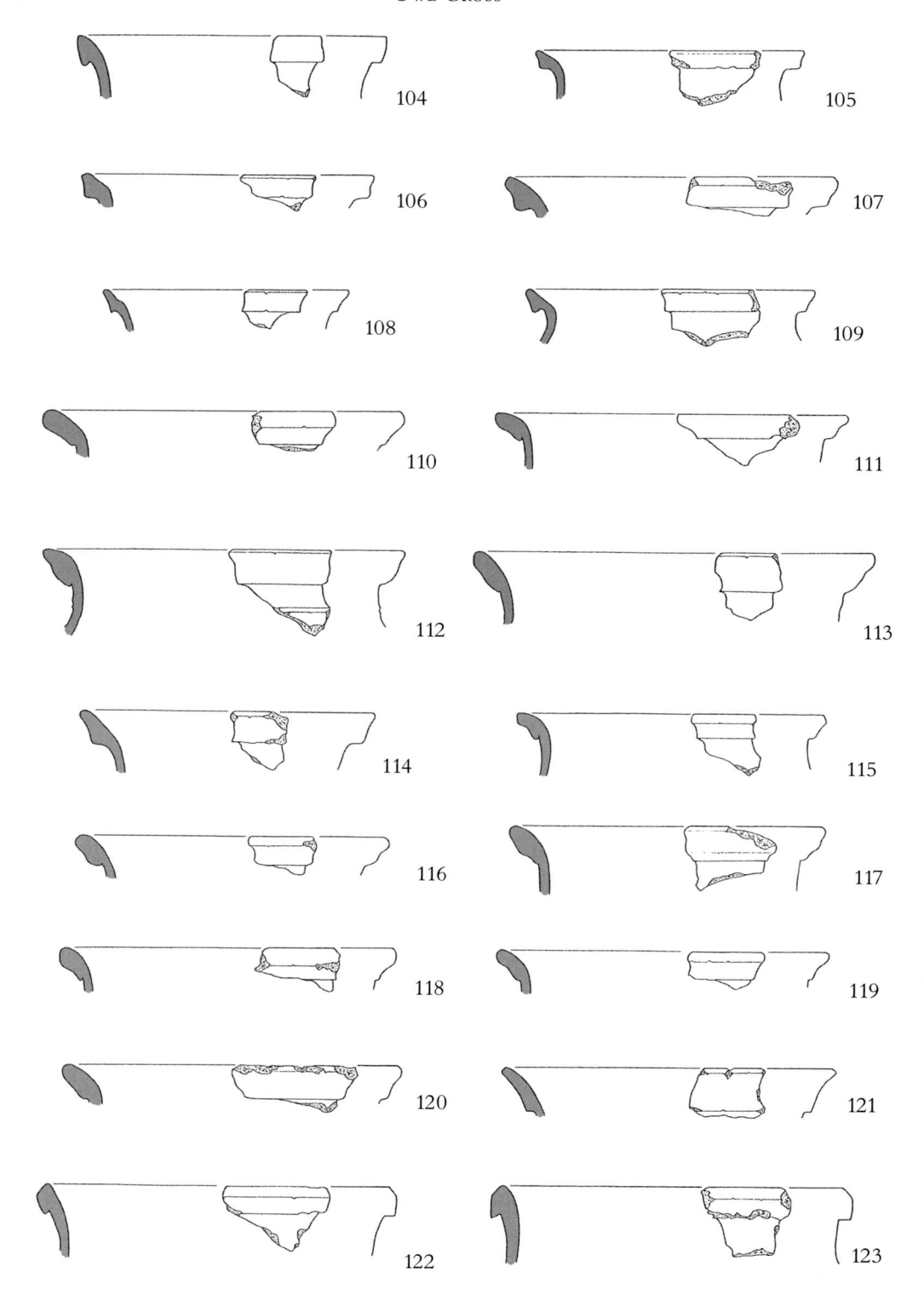

Abb. 5: 104–123 Jüngere Drehscheibenware, grau: Töpfe. M 1:3.

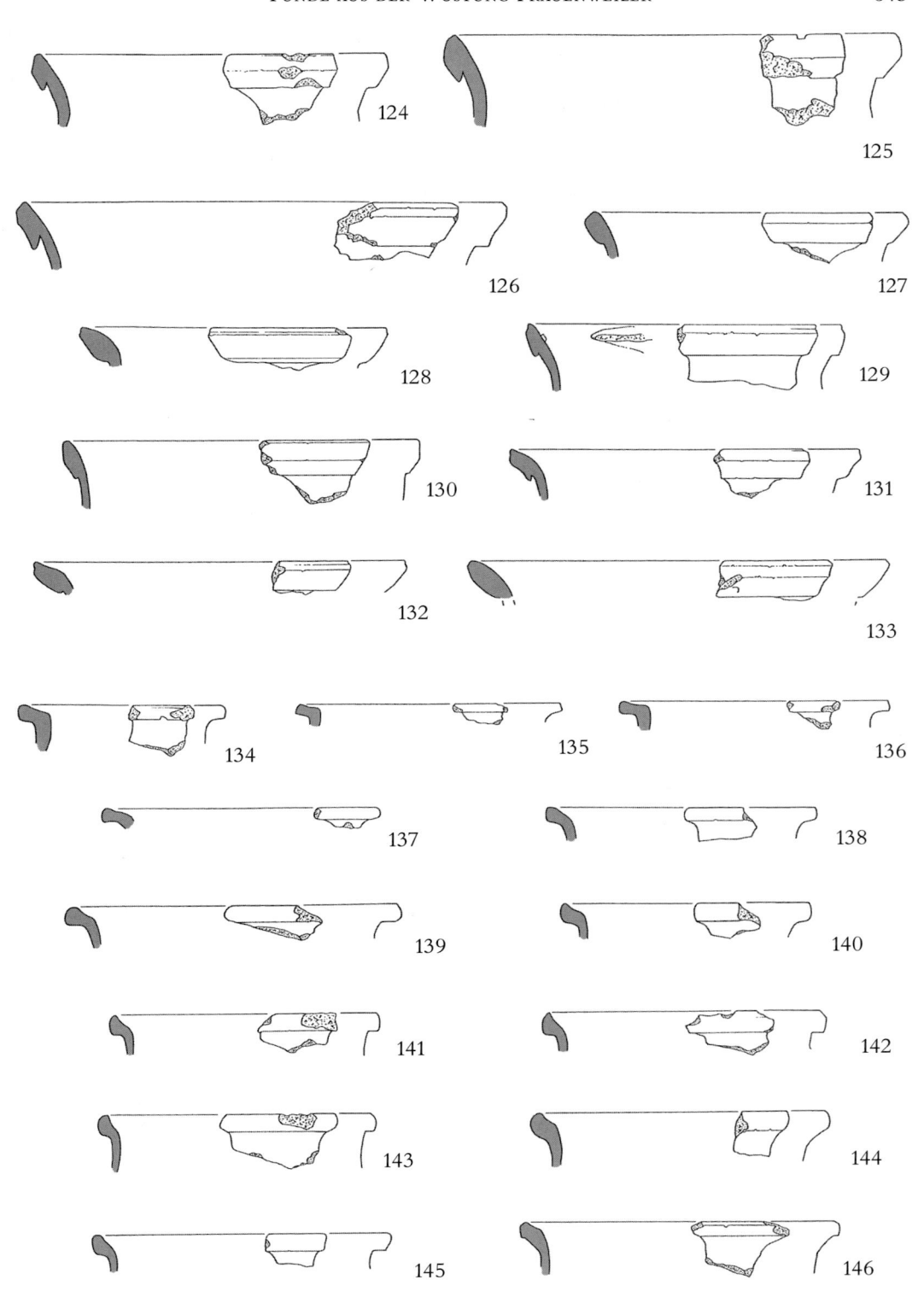

Abb. 6: 124–146 Jüngere Drehscheibenware, grau: Töpfe. M 1:3.

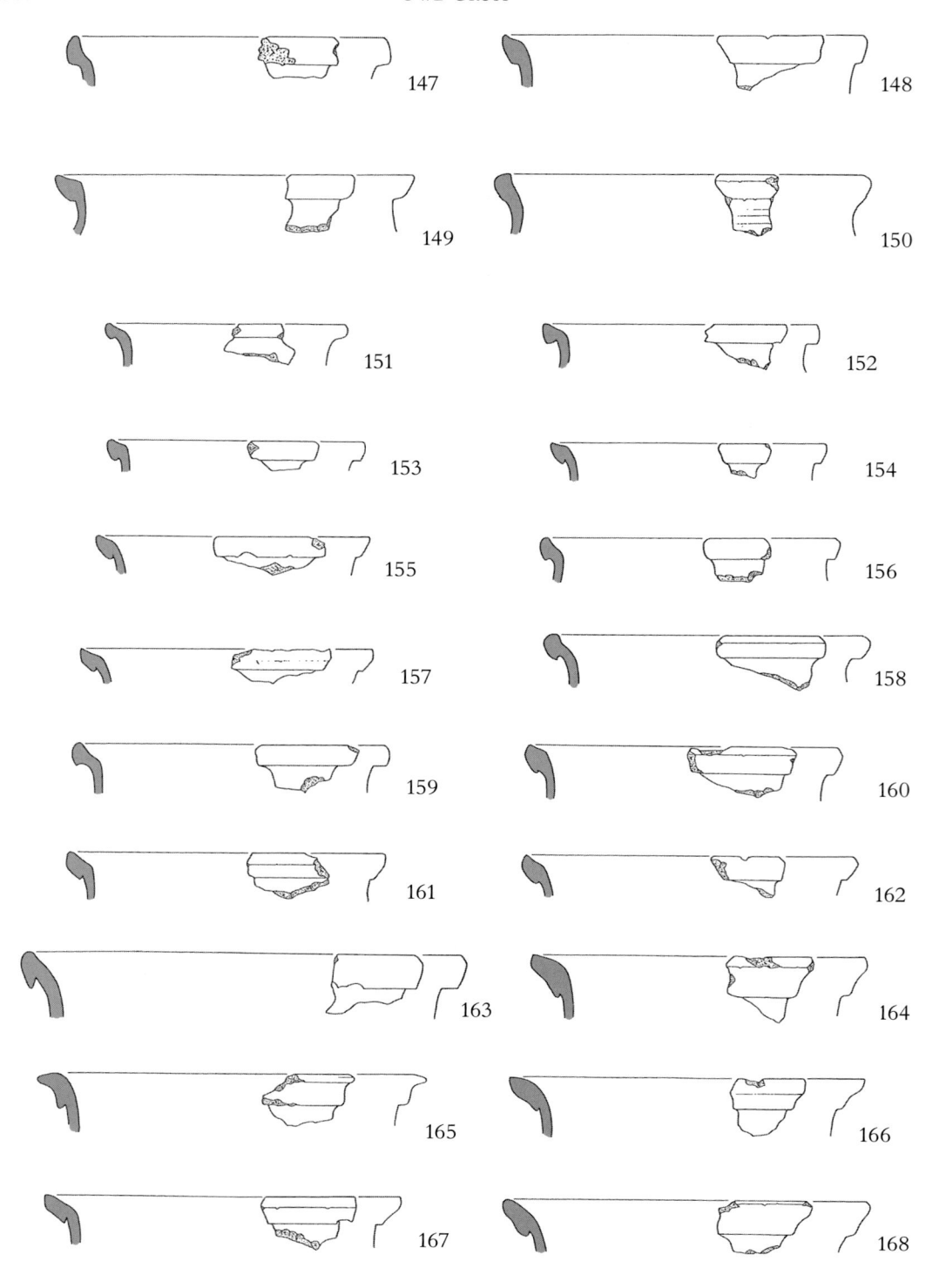

Abb. 7: 147–168 Jüngere Drehscheibenware, grau: Töpfe. M 1:3.

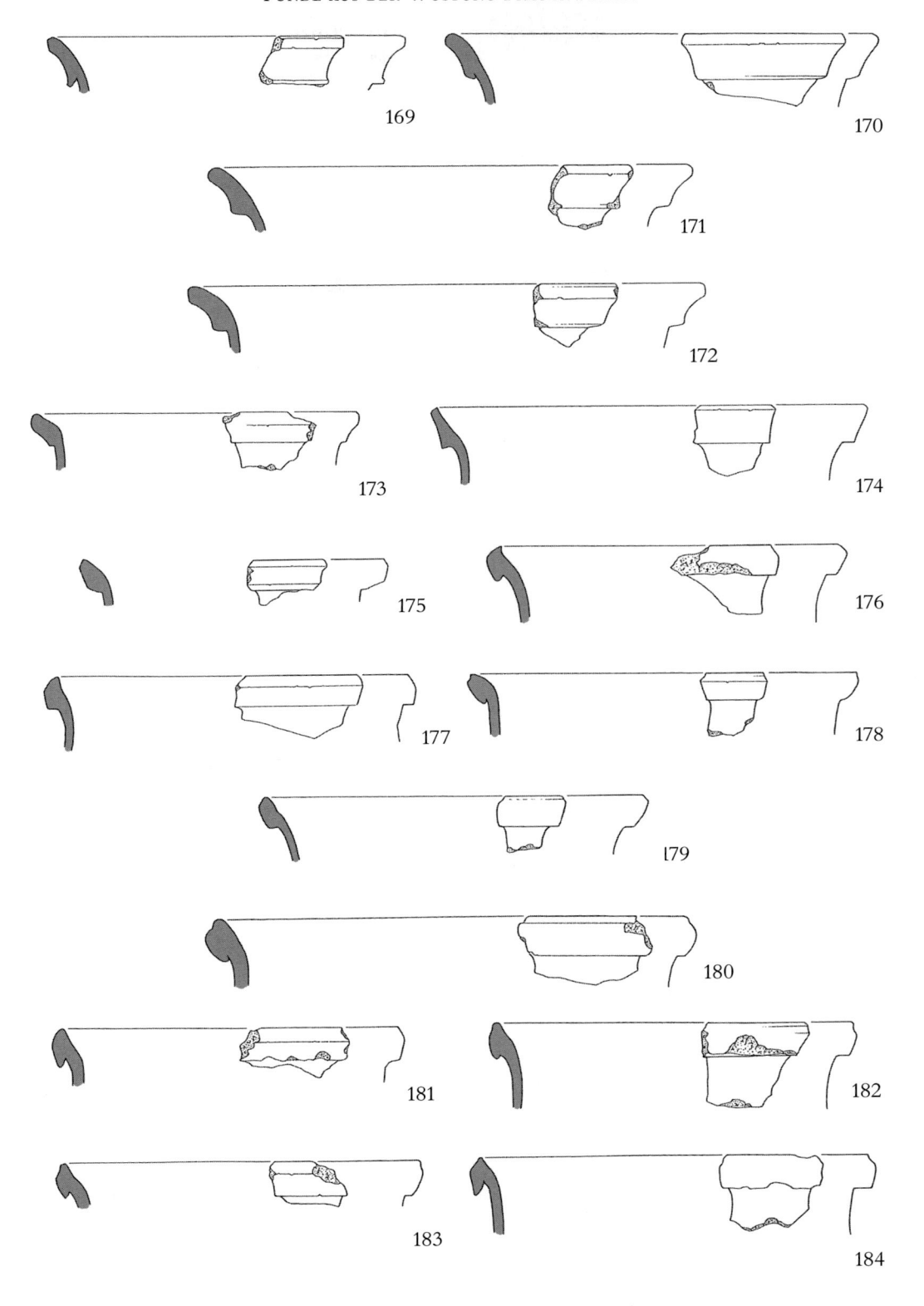

Abb. 8: 169–184 Jüngere Drehscheibenware, grau: Töpfe. M 1:3.

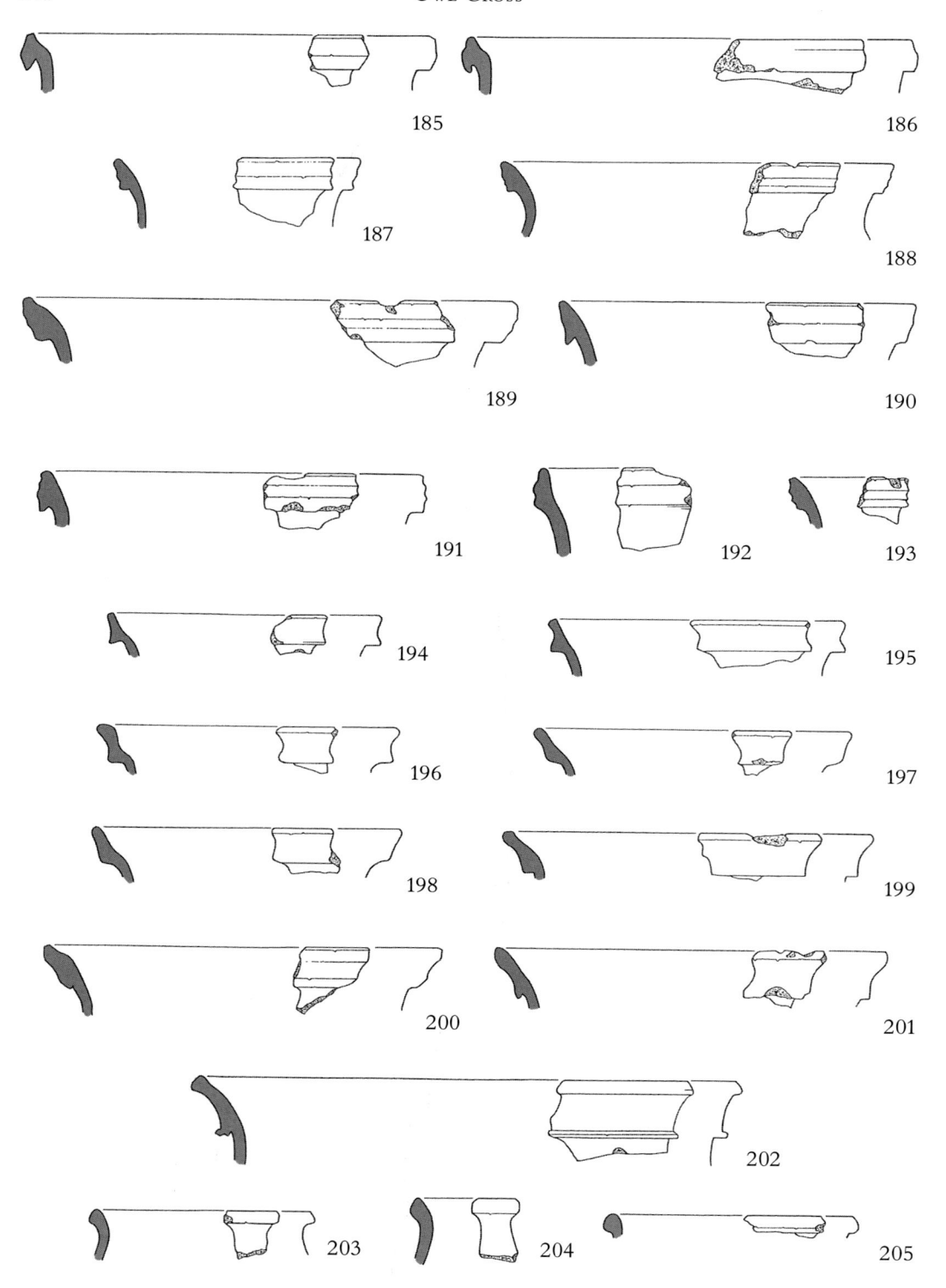

Abb. 9: 185–205 Jüngere Drehscheibenware, grau: Töpfe. M 1:3.

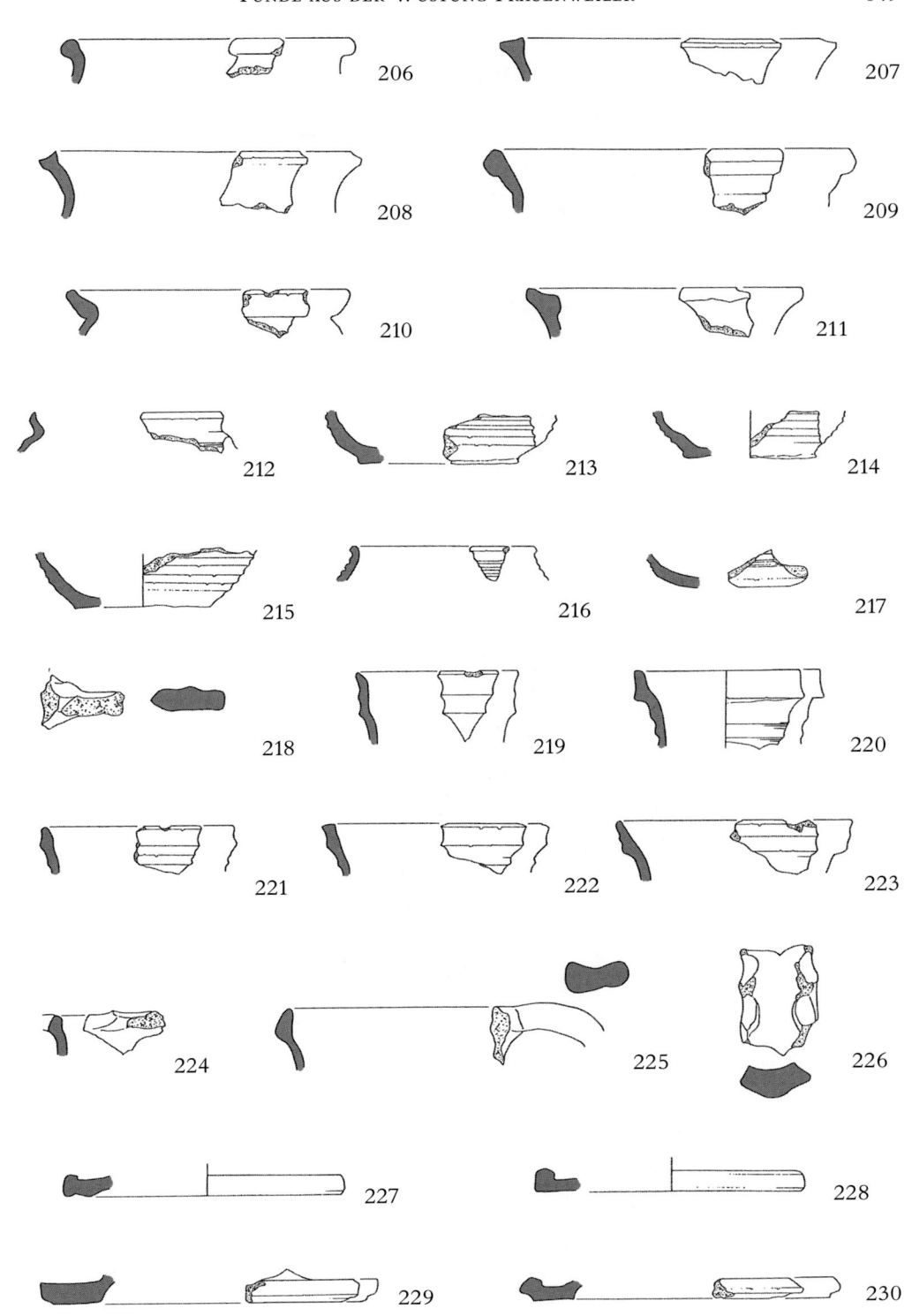

Abb. 10: 206–211 Jüngere Drehscheibenware, grau: Töpfe. 212–217 Jüngere Drehscheibenware, grau: Becher. 218–226: Jüngere Drehscheibenware, grau: Flasche (218), Krüge. 227–230 Jüngere Drehscheibenware, grau: Deckel. M 1:3.

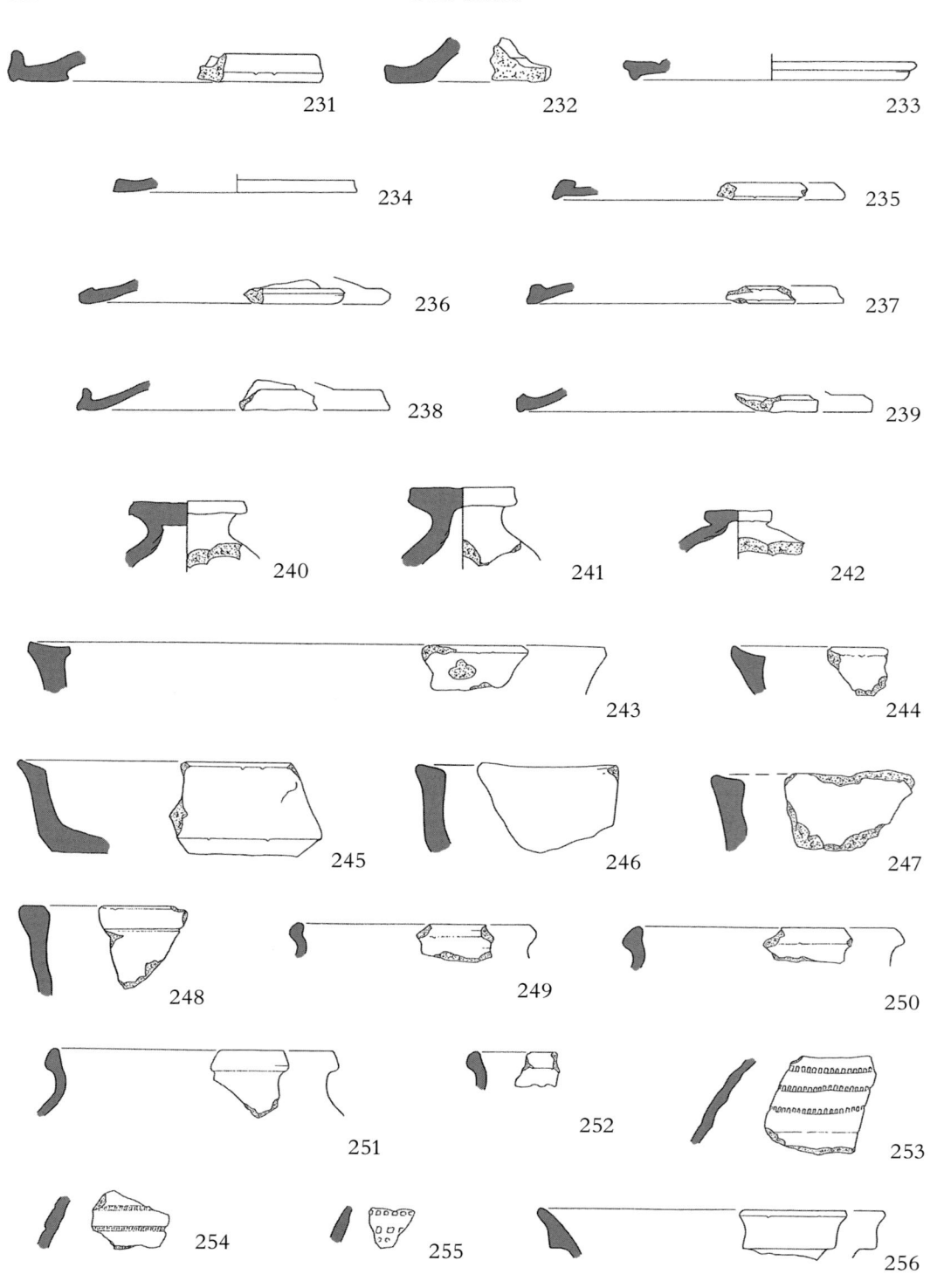

Abb. 11: 231–242 Jüngere Drehscheibenware, grau: Deckel. 243–248 Jüngere Drehscheibenware, grau: Becken/Fettfänger (?). 249–255 Kugeltöpfe (?), grau (249–252); Jüngere Drehscheibenware, grau: Wandscherben mit Rollrädchendekor (253–255). 256 Jüngere Drehscheibenware, orange/rötlich: Topf. M 1:3.

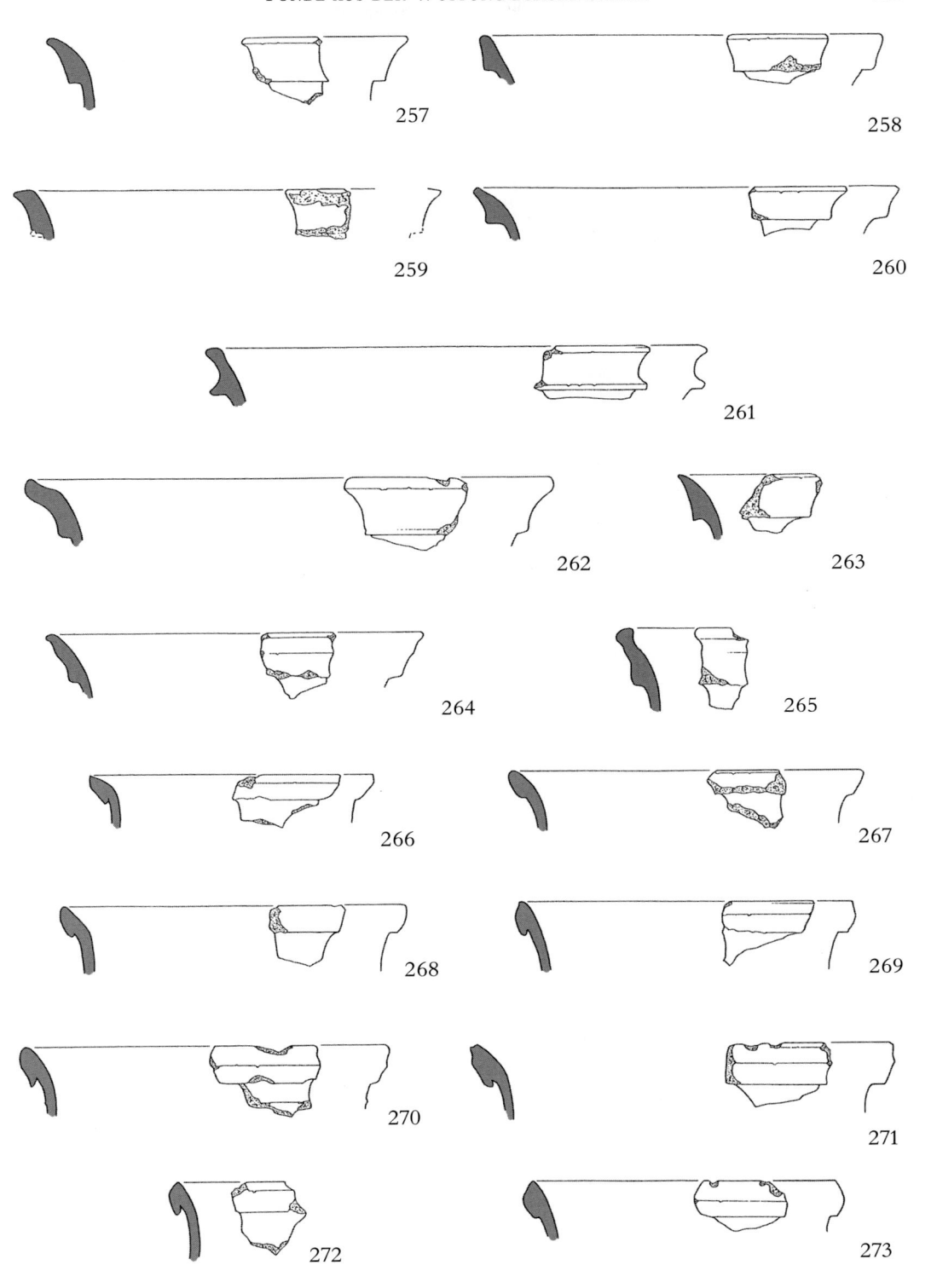

Abb. 12: 257–273 Jüngere Drehscheibenware, orange/rötlich: Töpfe. M 1:3.

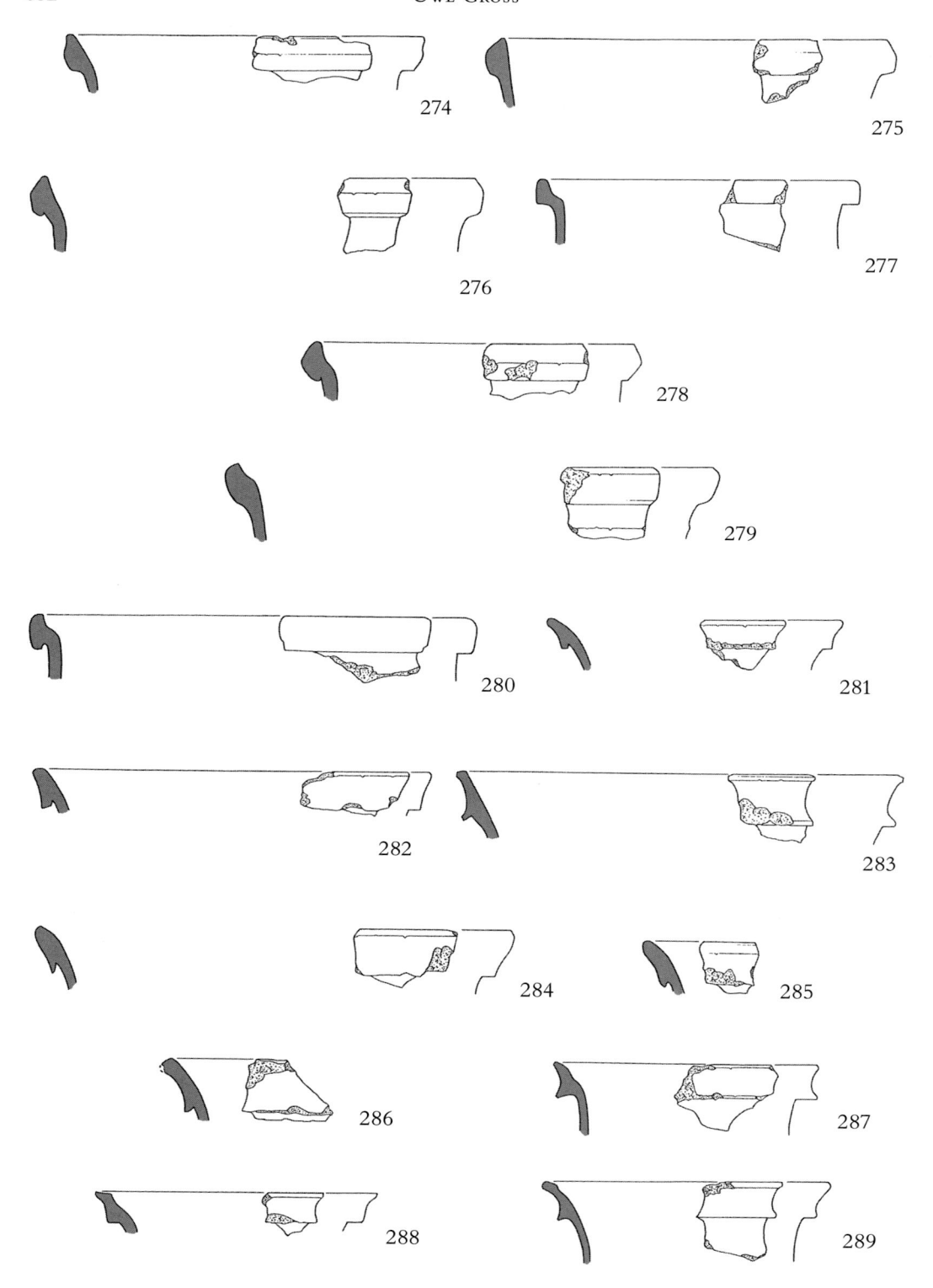

Abb. 13: 274–277 Jüngere Drehscheibenware, orange/rötlich: Töpfe. 278–289 Jüngere Drehscheibenware, überwiegend orange/rötlich: Töpfe. M 1:3.

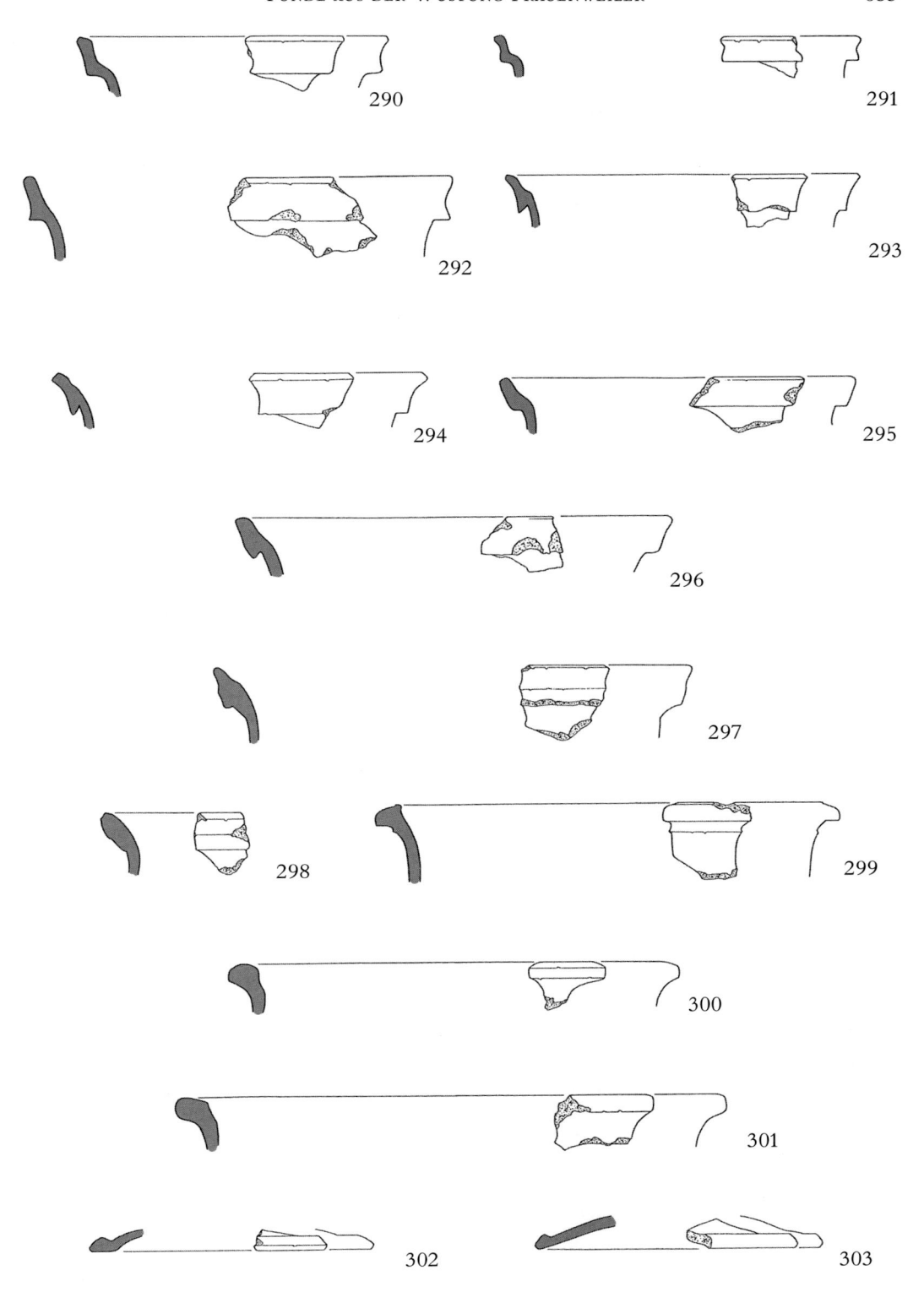

Abb. 14: 290–301 Jüngere Drehscheibenware, überwiegend orange/rötlich: Töpfe. 302.303 Jüngere Drehscheibenware, überwiegend orange/rötlich: Deckel. M 1:3.

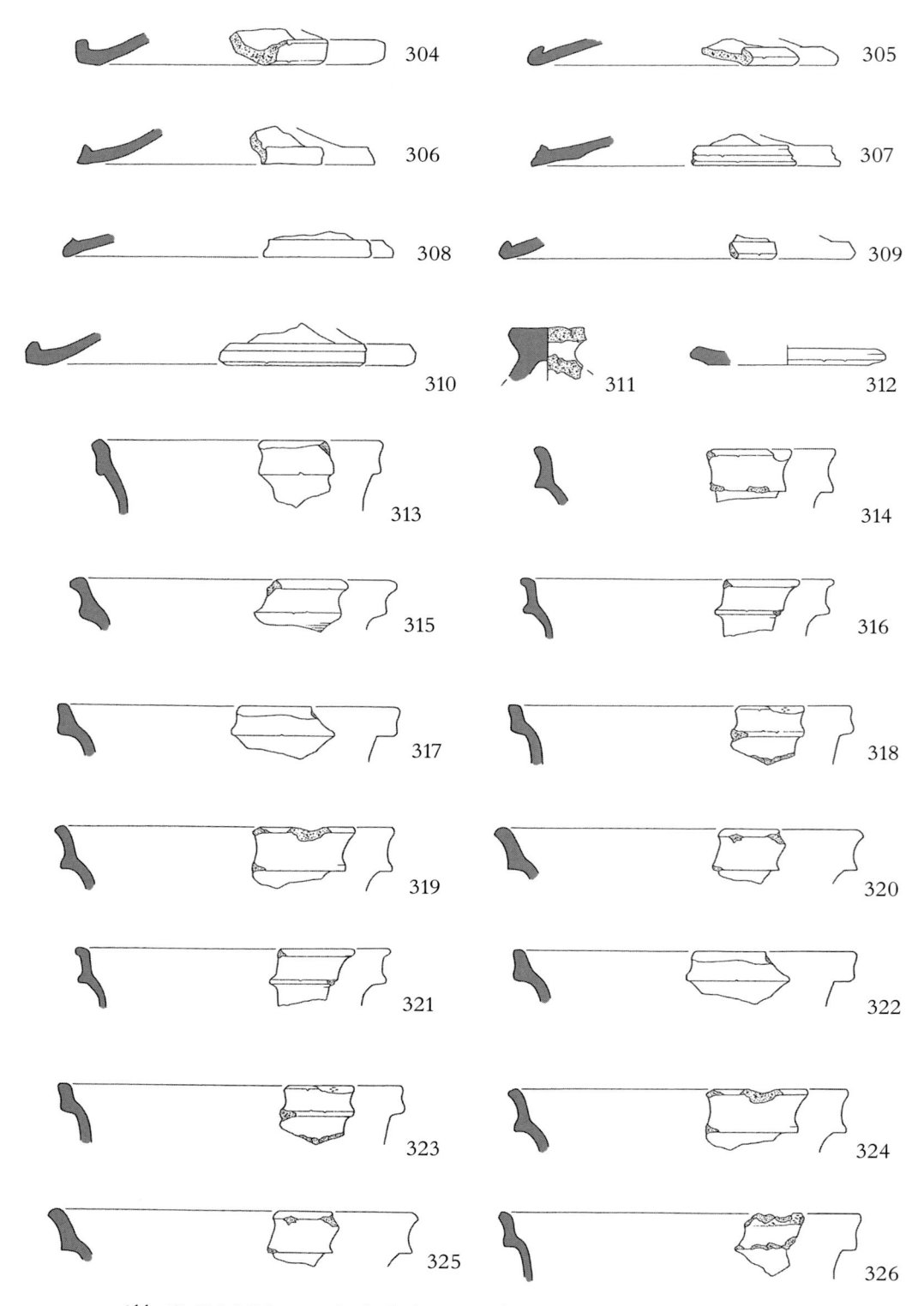

Abb. 15: 304–312 Jüngere Drehscheibenware, überwiegend orange/rötlich: Deckel.
313–326 Glasierte Drehscheibenware: Töpfe. M 1:3.

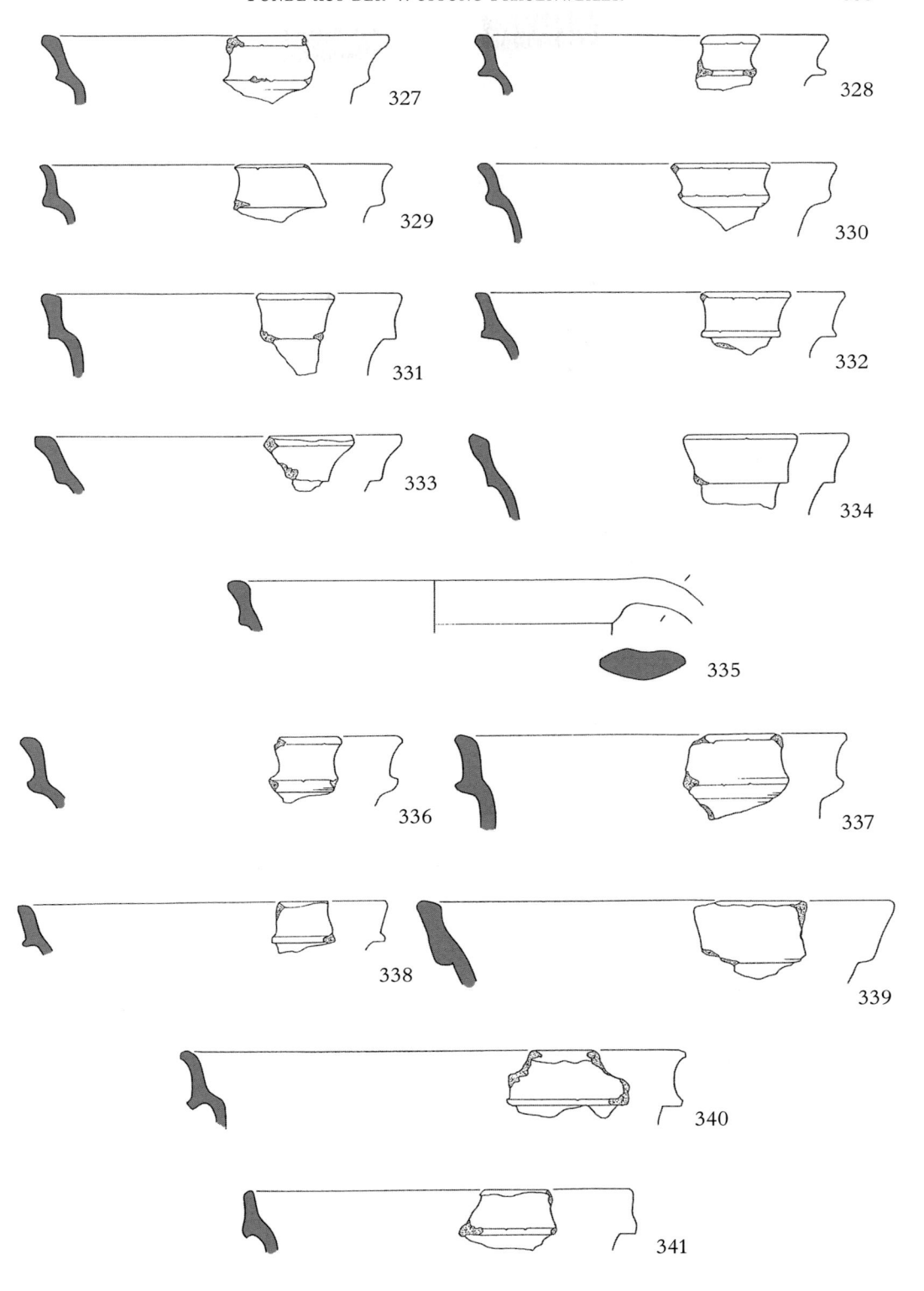

Abb. 16: 327–341 Glasierte Drehscheibenware: Töpfe. M 1:3.

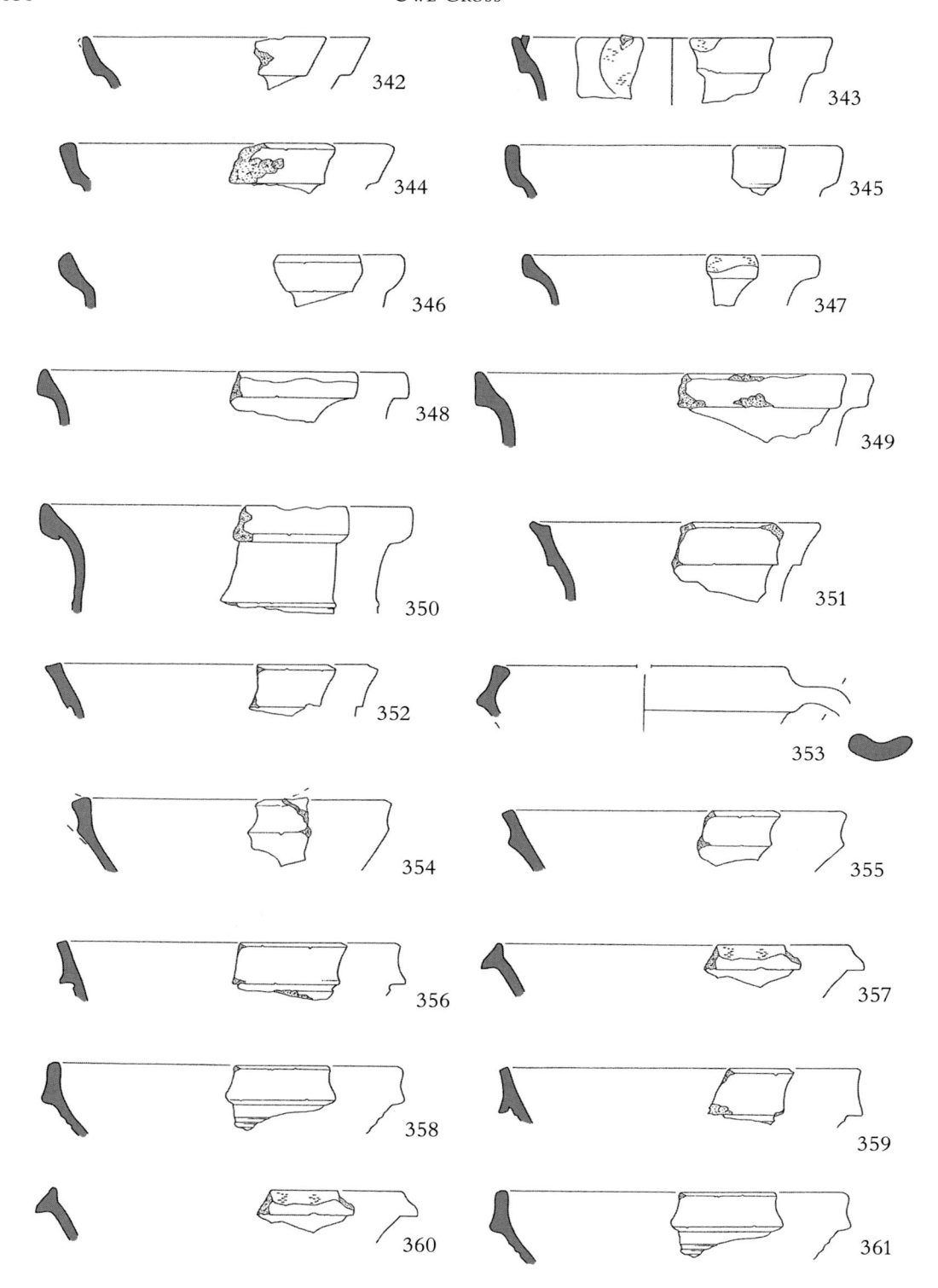

Abb. 17: 342–352 Glasierte Drehscheibenware: Töpfe. 353–361 Glasierte Drehscheibenware: Henkelschalen. M 1:3.

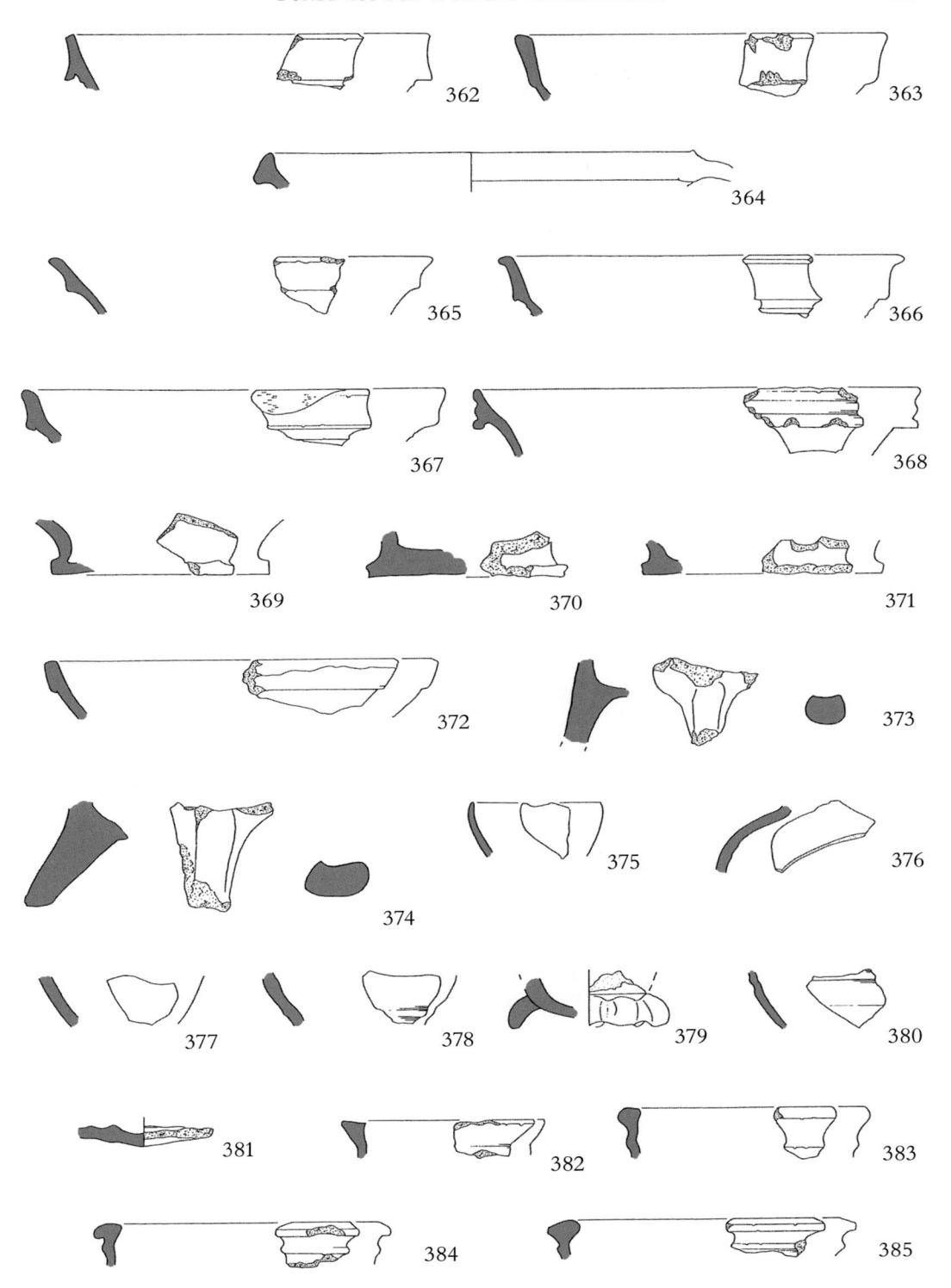

Abb. 18: 362–369 Glasierte Drehscheibenware: Henkelschalen. 370–374 Glasierte Drehscheibenware: Henkelschalen (370.371); Pfanne (372), Füße (373.374). 375–380 Mittelalterliches Steinzeug. 381–385 Ofenkacheln: Becherkacheln. M 1:3.

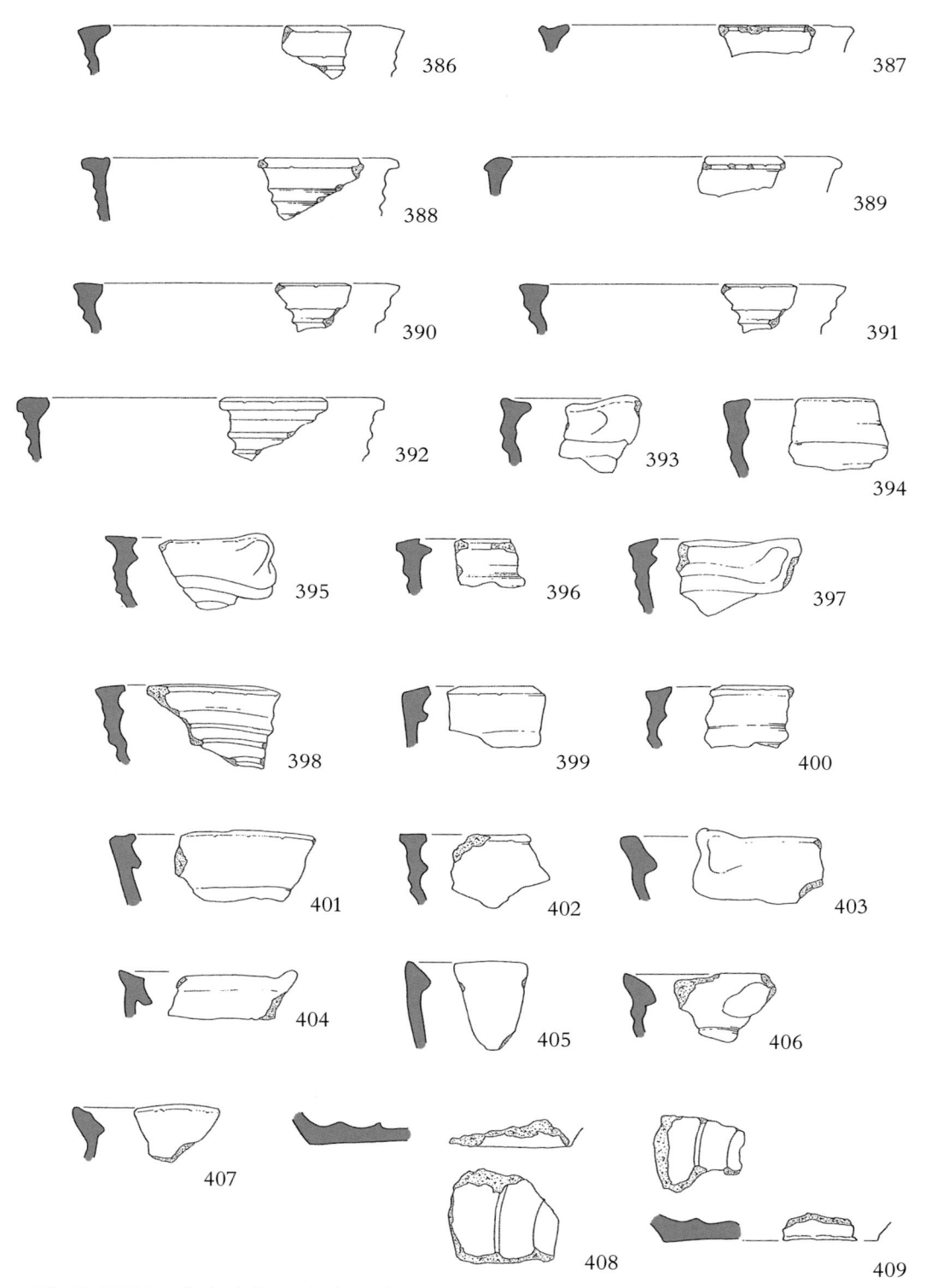

Abb. 19: 386.387 Ofenkacheln: Becherkacheln. 388–392 Ofenkacheln: Napfkacheln. 393–402 Ofenkacheln: Viereckkacheln. 403–409 Ofenkacheln: Viereckkacheln. M 1:3.

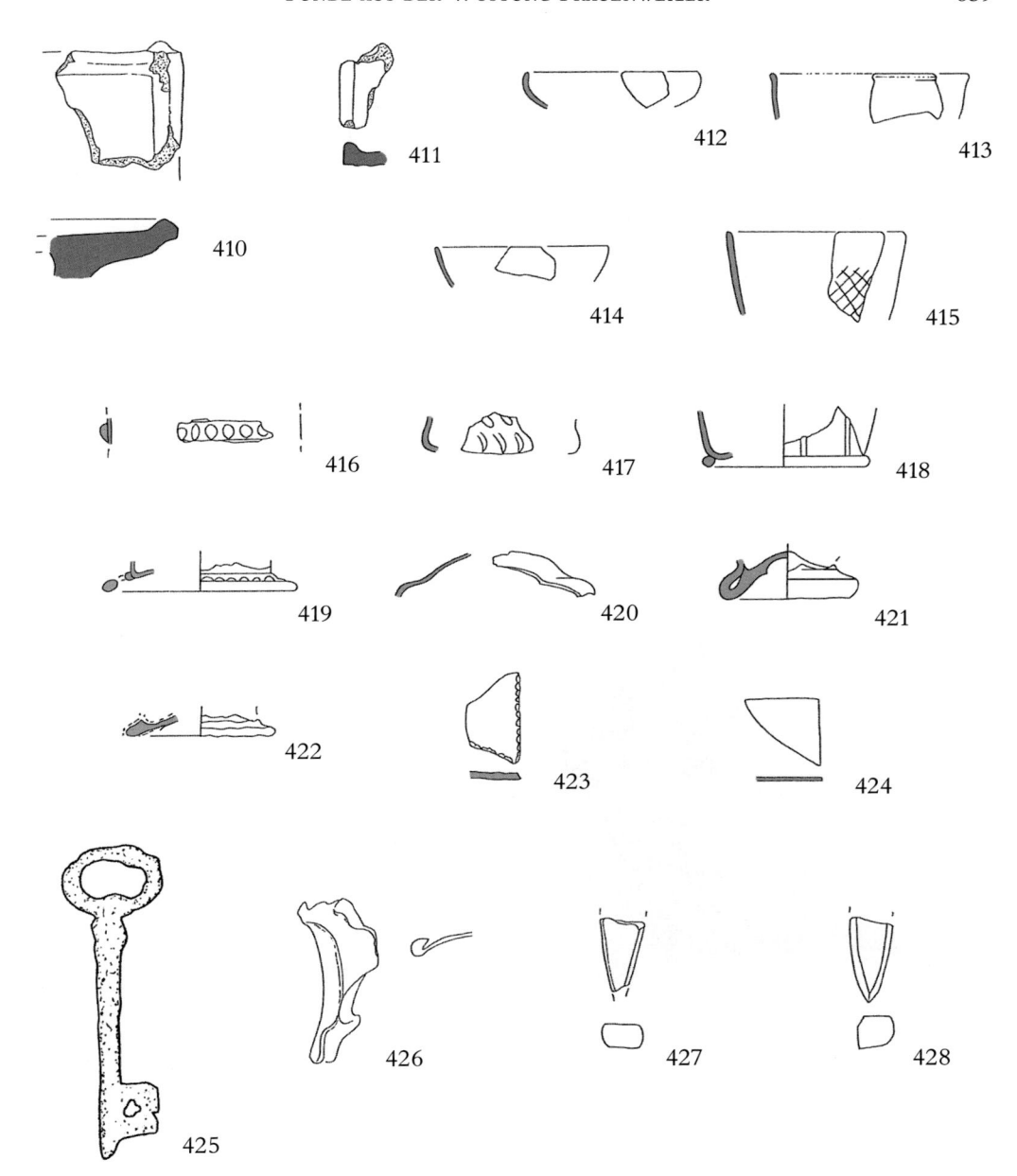

Abb. 20: 410.411 Ofenkacheln: Nischenkacheln, glasiert. 412–424 Glasfunde: 412–419 Becher, 420–422 doppelkonische Flaschen, 423.424 Flachglas. 425–428 Metallfunde: Eisenschlüssel (425), stark bleihaltiges Blech (426); Steinfunde: Wetzsteine(427.428). M 1:3.

Nachtrag

Der Vollständigkeit halber sei ein bereits in der Fundschau des zweiten Bandes der Fundberichte aus Baden-Württemberg im Jahre 1975 von Dietrich Lutz auf Taf. 327,7 publiziertes Fundstück hier nochmals vorgelegt. Es handelt sich um das Fragment einer ‚Ziegelton-Scheibe' von 15 cm Durchmesser (Abb. 21, Fdnr. 429). Sowohl die Größe als auch die Verzierung durch Ritzlinien und keilförmige Einstiche finden gute Parallelen unter den derzeit knapp zwei Dutzend übrigen Exemplaren aus Südwestdeutschland. Absolut aus dem Rahmen des Üblichen fallen dagegen der helle Tonschlicker – Überzug (Engobe) und die Gestaltung des Griffes. Für beide fehlen Vergleiche andernorts völlig. Die Handhaben sind entweder massiv oder einfach durchbrochen, nie aber doppelt, so dass wie hier ein ‚viersäuliger' Griff entstand. Analog zur Masse des keramischen Fundmaterials aus Frauenweiler ist das Objekt zwischen dem 13. Jahrhundert und der Aufgabe der Siedlung im Jahre 1526 zu datieren. Funktional könnte es sich aufgrund der glatten Unterseite und der Verrußung um ein im Feuer aufgeheiztes Gerät zur Glättung beispielsweise von Textilien handeln. Man hätte damit – gleich den gläsernen sog. Gnidelsteinen – den mittelalterlichen Vorläufer des Bügeleisens vor sich.

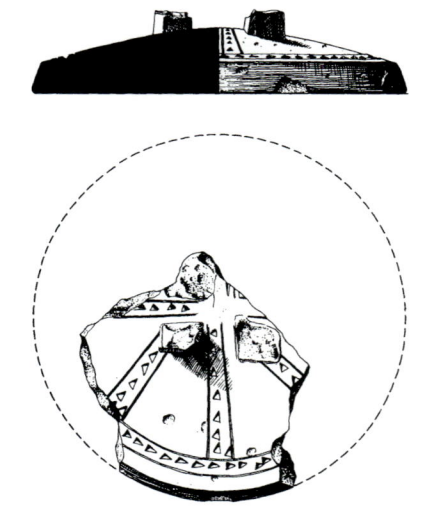

Abb. 21: ‚Ziegelton-Scheibe' (429). Zeichnung M 1:3.

Die Konstanzer Paternosterleisten – Analyse zur Technik und Wirtschaft im spätmittelalterlichen Handwerk der Knochenperlenbohrer

THOMAS A. SPITZERS

Inhaltsverzeichnis

Vorwort	662
1. Einführung in das Fundmaterial	663
1.1 Einleitung	663
1.2 Das Fundmaterial	666
1.3 Forschungsfragen	668
1.4 Arbeitsweise	669
2. Die Fundumstände	671
2.1 Die stratigraphischen Daten	671
2.2 Die Materialgruppen	686
2.3 Die Verteilung der Materialgruppen innerhalb der Stratigraphie	694
2.4 Schlussbemerkungen	715
3. Das Fundmaterial	717
3.1 Die Technik und ihre Spuren im Allgemeinen	717
3.2 Die Daten der Metapodienenden	762
3.3 Die Produkte und Bohrprofile	791
3.4 Die Daten der durchbohrten Leisten	836
3.5 Zusammenfassung der Materialdaten: Die Entwicklung in der Arbeitsweise	891
4. Die sozialwirtschaftsgeschichtliche Bedeutung des Konstanzer Paternosterfundes im Rahmen anderer Funde	895
4.1 Der Rohstoff	896
4.2 Die Produkte	896
4.3 Die geographische Verbreitung	902
4.4 Die Beziehung zu anderen Materialien	903
4.5 Die Entwicklung im Verlaufe der Zeit	906
4.6 Regionale Unterschiede der Perlentypen	910
4.7 Charakteristiken der Fundstellen	913
5. Zusammenfassung	920
Anhang: Katalog von Fundorten durchbohrter Knochenleisten	923
Literatur	932

Vorwort

Als ich 1988 gefragt wurde, ob ich einen in Konstanz am Bodensee ausgegrabenen Fundkomplex von hunderttausenden durchbohrter Knochenleisten bearbeiten wolle, konnte mir niemand sagen, was damit anzufangen sei, auch nicht diejenigen Kollegen, die sich bereits mit derartigen Leisten befasst hatten. Als ich jedoch das Material in Augenschein nahm, wurde mir klar, welche ungeahnten Möglichkeiten darin lagen. Sie sollen in dieser Untersuchung weitgehend, wenn auch längst nicht erschöpfend, erschlossen werden. Wohl aber können die Ergebnisse dieses Forschungsprojektes das Potential dieser archäologischen Materialgruppe aufzeigen und als Leitfaden und Anreiz dienen für die Bearbeitung der zahlreichen anderen Fundkomplexe dieser „Knöcherli mit lauter Löcherli", wie sie einst ein erstaunter Schweizer Zollbeamter bezeichnete. Ich hoffe zumindest, dass diese Studie eine solche Entwicklung auslöst.

Der Initiative der Leiterin der Ausgrabungen, Frau Dr. JUDITH OEXLE, ist es zu verdanken, dass die Erforschung der Konstanzer Paternosterleisten in Gang gesetzt wurde. Frau Dr. LOES VAN WIJNGAARDEN-BAKKER von der Universiteit van Amsterdam war während des gesamten Forschungsprojektes die treibende Kraft. Ohne ihre organisatorische, mentale und inhaltliche Unterstützung und Begleitung wäre es wohl manches Mal ins Stocken geraten. Des Weiteren lag die akademische Betreuung der Arbeit zunächst bei Herrn Prof. Dr. HEIKO STEUER (Universität Freiburg) und später bei Herrn Prof. Dr. ANTHONIE HEIDINGA (Universiteit van Amsterdam). Herr Dr. MOSTEFA KOKABI hat mit Anregungen und praktischer Unterstützung zur Untersuchung während der ersten Phase beigetragen. Außerdem fand eine Zusammenarbeit mit Frau Dr. MARIANNE ERATH, Frau MARIANNE DUMITRACHE und Herrn Prof. Dr. RALPH RÖBER statt. Bei der Datenaufnahme und Auswertung haben Frau SIRANUSCH SPITZERS-DUMAN und Herr RIK MALIEPAARD unterstützende Arbeit geleistet. Frau MONIKA TIELENS (Niederlande) und Herrn HELMUT JÄGER (Erbach/Odenwald) verdanke ich zahlreiche Anregungen zur Technik der Knochenbearbeitung. Ein Dank geht auch an Frau INGEBORG BUHR und Frau ANNEGRET HUGO-BECKER für die sprachliche Überarbeitung des Textes. Die Herstellung der Abbildungen erfolgte durch Frau C. BÜRGER (†) und Frau D. BANDEMER (Zeichnungen, Konstanz), Herrn P. DIJKSTRA, Herrn P.-P. HATTINGA-VERSCHURE und Herrn B. FERMIN (Zeichnungen, Niederlande), Herrn J. HEERSINK und Herrn S. DIEPENDAAL (Kartographie, Niederlande), Frau M. SCHREINER (Fotos, Konstanz), Herrn R. ROZENDAAL, Frau A. DEKKER, Herrn C. TROOSTHEIDE und Herrn R. MALIEPAARD (Fotos, Niederlande).

Auch danke ich den vielen Kollegen in ganz Europa, die Anregungen sowie publizierte und unpublizierte Daten von Vergleichsfunden zur Verfügung gestellt oder mir Gelegenheit gegeben haben, Vergleichsfunde zu untersuchen. Mein Dank gilt weiterhin den vielen weiteren Personen, die im Laufe der Jahre zur vorliegenden Untersuchung beigetragen haben.

Die Arbeit wurde ermöglicht durch die finanzielle Unterstützung der Gottfried-Daimler- und Karl-Benz-Stiftung in Ladenburg, des Landesamts für Denkmalpflege Baden-Württemberg, der Niederländischen Organisation für wissenschaftliche Forschung (NWO) sowie durch die Stichting Nederlands Museum voor Anthropologie en Praehistorie (SNMAP) in Amsterdam.

Die Firmen Synthegra bv und v. a. BAAC bv (Büro für Bauforschung, Archäologie, Architekturgeschichte und Kulturgeschichte, beide in den Niederlanden) haben dem letzten Teil der Forschung uneigennützig praktische Unterstützung zukommen lassen.

Meiner verstorbenen Mutter, Frau ERIKA SPITZERS-RECH, ist diese Arbeit gewidmet.

Deventer, Oktober 2011

1. Einführung in das Fundmaterial

1.1 Einleitung

In Konstanz am Bodensee, an der Grenze zwischen Südwestdeutschland und der Schweiz, wurde im Bereich der mittelalterlichen Altstadt, in der Münzgasse, zwischen Mai 1984 und August 1986 eine außerordentlich große Menge von Knochenleisten mit Reihen von kreisförmigen Durchbohrungen geborgen (Abb. 1).[1] Ähnliche Funde, wenn auch meist in viel geringeren Mengen, sind aus vielen mittelalterlichen Städten Nordwest- und Zentraleuropas bekannt (s. Kap. 4). Einige Funde stammen auch aus Kloster- und Agraransiedlungen außerhalb von Städten. Sämtliche Leisten datieren überwiegend in den Zeitraum zwischen dem 13. und 18. Jahrhundert. Der Konstanzer Fundkomplex ist, soweit bekannt, der bislang umfangreichste dieser Fundgattung.[2]

Abb. 1: Paternosterleisten aus der Münzgasse in Konstanz, beispielhaft für Produktionsphase 2, M ca. 1:2.

Die Funde sind Abfälle einer bestimmten Technik der Knochenverarbeitung, bei der Gegenstände aus Knochenleisten gebohrt wurden. Sie werden meistens mit der Produktion von Gebetsschnurperlen aus Tierknochen in Zusammenhang gebracht. Nach der lateinischen Version des Vater Unser wurden Gebetsschnüre im Mittelalter Paternoster genannt; die Handwerker, die diese anfertigten, Paternosterer. Deshalb werden die durchbohrten Knochenleisten oft als Paternosterleisten bezeichnet. Manche Forscher meinen, dass solche Leisten vielmehr aus der Produktion von Knöpfen oder Spielsteinen herrühren, von anderen wird das jedoch bestritten.[3]

---

1 Vorpublikation bei OEXLE 1985a.
2 Die Anzahl der Leisten vom Münchner St.-Jakobs-Platz ist nicht genau bekannt (BRAND 2003). Dieser Fundkomplex wurde gegen Ende der vorliegenden Auswertung 2003 ausgegraben und ist der einzige, der dem Konstanzer Fund hinsichtlich der Menge entsprechen könnte.
3 ERVYNCK et al. 1992 geben eine Übersicht über die Diskussion. Eine Interpretation als Knopfanfertigung ist zu finden bei: SÁNDOR 1961; BAART et al. 1977, 182 f.; MOOSBRUGGER-LEU 1985; MAIRE 1990 und in mündlicher Mitteilung von H. CLEVIS (Zwolle). MITTELSTRASS 2000 bestreitet eine solche Interpretation. Zu Spielsteinen s. LEHMKUHL 1992.

Die benutzte Technik eignete sich speziell für die Massenproduktion von solchen Gegenständen aus Knochen. Ihr Aufkommen im 13. Jahrhundert fällt mit der allgemeinen Verbreitung von Gebetszählschnüren zusammen, im Rahmen des Auflebens der Volksdevotion in Verbindung mit dem Aufblühen der städtischen Kultur (s. Kap. 4).

Die Blüte des Handwerks der Knochenperlenbohrer liegt im 14. und v. a. im 15. und 16. Jahrhundert. In einer Gesellschaft wie der spätmittelalterlichen, in der alles mit dem religiösen Erleben der Welt verbunden war, war die Funktion der Gebetsschnüre nicht auf das Beten beschränkt. Sie wurden auch benutzt, um sich der Außenwelt als ‚gläubiger Mensch' zu zeigen, im 16. Jahrhundert v. a. als katholischer Gläubiger. Das mag mit der Grund für die weite Verbreitung unter allen Ständen gewesen sein. Als Symbol des persönlichen Glaubens wurden Gebetsschnüre als einer der wenigen Gegenstände mit ins Grab gegeben, wie viele Funde von Perlen und ganzen Schnüren aus Friedhöfen und Kirchen bezeugen.[4] Paternosterschnüre wurden in verschiedenen Preisklassen für unterschiedliche Gesellschaftsschichten aus verschiedenen Materialien wie Gold, Silber, Koralle, Bernstein, Jet und Glas angefertigt. Die billigsten Materialien, die sich für die Herstellung von Perlen eigneten, waren Holz und v. a. Tierknochen, die in großen Mengen als Schlachtabfälle anfielen. Die Fundkomplexe durchbohrter Knochenleisten bilden somit den Nachlass eines Gewerbes, das die religiösen Bedürfnisse des gemeinen Volkes zu befriedigen suchte. Mit anderen Handwerkszweigen, wie der Anfertigung von Pilgerzeichen und Heiligenfigürchen, bildete das Handwerk der Paternosterer einen Wirtschaftszweig im Rahmen der spätmittelalterlichen Volksdevotion, deren Überreste in der Archäologie bereits seit Jahrzehnten Aufmerksamkeit auf sich ziehen. Schriftliche Quellen dagegen geben darüber nur spärliche Information, vielleicht weil die Handwerker oft umherreisten, sich selten in größeren Gruppen in einer Stadt niederließen und somit kaum wirtschaftliche Macht oder Einfluss erlangten. Seit der ersten Studie von M. G. Sándor von 1961 haben sich verschiedene Forscher aus unterschiedlichen Ländern mit durchbohrten Knochenleisten befasst.[5] Nahezu einzigartig in seinem Umfang bietet das Konstanzer Material besondere Möglichkeiten, diese archäologische Fundgattung weit eingehender zu analysieren und eine Basis für die Interpretation anderer Funde zu schaffen. Der Vorzug der Konstanzer Paternosterleisten besteht erstens darin, dass der Fund in einem Zusammenhang steht, der zeitlich in unterschiedliche Phasen gegliedert werden kann, und zweitens in jeder Phase für den Vergleich untereinander ausreichend Material für eine statistische Basis zur Verfügung steht. Außerdem wurden die Leisten zusammen mit anderen Abfällen geborgen, die von derselben Produktion stammen. Eine solche Kombination von Vorzügen ist bisher einmalig und von anderen Funden durchbohrter Knochenleisten nicht bekannt.[6] Hinzu kommt der gute Konservierungszustand der Knochensubstanz, der es ermöglicht, ein Maximum an Verarbeitungsspuren des mittelalterlichen Handwerks zu untersuchen.

Der Fund der Konstanzer Paternosterleisten stammt aus einer mittelalterlichen Erd- und Müllaufschüttung in der Uferzone des Bodensees am Rande eines handwerkerreichen Stadtviertels (Abb. 3).[7] Die Abfallschichten sind hauptsächlich zwischen 1272 und der Mitte oder der zweiten Hälfte des 15. Jahrhunderts zu datieren: Zwar wurde der Wasserstreifen bis Ende des 16. Jahrhunderts verfüllt (S 15) und die Keramik aus den untersuchten Schichten datiert in des 15. Jahrhundert (S 24). Es wäre möglich, dass einige wenige Stücke, zum Beispiel der Produktionsphase 3.IV, jünger sind. Ausser-

---

[4] Häufig nicht genau datiert, ist meistens eine Zuordnung ab dem 15. oder 16. Jahrhundert wahrscheinlich. Allerdings sind nicht alle Perlenfunde aus Kirchen und Friedhöfen ohne Weiteres als Grabbeigaben zu deuten. Sie können auch beim Beten verloren gegangen sein. Beispiele von eindeutig aus Gräbern stammenden Funden finden sich u. a. bei: Czysz 1998 (zu Füssen); Fingerlin 1995 (zu Esslingen); Grüninger 1995 (zu Rohrschach); Hasenfratz/Bänteli 1986 (zu Hallau); Hell 1960 (zu Bad Reichenhall); Höneisen 1993 (zu Stein am Rhein, Schweiz); Jansen 1995 (zu Svendborg, Dänemark); Manser 1992 (zu Emmenbrücke, Schweiz); Mittelstrass 2000 (verschiedene Orte).

[5] z. B. Seitz 1970; Janssen 1983; Maire 1990; Ervynck et al. 1992 und (unter Berücksichtigung von Vorpublikationen zu dieser Studie) Mittelstrass 2000.

[6] Ein Fundkomplex mit möglicherweise ähnlichem Umfang und ähnlicher Aussagekraft wäre derjenige vom Münchner St.-Jakobs-Platz (s. o.).

[7] Dumitrache 2000, 84.

Kategorie	Gewicht (kg)	Zahl	Schlachtung/ Nahrung	Bohrtechnik	Drechseltechnik	Würfelherstellung
übrige Tierknochen (ohne Hornzapfen)	2195	(325.000)	■	▨	▨	▨
Langknochen mit abgeschlagenem Ende	2	21		■	■	■
abgeschlagene Distalenden Metapodien Rind	607	(26.000)		■	■	■
abgeschlagene Distalenden Metapodien Pferd	(2)	64		■	■	■
Splitter/Fragmente Metapodien Rind	146	(63.000)	▨	■	■	■
Splitter/Fragmente Metapodien Pferd	(0,2)	(30)	▨	■	■	■
längs gespaltene Metapodien Rind	(8,3)	259		■		
abgeschlagene und abgesägte Endteile Metapodium Rind	2,4	163		■	▨	
abgeschlagene und abgesägte Endteile übrige Langknochen	(0,2)	12		■		
abgesägte Enden Metapodien Rind und Pferd	99	(2.650)		■		
quer gesägte Schaftscheiben	~	75		■		
abgesägte Schäfte und Enden Langknochen, außen geglättet	1,3	60			■	
abgesägte Enden Metapodien Schaf/Ziege	~	7		■		
abgeschlagene Spitzen Unterkiefer Rind	120	(4.400)	▨	■		
Unterrand Unterkiefer Rind	72	(7.500)	▨	■		
Zähne Unterkiefer Rind	257	(22.000)	▨			
Backenwand Unterkiefer Rind	38	(2.500)	▨			
nicht durchbohrte Leisten	~	150		■		
durchbohrte Leisten	748	(460.000)		■		
gedrechselte Gegenstände	~	~			■	
Würfelstäbe und -stabsenden	~	684				■
Würfel und -rohlinge	~	709				■

Tab. 1: Fundmengen und Zuschreibungsmöglichkeiten der verschiedenen Kategorien von Abfällen des Knochen verarbeitenden Handwerks, gefunden in der Konstanzer Münzgasse (in Klammern: Schätzungen aufgrund des mittleren Gewichts pro Fragment; schwarz = sicher, grau = in unbedeutendem Umfang).

dem sind einige Stücke der Phase 0 angeblich (möglich) von vor 1272. Die Hauptmasse des untersuchten Materials, und wahrscheinlich auch die Hauptmasse der Schichten, datieren wie angedeutet. Die meisten dieser extrem ergiebigen Schichten wurden in vollem Umfang über ein Maschennetz mit einer Weite von 1 cm nass gesiebt.

Der Abfall des Knochenbohrens ist wohl der zahlenmäßig umfangreichste unter den mehr als 500 000 Fundstücken. Außer diesen Abfällen sind auch Restprodukte anderer Handwerkszweige geborgen worden wie z. B. von Fein- und Grobschmieden, Holzdrechslern, Glasbläsern,[8] Schustern,[9] Kürschnern, Holzschnitzern[10] und anderen. Besonders hervorzuheben ist der Produktionsabfall von Knochenwürfeln.[11] In geringerem Umfang sind auch Abfälle nachgewiesen, die vom Drechseln von Knochen stammen.

---

8 OEXLE 1985b, 230 f.
9 SCHNACK 1994, 35 f.
10 PRILOFF 2000, 219–221.
11 ERATH 1999.

1.2 Das Fundmaterial

Neben Schlacht- und Nahrungsabfällen sind unter den Funden aus der Grabung Münzgasse 4:

1. Werkstattabfälle, die eindeutig von der Technik herrühren, bei der Gegenstände aus Leisten aus Knochen und Holz gebohrt wurden.
2. Werkstattabfälle aus denselben Abfallschichten, die als Abfälle anderer Zweige des Knochen verarbeitenden Handwerks angesehen werden.
3. Knochenstücke aus denselben Abfallschichten, bei denen nicht oder nicht immer herausgefunden werden kann, welches Knochen verarbeitende Handwerk den Abfall verursacht hat. In einzelnen Fällen kann nicht mit Sicherheit geklärt werden, ob es sich um Knochenhandwerksabfall handelt oder um Schlacht- oder Nahrungsabfall. Es ist anzunehmen, dass das Gros dieser Stücke aus dem Knochenbohrerhandwerk stammt, da im eindeutig zuzuweisenden Abfall die Reste dieses Handwerks weitaus die Hauptmasse bilden und dieser Berufszweig im Vergleich zu anderen vergleichbaren Zweigen eine relativ große Masse an Rohmaterial nutzte.

Zu 1. Eindeutig als Abfall der genannten Bohrtechnik zu interpretieren sind folgende Fundgruppen:

a) Knochenstücke mit Reihen von kreisförmigen Durchbohrungen (Abb. 1). Davon sind schätzungsweise insgesamt 450 000 Fragmente geborgen worden (Tab. 1). Darunter befinden sich durchbohrte Leisten sowie auch durchbohrte Scheiben, die quer aus dem Knochenschaft gesägt wurden. In etwa 8500 dieser Leisten und Scheiben befanden sich noch Gegenstände, die unvollständig herausgebohrt worden waren, hauptsächlich Perlen und Ringe. In einigen dieser Stücke steckten sogar noch eiserne Bohrerspitzen, die während des Vorgangs abgebrochen waren.
b) Tausende loser Perlen und andere kleine Gegenstände (Abb. 18).
c) Mehr als 180 Holzperlen sowie 16 durchbohrte Holzleisten, in denen sich noch teilweise Perlen befanden.[12]
d) Nicht durchbohrte Knochenleisten.

Zu 2. Als Abfälle von anderen Zweigen des Knochen verarbeitenden Handwerks sind zu verzeichnen:

a) Stücke, die eindeutig der Würfelproduktion zuzuschreiben sind wie etwa 1400 Rohlinge von Würfeln und Würfelstäben sowie Würfelstabenden.[13]
b) Eine Hand voll anderer Stücke, die eindeutig vom Drechseln von Knochen herrühren wie abgesägte Enden von Metapodien von Rindern und Röhrenteile, die an der Außenseite bearbeitet wurden (Abb. 53).

Zu 3. Daneben gibt es große Mengen von Knochenabfällen, deren genauer Ursprung nicht geklärt werden kann:

a) Es wurden schätzungsweise 24 000 abgeschlagene Distalenden von Mittelhand- und Mittelfußknochen (Metapodien) von Rindern sowie einige von Pferden geborgen (Kap. 2, Abb. 13). Erstere können sowohl der Perlen- als auch der Würfelproduktion entstammen. Die eindeutigen Abfälle der Würfelproduktion weisen auf ausschließliche Nutzung von Rindermetapodien hin, so dass die Enden von Pferdemetapodien wohl hauptsächlich aus der Perlenproduktion stammen, obwohl auch eine Beziehung zu anderen Knochenverarbeitungsprozessen wie dem Drechseln nicht auszuschließen ist.
b) Für vereinzelt angetroffene, fast vollständige Metapodien, deren Distalende abgeschlagen wurde (Abb. 50 A 2, 2. Fragment von links), gilt das Gleiche.

---

[12] MÜLLER 1996, ergänzt durch Stücke, die unter den als Tierknochen identifizierten gelagerten Funden angetroffen wurden.
[13] ERATH 1996 (ergänzt durch einige später unter den Knochenfunden vorgefundenen Stücke).

c) Neben abgeschlagenen Metapodienenden sind auch etwa 2700 abgesägte Enden geborgen worden, die wiederum hauptsächlich von Rindern stammen, aber auch einige von Pferden (Abb. 14). Im Gegensatz zu den abgeschlagenen Enden handelt es sich bei den abgesägten sowohl um Distal- als auch um Proximalenden. Bei den Fundstücken aus mittelalterlichem oder frühneuzeitlichem Fundzusammenhang ist es eindeutig, dass sie aus der Knochenverarbeitung stammen, sowohl aus der Perlenproduktion als auch vom Drechseln. Einige Fundstücke aus dem 19. und 20. Jahrhundert können auch als Schlacht- oder Nahrungsabfall gedeutet werden, da Metzger in dieser Zeit Sägen benutzten.

d) Nicht eindeutig zuzuordnen sind des Weiteren vereinzelt geborgene, nicht durchbohrte, quer gesägte Scheiben des Schaftes unterschiedlicher Rinder- und Pferdeknochen (Abb. 50B Mitte). Sie können vom Perlenbohren herrühren, ebenso vom Drechseln oder von sonstiger Knochenverarbeitung, aber auch aus der modernen Metzgerei, außer sie sind an der Außenseite bearbeitet.

e) Ebenso sind mit einiger Sicherheit vereinzelte Distalteile des Knochenschaftes von Rindermetapodien der Knochenverarbeitung zuzuschreiben, die an der proximalen, zum Schaft zeigenden Seite abgesägt sind und an deren distaler Seite das Knochenende abgeschlagen ist (Abb. 50B unten). Sie können ebenso der Perlenproduktion wie auch dem Drechseln entstammen.

f) Zigtausende von Splittern und Fragmente von fast ausschließlich Rindermetapodien (Abb. 15) deuten durch ihre große Zahl und Fragmentierung und gelegentlich durch ihre Form oder Bearbeitungsspuren darauf hin, dass sie hauptsächlich von der Knochenverarbeitung stammen. Allerdings kann nur schwer eine Abgrenzung zum Schlacht- oder Nahrungsabfall und zum Seifensiederabfall vorgenommen werden.[14] Es ist anzunehmen, dass sie in erster Linie den gebohrten Leisten und der Würfelproduktion zuzurechnen sind, weniger dem Drechseln. Neben abgeschabten Schnipseln fallen relativ häufig Proximalenden von Rindermetapodien auf, bei denen die Schaftteile v. a. auf der vorderen und hinteren Koaleszenznaht vorhanden sind, während die Lateral- und Medialseiten bis nah an das Ende fehlen (Abb. 16). Auch gibt es vereinzelt Rindermetapodien, die auf der genannten Koaleszenznaht der Länge nach gespalten oder geviertelt sind (Abb. 56 bzw. 57).

g) Neben der zahlenmäßigen Überrepräsentation von Splittern und Enden von Rindermetapodien fällt in manchen Fundkomplexen eine große Zahl von losen Zähnen und Fragmenten des Horizontalteils (*Ramus horizontalis*) von Rinderunterkiefern auf (Abb. 17). Mit Ausnahme der losen Zähne (Abb. 17D) verteilen sich diese Fragmente auf drei deutlich erkennbare Gruppen:

– So sind insgesamt ca. 4800 Vorderspitzen von Kieferhälften geborgen worden, die mit einem Beil oder Hackmesser zwischen den Vorderzähnen (Caninen) und Hinterzähnen (Premolaren) abgetrennt wurden (Abb. 17A).

– Daneben fällt eine Gruppe von Fragmenten des Unterrandes des Kieferteils unter den Hinterzähnen auf, häufig mit Schnittspuren, die auf eine horizontale Abtrennung hindeuten (Abb. 17B).

– Eine dritte Gruppe wird aus Teilen der Knochenwände neben den Zahnwurzeln der Hinterzähne gebildet, nicht selten mit Hackspuren von einer vertikalen Abtrennung zwischen Knochenwand und Zahnwurzel (Abb. 17C).

Da diese Bearbeitungsspuren weder mit der Würfelanfertigung noch mit dem Drechseln in Verbindung zu bringen und auch bei Schlachtabfällen ungebräuchlich sind, muss vermutet werden, dass es sich um Abfall handelt, der beim Knochenbohren entstanden ist.

Aus der Bestandsaufnahme der Knochenabfälle von der Müllhalde an der Konstanzer Münzgasse geht also hervor, dass neben den durchbohrten Leisten noch andere Gruppen von Knochenresten als Abfälle von demselben Knochen verarbeitenden Prozess zu werten sind. Um diesen Prozess verstehen zu können, sollen diese Gruppen im Zusammenhang mit den durchbohrten Leisten analysiert

---

14 Auch Seifensiederabfall ist durch eine Überrepräsentation von Knochensplittern gekennzeichnet (ALEN/ERVYNCK 2005), weshalb er schwer von den hier beschriebenen Knochensplittern zu trennen ist. Positive Hinweise zur Seifensiedertätigkeit fehlen jedoch. Die Verarbeitungsspuren und Formen vieler Splitter schließen dieses Handwerk als Quelle der betreffenden Abfallsplitter aus oder sprechen eher für Knochenbearbeitung. Weiter fällt auf, dass Splitter und Knochenabfälle in derselben Zusammensetzung aus denselben Skelettelementen zu verzeichnen sind.

werden. Dabei sind die Kenntnisse der anderen Knochenverarbeitungstechniken mit einzubeziehen. Dadurch kann festgestellt werden, welche Abfälle in Zusammenhang mit den durchbohrten Leisten stehen, ebenso kann ein umfassendes Bild der benutzten Technik und Arbeitsweise entstehen, das dann beim Bewerten der vielen anderen Funde von durchbohrten Knochenleisten hilfreich sein kann.

1.3 Forschungsfragen

Die Untersuchung des im vorigen Abschnitt beschriebenen Materials wirft Fragen auf: nach den benutzten Techniken, den Rohmaterialien und den Produkten sowie nach deren Entwicklung über die Zeit hinweg. Daraus ergibt sich eine Reihe von sozial- und wirtschaftshistorischen Fragen.

Hauptziel dieser Studie ist der Versuch, anhand von solchen Fragen einen Einblick in das ‚mikro'-wirtschaftliche Handeln eines individuellen Handwerkers im späten Mittelalter zu gewinnen: Wie reagierte dieser auf die Veränderungen und Anforderungen des ‚Marktes' und Probleme der ‚Betriebsführung'? Wie sicherte er seinen Einkommenserwerb?

Dabei ist es unumgänglich, sich mit dem Problem auseinanderzusetzen, ob man moderne Konzepte wie ‚Marktwirkung', ‚Betriebsführung' oder ‚Einkommenserwerb' bei der Rekonstruktion spätmittelalterlichen Handelns benutzen darf. Die Ergebnisse aus der Analyse der Daten in dieser Studie sollen für sich sprechen, ohne darauf eine direkte Antwort geben zu können. Eine unmittelbare Übertragung dieser Konzepte auf das Mittelalter ist nicht beabsichtigt. Selbst wenn Verhaltensmuster zu erkennen sind, die modernen Konzepten folgen, bedeutet dies nicht, dass die handelnde Person diese kannte oder benutzte. Es wird nicht davon ausgegangen, dass sich ein mittelalterlicher Handwerker ‚moderner' wirtschaftlicher Konzepte bediente, sondern es werden lediglich Ähnlichkeiten seines Handelns mit modernen Modellen menschlichen Handelns aufgedeckt.

Um die Technik der Vorgehensweise zu erforschen, sind Verarbeitungsspuren auf den durchbohrten Leisten und Scheiben und den entfernten Metapodienenden systematisch untersucht worden. Zusätzlich wurden die übrigen Abfälle bei der Modellbildung mit einbezogen. Geachtet wurde bei der systematischen Untersuchung darauf, welche Geräte benutzt wurden. Weiterhin wurden Fragen nach der Versiertheit der Handwerker und der Effizienz ihrer Arbeitsweise gestellt.

Diese Frage nach der Professionalität in der Arbeitsweise berührt verschiedene sozial- und wirtschaftsgeschichtliche Aspekte bezüglich dieses Handwerkszweigs:

– Arbeiten die Handwerker im Nebenerwerb oder entstanden die Produkte in spezialisierten Werkstätten?
– Beantwortet das Fundmaterial die Frage, ob es von einem Handwerker oder einer Werkstatt stammt oder sogar von unterschiedlichen Handwerkern oder Werkstätten?
– Dort, wo es sich um spezialisierte Handwerker gehandelt hat, kann gefragt werden, ob diese umherreisende Handwerker oder sesshafte Bürger waren. Bei dieser Frage müssen Vergleiche mit anderen Funden und historische Daten mit einbezogen werden.
– Es muss auch nach der Beziehung zwischen der Anfertigung von Gebetsschnüren und geistlichen Institutionen gefragt werden, da häufig in deren Nähe entsprechende Abfälle angetroffen wurden. Waren die Paternosterhersteller Geistliche oder bürgerliche Handwerker?

Die Analyse von Vergleichsfunden und historischen Daten dient u. a. dem Zweck, Übereinstimmungen zwischen den Fundorten der Produktionsabfälle aufzuspüren oder andererseits, zwischen den Orten, an denen Funde auffälligerweise fehlten.

Daraus ergibt sich die Frage nach dem Absatzmarkt. Wer benutzte die Produkte und wie entwickelte sich die Nachfrage über die Zeit hinweg? Auch dazu sind historische Daten zu betrachten. Bezüglich der umherreisenden Handwerker stellt sich die Frage nach einem Austausch der Produkte selbst oder der technischen Kenntnisse bezüglich der Herstellung. In diesem Zusammenhang wird die geographische Gesamtverbreitung der Funde untersucht (Kap. 4).

Im Hinblick auf die Produkte sollte man sich der von vielen Ausgräbern aufgeworfenen Frage widmen, ob aus den Leisten ausschließlich Perlen gefertigt wurden oder auch Knöpfe und eventuell noch andere Gegenstände.[15] Die Funktion mancher aus den Leisten gefertigten Produkte ist uneindeutig und umstritten. Da die Zunftordnungen im Allgemeinen die Einschränkung auf einen bestimmten Funktionsbereich forderten, ist es von Belang festzustellen, ob sich eine Spezialisierung von Handwerkern oder Werkstätten auf bestimmte Produkte erkennen lässt. Neben der Frage nach den Produkten ist auch die Frage nach der Herkunft des Rohmaterials von Bedeutung. Aus welchen Skelettteilen welcher Tiere wurden welche Produkte hergestellt? Gab es eine Bevorzugung bestimmter Skelettelemente für bestimmte Produkte und wenn ja, warum? Woher bekamen die Handwerker das Rohmaterial? Wie beeinflusste die Verfügbarkeit oder die Beschränkung des Rohmaterials die Wahl desselben? Es reicht also nicht aus, auf die Effizienz der Arbeit zu achten, sondern es muss auch der Umgang mit dem Rohmaterial und dessen Ausnutzung in die Betrachtung mit einbezogen werden.

1.4 Arbeitsweise

Die Bearbeitung des Fundmaterials aus der Grabung Münzgasse 4 in Konstanz erfolgte auf der Grundlage der Harris-Matrix von Junkes als stratigraphischer Basis für die zeitliche Gliederung der Fundkomplexe. Die Harris-Matrix erfasst nur die Befunde aus dem fundreichen Teil der Grabung in ihrer stratigraphischen Folge, aus der die Keramik von Junkes analysiert wurde.[16] Aus diesen Befunden stammt auch der Großteil (etwa 80%) der Abfälle des Knochen verarbeitenden Handwerks. Auf der Basis von keramischen Kriterien ließ sich die Matrix in Perioden unterteilen, deren pauschale Datierung umstritten ist.[17] Ohne diese Datierung zu übernehmen, wurde die Matrix anfangs während der Bearbeitung der Knochenwerkstattabfälle als stratigraphische Basis benutzt.
Um einen Überblick über den Umfang sowie die Art und Verteilung der Abfälle der Knochenverarbeitung in den unterschiedlichen stratigraphischen Phasen zu bekommen, erfolgte die Sichtung des gesamten Fundbestandes von Tierknochen aus den Abfallschichten der Grabung. Soweit dies möglich war, wurden dabei die unter Kap. 1.1 beschriebenen Gruppen von Abfällen der Knochen verarbeitenden Handwerkszweige von anderen Abfällen wie Schlacht-, Nahrungs- und Hornverarbeitungsabfällen getrennt und das Gewicht per Fundnummer registriert. Die Daten flossen zur Speicherung und Weiterverarbeitung in eine elektronische Datenbank ein (s. Kap. 2).
Die Fundkomplexe durchbohrter Leisten und Scheiben aus Befunden der Harris-Matrix von Junkes wurden grob durchgesehen, um das Vorkommen verschiedener, unterschiedlicher Leistentypen festzustellen. Bei der Durchsicht und Ordnung der Daten dieses Materials zeigten die Abfälle des Knochenbohrerhandwerks eine Phaseneinteilung, die von der Periodisierung von Junkes abweicht, weil diese auf Keramikfunden beruht und Veränderungen in der keramischen Abfolge zu anderen Zeitpunkten stattfanden als beim Knochenwerkstattabfall. Dies warf Fragen zum Aufschüttungsvorgang auf. Um darauf eine Antwort zu bekommen, war eine stichprobenartige Analyse der wichtigsten Befunde anhand der Grabungsdokumentation notwendig. Darauf basierend wurde eine vorläufige Arbeitshypothese über den Aufschüttungsvorgang formuliert. Diese Arbeitshypothese war Anlass zu einer systematischen Auswertung der Stratigraphie und floss in eine separate Studie ein.[18] Die Anfertigung dieser Studie erfolgte parallel zur vorliegenden. Bei den Analysen und der Erfassung der Daten in den Kap. 2, 3.4, 3.5 und 4 sind die vorläufigen Ergebnisse dieser Studie verwendet worden.

---

15 s. o.
16 Junkes 1991.
17 Vgl. Kap. 2.1. Auch die stratigraphische Einordnung einzelner (Teil-)Befunde geriet im Nachhinein in die Kritik (Pfrommer i. V.).
18 Pfrommer i. V.

In drei unterschiedlichen Datenbanken wurden Daten von drei unterschiedlichen Gruppen von Knochenverarbeitungsabfällen erfasst:

– Daten von abgeschlagenen oder abgesägten Enden von Rindermetapodien (s. Kap 3.2).
– Daten von Leisten und Scheiben mit teilweise ausgebohrten Halbfabrikaten (s. Kap. 3.3).
– Daten von durchbohrten Leisten und Scheiben (s. Kap. 3.4).

Jede der drei Datenbanken enthält Stichproben aus jeder der drei Hauptphasen des Knochenbohrerabfalls. Vom Umfang her wurden die einzelnen Stichproben so gezogen, dass sie für eine numerische Analyse ausreichen. Um die Repräsentativität der Stichproben für die betreffende Phase bzw. den betreffenden Phasenabschnitt zu sichern, fanden (zum Teil) visuelle Kontrollen der übrigen Funde statt und es wurden zusätzlich kleine Stichproben von Daten gezogen. Zur Sicherung der quantitativen und qualitativen Repräsentativität wurden zum Teil mehrere Stichproben aus derselben Phase untersucht. So war es zweckmäßig, von der ältesten Phase nahezu das gesamte Material zu untersuchen, da dieses nur knapp für die vorgesehene numerische Analyse ausreichte. Aus der zweiten, umfangreichsten Phase wurde aus jeder der drei Materialgruppen je eine Stichprobe vom Anfang und vom Ende der Phase untersucht, um eine möglicherweise stattgefundene Entwicklung innerhalb der Phase zu erfassen. Die Knochenverarbeitungsabfälle aus der dritten Phase stammen überwiegend aus umgelagertem Fundzusammenhang.

Von der dritten Phase gibt es nur wenige Funde, die nicht umgelagert worden sind. Deshalb erfolgte die Wahl der Stichproben aus dieser Phase aus den wenigen Fundkomplexen, die nicht aus umgelagertem Fundzusammenhang stammen.

An den abgeschlagenen Enden ließ sich v. a. die Technik des Abschlagens untersuchen sowie die Zusammensetzung der Population der Rinder, deren Knochen benutzt worden waren. Dadurch bot sich die Möglichkeit eines Vergleichs mit der Zusammensetzung der Rinderpopulation aus den Konsumabfällen. Als Grundlage für diesen Vergleich wurden Knochenkomplexe ausgewählt und aus ihnen Schlacht-, Konsum- und Werkstattabfälle durch R.-J. Prilloff archäologisch analysiert.[19]

Bei den Leisten mit Halbfabrikaten interessierten für die Untersuchung die Produkte und die Fehlergründe. Aus den durchbohrten Leisten und Scheiben ließen sich Daten zur Produktionsstatistik, ferner technische Daten sowie Daten zur Effizienz in der Nutzung der Rohmaterialien herleiten. Um einen Einblick in die technischen Probleme bei der Bearbeitung zu gewinnen, wurden die meisten Vorgänge in der Praxis nachgestellt (s. u. a. Kap. 3.1).

Ohne Anspruch auf Vollständigkeit sind die Funde durchbohrter Leisten von anderen Fundorten durch Sammeln von Literaturhinweisen und durch Recherchen auf Kongressen und im Internet inventarisiert worden. Vergleichbare Daten wurden anhand von Leisten von einigen anderen Fundorten sowohl innerhalb wie außerhalb Baden-Württembergs gewonnen (s. Kap. 4).

Es werden also nach der Analyse der Daten aus der Konstanzer Münzgasse, die in den Kap. 2 und 3 erfolgt, in Kap. 4 die Daten der anderen Fundorte analysiert. In Kap. 4 wird auch die historische Literatur über die generelle Entstehung von Gebetsschnüren und Knöpfen in die Betrachtung mit einbezogen.

Soweit nicht anders angegeben, stammen die abgebildeten Grabungsfunde von der Grabung Konstanz – Münzgasse 4. Das Gleiche trifft auf die in den Tabellen dargestellten Daten zu.

---

19 Prilloff 2000.

2. Die Fundumstände

2.1 Die stratigraphischen Daten

2.1.1 Die Fundstelle

Das in der vorliegenden Arbeit untersuchte Fundmaterial trat zwischen Mai 1984 und August 1986 auf einem ca. 2500 m² großen Areal in der Konstanzer Altstadt zutage. Dieses befindet sich zwischen der Salmansweilergasse im Norden, dem Fischmarkt im Osten und dem unteren Teil der Münzgasse im Süden.

Die Konstanzer Altstadt liegt an einem günstigen Standort im Bodenseebecken auf einem von Norden nach Süden verlaufenden Moränenrücken, der als Landzunge den See in Ober- und Untersee zerteilt (Abb. 2 u. 3). Die Römer nutzten diesen Bereich als Militärstützpunkt, und seit dem 7. Jahrhundert war auf der Spitze dieser Landzunge ein Bischofssitz mit einer später umfangreichen Diözese angesiedelt.[20] Seit dem späten 9. Jahrhundert erlangte der Ort als bischöflich-kirchliches Zentrum und Handelszentrum Bedeutung. Es folgte eine Blütezeit, die in der zweiten Hälfte des 13. Jahrhunderts durch verschiedenartige politische Streitigkeiten beeinträchtigt wurde. Die nunmehr bürgerliche Stadt hatte aber immer noch Bedeutung. Im ersten Viertel des 15. Jahrhunderts gelangte Konstanz als Sitz des Konstanzer Konzils von 1414 bis 1418, das eine der größten Zusammenkünfte des Mittelalters darstellte, für kurze Zeit zur Höchstblüte. Danach sank die Bedeutung, bis die Stadt 1548 zur österreichischen (zu der Zeit habsburgischen) Landstadt wurde.[21]

Die Grabungsstelle lag an einer ehemaligen Flachwasserbucht östlich des Moränenrückens und südlich der Domplattform (Abb. 4).[22] Während des hochmittelalterlichen Stadtausbaus war sie als Hafenzone der Marktsiedlung vorgelagert. Während des 12. bis zum 15. Jahrhundert wurde diese Bucht schrittweise aufgefüllt, um neues Bauland zu gewinnen. So entstand noch vor 1100 unmittelbar südlich des späteren Grabungsgeländes ein Hafendamm, der im frühen 13. Jahrhundert zu einem Baublock mit einer Breite von 60 m ausgebaut wurde (Abb. 4, Nr. 2). Er ragte vom neu geschaffenen Marktplatz (Abb. 4, Nr. 1) aus in den Hafenbereich.[23] Kurz vor 1225 wurde das von den Bürgern gestiftete Heiliggeist-Spital an dessen Spitze errichtet (Abb. 5a, Nr. 1).

Etwa in derselben Zeit wurde nordwestlich des Grabungsgeländes kurz nach 1217 an der heutigen Salmansweilergasse für den Bau eines Stadthandelshofes der Zisterzienserabtei Salem Seeboden aufgeschüttet (Abb. 5a, Nr. 2).[24] Das Hofgelände wurde ab 1271/72 mit einer zungenförmig ausragenden Plattform entlang der heutigen Salmansweilergasse in den See hinein erweitert (Abb. 5b). Man umgab es dabei mit einer steinernen Umfassungsmauer und füllte es anschließend auf. Diese etwa 30 m breite und 50 bis 60 m lange Plattform umfasste den nördlichen Teil des späteren Grabungsgeländes. Zwischen dieser Plattform und dem dammförmigen Baublock südlich der Münzgasse blieb ein 20 bis 25 m breiter, Wasser führender Streifen offen. Dass das Südende zum Wasserstreifen hin abgerundet war, ist wohl auf den südlichen bebauten Damm und die Notwendigkeit zurückzuführen, einen Hafen offen zu halten. Im Winter fiel der Hafen teilweise trocken, aber im Sommer, während der saisonbedingten Hochwasserstände, konnten hier Schiffe anlegen.[25]

---

20 Dumitrache 2000, 22–30; Maurer 1989.
21 Dumitrache 2000, 37 f.; Maurer 1989, *passim*.
22 Oexle 1986; Dumitrache 2000, 19–21.
23 Dumitrache 2000.
24 Oexle 1986, 312; Meier 1979, 217. 1217 wurde dem Kloster die Erlaubnis erteilt, den Seegrund aufzufüllen, um zu bauen. Dendrodaten bezeugen den Steinbau in oder kurz vor dem Jahre 1238 auf dem Gelände, das in der Salmansweilergasse nordwestlich an das Grabungsgebiet anschloss (Abb. 5,2; 7; Dumitrache 2000, 83).
25 Dumitrache 2000, 57 und 83; Junkes 1991, 8: Ein Astteppich entlang der Innenseite der Umfassungsmauer belegt die sumpfige Verfassung des Untergrundes während der niedrigsten Wasserstände. Der Bodensee kennt einen saisonbedingten Rhythmus von niedrigen Wasserständen im Winter und höheren im Sommer.

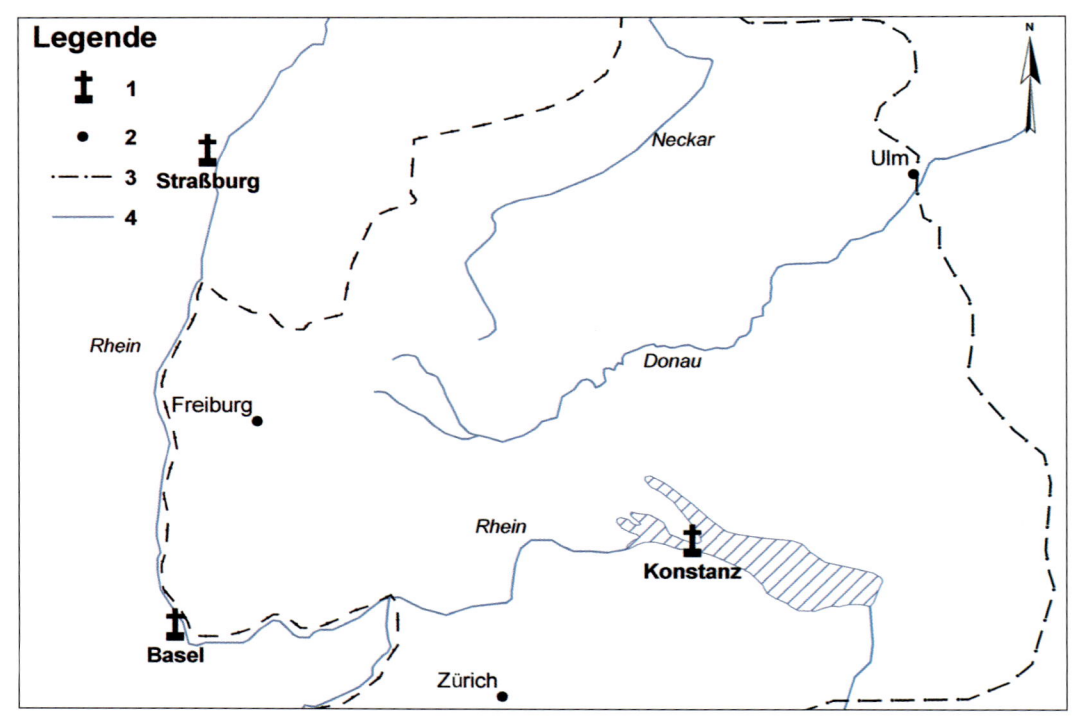

Abb. 2: Lage der Stadt Konstanz. Bischofssitz (1), übrige Städte (2), Grenze des mittelalterlichen Bistums Konstanz (3) und Flüsse (4).

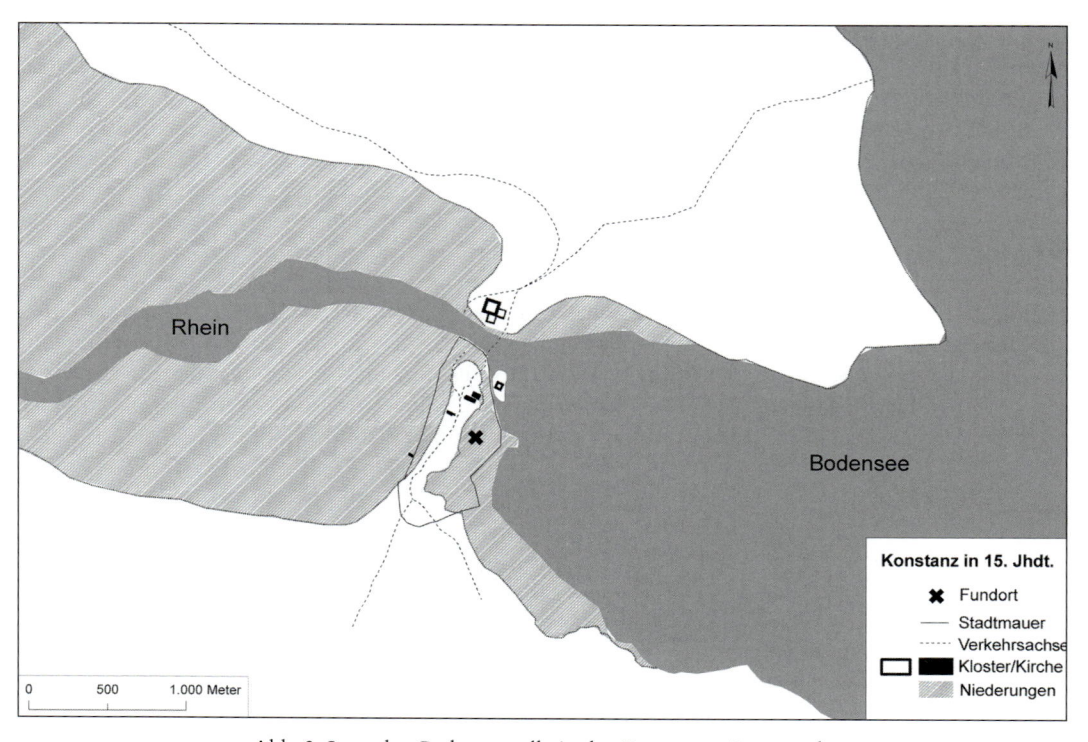

Abb. 3: Lage der Grabungsstelle in der Konstanzer Innenstadt um 1400, rekonstruiert mit Flachwasserzone.

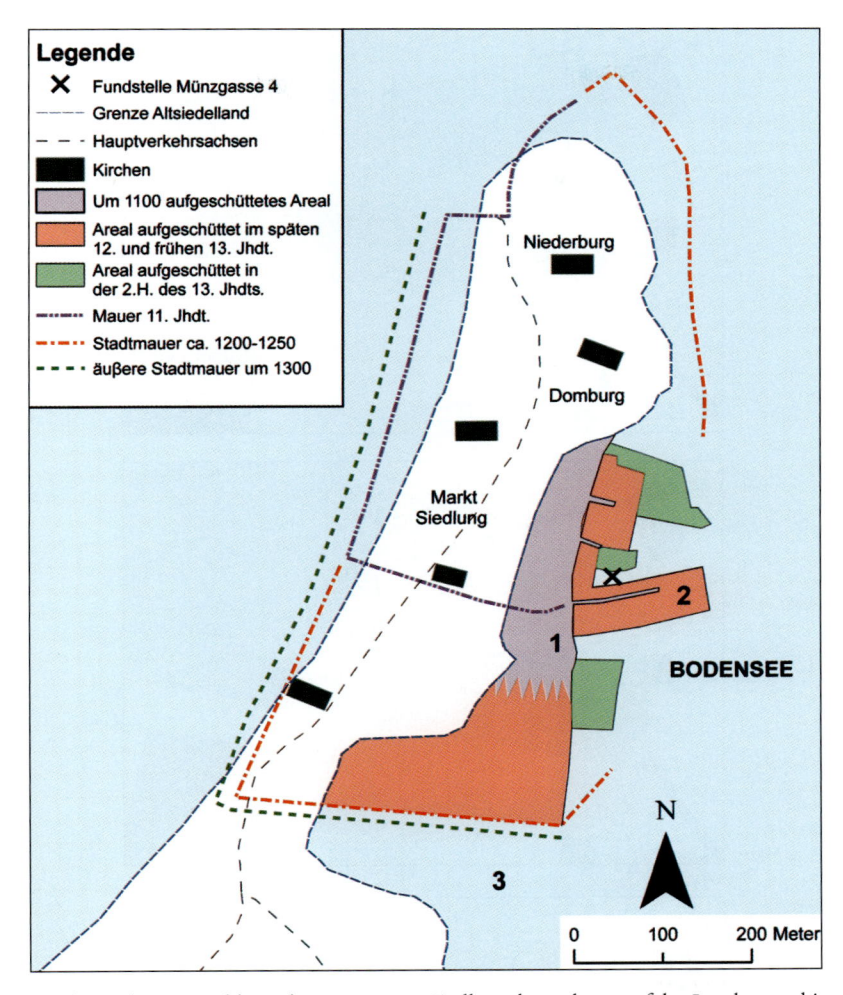

Abb. 4: Rekonstruktion der Entwicklung des Konstanzer Siedlungskomplexes auf der Landzunge bis um 1300 mit den verschiedenen, im See aufgefüllten Plattformen. Marktstätte mit alter Metzig (1), Hafendamm mit Heiliggeist-Spital (2) und Viehmarkt (3).

Der Hafen oder Wasserstreifen befand sich an der Stelle der heutigen Münzgasse und dem nördlich angrenzenden Streifen des Grabungsgeländes von 6 bis 12 m Breite und 60 m Länge an der Stelle des ehemaligen Gebäudes Münzgasse 2–4 (Abb. 6). Das stadtnahe Ende des Wasserstreifens lag an der Westgrenze des Grabungsgeländes. Dort wurde nach vorheriger Aufschüttung auf dem hinteren Teil des Grundstücks Münzgasse 6 1267/68 ein Steinbau errichtet (Abb. 5a, Nr. 3), also noch vor dem Bau der Umfassungsmauer und der Klosterhoferweiterung 1271/72.[26] Im ersten Viertel des 14. Jahrhunderts wurde auf beiden Neulandarealen direkt am Wasserstreifen gebaut. Den Steinbau auf dem hinteren Teil der am Landende des Wasserstreifens gelegenen Parzelle Münzgasse 6 erweiterte man 1324 zum Wasser hin, so dass er direkt bis an das Grabungsgelände reichte (Abb. 5c, Nr. 3). Auf dem Klostergelände wurde auf der Spitze der Landzunge nach dem Winter 1312/13 ein Steinbau errichtet, der zur Hälfte über die Umfassungsmauer hinaus auf neu angeschüttetem Seegrund lag (Abb. 5c, Nr. 4; Abb. 7 und 8). Dieser Bau wird von den Ausgräbern gelegentlich als „Herberge" bezeichnet, muss aber nicht unbedingt als solche gedient haben.

---

26 DUMITRACHE 2000, 124 f.

674   Thomas A. Spitzers

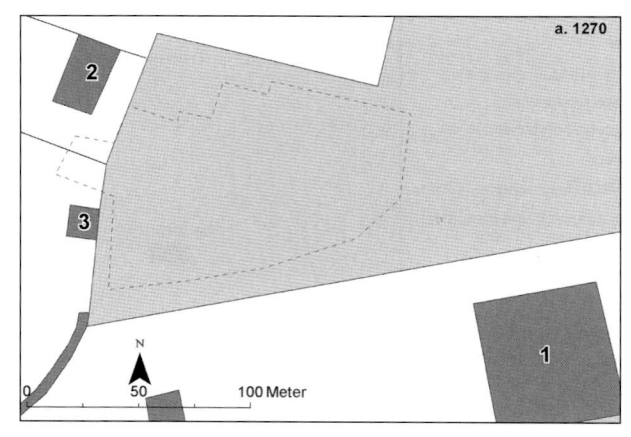

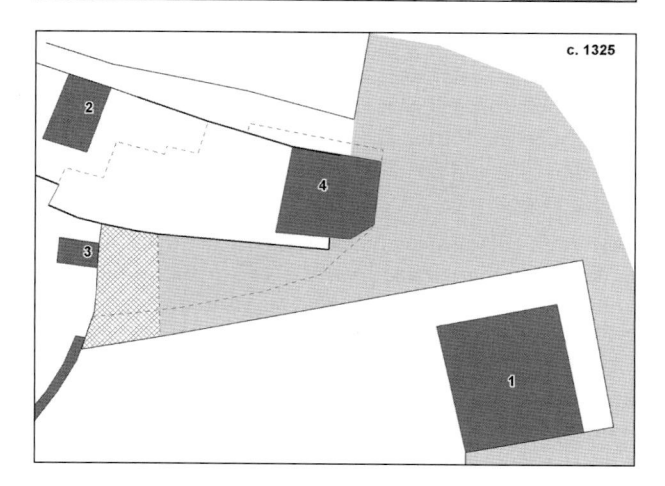

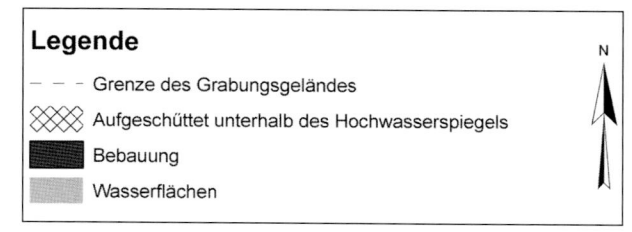

Legende
- – – Grenze des Grabungsgeländes
- ⋈ Aufgeschüttet unterhalb des Hochwasserspiegels
- ■ Bebauung
- ▨ Wasserflächen

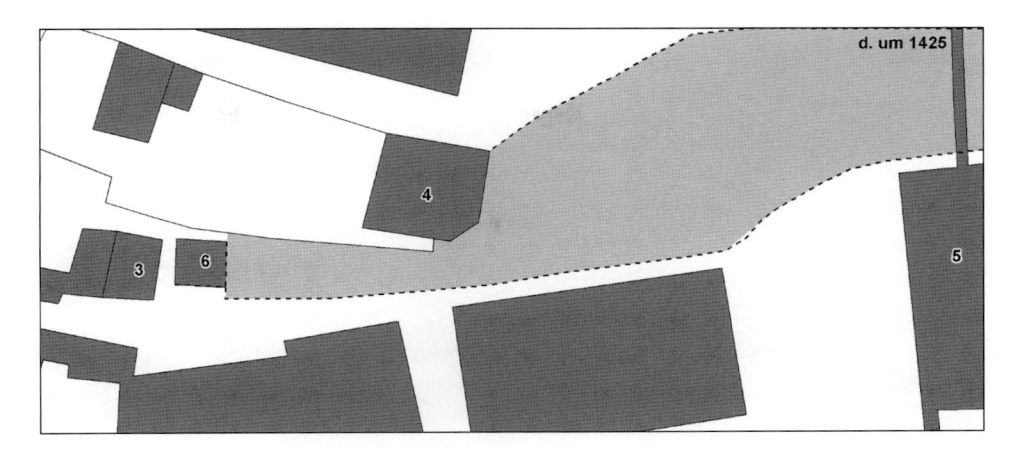

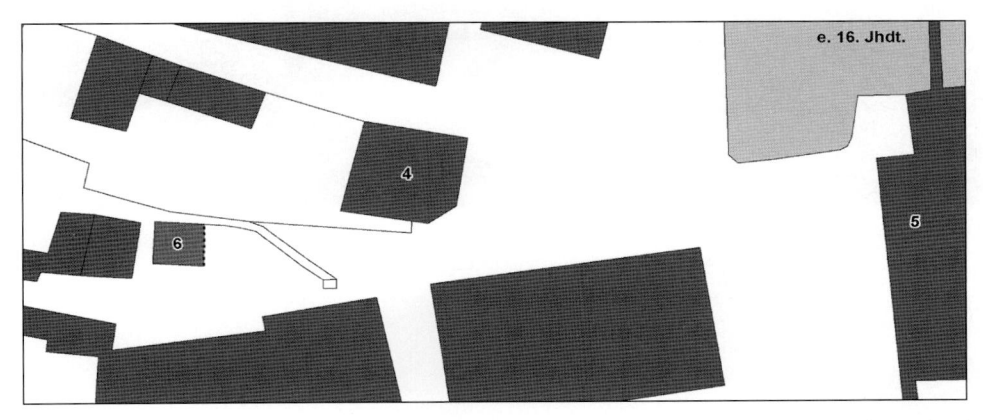

Abb. 5 (linke Seite und oben): Rekonstruktion der Entwicklung des Grabungsgeländes in Phasen (a–e).

Der Wasserstreifen wurde bis zum Ende des 16. Jahrhunderts nach und nach mit Schichten aufgefüllt, die aus archäologischer Sicht extrem ergiebig waren. Aus diesen Schichten stammt der Großteil der in dieser Studie analysierten Abfälle, die beim Bohren von Knochenperlen entstanden sind. Die Schichten, soweit sie zwischen 1984 und 1986 ausgegraben wurden, waren bezüglich ihrer Abfolge und Interpretation Gegenstand einer Analyse, die beim Verfassen dieses Kapitels noch nicht beendet war.[27] Im nächsten Abschnitt wird der gegenwärtige Forschungsstand anhand einer Einführung in die Grabungsmethodik und Forschungsgeschichte erläutert.

Außer den Funden aus den Schichten außerhalb der Umfassungsmauer wurden etwa hundert Fragmente durchbohrter Knochenleisten im Klosterhofareal innerhalb der Umfassungsmauer geborgen. Die Mehrheit davon ist unstratifiziert oder entstammt modernen Störungen. An einigen Fragmenten war festzustellen, dass sie aus der Zeit vor dem Bau der Umfassungsmauer stammen.

2.1.2 Die Abfallschichten zwischen Münzgasse und Salmansweilerhof – Methodik der Grabung und Auswertung

Bereits in den fünfziger Jahren des 20. Jahrhunderts fand man bei Grabungsarbeiten im Straßenbereich vor dem Gebäude Münzgasse 2 in einer 90 cm starken schwarzen Auffüllschicht durchbohrte

---

27 PFROMMER i. V.

Abb. 6: Übersicht über die Ausgrabungen mit Fundamentresten der Umfassungsmauer der Hoferweiterung. Rechts daneben der Arealstreifen mit den fundreichen Schichten.

Abb. 7: Blick vom Fischmarkt aus westwärts auf den Salmannsweilerhof, 1865 gemalt von Joseph Mosbrugger. In der Mitte die „Herberge" von der Seeseite aus gesehen. Links davon blickt man in die Münzgasse auf den Fundort der Abfallschichten und die Gebäude der Münzgasse 2 bis 4 und 6. Zur rechten Seite schließt die nördliche Hofumfassungsmauer in der Salmannsweilergasse an die „Herberge" an.

Knochenleisten, Hornzapfen, andere Tierknochen und Keramik des 14. bis 15. Jahrhunderts.[28] 1989 ließ man an der südlichen Häuserflucht gegenüber der Münzgasse vier Bäume pflanzen. Dabei wurde eine 15 cm starke Auffüllschicht mit durchbohrten Knochenleisten angeschnitten, die aus der Planierung gegen die nördliche Umfassungsmauer um den Damm zwischen Münzgasse und Marktstätte stammt.[29]

Die Ausgrabungen im Neubaugebiet zwischen Münzgasse, Fischmarkt und Salmansweilergasse konzentrieren sich auf die Umfassungsmauer des Klosterhofes, ferner auf das Gebäude an der Ostspitze der Landzunge aus den Jahren 1311/12, das als „Herberge" bezeichnet wurde und die extrem fundreichen Planierschichten im Bereich des mittelalterlichen Wasserstreifens zwischen Münzgasse und Umfassungsmauer.

Die Dokumentation wurde auf 16 Schnitte verteilt, die als Münzgasse 4 Q1–Q5 und S2–S14 sowie Fischmarkt S1 und S2 ausgewiesen sind (Abb. 9). Im 60 m langen, zum See hin spitz zulaufenden Geländestreifen zwischen Münzgasse und Umfassungsmauer wurden drei separate Grabungsblöcke

Abb. 8: Ausschnitt aus der Vogelschau auf Konstanz von Nikolaus Kalt, 1601. Ansicht von Osten mit dem Fischmarkt mit der ‚Herberge' (B), dem Hof mit Werkstätten in der Tirolergasse (C) und der ‚Metzig' auf der Marktstätte (A). Im Vordergrund das Kaufhaus oder ‚Konzil' und die Hafenplattform aus dem 16. Jahrhundert.

untersucht, jeder mit einer Länge von rund 12 m. Damit waren 290 m² der Gesamtoberfläche von 360 m² vollständig ausgegraben.

Der größte Teil dieser Oberfläche war 1894 mit Gebäuden mit den Hausnummern Münzgasse 2 und 4 überbaut worden. Der westlichste, am nächsten an der Stadt gelegene Grabungsblock wurde auf dem ehemaligen Grundstück der Münzgasse 4 auf einer Fläche von etwa 170 m² (ca. 12,5 x 14 m) ausgegraben.

Auf diesem nicht unterkellerten Grundstück bot es sich an, zwischen den Mauerfundamenten im gewachsenen Boden von Hand abzutiefen. Dadurch entstanden Teilschnitte, die die oben erwähn-

---

28 BECK 1955; DUMITRACHE 2000, 124 (Fundstelle 145).
29 DUMITRACHE 2000, 124 (Fundstelle 144).

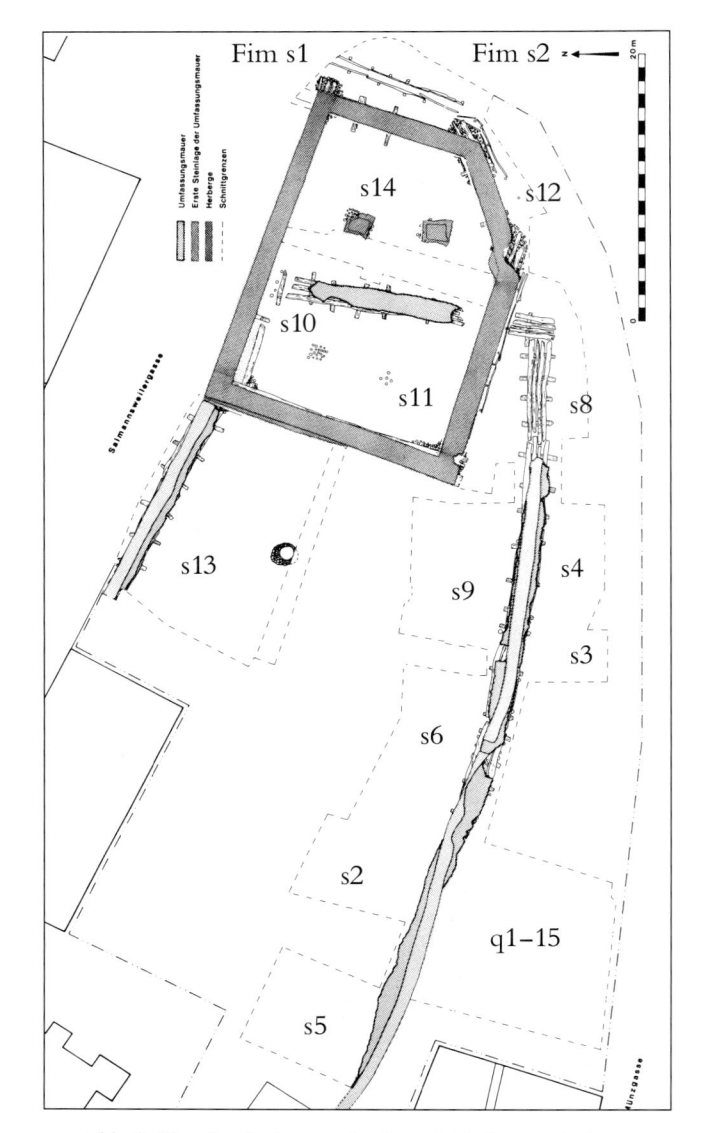

Abb. 9: Plan des Grabungsgeländes mit Grabungsschnitten.

ten Bezeichnungen Q1–Q5 erhielten. Unter dem östlichen (seewärts) anschließenden Geländeteil unterhalb der Münzgasse 2 waren auf einer Länge von bis zu 13 m durch Unterkellerung bis in den gewachsenen Boden hinein sämtliche archäologischen Spuren zerstört worden. Daran anschließend wurden seewärts die Grabungsschnitte S3 und S4 angelegt, die eine Gesamtfläche von 70 m² abdeckten. Am Ostende des Streifens wurde in S8 an beiden Seiten der Umfassungsmauer gegraben. Dazu gehörte ein Streifen außerhalb der Umfassungsmauer mit einer Breite von rund 2 m und einer Fläche von 24 m².

Bei der Grabung war es erforderlich, das Erdreich zwischen den Fundamenten hauptsächlich von Hand Schicht für Schicht abzutragen. Jeder Befund wurde nach der so genannten stratigraphischen Methode hinsichtlich seiner Ausmaße und seines Verlaufs im Boden der Reihe nach einzeln erfasst und „den natürlichen Schichten folgend" abgetragen. Ergiebige Schichten wurden komplett über ein Maschennetz mit einer Weite von 1 cm nass gesiebt.[30]

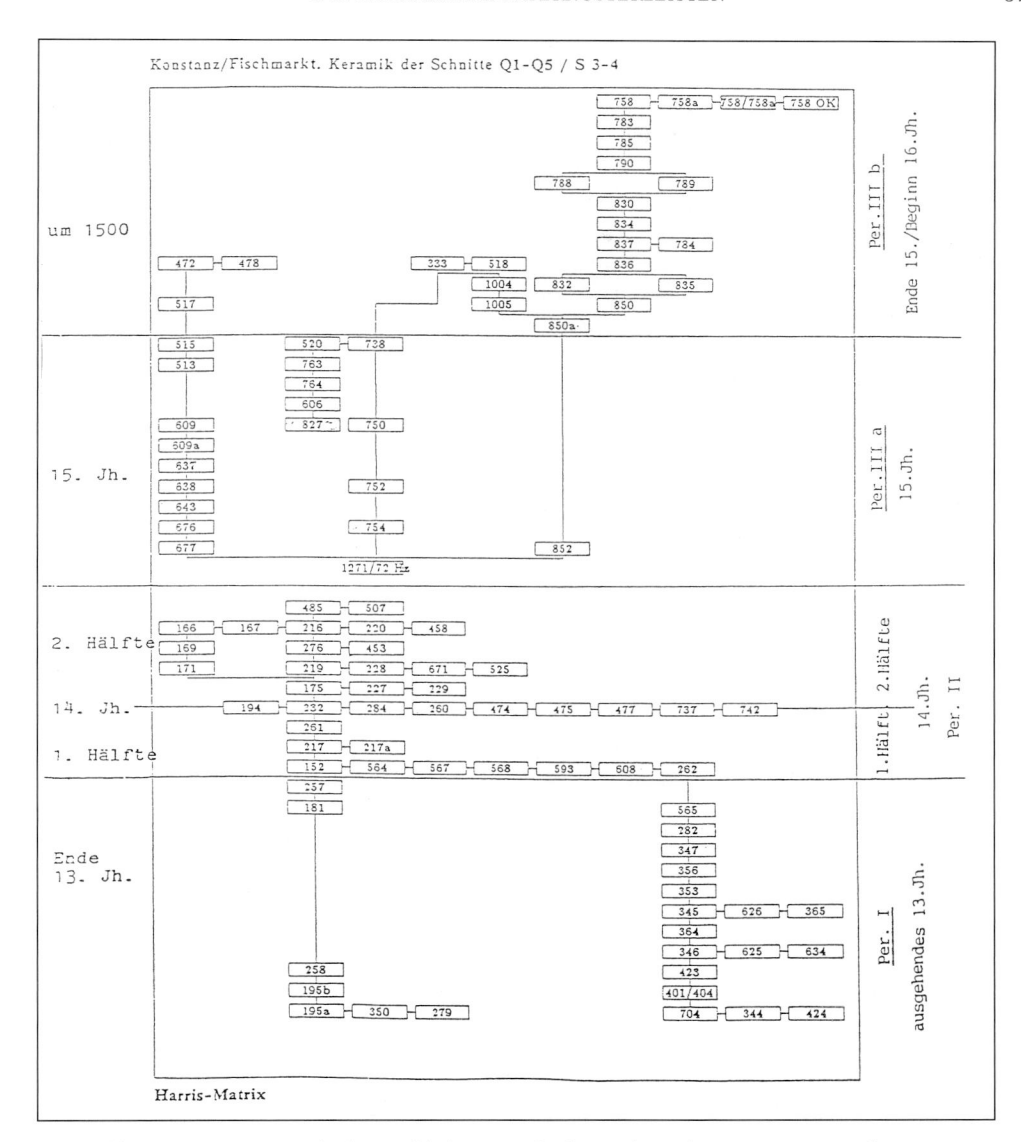

Abb. 10: Harris-Matrix der keramikhaltigen Befunde aus den Schnitten Q1–Q5 und S3–S4,
mit keramischer Periodeneinteilung und Datierung nach JUNKES.

Die überwiegend feuchten Schichten lagen zum Teil unterhalb des Grundwassers und mussten mit Pumpen trockengelegt werden. Die Tatsache, dass die Fundamentmauern stehen blieben und die Teilschnitte zeitlich versetzt ausgegraben wurden, erschwerte v. a. in Q1–Q5 die Übersicht.[31] Als Folge davon konnten Teilen desselben Befundes, die in verschiedenen Teilschichten lagen, unterschiedliche Befundnummern zugewiesen werden, welche erst nach Grabungsschluss miteinander verknüpft wurden.[32] In S3 und S4 dagegen wurden während des Grabungsvorgangs (Teil-)schnitt übergreifende Befunde unter einer Befundnummer direkt miteinander verknüpft. Durch Fehlverknüpfungen sind in Einzelfällen unterschiedliche Befunde unter einer Nummer dokumentiert wor-

---

30 JUNKES 1991, 20 f. (nach BIBBY 1987).
31 Mitteilung N. O. WOLF. Die Funddokumentation verzeichnet viele Funde aus „Pumpensümpfen".
32 JUNKES 1991, 56 f.

den. Außerdem wurde in diesen Schnitten die stratigraphische Grabungsmethode mit dem Graben in künstlichen Straten kombiniert.[33]

Die stratigraphische Abfolge und die Beziehungen der vor Ort unterschiedenen Befunde sind nach der Methode von E. C. Harris in Tabellen dargestellt, die als „Harris-Matrices" bezeichnet werden. Bei der Auswertung der Keramik wurden die Matrices der Schnittblöcke Q1–Q5 und S3–S4 auf die Keramik führenden Schichten reduziert und zu Fundmatrices zusammengefasst.[34] Anhand der Verteilung von Keramikmerkmalen über diese Fundmatrices ist eine Periodeneinteilung der Schichtenabfolge vorgenommen worden. Dabei fand die Zuordnung von einem Befund zu einer Periode nicht aufgrund der jüngsten Keramik statt, sondern aufgrund der vorherrschenden Keramik und deren Zusammensetzung. Die Periodeneinteilung basiert also ausschließlich auf Keramik.

Die Verteilung der Keramikmerkmale gab Anlass, den seewärts gelegenen Stratigraphieblock von S3–S4 als zeitlich auf den landwärts gelegenen Block Q1–Q5 folgend einzuordnen. In der daraus resultierenden Periodeneinteilung umfasste die Fundmatrix von Q1–Q5 die Perioden 1, 2a und 2b; die Fundmatrix von S3–S4 die Perioden 3a und 3b (Abb. 10).

Im nächsten Schritt wurde diese relativchronologische Periodenabfolge anhand der zurzeit verfügbaren Dendrodaten und Münzfunde aus den Schichten selbst absolutchronologisch eingeordnet sowie anhand von absolut datierten keramischen Vergleichsfunden von anderen Orten.[35] Beide boten jedoch nur wenige Anhaltspunkte zur absolutchronologischen Einordnung der Stratigraphie an der Münzgasse. Anhand dieser wenigen Anhaltspunkte wurde die gesamte Periodenabfolge in den Zeitraum vom späten 13. Jahrhundert bis zum frühen 16. Jahrhundert datiert. Jeder der fünf keramischen Perioden wurde ein etwa gleich großer, absoluter Zeitabschnitt zugeschrieben. Ausgangspunkt dabei war u. a. die Annahme, dass die gesamte Ablagerung der Fundschichten nach dem dendrodatierten Bau der südlichen Umfassungsmauer des Salmansweilerhofes (1271–1272) stattgefunden hat. Weiterhin wurde davon ausgegangen, dass die Auffüllung im Zeitraum vom späten 13. bis zum frühen 16. Jahrhundert allmählich mit dem anfallenden Abfall aus der Stadt erfolgt ist. Diese von Junkes präsentierte Fundmatrix mit ihrer relativchronologischen Periodeneinteilung der Keramik und ihrer absolutchronologischen Datierung der Perioden war als chronologisches Gerüst Grundlage für die Auswertung anderer Fundgruppen aus der Grabung.[36] Im Rahmen der vorliegenden Arbeit wurde zur Klärung der mit der Chronologie in Zusammenhang stehenden Fragestellungen zum Paternosterabfall die vertikalstratigraphische Verteilung des Abfalls des Knochen verarbeitenden Handwerks und des weiteren Knochenmaterials anhand der gegebenen Fundmatrix betrachtet (s. Kap. 2.2).

Einerseits ist zu fragen, ob im Paternosterabfall erstens verschiedene Perioden zu unterscheiden sind, zweitens ob die durchbohrten Knochenleisten von einer Werkstatt stammen oder von verschiedenen Werkstätten und drittens, ob die Werkstätten in verschiedenen Zeitabschnitten tätig waren. Andererseits stellt sich die Frage nach möglichen Verbindungen mit historisch bekannten Ereignissen wie der Arbeit eines ca. 1380 in der Nähe ansässigen Paternosterers oder dem Einfluss des Konstanzer Konzils (1414–1418).

Die vertikalstratigraphische Verteilung der Paternosterabfälle über Junkes' Fundmatrix weist drei Phasen mit unterschiedlicher Zusammensetzung und Funddichte aus. Die Phaseneinteilung der Paternosterabfälle weicht zum Teil entscheidend von Junkes' keramischer Periodeneinteilung ab und gab Anlass zur Vermutung einer schubweisen Ablagerung. Die nähere Betrachtung verschiedener Datierungsfunde aus den Schichten und die Hinzuziehung zusätzlicher Daten stärken diese Vermutung und widersprechen Junkes' Periodendatierungen in bestimmten Punkten. Zur Klärung der oben genannten chronologischen Fragestellung bedurfte es einer Analyse des Ablagerungs- und Aufschüttungsvorgangs des Schichtenpakets zwischen Umfassungsmauer und Münzgasse.

---

33 Mitteilung J. Pfrommer.
34 Junkes 1991, 56.
35 Ebd. 61–64.
36 Folgende Wissenschaftler führten Materialstudien durch und benutzten Junkes' Periodeneinteilung und Datierung: Müller 1996 (zu Holz), Schnack 1994 (zu Leder) und Erath 1996 (zu verarbeiteten Tierknochen).

Da noch nicht abzusehen war, wann die besagte Analyse zur Verfügung stehen würde, war es erforderlich, anhand von datierbaren Funden, vorläufigen Daten der Paternosterabfälle und vorläufigen, stichprobenartigen Teilanalysen der Stratigraphie ein Arbeitsmodell aufzustellen. Dieses Arbeitsmodell bildet die Grundlage für verschiedene Vorpublikationen dieser Studie sowie für einige der nachfolgenden Kapitel.[37]

Soweit dies für die Analyse der Paternosterabfälle von Bedeutung ist, werden im folgenden Abschnitt die inzwischen zur Verfügung gestellten vorläufigen Daten der stratigraphischen Analyse von J. Pfrommer mit dem genannten vorläufigen Arbeitsmodell zu einem ebenfalls vorläufigen Überblick über die Ablagerungsgeschichte kombiniert. Dieser Überblick ist durch die enge Zusammenarbeit mit J. Pfrommer zustande gekommen. Während dieses Kapitel geschrieben wurde, waren die oben erwähnten Daten noch in Bearbeitung.[38] Da nur wenige, wenn auch bezeichnende Paternosterabfälle innerhalb der Hofumfassungsmauer gefunden wurden und die übergroße Mehrheit der Fundstücke aus den beiden Blöcken Q1–Q5 und S3–S4 stammt, konzentriert sich die Beschreibung auf die beiden letzten Grabungsabschnitte.

2.1.3 Die Stratigraphie zwischen Münzgasse und Salmansweilerhof

2.1.3.1 Münzgasse 4 (Q1–Q5)

In der Zeit vor den spätmittelalterlichen Ablagerungen und Aufschüttungen muss die Oberfläche des Seebodens im Grabungsbereich etwa rund 395,2 m über NN gelegen haben. Sie bestand fast durchgängig aus Kiesstrand.[39]

Im Hofgelände innerhalb der Umfassungsmauer wurden darüber torfige und schlammige Uferoder Schwemmschichten mit Spuren menschlicher Aktivität abgelagert, die zeitlich vor dem Bau der Umfassungsmauer lagen (1271–1272).[40] Diese Spuren umfassten außer Fundmaterial auch Pfostenlöcher. Diese Aktivitäten werden allgemein in den Dezennien vor dem Mauerbau datiert, etwa in das zweite bis dritte Viertel des 13. Jahrhunderts.

Ähnliche Schichten wurden außerhalb der Umfassungsmauer gefunden wie beispielsweise in den Schnitten 7 und 8, die an der Spitze des Hofareals lagen. Näher am Ufer lagen auch im Grabungsblock von Q1–Q5 meist relativ dünne, durchziehende Schwemmschichten an der Basis des von Menschen beeinflussten Schichtenpakets. In diesen Schwemmschichten findet man eine Mischung von Seeschlamm und vom Wasser bewegter Abfallreste menschlicher Besiedlung aus der Römerzeit, dem Frühmittelalter, dem Hochmittelalter und dem 13. Jahrhundert.[41] Es ist nicht ausgeschlossen, dass ein Teil dieser Schwemmschichten außerhalb der Umfassungsmauer noch vor dem Bau der Umfassungsmauer datiert.[42]

In der Stratigraphie, die mit diesen Schichten beginnt und die in Junkes' Fundmatrix die Periode 1 und 2 umfasst (Abb. 10), unterscheidet Pfrommer 15 Ablagerungsphasen, die mit Q1–Q15 bezeichnet werden.[43]

---

37 Spitzers 1997a, 1997b und 1999 sowie Kap. 3.1 bis 3.3 dieser Studie.
38 Die Informationen bzw. Unterlagen wurden von J. Pfrommer freundlichst mitgeteilt bzw. zur Verfügung gestellt. Für nähere Einzelheiten zur Stratigraphie, wie sie in Kap. 2.1.3 dargestellt wird, wird auf die zurzeit in Vorbereitung befindliche und nicht zur Verfügung stehende Arbeit Pfrommers mit dem vorläufigen Arbeitstitel: „Konstanz Fischmarkt – Studien zur Entstehung und Entwicklung eines innerstädtischen Quartiers. Die Befunde der Grabungen 1984–1986" verwiesen.
39 Grabungsdokumentation, Mitteilung J. Pfrommer. Die in diesem Abschnitt aufgeführten Daten sind in der Hauptsache Herrn J Pfrommer zu verdanken, die zum Teil eigene Analysen der Grabungsdokumentation bestätigen.
40 Grabungsdokumentation: Kommentare zu den Matrix-Phaseneinteilungen, Schnitt 5 und Schnitt 6.
41 Mitteilung M. Junkes (Kiel).
42 Ein in moderner Zeit ausgebauter Kanal schneidet die Stratigraphie zur Umfassungsmauer hin ab.
43 Junkes 1991, Tab. 1 sowie Pfrommer i. V.

Die ersten Paternosterabfälle stammten aus den Verfüllungen einiger Gruben, die aus dem gewachsenen Boden ausgehoben wurden und nach Pfrommers Einteilung der Phase Q2 zuzuordnen sind. Diese Gruben schnitten die erste der oben genannten Schwemmschichten. Abgedeckt wurden die Gruben von einer zweiten Schwemmphase (Phase Q3), deren Schwemmablagerungen sich zum Teil mit der anthropogenen Auffüllung von Vertiefungen oder Gruben im Untergrund vermischten. Zum Teil wurden diese Befunde relativ schnell abgedeckt (Bef. 195a), zum Teil blieben sie wie die Grube Bef. 195b relativ lange offen an der Oberfläche. Spätere Schwemmablagerungen, Schwemmfunde aus späteren Planierschichten in der Nähe sowie aus einer späteren Verfüllung bzw. Abdeckung mit Planierschichten werden sich vermutlich in diesem schon relativ fundreichen Erdhorizont vermischt haben. Da außerdem bei der Ausgrabung unter feuchten Bedingungen das Fundmaterial einiger Befunde vermischt geborgen wurde (z. B. Bef. 401/404), sind Fehlbestimmungen wohl nicht auszuschließen.[44]

Dieser nur wenige Dezimeter über den gewachsenen Boden reichende Horizont wurde an der Straßenseite von einer erstmals kräftigen Aufschüttung abgedeckt. Die Ablagerung erfolgte von der Münzgasse aus nordwärts (Phase Q4) und enthielt keinerlei Paternosterabfälle. Nach der Aufschüttung kam es zu einer Nutzung des Geländes (Phase Q5), die durch eine kreisrunde, brunnenähnliche Steinstruktur belegt ist. Die Nutzung endete durch eine Aufplanierung mit Bauschutt. Darin kamen erneut Paternosterabfälle zum Vorschein.

In den darauf folgenden Phasen Q6–Q9 wurde die ganze südliche Hälfte der Parzelle bis etwa 1,4 m über dem gewachsenen Seeboden aufplaniert. Diese Planierschichten enthielten relativ beschränkte Mengen an Keramik und durchbohrten Knochenleisten sowie Herstellungsabfälle, die der Produktionsphase 1 zugewiesen wurden. Der Hauptanteil dieser Paternosterabfälle stammt aus einer Schwemmschicht, welche die Abfolge der Planierschichten unterbrach.

Eine nächste Unterbrechung erfolgte durch das Ausheben und Wiederverfüllen einer Grube ohne Keramik oder Paternosterabfälle (Phase Q10). Diese Unterbrechung markiert das Ende der Ablagerungen, in denen Keramik überwog, die Junkes ihrer Periode 1 zuordnet und die in das ausgehende 13. und frühe 14. Jahrhundert datiert wird.

In den darauf folgenden Ablagerungsphasen (Phase Q11–Q15) wurde das gesamte Areal der Parzelle 4 bis an die Hofumfassungsmauer aufplaniert, so dass die Schichten das gesamte Areal bis zum Niveau 396,6 m über NN durchzogen: 1,4 m über dem gewachsenen Boden und 30 cm über dem mittleren Höchstwasserstand des 20. Jahrhunderts. Damit erfolgte die Abdeckung auch der letzten der seit Phase Q3 offen liegenden Gruben (Bef. 195b). Ein Siegelstempel aus dem dritten Viertel des 14. Jahrhunderts aus Phase Q11 (Bef. 152) gibt einen Terminus post quem für den Beginn dieser Planierungen an, aus deren überwiegend fundreichen Schichten die Hauptmenge der Paternosterabfälle stammt. Etwa in derselben Zeit änderte sich die Lage des Wasserstreifens an der Münzgasse 2–4 durch den Bau des Kaufhauses oder ‚Konzils' 1388, das dem Spitaldamm vorgelagert war (Abb. 5e, Nr. 5 und Abb. 8, Nr. 24), und durch das Schließen der östlichen, in den See gebauten Stadtmauer. Obwohl der Wasserstreifen über ein Wassertor in der Mauer erreichbar blieb, wurde die Hafenfunktion wohl großenteils vor die Stadtmauer und auf die Seeseite des Kaufhauses verlagert (Abb. 8, Nr. 25).

In den ersten der genannten Planierschichten nahm die Menge an Steinen stark zu (Phase Q11). Sie schlossen mit einer Planierung aus Kies (Phase Q12, Bef. 217) ab. Man wollte damit wohl in erster Linie eine Bodenverfestigung erreichen. Die darauf folgenden Schichten wiesen eine derart große Menge an Knochenleisten auf, dass sich die Frage stellt, ob die Aufschüttung mit den vielen Knochenleisten nicht gezielt den Zweck erfüllen sollte, eine drainierende oder stabilisierende Wirkung auf die nassen, meist humosen Schichten zu erreichen. Besonders die letzte Schicht der Phase

---

44 Die stratigraphische Stellung von Bef. 195a, bei Junkes 1991 sowie bei Pfrommer i. V., erscheint aufgrund der daraus geborgenen Paternosterabfälle strittig (s. Kap. 2.2 und 3.3). In Q1 zeigte sich diese andernorts dünne Schicht als ein bis zu 25 cm dickes, steinhaltiges Paket, dessen Oberkante auf 395,6 m über NN lag (Grabungsdokumentation Q1, Profil 4 [West 7] und Profil [Ost]).

Q13 wird von den Ausgräbern als reine „Paternosterschicht" bezeichnet. Vor der Ablagerung dieser Schicht wurde parallel zur Hofumfassungsmauer vorübergehend eine Holzverschalung angebracht. Sie hielt zwischen der Planierung und der Umfassungsmauer einen schmalen Streifen frei. In späterer Zeit erhielt dieser Streifen die Funktion eines Ehgrabens oder Entwässerungskanals. Nachdem die Paternosterschicht gegen die Verschalung anplaniert worden war, wurde diese entfernt (Phase Q14). Danach folgten noch zwei Planierhorizonte (Phase Q15) bis zum Einschneiden verschiedener Baugruben (Phase A). Außer großen Mengen an Abfällen aus der Paternosterproduktion war für die Planierung von Q13–Q15 der Inhalt einer Latrine sekundär deponiert worden, der (in Bef. 58 und 194) mit demselben Paternosterabfall vermischt war.

Mit dem Ausheben der Baugruben endete die Aufplanierung der Parzelle Münzgasse 4. Auf den Schichten errichtete man zwischen 1414 und 1428 ein Steinhaus mit einem jüdischen Ritualbad (Mikwe) im Inneren (Abb. 5d, Nr. 5; Phase A bei PFROMMER).[45] Dendrodaten und zwei Münzen aus der Auffüllung der Fundamentgrube geben Anlass, den Bau relativ früh im 15. Jahrhundert, aber nach dem Beginn des Konstanzer Konzils im Jahre 1414, zu verorten.[46]

Genau in dieser Zeit, zwischen 1420 und 1428, ist in den benachbarten Häusern an der unteren Münzgasse eine Konzentration jüdischer Ansiedlungen in schriftlichen Quellen belegt, darunter ab 1424 eine Synagoge und eine jüdische Schule.[47] Die Juden wurden bereits ab 1429 zunehmend bedroht. Deshalb endete diese Konzentration jüdischer Ansiedlungen spätestens 1448 mit der Ausweisung der Juden aus Konstanz. Ab 1450 können christliche Besitzer in den ehemals jüdischen Häusern nachgewiesen werden. Nachdem die Mikwe bereits seit einiger Zeit nicht mehr als Bad genutzt worden war, wurde sie während des Abrisses des dazugehörigen Gebäudes zwischen 1465 und 1537 mit Schutt und Abfall aufgefüllt und an dieser Stelle ein Neubau errichtet (Abb. 5e, Nr. 5; PFROMMERS Phase B).[48] Die Knochenleisten aus der Auffüllung der Fundamentgruben des Mikwengebäudes und in Zusammenhang mit der Errichtung des Nachfolgerbaus sind sehr wahrscheinlich beim Aushub der Gruben in den Planierschichten ausgegraben und anschließend nach dem Bau der Fundamente in die Fundamentgrube zurückgeworfen worden.[49] Der Paternosterabfall aus diesen Gruben (PFROMMERS Phase A) ist deshalb in seiner Zusammensetzung und Datierung dem Abfall aus dem gesamten Paket von Auffüllschichten gleichzusetzen (in vermischtem Zustand, hauptsächlich aus Produktionsphase 2A mit möglicherweise vereinzelten Stücken aus den Produktionsphasen 0 und 1). Der Anfang der Gesamtaufplanierung (Ablagerungsphasen Q11–Q15) ist aufgrund des zuvor erwähnten Siegelstempels eher später als in das dritte Viertel des 14. Jahrhunderts zu datieren.[50] Als Ergebnis sind damit sowohl die keramische Periode 2 von JUNKES als auch die Produktionsphase 2 des Arbeitsmodells zu den Paternosterabfällen absolutchronologisch nach unten eingegrenzt. Durch ihre unterschiedliche Materialzusammensetzung und Ablagerung erwecken die Planierungen unter der Münzgasse 4 generell den Eindruck einer Müllablagerungsstätte, in welcher der Stadtmüll, im Allgemeinen ohne zusätzliche Zwischenlagerung, aus verschiedenen Werkstätten

---

45 PFROMMER 2004.
46 Es handelt sich um einen Mainzer Goldgulden, geprägt zwischen 1414 und 1417 (Bef. 458), und einen Ravensburger Pfennig aus der Zeit zwischen ca. 1400 und 1450 (Bef. 215). Mehrere Kernholzdatierungen ohne Splint und Waldkante, die von „frühestens 1360" bis „frühestens 1382" zu datieren sind, weisen hochgerechnet auf Fälldaten im ersten Drittel des 15. Jahrhunderts (PFROMMER 2004).
47 PFROMMER 2004. Die Synagoge wird in der Münzgasse 21 vermutet, die Schule in Nr. 17/19, zwischen 25 und 40 m entfernt von der Münzgasse 4. Juden werden als Bewohner des Hauses Nr. 15 und der gegenüberliegenden Häuser Nr. 10–14 für den Zeitraum zwischen 1420 und 1448 erwähnt (MEIER 1990, 134–141).
48 Ebd.
49 Die Analyse der Funddichte der Knochenleisten in Kap. 2.2 kann diese Annahme bestätigen. Obwohl immer noch erhebliche Mengen gefunden wurden, ist die Konzentration bedeutend geringer als in den Schichten, die dem Bau vorausgingen.
50 Die Nutzung des Stempels, belegt während des dritten Viertels des 14. Jahrhunderts, ist für die nachfolgende Zeit nicht mehr nachzuweisen (Mitteilung J. BREM). Eine Münze aus der Holzverschalung (Bef. 118, Phase Q13) und eine 1350 bzw. 1356 bis 1450 geprägte Münze aus dem Latrineninhalt (Bef. 58, Phase Q13–15) verstärken die Annahme dieser Datierung.

und entleerte Latrinen deponiert wurden. Dabei bleibt zu klären, ob diese Müllentsorgung bewusst für eine Trockenlegung oder Baufreimachung an der Ablagerungsstelle genutzt wurde und ob die bodentechnischen Eigenschaften großer Mengen von Knochenleisten gezielt eingesetzt wurden.

2.1.3.2 Münzgasse 2 (Schnitt 3 und 4)

Die Grabungsschnitte 3 und 4 umfassen zusammen die östliche (seewärts gelegene) Hälfte des ehemaligen Gebäudes Münzgasse 2. Sie waren vom Grabungsblock Q1–Q5 durch einen 13 m breiten, nicht untersuchten Streifen getrennt.

Die Analyse des Fundmaterials sowie die Stratigraphie geben Anlass dazu, die Aufplanierung des mit Schnitt 3 und 4 bezeichneten Bereichs insgesamt im 15. Jahrhundert, hauptsächlich nach der endgültigen Aufplanierung der Parzelle Münzgasse 4 (Grabungsblock Q1–Q5, Phase Q15), beginnen zu lassen.[51] Das Fundmaterial sowie die Darstellung des Gebietes als Trockengelände auf der Stadtansicht von Nikolaus Kalt aus dem Jahre 1601 (Abb. 8) verweisen auf die Vollendung der Aufplanierung bis zum Ende des 16. Jahrhunderts.

Anders als in Q1–Q5 vermitteln die Schichten in Schnitt 3 und 4 überwiegend das Bild von Aufplanierungen mit vorher bereits andernorts deponiertem Müll. Dabei kann Fundmaterial aus älterer Zeit in stratigraphisch jüngeren Schichten deponiert worden sein. Die stratigraphische Abfolge muss somit nicht für die Entstehungsfolge der Werkstattabfälle bestimmend sein.

Auch kann keine deutliche Aufeinanderfolge von Ablagerungsphasen festgestellt werden, was teilweise dadurch bedingt ist, dass die Schnitte – v. a. der westliche, näher an Q1–Q5 gelegene Schnitt 3 – von Nordwesten nach Südosten diagonal von einem Entwässerungskanal und einem modernen Kanalisationsrohr durchschnitten wurden (Abb. 5c und 11). Diese teilten die Stratigraphie in mehrere schmale Streifen auf. Eine Korrelation der verschiedenen nebeneinander stehenden Schichtenabfolgen ist stratigraphisch nicht zu sichern und kann nur anhand von Übereinstimmungen in der Materialzusammensetzung vermutet werden. Bei der Auswertung der Verteilung der Verarbeitungsabfälle von Knochen innerhalb der Stratigraphie sind deshalb erkennbare Muster in der Zusammensetzung dieser Abfälle mit den stratigraphischen Daten zu einem begründbaren Modell kombiniert worden.

Ähnlich wie in anderen Teilen der Grabung fanden sich auch in Schnitt 3 und 4 Pfostenlöcher im gewachsenen Boden, die von durchgehenden dünnen Schwemmschichten abgedeckt wurden.[52] Während die Schwemmschichten, in denen Keramik des ausgehenden 13. und 14. Jahrhunderts vorkam,[53] stratigraphisch nachweislich vor dem Bau der Hofumfassungsmauer entstanden sind, können ältere Schwemmfunde darin mit Funden vermischt worden sein, die aus den darüber liegenden Planierschichten abgesunken waren (Pfrommers Phase S2). Darüber wurde, ähnlich wie in Q1–Q5, an der Südseite von Schnitt 3 von der Straße aus eine Serie von in der Regel 10 bis 20 cm starken, horizontal aufeinander liegenden, humosen Planierschichten abgelagert (Abb. 11, rechts unten: 2B und 3-I; Pfrommers Phase S4–6/S9).[54] Ähnlich wie in Q1–Q5 waren v. a. die jüngeren dieser Schichten sehr reich an Keramikfunden und Paternosterleisten. Es mag sich dabei um Abfalldeponierung ohne bewusstes Planierungsziel gehandelt haben. In Schnitt 3 wurde nicht wie unter Münzgasse 4 das ganze Areal bis zur Hofmauer zielgerichtet bis auf ein überwiegend hochwasserfreies Niveau

---

51 Aufgrund von Merkmalen der überwiegend vertretenen Keramik wird die gesamte Stratigraphie von Schnitt 3 und 4 sowie ihre Periodeneinteilung in der Fundmatrix von Junkes als zeitlich folgend auf die endgültige Aufplanierung von Q1–Q5 dargestellt (Junkes 1991). Diese Einordnung wird von Pfrommer bestätigt (Mitteilung vom 18.11.2003). Die nachfolgende Erläuterung der Stratigraphie basiert in der Hauptsache auf der letztgenannten Mitteilung und auf eigenen Analysen eines Teils der Grabungsdokumentation (v. a. der Grabungsprofile von Schnitt 3) sowie auf Pfrommers vorläufiger Harris-Matrix vom gleichen Datum und ferner auf Analysen der Funde von der Knochenverarbeitung (s. Kap. 2.3.2).

52 Nach Mitteilung J. Pfrommer sowie anhand von Profilzeichnungen können Bef. 754, 852 und auch 677 als solche Schwemmschichten interpretiert werden.

53 Dies beruht auf der vorläufigen Durchsicht der Keramik vor Beginn der Keramikanalyse von Junkes, wie im „Kommentar zur Stratigraphie nach Matrixerstellung" dargelegt.

54 s. Kap. 2.3.2; u. a. Bef. 676, 643, 638, 637, 609a, 609, 515 und 472.

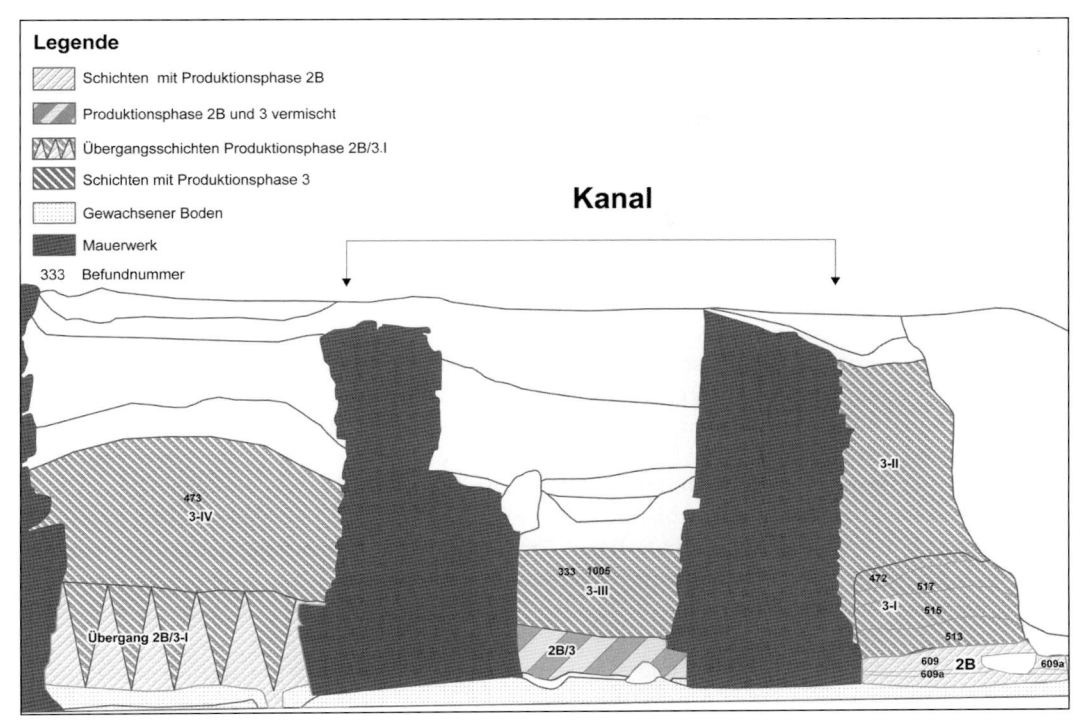

Abb. 11: Profil der Ostwand von Schnitt 3 seewärts gesehen, mit Querschnitt
durch den Entwässerungskanal und die Planierungen. Rechts die Gassenseite.

aufplaniert und verfestigt. Stattdessen reichten die Schichten nur bis etwa zur halben Höhe dieses
Niveaus und hatten eine von Süd nach Nord (von der Münzgasse zur Hofumfassungsmauer) abfallende Oberkante ohne deutliche Verfestigung. Anhand von Keramik des 15. Jahrhunderts sowie
einer sekundär deponierten Holzkonstruktion, die dendrochronologisch nach 1426 datiert wurde,
wird für die Ablagerung dieser Abfallschichten eine Datierung vorgenommen, die zeitlich nach der
endgültigen Aufplanierung und dem Bau des Mikwenhauses auf der Parzelle der Münzgasse 4 liegt
(Q1–Q5).[55] Es ist zu vermuten, dass ein Zusammenhang mit und eine zeitliche Festlegung nach der
Schließung der Stadtmauerfront und der Verlagerung der Hafenfunktion besteht.
In der Südostecke von Schnitt 3, südlich des Entwässerungskanals, wurde die Sequenz von 10 bis
20 cm dicken Abfallschichten von einer Serie teils kräftiger, teils sehr dünner Abfallschichten mit
meist relativ wenig Knochenmaterial abgedeckt (Abb. 11, 3-II; PFROMMERS Phase S9). Nördlich
des Kanals wurden diese Sequenzen von kräftigen, teilweise linsenförmig übereinander liegenden
Schichten mit Stärken bis zu 80 cm abgedeckt (Abb. 11, 3-IV; PFROMMERS Phase S5–S8). Das Fundmaterial in diesen letzten Schichten ist offensichtlich umgelagert worden. Identische Schichten sind
auch in Schnitt 8 angeschnitten worden. Sie gehören offensichtlich zu einer Planierung, bei der das
gesamte Areal nördlich und seewärts vom Kanal auf einmal gezielt bis zum mittleren Hochwasserniveau von 396,3 m über NN mit Erde sowie mit Abfall aufgeschüttet wurde, der vor der Ablagerung

---

55 Laut Mitteilung von J. PFROMMER. Die Keramikdatierung von JUNKES bezieht sich v. a. auf den Hauptanteil der
Keramik. Dabei ist nicht auszuschließen, dass die Ablagerung der Schichten zu einem späteren Zeitpunkt stattfand.
Das Dendrodatum ohne Splint- und Waldkante deutet auf eine Datierung weit nach 1426 hin. Es stammt jedoch
aus einem Befund (850), der stratigraphisch zwar unten in Schnitt 4 lag, dessen Abfälle von der Knochenverarbeitung jedoch einen jüngeren Eindruck machten als die aus stratigraphisch parallelen Befunden in Schnitt 3 (s. Kap.
2.3.2). Einen weiteren Datierungshinweis könnten Münzen (Münzschlagzeit 1404–1423 bzw. 1423–1500) geben,
die aus Erdsubstanz mit Abfallmaterial stammen, das aus diesen Schichten sekundär umgelagert wurde (Bef. 333).

unter der Münzgasse 2 andernorts zwischengelagert worden war. Hinweise zur Datierung dieser Planierung bieten Keramikfragmente aus dem 15./16. Jahrhundert sowie das bereits zuvor genannte Dendrodatum, das diese weit nach 1426 einordnet. Der genannte Stich von Nikolaus Kalt von 1601 bietet einen absoluten Terminus ante quem. Während die Ablagerung dieser Schichten offensichtlich im späten 15. oder im 16. Jahrhundert stattfand, deuten andere Funde darauf hin, dass der Abfall, der mit diesen Schichten vermischt war, zum Teil älteren Datums ist.[56]

Nach dieser umfangreichen Aufplanierung wurde ein Entwässerungskanal mit zwei parallelen Steinmauern in die Schichten hineingebaut (Abb. 11). Dieser Kanal, der auf einem alten Bebauungsplan eingezeichnet ist, verlief seewärts entlang der Hofumfassungsmauer an der Hintergrenze von Münzgasse 4 und bog bei Münzgasse 2 unter dem ehemaligen Gebäude diagonal zur Straße hin ab. Der Kanalbau in Schnitt 3 und 4 könnte durch Entwässerungsprobleme des Grabens oder der Zone hinter Münzgasse 4 veranlasst worden sein, die durch die Aufplanierung des Geländes unter Münzgasse 2 entstanden waren. Der Bau des Kanals lässt sich nicht näher datieren. Die Baugrube wurde durch die Abfall- und Planierschichten hindurch bis zu den Schwemmschichten am Boden der Aufschüttungen ergraben. Nach Errichtung der parallelen Steinmauern ist ein Teil des Aushubs zwischen beide Mauern als Unterfütterung eines hölzernen Kanalbodens zurückgeschüttet worden (Pfrommers Phase S10).[57] Die Abfallschichten zwischen beiden Kanalmauern enthielten somit umgelagertes Fundmaterial aus den vom Kanal durchschnittenen Planierschichten, anscheinend in etwa ähnlicher Folge wie in eben diesen.[58] Fundmünzen aus einer dieser Schichten könnten somit vielleicht einen Datierungshinweis für die Planierschichten mit ähnlichem Fundmaterial außerhalb des Kanals geben.[59]

Zusammenfassend kann in Schnitt 3 und 4 von einer anfänglichen Ablagerung primär und in stratigraphisch-chronologischer Folge deponierter Abfälle des Knochen verarbeitenden Handwerks ausgegangen werden. Anschließend folgte eine Aufschüttung in einem Zuge mit umgelagertem und vermischtem Abfall.

2.2 Die Materialgruppen

Die Tierknochenfragmente bilden sowohl von der Zahl als auch vom Volumen her die bei weitem umfangreichste Fundgruppe aus den Grabungen am Fischmarkt und der unteren Münzgasse. Neben Konsumabfällen aus Nahrungsresten enthalten sie Abfälle verschiedener handwerklicher Tätigkeiten. Die Trennung zwischen Konsum- und Handwerksabfällen sowie zwischen den verschiedenen handwerklichen Tätigkeiten ist zum Teil schwierig und bei einzelnen Knochen gar nicht möglich. Um die verschiedenen Tätigkeiten unterscheiden zu können, wurde auf Verarbeitungsspuren und auf zahlenmäßige Anomalien im Vorkommen bestimmter Fragmente geachtet. Für die Interpretation dieser Daten sind Modelle erforderlich, die die Vorgehensweise bei verschiedenen Tätigkeiten mitsamt dem dabei entstehenden Abfall erfassen. Für die Entwicklung dieser Modelle wurden teilweise dieselben von der Zahl her auffälligen Anomalien sowie die Verarbeitungsspuren an den Knochenfunden herangezogen. Außerdem wurden Erkenntnisse aus der Literatur sowie aus Vergleichen mit anderen Komplexen von Tierknochen gewonnen und durch die Erkenntnisse aus dem Nachvollziehen der Knochenverarbeitung im Experiment erweitert. Mithilfe dieser Methoden wurden die Tierknochen aus der Münzgasse auf Materialgruppen verteilt. Diese sind jedoch nicht ohne Weiteres mit den Abfällen der verschiedenen menschlichen Tätigkeiten gleichzusetzen. Sie

---

56 Vgl. u. a. eine Münze mit einer Schlagzeit von 1396–1420 in Bef. 835 und die Paternosterfunde (Kap. 2.3.2).
57 Schriftliche Mitteilung J. Pfrommer vom 18.11.2003; Bef. 752, 738, 750, 333, 518, 1004 und 1006.
58 Die untersten drei Schichten, Bef. 752, 750 und 738, die in Junkes' Fundmatrix zur keramischen Periode 3A gerechnet werden, könnten möglicherweise als Nutzungshorizont gedeutet werden. Die darüber liegende Schicht wird zur Periode 3B gerechnet (s. weiter Kap. 2.3.2).
59 Knochenleisten aus Bef. 333, in dem auch zwischen 1404–1419 bzw. 1423–1498 geschlagene Münzen gefunden wurden, zeigten sehr starke Übereinstimmungen mit Knochenleisten u. a. aus Bef. 472 (s. Kap. 2.3.2).

vermitteln vielmehr einen Eindruck der Größenordnungen der verschiedenen erkennbaren Abfallgruppen sowohl von der Zahl als auch vom Umfang her.[60]

Die Verteilung dieser Materialgruppen innerhalb der Stratigraphie wurde im Hinblick auf Unterschiede und Entwicklungen in deren Zusammensetzung analysiert sowie in Bezug auf die Konzentration und den Umfang der Abfälle aus der Bohrtechnik, die beides Gegenstand dieser Studie sind. Damit waren folgende Fragestellungen verbunden, die zum Teil erst im Zusammenhang mit weiteren Analysen beantwortet werden können:

– Gab es Änderungen oder Entwicklungen in der Technik, in den Rohmaterialien und im Produktionsumfang?

– Inwieweit stammen diese Abfälle von einer sich entwickelnden Werkstatt oder von mehreren Werkstätten, die entweder gleichzeitig oder in verschiedenen Zeitabschnitten tätig waren?

– Damit verbunden stellt sich die Frage, ob der Abfall primär, d. h. direkt von bestimmten Werkstätten aus deponiert wurde oder erst nach ein- oder mehrfacher Umlagerung aus verschiedenen Deponien, die über die Stadt verstreut waren, in der Münzgasse abgelagert wurde.

Dazu wurde die stratigraphische Verteilung der nachfolgenden Materialgruppen analysiert.

2.2.1 Unbearbeitete Tierknochen

Um die Konzentration der Abfälle aus der Bohrtechnik zu bestimmen, wurde versucht, den Knochenabfall unterschiedlicher Werkstätten von Schlacht- und Nahrungsresten zu trennen.

Als unverarbeitete Tierknochen gelten alle Fragmente, die weder von ihrer Zahl her auffallend überrepräsentiert sind noch Verarbeitungsspuren aufweisen, die auf handwerkliche Nutzung deuten. Außer den Abfällen vom Fleischkonsum aus Haushalten umfasst diese Materialgruppe wahrscheinlich trotzdem jene Handwerksabfälle, die weder durch Verarbeitungsspuren noch durch bemerkenswerte Stückzahlen auffallen. Dabei wäre an Abfälle aus der Verarbeitung von Rinderschulterblättern zu Knochenplättchen[61] und Splitter von denjenigen Rinder- und Pferdeknochen zu denken, welche nur vereinzelt zu Leisten oder Würfelstäben verarbeitet wurden oder einer handwerklichen Markgewinnung dienten.[62]

Mit zu dieser Materialgruppe gerechnet, aber separat registriert, wurden zwei gut erkennbare Typen von Knochenfragmenten, die sich nicht auf normalen Fleischkonsum zurückführen lassen. Möglicherweise können sie zum Abfall der Knochenverarbeitung gerechnet werden, doch lässt sich dies nicht nachweisen. Es betrifft ganze, nicht zerteilte Rindermetapodien (Mittelhand- und Fußknochen) und Rindermetapodien, die in der Mitte der Diaphyse mit einem oder mehreren Messer- oder Beilschlägen quer in zwei Hälften zerteilt wurden (s. Abb. 45).

Mit den Hornzapfen, dem Horizontalteil (*Ramus horizontalis*) des Unterkiefers und den Zehenknochen (Phalangen) gehören die Metapodien zu den fleischlosen Teilen der Rinder (s. weiter Kap. 3.1.5). Sie wurden beim Schlachten von den Teilen mit Fleisch getrennt. Auf Hornzapfen wird weiter unten eingegangen. Die anderen drei genannten Knochenarten, die nicht als Abfälle des Fleischkonsums zu deuten sind, eigneten sich in gleicher Weise wie verschiedene Knochen mit Muskelfleisch zum Suppenkochen, zur Markgewinnung und zur Verarbeitung von Knochen. Mark wurde sowohl für Nahrungszwecke als auch für verschiedene handwerkliche Tätigkeiten gewonnen. Zum Suppenkochen eigneten sich ganze, nicht zerschlagene Knochen wie die oben genannten ganzen Metapodien.[63] Zur Markgewinnung musste die Markhöhle offen gelegt werden. Für die Verarbei-

---

60 Berechnungsbasis der meisten Kategorien ist das Gewicht pro Fundnummer. Anhand stichprobenartiger Zählungen sind für jede Kategorie Mittelwerte des Gewichts pro Fragment berechnet, womit ein Eindruck der zahlenmäßigen Verhältnisse vermittelt werden kann.
61 Erath 1996.
62 Außer bei Splittern von Radien (Speichen) und Tibien (Schienbeine) handelte es sich um äußerst geringe Mengen.
63 Stokes 2000.

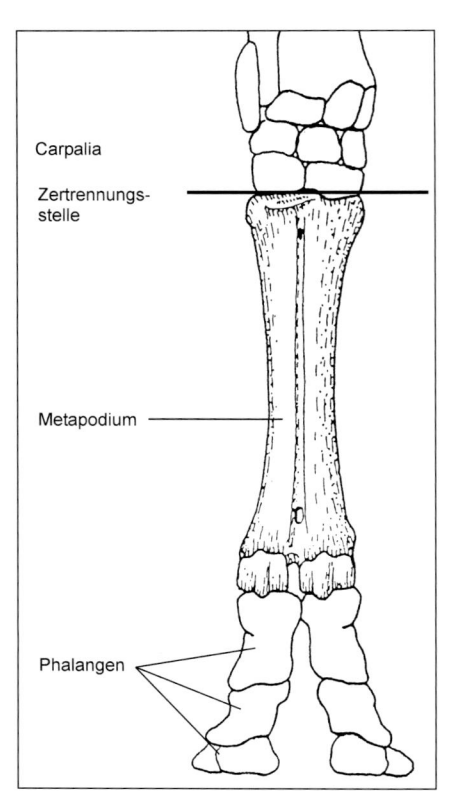

Abb. 12: Rinderfuß mit Bezeichnung der verschiedenen Skelettelemente und Zertrennungsstellen.

tung von Knochen war die zuvor genannte Querhalbierung von Rindermetapodien nicht sinnvoll. Sie diente deshalb vermutlich der Gewinnung von Mark.[64] Nachdem sie zum Suppenkochen bzw. der Markgewinnung gedient hatten, eigneten sich die ganzen oder halbierten Metapodien wohl auch noch zur Anfertigung von Bohrleisten. Durchbohrte Knochenleisten, die aus quer halbierten Rindermetapodien angefertigt wurden, können diese Vermutung stützen. Deshalb ist es möglich, dass die quer halbierten und ganzen Metapodien aus dem Fundmaterial nach der Markgewinnung bzw. Suppenherstellung als Rohmaterial beim Knochenverarbeiter landeten und aus irgendeinem Grund unbenutzt weggeworfen wurden. Sie können deshalb einen Hinweis darauf geben, wie mit den Rohmaterialien bei der Verarbeitung von Knochen umgegangen wurde.
Zehenknochen (Phalangen: s. Abb. 12) von Rindern wurden zusammen mit den Metapodien von denjenigen Karkassen, denen Fleisch anhaftete, abgetrennt. Zum Teil konnten dabei auch die Hand- und Fußgelenkknochen (Carpalia und Tarsalia) abgetrennt werden. An beiden Knochengruppen gab es jedoch weder auffallende Anomalien noch wurden sie in beachtlichen Mengen gefunden. Deshalb ist anzunehmen, dass Rindermetapodien, soweit sie in großen Mengen zur Knochenverarbeitung gesammelt wurden, in den meisten Fällen ohne Umweg und ohne anhaftende andere Skelettelemente in der Werkstatt landeten.[65] Die Hand-, Fußgelenk- und Zehenknochen, die in der Münzgasse geborgen wurden, können von gelegentlicher Hausschlachtung stammen, ähnlich wie

---

64 Im Gegensatz zu beispielsweise der Länge nach gespaltenen Metapodien folgt ihre stratigraphische Verteilung und Konzentration nicht derjenigen der Knochenverarbeitungsabfälle, sondern der der unverarbeiteten Tierknochen (s. Tab. 2). Aufgrund dieser Tatsache ist zu vermuten, dass die Längsspaltung der Metapodien, die sich so vielleicht sogar besser zur Markgewinnung eigneten, in den Knochen verarbeitenden Werkstätten geschah.
65 Vgl. PRILOFF 2000, 40.

die ganzen Metapodien. In Ausnahmefällen mögen sie auch aus den Knochenverarbeitungs- oder anderen Werkstätten wie z. B. Gerbereien hervorgegangen sein (s. Kap. 3.2.5). Ähnliche Überlegungen gelten für Fragmente der Vertikalteile und der Hinterecke des Rinderunterkiefers. Werden die Mindeststückzahlen mit denen der Horizontalteile des Unterkiefers verglichen, so ist anzunehmen, dass größere Mengen von Kieferhorizontalteilen ohne Vertikalteile in den Werkstätten zur Knochenverarbeitung landeten. In verschiedenen Fundkomplexen mit viel Abfall von der Knochenverarbeitung von Rinderunterkiefern fällt eine verhältnismäßig große Menge an Oberkieferstücken von Rindern auf.[66] Obwohl die Mindeststückzahlen der Oberkiefer deutlich größer sind als die der meisten anderen Teile mit Fleisch, steht dieser Unterschied in keinem Vergleich zu den Zahlen der Horizontalteile der Unterkiefer. Deshalb werden diese erhöhten Oberkiefervorkommen weder als Abfall von der Knochenverarbeitung eingestuft, noch wird eine direkte Beziehung zum Unterkieferabfall hergestellt.

Gelegentlich auftretende größere Mengen von Hinterschädeln, von denen die Hornzapfen entfernt wurden, wurden ebenso der Materialgruppe der unverarbeiteten Tierknochen zugeordnet, obwohl es wahrscheinlich ist, dass sie von Gerber- oder Hornverarbeitungswerkstätten weggeworfen worden sind.

2.2.2 Hornzapfen

Größere Mengen von Hornzapfen von Rindern, Schafen und Ziegen verschiedener Befunde aus der Münzgassengrabung sind als Abfälle von Gerbereien und/oder der Verarbeitung von Horn anzusehen. Obwohl diese keine Abfälle aus der Verarbeitung von Knochen sind, wurden sie von den unverarbeiteten Tierknochen getrennt. Sie würden sonst die Gruppe des unverarbeiteten Materials durch ihre beachtliche Menge und ihren Umfang sowie ihr Gewicht stark verfälschen.[67]

In dieser Materialgruppe befinden sich hauptsächlich Hornzapfen, die noch an Hinterschädeln hängen. Daneben fanden sich vereinzelt abgesägte oder zersägte Hornzapfen. Die Hörner wurden beim Schlachten am Fell gelassen, wenn die Tiere enthäutet wurden. Sie landeten mit dem Fell in der Gerberei.[68] Dort konnten sie über die Qualität des anhängenden Felles Auskunft geben. Anschließend wurden die Hörner entweder vom Zapfen gelöst oder mit den Zapfen vom Schädelrest abgesägt.[69] Archäologische Funde belegen, dass das Abtrennen des Horns vom Hornzapfen bereits in der Gerberei oder auch bei den Werkstätten stattfinden konnte, die das Horn verarbeiteten. Anhäufungen von Hornzapfen mit anhängenden Resten des abgeschlagenen Hinterschädels, die sich im Fundmaterial aus der Konstanzer Münzgasse befinden, können deshalb auf Abfälle von Gerbereien oder Horn verarbeitenden Werkstätten hinweisen.

Teilweise wurde das Horn während der Verarbeitung am Zapfen gelassen. Diese Vermutung stützt nicht nur eine ethnographische Beobachtung aus dem nahe gelegenen Kanton Sankt Gallen,[70] sie wird auch durch vereinzelt vorkommende Hornzapfen gestützt, die zweiseitig quer an- oder abgesägt und/oder in der Längsrichtung an- oder aufgesägt worden sind. Diese und weitere Hornzapfenfragmente mit Sägespuren sind als Abfälle der Hornverarbeitung zu deuten. Die Hornzapfenreste wurden als Werkstattabfälle größeren Umfangs von den unbearbeiteten Tierknochen getrennt.

---

66 u. a. in Bef. 328, 333, 368, 758, 783–785, 788–790, 835–837, 850, 850a (nahezu alle Planierschichten nach dem Kanalbau in Schnitt 3 und 4).

67 In der zahlenmäßigen Auswertung wurden sie nicht mitgerechnet, weder als unbearbeitete Tierknochen noch als Verarbeitungsabfall. Eine genauere Untersuchung der insgesamt 3747 Hornzapfen, die bereits nach Tierarten sortiert wurden, würde interessante Vergleiche mit der Auswertung der Lederverarbeitungsabfälle ermöglichen (SCHNACK 1994).

68 ERATH 1996; ARMITAGE 1990; VAN WIJNGAARDEN-BAKKER/MALIEPAARD 1992; SERJEANTSON 1989 (s. weiter Kap. 3.1.5.4).

69 Zur oben kurz beschriebenen Horngewinnung s. ausführlicher v. a. ERATH 1996.

70 SCHMID 1969, wiedergegeben bei ERATH 1996.

Da Horn im Boden sehr schnell zerfällt, gab es keine entsprechenden mittelalterlichen Funde in der Münzgasse. Aus diesem Grunde bleibt ungeklärt, ob Hornplatten zum Herausbohren von Perlen und Ringen benutzt wurden. Bei Experimenten erwies sich, dass Horn dazu relativ schlecht geeignet ist. Da gedrechselte Hornperlen unter neuzeitlichen Beispielen eine Rarität sind und außerhalb des Bodens konservierte Ringe und Perlen aus Horn im Vergleich zu Perlen aus anderen Materialien sehr selten vorkommen, ist wahrscheinlich, dass Horn nur ausnahmsweise zum Herausbohren von Perlen benutzt wurde.[71]

2.2.3 Durchbohrte Knochenleisten und -scheiben (Abb. 1)

Die durchbohrten Knochenleisten und -scheiben gehören ausnahmslos zum Abfall der untersuchten Bohrtechnik und sind als Leitfossil zu betrachten. In dieser Materialgruppe befinden sich auch Leisten und Scheibenfragmente mit Resten unvollständig herausgebohrter Gegenstände. Eine nähere Analyse der Leisten und Scheiben mit und ohne Reste erfolgt in Kap. 3.3 und 3.4.

Bei einer beschränkten Zahl von Befunden wurde nicht nur die Gesamtmenge an Bohrleisten registriert, sondern zusätzlich das Vorkommen verschiedener Typen von Bohrleisten inventarisiert. Wenn auch diese Daten nicht vollständig und noch ungenau sind, kann die Analyse der Verteilung der verschiedenen Typen von Bohrleisten innerhalb der Stratigraphie Hinweise zur Änderung in der Technik und zu den Rohmaterialien und Produkten geben.

Dabei werden unterschieden:
– quer aus dem Knochenschaft gesägte Scheiben;
– Leisten aus Rinderunterkiefern (Horizontal- und Vertikalteil);
– Leisten, aus denen wahrscheinlich Ringe gebohrt wurden;
– Leisten, aus denen wahrscheinlich kleine Perlen gebohrt wurden;
– Leisten, aus denen wahrscheinlich große Perlen gebohrt wurden.

2.2.4 Metapodienenden

Diese Materialgruppe beinhaltet Abfall verschiedener Techniken der Knochenverarbeitung: der Anfertigung von Bohrleisten und -scheiben, der Würfelanfertigung und dem Drechseln von Knochen. Nur ein recht geringer Teil dieses Abfalls kann eindeutig einer Technik zugewiesen werden. Soweit sich der unterschiedliche Rohmaterialverbrauch der verschiedenen Techniken rekonstruieren lässt, ist jedoch anzunehmen, dass mehr als 90% dieser Materialgruppe zur Anfertigung von Bohrleisten und -scheiben dienten. Diese Materialgruppe kann deshalb Hinweise auf Auswahl und Verarbeitungsweise von Metapodien durch die Knochen bohrenden Handwerker geben. So ist es möglich, das Verhältnis zwischen den Abfällen aus der Anfertigung von Bohrleisten und den Abfällen aus der Anfertigung von Bohrscheiben festzustellen, indem zwischen abgeschlagenen und abgesägten Enden unterschieden wird.

A. Abgeschlagene distale Metapodienenden (Abb. 13)

Diese Materialgruppe umfasst alle distalen Enden von Rinder- und Pferdemetapodien, die nachweislich oder vermutlich mit höchstens einem Drittel der Diaphysen- oder Schaftlänge abgeschlagen wurden.[72] Mehr als 99,5% dieser Enden stammen von Rindermetapodien (Tab. 1). Sie sind hauptsächlich als Abfälle sowohl der Anfertigung von Bohrleisten als auch der Würfelanfertigung zu betrachten. Soweit sich dabei der Metapodienverbrauch rekonstruieren lässt, entfallen auf den Ver-

---

71 Ritz 1975 bzw. Kap. 4.5.2.
72 Fragmente, die weniger als 20% der distalen Endfläche darstellen, wurden als Metapodiensplitter eingeordnet.

Abb. 13: Ein Teil der beinahe 25 000 abgeschlagenen
distalen Enden von Rindermetapodien, M ca. 1 : 3.

Abb. 14: Abgesägte Distal- und Proximalenden der Metapodien von Rind und Pferd.

brauch für die Würfelanfertigung schätzungsweise kaum 5% dieser Enden, die damit im Vergleich zum Anteil der Anfertigung von Bohrleisten kaum ins Gewicht fallen.[73]
Distale Schaftteile, die abgeschlagen und zusätzlich abgesägt wurden, sind ein Zeichen dafür, dass manche abgeschlagene Enden zur Anfertigung von Bohrscheiben oder zum Drechseln von Knochen gedient haben können. Von Pferdemetapodien gibt es keine solchen Schaftstücke. Auch fehlen jegliche Hinweise, dass Pferdemetapodien zur Würfelanfertigung benutzt wurden. Die vereinzelt vorkommenden abgeschlagenen Distalenden von Pferdemetapodien sind darum als Abfälle aus der Anfertigung von Bohrleisten anzusehen.

B. Abgesägte Metapodienenden (Abb. 14)
Diese Materialgruppe umfasst die abgesägten proximalen sowie distalen Metapodienenden von Rindern und Pferden mit höchstens einem Drittel der Schaftlänge. Während die Menge der Pferdeteile

---

73 Zur Anfertigung der gezählten 715 Würfelstäbe und -stabenden sowie der 676 Würfel(-Rohlinge) reichten 200 Rindermetapodien aus, während zur Anfertigung von 70% der gefundenen durchbohrten Leisten mindestens 6500 Metapodien benötigt wurden.

Abb. 15 (links): Fragmente und Splitter, hauptsächlich von Rindermetapodien. Abfälle der Knochenverarbeitung, M ca. 1:2. – Abb. 16 (rechts): Proximalenden der Rindermetapodien. Abfälle vom Längsspalten des Knochenschaftes zur Herstellung von Bohrleisten und Würfelstäben.

im Vergleich zu den Rinderteilen verschwindend gering ist, sind proximale und distale Endstücke mengenmäßig vergleichbar.

Aus dem gesamten Knochenmaterial aus der Münzgasse lassen sich nur etwa 30 bis 50 Abfallstücke unterschiedlicher Materialgruppen eindeutig als Abfall vom Drechseln einordnen. Damit wird deutlich, dass ihr Anteil unter den abgesägten Metapodienenden sehr gering sein muss.[74] Die abgesägten Metapodienenden stellen deshalb v. a. das Material für die Anfertigung von Bohrscheiben dar.

2.2.5 Metapodiensplitter

In vielen Befunden fällt eine erhebliche Zahl meist kleiner Fragmente und Splitter von Rinder- und Pferdemetapodien auf, die zum Teil durch Verarbeitungsspuren oder durch ihre Form zeigen oder vermuten lassen, dass sie der Verarbeitung von Knochen entstammen (Abb. 15). Darunter befinden sich Hobel- oder Ziehmesserspäne, lange, schmale Fragmente von längs gespaltenen Metapodien, Spaltsplitter und viele Fragmente längs gespaltener Proximalenden mit Schnittspuren und/oder Spaltbruchflächen.[75] Unter ihnen fallen viele Proximalenden von Rindermetapodien auf, von denen Lateral- und Medialseiten bis nah an das Ende abgespalten wurden (Abb. 16).

Auch dann, wenn möglicherweise Einzelstücke dabei sind, die von Metapodien stammen, die nicht zur Verarbeitung von Knochen dienten, ist der Großteil dieser Fragmente als Abfall aus der Verarbeitung von Knochen anzusehen. Dabei wäre an die Anfertigung von Bohrleisten zu denken, an die Herstellung von Würfeln und zum Teil auch an das Drechseln von Knochen. Die Anfertigung von Bohrleisten steht auch hier mengenmäßig im Vordergrund.

---

74 Wären ähnlich viele Metapodien für das Drechseln von Knochen verwendet worden, entfielen darauf höchstens 2,5% der gefundenen, abgesägten Enden.

75 Fragmente mit Sägespuren, nicht durchbohrte Scheiben und Leisten, die teils beidseitig abgeflacht sind, wurden nicht mitgerechnet. Größere Schaftfragmente ohne Verarbeitungsspuren und ungespaltene Proximalenden mit mehr als 15% der Diaphyse zählen zu den „unverarbeiteten Tierknochen", es sei denn, es gab einen Anlass dazu, sie als Verarbeitungsabfall einzuordnen. Metapodiensplitter, von denen nicht festgestellt werden konnte, ob sie Verarbeitungsabfall oder unverarbeitet sind, wurden nur dann den unverarbeiteten Tierknochen zugeordnet, wenn sie innerhalb der Mengen blieben, die vom normalen Schlacht- oder Konsumabfall zu erwarten sind.

Abb. 17: Gruppen von Fragmenten des Horizontalteils des Rinderunterkiefers, zu deuten als Abfälle der Knochenverarbeitung. A Abgeschlagene Vorderspitzen; B Fragmente des Unterrandes mit Spuren horizontaler Abtrennung; C Backenwandfragmente; D lose Backenzähne.

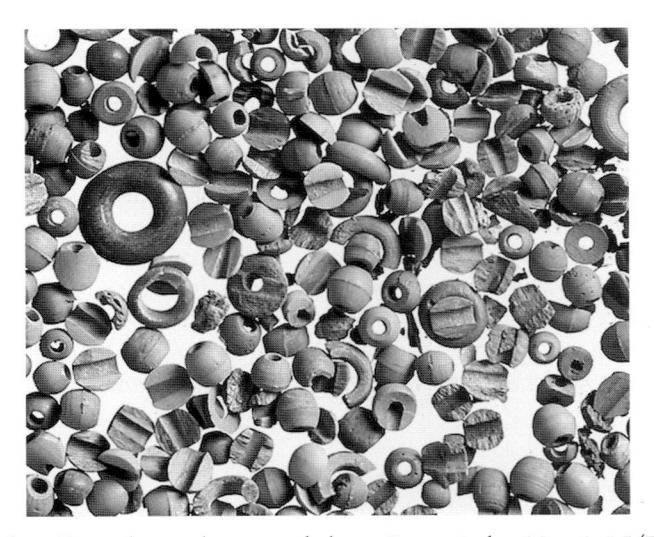

Abb. 18: Eine Handvoll aus Tausenden von losen ausgebohrten Gegenständen, M ca. 1 : 1,5 (Bef. 609, Fundnr. 572).

2.2.6 Unterkieferfragmente (Abb. 17)

Als Abfälle aus der Anfertigung von Knochenleisten sind vier Gruppen von Fragmenten vom Horizontalteil (*Ramus horizontalis*) des Rinderunterkiefers anzusehen, die bereits in Kap. 1.1 vorgestellt wurden:

– abgeschlagene Vorderspitzen (Abb. 17A);
– Unterrandfragmente mit Spuren horizontaler Abtrennung sowie Splitter, die möglicherweise damit in Zusammenhang stehen (Abb. 17B);
– Fragmente der Knochenwände neben den Zahnwurzeln der Hinterzähne, soweit es Anlass gibt, sie (möglicherweise) dem Abfall der Knochenverarbeitung zuzuordnen (Abb. 17C);
– lose Zähne des Unterkiefers, soweit sie zahlenmäßig auffallen oder zusammen mit Fragmenten aus den übrigen Gruppen gefunden wurden (Abb. 17D).

2.2.7 Lose Produkte der Bohrtechnik (Abb. 18)

Für eine beschränkte Zahl von Befunden wurde – ähnlich wie bei den Leistentypen – das Vorkommen verschiedener Typen loser Produkte aufgenommen. Die benutzten Daten sind nicht vollständig, können aber dennoch eine Ergänzung zu den ebenfalls unvollständigen Daten der Leistentypen darstellen.

2.2.8 Würfelproduktionsabfälle

Die Verteilung von Abfällen der Würfelproduktion (Knochenwürfel und Würfelrohlinge sowie Würfelstäbe und -stabsenden) innerhalb der Stratigraphie wird aus zwei Gründen in die Betrachtung einbezogen: einerseits, um den Anteil der Abfälle der Würfelproduktion in den Abfallgruppen, die sie gemeinsam mit der Knochenbohrtechnik hat, einschätzen zu können, andererseits, um die Beziehungen zwischen beiden Handwerkszweigen zu untersuchen.[76] Würfelabfälle von im Allgemeinen geringfügiger Größe (unter 0,5 bis 1 cm bei Würfelrohlingen und Enden von Würfelstäben) verstärken den Verdacht, dass sie möglicherweise nach der Deponierung durch den Einfluss von Bodentieren oder durch Schwemmbewegungen abgesenkt wurden oder untergingen.

2.2.9 Holzperlenproduktionsabfälle

Bei der Verteilung der Holzperlen und durchbohrten Holzleisten innerhalb der Stratigraphie stellt sich die Frage, ob die Handwerker dieselbe Bohrtechnik für Knochen und Holz benutzten und ob die Arbeiten in denselben Werkstätten stattfanden.[77]
Die übrigen Materialgruppen aus der Verarbeitung von Knochen sind von zu geringer Zahl, als dass sie in ihrer Verteilung innerhalb der Stratigraphie aussagekräftig wären.

2.3 Die Verteilung der Materialgruppen innerhalb der Stratigraphie

2.3.1 Das vorläufige Modell

Anhand der Verteilung der Materialgruppen über die von Junkes präsentierte Fundmatrix hinweg werden drei zeitlich aufeinander folgende Phasen im Abfall der Knochenbohrtechnik unterschieden. Dieses Modell bildet die Basis der Materialauswahl und der weiteren Auswertung. Nachträglich

---

76 Aus letztem Grund wurde das Verhältnis der Würfelabfälle zu den Abfällen vom Knochenbohren berechnet, indem die Fragmentzahl der Würfelabfälle durch das Kilogrammgewicht der ausgebohrten Leisten geteilt wurde.
77 Die Frage kann nur teilweise beantwortet werden, da keine Messdaten von der Anfertigung von Holzperlen zur Verfügung stehen, die sich mit den Abfällen vom Knochenbohren vergleichen ließen.

Produktionsphase	Verarb. Abfall kg	MP längs gespalten Zahl	Qu.¹	MP quer halbiert Zahl	Qu.¹	unb. Kn. kg	MP längs gespalten Zahl	Qu.²	MP quer halbiert Zahl	Qu.²
1 (Q5–Q8)	**42,2**	**2**	**4,7**	**2**	**4,7**	**69,4**	**2**	**2,9**	**2**	**2,9**
1/2 (Schemmschicht 195b)	8,6	3	34,8	1	11,6	27,5	3	10,9	1	3,6
2A (Q11–Q15)	640,6	101	15,8	17	2,7	438,6	101	23,0	17	3,9
2B	120,2	5	4,2	0	0,0	89,3	5	5,6	0	0,0
2 primär gelagert (2A/2B)	760,8	106	13,9	17	2,2	527,9	106	20,1	17	3,2
2A umgelagert (Mikwenbau)	130,2	22	16,9	3	2,3	130,2	22	16,9	3	2,3
2 inkl. umgelagert³	899,4	131	14,6	21	2,3	685,6	131	19,1	21	3,1
Übergang 2–3	15,8	1	6,3	0	0,0	46,5	1	2,2	0	0,0
3.I	47,0	7	14,9	6	12,8	25,1	7	27,9	6	23,9
3.II	10,9	0	0,0	1	9,2	17,7	0	0,0	1	5,6
3.III	199,2	23	11,5	6	3,0	190,9	23	12,0	6	3,1
3.IV	468,3	54	11,5	3	0,6	340	54	15,9	3	0,9
3 primär (I–II) inkl. Übergang	73,8	8	10,8	7	9,5	89,4	8	8,9	7	7,8
3.I–IV inkl. Übergang	**741,3**	**85**	**11,5**	**10**	**1,3**	**620,2**	**85**	**13,7**	**10**	**1,6**
total Phase 1–3⁴	1702,6	219	12,9	33	1,9	1461,9	219	15,0	33	2,3
total Ausgrabung	2084,6	259	12,4	82	3,9	2195,3	259	11,8	82	3,7

1 Anteil am Totalgewicht des Verarbeitungsabfalls der betreffenden Schichten, wenn dieses = 100
2 Anteil am Totalgewicht der unbearbeiteten Tierknochen der betreffenden Schichten, wenn dieses = 100
3 inkl. Schwemmschicht 195b (Ablagerungsphase Q3–Q10)
4 inkl. Q9, Schwemmschicht 195b und Mikwenbau

Tab. 2: Konzentration der längs und quer halbierten Metapodien im Verarbeitungs- und Konsumabfall (MP = Metapodien; unb. Kn. = unbestimmte Knochen; Qu. = Quotient).

gaben stratigraphische Daten der Knochenleistenfunde aus anderen Schichten als Q1–Q5 und S3–S4 Anlass, eine vierte Phase zu definieren, die zeitlich vor den anderen liegt. Im Folgenden werden die Eigenschaften des Abfalls der vier Phasen dargestellt. Mithilfe der nachträglich verfügbar gewordenen Daten der stratigraphischen Analyse Pfrommers wird das Modell in Kap. 2.3.2 geprüft und Näheres zur Datierung und zum Vorgang der Ablagerung rekonstruiert.

2.3.1.1 Phase 0

Zu dieser Phase wurden etwa 30 durchbohrte Leistenfragmente gerechnet, die vereinzelt in diversen Grabungsschichten sowohl innerhalb wie außerhalb der Umfassungsmauer des Klosterhofes gefunden wurden, hauptsächlich in stratigraphisch sehr frühen Befunden (Abb. 82). Ihr Kennzeichen ist eine stark konisch zulaufende Bohrlochwand (Abb. 37, Nr. 1 und 3), deren Höhe bedeutend kleiner ist als der Durchmesser des Bohrlochs. Bei den größeren Bohrlochdurchmessern (ca. 22 und 25,5 mm) verläuft die Bohrlochwand von zwei Seiten konisch aufeinander zu und endet auf halber Höhe des Bohrlochs in einer Spitze oder Rille (Abb. 37, Nr. 1 und 3). Der Rest eines Rings mit Wulst mit rundem Schnitt bei einem der Fragmente deutet an, was für ein Gegenstand aus diesen Leisten herausgebohrt wurde.
Bei den kleineren Bohrlochdurchmessern (ca. 10,5 bis 17,5 mm) läuft die Bohrlochwand von der einen Seite bis (fast) zur anderen Seite konisch zu (vgl. Abb. 70A) Die Bohrlöcher enthielten keine Gegenstände. Weil die Gegenstände von einer Leistenseite aus herausgebohrt wurden, können Perlen und Ringe mit rundem oder ovalem Wulstschnitt ausgeschlossen werden. Vielmehr weist dies auf Zylinder, Knöpfe, Spielsteine oder sonstige zentral durchbohrte Knochenscheibchen hin, welche Funktion sie auch immer gehabt haben mögen (s. Kap. 3.3.2.3 und 5).
Die Leisten sind mehrheitlich aus unterschiedlichen Langknochen von Pferden und Rindern angefertigt worden, ohne Sägespuren zu hinterlassen. Unter ihnen fanden sich viele Pferdeknochen (Tibien und Metapodien). Weniger als die Hälfte der Leistenfragmente wurde möglicherweise oder tatsächlich aus Rindermetapodien hergestellt. Auch aus einem Rinderunterkiefer ist ein Fragment angefertigt worden.

2.3.1.2 Phase 1

Der Phase 1 sind mehr als 1100 Knochenleistenfragmente mit einem Gesamtgewicht von 2,5 kg zuzuordnen (Abb. 84). Wenn diese Menge auch umfangreicher ist als die der Phase 0, ist sie dennoch verschwindend gering im Vergleich zu den beiden späteren Phasen. Das Gewicht der Knochenleisten beträgt in den betreffenden Fundkomplexen meist nur 1 bis 3% der unverarbeiteten Tierknochen. Wie bei den Leisten der Phase 0 ist die Höhe der Bohrlochwand bedeutend kleiner als der Bohrlochdurchmesser. In allen Fällen verschmälert sich das Loch von zwei Seiten bis auf die halbe Höhe des Bohrloches, jedoch mit nur leicht konischer und oft auch gebogener Lochwand. Nahe der Leistenoberfläche ist es eher vertikal und dabei rechtwinklig zur Leistenoberfläche, um auf halber Höhe konisch in einer hervorstechenden spitzen Rippe zu enden (Abb. 37, Nr. 4). Bei den Gegenständen, die innerhalb der Leisten gefunden werden, handelt es sich ausschließlich um Ringe mit rundem Wulstschnitt, von Sonderfällen abgesehen. Oft sind in einem Bohrloch zwei Ringe in konzentrischer Stellung zueinander zu sehen (Abb. 72B). Die Mehrheit der Leistenfragmente wurde aus Rindermetapodien angefertigt, eine Minderheit aus Rinderunterkiefern oder aus unterschiedlichen anderen Skelettelementen, v. a. von Rindern und Pferden. Die Auswahl der Skelettelemente erfolgte offenbar weder systematisch noch zielgerichtet. Es fallen Knochen oder Knochenteile auf, die scheinbar weniger zum Herausbohren von Ringen geeignet sind. So wurden neben Horizontal- auch Vertikalteile des Rinderunterkiefers benutzt (Abb. 86C) und vereinzelt andere Plattknochen vom Rind sowie ein Schweineknochen (s. Kap. 3.4).
Außer durchbohrten Leisten wurden in denselben Befunden abgeschlagene Metapodienenden und Abfälle aus der Verarbeitung von Rinderunterkiefern gefunden.

2.3.1.3 Phase 2

Die Mehrzahl der durchbohrten Knochenleisten ist der Phase 2 zuzuordnen (Abb. 1). Viele hundert Kilogramm an Leistenfragmenten wurden in meist hoher Konzentration geborgen. Die meisten Leisten zeigen kleine Bohrlöcher, die oft in zwei oder drei Reihen nebeneinander angeordnet sind mit einem Durchmesser (meist 5 bis 6 mm) und einer Höhe der Bohrlochwand in etwa der gleichen Größe. In diesen kleinen Bohrlöchern stecken kleine, runde Perlen. Darüber hinaus finden sich vereinzelt größere Bohrlöcher (bis etwa 14 mm Durchmesser) mit einer Lochwand in etwa der gleichen Größe und in diesen größere, runde Perlen. Ringe mit rundem Wulstschnitt befinden sich in Leisten, die ebenfalls nur spärlich vorkommen und etwa gleich große Bohrlöcher aufweisen, aber mit einer geringeren Höhe. Die Lochwand ist in allen Fällen vertikal, d. h. zylindrisch und von zwei Seiten aus gebohrt worden (Abb. 37, Nr. 5).

Die meisten Leisten wurden aus Rindermetapodien angefertigt. Daneben wurden einige andere, gut geeignete Röhrenknochen von Rindern und Pferden benutzt: Radien (Speichen), Tibien (Schienbeinknochen) und Pferdemetapodien. Unterkiefer und andere Plattknochen kamen kaum zum Einsatz. Neben Leisten sind quer aus dem Knochenschaft gesägte und durchbohrte Scheiben für die Abfälle der Phase 2 kennzeichnend. Ähnlich wie bei der Hauptmenge der Leisten sind die Bohrlöcher in ihnen relativ klein, und oft ist der Durchmesser kleiner als die Lochwandhöhe. Sie weisen längliche Perlen auf, deren Durchmesser meist kleiner als die Höhe ist.

In denselben Befunden gibt es außer Leisten und Scheiben große Mengen an abgeschlagenen, aber auch an abgesägten Metapodienenden. Auffallende Abfälle der Unterkieferverarbeitung fehlen jedoch in den meisten Befunden.

2.3.1.4 Phase 3

Obwohl der Phase 3 weniger durchbohrte Knochenleisten zugeordnet werden können als der Phase 2, ist ihre Menge mit über 100 kg immer noch beachtlich und eher mit der Phase 2 als mit den Phasen 0 oder 1 zu vergleichen. Ähnlich wie in Phase 2 weist eine geringfügige Mehrheit der Leisten der Phase 3 kleine Bohrlöcher mit Perlen im Inneren und mit Wandhöhen auf, die nahezu dem Durchmesser entsprechen (Abb. 100). Die Größe der Löcher scheint im Vergleich zu denen der Phase 2 im Durchschnitt etwas zugenommen zu haben. Ähnlich wie in Phase 2 gibt es Bohrlöcher von oder mit größeren Perlen, desgleichen Ringe mit rundem Wulstschnitt. Durchbohrte Knochenschaftscheiben fehlen. Neu dagegen sind flache Ringe mit flachem, breitem Wulst, die auch als runde Knochenscheiben mit einem breiten Mittelloch beschrieben werden können. Sie werden in großen Bohrlöchern mit relativ dünner Knochenwand in Leisten beobachtet, die häufig aus Rinderunterkiefern hergestellt wurden. Anders als in Phase 1 wurde nicht der ganze Kiefer benutzt, sondern nur die flachen Teile neben den Backenzahnwurzeln. Dazu wurden die Horizontalteile (*Ramus horizontalis*) des Kiefers nach einem festen Muster zerlegt. Abfälle von tausenden von Zähnen, abgeschlagenen Vorderspitzen und anderen Kieferteilen bestätigen diese Art der Zerlegung.

Auch abgeschlagene Metapodienenden und -fragmente wurden in großen Mengen in denselben Befunden angetroffen. Abgesägte Metapodienenden dagegen fehlen mit Ausnahme vereinzelter Irrläufer. Außer flachen Ringen gibt es noch verschiedene andere neue Produktformen wie beispielsweise Zylinder, sowohl lose als auch in Leisten. Wie in Phase 2 wurden (nahezu) alle Gegenstände von zwei Seiten mit einer zylindrischen Lochwand herausgebohrt (Abb. 37, Nr. 5).

2.3.2 Prüfung des Modells an den neuen stratigraphischen Daten

2.3.2.1 Phase 0 (etwa 1250–1313)

Einige der durchbohrten Leisten aus Produktionsphase 0 wurden in verschiedenen Befunden angetroffen, die während des Baus der Umfassungsmauer entstanden sind und verfüllt wurden.[78] Sie deuten darauf hin, dass der Beginn dieser Produktion spätestens 1272 zu datieren ist. Wahrscheinlich liegt der Beginn jedoch früher, im dritten Viertel des 13. Jahrhunderts.[79] Relativ viele Leisten dieser Phase (13 Fragmente) stammen aus Befunden außerhalb der Umfassungsmauer. Sie sind dem Zeitraum zwischen dem Bau dieser Mauer (1271/72) und dem Bau des Steinhauses, der so genannten „Herberge" an der Spitze des Hofgeländes zuzuordnen (1312/13).[80] Aus denselben Befunden stammen einige distale Metapodienenden von Rindern und Pferden. Diese Enden zeigen Spuren einer Art der Entfernung, die für die Produktionsphase 1 typisch ist (s. Kap. 3.2). Da Leisten der Phase 1 und von späteren Phasen in den betreffenden Befunden fehlen, sollten diese Metapodienenden wohl besser zur Phase 0 gerechnet werden. Außerdem ist bemerkenswert, dass eines von den vier Enden dieser Gruppe von einem Pferdemetapodium stammt. Wenn man bedenkt, dass von den insgesamt 13 Leistenfragmenten aus Phase 0 aus denselben Befunden mindestens ein ähnlicher Anteil aus Pferdeknochen angefertigt wurde, dann ist zu vermuten, dass die Metapodienenden aus derselben Produktion stammen.

Allerdings deuten drei Knochenscheiben, die quer aus dem Schaft eines Röhrenknochens gesägt wurden, nachdem dieser an der Außenseite rund geschabt worden war, darauf hin, dass Pferde- oder Rindermetapodien in demselben Zeitabschnitt auch für andere Techniken der Knochenverarbeitung wie z. B. für Arbeiten an der Drehbank benutzt wurden.

Ebenfalls außerhalb der Umfassungsmauer wurden weitere neun Leistenfragmente der Produktionsphase 0 in Bef. 195a im Grabungsblock Q1–Q5 gefunden. Es handelt sich um eine Schicht, deren stratigraphischer Bezug zum genau datierten Bau der Umfassungsmauer nicht festgestellt werden kann. Die Keramikfunde aus dieser Schicht datieren überwiegend um 1300.[81] Da die Leisten der Phase 0 in diesem Befund mit Leisten aus jüngeren Phasen vermischt sind, können Metapodienenden aus Bef. 195a mit ähnlichen Abtrennungsspuren wie in den zuvor genannten Befunden nicht mit Sicherheit der Phase 0 zugeordnet werden.[82] Dasselbe gilt für ein herausgebohrtes Scheibchen mit einem Loch, dessen eine Seite ‚geprägt' ist (Abb. 68 Nr. 28). Seine Funktion ist ungeklärt (s. weiter Kap. 3.3.2 unter 5). Allerdings könnte dieses Scheibchen seinen Maßen nach gut mit den von einer Seite aus gebohrten Löchern mit einem kleineren Durchmesser in Zusammenhang gebracht werden, die in die Phase 0 eingeordnet wurden.

---

78 Schnitt 10, Bef. 1529 (ein Bauhorizont zum Bau der Umfassungsmauer) und 1640a (die Verfüllung der Baugrube). In der Baugrubenverfüllung in Schnitt 5 (Bef. 989) wurde ebenfalls eine durchbohrte Knochenleiste gefunden. Diese stand jedoch nicht für eine nähere Charakterisierung zur Verfügung. Da Stücke anderer Phasen in den frühesten Befunden fehlten, ist anzunehmen, dass auch die Leiste aus Bef. 989 der Phase 0 zuzuordnen ist.

79 Aus zwei Befunden, die vor dem Bau der Umfassungsmauer datieren, sind durchbohrte Leisten bekannt, die nicht für eine nähere Charakterisierung zur Verfügung standen: Bef. 2393 in Schnitt 13 (ein erster Verlandungshorizont) und Bef. 1045 (eine Pfostenlochverfüllung, etwa um die Mitte des 13. Jahrhunderts zu datieren). Aus dem letzten Befund stammt auch ein abgeschlagenes distales Metapodienende.

80 In Schnitt 7, Bef. 1528 (eine Schwemmschicht außerhalb der Umfassungsmauer), in Fischmarktschnitt 2, Bef. 95 (ein Schichtenpaket außerhalb dieser Mauer) und Bef. 94 (Verfüllung der Baugrube des Steinbaus der „Herberge"). Aus Bef. 1093 (datiert in die Bauzeit der „Herberge") stammt ein abgeschlagenes Metapodienende.

81 Keramikdatierung nach Junkes 1991 (Periode 1). Aus stratigraphischer Sicht passt der Bef. 195a (nach Prommer i. V.) als Teil der Ablagerungsphase Q3 gut zu den übrigen Befunden mit Abfällen, die der Phase 0 zugeordnet wurden. Diese Schicht deckte den ältesten Erdhorizont mit Pfostenlöchern ab. Sie selbst wiederum wurde von unterschiedlichen Füllschichten abgedeckt.

82 Das Gros der Leisten aus Bef. 195a gehört in die Produktionsphase 2. Es fehlen Ringleisten, die mit Sicherheit der Phase 1 zuzuordnen sind. Damit wird es wahrscheinlicher, dass Metapodienenden aus diesem Befund mit dem Verarbeitungsmuster von Phase 1 der Phase 0 zugeordnet werden können.

Insgesamt können dieser Phase 30 Leisten (95 g) sowie mindestens vier abgeschlagene Metapodienenden mit Sicherheit zugeordnet werden. Sie wurden verstreut im gesamten Grabungsgelände sowohl an der Uferseite als auch an der Seeseite in Befunden gefunden, die kurz vor oder kurz nach dem Bau der Umfassungsmauer datieren. Mit Ausnahme einer durchbohrten Leiste sind Abfälle von der Verarbeitung von Unterkiefern im Zusammenhang mit diesen Funden nicht bekannt.[83]

2.3.2.2 Phase 1 (etwa 1275–1325)

Obwohl die Abfälle der Phase 1 stratigraphisch von denjenigen der Phase 0 getrennt wurden, ist anhand der verfügbaren Daten nicht auszuschließen, dass beide aus derselben Werkstatt stammen. Durchbohrte Leisten aus Produktionsphase 1 wurden in mehreren aufeinander folgenden Planierschichten im Grabungsblock Q1–Q5 (Pfrommers Ablagerungsphasen Q5–Q8) gefunden. Diese folgten auf eine vorübergehende Geländenutzung, die durch eine runde Steinstruktur belegt ist. Mit der erwähnten Planierung wurde die südliche Hälfte des Geländes komplett aufgefüllt. Die darin gefundene Keramik datiert in das späte 13. bis frühe 14. Jahrhundert. Somit ist kein absoluter Datierungsunterschied für die Abfälle der Phasen 0 und 1 gegeben. Es bleibt eine unbewiesene Vermutung, dass die Planierung nach dem Bau der Umfassungsmauer stattfand. Ein relativer Datierungsunterschied ist allerdings gegeben. Die Schichten mit Abfällen aus Phase 1 waren von der Schwemmschicht 195a, in der sich von zwei Seiten gebohrte Abfälle aus Phase 0 befanden, durch zwei Planierschichten ohne Abfälle aus der Knochenverarbeitung und durch den Bau und die Nutzung der runden Steinstruktur getrennt. Die nächstfolgende Schicht mit Abfällen der Knochenverarbeitung war Teil einer Planierung mit Bauschutt, die den Nutzungshorizont abdeckte (Bef. 182, Pfrommers Planierungsphase Q5). Die Zuordnung der Abfälle aus diesem Befund zu Phase 1 ist nicht eindeutig, wird aber vermutet, obwohl ihre Zusammensetzung Ähnlichkeit mit derjenigen der Phase 0 aufweist. Insbesondere fehlen Leisten sowie Verarbeitungsabfälle von Unterkiefern.[84] In den meisten Fundkomplexen stellen die Abfälle der Leistenanfertigung aus Rinderunterkiefern den Hauptteil des Gewichts der Abfälle der Knochenverarbeitung aus Phase 1 dar (meist rund 80%; vgl. Tab. 3). Somit könnte die Konzentration durchbohrter Leisten ohne Kieferabfälle aus Bef. 182 möglicherweise einen Übergang von Phase 0 zu Phase 1 markieren. In den beiden darauf folgenden Schichten befanden sich nur einzelne Knochenverarbeitungsabfälle. Eine Ausnahme bildet lediglich eine Konzentration von Unterkieferabfällen in der jüngsten Schicht (Pfrommers Planierungsphase Q6). Erst in oder nach der darauf folgenden Schwemmphase (Q7) kam es zu einer Vergrößerung der Menge und Konzentration[85] der Verarbeitungsabfälle sowie der durchbohrten Leisten. Der Großteil der Verarbeitungsabfälle der Phase 1 einschließlich der darunter befindlichen Leisten stammt aus der Schwemmschicht (Phase Q7) und der darauf folgenden Planierschicht (der untersten Schicht von Phase Q8). Das Gewicht der Abfälle von der Knochenverarbeitung aus diesen Schichten plus der darauf folgenden Planierschicht betrug die Hälfte bis zwei Drittel des Gewichts der unbearbeiteten Tierknochen (Tab. 3). Ähnlich viele Verarbeitungsabfälle in annähernd derselben Konzentration stammten aus einer jüngeren Planierschicht (Bef. 282 in Phase Q9), die stratigraphisch zwischen zwei Planierschichten mit nur vereinzelten Abfällen eingeschlossen war. Darunter waren auch

---

83 Vereinzelte Abfälle der Verarbeitung von Unterkiefern könnten bei der Materialdurchsicht als Konsumabfälle eingeordnet worden sein.
84 Aus Bef. 182 stammen ein abgeschlagenes Metapodienende und 50 g Leisten, aus denen ausschließlich Ringe und andere Objekte angefertigt wurden, deren Durchmesser größer als ihre Höhe ist. Bei der Materialdurchsicht wurden keine Unterkieferleisten oder -abfälle gefunden. Obwohl keine Daten zur Lochwandform erhoben wurden, wäre ein Leistenkomplex mit ausschließlich konischen Lochwänden bei der Materialdurchsicht aufgefallen. Darüber hinaus ist die Leistenmenge mit 50 g im Verhältnis zu den Befunden, aus denen nur Abfälle der Phase 0 stammen, deutlich größer (ohne Bef. 195A insgesamt etwa 55 g). Deshalb passen die Funde aus Bef. 182 besser in Phase 1.
85 Für die Konzentration der Verarbeitungsabfälle wurde das Gewicht der unbearbeiteten Tierknochen mit dem der Verarbeitungsabfälle verglichen (Tab. 3).

Ablagerungsphase (nach Pfrommer)[1]	unbearb. Kn. (kg)	Verarb. Abfall total (kg)	% unb. Kn.	Verarb. Abfall total (kg)	durchb. Leisten	MP-Enden total	MP-Enden geschlagen	MP-Enden gesägt	MP-Splitter	Unterkiefer
						% von Verarbeitungsabfall total				
Q5	0,5	0,1	16,7	0,1	58,8	35,3	35,3	0	5,9	0
Q6	3,5	0,6	18,5	0,6	2,3	10,8	10,8	0	0,0	86,8
Q7	55,9	37,4	66,8	37,4	3,6	10,5	10,5	0,1	4,5	81,3
Q8	9,5	4,1	42,3	4,1	27,7	30,0	30,0	0	5,3	36,5
Q9	28,0	13,0	46,3	13,0	13,6	0,6	0,6	0	2,0	83,8
Produktionsphase 1 (Q5–Q8)	**69,4**	**42,2**	**60,8**	**42,2**	**6,1**	**12,5**	**12,5**	**0,0**	**4,5**	**76,8**
Q3/10 (Mischbef. 195b)	27,5	8,6	31,3	8,6	35,2	54,6	54,4	0,2	10,2	0
Q11 (Kiesplanierung)	100,4	34,9	34,7	34,9	28,9	66,8	60,7	6,4	1,5	2,8
Q12 unten (Kiesplanierung)	2,6	0,3	10,7	0,3	21,3	78,0	78,0	0	0,7	0
Q12 oben	22,7	38,1	167,8	38,1	53,9	43,7	36,2	7,5	2,0	0,4
Q13 (Holzverschalung)	127,4	391,8	307,4	391,8	58,3	33,5	28,3	5,2	7,8	0,4
Q13/15 (Latrineninhalt)	88,6	66,2	74,7	66,2	55,6	35,1	28,3	6,8	6,5	2,7
Q15 unten	9,1	13,3	146,8	13,3	53,5	39,0	35,6	3,4	7,5	0
Q15 oben	48,7	4,0	8,1	4,0	28,9	61,7	53,6	8,1	9,4	0
Produktionsphase 2A (Q11–Q15)[2]	**438,6**	**640,6**	**146,1**	**640,6**	**56,1**	**36,6**	**30,7**	**5,9**	**6,6**	**0,7**
A1 (Mikwenbau)	127,6	81,7	64,1	81,7	52,4	40,3	33,5	6,8	4,7	2,7
S2 (Bef. 677)	1,8	1,1	62,2	1,1	42,0	55,4	46,4	8,9	2,7	0
S4 Süd (Bef. 676/643)	2,8	1,8	64,8	1,8	37,6	60,5	48,5	12,0	1,9	0
S4 Süd (Bef. 638/637/609a)	26,6	74,0	278,0	74,0	50,5	43,6	18,5	25,1	5,9	12,0
S4 Süd (Bef. 609)	58,0	43,3	74,6	43,3	47,7	48,1	24,2	23,9	4,2	27,1
Produktionsphase 2B (Bef. 677/609)	**89,3**	**120,2**	**134,6**	**120,2**	**49,2**	**45,6**	**21,3**	**24,4**	**5,2**	**39,2**
S4 Nord (Bef. 827)	8,0	6,2	77,4	6,2	5,8	77,0	67,2	9,9	2,8	14,4
S4 Nord (Bef. 606)	6,8	3,0	43,5	3,0	4,4	95,6	91,9	3,7	0	0
S4 Nord (Bef. 764)	8,2	3,6	43,4	3,6	6,3	78,0	78,0	0	3,4	12,0
S4 Nord (Bef. 520)	3,3	1,2	35,5	1,2	5,1	54,2	54,2	0	13,6	27,1
S4 Süd (Bef. 513)	20,2	1,9	9,6	1,9	6,7	49,5	47,9	1,5	4,6	39,2
Übergang Produktionsphase 2–3	**46,5**	**15,8**	**34,0**	**15,8**	**5,7**	**75,7**	**70,9**	**4,7**	**3,4**	**15,2**
S4 Süd (Bef. 515)	14,4	2,6	18,4	2,6	12,7	29,5	29,5	0	12,9	44,9
S9 Süd (Bef. 472)	9,7	44,3	456,5	44,3	27,5	18,6	18,6	0	12,5	41,4
Produktionsphase 3.I (Bef. 515/472)	**25,1**	**47,0**	**187,1**	**47,0**	**26,7**	**19,3**	**19,3**	**0**	**12,5**	**41,5**
Produktionsphase 3.II S6/9 Süd	**17,7**	**10,9**	**61,8**	**10,9**	**6,4**	**26,2**	**26,2**	**0**	**2,3**	**63,3**
Prod.-Phase 3 prim. gelagert (I–II)	42,8	58,0	135,3	58,0	22,9	20,6	20,6	0	10,6	45,6
3.III	190,9	199,2	104,4	199,2	15,0	38,6	38,2	0,4	6,6	39,7
3.IV	340,0	468,3	137,8	468,3	17,7	24,8	24,6	0,3	9,4	48,1
3.I–IV inkl. Übergang	620,2	741,3	119,5	741,3	17,1	29,3	28,9	0,4	8,6	44,9

total Produktionsphase 1–3³	1410,5	1687,7	118,5		1687,7	2084,6	32,4	35,3	27,9	4,5	7,0	22,5
total Ausgrabung	**2195,3**	**2084,6**	**95,0**		**2084,6**		**33,9**	**35,9**	**29,2**	**4,7**	**7,0**	**23,2**

1 vorläufige Daten; Befundnummern nach Grabungsdokumentation
2 inkl. nicht genau in Teilphasen eingeordnetes Material
3 inkl. Q9 und 2A umgelagert (Mikwenbau); ohne Schwemmgruben (Ablagerungsphase Q2 und Bef. 195b)

Tab. 3: Verhältnisse der Materialgruppen pro Ablagerungsphase (Gewichtsverhältnisse) (unbearb./unb. Kn. = unbearbeitete/unbestimmte Knochen; durchb. = durchbohrt; MP = Metapodien; prim. = primär; 0 = nicht vorhanden; 0,0 = kleiner als 0,05). Fett gedruckt sind Daten, die in der Analyse eine besondere Rolle gespielt haben, kursiv: absolute Gewichtzahlen.

Produktionsphase	durchb. Leisten	MP-Enden			MP-Splitter	Unterkiefer	Verarb.Abfall total	unbearb. Kn.
		total	geschlagen	gesägt				
0	0,13	0,12	0,12	0			0,25	
1	**2,6**	**5,3**	**5,3**	**0,0**	**1,9**	**32,4**	**42,2**	**69,4**
1 (inkl. Q9)	4,3	5,4	5,4	0,0	2,2	43,3	55,1	97,4
2A (Q11–Q15)	*359,1*	*234,4*	*196,4*	*37,5*	*37,5*	*4,7*	*640,6*	*438,6*
2A1	*367,2*	*241,2*	*202,2*	*39,0*	*42,6*	*4,8*	*655,8*	*524,8*
2B	*59,1*	*54,8*	*25,6*	*29,3*	*6,3*	*0,0*	*120,2*	*89,3*
2 primär gelagert	*418,2*	*289,2*	*222,0*	*66,7*	*43,7*	*4,7*	*760,8*	*527,9*
2 primär gelagert¹	**426,3**	**296,0**	**227,7**	**68,2**	**48,9**	**4,8**	**776,0**	**614,1**
2A umgelagert	*42,9*	*32,9*	*27,4*	*5,6*	*3,9*	*2,2*	*130,2*	*130,2*
2 inkl. umgelagert	*469,2*	*328,9*	*255,2*	*73,9*	*52,8*	*7,0*	*906,2*	*744,3*
Übergang 2–3 (inkl. Bef. 827)	0,9	12,0	11,2	0,8	0,5	2,4	15,8	46,5
3.I (Bef. 472/515)	12,6	9,1	9,1	0	5,9	19,5	47,0	25,1
3.II	0,7	2,9	2,9	0	0,2	6,9	10,9	17,7
3.III	29,9	77,0	76,2	0,8	13,2	79,1	199,2	190,9
3.IV (ohne S8)	82,8	116,4	115,2	1,2	44,0	225,2	468,3	340,0
3 primär (I–II) inkl. Übergang	14,2	23,9	23,2	0,8	6,7	28,9	73,8	89,4
3.I–IV inkl. Übergang	**126,9**	**217,2**	**214,5**	**2,7**	**63,9**	**333,1**	**741,3**	**620,2**
total Phase 1–3²	600,4	551,5	475,0	76,6	118,9	383,4	1702,6	1461,9
total Ausgrabung	**748,0**	**707,5**	**608,8**	**98,9**	**146,1**	**483,0**	**2084,6**	**2195,3**

1 inkl. Schwemmschicht Bef. 195/195a
2 inkl. Q9 und 2A umgelagert (Mikwenbau); ohne Schwemmgruben (Ablagerungsphase Q2 und Bef. 195b)

Tab. 4: Totalgewicht (kg) der Materialgruppen pro Produktionsphase (durchb. = durchbohrte; MP = Metapodien; 0 = nicht vorhanden; 0,0 = kleiner als 0,05).

Produktionsphase	durchb. Leisten	MP-Enden			Unter-kiefer	MP-Splitter	Verarb. Abfall = 100%
		total	geschla-gen	gesägt			
		% vom Verarbeitungsabfall					kg
1 (Q5–Q8)	6,1	12,5	12,5	0,0	76,8	4,7	42,2
2A (Q11–Q15)[1]	56,1	36,6	30,7	5,9	0,7	6,6	640,6
2B	49,2	45,6	21,3	24,4	0	5,2	120,2
2 primär gelagert[1]	**55,0**	**38,0**	**29,2**	**8,8**	**0,61**	**5,7**	**760,8**
Übergang 2–3	5,7	75,7	70,9	4,7	15,2	3,4	15,8
3.I	26,2	19,3	19,3	0	41,5	12,5	47,0
3.II	6,4	26,2	26,2	0	63,3	2,3	10,9
3.III	15,0	38,6	38,2	0,4	39,7	6,6	199,2
3.IV	17,7	24,8	24,6	0,3	48,1	9,4	468,3
3 primär gelagert (I–II)	**22,9**	**20,6**	**20,6**	**0**	**45,6**	**10,6**	**58,0**
3.I–IV inkl. Übergang	17,1	29,3	28,9	0,4	44,9	8,6	741,3
total Phase 1–3[2]	35,3	32,4	27,9	4,5	22,5	7,0	1.702,6
total Ausgrabung	**35,9**	**33,9**	**29,2**	**4,7**	**23,2**	**7,0**	**2.084,6**

1 exkl. Schwemmschicht Bef. 195/195a
2 inkl. Q9 und 2A umgelagert (Mikwenbau); ohne Schwemmgruben (Ablagerungsphase Q2 und Bef. 195b)

Tab. 5: Gewichtsanteile (%) der Materialgruppen am Verarbeitungsabfall pro Produktionsphase (durchb. = durchbohrte; MP = Metapodien; 0 = nicht vorhanden; 0,0 = kleiner als 0,05).

Produktionsphase	durchb. Leisten	MP-Enden			MP-Split-ter	Verarb. Abfall ohne UK = 100%
		total	geschlagen	gesägt		
		% vom Verarbeitungsabfall ohne Unterkiefer				kg
1 (Q5–Q8)	26,1	53,9	53,9	0,0	20,3	9,7
2A (Q11–Q15)1	56,5	36,9	30,9	5,9	6,6	635,9
2B	49,2	45,6	21,3	24,4	5,2	120,2
2 primär gelagert[1]	**55,3**	**38,2**	**29,3**	**8,8**	**5,8**	**625,9**
Übergang 2–3	6,7	89,3	83,6	5,5	4,0	13,4
3.I	44,8	33,0	33,0	0	21,4	27,5
3.II	17,6	71,4	71,3	0	6,1	4,0
3.III	24,9	64,1	63,4	0,6	11,0	120,1
3.IV	34,1	47,9	47,4	0,5	18,1	243,1
3 primär gelagert (I–II)	**42,1**	**37,9**	**37,9**	**0**	**19,5**	**31,5**
3.I–IV inkl. Übergang	31,1	53,2	52,5	0,7	15,7	408,2
total Phase 1–32	45,5	41,8	36,0	5,8	9,0	1319,2
total Ausgrabung	**46,7**	**44,2**	**38,0**	**6,2**	**9,1**	**1601,6**

1 exkl. Schwemmschicht Bef. 195/195a
2 inkl. Q9 und 2A umgelagert (Mikwenbau); ohne Schwemmgruben (Ablagerungsphase Q2 und Bef. 195b)

Tab. 6: Gewichtsanteile der Materialgruppen am Verarbeitungsabfall ohne Unterkieferabfall (durchb. = durchbohrte; MP = Metapodien; UK = Unterkiefer; 0 = nicht vorhanden; 0,0 = kleiner als 0,05).

Produktionsphase	Holz total	Würfel-stäbe	Würfel/-rohlinge	Würfel total	MP längs gespalten	MP quer halbiert
1 (Q5–Q8)	0	9	1	10	2	2
1/2 (Q9)	0	2	1	3	1	0
1/2 (Schemmschicht 195/195a/195b)	2	16	11	27	3	1
2A (Q11–Q15)	57	90	99	189	101	17
2B	11	45	117	162	5	0
2 primär gelagert	68	135	216	351	106	17
2A umgelagert (Mikwenbau)	4	34	23	57	22	3
2 inkl. umgelagert[1]	**74**	**185**	**250**	**435**	**131**	**21**
Übergang 2–3	1	16	14	30	1	0
3.I	44	28	38	66	7	6
3.II	0	0	0	0	0	1
3.III	18	68	76	144	23	6
3.IV	41	204	166	370	54	3
3 primär (I–II) inkl. Übergang	45	44	52	96	8	7
3.I–IV inkl. Übergang	**104**	**316**	**294**	**610**	**85**	**10**
total Phase 1–3[2]	178	512	546	1058	219	33
total Ausgrabung	215	684	709	1393	259	82

1 inkl. Schwemmschicht Bef. 195/195a/195b
2 inkl. Q9, Schwemmschicht 195/195a/195b und Mikwenbau

Tab. 7: Gesamtzahlen der übrigen Materialgruppen (MP = Metapodien).

Produktionsphase	Holzleisten	Holzperlen	Holz total	Holz total	Knochenleisten
	Zahl	Zahl	Zahl	%[1]	kg
1 (Q5–Q9)	0	0	0	0	4,3
2A (Schwemmschicht 195)	2	0	2	25	8,0
2A (Q11–Q15)	1	56	57	16	359,1
2A umgelagert (Mikwenbau)	0	4	4	9	42,9
2B	1	10	11	19	59,1
2 total	4	70	74	16	469,1
2B/3.III (Bef. 750/738/752)	1	28	29	142	20,4
Übergang 2–3	0	1	1	111	0,9
3.I	3	41	44	349	12,6
3.II	0	0	0	0	0,7
3.III	6	12	18	60	29,9
3.IV	3	38	41	50	82,8
3.IV Schnitt 8	0	7	7	90	7,8
3 primär gelagert (I–II)	3	41	44	331	13,3
3.I–IV inkl. Übergang	12	99	111	82	134,7
total Phase 1–3	17	197	214	34	624,2
Schnitt 5	0	2	2	2000	0,1
total Ausgrabung	**17**	**199**	**216**	**29**	**748,0**

1 Gesamtzahl der Holzabfälle, geteilt durch ein Hundertstel vom Gewicht der Knochenleisten in kg

Tab. 8: Stratigraphische Verteilung von Holzperlen und -perlenleisten (Fragmentzahlen).

Produktionsphase	Schäfte außen geglättet	Scheiben außen gerundet	Enden außen geglättet	total Drehbank-abfälle	Enden 2-seitig flach geschnitten
0 (Fim. Bef. 95)	1	3	0	**4**	0
1 (Schwemmphase Q7)	1	0	0	**1**	0
2A (Q11–Q15 inkl. Bef. 195b)	1	12	6	**19**	7
2A umgelagert (Bau)	0	12	4	**16**	0
2B	1	3	1	**5**	0
2B/3.III (Bef. 752)	0	0	0	**0**	2
3 primär gelagert (I–II)	0	0	0	**0**	0
3 umgelagert (III–IV)	1	0	3	**4**	1
total stratifiziert	**5**	**30**	**14**	**49**	**10**

Tab. 9: Stratigraphische Verteilung von Drehbankabfällen (Fragmentzahlen) (Fim. = Fischmarkt).

Ablagerungsphase (nach Pfrommer)[2]	Ram. hor. total[1]	Spitzen	Unterteil	Zähne	Backenwand	hinten (Ram. vert.)
	kg	% von Ramus hor. total				kg
Q5	0,0	0,0	0,0	0,0	0	0
Q6	0,6	50,0	0,9	32,3	21,4	0,1
Q7	30,4	17,3	16,0	46,4	18,2	1,4
Q8	1,5	15,4	6,4	74,2	15,4	0,1
Produktionsphase 1 (Q5–Q8)	32,4	17,8	15,3	47,4	18,1	1,6
Q9	10,9	0,6	17,9	77,7	0	0,0
Produktionsphase 1 (Q5–Q9)	**43,3**	**13,5**	**16,0**	**55,0**	**14,3**	**1,6**
Q11	1,0	48,5	0,0	51,5	0,0	0,0
Q12	0,2	33,3	6,7	60,0	0,0	0,1
Q13	1,7	17,6	4,9	65,9	19,1	0,1
Q15 und Latrineninhalt	1,8	16,0	1,8	76,5	5,8	0,6
Produktionsphase 2A (Q11–Q15)	**4,7**	**23,9**	**2,7**	**66,8**	**9,3**	**0,7**
S4 Nord (Bef. 606)	0,0	0,0	0,0	0,0	0,0	0,0
S4 Nord (Bef. 764)	0,5	74,1	5,6	18,5	1,9	0,0
S4 Nord (Bef. 520)	0,3	21,9	15,6	56,3	6,3	0,0
S4 Süd (Bef. 513)	0,8	2,6	14,5	28,9	10,5	0,1
Übergang Produktionsphase 2–3	**1,6**	**30,2**	**11,7**	**30,9**	**6,8**	**0,1**
S4 Süd (Bef. 515)	1,2	1,7	3,4	91,1	3,8	0,2
S9 Süd (Bef. 472)	18,3	8,8	8,2	73,9	9,1	0,1
Produktionsphase 3.I (Bef. 515/472)	19,5	8,4	7,9	74,9	8,8	0,3
Produktionsphase 3.II S6	7,4	12,5	10,6	72,6	4,4	0,0
Prod.-Phase 3 prim. gelagert (I–II)	**26,9**	**9,5**	**8,6**	**74,3**	**7,6**	**0,3**
3.III (Bef. 850/850a)	41,8	46,1	19,0	27,1	8,0	1,7
3.IV	**195,8**	**21,2**	**15,7**	**57,1**	**6,7**	**2,8**
3.I–II/IV inkl. Übergang	222,7	19,8	14,9	59,2	6,8	3,1

1 Gesamtgewicht der vier Gruppen von Abfällen aus dem Ramus horizontalis
2 vorläufige Daten; Befundnummern nach Grabungsdokumentation

Tab. 10: Gewichtsverhältnisse der verschiedenen Gruppen von Unterkieferabfällen (Ram. hor./vert. = Ramus horizontalis/verticalis; prim. = primär).

Produktionsphase	Würfelstäbe	Würfel/-rohlinge	Würfel total		MP-Enden
	Zahl	Zahl	Zahl	MP-Gew.	kg
1 (Q5–Q8)	9	1	10	**1,9**	5,3
2A (Q11–Q15)	90	99	189	**0,8**	234,4
2B	45	117	162	**3,0**	54,8
Übergang 2–3	16	14	30	**2,5**	12,0
3.I	28	38	66	**7,3**	9,1
3.II	0	0	0	0,0	2,9
3.III	68	76	144	1,9	77,0
3.IV	204	166	370	3,2	116,4
1 (Q5–Q8)	**9**	**1**	**10**	**1,9**	**5,3**
2 primär gelagert	**135**	**216**	**351**	**1,2**	**289,2**
3.I–IV inkl. Übergang	**316**	**294**	**610**	**2,8**	**217,2**
total Phase 1–3[1]	**512**	**546**	**1058**	**1,9**	**551,5**
total Ausgrabung	**684**	**709**	**1393**	**2,0**	**707,0**
1 inkl. Q9, Schwemmschicht 195/195a/195b und Mikwenbau					

Tab. 11: Konzentration der Würfelabfälle, gemessen am Gewicht der Metapodienenden
(MP = Metapodien; Gew. = Gewicht).

Abfälle, die charakteristisch für Phase 2 sind.[86] Da eine Vermischung mit jüngerem Fundmaterial nicht ausgeschlossen ist, wurden die Abfälle der Ablagerungsphase Q9 nicht zur Produktionsphase 1 gerechnet.[87]

Bei den Gewichtsverhältnissen der Materialgruppen der Verarbeitungsabfälle fallen der geringe Gewichtsanteil der durchbohrten Leisten und der hohe Anteil der Unterkieferabfälle in Phase 1 im Vergleich zu denen anderer Produktionsphasen auf (Tab. 5). Der Anteil durchbohrter Leisten war v. a. in den Schwemmschichten der Ablagerungsphase Q7 gering (2 bis 4% der Verarbeitungsabfälle) und ähnelte in den darauf folgenden Planierschichten der Produktionsphase 3 (13 bis 34%; Tab. 2). Der Gewichtsanteil der durchbohrten Leisten im Verarbeitungsabfall der gesamten Phase 1 war jedoch geringer als bei den Produktionsphasen 2 und 3, selbst dann, wenn man den Anteil der Unterkieferabfälle ausschließt (Tab. 6). Es stellt sich die Frage, inwiefern Wasserbewegungen die Gesamtmenge der durchbohrten Leisten dieser Phase negativ beeinflusst haben könnten, weil z. B. Leisten mit geringerem Gewicht als die Metapodienenden und Kieferabfälle möglicherweise leichter an andere Stellen geschwemmt werden konnten. Wenn das nicht der Fall war, kann der niedrige Anteil der Leisten im Verarbeitungsabfall der gesamten Phase 1 als Hinweis gedeutet werden, dass bei der Leistenanfertigung in dieser Phase im Allgemeinen weniger effizient mit dem Knochenrohstoff umgegangen wurde als in den beiden späteren Produktionsphasen. Für die Anfertigung von Leisten aus Unterkiefern gibt es entsprechende Hinweise. So war der Gewichtsanteil der Abfälle der Leistenanfertigung aus Horizontalteilen des Rinderunterkiefers in Phase 3 bedeutend niedriger als in Phase 1 (45 bzw. 77% der Abfälle von der Knochenverarbeitung: s. Tab. 3), während der Anteil der aus Unterkiefern angefertigten Leisten unter den durchbohrten Leisten aus Phase 1 geringer war als bei Phase 3 (s. Kap. 3.4). Bei der Anfertigung einer Bohrleiste aus einem Unterkieferstück fiel in Phase 1 also mehr Abfall an als in Phase 3.

---

86 Unter den Knochenleisten befinden sich quer gesägte, durchbohrte Scheiben. Ein Drittel der losen Gegenstände sind Perlen, zwei Drittel Ringe.

87 Durchbohrte Leisten, die sich durch ihre Merkmale als Abfälle der Produktionsphase 1 ausweisen, flossen in die Analyse in Kap. 3.4 ein. Die Fragmente, die der Phase 2 zuzuschreiben sind, stammen alle aus Bef. 282, Fundnr. 327 (s. weiter unter Phase 2).

Bemerkenswert ist weiterhin, dass Unterkieferfragmente der Phase 1 im Abfall der Leistenanfertigung mehr als drei Viertel des Gewichts ausmachten. Dennoch stellten sie unter den durchbohrten Leisten im Verhältnis zu den aus Metapodien hergestellten Fragmenten zahlenmäßig eine relativ kleine Minderheit dar (s. Kap. 3.4). Das deutet darauf hin, dass bei der Anfertigung von Knochenleisten aus Unterkiefern viel mehr Knochenabfall anfiel als bei der Anfertigung aus Metapodien, so dass bei Letzteren eine deutlich bessere Ausnutzung des Rohmaterials erfolgte. An der Zahl der abgeschlagenen Unterkieferspitzen sowie der abgeschlagenen Metapodienenden ist abzulesen, dass für die Produktion der Phase 1 mindestens 150 Unterkieferhälften und mindestens 230 Metapodien benutzt wurden.[88] Während bei dieser Berechnung der benutzten Knochen das Verhältnis zwischen Unterkieferhälften und Metapodien zwei zu drei ist, kommt bei den geborgenen Leistenfragmenten dieser Phase ein Unterkieferfragment auf sieben Metapodienfragmente (s. Kap. 3.4).

Ähnlich wie bei der Anfertigung von Knochenleisten aus Unterkiefern scheint bei ihrer Anfertigung aus Metapodien in Produktionsphase 1 ebenfalls mehr Abfall als in den Phasen 2 und 3 angefallen zu sein. So ist das Gesamtgewicht der durchbohrten Leisten im Verhältnis zu dem der Metapodienabfälle bei Produktionsphase 1 geringer als in späteren Phasen (Tab. 6).

Das Fehlen von Perlen und Leistenfragmenten aus Holz in allen Befunden mit Abfällen der Phase 1 deutet darauf hin, dass sehr wahrscheinlich keine Anfertigung von Perlen aus hölzernen Bohrleisten während Produktionsphase 1 stattfand (Tab. 8). Abfälle der Würfelanfertigung stammten nahezu sämtlich aus der Schwemmschicht Q7, mit Ausnahme eines kleinen Endstücks eines Würfelstabs aus der darüber liegenden Planierschicht.[89] Es ist deshalb zu bezweifeln, dass eine Würfelanfertigung aus Knochenleisten während der Produktionsphase 1 stattfand (Tab. 11). So ist wohl auch das einzige abgesägte Metapodienende, das in derselben Schwemmschicht zusammen mit Abfällen dieser Produktionsphase gefunden wurde, nicht als Abfall aus der Anfertigung von Knochenleisten oder -scheiben zu betrachten. Quer gesägte Knochenscheiben mit Durchbohrungen fehlten in den Befunden mit Abfällen aus Produktionsphase 1 (Tab. 9).[90] Dagegen stammt aus der Schwemmschicht Q7 der Schaft (Diaphyse) eines Rinderhumerus, der durch das Abschneiden herausragender Teile sowie beider Enden für das Drechseln präpariert wurde. Auffallend ist, dass dabei keine Säge benutzt wurde, anders als bei den Abfällen vom Drechseln in späteren Phasen. Das genannte abgesägte Metapodienende aus derselben Schwemmschicht kann deshalb nicht ohne Weiteres als Drechselabfall gedeutet werden. Es bleibt deshalb der einzige Hinweis auf das Benutzen einer Säge, gemeinsam mit den fraglichen Würfelabfällen in den Ablagerungen mit Abfällen der Produktionsphase 1.

Unter den Knochenfunden aus der Schwemmschicht Q7 fielen ein Tibien- und zwei Radienfragmente mit Spuren von Ziehmessern auf.[91] Diese können von verschiedenen Zweigen der Knochenverarbeitung herrühren.

Unklar ist die Phasenzuordnung einer durchbohrten Leiste aus Geweih, die innerhalb der Umfassungsmauer zusammen mit zwei Leisten der Produktionsphase 0 und einem abgeschlagenen Metapodienende der Phase 0 oder 1 unstratifiziert geborgen wurde.[92] Aufgrund der Form der Lochwand ist dieses einzigartige Leistenfragment aus Geweih mit abgesägtem Ende der Produktionsphase 1 zuzuweisen (s. Kap. 3.3).

---

88 Aus den Schichten von Q6–Q8 wurden etwa 145 Kieferspitzen geborgen; aus den Schichten von Q3–Q9 gemischt mit Abfällen aus der Produktionsphase 1 und 2A weitere zehn Stück. Um die Zahl der benutzten Metapodien schätzen zu können, wurde das Gesamtgewicht der Metapodienenden von Q5–Q9 durch das mittlere Gewicht eines abgeschlagenen Distalendes eines Rindermetapodiums (23,3 g) geteilt. Für den Fall, dass Distalenden bei der Leistenanfertigung nicht immer entfernt wurden, kann die Schätzung nach unten verzerrt und zu niedrig sein.
89 Bef. 354 (Datenaufnahme M. Erath). Aus der wahrscheinlich gemischten Schicht Bef. 282 (Ablagerungsphase Q9) stammen drei Abfälle aus der Würfelanfertigung.
90 Vereinzelte, meist kleine Scheibenfragmente mit oft abweichender Tönung sind höchstwahrscheinlich Irrläufer aus Befunden der Produktionsphase 2. Durchbohrte Scheiben wurden durchaus im gemischten Bef. 282 festgestellt (Ablagerungsphase Q8).
91 Bef. 401–404.
92 „S10 Putzfunde 9.12.85", ohne Fundnr. Der Bohrlochdurchmesser von 25,7 mm passt in die Produktionsphasen 0 und 1. Es ist das einzige Leistenfragment aus Geweih.

2.3.2.3 Phase 2 (etwa 1375–1450)

Verarbeitungsabfälle mit Charakteristiken der Produktionsphase 2 verteilen sich auf einen großen Anteil aus dem Grabungsblock Q1–Q5 unter der Münzgasse 4 (Produktionsphase 2A) und einen kleineren Anteil aus Schnitt 3 (Produktionsphase 2B).[93]

Die Abfälle aus Produktionsphase 2A aus dem Grabungsblock Q1–Q5 wurden in großen Mengen innerhalb derjenigen Auffüllung gefunden, die zur vollständigen Aufplanierung des Grundstücks Münzgasse 4 vor dem Bau des Mikwenhauses (Ablagerungsphase Q11–Q15) führte. Außerdem befanden sich Abfälle in den Baugruben dieses Hauses und der Mikwe (Ablagerungsphase A).[94] Wahrscheinlich landeten sie dort durch Zurückschütten des Aushubs aus denselben Planierschichten. Die Deponierung dieser Schichten wird in das letzte Viertel des 14. Jahrhunderts bis zum ersten Viertel des 15. Jahrhunderts datiert, also bedeutend später als die Funde der Produktionsphase 1. Sie waren von den Planierungen mit Abfällen aus Produktionsphase 1 durch eine Grube getrennt, aus deren Verfüllung keine Knochenfunde stammen (Ablagerungsphase Q10).

Abfälle aus Produktionsphase 2 wurden auch in älteren Schichten gefunden, die von der Gesamtplanierung Q11–Q15 abgedeckt wurden und nach Auskunft von Junkes überwiegend Keramik des späten 13. bis frühen 14. Jahrhunderts enthielten: in der Planierschicht 282 (Ablagerungsphase Q9), der Schwemmschicht 195/195a/195b (Ablagerungsphase Q3) und in den von dieser Schwemmschicht abgedeckten Grubenauffüllungen 350 und 704 (Ablagerungsphase Q2).[95] In diesen Befunden, in denen die Abfälle der Produktionsphase 2 mehrheitlich überwogen, waren diese mit Abfällen der Produktionsphase 1 vermischt, in Bef. 195a sogar mit Abfällen der Phase 0. Obwohl sich nicht in allen Fällen eine einfache Erklärung anbietet, ist anzunehmen, dass die Abfälle der Produktionsphase 2 nachträglich in bereits abgelagerte Befunde geraten sind.[96] Sowohl die Zeitlücke in den Datierungen als auch die Art der Mischung beider Produktionsphasen in den Übergangshorizonten sowie das Fehlen einer fließenden Entwicklung deuten darauf hin, dass die Abfälle der Produktionsphasen 1 und 2 aus verschiedenen Werkstätten stammen und in unterschiedlichen Zeitepochen entstanden sind.

Außer den beschriebenen Schichten in Q1–Q5 zeigte auch die Zusammensetzung der Materialgruppen einiger Abfallschichten in Schnitt 3 ein für Phase 2 charakteristisches Muster (Produktionsphase 2B). Es betrifft die untersten Planierschichten im Südteil des Schnitts (Bef. 676–609) und die von ihnen abgedeckte Schwemmschicht, die sich auch noch unter dem späteren Entwässerungskanal befand (Bef. 677). Auch in der Fortsetzung dieser Schwemmschicht nördlich des Kanals zeigte sich in der Materialzusammensetzung eine starke Übereinstimmung mit dem Muster der Produktionsphase 2.[97] Die Abfälle der Knochenverarbeitung der Schichten 677 bis 609 werden in diesem Kapitel als Produktionsphase 2B beschrieben.[98]

Aufgrund der Einordnung der Produktionsphase 2B in Junkes' Keramikmatrix nach der jüngsten Planierschicht der Ablagerungsphasen Q11–Q15 im Grabungsblock Q1–Q5 wäre zu vermuten, dass

---

93 Diese Einteilung, die weiter unten erläutert wird, ist nicht mit den Bezeichnungen aus Junkes' Fundmatrix zu verwechseln (u. a. verwendet in Kap. 3.1 bis 3.3). Die Produktionsphase 2A fällt mit Junkes' keramischer Periode 2A und 2B zusammen; die Produktionsphase 2B umfasst einen Teil ihrer Periode 3A.

94 Periode 2 der keramischen Periodeneinteilung von Junkes.

95 Sie wurden von Junkes sämtlich der keramischen Periode 1 zugeordnet.

96 Die Grubenverfüllung 704 wird sowohl nach der Fundmatrix von Junkes als auch in der stratigraphischen Matrix von Pfrommer von Schwemmschichten und Planierungen ausschließlich mit Verarbeitungsabfällen der Produktionsphase 1 (Ablagerungsphase Q7: Bef. 401/404) abgedeckt; die Schwemmschicht 195/195a in der Matrix von Pfrommer sogar von den vorhergehenden ersten Planierschichten der Ablagerungsphase Q4.

97 Die Fortsetzung der Schwemmschicht unter der Kanalfüllung (Bef. 754) zeigte in der Materialzusammensetzung ebenfalls das Muster der Produktionsphase 2, wie auch der Bef. 538, der Altmaterial in jüngerer stratigraphischer Lage enthielt (Mitteilung J. Pfrommer). Das Material beider Befunde wurde allerdings nicht mitgerechnet, weil bei den durchbohrten Leisten eine geringfügige Vermischung mit jüngerem Material gefunden wurde.

98 Aufgrund von Junkes' keramischer Periodeneinteilung wurden die Abfälle der Produktionsphase 2B anfangs in den Kap. 3.1 bis 3.3 als Teil der Phase 3A eingeordnet. Später wurde die Phasenbenennung in diesen Kapiteln angepasst.

die Knochenabfälle dieser Schichten ebenso wie die Keramik geringfügig jünger sind als die aus der Planierung Q11–Q15. Die keramischen Kennzeichen von Junkes' Periode 3A (mit datierten Vergleichsfunden aus der ersten Hälfte des 15. Jahrhunderts) setzen jedoch erst im Laufe der Schichtenfolge 677–609 ein, zwei der 16 Kennzeichen dagegen bereits parallel zu dem jüngsten Horizont der Planierung vor dem Mikwenbau (Bef. 485).[99] In Übereinstimmung damit würden sekundär umgelagerte Münzfunde aus diesen oder den darüber liegenden Schichten eine absolute Datierung ab 1423 ermöglichen, d. h. aus derselben Zeit oder jünger als der Abschluss der Planierung Q11–Q15. Die starken Ähnlichkeiten zwischen dem Abschluss dieser Planierung und der Ablagerung der Schichten 677 bis 609 hinsichtlich des von der Knochenverarbeitung stammenden Abfalls sowie der Verteilung der Keramik sprechen gegen einen größeren zeitlichen Abstand. Die Abfälle der Schichtenserie 677 bis 609 werden deshalb als überwiegend jüngerer Abschnitt derselben Produktionsphase 2 betrachtet, wahrscheinlich aus derselben Werkstatt oder derselben Gruppe von Werkstätten. Dabei ist ein zeitliches Überschneiden mit den jüngsten Abfällen aus den Planierungen vor dem Mikwenbau in Münzgasse 4 denkbar (Produktionsphase 2A).

Aus den Schichten der Grundstücksaufplanierung in der Münzgasse 4 (Q1–Q5, Ablagerungsphasen Q11–Q15) stammen neben etwa 2000 bis 3000 Keramikscherben mehr als 300 000 Tierknochenfragmente mit einem Gesamtgewicht von mehr als 1000 kg. 60% davon, nämlich 640 kg, sind Abfälle der Knochenverarbeitung, darunter 360 kg durchbohrte Leisten (Tab. 4).[100] Das macht annähernd ein Drittel des Gewichts aller Abfälle der Knochenverarbeitung aus der Grabung und fast die Hälfte der durchbohrten Leisten aus.

In den ersten Schichten der Aufplanierung, die überwiegend aus Kies bestanden (Ablagerungsphase Q11 und die unterste Schicht von Q12: Bef. 217), und den nachträglich durchmischten älteren Befunden waren die absoluten Mengen an Abfällen von der Knochenverarbeitung zwar größer als in den Befunden mit Abfällen der Produktionsphase 1, ihr Gewicht betrug aber weniger als die Hälfte des Gewichts der unverarbeiteten Tierknochen und durchschnittlich ein Viertel aller Knochenfunde. In den darauf folgenden Planierschichten betrug ihr Gewicht anderthalb- bis viermal so viel wie das Gewicht der unverarbeiteten Tierknochen. Erst in der letzten Schicht vor dem Bau des Mikwenhauses (Bef. 485) sank es auf rund 10% ab. Der Übergang von den Planierungen, bei denen der Kies überwog, zu jenen, in denen Abfälle aus der Knochenverarbeitung mehr als die Hälfte der Knochenfunde ausmachten, markiert zugleich die Einführung neuer Keramikarten und -formen in das Fundmaterial, nach Junkes der Übergang von ihrer Keramikperiode 2A nach 2B.[101] Es bleibt zu prüfen, ob diese Veränderungen in der Technik der Keramikherstellung eine Parallele zur Technik bei der Knochenverarbeitung haben und ferner, ob sie auf einen zeitlichen Unterschied in der Herkunft der Abfälle oder auf einen wirtschaftlichen Unterschied hinweisen. Das Konstanzer Konzil (1414–1418) generell oder die Ankunft diverser Teilnehmergruppen beim Konzil könnte aufgrund neuer Beziehungen zur Introduktion anderer Formmoden und neuem technischen Wissens geführt haben, was die Änderungen bei der Keramikherstellung erklären würde. Das muss nicht zugleich auf bedeutende Zeitunterschiede in der Produktion des Abfalls hinweisen.

Am höchsten war die Konzentration der Paternosterabfälle in den Planierschichten, die während des Bestehens der Holzverschalung zwischen der Umfassungsmauer und dem Planierungsareal abgelagert wurden: nach der Errichtung und vor dem Abbruch dieser Verschalung (Ablagerungsphase Q13). Besonders reichhaltig an Knochenfunden war ein Planierhorizont (Bef. 86 nach Pfrommer), aus dem 425 kg Knochenmaterial geborgen wurden, von dem 80% – das sind 340 kg – als Abfall der Kno-

---

99 Junkes 1991, 59 f. Tab. 23–38. Außer einem Randfragment einer Schüssel aus dem oberen Teil des Schwemmhorizonts (Bef. 643, SRF 25, Tab. 38) setzen vier der 16 Kennzeichen der keramischen Periode 3A in der ersten Planierschicht über dem Schwemmhorizont ein (Bef. 637), die meisten anderen in der jüngsten Planierschicht 609a/609.

100 Diesen Zahlen müssen noch etwa 25 kg Verarbeitungsabfall mit etwa 11 kg Leistenfragmenten hinzugefügt werden, die aus älteren Befunden umgelagert wurden (Ablagerungsphase Q2–Q3 und Bef. 282). Außerdem gehören dazu noch ungefähr 120 kg Verarbeitungsabfall mit rund 50 kg Leistenfragmenten, die aus jüngeren Befunden umgelagert wurden (Ablagerungsphasen A bis D).

101 Junkes 1991, 58.

chenverarbeitung betrachtet werden.[102] Diese 340 kg stellen mehr als die Hälfte der Abfälle der Knochenverarbeitung der Aufplanierungsphasen Q11–Q15 dar, darunter fast 200 kg durchbohrte Leisten, die ebenfalls mehr als die Hälfte der Knochenleisten ausmachen. Bereits die hohe Konzentration der Abfälle der Knochenverarbeitung lässt im Zusammenhang mit der zum Teil geringen Fragmentierung der durchbohrten Leisten eine primäre Deponierung vermuten. In einigen Fundkomplexen war dieser primär deponierte Abfall mit sekundär deponierten Latrineninhalten vermischt.[103]

Die Konzentration der Knochenverarbeitungsabfälle in den Schichten der Phase 2B in Schnitt 3 ist mit derjenigen in Phase 2A im Grabungsblock Q1–Q5 vergleichbar, und sie zeigt eine ähnliche Entwicklung (Tab. 3). Während in den untersten Schichten mit rund 40% des totalen Knochengewichts der Anteil der Verarbeitungsabfälle eher mäßig war, stieg er auf rund drei Viertel an – eine Größe, die mit der der Planierschichten mit reichem Vorkommen an Knochen der Ablagerungsphase Q13 im Grabungsblock Q1–Q5 vergleichbar ist. In der letzten Schicht fiel der Anteil wieder auf 40% zurück. Die relativ geringe Menge enthielt das immer noch beachtliche Gewicht von 120 kg an Verarbeitungsabfällen, darunter 60 kg durchbohrte Leisten (Tab. 4).

Die Anteile der verschiedenen Abfallgruppen am gesamten Verarbeitungsabfall schwankten. Wären die Abfälle teilweise vor der Deponierung am Fundort zwischengelagert worden, wären solche Unterschiede nivelliert worden.[104] Deshalb ist anzunehmen, dass der Abfall direkt von einer oder mehreren Werkstätten an den Fundort transportiert wurde.

Der umfangreiche Abfall von der Knochenverarbeitung in Produktionsphase 2 besteht im Gegensatz zu dem der anderen Phasen hauptsächlich aus Fragmenten von Rindermetapodien. Abfälle der Unterkieferverarbeitung, die in Produktionsphase 1 einen Großteil der gesamten Verarbeitungsabfälle ausmachen, sind im Verarbeitungsabfall der Produktionsphase 2A äußerst selten und im Abfall der Produktionsphase 2B nur mit wenigen vereinzelten Stücken vertreten (Tab. 3). Neben insgesamt 44 abgeschnittenen Vorderspitzen und 30 bis 40 abgeschnittenen Unterrand- und Zahnwandfragmenten wurden auch vereinzelt durchbohrte Kieferleisten gefunden. Die Menge dieser Unterkieferabfälle ist in der Masse des gesamten Verarbeitungsabfalls so gering, dass eine Umlagerung aus Ablagerungen der Produktionsphase 1 nicht gänzlich ausgeschlossen werden kann.

Die Analyse der Verarbeitungstechnik und der Produkte, die mittels dieser Technik angefertigt wurden, scheint jedoch darauf hinzuweisen, dass auch in Produktionsphase 2 vereinzelt Unterkiefer zum Herausbohren von Produkten benutzt wurden (s. Kap. 3.4). Die stratigraphische Verteilung der Unterkieferabfälle würde dazu passen. So kamen diese z. B. gerade in den hoch konzentrierten Abfallschichten vor (Ablagerungsphase Q13: Tab. 2).[105]

Vereinzelt wurden auch Fragmente von Tibien und Radien von Rind und Pferd mit Verarbeitungsspuren in den Planierschichten Q11–Q13 der Produktionsphase 2A gefunden.[106] Deren Beziehung zur Anfertigung von Knochenleisten wird durch die Analyse der Knochenleisten in Kap. 3.4 deutlicher werden.

---

102 Bef. 86, 95, 219, 227, 228 und 525. Innerhalb dieser Befunde sind nicht mehr als ein paar hundert Scherben gezählt worden (Junkes 1991, Teil II Tab. 1). Die Mehrheit des Knochenmaterials stammt aus Bef. 219.

103 Eine Vermischung mit unverarbeiteten Tierknochen aus den Latrinen erklärt die relativ niedrigen Anteile an Verarbeitungsabfällen von 32 bzw. 43% aller Knochen in diesen Komplexen, im Gegensatz zu den rund 60% Verarbeitungsabfällen in den meisten Schichten von Q12–Q15 (vgl. Tab. 3).

104 Man vergleiche die Fundabfolge an einem Arbeitsplatz eines Perlenbohrers in 's-Hertogenbosch (Niederlande; Grabung „Loeffplein", 1995; unveröffentlichte Beobachtung des Verfassers).

105 Aus der Ablagerungsphase Q13 stammen elf Vorderspitzen sowie die Hälfte der Unterrand- und Zahnwandfragmente. Eine ähnliche Menge an Unterkieferabfällen stammt aus der Latrinenfüllung Q13/15; 20 Spitzen aus der ersten Planierschicht (Bef. 262). Funde vereinzelter durchbohrter Unterkieferleisten verteilten sich über die ganze Ablagerung der Produktionsphase 2A und 2B (Bef. 152, 475, 128, 216, 676 und 609). Bemerkenswert ist eine Kieferleiste aus Bef. 262, aus der kleine Perlen herausgebohrt wurden. Aus Unterkiefern angefertigte Beschlagplättchen sind aus der Grabung nicht bekannt (Erath 1996).

106 Ein Radiusfragment aus Bef. 152 (Ablagerungsphase Q11); Tibienfragmente aus den Bef. 227/232/261 (Ablagerungsphase Q11/13), 86 und 525 (Ablagerungsphase Q13). Auch Prilloff (1996, 32 und 117) erwähnt solche Fragmente. Der Umfang dieser Verarbeitungsabfälle ist nicht bekannt, muss aber relativ begrenzt sein.

Abgesägte Metapodienenden traten in allen stratigraphischen Horizonten der Phasen Q11–Q15 auf, mit Ausnahme des ersten Befundes (257). Deren Gewicht beträgt durchschnittlich rund 6% der Abfälle der Knochenverarbeitung und ein Fünftel des Gewichts der abgeschlagenen Metapodienenden. Ihr Anteil am Gesamtgewicht der Metapodienenden schwankt zwischen 10 und 19% mit einer leicht steigenden Tendenz bis zum Bau der Holzverschalung (Phase Q11 und Q12). In einigen Teilen der Verfüllungsschichten, die an die Außenseite dieser Verschalung herangeplaniert worden waren, war ihr relativer Anteil auffallend groß und ihr Gewicht höher als das der abgeschlagenen Enden (Tab. 3). In den älteren Schichten der Phase 2B in Schnitt 3 war der Anteil der abgesägten Enden ähnlich gering wie in den meisten Schichten der Ablagerungsphasen Q11 bis Q15. In den jüngeren Schichten – von der Schicht mit der Zunahme des Verarbeitungsabfalls bis zur letzten Schicht – war ihr Gewicht jedoch größer oder gleich groß wie das der abgeschlagenen Enden. Es ist unklar, welche Bedeutung die deutliche Zunahme der abgesägten Enden am Ende der Phase 2 hat, da die in der Grabung unterschiedenen vier Befunde nach Pfrommer nur zwei Schichten umfassen.

Ein distales Metapodienende mit bis zur Hälfte quer vom Knochenschaft abgesägter Scheibe aus der jüngsten Schicht der Phase 2B zeigt die Beziehung zwischen den abgesägten Enden und den durchbohrten Schaftscheiben, die beide für die gesamte Phase 2 kennzeichnend sind. Ein relativ hoher Anteil an Scheiben fiel bei der Materialdurchsicht v. a. unter den durchbohrten Leisten der Ablagerungsphasen Q13 und Q14 auf, in denen vereinzelte Konzentrationen an abgesägten Enden registriert wurden.

Der Gewichtsanteil der durchbohrten Leisten am gesamten Verarbeitungsabfall war mit etwa 50% in Phase 2 bedeutend höher als in den Phasen 1 und 3 (Tab. 5). Das deutet darauf hin, dass in Phase 2 bei der Leistenanfertigung relativ gesehen viel weniger Knochenabfall anfiel als in den beiden anderen Phasen.

Dies war nur teilweise durch den verschwindend geringen Anteil der Leistenanfertigung aus Unterkiefern in Phase 2 bedingt, bei der – wie bereits erläutert – mehr Abfall als bei der Anfertigung aus Metapodien anfiel (s. Kap. 2.3.2.2). Wenn das Gesamtgewicht der Leisten mit dem Gewicht des Abfalls der Leistenanfertigung aus Metapodien verglichen wird, ist der Leistenanteil in Phase 1 und 3 niedriger, obwohl darin im Gegensatz zu Phase 2 außer Metapodienleisten noch ein bedeutender Anteil Kieferleisten enthalten ist (Tab. 6). Der Grund dafür kann in der Nutzung noch anderer Knochen in Phase 2, ebenso wie in der Technik der Leistenanfertigung liegen (s. Kap. 3.4). Dass die Metapodiensplitter in Phase 2 einen relativ geringen Gewichtsanteil haben, muss wohl in Verbindung mit der Anfertigung gesägter Knochenscheiben gesehen werden, bei der zwar Sägemehl anfiel, aber keine Splitter. Zu prüfen bleibt, ob auch die Leistenanfertigung aus Metapodien weniger Abfall mit sich brachte und effizienter war als in den beiden anderen Phasen (s. Kap. 3.4).

Insgesamt über hundert Würfel und Würfelrohlinge sowie etwa die gleiche Anzahl an Würfelstäben und deren Enden aus den Planierungsphasen Q11–Q15 und aus sämtlichen beschriebenen darunter liegenden Mischschichten deuten darauf hin, dass im selben Zeitabschnitt auch Würfel aus Metapodien angefertigt wurden (Tab. 7). Bedeutend ist in diesem Zusammenhang eine Knochenleiste mit unvollendeter Durchbohrung, die – nachdem sie sich wohl beim Bohren der Länge nach gespalten hatte – zu einem Würfelstab umgestaltet wurde (Phase Q15: Abb. 19).[107] Es ist unwahrscheinlich, dass sich ein Würfelhersteller die Mühe machte, eine Knochenleiste von der Abfalldeponie in seine Werkstatt zu bringen. Damit deutet dieser Fund nicht nur auf eine gleichzeitige Produktion, sondern auch auf eine Zusammenarbeit der Würfelhersteller und der Perlendreher hin, zumindest im Bereich der Materialbeschaffung. Sie hatten immerhin Rindermetapodien als gemeinsame Rohstoffquelle. Auch benutzten beide Handwerkszweige in dieser Produktionsphase Sägen.[108] Erath fand allerdings keine Hinweise, dass Sägen beim Anfertigen von Würfelstäben benutzt wor-

---

[107] Bef. 485 (Fundnr. 01/491).
[108] Ein Vergleich der benutzten Sägeblattstärken beider Handwerkszweige könnte Informationen zu weiteren Feldern der Zusammenarbeit erbringen.

Abb. 19: Knochenleiste mit unvollendeter Durchbohrung,
die nachträglich zu einem Würfelstab umgestaltet wurde.

den wären: weder beim Entfernen der Metapodienden noch beim Zerteilen der Knochenschäfte in schmale Scheite.[109] Vereinzelte Knochenleisten mit Sägespuren in der Längsrichtung der Knochen sowie Metapodiensplitter mit Sägeflächen sind Zeugen des Einsatzes von Sägen bei unterschiedlichen Techniken der Knochenverarbeitung in dieser Phase.

Sägen wurden auch beim Drechseln von Knochen benutzt. Quer gesägte Scheiben, die an der Außenseite rund geschnitten wurden und als Abfälle von Arbeiten an der Drehbank angesehen werden, häuften sich in einem einzigen Befund von der jüngsten Planierung vor dem Bau des Mikwenhauses sowie in einem einzigen Befund aus der Baugrubenverfüllung dieses Hauses mit umgelagertem Planierungsmaterial (Tab. 9).[110] Weitere Stücke stammen aus den Schichten der Produktionsphase 2B. Die stratigraphische Verteilung von abgesägten Distalenden und Schaftstücken, die an der Außenseite grob geglättet wurden, entspricht der Verteilung der Bohrabfälle von Knochen der gesamten Produktionsphase 2 – von der Ablagerungsphase Q9 (Bef. 282) bis zur letzten Schicht der Phase 2B (Bef. 609). Da es auch einige durchbohrte, an der Außenseite geglättete Scheiben gibt, stellt sich die Frage, ob diese Glättung an der Außenseite vielleicht vereinzelt aus nicht ersichtlichen Gründen in der Werkstatt der Perlenbohrer ausgeführt wurde. Eine andere Möglichkeit wäre, dass man das Rohmaterial, das für Arbeiten an der Drehbank präpariert wurde, nachträglich zum Perlenbohren verwendete. Letzteres würde auf eine Zusammenarbeit zwischen Perlenbohrern und Knochendrehern hinweisen. Dagegen sind abgesägte und abgeschlagene Distalenden, die sowohl an der posterioren wie an der anterioren Seite flach geschnitten wurden, kaum als Material zu deuten, das für Arbeiten an der Drehbank dienen sollte.[111]

Außer aus Knochen wurden auch Leisten aus Holz angefertigt und Gegenstände daraus herausgebohrt. Holzperlen und durchbohrte Holzleisten kommen in allen Befundgruppen mit Fundmaterial der Produktionsphase 2 vor (Tab. 8). Ihre Konzentration entspricht der des Abfalls von der Anfertigung von Knochenleisten. Deshalb ist anzunehmen, dass Holzperlen sowie Knochenperlen in derselben Werkstatt bzw. denselben Werkstätten entstanden.

2.3.2.4 Phase 3 (etwa 1400–1450)

Abfälle mit den Charakteristiken der Produktionsphase 3 kamen in Schnitt 3, 4 und 8 vor. Dabei zeigte sich entweder eine Vermischung oder ein allmählicher, fließender Übergang in Schnitt 3 in

---

109 ERATH 1996, Kap. 5.1.2 und 5.1.3. Es ist zu fragen, an welchen Hinweisen zu erkennen ist, dass Metapodienden nicht für die Perlenproduktion aus Knochenscheiben abgesägt wurden, sondern für die Würfelanfertigung.
110 Bef. 485 (Ablagerungsphase Q15) bzw. Bef. 671 (PROMMERS stratigraphische Phase A).
111 Diese Vermutung wird von M. TIELENS unterstützt (mündliche Mitteilung) die über Erfahrung im Perlenbohren sowie in der Drehbankarbeit verfügt. Die stratigraphische Verteilung dieser zweiseitig in eine flache Form gebrachten Enden beschränkte sich auf die jüngeren Ablagerungen der Produktionsphase 2A (Ablagerungsphasen Q13 [fünf Stück], Q15 [Bef. 485, zwei Stück] und des Mikwenhausbaus [Bef. 671, ein Stück]) und Phase 2B (umgelagert in Bef. 752, zwei Stück).

den Befunden, die auf Befunde mit Abfällen der Phase 2B folgten.[112] Besonders in der Schichtenabfolge nördlich des Entwässerungskanals, d. h. an der Seeseite, zeigte sich ein fließender Übergang bei vier aufeinander folgenden Schichten (nämlich Bef. 827, 606, 764 und 520) über dem Strandhorizont Bef. 677 (Abb. 11), der nicht durch eine spätere Umlagerung zu erklären ist. Auch südlich des Kanals waren im Material des letzten Befundes der Phase 2B Ansätze einiger Änderungen zu bemerken, die sich im folgenden Bef. 513 fortsetzten und sich erst ab dem darauf folgenden Bef. 515 stabilisierten. Dies deutet auf eine Kontinuität in der Produktion und der Ablagerung der Abfälle der Produktionsphasen 2 und 3 hin und somit auf eine Kontinuität bei den Werkstätten.[113]

In der Ablagerung der Abfälle aus Produktionsphase 3 sind unterschiedliche Phasen zu erkennen:

I. Planierungs- oder Abfallschichten von 10 bis 20 cm Stärke mit primär abgelagertem Abfall wurden nördlich und südlich des Entwässerungskanals angetroffen. Der Anteil der Verarbeitungsabfälle am Knochenmaterial und das Verhältnis der Materialgruppen untereinander variierten stark (Tab. 3). Auf die Ablagerung der Abfälle der Phase 2 südlich des Kanals folgte anscheinend die Deponierung eines etwa 55 cm starken Schichtenpakets nördlich des Kanals (Bef. 827–520; Abb. 11) mit Abfällen vom Übergang von Produktionsphase 2 zu 3.[114] Die Konzentration des Verarbeitungsabfalls in der ältesten Schicht dieses Pakets (Bef. 827) entsprach derjenigen im letzten Befund südlich des Kanals mit Abfällen aus Produktionsphase 2 (Bef. 609), während die Konzentration im weiteren Verlauf des Pakets auf 43 bis 35% der Knochenfunde absank (Tab. 3). Die Abfalldeponierung südlich des Kanals setzte sich erst am Ende des Übergangs von Produktionsphase 2 zu 3 mit einigen Schichten fort (Bef. 513, 515 und 517; Abb. 11), in denen die Konzentration der Verarbeitungsabfälle mit 10 bis 18% der Knochenfunde im Vergleich zu den Konsumabfällen gering blieb.[115] Auf sie folgte eine nicht mehr als 15 cm starke „Knochenleistenschicht" (Bef. 472), die hauptsächlich aus Abfällen der Knochenverarbeitung bestand, ähnlich wie die an die Holzverschalung heranplanierten „Paternosterschichten" der Ablagerungsphase Q13 in Schnitt Q1–Q5 und ähnlich wie die jüngeren Schichten der Produktionsphase 2B in Schnitt 3 (Bef. 638, 637 und 609a; Tab. 3).

II. Auf die Ablagerung der Knochenleistenschicht 472 folgte die Ablagerung einer Serie von sehr unterschiedlichen Abfallschichten südlich des Kanals (Pfrommers Ablagerungsphase S9), die im Allgemeinen geringe Mengen an Abfall von der Knochenverarbeitung in sehr unterschiedlichen Konzentrationen sowie im Verhältnis zum Konsumabfall enthielten. Die Stärke der Schichten, die Bodenart sowie die Zusammensetzung der Funde und auch das Verhältnis zwischen den Materialgruppen der Knochenfunde schwankten stark. Die darin enthaltenen Abfälle der Technik des Knochenbohrens werden als primär deponierter, jüngerer Teil der Produktionsphase 3 betrachtet. Diese Schichten wurden nicht in Junkes' Fundmatrix aufgenommen und dadurch auch nicht in die Materialauswahl und in die weitere Auswertung mit einbezogen. Daten zur Materialzusammensetzung aus der allgemeinen Materialdurchsicht zeigten die Charakteristiken der Produktionsphase 3 und keine erkennbaren wesentlichen Unterschiede zu den unter I genannten Schichten, mit Ausnahme einer Zunahme des Anteils der Unterkieferabfälle und eine Abnahme des Leistenanteils. Allerdings wird die Relevanz dieser Feststellungen durch die geringe Menge an Material (14 kg Verarbeitungsabfall) und die Schwankungen in der Anzahl eingeschränkt.

---

112 Die Fortsetzung des Strandhorizontes in Schnitt 4 (Bef. 852) zeigte ebenfalls eine Vermischung von Material aus den Produktionsphasen 2 und 3. Der Horizont war während der Ablagerung der Abfälle aus der Produktionsphase 2 nicht abgedeckt. Dadurch konnten die Abfälle durch Wasserbewegungen aus den landeinwärts liegenden Schichten hineingeschwemmt werden und später mit Abfallstücken aus der Produktionsphase 3 dadurch vermischt werden, dass diese aus darüber liegenden Schichten abgesenkt wurden. Das Material aus Bef. 852 wurde deshalb nicht mitgerechnet.

113 Es ist äußerst unwahrscheinlich, dass in demselben Zeitraum und in denselben Ablagerungsschichten die Abfallablagerung einer neuen Werkstatt(-gruppe) allmählich zunahm, während die Abfallablagerung der alten Werkstatt(-gruppe) abnahm oder sogar aufhörte.

114 Vier Schichten: Bef. 827, 606, 764 und 520. Die Stärke des Schichtenpakets wurde am Ostprofil (Profil 4) von Schnitt 3 abgelesen (Abb. 11). In Tab. 2 bis 6 wurden die Daten dieser Schichten zusammen mit denen von Bef. 513 von denen der Phase 3.I getrennt.

115 Konsumabfälle waren in diesen Befunden in den gebräuchlichen, beachtlichen Mengen vorhanden.

III. Die oberen Schichten der Unterfütterung des Kanalbodens (Abb. 11) enthielten umgelagertes und durchmischtes Fundmaterial der unter 3.I und 3.II genannten Schichten.[116] Eine Vermischung mit Fundmaterial aus der Produktionsphase 2B ist möglich, aber in der Materialzusammensetzung nicht sichtbar, weshalb sie höchstens in sehr geringem Umfang aufgetreten sein kann. Da 70% des Gesamtgewichts der Verarbeitungsabfälle der Ursprungsschichten aus der Knochenschicht Bef. 472 stammen, dürften die Abfälle aus der letztgenannten Knochenschicht wohl in den hier besprochenen Unterfütterungsschichten vorherrschen. Die Konzentration des Verarbeitungsabfalls und das Verhältnis der Materialgruppen zueinander schwankten nur wenig. Das Gewicht des Verarbeitungsabfalls ist etwa gleich bis anderthalbmal so groß wie das des Konsumabfalls.

IV. Es handelt sich um Schichten der gezielten Aufplanierung des Geländes mit zum Teil umgelagerten Altfunden.[117] Die durchbohrten Knochenleisten sind relativ stark fragmentiert und machen den Eindruck, dass sie vermischt sind oder umgelagert wurden. Die Unterschiede in der Konzentration und Materialzusammensetzung der Abfälle der Knochenverarbeitung waren gering. Der Anteil der Verarbeitungsabfälle am gesamten Knochengewicht schwankte zwischen 40 und 65%. Verglichen mit den anderen Ablagerungsphasen der Produktionsphase 3 war das Volumen dieser Schichten beachtlich und als Folge davon auch die Menge des Abfalls der Knochenverarbeitung, die mit mehr als 450 kg mit der Menge aus den Planierungen Q11–Q15 mit Abfällen der Produktionsphase 2 vergleichbar ist. Die Materialzusammensetzung liegt zahlenmäßig völlig im Rahmen der Variationsbreite der anderen Abfallkomplexe der Produktionsphase 3 (Tab. 4), wenn auch vereinzelte Abfallfragmente wie solche von der Perlenproduktion aus quer gesägten Scheiben deutlich anderen Produktionsphasen zuzuweisen sind. Auffallend sind weiter vereinzelte Beispiele von Produkten, die nicht in anderen Komplexgruppen angetroffen wurden, wie z. B. Zylinder und zylindrische Ringlein (s. Kap. 3.3). Vermutlich umfasst der Abfall neben vereinzelten Stücken älterer Phasen hauptsächlich Abfälle der Produktionsphase 3, die zum Teil zeitgleich und zum Teil später entstanden sind, als die unter 3.I und 3.II genannten Komplexe. Es ist aber auch möglich, dass sie insgesamt aus einer jüngeren Produktion stammen.

Die Ablagerungsphasen 3.I und 3.II bilden den primär gelagerten, unvermischten Teil des Fundmaterials der Produktionsphase 3, wobei das Material der Phase 3.II wahrscheinlich jünger ist. Die Ablagerungsphasen 3.III und 3.IV bilden den umgelagerten Teil des Fundmaterials. Darin sind die Abfälle aus den Phasen 3.I und 3.II miteinander vermischt. Zusätzlich ist mit einer leichten Mischung mit Material aus älteren Produktionsphasen zu rechnen. In die Analyse der Produktionsphase 3 sind die Ablagerungsphasen III und IV teilweise mit einbezogen, weil der Umfang der Ablagerungsphasen 3.I und 3.II relativ gering ist und ihre Repräsentativität nicht gesichert ist. Außerdem sind von der Ablagerungsphase 3.II keine näheren Daten zu Metapodienenden und durchbohrten Leisten vorhanden (Kap. 3), da sämtliche Befunde dieser Phase nicht in die Harris-Matrix von Junkes aufgenommen wurden, welche als Basis für die Materialauswahl gedient hat. Die Übergangsphase von Produktionsphase 2 zu 3 fällt in Junkes' keramischer Periodeneinteilung in die Periode 3A, während die jüngeren Komplexe der Ablagerungsphase 3.I (Bef. 517 und 472) in die Periode 3B fallen.[118] Die unter 3.III und 3.IV beschriebenen Komplexe von umgelagertem Material fallen in Junkes Matrix insgesamt unter Periode 3B.

Keramikfragmente, die charakteristisch für Junkes' Periode 3B sind, wurden hauptsächlich im umgelagerten Teil des Materials angetroffen. Dabei sind sie in der großen Aufplanierung 3.IV verhält-

---

116 Bef. 333, 518, 1004–1006, 850 und 850a. Die darunter gelegenen Schichten 752, 750 und 738 zeigten eine Mischung von Verarbeitungsabfällen der Produktionsphasen 2B und 3.
117 Pfrommers Ablagerungsphasen S5–S8 (Bef. 835–745). Der Knochenverarbeitungsabfall aus einer Reihe von Befunden in Grabungsschnitt 8 (insgesamt 34,6 kg) zeigte die gleichen Charakteristiken und Materialgruppenverhältnisse, wurde aber in Tab. 2 bis 6 unter Phase 3.IV nicht mitgerechnet.
118 Bef. 515, dessen Knochenverarbeitungsabfall nicht mehr zur Übergangsphase gerechnet wird und vollständig das Muster der Produktionsphase 3 zeigt und in Junkes' keramischer Periodeneinteilung unter ihre Periode 3A gerechnet wird.

nismäßig häufiger vertreten als in der Kanalunterfütterung 3.III.[119] Daraus können keine eindeutigen Schlüsse gezogen werden. Weil in der Aufplanierung 3.IV, wie bereits angedeutet, außerdem Produkte vom Ausbohren von Knochen vertreten sind, die aus den anderen Ablagerungsphasen nicht bekannt sind, wird der Fundkomplex 3.IV in den Analysen dieser Studie als relativ jüngster Komplex dargestellt. Obwohl die Keramik der Periode 3(A) über absolut datierte Vergleichsfunde in die erste Hälfte des 15. Jahrhunderts eingeordnet wird, gibt Junkes keinen absoluten Datierungshinweis für das Einsetzen der Keramikcharakteristiken in Periode 3B.[120] Deshalb ist nicht ausgeschlossen, dass die Knochenverarbeitungsabfälle der umgelagerten Komplexe 3.III und 3.IV von derselben Werkstatt oder von denselben Werkstätten stammen wie diejenigen vom Anfang der Produktionsphase 3 und dem Ende der Produktionsphase 2.

Mit insgesamt etwa 750 kg Knochenverarbeitungsabfall ist das Gewicht des Abfalls von Produktionsphase 3 mit dem der Produktionsphase 2 vergleichbar (Tab. 4).[121] Damit ist jedoch nicht gesagt, dass die Produktion beider Phasen etwa gleich groß war.

Während der Abfall der Produktionsphase 2 hauptsächlich aus Resten von Metapodien bestand, machten Rinderunterkiefer fast die Hälfte (45%) des Gewichts der Abfälle der Produktionsphase 3 aus. Der Gewichtsanteil der Abfälle aus der Unterkieferverarbeitung am gesamten Verarbeitungsabfall der Produktionsphase 3 nahm von den älteren zu den jüngeren Komplexen dieser Phase zu: sowohl von Ablagerungsphase 3.I zu 3.II als auch innerhalb 3.II und ferner von 3.II zu 3.IV (Tab. 5). Insgesamt war dieser Gewichtsanteil (45%) jedoch bedeutend kleiner als im Abfall der Phase 1 (77%). Im Gegensatz dazu war der Anteil der Unterkieferfragmente bei den durchbohrten Leisten der Produktionsphase 3 deutlich größer als in Produktionsphase 1, während der Anteil der Metapodienleisten gleich blieb (s. Kap. 3.4; Tab. 41).

So scheint in Produktionsphase 3 bei der Unterkieferverarbeitung deutlich weniger Abfall angefallen zu sein als in Produktionsphase 1. In den Gewichtsverhältnissen der unterschiedenen Gruppen von Unterkieferabfällen sind keine bedeutsamen Unterschiede zwischen den Produktionsphasen 1 und 3 festzustellen (Tab. 10). Weiterhin fällt auf, dass aus Produktionsphase 2 mehr als dreimal so viele durchbohrte Leisten geborgen wurden wie aus Produktionsphase 3, während das Gesamtgewicht der Verarbeitungsabfälle beider Phasen etwa gleich groß war (Tab. 4). Wie bereits in Kap. 2.3.2.3 erläutert, ist dieser Unterschied nicht mit dem ungünstigen Verhältnis von Abfallgewicht zur Leistenproduktion bei der Unterkieferverarbeitung zu erklären.

Es wurden keine Tibien- und Radienfragmente mit Verarbeitungsspuren unter den Abfällen der Produktionsphase 3 gefunden. Um jedoch die Ursachen der unterschiedlichen Gewichtsverhältnisse zwischen Leisten und Abfällen der Leistenanfertigung zu erforschen, ist eine Analyse der Zusammensetzung und der Anfertigung der durchbohrten Leisten erforderlich. Diese wird in Kap. 3.4 beschrieben. An dieser Stelle ist es wichtig zu bemerken, dass der ausgegrabene Abfall aus Produk-

---

119 Von 95 Fragmenten, die für Periode 3B kennzeichnend sind, wurde ein Fragment in der jüngsten Schicht gefunden, in der sich ausschließlich Abfälle aus der Produktionsphase 2 befanden (Bef. 609); ein Fragment in der Knochenleistenschicht 472 (Komplex 3.I), 25 Fragmente in der Kanalunterfütterung (Komplex 3.III) und 68 Fragmente in der Aufplanierung 3.IV (Junkes 1991, 60 Tab. 39–43). Das ergibt 3,1% von 2167 Keramikfragmenten in 3.IV gegenüber 1,8% von 1376 Keramikfragmenten in 3.III; 0,4% von 250 Keramikfragmenten in 3.I (ohne Übergangsbefunde; 2,6% von 38 Fragmenten im Horizont von Bef. 472) und 0,1% von 1028 Fragmenten in 2B. Leider sind diese Zahlen nicht aussagekräftig genug, um Eigenarten des Verarbeitungsabfalls aus der Aufplanierung 3.IV als neue Entwicklungen und Zylinder sowie zylindrische Ringlein als Novitäten zu deuten (s. Kap. 3.3).

120 Junkes' Datierung des Anfangs der Periode 3B „in das ausgehende 15./beginnende 16. Jahrhundert" stützt sich auf das Ende der Prägezeit einer von 1423 bis 1500 geschlagenen Fundmünze aus der Kanalunterfütterung 3.III (Bef. 333) (Junkes 1991, 64). Diese Prägezeit schließt eine frühere Datierung keineswegs aus.

121 Das Totalgewicht der Produktionsabfälle der Phase 3 kann nur annähernd geschätzt werden, weil bei 90% des Fundgewichts mit einer begrenzten Beimischung von Abfällen anderer Phasen zu rechnen ist. Es könnte ein Indiz für den Gewichtsanteil dieser Beimischung sein, dass der Anteil von 1% abgesägter Metapodienenden bezogen auf das Gesamtgewicht der Metapodien von Ablagerungsphase 3.III und 3.IV etwa 5 bis 10% vom durchschnittlichen Anteil in Produktionsphase 2 beträgt bzw. vom gesamten Abfall. Eine in dieser Weise hochgerechnete vermutete Beimischung von 35 bis 75 kg würde größtenteils durch nicht mitgerechnete Abfälle aus dem Grabungsschnitt S8 und den Fischmarktschnitten 1 und 2 ausgeglichen.

tionsphase 3 vermutlich von einer bedeutend geringeren Menge an Produkten stammt als derjenige aus Produktionsphase 2.

Bei den Abfällen von anderen Knochen verarbeitenden Handwerkszweigen fällt eine plötzliche und deutliche Erhöhung des Vorkommens von Würfelabfällen in allen Fundkomplexen der Produktionsphase 3 auf. Sie begann in der letzten Schicht mit Abfällen der Produktionsphase 2B (Bef. 609) und zugleich mit der ersten Scherbe, die die keramische Periode 3B kennzeichnet (Tab. 11). Die Zahl der Würfelabfälle stieg nicht nur im Verhältnis zum Gewicht der durchbohrten Leisten, sondern auch im Verhältnis zum Gewicht der Metapodienenden. Es ist unwahrscheinlich, dass eine stark erhöhte Würfelproduktion bedeutend zum erhöhten Gewicht an Metapodienenden in Produktionsphase 3 beigetragen hat. Der gesamte Würfelabfall aus der Grabung kann von weniger als 200 Metapodienenden stammen.[122] Diese würden einen dermaßen geringen Anteil an den hochgerechnet 11 300 Metapodienenden darstellen, allein schon im Abfall der Produktionsphase 3, dass damit nicht erklärt werden kann, warum im Abfall dieser Phase viel weniger durchbohrte Leisten im Verhältnis zu Metapodienabfällen vorkamen als im Abfall der Produktionsphase 2.

Unter den Abfällen der primären Ablagerungen 3.I und 3.II wurde nicht ein einziges abgesägtes Metapodienende gefunden (Tab. 4). Weiterhin verschwanden mit den abgesägten Metapodienenden und den quer gesägten, durchbohrten Scheiben im Abfall der Produktionsphase 3 auch Abfälle, die (möglicherweise) von der Verarbeitung an der Drehbank stammen (Tab. 9). Alle drei Abfallgruppen fehlten im primär deponierten Teil der Abfälle der Produktionsphase 3 (3.I und 3.II), wurden aber in beschränktem Umfang im umgelagerten Teil (3.III und 3.IV) gefunden. Damit wird nicht nur die Beziehung zwischen den abgesägten Metapodienenden einerseits und den quer gesägten durchbohrten Scheiben und den Drehbankabfällen andererseits bestätigt, sondern es stellt sich auch die Frage nach der Beziehung zwischen der Knochenverarbeitung an der Drehbank und der Anfertigung der quer gesägten, durchbohrten Scheiben in Produktionsphase 2. Während zur Würfelanfertigung nach wie vor die Nutzung von Sägen erforderlich war, fehlen in Produktionsphase 3 sowohl Hinweise auf die Nutzung von Sägen in der Knochenbohrtechnik als auch Hinweise auf den Einsatz der Drehbank. Das führt zu der Frage, ob die zum Bohren angefertigten Knochenscheiben nicht in derselben Werkstatt hergestellt wurden wie die Produkte aus Knochen von der Drehbank. Zu dieser Frage sollte die Beziehung zwischen dem Drechseln von Knochen und dem von Holz beleuchtet werden.[123]

Abfälle von ausgebohrten Holzleisten und gedrehten Perlen aus Holz nehmen unter den Abfällen der Produktionsphase 3 ähnlich stark zu wie die der Würfelanfertigung (Tab. 8 und 11, im Verhältnis zu den Knochenleisten mehr als zweimal so viel wie in Produktionsphase 2).

2.4 Schlussbemerkungen

Anhand der stratigraphischen Verteilung verschiedener Materialgruppen wurden in den Abfällen der Knochenverarbeitung mit Leistenbohrungen vier Produktionsphasen unterschieden. Die Knochenverarbeitung dieser vier Produktionsphasen hat in mindestens zwei unterschiedlichen Zeitabschnitten stattgefunden, die durch eine Zeitlücke getrennt sind. Die beiden ersten Produktionsphasen (Phasen 0 und 1) sind in das späte 13. bis frühe 14. Jahrhundert zu datieren; die beiden letzten (Phasen 2 und 3) in das letzte Viertel des 14. bis zur ersten Hälfte des 15. Jahrhunderts. Zwischen

---

122 715 Würfelstäbe dividiert durch vier bzw. fünf Stäbe pro Metapodium erbringen 179 bzw. 157 benutzte Metapodien; zusätzlich 676 Würfel(-rohlinge) dividiert durch zehn Würfel pro Stab mal vier bzw. fünf Stäbe pro Metapodium erbringen zusätzlich 17 bzw. 14 benutzte Metapodien.

123 Das Drechseln von Knochen könnte nebenher in der Werkstatt der Perlenbohrer betrieben worden sein, aber auch nebenher in derjenigen Werkstatt, in der Holz gedrechselt wurde. Obwohl außen geglättete Bohrscheiben in die Richtung der zuerst genannten Möglichkeit weisen könnten, ist die Investition einer Drehbank für eine Nebenarbeit in geringem Umfang unwahrscheinlich. Es ist allerdings schwer einzuschätzen, welchen Umfang das Drechseln von Knochen angenommen hat.

den beiden ersten Produktionsphasen (Phasen 0 und 1) ist eine kontinuierliche Aufeinanderfolge der Werkstätten nicht ausgeschlossen, zwischen den beiden letzten (Phasen 2 und 3) ist sie wahrscheinlich. Wegen der Zeitlücke von mindestens einem halben Jahrhundert ist eine solche Aufeinanderfolge bei den Werkstätten in den Produktionsphasen 1 und 2 äußerst unwahrscheinlich.

Der Umfang des Abfalls in den beiden ersten Produktionsphasen ist relativ gering und im Vergleich zum Umfang der beiden jüngeren verschwindend gering.

Die Art der Ablagerung lässt eine Beziehung zwischen dem Knochenverarbeitungsabfall und dem Klosterhof unwahrscheinlich erscheinen. Der Abfall der Knochenverarbeitung der Produktionsphasen 1 bis 3 wurde von der bürgerlichen Straßenseite aus abgelagert. Für Produktionsphase 0 ist eine Beziehung zum Klosterhof weder auszuschließen noch nachzuweisen. Es besteht somit kein Grund zu der Annahme, die Handwerker seien Geistliche oder mit einer geistlichen Instanz verbunden gewesen.

In den Produktionsphasen 0 und 1 wurden Knochenringe hergestellt, in Produktionsphase 0 zusätzlich andere, flache Gegenstände mit unbekannter Form und Funktion. In den Produktionsphasen 2 und 3 dagegen wurden v. a. Perlen angefertigt, nebenher in beschränkter Menge Ringe, in Phase 3 zusätzlich flache Ringe. In Kap. 3.3 wird auf die Produktpalette näher eingegangen.

In den Produktionsphasen 2 und 3 wurden auch Leisten zum Bohren aus Holz hergestellt, wahrscheinlich in derselben Werkstatt oder denselben Werkstätten wie die Leisten zum Bohren von Knochen. In den Produktionsphasen 2 und 3 scheinen ebenfalls gleichzeitig mit dem Bohren von Knochen auch Knochenwürfel hergestellt worden zu sein. Für die Produktionsphase 1 ist fraglich, ob Würfel hergestellt wurden. Dagegen scheint die Würfelanfertigung während der Produktionsphase 3 größer gewesen zu sein als während Phase 2. Zwar gibt es Hinweise auf gewisse Kontakte zwischen Würfelherstellern und Perlenbohrern, Art und Ausmaß einer möglichen Zusammenarbeit müssen jedoch noch geklärt werden (vgl. Kap. 4.7). Knochenfragmente, die als Abfälle der Verarbeitung an einer Drehbank gedeutet werden, wurden zusammen mit Bohrabfällen der Produktionsphasen 0 und 2 gefunden. Es stellt sich allerdings die Frage, ob die Deutung korrekt ist, da es sich um Abfälle der Arbeit an der Drehbank handelt. Zu erforschen ist, ob die Stücke nicht (teilweise) Abfälle anderer Techniken zur Ring- und Perlenherstellung sind. So ist z. B. aus der Schweizer Frohburg eine Technik bekannt, bei der Ringe quer aus dem Schaft eines Röhrenknochens gesägt und nachträglich rund geschliffen wurden.[124] Für die Abfälle aus Produktionsphase 2, die als Abfälle der Arbeit an der Drehbank verstanden wurden, sollte eine mögliche Beziehung zur Anfertigung von Perlen aus quer gesägten Bohrscheiben untersucht werden. Eine solche Beziehung wäre nicht nur technisch denkbar, sondern sie ist auch stratigraphisch feststellbar.

Das Herausbohren von Gegenständen aus quer aus dem Knochenschaft gesägten Scheiben ist auf die Produktionsphase 2 beschränkt. Somit ist die Nutzung von Sägen in der Werkstatt zum Knochenbohren in dieser Phase belegt, wohingegen der Einsatz von Sägen während Produktionsphase 1 in den Abfällen der Bohrwerkstatt auffallend fehlt und auch in anderen Abfällen der Knochenverarbeitung nicht sicher nachzuweisen ist. Für die Produktionsphase 3 fehlen bislang ebenfalls Hinweise auf das Benutzen von Sägen beim Knochenbohren.

In Phase 1 und 3 wurden außer Metapodien auch Rinderunterkiefer zum Bohren von Knochenleisten verwendet. Die Anfertigung von Knochenleisten aus Unterkiefern erzeugte mehr Abfall als diejenige aus Metapodien. Somit scheint es bei der Anfertigung von Knochenleisten aus Unterkiefern eine weniger effiziente Ausnutzung des Ausgangsmaterials gegeben zu haben. Dieser Unterschied ist im Abfall der Produktionsphase 1 ausgeprägter als in Produktionsphase 3.

In Produktionsphase 2 scheint die aus dem Ausgangsmaterial erzielte Ausbeute an Leisten und Scheiben, die zum Bohren dienen sollten, am höchsten zu sein. Der Anteil der durchbohrten Leisten und Scheiben ist in Produktionsphase 2 höher als in den Produktionsphasen 1 und 3 – und zwar nicht nur der Anteil am Gesamtgewicht der Abfälle der Knochenverarbeitung, sondern auch bereits der Anteil am Abfall der Verarbeitung von Metapodien. Im genannten Gesamtgewicht wurden

---

[124] Tauber 1977, 219 f.

jedoch nur Abfälle von Metapodien und Kiefern mitgerechnet, keine anderen Knochen. Andere Knochen wie Radien und Tibien von Rind und Pferd, die unter den Abfällen der Produktionsphasen 0, 1 und 2 vereinzelt festgestellt wurden, könnten zu dem hohen Gewichtsanteil der durchbohrten Leisten in Produktionsphase 2 beigetragen haben. Der Anteil dieser und anderer Skelettelemente wird in Kap. 3.4 anhand einer Analyse der durchbohrten Leisten und Scheiben beleuchtet.

Die relativ große Menge an Leistenabfall in Produktionsphase 2 kann auch durch Änderungen in der Zusammensetzung des Abfalls bei der Deponierung bedingt sein. So fällt auf, dass hohe Gewichtsanteile der Leisten sich v. a. in den Planierhorizonten mit der höchsten Konzentration an Abfällen aus der Knochenverarbeitung befinden – sowohl von Produktionsphase 2 als auch von Produktionsphase 3. Für Phase 2 sind dies die Planierungen während des Zeitraums kurz vor der Errichtung der Holzverschalung bis zum vorletzten Horizont vor dem Mikwenbau. Außerdem zählen dazu die Schichten der Produktionsphase 2B in Schnitt 3; für die Produktionsphase 3 betrifft es nur die Leistenschicht 472.[125] Es stellt sich die Frage, ob die erhöhte Konzentration an durchbohrten Leisten in diesen Schichten, v. a. unter dem Mikwenhaus in der Münzgasse 4, die Folge einer bewussten Auswahl des deponierten Abfalls ist oder die Folge einer Änderung in der Zusammensetzung des zur Verfügung stehenden Abfalls. Die Beantwortung erfordert nähere Analysen des Verarbeitungsabfalls. Schwankende Anteile der Abfallgruppen am gesamten Verarbeitungsabfall in den Phasen 2 und 3 stehen im Widerspruch zu einer Arbeitsweise, bei welcher der ganze Verarbeitungsprozess von einem vollständigen Knochen bis zum Herausbohren des Gegenstandes in einer Abfolge ausgeführt wurde. Das deutet darauf hin, dass Arbeitsschritte, die wiederholt wurden, ohne Unterbrechung während einer bestimmten Zeitvorgabe getrennt von anderen Schritten ausgeführt wurden. Für Phase 1 reichen die Daten für derartige Schlussfolgerungen nicht aus (vgl. weiter Kap. 3.4).

In den folgenden Kapiteln wird nach einer Besprechung technischer Aspekte im Allgemeinen und durch die Analyse von Stichproben verschiedener Gruppen des Abfallmaterials der Arbeitsvorgang näher untersucht.

3. Das Fundmaterial

3.1 Die Technik und ihre Spuren im Allgemeinen

3.1.1 Die Bohrtechnik

3.1.1.1 Einführung in die Bohrtechnik

Den Kern des untersuchten Materials bilden Leisten und Scheiben mit Serien zirkelförmiger Löcher. Diese sind durch das Herausbohren von Gegenständen aus der Knochenwand unter Einsatz eines eisernen Bohrers entstanden. Ein solcher Bohrer hatte in der Mitte eine längere Zentralspitze mit zwei flankierenden Seitenarmen. Die Bohrkante zeigte das Negativ von einer Hälfte der Form des erwünschten Gegenstandes (Abb. 20).

Mit der längeren Zentralspitze wurde die Leiste oder Scheibe bis zur anderen Seite ganz durchbohrt. Der Rest des Profils wurde in den meisten Fällen nur bis zur Hälfte der Knochenwand herausgebohrt. Danach wurde die Leiste oder Scheibe umgedreht und die Zentralspitze nun von dieser Seite in das Mittelloch eingesteckt. Dann wurde als Spiegelbild die zweite Hälfte des Gegenstandes

---

[125] Die erhöhte Konzentration an Verarbeitungsabfällen wird in all diesen Horizonten nicht nur durch den darin befindlichen erhöhten Anteil der durchbohrten Leisten bedingt, sondern zum Teil auch durch eine erhöhte Konzentration anderer Verarbeitungsabfälle (vgl. Tab. 6). In den Ablagerungsphasen Q12B bis einschließlich Q15A sowie in Bef. 472 ist das Gewicht der durchbohrten Leisten größer als das Gewicht der Metapodienenden und -fragmente zusammengenommen. In der Schichtenfolge 677 bis 609 von Produktionsphase 2B liegt das Leistengewicht nur wenig unter dem der Metapodienabfälle; in den übrigen Komplexen ist das Leistengewicht generell deutlich geringer als das der Metapodienabfälle.

herausgebohrt, bis die von den Seitenarmen eingekerbten Bohrrinnen einander von beiden Seiten berührten. Dadurch, dass die Zentralspitze von beiden Seiten in das gleiche Mittelloch eingeführt wurde, bildeten die Bohrrinnen die beiden identischen Hälften eines vollständig geformten Gegenstandes. Dieser brach aus der Leiste heraus und hinterließ ein ausgebohrtes rundes Loch. Die Form des Gegenstandes wurde durch die Form der Bohrerspitze vorgegeben. Außerdem konnten in einem Bohrvorgang gleichzeitig mehrere Gegenstände entstehen.

Der geschilderte Vorgang lässt sich anhand bekannter Beispiele aus dem 20. Jahrhundert nachvollziehen, in dem die Technik noch benutzt wurde,[126] aber auch an Spuren auf den Leisten und Scheiben selbst. Letztere werden in den Absätzen 3.1.2 bis 3.1.4 beschrieben.

3.1.1.2 Bohrspuren

In einer Reihe von Leisten und Scheiben wurden die Löcher teilweise nur bis zur Hälfte, d. h. bis zur Mitte der Knochenwand, herausgebohrt. In diesen Fällen ist in der ausgebohrten Hälfte die Form des halbfertigen Gegenstandes zu sehen: in den meisten Fällen perlen- oder ringförmig. Im Zentrum der Bohrung, d. h. in der Mitte des Gegenstandes, befindet sich in solchen Fällen immer das *Mittelloch* mit einem geringen Durchmesser, das ganz bis zur anderen Seite der Leiste oder Scheibe durchgeht. In manchen Fällen steckt in diesem Mittelloch ein eiserner Stift mit viereckigem Schnitt (Abb. 21).[127] Es wird angenommen, dass es sich dabei um die *Zentralspitze* des Bohrers handelt, die während des Bohrens abgebrochen ist.

Neben halb ausgebohrten Löchern gibt es auch solche, in denen sich an der anderen Leisten- oder Scheibenseite das Spiegelbild des halben Gegenstandes befindet. In solchen Fällen teilen sich beide Hälften ein und dasselbe Mittelloch. Beide Hälften passen meistens genau aufeinander, wobei sie am Außenrand durch einen schmalen Rest Knochenwand voneinander getrennt werden. In den ausgebohrten Löchern, in denen sich kein Gegenstand mehr befindet, ist in vielen Fällen an der Stelle, an der beide Bohrhälften einander berühren, ein Bruchrand oder *Stoßgrat* zu erkennen, der meistens etwa in der Mitte der Wand des Loches zu sehen ist (Abb. 21 und 22). Auf der restlichen Wandfläche des Loches sowie auf den darin befindlichen Hälften der Gegenstände sind horizontale bzw. konzentrische Drehspuren zu erkennen. Die horizontalen Drehspuren auf der Lochwand erklären sich durch einen geringen Spielraum des Bohrers. Die konzentrischen Rillen auf den Gegenständen rühren von kleinen Unregelmäßigkeiten und Beschädigungen auf der Schnittfläche des Bohrers her. In manchen Fällen ist auf denselben Oberflächen sowohl bei der Lochwand als auch bei den Gegenständen an einer Bohrseite eine Kante zu sehen (die „*Bohrkante*"), die quer zu den Drehspuren verläuft, d. h. vertikal auf der Lochwand und radial auf den Gegenständen (Abb. 22 bzw. 23 und 25). Diese Kante markiert in den meisten Fällen ein leichtes Versetzen der gebohrten Knochenoberfläche. So etwas entstand in dem Moment, in dem sich der Gegenstand von der Lochwand löste, der Druck vom Bohrer auf den Gegenstand aufhörte und das Abschaben der Knochenoberfläche durch die Schnittfläche des Bohrers plötzlich beendet wurde.

Der Höhenunterschied an der radialen Kante auf der Oberfläche des Gegenstandes zeigt die Höhe der Knochensubstanz an, die bei der letzten Umdrehung des Bohrers abgeschabt wurde. Dieser

---

126 M. G. Sándor (1961, 143 f.) zeigt ein Beispiel aus dem ungarischen Szolnok. Mechanisch angetriebene Elfenbeinperlenbohrer wurden 1991 in der Werkstatt der Firma Kaiser in Bad König im Odenwald in Betrieb gesehen und vom Verfasser selbst bedient.

127 Diese wurden in acht Leistenfragmenten beobachtet, die alle wahrscheinlich oder sicherlich der Produktionsphase 2 entstammen: fünf Leisten mit kleinen Perlen (R1567: Fundnr. 01/65: Bef. 75 in Prommers Phase Q13; Fundnr. 01/238: Bef. 218 in Prommers Phase Q8; zwei Leisten aus Fundnr. 01/243: Bef. 219 in Prommers Phase Q13; Fundnr. 01/474: Bef. 475 in Prommers Phase Q12); eine Leiste mit großen Perlen (R1697: Fundnr. 01/144: Bef. 175a in Prommers Phase Q13–Q15); zwei Scheiben (R1565: Fundnr. 01/270: Bef. 234; R2652: Fundnr. 01/716: Streufund Q1–Q5). Hochgerechnet auf den nicht gesichteten Teil der Abfälle mit unvollständig ausgebohrten Perlen ist damit zu rechnen, dass sich im gesamten Fundkomplex zwei- oder dreimal so viele abgebrochene Bohrerspitzen befinden.

Abb. 20 (rechts): Schematischer Querschnitt durch eine Knochenleiste, von einer Seite bis zur Hälfte angebohrt, darüber der Bohrer.

Abb. 21 (unten): Durchbohrte Knochenleiste mit Stoßgrat auf gleicher Höhe in fünf aufeinanderfolgenden Bohrlöchern, die von beiden Seiten bis zur Hälfte ausgebohrt wurden. Im sechsten Loch steckt die eiserne Zentralspitze eines Bohrers, abgebrochen beim Anbohren der zweiten Hälfte. Die zuerst angebohrte Hälfte dieses Bohrlochs zeigt die halb herausgebohrte Perle (Bef. 175A, R1697).

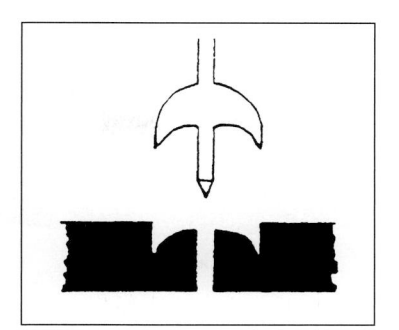

Abb. 22 (links): Nahaufnahmen der Wand von einem Bohrloch mit vertikal verlaufender Bohrkante in der zuletzt ausgebohrten Wandhälfte. Der Stoßgrat ist im Anschluss an die Bohrkante unterbrochen, M knapp. 2 : 1. – Abb. 23 (rechts): Kleine Perle, deren Bruchrand von der Bohrkante abgeschnitten wird, während beide Bohrhälften dahinter nahtlos aneinander anschließen.

Höhenunterschied kann an der Oberseite der Gegenstände bis 0,4 mm groß sein. An verschiedenen herausgebohrten Perlen und Ringen ist zu sehen, wie sich der Bruchrand oder Stoßgrat an der Seite des Gegenstandes anschließend zum unteren Ende der Bohrkante hin stark verschmälert fortsetzt oder ganz aufhört, so dass beide Bohrhälften einander berühren (Abb. 23).
Bezeichnenderweise ist eine radiale Bohrkante auf der Oberfläche eines Gegenstandes ausnahmslos nur an einer Bohrseite zu finden. Manchmal sind auf dieser Seite sogar zwei radiale Bohrkanten zu sehen, die vom Mittelloch aus in entgegengesetzter Richtung verlaufen. Auf deren Entstehung wird weiter unten näher eingegangen.
Nicht nur auf den Oberflächen von (teilweise) herausgebohrten Gegenständen, sondern auch an der Wand des Bohrloches selbst können Bohrkanten zu erkennen sein. Diese verlaufen an der zuletzt ausgebohrten Lochhälfte vom Stoßgrat aus zur Leistenoberfläche quer zu den Drehrillen (Abb. 22). Sie deuten darauf hin, dass die Außenseite des Seitenarms des Bohrers am Ende vertikal und an der Seite der Schnittfläche scharfkantig war. Es ist anzunehmen, dass die schabende Wirkung dieser

Abb. 24 (links): Wand von Bohrlöchern, in denen sich der Bohrer nach Durchstoßen des Stoßgrats in der zweiten Bohrhälfte weitergedreht hat. Zu sehen ist dies durch ein Überlagern der Bohrrillen in der zweiten Bohrhälfte sowie ein Verschieben der Wandfläche. – Abb. 25 (rechts): Perle mit Bohrkante in der oberen Bohrhälfte und Änderung der Richtung der Drehrillen zwischen beiden Bohrhälften, entstanden durch eine Änderung der Bohrrichtung.

Außenseite bei Berührung der Lochwand den Reibungswiderstand verringerte und einen geringen Spielraum zwischen den Außenseiten der Bohrer und der Lochwand schuf.
Nach dem Abschleifen des letzten Streifens des Stoßgrats, bei dem der Gegenstand sich von der Lochwand löste, konnte die Bohrung auf unterschiedliche Weise beendet werden, wobei sie unterschiedliche Spuren auf der Lochwand hinterließ.
Eine Möglichkeit ist, dass der Bohrer sich im Loch weiter frei gedreht hat, während der Gegenstand, zwischen die Seitenarme gepresst, sich gleichzeitig mit dem Bohrer im Loch drehte. Wenn dabei kein Druck ausgeübt oder der Druck von einem Brett unter oder hinter der Leiste aufgefangen wurde, sind in der Lochwand zwei Flächen mit parallel laufenden Bohrrillen ohne Überlagerung und Bohrkante nebeneinander zu sehen (Abb. 21). Eine andere Möglichkeit ist, dass der Bohrer angehalten wurde und eine vertikale Bohrkante an der Lochwand hinterließ, eventuell mit angrenzend abgeschnittenem Stoßgratrest (Abb. 22).
Wenn der Druck nicht aufgefangen und der Bohrer über den Stoßgrat hinaus in die andere Bohrlochhälfte durchgestoßen wurde, wurden die Drehrillen in dieser anderen, zuerst ausgebohrten Bohrlochhälfte nicht selten von diversen Spuren überlagert. Auch konnte es durch den Druck passieren, dass der Gegenstand aus dem Loch herausbrach, bevor der Stoßgrat ganz abgeschliffen war. An der Lochwand und auf dem Gegenstand blieb dann ein Bruchrand auf dem Stoßgrat zurück (Abb. 23). Wenn der Bohrer in solchen Fällen unmittelbar beim Ausbrechen angehalten wurde, hinterließ dieser auf der Lochwand eine kurze Unterbrechung des Bruchrandes oder des Stoßgrats. Die Vorderseite, d. h. die Schnittseite des Bohrerarms, kann dann eine Bohrkante hinterlassen haben, die vom abgeschnittenen Ende des Bruchrandes aus in die zuerst ausgebohrte Bohrlochhälfte hinunterführte. Die Breite der Stoßgratunterbrechung kann unter Umständen einen Hinweis auf die Breite des Bohrblattes an der Außenseite des Bohrers geben. Die Bohrblattbreite war in jedem Fall kleiner als die Stoßgratunterbrechung. Letztere weist Minimalbreiten von 1,8 bis 2,4 mm auf. In manchen Fällen ist eine zweite schwache Bohrkante parallel zu und kurz hinter der ersten Bohrkante zu sehen. Eine solche Bohrkante kann sowohl oberhalb wie unterhalb des Stoßgrats im Abstand von 1,2 bis 2,5 mm zur ersten Bohrkante vorkommen. Sie konnte vermutlich an der Rückseite des Bohrblattes entstehen, wenn der Bohrer beim Anhalten leicht zurückfederte und dabei die hintere Bohrkante verursachte. Die Bohrblattbreite kann also nicht ohne Weiteres mit dem Abstand zwischen beiden Bohrkanten gleichgesetzt werden. Sie kann auch kleiner gewesen sein.
In manchen Löchern ist an der Lochwand eine Bohrkante beiderseits des Stoßgrats in beiden Bohrlochhälften zu sehen. Diese entstand, wenn der Bohrer sich nach dem Durchstoßen des Stoßgrats noch etwas weiter drehte und dabei in die andere Bohrlochhälfte hinein gedrückt wurde. Der Stoßgrat wurde dann teilweise flach geschabt, und die Drehrillen der zuletzt ausgebohrten Hälfte konnten sich auf die andere Bohrhälfte ausdehnen, wobei sie die Drehrillen der zuerst ausgebohrten Hälfte teilweise überlagerten.

Wenn der Bohrer sich in solch einem Fall weiterdrehte, konnte der Stoßgrat ganz oder größtenteils flach geschabt werden. Es war dann möglich, dass sich die Drehspuren von der zuletzt ausgebohrten Seite aus rundherum oder nahezu vollständig bis dicht oder ganz an die andere Leistenseite fortsetzten. Bei einem vollständigen Überlagern der Drehspuren der zuerst ausgebohrten Hälfte könnte auf den ersten Blick der Eindruck entstehen, dass das Loch nur von einer Seite ausgebohrt wurde. Wenn die Drehspuren sich nicht ganz bis zur anderen Leisten- oder Scheibenseite überlagern, ist häufig asymmetrisch zur Lochwandmitte am Übergang der beiden Drehspurflächen eine horizontale Kante oder ein leichtes Verrücken der Lochwand zu sehen (Abb. 24). Dieses wurde durch ein minimales Verschieben der beiden Bohrhälften zueinander in horizontaler Richtung verursacht oder durch eine minimale Änderung der Bohrrichtung. Die Zentralspitze des Bohrers hatte dabei ein wenig Spielraum innerhalb des Mittelloches.

Bei einer solchen Änderung der Bohrrichtung änderte sich auch die Richtung der Drehspuren der beiden Bohrhälften. Dieses ist nicht nur an der Lochwand zu beobachten, sondern ebenfalls bei einigen der unvollständig herausgebohrten und in den Bohrlöchern verbliebenen Gegenstände sowie auf losen Perlen (Abb. 25). Es mag einer der Gründe gewesen sein, aus denen sie weggeworfen wurden. In solchen Fällen kann es sein, dass der Stoßgrat schief abgeschnitten wurde, so dass er in der einen Lochhälfte dünner ist oder ganz fehlt.

Anhand der zuvor beschriebenen Spuren auf der Lochwand kann bei vielen Durchbohrungen festgestellt werden, welche Seite zuletzt ausgebohrt wurde. Bei unvollständigen Durchbohrungen, in denen noch unvollendete Gegenstände zurückgelassen wurden, ist meistens deutlich zu erkennen, welche Seite zuerst ausgebohrt wurde. Beide Daten wurden bei der Aufnahme registriert, da sie Aussagen zur Systematik der Bohrarbeit machen können (s. Kap. 3.4).

3.1.2 Der Antrieb des Bohrers: die Bohrmaschine

3.1.2.1 Die Nürnberger Zeichnung (1425–1436)

Eine Abbildung eines Bohrgerätes während seiner Nutzung ist im Hausbuch der Nürnberger Zwölfbrüderstiftung noch heute erhalten (Abb. 26).

Zwischen 1425 und 1429 wurde damit begonnen, die in diese Stiftung aufgenommenen alten, männlichen Handwerker während der Ausübung ihres Berufes abzubilden.[128] Wenngleich primitiv und vereinfacht, haben die dargestellten Techniken sich als durchaus realistisch und zeitgemäß erwiesen.[129] Bis 1436 wurden 120 Abbildungen angefertigt, von denen die ersten 93 Handwerker zeigen, die im Jahre 1426 bereits verstorben waren. Als 31. Bruder wird auf Folie 13r ein Mann namens „Leupolt" erwähnt, der „Paternostrer" genannt wird. Er wird in der Kleidung des Hauses, auf einem Hocker sitzend bei der Arbeit mit dem Bohrgerät hinter einem Auslagentisch abgebildet. Auf dem Auslagentisch werden fünf Perlenketten gezeigt, drei schwarze und zwei rote.

Die Bohrmaschine zeigt eine horizontale Bohrstange, die zwischen zwei aufrecht stehende Balken eingeklemmt ist. Die Bohrstange wird über den vorderen dieser Balken mit dem Knie gegen den hinteren Balken gepresst, während der Handwerker mit einer Hand ein Brett mit einer Leiste zwischen Bohrerspitze und Balken an den Bohrer hält. In der Leiste ist eine Reihe runder Löcher oder Perlen zu sehen, ganz ähnlich den durchbohrten Knochenleisten aus archäologischen Funden. An der Bohrerspitze ist eine längere Mittelspitze mit zwei Seitenarmen dargestellt. Die Bohrstange wird mit der anderen Hand des Handwerkers über einen Fiedelbogen angetrieben, dessen Seil um eine hölzerne Führung an der Bohrstange geschlungen ist. Unterhalb der Bohrstange bilden quer stehende Verbindungsbretter zwischen den beiden aufrecht stehenden Balken eine Wanne. In dieser Wanne liegen Perlen, die wohl gerade herausgebohrt wurden. Das nicht in den Ablauf einbezogene

---

128 ZIRNBAUER in: TREUE et al. 1965, 93.
129 ZIRNBAUER sowie KLEMM und WISSNER in: TREUE et al. 1965.

Abb. 26: Zeichnung des „Bruders Leutpold", der Paternosterer an seinem Bohrgerät (aus dem Hausbuch der Nürnberger Zwölfbrüderstiftung, 1425–1436, Fol. 13r, Stadtbibliothek Nürnberg).

Knie drückt an der Bohrseite so gegen die Wanne, dass es zusammen mit dem auf dem Bild nicht dargestellten Fuß das Bohrgerät am Boden gegen Verschiebungen sichern kann (vgl. weiter unten Absatz 3.1.2.2).

Die Bohrstange ist wie die Spitze grau gefärbt. Das lässt darauf schließen, dass es sich um Eisen handeln könnte. Das Fiedelseil, die Perlen in der Wanne und die durchbohrte Leiste sind farblos, während alle anderen Teile des Bohrgeräts sowie Hocker und Auslagentisch farblos bis gelblich dargestellt sind. Es kann deshalb sowohl Holz wie auch Knochen als benutzter Rohstoff infrage kommen. Beide Materialien sind archäologisch belegt. Wenn die schwarzen und roten Perlenketten auf dem Auslagentisch als eigene Produkte aus demselben Material und nicht aus schwarzem Gagat bzw. rotem Bernstein angefertigt worden sein sollten, dann müssten sie gefärbt worden sein. Auch dazu gibt es archäologische Parallelen (s. weiter unten Absatz 3.1.4.2).

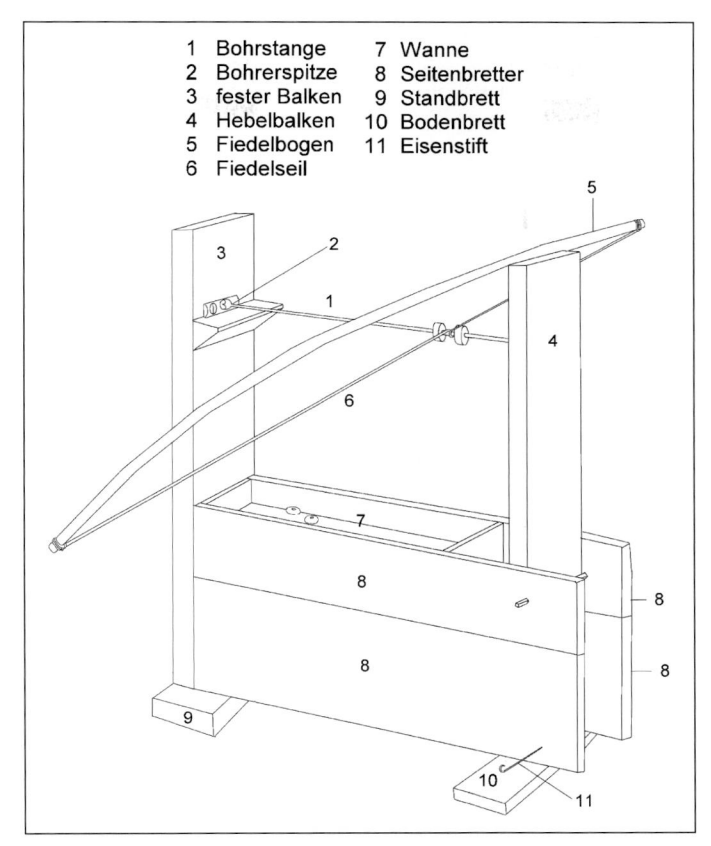

```
1  Bohrstange      7  Wanne
2  Bohrerspitze    8  Seitenbretter
3  fester Balken   9  Standbrett
4  Hebelbalken    10  Bodenbrett
5  Fiedelbogen    11  Eisenstift
6  Fiedelseil
```

Abb. 27: Rekonstruktion eines spätmittelalterlichen Perlenbohrgeräts anhand der Zeichnung aus dem Hausbuch der Nürnberger Zwölfbrüderstiftung mit Andeutung der unterschiedlichen, im Text genannten Teile.

3.1.2.2 Die Rekonstruktion

Anhand der Zeichnung im Hausbuch der Zwölfbrüderstiftung wurde das Bohrgerät vom Drents Museum in Assen (Niederlande) nachgebaut und in seiner Wirkung erprobt.[130] Weitere Erfahrungen in der Praxis wurden mit einer Kopie dieser Rekonstruktion gewonnen, die 1997 für den praktischen Gebrauch in der Werkstatt für Knochenverarbeitung Bikkel en Been (Niederlande) angefertigt wurde.[131]

Die Klärung einiger Details, die in der Zeichnung nicht zu erkennen sind, erfolgte anhand dieser zweiten Rekonstruktion. So steht der vom Knie anzupressende Hebelbalken lose zwischen den beiden Seitenbrettern auf einem Bodenbrett, ohne mit ihm verbunden zu sein. Er dreht sich um einen Eisenstift, der kurz oberhalb des Bodenbrettes zwischen die Seitenbretter eingesteckt wird, herausgenommen werden kann und verstellbar ist. Dadurch kann das Gerät teilweise auseinander genommen werden und ist somit leichter zu transportieren, z. B. in einem Rucksack. Es wiegt etwas über 10 kg, ist 60 cm breit und an der Seite, an der die Konstruktion nicht auseinander zu nehmen ist, 85 cm hoch (Abb. 27).[132] Die Tiefe wurde am auseinander zu nehmenden Ende dadurch möglichst gering gehalten, dass ein zur Stabilität am Ende des Bohrers quer gestelltes Bodenbrett mit einer

---

130 Anlässlich der Ausstellung „Het Benen Tijdperk" im Jahre 1987 (Mitteilung V. T. van Vilsteren [Assen]).
131 Diese Rekonstruktion sowie die damit gesammelten Erfahrungen sind dem Verfasser bereitwillig von M. Tielens (Geldermalsen) zur Verfügung gestellt worden.
132 Ohne Bohrstange wiegt das Gerät gut 10,5 kg (Mitteilung M. Tielens).

Länge von nicht mehr als 25 cm so kurz wie möglich gehalten wurde. Am festen Ende des Gerätes dagegen ragt das zweite Standbrett mit einer Länge von 45 cm weiter heraus. Weil es länger und 4 cm stark ist, ist es deutlich erkennbar schwerer. Dadurch ist das Gerät standfester.

Für den Antrieb des Bohrers wird ein Fiedelbogen aus Holz benutzt und ein 3 bis 4 mm starkes Lederseil, das einmal rund um die Holzführung der Bohrstange geschlungen wird. Es hat sich erwiesen, dass die Holzführung und die Spannung des Seils genau richtig sein müssen, damit das Gerät bohren kann.[133] Der Fiedelbogen wurde mit der Hand hin und her bewegt. Bei dieser Antriebsart durch den Fiedelbogen und das Seil dreht der Bohrer in einer alternierenden Bewegung hin und her. Beim Bohren werden also beide Hände und beide Beine benötigt. Mit einiger Übung braucht eine kräftige Person drei bis fünf Minuten, um eine Perle herauszubohren.[134] Dies erfordert allerdings eine solche Anstrengung, dass einigermaßen geübte, männliche Versuchspersonen nach einigen Stunden erschöpft sind. Die Leistungen dieser heutigen Versuchspersonen sollten jedoch nicht mit denen eines mittelalterlichen Handwerkers gleichgestellt werden, der diese Arbeit jahrelang täglich praktizierte. Außer der Tatsache, dass die Personen weniger geübt waren, ist zu beachten, dass viele Details beim Nachvollziehen des Bohrvorgangs ungeklärt blieben und möglicherweise eine Verbesserung der Bedingungen zu besseren Leistungen geführt hätte. In Anbetracht dieser Überlegungen wird die Tagesproduktion eines erfahrenen mittelalterlichen Knochenbohrers mit diesem Gerät von den heutigen Betreibern der Rekonstruktion auf etwa 300 Perlen geschätzt.[135]

Einen Hinweis auf Leistungen in anderen Größenordnungen könnte die Tagesproduktion eines in Kairo ansässigen Drehers von Knochenperlen geben. Mit einer primitiven Drechselbank, die in ähnlicher Weise wie das Nürnberger Bohrgerät von einem einhändig zu nutzenden Fiedelbogen angetrieben wird, soll dieser mindestens tausend, wenn nicht mehrere tausend Perlen pro Tag angefertigt haben (Abb. 31, s. weiter unten).[136]

3.1.2.3 Die Abbildung Weigels (1698) und Luykens (ca. 1720)

Eine jüngere Variante des Nürnberger Geräts zum Perlenbohren ist auf einem Stich bei Weigel zu sehen (1698), auf dem die Werkstatt eines Rosenkranzmachers abgebildet ist (Abb. 28). Eine schlichtere Version derselben Abbildung ist ein wenig später bei J. Luyken zu sehen (ca. 1720).[137] Ebenso wie beim Nürnberger Gerät wird auch dieses Gerät mit einem Fiedelbogen angetrieben. Anders ist jedoch, dass es keinen aufrecht stehenden Balken an der Seite gibt, an der gebohrt wird. Während sich das untere Ende des Bohrers dreht, das in eine anscheinend feste, aufrechte Stütze eingelassen ist, wird die Leiste mit der Hand auf die frei schwebende Bohrerspitze gepresst und durch den Druck auf die Leiste in Position gehalten. Auch der Seitendruck vom Hin- und Herbewegen des Fiedelbogens und auch des Seils muss über die Leiste mit der Hand aufgefangen werden. Im Bild stützt sich die Hand auf den Oberschenkel. Dies erscheint in der Praxis schwer durchführbar, und es ist fraglich, ob die Darstellung in diesen technischen Einzelheiten realistisch ist. Die zuerst publizierte Abbildung bei Weigel (1698) macht den Eindruck einer allgemeinen, teils künstlerisch bestimmten Impression. Das vermitteln einige Details, die in der schlichteren Version Luykens fehlen, wie die muskulösen Arme des Handwerkers, der wohl übermäßig lange Fiedelbogen und die überall umher liegenden, durchbohrten Leisten.[138] Wenngleich der Stich sich nicht für die Analyse von technischen

---

133 Mitteilung M. Tielens.
134 Mitteilung sowohl von V. T. van Vilsteren als auch M. Tielens.
135 Mitteilung M. Tielens.
136 Mitteilung T. Sode (Århus). Dieses Tagesquantum ist nicht verifiziert worden.
137 Goodman 1964, 163, Stich aus der Sammlung des Autors, angeblich von J. Luyken, getitelt „The Rosarymakers" und publiziert um 1720. Der Stich fehlt in Jan Luikens Berufesammlung „Het Menselyk Bedryf" (Luiken 1694).
138 Die Version Luykens könnte als Vorbild zu Weigels Stich gedient haben, ähnlich wie die Mehrheit der Stiche von Weigel 1698 auf Jan Luikens „Het Menselijk Bedryf" aus dem Jahre 1694 basiert. Der ‚Rosenkranzmacher' fehlt jedoch sowohl in diesem Werk als auch bei Luikens Vorbild Jost Amman. Allerdings wäre eine Abbildung eines Rosenkranzmachers in einem für die calvinistischen Niederlande gedachten Werk nicht zu erwarten.

Abb. 28: Stich der Werkstatt eines Rosenkranzmachers (aus WEIGEL 1698).

Details eignet, so scheint noch im 17. Jahrhundert immerhin der Bohrer in alternierender Richtung mit einem Fiedelbogen angetrieben worden zu sein.
Im Hintergrund ist zu sehen, wie Leisten von einem rechteckigen Block abgespalten werden, und wie eine solche Leiste mit einem Ziehmesser in eine flache Form gebracht wird. Die Form des Rohmaterialblocks schließt Knochen eigentlich aus und lässt Holz als Ausgangsmaterial vermuten.

3.1.2.4 Die Abbildungen DIDEROTS (um 1770) und die Parallele aus Kairo (um 1990)

Ein weiteres Bohrgerät, das mit einem Fiedelbogen angetrieben wurde, ist in der Encyclopédie von DIDEROT und D'ALEMBERT auf der Abbildung einer Werkstatt aus dem Jahre 1768 zu sehen, in der hölzerne Knopfkerne angefertigt wurden (Abb. 29, Nr. 19–22).[139] In dieser Abbildung wird die Bohrstange von zwei festen, aufrecht stehenden Balken unterstützt. Dadurch mag die körperliche Anstrengung beim Bohren im Vergleich mit den zuvor beschriebenen Geräten verringert worden sein. Das hintere Ende der Bohrstange ist, ähnlich wie in WEIGELS Stich, in einen festen Balken eingelassen (durch einen Schlitz von der Oberseite her: Abb. 29, Nr. 22), während die Spitze des Bohrers sich am Kopfende in einem Loch in einem zweiten festen Balken dreht. Hier wird ein Brett zum Anbohren gegen die Bohrerspitze gedrückt, die aus dem Balken ragt (Abb. 29, Nr. 20). Im abgebildeten Brett sind Reihen von Bohrlöchern zu sehen. Die unterhalb von der Abbildung der Werkstatt gezeigten Bohrerspitzen Nr. 1 und 2 (Abb. 29) stellen Knöpfe mit einem Loch her, wenn das Brett von einer Seite ausgebohrt wird. Dieses Gerät wäre jedoch auch problemlos in der Lage, durch Herausbohren von zwei Seiten Perlen oder Ringe aus Knochenleisten herzustellen.
Im Hintergrund ist ein Bohrgerät zu sehen, das von einem mit der Hand gedrehten Rad mit einer durchgängigen Bewegung über ein Seil angetrieben wird (Abb. 29, Nr. 5–7). Es lässt sich nicht klären, ob dieses Gerät gleichfalls zum Herausbohren von Knöpfen oder Scheiben benutzt wurde. Dies

---

139 DIDEROT/D'ALEMBERT 1768, „Boutonnier".

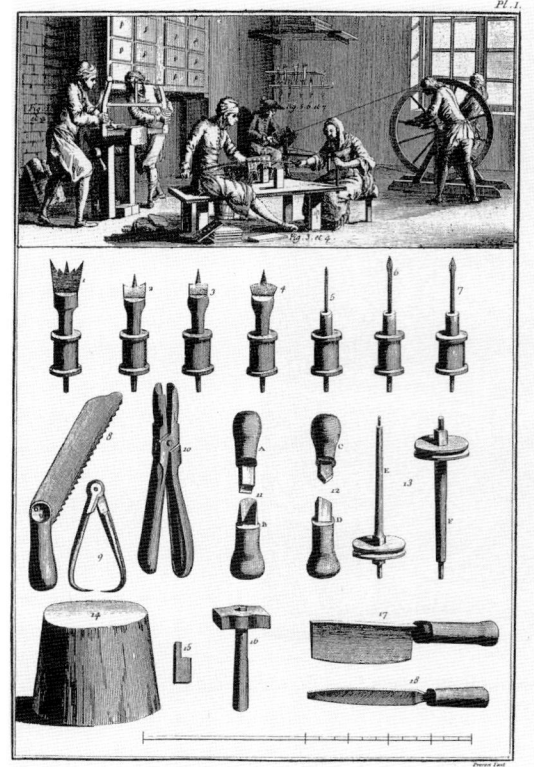

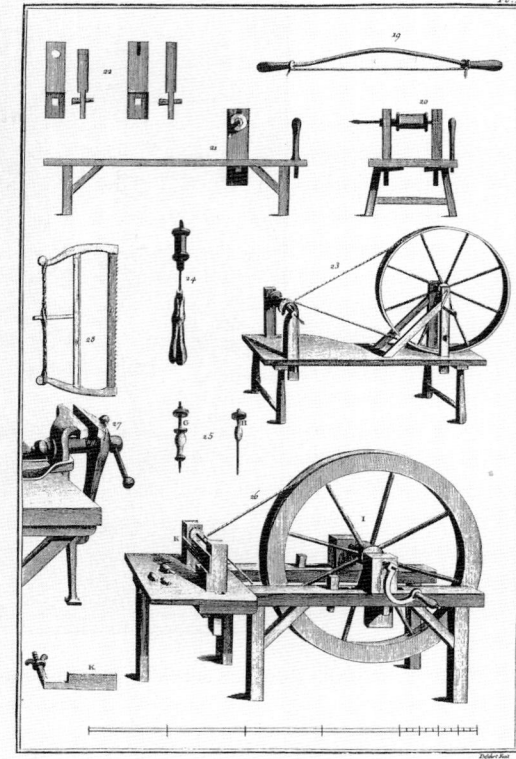

Boutonnier, Faiseur de Moules.   *Boutonnier, Faiseur de Moules.*

Abb. 29: Abbildung der Werkstatt eines Knopfkernmachers mit Werkzeugen
(aus Diderot und d'Alembert, Tome XIX, „Boutonnier").

ist allerdings nicht sehr wahrscheinlich. Vermutlich wurde es zum Durchbohren von Gegenständen benutzt wie z. B. zum Bohren von zusätzlichen Löchern in Knöpfe mit nur einem Loch. Von einem sehr ähnlichen Gerät, das unter Nr. 23 (Abb. 29) abgebildet ist, wird angegeben, dass es „nur zum Durchbohren" diente.[140]

Ein weiteres, von Hand bedientes und von einem durchlaufenden Rad angetriebenes Gerät (Abb. 29, Nr. 26) ist eindeutig zum Drechseln mit Meißeln bestimmt, die auf der Abbildung auf der Werkbank bereitliegen.

Auf der Abbildung von der Werkstatt des Paternostermachers in derselben Encyclopédie (Tome XXV, 1771) gibt es keinen Fiedelbohrer (Abb. 30). Dafür sind zwei von einem Handrad angetriebene Geräte abgebildet, die in ihrer Technik und der angedeuteten Funktion mit den beim Hersteller von Knopfkernen auf Abb. 29 abgebildeten Geräten übereinstimmen. Das eine (Abb. 30, rechts unter Fig.1) diente entsprechend der Erläuterung zum Durchbohren von Knochenscheiten, das andere (Abb. 30, rechts unter Fig. 8) zum „Drehen" von Perlen aus den Knochenscheiten. Die Abbildung

---

140 Dies meint auch C. Picod (1994). Zudem erscheint es nicht logisch, und es ist in der Encyclopédie ungebräuchlich, dass der gleiche Arbeitsschritt in der Abbildung einer Werkstatt mit unterschiedlichen Techniken zweimal gezeigt wird.

141 Im erklärenden Text wird der Zweck des Einsatzes des Meißels und des dazugehörenden Drehrads, „tourner" genannt. Damit kann sowohl „Drechseln" gemeint sein als auch die Technik des Ausfräsens oder Bohrens, dargelegt in Kap. 3.1.1.1. Die beschriebene Analyse der Abbildungen Diderots und d'Alemberts stimmt mit der Feststellung überein, dass in Frankreich die Technik des Ausbohrens von Knochengegenständen für die Anfertigung von Knöpfen verwendet wurde, nicht aber für die Anfertigung von Perlen (s. Kap. 4.3).

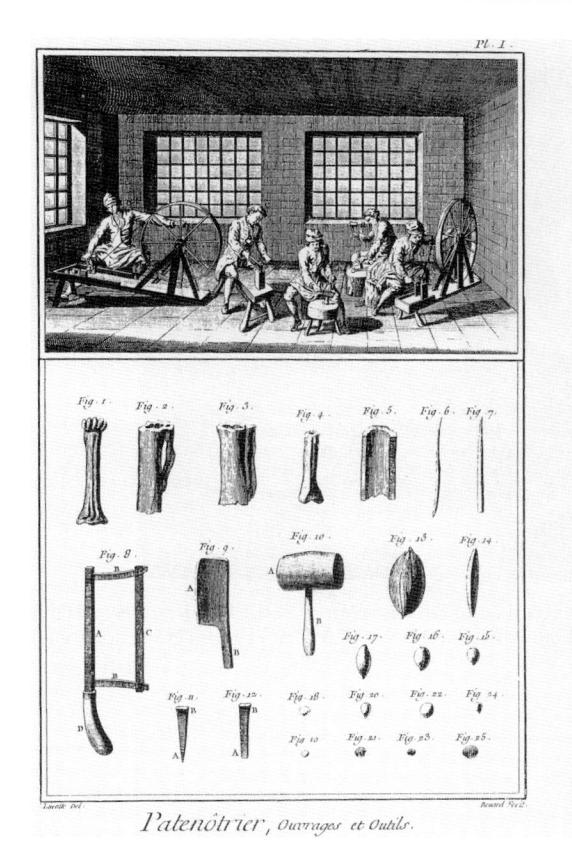

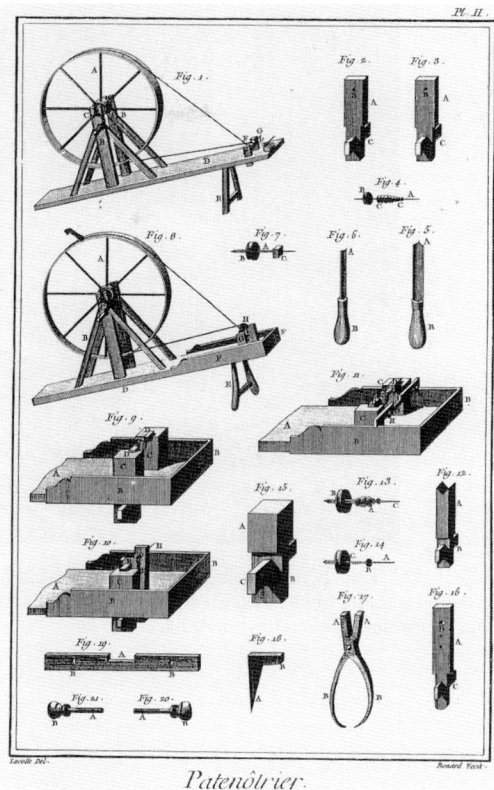

Abb. 30: Stich der Werkstatt eines Paternosterers mit den Werkzeugen und den Produkten
(aus DIDEROT und D'ALEMBERT, Tome XXV, „Patenôtrier").

bestimmter Werkzeuge auf dem zweiten Stich und das vollständige Fehlen von Bohrern unter den abgebildeten Werkzeugen deuten darauf hin, dass in diesem Falle mit „Drehen" nicht die bisher besprochene Hohlbohrtechnik gemeint war, sondern eine Drechseltechnik, bei der Perlen mithilfe von Hohlmeißeln (Abb. 30, rechts unter Fig. 5 und 6) aus einem eckigen Rohstück (unter Fig. 7) zu runden oder ovalen Perlen gedrechselt wurden (Abb. 30 links unter Fig. 17–25).[141]
Ein solcher Vorgang wurde etwa 1990 im Basar von Kairo in der Praxis vom dänischen Perlenspezialisten T. SODE aus Kopenhagen aufgezeichnet (Abb. 31). In der Werkstatt des Herstellers von Knochenperlen, Mohammad Eid, wurden die Perlen nicht aus einer Leiste herausgebohrt, sondern aus einem zuvor angefertigten, durchbohrten Knochenzylinder herausgedrechselt (Abb. 32). Die dabei eingesetzte Technik war die folgende: Den Knochenzylinder (Abb. 32F) spießte man auf eine dünne Metallspitze (Abb. 32, Nr. 1) auf, die aus einer Holzführung (E) herausragte. Knochenzylinder und Metallspitze ließen sich zusammen horizontal zwischen zwei festen Werkbankspitzen aus Eisen (D) einklemmen. Während sich die Führung mit dem Knochenzylinder über den Fiedelbogen (2) in alternierenden Drehbewegungen bewegte, wurde mit der anderen Hand eine Perle aus dem Zylinder gefräst. Dabei wurde ein Drechselwerkzeug oder ein Meißel (3) in einem bestimmten Winkel gegen den sich drehenden Knochenzylinder gepresst. Um die Treffsicherheit und Festigkeit zu erhöhen, stützte man das Werkzeug auf einen losen und damit verschiebbaren Eisenriegel oder Support (G), der über die Seitenstützen (B) nahe an der Aufspannung für die Perlen parallel angelegt war.
Das Prinzip dieser Aufstellung sowie die einzelnen Teile sind in Planche II der erwähnten Abbildung DIDEROTS (Abb. 30 rechts) zu erkennen, allerdings mit der Ausnahme, dass der Antriebsmechanismus von dem von Mohammad Eid verwendeten abweicht. Die Aufstellung als Ganzes ist mit Fig. 11 der Planche II vergleichbar. Die einzelnen Teile sind in Abb. 32 mit den Buchstaben der korres-

Abb. 31: Der Knochenperlendreher Mohammad Eid in Kairo beim Drechseln einer Perle. Mit der rechten Hand wird die Drehung über einen Fiedelbogen erzeugt, während die linke Hand einen Meißel gegen einen horizontal eingeklemmten Knochenzylinder hält.

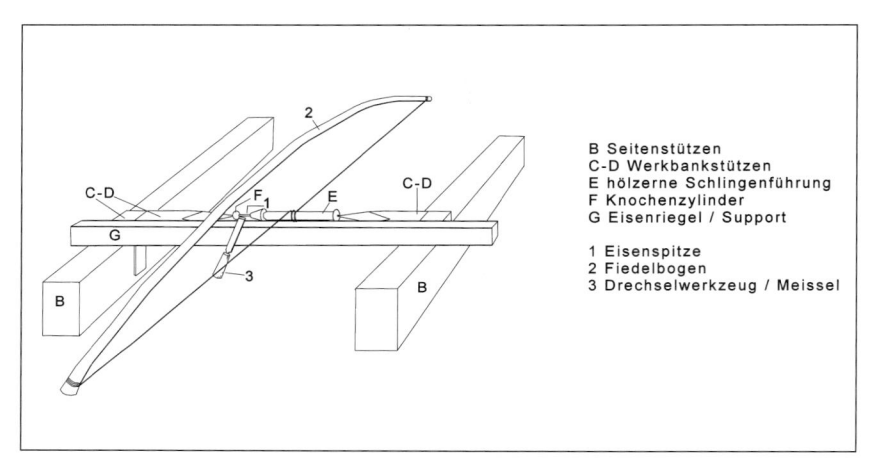

Abb. 32: Schematische Zeichnung der Perlendrechselbank des Knochenperlendrehers in Kairo, Ansicht von oben nach Skizzen von T. Sode. Die Buchstaben B–G stimmen mit den Buchstaben der korrespondierenden Teile in der Abbildung Diderots und d'Alemberts überein (s. Abb. 30).

pondierenden Teile aus Diderots Abbildung ausgewiesen. Die höhere, schmalere Form der Rolle oder Führung von Fig. 7 bei Diderot könnte mit der anderen Antriebsweise zusammenhängen. Nach dem Photo von Abbildung 31 zu urteilen, dürfte der Fiedelbogen ungefähr einen Meter lang gewesen sein. Dabei wurde das Seil zweimal um die hölzerne Führung geschlungen.

Theophilus Presbyter scheint im ersten Viertel des 12. Jahrhunderts bereits auf eine ähnliche Technik bei der Anfertigung von Elfenbeinperlen hinzudeuten, die in ähnlicher Weise durch „Drechseln mit einem scharfen Eisen" entstanden sind.[142]

---

142 Theophilus Liber 3, Kap. XCIII in: Brepohl 1999, Bd. 2, 275.

Abb. 33: Gesägte Reststücke der Elfenbeinverarbeitung mit Durchbohrungen
für Perlen und Knöpfe aus Bad König/Odenwald, 1992.

3.1.2.5 Die Antriebsart

Das gleichzeitige Antreiben des Fiedelbogens mit der einen Hand und das gezielte Drechseln mit der anderen Hand wird wohl, ähnlich wie bei der Rekonstruktion des Nürnberger Bohrers, allerhand Anstrengungen erfordert haben. Der Antrieb mit dem Fiedelbogen scheint jedoch bei der Drechseltechnik ohne Probleme durch ein Drehrad ersetzt werden zu können, das durch eine ununterbrochene Bewegung wie in der bei DIDEROT abgebildeten Paternosterwerkstatt oder von einem Motor mit durchgehender Bewegung angetrieben wird wie in einer Werkstatt im Kairoer Basar.[143] Umso auffälliger ist, dass die Technik, mit der Objekte aus den Leisten gebohrt wurden, in den Darstellungen konsequent mit einem Fiedelbogen als Antrieb kombiniert wird: sowohl beim Nürnberger Paternosterer wie bei WEIGEL und LUYKEN als auch beim Knopfkernbohrer bei DIDEROT. Eine speziell entworfene maschinelle Bohrvorrichtung mit durchgehender Drehung zum Ausbohren von Perlen aus Elfenbein wurde von der Firma Kaiser in Bad König im Odenwald um die Wende vom 19. zum 20. Jahrhundert eingeführt.[144] Bohrexperimente für die Herstellung von Knochenperlen mit einer maschinellen Bohrvorrichtung und gleichfalls mit der zuvor beschriebenen Rekonstruktion des Nürnberger Bohrers zeigten, dass bei hohen Bohrgeschwindigkeiten Verbrennungsflecken auf der Knochenoberfläche auftreten können.[145]

---

143 Besonders der Motorantrieb muss eine erhebliche Erleichterung der Arbeit bedeutet haben. Der Fiedelbogen kam in erster Linie aus finanziellen Gründen zum Einsatz (Mitteilung T. SODE).
144 Mitteilung des ältesten Mitarbeiters der Firma Kaiser zu Bad König/Odenwald.
145 Dies ergaben Experimente, die 1995 vom Verfasser in der Berufsschule für das Holz- und Elfenbein verarbeitende Handwerk in Michelstadt im Odenwald mit einer von H. JÄGER aufgestellten Perlenbohrmaschine ausgeführt wurden; Übereinstimmungen zeigten sich in Verbindung mit der niederländischen Rekonstruktion des Nürnberger Bohrgeräts. Auch T. SODE hat im Zusammenhang mit der Kairoer Herstellung von Perlen durch Drechseln auf eine Verbrennungsgefahr bei hohen Drehgeschwindigkeiten hingewiesen.

Vielleicht erfordert das Ausbohren von Knochenperlen verglichen mit dem Drechseln eine präzisere Kontrolle der Drehgeschwindigkeit. Wenn der Bohrer mit einem von Hand bedienten Fiedelbogen angetrieben wird, ist die passende Drehgeschwindigkeit am besten gewährleistet. So fällt auf, dass eine Wippdrehbank, die auf den Abbildungen gerade in Drechslerwerkstätten steht, nie mit dem Bohren von Perlen oder Knöpfen in Verbindung gebracht wird (z. B. Hausbuch der Nürnberger Zwölfbrüderstiftung fol. 18v; LUIKEN 1694).[146] Die Wippdrehbank erzeugt ebenso wie der Fiedelbogen eine alternierende Drehrichtung. Die Kontrolle über die Geschwindigkeit ist bei der Wippdrehbank allerdings bedeutend schwieriger als beim handbetriebenen Fiedelbogen. Wäre die alternierende Drehrichtung der einzige Grund für die beharrliche Nutzung des Fiedelbogens gewesen, so hätte der Nutzung einer Wippdrehbank der Vorzug gegeben werden müssen, da diese weniger Anstrengung erfordert.

3.1.2.6 Moderne Parallelen und benutzte Materialien

Zusammengefasst sind bei der Produktion gedrehter Perlen zwei Techniken zu unterscheiden: das Drechseln eines vorher durchbohrten Rohstückes und das Ausbohren. Durchbohrte Leisten oder Bretter entstehen nur bei der letzten Technik. Sie wird in Europa, soweit bekannt, nur noch gelegentlich im Knochenverarbeitungszentrum des deutschen Odenwalds für die maschinell angetriebene Produktion von Perlen aus Reststücken der Elfenbeinverarbeitung benutzt (Abb. 33).[147] Spuren von modernen Knochenperlen aus Indien deuten auf eine Nutzung der Bohrtechnik bis in die Gegenwart.[148] Da die Produktionsstätten von den Perlengroßhändlern geheim gehalten wurden,[149] lässt sich über die benutzten Bohrgeräte nicht mehr sagen, als dass sie die alternierende Drehung benutzten. Dies lässt sich durch die Spuren an den Bohrkanten feststellen wie in Kap. 3.1.1.2 beschreiben. Außer Knochen werden in Indien Horn und Holz zum Anfertigen von Perlen unterschiedlicher Formen verwendet. Für Perlen aus Holz und Horn wird jedoch auch die in Kairo eingesetzte Drechseltechnik benutzt. Beim Drehen oder Bohren von Gegenständen aus Holz muss eine schneidende Wirkung erzeugt werden. Das Drehen oder Bohren von Knochensubstanz dagegen erfordert eine schabende Wirkung. Dabei muss der Bohrer oder Meißel rechtwinklig zur auszubohrenden Oberfläche stehen.[150]

Bernsteinobjekte scheinen nicht gebohrt, sondern gedrechselt worden zu sein. In Anbetracht der Tatsache, dass meist kleinere Klumpen als Ausgangsprodukt gefunden werden, ist das Herausbohren aus Brettern, Leisten oder Scheiben bei Bernstein äußerst unwahrscheinlich. Durchbohrte Bretter, Leisten oder Scheiben sind nicht bekannt, und Abfälle aus der Anfertigung von Bernsteinperlen weisen in allen Fällen darauf hin, dass die Produkte gedrechselt wurden.[151] Ähnliches gilt auch für Jet.[152] Perlen oder flache Ringe aus Holz sowie Fragmente durchbohrter Leisten mit Objektresten wurden in Konstanz in denselben Abfallschichten gefunden wie die Knochenleisten, wenn auch in bedeutend geringeren Mengen.[153] Für die Holzarbeiten wurde fast ausschließlich Kirschbaumholz

---

146 MAIRE (1986) vermutet aufgrund einer Reihe von Spuren, die auch in Kap. 3.1.2 anhand des Konstanzer Abfalls beschrieben wurden, dass in Straßburg eine mit einem Fußpedal in alternierender Richtung angetriebene Wippdrehbank benutzt wurde. Die beschriebenen Spuren schließen einen Fiedelbohrer jedoch nicht aus.
147 Beobachtung des Verfassers in der Firma Kaiser in Bad König/Odenwald, 1995.
148 Sammlung des Verfassers; vgl. PICOD 1994.
149 Mitteilung T. SODE.
150 Mitteilung M. TIELENS (Geldermalsen).
151 u. a. MÜHRENBERG 2001; s. weiter Kap. 4. Auch à SANTA CLARA (1717–1719, 79 f.) beschreibt, dass Gegenstände aus v. a. gelbem Bernstein auf der Drehbank in Form „geschliffen" wurden. Es darf angenommen werden, dass die selteneren größeren Stücke des Bernsteins für die Anfertigung größerer Schnitzereien benutzt wurden.
152 EGAN/PRITCHARD 1991; Mitteilung D. H. EVANS (Hull).
153 MÜLLER 1996, ergänzt durch einige dort nicht aufgenommene Beispiele (s. auch Kap. 2.3.2).
154 Von 119 Objekten aus der Grabung Münzgasse 4/Fischmarkt waren 114 aus Kirschbaumholz (*Prunus avium*), zwei aus Fichte (*Picea*), zwei aus Ahorn (*Acer*) und eines aus Eiche (*Quercus*) (unveröffentlichte Liste „Holzartenbestimmungen/Konstanz-Münzgasse 4/Fischmarkt"; s. auch MÜLLER 1996).

benutzt.¹⁵⁴ Für Bohrarbeiten muss das Holz eine besondere Struktur aufweisen, die in diesem Falle gegeben ist. Daraus erklärt sich die Bevorzugung dieser Holzart. Bohrexperimente mit Eichenholz führten zu schlechten Ergebnissen.¹⁵⁵ Der Umfang des Abfalls von Holzperlen ist relativ gering im Vergleich mit dem von Knochenperlen. Die große Zahl erhalten gebliebener und geborgener Holzgegenstände (mehr als 10 000) kann wohl kaum daraus erklärt werden, dass der Erhaltungszustand der Holzgegenstände besonders gut ist. Deshalb stellt sich auch die Frage, wie repräsentativ diese Zahl ist. Auch unter den aus Indien stammenden modernen Perlen wurde die große Masse aus Knochen hergestellt. Da Kirschholz weiterreichende Möglichkeiten bei der Verarbeitung bietet als Knochen, dürfte das Holz vorzugsweise für die Anfertigung viel kostbarer, zum Teil größerer Gegenstände wie Plastiken eingesetzt worden sein. Ähnlich wie bei den modernen Elfenbeinperlen des Odenwalds könnten die spätmittelalterlichen Holzperlen der Konstanzer Münzgasse aus Reststücken angefertigt worden sein.

Das Fehlen jeglicher Hornreste in den Abfallschichten der Münzgasse, bei gleichzeitig umfangreichen Hinweisen auf die Verarbeitung von Horn, deutet darauf hin, dass eventuelle Hornreste vermutlich völlig zerfallen sind. Ähnlich wie beim Holz wird die Benutzung von Hornplättchen z. B. für die Kammproduktion gegenüber anderen Produkten vorgezogen worden sein, so dass Perlen höchstens in beschränktem Umfang aus den Reststücken (z. B. den Spitzen) angefertigt wurden.

3.1.2.7 Aussagen des Fundmaterials zum Bohrerantrieb

Anhand von Spuren auf Gegenständen aus der Konstanzer Münzgasse, die teilweise oder ganz herausgebohrt wurden, ist festzustellen, dass sie mit einem Bohrgerät mit alternierender Drehung hergestellt wurden.

Auf manchen Gegenständen sind auf der Oberseite zwei radiale Bohrkanten zu sehen, die vom Mittelloch aus in der entgegengesetzten Richtung verlaufen – und zwar etwas verschoben, ungefähr parallel zueinander (vgl. Abb. 68, Nr. 19–21 und 24). Der Höhensprung auf der Oberfläche des Gegenstandes ist in solchen Fällen gespiegelt und zwar so, dass die Kanten sich einander zuwenden und scheinbar eine ‚Rinne' zwischen beiden Kanten quer über dem Mittelloch des Gegenstandes bilden (Abb. 34). Anfangs wurde in dieser Rinne der ‚Abdruck' des Bohrers im Moment des Lösens des Gegenstandes von der Bohrlochwand gesehen. Es wurde vermutet, dass der Bohrer zwei spiegelbildliche Schnittflächen hinterlassen hatte, je eine an jedem der beiden Seitenarme (Abb. 35). Ein solcher Bohrer funktioniert am besten bei einer durchgehenden Drehung. Bei einer alternierenden Drehung jedoch ist ein Bohrer vorzuziehen, bei dem beide Seitenarme an derselben Bohrerseite geschliffen wurden oder ein Bohrer, der an beiden Seitenarmen von zwei Seiten geschliffen wurde. Letzterer könnte allerdings den Nachteil haben, eher stumpf zu werden.

Einiges spricht jedoch dagegen, dass es sich bei der ‚Rinne' um einen Bohrerabdruck handelt und dass ein Bohrer mit spiegelbildlichen Schneideflächen benutzt wurde. Als die Breite der Rinne gemessen wurde, die von 0,8 bis 3,5 mm variierte, zeigte sich, dass die beiden Bohrkanten nicht parallel, sondern etwas schräg zueinander verliefen (Abb. 68, Nr. 21 und 24). Außerdem ist eine der Kanten immer deutlich stärker und höher. Wenn man sich ein 1,5 bis 2,5 mm starkes Bohrerblatt quer über dem Mittelloch denkt, dessen eine Seite an der stärkeren Kante angelegt ist, dann verläuft die schwächere Kante immer ein wenig entfernt von der anderen Seite des Bohrerblatts (Abb. 34). Bei einem Bohrer, der gleichzeitig spiegelbildlich in einer ununterbrochenen Richtung schneidet (Abb. 35), ist dies nicht zu erwarten. Es wäre allerdings durchaus möglich mit einem einseitig oder doppelseitig schneidenden Bohrer, der – von einem Fiedelbogen angetrieben – nach etlichen Umdrehungen zunächst angehalten wird, nach einem kurzen oder längeren Zurückdrehen nochmals in gleicher Richtung weiterzuschleifen, bis sich der Gegenstand ganz von der Leiste löst.

Ähnliches gilt für die Spuren von einem oder mehreren kurzen Schnitten auf der Oberseite einiger Perlen und Ringe, die in unterschiedlichem Abstand zu einer oder mehreren Bohrkanten verlaufen

---

155 Mitteilung M. Tielens.

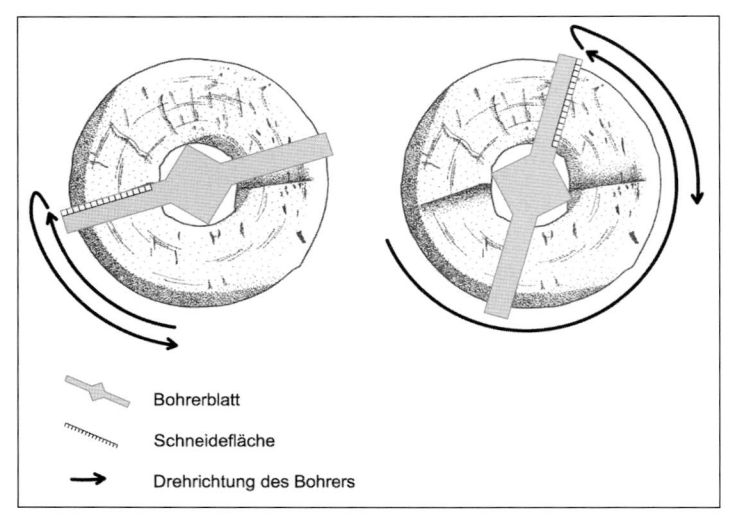

Abb. 34: Schematische Darstellung der letzten Abschabungsspuren auf einem Ring oder einer Perle mit zwei gespiegelten Bohrkanten.

Abb. 35: Spitze eines Perlenbohrers, der an einer Seite schneidet. Es handelt sich um keine historische Rekonstruktion, sondern um einen Entwurf (von H. Jäger, Michelstadt/Odenwald) nach modernem technischen Wissen zur praktischen Nutzung in der Rekonstruktion des Nürnberger Bohrers.

und mit der Schatten- oder Schnittseite zur entgegengesetzten Drehrichtung zeigen. Auch diese Spuren können unmöglich bei einer Drehung entstehen, die ununterbrochen in einer Richtung verläuft, auch nicht bei einem Bohrer mit spiegelbildlichen Schnittflächen. Außerdem zeigen sie, dass der benutzte Bohrer an einem oder beiden Seitenarmen von einer Seite geschliffen wurde.
All diese Spuren konnten dadurch entstehen, dass in der Praxis v. a. bei den letzten Bohrzügen vor dem Lösen des Gegenstandes oft nur bei einer Drehrichtung Druck ausgeübt wurde, so dass der Bohrer beim Rückzug des Fiedelbogens kaum schabte oder fräste. Dadurch konnte die vorletzte Bohrkante erhalten bleiben. In Ausnahmefällen ist sogar eine dritte oder vierte Bohrkante schwach auf der Oberfläche eines Gegenstandes zu erkennen.

3.1.2.8 Blockierung des Bohrers

An vielen durchbohrten Leisten ist zu beobachten, dass sich die Stoßgrate oder Bruchränder in mehreren aufeinander folgenden Bohrlöchern auf genau der gleichen Höhe befinden und zwar unabhängig von Variationen in der Stärke der Leiste (Abb. 21 und 36). Wenn eine Leiste z. B. in der

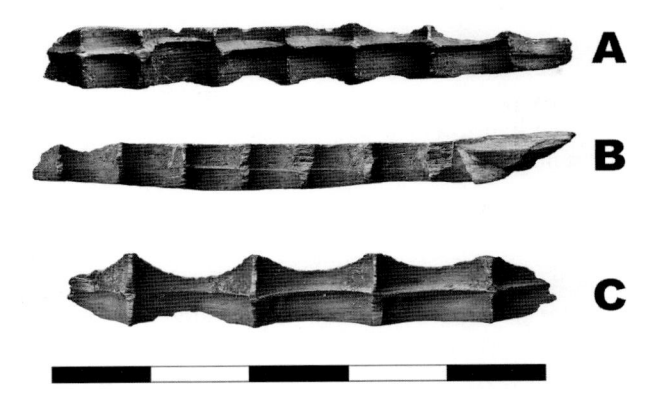

Abb. 36: Leisten, bei denen sich die Stoßgrate oder Bruchränder in mehreren aufeinander folgenden Bohrlöchern auf der gleichen Höhe befinden (A–C) und sich allmählich von der Wandmitte zur Seite verschoben haben (A und B). Im oberen Beispiel (A) ist im äußersten rechten Loch zu sehen, wie der Stoßgrat anschließend zur Leistenmitte zurückgerückt ist.

Längsrichtung gebogen ist, so kann der Stoßgrat in einer Reihe aufeinander folgender Löcher allmählich von der Mitte der Knochenwand in der Richtung der einen oder anderen Leistenoberfläche verlaufen, um dann in einem folgenden Loch auf einmal zur Wandmitte zurückzurücken (Abb. 36A und B). Das hat zur Hypothese geführt, dass das benutzte Bohrgerät eine Blockierungsmöglichkeit hatte, um den Bohrer daran zu hindern, über eine bestimmte Höhe hinaus zu bohren. Das sprungartige Weiterrücken des Bohrers ließe den Schluss zu, dass eine solche Blockierung verstellbar war. Die in Kap. 3.1.1.2 beschriebenen Abbruchspuren, die von der zuletzt ausgebohrten Lochhälfte in die jeweils andere Hälfte hineinreichten, könnten ein Indiz dafür sein, dass die Blockierung beim Ausbohren der zweiten Lochhälfte ausgeschaltet werden konnte. Eine solche Blockierung wäre bei der Rekonstruktion des Nürnberger Bohrgeräts zu realisieren, indem man oberhalb des Eisenstifts, der am unteren Ende des Hebelbalkens durch den Balken angebracht ist, einen zweiten Eisenstift anbrächte, der abnehmbar und verstellbar ist. In der Abbildung WEIGELS (Abb. 28) ist eine solche Blockierung nicht denkbar. In der Abbildung DIDEROTS vom Knopfhersteller (Abb. 29, Handwerkergruppe in der Bildmitte) löste die feste, aufrechte Stütze an der Bohrseite in dem Moment eine Blockierung aus, in welchem das Brett oder die Leiste so weit herausgebohrt war, dass sie durch den Druck der linken Hand des Handwerkers die Rückseite der Stütze berührte. Ein Verstellen oder Ausschalten der Blockierung wäre durch das Verstellen der anderen, aufrechten Stütze möglich. In der Abbildung wird eine solche Möglichkeit allerdings nicht angedeutet.

In manchen Fällen ändert sich die Bohrrichtung mit der Krümmung einer Leiste. Das ließe sich sowohl bei dem Nürnberger Gerät wie bei dem des Knopfmachers durch ein leichtes Drehen der Leiste mit der Hand, die sie festhielt, realisieren.[156] Es bleibt jedoch zu prüfen, ob all diese Spuren nicht auch ohne Blockierung entstehen konnten.

Kleine Löcher an beiden Enden von Leisten aus Colmar deuten auf das Festnageln der Leisten auf einem Brett hin, das entweder lose in der Hand gehalten wurde (wie im Nürnberger Hausbuch abgebildet) oder am Bohrgerät (wie in der Rekonstruktion des Nürnberger Geräts) befestigt war.[157] Solche Löcher fehlen in Konstanz und ebenso in Straßburg. Bei einer Massenproduktion wäre ein solcher Vorgang wohl etwas zu umständlich.

---

156 Ähnliche Spuren auf Abfällen aus Straßburg haben MAIRE (1986, 7584) zu ähnlichen Hypothesen bezüglich der Blockierung und der Handsteuerung der Leiste veranlasst.
157 MAIRE 1986, 7584.

3.1.3 Die Form der Bohrerspitze

Die Form der Bohrerspitze bestimmt die Form des erzielten Gegenstandes. Sie lässt sich am besten anhand der unvollendeten Durchbohrungen rekonstruieren, bei denen Halbprodukte in den Bohrlöchern zurückgeblieben sind. Dafür sei auf Kap. 3.3 verwiesen. An dieser Stelle sollen einige technische Aspekte dargestellt werden, die mit der Bohrerspitzenform zusammenhängen.

3.1.3.1 Das Schärfen des Bohrers

Der praktische Einsatz der Rekonstruktion des Nürnberger Bohrgeräts zeigt, dass es für die Produktion wichtig war, den Bohrer geschärft zu halten. Ferner wurde festgestellt, dass die Schärfe nach einer gewissen Bohrtätigkeit (etwa zwei Stunden) nachlässt, so dass die Bohrerspitze nachgeschliffen werden muss. Auch bei der Firma Kaiser in Bad König/Odenwald wurden die Bohrerspitzen häufig vom Handwerker selbst nachgeschliffen.[158] Dadurch konnte sich unter Umständen die Form der Bohrerspitze verändern. Beispielsweise gibt es kleine Perlen, bei denen ein spitzer Winkel zum Mittelloch gebildet wurde und dadurch ein scharfer Rand entstand.
Während andere Perlen mit ähnlichem Durchmesser eine bis zur Ecke regelmäßig konvex gebildete Wand zeigten, war es bei den genannten spitzeckigen Perlen möglich, dass der obere Teil in Abweichung vom restlichen Profil gerade oder sogar konkav war. Gerade bei kleinen Perlen ist es leicht vorstellbar, dass bei der scharfen Ecke auf dem Übergang von der geraden Wand des Mittellochs zum gerundeten Seitenarmprofil – nur wenige Millimeter voneinander entfernt – durch das Nachfeilen Veränderungen auftraten. Das kam v. a. bei Schneideflächen vor, die von zwei Seiten aus geschliffen wurden, wobei sie in zwei Richtungen eine schabende Wirkung hatten. Allerdings konnten Schneideflächen, die von einer Seite aus geschliffen wurden, geschärft werden, ohne dass sich die alte Schleifform wesentlich veränderte, z. B. durch ein ganzflächiges Nachschleifen an der anderen Bohrblattfläche wie etwa bei dem in Abb. 35 gezeigten Modell.

3.1.3.2 Die Form der Lochwand: Die Außenseite der Seitenarme

Die Wände der Bohrlöcher und die Stoßgrate können unterschiedlich geformt sein (s. Abb. 37). Ihr Erscheinungsbild hängt von der Form der Seitenarme des Bohrers ab, genauer, der Außenseite von deren Spitzen.
Folgende Formen der Lochwand werden unterschieden:

1. konisch, mit Winkeln bis zu 45°;
2. leicht konisch;
3. gebogen: an der Leistenoberfläche vertikal, rechtwinklig zu dieser beginnend und am Stoßgrat horizontal endend;
4. gerade und vertikal (oder sehr leicht konisch) mit gerundeter Ecke zum Stoßgrat;
5. gerade und vertikal (oder sehr leicht konisch) mit scharfer Ecke zu einem konisch zugespitzten Stoßgrat.

Die Formen haben unterschiedliche Vor- und Nachteile im Vergleich zueinander.
Bei konischer oder leicht konischer Außenseite des Bohrers (1 und 2) zentrierte der Bohrer sich selbst im Bohrloch. Die Mittelspitze hatte dadurch weniger seitlichen Spielraum und musste weniger seitlichen Druck auffangen. Dadurch war die Gefahr gemindert, dass die Spitze abbrach. Außerdem entstand seitlich weniger schabende Wirkung an der Wand des Mittelloches, so dass dieses sich vielleicht weniger weitete. Die geringere Reibung der Mittelspitze wird jedoch kaum dazu geführt haben, dass weniger Kraft erforderlich war. Dagegen hatte die Außenseite des Bohrers

---

158 Mitteilung M. Tielens und durch einen älteren Mitarbeiter der Firma Kaiser.

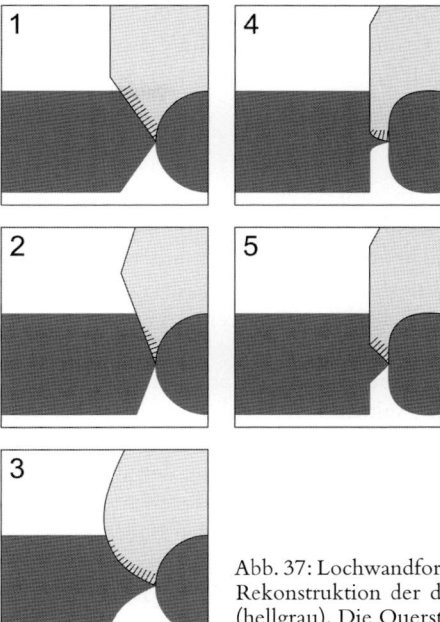

Abb. 37: Lochwandformen im Schnitt (dunkelgrau) mit Rekonstruktion der dazugehörigen Bohrerarmspitzen (hellgrau). Die Querstriche deuten die schabende Wirkung der Bohrerfläche an der Lochwand an.

eine schabende Wirkung über die ganze Höhe der Lochwand hinweg zu leisten, so dass der Widerstand beim Bohren und die benötigte Energie sich bei einer konischen Außenseite des Bohrers vergrößert haben werden. Letzteres gilt bei einer stärker konischen Außenseite (1) mehr als bei einer leicht konischen (2), weil die Schnittfläche bzw. die Lochwand deutlicher quer zur Druckrichtung stehen.

Bei gebogener Außenseite des Bohrers (3) wird die zentrierende Wirkung geringer gewesen sein als bei konischer und leicht konischer Außenseite (1 und 2) und der Widerstand am unteren Teil ähnlich stark wie bei einer konischen Außenseite (1), am oberen Teil aber sehr gering. Bei vertikaler oder nahezu vertikaler Außenseite (4 und 5) war die zentrierende Wirkung noch geringer, so dass der Bohrer nur auf eine minimale Fläche, die am Ende den Stoßgrat formte, eine schabende Wirkung mit stärkerem Widerstand ausgeübt haben wird. Das wird ohne Weiteres Kraft erspart haben. Damit der Bohrer sich nicht im Bohrloch verkeilte, war die Außenseite der Bohrerspitze meistens doch ein wenig konisch und schabte leicht mit einer Scharfkante oder Schneidefläche (vgl. Kap. 3.1.1.2). Das bewirkte ein wenig seitlichen Spielraum des Bohrers innerhalb des Loches.

Ein solcher Spielraum konnte dazu führen, dass die ausgebohrten Löcher in den Leisten nur in seltenen Fällen genau rund waren. Der Durchmesser kann eine Differenz von bis zu 0,5 mm innerhalb ein- und desselben Lochs aufweisen. Außerdem kann durch einen solchen Spielraum die Abschabung an der einen Seite des Gegenstandes stärker gewesen sein als an der anderen Seite, was sich in einer unterschiedlichen Stärke der Bohrkanten auf der Oberfläche des Gegenstandes zeigt.

Aus dem Spielraum am Außenrand des Bohrers ergibt sich zwangsläufig, dass auch die Mittelspitze im Mittelloch Bewegungsfreiheit hatte. Durch einen solchen Spielraum konnte sich die Richtung der Mittelspitze, d.h. der Bohrachse, während der Bohrung ändern. Die beiden herausgebohrten Hälften des Gegenstandes konnten dadurch schräg zueinander stehen. Demzufolge konnte der Gegenstand sich an einer Seite bereits vom Loch gelöst haben, während er an der anderen Seite noch nicht ganz herausgebohrt war. Der auf den Bohrer ausgeübte Druck konnte in solchen Fällen einen frühzeitigen Abbruch des Gegenstandes von der Lochwand bewirken. Dieser zeigte in solchen Fällen an einer Seite einen dicken Bruchrand. Es ist gut möglich, dass aus diesem Grund viele der lose aufgefundenen Perlen, insbesondere die kleineren, als Ausschuss betrachtet und weggeworfen wurden. In einigen Fällen hat die Spannung, unter der die Zentralspitze stand, offenbar zum Abbrechen dieser Spitze geführt (Kap. 3.1.1.2).[159]

3.1.3.3 Die Form der Zentralspitze

Die Form der Zentralspitze kann zum einen anhand der abgebrochenen Spitzen rekonstruiert werden, zum anderen aus unvollständig herausgebohrten Gegenständen, v. a. jenen, bei denen die Mittelspitze die Knochenwand nicht vollständig bis zur anderen Seite durchbohrt hat.

Die unvollständig ausgebohrten Mittellöcher zeigen, dass dieser Mittelstift des Bohrers sich in Richtung Spitze leicht verjüngte und anschließend in einem relativ stumpfen Winkel von etwa 100° (90 bis 110°) endete. Der Übergang vom Stift zu dieser stumpferen Spitze war eckig.

Auf Röntgenaufnahmen der abgebrochenen Spitzen wirkt das Ende der Spitzen bei einem Winkel kleiner als 90° (etwa 60 bis 75°) spitzer. Der Knick und die leichte Verjüngung oberhalb davon stimmen mit den Abdrücken in den Bohrlöchern überein.

Die aus den Leisten herausragenden, sichtbaren Teile der abgebrochenen Zentralspitzen vermitteln weitere Informationen. Sie zeigen alle einen vier- oder rechteckigen Schnitt mit Seiten, deren Breite zwischen 1,1 und 1,9 mm liegt. Die Zentralstifte der Bohrer, mit denen kleine runde Perlen herausgebohrt wurden, sind fast viereckig mit Seiten von etwa 1,1 bis 1,5 mm Breite (Abb. 39) und in einem Fall viereckig mit Seiten von 1,3 mm. Auch der Stift eines Bohrers für große runde Perlen ist viereckig (1,9 x 1,9 mm). Dagegen ist der Stift, mit dem längliche oder tonnenförmige Perlen herausgebohrt wurden, ausgeprägter rechteckig und hat Seitenlängen von 1,1 und 1,9 mm. Die Spitze eines Stiftes, mit dem kleine runde Perlen herausgebohrt wurden, ist ebenfalls rechteckig und außerdem asymmetrisch. Die eine schmale Seite verläuft bis zum Ende gerade, während die andere Seite an zwei Stellen einen Knick zeigt und mit einem Winkel von 8° zur anderen Seite endet.

Es ist durch die Struktur und die Eigenschaften der Knochensubstanz bedingt, dass ein eckiger Bohrerstift mit einer stumpfen Spitze anstelle von einem runden Stift mit einer scharfen Spitze benutzt wurde. Ein runder Bohrerstift mit spitzem Ende drückt die angebohrte Substanz zur Seite, während ein eckiger, stumpfer Stift mit den Ecken ein Loch ausfräst. Außerdem fräsen die eckigen Seiten des Stiftes das Loch anschließend durch die Verbreiterung des Stiftes nach oben hin allmählich weiter aus. Während z.B. Holz mit mehr oder weniger flexiblen Fasern in einer Richtung durchaus auseinander gedrückt werden kann, lässt sich Knochen auf diese Weise nur schwer oder gar nicht durchbohren und würde sich eher spalten. Knochensubstanz ist vielmehr aus gewobenen und Lamellenstrukturen mit mehreren Faserrichtungen aufgebaut.[160] Es stellt sich beim Verarbeiten bedeutend härter und weniger flexibel dar als die meisten einheimischen Holzarten.

Die Knochengegenstände werden also nicht in striktem Sinne herausgebohrt, sondern durch die schabende Wirkung von den eckigen und scharfen Kanten des Bohrers ausgefräst. Eine solche Wirkung wurde bereits hinsichtlich der Außenseite der Seitenarme des Bohrers beschrieben (Kap. 3.1.1.2). Die eckigen Kanten der Zentralspitze des Bohrers waren einem Verschleiß unterworfen und mussten, ebenso wie die Innen- und Außenseiten der Seitenarme, regelmäßig vom Handwerker geschärft werden.[161] Dadurch können die Zentralspitze und damit das Mittelloch des Produktes, ebenso wie die Seitenarme und damit die Außenform des Produktes, nicht ganz formfest gewesen sein. Das bedeutet, dass die Objekte, die mit demselben Bohrer herausgebohrt wurden, kleine Unterschiede in der Form und in den Maßen aufwiesen.

---

159 s. Kap. 3.1.1.2 und Anm. 127. Alle fünf Beispiele abgebrochener Mittelspitzen steckten in Perlen, von denen nur eine größer ist.
160 MacGregor 1985, 2–9.
161 Eine Zentralspitze mit konkaven Seiten, wie sie der Bohrer in Abb. 35 zeigt, ist zwar anfangs äußerst effektiv, würde aber diesen Vorteil durch ein wiederholtes Nachschleifen durch den Handwerker schnell verlieren.

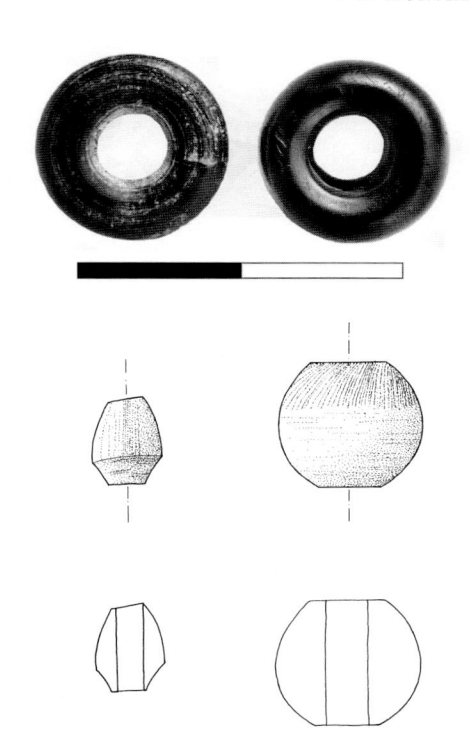

Abb. 38 (oben): Zwei schwarz gefärbte Ringe, links ein flacher Ring mit Drehrillen und einer Bohrkante auf der Oberfläche, rechts ein runder Ring mit polierter Oberfläche.

Abb. 39 (unten links): Längliche Perle, deren Rand um das Mittelloch an einer Seite konkav geformt ist (Phase 2A, Bef. 86), M 2 : 1.

Abb. 40 (unten rechts): Große Perle mit quer zur Drehrichtung stehenden feinen Rillen (Phase 3 umgelagert, Bef. 750), M 2 : 1.

3.1.4 Die Oberflächenbearbeitung

3.1.4.1 Nacharbeiten und Polieren

Im Normal- oder Idealfall war die Form des herausgebohrten Gegenstandes fertig und gebrauchsbereit und bedurfte keiner weiteren Bearbeitung.[162] Spuren auf einigen Gegenständen lassen vermuten, dass vorhandene Bohrspuren wie Bruchgrat oder Drehrillen vereinzelt beseitigt wurden. Ein beschränkter, aber nicht zu vernachlässigender Teil der in der Konstanzer Münzgasse vorgefundenen Gegenstände wurde jedoch zweifellos poliert (Abb. 38).

Verschiedene französische Quellen beschreiben zwei Methoden des Polierens gedrechselter Perlen: „im Sack" und „auf der Drehbank".[163] „Im Sack" wurden Perlen poliert, indem man einen mit tausenden von Perlen gefüllten, zugebundenen Sack hin und her schüttelte. Möglicherweise wurde dabei noch ein Glanz verstärkendes Mittel hinzugefügt wie z.B. Seife oder Bimsmehl[164] oder ein andersartig wirkendes Mittel wie Sand, durch den eine matte Oberfläche erzeugt wurde.[165] Auf der Drehbank konnten aufgespießte Perlen poliert werden, indem man während des Drehens ein Scheuermittel gegen die Perlen hielt. DIDEROT zeigt in einer Abbildung eine Drehbankaufstellung (s. Abb. 30, rechts unter Fig. 9), die laut Angabe „zum Polieren von Perlen" vorgesehen ist. MAIRE erwähnt, dass in solch einer Anordnung auch ein noch vorhandener Bruchrand einer herausgebohrten Perle mit einem Meißel entfernt werden konnte.[166] THEOPHILUS PRESBYTER empfiehlt, Elfenbeinperlen nach dem Drechseln „mit Schachtelhalm zu glätten und zusätzlich die Verarbeitungsabfälle in einem Leinentuch zu sammeln und durch Schütteln kräftig zu reiben".[167] Darin lässt sich sowohl die Sack- als auch die Drehbankmethode wiederfinden.

---

162 PICOD 1994 zitiert einen pensionierten Handwerker aus dem französischen Jura, der Perlen aus Knochen drechselte. Dieses trifft auch auf herausgebohrte Perlen wie diejenigen aus Konstanz zu. Das wird durch Beobachtungen an modernen Knochenperlen aus Indien sowie durch heutige Rosenkränze bestätigt; auch an Knochenperlen aus archäologischen Funden, von denen sichergestellt ist, dass sie gebraucht sind, sowie an Perlenabfällen aus der Konstanzer Münzgasse. So sind von dort nicht nachgearbeitete Gegenstände mit Drehrillen auf der Oberfläche geborgen worden, die gefärbt wurden.

163 PICOD 1994 zitiert zwei verschiedene, pensionierte Perlendreher aus dem französischen Jura. MAIRE 1986 zitiert ältere französische Literatur, darunter DIDEROT/D'ALEMBERT 1768/71.

164 PICOD 1994. Bimsmehl wird bei MAIRE genannt (1986), der hier PLUMIER 1701 („L'Art de Tourner ...") zitiert. Im Odenwald wird noch heutzutage in Poliertrommeln Bimsmehl benutzt (Mitteilung H. JÄGER, Berufsschule für das Holz und Elfenbein verarbeitende Handwerk). Im „Mittelalterlichen Hausbuch" (Bl. 30^b) wird empfohlen „glesen perlin ... der da dint zum pater noster ..." zu „... rede(n) ..." (rädeln?) mit „bimßpulver ... in einem Sack".

165 Das „Mittelalterliche Hausbuch" (Bl. 30^b) beschreibt, dass gläserne Paternosterperlen den Glanz verlieren, wenn sie in einem Sack mit Sand als Poliermittel gerädelt werden.

166 MAIRE 1986, 7586.

167 „Quos cum acutis ferris tornaveris, cum asperalla aequabis et colligens rasusas in panno lineo desuper tornando fortiter fricabis, et omnino lucidi fient." Theophilus Liber 3, Kap. XCIII in: BREPOHL 1999, Bd. 2, 275.

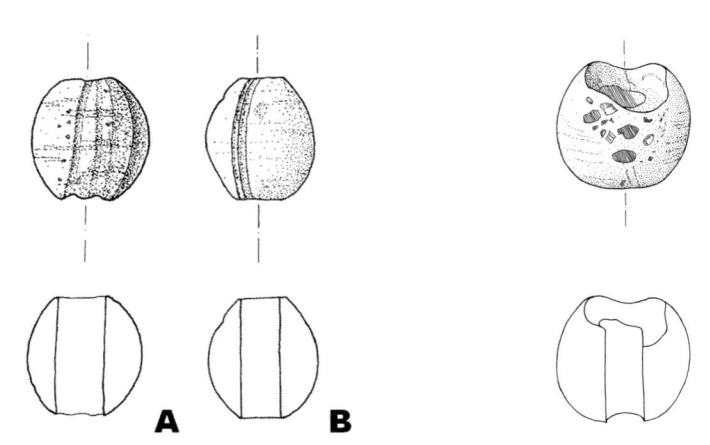

Abb. 41 (links): Zwei polierte Perlen mit einigen parallelen Rinnen, die vom Rand des Mittellochs zum Teil in der Form eines schwachen S verlaufen (A Ablagerung Phase 1, Bef. 619; B Phase 2A, Bef. 175), M 3 : 1. – Abb. 42 (rechts): Erkennbar misslungene Perle, die trotzdem poliert ist (Phase 3.IV, Bef. 473), M 2 : 1.

Unterschiedliche Spuren auf den Konstanzer Funden scheinen anzudeuten, dass verschiedene der oben beschriebenen Methoden auch dort benutzt wurden, obwohl doch hauptsächlich mit der Bohrmethode gearbeitet wurde. So gibt es Spuren, die darauf deuten, dass gebohrte Objekte auf einer Drehbank bearbeitet, wenn nicht sogar angefertigt wurden. Vereinzelt aufgefundene Perlen mit kragenähnlich erhöhtem oder konkavem Rand um das Mittelloch herum (Abb. 39) oder mit einer betonten Rille auf halbem Weg zwischen der Stoßgratstelle und dem Rand des Mittelloches können auf einer Drehbank nachgeformt worden sein.

Weiterhin zeigen einige der Konstanzer Perlen anstelle eines Bruchrandes einen abgeflachten Streifen, der eine Reihe paralleler, vertikal, d. h. quer zur Drehrichtung stehender, kurzer, kleiner Rillen aufweist. Sie erinnern an die Rillen, die auf der Oberfläche von Perlen entstehen, wenn beim Drechseln von Perlen bei einer durchgehenden Drehung der Meißel auf der Oberfläche vibriert.[168] Letztere allerdings entstehen v. a. an den stärker konvexen oder konkaven Teilen der Objekte und sind bei Perlen v. a. in der Nähe des Mittellochs zu erwarten. Auf der Oberfläche verschiedener anderer Perlen und zylindrischer Objekte aus der Münzgasse sind gerade dort feine Rillen in engem Abstand zueinander zu sehen (Abb. 40). Diese sind vollkommen identisch mit den von Picod beschriebenen Vibrierrillen auf mit hoher Geschwindigkeit und in einer durchgehenden Drehung gedrechselten Perlen.[169] Die genannten Objekte haben allerdings alle eine glatte Oberfläche. Auf einer großen Perle setzen sich die Rillen von der einen Bohrhälfte über die Stoßgratstelle hinweg auf die andere Bohrhälfte fort. Die vertikalen Rillen dürften in diesen Fällen durch das nachträgliche Glätten der Oberflächen mit einem Meißel auf einer Drehbank in einer durchgehenden Drehung entstanden sein, ähnlich wie es Maire beschreibt. Da diese Objekte keine horizontalen Drehrillen aufweisen, wäre es denkbar, dass sie sogar mit dem Meißel (nach-)geformt wurden.

An wieder anderen Gegenständen überlagern vertikale Riefen die Reste horizontaler Drehrillen. Auch diese setzen sich von der einen Bohrhälfte über die Stoßgratstelle hinweg auf die andere Bohrhälfte fort und lassen sich nur schwer als Spuren des Bohrens deuten. Sie sind jedoch viel gröber als die vorhin besprochenen Rillen. Außerdem ist die Oberfläche dieser eindeutig ausgebohrten oder gedrechselten Gegenstände in den meisten Fällen zwar nicht ganz glatt aber durchaus glänzend. Deshalb wird vermutet, dass die vertikalen Riefen beim Polieren entstanden sind, indem man während einer drehenden Bewegung mit geringerer Geschwindigkeit einen stumpfen Gegenstand oder

---

168 Picod 1994.
169 Ebd.

ein Scheuermittel, wie z. B. den erwähnten Schachtelhalm, gegen die Oberfläche des aufgespießten Gegenstandes hielt bzw. über die Oberfläche rieb. Bemerkenswert ist allerdings, dass das Profil der betreffenden Perlen zum Teil nicht vollständig ausgebohrt wurde.

Unklar ist die Entstehung von etwas andersartigen, vertikal, d. h. quer zu den Drehrillen verlaufenden Rinnen, die sich ebenfalls über die Stoßgratstelle hinweg immer in der zweiten Bohrhälfte fortsetzen. Sie sind auf einer Reihe von Perlen zu finden, deren Oberfläche glatt und eingehend poliert ist, so dass kaum Drehrillen des Bohrers sichtbar sind. Diese Rinnen sind zum Teil sehr vage. Sie bestehen aus einer stärkeren Rinne in Form eines schwachen S, das vom Rand des Mittelloches ausgeht und in manchen Fällen von einigen schwachen dünnen Rinnen begleitet wird (Abb. 41). Möglicherweise sind sie beim Polieren mit einer drehenden Bewegung entstanden, dort, wo die Oberfläche anders war, beispielsweise uneben oder rau. Raue Flächen finden sich nicht selten an unpolierten Perlen, und sie entstehen während des Bohrens.

Dagegen deuten mehrere Beispiele eindeutig misslungener Perlen, die trotzdem poliert worden sind, darauf hin, dass sie nicht einzeln, sondern in größeren Mengen poliert wurden, wie bei dem oben beschriebenen „Polieren im Sack" (Abb. 42).[170]

3.1.4.2 Färben

Man kann davon ausgehen, dass die herausgebohrten Gegenstände ohne weitere Färbung weiß waren. Eventuell wurden zum Ausbohren ausgewählte Knochen vor der Verarbeitung gebleicht (s. Kap. 3.1.6). Durch Bodeneinwirkung sind die untersuchten Knochenreste in den allermeisten Fällen bräunlich gefärbt, variierend von gelbbraun bis dunkelbraun.

Ein kleiner Teil der gefundenen Gegenstände zeigte eine schwarze Oberfläche (Abb. 38). Vermutlich wurden diese Gegenstände gefärbt. Die genauere Betrachtung unter einem Mikroskop förderte einen Unterschied zwischen Ringen und kleinen Perlen zutage. Die Ringe sind tief schwarz, nicht nur an der Oberfläche, sondern auch im Inneren. Die Perlen dagegen sind an der Oberfläche nicht völlig schwarz, sondern sehr dunkelbraun und diese dunkle Färbung ist nur oberflächlich.[171] Bei beiden Gruppen sind die Poren in der Knochensubstanz an der Oberfläche ausgefüllt: bei den Ringen sichtbar, bei den Perlen in den meisten Fällen kaum erkennbar.[172] Die Tatsache, dass eine solche Porenfüllung bei Perlen und Ringen fehlt, deren Oberfläche und Kern eine normale braune Farbe zeigen, bestätigt die Vermutung, dass die schwarzen Objekte gefärbt wurden.

Es ist anzunehmen, dass die ursprünglich erzielte Färbung – auch vor der Bodeneinwirkung – schwarz war. Diese Annahme beruht nicht nur auf der Zeichnung des Nürnberger Paternostermachers, auf der schwarze Perlenschnüre zu sehen sind. Unter den modernen indischen Knochenperlen sind ebenfalls Stücke mit schwarzer Färbung, die nur oberflächlich in den Knochen eingezogen ist.

Die schwarze Färbung, die in die Knochensubstanz eingezogen ist, scheint sowohl bei den Ringen als auch bei den Perlen resistent gegenüber Wasser- und Bodeneinflüssen gewesen zu sein. Eine Schwarzfärbung, der die Einflüsse des Wassers und des Bodens nichts anhaben können, kann durch ein chemisches Verfahren mit Eisenhydroxid oder ein Brennverfahren in heißem Sand bewirkt worden sein.[173] Die bei den Ringen verwendete tiefschwarze Färbung der ganzen Knochensubstanz könnte durch eine gleichmäßige Erhitzung des Objekts im Sand entstanden sein, so dass die Kno-

---

170 z. B. spongiöse große Perlen aus Fundnr. 01/470 (Bef. 473), 01/1091 (Bef. 750) aus dem umgelagerten Teil von Produktionsphase 3 und eine längliche Perle aus Fundnr. 01/84 (Bef. 118) aus Produktionsphase 2A.
171 Mikroskopische Untersuchung durch C. H. MALIEPAARD und C. TROOSTHEIDE der Universiteit van Amsterdam. Untersucht wurden zwei schwarze Ringe (Fundnr. 01/470 und 01/809) und zehn dunkle Perlen (Fundnr. 01/263, 01/318 und 01/780), im Vergleich mit fünf Perlen und einem Ring mit ‚normal' brauner Oberfläche. Alle Gegenstände waren poliert oder glatt geschliffen.
172 Bei den nicht schwarz gefärbten Vergleichsobjekten waren die Poren unter dem Mikroskop deutlich sichtbar und nicht gefüllt.
173 ERATH 1996 bzw. Mitteilung M. TIELENS. Beide Techniken sollten näher erforscht bzw. erprobt werden.

chensubstanz dabei verkohlte. Bei kleinen Perlen hat man sich anscheinend für eine andere Technik entschieden, vielleicht weil diese nur schwer im Sand wiederzufinden waren.[174]

Spuren von anderen Farben wurden nicht bei ausgebohrten Knochenobjekten oder Bohrabfällen beobachtet. Bei zwei Würfeln, an denen rote Farbreste gefunden wurden und an einem geschnitzten Marienfigürchen aus Konstanz war die Farbe nicht in den Knochen eingedrungen und wurde ausschließlich in Vertiefungen festgestellt.[175]

Das von Theophilus Presbyter beschriebene, heutzutage benutzte Verfahren, bei dem Knochen zusammen mit einem Farbstoff und eventuell zusätzlich Aschelauge gekocht werden, bewirkte nur eine oberflächliche Färbung, die nur beschränkt resistent gegenüber Wasser und dem Einfluss des Bodens war.[176] Es ist möglich, dass aus diesem Grund keine anderen Farben wie z. B. Rot, Gelb oder Braun vorgefunden wurden: Entweder sind sie durch die Einwirkung des Bodens vollständig verblasst oder sie wurden durch die Bräunung unkenntlich oder man hat solche Farben wegen ihrer geringen Haltbarkeit gar nicht als umfassend deckende Behandlung für diese Art von Gegenständen benutzt. Solche Farben fehlen auch bei den modernen indischen Knochenperlen.

Schwarz gefärbte Beispiele aus der Konstanzer Münzgasse sind unter allen Typen von herausgebohrten Gegenständen sowohl in poliertem wie in nicht nachgearbeitetem Zustand zu finden (Abb. 38). Schwarz gefärbte Leistenfragmente wurden nicht gefunden, so dass die Färbung der Gegenstände eindeutig nach dem Ausbohren stattfand. Gleichermaßen auffallend unbrauchbare Objekte wie unter den polierten fehlen unter den gefärbten Gegenständen. Fehler der Art, wie sie an gefärbten Objekten zu sehen sind, können leicht übersehen werden, wenn nicht jedes einzelne Stück kontrolliert wird. Es handelt sich dabei z. B. um unauffällige, kleine, fehlende Ecken oder Beschädigungen, die nur an einer Seite zu sehen sind. Zwischen den Arbeitsgängen Polieren und Färben scheinen also nur die auffälligsten Fehlstücke entfernt worden zu sein, während eine stückweise Kontrolle erst nach dem Färben stattfand, z. B. in dem Moment, als die Objekte zur Weiterverwendung (etwa zum Aufreihen an einer Schnur) in die Hand genommen wurden.

3.1.5 Rohmaterialbeschaffung

3.1.5.1 Benutzte Knochen

Als Rohmaterial für die Knochenverarbeitung unter Einsatz der Bohrtechnik wurden im Allgemeinen zwei Gruppen von Knochen – beide von Rindern – in größeren Mengen benutzt: Mittelhand- und Mittelfußknochen (Metapodien) und der Horizontalteil (*Ramus horizontalis*) des Unterkiefers (Abb. 43 unter 1). Im geborgenen Teil des Abfalls aus der Münzgasse ist die Verarbeitung von tausenden von Stücken von beiden Gruppen belegt: fast 5000 Unterkiefer und mehr als 25 000 Metapodien.[177] In deutlich beschränkter Zahl wurden auch andere Skelettelemente regelmäßig eingesetzt:
– Speiche (Radius) und Schienbein (Tibia) vom Rind (Abb. 43 unter 2);
– Metapodien, Speiche und Schienbein vom Pferd.[178]

---

174 Da die beiden gefärbten Ringe aus Junkes' Periode 3 stammen und die ausgewählten Perlen alle aus Periode 2, ist eine chronologische Entwicklung nicht auszuschließen, wobei auch diese von den beschriebenen praktischen Überlegungen beeinflusst worden sein kann.
175 Erath 1996, 67.
176 Mitteilung M. Tielens (Geldermalsen). Die fehlende Wasser- und Bodenbeständigkeit wurde beim Kochen, ohne die von Theophilus Presbyter empfohlene Aschelauge, festgestellt (Theophilus Liber 3, Kap. XCIII in: Brepohl 1999, Bd. 2, 275). Die Behandlung mit einem solchen Laugenzusatz wäre noch zu prüfen. Zudem ist das Rezept wohl v. a. für Elfenbein und Walrosszähne gedacht (s. ebd. 272), wobei hier Farbstoffe ohnehin nicht leicht eindringen.
177 Dies basiert hauptsächlich auf abgeschlagenen Unterkieferspitzen bzw. abgeschlagenen Distalenden von Metapodien, ergänzt durch die Hälfte der abgesägten Distal- und Proximalenden von Metapodien (Tab. 1). Zu beiden Gruppen ist zusätzlich noch eine beschränkte Zahl von Knochen zu rechnen, die nachweislich ohne Entfernung der Spitze bzw. der Enden verarbeitet wurde.

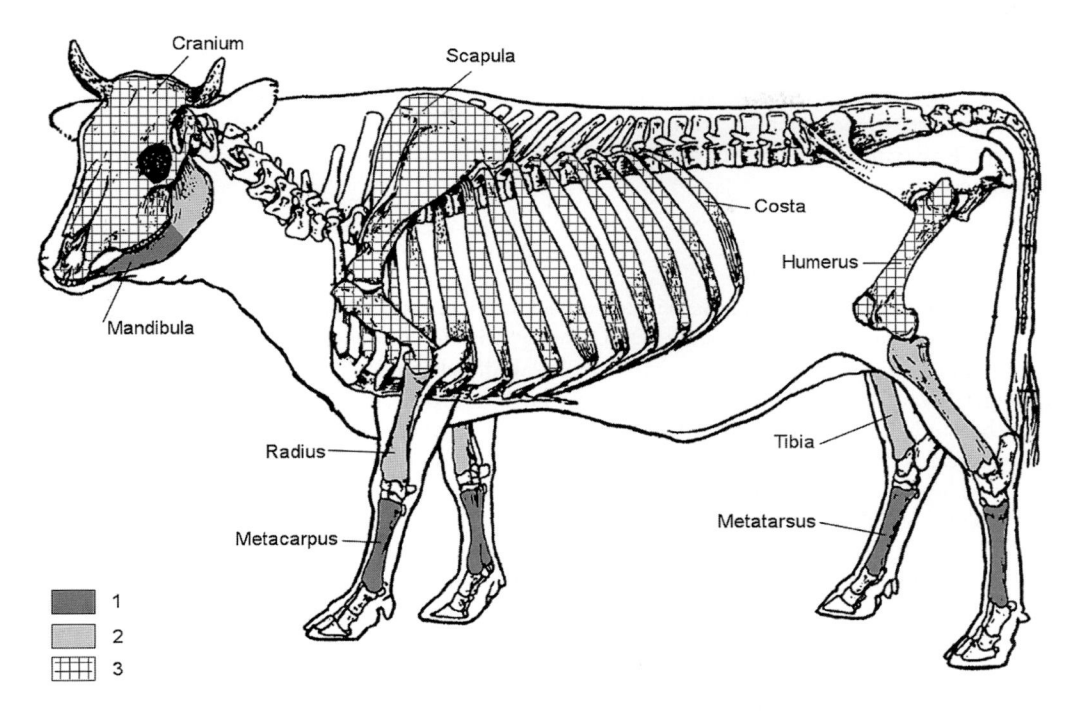

Abb. 43: Übersicht der zur Knochenbohrtechnik verwendeten Elemente im Rinderskelett. 1. massenhaft benutzte Teile: Metapodien und *Ramus horizontalis* des Unterkiefers; 2. in beschränkten Mengen benutzte Teile: Radius und Tibia; 3. vereinzelt benutzte Teile: Femur, Humerus, Rippe und Schädel.

Vereinzelt, meist eher ausnahmsweise, sind auch andere Rinderknochen benutzt worden wie Oberarmknochen (Humerus) und Oberschenkel (Femur) sowie verschiedene Plattknochen wie Rippen, Schulterblatt und Schädel (Abb. 43 unter 3). Außer den bereits erwähnten wurde nur ein einziger anderer Pferdeknochen unter den Skelettelementen der untersuchten Leisten und Scheiben registriert: ein Unterkieferstück.[179] Neben der Nutzung von Rinder- und Pferdeknochen wurden auch drei Schweineknochen als Rohmaterial für Bohrleisten eingesetzt: zwei Schenkelfragmente (Femur) und ein Schienbeinfragment (Tibia).[180]

Zur Würfelanfertigung wurden hauptsächlich Rindermetapodien benutzt, obwohl vereinzelt auch Rinderschienbeine zum Einsatz kamen und möglicherweise auch Pferdemetapodien.[181] Die gefundenen Abfälle der Würfelanfertigung aus der Münzgasse gestatten die Hochrechnung, dass etwa 150 Rindermetapodien benötigt wurden.[182]

---

178 Das Ergebnis aus der untersuchten Stichprobe durchbohrter Leisten und Scheiben wird durch Beobachtungen des Verfassers an den übrigen Abfällen wie auch von PRILLOFF 2000 vollkommen bestätigt.
179 Fundnr. 01/593-8 (Produktionsphase 2A).
180 Tab. 41a: Fundnr. 01/354-106 (Produktionsphase 1) und Fundnr. 01/474-35 (Produktionsphase 2A); PRILLOFF 2000, 106 (Bef. 195b: Produktionsphase 1/2A).
181 ERATH 1996, 50 und 69.
182 715 Würfelstäbe und Würfelstabenden, geteilt durch fünf (Stäbe durchschnittlich pro Metapodium), plus 676 Würfel und Würfelrohlinge, geteilt durch fünf mal zehn (Würfel pro Stab). Die Berechnung stützt sich auf Angaben von ERATH. Diese (1996, 30) rechnet mit sechs Stäben pro Metapodium und kommt dabei auf 132 Metapodien. Technisch gesehen ist es zwar möglich, sechs Stäbe aus einem Metapodium anzufertigen, und in den gegebenen Fällen lässt es sich auch nachweisen. Dennoch weisen Abfälle auf eine weniger effiziente Nutzung in anderen Fällen hin, u. a. durch ungünstige Spaltergebnisse.

Unter der relativ geringen Zahl der Abfälle vom Drechseln sind v. a. Fragmente von Metatarsen von Pferd sowie Rind zu verzeichnen, neben einem Radius und einem Femur vom Rind.[183]
Zur Anfertigung von Beschlagplättchen wurden Schulterblätter und Rippen vom Rind benutzt.[184] Diese Produkte fließen nicht in diese Studie ein. Der Umfang des Abfalls und somit auch der Umfang des Rohmaterialbedarfs für die Anfertigung von Plättchen ist nicht genau bekannt, scheint jedoch beschränkt gewesen zu sein.[185]

3.1.5.2 Anforderungen

Die herausgebohrten Gegenstände wurden ausschließlich aus dem kompakten Teil der Knochenwand, genannt Kompakta, hergestellt. Da Öffnungen in der Knochenwand an der Oberfläche der Gegenstände zu sehen sind und störend wirken, sind Zahl und Größe derartiger Öffnungen ein wichtiger Faktor bei der Prüfung, ob sich ein Knochen für die Anfertigung eignet. Elastizität und Druckbeständigkeit der Knochenwand spielten bei der Mehrzahl der kleinen Gegenstände eine untergeordnete Rolle. Die Form und auch die Funktion von Gebetsschnurperlen und -ringen oder Spielsteinen stellen keine großen Anforderungen an die Druckfestigkeit. Bei Knöpfen ist jedoch eine größere Stabilität in der Vertikalrichtung erforderlich, d. h. quer zum Durchmesser, damit sie unter der Zugkraft einer zugeknöpften Öse nicht brechen. Höhe und Durchmesser der Gegenstände wurden direkt von der Stärke und Ebenheit der kompakten Knochenwand begrenzt. Während für Perlen eine bestimmte Stärke der Kompakta absolut erforderlich ist, ist für Ringe, Knöpfe und Spielsteine eine gewisse Ebenmäßigkeit notwendig. Außerdem muss das Rohmaterial für die zuletzt genannten Produkte auch eine gewisse, wenn auch beschränkte Wandstärke aufweisen.
Für die Anfertigung von Produkten aus Leisten ist es vorzuziehen, dass die Kompakta zumindest in einer Richtung einigermaßen flach ist.

3.1.5.3 Eigenschaften der benutzten Knochen

Plattknochen wie Schulterblatt und Rippen haben eine dünne, aber flache Kompakta. Bei Röhrenknochen wie Metapodien, Tibien, Radien, Femora und Humeri hat der mittlere Teil (die Diaphyse) eine dicke, kompakte Knochenwand, die röhrenförmig und in einer Richtung gebogen ist. Bei Unterkiefern ist die Kompakta der flachen Teile nur wenig dicker als bei den Plattknochen, die Oberfläche ist aber leicht unregelmäßig, während die dickeren, röhrenförmigen Teile sehr stark gebogen sind.
Bei Röhrenknochen der mittelgroßen Säuger wie Schwein, Schaf und Ziege ist die Knochenwand bedeutend dünner und die Krümmung stärker im Vergleich zu den Röhrenknochen von Großsäugern wie Rind und Pferd. Aus diesen Gründen waren sie nur sehr beschränkt für die hier untersuchten, durchbohrten Gegenstände zu verwerten.[186] Die Kompakta der Plattknochen und der flachen Teile der Unterkiefer mittelgroßer Säuger war zu dünn zum Herstellen ausreichend starker Ringe oder Knöpfe. Aus diesen Gründen ist die nahezu ausschließliche Benutzung von Großsäugerknochen leicht zu erklären.

---

[183] Metatarsus Rind: Fundnr. 29, 66 oder 67, 201, 247, 327, 492, 718, 866, 867, 608; Metapodium Rind: Fundnr. 608; Langknochen Rind, möglicherweise Metatarsus: Fundnr. 146; Radius Rind: Fundnr. 608; Femur Rind: Lesefund; Metatarsus Pferd: Fundnr. 125, 492, 608 (zehn Fragmente), Grabungsschnitt Fischmarkt Bef. 95. Ein einseitig abgeflachtes Metacarpusstück eines Rindes sowie ein ähnliches Stück aus einer Rindertibia sind nicht eindeutig als Drechselabfall einzuordnen.
[184] Erath 1996, 47.
[185] Erath 1996, 48 nennt 21 Fragmente bearbeiteter Rippen. Zusätzlich ist mit nicht identifizierten Stücken zu rechnen.
[186] Nur die kleinsten Perlen, Ringe und Knöpfe ließen sich eventuell aus ausgesuchten Teilen der Knochen von Schweinen, Schafen und Ziegen herstellen.

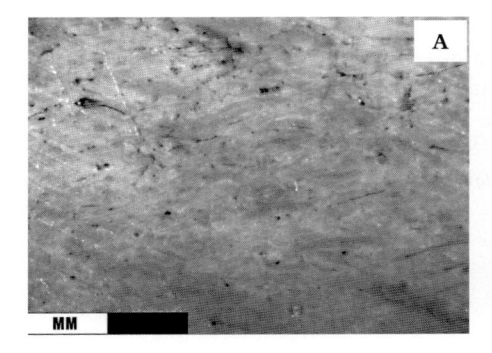

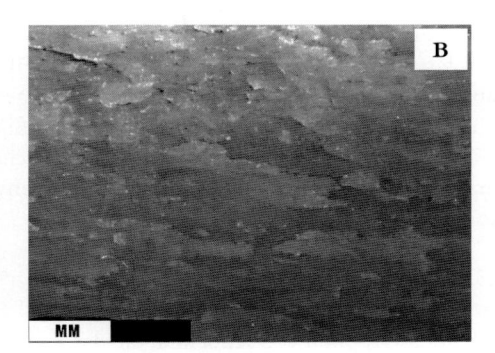

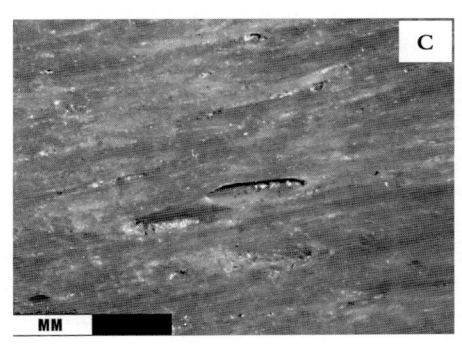

Abb. 44: Makroskopische Aufnahmen der Knochenwand. A Röhrenknochen eines Pferdes; B Röhrenknochen eines Rindes; C *Ramus horizontalis* des Rinderunterkiefers.

Im Vergleich zur Kompakta der Röhrenknochen vom Rind zeigt diejenige der Röhrenknochen vom Pferd bedeutend mehr Poren. Diese sind mit dem bloßen Auge gerade noch zu sehen und zeigen sich unter einem Mikroskop als durchgehende, offene Kanäle (Abb. 44A). Die Kompakta der Rinderknochen dagegen ist unter einem Mikroskop etwas transparenter und zeigt eine etwas schollenartigere Struktur mit oberflächlichen, nicht durchgehenden Rissen an den Schnitt-, Bohr- und Bruchflächen (Abb. 44B).[187] An der Oberfläche herausgebohrter Gegenstände sind diese schollenartigen Risse stellenweise ebenfalls zu sehen, mit dem bloßen Auge sogar deutlich an den Zonen, die beim Bohren aufgeraut wurden. An polierten und an geschwärzten Oberflächen sind sie nicht zu sehen. Kanalöffnungen sind an solchen Oberflächen in bestimmten Fällen durchaus noch mit dem bloßen Auge wahrzunehmen. Diese Unterschiede lassen keinen deutlichen Vorteil für die Nutzung von entweder Rinder- oder Pferdeknochen zum Bohren erkennen. Anders verhält sich das bei den häufig benutzten Teilen des Rinderunterkiefers. Seine Kompakta zeigt neben schollenartigen Rissen auch größere und kleinere Poren, die teilweise von großer Dichte sind und bereits mit dem bloßen Auge auffallen. Sie sind stellenweise auch auf der Bohroberfläche der Gegenstände deutlich zu erkennen (Abb. 44C). Die Poren sind v. a. an der Innenseite der Knochenwand häufiger und größer, können aber über die gesamte Wandstärke hinweg vorkommen. Wenn auch nicht überall, wirkt die Struktur der kompakten Knochenwand bei den Leisten und Gegenständen aus Unterkiefern mit dem bloßen Auge im Allgemeinen erheblich offener und gröber als bei den Stücken aus Röhrenknochen, so dass eine Bevorzugung der Röhrenknochen zu erwarten wäre. Der *Ramus horizontalis* des Pferdeunterkiefers ist durch eine noch größere Zahl von Poren gekennzeichnet und daher wohl nur ausnahmsweise benutzt worden.

Die Knochenwand der flachen Rippen und Schulterblattteile ist relativ kompakt, aber dünn.

Unter den benutzten Röhrenknochen von Rind und Pferd wäre eine Bevorzugung von Metapodien, Tibien und Radien gegenüber Femora und Humeri denkbar. Bei den erstgenannten Skelettelemen-

---

187 Beobachtungen an durchbohrten Leisten aus der Münzgasse unter einer 20-fachen Vergrößerung.

ten sind erhebliche Teile der Wand nahezu flach und gerade, während bei Femora und Humeri die Wand fast überall und stärker in verschiedene Richtungen gebogen ist. Am regelmäßigsten ist die Diaphyse der Metatarsen mit drei flachen und geraden Seiten über die ganze Länge, die rechteckig zueinander stehen und eine ziemlich gleichmäßige Wanddicke von etwa 7 bis 11 mm aufweisen.[188] Die Diaphyse der Metacarpen hat nur eine flache Seite, die dafür etwas breiter ist als die des Metatarsus. Außerdem kann die Wandstärke stellenweise dünner sein. Die Stärke schwankt zwischen 5 und 11 mm.

3.1.5.4 Verfügbarkeit und Beschaffung

Die beiden Gruppen von Knochen, die das Knochen verarbeitende Handwerk in größeren Mengen benutzte – nämlich die Metapodien und die Horizontalteile des Unterkiefers vom Rind –, gehören beide zu den fleischlosen bzw. sehr fleischarmen Teilen des Körpers (Abb. 43 unter 1). Den übrigen verwendeten Skelettelementen haftete vor dem Schlachten Fleisch an (Abb. 43 unter 2). Im Folgenden werden die Mechanismen der Verteilung von Rohmaterialien vom geschlachteten Rind analysiert, soweit sie im Zusammenhang mit der Versorgung der Handwerker stehen, die im mittelalterlichen Konstanz Gegenstände aus Knochen bohrten. Dabei steht die Verfügbarkeit der fleischlosen Körperteile gegenüber den Teilen mit Fleisch im Zentrum. In spätmittelalterlichen Fundschichten in Städten werden vom Rind nur selten die größeren Knochen der Körperteile mit Fleisch unzerteilt gefunden. Rinderunterkiefer, oft ohne Vertikalteil (*Ramus verticalis*), und Metapodien wurden jedoch gelegentlich gehäuft und in unzerteiltem Zustand vorgefunden, in einigen Fällen sogar gleichzeitig.[189] Das Gleiche gilt für Hornzapfen, denen ebenfalls kein Fleisch anhaftete.[190] Die größeren Knochen mit Fleisch scheinen also nicht vollständig ausgebeint, sondern beim Portionieren des Fleisches zerhackt worden zu sein. Dieses hat wahrscheinlich normalerweise beim Metzger oder Knochenhauer stattgefunden.[191] Das Portionieren der Knochen macht nur Sinn, wenn eine Verteilung dieser Knochenstücke auf die Haushalte der Konsumenten beabsichtigt war. Dort dienten die Knochenstücke, in denen sich noch Mark befand, zum Suppenkochen. Die These, dass in den individuellen Haushalten Knochen verwertet und weggeworfen wurden, findet nicht nur Unterstützung in dem hohen Grad an Fragmentierung der Rinderknochen der Körperteile mit Fleisch gegenüber den Anhäufungen unzerteilter Knochen der fleischlosen Körperteile. Die zerbrochenen Rinderknochen der Körperteile mit Fleisch wurden überall zerstreut auf fast allen Privatparzellen mittelalterlicher Städte im Boden der Höfe und Gärten gefunden, höchst selten unzerteilt oder als Anhäufungen bestimmter Skelettelemente.

Vor dem Portionieren des Fleisches musste der Metzger erst die Haut entfernen, damit Gerber diese verwerten konnten. Quellen in Bild und Schrift sowie archäologische Funde belegen, dass die Hörner und ‚Füße' an der Haut blieben und mit dieser beim Gerber landeten.[192] An den Hörnern konnte der Gerber bestimmte Qualitäten der Haut erkennen (Tierart, Alter, Geschlecht, Gesundheit). Als Erklärung für das Mitliefern von Fußknochen an Gerbereien nennt SERJEANTSON (1989) die Gewinnung von Marköl für die Lederbehandlung. Es ist nicht zweifelsfrei geklärt, ob sich unter den anhaftenden Fußknochen auch Rindermetapodien befanden. Für das Anhaften von Klauen oder

---

[188] Gemessen an zum Bohren benutzten Fragmenten aus der Münzgasse 4 in Konstanz.
[189] MACGREGOR 1985, 30 f. (zitiert u. a. P. HOLDSWORTH für Southampton: Langknochen); GROOTHEDDE 1996 (Deventer: Kiefer und Metapodien); Beobachtung Verfasser (Deventer: Kiefer); Mitteilung R. VAN GENABEEK (Oldenzaal, Schoolstraat: Kiefer und Metapodien); Mitteilung J. SCHIBLER (Basel: Metapodien).
[190] Kap. 1 (Konstanz, Fischmarkt); VAN WIJNGAARDEN-BAKKER/MALIEPAARD 1992 (Leiden, Marktenroute); PRUMMEL 1981; ARMITAGE 1990; MELZER 1999 (Soest, Markt); DUMITRACHE 1993, 291 (Konstanz, Rosgartenstraße 26).
[191] Aus den Schriftquellen, beschriebenen bei ERATH 1996, bekommt man ein Bild einer regulierten Fleischversorgung in spätmittelalterlichen Städten, das sich schwer mit einer Verwertung von ganzen Karkassen in größerem Umfang in den individuellen Haushalten in Einklang bringen lässt.
[192] SCHMID 1969. Eine Übersicht der Quellen bei: SERJEANTSON 1989 und ERATH 1996; SCHMID (1969) gibt wichtige Daten aus der Schweiz; DUMITRACHE (1993) bzw. MARKERT (1990) geben Hinweise aus Konstanz (Rosgartenstraße 24) und Schaffhausen (Haus zum Bogen).

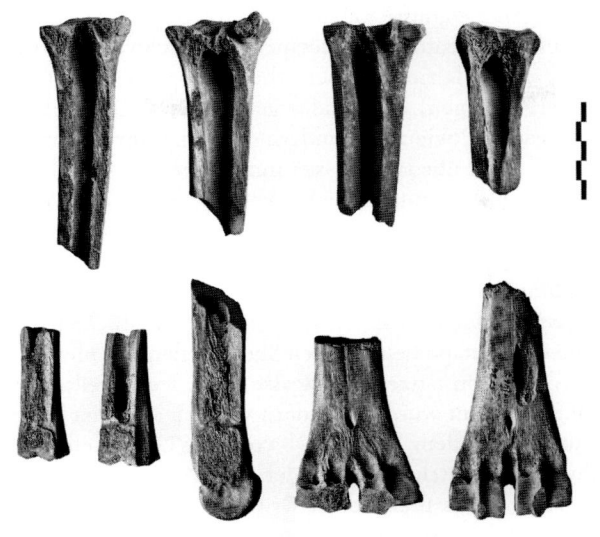

Abb. 45: Hälften von Rindermetapodien, die vermutlich zur Markentnahme in der Mitte quer durchgeschlagen wurden. Unten rechts zwei nicht weiter verarbeitete Stücke und diverse anschließend längs gespaltene Stücke.

Abb. 46: Rinderunterkiefer, an denen der Vertikalteil (*Ramus verticalis*) hinter dem letzten Backenzahn (M3) vom Horizontalteil (*Ramus horizontalis*) hinter dem letzten Backenzahn (M3) abgetrennt wurde.

Zehen (Phalangen) an Gerberhäuten gibt es dagegen Belege.[193] Aus England sowie aus der Schweiz ist belegt, dass an Ziegenhäuten auch Metapodien hingen und mitgeliefert wurden.[194] Für Rinder-

---

193 s. vorhergehende Anm. (besonders ERATH 1996; SCHMID 1969; MARKERT 1990).
194 SCHMID 1969 und SERJEANTSON 1989. Unter den Knochenfunden einer Gerberei des 13. Jahrhunderts in der Konstanzer Rosgartenstraße sind Fußknochen von Schafen oder Ziegen, Metapodien ebenso wie Zehenknochen übermäßig vertreten (Daten des Verfassers).

häute sind keine eindeutigen Zeugnisse zu finden.[195] Im Gegensatz zu Schafs- oder Ziegenfüßen sind die Füße des Rindes mit anhaftenden Metapodien so schwer, dass sie im Falle einer solchen Lieferung den Transport des Fells zum Gerber erheblich erschwert hätten.[196] Marköl wurde auch aus den Zehenknochen (Phalangen) des Rindes gewonnen.[197] Obwohl gelegentlich auch andere Fußknochen verwendet wurden, wie z. B. Rindermetapodien im Amerika des 19. Jahrhunderts,[198] ist anzunehmen, dass der Markölbedarf des spätmittelalterlichen Gerbers in den meisten Fällen durch die an der Haut hängenden, mitgelieferten Phalangen gedeckt wurde. Die Gerber kommen somit grundsätzlich kaum als Lieferant von Tierknochen zur Weiterverarbeitung infrage. Trotzdem zeigen Hackspuren an den Proximalenden (Oberenden) der Metapodien sowie an den daran anhaftenden Hand- und Fußwurzelknochen (Carpalia und Tarsalia) sowohl bei den Beispielen aus der Konstanzer Münzgasse als auch bei andernorts gefundenen Stücken, dass die Rinderfüße in den meisten Fällen oberhalb der Metapodien von den Skelettteilen mit Fleisch getrennt wurden.

Anhand der Abfälle aus der Konstanzer Münzgasse kann festgestellt werden, dass nicht nur die Unterkiefer vom Schädel getrennt wurden, sondern vielfach auch der fleischlose *Ramus horizontalis* vom *Ramus verticalis* mit anhaftendem Fleisch. Obwohl der Unterkiefer sich bei heutigen Rindern meist vom Schädel durch ein Durchschneiden der Sehnen am Gelenkteil im weit aufgesperrten Maul entfernen lässt, kann es aus praktischen Gründen in manchen Fällen vorgezogen worden sein, die Enden des Gelenks (*Processus coronoidus* und/oder *Processus articularis*) abzuhacken. So gibt es vollständige Unterkieferhälften (Mandibulae), aber auch solche, an denen der Gelenkteil abgehackt wurde. Daneben gibt es vollständige *Rami horizontales* und *Rami verticales*, die voneinander durch einen Schlag hinter dem hintersten Backenzahn (M3) getrennt wurden (Abb. 103 links oben). Während die Mindest-Individuen-Zahl (MIZ) aller *Ramus-verticalis*-Fragmente in den Rahmen der Nahrungsabfälle passt, beträgt die MIZ aller *Ramus-horizontalis*-Fragmente ein Vielfaches davon.[199] Daraus ist zu schließen, dass nur der *Ramus horizontalis*, ähnlich wie die Metapodien, in größerer Zahl beim Knochenverarbeiter landete, während die Fragmente des *Ramus verticalis* wohl als normaler Konsumabfall zu werten sind.

So bleiben von den zerlegten Rindern nach Abzug der zum Konsum bestimmten Portionen und der für die Gerberei bestimmten Teile die fleischlosen Metapodien und *Rami horizontales* der Unterkiefer übrig. Außer zur Verarbeitung von Knochen waren diese zur Markgewinnung zu gebrauchen. Die Ausbeute an Mark in beiden Knochenarten ist im Vergleich zur Menge in den größeren Röhrenknochen wie Humerus, Tibia und Femur relativ gering. Zum Kochen von Suppen eignet sich das dicke Mark der Metapodien weniger, weil es als weniger schmackhaft empfunden wird.[200] Um das

---

195 SERJEANTSON (1989) nennt zwei Anhäufungen von Rindermetapodien aus Kingston-upon-Thames (England) auf Parzellen, auf denen in Schriftquellen die Siedlung von Gerbern belegt ist. Allerdings ist dieser Komplex aus dem 16. Jahrhundert durch eine Mindest-Individuen-Zahl von nur sieben Rindern begrenzt aussagefähig. Unter den Fußknochen von ungefähr 60 Kälbern aus dem 18. Jahrhundert mit einem Schlachtalter von etwa vier Monaten befanden sich Metapodien. Füße solch junger Kälber dürften leichter und weniger behindernd gewesen sein und eine gute Ölquelle abgegeben haben. Knochen von so jungen Tieren waren als Rohmaterial für das Knochenbohren allerdings schlecht geeignet. Möglicherweise deuten diese beiden Funde aus Kingston auf eine örtliche Eigentümlichkeit hin. – Die 1382 genannte Tradition, dass die Konstanzer Metzger den Gerbern Felle mit Kopf und Füßen lieferten, bezieht sich auf kleinere Schlachttiere (ERATH 1996).
196 Vgl. MACGREGOR 1985.
197 ERATH (1996, Abb. 49c) zeigt ein Beispiel eines durch einen Hieb geöffneten Rinderzehenknochens aus der Münzgasse, der zur Markgewinnung gedient haben könnte.
198 SERJEANTSON 1989.
199 In einer Auswahl an Fundnummern, in denen 13 kg (370 Stück) Fragmente der unteren Hälfte des *Ramus verticalis* registriert wurden, wurden bereits 89,7 kg abgeschlagene Kieferspitzen gefunden, die auf 3250 *Rami horizontales* (geschätzte Stückzahl der Spitzen), nebst 29,5 kg (2000 Stück) Fragmente von der Backenwand, 51,3 kg (5500 Stück) Fragmente vom Unterrand des *Ramus horizontalis* und 165 kg Backenzähnen hinweisen (14 000 Stück).
200 Mitteilung R. MALIEPAARD (Amsterdam). Im letzten Viertel des 20. Jahrhunderts wurden in einer Schwarzwälder Dorfmetzgerei nahe Rottweil Metapodienscheiben als billigste Kategorie von Suppenknochen verkauft (Mitteilung N. O. WOLF [Konstanz]). Das Geschmacksempfinden der mittelalterlichen Konsumenten kann allerdings anders gewesen sein als das heutige.

Mark entziehen zu können, muss die Diaphyse des Metapodiums geöffnet werden. Das kann durch ein Aufspalten der Länge nach geschehen oder durch eine Querteilung, am besten in der Mitte.[201] Bei den Knochenresten aus der Konstanzer Münzgasse kann eine solche Querteilung in der Mitte an einer erheblichen Zahl nicht weiterverarbeiteter Metapodien sowie an längs gespaltenen Metapodienhälften festgestellt werden (Abb. 45) und ebenfalls an durchbohrten und nicht durchbohrten Leisten. Daraus wird nicht nur deutlich, dass es sinnvoll war, die Markgewinnung aus Rindermetapodien unter Umständen mit manchen Zweigen der Verarbeitung von Knochen zu kombinieren, sondern dass dieses tatsächlich auch geschah, so z. B. mit dem Bohren von Perlen und Knöpfen. Ganze Metapodien wurden allerdings als Rohmaterial für die Knochenverarbeitung bevorzugt, was an der relativ großen Zahl nicht weiterverarbeiteter Hälften im Vergleich zu den verarbeiteten Hälften und zu unverarbeiteten, ganzen Metapodien zu sehen ist.[202]

Das Mark der Unterkiefer wird am besten durch das Aufschlagen des *Ramus horizontalis* an der Unterseite oder das Abschlagen der Kieferspitze vor dem ersten Backenzahn entzogen. Beides lässt sich mit einer Weiterverwendung als Bohrleiste kombinieren. Beide Vorgänge waren nämlich Teil der Leistenanfertigung (s. Kap. 3.1.7.1) und wurden, wenn überhaupt, von den Handwerkern vollzogen, die die Knochen weiterverarbeiteten. Das mag dazu beigetragen haben, dass ein positiver Hinweis auf Markgewinnung aus Rinderunterkiefern in den Knochenresten aus der Konstanzer Münzgasse fehlt.

Bei der zunehmenden Spezialisierung wurden in vielen nachmittelalterlichen Städten weniger geschätzte Schlachtteile wie Innereien, Füße und Kopf vom Kuttler verwertet und verkauft. Die Verwertung bestand v. a. im Kochen dieser Restteile in Kuttelkesseln. Aus geöffneten Knochen konnte dabei auch das Markfett freigesetzt werden. Zudem hat das Kochen von Knochen Vorteile für deren Verarbeitung (s. Kap. 3.1.6). Es ist deshalb nicht verwunderlich, dass Schriftquellen (etwa) seit dem Jahre 1500 Kuttler als Lieferanten von Knochen an die Handwerker nennen.[203] In Konstanz sind Kuttler für die Reformationszeit belegt. Doch wird beim Verkauf der Füße nicht zwischen Kuttlern und Metzgern unterschieden. Auch die Freiburger Metzger verkauften die Kutteln und Füße selbst.[204] Es ist fraglich, ob es im 14. und 15. Jahrhundert in Konstanz Kuttler gegeben hat, die als Knochenlieferanten fungierten.

Zusammenfassend kann gesagt werden, dass die fleischlosen Metapodien und Unterkiefer vom Rind ohne viel Mühe in größeren Mengen in unzerschlagener Form zu einem relativ geringen Preis beim Metzger und möglicherweise auch beim Kuttler zu erhalten waren. Größere Anhäufungen dieser Knochen in Städten, in denen zur gleichen Zeit kein oder kein bedeutendes Knochen verarbeitendes Handwerk nachzuweisen ist, zeigen, dass diese Rindermetapodien und -unterkiefer verhältnismäßig überflüssig waren. Rinderknochen, an denen Fleisch anhaftete wie Tibien, Radien, Femora und Humeri, mussten, wenn sie in unzerschlagenem Zustand gewünscht wurden, speziell entbeint werden. Weil das Entbeinen als zusätzliche Arbeit speziell für das Knochen verarbeitende Handwerk gemacht wurde und die Qualität dieser Knochen zum Suppenkochen höherwertig war, werden die Kosten des Erwerbs für die Knochen verarbeitenden Handwerker höher gewesen sein als bei den Metapodien und Unterkiefern. Rippen dagegen sind sehr einfach zu entbeinen und hatten für den Metzger als Fleisch- oder Suppenknochen wahrscheinlich einen bedeutend geringeren Verkaufswert.

---

201 Hinweise dafür, dass Metapodien nur zur Markgewinnung der Länge nach gespalten wurden, fehlen (s. u. a. Kap. 2.2, zu 1.). Man vergleiche weiter das Vorkommen von quer zerteilten Metapodien, die nachträglich im Rahmen der Knochenverarbeitung in der Länge gespalten wurden und u. a. zu Leisten verarbeitet wurden.

202 Neben nahezu 90 vollständigen, nicht verarbeiteten Metapodien, wurden mit Sicherheit 75 nicht verarbeitete Hälften von quer halbierten Rindermetapodien unter den Knochenresten der Münzgasse beobachtet. Außerdem wurden noch 48 Scheite von quer halbierten und zusätzlich gespaltenen Metapodien registriert (Abb. 45). Wahrscheinlich ist eine begrenzte Zahl von Stücken all dieser Kategorien unregistriert geblieben.

203 Nach einem Züricher Rechtsspruch aus dem Jahre 1515/16 durften dortige Beinringler bis 300 oder 400 Knochen von einem Kuttler beziehen (SCHNYDER 1936, 176). ERATH (1996, 32) nennt noch eine Pariser Quelle von 1749.

204 ERATH 1996, 31.

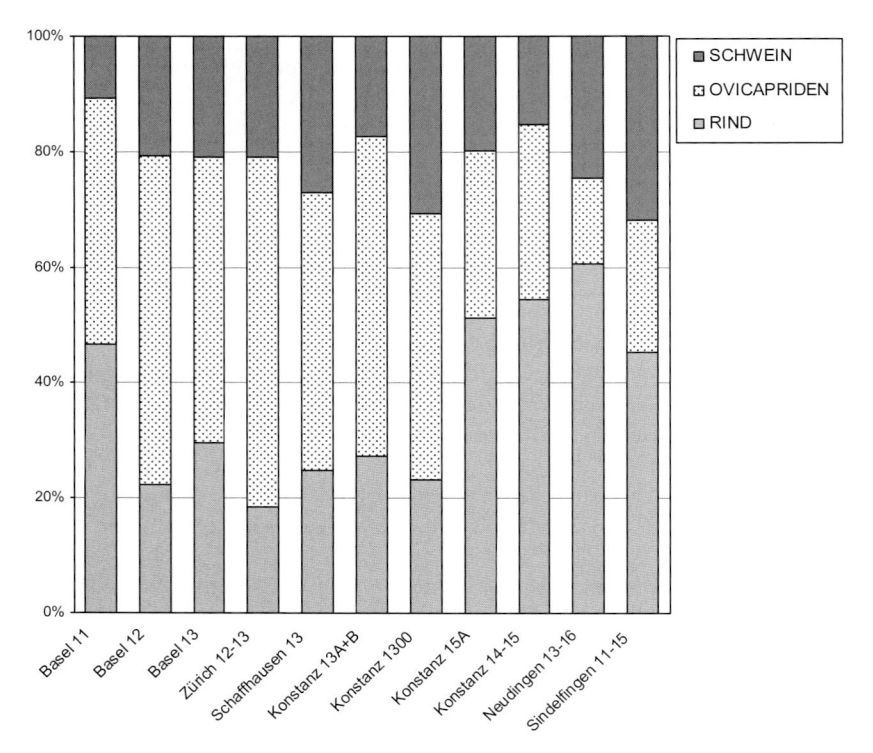

Abb. 47: Verhältnis zwischen den Fragmentzahlen der wichtigsten Haustierarten aus spätmittelalterlichen Tierknochenkomplexen aus Konstanz und Umgebung.

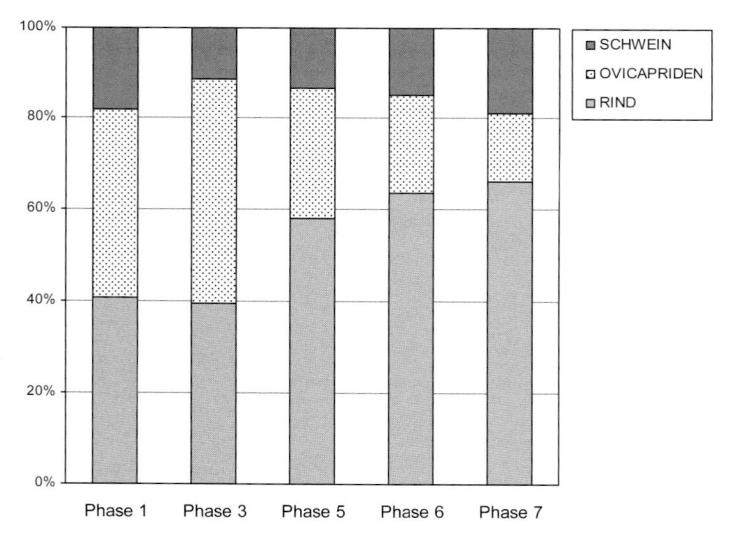

Abb. 48: Verhältnis zwischen den Fragmentzahlen der wichtigsten Haustierarten aus unterschiedlichen Ablagerungsphasen der Abfallschichten aus der Konstanzer Münzgasse.

Fundort	Siedlungsart	Datierung	Rind	Sch./Z.	Schwein	Zahl	Sch. : Z.[1]	Quellen und Bemerkungen
Basel Barfüsserkirche	Handwerk	11. Jh.	46,8	42,5	10,7	3762	1,1	Schibler/Stopp 1987
Basel Barfüsserkirche	Handwerk	12. Jh.	22,4	56,9	20,7	781		ebd.
Basel Barfüsserkirche	Handwerk	13. Jh.	29,5	49,5	21,0	3592	2,0	ebd.
Zürich Münsterhof	Handwerk ?	12.–13. Jh.	18,4	60,6	21,0	2326	1,9	Schneider et al. 1982
Schaffhausen „Zum Bogen"	Gerberei	13. Jh	24,8	48,0	27,2	2121	2,4	Markert 1990
Konstanz Rosgartenstraße 26	Gerberei	13A+13B	27,4	55,4	17,3	168		ohne Hornzapfen, Occipitale, Unterkiefer u. Füße Latrine WEKA S7 (unpubl. Daten M. Kokabi, Hemmenhofen)
Konstanz Katzgasse	Oberschicht	1300	20,8	47,1	32,1	471		Latrine Patrizierzunft (WEKA S12) (Kokabi, unpubl.)
Konstanz Katzgasse	Oberschicht	15A	50,8	29,2	19,9	4125		Prilloff 2000: nur Humerus und Pelvis; Sch.: Z.1 nur Humerus
Konstanz Münzgasse	Handwerk	14.–15. Jh.	54,4	30,3	15,3	1442	7,9	Ph. 1; ebd. Tab. 11; 31; 66: nur Humerus u. Pelvis
Konstanz Münzgasse Ph. 1	Handwerk	13d–14a	40,9	40,9	18,3	208		Bef. 195b; ebd. Tab. 11; 31; 66: nur Humerus u. Pelvis
Konstanz Münzgasse Ph. 3	Handwerk	13d–15a	39,5	49,1	11,4	167		Ph. 2A; ebd. Tab. 11; 31; 66: nur Humerus u. Pelvis
Konstanz Münzgasse Ph. 5	Handwerk	14d–15a	57,9	28,7	13,4	677		Ph. 2B–3; ebd. Tab. 11; 31; 66: nur Humerus u. Pelvis
Konstanz Münzgasse Ph. 6	Handwerk	14d–15A	63,4	21,5	15,0	246		Ph. 3 umgelagert; ebd. Tab. 11; 31; 66: nur Humerus u. Pelvis
Konstanz Münzgasse Ph. 7	Handwerk	14B–16a	65,9	15,1	19,0	126		
Neudingen	Kloster	13.–16. Jh.	60,6	14,7	24,7	2326	1,9	Uerpmann 1979
Sindelfingen	Agrars.+ Stadt	11B–15	42,6	21,4	30,0	1865	4,0	Stork 1978

1 Fragment Schaf (Sch.), bezogen auf Fragmente Ziege (Z.), wenn Letzteres = 1

Tab. 12: Verhältnis der wichtigsten Haustierarten in spätmittelalterlichen Fundkomplexen aus Konstanz und Umgebung in Prozent (Ph. = Produktionsphase; Agrars. = Agrarsiedlung; bei Datierung; A/B = 1./2. Hälfte; a–d = 1.–4. Viertel).

Wenn der Knochenbedarf des Knochen verarbeitenden Handwerks das aus der örtlichen Rinderschlachtung verfügbare Knochenangebot deutlich überstieg, konnten Knochen von außerhalb über Zwischenhändler erworben werden. Solche Knochenhändler werden für die Stadt Zürich für die Jahre 1515/16 erwähnt.[205] Erst für das 18. Jahrhundert gibt es viele Hinweise auf einen Handel mit Knochen in großen Mengen, die für die Verarbeitung bestimmt waren.[206] Es ist fraglich, ob es zulässig ist, Rückschlüsse aus dieser nachmittelalterlichen Entwicklung auf das Spätmittelalter zu ziehen.[207]

Wie sich das Verhältnis zwischen dem Angebot an Rinderknochen und der Nachfrage des Knochen verarbeitenden Handwerks entwickelte, hing nicht nur von der Entwicklung des Produktionsumfangs und der Organisation des Handwerks ab, sondern auch von der Entwicklung der Rinderzucht und dem Umfang der Rinderschlachtung. Mit der Bevölkerungsexpansion und dem Aufkommen der Städte im 11. bis 13. Jahrhundert, muss der Nahrungsbedarf explosiv angestiegen sein. Der erhöhte Nahrungsbedarf wurde wohl in erster Linie durch eine Steigerung der Ackerbauerzeugnisse aufgefangen. Dies wurde durch eine exzessive Ausbreitung der Ackerflächen und eine intensivere Nutzung erzielt. Gebiete, die sich dazu nicht eigneten wie Gebirgsregionen, spezialisierten sich auf die Viehhaltung, v. a. die Haltung von Rindvieh.[208]

Weil die Arbeitskraft im Laufe des 14. Jahrhunderts nach den großen Pestepidemien teurer wurde, nahm die Viehzucht, die weniger Arbeit machte, auf Kosten des arbeitsintensiven Ackerbaus zu. „Hof und Äcker verfielen und wurden zur Weide für das Vieh", meldet ein Konstanzer Urbar aus dem Jahre 1383, ähnlich wie viele Schriftquellen aus ganz Deutschland.[209] Während einige Gebiete (z. B. England und Flandern) sich v. a. auf Schafzucht einstellten, war in Deutschland im Allgemeinen eine Zunahme der Rinderzucht zu verzeichnen. In derselben Zeit kam ein Rinderhandel auf, bei dem umfangreiche Rinderherden über lange Strecken von spezialisierten Zuchtgebieten zu städtischen Konsumzentren transportiert wurden.[210]

Im Spätmittelalter, seit der zweiten Hälfte des 14. Jahrhunderts, stieg der Pro-Kopf-Verbrauch beim Fleischkonsum in den Städten, der sich in erster Linie auf Rindfleisch bezog und infolgedessen zu einer vermehrten Rinderschlachtung führte. Obgleich die verfügbaren archäozoologischen Daten aus Konstanz und Umgebung nur beschränkt aussagekräftig sind, deuten sie an, dass diese allgemeine Tendenz zur ‚Verrinderung' der deutschen Städte auch auf Konstanz und Umgebung zutraf (Tab. 12; Abb. 47).

Während v. a. im 12. und 13. Jahrhundert, in der Zeit der Expansion des Ackerbaus, Schafsknochen zahlenmäßig dominieren, stellen spätestens seit dem Anfang des 15. Jahrhunderts die Rinderknochen die größte Gruppe unter den Schlachtviehresten dar.[211] In Abb. 47 ist zu sehen, dass der Umschlag bei den Konsumabfällen aus der Konstanzer Münzgasse zwischen JUNKES' Periode 1 und 2B (Produktionsphasen 1 und 2A, zwischen dem frühen und dem späten 14. Jahrhundert) stattfand und

---

205 SCHNYDER 1936, 176.
206 ERATH 1996; PLOMP 1979; BURKHARDT 1931.
207 Anhäufungen von Unterkiefern, Metapodien und Hörnern im 13. und frühen 14. Jahrhundert in den Niederlanden zeigen, dass dort zumindest örtlich der Anfall von überflüssigen Knochen und Hörnern den Bedarf deutlich überstieg (GROOTHEDDE 1996; unpublizierte eigene Daten; SERJEANTSON 1989).
208 ABEL 1980, 539 f.
209 „Curia et agri in toto vacabant et fuit pascua pecorum" (ABEL 1967, 121).
210 WESTERMANN 1979; GIJSBERS 1999.
211 Außer den in Tab. 12 wiedergegebenen Daten wurden Daten aus PRILLOFF 2000 und HÜSTER-PLOGMANN et al. 1999 mit einbezogen. Letztere weisen für die gesamte Schweiz ein Anwachsen des Anteils an Rinderknochen vom Frühmittelalter bis in die frühe Neuzeit aus. Die Dominanz der Schafs- und Ziegenknochen im 12. und 13. Jahrhundert in und rund um Konstanz wäre z. B. durch eine starke Konzentration der Agraranstrengungen auf den Ackerbau zu erklären. In Ackerbaugebieten, in denen Bauern nur begrenzt in Vieh ‚investierten', wurde mit der Haltung von mehreren kleineren Tieren eine bessere Risikoverteilung bewirkt als mit einigen Rindern, deren Wert pro Stück relativ hoch war (SPITZERS 1988, 33). Oft wird der auf Ackerbau ausgerichtete Landwirt nicht mehr als ein Rind und dies wegen seiner Zugkraft gehalten haben. Die Entscheidung für Schweine, wie in den slawischen Gebieten Nordostdeutschlands, mag in der Umgebung von Konstanz durch einen hohen Rodungsgrad und/oder Waldnutzungsrechte des Adels eingeschränkt gewesen sein (vgl. BECKER/OEXLE 1992 bzw. ERVYNCK 1991, 179).

somit ungefähr mit der plötzlichen Steigerung der Mengen von Paternosterabfällen in den Abfallschichten zusammenfiel (s. Kap. 2.2.2).

Länderübergreifende Massenimporte von großwüchsigen Ochsen, z.B. aus Ungarn, scheinen in dieser Gegend keine bedeutende Rolle gespielt zu haben. Fehlende Rinder wurden v.a. aus den Schweizer „Oberen Landen" eingeführt.[212] Dort dominierten kleinwüchsige Rinderrassen.[213]

Der Fleischverbrauch pro Kopf war im Spätmittelalter und in der frühen Neuzeit höher als heute und wird auf durchschnittlich etwa 50 kg jährlich geschätzt.[214] Für eine Stadt mit etwa 5000 Einwohnern wie sie für Konstanz um 1445 geschätzt werden, würde auf der Basis dieser Rechnung ein jährlicher Fleischverbrauch von 250 000 kg anfallen. Ausgehend von den Gewichtsverhältnissen der Knochenfunde aus der Münzgasse hätten über 70% davon aus Rindfleisch bestanden, das bedeutet etwa 175 000 bis 200 000 kg.[215] Wenn man davon ausgeht, dass ein kleinwüchsiges Rind etwa 100 kg Fleisch erbrachte,[216] wären jährlich etwa 1750 bis 2000 Rinder im Konstanz des 15. Jahrhunderts geschlachtet worden.

Diese Schätzung liegt nur geringfügig unter derjenigen, die ERATH aufgrund von Daten aus schriftlichen Quellen annimmt.[217] Auf dieser Basis ist zu vermuten, dass im 15. Jahrhundert aus der örtlichen Rinderschlachtung jährlich durchschnittlich Knochenmengen in einer Größenordnung von etwa 7000 bis 8000 Metapodien und etwa 4000 Unterkieferhälften anfielen. Eine hohe Zahl von Besuchern wie zur Zeit des Konzils (1414–1418) wird diese Knochenmenge dementsprechend erhöht haben.

Der hohe Fleischverbrauch des Spätmittelalters spiegelt sich in der großen Zahl der Metzger oder Fleischbänke in den Städten wider. So verfügte Konstanz im Jahre 1428 noch über 48 Metzger, gut zehn Jahre nach dem Ende des Konzils.[218]

Im Gegensatz zu Rindern wurden Pferde im spätmittelalterlichen Westeuropa im Allgemeinen nur in sehr geringem Umfang geschlachtet und gegessen, teilweise aufgrund eines Verbotes durch die Kirche. Viele Quellen in Form von Bildern belegen, dass man Pferdekadaver außerhalb der Städte am Wegesrand liegen ließ, damit sie von wilden Tieren gefressen wurden.[219] Pferdehaut wurde jedoch zur Anfertigung unterschiedlicher Gegenstände benutzt und Metapodien und Radien gelegentlich für Schlittschuhe. Keines von beiden konnte beim Fundmaterial aus der Konstanzer Münzgasse nachgewiesen werden.[220]

Es ist nicht anzunehmen, dass von den Pferdekadavern außerhalb der Stadt Knochen für Handwerker, die Knochen verarbeiteten, als regelmäßige Bezugsquelle gesammelt wurden, obwohl vereinzelt solche Knochen in den entsprechenden Werkstätten gelandet sein können. Hieb- und Schnittmarken an Pferdeknochen aus den spätmittelalterlichen Müllschichten der Konstanzer Münzgasse zeigen jedoch, dass Pferde durchaus geschlachtet und die Teile mit Fleisch portioniert wurden. Es ist möglich, dass diese Pferde für Mitglieder der jüdischen Gemeinde geschlachtet wurden, denen das

---

212 ERATH 1996, 24 f.
213 Mitteilung J. SCHIBLER; vgl. HÜSTER-PLOGMANN et al. 1999.
214 ERATH 1996, 26.
215 Der Gewichtsanteil der Rinderknochen an der von PRILLOFF (2000, 15 Tab. 2) untersuchten Stichprobe beträgt 78,7%. Unter Zugrundelegung eines Anteils an Werkstattabfällen käme der Rinderanteil auf geschätzte 71% des Gewichts der Konsumreste.
216 KOKABI (1992, 414) schätzt das Durchschnittsgewicht des kleineren mittelalterlichen Rindes auf 200 bis 250 kg. ERATH (1996) nimmt aufgrund der Daten von KOKABI und LENZ ein Gewicht von 250 kg an, wovon die Hälfte essbar war. SLICHER VAN BATH (1960, 366) gibt für das 17. Jahrhundert ein Gewicht von 100 bis 175 kg an, während CHAPLIN (1971, 134) 134 kg nennt.
217 ERATH (1996, 33) errechnet 2200 Rinderschlachtungen jährlich durch 48 Metzger, die je ein Rind pro Woche schlachteten.
218 ERATH 1996, 31.
219 DE JONG 2001. Weitere Literatur bei ERATH 1996.
220 SCHNACK 1994; ERATH 1996. Ein Pferderadius der als ‚Knochenschlicker' bei der Gerberei dazu diente, das Wasser aus den eingeweichten Häuten zu entfernen (ERATH 1996, 195), gibt keine Hinweise auf die Verwertung von Pferdekadavern oder -leder.

Essen von Pferden nicht verboten war. In der ersten Hälfte des 15. Jahrhunderts, dem Ablagerungszeitraum der Fundschichten, ist eine starke jüdische Anwesendheit in der Münzgasse bezeugt.[221] Bei dem archäozoologisch untersuchten Teil der Knochenreste fand Prilloff Nahrungsreste von mindestens neun Pferden. Dagegen wurden aber von mindestens 30 Pferden Knochen zur Verarbeitung verwendet.[222] Die Nahrungsreste von Pferden umfassen 0,8% des Knochengewichts der Tiere, die Fleisch lieferten. Auf Grundlage der gleichen Hochrechnung wie oben für Rinder, würde das bedeuten, dass jährlich in Konstanz etwa 20 Pferde geschlachtet wurden. Angenommen, dass die Pferdeschlachtung von einem Metzger vorgenommen wurde (z. B. für die Juden), könnten die Verarbeiter von Knochen von ihm ganze Pferdeknochen erhalten haben, wenn auch längst nicht in so großen Mengen wie Rinderknochen. Verarbeitungsspuren an Carpal- und Tarsalknochen von Pferden zeigen, dass die Metapodien von den Radien und Tibien getrennt wurden. Dabei waren diese Knochen im Gegensatz zum Rind beim Pferd nur teilweise mit Fleisch behaftet, so dass auch diese möglicherweise ohne deutliche Mehrkosten in vollständigem Zustand beschafft werden konnten. Es kann, von Sondersituationen abgesehen, wohl kaum die Rede davon sein, dass größere Mengen von der gleichen Sorte Pferdeknochen auf einmal beschafft wurden, wie das bei manchen Rinderknochen der Fall war.

Die Nutzung von Altknochen zur Knochenverarbeitung aus Kulturschichten im Boden ist im Mittelalter relativ unwahrscheinlich und sicherlich nicht üblich gewesen.[223] Dagegen zeigt sich die Wiederverwendung von bereits bearbeiteten Knochenstücken zum einen in dem Fragment eines geschnitzten und polierten Knochenlöffels, das nachträglich zur Anfertigung von kleinen runden Perlen durchbohrt wurde (Abb. 49), zum anderen in einer Bohrleiste, die nachträglich zu einem Würfelstab umgewandelt wurde (Abb. 19).

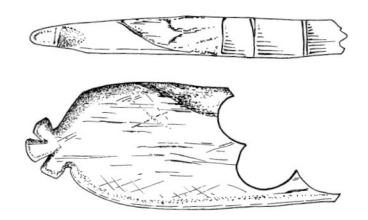

Abb. 49: Konstanz, Münzgasse 4. Fragment eines geschnitzten und polierten Knochenlöffels, das nachträglich zur Anfertigung von kleinen runden Perlen durchbohrt wurde. M 1 : 1.

---

221 Pfrommer 2004; Meier 1990.
222 Prilloff 2000, 120–124.
223 Das Vorkommen von Knochen auffallend großer Rinder sowie von Werkstattabfällen, bei denen die ursprüngliche Knochenoberfläche vor der Verarbeitung verwittert war, worauf auch Prilloff (2000, 53 f.) hinweist, hat M. Kokabi Anlass zu der Hypothese gegeben, dass Altknochen aus beispielsweise römischen Schichten zur Knochenverarbeitung genutzt wurden. Die experimentelle Verarbeitung eines Metapodiums aus einer archäologischen Fundsituation hat ergeben, dass solche Knochen sich nur bei extrem gutem Erhaltungszustand zur Anfertigung von Perlen eignen. Wenn damals keine zufällig freigelegte, antike Anhäufung von Rindermetapodien in sehr gutem Erhaltungszustand zur Verfügung stand, dürfte es zu umständlich gewesen sein, vereinzelte Altknochen aus dem Boden zu sammeln, um einen Mangel an Knochen zu beheben. Ein Import von frischen Knochen aus anderen Städten wäre in diesem Falle sinnvoller gewesen, weil so die erforderlichen Knochenmengen und die Qualität der Knochen einfacher zu sichern waren. Aus den Werkstattabfällen lässt sich keine Unterstützung für Kokabis These ableiten. Es konnte keine Beziehung zwischen Knochen großer Rinder und der Oberflächenverwitterung festgestellt werden. Eher scheint es wahrscheinlich, dass es eine Beziehung zwischen Knochen großer Rinder (sowohl unter unverarbeiteten Metapodien wie unter Werkstattabfällen) und den stratigraphisch jüngsten Schichten der Abfalldeponie in der Münzgasse (Junkes' Periode 3B) gab (s. weiter Kap. 3.2.3). Das Vorkommen großer Rinderrassen im 16. Jahrhundert wurde an mehreren Orten, auch in der Nordschweiz, nachgewiesen (Hüster-Plogmann et al. 1999). Wichtig wäre zu wissen, ob die von Prilloff (2000, 53 f.) erwähnten Knochen außerordentlich großer Rinder ebenfalls ausschließlich den jüngeren Schichten entstammen.

Zusammenfassend kann gesagt werden, dass die geschilderten sozial-wirtschaftshistorischen Hintergründe Anlass für die Annahme geben, dass im Allgemeinen in den Städten seit dem 13. Jahrhundert problemlos ganze Rindermetapodien und Rinderunterkiefer in größerer Zahl vom Metzger bezogen werden konnten. Es ist zu vermuten, dass im späten 14. und im 15. Jahrhundert die verfügbaren Mengen allgemein noch angestiegen sind. Wenn das Angebot in Konstanz anfangs möglicherweise nicht ganz so reichlich war wie in manchen anderen Städten, so war die verfügbare Menge im späten 14. und 15. Jahrhundert auch in Konstanz sicher beachtlich. Andere Rinderknochen waren normalerweise wohl nur auf Spezialwunsch in unzerteilter Form zu erhalten und Pferdeknochen nur in kleineren Mengen.

3.1.6 Vorbehandlung des Rohmaterials

Beim Schlachten wurden bis Ende des 18. Jahrhunderts keine Sägen, sondern Hack- und Schnittwerkzeuge benutzt.[224] Bis zu dieser Zeit weisen Sägespuren auf die Verarbeitung von Knochen hin. Beim Schlachten des Rindes wurden für gewöhnlich als erstes Kopf und Füße vom restlichen Körper abgetrennt.[225] Der Unterkiefer wurde aus dem Kopf gelöst und die beiden Kieferhälften voneinander getrennt.[226] Das anhaftende Fleisch konnte vom *Ramus verticalis* abgeschnitten oder der Vertikalteil mit Fleisch vom Horizontalteil ohne Fleisch getrennt werden (Abb. 46). Dass sowohl ganze Kieferhälften wie getrennte *Rami verticales* und *horizontales* unter den Knochenfunden aus der Münzgasse auftauchten, deutet darauf hin, dass beides in der Zeit vorkam, in der die Knochenbohrer arbeiteten. Dem ungleichen Verhältnis zwischen Fragmenten des *Ramus verticalis* und *Ramus horizontalis* (Tab. 10) ist zu entnehmen, dass das Abtrennen der Teile ohne Fleisch von denen mit Fleisch beim Metzger und nicht beim Knochen verarbeitenden Handwerker stattfand. Die Zahl der Fragmente des *Ramus verticalis* überstieg den Rahmen des normalen Konsumabfalls nur wenig. Dagegen betrug die Mindestzahl der benutzten *Rami horizontales* aufgrund von vielen tausenden Fragmenten, von denen die allermeisten als Werkstattabfall gedeutet werden können, ein Vielfaches davon (Kap. 1; Tab. 1).[227]
In Kap. 3.1.5 wurde bereits erörtert, dass die Zehenknochen (Phalangen) wahrscheinlich an der Haut blieben und beim Gerber landeten. Diese These findet zum Teil Unterstützung durch die Tatsache, dass Phalangen im Vergleich zu den Knochen, denen Fleisch anhaftete, seltener vertreten sind. Weiterhin deuten Schnitt- oder Hackspuren auf den proximalen (oberen) Gelenkflächen der ersten Phalangen und den angrenzenden distalen (unteren) Gelenkrollen der Metapodien auf die Trennung der Zehenknochen von den Metapodien hin.[228]
Diese Abtrennung der Phalangen ist – bedingt durch die Rollenform des Gelenks – mit überlegten und sorgfältig gezielten Schnitten oder kleinen Hieben vorzunehmen. Demgegenüber konnte zur Abtrennung der Metapodien von den Körperregionen mit Fleisch das relativ flache Proximalgelenk mit kräftigen, durchgehenden Hieben durchgeschlagen werden. Von Letzterem zeugen kräftige Hackspuren an den Proximalenden der Metapodien und den damit verbundenen, anschließenden Hand- und Fußwurzelknochen (Carpalia und Tarsalia).[229]

---

224 MacGregor 1983, 55.
225 Erath (1996, 44) hat dafür sowohl archäologische Belege sowie solche in Form von Bildern aus dem Mittelalter.
226 Beides wird durch Hackspuren auf den Kiefern aus der Münzgasse belegt (Prilloff 2000, 34–36).
227 Die etwa 4800 abgehackten Kieferspitzen aus der Münzgasse deuten darauf hin, dass mindestens ebenso viele *Rames horizontales* für die Bearbeitung von Knochen verwendet wurden. Um die Zahl der *Rames horizontales*, die insgesamt im Fundmaterial vertreten sind, zu erhalten, muss die genannte Zahl noch um die Zahl der nicht abgehackten Kieferspitzen vergrößert werden. In den Fundkomplexen, für die die Fragmentzahl oder die Mindestzahl der vorhandenen *Rames verticales* festgelegt ist, beträgt diese in vielen Fällen nur einen Bruchteil der vorhandenen *Rames horizontales*.
228 Prilloff 2000, 37 sowie eigene Beobachtungen.
229 Das Enthäuten und distale Abtrennen von proximal vom Tierkörper abgesägten Rinderfüßen von gut einem Dutzend Metapodien wurde im Frühling des Jahres 1993 experimentell nachvollzogen. Dem Schlachthof der Stadt Konstanz sei für seine Mitwirkung gedankt sowie Metzgermeister M. Müller aus Stockach-Zizenhausen für das Ausleihen von Metzgermessern.

Da das Enthäuten mit einem Messer und nicht mit einem Hackmesser stattfand, war es möglich, die Abtrennung der Zehenknochen in einem Arbeitsgang mit dem Enthäuten vorzunehmen, und so war das Enthäuten der Zehenknochen entbehrlich. Die Abtrennung der Metapodien konnte danach am Proximalgelenk mit einem Hackwerkzeug erfolgen. Es wäre allerdings zu umständlich gewesen, das Proximalgelenk mit einem Messer zu durchtrennen. Nach dem Enthäuten und Ausbeinen ist die Oberfläche der Metapodien mit einer dünnen Schicht von Fett und Sehnen bedeckt. Diese Schicht macht eine Weiterverarbeitung der Knochenwand ohne Vorbehandlung nahezu unmöglich.[230]

Wenn allerdings die Knochen mehrere Wochen unter trockenen Umständen gelagert werden, trocknet die Fett- und Sehnenschicht zu einer harten, gelblichen Kruste aus, ohne dass dabei ein störender Geruch entsteht.[231] Auf diese Weise konnten Metapodien ohne weitere Vorbehandlung gelagert oder exportiert werden. Von einer solchen Praxis zeugt möglicherweise ein Bericht über eine Lieferung von 30 000 Rindermetapodien nach Geißlingen im Jahre 1780, die „ungesäubert" von Straßburg aus versandt wurden.[232] Der Nachteil bei der Lagerung ungereinigter Knochen ist, dass stellenweise gelbe bis braune und graue Flecken entstehen können, die bis zu einigen Millimetern Tiefe in das Knochengewebe eindringen können.[233] Die Weiterverarbeitung in ungereinigtem, trockenem Zustand ist jedoch durchaus möglich und nur etwas ungünstiger als in gereinigtem Zustand.[234] Der Trockenzustand ist – wie Experimente zeigten – durch Wässern des Knochens während einiger Tage bis einiger Wochen rückgängig zu machen, abhängig davon, wie lange und wie intensiv die Knochen getrocknet wurden. Das Wässern des Knochens während mindestens einer Nacht vor der Verarbeitung ist allgemein üblich sowohl bei den Drehern von Perlen in Kairo als auch bei heutigen Verarbeitern von Knochen.[235] Dieses Wässern erleichtert jegliche Art der Verarbeitung der Knochenwand spürbar.[236]

Um die Fett- und Sehnenschicht zu entfernen, müssen die Knochen mehrere Stunden gekocht werden.[237] Ein Zusatz von Pottasche verringert die benötigte Kochzeit um die Hälfte.[238] Danach verbleiben v. a. an den Enden noch Fett- und Sehnenreste; an der Diaphyse allerdings nur in geringem Ausmaß. Die Fett- und Sehnenreste lassen sich direkt nach dem Kochen leicht mit einem Messer entfernen: an der Diaphyse durch Schaben, an den Enden auch durch Schneiden. Ulbricht interpretiert Reihen von kurzen dünnen Querkerben auf den Diaphysen einiger spätmittelalterlicher Metapodien aus Schleswig als Spuren dieses Schabens.[239] Ähnliche Spuren wurden auch auf der Oberfläche eines erheblichen Teils der vollständigen Metapodien aus der Konstanzer Münzgasse

---

230 Die Resultate einer vom Verfasser geplanten und ausgeführten, experimentellen Verarbeitung eines ausgebeinten Metapodiums ohne vorherige Weiterbehandlung wurden im Detail bei Erath (1996, 45) beschrieben. Sowohl das Abschlagen des Distalendes und Spalten auf der Koaleszenznaht als auch das Abschaben der Fett- und Sehnenreste haben sich als äußerst mühsam erwiesen.

231 Ein Dutzend der experimentell ausgebeinten Metapodien wurde so gestapelt, dass so viel Luft wie möglich an sie herankam. Ab März 1993 wurden sie zwei bis fünf Monate in einem trockenen, modernen Arbeitsraum gelagert, in dem während dieser Zeit die Zentralheizung abgeschaltet war. Nach vier bis sechs Wochen war die der Luft ausgesetzte Oberfläche ausreichend zu einer harten Schicht eingetrocknet, so dass man sich beim Anfassen nicht mehr die Finger verschmierte und ein Verwesen der Fett- und Sehnenschicht unwahrscheinlich erschien.

232 F. Nicolai, Unter Bayern und Schwaben. Meine Reise in den deutschen Süden, zitiert von Erath 1996, 41. Mit „ungesäubert" könnte auch gemeint sein, dass die Knochen abgekocht, aber nicht abgeschabt oder nicht gebleicht und entfettet wurden (s. weiter unten).

233 Diese Flecken verschwinden nicht bei nachträglichem Wässern oder Kochen, weder mit noch ohne Pottasche.

234 Die trockene Fett- und Sehnenschicht erforderte beim Abhacken des distalen Endes lediglich einen zusätzlichen Hieb. Es ist anzunehmen, dass die Schicht sich beim Spalten der Metapodien ebenfalls relativ leicht aufreißen lässt. Dazu gibt es jedoch keine klaren Aussagen durch die Versuche, dies nachzuvollziehen.

235 Mitteilung T. Sode (Kopenhagen) bzw. M. Tielens (Geldermalsen).

236 In trockenem Zustand ist die Knochenwand zäher und erfordert bei jeglicher Verarbeitung mehr Kraft und Mühe. In gewässertem Zustand lässt sich der Knochenwand besser und deutlicher entlang der gewünschten Achse spalten.

237 Die Diaphysen von Metapodien heutiger, meist ein bis zwei Jahre alter Rinder waren nach ein bis zwei Stunden Kochen nahezu fett- und sehnenfrei. Für die Knochen mittelalterlicher Rinder mit überwiegend höherem Schlachtalter mag eine längere Kochzeit erforderlich gewesen sein. Vgl. Ulbricht 1984, 18, die Andés 1925 zitiert.

238 Ein Zusatz von 3 g Pottasche auf 1 l Wasser hat sich bei Experimenten als ausreichend erwiesen.

239 Ulbricht 1984, 18.

angetroffen.[240] An einem gevierteltem Metatarsus ist zu sehen, dass derartige Spuren vor dem Spalten der Diaphyse entstanden sind.

Nach dieser Behandlung können die Knochen gut weiterverarbeitet oder gelagert werden. Die Knochenwand ist keineswegs vollkommen fettfrei und hat eine weiße bis beige Farbe.

Beim Bohren mit einem Fiedelbohrer, der nicht allzu hohe Geschwindigkeiten erreicht, ist eine bestimmte Menge an Fett von Vorteil.[241] Es ist deshalb unwahrscheinlich, dass die Knochen vollständig entfettet wurden, indem man sie mit erheblichem Aufwand bedeutend länger als bei dem oben erwähnten Vorgehen mit Pottasche kochte. Bei Bedarf konnten die Knochen eventuell zwei Monate lang in der prallen Sonne und im Regen weiter entfettet und gebleicht werden. Durch die Verdunstung des Regenwassers werden die Knochen entfettet und die ultraviolette Strahlung sorgt für das Bleichen.[242]

Bei der Vorbehandlung waren v. a. das Kochen und – soweit erforderlich – Abschaben der Knochen arbeitsaufwendig. Das Kochen könnte sehr wohl beim Metzger oder Kuttler stattgefunden haben. Dieser brauchte für das Kutteln ohnehin große Kessel mit kochendem Wasser und konnte die anfallenden Fett- und Sehnenreste sowie die freigesetzte Fettbrühe mit verwerten.[243] Direkt nach dem Kochen ließen sich die Knochen am leichtesten abschaben und die dabei anfallenden Sehnenreste konnten dem Kuttler ebenfalls von Nutzen sein. Es ist sogar denkbar, dass das Abschaben in erster Linie geschah, um Sehnenreste zu gewinnen. Für die Weiterverarbeitung der Knochen war das Abschaben zwar förderlich, aber nicht unbedingt notwendig. Möglicherweise wurde auch nur ein Teil der Knochen abgeschabt. Auch danach werden noch geringe Spuren von Sehnenresten am Knochen zurückgeblieben sein. Deshalb ist es möglich, dass Nagespuren von Tieren wie Ratten oder Mäusen, welche nachweislich zeitlich vor den ersten Schritten der eigentlichen Verarbeitung entstanden sind, sowohl auf abgekochten sowie auf nicht gereinigten Knochen sichtbar sein können. Solche Nagespuren konnten an einigen Werkstattabfällen festgestellt werden.[244]

Im Zusammenhang mit den geschilderten Vorgängen der Vorbehandlung des Knochenmaterials ist es bemerkenswert, dass manche Bohrleisten auf der naturbelassenen Knochenoberfläche eine Verwitterung aufweisen, die auf den Schnitt-, Hack- und Bruchflächen fehlt. Es ist fraglich, ob diese Verwitterung die Folge von natürlichen Eigenschaften des an der Oberfläche gelegenen Teils der Knochensubstanz ist. Es ist sehr wohl denkbar, dass sie die Folge von einem Entfetten des Knochenmaterials durch eine oder mehrere der vorhin beschriebenen Methoden ist.

Die Hinweise zur Vorbehandlung der Metapodien treffen im Allgemeinen auch auf Unterkieferhälften zu (Mandibulae). Von den vier Kieferhälften, die zur experimentellen Verarbeitung zur Verfügung standen, gaben allerdings zwei eine Woche nach dem Schlachten einen starken Verwesungsgeruch ab. Außerdem kann der *Ramus verticalis* auch im ausgebeinten, aber frischen, ungereinigten Zustand abgeschlagen werden.[245] Es gibt jedoch Hinweise darauf, dass die Weiterverarbeitung

---

240 Metatarsus: Fundnr. 01/109, 01/177, 01/181, 01/294, 01/780, 01/836, 01/1026, 01/1359; Metacarpus: Fundnr. 01/327, 01/330, 01/332, 01/403, 01/412, 01/590 (2x), 01/657, 01/1059, 01/1339, 01/1380 und R170. Spuren an einem Metatarsus aus Fundnr. 01/837 und Metacarpen aus Fundnr. 01/84, 01/786, 01/986 könnten auch Schnittspuren sein.
241 Mitteilung M. Tielens (Geldermalsen) sowie eigene Erfahrung. Beim Bohren mit dem rekonstruierten Nürnberger Paternosterbohrer wird ein Bohrer, der zu viel Widerstand beim Bohren hat, mit Butter eingefettet, um leichter über die Knochenoberfläche zu gleiten.
242 Mitteilung M. Tielens und W. Schnittger (Niederlande).
243 Vgl. Erath 1996. Die Kairoer Drechsler von Perlen des späten 20. Jahrhunderts kauften das Knochenmaterial vom Metzger. Bei der Festlegung des Preises wurden die Knochen in gekochtem Zustand ohne Enden gewogen (Mitteilung T. Sode).
244 u. a. aus Fundnr. 01/293 ein quer halbierter, einmal gespaltener Metatarsus, dessen distales Ende nicht abgehackt war. An einigen Bohrleisten ist Ratten- bzw. Hundefraß sichtbar (Fundnr. 01/586-457 bzw. 01/1438-480), der vor dem Abhacken des Knochenendes entstanden ist. Das Abhacken war der erste Arbeitsschritt, der nachweislich in der Knochenwerkstatt stattfand (s. Kap. 3.1.7.1).
245 Die Zahl der benötigten Hiebe war in gekochtem und ungekochtem Zustand gleich. Die Bruchrichtung stimmte in gekochtem Zustand mit der Bruchrichtung überein, die an Abfällen aus den Werkstätten festgestellt werden konnte. Sie lag bei beiden ungekochten Kiefern aber deutlich weiter hinten.

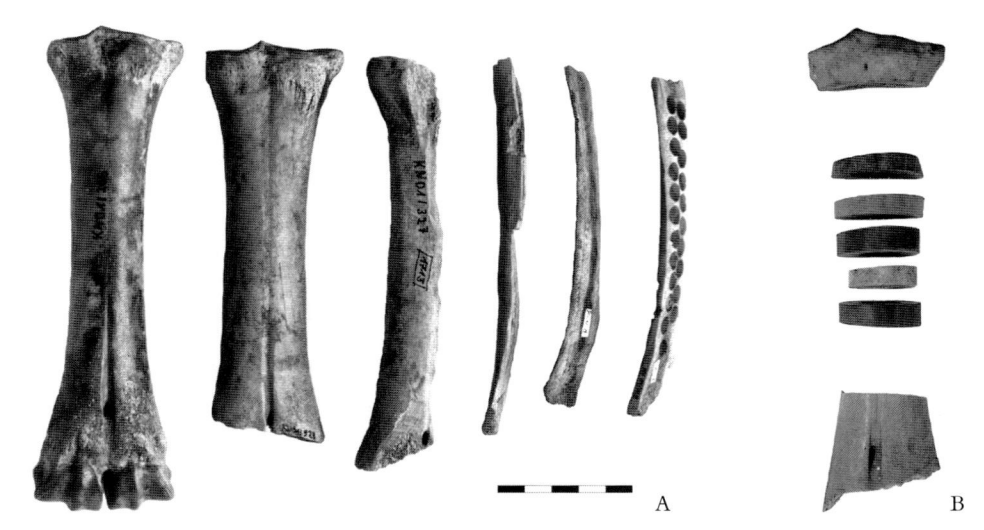

Abb. 50: Die beiden Techniken der Vorarbeiten, dargestellt an Abfallstücken. A Stadien der Leistenanfertigung der Produktionsphase 2; B Anfertigung von quer aus dem Knochenschaft gesägten Scheiben.

in gereinigtem Zustand stattfand.[246] Es ist deshalb wohl anzunehmen, dass die Kieferhälften beim Zulieferer (Metzger/Kuttler) ausgekocht wurden und in gekochtem Zustand bei den Knochen verarbeitenden Handwerkern landeten. Dass der *Ramus verticalis* unter den Knochenfunden der Konstanzer Münzgasse nicht gehäuft aufgefunden wurde, deutet darauf hin, dass auch das Abschlagen dieses Teils in der Regel bereits beim Zulieferer erfolgte, entweder vor oder nach dem Kochen (vgl. Kap. 3.1.5.4 und 3.4.6.3).

3.1.7 Leistenanfertigung

Bei den Verarbeitungsschritten, die dem eigentlichen Ausbohren der Gegenstände vorangingen, gab es Unterschiede in den benutzten Techniken und in den Einzelheiten der Ausführung. Nachfolgend werden die Arbeitsschritte der verschiedenen Techniken im Überblick dargestellt. Sie werden in Abbildung 50, 94 und 103 schematisch wiedergegeben.
Bei den Vorarbeiten zum Ausbohren sind zwei sehr unterschiedliche Techniken zu verzeichnen: die Anfertigung von flachen Leisten oder Plaketten und die Anfertigung von quer zur Knochenachse gesägten Scheiben. Bei der Anfertigung von Leisten gibt es deutliche Unterschiede, u. a. bei den unterschiedlichen Skelettelementen, obwohl es einige Punkte bei der Anfertigung gibt, die gleich sind. In den Werkstätten der Kairoer Drechsler von Perlen wurden vergleichbare Vorarbeiten vor dem eigentlichen Drechseln der Perlen von Lehrlingen ausgeführt und das Drechseln vom Meister selber.[247]

3.1.7.1 Das Entfernen der Enden

Der erste Verarbeitungsschritt bestand im Allgemeinen aus dem Entfernen von nicht nutzbaren und bei der Verarbeitung störenden Endstücken der Knochen.

---

[246] Es war beim experimentellen Nachvollziehen deutlich mühsamer, die Spitzen im ungekochten Zustand abzuschlagen als im gekochten. Im ungekochten Zustand hinterlässt das Abschlagen Spuren, die im Gegensatz zu denen im gekochten Zustand nicht mit den Spuren auf den archäologischen Werkstattabfällen übereinstimmen. Die weiteren Verarbeitungsschritte wurden durch eine dünne Fett- und Sehnenschicht behindert.
[247] Mitteilung T. Sode (Kopenhagen).

Abb. 51a (links): Das Abhacken des Endes eines Röhrenknochens mit einem Hackmesser (links) und das Spalten mit einem Meißel (rechts), Detail der Abbildung einer Paternosterwerkstatt aus DIDEROT und D'ALEMBERT (Tome XXV, 1771). – Abb. 51b (oben): Hackmesser, das zusammen mit den Abfällen der Knochenbearbeitung in den Fundschichten unter Münzgasse 2–4 gefunden wurde.

Die Werkstattabfälle aus der Konstanzer Münzgasse belegen eindeutig, dass dieser Arbeitsschritt in den Knochen verarbeitenden Werkstätten geschah wie es auch bei DIDEROT und D'ALEMBERT abgebildet ist (Abb. 51a).
Bei den Rinder- und Pferdemetapodien betraf es v. a. die Distalenden mit ihren Gelenkrollen. Die kompakte Knochenwand dieser Metapodien wird zum Ende hin zunehmend dünner und geht an der Innenseite in spongiöses Knochengewebe über. Die Gelenkrollen, die zusammen eine so genannte Epiphyse bilden, verwachsen bei Rindern erst im dritten Lebensjahr (bei Pferden im zweiten Lebensjahr) mit dem Rest des Knochens, der „Diaphyse". Auch in unverwachsenem Zustand ist die Epiphyse jedoch kräftig mit Sehnen an der Diaphyse befestigt sowohl bei frischen oder getrockneten als auch bei abgekochten Knochen. Das Distalende mit seiner zu dünnen, unebenen Knochenwand wurde deshalb sowohl in verwachsenem wie in unverwachsenem Zustand entfernt. Als Vorbereitung auf die Leistenanfertigung geschah dies durch Abhacken, wobei wohl eher ein Hackmesser als ein Beil benutzt wurde (Abb. 51a u. b).[248] Vom Abhacken zeugen zahlreiche entfernte Distalenden (Abb. 13 u. 61) – sowohl verwachsene als auch unverwachsene – und einige Metapodien, deren Distalende abgehackt wurde sowie längs gespaltene Metapodienhälften (Abb. 56) und Leisten, an deren Distalseite Hackspuren zu sehen sind, die vom Entfernen des Endstücks des Knochens herrühren (Abb. 92 und 95E; s. auch Kap. 3.4). Auch für die Anfertigung von Würfelstäben wurden Distalenden von Rindermetapodien abgehackt.[249]
Das Abhacken fand von unterschiedlichen Seiten des Knochens aus etwa auf Höhe des *Foramen nutricium* statt, das sowohl an der Vorderseite (anterior) wie an der Hinterseite (posterior) des Knochens deutlich sichtbar war. Die Schlagrichtung variierte dabei innerhalb einer Linie, die rechteckig zur

---

248 Beim experimentellen Nachvollziehen wurde ein schweres, altes Metzgerhackmesser mit 2 kg Gewicht – zur Verfügung gestellt von Metzgermeister M. MÜLLER (Stockach-Zizenhausen) – als das Wirksamste empfunden. Außerdem stimmten die Hackspuren des Hackmessers am besten mit denen an den archäologischen Funden überein. Auch auf der Abbildung in der Enzyklopädie von DIDEROT/D'ALEMBERT 1771 (Abb. 51A) wird das Ende eines Röhrenknochens mit einem Hackmesser abgeschlagen. Ein Hackmesser ähnlicher Form wurde in den Abfallschichten der Konstanzer Münzgasse geborgen (Abb. 51B; Fundnr. R84, 01/850a, Phase 3.III).
249 ERATH 1996 und 1999.

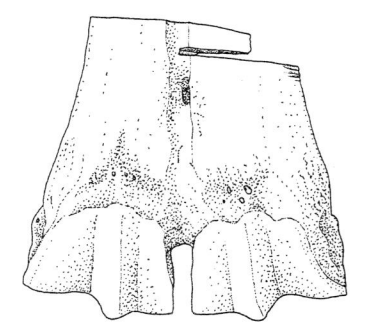

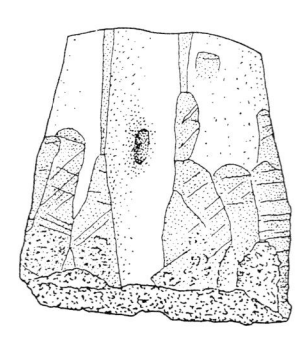

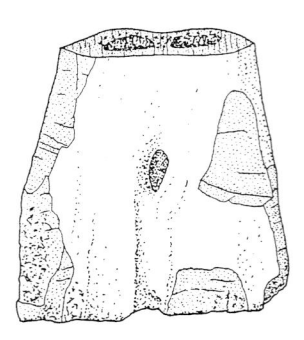

Abb. 52 (links): Produktionsphase 2B. Abgesägtes Metapodienende mit dem Rest einer halb abgesägten, teils abgebrochenen Scheibe (Bef. 609, Fundnr. 01/572). – Abb. 53 (2 Objekte rechts): Ablagerungsphase 3.IV. Distale Metapodienenden, an der Außenseite grob abgeflacht und danach abgesägt, Abfälle des Knochendrechselns (Bef. 785, Fundnr. 01/780).

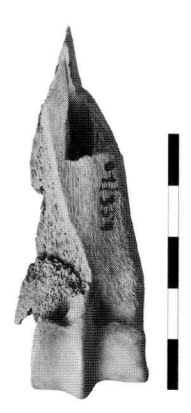

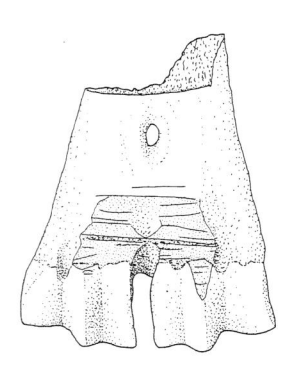

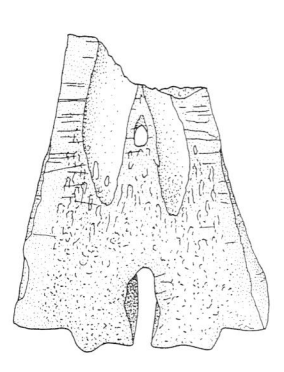

Abb. 54: Produktionsphase 1. Distale Metapodienfragmente, die von der Proximalseite her entlang unterschiedlicher Längsachsen zerteilt wurden (Bef. 262, Fundnr. 01/290).

Knochenachse bis sehr schräg zum Distalende hin verlief.[250] Allerdings wurde nicht in allen Fällen bei einem zur Leistenanfertigung benutzten Metapodium das Distalende entfernt.

Bei Tibien und Radien von Rind und Pferd wurden an beiden Enden die vorspringenden Teile durch schräg zum Ende hin gerichtete Hiebe an mehreren Ecken abgehackt (Abb. 52). So wurde vielfach das entsprechende Ende des Knochens nahezu ganz entfernt. Einige Knochenstücke mit abgeschlagenem Ende sowie Spuren an durchbohrten Leisten zeugen von dieser Praxis.[251] Sie scheint auch als Vorbereitung zum Drechseln von Knochen stattgefunden zu haben.

Bei der Anfertigung von Scheiben wurde das Ende meistens nicht abgehackt oder anderweitig im Voraus entfernt. Die nicht brauchbaren Teile am distalen sowie am proximalen Ende blieben als Abfall übrig, nachdem alle brauchbaren Teile Scheibe für Scheibe abgesägt worden waren. Der Anteil der distalen und der proximalen abgesägten Enden ist etwa gleich hoch. An einigen sind noch halb abgesägte Reste von quer gesägten Scheiben zu sehen (Abb. 52). Gelegentlich scheint jedoch zur Scheibenanfertigung ein Metapodium benutzt worden zu sein, dessen Distalende bereits abgeschla-

---

250 In Kap. 3.2 wird die Technik des Abschlagens der Metapodienenden im Detail beschrieben.
251 Für Radien vom Pferd fehlen konkrete positive Hinweise auf das Abschlagen des Proximalendes. Da allerdings solche Hinweise für das ähnlich geformte Proximalende vom Rinderradius vorhanden sind und andere Endstücke von Rinder- und Pferdeknochen stets ähnlich behandelt wurden, ist anzunehmen, dass auch das Proximalende von Pferderadien gegebenenfalls auf die beschriebene Weise behandelt wurde.

Abb. 55: Produktionsphase 2A, rechteckiges Loch vom Meißeleinstich (Bef. 79, R1567).

gen war. Darauf weisen über 150 distale Metapodienfragmente hin, die von der Diaphyse abgesägt wurden und deren Distalende abgeschlagen worden war (Tab. 1).

Ähnliche Endstücke von Radien und Tibien vom Rind sind vermutlich als Abfälle vom Drechseln oder anderer Herstellung anzusehen, da Hinweise auf die Nutzung dieser Knochen zur Scheibenanfertigung fehlen. Dabei wurden die Enden abgeschlagen, so wie oben für Radien und Tibien beschrieben (Abb. 52).

Um vollständige Knochen drechseln zu können, war es erforderlich, dass diese an der Außenseite ungefähr röhrenförmig waren. Dazu mussten herausragende Teile entfernt werden. Dabei wurde die Außenseite oft mit einem Hack- oder Ziehmesser grob geglättet. Die nutzlosen Enden wurden zumindest bei einem Teil der vorkommenden Fälle erst unmittelbar danach oder später abgesägt. Davon zeugen abgesägte Metapodienenden, die bereits vorher auf die oben beschriebene Weise von außen geglättet wurden (Abb. 53). An durchbohrten Scheiben, die an der Außenseite der Knochen ähnliche Spuren vom Glätten aufweisen, ist zu sehen, dass diese Reststücke vom Drechseln oder zum Drechseln vorbereitete Knochen hinterher zum Anfertigen von Scheiben für die Technik des Bohrens dienten. Tausende von abgeschlagenen Spitzen von Rinderunterkiefern zeugen davon, dass das Vorderteil der Kieferhälften mit einem Hackmesser oder Beil auf der zahnlosen, stangenförmigen Strecke zwischen Eckzahn (Canine) und Backenzähnen (Premolare) abgeschlagen wurde (Abb. 17A).

3.1.7.2 Spalten

Zur Anfertigung von Bohrleisten und Würfelstäben wurde der Knochen der Länge nach gespalten.[252] Bei Langknochen wurden dazu zwei unterschiedliche Techniken benutzt.

Einige Rindermetapodien wurden vom Proximalende aus aufgeschnitten oder mit einem Hackmesser oder Beil aufgeschlagen. Halbierte und geviertelte Distalenden deuten darauf hin, dass das Distalende überwiegend nicht vorher abgeschlagen wurde. Ähnlich wie beim Spalten von Holzblöcken zur Anfertigung von Bohrleisten wie bei Diderot und d'Alembert abgebildet, konnte bei dieser Spaltungsart der Knochen vertikal auf einen flachen Untergrund gestellt und das Hackmesser oder Beil an der Oberseite des Knochens auf der proximalen Gelenkfläche angesetzt werden. Das Werkzeug konnte in den Knochen getrieben werden, indem man den Knochen mit dem anderen, distalen Ende auf den Untergrund schlug (Abb. 87). Ein intaktes, nicht abgeschlagenes Distalende verringert dabei die Gefahr des Zersplitterns des Knochens an der Aufschlagseite.

Spuren vom Aufspalten vom Proximalende her wurden an unterschiedlichen Metapodienfragmenten auf verschiedenartigen Spaltachsen festgestellt. So gibt es Proximalteile mit einer entsprechenden Hackspur auf der proximalen Gelenkfläche und Fragmente von distalen Metapodienenden, die von der Proximalseite her entlang unterschiedlicher Längsachsen zerteilt wurden (Abb. 54). Ein solches Aufschneiden kann auch an Metapodien festgestellt werden, die zur Markgewinnung in einer früheren Verarbeitungsphase in der Diaphysenmitte quer in zwei Hälften zerteilt wurden.[253] Sie sind auch an einem Metatarsus zu sehen, dessen Distalende bereits abgehackt war.[254]

---

252 Bei der Kairoer Drechseltechnik bei Perlen wurden die Knochendiaphysen zu viereckigen Stäben gesägt, ähnlich wie auf der Abbildung der Werkstatt des „Patenôtrier" bei Diderot und d'Alembert. Sie wurden anschließend mit der Hand in eine runde Form geschliffen (Mitteilung T. Sode).
253 Halbierte und gespaltene Metapodien mit einer Schnittfläche an der Spaltfläche: z.B. Fundnr. 01/817 und 01/820 (beide Phase 3.IV).
254 Fundnr. 01/266.

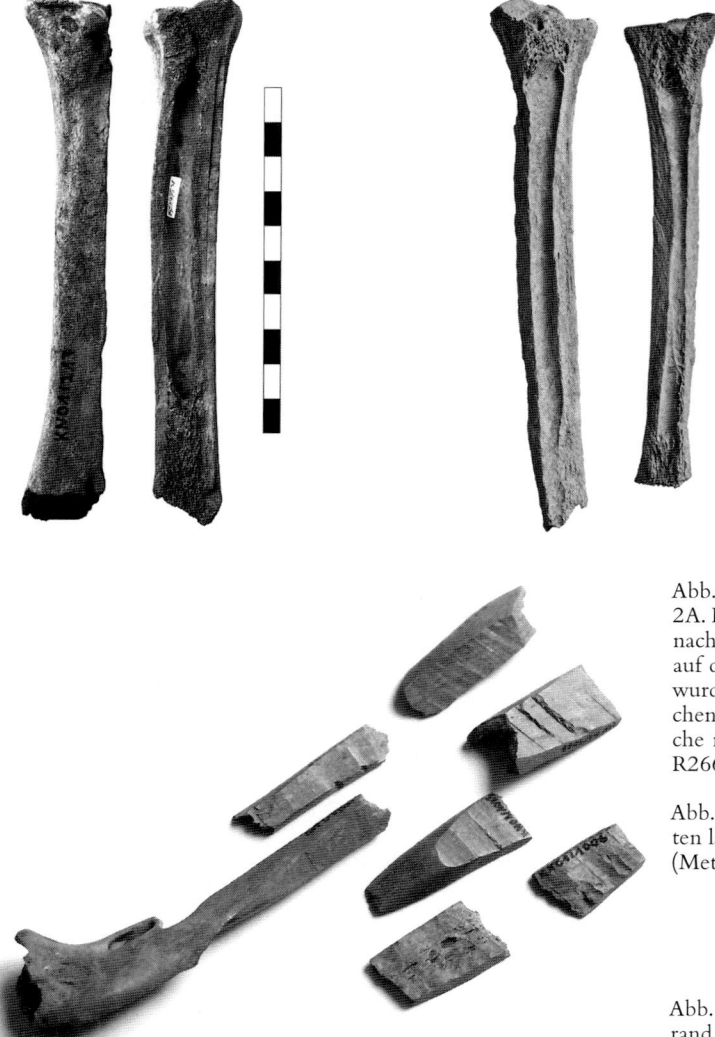

Abb. 56 (oben links): Produktionsphase 2A. Hälften von Rindermetapodien, die nach dem Abhacken des Distalendes auf der Koaleszenznaht längs gespalten wurden (Metacarpus, Ansicht der Knochenrückseite [links] und der Spaltfläche mit Innenansicht [rechts], Bef. 218, R2668).

Abb. 57 (oben rechts): Zu Viertelscheiten längs gespaltene Rindermetapodien (Metatarsen).

Abb. 58 (links): Fragmente vom Unterrand des Horizontalteils des Rinderunterkiefers mit Schnittflächen mit Ziehmesserspuren.

Auf vielen durchbohrten Leisten, längs gespaltenen Metapodien und anderen Abfällen der Knochenverarbeitung gibt es Meißelspuren, die darauf hinweisen, dass in vielen Fällen Meißel für das Spalten eingesetzt wurden, ähnlich wie es in der Werkstatt des Paternosterers bei Diderot und d'Alembert gezeigt wird (Abb. 51 und 55). Soweit sich das feststellen lässt, hatten die Meißel eine Breite von 8 bis 12,5 mm.[255] Im Experiment wurden mehrere Metapodien mit Stechbeiteln mit einer Breite von 10 bzw. 22 mm gespalten. Dabei zeigte sich, dass sich das Spalten mit einem schmalen Beitel besser durchführen lässt.[256] Die Meißelspuren weisen darauf hin, dass der Knochen zuerst entlang der Koaleszenznaht gespalten wurde (Abb. 57). Dabei wurde der Meißel fast immer von außen auf

---

[255] In den insgesamt acht Fällen (von etwa 200), die größere Breiten bis 14 mm aufwiesen, kann eine Einschlagrichtung schräg zur Knochenachse eine scheinbar größere Breite bewirkt haben.
[256] Ein schmaler Stechbeitel dringt schneller in die Knochenwand ein und wird dabei weniger stark festgeklemmt, so dass der Knochen in kürzerer Zeit und mit größerer Genauigkeit entlang der gewünschten Linie gespalten wird.

Abb. 59: Nicht durchbohrte Knochenleisten mit typischen Ziehmesserspuren vom Glätten auf der konvexen Knochenaußenseite. Links grobe Spuren vom anfänglich groben Abflachen (Phase 3 umgelagert, R2658, Fundnr. 01/711, S4 bzw. R638, Bef. 830); rechts feinere Spuren vom anschließenden feineren Glätten (Phase 2A, R2666, Bef. 477.

der Rückseite (posterior) entlang der Naht in den Knochen geschlagen.[257] Der Meißel wurde an unterschiedlichen Stellen entlang der Naht eingeschlagen: in der Mitte der Diaphyse oder näher an einem der beiden Enden und in einigen Fällen auch an zwei Stellen.
Ein Teil der so erzeugten halbierten Metapodien diente anschließend zur Weiterverarbeitung zu flachen Leisten. Einen anderen Teil viertelte man (Abb. 57). Dabei wurde der Meißel an der lateralen oder medialen Knochenseite immer von innen eingeschlagen (Abb. 57).
Dafür gibt es technische Gründe.[258] Außerdem wird dadurch deutlich, dass das Spalten entlang der lateralen oder medialen Seite erst nach dem ersten Spaltschritt vollzogen wurde, vermutlich gerade wegen dieser technischen Vorteile. An gespaltenen, nicht weiterverarbeiteten Metapodien sind mediale oder laterale Meißelspuren fast ebenso häufig wie Meißelspuren auf der Koaleszenznaht. An Leisten sind sie wohl durch die Weiterverarbeitung vielfach nicht mehr zu sehen.[259]
Meißelspuren von ähnlicher Breite wie an Metapodien, wurden auch auf Leisten aus Radien oder Tibien festgestellt.
An Unterkieferfragmenten zeigten sich keine Meißelspuren. An Abfällen von der Verarbeitung ist zu sehen, dass in vielen Fällen Backenteile am Unterrand aufgeschnitten wurden.[260] Dabei wurde der Unterrand mit einem Ziehmesser abgeschnitten, das an der Vorderseite oft kräftig ansetzte und von vorne nach hinten gezogen wurde (Abb. 58).[261] Meistens zerbrach der Unterrand beim Ziehen nach und nach in mehrere Teile. Oft wurde er auch mehrere Male an verschiedenen Stellen angeschnitten.

---

257 Bei 140 posterior auf der Koaleszenznaht festgestellten Meißelspuren wurde in nur vier Fällen der Meißel von innen eingeschlagen. In solchen Fällen kann es sein, dass ein von der Vorderseite des Knochens (anterior) eingeschlagener Meißel bis zur gegenüberliegenden Knochenwand vorgedrungen ist. Im Experiment zeigte sich, dass dies gelegentlich notwendig ist, wenn der Knochen gespalten werden soll. In neun Fällen wurde der Meißel von der Vorderseite des Knochens (anterior) eingeschlagen, davon in einem Fall von innen.
258 Bei Experimenten zeigte sich, dass das Einschlagen eines mit der konvexen Seite nach oben gehaltenen Beitels von außen in eine Knochenhälfte dadurch erschwert wird, dass der Knochen federt. Außerdem besteht die Gefahr, dass der Knochen zerbricht, anstatt gespalten zu werden.
259 Nur an sieben durchbohrten Leisten wurden laterale oder mediale Beitelspuren festgestellt, davon wurden fünf von innen eingeschlagen und keine von außen.
260 In den meisten Fällen lässt sich nicht feststellen, ob dies vor oder nach dem Abschlagen der Spitzen geschah. Obwohl Letzteres logischer erscheint, gibt es für beide Vorgehensweisen an vereinzelten Stücken klare Belege.
261 Durch Experimente sollte nachvollzogen werden, inwieweit die vorgefundenen Spuren von einer Bearbeitung mit einem Ziehmesser stammen können.

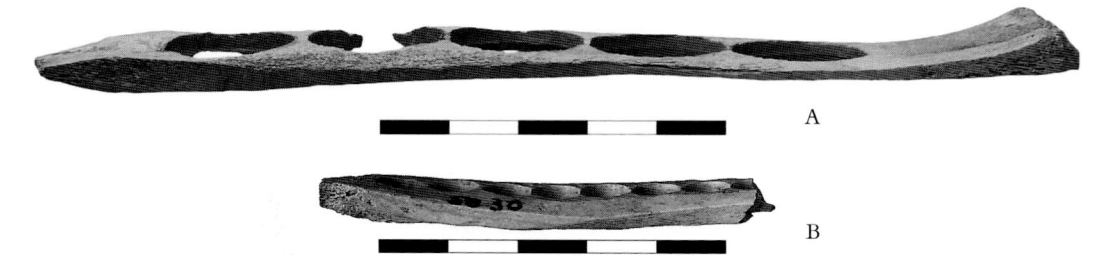

Abb. 60: A Leiste, deren Ende von der Knocheninnen- und Außenseite spitz zulaufend abgeflacht wurde (Phase 1); B Leiste, deren Ende rechteckig zugeschnitten und geglättet ist (Phase 2A, Bef. 475).

Nach dem Entfernen von Unterrand und Spitze blieben Backenzähne übrig, die zwischen den beiden relativ flachen Knochenwandteilen an der Innen- und Außenseite des Kiefers neben den Backenzahnwurzeln eingeklemmt und nur noch durch dünne spongiöse Wände um die Zahnwurzeln miteinander verbunden waren. Mit Schlägen zwischen die Knochenwand neben den Backenzahnwurzeln und die Zahnreihe konnten die Backenwände leicht von den Zähnen und damit voneinander getrennt werden. Dabei blieben relativ wenige erkennbare Schnittflächen an den Abfallstücken zurück. Anhand dieser ließ sich nicht feststellen, welches Werkzeug zur Trennung benutzt wurde. Ein Hackmesser erscheint wohl am praktischsten.

3.1.7.3 Abflachen und Bearbeitung mit dem Ziehmesser

Nach dem Spalten wurden die Knochenscheite mit einem Ziehmesser zu flachen Leisten weiterverarbeitet. Fast alle Leisten wurden an der meist mehr oder weniger konkaven Knocheninnenseite in eine flache Form gebracht, v. a., um überstehende Ränder zu entfernen. Oft war es auch notwendig, die mehr oder weniger konvexe Außenseite der Knochen teilweise in eine flache Form zu bringen (Abb. 59) und die Bruchränder der Spaltflächen ebenfalls teilweise oder vollständig zu glätten.
Da die Leisten als Arbeitsstücke dienten und nicht als Endprodukte, wurden sie stets nur grob geglättet, wodurch keine vollkommen ebenen Seiten erzielt wurden.
An den Enden der Metapodienleisten wurde unterschiedlich vorgegangen. Als Folge der Technik und der Krümmung der Knochenscheite wurden diese oft von der Innen- und/oder Außenseite der Knochen spitz zulaufend geebnet (Abb. 60A). In vielen Fällen wurden die Enden der Leisten rechteckig zugeschnitten – v. a., indem das Ziehmesser nochmals an der Seite angesetzt und zum Ende hin durchgezogen wurde. Dadurch wurden eine oder beide Bruchseiten begradigt (Abb. 60B). Bei einem Teil der Leisten wurde das Ziehmesser kurz vor dem Ende der Innen- oder Außenfläche um neunzig Grad gedreht, wodurch nach unten hin die Endfläche gerade abgeschnitten wurde. An vielen Leisten ist jedoch am Ende noch eine proximale Gelenkfläche oder eine Schlag- und Bruchfläche vom Entfernen des Distalendes erhalten geblieben. Eine viel kleinere Zahl weist noch Reste von distalen Gelenkrollen auf.
Nach der Bearbeitung mit dem Ziehmesser konnten die Leisten ausgebohrt werden. Die vielen durchbohrten Leisten, die nicht nur in Konstanz im Boden gefunden wurden, wurden nach dem Ausbohren als Abfall weggeworfen.

3.2 Die Daten der Metapodienenden

3.2.1 Materialauswahl

Von den insgesamt etwa 24 000 abgeschlagenen oder abgesägten Enden der Rindermetapodien wurden von 1304 Exemplaren Daten aufgenommen (Tab. 13). Die Auswahl erfolgte aus allen drei

Produktionsphasen entsprechend der Fundmatrix von Junkes vor dem Bekanntwerden der neuen stratigraphischen Daten, welche jedoch keine Änderung der Phasenzuteilung der untersuchten Komplexe zur Folge haben. Es betrifft:

1. alle Fragmente, die aus Phase 1 zur Verfügung standen (Ablagerungen der Produktionsphase 1: 188 Fragmente);[262]
2. Bef. 195b[263] als stratigraphisch ältesten Befund, dessen Material unter Einschluss vereinzelter Fragmente aus der ersten Phase hauptsächlich in die zweite Phase einzuordnen ist (Pfrommers Schwemmschicht Q3 mit Fundmaterial aus Produktionsphase 2A:[264] 146 Fragmente);
3. Bef. 219[265] aus der Mitte der zweiten Phase, aus dem die Hälfte aller stratifiziert geborgenen Paternosterabfälle stammt (Pfrommers Planierschicht Q13, Produktionsphase 2A: 715 Fragmente);
4. Bef. 472[266] als jüngsten Befund der dritten Phase, dessen Inhalt aufgrund der Grabungszeichnungen und der Fragmentierung sowie Zusammenstellung der Paternosterabfälle als primär deponiert und ungestört betrachtet wird (Produktionsphase 3, Ablagerungsphase 31: 255 Fragmente).

Zusätzlich wurden auf die gleiche Weise Daten von 70 abgeschlagenen Enden von Rindermetapodien aus zwei Grabungen in 's-Hertogenbosch (Niederlande) aufgenommen.[267] Soweit sie zutreffen, sind sie in den Tabellen wiedergegeben. Sie werden nur dort kurz angesprochen, wo sie für die Entwicklungen im Konstanzer Material Aussagekraft haben könnten.

Die Daten der Konstanzer Metapodienenden werden im Folgenden als vier separate Komplexe ausgewertet und miteinander verglichen. Nur solche Enden kamen in die Auswertung, von denen gesichert war, dass sie von Menschenhand entweder abgesägt oder abgeschlagen wurden und zwar auf die Weise, dass die Diaphyse in möglichst unzerteilter Form und in voller Länge erhalten blieb. Beim Material der ersten Phase und von Bef. 195b kamen teilweise Fragmente von distalen Metapodienenden in die Auswertung, die nicht oder erst nach anderen Verarbeitungsschritten entfernt worden waren.

3.2.2 Fragestellungen

Zur Prüfung der in Kap. 2 als Hypothese formulierten sozialwirtschaftlichen Entwicklungen konzentriert sich die Analyse der Daten der Metapodienenden hauptsächlich auf Aussagen zu folgenden drei Elementen:

1. Verfügbarkeit an Rohmaterial;
2. Fachkundigkeit bei der Bearbeitung;
3. Standardisierung des Arbeitsvorgangs.

---

262 In der Fundmatrix von Junkes aufeinander folgende Horizonte der Periode 1 (Pfrommers Schichten Q3–Q8), die folgende Fundnummern umfassen: a) 412 (Bef. 424); b) 387, 389, 391, 392 und 1437 (Bef. 401/404); c) 353 (Bef. 346), 581 (Bef. 625) und 586 (Bef. 634); d) 351 (Bef. 345), 369 (Bef. 365) und 579 (Bef. 620/626); e) 914 (Bef. 620); f) 361 (Bef. 353); g) 354 (Bef. 347).
263 Fundnr. 01/195.
264 Der Bef. 195b wurde zum Teil von Bef. 262 (Pfrommers Ablagerungsphase Q11), zum Teil von Bef. 217 (Ablagerungsphase Q12) und zum Teil von Bef. 229 (Ablagerungsphase Q14) abgedeckt. Die Werkstattabfälle, die der Produktionsphase 2A zugeordnet werden, können aus all diesen unterschiedlichen Befunden und damit aus unterschiedlichen Ablagerungsphasen stammen. Sie können zum Teil älter und zum Teil jünger als die Abfälle aus Bef. 219 sein; vermutlich sind sie aber mehrheitlich älter.
265 Fundnr. 01/238.
266 Fundnr. 01/467.
267 53 Fragmente, die aus der Grabung „Crossland Fittings" stammen, zusammen mit einer großen Menge durchbohrter Knochenleisten aus der Füllung eines Stadtwalls, der um 1533 aufgeworfen wurde (Fundnr. DBCF 137). 17 Fragmente aus der Grabung „Loeffplein" stammen aus einer primären Ablagerung von Werkstattabfall, der in das späte 15. bis frühe 16. Jahrhundert zu datieren ist (Fundnr. DBLO 2552, 2608, 2610, 2612, 2613, 2615, 2634, 2699). Es wird angenommen, dass beide Abfallkomplexe von derselben Werkstatt herrühren.

	Phase 1		Bef. 195b		Bef. 219		Bef. 472		Konstanz total		Den Bosch	
	Zahl	%	Zahl	%	Zahl	%	Zahl	%	Zahl	%	Zahl	%
A. Abgeschlagen/gesägt												
total entfernte distale Enden	188	100,0	146	100,0	715	100,0	255	100,0	1304	100,0	70	100,0
davon abgeschlagen	188	100,0	144	98,6	657	91,9	255	100,0	1244	95,4	70	100,0
davon abgesägt	0	0,0	1	0,7	57	8,0	0	0,0	58	4,4	0	0,0
davon abgeschlagen und gesägt	0	0,0	1	0,7	1	0,1	0	0,0	2	0,2	0	0,0
total entfernte proximale Enden	**2**		**0**		**64**		**0**		**66**			
davon abgeschlagen	0		0		1		0		1			
davon abgesägt	2		0		63		0		65			
B. Skelettelement												
abgeschlagene distale Enden	**188**	**100,0**	**145**	**100,0**	**658**	**100,0**	**255**	**100,0**	**1246**	**100,0**	**70**	**100,0**
Metapodium Pferd	2	1,1	5	3,6	4	0,6	0	0,0	11	0,9	0	0,0
Metapodium Rind	186	98,9	140	96,4	654	99,4	255	100,0	1235	99,1	70	100,0
davon Metacarpus Pferd	1		0		0		0		1			
davon Metatarsus Pferd	0		0		0		0		0			
davon Metacarpus Rind	27	25,0	63	49,6	253	43,2	124	51,2	467	44,0	27	42,9
davon Metatarsus Rind	81	75,0	64	50,4	332	56,8	118	48,8	594	56,0	36	57,1
abgesägte Enden Rind												
distal Metacarpus	0		0		17	29,8	0		17	28,3		
distal Metatarsus	0		2		41	70,2	0		43	71,7		
proximal Metacarpus	0		0		20	31,7	0		20	30,8		
proximal Metatarsus	2		0		43	68,3	0		45	69,2		
C. Fragmentierung												
abgeschlagene distale Enden (1)	**188**	**100,0**	**145**	**100,0**	**658**	**100,0**	**255**	**100,0**	**1246**	**100,0**		
davon ganz	102	54,3	117	80,7	644	97,9	228	89,4	1096	88,0		
davon fragmentiert (insgesamt)	86	45,7	28	19,3	14	2,1	27	10,6	150	12,0		
davon halbiert (links oder rechts)	85	45,2	19	13,1	11	1,6	21	8,2	131	10,5		
davon halbiert (anterior oder posterior)	0	0,0	9	6,2	0	0,0	3	1,2	12	1,0		
davon geviertelt	1	0,5	0	0,0	3	0,5	3	1,2	7	0,6		
Fragmente auf das Ganze umgerechnet	43	29,7	12	9,0	6	0,9	11	4,6	72	6,1		
(1) inkl. nicht aufgen. Fragmente	**245**	**100,0**	**148**	**100,0**	keine Daten		keine Daten					
davon nicht aufgen. Diaphysenfragmente	57	23,3	3	2,0								
davon insgesamt fragmentiert	143	58,4	31	20,9								

D. Jungtieranteil													
entfernte distale Enden Rind	186	100,0	141	100,0	711	100,0	255	100,0	1293	100,0	70	100,0
davon juvenil	1	0,5	0	0,0	13	1,8	8	3,1	22	1,7	2	2,9
davon unverwachsen	6	3,2	9	6,4	149	21,0	65	25,5	229	17,7	4	5,7
davon verwachsend	4	2,2	5	3,5	34	4,8	11	4,3	53	4,1	3	4,3
total jung	**11**	**5,9**	**14**	**9,9**	**196**	**27,6**	**110**	**43,1**	**304**	**23,5**	**9**	**12,9**
Anteil jung an ganzen Enden	7	7,0	12	5,9	192	27,5	84	26,8	295	25,8	keine Daten	
Anteil jung an fragmentierten Enden	4	4,7	2	8,7	4	33,3	26	96,3	36	24,3	keine Daten	
Anteil jung an Metacarpen	4	14,8	4	6,2	116	31,2	53	44,9	177	10,9	7	19,4
Anteil jung an Metatarsen	4	4,9	8	12,7	74	27,4	42	33,9	128	5,8	2	7,4

Tab. 13: Übersicht verschiedener Daten von Metapodienenden (aufgen. = aufgenommene).

	Metacarpus (MC)						Metatarsus (MT)						MC minus MT	
	entfernte Enden			Prilloff Tab. 30			entfernte Enden			Prilloff Tab. 30			entfernte Enden	Prilloff
	Zahl	Dsn.	Min.-Max.	Zahl	Dsn.		Zahl	Dsn.	Min.-Max.	Zahl	Dsn.		Dsn.	Dsn.
Phase 1[1]	23	53,0	46,2–63,1	26	51,6		60	50,1	40,7–57,9	33	51,0		2,2	0,6
Bef. 195b	53	51,9	42,3–64,6	62	51,8		54	48,4	42,5–61,4	59	48,3		2,6	3,5
Bef. 219	166	51,2	42,7–65,4				193	47,7	41,0–59,4				3,5	
Bef. 472	74	52,6	44,4–71,8				58	49,5	42,3–61,7				3,3	

1 ein pathologisch entstelltes Metatarsenende (Distalbreite 64 mm) nicht mitgerechnet

Tab. 14: Größte Breite distal vollständig verwachsener (fugenlos synostierter) Metacarpen und Metatarsen (Durchschnittswerte in mm = Dsn.; Prilloff = Prilloff 2000).

3.2.3 Eigenschaften und Verfügbarkeit des Rohmaterials: die Metapodiengröße und das Verhältnis Metacarpus zu Metatarsus

Während der Materialdurchsicht entstand der Eindruck, dass in der dritten Phase häufiger relativ größere Rindermetapodien benutzt worden sind als in den anderen Phasen. Nähere Daten zu einer solchen These können über die Quantität und Qualität sowie die Herkunft des vorhandenen Rohmaterials Auskunft geben. An größeren Metapodien sind eine größere nutzbare Fläche und eine stärkere Knochenwand zu erwarten. Dies kann Einfluss auf die Art und Zahl der Gegenstände haben, die aus einem Metapodium angefertigt werden konnten. Für das 15. und 16. Jahrhundert ist generell festzustellen, dass die durchschnittliche Widerristhöhe bei Rindern zunahm. Das wird allgemein mit dem Einführen neuer Rassen und/oder dem Aufkommen von interregionalem Ochsenhandel in Verbindung gebracht.[268]

Zur Bestimmung der Größe der genutzten Metapodien wurden die größte Breite und Tiefe der distalen Enden vermessen, soweit diese vollständig vorhanden waren (Abb. 61; Tab. 14 und 15).[269] Zum Vergleich sind in Tab. 14 Daten der Distalbreiten der von Prilloff untersuchten Metapodienfragmente wiedergegeben.[270] Es ist zu vermuten, dass diese Metapodienfragmente größtenteils wie die entfernten Metapodienenden als Abfälle des Knochen verarbeitenden Handwerks zu betrachten sind. Die Entwicklungen in der Breite und Tiefe der Metapodien korrespondieren nicht zwangsläufig mit Entwicklungen in der Länge. Starke Belastung wie z. B. als Zugkraft kann zu einer Verbreiterung des distalen Metapodienendes, v. a. der Kondylen (Gelenkrollen), geführt haben.[271] Deshalb wurden zusätzlich die Längenmaße der vollständigen Metapodien analysiert, die in den gleichen Fundzusammenhängen wie die Verarbeitungsabfälle gefunden wurden (Tab. 16). Diese sind als Schlachtabfälle oder als Rohmaterial anzusehen, das im Gegensatz zu den entfernten Enden nicht genutzt wurde. Der Durchschnittswert der größten Breite der abgeschlagenen und abgesägten Metapodienenden zeigt keine klar steigende Tendenz von Phase 1 zu Phase 3. Er ist für die Phasen 1 und 3 sowohl bei den Metacarpen als auch bei den Metatarsen größer als für die beiden Komplexe der Phase 2, wobei der Durchschnittswert der Phase 1 noch etwas über demjenigen der Phase 3 liegt (Tab. 14). Die Zusammenlegung mit den Distalbreiten von Prilloff ändert daran nichts Wesentliches. Auch die Daten der Minimal- und Maximalwerte der Distalbreiten sowie -tiefen zeigen überwiegend eine Verringerung der Maße in Phase 2.[272]

Die Entwicklung der Durchschnitts-, Minimal- und Maximalwerte im Verlaufe der Untersuchung ist das Resultat der Entwicklungen in der Auswahl des Rohmaterials durch die Knochen verarbeitenden Handwerker sowie der Entwicklungen in den Eigenschaften der vorhandenen Metapodien wie

---

268 Seit dem 15. und bis zum 16. Jahrhundert wurden bekanntlich große Mengen an Ochsen aus Weidegebieten, u. a. aus Ungarn und dem dänischen und friesischen Küstengebiet, in die Konsumzentren anderer Regionen eingeführt (Gijsbers 1999; Westermann 1979).
269 Breitenmaße nach von den Driesch 1976, 84. Beim Vermessen der größten Tiefe des distalen Metapodienendes wurden die Kondylen (Gelenkrollen) außer Acht gelassen. Der maximale Abstand von der Vorder- bis zur Rückseite (posterior zu anterior) des Knochens wurde an der Diaphyse bzw. an der Verwachsungsstelle von Diaphyse und Epiphyse oberhalb des Gelenkknochens gemessen. In den Tab. 14 und 15 sind die Daten der Breiten der Metacarpen und Metatarsen dargestellt. Tabellen mit Daten der gemessenen Tiefen und der Frequenzverteilung der Breiten der Metatarsen stehen zur Verfügung.
270 Prilloff 2000, Tab. 30.
271 Die Verbreiterung von Metapodienkondylen durch eine starke Belastung tritt v. a. bei sehr alten Ochsen auf (Mitteilung L. H. van Wijngaarden-Bakker; vgl. Bartosiewicsz et al. 1997). Während des Vermessens der Metapodienenden wurden nur wenige Fälle von Kondylenverbreiterung beobachtet und es entstand der Eindruck, dass dieses Phänomen, wenn überhaupt, dann nur geringen Einfluss auf das Gesamtbild der Messdaten hat. In den Fällen, in denen eine Verbreiterung der Kondylen wahrgenommen wurde, die bedeutend über die maximale Breite vom Rest des Knochensinns hinausging, wurde das Breitenmaß nicht an den Kondylen oder Gelenkflächen gemessen, sondern an der breitesten Stelle des übrigen Knochens.
272 Diese Beobachtung basiert nicht nur auf den in Tab. 14 angegebenen äußersten Werten, sondern auch auf den Anteilen der oberen und unteren Werte im gesamten Datenbestand, die von Frequenzverteilungen der betreffenden Daten abgeleitet wurden. Dort, wo die Werte eine von Phase 1 zu Phase 3 ansteigende Linie zeigen, ist diese v. a. Folge vereinzelter Extremwerte, die wohl als Ausnahmen zu betrachten sind.

mm	Phase 1		Bef. 195b		Bef. 219		Bef. 472	
	Zahl	%	Zahl	%	Zahl	%	Zahl	%
<45,0	0	0,0	1	2	3	1,8	1	1,4
<49,0	7	28,0	19	37,3	78	46,4	20	29,0
<52,0	11	44,0	32	62,7	115	68,5	42	60,9
<53,0	13	52,0	34	66,7	116	69,0	45	65,2
<55,0	18	72,0	36	70,6	124	73,8	51	73,9
<57,0	21	84,0	38	74,5	139	82,7	56	81,2
>62,99	1	4,0	2	3,9	2	1,2	5	7,2
>64,99	0	0,0	0	0,0	1	0,6	4	5,8
>66,99	0	0,0	0	0,0	0	0,0	4	5,8
total	25	100,0	51	100,0	168	100,0	69	100,0

Tab. 15: Frequenzverteilung der Distalbreite vollständig verwachsener Metacarpen.

Produktionsphase	Metacarpus		Metatarsus	
	Zahl	Dsn.	Zahl	Dsn.
total	47	17,8	50	20,8
Phase 0 (vor 1272)	2	15,9	0	
Phase 1	11	17,0	2	20,0
Phase 2A/1[1]	3	16,2	6	19,8
Phase 2A	11	18,6	5	20,8
Phase 2B	2	18,4	5	21,2
Phase 2 total	13	18,5	10	21,0
Phase 3.I	0		2	21,0
Phase 3.III (2B/3)	3	17,3	4	21,0
Phase 3.IV	3	18,3	7	21,3
Phase 3 total	6	17,8	13	21,2
1 Bef. 195a (Ablagerungsphase) und Fundamentgruben Mikwe (Ablagerungsphase A)				

Tab. 16: Durchschnittslänge ganzer Metapodien in cm (= Dsn.).

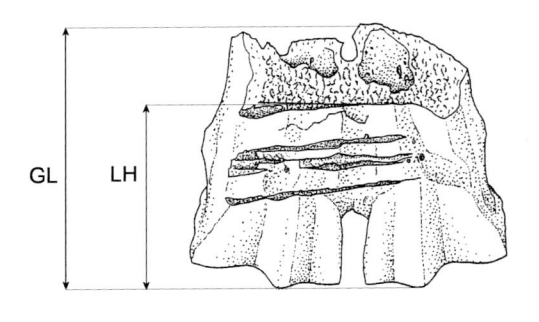

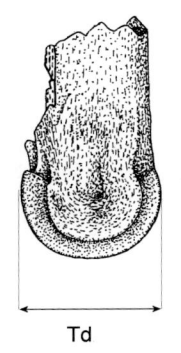

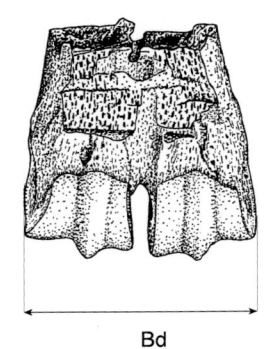

Abb. 61: Produktionsphase 1. Abgeschlagene Distalenden von Rindermetatarsen mit Hackspuren auf der Knochenvorderseite (anterior) (Bef. 453, Fundnr. 01/451; Bef. 698, Fundnr. 01/620) mit benutzten Messstrecken an Rindermetapodien. GL = größte Länge; LH = Länge bis zur Schlagstelle; Bd = größte Breite distal (nach VON DEN DRIESCH 1976); Td = größte Tiefe distal, M 1 : 1.

Zahl und Größe. Zur Erforschung der Entwicklung der Größen der Metapodien, die überhaupt in den betreffenden Zeitabschnitten vor Ort vorhanden waren, wurden die Frequenzverteilungen der Distalbreiten der entfernten Enden analysiert und für die Metacarpen in Abb. 62a und b dargestellt. Das Bild der Breiten der Metacarpen zeigt dieselben Tendenzen wie das der Metatarsen.

Das Diagramm zeigt für alle Phasen zwei bis drei Spitzen: eine deutlich höhere Spitze für die kleineren Werte links im Diagramm (bis etwa 53 mm) und rechts davon unter den höheren Werten ein oder zwei niedrigere Spitzen (s. Abb. 62a). Eine solche Verteilung ist typisch für die Knochenmaße einer mehr oder weniger einheitlichen Rinderpopulation, wobei die rechte Spitze (der kleineren Werte) die weiblichen Tiere darstellt und die beiden linken Spitzen die männlichen Tiere. Die beiden Spitzen der größeren Werte werden durch den Größenunterschied zwischen Stieren und Ochsen verursacht, wobei die linke der beiden Spitzen die Ochsen darstellt und die rechte die Stiere.[273]

In allen drei Phasen fällt mehr als die Hälfte der gemessenen Metacarpenbreiten unter die erste Spitze links (Tab. 15), wovon sich ableiten ließe, dass mehr als die Hälfte der gemessenen Metacarpenbreiten von weiblichen Tieren stammt. Auch in dem von Prilloff untersuchten Knochenmaterial wurde festgestellt, dass die Knochen von weiblichen Tieren gegenüber den männlichen überwogen wie in vielen anderen, hoch- bis spätmittelalterlichen Tierknochenkomplexen aus ländlichen sowie (früh-)städtischen Siedlungen.[274] Bemerkenswert ist, dass der Anteil der Werte, die unter die erste Spitze fallen, von Phase 1 bis Phase 3 ansteigt.[275]

Bei einem Vergleich der Frequenzverteilungen der unterschiedlichen Phasen fällt weiterhin auf, dass sich alle drei Spitzen von Phase 1 nach Phase 3 nach rechts auf höhere Breitenwerte verschieben. Dies deutet auf ein Anwachsen der Metacarpenbreite von Rindern aller Geschlechtsgruppen von Phase 1 bis Phase 3 hin. Die Verschiebung ist am deutlichsten von Phase 2 zu Phase 3.[276] Genauer betrachtet verbreitert sich die Basis der ersten Spitze (der Kühe) in Phase 3 nach rechts, und es gliedert sich die zweite Spitze in Phase 2 in zwei Teilspitzen auf (Abb. 62b). Die rechte Teilspitze liegt beim gleichen Breitenwert wie die zweite Spitze der Phase 1, die linke Teilspitze beim gleichen Wert wie die zweite Spitze der Phase 3. Das kann darauf hindeuten, dass die benutzten Metacarpen in den Produktionsphasen 2 und 3 von zwei Gruppen oder Rassen von Rindern mit unterschiedlich kräftigen Füßen stammen. Ähnliche Beobachtungen lassen sich beim Vergleich der Frequenzverteilungen der Metatarsenbreiten der Phasen 2 und 3 machen. Obwohl sie von der Zahl her unzureichend für eine aussagekräftige Analyse sind, ließe sich auch aus dem Vergleich der Frequenzverteilungen der Längen der vollständigen Metapodien ein ähnliches Bild ableiten. Somit scheinen die Frequenzverteilungen der Metapodienmaße anzudeuten, dass die Metapodien sowohl von weiblichen Tieren als auch von Ochsen und Stieren in Phase 3 größer waren als in den vorhergehenden Phasen.

Am Frequenzverteilungsdiagramm der Metacarpenbreiten ist darüber hinaus zu sehen, dass die dritte Spitze der Phase 3 vollständig außerhalb des Bereichs der Breitenverteilungen der beiden anderen Phasen liegt. Sie bildet eine Gruppe von 5% der Metacarpen der Phase 3 mit auffallend großen Breitenmaßen von über 67 mm, welche in den beiden anderen Phasen nicht vorkommen. Auch Prilloff erwähnt

---

273 Bergström/van Wijngaarden-Bakker 1983.
274 Prilloff 2000, Tab. 14; Schibler/Stopp 1987, 328 Tab. 9 (zu Basel); Schülke 1965, 195 (zu Neu-Schellenberg); Anschütz 1966 (zu Ulm); Schatz 1963, 14 sowie Kühnold 1971, 63 (zu Unterregenbach); Hanschke 1970, 27 (zu Wülfingen). Das von Prilloff untersuchte Knochenmaterial aus der Konstanzer Grabung Münzgasse 4 umfasst sowohl Abfälle des Knochen verarbeitenden Handwerks als auch Schlacht- und Nahrungsabfälle. Leider wurden die Abfälle des Handwerks bei der Analyse nicht von den Konsumabfällen getrennt. Die zur Geschlechtsanalyse benutzten Hornzapfen (Prilloff 2000, Tab. 13) werden hauptsächlich als Abfälle von Gerbereien und der Hornverarbeitung von den Auswahlstrategien dieser Handwerkszweige beeinflusst worden sein. Bei der Präsentation der Ergebnisse der Geschlechtsanalyse an postkranialen Skelettelementen (ebd. Tab. 14) wurde nicht angegeben, welche Skelettelemente benutzt wurden. Dadurch lässt sich der Anteil der Handwerksabfälle im Vergleich zu den Konsumabfällen nicht im Geringsten einschätzen.
275 56% der gemessenen Breiten der Phase 1 und 68 bzw. 70% der Breiten der Phase 2 (Bef. 195b bzw. 219) sind kleiner als 53 mm. Von den Breiten der Phase 3 sind 72% kleiner als 53 mm und 88% unter 56,1 mm (s. auch Tab. 15).
276 Die geringe Stückzahl der Phase 1 kann, muss aber nicht unbedingt dafür verantwortlich sein.

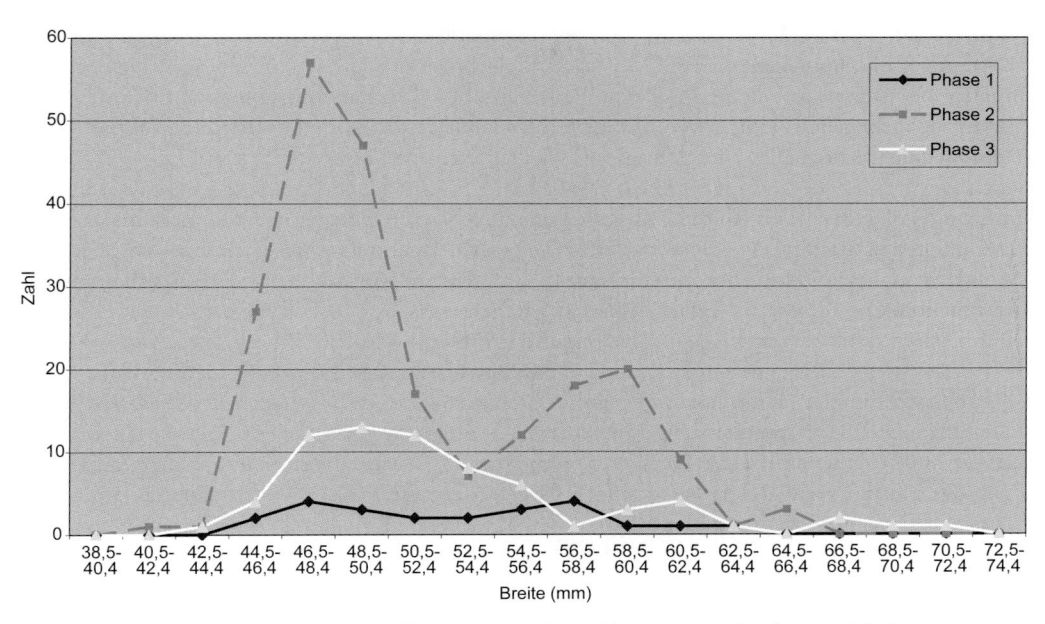

Abb. 62a: Frequenzverteilung der größten Breite an abgeschlagenen Distalenden von Rindermetacarpen.

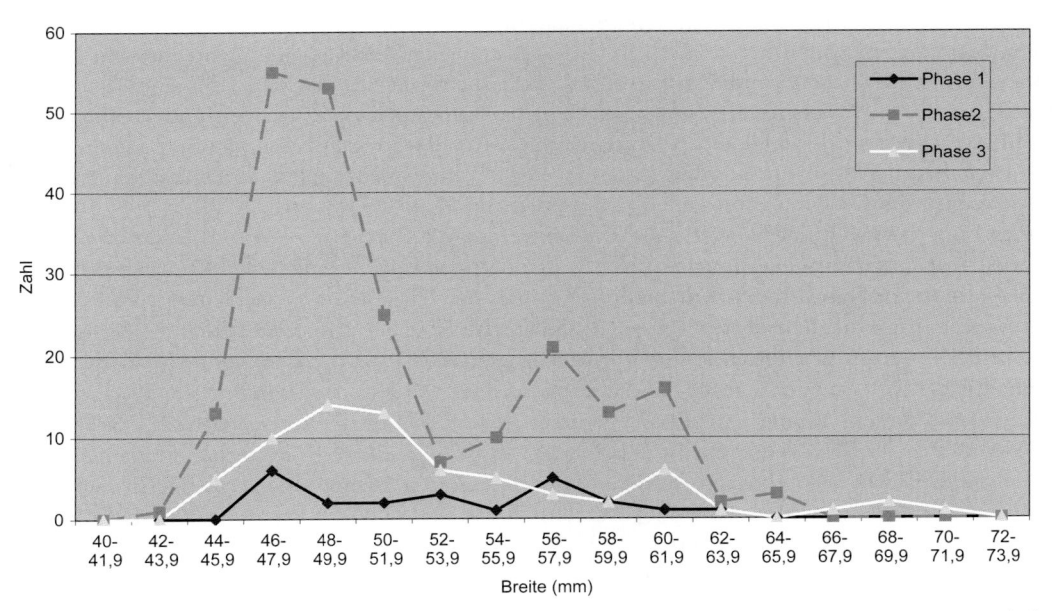

Abb. 62b: Wie oben. Die Gruppen der Breitenwerte sind hier im Verhältnis zu oben um 0,5 mm verschoben.

zum einen Widerristhöhen kleinwüchsiger Kühe aus den Phasen 1 und 2A und eines kleinwüchsigen Ochsen aus Phase 2B oder 3, zum anderen Fundstücke ohne Phasenzuteilung großer bis sehr großer Rinder, deren Maße sich denen der Urkuh annähern.[277] Unter Letzteren befinden sich auch Skelettelemente, die nicht systematisch vom Knochen verarbeitenden Handwerk genutzt wurden. Nach den

---

277 PRILLOFF 2000, Tab. 29 bzw. S. 53 f.

von PRILLOFF publizierten Messdaten zu urteilen, stammen Knochen größerer Tiere v. a. aus Phase 3 (primär gelagert und umgelagert).[278]

Die obigen Beobachtungen deuten auf eine Änderung des Wuchses der Rinder hin, deren Metapodien zur Knochenverarbeitung verwendet wurden. Während die Handwerker der Phase 1 nur oder hauptsächlich Knochen kleinwüchsiger Rinder einsetzen konnten, standen in Phase 3 Knochen großwüchsiger Rinder zur Verfügung. Diese Entwicklung hat anscheinend während Produktionsphase 2 begonnen. Dass von großen Rindern Skelettelemente gefunden wurden, die sich nicht für das Knochen verarbeitende Handwerk eigneten oder in diesem Zusammenhang nachgewiesen wurden, lässt den Schluss zu, dass sie von ganzen Rindern stammen und dass es sich nicht nur um speziell importierte Knochen handelte, die für die Verarbeitung vorgesehen waren.

Da diese Entwicklung vermutlich bereits während der Produktionsphase 2 begann und während der Produktionsphase 3 offensichtlich wurde und außerdem – wie in Kap. 2.3.2.4 angedeutet – eine Werkstattkontinuität zwischen diesen beiden Produktionsphasen vermutet wird, lässt sich diese zeitlich in die erste Hälfte des 15. Jahrhunderts einordnen. Es ist gut möglich, dass diese Entwicklung mit dem am Anfang dieses Abschnitts erörterten Aufkommen größerer Rinderrassen zusammenhängt. Sie könnte auch mit der Einfuhr von Rindern mit größerer Wuchsform aus anderen Weidegebieten zusammenhängen.[279] Die Daten der Metapodien, die von den Knochen verarbeitenden Handwerkern verwendet wurden, geben jedoch keinen Hinweis darauf, dass große Mengen an Ochsen importiert wurden. Dagegen spricht nämlich, dass die Metapodien sowohl von weiblichen Tieren als auch von Ochsen und Stieren größer wurden, während gleichzeitig der Anteil der männlichen Tiere abnahm. Allerdings muss die Zusammensetzung der Metapodien, die von den Knochen verarbeitenden Handwerkern ausgewählt wurden, nicht derjenigen der in der Stadt geschlachteten Rinder entsprechen. Sie kann durch die Auswahlstrategien der Handwerker und Veränderungen der Strategien beeinflusst worden sein.

In den bestehenden und sich verändernden Auswahlstrategien der Knochen verarbeitenden Handwerker ist auch die Ursache für die Diskrepanz zu suchen, die einerseits zwischen den Entwicklungen besteht, die aus den Frequenzverteilungen abgeleitet werden und andererseits den Entwicklungen in den Minimal-, Maximal- und v. a. den Durchschnittswerten. Während die Frequenzverteilungen auf ein Anwachsen der Rindergröße von Phase 1 zu Phase 3 hinweisen, zeigen die Durchschnittswerte eine Abnahme der Größe der verwendeten Metapodien in Phase 2.

Bei den Entwicklungen in den Auswahlstrategien werden u. a. zwei Faktoren von Bedeutung gewesen sein: Änderungen in den quantitativen und qualitativen Anforderungen der Knochen verarbeitenden Handwerker und Änderungen in der Quantität und Qualität des verfügbaren Rohmaterials. Eine Änderung der Qualität des verfügbaren Rohmaterials ist in der Zunahme der Größe der Rinder zu sehen. Die erwarteten Entwicklungen in der Quantität des verfügbaren Rohmaterials wurden in Abschnitt 3.1.5.4 besprochen. Es kann damit gerechnet werden, dass während der Produktionsphasen 2 und 3 mehr Rinder geschlachtet wurden als während der Produktionsphase 1. Während der Hochblüte der Stadt Konstanz in der Konzilszeit, in der die Produktion der Phasen 2 und/ oder 3 stattgefunden haben könnte, ist mit einer noch größeren Ausbreitung der Rinderschlachtung zu rechnen. Anhand der Mengen an deponiertem Abfall des Knochen verarbeitenden Handwerks kann ein Eindruck der Entwicklungen in den benötigten Knochenmengen gewonnen werden. Diese werden während Produktionsphase 1 im Verhältnis zu den Phasen 2 und 3 verschwindend gering gewesen sein.

Die qualitativen Anforderungen der Knochen verarbeitenden Handwerker hingen von der Form und Funktion der gewünschten Gegenstände ab. Die Ringe, die in den Produktionsphasen 1 und 3 angefertigt wurden, erforderten weniger eine starke, sondern eher eine flache Knochenwand als die

---

278 PRILLOFF 2000, Tab. 30.
279 Es ist nicht unbedingt davon auszugehen, dass in den neuen Bezugsgebieten die Rinder generell großwüchsiger waren. Es kann auch sein, dass großwüchsigere Rinder ausgewählt wurden, um nach Konstanz geliefert zu werden. Die geänderte Nachfrage kann dabei die Zucht beeinflusst haben: in der Umgebung von Konstanz ebenso wie in entfernter gelegenen Bezugsgebieten.

in den Phasen 2 und 3 produzierten Perlen und Würfel. Zudem wurden Ringe, im Gegensatz zu Perlen und Würfeln auch aus Unterkiefern gefertigt. Zum Anfertigen von Perlen und Würfeln boten Metatarsen mehr Möglichkeiten als Metacarpen, während die unterschiedlichen Eigenschaften beider Skelettelemente für das Herausbohren von Ringen in etwa gleicher Weise geeignet gewesen sein dürften (vgl. Kap. 3.4). Metatarsen sind länger als Metacarpen (Tab. 16; s. auch Kap. 3.2.5). Außerdem ist die Diaphyse von Metatarsen über größere Längen gerade und hat in ihrem stärker viereckigen als halbrunden Querschnitt einen größeren Anteil mit maximaler Kompaktastärke. Die breite, gerade Rückseite (posteriore Seite) des Metacarpus wird von einer Verwachsungsnaht – der Koaleszenznaht – durchquert, entlang welcher die Knochenwand leichter bricht oder sich spaltet (s. Kap. 3.4). Grundsätzlich werden relativ größere Metapodien mit einer vergleichsweise stärkeren Knochenwand und entsprechend größeren geraden Flächen den Knochen verarbeitenden Handwerkern mehr Möglichkeiten als relativ kleinere geboten haben und deshalb im Allgemeinen bevorzugt worden sein. Details der Anfertigungstechnik können zu Abweichungen von diesem Erwartungsmodell geführt haben.

Zusammenfassend ist davon auszugehen, dass für die Produktion in Phase 1 eine sehr viel geringere Menge an Metapodien erforderlich war, als das in den Phasen 2 und 3 der Fall war, der auch eine geringere Menge an verfügbaren Metapodien gegenüber stand, die außerdem kleinere Maße hatten. In Phase 2 war das Knochen verarbeitende Handwerk stärker als in Phase 3 auf Metapodien angewiesen. Außerdem ist in Phase 2 möglicherweise noch stärker als in Phase 3 eine Bevorzugung von Metatarsen gegenüber Metacarpen zu erwarten. Schließlich standen in Phase 3 wahrscheinlich mehr Metapodien von großwüchsigen Rindern zur Verfügung als in Phase 2. Falls eine dieser beiden Produktionsphasen gleichzeitig mit dem Konzil (1414–1418) stattfand, ist zu erwarten, dass während dieser Phase über eine noch größere Menge an Metapodien verfügt werden konnte.

So war für die Produktion von Ringen aus Knochen während der Phase 1 die Menge der verfügbaren Metapodien vermutlich mehr als ausreichend, während die Differenz zwischen den benötigten und den vorhandenen Metapodien in den Produktionsphasen 2 und 3 wahrscheinlich geringer gewesen sein wird. Es kann nicht ohne Weiteres festgestellt werden, dass es von Phase 2 zu Phase 3 zu einem ähnlichen Überschuss an Rohmaterial kam, weil die Entwicklung zweier Faktoren nicht bekannt ist: mögliche quantitative Änderungen in der Rinderschlachtung und damit im Rohmaterialangebot (z. B. während des Konzils) und Unterschiede im Umfang der Produktion des Knochen verarbeitenden Handwerks.[280] Wenn man voraussetzt, dass beide sich nicht bedeutend änderten oder aus anderem Grund keinen Einfluss hatten, dann wäre in Phase 2 ein relativ größerer Bedarf an Metapodien, darunter speziell an Metatarsen, zu erwarten. Als Folge davon wäre der Überschuss geringer gewesen und dementsprechend hätten weniger Möglichkeiten bestanden, sich die Metapodien auszusuchen, die am besten passten. Vorausgesetzt, dass verhältnismäßig größere Metapodien in allen Phasen allgemein bevorzugt wurden, ist zu erwarten, dass umso mehr relativ große Fragmente für die Verarbeitung ausgewählt wurden, je größer der Überschuss war.

Obwohl dieses Modell von mehreren Voraussetzungen ausgeht, lassen sich damit dennoch die am Kapitelanfang beschriebenen Entwicklungen bezüglich der Durchschnitts-, Minimal- und Maximalwerte der Distalbreiten und -tiefen der entfernten Metapodien erklären.

Trotz der kleiner gewachsenen Metapodien sind die Mittelwerte der Breiten und Höhen derjenigen Metapodien, die in Produktionsphase 1 verwertet wurden, höher als diejenigen der Produktionsphase 2 und etwa gleich hoch wie die der Produktionsphase 3. Darüber hinaus ist der Anteil an verwerteten Metacarpen, deren Breitenmaße unter den Spitzen der größeren (männlichen) Tieren liegen (etwa 40

---

280 Während des Konzils wird nicht nur der Fleischkonsum und damit die Rinderschlachtung angestiegen sein, sondern auch die Nachfrage nach Produkten des Knochen verarbeitenden Handwerks und somit der Produktionsumfang. Die daraus entstandene Steigerung des Bedarfs an Knochen könnte das gestiegene Angebot an Metapodien teilweise oder sogar mehr als vollständig ausgeglichen haben. Für die Produktionsphase 3 ist es schwieriger einzuschätzen als für die Produktionsphase 2, welcher Teil des deponierten Abfalls ausgegraben wurde, und es ist nicht auszuschließen, dass der Abfall von verschiedenen Werkstätten stammt, die zu unterschiedlichen Zeitabschnitten produzierten.

bis 44%), größer als in Phase 2 und 3 und ebenfalls größer als die Anteile an Knochen männlicher Tiere in den Daten von Prilloff und in den Tierknochenkomplexen der meisten anderen Grabungen.[281] Wenn man davon ausgeht, dass während dieser Phase nicht mehr männliche Tiere geschlachtet wurden als während der anderen Phasen,[282] so scheinen dem Knochenverarbeiter oder den Knochenverarbeitern in Produktionsphase 1 genügend Metapodien zur Verfügung gestanden zu haben, um den Vorteil in höherem Maße nutzen zu können, sich größere Knochen auszusuchen als dies die Nachfolger in Phase 2 und 3 konnten. Vermutlich standen mehr Metapodien zur Verfügung als nötig waren, so dass von den kleineren Metapodien der weiblichen Tiere relativ mehr Fragmente unverwertet blieben als von den größeren männlicher Tiere. Ein Überschuss an Metapodien kann bei dem geringen Produktionsumfang erwartet werden, der durch den Abfall dieser Produktion belegt ist, der von weniger als einhundert Rindern stammen kann.[283] Unter der Voraussetzung, dass gleich viele Metatarsen wie Metacarpen zur Verfügung standen und dass Metatarsen gegenüber Metacarpen bevorzugt wurden, lässt sich durch den höheren Anteil an Metatarsen unter den entfernten Enden (75%: Tab. 13) feststellen (s. Kap. 3.4.3.3), dass das Angebot an Metapodien so groß war, dass dreimal so viele Metatarsen ausgesucht werden konnten wie Metacarpen. Ganz anders waren anscheinend die Verhältnisse während der unvergleichlich viel umfangreicheren Produktion in Phase 2.

Obwohl die Rindergröße wuchs – d. h. neben den Metapodien kleinwüchsiger Rinder wie diejenigen in Phase 1, auch Metapodien von Rindern größeren Wuchses vorhanden waren –, stieg die Durchschnittsgröße der verwerteten Metapodien nicht an, sondern war kleiner als die der verwerteten Metapodien der Phase 1. Offenbar war die Auswahl an größeren Metapodien viel eingeschränkter, wenn sie überhaupt möglich war, und der Anteil an Metapodien der kleineren weiblichen Rinder unter den verwerteten Metacarpen (rund 70%) stieg entsprechend im Vergleich zu Phase 1 an. Obwohl Metatarsen sich zur Perlen- und Würfelanfertigung besser eigneten, verringerte sich der Anteil der Metatarsen unter den entfernten Enden im Vergleich zu Phase 1. Trotzdem war man anscheinend doch noch in der Lage, mehr Metatarsen (58%) einzusetzen als Metacarpen (42%). Wie wir in Kap. 3.4 sehen werden, wurden diese zusätzlichen Metatarsen v. a. zur Anfertigung von quer gesägten Knochenscheiben verwendet (vgl. Tab. 41a).

In Phase 3 dagegen stieg die Durchschnittsgröße der verwendeten Metapodien wieder an. Dieser Anstieg kann durch die größere Wuchsform der Rinder bzw. das Vorherrschen von Rindern größeren Wuchses bedingt sein und muss nicht unbedingt durch eine stärkere Auswahl an größeren Metapodien verursacht worden sein. So fällt auf, dass der Anteil der Metacarpen mit Distalbreiten unter 53 mm etwa gleich groß ist wie der der Phase 2 (72%), während der Anteil der Metacarpen, deren Breitenmaße unterhalb der Spitze der weiblichen Tiere liegen, größer ist als derjenige für Phase 2 (88%).[284] Es ist möglich, dass während Produktionsphase 3 mehr weibliche Rinder geschlachtet wurden als während Phase 2. Es ist aber auch denkbar, dass die im Allgemeinen größere Wuchsform sowohl männlicher als auch weiblicher Rinder eine Bevorzugung von Metapodien männlicher Tiere überflüssig machte, weil die Metapodien der weiblichen Tiere größer waren als vorher. Per Saldo blieb immerhin der Anteil

---

281 s. Anm. 274. Nur im Knochenkomplex von Basel/Barfüsserkirche aus dem 11. bis 12. Jahrhundert, das allerdings aus sozial-wirtschaftshistorischer Sicht vermutlich dem Komplex der Konstanzer Phase 1 am nächsten steht, wurden vergleichbar hohe Anteile an männlicher Tierknochen vorgefunden.

282 Obwohl es weder Hinweise noch Gründe für einen deutlich größeren Anteil an männlichen Schlachttieren (Stiere und Ochsen) vor Ort und während der Phase 1 gibt, kann diese Annahme nicht durch Daten gestützt werden. Von den von Prilloff (2000, Tab. 14) auf das Geschlecht hin bestimmten postkranialen Skelettelementen aus Phase 1 stammen 20% von männlichen Tieren; unter denen der Phase 2 befinden sich 16%. – Die untersuchten Knochen gehören vermutlich zum Teil ebenfalls zum Werkstattabfall, so dass diese Daten wohl teilweise von der gleichen Auswahlstrategie beeinflusst wurden. Die Geschlechtsdaten der Hornzapfen, die wahrscheinlich durch Auswahlstrategien der Gerber und Hornverarbeiter beeinflusst werden, zeigen für Phase 1 einen übereinstimmenden bis geringeren Anteil an männlichen Tieren (Prilloff 2000, Tab. 13).

283 Vgl. Tab. 13; s. auch Kap. 3.4.3.3.

284 Die Spitze der weiblichen Tiere verbreitert sich in Phase 3 bis hin zu einem höheren maximalen Breitenwert. Während der größte Wert, der zu diesem gerechnet werden kann, für Phase 1 und 2 bei etwa 53 mm liegt, beträgt er für Phase 3 genau 56,1 mm (vgl. Abb. 62b).

an Metacarpen mit einer Distalbreite von über 52,9 mm gleich. Der größere Wuchs kann also die Verwertungsmöglichkeiten der unterschiedlichen Knochengruppen geändert haben. Das kann zu Änderungen der Bevorzugung und somit in der Auswahlstrategie geführt haben. Aufgrund der stärkeren Knochenwand der Metacarpen von Tieren größeren Wuchses könnten sich die Nutzungsmöglichkeiten der Metacarpen zur Perlenanfertigung vergrößert haben. Es schrumpfte der Anteil der Metatarsen (49%) noch mehr als in Phase 2 zugunsten des Anteils der Metacarpen (51%). Das kann allerdings durch verschiedene Faktoren verursacht worden sein, deren Einfluss nicht eingeschätzt werden kann. Außer den geänderten Nutzungsmöglichkeiten durch die größere Wuchsform der Knochen wird die andere Zusammenstellung der Produktpalette eine Rolle gespielt haben. Anders als in Produktionsphase 1, in der nur Ringe angefertigt wurden oder in Produktionsphase 2, in der man fast nur Perlen herstellte, waren die Produkte in Phase 3 sowohl Perlen als auch Ringe, für deren Herstellung man in beiden Fällen eine unterschiedliche Bevorzugung von Metatarsen versus Metacarpen erwartet: für Perlen mehr Metatarsen, für Ringe mehr Metacarpen. Eine nähere Analyse des Verhältnisses zwischen den Produktzahlen der verschiedenen Produkte ist erforderlich (s. Kap. 3.4). Die Daten der Metapodienenden für sich genommen sagen nichts zu den Änderungen im Verhältnis zwischen dem Angebot an Metapodien und deren Nachfrage während des Übergangs von der Produktionsphase 2 zur Produktionsphase 3 aus.

Die Analyse der Daten der vollständigen Rindermetapodien, die im Gegensatz zu den entfernten Enden nicht eingesetzt, sondern aussortiert und in komplettem Zustand weggeworfen wurden, kann die Ergebnisse der Analyse der entfernten Enden ergänzen.

Die Entwicklung in den Auswahlwahlstrategien der Handwerker wird auf diese Daten den gegensätzlichen Effekt gegenüber demjenigen gehabt haben, welcher auf die Daten der entfernten Enden einwirkte. Dass die relativ großen Knochen bevorzugt wurden, wird zu einem Überschuss an relativ kleinen Knochen unter den vollständigen Metapodien geführt haben. Eine Bevorzugung von Metatarsen gegenüber Metacarpen müsste ein Überwiegen von Metacarpen bewirkt, ein Überschuss an Metapodien zu einer relativ großen Zahl nicht verwendeter Metapodien geführt haben.

Bei diesem Interpretationsmodell ist weiterhin zu berücksichtigen:

– die Zahl der für die Markgewinnung quer zerteilten Metapodien (s. Kap. 2);
– die Zahl der eventuell zum Seifensieden zerschlagenen Metapodien (s. Kap. 1);
– die Zahl der unverwachsenen Metapodien junger Rinder, die nicht mit einbezogen worden sind, weil deren Länge nicht gemessen wurde (s. weiter unten).

Deshalb und wegen der geringen absoluten Zahlen der vollständigen Metapodien sind aus den relativen Mengen der ganzen Metapodien nur bedingt Schlüsse zu ziehen. Trotzdem fällt die Tatsache auf, dass im Gegensatz zu den Distalbreiten der entfernten Enden die durchschnittliche Länge der nicht verwendeten Metapodien aus Produktionsphase 1 kleiner ist als jene aus den beiden anderen Phasen (Tab. 16). Während die Distalbreiten der entfernten Enden aus Produktionsphase 2 kleiner sind als jene aus den beiden anderen Phasen, sind die Längen der vollständigen Metapodien der Phase 2 durchschnittlich gleich groß (Metatarsen) oder sogar größer (Metacarpen) als die der Phase 3. Das bestätigt die These, dass die vorhandenen Metapodien während Produktionsphase 1 kleiner waren und während Produktionsphase 2 und 3 ein Übergang zu größer gewachsenen Metapodien zu verzeichnen ist. Weiterhin fällt auf, dass die Zahl der vollständigen Metapodien aus Produktionsphase 1 durchaus mit jenen aus den beiden anderen Phasen vergleichbar ist, während die Menge an Abfällen des Knochen verarbeitenden Handwerks aus Phase 1 nicht einmal ein Zehntel der Menge aus den beiden anderen Phasen beträgt (Tab. 3). Diese verhältnismäßig hohe Zahl an nicht von den Knochen verarbeitenden Handwerkern verwendeten Metapodien könnte auf einen Überschuss an Metapodien in dieser Produktionsphase hinweisen. Sie besteht hauptsächlich aus Metacarpen, während unter den verwendeten Metapodien die Metatarsen stark überwogen.

Damit zeigt sich, dass die vollständigen Metacarpen aus dieser Phase im Zusammenhang mit der Knochenverarbeitung stehen und vermutlich den Rest des Vorrats an Rohmaterial darstellen, der nach der Verwertung von fast allen Metatarsen und einer geringeren Zahl an Metacarpen übrig blieb. Die Menge an Knochensplittern, unter denen sich Seifensiederabfälle befinden könnten, ist gerade während dieser Phase – verglichen mit den beiden anderen Phasen – gering, sowohl absolut als auch im Verhältnis zum Konsumabfall (s. Kap. 2). Die Zahl der quer zerteilten Metapodien stimmt verhältnismäßig genau mit deren Zahl aus den anderen Phasen überein.

Für den Anteil an Jungtierknochen unter den vollständigen Metapodien wäre aufgrund des oben erläuterten Ausgleichsmodells zwischen genutzten Enden und weggeworfenen ganzen Metapodien für Phase 1 ein höherer Wert vorauszusetzen als bei den beiden anderen Phasen. Da gerade für diese Phase die Zahl der gemessenen, verwachsenen und vollständigen Metapodien bereits relativ groß ist, ergäben sich zusätzliche Indizien für einen Rohstoffüberschuss während Phase 1 durch eine verhältnismäßig große Zahl von unverwachsenen, nicht registrierten Fragmenten.[285] Der Deutung, dass es für Phase 1 einen Rohstoffüberschuss gab, steht deshalb nichts im Wege.

Zusammengefasst zeigt sich eine Vergrößerung der Wuchsform der Rinder und somit der Metapodien zwischen Produktionsphase 1 und den Produktionsphasen 2 bis 3. Außerdem wurden trotz der vielen unsicheren und verkomplizierenden Faktoren Hinweise dafür gefunden, dass während Produktionsphase 1 den Knochen verarbeitenden Handwerkern mehr Metapodien zur Verfügung standen als benötigt wurden und der Überschuss an Metapodien während Produktionsphase 2 bedeutend geringer war. Zum Verhältnis zwischen Nachfrage und Angebot des Rohmaterials während Produktionsphase 3 konnte keine Klarheit gewonnen werden.

3.2.4 Rohmaterialauswahl: der Anteil an Jungtierfragmenten

Ein Rohmaterialüberschuss bei den zur Knochenverarbeitung verwendeten Metapodien lässt sich aus einer Überrepräsentation von Metapodien ableiten, welche die für die Knochenverarbeitung bevorzugten Charakteristiken besitzen. So ist zu erwarten, dass Metapodien von älteren, voll ausgewachsenen Tieren gegenüber Metapodien von Jungtieren bevorzugt wurden. Letztere haben eine dünnere Kompakta (der kompakte Teil der Knochenwand, der für die Knochenverarbeitung benutzt wird). Außerdem sind sie kleiner und damit sind Breite und Länge der relativ ebenen Knochenteile geringer. Dies zieht engere Grenzen bezüglich der Form und Maße der Produkte. Damit ist die Zahl der Produkte, die maximal aus einem Metapodium hergestellt werden können, geringer als bei einem voll ausgewachsenen Metapodium, so dass der Gewinn im Verhältnis zum vorbereitenden Arbeitsaufwand ebenfalls geringer ausfällt. Wie bereits im vorigen Absatz erläutert, war es aus dem gleichen Grunde sinnvoll, Metapodien großwüchsiger Tiere wie Ochsen, Stiere oder Rinder großer Rassen zu bevorzugen. Als die Verarbeitung der Metapodien im Experiment nachvollzogen wurde, zeigte sich zudem, dass die Kompakta von Metapodien ausgesprochen juveniler Tiere moderner Zucht (etwa 9–12 Monate alt) relativ zerbrechlich und nur schwer entlang den erwünschten Linien zu spalten war.[286] Der Anteil der entfernten Metapodienenden von Tieren, die vor dem vollständigen Verwachsen der distalen Epiphyse (etwa 2,5 Jahre alt) geschlachtet wurden, steigt von der ersten Phase zur dritten kontinuierlich an (Tab. 13 unter D). Im Verlauf der Phase 1 und am Anfang der Produktionsphase 2 (Bef. 195a) ist der Anteil mit 6 bzw. 10% aller entfernten Enden noch gering, steigt aber in Bef. 219 (Produktionsphase 2) und Produktionsphase 3 auf 28 bzw. 43% an. Darunter ist auch ein geringer

---

285 Während der Jungtieranteil im Konsumabfall der Phase 1 dem der anderen Phasen gleicht, sind Jungtiermetapodien unter den zur Knochenverarbeitung eingesetzten Fragmenten seltener vertreten (Tab. 17). Das deutet darauf hin, dass sie häufiger ausgemustert wurden und unverarbeitet blieben. Demzufolge wäre unter den vollständigen, nicht verarbeiteten Metapodien eine relativ große Zahl an unverwachsenen Fragmenten zu erwarten (vgl. weiter im nächsten Abschnitt).

286 Vom Verfasser im Frühjahr 1992 durchgeführte Experimente an Metapodien, bezogen vom Schlachthaus in Konstanz. Sie beinhalteten u. a. das Abschlagen des Distalendes und das anschließende Spalten in der Länge entlang der Koaleszenznaht mit einem Stechbeitel und einem Hackmesser. Bei beiden Verarbeitungsschritten wurde festgestellt, dass die Knochenwand der Metapodien jüngerer Tiere früher und stärker entlang unerwünschter Linien brach als bei den Metapodien älterer Tiere.

a)

Periode PRILLOFF	Per. I		Per. III		Per. V		Per. VI	
Produktionsphase Paternosterabfall	Phase 1		Bef. 195b (Ph. 2A)		Phase 2A		Phase 2B-3.I	
Alter/verwendete Fugen total	Zahl	%	Zahl	%	Zahl	%	Zahl	%
0–2 Jahre: diverse Fugen	60	*18,3*	48	*20,8*	165	*12,7*	53	*43,4*
2–3 Jahre: Metapodia distal	203	24,1	204	34,8	124	87,1	84	91,7
2–3 Jahre: Tibia distal	21	19,0	15	33,3	91	47,3	16	25,0
ca. 3 Jahre: Tuber calcis	8	*62,5*	1	*100,0*	42	*69,0*	3	*66,7*
3–3,5 Jahre: diverse Fugen ohne Tibia	39	*56,4*	72	*81,9*	226	*72,1*	80	*78,8*
3–3,5 Jahre: Tibia proximal	17	76,5	13	76,9	49	73,5	19	57,8

b)

Produktionsphase Paternosterabfall	Phase 1		Bef. 195b (Ph. 2A)		Phase 2A		Phase 2B-3.I		Quelle
Knochengruppe total	**Zahl**	**%**	**Zahl**	**%**	**Zahl**	**%**	**Zahl**	**%**	
Metapodienenden abgeschlagen/gesägt	186	*5,9*	141	*9,9*	711	*27,6*	255	*43,1*	Tab. 13 unter D
Metapodienenden abgesägt					58	*8,6*			
Metapodien (PRILLOFF)	203	*24,1*	204	*34,8*	124	*87,1*	84	*91,7*	PRILLOFF 2000, Tab. 17
Tibia distal (PRILLOFF)	21	*19,0*	15	*33,3*	91	*47,3*	16	*25,0*	ebd.
übriges Postkranium inkl. Tibia (PRILLOFF)	37	*24,3*	30	*20,0*	165	*12,1*	42	*26,2*	ebd.
Kiefer (PRILLOFF) (bis 2,5 Jahre: M3+/-)	153	*15,0*	7	*57,1*	73	*45,2*	111	*13,5*	ebd. Tab. 16
Kiefer (PRILLOFF) (bis 3 Jahre: P4+/-)	153	29,4	7	71,5	73	52,0	111	13,5	ebd.

% = Anteil der Fragmente der vor oder während des genannten Alters geschlachteten Tiere

Tab. 17: Schlachtalter postkranialer Skelettelemente nach PRILLOFF 2000, Tab. 17: Anteile unverwachsen/verwachsend (a) und Vergleich der Jungtieranteile (bis ca. 2,5 Jahre) unterschiedlicher Knochengruppen (b).

Anteil an Enden, die nicht nur unverwachsen sind, sondern auch andere Merkmale von juvenilem Knochenmaterial zeigen und wohl von Rindern stammen, die jünger als anderthalb Jahre waren, als sie geschlachtet wurden. Dieser Anteil folgt demselben steigenden Trend. Wenn die Daten in ganze und fragmentierte Enden und in Metacarpen und Metatarsen aufgeteilt werden, zeigen sich keine bedeutenden Abweichungen von diesem Trend (Tab. 13 unter D). Unter den abgesägten Enden von Bef. 219 (Produktionsphase 2) ist der Anteil der Jungtierenden mit 9% deutlich geringer als unter den abgeschlagenen Enden (ohne das Gesamtverhältnis signifikant zu beeinflussen). Um Perlen aus quer gesägten Knochenscheiben anfertigen zu können, ist die Größe der Wandstärke der Kompakta von essentieller Bedeutung. Diejenigen unverwachsenen Metapodien, die trotzdem zur Bohrscheibenanfertigung verwendet wurden, zeigen keine sichtbaren anderen juvenilen Merkmale. Sie sind vermutlich so weit ausgewachsen, dass bei der Knochenverarbeitung visuell anscheinend kaum ein Unterschied zu verwachsenen Enden zu erkennen war.

Um den steigenden Jungtieranteil in den Metapodienabfällen aus dem Knochen verarbeitenden Handwerk erklären zu können, ist ein Vergleich mit Daten von Konsumabfällen erforderlich. Ähnlich wie bei der Größe der Metapodien, wird dieser Vergleich dadurch erschwert, dass bei der Analyse des Schlachtalters an den Tierknochenfunden aus der Konstanzer Münzgasse durch Priloff die Handwerksabfälle und die Konsumabfälle nicht voneinander getrennt wurden.[287] Deshalb wurde für vier der von Priloff untersuchten Knochenkomplexe[288] für jede Epiphysenfuge separat der Anteil der nicht vollständig verwachsenen Fragmente berechnet (Tab. 17a). Anschließend wurden die Abweichungen von einer zu erwartenden Verteilung des Schlachtalters auf Basis des Vergleichs dieser Anteile untereinander ermittelt. Zusätzlich wurde der Anteil der Knochenfragmente von Rindern, die jünger als zweieinhalb Jahre waren, für die Gesamtheit der Knochen mit Ausnahme der Phalangen und Metapodien festgestellt. Eine entsprechende Feststellung wurde unter Fortfall der Daten der Radien sowie unter Fortfall der Daten der Radien und Tibien getroffen (Tab. 17b). Die beiden letztgenannten Knochen verwachsen distal etwa gleichzeitig mit den Metapodien. Sie wurden von den Knochen bohrenden Handwerkern v. a. in Produktionsphase 2A verarbeitet. Dagegen hatten sie in Produktionsphasen 1 und 2B bzw. 3 eine geringe bzw. keine Bedeutung als Rohmaterial für die Knochenverarbeitung (s. Tab. 41a). Unter den Tibien der beiden Fundkomplexe mit Abfällen der Produktionsphase 2A sind die Jungtieranteile höher als in den Fundkomplexen mit Abfällen der anderen Produktionsphasen. Auch absolut gesehen ist ihre Zahl v. a. aus Bef. 219 (Produktionsphase 2A) überdurchschnittlich hoch. Das gibt Anlass zur Vermutung, dass sich darunter Werkstattabfälle befinden. Die Erhöhung des Anteils an nicht vollständig verwachsenen Tibien ist deshalb wahrscheinlich im Zusammenhang mit der Verwendung von Tibien durch die Knochen bohrenden Handwerker zu sehen. Die Jungtieranteile unter den von Priloff untersuchten Metapodienfragmenten aus den Fundkomplexen der Produktionsphase 1 und Bef. 195b (Phase 1/Anfang Phase 2A: 24 bzw. 35%) passen trotz ihrer weitaus überdurchschnittlichen Fragmentzahl in eine normale Verteilung des Schlachtalters, und sie zeigen Werte, die mit denen von anderen Skelettelementen vergleichbar sind, die in einem ähnlichen Alter verwachsen. In den Fundkomplexen der Phase 2A bzw. der Phasen 2B und 3.I dagegen befinden sich unter den Metapodienfragmenten bedeutend mehr Jungtierknochen als erwartet (87 bzw. 92%). Anders als bei Metapodien und Tibien, zeigen die von Priloff untersuchten Unterkiefer in den Phasen, in denen sie zum Knochenbohren eingesetzt wurden, einen relativ niedrigen Jungtieranteil und in den Phasen, in denen sie nicht genutzt wurden, einen auffallend hohen Jungtieranteil. Dass dieser während Phase 2A bei den Kiefern bedeutend höher liegt als bei den nicht zur Knochenverarbeitung eingesetzten Skelettelementen, könnte durch Differenzen zwischen der Altersbestimmung anhand von Zahndurchbrüchen in Kiefern und der Altersbestimmung anhand von Epiphysenschlüssen in den Langknochen verursacht worden sein. Ferner besteht die Möglichkeit, dass Unterschiede in der Verteilung des Schlachtalters eine Rolle

---

287 Bei einigen der von Priloff untersuchten Fundkomplexe wurden vorzeitig so gut wie möglich Abfälle des Knochen verarbeitenden Handwerks aus dem Untersuchungsmaterial entfernt (vgl. weiter unten).
288 Nach Priloff 2000, Tab. 17.

spielten zwischen einerseits gemischten Nahrungsabfällen aus verschiedenen Haushalten und andererseits z. B. einem Posten an Unterkiefern, die direkt vom Schlachter stammten. Dass unter den Kieferfragmenten, die als Abfall vom Knochen verarbeitenden Handwerk weggeworfen wurden, der Anteil an Jungtieren beachtlich niedrig war, kann dadurch entstanden sein, dass die Handwerker Knochen älterer Tiere bevorzugten. Die erhöhten Jungtieranteile unter den von PRILLOFF analysierten Metapodien- und Tibienfragmenten dagegen könnten durch die von den Werkstätten als ungeeignet und überflüssig weggeworfenen (Jungtier-)Fragmente entstanden sein.

Was auch immer der Grund für die Abweichungen in den Schlachtaltersdaten der von PRILLOFF untersuchten Rinderknochen sein mag, es zeigt sich kein Hinweis auf einen von Produktionsphase 1 zu Phase 3 ansteigenden Anteil von Rindern, die früher als im Alter von 2,5 Jahren geschlachtet wurden. Stattdessen zeigen die nicht zur Knochenverarbeitung eingesetzten Skelettelemente und die Radien aus den Fundkomplexen der Produktionsphase 2A eine leichte Senkung des Anteils der nicht vollständig verwachsenen Fragmente. Es ist allerdings nicht sicher, dass diese Senkung (von etwa 25 auf rund 12%) als signifikant zu betrachten ist. Verglichen mit den Konsumabfällen zeigen die zur Knochenverarbeitung entfernten Metapodienenden der Produktionsphase 1 und in Bef. 195b weniger Jungtierknochen und die Metapodienenden aus den Produktionsphasen 2A und 3 (Bef. 219 bzw. 472) einen höheren Anteil an Jungtierknochen.[289]

Bevor man aus dem Vergleich der Jungtieranteile in Werkstatt- und Konsumabfällen Schlüsse zur Materialauswahl der Knochen verarbeitenden Handwerker ziehen kann, muss festgestellt werden, ob die Konsumabfälle aus der Münzgasse für die Rohmaterialquelle dieses Handwerks repräsentativ sind. Dazu sollte man die Prozesse der Fleischverteilung innerhalb der Stadt in die Analyse mit einbeziehen.

Der Anteil von Jungtierfleisch war im Allgemeinen in wohlhabenden Haushalten größer als unter den weniger begüterten Bevölkerungsgruppen der Stadt. Diese Tendenz wird bei den Skelettteilen mit besserem, bevorzugtem Fleisch stärker gewesen sein als bei den Metapodien, die ohnehin – ob jung oder alt – kaum in den wohlhabenden Haushalten gelandet sein dürften. Außer, dass die Knochenverarbeiter sie nutzen konnten, waren Jungtiermetapodien zur handwerklichen Markextraktion wegen des höheren Blutgehalts im Mark schlecht geeignet[290] und könnten deshalb bei den untersten Bevölkerungsschichten als Suppenknochen gelandet sein. Die übrigen postkranialen Knochenreste stellen vermutlich Konsumabfälle einer weniger wohlhabenden Bevölkerungsschicht dar, so dass darin von den Körperteilen mit Fleisch v. a. Knochen von älteren Schlachtrindern zu erwarten sind. Daraus ergibt sich eine Überrepräsentanz älterer Tiere. Dagegen wurden die Metapodien aus den Knochenwerkstätten zuvor beim Schlachter wahrscheinlich bei allen möglichen Schlachtrindern von den Körperteilen mit Fleisch entfernt, vom Jungtierfleisch für die wohlhabenden Schichten wahrscheinlich ebenso wie von den Kadavern älterer Tiere mit Fleisch von zweitrangiger Qualität. Die von PRILLOFF untersuchten Metapodienfragmente könnten eine Kombination von Abfällen aus den Knochenwerkstätten und von (Jungtier-)Fragmenten sein, die von den Werkstätten als überflüssig weggeworfen wurden sowie von Suppenknochen der ärmeren Anwohner.

Die niedrigen Jungtieranteile bei den Metapodienenden aus den Knochenwerkstätten in Phase 1 und Bef. 195b, die noch unterhalb von denen der Konsumabfälle anzusiedeln sind, würden im Lichte dieses Modells auf eine starke Auswahl aus den Metapodien zugunsten von älteren Tieren durch die Knochen verarbeitenden Handwerker hindeuten. Zu diesem Zwecke waren anscheinend ausreichend Metapodien vorhanden.

Für die Umkehrung des Verhältnisses zwischen Konsum- und Werkstattabfall bei den Jungtieranteilen in Phase 2 nach der Ablagerung von Bef. 195b gibt es zwei mögliche Interpretationen. Bei einem gleich bleibenden oder sinkenden Jungtieranteil auf den städtischen Schlachtbänken deutet

---

289 Die Werkstattabfälle aus Bef. 472 (Produktionsphase 3.I) müssen hier mit Daten von PRILLOFF verglichen werden, wobei Daten aus diesem Befund mit solchen aus einer Reihe von Befunden aus Produktionsphase 2B zusammengefügt wurden.
290 Mitteilung R. MALIEPAARD (Amsterdam).

dies auf eine starke Verringerung der Auswahlmöglichkeit an Metapodien für die Knochenverarbeiter hin. Andererseits ist es auch möglich, dass eine Steigerung des Jungtieranteils auf den Schlachtbänken die Knochenverarbeiter zu einer zunehmenden Nutzung von Jungtiermetapodien zwang, ohne dass dies im Konsumabfall aus der Münzgasse zu bemerken ist. Die zeitweilige Senkung des Jungtieranteils im Konsumabfall von Phase 219 könnte – vom oben beschriebenen Modell aus interpretiert – mit einer zeitweilig größeren Nachfrage nach Fleisch oder einem zeitweiligen Fleischmangel zusammenhängen, beispielsweise ausgelöst durch das Konzil. Deshalb war es für die Unterschichten zeitweilig vermutlich noch schwieriger, Jungtierfleisch zu erhalten. Gleichzeitig kann eine plötzlich stark angestiegene Nachfrage nach Rindfleisch dazu geführt haben, dass mehr Jungtiere geschlachtet wurden und zusätzlich von außen Schlachtvieh herangezogen wurde, das ebenfalls überwiegend jung und saftig war. Es ist denkbar, dass die einmal in Gang gesetzte Anfuhr und Schlachtung von Kälbern erst nach der Abnahme der Nachfrage nach Fleisch mit Verzögerung zurückging oder aus wirtschaftsorganisatorischen Gründen sogar erhalten blieb. Eine solche Verzögerung kann auch einen Einfluss auf die Zusammensetzung neuer und noch vorhandener Metapodienvorräte der Knochen verarbeitenden Handwerker in Produktionsphase 2B bis 3.I gehabt haben. Dadurch kann der Jungtieranteil unter den verwendeten Metapodien auf dem gleichen hohen Niveau geblieben sein. Dass der Jungtieranteil unter den Knochen aus Körperteilen mit Fleisch zugleich nicht weiter anstieg als auf das ursprüngliche Niveau, das sich weit unter dem Jungtieranteil der Werkstattreste und der von Prilloff untersuchten Metapodienreste befindet, mag daran gelegen haben, dass trotz der großen Menge an geschlachtetem Jungvieh, Jungtierfleisch immer noch erheblich teurer war als Jungtiermetapodien, die weder zum Suppenkochen noch zur Knochenverarbeitung besonders gut geeignet waren. Es ist weiterhin denkbar, dass zu einem gegebenen Zeitpunkt aus organisationstechnischen Gründen gar nicht mehr ausgewählt wurde und die Knochenverarbeiter eine ganze Ladung Metapodien unsortiert vom Metzger oder Knochenzulieferer geliefert bekamen. Es ist auch denkbar, dass die Bedürfnisse oder Bevorzugungen der Knochenverarbeiter sich änderten oder durch Änderungen in der benutzten Technik angepasst wurden, z.B. als Reaktion auf Änderungen in der Zusammensetzung des Rohmaterials wie einer Zunahme an Jungtiermetapodien.[291]

Zusammengefasst gestaltet sich die Interpretation der Jungtieranteile unter den verwendeten Metapodien ähnlich wie die der Metapodiengrößen als sehr komplex und schwierig, zum einen durch das Zusammentreffen mehrerer Faktoren, deren konkreter Inhalt nicht zu ermitteln war, zum anderen durch das Fehlen von Vergleichsdaten des vom Handwerksabfall getrennten Konsumabfalls. Trotzdem zeigt sich ein Unterschied zwischen einerseits der Produktionsphase 1, in der Metapodien ausreichend für eine Auswahl der distal verwachsenen Knochen vorhanden waren und andererseits den Produktionsphasen 2 und 3, in denen die Auswahlmöglichkeiten beschränkter waren.

Metapodien mit sichtbar juvenilen Merkmalen wurden in allen Phasen verarbeitet. Vielleicht waren die am Anfang dieses Abschnitts erwähnten Nachteile der Jungtierknochen wie die dünnere, anders spaltende Knochenwand bei kleinwüchsigeren, spätmittelalterlichen Rindern weniger problematisch als bei heutigen Rindern, oder sie wurden von den betreffenden Knochen verarbeitenden Handwerkern als nicht problematisch empfunden.

3.2.5 Rohmaterialausnutzung: die entfernte Knochenlänge

Eine mögliche Rohmaterialknappheit könnte zu dem Versuch geführt haben, einen größeren Teil der Knochenlänge zu nutzen und mehr von der zum Ende hin dünner und spongiöser werdenden Knochenwand bei der weiteren Bearbeitung einzubeziehen. In dem Falle würde die Durchschnittslänge des entfernten Teils sinken.

---

291 Vgl. Kap. 3.4. So ist z.B. für die Anfertigung von flachen Ringen der Produktionsphase 3 die Kompaktheit und Stärke der kompakten Knochenwand weniger wesentlich als bei den runden Ringen der Produktionsphase 1.

a)

	total		Metatarsus		Meta-carpus		MT minus MC		GL minus LH		
	GL	LH	GL	LH	GL	LH	GL	LH	total	MT	MC
abgesägt: Bef. 219 distal		52,1		51,8		52,7		0,9			
abgesägt: Bef. 219 proximal		19,9		20,4		18,8		1,6			
Summe distal und proximal		72,0		72,2		71,5		0,7			
abgeschlagen: total Konstanz	44,9	37,8	48,0	39,8	44,4	37,4	3,6	2,4	7,1	8,2	7,0
Phase 1	45,1	40,0	49,7	42,8	48,0	41,1	1,7	2,7	5,1	6,9	6,9
Phase 2: Bef. 195b	46,5	38,2	49,8	39,0	43,7	38,0	6,1	1,0	8,3	10,8	5,7
Phase 2: Bef. 219	43,0	37,1	43,8	39,0	42,2	36,5	1,6	2,5	5,9	4,8	5,7
Phase 3: Bef. 472	44,4	37,4	47,6	40,0	45,1	37,8	2,5	2,2	7,0	7,6	7,3
abgeschlagen: Den Bosch	51,6	44,6	53,1	46,2	50,3	44,3	2,8	1,9	6,9	6,9	6,0

b)

	total		Metatarsus		Meta-carpus		MT minus MC		GL minus LH		
	GL	LH	GL	LH	GL	LH	GL	LH	total	MT	MC
abgesägt: Bef. 219 (prox./dist.)	148,1	155,2		135,4		115,0		19,7			
abgeschlagen: total Konstanz			159,6	167,8	133,1	140,1	26,5	27,7	7,1	8,2	7,0
Phase 1			148,8	155,7	117,3	124,2	31,5	31,5		6,9	6,9
Phase 2: Bef. 195b			148,7	159,5	121,6	127,3	27,1	32,2		10,8	5,7
Phase 2: Bef. 219			163,7	168,5	144,3	150,0	19,4	18,5		4,8	5,7
Phase 3: Bef. 472			164,7	171,6	135,5	142,8	29,2	28,8		6,9	7,3

Tab. 18: Entfernte (a) und verfügbare Knochenlänge (b) der Metapodienenden (Durchschnittswerte in mm) (MT = Metatarsus; MC = Metacarpus; GL = größte Länge; LH = Länge bis zur Schlagstelle).

a)

	Phase 1		Bef. 195b		Bef. 219		Bef. 472		Den Bosch		Bef. 219	
	Metapodien										Metacarpus	
	Zahl	%	Zahl	%	Zahl	%	Zahl	%	Zahl	%	Zahl	%
total Zahl (100%)	186	100,0	140		655		255		70		253	
ohne Hackspur	3	1,6	21	15,0	5	0,8	0	0	2	2,9	1	0,4
total mit Hackspur (100%)	183		119		650		255		68		252	
lateral oder medial (total)	**81**	**44,3**	**2**	**1,7**	**4**	**0,6**	**1**	**0,4**	**0**	**0**	**1**	**0,4**
davon von einer Seite	77	42,1	2	1,7	2	0,3	0	0	0	0	1	0,4
davon lateral und medial	3	1,6	0	0,0	0	0,0	0	0	0	0	0	0,0
davon lateral/medial u. anterior	1	0,5	0	0,0	1	0,2	1	0,4	0	0	0	0,0
davon lateral/medial u. posterior	0	0	0	0,0	1	0,2	0	0	0	0	0	0,0
anterior (total)	**100**	**54,6**	**116**	**97,5**	**639**	**98,3**	**252**	**98,8**	**68**	**100**	**248**	**98,4**
davon von einer Seite	90	49,2	39	32,8	175	26,9	155	60,8	62	91,2	72	28,6
davon anterior und posterior	9	4,9	73	61,3	463	71,2	97	38,0	6	8,8	176	69,8
<davon anterior u. lateral./medial>	1	0,5	1	0,8	1	0,2	0	0	0	0	0	0,0
posterior (total)	**12**	**6,6**	**78**	**65,5**	**472**	**72,6**	**99**	**38,8**	**6**	**8,8**	**179**	**71,0**
davon von einer Seite	3	1,6	5	4,2	8	1,2	2	0,8	0	0	3	1,2
<davon posterior und anterior>	9	4,9	73	61,3	463	71,2	97	38,0	6	8,8	176	69,8
<davon posterior u. lateral/medial>	0	0	0	0	1	0,2	0	0	0	0	0	0
total von einer Seite	**170**	**92,896**	**46**	**38,7**	**185**	**28,5**	**157**	**61,584**	**62**	**91,2**	**79**	**31,3**

b)

	Phase 1		Bef. 195a		Bef. 219		Bef. 472		Den Bosch		Den Bosch	
	Metapodien										Metacarpus	
	Zahl	%	Zahl	%	Zahl	%	Zahl	%	Zahl	%	Zahl	%
total Enden (100%)	100		116		643		228		69		27	
ohne Hackspur	0	0	10	7,1	4	0,6	0	0	2	2,9	1	0,4
total mit Hackspur (100 %)	100		106		639		228		67		26	
lateral oder medial	**2**	**2**	**0**	**0**	**3**	**0,5**	**1**	**0,4**	**0**	**0**	**0**	**0**
davon von einer Seite	2	2	0	0	1	0,2	0	0	0	0	0	0
davon lateral und medial	0	0	0	0	0	0	1	0,4	0	0	0	0
davon lateral/medial u. anterior	0	0	0	0	1	0,2	0	0	0	0	0	0
davon lateral/medial u. posterior	0	0	0	0	1	0,2	0	0	0	0	0	0
anterior	**97**	**97**	**101**	**84,9**	**634**	**97,5**	**226**	**88,6**	**67**	**100**	**26**	**100**
davon von einer Seite	88	88	30	25,2	171	26,3	135	52,9	61	89,7	25	9,9
davon anterior und posterior	9	9	71	59,7	462	71,1	91	35,7	6	9	1	3,8
<davon anterior u. lateral/medial>	0	0	0	0,0	1	0,2	0	0	0	0	0	0
posterior	**10**	**10**	**76**	**63,9**	**466**	**71,7**	**92**	**36,1**	**6**	**8,8**	**1**	**3,8**
davon von einer Seite	1	1	5	4,2	3	0,5	1	0,4	0	0	0	0
<davon posterior und anterior>	9	9	71	59,7	462	71,1	91	35,7	6	8,8	1	0,4
<davon posterior u. lateral/medial>			0	0	1	0,2	0	0	0	0	0	0
total von einer Seite	**91**	**91**	**35**	**29,4**	**177**	**27,2**	**136**	**53,3**	**61**	**89,7**	**25**	**9,9**

< > = bereits oberhalb aufgeführte Daten wegen der Übersichtlichkeit wiederholt, aber nicht nochmals mitgerechnet

Tab. 19: Metapodienenden Schlagseite (gesicherte Schläge). Fragmentierte und ganze Enden Rind (a) und nur ganze Enden Rind (b).

Bef. 219		Bef. 472				Den Bosch			
Metatarsus		Metacarpus		Metatarsus		Metacarpus		Metatarsus	
Zahl	%	Zahl	%	Zahl	%	Zahl	%	Zahl	%
333		124		119		27		36	
4	1,2	0	0	0	0	1	3,7	0	0
329		124		119		26		36	
3	0,9	0	0	1	0,8	0	0	0	0
1	0,3	0	0	0	0	0	0	0	0
0	0	0	0	1	0,8	0	0	0	0
1	0,3	0	0	0	0	0	0	0	0
1	0,3	0	0	0	0	0	0	0	0
323	98,2	123	99,2	118	99,2	26	100	36	100
81	24,6	60	48,4	85	71,4	25	96,2	32	88,9
241	73,3	63	50,8	33	27,7	1	3,8	4	11,1
1	0,3	0	0	0	0	0	0	0	0
246	74,8	64	51,6	33	27,7	1	3,8	4	11,1
4	1,2	1	0,8	0	0	0	0	0	0
241	73,3	63	50,8	33	27,7	1	3,8	4	11,1
1	0,3	0	0	0	0	0	0	0	0
86	26,140	61	49,2	85	71,429	25	96,2	32	88,9

Den Bosch		Phase 1				Bef. 195a				Bef. 219				Bef. 472			
Metatarsus		Metacarpus		Metatarsus		Metacarpus		Metatarsus		Metacarpus		Metatarsus		Metacarpus		Metatarsus	
Zahl	%	Zahl	%	Zahl	%	Zahl	%	Zahl	%	Zahl	%	Zahl	%	Zahl	%	Zahl	%
36		27		61		59		55		250		324		116		103	
0	0	0	0	0	0	6	22,2	3	8,3	1	0,4	1	0,3	0	0	0	0
36		27		61		53		52		249		323		116		103	
0	0	1	3,7	1	1,6	0	0	0	0	0	0	3	0,9	0	0	1	1,0
0	0	1	0,8	1	0,8	0	0	0	0	0	0	1	0,3	0	0	0	0
0	0	0	0	0	0	0	0	0	0	0	0	0	0	0	0	1	1,0
0	0	0	0	0	0	0	0	0	0	0	0	1	0,3	0	0	0	0
0	0	0	0	0	0	0	0	0	0	0	0	1	0,3	0	0	0	0
36	100	26	21,0	59	49,6	51	196,2	47	130,6	247	99,2	319	98,8	115	99,1	102	99,0
32	9,7	21	16,9	55	46,2	14	53,8	13	36,1	71	28,5	78	24,1	56	48,3	70	68,0
4	1,2	5	4,0	4	3,4	37	142,3	34	94,4	176	70,7	240	74,3	59	50,9	32	31,1
0	0	0	0	0	0	0	0,0	0	0	0	0	1	0,3	0	0	0	0
4	11,1	5	18,5	5	4,2	39	150,0	36	100,0	178	71,5	243	75,2	60	51,7	32	31,1
0	0	0	0	1	0,8	2	7,7	2	5,6	2	0,8	2	0,6	1	0,9	0	0
4	1,2	5	4,0	4	3,4	37	142,3	34	94,4	176	70,7	240	74,3	59	50,9	32	31,1
0	0	0	0	0	0	0	0	0	0	0	0	1	0,3	0	0	0	0
32	9,7	22	17,7	57	47,9	16	61,5	15	41,7	73	29,3	81	25,1	57	49,1	70	68,0

Die Durchschnittslänge vom distalen Ende bis zur Schlagstelle ist sowohl an Metacarpen wie Metatarsen in Phase 1 am größten, in Phase 2 – v. a. in Bef. 219 – am kleinsten, und sie steigt in Bef. 472 wieder etwas an (Phase 3) (Tab. 18a). Die Mittelwerte der größten Länge, die an den abgeschlagenen Enden gemessen werden kann, zeigen die gleiche Entwicklung.[292] Daraus wäre ein Materialüberschuss in Phase 1 abzuleiten und eine Knappheit in Phase 2, möglicherweise verstärkt zur Zeit von Bef. 219. Zuvor gaben Jungtieranteile bereits Anlass zu ähnlichen Vermutungen. Neu wäre ein Nachlassen der Materialknappheit in Phase 3. Es ist denkbar, dass bei einem standardisierten Arbeitsvorgang die Schlagstelle bei einer solchen Verbesserung des Materialangebots zwar nicht direkt bewusst Richtung Mitte verschoben, aber nachlässiger als in Phase 2 etwa auf die gleiche Stelle gezielt wurde. In dem Falle könnte die Materialknappheit stärker abgenommen haben, als es die Senkung der abgeschlagenen Längen vermuten lässt.

Einen Eindruck von der Knochenlänge, die nach dem Abschlagen des Endes zur Verarbeitung verfügbar war, bekommt man, wenn man die entfernten Längen von den Durchschnittslängen der ganzen Metapodien abzieht (Tab. 18b). Es zeigt sich, dass vom Metatarsus durchschnittlich 2,5 bis 3 cm mehr Knochenlänge übrig bleiben als vom Metacarpus (16 bis 16,8 cm beim Metatarsus gegenüber 13,3 bis 14 cm beim Metacarpus). Dieses bestätigt den zuvor genannten Längenvorteil von Metatarsen gegenüber Metacarpen.

Die Durchschnittslänge der abgesägten Distalenden aus Bef. 219 ist mit 5,3 bzw. 5,2 cm für Metacarpen bzw. Metatarsen 1 bis 1,5 cm länger als die der abgeschlagenen Distalenden (Tab. 18a). Zusätzlich deuten die etwa gleich großen Zahlen von abgesägten proximalen wie distalen Enden darauf hin, dass auch am Proximalende ein Teil der Knochenlänge im Standardfall ungenutzt blieb. Die Durchschnittslänge dieser abgesägten Proximalenden beträgt 1,9 bzw. 2 cm für Metacarpen bzw. für Metatarsen (Tab. 18a). Nach Abzug von zusammen 7,2 cm der weggeworfenen Knochenlänge bleiben durchschnittlich etwa 11 cm Metacarpen- gegenüber 13,5 cm Metatarsenlänge übrig (Tab. 18b). Das mag weniger erscheinen (2,5 bis 3,5 cm) als bei den Metapodien, deren Distalenden abgeschlagen wurden. Zu berücksichtigen ist jedoch, dass bei der Weiterverarbeitung der abgeschlagenen Diaphysen zu Bohrleisten oder Würfelstäben sowohl distal als auch proximal noch ein Teil der Knochenlänge ungenutzt blieb (s. Kap. 3.4). Die beidseitig abgesägten Diaphysen dagegen können vollständig quer zu Bohrscheiben zersägt worden sein (s. Kap. 3.4).

3.2.6 Standardisierung: die Schlagseite und die Schlagrichtung

An den Spuren des Abschlagens auf den Distalenden ist von Phase 1 zu Phase 3 eine zunehmende Vereinheitlichung der ausgeführten Arbeitsschritte festzustellen, zum Teil als Folge technischer Entwicklungen, zum Teil ist daraus eine zunehmende Standardisierung abzuleiten. Untersucht wurden die Seiten der Knochen, an denen geschlagen wurde (Tab. 19a und b), und die jeweilige Schlagrichtung, die an den Schnittflächen der Hackspuren abzulesen ist (Tab. 20).

An den Metapodienenden der Produktionsphase 1 ist eine große Variationsbreite an Bearbeitungsvorgängen festzustellen. Diese ist zum Teil eine Folge der Art und Weise, wie die Metapodien gespalten wurden.[293] Anders als in den Produktionsphasen 2 und 3 wurden die Metapodien vom proximalen, selten vom distalen Ende her in der Länge mit einem Hackmesser oder Beil aufgeschnitten. Dies erfolgte auf unterschiedlichen Spaltachsen wie auf der lateral-medialen oder entlang der anterior-posterioren Achse: auf der Koaleszenznaht sowie parallel und diagonal dazu (s. Kap. 3.4.3.4; Abb. 88). Die verschiedenen Formen der Scheite verlangten eine unterschiedliche Behandlung der

---

[292] Eine Zunahme an Geschicklichkeit und eine Verbesserung der Technik wird die Durchschnittslängen nicht beträchtlich beeinflusst haben, wenngleich eine gewisse Geschicklichkeit und Erfahrung Bedingung für ein gezieltes Senken der abgeschlagenen Längen zum Ende hin ist.

[293] Die Muster der Spaltvorgänge in Produktionsphase 1 wurden erst nach der Analyse der Spuren des Entfernens an den Enden durch die Untersuchung der durchbohrten Leisten in Kap. 3.4.3.4 deutlich.

	lateral/medial		anterior											
	Phase 1	Phase 1	Bef. 195b	Bef. 219	Bef. 472	Den Bosch	Phase 1		Bef. 195b		Bef. 219		Bef. 472	
							MC	MT	MC	MT	MC	MT	MC	MT
rechtwinklig zur Knochenachse	7,4	23,4	13,1	35,7	80,2	60,6	20,7	24,6	13,2	13,6	41,6	36,5	85,4	77,5
rechtwinklig und fast rechtwinklig	9,9	24,3	23,9	44,7	94,1	74,6	24,1	26,1	21,1	25,0	53,8	43,1	98,4	91,7
schräg von distal inkl. fast rechtwinklig	2,5	3,6	15,5	11,1	13,8	29,6	0,0	4,3	18,4	13,6	15,8	8,5	9,8	15,8
schräg von distal exkl. fast rechtwinklig	2,5	1,8	9,8	3,6	5,1	15,5	0,0	2,9	15,7	4,5	5,4	2,8	1,6	5,8
schräg von distal und von proximal	0,0	0,9	0,0	0,0	0,0	0,0	9,4	0,0	0,0	0,0	0,0	0,0	0,0	0,0
schräg von proximal exkl. fast rechtwinklig	87,7	68,5	67,9	51,7	0,8	9,9	72,4	66,7	63,2	70,5	40,3	53,8	0,0	2,5
schräg von proximal inkl. fast rechtwinklig	90,1	72,1	71,4	53,2	5,1	9,9	75,9	68,1	70,3	72,7	42,5	55,2	4,8	10,0
davon sehr schräg von proximal	19,8	42,6	1,2	3,6	0,0	0,0	3,4	14,5	2,6	0,0	0,0	5,4	0,0	10,0
sehr schräg von distal	0,0	0,0	0,0	0,0	0,0	0,0	0,0	0,0	0,0	0,0	0,0	0,0	0,0	0,0
total Zahl (100%)	81	111	84	615	253	71	29	69	38	44	221	318	123	120

Tab. 20: Metapodienenden. Schlagrichtung in Prozent (MC = Metacarpus; MT = Metatarsus).

Enden. Von den 186 Fragmenten abgeschlagener Distalenden, von denen Daten aufgenommen wurden, waren einhundert vollständig, also bereits abgeschlagen, bevor sie gespalten oder in der Länge aufgeschnitten wurden. Diese zeigten fast alle Hackspuren an der Vorderseite (anterior). Ein begrenzter Anteil davon wurde zusätzlich von der Rückseite (posterior) her abgeschlagen (Tab. 19b).[294] Nur zwei Enden wurden von der lateralen oder medialen Seite her abgeschlagen (Tab. 19b).[295] Eines davon zeigt Hackspuren auf der Lateral- oder Medialseite und an der Ecke zur Rückseite.

Bei vollständigen, ungespaltenen Metapodien ist das Abschlagen von der Vorderseite her am günstigsten sowohl wegen der Stabilität beim Abstützen als auch wegen der Form der Knochenwand. Beim Abschlagen eines ungespaltenen Metapodiums von der Lateral- oder Medialseite her lässt sich dieses schlechter auf einem flachen Untergrund stabil abstützen. Auch aus anderen Gründen macht das Abschlagen mehr Mühe. Ist die Knochenwand an der Vorderseite erst einmal zum Teil durchschlagen, dann bricht das Ende leicht ab, wenn man auf der Rückseite des Knochens einen weiteren Schlag oder einige weitere Schläge abgibt. Die übrigen Endstücke sind fragmentiert und wurden in den meisten Fällen erst nach einem Spalten oder Aufschneiden des Metapodiums abgeschlagen. An den meisten dieser Fragmente (79 Stück), v. a. an den halben Enden, wurden Hackspuren an der lateralen oder medialen Seite wahrgenommen (Tab. 19a), darunter verhältnismäßig viele an der Ecke zur Knochenrück- oder Vorderseite.[296] Mehr als 20 dieser halben Enden waren offenbar

---

[294] Auffallend viele Schlagspuren in dieser Phase sind undeutlich und nicht gesichert. Deshalb schwankt der Anteil von zusätzlich an der Rückseite abgeschlagenen Enden zwischen mindestens 9 und 38%.
[295] Ein Metacarpusende wurde mit zwei Schlägen auf der Lateral- oder Medialseite und zwei Schlägen auf der Ecke zur Knochenrückseite abgeschlagen, ein Metatarsusende mit einem Schlag von der Seite.
[296] Unter den 80 Enden mit lateralen oder medialen Hackspuren wurden 14 Fragmente an der hinteren Ecke abgeschlagen, fünf an der hinteren Ecke sowie an der Seite und drei an der vorderen Ecke. Unter den einhundert Enden mit Hackspuren auf der Vorder- oder Rückseite wurden nur drei Metatarsen an der Vorderseite und an der vorderen Ecke abgeschlagen.

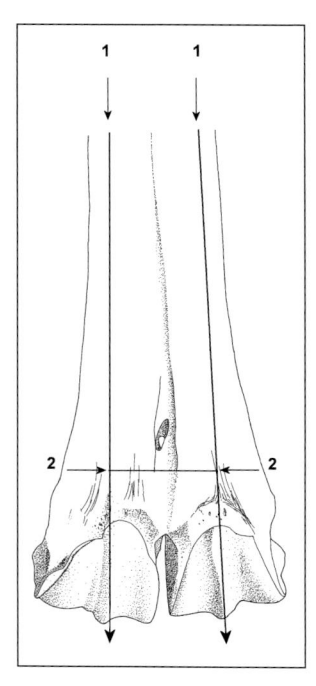

Abb. 63: Zerteilungsmuster der Distalenden von Metapodien, bei denen die Lateral- und die Medialseite längs des Knochens vom Mittelteil getrennt und das Ende abgeschlagen wurde.

vorher entlang der Koaleszenznaht gespalten worden (s. weiter Kap. 3.2.7 und 3.4.3.4). Einige wurden nämlich nicht nur von der Knochenaußenseite her abgeschlagen, sondern zeigen auch Schlagspuren an der Knocheninnenseite auf der Fläche der Koaleszenznaht. Bei einer entlang dieser Naht getrennten Metapodienhälfte entfallen die vorhin genannten Nachteile des Abschlagens des Distalendes von der Lateral- oder Medialseite her, und die Fläche der Koaleszenznaht bietet eine stabile Stütz- oder Auflagefläche.

Weiterhin gibt es distale Endstücke, die nicht abgeschlagen, sondern während des Abflachens eines Knochenscheits zu einer Leiste abgebrochen oder abgeschnitten wurden. Es sind Gelenkrollenstücke, die an der Bruchseite zur Diaphyse einen oder mehrere parallele Schnitte in Längsrichtung des Knochens zeigen. Etwa 30 Fragmente aus Phase 1 haben solche Schnittspuren, während etwa 60 weitere Fragmente von Distalenden wahrscheinlich in ähnlicher Weise von der Diaphyse gelöst wurden.[297]

Eine Anzahl von mindestens 20 Metapodien wurde entlang zweier Linien durch Aufschneiden von der Proximalseite her gespalten, und danach wurde das Distalende abgeschlagen (Abb. 63). Dabei wurden die Lateral- und Medialseite des Knochens neben der Verwachsungs- oder Koaleszenznaht mit einem Hackmesser oder eventuell Ziehmesser vom Mittelteil abgeschnitten. Danach wurde das Distalende vom Mittelteil durch Schläge auf die Lateral- oder Medialseite (in zwölf von 21 Fällen, davon in zwei Fällen nachweislich mit mehr als einem Schlag), auf beide (lateral und medial in zwei Fällen) oder auf die Knochenrückseite (posterior, in sieben Fällen) getrennt. Auch ein Pferdemetapodium wurde auf diese Weise verarbeitet. Als weggeworfene Abfälle dieser Arbeitsweise wurden, neben mindestens gleich vielen abgetrennten schmalen Seitenstücken von distalen Gelenkrollen, 22 Mittelstücke abgeschlagener Distalenden registriert.

Zusammenfassend dargestellt, wurden in Phase 1 Distalenden sowohl vor wie nach dem Spalten oder Aufschneiden abgeschlagen als auch am Knochen gelassen. Dabei wurden bei den verschiedenartigen Knochenscheiten unterschiedliche Schlagseiten ausgewählt. Von bestimmten Mustern wich man dabei nicht selten ab. Besonders an der Lateral- und Medialseite wurde die Schlagstelle gewechselt. Es existiert also weder ein einziges Muster noch wurden die vorgegebenen Muster streng einheitlich verfolgt. Vereinzelt wurden Distalenden auch abgesägt, möglicherweise zum Drechseln von Knochen.

In Produktionsphase 2 scheinen Distalenden grundsätzlich abgeschlagen worden zu sein. Dabei wurde ein bestimmtes Muster ausgewählt, von dem nur ausnahmsweise abgewichen wurde.

Aus Bef. 195b (Anfang der Produktionsphase 2A vermischt mit Phase 1) ließen sich nicht mehr als zwei halbierte Enden mit lateralen oder medialen Hackspuren feststellen und keine ganzen Enden mit solchen Spuren (Tab. 19a bzw. b). Fast alle Enden zeigten Spuren des Abschlagens an der Vorderseite, einige ausschließlich an der Rückseite. Maximal ein Drittel der Enden wurde nur an der Vorderseite abgeschlagen, die Mehrheit jedoch an der Vorder- und Rückseite. Die Enden von Bef. 219 (Produktionsphase 2A) zeigen das gleiche Bild.

Die Standardisierung lässt sich hier auch am Vorhandensein distaler Diaphysenteile mit abgeschlagenem Distalende erkennen, während diese nachträglich zum Absägen von quer gesägten Scheiben

---

[297] Diese Fragmente sind ebenso wenig in den 186 in Tab. 19a aufgeführten Endstücken enthalten wie die anschließend beschriebenen Fragmente.

genutzt wurden (Tab. 13). Da das Abschlagen des Endes beim Querzersägen der Diaphyse überflüssig ist, deuten die abgeschlagenen und abgesägten Diaphysenteile darauf hin, dass sie einem Vorrat Metapodien entnommen wurden, deren Ende bereits abgeschlagen war, um sie zu anderen Objekten wie Bohrleisten oder Würfelstäbe weiterzuverarbeiten. Das würde bedeuten, dass die Distalenden in einem separaten Arbeitsgang und in einer größeren Menge auf einmal systematisch abgeschlagen wurden.

Während man die Distalenden aus Produktionsphase 2 mehrheitlich von der Vorder- und Rückseite abschlug, wurden die Enden von Bef. 472 (Produktionsphase 3) zu 60% ausschließlich von der Vorderseite abgeschlagen, meist nur mit einem Schlag (Tab. 21a und b). Bei 40% der Enden wurde zusätzlich ein Schlag auf die Rückseite ausgeführt. Die Ausnahmen zu diesem einheitlichen Muster umfassen – ähnlich wie bei Bef. 219 – nicht mehr als 1%. Das einseitige Abschlagen, das in Phase 3 weiter zunahm, ist v. a. im Rahmen einer technischen Verbesserung zu sehen.

Ähnliches gilt für die Entwicklung in der Schlagrichtung, die auch hier eine gewisse Vereinheitlichung zur Folge hatte. Hier zeigt sich eine allmähliche Veränderung im Verlaufe der Phasen 1 bis 3, nämlich von überwiegend schräg zur Knochenlängsachse aus proximaler Richtung bis zu fast ausschließlich vertikal oder rechtwinklig zur Knochenlängenachse in Bef. 472 (Tab. 20). Wenngleich die Enden von Phase 1 überwiegend schräg von der proximalen Seite aus abgeschlagen wurden, variierte die Schlagrichtung dabei an der Vorderseite und zusätzlich lateral sowie medial erheblich und zwar von fast horizontal bis rechtwinklig zur Knochenachse.[298]

Bezeichnend ist auch das Vorhandensein eines Endes, das mit Schlägen aus zwei entgegengesetzten Richtungen abgeschlagen wurde. Eine unsichere Hand beim Schlagen könnte die Ursache dieser Variation gewesen sein. Ein anderes Distalende wurde sowohl lateral wie auch medial schräg aus distaler Richtung abgeschlagen. Dies ist eine ungünstige Schlagrichtung und könnte ebenfalls ein Hinweis auf geringe Erfahrung sein.

In Phase 2 war es schon am Anfang Praxis (Bef. 195b), kaum unter einem Winkel von 45° zur Knochenachse abzuschlagen, während anschließend nach und nach immer mehr Enden rechtwinklig abgeschlagen wurden. In Phase 3 (Bef. 472) wurde fast ausschließlich (94%) etwa rechtwinklig abgeschlagen. Ausmaß und v. a. Verteilung der von der Hauptrichtung abweichenden Schläge geben Anlass zur Vermutung, dass diese Vereinheitlichung der Schlagrichtung einer zunehmenden Schlagsicherheit der Person zu verdanken ist, welche die Schläge ausführte.[299] Nachdem also in Produktionsphase 1 auf verschiedene Art und Weise mit den Distalenden umgegangen wurde, entschied man sich in Produktionsphase 2 dafür, die Distalenden vor einer weiteren Verarbeitung durch Schläge an Vorder- und Rückseite abzuschlagen. Diese Wahl führte zu einer Standardisierung der Arbeit und zu einer Aufteilung in getrennte Arbeitsschritte, die in Produktionsphase 3 beibehalten wurden. Die zunehmende Vereinheitlichung der Schlagrichtung ist v. a. im Rahmen einer zunehmenden Fertigkeit zu betrachten.

3.2.7 Entwicklung der Schlagtechnik: die Zahl der Schläge und die Schlagrichtung

Im vorigen Abschnitt ist bereits angedeutet worden, dass die Vereinheitlichung der Schlagrichtung eine wachsende Schlagsicherheit von Phase 1 zu Phase 3 vermuten lässt.
Diese These wird durch weitere Überlegungen anhand der Schlagspurdaten bekräftigt. So muss man es – nachdem in Produktionsphase 2 überwiegend von der Vorder- und der Rückseite abgeschlagen wurde – nicht unbedingt nur als Teil einer zunehmenden Standardisierung betrachten, dass in Phase 3 überwiegend nur von der Vorderseite abgeschlagen wurde, ähnlich wie es in Produktionsphase 1

---

[298] An der Vorderseite von 43% eher horizontal, über 26% eher quer zu 24% rechtwinklig zur Knochenachse; lateral/medial von 20% eher horizontal, über 68% eher quer, zu 7,5 bis 10% rechtwinklig zur Knochenachse (Tab. 20).
[299] Eine Bestätigung der These von der wachsenden Schlagfertigkeit ist u. a. in dem relativ hohen Anteil an Schlägen aus distaler Richtung in Bef. 195b zu sehen.

anterior						Metacarpus		Metatarsus	
	total		sicher						
	Zahl	Dsn.	Zahl	Dsn.		Zahl	Dsn.	Zahl	Dsn.
Phase 1	98	2,3	97	2,3		26	2,1	60	2,4
Bef. 195b	103	2,0	100	2,0		55	2,9	49	1,8
Bef. 219	643	1,9	643	1,9		247	1,8	319	1,9
Bef. 472	226	1,4	226	1,4		115	1,4	102	1,4
Den Bosch	69	1,5	69	1,5		27	1,7	36	1,4

posterior						Metacarpus		Metatarsus	
	total		sicher						
	Zahl	Dsn.	Zahl	Dsn.		Zahl	Dsn.	Zahl	Dsn.
Phase 1	51	1,3	29	1,8		16	1,6	22	1,2
Bef. 195b	95	1,2	76	1,2		53	1,2	40	1,1
Bef. 219	486	1,0	466	1,0		186	1,0	243	1,0
Bef. 472	92	1,0	92	1,0		60	1,0	32	1,0
Den Bosch	6	1,0	6	1,0		1	1,0	4	1,0

lateral/medial						Metacarpus		Metatarsus	
	total		sicher						
	Zahl	Dsn.	Zahl	Dsn.		Zahl	Dsn.	Zahl	Dsn.
Phase 1	2	2,5	2	2,5		1	4,0	1	1,0
Bef. 195b	0	0,0	0	0,0		0	0,0	0	0,0
Bef. 219	3	1,0	3	1,0		0	0,0	3	1,0
Bef. 472	1	2,0	1	2,0		0	0,0	1	2,0
total	6	1,7	6	1,7					

Summe anterior + posterior + lateral/medial						Metacarpus			Metatarsus		
	total		sicher					sicher			sicher
	Zahl	Dsn.	Dsn.			Zahl	Dsn.	Dsn.	Zahl	Dsn.	Dsn.
Phase 1	100	2,8	2,5			27	3,1	2,7	64	2,8	2,5
Bef. 195b	116	2,8	2,6			60	3,1	2,7	55	2,5	2,4
Bef. 219	643	2,6	2,6			250	2,6	2,6	324	2,6	2,6
Bef. 472	228	1,8	1,8			116	1,9	1,9	103	1,7	1,7
total Konstanz	1087	2,5				509	2,6		546	2,5	
Den Bosch	69	1,6	1,6			27	1,7		36	1,5	

	Metapodia nur anterior geschlagen			Metapodia ant. + post. geschlagen			
	Zahl	Dsn.	max.	Zahl	ant.	post.	Summe
Phase 1							
Bef. 195b	60	2,2	9	38	2,3	1,2	3,5
Bef. 219	13	1,7	3	92	2,0	1,2	3,1
Bef. 472	151	1,6	5	471	2,0	1,1	3,1
total Konstanz	154	1,3	4	97	1,5	1,0	2,5
Den Bosch	62	1,4	5	6	2,2	1,0	3,2

Tab. 21a: Zahl der Schläge (Durchschnittswerte) an ganzen Metapodienenden, nicht eindeutige Schläge mitgerechnet, soweit nicht anders vermerkt (sicher = sichere Schläge; Zahl = Zahl der Enden mit betreffenden Schlägen; Dsn. = durchschnittliche Zahl der betreffenden Schläge an einem Ende; max. = maximale Zahl der betreffenden Schläge an einem Ende).

anterior	total			Metacarpus		Metatarsus	
	Zahl	Dsn.	max.	Zahl	Dsn.	Zahl	Dsn.
Phase 1	101	2,2	9	26	2,1	64	2,4
Bef. 195b	109	2,0	6	52	2,2	54	1,8
Bef. 219	631	1,9	9	240	1,9	323	1,9
Bef. 472	252	1,4	8	137	1,4	118	1,4
Den Bosch	70	1,5	5	27	1,7	36	1,4

posterior	total			Metacarpus		Metatarsus	
	Zahl	Dsn.	max.	Zahl	Dsn.	Zahl	Dsn.
Phase 1	18	1,7	8	6	2,5	10	1,4
Bef. 195b	78	1,2	7	39	1,2	36	1,1
Bef. 219	472	1,0	2		1,0	247	1,0
Bef. 472	99	1,0	1		1,0		1,0
Den Bosch	6	1,0	1	1	1,0	4	1,0

lateral/medial	total			Metacarpus		Metatarsus	
	Zahl	Dsn.	max.	Zahl	Dsn.	Zahl	Dsn.
Phase 1	86	1,6	4	1	4,0	15	2,1
Bef. 195b	2	2,0	3				
Bef. 219	4	1,0	1				
Bef. 472	2	1,5	2				
total	89	1,8	4				

Summe anterior + posterior + lateral/medial	total	
	Zahl	Dsn.
Phase 1	187	2,1
Bef. 195b	116	2,7
Bef. 219	641	2,6
Bef. 472	264	1,7
total Konstanz	1208	2,3
Den Bosch	70	1,6

Tab. 21b: Zahl der Schläge (Durchschnittswerte) an fragmentierten und ganzen Metapodienenden, nicht eindeutige Schläge mitgerechnet (Zahl = Zahl der Enden mit betreffenden Schlägen; Dsn. = durchschnittliche Zahl der betreffenden Schläge an einem Ende; max. = maximale Zahl der betreffenden Schläge an einem Ende).

bei den vollständigen Enden üblich war. Im Hinblick auf die Summe der durchschnittlich pro Ende ausgeführten Schläge wird klar, dass damit eine Verringerung des Aufwands und somit eine Erhöhung der Arbeitseffizienz erzielt wurde. Die pro Ende ausgeführten Schläge sinken im Durchschnitt von Phase 1 zu Bef. 219 (Phase 2) nur leicht von 2,8 auf 2,6 und fallen in Bef. 472 (Phase 3) auf 1,8 (Tab. 21a). In Phase 1 erforderte das einseitige Abschlagen an der Vorderseite also mehr Schläge als in Phase 3.[300] In Phase 1 wurden die Schläge jedoch mehrheitlich schräg zur Knochenachse angesetzt, in Phase 3 hauptsächlich rechtwinklig (Tab. 20). Rechtwinkliges Abschlagen erfordert kräftigere Schläge, bei denen das Schlagwerkzeug gut geführt und fest in der Hand gehalten werden muss, so dass es beim Eindringen in die Knochenwand nicht die Richtung ändert. Ein schwereres Schlagwerkzeug ist dabei hilfreich. Die Schnitt- und Hackspuren an den abgeschlagenen Metapodienenden aus

---

300 Weil hier nur Schläge an vollständigen Enden gezählt wurden, entfallen die vielen lateral oder medial abgeschlagenen halben Enden aus Phase 1, und es werden nur die Enden verglichen, die vor dem Spalten und überwiegend an der Vorder- und Rückseite abgeschlagen wurden.

Phase 3 deuten auf ein Schlagwerkzeug mit einer stärkeren, also wahrscheinlich schwereren Klinge hin, als sie in Phase 1 benutzt wurde. Der Vorteil des vertikalen Abschlagens ist, dass weniger Schläge erforderlich sind und die Abbruchstelle besser kontrolliert werden kann. Von Phase 2 zu Phase 3 ist also ein weiterer Schritt an Professionalisierung zu vermerken.

Wenn man die unterschiedlichen Daten zur Schlagtechnik kombiniert, lässt sich das nachfolgende Modell zur Vorgehensweise beim Abschlagen der Enden aufstellen. In Phase 1 wurden bei der Behandlung der Distalenden unterschiedliche Muster verfolgt. Zum Teil wurden die Enden nicht abgeschlagen, bevor die Metapodien zu Leisten verarbeitet wurden. Sie brachen entweder beim Abflachen der überstehenden Ränder ab oder wurden während der Weiterverarbeitung abgeschlagen oder aber sie verblieben an der Leiste. Vereinzelt schlug man Distalenden in allen möglichen Stadien der Leistenanfertigung ab. Mehrheitlich jedoch wurden Distalenden vor einem Spalten entfernt oder aber nach dem Spalten eines Metapodiums in zwei Hälften entlang der Koaleszenznaht abgeschlagen. Letzteres erfolgte meistens von der lateralen oder medialen Knochenseite aus, überwiegend schräg zur Knochenachse, von der proximalen Seite aus unter einem Winkel von 45 bis 80°. Anhaftende distale Gelenkrollen beeinträchtigen v. a. das Spalten in lateral-medialer Richtung. Sie erschweren nicht das Spalten entlang der Koaleszenznaht und nur beschränkt das Abflachen.[301] Bei einem halbierten Metapodium ist das Abschlagen bedeutend leichter als bei einem ungespaltenen Metapodium und erfordert deshalb weniger Schläge.[302] Dennoch könnte das Abschlagen von zwei halbierten Enden mehr Zeit gekostet haben als das Abschlagen von einem vollständigen Ende. Da diejenigen Metapodien, deren Enden nach dem Spalten entfernt wurden, überwiegend entlang der Koaleszenznaht oder an anderen Stellen auf der anterior-posterioren Achse gespalten waren, ist zu vermuten, dass bei den Metapodien, deren Spaltung entlang der lateral-medialen Achse erfolgte (s. Kap. 3.4.3.4), in den meisten Fällen das Ende vor dem Spalten entfernt wurde. Dass das Distalende an unterschiedlichen Stellen des Arbeitsvorgangs entfernt wurde – und an manchen dieser Stellen nur vereinzelt – stützt die Vermutung, dass zumindest bei einem Teil der Metapodien eine Einzelentscheidung gefällt wurde. Das legt eine Arbeitsweise nahe, bei der die unterschiedlichen Arbeitsschritte aufeinander folgend ausgeführt wurden, denn bei einer solchen Arbeitsweise kann die Entscheidung über die Entfernung des Distalendes und den Moment, in dem selbiges stattfindet, für das Einzelobjekt während der Verarbeitung getroffen werden. Bei den entlang der Koaleszenznaht halbierten Metapodien liegt es auf der Hand, das halbierte Metapodium beim Abschlagen mit der relativ flachen Spaltfläche nach unten zu legen und die gebogene Lateral- oder Medialseite nach oben. Daraus ergeben sich Schlagspuren auf der Lateral- oder Medialseite unter relativ großem Winkel zur flach liegenden Knochenachse, wie sie an den halben Enden angetroffen wurden. Ein Abschlagen in leicht schräger Richtung zum distalen Ende hin erleichtert diesen Vorgang, wobei man das Scheit mit der anderen Hand am proximalen Ende festhält.

Zum Abschlagen von Distalenden von ungespaltenen Metapodien sind kräftige Schläge und eine feste Hand erforderlich.[303] Der ungeübte oder weniger kräftige Schläger, der nicht unter Zeitdruck steht, mag deshalb das Abschlagen an einer vervielfältigten Zahl von gespaltenen Metapodien vorziehen oder somit das Verkleinern des Winkels zur Knochenachse. Beim Letzteren kann der Knochen am Proximalende diagonal von der einen Hand festgehalten worden sein, so dass das Distalende auf einen Schlagtisch gestützt wird, wie es in der Paternosterwerkstatt bei DIDEROT und D'ALEMBERT zu sehen ist (Abb. 29). Experimente haben gezeigt, dass dieser Vorgang für ungeübte oder weniger starke Schläger der Weg ist, der sich am besten eignet.[304] Die Höhe, in die der Knochen jeweils

---

301 Ob die Verarbeitung der Metapodien mit anhaftendem Distalende ineffizient bzw. das Abschlagen sinnvoll ist, hängt also zum Teil vom Spaltmuster ab (dazu Kap. 3.4).
302 Man vergleiche die Schlagzahlen der hauptsächlich anterior und posterior abgeschlagenen ganzen Enden aus Phase 1 in Tab. 21a (durchschnittlich 2,8) mit den Schlagzahlen der lateral/medial abgeschlagenen halben Enden (durchschnittlich 1,8). Dies wurde beim experimentellen Nachvollziehen bestätigt.
303 Experimente des Verfassers an 20 modernen und einigen mittelalterlichen Metapodien zeigten, welche Kraft und Fertigkeit auch nach einiger Übung beim Abschlagen der Distalenden an Vorder- und/oder Rückseite erforderlich ist.

a)

Schläge	total Enden	0	1	2	3	4	5	6	7	8	9	10	11	1 %
		Zahl der Enden mit der genannten Menge an Schlägen												
anterior														
Phase 1	100	3	28	34	26	5	2	0	1	0	1	0	0	28,9
Bef. 195b	116	13	43	30	17	7	2	1	0	0	0	0	0	41,7
Bef. 219	643	9	307	166	113	35	8	1	1	0	1	0	0	48,4
Bef. 472	228	2	170	35	15	4	0	1	0	1	0	0	0	75,2
Den Bosch	70	0	45	20	3	1	1	0	0	0	0	0	0	64,0
posterior														
Phase 1	100	84	11	0	0	1	0	0	0	1	0	0	0	68,8
Bef. 195b	116	40	68	5	1	1	0	0	1	0	0	0	0	91,9
Bef. 219	643	177	458	8	0	0	0	0	0	0	0	0	0	98,3
Bef. 472	228	136	92	0	0	0	0	0	0	0	0	0	0	100,0
Den Bosch	70	64	6	0	0	0	0	0	0	0	0	0	0	100,0
lat./medial														
Phase 1	100	98	1	0	0	1	0	0	0	0	0	0	0	
Bef. 195a	116	116	0	0	0	0	0	0	0	0	0	0	0	
Bef. 219	643	643	0	0	0	0	0	0	0	0	0	0	0	
Bef. 472	228	226	0	2	0	0	0	0	0	0	0	0	0	
Summe anterior + posterior + lateral/medial														
Phase 1	100	0	26	32	24	12	1	2	1	0	1	0	1	26,0
Bef. 195b	116	12	16	33	31	13	7	2	1	0	1	0	0	15,4
Bef. 219	643	5	107	241	149	96	34	8	2	1	1	0	0	16,8
Bef. 472	228	0	103	91	22	8	2	0	1	0	1	0	0	45,2
Den Bosch	70	0	43	20	4	1	2	0	0	0	0	0	0	61,4

b)

Schläge	total Enden	0	1	2	3	4	5	6	7	8	9	10	11	1 %
		Zahl der Enden mit der genannten Menge an Schlägen												
anterior	86	82	3	1	0	0	0	0	0	0	0	0		
posterior	86	84	2	0	0	0	0	0	0	0	0	0		
lat./medial	86	7	39	31	7	2	0	0	0	0	0	0		49,4
1 Enden ohne betreffende Schläge (Spalte 0) nicht mitgerechnet (100 % = Summe Spalten 1–11)														

Tab. 22: Frequenzverteilung der Zahl der Schläge (inkl. nicht eindeutige) bei nur ganzen Metapodienenden (a) und Zahl der Schläge (inkl. nicht eindeutige), Phase 1, bei nur fragmentierten Metapodienenden (b).

---

304 Die Schlagrichtung ist so am leichtesten zu kontrollieren und das Schlagwerkzeug schneidet relativ leicht in die Knochenwand ein. Je deutlicher der Schlag parallel zur Knochenachse trifft, desto mehr wird er vom darunter liegenden Schlagtisch aufgefangen und desto weniger Schlagkraft geht verloren, weil die Hand am Distalende den Schlag nun nicht mehr abfangen muss. Das Abschlagen quer zur Knochenachse bei einem flach liegenden Metapodium hat sich ohne Erfahrung und Fertigkeit als unpraktisch und zu schwierig erwiesen. Dabei muss gesagt werden, dass man die benötigte Erfahrung und Fertigkeit relativ schnell in wenigen Tagen und anhand von mehreren Dutzend abgeschlagener Enden gewinnen kann.

angehoben wurde, kann durchaus Schwankungen von nahezu flach bis zu mehr als 45° aufweisen haben, was die starke Streuung der Schlagrichtungen von rechtwinklig zur Knochenachse (ein Viertel der ganzen Enden), 45 bis 80° zur Knochenachse (ein Viertel) bis weniger als 45° zur Knochenachse(43%: Tab. 20) bewirkt haben kann.

Von den Distalenden aus Bef. 195b (Phase 2 möglicherweise vermischt mit Phase 1) wurde nur ein geringer Teil nach dem Spalten abgeschlagen. Es kann allerdings nicht geklärt werden, inwieweit diese zu Produktionsphase 1 gehören.[305] Im Übrigen wurden alle Enden vor der weiteren Verarbeitung abgeschlagen. Dass Schlagspuren unterhalb des 45°-Winkels nahezu fehlen, deutet darauf hin, dass man das Proximalende nicht mehr mit der Hand hoch hielt (Tab. 20). Das Metapodium wurde nun flach oder nahezu flach gelegt oder gehalten und an der Knochenvorderseite abgeschlagen, mehrheitlich unter einer leichten Neigung zum Distalende hin. Zusätzlich wurde meistens noch ein Schlag auf die Knochenrückseite abgegeben, um das Abbrechen zu beschleunigen. Mit diesen Änderungen nahm die Zahl der insgesamt benötigten Schläge ab (Tab. 21a.b und 22). Durch das Auflegen des Metapodiums auf einen festen Untergrund und durch einen größeren Schlagwinkel zur Knochenachse hin kann mehr Schlagkraft erzielt worden sein. Es wurde jedoch schwerer, die Schlagrichtung unter Kontrolle zu halten, wie an dem relativ hohen Anteil an Schlägen aus deutlich distaler Richtung abzulesen ist (10%: Tab. 20).

Dieser Anteil sinkt wieder deutlich (auf 4%) in Bef. 219, obwohl die Schlagrichtung sich im Allgemeinen in vertikaler Richtung quer zur Knochenachse verschiebt. Darin lässt sich eine festere Hand beim Schlagen vermuten. Der Anteil von Enden, die nachweisbar nach dem Spalten abgeschlagen wurden, sinkt mit dem Anteil fragmentierter Enden auf Werte, die zu vernachlässigen sind.[306]

In Phase 3 (Bef. 472) wird mit einem schwereren Schlagwerkzeug fast ausschließlich rechtwinklig zur Knochenachse geschlagen, in den meisten Fällen mit nur einem Schlag auf der Knochenvorderseite, in 40% der Fälle ergänzt durch einen Schlag auf der Rückseite (Tab. 19b und 22). Dies erweckt den Eindruck eines durchdachten Vorgehens mit gezielten Schlägen nach einem festen Muster. Der verschwindend geringe Anteil an Schlägen aus proximaler Richtung mag auf eine feste Hand hindeuten. Die 5% der Schläge aus deutlich distaler Richtung machen den Eindruck, dass bewusst gezielt wurde – vielleicht, um auf diese Weise die Bruchstelle besser kontrollieren zu können. Die meisten dieser für Phase 3 rekonstruierten Entwicklungen können auch auf die Schlagspuren der distalen Metapodienenden aus 's-Hertogenbosch bezogen werden. Die Durchschnittszahl der insgesamt benötigten Schläge sinkt bei diesen jüngeren Funden noch etwas weiter ab als bei den Enden aus der Konstanzer dritten Phase (Bef. 472: Tab. 21a), hauptsächlich, weil der Anteil der zusätzlich von hinten abgeschlagenen Enden abnimmt (von 40 auf 9%: Tab. 19b). Und dabei waren die Metapodien aus 's-Hertogenbosch überwiegend größer und damit auch kräftiger als die Konstanzer aus Phase 3. Es scheint jedoch mit weniger fester Hand geschlagen oder weniger auf die Schlagrichtung geachtet worden zu sein: Zwar liegt der Anteil von distal abgeschlagenen Enden in 's-Hertogenbosch höher als bei den Konstanzer Enden von Bef. 472, aber auch der Anteil von proximal abgeschlagenen Enden liegt höher als im Konstanzer Bef. 472 (Tab. 20).

---

305 Unter 139 aufgenommenen Fragmenten abgeschlagener Enden waren 20 möglicherweise schon vorher fragmentiert (14%), darunter neun, die nachweislich entlang der Koaleszenznaht gespalten wurden und zwar mit einem schneidenden Werkzeug von der proximalen Seite her. Acht weitere halbe Enden könnten lateral-medial gespalten worden sein, bevor sie von der Vorderseite (sieben Fragmente) oder lateral/medial (ein Fragment) abgeschlagen wurden.

306 Unter 32 unverwachsenen, halben Epiphysen, die nicht Teil der systematischen Datenaufnahme waren, wurden an 13 Verarbeitungsspuren registriert, davon an vier Fragmenten Hinweise auf Spaltung entlang der Koaleszenznaht vor dem Abschlagen und an sechs anderen Spuren des Abschlagens an der Knochenvorderseite (darunter in einem Fall zusätzlich an der Rückseite). Der Anteil abgeschlagener, fragmentierter distaler Diaphysen sinkt von Bef. 195b zu 219 von 19 auf 2% (Tab. 13 unter C), obwohl die Schlagstelle durchschnittlich gleich weit vom oder näher am Ende liegt (Tab. 18).

3.2.8 Zusammenfassung

Die Interpretation der Daten der entfernten Metapodienenden hat sich an den Stellen als schwierig erwiesen, an denen es notwendig war, sich auf Daten zur Fleisch- und Knochenversorgung zu beziehen, deren Material nicht in dieser Untersuchung verwertet wurde. Trotzdem ist an den Messdaten zur Größe der Metapodien abzulesen, dass zwischen Produktionsphase 1 und 3 in zunehmendem Maße Rinder größeren Wuchses verwendet wurden und somit die Metapodien sich ebenfalls vergrößerten. Hinsichtlich der Frage nach der Verfügbarkeit von Rohmaterial weisen sowohl die genannten Messdaten als auch die Jungtieranteile und die entfernten Knochenlängen auf einen Überschuss an Metapodien in Produktionsphase 1 und eine Verknappung der Metapodien in Produktionsphase 2A hin, die sich v. a. in Bef. 219 ausgeprägt zeigten. Es ist gerade dieser Befund, der mit seiner großen Menge und höchsten Konzentration an durchbohrten Knochenleisten einen herausragenden Bestandteil des Abfalls der Knochen bohrenden Handwerker darstellt. Das Verhältnis in den einzelnen Phasen zwischen Metacarpen und Metatarsen könnte die genannte Entwicklung bestätigen. Dies ist aber im Zusammenhang mit den technischen Entwicklungen zu beurteilen, die in Kap. 3.3 und 3.4 zu besprechen sind. Ein schwacher Hinweis, dass die Verknappung in Produktionsphase 3 nachließ, ist nur anhand der entfernten Knochenlängen zu finden. Die Standardisierung der Vorgehensweisen steht bei näherer Betrachtung zum Teil im Zusammenhang mit Entwicklungen in der Schlagtechnik. Fragmentierung, Schlagseite und -richtung der Metapodienenden weisen nach einer unterschiedlichen Behandlung in Phase 1 auf eine relativ plötzliche Standardisierung im Umgang mit den Distalenden in Phase 2 hin. Während man sie in Phase 1 zum Teil gar nicht entfernte oder erst nach dem Spalten von der Seite und zum Teil vor dem Spalten von der Vorder- und Rückseite abschlug, wurden sie in Phase 2 und 3 fast ausschließlich vor dem Spalten von der Vorder- und Rückseite abgeschlagen. Die Zahl der Schläge und die Richtung, mit der das Schlagwerkzeug in die Knochensubstanz eindrang, weisen auf eine zunehmende Fachkundigkeit und Fertigkeit beim Abschlagen hin, nicht nur von Phase 1 zu Phase 2, sondern auch von Phase 2 zu Phase 3. Diese zeigt sich sowohl in einer Senkung der benötigten Schläge als auch in der Schlagtechnik selbst.

3.3 Die Produkte und Bohrprofile

3.3.1 Fundmaterial und Fragestellung

Das Fundmaterial mit Produktresten umfasst über 11 000 lose Produkte und mehr als 9000 Leisten und Scheiben mit unvollständig herausgebohrten Produkten (Abb. 64–67).[307] Von diesen wurden 2098 lose Produkte und 1018 Leisten- und Scheibenfragmente mit Produktresten („Produktleisten" genannt) in die Daten aufgenommen. Die übrigen losen Produkte wurden auf vorhandene Produkttypen hin durchgesehen.[308] Die Produktleisten wurden, soweit zur Datenaufnahme verfügbar, alle gezählt und auf vorhandene Produkttypen und das pauschale quantitative Verhältnis hin durchgesehen. Diese beiden Fundgruppen (Leisten und Scheiben mit Produktresten und lose Produkte) wurden benutzt:
1. zum Bestimmen der Produktpalette;
2. zum Bestimmen der Form der benutzten Bohrerspitze;
3. zum Bestimmen der Beziehung zwischen den Produkten und den durchbohrten Leisten und Scheiben.

---

[307] Gezählt wurden 5846 Leistenfragmente mit Produktresten in datierten Befunden, aus denen 68% aller Leistenfragmente stammen. Hochgerechnet würden sich unter allen Leistenfunden 8560 Leistenfragmente mit Produktresten befinden, denen schätzungsweise wohl noch etwa 10% an nicht einbezogenen Stücken hinzuzurechnen sind.

[308] Weil die losen Produkte wegen Ihrer Verwendung in unterschiedlichen Ausstellungen nicht im Befundzusammenhang aufbewahrt wurden, war es schwierig, deren Quantität genau zu bestimmen.

Die chronologische Entwicklung, die sich in den Daten zeigt, wird analysiert, soweit diese nicht aus den Daten der durchbohrten Leisten in Kap. 3.4 abgeleitet werden kann.

Die Auswertung hat sich hauptsächlich auf die Produktleisten konzentriert. Die losen Produkte wurden ausschließlich zur Vervollständigung der Produktpalette (Kap. 3.3.2) benutzt und nicht quantitativ ausgewertet. Sie wurden nicht weiter in die Analyse einbezogen, da es sich überwiegend um Fehlprodukte handelt, die wenig repräsentativ für die Palette der erwünschten Produkte sind – sowohl, was ihre Form betrifft als auch in Bezug auf ihre Menge.

Die Leisten und Scheiben mit Produktresten hingegen vermitteln einen repräsentativeren Eindruck von der Palette an Produkttypen und -formen und geben zusätzliche Informationen zum Produktionsvorgang. Sie bilden das wichtige Glied zwischen der Masse des Abfalls an durchbohrten Leisten und Scheiben einerseits und den daraus hergestellten Produkten andererseits. So lässt sich an ihnen feststellen, welche Produkttypen aus welcher Art von Leisten oder Scheiben hergestellt wurden und welche Eigenschaften eine Leiste für die Anfertigung eines bestimmten Produkttyps haben sollte. Die Verbindung bestimmter Produkte mit bestimmten Durchmessern der Bohrlöcher und Bohrwandstärken ermöglicht es, anhand der Masse der durchbohrten Leisten einzuschätzen, welche Produkte in welcher Phase angefertigt wurden. Auch die Beziehung zwischen Produkttyp und Skelettelement kann an den Produktleisten festgestellt werden.

Andererseits liegt in den Produktleisten der Schlüssel zu den benutzten Bohrern: unvollständig durchgeführte Durchbohrungen zeigen das Negativ des benutzten Bohrprofils, woraus sich in vielen Fällen direkt das Profil des benutzten Bohrers ableiten lässt. Wenn anhand des Negativs zwischen verschiedenen Bohrern unterschieden werden kann, kann vielleicht festgestellt werden, wie sich das Bohrprofil eines Bohrers im Verlaufe seines Einsatzes veränderte. Es könnte sich dann auch ein Weg finden, Anhaltspunkte für eine mögliche Kontinuität in der Nutzung eines Bohrers in verschiedenen Befunden oder Produktionsphasen zu finden. Zudem kommen die Produkthälften, die in den Leisten zurückgeblieben sind, der erwünschten Idealform am nächsten und geben deshalb einen zuverlässigeren Einblick in die Palette der angestrebten Produkte als es die losen Produkte könnten. Die Produktleisten eignen sich hingegen nicht, um den Umfang der Produktion und das quantitative Verhältnis in den Beziehungen der Daten zu analysieren, da dieses durch Unterschiede in den Anteilen an den Fehlbohrungen beeinflusst worden sein könnte. Trotzdem werden die Mengenangaben bei den Produktleisten (wie z. B. in Tab. 23) in diesem Kapitel in die Analyse mit einbezogen, soweit es um das Verhältnis im Großen und Ganzen geht, da sie ungefähr mit den Eindrücken übereinstimmen, die am Gesamtmaterial der durchbohrten Leisten gesammelt wurden.[309]

3.3.1.1 Die Produktleisten: Materialauswahl

Die Produktleisten, die zur Datenaufnahme ausgewählt wurden, verteilen sich auf neun unterschiedliche Fundkomplexe. Diese wurden anhand des vorläufigen Arbeitsmodells der Ablagerung und der Einteilung der Produktionsphasen ausgesucht (Kap. 2.1.2 bzw. 2.3.1), bevor die Daten der stratigraphischen Analyse von Pfrommer bekannt wurden.

Phase 1:
1. Alle Fragmente aus Produktionsphase 1 (165 Stück: Abb. 64).[310]
2. Acht Fragmente aus Befunden, in denen die Befunde aus den Produktionsphasen 1 und 2 vermischt sind.[311]

---

309 Spitzers 1999.
310 Aufgrund der Matrix von Junkes 1988 wurden die Fundkomplexe mit Abfällen der Produktionsphase 1 auf Phase 1a bis 1g verteilt. Diese Unterteilung ist zum Teil durch die neuen stratigraphischen Daten von Pfrommer und durch die neue Einteilung der Ablagerungen in Q1–Q15 überholt (s. Kap. 2.1.3.1 und 2.3.2.2). Es wurden folgende Produktleisten aufgenommen: aus Bef. 704 (1a); 401/404 (1b); 346, 625 und 634 (1c); 364 und 640 (1d); 347, 353 und 356 (1e); 565 und 282 (1f); 354 (1).
311 Bef. 427 und 257.

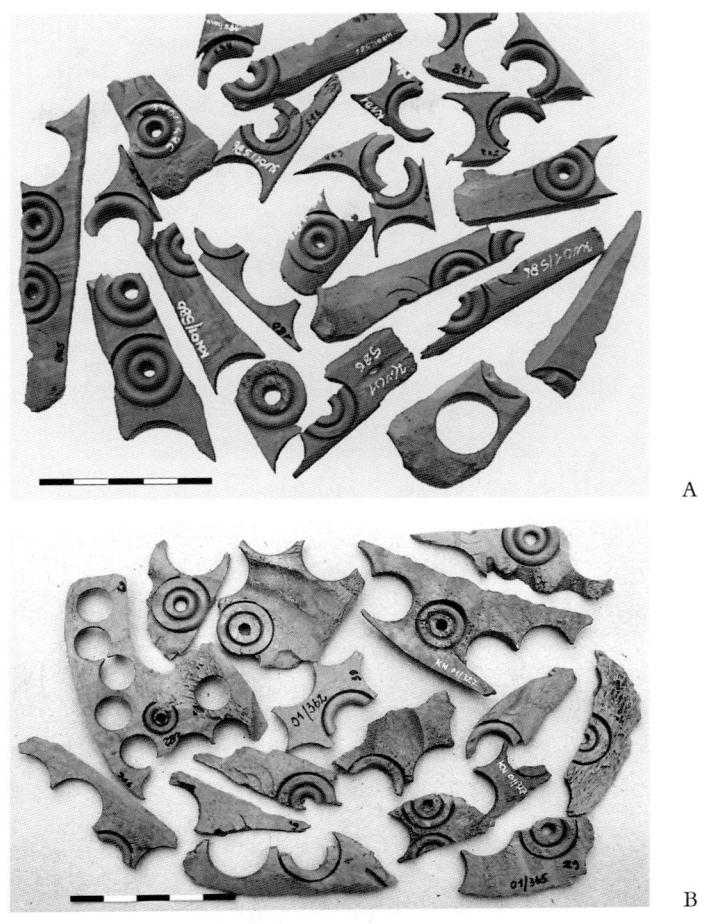

Abb. 64: Produktleisten der Produktionsphase 1.
A aus Langknochen; B aus Unterkiefern.

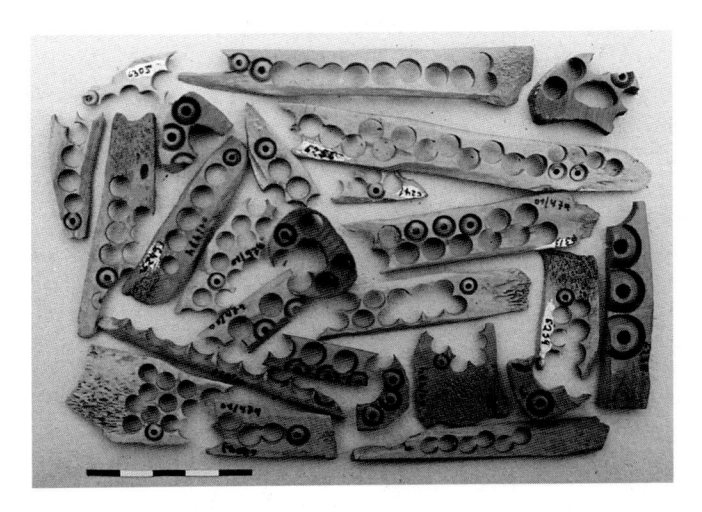

Abb. 65: Produktleisten der Produktionsphase 2A, Bef. 475.

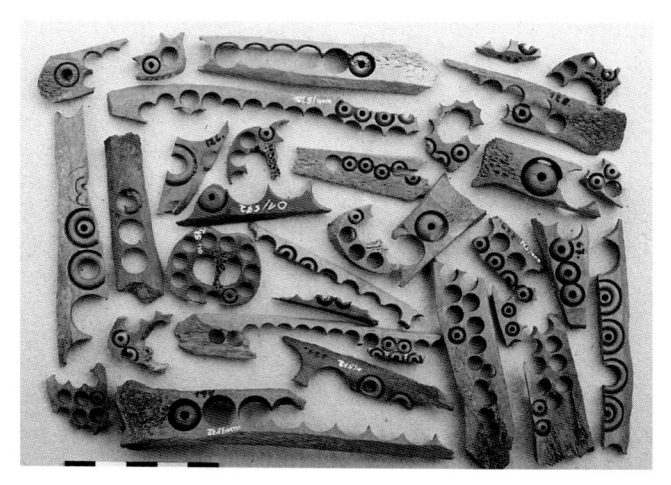

Abb. 66: Produktleisten der Produktionsphase 2B, Bef. 609.

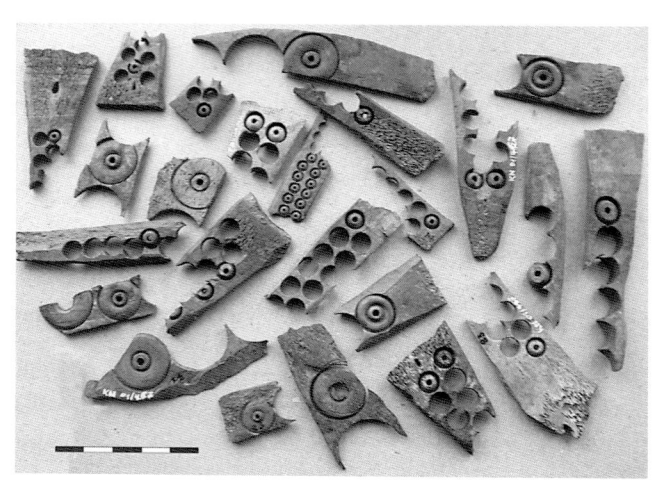

Abb. 67: Produktleisten der Produktionsphase 3 (Ablagerungsphase 3.I), Bef. 472.

Phase 2 (Produktionsphase 2A):
3. 33 Fragmente aus Bef. 195a und 195b (die stratigraphisch ältesten Befunde, aus denen die Bohrleistenabfälle hauptsächlich der Produktionsphase 2 zuzuordnen und mit vereinzelten Stücken der Produktionsphasen 0 und 1 vermischt sind: PFROMMERS Schwemmschicht Q3).
4. 226 Fragmente aus Bef. 475 (die erste der Planierschichten mit hoher Konzentration an Abfällen des Knochenbohrens: PFROMMERS Ablagerungsphase Q12; Abb. 65).[312]

---

[312] Wegen der enormen Menge und hohen Konzentration von Abfällen des Knochenbohrens wurden in Kap. 3.2 für die Analyse der Metapodienenden aus Produktionsphase 2 die Enden aus Bef. 219 ausgewählt. Die Menge der Leisten mit Produktresten aus diesem Befund ist zu groß, um vollständig aufgenommen zu werden. Um Unsicherheiten in der Repräsentativität einer Stichprobe zu vermeiden, wurde es vorgezogen, alle Produktleisten aus Bef. 475 aufzunehmen. Bei der Durchsicht zeigten diese das gleiche Bild in der Zusammensetzung und im Verhältnis der Produkttypen zueinander, wie die aus Bef. 219, so dass von der Aufnahme einer Stichprobe der Produktleisten aus Bef. 219 wenig zusätzliche Information zu erwarten ist.

Phase 3A (Produktionsphase 2B):
5. 176 Fragmente aus Bef. 609, der mit zu den jüngsten Schichten gehört, die Abfälle des Knochenbohrens der Produktionsphase 2 umfassen (Abb. 66).

Phase 3B (Produktionsphase 3):
6. 91 Fragmente aus Bef. 472 (Ablagerungsphase 3.I; Abb. 67).
7. 75 Fragmente aus Bef. 333 (Ablagerungsphase 3.III: Phasen 3.I und 3.II gemischt).
8. 140 Fragmente aus Bef. 785 (Ablagerungsphase 3.IV: umgelagerte Abfälle, hauptsächlich aus den Phasen 3.I und 3.II mit vereinzelten älteren Stücken).[313]
9. 112 Fragmente von Produktleisten aus der Ablagerungsphase 3.IV mit Produkttypen, die in den anderen Fundkomplexen zahlenmäßig nicht ausreichend vorhanden waren.[314]

Die Fundkomplexe 1 bis 6 stammen aus den Befunden, aus denen vollständig durchbohrte Leisten und Scheiben analysiert wurden (s. Kap. 3.4). Sie wurden ausgewählt, damit Produktreste und rekonstruierte Bohrprofile direkt auf die Bohrlöcher der vollständig durchbohrten Leisten bezogen werden können.

Die relativ geringe Zahl an Produktleisten, die mit 91 Fragmenten aus Bef. 472 für die Analyse der Produktionsphase 3 zur Verfügung stand, sowie die Vergrößerung der Zahl der unterschiedlichen Produkttypen durch die Einführung neuer Produkttypen, machten es aus statistischen Gründen und um der Vervollständigung der Produktpalette willen erforderlich, zusätzliche Produktleisten aus dieser Phase zu untersuchen. Aus diesem Grunde wurden aus dem umgelagerten und vermischten Teil der Produktionsphase 3 zusätzlich Produktleisten der Fundkomplexe 7, 8 und 9 aufgenommen.[315] Die Fundkomplexe 8 und 9 eignen sich nur bedingt zur Analyse von Entwicklungen über einen bestimmten Zeitraum hinweg; Fundkomplex 9 eignet sich nicht zu einer Untersuchung, bei der das Verhältnis zwischen den Mengen der Produkte analysiert wird.

An den ausgewählten Produktleisten wurden die gleichen Daten aufgenommen wie an den durchbohrten Leisten (s. Kap. 3.4). Zusätzlich wurden Daten und v. a. Maße der Produktreste aufgenommen.

3.3.2 Die Produktpalette

Anhand von Produktresten aus der gesamten Altstadt von Konstanz (lose Produktreste sowie Produktreste in Leisten und Scheiben) – ihrer Form nach Perlen, Ringe, Knöpfe und Zylinder – können Produkte der Technik des Knochenbohrens jeweils in verschiedene Formgruppen unterteilt werden. Später (in Kap. 4.2) wird auf die Funktion der Produkte näher eingegangen, die hier nur kurz ange-

---

313 Fundnr. 01/790.
314 In stratigraphischer Folge nach JUNKES 1988 Bef. 784, 830, 790, 785, 783 und 758.
315 Bef. 472 (Fundkomplex 6) ist der einzige Befund mit Produktleisten und durchbohrten Leisten, von dem zur Zeit der Materialauswahl die primäre Ablagerung unbestritten war. Während die primäre Deponierung von Bef. 333 (Fundkomplex 7) nicht gesichert war, machten die Knochenleisten dieses Befundes u. a. durch ihre geringe Fragmentierung und Zusammensetzung den Eindruck, nicht umgelagert oder vermischt worden zu sein. Im Nachhinein stellte sich bei der stratigraphischen Analyse heraus, dass das Material beim Kanalbau in Grabungsschnitt S3-S4 ausgehoben und fast ohne weitere Umlagerung wieder in den Kanalgraben zurückgeworfen worden war (Absatz 2.3.2.4). – Obwohl die Gesamtzahl der aufgenommenen Fragmente aus Fundkomplex 6 und 7 insgesamt (166 Stück) mit der Zahl der aufgenommenen Fragmente aus Produktionsphase 3 vergleichbar ist, reicht die Zahl einiger wichtiger Produkttypen in dieser Stichprobe für eine sinnvolle Datenauswertung nicht aus. Außerdem sind bei einer Durchsicht in den umgelagerten und/oder vermischten Komplexen der Phase 3 (Ablagerungsphase 3.IV) Produkttypen gefunden worden, die nicht in den ausgewählten Komplexen vorkommen. Deshalb wurden die Fundkomplexe 8 und 9 zusätzlich aufgenommen. In Fundkomplex 8 (Bef. 785, Fundnr. 790) kommen alle in den Ablagerungen der Produktionsphase 3 vorgefundenen Produkttypen vor. In den Fundkomplex 9 wurden nur Produktleisten aufgenommen, die selten vorkamen oder die zu den nicht in ausreichendem Maße aufgenommenen Produkttypen zählten.

deutet wird. Dabei werden die in diesem Kapitel bearbeiteten Daten mit Daten anderer archäologischer Funde zusammengebracht. Die Angaben zu den Maßverhältnissen, die zur Abgrenzung der unterschiedenen Formen dienen, beziehen sich, soweit nicht anders angegeben, auf archäologische Funde aus der gesamten Konstanzer Altstadt.

Im Paternosterabfall der Konstanzer Münzgasse stellen Perlen und Ringe die fast ausschließlichen Produkte dar sowohl bei den Produktleisten (65 bzw. 34% der in der Datenbank aufgenommenen Fragmente) als auch bei den losen Produkten (80 bzw. 20% der aufgenommenen Stücke). Dagegen sind Knöpfe und Zylinder (zusammen in zehn [1%] der aufgenommenen Produktleisten und vier der aufgenommenen, losen Produkte) eher als Ausnahme zu betrachten (s. Tab. 23).

1. Perlen

Gedrehte Knochenperlen wurden im Spätmittelalter fast ausschließlich für Gebetsschnüre benutzt. Rein dekorative Perlenschnüre waren nicht üblich.[316] Außerdem eigneten sich Schnüre aus billigen Tierknochen wegen des geringen Werts, den das Herstellungsmaterial hatte, wenig zu dekorativen Zwecken.

Perlen unterscheiden sich von Ringen durch ein (nahezu) zylindrisches Innenloch mit eckigem Übergang zur Außenwand. Bei den Perlen aus der Konstanzer Münzgasse ist außerdem die Höhe mindestens ebenso groß oder größer als der Außendurchmesser. Von anderen Fundorten sind auch flache oder breite Perlen mit Außendurchmessern bekannt, die größer als ihre Höhe sind (v. a. aus den Niederlanden, s. Kap. 4.6). Die Konstanzer Perlen sind einzuteilen in:

A. runde Perlen, deren Höhe sich kaum vom Außendurchmesser unterscheidet;
B. längliche oder ‚tonnenförmige' Perlen, deren Höhe deutlich größer ist als der Durchmesser.

Die runden Perlen variieren in der Größe von Miniperlen (3,5 bis 4 mm Durchmesser), über kleine Perlen (4 bis 8,5 mm: Abb. 68, Nr. 1 und 2) bis zu großen Perlen (8,5 bis 15 mm: Abb. 68, Nr. 3 und 4).

Die Außenwand der länglichen Perlen kann unterschiedliche Formen haben:

1. tonnenförmig gerundet mit gerader Ecke zum Innenloch (Abb. 68, Nr. 5);
2. oval gerundet mit scharfer Ecke zum Innenloch (Abb. 68, Nr. 6);
3. doppelkonisch mit gerader Wand (Abb. 68, Nr. 7);
4. doppelkonisch mit konkaver Wand (Abb. 68, Nr. 8).

2. Ringe

Ringe sind einzuteilen in:

A. ‚runde Ringe', deren Wulst etwa gleich hoch oder höher als breit ist (Abb. 68, Nr. 9–15);
B. ‚flache Ringe', deren Wulst deutlich breiter als hoch ist (Abb. 68, Nr. 16–25). Das Innenloch hat einen gerundeten Übergang zur Außenseite oder ist konisch.

Die runden Ringe wurden nachweislich bei Gebetszählschnüren benutzt. Sie wurden auf einen Draht oder eine Kette aufgereiht, aufgenäht oder an einem Kranz oder um einen Reifen befestigt.[317] Andere Funktionen sind denkbar, jedoch nicht bewiesen.[318]

Der Wulst der runden Ringe ist im Schnitt rund bis oval. Er ist meist etwa gleich breit wie hoch (etwa 3 bis 4 mm), kann jedoch auch leicht höher als breit sein oder leicht breiter als hoch: die Wulstbreite beträgt das 0,8- bis 1,4-fache der Höhe (Tab. 24a). Auch gibt es Ringe mit relativ dickem Wulst (4 bis 5 mm hoch und breit).[319]

---

316 u. a. MITTELSTRASS 2000, 225.
317 OEXLE 1985a, 460 Abb. 694 und 736 (s. weiter Kap. 4).
318 Bei den Ringen, durch die eine Schnur gezogen wurde, die sich am Halsverschluss eines Frauenhemdes auf einem Gemälde DA VINCIS befinden, kann nicht festgestellt werden, ob es sich um Knochen handelt.
319 Tab. 37a: (Ring-)Bohrprofilgruppe 13; in geringerem Ausmaß (Ring-)Bohrprofilgruppe 10.

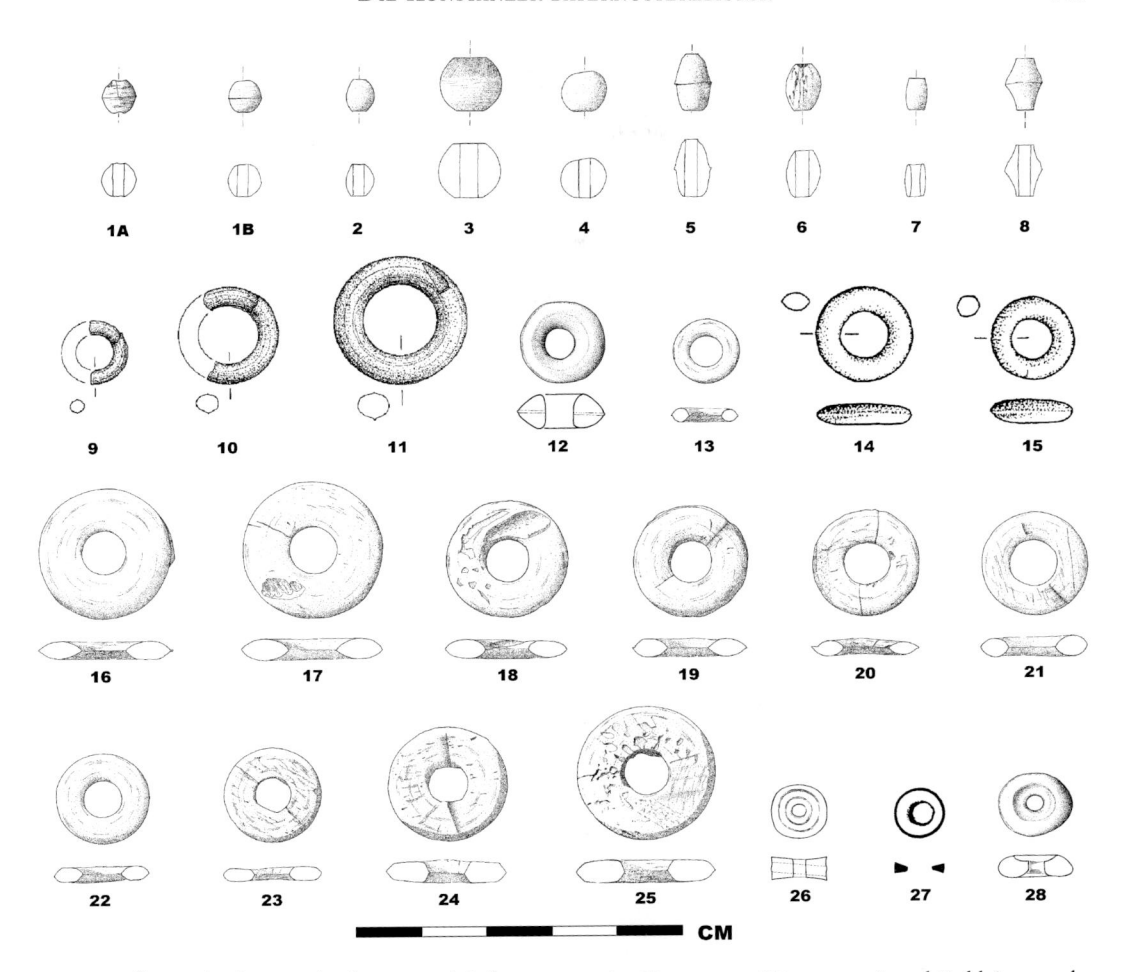

Abb. 68: Übersicht der verschiedenen Produktformen aus der Konstanzer Münzgasse. 1 und 2: kleine runde Perlen (1A = Phase 2A, Bef. 219; 1B = Phase 2B, Bef. 609a); 3 und 4: große runde Perlen; 5–8: längliche Perlen mit verschiedenen Formen; 9–14: runde Ringe (9–11 = Phase 1; 12 = Phase 2; 13–15 = Phase 3.IV/unbekannt); 16–21: flache Ringe mit ovalem Schnitt; 22: flacher Ring mit leicht eckigem, ovalem Schnitt; 23–25: flache Ringe mit eckigem Schnitt; 26: Zylinder; 27: zylindrischer Ring; 28: Knopf (?).

Die Funktion der flachen Ringe wird noch diskutiert. Darauf wird andernorts näher eingegangen (Kap. 4.2.2). Einerseits wird angenommen, dass sie die gleiche Funktion haben wie die runden Ringe in den Gebetsschnüren; andererseits wird auch vermutet, dass sie als Knochenkerne von Knöpfen dienten.[320]

Der Wulst an den flachen Ringen ist etwa doppelt so breit wie hoch.[321] Der Durchmesser des Innenlochs der flachen Ringe, der von 4,4 bis 8,7 mm variiert, beträgt ungefähr ein Drittel des Außendurchmessers (31 bis 40%, bei einigen Ausnahmen bis 46%). Der Wulst kann einen ovalen oder einen eckigen Schnitt haben (Abb. 68, Nr. 16–21 bzw. Nr. 23–25; Abb. 71F bzw. E). Im letzten Fall könnte man die Ringe auch als Scheiben mit breitem Loch umschreiben. Deren Höhe nimmt in

---

320 MITTELSTRASS 2000; s. Kap. 4.2.2.
321 Tab. 24a. In den meisten Fällen ist der Wulst zwischen 1,6- und 2,4-mal so breit wie hoch. Diese Angaben beziehen sich auf Höhen und Breiten des Wulstes, die anhand der unvollständig herausgebohrten Halbprodukte in den Produktleisten hochgerechnet wurden.

	Phase 1		Phase 1/2		Bef. 195a/b		Bef. 475	
	Zahl	%	Zahl	%	Zahl	%	Zahl	%
runde Perle < 8,5 mm	8	5,1	1	12,5	22	64,7	203	91,9
runde Perle > 8,5 mm	1	0,6	0	0	1	2,9	1	0,5
runde Perlen (total)	9	5,7	1	12,5	23	67,6	204	92,3
längliche Perlen	1	0,6	0	0	2	5,9	11	5,0
Perlen (total)	10	6,4	1	12,5	25	75,8	215	96,9
runder Ring um ?	66	42,0	3	37,5	1	2,9	3	1,4
runder Ring ohne Innengegenstand	1	0,6	0	0	3	9	3	1,357
runder Ring um Ring	63	40,1	2	25	1	2,9	0	0
runder Ring um Perle/Zylinder	17	10,8	1	12,5	3	8,8	0	0
Ring um große Perle		0,0	1	12,5	0	0	0	0
runde Ringe (total)	**147**	**93,6**	**7**	**87,5**	**8**	**23,5**	**6**	**2,7**
flacher Ring oval um ?	0	0	0	0	0	0	0	0
flacher Ring oval um Perle	0	0	0	0	0	0	0	0
flacher Ring oval um Zylinder	0	0	0	0	0	0	0	0
flacher Ring oval um längliche Perle	0	0	0	0	0	0	0	0
flache Ringe oval (total)	0	0	0	0	0	0	0	0
flacher Ring eckig um ?	0	0	0	0	0	0	0	0
flacher Ring eckig um Perle	0	0	0	0	0	0	0	0
flacher Ring eckig um Zylinder	0	0	0	0	0	0	0	0
flache Ringe eckig (total)	**0**	**0**	**0**	**0**	**0**	**0**	**0**	**0**
flache Ringe (total)	**0**	**0**	**0**	**0**	**0**	**0**	**0**	**0**
Knopf ?	0	0	0	0	1	2,9	0	
Zylinder	0	0	0	0	0	0	0	0
zylindrischer Ring	0	0	0	0	0	0	0	0
Produktform bekannt (total)	**157**	**100**	**8**	**100**	**34**	**100**	**221**	**100**

Tab. 23: Zahlen der Produktleisten mit Resten der unterschiedlichen Produkte.

solchen Fällen meist leicht zum Innenloch hin zu, das dann in zwei Richtungen konisch geformt ist (Abb. 71E).

3. Zylinder

Anders als Perlen und Ringe sind Zylinder im vertikalen Schnitt recht- oder viereckig (Abb. 68, Nr. 26; Abb. 69). Von flachen, scheibenförmigen Knöpfen, die im vertikalen Schnitt ebenfalls rechteckig sein können, unterscheiden sie sich dadurch, dass ihre Höhe im Verhältnis zum Durchmesser größer ist. Der Durchmesser der Zylinder der Konstanzer Bohrproduktion beträgt das Zwei- bis Zweieinhalbfache der Höhe. Anders als Ringe mit eckigem Schnitt, aber ähnlich wie Perlen und Knöpfe, haben sie ein kleines Innenloch (Durchmesser 2 bis 2,6 mm, etwa ein Viertel des Außendurchmessers: Tab. 24b). Sie wurden sowohl symmetrisch von zwei Seiten als auch von einer Seite aus herausgebohrt (Abb. 70B und C), wobei sie oft von der zweiten Seite mit geringerer Tiefe angebohrt wurden.

An losen, vollständig herausgebohrten Zylindern wurden in vielen Fällen nach dem Herausbohren ein oder zwei zusätzliche Durchbohrungen mit einem Handbohrer von der Seite aus angebracht, meist nicht vollständig horizontal, sondern leicht schräg (Abb. 69). Die zweite, seitliche Durchbohrung verläuft quer und kreuzt die erste nicht auf dem gleichem Niveau, sondern knapp oberhalb

Bef. 609		Bef. 472		Bef. 333		Bef. 785		Phase 3.IV		total	
Zahl	**%**	**Zahl**	**%**	**Zahl**	**%**	**Zahl**	**%**	**Zahl**	**%**	**Zahl**	**%**
163	90,6	56	66,7	39	52,7	60	48,8	37	34,3	589	59,6
5	2,8	2	2,4	5	6,8	4	3,3	10	9,3	29	2,9
168	93,3	58	69,0	44	59,5	63	51,2	47	43,5	617	62,4
2	1,1	0	0	0	0	1	0,8	6	5,6	23	2,3
170	94,4	58	69,0	44	59,5	64	52,0	53	48,2	640	64,7
6	3,3	2	2	4	5,4	8	6,5	6	5,6	99	10,0
4	2,2	0	0,0	1	1,4	0	0,0	2	1,9	14	1,4
0	0	0	0	0	0	0	0	0	0,0	66	6,7
0	0	6	7,1	3	4,1	16	13,0	16	14,8	62	6,3
0	0	0	0	0	0	2	1,6	1	0,9	4	0,4
10	5,6	8	9,5	8	10,8	26	21,1	25	23,1	245	24,8
0	0	2	2,4	3	4,1	19	15,4	9	8,3	33	3,3
0	0	2	2,4	5	6,8	6	4,9	8	7,4	21	2,1
0	0	2	2,4	1	1,4	4	3,3	1	0,9	8	0,8
0	0	0	0	0	0	1	0,8	0	0,0	1	0,1
0	0	6	7,1	9	12,2	30	24,4	18	16,7	63	6,4
0	0	7	8,3	2	2,7	1	0,8	4	3,7	14	1,4
0	0	5	6,0	9	12,2	1	1	2	1,9	17	1,7
0	0	0	0	1	1,4	0	0	0	0,0	1	0,1
0	0	12	14,3	12	16,2	2	1,6	6	5,6	32	3,2
0	0	18	21,4	21	28,4	32	26,0	24	22,2	95	9,6
0	0	0	0	0	0	0	0	0	0,0	1	0,1
0	0	0	0	1	1,4	0	0,0	5	4,6	6	0,6
0	0	0	0	0	0	1	0,8	1	0,9	2	0,2
180	**100**	**84**	**100**	**74**	**100**	**123**	**100**	**108**	**100**	**989**	**100**

oder unterhalb, so dass beide Durchbohrungen einander nicht oder nur wenig berühren. Der Durchmesser der horizontalen Durchbohrungen ähnelt mit 2,5 mm dem der vertikalen Durchbohrung, d. h. dem des Innendurchmessers des Zylinders. Richtung und Ansatzstelle der horizontalen Durchbohrungen variieren leicht. Die Funktion des so entstandenen Produkts ist unbekannt. Es könnte z. B. dazu gedient haben, zwei oder drei einander kreuzende Drähte zu leiten und zu fixieren.

Möglicherweise sind die Zylinder, die nicht zusätzlich durchbohrt wurden, Halbfabrikate des gleichen Produkts.

Abb. 69: Ansicht eines von zwei Seiten herausgebohrten Zylinders mit zusätzlicher horizontaler Bohrung.

4. Zylindrische Ringlein

Unbekannt ist auch die Funktion von dünnen, ‚zylindrischen Ringlein' mit breitem, flachem Wulst mit nahezu dreieckigem Schnitt, der von außen nach innen in der Stärke abnimmt (Abb. 68, Nr. 27). Man könnte sie auch als flache Zylinder umschreiben. Der Innendurchmesser beträgt, ähnlich wie bei den runden Ringen, die Hälfte des Außendurchmessers, jedoch ist die maximale Wulsthöhe mit etwa 1 mm kleiner (Tab. 32).

a)

	Außendurchmesser : Höhe				Wulstbreite : Höhe		
	Dsn.	Zahl	Kernbereich	Gesamtbereich	Dsn.	Zahl	Bereich
runde Perlen	1,1	273	0,9–1,4	0,9–1,6			
Innenperlen							
innerhalb rundem Ring	1,8	15	0,9–2,4				
innerhalb flachem Ring	2,0	5	1,3–2,9				
runde Ringe	4,7	187	3,8–5,8	2,2–6,8	1,05	54	0,8–1,4
Innenring	3,4	4	2,8–3,9		1,04	3	0,9–1,2
flache Ringe	6,5	86	5,1–7,6	4,5–8,4	2,07	82	1,4–3,2
Zylinder	2,2	6	2,0–2,3	2,0–2,5			

b)

	Außendurchmesser : Innendurchmesser				
	Dsn.	Zahl	Bereich	Kernbereich	Spitze
Perlen	0,36	491	0,21–0,48	0,28–0,42	3,4–4,1
runde Ringe	0,5	219	0,30–0,63	0,34–0,62	4,6–6,2
flache Ringe			0,31–0,46	0,31–0,40	
Zylinder	0,24	8	0,23–0,27		
zylindrische Ringe	0,53	2	0,50–0,55		
Knopf?	0,2	1	0,19		

Tab. 24: Maßverhältnis der verschiedenen Produktformen (Dsn. = Durchschnittswert).

Bei einer solch geringen Stärke ist es ausgeschlossen, die Ringe für Funktionen einzusetzen, bei denen sie Kraft entwickeln oder Druck widerstehen müssen.

5. Knöpfe

Wie aus Darstellungen des 18. Jahrhunderts und aufgefundenen Knöpfen aus der Zeit ab dem 15. Jahrhundert hervorgeht, wurde die Bohrtechnik auch zum Anfertigen von Knochenknöpfen genutzt.[322]
Diese bestanden aus Scheiben mit einer kleinen Durchbohrung in der Mitte, zum Teil an einer Seite gerundet (konvex) oder profiliert. Die andere Seite konnte in solchen Fällen flach und unbearbeitet sein. Eventuelle zusätzliche Durchbohrungen wurden nachträglich mit der Hand angebracht,[323] aber es sind auch Knöpfe mit nur einem Loch bekannt, deren Form teilweise nicht dafür spricht, dass sie zusätzlich durchbohrt wurden.[324] Knöpfe, die nur an einer Seite ein Profil erhielten oder gerundet waren und an der anderen Seite flach, wurden – ähnlich wie Zylinder – in vielen Fällen von nur einer Seite aus herausgebohrt (Abb. 70A). In solchen Fällen kann man dem Entstehen eines unästhetischen Bruchrandes am Gegenstand (sowohl Knopf wie Zylinder) vorbeugen, indem man ihn – kurz bevor er aus dem Bohrloch gelöst wird – auf der zweiten Seite geringfügig anbohrt. An

---

322 Abb. 29; Maire 1990.
323 Maire 1986, 7585; s. auch ders. 1990.
324 Konstanz, Marktstätte (s. Abb. 109); Warnsveld (Niederlande), Lesefund von einem Acker (Archeologie Zutphen Fundnr. WV 96-9), undatiert.

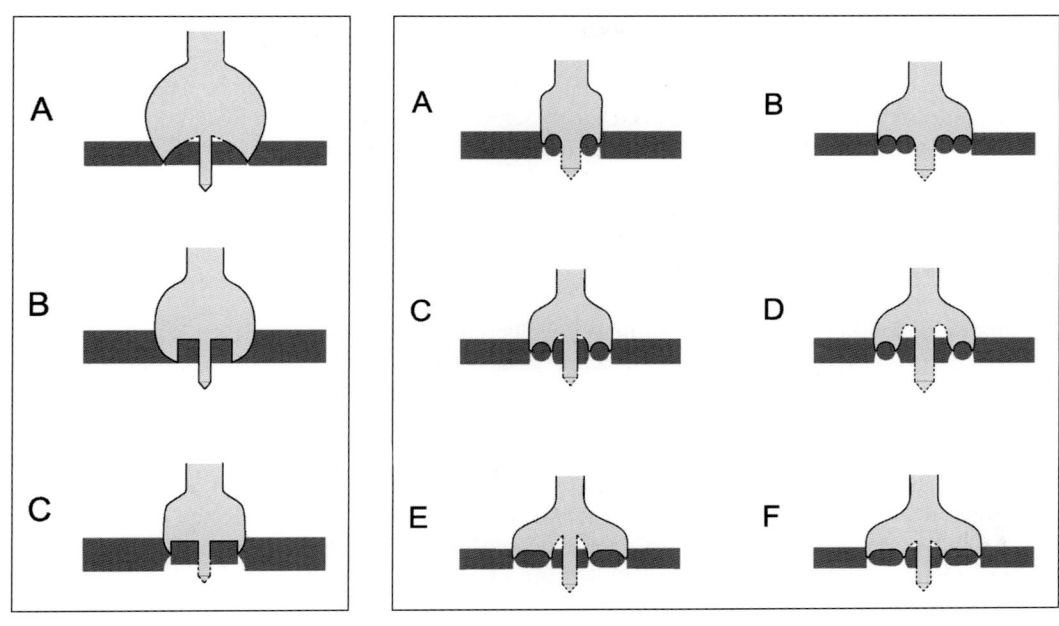

Abb. 70 (links): Idealisierte Querschnitte von Zylinder- und Knopfleisten mit rekonstruierten Bohrerspitzen. A Einseitig ausgebohrter Knopf mit konischer Bohrlochwand, von der zweiten Seite leicht angebohrt; B einseitig herausgebohrter Zylinder mit (leicht) konischer Lochwand; C zweiseitig herausgebohrter Zylinder mit zylindrischer Lochwand.
Abb. 71 (rechts): Idealisierte Querschnitte von Ringleisten mit Rekonstruktion der zugehörigen Bohrerspitzen zum Herausbohren von runden Ringen ohne Innengegenstand (A), mit Innenring (B), mit Innenperle (C), mit zylinderförmiger Innenauffüllung (D), zum Herausbohren von flachen Ringen mit eckigem Schnitt und perlenförmiger Innenauffüllung (E) sowie mit ovalem Schnitt und zylinderförmiger Innenauffüllung (F).

der herausgebohrten Oberseite kann der Knopf unterschiedliche Profile zeigen wie z. B. konvex, ähnlich den oberen 30 bis 50% einer sehr großen Perle (vgl. Abb. 109), flach und scheibenförmig oder zum Zentralloch hin konkav (z. B. Abb. 68, Nr. 28).
Von Ringen unterscheiden sich Knöpfe grundsätzlich durch das kleine, zylindrische Innenloch, das mit einer scharfen oder geraden Ecke an die Außenfläche grenzt. Gegebenenfalls unterscheiden sie sich auch durch einseitiges Herausbohren. Der Unterschied zu Zylindern liegt im Verhältnis zwischen dem Außendurchmesser und der Höhe. Bei Knöpfen ist der Außendurchmesser mindestens dreimal so groß wie die Höhe, bei Zylindern kleiner (s. Tab. 24a). Bei unvollendeten, flachen Bohrungen von einer Seite, bei der die Höhe des erzielten Objektes nicht bekannt ist, ist es nicht immer möglich, zwischen Zylindern oder Knöpfen mit rechtwinklig stehenden Kanten zu unterscheiden. Dies ist der Fall bei zwei von einer Seite aus ausgebohrten Knochenleisten aus der Konstanzer Münzgasse. Von einer Leiste aus Bef. 790 (Phase 3.IV, Produktleistenkomplex 9) ist aufgrund der Übereinstimmung in Form und Größe mit einer anderen Leiste mit einem Zylinder aus demselben Befund zu vermuten, dass Zylinder als Produkte beabsichtigt waren.[325] Eine solche Parallele fehlt für eine Leiste aus Bef. 195a (Anfang der Produktionsphase 2, Produktleistenkomplex 2).[326] Aus demselben Befund stammt jedoch eine glänzend polierte Scheibe, deren Form vermuten lässt, dass es sich um einen Knopf handelt (Abb. 68, Nr. 28). An einer Seite flach, an der anderen Seite um das Zentralloch konkav und am Außenrand konvex gerundet, hat ihr Profil Ähnlichkeit mit einigen

---

325 Fundnr. 01/793-19 bzw. 01/793-4.
326 Fundnr. 01/185-18.

Parallelstücke aus Basel, die angeblich von zwei Seiten herausgebohrt worden waren.[327] Ihren Maßen nach zu urteilen, könnte dieses Produkt sehr wohl aus der genannten Leiste stammen. Hinzu kommt, dass diese Leiste – in gleicher Weise wie Knopfleisten von der Konstanzer Marktstätte – vor dem Herausbohren des Produktes von der einen Seite auch auf der anderen Seite leicht angebohrt wurde. Dagegen sind die verschiedenen, einseitig herausgebohrten Zylinder aus Bef. 790 nicht von der zweiten Seite aus angebohrt.

3.3.3 Bohrungen mit Produktkombinationen

Bei Produkten mit kleinem Innendurchmesser wie Perlen und Zylinder, wurde das Innenloch durch Einsatz einer massiven Zentralspitze vollständig ausgebohrt (Abb. 71A). Bei Ringen mit einem Innendurchmesser größer als 5 mm wurde die Zentralspitze von einem Paar Zwischenspitzen flankiert, die sich zwischen der Zentralspitze und den Seitenspitzen befanden (Abb. 71B–F). Diese Zwischenspitzen hatten die gleiche Länge wie die Seitenspitzen. Dadurch wurde zugleich mit dem Herausbohren des Ringes in dessen Innenraum ein zweiter Gegenstand herausgebohrt. Dies konnte eine Perle sein oder ein zweiter runder Ring, konzentrisch innerhalb des äußeren Rings.
Wichtig dabei war, dass sich der innere Gegenstand zum gleichen Zeitpunkt vom äußeren Ring löste wie der äußere Ring von der Lochwand. Dieses Erfordernis konnte leicht zu Fehlbohrungen führen. Nicht nur mussten die Zwischen- und Außenspitzen des Bohrers auf genau die gleiche Länge geschliffen sein und auch in diesem Zustand gehalten werden. Es bedurfte auch größerer Sorgfalt, den Bohrer beim Herausbohren der zweiten Seite genau gerade auf die erste Bohrhälfte aufzusetzen. Wenn der Innengegenstand sich löste, bevor der Außengegenstand fertig herausgebohrt war, wurde der Bohrer nicht mehr durch die Zentralspitze in der Mitte stabilisiert, sondern nur noch vom flachen Lochrand, und er wurde so leicht aus dem Loch geschleudert. Es gibt viele Beispiele solcher Fehlbohrungen, bei denen die Zentralspitze beim Herausschleudern einen tiefen Kratzer quer oder diagonal in den Wulst des Außenringes eingekerbt hat (Abb. 73). Dagegen zeugen zahlreiche weggeworfene lose Ringe, denen noch ein Gegenstand im Inneren anhaftet, davon, dass sich Außenringe von der Wand des Bohrloches lösten, bevor sich der Innengegenstand vom Außenring abgelöst hatte. Dem Nachteil einer höheren Fehlquote stehen die Vorteile eines geringeren Arbeitsaufwandes und einer besseren Materialausnutzung gegenüber. Ein vollständiges Abschaben der Knochenwand innerhalb eines Ringes mit einem Innendurchmesser zwischen 5 und 15,3 mm würde die zum Herausbohren eines Produktes benötigte Energie und Zeit vervielfachen. Eine bessere Materialnutzung ist jedoch nur zu sichern, wenn der Innengegenstand, d. h. der Bogen zwischen Zentralspitze und Zwischenspitzen des Bohrers, nicht bedeutend höher ist als der Außengegenstand bzw. der Bogen zwischen Zwischen- und Seitenspitzen des Bohrers. Dies war der Fall, wenn der Innengegenstand aus einem Ring bestand, was voraussetzte, dass der Übergang von der Zentralspitze zum Innenbogen des Bohrers gerundet war. Auch wenn in manchen Fällen der Innenring etwas flacher oder höher war als der Außenring, wurden beide Produkte im Normalfall als durchaus brauchbar betrachtet. In anderen Fällen war der Übergang zur Zentralspitze eckig, so dass sich eine Perle oder ein Zylinder als Innengegenstand ergab. Diese waren in vielen Fällen deutlich höher als der Außenring. Falls der Gegenstand im Inneren bis zur vollen Höhe hätte herausgebohrt werden sollen, hätte das die benötigte Zeit und Energie deutlich heraufgesetzt, weil der äußere Bogen des Bohrers zwischen der Zwischen- und der Außenspitze viel mehr Knochenwand hätte abschaben müssen. Außerdem reichte in vielen Fällen die Stärke der Leiste, die anscheinend im Hinblick auf die Höhe des Ringes ausgewählt wurde, nicht aus, um den Innengegenstand bis zur vollen Höhe herauszubohren. Dies ist bei flachen Ringen häufiger und ausgeprägter zu beobachten als bei runden Ringen. Mit 2,9 mm im Durchschnitt ist die Höhe flacher Ringe im Allgemeinen geringer als die runder Ringe (3,5 mm:

---

327 Basel-Bettingen, Chrischona-Kirche, Altfunde, undatiert, vermutlich mittelalterlich (MOOSBRUGGER-LEU 1985, 100–102).

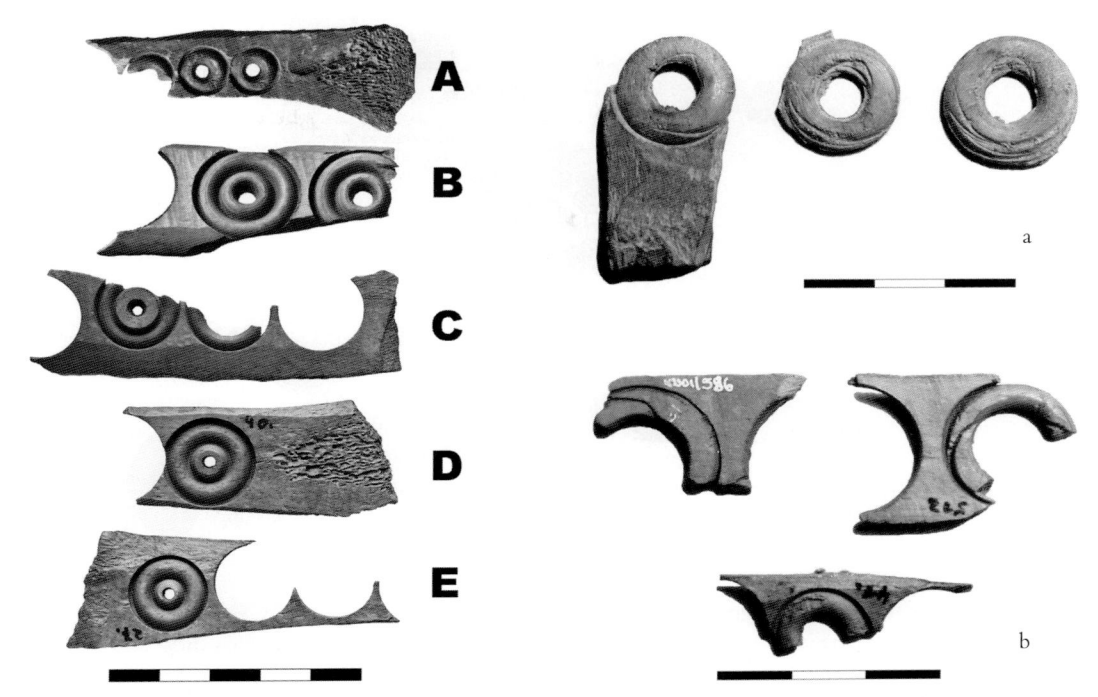

Abb. 72 (links): Ringleisten mit Resten von Ringen ohne Innengegenstand (A), mit Innenring (B), mit zylinderförmiger Innenauffüllung (C), mit unvollständig herausgebohrter, perlenförmiger Innenauffüllung (D) und mit vollständig herausgebohrter, perlenförmiger Innenauffüllung (E).
Abb. 73: a) Flache Ringe mit Kerben, entstanden bei einem vorzeitigen Lösen des Innengegenstandes vom Außenring während des Bohrens. – b) Leisten mit runden Ringen, deren Wulst eine Kerbe quer über den Wulst zeigt, entstanden beim Herausschleudern des Bohrers aus dem Bohrloch durch ein Spalten oder Brechen der Leiste während des Bohrens.

Tab. 32). Die Innengegenstände innerhalb der flachen Ringe waren wohl kaum als Ware gedacht, so dass sie nur selten vollständig herausgebohrt wurden.
Nur bei einer Minderheit dieser Innengegenstände lässt sich feststellen, ob es sich um Perlen oder Zylinder handelt, weil das kleine Stück ausgebohrter Außenwand in den meisten Fällen keinen Rückschluss auf ihre Krümmung zulässt. Oft war der Innenbogen des Bohrers so geschliffen, dass bei seinem Einsatz keine deutliche Form erzielt wurde, sondern lediglich eine Innenauffüllung (Abb. 71D und F). Eine solche Innenauffüllung hat in der Mitte – spiegelbildlich zum spitzen Bruchrand – an der Lochwand eine spitze Rille. Danach geht sie entweder mit einer Ecke oder mit einer Rundung in einen vertikalen Wandteil über, der an der Oberseite konvex bis trichterförmig abgeschlossen wird. Die Außenwand einer solchen Innenauffüllung kann weitere starke Gratrillen haben. Unter den losen Produkten aus Produktionsphase 3 gibt es viele hunderte bis tausende solcher Scheibchen oder Zylinder, die wahrscheinlich hauptsächlich mit dem Herausbohren flacher Ringe in Verbindung zu bringen sind (Abb. 74).
Als Innengegenstände sind also zu verzeichnen: runde Ringe, Perlen und perlen- bis zylinderförmige Innenauffüllungen, wobei die Grenze zwischen Perle und Innenauffüllung fließend ist. Sie werden deshalb als eine Gruppe betrachtet.
Innendurchmesser bis 4,6 mm wurden von einer massiven Zentralspitze vollkommen weggebohrt (Abb. 71A und 72A).[328] Bei solch kleinen Durchmessern war mit dem zusätzlichen Herausbohren

---

328 Bei den genannten, an einer Bohrhälfte ausgebohrten Ringleisten war die Knochenwand innerhalb des Ringes bis zur anderen Knochenseite weggebohrt. Ein in dieser Weise herausgebohrter Ring fällt mit einem Innendurchmesser von etwa 5,2 mm oder leicht größer aus dem Rahmen (Tab. 37a, Gruppe 10b, Fundnr. 01/573-74).

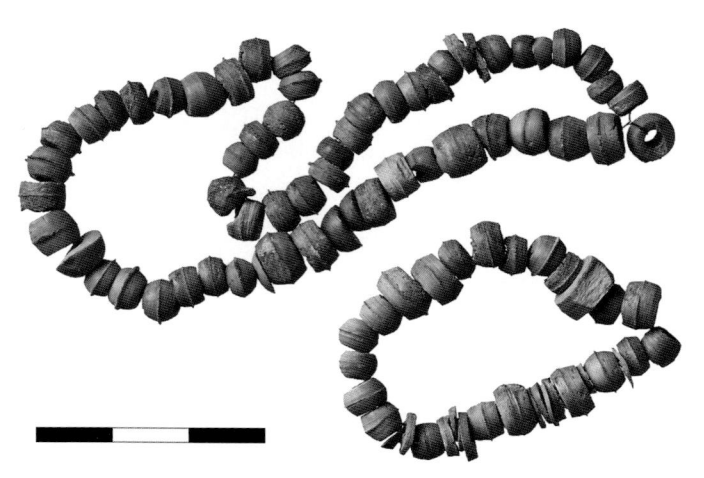

Abb. 74: Unvollständig herausgebohrte Perlchen oder perlenförmige Innenauffüllungen, die zum Teil als Abfälle beim Herausbohren von Ringen entstanden sind.

von Gegenständen im Inneren gegenüber dem Herausbohren von nur einem Gegenstand kaum eine Arbeits- und Zeitersparnis zu gewinnen, zumal das Risiko vergrößert wurde, dass die Zentralspitze abbrach. Runde Ringe als Innengegenstände treten nur innerhalb von ebenfalls runden Ringen auf, die einen Innendurchmesser größer als 8,3 mm haben. Innerhalb der genannten Innendurchmesser von 8,3 mm ist der kleinste Innenring zu finden, der einen Außendurchmesser von 7,5 mm hat.[329] Dieses Maß liegt nur knapp über den Außendurchmessern der kleinsten runden Außenringe, die bis auf einige Ausnahmen bei einem Durchmesser ab 7 mm beginnen. Das gibt zur Vermutung Anlass, dass 7 bis 7,5 mm eine zweckmäßige Untergrenze für den Außendurchmesser der runden Ringe bei den Funktionen war, für die sie vorgesehen waren.

Perlen kommen nämlich bereits innerhalb runder Ringe mit einem Innendurchmesser ab 5 mm vor. Der größte Innendurchmesser eines runden Ringes, innerhalb dessen sich eine Perle findet, beträgt 15,3 mm. Dass Perlen als Innengegenstand bei kleineren Durchmessern der Vorzug gegeben wurde, wäre durch einen fehlenden Bedarf an kleinen Ringen zu erklären, aber auch dadurch, dass eine Innenperle eine stärker stabilisierende Wirkung hatte als ein Innenring. Die Zentralspitze eines Bohrers, mit dem eine Perle im Innenraum eines Ringes herausgebohrt wurde, war schmal mit scharfen Ecken zu den hoch ansetzenden Seitenarmen und drückte den Bohrer vermutlich in eine feste Position quer zur Leiste. Die Achse des Bohrers dagegen, der zwei Ringe gleichzeitig herausbohrte, geriet vermutlich eher ins Schwanken und musste deshalb mit der Hand festgehalten werden.

Im Innenraum flacher Ringe wurden ausschließlich Perlen oder perlen- bis zylinderförmige Innenauffüllungen gefunden. Die Innendurchmesser der flachen Ringe sind vermutlich zu klein, um Raum für runde oder flache Ringe als Innengegenstand zu lassen.[330]

Flache Ringe wurden in allen Fällen einschließlich Innenauffüllung herausgebohrt, auch solche mit einem Innendurchmesser kleiner als 4,6 mm. Außer einer Gruppe mit Innendurchmessern zwischen 4 und 4,5 mm,[331] haben allerdings alle Gruppen von flachen Ringen Innendurchmesser größer als 5,5 mm, also größer als der größte Innendurchmesser eines runden Ringes, der voll herausgebohrt wurde.

---

329 Fundnr. 01/362-56 (Tab. 37a, Gruppe 16).
330 Der größte gemessene Innendurchmesser flacher Ringe liegt mit 7,4 bis 7,8 mm unter den kleinsten Innendurchmessern eines runden Ringes mit Innenring und reicht kaum aus, um runde Ringe mit Außendurchmessern ab 7 mm herauszubohren und schon gar nicht für flache Ringe, deren Außendurchmesser minimal 11,7 mm beträgt.
331 Tab. 37b, Gruppe 1.

3.3.4 Das Vorkommen der Produkte und Produktkombinationen in den unterschiedlichen Komplexen

Im Vorkommen der verschiedenen Produktformen und -kombinationen sind bemerkenswerte Unterschiede innerhalb der stratigraphischen Folge der Abfallschichten der Münzgasse festzustellen, die mit dazu beitragen, die Basis für die Einteilung der Produktionsphasen zu bilden. Nachfolgend wird das Vorkommen an Produktformen und -kombinationen sowie die darin aufgetretenen Unterschiede in der jeweiligen Herstellungsphase anhand der Produktleisten analysiert, deren Daten registriert wurden (s. Tab. 23). Es werden einige Daten von losen Produkten mit einbezogen, ebenso wie die vorläufigen und allgemeinen Eindrücke, die sich bei der Datenaufnahme an vollständig ausgebohrten Leisten ergaben.[332] Dabei ist der Unterschied zwischen einerseits dem Begriff Produktionsphase als Modell der Produktionsvorgänge sowie der Produktauswahl und andererseits der Fundzusammensetzung der für diese Produktionsphase ausgewählten Befunde zu beachten. So können Produkte, die für eine bestimmte Phase typisch sind, unter Umständen dieser Phase zugerechnet werden, auch wenn sie im Fundzusammenhang einer anderen Phase gefunden wurden. Die Mengenangaben bei den Produktleisten können durch Unterschiede in den Fehlerquoten der verschiedenen Produktformen und Bohrprofilgruppen beeinflusst worden sein und sind deshalb nur als Annäherungswerte für die Produktionsverhältnisse benutzt worden.

1. Produktionsphase 1

Die Produktpalette der Produktionsphase 1 scheint relativ begrenzt gewesen zu sein. Fast ausschließlich entstanden runde Ringe, deren Wulst meistens etwa gleich hoch wie breit war (Abb. 75). Aus ihrem Inneren wurden kleinere, runde Ringe oder zylinderförmige Innenauffüllungen herausgebohrt. Das einzige Leistenfragment mit einem kleineren Ring, der keinen Gegenstand im Inneren hat, stammt aus dem jüngsten Befund dieser Phase.[333]
Die Oberseite der Innenringe kann tiefer, gleich hoch oder höher liegen als die der Außenringe. Im letzten Fall kann die Form des Innengegenstandes in eine Zylinderform mit leicht gerundeten Ecken übergehen.
Anders als die Ringleisten zeigen die wenigen Leistenfragmente mit Perlenresten völlige Übereinstimmung in der Technik sowie in den Maßen mit denen, die aus den Fundkomplexen mit Abfällen aus Produktionsphase 2 kommen, v. a. mit denen aus Bef. 195.[334] Außerdem ist die Hälfte dieser Fragmente wegen starker Fragmentierung und/oder abweichender Bodenfärbung möglicherweise als Irrläufer zu charakterisieren.[335] Das Fehlen deutlicher Perlenformen bei den Innenauffüllungen in dieser Phase verstärkt die Zweifel an der Existenz von Perlen als Produkt in dieser Phase.

2. Produktionsphase 2A

In Produktionsphase 2A wurden hauptsächlich Perlen produziert: v. a. kleinere runde Perlen mit Außendurchmessern zwischen 4 und 6,5 mm, neben einigen erheblich größeren runden und längli-

---

332 Diese werden im nächsten Kap. 3.4 analysiert.
333 Fundnr. 01/544-202 (Bef. 565: PFROMMERS Ablagerungsphase Q9, direkt unterhalb der ersten Planierschicht mit Abfällen der Produktionsphase 2). In Tab. 37a bildet dieses Leistenfragment die Bohrprofilgruppe 4. Mit seiner dunklen Farbe steht es den Fundstücken aus Bef. 195a näher. Unter denen befindet sich ein Leistenfragment mit einem ähnlichen Ring (Tab. 37a, Gruppe 5). Leistenfragmente dieser letzten Bohrprofilgruppe gibt es nicht aus jüngeren Fundkomplexen. An dieser Stelle bleibt es deshalb ungewiss, ob das Fragment aus der Schwemmschicht Bef. 195a ein Irrläufer oder aus der älteren Schicht umgelagert worden ist oder ob das Fragment aus Bef. 565 ein Irrläufer aus der jüngeren Schwemmschicht ist (vgl. Kap. 3.4.3, Durchmessergruppe r6).
334 Nur ein Leistenfragment zeigt eine Perle mit Maßen, die ein wenig von denen aus Bef. 195 abweichen (Fundnr. 01/792-1; Tab. 38a, Gruppe p16).
335 Zudem stammen zwei der vier übrigen Fragmente (ebenso wie vier der fünf, die möglicherweise Irrläufer sind) aus sich allgemein unter den Abfallschichten hinziehenden Seeboden- oder Schwemmschichten (Bef. 401/404 und 705), in denen sich vom Seewasser horizontal angeschwemmte Siedlungsabfälle verschiedener Perioden vermischt haben können, bis sie von jüngeren Abfallschichten abgedeckt wurden.

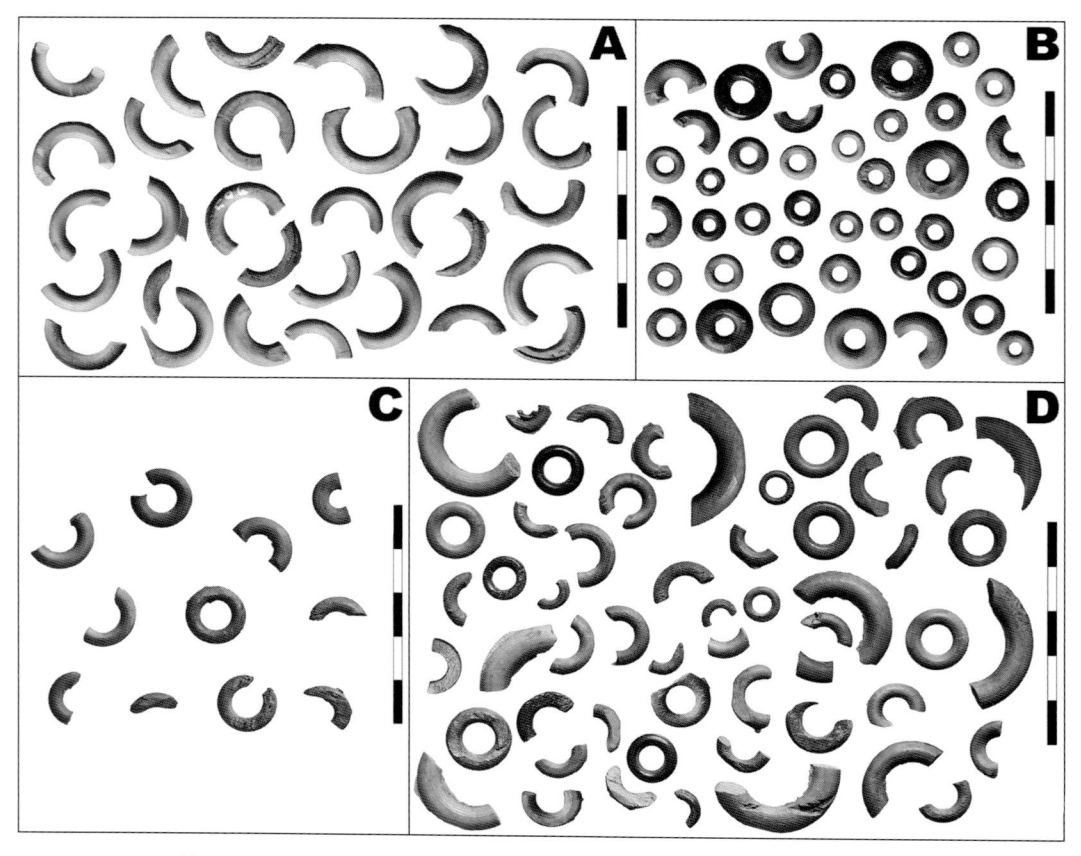

Abb. 75: Herausgebohrte runde Ringe aus den verschiedenen Produktionsphasen.
A Phase 1; B Phase 2A und 2B; C Phase 3.I (Bef. 472); D Phase 3.IV.

chen Perlen (vgl. Abb. 68, Nr. 1–4). Diese drei Perlenkategorien unterscheiden sich deutlich sichtbar voneinander. Längliche Perlen wurden ausschließlich aus quer gesägten Diaphysenscheiben herausgebohrt. Umgekehrt wurden aus Diaphysenscheiben auch keine anderen Produkte herausgebohrt als längliche Perlen.

Neben den Perlen unterschiedlicher Art wurden runde Ringe herausgebohrt und zwar hauptsächlich oder ausschließlich kleinere runde Ringe ohne Gegenstand im Inneren (Abb. 75B).[336]

Die Phasenzugehörigkeit eines Gegenstandes, der einem Knopf sehr ähnlich ist (Abb. 68, Nr. 28), sowie einer dazu passenden Produktleiste in Bef. 195a (s. Absatz 3.3.2.5) ist unsicher und sollte im Zusammenhang mit vergleichbaren Funden von Knochenleisten und frühen Knöpfen aus Knochen von anderen Fundorten beurteilt werden (Kap. 4.2.2).[337]

---

[336] In Bef. 195 (mit Abfällen aus Produktionsphase 1 und 2) wurden einige Produktleisten mit Resten größerer Ringe gefunden, die um einen ring- oder zylinderförmigen Innengegenstand herausgebohrt wurden. Sie werden wegen der großen Übereinstimmung mit den Ringleisten aus Produktionsphase 1 dieser Produktionsphase zugerechnet.

[337] Die Datierung und Phasenzugehörigkeit des in Bef. 195a enthaltenen Fundmaterials ist unklar. Obwohl diese Schicht nach Prommer stratigraphisch eindeutig älter ist als die Füllschichten mit Abfällen der Produktionsphase 1 und nach Junkes überwiegend Keramik aus der Zeit um 1300 enthielt, sind die daraus geborgenen Paternosterabfälle der Form nach zum größeren Teil eindeutig der Produktionsphase 2A zuzuordnen und zum anderen Teil der Produktionsphase 0 (s. auch Kap. 2.3.2.1).

3. Produktionsphase 2B
Verglichen mit Bef. 475 in der großen Aufplanierung in Q1–Q5 (Ablagerungsphase Q12; Produktionsphase 2A) zeigen sich bei der Produktzusammensetzung von Bef. 609 in Schnitt 3 (Produktionsphase 2B) nur relativ geringfügige Änderungen. Die Produktpalette beschränkt sich weiterhin auf Perlen und runde Ringe. Auch im Verhältnis der Mengen zwischen beiden Produktgruppen scheint sich wenig geändert zu haben. Der deutliche Unterschied zwischen kleinen und großen runden Perlen ist jedoch verwischt und wurde durch eine gleitende Skala von kleineren bis größeren Perlen ersetzt, zwischen denen nur noch eine schmale Lücke von 1,4 mm beim Außendurchmesser zu erkennen ist. Wiederum wurden in den Ringleisten ausschließlich relativ kleine runde Ringe ohne Innengegenstand gefunden (bis ungefähr 13 mm Außendurchmesser). Bei einigen Ringen ist der Innendurchmesser jedoch so groß (etwa 6,5 mm), dass zu vermuten ist, dass sich darin ein Innengegenstand befunden hat, wenn dies auch nicht nachgewiesen wurde. Längliche Perlen wurden nicht in den Produktleisten und -scheiben dieses Befundes gefunden. Aus quer gesägten Diaphysenscheiben wurden kleine runde Perlen herausgebohrt. Diese erforderten keine größere Knochenwandstärke als die länglichen Perlen, die in Produktionsphase 2 aus Diaphysenscheiben herausgebohrt wurden. Dagegen konnten wegen ihrer geringeren Höhe dünnere Scheiben verwendet werden. So ließen sich aus einer Knochenröhre mehr Perlen herstellen (s. Kap. 3.4.5.4).

4. Produktionsphase 3
In Produktionsphase 3 fehlen quer gesägte Scheiben ebenso wie längliche Perlen. Dafür wird aber die Produktpalette um verschiedene neue Produkte erweitert: flache Ringe, Zylinder und zylindrische Ringe. Während die beiden letzten Produkte zahlenmäßig eine marginale Rolle gespielt zu haben scheinen, machen die Fragmente mit flachen Ringen etwa ein Viertel der Produktleisten aus. Perlen überwiegen in den Produktleisten weiterhin gegenüber runden Ringen.[338] Sowohl bei Perlen wie auch bei runden Ringen tauchen in den Befunden der Ablagerungsphase 3.IV (Bef. 785 und Fundkomplex 9) neue Durchmesser auf. Bei den Perlen wird damit die Lücke zwischen kleinen und großen Perlen ganz geschlossen. Bei den runden Ringen handelt es sich wiederum um größere Ringe.
Bereits in Bef. 472 und 333 (Ablagerungsphase 3.I bzw. 3.III) wurde ein leichter Anstieg des maximalen Außendurchmessers runder Ringe auf etwa 15 mm registriert. In den Befunden der Ablagerungsphase 3.IV dagegen, die vermutlich zum Teil jüngere Abfälle enthalten, wurden Reste von bedeutend größeren, runden Ringen gefunden, deren Außendurchmesser (21 bis 28 mm) zum Teil noch über dem der größten Ringe aus Phase 1 liegt. Innerhalb der Gruppe dieser großen runden Ringe sind Innenauffüllungen in Form großer runder Perlen vorhanden.

3.3.5 Die Unterscheidung von Bohrern oder Bohrprofilgruppen

3.3.5.1 Methodik

Wurde im vorigen Abschnitt festgestellt, welche unterschiedlichen Produkte in den jeweiligen Produktionsphasen vorgefunden wurden (Tab. 23), wird nachfolgend dargestellt, welche Ergebnisse der Versuch erbracht hat, zu unterscheiden, welche Bohrer bei der Herstellung der Produkte verwendet worden sein könnten. Dies erfolgte anhand einer Analyse der Daten und Maße der Produktreste und der Durchmesser der Bohrlöcher in den Produktleisten. Analysiert wurden Konzentrationen

---

338 Im Vergleich zu den Stichproben aus Produktionsphase 2 steigt der Anteil der runden Ringe in den Produktleisten aus Bef. 472 und 333 leicht an (Phase 3.I bzw. 3.III), desgleichen nochmals in den Befunden der Phase 3.IV. Es ist nicht klar, inwiefern diese Unterschiede Entwicklungen in den Produktionsverhältnissen widerspiegeln. Dazu wäre eine Analyse der Gesamtheit der Leisten der betreffenden Komplexe erforderlich sowohl mit wie auch ohne Produktreste (s. Kap. 3.4).

und Lücken in der Streuung der verschiedenen Maße, ausgehend vom Außendurchmesser des Produkts. In zweiter Linie wurden die anderen Produktmaße berücksichtigt sowie sekundäre Merkmale der Bohrerform (wie z. B. die Form des Bruchrandes oder Formdetails der Produkte). Besondere Beachtung wurde der Zugehörigkeit zum Befund oder zum stratigraphischen Komplex gewidmet, wobei die Daten meist sowohl in Bezug auf jeden einzelnen Komplex als auch aus der Gesamtheit der Komplexe heraus analysiert wurden. Diese unterschiedlichen Daten wurden zu Gruppen von Negativen der Bohrprofile zusammengefasst, die den Anschein erweckten, als könnten sie mit ein- und demselben Bohrer herausgebohrt worden sein. Diese Gruppen wurden je nach Produkt in aufsteigender Nummerierung vom kleinen bis großen Produktaußendurchmesser mit sämtlichen dazu festgestellten Charakteristiken aufgelistet (Tab. 37 u. 38).

Eine klare Unterscheidung zwischen verschiedenen Bohrern wurde jedoch dadurch erschwert, dass sowohl die Bohrlöcher als auch die Produkte sich schon bei der Datenaufnahme in vielen Fällen nicht als rund, sondern als leicht oval erwiesen und im Durchmesser bis zu 0,5 oder 0,6 mm variierten (s. Kap. 3.1.3.2). Bei denjenigen Gruppen, deren Maße innerhalb einer Variationsbreite von 0,8 bis 1 mm eine Kurve mit zwei Spitzen aufwiesen, wurde angenommen, dass diese von nur einem Bohrer stammen.[339] Ähnliche Gruppen, deren Maße zu einer Kurve mit drei Spitzen führten, gaben dagegen Anlass, sie in zwei Bohrprofilgruppen einzuteilen, deren Ergebnis möglicherweise durch zwei unterschiedliche Bohrer hervorgerufen wurde, deren Maße sich überlappten. Als die sich überlappenden Daten voneinander getrennt wurden, wurde die Möglichkeit des Verschleißes bzw. Nachschleifens eines Bohrers in die Überlegungen mit einbezogen (s. Kap. 3.3.7.2).

Trotzdem verhindern es die oben genannten Faktoren, deutlich festzustellen, wie viele und welche unterschiedlichen Bohrer benutzt wurden. Es gibt aber noch einen weiteren Grund, der nachfolgend erläutert wird. Die voneinander unterschiedenen Gruppen sollten deshalb nicht als Stellvertreter für reale Bohrer betrachtet werden, sondern vielmehr als Gruppen von Produkten mit übereinstimmenden Formen und Maßen, die möglicherweise mit demselben Bohrer angefertigt wurden. Sie werden deshalb mit dem Wort „Bohrprofilgruppen" beschrieben. Die entsprechenden Bohrer werden als „fiktive" Bohrer bezeichnet. Zu dieser Klärung kam es allerdings erst im Verlaufe der im Folgenden dargestellten Analyse.

3.3.5.2 Nutzungsentwicklung und -kontinuität der Bohrer

Wenn man die unterschiedlichen Bohrprofilgruppen auf eine Stufe mit Bohrern stellt, dann könnte die Zahl der unterschiedlichen fiktiven Bohrer mit etwa 75 (25 Perlenbohrer, 31 Bohrer runder Ringe, 15 Bohrer flacher Ringe, drei Zylinderbohrer, ein möglicher Knopfbohrer und ein Bohrer für zylindrische Ringe) für eine einzelne Werkstatt sicherlich relativ hoch erscheinen. Einerseits mag diese Zahl nach oben hin dadurch beeinflusst worden sein, dass sich beim Nachschleifen die Form der Bohrerspitzen mehr oder weniger stark ändern konnte. Erfahrungen aus der Praxis lassen deshalb vermuten, dass auch damals die Bohrer sehr oft neu geschärft werden mussten (s. Kap. 3.1.3.2). Dabei können sich die Form und die Maße der Bohrerspitzen allmählich leicht verändert haben. Auch kann ein Bohrer bewusst neu in eine andere erwünschte Form geschliffen und/oder geschmiedet worden sein. Andererseits ist es möglich, dass ein neuer Bohrer in die gleiche oder eine sehr ähnliche Form wie ein bereits vorhandener Bohrer geschliffen wurde als Ersatz oder zur gleichzeitigen Nutzung. Die oben genannten Maßvariationen der Produktdurchmesser sowie Fehlermargen beim Messen können kleinere Unterschiede bei den Bohrern beseitigt haben. Das erschwert das Unterscheiden von Bohrern zusätzlich.

Andererseits kann man bei einem Großteil der Abfallschichten an der Konstanzer Münzgasse (nämlich diejenigen mit primär gelagerten Abfällen) davon ausgehen, dass die Abfälle aus einem Befund innerhalb eines relativ kurzen Zeitabschnitts abgelagert wurden und damit auch überwiegend in-

---

[339] Solches war z. B. der Fall sowohl bei den Außendurchmessern der Produkte als auch bei den Durchmessern der Bohrlöcher der Bohrprofilgruppe 24 der runden Ringe (Tab. 37a) aus Produktionsphase 1.

Befund	Phase[1]	runde Ringe	flache Ringe	runde Perlen	längl. Perlen	Zylinder	zylindr. Ringe	Knopf?	total
401/404	1 (Q6)	4		(1)[2]					**4**
625	1 (Q7)	6		(2)[2]					**6**
353, 356, 347	1 (Q8)	6							**6**
282	1 (Q9)	6							**6**
195	1/2 (Q3–Q11)	3		4	1			1	**9**
475	2A	4		5	3				**12**
609	2B	7		10					**17**
472	3.I	3	5	4		1			**13**
333	3.III	3	5	3		1			**12**
785	3.IV	7	6	5			1		**19**
830, 783–785, 790, 758	3.IV	7	5	5		2	1		**20**
Phase 1 total	1	11		3					**14**
Phase 2A total	2	7		7	3			1	**18**
Phase 2A/B total	2/3A	9		12	3			1	**25**
Phase 3 total	3B	9	15	9		3	1		**36**

1 Produktionsphase; Ablagerungsphasen nach PFROMMER in Klammern
2 mögliche Irrläufer aus späterer Produktionsphase nicht in „total"

Tab. 25: Zahl der Bohrprofilgruppen pro Befund.

nerhalb eines kurzen Zeitabschnitts entstanden sind, während die oben genannten Störungsfaktoren in erster Linie auf längere Zeitabschnitte einwirkten. Deshalb ist es unter Umständen korrekt, die Anzahl der unterschiedlichen Bohrprofilgruppen in ein und demselben Befund als Indiz für die Zahl der etwa gleichzeitig benutzten Bohrer anzusehen. Diese Zahl steigt von etwa sechs Bohrprofilen oder Bohrern in der Produktionsphase 1 auf 17 Bohrprofile in Bef. 609 (Produktionsphase 2B) und fällt dann in Bef. 472 und 333 (Produktionsphase 3, Ablagerungsphase 3.I und 3.III) leicht auf zwölf bis 13 Profile (Tab. 25) zurück. Es ist nicht auszuschließen, dass der erneute Anstieg der Zahl der Bohrprofilgruppen in den umgelagerten Befunden der Phase 3.IV (Fundkomplex 8 und 9) von aus anderen Befunden umgelagerten Produktleisten beeinflusst wurde.[340]

In einer sich entwickelnden Werkstatt, in der im Laufe der Zeit zusätzlich neue Bohrer unter Weiterbenutzung der alten eingesetzt werden, ist ein Ansteigen der Zahl der benutzten Bohrer zu erwarten. Eine Abnahme und ein erneuter Anstieg wären in diesem Modell u. a. damit zu erklären, dass es in einer anderen Werkstatt einen Neuanfang gab.

Für eine solche Interpretation bedarf es der Übereinstimmung der Entwicklung der Bohrerzahlen mit den Entwicklungen in der Kontinuität bzw. Diskontinuität zwischen den unterschiedlichen Produktionsphasen beim Vorkommen der Produktleistengruppen, die möglicherweise mit dem gleichen Bohrer herausgebohrt wurden (Tab. 26).[341]

Die Produktleistengruppen mit runden Ringen zeigen unter diesem Aspekt eine viel stärkere Diskontinuität als die Gruppen der Perlen. Dies ist dadurch zu erklären, dass die entscheidenden Maße,

---

340 Bei den in Tab. 25 erwähnten Zahlen wurden jene Einzelstücke nicht mitgerechnet, bei denen eine Umlagerung aus anderen Schichten gut möglich wäre. Trotzdem ist nicht auszuschließen, dass die Zahlen für die Fundkomplexe 8 und 9 durch Vermischung mit Leistenfragmenten aus unterschiedlichen Phasen erhöht worden sind.

341 Zur Erforschung einer möglichen Kontinuität bei den Werkstätten sollte Folgendes beachtet werden: Wenn es schon nicht so war, dass die Bohrer von einer zur anderen Werkstatt wechselten, was nur in bestimmten Fällen als wahrscheinlich angenommen werden kann, dann können die Produkte einer Werkstatt als Formmuster für die Bohrerspitzen anderer Werkstätten gedient haben.

a) Runde Ringe

Profil-gruppe	Phase 1		Phase 2A		Phase 2B	Phase 3			
	1	2	3	4	5	6	7	8	9
1							X		
2				X	X				
3					X				
4	(x)								
5			X						
6				X	X				
7	X								
8								X	X
9					X				
10				X	X				
11		(x)				(x)		X	X
12					X				
13			X	(x)	X				X
14						X	X	X	X
15									(x)
16	X								
17								X	X
18	X								
19						X	(x)		
20	X	X							
21	X								
22	X								
23			X						
24	X	X	(x)						
25	X	X	X						
26	X								
27	X								
28								(x)	(x)
30							X		
31		(x)					(x)		
32									(x)

(x) Bohrprofilgruppe nur durch einige wenige Leisten vertreten

Tab. 26 (linke und rechte Seite): Vorkommen der Bohrprofilgruppen in den Fundkomplexen 1–9.
1 (rechts oben): möglicherweise Irrläufer im Abfall der Phase 1.

wie auch deren Unterschiede, bei Bohrern für Perlen im Allgemeinen kleiner sind als bei Bohrern für Ringe. Dadurch entwickeln sich die entscheidenden Unterschiede bei den Bohrern für Perlen eher innerhalb der Margen der Messfehler oder der genannten Maßvariationen der Produktdurchmesser. So können sie leichter übersehen werden.

Bei den Bohrprofilgruppen der Ringleisten gibt es keine Kontinuität zwischen den Produktionsphasen 1 und 2A, auch nicht zwischen den Produktionsphasen 2B und 3. Hingegen sind alle vier Bohrprofilgruppen von Ringleisten aus Bef. 475 (Phase 2A) auch in Bef. 609 (Phase 2B) wieder aufzufinden und zwar stets mit leicht abweichenden Maßen. Diese Verschiebungen sind in drei von vier Fällen problemlos auf eine Entwicklung bei den Bohrern zurückzuführen.[342]

b) Runde Perlen

Profil-gruppe	Phase 1[1]		Phase 2		Phase 2B	Phase 3			
	1	2	3	4	5	6	7	8	9
1						X		X	
2					X				(x)
3	(x)		X	X					
4				X					
5					X	X	X	X	(x)
6	(x)		X						
7a	(x)	(x)	X					(x)	
8					X				
9			X						
10				X	X	X	X	X	X
11							X		(x)
12					(x)			(x)	X
13								(x)	X
14				X					
15		(x)			(x)	X	X	(x)	X
16	X				X				
17					X				
18					X				
19		X							
20									X

c) Längliche Perlen

Profil-gruppe	Phase 1[1]		Phase 2A		Phase 2B	Phase 3			
	1	2	3	4	5	6	7	8	9
1	(x)								
2			X	X					(x)
3				X				(x)	(x)
4				X					(x)
5									(x)

Für die Annahme, dass es eine Kontinuität bei der Benutzung von Bohrern gibt, spricht in diesem Fall zusätzlich, dass alle vier Gruppen nur in den beiden genannten Fundkomplexen gefunden wurden, in denen Ringe zahlenmäßig eine relativ unbedeutende Rolle spielen (Tab. 23; s. auch Kap. 3.4). Wenn ein Bohrer nur selten benutzt wird, kann er länger eingesetzt werden und es lohnt sich

---

342 Im jüngeren Bef. 609 sind die Innendurchmesser größer und die Wulsthöhen kleiner, was durch eine Verkürzung der Seitenspitzen bewirkt worden sein könnte. Beim vierten fiktiven Bohrer sind die Verhältnisse umgekehrt. Diese stützen sich jedoch auf Maße von einem einzigen Produktleistenfragment, die außerdem nicht exakt gemessen werden konnten.

weniger, einen neuen Bohrer anzuschaffen. Bemerkenswert ist auch, dass es zu allen fünf Bohrprofilgruppen aus Bef. 475 (Phase 2A), die sich auf Bohrungen von Perlen beziehen, aus Bef. 609 (Phase 2B) eine Bohrprofilgruppe gibt, deren Produkt- und Lochmaße innerhalb einer Spanne von 0,8 mm verschoben sind, also im Prinzip von demselben Bohrer stammen könnten. Es war nicht möglich, die Verschiebungen ohne Weiteres durch ein Nachschleifen des Bohrers zu erklären.[343] Sie stimmen allenfalls in vier der fünf Fälle darin überein, dass die Maße in den Leisten aus dem jüngeren Bef. 609 kleiner sind. Wenn man diese leicht unterschiedlichen Gruppen von Leisten, aus denen Perlen herausgebohrt wurden, zusammennimmt, dann liegt der Unterschied zwischen Bef. 475 (Phase 2) und Bef. 609 (Phase 2B) – sowohl bei den Gruppen von Leisten, aus denen Ringe gebohrt wurden, als auch bei denjenigen für Perlen – lediglich darin begründet, dass zusätzlich neue Leistengruppen eingeführt wurden. Dies ist sehr wohl mit dem oben dargestellten Modell einer sich entwickelnden Werkstatt in Einklang zu bringen.

Nachdem, wie oben erwähnt, die Zahlen der vorhandenen Leistengruppen pro Befund von Phase 2B zum Anfang der Phase 3 (Bef. 472 und 333) abgenommen hatten, war eine Wiederholung dieses Musters in der Zunahme der Gruppenzahlen innerhalb Phase 3 zu erkennen. Während der Deutung einer Werkstattkontinuität von Phase 2A zu Phase 2B wenig im Wege steht, ist es problematischer, diese Wiederholung des Musters entsprechend dem Modell als den Neuanfang einer anderen Werkstatt einzuordnen. So kann die Zunahme der Gruppenzahl pro Befund in den jüngeren Befunden der Phase 3 (Fundkomplex 8 und 9) durch eine Mischung der Funde aus verschiedenen Schichten verursacht worden sein, auch wenn diese als Ganzes jünger sind als die Funde aus Bef. 472 und 333 (Fundkomplex 6 und 7).

Anders als in Bef. 475 und 609 in den analysierten Fundkomplexen der Phase 3, enthalten gerade diejenigen Leistengruppen die höchsten Zahlen an Leisten und somit folglich diejenigen Bohrer, die am intensivsten genutzt wurden, bei denen es eine Kontinuität von den älteren zu den jüngeren Befunden gab. Es ist kaum auszuschließen, dass die Bohrer für die Herstellung dieser gängigsten Produkte durch neue, identische ersetzt oder von anderen Werkstätten imitiert wurden. So kann aus der genannten Kontinuität dieser Bohrprofilgruppen nicht ohne Weiteres eine Kontinuität der Bohrer hergeleitet werden. Hingegen spricht die Übereinstimmung in der übrigens sehr spezifischen Produktformenpalette beider Gruppen von Fundkomplexen der Produktionsphase 3 dafür, dass sie aus der gleichen Werkstatt stammen.

Letzteres trifft jedoch nicht für die Kontinuität zu, die drei Bohrprofilgruppen für Perlen von Phase 2A bis zu den Befunden der Phase 3.IV aufweisen. Unter ihnen befinden sich wiederum zwei der häufigsten. Auch hier muss mit der Möglichkeit gerechnet werden, dass die gängigsten Bohrer kopiert wurden. Dies kann jedoch ebenso gut innerhalb der gleichen Werkstatt wie zwischen unterschiedlichen Werkstätten geschehen sein.

Eine Kontinuität der Bohrprofilgruppen von Phase 1 nach Phase 2A beschränkt sich auf wenige, vereinzelte Perlenleisten, deren stratigraphische Aussagekraft zweifelhaft ist. So bleibt aufgrund der möglicherweise mit dem gleichen Bohrer ausgebohrten Produktleisten zum einen der Eindruck einer Diskontinuität von Produktionsphase 1 zu 2 bestehen, zweitens einer möglichen Kontinuität zwischen Phase 2A und 2B, während drittens zu einer (Dis-)Kontinuität von Phase 2B zu 3 keine Aussagen gemacht werden können.

3.3.6 Technische Eigenheiten einiger Formdetails der Bohrerspitzen

3.3.6.1 Die Form der Bohrlochwand

In Kap. 3.1.3.2 wurde bereits beschrieben, dass die Wände der Bohrlöcher und die Stoßgrate unterschiedlich geformt sein können, abhängig von der Form der Außenseite der Seitenarme der Boh-

---

343 In vier der fünf Fälle wurden die kongruenten Leistengruppen unterschiedlichen Bohrprofilgruppen zugeteilt.

	zylindrisch		leicht konisch		konisch		total
	Zahl	%	Zahl	%	Zahl	%	Zahl
quer gesägte Scheiben	50	100	0	0	0		50
runde Perlen	580	99	5	1	0		585
Zylinder	4	66	0	0	2		6
Knopf?	0	0	1	100	0		1
runde Ringe	95	40	143	60	1		239
flache Ringe	95	100	0	0	0		95
zylindrische Ringe	1	100	0	0	0		1

Tab. 27: Lochwandform (Produktionsphase 1–3).

Fundkomplex		zylindrisch		leicht konisch		konisch		total
Nr.	Produktionsphase	Zahl	%	Zahl	%	Zahl	%	Zahl
1	Phase 1	3	2,4	124	97,6	0	0	127
2	Phase 1/2A	2	28,6	5	71,4	0	0	7
3	Bef. 195 (Phase 1/2A)	3	37,5	4	50,0	1	12,5	8
4	Bef. 475 (Phase 2A)	5	62,5	3	37,5	0	0	8
5	Bef. 609 (Phase 2B)	4	36,4	7	63,6	0	0	11
6	Bef. 472 (Phase 3.I)	8	100,0	0	0	0	0	8
7	Bef. 333 (Phase 3.III)	8	100,0	0	0	0	0	8
8	Bef. 785 (Phase 3.IV)	34	100,0	0	0	0	0	34
9	diverse Bef. Phase 3.IV	28	100,0	0	0	0	0	28
	total	95	39,8	143	59,8	1	0,4	239

Tab. 28: Bohrlochwandform bei runden Ringen pro Fundkomplex.

rerspitze (Abb. 37). In dieser Form sind an den Produktleisten bei den verschiedenen Produkten unterschiedliche Entwicklungen zu erkennen (Tab. 27).
Perlen wurden in allen Fundkomplexen fast ausschließlich mit nahezu vertikaler Bohrlochwand und scharfer Ecke von der Lochwand zum Stoßgrat herausgebohrt (Abb. 37, Nr. 5). In Einzelfällen (weniger als 1% aller Leisten für Perlen) ist die Ecke zum Stoßgrat gerundet (Abb. 37, Nr. 4) und zwar bei Perlen, deren Maße mit Perlen übereinstimmen, die mit scharfeckigem Stoßgrat herausgebohrt wurden.[344] Diejenigen quer gesägten Knochenscheiben und länglichen Perlen, die aufgenommen wurden, wurden ausnahmslos mit nahezu vertikaler Lochwand und scharfeckigem Stoßgrat herausgebohrt (Abb. 37, Nr. 5).
Bei runden Ringen ist von Produktionsphase 1 zu Phase 3 eine Entwicklung von leicht konischer zu zylindrischer Bohrlochwand zu beobachten (Tab. 28). In Phase 1 wurde ausschließlich mit leicht konischer Lochwand ausgebohrt (Abb. 37, Nr. 2). Der Stoßgrat ist im Allgemeinen sehr kurz. Das deutet darauf hin, dass die Spitze der Seitenarme des Bohrers spitz geschliffen wurde. Zwischen Stoßgrat und Lochwand ist oft keine Ecke festzustellen. Besonders bei Ringen mit zylinderförmigen Innengegenständen kommen auch breitere Stoßgrate mit scharfer Ecke zur Lochwand vor.
Unter den wenigen aufgenommenen Produktleisten mit runden Ringen der Produktionsphasen 2A und 2B befinden sich sowohl Ringe, die mit leicht konischer oder fast vertikaler Lochwand

---

344 Drei Leistenfragmente aus Bef. 475 unter 103 Fragmenten mit ähnlichen Bohrermaßen (Fundnr. 01/474-258, -6305, -6310); zwei von drei Fragmenten aus Bef. 609 mit ähnlichen Bohrermaßen (Fundnr. 01/573-7 und -63). Es betrifft in beiden Fällen die gängigsten Bohrprofilgruppen, die in allen Fundkomplexen ab Bef. 475 gefunden wurden. Deshalb lässt sich nur schwer feststellen, ob sie als Abfälle von ein und demselben Bohrer zu betrachten sind.

und gerundeter Ecke zum Stoßgrat herausgebohrt wurden (Abb. 37, Nr. 4), als auch Ringe, die mit (nahezu) vertikaler Lochwand und scharfer Stoßgratecke herausgebohrt wurden (angedeutet mit „zylindrisch": Abb. 37, Nr. 5). Bemerkenswert dabei ist, dass anfangs (in Fundkomplex 2 und 3: Produktionsphase 1 bis 2A) in neu auftretenden Bohrprofilgruppen – d. h. mit Bohrern der ersten Generation – ausschließlich zylindrisch gebohrt wurde, während später – in Bef. 609 (Produktionsphase 2B) – mehr als die Hälfte der runden Ringe aus den Produktleisten mit leicht konischer Wand herausgebohrt wurde, sowohl mit neuen Maßen als auch mit bereits in Produktionsphase 2A vorkommenden Maßen.[345]

In Produktionsphase 3 hatten alle Bohrlöcher für Ringe, runde sowie flache, eine nahezu vertikale Lochwand mit scharfer Ecke zum Stoßgrat (Abb. 37, Nr. 5). In der gleichen Produktionsphase gab es bei Zylindern, die von zwei Seiten herausgebohrt wurden, ebenfalls Bohrlöcher mit zylindrischer Lochwand. Zwei Leisten, bei denen der Zylinder von *einer* Seite herausgebohrt wurde, hatten jedoch eine stark konisch zulaufende und konkav gebogene Lochwand mit scharfer Ecke zum Stoßgrat (Abb. 71B).

Ähnlich konkav konisch zulaufend sind auch die Wände vieler der Löcher der Produktionsphase 0, aus denen unbekannte Objekte von einer Seite sowie runde Ringe von zwei Seiten herausgebohrt wurden (s. Kap. 3.4.2; Abb. 83). Eine ähnliche Form der Lochwand haben auch die Durchbohrungen in einer Knochenleiste aus der Konstanzer Neugasse mit einer einseitig ausgebohrten Scheibe mit konvexer Oberseite (ein Knopf?; Abb. 109).[346] Im Gegensatz zu den einseitig herausgebohrten Zylindern der Phase 3.IV waren bei den genannten einseitigen Durchbohrungen die Spitzen der Seitenarme spitz geschliffen, so dass keine Ecke zum Stoßgrat zu erkennen ist.

Eine Erklärung für diese Entwicklungen ist in der stabilisierenden Wirkung zu suchen, die eine konisch zulaufende Lochwand auf den Bohrer hat, gegenüber einer zylindrischen Lochwand, bei der der Widerstand gemindert ist und deshalb Arbeitskraft und Zeit gespart wird (s. Kap. 3.1.3.2). Eine solche stabilisierende Wirkung hängt mit der Größe des Durchmessers des Bohrers bzw. Bohrloches im Verhältnis zur Wandhöhe der Bohrseite bzw. der Höhe des herauszubohrenden Objektes zusammen. Der Vorteil einer konischen Lochwand – d. h. dass die Seitenteile des Bohrers an den Spitzen an der Außenseite konisch geformt sind – ist umso größer, je größer der Durchmesser im Verhältnis zur Höhe der Lochwand ist und damit auch zur Objekthöhe. Der Effekt des schräg stehenden Bohrers ist bei einem runden Ring mit großem Durchmesser und geringer Höhe ausgeprägter als bei einer kleinen runden Perle mit kleinem Durchmesser und verhältnismäßig hoher Lochwand. Erstens ist der Höhenunterschied zwischen beiden Seiten des Bohrprofils bei einem Bohrer mit großem Durchmesser für Ringe mit geringer Höhe sowohl absolut als auch relativ gesehen größer. Zweitens wirkt sich der nachteilige Effekt, der dadurch erzeugt wird, bei einer runden Perle durch ihre Form weniger stark aus als bei einem runden Ring: Die Perle bleibt rund, der Ring wird an einer Seite hoch, an der anderen Seite dünn und bricht leicht.

In dem vergleichsweise schmalen Bohrloch einer länglichen Perle dagegen, sorgt die relativ hohe Lochwand, die im Verhältnis noch höher ist als die für eine runde Perle, in gewissem Maße dafür, dass der Bohrer nicht schräg gehalten wird. Wahrscheinlich übt auch bei der Bohrung einer runden Perle die Lochwand ein wenig diesen Effekt aus. Eine Änderung der Richtung der Drehspuren an der Lochwand ist zwischen beiden Bohrseiten bezeichnenderweise v. a. bei Bohrlöchern für Ringe zu beobachten und kaum bei Bohrlöchern für Perlen.

Insoweit stimmt das oben beschriebene Verhältnis zwischen den Wandformen der Bohrlöcher und den unterschiedlichen Produkten mit den Erwartungen überein, die sich aus den Überlegungen zum stabilisierenden Effekt der konischen Bohrlochwand ergeben. Es lässt sich jedoch nicht der

---

[345] Alle leicht konisch herausgebohrten Ringe aus Fundkomplex 2 und 3 (Abfälle aus Produktionsphase 1 und 2A) können wegen ihrer übereinstimmenden Maße mit Bohrern der Phase 1 herausgebohrt worden sein, während alle zylindrisch herausgebohrten Ringe neue Maße zeigen. Dadurch nimmt der Gesamtanteil der leicht konisch herausgebohrten Ringe in Tab. 28 von Fundkomplex 2 bis 4 ab.

[346] Fundnr. 85/238, nicht datiert.

Wandel von der leicht konischen zur zylindrischen Lochwand bei den runden Ringen erklären und auch nicht das vollständig zylindrische Herausbohren der flachen Ringe in Produktionsphase 3. Bei Bohrungen für flache Ringe ist die Objekt- bzw. Lochwandhöhe im Verhältnis zum Durchmesser noch kleiner als bei runden Ringen. Durch den flachen Wulst wird nahezu keine und durch die Lochwand nur eine geringe stabilisierende Wirkung in horizontaler Richtung erzeugt. Der Bohrer wird deshalb v. a. durch die Innenauffüllung stabilisiert. Sowohl bei flachen wie auch bei runden Ringen sind in der Produktionsphase 3 ausschließlich zylinder- bis perlenförmige Innenauffüllungen zu verzeichnen. Wie in Kap. 3.3.5 erwähnt, geht von diesen zylinder- bis perlenförmigen Innenauffüllungen eine stärker stabilisierende Wirkung aus als von den ringförmigen Innenauffüllungen oder Innenringen, die in den Produktleisten der Produktionsphase 1 innerhalb der runden Ringe überwiegen. Deshalb ist eine Beziehung zwischen dem Wechsel von ring- zu zylinderförmigen Innengegenständen und dem Wechsel von leicht konischen zu zylindrischen Lochwänden zwischen den Produktionsphasen 1 und 3 zu vermuten. Lässt man die Perlenproduktion außer Betracht,[347] so scheint in der Produktionsphase 1 generell die stabilisierende Wirkung leicht konischer Lochwände dem Nachteil des größeren Zeit- und Arbeitsaufwandes sowohl bei ring- wie auch zylinderförmigen Innengegenständen vorgezogen worden zu sein. Für Phase 1 ließen sich nun folgende, rein hypothetische Bemerkungen anschließen. Man entschied sich für eine Verdopplung der Materialausnutzung durch das Herausbohren von Innengegenständen und für leicht konische Lochwände. Dabei wurden die relativ hohen Fehlerquoten sowie der Arbeits- und Zeitaufwand bewusst oder unbewusst in Kauf genommen. So ist z. B. der Anteil der Produktleisten an der Gesamtheit der Leisten aus Produktionsphase 1 relativ hoch (s. Kap. 3.4.3.5). Die schlechtere Stabilisierung der Bohrer bei der Bohrung von zwei Ringen im Vergleich zu den Bohrungen mit Innenzylindern oder -perlen könnte eine höhere Fehlerquote bewirkt haben. Das könnte der Grund dafür sein, dass Bohrungen mit Resten von zwei Ringen gegenüber Bohrungen mit Innenzylindern in den Produktleisten überwogen, weil diese ja immerhin als Leisten mit Fehlbohrungen zu betrachten sind. Es ist denkbar, dass die stabilisierende Wirkung der zylindrischen Innenauffüllung erst dadurch ins Bewusstsein rückte, dass die Fehlerquote bei ihr viel geringer war.

In den Produktionsphasen 2A und 2B, in denen neben zylindrisch herausgebohrten Perlen ausschließlich runde Ringe ohne Innenauffüllung herausgebohrt wurden, waren die Lochwände der Ringbohrungen – vielleicht unter dem Einfluss der Perlen – sowohl leicht konisch als auch zylindrisch. Der relativ kleine Außendurchmesser dieser Ringe und die schwere Mittelspitze haben in diesen Fällen vermutlich für eine höhere Bohrerstabilität gesorgt. Das Breiten-Höhen-Verhältnis liegt dem kleineren Durchmesser zufolge auch mehr bei der Höhe als in den meisten Ringbohrungen der Produktionsphasen 1 und 3.

Ein weiterer Faktor könnte bei der Form der Lochwand eine Rolle gespielt haben, nämlich der Umfang der Produktion. Bei einer Produktion kleineren Umfangs spielt ein größerer Arbeits- und Zeitaufwand pro Bohrung, die man bei einer konischen Bohrlochwand erwarten kann, eine weitaus geringere Rolle als bei einer Massenproduktion. Die Wahl stark konischer Lochwände bei Zylindern oder Knöpfen, die in geringeren Zahlen angefertigt wurden als Perlen, verwundert bei diesem Sachverhalt nicht. Bei Funden durchbohrter Leisten von anderen Fundorten wurden Leisten mit konischer Bohrlochwand ausschließlich in Fundkomplexen geringen Umfangs gefunden, während die größten Fundkomplexe sämtlich in erster Linie zylindrisch ausgebohrte Löcher verzeichnen. Auch unter den Leistenfunden der Konstanzer Münzgasse ist die Produktionsphase 1 mit ihren fast ausschließlich leicht konisch ausgebohrten Bohrlöchern zahlenmäßig weitaus seltener vertreten als die Produktionsphasen 2 und 3 (s. Kap. 2). Die leicht konische Lochwandform bei den Funden dieser Phase deckt sich also mit der Hypothese, dass in dieser Phase nur in geringem Umfang produziert wurde. Bemerkenswert ist, dass die Bohrlöcher der Produktionsphase 0, deren Abfall in viel geringerem Maße anfällt als bei Produktionsphase 1, noch stärker konisch ausgebohrt wurden.

---

347 In Kap. 3.4.3.1 zeigt eine Analyse an der Gesamtheit der durchbohrten Leisten und Scheiben – mit sowie ohne Produktreste – dass Perlen nicht zur Produktion der Phase 1 gehörten.

3.3.6.2 Die Stärke der Enden der Bohrerspitzen

A. Die Seitenarme

Beim Herausbohren eines Gegenstandes schleifen die Seitenarme der Bohrerspitze zwischen der Bohrlochwand und dem Gegenstand einen Streifen Knochenwand ab (Abb. 76; 37). Dadurch entsteht eine Differenz zwischen dem Außendurchmesser des Produktes und dem Durchmesser des Bohrloches, variierend von 0,2 bis 2,5 mm (Tab. 29, vgl. Tab. 37 und 38). Um anhand eines ausgebohrten Loches einen Anhaltspunkt für den Produktdurchmesser zu bekommen, muss diese Differenz vom gemessenen Durchmesser des Bohrloches abgezogen werden. Für die einzelnen Bohrprofilgruppen in den Produktleisten berechnet, variieren die Mittelwerte in der Regel bei Perlen von 0,9 bis 1,6 mm, bei Ringen von 0,6 bis 1,5 mm. Bei beiden gibt es Ausnahmen von bis zu 2 mm (Tab. 29).

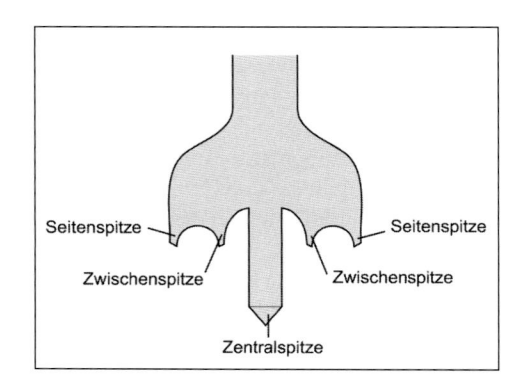

Abb. 76: Schematische Darstellung einer Bohrerspitze mit Benennung ihrer Bestandteile.

Um die Breite der Spitze des Seitenarmes zu errechnen, muss diese Differenz halbiert werden. Damit steht zugleich die Breite des Stoßgrats fest. Bei Bohrlöchern mit leicht konisch ausgebohrter Lochwand ist die gemessene Differenz im Durchschnitt bedeutend kleiner als bei zylindrisch ausgebohrten Löchern, da bei den Erstgenannten – wie im vorigen Absatz (3.3.6.1) erläutert – der Stoßgrat zum Teil sehr schmal sein kann: im Durchschnitt 0,34 mm mit Werten von 0,1 bis 0,7 mm (Tab. 29).

Deutliche Unterschiede sind zwischen den Mittelwerten der Differenzen von Bohrloch- und Produktdurchmessern bei den verschiedenen Produktformen zu verzeichnen. Dabei wächst die Differenz mit dem Anwachsen der Produkt- *casu quo*/bzw. Lochwandhöhe im Verhältnis zur Breite oder zum Produkt- *casu quo*/bzw. Bohrlochdurchmesser. So ist die mittlere Differenz bei länglichen Perlen in Scheiben am größten (1,45 mm), während die mittlere Differenz bei runden Perlen (1,3 mm) größer ist als die bei zylindrisch herausgebohrten runden sowie flachen Ringen (1 mm). Umgerechnet auf Stoßgrat- oder Bohrerspitzenbreite wäre diese bei länglichen Perlen durchschnittlich 0,9 mm, bei runden Perlen 0,7 mm und bei Ringen 0,5 mm. Bemerkenswert ist auch, dass bei runden Perlen, die aus quer gesägten Knochenscheiben zylindrisch herausgebohrt wurden (Produktionsphase 2B), geringere Differenzen gemessen wurden als bei länglichen Perlen in ähnlichen Knochenscheiben. Diese Tendenz kann nicht vom Spiel des Bohrers verursacht worden sein, da das Spiel ja gerade bei größerer Produkthöhe kleiner wird. Die Erklärung liegt darin, dass durch die größere Höhe länglicher Perlen eine größere Länge des Seitenarmes impliziert wird, der dadurch mehr Widerstand erfährt und deshalb stärker sein sollte.

Die Senkung der Mittelwerte der Differenz zwischen Bohrloch und Produkt von 1,4 auf 1,2 mm sowie die sich daraus ergebende Verringerung der Stoßgratbreite von 0,7 auf 0,6 mm bei der Bohrung von Perlen in Bef. 475, 609 und 472 – gegenüber denen aus älteren und jüngeren Befunden

	Breite der Außenarme		Breite der Zwischenarme		Breite der Zentralspitzen			Unterschied Loch-/Produkt-Dm.	
	Dsn.	Zahl	Dsn.	Zahl	Dsn.	Zahl	Bemerkung	Dsn.	Zahl
längliche Perlen (Produktionsphase 2A)	0,73	23			1,91	21		1,45	23
runde Perlen in Scheiben (Phase 2B)	0,49	29			1,84	46		0,98	29
runde Perlen in Leisten	0,63	549			1,97	498		1,27	549
Bef. 195 (Phase 1/2A)	0,68	23			1,81	22		1,36	23
Bef. 475 (Phase 2A)	0,60	184			1,92	175		1,21	184
Bef. 609 (Phase 2B)	0,59	129			1,82	100		1,18	129
Bef. 472 (Phase 3.I)	0,62	57			1,87	54		1,24	57
Bef. 333 (Phase 3.III)	0,75	42			2,04	40		1,50	42
diverse Bef. Phase 3.IV	0,70	102			2,16	61		1,41	102
runde Ringe	0,43	211	0,40	126	3,17	108		0,85	211
ohne Innengegenstand, Lochwand leicht konisch	0,34	4			3,40	5		0,68	4
ohne Innengegenstand, Lochwand zylindrisch	0,59	9			3,51	9		1,17	9
um Innenring, Lochwand leicht konisch	0,35	59	0,40	50	3,64	46		0,69	59
zylindr. Innenauffüllung, Lochw. leicht konisch	0,50	5	0,46	5	3,40	3	Phase 1	0,99	5
perlenförm. Innenauffüllung, Lochw. leicht konisch	0,34	12	0,41	12	3,24	13	Phase 1: 3,19	0,68	12
perlenförm. Innenauffüllung, Lochw. zylindrisch	0,54	39	0,36	39	2,60	41	Phase 3: 2,20	1,07	39
flache Ringe, Lochwand zylindrisch	0,52	85	0,42	63	2,60	52		1,03	85
total	0,57	897	0,41	189	2,18	725		1,14	897

Tab. 29: Stärke der Bohrerspitzen (Dsn. = Durchschnittswerte in mm; Dm. = Durchmesser).

mit vermischtem Inhalt (Tab. 29) – könnten durch Messdifferenzen verursacht worden sein. Bei der Bohrung von Ringen sind keine deutlichen Entwicklungen in den Mittelwerten zwischen den unterschiedlichen Fundkomplexen oder Produktionsphasen festzustellen.

Auch wachsen die Mittelwerte bei den verschiedenen Produkten nicht mit dem Durchmesser des Bohrloches oder dem Außendurchmesser des Produktes an, wenngleich die runden Ringe mit den größten Durchmessern (über 21 mm) meist relativ breite Stoßgrate zu verzeichnen haben (0,7 bis 1 mm).

B. Die Zwischenspitzen

Ähnlich wie bei den Seitenarmen des Bohrers schleifen die Zwischenspitzen bei der Bohrung von Ringen mit einem Gegenstand im Inneren einen Streifen Knochenwand zwischen den Gegenständen im Inneren und Äußeren ab. Dabei wird an der Außenwand des Innengegenstandes ein Stoßgrat herausgefräst, der sich zur Innenwand des äußeren Gegenstandes hin konisch verjüngt und dort völlig abgeschliffen wird (Abb. 71). Dadurch werden der Innen- und der Außengegenstand an der Innenwand des äußeren Gegenstandes voneinander abgeschnitten. Die mittlere Breite dieses Stoßgrats beträgt sowohl bei flachen als auch bei runden Ringen 0,4 mm (s. Tab. 29). Darin sind weder Unterschiede zwischen den Fundkomplexen und den Produktionsphasen zu verzeichnen noch zwischen den Formen der Bohrlochwände, auch nicht zwischen den verschiedenen Formen der Gegenstände im Inneren. Es ist allerdings aufgefallen, dass bei Bohrungen von zwei Ringen mit leicht konischer Bohrlochwand aus Produktionsphase 1 die Ecke zwischen Ober- und Unterfläche des Stoßgrats größer ist und der Übergang vom Innenring zum Stoßgrat fließend, so dass der Stoßgrat kaum auffällt und als Teil der Außenwand des Innenrings angesehen werden kann (Abb. 71B). Bei zylindrischen bis perlenförmigen Innenauffüllungen aus derselben Produktionsphase setzt der Stoßgrat sich deutlich mit einer scharfen Ecke vom inneren Gegenstand ab (Abb. 71C). Dies ist ein weiterer Hinweis darauf, dass die Innenringe als Produkt vorgesehen waren, während zylindrische oder perlenförmige Innenauffüllungen von Anfang an als Innenauffüllungen gedacht waren.

C. Die Zentralspitze

Anders als bei den Zwischen- und Außenspitzen des Bohrers, wächst die Breite der Zentralspitze, hergeleitet aus dem Durchmesser des Innenloches oder Innendurchmessers des (inneren) Gegenstandes, bei allen Produktformen mit dem Durchmesser des Bohrloches/Außendurchmesser des Produktes (Tab. 30). Die Breite variiert bei Ringen von 2,2 bis 4,5 mm, bei Perlen von 1,3 bis ebenfalls 4,5 mm. Dabei weist die Verteilung dieser Breitenmaße in allen Phasen eine Spitze zwischen 1,7 und 2,2 mm auf. Bei vergleichbaren Außendurchmessern sind Unterschiede in der Breite der Zentralspitzen zwischen unterschiedlichen Produktformen und Innengegenständen zu bemerken. So fällt auf, dass die Breiten der Zentralspitzen bei flachen Ringen (mit perlenförmigen Innenauffüllungen) aus Produktionsphase 3 im Verhältnis kleiner sind als bei vergleichbaren runden Ringen mit perlenförmigen Innenauffüllungen der gleichen Produktionsphase sowie der Produktionsphase 1 (Tab. 30). Weniger erstaunlich ist es, dass bei Letzteren die Breiten der Zentralspitzen wiederum kleiner sind als bei den Bohrungen mit zwei Ringen in der Produktionsphase 1. Auffallend dagegen sind die großen Innendurchmesser einiger zylinderförmiger Innenauffüllungen aus derselben Produktionsphase, welche die Innendurchmesser von Ringen im Inneren mit vergleichbaren Durchmessern der Bohrlöcher sogar übertreffen.

Die Innendurchmesser der perlenförmigen Innenauffüllungen runder Ringe mit kleineren Außendurchmessern stimmen in etwa mit denen von Perlen mit vergleichbaren Außendurchmessern überein. Die Innendurchmesser der großen Perlen jedoch sind größer. Runde und längliche Perlen haben vergleichbare Innendurchmesser bei vergleichbaren Außendurchmessern.

Bei Bohrungen ohne Innenauffüllung wird der Durchmesser der Zentralspitze v. a. vom erwünschten Innendurchmesser des Produktes abhängen. Dieser ist bei Ringen im Allgemeinen größer als bei Perlen und wird bei beiden Produktformen mit einem Ansteigen des Außendurchmessers ebenfalls ansteigen. Daneben erhöht sich das Risiko, dass eine Spitze unterhalb einer bestimmten Stärke

Fund-komplex	runde Ringe				flache Ringe			Perlen	
	Bohr-profil-gruppe	Durch-schnitt	Zahl	Innengegen-stand	Durch-schnitt	Bohr-profil-gruppe	Zahl	Durch-schnitt	Typ
								1,5–1,7	kleine Perle
7	1	2,2	1	kein					
								1,6–1,9	kleine Perle
5	2	2,9	3	kein					
								2,6–2,7	kleine Perle
1	4	2,9	1	kein				2,3	kleine Perle
9	3	3,2	2	kein				2,7–2,8	kleine Perle
3	5	3,7	1	kein					
4/5	6	3,4	3	kein				2,2/2,6	kleine Perle
								2,6	kleine Perle
1	7	2,5	2	perlenförmig					
	8							2,2	kleine Perle
	9								
								2,5	kleine Perle
4/5	10	4,2	2	kein?	1,4	1	1		
2–6	11	2,4	12	perlenförmig					
								3	große Perle
5	12								
5–9	13	4,5	5	kein	2,1	3	11		
8	14	2,3	10	perlenförmig				4,5	große Perle
9	15					2			
1	16	2,9	1	Ring	2,1	3	11		
8	17	2,7	13	perlenförmig				3,2	große Perle
1	18	3,6	1	zylindrisch					
6	19	2,5	2	perlenförmig					
1	20	3,5	1	zylindrisch					
					3	4	4		
1	21	3,1	1	zylindrisch					
1	22	3,1	2	perlenförmig					
3	23	3,5	1	perlenförmig					
1	24	3,5	34	Ring					
					2,5	6/8	3/2		
1	25	3,3	11	perlenförmig	3,2	9	3		
1	26	5,0	1	Ring	2,2	7	3		
					2,8	10	5		
					3,2	11	3		
					2,2	13	1		
					2,9	12	11		
					2	14	2		
8	28	3,6	1	perlenförmig	2,6	15	2		
10	27	4,2	1	Ring					
					2,6	16	1		
8	30	4,2	2	große Perle					
2/8	31	3,6	1	große Perle					
9	32	4,2	1	große Perle					

Tab. 30: Zentralspitzenbreiten bei vergleichbaren Außendurchmessern (runde Ringe verglichen mit flachen Ringen und Perlen; Durchschnittswerte in mm).

abbricht. Dieses Risiko wächst, wenn das Spiel des Bohrers zunimmt, u. a. bei der Vergrößerung des Durchmessers des Bohrloches und beim Abnehmen der Höhe der Lochwand. Damit lässt sich sowohl die starke Beziehung zwischen der Breite der Zentralspitzen und dem Außendurchmesser der Produkte erklären als auch die deutlich größeren Breiten der Zentralspitzen bei Einfachbohrungen von Ringen ohne Gegenstand im Inneren als bei Bohrungen von Perlen mit vergleichbarem Außendurchmesser.

Dagegen erfährt eine breitere Zentralspitze mehr Widerstand beim Ausbohren des Zentralloches, so dass mehr Arbeits-/Zeitaufwand erforderlich ist. Diese Vergrößerung des Aufwands wiegt schwerer, wenn die zu durchbohrende Knochenwand stärker ist. Außerdem spielt eine Arbeits-/Zeitersparnis bei einer Massenproduktion eine größere Rolle als bei einer Produktion geringeren Umfangs. Letzteres mag bei den bedeutend stärkeren Zentralspitzen der Bohrer für große Perlen eine größere Rolle gespielt haben als bei den Bohrern für kleine Perlen. Das Herausbohren großer Perlen erfordert ohnehin relativ viel Arbeits-/Zeitaufwand, während ihre Zahl im Vergleich zu den kleineren Perlen relativ klein gewesen zu sein scheint (s. auch Kap. 3.4).

Ungeklärt bleiben die großen Innendurchmesser zylindrischer Innenauffüllungen aus Produktionsphase 1 und die relativ dünnen Zentralspitzen bei den Bohrungen flacher Ringe aus Produktionsphase 3 (Tab. 31). Vielleicht wurde bei Letzterer von einer wirklichen oder vermeintlichen Verringerung des Bruchrisikos ausgegangen, z. B. weil bei der kürzeren Bohrstrecke der Bohrer möglicherweise weniger Spiel hatte als bei den runden Ringen. Die zylindrischen Innenauffüllungen der ersten Produktionsphase könnten eine Neuheit gewesen sein. Höchstwahrscheinlich spielten sie von ihrer Anzahl her nur eine untergeordnete Rolle bei der Produktion.[348]

Bei den Ringleisten aus Produktionsphase 1 sind Breiten der Zentralspitzen unter 2,9 mm Ausnahmen, während sie bei Ringleisten aus Produktionsphase 3 über 80% ausmachen, bei runden noch mehr als bei flachen Ringen.[349] Da eine Perlenproduktion für die Produktionsphase 1 unwahrscheinlich ist und deshalb außer Acht gelassen werden kann, gilt für die ganze Produktionsphase, dass die dünnen Zentralspitzen selten waren. In den Produktionsphasen 2A und 2B wurden viele kleine Perlen herausgebohrt (s. Kap. 3.4) und damit relativ dünne Zentralspitzen häufig benutzt (1,7 bis 2,1 mm; Tab. 31). Anhand der abgebrochenen Zentralspitzen aus Produktionsphase 2A können die Handwerker Hinweise erhalten haben, wo die Grenzen lagen, bei denen die Bohrer abbrachen (s. Kap. 3.1.1.2). Möglicherweise lag die Untergrenze der Breite dort, wo die Zentralspitze ein Loch von 1,7 mm Durchmesser ausbohrte. So fällt auf, dass in Bef. 609 (Produktionsphase 2B) noch fast die Hälfte aller Perlenreste in den Produktleisten Innendurchmesser zwischen 1,4 und 1,7 mm hatte, in Bef. 472 (Produktionsphase 3.I) aber nur eine kleine Minderheit (etwa 10%), während es unter den Produktleisten der Bef. 333, 785 und im Fundkomplex 9 (Produktionsphasen 3.III und 3.IV) keine Perlenreste mit Innendurchmessern unter 1,7 mm gibt, mit Ausnahme vereinzelter Miniperlen.[350] Bemerkenswert ist auch, dass Leisten mit abgebrochenen Zentralspitzen nur aus Produktionsphase 2A bekannt sind und in dem genau so umfangreichen Fundmaterial der Produktionsphase 3 fehlen. Dieselben, zuvor genannten Erfahrungen können dazu geführt haben, dass in der Produktionsphase 3 für das Herausbohren von Ringen schmalere Zentralspitzen benutzt wurden als zuvor. Die

---

348 Unter 156 geborgenen Leisten mit Resten von Ringen befanden sich sechs Fragmente von Leisten mit deutlich zylindrischer Innenauffüllung.
349 Unter 61 Leistenfragmenten von Ringen aus Fundkomplex 1 (Produktionsphase 1) sind zwei Fragmente mit perlenförmiger Innenauffüllung mit einem Innendurchmesser von 2,5 bis 2,6 mm gefunden worden, die zur gleichen Bohrprofilgruppe gehörten. Unter vier Fragmenten aus Fundkomplex 2 (Produktionsphasen 1 und 2) befindet sich ein ähnliches Fragment mit einem Innendurchmesser von 2,1 mm. Aus Produktionsphase 3 wurden von insgesamt 44 Leisten mit runden Ringen an 38 von ihnen (86%) kleinere Zentralspitzenbreiten als 2,9 mm gemessen, und unter 51 Leisten mit flachen Ringen befanden sich 42 (81%) mit den gleichen Zentralspitzenbreiten. Die Zahl der messbaren Zentralspitzenbreiten an Bohrungen von Ringen aus den Produktionsphasen 2A und 2B reicht für eine Interpretation nicht aus.
350 Daten der Gesamtheit der durchbohrten Leisten, die in Kap. 3.4 analysiert werden, machen deutlich, dass diese Tendenzen Teil der Entwicklungen in der Produktion sind.

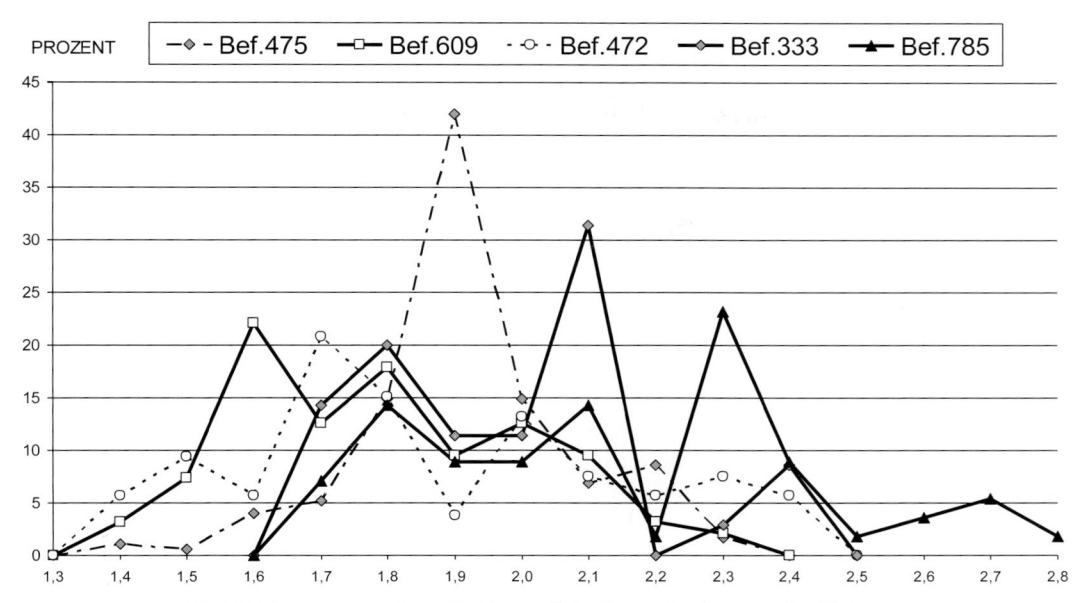

Abb. 77: Frequenzverteilung (in Prozent) der Innendurchmesser der kleineren
Perlen in den Produktleisten aus unterschiedlichen Fundkomplexen.

Produktform	Zahl	Durch-schnittswert	Bereichs-spitzen	Bereich
runde Ringe ohne Innengegenstand	16	3,7	2,9–3,4/4,1–4,6	2,2–4,6
runde Ringe um Ring	46	3,6	3,3–3,7	2,7–5,0
runde Ringe um Zylinder	3	3,4	3,1–3,6	
runde Ringe um Perle	58	2,7	2,6–2,8	1,9–3,7
flache Ringe um Perle/Zylinder	50	2,6	1,9–3,2	1,4–3,4
kleine runde Perlen	468	2,0	1,7–2,1	1,3–2,9
längliche Perlen	21	1,9	1,6–2,1	1,5–2,3

Tab. 31: Zentralspitzenbreiten bei den verschiedenen Produktformen (Werte in mm).

schmalsten Spitzen bei den verschiedenartigen Bohrungen von Ringen in dieser Phase liegen alle zwischen 1,9 und 2,1 mm. In der gleichen Größenordnung bewegen sich auch die kleinsten Innendurchmesser der Zylinder aus dieser Phase (2 mm) und auch die Hauptmasse der Innendurchmesser bei den Bohrungen von Perlen in allen Phasen (1,7 bis 2,2 mm; s. Abb. 77). Außerdem liegen sie nur knapp über den kleinsten Innendurchmessern der Perlen der gleichen Produktionsphase 3 (1,7 mm, Miniperlen ausgenommen). Wenn diejenigen Zentralspitzen, die Innendurchmesser von 1,7 mm bei Perlen bohrten, so stark waren, dass sie nicht abbrachen, kann das zur Folge gehabt haben, dass man in Produktionsphase 3 für das Bohren von Ringen und Zylindern solche Zentralspitzen benutzte, deren Mindestbreiten nur knapp darüber lagen. So scheint es in dieser Produktionsphase eine Verbesserung der Arbeitseffizienz gegeben zu haben, die auf Erfahrungen beruhte, die während der Arbeit gewonnen wurden. In der Folge wurden Maße in gewissem Umfang standardisiert. In Produktionsphase 1 dagegen scheint die in Produktionsphase 3 vorhandene Materialkenntnis noch nicht existent gewesen oder nicht zur Förderung der Arbeitseffizienz genutzt worden zu sein.

3.3.6.3 Der Unterschied zwischen flachen Ringen mit eckigem und ovalem Schnitt

Bei den flachen Ringen können anhand der Wulstform zwei Gruppen unterschieden werden: solche, die im Querschnitt oval sind sowie eckige (Abb. 68,16–21 u. 73 A bzw. 67 unten links u. 68,23–28). In Einzelfällen ist der Unterschied schwer festzustellen, und auch innerhalb der beiden Gruppen gibt es Unterschiede in dem Grade, in dem der Wulst oval oder eckig ist (z. B. Abb. 68,22). Weiterhin können eckige und ovale Beispiele nahezu übereinstimmende Bohrermaße aufweisen. Dies ist der Fall bei etwa der Hälfte der verschiedenen Bohrprofilgruppen. Aus diesem Grund wurden flache Ringe mit eckigem und mit ovalem Schnitt bei übereinstimmenden Bohrermaßen zur gleichen Bohrprofilgruppe gerechnet. Es liegt die Vermutung nahe, dass beide mit den gleichen Bohrern angefertigt wurden und dass der Unterschied durch Verschleiß oder Nachfeilen des Bohrers verursacht wurde.

Während im älteren Abfall der Produktionsphase 3 (Bef. 472 und 333, Phase 3.I und 3.III) eckige Beispiele überwiegen, weist das vermutlich überwiegend jüngere Material der Phase 3.IV v. a. Produkte mit ovalem Wulst auf.[351] Innerhalb einer Bohrprofilgruppe kommen die ovalen Beispiele wie diejenigen mit eckigem Schnitt aus jüngeren oder gleichzeitigen Befunden und in keinem einzigen Fall aus älteren Befunden. Deshalb ist anzunehmen, dass die eckigen Wulste mit relativ neuen Bohrerspitzen herausgebohrt wurden und die ovalen mit nachgefeilten Bohrerspitzen. Der Unterschied ist zu groß und zu eindeutig, um als Ursache den Verschleiß der eisernen Bohrerspitze zu vermuten. Diese Hypothese kann durch die geringfügigen Unterschiede der Maße der beiden Wulstformen aus den Gruppen, die den gleichen Durchmesser haben, unterstützt werden. So ist bei den Gegenständen mit eckigem Wulst hin zu solchen mit ovalem Wulst stets eine leichte Abnahme der Durchmesser bei den Bohrlöchern und Außendurchmessern der Produkte zu verzeichnen. Außerdem ist bei einer bestimmten Bohrprofilgruppe eine deutliche Zunahme der Höhe der Innenauffüllung festzustellen, d. h. der Höhe des Bereichs zwischen Zentralspitze und Zwischenspitzen, bei gleichzeitiger Vergrößerung des Innendurchmessers dieser Auffüllung, also im oberen Teil der Zentralspitze (Tab. 37b, Gruppe 7; s. auch Abb. 71 F [eckig] bzw E ([oval]). Falls man die Formen durch Nachfeilen abgerundet hat, wurde dazu wahrscheinlich eine runde Feile benutzt.

3.3.7 Die Beziehung zwischen Produkt, Leistentyp und Skelettelement

3.3.7.1 Die Beziehung zwischen Produkt und Leistentyp: Die Produkte aus Scheiben

Aus quer gesägten Knochenscheiben wurden ausschließlich Perlen herausgebohrt, sowohl runde wie längliche.

Bei den Perlenresten, die in Scheiben ausgemessen wurden, gibt es bezüglich des Verhältnisses der Breite zur Höhe zwei deutlich unterschiedliche Gruppen. Das Verhältnis zwischen den Maßen der einen Gruppe (Breite 88 bis 126% der Höhe) stimmt mit dem Verhältnis zwischen den Maßen von runden Perlen, die aus Leisten gebohrt wurden, überein (88 bis 149%). Mit einer Ausnahme stammen sie alle aus Bef. 609 (Produktionsphase 2B) und sind der gleichen Bohrprofilgruppe zuzuordnen. Nicht nur das Maßverhältnis, auch die Maße dieser runden Perlen, die aus Scheiben herausgebohrt wurden, stimmen mit denen einer Bohrprofilgruppe von runden Perlen überein, die aus Knochenleisten aus demselben Befund herausgebohrt wurden (Tab. 38a, Gruppe p5).[352] Da nur die Höhen der Perlen in den Scheiben teilweise größer sind, ist es vorstellbar, dass der gleiche Bohrer bei den Leisten und bei den Scheiben benutzt wurde.[353] Einen viel deutlicheren Hinweis

---

351 Es ist unwahrscheinlich, dass das quantitative Verhältnis in diesem Fall von Unterschieden in den Fehlerquoten beeinflusst wird, da es zwischen beiden Formen weder Unterschiede in den Maßen noch im Rohmaterial gibt (s. Kap. 3.3.9.2).
352 Unter 31 Scheibenfragmenten wurden Perlen mit Außendurchmessern von rund 5 mm und Höhen von rund 5 bis 5,7 mm vermessen. Die Durchmesser der Bohrlöcher reichten von 5,7 bis 6,6 mm.

darauf gibt ein Fragment von einer Scheibe aus Bef. 784 (Phase 3.IV: umgelagertes Material), dessen Durchbohrungen zweifellos zur gleichen Bohrprofilgruppe gehören (Tab. 38a, Gruppe p2) wie drei Fragmente von Leisten aus demselben Fundkomplex (Bef. 785 und 790). Alle vier Fragmente wurden möglicherweise aus Produktionsphase 2B umgelagert. Aus Bef. 609 stammt nämlich eine viel größere Zahl von Leistenfragmenten mit Maßen von Durchbohrungen, die mit denen in den geborgenen Scheiben übereinstimmen.

Bei der zweiten Gruppe von Resten von Perlen in den Scheiben ist die Breite der Perlen deutlich kleiner als die Höhe (49 bis 78%). Deshalb wird diese Gruppe insgesamt zu den länglichen Perlen gerechnet. Sie umfasst fünf verschiedene Bohrprofilgruppen mit Außendurchmessern von 3,6 bis 6,3 mm und Perlenhöhen von 5,8 bis 10,7 mm (Tab. 38b). Sie stammen v. a. aus Produktionsphase 2A (Bef. 195 und 475).[354] Aus Produktionsphase 2B (Bef. 609) stammen zwei Scheibenfragmente mit Perlen mit übereinstimmender Form und übereinstimmenden Maßen. Es kamen jedoch noch andere Bohrer zum Herausbohren länglicher Perlen zum Einsatz als diejenigen, die in der eingeschränkten Stichprobe aus Produktionsphase 2A in den Bohrprofilgruppen gefunden wurden. Darauf deuten zwei kleine Scheibenfragmente aus Fundkomplexen mit Abfällen aus den Produktionsphasen 1 bzw. 3 hin, die sehr wahrscheinlich umgelagert wurden und deren Perlen abweichende Maße haben.[355]

Bedingt durch die größeren Höhen der länglichen Perlen sind die Scheiben für längliche Perlen deutlich dicker als die für runde Perlen, nämlich 6 bis 9 mm gegenüber 4 bis 6 mm. Das ist wahrscheinlich auch der Grund dafür, dass längliche Perlen ausschließlich aus quer gesägten Scheiben herausgebohrt wurden und als einzige Produktform nicht in Leisten angetroffen wurden. Leisten wurden quer zur Knochenwand durchbohrt, wodurch die Höhe der Lochwand und damit die Produkthöhe und die Stärke der Knochenwand begrenzt waren. Der Lochdurchmesser und damit der Außendurchmesser des Produktes wurde durch die Krümmung der Knochenwand oder die Breite des flachen Teiles der Knochenwand begrenzt. Scheiben dagegen bohrte man parallel zur Knochenwand in der Längsrichtung der Knochenröhre. Dadurch wurde der Außendurchmesser des Produktes v. a. durch die Stärke und nicht durch die Krümmung der Knochenwand eingeschränkt. Auch hatte die Länge des geraden Teils der Knochenröhre im Allgemeinen kaum Einfluss auf die Höhe des Produktes. Deshalb eignen sich Scheiben besonders für das Herausbohren von länglichen Perlen, bei denen die Höhe größer ist als der Außendurchmesser.

Kleine Perlen können ebenso gut aus Scheiben wie aus Leisten herausgebohrt werden. Große Perlen und Ringe – flache ebenso wie runde – sowie Zylinder, wie sie im Konstanzer Produktionsabfall angetroffen wurden, konnten nicht aus den quer gesägten Knochenscheiben hergestellt werden. Eine Ausnahme bilden die Ringe im Miniaturformat, von denen nur wenige Beispiele oder Abfälle vorhanden sind. Längliche Perlen mit Höhen von 6 bis 9 mm können zwar auch aus Leisten mit ähnlicher Stärke herausgebohrt werden (s. Kap. 3.3.7.3; Tab. 32). Da sich aber nur die dicksten Knochen- bzw. Leistenteile eignen, würde das – verglichen mit dem Herausbohren von runden Perlen und Ringen – zu einer relativ ineffizienten Ausnutzung des Rohmaterials und zu einer umständlichen und somit ineffizienten Arbeitsweise führen. Hingegen kann berechnet werden, dass aus einem quer in Scheiben gesägten Rindermetapodium mehr runde Perlen hergestellt werden können, als wenn das Rindermetapodium in Leisten gespalten würde (s. Kap. 3.4.5.4 bzw. 3.4.4.5).[356]

---

353 Die Maße der Produkthöhen haben sich im Allgemeinen als ungenau erwiesen, bedingt durch zum Teil schwierige Messumstände. Weiterhin kann die Produkthöhe dadurch variieren, dass die beiden Bohrhälften unterschiedlich aneinander anschließen (z.B. gebogen oder überlappend). Ein weiterer Grund ist, dass die Höhe des vollständigen Produktes zum Teil anhand der Höhe von nur einer Produkthälfte bzw. von einer Bohrhälfte rekonstruiert wurde.

354 Die Tatsache, dass es keine Scheibenfragmente in den nicht umgelagerten Funden der Produktionsphase 3 gab, sie in den umgelagerten Fundkomplexen nur spärlich vorkamen und ihre Maße mit denen aus Produktionsphase 2 übereinstimmen, lässt die Vermutung aufkommen, dass die gemessenen Scheibenfragmente, die aus den Fundkomplexen 8 und 9 stammen, umgelagerte Stücke sind.

355 Fundnr. 01/792 (Bef. 704: Ablagerungsphase Q2: Grubenverfüllung unter Schwemmschicht Q3); 01/817 (Bef. 783: Ablagerungsphase 3.IV).

356 Der Grund für die Bevorzugung von Leisten für die Produktion von kleinen Perlen ist in der Arbeitseffizienz zu suchen. Dies wird in Kap. 3.4 besprochen.

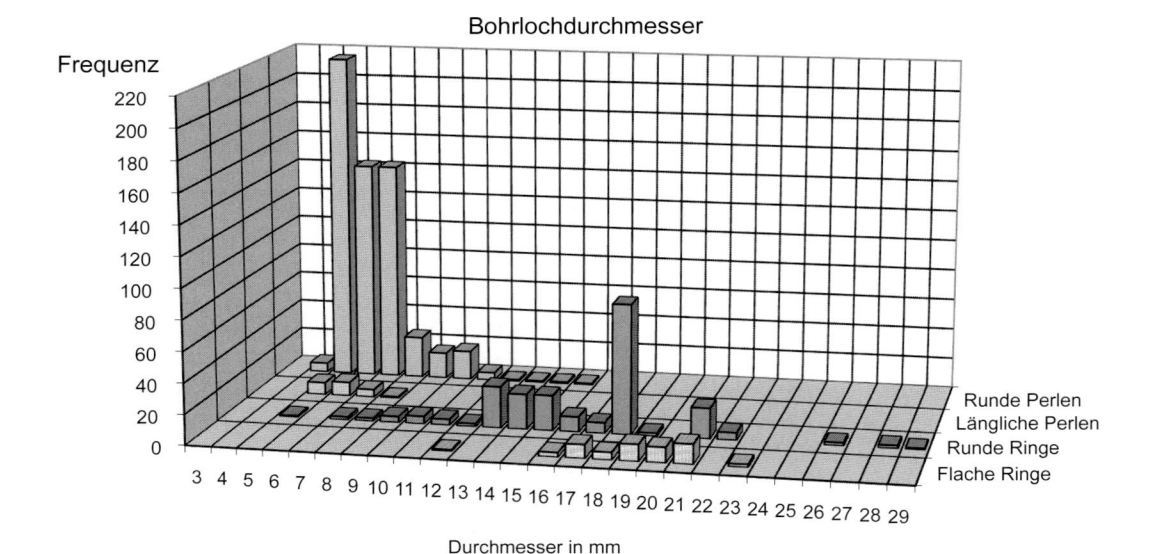

Abb. 78: Frequenzverteilung der Bohrlochdurchmesser bei unterschiedlichen Produktformen.

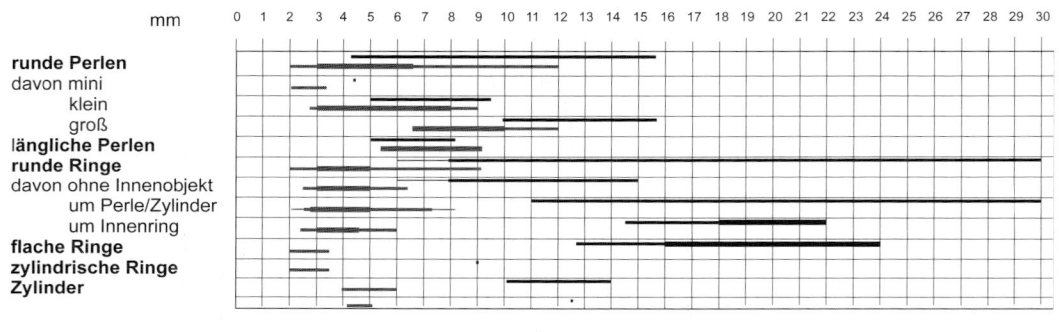

Abb. 79: Maßbereiche der Leistenstärken (schraffierte Balken links) und Bohrlochdurchmesser (schwarze Balken rechts) bei unterschiedlichen Produktformen.

An dieser Stelle ist zusammenfassend festzustellen, dass aus Scheiben in der Produktionsphase 2A ausschließlich längliche Perlen herausgebohrt wurden und in der Produktionsphase 2B zusätzlich auch runde Perlen.

3.3.7.2 Die Maße der unterschiedlichen Produkte und die Beziehung zu den Maßen der Bohrlöcher und der Leisten

Der Außendurchmesser und die Höhe des herauszubohrenden Produktes geben vor, wie die Leisten beschaffen sein müssen und welche Maße gebraucht werden. Diese Maße zeigen für die unterschiedlichen Produktformen zwar spezielle Unterschiede, aber es gibt auch starke Überlappungen (Tab. 32 u. 33; Abb. 78 u. 79). Dagegen gibt es bei dem Verhältnis zwischen Außendurchmesser

```
                  0   1   2   3   4   5   6   7   8   9   10
runde Perlen
  davon mini
        klein
        groß
längliche Perlen
runde Ringe
  davon ohne Innenobjekte
        um Perle/Zylinder
        um Innenring
flache Ringe
zylindrische Ringe
Zylinder
Knopf
```

■ Hauptmasse
▬ Bereich
— Einzelfälle/Ausnahmen

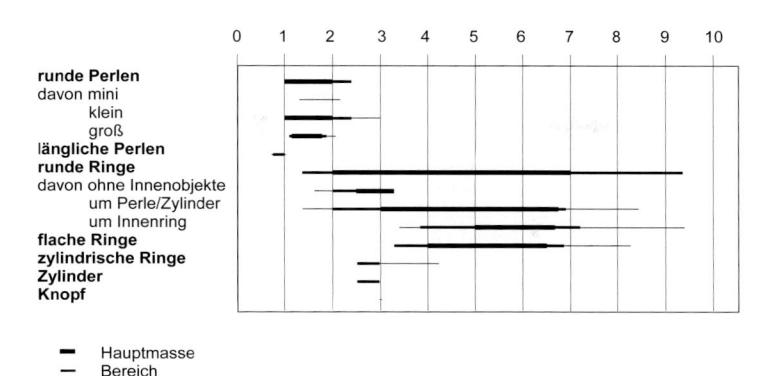

Abb. 80: Bereiche des Verhältnisses von Lochdurchmesser zu Leistenhöhe bei unterschiedlichen Produktformen.

und Höhe des Produktes kaum Überlappungen (Tab. 32). Dass sich die Produktformen deutlich voneinander abheben, spiegelt sich auch im Verhältnis zwischen dem Durchmesser der Lochwand und der Stärke der Leisten wider, in diesem Falle aber mit deutlichen Überlappungen (Abb. 80). Dies lässt sich dadurch erklären, dass die Leistenstärke wegen der Stärke der Knochenwand größer sein konnte, als das für die erwünschte Produkthöhe notwendig war. Auch wurden manche Produkte aus Leisten(-teilen) herausgebohrt, deren Stärke kleiner war als die Höhe des vollständigen Produkts. Zum Teil können solche Produkte mit unvollständiger Form hinterher aussortiert und weggeworfen oder trotz ihrer Unvollständigkeit benutzt worden sein, z. B. als Billigware von sekundärer Qualität. Solches bezeugen u. a. viele Beispiele von Gebetsschnüren aus jüngerer Zeit.[357] Bei vielen, wenn auch nicht bei allen durchbohrten Leisten ohne Produktreste ist anhand der Kombination des Lochdurchmessers und des Verhältnisses zwischen Lochdurchmesser und der kleinsten durchbohrten Leistenstärke zu vermuten, welches Produkt herausgebohrt wurde. So ist der Lochdurchmesser bei länglichen Perlen kleiner oder gleich groß wie die Leistenstärke. Bei runden Perlen ist er mindestens so groß, ist aber selten identisch und im Allgemeinen ein- bis zweimal so groß wie die Leistenstärke.[358] Bei den übrigen Produktformen (runde, flache und zylindrische Ringe sowie Zylinder) ist der Lochdurchmesser immer mehr als zweimal so groß wie die kleinste durchbohrte Leistenstärke.[359] Während sich das Verhältnis Außendurchmesser zu Höhe bei Perlen mit dem Ansteigen des Außendurchmessers nicht generell ändert, steigt es bei Ringen im Allgemeinen an. Das gilt in gleichem Maße für die Bohrlöcher, aus denen sie herausgebohrt wurden. So ist bei runden Ringen ohne Innengegenstand der Durchmesser des Bohrloches mit Größen zwischen 5,5 und 15 mm, zwei- bis 3,3-mal so groß wie die kleinste Stärke des Bohrloches. Bei runden Ringen

---

357 u. a. antiquarische Rosenkränze des 19. bis 20. Jahrhunderts aus dem Elsass sowie moderne Perlenschnüre und Knochenperlen aus Indien und Pakistan (Sammlung des Verfassers).

358 Nur vier oder fünf von 548 Leistenfragmenten mit Resten kleiner Perlen zeigen außerdem leere Bohrlöcher, deren Durchmesser das 2,2- bis 2,4-Fache der Leistenstärke beträgt. Zwar wurden in zwei weiteren Leistenfragmenten von Perlen Bohrlöcher mit Durchmessern herausgebohrt, die 2,6- bzw. dreimal so groß sind wie die Stärke der Leistenfragmente. Diese müssen offensichtlich dermaßen unvollständige Perlen erbracht haben, dass diese kaum brauchbar gewesen sein können. Anscheinend wurde erst nach einigen Fehlprodukten das Ausbohren der zweiten Leistenhälfte eingestellt und die Leiste mit den übrigen, halb ausgebohrten Perlen weggeworfen. – Bei flachen Perlen, die nicht in Konstanz, aber wohl andernorts angetroffen wurden und deren Höhe kleiner ist als ihr Durchmesser, kann der Durchmesser des Bohrloches das 2- bis 3,5-Fache der Stärke betragen (gemessen an Beispielen aus Deventer [Lindenstraat] und Zutphen [Stadhuis] in den Niederlanden).

359 Gemessen wurde die Lochwandhöhe der voll ausgebohrten Löcher ohne Produktreste, quer über dem Loch und über der Stelle des Loches, wo das vermutete bzw. das in anderen Löchern vorhandene Produkt seine größte Höhe gehabt haben dürfte. Registriert wurden der höchste gemessene Wert in einem Leistenfragment sowie der niedrigste gemessene Wert. Die niedrigsten Werte wurden hier benutzt.

	Dm. (mm)	Stärke (mm) Gesamtbereich	Stärke (mm) Hauptbereich	Dm. : min. bis max. Stärke	Dm. : min. Stärke	Außen-Dm. (mm)
runde Perlen	4,4–15,7	2,1–12,0	3,0–6,5/8,0	1,0–2,4(3,0)	1,0–2,0	3,5–15,0
mini	4,4	2,1–3,4	2,1	1,0–2,2	2,1–2,2	3,5
klein	5,0–9,5	2,7–9,0	3,0–7,5/8,0	1,3–2,4(3,0)	1,0–2,0	3,8–8,3
groß	10,0–15,7	6,6–12,0	6,5–10,0	1,1–2,0(2,6)	1,2–1,8	8,5–15,0
längliche Perlen	5,0–8,0	5,5–9,0	5,5–9,0	0,7–1,1	0,8–1,0	3,6–6,3
runde Ringe	5,5/8,0–30,0	2,0–6,6/8,0	3,0–5,0	1,3–9,5	2,0–6,0/7,0	4,5/7,0–28,0
ohne Innengegenstand	5,5–15,0	2,5–6,5	3,0–5,0	2,0–3,3	2,5–3,3	4,5/7,0–13,6
um Perle/Zylinder	11,0–30,0	2,1–7,3/8,0	3,0–5,0	(1,5)/2,0–6,0/7,0	3,0–7,0	11,0–28,0
um Innenring	14,5–22,0	2,0–5,5	3,0–5,0	3,7–7,0	5,0–7,0	13,6–21,0
runder Innenring						7,5–11,5
flache Ringe	12,7/16,0–24,0	2,4–5,5	3,0–4,5	3,2–7,0(8,0)	4,0–7,0	11,7–23,0
zylindrische Ringe	9,0	2,0–3,5		2,5–3,0/4,5	2,8–4,5	8,0
Zylinder	10,0–14,0	4,0–6,0		2,0–3,0	2,4–3,0	8,5–11,0
Knopf	12,6	4,0–5,0		2,5–3,0	3,0	12,0

Tab. 32 (linke und rechte Seite): Maße und Maßverhältnisse bei den verschiedenen Produktformen (Dm. = Durchmesser).

	Leistenbreite Durchschnitt	Leistenbreite Zahl	Leistenbreite Hauptbereich
Perlen	17,6	323	8,0–26,0
mini	16,3	2	14,0–18,0
klein	17,4	300	8,0–26,0
groß	20,6	20	14,6–25,3
längliche Perlen	7,0	8	6,0–8,0
runde Ringe	19,8	105	12,4–30,0
ohne Innengegenstand	17,7	9	15,4–20,4
um Perle/Zylinder	19,0	43	15,3–24,0
um Ring	20,4	43	16,3–26,0
flache Ringe	23,2	33	12,5/18,5–30,0

Tab. 33 (linke und rechte Seite): Die Leistenbreite (in mm) und ihr Verhältnis zu den Bohrlochmaßen bei den verschiedenen Produktformen.

mit perlen-/zylinderförmiger Innenauffüllung, bei denen der Durchmesser des Bohrloches erst bei 11 mm beginnt, ist der Durchmesser des Bohrers nur ausnahmsweise kleiner als die dreifache Stärke der Bohrlochwand.[360] Bei runden Ringen mit Innenring und bei flachen Ringen (Durchmesser der Bohrlöcher ab 14,5 bzw. 12,7 mm) beträgt der Durchmesser sogar mindestens das Vierfache der Tiefe des Bohrloches, von Ausnahmefällen abgesehen. Bei den Zylindern dagegen, deren Bohrlöcher mit 10 bis 14 mm ähnliche Durchmesser aufweisen wie die der runden Ringe ohne Innengegenstand, beträgt der Durchmesser des Loches das 2,4- bis 3-Fache seiner Tiefe. Dieses Verhältnis ähnelt dem der runden Ringe ohne Innengegenstand sowie dem der zylindrischen Ringe und des vermutlichen Knopfes; die Differenz zwischen Durchmesser und Lochtiefe ist aber größer als bei den Perlen.

---

360 Bei vier von 92 Leistenfragmenten wurden kleinere Werte berechnet.

Höhe (mm)		Innen-Dm. (mm)		Wulstbreite (mm)	Außen-Dm.: Höhe	Innen-Dm.: Außen-Dm.
Gesamt-bereich	Haupt-bereich	Gesamt-bereich	Haupt-bereich			
2,6–12,7	3,0–12,7	0,8–4,5	1,3–3,2		0,9–1,4	0,2–0,5
2,6	2,6	0,8–1,4	0,8–1,4		1,4	0,23
3,2–7,5	3,0–7,5	1,3–3,8	1,3–3,8		0,9–1,4	0,26–0,5
7,0–12,7	7,0–12,7	2,1–4,5	2,1–3,2		1,0–1,4/1,6	0,21–0,34
6,0–11,0	6,0–11,0	1,5–2,4	1,5–2,4		0,5–0,8	0,36–0,45
1,4–6,2	2,0–4,0	2,2–15,3	2,5–15,3	1,1/2,0–6,3	2,4–6,8	0,3–0,64
1,4–6,2	2,0–4,0/5,0	2,2–4,6		1,1–4,7	2,4–3,0/4,0	0,3–0,5
2,0–5,3	3,0–4,0	4,9–15,3		2,1–6,9	3,0/3,7–5,6	0,46–0,64
3,0–5,6	3,0–4,0	8,3–12,7	10,0–12,7	2,7/3,3–4,5	3,6/4,5–6,5	0,53–0,63
2,5–5,5	2,5–5,5	2,7–5,0		2,3–3,8	2,8–3,9	
1,4–4,2	2,0–4,2	4,4–8,7	5,8–7,8	3,6–8,0	5,0/5,7–7,6/8,4	0,3–0,46
0,9–1,2	0,9–1,2	4,3		1,8–2,0	6,7–9,0	0,55
4,2–5,0	4,2–5,0	2,0–2,5		3,2–4,3	2,0–2,5	0,23–0,27
		2,3		5		

Leistenbreite : minimale Lochhöhe			Leistenbreite : Lochdurchmesser		
Durchschnitt	Bereich	Hauptbereich	Durchschnitt	Bereich	Hauptbereich
4,2	1,7–9,0	1,8–7,0	2,7	1,2–5,4	1,4–4,4
7,8	6,7–9,0	6,7–9,0	3,7		
4,2	1,9–7,9	2,2–8,0	2,7		
2,7	1,7–7,2	1,8–3,0	1,9		
1,0	0,9–1,2	0,9–1,2	1,2	1,0–1,4	1,1–1,2
6,2	2,9–9,7	3,4–7,6	1,3	0,8–3,5	1,1–1,19
4,7	2,9–7,4	4,0–5,6	1,9		
6,1	3,4–9,7	3,4–6,0	1,3		
6,6	3,9–9,3	5,0–9,0/7,0	1,1		
6,9	4,0–12,4	5,0–8,0	1,2	1,0–1,9/2,4	1,0–1,4

So kann bei einer Leiste mit Bohrlöchern, die größer als 10 mm sind, bei Stärken der Lochwand unter 6,5 mm ausgeschlossen werden, dass daraus runde oder längliche Perlen herausgebohrt wurden. Im Hinblick auf den Abfall aus der Konstanzer Münzgasse bleiben runde oder flache Ringe sowie eventuell Zylinder oder Knöpfe als mögliche Produkte übrig. Bei Stärken der Lochwand unter 4 mm fallen auch die letzten beiden als Möglichkeit mit großer Wahrscheinlichkeit weg. Anhand der Maße ausgebohrter Leisten ohne Produktreste kann im Allgemeinen nicht zwischen runden und flachen Ringen unterschieden werden.

Zwischen den Produktformen mit starken Überlappungen in den genannten Bereichen sind ebenfalls Unterschiede bei den Breitenmaßen der Leisten und ihrem Verhältnis zur Leistenstärke zu verzeichnen (Tab. 34). Die Minimalbreite der Leiste muss mindestens etwas größer sein als der Außendurchmesser des Produktes, weil sonst die Leiste beim Bohren der zweiten Bohrhälfte leicht bricht und den Bohrer nicht mehr im Loch stabilisiert.[361] Eine lineare Beziehung zwischen Leistenbreite einerseits und Produktdurchmesser oder Durchmesser des Bohrloches im Zusammenhang mit der Stärke des Bohrloches andererseits wird jedoch dadurch durchkreuzt, dass in etlichen Leisten mehrere Reihen von Bohrlöchern nebeneinander herausgebohrt wurden. Wenn auch das Produkt mit seinen Maßen in der Breite und Höhe der Leiste ein Mindestmaß voraussetzte, wurden die wirklichen Leistenmaße wohl stark von den Möglichkeiten beeinflusst, die das benutzte Knochenteil bzw. Skelettelement zu erfüllen in der Lage war.

3.3.7.3 Die Beziehung zwischen Produkt und Skelettelement

Die unterschiedlichen Produkte stellen unterschiedliche Anforderungen an das Rohmaterial (s. Kap. 3.1.5). Es ist deshalb nicht verwunderlich, dass zwischen den verschiedenen Produkten Unterschiede in der Auswahl und den Vorzügen bei den Skelettelementen festgestellt werden können. Dabei spielen nicht nur die Anforderungen der Produkte und die Eigenschaften der Skelettelemente eine Rolle, sondern auch die Verfügbarkeit der Knochen und die Frage, wie das Material zwischen den gleichzeitig angefertigten Produkten verteilt wurde (vgl. Kap. 3.2.3 und 3.4). So kann die Massenproduktion eines bestimmten Produktes dazu führen, dass andere Produkte vorzugsweise aus Skelettelementen angefertigt wurden, die sich nicht für die Anfertigung des betreffenden Massenprodukts eignen. Die Folge davon kann gewesen sein, dass für die Anfertigung eines bestimmten Produktes unterschiedliche Skelettelemente bevorzugt wurden.

Da erst in Kap. 3.4 geklärt werden kann, wie das Verhältnis in den benutzten Skelettelementen und den verschiedenen Produktformen in den einzelnen Produktionsphasen quantifiziert werden kann, werden die Unterschiede bei der Auswahl der Skelettelemente sich hier auf einige Bemerkungen zur Beziehung zwischen den Produktanforderungen und den Eigenschaften der Skelettelemente beschränken.

Von den beiden am häufigsten benutzten Skelettelementen – nämlich Rindermetapodien und -unterkiefer – wurden Metapodien, Metacarpen sowie Metatarsen für die Anfertigung von sämtlichen unterschiedenen Produkten eingesetzt, während in den untersuchten Unterkiefern ausschließlich Bohrungen für Ringe – sowohl runde als auch flache – angetroffen wurden (Tab. 34). Die dünnen, jedoch flachen Unterkiefer eignen sich für die Produktion von Gegenständen mit größeren Durchmessern und eingeschränkter Höhe (Durchmesser von 30 bis 40 mm bei Höhen von 3,5 bis 4, gelegentlich bis 5 mm).[362] Bei Rindermetapodien wird der maximale Durchmesser flacher Gegenstände von 5 bis 6 mm Höhe (wie z. B. Ringe) im Allgemeinen auf 27 bis 28 mm beschränkt.[363] Dagegen eignen sich Metapodien für Gegenstände mit kleineren Durchmessern (bis 13 oder 15 mm wie z. B. Perlen und Zylinder) zum Teil für Höhen bis über 10 mm (Tab. 32). Dabei ist die Wandstärke und damit die maximal mögliche Höhe der Produkte bei Metatarsen im Allgemeinen größer als bei Metacarpen, so dass sich Metatarsen für gewöhnlich zum Herausbohren von Perlen mit Höhen über 6 mm besser eignen.[364] Aus demselben Grund eignen sich Metatarsen besser zum Herausbohren von Perlen aus quer gesägten Scheiben. So lässt sich die Bevorzugung von Rindermetatarsen vor Metacarpen bei diesen Scheiben erklären, ebenso wie eine übereinstimmende Bevorzugung bei großen

---

361 Nur in sehr wenigen Ausnahmefällen wurden ein einzelner oder einige Gegenstände an Stellen aus einer Leiste herausgebohrt, an der die Leiste nicht breiter war als das Produkt.
362 Gemessen an unverwerteten *Rami horizontales* aus den Abfallschichten in der Konstanzer Münzgasse.
363 Bei Ringen mit Durchmessern über 23 mm liegt die maximale Leistenhöhe in Metacarpen bei rund 5 mm, in Metatarsen bei rund 6 mm.
364 Die Frequenzverteilung der Leistenhöhen zeigt bei Leisten aus Metacarpen eine starke Senkung kurz über 6 mm, während die Frequenzen bei Metatarsenleisten bis 7,7 mm nur langsam abnehmen. Dieser Unterschied wird durch Messungen von Wandstärken an verschiedenen Stellen an nicht verwerteten Metapodienfragmenten aus den Abfallschichten der Münzgasse bestätigt.
365 Die Hypothese einer solchen Bevorzugung bedarf einer Bestätigung durch die Analyse der durchbohrten Leisten in Kap. 3.4.

Skelettelement	Scheiben		Leisten				
	längliche Perlen	runde Perlen	große runde Perlen	runde Perlen	runde Ringe total	runde Ringe Phase 32	flache Ringe
Rind							
Langknochen (mögl. Metapodium)	1	4	3	70	31	14	6
Metapodien (total)	18	28	23	278	104	34	21
davon Metacarpus	4	8	9	148	48	16	2
davon Metatarsus	14	18	13	88	17	7	16
Langknochen/Metapodien (total)	19	32	26	348	135	48	27
Langknochen (kein Metapodium)				2			
Tibia			3	47	1		
Radius				21	5		
Humerus				1	1		
Femur				1			
übrige Langknochen (total)			3	72	7		
Langknochen total	19	32	29	420	142	48	27
Plattknochen unbestimmt					2		1
Unterkiefer					49	16	63
davon Ramus horizontalis					46	16	63
davon Ramus verticalis					3		
Plattknochen total					51	16	64
Rind total[1]	19	32	29	421	194	64	91
Pferd							
Langknochen unbestimmt				15			
Metapodien (total)	1			19	8	1	
davon Metacarpus				2	2		
davon Metatarsus	1			9	3		
Tibia				4	6	1	
Radius				8	2		
Pferd total[1]	1			46	20	2	
Vergleich Skelettelementgruppen							
(mögl.) Metapodien Rind	19	32	26	348	135	48	27
Unterkiefer Rind					51	16	64
übrige Langknochen Rind			3	72	7		
Rind total (kein Metapodium)			3	73	59	16	64
Langknochen Pferd	1			46	20	2	
total kein Metapodium Rind	1		3	130	84	18	64
Rind total[1]	19	32	29	421	194	64	91
Pferd total[1]	1			46	20	2	
1 inkl. nicht als Lang- oder Flachknochen gedeutete Fragmente							

Tab. 34: Verwendung von Skelettelementen für unterschiedliche Produkte.

Perlen. Große Perlen konnten nur an bestimmten Stellen der Metacarpen herausgebohrt werden. Wenn der Perlendurchmesser wuchs, stieg im Allgemeinen auch der Anteil der Metatarsen in einer Bohrprofilgruppe an. Um Metatarsen für größere Perlen und quer gesägte Scheiben zu sparen, konnte es günstiger sein, für kleinere Perlen relativ mehr Metacarpen zu benutzen.[365]

An den Bohrlöchern lässt sich nicht feststellen, ob runde oder flache Ringe herausgebohrt wurden. Deshalb sollten an dieser Stelle die Unterschiede erörtert werden, die es in den Mengen der ver-

Abb. 81: Produktionsphase 3. Innenseite einer Unterkieferleiste mit spongiöser Knochenwand und Zahnwurzelhöhle – obwohl die Beschaffenheit an dieser zweiten Bohrseite deutlich sichtbar war, wurde trotzdem weitergebohrt. Wegen der Zahnwurzelhöhle riss dabei das Innenloch des Innengegenstands aus und die äußere Seitenspitze des Bohrers hinterließ infolgedessen einen Kratzer auf dem Ring (im Bild unten; Phase 3.III, Bef. 333).

schiedenen eingesetzten Skelettelemente gibt, die für beide Produktformen eingesetzt wurden. Aus gegebenem Anlass geschieht dies unter starkem Vorbehalt.
So wurden Reste von runden Ringen häufiger in Metapodienleisten gefunden als in Leisten aus Unterkiefern (Tab. 34). Bohrungen für flache Ringe wurden dagegen häufiger in Unterkieferleisten als in Metapodienfragmenten angetroffen. Es ist denkbar, dass zum Herausbohren von flachen Ringen im Gegensatz zu runden Ringen Unterkiefer gegenüber Metapodien vorgezogen wurden, weil ihre Maximalhöhen kleiner waren als bei runden Ringen. Die Höhen, die an Resten von flachen Ringen in den Produktleisten gemessen bzw. rekonstruiert wurden, liegen nahezu alle innerhalb des oben genannten, nutzbaren Höhenbereichs der *Rami horizontales*. Demgegenüber wurden für 10% der runden Ringe Höhen von 4 bis 6,3 mm abgeleitet oder gemessen und für ein Drittel Höhen über 3,5 mm. Wohl deshalb wurden Unterkiefer zum Herausbohren von flachen Ringen mit allen angetroffenen Durchmessern (bis 23 mm) und nur für kleinere runde Ringe mit Durchmessern bis etwa 18 mm und Höhen unter 4 mm benutzt. Relativ häufige Fehlprodukte durch die Abdrücke von Zahnwurzelkanälen in den aus Unterkiefern herausgebohrten Ringen können jedoch die Zahlenverhältnisse zwischen Unterkiefern und Metapodien bei den Produktleisten zugunsten von Unterkiefern beeinflusst haben. Wegen der Zahnwurzelkanäle würde man eigentlich erwarten, dass auch für flache Ringe Metapodien gegenüber Unterkiefern bevorzugt wurden, es sei denn, die Abdrücke der Zahnkanäle hätten nicht gestört, z. B. bei der Verwendung der flachen Ringe als Kern von mit Stoff überzogenen Knöpfen. Die vielen vollständig herausgebohrten flachen Ringe mit Abdrücken, die im Abfallmaterial landeten, sprechen jedoch eher für das Gegenteil (Abb. 81).
Bemerkenswerter ist das Vorherrschen von Metacarpen bei Produktleisten mit runden Ringen in allen Phasen, dem ein Vorherrschen von Metatarsen bei Produktleisten mit flachen Ringen gegenübersteht. Bei Metatarsen können dünne flache Produkte mit den oben angegebenen maximalen Durchmessern auf verschiedene Weise aus kräftiger, massiver Knochenwand herausgebohrt werden. Bei Metacarpen sind dagegen solche Durchmesser oder Breiten nur schwer zu erreichen, ohne dass die Koaleszenznaht das Produkt durchquert. Gerade aus Produktionsphase 1 sind zahlreiche Beispiele von Ringleisten aus Metapodien vorhanden, die sich während des Bohrens entlang einer Koaleszenznaht in der Mitte der Leiste gespalten haben. In Produktionsphase 1 scheint aufgrund des Durchmessers bei Produkten bis 21 mm beim Herausbohren runder Ringe nicht zwischen Metatarsen und Metacarpen differenziert worden zu sein (Tab. 35a).[366] In den späteren Produktionsphasen dagegen wurden aus Metacarpen keine runden Ringe mit Durchmessern über etwa 15 mm heraus-

---

366 Das einzige Fragment eines Ringes mit einem größeren Außendurchmesser (27 mm; Bef. 427, Fundnr. 01/415-1) wurde bezeichnenderweise aus einem Metatarsus herausgebohrt. Es ist die Frage, ob dieses in den Produktionsphasen 1 bis 2B isolierte Fragment nicht ein Irrläufer sein kann. Parallelen sind nur aus Produktionsphase 3 bekannt, unter den Bohrlöchern der Leisten ohne Produktreste genauso wie in den Produktleisten. Aus Produktionsphase 1 sind weiter keine Bohrlöcher bekannt, aus denen Ringe mit Durchmessern über ca. 23 mm herausgebohrt worden sein können (Kap. 3.4; Tab. 39).

	Metacarpus		Metatarsus		Metapodien		Unterkiefer	
	Bereich	Zahl	Bereich	Zahl	Bereich	Zahl	Bereich	Zahl
Phase 1 (Fundkomplex 1–3)	8,1–20,8	26	7,8–ca. 27	8	7,8–ca. 27	54	9,9–18,2	24
Phase 2 (Fundkomplex 4–5)	7,1–9,1	4		0	7,1–9,1	4		0
Phase 3 (Fundkomplex 6–9)	12,1–14,6	14	12,3–24,7	7	12,1–24,7	34	10,0–14,5	10

Tab. 35a: Bereiche der Außendurchmesser (in mm) runder Ringe in den am häufigsten verwendeten Skelettelementen.

Produktionsphase	Phase 1	Phase 2A	Phase 2B	Phase 3.IV	Gesamt-bereich
Fundkomplex	1	3	4	5	8/9	
Rind, Tibia	21,0					21,0
Radius	17,5/21,0	17,5		12,5		12,5–21,0
Pferd, Tibia	10,0–15,9	17,8		12,8	8,0	8,0–17,8
Radius	20,3–20,4			11,6		11,6–20,4
Metatarsus	10,0			7,4	14,7	7,4–14,7
Metacarpus				7,0–13,1		7,0–13,1
Metatarsus/-carpus	20,3			13,0	8,2	8,2–20,3

Tab. 35b: Außendurchmesser (in mm) runder Ringe in den übrigen Skelettelementen.

gebohrt. Für eine Gruppe von größeren runden Ringen mit Durchmessern von etwa 21 bis 30 mm wurden in Produktionsphase 3 ausschließlich Metatarsen benutzt. Ansonsten fehlen Produktleisten mit Resten runder Ringe mit Durchmessern größer als etwa 15 mm in den Produktionsphasen nach Phase 1.[367] Vielleicht sollte damit vermieden werden, dass bei Bohrungen die Koaleszenznaht überquert wurde.[368] Die Nutzung von Metacarpen für Ringe mit Durchmessern über 15 bis 16 mm wäre dabei nur in Ausnahmefällen möglich.[369] Darin wäre ein weiterer Hinweis auf eine Zunahme der Arbeitseffizienz und ‚Professionalisierung' nach der Produktionsphase 1 zu sehen.

Radien und Tibien von Rind und Pferd wurden zum Herausbohren von Perlen und runden Ringen benutzt. Aus Produktionsphase 3 fehlen jedoch Tibien- und Radienfragmente mit Resten sowohl von runden als auch von flachen Ringen. Tibien- und Radienfragmente mit Perlenresten sind nur in den Fundkomplexen mit umgelagertem oder vermischtem Abfall vorhanden (Fundkomplexe 7, 8 und 9, Ablagerungsphase 3.III und 3.IV). Durchbohrungen mit Resten großer Perlen sind nur aus Rindertibien bekannt, nicht aus Rinderradien.

Die Wandstärke der Radien und Tibien von Rind und Pferd ist im Allgemeinen, d. h. an vielen Stellen der Diaphyse, etwas kleiner als bei den Metapodien. Bei Tibien können, ähnlich wie bei Metacarpen, an den Ecken größere Wandstärken auftreten, aus denen größere Perlen herausgebohrt werden können. Zum Herausbohren von Ringen eignen sie sich nur beschränkt, da die Knochenwand der Diaphyse ausgeprägter als bei Rindermetapodien leichte Unregelmäßigkeiten und leichte

---

367 Einige Fragmente aus Bef. 195 (Anfang Produktionsphase 2, möglicherweise vermischt mit Phase 1) können mit Bohrern aus Produktionsphase 1 herausgebohrt worden sein. Es besteht die Möglichkeit, dass diese Fragmente Irrläufer aus Ablagerungen der Produktionsphase 1 sind.
368 Vgl. die Analyse der Spaltmuster in Kap. 3.4.
369 Zwei Fragmente von Produktleisten mit Resten flacher Ringe mit einem Durchmesser von 19 mm, bei denen die Koaleszenznaht nicht durchquert wurde, wurden aus auffallend großen Metacarpen hergestellt (Fundkomplex 9: Fundnr. 01/793-75 und 01/817-4932). Die rekonstruierte Produkthöhe von 3 mm liegt unter den Produkthöhen, welche für runde Ringe über 16 mm Durchmesser abgeleitet wurden. Trotzdem wurde in beiden Leistenfragmenten eine Bohrung nicht vollendet, weil sich die Knochenwand in der benötigten Stärke nicht über die erforderliche Breite der Leiste hinzog.

Skelettelement	Zahl	Außendurchmesser (mm)
Rind, Tibia	48	4,0–5,6/10,0
Radius	21	4,0–5,7
Humerus	1	4,7
Femur	1	4,1
Metacarpus	148	3,5–9,8/14,0
Metatarsus	88	3,5–9,3/10,5–13,0
Pferd, Tibia	4	5,0–7,4
Radius	8	4,1–7,5
Metacarpus	2	5,0
Metatarsus	9	4,1–8,1

Tab. 36: Außendurchmesser runder Perlen in unterschiedlichen Skelettelementen.

Krümmungen aufweist, die in Längsrichtung verlaufen. Sowohl Tibien als auch Radien haben ein Nahrungsloch (*Foramen nutricium*), das eine für Bohrleisten geeignete Fläche störend durchkreuzt und zwar so, dass sein Verlauf schlecht von außen einzuschätzen ist.
Bei Pferdetibien und -radien sind diese Nachteile nur wenig geringer: die Wandstärken können etwas kräftiger sein, während die flachen Teile, v. a. beim Pferderadius, weniger Unregelmäßigkeiten aufweisen. In Übereinstimmung mit diesen Eigenschaften wurden in den Produktleisten aus Pferderadien und -tibien runde Perlen mit Durchmessern bis 7,5 mm angetroffen, in Leisten aus Rinderradien und -tibien hauptsächlich kleine Perlen mit Durchmessern bis 5,7 mm. In Rindertibien wurden einige große Perlen mit Durchmessern von 9 bis 10 mm gefunden (Tab. 36).
In Rinderhumeri und -femora, deren Wände überwiegend noch dünner und stärker gebogen sind als bei Tibien und Radien, wurden nur kleine Perlen mit Durchmessern unter 5 mm gemessen.[370]
Bei Pferdemetapodien ist die Knochenwand relativ stark, ähnlich wie bei Rindermetapodien, und es fehlen Krümmungen in der Querrichtung. Allerdings fehlen ähnlich starke Ecken wie bei Rindermetapodien und Tibien, an denen eine erhöhte Wandstärke das Herausbohren großer Perlen ermöglicht. Auch wird die meist flache Seite zum Teil von einem störenden Foramen durchquert, während alle Seiten im Allgemeinen stärker röhrenförmig gerundet sind als bei Rindermetapodien. Sie eignen sich deshalb zum Herausbohren von runden Perlen mit Höhen bis 7 oder 8 mm aus nicht allzu breiten Leisten sowie zum Herausbohren von runden oder länglichen Perlen aus quer gesägten Scheiben. Zum Anfertigen von breiten, flachen Leisten für Ringe sind sie aber weniger geeignet. Unter den hier analysierten Produktleisten befindet sich ein Beispiel für die Nutzung von quer gesägten Scheiben mit einer länglichen Perle. Abgesägte Distal- und Proximalenden von Pferdemetapodien (Kap. 3.2) sowie ausgebohrte Scheiben ohne Produktreste (Kap. 3.4) bestätigen diese Verwendung der Pferdemetapodien. Daneben wurden sie zum Herausbohren von runden Ringen (mindestens bis etwa 20 mm Durchmesser) und runden Perlen (mindestens bis etwa 8 mm Durchmesser) (Tab. 35b und 36) genutzt.
Obwohl die Unterschiede in der Auswahl der Skelettelemente in den verschiedenen Produktionsphasen erst im nächsten Kap. 3.4 ausführlich analysiert werden, sind bezüglich der Nutzung der oben besprochenen Skelettelemente zum Herausbohren von Ringen einige Vorbemerkungen zu machen. Ähnlich wie bei Rindermetapodien, scheint in der Produktionsphase 1 aufgrund des Produktdurchmessers nicht zwischen den unterschiedlichen Skelettelementen differenziert worden zu sein (Tab. 35b). Obwohl sie sich in unterschiedlichem Maße zum Herausbohren von runden Ringen

---

370 Diese Daten, die zum Teil auf sehr eingeschränkten Zahlen beruhen und möglicherweise durch quantitative Unterschiede in Fehlbohrungen beeinflusst wurden, sind in der Analyse der durchbohrten Leisten in Kap. 3.4 zu bestätigen.

eignen, scheinen Radien, Tibien und Metapodien von Rind und Pferd in dieser Phase alle in ähnlicher Weise zum Herausbohren von Ringen benutzt worden zu sein und zwar aus dem ganzen aus dieser Phase bekannten Durchmesserbereich von etwa 8 bis 21 mm. Nur aus Unterkiefern fehlen auffälligerweise Ringreste mit Außendurchmessern über 18,3 mm. In den Produktionsphasen 2A und 2B, aus denen nur runde Ringe mit kleinen Durchmessern unter 14 mm bekannt sind, wurden diese – zumindest in Bef. 609 (Produktionsphase 2B) – überwiegend in Pferdeknochen vorgefunden, obwohl auch Metacarpen und Radien vom Rind benutzt wurden.[371] In Produktionsphase 3 wurden Metapodien und Unterkiefer vom Rind sowie möglicherweise Pferdeknochen für runde Ringe mit Durchmessern bis 15 mm eingesetzt, während größere Ringe nur in Metatarsen angetroffen wurden.[372] In den Produktionsphasen 2B und 3 scheint es also eine Strategie bei der Auswahl bestimmter Knochen für ausgewählte Produktformen mit spezifischen Durchmessern gegeben zu haben, die mit den unterschiedlichen Eigenschaften der verschiedenen Knochen zusammenhängen, während eine solche Strategie in Produktionsphase 1 vermutlich gefehlt hat. Diese Hypothese wird im nächsten Kap. 3.4 anhand der Analyse durchbohrter Leisten aus ausgewählten Befunden näher getestet.

3.3.8 Schlussbemerkung

Anhand der durchbohrten Leisten und Scheiben mit Produktresten können wichtige zusätzliche Informationen gewonnen werden, welche nicht den losen Produkten und durchbohrten Leisten ohne Produktreste zu entnehmen sind. Diese betreffen nicht nur die Produktpalette und die Formenpalette der Produkte, sondern auch das Profil der Bohrerspitzen. So ist an dem Bohrprofil u. a. der Versuch abzulesen, mit einer Durchbohrung mehrere Produkte erhalten zu wollen. Außerdem können neue Informationen zur Technik abgeleitet werden. Durch solche Informationen lassen sich Bausteine zur Formulierung von Modellen entwickeln, die sich auf die Strategien zur Materialausnutzung und zur Lösung technischer Probleme beziehen. Dies wird durch den außergewöhnlichen Umstand ermöglicht, dass sich große Mengen an Produktleisten auf verschiedene, zeitlich aufeinander folgende Produktionsmuster oder -phasen verteilen.

Dagegen ist der Versuch, die Nutzung unterschiedlicher Bohrer zu analysieren, zum Teil gescheitert. Es gibt zu viele unsichere Faktoren, deren Einfluss nicht genau bestimmt werden kann. Aber es kam durch die Darstellung der Umstände ein Prozess in Gang, der diese Faktoren problematisierte. Und gerade diese Problematisierung ist es, aus der sich neue Erkenntnisse zur Bohrtechnik entwickeln konnten.

Das quantitative Verhältnis in den Beziehungen der Daten der Produktleisten ist in diesem Kapitel aus gegebenem Anlass nur in Ansätzen behandelt worden und zwar insofern, als dass sich daraus Informationen ergeben, die nicht aus der Analyse der Gesamtheit der durchbohrten Leisten und Scheiben abzuleiten sind. Diese Analyse erfolgt im nächsten Kapitel.

---

371 Die aufgrund der Skelettelemente bestimmbaren Ringleisten aus Bef. 475 (Phase 2A) reichen zahlenmäßig nicht für Aussagen zur Auswahl der Skelettelemente aus.
372 Pferdeknochen mit Resten runder Ringe aus Periode 3B von JUNKES' Periodeneinteilung anhand von Keramik sind nur in Befunden mit sekundär umgelagertem Verarbeitungsabfall von Knochen gefunden worden und können aus den Produktionsphasen 2A oder 2B stammen.

Gruppe	Komplex	Produkt	Zahl	Lochwand	Loch-Dm.	
					Spitze	Bereich
1	7	ohne Innenobjekt	1	zylindrisch	5,4	
2	4	ohne Innenobjekt	1	zylindrisch	8,1	
2b	5	ohne Innenobjekt	2	leicht konisch	7,9–8,0	
3	9/5	ohne Innenobjekt	3	zylindrisch	9,0–9,2	
4	1	ohne Innenobjekt	1	zylindrisch	9,2	
5	3	ohne Innenobjekt	1	zylindrisch	9,2	
6	4	vermutl. ohne Innenobjekt	2	zylindrisch	9,7–10,1	
6b	5	ohne Innenobjekt	1	zylindrisch	10,2	
7	1	Innenperle/-zylinder	3	leicht konisch	11,0–11,4	
8	8/9	Innenperle	3	zylindrisch	10,9	
9	5	Innenobjekt?	1	leicht konisch	10,9	
10b	5	ohne Innenobjekt	1	leicht konisch	12,3	
10	4	ohne Innenobjekt	3	leicht konisch	13,0–13,3	12,4–13,3
11	2/6/8/9	Innenperle	15	zylindrisch	13,0–13,5	
12	5	Innenobjekt?	3	zylindrisch	(13,6)–14,0	
13	5/9	ohne Innenobjekt	3	leicht konisch	13,9–14,0	13,9–14,3
13b	4	Innenobjekt?	1	zylindrisch	(14,0)	
14	7–9	Innenperle	25	zylindrisch	13,8–14,5	
14b	6–8	Innenperle	4	zylindrisch	14,2–14,6	
15	9	Innenobjekt?	1	zylindrisch	14,3	
13c	3	ohne Innenobjekt	2	zylindrisch	14,6–15,0	
16	1	Innenring	1	leicht konisch	14,5	
17	8/9	Innenperle	21	zylindrisch	15,2–15,7	14,9–15,2/17,0
18	1	Innenzylinder	2	zyl.; leicht kon.	15,8	
19b	6	Innenperle?	3	zylindrisch	15,9–16,1	
19	7	Innenobjekt?	1	zylindrisch	(15,8)	
20	1	Innenzylinder	3	leicht konisch	16,1	
21	1	Innenzylinder	1	leicht konisch	17,0	
22	1	Innenperle/-zylinder	3	leicht konisch	16,6–16,8	
22a	1	Innenobjekt?	1	leicht konisch	17,0	
23	3	Innenperle	1	konisch	18,0	
24	1	Innenring	73	leicht konisch	17,9–18,5	17,9–18,7
25	1	Innenperle	13	leicht konisch	18,4/18,6	18,4–18,6
26	1	Innenring	1	leicht konisch	19,8	
27	1	Innenring	22	leicht konisch	21,2–22,0	
28	8/9	Innenperle/-zylinder	2	zylindrisch	22,8/(22,1)	
30	8	große Innenperle	2	zylindrisch	(26,0)/26,4	
31	2/8	große Innenperle	1	zylindrisch	(28,0–28,4)	
32	9	große Innenperle	1	zylindrisch	(30,0)	

Tab. 37a (linke und rechte Seite): Bohrprofilgruppen runder Ringe (in mm, Schätzwerte in Klammern; Dm. = Durchmesser).

Außen-Dm.		Innen-Dm.		Produkthöhe		Außen-Dm. : Höhe		Dm. Innen-objekt
Spitze	Bereich	Spitze	Bereich	Spitze	Bereich	Spitze	Bereich	
4,4		2,2		(0,7)		(3,1)		
7,1		2,5						
7,0–7,4		3,0–3,1		2,5–3,0		2,5/2,8		
8,1–8,2		3,2–3,3		2,0–2,6		4,1		
7,8		3,0		3,1		2,5		
8,2		3,7		(1,5)				
9,1		3,3		3,0–3,4		2,7–(3,0)		
9,1		3,6		3,8		2,4		
9,9–10,0		5,6–5,8		2,0–2,5		4,8–5,0		4,3–4,6
10,0		4,9–5,0		2,1–2,3		4,4–(4,7)		4,3–4,6
10,3		(3,9)		3,8		(2,7)		
11,6		(5,5)		3,8		3,1		
11,9–12,0		4,2		4,9		2,4		
12,0–12,5		5,8–6,2	5,8–6,2/6,7	2,7–3,3	2,4/3,6	4,1–4,3	3,1–4,5/5,2	5,3–5,6/5,8
12,5–12,7		6,4–6,5		3,7–3,9	3,7–>4,0	(3,3)–(3,4)	(2,5/3,3–3,4)	
12,9–13,1		4,5–4,6		4,6–5,1		2,5–2,6		
(13,6)		(4,9)		5,4		(2,5)		
12,7–13,3		6,0–6,4		3,0–3,4	2,9–3,7/4,0	3,7–4,0/4,3–4,4	3,3–4,4/5,0	5,3–5,8/6,2
12,9–13,5	12,9–13,8	6,7–6,8		2,9–3,2		(3,5)		5,6–5,7/6,2
13,3		5,2				6,8		4,5
13,2/13,6		4,1–4,4		6,2		2,2		
13,6		8,3		(2,0)		6,8		7,5
14,1–14,9		6,7–7,3	6,5–7,3	3,0–3,4	2,7–4,0	4,4–4,9	3,9/4,4–5,6	5,8–6,7
15,0		7,4–7,7		3,3				6,8
15,0–15,3		7,8–8,0		3,0–3,2				6,9/7,5
15,1		6,8		3,4				
15,0–15,8		8,8–9,0		4,9–(>3,5)				8,2–8,4
16,2		8,6						7,6
15,8–15,9		9,5–9,8		3,3				8,9–9,0
(16,5)		(10,5)		3,1				
16,8		8,7						8,2
17,5	17,1–18,0	10,3–10,6	9,9–11,0	3,3–3,5	3,0–3,9			9,1–9,9/10,2
17,8–18,0	17,6–18,1	10,7–11,1	10,5–11,1	3,3–3,4	3,1–4,1			9,7–10,2/10,5
18,5		11,0						10,5
20,3–20,9	20,3–21,4	11,8–12,8		5,6				11,0–11,5
20,8/(21,0)		(8,1)/8,7		3,6/5,0				7,1–7,2
24,7–24,8		14,0–14,1		4,2–5,0		5,0/5,9		12,2
(27,0)		13,8		5,2–5,3		(5,1)		12,8
28,0		15,3		4,5		6,2		13,3

Gruppe	Komplex	Produkt	Zahl	Lochwand	Loch-Dm.	
					Spitze	Bereich
1	6	oval + Perle	2	zylindrisch		12,7
2	9	eckig	1	zylindrisch		(15,2)
3	**7**; 9; 6;8[2]	eckig + Perle	11	zylindrisch		16,2–16,5
3a	6,8	oval/eckig + Perle	3	zylindrisch		16,0–16,3
4	**8**; 9	oval + Perle	8	zylindrisch		(17,3)/17,6
5	**7**; 9	oval + Perle	3	zylindrisch		18,0–18,4
6a	7; **8**; 9	oval + Perle	3	zylindrisch		18,8–19,8
6b	**7**; 9	eckig + Perle	3	zylindrisch		19,5–19,8
7a	6	oval + Zylinder	2	zylindrisch		19,6
7b	6	eckig + Perle	3	zylindrisch		19,6–19,8
8a	9	oval + Perle	1	zylindrisch		19,8
8b	9	eckig	1	zylindrisch		19,2
9	**7**; 8	oval + Perle	3	zylindrisch		18,8–19,0
10	**8**; 9	oval + Zylinder	10	zylindrisch		19,6–20,4
10a	9	eckig	1	zylindrisch		(20,0)
11	8	oval	7	zylindrisch		19,8–20,6
12	**8**; 6; 9	oval	15	zylindrisch		20,9–21,7
13	7	oval	3	zylindrisch		21,0–21,9
13a	7	eckig	2	zylindrisch		21,4–21,8
15	6	oval	6	zylindrisch		21,7–22,1
15a	6	eckig	6	zylindrisch		21,5
16	**8**; 9	oval/eckig	4	zylindrisch		23,3–23,8

1 Innenobjekt vorhanden, keine Maße bekannt
2 Komplexe mit größten Anteilen an Messdaten fett

Tab. 37b (linke und rechte Seite): Bohrprofilgruppen flacher Ringe (in mm, Schätzwerte in Klammern; Dm. = Durchmesser). Fett: Komplexe, aus denen die meisten Messdaten stammen.

3.4 Die Daten der durchbohrten Leisten

3.4.1 Die Arbeitsweise bei der Verarbeitung der Daten

Die Daten von insgesamt 4465 Fragmenten durchbohrter Knochenleisten und Scheiben wurden in eine digitale Datenbank aufgenommen. Die Daten verteilen sich auf folgende Fundkomplexe:

– Produktionsphase 0: 30 Fragmente, sämtlich ausgewählt anhand optischer Merkmale.[373]
– Produktionsphase 1: 1083 Fragmente, ausgewählt teilweise aus stratigraphischen, teilweise aus optischen Gründen. Sie stammen hauptsächlich aus den Ablagerungsphasen Q3 und Q6–Q9 nach Pfrommer (s. Kap. 2).
– Produktionsphase 2A: 1288 Fragmente, ausgewählt aus Bef. 475 in den älteren Aufschüttungen mit Material dieser Phase (Q12), vor dem Bau der Holzverschalung.
– Produktionsphase 2B: 635 Fragmente, ausgewählt aus Bef. 609a (Schnitt 3), der jüngsten Schicht mit Material aus dieser Phase.
– Produktionsphase 3: 1301 Fragmente, ausgewählt aus Bef. 472 mit primär gelagertem, unvermischtem Material (Ablagerungsphase 3.I; s. Kap. 2).

Daten von 128 Fragmenten aus Bef. 195b wurden nicht in die Auswertung einbezogen, da ihre chronologische Einordnung unklar ist.[374]

Außen-Dm.		Innen-Dm.		Produkthöhe		Außen-Dm. : Höhe		Dm. Innen-objekt
Spitze	Bereich	Spitze	Bereich	Spitze	Bereich	Spitze	Bereich	
	11,7–(11,9)		(4,2)–4,4		1,4–(2,6)	4,6/8,4		4,0
	14,5		6,0		2,4	6,0		vorhanden[1]
15,0–15,1	14,7–15,3		5,6–6,0		2,4–2,7	5,5–7,1	(4,8)–(7,6)	4,7–5,0
	15,4		5,6–5,8		2,1–3,0	5,1–7,5		4,8–5,2
	16,4–16,6		6,5–6,8		2,4–2,9	6,3–6,9	5,8–(8,3)	5,7/6,0
	17,4–17,6		5,9–6,2		2,8–3,2	5,5/6,3		5,3
	17,9–18,1		5,8–6,2		3,0	5,9–6,0		5,0–5,5
	18,3–18,4		5,7–6,2		2,2–3,7	5,0–(5,3)	5,0–8,4	5,0–5,6
	18,4		6,2–6,5		2,6–2,7	6,9		5,4–5,6
	18,4/18,8		6,1–6,2		3,0–3,8	6,3–7,0	5,0–7,0	5,4–5,5
	17,9		6,0		2,8	7,5		5,5
	18,1		6,2					5,6
	18,2–18,3		7,8–8,4		2,7–3,2	6,8–6,9	5,7–6,9	7,2
	18,7–19,5		6,2–7,0	3,0	2,2–3,2	6,1–6,5	6,1–7,0	5,8–5,9
	18,6		6,1		3,8	5,8		
	18,7–19,1		7,1–7,4	2,9–3,3	2,5–3,3/4,2	5,7–(6,4)	5,7–7,6	6,3–6,7
	20,1–20,7	7,7–7,9	7,3–7,9		2,0–3,2	6,4–7,6	5,2–7,6	6,3/6,6–7,2
	19,8/20,6		6,7		3,4–3,5	5,9–6,1		5,6
	20,2/20,6		6,4–6,5		3,8	5,4		5,0–5,4
	20,7–21,1	7,4–7,6	6,9–7,6		2,7–3,6	(5,8)–7,8		6,2–6,4
	20,7		6,9		2,9	5,8–7,4		6,3
	22,5–23,5	7,4–7,8	7,4–8,7		2,7–4,0			6,6

Es wurden Messdaten jedes Fragments sowie dessen osteologische Daten und Daten von Verarbeitungsspuren aufgenommen.[375]

Folgende Informationen wurden in die Datenbank aufgenommen: Das verwendete Skelettelement wurde verzeichnet. Bei Rindermetapodien wurde außerdem – soweit es sich feststellen ließ – noch verzeichnet, ob es sich um relativ große oder kleine Exemplare handelte. Bei den Verarbeitungsspuren wurde u. a. die Form der Bohrlochwand registriert. Es interessierte ferner, ob und auf welche Weise das Knochenende entfernt wurde. Es wurde registriert, entlang welcher Linie der Knochen in der Länge gespalten wurde. Es wurde aufgezeichnet, welche Seiten der Leiste mit einem Zieh- oder Hackmesser abgeflacht oder anderweitig bearbeitet wurden. Die Form der Leistenränder wurde ebenfalls beachtet. Anhand der nicht vollendeten Bohrungen wurde festgestellt, an welcher Knochenseite angefangen wurde. Anhand von Spuren in der Lochwand wurde herausgefunden, von welcher Seite die Bohrung beendet wurde (s. Kap. 3.1). Bei Meißelspuren wurden Ort, Breite und Einstichseite des Meißels verzeichnet.

Gemessen wurde die vorhandene Leistenlänge, die zum Bohren benutzte Länge und – soweit vorhanden – die größte messbare vollständige Leistenbreite von denjenigen Teilen, die zum Bohren benutzt worden waren. Die Durchmesser der Bohrlöcher in einer Leiste wurden entsprechend ihrer Größe in Gruppen eingeteilt, und es wurde jeweils von einem Bohrloch pro Gruppe das Maß

---

373 Es wurden nur diejenigen Fragmente mit entsprechenden optischen Merkmalen aufgenommen, die während der Auswertung zur Verfügung standen. Einige Fragmente von innerhalb der Umfassungsmauer, bei denen bei einer früheren Materialdurchsicht ähnliche Merkmale beschrieben wurden, standen während der Auswertung nicht zur Verfügung.
374 Nach Mitteilung J. Pfrommers handelt es sich um eine Grube, die des Längeren und zur gleichen Zeit wie verschiedene Ablagerungsphasen offen lag.
375 Die Messdaten wurden mit einer digitalen Schieblehre aufgenommen, die direkt mit einem Computer verbunden war.

Gruppe	Komplex	Zahl	Form	Loch-Dm. Spitzen	Loch-Dm. Bereich	Außen-Dm. Spitzen	Außen-Dm. Bereich	Innen-Dm. Spitzen	Innen-Dm. Bereich
p1	6/8	2	p	4,4		3,5		0,8/1,4	
p2	5	53	p	5,2–5,3	4,7/4,9–5,6	3,9–4,3	3,8–4,6	1,4–1,7	1,3–1,8
p2	9	4	p	5,0–5,2		4,1–4,2		1,5–1,7	
p3	1(2x)/3	9	p	5,3/5,7	5,3–5,7	4,0–4,3	4,0–4,6	1,5	1,4–1,7
p3	4	7	p	5,5–5,6	5,4–5,7	4,1–4,3		1,6/1,8	1,4–1,8
p4	4	103	p	5,7–5,9	5,6–6,2	4,6–4,7	4,5–5,2	1,8–1,9	1,5–2,0
p5	5	46	p	5,8–6,4	5,4–6,9	4,6–5,0	4,5–5,2	1,6–1,9	1,5–2,0
p5a	5	27	p	6,0–6,1	5,7–6,6	5,0–5,2	4,6–5,4	1,7–2,0	1,6–2,0
p5	6	25	p	5,9–6,2	5,7–6,3	4,7–5,0	4,5–5,2	1,4–1,9	1,4–2,0
p5	7	17	p	6,0–6,2	5,8–6,3	4,7–4,9	4,4–5,2	1,7–1,9	1,7–2,1
p5	8/9(2x)	19	p	5,8–6,1	5,8–6,5	4,6–4,9	4,5–5,2	1,7–1,9	1,7–2,3
p6	1(2x)/3	8	p	6,3–6,4	5,9–6,4	5,0–5,2	4,7–5,2	1,8–2,0	
p7	8	1	p	6,8–6,9		5,3		2,3	
p7	3	5	p	6,7–7,0	6,7–7,5	5,3–5,4	5,3–5,5	1,7–2,0	
p8	5	21	p	6,0–6,1/6,3/6,6	6,0–6,7	5,2–5,4	5,2–5,5	1,9–2,0	1,8–2,1
p9	4	43	p	6,5–7,4	5,8–7,8	5,6–5,8	5,3–5,8	1,9–2,0	1,6–2,3
p7a	1–3	8	p	6,7–7,0/7,4–7,5	6,7–7,8	5,8–6,1	5,6–6,1	1,9–2,1	1,8–2,4
p7/9	8/9	3	p	6,8–6,9		5,6/5,9		2,0–2,1	
p10a/7	8/9	5	p	7,3–7,5		5,7–5,8	5,6–5,8	2,0	2,0–2,1(2,3)
p10	8/9(11x)	26	p	7,4–7,7	7,3–7,9	6,0–6,1	5,8–6,4	2,0–2,1/2,3–2,4	1,9–2,8
p10	7	20	p	7,6–8,3	7,4–8,3	6,1–6,4	6,0–6,5	2,1/2,4	1,9–2,4
p10	6	29	p	7,3–7,5/7,8–7,9	7,3–8,2	6,1–6,4/6,5–6,6	5,9–7,0	1,7/2,0/3,3	1,7–2,4
p10	5	3	p	7,2–7,3/7,8	7,2–7,8	6,3–6,4	6,0–6,4	2,1–2,3	
p10	4	30	p	7,4–7,5	7,3–7,8	6,0	5,9–6,4	2,1–2,2	2,1–2,3
p11	8/9(3x)	11	p	8,5	7,8–9,0	6,6–6,8	6,6–6,9	2,3–2,4	1,9–2,5/2,8
p12	8/9	13	p	8,8/9,0–9,1	8,7–9,2	7,5	7,2–7,8	2,6–2,7	2,0/2,6–2,7
p12a	5	1	p	8,9		7,8		2,3	
p13	8/9(5x)	6	p	9,4–9,6	9,1/9,4–9,6	8,1–8,2	8,0–8,3	2,7–2,8	2,1/2,7–2,8
p14	5	1	p	9,9		8,5		ca. 2,2	
p15	3	1	p	10,3		9,3		2,2	
p15	5	1	p	10,7		9,0		2,6	
p15	6	2	p	10,2/10,8		8,8/9,5		2,2	
p15	7(4x)/8(2x)/9	20	p	10,7	10,2–11,0	9,3	8,7–9,5	2,5–2,6	2,5–3,1
p16	1	1	p	11,0		10,0		2,2	
p16	5	1	p	11,3		9,8		2,6	
p17a	8	1	p	ca. 11,5		10,6		ca. 2,3	
p17	5	1	p	12,5		10,5		2,5	
p18	5	1	p	13,8		12,3		3,0	
p19	4	1	p	14,3		13,0		4,5	
p20	9	1	p	15,7		14,7		ca. 3,2	

Tab. 38a (linke und rechte Seite): Bohrprofilgruppen runder Perlen (in mm, Schätzwerte in Klammern; Dm. = Durchmesser).

Produkthöhe		Außen-Dm. : Höhe				Loch-Dm. : Aussendm.	
Spitzen	Bereich	Spitzen	Bereich	Mittelwert	Zahl	Spitzen	Bereich
2,6/?		1,35				0,9	
4,0(3,5)–(4,1)	3,2–4,5	1,01–1,07	0,93–1,20	1,05	38	1,0–1,3	0,9–1,5
4,0–4,1		1,01/1,05		1,03	2	0,9–1,0	
4,0/4,8	3,3/4,0–4,8	0,9/1,0–1,1	0,88–1,24	1,04	6	1,1–1,2/1,4	0,7–1,6
4,1	3,4/4,1	1,0/1,2	1,01/1,20	1,11	2	1,2/1,5	
3,7–4,2	3,6–4,3/6,0	1,08–1,22	0,78–1,30	1,14	33	1,0–1,2	
4,4/4,8–5,1	4,2–5,1	0,99–1,10	0,93–1,17	1,03	22	1,0–1,4	
5,0–5,7	4,4–>7,8	0,9–1,3				0,9–1,1	0,6–1,4
4,0–5,0	4,0–5,0/5,4	1,04–1,18	0,93–1,25	1,10	7	1,1–1,2	1,1–1,4
4,4–4,5/4,8–5,0	3,8–5,0	0,99–1,09	0,94–1,24	1,05	9	1,1–1,5	
4,6/5,0	3,8–5,4	0,88–1,03/1,21	0,88–1,29	1,04	10	1,2–1,3	
4,7–4,8		1,02–1,06	0,97–1,06	1,03	4	1,2	1,0–1,6
4,6		ca. 1,14				1,5–1,6	
4,7–4,8							
(4,8)–5,0	4,2/4,6–5,3	1,02–1,11	0,99–1,18	1,07	14		
4,8–5,3	4,3–6,2	1,02–1,20	0,90–1,28	1,09	18	1,1–1,6	0,2–2,0
5,4–6,3	4,7–6,3						
5,0/6,0		ca. 0,98–0,99	0,98–1,13				
5,0/5,4		<1,07/1,16					
6,0	5,0–6,6	1,02	0,97–1,07	1,01	11	1,4–1,6	
6,0	5,7–6,2	1,01–1,08	1,01–1,08	1,06	4	1,4–1,6	1,3–2,2
6,0	4,8/5,6–6,6	1,03	0,98–1,32	1,10	9	1,2–1,4	0,8–1,9
5,2/6,0		1,06/1,22	1,06/1,22	1,14	2	1,0/1,2/1,5	
5,6–5,8/6,0	4,7–6,8	1,05–1,11	0,93–1,28	1,06	6	1,3–1,6	1,0–2,0
6,0	5,0/6,0–6,7	1,10–1,16	0,97–1,33	1,11	8	1,4/1,7	
6,3–7,0		1,14–1,19	0,93–1,19	1,09	8	1,3–1,5/1,6–1,8	1,3–1,8
						1,1	
6,0–7,1		1,16–1,21	1,16–1,37	1,23	4	1,3–1,5	
ca. 8,0		1,07				1,4	
						1,1	
						1,7	
						1,4	
	7,0–9,0	1,08/1,11	1,08–1,11	1,10	2	1,4–1,5/1,6–1,7	1,3–1,9
						1,1	
		1,08				1,5	
						0,9	
>10,0						2,0	
>9,0						1,5	
8,4		1,55				1,3	
ca. 13,0						1,0	

Gruppe	Komplex	Zahl	Form	Loch-Dm.		Außen-Dm.		Innen-Dm.	
				Spitzen	Bereich	Spitzen	Bereich	Spitzen	Bereich
t1	1	1	t	5,1		1,5		1,5	
t2	3(2x)/4(3x)/9	6	t	5,4–5,5	5,4–5,8	4,2	4,4–4,2	6,1/6,9/7,8	
t3	4(3x)/8(2x)/9	6	t	6,0–6,1	6,0–6,3	4,5–4,7	4,5–5,0	2,0	2,0–2,4
t4	4/9(2x)	6	t	6,9–7,1	6,9–7,4	5,3–5,4	5,3–5,8	2,1	1,9–2,3
t5	9	1	t	8,2		6,3		2,1	

Tab. 38b (linke und rechte Seite): Bohrprofilgruppen länglicher Perlen (in mm, Schätzwerte in Klammern; Dm. = Durchmesser).

des Durchmessers registriert. Dabei wurde der Bohrlochdurchmesser auf halber Strecke zwischen Lochrand und Bruchgrat gemessen. Da die Maße sowohl an verschiedenen Stellen innerhalb eines Loches wie auch in verschiedenen Löchern einer Größengruppe um bis zu 0,8 mm variieren (Kap. 3.3.5), wurde innerhalb dieser Variation ein möglichst repräsentatives Maß gewählt. Für jede der in einer Leiste unterschiedenen Durchmessergruppen wurde die kleinste und die größte Stärke der Bohrlochwand an der Stelle, an der die Knochenwand am dicksten war, quer über ein ausgebohrtes Loch hinweg gemessen und zwar dort, wo der zu erwartende Gegenstand am höchsten war: bei Perlen z. B. quer über die Mitte eines Bohrloches. In jeder Leiste wurde für jede der voneinander unterschiedenen Durchmessergruppen gezählt, wie viele Bohrlöcher es in einer Reihe über die ganze Leistenlänge hinweg gab. Wenn es in einer Leiste mehrere Lochreihen nebeneinander gab, wurde zusätzlich die Zahl der Lochreihen registriert.[376] Wenn die Zahl der Löcher in den verschiedenen Reihen unterschiedlich hoch war, dann wurde die Reihe mit den meisten Bohrlöchern als Basis zugrunde gelegt; zusätzlich wurden die Abweichungen von dieser Höchstzahl registriert. Für das Ergebnis der vorhandenen Bohrlöcher einer Durchmessergruppe wurde die Höchstzahl der Löcher in einer Reihe mit der Zahl der vorhandenen Lochreihen multipliziert und vom Produkt die registrierten Abweichungen von der Höchstzahl abgezogen. Um die Zahl der herausgebohrten Gegenstände dieser Durchmessergruppe zu erhalten, wurde die Zahl der nicht oder nicht vollständig ausgebohrten Löcher sowie der Löcher, in denen sich Reste abgebrochener Teile von ausgebohrten Produkten befanden, von der Zahl der vorhandenen Bohrlöcher abgezogen.

3.4.2 Produktionsphase 0

30 Leistenfragmente, deren Durchbohrungen durch eine konische Lochwand gekennzeichnet sind, wurden der Produktionsphase 0 zugeschrieben (Abb. 82). Sie stammen aus Schnitt 2 am Fischmarkt und Bef. 195a (Ablagerungsphase Q3 nach Prommer) – beide außerhalb der Umfassungsmauer – sowie aus einigen Befunden innerhalb der Mauer (s. Kap. 2.3.2.1).
Die Leisten wurden aus den Lang- und Plattknochen von Rindern und Pferden angefertigt: 23 Fragmente aus Langknochen und drei Fragmente (12%) aus Plattknochen. Unter den Langknochen befinden sich Metapodien und Tibien sowohl von Rindern wie auch von Pferden. Es wurden etwa gleich viele Pferde- wie Rinderknochen festgestellt. Ein Leistenfragment wurde aus einem abgesägten Stück Geweih angefertigt.
Anhand der Durchbohrungen werden die Leistenfragmente in zwei Gruppen unterteilt.
Zwölf Fragmente haben Durchbohrungen mit Durchmessern von 10,5 bis 17 mm, die von einer Seite her ausgebohrt wurden.[377] Alle Löcher wurden zuerst von der Innenseite des Knochens ge-

---

[376] Unvollständige Löcher wurden voll mitgezählt. Leistenfragmente ohne Teile der Leistenränder oder -enden wurden nicht mitgezählt. Trotzdem ist mit Doppelzählungen von Bohrlöchern in verschiedenen Fragmenten einer gebrochenen Leiste zu rechnen.

Produkthöhe		Außen-Dm. : Höhe				Loch-Dm. : Aussendm.	
Spitzen	Bereich	Spitzen	Bereich	Mittelwert	Zahl	Spitzen	Bereich
6,8		0,5				1,55	
6,1/>6,9/7,8		0,6–(0,7)				1,2/1,5	
6,4/7,3	>5,0–7,3	0,7–0,8				1,5	1,4–2,0
>8,0/9,0/10,7	>8,0–10,7	0,5–0,7				1,6	1,3–1,9
						1,9	

ringfügig, bis höchstens 1 oder 1,5 mm Tiefe, angebohrt. Danach wurde der gewünschte Gegenstand von der Außenseite aus bis fast zur Innenseite (mindestens 3,5 bis 4,5 mm tief) ausgebohrt. Auf diese Weise wurde vermieden, dass der Gegenstand beim Herausbrechen durch Absplittern der Knochenwand beschädigt wurde.

Da keine Reste von unvollständig herausgebohrten Gegenständen in den Bohrlöchern gefunden wurden, ist die Form dieser einseitig herausgebohrten Gegenstände unklar. Die ausgebohrten Mindesttiefen deuten darauf hin, dass die Gegenstände 3,5 bis 4,5 mm hoch waren. Die gemessenen Durchmesser der Löcher variieren pro Leiste und verteilen sich über die ganze Breite von 10,5 bis 17 mm, ohne dass darin getrennte Gruppen von Durchmessern erkennbar sind. Auch die Lochwand nimmt von der Oberfläche des Knochens zum Bruchrand hin pro Leiste eine variable Form von einer fast geraden Linie bis hin zu einer konkaven an. Die Leistenbreite schwankt von 14,6 bis 32 mm; die Stärke der Knochenwand liegt zwischen 3,5 und 6 mm.

Das Verhältnis zwischen dem Lochdurchmesser und der Wandstärke beträgt ähnlich wie bei Ringen 1:2 bis 1:4,3, mit einer Ausnahme von 1:1,7 bis 1,8. Insgesamt wurden 45 Gegenstände aus einer Gesamtleistenlänge von 77 cm mit einer Knochenoberfläche von 148 cm² herausgebohrt. Es entstand durchschnittlich ein Gegenstand auf 3,3 cm² der gemessenen Knochenoberfläche.[378] An acht Leistenenden blieben durchschnittlich 19,4 mm Knochenlänge ungenutzt.

Alle einseitig ausgebohrten Leistenfragmente wurden aus Langknochen angefertigt – etwa die gleiche Zahl von Pferden wie von Rindern. Von beiden wurden Tibien und Metapodien benutzt.

17 Leistenfragmente haben Löcher mit Durchmessern von 22 bis 26 mm, die von zwei Seiten bis etwa zur halben Tiefe ausgebohrt wurden (Abb. 83). Ein weiteres Leistenfragment wurde von einer Seite mit einem Durchmesser von 25 mm bis fast zur anderen Seite ausgebohrt.[379] In zwei Leistenfragmenten sind Reste von Ringen in Bohrlöchern mit Durchmessern zwischen 25 und 26 mm vorhanden, deren Wulst einen runden Schnitt mit einem Durchmesser von etwa 5 mm hat (Abb. 83).[380] Da eine Innenfüllung fehlte, lässt sich nicht feststellen, ob ähnlich wie in Produktionsphase 1 Innenringe mit kleineren Durchmessern (bis 15 mm) die Produktzahl erhöhten.

Die Mindeststärke der ausgebohrten Leistenteile beträgt 4 mm, die größte ausgebohrte Stärke 7 mm. Die Leistenbreite variiert von 22 bis 37 mm. In den verschiedenen Leisten verschmälert sich die Lochwand unterschiedlich stark sowohl in gerader als auch in gekrümmter Linie und zwar von

---

377 Weil sich die Maße zwischen dem Rand des Bohrloches und dem Bruchrand stark unterscheiden und zudem die Lochwandformen variieren, wurden die Lochdurchmesser bei der Produktionsphase 0 am Bruchrand gemessen.
378 Ungenutzte Leistenteile an acht Leistenenden wurden mitgerechnet. Ohne diese beträgt die gesamte Leistenlänge 61 cm und die Oberfläche 112 cm² (2,5 cm² pro Gegenstand). Da nicht alle gemessenen Löcher vollständig vorhanden sind, sind die tatsächlich genutzten Längen und Oberflächen größer als die gemessenen, die hier als Rechenhilfe im Vergleich mit anderen Fundkomplexen dienen.
379 Möglicherweise war eine zweiseitige Bohrung beabsichtigt und die Bohrung an der zweiten Seite ist flacher ausgefallen, weil sich das Innenobjekt frühzeitig gelöst hat. Darauf deuten Kratzer an der zweiten Bohrseite hin. Das Stück stammt aus Bef. 195a.
380 Diese Ringreste wurden nicht in die Auswertung in Kap. 3.3 einbezogen.

Abb. 82: Durchbohrte Leisten und Metapodienenden,
die der Produktionsphase 0 zugeschrieben werden.

Abb. 83: Produktionsphase 0. Detail einer Bohrleiste mit zweiseitig
konisch ausgebohrten Löchern und einem Ringrest.

beiden Seiten (Abb. 37, Nr. 1 und 3). Die Fragmentzahl ist zu gering, um die Durchmesser in getrennte Gruppen einzuteilen. Insgesamt wurden 32 Durchbohrungen bei einer gesamten Leistenlänge von 90 cm mit 214 cm² Knochenoberfläche ausgeführt. Bei dreien von ihnen (9%) entstand kein brauchbarer Ring. Würde die Produktzahl durch Innenringe verdoppelt, ließen sich etwa 55 bis 60 Ringe als Ertrag vermuten. In dem Fall wäre der Ertrag an Produkten pro Leistenlänge oder Knochenoberfläche ähnlich groß wie bei den kleineren, einseitig ausgebohrten Löchern. Dabei ist die mittlere Länge der nicht benutzten Leistenendteile mit durchschnittlich 24 mm größer als bei den kleineren Löchern. Dieser Unterschied ist durch die größere Leistenbreite bedingt, die zum Ausbohren mit größeren Durchmessern benötigt wird.

Außer den Langknochen von Rindern und Pferden wurden Plattknochen für diese größeren Durchbohrungen sowie ein Geweihfragment benutzt. Ein Leistenfragment wurde aus einem Rindermetacarpus hergestellt, der entlang der Lateral-Medialachse gespalten war, so dass die Koaleszenznaht in der Mitte der Leiste verlief, ähnlich wie bei vielen Leisten der Produktionsphase 1.

Abb. 84: Abfall durchbohrter Leisten, typisch für Produktionsphase 1, M 1:3.

Die Leisten der Produktionsphase 0 wurden mit relativ viel Zeitaufwand bearbeitet und in eine flache Form gebracht. Sie zeigen meist an vielen unterschiedlichen Seiten Schnittflächen, die von relativ großer Sorgfalt zeugen. In der Bearbeitung und in den dabei entstandenen Formen der langen Kanten ist keinerlei Systematik oder Muster zu erkennen. Sogar die Enden wurden in manchen Fällen mit einem Ziehmesser bearbeitet. Auch die Bohrungen wurden sorgfältig gesetzt: oft genau aneinander anschließend, ohne dass sie auch nur ein einziges Mal überlappten. In ein paar Leisten jedoch besteht zwischen den Bohrlöchern ein Abstand von 2 bis 5 mm. Gebohrt wurde meistens genau bis an die Grenze der geeigneten Leistenteile, ohne diese zu überschreiten. Die restlichen Teile wurden jedoch nicht für kleinere Durchbohrungen genutzt. Damit hätte man die verwertete Gesamtlänge durch mindestens fünf zusätzliche Gegenstände um 7% vergrößern können. In einer Leiste wurden dadurch 5 cm geeignete Leistenlänge nicht verwendet. In keinem Leistenfragment ließen sich unterschiedliche Durchmessergruppen beobachten. Auffällig dagegen ist, dass es kaum eine Standardisierung der Durchmesser und Lochwandprofile gibt. Fast bei jedem Leistenfragment ist der Lochdurchmesser anders. Während man bei einseitigen Bohrungen immer von der Außenseite der Knochen aus bohrte, wurde die Anfangsseite bei den zweiseitigen Durchbohrungen innerhalb einer Leiste gewechselt. Möglicherweise war es üblich, nach dem Ausbohren der ersten Hälfte die Leiste umzudrehen und von der anderen Seite weiter zu bohren. Mit dieser Seite begann man dann bei der nächsten Bohrung.

Auch beim Rohmaterial gibt es keine Standardisierung oder Hinweise auf eine Systematik in der Beschaffung. Während in allen anderen Komplexen mehr als die Hälfte der Leisten aus Rindermetapodien angefertigt war, ist in der Knochenauswahl der Produktionsphase 0 kein dominantes Element erkennbar. Andererseits ist der Anteil der Pferde- im Vergleich zu Rinderknochen in Produktionsphase 0 höher als in den anderen Komplexen. Eine systematische, standardisierte Rohmaterialbeschaffung von bestimmten Knochen wie Rindermetapodien und -unterkiefern ist bei Pferdeknochen höchst unwahrscheinlich, da Pferde im Gegensatz zu Rindern nicht systematisch, sondern nur vereinzelt geschlachtet wurden. Es ist schwer vorstellbar, dass ein so hoher Anteil an Pferdeknochen bei einer groß angelegten Produktion vorkommt. Der gesamte untersuchte Leistenabfall könnte von einem von den Bewohnern selbst geschlachteten Pferd und einem Rind stammen. Dabei ist bemerkenswert, dass bei einem Leistenfragment aus Pferdeknochen auf der natürlichen Oberfläche eine Verwitterung zu sehen ist, die auf den Schnittflächen fehlt (Abb. 83). Dieses deutet darauf hin, dass der Knochen vor der Verarbeitung ausgekocht wurde, z. B. um Fett und Sehnenreste zu entfernen (s. Kap. 3.1).

Zusammenfassend scheint die Verarbeitung einen sehr begrenzten Umfang gehabt zu haben und in relativ zeitaufwendiger Weise, ohne Zeitdruck und ohne viel Vorplanung, ausgeführt worden zu sein. Man nahm sich die Zeit, die Leisten genauso anzufertigen, wie es in dem Moment für ein bestimmtes Knochenstück am besten erschien und führte die Bohrungen in Ruhe und konzentriert aus, so dass nur wenige Bohrungen fehlgingen. Wenn die Leiste mit dem betreffenden Durchmesser ausgebohrt war, warf man sie weg, schliff den Bohrer und fing mit einer neuen Leiste an, die vielleicht sogar erst noch angefertigt werden musste. Man hatte es nicht nötig, die unbenutzten Reste bereits verwendeter alter Leisten zu nutzen und sie mit einem kleineren Bohrer auszubohren. Wahrscheinlich war ausreichend Rohmaterial vorhanden, ohne dass es systematisch in größeren Mengen beschafft wurde. Die Nutzung eines Abfallstücks von der Geweihverarbeitung deutet auf Aktivitäten anderer Zweige des Knochen und Geweih verarbeitenden Handwerks hin. Allerdings kann der Abfall von verschiedenen Produktionen verschiedener Werkstätten stammen. So könnten aus dem Geweihfragment, das die größten gemessenen Lochdurchmesser hat, Spielsteine herausgebohrt worden sein. Die einseitig herausgebohrten Gegenstände, deren Form nicht bekannt ist, können von einer anderen Werkstatt erarbeitet worden sein als die zweiseitig ausgebohrten Knochenringe. Letztere fehlen in den Befunden, deren Füllung um 1272 oder früher zu datieren ist.[381] Während es bei den einseitig herausgebohrten Gegenständen möglich ist, dass sie in der Zeit vor 1272 angefertigt wurden, wurden die Knochenringe vermutlich zwischen 1272 und 1311 hergestellt. Es stellt sich die Frage, ob die 18 zweiseitig ausgebohrten Leistenfragmente nicht derselben Produktion entstammen wie die Leisten, die Produktionsphase 1 zugeordnet wurden. Es würde sich dann um die Leisten handeln, die mit stärker konisch geschliffenen Bohrern mit größeren Durchmessern ausgebohrt wurden. In der Rohmaterialauswahl schließen sie an die Leisten aus Produktionsphase 1 mit vergleichbaren Bohrlochdurchmessern an. Auch der Fehleranteil und die Spaltweise des Metacarpus stimmen mit Beobachtungen zu Produktionsphase 1 überein.

3.4.3 Produktionsphase 1

3.4.3.1 Materialauswahl

Insgesamt wurden 1083 Fragmente durchbohrter Leisten und Scheiben aufgenommen (Abb. 84). Die Auswahl erfolgte in erster Linie aufgrund optischer Eindrücke. Sämtliche Fragmente aus den Fundkomplexen der stratigraphischen Folge von Bef. 704 bis 565 rechts unten in der Harris-Matrix von Junkes wurden in die Stichprobe aufgenommen, weil darin die optisch der Produktionsphase 1 zugehörenden Fragmente überwiegen. Eine Ausnahme bildet der vorletzte Bef. 282, aus dem 13 Leistenfragmente ausgewählt wurden. Zusätzlich wurden einige Fundkomplexe aufgenommen, deren stratigraphische Stellung nicht bekannt war, die aber ausschließlich Fragmente der Produktionsphase 1 enthielten,[382] sowie einige Fragmente aus Fundkomplexen, die überwiegend anderen Produktionsphasen zugeordnet wurden.[383]

Das aufgenommene Fundmaterial enthielt elf Fragmente quer gesägter Scheiben und 42 Leistenfragmente, die dem Aussehen nach einer anderen Produktionsphase zugeschrieben wurden.[384] Die

---

381 In Bef. 1529 und 1640a wurden fünf Leistenfragmente mit kleineren, einseitigen Durchbohrungen gefunden. Drei weitere Leistenfragmente aus Befunden von vor 1272 (Bef. 1045 und 2393) standen nicht für die Datenaufnahme zur Verfügung.
382 Bef. 346 (nachträglich von Pfrommer in Ablagerungsphase Q8 eingeordnet), 640 und 644.
383 Aus Bef. 195 und 195a, links unten in der Harris-Matrix von Junkes.
384 Zur Phasenzugehörigkeit der Scheiben s. Kap. 3.3. Bei sieben der elf Scheibenfragmente und den genannten Leistenfragmenten wird eine stratigraphische Verlagerung aufgrund der abweichenden Farbe, der Winzigkeit des Fragments und/oder Oberflächenerosion und zusätzlich der Form der Durchbohrungen vermutet.

Dm.-Gruppe	Produkt	Loch-Dm.	Produkt-Dm.	Dm. Innenring	Leistenzahl	Leisten %	Löcherzahl	Löcher %	Produktzahl	Produkte %
r2	Ring	7,6	ca. 6,5–7,0		1	0,1	1	0,0	1	0,0
r6	Ring	9,3–10,0	ca. 9		4	0,4	14	0,6	14	0,4
r7	Ring um Zylinder	10,8–11,1	ca. 10		12	1,3	52	2,3	52	1,4
r10	Ring	11,5–12,2	ca. 11,0–11,5		18	2,0	48	2,1	48	1,3
r12/13	Ring	13,2–13,8	ca. 12,5–13,0		22	2,4	60	2,7	60	1,6
r16	Ring um Ring	14,2–14,8	ca. 13	7,5	10	1,1	24	1,1	48	1,3
r18/20	Ring um Zylinder	15,3–16,2	ca. 15		40	4,3	136	6,0	136	3,5
r21/22	Ring um Zylinder	16,4–17,5	ca. 16		69	7,5	191	8,5	191	5,0
r24[1]	Ring um Ring	17,5–18,6	17,1–18,0	9,4–9,9	451	49,0	1012	45,0	2024	52,8
r25[1]	Ring um Perle	18,4–19,1	17,6–18,1		72	7,8	161	7,2	161	4,2
r26	Ring um Ring	19,5–20,0	18,5	10,5	77	8,4	152	6,8	304	7,9
r27	Ring um Ring	20,6–22,2	20,3–20,8	11,0–11,2	126	13,7	341	15,2	682	17,8
r33	?	22,5–23,0	(21,5–22,0?)	(ca. 12?)	16	1,7	50	2,2	100	2,6
r34	?	23,8–24,0	(ca. 23?)	(ca. 13?)	2	0,2	6	0,3	12	0,3
total					920	100,0	2248	100,0	3833	100,0

[1] Zuweisung der Bohrungen z. T. nicht eindeutig; Durchmessergruppen können vermischt sein

Tab. 39: Produktionsphase 1. Produkte pro Durchmessergruppe (in mm, Zahlen ohne Abzug von Fehlbohrungen; Dm. = Durchmesser).

Produkt-Dm. (in mm)	Außenringe		Außen- und Innenringe	
	Zahl	%	Zahl	%
6,5–10,0	67	3,0	1103	28,8
11,0–13,6	132	5,9	681	17,8
14,5–15,0	136	6,0	136	3,5
16,0–21,0	1857	82,6	1857	48,4
21,0–23,0?	56	2,5	56	1,5
total	2248	100,0	3833	100,0

Tab. 40: Produktionsphase 1. Übersicht der Produktzahlen (Zahlen ohne Abzug von Fehlbohrungen; Dm. = Durchmesser).

Bohrlöcher der übrigen 1030 Leisten wurden auf der Grundlage der Lochdurchmesser in Gruppen eingeteilt, die möglicherweise von unterschiedlichen Bohrprofilen herrühren. Dabei wurde außerdem das Verhältnis vom Lochdurchmesser zur Wandstärke berücksichtigt sowie andere Merkmale wie die Form der Lochwand und darin vorhandene Produktreste.[385] Diese Gruppen werden in der Folge als „Durchmessergruppen" bezeichnet und damit von den Bohrprofilgruppen unterschieden, die in Kap. 3.3 anhand unvollständig ausgebohrter Gegenstände betrachtet wurden.

So wurden 70 Leistenfragmente isoliert, aus denen Perlen herausgebohrt wurden, die Löcher mit 4,5 bis 13 mm Durchmesser hinterließen, sowie fünf Leistenfragmente, aus denen man Perlen oder Ringe herausgebohrt haben könnte, bei denen das Loch einen Durchmesser von 7,6 bis 7,8 mm hatte und 953 Leistenfragmente, aus denen Ringe herausgebohrt wurden. Bei 25 Leistenfragmenten wurden zwei, in einem Fragment drei verschiedene Bohrer benutzt. Unter der Voraussetzung, dass sämtliche Bohrungen in einer Leiste in der gleichen Werkstatt und Zeitperiode stattgefunden haben, kann aus dem Vorkommen von mehreren Durchmessergruppen in ein und derselben Leiste geschlossen werden, dass die betreffenden Durchmessergruppen in dieselbe Zeitperiode bzw. Produktionsphase fallen. So ließen sich alle sieben unterschiedlichen Durchmessergruppen von Bohrern, mit denen Perlen produziert wurden, miteinander verbinden und mit einer einzigen Durchmessergruppe eines Bohrers verbinden, mit dem Ringe hergestellt wurden (r4). All diese Durchmessergruppen unterscheiden sich durch eine zylindrische Bohrlochwand von den übrigen Durchmessergruppen. Letztere enthalten alle Bohrungen mit einer leicht konischen Lochwand für Ringe. Die Durchmessergruppe r4 ist somit die einzige Durchmessergruppe mit zylindrischen Bohrungen für Ringe, und sie ist außerdem die einzige Durchmessergruppe für Ringe, die derselben Zeitperiode oder Phase zuzuordnen ist wie die Perlenleisten. Keine der 14 Durchmessergruppen von Bohrungen für Ringe mit leicht konischer Bohrlochwand hat sich in einer Leiste zusammen mit Bohrungen für Perlen befunden. Dagegen wurden sechs dieser Durchmessergruppen für Ringe durch Kombinationen innerhalb der Leisten miteinander verbunden. Im Gegensatz zu den obigen Durchmessergruppen von Perlenbohrungen sind Leisten mit Produktresten dieser Durchmessergruppen leicht konischer Ringbohrungen mehrheitlich nicht oder nur in geringem Umfang aus späteren Fundkomplexen bekannt.

Die oben stehenden Beobachtungen führen zu der Annahme, dass die Durchmessergruppen von Ringbohrungen mit leicht konischer Lochwand der Produktionsphase 1 zuzuordnen sind. Hingegen gehören die Perlenleisten und die fünf Leistenfragmente der Durchmessergruppe r4 mit Ringbohrungen, zusammen mit den bereits als umgelagert gekennzeichneten Scheiben- und Leistenfragmenten, zur Produktionsphase 2.

Die weitere Materialanalyse der Produktionsphase 1 hat sich deshalb auf 951 Leistenfragmente beschränkt, die zu den oben erwähnten 14 Durchmessergruppen leicht konischer Ringbohrungen gehören.

3.4.3.2 Produkte

Die 951 Leistenfragmente, die der Produktionsphase 1 zugeschrieben werden, wurden im Prinzip alle von zwei Seiten mit einem in den meisten Fällen leicht konischen Lochwandprofil ausgebohrt. Insgesamt 2236 Durchbohrungen wurden gezählt. Diese hatten Durchmesser von 7,6 bis etwa 24 mm. Auf Grundlage der Verteilung der Lochdurchmesser ließen sich 14 Durchmessergruppen unterscheiden (Tab. 39). Die Benennung dieser Gruppen orientierte sich soweit wie möglich an den

---

[385] In Leisten, in denen sich Produktreste befinden, beträgt die Wandstärke bei runden Perlen nur in wenigen Fällen weniger als die Hälfte des Bohrlochdurchmessers und nur in zwei Bohrungen großer Perlen 40% bis ein Drittel des Lochdurchmessers. Vermutlich wurden die daraus herausgebohrten Perlen als fehlerhafte Produkte kaum in Schnüren verwendet und unter den tausenden entsorgten losen Perlen wiedergefunden. Ringleisten dagegen haben nur ausnahmsweise eine Wandstärke von mehr als die Hälfte des Durchmessers und nie mehr als zwei Drittel. Die mithilfe mehrerer Kriterien aufgestellten Gruppen von Bohrern der für Produktionsphase 1 ausgewählten Leisten halten sich in diesen Grenzen.

Benennungen der Bohrprofilgruppen aus den Leisten mit Objektresten, die in Kap. 3.3 beschrieben wurden. Einige Durchmessergruppen können Bohrungen verschiedener Bohrprofile enthalten. So setzt sich die umfangreichste Durchmessergruppe r24/25, deren Verteilung zwei Spitzen aufweist, aus Löchern zweier Bohrprofilgruppen zusammen: aus Löchern der Gruppe r24 mit zwei konzentrischen Ringen und einem Lochdurchmesser von 17,5 bis 18,6 mm und weiterhin aus Löchern der Gruppe r25 mit einem Ring um eine Perle und einem Lochdurchmesser von 18,4 bis 19,1 mm. Die Unterschiede zwischen diesen beiden Bohrprofilgruppen können allerdings durch das Schleifen eines Bohrers entstanden sein. Ähnliches gilt für die Durchmessergruppen r18/20 und r21/22 mit einer Verteilung mit nur einer Spitze und sowohl Resten von konzentrischen Ringen als auch Ringen um Perlen oder Zylinder.

In zehn der 14 Durchmessergruppen wurden Reste von Ringen mit rundem Wulstschnitt angetroffen, die in Bohrlöchern verblieben waren. Bei den übrigen Gruppen lassen die zweiseitige Bohrung und das Verhältnis zwischen dem Durchmesser des Bohrloches und der Stärke der Lochwand ebenfalls Ringe als Produkt vermuten. Es betrifft die beiden Gruppen mit den größten und den kleinsten Durchmessern. Die Durchbohrung mit dem kleinsten Durchmesser von 7,6 mm stammt aus einer Leiste mit 4 mm Wandstärke, in der sich weitere Durchbohrungen von Ringen der Bohrprofilgruppe r27 befinden. Das Produkt, das aus dieser kleinsten Durchbohrung stammt, könnte mit dem inneren Ring von einer Bohrung mit zwei Ringen von der Bohrprofilgruppe r16 zu vergleichen sein. Dieser Ring stellt mit einem Außendurchmesser von 7,5 mm den kleinsten Ring dar, der aus dieser Produktionsphase bekannt ist.

Während Durchbohrungen mit Durchmessern unter 15 mm weniger als 10% betragen, haben über 90% der Durchbohrungen Durchmesser zwischen 16 und 22 mm. Am zahlreichsten sind Durchbohrungen von rund 18 mm der Durchmessergruppe r24/25, die fast die Hälfte aller Durchbohrungen ausmachen.

Aus den Bohrlöchern von vier Durchmessergruppen sind nachweislich zwei Ringe herausgebohrt worden. Darunter befindet sich auch die soeben genannte umfangreichste Durchmessergruppe r24. In den beiden Durchmessergruppen mit den größten Durchmessern, deren Bohrprofile unbekannt sind (r33 und r34), ist ebenfalls eine Bohrung mit zwei Ringen zu vermuten. Damit könnten aus 1585 von insgesamt 2248 gezählten Bohrlöchern zwei Ringe anstelle von einem Ring (s. Tab. 39) herausgebohrt worden sein. Dadurch würde sich die Zahl der insgesamt aus den 2248 Löchern herausgebohrten Produkte auf 3833 erhöhen, wenn man die unvollständig ausgebohrten Löcher mitzählt. Während 90% der Außenringe Außendurchmesser zwischen 16 und 21 mm haben, betragen die kleineren Außendurchmesser der vielen Innenringe zwischen 7,5 und etwa 13,5 mm. So muss nahezu die Hälfte der Produktion (46,5%) aus kleineren Ringen mit Durchmessern von 7,5 bis 13,5 mm bestanden haben und die andere Hälfte aus größeren Ringen mit Durchmessern von 16 bis 21 mm (Tab. 40). Nur wenige Ringe hatten Außendurchmesser von 21 bis schätzungsweise 23 mm.

3.4.3.3 Rohmaterialauswahl

Die 951 Leistenfragmente wurden, ähnlich wie in Phase 0, hauptsächlich aus Metapodien (Mittelhand- und Fußknochen), Tibien (Schienbein), Radien (Speiche) und Mandibulae (Unterkiefer) von Rind und Pferd angefertigt (Tab. 41). Vereinzelt wurden auch andere Plattknochen vom Rind benutzt wie beispielsweise zwei Schädelfragmente (Cranium), ein Schulterblatt (Scapula) und ein Rippenfragment bezeugen. Bei zwei Humerusfragmenten (Schenkel) ist die Bestimmung nicht ganz sicher. Bemerkenswert ist ein Femurfragment (Wade) eines Schweins.

Anders als in Phase 0 ist der Anteil der Pferdeknochen relativ gering (6%). Dagegen wurden zwei Drittel der Leistenfragmente aus Rindermetapodien angefertigt. An zweiter Stelle stehen Rinderunterkiefer, aus denen gut ein Zehntel der Leistenfragmente angefertigt wurde. Damit ähnelt das Verhältnis zwischen Lang- und Plattknochen dem der Phase 0.

Pferdeknochen wurden v. a. für größere Löcher (ab 16 mm) sowie für die wenigen allerkleinsten Löcher (bis 11 mm) benutzt (Tab. 42). Für die Gesamtheit der kleineren Löcher bis zu 12 mm

Skelettelement	Ph. 1 total		Ph. 2A total		Ph. 2A Leisten		Ph. 2A Scheiben		Ph. 2A kl. Perlen	
	Zahl	%	Zahl	%	Zahl	%	Zahl	%	Zahl	%
Grosssäuger	193	20,3	275	21,6	261	22,4	14	12,6	235	21,8
Tibia	0	0,0	4	0,3	4	0,3	0	0	4	0,4
Radius	0	0,0	0	0,0	0	0,0	0	0	0	0,0
Costa (Rippen)	1	0,1	0	0,0	0	0,0	0	0	0	0,0
unbestimmt	96	10,1	91	7,1	91	7,8	0	0,0	88	8,2
Langknochen unbestimmt	88	9,3	152	11,9	138	11,8	14	12,6	126	11,7
unbest. (kein Metapodium Rind)	4	0,4	9	0,7	9	0,8	0	0	0	0,0
Langknochen (kein Metapod. Rind)	4	0,4	19	1,5	19	1,6	0	0	17	1,6
Rind	712	74,9	925	72,5	832	71,5	92	82,9	774	71,9
total Metapodien	500	52,6	615	48,2	524	45,0	90	81,1	476	44,2
davon Metacarpus	220	23,1	221	17,3	202	17,4	18	16,2	113	10,5
davon Metatarsus	120	12,6	259	20,3	203	17,4	56	50,5	181	16,8
davon Metacarpus oder -tarsus	160		135	10,6	119	10,2	16	14,4	182	16,9
total Radius/Tibia	25	2,6	170	13,3	170	14,6	0	0,0	170	15,8
davon Radius	7	0,7	79	6,2	79	6,8	0	0,0	79	7,3
davon Tibia	18	1,9	88	6,9	88	7,6	0	0,0	88	8,2
davon Radius oder Tibia	0		3	0,2	3	0,3	0	0,0	3	0,3
Humerus	2	0,2	2	0,2	2	0,2	0	0,0	2	0,2
Femur	0	0,0	2	0,2	2	0,2	0	0,0	2	0,2
Mandibula	85	8,9	2	0,2	2	0,2	0	0,0	1	0,1
davon Ramus horizontalis	66	6,9	2	0,2	2	0,2	0	0,0	1	0,1
davon Ramus verticalis	19	2,0	0	0,0	0	0,0	0	0,0	0	0,0
Scapula	1	0,1	0	0,0	0	0,0	0	0,0	0	0,0
Cranium	2	0,2	0	0,0	0	0,0	0	0,0	0	0,0
Plattknochen unbestimmt	4	0,4	0	0,0	0	0,0	0	0,0	0	0,0
Langknochen unbestimmt	93	9,8	124	9,7	122	10,5	2	1,8	113	10,5
Langknochen (kein Metapodium)	0	0,0	9	0,7	9	0,8		0,0	9	0,8
unbestimmt (kein Metapodium)	0	0,0	1	0,1	1	0,1	0	0,0	1	0,1
Pferd	45	4,7	74	5,8	70	6,0	4	3,6	67	6,2
total Metapodien	12	1,3	30	2,4	26	2,2	4	3,6	24	2,2
davon Metacarpus	5	0,5	4	0,3	4	0,3	0	0,0	4	0,4
davon Metatarsus	3	0,3	14	1,1	13	1,1	1	0,9	12	1,1
davon Metacarpus oder -tarsus	4	0,4	12	0,9	9	0,8	3	2,7	8	0,7
total Radius/Tibia	26	2,7	24	1,9	24	2,1	0	0,0	24	2,2
davon Radius	10	1,1	12	0,9	12	1,0	0	0,0	12	1,1
davon Tibia	15	1,6	12	0,9	12	1,0	0	0,0	12	1,1
davon Radius oder Tibia	1	0,1	0	0,0	0	0,0	0	0,0	0	0,0
Mandibula	1	0,1	0	0,0	0	0,0	0	0,0	0	0,0
unbestimmt	0	0,0	2	0,2	2	0,2	0	0,0	2	0,2
Langknochen unbestimmt	8	0,8	18	1,4	18	1,5	0	0,0	17	1,6
Schwein	1	0,1	1	0,1	1	0,1	0	0	1	0,1
Femur	1	0,1	1	0,1	1	0,1	0	0	1	0,1
total	951	100,0	1275	100,0	1164	100,0	111	100,0	1077	100,0

Tab. 41a: Übersicht der für durchbohrte Leisten verwendeten Skelettelemente pro Produktionsphase (Ph. = Produktionsphase).

Die Konstanzer Paternosterleisten

Ph. 2B total		Ph. 2B Leisten		Ph. 2B Scheiben		Ph. 3 total		Ph. 3 Perlen		Ph. 3 Ringe	
Zahl	%	Zahl	%	Zahl	%	Zahl	%	Zahl	%	Zahl	%
104	19,2	104	19,2	0	0,0	201	15,5	141	20,1	73	11,4
0	0,0	0	0,0	0	0,0	0	0,0	0	0,0	0	0,0
0	0,0	0	0,0	0	0,0	0	0,0	0	0,0	0	0,0
0	0,0	0	0,0	0	0,0	0	0,0	0	0,0	0	0,0
7	1,3	7	1,3	0	0,0	17	1,3	9	1,3	8	1,3
92	17,0	92	17,0	0	0,0	184	14,2	132	18,8	65	10,2
0	0,0	0	0,0	0	0,0	0	0,0	0	0,0	0	0,0
5	0,9	5	0,9	0	0,0	0	0,0	0	0,0	0	0,0
469	74,0	378	69,7	91	98,9	1097	84,4	558	79,6	565	88,6
408	64,4	322	59,4	86	93,5	722	55,5	500	71,3	235	36,8
139	21,9	138	25,5	1	1,1	287	22,1	192	27,4	98	15,4
208	32,8	147	27,1	61	66,3	308	23,7	234	33,4	80	12,5
61	9,6	37	6,8	24	26,1	127	9,8	74	10,6	57	8,9
19	3,0	19	3,5	0	0,0	4	0,3	3	0,4	1	0,2
8	1,3	8	1,5	0	0,0	2	0,2	2	0,3	0	0,0
9	1,4	9	1,7	0	0,0	2	0,2	1	0,1	1	0,2
1	0,2	1	0,2	0	0,0	0	0,0	0	0,0	0	0,0
1	0,2	1	0,2	0	0,0	0	0,0	0	0,0	0	0,0
1	0,2	1	0,2	0	0,0	0	0,0	0	0,0	0	0,0
1	0,2	1	0,2	0	0,0	289	22,2	1	0,1	300	47,0
1	0,2	1	0,2	0	0,0	289	22,2	1	0,1	300	47,0
0	0,0	0	0,0	0	0,0	0	0,0	0	0,0	0	0,0
0	0,0	0	0,0	0	0,0	0	0,0	0	0,0	0	0,0
0	0,0	0	0,0	0	0,0	0	0,0	0	0,0	0	0,0
0	0,0	0	0,0	0	0,0	0	0,0	0	0,0	0	0,0
38	6,0	33	6,1	5	5,4	82	6,3	54	7,7	29	4,5
1	0,2	1	0,2	0	0,0	0	0,0	0	0,0	0	0,0
0	0,0	0	0,0	0	0,0	0	0,0	0	0,0	0	0,0
						0,0					
62	9,8	61	11,3	1	1,1	2	0,2	2	0,3	0	0,0
12	1,9	11	2,0	1	1,1	1	0,1	1	0,1	0	0,0
6	0,9	5	0,9	1	1,1	1	0,1	1	0,1	0	0,0
4	0,6	4	0,7	0	0,0	0	0,0	0	0,0	0	0,0
2	0,3	2	0,4	0	0,0	0	0,0	0	0,0	0	0,0
14	2,2	14	2,6	0	0,0	1	0,1	1	0,1	0	0,0
7	1,1	7	1,3	0	0,0	1	0,1	1	0,1	0	0,0
7	1,1	7	1,3	0	0,0	0	0,0	0	0,0	0	0,0
0	0,0	0	0,0	0	0,0	0	0,0	0	0,0	0	0,0
0	0,0	0	0,0	0	0,0	0	0,0	0	0,0	0	0,0
36	5,7	36	6,6	0	0,0	0	0,0	0	0,0	0	0,0
0	0,0	0	0,0	0	0,0	0	0,0	0	0,0	0	0,0
0	0,0	0	0,0	0	0,0	0	0,0	0	0,0	0	0,0
634	100,0	542	100,0	92	100,0	1300	100,0	701	100,0	638	100,0

Skelettelement	Ph. 1 total		Ph. 2A total		Ph. 2A Leisten		Ph. 2A Scheiben		Ph. 2A kl. Perlen	
	Zahl	%	Zahl	%	Zahl	%	Zahl	%	Zahl	%
Grosssäuger										
total Langknochen	758	89,0	1169	99,8	1058	99,8	111	100,0	984	99,9
total Plattknochen	94	11,0	2	0,2	2	0,2	0	0,0	1	0,1
total	852	100,0	1171	100,0	1060	100,0	111	100,0	985	100,0
Metacarpus Rind	220	64,7	221	46,0	202	49,9	19	25,3	113	38,4
Metatarsus Rind	120	35,3	259	54,0	203	50,1	56	74,7	181	61,6
total	340	100,0	480	100,0	405	100,0	75	100,0	294	100,0
Rind	712	94,1	925	92,6	832	92,2	93	95,9	774	92,0
Pferd	45	5,9	74	7,4	70	7,8	4	4,1	67	8,0
total	757	100,0	999	100,0	902	100,0	97	100,0	841	100,0

Tab. 41b: Vergleich der einzelnen, für durchbohrte Leisten verwendeten Knochengruppen (Ph. = Produktionsphase).

Durchmesser gilt, dass alle ausgewählten Knochen ähnlich häufig zum Einsatz kamen und dass die Rindermetapodien geringfügiger überwiegen als bei allen anderen Löchern. Am stärksten überwiegen Rindermetapodien bei den Bohrlöchern mittlerer Größe mit einem Durchmesser von 13 bis 22 mm. Der Anteil der Rinderunterkiefer dagegen ist am höchsten bei Durchbohrungen von 16 bis 19 mm Durchmesser, die die Hauptmenge der Durchbohrungen ausmachen. Es sieht also so aus, als ob zum Ausbohren größerer Mengen an Löchern der häufigeren Durchmessergruppen mit Rindermetapodien und Unterkiefern gerade die beiden fleischlosen Rinderknochen bevorzugt wurden, die in größeren Mengen unzerteilt als Schlachtabfälle anfielen (s. Kap. 3.1). Für alle Arten von Lochdurchmessern wurden vereinzelt auch andere Knochen benutzt. Metapodien und Unterkiefer wurden wohl deshalb bevorzugt, weil sie in größeren Mengen zu beschaffen waren. So konnte man zum Bohren einiger Dutzend Löcher mit ungewöhnlichen Durchmessern ein paar geeignete Knochen nehmen, die gerade vorhanden waren. Eventuell kamen sie teilweise auch aus dem eigenen Haushalt. Zum Ausbohren größerer Mengen an Ringen dagegen musste man sich eine größere Menge an Schlachtabfällen beschaffen, die vereinzelt durch die vorhandenen übrigen Knochen ergänzt wurden.

Zum Anfertigen der 500 Leistenfragmente aus Rindermetapodien werden schätzungsweise mindestens etwa 80 Metacarpen und 40 Metatarsen notwendig gewesen sein; für die 85 Fragmente von Kieferleisten etwa 15 Kieferhälften.[386] Die aufgefundenen Fragmente von Tibien dagegen können aus ungefähr vier bis fünf Rindertibien und ungefähr vier Pferdetibien angefertigt worden sein. Dazu würden zwei geschlachtete Pferde und zwei oder drei geschlachtete Rinder ausreichen. Die geschätzten Zahlen an Rindermetacarpen und -metatarsen setzen dagegen die Schlachtung von mindestens 40 bzw. 20 Rindern voraus. Letzteres ist im Rahmen des normalen Haushaltskonsums nicht denkbar und erfordert eine anderweitige Beschaffung der Metapodien. Ferner kann man sich kaum vorstellen, dass die geschätzte Zahl von 15 Kieferhälften innerhalb kurzer Zeit als Haushaltsabfall angefallen sein soll. Bei den anderen genutzten Knochen wäre das dagegen durchaus denkbar.

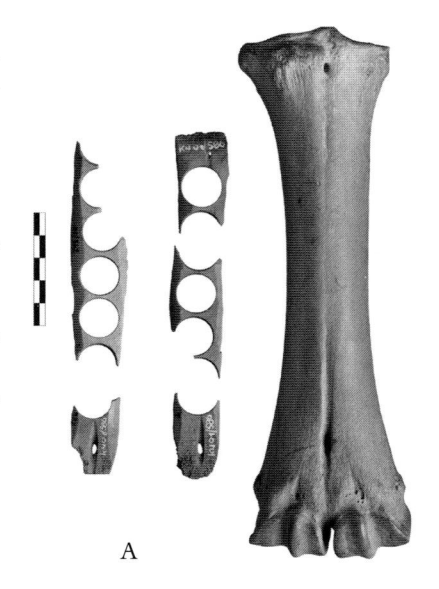

A

Ph. 2B total		Ph. 2B Leisten		Ph. 2B Scheiben		Ph. 3 total		Ph. 3 Perlen		Ph. 3 Ringe	
Zahl	%	Zahl	%	Zahl	%	Zahl	%	Zahl	%	Zahl	%
627	99,8	535	99,8	92	100,0	994	77,5	560	99,8	330	52,4
1	0,2	1	0,2	0	0,0	289	22,5	1	0,2	300	47,6
628	100,0	536	100,0	92	100,0	1283	100,0	561	100,0	630	100,0
139	40,1	138	48,4	1	1,6	287	48,2	192	45,1	98	55,1
208	59,9	147	51,6	61	98,4	308	51,8	234	54,9	80	44,9
347	100,0	285	100,0	62	100,0	595	100,0	426	100,0	178	100,0
469	88,3	378	86,1	91	98,9	1097	99,8	558	99,6	565	100,0
62	11,7	61	13,9	1	1,1	2	0,2	2	0,4	0	0,0
531	100,0	439	100,0	92	100,0	1099	100	560	100,0	565	100,0

Die verschiedenen Knochen eigneten sich unterschiedlich gut zum Bohren bestimmter Objekte mit vorgegebenen Maßen. Möglicherweise hat man deshalb für Bohrungen mit gewissen vorgegebenen Durchmessern bestimmte Skelettelemente bevorzugt. So spiegelt sich die differenzierte Eignung der verschiedenen Knochen in der Verteilung der Leistenbreiten wider. Aus Metapodien, vom Rind ebenso wie vom Pferd, wurden v. a. Leisten mit relativ schmalen Breiten zwischen 17 und 26 mm angefertigt und aus Rindermetatarsen vereinzelt breitere Leisten bis 34,5 mm (Abb. 85).

---

386 Zur Schätzung der Metapodienzahl wurde von durchschnittlich zwei Leisten pro Metapodium ausgegangen. Die Zahl der Leistenfragmente mit einem proximalen Knochenende wurde durch zwei geteilt und zu dem Ergebnis wurde ein Zehntel der Zahl der übrigen Fragmente addiert. Zur Schätzung der Kieferzahl wurde von zwei Leisten pro *Ramus horizontalis* ausgegangen und dann auf Grundlage von den 66 Leistenfragmenten aus *Rames horizontales* berechnet. Dabei wurde die Hälfte der Zahl der vollständigen Leisten und ein Viertel der Endfragmente sowie ein Zehntel der übrigen Fragmente addiert.

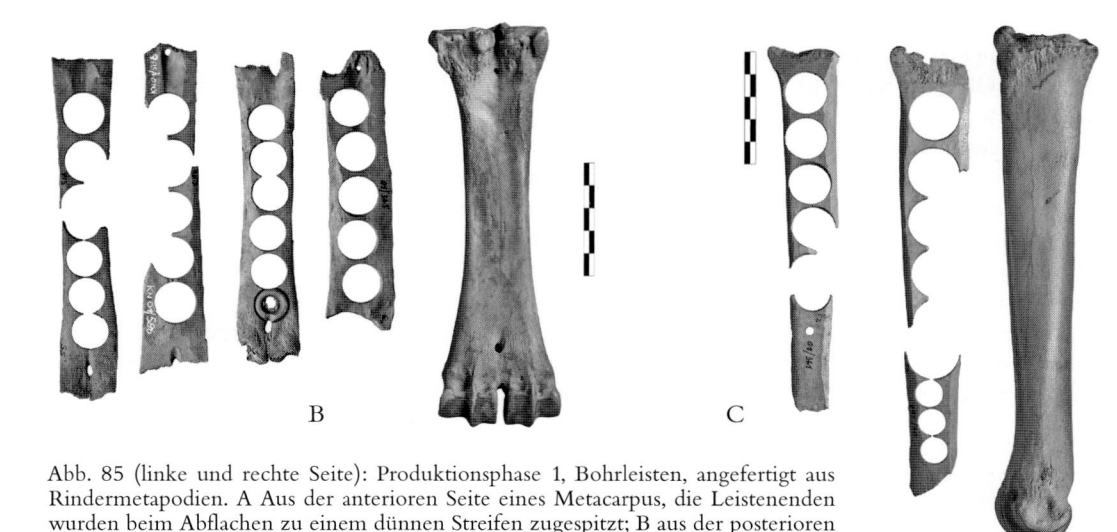

Abb. 85 (linke und rechte Seite): Produktionsphase 1, Bohrleisten, angefertigt aus Rindermetapodien. A Aus der anterioren Seite eines Metacarpus, die Leistenenden wurden beim Abflachen zu einem dünnen Streifen zugespitzt; B aus der posterioren Seite eines Metacarpus; C aus der Lateral- oder Medialseite eines Metatarsus.

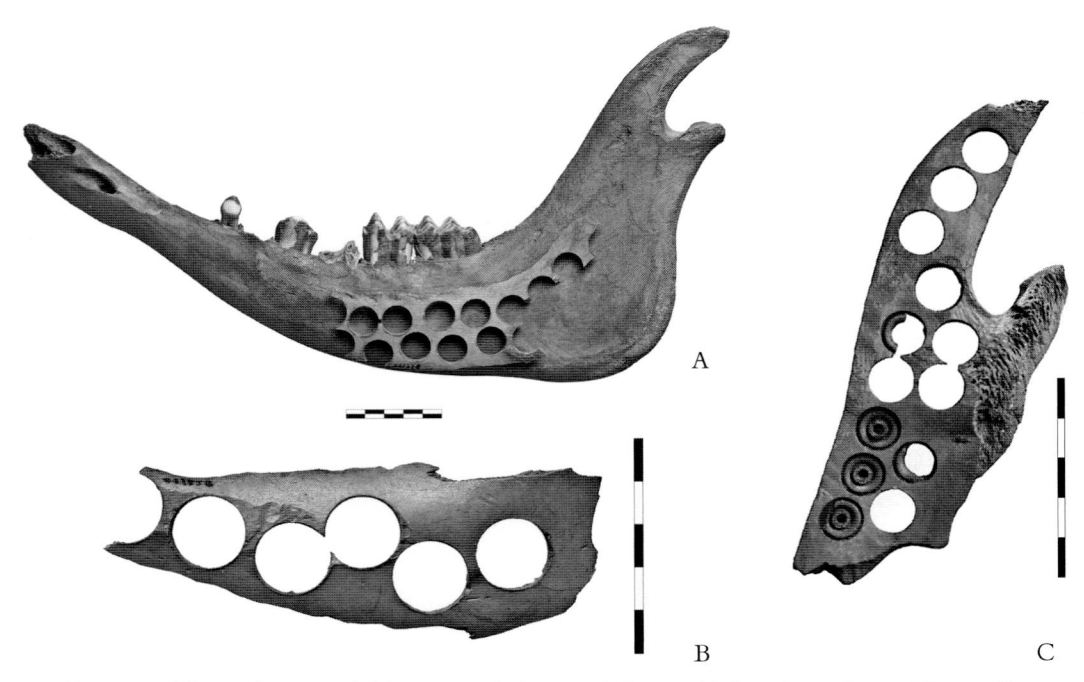

Abb. 86: Produktionsphase 1, Bohrleisten, angefertigt aus Rinderunterkiefern. A aus einem nicht zerteilten Kiefer; B aus dem Horizontalteil (*Ramus horizontalis*); C aus dem Vertikalteil (*Ramus verticalis*).

Aus Radien und Tibien von Rind und Pferd wurden hauptsächlich breitere Leisten angefertigt, die 20 bis 35 mm breit waren. Aus Unterkiefern wurden Leisten unterschiedlicher Form hergestellt. Darunter sind Leisten mit Breiten von 19 bis 30 mm sowie etwa ebenso viele, die größere Breiten von 35 bis 45 mm aufweisen (vgl. Abb. 86A und B). Ein Fragment des Vertikalteils (*Ramus verticalis*) eines Kiefers ist sogar 50 mm breit (vgl. Abb. 86C). Anders als in Produktionsphase 3 wurde sowohl der Horizontalteil (*Ramus horizontalis*: 66 Fragmente) als auch der Vertikalteil (*Ramus verticalis*: 19 Fragmente) des Kiefers zum Bohren benutzt. Ähnlich wie bei den Metapodienenden (s. Kap. 3.2) wurden beide Teile nur vereinzelt voneinander getrennt. In den meisten Fällen bildete die unzerteilte Kieferhälfte das Ausgangsmaterial für die Leistenanfertigung. Obwohl die breitesten Leisten aus Kiefern angefertigt wurden, gab es für sie offenbar keine Präferenz für das Herausbohren größerer Ringe.[387] Offenbar bietet ihre zwar breite, aber flache Knochenwand durch die Unregelmäßigkeiten wenige Möglichkeiten für das Herausbohren großer Ringe. Radien und v. a. Tibien dagegen haben einen relativ großen Anteil an geraden Flächen mit Breiten von rund 30 mm sowie eine regelmäßige Knochenwand von ausreichender Stärke. Bei Rindermetapodien finden sich solche Flächen an der proximalen Hälfte der Medialseite größerer Metatarsen. Diese Hälfte macht etwa ein Achtel der Fläche am Metatarsus aus, die sich dazu eignet, Leisten für das Herausbohren von Ringen herzustellen.[388] Damit stimmt der Anteil der Leistenfragmente aus Metatarsen überein, die breiter als 30 mm sind (12%).

Auch die posteriore Fläche der kräftigsten unter den spätmittelalterlichen Metacarpen kann Breiten von rund 30 mm erreichen. Offenbar standen dem Hersteller von Ringen aus Knochen während Produktionsphase 1 solche Knochen nur beschränkt zur Verfügung: nur drei von 172 Leistenfrag-

---

387 Wenn man die drei Leisten aus Plattknochen (möglicherweise Unterkiefer) aus Produktionsphase 0 einbezöge, die mit Durchmessern von etwa 22 und 26 mm durchbohrt sind, würde sich dieser Eindruck nicht ändern.
388 Ausgegangen wird von Vergleichsknochen aus den spätmittelalterlichen Schichten der Münzgasse und rund der Hälfte an großen Metatarsen.

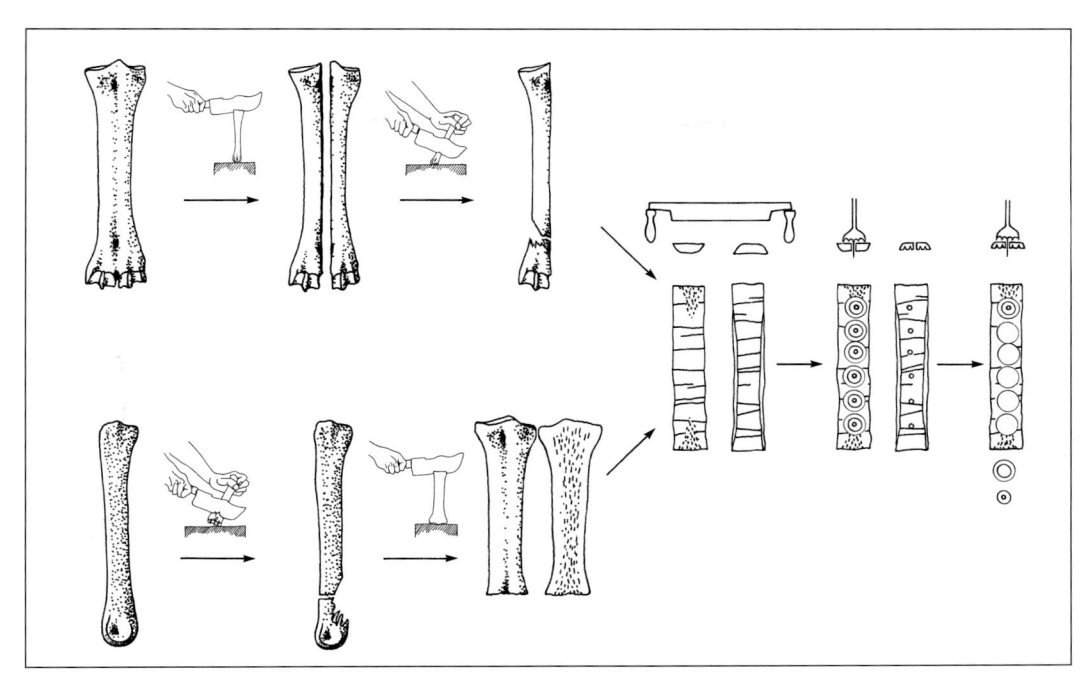

Abb. 87: Rekonstruktion der Arbeitsschritte bei der Anfertigung der Leisten in Produktionsphase 1.

menten aus Metacarpen sind breiter als 26 mm. An den anderen Seiten der Metacarpen mag die Wölbung der Knochenwand die Anfertigung breiterer Leisten behindert haben. Dass trotzdem unter den durchbohrten Leisten dieser Phase fast doppelt so viele Metacarpen- wie Metatarsenfragmente festgestellt wurden, mag verwundern. Es ist nicht auszuschließen, dass bei der osteologischen Bestimmung der Fragmente der Erkennungsgrad unterschiedlich war, zumal unter den entfernten distalen Metapodienenden die Metatarsen überwiegen (Kap. 3.2). Die Metacarpen dominieren hauptsächlich bei Leisten mit den am häufigsten vertretenen Gruppen mit Durchmessern zwischen 17,5 und 22 mm, bei denen auch die nicht näher bestimmten Metapodienfragmente relativ am häufigsten vorkommen (Tab. 42).

3.4.3.4 Die Leistenanfertigung

Bei der Schilderung, wie mit den distalen Enden der Metapodien umgegangen wurde, gab es bereits die Aussage (s. Kap. 3.2.6), dass die Metapodien in unterschiedlicher Weise in der Länge gespalten oder aufgeschnitten wurden. Ein Großteil der Metacarpenleisten wurde aus der ganzen Breite der posterioren oder anterioren Seite hergestellt, wobei deutlich wird, dass die Spaltung in zwei Hälften entlang der Lateral-Medialachse durchgeführt wurde (Abb. 88A). Eine solche Spaltung ist wegen der starken Wölbung von der lateralen oder medialen Seite des Knochens her schwer auszuführen. Die beste Methode ist die Spaltung mit einem Hackmesser von der proximalen Gelenkfläche aus. Das Hackmesser wird dabei auf der proximalen Gelenkfläche an der Oberseite des vertikal aufgestellten Knochens angesetzt und dadurch in den Knochen eingetrieben, dass das andere, das distale Ende auf einen Untergrund geschlagen wird (Abb. 87). Damit die Gefahr des Zersplitterns des Knochens an der Aufschlagseite minimiert wird, ist es besser, dass das Distalende vorher nicht abgeschlagen wird. Ein solcher Vorgang ist an distalen Metapodienenden abzulesen, die von der proximalen Seite her entlang der unterschiedlichen Achsen zerteilt wurden oder an abgeflachten Scheiten oder Leisten anhaften (vgl. Kap. 3.2.6). Es kann auch eine der beiden Hälften der Diaphyse beim Spalten z. B.

Skelettelement	Total Zahl	%	r2 Zahl	r6 Zahl	r7 Zahl	%	r10 Zahl	%	r12 Zahl	%
Grosssäuger	**193**	**20,3**	**1**	**2**	**0**	**0,0**	**4**	**26,7**	**1**	**4,5**
Radius	0	0,0	0	0	0	0	0	0,0	0	0,0
Costae	1	0,1	0	0	0	0	0	0,0	0	0,0
unbestimmt	96	0,1	0	2	0	0	0	0,0	0	0,0
Langknochen unbestimmt	88	0,1	0	0	0	0	4	26,7	1	4,5
unbest. (kein Metapodium Rind)	4	0,1	1	0	0	0	0	0,0	0	0,0
Langknochen (kein Metapodium Rind)	4	0,1	0	0	0	0	0	0,0	0	0,0
Rind	**712**	**74,9**	**0**	**1**	**9**	**75,0**	**11**	**73,3**	**21**	**95,5**
total Metapodien	500	52,6	0	0	3	25,0	6	40,0	19	86,4
davon Metacarpus	220	23,1	0	0	0	0,0	1	6,7	13	59,1
davon Metatarsus	120	12,6	0	1	1	8,3	3	20,0	4	18,2
davon Metacarpus oder -tarsus	160	16,8	0	0	0	0,0	2	13,3	2	9,1
total Radius/Tibia	25	2,6	0	0	1	8,3	2	13,3	1	4,5
davon Radius	7	0,7	0	0	1	8,3	0	0,0	1	4,5
davon Tibia	18	1,9	0	0	0	0,0	2	13,3	0	0,0
davon Radius oder Tibia	0	0,0	0	0	0	0,0	0	0,0	0	0,0
Humerus	2	0,2	0	0	2	16,7	2	13,3	0	0,0
Femur	0	0,0	0	0	0	0,0	0	0,0	0	0,0
Mandibula	85	8,9	0	0	1	8,3	1	6,7	0	0,0
davon Ramus horiontalis	66	6,9	0	0	0	0,0	0	0,0	0	0,0
davon Ramus verticalis	19	2,0	0	0	1	8,3	1	6,7	0	0,0
Scapula	1	0,1	0	0	0	0,0	0	0,0	0	0,0
Cranium	2	0,2	0	0	1	8,3	0	0,0	0	0,0
Plattknochen unbestimmt	4	0,4	0	0	0	0,0	0	0,0	0	0,0
Langknochen iunbestimmt	93	9,8	0	0	0	0,0	0	0,0	1	4,5
unbestimmt (kein Metapodium)	0	0,0	0	0	0	0,0	0	0,0	0	0,0
Pferd	**45**	**4,7**	**0**	**1**	**3**	**25,0**	**0**	**0,0**	**0**	**0,0**
total Metapodien	12	1,3	0	0	1	8,3	0	0	0	0
davon Metacarpus	5	0,5	0	0	0	0,0	0	0	0	0
davon Metatarsus	3	0,3	0	0	1	8,3	0	0	0	0
davon Metacarpus oder -tarsus	4	0,4	0	0	0	0,0	0	0	0	0
total Radius/Tibia	26	2,7	0	0	1	8,3	0	0	0	0
davon Radius	10	1,1	0	0	0	0,0	0	0	0	0
davon Tibia	15	1,6	0	1	1	8,3	0	0	0	0
davon Radius oder Tibia	1	0,1	0	0	0	0,0	0	0	0	0
Mandibula	1	0,1	0	0	0	0,0	0	0	0	0
unbestimmt	0	0,0	0	0	0	0,0	0	0	0	0
Langknochen unbestimmt	8	0,8	0	0	1	8,3	0	0	0	0
Schwein	**1**	**0,1**	**0**	**0**	**0**	**0**	**0**	**0**	**0**	**0**
Femur	1	0,1	0	0	0	0	0	0	0	0
total	**951**	**100**	**1**	**4**	**12**	**100**	**15**	**100**	**22**	**100**

Tab. 42a: Produktionsphase 1. Verwendete Skelettelemente pro Durchmessergruppe (Zahl = Zahl der verwendeten Leistenfragmente [da bei einem Fragment mehrere Durchmessergruppen vorkommen können, kann die Summe der Zahlen aller Gruppen größer sein als die Totalzahl der untersuchten Leistenfragmente]).

r16		r18/20		r21/22		r24/25		r26		r27		r33		r34
Zahl	%	Zahl	%	Zahl	%	Zahl	%	Zahl	%	Zahl	%	Zahl	%	Zahl
1	10,0	0	0,0	5	7,1	92	17,5	40	51,9	49	30,2	0	0,0	0
0	0	0	0	0	0	0	0	0	0	0	0	0	0	0
0	0	0	0	0	0	1	0	0	0	0	0	0	0	0
0	0	0	0	1	0	40	0	34	0	19	0	0	0	0
1	0	0	0	1	0	50	0	5	0	27	0	0	0	0
0	0	0	0	1	0	0	0	1	0	2	0	0	0	0
0	0	0	0	2	0	1	0	0	0	1	0	0	0	0
9	90,0	36	90,0	47	67,1	423	80,6	36	46,8	97	59,9	12	80,0	2
8	80,0	26	65,0	35	50,0	294	56,0	28	36,4	77	47,5	9	60,0	0
2	20,0	13	32,5	24	34,3	128	24,4	13	16,9	22	13,6	3	20,0	0
4	40,0	10	25,0	5	7,1	52	9,9	6	7,8	33	20,4	4	26,7	0
2	20,0	3	7,5	6	8,6	114	21,7	9	11,7	22	13,6	2	13,3	0
0	0,0	0	0,0	6	8,6	4	0,8	0	0,0	5	3,1	1	6,7	0
0	0,0	0	0,0	1	1,4	3	0,6	0	0,0	1	0,6	0	0,0	0
0	0,0	0	0,0	5	7,1	1	0,2	0	0,0	4	2,5	1	6,7	0
0	0,0	0	0,0	0	0,0	0	0,0	0	0,0	0	0,0	0	0,0	0
0	0,0	0	0,0	0	0,0	0	0,0	0	0,0	0	0,0	1	6,7	0
0	0,0	0	0,0	0	0,0	0	0,0	0	0,0	0	0,0	0	0,0	0
1	10,0	2	5,0	10	14,3	68	13,0	1	1,3	1	0,6	0	0,0	0
1	10,0	2	5,0	8	11,4	54	10,3	0	0,0	1	0,6	0	0,0	0
0	0,0	0	0,0	2	2,9	14	2,7	1	1,3	0	0,0	0	0,0	0
0	0,0	0	0,0	0	0,0	1	0,2	0	0,0	0	0,0	0	0,0	0
0	0,0	0	0,0	0	0,0	1	0,2	0	0,0	0	0,0	0	0,0	0
0	0,0	0	0,0	0	0,0	4	0,8	0	0,0	0	0,0	0	0,0	0
0	0,0	8	20,0	6	8,6	51	9,7	7	9,1	14	8,6	1	6,7	2
0	0,0	0	0,0	0	0,0	0	0,0	0	0,0	0	0,0	0	0,0	0
0	0,0	4	10,0	8	11,4	9	1,7	1	1,3	16	9,9	3	20,0	0
0	0	1	0	2	0	1	0	1	1,3	5	0	1	0	0
0	0	0	0	1	0	0	0	0	0,0	4	0	0	0	0
0	0	1	0	1	0	0	0	0	0,0	0	0	0	0	0
0	0	0	0	0	0	1	0	1	1,3	1	0	1	0	0
0	0	3	0	6	0	2	0	0	0,0	0	0	3	0	0
0	0	2	0	1	0	1	0	0	0,0	0	0	1	0	0
0	0	1	0	5	0	1	0	0	0,0	0	0	1	0	0
0	0	0	0	0	0	0	0	0	0,0	0	0	1	0	0
0	0	0	0	0	0	1	0	0	0,0	0	0	0	0	0
0	0	0	0	0	0	0	0	0	0,0	0	0	0	0	0
0	0	0	0	0	0	1	0	0	0,0	5	0	0	0	0
0	0	0	0	0	0	1	0	0	0	0	0	0	0	0
0	0	0	0	0	0	1	0	0	0	0	0	0	0	0
10	100	40	100	70	100	525	100	77	100	162	100	15	100	2

Skelettelement	Total		r2	r6	r7		r10		r12	
	Zahl	%	Zahl	Zahl	Zahl	%	Zahl	%	Zahl	%
Grosssäuger										
total Langknochen	758	89,0	0	2	9	81,8	14	93,3	22	100,0
total Plattknochen	94	11,0	0	0	2	18,2	1	6,7	0	0,0
total	852	100,0	0	2	11	100,0	15	100,0	22	100,0
Metacarpus Rind	220	64,7	0	0	0	0,0	1	25,0	13	76,5
Metatarsus Rind	120	35,3	0	1	1	100,0	3	75,0	4	23,5
total	340	100,0	0	1	1	100,0	4	100,0	17	100,0
Rind	712	74,9	0	1	9	75,0	11	100,0	21	100,0
Pferd	45	5,9	0	1	3	25,0	0	0,0	0	0,0
total	757	80,8	0	2	12	100,0	11	100,0	21	100,0

Tab. 42b (linke und rechte Seite): Produktionsphase 1. Vergleich einiger Knochengruppen pro Durchmessergruppe (Zahl = Zahl der verwendeten Leistenfragmente [da bei einem Fragment mehrere Durchmessergruppen vorkommen können, kann die Summe der Zahlen aller Gruppen größer sein als die Totalzahl der untersuchten Leistenfragmente]).

vor dem Distalende auf der dortigen Verwachsungsnaht abgebrochen sein, so dass das Distalende ungespalten am anderen Halbscheit zurückgelassen wurde. Als folgender (Teil)Arbeitsschritt sind die zwei Knochenhälften an der konkaven Innenseite durch die Entfernung von hoch stehenden Rändern in eine flache Form gebracht worden. Das geschah wahrscheinlich mit einem Ziehmesser von der Proximalseite aus, wobei der gegebenenfalls noch anhaftende Rest der distalen Gelenkrolle am Ende dazu dienen konnte, das Messer abzufangen. Darauf deutet eine Reihe paralleler Schnittspuren hin, die an einigen der distalen Metapodienenden zu sehen sind.

Schließlich konnte das Ende abbrechen, mit einem Hackmesser abgehackt werden oder mit dem Ziehmesser durch einen Schnitt rechtwinklig zur Innenfläche nach unten entfernt werden.[389] Danach wurde die Leiste an einer oder mehreren der übrigen Seiten mit dem Ziehmesser bearbeitet. 95% aller Metacarpenfragmente wurden an der Außenseite der Knochen begradigt. 80% der Fragmente wurden an mindestens einer der langen Kanten geglättet. 60% der Metacarpenleisten wurden an allen langen Seiten mit dem Ziehmesser bearbeitet (außen, innen und an beiden Kanten). Die Hälfte der Leisten wurde an beiden Kanten über die ganze Höhe rechteckig zur Bohroberfläche begradigt, ein weiteres Zehntel an einer Kante. Ansonsten wurde die Knochenoberfläche über die ganze Höhe als Leistenkante unbearbeitet gelassen (Abb. 85A). An der posterioren Metacarpenseite bildet die natürliche Knochenoberfläche bereits eine rechtwinklige Kante zur Bohroberfläche (Abb. 85B und 88A). Die Kanten der lateral-medial abgespaltenen anterioren Seite dagegen stehen diagonal zur Bohroberfläche. Ohne dass beide Kanten rechteckig in eine flache Form gebracht wurden, wäre es bei solchen Scheiten nicht möglich, die für das Bohren geeignete Leistenbreite an der Innenseite der Knochen richtig einzuschätzen.

Oft (an mindestens einem Viertel der Enden der Metapodienleisten, Metacarpen sowie Metatarsen) wurden Leistenenden beim Abflachen an der Innen- und Außenseite bewusst oder unwillkürlich zu einem dünnen horizontalen Streifen zugespitzt (Abb. 60a).

---

389 Dieser Umgang mit den Metapodienenden ähnelt dem Umgang mit den Kieferspitzen bei der Anfertigung der Unterkieferleisten. Während die Verarbeitung keinem festen Muster folgte, zeigen Fragmente des Unterrandes mit anhaftendem Spitzenteil, dass oft zuerst der Unterrand mit anhaftender Spitze von hinten nach vorne abgeschnitten wurde. Die Spitze konnte dabei abbrechen und entweder am Unterrand oder am Restteil verbleiben. An diesem Restteil wurde sie zum Teil abgeschlagen oder sie brach während der weiteren Verarbeitung zu Leisten ab oder verblieb an den Leisten.

r16		r18/20		r21/22		r24/25		r26		r27		r33		r34
Zahl	%	Zahl	%	Zahl	%	Zahl	%	Zahl	%	Zahl	%	Zahl	%	Zahl
9	90,0	38	95,0	58	85,3	404	84,2	41	97,6	134	99,3	16	100,0	2
1	10,0	2	5,0	10	14,7	76	15,8	1	2,4	1	0,7	0	0,0	0
10	100,0	40	100,0	68	100,0	480	100,0	42	100,0	135	100,0	16	100,0	2
2	33,3	13	56,5	24	82,8	128	71,1	13	68,4	22	40,0	3	42,9	0
4	66,7	10	43,5	5	17,2	52	28,9	6	31,6	33	60,0	4	57,1	0
6	100,0	23	100,0	29	100,0	180	100,0	19	100,0	55	100,0	7	100,0	0
9	100,0	36	90,0	47	85,5	423	97,9	36	97,3	97	85,8	12	80,0	2
0	0,0	4	10,0	8	14,5	9	2,1	1	2,7	16	14,2	3	20,0	0
9	100,0	40	100,0	55	100,0	432	100,0	37	100,0	113	100,0	15	100,0	2

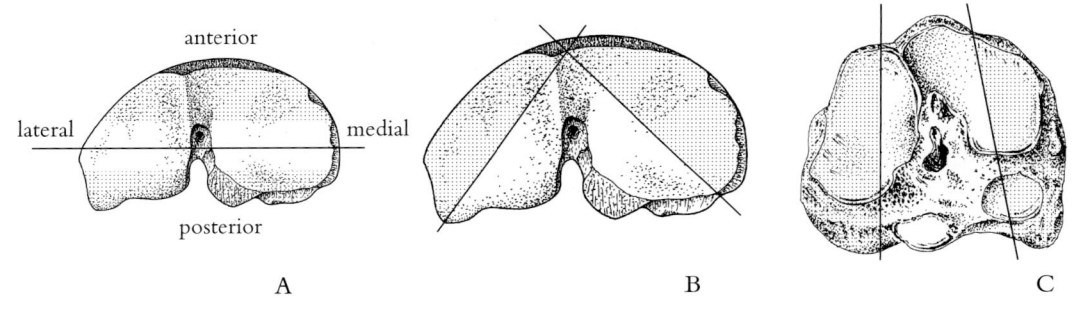

Abb. 88: Produktionsphase 1, Spaltlinien und Bezeichnung der verschiedenen Knochenseiten am Proximalende von Rindermetapodien. A Metacarpus mit Spaltlinie medial – lateral; B Metacarpus mit Spaltlinien des zweiten Spaltmusters; C Metatarsus.

Beim oben beschriebenen Spaltmuster lassen sich aus einem Metacarpus zwei Leisten anfertigen, die dann über die maximal erreichbare Breite verfügen. Besonders die Breite der flachen posterioren Seite wird maximal ausgenutzt, und dabei konnte aus der anterioren Seite auch noch eine zweite Leiste mit einer für Ringe ausreichenden Breite angefertigt werden. Weniger günstig dabei ist, dass die anteriore Seite konvex ist und zum Bohren erheblich begradigt werden musste, wodurch die verfügbare Knochenwandstärke stark verringert wurde. Die flache posteriore Seite war bereits relativ dünn. Ein weiterer Nachteil ist, dass die Koaleszenznaht, die Verwachsungsnaht beider Metapodienhälften, bei beiden Seiten in der Mitte oder asymmetrisch in der Länge der Leiste verläuft, so dass sie die Bohrlöcher kreuzt (Abb. 85A und B). Eine solche Leiste konnte sich beim Bohren entlang dieser Naht leicht spalten, wie viele Beispiele zeigen. Darin lag sogar der Hauptgrund dafür, dass Bohrungen nicht vollendet wurden.

Der kleinere Teil der Metacarpenleisten wurde so abgespalten, dass die Naht entweder außerhalb der Leiste oder an deren Rand liegt. Solche Leisten stellte man aus dem Knochenstreifen her, der von der Mitte der anterioren Seite bis zur medialen oder lateralen Ecke der posterioren Seite reichte (Abb. 88B). Auf diese Weise entsteht aus dem konvexen Teil der Diaphyse eine Leiste von maximaler Breite. Die noch größere Breite der flachen posterioren Seite wird dabei aber nicht voll ausgenutzt. Aus dem restlichen Teil des Metacarpus können noch ein oder zwei Leisten geringerer Breite angefertigt werden. Vereinzelte Beispiele anders abgespaltener Leisten können aus den Gegenstücken der diagonal abgespaltenen Leisten angefertigt worden sein.

Die meisten Metatarsenleisten wurden aus der ganzen Breite der lateralen oder medialen Knochenseite angefertigt. Diese wurden durch Spaltung auf der Koaleszenznaht voneinander getrennt (Abb. 88C). Vermutlich hat die Spaltung in ähnlicher Weise wie bei den Metacarpen mit einem Hackmesser vom proximalen oder distalen Gelenkende aus stattgefunden. Das erklärt die vielen entlang der Koaleszenznaht halbierten Distalenden (s. Kap. 3.2). Auf diese Weise wurde die Breite der beiden breiteren Seiten der Metatarsen maximal ausgenutzt. Außerdem lag die Koaleszenznaht außerhalb der Leisten. Das mag dazu beigetragen haben, dass bei den Metatarsenleisten nur halb so oft Fehlbohrungen (3,5% der Bohrlöcher) wie in Metacarpenleisten vorkamen, die dann keinen Ertrag brachten.

Wegen dieses zweiten Vorteils der Metatarsen gegenüber den Metacarpen erscheint es ungewöhnlich, dass die Metacarpenfragmente unter den Leisten überwogen und es wäre umso verständlicher, dass unter den Distalenden bedeutend mehr Metatarsen als Metacarpen zu verzeichnen sind, wie bereits in Kap. 3.4.3.3 beschrieben wurde.

Trotzdem wurden einige Metatarsenleisten aus der ganzen Breite der anterioren Seite angefertigt. Mit der Koaleszenznaht in der Mitte und zwei konvexen Rippen an der Seite ist diese Knochenseite zur Anfertigung von Ringleisten am wenigsten geeignet. Daneben gibt es auch einige Leisten aus Viertelscheiten oder der halben Breite der Lateralseite.

Auch die Metatarsenleisten wurden fast alle an der Außenseite der Knochen begradigt (93,5%), obwohl die Knochenoberfläche regelmäßiger ist als bei den Metacarpenleisten. Beide benutzten Metatarsenseiten sind allerdings ein klein wenig konvex. Bei Ringbohrungen, die im Vergleich zu Perlenbohrungen meist relativ große Durchmesser haben, erspart das Abflachen sehr geringer Wölbungen bereits viel Arbeit beim Bohren.

Von den Leisten aus dem Horizontalteil des Unterkiefers, dessen Oberfläche an einer der beiden genutzten Seiten weder Wölbungen noch Unregelmäßigkeiten aufweist, begradigte man nur die Hälfte an der Außenoberfläche.

Anders als bei den Metacarpenleisten wurde nur bei einem Sechstel der Fragmente der Metatarsenleisten eine Kante mit dem Ziehmesser bearbeitet und nur bei 5% der Fragmente beide Kanten. Bei 86% der Metatarsenfragmente ist bei beiden Kanten über die ganze Höhe hinweg die ursprüngliche Knochenoberfläche zu sehen, in 95% nur an einer Kante. Allerdings steht im Gegensatz zum Metacarpus die Knochenoberfläche der Kanten bei beiden der am häufigsten genutzten Metatarsenseiten bereits rechtwinklig zur Bohrfläche.

Bei Metapodienleisten wurde meistens zuerst an der Außenseite des Knochens gebohrt. Während man diese, wie man annehmen darf, mit dem Ziehmesser ausreichend zum Bohren präpariert hatte, konnte die kompakte Knochenwand an den Leistenenden an der Innenseite in spongiöses Knochengewebe übergehen, ohne dass dies an der zuerst angebohrten Außenseite sichtbar war. Dies führte dazu, dass bei 10% der Endfragmente von Metapodienleisten eine oder mehrere Bohrungen in teils spongiöser Knochenwand stattfanden. Bei einem Fünftel dieser 39 Fragmente (1,8% aller Endfragmente von Metapodienleisten) führte dies dazu, dass die Bohrung am Ende nicht vollendet wurde. Während (wie bereits erwähnt) ein Spalten der Leiste der Länge nach während des Bohrens der wichtigste Grund war, stellte eine spongiöse Knochenwand im Allgemeinen den zweitwichtigsten Grund dar, Bohrungen nicht zu vollenden.[390]

Im Horizontalteil des Unterkiefers dagegen wurde, mit einer Ausnahme, immer zuerst an der Innenseite des Knochens gebohrt. Zahnwurzelkanäle und spongiöse Teile waren dafür verantwortlich, dass die ganze Leistenlänge viel ausgeprägter als bei Metapodien an der Innenseite des Knochens unregelmäßig und unberechenbar war (vgl. Abb. 81). Da die Außenseite der Knochen nur teilweise begradigt worden war, führten v. a. Fehleinschätzungen bezüglich der Stärke der Leistenwand an der Außenseite der Knochen bei mehr als 12% der Bohrungen in den Leisten aus den Horizontalteilen des Unterkiefers zu Fehlbohrungen. Das ist deutlich mehr als in anderen Skelettelementen.

---

390 An 14 der insgesamt 204 nicht vollendeten Bohrungen konnte eine spongiöse Knochenwand als Grund dafür ermittelt werden, dass die Bohrung nicht beendet wurde.

In Radien und Tibien wurden Bohrungen sowohl an der Innenseite der Knochen wie an der Außenseite der Knochen begonnen; in Pferdeknochen nur an der Außenseite der Knochen.
Bemerkenswert ist, dass 6,5% aller Leistenenden abgesägt wurden. In allen diesen Fällen wurden die Leisten entweder offensichtlich oder möglicherweise aus Rindermetapodien angefertigt. In zehn Fällen wurde die Leiste am proximalen Metapodienende abgesägt, in einem Fall am distalen Ende. Das Gegenstück zu letzterem Leistenende bilden zwei abgesägte distale Metapodienenden (Tab. 15). An den langen Seiten wurden keine abgesägten Kanten festgestellt.

3.4.3.5 Materialausnutzung

A. Die nicht genutzte Länge
Wenn die Länge aller 946 Leistenfragmente zusammengezählt wird, beträgt sie 40,94 m. An 564 Leistenenden, die sich an 548 Leistenfragmenten mit einer Gesamtlänge von 25,46 m befanden, wurden insgesamt 9,65 m (38%) der Länge nicht für Bohrungen genutzt. Umgerechnet auf ein Leistenende blieben durchschnittlich 16,9 mm (1,7 cm) der Länge ungenutzt. Auf eine Leiste mit zwei Enden bezogen würde das hochgerechnet durchschnittlich zweimal 16,9 ist gleich 33,8 mm (3,4 cm) an ungenutzter Fläche ergeben. Zählt man dagegen die separaten Durchschnittswerte für proximale und distale Enden zusammen, dann beträgt die Summe 3,7 cm (36,9 mm). An den 16 vollständigen Leisten wurden durchschnittlich 2,9 cm (28,7 mm) nicht genutzt. Das macht 30% der vollständigen Leistenlänge aus. Die Differenzen in diesen Werten werden durch Unterschiede des Durchschnitts bei verschiedenen Skelettelementen und an den proximalen und distalen Enden hervorgerufen. Lochdurchmesser haben keinen merkbaren Einfluss auf die durchschnittliche Länge der nicht genutzten Leistenenden. Wenn man die Daten der verschiedenen Skelettelemente separat betrachtet, nähern sich die Durchschnittswerte der vollständigen Leisten einerseits und andererseits die Summe der Durchschnittswerte der proximalen und distalen Enden an. Die Durchschnittswerte haben sich möglicherweise durch Leisten erhöht, die wegen der Spaltung während des Bohrens oder aus anderen Gründen nur teilweise genutzt wurden.
Der Anteil der ungenutzten Leistenlänge ist bei Metapodien am größten und bei Horizontalteilen des Unterkiefers am kleinsten. Bei Metatarsen ist die Länge mit 4,4 cm größer als bei Metacarpen (3,7 cm). Dieser Unterschied wurde von der relativ großen Durchschnittslänge an der distalen Seite von Metatarsenleisten hervorgerufen. Außerdem blieb sowohl bei Metatarsen- wie auch bei Metacarpenleisten an der distalen Seite eine größere Länge ungenutzt als an der proximalen Seite. An der distalen Seite der Diaphyse nämlich nimmt die Stärke der Knochenwand zum Knochenende hin früher und allmählicher ab. Außerdem sind die genutzten lateralen und medialen Seiten des Metatarsus an der proximalen Seite bis zu einem Abstand von 1,5 bis 2 cm vom Knochenende flach und am distalen Diaphysenende konvex. Die dadurch benötigte stärkere Abflachung wird die ohnehin schon abnehmende Knochenstärke weiter beeinträchtigt haben, so dass am distalen Ende der Metatarsenleisten durchschnittlich 3 cm nicht zum Bohren genutzt wurden. Die beim Metacarpus genutzte posteriore Knochenseite ist gerade am distalen Ende am flachsten, während die letzten 4 bis 5 cm vom Proximalende konkav sind. Dadurch ist bei Metacarpenleisten die nicht genutzte Länge am Proximalende länger als beim Metatarsus, und die proximale Gelenkfläche ist am Leistenende seltener erhalten (23 statt 63% der proximalen Leistenenden).
Ausgehend von der durchschnittlichen Metapodienlänge (Tab. 16), bleibt nach Abzug der Durchschnittslänge der entfernten Distalenden (Tab. 18) und der durchschnittlich nicht genutzten Leistenlänge schätzungsweise eine zum Bohren genutzte durchschnittliche Knochenlänge bei Metacarpenleisten von 9 cm und bei Metatarsenleisten von 11,3 cm übrig. Unter den vollständigen Leisten befinden sich sieben Metacarpenleisten, in denen durchschnittlich 8,5 cm zum Bohren von durchschnittlich fünf Löchern genutzt wurden. Die durchschnittliche Länge dieser Leisten von 11,8 cm liegt nahe an der nach Tab. 18b verfügbaren Knochenlänge von 12,4 cm. Fünf dieser Leisten haben Längen zwischen 11,4 und 15,2 cm sowie fünf bis sechs Bohrlöcher auf einer Knochenlänge zwischen 8 und 10 cm. Zwei kürzere Leisten haben vier Durchbohrungen auf einer Knochenlänge

von 4,8 bzw. 7,6 cm. Die einzige vollständige Metatarsenleiste hat eine Länge von 13,5 cm und fünf Bohrlöcher auf einer Knochenlänge von 9,1 cm. Diese genutzte Länge ist um 2 cm kürzer als die in Tabelle 18b berechnete durchschnittlich verfügbare Knochenlänge.

Pro Bohrloch wurden bei den vollständigen Leisten im Durchschnitt 16,2 mm Leistenlänge genutzt: Ein Wert für alle Skelettelemente sowie Metapodien, für den es eine Bestätigung in den Daten der zahlreichen Leistenfragmente mit nur einem Ende gibt. Mit diesem Durchschnitt können in einer durchschnittlichen Metacarpenleiste fünfeinhalb Bohrlöcher gebohrt werden, in einer Metatarsenleiste sieben. Wenn aus einem Metapodium zwei Leisten angefertigt werden, dann können in einem Metacarpus elf Bohrlöcher gebohrt werden, in einem Metatarsus 14. In etwa 70% der Bohrlöcher wurden zwei Ringe gebohrt, so dass aus einem Metacarpus durchschnittlich 18,8 Ringe gebohrt werden konnten und aus einem Metatarsus 23,9 Ringe. Dies gilt unter der Voraussetzung, dass aus allen Bohrungen die erzielten Objekte entstünden.

B. Fehlbohrungen

In 204 aller 2248 Bohrungen (9,1%) wurden Gegenstände nicht vollständig herausgebohrt, so dass sie teilweise im Loch verblieben. Diese Fehlerquote ist in den Metapodienleisten insgesamt mit 8,1% kleiner als in den anderen Knochenarten und in den Metatarsenleisten halb so hoch wie in den Metacarpen (3,5 bzw. 7,1%).

Nicht nur ist in den anderen Knochen die Quote der Fehlbohrungen höher als in den Metapodien, auch ist die Länge der nicht genutzten Endteile der Leisten kürzer. Letzteres könnte zu Ersterem beigetragen haben. Für die Leisten aus dem Horizontalteil des Unterkiefers ist dieser Sachverhalt mit 12% Fehlbohrungen und 2,4 cm ungenutzter Länge am deutlichsten.

Bei Bohrungen mit Innengegenständen mag die Fehlerquote größer gewesen sein. So kann der äußere Ring sich fehlerfrei aus dem Bohrloch gelöst haben, während der Innengegenstand noch am Außenring haftete und beide zu unverwendbaren Stücken machte ohne dass dies an der durchbohrten Abfallleiste zu sehen ist.

C. Bohrerkombinationen

Bei zehn der 946 Leistenfragmente (1,1%) wurden zwei verschiedene Bohrdurchmesser festgestellt. In zwei Leistenfragmenten wurde, nachdem einige Bohrungen mit größerem Durchmesser fehlgegangen waren, mit kleinerem Durchmesser weitergebohrt.[391] Dadurch, dass ausschließlich Ringe herausgebohrt wurden, bot ein Wechsel des Bohrdurchmessers (s. o.) relativ wenige Möglichkeiten, die Leisten besser auszunutzen (s. auch das Ende des nächsten Absatzes).

D. Die Leistenbreite

Die Breite der Leisten variiert von 11 bis 54 mm, doch liegt sie mehrheitlich zwischen 17 und 26 mm und im Schnitt bei 22,4 mm. Die vorhandene Leistenbreite wurde bei Metapodien maximal ausgenutzt, weitaus besser als bei anderen Knochen. Der Unterschied zwischen dem größten Bohrlochdurchmesser und der Leistenbreite beträgt bei Metapodienleisten im Schnitt 3,5 mm. Das ist wenig, eingedenk der Tatsache, dass dabei im Schnitt an jeder Kante weniger als 2 mm zwischen dem Bohrloch und dem Kantenrand übrig blieben. Dieser nicht genutzte Rand war in Metacarpenleisten durchschnittlich etwas schmaler als in Metatarsenleisten. Vielleicht ermöglichen die zum Teil rechteckig geformten Kanten an den Metacarpenleisten eine bessere Breitenausnutzung als die kaum bearbeiteten Kanten der Metatarsen.[392]

---

[391] Oder wurde diese bessere Ausnutzung durch die geringere Maximalbreite der Metacarpenleisten veranlasst? In Metacarpenleisten wurde an durchschnittlich 4,1 mm Breite nicht gebohrt; in Metatarsenleisten an 4,6 mm.
[392] Fragmente mit Produktresten waren zum Teil bereits vor der Materialauswahl von Fragmenten ohne Produktreste getrennt worden.

Leisten aus Tibien und Radien von Rind und Pferd sind durchschnittlich 9 bis 10 mm breiter als die größten Bohrlöcher. Ein Viertel dieser Leisten war breiter als 30 mm.[393] In einem der insgesamt 60 Leistenfragmente aus diesen Skelettelementen ermöglichte die vorhandene Leistenbreite von 32 mm sogar das Bohren von zwei Reihen Löchern nebeneinander mit Durchmessern von 11 mm. In rund einem Viertel der Kieferleisten wurden mehrere Reihen Bohrlöcher nebeneinander gebohrt. Über die Hälfte dieser Leisten ist breiter als 30 mm. In einem Fünftel der Leisten aus Horizontalteilen wurden zwei Reihen von Löchern nebeneinander gebohrt. In fünf der 18 Leistenfragmente aus Vertikalteilen wurde in zwei Reihen gebohrt, in zwei Fragmenten sogar in drei Reihen. Letztere beziehen sich allerdings auf die beiden weitaus breitesten Leisten: mit einer Breite von 50 mm und Bohrlöchern mit 11 mm Durchmesser bzw. einer Breite von 54 mm und Bohrlöchern mit 17 mm Durchmesser.

In keinem einzigen der 500 Fragmente von Metapodienleisten, deren Breite erhalten ist, wurden mehrere Reihen nebeneinander gebohrt. Es wurde also nicht nur bei der Anfertigung der Metapodienleisten versucht, eine möglichst große zum Bohren geeignete Leistenbreite zu erreichen, sondern die erhaltene Breite wurde auch, anders als in anderen Knochen, voll ausgenutzt. Die durchschnittliche Leistenbreite aus Metapodien von Rind und Pferd ist mit 21,8 bzw. 23,6 mm kleiner als bei den anderen Knochen. Die Mehrheit (92%) der Metacarpen- sowie Metatarsenleisten ist zwischen 17 und 26 mm breit. Wenn man von dieser Breite 4 mm an ungenutzten und vermutlich auch nicht zum Bohren geeigneten Kanten abzieht, dann stünden 13 bis 22 mm an Leistenbreite zum Bohren zur Verfügung. Innerhalb dieser Spanne liegen zwar nur acht der 14 unterschiedenen Bohrergruppen, diese umfassen aber 92% aller Bohrlöcher. Vermutlich ließ man sich bei der Wahl bestimmter Bohrdurchmesser v. a. durch die Nutzungsmöglichkeiten leiten, die Rindermetapodien für die maximale Breite der Leisten boten. Die Nutzungsmöglichkeiten der Rindermetapodien für eine maximale Leistenbreite bestimmten also maßgeblich die Maße der produzierten Ringe. Beim Anfertigen der Bohrleisten versuchte man offensichtlich, die Metapodien so zu spalten, dass man möglichst breite Leisten erhielt. Die Leistenstärke spielte offenbar eine deutlich untergeordnete Rolle. Anschließend wurde versucht, die Leistenbreite mit Bohrdurchmessern in maximaler Größe optimal auszunutzen. So konnte die Zahl der Bohrungen mit zwei Produkten voll ausgeschöpft werden.

3.4.4 Produktionsphase 2A

3.4.4.1 Materialauswahl

Aus Produktionsphase 2A wurden 1288 Fragmente durchbohrter Leisten und Scheiben aus Bef. 475 in Pfrommers Ablagerungsphase Q12 aufgenommen (Abb. 89). Sie enthalten eine willkürliche Stichprobe von 1072 der Fragmente ohne Produktreste und einen Großteil der Fragmente mit Produktresten (216 Fragmente).[394]

Die 1288 aufgenommenen Fragmente stellen gut ein Achtel (13%) der aus Bef. 475 geborgenen Fragmente durchbohrter Leisten und Scheiben dar. Sie verteilen sich auf 1177 Leistenfragmente und 111 Fragmente gesägter Scheiben.

In der Auswertung wurden Leisten- und Scheibenfragmente hauptsächlich getrennt analysiert. Es sind bei der Analyse kaum Unterschiede von Bedeutung zwischen Fragmenten mit und solchen ohne Produktreste festgestellt worden.

---

393 Acht von 32 Leistenfragmenten, an denen die Breite gemessen wurde.
394 Fragmente mit Produktresten waren bereits zum Teil vor der Materialauswahl von Fragmenten ohne Produktreste getrennt worden.

Abb. 89: Abfall durchbohrter Leisten, typisch für Produktionsphase 2A (Bef. 475).

3.4.4.2 Produkte

A. Längliche Perlen
Quer aus dem Knochenschaft gesägte Diaphysenscheiben machen 9,3% (100 Stück) der Fragmente ohne Produktreste und 5,1% (11 Stück) der Fragmente mit Produktresten oder Fehlbohrungen aus (Abb. 90). Aus diesen wurden längliche oder tonnenförmige Perlen gebohrt, deren Höhe oder Länge anderthalb- bis zweimal so groß ist wie der Durchmesser (Abb. 90E).[395] Wie in Kap. 3.3 bereits angedeutet, wurden solche längliche Perlen ausschließlich in Produktionsphase 2A angefertigt.
Von den fünf Durchmessergruppen für längliche Perlen, die in den Leisten mit Perlenresten unterschieden wurden (Kap. 3.3), sind vier Gruppen in der untersuchten Stichprobe zu erkennen (Tab. 43). Von der kleinsten, nicht in der Stichprobe enthaltenen Durchmessergruppe (t1) wurde ein Scheibenfragment in einer Grube im gewachsenen Seeschlamm gefunden, in deren Verfüllung sich hauptsächlich Verarbeitungsabfälle von Knochen der Produktionsphase 2A befanden.[396] Dagegen ist in der Stichprobe ein Scheibenfragment mit Bohrlöchern vorhanden, deren Durchmesser größer ist als in den bereits unterschiedenen Durchmessergruppen. Unter Einschluss dieses Fragments müssen insgesamt sechs Durchmessergruppen von länglichen Perlen mit Produktdurchmessern von 3,6 bis knapp 7 mm unterschieden werden, die sich in Bohrlöchern mit Durchmessern von 5,1 bis 8,75 mm befinden.[397] 90 bis 95% der länglichen Perlen hinterließen nach dem Bohren Löcher mit

---

[395] Das Verhältnis von Perlendurchmesser zu vollständiger Perlenhöhe variiert von 0,56 bis 7 in den Perlenresten dieser Stichprobe.
[396] Bef. 704 in Pfrommers Ablagerungsphase Q2. Obwohl stratigraphisch älter als Ablagerungen der Produktionsphase 1, sind die angetroffenen Leisten- und Scheibenfragmente aus optischen und analytischen Gründen einer späteren Produktionsphase zuzuweisen (Kap. 3.4.3.1).
[397] Aufgrund der Maßverhältnisse der Produktreste sind in Bohrlöchern mit 8,75 mm Durchmesser Perlen zu erwarten, deren Durchmesser von etwa 6,9 bis 7 mm reichen.

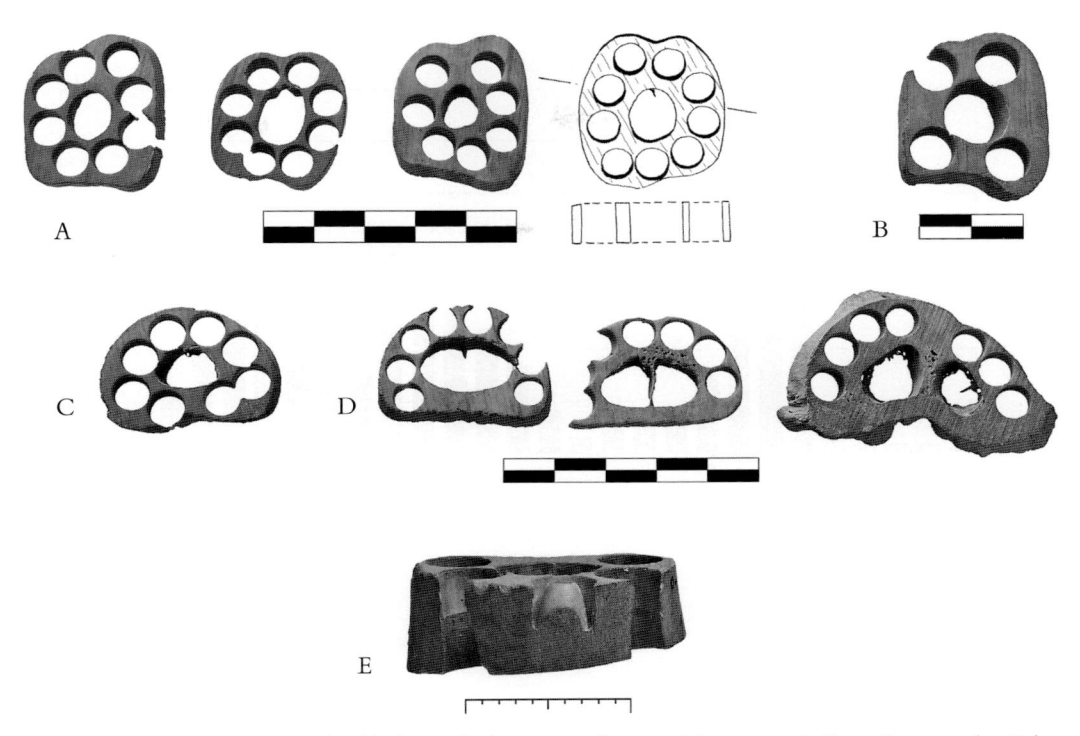

Abb. 90: Produktionsphase 2A, durchbohrte Scheiben aus Bef. 475. A Metatarsenscheiben; B nur an den Ecken ausgebohrte Metatarsenscheibe mit vier Bohrlöchern der größten Durchmessergruppe; C Metacarpenscheibe; D Metacarpenscheiben, die an der Knochenrückseite nicht durchbohrt wurden, weil die Knochenwand zu dünn ist; E Metacarpenscheibe mit an einer Hälfte ausgebohrter länglicher Perle.

Durchmessern zwischen 5,3 und 7,4 mm. Diese Perlen wiesen Durchmesser von 4,2 bis 5,5 mm auf. Der Großteil stammt aus Löchern von etwa 7 mm, deren Produkte nach dem Herausbohren Durchmesser von etwa 5,3 mm erzeugten (Durchmessergruppe t4: etwa die Hälfte aller Löcher), zwei weitere Fünftel oder Viertel der Perlen aus kleineren Löchern mit Durchmessern zwischen 5,3 und 6,6 mm (Durchmessergruppen t2 und t3: Tab. 43). Die Verteilung der Durchmesser dieser drei Gruppen zeigt jeweils zwei Spitzen mit einem Zwischenabstand von 0,5 mm. Ein Indiz für den Anteil der länglichen Perlen an der Gesamtproduktion bilden die 455 gezählten Löcher in Scheibenfragmenten ohne Perlenreste, die 5% aller Löcher in Fragmenten ohne Fehlbohrungen ausmachen.

B. Runde Perlen und Ringe
Aus den Knochenleisten wurden hauptsächlich runde Perlen hergestellt (fast 98% der gezählten Löcher in Fragmenten ohne Fehlbohrungen), daneben Ringlein mit rundem Wulst (etwa 2% der gezählten Löcher: Tab. 44).
Aus 97% der Bohrlöcher wurden kleine Perlen herausgebohrt mit Durchmessern von 4,5 bis 6,4 mm aus Löchern von 5,2 bis 8 mm (Abb. 92). Anhand von Produktresten in diesen Löchern wurden in Kap. 3.3 vier Durchmessergruppen unterschieden, deren Durchmesser in den Bohrlöchern sich überlappen. Die Frequenzverteilung der gemessenen Durchmesser in den Bohrlöchern dagegen zeigt drei Spitzen. Bei 5,8 mm liegt eine symmetrische Spitze der Durchmessergruppe p4, die zahlenmäßig mehr als ein Viertel (27%) aller Bohrungen umfasst. Zwei weniger stark ausgeprägte Spitzen liegen mit 7 bis 7,1 mm und 7,4 mm so nah beieinander, dass deren Bereiche sich stark überlappen. In Wirklichkeit fällt der Unterschied kaum auf. Zusammengenommen umfasst der Durchmesserbereich von 6,4 bis 8 mm (p9–p10) zwei Drittel aller Bohrlöcher. Das sind allein über 7000

864   Thomas A. Spitzers

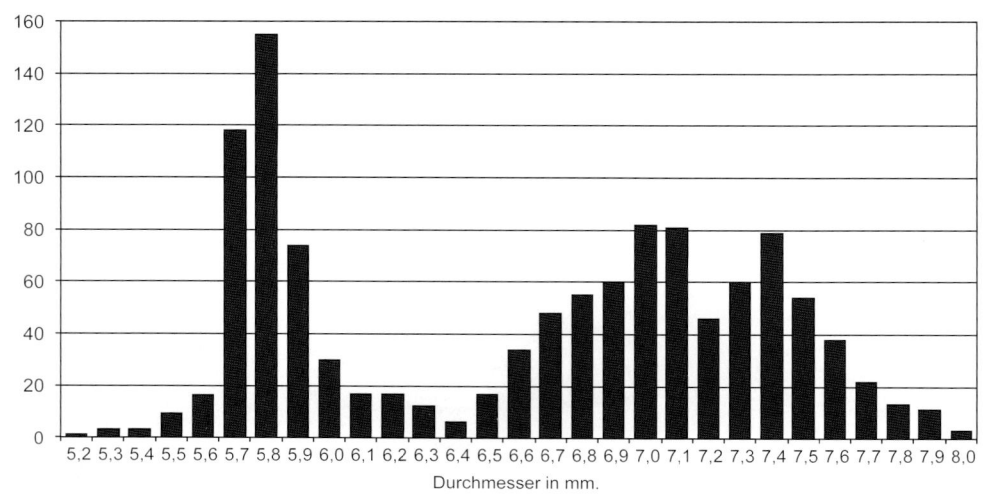

Abb. 91: Produktionsphase 2A. Frequenzverteilung der Bohrlochdurchmesser für kleine Perlen.

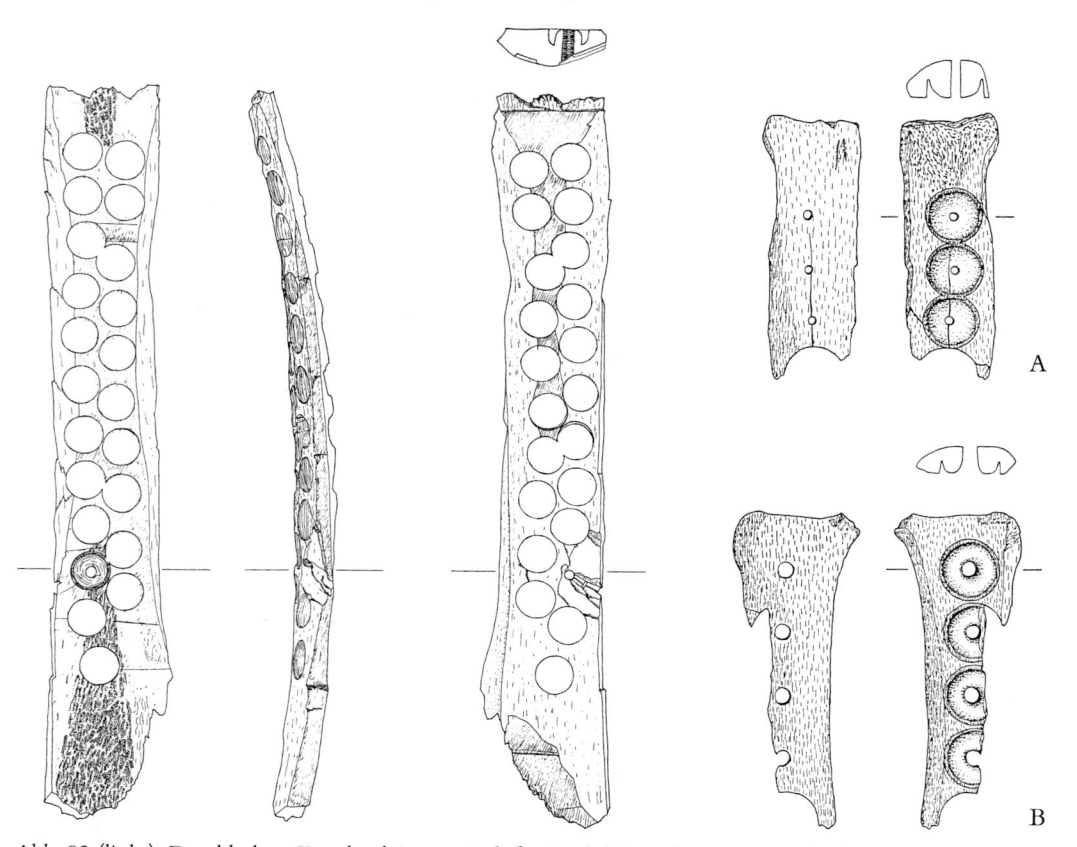

Abb. 92 (links): Durchbohrte Knochenleiste, typisch für Produktionsphase 2A. Knochenleiste aus einem Rindermetacarpus, der an der Vorderseite auf der Koaleszenznaht (Ansicht rechts) und nahe der hinteren Ecke der medialen oder lateralen Knochenseite gespalten wurde. Am distalen Ende ist der Rest einer Hackspur vom Abschlagen des Distalendes zu sehen (rechte und mittlere Ansicht unten). Das proximale Ende (oben) ist wahrscheinlich ohne Absicht beim Abflachen zu einem dünnen Streifen zugespitzt worden. Aus Bohrlöchern in zwei Reihen wurden kleine Perlen herausgebohrt.

Abb. 93 (rechts): Knochenleisten aus Produktionsphase 2A, mit halb ausgebohrten großen Perlen (A) bzw. Ringen (B) (Bef. 228).

Durchmesser-Gruppe	Lochdurchmesser		Leisten total[1]		Löcher total[1]		Leisten exkl.[2]		Löcher exkl.[2]		minimale Scheibenstärke		
	Bereich	Spitzen	Zahl	%	Zahl	%	Zahl	%	Zahl	%	Bereich	Spitze	Dsn.
t2	5,3–5,8	5,5/5,8	22	19,8	141	27,0	19	19,0	117	25,7	5,2–7,8	5,2–7,2	6,1
t3	6,2–6,6	6,2/6,6	21	18,9	130	24,9	18	18,0	108	23,7	5,0–9,0	6,9–8,2	7,5
t4	6,8–7,4	6,9/7,3	59	53,2	228	43,6	55	55,0	206	45,3	6,6–9,4	6,9–9,2	8,0
t5	7,7–8,8	7,7–8,2	8	7,2	24	4,6	8	8,0	24	5,3	8,1–11,7	8,1–8,6	9,3
total	5,3–8,8		111	100,0	523	100,0	100	100,0	455	100,0	5,0–11,7	5,5–9,4	7,6

1 inklusive Leistenfragmente mit Produktresten
2 nur Leistenfragmente ohne Produktreste

Tab. 43: Produktionsphase 2A. Durchmessergruppen der Scheiben (Maße in mm; Dsn. = Durchschnittswert).

Durchmesser-Gruppe	Lochdurchmesser	Leisten total[1]		Löcher total[1]		Leisten exkl.[2]		Löcher exkl.[2]	
	Bereich	Zahl	%	Zahl	%	Zahl	%	Zahl	%
p4	5,2–6,3	520	44,2	3597	32,2	387	39,9	2517	28,3
p9	6,4–7,4/7,8	503	42,7	4724	42,3	415	42,7	3883	43,7
p10	7,2–8,0	345	29,3	2496	22,4	303	31,2	2177	24,5
kleine Perlen	5,2–8,0	1368	116,2	10817	97,0	1105	113,8	8577	96,6
p17	12,0–12,8	11	0,9	36	0,3	11	1,1	36	0,4
p19	13,6–14,3	8	0,7	33	0,3	7	0,7	29	0,3
Perlen total	5,2–14,3	1387	117,8	10886	97,6	1123	115,7	8642	97,3
p12/r6a	8,8–9,8	6	0,5	26	0,2	6	0,6	26	0,3
Ring/Perle?	8,8–14,1	9	0,8	33	0,3	9	0,9	33	0,4
große Perlen?[3]	8,8–14,3	28	2,4	102	0,9	27	2,8	98	1,1
r2	8,1	2	0,2	6	0,1	1	0,1	4	0,0
r6/6a	9,1–10,3	29	2,5	97	0,9	25	2,6	86	1,0
davon r6	9,7–10,3	25	2,1	86	0,8	22	2,3	76	0,9
davon r6a	9,1–9,3	4	0,3	11	0,1	3	0,3	10	0,1
r7/9	10,9–11,3	2	0,2	3	0,0	2	0,2	3	0,0
r10/10a	11,7–13,3	29	2,5	88	0,8	24	2,5	73	0,8
davon r10a	11,7–12,2	14	1,2	44	0,4	14	1,4	44	0,5
davon r10	12,3–13,3	15	1,3	44	0,4	10	1,0	29	0,3
r13	13,7–15,5	13	1,1	39	0,3	12	1,2	36	0,4
davon r13b	13,7–14,0	2	0,2	6	0,1	1	0,1	3	0,0
davon r13c	14,5–15,5	12	1,0	34	0,3	12	1,2	34	0,4
r18	15,8–16,0	2	0,2	4	0,0	2	0,2	4	0,0
Ringe total	8,1–16,0	78	6,6	238	2,1	67	6,9	207	2,3
total[4]		1177	100,0	11157	100,0	971	100,0	8881	100,0

1 inklusive Leistenfragmente mit Produktresten
2 nur Leistenfragmente ohne Produktreste
3 Durchmessergruppen p17, p19 und „Ring/Perle?" zusammengenommen
4 Die Gesamtzahl der Leistenfragmente ist kleiner als die Summe der Fragmente mit Bohrungen für Ringe sowie für Perlen, weil mehrere Durchmessergruppen pro Fragment möglich sind.

Tab. 44: Produktionsphase 2A. Durchmessergruppen der Leisten (Maße in mm).

Objekte in der vermessenen Stichprobe, hochgerechnet 56 000 in Bef. 475. Wenn der Durchmesserbereich von 6,4 bis 8 mm mit einer optisch zu unterscheidenden Bohrprofilgruppe verbunden würde, dann wäre es in Anbetracht der großen Zahl von Löchern unvermeidlich, dass der benutzte Bohrer mehrmals nachgeschliffen und vielleicht durch einen zweiten Bohrer mit den vom Augenschein her gleichen Maßen ersetzt worden wäre. Damit wäre in der Frequenzverteilung einerseits die breite, flache Masse in dem Bereich der höheren Durchmesserwerte zu erklären und andererseits die zweite Spitze darin.[398]

In den restlichen Bohrlöchern, die Durchmesser von 8,1 bis 16 mm aufweisen, sind vereinzelt Reste von Ringlein mit rundem Wulstschnitt und ohne Innenobjekt vorhanden (Abb. 93B). Jedoch in einem Leistenfragment mit vier Löchern gibt es Reste großer runder Perlen in Bohrlöchern mit 14,3 mm Durchmesser (vgl. Abb. 93A). In 27 weiteren Leistenfragmenten geben auffallend dicke Leistenhöhen von 6 bis 9 mm, kombiniert mit einem Verhältnis von Lochdurchmesser zu Höhe kleiner als 1,8, Anlass zur Vermutung, dass aus 98 weiteren Bohrlöchern (gut 1% aller Bohrlöcher) große Perlen mit Perlendurchmessern zwischen 8 und 13 mm anstelle von Ringen herausgebohrt wurden (Tab. 44). Weitere 207 Bohrlöcher (2,2% aller Löcher) hinterließen wahrscheinlich oder mit Sicherheit Ringe. Von zwei der sechs darin unterschiedenen Durchmessergruppen sind keine Objektreste in der Stichprobe der Produktionsphase 2A vorhanden, wohl aber in den Stichproben der Produktionsphasen 1 und 2B.

Während die Außendurchmesser der Ringe in der Stichprobe der Produktionsphase 2A etwa denselben Bereich abdecken wie die großen Perlen, ist die Höhe der meisten Ringe größer als die der Produktionsperiode 1 (nämlich 2,5 bis 6,2 mm) und mit derjenigen der kleinen Perlen der gleichen Stichprobe zu vergleichen (3 bis 6,8 mm). Die Maße der Ringe liegen also innerhalb der Grenzen der Perlenmaße und scheinen von Letzteren beeinflusst worden zu sein. Auch die Auswahl des Rohmaterials und die Muster der Leistenanfertigung deuten darauf hin, dass kleinere und größere runde sowie längliche Perlen als das Hauptprodukt dieser Produktionsphase zu betrachten sind und Ringe als reines Nebenprodukt, deren Maße und Form an die Maße der für Perlen angefertigten Leisten angepasst wurden. Deshalb haben die Ringe dieser Produktionsphase relativ kleine Durchmesser und hohe Wulste im Vergleich zu denen der Produktionsphasen 1 und 3 (s. Abb. 75). Man könnte sie als flache Perlen betrachten, bei denen die Ränder des Innenlochs abgerundet sind.

3.4.4.3 Rohmaterialauswahl

Zum Bohren wurden dieselben Langknochen ausgewählt wie in Produktionsphase 1: Metapodien, Radien und Tibien von Rind und Pferd, daneben vereinzelt Humeri (Oberarmknochen) und Femora (Oberschenkel) vom Rind und ein Fragment eines Schweinefemurs (Tab. 41). Auch das Verhältnis von Rinder- zu Pferdeknochen (92,5 zu 7,5%) und der Anteil von Rindermetapodien (70%) ähneln denen von Produktionsphase 1 (Tab. 41b). Anders als in Produktionsphase 1 wurden fast ausschließlich Langknochen und kaum Plattknochen wie Unterkiefer genutzt. Zwei Leistenfragmente vom Horizontalteil des Rinderunterkiefers sind die einzigen Plattknochen in der Stichprobe. Anstelle der Plattknochen wurden mehr Leistenfragmente aus Radien und Tibien vom Rind hergestellt: rund 20%.

Der Grund für diese Bevorzugung ist in der größeren Stärke der kompakten Knochenwand zu sehen, die zum Bohren von runden Perlen (verglichen mit den Ringen der Produktionsphase 1) erforderlich ist, ohne dass diese Knochenwand unbedingt gerade und flach zu sein hätte. Während die meisten kleinen Perlen der Stichprobe der Phase 2A aus Wandstärken von mehr als 3,8 mm herausgebohrt wurden, erreicht die kompakte Knochenwand der Kieferleisten aus Produktionsphase 1 eine solche Stärke nur stellenweise. An vielen Stellen ist die Wandstärke dünner. Das macht

---

398 Eine künstliche Arbeitsgrenze zerteilt den Durchmesserbereich bei 7,2 mm in zwei gleich breite Bereiche, ohne die anhand von Perlenresten unterschiedenen Durchmessergruppen p9 und p10 zu trennen.

Kieferleisten nur bedingt für das Herausbohren von kleinen Perlen geeignet.[399] Aus großen Teilen der Radien und Tibien vom Rind und Pferd dagegen lassen sich Leisten anfertigen, deren Wandstärke hauptsächlich bei rund 5 mm liegt.

Radien und Tibien von Rind und Pferd sind gleich stark vertreten. Unter den Leisten sind auch Metacarpen und Metatarsen vom Rind gleich stark vertreten, anders als in Produktionsphase 1.[400] Scheiben wurden fast ausschließlich aus Metapodien vom Rind sowie vereinzelt vom Pferd angefertigt. Dabei sind dreimal so viele Metatarsen- wie Metacarpenfragmente vertreten. Die Eignung der Knochen zum Bohren wird bei Scheiben völlig von der Stärke der Knochenwand vorgegeben. Diese ist in der Diaphyse (Knochenschaft) von Metapodien stärker als in anderen Rinder- und Pferdeknochen (rund 8 mm) und in den Metapodien an den Stellen am stärksten, an denen die Diaphyse im Schnitt an der Außenseite eckig und an der Innenseite rund ist (10 bis 13 mm). Der viereckige Schaft der Rindermetatarsen zeigt im Schnitt vier solche Stellen, der ovale Schaft der Metacarpen nur zwei (vgl. Abb. 90B und D). Außerdem ist die Knochenwand bei Metacarpen an der Hinterseite (posterior) meistens zu dünn, um Perlen parallel zur Wand herauszubohren (4 bis 5 mm: Abb. 90D). Die zum Bohren benötigte Mindestwandstärke hängt direkt vom Perlen- oder Lochdurchmesser ab. So variiert die Mindestwandstärke, in der gebohrt wurde, von knapp 6 mm bei der zahlenmäßig kleinsten Durchmessergruppe (t2) über 7,5 bis 8 mm bei der Gruppe mit den meisten Exemplaren (t4) bis hin zu 9 mm bei der größten Gruppe (t5). Die größten Perlen wurden meist nur an den Ecken herausgebohrt. Dabei wurden nur vier Perlen aus einer Metatarsenscheibe hergestellt (Abb. 90B). Ein starkes Verschieben der Bruchränder in einer Metatarsenscheibe deutet vielleicht an, dass das Herausbohren von fünf großen Perlen an der Vorderseite des Knochens (anterior) Mühe kostete. Durchschnittlich entstanden in Metacarpen 7,5 Stück an kleineren Bohrlöchern und 9,5 Stück in Metatarsen. Die Höchstzahl ist bei Metacarpen neun Stück, bei Metatarsen 13 Stück.[401]

Beim Herausbohren kugelförmiger Perlen aus Leisten wächst die erforderliche Knochen- oder Leistenwandstärke mit dem Durchmesser der Perlen und des Loches, ähnlich wie bei Scheiben. Beim Bohren von Ringen dagegen ist v. a. die Leistenbreite wichtig und eine möglichst breite und wenig gekrümmte Knochenfläche erforderlich. Demzufolge wird mit zunehmendem Durchmesser der Objekte und des Loches der Anteil der Metapodienfragmente größer und der Anteil der Leistenfragmente aus Radien und Tibien nimmt gleichzeitig ab (Tab. 45). Das gilt für Pferdefragmente ähnlich wie für Rinderknochenleisten und ist nicht nur bei Perlen, sondern auch bei Ringen der Fall. Letzteres ist bemerkenswert, da Leisten aus Radien und Tibien sich durchaus zum Bohren von Ringen eignen. Die aus ihnen angefertigten Leisten dagegen eignen sich nur beschränkt für Ringbohrungen. Sie scheinen v. a. zum Bohren kleiner Perlen vorgesehen gewesen zu sein.[402]

Aus den zwei Unterkieferfragmenten in der Stichprobe wurden Perlen der kleinsten Durchmessergruppe (p4: Durchmesser 5,7 mm) und kleine Ringlein (Durchmesser 9,2 mm; Gruppe r6) herausgebohrt. Beide Gruppen können aus einer Knochenwand dünner als 3,8 mm herausgebohrt werden.[403] Auch das Fragment eines Schweinefemurs wurde zum Herausbohren von Perlen der kleinsten Durchmessergruppe (p4) in einer Knochenwand von 3,9 mm Stärke genutzt.

---

399 In 80% der Leistenfragmente beträgt die Minimalstärke der für kleine Perlen benutzten Knochenwand mehr als 3,8 mm; die Maximalstärke ist bei 96% dieser Fragmente größer als 3,8 mm. Für Löcher des großen Durchmesserbereichs p9–p10 scheinen 3,8 oder 4,4 mm als minimale Wandstärke betrachtet worden zu sein (bei 97% der Leistenfragmente), obwohl die vollständigen Perlen mindestens 4,7 mm hoch waren. Für die kleinste Durchmessergruppe p4 liegt die minimale Wandstärke in 85% der Leisten über 3,3 mm, obwohl die Perlen mindestens 3,7 mm hoch waren.

400 Die Zahl der Pferdemetapodien ist zu gering, um dem darin auftretenden Überwiegen von Metatarsen eine statistische Relevanz zu verleihen.

401 Ein Überwiegen von Metatarsen bei größeren Lochdurchmessern, wie zu erwarten wäre, zeigt sich nicht. Weil die Zahl der Fragmente nur gering ist, kann dem keine Bedeutung beigemessen werden.

402 Obwohl bestimmte Teile der Radien und Tibien eine breite und gleichzeitig relativ flache Knochenwand haben, wurden leichte Krümmungen und Unregelmäßigkeiten nicht begradigt, so dass die Wandstärke nicht beeinträchtigt wurde. Auch wurden viele stark gekrümmte Reststücke mit unregelmäßiger Breite genutzt.

403 Die genutzte Knochenwand ist in beiden Fragmenten mindestens 3,7 mm stark; die Höhe des Produktes beträgt 3,7 bis 4,2 bzw. 3 bis 3,4 mm (p4 bzw. r6).

Skelettelement	total	kl. Perlen		p4		p9		p10		p9/10		gr. Durchmesser	
	Zahl	Zahl	%	Zahl	%	Zahl	%	Zahl	%	Zahl	%	Zahl	%
Rind													
total Metapodien	524	467	62,5	178	46,8	207	61,6	196	81,0	401	100,0	60	85,7
davon Metacarpus	202	182	24,4	75	19,7	182	54,2	70	28,9	151	37,7	27	38,6
davon Metatarsus	203	181	24,2	62	16,3	181	53,9	79	32,6	160	39,9	24	34,3
davon Metacarpus oder -tarsus	119	104	13,9	41	10,8		0,0		0,0	90	22,4		0,0
total Radius/Tibia	170	170	22,8	135	35,5	87	25,9	15	6,2	102	25,4	2	2,9
davon Radius	79	79	10,6	66	17,4	30	8,9	8	3,3	38	9,5	1	1,4
davon Tibia	88	88	11,8	66	17,4	55	16,4	6	2,5	61	15,2	1	1,4
davon Radius oder Tibia	3	3	0,4	3	0,8	2	0,6	1	0,4	3	0,7		0,0
Pferd	70	67	9,0	30	7,9	27	8,0	27	11,2	54	13,5	4	5,7
total Radius/Tibia	24	24	3,2	16	4,2	12	3,6	6	2,5	18	4,5	1	1,4
davon Radius	12	12	1,6	6	1,6	7	2,1	1	0,4	8	2,0	0	0,0
davon Tibia	12	12	1,6	10	2,6	5	1,5	5	2,1	10	2,5	1	1,4
total Metapodien	26	24	3,2	6	1,6	7	2,1	12	5,0	19	4,7	2	2,9
davon Metacarpus	4	4	0,5	0	0,0	1	0,3	3	1,2	4	1,0	0	0,0
davon Metatarsus	13	12	1,6	5	1,3	4	1,2	4	1,7	8	2,0	1	1,4
davon Metacarpus oder -tarsus	9	8	1,1	1	0,3	2	0,6	5	2,1	7	1,7	1	1,4
total (100%)[1]	810	747	100,0	380	100,0	336	100,0	242	100,0	401	100,0	70	100,0
Metapodium – kein Metapodium Rind													
total Pferd	70	67	9,0	30	7,9	27	8,0	27	11,2	54	13,5	4	5,7
total Rind (kein Metapodium)	184	184	24,6	148	38,9	94	28,0	15	6,2	109	27,2	2	2,9
total unbest. (kein Metapodium)	32	29	3,9	24	6,3	8	2,4	4	1,7	12	3,0	4	5,7
total kein Metapodium Rind	286	280	37,5	202	53,2	129	38,4	46	19,0	175	0,0	10	14,3
total Metapodium Rind	524	467	62,5	178	46,8	207	61,6	196	81,0	401	100,0	60	85,7
total (100%)[1]	810	747	100,0	380	100,0	336	100,0	242	100,0	401	100,0	70	100,0
Metacarpus – Metatarsus Rind													
Metacarpus	202	182	50,1	75	54,7	182	50,1	70	47,0	151	48,6	27	52,9
Metatarsus	203	181	49,9	62	45,3	181	49,9	79	53,0	160	51,4	24	47,1
total (100%)[2]	405	363	100,0	137	100,0	363	100,0	149	100,0	311	100,0	51	100,0

1 Summe total Metapodium Rind und total kein Metapodium Rind
2 Summe Metacarpus und Metatarsus

Tab. 45: Produktionsphase 2A. Die wichtigsten Skelettelemente pro Durchmessergruppe der Leisten (Fragmentzahlen).

Obwohl die untersuchte Stichprobe insgesamt die gleiche Anzahl Leistenfragmente aus Metacarpen wie aus Metatarsen enthält, nimmt der Anteil der Metatarsen- auf Kosten der Metacarpenfragmente mit der erforderlichen Knochenwandstärke zu (Tab. 45). Daraus ließe sich herleiten, dass die Handwerker, während ihnen gleich viele Metacarpen wie Metatarsen zur Verfügung standen, Metatarsen vorgezogen haben, wenn eine stärkere Knochenwand benötigt wurde. Wie bereits angedeutet, kommen Knochenwandstärken über 8 mm am Metatarsus häufiger als am Metacarpus vor. So wurden große Perlen hauptsächlich aus Metatarsen angefertigt, Ringe mehrheitlich aus Metacarpen. Dagegen wurden kleine Perlen mit Durchmessern des Bohrloches bis 8 mm insgesamt in etwa dem gleichen Umfang aus Metacarpen wie aus Metatarsen hergestellt. Auch innerhalb der Gruppe

gr. Perlen		p17		p19		Ringe		r2		r6		r7		r10		r13		r18
Zahl	%	Zahl	%	Zahl	%	Zahl	%	Zahl	%	Zahl	%	Zahl	%	Zahl	%	Zahl	%	Zahl
10	83,3	6	85,7	4	80,0	43	82,7	1	50,0	20	83,3	1	100,0	17	89,5	8	80,0	1
1	8,3	0	0,0	1	20,0	24	46,2	1	50,0	12	50,0	0	0,0	9	47,4	7	70,0	0
7	58,3	5	71,4	2	40,0	15	28,8	0	0,0	6	25,0	1	100,0	7	36,8	0	0,0	1
		1	14,3	1	20,0	4	7,7	1	50,0	2	8,3	0	0,0	1	5,3	1	10,0	0
0	0,0	0	0,0	0	0,0	2	3,8	0	0,0	0	0,0	0	0,0	0	0,0	1	10,0	0
0	0,0	0	0,0	0	0,0	1	1,9	0	0,0	0	0,0	0	0,0	0	0,0	1	10,0	0
0	0,0	0	0,0	0	0,0	1	1,9	1	50,0	0	0,0	0	0,0	0	0,0	0	0,0	0
0	0,0	0	0,0	0	0,0	0	0,0	0	0,0	0	0,0	0	0,0	0	0,0		0,0	0
2	16,7	1	14,3	1	20,0	3	5,8	0	0,0	1	4,2	0	0,0	1	5,3	1	10,0	1
1	8,3	1	14,3	0	0,0	1	1,9	0	0,0	0	0,0	0	0,0	0	0,0	1	10,0	0
0	0,0	0	0,0	0	0,0	0	0,0	0	0,0	0	0,0	0	0,0	0	0,0	0	0,0	0
1	8,3	1	14,3	0	0,0	1	1,9	0	0,0	0	0,0	0	0,0	0	0,0	1	10,0	0
1	8,3	0	0,0	1	20,0	1	1,9	0	0,0	1	4,2	0	0,0	0	0,0	0	0,0	1
0	0,0	0	0,0	0	0,0	0	0,0	0	0,0	0	0,0	0	0,0	0	0,0	0	0,0	0
1	8,3	0	0,0	1	20,0	0	0,0	0	0,0	0	0,0	0	0,0	0	0,0	0	0,0	0
0	0,0	0	0,0	0	0,0	1	1,9	0	0,0	1	4,2	0	0,0	0	0,0	0	0,0	1
12	100,0	7	100,0	5	100,0	52	100,0	2	100,0	24	100,0	1	100,0	19	100,0	10	100,0	2
2	16,7	1	14,3	1	20,0	3	5,8	0	0,0	1	4,2	0	0,0	1	5,3	1	10,0	1
0	0,0	0	0,0	0	0,0	2	3,8	1	50,0	0	0,0	0	0,0	0	0,0	1	10,0	0
0	0,0	0	0,0	0	0,0	4	7,7	0	0,0	3	12,5	0	0,0	1	5,3	0	0,0	0
2	16,7	1	14,3	1	20,0	9	17,3	1	50,0	4	16,7	0	0,0	2	10,5	2	20,0	1
10	83,3	6	85,7	4	80,0	43	82,7	1	50,0	20	83,3	1	100,0	17	89,5	8	80,0	1
12	100,0	7	100,0	5	100,0	52	100,0	2	100,0	24		1	100,0	19	100,0	10	100,0	2
1	12,5	0	0,0	1	33,3	24	61,5	1	100,0	12	66,7		0,0	9	56,3	7	100,0	0
7	87,5	5	100,0	2	66,7	15	38,5	0	0,0	6	33,3	1	100,0	7	43,8	0	0,0	1
8	100,0	5	100,0	3	100,0	39	100,0	1	100,0	18	100,0	1	100,0	16	100,0	7	100,0	1

der kleinen Perlen nimmt der Metatarsenanteil mit dem Loch- und Perlendurchmesser leicht zu. In ähnlicher Weise wie der Metatarsenanteil wächst bei den Perlenbohrungen die Wandstärke der zum Bohren benutzten Leistenteile mit dem Lochdurchmesser. Ringe dagegen wurden in ähnlichen Wandstärken herausgebohrt wie kleine Perlen (2,8 bis 7,1 mm), durchschnittlich sogar in leicht größerer Wandstärke, während ihre Produkthöhe durchschnittlich (4,2 mm) doch leicht unter der der kleinen Perlen (4,8 mm) liegt.[404]

---

[404] Bei der Berechnung dieser Mittelwerte wurde die Zahl der Leistenfragmente mit Bohrlöchern der einzelnen Durchmessergruppen berücksichtigt. Die durchschnittliche Wandstärke der Ringbohrungen kann in Wirklichkeit noch höher liegen, falls auch Ringe aus Bohrlöchern herausgebohrt wurden, deren beabsichtigtes Produkt (Ringe oder große Perlen) nicht geklärt ist.

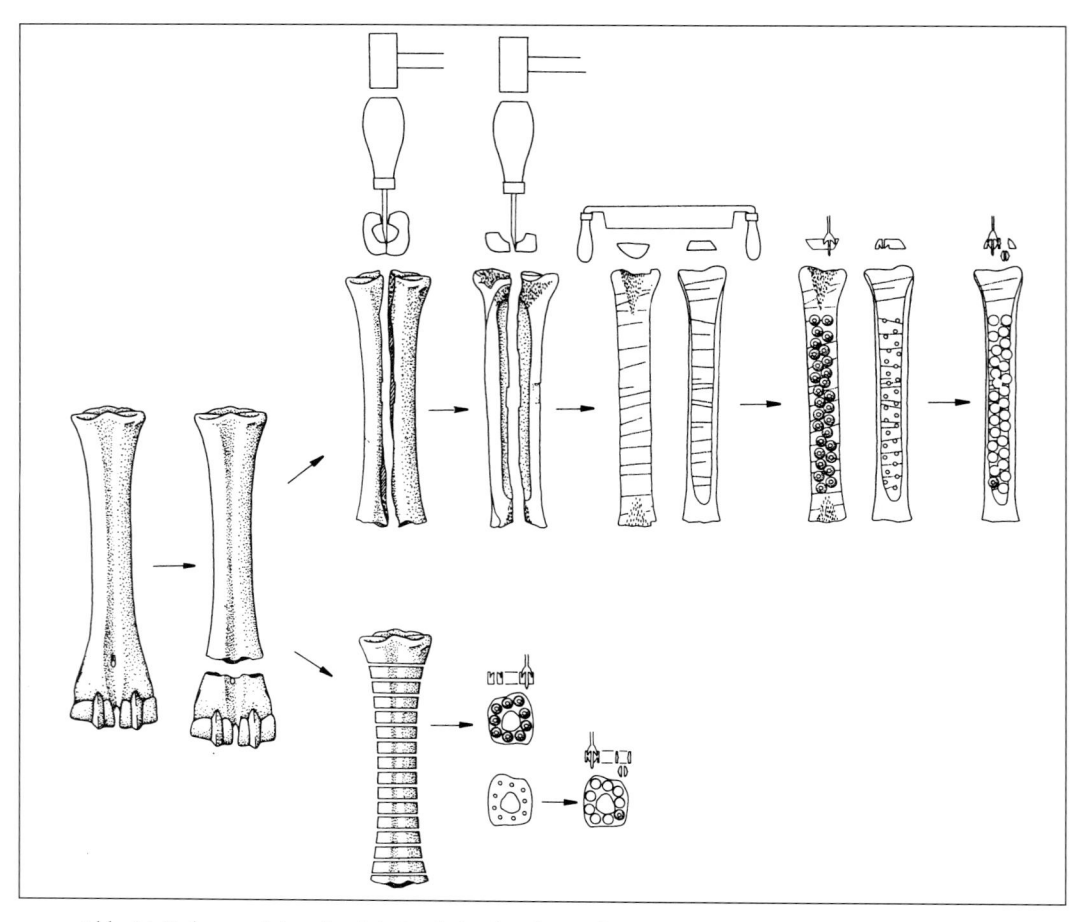

Abb. 94: Rekonstruktion der Arbeitsschritte bei der Anfertigung der Leisten in Produktionsphase 2.

Bei der Wahl der Leisten, aus denen Ringe herausgebohrt wurden, spielte die Wandstärke anscheinend keine oder nur teilweise eine Rolle, stattdessen wurden die Leisten wegen ihrer Breite ausgesucht. Zwar zeigen die Mittelwerte und Spitzen der Leistenbreiten der einzelnen Durchmessergruppen von Ringen mit dem Anwachsen des Bohrlochdurchmessers eine Aufwärtsverschiebung, insgesamt bleiben die Breiten der Ringleisten aber innerhalb der Breitenverteilung der Leisten mit kleinen Perlenbohrungen. Durch die obigen Feststellungen entsteht der Eindruck, dass für das Herausbohren von Ringen Leisten eingesetzt wurden, die zum Herausbohren kleiner Perlen angefertigt worden waren. Bei den Bohrungen kleiner Perlen zeigen die Verteilungen der Leistenbreiten einzelner Durchmessergruppen untereinander kaum Unterschiede.

Zusammenfassend können anhand der oben stehenden Daten und Analysen folgende Beobachtungen zur Rohmaterialauswahl dieser Produktionsphase gemacht werden. So kann festgestellt werden, dass die Wahl der Skelettelemente und Knochenteile offenbar in erster Linie nach ihrer Eignung zum Herausbohren kleiner Perlen erfolgte und erst in zweiter Linie in Bezug auf das Herausbohren größerer Perlen. Das zeigt sich u. a. in dem Zugriff – neben Rindermetapodien – auf Radien und Tibien, die sich zum Ausbohren von kleinen Perlen, nicht aber von großen Perlen eignen, anstelle von Unterkiefern, die sich für beide schlecht eignen, wohl aber für Ringe. Auch an anderen Hinweisen wird ersichtlich, dass die Wahl der Knochen sich anscheinend kaum auf die Produktion von Ringen bezogen hat. Stattdessen wurden hierfür vermutlich Leisten verwendet, die zur Anfertigung kleinerer Perlen vorgesehen waren. Möglicherweise wurden zum Herausbohren länglicher Perlen

A B C D E F

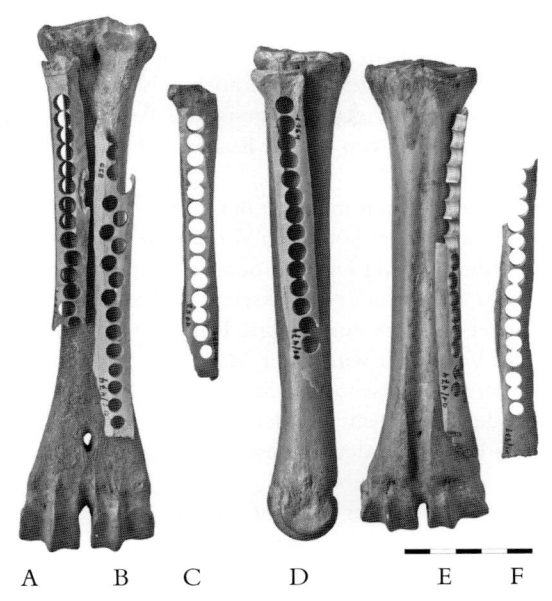

Abb. 95: Produktionsphase 2A, Beispiele von Leisten, hergestellt aus unterschiedlichen Scheiten des Metatarsus.
A lateral-posterior; B medial-posterior; C medial-anterior; D lateral-anterior; E und F lateral- oder medial-anterior.

aus quer gesägten Scheiben zusätzliche Metatarsen beschafft. Denn während Metacarpen und Metatarsen bei den Leisten gleich stark vertreten sind, zeigen Letztere bei den Scheiben einen starken Überschuss.

Bei Beobachtungen an Leistenabfällen aus anderen Befunden der Produktionsphase 2A fiel auf, dass in jüngeren Fundkomplexen dieser Phase relativ viele der Leisten, aus denen große Perlen herausgebohrt wurden, aus Pferdemetapodien angefertigt wurden.[405] Deren zylindrisch bis oval röhrenförmige Diaphyse mit ihrer rundum stark ausgeprägten Knochenwand eignet sich fast an allen Teilen zum Ausbohren von großen Perlen. Bei den benutzten Arbeitsvorgängen konnte man aus einem Pferdemetatarsus in drei Leisten problemlos mehr als anderthalbmal so viele große Perlen herausbohren als aus einem Rindermetatarsus, der in vier Leisten gespalten war: etwa 45 Perlen gegen im Glücksfall 28 Perlen. Darin zeigt sich eine Weiterentwicklung und Ausprägung in der durchdachten Auswahl und möglichst effizienten Nutzung des Rohmaterials bereits im Laufe der Produktionsphase 2A. Eine Entwicklung, die sich nach Produktionsphase 2B hin fortsetzt.

3.4.4.4 Leistenanfertigung

Als runde Perlen zum Hauptprodukt wurden, erlangte die Leistenstärke eine größere Bedeutung als ihre Breite, im Gegensatz zu Produktionsphase 1. Die Grundlage für das Spaltmuster der Metapodien für die Anfertigung von Bohrleisten war deshalb, eine größtmögliche Leistenstärke zu bekommen. Anders als in Produktionsphase 1 wurden fast alle Metapodien, Metacarpen sowie Metatarsen nach demselben Muster gespalten (Abb. 102 B u. C; s. auch Kap. 3.1.7.2). Dass Variationen in diesem Spaltmuster, bis auf sehr wenige Ausnahmen, durch Abweichungen der Spaltlinien während des Spaltens zu erklären sind, konnte im Experiment nachvollzogen werden. Eine solche Ausnahme bildet eine Metatarsenleiste mit der Koaleszenznaht in der Leistenmitte, die außerhalb der Stichprobe im gleichen Bef. 475 angetroffen wurde.[406]

---

405 z. B. in Bef. 228 und 233, beide Teil der fundreichen ‚Paternosterschicht', Pfrommers Phase Q13.
406 Aus dieser Leiste wurden, wie auch aus einigen weiteren ähnlichen Leisten aus anderen Fundkomplexen der Produktionsphase 2A, keine Perlen sondern Ringe angefertigt.

Nach dem Entfernen des Distalendes wurden die Metapodien entlang der Koaleszenznaht (Verwachsungsnaht) durch Eintreiben eines Meißels auf der Naht in zwei Hälften gespalten (Abb. 55; 94; 95A).[407] Wenn möglich, wurden die Hälften danach nochmals durch das Eintreiben eines Meißels von der konkaven Innenseite her in Viertelscheite gespalten. An 79 der 524 Metapodienfragmente wurden Meißelspuren beobachtet: 70 davon auf der Koaleszenznaht und drei auf der Innenseite der lateralen oder medialen Knochenseite.

Metacarpen wurden der Stabilität wegen immer mit der flachen Rückseite des Knochens (posterior) auf einen Untergrund gelegt, und von der konvexen Vorderseite der Knochen aus wurde der Meißel eingetrieben. Metatarsen wurden in zwei Dritteln der Fälle von der Vorderseite der Knochen aus gespalten, in einem Drittel der Fälle von der Rückseite. Während die Stabilität bei Metatarsen an beiden Seiten ähnlich ist, bietet die stark ausgeprägte Rinne an der Vorderseite eine gute Führung für den Meißel auf der Naht. Vereinzelt wurde der Meißel bis zur anderen Knochenseite durchgeschlagen und hinterließ auf deren Innenseite eine Spur (in vier Fällen). Mögliche Meißelspuren auf der Innenseite der Lateral- oder Medialseite werden in den meisten Fällen dadurch verschwunden sein, dass die hoch stehenden Ränder an der Innenseite mit einem Ziehmesser in eine flache Form gebracht wurden.

Dieses Muster ermöglichte anstelle zweier die Anfertigung von vier, gegebenenfalls drei Leisten aus einem Metapodium wie in Produktionsphase 1. Das Anfertigen der Leisten insbesondere aus den Ecken der Diaphyse (Knochenröhre) ermöglichte eine maximale Ausnutzung der natürlichen Gegebenheiten des Knochens, um eine möglichst ausgeprägte Knochenwandstärke zu erhalten. Die Leisten sind hingegen schmaler als in Produktionsphase 1.[408]

Nach dem Spalten wurden die Knochenscheite an der Innen- und Außenseite mit einem Ziehmesser begradigt, um eine flache Oberfläche zum Bohren zu bekommen. Ähnlich wie in Produktionsphase 1 wurden mehr als 90% der Leistenfragmente aus Rindermetapodien an der Außenseite geglättet (91% der Metacarpen- und 99% der Metatarsenfragmente).

Während die Kanten der Metapodienleisten der Produktionsphase 1 vor ihrer Verarbeitung entweder rechteckig oder diagonal zur Bohroberfläche standen, führte das Spaltmuster der Metapodienleisten während Produktionsphase 2A dazu, dass die langen Kanten mit zwei diagonal zur Bohrfläche liegenden Flächen eine Spitze bildeten: an der Innenseite der Knochen die Spaltfläche als Bruchfläche, an der Außenseite der Knochen die unbearbeitete Knochenoberfläche (an etwa 55% der Kanten: Abb. 96D). Eine solch spitze Kante bildet neben der abgeflachten Leistenoberfläche einen etwa 3 bis 4,5 mm breiten Rand, der sich nur zu einem geringen Teil zum Herausbohren von Perlen eignet. Diese Kantenform hatte den Vorteil, dass die Beschränkung der zum Bohren geeigneten Oberfläche beim Bohren an beiden Seiten der Leiste zu sehen war. Deshalb wurden diese spitzen Kanten meistens nicht weiterverarbeitet. Wenn auch geringfügig, ist darin eine Arbeitsersparnis im Vergleich zu Produktionsphase 1 zu sehen. Bei etwa einem Zehntel der spitzen Kanten wurde die Bruchfläche an der Innenhälfte mit einem Ziehmesser geglättet (Abb. 96E). Die spitze Form blieb dabei erhalten. Bei weniger als einem Zehntel der Metapodienleisten wurden die Kanten quer zu den Bohrflächen in voller Stärke flach geschnitten (Abb. 96B). Ein weiteres Zehntel hat eine unbearbeitete Bruchfläche, die auf der vollen Länge quer zu den Bohrflächen verläuft (Abb. 96C). 27% der Kanten bestehen nahezu auf voller Höhe aus einer unbearbeiteten Knochenoberfläche mehr oder weniger diagonal zur Bohroberfläche (Abb. 96A). Insgesamt ist nur ein Siebtel aller langen Kanten an den Metapodienleisten zur Hälfte oder ganz geglättet.

---

407 An vier Leisten aus Metacarpen ist das Proximalende abgesägt.
408 Die Mittelwerte der Leistenbreiten und die Spitzen der Breitenverteilung liegen für die Metapodienleisten der Stichprobe der Produktionsphase 2A bei bedeutend niedrigeren Werten als für Produktionsphase 1. Der Unterschied zwischen der Leistenbreite und dem Durchmesser des Bohrloches ist dagegen viel größer und stark variierend, weil sich bei mehr als 63% der Metacarpenleisten und mehr als 50% der Metatarsenleisten Bohrlöcher in mehreren Reihen nebeneinander ergaben.

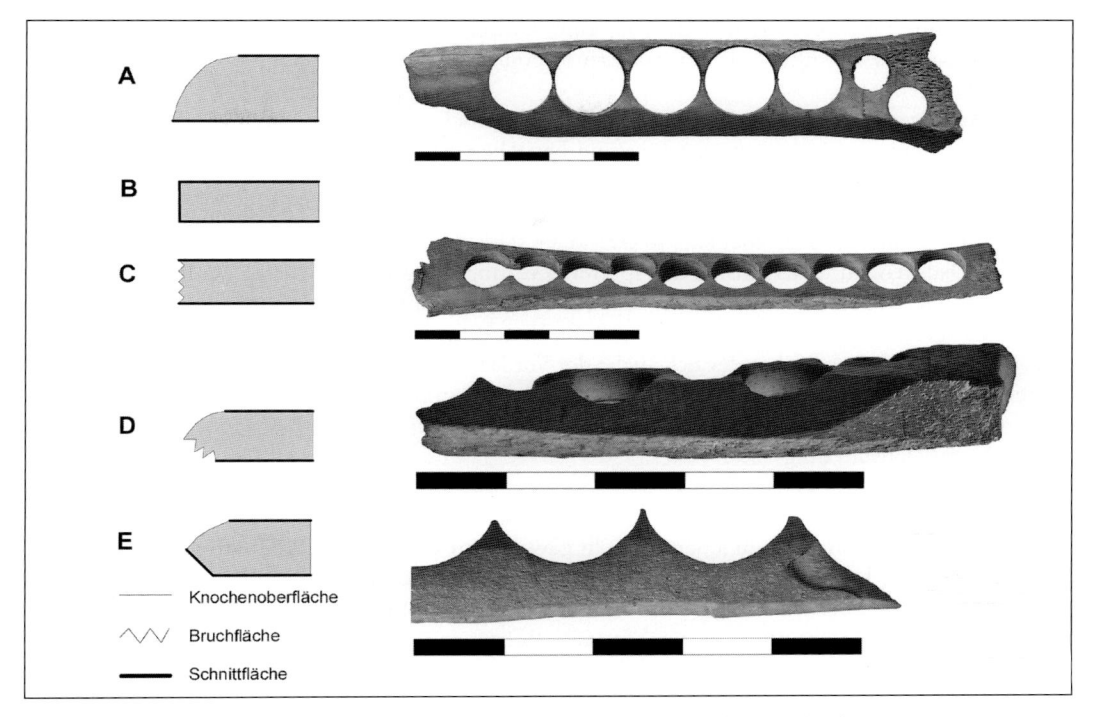

Abb. 96: Die verschiedenen Formen der langen Kanten der Knochenleisten.

Die Bearbeitung mit dem Zieh- oder Hackmesser wurde relativ grob und ohne Sorgfalt ausgeführt. Sie macht den Eindruck, dass hastig gearbeitet wurde. Oft wurden die Außenseite oder die Kante nur zum Teil geglättet oder nur leicht mit dem Messer gestreift (z. B. Abb. 96A). Ähnlich wie bei Produktionsphase 1 wurde etwa ein Viertel der Leistenenden bewusst oder ohne Absicht zusätzlich rechteckig geschnitten.

Anders als in Produktionsphase 1 wurden 90% der Metapodienleisten zuerst an der Innenseite des Knochens angebohrt. Wenn die Leistenstärke an den langen Kanten abnimmt, verläuft das an beiden Leistenseiten – an der Innenseite sowie an der Außenseite des Knochens – meist etwa gleich, so dass man die Leistenstärke an den Seiten richtig einschätzen kann. Dagegen ist nur an der Innenseite des Knochens zu erkennen, wo eine spongiöse Knochenwand die kompakte Knochenwand zum Teil ersetzt. Dadurch, dass man zuerst an der Innenseite des Knochens bohrte, konnte eine der wichtigen Ursachen von Fehlbohrungen in Produktionsphase 1 auf nicht mehr als fünf von insgesamt 112 Fehlbohrungen unter insgesamt 4158 Bohrungen in Rindermetapodien reduziert werden.

Ähnlich wie bei Metapodien wurden auch an Radien und Tibien von Rind und Pferd unbrauchbare Enden abgeschlagen, bevor die Knochenröhre mithilfe eines Meißels gespalten wurde. Zum Teil folgte man dabei einem ähnlichen Spaltmuster wie bei Rindermetapodien. Besonders wurden jedoch relativ breite Leisten durch Abspalten einigermaßen gerader oder leicht gebogener Flächen an den Ecken der Knochenröhre angefertigt. Die langen Kanten solcher Leisten standen nach dem Spalten oft bereits quer zur Bohroberfläche oder wurden quer zur Bohroberfläche mit einem Zieh- oder Hackmesser geglättet. Auch an den Innen- und Außenoberflächen mussten nur noch oberflächliche Unregelmäßigkeiten geglättet werden, um als Bohroberfläche dienen zu können. Anders als bei den Rindermetapodien führte die größere Länge und stärker wechselnde Form der Knochenröhre dazu, dass Bohrleisten aus Radien und Tibien nicht aus der ganzen Länge der Knochenröhre angefertigt wurden, sondern nur aus Teilstücken. Deshalb sind die Leisten aus Radien und Tibien im Schnitt kürzer als die aus Metapodien (rund 6 bis 7,5 cm), aber breiter (bis 30 mm, mit Mittelwerten um rund 20 mm). Neben breiten Leisten aus einer flachen Knochenseite und regelmäßig geformten Eckleisten wurden – häufiger als bei Rindermetapodien – auch Reststücke unregelmäßiger Form zum Bohren genutzt.

Bei der Anfertigung der Leisten aus Radien und Tibien scheint man im Vergleich zur Herstellung von Metapodienleisten relativ wenig Aufwand betrieben zu haben und weniger strikt nach festen Mustern vorgegangen zu sein.

Beim Sägen von Scheiben wurden Metacarpen meist (83%) auf der spitzen lateralen oder medialen Seite aufgelegt und von der ebenfalls spitzen oder stark gerundeten gegenüberliegenden Seite aus angesägt. Dadurch wurde das Risiko des Splitterns verringert, wenn die Scheibe am Ende des Sägens abbrach. Auch Metatarsen wurden mehrheitlich (77%) lateral oder medial aufgelegt und angesägt. Anders als bei Metacarpen sind diese Seiten flach. Vermutlich wurde teilweise aus diesem Grund die Säge oft schräg gehalten und an der Ecke nahe der Vorder- oder Rückseite angesetzt (18 bzw. 4%). Ein weiteres Sechstel der Sägeflächen wurde, ähnlich wie bei den Metacarpen, von einer Ecke aus gesägt.

3.4.4.5 Materialausnutzung

A. Löcherzahlen

Die Materialausnutzung stieg in jeder Hinsicht gewaltig im Vergleich zu Produktionsphase 1. Besonders die Wahl der kugelförmigen Perlen als Hauptprodukt, aber auch der anderen Produktformen, trug gewaltig zur erhöhten Effizienz in der Materialausnutzung bei. So wurden in dieselbe Knochenoberfläche durchschnittlich viermal so viele Bohrungen gesetzt wie in Produktionsphase 1.[409] Nicht nur ermöglichten die erheblich kleineren Durchmesser der Bohrlöcher der kleinen runden Perlen, auf der gleichen Leistenlänge mehr als zweimal so viele Bohrungen in einer Reihe vorzunehmen. Auch wurden trotz der deutlich geringeren Leistenbreite in fast zwei Dritteln der Leisten (64%) Löcher in mehreren Reihen nebeneinander gebohrt. Häufig sind das drei Reihen nebeneinander, vereinzelt sogar vier (1,2% der Leisten). Dadurch hat sich die Zahl der insgesamt gezählten Bohrlöcher auf das 1,6-Fache der Zahl der in einer Reihe gezählten Löcher erhöht. Dagegen wurden nur in 1% der Leisten aus Produktionsphase 1 (sechs Fragmente) zwei, in einem Fall drei Reihen Löcher gebohrt, was die gesamte Löcherzahl auf das 1,025-Fache der ersten Löcherreihe bringt. Zwar wurden aus 70% der Löcher in Produktionsphase 1 zwei Ringe herausgebohrt, aber es ist unklar, in welchem Ausmaß die Innenringe nach dem Lösen aus der Leiste unbrauchbar waren. Während also aus der gleichen Leistenoberfläche in Produktionsphase 2 viermal so viele Bohrlöcher ausgebohrt wurden wie in Produktionsphase 1, erbrachten diese nur zwischen zwei- bis viermal so viele Gegenstände.

Bei den Leisten aus Radien und Tibien vom Rind scheint die Ausnutzung der Flächen mit einem Loch pro 0,8 cm² größer gewesen zu sein als in Metapodienleisten (1,06 cm² pro Loch).[410] Dies wird zum einen durch die größere Leistenbreite bedingt sein (im Schnitt 20 statt 17 mm), die ermöglichte, dass in einer Radien- oder Tibienleiste im Schnitt mehr Reihen Bohrlöcher gebohrt werden konnten (2,2 statt 1,6). Nur in Leistenfragmenten aus Radien und v. a. Tibien von Rind und Pferd wurden mehr als drei Reihen mit Bohrlöchern nebeneinander gezählt. Wenn die Zahl der Reihen erhöht wird, haben die mitgerechneten, aber nicht genutzten Ränder an den langen Kanten einen gerin-

---

409 In Produktionsphase 1 wurden pro Bohrloch 3,63 cm² der ausgebohrten Leistenoberfläche genutzt; in Produktionsphase 2A 0,88 cm². Bei Metapodienleisten wurde in Produktionsphase 1 pro Bohrloch 3,33-mal so viel Oberfläche genutzt. Bei dieser Berechnung wurde die gemessene Leistenbreite mit dem Teil der Leistenlänge, in dem es Bohrlöcher gibt, multipliziert (also ohne die nicht benutzten Leistenteile an den Enden) und das Produkt durch die Zahl der Bohrlöcher dividiert. Dabei fließen die nicht genutzten, meist ungeeigneten Ränder entlang der Kanten der genutzten Oberfläche mit ein. Bei den Metapodienleisten sind diese in der Produktionsphase 2A breiter als in der Produktionsphase 1 und somit ist der Unterschied zwischen beiden Phasen in Wirklichkeit größer.

410 Wenn man die nicht als solche identifizierten Metapodienleisten mitrechnen würde, wäre die durchschnittlich pro Loch benutzte Bohrfläche bei Metapodienleisten zwar kleiner als 1,06 cm², aber immer noch größer als bei Radien und Tibien.

geren Einfluss. Außerdem wurden die Bohrlöcher verschiedener Reihen meist versetzt angebracht, so dass sich die Reihen in der Breite überlappen (s. z. B. Abb. 95B). Eine zweite Ursache für den erwähnten Unterschied in der durchschnittlich pro Loch genutzten Fläche mag darin liegen, dass Radien und Tibien viel häufiger als Metapodien zum Herausbohren von Perlen mit kleineren Durchmessern genutzt wurden, kaum für große Perlen und nur ausnahmsweise für Ringe (s. Kap. 3.4.4.3).

B. Nicht genutzte Länge

Ein weiterer Hinweis für eine bessere Ausnutzung des Materials zeigt sich darin, dass die nicht benutzte Leistenlänge an den Leistenenden kleiner ist als in Produktionsphase 1, obwohl die benötigte Wandstärke zum Ausbohren der kleinen Perlen in Produktionsphase 2 größer war als für die Ringe der Produktionsphase 1.[411] An 832 Leistenenden in 752 Leistenfragmenten mit einer Gesamtlänge von 42,08 m wurden insgesamt 10,52 m dieser Länge (genau ein Viertel) nicht zum Bohren genutzt. Das ist ein Sechstel der Gesamtlänge von 60,96 m aller 1175 gemessenen Leistenfragmente der Stichprobe. In Produktionsphase 1 blieben 38% der Länge der Leistenfragmente mit einem oder zwei Enden bzw. knapp ein Viertel der Leistenlänge aller Fragmente nicht genutzt (Kap. 3.4.3.5). Der Unterschied zu den Daten der Produktionsphase 2A mag zum Teil dadurch verursacht sein, dass die Stichprobe der letzten Phase einen größeren Anteil an Leisten mit vollständiger Leistenlänge und zwei anstelle von einem Leistenende enthält. Weiter unten in diesem Abschnitt werden weitere Erklärungen gegeben.

An einem Leistenende wurde in Produktionsphase 2A durchschnittlich eine Länge von 12,8 mm nicht genutzt: 75% des Mittelwerts der Produktionsphase 1. Die Summe der separaten Durchschnittswerte für proximale und distale Enden beträgt mit 29,3 mm (2,9 cm), 80% des vergleichbaren Werts der Produktionsphase 1. An 80 Leisten mit vollständiger Länge sind durchschnittlich 23 mm (2,3 cm) ungenutzt geblieben: ebenfalls 80% des vergleichbaren Werts für Produktionsphase 1.

Die absoluten Werte der ungenutzten Leistenlänge unterscheiden sich bei den verschiedenen Skelettelementen nur wenig. Dagegen ist ihr Anteil an der vollständigen Leistenlänge bei Radien und Tibien (33 bis 32%) etwas größer als bei Rindermetapodien (27%), da Leisten aus Radien und Tibien im Schnitt zwar breiter, aber kürzer sind als bei den Rindermetapodien.

Dass bei den Metapodienleisten in Produktionsphase 2A kürzere Stücke nicht ausgenutzt wurden, anders als in Produktionsphase 1, muss nicht unbedingt auf eine bessere Ausnutzung der Leistenenden hindeuten, und es könnte dadurch ermöglicht worden sein, dass größere Teile der dünnwandigen Enden entfernt wurden. Für die letzte Möglichkeit fehlt jedoch jeder positive Hinweis. Die Länge der entfernten distalen Metapodienenden ist in Produktionsphase 2A sogar kleiner als in Produktionsphase 1 (Tab. 18a). Außerdem befindet sich an 40% der distalen Enden der Metapodienleisten aus Produktionsphase 2A eine Hackspur, die meistens vom Entfernen des distalen Knochenendes herrührt und zeigt, dass nachträglich beim Anfertigen der Leiste keine weitere Knochenlänge verloren gegangen ist. An mehr als der Hälfte der proximalen Leistenenden befindet sich noch die Gelenkfläche, die zeigt, dass keine Knochenlänge entfernt wurde.[412]

Anders als man bei einer besseren Ausnutzung oder einer Knappheit des Rohmaterials vielleicht erwarten würde, wurden in beiden Produktionsphasen in ähnlichem Ausmaß Bohrungen in Wandstärken vorgenommen, die unter der Produkthöhe liegen.[413]

---

411 Die Stärke der kompakten Knochenwand, die zum Ausbohren von Objekten geeignet ist, nimmt im Allgemeinen an den Leistenenden ab.
412 Während an 77% der proximalen Enden von Metacarpenleisten aus Produktionsphase 1 eine solche Gelenkfläche fehlt, sind die übrigen Verhältnisse der Enden der Metapodienleisten aus Produktionsphase 1 ähnlich wie die der Produktionsphase 2A.
413 In beiden Produktionsphasen wurden in 5% der Leistenfragmente an Stellen gebohrt, an denen die Leistenstärke mehr als 0,7 mm kleiner war als die minimale Höhe des Produkts. Die kleinen Perlen der Produktionsphase 2A wurden in 30% der Leistenfragmente in Wandstärken kleiner als die kleinste gemessene Produkthöhe gebohrt. In 22% der Leistenfragmente der Produktionsphase 1 wurden Ringe in Wandstärken kleiner als die kleinste gemessene Produkthöhe gebohrt.

Eine mögliche Erklärung für die kürzeren ungenutzten Strecken an den Leistenenden in Produktionsphase 2A kann darin gesucht werden, dass die Ringbohrungen der Produktionsphase 1 eine bestimmte Wandstärke auf fast der ganzen Leistenbreite erforderten. Bei den Bohrungen für die kleinen Perlen der Produktionsphase 2A dagegen ist nur auf wenigen Millimetern der Leistenbreite für die Perlenmitte eine bestimmte Stärke an kompakter Knochenwand erforderlich. Dadurch konnten oft neben den Stellen am Leistenende, wo die Leiste in der Mitte schwächer war oder die Leistenbreite abnahm, noch Perlen ausgebohrt werden. Ein solcher Vorgang ergab sich in vielen Fällen wie von selbst wenn man – wie bereits erwähnt – Bohrlöcher in mehreren Reihen versetzt zueinander ausbohrte.

Des Weiteren kann der Unterschied zwischen den beiden Produktionsphasen in den nicht genutzten Leistenlängen damit zusammenhängen, dass die Leistenenden in unterschiedlicher Weise vollendet wurden. In beiden Produktionsphasen wurden Knochenscheite genutzt, bei denen die Knochenwand in der Länge in vielen Fällen leicht konkav gekrümmt war. Die Leisten aus Produktionsphase 1 wurden nicht nur in ihrer Breite begradigt, sondern auch in der Länge. Dazu wurde v. a. an den Enden die Außenfläche stärker geebnet. Dies hatte zur Folge, dass die Stärke der Leistenwand an den Enden nicht nur durch die natürliche Abnahme der Wandstärke an der Innenseite geringer wurde, sondern zusätzlich dadurch, dass die Leistenfläche an der Außenseite begradigt wurde. In Produktionsphase 2 dagegen wurde die Längenkrümmung der Leisten belassen wie sie war und die Außenfläche an den Enden meistens weniger stark oder gar nicht in eine flache Form gebracht, damit man die an den Enden ohnehin abnehmende natürliche Knochenwandstärke maximal nutzen konnte (Abb. 92).

Diese Änderung in der Bearbeitung der Leistenenden steht wahrscheinlich in Zusammenhang mit dem Umstieg von Ringen auf runde Perlen als Hauptprodukt. So ist es bei Ringbohrungen mit ihren größeren Durchmessern wichtig, dass die Achse des Bohrers im rechten Winkel zur Leistenwand steht. Bei Bohrungen unter einem schrägen Winkel ist eine größere Knochenwandstärke erforderlich und bedeutend mehr Bohrarbeit, da eine größere Knochenmasse weggebohrt werden muss. Dagegen spielen beim Herausbohren runder Perlen wegen der kleineren Durchmesser und der runden Form des erwünschten Produkts der höhere Arbeitsaufwand beim Bohren und das Risiko von Fehlbohrungen eine bedeutend geringere Rolle.

So war es durch die Wahl von kleinen runden Perlen anstelle von Ringen möglich, die Leisten aus Rindermetapodien über eine größere Länge hinweg zu nutzen. Dies wird noch in zweiter Hinsicht verstärkt: Wenn bei der letzten Bohrung am Leistenende die Länge der geeigneten Bohrfläche für eine weitere Bohrung nicht ausreichte, würde eine zum Bohren geeignete Leistenlänge, die bis zur Größe des Durchmessers des Produktes reichen konnte, ungenutzt bleiben. Ein Wechsel auf einen Bohrer für ein kleineres Produkt ermöglicht diese Ineffizienz zu verringern bis zum Durchmesser des kleinsten Produkts. Dieser ist in Produktionsphase 1 mit 7,8 mm fast doppelt so groß wie in Produktionsphase 2. Während man in Produktionsphase 1 nur vereinzelt und wohl eher beiläufig einen solchen Wechsel zu einem anderen Bohrer vollzogen hat, um die Leistenlänge oder -breite besser auszunutzen, geschah dies in Produktionsphase 2A vielmehr regelmäßig und gezielt als bewusste Ausnutzung des Materials. In dieser Phase wurden etwa achtmal so häufig verschiedene Bohrer in einem Leistenfragment benutzt wie in Produktionsphase 1. In Produktionsphase 1 fanden zehn Bohrerwechsel in 951 Leistenfragmenten mit 2236 Bohrungen statt (also einmal pro 224 Bohrungen und in jedem hundertsten Leistenfragment), in der Stichprobe der Produktionsphase 2A mit 1175 Leistenfragmenten fanden 297 Bohrerwechsel statt in 289 Leistenfragmenten mit 11 157 Bohrungen, also in jedem vierten Leistenfragment und bei jeder 37. oder 38. Bohrung. In sieben Leistenfragmenten wurde mit drei verschiedenen Bohrern gebohrt, in einem Fragment sogar mit vier. Es ist dabei vorstellbar, dass nicht voll ausgenutzte Leisten aufbewahrt und erst nach einer Weile mit einem anderen Bohrer weiter bearbeitet wurden.

Das Streben nach einer besseren Materialausnutzung zeigt sich weiter im Ausbohren von kleinen Reststücken und Splittern, an denen sich nur eine kleine Fläche zum Bohren eignete. Wurde es also in Produktionsphase 1 vorgezogen, die Materialausnutzung zu steigern, indem man mit einer

Bohrung mit größerem Durchmesser zwei Ringe herausbohrte, suchte man in Produktionsphase 2A die Zahl der Bohrlöcher höchstmöglich zu erhöhen, indem man kleinere Lochdurchmesser wählte.

C. Anzahl der Löcher in Scheiben und Leisten

Die vollständig erhaltenen Metapodienleisten in der Stichprobe wurden zum einen Teil angefertigt aus Leisten aus der ganzen Diaphysenlänge und zum anderen Teil aus Leisten aus quer halbierten Metapodien oder Diaphysenlängen, die aus anderen Gründen nicht vollständig waren. Daraus ergibt sich, dass sich in den vollständigen Leisten zwei unterschiedliche Gruppen erkennen lassen. So gibt es einerseits 14 Metacarpenleisten mit Längen von 4,5 bis 8,6 cm und sieben Metatarsenleisten mit Längen zwischen 5,9 und 8,6 cm. Andererseits haben vier Metacarpen- und neun Metatarsenleisten aus der vollständigen Diaphysenlänge Leistenlängen von 9,8 bis 14 cm: ähnlich wie die vergleichbaren Leisten aus Produktionsphase 1.[414] Aus den Leisten aus vollständigen Diaphysen wurden pro Leiste zwischen neun und 20 Perlen herausgebohrt: aus den vier Metacarpenleisten zwischen neun und 20 kleine Perlen (im Schnitt 14,8), aus acht der neun Metatarsenleisten zwölf bis 14 kleine Perlen und in einer weiteren Metatarsenleiste zehn zum Teil kleine und zum Teil große Perlen (im Schnitt 13,3 ohne bzw. 12,9 einschließlich der zuletzt erwähnten Leiste). Ausgehend von im Schnitt dreieinhalb Metapodienleisten mit vollständiger Länge ließen sich aus einem Metatarsus etwa 46 kleine Perlen herausbohren und aus einem Metacarpus etwa 51.

Bei dieser kleinen Zahl an vollständigen Metapodienleisten wurden jedoch verhältnismäßig weniger Bohrungen in einer zweiten und dritten Reihe durchgeführt als durchschnittlich in all den Fragmenten von Metapodienleisten zusammengenommen, die über die vollständige Breite verfügen. Darin liegen die mittleren Werte der Bohrungen bei Metacarpen pro Leiste bei 18 bis 20 und bei Metatarsen pro Leiste bei 17,3 bis 17,8 Bohrungen. Aus einem Metacarpus ließen sich dann 64 bis 70 Perlen und Ringe herausbohren, aus einem Metatarsus 60 bis 62. Auf Grundlage beider Berechnungen wären ohne Berücksichtigung der Fehlbohrungen in Produktionsphase 2A zwei- (2,2) bis gut dreimal (3,3) so viele Gegenstände aus einem Metapodium herausgebohrt worden wie in Produktionsphase 1. Auch ist auf Grundlage beider Berechnungen in Produktionsphase 2A die Zahl der Bohrungen, anders als in Produktionsphase 1, in den Metacarpen größer als in den Metatarsen. Der Grund dafür kann darin liegen, dass in Produktionsphase 2A die durchschnittliche Breite der Metacarpenleisten etwas höher liegt und dass Metacarpenleisten bevorzugt zum Bohren der kleineren Durchmessergruppen der kleinen Perlen verwendet wurden. Letzteres ist ohne Zweifel durch die leicht größeren Wandstärken der Metatarsenleisten bedingt, wodurch diese sich besser zum Bohren von Perlen der größeren Durchmessergruppen eigneten.

Während – wie oben beschrieben – in Produktionsphase 2A aus einem in Leisten gespaltenen Rindermetapodium bereits mehr als zwei- oder dreimal so viele kleine runde Perlen gebohrt wurden wie Ringe in Produktionsphase 1, konnten aus einem quer in Scheiben zerteilten Rindermetapodium noch erheblich mehr Perlen gewonnen werden. Dieser Vorteil ist beim Metatarsus wesentlich größer als beim Metacarpus. Nach Abzug der nicht genutzten abgesägten proximalen und distalen Enden bleiben von einem Metatarsus 13,5 cm Diaphysenlänge übrig. Aus diesen 13,5 cm können 17,8 Scheiben mit einer durchschnittlichen Stärke von 7,6 mm gesägt werden. In jeder Scheibe lassen sich im Schnitt 9,5 Bohrungen unterbringen, so dass insgesamt knapp 168 Bohrungen mit einem Durchmesser von 5,3 bis 7,3 mm vorgenommen werden können, bzw. bei 17 Scheiben insgesamt 160 Bohrungen mit einem Durchmesser von ca. 7 mm. Das sind mehr als zweieinhalb- oder dreieinhalbmal so viele Bohrungen wie in einem zu Leisten verarbeiteten Metatarsus. Dagegen können aus der verfügbaren Röhrenlänge eines Metacarpus von 11,5 cm 15 Scheiben mit 7,6 Bohrungen pro Scheibe gesägt werden, also insgesamt 114 Bohrungen. Das sind 1,6- bis 2,2-mal so viele Bohrungen

---

414 Die vier Metacarpenleisten haben Längen von 9,8 bis 14,2 cm, im Schnitt 11,5 cm, von denen eine Länge von 6,4 bis 11,5 cm (im Schnitt 8,7 cm) ausgebohrt wurde; die Metatarsenleisten haben Längen von 10,6 bis 13 cm (im Schnitt 11,9 cm), von denen 8,6 bis 10,3 cm ausgebohrt wurden.

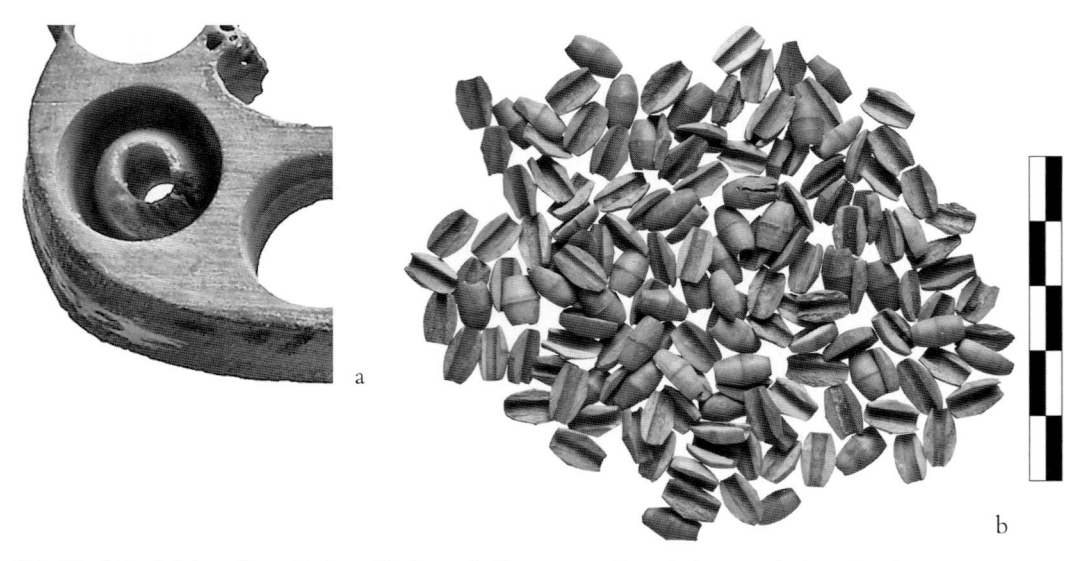

Abb. 97: a) Produktionsphase 2A. Durchbohrte Scheibe mit unvollständig herausgebohrter länglicher Perle, deren Wand im Loch während des Bohrens gebrochen ist; b) Produktionsphase 2A. Eine Handvoll der losen länglichen Perlen, die überwiegend in der Länge gebrochen sind (Bef. 219).

wie in einem zu Leisten verarbeiteten Metacarpus. Dass bei Metatarsen das Bohren in Scheiben im Vergleich zum Bohren aus Leisten zahlenmäßig so viel mehr an Vorteil bietet als bei Metacarpen, ist einerseits durch die größere Röhrenlänge und -wandstärke beim Metatarsus bedingt. Diese ermöglicht eine größere Scheibenzahl und eine größere Zahl an Bohrungen pro Scheibe. Andererseits wird der Unterscheid noch verstärkt durch die größere Zahl an Bohrungen in Leisten aus Metacarpen, verglichen mit der Zahl an Bohrungen in Leisten aus Metatarsen. Daraus erklärt sich die deutliche Bevorzugung des Metatarsus zur Scheibenanfertigung.

D. Fehlbohrungen

Obwohl Leistenfragmente mit Perlenresten in der untersuchten Stichprobe wahrscheinlich überrepräsentiert sind, liegt der Anteil der Bohrlöcher mit Perlenresten mit 3,1% aller gezählten Bohrungen weit unter dem Anteil in Produktionsphase 1. Der Anteil der Fehlbohrungen in Scheiben ist mit 2,5% der Bohrlöcher sogar noch niedriger. Die Unterschiede in den Anteilen der Fehlbohrungen zwischen den verschiedenen Skelettelementen sind gering. Auffallend ist nur die niedrige Fehlbohrungsquote bei Metatarsenleisten, die mit 2,4% die niedrigste unter denen der Leisten ist. Sie ähnelt derjenigen der Scheiben, die hauptsächlich ebenfalls aus Metatarsen angefertigt wurden.

Der Hauptgrund für die Fehlbohrungen ist bei den Scheiben darin zu suchen, dass die oft sehr dünne Knochenwand zwischen dem Bohrloch und der Scheibenkante herausbrach, wodurch der Bohrer keinen Halt mehr im Bohrloch hatte. Ein weiterer Grund ist die dünne Perlenwand bei den länglichen Perlen, die während des Bohrens leicht absplittert oder bricht (Abb. 97a). So sind die losen länglichen Perlen aus Produktionsphase 2A meistens in der Länge, d. h. parallel zum Mittelloch, gebrochen (Abb. 97b). Die losen runden Perlen dagegen sind am häufigsten an der Ober- oder Unterseite unvollständig.

Bei Leisten dieser Produktionsphase ist eine unzureichende Knochenwandstärke (25%; Abb. 98A) der zweitwichtigste Grund, Bohrungen nicht zu vollenden. Am häufigsten geschah dies, weil die Leiste in der Länge gespalten war (50%; Abb. 98B). War in Produktionsphase 1 eine spongiöse Knochenwand (Abb. 98C) noch die zweitwichtigste Fehlerursache (7% der Leisten mit Produktresten), ist dies in der Stichprobe der Produktionsphase 2A als Grund unbedeutend, die Bohrung nicht zu

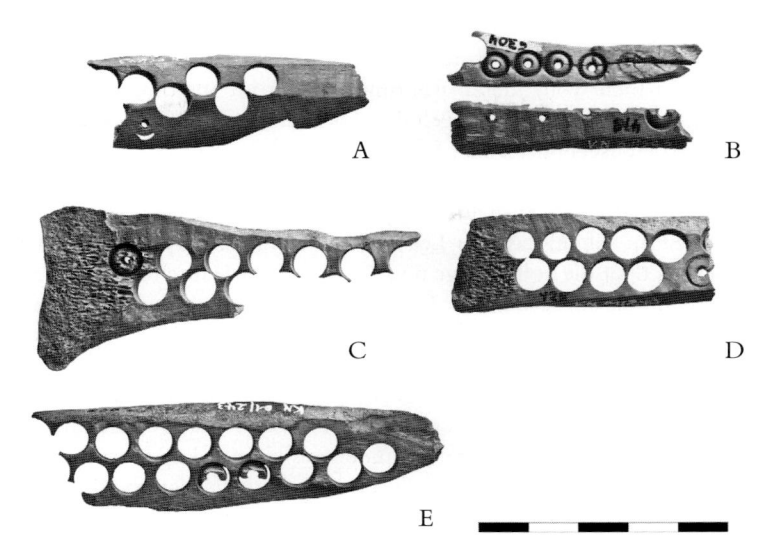

Abb. 98: Produktionsphase 2. Bohrleisten mit unvollendet herausgebohrten Perlen wegen nicht ausreichender Stärke der Knochenwand (A), Längsspalten der Leiste während des Bohrens (B), spongiöser Knochenwand (C), Querbrechen der Leisten während des Bohrens (D) und Brechen der Perlenwand im Bohrloch (E).

vollenden. Trotzdem wurde an den Enden der Metapodienleisten mehr als doppelt so oft (22% der Enden) in spongiöser Knochenwand gebohrt wie in Produktionsphase 1.

Bei der Analyse der Fehlbohrungen ist zu bedenken, dass herausgebohrte Objekte auch nach dem Lösen aus der Leiste als Fehlbohrung klassifiziert und weggeworfen worden sein können. So könnten die vielen oben oder unten unvollständigen runden Perlen andeuten, dass eine unzulängliche Knochenwandstärke möglicherweise als Fehlerursache bedeutender war als das Längsspalten der Leiste. Eine Analyse der losen Produkte könnte hierzu Aufschluss bieten.

3.4.4.6 Arbeitseffizienz und Standardisierung

Mit der Erhöhung der Produktzahl sowohl pro Leiste als auch aus einem Knochen, verringerte sich der Arbeitsaufwand pro Produkt, weil sich der Aufwand für das Beschaffen und Vorbereiten des Knochens und die Leistenanfertigung auf mehrere Produkte verteilte. Außerdem war das Nachbearbeiten der Leisten in Produktionsphase 2A mit dem Zieh- oder Hackmesser v. a. an den Enden und langen Kanten weniger aufwendig als in Produktionsphase 1. Zudem erforderte das Herausbohren einer kleinen runden Perle weniger Arbeitskraft und v. a. bedeutend weniger Sorgfalt und Genauigkeit und somit auch Zeitaufwand als das Herausbohren eines Ringes und erst recht einer Bohrung von Doppelringen. Die kleinen runden Perlen konnten ohne besondere Aufmerksamkeit in einer oder wenigen Minuten herausgebohrt werden. Der geringe Arbeits- und Materialverlust könnte zur Folge gehabt haben, dass Fehlbohrungen eher in Kauf genommen wurden. Auch weniger erfahrene Arbeitskräfte können das Herausbohren der kleinen Perlen erledigt haben. Der Hauptvorteil einer größeren Erfahrung beim Herausbohren von kleinen runden Perlen liegt in der Schnelligkeit und Ausdauer.[415]

So ist das Herausbohren von kleinen runden Perlen viel besser für eine Massenproduktion geeignet als die komplexe Bohrung von Doppelringen wie in Produktionsphase 1. Nicht so sehr wie in

---

415 Das Drechseln oder Ausfräsen der Perlen, das in Kairo ausschließlich vom Meister betrieben wurde, erfordert wohl eine gewisse Erfahrung und Genauigkeit.

Produktionsphase 1 wurden Fehlbohrungen durch sorgfältiges Herausbohren, sondern durch ein Muster gut durchdachter Verarbeitungsschritte vermieden. Anders als in Produktionsphase 1 liegen die Hauptgründe für die nicht vollendeten Bohrungen nicht im Spaltmuster oder in der Nachbearbeitung der Leisten, sondern in der mangelnden Sorgfalt. Zu so einer Massenproduktion passt auch, dass bereits fertig herausgebohrte, aber fehlerhafte Perlen erst nachträglich aussortiert wurden. Bemerkenswert ist weiterhin, dass die Seite, an der zuerst gebohrt wurde – anders als in Produktionsphase 1 – in einer Leiste nur ausnahmsweise wechselte. An vielen Beispielen unvollständig ausgebohrter Leisten ist zu sehen, dass die Leiste erst systematisch von einer Seite (meistens der Innenseite der Knochen) über die volle Länge und Breite bis zur Hälfte der Wandstärke ausgebohrt wurde, bevor sie umgedreht wurde und die Bohrungen auf der Gegenseite vollendet wurden. In Produktionsphase 1 lässt sich in Bezug auf diesen Aspekt keine Systematik erkennen, und es wurde die Leiste nach dem Ausbohren von willkürlich einer, einigen oder allen Bohrungen an der einen Seite umgedreht und auf der Gegenseite weitergebohrt.

Die Vereinheitlichung der Verarbeitung in festen Schritten ist ebenfalls typisch für eine Massenproduktion. 95% der herausgebohrten Produkte bestanden aus kleinen kugelförmigen Perlchen, deren Durchmesser zwischen 4,5 und 6 mm so wenig variierten, dass die Verarbeitung keine Anpassung oder Änderung des Verarbeitungsmusters erforderte. Rindermetatarsen und -metacarpen wurden alle nach demselben Muster gespalten und weiterverarbeitet, und die Verarbeitung der anderen Skelettelemente lehnte sich an dieses Muster an. Abweichungen vom Verarbeitungsmuster haben – selbst wenn sie häufig vorkamen – keinen strukturellen, sondern einen zufälligen Charakter, so dass sie kein separates Muster bilden. Auch an vielen Messdaten fallen vielmehr graduelle als strukturelle Unterschiede auf.

Ringe bzw. große Perlen mit abweichender Form bzw. Größe gaben keinen Anlass, separate Verarbeitungsmuster zu schaffen, sondern sie veranlassten die Auswahl oder relative Bevorzugung bereits angefertigter Leisten mit bestimmten Charakteristiken. Gerade die relativ kleinen Außendurchmesser und die relativ großen Wulsthöhen, welche die Ringe der Produktionsphase 2 kennzeichnen (s. Kap. 3.2), machten weniger Sorgfalt notwendig und verringerten das Fehlerrisiko beim Ausbohren. Weil diese abweichenden Produkte zahlenmäßig kaum von Bedeutung und technisch ohne Einfluss waren und auch die Steigerung der Effizienz keine Rolle spielte, entstanden diese Produkte wohl gerade um ihrer abweichenden Form oder Größe willen. Beim Bohren länglicher Perlen aus Scheiben ist dies anders. Das Sägen von mehr als einem Dutzend Scheiben aus einer dickwandigen Knochenröhre erfordert nicht nur bedeutend mehr Anstrengung und Zeit als das Spalten und Anfertigen von Leisten, sondern auch eine Säge – ein Werkzeug, das sonst bei der Perlenproduktion nicht gebraucht wird. Auch das Herausbohren der länglichen Perlen erfordert mehr Sorgfalt als das Herausbohren der kleinen runden Perlen. Bemerkenswert ist weiterhin, dass für die Anfertigung der Scheiben zusätzliche Metatarsen beschafft wurden, die sich nicht im Rahmen der gleichmäßig verteilten Rindermetapodien bewegen. Es ist zu fragen, ob sich so viel an zusätzlichem Aufwand für die immerhin bedeutend größere Perlenzahl lohnt, die dabei aus einem Metapodium entstand. Immerhin wäre dieser Vorteil noch deutlich größer gewesen, wenn man aus den Scheiben runde anstelle von länglichen Perlen gebohrt hätte. (s. Kap. 3.4.5). Die Wahl der aufwendigeren und weniger ergiebigen Anfertigung von länglichen Perlen und die Beschaffung von zusätzlichen Metapodien stellen infrage, dass diese Technik genutzt wurde, um das Rohmaterial besser auszunutzen. Es ist wohl vielmehr die Form, die zur Scheibentechnik geführt hat. Während die Scheibentechnik auf die längliche Perlenform geradezu zugeschnitten ist, sind die Leisten so beschaffen, dass in aller Regel lediglich ein kleiner Teil der Bohrfläche in der Mitte hoch genug ist, um diese Perlenform herauszubohren. Dadurch würde beim Herausbohren einer beschränkten Zahl länglicher Perlen aus einer Leiste ein erheblicher Teil der für runde Perlen geeigneten Knochenwand ungenutzt bleiben. Damit fällt die Anfertigung der länglichen Perlen aus quer gesägten Knochenscheiben aus dem Rahmen der Strategie, die sich in Produktionsphase 2A in der Anfertigung von Bohrprodukten aus Leisten erkennen lässt, und die zu einer Massenproduktion passt, bei der möglichst viele Produkte mit möglichst wenig Arbeits- und Zeitaufwand hergestellt wurden.

3.4.5 Produktionsphase 2B

3.4.5.1 Materialauswahl

Die Stichprobe umfasst 543 Leistenfragmente und 92 Scheibenfragmente aus einer der jüngsten Schichten mit primär deponiertem Abfall aus Produktionsphase 2 (Bef. 609a).[416] Die Fragmente, die insgesamt etwa 1250 g wiegen, bilden eine willkürliche Stichprobe auf Grundlage von 10% der Leisten und Scheiben aus dieser Schicht. Da möglicherweise Abfälle mit Produktresten vor der Materialauswahl entfernt wurden, konnte nicht sichergestellt werden, dass der Anteil der Fehlbohrungen repräsentativ ist. Die Stichprobe wurde als Ergänzung und Vervollständigung des Bildes der Stichprobe von Produktionsphase 2A in relevanten Aspekten ausgewertet.

Abb. 99: Durchbohrte Leisten und Scheiben aus der untersuchten Stichprobe der Produktionsphase 2B (Bef. 609).

3.4.5.2 Produkte

Ähnlich wie in Produktionsphase 2A wurden aus den Leisten der Stichprobe der Phase 2B (s. Abb. 99) hauptsächlich kleine runde Perlen, große runde Perlen und Ringe mit rundem Wulstschnitt hergestellt (s. dazu Kap. 3.3, Fundkomplex 5). Die Stichprobe von Produktionsphase 2B unterscheidet sich dadurch von derjenigen der Phase 2A, dass in ihr der Anteil der großen Perlen und Ringe größer war und die Hauptmenge sowohl der kleinen wie auch der großen Perlen kleiner. 88% der insgesamt 5561 gezählten Bohrlöcher haben Durchmesser kleiner als 8,2 mm (Tab. 46). In der Stichprobe der Produktionsphase 2A betrug der Anteil der vergleichbaren Durchbohrungen noch 97% (Tab. 44). Besonders der Anteil der großen Perlen stieg von 0,7 auf 5,4%. Dieser Anstieg wird durch eine Reihe neuer Durchmessergruppen (sozusagen) mittelgroßer Perlen mit Lochgrößen von

---

416 Fundnr. 01/573.

etwa 9 bis 11 mm (p12a bis p16; Tab. 46) bewirkt. Diese füllen die Lücke aus, die große und kleine Perlen in der Stichprobe der Produktionsphase 2A deutlich voneinander trennte.

Auch innerhalb des Durchmesserbereichs der kleinen Perlen zeigen sich neue Gruppen mit kleineren Durchmessern. So wurden 25% aller Produkte aus Bohrlöchern kleiner als 5,7 mm gebohrt, während die Lochdurchmesser der Stichprobe der Produktionsphase 2A, von Ausnahmen abgesehen, insgesamt größer sind. Neu sind nicht nur die kleinen Perlen der Durchmessergruppe p2, die mit Perlendurchmessern von rund 4 mm aus etwa 5 bis 5,5 mm großen Löchern herausgebohrt wurden. Aus einem Leistenfragment mit Bohrlöchern mit einem Durchmesser von 4,5 mm können Perlchen der kleinsten Durchmessergruppe (p1) herausgebohrt worden sein. Solche Perlchen sind nicht aus Produktionsphase 2B bekannt, jedoch Beispiele aus Produktionsphase 3 belegen, dass deren Durchmesser etwa 3,5 mm beträgt (Tab. 38a). Diese beiden Gruppen kleiner Perlen unterscheiden sich in der Größe vermutlich ausreichend von den ‚mittelgroßen' Perlen der Durchmessergruppen p12a bis p16 mit Perldurchmessern von 8 bis 10 mm, um in einer Gebetsschnur als Andeutung eines Gebetswechsels dienen zu können (s. Kap. 4). Die Bohrlöcher der häufigsten Gruppe (p5), die 60% aller gezählten Löcher ausmachen, sind mit Lochdurchmessern von rund 6 mm nur wenig kleiner als die Löcher der häufigsten Gruppe in der Stichprobe der Phase 2A. Deren Perlen hatten Durchmesser von 4,6 bis 5,2 mm. Der Mittelwert der Bohrlöcher für kleine Perlen liegt bei 5,9 mm und damit unterhalb des Mittelwerts der Stichprobe der Produktionsphase 2A (6,6 mm).

Ähnlich wie in Produktionsphase 2A entstanden nur in sehr kleinen Mengen Perlen mit größeren Durchmessern aus Bohrlöchern mit Durchmessern von 12 bis etwa 14,5 mm (Durchmessergruppen p17 bis p18). Ebenfalls ähnlich wie in Produktionsphase 2A hinterließen Ringe mit verschiedenen Durchmessern Bohrlöcher mit Durchmessern von 8 bis 16,4 mm. Ein Fragment von einer Metatarsenleiste mit zwei Löchern von 20 mm Durchmesser und ein Fragment einer Unterkieferleiste mit Löchern von etwa 22 mm Durchmesser deuten darauf hin, dass bereits in Produktionsphase 2 vereinzelt auch Ringe mit größeren Durchmessern angefertigt wurden, wie sie aus Produktionsphase 3 bekannt sind.

Anders als in Produktionsphase 2A wurden in Phase 2B aus Scheiben dieselben kleinen runden Perlen herausgebohrt wie aus den Leisten mit denselben Bohrprofilen und im vergleichbaren Verhältnis. So passen 14% der insgesamt 594 Bohrlöcher der Scheiben in die oben beschriebene Durchmessergruppe p2 und 83% in Durchmessergruppe p5 (Tab. 46).

Bei ähnlichen Durchmessern erfordern kleine runde Perlen durch ihre geringeren Perlenhöhen kleinere Scheibenstärken als längliche Perlen. Die Scheiben der Produktionsphase 2B sind deshalb deutlich dünner als die der Produktionsphase 2A: rund 5 mm.[417] Lediglich drei der insgesamt 92 Scheibenfragmente weisen Durchbohrungen für insgesamt 15 längliche Perlen der Durchmessergruppe t4 auf, mit Leistenstärken von 8 bis 10 mm und Bohrlöchern von 6,5 bis 7 mm.

Mit dem Wegfall der länglichen Perlen erscheint die Produktpalette insgesamt vereinfacht und auf zwei Formen beschränkt worden zu sein: runde Perlen und Ringe mit rundem Wulstschnitt, beide allerdings in einem breiteren Maßspektrum als zuvor. Die kleinen Perlen der beiden Durchmessergruppen unterscheiden sich auch optisch deutlich voneinander.

3.4.5.3 Rohmaterialauswahl und Leistenanfertigung

Die Zusammensetzung und das Verhältnis der Mengen der Skelettelemente, aus denen Leisten hergestellt wurden, sind in der Stichprobe der Produktionsphase 2B in nahezu jeder Hinsicht dieselben wie in Produktionsphase 2A (Tab. 41).[418] So wiederholt sich der Hinweis auf die Beschaffung von

---

[417] Die kleinsten und größten Stärken der Scheiben variieren, von Ausnahmen abgesehen, insgesamt von 3,5 bis 6,2 mm; der kombinierte Mittelwert liegt bei Durchmessergruppe p2 bei 4,1 mm, bei Durchmessergruppe p5 bei 5,7 mm.

[418] Der fast doppelt so große Anteil an Pferdeknochen in der Stichprobe der Produktionsphase 2B wird durch Langknochen hervorgerufen, die nicht näher bestimmt werden konnten und hauptsächlich aufgrund der Struktur der Knochenwand als Pferdeknochen gedeutet wurden.

extra Rindermetatarsen für die Anfertigung von Scheiben. Die Bevorzugung der Metatarsen bei dieser Anfertigung zeigt sich sogar verstärkt.

Auch das Spaltmuster der Metapodien ist das gleiche wie in Produktionsphase 2A. Ähnlich wie in Phase 2A sind eine Metacarpenleiste und eine Metatarsenleiste mit der Koaleszenznaht in der Leistenmitte als Ausnahmen zu betrachten.

Die Technik des Aufspaltens der Knochen mit einem Meißel scheint im Vergleich zu der Stichprobe der Produktionsphase 2A besser unter Kontrolle gewesen zu sein. Anders als in Produktionsphase 2A wurden alle Meißelspuren an Metapodienleisten auf der Koaleszenznaht auf der Rückseite der Knochen angetroffen. Anscheinend wurde die Seite, auf der der Meißel eingeschlagen wurde, standardisiert, und man hatte das Spalten besser unter Kontrolle, so dass nicht bis zur anderen Knochenseite durchgeschlagen wurde. Auch die Einschlagstelle des Meißels wurde offenbar im Vergleich zur Stichprobe der Produktionsphase 2A stärker standardisiert. Der Meißel wurde entweder in der Mitte der Diaphyse eingeschlagen, mit dem Vorteil, dass er weniger von der Spaltrichtung abwich oder etwa 3 bis 4 cm vom proximalen Gelenkende entfernt, einer Stelle, an der der Knochen am stärksten zusammengehalten wurde und das Spalten am schwierigsten zu kontrollieren war.[419] In Produktionsphase 2A wurde der Meißel an verschiedenen Stellen eingeschlagen, am häufigsten allerdings auf der Strecke zwischen einer Stelle 3 cm vom proximalen Knochenende entfernt und etwa der Knochenmitte, vereinzelt jedoch an der distalen Knochenseite oder knapp am Proximalende.

Die Meißelspuren selbst wurden durchschnittlich etwas breiter als in Produktionsphase 2: am häufigsten zwischen 10 und 13 mm, wenn auch vereinzelt 8 bis 8,5 mm. Auch dies mag Zeichen einer technischen Verfeinerung sein.[420]

Auch an Radien und Tibien von Rind und Pferd wurden nur Meißelspuren auf der Achse der posterioren (rückwärtigen) Seite des Knochens angetroffen. An Pferdemetapodien wurden Meißelspuren außerdem seitlich auf der posterioren Knochenseite vorgefunden. Die Spaltstellen dieser Knochen zeigen allerdings das gleiche Muster wie in Produktionsphase 2A und lassen vermuten, dass mögliche Meißelspuren – wie bei Rindermetapodien – an anderen Stellen dadurch entfernt wurden, dass sie nachträglich mit dem Zieh- oder Hackmesser bearbeitet wurden. Die Verarbeitung der Leistenenden zeigt das gleiche Muster wie die Stichprobe der Produktionsphase 2A. Auch die durchschnittlichen Stärken und Breiten der Leisten sind dieselben.

Ähnlich wie in der Stichprobe der Produktionsphase 2A wurden mehr als 80% der Leistenfragmente zuerst von der Innenseite der Knochen aus angebohrt. Etwas öfter als in der Stichprobe der Produktionsphase 2A, aber immer noch seltener als bei 3% der Leistenfragmente, wurde bei den Bohrungen die Anfangsseite gewechselt.

3.4.5.4 Materialausnutzung

Der Ertrag an herausgebohrten Produkten aus den Leisten scheint in der Stichprobe der Produktionsphase 2B etwa gleich groß wie in Produktionsphase 2A gewesen zu sein. Der kleinere Mittelwert des Durchmessers der kleinen Perlen ermöglicht einerseits eine größere Ausbeute und eine bessere Materialausnutzung. Andererseits wird dieser Vorteil durch die verhältnismäßig größere Menge an (mittel)großen Perlen und an Ringen aufgehoben. Es war also möglich, aus der gleichen Knochenmenge eine gleiche Produktmenge mit relativ mehr großen Perlen und Ringen aus den Leisten herauszubohren. Zugleich war der Ertrag an kleinen Perlen aus den Scheiben erheblich angestiegen, v. a. weil die Scheiben dünner waren. Im Schnitt wurden aus elf vollständigen Rindermetatarsenscheiben 9,6 runde Perlen pro Scheibe herausgebohrt (gegenüber 9,5 in Phase 2A), in acht Metacarpenscheiben 9,3 runde Perlen (7,6 in Phase 2A). Aus einer Metatarsen-Diaphyse ließen sich 27 Scheiben mit

---

419 Als der Prozess im Experiment nachvollzogen wurde, stellte sich heraus, dass sich beide genannten Spaltstellen in unterschiedlichen Fällen als die günstigsten erwiesen.

420 Beim Einsatz eines Meißels von 8 bis 9 mm Breite, wie er in der Stichprobe der Produktionsphase 2A mehrheitlich benutzt wurde, entsteht leichter ein viereckiges Loch in der Knochenwand, ohne dass die Wand sich spaltet.

Durchmesser-Gruppe	Lochdurchmesser	Leistenfragmente[1]		Bohrlöcher	
	Bereich	Zahl	%	Zahl	%
p1	3,6–4,4	2	0,2	26	0,4
p5	5,8–6,4	148	11,4	1333	21,9
p10	7,1–8,3	427	32,8	2725	44,9
p12	7,2–8,0	5	0,4	23	0,4
p15	9,8–11,0	115	8,8	594	9,8
p5–p15	5,8–11,0	695	53,5	4675	77,0
Perlen total	**3,6–11,0**	**697**	**53,6**	**4701**	**77,4**
p17?	ca. 12	3	0,2	10	0,2
f1	12,1–13,0	11	0,8	26	0,4
r11	13,2–13,4	6	0,5	16	0,3
r14	13,6–15,0	99	7,6	229	3,8
r17/f2	15,3–15,4	2	0,2	7	0,1
r19/f3	15,9–17,0	97	7,5	152	2,5
r/f	18,0–18,3	6	0,5	11	0,2
f7/f10?	18,9–19,3	7	0,5	11	0,2
f7/f10	19,6–20,4	82	6,3	118	1,9
f12/f15	20,8–22,5	263	20,2	657	10,8
r28	22,9–23,0	7	0,5	20	0,3
r29	24,0–25,2	14	1,1	25	0,4
r30	ca. 26	6	0,5	10	0,2
r30?	ca. 27	6	0,5	13	0,2
r31	27,6–28,4	31	2,4	67	1,1
Ringe total	**12,1–28,4**	**637**	**49,0**	**1362**	**22,4**
total[1]		**1300**	**100,0**	**6073**	**100,0**

1 Die Gesamtzahl der Leistenfragmente ist kleiner als die Summe der Fragmente mit Bohrungen für Ringe sowie Perlen, weil mehrere Durchmessergruppen pro Fragment möglich sind.

Tab. 46: Produktionsphase 3. Durchmessergruppen (Maße in mm).

einer Stärke von 5 mm (statt 17 bis 18 in Phase 2A) sägen; aus einer Metacarpen-Diaphyse 23 (statt 15) Scheiben. So konnten aus einem Rindermetatarsus 260 runde Perlen herausgebohrt werden (anderthalbmal so viel wie längliche Perlen in Phase 2A) und aus einem Metacarpus 213 runde Perlen (fast doppelt so viel wie in Phase 2A). Möglicherweise gleicht der höhere Ertrag an kleinen Perlen aus Scheiben den relativ geringeren Ertrag an kleinen Perlen aus Leisten wieder aus. Insgesamt war somit die Materialausnutzung im Vergleich zur Stichprobe aus Produktionsphase 2A gestiegen, ohne dass sich die Materialauswahl und die Leistenanfertigung geändert hätten. Die annähernde Verdopplung des relativen Anteils der Scheibenfragmente an der Gesamtheit der Leisten und Scheiben im Vergleich zum Anteil der Stichprobe der Phase 2A (von 8,6 auf 16,9%) ist zu einem großen Teil dadurch zu erklären, dass mehr Scheiben aus einem Metapodium gesägt wurden.

Zu einer besser durchdachten Materialnutzung könnte auch das seltenere Wechseln des Bohrers während des Bohrens in einer Leiste passen. In einem Sechstel anstelle eines Viertels der Leistenfragmente wurde mit zwei verschiedenen Bohrern gebohrt. Auch das zuvor beobachtete, häufigere Wechseln der Anfangsseite bei den Bohrungen kann die Folge einer gestiegenen Sorgfalt bei der Materialausnutzung sein, bei der Fehlbohrungen vermieden wurden. Bemerkenswert ist, dass – soweit sich von Phase 2A zu Phase 2B Entwicklungen bei der Verarbeitung zeigten – diese alle Teil des Arbeitsschrittes des Bohrens waren, bei dem man die Hand oder den Einfluss des Meisters am ehesten erwarten würde.

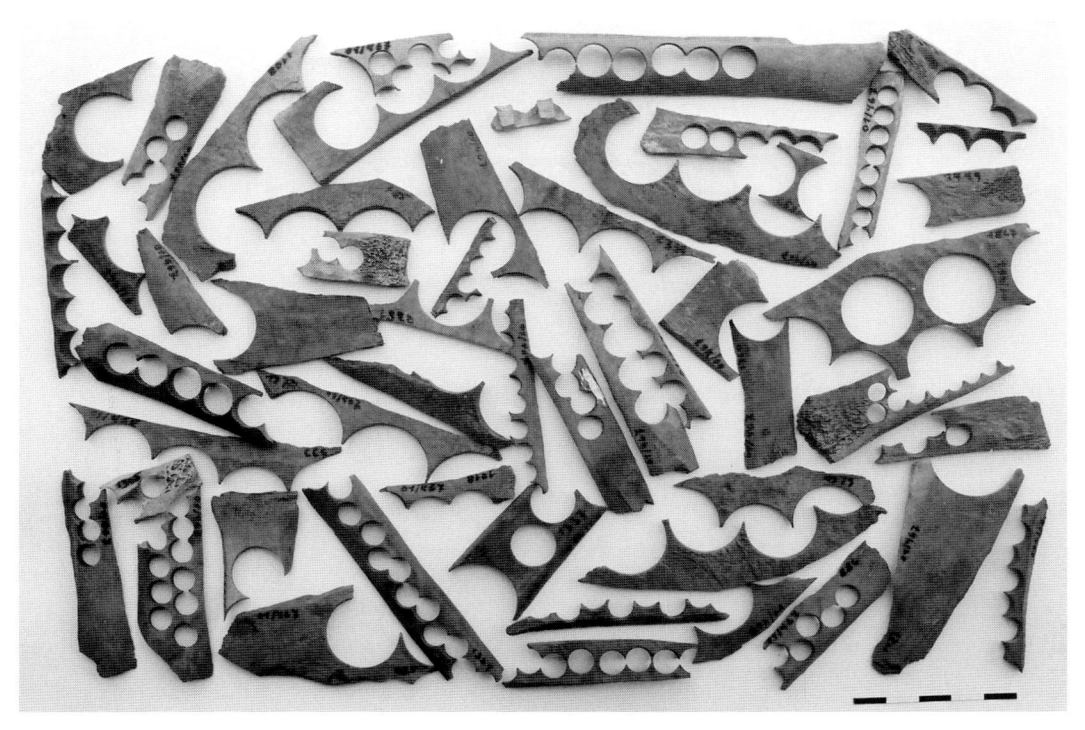

Abb. 100: Produktionsphase 3. Durchbohrte Leisten aus der untersuchten Stichprobe (Bef. 472).

3.4.6 Produktionsphase 3

3.4.6.1 Materialauswahl

Die Stichprobe umfasst 1300 Leistenfragmente und ein Scheibenfragment aus Bef. 472 (s. Abb. 100). Dies ist der einzige Fundkomplex mit einer umfangreichen Menge an durchbohrten Knochenleisten aus Produktionsphase 3, der stratigraphisch nicht umgelagert worden war und dessen Leisten offensichtlich keine Zeichen einer Verlagerung oder Vermischung mit Leisten anderer Produktionsphasen aufweisen. Der ausgewählte Teil bildet eine willkürliche Stichprobe von 23% an durchbohrten Leisten aus der betreffenden Schicht. Der Anteil der Leisten mit Produktresten ist als repräsentativ zu betrachten.[421] Die Stichprobe wurde nach relevanten Aspekten ausgewertet. Das einzige, relativ kleine Scheibenfragment wurde nicht in die Auswertung einbezogen, weil es vermutlich ein Irrläufer ist.

3.4.6.2 Produkte

Als Produkte sind runde Perlen, Ringe mit rundem Wulstschnitt und flache Ringe bekannt. Ähnlich wie bereits in Produktionsphase 2B gibt es keinen Unterschied zwischen großen und kleinen Perlen mehr, und das Spektrum der Bohrlochdurchmesser wurde nach oben und unten hin erweitert. Die Durchbohrungen sind in zwei Gruppen zu gliedern: einerseits Bohrungen für Perlen, die Bohrlöcher mit Durchmessern von 3,6 bis 12 mm hinterließen, andererseits Bohrungen für flache oder runde Ringe mit Löchern von 12,1 bis 28,4 mm Durchmesser (Tab. 46).

---

[421] Dieser beträgt mit 14 Fragmenten 1,1% der Leistenfragmente der Stichprobe. Im gesamten Fundkomplex befinden sich 91 Leistenfragmente mit Produktresten, 1,6% aller Leistenfragmente.

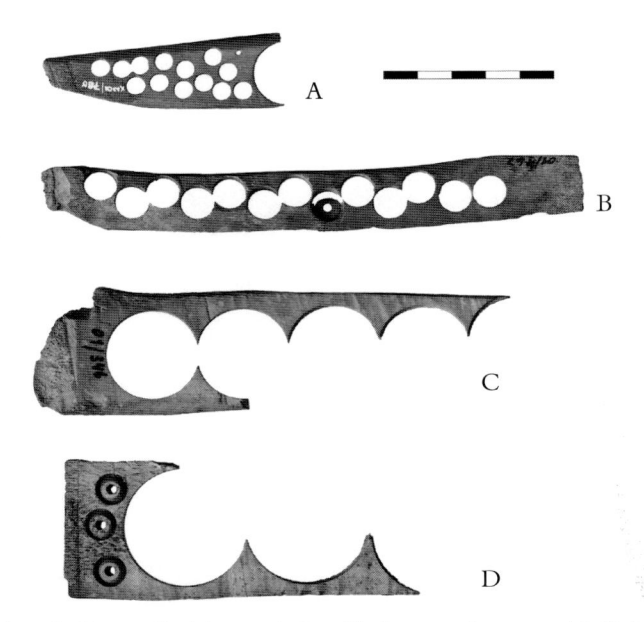

Abb. 101: Produktionsphase 3, Metapodienleisten mit Durchbohrungen für unterschiedliche Produkte. A Miniperlen; B Perlen der Durchmessergruppe p10; C Ringe mit einem Bohrlochdurchmesser von ca. 21 mm; D Ringe mit einem Bohrlochdurchmesser von ca. 29 mm.

77% der Bohrlöcher müssen beim Herausbohren von Perlen entstanden sein. Kennzeichnend dafür ist, dass der Lochdurchmesser das Ein- bis Zweifache der kleinsten durchbohrten Wandstärke beträgt. Die Bohrlöcher verteilen sich auf sechs oder sieben Durchmessergruppen. Diese sind, anders als in Produktionsphase 2A, in der Frequenzverteilung der Bohrlochdurchmesser deutlich voneinander getrennt. Ein Leistenfragment, bei dem der Bohrlochdurchmesser etwa 3,6 mm beträgt, kann möglicherweise mit demselben Bohrer gebohrt worden sein wie ein Fragment mit Miniperlen aus 22 Bohrlöchern mit 4,4 mm Durchmesser (Durchmessergruppe p1; Abb. 101A). Der genannte Durchmesser von 3,6 mm ist der insgesamt kleinste unter den gemessenen Löchern aller Phasen. Die meisten Perlenbohrungen hinterließen allerdings größere Durchmesser als in Produktionsphase 2 (Mittelwert 7,8 mm), obwohl die beiden zahlreichsten Gruppen noch innerhalb des Durchmesserbereichs der kleinen Perlen der Produktionsphase 2A liegen. Abgesehen von den genannten Miniperlenbohrungen ist der kleinste gemessene Bohrlochdurchmesser mit 5,8 mm jedoch größer als in beiden Stichproben der Produktionsphase 2. Am häufigsten sind Bohrlöcher von 7,1 bis 8,3 mm Durchmesser (Durchmessergruppe p10: 45% aller Löcher: Abb. 101B). Der Mittelwert der Durchmesser aller Löcher, die beim Herausbohren von Perlen entstanden sind, liegt mit 7,8 mm an der Spitze dieser Durchmessergruppe. Zehn Bohrungen mit Durchmessern von etwa 12 mm in drei Leistenfragmenten sind die größten, die ein Durchmesserstärkenverhältnis zeigen, das zu den Perlenbohrungen (Durchmessergruppe p17) passt.

Sämtliche Durchmesser, die sich auf Löcher von Bohrungen mit Durchmessern über 12 mm beziehen, sind mehr als 2,7-mal so groß wie die Wandstärke und deuten darauf hin, dass Ringe herausgebohrt wurden. Wenn keine Ringreste in den Löchern vorhanden sind, lässt sich nicht feststellen, ob flache Ringe oder Ringe mit rundem Wulstschnitt herausgebohrt wurden. Am zahlreichsten sind Bohrungen mit Durchmessern von 20,8 bis 22,5 mm (48% der Ringbohrungslöcher: Abb. 101C), in denen nur flache Ringe angetroffen wurden. Es ist daher u. a. anzunehmen, dass bei mehr als der Hälfte der Löcher von Ringbohrungen flache Ringe entstanden. Das entspricht 13% aller Bohrlöcher. Der Anteil der runden Ringe an der gesamten Produktion läge dementsprechend zwischen 5 und 10%.

Das Durchmesserspektrum wurde nicht nur nach unten hin erweitert, sondern – im Vergleich zu Produktionsphase 2 – auch nach oben hin mit verschiedenen Durchmessergruppen von Löchern von 23 bis etwa 28 mm. Ringreste wurden darin nicht angetroffen. Es sind jedoch keine flachen Ringe bekannt, die aus Bohrlöchern mit solchen Durchmessern stammen, auch nicht aus späteren oder umgelagerten Schichten. Runde Ringe gab es im Gegensatz dazu durchaus.

3.4.6.3 Rohmaterialauswahl

Bis auf wenige Ausnahmen beschränkt sich das Spektrum der genutzten Knochen genau auf die fleischlosen Teile des Rinderskeletts, die in größeren Mengen in unzerteiltem Zustand als Schlachtabfälle anfielen: Metapodien und der Horizontalteil des Unterkiefers (*Ramus horizontalis*; Tab. 41a). Lediglich sechs Leistenfragmente (0,6%) wurden aus anderen Langknochen angefertigt wie Radien und Tibien vom Rind (jeweils zwei Fragmente) und Metacarpus und Radius vom Pferd (jeweils ein Fragment). Etwa drei Viertel der Leistenfragmente wurden aus Metapodien angefertigt und ein Viertel aus Unterkiefern. Damit ist der Anteil der Unterkieferfragmente in Produktionsphase 3 etwa zweimal so groß wie in Produktionsphase 1 (Tab. 41b). Ähnlich wie in Produktionsphase 2, jedoch anders als in Produktionsphase 1, wurden nahezu gleich viele Leistenfragmente aus Metacarpen wie aus Metatarsen hergestellt.

Die 289 Unterkieferfragmente wurden mit einer Ausnahme alle zum Bohren von Ringen genutzt. Diese einzige Ausnahme bildet das Leistenfragment mit dem kleinsten gemessenen Bohrlochdurchmesser von etwa 3,6 mm. Etwa die Hälfte der Ringe wurde aus Metapodienleisten herausgebohrt, wobei eine leichte Bevorzugung für Metacarpen festgestellt werden kann.

Infolgedessen wurden für Perlenbohrungen Metatarsenleisten etwas häufiger ausgewählt als Metacarpenleisten (Tab. 41b). Allerdings wurden aus den für Ringbohrungen genutzten Metacarpenleisten v. a. kleinere Ringe herausgebohrt mit Bohrlöchern von 12 bis 18 mm Durchmesser. Metatarsenleisten dagegen wurden zum Bohren von Ringlöchern jedweden Durchmessers genutzt, bis hin zu den größten Löchern mit mehr als 28 mm Durchmesser.

3.4.6.4 Leistenanfertigung

Die zusätzliche Nutzung von Rindermetapodien – neben den Perlenbohrungen – für die Bohrung von Ringen mit Durchmessern größer als 18 mm hatte zur Folge, dass unterschiedliche Leistenformen angefertigt wurden. Dabei lässt sich eine Variante zum Spaltmuster aus Produktionsphase 2 erkennen. (Abb. 102). Bei beiden Verarbeitungsmustern wurden die distalen Enden abgeschlagen, und es wurde entlang der Koaleszenznaht gespalten. Ähnlich wie in Produktionsphase 2B befinden sich Meißelspuren ausschließlich an der Koaleszenznaht auf der Knochenrückseite, und sie sind nahezu alle zwischen 10 und 13,5 mm breit. Im Vergleich zu Produktionsphase 2B sind weniger unregelmäßige, krumme oder anderweitig unpraktisch vom Muster abweichende Spaltlinien an den durchbohrten Leisten festzustellen. Das kann das Resultat einer besseren Kontrolle bei der Spaltung sein oder das einer strengeren Auswahl, bei der nicht ideal gespaltene Scheite keine Verwendung als Bohrleisten fanden.

Mehrheitlich wurden die Metapodienleisten nach demselben Muster wie in Produktionsphase 2 aus Viertelscheiten aus der Diaphysenecke angefertigt (Abb. 102A und C). Ein Teil der Metapodienleisten jedoch wurde anscheinend nach der Spaltung entlang der Koaleszenznaht aus den Knochenhälften angefertigt. So gibt es, ähnlich wie in Produktionsphase 1, Metatarsenleisten aus der ganzen medialen oder lateralen Knochenseite (Abb. 102D). Diese Leisten wurden vermutlich nach einmaliger Spaltung auf der Koalenznaht an der Innenseite der Knochenhälften durch das Wegschneiden der hoch stehenden Ränder an beiden langen Seiten in eine flache Form gebracht. Deshalb sind an diesen Leisten keine Meißelspuren zu erkennen. Einige Metacarpenleisten bestehen ebenfalls aus der ganzen medialen oder lateralen Knochenseite und zwar von der Koaleszenznaht an der Vorderseite (anterior) bis zur Ecke an der Rückseite (posterior; Abb. 102B). An diesen wurde eine

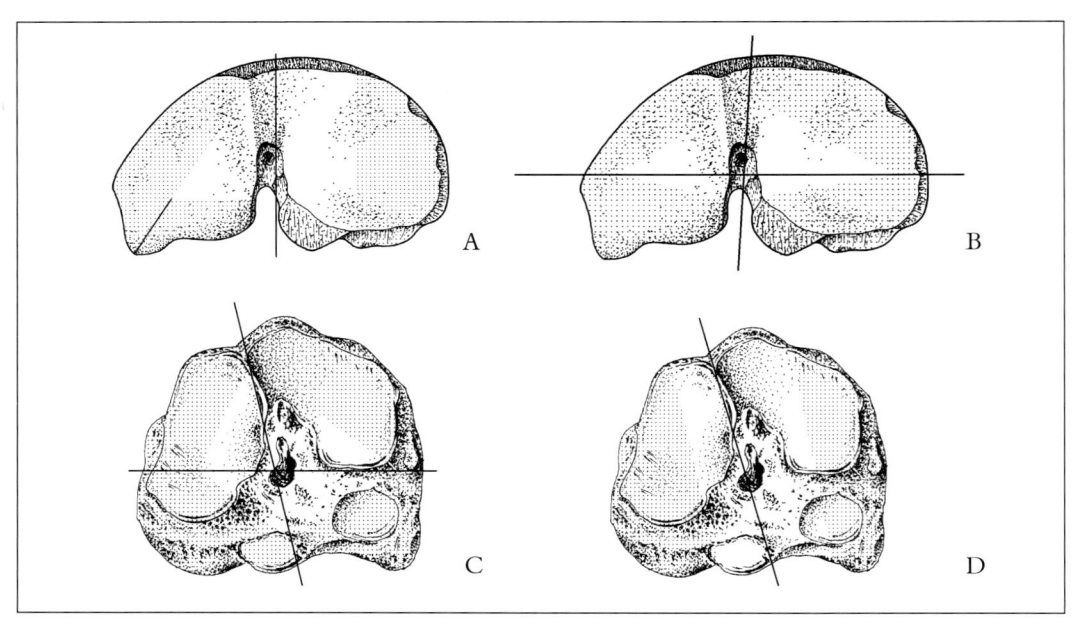

Abb. 102: Spaltlinien der beiden verschiedenen Spaltmuster der Produktionsphase 3 auf dem Proximalende des Metacarpus und Metatarsus. B und C bilden das Spaltmuster der Produktionsphase 2.

Spaltung entlang der Koaleszenznaht durch Meißelspuren nachgewiesen. Der schmale, relativ dünne Streifen der Knochenrückseite zwischen der Ecke und der Koaleszenznaht in der Mitte kann mit einem Hack- oder Ziehmesser entfernt worden sein. Ein Beispiel in der Stichprobe deutet darauf hin, dass dieser Streifen gelegentlich als Bohrleiste genutzt wurde.[422] In den meisten Fällen wurden bei diesem Verarbeitungsmuster wahrscheinlich nicht mehr als zwei Leisten aus einem Metacarpus hergestellt, ähnlich wie in Produktionsphase 1. Anders als in Produktionsphase 1 wurde kein einziges Leistenfragment mit der Koaleszenznaht in der Mitte oder auf der zum Bohren geeigneten Fläche gefunden.

Die Spuren der Bearbeitung mit einem Ziehmesser sind regelmäßiger und gerader und machen den Eindruck einer intensiveren Kontrolle. Der Grund dafür kann eine bessere Beherrschung des Ziehmessers oder eine weniger schnell durchgeführte und sorgfältigere Arbeit sein.

Während die Metapodienleisten in eine flache Form gebracht wurden, wurden das proximale Ende oft und das distale manchmal mit dem Ziehmesser vertikal abgeschnitten. Dadurch wurde das Ende regelmäßiger. Auch wurde mehr als ein Viertel der Leistenenden bewusst rechteckig geschnitten.

Wie in Produktionsphase 2 wurden Metapodienleisten erst von der Innenseite der Knochen aus angebohrt (96%).

Anders als in Produktionsphase 1 wurde vom Unterkiefer nur der *Ramus horizontalis* zum Bohren genutzt. Dieser scheint durchgängig bereits vor dem Eintreffen des Knochenmaterials in der Werkstatt vom *Ramus verticalis* getrennt worden zu sein. Das folgt aus der Feststellung, dass Fragmente vom *Ramus verticalis* im gesamten Tierknochenmaterial der Produktionsphase 3 zahlenmäßig nicht stärker vertreten sind als andere Skelettelemente vom Rind, die als Konsum- oder Schlachtabfälle bewertet wurden. Unterschiedliche Teile des *Ramus horizontalis* dagegen sind stark überrepräsentiert. Wie in Produktionsphase 2 fehlen durchbohrte Fragmente des *Ramus verticalis*. Dieser wurde ja, wie

---

422 Fundnr. 01/467-4849 mit einer Leistenbreite von 12 mm.

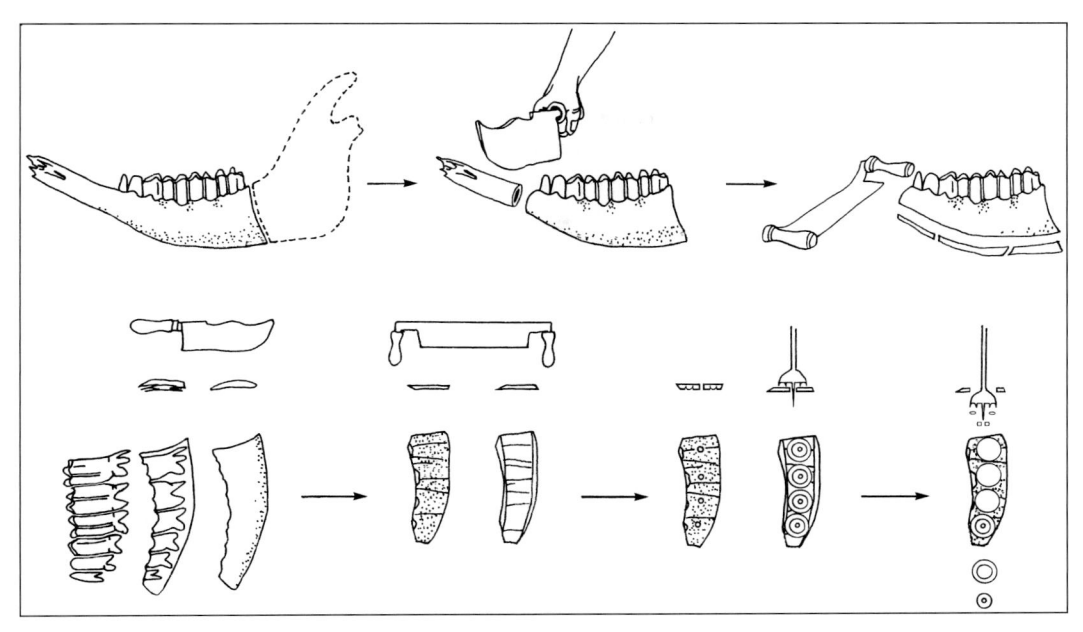

Abb. 103: Rekonstruktion der Arbeitsschritte bei der Anfertigung von Unterkieferleisten in Produktionsphase 3.

schon besprochen (s. Kap. 3.1.5.4 und 3.1.6), während Produktionsphase 3 und möglicherweise auch in Produktionsphase 2 bereits vom Zulieferer vom *Ramus horizontalis* getrennt.
Hackspuren an Leistenfragmenten deuten darauf hin, dass die Trennung des Horizontal- und Vertikalteils durch einen oder mehrere Schläge mit einem Hackmesser auf oder hinter der hintersten Zahnkrone (Molar 3) in einem leicht schrägen Winkel von rund 60° in Richtung Zahnreihe stattfand. Ähnlich wie bei Metapodien, fand die Verarbeitung der Horizontalteile nach einem festen, offenbar durchdachten Muster statt, das in Kap. 3.1.7.2 beschrieben wurde (Abb. 103). Anders als in Produktionsphase 1 wurde dabei immer erst die Vorderspitze abgeschlagen, bevor man den Unterrand vom restlichen Teil abschnitt: eine deutlich praktischere Vorgehensweise, als sie in Produktionsphase 1 benutzt wurde (s. Kap. 3.4.3.4). Stärker als in Produktionsphase 1 wurden die Kieferleisten an der Innen- und Außenseite und zum Teil auch an den Seiten in eine flache Form gebracht. Zahnwurzelhöhlen an der Innenseite der Knochen wurden bis zum maximal Zumutbaren begradigt, soweit die erforderliche Wandstärke es zuließ. Dadurch wurde die Bohroberfläche regelmäßiger, und die verfügbare Wandstärke und die zum Bohren geeignete Leistenfläche waren besser einzuschätzen. Während in Produktionsphase 1 weniger als die Hälfte (42%) der Kieferleisten aus dem Horizontalteil Ziehmesserspuren an der Außenseite der Knochen aufweist, zeigen mehr als 95% der Kieferleistenfragmente der Produktionsphase 3 größere Flächen oder nur Spuren vom Glätten an der Außenseite. Trotzdem wurden 91% der Kieferleisten der Produktionsphase 3 erst von der Außenseite der Knochen aus angebohrt. Durch das stärkere Ebnen der Zahnwurzelhöhlen an der Innenseite war ein Bohranfang an der Innenseite der Knochen anscheinend nicht mehr notwendig, wie das noch in Phase 1 der Fall war. Die Außenseite war dagegen bei den Kieferleisten der Produktionsphase 3 trotz des stärkeren Ebnens nahe an den Kanten immer noch konvex gewölbt. Ein vollständiges Begradigen der gewölbten Kantenteile hätte einen Verlust geeigneter Knochensubstanz zur Folge gehabt. Die Stärke der Leistenwand und ihre Eignung zum Bohren lässt sich somit bei den Kieferleisten am besten an der Außenseite der Knochen einschätzen. Ob diese Strategie zu einer besseren Materialbeherrschung beigetragen hat, kann leider nicht ohne Weiteres von dem auffallend geringen Anteil an Fehlbohrungen abgeleitet werden (0,3 gegen 12% in Produktionsphase 1: s. weiter unten).

3.4.6.5 Materialausnutzung und Arbeitseffizienz

Während sich die Beherrschung der Verarbeitungstechnik und der Versuch, Fehlbohrungen vorzubeugen, im Vergleich zu Produktionsphase 2 weiterhin verbessert hatten, spielte eine effiziente Ausnutzung des verfügbaren Rohmaterials offensichtlich kaum eine Rolle, ganz im Gegensatz zu Produktionsphase 2. Die Vergrößerung der mittleren Durchmesser der Durchbohrungen führte zwangsläufig zu einer Abnahme der Produktzahl pro Einheit der geeigneten Bohroberfläche. Nicht nur der mittlere Lochdurchmesser des Gros der Bohrungen für Perlen stieg an (von 6,6 bzw. 6 mm in Produktionsphase 2A bzw. 2B auf 7,8 mm in Phase 3), es stieg ebenso der mittlere Bohrlochdurchmesser für Ringe. Letzteres führte dazu, dass aus einem Teil der genutzten Rindermetapodien nur zwei statt drei oder vier Bohrleisten angefertigt wurden.

Im Vergleich zu Produktionsphase 2 wurden bei relativ wenigen Leisten (3% statt 25 bzw. 17% in Phase 2A bzw. 2B) mehrere Bohrer verwendet, um Endteile oder Ränder besser auszunutzen. Häufiger wurden an Leistenenden zum Bohren geeignete Teile nicht genutzt. An manchen Leisten wurde ohne sichtbaren Grund nur die Hälfte der geeigneten Bohroberfläche verwertet.

Mit dem Verlust an Effizienz in der Ausnutzung des Materials wird auch die Arbeitsproduktivität nicht mehr gesteigert. So wird der Eindruck erweckt, dass bei dem gezielten Begradigen der Enden sowohl der Metapodien- als auch der Kieferleisten die Verbesserung der Materialkontrolle wichtiger war als die Verringerung der Arbeit. Die Anfertigung von Leisten aus Unterkiefern bedeutete einen relativ großen Arbeitsaufwand für eine relativ geringe Zahl von rund sechs Ringen pro Leiste, bei zwei Leisten von zwölf Ringen pro Kieferhälfte. Auch erfordert das Herausbohren von Ringen und v. a. flachen Ringen mehr Arbeitskraft und Sorgfalt als das Bohren kleiner Perlen. Dagegen erleichtern die nicht genutzten, unvollständig herausgebohrten Innenzylinder das Bohren, und sie verringern wohl auch die Quote an Fehlbohrungen im Vergleich zu den Bohrungen von Doppelringen während der Produktionsphase 1, allerdings auf Kosten einer Vergrößerung der Produktzahl. Auch dabei scheint die Materialkontrolle wichtiger gewesen zu sein als die Ausnutzung des Materials. Eine bessere Materialkontrolle im Vergleich zu Produktionsphase 1 zeigt sich weiterhin in folgendem Sachverhalt: Soweit es überhaupt vorkommt, dass bei Ringbohrungen die Richtung der Drehrillen an der einen Bohrseite von der an der anderen Seite abweicht, sind solche Abweichungen deutlich geringfügiger.

Mit 0,3 oder 0,4% der Bohrlöcher ist der Anteil der Bohrlöcher mit Produktresten bedeutend kleiner als in den Produktionsphasen 1 und 2 (s. auch Kap. 3.3.1).[423] Durch den auffallend kleinen Anteil an Produktresten mag jedoch ein verzerrter Eindruck vom Fehleranteil entstehen. Es könnte teilweise die Folge einer geänderten Vorgehensweise sein, bei der Fehlprodukte in größerem Umfang als zuvor vollständig herausgebohrt wurden.[424] So fallen unter den losen Produkten der Produktionsphase 3 Beispiele herausgebohrter Produkte auf, an denen schon während der Bohrung zu sehen war, dass sie nicht brauchbar sein würden. Bei einer runden Perle von 9 mm Durchmesser wurde an einer vermutlich flachen Leistenseite mit kompakter Knochenwand zu bohren begonnen – genau an der Stelle, wo sich in der gegenüberliegenden Leistenfläche die Mitte einer starken Vertiefung befand (Abb. 42). Obwohl es zu Beginn des Bohrens von der zweiten Hälfte an dieser Leistenseite kaum zu übersehen war, dass daraus keine brauchbare Perle werden konnte, wurde die Perle trotzdem vollständig und sogar perfekt herausgebohrt und danach auch noch poliert. Eine solche Vorgehensweise scheint im Widerspruch zu einer Verbesserung der Fertigkeit und der Beherrschung der Technik zu stehen. Sie lässt sich wohl nur durch eine vielfach gedankenlose Wiederholung einer bestimmten

---

[423] In 27 Bohrlöchern in 14 Leistenfragmenten sind Produktreste vorhanden (0,4% von insgesamt 6073 Bohrlöchern). Zwölf dieser Löcher befinden sich in einem der beiden Leistenfragmente mit Bohrungen für Miniperlen, die wegen ihrer Seltenheit und einer relativ hohen Zahl an Fehlbohrungen im gesamten Fundkomplex nicht als repräsentativ gelten.

[424] Inwiefern der tatsächliche Anteil an Fehlbohrungen größer gewesen sein mag als Produktreste in Bohrlöchern vermuten lassen, könnte eine Analyse der losen Produkte erläutern.

standardisierten Handlung erklären. Diese setzt voraus, dass die Verarbeitung stark in einfache wiederkehrende Arbeitsschritte unterteilt wurde, die nach einiger Erfahrung ohne viel Aufmerksamkeit ausgeführt werden konnten. Zu einer solchen systematisierten Vorgehensweise passt es auch, dass Gegenstände, ähnlich wie in Produktionsphase 2, ohne vorstellbaren Grund halb herausgebohrt in den Bohrlöchern zurückgelassen wurden.

3.5 Zusammenfassung der Materialdaten: Die Entwicklung in der Arbeitsweise

Die in Konstanz ausgegrabenen Abfälle vom Knochenbohren erlauben uns, die Entwicklungen in Technik und Organisation des Produktionsprozesses unter verschiedenen Marktbedingungen zu untersuchen. Vier verschiedene Produktionsphasen aus zwei Perioden wurden anhand von Differenzen in der Wahl der Rohmaterialien und in der Produktpalette unterschieden. Die anhand von absoluten Datierungshinweisen festgestellte zeitliche Zäsur zwischen den Phasen 0 und 1 einerseits und Phase 2 und 3 andererseits spiegelt sich in den Aussagen wider, die über die Abfälle zu den Produkten, zur Technik und Fertigkeit, zum Umfang und der Organisation der Arbeit sowie zur Auswahl und Ausnutzung des Rohmaterials gemacht werden können.
Der Produktionsumfang der beiden ersten Phasen, grob auf die Zeit vor bzw. um 1300 datiert, war relativ klein und unbedeutend im Vergleich zu dem der beiden späteren Phasen aus der Zeit um 1400 und danach. Während in den ersten zwei Phasen der Schwerpunkt bei flachen Produkten wie Ringen lag, waren runde Perlen in den beiden späteren Phasen das Hauptprodukt. Mit dieser Änderung war ein bedeutender Anstieg der Ausnutzung des Rohmaterials verbunden.
Bereits vor 1272 wurde die Technik des Bohrens von Objekten aus Knochenleisten in Konstanz genutzt (Produktionsphase 0). Form und Funktion der von einer Leistenseite aus herausgebohrten Objekte sind nicht bekannt. Die Bohrlochdurchmesser zwischen 10 und 17 mm waren jedenfalls viel größer als die Höhe der Objekte. Eine knopfähnliche Knochenscheibe aus demselben Fundzusammenhang wie einige der Leisten kann aus diesen Leisten herausgebohrt worden sein. Die angetroffene Menge von zwölf Leistenfragmenten mit 45 Bohrlöchern kann von einer Gelegenheitsarbeit mit sehr geringem Umfang stammen, die nicht einmal einen vollständigen Arbeitstag beansprucht haben muss. Die Bearbeitungsweise und die Materialausnutzung befinden sich damit in Übereinstimmung.
Im letzten Viertel des 13. oder ersten Viertel des 14. Jahrhunderts wurden ausschließlich Ringe mit rundem Wulstschnitt aus Knochenleisten herausgebohrt (Produktionsphase 0/1). Der Umfang des Abfalls ist mit etwa tausend Leistenfragmenten (ein Volumen von ca. 5 l) zwar deutlich größer, aber immer noch unbedeutend im Vergleich zu dem der späteren Phasen. Aus 2270 Durchbohrungen entstanden höchstens 4000 Ringe. Ein einigermaßen geübter Handwerker könnte die Arbeit in fünf bis sechs Wochen erledigt haben.[425]
Die Arbeitsweise erscheint relativ unsystematisch. Zwar sind Muster in der Wahl der Knochenteile zu erkennen und in der Art und Weise, wie sie bearbeitet wurden. Diese wurden jedoch nicht streng eingehalten und nicht standardisiert. Sie wirken eher wie aus der Praxiserfahrung gewachsene Gewohnheiten, die sich zwar in vielen Fällen als praktisch erwiesen hatten, von denen aber beliebig abgewichen wurde. Auch sind diese Muster nur in einem oder einigen Aspekten, jedoch nicht in jeder Hinsicht gut durchdacht. Das ist z. B. darin zu sehen, wie wenig Aufmerksamkeit einer maximalen Ausnutzung von Arbeitskraft und Rohmaterial gewidmet wurde. Bei der Leistenanfertigung und Ausnutzung scheint das Augenmerk v. a. darauf gerichtet gewesen zu sein, Bohrungen mit einem bestimmten Durchmesser zu ermöglichen, anstatt auf Effizienz bei der Ausnutzung der Arbeit und des Rohmaterials zu achten. Die Verarbeitung und v. a. das Bohren zeigten bzw. erforderten eine

---

[425] Bei dieser Schätzung wurde von einer Vorbereitung und Anfertigung von 50 Leisten pro Arbeitstag und von 150 Bohrungen pro Arbeitstag ausgegangen. Von den 968 Leistenfragmenten wird angenommen, dass sie etwa 500 Leisten darstellen.

relativ große Sorgfalt und einen damit einhergehenden Zeit- und Arbeitsaufwand. Trotzdem führte die unüberlegte Arbeitsweise zu einem relativ hohen Anteil an Fehlprodukten. Dadurch wurde ungewollt Arbeitskraft vergeudet. So wurden die meisten Rindermetacarpen so gespalten, dass sich die Verwachsungsnaht in der Mitte der Leiste befand, wodurch diese beim Bohren brechen konnte und ziemlich viele Fehlbohrungen in den Leisten zurückblieben und zu Abfall wurden.

Rindermetapodien und -unterkiefer waren leicht in größeren Mengen beim Schlachter zu bekommen. Daneben wurden ohne deutliche systematische Auswahl verschiedene andere Knochen genutzt, die aus dem eigenen Haushalt stammen oder anderweitig greifbar gewesen sein konnten. Es gab keine systematische Entfernung unbrauchbarer Knochenteile, weder bei Metapodien noch bei Unterkiefern. Das unbrauchbare Distalende der Rindermetapodien wurde bei beliebigen Arbeitsschritten und auf unterschiedliche Weise bei der Anfertigung von Leisten entfernt. Soweit es abgeschlagen wurde, wurden dabei mehr Schläge benutzt als in den späteren Produktionsphasen, und es wurde durchschnittlich ein größeres Stück von der Länge des Knochens entfernt. Hingegen wurde in Unterkiefern bis in relativ schlecht geeignete, unregelmäßige Teile hineingebohrt wie in den vertikalen Teil (*Ramus verticalis*). Die Spaltmuster zielten auf die Anfertigung von Leisten ab, die so breit wie möglich waren, um das Bohren von Ringen mit unterschiedlichen Durchmessern zu gestatten. Die Folge war, dass nur zwei Leisten aus einem Rindermetapodium angefertigt wurden. Außerdem war die Zahl der Bohrungen pro Leiste beschränkt: bei Metapodien auf eine Reihe von fünf bis sieben Bohrlöchern. Es wurde angestrebt, die relativ geringe Produktzahl mit dem Bohren zweier konzentrischer Ringe in einer Bohrung zu steigern. Dies erforderte jedoch eine größere Sorgfalt beim Bohren und vergrößerte das Risiko eines Misserfolgs. Dadurch eignete sich die Arbeit nur begrenzt, um sie von Lehrlingen mit weniger Erfahrung ausführen zu lassen. Mit der Bohrung zweier Ringe wurde eine Ertragssteigerung erzielt, die weniger als 100% betrug. Das hatte allerdings zur Folge, dass die Arbeit mehr Präzision erforderte und mehr Zeit kostete. Die Bearbeitungsspuren stimmen damit überein und zeigen die Sorgfalt bei der Anfertigung der Leisten. Hier zeigt sich das klassische Bild eines mittelalterlichen Handwerkers, der Zeit genug hatte, um sich konzentriert, ohne viel Planung und Organisation, seiner Arbeit zu widmen. Es ist plausibel, dass ein einzelner Handwerker die ganze Verarbeitung ausführte. Er kann dabei die verschiedenen Arbeitsschritte hintereinander erledigt haben, indem er z. B. mit dem Spalten eines Knochens begann, daraufhin ein Scheit zu einer Leiste weiterverarbeitete und diese anschließend ausbohrte. Die Spalttechnik, der Umgang mit unbrauchbaren Knochenenden und die Art, wie von erkennbaren Mustern abgewichen wurde, passen zu dieser Arbeitsweise, ohne dass mit dieser Aussage andere Arbeitsvorgänge ausgeschlossen würden.

Die Abfälle der nächsten Produktionsphase (Phase 2), die mindestens ein halbes Jahrhundert später eingeordnet werden, weisen auf ganz andere Vorgänge hin. Sie zeigen, dass sich die Handwerker stark danach orientierten, die Zahl der Produkte zu erhöhen, die aus einem verwendeten Knochen hergestellt werden konnte, und dass sie dabei den Herstellungsprozess planten und organisierten. Die Wahl, kugelförmige Perlen als Hauptprodukt herzustellen, ermöglichte die Vervielfachung der Anzahl der aus einem Knochen wie z. B. einem Rindermetapodium gefertigten Produkte. Rindermetapodien wurden in vier Leisten gespalten, bei denen darauf geachtet wurde, dass sie anstelle einer maximalen Breite eine entsprechende Stärke aufwiesen. Weil die Produkte kleinere Durchmesser hatten, gab es mehr Möglichkeiten, die Bohrungen so effizient wie möglich über die zum Bohren geeignete Leistenoberfläche zu verteilen, oft in mehreren Reihen nebeneinander und dabei versetzt zueinander. Leistenflächen, die sich nicht zum Bohren mit einer bestimmten Form oder Größe des eingesetzten Bohrers eigneten, wurden nachträglich mit anderen Bohrern ausgebohrt. Auf diese Weise wurden mindestens zwei- bis dreimal so viele Gegenstände aus einem Metapodium wie in Produktionsphase 1 hergestellt. Eine erneute Erhöhung des Ertrags aus einem Metapodium auf das Drei- bis Vierfache wurde erreicht, indem quer gesägte Scheiben hergestellt wurden. Während man sie anfangs zur Anfertigung einer speziellen Perlenform wie z. B. länglichen Perlen nutzte, wurde diese arbeitsintensive Herstellungstechnik am Ende der Produktionsphase 2 dazu eingesetzt, die Anzahl der Perlen pro Metapodium zu steigern. Es wurde nicht nur das Rohmaterial effizienter und durchdachter genutzt als in den ersten beiden Phasen, vielmehr war der Herstellungsprozess in standardisierten Handlungen organisiert, die festen, wohl durchdachten Mustern folgten. Metapodienenden wurden grundsätzlich in einheitlicher Weise abgeschlagen, auch bei denjenigen Metapodien, die anschließend in Querscheiben zersägt wurden, wobei in dem Fall das Abschlagen überflüssig war. Alle Metapodien wurden nach demselben Muster gespalten und in ähnlicher Weise zu Leisten mit vergleichbaren Maßen und Charakteristiken verarbeitet. Wenn große Perlen und Ringe herausgebohrt werden sollten, deren Maße von den gebräuchlichen abwichen, wurden keine speziellen Leisten angefertigt, sondern geeignete Leisten und Leistenteile aus dem Vorrat der Standardleisten ausgesucht. Die standardisierten Verarbeitungsmuster waren so konzipiert, dass das Fehlerrisiko verringert wurde und die einzelnen Arbeitsschritte relativ wenige Fähigkeiten erforderten. So wurden Metapodien entlang der Verwachsungsnaht gespalten. Dadurch wurde zugleich die Spaltung des Knochens erleichtert und Vorsorge getroffen, dass sich die Leisten beim Bohren nicht spalteten. Auch die Spaltung mithilfe von Meißeln anstelle von Hackmessern und das Bohren einfacher, kleiner runder Perlchen anstelle von Doppelringen verringerte im Vergleich zur vorigen Produktionsphase die Notwendigkeit, besondere Fertigkeiten und Sorgfalt an den Tag zu legen. Die Arbeitsschritte konnten im Grunde nach einer kurzen Einarbeitung ohne viel Risiko von einem Lehrling oder Gesellen erledigt werden. Es passt zu einer Aufteilung in getrennt ausgeführte Arbeitsschritte, dass zu jedem Schrittwechsel ein anderes Werkzeug verwendet wurde, das nicht für andere Tätigkeiten eingesetzt wurde: zum Entfernen der Enden ein Hackmesser oder Beil, zum Spalten ein Meißel, zum Anfertigen der Leisten ein Ziehmesser, zum Herstellen der Scheiben eine Säge und schließlich zum Bohren ein oder mehrere Bohrer. Die Ziehmesserspuren auf den Leisten und die Bohrlöcher machen den Eindruck, relativ flüchtig hergestellt worden zu sein. Diese Beobachtungen entwerfen ein Bild einer durchstrukturierten Werkstatt mit mehreren Personen, in der in organisierter Form Massenproduktion betrieben wurde. Zu diesem Bild passt es auch, dass in dieser Produktionsphase eine große Menge an Abfall anfiel. Der ausgegrabene Teil der Abfälle, der fast 500 kg durchbohrte Knochenleisten mit etwa 250 000 Fragmenten umfasst, untermauert die Annahme einer Produktion von über 2 Millionen Perlen und Ringen. Im Hinblick auf den nicht ausgegrabenen Teil könnte sich diese Zahl verdoppeln. Verteilt auf 35 Jahre mit 250 Arbeitstagen im Jahr bedeutet das eine Produktion von 250 Perlen am Tag, bei einer Verdopplung im Hinblick auf den nicht ausgegrabenen Teil 500 Perlen am Tag. Eine solche Produktion würde mehr als einen vollständig beschäftigten Arbeiter erfordern, wenn man davon ausgeht, dass ein erfahrener Handwerker im Schnitt 300 Perlen am Tag herausbohren kann und zusätzlich Zeit zum Anfertigen der Leisten einkalkuliert werden muss.

Ausschließlich auf Grundlage der Abfälle lässt sich nicht feststellen, ob diese umfangreiche Produktion von nur einer Werkstatt stammt oder von einer Reihe von Werkstätten mit ähnlicher Produktionsweise. Es wurden allerdings keine Hinweise gefunden, die Letzteres vermuten lassen. Bemerkenswert hingegen ist, dass das Produktionsmuster im Verlaufe der Phase verfeinert und verbessert wurde. Bezogen auf den großen Produktionsumfang und die Wahl des Rohmaterials kann die Nutzung quer aus der Knochenröhre gesägter Scheiben zum Bohren von runden Perlen darauf hindeuten, dass Rindermetapodien knapp waren. Im Gegensatz zur in Arbeitsschritte gegliederten Verarbeitung der Leisten ließen die Handwerker bei dieser Technik mehr Sorgfalt walten und nahmen einen größeren Arbeitsaufwand in Kauf, um die Zahl der Produkte aus einem Metapodium zu erhöhen. In Übereinstimmung mit dieser Vorgehensweise wurde am distalen Ende der Metapodien eine geringere Knochenlänge entfernt und dies nicht nur beim Übergang von Produktionsphase 1 zu Produktionsphase 2, sondern nochmals im Verlaufe der Produktionsphase 2. Die Nutzung von Schienbeinen (Tibien) und Speichen (Radien) zur Herstellung von einem Fünftel der Leisten in Produktionsphase 2A und der leicht gestiegene Anteil an Pferdeknochen können ebenfalls darauf hindeuten, dass die verfügbare Menge an Rindermetapodien nicht ausreichte, um den erwünschten Produktionsumfang zu realisieren. Anders als Metapodien und Unterkiefer vom Rind waren diese Knochen nicht so leicht systematisch und in großen Mengen zu beschaffen. Unterkiefer wurden kaum genutzt, weil sie zum Herausbohren runder Perlen schlecht geeignet waren. Soweit in dieser

Produktionsphase ein zusätzlicher Aufwand an Arbeit und Zeit festzustellen ist, ist dieser hauptsächlich mit einer Knappheit an Knochenrohmaterial zu erklären. In diesem Zusammenhang soll erwähnt werden, dass es gerade für diese Phase Hinweise auf eine Zusammenarbeit von Herstellern von Paternostern und Würfeln gibt, und dass nur in dieser Phase Sägen bei der Paternosterherstellung benutzt wurden. Für die Würfelherstellung wurden ausschließlich Rindermetapodien genutzt, wenn auch in geringen Mengen, und es war eine Säge für diese Arbeit erforderlich. Während diese Produktionsphase mit einer expandierenden Produktion in die Periode kurz vor oder während des Konstanzer Konzils (1414–1418) datiert wird, könnte die nachfolgende Produktionsphase 3 in der Periode nach dem Konzil gelegen haben. Die Abfälle zeigen deutlich, dass die Nachfrage nach Perlen abnahm und der Vorrat an Rindermetapodien wieder ausreichte. Es zeigte sich, dass das Rohmaterial deutlich weniger effizient ausgenutzt wurde, aber die Fertigkeiten zunahmen und die Strukturierung der Arbeit fortgesetzt wurde. Die Nutzung quer gesägter Scheiben hörte auf, ebenso wie die Nutzung von Radien, Tibien und Pferdeknochen. Die Rohmaterialien, die zum Einsatz kamen, beschränkten sich auf die fleischlosen Metapodien und Unterkiefer vom Rind, die leicht in großen Mengen zu erhalten waren. Die herausgebohrten Perlen hatten einen größeren Durchmesser, desgleichen die Ringe, deren Produktion in der Menge zunahm. Nutzbare Teile am Ende der Leisten wurden oft nicht verwendet und wurden viel seltener als in der vorigen Phase mit anderen Bohrern ausgebohrt. Aus einem Teil der Metapodien wurden weniger, aber breitere Leisten hergestellt. An den Schnittspuren auf den Leisten und den Hackspuren an den abgetrennten Knochenenden ist zu sehen, dass die Werkzeuge besser beherrscht wurden. Der Grund dafür kann in einer größeren Fertigkeit liegen, aber ebenso darin, dass weniger Eile geboten war und mehr Sorgfalt bei der Arbeit waltete.

Die Verarbeitung der Unterkiefer wurde strukturiert und standardisiert, anders als bei den Kiefern der ersten Phase und ähnlich wie bei den Metapodien der Produktionsphase 2. Im Gegensatz zur Phase 1 war der Vertikalteil (*Ramus verticalis*) mit anhängendem Fleisch bereits vom fleischlosen Horizontalteil (*Ramus horizontalis*) getrennt. Nur der Horizontalteil landete in der Knochenwerkstatt. Von ihm wurden nur die flachen, regelmäßigen Teile genutzt, welche die Backenzahnwurzeln bedeckten. Unregelmäßigkeiten auf der inneren und äußeren Oberfläche wurden geglättet, um die zum Bohren geeignete Knochenoberfläche besser einschätzen zu können.

Auffallend ist, dass der Anteil der Ringe mit rundem Wulstschnitt in Produktionsphase 3 sich in etwa mit der Summe des Anteils ebensolcher Ringe und großer Perlen in Phase 2B deckt, ebenso wie mit der Summe des Anteils der Ringe, großen Perlen und länglichen Perlen in Phase 2A (alle zwischen 5 und 10%). Es ist zu überlegen, ob diese Produkte gegenüber der Masse der kleinen runden Perlen nicht eine ähnliche Funktion hatten wie z. B. die Unterteilung von Gebetsschnüren (s. Kap. 4).

Zahlenmäßig liegt die Produktion flacher Ringe in Phase 3 außerhalb dieses Rahmens. Diese waren eine Neuigkeit, deren Funktion noch diskutiert wird (s. Kap. 4). Die Aufteilung bei der Verarbeitung in getrennt ausgeführte Arbeitsschritte, die bereits für die vorige Produktionsphase angenommen wurde, wird in dieser Phase dadurch deutlich sichtbar, dass in nachfolgenden Arbeitsschritten misslungene Produkte weiterverarbeitet wurden. Es sieht so aus, als wären die einzelnen Arbeitsschritte relativ gedankenlos entsprechend der standardisierten Vorgabe durchgeführt worden. Zugleich wird der Eindruck erweckt, als hätte der Arbeits- und Zeitdruck nachgelassen und als wäre bei der Anfertigung der Leisten und beim Bohren sorgfältiger gearbeitet worden. Denn das Herausbohren flacher Ringe mit größeren Durchmessern erfordert mehr Sorgfalt als das Herausbohren der Produkte mit kleineren Durchmessern, die in Produktionsphase 2 hergestellt wurden. Ein relativ großer Arbeitsaufwand pro herausgebohrtes Objekt entsteht desgleichen bei der Anfertigung von zwei Leisten aus einer Unterkieferhälfte, aus der dann insgesamt etwa zwölf Ringe herausgebohrt wurden.

Halbfabrikate und Abfälle anderer neuer Formen, die aus Leisten herausgebohrt wurden wie durchbohrte Zylinder und Ringlein mit dreieckigem Wulstschnitt, stammen aus dem umgelagerten und vermischten Teil der Abfallschichten. Sie können in anderem Zusammenhang in anderen Werkstätten in einem anderen Zeitabschnitt hergestellt worden sein. Die flachen Ringe dagegen wurden

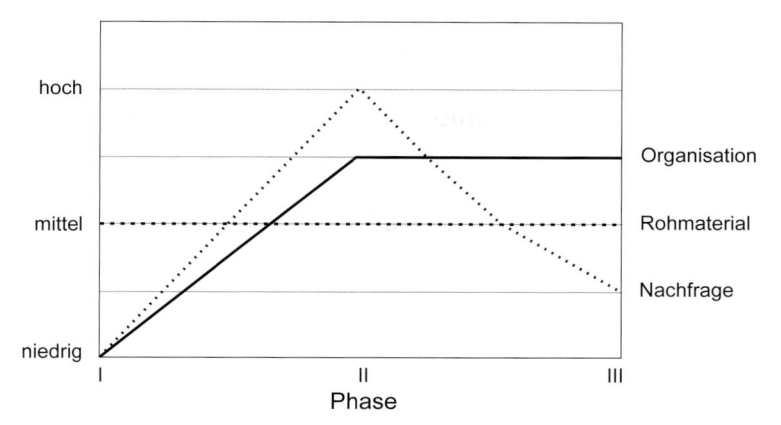

Abb. 104: Schematische Darstellung der Entwicklung von einigen sozialwirtschaftlichen Faktoren, hergeleitet aus den Konstanzer Paternosterabfällen.

zumindest in demselben Zeitabschnitt wie die Perlen und runden Ringe der Produktionsphase 3 angefertigt. Leisten mit sowohl Durchbohrungen für Perlen als auch Bohrlöchern für flache Ringe lassen vermuten, dass beide Produktformen in derselben Werkstatt angefertigt wurden.[426]
Die Knochenleisten aus Konstanz geben Hinweise auf die Rationalisierung und Organisation der Produktion als Reaktion auf die veränderte Nachfrage. Für die Analyse dieser Entwicklungen wurden die Faktoren Rohmaterialangebot, Nachfrage nach den Produkten und Rationalisierungsgrad im Produktionsablauf zu einem Wirtschaftsmodell kombiniert (Abb. 104). Ausgehend von einer geringen Nachfrage und einem niedrigen Grad der Rationalisierung in den ersten Produktionsphasen (um 1300), scheint die Nachfrage in Produktionsphase 2 (ca. 1475–1525) in einem derartigen Ausmaß angestiegen zu sein, dass das Rohmaterialangebot knapp wurde, weil es nicht im gleichen Maße gewachsen war.
Um die erhöhte Nachfrage unter der Beschränkung des Rohmaterialangebots erfüllen zu können, wurde die Produktion rationalisiert, und es wuchs der Organisationsgrad. Da in der letzten Phase (erste Hälfte des 15. Jahrhunderts) die Nachfrage nachließ, kam es zu einem Überangebot an Rohmaterial und möglicherweise auch an Arbeitskraft. Es lässt sich nicht eindeutig klären, ob die Einführung neuer Produkte eine Reaktion darauf war. Das Maß an Rationalisierung und Organisation wurde jedoch unvermindert beibehalten, obwohl der durch die Nachfrage und Materialknappheit erzeugte Druck nachließ.

4. Die sozialwirtschaftsgeschichtliche Bedeutung des Konstanzer Paternosterfundes im Rahmen anderer Funde

In Kapitel 3 hat die minutiöse Untersuchung von verschiedenen Gruppen von Abfallstücken des Handwerks des Bohrens von Gebetsschnurperlen und anderen Gegenständen aus Knochenleisten in dem umfangreichen Fundkomplex aus der Konstanzer Münzgasse die herausragenden Möglichkeiten der Analyse dieses Fundmaterials gezeigt. Es erlaubte eine möglichst genaue Rekonstruktion des Handelns der Handwerker anhand einer Analyse der Auswahl des Rohmaterials und des Umgangs damit sowie der Wahl der Produkte und Produktformen und der Entwicklung der angewendeten

---

[426] Leisten Fundnr. 01/467-4127 und -4926 mit Perlenlöchern von etwa 6 mm Durchmesser und Ringlöchern von etwa 20 bzw. 22 mm Durchmesser, einem Durchmesserbereich, in dem in anderen Leisten ausschließlich flache Ringe als Produktreste vorgefunden wurden.

Techniken. Dabei stellte sich heraus, dass die Handwerker in unterschiedlichen Produktionsphasen in verschiedenen Zeitabschnitten auf unterschiedliche wirtschaftliche Anforderungen reagierten. Ziel dieses Kapitels ist, über den Fundkomplex der Konstanzer Münzgasse hinauszublicken. Sowohl die Deutung wie auch die Bedeutung der daraus gewonnenen Erkenntnisse wird erst vollständig klar, wenn der Fundkomplex mit anderen Abfallfunden dieses Handwerks verglichen und in den Kontext von sozial- und wirtschaftshistorischen Entwicklungen gestellt wird. So stellt sich einerseits die Frage nach den Ursachen und Hintergründen der unterschiedlichen wirtschaftlichen Anforderungen. Für den Begriff der Entwicklungen in der Nachfrage ist es wichtig, die Entwicklung der Gebetsschnur im Allgemeinen zu betrachten und die örtlichen historischen Gegebenheiten mit einzubeziehen. Andererseits stellt sich die Frage nach der Repräsentativität und der Allgemeingültigkeit der Erkenntnisse aus dem Konstanzer Komplex. Dazu werden Funde durchbohrter Leisten von anderen Orten in die Studie mit einbezogen.

4.1 Der Rohstoff

Die Zusammensetzung der benutzten Knochen in den Konstanzer Funden findet im Allgemeinen ein Pendant in anderen Fundkomplexen. Soweit bekannt, überwiegen meistens Rindermetapodien, nicht selten als einzige Knochengruppe. Daneben finden sich v. a. Unterkiefer in wechselnden Anteilen und andere Knochen, immer in geringen Mengen. Der Vorzug von v. a. Metapodien und in zweiter Linie Unterkiefern von Rindern ist nicht auf die Technik des Herausbohrens von Gegenständen aus Knochenleisten beschränkt, sondern ebenfalls in anderen Zweigen des Knochen verarbeitenden Handwerks zu beobachten. Er lässt sich in erster Linie dadurch erklären, dass gerade diese Knochen relativ leicht in größeren Mengen und in unzerbrochenem Zustand als Schlachtabfälle erhältlich waren (s. Kap. 3.1.5). Hinzu kommt, dass sie sich wegen der Form und Stärke der Knochenwand für unterschiedliche Zwecke der Verarbeitung eignen. Diese Gegebenheiten begünstigten die Verwendung solcher Knochen für eine Massenproduktion preiswerter kleiner Gegenstände. Diese Feststellung erklärt die recht erhebliche Zahl an Funden durchbohrter Leisten sowie den Umfang eines Teils dieser Funde.

4.2 Die Produkte

Die Form der Gegenstände, die mit der in dieser Studie untersuchten Bohrtechnik aus Knochenleisten und -scheiben herausgebohrt wurden, war abhängig vom Profil des Bohrers. Sie haben immer ein Loch oder eine Durchbohrung in der Mitte. Ansonsten variierte die Form von Perlen über Ringe und Scheiben bis zu Zylindern. Die Perlen können kugelförmig, länglich (mit einer größeren Höhe als der Durchmesser) oder flach sein (mit einer kleineren Höhe als der Durchmesser) (Abb. 68, Nr. 1–4 bzw. Nr. 5–8 bzw. Abb. 113). Die letztgenannte Form ist aus Konstanz nicht bekannt. Noch flacher sind Ringe mit ovaler bis rechteckiger Wulstsektion (Abb. 68, Nr. 16–25 und Abb. 110), die man auch als runde Scheiben mit einem weiten Loch umschreiben kann, dessen Durchmesser von 4 bis 7 mm variiert. Daneben gibt es runde Scheiben mit einem kleinen Loch in mehreren Formen: mit konkaver oder konvexer Oberfläche oder verziert mit konzentrischen Linien wie beispielsweise Knöpfe (Abb. 109). Schließlich gibt es Ringe mit einem runden Wulstschnitt (Abb. 68, Nr. 9–15) und außerdem Zylinder (Abb. 68, Nr. 26).

Vereinzelt ist eine kleine Anzahl von Scheiben oder Zylindern ohne zentrale Durchbohrung aus Knochenleisten herausgebohrt oder herausgeschnitten worden, um als Spielsteine oder Abschlüsse von gedrechselten Döschen oder Röhrchen zu dienen, z. B. in Geislingen a. d. Steige und Hamburg.[427]

---

427 Zu Geislingen: eigene Beobachtung, vgl. KRÖNNECK 1995; zu Hamburg: FÖRST 2006.

Abb. 105: Sankt Hedwig mit offener Paternosterschnur (1353).

Perlen und Ringe wurden immer von zwei Seiten herausgebohrt. Knöpfe, Zylinder und Spielsteine sowie Döschenabschlüsse wurden zum Teil bzw. oft von einer Seite herausgebohrt.

4.2.1 Gebetsschnüre

Knochenperlen und -ringe mit rundem Schnitt wurden im späten Mittelalter für Gebetszählschnüre hergestellt. Diese wurden „Paternoster" genannt, nach 1500 auch „Rosenkränze" nach Gebeten mit diesem Namen. Vor 1250 wurden Gebetsschnüre im christlichen Europa nur selten in den Schriftquellen erwähnt und wenn doch, dann als etwas Außergewöhnliches. Für kurz nach 1250 dagegen geben Schriftquellen an, dass es allgemein üblich war, ein „Paternoster" sichtbar zu tragen.[428]
Als ein hauptsächlich weitgehend von Laien benutztes Phänomen scheint ihre zunehmende Beliebtheit mit der Verbreitung volksreligiöser Bewegungen wie den Beginen und den Bettelorden im 13. Jahrhundert verbunden zu sein.[429] Wiederholte Pestepidemien und das Westliche Schisma (1378–1417) trugen in der zweiten Hälfte des 14. Jahrhunderts zu einer allgemeinen Verunsicherung

---

428 Ritz 1975, 62; Mittelstrass 2000.
429 Mittelstrass 2000.

Abb. 106: Ausschnitt und Detail vom Grabstein des Gérard de Villers,
Villers-le-Temple, Belgien (KIK-IRPA, Bruxelles Neg. Nr. b44775).

und Verwirrung bei. Sie haben den Gebrauch von Gebetsschnüren vermutlich verstärkt und die Entwicklung zu Zyklen von Gebetswiederholungen angeregt. So entwickelte sich bis Ende des Jahrhunderts das Rosenkranzgebet mit einem Wechsel von zehn Ave Maria (Mariengrüße), gefolgt von einem Paternoster oder Vaterunser. Dieser Wechsel wurde in den Gebetsschnüren mit einer Serie kleiner Perlen für die Mariengrüße angedeutet, abwechselnd mit einer großen Perle für das Vaterunser. Gebetsschnüre, die durch eingefügte größere Perlen unterteilt waren, um das Zählen zu erleichtern, wurden allerdings bereits ab 1350, wenn nicht noch früher abgebildet (s. Abb. 105 u. 106).[430]
Bis zum frühen 16. Jahrhundert blieben verschiedene Arten einfacher, gleichmäßiger sowie unterteilter Gebetsschnüre in verschiedenen Längen in Gebrauch. Während kurze Schnüre mit zehn bis 25 Perlen von Männern benutzt wurden (vorne hängend in Abb. 28) und lange Schnüre mit 150 Perlen für einen so genannten Psalter nur von Frauen, waren Schnüre mit 25 bis 50 Perlen die Gebräuchlichsten, die ab der zweiten Hälfte des 14. Jahrhunderts bis kurz nach 1500 bei allen Ständen und bei beiden Geschlechtern üblich waren.[431]
Während des ganzen 15. Jahrhunderts waren Gebetsschnüre unter allen Bevölkerungsschichten weit verbreitet. Neue Impulse für ihre Beliebtheit könnten im späten 15. und frühen 16. Jahrhundert u. a. von der schnellen Verbreitung der Rosenkranzbruderschaften nach 1470 ausgegangen sein, die große Menschenmassen veranlasste, zusammen den Rosenkranz zu beten.
Während der Gegenreformation im späten 16. Jahrhundert wurde der Rosenkranz von der katholischen Kirche stark propagiert. Jetzt erhielt er seine moderne Form, welche die meisten anderen Formen von Gebetszyklen und Schnüren ersetzte (Abb. 107). Außer Schnüren sind seit dem späten 14. Jahrhundert v. a. in Süddeutschland Rosenkränze bekannt, die aus einem steifen Leder- oder Stoffring bestehen, um den oder an dem Ringe befestigt sind (hinten hängend in Abb. 28).[432]

---

430 RITZ 1975 (Hedwigschronik 1353). MITTELSTRASS (2000) deutet auf den Grabstein des 1273 verstorbenen GÉRARD DE VILLERS hin (s. Abb. 106). Es ist ungeklärt, ob und inwiefern gesichert ist, dass der Grabstein kurz nach dem Verscheiden angefertigt wurde.

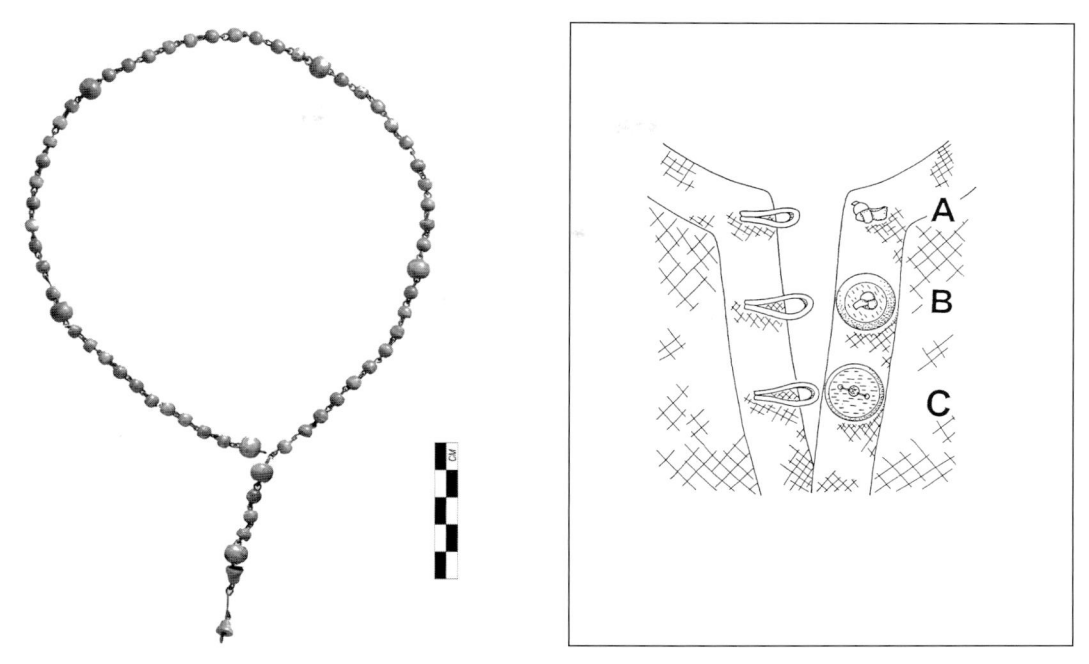

Abb. 107 (links): Rosenkranz aus Knochenperlen, verbunden mit Metalldraht. Amsterdam, Waterlooplein, 1592–1597. – Abb. 108 (rechts): Schematische Rekonstruktion der Entwicklung von Knochenknöpfen aus Knoten (A) über Knochenscheiben mit einem Loch (B) zu angenähten Knochenknöpfen mit mehreren Löchern (C).

4.2.2 Knöpfe und die Funktion der flachen Ringe

Obwohl Metall- und Stoffknöpfe bereits im 13. Jahrhundert zu gängigen Produkten wurden, fehlen unzweifelhafte Zeugnisse für Knochenknöpfe vor der zweiten Hälfte des 15. Jahrhunderts.[433] Von einigen flachen Stoffknöpfen des späten 14. Jahrhunderts aus London wird angenommen, dass sie mit Scheiben aus Knochen oder anderem Material verstärkt waren. Vereinzelte Funde von Knochenscheiben oder flachen Zylindern mit einem Loch aus mittelalterlichen Fundumständen können auch als Spielsteine gedeutet werden.[434] Zwei Einzelstücke von kleinen Scheiben (Durchmesser 11 bis 12 mm) mit einem Loch und erhöhtem Rand aus der Konstanzer Münzgasse (datiert um 1300 oder um 1400; Abb. 68, Nr. 28) und York (datiert um 1400),[435] zeigen zwar sehr viel Ähnlichkeit mit späteren Knochenknöpfen. Es bleibt jedoch fraglich, ob man sie nicht doch als Spielsteine deuten könnte und ob ausgeschlossen werden kann, dass es sich um Irrläufer aus späteren Zusammenhängen handelt. Dagegen deuten mehrere Funde aus Südwestdeutschland und Frankreich aus der zweiten Hälfte des 15. und der ersten Hälfte des 16. Jahrhunderts auf das Auftauchen von Knochenknöpfen oder Knopfkernen hin, die aus Knochenleisten herausgebohrt wurden. Es betrifft Scheiben mit einem kleinen zentralen Loch und Durchmessern von 10 bis 20 mm, die von einer Seite aus herausgebohrt wurden und auch nur an einer Seite profiliert sind, an der anderen Seite hingegen flach. Die Form der profilierten Seite weicht ab. So gibt es dünne, flache Scheiben aus St. Denis und Straßburg (beide Frankreich, 16. bzw. zweite Hälfte 15. Jahrhundert)[436] und Scheiben mit einer

---

431 Ritz 1975, 65.
432 Oexle 1985a.
433 s. auch Egan/Pritchard 1991.
434 z. B. aus Schleswig (Ulbricht 1984), Lübeck (Falk 1983) und Großbritannien (MacGregor 1985).
435 MacGregor et al. 1999, 1944.
436 Meier 1979 bzw. Maire 1990.

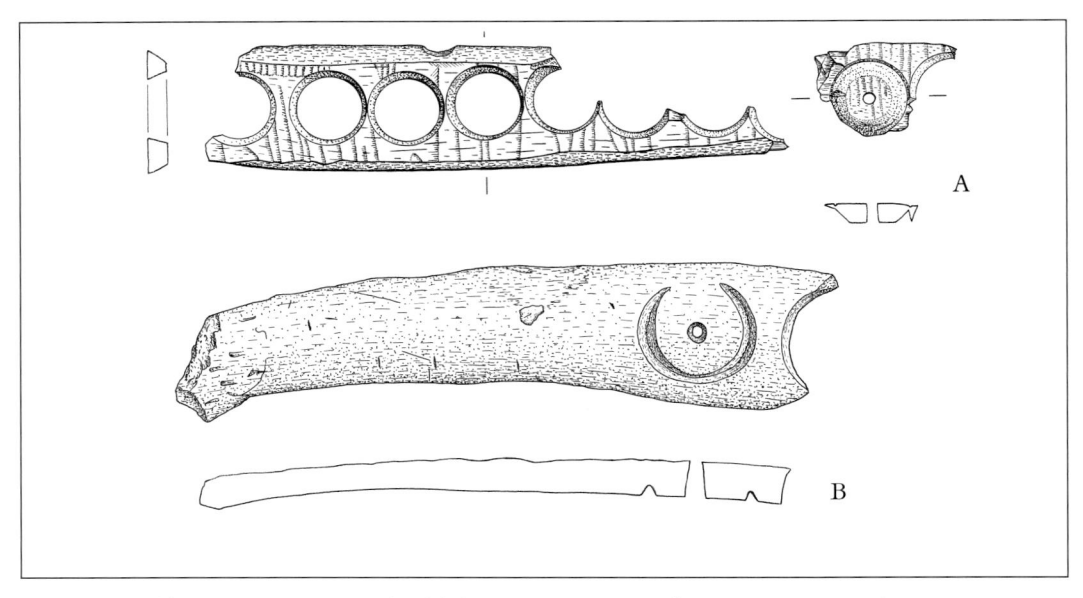

Abb. 109: Von einer Seite durchbohrte Leisten mit Knopfrest. A. Konstanz Marktstätte (zweite Hälfte 15. Jahrhundert); B. Konstanz Neugasse (nicht datiert).

konvexen Seite aus Konstanz (Abb. 109).[437] Beispiele aus Basel-Bettingen (vor oder um 1500) sind so geformt, dass sie an der Außenseite eine größere Stärke aufweisen als in der Mitte.[438] Die Funktion solcher Scheiben mit einem Loch zeigen Beispiele, die angeblich in Elsässischen Gräbern des 16. Jahrhunderts mit Lederknoten an Kleidung befestigt gefunden wurden.[439]
An Halbfabrikaten aus Straßburg, die in die zweite Hälfte des 15. Jahrhunderts datiert werden und zusammen mit Werkstattabfall der Anfertigung von Knochenschnallen gefunden wurden, sind zwei von Hand seitlich hinzugefügte Löcher zu sehen.[440] Funde von Knochenknöpfen mit zusätzlichen Löchern zum Annähen mit einer Datierung ab dem 17. Jahrhundert sind üblich. Die meisten Funde von Knochenleisten, aus denen Knöpfe herausgebohrt wurden, stammen jedoch aus dem 18. und 19. Jahrhundert.
Die unterschiedlichen Formen der ältesten Knochenknöpfe geben Anlass zu verschiedenen Ansichten bezüglich ihrer Funktion. Von den zuvor genannten Scheiben mit einem Loch aus Basel wird angenommen, dass sie zum Befestigen von Ösen dienten, weil sie – ähnlich wie Knebel – den Knoten verbreitern, um der Öse mehr Halt zu geben (Abb. 108B).[441]
Angenähte Scheiben mit zusätzlichen Löchern, die den Knoten ersetzen, werden in diesem Modell als die nächste Entwicklungsphase angesehen (Abb. 108C).
Wie ein rezenter Holzknopf zeigt, kann eine Scheibe mit einem kleinen zentralen Loch als Knopfkörper dienen, an der eine Öse aus Metalldraht befestigt wurde, der durch das Loch geführt wurde. In derselben Periode – dem 15. und 16. Jahrhundert – wie die ersten Knochenknöpfe mit einem Loch, wurden in Süddeutschland und in den angrenzenden Gebieten flache Ringe aus Knochenleisten herausgebohrt, die auch als Scheiben mit einem weiten Loch von etwa 4 bis 7 mm beschrieben werden können. Sie können in Gebetskränzen benutzt worden sein, wie ein Exemplar aus Bayern

---

437 Grabungen Marktstätte (Schnitt 5, Fundnr. 044/303, nach Mitteilung der Ausgräberin M. Dumitrache datiert um 1400 oder um 1500) und Neugasse (Fundnr. 085/238, nicht datiert).
438 Moosbrugger-Leu 1985.
439 Funde P. Brunel (Colmar) nach Mitteilung J. Maire (Straßburg).
440 Veröffentlicht bei Maire 1990; Fundzusammenhang und Datierung nach Mitteilung von J. Maire (Straßburg).
441 Moosbrugger-Leu 1985.

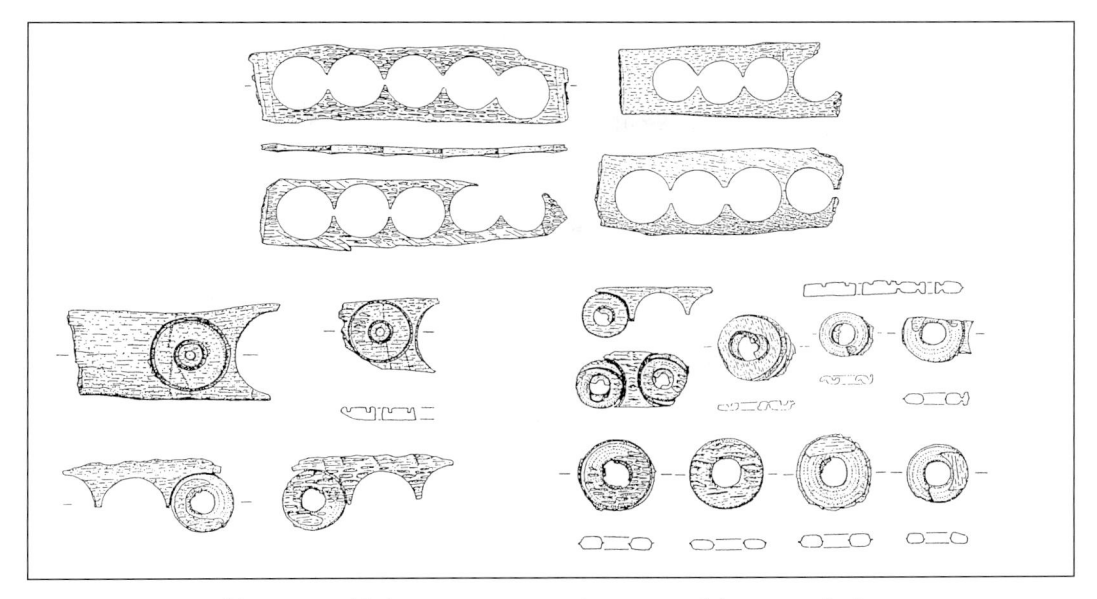

Abb. 110: Durchbohrte Leisten aus Rinderrippen und daraus angefertigte
flache Ringe aus Biberach, Radgasse 8 (ca. 1475–1525).

zeigt.[442] In Werkstattabfällen aus dem Flachsverarbeitungszentrum Biberach (Oberschwaben, frühes 16. Jahrhundert) befanden sich flache Ringe, die zum Teil in fast voller Höhe einseitig ausgebohrt worden waren und an deren Oberfläche zum Teil Unregelmäßigkeiten wie spongiöses Knochengewebe sichtbar gewesen sein müssen (Abb. 110). Sie haben Anlass zu der Hypothese gegeben, dass sie als Unterbau für Knöpfe beabsichtigt waren, die mit Stoff bezogen wurden.[443] Rekonstruktionsversuche solcher Knöpfe zeigen, dass die betreffenden flachen Ringe durchaus diesen Zweck erfüllt haben könnten.[444] Eindeutige Hinweise dafür, dass flache Knochenringe tatsächlich als Knopfkerne dienten, fehlen jedoch. Bei den genannten Beispielen aus Biberach ist zu bedenken, dass es v. a. Fehlprodukte betrifft, die möglicherweise gerade wegen des spongiösen Knochengewebes und der zu stark einseitigen Bohrung weggeworfen worden sind. In Konstanz wurden solche Ringe in der ersten Hälfte des 15. Jahrhunderts während Produktionsphase 3 zusammen mit Gebetsschnurringen und -perlen angefertigt und zum Teil schwarz gefärbt und/oder poliert. Besonders diese Funde sprechen gegen eine Nutzung zumindest dieser Konstanzer Produkte als Knopfkern. Es ist fraglich, ob die Biberacher Ringe nicht leicht zerbrochen wären, wenn man sie der Zugkraft eines Kleidungsverschlusses ausgesetzt hätte, da sie aus der relativ dünnen Knochenwand von Rinderrippen angefertigt wurden. Besonders bemerkenswert ist jedoch die Tatsache, dass die Funde der flachen Knochenringe auf dieselbe geographische Verbreitung und denselben Zeitraum beschränkt sind wie die Gebetskränze. Bodenfunde flacher Ringe sowie Werkstattabfälle beschränken sich auf Bayern, Baden-Württemberg, die Nordschweiz und das Elsass, die Datierungen der Werkstattabfälle auf das ganze 15. Jahrhundert und einen Teil des 16. Jahrhunderts.[445] Gebetskränze bestanden „im Allge-

---

442 RITZ 1975, Kat.Nr. B34. Es gibt keinen Hinweis darauf, aus welchem Material die Scheiben hergestellt wurden.
443 SPITZERS 1996 sowie 1999. Vgl. die Kritik dazu bei MITTELSTRASS 2000.
444 u. a. SPITZERS 1996, Abb. 9.
445 Funde von flachen Ringen bei: SIEGFRIED-WEISS 1991, Taf. 59; BREM et al.1992, 111–113; HÖNEISEN 1993, 385 Taf. 36; HASENFRATZ/BÄNTELI 1986, 27 f. Abb. 12; HELL 1960; FINGERLIN 1995, 337–339. Ringe und Werkstattabfälle bei: HAGN 1995 sowie HAGN/NIEDERSTEINER 1993 (Burghausen, zur Datierung in das 15. Jahrhundert s. MITTELSTRASS 2000); MAIRE 1986, 7582 Fig. 1 (Straßburg, 15. bis erste Hälfte 16. Jahrhundert) und vorliegende Arbeit (Konstanz, Münzgasse, Produktionsphase 3).

meinen aus einem steifen, meist aus Leder gefertigten Reifen, auf dem scheiben- oder ringförmige Glieder so befestigt waren, dass sie schuppenförmig übereinander griffen und umgeschlagen werden konnten".[446] Schrift- und Bildbelege sowie erhaltene Beispiele geben Auskunft über ihre Verbreitung in Süddeutschland ab der zweiten Hälfte des 14. Jahrhunderts bis in das 16. Jahrhundert.[447] Aus dem Hintergrund heraus, dass die flachen Ringe als Knopfkerne gedient haben sollen, ist die gegebene zeitliche und räumliche Begrenzung nicht zu erklären. So bleibt diese Interpretation fraglich, solange es keine eindeutigen Hinweise für sie gibt.

4.2.3 Zylinder

Welche Funktion kleine Zylinder mit einer Durchbohrung im Zentrum und einer zusätzlichen handgemachten Durchbohrung hatten, die sich in etwa im rechten Winkel dazu befindet, ist noch unbekannt (Abb. 69). Werkstattabfälle von solchen Zylindern wurden in der Konstanzer Münzgasse in Ablagerungsschichten mit umgelagertem Material aus dem 15. oder 16. Jahrhundert gefunden (Produktionsphase 3.III und 3.IV). Zwei ähnliche Zylinder, die in die Mitte des 16. Jahrhunderts datieren, wurden in Coventry gefunden, zusammen mit zwei Fragmenten durchbohrter Knochenleisten.[448] Die Zylinder sind 4 bis 5 mm hoch; der Durchmesser variiert in Konstanz zwischen 8,3 und 11 mm und in Coventry zwischen 12 und 13 mm.

4.3 Die geographische Verbreitung

Die geographische Verbreitung der Funde durchbohrter Knochenleisten deckt sich mehr oder weniger mit dem Teil des Landes nördlich der Alpen, der zum damaligen Heiligen Römischen Reich gehörte (Abb. 111; s. Anhang Abb. 117).
In Frankreich und im Mittelmeergebiet war die Herstellung von Knochenperlen aus kleinen Blöcken auf einer Drehbank üblich (s. Kap. 3.1.2.4). Durch diese Produktionsmethode verursachte Abfälle fallen weniger auf, und es ist schwieriger, sie als Leisten in Zusammenhang mit dem Knochenbohren zu erkennen. Große Abfallmengen dieser Knochendrehtechnik wurden in St. Denis und Brest (Frankreich) erfasst.[449] Für die Herstellung von Knochenscheiben oder flachen Knöpfen ist die Drehbanktechnik jedoch im Gegensatz zur Bohrtechnik schlecht geeignet. In St. Denis wurde eine begrenzte Menge durchbohrter Leisten aus dem frühen 16. Jahrhundert zur Knopfherstellung verwendet. In dem Teil von Flandern, der außerhalb oder an der offiziellen Grenze des Heiligen Römischen Reiches lag, scheint ähnlich vorgegangen worden zu sein. So wurden in Brügge lediglich Zeugnisse einer Perlenanfertigung auf der Drehbank in Form von fertig gestellten Perlen sowie Produktionsabfall gefunden.[450] Aus Gent und Antwerpen, beide an der politischen Grenze des Reiches, sind Leisten bekannt, die nur zum Herausbohren von Ringen oder noch wahrscheinlicher Knöpfen verwendet worden sein können.[451] Auch aus Irland sind lediglich durchbohrte Knochenplatten bekannt, die nicht zur Herstellung kleiner Perlen gedient haben können.[452] In England scheint sich die Verbreitung durchbohrter Perlenleisten auf die Ostküste zu beschränken, an der Kontakte und Niederlassungen der deutschen Hanse nachzuweisen sind. Dort sind Leisten aus einer ganzen Reihe von Städten bekannt, zum Teil mit und zum Teil ohne Hanseniederlassungen.[453] Weiter westlich sind aus Coventry bzw. Northampton v. a. auf der Drehbank hergestellte Knochenperlen

---

446 RITZ 1975, 59 (Zeit des Verbs angepasst).
447 Ebd. 59 f.
448 WOODFIELD 1981, ergänzt aus unveröffentlicher Dokumentation, erhalten von G. EGAN (London).
449 MEIER 1979 (zu St. Denis); unveröffentlichter Vorbericht C. PICAULT (Brest).
450 Mitteilung H. DE WITTE (Brügge) und Beobachtungen des Verfassers.
451 ERVYNCK et al. 1992 bzw. ERVYNCK/VEECKMAN 1992.
452 Mitteilung M. F. HURLEY (Cork).

und dazu vorgefertigte Knochenzylinder bekannt.⁴⁵⁴ Die in England nachgewiesene Konzentration von Perlenbohrabfällen außerhalb des Reiches wirft die Frage nach den Mechanismen der Technologieverbreitung auf. Waren hier deutsche Handwerker tätig oder wurde die Technik von örtlichen Handwerkern benutzt?

In Skandinavien wiederum, abgesehen von Visby, fehlen Perlenleisten oder Zeugnisse von Perlenbohrungen. Sämtliche durchbohrten Knochenleisten, die bekannt sind, wurden offenbar oder zumindest wahrscheinlich für Knöpfe oder andere Gegenstände benutzt.⁴⁵⁵ Die wenigen Leisten, die aus den baltischen Staaten bekannt sind, stellen ebenfalls keine deutlichen Zeugnisse von Perlenbohrungen dar. In kleinen Städten im Binnenland dieser Staaten ist jedoch eine Perlenproduktion mit der Drehbanktechnik belegt.⁴⁵⁶ Fundstätten mit Knochenbohrabfällen im ehemaligen ungarischen Königreich befanden sich seit 1386 innerhalb der Grenzen des Heiligen Römischen Reiches.⁴⁵⁷

4.4 Die Beziehung zu anderen Materialien

4.4.1 Zur Funddichte: Knochen und Bernstein

Es fällt auf, dass innerhalb des Reiches die Dichte von großen Fundkomplexen von Abfällen vom Perlenbohren mit bis zu tausenden von durchbohrten Leisten in den südlichen Teilen höher ist als im nördlichen Flachland (Abb. 111). In den meisten Hansestädten entlang der Nordsee- und südlichen Ostseeküste wurden verhältnismäßig kleine Mengen durchbohrter Leisten gefunden: kaum über hundert Fragmente.⁴⁵⁸ Der Überfluss an Bernstein an der Ostsee und der östlichen Nordsee scheint die Verwendung von Knochen für die Perlenherstellung eingeschränkt zu haben. Daten aus Lübeck können das illustrieren.

Gemeinsam mit Brügge besaß diese Stadt das Monopol, preußischen Bernstein zu verarbeiten. Während in den meisten anderen Städten höchstens zwei oder drei Paternosterhersteller gleichzeitig anzutreffen waren, gab es in Lübeck und Brügge im 14. und 15. Jahrhundert eine Gilde von Paternosterherstellern mit Dutzenden von Meistern, die für den Export produzierten.⁴⁵⁹ Archäologische Funde sowie schriftliche Quellen zeigen, dass Bernstein ihr Hauptrohstoff war und dass Knochen nur am Rande verwendet wurden.⁴⁶⁰ Insgesamt wurden in ganz Lübeck nur 67 durchbohrte Knochenleisten gefunden. Ihrer Unterschiedlichkeit und Nutzung nach stammen sie aus einer Reihe verschiedener Werkstätten, in denen sie Teil einer Nebenproduktion in kleinem Umfang waren.⁴⁶¹

---

453 MacGregor 1985 (verschiedene Fundorte); Egan/Pritchard 1991, 310–315 (London); Gaimster/Yeomans 2005 (London); MacGregor et al. 1999, 1922 (York); Clarke/Carter 1977, 312–315 (King's Lynn); Margeson 1993 (Norwich); Colyer 1975, 45 ff. (Lincoln).
454 Woodfield 1981 (Coventry); Williams 1979 (Northampton). Aus unveröffentlicher Dokumentation, erhalten von G. Egan (London), sind zwei Leistenfragmente aus Coventry mit Durchbohrungen bekannt, bei denen das Herausbohren von anderen Produkten als Perlen möglich bzw. wahrscheinlich ist.
455 Zu Wisby: Mitteilung und unveröffentlichte Dokumentation, erhalten von L. Zerpe (Wisby). Zu den wenigen übrigen Funden durchbohrter Knochenleisten aus Skandinavien: Andersen et al. 1971, 120–122 (Århus, Dänemark); unveröffentlichte Dokumentation, erhalten von M. Andersen (Roskilde) und P. Carelli (Lund, beide Schweden).
456 Vortrag A. Pärn im Lübecker Kolloquium zur Stadtarchäologie im Hanseraum V: Das Handwerk, Travemünde, Oktober 2004.
457 Funde aus Bratislava (Slowakei), Visegrád, Buda und Eger (alle Ungarn) erwähnt bei Sándor 1961 und Holl 1966.
458 Diese Feststellung basiert auf einer umfassenden Bestandsaufnahme der Literatur sowie einer (erschöpfenden) Umfrage unter den Teilnehmern des fünften Lübecker Kolloquiums zur Stadtarchäologie im Hanseraum über das Handwerk, von 25. bis 28 Oktober 2004 in Travemünde.
459 Mührenberg 2001; Ritz 1975.
460 Falk 1983.
461 Datenaufnahme des Autors 2001 zu allen durchbohrten Knochenleisten, die im Lager des Bereichs Archäologie der Hansestadt Lübeck vorhanden waren.

Sowohl in Brügge wie in London ist für denselben Ort die Herstellung von sowohl Bernsteinperlen als auch Knochenperlen unter Einsatz der Drechseltechnik in stratigraphischen Verhältnissen belegt, die es denkbar erscheinen lassen, dass beide in derselben Werkstatt angefertigt wurden.[462] Angesichts der starken Ähnlichkeit in der benutzten Technik ist es nahe liegend, dass Bernstein- und Knochenperlen von denselben Handwerkern gedrechselt wurden.

Es ist deshalb bemerkenswert, dass sich eine solche räumliche und zeitliche/stratigraphische Verbindung zwischen den Abfällen der Anfertigung von Bernsteinperlen und des Bohrens von Knochenperlen, die durch den Einsatz unterschiedlicher Techniken entstanden, bislang nicht herstellen lässt.[463] Da sich Bernstein – nicht nur wegen der Konsistenz, sondern auch wegen der Form des Rohmaterials in Klumpen – schlecht für die Herstellung aus Leisten unter Einsatz der Bohrtechnik eignet, wurden Bernsteinperlen, wie alle Zeugnisse belegen, immer aus kleinen Blöcken gedrechselt, ähnlich wie bei der Drechseltechnik zur Herstellung von Knochenperlen.

Während in Hansestädten wie Bremen, Hamburg, Lübeck, Rostock, Greifswald, Stralsund, Kolberg und Elbing stets nur eine kleine Anzahl von Knochenleisten gefunden wurde, scheint Danzig eine Ausnahmestellung einzunehmen. Hier wurde angeblich nicht nur eine beträchtlich große Menge an Perlenbohrabfällen gefunden, sondern auch Abfälle vom Knochenperlendrechseln.[464] Weiter entfernt von den baltischen Bernsteinfunden, am südwestlichen Rand des Hansegebiets in der nördlichen Hälfte der Niederlande, nehmen der Umfang und die Dichte der Abfallfunde vom Knochenperlenbohren zu.

4.4.2 Zur Anwendung der Technik in Holz und Horn

In welchem Umfang Holz zum Bohren von Perlen und anderen Gegenständen angewendet wurde, lässt sich schwer einschätzen. Zur Nutzung der Bohrtechnik in hölzernen Leisten aus Konstanz sind keine parallelen Abfallfunde bekannt.[465] Das mag daran liegen, dass Holz viel seltener als Knochen im Boden erhalten bleibt. Historische Abbildungen aus nachmittelalterlicher Zeit, wie die Abbildung WEIGELS von 1698 (Abb. 30), bezeugen eine solche Verwendung allenfalls in der Neuzeit. Gebetsschnüre mit hölzernen Perlen sind keineswegs selten unter den erhaltenen Museumstücken und auch als Bodenfunde keine große Ausnahme.[466] Es ist jedoch schwierig, darunter Stücke zu finden, die mit Sicherheit in das Mittelalter datiert werden können. Schriftquellen seit der Mitte des 15. Jahrhunderts deuten dagegen an, dass hölzerne Paternoster zur Massenware gehörten. So hatte der Ulmer Paternostermacher Ott Ruland 1448 in Konstanz ein Fass mit bis zu 3600 „aichmistlin" Paternoster stehen und ein Buchhändler 1460 in der Niederländischen Hansestadt Deventer eintausend Paternoster aus Bein und Holz.[467] Es ist allerdings fraglich, ob diese in erheblichem Ausmaß aus Leisten oder Brettern gebohrt worden sind. Zum Herausbohren von Gegenständen eignen sich nur sehr bestimmte Holzarten, wie das in Konstanz benutzte Kirschholz. Buchsholz, Eichmisteln oder Eichenholz, aus dem die meisten der bekannten hölzernen Gebetsschnurperlen angefertigt wurden, eignen sich nicht zum Herausbohren von Perlen mit rekonstruiertem mittelalterlichem Bohrgerät.[468]

---

462 Vortrag H. DE WITTE am Lübecker Kolloquium zur Stadtarchäologie im Hanseraum V: Das Handwerk, Travemünde, Oktober 2004 bzw. EGAN/PRITCHARD 1991.

463 Während Abfälle vom Drechseln von Knochenperlen auf dem Londoner Baynardsite aus demselben stratigraphischen Kontext stammen wie Abfälle aus der Herstellung von Bernsteinperlen, wurden durchbohrte Knochenleisten in einer anders datierten Schicht gefunden (EGAN/PRITCHARD 1991). Obwohl in Lübeck in der Hundestrasse Abfälle sowohl vom Bohren von Knochenperlen als auch von Bernsteinperlen gefunden wurden, muss das stratigraphische Verhältnis noch geklärt werden.

464 Mitteilung Z. BORKOVSKY (Danzig).

465 Zu den Konstanzer Funden s. MÜLLER 1996.

466 Eine Übersicht von Museumstücken bei: RITZ 1975; Bodenfunde u. a. bei: CSYSZ 1999; JANSEN 1995; MITTELSTRASS 2000.

467 RITZ 1975 bzw. DUBBE 1980.

468 Mitteilung M. TIELENS (Geldermalsen).

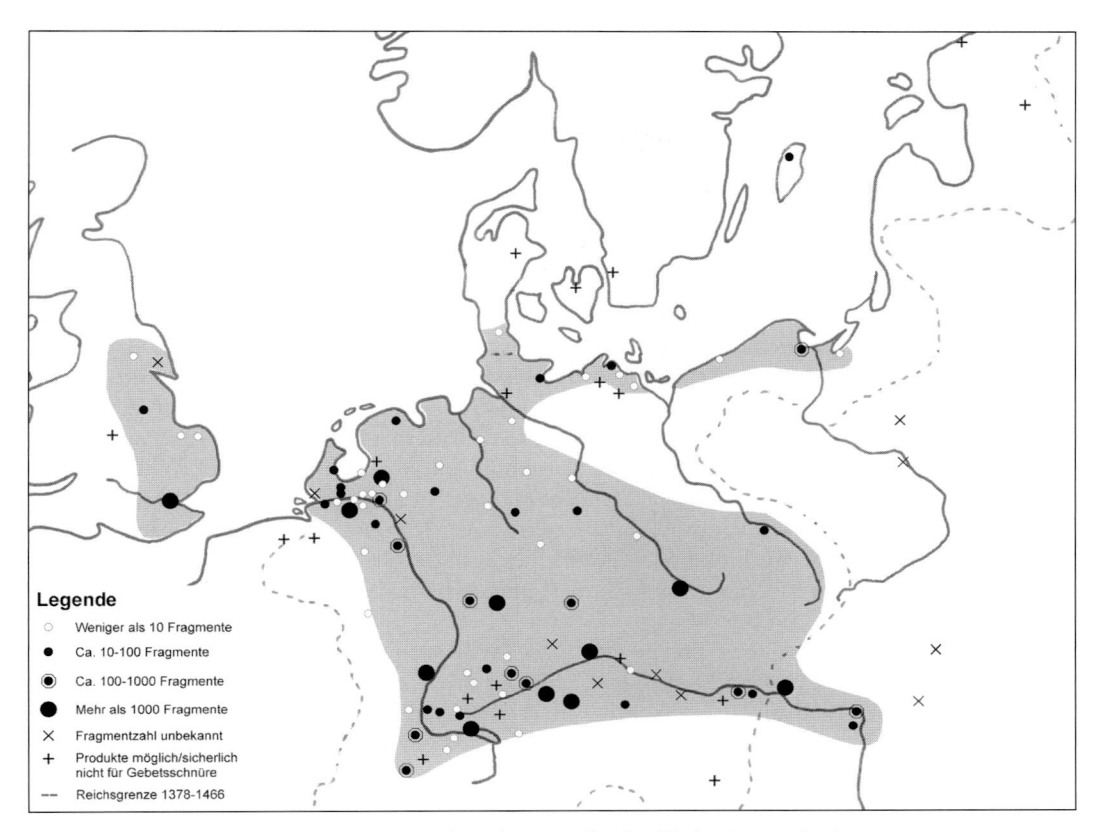

Abb. 111: Verbreitung und Fundmengen der durchbohrten Knochenleisten.

Es wäre denkbar, dass die meisten hölzernen Gebetsschnurperlen gedrechselt statt gebohrt wurden. In dem Fall wären von deren Anfertigung, wenn überhaupt erhalten, kaum erkennbare Überreste zu erwarten. Das in Konstanz zum Herausbohren benutzte Kirschholz wird im Allgemeinen nicht in dem Maße strukturell und kontinuierlich verfügbar gewesen sein wie die als Schlachtabfälle anfallenden Tierknochen. Die Abfallstücke und Halbfabrikate aus der Konstanzer Münzgasse, die vom Bohren von Perlen und anderen Objekten aus Holzleisten herrühren, sind in ihrer Anzahl dermaßen gering und dabei so verschieden, dass der Eindruck einer nebensächlichen, inzidentellen oder experimentellen Anfertigung von wenigen Produkten entsteht und keineswegs derjenige einer systematischen Anfertigung oder Massenproduktion. Ihre Verteilung über die Ablagerungsphasen zeigt eine Konzentration am Übergang von Produktionsphase 2 zu 3 und in Produktionsphase 3.I (erste Hälfte 15. Jahrhundert; Tab. 8). Sie würde als Experiment in eine Verbreiterung des Produktspektrums der Knochenperlenbohrer bei einer abnehmenden Nachfrage nach Knochenperlen passen.
Hinweise dafür, dass Holz vor dem 17. Jahrhundert in großem Umfang für das Herausbohren von Perlen aus Leisten oder Brettern benutzt wurde, fehlen also.
Auch Horn ist selten im Boden erhalten geblieben – Perlen aus Horn sind von Ausgrabungen kaum bekannt, Hornplatten mit Reihen von Durchbohrungen erst recht nicht. Mit den Techniken der vormodernen Mechanisierung konnten aus Horn keine Gegenstände herausgebohrt werden.[469] Hornperlen vor dem 18./19. Jahrhundert sind selten unter den in Museen erhaltenen Gebetsschnüren aus dem Deutschen Sprachraum. Vermutlich wurden diese gedrechselt statt gebohrt.

---

469 Mitteilung M. TIELENS.

4.5 Die Entwicklung im Verlaufe der Zeit

4.5.1 Zu den Ursprüngen der Technik

Es lässt sich schwer feststellen, zu welchem Zeitpunkt das Prinzip, Gegenstände aus Knochen herauszubohren, erstmals angewandt wurde. Kreisrunde Scheiben mit einer Durchbohrung in der Mitte gibt es schon im Jungpaläolithikum. Diese wurden jedoch vermutlich aus dem Knochen durch das Einkerben einer zirkelförmigen Rinne mit einem Messer aus Feuerstein herausgeschnitten. Eine Zierscheibe aus der Petersfelshöhle bei Konstanz ist bezeichnenderweise nicht genau rund, sondern der Rand ist geringfügig verschoben, weil der Zirkel nicht genau schloss.[470] Auch die Verzierung besteht aus mit der Hand gezogenen Ritzen. Schmuckscheiben aus der spätbronzezeitlichen Siedlung „Wasserburg" bei Buchau sind dagegen durchaus kreisrund und mit konzentrischen Linien und Kreisaugen verziert.[471] Diese sind vermutlich mit einem Kreisschneider oder Bohrer aus den Knochen herausgebohrt worden und würden damit zu den ältesten Nachweisen des genannten technischen Prinzips nördlich der Alpen gehören. Die Einführung von Eisen in dieser Zeit ermöglichte jedenfalls die Anwendung einer solchen Technik. An einer Bohrspitze aus Feuerstein würden v. a. die Seitenarme schnell abbrechen, während Bronze zu weich ist. Die ältesten deutlichen Beweise für die Anwendung dieser Technik bilden Funde durchbohrter Knochenleisten aus der Römerzeit in Südostfrankreich (u. a. aus Vienne und Antibes) mit Löchern von 14 bis 18 mm, aus denen Spielsteine angefertigt worden sind.[472]

Bereits während der Hallstattzeit finden sich auch die ältesten Perlen mit eindeutigen Drechselspuren, z. B. im Fürstengrab von Hochdorf.[473] Die Technik, Knochenperlen zu drechseln, wird in dieser Zeit mit der Drehbank aus dem Mittelmeerraum eingeführt worden sein. Sie ist als eine Weiterentwicklung des seit dem Paläolithikum benutzen Prinzips zu betrachten, bei dem Perlen und Ringe aus Scheiben, Blöckchen oder Zylindern angefertigt wurden, die quer aus der Knochenröhre geschnitten oder geschliffen wurden. Der so entstandene Perlenrohling konnte danach in die gewünschte Form geschnitten, geschliffen und/oder poliert werden. Perlen und Ringe mit einer nicht symmetrisch runden Form, die auf diese Weise von Hand ohne Drehung angefertigt wurden, werden bis um die Jahrtausendwende im Mittelalter angetroffen. Ein spätes Beispiel der Verwendung dieser Technik zur Anfertigung von Knochenringlein stammt aus dem späten 11. oder 12. Jahrhundert von der Schweizer Frohburg.[474]

Die, soweit bekannt, ältesten Beispiele von durchbohrten Knochenleisten nördlich der Alpen sind kaum jünger. Aus einer in die Mitte des 12. Jahrhunderts datierten Grabenverfüllung unter dem Rathaus des westfälischen Höxter stammt eine etwa 5 mm starke Leiste mit zweiseitigen Durchbohrungen von 9 mm Durchmesser.[475] Etwas jünger ist ein Fund von hunderten von durchbohrten Leistenfragmenten vom Heumarkt in Köln, der in das späte 12. Jahrhundert datiert wird.[476] Diese wurden mehrheitlich von einer Seite herausgebohrt mit konischer Lochwand und Durchmessern

---

470 E. Wagner in: Kokabi et al. 1994, 28.
471 J. Biel in: Kokabi et al. 1994, 59.
472 Morena/Counord 1994, 75 (mit Hinweisen auf weitere Funde aus Compierre und Alesia) sowie Béal 1984, 8.
473 J. Biel in: Kokabi et al. 1994, 67.
474 Tauber 1977.
475 Mitteilung M. König (Höxter). Die Datierung beruht auf vornehmlich regionalen Keramikfunden aus der ersten Hälfte bis Mitte des 12. Jahrhunderts und einem Pfennig des Erzbistums Köln, geschlagen 1131–1137 (s. auch König 1999). Eine zweite Leiste mit zweiseitigen Durchbohrungen von 16 mm und einer Stärke von 6 mm und ähnlichen Bearbeitungsspuren stammt nach Mitteilung von M. König aus einem in die zweite Hälfte des 13. Jahrhunderts datierten Befund unter demselben Rathaus.
476 Aten et al. 1997. Dass die Datierung außer Frage steht, wurde vom Hauptverfasser in einer persönlichen Mitteilung bestätigt und begründet.
477 Aten et al. 1997, Abb. 48 sowie Mitteilung N. Aten. Die Stärke von zwei dieser Leisten mit Durchbohrungen von 6,6 bis 6,8 mm liegt nach dessen Mitteilung zwischen 1,6 und 2 mm. Weitere Details der am Kölner Heumarkt gefundenen Leisten sind der Abb. 48 bei Aten et al. entnommen.

zwischen etwa 6 und 12 mm mit deutlich geringeren Wandstärken.[477] Die Halbfabrikate in manchen Bohrlöchern haben die Form von flachen Scheibchen, deren Kanten zum Innenloch und zum Außenrand hin an einer Seite gerundet sind. Die andere Seite muss bei den einseitigen Bohrungen nach dem Herausbohren flach gewesen sein mit einer scharfen Kante zur gerundeten Seite hin. Für eine Funktion als Spielsteine sind sie mit Durchmessern von zum Teil 5 mm zu klein. Auch die angefertigte Menge ist dafür außergewöhnlich groß. Für die Nutzung in Gebetsschnüren wäre die scharfe Kante ungünstig. Allerdings könnte man diese nachträglich abgeschliffen haben, ähnlich wie es bei den quer aus der Knochenröhre gesägten Ringen von der Frohburg geschah.

Das wirft die Frage auf, weshalb die Perlen stattdessen nicht von zwei Seiten herausgebohrt wurden. Dazu müsste allerdings die Mittelspitze des Bohrers länger sein als die Seitenarme, so dass das Mittelloch bis zur anderen Seite durchbohrt würde und beim Bohren von dieser Seite als Führung für den Bohrer dienen könnte. In einigen unvollendeten Bohrungen in den Kölner Leisten erscheint das Mittelloch in den vorhandenen Scheibchen jedoch nicht viel tiefer ausgebohrt worden zu sein als die Außenseite. Damit würde sich der benutzte Bohrer in keinerlei Weise von den Bohrern unterscheiden, die im selben Zeitabschnitt benutzt wurden, um einfache Kreisaugen auf Knochenbeschlägen oder Kämmen anzubringen. Ähnlich wie bei Kreisaugen ist bei den Durchbohrungen in den Kölner Leisten wahrscheinlich nicht die vollständige Rundung zwischen Zentralspitze und Seitenarmen des Bohrers ausgebohrt, sondern lediglich ein Kreis rund um ein Mittelloch ausgeschliffen worden. Leistenstärken von 1,6 bis 2 mm ähneln denen von kreisaugenverzierten Beschlag- oder Kammplättchen und führen zur Vermutung, dass auch die vollständig ausgebohrten Gegenstände eine nicht geschliffene flache Oberseite hatten. Damit liegt der Unterschied zwischen den Kreisaugenverzierungen und der Mehrheit der Durchbohrungen in den Kölner Leisten lediglich darin, dass in Letzteren bis zur anderen Leistenseite gebohrt wurde und die Anordnung der Bohrungen ebenso wenig ästhetisch wirkt wie die Leiste selbst. Beides findet sich jedoch vereinzelt auch unter den Abfällen von der Herstellung von Kämmen und Beschlägen.

So gibt es zwischen den umfangreichen Knochenabfällen von der Herstellung von Kämmen und Beschlagplättchen aus Schleswig (11. bis 14. Jahrhundert) eine Knochenleiste mit einer Reihe von 7 mm großen Durchbohrungen sowie ein grob bearbeitetes Knochenstück mit tief ausgebohrten Kreisaugen ähnlich halb ausgebohrten Perlchen.[478] An solchen Stücken lässt sich nur schwer feststellen, ob es Abfälle vom Perlenbohren oder von der Anfertigung von Kämmen oder Beschlägen sind.[479] Daraus ergibt sich der Gedanke, dass Hersteller von Knochenkämmen und -beschlägen vereinzelt nebenbei mit einem Bohrer für Kreisaugenverzierungen Spielscheibchen, Perlen oder Ringe aus Knochenleisten herausbohrten, indem sie nur ein wenig tiefer bohrten. In diesem Zusammenhang fällt auf, dass die frühen Beispiele durchbohrter Knochenleisten aus der Zeit vor der zweiten Hälfte des 13. Jahrhunderts nahezu alle aus dem nördlichen Teil des Verbreitungsgebiets stammen, in dem Knochen im 12. und 13. Jahrhundert in großem Rahmen zur Kammherstellung benutzt wurden.[480] In Köln allerdings, das am Rande der gehäuft und massiv auftretenden Abfallfunde der Kammherstellung liegt, scheint die Arbeitsweise gezielt für die Anfertigung von durchbohrten Knochenscheibchen eingesetzt worden zu sein, die höchstwahrscheinlich als Gebetsschnurperlen gedacht waren. Einige an zwei Seiten angebohrte Perlen könnten andeuten, dass während der Produktion das Experiment mit dem oder der Umstieg auf das zweiseitige Herausbohren stattfand. Es ist denkbar, dass dabei entweder zufällig oder gezielt die benutzten Bohrer so nach- bzw. umgeschliffen wurden, dass die Mittelspitze länger war, was ein zweiseitiges Bohren erleichterte oder den Gedanken daran näher brachte. Ähnliches könnte auf die zweiseitigen Durchbohrungen in der etwas älteren Leiste aus

---

478 ULBRICHT 1984, Taf. 36 Nr. 11 bzw. 13.
479 Ähnliches gilt für ein nicht zu einer flachen Leiste verarbeitetes Knochenfragment aus dem späten 12. bis frühen 13. Jahrhundert aus York (MACGREGOR et al. 1999, 1922).
480 Außer den genannten Beispielen wurden drei Leisten aus dem Braunschweiger Burggraben in die zweite Hälfte des 12. Jahrhunderts datiert (DUNKEL 1995) und eine durchbohrte Leiste aus dem dänischen Århus in die erste Hälfte des 13. Jahrhunderts (ANDERSEN et al. 1971).

Höxter zutreffen. Bereits Abfallstücke aus der Herstellung von Knochenbeschlägen in Lincoln (England) aus dem späten 11. Jahrhundert wurden an einer Seite mit einem Kreisaugenbohrer bearbeitet, dessen Zentralspitze länger war und die Knochenwand vollständig durchbohrte, wie es bei den späteren Perlenbohrungen üblich war.[481]

Bemerkenswert ist weiterhin, dass v. a. die frühen Bohrleisten an den Enden gesägt worden sind. Gerade die älteste Leiste aus Höxter, wie auch eine zweite, möglicherweise umgelagerte Leiste aus der gleichen Grabung, zeigen weitere gesägte Flächen und Kanten, ähnlich wie bei Knochenbeschlägen und Kammleisten. Während solche geraden Flächen bei Beschlägen und Kammleisten eine Funktion haben, ist dies bei Bohrleisten überflüssig und kommt seit der zweiten Hälfte des 13. Jahrhunderts nur selten vor.

4.5.2 Die weiteren Entwicklungen seit der Mitte des 13. Jahrhunderts

In der zweiten Hälfte des 13. Jahrhunderts treten Knochenleisten mit Reihen runder Durchbohrungen auf einmal an mehreren Orten über das ganze Verbreitungsgebiet verteilt auf.[482] Dies deckt sich mit gleichzeitig aufgetretenen Hinweisen in den Schriftquellen, dass Paternoster kurz nach 1250 allgemein getragen wurden.

Das Bohren von Gebetsschnurperlen aus Leisten hatte sich offensichtlich mittlerweile zu einer eigenständigen Technik entwickelt. Die meisten Leisten zeigen keine gesägten Enden. Nicht vollendete Bohrungen zeigen, dass spezial geformte Bohrer mit längeren Zentralspitzen und in die gewünschte Form geschliffenen Seitenarmen verwendet wurden. Soweit feststellbar, wurde von zwei Seiten gebohrt. Die von einer Seite ausgebohrten Leisten der Produktionsphase 0 aus der Konstanzer Münzgasse könnten vielleicht als Ausnahme betrachtet werden. Diese wurden jedoch zuerst von der anderen Seite leicht angebohrt, um einem Absplittern der Knochenwand vorzubeugen, wie an den älteren Kölner Leisten zu sehen ist. Die starke Variation der Außendurchmesser der Löcher dagegen würde zu einer Verwendung von Bohrern oder Kreisschneidern für unterschiedliche Kreisaugenverzierungen im Rahmen einer vereinzelten Nebentätigkeit eines anderen Knochengewerbes passen. Dabei ist nicht auszuschließen, dass die Leisten, die aus zum Teil zwischen 1230 und 1272 datierten Befunden stammen, aus noch älteren Schichten umgelagert wurden. Mit Ausnahme der längeren Zentralspitzen weist auch das Profil der Ringbohrer und der Doppelringbohrer der um 1300 datierten Konstanzer Produktionsphase 1 noch Ähnlichkeit mit Kreisaugenbohrern auf.

Leisten, die vor 1300 datiert sind, zeigen entweder Reste von Ringen mit rundem Wulstschnitt oder Löcher mit dazu passenden Durchmessern und Höhen. Eine Ausnahme bilden einige Leisten aus dem 13. Jahrhundert mit flachen Perlen aus Utrecht.[483] Beide Formen könnten sich aus den älteren Scheibchen aus Köln entwickelt haben, indem man mit ähnlichen Bohrern und vergleichbaren Durchmessern von zwei Seiten in stärkeren Leisten die volle Wölbung zwischen Zentralspitze und Seitenarm herausbohrte.

Eine kleine Anzahl von Knochenleisten mit kugelförmigen Perlen tritt bereits vor 1350 in Göttingen und London in Erscheinung, an beiden Orten zwischen 1270 und 1350 datiert.[484]

Über einige frühere Funde mit bis zu ein paar tausend Leistenfragmenten hinaus (in München, Würzburg und Köln), nehmen Hinweise auf eine Massenproduktion von Knochenperlenschnüren nach dem Jahre 1400 zu. Eine deutliche Zunahme von Funden größerer Mengen von Leistenabfall

---

481 Mann 1982, 18. Den Hinweis verdanke ich R. A. Hall (York).
482 Knochenleisten, datiert in die zweite Hälfte des 13. Jahrhunderts, sind aus Zürich bekannt (Münsterhof: Schneider et al. 1982), Konstanz (vor 1272), Schaffhausen (Gutscher 1984), Basel (Barfüsserkirche, „13. Jhdt.": Rippman et al. 1987), Breisach (Schmaedecke 1992), München (St.-Jakobs-Platz, „12.–13. Jhdt.": Brand 2003), Breslau (Jaworski 2002), York (MacGregor et al. 1999), Utrecht (Hoekstra 1980), Deventer (Thijssen 1981), Höxter (Mitteilung A. König) und Danzig (Mitteilung Z. Borcovsky).
483 Hoekstra 1980.
484 Zu Göttingen: Schütte 1995; zu London (Ludgate Hill, 1982): Egan/Pritchard 1991, 311–314.

ist allerdings vorerst nicht nachzuweisen. Eine ganze Reihe von äußerst umfangreichen Fundkomplexen ist zum Teil unpräzise auf das 15. bis 16. Jahrhundert datiert, zum Teil auf das 16. Jahrhundert oder auf die erste Hälfte des 16. Jahrhunderts. Kein einziger von diesen Fundkomplexen kann mit Sicherheit vor 1500 datiert werden.[485] Der Konstanzer Abfall aus Produktionsphase 2 ist sowohl hinsichtlich seiner Datierung um 1400 wie auch von der Menge her immer noch eine Ausnahme, der sich sogar die umfangreichsten Komplexe aus späterer Zeit nicht einmal annähern.[486]

Außer in der ungeheuren Menge des Konstanzer Abfalls, ist ein Hinweis auf Massenproduktion vielmehr darin zu sehen, dass seit etwa 1400 größere Mengen an Leisten mit Durchbohrungen für kleine kugelförmige Perlen auftreten. Die ältesten dieser Fundkomplexe stammen aus Lincoln (14. Jahrhundert), Konstanz (Phase 2, ca. 1375–1425) und Bern (Kramgasse 2, vermutlich kurz vor 1405).[487] Mit den Durchbohrungen für kleine runde Perlen kann sich nicht nur die Anzahl der Produkte vergrößern, sie eignen sich auch besonders für eine Massenproduktion mit hohem Produktionstempo in einer größeren Werkstatt (s. Kap. 3.4). Auch die Technik des Bohrens in gesägten Langknochenscheiben, durch die das Knochenmaterial noch besser ausgenutzt werden konnte, wurde seit dieser Zeit anscheinend gezielt in größeren Werkstätten betrieben. Entsprechend der Herstellung von runden Perlen wurde auch diese Technik bereits zuvor genutzt, wie eine durchbohrte Scheibe aus dem späten 13. bis 14. Jahrhundert aus Breslau zeigt.[488] Neu hinzu kam aber, dass sie in Konstanz in Produktionsphase 2 (ca. 1375–1425) bewusst in größerem, wenn auch begrenztem Umfang und gezielt eingesetzt wurde. Zunächst erfolgte dies für die Anfertigung einer speziellen Perlenform (längliche Perlen), später offensichtlich, um die Produktzahl zu erhöhen. Abfälle dieser Technik sind auffälligerweise aus äußerst umfangreichen Fundkomplexen mit mehr als einem halben Kubikmeter Knochenbohrabfall bekannt, die außerhalb von Bayern liegen. Außer aus Konstanz liegen sie aus Straßburg (15. bis erste Hälfte 16. Jahrhundert) vor sowie aus einem weiteren großen Leistenfund, dessen Umfang nicht genau bekannt ist: Basel-Petersberg (nach 1200) und aus einem kleineren Fundkomplex aus 's-Hertogenbosch (zweite Hälfte 14. bis erste Hälfte 15. Jahrhundert).[489] In 's-Hertogenbosch wurden – ähnlich wie in der Konstanzer Produktionsphase 2 und in derselben Periode – sowohl kleine runde Perlchen aus relativ dünnen Scheiben herausgebohrt als auch längliche Perlen aus dickeren Scheiben.[490]

In der gleichzeitigen Herstellung von großen Mengen an kleinen Perlen und kleineren Mengen an großen Perlen im Produktionsabfall der Produktionsphase 2 aus der Konstanzer Münzgasse (ca. 1375–1425) kann man einen Hinweis auf die seit der Mitte des 14. Jahrhunderts in Bildquellen belegte Praxis sehen, Gebetsschnüre durch größere Perlen zu unterteilen. Außerdem wurde im späten 14. Jahrhundert, also im gleichen Zeitraum oder höchstens wenige Jahrzehnte vor der betreffenden Herstellung, das Abwechseln von einen Paternoster und zehn Ave Maria im Gebet eingeführt. Ein solcher Gebetswechsel kann mit einer größeren Perle angedeutet werden, einer anderen Perlenform wie z. B. einem Ring oder durch ein anderes Material.[491] Es ist deshalb nicht verwunderlich, dass das

---

485 Zu den Fundkomplexen, die mehr als einen halben Kubikmeter Knochenbohrabfälle umfassen, gehören die aus 's-Hertogenbosch (Niederlande, erste Hälfte 16. Jahrhundert: JANSSEN 1983; SPITZERS 2012), Straßburg (15. bis erste Hälfte 16. Jahrhundert: MAIRE 1990), Augsburg (ausgehendes 15. bis 16. Jahrhundert: HERRMANN 2011) und Regensburg (erste Hälfte 16. Jahrhundert: Mitteilung H. MILLITZER [Hagelstadt]).

486 Unbekannt ist die mengenmäßige Verteilung über die Jahrhunderte der ‚Unmengen' von Knochenbohrabfällen auf dem Münchner St.-Jakobs-Platz (BRAND 2003).

487 Zu Lincoln: COLYER 1975, 45; zu Bern: BOSCHETTI 2003.

488 JAWORSKI 1999, 84. Die Datierung beruht hauptsächlich auf einer relativchronologischen Basis und endet mit Sicherheit im frühen 15. Jahrhundert. Abb. 23a lässt – soweit zu beurteilen – vermuten, dass daraus eher runde als längliche Perlen angefertigt wurden.

489 MAIRE 1986 (Straßburg); GANSSER-BURKHARDT 1940 (Basel); SPITZERS 2012 ('s-Hertogenbosch). Allerdings ist der relativ früh datierte Fundkomplex aus 's-Hertogenbosch mit seinem (bislang) begrenzten Umfang von einigen Zehnteln an Leistenfragmenten, aus denen keine runden, sondern flache Perlen angefertigt sind, noch kaum als Abfall einer Massenproduktion zu betrachten. Die Verarbeitung der Knochenscheiben in 's-Hertogenbosch etwa gleichzeitig mit denen aus Konstanz, wenn nicht sogar früher, hat deutliche Merkmale eines Experiments.

490 's-Hertogenbosch, „Loeffplein" (SPITZERS 2012).

491 u. a. RITZ 1975.

Verhältnis von kleinen zu großen Perlen nicht das von zehn Ave Maria zu einem Paternoster widerspiegelt. Bemerkenswert ist jedoch, dass zu Beginn der Produktionsphase 2 die Produktpalette nur das Zusammenstellen von relativ wenigen Gebetsschnüren für einen solchen Gebetswechsel ermöglichte. Dagegen wurde im Verlaufe dieser Produktionsphase die Produktpalette anscheinend unter Verwendung des gleichen Ausgangsmaterials den Anforderungen solcher Gebetsschnüre angepasst. Eine Kombination kleiner und großer Perlen ist auch aus Abfällen aus Breslau aus derselben Periode bekannt.[492]

Wie bereits erwähnt, werden die meisten großen Funde mit mehreren hunderten oder tausenden von Bohrleisten in das 15. bis 16. Jahrhundert datiert. Die Verteilung der Datierungen lässt vermuten, dass es im 16. Jahrhundert einen Gipfel in der Produktion von Knochenperlen gab, speziell in der ersten Hälfte und den letzten Jahrzehnten des Jahrhunderts: gerade vor und während der frühen Jahre der Reformation und während der Gegenreformation.

Insoweit entspricht der archäologische Nachweis der Massenproduktion von billigen Gebetsschnüren in den Fundkomplexen von durchbohrten Knochenleisten weitgehend der in Schrift- und Bildquellen bezeugten zunehmenden Beliebtheit der Gebetsschnüre. Wenige archäologische Funde allerdings weisen auf das Bohren von Knochenperlen nach etwa 1600 hin und nahezu keine auf die Zeit nach dem 17. Jahrhundert. Andere Materialien wie Glas und Holz könnten Knochen als Rohmaterial für billige Rosenkränze ersetzt haben. Es ist denkbar, dass die Verfügbarkeit der vor Ort als Schlachtabfälle anfallenden Knochen durch das Aufkommen von neuen oder das Wachsen von alten Knochen verarbeitenden Handwerkszweigen wie der Knopfproduktion oder der Seifen- und Leimsiederei beeinträchtigt wurde. Im Verlauf der Neuzeit, spätestens im 18. Jahrhundert, wird es üblich, dass Knochen verarbeitende Handwerker ihr Rohmaterial über Händler außerhalb des eigenen Einzugsgebiets in meist vorpräpariertem Zustand bezogen (s. Kap. 3.1.5.4).

Ebenfalls ist denkbar, dass die Werkstattabfälle in größerem Ausmaß weiterverwertet wurden. Die relativ geringe Menge an Funden von Abfällen der industriellen Massenproduktion von Knochenknöpfen des späten 18. bis frühen 20. Jahrhunderts ist in diesem Zusammenhang bemerkenswert.

4.6 Regionale Unterschiede der Perlentypen

Wie im vorigen Abschnitt bereits erläutert, eignen sich bestimmte Formen der aus Knochen gebohrten Gebetsschnurperlen wie kugelförmige Perlen besser für eine Massenproduktion. Demzufolge wäre ein Zusammenhang zwischen eventuellen regionalen Unterschieden in der Form der Knochenperlen und den in Kap. 4.4 beschriebenen regionalen Unterschieden im Produktionsumfang zu erwarten.

So scheint z. B. die Produktion flacher Perlen mit einem ovalen Querschnitt und einem Durchmesser von etwa anderthalbmal bis doppelt so groß wie die Höhe (Abb. 113B) auf das Hansegebiet im nördlichen Teil des Verbreitungsgebiets der durchbohrten Knochenleisten beschränkt gewesen zu sein (Abb. 112). Solche Perlen sind als in Knochenleisten verbliebene Halbfabrikate aus den Niederlanden (Roermond, Utrecht, Vianen, Deventer, Zutphen und Elten) bekannt sowie aus Danzig. Die Datierungen dieser Funde verteilen sich auf die ganze Periode vom 13. bis zum späten 16. Jahrhundert.[493] Die Löcher, in welchen diese Perlen gefunden wurden, betragen 7 bis 11 mm im Durchmesser mit Höhen zwischen 3 und 7 mm. Knochenleisten mit Löchern mit ähnlichen Durchmessern und Höhen und mit demselben Verhältnis Durchmesser/Höhe wie in den Leisten mit

---

492 Jaworski 1999.
493 Zu Roermond: Stichting Rura 1984 (datiert in das 15. Jahrhundert, Mitteilung T. Lupak [Haelen]); zu Utrecht: Hoekstra 1980 (datiert in das 13. Jahrhundert) sowie Dokumentation Gemeente Utrecht, erhalten von H. Lägers (ohne Datierung); zu Vianen: Spitzers 2009 (ca. 1350–1450/zweite Hälfte 14. bis erste Hälfte 15. Jahrhundert); zu Deventer (ca. 1425–1475) und Zutphen (ca. 1475–1525): Spitzers 2004; zu Elten (kurz nach 1585): Binding et al. 1970; zu Danzig (13. bis erste Hälfte 16. Jahrhundert): Mitteilung Z. Borcowsky (Danzig); vgl. Paner 2006, Fig. 5.

DIE KONSTANZER PATERNOSTERLEISTEN

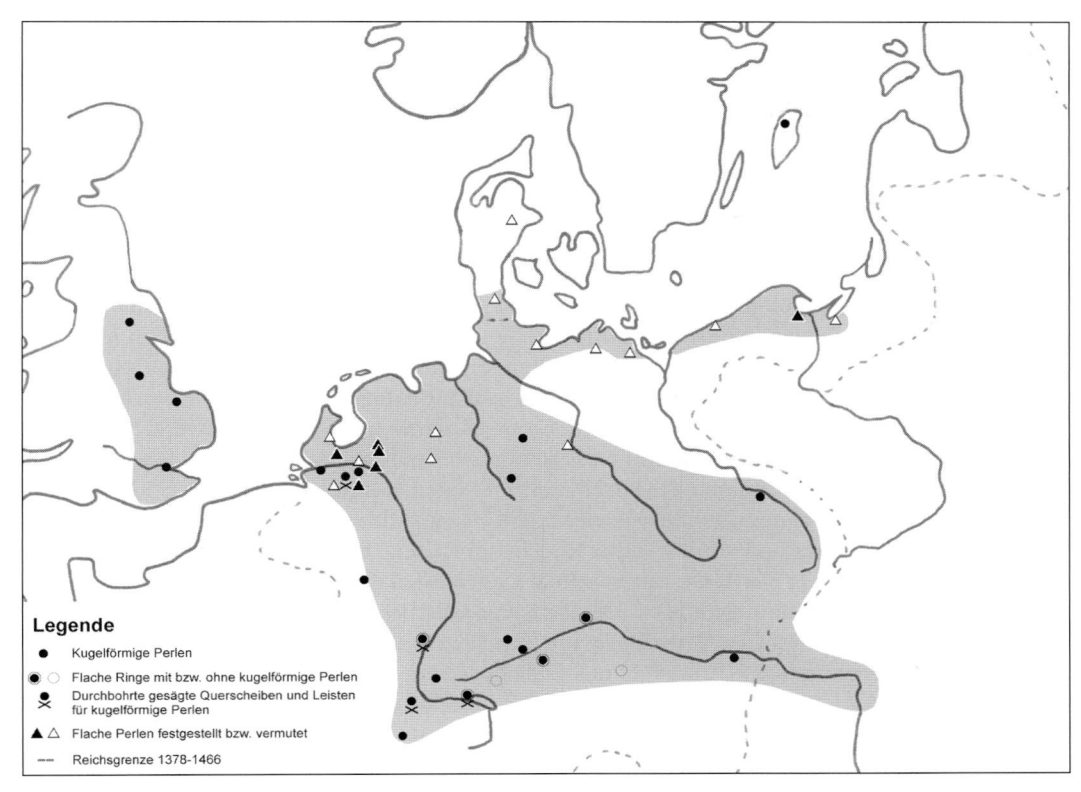

Abb. 112: Verbreitung der Produkttypen in durchbohrten Knochenleisten seit etwa 1350.

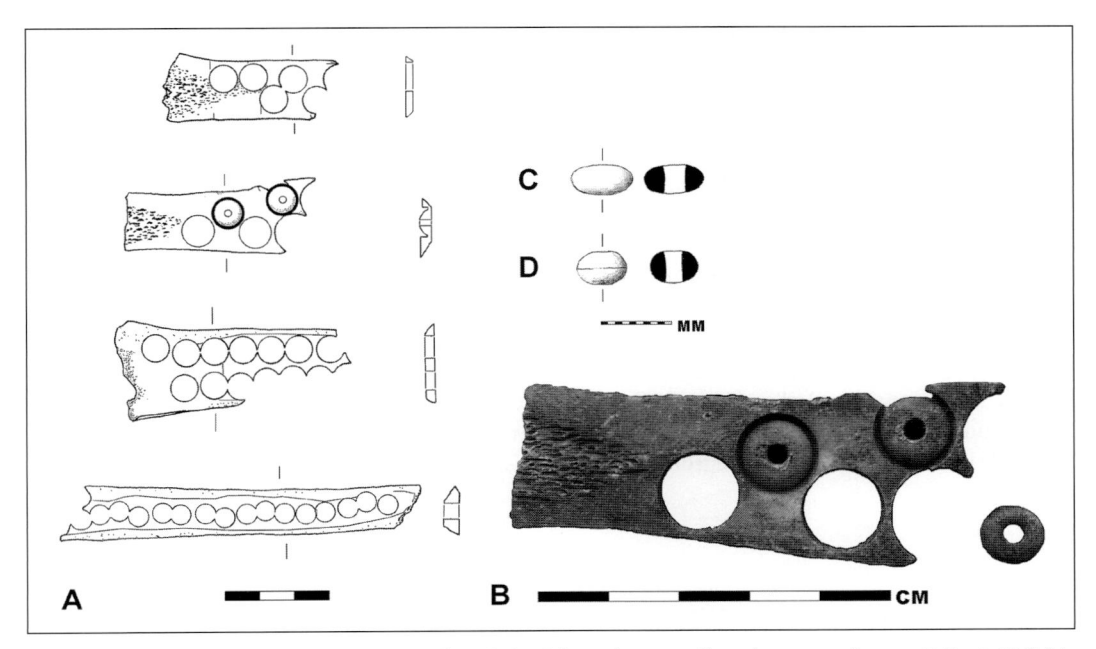

Abb. 113: Durchbohrte Leisten aus Zutphen (Niederlande), Grabung Stadhuis (1475–1525), zum Teil mit Halbfabrikaten flacher Perlen (A und B), flache Perle derselben Herkunft (C) und flache Perle aus Deventer (Bruynsteeg, 1425–1475) (D).

den flachen Perlen wurden in einer Reihe von Hansestädten an der südlichen Ostseeküste sowie in einigen Städten der nordwestlichen deutschen Tiefebene gefunden (Münster, Osnabrück, Höxter und Braunschweig) und auch in den angrenzenden Niederlanden (Amsterdam, Tiel, 's-Hertogenbosch).[494] Aus vielen dieser Löcher kann man ebenso gut kleine Ringe herausgebohrt haben. Diese erfordern allerdings im Allgemeinen kaum größere Höhen als 3 bis 4 mm. Leisten für kugelförmige Perlen mit Löchern, deren Höhe etwa dem Durchmesser entspricht, sind verhältnismäßig selten in der Hansegegend, besonders an der südlichen Ostseeküste.

Dagegen bestanden die meisten der früheren Produktionen (13. bis 14. Jahrhundert) aus dem südlichen Teil des Verbreitungsgebiets der durchbohrten Knochenleisten lediglich aus Ringen mit einem runden Wulstschnitt (Abb. 68, Nr. 9–15). Eine kleinere Produktion aus dem 15. Jahrhundert aus Burghausen (Bayern) bestand völlig aus flachen Ringen.[495] In den Produktionen großen Umfangs aus dem 15. und 16. Jahrhundert dagegen herrschten kugelförmige Perlen mit Durchmessern zwischen 3 und 15 mm vor, meistens zwischen 4 und 8 mm (Abb. 68, Nr. 1–4). In solchen Fundkomplexen ist eine große Anzahl von kleinen Perlen mit Durchmessern von etwa 5 mm typisch, oft verbunden mit kleineren Mengen an großen Perlen und/oder Ringen mit verschiedenen Formen. Nicht nur ermöglicht es das Bohren der kugelförmigen Perlen, das Rohmaterial zweckmäßiger auszunutzen als das Bohren anderer Produktformen wie Ringe und flache Perlen, da es im Allgemeinen kleinere Lochdurchmesser und somit weniger Knochenoberfläche erfordert. Es erleichtert auch eine Massenproduktion in einer Werkstatt mit Lehrlingen oder Gesellen, indem es weniger Sorgfalt und Fertigkeit erfordert. Es ist also nicht verwunderlich, dass sich dieses Produktionsmuster hinsichtlich seiner räumlichen und zeitlichen Verbreitung mit derjenigen einer Vielzahl größerer Fundkomplexe durchbohrter Leisten deckt (Abb. 111 und 112). Bezeichnend ist weiterhin, dass ausgerechnet in einigen der umfangreichsten dieser Fundkomplexe in Konstanz und Straßburg sowie in Basel zusammen mit durchbohrten Leisten für kugelförmige Perlen in begrenzten Mengen durchbohrte Scheiben gefunden wurden. Aus diesen Scheiben wurden ebenfalls kleine kugelförmige Perlen herausgebohrt, aber auch längliche Perlen, deren Durchmesser kleiner als ihre Höhe ist (Abb. 68, Nr. 5–8). Während das Bohren von kugelförmigen Perlen bereits die besten Möglichkeiten bietet, das Rohmaterial in der Form von Leisten so effizient wie möglich auszunutzen, ist es durch das Bohren parallel zur Knochenlänge aus Scheiben möglich, noch mehr Perlen aus einem Langknochen anzufertigen. Im Gegensatz zu Ersterem ist Letzteres jedoch arbeitsintensiver und erfordert mehr Sorgfalt.

Den Anstoß zur Bildung dieses Produktionsmusters, das offenbar die effizientere Nutzung des Rohmaterials zum Ziel hatte, könnte ein Mangel an Rohmaterial während einer längeren Periode von mehreren Jahren gewesen sein. Einen solchen Mangel deutet ausgerechnet die Analyse eines der frühesten Abfallkomplexe mit diesem Muster an: die Abfälle der Produktionsphase 2 aus der Konstanzer Münzgasse, die um 1400 datieren.

Eine Effizienz in der Nutzung des Rohmaterials, welche die Form der Knochenperlen bei den größeren Produktionen im Süden beeinflusste, wird bei den Produktionen kleineren Umfangs in den Hansestädten an der südlichen Ostseeküste kaum von Interesse gewesen sein. In der Hanseregion sind keine durchbohrten gesägten Scheiben bekannt und verhältnismäßig wenige Funde von Leisten mit kugelförmigen Perlen (Abb. 112). Dass stattdessen insbesondere in den Niederlanden die Herstellung flacher Perlen über den langen Zeitraum vom 13. bis zum 16. Jahrhundert andauerte, lässt sich jedoch nicht dadurch begründen, dass es weder einen Mangel an Rohmaterial noch eine

---

494 Mitteilungen verschiedener Teilnehmer des fünften Lübecker Kolloquiums zur Stadtarchäologie im Hanseraum zum Thema Handwerk von 25. bis 28. Oktober 2004 in Travemünde; Datenaufnahme des Autors (zu Lübeck); Rębkowski 1998 (zu Kolberg/Kołobrzeg); Lehmkuhl 1992 (zu Anklam); König 1999 (zu Höxter); Schlüter 1979 (zu Osnabrück); Thier 1997 (zu Münster); Rijkelijkhuizen 2004 (zu Amsterdam); Spitzers 2006 (zu Tiel); Spitzers 2012 (zu 's-Hertogenbosch).
495 Hagn 1995.

Massenproduktion gab. Gerade hier sind am südwestlichen Rand der Hanseregion Abfallkomplexe ziemlich umfangreicher Produktionen von Knochenperlen gefunden worden (z. B. in der Hansestadt Deventer und dem Kloster Elten bei Emmerich aus dem 15. bzw. 16. Jahrhundert), in denen flache Perlen angefertigt wurden.[496] Im gleichen Zeitraum wurden kaum 100 km weiter südwestlich in den Nicht-Hansestädten 's-Hertogenbosch, Gorinchem und Ravenstein in großem und kleinerem Umfang Knochenperlen nach dem aus Süddeutschland bekannten Muster mit kugelförmigen Perlen produziert.[497] Hier scheint sich eine Verbindung zwischen Handelsnetzwerken und Handwerk zu zeigen. Bezeichnend ist in dieser Hinsicht der Fund einer durchbohrten Knochenleiste für flache Perlen aus der ersten Hälfte des 16. Jahrhunderts in der Stadt Tiel, noch keine 20 km von 's-Hertogenbosch entfernt.[498] Während 's-Hertogenbosch kulturell stark südlich orientiert war, versuchte das aufblühende Tiel gerade zu dieser Zeit in den Hanseverband einzutreten und hatte intensive Beziehungen zu und Bündnisse mit niederrheinischen Städten wie Wesel und Emmerich.[499] Interessant ist in diesem Zusammenhang auch, dass ausgerechnet in der Stadt Visby, die eine Sonderstellung im Hanseverband hatte, Knochenleisten mit kugelförmigen Perlen gefunden wurden.[500]

Auch in England mit seiner Vielfalt an überseeischen Handelsbeziehungen ist die Produktion kugelförmiger gebohrter Perlen nachweisbar, hauptsächlich datiert in das 14. Jahrhundert (in London, King's Lynn und Lincoln).[501] Diese Leisten, die zeitlich vor oder zur Anfangszeit der Verwendung des süddeutschen Musters liegen, haben andere Formen und die zu verwertende Leistenoberfläche wurde relativ ineffizient ausgenutzt. Während englische Knochenleisten aus dem 14. Jahrhundert v. a. Bohrungen für (fast) kugelförmige Perlen zeigen, sind aus dem 15. Jahrhundert überwiegend Bohrlöcher für flache Perlen oder Ringe bekannt.[502] Macht sich hier vielleicht, nach einer eigenständigen Entwicklung, ein späterer Einfluss der Hansekontakte bemerkbar?

4.7 Charakteristiken der Fundstellen

Die Charakteristiken der Fundstellen von Knochenbohrabfällen geben weitere Hinweise auf die Mechanismen, die hinter der Verbreitung der erörterten Produktionsmuster stehen.

Obwohl der Hauptteil der durchbohrten Knochenleisten in Städten gefunden wurde, gab es gelegentlich auch außerhalb von Städten solche Funde in Klosteranlagen (z. B. in Elten und Monnikhuizen, beide nahe Arnheim)[503] oder in Dörfern wie Brigachtal nahe der Stadt Villingen in Baden-Württemberg.[504] Obwohl viele Fundstellen innerhalb sowie außerhalb von Städten mit geistlichen Niederlassungen in Verbindung zu bringen sind, z. B. durch ihre Lage neben Gemeindekirchen (wie in Göttingen und Augsburg) oder Klöstern, lassen historische ebenso wie archäologische Hinweise darauf schließen, dass die Knochenbohrer im Allgemeinen keine Geistlichen, sondern Handwerker waren, die für einen Markt produzierten. Alle Arten religiöser wie nicht-religiöser Zusammenkünfte konnten als ein solcher Markt gelten. Viele der Städte mit Funden von Knochenleisten waren geistliche Zentren oder Städte mit einer Kirche oder Zeremonie, die Pilger von auswärts anzogen. Wie Funde auf Marktplätzen anzeigen (wie in Zutphen [Niederlande], Höxter, Halle/Saale, Köln,

---

496 Spitzers 2004 bzw. Binding et al. 1970.
497 Janssen 1983 und Spitzers 2012 ('s-Hertogenbosch); Mitteilung M. Veen (Gorinchem) bzw. Spitzers 2011 (Ravenstein).
498 Spitzers 2006.
499 Mitteilung H. van Heiningen (Tiel).
500 Mitteilung L. Zerpe (Wisby).
501 London: Egan/Pritchard 1991 (Ludgate Hill) und Gaimster/Yeomans 2005 (Whitefriars); King's Lynn: Clarke/Carter 1977; Lincoln: Colyer 1975.
502 u. a. in London (Billingsgate: Egan/Pritchard 1991; Whitefriars: Gaimster/Yeomans 2005) und Norwich (Margeson 1993, 193).
503 Binding et al. 1970 (Elten) und unveröffentlichte Mitteilung A. W. N. Arnhem (Monnikhuizen).
504 Jenisch 1994; auch bei Röber 1995.

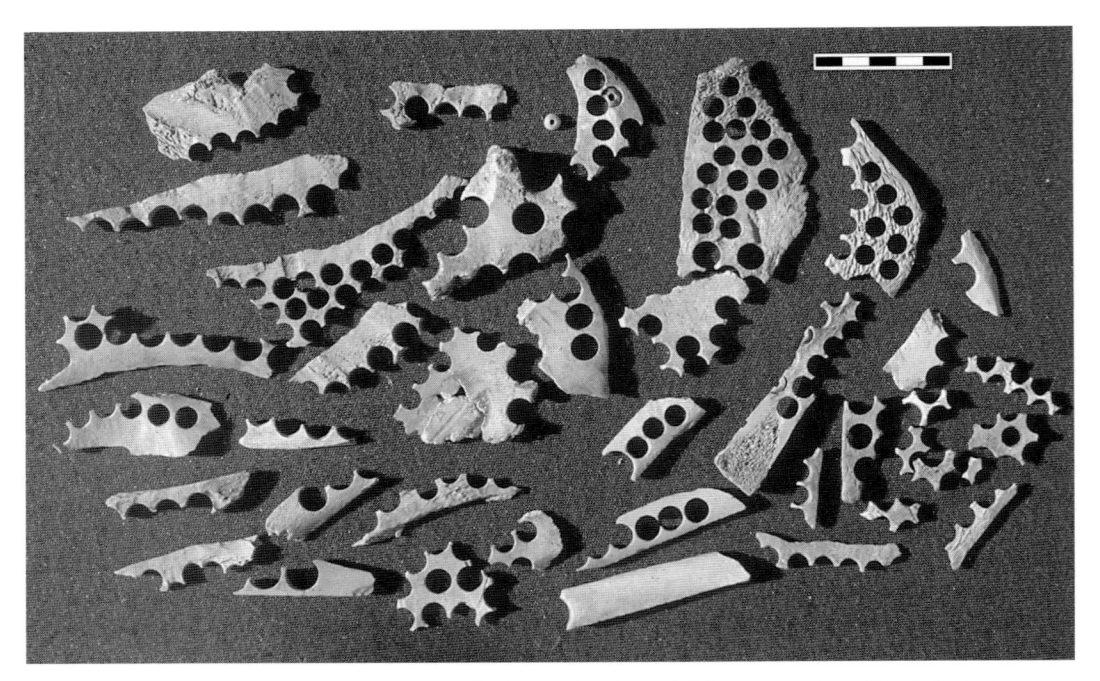

Abb. 114: Durchbohrte Knochenleisten mit flachen Perlen, dem Abfall von etwa einem Tag Perlenbohren entsprechend. Deventer (Niederlande), Bruynssteeg (ca. 1425–1475, Sammlung Archeologie Deventer).

München, dem nahe gelegenen Burghausen und Breslau⁵⁰⁵), zogen Marktversammlungen, die oft mit religiösen Festen verbunden waren, ebenfalls Knochenbohrer an. Die beiden ältesten Funde durchbohrter Knochenleisten aus Höxter und Köln stammen beide von Marktplätzen, an denen außerdem die Schlachterscharren bzw. Fleischbänke belegt sind.⁵⁰⁶

In München wurden kürzlich große Mengen von Knochenbohrabfällen zwischen den aufeinander folgenden Pflasterungen des Platzes vor dem St. Jakobskloster gefunden, wo der jährliche St. Jakobsmarkt Kaufleute sowie zehntausende von Pilgern anzog, die sich u. a. zur Pilgerfahrt nach Santiago de Compostela trafen.⁵⁰⁷ Andere Funde stammen von an Marktplätze grenzenden Parzellen wie in Vianen (Niederlande), Heideck (Mittelfranken) und Breslau (Polen).⁵⁰⁸ Solche Funde können von auf dem Marktplatz arbeitenden Handwerkern stammen, aber auch aus Werkstätten auf den am Markt liegenden Parzellen (s. weiter unten).

Als Orte religiöser Zusammenkünfte, die Pilger oder örtliche Gläubige anzogen, stellten Kathedralen, Klöster und Wallfahrtskirchen in Städten sowie auch auf dem Lande einen Markt für Paternosterhersteller dar. Dies erklärt die zahlreichen Funde an Abfällen des Knochenbohrens nahe Klöstern innerhalb und außerhalb von Städten oder in Dörfern mit einer großen Basilika wie Unterregenbach (Baden-Württemberg).⁵⁰⁹ Wenige Orte allerdings scheinen in ausreichendem Maße einen ständigen Markt für einen vollberuflichen Handwerker geboten zu haben. Die meisten Funde stellen nicht mehr als den Abfall der Arbeit eines Tages oder von wenigen Wochen dar. Entsprechend den Er-

---

505 Spitzers 2004 (zu Zutphen); König 1999 (zu Höxter); Herrmann 2008 (zu Halle/Saale); Aten et al. 1997 (zu Köln); Brand 2003 (zu München); Hagn 1995 (zu Burghausen); Jaworski 2002 (zu Breslau, etwa 1300).
506 Mitteilung M. König (Höxter) bzw. Ennen 1975.
507 Brand 2003.
508 Spitzers 2009 (zu Vianen); Hohmann/Schulteiss bei Mittelstrass 2000 (zu Heideck); Jaworski 2002 (zu Breslau).
509 Röber 1995.

Abb. 115: Plan der Innenstadt von 's-Hertogenbosch mit Fundstellen von Knochenbohrabfällen.

fahrungen mit einem rekonstruierten Knochenbohrer kann an einem Tag eine gute Hand voll von 30 bis 50 durchbohrten Leistenfragmenten mit etwa 300 Perlen produziert werden (Abb. 114).[510] Nach diesem Muster könnte ein ziemlich großer Fund von tausend Fragmenten von Knochenleisten von vier bis sechs Wochen Arbeit von einer Person stammen, die ungefähr 25 lange oder 200 kurze Paternosterschnüre produzierte. Eine feste Werkstatt mit jahrelanger Produktion in derselben Stadt hätte Kubikmeter an Abfall produziert. Solche massiven Funde wurden besonders in großen Bischofsstädten in Süddeutschland gefunden – weit entfernt von der Bernsteinregion – in Straßburg,

---

510 Mitteilung M. Tielens (Geldermalsen). Die Leistenmengen verschiedener geschlossener Fundkomplexe, v. a. auf oder in der Nähe von Marktplätzen passen in diesen Rahmen.

Basel, Konstanz, Augsburg und Regensburg.[511] Offenbar sorgten die Bischofssitze solcher Städte für eine dauernde Nachfrage nach billigen Gebetsschnüren durch einen ständigen Zustrom von Gläubigen.

Eine Ausnahme im Norden bildet die Stadt 's-Hertogenbosch im südlichen Teil der Niederlande. Im 15. und 16. Jahrhundert blühte sie als Glaubenszentrum um die St. Johannesbasilika, und es befanden sich zahlreiche Klöster in der Stadt (Abb. 115). Zwischen 1542 und 1543 wurde ein neuer Stadtwall mit Knochenleisten gefüllt. Abfälle unterschiedlicher Produktionsstadien, die getrennt in verschiedenen Schichten übereinander zusammen mit sehr feinem Bohrstaub 300 m entfernt gefunden wurden, lassen vermuten, dass es an der betreffenden Stelle oder in unmittelbarer Nähe eine Werkstatt gegeben hat.[512] Sie lag in einer Nebenstraße, die zum weniger als 200 m entfernten Marktplatz führte. Kleinere Mengen an Abfall wurden verteilt über die Stadt gefunden (Abb. 115). Die Lage einer Werkstatt in einer kleinen Gasse nahe dem Marktplatz ist möglicherweise auch durch einen Bohrabfallfund flacher Ringe in Biberach (Baden-Württemberg) belegt.[513]

Dieser geschlossene Fundkomplex umfasst die doppelte Menge der oben rekonstruierten Tagesproduktion. Andere Funde könnten auf Werkstätten auf den am Markt liegenden Parzellen hinweisen wie der Fund von anderthalb Tagesproduktionen an Leisten vom Hinterhof einer am Marktplatz von Vianen (Niederlande) gelegenen Parzelle.

In Konstanz ist eine Werkstatt von Paternostermachern in vergleichbarer Lage schriftlich belegt.[514] Von 1380 bis 1391 taucht in den Konstanzer Schriftquellen ein „Cüntz Paternosterer" auf. Nachdem er bereits einige Jahre in Konstanz in Strafverhandlungen erwähnt wird, erwirbt der aus Rottweil Stammende 1382 das Bürgerrecht von Konstanz. Damit konnte er einen eigenen Wohnsitz innerhalb der Stadt erwerben, der wiederum die Bedingung dafür war, in der Stadt ein Gewerbe auszuüben. 1384 ist er mit anderen Handwerkern im „Haus zum roten Schild" in der Tirolergasse 3 wohnhaft (Abb. 116 und 8). Sein Sohn Ulrich erwirbt 1391 im gleichen Haus eine Hausstätte mit Hofstatt neben der seines Vaters unter der heutigen Hausnummer Tirolergasse 5, vielleicht um eine eigene Werkstatt zu führen. Die Tirolergasse ist eine schmale Gasse, die von der Marktstätte zur Münzgasse führt. Stadtpatrizier vermieteten hier Wohn- und Werkräume an unterschiedliche Handwerker.[515] Die Miete bzw. Pacht war in der Gasse niedriger als an den Hauptgeschäftsstraßen oder dem Marktplatz selbst. Dennoch lagen die Stätten zentral im Gewerbeviertel nur wenige Schritte entfernt von der Marktstätte. Dort befand sich die Metzig, wo Knochen verarbeitende Handwerker ihren Rohstoff beziehen konnten.

Weitere Berichte lassen es als wahrscheinlich erscheinen, dass die genannten Paternosterer tatsächlich ihr Gewerbe in der Gasse ausübten. So wird über einen Vorfall im Jahre 1381 berichtet, bei dem Schrawli, der Knecht des Paternosterers Händel verursachte, unterstützt von Kirstan Würfler aus der gleichen Tirolergasse. Nach der Verurteilung der beiden bürgte Kirstan Würfler für den Knecht des Paternosterers. Anscheinend hatte er ein Interesse am Gewerbe des Paternosterers, denn 1391 bürgte er nochmals für einen anderen Paternoster namens Heinzmann. Außerdem hatte Cüntz Paternosterer offensichtlich eine Beziehung zum Säckler, einem Leder verarbeitenden Handwerker, mit dem er sich regelmäßig Händel lieferte. Zwar ist nicht bekannt, aus welchem Material Cüntz

---

511 Der genaue Umfang des Fundes einer „großen Anzahl" von durchbohrten Leisten vom Basler Petersberg ist nicht bekannt (GANSSER-BURKHARDT 1940). In Augsburg hatten bereits häufige Funde von beschränkten Abfallmengen mit ähnlicher Datierung im 16. Jahrhundert (Mitteilung M. HERMANN [Augsburg]) eine Werkstatt mit mehr als vorübergehender Tätigkeit vermuten lassen, bevor die Aufdeckung einer ausgedehnten kommunalen Mülhalde, ähnlich wie in Straßburg 2010, einen entsprechend umfangreichen Fundkomplex ans Licht brachte (Hermann 2011). Zu Regensburg: Mitteilung H. MILLITZER (Hagelstadt, 1999; s. auch MITTELSTRASS 2000). Die Fundmengen aus Straßburg wurden vom Verfasser festgestellt.
512 Grabung „Loeffplein"; Beobachtung des Verfassers.
513 SPITZERS 1996
514 Die schriftlichen Erwähnungen zu Paternostermachern und Würflern in Konstanz werden umfassend bei ERATH 1996 dargestellt und analysiert.
515 MEIER 1989, 167–177.

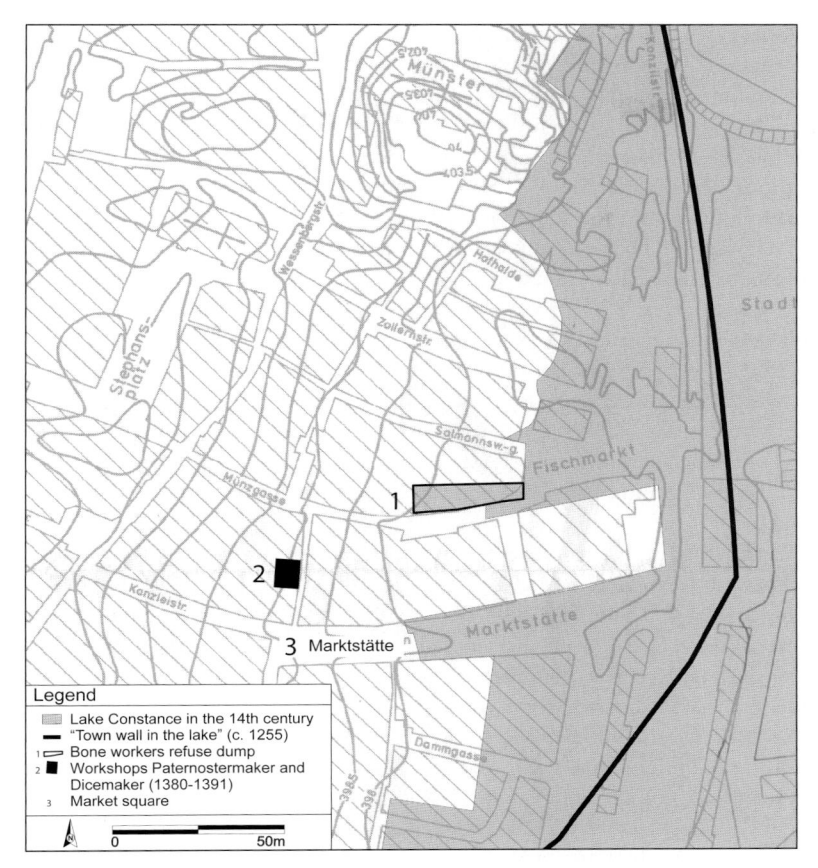

Abb. 116: Plan des Seeuferquartiers von Konstanz im 14. Jahrhundert mit der Abfalldeponie in der Münzgasse (1), dem Haus zum Roten Schild – Wohnsitz des Cuentz Paternosterer in der Tirolergasse (2) und der Marktstätte mit den Schlachtbänken (3).

seine Gebetsschnüre herstellte, doch es passt in den Gesamtzusammenhang, dass er dazu Knochen benutzte. In ähnlicher Weise bietet es sich an anzunehmen, dass auch der Würfler in der Tirolergasse ein Handwerksgewerbe ausübte, z. B. aufgrund der Erwähnung eines vom Knecht des Würflers 1387 gelieferten Streits „im Gässlin".[516] Immerhin ist bei keiner der vielen Streitigkeiten, in die Kirstan Würfler verwickelt war, vom Würfelspiel die Rede. Im Steuerbuch von 1418 wird ein C. Würfler in der Tirolergasse erwähnt.[517] Es ist unklar, ob es zwischen diesem und den 1437 genannten „Würflerinen huser" eine Verbindung gibt.

Weiterhin ist es nahe liegend, eine Verbindung zwischen den Paternosterern in der Tirolergasse und dem mit ihnen in Beziehung stehenden Würfler einerseits und den umfangreichen Abfällen vom Paternoster- und Würfelmacher aus der Münzgasse andererseits zu sehen. Zeitlich bewegen sich die Schriftzeugnisse innerhalb des Rahmens der Ablagerungen der Produktionsphase 2 (etwa 1375–1425/1450). Zudem lag der brachliegende Schwemmwasserstreifen an der Münzgasse 4 überwiegend Hang abwärts und nur 100 m entfernt von den Häusern der Paternosterer in der Tirolergasse, war also die wahrscheinlichste Ablagerungsstätte für deren Abfälle. In einer Abfallleiste der

---

516 So Erath 1996. Weder der Name des Würflers noch der der Gasse wird erwähnt im dort dargestellten Zitat aus E. Höfler, Der Rat und seine Bürger. Alltag und Recht im ersten Ratsbuch der Stadt Konstanz (1376–1391). Bd. 2 (Konstanz 1991) 290 f.
517 Meier 1990, 170.

Perlenbohrer, die nachträglich zu einem Würfelstab umgeformt wurde, mit der Absicht, daraus Würfel anzufertigen, könnte man die Bestätigung der Zusammenarbeit der Paternosterer und Würfler sehen, welche die Schriftquellen vermuten lassen.

Es bietet sich also an, in den Abfällen der Produktionsphase 2 der Perlen- und Würfelanfertigung aus Knochen aus der Münzgasse die Abfälle von den Paternoster- und Würfelmachern zu sehen, deren Zusammenarbeit im späten 14. Jahrhundert in der nahe gelegenen Tirolergasse auf Grundlage von Schriftquellen als wahrscheinlich gelten darf. Diese Interpretation beruht jedoch auf einer Reihe von Annahmen, die zwar zusammengenommen eine kongruente Interpretation zulassen, bei denen aber für jedes einzelne Element auch ganz andere Schlüsse möglich sind. Schon die einzige Nennung des Paternosterers Heintzmann zeigt, dass zwischen 1375 und 1425 durchaus weitere Paternoster- und Würfelmacher tätig gewesen sein könnten, die zufälligerweise nicht in den Quellen genannt sind. Ebenso war eine Zusammenarbeit von Herstellern von Knochenperlen und -würfeln wahrscheinlich nicht ungewöhnlich. Beide Handwerker benutzten dasselbe Rohmaterial und zumindest in Konstanz teilten sie die ersten Schritte der Knochenverarbeitung. Die Kombination von Würfelabfällen und solchen von der Perlenherstellung ist nicht nur aus der Konstanzer Münzgasse, sondern ebenfalls von mehreren anderen Fundorten bekannt, u. a. durch relativ früh datierte Funde von Bohrabfällen.[518]

Von ganz anderer Art ist die Begründung eines Zusammenhangs zwischen dem größten Fund von Abfällen durchbohrter Knochenleisten mit der größten religiösen Versammlung des späten Mittelalters nördlich der Alpen.[519] Von 1414 bis 1418 zog das Konzil von Konstanz zehntausende Fremde aus ganz Europa in diese Stadt. Vier Jahre lang erlebte die Stadt eine extreme Hochkonjunktur. Die Zahl der in der Stadt anwesenden Menschen wuchs etwa auf das Vierfache der normalen Anzahl von schätzungsweise 6000 bis 8000 Einwohnern an. Die normalerweise mittelgroße Stadt beherbergte genauso viele Menschen wie Großstädte wie Straßburg und Nürnberg.[520] Der Markt für Paternosterschnüre – billige ebenso wie teure – wird während dieser Jahre ebenso plötzlich wie extrem expandiert sein, um am Ende genauso plötzlich wieder abzunehmen. Dies würde nicht nur den Umfang der Abfälle, sondern auch wichtige Haupttendenzen in den Ergebnissen der sozial- und wirtschaftshistorischen Analyse dieser Abfälle erklären. So finden sich bei den Abfällen der gesamten Produktionsphase 2 vom Anfang bis zum Ende Hinweise auf eine starke Nachfrage nach Knochenperlen sowie eine Knappheit an Rindermetapodien und bei denjenigen der Produktionsphase 3 eine starke Abnahme der beiden. Die Knappheit mag durch den Knochenbedarf der vielen hundert von auswärts zugeströmten Handwerker mit verursacht worden sein, die die Straßen mit ihren Buden füllten. Im selben Lichte betrachtet ist es bemerkenswert, dass noch im weiteren Verlauf der Produktionsphase 2 neue Lösungen für das Spannungsfeld zwischen Bedarf und Verfügbarkeit des Rohmaterials gefunden wurden, wie z. B. die Anfertigung von runden statt länglichen Perlen aus dünneren Knochenscheiben.

Es scheint, als wäre die bereits am Anfang der Produktionsphase 2 entstandene Situation neu gewesen und hätte neue Lösungen erfordert, die erst noch entwickelt werden mussten. Anfangs wurde eine bereits vorhandene Technik – die Anfertigung von runden Perlen aus Leisten – so effizient wie möglich angewendet und standardisiert. Vielleicht waren es nach dem Ende des Konzils Paternosterer, die von Konstanz aus ausschwärmten und das so entstandene Produktionsmuster verbreiteten und in Produktionen größeren und kleineren Umfangs verwendeten. Die Anwesenheit vieler

---

518 z. B. aus Höxter (Mitte des 12. Jahrhunderts: König 1999), Halle/Saale (13. Jahrhundert: Herrmann 2008), Göttingen und Würzburg (beide um 1300: Schütte 1995 bzw. Heyse et al. 2003). Die Kombination ist weiterhin bekannt aus Straßburg (Quai des Alpes, zweite Hälfte des 15. Jahrhunderts: Mitteilung J. Maire), vom Münchner St.-Jakobs-Platz (nicht datiert: Brand 2003) und aus einer Regensburger Latrinenfüllung (spätes 14. bis 16. Jahrhundert: Loers 1984). Bei den zwei letzten Beispielen sowie bei den Funden aus Halle/Saale wird eine Gleichzeitigkeit beider Abfallgruppen nicht erwähnt.
519 Der Umfang der kürzlich auf dem Münchner St.-Jakobs-Platz gefundenen Abfälle vom Knochenbohren (Brand 2003) ist nicht bekannt und wurde deshalb nicht mitgerechnet.
520 Maurer 1989, 9–47.

fremder Handwerker und Käufer aus ganz Europa mag zur Aufnahme neuer Produktformen und Techniken beigetragen haben.

Eine Neuheit am Anfang der Produktionsphase 2 ist die Anfertigung von länglichen Perlen aus quer aus Knochenröhren gesägten Scheiben. Während die Technik mit den Scheiben etwa in der gleichen Zeit in Breslau verwendet wurde, findet sich die längliche Perlenform häufig als Produkt der in Frankreich verwendeten Drechseltechnik. Diese Technik, bei der Knochenzylinder oder -blöckchen zu Perlen gedrechselt wurden, eignet sich viel besser für die Anfertigung der länglichen Perlenform als die Bohrtechnik. Die längliche Perlenform entsteht bei der Drechseltechnik bereits bei einem Abrunden der Ecken eines Knochenzylinders durch relativ geringfügiges Abschleifen und die Form könnte so als Folge der Technik entstanden sein. Außerhalb der Konstanzer Münzgasse sind längliche Perlen, soweit bekannt, nur in Straßburg zusammen mit durchbohrten Scheiben und Leisten gefunden worden: unweit vom Französischen Jura, wo in der Neuzeit (u. a. längliche) Knochenperlen gedrechselt wurden.[521] Vielleicht gab eine aus Frankreich oder dem Mittelmeerraum stammende Kundschaft in Konstanz Anlass zur Anfertigung der im Heiligen Römischen Reich nördlich der Alpen ungebräuchlichen länglichen Perlen, wobei aus praktischen Gründen die Scheibentechnik verwendet wurde.

Nach dem Konzil könnte die Kombination von länglicher Perlenform und Scheibentechnik von Paternoserern nach Straßburg mitgenommen worden sein, die in dieser Bischofsstadt mit einer viel größeren Bevölkerung einen neuen Absatz suchten.[522]

Eine weitere Neuheit – die Form der flachen Ringe oder Scheiben mit großem Mittelloch – wurde erst nach dem offensichtlichen Nachlassen der Nachfrage und der Rohmaterialknappheit eingeführt. Auch bei dieser Innovation mag das Konzil in Konstanz als Ort der Begegnung von Menschen und Ideen eine Rolle gespielt haben, z. B. durch die Verbreitung der zugrunde liegenden Idee des Gebetskranzes.

Während manche religiösen Zentren einen ausreichenden Markt für eine permanente Werkstatt boten, können Perlendreher aus anderen Städten mit ihrer Bohrmaschine auf dem Rücken religiöse Treffen oder Märkte in der Gegend aufgesucht haben, um für einen oder mehrere Tage auf dem Marktplatz zu arbeiten. So könnte es in dem Dorf Brigachtal gewesen sein, 5 km entfernt von der Stadt Villingen (Baden-Württemberg), die beide Fundstellen mit Knochenbohrabfällen aufweisen.[523] In der Stadt Zutphen (Niederlande) wurde eine Hand voll durchbohrter Knochenleisten, welche etwas weniger als den zuvor angenommenen Bohrertrag eines Tages darstellt, in einer zwischen 1475 und 1525 datierten Abfallgrube auf dem Fischmarkt neben der Stiftskirche ausgegraben.[524] Zwei weitere Leisten wurden am Hauptmarktplatz gefunden.[525] In der Nachbarstadt Deventer dagegen, dem kirchlichen Gegenstück zum mehr adlig geprägten Zutphen 15 km entfernt, deutet die Deponierung von tausenden von Leistenfragmenten in und v. a. am Rande eines Handwerkerviertels auf die Anwesenheit einer Werkstatt hin. Die Mehrheit dieser Abfälle wurde auf einem Gelände zwischen der inneren und äußeren Stadtmauer deponiert in einer im 15. bis 16. Jahrhundert datierten Schicht sowie am davor liegenden Flussufer.[526] Eine kleinere Menge im Umfang einer Tagesproduktion aus einer Abfallgrube im Handwerkerviertel selbst wurde präziser zwischen ca. 1450 und 1475 datiert.[527] Nicht nur ist diese Datierung etwas früher als die der Zutphener Abfälle, auch gibt es einen Unterschied in der Wahl des Rohmaterials. Während in der Deventer Werkstatt sowohl Metapodien wie Unterkiefer vom Rind verwendet wurden, entstammen die Abfälle von den Zutphener

---

521 Picod 1994.
522 Die Massenproduktion von Knochenperlen in Straßburg hat wahrscheinlich noch vor oder um die Mitte des Jahrhunderts angefangen und ihre Abfälle zeigen das höchste Ausmaß an Übereinstimmung in technischen Details mit den Konstanzer Abfällen (Mitteilung J. Maire [Straßburg] bzw. Feststellung des Verfassers).
523 Jenisch 1994; Röber 1995.
524 Groothedde 2003.
525 Grabung Houtmarkt 69, unveröffentlicht.
526 van Vilsteren 1987, 62 sowie Mitteilung J. H. Stanlein (Deventer).
527 Mittendorff/Vermeulen 2004, 77–81.

Märkten ausschließlich Rindermetapodien. Ein Vorrat vorpräparierter Metapodien lässt sich wegen ihrer kompakteren Form leichter in einem Rucksack mitnehmen als mehrere Unterkieferhälften. Obwohl in beiden Hansestädten die gleichen Gegenstände herausgebohrt wurden (flache Perlen und vermutlich auch Ringe) in Löchern mit vergleichbaren Durchmessern (zwischen 7 und 16 mm) und Höhen (3 bis 5 mm), bleibt eine Beziehung zwischen beiden Funden fraglich. Wahrscheinlicher ist, dass die in Deventer angefertigten Gebetsschnüre u. a. über den dort ansässigen Buchhändler Wolter de Hoge an den Mann gebracht wurden. Bei seinem Tod 1459 hinterließ er außer mehreren Dutzend von religiösen Büchern und Heiligenbildern, „eintausend Paternoster aus Knochen und Holz" in einer Kiepe.[528] Sein Laden lag gleich neben dem Handwerkerviertel mitten im blühenden Zentrum der ‚Modernen Devotion', was zusammen mit fünf Jahrmärkten und den verschiedenen Reliquien in der nahe gelegenen Bischofskirche für einen mehr oder weniger permanenten Markt für Paternoster gesorgt haben wird. Allerdings ist durch die Tatsache, dass der Buchhändler eine Kiepe hatte, zu vermuten, dass er auch umherreiste, um seinen Vorrat zu verkaufen.

Manche Perlendrechsler ohne feste Werkstatt mögen mit ihrer Bohrmaschine von Stadt zu Stadt gereist sein und auf dem Markt gearbeitet haben oder vorübergehend einen Arbeitsplatz in einer bestehenden Knochenwerkstatt gemietet haben, wo sie dasselbe Rohmaterial mit anderen teilen und bearbeiten konnten. Dies könnte in Göttingen der Fall gewesen sein, wo zwischen ca. 1270 und 1345 ein breites Spektrum an unterschiedlichen Knochen verarbeitenden Handwerkszweigen in einer kircheneigenen Werkstatt nachgewiesen wurde.[529] In einem solchen Zusammenhang ist es allerdings auch vorstellbar, dass ein Kamm- oder Würfelmacher einen eventuell durch Nachschleifen angepassten Bohrer für Kreisaugenverzierungen benutzte, um eine beschränkte Anzahl von Perlen oder Ringen zu machen. Im späten 13. und frühen 14. Jahrhundert mag die Aufteilung des Knochen verarbeitenden Handwerks weniger fortschrittlich gewesen sein als im 15. Jahrhundert und das Herausbohren von Gegenständen verschiedener Funktion aus Knochenleisten häufiger zusammen mit anderen Zweigen des Knochen verarbeitenden Handwerks stattgefunden haben.

5. Zusammenfassung

Gegenstand dieser Studie ist die Analyse eines außerordentlich umfangreichen Fundes von Abfall des Knochen verarbeitenden Handwerks im späten Mittelalter in Form von durchbohrten Knochenleisten. Sie stammen aus der Innenstadt von Konstanz am Bodensee (Süddeutschland). Derartige Knochenleisten mit Reihen runder Löcher stellen die auffälligsten Reste und das ‚Leitfossil' einer Technik der Knochenverarbeitung dar, bei der Gegenstände wie Gebetsschnurperlen und Knöpfe in meist größeren Mengen, zum Teil in Massenproduktion, aus Tierknochen gebohrt wurden. In vielen mittelalterlichen Städten Zentral- und Nordwesteuropas sowie vereinzelt in anderen Siedlungen, bilden sie eine archäologische Fundgattung des 13. bis 18. Jahrhunderts, die bereits jahrzehntelang Beachtung gefunden hat, jedoch bislang nicht eingehend untersucht wurde. Anhand des – soweit bekannt – umfangreichsten Fundkomplexes dieser Gattung aus der Münzgasse in Konstanz sollte in dieser Studie eine Basis für die Interpretation anderer Funde geschaffen werden.

Im Mittelalter und der frühen Neuzeit (13. bis 17. Jahrhundert) bildeten Gebetsschnurperlen der preiswertesten Klasse das Hauptprodukt dieses Zweiges des Knochen verarbeitenden Handwerks. Dieses Handwerk scheint sich im 12. Jahrhundert entwickelt zu haben, vermutlich in Anlehnung an die Anfertigung von Kreisaugenverzierungen auf Knochenkämmen und -beschlägen. Seine Verbreitung setzt – soweit dies an den Abfällen abzulesen ist – um die Mitte des 13. Jahrhunderts ebenso plötzlich ein wie die allgemeine Verbreitung von Gebetsschnüren, auch „Paternoster" genannt. In gewissem Sinne sind beide vor dem Hintergrund der sich durchsetzenden Emanzipation der bür-

---

528 Dubbe 1980, 77 f.
529 Schütte 1995.

gerlichen Volkskultur zu betrachten. Paternosterschnüre erlangten im Mittelalter in erster Linie Bedeutung durch die Volksreligion. Erst am Ende des 16. Jahrhunderts wurde durch die Ritualisierung des Rosenkranzgebets der Gebrauch von Gebetsschnüren in die offizielle Religion integriert.[530] Das Handwerk der Knochenperlenbohrer stellte eine dazu passende Technik für die Massenproduktion einfacher, preiswerter Gebetsschnurperlen bereit. Diese wurde von marktorientierten, zum Teil wandernden Laienhandwerkern betrieben, die sich für kurze oder längere Zeit an den Stellen niederließen, an denen ihnen die Konzentration von Gläubigen einen ausreichenden Absatz bot – z. B. an Wahlfahrtsorten oder bei religiösen Feierlichkeiten.

Obwohl die Abfälle aufgrund der Form und der Fragmentzahlen der durchbohrten Leisten auffallen, spielten die Knochenperlenbohrer im spätmittelalterlichen Wirtschaftsgefüge eine relativ unbedeutende Rolle. In Schriftquellen ist dieser einfache mittelalterliche Handwerkszweig daher kaum zu fassen. Die archäologisch zutage getretenen Abfälle dagegen bieten u. a. wegen der Möglichkeiten des Vergleichens und der Quantifizierung von Daten besondere Grundlagen für die Studie technischer und wirtschaftshistorischer Aspekte des Handwerks.

Der Fundkomplex des 13. bis 16. Jahrhunderts aus der Münzgasse in Konstanz nimmt dabei eine besondere Stellung ein. Nicht nur ist er – soweit bekannt – der umfangreichste, auch stammt der Abfall von verschiedenen Produktionen in verschiedenen Perioden mit unterschiedlichen wirtschaftlichen Anforderungen. Er enthält außerdem den Abfall einer Produktion, in der neue Produktionsmuster eingeführt wurden, die Jahrhunderte lang die Form der Produkte und Abfälle im größten Teil des Verbreitungsgebiets der betreffenden Handwerkstechnik bestimmten. Die Analyse dieser Abfälle bietet einen besonderen Einblick in die wirtschaftlichen Verfahren in einem solchen einfachen mittelalterlichen Handwerkszweig.

So enthält der Fundkomplex Abfälle aus der Frühzeit der Nutzung von Bohrern zum Anfertigen von Objekten aus Knochenleisten während des 12. bis 13. Jahrhunderts. Die zwölf Leisten dieser vor 1272 datierten Produktion (Produktionsphase 0) sind von einer Seite her ausgebohrt. Die Form und Funktion der herausgebohrten Objekte ist unbekannt: möglicherweise handelt es sich nicht um Gebetsschnurperlen, sondern um Spielsteine. Auch die Funktion eines knopfähnlichen Scheibchens, das aus einer der Leisten herausgebohrt sein könnte, ist unklar.

Aus dem letzten Viertel des 13. Jahrhunderts bis zum ersten Viertel des 14. Jahrhunderts stammt ein Abfallkomplex von Gebetsschnurringen (Produktionsphase 1), der mit knapp tausend Fragmenten durchbohrter Leisten zu den umfangreicheren Abfallkomplexen dieser Zeit gehört.[531] Er zeigt ein spezialisiertes Handwerk, das nach aus der Erfahrung entwickelten Mustern von einem spezialisierten Handwerker ausgeführt wurde. Die Arbeitsweise passt zum klassischen Bild eines mittelalterlichen Handwerkers, der Zeit genug hatte, um sich ohne viel Planung und Organisation konzentriert seiner Arbeit zu widmen. Er kann die Arbeit alleine ausgeführt haben, wobei er die verschiedenen Arbeitsschritte nacheinander erledigt haben wird. Die Abfälle zeigen eine verhältnismäßig geringe Wirtschaftlichkeit im Einsatz von Arbeitszeit und eine beschränkte Effizienz in der Ausnutzung des Rohstoffs, u. a. durch die Ringe als gewählte Produktform. Diese passen zur derzeitig allgemeinen Bevorzugung von Produkten mit größeren Durchmessern und geringer Höhe.

Die einschneidenden Veränderungen, die mit der nächsten Produktionsphase (Produktionsphase 2) im letzten Viertel des 14. oder ersten Viertel des 15. Jahrhunderts einsetzten, müssen durch eine extrem große Nachfrage nach preiswerten Gebetsschnüren ausgelöst worden sein. Eine solche extreme Nachfrage ist v. a. in der Zeit des Konstanzer Konzils zu erwarten (1414–1418). Als größte religiöse Versammlung des späten Mittelalters nördlich der Alpen zog das Konzil vier Jahre lang zehntausende Fremde aus ganz Europa in die Bischofsstadt. Die Produktion in einer oder mehreren organisierten Werkstätten fand vermutlich mit mehreren Personen statt, die getrennte, vereinfachte

---

530 Ritz 1975.
531 Fundkomplexe vergleichbaren oder größeren Umfangs sind aus Köln bekannt (spätes 12. Jahrhundert: Mitteilung N. Aten; vgl. Aten et al. 1997), Würzburg (um 1300: Mitteilung F. Feuerhahn; vgl. Heyse et al. 2003) und München (Brand 2003).

und standardisierte Arbeitsschritte nach festen und durchdachten Mustern ausführten. Diese Strukturierung des Arbeitsvorgangs bewirkte eine gesteigerte Effizienz in der Nutzung des Rohstoffs, der Arbeit und der Zeit sowie eine Senkung der Höhe der Anforderungen hinsichtlich Erfahrung und Sorgfalt, die für die Ausführung erforderlich waren. Dadurch wurde es möglich, die Verarbeitung durch Gesellen und Lehrlinge mit weniger Erfahrung ausführen zu lassen. Von zentraler Bedeutung ist die Wahl kleiner kugelförmiger Perlen als Hauptprodukt. Diese ermöglichte eine Maximierung der Produktzahl pro eingesetzten Knochen sowie eine auf Schnelligkeit zielende Massenproduktion durch geringen Zeitaufwand und eine geringe Arbeitsanforderung. In diesem Zusammenhang deutet das Herausbohren kugelförmiger Perlen aus quer aus einer Knochenröhre gesägten Scheiben mit seiner Vervielfachung der Produktzahl pro Knochen und Steigerung des Arbeits- und Zeitaufwands auf eine Rohstoffknappheit hin. Beide Elemente – kugelförmige Perlchen und Querscheibenbohrung – tauchen bereits vorher vereinzelt auf, jedoch werden sie in Konstanz in dieser Produktionsphase, soweit nachprüfbar, zum ersten Mal gezielt und strukturell gefertigt. Seitdem ist die Nutzung beider Elemente in großen Teilen des Heiligen Römischen Reiches nördlich der Alpen bis in das 17. Jahrhundert allgemein üblich. Ausgenommen davon ist das Hansegebiet entlang den nördlichen Küsten, in dem unter Einfluss der exportorientierten Bernsteinperlenproduktion eine Massenproduktion von Knochenperlen selten war. Eine Querscheibenbohrung ist allerdings seitdem nur aus umfangreichen Produktionen in Südwestdeutschland und dem südniederländischen 's-Hertogenbosch bekannt und fehlt auffälligerweise in vergleichbar großen bayerischen Abfallkomplexen.

In der folgenden Produktionsphase (Produktionsphase 3) des Konstanzer Abfallkomplexes, stratigraphisch und zeitlich anschließend an die vorherige Phase, deutet ein Überschuss an verfügbarem Rohmaterial auf ein Nachlassen der Nachfrage nach Perlen. Es wurde jedoch weiterhin und sogar deutlicher als vorher in einem strukturierten Arbeitsvorgang mit getrennt ausgeführten Arbeitsschritten produziert. Der nachlassende Druck auf Arbeits-, Zeit- und Rohstoffnutzung führte zu Ineffizienzen wie z. B. der Tatsache, dass eine geeignete Leistenoberfläche nicht bis zum Ende ausgenutzt wurde sowie der Weiterverarbeitung bereits misslungener Produkte als Folge einer relativ gedankenlosen Wiederholung von einfachen, standardisierter Handlungen. Gleichzeitig stieg die Sorgfalt der Arbeit, wie an besser gezielten Hieben, Schnittflächen und Bohrungen zu sehen ist. Weil Rohstoff reichlich vorhanden war, beschränkten sich die Handwerker fast ausnahmslos auf die am leichtesten systematisch zu erhaltenden Knochen, die Rindermetapodien und -unterkiefer und auf die Einführung einer neuen Produktform mit größerem Durchmesser: die flachen Ringe. Diese neue Form von Knochenringen, die man im 15. und 16. Jahrhundert nur in Süddeutschland herstellte, wurde vermutlich als Teil von Gebetskränzen entwickelt, die aus demselben Zeitraum und aus demselben Raum bekannt sind.

Mit der geschilderten Entwicklung von neuen Arbeitsvorgängen sowie von neuen Produktformen scheint v. a. die Konstanzer Paternosterproduktion aus der Konzilszeit eine Schlüsselrolle innerhalb der technischen Entwicklung dieses Gewerbes im Spätmittelalter gespielt zu haben. Die Analyse ihrer Abfälle liefert einen Einblick in die Mechanismen hinter offenbar von den Handwerkern selber getragenen Innovationen in einem spätmittelalterlichen Handwerk. So zeigt sich, dass sowohl eine Expansion als auch ein Nachlassen des Marktes zur Innovation führen konnte. Die vorliegende Studie liefert weiterhin einige Ansätze zum Verständnis der Mechanismen, die zur Verbreitung solcher Innovationen führten. Dabei ist die Rolle von Handelsnetzwerken zu nennen, innerhalb derer die wandernden Handwerker sich anscheinend bewegten, sowie die Rolle der Konkurrenz durch andere Materialien wie z. B. Bernstein (s. Kap. 4). Die Orientierung von bestimmten Orten oder Städten auf ein Handelsnetz scheint in vielen Fällen für die benutzten Techniken und Produktformen von großer Bedeutung gewesen zu sein. Zu diesem komplexen Thema sind jedoch viele Fragen noch offen und es bedarf der näheren Analyse und des näheren Vergleichs weiterer Fundkomplexe. So könnte z. B. eine eingehende Analyse der unterschiedlichen Fundkomplexe englischer Knochenperlenproduktionen in Bezug auf die kontinentalen Daten die Erkenntnisse zu diesem Thema weiterbringen. Mit den dargelegten Ergebnissen ist die Hoffnung verbunden, dass die vorliegende Studie zu weiteren Forschungen dieser informationsreichen archäologischen Fundgruppe anregt.

Anhang: Katalog von Fundorten durchbohrter Knochenleisten

Abb. 117: Übersicht der im Fundstellenkatalog aufgenommenen Fundorte durchbohrter Knochenleisten.

Nr.	Ort	Datierung	Zahl	Fundumstände
1	Velky Šariš	11.–13. Jh.	mehrere	Burg und Stadt
2	Eger	?	?	?
3	Visegrad	14.–16. Jh.?	„viele"	Kalvarienberg 1953
4	Buda	14d	?	Buda-Burg: Brunnen
5	Bratislava	14.–17. Jh.	über Tausend	westliche Vorstadt, nahe Bratislava-Brücke
6	Graz	15. Jh.	2	Palais Khuenburg: Stadthof Zisterzienserkloster
7	Wien	14.–15. Jh.	ca. 15–50	Judenplatz: Abfallgrube im Innenhof hinter Synagoge
8	Klosterneuburg	14.–15. Jh.	mehr als 300	Wirtschaftshof des Domstifts von Passau: div. Schichten
9	St. Pölten	?	7	?
10	Linz	?	mehrere	Altstadt
11	Prag	?	10–100	Burg und Altstadt
12	Breslau	13d–um 1400	mehr als 45	u. a. in Marktschichten; Judengasse; Stockgasse
13	Dresden	15.–16. Jh.	4 mindestens	Große und Kleine Brudergasse
14	Erfurt	12. und 13. Jh.	1	Marktstraße 50: Grube
15	Würzburg	um 1300	ca. 10–15 kg	am ehemaligen Stadtwall
16	Bamberg	16. Jh.	„hunderte"	Talniederung; Theatergasse
17	Heideck	15d	?	am Marktplatz
18	Regensburg	16A	2 m3	Latrine Auergasse 10, Gasthaus nahe Kloster
19	Straubing	?	?	Altstadt
20	Deggendorf	15. Jh.	?	?
21	Passau	16d–17. Jh.	?	?
22	Landshut	Neuzeit	?	?
23	Burghausen	15A	mehr als 20	Grube am Stadtplatz
24	München	13.–17. Jh.	große Mengen	St.-Jakobs-Platz (Pilgermarkt): auf Marktpflaster
24	München	14.–15. Jh.	6	Dreifaltigkeitsplatz
24	München	17A	4	Köglmühlbastion
24	München	18.–19. Jh.	„zahlreich"	Bachfüllung Pfisterbach
25	Augsburg	(15.–)16. Jh.	große Mengen	Jakobskirche (Pilgerkirche); div. nahe Dom und Vorstadt
25	Augsburg	14. Jh.?	einige	?
26	Kempten	um 1600	1	Aufschüttung Wasserlauf Brandstatt
27	Biberach	?	577	Grube
28	Lauingen	?	über 185	sekundär abgelagert auf Acker, 850 m von der Altstadt
29	Ulm	?	einige	Münsterplatz
30	Geislingen	14B	3	Haupstraße 62/64
30	Geislingen	um 1500	„viele"; 3	Schillerstraße 13–15; Helfensteinstraße
30	Geislingen	18B–19A	22	Haupstraße 23: Grube
31	Aalen	16. Jh.	420	Beinstraße: zwei Gruben im Hinterhof
32	Unterregenbach	um 1250	7	Brandschutt eines Steinhauses nahe Wahlfahrtsbasilika
33	Esslingen	um 1300?	8	St. Dionysius: Baugruben in Stadtkirche und außerhalb
33	Esslingen	?	34	Bach am Karmeliterkloster; Altes Rathaus; Ehnisgasse

Katalog der Fundorte durchbohrter Knochenleisten aus Spätmittelalter und Neuzeit
(Datierung: A/B = 1./2. Hälfte; a–d = 1.–4. Viertel).

(vermutete) Produkte	Quelle
?	Janssen 1986
? (möglicherweise Knöpfe)	Sándor 1961
?	Sándor 1961; mündl. Mitteilung L. Bartosiewicz (Budapest)
Perlen	Sándor 1961; Holl 1966
? („Paternoster")	Sándor 1961; Janssen 1986
Ringe/Knöpfe	briefl. Mitteilung M. Lehner (Graz) 1998
?	mündl. Mitteilung P. Mitchell (Wien) 1998
runde Perlen, groß und klein	Neugebauer 1998
Ringe/Knöpfe	mündl. Mitteilung P. Scherer (Wien) 1998
?	Seitz 1970
?	Sándor 1961; mündl. Mitteilung J. Mariková (Prag)
(runde) Perlen, Zylinder, Ringe	Jaworski 1999 u. 2002; mündl. Mitteilung J. Piekalski 2004
?	Sonderausstellung „Leipzig kommt woher", Stadtgeschichtl. Mus. Leipzig 1996
? (Geweih)	Barthel 1979; Janssen 1986
Scheiben und flache Perlen	Heyse et al. 2003; mündl. Mitteilung F. Feuerhahn 2006
?	Mittelstrass 2000; mündl. Mitteilung ders. 1995
?	Mittelstrass 2000
runde Perlen, flache Ringe	briefl. Mitteilung H. Millitzer (Hagelstadt) 1999
vermutlich Ringe/Knöpfe	Seitz 1970
?	Mittelstrass 2000
Perlen	Mittelstrass 2000
?	Mittelstrass 2000
runde Ringe, flache Ringe	Hagn 1995; Hagn/Niedersteiner 1993; Mittelstrass 2000
u. a. Scheiben und Ringe	Brand 2003
Scheiben/Ringe?	Mittelstrass 2000; briefl. Mitteilung ders. 1995
runde Perlen	Mittelstrass 2000
Knöpfe?	Hagn 1988; Mittelstrass 2000
Scheiben/Ringe?	Daten Verf.; Hermann 2008
?	briefl. Mitteilung M. Hermann (Augsburg) 1998
?	mündl. Mitteilung Dr. Weber (Kempten) 1995
flache Ringe	Spitzers 1996
kleine runde Perlen	Seitz 1970
?	mündl. Mitteilung A. Bräuning; Röber 1995
Dosenböden/Scheiben/Ringe?	Gruber 1993
?, Ringe/Scheiben?	Gruber 1993
Dosenböden	Daten Verf.; Krönneck 1995
runde Perlen	Werner 1992
Scheiben (und Ringe?)	Schäfer/Stachel 1989, 73
?	Fingerlin 1995; Röber 1995
?	Röber 1995; Daten Verf.

Nr.	Ort	Datierung	Zahl	Fundumstände
34	Sindelfingen	?	1	Obere Vorstadt: Klosterdorf/Vorstadt zur Kleinstadt
35	Tübingen	vor 1450	1	Kornhaus: Planierschicht mit umgelagertem Abfall
36	Rottweil	18. Jh.	max. 20	undeutlicher Fundzusammenhang
37	Villingen	13. Jh.?	1	Franziskanergarten
38	Brigachtal	14.–15. Jh.	16	Baugrube in Dorf
39	Konstanz	13.–16. Jh.	diverse	diverse
40	Schaffhausen	13B	3	Füllung Gerbergruben
41	Zürich	13B	1	Münsterhof
42	Burgdorf(Be)	?	3	Altes Schlachthaus/Niederspital
43	Bern	um 1400	40 + 170	Casinoplatz: Grabenmauer; Kramgasse 2: Treppenschutt
44	Basel	13. Jh.	11	Barfüsserkirche: jüngere Siedlungsschichten und Schutt
44	Basel	13.–16. Jh.	große Anzahl	Petersberg: Schichten nach der Handwerkersiedlung
44	Basel-Bettingen	14.–15. Jh.	4	Chrischonakirche: unter/aus Kirchenschutt Friedhof
45	Freiburg	?	60	Gauchstraße
45	Freiburg	?	13 + 1	Adelhauserstraße 4 und Gerberau
46	Breisach	13d	80	Rathauserweiterung: Grube mit umgelagertem Abfall
47	Colmar	?	einige	?
48	Strasbourg	15. Jh.	große Mengen	Marais-vert: Abfall-/Planierschicht Stadterweiterung
48	Strasbourg	15B	ca. 30	Quai des Alpes (außerhalb der Stadtmauer)
49	Saint Denis	um 1500	einige	Am Domplatz: Abfallgrube
50	Luxemburg	14.–15. Jh.	5	Pfaffenthal
51	Dieburg	?	große Menge	Schicht
52	Köln	13.–14. Jh.	mehr als 20	diverse Fundstellen Innnenstadt: Gruben; Rheinufer
52	Köln	12d	hunderte	Heumarkt: Planierschicht Marktfläche
52	Köln	?	?	Domgrabung
53	Essen	15.–16. Jh.?	?	Burgplatz
54	Maastricht	?	1	Witte Vrouwenklooster (Theatergrabung am Vrijthof)
55	Roermond	15. Jh.	kleine Menge	Kartäuserkloster
56	Gent	16.–20. Jh.	76	Karmeliterkloster
57	Antwerpen	16.–20. Jh.	1	Schoytestraat 19: Grube
58	Entfallen			
59	Den Bosch	14B–15A	ca. 60 + einige	Loeffplein: Postelstraat und Spuistroom
59	Den Bosch	um 1542	einige m3	Loeffplein: Stadtwallfüllung und diverse Fundstellen
59	Den Bosch	um 1740–1800	ca. 25	Tolbrugkwartier/Loeffplein
60	Ravenstein	?	8	Luciastraße 7: ehem. Pfarrkirche/Jesuitenkloster
61	Tiel	16A	1	Hafenplanierung
62	Gorinchem	15.–18. Jh.	110	Kazerneplein: Grabenverfüllung in Stadterweiterung 1600

Katalog der Fundorte durchbohrter Knochenleisten aus Spätmittelalter und Neuzeit
(Datierung: A/B = 1./2. Hälfte; a–d = 1.–4. Viertel).

(vermutete) Produkte	Quelle
Perlen	Scholkmann 1978
Perlen	Daten Verf.; mündl. Mitteilung E. Schmidt (Tübingen)
?	mündl. Mitteilung C. Guildhoff (Rottweil)
?	Jenisch/Schmidt-Thomé 1986
runde Ringe und runde Perlen	Jenisch 1994; Daten Verf.
runde Perlen, runde u. flache Ringe	diese Studie
Ringe/Scheiben	Gutscher 1984, Abb. 41
Ringe/Scheiben	Schneider et al. 1982
Knöpfe?	briefl. Mitteilung A. Heege (Zug) 2005
kleine runde Perlen, runde Ringe	Beer 1999; Boschetti 2003
runde Ringe	Rippmann et al. 1987, Taf. 51
kleine runde Perlen	Gansser-Burkhardt 1940
Knöpfe	Moosbrugger-Leu 1985, 100–102
runde Ringe, runde Perlen	Daten Verf.
Ringe/Scheiben	Daten Verf.
runde Ringe	Schmaedecke 1992
?	mündl. Mitteilung J. Maire (Strasbourg) 1991
runde Ringe, runde Perlen	Maire 1990
u. a. Knöpfe	mündl. Mitteilung J. Maire (Strasbourg) 1991; ders. 1990
Knöpfe (und gedrechselte Perlen)	Meier 1979
runde Perlen	Mousset 1999
?	diverse mündl. Quellen
?	mündl. Mitteilung H. Berke (Köln) bzw. H. Steuer (Freiburg)
einseitig gebohrte Scheiben	Aten et al. 1999
?	Fingerlin 1995
?	Lorenz 1991
?	mündl. Mitteilung R. Hulst (Amersfoort)
flache Perlen	Mitteilung T. Lupak (Haelen); Stichting Rura 1986
Knöpfe/runde Ringe	Ervynck et al. 1992
Knöpfe/runde Ringe	Ervynck/Veeckman 1992
flache, runde und längliche Perlen	Spitzers 2012; Janssen 1983
runde Perlen	Janssen 1983; Nijhof 2007; Spitzers 2012
Knöpfe mit einem Loch	Janssen 1983; Spitzers 2012
runde Perlen	Spitzers 2011
flache Perlen/runde Ringe	Spitzers 2006
runde Perlen	briefl. Mitteilung M. Veen (Gorinchem) 2005

Nr.	Ort	Datierung	Zahl	Fundumstände
63	Dordrecht	14.–15. Jh.	2	Kromme Elleboog: Schicht u. Grabenverfüllung Häuschen
64	Delft	?	?	Kartäuserkloster
65	Amsterdam	14B–15. Jh.	15	Nes, Rokin (um 1400), Zwanenburgwal
65	Amsterdam	?	2	?
66	Utrecht	13. Jh.	mehr als 19	diverse Fundstellen
67	Vianen	14B–15A	61	Hinterhof Hauptstraße neben Rathaus
68	Wageningen	?	?	?
69	Arnhem	ca. 15. Jh.	2	Kloster Monnikhuizen
70	Elten	16. Jh.	hunderte	Kloster: Schuttschicht vor Neubau kurz nach 1585
71	Winterswijk	?	4	Bachtalauffüllung neben Bohlenweg nahe Kirche
72	Zutphen	um 1500	67	Ecke des Fischmarktes (Gravenhof): Grube
72	Zutphen	15B–16a	2	Houtmarkt 69: Abfallgrube
73	Deventer	13c	1	Polstraat: Straßenschicht neben Holzpflaster
73	Deventer	15c	ca. 5–10 kg	Grube in und Uferauffüllung vor Handwerkerviertel
74	Harderwijk	14.–15. Jh.	2	Hierdenseweg: Grube vor Stadterweiterung 16. Jh.
75	Zwolle	14.–20. Jh.	einige	Erdaushub Baugrube Broerenkerkplein
76	Groningen	?	dutzende	konzentriert in einer Schicht in einer Grube
77	Münster	13.–18. Jh.	3	Am Buddenturm
77	Münster	Neuzeit	einige	am Alten Steinweg
78	Osnabrück	13B–15. Jh.	1 + 1	Domfreiheit (Sandgruben); Marktplatz (unter Werkstattkeller)
79	Bremen	14.–15. Jh.	1	Neustadt: Handwerkervorstadt
79	Bremen	14.–16. Jh.	1	Katharinenstraße: Streufund
79	Bremen	15.–17. Jh.?	1	Pagenthorn: Handwerkersiedlung bei Kloster
80	Hamburg	13. Jh.?	1	U-Bahngrabung: Fleetverfüllung beim Fischmarkt
81	Lüneburg	vor 1376	4	Michaeliskloster: Fäkaliengrube
82	Braunschweig	16. Jh.	1	Packhofgrabung
82	Braunschweig	12B–13A?	3	Papenstieg: Füllung Burggraben
83	Magdeburg	?	1	Marktplatz
84	Halle	13. Jh.?	„zahlreiche"	Marktplatz; nahe Franziskanerkloster; Vorstadt
85	Göttingen	um 1300	15–ca. 50?	Werkstatt Knochen verarb. Handwerk auf Pfarrparzelle
86	Höxter	12bc; 13B	2	unter Rathaus: Graben auf Brückenmarktgelände
86A	Lügde	18.–19. Jh.	mindestens 3	Marktplatz: Brunnenverfüllung
87	Schleswig	11.–14. Jh.	2	Schild
88	Arhus	Anfang 13. Jh.	1	unterer Teil des Keramikhorizonts 2
89	Roskilde	?	2	Stadtzentrum
90	Lund	?	1	St. Botulfsblok am Markt
90	Lund	?	112	Stora Södergatan: Füllung Tonnenlatrine in Marktviertel
91	Lübeck	?	67	diverse Fundstellen

Katalog der Fundorte durchbohrter Knochenleisten aus Spätmittelalter und Neuzeit
(Datierung: A/B = 1./2. Hälfte; a–d = 1.–4. Viertel).

(vermutete) Produkte	Quelle
Ringe/Knöpfe/Scheiben?	briefl. Mitteilung D. Paalman (Dordrecht) 2006
?	Baart et al. 1977
runde Ringe	Rijkelijkhuizen 2004
Geweih: Knöpfe/Perlen/Spielsteine	Rijkelijkhuizen 2004
flache Perlen	Hoekstra 1980; Dokumentation Gemeente Utrecht
flache Perlen	Spitzers 2009
?	mündl. Mitteilung AWN Afd. 17
runde Ringe/flache Perlen	Ausstellung „Arnhem onder de Grond", Gemeentemuseum Arnhem 1993; AWN Afd. 17
flache Perlen	Binding et al. 1970, 193
flache Perlen(/Ringe?)	briefl. Mitteilung J. Goorhuis (Winterswijk) 2006
flache Perlen	Groothedde 2003; Daten Verf.; Spitzers 2004
flache Perlen	Daten Verf.
?	Thijssen 1981
flache Perlen	Mittendorff/Vermeulen 2004; Daten Verf.
Perlen	Mitteilung H. Stuurman (Harderwijk) 2000
Ringe/Knöpfe	Wolf 1993
?	mündl. Mitteilung G. Kortekaas (Groningen)
flache Perlen?	Thier 1997
Knöpfe (Unterkiefer)	Thier 1997
flache/runde Perlen	Schlüter 1979; ders. 1986
Perlen	Rech 2004, 276
Knöpfe? (einseitig gebohrt)	Rech 2004, 279
flache Perlen?	Rech 2004, 278
Ringe/Knöpfe?	Först 2006, 202; mündl. Mitteilung E. Först 2004
Perlen und Ringe	Ring 2006
Perlen	May 1985
flache/runde Perlen, Geweih (1x)	Dunkel 1995; Alper 2006
kleine runde Perlen	Nickel 1964, 85 Taf. 44d
„runde scheibenförmige" Perlen	Herrmann/Specht 2006, 81 f.; Herrmann 2008, 125
kleine runde Perlen, Ringe, Scheiben/Knöpfe?	Schütte 1995
flache Perlen/runde Ringlein?	König 1999; briefl. Mitteilung ders. (Höxter) 1993 u. 2008
Knöpfe	Gerking 1988
kleine Perlen, flache Perlen/Ringlein	Ulbricht 1984, Taf. 36
Spielsteine? (Geweih)	Andersen et al. 1971; briefl. Mitteilung H.J. Madsen 1997
Knöpfe/Ringe/Spielsteine	briefl. Mitteiling M. Andersen (Roskilde) 1997
Ringlein//flache Perlen?	briefl. Mitteilung P. Carelli 1997
Knopfleisten mit Halbfabrikat	briefl. Mitteilung P. Carelli 1997
flache Perlen, Ringe, große runde Perlen	Falk 1983; Daten Verf.

Nr.	Ort	Datierung	Zahl	Fundumstände
92	Rostock	14.-15. Jh.	stets 1-2	diverse Latrinen
93	Stralsund	13B	1	Jacobiturmstraße 5
93	Stralsund	15. Jh.+?	20 + ca. 30	Mühlenstraße und diverse Fundstellen
94	Greifswald	?	max. 10	Einzelstücke von diversen Fundstellen
95	Anklam	14.-15. Jh.	3	Klostergelände Bruderstraße
96	Altentreptow	13B-14. Jh.?	10	Stadtrand: Mauerstraße und Mauergraben
97	Teterow	13.-15. Jh.?	1	Stadtrand
98	Kolberg	14B	1	Grabung G 33
99	Danzig	13. Jh.-16A	hunderte (?)	diverse Fundstellen
100	Elbing	15A-17. Jh.	über 7	diverse Fundstellen
101	Warschau	?	?	?
102	Pultusk	12.-16. Jh.	?	Stadt und Bischofsburg
103	Tartu	15. Jh.	2	?
104	Tallinn	14.-16. Jh.	46	Vorstadt, Roosikrantsi-Straße
105	Visby	13.-15. Jh.	ca. 100	?
106	London	um 1300	15	Ludgate Hill: Stadtgrabenfüllung
106	London	14d	8	Baynardhouse Victoria Street
106	London	14B-15A	2	diverse Fundstellen
106	London	14B-15. Jh.	einige kg	Boy's-schoolsite 1986
106	London	14B	14	Whitefriars-site
106	London	12.-15. Jh.?	3	Custom Housesite
107	Coventry	Spätmittelalter	2	Whitefriars 1962
107	Coventry	14.-15. Jh.	10	King Street: Gruben
108	Kings Lynn	14. Jh.-15A	4	Quaiside: Planierung
109	Norwich	15. Jh.	1	?
110	Lincoln	14. Jh.	„viele"	Flaxengate/DanesTerrace
111	Hull	?	?	?
112	York	um 1200; 13d	1 + 2	Coppergate
112	York	13d-Neuzeit	20	The Bedern und The Bedern Foundry

Katalog der Fundorte durchbohrter Knochenleisten aus Spätmittelalter und Neuzeit
(Datierung: A/B = 1./2. Hälfte; a-d = 1.-4. Viertel).

(vermutete) Produkte	Quelle
flache/runde Perlen	Mulsow 2006; Lehmkuhl 1992
Ringe?	Vortrag G. Möller 26.10.2004 Travemünde
Ringe?	mündl. Mitteilung G. Möller (Stralsund) 2004
kleine Löcher	mündl. Mitteilung H. Schäfer (Strahlsund) 2004
flache/runde Perlen	Lehmkuhl 1992
Spielsteine?	Lehmkuhl 1992
Spielsteine?	Lehmkuhl 1992
flache Perlen/Ringlein	Rębkowski 1998
flache Perlen	mündl. Mitteilung Z. Borcovski (Danzig) 2004; Paner 2006
flache Perlen, Ringe?	Dokumentation u. Mitteilung G. Nawrolska (Elbing) 2004
?	mündl. Mitteilung W. Pela (Warschau) 2002
kleine Perlen	mündl. Mitteilung W. Pela (Warschau) 2002
Knöpfe/Ringe/Spielsteine	mündl. Mitteilung A. Mäesalu (Tartu) 2004
Knöpfe?	Vissak 2006
runde Perlen	Dokumentation u. mündl. Mitteilung L. Zerpe (Visby) 2004
flache Perlen	Egan/Pritchard 1991
Ringe/Scheiben und Perlen?	Egan/Pritchard 1991
?	Egan/Pritchard 1991
?	Egan/Pritchard 1991; Egan 2006
flache Perlen, Ringe?	Gaimster/Yeomans 2005
flache Perlen/Ringlein?	Macgregor 1982
Zylinder/Ringe/Scheiben?	unpubl. Dokumentation G. Egan, vgl. Woodfield 1981
?	Macgregor 1985
Perlen, vermutlich flache	Clarke/Carter 1977
flache Perlen/Ringe?	Margeson 1993
flache Perlen, Ringe?	Colyer 1975
Perlen	Macgregor 1985
Scheibchen?	Macgregor et al. 1999
Perlen, Knöpfe?	Macgregor et al. 1999

Literatur

Abel 1967 — W. Abel, Geschichte der deutschen Landwirtschaft vom frühen Mittelalter bis zum 19. Jahrhundert (²Stuttgart 1967).

Abel 1980 — W. Abel, Deutsche Agrarwirtschaft im Hochmittelalter. In: H. Kellenbenz (Hrsg.), Handbuch der Europäischen Wirtschafts- und Sozialgeschichte 2 (Stuttgart 1980) 534–551.

Alen/Ervynck 2005 — A. Alen/A. Ervynck, The large scale and specialised late medieval urban craft of marrow extraction: archaeological and historical evidence from Malines (Belgium), confronted with experimental work. In: J. Mulville/A. K. Outram (Hrsg), The zooarchaeology of fats, oils, milk and dairying (Oxford 2005) 193–200.

Alper 2006 — G. Alper, Das Braunschweiger Handwerk im Mittelalter und in der frühen Neuzeit. In: Gläser 2006, 157–182.

Andersen et al. 1971 — H. H. Andersen/P. J. Crapp/H. J. Madsen, Århus Søndervold, en byarkæologisk undersøgelse. Jysk Arkæologisk Selskabs Skrifter 9 (Højbjerg 1971).

Andés 1925 — L. E. Andés, Bearbeitung des Horns, Elfenbeins, Schildpatts, der Knochen und Perlmutter (Leipzig, Wien 1925).

Anschütz 1966 — K. Anschütz, Die Tierknochenfunde aus der mittelalterlichen Siedlung Ulm-Weinhof. Diss. Tierärztl. Fak. Ludwig-Maximilians-Univ. München (Stuttgart 1966).

Armitage 1990 — P. L. Armitage, Post-medieval cattle horn cores from the Greyfriars site, Chicester, West Sussex, England. Circaea 7, 1989, 81–90.

Aten et al. 1997 — N. Aten/D. Beuter/F. Kempken/E. Lotter/M. Meise, Ausgrabungen auf dem Heumarkt in Köln. Erster Bericht zu den Untersuchungen von Mai 1996 bis April 1997. Kölner Jahrb. 30, 1997, 345–404.

AWN Afd. 17 — Archeologische Werkgemeenschap voor Nederland, afdeling Zuid-Veluwe en Oost-Gelderland.

Baart et al. 1977 — J. Baart et al., Opgravingen in Amsterdam. 20 jaar stadskernonderzoek (Amsterdam 1977).

Barthel 1979 — H.-J. Barthel, Tierknochenreste einer mittelalterlichen Grube in Erfurt, Marktstraße 50. Ausgr. u. Funde 24, 1979, 254–259.

Bartosiewicz et al. 1997 — L. Bartosiewicz/W. van Neer/A. Lentacker, Draught cattle: their osteological identification and history (Tervuren 1997).

Béal 1984 — J.-C. Béal, Musées de la ville de Vienne. Les objets en os et en ivoire (Vienne 1984).

Beck 1955 — A. Beck, Bautätigkeit brachte Aufschluß über Frühgeschichte. Südkurier vom 12.2.1955.

Becker/Oexle 1992 — B. Becker/J. Oexle, Stadt und Umland – dargestellt am Beispiel der Waldnutzung im Umland des Mittelalterlichen Konstanz. In: N. Flüeler (Hrsg.), Stadtluft, Hirsebrei und Bettelmönch – Die Stadt um 1300. Ausstellungskatalog (Stuttgart 1992) 374–379.

Beer 1999 — E. J. Beer (Hrsg.), Berns grosse Zeit. Das 15. Jahrhundert neu entdeckt (Bern 1999).

Bergström/van Wijngaarden-Bakker 1983 — P. L. Bergström/ L. H. van Wijngaarden-Bakker, De metapodia als voorspellers van formaat en gewicht bij runderen. IVO-rapport B-206, IPP-publikatie 320 (Amsterdam 1983).

Bibby 1987 — D. Bibby, Die stratigraphische Methode bei der Grabung Fischmarkt (Konstanz) und deren Aufarbeitung. Arbeitsbl. Restauratoren 2, 1987, 157–172.

Binding et al. 1970 — G. Binding/W. Janssen/K. Jungklaas, Burg und Stift Elten am Niederrhein. Archäologische Untersuchungen der Jahre 1964/65. Rhein. Ausgr. 8 (Düsseldorf 1970).

Boschetti 2003 — A. Boschetti, Archäologische Spuren von Handwerk in der Stadt – zum Beispiel die Knochenschnitzerei. In: R. C Schwinges (Hrsg.), Berns mutige Zeit. Das 13. und 14. Jahrhundert neu entdeckt (Bern 2003) 268.

Brand 2003 — C. Brand, Der St.-Jakobs-Platz in München – Ausgrabung einer innerstädtischen Großfläche. Arch. Jahr Bayern 2003, 147-150.

Brem et al. 1992	H. J. Brem/J. Bürgi/K. Roth-Rubi, Arbon – Arbor Felix. Das spätrömische Kastell. Arch. Thurgau 1 (Frauenfeld 1992).
Brepohl 1999	E. Brepohl, Theophilus Presbyter und das mittelalterliche Kunsthandwerk (Köln 1999).
Burkhardt 1931	G. Burkhardt, Aus der Geschichte der Beindrechslerei in Geislingen. Gesch. Mitt. Geislingen u. Umgebung 3, 1931, 57–73.
Chaplin 1971	R. E. Chaplin, The study of animal bones from archaeological sites (London, New York 1971).
Clarke/Carter 1977	H. Clarke/A. Carter, Excavations in King's Lynn 1963–1970 (London 1977).
Colyer 1975	C. Colyer, Lincoln. The Archaeology of a Historic City (Lincoln 1975).
Czysz 1998	W. Czysz, Ausgrabungen im ehemaligen Benediktinerkloster St. Mang zu Füssen. Arch. Jahr Bayern 1998, 145–150.
Diderot/d'Alembert 1768 bzw. 1771	D. Diderot/J. B. le Rond d'Alembert, Encyclopédie ou dictionnaire raisonné des Sciences, des Arts et des Métiers Bd. 19 bzw. 25 (Paris 1768 bzw. 1771).
von den Driesch 1976	A. von den Driesch, Das Vermessen von Tierknochen aus vor- und frühgeschichtlichen Siedlungen (München 1976).
Dubbe 1980	B. Dubbe, Het huisraad in het Oostnederlandse burgerwoonhuis in de late middeleeuwen. In: R. Meischke et al., Thuis in de late middeleeuwen. Het Nederlands burgerinterieur 1400–1535 (Zwolle 1980) 21–86.
Dumitrache 1993	M. Dumitrache, Archäologische Untersuchungen im Konstanzer Neugasse-Viertel. Arch. Ausgr. Baden-Württemberg 1993, 285–293.
Dumitrache 2000	M. Dumitrache, Konstanz. Archäologischer Stadtkataster Baden-Württemberg (Stuttgart 2000).
Dunkel 1995	R. Dunkel, Werkstatt eines Knochenschnitzers. In: J. Luckhardt/F. Niehof (Hrsg.), Heinrich der Löwe und seine Zeit. Herrschaft und Repräsentation der Welfen 1125–1235. Katalog der Ausstellung Braunschweig 1995 (München 1995) 398–400.
Egan/Pritchard 1991	G. Egan/F. Pritchard, Dress Accessories c.1150–c.1450. Medieval Finds from London 3 (London 1991).
Ennen 1975	E. Ennen, Kölner Wirtschaft im Früh- und Hochmittelalter. In: H. Kellenbenz (Hrsg.), Zwei Jahrtausende Kölner Wirtschaft (Köln 1975) 87–193.
Erath 1996	M. Erath, Studien zum mittelalterlichen Knochenschnitzerhandwerk. Die Entwicklung eines spezialisierten Handwerks in Konstanz (Diss. Freiburg 1996).
Erath 1999	M. Erath, Gute und gezinkte Würfel. Die Entwicklung eines spezialisierten Handwerks in Konstanz. In: Von Schmieden, Würflern und Schreinern. Städtisches Handwerk im Mittelalter. Beiträge des ersten Kolloquiums des Arbeitskreises zur archäologischen Erforschung des mittelalterlichen Handwerks. ALManach 4 (Stuttgart 1999) 88–99.
Ervynck 1991	A. Ervynck, „De Beer die woonde op de burg...": mens en dier in een vroeg-middeleeuwse versterking. In: H. de Witte (Red.), De Brugse Burg, Van grafelijke versterking tot moderne stadskern. Archeo-Brugge 2 (Brugge 1991) 170–181.
Ervynck/Veeckman 1992	A. Ervynck/J. Veeckman, Oorlepeltjes en tandenstokers: een beenbewerker in de Schoytestraat. In: J. Veeckman, Blik in de bodem. Recent stadsarcheologisch onderzoek in Antwerpen (Antwerpen 1992) 93–97.
Ervynck et al. 1992	A. Ervynck/M. C. Laleman/P. Raveschot, Knopen, kralen of ringetjes? Botbewerking in het klooster van de geschoeide Karmelieten. Stadsarcheologie 16/4, 1992, 51–55.
Falk 1983	A. Falk, Knochengeräte des späten Mittelalters und der frühen Neuzeit. Bodenfunde aus Lübeck. Zeitschr. Ver. Lübeck. Gesch. u. Altkde. 63, 1983, 105–128.
Fingerlin 1995	I. Fingerlin, Kleinfunde vom Mittelalter bis in die Neuzeit. In: G. P. Fehring/B. Scholkmann, Die Stadtkirche St. Dionysius in Esslingen. Archäologie und Baugeschichte I: Die archäologische Untersuchung und ihre Ergebnisse. Forsch. u. Ber. Arch. Mittelalter Baden-Württemberg 13/1 (Stuttgart 1995) 333–374.

Först 2006	E. Först, Handwerksnachweise in Hamburg vom 12. bis 18. Jahrhundert. In: Gläser 2006, 157–182.
Gaimster/Yeomans 2005	M. Gaimster/L. Yeomans, Whitefriars industries reflected in non-metal finds: antler, bone, horn and shell. Unveröffentl. Manuskript Pre-Construct Archaeology (London 2005).
Gansser-Burkhardt 1940	A. Gansser-Burkhardt, Die frühzeitliche Handwerkersiedlung am Petersberg in Basel. Zeitschr. Schweizer. Arch. u. Kunstgesch. 2, 1940, 10–29.
Gerking 1988	W. Gerking, 247 Lügde. Ausgr. u. Funde Westfalen-Lippe 6A, 1988, 268–270.
Gijsbers 1999	W. Gijsbers, Kapitale ossen. De internationale handel in slachtvee in Noordwest-Europa (1300–1750) (Hilversum 1999).
Gläser 2006	M. Gläser (Hrsg.), Lübecker Kolloquium zur Stadtarchäologie im Hanseraum V: Das Handwerk (Lübeck 2006).
Goodman 1964	W. L. Goodman, The history of woodworking tools (London 1964).
Groothedde 1996	M. Groothedde, Voor de deur van het bisschopshof. In: J. R. M. Magdeleins et al., Het kapittel van Lebuinus in Deventer. Nalatenschap van een immuniteit in bodem, bebouwing en beschrijving (Nieuwegein 1996) 127–136.
Groothedde 2003	M. Groothedde, Afval op Stand, Keramiek en glas uit twee adellijke beerkuilen uit de late middeleeuwen. CD-Rom-Ausgabe Bureau Arch. Gemeente Zutphen (Zutphen 2003).
Gruber 1993	H. Gruber, Die Ursprünge der Geislinger Beindrechslerei. In: Von Gizelingen zum Ulmer Tor. Spurensuche im mittelalterlichen Geislingen. Begleitheft zur Weihnachtsausstellung 1993 in der Galerie im Alten Bau, Geislingen/Steige (Geislingen/Steige 1993) 52–54.
Grüninger 1995	I. Grüninger, Ausgrabungen in der Pfarrkirche St. Kolumba und Konstatius. Rohrschacher Neujahrsbl. 85, 1995, 117–124.
Gutscher 1984	D. Gutscher, Schaffhauser Feingerberei im 13. Jahrhundert. Ergebnisse der Grabungen im Areal der Häuser „zum Bogen" und „zum Kronsberg" in der Vorstadt. Schaffhauser Beitr. Gesch. 61, 1984, 149–228.
Hagn 1988	H. Hagn, Stadtarchäologie in München. Die Funde aus dem Pfisterbach. Arch. Jahr Bayern 1988, 163–168.
Hagn 1995	H. Hagn, Aus dem Alltag Burghauser Bürger im 13. und 14. Jahrhundert. Ein Bodenfund unter dem Stadtplatz von Burghausen. Burghauser Geschbl. 49 (Burghausen 1995).
Hagn/Niedersteiner 1993	H. Hagn/C. Niedersteiner, Eine spätmittelalterliche Abfallgrube in Burghausen. Arch. Jahr Bayern 1993, 161–164.
Hanschke 1970	G. Hanschke, Tierknochenfunde aus der Wüstung Wülfingen. II. Die Wiederkäuer. Diss. Tierärztl. Fak. Ludwig-Maximilians-Univ. München (München 1970).
Hasenfratz/Bänteli 1986	A. Hasenfratz/K. Bänteli, Die archäologischen Untersuchungen in der Bergkirche Hallau. Schaffhauser Beitr. Gesch. 63, 1986, 7–125.
Hell 1960	M. Hell, Eine Gebetsschnur der Karolingerzeit aus Anger bei Bad Reichenhall. Bayer. Vorgeschbl. 25, 1960, 210–212.
Hermann 2011	M. Hermann, Alles nur Müll? Archäologische Nachweise kommunaler Abfallentsorgung im frühneuzeitlichen Augsburg. In: Denkmalpfl. Inf. Bayer. Landesamt Denkmalpfl. 148, 3/2011, 19–22.
Herrmann 2008	V. Herrmann, Von Kammmachern, Würflern und Schustern: Nachweise zum spätmittelalterlichen Handwerk auf dem Markt. In: Der Marktplatz von Halle – Archäologie und Geschichte. Arch. Sachsen-Anhalt Sonderbd. 10, 2008, 121–127.
Herrmann/Specht 2006	V. Herrmann/O. Specht, Die Stadt Halle – Vom karolingischen Grenzkastell zur spätmittelalterlichen Bürgerstadt (Halle 2006).
Heyse et al. 2003	D. Heyse/F. Feuerhahn/P. Mösslein, Aktuelle Beiträge zur Stadtbefestigung von Würzburg. Arch. Jahr Bayern 2003, 114–117.

Hoekstra 1980	T. J. Hoekstra, Archeologische Kroniek van de Gemeente Utrecht over 1976–1977. Maandblad Oud-Utrecht 1980/1, 3–32.
Holl 1966	I. Holl, Mittelalterliche Funde aus einem Brunnen von Buda. Stud. Arch. 4 (Budapest 1966) 46.
Höneisen 1993	M. Höneisen (Hrsg.), Frühgeschichte der Region Stein am Rhein: Archäologische Forschungen am Ausfluss des Untersees. Schaffhauser Arch. 1 = Antiqua 26 (Basel 1993).
Hüster-Plogmann et al. 1999	H. Hüster-Plogmann/P. Jordan/A. Rehazek/J. Schibler/M. Veszeli, Mittelalterliche Ernährungswirtschaft, Haustierhaltung und Jagd. Eine archäozoologische Untersuchung ausgewählter Fundensembles aus der Schweiz und dem angrenzenden Ausland. Beitr. Mittelalterarch. Österreich 15, 1999, 223–240.
Jansen 1995	H. M. Jansen, Rosenkranse fra Svendborg Franciskanerklosterkirkegård. In: Årb. Svendborg og Omegns Mus. (Svendborg 1995) 41–46.
Janssen 1983	H. L. Janssen, Bewerkt been. In: ders. (Hrsg.), Van Bos tot Stad. Opgravingen in 's-Hertogenbosch ('s-Hertogenbosch 1983) 293–302.
Janssen 1986	W. Janssen, Handwerksbetriebe und Werkstätten in der Stadt um 1200. In: H. Steuer (Hrsg.), Zur Lebensweise in der Stadt um 1200. Ergebnisse der Mittelalter-Archäologie. Zeitschr. Arch. Mittelalter Beih. 4 (Köln, Graz 1986) 301–378.
Jaworski 1999	K. Jaworski, Slady obróvki surowca kościanego i rogowego. In: C. Buško/J. Piekalski (Hrsg.) Ze studiów nad życiem codziennym w średiowiecznym mieście. Parcele przy ulicy więziennej 10–11 we Wrocławiu. Wratislavia Antiqua 1 (Wrocław 1999) 70–92.
Jaworski 2002	K. Jaworski, Pracownie rogownicze. In: J. Piekalski (Hrsg.), Rynek Wrocławski w swietle badan archeologicznych cz II. Wratislavia Antiqua 5 (Wrocław 2002) 213–235.
Jenisch 1994	B. Jenisch, Brigachtal Überauchen. Fundber. Baden-Württemberg 19/2, 1994, 158.
Jenisch/ Schmidt-Thomé 1986	B. Jenisch/P. Schmidt-Thomé, Ausgrabung im ehemaligen Franziskanergarten an der Rietgasse in Villingen, Villingen-Schwenningen, Schwarzwald-Baar-Kreis. Arch. Ausgr. Baden-Württemberg 1986, 232–236.
de Jong 2001	T. de Jong, Het beste paard van stal. Middeleeuwse paarden uit Eindhoven en Helmond (Eindhoven 2001).
Junkes 1991	M. Junkes, Die spätmittelalterliche Geschirrkeramik der Grabung Konstanz/Fischmarkt (Diss. Kiel 1991).
Kokabi 1992	M. Kokabi, Das Rind als vielseitiger Rohstofflieferant. In: N. Flüeler (Hrsg.), Stadtluft, Hirsebrei und Bettelmönch – Die Stadt um 1300. Ausstellungskatalog (Stuttgart 1992) 413–415.
Kokabi et al. 1994	M. Kokabi/B. Schlenker/J. Wahl (zsgest.), „Knochenarbeit": Artefakte aus tierischen Rohstoffen im Wandel der Zeit. Arch. Inf. Baden-Württemberg 27 (Stuttgart 1994).
König 1999	A. König, Archäologische Handwerksnachweise im mittelalterlichen Höxter an der Weser. In: Von Schmieden, Würflern und Schreinern. Städtisches Handwerk im Mittelalter. Beiträge des ersten Kolloquiums des Arbeitskreises zur archäologischen Erforschung des mittelalterlichen Handwerks. ALManach 4 (Stuttgart 1999) 88–99.
Krönneck 1995	P. Krönneck, Von der Werkstatt in die Latrine. Die Tierknochenfunde aus dem Haus Hauptstrasse 23 in Geislingen. Hohenstaufen/Helfenstein 1995, 27 f.
Kühnold 1971	B. Kühnold, Die Tierknochenfunde aus Unterregenbach, einer mittelalterlichen Siedlung Württembergs. Diss. Tierärztl. Fak. Ludwig-Maximilians-Univ. München (München 1971).
Lehmkuhl 1992	U. Lehmkuhl, Knochen- und hornverarbeitende Werkstätten in Mecklenburg-Vorpommern (Mittelalter bis Frühneuzeit). Bodendenkmalpfl. Mecklenburg-Vorpommern 1992, 277–301.
Loers 1984	V. Loers, Mittelalterliche Funde aus der Latrine eines Regensburger Patrizierhauses. Arch. Jahr Bayern 1984, 169 f.

Lorenz 1991	H. Lorenz, Abfallprodukte einer Paternosterwerkstatt. In: Vergessene Zeiten – Mittelalter im Ruhrgebiet. Katalog zur Ausstellung im Ruhrlandmuseum zu Essen 26. September 1990 bis 6. Januar 1991, Bd. 1 (Bottrop 1991) 220.
Luiken 1694	J. Luiken, Het Menselyk Bedryf (Amsterdam 1694).
MacGregor 1985	A. MacGregor, Bone, antler, ivory and horn. The technology of skeletal materials since the Roman Period (London, Sydney 1985).
MacGregor et al. 1999	A. MacGregor/A. J. Mainman/N. S. H. Rogers, Bone, Antler, Ivory and Horn from Anglo-Scandinavian and Medieval York. The Archaeology of York 17/12 (York 1999).
Maire 1986	J. Maire, Travail de l'os. In: Vie matérielle en Alsace au moyen age et la renaissance. Encyclopédie de l'Alsace 12 (Strasbourg 1986) 7582–7586.
Maire 1990	J. Maire, Le Marais-vert à Strasbourg et le travail de l'os/Les objets en os et leur fabrication en Strasbourg. In: B. Schnitzler (Hrsg.), Vivre au Moyen Age. 30 ans archéologie médiéval en Alsace (Strasbourg 1990) 79 f./81–86.
Mann 1982	J. E. Mann, Early Medieval Finds from Flaxengate I: Objects of antler, bone, stone, horn, ivory, amber and jet (Lincoln 1982).
Manser 1992	J. Manser, Richtstätte und Wasenplatz in Emmenbrücke (16.–19. Jahrhundert). Archäologische und historische Untersuchungen zur Geschichte von Strafrechtspflege und Tierhaltung in Luzern (Basel 1992).
Margeson 1993	S. Margeson, Norwich Households, Medieval and Post-Medieval Finds from Norwich Survey Excavations 1971–1978. East-Anglian Archaeology 58 (Norwich 1993).
Markert 1990	D. Markert, Knochenbefund in einer Gerberei: Haus zum Bogen, Schaffhausen. In: J. Schibler/J. Sedlmeier/H. P. Spycher (Hrsg.), Festschr. Hans R. Stampfli (Basel 1990) 121–126.
Maurer 1989	H. Maurer, Konstanz im Mittelalter II. Vom Konzil bis zum Beginn des 16. Jahrhunderts (Konstanz 1989).
May 1985	E. May, Zu den Tierknochenresten aus mittelalterlichen Grabungskomplexen der Packhofgrabung in Braunschweig. In: Stadtarchäologie in Braunschweig. Ein fachübergreifender Arbeitsbericht zu den Grabungen 1976–1984. Forsch. Denkmalpfl. Niedersachsen 3 (Hameln 1985) 307–312.
Meier 1979	O. Meier, Archéologie urbaine à Saint-Denis (Saint-Denis 1979).
Meier 1990	F. Meier, Konstanzer Stadterweiterungen im Mittelalter. Grundstücksbezogene Untersuchungen zur Erschließungsgeschichte und Sozialtopographie einzelner Quartiere (Konstanz 1990).
Melzer 1999	W. Melzer, Archäologische Erkenntnisse zu Handel und Handwerk im mittelalterlichen Soest. In: M. Gläser (Hrsg.), Lübecker Kolloquium zur Stadtarchäologie im Hanseraum II: Der Handel (Lübeck 1999) 245–261.
Mittelalterliches Hausbuch	Mittelalterliches Hausbuch, Bilderhandschrift des 15. Jahrhunderts (^{2}Frankfurt/Main 1887).
Mittelstrass 2000	T. Mittelstrass, Zur Archäologie der christlichen Gebetskette. Zeitschr. Arch. Mittelalter 27/28, 1999/2000, 219–261.
Mittendorff/Vermeulen 2004	E. Mittendorff/B. Vermeulen, Ambachtslieden, arme vrouwen en arbeiders. Archeologisch onderzoek naar de vroegmiddeleeuwse ambachtswijk en latere periodes aan de Bruynssteeg 6–10 te Deventer. Rapportages Arch. Deventer 14 (Deventer 2004).
Moosbrugger-Leu 1985	R. Moosbrugger-Leu, Die Chrischona-Kirche von Bettingen. Materialh. Arch. Basel 10 (Basel 1985).
Morena/Counord 1994	M. Morena/D. Counord, Catalogue de l'exposition Antipolis municipe Romain (Antibes 1994).
Mousset 1999	J.-L. Mousset, Le passé recomposé. Archéologie urbaine à Luxembourg (Luxembourg 1999).
Mührenberg 2001	D. Mührenberg, To borende, to dreyende, to snidende – Der Paternostermacher bei der Arbeit. In: D. Mührenberg/A. Falk, Mit Gugel, Pritschholz und Trippe – Alltag im mittelalterlichen Lübeck (Lübeck 2001) 124 f.

Müller 1996	U. Müller, Holzfunde aus Freiburg/Augustinerkloster und Konstanz. Herstellung und Funktion einer Materialgruppe aus dem späten Mittelalter. Forsch. u. Ber. Arch. Mittelalter Baden-Württemberg 21 (Stuttgart 1996).
Mulsow 2006	R. Mulsow, Archäologische Nachweise zum mittelalterlichen Handwerk in Rostock. In: Gläser 2006, 285–302.
Neugebauer 1998	J.-W. Neugebauer, Von der Herren Hof von Passau. Vom römischen Lagerdorf zum mittelalterlichen Lesehof des Dom- und Hochstiftes Passau (Klosterneuburg 1998).
Nickel 1964	E. Nickel, Der „Alte Markt" in Magdeburg. Dt. Akad. Wiss. Berlin, Schr. Sektion Vor- u. Frühgesch. (Berlin 1964).
Nijhof 2007	E. Nijhof, Handel en Nijverheid. In: H. L. Janssen/A. A. J. Thelen (Hrsg.), Tekens van Leven. Opgravingen in het Tolbrugkwartier te 's-Hertogenbosch (Utrecht 2007) 218–239.
Oexle 1985a	J. Oexle, Würfel- und Paternosterhersteller im Mittelalter. In: Der Keltenfürst von Hochdorf, Methoden und Ergebnisse zur Landesarchäologie (Stuttgart 1985) 455–462.
Oexle 1985b	J. Oexle, Die Grabungen im Salmansweilerhof zu Konstanz. Arch. Ausgr. Baden-Württemberg 1985, 228–235.
Oexle 1986	J. Oexle, Die Grabungen am Fischmarkt zu Konstanz, Archäologische Befunde zur Geschichte des Salmannsweilerhofes. In: Erhalten historisch bedeutsamer Bauwerke, Sonderforschungsbereich 315, Jahrb. Univ. Karlsruhe 2, 1986, 305–330.
Paner 2006	H. Paner, Crafts in Gdańsk from the 12th to 17th century. In: Gläser 2006, 417–435.
Pfrommer 2004	J. Pfrommer, Auf den Spuren Jüdischer Geschichte in Konstanz. Denkmalpfl. Baden-Württemberg 33, 2004, 73–80.
Pfrommer i. V.	J. Pfrommer, Konstanz Fischmarkt – Studien zur Entstehung und Entwicklung eines innerstädtischen Quartiers. Die Befunde der Grabungen 1984–1986 (Arbeitstitel) (in Vorbereitung).
Picod 1994	C. Picod, Examen de perles en os tourné et reproduction expérimentale d'un chapelet du XVIIIéme siècle. URL: <http://membres.lycos.fr/cpicod/chapelet.htm> [12.1.2007].
Plomp 1979	N. Plomp, De Knopendraaiers. In: Heemtijdinghen. Orgaan van de Stichts-Hollandse Historische Vereniging 15/2, 1979, 68–74.
Prilloff 2000	R.-J. Prilloff, Tierknochen aus dem mittelalterlichen Konstanz. Eine archäozoologische Studie zur Ernährungswirtschaft und zum Handwerk im Hoch- und Spätmittelalter. Materialh. Arch. Baden-Württemberg 50 (Stuttgart 2000).
Prummel 1981	W. Prummel, Beenderen van middeleeuwse dieren. In: H. L. Janssen (Hrsg.), Van Bos tot Stad. Opgravingen in 's-Hertogenbosch ('s-Hertogenbosch 1983) 307–310.
Rębkowski 1998	M. Rębkowski (Hrsg.), Archeologia średiowiecznego Kołobrzegu 3 (Kołobrzeg 1998).
Rech 2004	M. Rech, Gefundene Vergangenheit – Archäologie des Mittelalters in Bremen (Bremen 2004).
Rijkelijkhuizen 2004	M. J. Rijkelijkhuizen, Dierlijke materialen in Amsterdam. Scriptie AAC Univ. Amsterdam (Amsterdam 2004).
Ring 2006	E. Ring, Handwerk in Lüneburg vom Mittelalter bis zur frühen Neuzeit – der archäologische Nachweis. In: Gläser 2006, 315–330.
Rippmann et al. 1987	D. Rippmann et al., Basel Barfüsserkirche Grabungen 1975–1977. Schweizer Beitr. Kulturgesch. u. Arch. Mittelalter 13 (Basel 1987).
Ritz 1975	G. Ritz, Der Rosenkranz. In: 500 Jahre Rosenkranz. Kunst und Frömmigkeit im Spätmittelalter und ihr Nachleben (Köln 1975) 51–101.
Röber 1995	R. Röber, Zur Verarbeitung von Knochen und Geweih im mittelalterlichen Südwestdeutschland. Fundber. Baden-Württemberg 20, 1995, 885–944.

Sándor 1961	M. G. Sándor, Adatok a középkori csontgomb- és gyöngykészítéshez (Zur mittelalterlichen Herstellungstechnik der Knochenknöpfe und Perlen). Folia Arch. 13, 1961, 141–149.
à Santa Clara 1717–1719	A. à Santa Clara, Iets voor allen (Amsterdam 1717–1719).
Schäfer/Stachel 1989	H. Schäfer/G. Stachel, Unterregenbach, Archäologische Forschungen 1960–1988. Arch. Inf. Baden-Württemberg 9 (Stuttgart 1989).
Schatz 1963	H. Schatz, Die Tierknochenfunde aus einer mittelalterlichen Siedlung Württembergs. Diss. Tierärztl. Fak. Ludwig-Maximilians-Univ. München (München 1963).
Schibler/Stopp 1987	J. Schibler/B. Stopp, Osteoarchäologische Auswertung der hochmittelalterlichen (11.–13. Jahrhundert) Tierknochen aus der Barfüsserkirche in Basel (CH). In: Rippmann et al. 1987, 307–345.
Schlüter 1979	W. Schlüter, Ausgrabungen auf der großen Domsfreiheit in Osnabrück. Osnabrücker Mitt. 85, 1979, 16–24.
Schlüter 1986	W. Schlüter, Vorbericht über die Ausgrabungen auf dem Marktplatz der Stadt Osnabrück in den Jahren 1984/85. Osnabrücker Mitt. 91, 1986, 19–48.
Schmaedecke 1992	M. Schmaedecke, Der Breisacher Münsterberg. Topographie und Entwicklung. Forsch. u. Ber. Arch. Mittelalter Baden-Württemberg 11 (Stuttgart 1992).
Schmid 1969	E. Schmid, Knochenfunde als Archäologische Quellen durch sorgfältige Ausgrabungen. In: J. Boessneck (Hrsg.), Archäologisch-biologische Zusammenarbeit in der Vor- und Frühgeschichtsforschung. DFG Forschber. 15 (Wiesbaden 1969) 100–111.
Schnack 1994	C. Schnack, Mittelalterliche Lederfunde aus Konstanz (Grabung Fischmarkt). Materialh. Arch. Baden Württemberg 26 (Stuttgart 1994).
Schneider et al. 1982	J. E. Schneider/D. Gutscher/H. F. Etter/J. Hanser, Der Münsterhof in Zürich I. Schweizer Beitr. Kulturgesch. u. Arch. Mittelalter 9 (Olten, Freiburg/Breisgau 1982).
Schnyder 1936	W. Schnyder, Quellen zur Zürcher Zunftgeschichte I, 13. Jh. bis 1604 (Zürich 1936).
Scholkmann 1978	B. Scholkmann, Sindelfingen/Obere Vorstadt, eine Siedlung des hohen und späten Mittelalters. Forsch. u. Ber. Arch. Mittelalter Baden-Württemberg 4 (Stuttgart 1978).
Schülke 1965	H. Schülke, Die Tierknochenfunde von der Burg Neu-Schellenberg, Fürstentum Liechtenstein. Diss. Tierärztl. Fak. Ludwig-Maximilians-Univ. München (München 1965).
Schütte 1995	S. Schütte, Handwerk in kirchlicher Abhängigkeit um 1300. Beiträge zur Baugeschichte, Archäologie und Kulturgeschichte einer Werkstatt auf der Pfarrparzelle und der zugehörigen Marktkirche St. Johannis in Göttingen. Diss. Hamburg (Köln 1995).
Seitz 1970	H. J. Seitz, Erste Bodenfunde von den mittelalterlichen Paternostermachern. In: E. Heinsius (Red.), Festschr. 70. Geburtstag Univ.-Prof. Dr. Hans Reinerth (Singen/Hohentwiel 1970) 145–151.
Serjeantson 1989	D. Serjeantson, Animal remains and the tanning trade. In: D. Serjeantson/T. Waldron (Hrsg.), Diets and Crafts in towns. BAR British Ser. 199, 1989, 129–146.
Siegfried-Weiss 1991	A. Siegfried-Weiss, Funde aus Bronze, Bein, Ton, Stein und anderen Materialien. In: A. Hochuli-Gysel/A. Siegfried-Weiss/E. Ruoff/V. Schattenbrand-Obrecht, Chur in römischer Zeit 2 (Basel 1991) 139–153.
Slicher van Bath 1960	B. Slicher van Bath, De agrarische geschiedenis van West-Europa 500–1850 (Utrecht, Antwerpen 1960).
Spitzers 1988	T. A. Spitzers, Karolingisch Botmateriaal uit A.W.N.-opgravingen in Deventer. Scriptie Univ. Amsterdam (Amsterdam 1988).
Spitzers 1996	T. A. Spitzers, Abfälle früher Knochenknopfproduktion aus Biberach. Unveröffentl. Manuskript Landesdenkmalamt Baden-Württemberg 1996.
Spitzers 1997a	T. A. Spitzers, Late Medieval Bone-Bead Production: Socio-economic Aspects on the Basis of Material from Constance, Germany. In: G. de Boe/F. Verhaeghe (Hrsg.), Material Culture in Europe. Papers of the Conference „Medieval Europe" Brugge 1997. I.A.P. Rapporten 7 (Zellik 1997) 147–155.

Spitzers 1997b	T. A. Spitzers, Late Medieval Bone-Bead-Production: Socio-economic Aspects based on Material from Constance, Germany. In: M. Kokabi/J. Wahl (Hrsg.), Proceedings of the 7th International Conference for Archaeozoology, International Council for Archaeozoology, Constance, September 1994. Anthropozoologica 25/26, 1997, 157–164.
Spitzers 1999	T. A. Spitzers, Sozialwirtschaftshistorische Aspekte der spätmittelalterlichen Knochenbearbeitung anhand von Abfällen der Perlendrechslerei aus Konstanz am Bodensee. Beitr. Mittelalterarch. Österreich 15, 1999, 241–250.
Spitzers 2004	T. A. Spitzers, De productie van benen gebedssnoerkralen in Deventer en Zutphen in de late Middeleeuwen. De Hunnepers 34. Orgaan van de AWN Afd. 18, 2004, 32–34.
Spitzers 2006	T. A. Spitzers, Archeologisch onderzoek Tiel – Plein 21–27. Achtererven in een havenbuurt in de 15e-19e eeuw. BAAC-rapport 04.108. Unveröffentl. Manuskript 2006.
Spitzers 2009	T. A. Spitzers, Bewerkt bot. In: R. van der Mark, Vianen Stadhuis. Archeologisch onderzoek. BAAC-Rapport 06.394 ('s-Hertogenbosch, Deventer 2009) 54–58.
Spitzers 2011	T. A. Spitzers, Productieafval van benen gebedssnoerkralen uit Ravenstein. In: Jaarverslag AWN Werkgroep Nijmegen en omstreken 2010, 22–25.
Spitzers 2012	T. A. Spitzers, Benen bidsnoerkralen van het Bossche Loeffplein. In: R. van Genabeek/E. Nijhof/F. Schipper/J. Treling, Putten uit het Bossche verleden. Vriendenbundel voor Hans Janssen ter gelegenheid van zijn afscheid als stadsarcheoloog van 's-Hertogenbosch (Alphen aan de Maas 2012) 131–143.
Stichting Rura 1986	Sporen van Roermondse Karthuizers, Stichting Rura Ausgabe Nr. 2 von April 1986.
Stokes 2000	P. R. G. Stokes, The butcher, the cook and the archaeologist. In: J. P Huntley/S. Stallibrass (Hrsg.), Taphonomy and Interpretation. Symposia of the Association for Environmental Archaeology 14 (Oxford 2000) 65–70.
Stork 1978	M. Stork, Die Tierknochenfunde der mittelalterlichen Siedlung Sindelfingen/Obere Vorstadt. In: B. Scholkmann, Sindelfingen/Obere Vorstadt. Forsch. u. Ber. Arch. Mittelalter Baden-Württemberg 3 (Stuttgart 1978) 165–180.
Tauber 1977	J. Tauber, Beinschnitzer auf der Frohburg: Ein Beitrag zur Geschichte des Handwerks im Mittelalter [Festschr. E. Schmid]. Regio Basiliensis 18/1 (Basel 1977) 214–225.
Thier 1997	P. u. B. Thier, 411 Münster. Ausgr. u. Funde Westfalen-Lippe 9A, 1997, 359 f.
Thijssen 1981	J. R. A. M. Thijssen, Oudheidkundig bodemonderzoek in de gemeente Deventer in 1980. Intern rapport Gemeente Deventer 1981.
Treue et al. 1965	W. Treue et al. (Hrsg.), Das Hausbuch der Mendelschen Zwölfbrüderstiftung zu Nürnberg. Deutsche Handwerksbilder des 15. und 16. Jahrhunderts, Textbd. (München 1965).
Uerpmann 1979	H.-P. Uerpmann, Tierknochenfunde des hohen Mittelalters aus Neudingen (Schwarzwald-Baar-Kreis). Forsch. u. Ber. Arch. Mittelalter Baden-Württemberg 6 (Stuttgart 1979) 33–38.
Ulbricht 1984	Ulbricht, Die Verarbeitung von Knochen, Geweih und Horn im mittelalterlichen Schleswig. Ausgr. Schleswig 3 (Neumünster 1984).
van Vilsteren 1987	V. T. van Vilsteren, Het Benen Tijdperk. Gebruiksvoorwerpen van been, gewei, hoorn en ivoor 10 000 jaar geleden tot heden (Assen 1987).
Vissak 2006	R. Vissak, On Handicraft in Tallinn (Reval): the Middle Ages and the Beginning of Modern Times. In: Gläser 2006, 497–507.
Weigel 1698	C. Weigel, Abbildung und Beschreibung der Gemeinnützlichen Hauptstände, Regensburg 1698. Faksimile-Neudruck (Nördlingen 1987).
Werner 1992	G. Werner, Paternosterherstellung in Aalen. Aalener Jahrb. 1992, 69–77.
Westermann 1979	E. Westermann (Hrsg.), Internationaler Ochsenhandel (1350–1750). Akten des 7th International Economic History Congress Edinburgh 1978. Beitr. Wirtschafsgesch. (Stuttgart 1979).

van Wijngaarden-Bakker/Maliepaard 1992	L. H. van Wijngaarden-Bakker/C. H. Maliepaard, Runderhoornpitten uit de Marktenroute te Leiden. Bodemonderzoek Leiden 13/14, 1992, 51–60.
Williams 1979	J. H. Williams, St Peter's Street Northampton. Excavations 1973–1976. Northampton Development Corporation Arch. Monogr. 2 (Northampton 1979).
Wolf 1993	H. Wolf, Bewerkt been, vondsten uit de Kleine Aa. In: H. Clevis/J. de Jong (Hrsg.), Archeologie en Bouwhistorie in Zwolle 1 (Zwolle 1993) 105 f.
Woodfield 1981	C. Woodfield, Finds from the Free Grammar School at the Whitefriars, Coventry, c.1545–c.1557/8. Post-medieval Archaeology 15, 1981, 81–159.

Abbildungsnachweis

Abb. 1; 13 f.; 17; 19; 21; 38; 50; 55 f.; 59; 69: M. Schreiner, ALM Konstanz. – Abb. 10: aus Junkes 1991. – Abb. 15 f.; 18; 24; 36; 45; 54; 57; 60a.b; 72; 74 f.; 81; 83; 85 f.; 90; 95–98; 101; 107: A. Dekker, AAC Amsterdam. – Abb. 22 f.; 25; 44: C. Troostheide, AAC Amsterdam. – Abb. 22; 35; 58: R. Rozendaal, BAAC Deventer, NL. – Abb. 27; 32; 113A: B. Fermin, Archeologie Zutphen. – Abb. 31: T. Sode, Kopenhagen. – Abb. 39–42; 52–54; 61; 93 f.; 108 (teils nach Moosbrugger-Leu 1985); 109 f.: C. Bürger, Konstanz. – Abb. 49: P. Dijkstra, Veldhoven. – Abb. 51b: M. Gygax, Zürich. – Abb. 87; 103: P. Hattinga, Verschure. – Abb. 90: aus Oexle 1985a. – Abb. 92: D. Bandemer, Konstanz. – Abb. 105: Nach: Miniatur, 1353, Schlackenwerther Codex, die erste deutsche Übersetzung der Hedwigslegende (http://www.heiligenlexikon.de/BiographienH/Hedwig_von_Schlesien.htm). – Abb. 115: BAM, 's-Hertogenbosch. – Alle anderen Abbildungen, wenn nicht anders vermerkt: ALM Konstanz bzw. Verfasser.

Schlagwortverzeichnis

Spätmittelalter; Konstanz; knochenverarbeitendes Handwerk; Tierknochen; Paternoster; Leisten; Perlen; Scheiben; Bearbeitungstechnik; Abfallprodukte.

Anschrift des Verfassers

Dr. Thomas Spitzers
Papenstraat 19
7411 NA Deventer

E-mail: tspitzers@hotmail.com

Platz für die Kirche

Befunde zum spätmittelalterlichen Kirchenbau in Bruchsal, Lkr. Karlsruhe

Thomas Küntzel

Üblicherweise bereitet die Vergrößerung einer Kirche kaum logistische Probleme: Der Friedhof bietet meist genügend Platz für einen Neubau. Die Marienkirche in der Altstadt von Bruchsal verfügte jedoch nicht über das Bestattungsrecht. Daher reichte die mittelalterliche Bebauung bis unmittelbar an die Mauern der Kirche heran, wie die Ausgrabungen zeigen, die im Zusammenhang mit dem Bau eines Einkaufszentrums 2008 und einer Platz-Neugestaltung 2009 südlich der Kirche stattfanden.[1]

Vermutlich wurden für den gotischen Neubau im 15. bzw. frühen 16. Jahrhundert die Häuser an dieser Stelle abgerissen. Das Bauprojekt führte aber nicht nur deshalb zu tiefreichenden Eingriffen in die Stadtstruktur; die Befunde der aktuellen Grabung lassen auch Altbefunde nördlich und östlich der Kirche in einem anderen Licht erscheinen, die bislang dem Bruchsaler ‚Königshof' zugeordnet wurden.[2] Sogar die ungefähre Rekonstruktion der spätmittelalterlichen Marktbebauung wurde möglich (Abb. 3). Die 1966 bei Kanalbauarbeiten aufgedeckten, parallelen Mauerzüge, die teilweise noch Gewölbereste trugen, sind einer giebelständigen Bebauung zuzuordnen, wie sie in Bruchsal vor dem barocken Umbau der Stadt das Straßenbild prägte.[3] Wahrscheinlich wurde auch

---

1 F. Damminger/J. Scheschkewitz/M. Thoma, Dem Königshof noch nie so nahe – zu den archäologischen Ausgrabungen im Umfeld der Liebfrauenkirche in Bruchsal, Kreis Karlsruhe. Arch. Ausgr. Baden-Württemberg 2008, 207–212; M. Thoma, Unter Bruchsals Straßen. Archäologische Untersuchungen nahe der Marienkirche. Bad. Heimat 2009/2, 132–143; U. Gross, Hygienekeramik des Spätmittelalters und der Renaissance. Funde von Spende- und Auffanggefäßen für Handwaschwasser aus Bruchsal. Kraichgau. Beitr. Landschafts- u. Heimatforsch. 21, 2009, 35–40; ders., Ungewöhnliche Keramikfunde aus den Grabungen des Jahres 2008 in Bruchsal, Teil 1: ein *hortus conclusus* en miniature. Denkmalpfl. Baden-Württemberg 38, 2009/3, 186 f.; ders.: Ungewöhnliche Keramikfunde aus den Grabungen des Jahres 2008 in Bruchsal, Teil 2: Zwei Tritonen im Becken. Denkmalpfl. Baden-Württemberg 38, 2009/4, 247 f.

2 U. Bischoff, Bruchsal, Bretten, Durlach, Ettlingen und Pforzheim. Vergleich der Stadtgeschichte zwischen 1000 und 1600. Diss. Univ. Siegen 2003, 17 f.; H. Schwarzmaier, Bruchsal und Brüssel. Zur geschichtlichen Entwicklung zweier mittelalterlicher Städte. In: A. Schäfer, (Hrsg.), Festschrift für Günther Haselier aus Anlaß seines 60. Geburtstages am 19. April 1974. Oberrhein. Stud. 3 (Bretten 1975) 209–235 bes. S. 232 f.; vorsichtig C. Ehlers/ L. Fenske/Th. Zotz (Hrsg.), Die deutschen Königspfalzen. Repertorium der Pfalzen, Königshöfe und übrigen Aufenthaltsorte der Könige im deutschen Reich des Mittelalters 3: H. Maurer, Baden-Württemberg (Göttingen 1998–2004) Lieferung 1: Adelberg-Esslingen, 1998, 63 ff., bes. 68; D. Lutz, Archäologische Befunde zur Stadtentwicklung von Durlach im Vergleich zu Bruchsal, Ettlingen und Pforzheim. In: E. Reinhard/P. Rückert (Hrsg.), Staufische Stadtgründungen am Oberrhein. Oberrhein. Stud. 15 (Sigmaringen 1998) 111–148 bes. 121 f.; ders., Beobachtungen zur Stadtentwicklung von Bruchsal, Kreis Karlsruhe. Arch. Ausgr. Baden-Württemberg 1996, 250–254; O. Teschauer, Der Königshof. In: S. Alföldy-Thomas (Hrsg.), Karlsruhe und der Oberrheingraben zwischen Baden-Baden und Philippsburg. Führer Arch. Denkmäler Deutschland 16 (Stuttgart 1988) 133–135; eher unkritisch A. Bischoff, „Bruosele". Entstehung und Entwicklung Bruchsals von den Anfängen bis ins Mittelalter: Beispiel einer unorthodoxen Stadtentwicklung. Bad. Heimat 82, 2002/2, 257–260; A. Hassler, Zur Frühgeschichte der Liebfrauenkirche. Stadtkirche „Unsere Liebe Frau" Bruchsal (Wiesbaden 1977) 9–14.

3 Vgl. etwa die Bebauung am Marktplatz der Stadt Bretten, E. Huxhold, Das Bürgerhaus zwischen Schwarzwald und Odenwald. Das Deutsche Bürgerhaus 29 (Tübingen 1980) 123 ff.; H. Ossenberg, Das Bürgerhaus in Baden. Das Deutsche Bürgerhaus 35 (Tübingen 1986) 33.

die Umgebung der Kirche durch die Pflasterung der Straßen neu gestaltet. Solche Eingriffe in die urbane Bebauungsstruktur sind kein Einzelfall, wie die Ausgrabungen auf dem Ulmer Münsterplatz schon Anfang der 1990er-Jahre gezeigt haben.[4] Der Neubau der Marienkirche von Bruchsal erfolgte allgemein während eines spätmittelalterlichen Baubooms von Stadt- und Dorfkirchen in Südwestdeutschland, der eine beeindruckende Zahl an prachtvollen Sakralbauten hinterlassen hat. In Württemberg wurden die Neubauten mit dem Streben der Stadtgemeinde nach Kontrolle über das Kirchenpatronat erklärt.[5] In Bruchsal können zwar engste Kontakte in den östlich angrenzenden, württembergischen Raum nachgewiesen werden, aber die Voraussetzungen für den Neubau der Kirche waren grundverschieden von den schwäbischen Reichsstädten. Dies bietet Grund zu der Frage nach der Motivation der Kirchenbauten im Kontext der spätmittelalterlichen Frömmigkeit. Die Grabungen in Bruchsal erfolgten auf einem Platz, der seit der Zerstörung Bruchsals im März 1945 als neue Mitte der Stadt frei belassen worden war. Hauptziel der Untersuchungen war die Erfassung der neuzeitlichen Bebauung aus der Zeit vor dem Zweiten Weltkrieg sowie der älteren Bebauung dieses Areals. 2008 waren die Schnitte bis in frühmittelalterliche Horizonte hinein abgetieft worden. Hierbei wurde sogar eine eventuell karolingische Körperbestattung aufgedeckt, die zu der ersten (Hof-?) Kapelle am Platz der späteren Stadtpfarrkirche gehört haben könnte. Im September bis November 2009 wurde ein Areal im Winkel zwischen dem Westturm und dem südlichen Seitenschiff sowie ein Streifen längs der südlichen Kirchenmauer untersucht. Beim Wiederaufbau der Kirche in den 1950er-Jahren war hier Mauerwerk freigelegt worden, das einer vermeintlichen „ottonischen Wehranlage gegen die Ungarn" zugerechnet wurde. Tatsächlich handelt es sich um das Fundamentmauerwerk der spätgotischen Kirche, das unter dem Kirchenschiff herausragt, nach oben aber sauber mit glatt verstrichenen Fugen und Ziegelbruch in den größeren Lücken abschließt. Den Baubeobachtungen der 1950er-Jahre zufolge besitzt das Fundament eine Breite (und Tiefe) von mindestens 3 m, was sich durch die besondere Konstruktion der Kirchenwand erklärt: Die Stützpfeiler für das Gewölbe wurden in die Kirche hineingezogen und trennten dort mehrere Kapellen bzw. Portalnischen voneinander ab. Derartige ‚Wandpfeilerkirchen' treten seit dem 14. Jahrhundert, vermehrt aber im 15. Jahrhundert im Kirchenbau Südwestdeutschlands auf und sind Ausdruck einer individualisierten Frömmigkeit: Die Kapellennischen standen z.B. für Altarstiftungen zur Verfügung, die reiche Bürger für ihre familiäre Memoria tätigten, aber auch für Altäre von Bruderschaften und Handwerkergilden.[6] In Bruchsal waren die Kirchenwände so konstruiert, dass die Strebepfeiler überhaupt nicht mehr nach außen in Erscheinung traten. Dies ist nur bei wenigen Kirchen dieses Typs der Fall, insbesondere bei der Stiftskirche in Baden-Baden sowie der Alexanderkirche in Marbach am Neckar, die auch als ‚Modellbau' dieses Kirchentyps gilt.[7] Die nach innen gezogenen Portale verbinden die Stadtkirche von Bruchsal allerdings eher mit der Stiftskirche in Baden-Baden

---

4 D. Schmid/U. Gross/J. Scheschkewitz, Entdeckungen. Stadtarchäologie in Ulm. Begleitheft zur Ausstellung des archäologischen Landesmuseums Baden-Württemberg, des Landesamtes für Denkmalpflege und des Ulmer Museums im Ulmer Museum, 17. November 2007 bis 30. März 2008. Arch. Inf. Baden-Württemberg 54 (Stuttgart 2007) 54 f.; Archäologischer Stadtkataster Baden-Württemberg, 35.1: A. Bräuning/R. Schreg/U. Schmidt, Ulm. Text (Stuttgart 2008) 58; A. Bräuning, Die Ausgrabungen auf dem ehemaligen Münsterfriedhof in Ulm. Arch. Ausgr. Baden-Württemberg 1999, 224–226; A. Bräuning/A. Burzler, Archäologie und Geschichte des Ulmer Münsterplatzes: ein Streifzug durch vier Jahrtausende (Ulm 1998); J. Oexle, Der Ulmer Münsterplatz im Spiegel archäologischer Quellen. Arch. Inf. Baden-Württemberg 21 (Stuttgart 1991); H. Krins, Die Freilegung des Ulmer Münsterplatzes und ihre Folgen. Zur Geschichte und Gestalt des Münsterplatzes. Denkmalpfl. Baden-Württemberg 15, 1986/2, 49–57. Zu weiteren Beispielen M. Untermann, Schrumpfungsprozesse in der spätmittelalterlichen Stadt. In: A. Lampen/A. Owzar (Hrsg.), Schrumpfende Städte. Ein Phänomen zwischen Antike und Moderne. Städteforschung A 76 (Köln, Weimar, Wien 2008) 91–107 bes. 92; ders., „Us hüser sol man nit gärten machen". Städtische Wüstungen. In: H. Haumann/H. Schadek (Hrsg.), Geschichte der Stadt Freiburg im Breisgau 1: Von den Anfängen bis zum „Neuen Stadtrecht" von 1520 (Stuttgart 1996) 494–496.
5 K. J. Philipp, Pfarrkirchen. Funktion – Motivation – Architektur. Eine Studie am Beispiel der Pfarrkirchen der schwäbischen Reichsstädte im Spätmittelalter. Stud. Kunst- u. Kulturgesch. 4 (Marburg 1987).
6 Vgl. etwa Philipp (Anm. 5), 34 f.; J. Büchner, Die spätgotische Wandpfeilerkirche Bayerns und Österreichs. Erlanger Beitr. Sprach- u. Kunstwiss. 17 (Nürnberg 1964); H. Koepf, Die Baukunst der Spätgotik in Schwaben. Zeitschr. Württemberg. Landesgesch. N. F. 17, 1958, 1–144 bes. 43; 45; 48; 60.

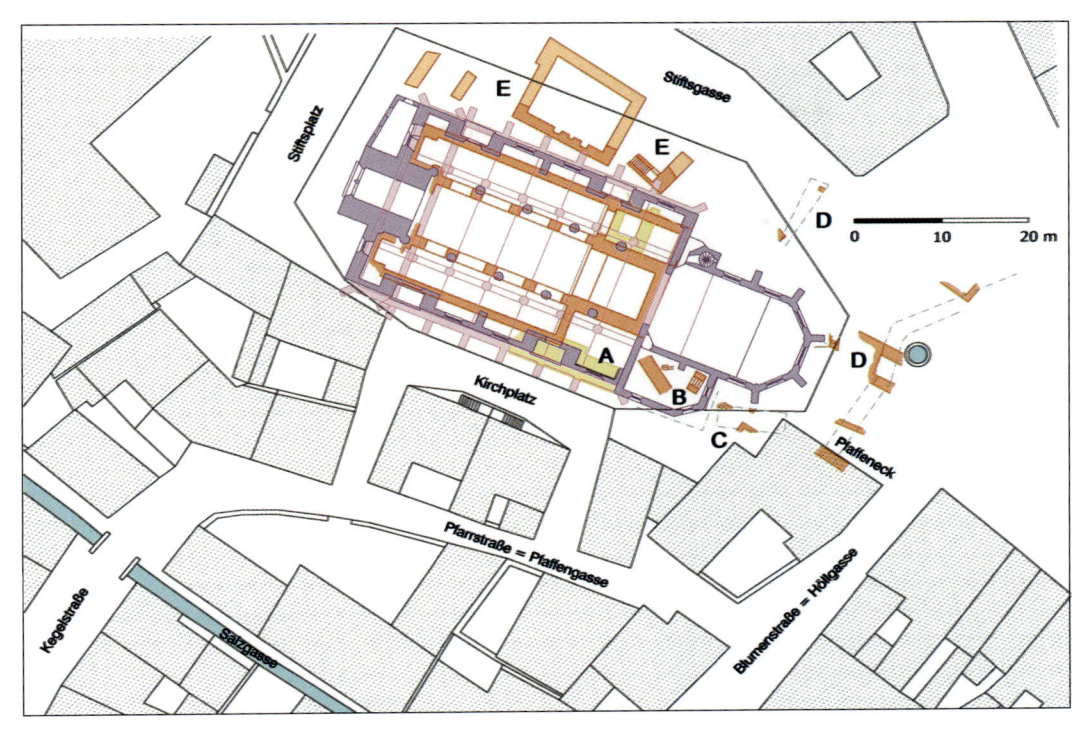

Abb. 1: Bruchsal. Stadtkirche mit südlich angrenzender Bebauung vor 1945. Gelb: romanische (?) Fundamente; rot: romanisch-frühgotische Fundamente (nach A. HASSLER 1952–54 und 1970/71); violett: mutmaßlicher Plan des Kirchenschiffes zum 1447 errichteten Chor der Frauenkirche (mit zwei verschiedenen Westfassaden); blau: tatsächlich gebaute spätgotische Kirche (digitale Umzeichnung: M. THOMA, Entwurf des mutmaßlich geplanten Schiffes: TH. KÜNTZEL). A: vermeintlich ‚ottonische' Wehrmauer (Fundament der spätgotischen Kirche); B: Fundamente unter der Sakristei, aufgedeckt 1911 (nach einem Bericht in den ‚Bruchsaler Geschichtsblättern', Lage nur ungefähr); C: Fundamente im Bereich des Öltanks nach A. HASSLER (Oktober 1971, Lage nur ungefähr); D: Fundamentreste auf dem Marktplatz nach A. HASSLER (1954, 1956 und 1966, nach den Plänen im Regierungspräsidium Karlsruhe, Landesamt für Denkmalpflege); E: Gebäudereste nördlich der Frauenkirche nach A. HASSLER (1954; 1977, 10).

als mit der Alexanderkirche in Marbach. Dennoch sind die engen Verbindungen in den Umkreis der schwäbischen Baumeister, insbesondere um ABERLIN JÖRG, beachtenswert. Mehrere Steinmetzzeichen sind identisch mit Steinmetzzeichen an der Esslinger Frauenkirche, während sich zu anderen Steinmetzzeichen Parallelen im Raum Tübingen (Kloster Bebenhausen, Kreuzgang und zugehörige Kirchen, Stiftskirche), den Kreuzgängen bzw. spätgotischen Bauten in Alpirsbach, Maulbronn und Hirsau finden lassen (vgl. Tab. 1).[8] Gleich mehrere Steinmetzzeichen des Kirchenschiffes verweisen auf Bebenhausen und seine zugehörigen Kirchen.[9] In der älteren Literatur wurden hingegen vor allem Vorbilder im Pfälzer Raum gesucht, der jedoch im Spätmittelalter bei weitem nicht so eine Ausstrahlungskraft wie der schwäbische Raum besaß, bzw. wo die beiden entscheidenden Kirchen-

---

7   O. FRANK, Stiftskirche Baden-Baden. Schnell Kunstführer 380 (München, Zürich 1991); E. LACROIX/P. HIRSCHFELD/H. NIESTER/J. ALFS/O. LINDE, Die Kunstdenkmäler der Stadt Baden-Baden. Die Kunstdenkmäler Badens 11.1 (Karlsruhe 1942) 77 f.; J. BREUER, Zur Lichtführung in der Alexanderkirche zu Marbach am Neckar. Denkmalpfl. Baden-Württemberg 26, 1997/1, 23–28; H. DINKELACKER, Alexanderkirche Marbach am Neckar. Schnell Kunstführer 2452 (Regensburg 2001); A. GÜHRING, Die Alexanderkirche in Marbach am Neckar. Ludwigsburger Geschbl. 50, 1996, 21–60; als Schlüsselbau ist auch das 1420/21 begonnene Berner Münster zu nennen, das wohl maßgeblich die Kapellenstruktur der Stiftskirche von Baden-Baden beeinflusste: L. MOJON, Die Kunstdenkmäler des Kantons Bern IV: Das Berner Münster. Kunstdenkmäler Schweiz 44 (Basel 1960) bes. 16 ff.

Anm. 8 und 9 nächste Seite

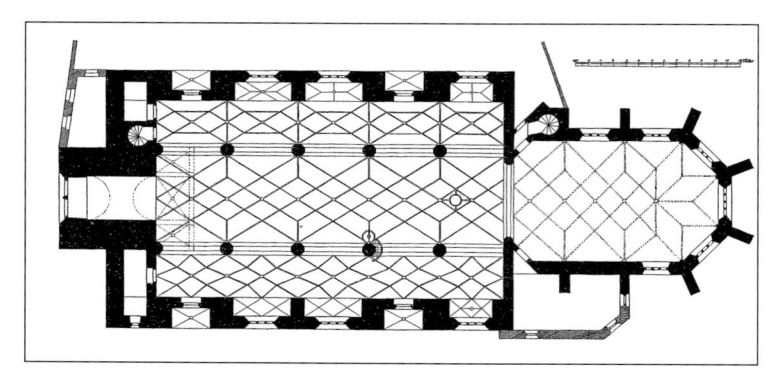

Abb. 2: Grundriss der Frauenkirche nach R. Heiligenthal 1909 (Anm. 10).
Das Gewölbe im Chor ist frei rekonstruiert.

bauten der Spätgotik, die Schlosskirche in Meisenheim und die Alexanderkirche in Zweibrücken erst deutlich später begonnen wurden.[10] Für die schwäbische Kunstgeschichte lag der badische Oberrhein allerdings außerhalb ihres Arbeitsfeldes, so dass die Stadtkirche von Bruchsal (ebenso wie die Stiftskirche in Baden-Baden) von Hans Koepf und anderen Kunsthistorikern nicht in ihre Analysen einbezogen wurde. In der Nachfolge der Bruchsaler Stadtpfarrkirche steht u. a. die Stadtkirche von Schwaigern, bei der sich die – in Bruchsal 1945 zerstörten – Kapellennischen und das Netzgewölbe noch gut studieren lassen.[11]

Die Bruchsaler Stadtkirche entstand in zwei Bauabschnitten. Zunächst wurde ab 1447 der Chor errichtet.[12] Die Bauinschrift am nordöstlichen Chorpfeiler nennt den Baumeister Lorenz und zeigt sein Meisterzeichen. Das gleiche Zeichen ist von der Frauenkirche in Esslingen bekannt, und zwar

---

8 Zu den Steinmetzzeichen vgl. v. a. U. Knapp/G. Kolb/K. Laier-Beifuss/A. Seeliger-Zeiss, Untersuchungen zur Baugeschichte des Kreuzgangs. In: Alpirsbach. Zur Geschichte von Kloster und Stadt 1. Forsch. u. Ber. Bau- u. Kunstdenkmalpfl. Baden-Württemberg 10 (Stuttgart 2001) 349–425 bes. 399 ff. Nr. 9a, 30, 34, 54, 58, 66; D. Schmitt-Vollmer, Bronnbach. Ein Grablegeprojekt im 12. Jahrhundert. Zur Baugeschichte der Zisterzienserkirche. Forsch. u. Ber. Bau- u. Kunstdenkmalpfl. Baden-Württemberg 12 (Stuttgart 2007) 53; U. Knapp, Zisterziensergotik oder Reichsstil? Zur Interpretation der frühgotischen Bauteile in Kloster Maulbronn. In: Maulbronn. Zur 850jährigen Geschichte des Zisterzienserklosters. Forsch. u. Ber. Bau- u. Kunstdenkmalpfl. Baden-Württemberg 7 (Stuttgart 1997) 189–292 bes. 288 ff. Nr. 434–436, 968, 975, 985; K. Laier-Beifuss, Marienkapelle und Bibliothek? Zu Gestalt und Funktion des sogenannten Schrägbaus. In: Maulbronn (a. a. O.) 293–316 bes. 306 ff. Nr. 965, 968, 975, 981, 985; H. Reiners, Das Münster Unserer Lieben Frau zu Konstanz. Kunstdenkmäler Südbadens 1 (Konstanz 1955) 573 ff. Nr. 6, 20, 40, 47, 66, 121, 122, 145, 187, 273, 333, 370, 410, 459, 467, 478; H. Koepf, Die Esslinger Frauenkirche und ihre Meister. Esslinger Stud. 21, 1980, 1–46 bes. 35. Weitere Parallelen gibt es zu Steinmetzzeichen am Berner Münster, Inv. Bern (Münster) (Anm. 7) 440 Nr. (13), 29–32, 51, 71; S. 441 Nr. 161; S. 442 Nr. 293–295; S. 443 Nr. 342, 370, 385; H. Jantzen, Stiftskirche in Tübingen. Beitr. Tübinger Gesch. 5 (Stuttgart 1993) 40 ff. bes. 43. Allgemein kritisch zu Steinmetzzeichen T. Marstaller, Der bestehende Bau der Martinskirche (Periode IVb-d). In: B. Scholkmann/B. Tuchen (Hrsg.), Die Martinskirche in Pfullingen. Archäologie und Baugeschichte. Materialh. Arch. Baden-Württemberg 53 (Stuttgart 1999) 77–90 bes. 85.

9 Vgl. etwa M. Köhler, Die Bau- und Kunstgeschichte des ehemaligen Zisterzienserklosters Bebenhausen bei Tübingen. Der Klausurbereich. Veröff. Komm. Gesch. Landeskde. Baden-Württemberg B 124 (Stuttgart 1995) 28 Nr. 39; 327 Nr. 54 u. 57 sowie 67; S. 359: Echterdingen, Ldkr. Dusslingen (Chor 1508-11); S. 363: Magstadt, Ldkr. Böblingen, (um 1500 bis 1511); S. 367: Plieningen, Stadt Stuttgart (um 1490 bis um 1517); S. 372: Dusslingen, Ldkr. Tübingen (1501–1508); S. 376: Weilheim, Stadt Tübingen (um 1499–1514); S. 377: Klosterhof Tübingen (um 1492–1501). Am Chor verweist möglicherweise das recht ungewöhnliche Herzornament in einem Couronnement auf den Vierungsturm von Bebenhausen, vgl. a. a. O. S. 49 mit Taf. 22 u. 23.

10 R. F. Heiligenthal, Baugeschichte der Stadt Bruchsal vom 13. bis 17. Jahrhundert (Heidelberg 1909) 63 f.; vgl. F. Stich, Der gotische Kirchenbau in der Pfalz. Veröff. Pfälz. Ges. z. Förderung der Wissensch. 40 (Speyer 1960) 141 ff.; Inv. Landau: Die Kunstdenkmäler von Bayern, Regierungsbezirk Pfalz 2: A. Eckardt, Stadt und Bezirksamt Landau (München 1928) 34 ff. Allerdings taucht ein Steinmetzzeichen vom Chor der Stadtkirche von Bruchsal (um Mitte 15. Jh.) noch am Treppenturm des dortigen Hohenegger-Hofes auf, der inschriftlich auf 1552 datiert ist, Inv. Bruchsal: H. Rott, Die Kunstdenkmäler des Amtsbezirks Bruchsal. Die Kunstdenkmäler des Großher-

Fortsetzung rechte Seite

Abb. 3: Ideenskizze zur Rekonstruktion des Marktplatzes von Bruchsal
vor dem Bau der spätgotischen Kirche (um 1400), Blick von Norden.

Abb. 4: Ideenskizze zum Aussehen des Marktplatzes nach
dem Bau der spätgotischen Kirche (um 1500–1550).

Fortsetzung Anm. 10

zogthums Baden 9.2 (Tübingen 1913) 67 (1945 zerstört). Ein beiläufiger Hinweis auf schwäbische Einflüsse im Kraichgau bei J. JULIER, Studien zur spätgotischen Baukunst am Oberrhein. Heidelberger Kunstgesch. Abhandl. N. F. 13 (Heidelberg 1978) 12; zur Tätigkeit rheinpfälzischer Baumeister in Schwaben KOEPF (Anm. 6) 7; 45 ff.

11 W. CLEMENT, Evangelische Stadtkirche Schwaigern. Schnell Kunstführer 2453 (München, Zürich 2000); Inv. Neckarkreis: Die Kunst- und Altertumsdenkmale im Königreich Württemberg 1: E. PAULUS, Neckarkreis (Stuttgart 1889) 128 ff.; als weitere Vergleichsbeispiele sind zu nennen: Bad Urach, Balingen, Blaubeuren, Markgröningen, Öhringen, Rottweil, Stuttgart, Tübingen, Überlingen, Weilderstadt, Weilheim: G. DEHIO, Handbuch der Deutschen Kunstdenkmäler. Baden-Württemberg Bd. 1: D. ZIMDARS u. a., Die Regierungsbezirke Stuttgart und Karlsruhe (München 1993) 516; 518 ff.; 609; 694 ff.; 740 ff.; 839; Bd. 2: Die Regierungsbezirke Freiburg und Tübingen (München 1997) 38 f.; 59 f.; 95; 359 ff.; 602 f.; 716.

12 HEILIGENTHAL (Anm. 10) 109 f.; Inv. Bruchsal (Anm. 10) 11. Die bei F. X. REMLING, Geschichte der Bischöfe zu Speyer 2 (Mainz 1854) 88 angegebene Jahreszahl 1444 beruht auf einem Lesefehler.

Tab. 1/1: Steinmetzzeichen an der Marienkirche in Bruchsal.

1. Chor (1447 bis ca. 1459–64)

1	↧	(auch an der Sakristei)	Echterdingen, Chor (1508–11); Landau, Stiftskirche (ca. 1450? – 1309–1333!); Esslingen, 4. Bauabschnitt (ca. 1430–1449) Nr. 103, Koepf 1980 (Anm. 8) 35; Baden-Baden, Stiftskirche, Sockel Südfront (um 1453–1477); Maulbronn, Schrägbau/Parlatorium, Herrenrefektorium (Gewölbe), Laienrefektorium (Portal West), Klosterbefestigung (westliche Grabenmauer), Knapp 1997 (Anm. 8) 290 u. 292 sowie Laier-Beifuss 1997 (Anm. 8) 307; Konstanz, Münster, Nr. 478 (Südliche Kapellen, vor 1459–1489), Reiners 1955 (Anm. 8) 579; Inv. Bern (Münster) (Anm. 7) Nr. 51 (1493–1500); ähnlich Tübingen, Stiftskirche (um 1470–1500)
2	⊤		Esslingen, 3. Bauabschnitt (ca. 1400–1420), Nr. 41; 8. Bauabschnitt (1488–ca. 1505), Nr. 146, Koepf 1980 (Anm. 8) 35; Weilheim, Chor (1489–1522); Baden-Baden, Chor, Ost-Strebepfeiler, Fenster mit Kehle im Süden (um 1453–1477)
3	⊥		Esslingen, 4. Bauabschnitt (ca. 1430–1449) Nr. 111, Koepf 1980 (Anm. 8) 35; Konstanz, Münster, Nr. 66 (um 1487–1501), Reiners 1955 (Anm. 8) 573; Inv. Bern (Münster) (Anm. 7) Nr. 385
4	⊢		Evtl. Schwaigern, Nordwand, Pfeiler
5	⊁		
6	⊥	= Nr. 2?	Landau, Stiftskirche (1309–1333, ähnlich)
7	ƒ		Ähnlich: Esslingen, 8. Bauabschnitt (ca. 1488–1505) Nr. 142, Koepf 1980 (Anm. 8) 35
8	⅄		
9	⊼		Bebenhausen, Vierungsturm (1407–09); evtl. Schwaigern, Nordwand; Inv. Bern (Münster) (Anm. 7) Nr. 370 (um 1440/50; 1489–1514/15)
10*	⌐	Meister Lorenz: Bauinschrift am östlichen Chorstrebepfeiler	(gespiegelt: Bebenhausen, südl. Kreuzgang); Kornwestheim, St. Martin, Chor, Turm, 1516?, Hans von Ulm? – eher nicht; Tübingen, Stiftskirche, Langhaus, Wände/ Pfeiler (1478–1489); „Umkreis Aberlin Jörgs": Weil der Stadt, Marbach, Stuttgart, St. Leonhard; Marienkirche Esslingen (1321–1507, Turm bis 1478; Steinmetzzeichen ca. 1438–1449 = 4. Bauabschnitt, ca. 1430–1449, Nr. 104), Koepf 1980 (Anm. 8) 35; Landau, Stiftskirche (1309–1333); seitenverkehrt: Mössingen, St. Peter und Paul, Gewölbe (1517–1522); Seitenschiff der Stiftskirche Landau (1490i); Seitenverkehrt: Weilheim, Langhauswände (1489–1522); Baden-Baden, Stiftskirche: Schiff und Chor sowie Marienchörlein (häufig, um 1453–1477); Konstanz, Münster, Nr. 33, 159, 410 (Mittelturm, 3. Geschoss, ca. 1497–1511, Reiners 1955 (Anm. 8) 573, 575 u. 578; Orgelempore, Katharinenkapelle); seitenverkehrt: Inv. Bern (Münster) (Anm. 7) Nr. 161 (1455/60–1476, 1465–74); Bronnbach, an Strebepfeiler Nr. 6 (um 1489), Schmitt-Vollmer 2007 (Anm. 8) Taf. 39

2. Langhaus (nach 1478)

1	ⱦ	Schin?, Michel; auch: Turm	Kloster Bebenhausen (Vierungsturm, 1407–09, Dachreiter des Sommerrefektoriums, Kreuzgang: Süd- und Westflügel), Köhler 1995 (Anm. 9) 327; Tübingen, Bebenhäuser Pfleghof (um 1492–1501); Eutingen; Plieningen (um 1493–1517); Vollmaringen; Alpirsbach, Kreuzgang, Nr. 58 (Ende 15. Jh., mit weiteren Beisp.), Knapp et al. 2001 (Anm. 8) 402 u. 412 ff.
2	⅄		
3	ⱦ		Spitalkirche Deidesheim (1494); ähnlich: Marbach, Turm (ab 1481); Alpirsbach, Kreuzgang, Nr. 34 (um 1481–1494, weitere Beisp.: Maulbronn, Hirsau, Weilheim a. d. Teck), Knapp et al. 2001 (Anm. 8) 403 ff.); Konstanz, Münster, Nr. 122? (Haken gerade), Nr. 121 (seitenverkehrt), Nordturm.

Tab. 1/2: Steinmetzzeichen an der Marienkirche in Bruchsal.

4		Südwestlicher Eckquader des Kirchenschiffes im Fundament	Bebenhausen, Kreuzgang? (Westflügel), Ostfenster des Südquerschiffs (1x), spätgotisch, KÖHLER 1995 (Anm. 9)327; Echterdingen, Pfarrkirche (1508–1511), seitenverkehrt; Esslingen, 3. Bauabschnitt (ca. 1400–1420), Nr. 74, 90 (seitenverkehrt), KOEPF 1980 (Anm. 8) 35; Pfarrkirche Deidesheim (1460–1480); Schwaigern, Chor (1514–1520); ähnlich, aber mit Haken am Fußende: Marbach, Alexanderkirche, Chor/ Sakristei/ Meisterwappen, das gleiche am Sakramentshaus Schwaigern, Meisterwappen (von Bernhard Sporer); Weilheim, Chor, Langhauswände (1489–1522); Konstanz, Münster, Nr. 370, REINERS 1955 (Anm. 8) 577; Inv. Bern (Münster) (Anm. 7) Nr. 293–295 (1470/80 bis 1500)
5		Wunderer, Hans? (Verwechslungen!); auch: Turm	Zaberfeld, Chor (Heilbronn, 1505); Pfaffenhofen (Heilbronn), Sakristei/ Sakramentshaus; Gerlingen?, 1463/ um 1490; Blaubeuren? Magstadt, Chor (Kaffgesims), Sakristei (vor 1511); Straßburg, Münster, spätgotische Bauteile (1500–1530); Vorderes Schloss Gochsheim, Tür-/ Fenstergewände (1550–1580); ähnlich Inv. Bern (Münster) (Anm. 7) Nr. 71 (1508/09–1518)
6			Dusslingen, Kr. Tübingen, St. Peter, Chor (1501–08); Bebenhausen, Brunnenhaus (jew. ohne Haken); Konstanz, Münster, Nr. 145, REINERS 1955 (Anm. 8) 575
7		Auch: Turm	Magstadt, Sakristei (Inschr. 1511, begonnen 1505?); Karlsburg, Prinzessinenbau, Spindeltreppe (um 1563/65–1577); ähnlich: vorderes Schloss Gochsheim (1550–1580)
8			
9			Marbach, Alexanderkirche, Sakristei (Chor ab 1440); Esslingen, 3. Bauabschnitt (ca. 1400–1420), Nr. 75, KOEPF 1980 (Anm. 8) 35; Beutelsbach (1582!); Karlsburg, Jungferngarten, nördlicher/südlicher Treppenturm (um 1563/65–1577); Straßburger Münster (1500–1530); Neuer Bau Straßburg (1582–88); Alpirsbach (um 1481–1494); Maulbronn, Langhaus (südlicher Ziborienaltar), Herrenrefektorium (Gewölbe), Winterrefektorium (Ostwand), KNAPP 1997 (Anm. 8) 290 u. 292/LAIER-BEIFUSS 1976 (Anm. 8) 307; Konstanz, Münster, Nr. 6, 273, 459 (alle seitenverkehrt), REINERS 1955 (Anm. 8) 573, 576 u. 579; Inv. Bern (Münster) (Anm. 7) Nr. 29–32 (ca. 1455/60 bis 1518/21); Tübingen, Stiftskirche (um 1470–1500)
10		Kanzel, Turm	Magstadt, Sakristei und Strebepfeiler Langhaus (vor 1511)
11		(Heiligenthal 1909, S. 64) Conrad von Schmie	Weiher (1515); Spitalkirche Deidesheim (1494); Stiftskirche Baden-Baden (um 1453–1477); Maulbronn, Parlatorium/ Schrägbau (1493, mit Meisterzeichen), Herrenrefektorium, Ostwand außen (1212/13–1230/40?), Langhaus (südlicher Ziborienaltar), Herrenrefektorium (Gewölbe), Laienrefektorium (Portal West), Klosterbefestigung (westliche Grabenmauer); Bebenhausen, Dorment, Westtrakt Kreuzgang (auf dem Kopf); Alpirsbach, Südempore, Außenwand, Zeichen K 22, KNAPP et al. 2001 (Anm. 8) 403 ff.; Alpirsbach, Kreuzgang, Zeichen 66 (um 1481–1494; mit weiteren Beisp.: u.a. Gelnhausen u.a.), KNAPP et al. 2001 (Anm. 8) 401 f.
12		Auch: Turm	Ähnlich: Echterdingen, Pfarrkirche, Fenster (1508–1511), seitenverkehrt; Konstanz, Münster, Nr. 20, 40, 47 u. 467, REINERS 1955 (Anm. 8) 573 u. 579; Inv. Bern (Münster) (Anm. 7) Nr. (13)
13		(Baubeobachtung A. Hassler 1952: Fundament und Pfeiler im Langhaus)	Ähnlich (auf dem Kopf, mit Kreuzende): Mössingen, St. Peter und Paul, Chor (1517–1522); Baden-Baden, Stiftskirche, Schiff (Fenster), Chor (um 1453–1477); Konstanz, Münster, Nr. 187, 333, REINERS 1955 (Anm. 8) 576 f.; ähnlich Inv. Bern (Münster) (Anm. 7) Nr. 342 (1455/60–1476), Bronnbach, Strebepfeiler Nr. 6 (um 1489), SCHMITT-VOLLMER 2007 (Anm. 8) Taf. 39.
14		(Baubeobachtung A. Hassler 1952: Fundament und Pfeiler im Kirchenschiff)	Ähnlich: Baden-Baden, Stiftskirche, Chor (um 1453/54)

Tab. 1/3: Steinmetzzeichen an der Marienkirche in Bruchsal.

3. Verschiedene

15	⚒	Kanzel, Turm	
16	⚒	Kanzel	Ähnlich: Bebenhausen, Kreuzgang, West-/Südflügel, Brunnenhaus (Nr. 23), Köhler 1995 (Anm. 9) 372; Altdorf, Ldkr. Böblingen, Chor (ab 1498); Weilheim, Stadt Tübingen, St. Nikomedes, Chor (1499–1510); Dusslingen, St. Peter, Chor (gesamt: 1501–1508);
17	⚒	Kanzel	
18	⚒	Sakristei	Baden-Baden, Stiftskirche, Chor, Strebepfeiler (um 1453/54)

4. Turm

19	⚒		Ähnlich: Tübingen, Stiftskirche, Chor (1470–76); identisch: Baden-Baden, Stiftskirche, Schiff innen und Triumphbogen-Pfeiler (um 1453/54–1477)
20	⚒		

5. Kirchenschiff (Ergänzung)

21	⚒	(Baubeobachtung A. Hassler 1952: Fundament und Pfeiler im Langhaus)	

vom mittleren (4.) Bauabschnitt des Turmes nach J. von Egle (um 1430–1449), vom Übergang zum 3. Geschoss bis zum Beginn des Oktogons.[13] Der Steinmetz muss schon vor der Bauunterbrechung durch die Blockade der Grafen von Württemberg nach Bruchsal gezogen sein, was sich aber nur durch eine detaillierte Bauanalyse prüfen ließe. Dem Speyerer Bischof war die Frauenkirche sicher gut bekannt, da ‚sein' Domkapitel das Patronat über die Hauptpfarrkirche St. Dionysius besaß. Die Frauenkirche in Esslingen gehörte damals zu den ambitioniertesten und qualitätvollsten städtischen Bauprojekten im südwestdeutschen Raum, wodurch die dort beschäftigten Handwerker eine nicht geringe Reputation besessen haben dürften. Der Chor der Frauenkirche in Bruchsal war zwar deutlich schlichter konzipiert, was sicher mit der schlechten Finanzlage des Bistums Speyer (das notorisch überschuldet war) und der geringeren wirtschaftlichen Bedeutung der Stadt Bruchsal zusammenhängt, aber der Bau ist deswegen vom qualitativen Anspruch her doch nicht zu unterschätzen: Er war als repräsentativer, neuer westlicher Abschluss des Marktplatzes konzipiert, und es wurden mehrere Wohnhäuser für seine Errichtung abgerissen (Abb. 4). Die künstlerische Qualifikation der Steinmetzen wird an der Madonna am nordöstlichen Strebepfeiler deutlich, der zum Marktplatz zeigt. Ähnliche Figuren finden sich auch an anderen Chorfassaden, etwa in Esslingen

---

13 H. Koepf, Die Esslinger Frauenkirche und ihre Meister. Esslinger Stud. 21, 1980, 1–46 bes. 35 Nr. 104; M. C. Schurr, Die Architektur der Esslinger Frauenkirche. Form und Funktion im Mittelalter. In: U. Knapp/K. Reichardt/M. C. Schurr (Hrsg.), Die Esslinger Frauenkirche. Architektur, Portale, Restaurierungsarbeiten. Esslinger Stud. 18 (Esslingen 1998) 7–88 bes. 58 f.; 85 Nr. 13. Ende des 15. und Anfang des 16. Jahrhunderts ist das Zeichen sehr verbreitet, etwa im Umfeld des Klosters Bebenhausen (Kreuzgang, Südtrakt, um 1496; Kornwestheim, Ldkr. Ludwigsburg, um 1516?; Tübingen, Stiftskirche, 1470–1489; Mössingen, Ldkr. Tübingen, um 1517–22, Köhler [Anm. 9] 326; 361; 368 f.; 374) und am Münster in Konstanz: Reiners (Anm. 8) Nr. 33, 159?, 410 (um 1494 bis um 1511). Diesem späteren Kollegen des Meisters Lorenz ist auch das Zeichen im Seitenschiff der Stiftskirche Landau zur Seite zu stellen: Stich (Anm. 10) 131 mit Abb. 75; Inv. Landau (Anm. 10) 35 f. Das Seitenschiff wurde um 1490 errichtet. Ebenfalls spät datiert das Zeichen am 6. Strebepfeiler an der Klosterkirche Bronnbach: Schmitt-Vollmer (Anm. 8) 215 mit Taf. 39. Zeitlich zwischen diesen beiden Zeichengruppen steht der Meister am Berner Münster, Inv. Bern (Münster) (Anm. 7) 441 Nr. 161.

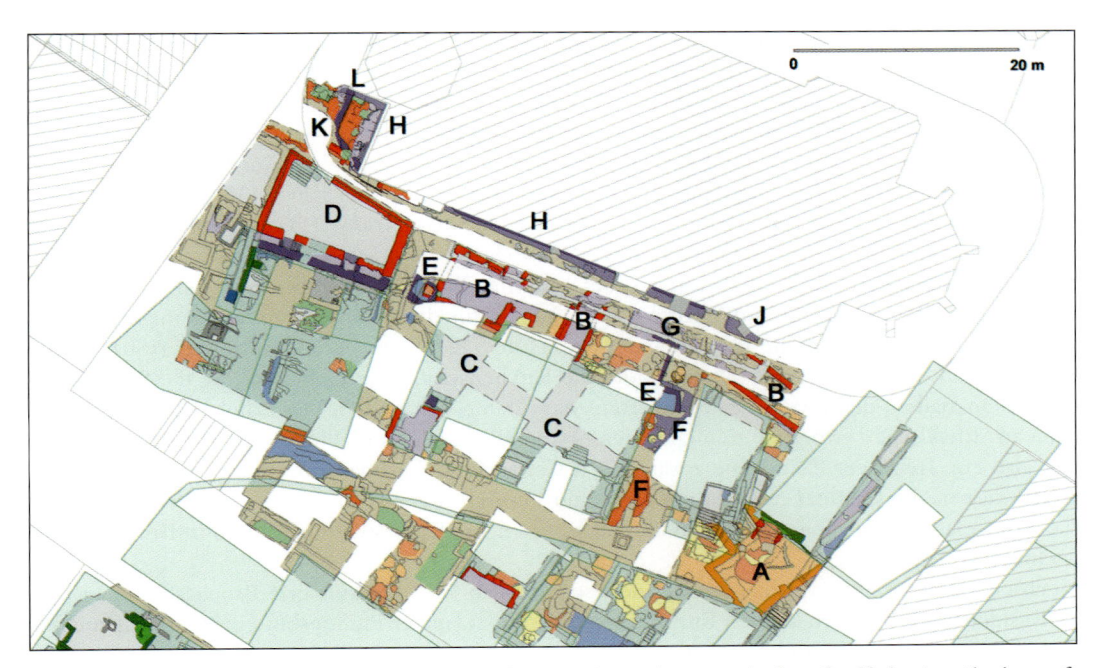

Abb. 5: Grabungsplan des nördlichen Teils der Grabung Rathausgalerie Bruchsal. Befundfarbe, jeweils abgestuft nach Mauern (dunkel), Pflasterungen (mittel) und Verfüllung (hell): Gelb: Frühmittelalter, orange: Hochmittelalter, rot: Spätmittelalter (vor dem Neubau der Kirche), lila: Bauzeit der spätgotischen Kirche, blau: 16./17. Jahrhundert, grün: 18./19. Jahrhundert, grau: 20. Jahrhundert. Blassgrün: Bebauung vor 1945 nach dem Katasterplan. Bearbeitungsstand März 2010. A: Hochmittelalterlicher Keller, B: spätmittelalterliche Keller, im 15. Jahrhundert verfüllt, C: Nachfolgekeller des 15./16. Jahrhunderts, D: im 15./16. Jahrhundert umgebautes, nicht abgerissenes Gebäude, 1945 zerstört, E: Wegezug, 14./15. Jahrhundert, F: Mauerreste der zweiten Hälfte des 15. Jahrhunderts, G: Fundamente der spätgotischen Kirche, H: Fundamente der spätgotischen Sakristei, J: Pflasterreste der Mitte (?) des 15. Jahrhunderts, K: Fundamente eines provisorischen Gebäudes (?).

oder der Stadtkirche (Marienkapelle) in Marbach am Neckar. Die Blattknäuelkonsole erinnert an Kapitelle im Oktogon der Esslinger Frauenkirche, die Hans Böblinger zugeschrieben werden (um 1460–65? tätig an der Frauenkirche ab 1440), ähnlich aber auch um 1486–89 von Lorenz Lechler in St. Dionysius in Esslingen und noch um 1515 von Hans Hammer in der Martinskapelle am Straßburger Münster geschaffen wurden.[14] Die Vorgängerkirche besaß nach den Baubeobachtungen des Architekten Arthur Hassler (beim Wiederaufbau der Kirche nach dem Zweiten Weltkrieg) einen Chorturm, eine im regionalen Kontext übliche Bauform.[15] Die aus statischen Gründen bei einem Chorturm eher geschlossenen Wände boten sicher keinen so feierlichen Rahmen für die Gottesdienste wie der gotische Hochchor mit seinen großen Fensterflächen. Dieser Aspekt kann

---

14 Vgl. Koepf (Anm. 8) Abb. 29; B. Schock-Werner, Das Straßburger Münster im 15. Jahrhundert. Stilistische Entwicklung und Hüttenorganisation eines Bürger-Doms. Veröff. Abt. Architektur des Kunsthist. Inst. Univ. Köln 23 (Köln 1983) bes. 191; 195 mit Abb. 57; 104; 117; vgl. auch die Konsolen aus dem Umfeld des Matthäus Ensinger im Berner Münster, Inv. Bern (Münster) (Anm. 7) 158 f. Abb. 181–188 und die Laubwerkkapitelle S. 160 f. Abb. 189–194.

15 M. Walliser-Schäfer, Entwicklung und Bedeutung der romanischen Chortürme mit Beispielen aus Schwaben und Franken. Diss. Univ. Tübingen 1986; verwiesen sei etwa auf Ettlingen, Pforzheim (St. Martin), Weinheim, Schwaigern oder Weinsberg: E. Lacroix/P. Hirschfeld/W. Paeseler, Die Kunstdenkmäler des Amtsbezirks Ettlingen. Kunstdenkmäler Badens 9.3 (Karlsruhe 1936) 25 ff.; Chr. Leschke/P. Knötzele, Aus dem Erdreich geborgen. Archäologische Funde aus Ettlingen. Geschichte der Stadt Ettlingen 1 A (Heidelberg, Ubstadt-Weiher, Basel 2006) 140 f.; 145; Archäologischer Stadtkataster Baden-Württemberg 15: S. M. Haag/A. Bräuning, Pforzheim (Stuttgart 2001) 151 f.

einer der Gründe für den Neubau der Kirche gewesen sein, da Bruchsal seit dem 14. Jahrhundert eine zunehmend wichtigere Rolle als Nebenresidenz des Speyerer Bischofs spielte. Bereits 1275 hatte der Kölner Erzbischof Siegfried von Westerburg „bei" Bruchsal von König Rudolf von Habsburg die Regalien verliehen bekommen.[16] Da der König längst nicht mehr über Besitz in Bruchsal verfügte, trat damals wohl der Speyerer Bischof als Gastgeber auf. Auch die Übergabe des Bistums Speyer an Bischof Gerhard fand 1337 offenbar in Bruchsal statt.[17] 1358 wurde der Bergfried der Burg in Bruchsal neu gebaut.[18] Von Bischof Adolf von Nassau (1372–1390) wird berichtet, dass er „dick vnd vil zu Bruchsal wonende was".[19] Bischof Ludwig von Helmstatt wurde 1478 in der Frauenkirche geweiht. Damals war erst der gotische Chor vollendet, und es stand noch das alte Kirchenschiff. Die Umgebung der Kirche muss jedoch für die Feierlichkeiten angemessen hergerichtet gewesen sein. Auch die Verlegung des Ritterstifts Odenheim an die Stadtkirche (1507) ist ein Fingerzeig in diese Richtung.[20] Das spätgotische Kirchenschiff zitiert offenkundig die Stiftskirche von Baden-Baden, den Sitz der benachbarten Markgrafen von Baden. Die Erhebung von Pfarrkirchen zu Stiftskirchen erfolgte u. a. auch in den markgräflichen Städten Pforzheim und Baden-Baden, war also ein Trend der Zeit.[21] Die zusätzlichen Geistlichen, die über ein Stift an der Kirche tätig waren, hoben die Qualität des Chordienstes und kümmerten sich um die herrschaftliche Memoria. Anniversarfeiern spielten auch bei den Stiftsherren des Ritterstifts Odenheim in Bruchsal eine wichtige Rolle.

Noch bis zum barocken Ausbau des Residenzschlosses ab 1720 konkurrierte Bruchsal in der Rolle als Residenzstadt mit dem kleinen Burgflecken Udenheim (später Philippsburg genannt).[22] Bruchsal war allerdings im Spätmittelalter nach Landau mit Abstand der größte Ort des Hochstifts Speyer (Speyer selbst ausgenommen, da die Stadt unabhängig war). Ende des 15. Jahrhunderts lebten in Bruchsal 519 hausgesessene Einwohner (Ehepaare und Einzelpersonen) und 16 Priester, wie eine

---

16 F.-R. Erkens, Siegfried von Westerburg (1274–1297). Die Reichs- und Territorialpolitik eines Kölner Erzbischofs im ausgehenden 13. Jahrhundert. Rhein. Archiv 114 (Bonn 1982) 61; Die Regesten des Kaiserreichs unter Rudolf, Adolf, Albrecht, Heinrich VII. 1272–1313: O. Redlich, Abteilung 1: Rudolf von Habsburg, 1273–1291 (Innsbruck 1898) Nr. 361.
17 UB Speyer, Bfe. II: F. X. Remling, Urkundenbuch zur Geschichte der Bischöfe zu Speyer 2: Jüngere Urkunden (1853, Nachdruck Aalen 1970) Nr. 1.
18 Vgl. Zur Burg Bruchsal D. Lutz, Burgen im Spiegel archäologischer Befunde. In: H. Ehmer (Hrsg.), Burgen im Spiegel der historischen Überlieferung. Tagung der Arbeitsgem. Geschichtl. Landeskde. Oberrhein vom 22.–24. Oktober 1993 in Bühl. Oberrhein. Stud. 13 (Sigmaringen 1998) 45–76 bes. 60 ff.; ders., Grabungen in der Burg der Bischöfe von Speyer in Bruchsal, Landkreis Karlsruhe. Château Gaillard 11, 1983, 207-218; ders., Keramikfunde aus dem Bergfried der ehem. Wasserburg in Bruchsal, Kr. Karlsruhe. Forsch. u. Ber. Arch. Mittelalter Baden-Württemberg 6 (Stuttgart 1979) 189–202; K. Andermann, Die Residenzen der Bischöfe von Speyer im späten Mittelalter und in der frühen Neuzeit. In: K. Andermann/O. B. Roegele (Hrsg.), Residenzen der Bischöfe von Speyer. Speyer – Udenheim – Bruchsal. Veröff. Hist. Komm. der Stadt Bruchsal (Bruchsal 1989) 7–42 bes. 13.
19 UB Speyer, Bfe. II (Anm. 17) Nr. 47.
20 Vgl. S. Lorenz, Das Tübinger Stiftskirchenprojekt. In: S. Lorenz/O. Auge (Hrsg.), Die Stiftskirche in Südwestdeutschland: Aufgaben und Perspektiven der Forschung. Erste wissenschaftliche Fachtagung zum Stiftskirchenprojekt des Instituts für Geschichtliche Landeskunde und Historische Hilfswissenschaften der Universität Tübingen (17.–19. März 2000, Weingarten). Schr. Südwestdeutsche Landeskde. 35 (Leinfelden-Echterdingen 2003) 1–53 bes. 41 und die Vergleichsbeispiele auf S. 42 f.; H. Schwarzmaier, Odenheim. In: F. Quarthal (Hrsg.), Die Benediktinerklöster in Baden-Württemberg. Germania Benedictina 5 (St. Ottilien 1975) 464–471 bes. 466 (als Hauptgrund für die Verlegung gilt freilich die Bedrohung durch aufständische Bauern); R. Jooss, „Spitäler des Adels" am Ende ihrer Epoche: die Ritterstifte Comburg, Odenheim- Bruchsal und Wimpfen im Tal. In: V. Himmelein/H. U. Rudolf (Hrsg.), Alte Klöster, neue Herren. Die Säkularisation im deutschen Südwesten 1803. Große Landesausstellung Baden-Württemberg 2003 in Bad Schussenried vom 12. April bis 5. Oktober 2003, Bd. 2.1 (Ostfildern 2003) 551–562 bes. 559 f.; R. Fetzer, Untertanenkonflikte im Ritterstift Odenheim vom ausgehenden Mittelalter bis zum Ende des Alten Reiches. Veröff. Komm. Geschichtl. Landeskde. Baden-Württemberg B 150 (Stuttgart 2002) bes. 16; A. Wetterer, Die Säkularisation des Ritterstifts Odenheim in Bruchsal. Ein Beitrag zur Geschichte der Säkularisationspraxis. Zeitschrift der Savigny-Stiftung für Rechtsgeschichte, Kanonistische Abteilung 8, 1918, 44–153 bes. S. 44 f.
21 Lorenz (Anm. 20) 42 f.
22 Andermann (Anm. 18) 13f., 17.

Abb. 6: Grabungssituation zwischen Turm und Kirchenschiff. Blick von Norden.

Volkszählung 1469/70 ergab.[23] Bis zur nächsten Zählung 1530 war die Zahl der Haushalte geringfügig auf 564 gestiegen, bei einer Einwohnerzahl von 2142 Erwachsenen und „Kindern" (d. h. unverheirateten Personen) und nunmehr 26 Priestern.[24] Die Stadt war 1434 so vermögend, dass sie Bischof Raban von Speyer eine Pfandsumme von 700 Gulden leihen konnte und dafür den Kammerforst und die Büchenauer Hardt erhielt. 1466 hatte sich die Situation allerdings derart verschlechtert, dass Bischof Matthias der Stadt eine Verbrauchssteuer zur Tilgung der städtischen Schulden zugestand.[25] Die Steuer wurde 1472 auf 15 Jahre verlängert, da die Verschuldung offenbar nicht in absehbarer Zeit abzubauen war. Um 1500 wird zur Begründung für die Forderung nach weiteren Steuervergünstigungen die geringe Zahl der Einwohner angegeben, die durch die hohe Bede, d. h. die städtische Grundsteuer, erklärt wird. Es wäre denkbar, dass der Abriss zahlreicher Gebäude rings um die Frauenkirche durch den Leerstand in der Stadt erleichtert wurde; möglicherweise trugen die Pestzüge des 14./15. Jahrhunderts zu dem Bevölkerungsrückgang bei. In Nordbaden sind allerdings nur für Heidelberg die mittelalterlichen Pestereignisse schriftlich festgehalten worden, so dass das Ausmaß der demographischen Krise unklar ist. Aber auch die nahe gelegene Stadt Durlach wird um die Mitte des 16. Jahrhunderts, als sie zur Residenz ausgebaut wurde, als stark heruntergekommen beschrieben. Die Erhebung zur Residenz der Markgrafen von Baden wirkte hier wie eine dringend erforderliche Maßnahme zur Infrastrukturförderung. Straßen wurden gepflastert, Häuser für den Bau des Residenzschlosses abgerissen und andere, verfallene Häuser neu errichtet.[26] In Bruchsal kann sich hinter dem mutmaßlichen Wüstungsvorgang auch eine bloße Abwanderung in die Vorstädte verbergen – sofern die Bede in den Vorstädten niedriger war als in der Kernstadt innerhalb der Mauern. Zudem hatte Bischof Ludwig von Helmstatt zugunsten des Kirchenbaus eine Gebühr von einem halben Gulden für alle Handwerker eingeführt, die sich neu in der Stadt niederließen.[27] Diese Abgabe dürfte sich nicht gerade förderlich auf die Bevölkerungsentwicklung ausgewirkt haben.

Nach dem Abschluss der Arbeiten am Chor wurde der Bau unterbrochen. Das Kirchenschiff und der Turm entstanden gegen Ende des 15. Jahrhunderts mit einer komplett neuen Bauhütte und zumindest teilweise wohl auch nach einem anderen Plan. R. F. Heiligenthal nennt als Gründe hierfür kriegerische Verwicklungen des Bischofs Johann II. (1459–64) und die Abdankung seines Nachfolgers. Auch die schwierige finanzielle Situation des Bistums (und eventuell der Stadt) dürften eine Rolle gespielt haben.[28] Möglicherweise stockte der Bau allerdings auch, weil zunächst Platz für das Kirchenschiff geschaffen werden musste.[29] Diese Annahme lässt sich mit den Ergebnissen der Grabungen 2009 untermauern, wie gleich noch erläutert werden soll. Dabei ist zu bedenken, dass das Kirchenschiff ursprünglich vermutlich etwas breiter werden sollte: Das Fundament für die östliche Abschlusswand (mit dem Triumphbogen) reicht über die Flucht der Südwand des später gebauten Schiffes hinaus. Die gotische Sakristei, die sich ehemals südlich des Chores befand, ragte ebenfalls weiter nach Süden vor. Das sich westlich anschließende Fundament des Kirchenschiffes vermittelt zwischen beiden Phasen: Es setzt im Osten an der südlichen Kante der Sakristei an und zieht im

---

23 K. Andermann, Probleme einer statistischen Auswertung der älteren Speyerer „Volkszählung" von 1469/70. In: K. Andermann/ H. Ehmer (Hrsg.), Bevölkerungsstatistik an der Wende vom Mittelalter zur Neuzeit: Quellen und methodische Probleme im überregionalen Vergleich. Oberrhein. Stud. 8 (Sigmaringen 1990) 95–108 bes. 107.

24 K.-O. Bull, Die erste „Volkszählung" des deutschen Südwestens. Die Bevölkerung des Hochstifts Speyer um 1530. In: Andermann/Ehmer (wie Anm. 23) 109–135 bes. 118.

25 F. J. Mone, Zur Geschichte von Bruchsal vom 13. bis 15. Jahrhundert. Zeitschr. Gesch. Oberrhein 7, 1856, 281–301; Bischoff (Anm. 2) 45.

26 Archäologischer Stadtkataster Baden-Württemberg, 24: W. Seidenspinner, Durlach (Stuttgart 2004) 45; 59 ff.

27 Heiligenthal (Anm. 10) 110.

28 Ebd.; Inv. Buchsal (Anm. 10) 11. Zur finanziellen Entwicklung unter Bischof Matthias Ramung H. Ehmer, ...obe sich der stiefft an luten mere oder mynner. Die Volkszählungen im Hochstift Speyer von 1470 und 1530. In: Andermann/Ehmer (wie Anm. 23) 79–94 bes. 84. Allgemein zur Finanzierung von Kirchenbauten Philipp (Anm. 5) 21 f.

29 Ähnliches ist für eine Bauunterbrechung bei der Frauenkirche in Esslingen nachweisbar, Schurr (Anm. 13) 57; vgl. auch Inv. Bern (Münster) (Anm. 7) 17 (Abriss des Deutschordenshauses für den Münsterbau).

Westen bis zur neuen Bauflucht ein. Rekonstruiert man anhand dieser Indizien die ursprüngliche Planung für das Kirchenschiff, kommt man (mit Strebepfeilern) auf eine Breite von ca. 30 m, bei einer Länge von mindestens ebenfalls 30 m (bei sechs Jochen Länge, je mit der Breite eines Chorjoches) bis 35 m (bei sieben Jochen Länge).[30] Die Strebepfeiler dieser Kirche ragen im Südwesten in die Mauern eines Hauses hinein, das bis 1945 an der Südwestecke der Kirche stand. Dieses Haus muss demnach auf der ‚Abrissliste' gestanden haben, aber der Besitzer weigerte sich offenbar standhaft, es zu verkaufen, und so änderte man schließlich den Bauplan der Kirche: Zusammen mit den Strebepfeilern, die nunmehr in den Kirchenbau integriert wurden, war der neue Bauplan im Norden und Süden je 2,5 m schmaler ausgelegt. Zwischen der Kirche und dem noch stehen gebliebenen Haus im Südwesten verblieb immerhin ein Zwischenraum von 1,5 m. Auch im Norden ragen die Strebepfeiler des angenommenen Ursprungsplanes für die Kirche in älteres Mauerwerk hinein. Es handelt sich hierbei möglicherweise um das Haus des RUCKER (ROGER) VON MENTZINGEN, das bald nach der Übersiedelung des Ritterstifts Odenheim nach Bruchsal 1507 niedergelegt worden war. 1515 einigten sich die Stiftsherren mit der Stadt über die Nutzung des Raumes, den sie zum Bau eines Kreuzganges nutzen wollten.[31] Die Stadt hatte den Freiraum erworben und benötigte ihn für Marktstände. Der Bau des Kreuzganges wurde letztlich nicht realisiert, da die Stiftsherren spätestens seit 1517 in der ‚Alten Dechanei' an der Friedrichstraße residierten bzw. bald nur noch in Speyer und anderen Orten ansässig waren, nicht in Bruchsal selbst. Allein der Stiftspropst und der Stiftsprädikator wohnten noch in Bruchsal.[32] Auch die Einrichtung eines Friedhofes, die 1581 geplant war, scheint nicht erfolgt zu sein – ging der Trend der Zeit doch ohnehin zur Verlegung innerstädtischer Friedhöfe vor die Stadtmauern.

Bedauerlicherweise sind die Hausfundamente östlich und nördlich der Kirche seinerzeit nicht von ausgebildeten Archäologen dokumentiert worden, weshalb über die Datierung nur Vermutungen angestellt werden können. Demgegenüber erbrachten die Grabungen südlich des Kirchenschiffes 2008 und 2009 eindeutig Keller und Mauern der spätgotischen Bebauung. Die Verfüllschichten enthielten viel Keramik des 15., eventuell auch des 16. Jahrhunderts (eine definitive Aussage ist beim derzeitigen Auswertungsstand noch nicht möglich), Glas (Flaschen, Stangengläser und Nuppenbecher) und spätgotische Ofenkacheln, insbesondere graue Napfkacheln mit quadratischer Mündung.[33] Einige Bruchstücke grün glasierter Reliefkacheln bezeugen die Existenz einzelner, reich verzierter Öfen. Die Keramik war überwiegend grau, teils aber auch oxidierend rot gebrannt und zum Teil glasiert. Neben den üblichen Standbodentöpfen mit Karniesrand kommen Flaschen, Leuchter und flache Öllämpchen vor. Unmittelbar südlich der verfüllten Keller standen bis 1945 Häuser, die offenbar die abgerissenen Gebäude ersetzten: In einer der Mauern dieser Häuser war eine grün glasierte Ofenkachel mit einer Löwendarstellung verbaut, die in das 15. Jahrhundert datiert werden konnte. Eine Kloake, die in ihrer älteren Nutzungsphase mit Becherkacheln des 13./14. Jahrhun-

---

30 Vgl. ähnliche Planänderungen etwa beim Chor der Michaelskirche in Schwäbisch Hall und dem Münster zu Überlingen: KOEPF (Anm. 6) 22; 38; zu Tübingen: JANTZEN (Anm. 8) 37.
31 Generallandesarchiv Karlsruhe 133, Nr. 904: Copia Vertrags Zwischen Ritterstüfft Odenheim, und Statt Bruchsall wegen Einem Haußplatz ahn d[er] StüfftsKirchen, 1515. Nach einer Abschrift von UWE REIFF, Juli 2008, für das Grabungsprojekt Rathausgalerie Bruchsal.
32 Vgl. Jooss (Anm. 20) 560.
33 Die Datierung dieser Kacheln ist nicht näher zu fassen, vgl. etwa U. GROSS, Keramik. In: W. LANG (Hrsg.), Spätmittelalterliche Glasproduktion im Nassachtal, Uhingen, Kreis Göppingen. Materialh. Arch.in Baden-Württemberg 59 (Stuttgart 2001) 99–132 bes. 107 f.; R. SCHELLMANNS, Kat. Nr. 3.87: Ofenkeramik. In: M. M. GREWENIG (Hrsg.), Leben im Mittelalter. 30 Jahre Mittelalterarchäologie im Elsass. Ausstellungskat. Hist. Mus. Pfalz (Speyer 1992) 344 f.; ein Keramikofen in Mistlau, in welchem Schüsselkacheln gebrannt worden waren, ist durch neu kalibrierte ^{14}C-Werte zwar wohl nicht in die erste Hälfte des 15. Jahrhunderts, aber allgemein in das 15. Jahrhundert datiert: G. STACHEL, Ein spätmittelalterlicher Töpferofen von Mistlau, Gemeinde Kirchberg/Jagst, Lkr. Schwäbisch Hall. Forsch. u. Ber. Arch. Mittelalter Baden-Württemberg 8 (Stuttgart 1983) 281–299 bes. 289 (unkalibrierter ^{14}C-Wert: 445±60 vor 1950, kalibriert, 1σ: 1411–1495 (90,16%)/1508–1510 (1,05%)/1601–1615 (8,79%); 2σ: 1329–1340 (1,33%), 1396–1529 (77,34%), 1543–1634 (21,33%). D. LUTZ datiert die Ofenkacheln mit viereckig ausgezogener Mündung in die Zeit um 1500: D. LUTZ, Die Funde aus zwei Fäkaliengruben beim Marktplatz in Pforzheim. Forsch. u. Ber. Arch. Mittelalter Baden-Württemberg 8 (Stuttgart 1983) 215–247 bes. 241.

derts verfüllt war, rückte in der jüngeren Nutzungsphase von der Rückseite eines Gebäudes an die Vorderseite des Nachfolgegebäudes (also die dem Kirchenplatz zugewandte Seite). Der obere, etwas größer dimensionierte Teil der Kloake war mit einem reichhaltigen Ensemble an Gläsern und Keramik des 16./17. Jahrhunderts verfüllt. Vermutlich wurde die Kloake im früheren 17. Jahrhundert aufgegeben.[34] Der Befund lässt sich dahingehend interpretieren, dass die abgerissenen Gebäude auf dem ehemaligen Hinterhofgelände neu errichtet wurden. Offenbar standen zumindest diese Gebäude nicht leer, sondern waren bewohnt. Allerdings ist auch zu erwägen, dass sie im Rahmen des Wiederaufbaus neu bezogen wurden.

Nachdem die Platzsituation sich hier durch die abgeänderte Bauplanung etwas entspannt hatte, verbesserte der neu geschaffene Freiraum aber auch die Beleuchtung der Kirche. Der spätgotische Neubau erhielt nur durch die Seitenschiff-Fenster Licht, wobei die Kapellennischen in der Wand zusätzlich den Innenraum verdunkelten. Es wäre sogar denkbar, dass der Abriss der Häuser erst nach Vollendung der Kirche erfolgte, als man die Verdunkelung bemerkte. Die archäologisch dokumentierten Abbruchschichten bestanden aus unregelmäßigen Steinwällen, die längs einer spätmittelalterlichen, wohl in der zweiten Hälfte des 15. Jahrhunderts aufgegebenen Straßentrasse aufgeschüttet waren, unregelmäßigen Steinhaufen (teils mit, teils ohne Mörtelbrocken) und Bergen von Dachziegelbruch, außerdem lagenweise großen Mengen von Steinmetzabfall: grüngrauem, teils auch violettem Sandsteingrus, der vom Behauen der Werksteine an der gotischen Kirche stammt. Überdeckt wurden die Schichten von den Resten eines spätmittelalterlichen Pflasters, das möglicherweise zu einem Pflaster südlich des Kirchenturmes gehört, das vom Kirchenfundament geschnitten wird – demnach also in die Mitte des 15. Jahrhunderts zu datieren ist (vgl. unten). Zumindest in einem der Keller wurden stark humose, lockere Sedimentschichten dokumentiert, die für ein längeres Offenstehen der Kellerruine sprechen. Das erwähnte Gebäude im Südwesten der Kirche hatte man zwar nicht verlegt, aber offenbar doch umgebaut. Die Erdverfüllung zwischen dem inneren Kellergewölbe und der (möglicherweise im Spätmittelalter neu gebauten) Außenwand enthielt viel Keramik des 15./16. Jahrhunderts und eine Buchschließe, die in die erste Hälfte des 15. Jahrhunderts zu datieren ist, wie Vergleichsstücke an Bucheinbänden aus dem Kloster Admont (Steiermark) zeigen.[35]

Wichtige stratigraphische Aufschlüsse ergaben sich im Winkel zwischen Turm und südlichem Seitenschiff (Abb. 6). Hier hatte sich eine größere Fläche des erwähnten Steinpflasters erhalten. Es bestand aus senkrecht gestellten Kalksteinen, deren Oberfläche durch die Benutzung stark verrundet war. Das Pflaster wurde durch die Baugrube des Kirchenturms und des Kirchenschiffes, die beide im letzten Viertel des 15. Jahrhunderts entstanden, geschnitten. Es gehörte demnach zu der Vorgängerkirche, wird aber, wenn man den Befund südlich der Kirche zum Vergleich heranzieht, doch erst nach dem Bau des spätgotischen Chores angelegt worden sein. Eine Fahrspur zog auf dem erhalten gebliebenen Pflasterrest um die Kirchenecke herum, während die zugehörige zweite Fahrspur, die sich nicht erhalten hatte, innerhalb der jetzigen Kirche, aber dicht an der Vorgängerkirche verlaufen sein muss. Die Mauern der romanisch-frühgotischen Vorgängerkirche verliefen nach A. Hassler 1,8–2 m weiter nördlich als die Südflucht der spätgotischen Kirche, so dass immerhin 2,5 m lichte Weite für den Weg an der Kirche vorbei übrig bleibt. Der trapezförmige Grundriss des Gebäudes direkt vor der Südwestecke der Stadtkirche berücksichtigt offenkundig die alte Kirchenecke. Als Bettung für das Pflaster hatte man ca. 0,4–0,5 m hoch Lößboden aufgeschüttet, der vermutlich von den Hügeln rings um Bruchsal herangeschafft wurde – ein beachtlicher Aufwand, der zeigt, dass der Neubau des Kirchenchores auch mit einer Neugestaltung der Umgebung der Kirche einherging.

---

34 Thoma (Anm. 1) Abb. S. 137 oben, 140 links oben. Unter den Funden befand sich auch das Bruchstück eines Handwaschbeckens: Gross (Anm. 1, Teil 2).

35 S. Krabath, Die hoch- und spätmittelalterlichen Buntmetallfunde nördlich der Alpen. Eine archäologisch-kunsthistorische Untersuchung zu ihrer Herstellungstechnik, funktionalen und zeitlichen Bestimmung. Internat. Arch. 63 (Rahden 2001) Bd. 1, 107 f. mit Abb. 19 Nr. 11, Typ 1400; F. A. Schmidt-Künsemüller, Corpus der gotischen Lederschnitteinbände aus dem deutschen Sprachgebiet. Denkmäler der Buchkunst 4 (Stuttgart 1980) Nr. 2, 7, 8, 10, 17–20 u. a.

Das spätgotische Kirchenschiff wurde dann auf einem nochmals höheren Niveau errichtet, so dass man die Pflasterung aufgab und zuschüttete. In den Winkel zwischen dem Turm und dem südlichen Seitenschiff setzte man noch während der Bauarbeiten an der Kirche ein recht unsorgfältig vermörteltes Fundament, das eventuell einen Fachwerk-Anbau trug. Möglicherweise handelt es sich um eine Art Werkhütte der Bauleute. In den bauzeitlichen Schichten innerhalb dieses Fundamentes wurde u. a. eine Knochenpfeife gefunden, die den Bauleuten gehört haben muss – etwa als Signalpfeife.[36] Es handelt sich um eine Röhre mit halbrund ausgesägtem Anblasloch. Auf dem Fundament des Kirchenschiffes lag ein Rosenkranz. Zwar verlief hier ein moderner Rohrgraben, aber das Stück kann auch von den Beifunden her durchaus um 1500 verloren gegangen sein.[37]

Schlagwortverzeichnis

Kirchenarchäologie; Spätmittelalter; Spätgotik; Stadtplanung; Steinmetzzeichen; Firstschwenkung; Bistum Speyer.

Anschrift des Verfassers

Dr. Thomas Küntzel M. A.
Untere Masch Str. 16
37073 Göttingen
E-Mail: thomas.kuentzel@gmx.de

---

36 Zu Pfeifen und Flöten allgemein Chr. Brade, Die mittelalterlichen Kernspaltflöten Mittel- und Nordeuropas. Ein Beitrag zur Überlieferung prähistorischer und zur Typologie mittelalterlicher Kernspaltflöten. Göttinger Schr. Vor- u. Frühgesch. 14 (Neumünster 1975); in jüngerer Zeit wurden zahlreiche Knochenpfeifen des Mittelalters und der Neuzeit entdeckt, vgl. Chr. Krauskopf, Tric-Trac, Trense, Treichel. Untersuchungen zur Sachkultur des Adels im 13. und 14. Jahrhundert. Veröff. Deutsche Burgenvereinigung A 10 (Braubach 2005) Taf. 45; B. Schnitzler, Kat. Nr. 3.105: Fünf Pfeifen aus Bein. In: M. M. Grewenig (Hrsg.), Leben im Mittelalter. 30 Jahre Mittelalterarchäologie im Elsass. Ausstellungskat. Hist. Mus. Pfalz (Speyer 1992) 350; B. Schlenker, Kat.Nr. C 30: Lockpfeifen. In: H. Meller (Hrsg.), Fundsache Luther. Archäologen auf den Spuren des Reformators. Begleitband zur Landesausstellung „Fundsache Luther – Archäologen auf den Spuren des Reformators" im Landesmus. für Vorgesch. Halle (Saale) vom 31. Oktober 2008 bis 26. April 2009 (Halle 2008) 178; zu den frühen Knochenflöten J. Hahn/S. Münzel, Knochenflöten aus dem Aurignacien des Geißenklösterle bei Blaubeuren, Alb-Donau-Kreis. Fundber. Baden-Württemberg 20, 1995, 1–12.
37 Vgl. etwa J.-J. Schwien, Kat. Nr. 4.50: Teil eines Rosenkranzes. In: M. M. Grewenig (Hrsg.), Leben im Mittelalter. 30 Jahre Mittelalterarchäologie im Elsass. Ausstellungskat. Hist. Mus. Pfalz (Speyer 1992) 406.

Auf den Spuren der ‚Wiedertäufer' aus dem Jahr 1529 – Anthropologische Untersuchung der Skelettreste vom ‚Remswasen' in Schwäbisch Gmünd

Joachim Wahl und Bernd Trautmann

1. Einleitung/Fundsituation

Die Fundmeldung über menschliche Skelettreste in einem Neubaugebiet in Schwäbisch Gmünd ging im Sommer 2008 zunächst bei der Kriminalpolizei ein. Alsbald stellte sich dann allerdings heraus, dass nicht die Staatsanwaltschaft, sondern die Archäologie zuständig war.[1] Bzgl. der Flur ‚Remswasen' wurden rasch archivalische Hinweise ausfindig gemacht, die auf ein Terrain hindeuteten, auf dem im Jahr 1529 sieben so genannte Wiedertäufer hingerichtet und verscharrt worden waren. Die Schriftquellen liefern detaillierte Auskünfte über die damaligen Begebenheiten sowie die Namen der Delinquenten, die seinerzeit enthauptet wurden, nachdem sie sich bis zuletzt geweigert hatten, die christliche Obrigkeit anzuerkennen. Die „Täufer", wie sie sich selbst nannten, lehnten die Kindstaufe ab und stellten die Erwachsenentaufe als bewusstes Bekenntnis in den Mittelpunkt ihres Glaubens. Die heutigen Mennoniten sowie die Amish-People in Amerika gründen ihre Glaubensgemeinschaften auf dieser Bewegung, die 1525 in Zürich ihren Ausgang nahm, und kennen Lieder, deren Texte sich konkret auf die Geschehnisse in der damaligen Reichsstadt Gmünd am 7. Dezember 1529 beziehen.[2]

Bereits die Bezeichnung „Remswasen" deutete darauf hin, dass an diesem Ort wahrscheinlich über einen längeren Zeitraum nicht nur Hingerichtete und Selbstmörder, sondern ebenso die Kadaver verendeter Tiere entsorgt wurden. So verwundert es auch nicht, dass die Archäologen Knochenmaterial von einer größeren Personenzahl zum Vorschein brachten. Ein wesentlicher Fokus der nachfolgend durchgeführten anthropologischen Untersuchungen galt demzufolge der möglichen Identifizierung der vermutlich darunter befindlichen Täufer: ein „Müllersbursche" von 15 Jahren, eine Frau (als „Hans Geisels Mutter" überliefert) und fünf Männer (Martin Zehentmaier, Melchior Nachtrieb, Klaus Baur, Bonaventura Bopf und Wolf Eßlinger), von denen der erstgenannte als Kopf der Gmünder Täufer gilt und vor seiner Inhaftierung in der Stadt und Umgebung über einhundert Personen getauft haben soll.[3] Am 5.12.2009 wurde eine Gedenktafel zur Erinnerung an die damaligen Opfer enthüllt.

---

1   S. Arnold/J. Wahl/B. Trautmann, Menschliche Skelettreste auf dem „Remswasen" – hingerichtete Wiedertäufer? Arch. Ausgr. Baden Württemberg 2009, 274–278.

2   Die Märtyrerlieder auf die Hinrichtung der sieben Wiedertäufer in Gmünd 1529 sind enthalten in der täuferischen Liedersammlung Ausbund (Ausgabe 1747). Siehe u. a. auch E. Wagner in: Württemberg. Vierteljahresh. Landesgesch. 4, 1881, 184 oder unter http://de. wikisource.org/...

3   Vgl. dazu die entsprechenden archivalische Quellen. U. a. W. Krauss, ... dass Christi Leiden an mir nicht vergebens sei. Mutmaßliche sterbliche Überreste hingerichteter Täufer von 1529 gefunden. Text 2009. – H. Ehmer, Die Täufer in Gmünd. In: Stadtarchiv Schwäbisch Gmünd (Hrsg.), Geschichte der Stadt Schwäbisch Gmünd (Stuttgart 1984) 209–218. – Ders., Das Gmünder Täufergericht 1529. Gmünder Stud. 1, Beitr. Stadtgeschichte (Schwäbisch Gmünd 1976) 131–161. – Dazu allgemein z.B. C.-P. Clasen, Die Wiedertäufer im Herzogtum Württemberg und in benachbarten Herrschaften (Stuttgart 1965). – H.-J. Goertz, Die Täufer. Geschichte und Deutung (²München 1988). – Pressemitteilung des RP Stuttgart vom 18.12.2008. Die Autoren danken zudem Herrn Wolfgang Krauss vom Verband deutscher Mennonitengemeinden für wertvolle Hinweise.

Die von den Archäologen geborgenen und zur wissenschaftlichen Bearbeitung in die Arbeitsstelle Konstanz des Landesamts für Denkmalpflege verbrachten Skelettreste sind am 10.11.2010 von einem Gmünder Bestattungsunternehmen in Eichenholzkisten umgebettet und nach Schwäbisch Gmünd zurückgeführt worden. Am 25.11.2010 wurden sie dort in einer Gruft nahe bei St. Leonhard im Rahmen einer ökumenischen Zeremonie wiederbestattet.

Bei dem 2008 zunächst unstratifiziert im Baggeraushub angetroffenen Skelettmaterial handelt es sich um ein Konvolut von ca. 300 Knochen und Knochenbruchstücken, die durchweg als menschlich angesprochen werden können. Die Ende November/Anfang Dezember desselben Jahres durchgeführte, planmäßige Nachgrabung erbrachte dann im selben Areal, etwas tiefer gelegen, vier Grabgruben, in denen neben- und übereinander insgesamt zehn Individuen im anatomischen Verband und in unterschiedlicher Körperhaltung beerdigt worden waren. Von einem Individuum fehlt der Schädel infolge moderner Störung, bei einem zweiten fehlte er bereits beim Vergraben des Leichnams, bei einem dritten ist er nur unvollständig überliefert und beim selben sind die großen Langknochen des rechten Armes nicht überliefert. Man kann somit davon ausgehen, dass hier auch schon in früheren Zeiten Planierungsarbeiten o. Ä. stattgefunden haben, ältere Verlochungen gestört oder bisweilen lediglich unvollständige Körper eingegraben wurden.[4] In Grube 1 (im SW des Ausgrabungsareals) fand sich eine Person, in Grube 2 (NW) stieß man auf zwei, in Grube 3 (SO) auf drei und in Grube 4 (NO) auf Skelettreste von vier Individuen (Abb. 1a–g). Die Baggerfunde/Streuknochen und Grabgruben werden nachfolgend zuerst getrennt besprochen, die Untersuchungsergebnisse – wie auch die ermittelten ^{14}C-Daten – zeigten jedoch, dass beide Kontingente in denselben Kontext gehören.

2. Vorgehensweise

Der Aufnahmemodus und die Beurteilungskriterien entsprechen weitestgehend denjenigen, die bei der Bearbeitung der Skelettreste vom Hochgericht bei Ellwangen a. d. Jagst zur Anwendung kamen.[5] Das betrifft sowohl die methodischen Grundlagen zur Aufnahme der Individualbefunde (Bestimmung des Sterbealters, Geschlechtsdiagnose, Metrik, Körperhöhenschätzung, anatomische Besonderheiten, pathologische und/oder traumatische Veränderungen), der taphonomischen Parameter (Erhaltungszustand, Überlieferungsgrad, Verfärbungen usw.), als auch die einzelnen Auswertungsschritte zur Charakterisierung der vorliegenden Stichprobe. Die angeglichene Vorgehensweise war auch deswegen angezeigt, da beide Fundkomplexe in dieselbe Kategorie – der Entsorgung von Leichnamen Hingerichteter – gehören.

Die hinsichtlich der (Teil-)Skelette erhobenen Detailbefunde gliedern sich nach folgendem Aufnahmeschema:

Grabgruben- bzw. Individualnummer

1. Grobansprache als Skelett (mehr oder weniger vollständige, im anatomischen Verband angetroffene Skelettreste) oder Teilskelett (größere Abschnitte fehlend); Körperhaltung bzw. Fundlage.
2. Überlieferungsgrad: Auflistung der vorliegenden und/oder fehlenden Teil(stück)e; bei Wirbelsäulenabschnitten, Rippen, Hand- und Fußknochen meist summarische Ansprache. Hinsichtlich der Bezeichnung einzelner Skelettelemente kommen sowohl die lateinische als auch die deutsche Nomenklatur zur Anwendung, bei Wirbeln und Metapodien die Abkürzungen vc (Halswirbel), vt (Brustwirbel), vl (Lendenwirbel), Mc (Mittelhandknochen) und Mt (Mittelfußknochen).

---

4 Auf einem über Jahrhunderte zur Beseitigung von menschlichen und tierischen Kadavern genutzten Areal verwundert es nicht, dass derartige Störungen stattfanden, da die jeweiligen Gruben sicherlich keine oberflächlichen Markierungen trugen.

5 Vgl. J. Wahl/C. Berszin, Nach 200 Jahren von einem Orkan freigelegt – Skelettreste aus der Flur ‚Galgenberg' bei Ellwangen an der Jagst (Ostalbkreis). Die anthropologischen Untersuchungen. Fundber. Baden-Württemberg 31, 2010, 687–766.

Individu-um Nr.	Fundkomplex	Sterbealter	Geschlecht	Körperhöhe nach Breitinger (m)	Körperhöhe nach Siegmund* (cm)	Besonderheiten
1	Grube 1, SW	frühadult (um 25 J.)	männlich	ca. 1,74	173,7	Skoliose; Reiterfacette
2	Grube 2, NW	spätmatur (oder älter)	männlich	ca. 1,69	167,2	Keilwirbel; re Metacarpus V mit verh. Fraktur
3	Grube 2, NW	frühadult (20–25 J.)	männlich	ca. 1,73	172,4	Trema; verh. Rippenfraktur li
4	Grube 3, SO	(spät)adult (um 30[–40] J.)	männlich	ca. 1,72	171,1	entzündl. Reaktionen im Ber. d. großen Blutleiter; fragl. Subluxationen
5	Grube 3, SO	frühadult (um 25 J.)	eher männlich	ca. 1,72	171,1	Mastoiditis
6	Grube 3, SO	juvenil (ca. 15–16 J.)	eher männlich?	-**	-	Osteomyelitis?; möglw. Linkshänder
7	Grube 4, NO	frühadult (um 25 J.)	eher männlich	ca. 1,73	172,4	unverh. Hiebverletzung im li Occipitalbereich
8	Grube 4, NO	frühadult (um 25 J.)	unbestimmt	-	-	re 3. Rippe mit (fragl.) Schnittkerbe
9	Grube 4, NO	frühadult (25–30 J.)	männlich	ca. 1,66	163,3	verh. Abkappung und unverh. Hiebverletzung am li Scheitelbein
10	Grube 4, NO	frühadult (um 25–30 J.)	männlich	ca. 1,69	167,2	Trema?; Pfeifenusuren?; beids. Trochanter tertius

Tab. 1a: Schwäbisch Gmünd ‚Remswasen'. Skelette, Alters- und Geschlechtsbestimmung sowie Körperhöhenschätzung und Besonderheiten. – * Sog. kombinierte Schätzung; ** anhand der Diaphysenlängen von Femur und Tibia nach Telkkä et al. 1962 für männliche Individuen, 10–15 Jahre: zwischen 1,55 m und 1,63 m; nach Zorab et al. 1963/64 für 15-jährige Nichterwachsene: etwa 1,51 m (siehe in Anm. 5).

Skelettelement	MIZ	Männer	Frauen	unbest. Erwachsene	Jugendliche	Bemerkungen
Schädel	5	3	0	2	0	siehe Text
Humerus	5	4	0	1	0	siehe Tabelle 4a
Ulna	4	2	0	1	1	1 × li (gr. Länge um 245) zu Ind. A gehörig
Radius	4	2	0	1	1	1 × li (gr. Länge 225*) zu Ind. A gehörig
Becken	8	4	1	2	1	siehe Tabelle 4d
Femur	8	5	1	1	1	siehe Tabelle 4b
Tibia	6–7	3	1–2	0–1	1	siehe Tabelle 4c
Fibula	5	1	1	3	0	3 Frgm. mit feinporigen Knochenauflagerungen
insgesamt	8	5	1	1	1	

Tab. 1b: Schwäbisch Gmünd ‚Remswasen'; Streuknochen, Mindestindividuenzahlen (Maßangaben in mm). – * Funktionale Länge 212, mittl. Dm proximal 22–23.

a

b

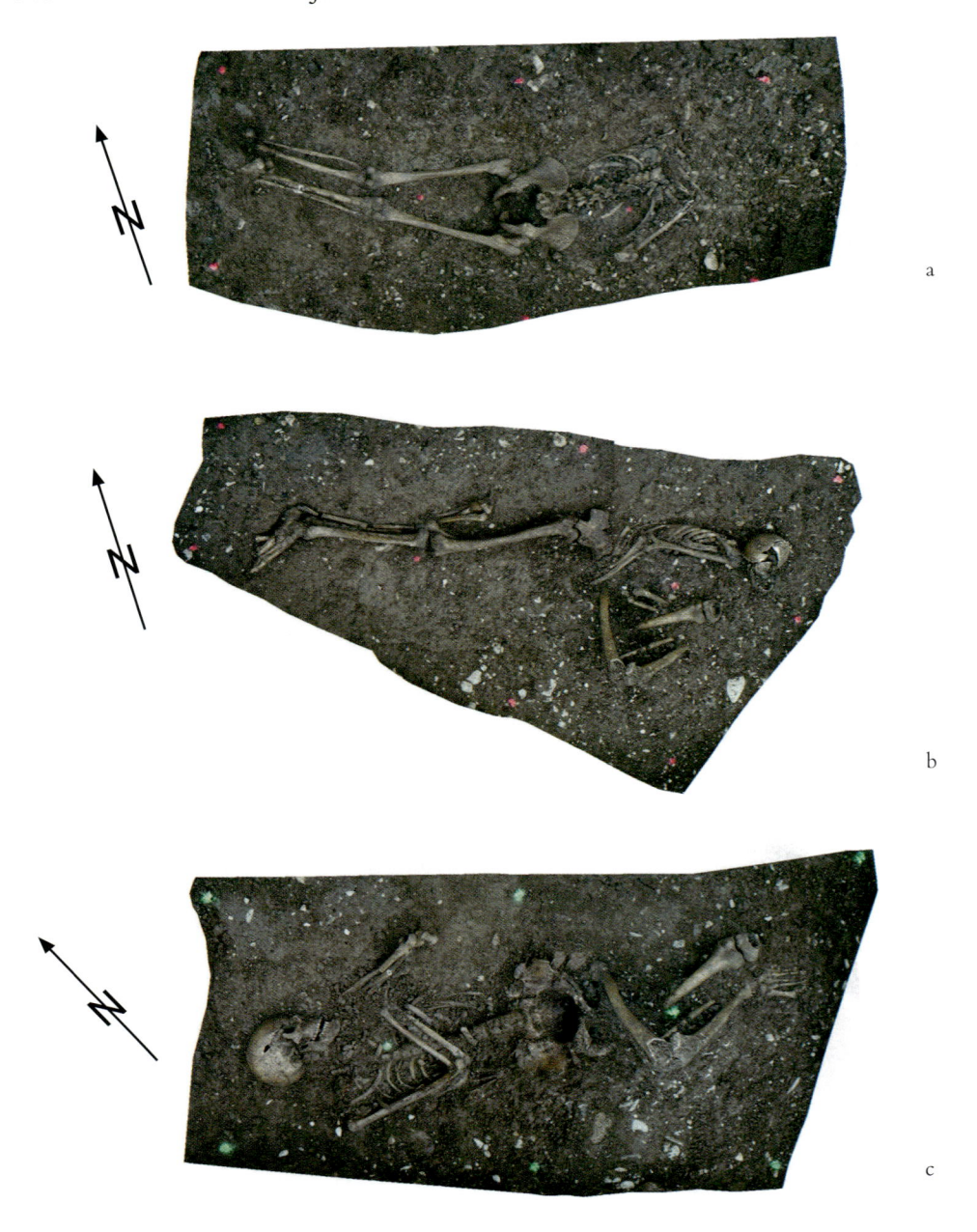

c

Abb. 1a–g (linke und rechte Seite): Schwäbisch Gmünd ‚Remswasen'. In situ-Aufnahmen der in den vier Grabgruben angetroffenen Skelettreste. a) Grube 1, Individuum 1; b) Grube 2, oberes Planum, Individuum 2; c) Grube 2, unteres Planum, Individuum 3; d) Grube 3, oberes Planum, Individuum 4 und 6; e) Grube 3, unteres Planum, Individuum 5 und 6; f) Grube 4, oberes Planum, Individuum 7 und 9; g) Grube 4, unteres Planum, Individuum 8 und 10 in Fundlage. M ca. 1:20.

d

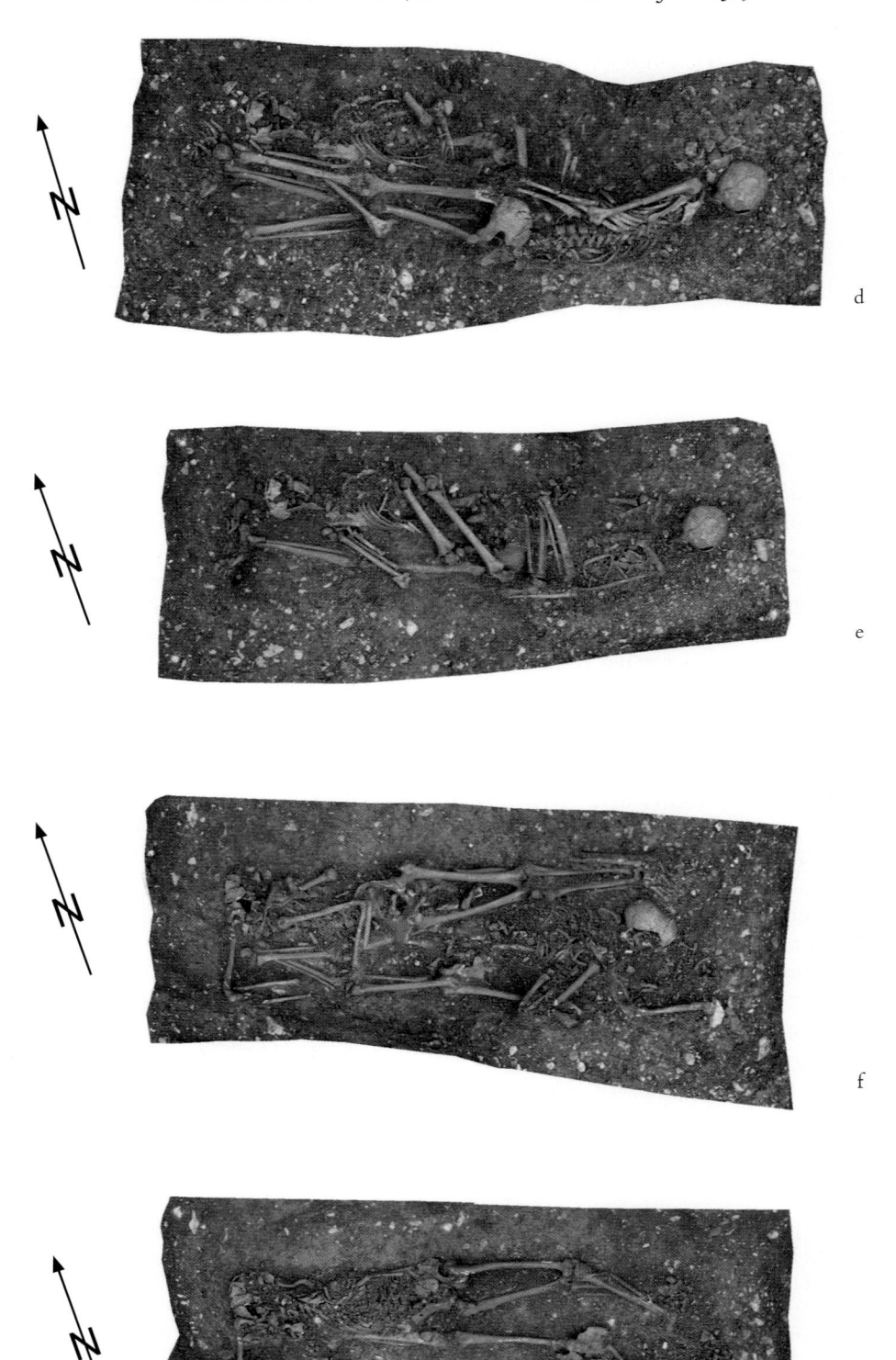

e

f

g

Skelettelement	Anzahl	Bemerkungen
Clavicula	5	alle nicht messbar; darunter ein graziles Ind.
Basipodium	53	vorwiegend Fußknochen
Metapodium	31	vorwiegend Metatarsalia
Akropodium	44	darunter 3 grazile Handphalangen mit Grünfärbung*
Sacrum	5	darunter Teile eines juvenilen Ind. (Ind. A)
Patella	2	li u. re; wahrsch. zum selben Ind. gehörig (eher männlich)
Costae	einige Dutzend Fragmente	teilweise mit feinporigen Knochenauflagerungen
Vertebrae	einige Dutzend Fragmente	Hals-, Brust- u. Lendenwirbel vertreten; je mind. 3 x Atlas und Axis

Tab. 1c: Schwäbisch Gmünd ‚Remswasen'. Streuknochen, Knochenzahlen, Postkranium (ohne große Langknochen). – * Zusammen mit Bronze-/Kupferring gefunden.

Hinsichtlich der Seitenzuweisung und Richtungsbezeichnung bedeuten re = rechts, li = links, prox. = proximal, dist. = distal.
3. Angaben zum Erhaltungszustand: Grabungsbeschädigungen, taphonomische Hinweise wie Verwitterungserscheinungen, Verbiss- und Nagespuren, Wurzelfraß, auffallende Verfärbungen usw. Knochenmaße (nach Martin[6]; Angabe in mm) werden in separaten Tabellen aufgeführt.
4. Sterbealter: Nennung der Beurteilungskriterien. Angabe nach den üblichen Altersstufen und/ oder gegebenenfalls numerisch. Durch Klammern werden mögliche Gewichtungen zum Ausdruck gebracht; erwachsen = um 20 Jahre oder älter.
5. Geschlecht: Ansprache der zugrundeliegenden Merkmale. DA Becken = Diskriminanzanalyse nach Murail et al.[7] Abgestufte Aussage je nach Sicherheit der Diagnose „männlich" / „weiblich"; „eher männlich / weiblich"; „vielleicht männlich / weiblich", evtl. Tendenzen oder „unbestimmt".
6. Körperhöhe: Aufgrund von Langknochenmaßen berechnete Körperhöhe nach den Schätzformeln von Bach/Breitinger bzw. Olivier et al. (in Tabelle 1a zudem umgerechnet nach Siegmund[8]). Trotz zentimetergenauer Angabe gelten die üblichen Unsicherheiten.
7. Pathologie: An Knochen oder Zähnen festgestellte Anzeichen von krankhaften Veränderungen oder Mangelerscheinungen. Die Benennung der Zahnpositionen erfolgt nach internationaler Nomenklatur (Fédération Dentaire Internationale).
8. Traumatische Befunde, Spuren von Gewalteinwirkungen.
9. Bemerkenswerte anatomische Besonderheiten, Schädelform u. ä.
10. Bemerkungen: sonstige Aussagemöglichkeiten; im Kontext angetroffene, zusätzliche Skelettreste und Beifunde; evtl. Querverweise zu anderen Befunden.

3. Die Baggerfunde

3.1 Individuenzahl

Im Vorfeld der planmäßigen Ausgrabung wurden bei Baggerarbeiten menschliche Skelettreste entdeckt. Aus dem Erdauswurf sind dabei insgesamt etwa 300 Knochenbruchstücke aufgelesen worden. Den Fundumständen entsprechend, weisen diese fast durchgehend rezente Beschädigungen auf.

---

6 R. Martin, Lehrbuch der Anthropologie in systematischer Darstellung (²Jena 1928).
7 P. Murail/J. Bruzek/F. Houet/E. Cunha, DSP: a probabilistic sex diagnosis tool using worldwide variability in hip bone measurements. Bull. Mém. Soc. Anthr. Paris 17, 2005, 167–176.
8 F. Siegmund, Die Körpergröße der Menschen in der Ur- und Frühgeschichte Mitteleuropas und ein Vergleich ihrer anthropologischen Schätzmethoden (Norderstedt 2010).

Einige davon ließen sich zu größeren Abschnitten zusammensetzen. Nach Schädelteilen sowie Fragmenten von Humerus, Fibula, Ulna und Radius können fünf bzw. vier Individuen nachgewiesen werden (vgl. Tab. 1b). Unter den größeren Skelettelementen sind Oberschenkel- und Beckenknochen am häufigsten vertreten. Das gesamte Konvolut repräsentiert demnach eine Mindestindividuenzahl von acht Personen. Diese verteilen sich auf fünf Männer, eine Frau, einen unbestimmten Erwachsenen sowie einen Jugendlichen im Alter von ca. 17–18 Jahren (s. u.).
Hand- und Fußknochen liegen zwar mengenmäßig mit insgesamt 128 Teilen vor (vgl. Tab 1c), bezogen auf die nachgewiesene Personenzahl sind sie allerdings nur mit etwa 15% der zu erwartenden Anzahl vertreten. Von 16 möglichen Kniescheiben sind lediglich zwei überliefert (12,5%). Diese Relationen sowie die Tatsache, dass die Wirbel und Rippen meist nur sehr bruchstückhaft erhalten und die Epiphysen der Streuknochen vielfach zerstört sind, entsprechen den Erwartungen bei derartigen Sammelbefunden. Man könnte somit, trotz der fragmentarischen Überlieferung, annehmen, dass in situ ursprünglich mehr oder weniger vollständige Skelette vorgelegen haben, die durch die Baumaschinen aus ihrem Zusammenhang gerissen wurden. Dem Fehlen von Autopodien könnte aber – wie am Hochgericht in Ellwangen vermutet – eine gewisse Selektion zugrunde liegen. Besonders zu werten sind möglicherweise auch die Schädel einzelner Personen. Diese sind auch bei den in den vier Grabgruben im anatomischen Verband angetroffenen Individuen 1–10 nicht immer (vollständig) erhalten und evtl. bereits beim Vergraben der Leichname absichtlich separiert worden. Nur an den Schädelresten von drei Individuen aus dem Baggeraushub sind fünf oder mehr Maße abnehmbar (vgl. Tab. 2: Cr 1 bis Cr 3). Ein weiteres Argument dafür, dass hier keine Gruben mit einzelnen Körperteilen zerstört wurden, ist das Fehlen jeglicher Frakturen im Frischzustand, Schrammspuren, Kerben oder sonstige Läsionen, die als Verräumspuren zu deuten wären.[9]
Bei den Femora ließen sich über morphologische Ähnlichkeiten für sechs Individuen jeweils Teile der rechten und linken Seite einander paarweise zuordnen. Diese erhielten die Bezeichnung ‚Ind. A' bis ‚Ind. F'. Zwei zusätzliche, rechte Oberschenkelknochen wurden als ‚Ind. G' und ‚Ind. H' benannt. Ausgehend davon wurde über Größe, Proportionen, Färbung und Erhaltungszustand eine Zuordnung zu den vorhandenen Beckenresten und Schienbeinen versucht. Direkte anatomische Anpassungen ergaben sich dann noch über die Tibia mit dem Talus im Sprunggelenk, Talus und Calcaneus sowie zwischen Sacrum und Os ilium über die Aurikularfläche. Anhand von Alter und Geschlecht bzw. Robustizität/Grazilität können weitere Zugehörigkeiten wahrscheinlich gemacht werden (vgl. Tab. 5), wobei in den meisten Fällen verschiedene Alternativen möglich sind, da es sich mehrheitlich um Überreste erwachsener Männer handelt, die sich in ihrem knöchernen Erscheinungsbild nur graduell voneinander unterscheiden. Andere prüfbare Zusammenhänge – etwa zwischen Schädelkondylen und Atlas, einzelnen Wirbelsäulenabschnitten, vl V mit dem Kreuzbein oder Humerus mit Ulna und Radius im Ellenbogengelenk – konnten aufgrund des fragmentarischen Zustands der Skelettreste nicht verifiziert werden, wären aber über DNA-Analysen einzlner Knochen theoretisch möglich.

3.2 Individuum A

Lediglich bei Individuum A sind die Zuweisungen verschiedener Skelettelemente aufgrund des noch nicht erfolgten Epi- und Apophysenschlusses zusätzlich abgesichert: Dazu gehören Teile beider Beckenhälften, beider Femora (re mehr oder weniger vollständig, li nur proximale Hälfte

---

9 Vgl. dazu die Hieb- und Schnittkerben sowie Schrammspuren an den Skelettresten aus Ellwangen. Zur Ansprache von Frakturen, die im Frischzustand des Knochens entstanden sind, siehe u. a. H. G. KÖNIG/J. WAHL, Zur Biomechanik der Zusammenhangstrennung am Knochen. In: J. PIEK/TH. TERBERGER (Hrsg.), Frühe Spuren der Gewalt – Schädelverletzungen und Wundversorgung an prähistorischen Menschenresten aus interdisziplinärer Sicht. Workshop in Rostock-Warnemünde vom 28.–30. 11.2003. Beitr. Ur- u. Frühgesch. Mecklenburg-Vorpommern 41 (Schwerin 2006) 11–22.

Maß-Nr./Kurzbezeichnung	Skelette*								Streuknochen**			
	Ind. 2 ♂	Ind. 3 ♂	Ind. 4 ♂	Ind. 5 (♂)	Ind. 6 (♂)?	Ind. 7 (♂)	Ind. 9 ♂	Ind. 10 ♂	Cr 1 (♂)?	Cr 2 (♂)	Cr 3 ♂	Cr 5 ♂
1 gr. Länge	(178)	((185))	((187))	173	(184)	–	–	((188))	170	–	((180))	–
5 Schädelbasislänge	–	–	–	98	–	–	–	–	101	–	–	–
7 Länge For. magnum	36	–	(39)	45	–	–	(39)	–	34	–	–	–
8 gr. Breite	(138)	((140))	((140))	148	147	–	–	((145))	141	104	((145))	–
9 kl. Stirnbreite	100	103	(94)	96	95	–	(101)	(100)	93	(133)	(97)	–
10 gr. Stirnbreite	(123)	(130)	–	123	(122)	–	–	(121)	120	((130))	–	–
11 Biauricularbreite	((124))	(125)	–	132	((128))	–	–	((127))	124	–	((114))	–
12 gr. Hinterhauptsbreite	(116)	((106))	–	(116)	((113))	(118)	(115)	((116))	113	–	((116))	–
13 Mastoidealbreite	((104))	–	–	((112))	(104)	–	–	((100))	(108)	–	((114))	–
17 Basion-Bregma-Höhe	–	–	–	128	–	–	–	–	141	–	–	–
20 Ohr-Bregma-Höhe	(112)	–	–	113	115	–	–	(114)	118	–	–	–
21 ganze Ohrhöhe	–	–	–	–	114	–	–	–	–	–	–	–
23 Horizontalumfang	(517)	((332))	–	516	–	–	–	((535))	497	–	((530))	–
24 Transversalbogen	(310)	–	–	318	318	–	–	((326))	320	–	((330))	–
25 Med.-sag.-Bogen	(356)	–	((366))	353	–	–	–	–	366	–	–	–
26 med.-sag.-Frontalbogen	(131)	(132)	–	118	125	–	–	–	127	117	(122)	–
27 med.-sag.-Parietalbogen	(107)	(111)	–	123	–	–	–	121	127	–	(136)	–
28 med.-sag.-Occipitalbogen	117	–	(117)	111	–	(111)	110	(117)	111	–	–	–
29 med.-sag.-Frontalsehne	(113)	(116)	–	105	110	–	–	–	111	101	(109)	–
30 med.-sag.-Parietalsehne	(100)	(102)	–	110	((114))	–	–	113	109	–	(121)	–
31 med.-sag.-Occipitalsehne	96	–	(98)	96	–	(90)	91	(93)	96	–	–	–
38 Schädelkapazität (L.-P.)	(1329)	–	–	1376	1448	–	–	((1447))	1354	–	–	–
40 Gesichtslänge	–	–	–	–	–	–	–	–	–	–	–	–
42 untere Gesichtslänge	–	–	–	–	–	–	–	–	–	–	–	–
43 Obergesichtsbreite	(111)	((112))	(103)	105	101	–	((99))	(107)	(101)	–	(112)	–
44 Biorbitalbreite	–	((104))	–	–	((91))	–	–	–	–	–	–	–
45 Jochbogenbreite	–	–	–	–	–	–	–	–	((130))	–	–	–
47 Gesichtshöhe	–	(128)	((113))	(120)	123	–	(121)	113	–	–	–	–
48 Obergesichtshöhe	–	(75)	(62)	70	73	–	(74)	–	–	–	–	–

Tab. 2: Schwäbisch Gmünd ‚Remswasen'; Schädelmaße, Skelette und Streuknochen (nach R. Martin).
* Von Ind 1 und Ind 8 sind keine Schädel(reste) gefunden worden; ** Cr 4 nicht messbar.

#	Merkmal	1	2	3	4	5	6	7	8
50	vord. Interorbitalbreite	20	–	–	–	–	–	–	–
51	Orbitalbreite	(47)/–	–	–	–/39	–	–	–	–
52	Orbitalhöhe	37/–	(36)/–	–	–/33	–/34	–	–	–
54	Nasenbreite	27	23,5	28	28	21	((26))	26	–
55	Nasenhöhe	–	48	58	51	–	(54)	–	–
60	Maxilloalveolarlänge	51	–	55	55	–	51	–	–
61	Maxilloalveolarbreite	–	–	69	(62)	(62)	65	–	–
62	Gaumenlänge	–	–	–	–	–	–	–	–
63	Gaumenbreite	–	44	–	–	(39)	43	–	–
65	Kondylenbreite UK	124	(112)	((121))	(39)	((115))	37	–	–
66	Winkelbreite	105	(98)	((102))	((124))	(125)	121	((110))	–
68	Länge Unterkiefer	76	78	(82)	101	101	97	(73)	–
69	Kinnhöhe	29	40	30	84	77	79	(32)	37
70	Asthöhe	59	69	(66)	32	(33)	75	–	–
71	Astbreite	31,5/31	34/32	31	35	(70)	36	32/–	–
72	Ganzprofilwinkel	–	–	–	57	31,5/30	61	–	–
79	Astwinkel Unterkiefer	119°	(119°)	(112°)	124°	(117°)	133°	(133°)	–
	Längen-Breiten-Index	(77,5)	((75,7))	((74,9))	85,5	(79,9)	(77,1)	((80,6))	–
	Längen-Höhen-Index	–	–	–	74,0	–	82,9	–	–
	Gesichtsindex	–	–	–	–	–	–	–	–
	Orbital-Index	(78,7)	(80,0)	–	84,6	89,5	–	–	–
	Nasal-Index	–	(40,1)	–	49,0	48,3	(46,2)	–	–

erhalten), des Sacrums, das rechte Schienbein sowie Ulna und Radius der linken Seite (vgl. auch Tab. 1b). Unter den vorhandenen Schädelresten würde am ehsten ‚Cr 2' dazu passen. Alle übrigen Streuknochen sind Erwachsenen zuzuschreiben. Hinsichtlich der Altersdiagnose sind die Crista iliaca und Tuber ischiadicum unverwachsen, die Symphysenfuge mit deutlichen Querriefen versehen, Femur proximal und Trochanter minor im verwachsen begriffen, Femur distal noch offen, Tibia proximal unverwachsen. Daraus ergibt sich ein Sterbealter von ca. 17–18 Jahren, d. h. die Altersstufe spätjuvenil. Bei ‚Cr 2' sind alle großen Nähte endo- wie ektokranial noch offen, aber leider keine Zahnreste erhalten. Die Sphenobasilarfuge ist im Verwachsen begriffen oder bereits verwachsen, was in dieser Altersspanne möglich ist.

Die Beckenmerkmale sind z. T. widersprüchlich, mittlere Robustizität und Größe der Langknochen lassen jedoch eine Tendenz zum männlichen Geschlecht erkennen. Sollte der Schädel tatsächlich zum selben Individuum gehören, würde sich diese Tendenz verstärken (u.a. Glabella Broca-Stufe 3–4; Proc. mastoideus, Crista supramastoidea und Proc. zygomaticus mittel-robust; Margo supraorbitale eher gerundet; Morphologie des Felsenbeins männlich). Zur Berechnung der Körperhöhe können die Längen mehrerer großer Langknochen herangezogen werden. Daraus ergibt sich ein Schätzwert zwischen 1,65 m und 1,70 m.

Bemerkenswert sind bei diesem Individuum diverse Hinweise auf pathologische Veränderungen. Der linke Oberschenkelknochen zeigt eine in Fehlstellung verheilte Fraktur am Übergang vom oberen zum mittleren Schaftdrittel (Abb. 2), beide Femora tragen flächige Knochenauflagerungen, das rechte Schienbein weist eine verheilte Fraktur im distalen Schaftdrittel und Anzeichen einer verheilten Periostitis auf. Vom Grad der Abheilung her könnten alle Symptome ein und dieselbe Ursache haben, einen schweren Sturz oder ein ähnlich heftiges Unfallgeschehen. Das mittlere bis schwache Muskelmarkenrelief könnte demnach auf eine Inaktivitätsatrophie zurückzuführen sein. Als Besonderheiten seien das relativ lange Collum femoris sowie die starke dorsoventrale Krümmung der Femurdiaphysen erwähnt. Letzteres – ein Phänomen, das auch bei ‚Fe 2' und ‚Fe 6' zu beobachten ist – könnte auf eine stärkere körperliche Belastung bereits in jungen Jahren hinweisen. Der Hirnschädel ‚Cr 2' dürfte ursprünglich relativ breit (brachycephal) gewesen sein. Er zeigt Porosierungen an der Tabula interna und trägt Anzeichen von beginnender Cribra orbitalia und Cribra cranii, die als Spuren von Mangelsituationen zu deuten sind. Als anatomische Variante ist eine Stirnmittelnaht festzustellen. Alles in allem waren die Lebensumstände für den (wohl) eher männlichen Jugendlichen offenbar von Entbehrung, Arbeit und Risiko geprägt.

3.3 Weitere Details

Eine nähere Beschreibung der anderen, aus den Streuknochen belegten Personen muss insofern unterbleiben, da die Zuordnungen verschiedener Skelettelemente alleine aufgrund morphognostischer Kriterien mehr oder weniger unsicher sind. So können z. B. die Schädelreste ‚Cr 4' und die Beckenteile ‚Pe 6' den Individuen B oder E angehören. Bei anderen Körperpartien sind Zugehörigkeiten von bis zu fünf verschiedenen Individuen möglich (vgl. Tab. 5). Hinsichtlich einzelner physischer Details sei auf die Angaben in den Tabellen 4a bis 4d verwiesen.

Als Beispiele interessanter Teilbefunde sollen an dieser Stelle die fragliche, beidseitige Subluxation im Hüftgelenk von ‚Pe 2' und die flächig abgetragenen Acetabula bei ‚Pe 4' genannt werden, die im ersten Fall auf einen Sprung oder Sturz aus größerer Höhe und im zweiten auf extreme körperliche Belastungen des gerade einmal ca. 30-jährigen Mannes zurückzuführen sind. Im gesamten Ensemble vergleichsweise häufig sind Anzeichen von Knochenhautentzündungen an den Tibiae und Fibulae anzusprechen, eine typische Veränderung, die durch eine Verletzung im Bereich des Unterschenkels, meist der kaum mit Weichteilen bedeckten Schienbeinvorderkante, verursacht wird. Feinporige Knochenauflagerungen auf der Innenseite der Rippen können als Folge einer Rippenfellentzündung angesehen werden. Dazu kommen cribröse Erscheinungen an den Femora, die zum wiederholten Mal auf Mangelerscheinungen hindeuten, und diverse Phänomene an den Schädelresten:

Abb. 3 (oben): Schwäbisch Gmünd ‚Remswasen'. Zusammen mit den Streuknochen im Baggeraushub gefundene Haarreste.

Abb. 2 (links): Schwäbisch Gmünd ‚Remswasen'. Fragment des linken Oberschenkelknochens des ca. 17–18-jährigen ‚Ind. A' (Streuknochen) mit verheilter Fraktur im oberen Schaftdrittel. Das rechte Schienbein des Jugendlichen weist ebenfalls einen verheilten Bruch auf.

Bei ‚Cr 1' handelt es sich um einen in der Vertikalansicht gedrungen ovoiden Hirnschädel mit einer deutlichen Asymmetrie im Hinterhauptbereich. Die linksseitige Abplattung kann verschiedene Ursachen haben, eine prämature Nahtsynostose ist allerdings auszuschließen. Mit einem LBI von 82,9 ist der Schädel brachykran, in der Seitenansicht auffallend hoch und kurz. Von seiner Form her kommt er dem sog. „planoccipitalen Steilschädel" nahe. Trotz frühadulten Alters (um 25 Jahre) zeigen sich bereits schwache arthrotische Randleisten im Bereich der Kondylen sowie Spuren von Cribra cranii.

Der als ‚Cr 3' aufgenommene Schädel stammt von einem ca. 30-jährigen Mann. Er ist postmortal deformiert, dürfte ursprünglich ovoid gewesen sein und weist auf der Innenseite zahlreiche Foveolae granulares sowie Porositäten entlang des Sulcus sinus sagittalis auf. Ektokranial sind erneut cribröse Veränderungen zu erkennen. Vom Unterkiefer fehlt der rechte Ast, der Oberkiefer ist nur fragmentarisch erhalten. Der Mann hatte einen Überbiss. Von den insgesamt 16 durchweg mit Zahnsteinanhaftungen versehenen Zähnen sind sechs kariös. Bei 36[10] zeigt sich ein bukkaler Abszess, mindestens vier Zähne weisen Stellungsanomalien auf und vier weitere waren bereits zu Lebzeiten ausgefallen. Dazu kommen Anzeichen von Parodontose, Parodontitis, Hyperzementose, einer starken Interdentalabrasion im Oberkiefer und mehrere, aber schwach ausgebildete Schmelzhypoplasien, die auf moderate periodische Mangelsituationen in der Kindheit hindeuten. Als eher seltene Formvarianten können ein Nahtknochen in der Sutura coronalis, schaufelförmige, obere Schneidezähne sowie größere Dehiszenzen und Fenestrationen im Alveolarbereich des Oberkiefers festgestellt werden.[11]
Von ‚Cr 4' sind lediglich Fragmente des Stirnbeins (mit beginnender Cribra orbitalia) und des linken Jochbeins überliefert, die einem spätadulten, wohl eher männlichen Individuum zuzuschreiben sind.

---

10 Bezeichnung der Zahnpositionen nach der World Dental Federation FDI.
11 Vgl. D. GRZIMEK, Studie von Schädeln zweier Skelettpopulationen aus dem frühen Mittelalter hinsichtlich alveolärer Dehiszenzen und Fenestrationen unter Berücksichtigung des historischen, archäologischen und anthropologischen Hintergrundes. Diss. Frankfurt/Main 1986.

Maß Nr. / Bezeichnung		Ind. 1 frühadult (♂)		Ind. 2 spätmatur (o.ä.) (♂)		Ind. 3 frühadult ♂		Ind. 4 (spät)adult ♂		Ind. 5 frühadult (♂)		Ind. 6 juvenil (♂)?		Ind. 7 frühadult (♂)		Ind. 8 frühadult unbest.	
		li	re	li	re	li	re	li	re	li	re	li	re	li	re	li	re
Hu 1	größte Länge	–	–	313	319	338	347	331	337	–	342	(335)*	(335)*	333	–	(314)	–
Hu 2	ganze Länge	–	–	–	–	–	–	–	–	–	–	–	–	–	–	–	–
Hu 4	Epicondylenbreite	–	66	68	68	63	63	63	63	–	67	–	64	67	–	–	–
Hu 5	gr. Dm Diaphyse	–	24,1	25,2	26,2	23,8	25,0	23,1	23,7	((23))	23,2	22,2	20,9	25,2	24,1	23,3	–
Hu 6	kl. Dm Diaphyse	–	20,3	20,8	20,8	18,2	19,0	16,9	17,4	–	16,2	16,5	16,2	19,1	18,7	16,7	–
Hu 7	kl. Umfang Diaphyse	–	68	62	70	66	68	64	65	–	62	58	57	67	64	(61)	–
Hu 9	Breitendm proximal	–	–	–	(45)	(43)	45	–	45	(41)	40	43	(44)	45	46	–	–
Hu10	Höhendm proximal	–	–	–	48	48	49	–	47	–	45	47	(48)	47	49	–	–
Ra 1	größte Länge	–	((255))	252	–	–	247	–	245	–	259	((235))*	–	249	–	(231)	–
Ra 2	funktionale Länge	–	240	238	236	221	231	–	230	–	244	220	–	233	–	217	–
Ra	mittlerer Dm proximal	–	23,5	25,5	–	–	(22)	–	24,5	–	–	((22))	22	23	–	22,5	–
Ul 1	größte Länge	–	–	–	–	258	264	–	–	–	(283)	((260))*	–	–	–	–	–
Ul 2	funktionale Länge	–	((240))	231	235	222	227	–	–	–	248	225	–	–	–	–	–
Fe 1	größte Länge	476	490	454	461	–	480	–	–	470	464	(410)**	(410)**	475	478	–	469
Fe 2	natürliche Länge	470	484	452	456	–	474	–	–	468	462	–	–	472	475	–	465
Fe 6	sag. Dm Diaph.mitte	31,4	32,2	33,2	33,2	(30)	(30)	28,5	30,2	31,8	31,2	28,4	28,2	30,0	30,2	29,1	29,2
Fe 7	transv. Dm Diaph. mitte	27,8	26,7	30,8	30,0	(26,3)	(26)	28,6	27,2	30,3	28,1	25,2	26,0	29,2	27,9	27,5	25,4
Fe 8	Umfang Diaph.mitte	90	91	98	97	(88)	(89)	90	89	97	93	83	85	92	91	87	85
Fe 9	ob. transv. Dm	32,7	29,2	36,8	35,7	30,0	29,2	–	34,0	((32))	32,4	29,6	30,2	31,8	–	32,7	–
Fe10	ob. sag. Dm	28,0	28,6	28,4	28,4	25,0	25,0	–	25,0	((28))	26,3	25,3	25,3	26,3	–	26,2	–
Fe19	Dm proximal	50	50	47	48	49	48	48	49	49	48	–	–	49	50	49	48
Fe21	Epicondylenbreite	83	85	(91)	90	–	82	(82)	–	83	(83)	–	((80))	83	((81))	–	–
Ti 1a	größte Länge	390	400	374	375	383	–	383	385	380	375	((330))**	–	395	393	(375)	–
Ti 1b	Länge	380	390	363	360	371	–	374	(374)	372	365	–	–	387	384	(365)	–
Ti 3	Epiph.breite prox.	((75))	(74)	(83)	(82)	–	(74)	(77)	–	(78)	(76)	(76)	–	76	77	–	–
Ti 8a	sag. Dm For. nutr.	40,0	39,4	38,3	39,8	33,8	–	37,4	38,3	–	((34))	33,0	31,6	35,2	35,8	–	34,9

Ti 9a	transv. Dm. For. nutr.	27,0	27,0	25,8	28,2	24,3	22,0	25,7	–	–	23,2	25,1	25,1	27,7	–
Ti 10b	kleinster Umfang	79	83	82	83	74	76	75	72	(20,8)	73	–	77	77	73
Fi 1	größte Länge	378	379	358	359	378	–	((370))	–	70	–	–	–	–	72
Cl 1	größte Länge	–	–	163	(162)	(172)	147	147	((162))	368	(147)	(145)	144	143	–
Pe 1	Beckenhöhe	220	219	230	(230)	–	219	(218)	–	((163))	–	–	–	–	(138)
Pe 2	gr. Beckenbreite	(165)	(166)	–	–	225	163	–	–	(233)	–	–	–	(220)	(215)
Pe	Dm. acetabulum	60	59	58	57	(157)	57	56	58	–	–	–	60	((165))	((155))
Ca 1	größte Länge	89	88	87	84	58	77	(81)	85	62	–	–	(77)	59	56
Ta 1	größte Länge	66	–	67	68	84	53	61	68	84	–	–	62	(77)	(79)
Pat1	Höhe	(45)	(46)	42	–	64	46	(46)	43	67	42	43	42,5	(62)	(62)
Pat2	Breite	–	45	43	44	–	47	50	44	43	–	46	43,5	42,5	–
Pat3	Dicke	19,5	19	21	21	–	20,5	–	22	43	21,5	(22)	20	42	42
Längendicken-Index Humerus		–	–	0,20	0,22	0,20	0,19	0,19	–	21	(0,17)	(0,17)	0,20	20	(20)
Längendicken-Index Femur		0,19	0,19	0,22	0,21	–	–	–	0,21	0,18	–	–	0,19	0,19	–
Robustizitätsindex Femur		12,6	12,2	14,2	13,9	(0,19)	–	–	13,3	0,20	–	–	12,5	12,2	0,18
Index platymericus		85,6	97,9	77,2	79,6	(11,8)	–	73,5	((87,5))	12,8	85,5	83,8	82,7	–	11,7
Index cnemicus		67,5	68,5	67,4	70,9	83,3	58,8	67,1	–	81,2	70,3	79,4	71,3	77,4	80,1
						71,9				((61,2))					75,4

Tab. 3/1: Schwäbisch Gmünd ‚Remswasen'; Postkranialmaße, Skelette. – * Messung einschließlich der losen Epiphyse(n); ** größte Länge der Diaphyse.

Maß Nr.	Bezeichnung	Ind. 9 frühadult ♂		Ind. 10 frühadult ♂	
		li	re	li	re
Hu 1	größte Länge	309	316	324	332
Hu 2	ganze Länge	–	–	–	–
Hu 4	Epicondylenbreite	61	60	66	–
Hu 5	gr. Dm Diaphyse	23,0	24,3	24,8	24,8
Hu 6	kl. Dm Diaphyse	18,2	18,6	17,9	19,1
Hu 7	kl. Umfang Diaphyse	65	65	63	65
Hu 9	Breitendm proximal	44	44	(43)	45
Hu 10	Höhendm proximal	44	46	48	47
Ra 1	größte Länge	228	231	242	247
Ra 2	funktionale Länge	215	216	226	230
Ra 4/5(1)	mittlerer Dm proximal	22,5	(23)	22	23
Ul 1	größte Länge	–	–	262	–
Ul 2	funktionale Länge	(212)	211	229	–
Fe 1	größte Länge	438	438	449	450
Fe 2	natürliche Länge	436	434	443	444
Fe 6	sag. Dm Diaph.mitte	26,2	26,0	22,3	22,6
Fe 7	transv. Dm Diaph.mitte	25,4	25,7	30,8	31,2
Fe 8	Umfang Diaph.mitte	82	81	87	88
Fe 9	ob. transv. Dm	32,0	31,0	39,5[1]	41,9[1]
Fe 10	ob. sag. Dm	24,9	23,9	23,7	23,1
Fe 19	Dm proximal	47	46,5	51	51
Fe 21	Epicondylenbreite	(80)	((80))	81	81
Ti 1a	größte Länge	333	–	363	368
Ti 1b	Länge	321	31,8	351	354
Ti 3	Epiph.breite proximal	75	–	–	–
Ti 8a	sag. Dm For. nutr.	33,0	32,8	35,4	34,8
Ti 9a	transv. Dm. For. nutr.	22,8	23,7	22,0	21,6
Ti 10b	kleinster Umfang	73	74	72	73
Fi 1	größte Länge	–	–	((360))	–
Cl 1	größte Länge	137	136	((150))	145
Pe 1	Beckenhöhe	–	(205)	224	–
Pe 2	gr. Beckenbreite	–	–	(157)	–
Pe 22	Dm. acetabulum	55	55	62	61
Ca 1	größte Länge	77	77	80	81
Ta 1	größte Länge	60	60	–	(61)
Pat 1	Höhe	–	–	–	–
Pat 2	Breite	–	45	43	44
Pat 3	Dicke	(21)	21	21	(21)
Längendicken-Index Humerus		0,21	0,21	0,19	0,20
Längendicken-Index Femur		0,19	0,19	0,20	0,20
Robustizitätsindex Femur		11,8	11,9	12,0	12,1
Index platymericus		77,8	77,1	60,0	55,1
Index cnemicus		69,1	72,3	62,1	62,1

Tab. 3/2: Schwäbisch Gmünd ‚Remswasen'; Postkranialmaße, Skelette.
1: Außergewöhnlich hohe Werte!

‚Cr 5' ist durch ein Bruchstück der Mandibula mit ausgesprochen prominenter Kinnregion und vier Zähnen (44-47, Parodontose und Zahnstein) sowie einem Stück des rechten Os zygomaticum mit einem ausgesprochen robusten und breiten Processus frontalis repräsentiert. Es handelt sich hierbei um Schädelreste eines adulten Mannes. Fraglich in ihrer Zuordnung sind ein kleines Kalottenfragment und ein Bruchstück des linken Os temporale, die – ohne direkte Anpassung – ebenfalls zu ‚Cr 5' gehören oder von einem sechsten Individuum stammen könnten.

Zwischen den Knochen fand sich im Baggeraushub ein Büschel Haare (Abb. 3), die derzeit von Herrn Dipl.-Biol. F. M. Neuberger vom Biozentrum Martinsried der LMU München untersucht werden. Eine erste Ansprache bestätigte den Verdacht, dass es sich um menschliche Haare handelt. Über eine chemische Analyse soll damit der Ernährungsstatus des Betroffenen in den letzten Monaten seines Lebens ermittelt werden.[12]

3.4 Knochen mit Grünfärbung

Ein weiteres, bemerkenswertes Detail sind Grünfärbungen an verschiedenen Knochenpartien, die in der Regel auf kupferhaltige Gegenstände zurückzuführen sind, die in unmittelbarer Nachbarschaft der betroffenen Skelettelemente im Boden lagen.[13] Derartige Verfärbungen sind bei den Streuknochen an mehreren Langknochenfragmenten sowie drei Handphalangen anzusprechen. Es handelt sich dabei um den linken Oberarmknochen ‚Hu 3' und das rechte Schienbein ‚Ti 4', die beide als männlich klassifiziert werden können, und das linke Schienbein ‚Ti 5', das möglicherweise einem weiblichen Individuum zuzuweisen ist. Zu den beiden Letztgenannten liegen auch noch entsprechend eingefärbte Bruchstücke der Wadenbeine vor. Mit Bezug auf die bei den Individuen 5 und 8 gefundenen Knöpfe (s. u.) darf man annehmen, dass hier vielleicht ebenfalls entsprechende Applikationen an Ärmeln, Hosenbeinen, Stiefeln oder anderen Teilen der Bekleidung vorhanden waren.[14]

Die drei intensiv grün gefärbten Fingerknochen wurden bei den Streuknochen, zusammen mit einem Metacarpus und einem Kupfer-/Bronzering unter der Bezeichnung „Fundstelle 2 Ost, Befundnummer 2, Fundnummer 10" gefunden. Sie können als Phalanx proximalis und medialis des (2. oder 3., wohl eher) 4. Strahls und Phalanx medialis des 5. Strahls, wahrscheinlich der rechten Hand, angesprochen werden, und dürften, ihrer Grazilität nach zu urteilen, am ehesten einer Frau zuzuordnen sein. Der Ring ist bandförmig, 7 mm breit, leicht tailliert mit einen Innendurchmesser von knapp 16 mm und einen Außendurchmesser von ca. 17 mm und weist außer umlaufenden Perlrändern keine weiteren Verzierungen auf. Nach heutigen Maßtabellen würde er mit Ringgröße 50/51 anzugeben sein.

4. Die Grabgruben

Grube 1, Individuum 1

1. Teilskelett; gestreckte Bauchlage O-W, Beine parallel zueinander und im Hüftbereich gegenüber der Längsachse des Oberkörpers um etwa 20° nach links verschoben; ca. 30 cm höher als Ind. 2-5 und ca. 60 cm höher als Ind. 6-8 liegend; Grubensohle zu den Füßen hin ansteigend;

---

12 Vgl. u. a. C. D. White/A. J. Nelson/F. J. Longstaffe/G. Grupe/A. Jung, Landscape bioarchaeology at Pacatnamu, Peru: inferring mobility from $\delta^{13}C$ and $\delta^{15}N$ values of hair. Journal Arch. Sci. 36, 2009, 1527–1537.
13 S.C. Otto/F. Schweinsberg/M. Graw/J. Wahl, Über Aussagemöglichkeiten von Grün- und Schwarzfärbungen an (prä)historischem Knochenmaterial. Fundber. Baden-Württemberg 27, 2003, 59–77.
14 Ähnliche Verfärbungen an Unterarmknochen (im Zusammenhang mit auf dem Rücken zusammen liegenden Armen) und möglw. Unterschenkelknochen wurden für die unter dem Galgen in Ellwangen vergrabenen Delinquenten alternativ auch als Hinweis auf eine mögliche Fesselung diskutiert. J. Piech „Mit dem Strang vom Leben zum Todt hingerichtet": Der Ellwanger Galgen und andere Galgenstandorte in Württemberg. Fundber. Baden-Württemberg 30, 2009, 521–755. – Wahl/Berszin 2010 (Anm. 5).

2. nahezu vollständig überliefert sind vt 8–12, vl 1–5, Sternum, re Ulna und Radius, re Hand, re und li Beckenhälfte, Femur, Patella, Tibia, Fibula und Fuß (jeweils mit zwei Sesambeinen); bruchstückhaft erhalten sind re und li Clavicula, Scapula, Manubrium und Corpus sterni, Rippen, re Humerus, li Ulna und Os coccygis; infolge moderner Störung fehlen der komplette obere Teil der Wirbelsäule (vc 1–vt 7) und der Schädel
3. zahlreiche rezente Beschädigungen im Bereich des Brustkorbs, des Schultergürtels sowie der Armknochen; Beckenschaufeln, Kreuzbein und Beinknochen mit streifig-fleckigen, bräunlichen, an Steißbein und re Scapula schwärzliche Verfärbungen auf der Ventralseite; *Maße siehe Tabelle 3*;
4. alle vorhandenen Epi- und Apophysen verwachsen, Verwachsungslinien an Femur prox. noch sichtbar, vs 1 und 2 noch nicht vollständig verschmolzen: *frühadult (um 25 Jahre)*;
5. kein Sulcus praeauricularis, Incisura ischiadica major uneindeutig, alle übrigen Merkmale am Becken (eher) männlich, Sacrum kaum dorsoventral gekrümmt; Humerus robust, Femur mittel, Muskelmarkenrelief mittel; DA Becken: *männlich*;
6. um 1,74 m;
7. vt mit beginnender Spondylarthrosis deformans und Schmorlschen Knötchen; vl mit beginnender Spondylarthrosis deformans und Osteochondrose; Skoliose im Bereich vt 11–vl 4; leichte Asymmetrie des Kreuzbeins (möglicherwese verheilte Fraktur?); Rippen durchgehend mit (teilweise 1–2 mm mächtigen, teilweise feinporösen oder gerieften) Knochenauflagerungen v. a. auf der Innenseite (Rippenfellentzündung?); verheilte Fraktur der li 12. Rippe, weitere (fragliche) Rippenfrakturen an re Costa 4/5–8; (schwache) arthrotische Randleistenbildung an unteren Wirbel-Rippen-Gelenken, li Femur prox. und dist., Fußwurzelknochen und Mt prox.; an beiden Femora und Tibiae entzündliche Reaktionen unterhalb des Trochanter minor, im Bereich der Linea aspera und Linea solei; re und li Patella mit intravitalen Erosionen; re und li Tibia mit verheilter Periostitis; li Sprung- und Fersenbein mit Exostosen; leichte Porositäten an den Mt;
8. keine Hinweise auf Gewalteinwirkungen;
9. Hiatus sacralis partialis; Collo-Diaphysenwinkel re und li unterschiedlich; Reiterfacette li größer als re; li Tibia mit kleiner Hockerfacette, re ohne; *epigenetische Merkmale siehe Tabelle 6*;
10. Knochenreste des Schultergürtels, Brustbeins, Steißbeins, re Humerus, li Ulna und Daumenendphalange sowie Teile der re Hand „vor der Bergung abgesammelt".

Grube 2, Individuum 2

1. Skelett; gestreckte linke Seitenlage O-W, re Unterarm leicht angewinkelt; Kopf an Fuß über Ind. 3 liegend
2. mehr oder weniger vollständig überliefertes Skelett, Plattknochen (v. a. Scapulae) meist nur fragmentarisch erhalten, Hand- und Fußknochen (jeweils mit zwei Sesambeinen) nahezu komplett vorhanden;
3. Schädel postmortal deformiert und stark fragmentiert, rezente Beschädigungen im Bereich des li Armes; schwärzliche Verfärbungen in der re Schulter, li Beckenregion und an beiden Fußskeletten; *Maße siehe Tabellen 2 und 3*;
4. Sphenobasilarfuge verwachsen, alle vorhandenen Epi- und Apophysen verwachsen, Nahtbefund um 50 (od. älter), Struktur der Symphysenfuge Stufe (3–)4, degenerative Veränderungen: *spätmatur (oder älter)*;
5. Zahngröße klein(–mittel), Glabella Broca Stufe 4(–5), Arcus superciliaris sehr deutlich, Stirnneigung eher gewölbt, Processus mastoideus kurz, breit und flach; Os zygomaticus niedrig aber profiliert, Margo supraorbitale eher scharfkantig, Kinnregion mittel(–robust), Mentalhöcker ausgebildet, Angulus mandibulae stark ausgestellt und profiliert, alle anderen Schädelmerkmale mittel; kein Sulcus praeauricularis, Incisura ischiadica major mittel(–weitbogig), Symphysenwinkel eng (!), Arc composé eher 1 Linie, Crista iliaca stark S-förmig geschwungen, Proportionen und Krümmung des Kreuzbeins eher männlich; Knochen robust, Linea aspera mittel(–kräftig); DA Becken: *männlich*;
6. um 1,69 m
7. gesamtes Gebiss mit Parodontose/-itis (v.a. im Molarenbereich) und Zahnsteinablagerungen, mindestens neun Zähne kariös (Approximal-, Fissuren- und Grübchenkaries; durchgehend superficialis); drei Zähne (17, 36 und 46) intravital ausgefallen, Alveole des 17 noch nicht vollständig geschlossen; 35 und 45 gedreht, beide M_2 nach mesial gekippt; deutliche Schmelzhypoplasien (z. T. mit dunklem Verfärbungshorizont; 1–2, 3–4, um 5 und 10–12 Jahre); stärkere Porosierung des harten Gaumens, Sinusitis maxillaris (re > li), Cribra cranii; Fovea dentis beginnend arthritisch; Dens axis mit leichter Schiefstellung nach li; vc mit schwacher Spondylosis deformans, vt bis Spondylosis deformans Stufe 1 (re > li) und moderater Spondylarthrosis deformans, Processus spinosus des vt 1 evtl. mit verheilter Fraktur; vl mit Spondylosis deformans Stufe 1 (li > re) und leicher Osteochondrosis vertebrae, vl 5 mit leichter Keilwirbelbildung; vs mit (beginnender) Spondylarthrosis deformans und Osteochondrose; (schwache) arthrotische Randleistenbildung und poröse Kortikalis an mehreren großen und kleinen Gelenken (u. a. Humerus, Fußknochen und Claviculae); Rippen, beide Femora, Tibiae und Fibulae mit (schwacher) Riefenbildung; re Mc V mit verheilter Schaftfraktur, beide Femora mit beginnender Bandverknöcherung im Bereich der Fovea capitis, re Fibula mit kleiner Exostose, beide Calcanei mit kartilaginären Exostosen, re Mt II dorsal mit verheilter Periostitis, re Großzehe als ‚Hammerzehe' ausgebildet;
8. keine Hinweise auf Gewalteinwirkungen;

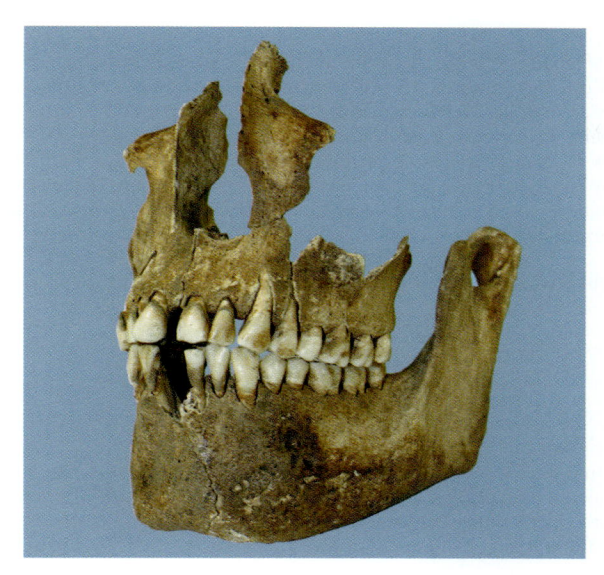

Abb. 4: Schwäbisch Gmünd ‚Remswasen'. Ober- und Unterkiefer 20–25-jährigen Mannes ‚Ind. 3'
mit angeborener Zahnlücke zwischen den beiden oberen mittleren Schneidezähnen (Trema).

9. intravitale Deformation (Abplattung) im li Okkzipitalbereich, relativ dünne Schädelknochen; Überbiss, beide M³ reduziert und Wurzelspitzen verschmolzen, Dehiszenzen im maxillären Alveolarbereich, beide M₃ 5-höckerig, symmetrische Einziehung oberhalb der Mentalhöcker; (leichte) Coxa vara und relativ kurzes Collum femoris, beide Patellae mit lateralen Konkavitäten; Schädel ovoid; *epigenetische Merkmale siehe Tabelle 6*;
10. zusätzlich als Streuknochen erhalten: re Patella (Höhe 47, Breite 47, Dicke 21) mit minimalen Degenerationserscheinungen, prox. Ende der re Fibula (Epiphyse verwachsen, rel. robust) sowie kleine Teilstücke zweier Fußwurzelknochen und einer Phalanx medialis des re (?) Fußes; möglicherweise alles zusammengehörig: erwachsen, eher männlich; obwohl keine direkten Anpassungen, wohl zu Individuum 3 gehörig.

Grube 2, Individuum 3

1. Skelett; gestreckte Rückenlage W-O, Kopf nach links gedreht, linkes Bein angezogen und aufgestellt, re Unterarm über der Brust angewinkelt, li Arm leicht nach links abgespreizt, im Ellenbogengelenk extrem angewinkelt (Hand im Schulterbereich), Kopf an Fuß unter Ind. 2 liegend;
2. nahezu vollständig überliefertes Skelett; Plattknochen teilweise stärker fragmentiert, Fehlstellen an Sacrum, li Femur dist., re Tibia und Fibula dist.; es fehlen: li Patella, einige Handknochen und Fußphalangen li sowie fast der komplette re Fuß;
3. Schädel postmortal deformiert (seitlich komprimiert), oberflächliche Frostsprengungen an den großen Langknochen, dist. Bruchende der re Tibia mit fragl. Sprödbruch; *Maße siehe Tabellen 2 und 3*;
4. nahezu alle Epi- und Apophysen verwachsen, Clavicula median im Verknöchern begriffen, alle großen Schädelnähte endo- und ektokranial noch offen, Sphenobasilarfuge verwachsen, Struktur der Beckensymphyse jung: *frühadult (20–25 Jahre)*;
5. Glabella Broca Stufe 5–6, Inclinatio frontale fliehend, Processus mastoideus relativ groß und massig, Protuberantia occipitalis externa Broca Stufe 2, Margo supraorbitale scharfkantig, Kinnregion hoch und relativ kräftig, alle anderen Schädelmerkmale uneindeutig; kein Sulcus praeauricularis, Angulus pubis eng, Foramen obturatum oval, Crista iliaca stark S-förmig, Fossa iliaca stark eingesenkt, alle anderen Beckenmerkmale mittel, Kreuzbein ebenso; Langknochen schlank, Muskelmarkenrelief mittel; DA Becken: *männlich*;
6. um 1,73 m;
7. gesamtes Gebiss mit Parodontose/-itis (OK > UK) und Zahnstein (v. a. im Frontbreich), sekundärer Kopfbiss, leichte Dreh- und Kippstände bei 31, 32 und 42, zahlreiche schwache Schmelzhypoplasien, Sinusitis maxillaris re und li; Atlas mit beginnender Randleistenbildung im Bereich der Fovea articularis superior, vt mit beginnender Spondylosis deformans und Spondylarthrosis deformans, vl 5 leicht keilförmig, vs 1 mit Spondylosis deformans Stufe 1 und beginnender Spondylarthrosis deformans, Wirbel-Rippen-Gelenke leicht arthrotisch, Rippen teilw. mit geriefter Oberfläche; fragliche, verheilte Rippenfrakturen bei li Costa 11 und 12 und bei re 12; einige große und kleine Gelenke leicht arthrotisch, Crista iliaca mit leichten kartilaginären Exostosen, verheilte Periostitis an beiden Tibiae und li Fibula, li Großzehe mit Tendenz zur ‚Hammerzehe';

8. keine Hinweise auf Gewalteinwirkungen;
9. Foramen zygomaticofaciale beidseitig mehrfach vorhanden, ausgeprägtes Trema (Abb. 4), alveolare Prognathie, Alveole des 13 mit Fenestration, 23 mit Dehiszenz, leicht asymmetrische Mandibula (re UK-winkel kräftiger als li), Corpus mandibulae (Fortsetzung der Linea obliqua sehr kräftig/wulstig ausgebildet, Torus mandibularis, Oberseite des Processus condylaris des UK beidseitig konvex gebogen; li Processus mastoideus deutlich kräftiger als re, Margo aperturae piriformis schwach ausgeprägt; beide Humeri dist. nach mesial gekrümmt, Unterarmknochen wirken gedrungen, Collum femoris beidseitig relativ kurz, re eher Coxa valga, li eher Coxa vara, beide Femora mit deutl. Längstorsion, beide Tibiae prox. nach lateral abgeknickt, li Tibia mit zusätzl. Foramen nutricium und kleiner Hockerfacette; Schädel ovoid-ellipsoid; *epigenetische Merkmale siehe Tabelle 6*;
10. die bei Ind. 2 zusätzlich vorgefundenen re Patella und Fibula sowie Fußknochen wahrscheinlich hier zugehörig.

Grube 3, Individuum 4

1. Skelett; gestreckte rechte Seitenlage O-W, seitlich und über Ind. 6, Unterschenkel leicht gespreizt, Füße von Ind. 4 im Kopfbereich von Ind. 6;
2. fast komplett erhaltenes Skelett; Schädel stark fragmentiert und mit Fehlstellen v. a. im Bereich des li Scheitelbeins, beide Scapulae unvollständig, einige Langknochenepiphysen und Rippen nur bruchstückhaft erhalten; es fehlen die dist. Gelenkenden beider Ulnae und prox. li Fibula, re Trochanter major, Teile von Sacrum und beiden Beckenhälften, einige Fußknochen, nahezu die komplette li Handwurzel und der größte Teil der re Hand;
3. Schädel stark postmortal deformiert und rezent beschädigt, ähnliche Läsionen an großen Langknochen und Becken; Grünfärbungen im Bereich der re Temporalschuppe (Applikation im Kragen-/Schulterbereich?), an der dist. re Radiusepiphyse und am re Os pisiforme (Knopf o. Ä. am Ärmelaufschlag?); *Maße siehe Tabellen 2 und 3*;
4. alle vorhandenen Epi- und Apophysen verwachsen, Nahtbefund plus/minus spätadult, an der Symphysenfuge noch horizontale Riefen erkennbar, oberster Sakralwirbelspalt im Verknöchern begriffen: *spätadult*;
5. Glabella Broca Stufe 5–6, Arcus superciliaris kräftig gewulstet, Tubera frontalia et parietalia fehlend-schwach, Inclination frontale sehr flach, Processus mastoideus massig und kurz (!), Protuberantia occipitalis externa Broca Stufe 3, Margo supraorbitale gerundet, Kinnregion sehr kräftig und prominent, UK-Winkel deutlich ausgestellt und profiliert; kein Sulcus praeauricularis, Incisura ischiadica major uneindeutig, Angulus pubis eng, Facies auricularis eingesenkt, Corpus ossis ischii relativ robust; Robustizität und Muskelmarkenrelief mittel; DA Becken unbest.: *männlich*;
6. um 1,72 m;
7. gesamtes Gebiss mit fortgeschrittener Parodontitis, massive Zahnsteinablagerungen v. a. im Frontbereich unten, vier Zähne kariös (durchgehend Zahnhalskaries), drei Zähne intravital ausgefallen (11, 12 und 37), Wurzelabszess bei 13, Kronen von 13 und 17 dunkel verfärbt, 41 und 42 elongiert, 27 und 38 verkippt, 14, 15, 24, 25, 32, 41 und 43 gedreht, deutliche Schmelzhypoplasien (v. a. an M_1 und C unten: um 4 und um 5 Jahre), Cribra cranii, Sinusitis maxillaris re und li, fortgeschrittene Porosierungen endokranial im Bereich der großen Blutleiter; vc Spondylarthrosis deformans eher li, vt beginnende Spondylosis deformans und Spondylarthrosis deformans sowie Schmorlsche Knötchen, vl mit beginnender Spondylosis deformans, Spondylarthrosis deformans, Schmorlschen Knötchen und entzündlichen Reaktionen im Bereich d. Corpusflächen, vs 1 mit Osteochondrose, entzündl. Granulationen im Bereich des Kreuzbeins (cranial und ventral); einige große und kleine Gelenke mit (schwachen) arthrotischen Randleisten (u. a. Auricularrand und Wirbel-Rippen-Gelenke), Porositäten im Metaphysenbereich mehrerer großer Langknochen und an Mt prox., kartilaginäre Exostosen am li Calcaneus Manubrium sterni und Ansatz der 1. Rippe re im Verknöchern begriffen und entzündlich, li Mc IV und zugeh. Phalanx prox. verkümmert (Athrophie), re Cavitas glenoidalis mit verheilter Subluxation nach Überstreckung (?), ähnlich an beiden Acetabula, beide Fibulae mit verheilter Periostitis (re > li);
8. keine Hinweise auf Gewalteinwirkungen;
9. Oberkiefer mit mehreren Dehiszenzen, 28 reduziert; beide Femora mit schwacher Reiterfacette, beide Tibiae mit schwacher Hockerfacette (re > li), prox. Anteile nach lateral abknickend (X-Bein-Stellung), Linea m. solei beidseitig stark ausgeprägt (re > li); schmaler und hoher Gesichtsschädel, Schädel relativ klein und ovoid; *epigenetische Merkmale siehe Tabelle 6*;
10. zusätzlich als Streuknochen erhalten: Fragment des li Os parietale (Sutura sagittalis und lambdoidea noch offen), Processus spinosus eines vt, Reste von drei vl (Wirbelscheiben noch nicht verwachsen), Sacrum, beide Beckenhälften (Crista iliaca noch nicht verwachsen, Dm Acetabulum eher groß, oberer Schambeinast gedrungen, Incisura ischiadica major uneindeutig), li Radiusdiaphyse, re Collum femoris (mit deutl. Porosierun-

---

15 Nach M. Djuric/P. Milovanovic/A. Jovanovic/M. Draskovic/K. D. Djukic/P. Milenkovic, Porotic Lesions in Immature Skeletons from Stara Torina, Late Medieval Serbia. Int. Journal Osteoarch. 18, 2008, 458–475.

gen: „femoral cribra, trabecular type"[15]), li Os cuneiforme mediale: Möglicherweise alles zusammengehörig: spätjuvenil (um 16–18 Jahre), eher männlich; bis auf Radiusfragment (Ind. 5?) wahrscheinlich zu Individuum 6 gehörig.

Grube 3, Individuum 5

1. Skelett; gestreckte Bauchlage O-W, Schädel auf der linken Gesichtsseite, Arme seitlich am Körper anliegend, unter Ind. 6;
2. fast vollständig erhaltenes Skelett (u. a. 2 Gehörknöchelchen); geringere Fehlstellen im Bereich des Schädels, an der re Scapula sowie einigen Langknochen; li Scapula, Wirbel, Rippen, Kreuzbein, re und li Beckenhälfte, Humerus und Ulna nur bruchstückhaft überliefert; es fehlen: Sternum, li Radius sowie wenige Hand- und Fußknochen;
3. Gesichtsschädel und Basis (leicht) postmortal deformiert; Fußknochen re und li sowie Knieregion re und li schwarzfleckig, re Tibia und Mt I mesial mit Grünfärbung (Schuh-/Stiefelreste?); schwacher Grünanflug an Axis und vc 3 (Applikation im Kragenbereich?); *Maße siehe Tabellen 2 und 3;*
4. Sphenobasilarfuge verwachsen, Zahnbefund erwachsen (8er durchgebrochen und in Reibung), Clavicula median noch nicht verwachsen, Sacralwirbel noch nicht vollst. verschmolzen, alle anderen Epi- und Apophysen verwachsen: *frühadult (um 25 Jahre);*
5. Glabella Broca Stufe 4, Processus mastoideus (sehr) kräftig und relativ groß, Protuberantia occipitalis externa Broca Stufe 2, Crista supramastoidea kräftig, Mentalregion schmal und zweihöckerig, UK-Winkel ausgestellt und profiliert, alle anderen Schädelmerkmale mittel; kein Sulcus praeauricularis, Incisura ischiadica major eher weit, Arc composé li 2, re 1 Linie, Facies auricularis eher eingesenkt, Foramen obturatum eher länglich, Corpus ossis ischii eher robust; Langknochen groß und schlank, Muskelmarkenrelief (mittel-)kräftig, Linea aspera li > re; Sacrum und DA Becken: *eher männlich;*
6. um 1,72 m;
7. moderate Cribra cranii, ca. 6 mm x 12 mm große, länglich ellipsoide Eindellung oberhalb der re Orbita (verheilte Verletzung), entzündliche Perforation oberhalb des li Porus accusticus externus und entspr. Reaktionen um den gesamten Processus mastoideus herum (Mastoiditis), ähnl. Erscheinung lateral unterhalb des li Processus condylaris des UK, stark fortgeschrittene Parodontose/-itis (v. a. UK), massive Zahnsteinablagerungen, acht Zähne kariös, sechs Zähne intravital ausgefallen (16, 26, 27 und 48 wohl erst kurz vor dem Tod), bukkale Wurzelabszesse bei 16 und 26–28, Hyperzementose im Zahnhalsbereich (UK), moderatere Engstand Front unten (13 gedreht und nach mesial verkippt), 47 nach mesial und alle Prämolaren oben nach palatinal gekippt, einige Zahnkronen dunkel verfärbt, keine Schmelzhypoplasien; Schädelkondylen mit schwachen Randleisten, vc mit leichter Spondylarthrosis deformans, vt mit Spondylosis deformans Stufe 1 und Spondylarthrosis deformans, vl mit Spondylarthrosis deformans und Schmorlschen Knötchen, vs 1 mit Osteochondrose, Rippen mit leicht gerifter Außenoberfläche, verknöcherte Knorpelstruktur an einem ster-

Bezeichnung	Hu 1		Hu 2		Hu 3		Hu 4		Hu 5	
Alter	erw.		(wohl) erw.		erw.		erw.		erw.	
Geschlecht	(♂)		?		♂		(♂)		♂	
Seite	li	re	li	re	li	re	li	re	li	re
Maß Nr.										
Hu 1 größte Länge	–	–	((330))	–	((330))	–	–	–	–	–
Hu 4 Epicondylenbreite	–	–	–	–	–	–	–	–	–	–
Hu 5 gr. Dm Diaphyse	22,9	(23,6)	23,2	21,8	25,0	–	22,9	–	–	24,0
Hu 6 kl. Dm Diaphyse	18,0	18,8	18,0	18,0	19,7	–	18,4	–	–	17,7
Hu 7 kl. Umfang Diaphyse	–	–	62	63	66	–	–	–	–	66
Hu 9 Breitendm proximal	–	–	–	–	–	–	45	–	–	–
Hu 10 Höhendm proximal	–	–	–	–	–	–	48	–	–	–
Längen-Dicken-Index	–	–	((0,19))	–	((0,20))	–	–	–	–	–
Robustizität	mittel		grazil-mittel (-robust)		robust		mittel		(mittel-)robust	
Wuchsform	–		schlank		gedrungen		–		–	
Muskelmarkenrelief	mittel		mittel(-kräftig)		(s.) kräftig		mittel		kräftig	
Bemerkungen	–		–		li Grünfärbung		–		–	

Tab. 4a: Schwäbisch Gmünd ‚Remswasen'; Streuknochen, Maße Humerus (MIZ 5).

Bezeichnung		Ind. A		Ind. B		Ind. C	
Alter		ca. 17–18 Jahre		(jüng.) Erw.		(jüng.) Erw.	
Geschlecht		?		(♀)		♂	
Seite		li*	re	li	re	li	re
Maß Nr.							
Fe 1	größte Länge	–	(457)	423	420	–	–
Fe 2	natürliche Länge	–	454	421	419	–	–
Fe 6	sag. Dm Diaph.mitte	–	27,1	28,1	26,3	–	28,0
Fe 7	transv. Dm Diaph. mitte	–	26,3	28,9	29,2	–	31,7
Fe 8	Umfang Diaph.mitte	–	85	88	86	–	92
Fe 9	ob. transv. Dm	–	33,3	33,4	35,2	–	–
Fe 10	ob. sag. Dm	–	25,6	22,2	22,6	–	–
Fe 19	Dm proximal	45	46	43	43	53	52
Fe 21	Epicondylenbreite	–	((77))	77	(78)	–	87
Index platymericus		–	76,9	66,5	64,2	–	–
Robustizität		mittel(-grazil)		mittel-grazil		mittel	
Wuchsform		Collum rel. lang		dorsoventr. Krümmung!		Collum s. kurz	
Muskelmarkenrelief		schwach		mittel-kräftig		kräftig	
Bemerkungen		verh. Fraktur		–		massiger Kopf	
Knochenauflagerungen		+	++	+	+	–	–

Tab. 4b: Schwäbisch Gmünd ‚Remswasen'; Streuknochen, Maße Femur (MIZ 8).

Bezeichnung		Ti 1		Ti 2	
Alter		um 17 Jahre		erwachsen	
Geschlecht		?		(♀)	
Seite		li	re	li	re
Maß Nr.					
Ti 1a	größte Länge	–	–*	–	350
Ti 1b	Länge	–	–	–	339
Ti 3	Epiph.breite proximal	–	(74)	((70))	72
Ti 8a	sag. Dm For. nutr.	–	31,8	(34)	33,7
Ti 9a	transv. Dm. For. nutr.	–	26,3	(21)	22,9
Ti 10b	kleinster Umfang	–	–**	–	72
Index cnemicus		–	82,7	(61,8)	68,0
Robustizität		mittel		grazil	
Wuchsform		–		–	
Muskelmarkenrelief		mittel		mittel	
Bemerkungen		verh. Fraktur verh. Periostitis		Porosierungen	
zugeh. Fußknochen vorhanden		–	–	+	?
Ca 1		–	–	74	–
Ta 1		–	–	(57)	–

Tab. 4c: Schwäbisch Gmünd ‚Remswasen'; Streuknochen, Maße Tibia (MIZ 6) und zugehörige Fußknochen.

	Ind. D (jüng.) Erw. ♂		Ind. E erwachsen ?		Ind. F (jüng.) Erw. ♂		Ind. G erwachsen (♂)		Ind. H erwachsen ♂	
	li	re	li	re	li	re	li	re	li	re
	((460))	–	–	–	–	((470))	–	467	–	483
	–	–	–	–	–	–	–	463	–	478
	29,5	30,9	27,0	28,2	31,8	(30,6)	–	32,8	–	27,6
	29,2	29,7	26,9	26,0	27,0	(28,2)	–	27,2	–	27,3
	91	(93)	84	83	91	92	–	95	–	85
	33,6	33,5	31,7	31,1	31,4	31,7	–	29,6	–	35,9
	27,6	27,5	23,6	23,2	27,0	25,3	–	26,6	–	26,9
	52	52	49	49	–	50	–	45	–	52
	–	–	–	–	–	–	–	77	–	91
	82,1	82,1	74,4	74,6	86,0	79,8	–	89,9	–	74,9
	(mittel-)robust		grazil		mittel(-robust)		mittel		mittel(-robust)	
	–		–		dorsoventr. Krümmung.		schlank		rel. schlank	
	schwach-mittel		(s.) schwach		(schwach–)mittel		mittel		schwach-mittel	
	Collum cribrös Porosierungen		Porosierungen		asymmetrischer Schaftquerschn				– Collum cribrös	
	–	–	+	+	+	+	–	–	–	+

* Dickenmaße und Umfang wegen starker Kallusbildung nicht messbar.

	Ti 3 erwachsen ♂		Ti 4 erwachsen ♂		Ti 5 (wohl) erw. (♀)?		Ti 6 (wohl) erw. (♂)	
	li	re	li	re	li	re	li	re
	((400))	394	–	–	((370))	–	–	–
	–	381	–	–	–	–	–	–
	((80))	80	–	–	–	–	–	–
	34,0	34,3	–	(39,5)	32,0	–	–	–
	24,9	26,0	–	28,8	22,3	–	–	–
	80	78	–	89	68	–	70	–
	73,2	75,8	–	(72,9)	69,7	–	–	–
	rel. robust		sehr robust		grazil		(mittel-)robust	
	groß		gedrungen		schlank		–	
	mittel		mittel		mittel		mittel	
	Porosierungen verh. Periostitis		Grünfärbung*** verh. Periostitis		Grünfärbung*** verh. Periostitis		verh. Periostitis	
	+	+	–	+	–	–	–	–
	83	84	–	83	–	–	–	–
	(67)	(67)	–	(62)	–	–	–	–

* Mindestens 350; ** Umfang wegen starker Kallusbildung nicht messbar; *** zugehörige Fibulafragmente ebenfalls grünlich verfärbt.

Bezeichnung	Pe 1	Pe 2	Pe 3
Alter	spätjuvenil	um 30 Jahre	frühadult
Geschlecht (morphol.)	?	(♂)	♂
Geschlecht (DSP)*	?[1]	♂	?
Seite	li + re	li + re	li + re
Incisura ischiadica major	(eher) weit	eng	eng
Sulcus praeauricularis	angedeutet	nicht ausgeb.	n. b.
S-Schwung Crista iliaca	stark	stark	n. b.
Corpus ossis ischii	mittel(-robust)	mittel(-robust)	robust
Acetabulum rel. z. Gesamtgröße	rel. groß	mittel	s. groß
Symphysenwinkel	mittel	♂	n. b.
Teile des Sacrums vorhanden	+	+[3]	–
Besonderheiten	–	beidseitig fragl. Subluxation	–

Tab. 4d: Schwäbisch Gmünd ‚Remswasen'; Streuknochen, Beckenreste, morphologisch und metrisch (MIZ 7) (n. b. = nicht beurteilbar). – * DSP nach Murail et al. 2005 (siehe in Anm. 7); 1 Tendenz viell. eher männlich;

Bezeichnung	Ind. A*	Ind. B	Ind. C
Alter	um 17–18 J.	(jüng.) Erw.	(jüng.) Erw.
Geschlecht	fragl.(-eher ♂)	(♀)?	♂
Schädel	(Cr 2)	(Cr 4)	(Cr 1 od. 3–5)
Humerus	–	(Hu 2)	(Hu 1, 4 od. 5)
Becken	Pe 1	(Pe 6)	(Pe 2, 3, 5, 7 od. 8)
Sacrum	+	–	(+)
Femur	Fe 1	Fe 2	Fe 3
Tibia	Ti 1	Ti 2	(Ti 3 od. 6)
Fußknochen	–	++	(++)

Tab. 5: Schwäbisch Gmünd ‚Remswasen'; Streuknochen, mögliche Individual-Zuordnungen (– = nicht vorhanden; + = vorhanden; ++ mehrere vorhanden); Details zu den Einzelknochen siehe Tabellen 2 und 4a – 4d. –

nalen Rippenende, Wirbel-Rippen-Gelenke (re > li), Ulna prox und Fußwurzelknochen mit (schwachen) arthrotischen Randleisten, Auricularrand mit Granulationen (stärker beanspruchter Bandapparat), verheilte Periostitis an beiden Tibiae (re > li), li Patella und beide Calcanei mit (schwachen) kartilaginären Exostosen; li Mt I dist. deformiert und mit Exostosen (wohl verletzungsbedingt), zugeh. Phalanx proximalis prox. und dist. deformiert und mit Gelenkmaus, Phalanx dist. als ‚Hammerzehe' ausgebildet;

8. keine Hinweise auf Gewalteinwirkungen;
9. deutlich eingesattelte Nasenwurzel (‚Hakennase'), Alveolarknochen des OK mit mehreren Fenestrationen, symmetrisch angelegte Einziehung der Unterkante im Bereich der Mentalhöcker, sog. Halsrippe re, re Humerus mit großem Foramen supratrochleare, re Tibia mit kleiner Hockerfacette, li ohne; Schädel brachykran und pentagonoid; *epigenetische Merkmale siehe Tabelle 6*;
10. als Beifund zuweisbar: ein Doppelknopf mit Glas(?)Steinen und bronzenem Kettenglied; Zusätzlich als Streuknochen erhalten: Fragment des re Acromions (rezent gebrochen) und zwei kleine Fragmente der Tibiadiaphyse; Vielleicht zusammenhörig: (wohl) erwachsen, Geschlecht unbest.; Scapulafragment könnte auch ohne direkte Anpassung zu Ind. 5 gehören.

Pe 4 um 30 Jahre	Pe 5 frühadult	Pe 6 erwachsen	Pe 7 erwachsen	Pe 8 erwachsem
♂	⚥	♀	?	?
♂	?	?	♂	♂
li + re	li	li?	re	re²
eng	eher eng	weit	eng	(eher) weit
nicht ausgeb.	fraglich	deutl. ausgeb.	n. b.	nicht ausgeb.
stark	mittel	mittel	schwach-mittel	mittel-stark
(s.) robust	mittel	mittel(-robust)	mittel(-robust)	mittel
s. groß	groß	n. b.	rel. groß	mittel
♂	n. b.	n. b.	n. b.	n. b.
–	(+)	–	–	–
Acet. flächig abgetragen	–	–	–	–

2 trotz gewisser morphologischer Ähnlichkeiten Zusammengehörigkeit von Pe 6 und Pe 8 fraglich; 3 Kreuzbein kaum gekrümmt und Relation Pars basilaris zu Pars lateralis eher weiblich.

Ind. D erwachsen	Ind. E frühadult	Ind. F erwachsen	Ind. G erwachsen	Ind. H erwachsem
♂	(♀)?	♂	(♂)	♂
(Cr 1 od. 3–5)	(Cr 4)	(Cr 1 od. 3–5)	(Cr 1 od. 3–5)	(Cr 1 od. 3–5)
(Hu 3 od. 5)	(Hu 2)	(Hu 1, 4 od. 5)	(Hu 1, 4 od. 5)	(Hu 1, 4 od. 5)
(Pe 4 od. 7)	(Pe 6)	(Pe 5, 7 od. 8)	(Pe 5, 7 od. 8)	(Pe 5, 7 od. 8)
–	–	(+)	–	–
Fe 4	Fe 5	Fe 6	Fe 7	Fe 8
(Ti 3 od. 4)	(Ti 5)	(Ti 3 od. 6)	(Ti 3 od. 6)	(Ti 3, 4 od. 6)
++	–	(++)	(++)	(++)

* Ind. A ist zudem noch mit Ulna und Radius der li Seite belegt (vgl. Tab. 1b).

Grube 3, Individuum 6

1. Skelett; rechtsseitige Hocklage W–O, Oberkörper in Bauchlage gekippt, li Arm leicht abgespreitzt und extrem angewinkelt (Hand im Schulterbereich), zwischen Ind. 4 und Ind. 5, Kopf im Fußbereich von Ind. 5;
2. unvollständig überlieferte Knochenreste, Schädel stark fragmentiert; Scapulae, Rippen, Wirbelsäule, Brustbein, re Hand und re Fuß nur teilweise erhalten, einige Langknochen v. a. im Metaphysenbereich beschädigt; es fehlen: vl 2–5, Sacrum, beide Beckenhälften, Fußknochen li;
3. Schädel leicht postmortal deformiert, zahlreiche rezente Beschädigungen am ges. Skelett, li Os scaphoideum mit Grünanflug (Ärmelbesatz?); *Maße siehe Tabellen 2 und 3*;
4. Sphenobasilarfuge offen, alle Schädelnähte endo- und ektokranial noch unverwachsen, Zahnkronenabrasion juvenil/adult, Wirbelscheiben und Clavicula median noch offen, Akromion noch nicht verknöchert, Zahnbefund und Langknochenentwicklung: *juvenil (ca. 15–16 Jahre)*;
5. Glabella Broca Stufe (2–)3, Arcus superciliaris schwach, Unterstirn relativ steil, Protuberantia occipitalis externa Broca Stufe (2–)3, Margo supraorbitale scharfkantig, Kinn wenig markant aber prominent, alle anderen Schädelmerkmale mittel; Langknochen grazil-mittel, Muskelmarkenrelief (schwach-)mittel; keine Beckenreste; Maße: *wohl eher männlich*;

6. zwischen 1,51 m und 1,63 m;
7. schwache Cribra orbitalia und Cribra cranii, beidseitige Porosierungen im Bereich des Porus accusticus externus, Porosierungen im Bereich der Eminentia cruciformis, der Maxilla (lateral) und am Manubrium sterni (dorsal), Schädelkondylen beginnend arthrotisch, gesamtes Gebiss mit Parodontose und Zahnstein, zwei Zähne kariös (37 und 47), 43 gedreht, deutliche Schmelzhypoplasien; untere vt mit Schmorlschen Knötchen und schwacher Spondylarthrosis deformans, vl mit beginnender Spondylarthrosis deformans, Wirbel-Rippen-Gelenke mit (schwachen) arthrotischen Randleisten, Innenseiten der Rippen teilw. mit schwach geriefter Oberfläche, li Scapula mit ,wolkiger', feinporöser, teilw. geriefter Knochenauflagerung auf der Dorsal- und Ventralseite des inferioren Anteils (wahrscheinlich verletzungsbedingt), große Langknochen mit deutl. Porosierungen im Metaphysenbereich („Cribra, porotic type")[16], li Patella mit Porosierung im medialen Gelenkbereich, re Tibiadiaphyse mit massiver, stark geriefter Knochenauflagerung (v. a. lateral, nach prox. auslaufend) und evtl. Kloakenbildung im dist. Bruchbereich (Abb. 5; Osteomyelitis?) – durch postmortale Destruktion überprägt, beide Femora und li Tibia mit schwacher verheilter Periostitis, einige Langknochen möglw. rachitisch gekrümmt;
8. keine Hinweise auf Gewalteinwirkungen;
9. Processus frontalis des Os zygomaticum beidseitig durch symmetrischen Gefäßverlauf ‚gekerbt', bukkale Grübchen an 16, 26?, 36 und 46, re OK mit Fenestration und Dehiszenz, 17 und 27 reduziert; möglicherweise Linkshänder; Schädel ovoid; *epigenetische Merkmale siehe Tabelle 6*;
10. Proc. Spinosi der vt vielfach nach rechts gebogen, Zusätzlich als Streuknochen erhalten: zwei kleine Wirbelfragmente (vt und vl), ein Bruchstück der Crista iliaca, dist. Ende des li Radius, vier Handwurzelknochen und Metatarsalia; Ohne direkte Anpassung wahrscheinlich zu Ind. 4 und Ind. 5 gehörig; Zusätzl. Teile bei Ind. 4 (s. o.) (wohl) hier zugehörig.

Grube 4, Individuum 7

1. Skelett; gestreckte Rückenlage W-O, Oberkörper leicht nach re verdreht, linker Unterarm ca. 70° angewinkelt, Kopf an Fuß neben und mit der Schulterpartie über dem Fußbereich von Ind. 9 liegend; re Arm möglicherweise nach vorne oben abgespreizt, Unterarm ca. 90° angewinkelt und Kopf in Seitenlage auf der re Schulter ruhend (Fundsituation diesbezüglich nicht ganz eindeutig);
2. vom Schädel lediglich Teile der Kalotte, des Hinterhaupts, re und li Os temporale, Maxilla, fast vollst. Mandibula und drei Gehörknöchelchen erhalten; Plattknochen und Sacrum stärker fragmentiert, Rippen der li Seite besser überliefert als re; es fehlen: Corpus sterni, einzelne Gelenkenden der großen Langknochen, einige Handknochen (v. a. Handwurzel), wenige Fußknochen (Phalangen);
3. Schädel und einige Elemente des Postkraniums rezent beschädigt; unvollst. erhaltene, rundliche, ca. 2 cm große Grünfärbung im Bereich des Angulus mastoideus des li Os parietale; beide Tibiae prox. schwarzfleckig; *Maße siehe Tabellen 2 und 3*;
4. 8er vollständig ausgebildet, alle großen Schädelnähte endo- und ektokranial noch offen, Clavicula median im Verknöchern begriffen, alle übrigen Epi- und Apophysen verwachsen, Sakralwirbel noch nicht vollst. verschmolzen, Zahnkronenabrasion: *frühadult (um 25 Jahre)*;
5. relativ kleine Zähne, Arcus superciliaris deutlich, Processus mastoideus mittel-groß, Protuberantia occipitalis externa Broca Stufe 3–4, Crista supramastoidea eher kräftig, Margo supraorbitale rundlich, Kinn prominent, aber Mentalhöcker kaum ausgebildet, alle anderen Schädelmerkmale mittel; kein Sulcus praeauricularis, Incisura ischiadica major tendenziell eher weit, Angulus pubis (eher) eng, Corpus ossis ischii mittel(–robust), Proportionen des Sacrums eher weiblich; große Langknochen groß und schlank, Humerus relativ robust, Femur eher grazil, Muskelmarkenrelief am Humerus (mittel-)kräftig, Femur schwach-mittel; DA Becken: *männlich*;
6. um 1,73 m;
7. Cribra cranii, Eminentia cruciformis mit streifigen Knochenauflagerungen im Bereich der großen Blutleiter, Os parietale mit Porosierungen endokranial, ähnl. am re und li Porus accusticus externus, Schädelkondylen mit schwachen arthrotischen Randleisten, Parodontose im Seitenzahnbereich oben, gesamtes Gebiss mit Zahnstein, zwei Zähne kariös (Approximalkaries superficialis), kräftige horizontale Schmelzfalten an 17 und 27 (besonders um 2–3 und 7–8 Jahre), einige Zahnkronen dunkel verfärbt; untere vt mit beginnender Spondylosis deformans, re Processus transversus von vt 7 mit Exostose nach Verletzung/Fraktur, leichte Spondylarthrosis deformans und Schmorlsche Knötchen, vl mit Spondylarthrosis deformans und Osteochondrose, vs 1 mit leichter Spondylarthrosis deformans; Wirbel-Rippen-Gelenke, Auricularrand, Acetabulum und Fußwurzelknochen mit beginnender Arthrosis deformans, Porosierungen an li Akromion und Metaphysenregion beider Fibulae dist., beide Humeri und Tibiae mit (leichter) Schaftkrümmung (Rachitis?), li Mc III prox. mit abgesprengtem und wieder angewachsenem Processus styloideus (verheilte Fraktur der Mittelhand), Granulationen und Porosierungen oberhalb des Acetabulums (re > li; Bänderzerrung o. Ä.), verheilte Periostitis an beiden Tibiae (li > re) und Fibulae (re > li), re Mt I dist. lateral mit kirschkerngroßer Exostose;

---

16 Wie Anm. 15.

Abb. 5 (links): Schwäbisch Gmünd ‚Remswasen'. Distales Bruchende des rechten Scheinbeins des Jugendlichen ‚Ind. 6' aus Grube 3 mit Anzeichen von Osteomyelitis. – Abb. 6 (rechts): Schwäbisch Gmünd ‚Remswasen'. Hinterhauptbein des ca. 25-jährigen Mannes ‚Ind. 7' aus Grube 4 mit unverheiltem Hiebdefekt auf dem linken Anteil der Oberschuppe.

8. nahezu horizontal verlaufende Schnitt-/Hiebkerbe auf der Oberschuppe des Os occipitale (Abb. 6) (fragl. Enthauptungsversuch, wahrscheinlicher Durchtrennung des Strangs);
9. multiples Foramen parietale re, Überbiss, Maxilla mit Fenestrationen und Dehiszenzen (re > li), 43 zweiwurzelig oder Rest eines persistierenden Milchcaninus, 48 dreiwurzelig, angedeutete Hockerfacette (re > li); *epigenetische Merkmale siehe Tabelle 6*;
10. Zusätzlich als Streuknochen erhalten: vier kleine Wirbelbruchstücke (vt und vl; Wirbelscheiben verwachsen, Spondylarthrosis deformans), Fragment der re Beckenhälfte (Crista iliaca verwachsen), prox. Enden von li Ulna und Radius (erwachsen, relativ robust, arthrotische Randleisten), Mt IV und V sowie drei Phalanges prox. des re Fußes (wohl erwachsen).

Grube 4, Individuum 8

1. Teilskelett; gestreckte Rückenlage O-W, unter Ind. 9 und neben Ind. 10 liegend, linker Oberarm parallel zur Körperlängsachse, Unterarm leicht angewinkelt, Hand im Bereich der re Beckenschaufel;
2. in größeren Partien unvollständig erhaltene Skelettreste; lediglich fragmentarisch liegen vor: beide Scapulae, Corpus sterni, Rippen, li Beckenhälfte und re Hand; stärker beschädigt sind die Wirbel sowie einige der großen Langknochen, nur leicht beschädigt sind die beiden Schlüsselbeine, die re Beckenhälfte und die restlichen Langknochen; es fehlen: der gesamte Schädel, vc 1–4, einige vt, re Humerus, Ulna und Radius sowie die meisten Fußphalangen; je Fuß ein Os pisiforme vorhanden;
3. über das gesamte Postkranium verteilt zahlreiche rezente Beschädigungen; Fußwurzelknochen teilweise schwarzfleckig; *Maße siehe Tabellen 2 und 3*;
4. Clavicula median im Verknöchern begriffen, Wirbelscheiben verwachsen, vs noch nicht vollst. verschmolzen, alle anderen Epi- und Apophysen verwachsen, Struktur der Symphysenfuge jung: *frühadult (um 25 Jahre)*;
5. kein Sulcus praeauricularis, Facies auricularis eher eingesenkt, alle anderen Beckenmerkmale uneindeutig, Proportionen und Krümmung des Sacrums eher männlich; Langknochen mittel–grazil, Muskelmarkenrelief an Humerus und Femur (sehr) kräftig; DA Becken unbest.; keine Schädelreste: *Geschlecht unbestimmt*;
6. fraglich, da keine eindeutige Geschlechtsbestimmung;
7. vt und vl mit beginnender Spondylarthrosis deformans und Schmorlschen Knötchen, Wirbel-Rippen-Gelenke mit schwachen arthrotischen Randleisten, einige Rippen mit Riefenbildung auf der Innenseite, Humerus prox. mit Porosierungen im Metaphysenbereich, li Femur ventral mit verheilter Periostitis und schmale, längliche Eintiefung mit verrundeten Kanten auf dem Caput (verheilte Fraktur?);
8. (fraglich) alte Schnittkerbe auf der Cranialseite der 3. Rippe re;
9. Hiatus sacralis partialis (vl 3–5), re Clavicula deutlich robuster als li, beide Femora in Längsrichtung tordiert, beide Tibiae mit kleinen Hockerfacetten (li > re); *epigenetische Merkmale siehe Tabelle 6*;
10. Als Beifund zuweisbar: ein scheibenförmiger Bronze-/Kupferknopf mit Tunnelöse. Li Os pubis aus Ind. 9 hier zugehörig; Zusätzlich als Streufunde erhalten: isolierter 21 (gehört zu Ind. 9) und Bruchstück der linken (?) Fibuladiaphyse (wohl erwachsen; keinem der vier Individuen aus Grube 4 zuzuordnen).

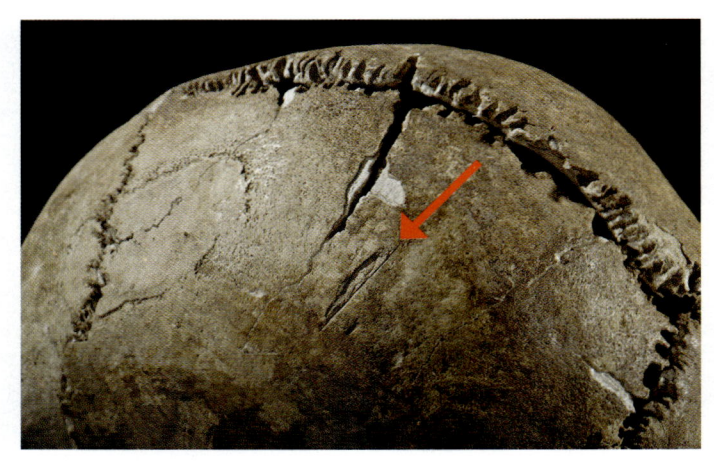

Abb. 7: Schwäbisch Gmünd ‚Remswasen'. Am linken Scheitelbein des frühadulten Mannes ‚Ind. 9' sind eine gut verheilte, flächige Abtragung (Abkappung) sowie im Bereich des Scheitelbeinhöckers eine unverheilte Hiebkerbe (Pfeil) festzustellen.

Grube 4, Individuum 9

1. Skelett; gestreckte Bauchlage O-W, Oberkörper leicht nach links verdreht, Arme vor dem Oberkörper angewinkelt, neben Ind. 7 und in gleicher Ausrichtung über Ind. 8 liegend;
2. nahezu komplett überliefertes Skelett (inkl. zwei Gehörknöchelchen), Gesichtsschädel und Schädelbasis stärker fragmentiert, unvollständig erhalten sind beide Scapulae, Wirbelsäule, Brustkorb, Beckengürtel und re Hand, kleinere Fehlstellen an re Tibia, li Hand und li Fuß; es fehlen: Manubrium sterni, beide prox. Fibulaenden;
3. Schädel postmortal deformiert, Rissbildungen durch seitl. Kompression; Langknochen mit rezenten Beschädigungen; *Maße siehe Tabellen 2 und 3*;
4. Sphenobasilarfuge verwachsen, alle großen Schädelnähte endo- und ektokranial noch offen, Clavicula median fast vollst. verknöchert, alle anderen Epi- und Apophysen verwachsen, Struktur der Symphysenfuge, Zahnbefund: *frühadult (25–30 Jahre)*;
5. Glabella Broca Stufe 4, Tubera frontalia et parietalia schwach ausgebildet, Inclinatio frontale flach, Processus mastoideus kräftig, Planum nuchale profiliert, Protuberantia occipitalis externa Broca Stufe 3–4, Os zygomaticum sehr breit, Margo supraorbitale gerundet, alle anderen Schädelmerkmale mittel; kein Sulcus praeauricularis, Incisura ischiadica major (eher) eng, Angulus pubis eng, Arc composé 1 Linie, Facies auricularis deutlich eingesenkt, Corpus ossis ischii relativ robust, Proportionen des Sacrums mittel; Clavicula re robuster als li, Humerus mittel-robust, Femur mittel-grazil, Muskelmarkenrelief am Humerus (sehr) kräftig, Femur (mittel-)schwach; DA Becken: *männlich*;
6. um 1,66 m;
7. schwache Cribra orbitalia, Cribra cranii, Sinusitis maxillaris (li > re), gesamtes Gebiss mit moderater Parodontose und Zahnsteinablagerungen (v. a. Front unten), Engstand UK-Front, 14 und 24 leicht gedreht, kleinere Schmelzhypoplasien (stärker um 3,5–4 Jahre); Fovea dentis arthrotisch, Dens axis apical mit beginnender Verknöcherung, vc mit schwacher Spondylarthrosis deformans li, vt mit leichter Spondylosis deformans und Spondylarthrosis deformans sowie Schmorlschen Knötchen, vl bis Spondylosis deformans Stufe 1, Osteochondrose und Schmorlschen Knötchen, vs 1 mit beginnender Spondylarthrosis deformans und Osteochondrose, Acetabula und Auricularrand sowie Wirbel-Rippen-Gelenke und diverse große und kleine Gelenke mit (schwachen) arthrotischen Randleisten, beide Humeri dist. nach medial verbogen (Rachitis?), Mt I re mit entzündlich auflösendem Prozess,
8. verheilter, länglich zungenförmiger Oberflächendefekt mit begleitenden Entzündungsreaktionen auf dem linken Scheitelbein (Abkappung) und unverheilte Hiebkerbe im Bereich des li Tuber parietale (wahrscheinlich Durchtrennung des Strangs; Abb. 7);
9. sekundärer Kopfbiss, auffallend lange Zahnwurzeln im OK, relativ komplizierte Coronalnaht, obere 8er beidseits nicht angelegt, bukkale Grübchen an allen unteren Molaren, extrem tiefe Fissuren beidseitig an M_2 und M_3, beide Tibiae mit kleinen Hockerfacetten; *epigenetische Merkmale siehe Tabelle 6*;
10. bei Ind. 8 gefundener, isolierter Zahn 21 hier zugehörig; Zusätzlich als Streufunde erhalten: Fragment eines vc (erwachsen, beginnende Spondylarthrosis deformans, möglicherweise zu Ind. 8 gehörig) und re Os pubis eines jüngeren, männlichen Erwachsenen (sehr wahrscheinlich zu Ind. 8 gehörig)

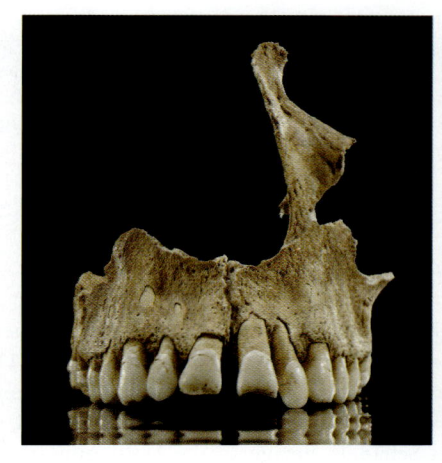

Abb. 8: Schwäbisch Gmünd ‚Remswasen'. Oberkiefer des frühadulten Mannes ‚Ind. 10'
mit konkaver Abnutzung des linken mittleren Schneidezahns, fragl. Pfeifenusur.

Grube 4, Individuum 10

1. Skelett; gestreckte Bauchlage W-O, Kopf auf der linken Gesichtsseite, mit überkreuzten Unterschenkeln neben Ind. 8 und in gleicher Ausrichtung direkt unter Ind. 7 liegend;
2. mehr oder weniger komplett erhaltenes Skelett (inkl. 1 Gehörknöchelchen); größere oder kleinere Fehlstellen im Bereich des Gesichtsschädels und der Schädelbasis sowie an Rippen, beiden Scapulae, Corpus sterni, beiden Beckenhälften, Sacrum, einigen großen Langknochen und li Hand; es fehlen: Teile der re Hand sowie beider Füße;
3. Hirnschädel postmortal deformiert, diverse rezente Beschädigungen; re Tibia prox. schwarzfleckig, beide Tibiae jeweils median im Schaftbereich mit unregelmäßigen, rundlichen Grünfärbungen (Dm ca. 2 cm x 3 cm; Stiefel od. Hosenaufschläge mit Applikationen od. Fesselung der Unterschenkel?); *Maße siehe Tabellen 2 und 3*;
4. Sphenobasilarfuge verwachsen, Clavicula median und vs 1/2 im Verknöchern begriffen, alle anderen Epi- und Apophysen verwachsen, alle großen Schädelnähte noch offen, Struktur der Beckensymphyse: *frühadult (um 25[–30] Jahre)*;
5. Glabella Broca Stufe 3–4, Inclinatio frontale fliehend, Processus mastoideus groß, breit und flach, Protuberantia occipitalis externa Broca Stufe 4, Os zygomaticum niedrig aber profiliert, Margo supraorbitale scharfkantig, UK-Winkel relativ stark ausgestellt und gut profiliert, alle anderen Schädelmerkmale mittel; kein Sulcus praeauricularis, Incisura ischiadica major (eher) eng, Angulus pubis eng, Facies auricularis eingesenkt, Sacrum kaum gekrümmt, alle anderen Merkmale im Beckenbereich mittel; Humerus (grazil-)mittel (re robuster als li), Femur mittel-robust, Muskelmarkenrelief am Humerus (sehr) kräftig (re > li), Linea aspera (sehr) schwach: DA Becken: *männlich*;
6. um 1,69 m;
7. Cribra cranii, Porositäten und größere Kavernen im Bereich der Sphenobasilarfuge, ähnlich an beiden Jochbeinen, beidseitige Sinusitis maxillaris (re > li), moderate Parodontose/-itis und Zahnsteinablagerungen, ein Zahn kariös (34 Zahnhalskaries superficialis), 33 und 43 gedreht, 18 < 28 nach bukkal gekippt, 11 und etwas schwächer 16 und 26 mit massiven Mineralisationsstörungen im Kronenbereich, viele, eher schwache Schmelzhypoplasien (u. a. an 33: um 2,5, um 3, um 4 und um 5 Jahre); beginnende arthrotische Randleisten an Schädelkondylen, Fovea dentis, Auricularrand sowie einigen großen und kleinen Gelenken (u. a. Wirbel-Rippen-Gelenke), Rippen mit deutlich gerieften Oberflächen, flache Exostose am Manubrium sterni, re Humerus dist. nach lateral verbogen, re Ulna dist. mit Periostitis, beide Hüftgelenke mit verheilten Defekten (Sprungverletzung?), beide Tibiae und Fibulae mit (schwacher) verheilter Periostitis, re Fibula dist. mit Exostose, li Mt III und IV prox. mit verheilter Absprengung;
8. keine Hinweise auf Gewalteinwirkungen;
9. auffallend dünne Schädelkalotte, starke alveolare Prognathie und Überbiss, Trema, Maxilla beidseitig mit zahlreichen Fenestrationen, Krone des 21 mit konkaver Abtragung (Abb. 8; ähnlich an den Eckzähnen oben und unten, Pfeifenusuren?), 44 zweiwurzelig, beide oberen 8er reduziert, 38 nicht angelegt, 48 Apex noch offen und n. n. durchgebrochen, auffallend lange Zahnwurzeln im OK, beide Femora mit deutlichen Reiterfacetten, leichter Coxa vara und dorsoventral stark abgeflachtem Querschnitt, beide Tibiae mit kleinen Hockerfacetten; wohl Rechtshänder; *epigenetische Merkmale siehe Tabelle 6*;

10. zusätzlich als Streufunde erhalten: li Schädelkondyle (Facies condylaris mit schwachen Randleisten und tendenziell zweigeteilt), isolierter Zahn 14 (relativ. klein, Zahnstein, kaum abradiert und zweiwurzelig, am ehesten zu Ind. 7 gehörig), mehrere Rippenstücke der re Brustkorbseite (erwachsen; wohl zu Ind. 7 gehörig), kleine Fragmente des Sternums und Sacrums, Teile von Ulna li (wohl zu Ind. 8 gehörig), Mt I li (zu Ind. 9 gehörig) sowie Os scaphoideum und Phalanx prox. li (wohl erwachsen, relativ robust; zu Ind. 7 gehörig).

5. Auswertung der Grubenbefunde

5.1 Überlieferungsgrad und Erhaltungszustand

Die Skelette aus Schwäbisch Gmünd wurden durchweg im anatomischen Verband angetroffen. Kleinere Störungen betrafen am ehesten die Brustkorbregion sowie die Hände und Füße. Einige der Verlagerungen sind durch Aktivitäten von Kleinsäugern und/oder die teilweise ineinander greifende Lage mehrerer Individuen in derselben Grube erklärbar. Bzgl. Ind. 1 geht das Fehlen des nahezu kompletten linken Armes, des Schädels, der gesamten Hals- und eines Teils der Brustwirbelsäule auf die Abtragung der obersten Schicht durch den Bagger zurück. Die angrenzend vorhandenen Abschnitte weisen vielfach rezente Bruchkanten auf. Bei dieser Grube handelt es sich um den am höchsten gelegenen in situ-Befund. In Grube 2 (NW) werden von dem unten liegenden Ind. 3 Teile der linken Knieregion sowie größere Partien des rechten Unterschenkels und Fußes vermisst. Ein vermutlich alter Sprödbruch an der betroffenen Tibia deutet darauf hin, dass zumindest letztere Elemente bereits bei der Inhumierung des Leichnams gefehlt haben könnten. In Grube 3 (SO) können nennenswerte Fehlstellen an zwei Skeletten beobachtet werden. Bei Ind. 5 sind Teilbereiche des linken Armes und von Ind. 6 der linke Fuß abhanden gekommen. In Grube 4 (NO) fehlen von Ind. 7 – erneut grabungsbedingt – größere Abschnitte des Schädels, bei dem unter Ind. 9 gelegenen Ind. 8 allerdings der vollständige Schädel, die oberen Halswirbel sowie Humerus, Ulna und Radius des rechten Armes. An den vorliegenden, angrenzenden Knochen sind wiederum keine Defekte festzustellen, die u. U. als Trennspuren gedeutet werden könnten. Es wäre demnach möglich, dass hier Leichname von Erhängten vergraben wurden, denen nach einem gewissen Zeitraum am Galgen bereits erste Körperteile verloren gingen. Hinsichtlich des Schädels von Ind. 8 wäre ebenso denkbar, dass dieser vor dem Eingraben des Körpers absichtlich separiert wurde, evtl. um ihn anderswo zur Schau zu stellen.

Die Knochen selbst sind relativ gut erhalten. Sie weisen eine glatte Oberfläche und nur partiell, am ehesten in Bereichen mit dünner Kortikalis, geringfügige Erosionsspuren auf. Bisweilen sind Frostsprengungen anzunehmen. Einige Epi- und Metaphysen sind etwas stärker angegriffen, die Plattknochen, v. a. die Schulterblätter, jedoch vielfach fragmentiert und nur bruchstückhaft überliefert. An den Schädeln lassen sich bisweilen Deformationen erkennen, die auf Feuchtphasen während der Lagerung im Erdreich und damit einhergehende, vorübergehende Phasen von Plastizität im Zusammenhang mit dem Erddruck zurückgehen.

5.2 Lage und Ausrichtung

Die Leichname waren viermal in Bauch- und je dreimal in Rücken- oder Seitenlage (2 x rechts und 1 x links) vergraben worden. Dabei herrscht die gestreckte Körperhaltung vor. Lediglich der Jugendliche (Ind. 6) wurde in Hockstellung niedergelegt. Der höhere Anteil der Bauchlagen deckt sich mit vergleichbaren Funden andernorts und dürfte der weit verbreiteten Furcht vor Wiedergängern zuzuschreiben sein. Die Seitenlagen ergaben sich – wie das Über- und Nebeneinander in den Gruben 2, 3 und 4 – wahrscheinlich im Zuge einer möglichst platzsparenden Entsorgung der Toten infolge der relativ schmalen Grabgruben.

Die Grabgruben sind grob in West-Ost-Richtung angelegt. Hinsichtlich der Ausrichtung der Skelette kann sechsmal der Kopf im Osten und viermal der Kopf im Westen lokalisiert werden. Dabei besteht keine durchgehende Korrelation mit der Körperhaltung oder innerhalb einer Grube. Im Gegenteil, die Kopf-an-Fuß-Lage der jeweils miteinander vergrabenen Individuen weist erneut darauf hin, dass bei der Beseitigung der Körper die Platzersparnis entscheidend gewesen sein dürfte.

5.3 Alters- und Geschlechtsverteilung

Die Altersverteilung der in Schwäbisch Gmünd im anatomischen Verband angetroffenen Skelette schwankt zwischen den Altersgruppen juvenil und matur. Das jüngste Individuum war ca. 15–16 Jahre alt (Ind. 6), das älteste 50–60 Jahre (oder älter; Ind. 2). Das rechnerisch ermittelte, durchschnittliche Sterbealter für alle zehn Individuen liegt bei 28,1 Jahren, wobei die Gruppe der als frühadult einzustufenden Personen mit Abstand den größten Anteil innerhalb der vorliegenden Serie stellt.

Unter den mehr oder weniger eindeutig geschlechtsbestimmten Individuen sind ausschließlich Männer anzusprechen. Bei dem erwachsenen Ind. 8 muss die Geschlechtsdiagnose aufgrund des fehlenden Schädels sowie unspezifischer Merkmalsausprägungen am Becken offen bleiben. Die Extremitätenknochen sind vergleichsweise grazil, die Muskelansatzstellen dagegen relativ markant ausgebildet. Das Kreuzbein zeigt eher zum männlichen Pol neigende Tendenzen. Das jugendliche Ind. 6 kann ebenfalls nicht eindeutig angesprochen werden. Hier sind die Schädelmerkmale meist intermediär und nur fragmentarische, graduell eher männliche Beckenreste erhalten. Die Einstufung als ‚eher männlich?' basiert daneben auf den vergleichsweise hohen Messwerten, unter Berücksichtigung der Tatsache, dass das Längenwachstum der Person noch nicht abgeschlossen ist. Bemerkenswert ist zudem, dass auch bei einigen der insgesamt als männlich zu klassifizierenden Individuen in dieser Gruppe u. a. ein üblicherweise eher frauentypischer, scharfkantiger Orbitarand (z.B. Ind. 10) und/oder eine eher weiter geschwungene Incisura ischiadica major (z.B. Ind. 7) vorliegen, d.h., die Wertigkeit einzelner, ansonsten charakteristisch geschlechtstrennender Skelettmerkmale zumindest für diese Region und Zeitstellung nur mit Vorsicht und im Kontext anderer Merkmalsausprägungen angewendet werden kann. Hinzu kommt eine große Variabilität hinsichtlich der Robustizität und des Muskelmarkenreliefs (s. u.).

5.4 Metrik

Die an den vorliegenden Skeletten abnehmbaren Maße sind in den Tabellen 2 und 3 zusammengestellt. Aufgrund postmortaler Deformationen können an den Schädel(reste)n vielfach nur eingeschränkte Messwerte gewonnen werden. Diese sind als Klammerwerte aufgeführt. Die Längen-Breiten-Indices der Hirnschädel aus Schwäbisch Gmünd variieren zwischen 74,9 = dolichokran (im Grenzbereich zu mesokran) bis 85,5 = hyperbrachykran (im Grenzbereich zu brachykran). In Anbetracht der kleinen Zahl von nur sechs messbaren Individuen ist das eine große Variationsbreite, die auf eine sehr heterogene Stichprobe hindeutet. Der Mittelwert liegt mit 78,4 (mesokran) nur wenig unterhalb des Trennwerts zu brachykran und dokumentiert somit den zu erwartenden, zeittypischen Trend zu einer eher kurzen und breiten Wuchsform. Der Längenhöhen-Index (n = 1) weist auf einen mittelhohen (tendenziell hohen) Hirnschädel, die Orbitalindices (n = 4) auf eine mittelhohe bis hohe Augenhöhle und die Nasalindices (n = 5) auf eine schmale (bis mittelbreite) knöcherne Nase hin – mithin Werte, die im Erwartungsbereich für spätmittelalterlich-frühneuzeitliche Skelette aus Südwestdeutschland liegen.

Die Streuung der Postkranialmaße weist in dieselbe Richtung. Der Längen-Dicken-Index des Humerus schwankt zwischen 0,17 und 0,22 (n = 15), der Längen-Dicken-Index des Femurs zwischen 0,18 und 0,22 (n = 14) und der Robustizitätsindex des Oberschenkelknochens von 11,7 bis 14,2 (n = 14). Der Index platymericus, der den Querschnitt der oberen Femurdiaphyse charakterisiert, liegt zwischen 55,1 und 97,9 (n = 17) und der Index cnemicus der Tibia zwischen 58,8 und 79,4

Grabgrube / Individuum Alter Geschlecht	1 / Ind. 1 frühadult männlich		2 / Ind. 2 spätmatur od. älter männlich		2 / Ind. 3 frühadult männlich		3 / Ind. 4 (spät)adult männlich	
Seite	li	re	li	re	li	re	li	re
Sutura frontalis	o		–		–		–	
For. supraorbitale	o	o	–	+	+	+	+	+
For. frontale	o	o	–	–	+	+	+	+
Nervenimpressionen Os frontale	o	o	+	+	–	–	o	
Nahtknochen Coronalnaht	o	o	–	–	(+)	(+)	o	+
Bregma-Schaltknochen		o		–		–	o	
Nahtknochen Sagittalnaht		o		–		–	o	
Lambda-Schaltknochen		o		–		–	–	
Inkabein		o		–		–	–	
Sutura mendosa partialis	o	o	–	–	(+)	–	–	–
Nahtknochen Lambdanaht	o	o	?	?	+	?	?	?
For. parietale	o	o	–	?	+	+	+	+
Asterion-Schaltknochen	o	o	–	+	o	(+)	–	–
Schaltknochen Incisura pariet.	o	o	(+)	–	–	–	–	–
Canalis condylaris posterior	o	o	o	o	o	o	–	–
Canalis hypoglossi doppelt	o	o	+	–	(–)	o	–	–
Facies condylaris doppelt	o	o	–	–	–	o	–	(+)
Tuberculum pharyngeum		o		(+)		(+)		(+)
Tuberculum praecondylare	o	o	–	–	–	o	–	–
For. ovale unvollständig	o	o	o	o	–	–	o	o
For. spinosum offen	o	o	o	o	–	–	o	o
For. Huschke	o	o	–	–	–	–	–	–
For. mastoideum extrasutural	o	o	(+)	o	–	–	+	–
Torus acusticus	o	o	–	–	o	o	o	o
Os epiptericum	o	o	–	–	–	–	o	–
Sutura frontotemporalis	o	o	–	–	–	–	o	–
For. infraorbitale doppelt	o	o	o	o	o	o	o	o
Torus palatinus		o		–		–	(+)	
Torus maxillaris	o	o	(+)	?	–	(–)	–	–
For. palatinum majus doppelt	o	o	o	–	o	o	o	o
For. palatinum minus	o	o	+	+	o	o	o	o
For. palatinum minus doppelt	o	o	o	+	o	o	o	o
For. zygomaticofaciale	o	o	+	–	+	+	+	+
For. zygomaticofac. doppelt	o	o	–	+	+	–	–	
M 3 oben	o	o	+	+	+	+	+	+
M 3 unten	o	o	+	+	+	+	+	+
Torus mandibularis	o	o	–	–	+	+	–	–
For. mentale doppelt	o	o	–	–	–	–	o	–
For. supratrochleare	o	–	(+)	–	–	–	–	–
Trochanter tertius	–	–	–	–	–	–	o	–
Sutura mastoidea	o	o	–	–	–	–	–	–

Tab. 6: Schwäbisch Gmünd ‚Remswasen'. Epigenetische Merkmale (Angaben in Klammern sind unsicher; + = Merkmal vorhanden, – = nicht vorhanden).

Auf den Spuren der ‚Wiedertäufer' aus dem Jahr 1529

3 / Ind. 5 frühadult eher männlich		3 / Ind. 6 juvenil eher männlich?		4 / Ind. 7 frühadult eher männlich		4 / Ind. 8 frühadult unbestimmt		4 / Ind. 9 frühadult männlich		4 / Ind. 10 frühadult männlich	
li	re	li	re	li	re	li	re	li	re	li	re
-		-		(-)		o		-		-	
-	-	-	-	o	o	o	o	-	o	-	-
+	+	+	+	o	o	o	o	+	o	+	+
-	+	+	+	o	o	o	o	+		-	-
-	-	-	-	o	o	o	o	(+)	(-)	-	
	-		-	o		o		-		-	
	-	(-)		(-)		o		-		-	
	-	o		-		o		-		-	
	-		-		-	o		-		-	
-	-	o	-	(+)	-	o	o	-	-	o	-
+	?	o	+	(+)	+	o	o	(+)	+	+	-
-	-	o	+	o	+	o	o	-	-	+	+
(+)	-	o	+	+	o	o	o	-	-	o	-
-	-	o	+	(+)	o	o	o	-	-	-	(+)
o	o	o	o	o	o	o	o	o	o	o	o
-	-	-	-	o		o		-		+	
-	-	-	-	o		o		-		-	
	(-)		(+)		(+)		o		(+)		+
-	-	-	-	-	-	o	o	-	-	(+)	(+)
o	-	-	-	o	o	o	o	o	-	-	-
-	-	+	o	o	o	o	o	o	-	-	-
-	-	-	-	o	o	o	o	-	-	+	+
+	(+)	o	+	o	o	o	o	(+)	+	+	+
-	-	-	-	-	-	o	o	-	-	-	-
o	o	-	-	o	o	o	o	-	o	-	-
o	o	-	-	o	o	o	o	-	-	-	-
+	o	-	o	o	o	o	o	o	o	o	o
	(+)		-		o		o		-		o
o	-	o	-	(+)	-	-	-		-	(+)	(+)
o	o	o	o	o	o	o	o	-	-	+	-
+	o	o	o	o	o	o	o	+	+	+	-
(+)	o	o	o	o	o	o	o	-	-	+	-
+	+	+	o	o	o	o	o	-	+	+	+
-	-	(-)	o	o	o	o	o	-	(+)	(+)	+
(+)	+	+	+	+	+	o	o	-	-	+	+
+	(+)	?	?	-	+	o	o	+	+	-	+
+	?	-	-	-	-	o	o	-	-	-	-
-	-	-	-	+	+	o	o	-	-	-	-
o	+	-	-	-	o	-	o	-	-	-	-
-	-	-	-	-	-	?	-	-	-	+	+
-	-	+	+	(+)	(+)	o	o	-	-	-	-

Abkürzungen: l = links, r = rechts; o = Region fehlend oder nicht beurteilbar; For. = Foramen.

(n = 17). Demnach kann in nahezu allen Dimensionen eine erhebliche Spannweite der Daten festgestellt werden, was darauf hindeutet, dass sich der vorliegende Personenkreis weder aus einer Lebensgemeinschaft noch aus einer engeren Region rekrutiert. Zumindest einige von ihnen dürften aus fremden Gegenden stammen und daher in ihren körperlichen Eigenschaften stärker vom Genpool vor Ort abweichen. Aufschlussreich wäre daher an dieser Stelle die direkte Gegenüberstellung mit einer zeitgleichen Stichprobe aus einem Friedhof aus Gmünd oder Umgebung. Für diese wäre ein homogeneres Erscheinungsbild anzunehmen.

Besonders auffällig in dem gesamten Datenensemble sind die ungewöhnlich niedrigen Werte des Index platymericus bei Ind. 10 (links 60,0 und rechts 55,1), die auf einen extrem abgeflachten dorsoventralen Querschnitt der Oberschenkelknochen und in dieser Größenordnung auf eine Entwicklungsstörung (Osteomalazie?) des frühadulten Mannes, möglicherweise in Kombination mit frühzeitigen, starken körperlichen Belastungen, hindeuten. Seine dünne Schädelkalotte, massive Mineralisationsstörungen an den Zähnen sowie andere Symptome weisen bei ihm auf ein komplexes Krankheitsbild aus verschiedenartigen Mangelsituationen, Stoffwechselstörungen und Beeinträchtigungen hin.

Die an den Langknochen erhobenen Maße erlauben zudem eine Schätzung der Körperhöhe der vorgefundenen Individuen. Für acht erwachsene Männer (Ind. 6 ist noch nicht ausgewachsen und Ind. 8 geschlechtlich unbestimmt) ergeben die entsprechenden Kalkulationen und Vergleichstabellen Werte von ca. 1,66 m bis etwa 1,74 m (vgl. Tab. 1a). Die durchschnittliche Körperhöhe liegt bei rund 1,71 m, was dem überregionalen Mittelwert für diese Zeitstellung in Südwestdeutschland sehr nahe kommt.[17]

5.5 Konstitution und Formvarianten

Wie die Knochenmaße variieren auch die Robustizität und das Muskelmarkenrelief innerhalb der untersuchten Stichprobe erheblich. Als Gegenpole stehen sich diesbezüglich das robuste Ind. 2 und der relativ grazil gebaute Mann Ind. 8 gegenüber. Dabei zeigt sich bisweilen eine deutliche Diskrepanz zwischen den oberen und unteren Extremitäten (z. B. Ind. 7), wonach die Armknochen meist einen massiveren Eindruck machen als die Beinknochen. Ähnliche Unterschiede lassen sich bzgl. der Muskelansatzstellen feststellen, die im allgemeinen mittel(–kräftig) ausgebildet sind, nicht selten jedoch an den Humeri deutlich stärker profiliert erscheinen, als an den Femora. In diesen Fällen muss von Aktivitäten ausgegangen werden, die bevorzugt die Arme beansprucht haben. Ein besonders markantes Muskelmarkenrelief an Arm- und Beinknochen weist interessanterweise der eher grazile Mann Ind. 8 auf.

Auf Belastungen bereits im Jugendalter deuten ebenso die Fälle von Coxa vara (Verringerung des Collo-Diaphysenwinkels) in Verbindung mit einem gedrungen wirkenden Oberschenkelhals an den Femora von Ind. 2 und 3. Beide zeigen zudem kartilaginäre Exostosen (Ind. 2 im Fersenbereich,[18] Ind. 3 am Beckenkamm), die auf starken Muskelzug zurückgehen. Bei Ind. 10 ist die Coxa vara schwächer ausgeprägt, dazu kommen allerdings beidseitig deutliche Reiterfacetten. Es könnte sich also um einen Mann gehandelt haben, der häufig zu Pferde unterwegs war. Auch Ind. 1 und ansatzweise Ind. 4 zeigen dieses Phänomen, das ebenso auf handwerkliche Tätigkeiten hindeuten könnte, die mit einer Sitzhaltung mit gespreizten Beinen (rittlings) einhergeht. Eine Längstorsion der Oberschenkelknochen bedeutet für die beiden Ind. 3 und 7 möglicherweise eine Anpassung an Fortbewegung in unebenem Gelände. Eine weitere Formvariante sind kleine, meist mehr lateral gelegene, Hockerfacetten an den Tibiae von immerhin acht der zehn Individuen, die auf entsprechende Bewegungsabläufe, evtl. Heben aus der Hocke heraus o. Ä., schließen lassen.

---

17 Vgl. J. Wahl, Karies, Kampf & Schädelkult. 150 Jahre anthropologische Forschung in Südwestdeutschland. Materialh. Arch. Baden-Württemberg 79 (Stuttgart 2007) 34–35.
18 Ähnlich auch die Ind. 1, 4 und 5 (Letzteres zudem im Bereich der linken Kniescheibe).

Die fünf hinsichtlich ihrer Schädelform beurteilbaren Individuen weisen einen ovoiden (Ind. 2, 4 und 6), ovoiden-ellipsoiden (Ind. 3) oder pentagonoiden (Ind. 5) Hirnschädel auf. Bei Ind. 4 fallen zudem das schmale, hohe Gesichtsskelett und der vergleichsweise kleine Schädel auf. Weitere morphologische Besonderheiten sind die alveolare Prognathie bei Ind. 3 und 10, die ‚Hakennase' von Ind. 5 sowie die Abplattung im linken Hinterkopfbereich von Ind. 2. Bei dem jugendlichen Ind. 6 scheint es sich um einen Linkshänder gehandelt zu haben und bei Ind. 10 aufgrund der konkaven, als Pfeifenusuren anzusprechenden, Abnutzungen im Frontzahnbereich um einen Pfeifenraucher. Letzterer zeigt zudem eine Zahnlücke zwischen den beiden oberen, mittleren Schneidezähnen (ein sog. Trema; auch Ind. 3). Relativ seltene, äußerlich nicht direkt sichtbare, Varianten tragen Ind. 3: eine wulstartige Verdickung im Bereich des Alveolarrandes auf der Innenseite beider Unterkieferhälften (sog. Torus mandibularis) und Ind. 5: eine ‚Halsrippe' auf der rechten Seite.

Hinsichtlich des Auftretens von epigenetischen Merkmalen sei auf Tabelle 6 verwiesen, die die vorliegende Gruppe aus Schwäbisch Gmünd erneut als relativ heterogen ausweist.

5.6 Pathologische Erscheinungen

Die an den Zähnen und Knochenresten vom ‚Remswasen' vorgefundenen krankhaften Veränderungen sind bei den Individualbefunden (s. o.) im Detail angesprochen. Dazu kommen Anzeichen von Wachstumsstörungen und Frakturen, die ein Schlaglicht auf die harten Lebensbedingungen der damaligen Zeit werfen.

Von allen Individuen zusammen sind insgesamt 215 Zähne bzw. Zahnreste überliefert. Davon sind 26 kariös, was einer Kariesintensität von 8,3% entspricht. Es finden sich verschiedene Formen der Karies, wie Zahnhals-, Approximal-, Fissurenkaries usw. in unterschiedlicher Intensität. Bezogen auf die acht Individuen mit Zahnresten ergibt sich eine Kariesfrequenz von 75%, wobei im Schnitt rund 27 Zähne überliefert sind. Nimmt man die intravital ausgefallenen Zähne hinzu, ergibt sich ein Karies- und Extraktionsindex von 16,7%, allerdings sind nur bei drei Personen (Ind. 2, 4 und 5) überhaupt Zahnverluste zu Lebzeiten (zwischen drei und sechs Zähnen) festzustellen. Eher starke Zahnsteinablagerungen können bei nahezu allen Individuen beobachtet werden, ebenso Anzeichen von Parodontose bzw. Parodontitis (fortgeschritten z. B. bei Ind. 5), was auf eine ungenügende Zahn- und Mundhygiene verweist. Abszesse oder Fisteln treten dagegen nur zweimal auf, ein Befund bei dem spätadulten Mann Ind. 4 und immerhin vier Zähne mit Wurzelvereiterungen bei dem frühadulten Mann Ind. 5. Nahezu alle Individuen lassen moderate bis deutliche Fehlstellungen erkennen, meistens Dreh- oder Kippstände infolge Engstands im Front- oder intravitalen Zahnverlusts im Seitenzahnbereich. Drei weisen einen Überbiss (Ind. 2, 7 und 10) und zwei einen (sekundären) Kopfbiss auf (Ind. 3 und 9). Neben bisweilen nicht angelegten oder reduzierten Weisheitszähnen treten verschiedene Formvarianten an Zahnkronen und -wurzeln auf.

Sogenannte Schmelzhypoplasien zeigen sich im vorliegenden Fundmaterial durchweg als horizontal ausgerichtete, mehr oder weniger deutlich ausgebildete Riefen – außer bei Ind. 5 bei allen Personen, von denen Zahnreste überliefert sind. Sie treten vielfach periodisch in Jahresabständen auf und gehen auf Wachstumsstörungen in der Kindheit zurück. Ein Bildungsschwerpunkt liegt in der Altersspanne von ca. 2 bis 4/5 Jahren, wobei die früheren in der Regel mit dem Zeitpunkt des Abstillens in Verbindung gebracht werden. Bei Ind. 2 gab es offensichtlich auch im Alter von 10–12 Jahren noch einmal eine länger andauernde Mangelphase, möglicherweise infolge einer Krankheit. Hier scheint auch ein Zusammenhang mit partiellen Verfärbungen der Zahnkronen zu bestehen. Anders bei den Ind. 4, 5 und 7, bei denen einzelne Zahnkronen (durch Kautabak o. Ä.?) komplett verfärbt sind.

Als Anzeichen für einen Mangel an Spurenelementen und Vitaminen gelten cribröse Erscheinungen und verkrümmte Langknochen. Die sog. Cribra orbitalia tritt in Schwäbisch Gmünd eher selten auf, häufiger dagegen Cribra cranii und Porosierungen an diversen Skelettelementen (z. B. Ind. 4) und der Verdacht auf rachitische Veränderungen bei sechs Personen. Für Ind. 4 dürfte sich daraus eine deutliche X-Bein-Stellung ergeben haben. Ein weiterer, bemerkenswerter Befund ist das nahezu

	Schwäbisch Gmünd	Ellwangen
Allgemeine Angaben		
Datierung	17. bis 18. Jahrhundert	letzte Exekution 1802
Fundstelle	wahrscheinl. nur teilweise erfasst	vollständig ausgegraben
Erhaltungszustand d. Knochen	(sehr) gut	gut bis sehr schlecht
Überlieferungsgrad	wohl ausschließlich Skelette	Skelette, Teilskelette u. Streuknochen
Schädel unterrepräsentiert	+	++
Taphonomische Befunde		
Verwitterung	–	++
Tierverbiss	–	+
Wurzelfraß	–	++
Zusammensetzung der Stichprobe		
Mindestindividuenzahl	18	28–30
Durchschnittsalter	28,1 Jahre[1]	um 30 Jahre
belegte Altersspanne	juvenil (15–16 J.) bis spätmatur (o.ä.)	spätjuvenil (18–20 J.) bis 30(–50) o.ä.
Erwachsene beiderlei Geschlechts	+	++
Frauenanteil	6–11%	ca. 25–30%
Anthropologische Parameter		
Variation Schädelform	dolichokran bis hyperbrachykran	mesokran bis ultrabrachykran
Variation / mittlere KH Männer	1,66–1,74 m / 1,71m (n = 8)	1,60–1,78 m / 1,70 m (n = 16)
Robustizität u. Muskelmarkenrelief	große Variabilität	große Variabilität
Längen-Dicken-Index Humerus	0,17–0,22 (n = 17)[2]	0,17–0,22 (n = 25)
Robustizitätsindex Femur	11,7–14,2 (n = 14)	12,4–13,8 (n = 8)
Index platymericus	64,2[3]–97,9 (n = 28)	69,5–91,6 (n = 33)
Index cnemicus	58,8–82,7 (n = 24)	59,6–85,5 (n = 29)
Gebissbefunde		
Kariesintensität (I-CE)	13,9% (19,4%)[4]	11,6% (23,6%)
Kariesfrequenz	70%[1]	40%
Konkrementablagerungen[5]	relativ massiv	schwach bis mittel
Parodontose/-itis	fast durchgehend	fast durchgehend
Fehlstellungen	ca. 45%	gut 50%
(sonstige) pathologische Veränderungen		
degenerative Veränderungen	fast durchgehend, eher schwach	weit verbreitet, moderat
verheilte Frakturen	++	++
entzündliche Erscheinungen	++	++
Mangelerscheinungen		
Cribra orbitalia	selten	selten
Cribra cranii	häufig	kaum
Schmelzhypoplasien[6]	häufig, oft periodisch	häufig, oft periodisch
Hinweise auf Rachitis	6 x Verdacht	mind. 3 Fälle
Spuren von Gewalteinwirkung		
Frakturen im Frischzustand	–	++
Verräumspuren	–	++
Hangman's fracture	–	–

	Schwäbisch Gmünd	**Ellwangen**
Spuren von Gewalteinwirkung		
Indirekte Hinweise auf Erhängen	++ (2–3 Individuen)	++ (3–4 Individuen)
Hinweise auf Rädern	–	fraglich
Hinweise auf Enthaupten	–	–
Hinweise auf Fesselung	fraglich	++
Beifunde		
Knöpfe u. ä.	++	++
Grünfärbungen am Knochen	++	++
Besonderheiten		
Pfeifenusuren	(+)	+

Tab. 7: Gegenüberstellung der Fundkomplexe vom ‚Remswasen' in Schwäbisch Gmünd und vom ‚Galgenberg' bei Ellwangen (– = keine; + = einzelne, wenige; ++ = mehrere; o. Ä. = oder älter). – 1 nur die zehn Individuen im Skelettzusammenhang; 2 ohne Berücksichtigung der Seitenbestimmung; 3 ohne Ind. 10; 4 unter Einbeziehung der intravital ausgefallenen Zähne; 5 Zahnstein; 6 in unterschiedlicher Intensität.

durchgehende Auftreten von (in der Mehrzahl der Fälle eher im Anfangsstadium befindlichen, aber deutlich erkennbaren) degenerativen Veränderungen im Bereich der Wirbelsäule sowie großen und kleinen Gelenke trotz des vergleichsweise niedrigen Durchschnittsalters der vorliegenden Skelette. Das zeigt, dass die hier vergrabenen Personen vielfach bereits in jungen Jahren (z. T. erheblichem) körperlichem Stress ausgesetzt waren bzw. arbeiten mussten.

Dazu kommen mannigfache Hinweise auf Stoffwechselstörungen, Überbeanspruchung, Verletzungen und Infektionskrankheiten, wie z. B. in Form von entzündlichen Reaktionen im Bereich von Muskelansatzstellen, Symptomen von Kiefernhöhlen-, Mittelohr- und Knochenhautentzündung, Osteomyelitis, Rippenfellentzündung und/oder Tuberkulose.[19] Porosierungen im Umfeld des Sinus sagittalis und des Sinus transversus sind im Schädelinneren von mindestens drei Individuen (Ind. 4, 6 und 7) anzusprechen. Sie gehen auf Entzündungen der venösen Blutleiter zurück, die u. a. als Anzeichen einer fortgeleiteten Infektion bei Osteomyelitis des Schädels oder einem Furunkel im Gesichtsbereich anzusehen sind.[20]

Unter den verheilten Brüchen finden sich v. a. Rippen- aber auch Mittelhand- und Mittelfußfrakturen sowie ein Depressionsdefekt im Stirnbereich von Ind. 5. Die Läsion am linken Oberschenkelkopf von Ind. 8 sowie Veränderungen an den Hüftgelenken von Ind. 10 dürften von einem Sprung aus größerer Höhe oder im Zusammenhang mit einem Sturz zu sehen sein. In Anbetracht des jungen Alters der Ind. 1 und 5 gehen die Verknöcherungen der Rippenknorpel wohl ebenfalls eher auf lokal einwirkende Verletzungen zurück. Dasselbe gilt für die rechte Scapula des Jugendlichen Ind. 6, wo wolkige, feinporöse Knochenneubildungen auf einen entzündlichen Heilungsprozess hindeuten. Eine offene, infizierte Wunde dürfte auch an seinem rechten Schienbein bestanden haben.

Besondere Erwähnung verdienen die Spuren von Luxationen im rechten Schultergelenk sowie an beiden Hüftgelenkspfannen von Ind. 4, die auf eine Überstreckung der betroffenen Areale schließen lassen. Es wäre durchaus denkbar, dass der spätadulte Mann ehemals auf einer Streckbank oder durch aufziehen gefoltert wurde – wenn ja, fand diese Tortur einige Zeit vor seinem Tode statt. Vielleicht

---

19 Einige Befunde sind differentialdiagnostisch noch nicht abgeklärt.
20 Vgl. u. a. P. Carli-Thiele, Spuren von Mangelerkrankungen an steinzeitlichen Kinderskeleten. Fortschr. Paläopathol. u. Osteoarch. I (Göttingen 1996). – M. Djuric et al. 2008 (Anm. 15). – B. Jungklaus, Zur brandenburgischen Bevölkerung im Mittelalter und ihren Lebensumständen aus anthropologischer Sicht. In: J. Müller/ K. Neitmann/F. Schopper (Hrsg.), Wie die Mark entstand – 850 Jahre Merk Brandenburg. Forsch. Arch. Land Brandenburg 11 (Wünsdorf 2009) 249–281.

geht auch sein linker verkümmerter Ringfinger auf eine derartige Behandlung zurück. Weniger spektakulär sind demgegenüber die verbogenen, sog. Hammerzehen (Hallux) bei drei anderen Männern, die offenbar über einen längeren Zeitraum zu enges Schuhwerk trugen.

5.7 Taphonomie

Mit Blick auf die Fundsituation verwundert es nicht, dass die vorliegenden Skelettreste teilweise erhebliche, rezente Beschädigungen aufweisen. Auf der anderen Seite fehlen die klassischen Läsionen, die z. B. auf Wurzelfraß oder andere korrosive Einflüsse des Liegemilieus während der Inhumationsphase zurückzuführen sind. Des weiteren sind keine Spuren zu erkennen, die als Nage- oder Bissspuren zu interpretieren wären. Auch liegen keine Defekte vor, die als Verräumspuren gedeutet und bei Skelettresten, die von verlochten Selbstmördern oder Hinrichtungsopfern stammen, erwartet werden könnten. Lediglich bei einigen schwärzlichen Verfärbungen besteht der Verdacht, dass sie liegebedingt (evtl. durch Staunässe, Mangananreicherungen aus dem umgebenden Erdreich o. Ä.) entstanden sind. Sie finden sich in allen vier Gruben, je zweimal im Schulter- und Beckenbereich, am häufigsten aber eindeutig im Knie- und Fußbereich der jeweiligen Skelette. Es wäre ebensogut möglich, dass sie auf Bekleidungsreste, vielleicht am ehesten Stiefel oder Schuhe aus Leder zurückgehen.

5.8 Spuren von Gewalteinwirkungen

Die an den Skeletten aus Schwäbisch Gmünd angetroffenen Spuren von Gewalteinwirkungen sind u. a. in Tabelle 1a aufgeführt. Daraus geht hervor, dass bei insgesamt drei Individuen Hinweise auf Traumatisierungen festgestellt werden konnten. Dies ist insofern von Bedeutung, als unter den vorliegenden Resten die geköpften Täufer vermutet wurden. Man hätte also Halswirbel mit entsprechenden Zusammenhangstrennungen oder Abkappungen im Bereich des Foramen magnum finden müssen. Bei acht der zehn Individuen sind die Halswirbelsäulen komplett erhalten, aber keine davon zeigt derartige Verletzungen. Die tatsächlich an zwei Schädeln und einer Rippe vorgefundenen Defekte sind dagegen kaum mit Enthauptungen zu erklären. Sie weisen eher auf Läsionen hin, die (versehentlich) beim Abnehmen von Erhängten beim Durchtrennen des Stranges entstanden sind. In einem Fall handelt es sich zudem um eine verheilte Hiebverletzung.
Der Schädel von Ind. 7 zeigt eine transversal und nahezu horizontal fast rechtwinklig zur Mediansagittale verlaufende, über 31 mm erhaltene, gegen die Medianebene leicht nach links versetzte und offensichtlich nach links auf das nicht erhaltene Scheitelbein auslaufende Kerbe auf der Oberschuppe des Hinterhauptbeins, ca. 15 mm unterhalb des Lambdapunktes (Abb. 7). Die scheitelseitige Kante des Defekts ist scharf geschnitten, basalwärts zeigt sich ein Absprengungssaum von 3–5 mm Breite. Die maximale Eindringtiefe beträgt 3 mm und endigt im Bereich der Diploe (Tabula interna nicht tangiert). Als Ursache kann ein Hieb mit einem Gegenstand mit gerader, scharfer Kante (Hieb-/Hackmesser, Schwert o. Ä.) von schräg hinten oben angenommen werden. Bei Normalnullstellung beträgt der Auftreffwinkel ca. 30–35° gegen die Frankfurter Horizontale (Ohr-Augen-Ebene). Der Hieb könnte als, missglückter, Enthauptungsversuch gedeutet werden. Die Lage, Orientierung und geringe Tiefe der Läsion sowie die Tatsache, dass die Halswirbel des Mannes keinerlei Spuren von Gewalteinwirkung aufweisen, sprechen jedoch eher für einen Defekt, der auf das Kappen des Seiles beim Abnehmen eines Gehenkten zurückzuführen ist. Dass die festgestellte Kerbe etwas zur linken Seite hin verschoben ist, könnte bedeuten, dass der Laufknoten des Stricks seitlich hinter dem linken Ohr angesetzt war.
Bei Ind. 8 fand sich auf der Oberseite der 3. Rippe re nahe des Caput costae eine ca. 6 mm lange, nahezu horizontal bzw. leicht schräg nach dorsal verlaufende, nach ventral ausgebrochene, (fraglich) alte Schnittkerbe mit kleinen Randabsprengungen auf beiden Seiten. Dieser Defekt ist auf scharfe

Gewalt von hinten oben her zurückzuführen und könnte von einem beim Durchtrennen der Schlinge fußwärts abgeglittenen Schnitt stammen.

Bzgl. Ind. 9 verdienen zwei Läsionen am Schädel besondere Aufmerksamkeit (Abb. 7). Erstens ein verheilter, ca. 55 mm x 30 mm großer, länglich zungenförmiger Oberflächendefekt auf dem linken Scheitelbein oberhalb der Linea temporalis, über die Sutura coronalis auf das Os frontale übergreifend und mit seinem Zentrum etwa 45 mm vom Bregmapunkt entfernt. Er ist schräg ausgerichtet auf einer gedachten Linie vom linken Processus zygomaticus ossis frontalis zum Übergang vom 2. zum 3. Drittel der Sutura sagittalis (etwa 20° zur Mediansagittalen und ca. 25° zur OAE) und zeigt sich als nahezu durchgehend glatte Kallusfläche mit randlich umlaufenden (v. a. gesichts- und scheitelwärts gelegenen) Porositäten, was auf eine gelungene topische Wundbehandlung mit begleitenden Entzündungsreaktionen schließen lässt. Als Ursache ist ein Hieb mit einem Gegenstand mit gerader, scharfer Kante von vorne rechts her anzunehmen, bei dem lediglich die Außentafel des Schädeldaches abgetragen und der längere Zeit überlebt wurde. Die Tabula interna zeigt in diesem Bereich keinerlei Veränderungen, stumpfe Gewalt ist demnach auszuschließen. Der frühadulte Mann war offensichtlich einige Monate oder Jahre vor seiner Hinrichtung in eine tätliche Auseinandersetzung verwickelt gewesen und hatte eine inzwischen gut verheilte Verletzung davongetragen. Der zweite Defekt ist ebenfalls auf dem linken Scheitelbein lokalisiert. Es handelt sich um eine unverheilte, 27 mm lange, ca. 5 cm seitlich der Sutura sagittalis gelegene Kerbe im Bereich des Tuber parietale und auf einer gedachten Linie zwischen dem Processus temporalis des linken Jochbeins und dem hinteren Drittel der Sagittalnaht (etwa 60° zur Mediansagittalen und ca. 30° zur OAE). Die Verletzung ist okzipitalwärts glatt geschnitten (mit minimalen Randabsprengungen), zeigt stirnseitig bis zu 3,5 mm breite, schuppenförmige Randabsprengungen und reicht bis in die Diploe hinein (maximale Eindringtiefe 2–3 mm). Sie ist auf einen Hieb mit einer geraden, scharfen Klinge (Hackmesser o. Ä.) von hinten oben links her zurückzuführen. Der Defekt liegt noch weiter von der Nackenregion entfernt als der bei Ind. 7 festgestellte, ebenso mehr linksseitig und erneut lassen sich an den vorliegenden Halswirbeln keine weiteren Läsionen erkennen. Bei einem fehlgeschlagenen Hieb zur Enthauptung hätte der Scharfrichter mit Sicherheit noch ‚nachgebessert'. Demnach ist auch hier der gleiche Entstehungsmodus wie bei Ind. 7 anzunehmen: am wahrscheinlichsten eine Verletzung, die beim Entfernen des Leichnams vom Galgen entstanden ist.

Nachdem somit indirekte Anhaltspunkte auf Exekutionen durch Erhängen gefunden wurden, wurde gleichzeitig auf Hinweise für eine häufig als typisch für diese Todesart zitierte Erscheinung, die sog. Hangman's fracture am 2. Halswirbel, geachtet. Nach übereinstimmender Meinung der Rechtsmediziner kommt es dazu in der Realität allerdings sehr selten. Keiner der untersuchten Wirbel ist entsprechend gebrochen. Es war also in Gmünd nicht üblich, die Delinquenten aus größerer Höhe ins Seil fallen zu lassen.

Ein weiteres Phänomen, das an Skelettresten von Hinrichtungsopfern bisweilen zu finden ist, sind sog. Verräumspuren in Form von stumpfer oder scharfer Gewalt.[21] Die aus Gmünd vorliegenden Knochen weisen jedoch keinerlei Spuren dieser Art auf.

5.9 Beifunde

Bei zwei Individuen sind zwischen den Knochenresten Trachtbestandteile entdeckt worden. Dabei handelt es sich in beiden Fällen um Knöpfe der Oberbekleidung, die von Seiten der Archäologen allerdings als „zeitlich sehr unspezifisch" beurteilt wurden und somit leider keine näheren Hinweise zur genaueren Datierung der betroffenen Delinquenten liefern.[22]

---

21 Vgl. z.B. entsprechende Defekte an den Skelettresten aus Ellwangen und Rottweil. Auch der an einem abgetrennten Oberschenkelkopf in Rellinghausen vorgefundene Hiebdefekt könnte viell. eher als Hinweis auf eine Zerteilung des Leichnams bei dessen Beseitigung angesprochen werden: K. W. Alt/D. Hopp/H. Götz/K. Kuntze/S. L. Pichler/H. Duschner, Hinweise auf mittelalterliche Strafjustiz an menschlichen Skelettresten vom „Blücherturm" in Rellinghausen. Arch. Korrbl. 28, 1998, 629–636. *Anm. 22 folgende Seite*

Im Bereich der Wirbelsäule von Ind. 5 kam ein Doppelknopf zum Vorschein. Die Einzelknöpfe sind rund (Außendurchmesser 1,4 cm), doppelkonisch und knapp 8 mm hoch. Sie bestehen aus einer Fassung mit einem jeweils nach außen hin erhabenen, facettierten Glas(?)einsatz. Auf der Rückseite jedes Teilknopfes ist eine feststehende Ringöse angebracht. Die Ösen sind durch ein S-förmig gebogenes Zwischenglied aus Kupferdraht miteinander verbunden. Bei Ind. 8 fand sich ein scheibenförmiger, fast runder Knopf aus Kupfer oder Bronze (Dm 24 mm, Dicke 1,7–2,0 mm) mit einer mittig der Rückseite angebrachten Tunnelöse. Die Außenoberfläche zieren ein umlaufend, leicht erhabener Rand und, leicht nach innen versetzt, ein schmales Band mit schräg verlaufendem Kerbschnittmuster. Weitere Verzierungen sind aufgrund der Korrosion nicht erkennbar.

Neben diesen Funden liegen mehrere zusätzliche, indirekte, Hinweise auf metallene Applikationen in Form von Grünfärbungen an den Knochen vor, die ebenso von Teilen der Kleidung stammen dürften (Abb. 9). Diese sind den Ind. 4–7 und 10 zuzuordnen, die durchweg aus den Gruben 3 (SO) und 4 (NO) stammen. Nach ihrer Lage am Skelett zu urteilen, scheinen sie am ehesten auf Knöpfe, Schnallen, Ösen o. ä. aus Kupfer oder einer Kupferlegierung im Bereich des Kragens, des Handgelenks oder an Kappen und Schuhen/Stiefeln zurückzugehen. Ob auch die bereits erwähnten Schwarzfärbungen mit Kleidungsresten in Verbindung zu bringen sind, wäre womöglich anhand chemischer Analysen zu klären. Sie scheinen sich ebenso auf bestimmte Körperregionen zu konzentrieren.

6. Vergleich zwischen Baggerfunden und Grabgruben

Stellt man die an den Streuknochen aus dem Baggeraushub eruierten Befunde den im anatomischen Verband gefundenen Skelettresten gegenüber, zeigen sich in vielerlei Hinsicht Gemeinsamkeiten, die den Schluss zulassen, dass beide Kontingente zusammengehören. Unabhängig von den Fundumständen, die Unterschiede im Erhaltungszustand erklären, unterscheiden sie sich ja auch lediglich bzgl. ihrer Stratigraphie, die nach Aussage der Radiokarbondatierungen (s. u.) allerdings keine Rolle zu spielen scheint. Zudem ergaben die Zusammensetzung der Streufunde und das Fehlen von Verräumspuren, dass diese mit großer Wahrscheinlichkeit ebenfalls aus zerstörten Grubenbefunden mit mehr oder weniger vollständigen Skeletten stammen und ehedem nicht in Form von Einzelknochen oder kleineren Skelettabschnitten in den Boden eingebracht worden sind.

Die Bagger- und Grubenfunde repräsentieren zusammen mindestens 18 Personen: 13 Männer, eine Frau, zwei unbestimmte Erwachsene und zwei (eher männliche) Jugendliche im Alter von 15–16 und 17–18 Jahren. Bei Ersteren scheinen die Schädel unterrepräsentiert, bei Letzteren fehlt der Schädel mindestens in einem Fall. Das Spektrum und die Intensität pathologischer Veränderungen ist in beiden Gruppen ähnlich. Ebenso die Hinweise auf körperliche Belastungen. Für die Streuknochen ergibt sich eine Kariesintensität von 37,5 % (der Karies- und Extraktionsindex I-CE liegt bei 50%) und eine Kariefrequenz von 50%. Die im Vergleich zu den Grabgruben deutlich höheren Werte sind hier am ehesten auf den Fehler der kleinen Zahl zurückzuführen. In der Zusammenschau ergibt sich für die gesamte Stichprobe aus Schwäbisch Gmünd eine Kariesintensität von 13,9 % (19,4%) und eine Kariesfrequenz von 70%. Unter typologischen Gesichtspunkten finden sich in beiden Kontingenten Hinweise auf ovoide Schädelformen und Brachycephalie. Einmal einen Nahtknochen in der Sutura coronalis sowie schaufelförmige obere Incisivi steuern die Baggerfunde zur Variationsbreite der anatomischen Varianten bei. Der mittlere Längen-Breiten-Index des Hirnschädels verschiebt sich in der Summe auf 79,3 (näher an ‚brachycephal') und die Spannweite des Index cnemicus erweitert sich gesamtheitlich auf 58,8 bis 82,7 (n = 24). Bei den anderen Langknochenindices liegen die Baggerfunde mit zusätzlich zwei (Längen-Dicken-Index Humerus) und elf Werten (Index

---

22 Siehe ARNOLD et al. (Anm. 1). Einem Hinweis von A. GROTHE vom Brandenburgischen Landesamt für Denkmalpflege (Wünsdorf) zufolge handelt es sich bei dem Doppelknopf von Individuum 5 am ehesten um einen Manschettenknopf. Ähnliche Stücke mit Einlagen sind für das ausgehende 18. und 19. Jahrhundert bekannt.

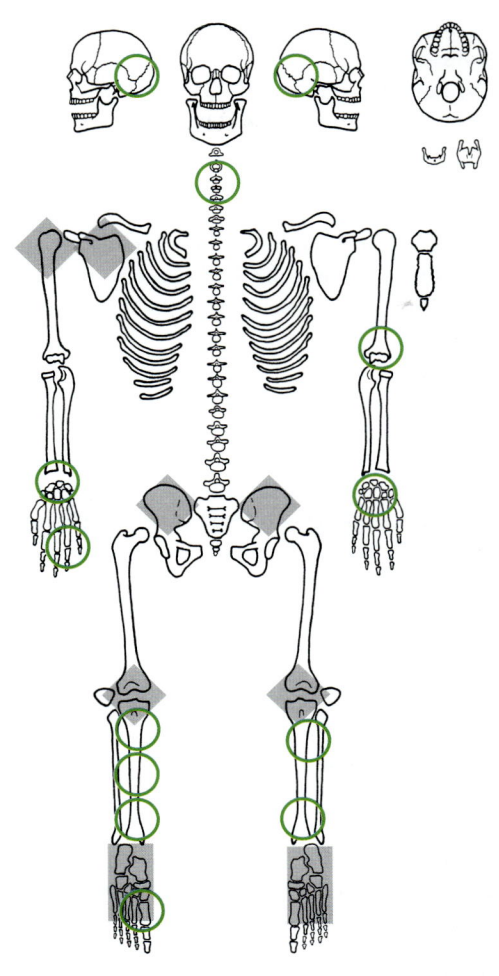

Abb. 9: Schwäbisch Gmünd ‚Remswasen'. Skelettschema mit Eintragung der Körperregionen, an denen Grün- oder Schwarzfärbungen angetroffen wurden; Skelette aus Grabgruben und Baggerfunde.

platymericus) innerhalb der bereits durch die Grabgruben dokumentierten Variationen. In der Zusammenschau bestätigt sich erneut die in Relation zur kleinen Stichprobengröße enorme Variationsbreite einzelner Merkmale und Phänomene, die am ehesten auf die unterschiedliche Provenienz der in Gmünd vorgefundenen Individuen zurückzuführen sein dürfte.

7. Die ‚Wiedertäufer'?

Um herauszufinden und letztlich ein klares Bild zu erhalten, ob sich unter den auf dem Grundstück Kiesmühle 16 in Schwäbisch Gmünd angetroffenen Skelett(rest)en die vermutlich in diesem Areal vergrabenen Leichname der sieben 1529 enthaupteten und namentlich bekannten Täufer befinden, galt es, folgende Parameter zu überprüfen:

1. *Alter und Geschlecht der Toten*: es ist überliefert, dass die Gruppe aus fünf Männern, einer Frau und einem „Knaben von 15" Jahren bestand.

2. *Todesart*: Enthauptungen hinterlassen charakteristische Verletzungsspuren im Bereich der Halswirbelsäule, evtl. der Schädelbasis.
3. *Zeitstellung*: über zeittypische Beifunde und/oder ^{14}C-Analysen wäre die Datierung der Skelette in das 16. Jahrhundert nachweisbar.
4. *DNA-Analysen*: um eine endgültige positive Identifizierung zu erzielen, wären genetische Untersuchungen notwendig gewesen, unter der Voraussetzung man hätte lebende Nachfahren ausfindig machen können.

Ein Aspekt, der – außer der überlieferten Fundstelle – zu Beginn der anthropologischen Untersuchung ebenfalls noch für die Täufer sprach, war die Tatsache, dass in den beiden direkt nebeneinander liegenden Grabgruben 3 und 4 insgesamt genau sieben Skelette vorgefunden wurden.

ad 1

Die Streufunde repräsentieren mindestens acht Personen: einen wahrscheinlich männlichen Jugendlichen von ca. 17–18 Jahren, eine Frau, fünf Männer und einen Erwachsenen unbestimmten Geschlechts. Nach der vorgefundenen Alters- und Geschlechtsverteilung hätte sich unter diesen Personen durchaus die gesuchte Gruppe befinden können, da das in den Schriftquellen für den Jugendlichen mitgeteilte Alter nicht unbedingt jahrgenau stimmen muss. Bei den Erwachsenen handelt es sich, soweit erkennbar, offenbar durchgehend um Vertreter der Altersgruppe ‚adult' (20–40 Jahre).

Unter den zehn in situ vorgefundenen Skelettindividuen lassen sich acht Männer, ein geschlechtlich unbestimmter Erwachsener sowie ein eher männlicher Jugendlicher von 15–16 Jahren nachweisen. Das Sterbealter der Erwachsenen schwankt zwischen frühadult und spätmatur. Würde man das bzgl. seiner Geschlechtsdiagnose nicht näher klassifizierbare Ind. 8 als weiblich deklarieren, hätte auch in diesem Teilkontingent die gesuchte Gruppe enthalten sein können. Das Sterbealter des Jugendlichen hätte exakt mit der Überlieferung übereingestimmt.

ad 2

Bei den Baggerfunden sind insgesamt nur spärliche Wirbelreste und diese auch noch sehr bruchstückhaft erhalten. Die wenigen ansprechbaren Bruchstücke weisen keinerlei Verletzungsspuren auf. Es kann allerdings nicht ausgeschlossen werden, dass sich unter den nicht überlieferten Halswirbeln solche mit entsprechenden Hiebdefekten befanden.

Die Halswirbelsäulen von acht der in den Grabgruben angetroffenen Individuen sind weitestgehend komplett geborgen worden, weisen jedoch definitiv keinerlei Spuren von Gewalteinwirkung auf. Lediglich für die Ind. 1 und 8 muss diese Frage unbeantwortet bleiben, da die entsprechenden Abschnitte der Wirbelsäule fehlen. Bei den Ind. 7 und 9 lassen sich je ein unverheilter Hiebdefekt in der linken Hinterhaupt-Scheitelregion ansprechen. Beide sind oberflächlich, d. h. mit relativ geringer Wucht erzeugt und wären prinzipiell überlebbar gewesen. Sie könnten zwar als Enthauptungsversuche gedeutet werden, doch wäre in beiden Fällen die Enthauptung dann nicht vollzogen worden, da die zugehörigen Halswirbel vollständig und unbeschädigt erhalten sind. Bei den vorgefundenen Läsionen handelt es sich aller Wahrscheinlichkeit nach um Spuren, die beim Abschneiden von Erhängten vom Galgen entstanden sind. Somit ist Enthaupten als Todesursache für acht von zehn Individuen bzw. sechs der sieben Individuen aus den Gruben 3 und 4 eindeutig auszuschließen. Nun hätte man evtl. noch annehmen können, dass die sieben Täufer seinerzeit zwar offiziell zum Tode durch das Schwert verurteilt wurden, die Hinrichtung selbst aber vielleicht doch auf eine andere Art und Weise erfolgte. In diesem Fall hätten dann alle zeitgenössischen Berichte nur das Urteil und nicht den konkreten Sachverhalt kolportiert. Diese Variante ist zwar unwahrscheinlich, aber nicht völlig unmöglich.

ad 3

Um zusätzliche Argumente zur Verfügung zu haben, wurden – nachdem sich die Beifunde (Knöpfe und Fingerring) als chronologisch zu unspezifisch erwiesen hatten – an dem vorliegenden Fund-

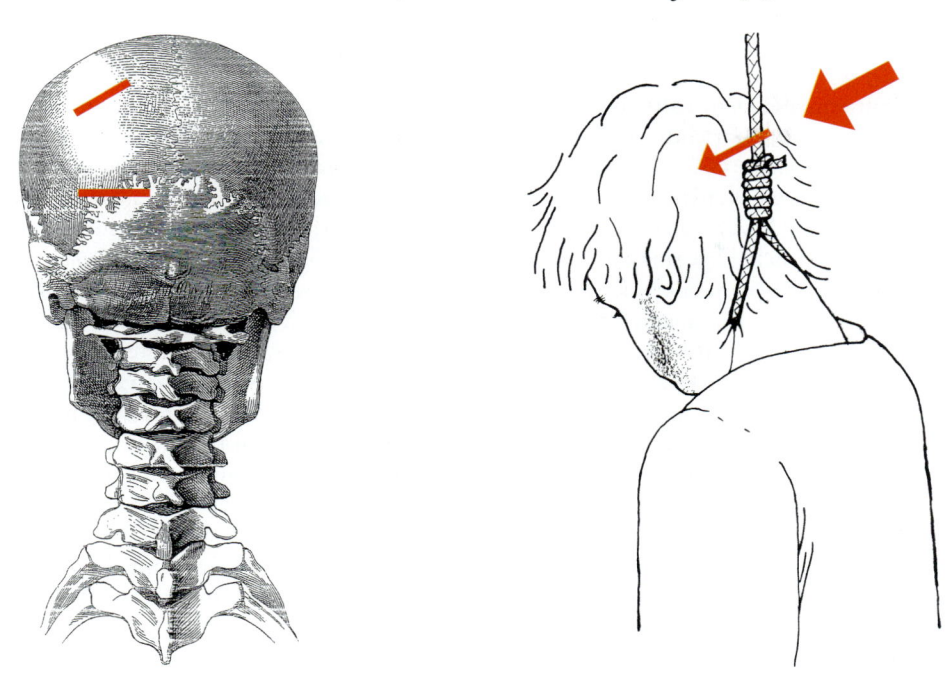

Abb. 10: Schwäbisch Gmünd ‚Remswasen'. Summarische Lokalisierung der Hiebverletzungen von Ind. 7 und Ind. 9 oberhalb des Strangknotens.

material vier ¹⁴C-Daten erhoben. Untersucht wurden in diesem Zusammenhang je zwei Knochenproben aus den Bagger- und Skelettfunden.[23] Diese Analysen lieferten kalibrierte Altersangaben im 2-Sigma-Bereich von 1655–1951, 1529–1797, 1646–1951 und 1645–1951. Damit liegen drei Datierungen eng beieinander, dokumentieren ein konventionelles ¹⁴C-Alter von etwa 200 bis 220 Jahren (± 20 Jahre) vor heute (= 1950) und stellen die jeweiligen Befunde übereinstimmend an das Ende des 18. Jahrhunderts. Mit einer aus den Streufunden gewonnenen Spanne wird das Jahr der Hinrichtung der Täufer gerade gestreift, d. h. es ist nicht gänzlich auszuschließen, dass diese oder ein Teil der Skelettreste ins erste Drittel des 16. Jahrhunderts gehören. Nach entsprechender Umrechnung ergibt sich für diese Probe jedoch ein nur unwesentlich höheres absolutes Alter von 255 Jahren (± 20 Jahre) vor heute. Demzufolge stammen die Skelettreste aus Schwäbisch Gmünd mit größter Wahrscheinlichkeit aus einem Zeitraum vom letzten Viertel des 17. bis zum zweiten Drittel des 18. Jahrhunderts. Sie sind damit im Vergleich zu der gesuchten Zielgruppe von 1529 um mindestens 150 Jahre zu jung. Der zeitliche Abstand beträgt sechs Generationen oder mehr.

ad 4
DNA-Analysen wären die Ultima Ratio gewesen, wenn alle sonstigen Indizien den ursprünglichen Verdacht erhärtet hätten, um auch allerletzte Zweifel auszuräumen. Sie hätten genealogischer Recherchen und eines größeren finanziellen Engagements bedurft, wären im Erfolgsfall aber von größter forschungsgeschichtlicher Bedeutung gewesen. Nach dem Stand der Dinge bleiben allerdings nur der Fundort und – offenbar zufällige – zahlenmäßige Übereinstimmungen hinsichtlich der Grabaufteilung, Individuenzahlen, Alters- und Geschlechterrelation als Argumente für die Täufer übrig. Alle anderen Anhaltspunkte sprechen unisono dafür, dass die in Schwäbisch Gmünd geborgenen menschlichen Skelettreste nicht von den gesuchten ‚Wiedertäufern' stammen.

---

23 Die AMS-Datierungen wurden dankenswerter Weise durchgeführt von Herrn Dr. B. Kromer vom Institut für Umweltphysik der Universität Heidelberg (Probennummern Hd-27948, Hd-28103, Hd-28108 und Hd-28109).

8. Archivalische Hinweise

Für den Zeitraum zwischen 1510 und 1710/29 sind aufgrund detaillierter Quellenstudien des Stadtarchivs insgesamt 129 Hinrichtungen belegt, *„ohne waß auf den Pranger gestellet, mit Ruthen außgestrichen, daß Land verwiesen, auf der Galeen und ewige Gefängnuß verdamt worden, welche auch eine namhafte Zahl."*[24] Für kleinere Zeiträume werden angegeben: 1529–1575: 41 Personen gehängt, gerädert, geköpft und verbrannt; 1576–1613: zehn Personen; während der Hexenverbrennungen 1613–1617: fünf Männer und eine nicht näher spezifizierte Anzahl Frauen; 1617–1652: acht Personen *peinlich processiret, gerädert, in Stuckhen zerhauen* oder *lebendig im Wasser vertrenckht*.[25] Als Beispiele seien erwähnt: Caspar Weißmann 1586 wegen Kirchendiebstahls zunächst zum Tode durch den Strang verurteilt, dann aber zum Tode durch das Schwert begnadigt; Michael Zeller 1588 erhängt, hat mindestens zwei Jahre am Galgen gehangen; Lienhart Herb 1590 wegen Totschlags verbrannt; Magdalena H. im selben Jahr wegen Ehebruchs und Kindsmords ertränkt; Jakob Welt 1591 wegen Tötung des eigenen Kindes enthauptet und aufs Rad gelegt, ursprünglich hätte er gerädert werden sollen; Jörg Schmidt 1621 wegen Mordes geköpft; Hans Jacob Schädel 1689 wegen Geldfälschens mit dem Schwert gerichtet und verbrannt, seine Frau und sein Komplize Brüderle lediglich enthauptet. Zweimal wird berichtet, dass die Verurteilten vor ihrer Hinrichtung mit (einigen Flaschen) Malvasier-Wein ruhig gestellt wurden.[26] Dass man auch Selbstmörder posthum bestrafte, zeigt der Fall eines unbekannten Durchreisenden, der sich 1586 in der Stube seiner Wirtsleute erhängte und danach vom Wasenmeister verbrannt wurde.

Für Schwäbisch Gmünd sind allgemein zwei Hinrichtungsstätten überliefert, das Hochgericht an der Oberbettringer Straße sowie bei St. Katharina, wo Enthauptungen stattfanden und offenbar auch gerädert wurde. Lautete das Urteil zusätzlich auf Verbrennen, konnte dies sowohl beim Galgen als auch am Ort des Köpfens durchgeführt werden. Nach unseren Untersuchungen wissen wir nun, dass man die durch den Strang zu Tode Gekommenen offenbar vor den Toren der Stadt an der Ausfallstraße nach Aalen auf dem ‚Remswasen', ungefähr 1 km östlich des Friedhofs St. Leonhard, vergraben hat. Ob dort auch Suizidtäter ihre letzte Ruhe fanden, lässt sich nur vermuten. Ausschließlich im Fall der ‚Wiedertäufer' von 1529 ist belegt, dass an dieser Stelle auch die Exekution selbst vollzogen wurde.

Infolge der erhobenen ^{14}C-Daten verschob sich das Hauptaugenmerk weiterer Recherchen zu den Skelettresten aus Schwäbisch Gmünd schwerpunktmäßig in das 18. Jahrhundert. Dabei können zwischen 1702 und 1772 alles in allem 14 Hinrichtungen rekonstruiert werden (12 Männer, 1 Frau und 1 Jugendlicher von 19 Jahren). Davon wurden acht enthauptet, fünf gehängt und einer garrottiert und verbrannt. Letzterer scheidet hinsichtlich einer möglichen Identifizierung aus, da nur unverbrannte Skelett(rest)e gefunden wurden. Von den Enthaupteten wurden laut schriftlicher Überlieferung einer bei St. Katharina (?) und vier auf dem Friedhof St. Leonhard beigesetzt, für die restlichen drei ist der Verbringungsort offen. Da wir unter dem geborgenen Knochenmaterial jedoch keinerlei Hinweise auf Exekutionen mit dem Schwert gefunden haben, kommen auch diese nicht in Frage. Von den Gehängten wurde einer, Ignatius Bier, 1743 möglicherweise ebenfalls bei St. Leonhard bestattet. Es verbleiben Rodolph Maß (erhängt am 31.3.1710), Peter Meinguss (21.4.1735) sowie

---

24 Wir danken dem Stadtarchivar von Schwäbisch Gmünd, Herrn Dr. Klaus-Jürgen Herrmann, für wertvolle Hinweise sowie seine Unterstützung bei der Klärung von Detailfragen bzgl. der urkundlichen Quellen. K. J. Herrmann, Das Kriminalwesen in der Reichsstadt Schwäbisch Gmünd im 17. Jahrhundert. Gmünder Studien 7, Beiträge zur Stadtgeschichte (Schwäbisch Gmünd 2005) 33–44. – Ders., „...Wo er in der Gute nichts bekhennen will, ine peinlich zue fragen..." – Der Alltag in der Reichsstadt Schwäbisch Gmünd in den Jahren 1586-1591 (Teil 2). Einhorn Jahrbuch Schwäbisch Gmünd 2009, 73–80. Die Vorgänge aus dieser Zeit wurden Ratsprotokollen entnommen bzw. aus Handwerkerrechnungen u. ä. erschlossen; die eigentlichen Prozessakten sind im Jahr 1828 als Altpapier entsorgt worden.
25 Herrmann 2005 (Anm. 24) 34.
26 Der vergleichsweise hochwertige ‚Malvasier' stammt ursprünglich aus Kreta und ist qualitativ vergleichbar mit dem Madeira.

Leonard Sigle und Jacob Walther, die wegen Bandendiebstahls kurz hintereinander im Februar 1739 durch den Strang hingerichtet wurden. Diese vier, einer oder mehrere davon könnten aufgrund ihrer Todesart und des Sterbedatums unter den vorliegenden Menschenknochen vertreten sein. Leonard Sigle war zum Zeitpunkt seiner Exekution 32 Jahre alt, Jacob Walther 29 Jahre. Weitergehende personenbezogene Daten sind leider nicht überliefert. In diese Altersgruppe würden am ehesten drei (Ind. 4, 9 und 10) – unter Berücksichtigung der Ungenauigkeit anthropologischer Altersbestimmungen evtl. sieben – der in den Gruben angetroffenen Skelette und möglicherweise drei bis fünf der in den Baggerfunden repräsentierten Individuen passen. Genauso gut könnte es sich aber auch um eine rein zufällige Übereinstimmung handeln, denn das durchschnittliche Sterbealter der zehn einzeln ansprechbaren Individuen liegt bei knapp unter 30 Jahren. Auch unter den Baggerfunden verdichten sich die Hinweise auf die Altersstufe ‚adult' (20–40 Jahre).

9. Vergleich mit Ellwangen

Ein Gegenüberstellung der beiden Fundstellen vom ‚Remswasen' in Schwäbisch Gmünd und vom ‚Galgenberg' bei Ellwangen bietet sich aus verschiedenen Gründen an. Bei beiden Skelettserien handelt es sich um abseits der üblichen Friedhofsareale separat entsorgte Überreste von Hinrichtungsopfern (und Selbstmördern), eine Fundgattung, die in Südwestdeutschlang bislang kaum näher betrachtet werden konnte. Zudem wurden beide nach denselben Kriterien untersucht und nach einem identischen Schema aufgenommen und ausgewertet. Die wesentlichen Parameter beider Fundkomplexe sind in Tabelle 7 aufgeführt. Dabei lassen sich – unabhängig davon, dass aus Schwäbisch Gmünd nur eine kleinere Stichprobe vorliegt und das Areal nicht komplett erfasst wurde – eine Reihe von Gemeinsamkeiten, Ähnlichkeiten, aber auch deutliche Unterschiede zwischen Schwäbisch Gmünd und Ellwangen erkennen.[27]

Vergleichbar sind u. a. das Durchschnittsalter und die Altersspanne der Delinquenten. Frauen sind in Schwäbisch Gmünd durch mindestens ein Individuum aus den Baggerfunden, in Ellwangen dagegen mit mindestens einem Viertel aller Erwachsenen belegt. Die morphologisch-typologische und konstitutionelle Variationsbreite wie auch das Spektrum anatomischer Varianten ist in beiden Fundorten auffallend groß, was übereinstimmend (und in einem derartigen Kontext erwartungsgemäß) auf eine Zusammensetzung von Personen unterschiedlicher Provenienz hindeutet.

An den Knochen aus Schwäbisch Gmünd wie auch aus Ellwangen finden sich Spuren von Gewalteinwirkungen, die indirekt auf Hinrichtungen durch Erhängen hinweisen. Dabei versuchte man in Ellwangen beim Abnehmen der Gehenkten, mit einem Messer o. Ä. zwischen Hals und Seil zu gelangen, um die Schlaufe durchzuschneiden, während in Schwäbisch Gmünd der Strang oberhalb des Knotens durchtrennt wurde (Abb. 10). Andere Todesarten können nicht belegt werden. Der große Anteil an Teilskeletten und Streuknochen, Anzeichen von Verwitterung und nicht zuletzt auch von Verräumspuren zeigt, dass dabei die zum Tode durch den Strang verurteilten Delinquenten in Ellwangen vielfach deutlich länger am Galgen hängen blieben, während sie in Schwäbisch Gmünd offensichtlich eher wieder abgenommen und zumeist noch als komplette Leichname vergraben wurden. In Ellwangen sind Schädel und Handknochen unterrepräsentiert, in Schwäbisch Gmünd gilt das hinsichtlich der Schädelteile ebenso für die Baggerfunde und für mindestens eines der in situ angetroffenen Skelette. Es scheint demnach üblich gewesen zu sein, die Köpfe bestimmter Hinrichtungsopfer zu separieren, evtl. um sie anderweitig zu präsentieren oder zu verwenden.[28]

---

27 Eine weitere Gemeinsamkeit ist, dass sowohl die Reichsstadt Schwäbisch Gmünd (wie Rottweil u. a.) als auch die reichsunmittelbare geistliche Herrschaft von Ellwangen (wie Zwiefalten u. a.) nach dem Augsburger Religionsfrieden von 1555, in dem die Gleichberechtigung von Katholizismus und Lutherischem Bekenntnis festgestellt wurde, katholisch geblieben sind. Im Gegensatz dazu waren z.B. Biberach und Ravensburg gemischtkonfessionell und Leutkirch überwiegend lutherisch geprägt.

28 Es existieren zudem Berichte, nach denen man bestimmte Körperteilen von Hingerichteten pulverisiert hat, in der Annahme, diese hätten magisch-heilende Wirkung.

Es sieht jedoch so aus, als habe man damit so lange gewartet, bis sie sich von selbst (bei hängenden Leichnamen durch die Schwerkraft) vom restlichen Körper abgelöst hatten, denn es fehlen Trennspuren im Halsbereich.

Anzeichen von Entwicklungsstörungen, Mangelsituationen und sonstigen krankhaften Veränderungen zeigen in beiden Fundorten auf ähnliche Weise, dass die Betroffenen vielfach unter eher ungünstigen Lebensbedingungen existierten, häufig unter Entzündungen verschiedenster Art litten und schon in jungen Jahren körperlichen Belastungen ausgesetzt waren. Sie dürften demnach in der Mehrzahl aus weniger privilegierten Schichten der Bevölkerung gestammt haben.

Sowohl in Schwäbisch Gmünd als auch in Ellwangen sind Überreste der Kleidung in Form von Knöpfen (u.a.) gefunden worden, in Schwäbisch Gmünd auch ein Schmuckstück. Weitere indirekte Anzeichen dafür sind Grünfärbungen an Knochen, die auf entsprechende Applikationen an bestimmten Stellen von Oberbekleidung und Schuhwerk schließen lassen. Das zeigt, dass die Hingerichteten nicht prinzipiell gefleddert und ihrer am Körper befindlichen Habe beraubt wurden. Schwärzliche Verfärbungen sind demgegenüber weniger spezifisch verteilt. In Ellwangen können solche über die Körperhaltung der (Teil)Skelette bisweilen mit einer Fesselung der Delinquenten in Verbindung gebracht werden.

In beiden Kontingenten sind bei jeweils einem (eher) männlichen Individuum Pfeifenusuren festgestellt worden, wobei die entsprechenden Konkavitäten der betroffenen Zahnkronen bei dem frühadulten Ind. 10 aus Schwäbisch Gmünd deutlich schwächer ausgeprägt sind.[29]

9. Schlussbemerkung

In der Regel bestand ein Teil der Strafe des Erhängens darin, dass die Toten so lange hängen bleiben sollten, bis sie in einem fortgeschrittenen Stadium der Verwesung, meist in Teilstücken, von alleine herabfielen.[30] Manchmal durfte der Leichnam bereits vorher vom Seil abgenommen werden. In einer solchen Situation sind wahrscheinlich die am Hinterhaupt der Ind. 7 und 9 vorgefundenen Kerben entstanden: Beim Hängen wird der Knoten des Stricks meist nicht im Nacken, sondern seitlich hinter dem (linken) Ohr angebracht. Infolge des Körpergewichts ist das Seil dann straff gespannt, der Kopf wird in eine schräg nach vorne und leicht seitwärts (in diesem Szenario nach rechts) geneigte Position gedrückt. Wenn der Strang nun oberhalb des Knotens mit einem Hackmesser o. Ä. durchtrennt wird, sind Läsionen, wie die vorgefundenen, zu erwarten. Lage, Ausrichtung, Auftreffwinkel sowie die relativ geringe Eindringtiefe der festgestellten Defekte lassen sich damit in Einklang bringen.[31]

Die anthropologische Bearbeitung des Knochenmaterials aus Schwäbisch Gmünd ergab, dass die vorliegenden Skelettreste von insgesamt 18 Personen stammen. Obwohl darunter auch zwei Jugendliche und mindestens eine Frau vertreten sind, konnte die ursprüngliche Annahme, es könne sich bei diesen im Jahr 2008 an urkundlich belegter Stelle gefundenen Knochen um diejenigen der

---

29 Vgl. S. Kramis, Tonpfeifenraucher aus Basler Friedhöfen – anthropologische und historische Aspekte des „Tabaktrinckens". Knasterkopf, Fachzeitschr. f. Tonpfeifen u. histor. Tabakgenuss 19, 2007, 41–44. – Ähnliche Befunde wurden jüngst für einen Anfang des 19. Jahrhunderts bei St. Theodor in Basel bestatteten, ca. 30-jährigen Mann sowie für zwei Männer aus einem Massengrab des frühen 18. Jahrhunderts aus Stralsund beschrieben: G. Hotz/ K. von Greyerz/L. Burkart (Hrsg.), Theo der Pfeifenraucher – Leben in Kleinbasel um 1800 (Basel 2010) 58–62. – J. Ansorge, Ein Mssengrab aus der Zeit des Nordischen Krieges auf dem ehemaligen Frankenhornwerk in Stralsund. Arch. Ber. Mecklenburg-Vorpommern 17, 2010, 122–135.
30 Allgemein zum Procedere verschiedener Hinrichtungsarten z. B. W. Schild, Die Geschichte der Gerichtsbarkeit. Vom Gottesurteil bis zum Beginn der modernen Rechtsprechung (Hamburg 1997). Oder J. Auler (Hrsg.), Richtstättenarchäologie (Dormagen 2008). – Ders. (Hrsg.), Richtstättenarchäologie 2 (Dormagen 2010).
31 Dass beide Individuen in derselben Grube entsorgt wurden, deutet drauf hin, dass sie gleichzeitig – und somit vielleicht auch nach ähnlichem Modus – vom Galgen abgenommen wurden. Von Ind. 8 fehlt der Schädel, es findet sich eine Schnittspur im Thoraxbereich. Die Skelettreste von Ind. 10 tragen dagegen keinerlei Anzeichen von Gewalteinwirkung. Möglicherweise waren bei der Beseitigung dieser Vierergruppe mehrere Personen beteiligt.

für ihren Glauben Anfang Dezember 1529 enthaupteten, namentlich bekannten Täufer handeln, nicht bestätigt werden. Nach weitergehender Recherche kommen für die Funde aus dem 17. bis 18. Jahrhundert zwar einige Namen von Delinquenten in Betracht, ohne konkretere Hinweise geht deren Zuordnung aber trotzdem nicht über den Status von Vermutungen hinaus. Auch die Vergehen, derentwegen die Personen seinerzeit zum Tode verurteilt wurden, bleiben im Dunklen. Gleichwohl handelt es sich um Hinrichtungsopfer, deren sterbliche Überreste eine pietätvolle Behandlung durch uns verdient haben.

Abbildungsnachweis

Abb. 1a–g: Aufnahmen S. Papadopoulos, Regierungspräsidium Stuttgart, Referat 86 Denkmalpflege, Esslingen.
Abb. 2–5: Fotos C. Berszin, Anthropologische Dienstleistungen, Konstanz.
Abb. 6–8: Fotos M. Schreiner, Archäologisches Landesmuseum Baden-Württemberg, Konstanz.
Abb. 9 u. 10 rechts: Zeichnungen J. Wahl; 10 links: A. Froriep, Anatomie für Künstler (Leipzig 1890) Fig. 7 (R. Helmuth).

Schlagwortverzeichnis

Schwäbisch Gmünd; Wasenplatz; 17. bis 18. Jahrhundert; Skelettreste; anthropologische Untersuchung; Hinrichtungsopfer; Tod durch Erhängen; morphologische Variation; Pfeifenusuren; ‚Wiedertäufer'.

Anschriften der Verfasser

Prof. Dr. Joachim Wahl
Regierungspräsidium Stuttgart
Landesamt für Denkmalpflege
Arbeitsstelle Konstanz, Osteologie
Stromeyersdorfstraße 3
78467 Konstanz

E-Mail: Joachim.Wahl@rps.bwl.de

Bernd Trautmann M.A.
Universität Tübingen
Institut für Naturwissenschaftliche Archäologie
Arbeitsgruppe Paläoanthropologie
Rümelinstraße 23
72070 Tübingen

E-Mail: bernd.trautmann@uni-tuebingen.de

Buchbesprechung

Le complexe aristocratique de Vix. Nouvelles recherches sur l'habitat, le système de fortification et l'environnement du mont Lassois (2 Bände). Éditions Universitaires de Dijon. Bruno Chaume u. Claude Mordant (Hrsg.), Collection Art, Archéologie et Patrimoine. Dijon 2011. 867 Seiten. Zahlreiche, z. T. farbige Abbildungen. Preis 90,00 €. ISBN 978-2-915611-47-2.

Die Erforschung von Zentralisierungs- und Urbanisierungsprozessen stellt eine der wichtigsten und zugleich auch faszinierendsten Aufgaben der eisenzeitlichen Archäologie dar (vgl. z. B. V. Guichard et al. [Hrsg.], Les processus d'urbanisation à l'âge du Fer [Glux-en-Glenne 2000]; S. Sievers/M. Schönfelder [Hrsg.], Die Frage der Protourbanisation in der Eisenzeit [Bonn 2012]). Diese Fragestellung war während der letzten Jahre Gegenstand mehrerer großer Forschungsprojekte, die vor allem in Deutschland und Frankreich zu spektakulären Ergebnissen führten. Zu nennen sind einerseits die deutschen Forschungen, die zwischen 2004 und 2010 im Rahmen des DFG-Schwerpunktprogramms „Frühkeltische Fürstensitze" stattfanden (siehe D. Krausse [Hrsg.], Frühe Zentralisierungs- und Urbanisierungsprozesse. Zur Genese und Entwicklung frühkeltischer Fürstensitze und ihres territorialen Umlandes [Stuttgart 2008]; ders. [Hrsg.], „Fürstensitze" und Zentralorte der frühen Kelten [Stuttgart 2010]), andererseits die französischen Ausgrabungen an den überregional bedeutenden Fundstellen von Mont Lassois in Burgund und Bourges in der Region Berry (zu den neuen Ausgrabungen in Bourges vgl. L. Augier et al. [Hrsg.], Un complexe princier de l'âge du Fer. L'habitat du promontoire de Bourges (Cher) (VIe–IVe s. av. J.-C.) [Bourges 2007]; P.-Y. Milcent [Hrsg.], Bourges-Avaricum: un centre proto-urbain celtique du Ve s. av. J.-C. [Bourges 2007]). Hinzu kommen noch weitere wichtige Publikationen wie die der späthallstatt- und frühlatènezeitlichen Besiedlung im böhmischen Závist, ein Fundort, der vor allem aufgrund seines sakralen Bezirks herausragt (P. Drda/A. Rybová, Akropole na hradišti Závist v 6.–4. stol. př. Kr. Akropolis von Závist im 6.–4. Jh. v. Chr. [Prag 2008]).

Das vorliegende Werk, das aus zwei großformatigen Bänden mit zahlreichen qualitätvollen Abbildungen besteht, ist dem Mont Lassois bei Châtillon-sur-Seine gewidmet. Diese Fundstelle erlangte in den 1950er-Jahren internationale Aufmerksamkeit aufgrund der Entdeckung des Prunkgrabes von Vix. Die eigentliche Siedlung blieb aber lange Zeit verhältnismäßig schlecht erforscht, was im deutlichen Kontrast zu den groß angelegten Grabungsprojekten von 1950–1979 an der Heuneburg stand. Dies hat sich im Verlauf der letzten 15 Jahre schlagartig geändert. Als erstes ist die Publikation der umfangreichen Monographie von Bruno Chaume zu nennen, dem großen Erforscher des Mont Lassois, der diese Fundstelle aus ihrem ‚Dornröschenschlaf' herausgerissen hat (Vix et son territoire à l'âge du Fer. Fouilles du mont Lassois et environnement du site princier [Montagnac 2001]). Dieses im Jahre 2001 erschienene Buch stellt die überarbeitete Fassung seiner Dissertation dar und bietet eine wertvolle Zusammenstellung über die bis zu diesem Zeitpunkt zur Verfügung stehenden Quellengattungen, inklusive einer ausführlichen Vorlage von Fundmaterial. Damit verfügte man über eine gute Grundlage für die weiteren Untersuchungen, die im Anschluss folgten. Einem Wendepunkt in der Erforschung des Mont Lassois kam die im Jahre 2003 durchgeführte geomagnetische Prospektion des Plateaus Saint Marcel durch Harald von der Osten vom Landesamt für Denkmalpflege Baden-Württemberg gleich. Im Magnetogramm zeichneten sich zahlreiche Spuren von Gräben, Gebäuden und Gruben deutlich ab. Sie geben einen regelrechten ‚Stadtplan' wieder; unter den Strukturen kann man Palisadeneinfriedungen, öffentliche Speicherbauten, Plätze und

Wege erkennen, die man allem Anschein nach auf der Basis eines architektonischen Gesamtplans anlegte. Besonders auffällig ist ein mächtiges Apsidengebäude, auf das man noch zu sprechen kommen wird. Darüber hinaus muss erwähnt werden, dass auch das berühmte Grab von Vix in neuerer Zeit einer eingehenden und zeitgemäßen Analyse unterzogen worden ist (C. ROLLEY [Hrsg.], La tombe princière de Vix [Paris 2003]; von großem Interesse erscheinen auch die Ausführungen von S. VERGER, La Dame de Vix: une défunte à personnalité multiple. In: J. GUILAINE [Hrsg.], Sépultures et sociétés. Du Néolithique à l'Histoire [Paris 2009] 285–309). Eine ausführliche Publikation der Einfriedung von Vix ‚Les Herbues', einer Anlage, die höchst wahrscheinlich der Heroisierung der gesellschaftlichen Elite bzw. der am Mont Lassois herrschenden Dynastie diente, steht dagegen noch aus (vgl. B. CHAUME/W. REINHARD, Les dépôts de l'enclos cultuel hallstattien de Vix «les Herbues» et la question des enceintes quadrangulaires. Bulletin de la Société Préhistorique Française 104, 2007, 343–367; zur aktuellen Diskussion siehe auch die darauf folgende Debatte mit L. OLIVIER in ebd. 105, 2008, 419–423).

Während die Doktorarbeit von CHAUME den Forschungsstand bis Ende des 20. Jahrhunderts zusammenfasst, beschäftigt sich das hier zu besprechende Werk mit den Ergebnissen der umfangreichen Feldarbeiten der letzten 10 Jahre. Es handelt sich um ein zweifellos notwendiges Unterfangen, denn die Forschungsfortschritte sind, wie bereits berichtet, gewaltig: als wichtigste Stichwörter seien hier die monumentalen Apsidengebäude und die imposanten Befestigungswerke genannt. Dieses ambitionierte Projekt konnte nur mit Hilfe einer großen Anzahl an Forschern von verschiedenen Institutionen bewältigt werden; neben französischen Archäologen waren bzw. sind an den Grabungen auch zahlreiche Spezialisten und Studenten aus anderen europäischen Ländern beteiligt, z.B. aus dem Landesamt für Denkmalpflege Baden-Württemberg, dem Landesdenkmalamt Saarland oder der Universität Kiel (die bis 2006 als Teilprojekt des DFG-SPP „Frühkeltische Fürstensitze" an den Forschungen teilnahm, vgl. A. MÖTSCH, Der späthallstattzeitliche „Fürstensitz" auf dem Mont Lassois. Ausgrabungen des Kieler Instituts für Ur- und Frühgeschichte 2002–2006 [Bonn 2011]), Wien oder Zürich. Das rege internationale Interesse am Mont Lassois spiegelt sich auch in den insgesamt 43 Autoren des vorliegenden Werks wider. Herausgeber sind natürlich die beiden Projektleiter aus Dijon: Dr. BRUNO CHAUME und Prof. Dr. CLAUDE MORDANT.

Angesichts der hohen Anzahl von Beiträgen (15 in Band 1, 22 in Band 2) können die verschiedenen Aufsätze hier nur kurz skizziert werden. Band 1 gliedert sich in zwei große thematische Blöcke, „Regionales und lokales Umfeld" sowie „Topographie und Befestigungen des Mont Lassois", denen eine einführende Präsentation des kollektiven Forschungsprojektes *„Vix et son environnement"* („Vix und sein Umfeld") durch die beiden Herausgeber vorausgeht. Der erste Themenblock beginnt mit einer Arbeit von C. PEYRE zu Hütten und Steinstrukturen bei Minot, also in der weiteren Umgebung von Châtillon-sur-Seine; auffällig ist vor allem ein enigmatischer Steinhügel mit zahlreichen Tierknochen, die von rituellen Handlungen zeugen. Danach folgen zwei Beiträge von D. GOGUEY und Y. PAUTRAT über Prospektionsarbeiten bzw. über die Untersuchung von Steinstrukturen in den Wäldern des Châtillonnais; die ermittelten Ergebnisse gehören chronologisch gesehen vor allem in die Latènezeit und in die gallo-römische Epoche. In einem weiteren Aufsatz berichten L. SALIGNY, S. AUSSEL, A. CHARMOT, D. GOGUEY, C. MORDANT, L. NUNINGER und Y. PAUTRAT über die Inventarisierung von Bodendenkmälern aus den Wäldern des Châtillonnais anhand von GPS und GIS. Sehr Aufsehen erregend sind die im Anschluss von H. VON DER OSTEN vorgestellten Ergebnisse der geophysikalischen Prospektionen am Mont Lassois und den Nekropolen des Umfelds. Neben den bereits erläuterten Entdeckungen auf dem Plateau Saint-Marcel möchte ich hier vor allem auf die Erforschung der latènezeitlichen Nekropole von ‚Les Tillies' aufmerksam machen. Schließlich befassen sich F. CRUZ und C. PETIT mit der Geomorphologie der Landschaft bei Vix und mit der Entwicklung des Seine-Tals.

Wissenschaftlich hoch relevant ist der Block über die Befestigungswerke am Mont Lassois. Am Anfang steht die von W.-U. BÖTTINGER, D. MÜLLER und S. SCHENK durchgeführte topographische Studie des Mont Lassois und seines unmittelbaren Umfelds; diese Arbeit inspiriert sich an dem *Atlas archäologischer Geländedenkmäler in Baden-Württemberg*. Die nächsten vier Beiträge, die zusammen mehr als hundert Seiten umfassen, sind alle der oberen Befestigungsmauer am Plateau Saint Marcel gewidmet. O. Urban und T. Pertlwieser stellen die Ergebnisse der Grabungen vor, danach kommen Spezialstudien zur Keramik (D. Bardel, C. Moreau und M. Kasprzyk), zu den Metallfunden (É. Dubreucq) und den Tierknochen (L. Huguet). Wenngleich über einige Punkte noch Unklarheit herrscht, kann festgehalten werden, dass das Plateau Saint Marcel schon während der Urnenfelderzeit befestigt war; in der Späthallstattzeit wurde es dann von einer Pfostenschlitzmauer umgeben. Hinweise auf den von der älteren Forschung vermuteten *murus gallicus* der Spätlatènezeit konnten im ausgegrabenen Bereich dagegen nicht ermittelt werden, eine erneute Befestigung erfolgte erst im 5. Jahrhundert n. Chr.

Neben der Untersuchung der Mauern auf dem Plateau werden auch die neuesten Grabungen an den Wällen 1 (T. Pertlwieser, F. Cruz, C. Petit, D. Bardel und L. Huguet) und 3 (O. Urban und T. Pertlwieser) erläutert, die beide von oben nach unten in Richtung Seine verlaufen. Besonders die gigantischen Ausmasse von Wall 3 –mehr als 40 m Breite und 5 m Höhe– veranschaulichen die beachtliche kollektive Arbeit, die hinter der Errichtung der Anlagen am Mont Lassois steht. Zum Abschluss fassen dann O. Urban, D. Müller und T. Pertlwieser die wichtigsten Ergebnisse zu den Befestigungswerken nochmal zusammen. Ähnlich wie auf der Heuneburg zeugen auch am Mont Lassois die späthallstattzeitlichen Verteidigungsanlagen von einem ausgeprägten repräsentativen und symbolischen Charakter; zugleich sollte man aber ihre reale defensive Wirksamkeit nicht unterschätzen. Beide Aspekte sind keineswegs inkompatibel, wie sich auch anhand von zahlreichen ethnographischen Beispielen zeigen lässt (vgl. z. B. I. Armit, Hillforts at War: From Maiden Castle to Taniwaha Pā. Proceedings of the Prehistoric Society 73, 2007, 25–37).

Im Mittelpunkt des zweiten Bandes steht, wie nicht anders zu erwarten, das große Apsidengebäude. Zuvor kommt aber ein einführendes Kapitel von B. Chaume, A. Haffner, N. Nieszery und W. Reinhard über die räumliche Organisation des Plateau Saint Marcel während der Späthallstattzeit. Ausgehend von der Forschungsgeschichte, vor allem aber von den sensationellen Ergebnissen der geomagnetischen Prospektion, werden die neuesten Erkenntnisse zu Struktur und Bebauung der Siedlung umrissen. Eine Nord-Süd-Achse gliedert das Plateau, im Magnetogramm zeichnen sich zudem 15 große Umfriedungen ab, die in vielen Fällen mehrere tausend Quadratmeter umfassen (mit einer max. Fläche von 5.500 m² beim *enclos* 10). Die durchdachte Planung belegt die Existenz eines komplexen Zentrums von urbaner Qualität, dessen innere Struktur eine ausgeprägte soziale Differenzierung widerspiegelt, so wie sie auch aus den Prunkgräbern der Umgebung bekannt ist (Vix, Sainte-Colombe etc).

Mit mehr als 450 Seiten Umfang stellt der darauf folgende Teil über die „Palastresidenz" den eigentlichen Kern des vorliegenden Werkes dar. Die Studie ist in vier Hauptabschnitte gegliedert, die jeweils mehrere Beiträge umfassen: 1. Untersuchung der Strukturen des großen Apsidengebäudes, 2. Umgebung des Gebäudes, 3. Fundanalyse (Keramik, Metall, Tierknochen, Archäobotanik, etc.) und 4. Synthese mit architektonischer und funktionaler Interpretation der Anlage.

Die Ausgrabung des herausragenden Befundes war Aufgabe von zwei verschiedenen Forscherteams: während die Untersuchung des apsidenförmigen Abschlusses in den Händen der Universität Kiel lag (T. Grübel, A. Haffner, A. Mötsch und U. Müller, 2004–2006), wurden die Vorhalle und die Haupthalle durch ein deutsch-französischen Team unter Leitung der Université de Bourgogne erforscht (B. Chaume, N. Nieszery und W. Reinhard, 2005–2008). Diese Aufteilung spiegelt sich auch im vorliegenden Werk wider, da jede der zwei Gruppen ihren Ausgrabungsbereich separat vorstellt. Beiden gemeinsam waren die eher ungünstigen Grabungsbedingungen am Mont Lassois: Aufgrund einer Felsoberfläche mit geringer Humusauflage und dem damit zusammenhängenden Fehlen von Kulturschichten hatten es die Ausgräber fast ausschließlich mit negativen (= in den Fels eingetieften) Befunden zu tun, die nur über die Funde aus ihren Verfüllungen datiert werden konnten. Trotz dieser Einschränkungen konnte man das 35 x 22 m große Gebäude relativ zuverlässig in Ha D2-D3 datieren. Ferner ließen sich zwei Bauphasen unterscheiden: nachdem der erste Bau durch einen Brand zerstört wurde, errichtete man nur kurze Zeit später ein zweites, identisches Gebäude mit verbreitertem Umgang.

Nach der Vorlage der Befunde des Apsidengebäudes beschäftigen sich zwei weitere Beiträge mit seinem unmittelbaren Umfeld, zuerst mit den nahegelegenen Grabungsflächen A, B und C der Universität Kiel (T. Grübel, A. Haffner und A. Mötsch) und danach mit einem Keramikensemble aus der Urnenfelderzeit, für das eine Interpretation als kultisch motivierte Deponierung wahrscheinlich gemacht wird (B. Chaume, N. Nieszery, W. Reinhard und A. Ballmer). In der Tat scheinen sowohl dieses Depot als auch viele weitere bronzezeitliche Keramikfunde aus dem Areal darauf hinzudeuten, dass bei der Platzwahl des späthallstattzeitlichen Apsidengebäudes auch religiöse Gründe eine Rolle spielten; zu denken sei hier z. B. an ein Anknüpfen an ältere Traditionen.

Wie bereits erwähnt, ist die folgende Sektion der Analyse des umfangreichen Fundmaterials aus dem Bereich des großen Apsidengebäudes gewidmet: attische Keramik (L. Chazalon, insgesamt 21 Fragmente), Metallfunde (E. Dubreucq), eisenzeitliche und spätantike Keramik (D. Bardel und M. Kasprzyk), Tierknochen (P. Méniel, 13.000 Tierreste), Hüttenlehm (C.-A. Chazelles), bemalter Wandputz (C. Allag und A. Coutelas), Mühlsteine aus dem Mont Lassois (L. Jaccottey, A. Milleville, G. Fronteau und F. Boyer), makrobotanische Reste (H. Kroll), Menschenknochen (B. Dedet), römische Münzen aus dem Mont Saint Marcel (L. Popovitch) und eine merowingische Goldmünze (J. Stréer). Besonders außergewöhnlich erscheint der Nachweis eines bemalten Wandputzes.

Der vierte und letzte Abschnitt über das große Apsidengebäude befasst sich schließlich mit der Interpretation der Anlage. Im ersten Aufsatz dieser Sektion liefert M. Filgis verschiedene Überlegungen zu Bau und Konzeption des Gebäudes aus der Sicht des erfahrenen Architektes. Numerische Berechnungen und mathematische Modellierungen stehen im Mittelpunkt des anschließenden Beitrages von J. Landrieu. Genese und Funktion des Apsidengebäudes werden von A. Mötsch, A. Haffner und U. Müller diskutiert. Die Suche nach möglichen Vergleichen macht klar, dass der Großbau am Mont Lassois das Ergebnis eines Zusammenkommens von indigenen und mediterranen Elementen darstellt. Zwar kann die genaue Nutzung des Gebäudes nicht ganz endgültig geklärt werden, eine repräsentative Funktion als Versammlungsplatz, an dem u. a. auch Feste und Gelage stattfanden, erscheint auf jeden Fall mehr als naheliegend. In dieser Linie, aber viel ausführlicher was die Interpretationen betrifft, steht auch der letzte Beitrag zum Apsidengebäude, der den provokativen Titel „Das Palastgebäude vom Mont Saint-Marcel: *The House of the rising sun*" trägt (B. Chaume, N. Nieszery und W. Reinhard). Die dargelegten Überlegungen sind zwar teilweise ziemlich gewagt, im Großen und Ganzen und abgesehen von einigen Nuancierungen schließt sich Rezensent ihnen aber an. Auch wenn vieles ungewiss bleibt, kann das große Apsidengebäude am Mont Lassois ohne Bedenken der heterogenen Gruppe von Palastbauten der späten Bronze- und frühen Eisenzeit zugeordnet werden, wobei eine Multifunktionalität der Anlage als Ort für die Ausübung von politischen und kultischen Handlungen am plausibelsten erscheint (vgl. S. Verger/M. Osanna [Hrsg.], Palais en Méditerranée: de Mycènes aux Tarquins. Dossiers d'Archéologie 339, 2010).

Nur kurz erwähnt, aber im vorliegenden Buch nicht weiter erläutert, bleibt ein zweiter und anscheinend etwas älterer Apsidenbau, der inzwischen auch erforscht worden ist. Weitere vergleichbare Gebäude innerhalb desselben *enclos* zeichnen sich zudem in der Geomagnetik ab, wenngleich keines die Dimensionen des bereits besprochenen Großbaus erreicht. Die wichtigste Frage, die sich natürlich stellt, ist die chronologische: Wie war das zeitliche Verhältnis zwischen den verschiedenen Apsidenbauten? Gab es eine chronologische Abfolge oder bestanden einige von ihnen zumindest teilweise gleichzeitig? Zur Zeit müssen diese Fragen noch weitgehend ohne Antwort bleiben, es ist sogar zu befürchten, dass aufgrund der oben beschriebenen Befunderhaltung auch in Zukunft in vielen Punkten keine endgültige Klarheit herrschen wird.

Nach diesem ausführlichen thematischen Block über das Apsidengebäude schließt das Buch mit einem Beitrag über die Bronzezeit am Mont Lassois und in den Nekropolen des Umfelds ab (C. Mordant und D. Bardel). Wie auch auf der Heuneburg, ging am Mont Lassois der späthallstattzeitlichen Siedlungsentwicklung ohne direkte Kontinuität eine bronzezeitliche Besiedlung voraus (allerdings chronologisch unterschiedlich: Während am Mont Lassois der Schwerpunkt in der späten Urnenfelderzeit liegt, erlebte die Heuneburg schon eine erste Blütezeit in der mittleren

Bronzezeit, siehe E. GERSBACH, Die Heuneburg bei Hundersingen, Gemeinde Herbertingen. Eine Wehrsiedlung/Burg der Bronze- und frühen Urnenfelderzeit und ihre Stellung im Siedlungsgefüge an der oberen Donau [Stuttgart 2006]). Bei der Beurteilung des vorliegenden Buches fragt man sich allerdings, warum dieser Abschnitt zur Bronzezeit am Mont Lassois nicht schon zu Beginn des zweiten Bandes platziert worden ist, was für die Struktur des Gesamtwerkes und für das Verständnis der Siedlungsdynamik sicherlich von Vorteil gewesen wäre. Dessen ungeachtet handelt es sich um einen durchaus wertvollen Aufsatz, zumal diese frühere Besiedlungsphase auch bei der Entwicklung des späthallstattzeitlichen ‚Fürstensitzes' sicherlich eine Rolle gespielt haben dürfte; es sei hier z. B. auf die verlockende These von S. VERGER hingewiesen (2009, siehe oben), der den Mont Lassois als „*siège de la tribu*" bezeichnet und sogar während der Stufe Ha C von einem regelmäßigen Aufsuchen des Platzes für die Veranstaltung von identitätsstiftenden Zeremonien ausgeht. Die Wichtigkeit der urnenfelderzeitlichen Besiedlung wird auf jeden Fall auch in der abschließenden Zusammenfassung der Forschungsergebnisse durch C. MORDANT und B. CHAUME betont.

Als Gesamtbeurteilung bleibt festzuhalten, dass die Publikation des vorliegenden Werkes einen neuen Meilenstein in der Erforschung des Mont Lassois bedeutet. Die Ergebnisse der letzten Jahre unterstreichen die herausragende Stellung dieses Zentralortes als eines der wichtigsten Machtzentren der Späthallstattzeit im Gebiet zwischen Zentralfrankreich (Bourges) und Böhmen (Závist). Auch an vergleichbaren Fundorten wie der Heuneburg haben die letzten Jahre sensationelle Ergebnisse geliefert, die unser Bild maßgeblich verändern: Es sei hier an die riesige Außensiedlung von etwa 100 ha erinnert, deren Größenordnung ganz neue demographische und räumliche Dimensionen in die Diskussion über die früheisenzeitlichen Gesellschaften mit einbringt (vgl. D. KRAUSSE/ M. FERNÁNDEZ-GÖTZ, Die Heuneburg. Neue Forschungen zur Entwicklung einer späthallstattzeitlichen Stadt. In: Die Welt der Kelten. Zentren der Macht – Kostbarkeiten der Kunst [Ostfildern 2012] 116–123). Wichtig erscheint die Feststellung, dass das Machtzentrum am Mont Lassois seinen Schwerpunkt in Ha D2–D3 hatte, während die Blütezeit der Heuneburg schon etwas früher erfolgte, nämlich in Ha D1 mit der Lehmziegelmauer, dem Steintor der Vorburg und der Außensiedlung. Wir haben es hier mit einer ersten Schwelle der Urbanisierung nördlich der Alpen zu tun, die sich allerdings nicht kontinuierlich bis zur Romanisierung weiterentwickelte, sondern im Verlauf des 5. Jahrhunderts v. Chr. von einer Phase der Dezentralisierung abgelöst wurde.

Anschrift des Verfassers

Dr. MANUEL FERNÁNDEZ-GÖTZ M. A.
Regierungspräsidium Stuttgart
Landesamt für Denkmalpflege
Berliner Straße 12
73728 Esslingen

E-Mail: manuel.fernandez-goetz@rps.bwl.de

Nachrufe

Karl Dietrich Adam

Geologe, Paläontologe Urgeschichtsforscher und Hochschullehrer

1921–2012

Professor Adam im Steinheimer Urmensch-Museum vor dem Skelett des Steinheimer Steppenelefanten. Foto: Rotraud Harling.

Prof. Dr. rer. nat. habil. Karl Dietrich Adam starb nach mehreren, schweren Erkrankungen, die er mit eisernem Willen und der Hilfe der Ärzte überstanden hatte, an einer Bronchitis an seinem 91sten Geburtstag im Beisein seiner lieben Frau Ottilie im Kreiskrankenhaus in Waiblingen. Karl Dietrich Adam wurde am 14. März 1921 in Heilbronn am Neckar geboren. Der Vater Carl Adam stammte aus Wesel, die Mutter Julie, geborene Frech, aus Stuttgart. In der Geborgenheit der Familie – 1924 war noch die Schwester Rosemarie auf die Welt gekommen – wurde ihm auch die Sicherheit des Glaubens und ethischer Grundsätze zuteil. Seine Eltern hielt er daher lebenslang in hohen Ehren. In Heilbronn verbrachte er eine glückliche Kindheit und einen Großteil seiner Jugend.

Nach der Volksschule besuchte er das humanistische Gymnasium. Ein Buch aus der Bibliothek des Vaters erschloss ihm schon früh die Geologie des württembergischen Unterlandes, die er auf im Buch empfohlenen Ausflügen, z. T. mit seinem Klassenkameraden und Freund Richard Klagholz, erkundete. So wurde das Kennenlernen der jeweiligen Gesteinsschichten gefördert und zum Sammeln von Versteinerungen und Mineralien angeregt. Die Freundschaft hielt bis zum Tod des Freundes im Jahr 2011.

Für die weitere Entwicklung im Hinblick auf die spätere Berufswahl K. D. Adams erwies sich die Nachricht vom Fund eines Urmenschenschädels als zündender Funke. Am 24. Juli 1933 war von Karl Sigrist in der Kiesgrube seines Vaters ein Schädel entdeckt und der Württembergischen Naturaliensammlung gemeldet worden. Bereits am nächsten Tag war der Fund vom Oberpräparator Max Böck im Beisein von Hauptkonservator Dr. Fritz Berckhemer geborgen und nach Stuttgart verbracht worden. Auf die Notiz im Schwäbischen Merkur über die Entdeckung radelte der zwölfjährige Karl Dietrich nach Steinheim an der Murr, wo er allerdings nur noch das Fundbett sehen konnte. So fuhr er weiter nach Stuttgart, übernachtete bei einer Tante und suchte am nächsten Tag das Museum auf. Dr. Berckhemer imponierte die Zielstrebigkeit des Knaben und so zeigte er ihm den bereits in Präparation befindlichen Schädel und erklärte ihm den Fund. Dieses Ereignis bestimmte die spätere Berufswahl des Knaben.

1935 bekam der Vater in Stuttgart eine Stelle als Handelsschuldirektor. So zog die Familie nach Stuttgart-Bad Cannstatt. Während der Schulzeit an der dortigen Johannes-Kepler-Oberschule mehrte Karl Dietrich sein erdgeschichtliches Wissen durch Literaturstudium und Fahrten im Land. Nun war es ihm auch möglich, das „Naturalienkabinett", wie das heutige Staatliche Museum für Naturkunde im Volksmund noch hieß, häufig zu besuchen und die dortigen Wissenschaftler und Präparatoren kennenzulernen. Für eine für das Abitur in der Prima zu erstellende Facharbeit wählte er das Thema „Über die Entstehung des Steinsalzlagers am unteren Neckar". Sie erbrachte ihm die bestmögliche Note und die elterliche Zusage, nach der im Februar 1939 bestandenen Reifeprüfung Geologie studieren zu dürfen.

Die Jugendzeit fand mit der am 1. April 1939 erfolgten Einweisung in den Reichsarbeitsdienst und dem anschließenden Wehrdienst ein jähes Ende. Eine befristete Freistellung vom Wehrdienst nutzte er zum Studium der Geologie und Paläontologie an den Universitäten Erlangen und Göttingen sowie an der Technischen Hochschule Stuttgart. Wieder zum Wehrdienst eingezogen, kam er als Panzergrenadier zum Afrikakorps, wo er am 10. Juli 1942 vor El-Alamein schwer verwundet wurde. Die Rettung kam durch einen italienischen Geistlichen, der ihn fand und ohne Frage nach der Religion auf dem italienischen Verbandsplatz für alle Fälle mit der Letzten Ölung versah. Er wurde gerettet und kam in ein Lazarett nach Italien und weiter nach München, von wo er in das Heimatlazarett in Stuttgart-Berg gebracht wurde.

Sobald es ihm möglich war, nahm er wieder das Studium an der TH Stuttgart auf und begann in der Württembergischen Naturaliensammlung unter der Anleitung von Dr. Berckhemer mit dem Erfassen und Bewerten der im Museum verwahrten fossilen Elefantenreste aus den mitteldiluvialen Schottern der unteren Murr. Sie sollten als Grundlage für das Thema der Diplom- und Doktorarbeit dienen, das Berckhemer ihm anvertraut hatte. Dies führte zum Ausgliedern dieser Fundstücke zur Sicherung vor Bombenschäden. Sie wurden nach dem Krieg mit anderen ausgelagerten Fossilien zurückgeführt und erhielten eine vorläufige Bleibe in den alten Pferdeställen der Wilhelmskaserne in Ludwigsburg. Hier befand sich nach der Zerstörung des Museums auch die Arbeitsstelle des zoologischen Oberpräparators. Es war eine Mühsal, in der kalten und feuchten Umgebung die Befunde zu erfassen und zu beschreiben.

Seine Verwundung, die Zertrümmerung der Mittelfußknochen am rechten Bein, zog zahlreiche Operationen nach sich, bewahrte ihn aber nicht vor der Rückkehr zur Truppe und erneutem Kriegseinsatz bei den Rückzugskämpfen in Frankreich. Aus der Gefangenschaft kehrte er im August 1945 zurück. Er begann dann ein Medizinstudium in Tübingen, um sich eingehend in die Anatomie und

Physiologie des Menschen einzuarbeiten und damit – nach eigenen Angaben – eine hinlänglich sichere Basis für das Beurteilen und Auswerten der an fossilen Säugetieren feststellbaren morphologischen und morphometrischen Daten zu gewinnen. Dies fand eine Fortsetzung an der Universität Erlangen, wo er am 1. Mai 1946 als Verwalter der Stelle eines wissenschaftlichen Assistenten mit einem jährlichen Salär von 3.400 DM am Geologisch-Mineralogischen Institut antrat. Nebenbei bereitete er sich auf seinen Studienabschluss vor. Im März 1947 legte er an der TH Stuttgart die Diplom-Geologen-Hauptprüfung mit der Note „sehr gut" ab und bestand dort im Mai 1948 mit der Dissertation „Das Backzahngebiß des Elephas antiquus Falconer von der unteren Murr (Württemberg); ein Beitrag zur Kenntnis der diluvialen Waldelefanten Mitteleuropas" das Promotionsverfahren mit Auszeichnung. So konnte er in die von ihm verwaltete, nun planmäßige Stelle eingewiesen werden. In Erlangen wurden ihm Lehrveranstaltungen, Übungen und Vorlesungen anvertraut. Mit einigen seiner damaligen Studenten blieb ein ständiger Kontakt bis zu seinem Tod erhalten.

Ende 1950 erfolgte die Berufung Dr. ADAMS auf die Stelle eines Hauptkonservators am Staatlichen Museum für Naturkunde in Stuttgart, zuvor Württembergische Naturaliensammlung, als designierter Nachfolger Dr. FRITZ BERCKHEMERS. Im Wintersemester 1951/52 übernahm Dr. ADAM Lehrveranstaltungen in Paläontologie am Geologisch-Mineralogischen Institut der Technischen Hochschule Stuttgart. Ich gehörte dort zu seinen ersten Hörern und war von der instruktiven Art seiner Vorlesung, die er nicht vorlas, sondern in freier Rede vortrug, sehr beeindruckt. Meine Diplomarbeit über die Stuttgarter Travertine begleitete er mit Interesse und Hinweisen zur Literatur. Seine wissenschaftlichen Arbeiten in den 50er-Jahren befassten sich mit den alt- bis mittelpleistozänen Säugerfunden, besonders denen von Elefanten Südwestdeutschlands. Daraus ergab sich die intensive Beschäftigung mit der Gliederung des Pleistozäns und mit den überlieferten Resten des Menschen und seines Wirkens.

Im Jahr 1952 heiratete er OTTILIE ALLGAIER aus Waiblingen, die er seit Jahren als Angestellte des Staatlichen Museums kannte, und die seine treue Weggefährtin wurde.

Bedeutend für die weitere berufliche Entwicklung war, wie sich herausstellte, die Beteiligung an Ausgrabungen von Prof. Dr. GUSTAV RIEK in der Brillenhöhle (1955–1961) und in der Großen Grotte (1959–1961 und 1964) auf der Schwäbischen Alb.

Im Februar 1957 holte mich Dr. ADAM aus dem Großen Botanischen Praktikum, an dem ich während des Wintersemesters teilnahm, weil mein Kartiergebiet auf der Ostalb zugeschneit war. In einer Baugrube in Bad Cannstatt waren in einer Lehmeinlagerung im Travertin Zähne und Knochen eiszeitlicher Tiere zum Vorschein gekommen. Da nur Dr. ADAM und sein Präparator ERHARD SCHMID für die Bergung zur Verfügung standen, brauchte er Hilfe. Ein Stillstand der Bauarbeiten wegen der Fossilien wäre nicht zu bezahlen gewesen. Bei der Fundbergung, die wir tagelang bei Kälte und bis in die Nacht bei Scheinwerferlicht durchführten, lernte ich die körperliche Ausdauer und das akribische Arbeiten Dr. ADAMS kennen. Diese Eigenschaften zeichneten ihn bis in seine letzten Tage aus und hatten für mich Vorbildcharakter. Wie sich bei der Auswertung der Funde herausstellte, handelte es sich um die Reste eines Hyänenfressplatzes. Sie waren in eine flache, entlang einer Schichtfuge im Sauerwasserkalk (Travertin) entstandenen Höhle eingeschwemmt worden.

Um das Jahr 1962 mussten die nach der Kriegszerstörung verbliebenen Bestände des Museums provisorisch in die Arsenalkaserne in Ludwigsburg gebracht werden, wo auch das Personal des Museums untergekommen war. Erst Mitte der achtziger Jahre konnte das Staatliche Museum für Naturkunde in Stuttgart das neue Gebäude am Löwentor beziehen.

Professor RIEK war von der Arbeitsweise Dr. ADAMS, seinem Können und Wissen so angetan, dass er ihn Anfang der 60er-Jahre bat, sich als sein Nachfolger auf den Lehrstuhl für Urgeschichte in Tübingen zu bewerben. Dies wurde von einem in der Eiszeitforschung renommierten Kollegen, dem der Bewerber in einer anderen Angelegenheit nicht Beifall gezollt hatte, durch dessen großen Einfluss unmöglich gemacht. Unabhängig davon habilitierte sich ADAM 1967 für Paläontologie und im Jahr darauf für Urgeschichte. 1970 wurde er Abteilungsleiter für Paläontologie und Geologie am Staatlichen Museum für Naturkunde. 1971 ernannte ihn die Universität Stuttgart zum apl. Professor für Paläontologie und Urgeschichte.

Am 31. Mai 1968 konnte das nach seiner Beratung eingerichtete Urmensch-Museum in Steinheim an der Murr eröffnet werden. Die Stadt hatte zu der Zeit den sehr tatkräftigen Bürgermeister ALFRED ULRICH, der dafür auch Unterstützung von Kreis und Land bekam. 1974 musste das Museum erweitert werden, damit das große Skelett des Steinheimer Steppenelefanten Platz fand. Die Neugestaltung dieses Museums 1983 im Hans-Trautwein-Haus fand ebenfalls unter der Leitung ADAMS statt. Durch Bürgermeister ULRICH erfolgte die Ernennung zum „Ehrenurmenschen". Das war eine nette Geste, denn Professor ADAM beschäftigte sich auch intensiv mit dem Homo heidelbergensis von Mauer und war in dem dortigen Verein Mitglied. 1984 reiste er mit dem Steinheimer Urmenschenschädel im Handgepäck nach New York zur Ausstellung und zum Symposium „Ancestors: Four Million Years of Humanity" im „American Museum of Natural History." Für seine unermüdlichen Bemühungen um das Steinheimer Urmensch-Museum und dessen Inhalt erhielt er 1991 von der Stadt Steinheim an der Murr deren Bürgermedaille verliehen. Außerdem ist dort eine Straße nach ihm benannt.

Sein wissenschaftliches Arbeiten, soweit es frei wählbar war, gehörte dem eiszeitlichen Menschen und dessen belebter und unbelebter Umwelt. Das bezog sich nicht nur auf den Urmenschen von Steinheim an der Murr, sondern auch auf die ungefähr gleich alten Funde von Feuersteinwerkzeugen des Homo erectus und auf die Reste von Elefanten aus dem Travertin von Stuttgart-Bad Cannstatt sowie dem Neandertaler zugeschriebene Funde aus dem Travertin von Stuttgart-Untertürkheim, um nur wenige Beispiele zu nennen. Der Kunst des eiszeitlichen Menschen galt sein besonderes Interesse.

Bei dem breit gefächerten Wissen von Professor ADAM war es selbstverständlich, dass er sich mit geschichtlichen Themen und mit dem Leben herausragender Wissenschaftler wie etwa GEORGES CUVIER, OSKAR FRAAS oder ALBRECHT PENCK befasste. Er war seit Jahrzehnten Mitglied der Deutschen Geologischen Gesellschaft, der Deutschen Quartärvereinigung, dem Oberrheinischen Geologischen Verein, der Hugo-Obermaier-Gesellschaft, der Gesellschaft für Naturkunde in Württemberg, der Gesellschaft für Archäologie in Württemberg sowie dem Verband Deutscher Höhlen- und Karstforscher.

Professor ADAM begleitete meine jahrelangen Forschungen im Steinheimer Becken, das durch den Einschlag eines kosmischen Körpers auf der Ostalb geschaffen worden war, mit großem Interesse, zumal diese Lokalität zugleich eine reiche, weltberühmte Fundstätte fossiler Pflanzen und Tiere aus dem Mittelmiozän ist. Er beriet auch Dr. ELMAR HEIZMANN, seinen Mitarbeiter beim Staatlichen Museum für Naturkunde, und mich bei der Einrichtung des „Meteorkrater-Museums" in Steinheim am Albuch, dessen paläontologischer Teil ein Zweigmuseum des Naturkundemuseums in Stuttgart ist. Als Mitglied des Museumsverbands Baden-Württemberg kümmerte er sich noch um die Einrichtung neun weiterer Museen.

An der Universität Stuttgart hatte Professor ADAM seine Haupttätigkeit allmählich vom Geologisch-Paläontologischen auf das Historische Institut verlagert. Nach seiner Pensionierung am Museum widmete er sich verstärkt der Ausbildung von Studenten. Da in Stuttgart Studenten der Ingenieurwissenschaften eine Vorlesung aus einem fachfremden Gebiet hören müssen, waren seine lebendigen Vorlesungen und Seminare mit Übungen sowie Exkursionen sehr begehrt. Dies gilt auch für die an Urgeschichte und dem weit gespannten Lehrinhalt interessierten Gasthörer. So schlug er mit seinem in freier Rede mitgeteilten Wissen oft mehr als hundert, manchmal auch mehr als zweihundert Hörer in seinen Bann. Durch seine liebenswürdige und zuvorkommende Art war er bei Alt und Jung, bei Kollegen und Präparatoren, bei Fahrern und Hausmeistern sehr beliebt. Er las 114 Semester ohne Freisemester bis in sein 87. Lebensjahr. Bereits im Jahr 2003 zeichnete ihn der Senat der Universität Stuttgart für seine langjährigen Verdienste mit der Universitätsmedaille aus.

In den letzten Jahren war es Professor ADAM leider nicht mehr möglich, in der Paläontologie forschend tätig zu sein, doch konnte er sein umfassendes Wissen über den *Homo steinheimensis* in einer Monographie veröffentlichen. 2009 erschien sein Buch „Homo Steinheimensis. Der Fund des Urmenschen von Steinheim an der Murr vor 75 Jahren – ein Markstein in der Geschichte der Menschheit." Er beschäftigte sich außerdem im letzten Jahrzehnt häufig mit Philosophie, besonders mit IMMANUEL KANT und ARTHUR SCHOPENHAUER. Sein letztes noch zu Lebzeiten gedrucktes Werk „Die Abstammung des Menschen. Schopenhauer als verkannter Wegbereiter Darwins" konnte er noch wenige Tage vor seinem Tod fertig in den Händen halten.

Leinfelden-Echterdingen, im Juli 2012   WINFRIED REIFF

Anschrift des Verfassers
Prof. Dr. WINFRIED REIFF
Fuchsweg 26
70771 Leinfelden-Echterdingen

CHRISTA SEEWALD
1923–2007

Wie erst geraume Zeit nach ihrem Tod bekannt wurde, verstarb 2007 im hessischen Fritzlar Dr. CHRISTA SEEWALD, ehemalige Leiterin der Prähistorischen Sammlungen Ulm. Frau SEEWALD, geboren am 19. Februar 1923 in Erfurt, hatte während des Zweiten Weltkriegs ein Studium der Urgeschichte zunächst in Jena, 1943/44 dann in Prag und Breslau begonnen. Nach Kriegsende setzte sie ihr Studium an der Albert-Ludwigs-Universität Freiburg unter Prof. WOLFGANG KIMMIG fort. Dort promovierte sie 1957 mit einer Arbeit über die Urnenfelderkultur in der Rheinpfalz.

1961 begann CHRISTA SEEWALD als wissenschaftliche Assistentin am Ulmer Museum. Dem städtischen Museum waren fünf Jahre zuvor per Schenkungsvertrag die umfangreichen archäologischen Funde aus den Lonetalgrabungen (1932–39, 1952–61) des Tübinger Anatomen und Urgeschichtsforschers ROBERT WETZEL (1898–1962) übereignet worden. Da sich die Stadt Ulm mit Annahme dieser Schenkung zu einer dauerhaften fachlichen Betreuung der Sammlungen verpflichtet hatte, war diese Stelle neu geschaffen worden. Wenige Monate nach WETZELS Tod im Frühjahr 1962 konnte CHRISTA SEEWALD auf der Basis der WETZELSCHEN Schenkung eine erste Sonderausstellung zu urgeschichtlichen Funden aus dem Lonetal präsentieren. Vier Jahre später folgte in Zusammenarbeit mit dem Amt für Denkmalpflege eine Sonderausstellung zu einem neu entdeckten römischen Brandgräberfeld bei Urspring.

Die Unterbringung der ständigen archäologischen Schausammlung allerdings in einem einzigen, relativ kleinen Raum im Erdgeschoss des historischen Kiechelhauses im Ulmer Museum erwies sich als unbefriedigend, konnten dort doch nur wenige Exponate in einem eher provisorischen Rahmen gezeigt werden. Da eine Erweiterung aus Raummangel im Museumskomplex selbst nicht möglich schien, reiften schon bald Pläne für eine Auslagerung. 1968 wurden für die archäologischen Sammlungen neue Räumlichkeiten in einem städtischen Gebäude in der Frauenstraße, wenige Gehminuten vom Ulmer Museum entfernt, zur Verfügung gestellt. Als „Prähistorische Sammlungen Ulm" eröffnete CHRISTA SEEWALD im März 1970 im ersten Stock eine neue ständige Ausstellung, die von ihr bis zum Eintritt in den Ruhestand Ende 1984 betreut wurde. Mit der Neueröffnung konnte einer breiten Öffentlichkeit erstmals auch die altsteinzeitliche Statuette aus Mammutelfenbein präsentiert werden, die der Tübinger Archäologe JOACHIM HAHN (1942–1997) bei Inventarisierungsarbeiten im Magazin der Sammlungen entdeckt und wenige Monate zuvor zusammengefügt hatte.

Für große Aufmerksamkeit sorgte zwei Jahre nach der Neueröffnung die Tagung der Hugo-Obermaier-Gesellschaft, die CHRISTA SEEWALD 1972 nach Ulm holen konnte. Als anlässlich der Ulmer Tagung und wenige Jahre später weitere Fragmente der Figur bekannt wurden, konnte sie Anfang der achtziger Jahre die Basler Paläontologin ELISABETH SCHMID (1912–1994) für neue Anpassungsversuche gewinnen. Die heute unter dem Begriff „Löwenmensch" bekannte, größte Figur der altsteinzeitlichen Kunst erlebt seither bis in die Gegenwart hinein weitere Wandlungen, die ihre Gestalt modifizieren und komplettieren.

Seit den späten sechziger bis in die frühen achtziger Jahre legte Christa Seewald mehrere wissenschaftliche Veröffentlichungen zur Ur-und Frühgeschichte des Ulmer Raumes vor. Lange Zeit ein unverzichtbares Nachschlagewerk blieb der auf ihre Initiative verfasste archäologische Teil der Kreisbeschreibung des Stadt- und Landkreises Ulm einschließlich eines umfassenden archäologischen Fundstellenkatalogs. Weitere Aufsätze galten z.B. den postmesolithischen Funden vom Hohlenstein oder einem alamannischen Kriegergrab mit Goldblattkreuz von Ulm-Ermingen. Zeitweise selbst als ehrenamtliche Beauftragte des Landesdenkmalamtes tätig, pflegte Frau Seewald außerdem stets den Kontakt zur Denkmalpflege und zu archäologisch Interessierten und anderen ehrenamtlich im Auftrag des Amtes Tätigen in der Region.

Nach anfänglicher Euphorie in den ersten Jahren nach der Eröffnung der „Prähistorischen Sammlungen Ulm" litt die Museumsarbeit zunehmend unter den selbst gesteckten hohen Zielen bei gleichzeitig ernüchternden Begleitumständen. Denn trotz des Auszuges aus dem Ulmer Museum hatte sich die räumliche Situation nicht wesentlich verbessert. Die Ausstellungsfläche von rund 100 qm erlaubte auch in den neuen Räumen nur eine konzentrierte Präsentation sämtlicher Epochen von der Altsteinzeit bis in das Frühmittelalter. Als erheblicher Nachteil für die Präsenz der Sammlungen im Stadtbild und die Besucherfrequenz sollte sich in den folgenden Jahren neben der logistischen Abkoppelung vom Ulmer Museum die wenig vorteilhafte Lage und die ungünstige Eingangsituation des Gebäudes erweisen, bedingt durch die gewerbliche Nutzung des Erdgeschosses, das nacheinander ein Feinkostgeschäft und eine Buchhandlung beherbergte.

Die visionäre Idee Wetzels, die urgeschichtliche Sammlung des Museums nach Möglichkeit zu einer wissenschaftlichen Forschungsstelle auszubauen, verfolgte Christa Seewald zwar beharrlich, aber letztlich ohne Erfolg. Pläne für ein „Prähistorisches Institut Ulm" unter dem Dach der Universität und mit entsprechender Personalausstattung, für das viele Jahre lang die großzügigen Räumlichkeiten des Ochsenhäuser Hofes unweit des Ulmer Museums im Gespräch waren, verschwanden wieder in der Schublade.

Wenige Monate vor ihrem altershalben Ausscheiden als Leiterin der Prähistorischen Sammlungen Ulm beschloss der Ulmer Gemeinderat den Verkauf des Gebäudes in der Frauenstraße und die Rückkehr der Sammlungen in das Stammhaus. Möglich wurde diese Entscheidung durch den Umbau eines an den bestehenden Museumskomplex anschließenden Gebäudes am Marktplatz, das bis zu diesem Zeitpunkt das städtische Sozialamt beherbergt hatte. Nach fast 17 Jahren war das Experiment eines eigenständigen Archäologischen Museums in Ulm beendet. Diese aus Sicht von Frau Seewald enttäuschende, ja bittere Entwicklung nahm sie zum Anlass für ihren abrupten Rückzug aus der archäologischen Forschung und den Abbruch der Kontakte nach Ulm, wie sie in einem persönlichen Gespräch deutlich machte. Den Umzug der Sammlungen im Herbst 1985 verfolgte sie nicht mehr. Im Frühjahr 1985 war sie aus Ulm weggezogen, zunächst nach Heidelberg, danach verlor sich ihre Spur – die späte Nachricht über Christa Seewalds Ableben ist Resultat dieser bedauerlichen Entwicklung.

Christa Seewald gebührt das nicht zu unterschätzende Verdienst, als erste Archäologin am Ulmer Museum die reichhaltigen ur-, vor- und frühgeschichtlichen Bestände des Mehrspartenhauses einer breiten Öffentlichkeit in der Region bewusst und zugänglich gemacht zu haben. Dass sie dabei immer wieder auf Widerstände von verschiedensten Seiten stieß, machte ihre Aufgabe nicht leichter. Bemerkenswert bleibt ihre ebenso sachkundige wie sorgfältige Mitwirkung an der Erforschung der Ur- und Frühgeschichte des Ulmer Raumes. Wir werden Frau Seewald stets ein ehrendes Andenken bewahren.

Ulm, im Mai 2011

Kurt Wehrberger

Anschrift des Verfassers

Kurt Wehrberger
Ulmer Museum
Archäologische Sammlung
Marktplatz 9
D-89073 Ulm

E-Mail: k.wehrberger@ulm.de